LANGENSCHEIDTS
TASCHENWÖRTERBÜCHER

LANGENSCHEIDTA
KIESZONKOWY SŁOWNIK
POLSKO-NIEMIECKI I NIEMIECKO-POLSKI

Część pierwsza

polsko-niemiecka

Opracował

STANISŁAW WALEWSKI

Nowe wydanie

LANGENSCHEIDT
BERLIN · MONACHIUM · WIEDEŃ · ZURYCH

LANGENSCHEIDTS
TASCHENWÖRTERBUCH
DER POLNISCHEN UND DEUTSCHEN SPRACHE

Erster Teil

Polnisch-Deutsch

von

Stanislaw Walewski

Neubearbeitung

LANGENSCHEIDT
BERLIN · MÜNCHEN · WIEN · ZÜRICH

Inhaltsverzeichnis
spis treści

| *Auflage:* 11. 10. 9. | *Letzte Zahlen* |
| *Jahr:* 1989 88 87 | *maßgeblich* |

© *1979 Langenscheidt KG, Berlin und München*
Druck: Graph. Betriebe Langenscheidt, Berchtesgaden/Obb.
Printed in Germany · ISBN 3-468-10260-7

Vorwort

Die Herausgabe dieses Wörterbuches entspricht dem Bemühen, eine seit langem fühlbare Lücke in unserem Verlagsprogramm zu füllen.

Für den polnisch-deutschen Teil sind aus der heutigen polnischen Schrift- und Umgangssprache, deren Wortschatz durch zahlreiche feste Wortverbindungen (z. B. Adjektiv + Substantiv) gekennzeichnet ist, etwa 37 000 Wörter bzw. mit ihrer Hilfe gebildete Verbindungen ausgewählt und ins Deutsche übersetzt worden. Der allgemeine Wortschatz wird durch die wichtigsten Fachwörter aus allen Wissensgebieten sowie durch zahlreiche Wendungen ergänzt. Besonders Rechnung getragen wurde auch den Veränderungen im politischen und gesellschaftlichen Leben beider Völker in den letzten Jahrzehnten.

Um die Wahl der richtigen Übersetzung zu erleichtern, wurden verschiedene lexikologische Mittel angewandt. Ausführliche Erklärung dieser Hilfen findet der Benutzer in den Vorbemerkungen auf S. 7. An das Wörterverzeichnis schließen sich an: ein Verzeichnis der wichtigsten polnischen Abkürzungen, ein Verzeichnis der geographischen Namen sowie der grammatische Anhang mit einer alphabetischen Liste der Verben mit unregelmäßigen oder schwer zu bildenden Formen.

Das vorliegende Wörterbuch ist das Ergebnis einer langjährigen Tätigkeit des Verfassers als Lexikograph und Übersetzer.

Der Verlag

Przedmowa

Wydanie niniejszego słownika jest wynikiem usiłowań, zmierzających do zapełnienia od dawna już odczuwanej luki w naszym planie wydawniczym.

Część polsko-niemiecka zawiera około 37 000 przetłumaczonych na język niemiecki wyrazów i zwrotów z zakresu literackiego i potocznego języka polskiego, który cechują liczne połączenia wyrazowe stałe (np. przymiotnik+rzeczownik). Poza słownictwem ogólnym w słowniku umieszczono również najważniejsze terminy fachowe z zakresu różnych dziedzin oraz wiele utartych połączeń frazeologicznych. Szczególnie uwzględnione zostały przeobrażenia, które dokonały się w ciągu ostatnich dziesięcioleci w politycznym i społecznym życiu obu narodów.

Aby ułatwić odszukanie właściwego odpowiednika, zastosowane zostały różne środki leksykologiczne. Szczegóły dotyczące tych wskazówek objaśniających zawarte są w uwagach wstępnych na str. 7. Poza zestawem haseł słownik obejmuje rejestr nazw geograficznych, zestawienie najczęściej używanych skrótów polskich oraz wzory deklinacji i koniugacji i spis czasowników z odmianą nieregularną lub nastręczających trudności przy tworzeniu form koniugacyjnych.

Słownik niniejszy jest owocem długoletniej pracy autora w charakterze leksykografa i tłumacza.

Wydawnictwo

Vorbemerkungen
Uwagi wstępne

Diese Vorbemerkungen sollten sorgfältig durchgelesen werden, denn sie erleichtern das Nachschlagen und erhöhen das Verständnis für den Inhalt des Wörterbuches.

Alphabetische Anordnung. An ihrem alphabetischen Platz sind gegeben:

a) die wichtigsten Völkernamen sowie die davon abgeleiteten Adjektive;

b) stark abweichende unregelmäßige Formen der Substantive, Verben, Komparative usw.;

c) die verschiedenen Formen der Pronomina;

d) die perfektiven Formen der Verben, die mit Hilfe der Vorsilben *na-, po-, prze-, roz-* usw. gebildet werden, manchmal nur als Verweis auf das Grundverb.

Die wichtigsten polnischen Abkürzungen sowie geographische Namen sind im Anhang in gesonderten Verzeichnissen zusammengefaßt.

Aus Platzgründen konnten ohne Nachteil weggelassen werden:

a) einige Verbalsubstantive auf **-nie** bzw. **-cie** (vom Infinitivstamm durch Weglassen der Infinitivendung *-ć* gebildet), die im Deutschen meist dem substantivierten Infinitiv (*budowanie* — das Bauen) oder dem Substantiv auf -ung entsprechen (*doręczenie* — Aushändigung, Zustellung);

b) manche Fremdwörter auf **-ować** (= -ieren: *fascynować* — faszinieren) sowie auf **-cja, -sja, -zja** (= -tion, -sion, -xion: *ejakulacja* — Ejakulation, *konwersja* — Konversion, *abrazja* — Abrasion usw.) und einige auf **-ika** (= -ik), **-ia** (= -ie), **-ura** (= -ur), **-tyka** (= -tik), **-yzm, -izm** (= ismus);

c) manche leicht abzuleitenden Adjektive auf **-ski, -cki**, Adverbien auf **-nie** und Substantive auf **-ość** (= -heit, -keit, -tät) sowie regelmäßige Steigerungsformen der Adjektive auf **-szy**;

d) manche Diminutivformen auf **-(ecz)ek, -czka, -ula, -uchna, -unia**, die den deutschen Formen auf -chen und -lein entsprechen;

e) einige Formen der Substantive, die weibliche Personen bezeichnen und meist mit Hilfe der Endung **-ka** gebildet werden können.

Gruppenartikel (Nester). Wo die Deutlichkeit und Übersichtlichkeit es gestattete, sind Zusammensetzungen und Ableitungen oft der Raumersparnis wegen zu Gruppen vereinigt worden, wobei der senkrechte Strich (|) beim ersten Stichwort einer solchen Gruppe den Teil abtrennt, der allen folgenden Stichwörtern gemeinsam ist:

agen|cja *f (-i; -e)* ...; **~da** *f (-y)* ... = *agenda* ...; **~t** *m (-a; -ci)* ... = *agent* ...; **~tura** *f (-y)* ... = *agentura* usw.

Dieser senkrechte Strich bedeutet nicht, daß die Wörter an dieser Stelle getrennt werden können!

Tildierung. Die Tilde (~ oder ~) vertritt entweder das ganze fettgedruckte Stichwort oder den Teil des Stichwortes, der links vom senkrechten Strich steht (vgl. oben). Beim jeweiligen Wechsel von Groß- zu Kleinschreibung oder umgekehrt steht die Tilde mit Kreis (⊋). In einigen Fällen wurde zwecks Raumersparnis (bsd. bei Änderung der Endung) der leicht zu ergänzende Teil eines mit Hilfe der Tilde gebildeten Stichwortes durch Bindestrich (-) ersetzt. Beispiele:

> **Ameryka|nin** ...; **~nka** = *Amerykanka;* ⊋**nka** = *amerykanka;* ⊋**ński** = *amerykański; bar -ki = bar amerykański*
> **bilet** ...; **~owy** = *biletowy; kasa -wa = kasa biletowa*
> **dopo|magać,** ⟨**~móc**⟩ ... = *dopomóc*

Der Bindestrich ersetzt ferner das ganze Stichwort bei Verben, deren perfektive Form mit Hilfe einer Vorsilbe gebildet wird und in spitzwinkligen Klammern steht, sowie leicht zu ergänzende Teile des Stichwortes bei den grammatischen Hinweisen (in runden Klammern) und Ausspracheangaben (in eckigen Klammern):

> **czerwienić się** ⟨*za-*⟩ ... = *zaczerwienić się*
> **doniczk|a** *f* ⟨*-i; G -czek*⟩ ... = *G/sg. doniczki, G/pl. doniczek*
> **dopokąd** [*-kɔnt*] ...

Geschlecht. Das grammatische Geschlecht wurde sowohl bei den polnischen Substantiven als auch bei den deutschen Entsprechungen durchgehend angegeben. Wo es nötig erschien, wurden auch die weiblichen und sächlichen Formen der Pronomina und Zahlwörter entsprechend gekennzeichnet.

Aussprache und Betonung. Ausspracheangaben erfolgen nur in solchen Fällen, in denen sich Schwierigkeiten für den Benutzer ergeben könnten. Erläuterung der verwendeten Umschrift s. S. 607. Da im Polnischen die Betonung in den weitaus meisten Fällen auf der vorletzten Silbe liegt, wurden nur die abweichenden Fälle durch einen Betonungsstrich (') vor der betonten Silbe gekennzeichnet.

Rektion. Wo die Rektion in beiden Sprachen übereinstimmt, sind besondere Hinweise nur in Ausnahmefällen vorhanden. Sonst ist die Rektion durch Kasusangabe (z.B. *A* = Akkusativ), durch andere Hinweise (z.B. *j-m* = jemandem, *k-o* = *kogoś* usw.) oder durch entsprechende Beispielsätze veranschaulicht worden.

Rechtschreibung. Sowohl für das Polnische als auch für das Deutsche wurde die heute gültige Rechtschreibung angewandt. Bei Doppelformen wird auf die gebräuchlichere Schreibung verwiesen.

Beim Nachschlagen ist der Wechsel der Konsonanten (z.B. *d → dzi, r → rzy, rze, t → ci, k → ce, -cy, ch → sze usw.*) und der Ausfall von **e** (*orzeł — orła*) zu beachten.

Bedeutungsunterscheidung. Das Semikolon (;) trennt Übersetzungen mit wesentlich verschiedenen Bedeutungen voneinander. Bedeutungsabstufungen werden zum Teil auch durch Beispiele veranschaulicht. Wörter mit gleicher Schreibung, aber verschiedener Abstammung und abweichender Bedeutung sind in der Regel als besondere Stichwörter aufgeführt und mit hochstehenden kleinen Ziffern ([1], [2] usw.) gekennzeichnet.

Die Bedeutungsunterschiede eines und desselben Stichwortes werden näher erklärt durch:

a) vorgesetzte Synonyme, Objekte, Subjekte oder andere erläuternde Wörter;
b) Zahlreiche Abkürzungen (Erklärung s. S. 10);

c) Angabe der entgegengesetzten Bedeutung (z.B. Land — *Ggs.* Stadt);

d) Verweise auf ein anderes Stichwort.

Sinnverwandte Übersetzungen werden durch ein Komma getrennt.

Deklination und Konjugation. Die Bildung der Flexionsformen wird durch Paradigmen im Anhang (S. 609) in Verbindung mit den eingeklammerten Hinweisen hinter dem Stichwort ermöglicht. Die Hinweise stehen nur nach Grundwörtern und -verben und müssen ggf. dort nachgeschlagen werden:

nieużytek → *użytek*, **podleczyć** → *leczyć usw.*

a) Die Hinweise bei den Substantiven geben in der Regel die Endung des Genitivs Singular und (durch Semikolon getrennt) die Endung des Nominativs Plural an. Wenn nötig, werden auch andere Flexionsendungen (ggf. mit der Angabe des Kasus) angeführt. Null (*0*) bedeutet, daß die Pluralform entweder nicht gebildet werden kann oder ungebräuchlich ist. Ist (bei Feminina) weder *0* noch Pluralendung angegeben, so ist Nom. pl. = Gen. sg. Für die Auffindung des richtigen Musters sind das Geschlecht und die Endung des Stichwortes entscheidend, bei Maskulina außerdem die Tatsache, ob das Stichwort eine Person, ein Tier oder eine Sache bezeichnet. Beispiele:

admirał — maskulin, Endung **-ł**, Person oder Tier: Muster S. 613
babka — feminin, Endung **-ka**: Muster S. 614
muzeum — neutral, Endung **-um**: Muster S. 616

b) Die Hinweise bei den Grundverben enthalten in der Regel die Flexionsendung der 1. Person Singular. Bei Verben mit unregelmäßiger oder schwieriger Konjugation wird durch den Hinweis (*L.*) auf eine alphabetische Liste im Anhang verwiesen.

Für die Auffindung des richtigen Musters sind die Endung des Stichwortes (= Infinitiv) und die angegebene Endung der 1. Pers. maßgebend:

kochać — 1. Pers. *-am*: Muster I, 1 auf S. 609
meldować — 1. Pers. *-uję*: Muster IV auf S. 610
umieć — 1. Pers. *-em*: Muster VII, 1 auf S. 610 usw.

c) Die Deklination der Adjektive, der Pronomina und der Numeralien (Zahlwörter) ist aus den Tabellen im Anhang ersichtlich. Schwer zu bildende Komparativformen und Hinweise auf die Bildung der Adverbien auf **-o**, einiger auf **-e** sowie auf **-u** mit der Präposition **po** sind hinter dem Stichwort zu finden.

Präpositionen. Bei den polnischen Präpositionen wird der zugehörige Kasus (Fall) immer angegeben.

Aspekte/Aktionsarten. Nur im perfektiven Aspekt vorkommende Verben werden mit *pf.* bezeichnet. Verben, die sowohl perfektiv als auch imperfektiv sind, haben den Hinweis (*im*)*pf.* Bei Verbpaaren steht der Teil (Vorsilbe, Endung), mit dessen Hilfe die perfektive Variante gebildet wird, in spitzwinkligen Klammern. Der Teil der Infinitivendung, mit dessen Hilfe aus einem perfektiven ein imperfektives Verb gebildet wird, steht in runden Klammern.

Beispiele:

jechać ⟨po-⟩ = *jechać* — *imperfektiv*, *pojechać* — *perfektiv*
doli|czać, ⟨*czyć*⟩ = *doliczać* — *imperfektiv*, *doliczyć* — *perfektiv*
odpis(yw)ać = *odpisać* — *perfektiv*, *odpisywać* — *imperfektiv*
abdykować (*im*)*pf.* = *imperfektiv* und *perfektiv*

Imperfektive Verben (ohne Aspektpartner) bleiben unbezeichnet.

Erklärung der im Wörterbuch verwendeten Abkürzungen

Skróty umowne przyjęte w słowniku

†	veraltet *przestarzałe*	*fig.*	figürlich *w znaczeniu przenośnym*
A	Akkusativ *biernik*	*Fin.*	Finanzen, Bankwesen *finansowość, bankowość*
a.	auch *też*		
Abk.	Abkürzung *skrót*	*Flgw.*	Flugwesen *lotnictwo*
Adj.	Adjektiv *przymiotnik*	*Fmw.*	Fernmeldewesen *telekomunikacja*
Adjp.	Partizip als Adjektiv *imiesłów przymiotnikowy*	*Forst.*	Forstwesen *leśnictwo*
Adv.	Adverb *przysłówek*	*Fot.*	Fotografie *fotografia*
Advp.	Adverbialpartizip *imiesłów przysłówkowy*	*G*	Genitiv *dopełniacz*
Agr.	Landwirtschaft *rolnictwo*	*Geogr.*	Geographie *geografia*
allg.	allgemein *w znaczeniu ogólnym*	*Geol.*	Geologie *geologia*
		Gr.	Grammatik *gramatyka*
Anat.	Anatomie *anatomia*		
Arch.	Baukunst *budownictwo*	*Hdl.*	Handel *handlowość*
Astr.	Astronomie *astronomia*	*hist.*	historisch, alt *historyczny*
Aut.	Automation *automatyka*		
		I	Instrumental *narzędnik*
b.	bei *przy, u*	*Imp.*	Imperativ *tryb rozkazujący*
Bgb.	Bergbau *górnictwo*	*impf.*	imperfektives Verb *czasownik niedokonany*
Bio.	Biologie *biologia*		
Bot.	Botanik *botanika*	*(im)pf.*	imperfektives und perfektives Verb *czasownik niedokonany i dokonany*
bsd.	besonders *szczególnie*		
bzw.	beziehungsweise *względnie*		
		Inf.	Infinitiv *bezokolicznik*
Chem.	Chemie *chemia*	*Int.*	Interjektion *wykrzyknik*
Comp.	Computertechnik *maszyny matematyczne*	*iron.*	ironisch *ironicznie*
		j-d	jemand *ktoś*
D	Dativ *celownik*	*j-m, j-n,*	jemandem, jemanden, jemandes
d.	der, die, das	*j-s*	
dial.	dialektisch *wyraz gwarowy*	*JSpr.*	Jägersprache *gwara myśliwska*
dim.	diminutiv *zdrobniały*		
		Jur.	Rechtsprechung *sądownictwo*
El.	Elektrotechnik *elektrotechnika*		
e-m, e-n	einem, einen	*k-e*	keine
engS.	im engeren Sinn *w ściślejszym znaczeniu*	*Kfz.*	Kraftfahrzeuge *pojazdy mechaniczne*
e-r, e-s	einer, eines	*Kj.*	Konjunktion *spójnik*
Esb.	Eisenbahn *kolejnictwo*	*k-m, k-n*	keinem, keinen
et.	etwas *coś*	*k-o*	*kogo(ś)*
		Kochk.	Kochkunst *kucharstwo*
f	feminin *rodzaju żeńskiego*	*koll.*	kollektiv *zbiorowy*
F	umgangssprachlich, salopp *wyraz potoczny, poufały*	*Komp.*	Komparativ *stopień wyższy*

konkr.	konkret konkretnie	Psf.	Personalform *forma*
k-r, k-s	keiner, keines		*męskoosobowa*
KSp.	Kartenspiele *gra w karty*	Psych.	Psychologie *psychologia*
k-u	komu(ś)	Ptp.	Partizip *imiesłów*
Kurzf.	Kurzform *forma skrócona*		
Kurzw.	Kurzwort *skrótowiec*	Rdf.	Rundfunk, Fernsehen
			radio, telewizja
L	Lokativ *miejscownik*	Rel.	Religion *religia*
L.	Liste der Verben *wykaz*		
	czasowników	s.	siehe *zobacz*
Ling.	Linguistik *językoznawstwo*	S.	Seite *strona*
lit.	literarisch *literacki*	s-e	seine
		selt.	selten *rzadki*
m	maskulin *rodzaju męskiego*	Sfm.	Sachform *forma żeńska lub*
Mar.	Schiffahrt okrętownictwo,		*nijaka*
	żegluga	sg.	Singular *liczba pojedyncza*
Math.	Mathematik *matematyka*	s-m, s-n	seinem, seinen
m-e	meine	sn	sein *być*
Med.	Medizin *medycyna*	Sp.	Sport *sport*
Meteo.	Meteorologie *meteorologia*	Su.	Substantiv *rzeczownik*
Mil.	Militärwesen *wojskowość*		
Min.	Mineralogie *mineralogia*	Tech.	Technik *technika*
m-m, m-n	meinem, meinen	Text.	Textilindustrie *przemysł*
m-r, m-s	meiner meines		*włókienniczy*
mst	meist(ens) *w większości*	Thea.	Theater *teatr*
	wypadków	Typ.	Buchdruck *drukarstwo*
Mus.	Musik *muzyka*		
		u.	und *i*
n	neutral *rodzaju nijakiego*	unpers.	unpersönlich *nieosobowo*
N	Nominativ *mianownik*	unv.	unveränderlich *nieodmienny*
Num.	Numerale *liczebnik*	usw.	und so weiter *i tak dalej*
o.	ohne *bez*	V	Vokativ *wołacz*
od.	oder *albo*	V	vulgär *wulgarny*
örtl.	örtlich *dla oznaczenia*	v.	von *od*
	miejsca	verä.	verächtlich, abwertend
österr.	österreichisch *austriacki*		*pogardliwie*
		verniedl.	verniedlichend *pieszczotli-*
P	volkstümlich *wyraz ludowy*		*wie*
Part.	Partikel *partykuła*	Vet.	Veterinärmedizin *wetery-*
Pers.	Person *osoba*		*naria*
pf.	perfektives Verb *czasownik*	vgl.	vergleiche *porównaj*
	dokonany	v/i	intransitives Verb *czasow-*
Philos.	Philosophie *filozofia*		*nik nieprzechodni*
Phys.	Physik *fizyka*	VSbst.	Verbalsubstantiv *rzeczow-*
pl.	Plural *liczba mnoga*		*nik odsłowny*
poet.	poetisch *poetycki*	v/t	transitives Verb *czasownik*
Pol.	Politik *polityka*		*przechodni*
poss.	possessiv *zaimek dzier-*		
	żawczy	z.B.	zum Beispiel *na przykład*
präd.	prädikativ *jako orzecznik*	zeitl.	zeitlich *dla oznaczenia*
Präs.	Präsens *czas teraźniejszy*		*czasu*
Prät.	Präteritum *czas przeszły*	Zo.	Zoologie *zoologia*
Pron.	Pronomen *zaimek*	Zssen	Zusammensetzungen
Prp.	Präposition *przyimek*		*złożenia*

Das polnische Alphabet

Buch-stabe	Name	Um-schrift	Buch-stabe	Name	Um-schrift
A, a	a	a	**R, r**	ɛr	r
ą	ɔ̃	ɔ̃	**S, s**	ɛs	s
B, b	bɛ	b	**Ś, ś**	ɛɕ	ɕ
C, c	tsɛ	ts	**T, t**	tɛ	t
Ć, ć	tɕɛ	tɕ	**U, u**	u	u
D, d	dɛ	d	**W, w**	vu, vɛ	v
E, e	ɛ	ɛ, e	**Y, y**	i grɛk, ɨ	ɨ
ę	ɛ̃	ɛ̃	**Z, z**	zɛt	z
F, f	ɛf	f	**Ź, ź**	zɛt s kreskɔ̃[1], ʑɛt	ʑ
G, g	gɛ	g	**Ż, ż**	zɛt s krɔpkɔ̃[2], ʒɛt	ʒ
H, h	xa	x			
I, i	i	i	**Buchstabengruppen**		
J, j	jɔt	j	**Ch, ch**	xa	x
K, k	ka	k	**Cz, cz**	tʃɛ	tʃ
L, l	ɛl	l	**Dz, dz**	dɛzɛt, dzɛ	dz
Ł, ł	ɛw	w	**Dź, dź**	dɛzɛt s kreskɔ̃	dʑ
M, m	ɛm	m	**Dż, dż**	dɛzɛt s krɔpkɔ̃	dʒ
N, n	ɛn	n	**Rz, rz**	ɛrzɛt	ʒ, ʃ
ń	ɛŋ, ŋɛ	ŋ	**Sz, sz**	ɛszɛt, ʃa	ʃ
O, o	ɔ	ɔ			
Ó, ó	ɔ kresko-vane[1]	u			
P, p	pɛ	p			

[1]) kreskowane, z kreską *mit Strich*

[2]) z kropką *mit Punkt*

A

a *Kj.* und (doch); aber; ~! *Int.* ah!; *nic* ~ *nic* (rein) gar nichts.

abażur *m* (-u/-a; -y) Lampenschirm *m*.

abdyk|acja *f* (-i; -e) Abdankung *f*; ~**ować** *(im)pf.* ⟨-uję⟩ abdanken.

abecadło *n* (-a; *G* -deł) Alphabet *n*.

Abisy|nka *f* (-i; *G* -nek), ~**ńczyk** *m* (-a; -cy) Abessinier(in *f*) *m*; 2**ński** [-'sĩĩs-] (*po* -ku) abessinisch.

abiturient [-'tu-] *m* (-a; -ci), ~**ka** [-'rĩe-] *f* (-i; *G* -tek) Abiturient(in *f*) *m*.

abonament *m* (-u; -y) Abonnement *n*; *s.* **prenumerata**; ~**owy** Abonnements-; Bezugs-.

abon|encki Abonnenten-; Teilnehmer-; ~**ent** *m* (-a; -ci) Abonnent *m*, Bezieher *m*; (*Fernsprech-*)Teilnehmer *m*; ~**ować** ⟨za-⟩ (-uję) abonnieren, beziehen.

absces *m* (-u; -y) Abszeß *m*.

absencja *f* (-i; -e) Abwesenheit *f*, (unentschuldigtes) Fernbleiben *n*, Fehlen *n*; ~ *chorobowa a.* Krankenquote *f*.

absolu|cja *f* (-i; -e) *Rel.* Absolution *f*; ~**tny** absolut; ~**torium** [-'tɔ-] *n* (*unv.*; -ia, -ów) Entlastung *f des Vorstandes usw.

absolwent *m* (-a; -ci), ~**ka** *f* (-i; *G* -tek) Absolvent(in *f*) *m*.

absorbować (-uję) absorbieren; *fig.* ⟨*a.* za-⟩ (stark) in Anspruch nehmen, beanspruchen.

absorpc|ja *f* (-i; -e) Absorption *f*; ~**yjny** absorptiv; Absorptions-.

abstra|hować ⟨wy-⟩ (-uję) abstrahieren; absehen (*od G*/von); ~**kcyjny** abstrakt.

abstynen|cja *f* (-i; 0) Abstinenz *f*; ~**t** *m* (-a; -ci) Abstinent *m*.

absurd *m* (-u; -y) Absurdität *f*, Unsinn *m*; ~**alny** absurd, unsinnig.

aby daß, damit, um ... zu (+ *Inf.*); ~ *tylko* wenn nur, wenigstens; ~~~ sobą.

aceton *m* (-u; 0) Azeton *n*; F Nagellackentferner *m*.

acetylen *m* (-u; 0) Azetylen *n*; ~**owy** Azetylen-.

ach! *Int.* ach!, ah!

acz(kolwiek) obwohl; wenn auch.

adamaszek *m* (-szku; -szki) Damast *m*.

adamow|y: *jabłko* ~**e** Adamsapfel *m*.

adapt|acja *f* (-i; -e) Anpassung *f*, Adaptation *f*; Umbau *m für bestimmte Zwecke*; (*Roman-*)Bearbeitung *f für Bühne*, Film *usw.*; ~**er** *m* (-a/-u; -y) Tonabnehmer *m*; *Fot.* Adapter *m*; F *a.* Plattenspieler *m*; ~**ować** *(im)pf.* ⟨za-⟩ (-uję) adaptieren; umbauen, umgestalten, F umfunktionieren (*na A*/zu); *Roman usw.* bearbeiten.

adhezja *f* (-i; 0) Adhäsion *f*.

adiustować [-dĩu-] (-uję) druckreif machen; ~~~ [Adjutant *m*.]

adiutant [a'dĩu-] *m* (-a; -ci)∫

administra|cja *f* (-i; -e) Administration *f*, Verwaltung *f*; ~**cja** *państwowa a.* Staatsapparat *m*, -behörden *f/pl.*; ~**cyjny** Verwaltungs-; administrativ; ~**tor** *m* (-a; -rzy) Verwalter *m*.

administrować (-uję) verwalten, leiten (*I/A*).

admira|licja *f* (-i; 0) Admiralität *f*; ~**lski** Admirals-; ~**ł** *m* (-a; -owie/ Zo. -y) Admiral *m*.

adnotacja *f* (-i; -e, -i) Anmerkung *f*, Vermerk *m*.

adop|(ta)cja *f* (-i; -e) Adoption *f*; ~**tować** *(im)pf.* ⟨za-⟩ (-uję) adoptieren; ~**towany** Adoptiv-.

ador|acja *f* (-i; 0) Anbetung *f*; ~**ować** (-uję) verehren, anbeten.

adres *m* (-u; -y) Adresse *f*, Anschrift *f*; Denkschrift *f*; ~ *pomocniczy* (*Paket-*)Begleitkarte *f*; ~ *powitalny* Grußbotschaft *f*; ~ *zwrotny a.* Absenderangabe *f*; *pod moim* ~**em** an meine Adresse; ~**arka** *f* (-i; *G* -rek) Adressiermaschine *f*; ~**at** *m* (-a; -ci) Adressat *m*, Empfänger *m*; ~**ować** (-uję) adressieren; *fig.* richten (*do G/an A*); ~**owy** Adressen-, Adreß-.

adriatycki adriatisch, Adria-.

adsorpc|ja *f* (-i; 0) Adsorption *f*; ~**yjny** adsorptiv; Adsorptions-.

adwent m (-u; -y) Advent m; ~owy Advents-.

adwoka|cki Anwalts-; gruszka ~cka Avocatobirne f; ~t m (-a; -ci) (Rechts-)Anwalt m; ~tura f (-y; 0) Anwaltschaft f.

aero|bus m (-u; -y) Flgw. Air-Bus m; ~dynamiczny aerodynamisch; stromlinienförmig; ~klub m Fliegerklub m; ~nawigacja f Luft-, Flugnavigation f; ~port m (Groß-) Flughafen m; ~sanie pl. Propellerschlitten m.

afekcja f (-i; -e) Med. Affektion f.

afekt m (-u; -y) Affekt m; † a. Zuneigung f; ~acja f (-i; 0) Affektation f; Affektiertheit f; ~owany affektiert.

afe|ra f (-y) (miłosna, szpiegowska Liebes-, Spionage-)Affäre f; engS. betrügerische Machenschaften; ~ra obyczajowa Sittlichkeitsskandal m; ~rzysta m (-y; -ści, -ów) Hochstapler m, Betrüger m.

afgański [-'gaĩs-] (po -ku) afghanisch.

afirmacja f (-i; -e): ~ życia Lebensbejahung f.

afisz m (-a; -e) (Film-)Plakat n, Aushang m; zejść z ~a Thea. abgesetzt werden; ~ować się ⟨za-⟩ (-uję) (z I) zur Schau tragen (od. stellen) (A), sich produzieren (mit).

aforyzm m (-u; -y) Aphorismus m.

Afrykan|in m (-a; -anie, -ów), ~ka f (-i; G -nek) Afrikaner(in f) m.

afrykański [-'kaĩs-] Afrika-, (po -ku) afrikanisch. [Achat-.]

agat m (-u; -y) Achat m; ~owy)

agen|cja f (-i; -e) (prasowa, reklamowa Presse-, Werbe-)Agentur f; ~cja pocztowa Poststelle f; ~da f (-y) Agenda f, Merkbuch n; Rel. Agende f; ~dy pl. a. Amtsgeschäfte n/pl.; ~t m (-a; -ci), ~tka f (-i; G -tek) Agent(in f) m; Thea. a. Manager m; ~tura f (-y) Agentur f; koll. Agenten n/pl., Geheimdienst m.

agita|cja f (-i; -e) Agitation f; ~cyjny Agitations-, agitatorisch; Pol. a. Aufklärungs-; ~tor m (-a; -rzy) Agitator m.

agitować ⟨za-⟩ (-uję) agitieren (za I/für A, przeciw D/gegen A).

aglomera|cja f (-i; -e): ~cja miejska Ballungsgebiet n; ~t m (-u; -y) s. spiek.

agonia [-'gɔ-] f (G, D, L -ii; 0) Agonie f, Todeskampf m.

agraf|a f (-y) Agraffe f, Spange f; ~ka f (-i; G -fek) Sicherheitsnadel f.

agrarny agrarisch, Agrar-.

agregat m (-u; -y) Aggregat n; Tech. a. Maschinensatz m, Anlage f.

agres|ja f (-i; -e) Aggression f; ~or m (-a; -rzy/-owie) Aggressor m.

agrest m (-u; -y) Stachelbeere(n pl.) f.

agresywn|ość f (-ści; 0) Aggressivität f; ~y aggressiv.

agronom m (-a; -owie/-i) Agronom m, landwirtschaftlicher Berater; ~iczny agronomisch, Agronomie-, Landwirtschafts-.

aj! Int. o!, oh!; ei!

ajer m (-u; -y) Bot. s. tatarak.

ajerkoniak F m Eierlikör m.

akacj|a f (-i; -e) Akazie f; ~owy Akazien-.

akademi|a [-'dɛ-] f (G, D, L -ii; -e) Akademie f; Hochschule f; Feier (-stunde) f; ~a ku czci (G), ~a z okazji (G) ...-Gedenkfeier; uroczysta ~a Festakt m; ~a żałobna Trauerfeier; ~cki (po -ku) akademisch; Akademie-; Universitäts-; Studien-; dom ~cki Studenten-(wohn)heim n; ~k m (-a; -cy) Student m; Akademiker m; Akademiemitglied n; F (pl. -ki) s. akademicki (dom).

akant m (-u; -y) Arch. Akanthusblatt n; Bot. = ~us m (-a; -y) Akanthus m, Bärenklau m.

akcent m (-u; -y) Akzent m; engS. Betonung f; Nachdruck m; Aussprache f; ~ować ⟨za-⟩ (-uję) akzentuieren, betonen; ~owy Akzent-, Betonungs-.

akcept m (-u; -y) Hdl. Akzept n; a. = ~acja f (-i; -e) Akzeptierung f; ~ować ⟨za-⟩ (-uję) akzeptieren; gutheißen.

akcesoria [-'sɔ-] n/pl. (-ów) Akzessorien n/pl.; Accessoires pl.; ~ samochodowe Autozubehör n.

akcj|a f (-i; -e) Aktion f; Kampagne f; (Roman-)Handlung f; Mil. a. Einsatz m; Hdl. (na oszaciela Inhaber-)Aktie f; ~a policyjna a. Polizeieinsatz m; miejsce ~i Schauplatz m; ~onariusz [-'na-] m (-a; -e) Aktionär m, Aktieninhaber m.

akcydens m (-u; -y) Akzidens n; (mst pl.) Akzidenz(druck m) f.

akcyjn|ość f (-ści; 0) Planlosigkeit f, Überstürztheit f bei d. Planerfüllung usw.; **~y** Aktien-; Arbeit: planlos, schlecht organisiert.

akcyza f (-y) Akzise f, Verbrauchssteuer f.

aklamacja f (-i; 0) Akklamation f.

aklimatyz|acja f (-i; 0) Akklimatisation f; **~ować** ⟨za-⟩ (-uję) akklimatisieren (się sich).

akompani|ament [-'ɲia-] m (-u; -y) (na fortepianie Klavier-)Begleitung f; **~ator** m (-a; -rzy) Mus. Begleiter m; **~ować** [-'ɲɔ-] (-uję) Mus. begleiten (D/A).

akonto s a (-a) Akontozahlung f.

akord m (-u; -y) Mus. Akkord m; (0) Akkord(arbeit f) m; Stücklohn m; na ~ im Akkord; **~eon** m (-u; -y) Akkordeon n; **~owiec** [-'dɔ-] F m (-wca, -wcze!; -wcy) Akkordarbeiter m; **~owy** Akkord-; -wo Adv. im Akkord.

akow|iec [-'kɔ-] m (-wca, -wcze!; -wcy) Soldat m der Heimatarmee (AK); **~ski** AK-, Heimatarmee-.

akredyt|ować (-uję) akkreditieren; **~ywa** f (-y) Akkreditiv n, Kreditbrief m.

akrobacja f (-i; -e) s. akrobatyka; ~ lotnicza Kunstflug m.

akrobat|a m (-y; -ci, -ów), **~ka** f (-i; G -tek) Akrobat(in f) m; ~ na trapezie Trapezkünstler m; **~yczny** akrobatisch; **~yka** [-'ba-] f (-i; 0) Akrobatik f.

aksamit m (-u; -y) Samt m; **~ek** m (-tka; -tki) Bot. Studentenblume f; **~ka** f (-i; G -tek) Samtband n; s. aksamitek; **~ny** samten, Samt-.

aksjomat m (-u; -y) Axiom n, Grundsatz m.

akt m (-u; -y) Akt m; engS. Tat f, Handlung f; Feier(stunde) f; (pl. -y/-a, -ów) Akte f, Aktenstück n; Urkunde f; ~ kupna Kaufbrief m; ~ oskarżenia Anklageschrift f; ~ zgonu, ~ zejścia Totenschein m, ~a osobowe Personalakte f; Dossier m od. n; do ~ zu den Akten.

aktor m (-a; -rzy), **~ka** f (-i; G -rek) Schauspieler(in f) m; **~ski** schauspielerisch, Schauspieler-; **~stwo** n (-a; 0) Schauspielkunst f; Schauspielerei f.

akt|owy Akt-, Akten-, Urkunden ; **~ówka** F f (-i; G -wek) Kollegmappe f, -tasche f.

aktualn|ie Adv. zur Zeit, gegenwärtig, **~ość** f (-ści) Aktualität f; **~y** aktuell.

aktyw m (-u; -y) (partyjny Partei-) Aktiv n, Arbeitsgruppe f; ~ społeczny Bürger-Initiativgruppe f; **~a** pl. (-ów) Hdl. Aktiva n/pl., Guthaben n; **~acja** f (-i; 0) Aktivierung f; **~ista** m (-y; -ści, -ów), **-tka** f (-i; G -tek) Aktivist(in f) m; engS. ehrenamtlicher Funktionär; **~ność** f (-ści; 0) Aktivität f; **~ny** aktiv; rührig; **~ować** ⟨z-⟩ (-uję) aktivieren; (neu) beleben.

akumul|acja f (-i; 0) Akkumulation f; Phys. Aufspeicherung f; **~ator** m (-a; -y) Akkumulator m, Batterie f, F Akku m; **~ować** ⟨z-⟩ (-uję)akkumulieren; (auf)speichern.

akurat [a. -'rat] Adv. gerade, ausgerechnet; genau; **~ność** f (-ści; 0) Sorgfalt f, Akkuratesse f; **~ny** akkurat, genau.

akusty|czny akustisch, Schall-; **~ka** [-'ku-] f (-i; 0) Akustik f.

akuszer m (-a; -owie) Geburtshelfer m; **~ka** f (-i; G -rek) Hebamme f; **~stwo** n (-a; 0) s. położnictwo.

akwa|forta f (-y) Radierung f; **~lung** m (-u; -i) Drucklufttauchgerät n; **~maryn** m (-u; -y) Min. Aquamarin m; **~rela** f (-i; -e) Aquarell n; **~relowy** Aquarell-; **~riowy** [-'rjɔ-] Aquarien-; **~rium** [-'kfa-] n (unv.; -ia, -ów) Aquarium n.

akwedukt m (-u; -y) Aquädukt n.

akwizytor m (-a; -rzy) Akquisiteur m.

alabast|er m (-tru; -try) Alabaster m; **~rowy** (-wo) alabastern, Alabaster-.

alarm m (-u; -y) Alarm m; dzwonić na ~ Alarm läuten; **~ować** ⟨za-⟩ (-uję) alarmieren, Alarm schlagen; **~owy** Alarm-; **~ujący** [-'jɔn-] alarmierend.

alasz m (-u; 0) Kümmellikör m, Allasch m.

Alba|nka f (-i; G -nek), **~ńczyk** m (-a; -cy) Albaner(in f) m; 2ński [-'baĩs-] Albanien-, (po -ku) albanisch.

albatros m (-a; -y) Sturmvogel m.

albinos m (-a; -i/-y) Albino m.

albo oder; ~ ... ~ entweder ... oder; **~wiem** denn.

album m (-u; -y) Album n.

alchemik m Alchimist m, Goldmacher m.

alcista m (-y; -ści, -ów) Altist m; Bratschist m.

ale aber, (je)doch; sondern; ~ zuch! na, so ein Prachtkerl!; ~ gdzie(ż) tam! ach wo!; ~ż nie! aber nicht doch!; ~ż tak! aber ja od. natürlich!; bez żadnego ~ ohne Wenn und Aber; nie bez ~ nicht ohne Grund; to nie bez ~ es ist ein Aber dabei; nikt nie jest bez ~ niemand ist ohne Fehler.

alegor|ia [-'gɔ-] f (G, D, L -ii; -e) Allegorie f; **~yczny** allegorisch.

aleja f (-ei; -e, -ei/-) Allee f.

alergiczny allergisch.

alert (-u; -y) Meteo. Alarmbereitschaft f.

ależ s. ale.

alfabet [-ɔs] m (-u; -y) Alphabet n; ~ niewidomych Blindenschrift f; **~yczny** alphabetisch.

alfons [-ɔs] m (-a; -i/-y) Zuhälter m, F Loddel m, Luis m.

algebra ['al-] f (-y; 0) Algebra f; **~iczny** [-bra'it∫-] algebraisch.

Algier|czyk m (-a; -cy), **~ka** f (-i; G -rek) Algerier(in f) m; **2ski** Algerien-, (po -ku) algerisch.

alian|cki [a'l‍ia-] Alliierten-; **~s** ['al‍ias] m (-u; -e) Allianz f; **~t** m (-a; -ci) Alliierte(r).

alibi n (unv.) Alibi n.

aliment|y pl. (-ów) Unterhalt(sbeitrag) m; **~acyjny**: obowiązek -ny Unterhaltspflicht f.

alkali|a [-'ka-] pl. (-ów) Alkalien n/pl.; **~czny** alkalisch.

alkohol m (-u; -e) Alkohol m; ~ etylowy Äthanol n; ~ metylowy a. Methanol n; **~iczny** alkoholisch; **~ik** m (-a; -cy), **~iczka** f (-i; G -czek) Alkoholiker(in f) m; **~izm** m (-u; 0) Alkoholismus m; **~owy** alkoholisch, Alkohol-.

alkowa f (-y; G -ków) Alkoven m; † Schlafgemach n.

alleluja n (unv.) Halleluja n; Wesołego 2! Fröhliche Ostern!

aloes m (-u; -y) Aloe f.

alowiec [-'l‍ɔ-] F m (-wca, -wcze!; -wcy) hist. AL-Soldat m, Soldat der Volksarmee.

alpaka f (-i) Zo. Alpaka n; (0) Neusilber n.

alpejski alpin; Alpen-.

alpinist|a m (-y; -ści, -ów) Berg

steiger m, Alpinist m; **~yka** [-'ɲi-] f (-i; 0) Alpinismus m, Bergsport m.

alt m (-u; -y) Alt(stimme f) m.

altan|a f (-y), **~ka** f (-i; G -nek) (Garten-)Laube f.

alternatywny alternativ, Alternativ-.

alt|owy Mus. Alt-; **~ówka** f (-i; G -wek) Bratsche f.

altysta m (-y; -ści, -ów) Altsänger m; s. alcista.

alumini|owy [-'ɲɔ-] Aluminium-; **~um** [-'mi-] n (unv.) s. glin.

aluzj|a f (-i; -e) Anspielung f, Andeutung f; czynić **~e** anspielen (do G/auf A).

alzacki elsässisch, Elsässer (Adj.).

ałun m (-u; -y) Alaun(stein) m; **~owy** Alaun-.

amalgamat m (-u; -y) Amalgam n.

amant m (-a; -ci) Liebhaber m (a. Thea.); **~ka** f (-i; G -tek) Geliebte f; Thea. Liebhaberin f.

amarant m (-u; -y) Bot. Amarant m; **~owy** (-wo) amarantrot.

amarylek m (-lka; -lki) Bot. Amaryllis f; engS. Ritterstern m.

amator m (-a; -rzy/† -owie) Amateur m; Liebhaber m; (na A) Reflektant m, Interessent m; **~ski** Amateur-, Laien-; **~stwo** n (-a; 0) Liebhaberei f; Sp. Amateurstatus m.

amazonka f (-i; G -nek) Amazone f.

ambaras m (-u; -y) Verlegenheit f; sprawiać **~**, narobić **~u** Ungelegenheiten (od. Scherereien) bereiten.

ambasad|a f (-y) Botschaft f; **~or** m (-a; -rzy/-owie) (do specjalnych poruczeń Sonder-)Botschafter m; **~orski** Botschafter-.

ambicja f (-i; -e) Ehrgeiz m; Ehrgefühl n.

ambit F: wziąć na **~** s-e Ehre dareinsetzen; **~ny** ehrgeizig, ambitiös.

ambona f (-y) Kanzel f.

ambra f (-y; 0) Amber m.

ambula|ns [-ãs] m (-u; -e) Ambulanz-, Krankenwagen m; Postwagen m; **~torium** [-'tɔ-] n (unv.; -ia, -ów) Ambulanz f, Ambulatorium n; **~toryjny** ambulant, ambulatorisch.

ameba f (-y) Amöbe f.

amen n (unv.) Amen n; jak ~ w pacierzu wie das Amen in der Kirche; F na ~ total, ganz und gar.

Ameryka|nin m (-a; -anie, -ów) Amerikaner m; **~nka** f (-i; G -nek)

Amerikanerin *f*; ǫnka Schlafsessel *m*; F *Sp.* Freistilringen *n*; amerikanische Buchführung; 2ński [-'kaĩs-] amerikanisch, Amerika-; *bar* -ki Snackbar *f*.

ametyst *m* (-*u*; -*y*) Amethyst *m*.

amfibia [ã'fi-] *f* (*G, D, L* -*ii*; -*e*) *Zo.* Amphibie *f*; *Tech. in Zssgn* Amphibien-; *czoŁg*-ᴗ Schwimmkampfwagen *m*.

amfiteatr [ãfi-] *m* Amphitheater *n*.

amfora [ã'fɔ-] *f* (-*y*) Amphora *f*.

amin|a *f* (-*y*) *Chem.* Amin *n*; ᴗokwas *m* Aminosäure *f*.

amne|stia [-'nɛ-] *f* (*G, D, L* -*ii*; -*e*) Amnestie *f*; ᴗzja *f* (-*i*; -*e*) *Med.* Amnesie *f*.

amon *m* (-*u*; *0*) *Chem.* Ammonium *n*; ᴗiak [-'mɔ-] *m* (-*u*; *0*) Ammoniak *n*; *f* a. Salmiakgeist *m*; ᴗowy Ammonium-.

amo|ralny unmoralisch, unzüchtig; ᴗrek *m* (-*rka*; -*rki*) Amorette *f*; Putte *f*.

amorficzny amorph.

amortyza|cja *f* (-*i*; -*e*) *Fin.* Amortisation *f*; *Tech.* Stoßminderung *f*, Dämpfung *f*; ᴗcyjny: *fundusz* -*ny* Amortisationsfonds *m*; ᴗtor *m* (-*a*; -*y*) Stoßdämpfer *m*.

amortyzować ⟨*z*-⟩ (-*uję*) amortisieren ⟨*się* sich⟩; (*nur impf.*) *Tech.* dämpfen.

amory F *pl.* (-*ów*) Liebschaft(en *pl.*) *f*, Amouren *pl.*

amperomierz *m* [-'rɔ-] *m* (-*a*; -*e*, -*y*) Amperemeter *n*.

ampla *f* (-*i*; -*e*, -*i*) *El.* Gehänge *n*.

ampuŁka *f* (-*i*; *G* -*lek*) Ampulle *f*, Phiole *f*.

amputować (-*uję*) *Med.* amputieren, abnehmen.

amulet *m* (-*u*; -*y*) Amulett *n*.

amunic|ja *f* (-*i*; *0*) (*bojowa, ślepa* scharfe, Übungs-)Munition *f*; ᴗyjny Munitions-; Patronen-; *Su. m* (-*ego*; -*i*) Munitionsträger *m*.

anachroniczny anachronistisch.

analfabet|a *m* (-*y*; -*ci*, -*ów*) Analphabet *m*; ᴗyzm *m* (-*u*; *0*) Analphabetentum *n*.

anali|tyczny analytisch; ᴗza *f* (-*y*) Analyse *f*; *engS.* Untersuchung *f*; Auswertung *f*; *Math.* Analysis *f*; ᴗzować ⟨*prze*-⟩ (-*uję*) analysieren.

analn|y anal; *faza* ᴗa Analphase *f*.

analogi|a [-'lɔ-] *f* (*G, D, L* -*ii*; -*e*) Analogie *f*; ᴗczny analog.

---

ananas *m* (-*a*; -*y*) Ananas *f*; F *fig.* Früchtchen *n*; ᴗowy Ananas-.

anarchi|a [-'nar-] *f* (*G, D, L* -*ii*; *0*) Anarchie *f*; ᴗczny anarchisch; ᴗsta *m* (-*y*; -*ści*, -*ów*) Anarchist *m*.

anatomi|a [-'tɔ-] *f* (*G, D, L* -*ii*; *0*) Anatomie *f*; ᴗczny anatomisch.

androny F *pl.* (-*ów*) Lügengeschichten *f/pl.*; dummes Zeug, Quatsch *m*; *pleść* ᴗ *a.* Stuß reden.

andrus *m* (-*a*; -*y*) Strolch *m*, Rowdy *m*.

andrut *m* (-*a*; -*y*) Waffel *f*.

andrzejki *f/pl.* (-*jek*) Andreasabend *m* (29. 11.).

anegdota *f* (-*y*) Anekdote *f*.

anek|s *m* (-*u*; -*y*) Ergänzung(steil *n*) *f*; Beilage *f*; *Arch.* Anbau *m*; ᴗsja *f* (-*i*; -*e*) Annexion *f*; ᴗtować ⟨*za*-⟩ (-*uję*) annektieren.

anemi|a [-'nɛ-] *f* (*G, D, L* -*ii*; *0*) (*zŁośliwa* perniziöse) Anämie *f*; ᴗczny anämisch.

aneste|tyk *m* (-*a*; -*i*) Anästhetikum *n*; ᴗzja *f* (-*i*; *0*) Anästhesie *f*; ᴗzjolog *m* (-*a*; -*dzy/*-*owie*) Anästhesist *m*, Narkosefacharzt *m*.

anewryzm *m* (-*u*; -*y*) *Med.* Aneurysma *n*.

angażować [aŋg-] ⟨*za*-⟩ (-*uję*) an-, einstellen, verpflichten; hineinziehen, verwickeln; ᴗ *się* sich engagieren, sich binden.

Angiel|ka [aŋ'gɛl-] *f* (-*i*; -*lek*) Engländerin *f*; 2ski England-, (*po* -*ku*) englisch; *choroba* -*ka* Rachitis *f*; *ziele* -*kie* Piment *n* od. *m*, Gewürzkörner *n/pl.*; *Su. m* (-*ego*; *0*) Englisch *n*; 2szczyzna *f* (-*y*; *0*) alles Englische; *engS.* Englisch *n*.

angina [aŋ'gi-] *f* (-*y*) Angina *f*.

Anglik [ˈaŋg-] *m* (-*a*; -*cy*) Engländer *m*; 2ański [-'kaĩs-] anglikanisch.

anglosaski [aŋg-] angelsächsisch.

angorski [aŋ'g-] Angora-.

ani nicht (einmal), kein(e); auch nicht; ᴗ...ᴗ weder...noch; ᴗ *cienia*, ᴗ *na jotę*, ᴗ *krzty*, ᴗ *na lekarstwo*, ᴗ *trochę* kein bißchen, keinen (blassen) Schimmer; ᴗ *myśleć* überhaupt nicht daran zu denken; F ᴗ *mru mru* kein Sterbenswörtchen (*o L/*darüber, davon); ᴗ *mu to w gŁowie* er denkt überhaupt nicht daran; ᴗ *rusz* (es) geht überhaupt nicht; ᴗ *sŁowa!* das kann man wohl sagen!; ᴗ *ziębi* ᴗ *grzeje* (es) läßt *j-n* ganz kalt; ᴗ *znaku* keine Spur (*G/*von *D*).

anielski (*-ko*) engelhaft, Engels-.

anilinowy Anilin-.

animowany: *film* ~ Zeichentrickfilm *m*.

animusz † *m* (*-u; 0*) Mut *m*; Schwung *m*; *doda(wa)ć* ~*u* Mut machen.

anioł ['a-] *m* (*-a, aniele!; -owie/anieli, -ów*) Engel *m*; F *fig.* Beschatter *m*; ♀ *Pański* englischer Gruß, Avemaria *n*; *Michał* ♀ Michelangelo; ~ *morski* Engelhai *m*; ~**ek** *m* (*-łka; -łki*) Engelchen *n*.

aniżeli *s.* **niż.** [Engelchen *n*.]

ankiet|a [aŋ'kɛ-] *f* (*-y*) Umfrage *f*, Enquete *f*; Fragebogen *m*; ~**owy** Frage-, Enqueten-.

ankrować [aŋk-] (*-uję*) verankern.

Annasz *m* (*-a; 0*): *od* ~*a do Kajfasza* von Pontius zu Pilatus.

anoda *f* (*-y*) Anode *f*.

anomalia [-'ma-] *f* (*G, D, L -ii; -e*) Anomalie *f*.

anonim *m* (*-a; -owie*) Anonymus *m*; (*-u; -y*) anonymer Brief; anonymes Werk; ~**owy** (*-wo*) anonym; *adres* ~**owy** Deckadresse *f*.

anons ['anõs] *m* (*-u; -y/-e*) (*Zeitungs-*)Annonce *f*, Anzeige *f*; ~**ować** ⟨*za-*⟩ (*-uję*) annoncieren, inserieren; anzeigen.

anor|ganiczny anorganisch; ~**malny** anormal.

ans|a ['ã-] *f* (*-y*): *mieć* ~*ę do* (*G*) *j-m* nicht gewogen (*F* grün) sein.

antaba *f* (*-y*) (*Tür-*)Eisenstab *m*, (*Quer-*)Riegel *m*; Türring *m*; Griff *m*, Henkel *m*.

antałek *m* (*-łka; -łki*) Fäßchen *n*.

antarktyczny antarktisch, Antarktis-.

antek F *m* (*-tka; -tki*) Gassen-, Straßenjunge *m*.

antena *f* (*-y*) (*pokojowa, zbiorowa* Zimmer-, Gemeinschafts-)Antenne *f*.

antenat *m* (*-a; -ci*) Ahn(herr) *m*.

antologia [-'lɔ-] *f* (*G, D, L -ii; -e*) Anthologie *f*.

antrakt *m* (*-u; -y*) Zwischenakt *m*, Pause *f*; *Mus.* Zwischenspiel *n*.

antresola *f* (*-i; -e, -i*) Zwischen-, Halbgeschoß *n*; Hängeboden *m*.

antropolog *m* (*-a; -owie/-dzy*) Anthropologe *m*; ~**ia** [-'lɔ-] *f* (*G, D, L -ii; 0*) Anthropologie *f*; ~**iczny** anthropologisch.

antrykot *m* (*-u; -y*) *Kochk.* Entrecote *n*.

anty|biotyk [-'bjɔ-] *m* (*-u; -i*) Antibiotikum *n*; ~**chryst** *m* (*-a; -y*) Antichrist *m*; ~**cypować** (*-uję*) vorwegnehmen (*A*), vorgreifen (*D*).

antyczny antik; antiquiert.

anty|datować zurückdatieren; ~**dot** *m* (*-u; -y*) Antidotum *n*, Gegengift *n*; ~**faszystowski** antifaschistisch.

antyk *m* (*-u; -i*) antikes Kunstwerk, Antiquität *f*; (*0*) Antike *f*.

anty|komunistyczny antikommunistisch; ~**koncepcyjny:** *środek* ~*ny* empfängnisverhütendes Mittel.

antykwar|ia [-'kfa-/-'kva-] *pl.* (*-ów*) Antiquitäten *f/pl.*; ~**iat** *m* (*-u; -y*) Antiquariat *m*; ~**iusz** *m* (*-a; -e*) Antiquar *m*; ~**nia** *f* (*-i; -e, -i/-ń*) (*Buch-*)Antiquariat *n*; ~**ski** (*-ko*) antiquarisch.

antylopa *f* (*-y*) Antilope *f*.

anty|ludowy volksfeindlich; ~**militarystyczny** antimilitaristisch.

antymon *m* (*-u; 0*) *Chem.* Antimon *n*; ~**it** *m* (*-u; -i*) *Min.* Antimonglanz *m*.

anty|narodowy (*-wo*) *s.* **antyludowy;** ~**naukowy** (*-wo*) unwissenschaftlich; ~**niemiecki** deutschfeindlich; ~**państwowy** (*-wo*) staatsfeindlich; ~**papież** *m* Gegenpapst *m*; ~**partyjny** parteifeindlich.

antypat|ia [-'pa-] *f* (*G, D, L -ii; -e*) Abneigung *f*; ~**yczny** antipathisch, unangenehm.

anty|pokojowy (*-wo*) friedensfeindlich, -gefährdend; ~**polski** polenfeindlich; ~**radziecki** antisowjetisch; ~**religijny** kirchenfeindlich, antireligiös; ~**rewolucyjny** revolutionsfeindlich; ~**rządowy** regierungsfeindlich; ~**sanitarny** gesundheitswidrig; ~**semita** *m* Antisemit *m*; ~**septyczny** antiseptisch; ~**społeczny** gesellschaftsfeindlich, unsozial; ~**teza** *f* Antithese *f*; ~**wojenny** Kriegsgegner-, antimilitaristisch.

anulować (*im*)*pf.* (*-uję*) annullieren.

anyż *m* (*-u; -e*) *Bot.* Anis *m*; ~**ek** *m* (*-żku; 0*) Anis(samen *pl.*) *m*; ~**ówka** *f* (*-i; G -wek*) Anisschnaps *m*.

aorta *f* (*-y*) Aorta *f*, Hauptschlagader *f*.

aparat *m* (*-u; -y*) Gerät *n*, Apparat *m* (*a. fig.*); ~ *dla głuchych* Hörgerät; ~ *do osuszania włosów* Haartrockner *m*; ~ *do zdjęć filmowych* Film(aufnahme)kamera *f*; ~ *oddechowy*

Anat. Atmungsorgane *n/pl.*; **~ura** *f* (-y) Apparatur *f*, Gerät *n*, Anlage *f*.

apartament *m* (-u; -y) Appartement *n*. [Halstuch *n*.\

apaszka *f* (-i; *G* -szek) *(Seiden-)*\

apat|ia [-'pa-] *f* (*G, D, L* -ii; *0*) Apathie *f*; **~yczny** apathisch, teilnahmslos.

apel *m* (-u; -e, -ów) Appell *m*; *eng S.* Aufruf *m*; Antreten *n*; ~ poległych Totenappell, Gefallenenehrung *f* durch Namensaufruf; *na* ~, *do* ~u zum Appell.

apelac|ja *f* (-i; -e) *Jur.* Berufung *f*; **~yjny** Appelations-, Berufungs-.

apelow|ać ⟨za-⟩ (-*uję*) appellieren *(do G/an A*); ~y Appell-.

apet|yczny appetitlich; **~yt** *m* (-u; -y) Appetit *m*; *pobudzający* ~yt appetitanregend.

aplika|cja *f* (-i; -e) *Jur.* Praktikum *n*, Vorbereitungsdienst *m*; Applikation *f (aufgenähtes Muster)*; **~nt** *m* (-a; -ci) *(Gerichts-)*Referendar *m*.

apokaliptyczny apokalyptisch.

apolityczny unpolitisch.

apoplek|sja *f* (-i; *0*) Apoplexie *f*, Schlaganfall *m*; **~tyczny** apoplektisch.

aportować ⟨za-⟩ (-*uję*) apportieren.

aposto|lski apostolisch; Apostel-; **~ł** *m* (-a; -owie) Apostel *m*.

aprilis *m s.* prima.

aprob|ata *f* (-y) Billigung *f*, Zustimmung *f*; Erlaubnis *f*; **~ować** ⟨za-⟩ (-*uję*) billigen, gutheißen.

aprowizac|ja *f* (-i; *0*) Lebensmittel(versorgung *f*) *n/pl.*; **~yjny**: *urząd* ~y Ernährungsamt *n*.

apsyda *f* (-y) *Arch.* Apsis *f*.

aptecz|ka *f* (-i; *G* -czek) *(Haus-, Reise-)*Apotheke *f*; **~ka** pierwszej pomocy Verband(s)kasten *m*; **~ny** Apotheken-; *skład* ~ny Drogerie *f*.

aptek|a *f* (-i) Apotheke *f*; **~arski** Apotheker-; **~arka** *f* (-i; *G* -rek), **~arz** *m* (-a; -e, -y) Apotheker(in *f*) *m*.

Arab *m* (-a; -owie), **~ka** *f* (-i; *G* -bek) Araber(in *f*) *m*; ♀ *(pl.* -y) Araber(hengst *m*; **~ski** Araber-, *(po* -*ku)* arabisch; *guma* ♀ska Gummiarabikum *n*.

aranżować [-rã'ʒɔ-] ⟨za-⟩ (-*uję*) arrangieren; veranstalten

arbitra|lny arbiträr; **~ż** *m* (-u; -e) Schlichtungswesen *n*; Schiedsgericht *n*; *Fin.* Arbitrage *f*; **~żowy**: orzeczenie -owe Schiedsspruch *m*;

komisja -owa Schlichtungskommission *f*.

arbuz *m* (-a; -y) Wassermelone *f*.

archaiczny [-xa'i-] archaisch.

archanioł *m* Erzengel *m*.

archeolog *m* (-a; -owie/-dzy) Archeologe *m*; **~ia** [-'lɔ-] *f* (*G, D, L* -ii; *0*) Archeologie *f*.

archi|- *in Zssgn s. arcy-*; **~pelag** *m* (-u; -i) Archipel *m*.

architekt *m* (-a; -ci) *(wnętrz* Innen-) Architekt *m*; **~oniczny** architektonisch; **~ura** *f* (-y; *0*) Architektur *f*.

archiw|alny Archiv-; **~ariusz** [-'va-] *m* (-a; -e, -y), **~ista** *m* (-y; -ści, -ów) Archivar *m*; **~um** *n (unv.; -wa, -wów)* Archiv *n*.

arcy|- *in Zssgn* Haupt-, Ur-, Erz-, F Riesen-, **~biskup** *m* Erzbischof *m*; **~ciekawy** hochinteressant; **~dzieło** *n* Meisterstück *n*, -werk *n*; **~głupi** erzdumm; **~kapłan** *m* Erzpriester *m*; **~książe** *m* Erzherzog *m*; **~księstwo** *n* Erzherzogtum *n*; **~księżna** *f* Erzherzogin *f*; **~łotr** *m* Erzgauner *m*, -lump *m*; **~mistrz** *m (Schach-)*Großmeister *m*; **~modny** supermodern; **~nudny** sehr langweilig, F stinklangweilig; **~ważny** hochwichtig; **~zabawny** sehr drollig.

are|ał *m* (-u; -y) Areal *n*, Fläche *f*; **~na** *f* (-y) Arena *f*; Manege *f*; *fig.* Schauplatz *m*, Bühne *f*.

arend|a *f* † *f* (-y) Pacht *f*; Schenke *f*; **~ować** (-*uję*) (ver)pachten.

areszt *m* (-u; -y) *(domowy* Haus-) Arrest *m*, *(odosobniony, śledczy* Einzel-, Untersuchungs-)Haft *f*; Arrestlokal *n*; *(Gehalts-)*Pfändung *f*; Beschlagnahme *f v. Publikationen)*; **~ant** *m* (-a; -ci) Arrestant *m*.

aresztowa|ć ⟨za-⟩ (-*uję*) verhaften, festnehmen; **~nie** *n* (-a) Verhaftung *f*, Festnahme *f*; *nakaz* ~nia Haftbefehl *m*; **~ny** verhaftet, inhaftiert; *Su. m* (-ego; -i) Häftling *m*.

Argenty|nka *f* (-i; *G* -nek), **~ńczyk** *m* (-a; -cy) Argentinier(in *f*) *m*; ♀ński [-'tïïs-] argentinisch, Argentinien-.

argu|mentować (-*uję*) argumentieren, begründen; **~ment** *m* Argument *n*; **~s** *m* (-a; -y) Argus-.

aria ['a-] *f* (*G, D, L* -ii; -e) Arie *f*

arka *f* (-i; *G* -rek) Arche *f*; ~ przymierza Bundeslade *f*.

arkad|a *f* (-y) *Arch.* Arkade *f*; **~y** *pl.* Bogengang *m*.

arkan m (-u; -y) Lasso m od. n; **~a**, **~y** pl. (-ów) Geheimnisse n/pl.

arktyczny arktisch.

arku|sik m (-a; -i) (Papier-)Blatt n; **~sz** m (-a; -e, -y) (Papier-)Bogen m, Blatt n; Blech(platte f, -tafel f) n; **~sz drukarski** Druckbogen; **~szowy** Bogen-.

arlekin m (-a; -y/-i) Harlekin m.

armat|a f (-y) ([przeciw]czołowa Panzer[abwehr-])Kanone f; **~ka** f (-i; G -tek) kleine Kanone; **~ni** Kanonen-; **~or** m (-a; -rzy) Reeder m; **~ura** f (-y) Armatur f.

Arme|nka f (-i; G -nek), **~ńczyk** m (-a; -cy) Armenier(in f) m; **2ński** [-'mɛis-] (po -ku) armenisch.

armia ['a-] f (G, D, L -ii; -e) Armee f; 2 **Zbawienia** Heilsarmee.

arogan|cki (-ko) arrogant, anmaßend, F kaltschnäuzig, patzig; **~t** m (-a; -ci) arroganter Kerl od. Mensch, Flegel m.

aromat m (-u; -y) Aroma n, Duft m; **~yczny** aromatisch.

arras m (-u; -y) Ar(r)azzo m, Wandteppich m.

arsen m (-u; 0) Chem. Arsen n.

arsenał m (-u; -y) Arsenal n.

arszenik m (-u; 0) Arsenik n.

arteria [-'tɛ-] f (G, D, L -ii; -e) Arterie f; fig. Ader f.

artezyjsk|i: studnia ~a artesischer Brunnen.

artrety|czny arthritisch, gichtisch; gichtkrank; **~zm** m (-u; 0) Arthritis f, Gicht f.

artykuł m (-u; -y) (pierwszej potrzeby, powszechnego użytku, wstępny Bedarfs-, Gebrauchs-, Leit-)Artikel m; **~ wiary** Glaubenssatz m; **~ować** (-uję) artikulieren.

artyle|ria [-'lɛ-] f (G, D, L -ii; 0) (przeciwlotnicza, rakietowa Flugabwehr-, Raketen-)Artillerie f; **~ryjski** Artillerie-; **~rzysta** m (-y; -ści, -ów) Artillerist m.

artyst|a m (-y; -ści, -ów), **~ka** f (-i; G -tek) Künstler(in f) m; (Zirkus-)Artist(in f) m; **~a malarz** Kunstmaler m; **~yczny** künstlerisch, Kunst-; kunstvoll.

artyzm m (-u; 0) Kunstfertigkeit f, Meisterschaft f.

aryjski arisch, Arier-.

arystokrat|a m (-y; -ci, -ów) Aristokrat m; **~yczny** aristokratisch.

arytmety|czny arithmetisch, Re-chen-; **~ka** [-'mɛ-] f (-i; 0) Arithmetik f; (Schul-)Rechnen n.

arytmometr m (-u; -y) (Tisch-)Rechenmaschine f.

as m (-a; -y) As n; fig. a. (Sport-)Kanone f.

ascet|a m (-y; -ci, -ów) Asket m; **~yczny** asketisch.

asekur|acja f Sp. Sicherung f; Hilfestellung f; s. ubezpieczenie; **~acyjny** Versicherungs-; **~anctwo** n (-a; 0) fig. Rückversicherung f; **~ant** m (-a; -ci) fig. Rückversicherer m.

asekurować ⟨za-⟩ (-uję) versichern (się sich); Berg-Sp. sichern; ~ się fig. sich rückversichern.

asfalt m (-u; -y) Asphalt m; **~ować** (-uję) asphaltieren; **~owy** asphaltiert; Asphalt-.

asortyment m (-u; -y) Sortiment n, Auswahl f.

aspir|acja f (-i; -e) Aspiration f; engS. Streben n; Ehrgeiz m; **~ant** m (-a; -ci) Aspirant m, Kandidat m.

aspołeczn|y asozial; **~e zachowanie się** unsoziales Verhalten.

aster m (-tra; -try) Aster f.

astma f (-y; 0) Asthma n; **~tyczny** asthmatisch.

astrolog m (-a; -owie/-dzy) Astrologe m; **~ia** [-'lɔ-] f (G, D, L -ii; 0) Astrologie f.

astronaut|a [-'nau̯-] m (-y; -ci, -ów) Astronaut m; **~yka** [-'nau̯-] f (-i; 0) Raumfahrt f.

astronom m (-a; -owie) Astronom m; **~ia** [-'nɔ-] f (G, D, L -ii; 0) Astronomie f; **~iczny** astronomisch.

asygn|ata f (-y) (Bank-, Geld-)Anweisung f; **~ować** ⟨wy-⟩ (-uję) anweisen.

asymilować (-uję) assimilieren (się sich).

asyst|a f (-y; 0) Begleitung f, Geleit n; **~ent** m (-a; -ci), **-tka** f (-i; G -tek) Assistent(in f) m; **~ować** (-uję) assistieren; beistehen; **e-r Frau** den Hof machen.

atak m (-u; -i) (lotniczy, zbieżny Luft-, Zangen-)Angriff m; Sp. a. Sturm m; Med. Anfall m; fig. a. Attacke f; ~ **gniewu** Zornausbruch m; ~ **płaczu** Weinkrampf m; **~ować** ⟨za-⟩ (-uję) angreifen; stürmen; fig. a. attakieren.

ateistyczny atheistisch.

ateusz m (-a; -e) Atheist m; **~ostwo** n (-a; 0) Atheismus m.

atlantycki atlantisch, Atlantik-.

atlas m (-u; -y) Geogr., Anat. Atlas m.

atlet|a m (-y; -ci, -ów) Athlet m; **~yczny** athletisch; **~yka** [-'le-]f(-i; 0) (ciężka, lekka Schwer-, Leicht-) Athletik f.

atłas m (-u; -y) Atlas m (Stoff); **~ek** m (-sku; 0) Glanzstickgarn n; **~owy** Atlas-; fig. samten.

atmosfer|a f Atmosphäre f; **~yczny** atmosphärisch; Wetter-.

atol m (-u; -e) Atoll n.

atom m (-u; -y) Atom n; **~owy** Atom-; atomar; **~ówka** F f (-i; G -wek) Atombombe f.

atrakc|ja f (-i; -e) Attraktion f, Anziehungspunkt m; **~yjność** f (-ści; 0) Anziehungskraft f (fig.); **~yjny** attraktiv, anziehend.

atrament m (-u; -y) Tinte f; ~ do stemplowania Stempelfarbe f; **~owy** Tinten-.

atrapa f (-y) Attrappe f.

atropina f (-y; 0) Atropin n.

atrybut m (-u; -y) Attribut n (a. Gr.).

atu n (unv.) s. atut; bez ~ ,Ohne-Trumpf'-Blatt n; ,ohne Trumpf' (Ansage).

atut m (-u; -y) Trumpf m (a. fig.); **~owy** Trumpf-.   [Audienz f.)

audiencja [-'dĩen-] f (-i; -e)

audiowizualny audiovisuell.

audy|cja f (-i; -e) (Rundfunk-)Sendung f; **~cja dla dzieci, szkół** Kinder-, Schulfunk m; cykl **~cji** Sendereihe f; **~torium** [-'tɔ-] n (unv.; -ria, -ów) Auditorium n; engS. Hörsaal m; Zuhörer m/pl.

augiaszow|y: stajnie ~e Augiasstall m.

aura f (-y) Wetter n; fig. Atmosphäre f; Med. Aura f.

aureola f (-i; -e) Aureole f; engS. Heiligenschein m; fig. Nimbus m.

auspicj|e pl. (-ów) Auspizien n/pl.; **pod ~ami** unter der Schirmherrschaft.

Australij|czyk m (-a; -cy), **~ka** f (-i; G -jek) Australier(in f) m; **2ski** australisch, Australien-.

austria|cki [-ri'ja-] österreichisch, Österreich-; F -ie gadanie Quatsch m, Stuß m; **2czka** f (-i; G -czek), **2k** ['aŭ-] m (-a; -cy) Österreicher(in f) m.

auszpik ['aŭ-] m (-u; 0) Aspik m.

aut m (-u; -y) Sp. Aus n.

autentyczny authentisch, F wascht-echt.

auto n (-a) Auto n, Wagen m; **~- in** Zssgn Auto-, auto-, Selbst-, selbst-; **~biograficzny** autobiographisch; **~bus** m (-u; -y) Autobus m, Omnibus m; **~busowy** Autobus-, Omnibus-; **~chton** m (-a; -i) Autochthone m, Ureinwohner m, Eingeborene(r); **~chtoniczny** autochthon, bodenständig, (alt)eingesessen; **~graf** m (-u; -y) Autograph n; Autogramm n; **~kar** m (-u; -y) Reise(omni)bus m; **~kratyczny** autokratisch.

automat m (-u; -y) (zupełny Voll-)Automat m; Mil. Maschinenpistole f; ~ do zamykania drzwi Türschließer m; ~ telefoniczny Münzfernsprecher m.

automaty|czny automatisch, Auto(-maten)-; Mil. a. Selbstlade-; **~zować** ⟨z-⟩ (-uję) (całkowicie voll) automatisieren.

automobil|ista m (-y; -ści, -ów) Motorsportler m; † a. Autofahrer m; **~owy** Auto(mobil)-.

autonomi|a [-'nɔ-] f (G, D, L -ii; 0) Autonomie f; **~czny** autonom.

auto|pilot m (-a; -y) Autopilot m, Selbststeueranlage f; **~portret** m Selbstbildnis n; **~psja** f (-i; -e) Autopsie f.

autor m (-a; -rzy/-owie) Autor m, Verfasser m; ~ listu Briefschreiber m.

autorament m (-u; -y): starego ~u alten Schlages.

autor|ka f (-i; G -rek) Autorin f, Verfasserin f; **~ski** Autoren-, Verfasser-; Urheber-; **~stwo** n (-a) Urheberschaft f.

autory|tatywny autoritativ; **~tet** m (-u; -y) Autorität f; (społeczny socjalny) Prestige; **~zować** (-uję) autorisieren.

auto|sanie pl. Motorschlitten m; **~serwis** m Kfz. Kundendienst m; **~stopem** Adv. per Anhalter; **~stopowicz** F m (-a; -e,-ów) Anhalter m; **~strada** f (-y) Autobahn f; **~wy:** Sp. sędzia **~wy** Linienrichter m.

awangard|a f (-y) Avantgarde f, Vorhut f; **~owy** (-wo) avantgardistisch.

awans ['avãs] m (-u; -e) Beförderung *f*, Aufstieg *m*; (*Geld-*)Vorschuß *m*; *robić* ~e Avancen machen, Entgegenkommen zeigen; ~**ować** (-*uję*) befördern; *v/i* ⟨za-⟩ avancieren, aufrücken.

awantur|a *f* (-*y*) (*Ehe-*)Szene *f*, Krach *m*, Streit *m*; † Abenteuer *n*; ~**a publiczna** Krawall *m*, Prügelei *f*; ~**niczy** Abenteurer-; (-*czo*) abenteuerlich; ~**nik** *m* (-*a*; -*cy*) Krakeeler *m*, Krawallmacher *m*; Abenteurer *m*; ~**ować się** (-*uję*) randalieren, krakeelen.

awar|ia [a'va-] *f* (*G, D, L -ii*; -*e*) Havarie *f*; Panne *f*, Störung *f*; ~*ia silnika* Motorschaden *m*; ~**yjność** *f* (-*ści*; *0*) Störungs-, Pannenquote *f*; Störanfälligkeit *f*; ~**yjny** Havarie-; Not-, Reserve-; Störungs-, Pannen-.

awersja *f* (-*i*; *0*) Widerwille *m*.

awiz *m* (-*u*; -*y*), ~**o** *n* (-*a*) Avis *m*; ~**ować** ⟨za-⟩ (-*uję*) avisieren.

azalia [-'za-] *f* (*G, D, L -ii*; -*e*) Azalee *f*.

azbest *m* (-*u*; *0*) Asbest *m*; ~**owy** Asbest-.

Azjat|a *m* (-*y*; -*ci*, -*ów*) Asiate *m*; ~**ka** *f* (-*i*; *G -tek*) Asiatin *f*; **2ycki** asiatisch, Asien-.

azorski Azoren-.

azot *m* (-*u*; *0*) *Chem.* Stickstoff *m*; ~**niak** [-'zɔt-] *m* (-*u*; *0*) Kalkstickstoff *m*; ~**ować** (-*uję*) nitrieren; ~**owy** Stickstoff-, Salpeter-; *s.* **kwas.**

azydek *m* (-*dku*; -*dki*) *Chem.* Azid *n*.

azyl *m* (-*u*; -*e*) Asyl *n*; *prawo* ~**u** Asylrecht *n*.

aż *Adv.* (+ *Prp.*), *Kj.* bis; erst; so (daß); ~ *do* (*G*) bis an (*A*), bis zu (*D*); ~ *dotąd* bis hierher; ~ *do wczoraj* bis gestern; ~ *w południe* erst am Mittag; ~ *dziesięć* nicht weniger als zehn; ~ *miło* direkt e-e Freude; ~ *nadto*, ~ *nazbyt* übergenug; ~ *strach* fürchterlich; ~ *wstyd* direkt (*od.* wirklich) e-e Schande, man muß sich ja schämen.

ażeby *s.* **aby.**

ażur *m* (-*u*; -*y*), ~**ek** *m* (-*rku*; -*rki*) Durchbrucharbeit *f*; ~**owy** *Stickerei*: durchbrochen; *fig.* fein, kunstvoll.

B

bab|a f (-y; G -) (altes) Weib; Frauenzimmer n; Bäuerin f; fig. (feige) Memme; Tech. Fallbär m; ⁓a ręczna Handramme f; Kochk. Babe f (Art Napfkuchen); ⁓cia ['bab-] f (-i, -ul; -e) Großmutter f, F Oma f; ⁓i: ⁓e lato Altweibersommer m; ⁓iarz ['ba-] m (-a; -e, -y) Weiberheld m, Schürzenjäger m; ⁓ieć ⟨z-⟩ (-eję) wie ein altes Weib (od. zur Memme) werden.

babiloński [-'lɔĩs-] babylonisch; Babylon-.

babimór m Bot. s. widłak.

babin|a f (-y) altes Mütterchen, Weiblein n; ⁓iec [-'bi-] F m (-ńca; -ńce) Weiberreich n, Harem m (fig.).

babka f (-i; G -bek) Großmutter f; F a. „kesse Motte‟, „flotte Biene‟; Bot. Wegerich m; s. a. koźlarz; Zo. (Meer-)Grundel f; Agr. Dengelamboß m; Kochk. Napfkuchen m; ślepa ⁓ Blindekuh f.

babra|ć (-rzę) (a. ⁓ć się) (herum-) trödeln; (w L) wühlen, manschen (in D); v/t ⟨po-, u-, za-⟩ (be-) schmieren, besudeln, schmutzig (od. P dreckig) machen (⁓ć się); ⁓nina F f (-y) Schmiererei f.

babsk|i weibisch, Weiber-, Weibs-; po -ku Adv. wie ein Weib; ⁓ie płoty Weiberklatsch m; ⁓o n (-a) babsztyl m (-a; -e) Weibsbild n, -stück n, Vettel f.

babu|la f (-i, -ul; -e), ⁓lina f (-y) s. babina; ⁓nia [-'bu-] f, ⁓sia f (-i, -ul; -e) s. babcia.

baca m (-y; -owie, -ów) Oberschäfer m (in d. Tatra).

bach! Int. bums!

bachnąć F [-nɔntɛ] pf. (-nę) knallen, schlagen; v/i (a. się) krachen, zu Boden poltern.

bachor m (-a; -y) Balg m, Bengel m.

bacia|r P ['ba-] m (-a; -y), ⁓rz m (-a; -e) Halbstarke(r); Rowdy m, Strolch m

bacisko n (-a) Peitschenstiel m.

bacówka f (-i; G -wek) Alm-, Schäferhütte f.

baczn|ość f (-ści; 0) Acht(ung) f, Aufmerksamkeit f; Wachsamkeit f; ⁓ość! Mil. a. Stillgestanden!; stać na ⁓ość strammstehen; mieć się na ⁓ości auf der Hut sein, sich in acht nehmen (przed I/vor D); ⁓y (Komp. -niejszy) aufmerksam; wachsam.

bacz|yć (-ę) acht(geb)en; aufpassen; bedacht sein (auf); nie ⁓ąc na (A) ohne Rücksicht auf (A), ungeachtet (G).

bać się (L.) fürchten (G/A), sich fürchten, Angst haben (G/vor D); o A/um); nie ⁓ (G) fig. unempfindlich sein (gegen).

bada|cz m (-a; -e) Erforscher m, Forschungsreisende(r); (przyrody Natur-)Forscher m; ⁓cze Pisma Św. Rel. Ernste Bibelforscher; ⁓ć ⟨z-⟩ (-am) (er)forschen; prüfen; Kranke untersuchen; Puls fühlen; Jur. vernehmen; ⁓nie n (-a) (Er-)Forschung f; Untersuchung f; Erhebung f, Umfrage f; Vernehmung f; Tech. Prüfung f; ⁓nie opinii publicznej Meinungsforschung; ⁓nie wyrywkowe Stichprobe; ⁓wczy (-czo) forschend, fragend; Forschungs-; Untersuchungs-, Prüf-.

badyl m (-a; -e) (Pflanzen-)Stengel m; ⁓e pl. koll. Unkraut n; JSpr. (Hirsch-)Läufe m/pl.; ⁓arz F m (-a; -e, -y) Laubenpieper m.

bagatel|a f (-i; -e, -i) Bagatelle f; ⁓izować ⟨z-⟩ (-uję) bagatellisieren; verharmlosen.

bagaż m (-u; -e) (ręczny Hand-)Gepäck n; ⁓nik m (-a; -i) Gepäckhalter m, -ständer m; Kfz. Kofferraum m; Gepäckbrücke f; ⁓owy Gepäck-; Su. m (-ego; -i) Gepäckträger m.

bagienny Sumpf-; gaz ⁓ Sumpfgas n.

bagier ['ba-] m (-gra; -gry) s. pogłębiarka.

bagnet m (-u; -y) Bajonett n, Seitengewehr n; Kfz. (Öl-)Meßstab m; walka na ⁓y Bajonett-, Nahkampf m; ⁓owy Bajonett-.

bagnis|ko n (-a) s. bagno; ⁓ty sumpfig, morastig.

bagno n (-a; G -gien) Sumpf m, Moor n; Morast m; Bot. Porst m.

baja f (G, D, L bai; -e) Düffel m, Flausch m.

baja|ć (-ę) Märchen erzählen, fabulieren; ~rz m (-a; -e) Legendenerzähler m; Schwätzer m.

bajc m (-u; -e), ~a f (-y; -e) s. bejc.

bajczarz m (-a; -e) s. bajarz.

bajd|a F f (-y) Lügenmärchen n; opowiadać ~y Romane erzählen; ~rzyć F (-ę) dummes Zeug reden, quasseln.

bajecz|ka f (-i; G -czek) (Kinder-) Märchen n; kurze Fabel; ~ny märchen-, fabel-, sagenhaft.

bajk|a f (-i; G -jek) Märchen n, Fabel f; fig. Ammenmärchen; ~a sceniczna Märchenspiel n; z ~i in Zssgn Märchen-, Wunder-; ~opisarz m Fabeldichter m.

bajoński [-'jɔĩs-]: ~e sumy Unsummen f/pl., Heidengeld n.

bajoro n (-a) Wasserloch n, Tümpel m.

bajtlować P (-uję) schwatzen, quasseln.

bak m (-u; -i) Tank m; Mar. Back f; s. a. baki.

bak|a¹: świecić ~i (D) j-m um den Bart gehen; ~a² f (-i) s. baken.

bakalie [-'ka-] f/pl. (-ii) getrocknete Südfrüchte.

bakałarz m (-a; -e) Bakkalaureus m; † a. Schulmeister m.

bakcyl m (-a; -e) Bazillus m.

baken m (-u; -y) Mar. Bake f.

baki pl. (-ów) Backenbart m; s. bak(a).

bakier ['ba-]: na ~ Mütze, Hut: schief (aufgesetzt), keck auf ein Ohr geschoben; F idzie na ~ es hapert, es geht (alles) schief; być na ~ böse sein (z I/mit).

bakłażan m (-a/-u; -y) Eierfrucht f.

bakteria [-'tɛ-] f (G, D, L -ii; -e) Bakterie f.

bakterio|bójczy (-czo) keimtötend, bakterizid; ~logiczny bakteriologisch; ~statyczny bakteriostatisch.

bakteryjny bakteriell.

bal¹ m (-a; -e, -i) Bohle f, Diele f; (Tuch-, Ton-)Ballen m; ~² m (-u; -e, -ów) (maskowy, maturalny Masken-, Abiturienten-)Ball m.

balans [-läs] m (-u; -e) Balance f; (Uhr-)Unruh f; Balancierstange f; ~jer m (-a; -y) Tech. s. balans;

(Dreh-)Schwinge f, Balancier m; ~ować (-uję) balancieren.

balas m (-a; -y), ~ka f (-i; G -sek) Geländerdocke f.

balast m (-u; -y) Ballast m.

baldach m Bot. Dolde f; ~im m (-u; -y) Baldachin m, (Bett-)Himmel m.

baleron m (-u; -y) Kochk. Rollschinken m.

balet m (-u; -y) Ballett n; ~ki f/pl. (-tek) Ballettschuhe m/pl.; ~mistrz m Ballettmeister m; ~nica f (-y; -e) Ballettänzerin f, Balletteuse f; ~nik m (-a; -cy) Ballettänzer m; ~owy Ballett-.

balia ['ba-] f (G, D, L -ii; -e) Waschtrog m.

balistyczny ballistisch.

balkon m (-u; -y) Balkon m; Thea. (Mittel-)Rang m; ~ cofnięty Loggia f; ~owy Balkon-.

ballada f (-y) Ballade f.

balneo|logia [-'lɔ-] f (G, D, L -ii; 0) Balneologie f; ~terapia f Heilbäderbehandlung f, Balneotherapie f.

balon m (-u; -y) (na uwięzi, próbny Fessel-, Versuchs-)Ballon m; Ballonflasche f; Ballonreifen m; ~ik m (-a; -i) (Kinder-)Luftballon m; ~owy Ballon-.

balowy Ball-, Tanz-, Fest-.

balsa f (-y; 0) Balsaholz n; ~m m (-u; -y) Balsam m; ~miczny balsamisch; ~mina f (-y) Bot. Fleißiges Lieschen, Balsamine f; ~mować ⟨na-, za-⟩ (-uję) (ein)balsamieren.

bałagan F m (-u; -y) Tohuwabohu n, Kuddelmuddel m; ~ić F ⟨na-, za-⟩ (-ę) durcheinanderbringen, Unordnung schaffen; Zeit vertrödeln.

bałałajka f (-i; G -jek) Balalaika f.

bał(am, -em) się s. bać się.

bałamu|cić ⟨o-, z-⟩ (-cę) v/t den Kopf verdrehen (D), bezirzen (A); j-n verwirren, durcheinanderbringen; ~t m (-a; -y) Herzensbrecher m, Casanova m; Wirrkopf m; Schwätzer m; ~tka f (-i; G -tek) Kokette f; ~tny konfus, verworren; verführerisch, kokett.

bałkański [-'kaĩ-] Balkan-.

bałtycki baltisch, Ostsee-.

bałuszyć P ⟨wy-⟩ (-ę): ~ oczy glotzen; anglotzen (na A/A).

bałwan m (-a; -y) (Rauch-, Staub-)

Wolke *f*; Woge *f*, Brecher *m*; Götze(nbild *n*) *m*; (ze śniegu) Schneemann *m*; Klumpen *m*; Klotz *m* (*a. fig.*); P *fig. a.* Armleuchter *m*, Heuochse *m*; ~ić ⟨z-⟩ (-ę) Meer aufwühlen; ~ić się wogen, branden; ~ieć [-'va-] ⟨z-⟩ (-eję) verblöden, (immer) dümmer werden.

bałwański [-'vaĩ-] idiotisch, blöd(e).

bałwochwal|ca *m* (-y; *G* -ów) Götzendiener *m*; ~czy (-czo) götzendienerisch; *fig.* abgöttisch; ~stwo *n* (-a; 0) Götzendienst *m*, Abgötterei *f*.

bambosze *m/pl.* (-y/-ów) (weiche) (*Haus*-)Pantoffeln *m/pl.*

bambus *m* (-a; -y) Bambus(rohr *n*) *m*; ~owy Bambus-.

banaln|ość *f* (-ści) Banalität *f*; ~y banal, abgedroschen.

banał *m* (-u; -y) Banalität *f*.

banan *m* (-u/-a; -y) Banane *f*; ~owiec [-'nɔ-] *m* (-wca; -wce) Bananenstaude *f*; Bananenschiff *n*; ~owy Bananen-.

banda *f* (-y) Bande *f*.

bandaż *m* (-a; -e) Bandage *f*; *Med.* Binde *f*; *Tech.*, *Esb.* (*Rad*-)Reifen *m*; ~ować ⟨za-⟩ (-uję) bandagieren; *Med. a.* verbinden.

bander|a *f* (-y) Flagge *f*; ~ia [-'dε-] *f* (*G*, *D*, *L* -ii; -e) berittene Eskorte; ~ola *f* (-i; -e) Banderole *f*; Kreuzband *n*.

bandos *m* (-a; -i/-y) (*Saison*-)Landarbeiter *m*, Tagelöhner *m*.

bandy|cki Banditen-, Raub-; ~ta *m* (-y; -ci, -ów) Bandit *m*; ~tyzm (-u; 0) Bandenunwesen *n*; *Jur.* Bandenkriminalität *f*.

bandzior [ˈban-] P *m* (-a; -y) *s. bandyta.*

bania [ˈba-] *f* (-i; -e, bań/-i) bauchiges Gefäß; *engS.* bauchige Flasche, Kolben *m*; Glaskugel *f*; Kuppel *f*; Kürbis *m*; F *fig.* Tonne *f*, Dicke(r); ~k *m* (-a; -i) (gußeiserner, bauchiger) Kochtopf; ~luki *pl.* (-ów) dummes Zeug, Quatsch *m*; ~sty (-to) kuppelartig; bauchig.

banieczka *f* (-i; *G* -czek) Kännchen *n*; Flakon *m*; (*Luft*-)Bläschen *n*; *s. bańka.*

banita † *m* (-y; -ci, -ów) Verbannte(r), Geächtete(r).

bank [baŋk] *m* (-u; -i) (*narodowy, emisyjny, informacji* National-, Noten-, Daten-)Bank *f*; ~ier [ˈban-] *m* (-a; -rzy) Bankier *m*; Bankhalter *m*.

bankiet [ˈbaŋ-] *m* (-u; -y) Bankett *n*, Festmahl *n*; *Arch.* Bankette *f*.

bank|not [-ŋk-] *m* (-u; -y) Banknote *f*, Geldschein *m*; ~o (*unv.*) va banque; ~owiec [-ˈkɔ-] *m* (-wca; -wcy) Bankangestellte(r), -beamte(r); Bankfachmann *m*; ~owość *f* (-ści; 0) Bankwesen *n*; Bankfach *n* (*Beruf*); ~owy Bank-.

bankru|ctwo [-ŋk-] *n* (-a) Bankrott *m*; ~t *m* (-a; -ci) Bankrotteur *m*; ~tować ⟨z-⟩ (-uję) Bankrott machen; *fig. a.* abwirtschaften.

bańka *f* (-i; *G* -niek) (na mleko, do oleju Milch-, Öl-)Kanne *f*; Kanister *m*; (*Blech*-)Büchse *f*, Dose *f*; (*Luft*-)Blase *f*; *Med.* Schröpfkopf *m*.

baon *m* (-u; -y) Bataillon *n*.

bar[1] *m* (-u; -y) (*kawowy* Espresso-) Bar *f*; ~ *szybkiej obsługi* Schnellimbiß(halle *f*) *m*.

bar[2] *m* (-u; 0) *Chem.* Barium *n*.

bar[3] *m* (-u; -y) *Phys.* Bar *n*.

barak *m* (-u; -i) Baracke *f*.

baran *m* (-a; -y) Widder *m*; Hammel *m* (*a. fig.*); F *na* ~*a* huckepack; ~ek *m* (-nka; -nki) Lamm *n*; ~ki *pl. a.* Lammfell *n*; Lämmerwolken *f/pl.*; ~i Hammel-, Schafs-; ~ica *f* (-y; -e, -) Schaffell *n*; Schafspelz *m*; ~ieć [-ˈra-] F ⟨z-⟩ (-eję) verdutzt dastehen; verblöden; ~ina *f* (-y; 0) Hammelfleisch *n*; Hammelbraten *m*; ~kowy Lammfell-.

baraszkować ⟨po-⟩ (-uję) (ausgelassen) herumtollen, -springen.

barbakan *m* (-u; -y) (*Festungs*-) Außenwerk *n*.

barbarzyń|ca *m* (-y; *G* -ów) Barbar *m*; ~ski [-ˈʒĩs-] (po -ku) barbarisch, unmenschlich; ~stwo *n* (-a) Barbarei *f*; *engS.* Grausamkeit *f*; Greuel *m*.

Barburka, ♀ *f* (-i; *G* -rek) Hl.-Barbara-Tag *m*.

barchan *m* (-u; -y) Barchent *m*; (*Sichel*-)Düne *f*.

barczysty (-ście) breitschultrig

barć *f* (-ci; -ci/e]) (*Wald*-)Bienennest *n*; (*Klotz*-)Beute *f*; (*Bienenstock*-)Flugloch *n*.

bardziej [-ˈbar-] mehr; *coraz* ~ immer mehr; *tym* ~, *że* um so mehr, als; *tym* ~ nie um so weniger.

bardzo sehr, stark; ~ *czuły* hochempfindlich; *nie* ~ nicht sonderlich *od.* besonders, nicht recht; ~ *być może* sehr wahrscheinlich.

baretka *f* (*-i*; *G -tek*) Ordensspange *f*.

bargiel ['ba-] *m* (*-gla*; *-gle*): ~ kowalik *Zo*. Kleiber *m*.

bariera [-'rĭe-] *f* (*-y*) Barriere *f*; Schranke *f* (*a. fig.*); *Phys.* (*Schall-, Hitze-*)Mauer *f*.

bark *m* (*-u*; *-i*) Schulter *f*; *JSpr.* Blatt *n*; brać na swoje ~i *fig.* die ganze Last (*G*) auf sich nehmen.

barka *f* (*-i*; *G -/-rek*) Lastschiff *n*, Frachtkahn *m*; ~zbiornikowiec Tankprahm *m*; ~s *m* (*-u*; *-y*) Barkasse *f*.

barkowy *Anat.* Schulter-.

barł|ożyć V (*na-*) (*-ę*) Schweinerei anrichten, versauen; ~óg *m* (*-ogu*; *-ogi*) Streu *f*; *JSpr.* (*Wild-*)Lager *n*; P *fig.* notdürftige Schlafgelegenheit, Strohlager *n*; Schmuddelbett *n*.

barman *m* (*-a*; *-i*) Barkeeper *m*, -mixer *m*; ~ka *f* (*-i*; *G -nek*) Bardame *f*, -mädchen *n*.

barokowy barock, Barock-.

barometr *m* Barometer *n od. m*.

baron *m* (*-a*; *-owie/-i*) Baron *m*, Freiherr *m*; ~owa *f* (*-ej*, *-wo!*; *-e*) Baronin *f*, Freifrau *f*; ~ówna *f* (*-y*; *G -wien*) Baronesse *f*.

bar|owy Bar-; *Chem.* Barium-; ~ówka *f* (*-i*; *G -wek*) Barmädchen *n*.

barszcz *m* (*-u*; *-e*) (*a. ~ czerwony*) Rote-Rüben-Suppe *f*; Borschtsch *m*; ~szczawiowy Sauerampfersuppe *f*; *s. tani*; *Bot.* = ~ownik *m* (*-a*; *-i*) Bärenklau *m*.

bartnik *m* (*-a*; *-cy*) (*Wald-*)Bienenzüchter *m*, Imker *m*; *fig.* Meister Petz, Bär *m*.

barw|a *f* (*-y*) (*zasadnicza, dźwięku* Grund-, Klang-)Farbe *f*; ~y narodowe Landesfarben; *w różowych* ~ach in rosigen Farben; *o wesołych* ~ach farbenfroh.

barwena *f* (*-y*) Meerbarbe *f*.

barw|iący [-'vɔn-] färbend, Farb-; ~ić (*u-*, *za-*) (*-ę*) (*na czerwono rot*) färben; *fig.* ausschmücken; ~ienie *n* (*-a*; *0*) Färben *n*; ~inek *m* (*-nka/-nku*; *-nki*) *Bot.* Immergrün *n*; ~isty (*-ście*) *s. barwny*; ~nik *m* (*-a*; *-i*) Farbstoff *n*; Färbungsmittel *n*; *Bio. a.* Pigment *n*; ~ność *f* (*-ści*; *0*) Farbenreichtum *m*, -pracht *f*; Buntheit *f*; Lebendigkeit *f des Stils*; ~ny Farben-, farbig (*a. fig.*); bunt; farbenreich, -prächtig; ~oczułość *f*

Farbempfindlichkeit *f*; ~oślepota *f* Farbenblindheit *f*.

bary *pl.* (*-ów*) (starke) Schultern *f/pl.*; wodzić się za ~ sich raufen.

barykad|a *f* (*-y*) Barrikade *f*; *walki na* ~ach Barrikadenkämpfe *m/pl.*; ~ować (*za-*) (*-uję*) verbarrikadieren, verrammeln.

barył|eczka *f* (*-i*; *G -czek*), ~ka *f* (*-i*; *G -łek*) Fäßchen *n*; ~kowaty (*-to*) tonnenförmig; *Tech.* ballig.

baryt *m* (*-u*; *-y*) Baryt *m*.

baryton *m* Bariton(stimme *f*) *m*; (*G -a*) Bariton(ist) *m*; ~owy Bariton-.

bas *m* (*-u*; *-y*) Baß(stimme *f*, -tonlage *f*) *m*; (*G -a*) Baß(sänger) *m*; *s. a. basy*.

basałyki F *m/pl.* (*-ów*), **basarunek** F *m* (*-nku*; *0*): sprawić ~ (*D*) (*j-m* den Hintern) versohlen (*A*).

basen *m* (*-u*; *-y*) Bassin *n*, (*pływacki* Schwimm-)Becken *n*; Bettschüssel *f*, Schieber *m*.

basetl|a *f* (*-i*; *-e*, *-i*) Baßgeige *f*; ~ista *m* (*-y*; *-ści*, *-ów*) Baßgeiger *m*.

basior ['ba-] *m* (*-a*; *-y*) Wolfsrüde *m*.

basista *m* (*-y*; *-ści*, *-ów*) Bassist *m*.

baskij|ka *f* (*-i*; *G -jek*) Baskenmütze *f*; ~ski baskisch, Basken-.

basowy Baß-; *Adv.* -wo im Baß.

bastion ['ba-] *m* (*-u*; *-y*) Bollwerk *n*, Bastion *f*.

basy *m/pl.* (*-ów*) Kontrabaß *m*; P dostać ~ Prügel beziehen.

basza *m* (*-y*; *-owie*, *-ów*) Pascha *m*.

baszta *f* (*-y*) Bastei *f*, (*Mauer-*)Turm *m*. [Fabel-.]

baśniowy märchenhaft, Märchen-.

baśń *f* (*-ni*; *-nie*, *-ni*) Fabel *f*; Mär *f*.

bat *m* (*-a*, *D -u*; *-y*) Peitsche *f*, Knute *f*; ~y *pl. a.* Hiebe *m/pl.*; jak z ~a strzelił im Nu.

batali|on [-'ta-] *m* (*-u*; *-y*) Bataillon *n*; ~sta *m* (*-y*; *-ści*, *-ów*) Schlachtenmaler *m*.

bater|ia [-'tɛ-] *f* (*G*, *D*, *L -ii*; *-e*) Batterie *f*; ~yjka *f* (*-i*; *G -jek*) (*kieszonkowa*) Taschenlampenbatterie *f*.

batiar P ['baʈar] *m* (*-a*; *-y*) *s. baciar*.

batog *m* (*-a*; *-i*) Peitsche *f*.

baton *m* (*-u/-a*; *-y*) (*Schokolade-*) Riegel *m*.

batożyć (*wy-*) (*-ę*) (*aus*)peitschen.

batut|a *f* (*-y*) Taktstock *m*; pod ~ą (*G*) unter der Leitung *od.* Stabführung (*G*, von).

batyst *m* (*-u*; *-y*) Batist *m*; **~owy** Batist-.

Bawar|czyk *m* (*-a*; *-cy*), **~ka** *f* (*-i*; *G -rek*) Bayer(in *f*) *m*; **≗ski** Bayern-, (*po -ku*) bay(e)risch.

bawełn|a *f* Baumwolle *f*; *nie o*(*b*)*wijając w* **~ę** frei von der Leber weg; **~iany** baumwollen, Baumwoll-; **~iczka** *f* (*-i*; *G -czek*) Stopfbaumwolle *f*.

bawialn|ia [*-'val-*] *f* (*-i*; *-e*, *-i*) = **~y**: *pokój* **~y** Salon *m*.

bawi|ć ⟨*po-*, *za-*⟩ (*-ę*) *v/i* (ver)weilen, sich aufhalten; *v/t* unterhalten; erheitern, belustigen (*I*/mit); **~ć się** sich amüsieren, vergnügen; spielen (*w A*/*A*; *I*/mit); sich die Zeit vertreiben (*I*/mit); **~ć się z** (*I*) a. sich (lange) aufhalten, verweilen (bei) (*trödeln*); **~dełko** *n* (*-a*; *G -łek*) (kleines) Spielzeug, Spielerei *f*; *pl. a.* Firlefanz *m*; **~enie** *n* (*-a*; *0*) Weilen *n*, Aufenthalt *m*; (*a. się*) Unterhaltung *f*, Spiel(en) *n*.

baw|oli Büffel-; **~olica** *f* (*-y*; *-e*) Büffelkuh *f*; **~ół** *m* (*-ołu*; *-oły*) Büffel *m*.

baza *f* (*-y*) Basis *f*; *engS. a.* Grundlage *f*; Säulenfuß *m*; (*Material-*) Depot *n*; Station *f*; Lager *n*, Stützpunkt *m* (*a. Mil.*); **~** *lotnicza* Luftwaffenstützpunkt, Fliegerhorst *m*; **~** *pływająca*, *statek-*~ Mutterschiff *n*; **~** *przerzutowa* Umschlagplatz *m*.

bazaltowy Basalt-, basalten.

bazar *m* (*-u*; *-y*) Basar *m*.

bazgra|ć ⟨*na-*, *po-*⟩ (*-rzę*, *-rz*/*-aj!*) (be)kritzeln, schmieren; **~cz** *m* (*-a*; *-e*), **~ła** *m* (*-y*; *G -ów*) Kleckser *m*, Schmierer *m*; **~nina** *f* (*-y*), **bazgroły** *m*/*pl.* (*-ów*) Gekritzel *n*, Krakeleien *f*/*pl.*; Kleckserei *f*.

bazia [*'ba-*] *f* (*-i*; *-e*, *-i*) (*Weiden-*) Kätzchen *n*.

bazow|ać (*-uję*) basieren, sich gründen, fußen (*na L*/auf *D*); **~y** Basis-.

bazyli|a [*-'zi-*] *f* (*G*, *D*, *L -ii*; *-e*) (*Bot. wonna*) Basilikum *n*; **~ka** [*-'zi-*] *f* (*-i*) *Arch.* Basilika *f*; **~szek** *m* (*-szka*; *-szki*) *Zo.* Basilisk *m*; *fig.* Giftnickel *m*; **~szkowy** Basilisken-.

bażant *m* (*-a*; *-y*) Fasan *m*; F *fig. s. bikiniarz*; **~arnia** [*-'tar-*] *f* (*-i*; *-e*, *-i*) Fasanerie *f*.

bąb|el [*'bom-*] *m* (*-bla*; *-ble*) (*Luft-*, *Haut-*)Blase *f*; **~elek** *m* (*-lka*; *-lki*) Bläschen *n*; **~lowica** *f* (*-y*; *0*) Blasenwurmkrankheit *f*.

bączek [*'bon-*] *m* (*-czka*; *-czki*) Schäkel *m*; *Mil.* Riemenöse *f*; (*Mützen-*)Rosett *f*; *Tech.* Wirtel *m*; *Mar.* Beiboot *n*.

bądź [*bonʒ*] *Imp. v. być*; *Kj.* oder, mal; **~ ... ~** entweder ... oder, sei es ... sei es; **~ co ~** wie dem auch sei, immerhin; *Part.* (*2. Teil indefiniter Pron. und Pronominaladv.*) *co* **~** irgend etwas; *gdzie* **~** irgendwo; *kto* **~** irgend jemand.

bąk [*bonk*] *m* (*-a*; *-i*) *Zo.* Rohrdommel *f*; (*Rinder-*)Bremse *f*; Kreisel *m*; F Dreikäsehoch *m*, Bengel *m*; *strzelić* **~a** e-n Bock schießen; *zbijać* **~i** sich (untätig) herumtreiben; P *puścić* **~a** pupen; **~ać** (*-am*), ⟨*~nąć*⟩ [*-nɔntɛ*] (*-nę*) stammeln, (in den Bart) brummen; (*nur pf.*, *a.* ⟨*od-*⟩) mürrisch (kurz) antworten; (*nur impf.*) stockend (*od.* stotternd) lesen.

be F: (*a*)*ni* **~**, (*a*)*ni* *me* nicht piep sagen.

bebech|y *m*/*pl.* (*-ów*) Gedärm *n*, (*a. fig.*) Eingeweide *n*; schmutziges, schäbiges Bettzeug; F *poczciwy z* **~ami** grundehrlich.

becik *m* (*-a*; *-i*) Steckkissen *n*.

becze|ć ⟨*za-*⟩ (*-ę*), ⟨*beknąć*⟩ [*-nɔntɛ*] (*-nę*) *Schaf*: blöken; *Ziege*: meckern; (*nur impf.*) F *fig.* flennen, plärren; **~nie** *n* (*-a*) Blöken *n*; Meckern *n*; F Geplärr(e) *n*.

beczk|a *f* (*-i*; *G -czek*) Tonne *f*, Faß *n*; *Flgw.* Rolle *f*; **~ami**, *na* **~i** fässer-, faßweise; *zacząć z innej* **~i** das Thema wechseln; **~arnia** [*-'kar-*] *f* (*-i*; *-e*) Böttcherwerkstatt *f*; **~ować** ⟨*za-*⟩ (*-uję*) eintonnen, in Fässer legen *od.* abfüllen; **~owaty** (*-to*) ballig, tonnenförmig; **~owóz** *m* Wasserwagen *m*; **~owóz** *pożarniczy* Tanklöschfahrzeug *n*; **~owy** Faß-, Tonnen-; *piwo* **~owe** Bier **~** vom Faß.

beczułka *f* (*-i*; *G -łek*) Fäßchen *n*.

bedłk|a *f* (*-i*; *G -łek*) Blätterpilz *m*; F *→* *fig.* (*Mund-*)Schwämmchen *n*; **~owate** *pl.* (*-ych*) *Bot.* Blätterpilze *m*/*pl.*

bedna|rka *f* (*-i*; *G -rek*) Bandeisen *n*, *-stahl m*; **~rz** *m* (*-a*; *-e*, *-y*) Böttcher *m*, Küfer *m*.

befsztyk *m* (*-a*/*-u*; *-i*) Beefsteak *n*.

bejc *m* (*-u*; *-e*), **~a** *f* (*-y*; *-e*, *-y*) Beize *f*; **~ować** (*-uję*) beizen.

bek *m* (*-u*; *-i*) *s. beczenie*; (*-a*; *-owie*)

Sp. Verteidiger *m*; ~a F *f* (*-i*) Riesenfaß *n*.

bekas *m* (*-a*; *-y*) Bekassine *f*; ~ik (*-a*; *-i*) Zo. Zwergschnepfe *f*.

bekhend *m* (*-u*; *-y*) *Sp.* Rückhand(schlag *m*) *f*.

bekiesza *f* (*-y*; *-e*) Pekesche *f*.

beknąć *pf.* (*-nę*) *s.* beczeć; F *fig.* teuer bezahlen.

bekon *m* (*-u*; *-y*) Bacon *m*, geräucherter Frühstücksspeck; Baconschwein *n*.

bek|owisko *n* (*-a*) (*Damwild-*) Brunft *f*; ~sa F *f/m* (*-y*; *G* -*/-ów*) Heulsuse *f*, -trine *f*, -peter *m*.

bela *f* (*-i*; *-e*) Ballen *m*; *s. pijany.*

belfer F *m* (*-fra*; *-frowie/-frzy*) Pauker *m*.

Belgij|czyk *m* (*-a*; *-cy*) Belgier(in *f*) *m*; ~ka *f* (*-i*; *G -jek*) Belgien; 2ski belgisch, Belgien-.

belk|a *f* (*-i*; *G -lek*) Balken *m*; F *Mil.* (*Ärmel-*)Streifen *m*; ~a nośna Träger *m*; ~a teowa T-Träger *m*; ~owanie *n* (*-a*) Gebälk *n*, Balkenlage *f*; ~owy Balken-, Träger-.

belona *f* (*-y*) Zo. Hornhecht *m*.

belować (*-uję*) zu Ballen pressen.

bełkot *m* (*-u*; *-y*) Gestammel *n*; ~ać (*-czę/-cę*) glucksen, blubbern; ⟨*a.* wy-⟩ stammeln, lallen; ~ka *f* (*-i*; *G -tek*) *Tech.* Druckmischer *m*.

bełt *m* (*-u*; *-y*) (*Armbrust-*)Bolzen *m*; Pfeilschaft *m*.

bełta|ć ⟨*po-, z-*⟩ (*-czę/-am*) Flüssigkeit (durch)schütteln; (ver)quirlen; ~k *m* (*-a*; *-i*) Rührer *m*, Mischquirl *m*.

bengalski bengalisch.

beniaminek *m* (*-nka*; *-nki/-nkowie*) Nesthäkchen *n*; *fig.* Liebling *m*.

benzoesowy [*a.* bĕzo-]: kwas ~ Benzoesäure *f*.

benz|ol [*a.* bĕz-] *m* (*-u*; *-e*) Benzol *n*; ~yna *f* (*-y*) Benzin *n*; ~ynowy Benzin-; *s. stacja.*

bera *f* (*-y*) Butterbirne *f*.

berbeć F *m* (*-cia*; *-cie*, *-ci[ów]*) Kleine(r), Knirps *m*.

berberys *m* (*-u*; *-y*) Berberitze *f*; ~ zwyczajny Gemeiner Sauerdorn.

ber|ek *m* (*-rka*; *0*): bawić się w ~ka Haschen (*od.* Einkriege) spielen.

beret *m* (*-u*; *-y*) Steinadler *m.*

berkut *m* (*-a*; *-y*) Steinadler *m.*

berli|nka[1] *f* (*-i*; *G -nek*) Lastkahn *m*; ~nka[2] *f*, ~ńczyk *m* (*-a*; *-cy*)

Berliner(in *f*) *m*; ~ński [-ļiĭs-] Berliner (*Adj.*), Berlin-.

berło *n* (*-a*; *G -rel*) Zepter *n.*

bernard *m* (*-a*; *-y*) Bernhardiner (-hund) *m*; ~dyn *m* (*-a*; *-i*) Bernhardiner(mönch) *m.*

beryl *m* (*-u*; *-e*) *Min.* Beryll *m*; (*0*) *Chem.* Beryllium *n.*

bessa *f* (*-y*) *Hdl.* Baisse *f.*

bestia [ˈbɛ-] *f* (*G, D, L -ii*; *-e*) Bestie *f*; P Biest *n*; ~lizm [-ˈția-] *m* (*-u*; *0*), ~lstwo *n* (*-a*) Bestialität *f*; ~ski (*-ko*, *po -ku*) bestialisch.

bestwić się (*-ę*, *-ij!*) bestialisch quälen, mißhandeln (*nad I/A*).

beszamel *m* (*-u*; *0*) Béchamelsauce*f.*

besztać F ⟨*wy-, z-*⟩ (*-am*) schimpfen, (aus)schelten.

beton *m* (*-u*; *-y*) (*sprężony, zbrojony* Spann-, Stahl-)Beton *m.*

betonia|rka *f* (*-i*; *G -rek*) Betonmischmaschine *f*; ~rnia [-ˈņar-] *f* (*-i*; *-e*, *-i/-ń*) Betonwerk *n*; ~rz *m* (*-a*; *-e*) Betonwerker *m.*

betonow|ać ⟨*za-*⟩ (*-uję*) betonieren; ~nia [-ˈnɔv-] *f* (*-i*; *-e*, *-i*) Frischbetonwerk *n*; ~y Beton-.

bety F *m/pl.* (*-ów*) Bettzeug *n.*

bez[1], ~e *Prp.* (*G*) ohne (*G*); *in Zssgn* un-, -los, -frei; ~ *mała* fast, beinahe; ~ *potrzeby* unnötig; ~ *szwu* nahtlos; ~ *wad* fehlerfrei.

bez[2] *m* (*bzu*; *bzy, bzów*) (*lilak*) Flieder *m*; czarny ~, ~ *lekarski* Schwarzer Holunder.

beza *f* (*-y*) *Kochk.* Baiser *m.*

bez|alkoholowy alkoholfrei; ~apelacyjny endgültig; *Adv. a.* ohne Widerrede; ~atomowy atomwaffenfrei; ~awaryjny störungsfrei; ~barwny farblos; ~błędny fehlerlos, einwandfrei; ~bolesny schmerzlos.

bezbożn|ik *m* (*-a*; *-cy*) gottloser Mensch, Atheist *m*; ~y gottlos.

bez|bramkowy *Sp.* torlos; ~bronny wehr-, schutzlos; ~brzeżny uferlos; *fig.* unermeßlich; ~celowy (*-wo*) zwecklos. [schätzbar.}

bezcen: *za* ~ spottbillig; ~ny un-}

bez|ceremonialny ungeniert; rücksichtslos; ~chmurny wolkenlos.

bezcze|lność [-ˈʃʧɛl-] *f* Frechheit *f*, Unverschämtheit *f*; ~lny frech, unverschämt, P pampig; ~ścić ⟨*z-*⟩ (*-szczę*) entehren.

bez|czynny [-ˈʃʧi-] untätig; tatenlos; ~darny unbegabt; stümperhaft; **~denny** bodenlos, abgrundtief; **~deszczowy** regenlos, -frei; **~dętkowy** [-dent-] *Kfz.* schlauchlos; **~domny** obdach-, heimatlos; *Tier:* herrenlos.

bezdroż|e *n* (-a; G -y) Unwegsamkeit *f*; unwegsame Gegend; *fig.* zejść na ~a auf Abwege geraten.

bez|drutowy (-wo) drahtlos; **~drzewny** baumlos; *Papier:* holzfrei; **~duszny** herzlos, seelenlos; leblos; **~dymny** rauchlos; **~dzietny** kinderlos; **~dźwięczny** lautlos, tonlos; *Gr.* stimmlos.

beze s. **bez**.

bezec|eństwo [-'tseīs-] *n* (-a) Greuel-, Schandtat *f*; **~ny** niederträchtig, ruchlos.

bez|foremny s. bezkształtny; **~głowy** kopflos; **~gorączkowy** fieberfrei; **~gotówkowy** (-wo) bargeldlos; **~graniczny** grenzenlos; **~gwiezdny** sternlos; **~hołowie** F *n* (-a) Wirrwar *m*, Kopflosigkeit *f*; **~ideowy** (-wo) ideen-, prinzipienlos; **~imienny** namenlos; ungenannt; **~interesowny** uneigennützig; **~karność** *f* Straffreiheit *f*; **~karny** ungestraft, straflos; straffrei; **~klasowy** klassenlos; **~kolizyjny** kollisionsfrei; **~kompromisowy** (-wo) kompromißlos; **~konkurencyjny** konkurrenzlos; **~kostny** ohne Knochen.

bezkres *m* (grenzenlose) Weite; **~ny** grenzenlos.

bez|kręgowce *m/pl.* Wirbellose *pl.*; **~królewie** *n* (-a; G -i) Interregnum *n*; **~krwawy** (-wo) unblutig; **~krwisty** blutleer, -los; **~krytyczny** kritiklos; **~księżycowy** mondlos; **~kształtny** form-, gestaltlos; amorph.

bezkwiatowe *pl.* (-ych) blütenlose Pflanzen.

bez|leśny waldlos, unbewaldet; **~listny** blattlos; unbelaubt; **~litosny** gnadenlos, unbarmherzig; **~lotek** *m* (-tka; -tki) *Zo.* Pinguin *m*; **~ludny** menschenleer, verödet; *Insel:* unbewohnt; **~ludzie** F *n* (-a; 0) Einöde *f*.

bezład *m* Wirrwarr *m*, Durcheinander *n*; **~ny** durcheinander, regellos, chaotisch.

bez|mian ['bez-] *m* (-u; -y) Schnell-, Laufgewichtswaage *f*; **~miar** *m* (-u; -y) Unermeßlichkeit *f*; *s.*

bezkres; **~mierny** unermeßlich; **~mięsny** fleischlos; **~miłosierny** *s.* bezlitosny; **~mocz** *m Med.* Anurie *f*; **~mózgi** gehirnlos; P *fig.* beschränkt; **~myślny** gedankenlos; denkfaul; stumpfsinnig; **~nadziejny** hoffnungslos; **~namiętny** leidenschaftslos, gelassen, kühl; **~nogi** beinlos, ohne Beine; beinamputiert; **~nosy** ohne Nase; **~objawowy** (-wo) ohne Symptome; **~odrzutowy** (-wo) rückstoßfrei; **~oki** augenlos, ohne Augen; **~okolicznik** *m* (-a; -i) *Gr.* Infinitiv *m*; **~osobowy** (-wo) *Gr.* unpersönlich; **~owocny** fruchtlos, vergeblich; **~pamięć** *f* Gedächtnisverlust *m*, Amnesie *f*; **~pański** (-ko) herrenlos; **~państwowy** staatenlos; **~partyjny** parteilos; **~pestkowy** *Obst:* kernlos.

bezpieczeństw|o [-'tseīs-] *n* (-a; 0) Sicherheit *f*; **~o i** higiena pracy Unfallverhütung und Arbeitsschutz; **~o** ruchu *Kfz.* Verkehrssicherheit; *Esb.* Betriebssicherheit; *Rada* 2a * ONZ* Sicherheitsrat (der UNO); *Urząd* 2a *Publicznego* Amt *n* für öffentliche Sicherheit.

bezpieczn|ik *m* (-a; -i) (*topikowy* Schmelz-)Sicherung *f*; **~y** sicher; ungefährlich, gefahrlos; gefahrenfrei; (*o A*) unbesorgt (um); **~y** w użyciu *od.* działaniu betriebssicher; czuć się **~ym** *a.* sich geborgen fühlen.

bezplanow|ość *f* Planlosigkeit *f*; **~y** (-wo) planlos.

bezpłatny unentgeltlich, kostenlos, frei; *bagaż* ~ Freigepäck *n*.

bez|płciowy (-wo) geschlechtlos, ungeschlechtlich; **~płodność** *f* Unfruchtbarkeit *f*; Fruchtlosigkeit *f*; **~płodny** unfruchtbar; *fig.* fruchtlos; **~podstawny** grundlos, haltlos; **~pośredni** (-nio) unmittelbar, direkt; *Zug:* durchgehend; *Adv. a.* gleich; **~potomny** ohne Nachkommen(schaft); **~powrotny** unwiederbringlich; *Adv. a.* für (*od.* auf) immer; **~prawie** f-[*'pra-*] *n* (-a; 0) Recht-, Gesetzlosigkeit *f*; Willkür(herrschaft) *f*; **~prawny** (Willkür-)widerrechtlich; willkürlich; **~pretensjonalny** anspruchslos; **~procentowy** (-wo) zinslos; **~produktywny** unproduktiv; **~przedmiotowy** (-wo) ge-

genstandslos; ~**przewodowy** (-wo)
drahtlos; ~**przykładny** beispiellos;
~**radność** f (-ści; 0) Ratlosigkeit f;
~**radny** ratlos; hilflos; ~**rękawy**
ärmellos; ~**ręki** [-'rɛŋki] einarmig,
armamputiert; ohne Hände od.
Arme; Su. m (-ego; -cy) Ohn-
händer m; Einarmige(r).

bezrobo|cie [-'bɔ-] n (-a) Arbeits-
losigkeit f; ~**tny** arbeitslos; Su. m
(-ego; -i) Arbeitslose(r).

bez|rogi Rind: hornlos; ~**rolny**
ohne Land(besitz), landlos; ~**ruch**
m (0) Unbeweglichkeit f; Stillstand m; ~**rząd** m (-u; 0) Gesetz-
losigkeit f, Anarchie f; ~**senność** f
Schlaflosigkeit f; ~**senny** schlaflos;
~**sensowny** sinnlos, unsinnig; ~**silnikowy** antriebslos, ohne Triebwerk; ~**silny** kraftlos; fig. macht-
los; ~**skrzydły** flügellos; ~**skuteczny** ergebnis-, erfolglos; unwirksam; ~**słowny** wortlos; ~**solny**
salzlos; ~**sporny** unbestreitbar,
unstreitig, unbestritten; ~**sprzeczny** zweifellos, sicher; s. a. bez-
sporny; ~**stronny** unparteiisch;
vorurteilslos; ~**szelestny** geräusch-
los; ~**szwowy** (-wo) nahtlos; ~**szynowy** schienenlos, nicht gleisge-
bunden; ~**szypułkowy** Bot. stiel-
los; ~**śnieżny** schneelos, -frei;
~**terminowy** unbefristet, -leer; ~**treś-
ciowy** (-wo) inhaltlos, -leer; ~**troska** f (-i; 0) Unbekümmertheit
f; ~**troski** (-ko) sorglos, unbeküm-
mert; ~**uchy** ohne Ohren; ~**uczuciowy** (-wo) gefühllos; ~**ustanny**
unaufhörlich; Adv. -nie (= ~
ustanku) in einem fort, immerfort; ~**ustnikowy** Zigarette: ohne
Mundstück; ~**użyteczny** nutzlos,
unnütz; unbrauchbar; ~**wartościowy** (-wo) wertlos; ~**warunkowy** (-wo) bedingungslos; unbedingt, vorbehaltlos; ~**wąsy** glattrasiert, ohne Schnurrbart; ~**wiedny**
unbewußt, unwillkürlich; ~**wietrz-
ny** windstill, windgeschützt.

bezwład m (-u; 0) Lähmung f;
~**nieć** [-'vwad-] ⟨o-⟩ (-eję) die Be-
wegungsfähigkeit verlieren; fig.
erstarren; ~**ność** f (-ści; 0) Trägheit f; Trägheitsverhalten n; Be-
wegungslosigkeit f; ~**ny** bewegungslos; fig. kraftlos; Phys. träge,
inertial.

bez|własnowolność f (-ści; 0) Jur.

Handlungsunfähigkeit f; ~**włosy**
haarlos, unbehaart; ~**wodnik** m
(-a; -i) Chem. Anhydrid n; ~**wodny**
wasserfrei; wasserarm; ~**wolny**
willenlos; ~**wonny** geruchlos.

bezwstyd m Schamlosigkeit f;
~**nik** m (-a; -cy) schamloser
Mensch; ~**ny** schamlos.

bezwy|jątkowy [-jɔnt-] (-wo) aus-
nahmslos; ~**jściowy** ausweglos;
~**znaniowy** (-wo) konfessionslos.

bezwzględn|ość f Rücksichtslosig-
keit f; ~**y** rücksichtslos; unbedingt,
absolut.

bez|zakłóceniowy (-wo) Rdf. stö-
rungsfrei; ~**zasadnie** Adv. grund-
los, ohne Grund; ~**zęb(n)y** [-'zɛm-]
zahnlos; ~**zwłoczny** unverzüglich;
Adv. a. sofort; ~**zwrotny** Fin.
nicht rückzahlbar, verloren; ~**żen-
ność** f (-ści; 0) Ehelosigkeit f.

beżowy (-wo) beige, sandfarben.

bęben ['bɛm-] m (-bna; -bny) Trommel f; P fig. Balg m, Bengel m;
Wanst m, Bauch m; ~**ek** m (-nka;
-nki) kleine Trommel; Tamburin
n; (Stick-)Rahmen m; Anat. Trom-
melfell n; ~**kowy** Trommel-.

bębni|ca [bɛm-] f (-y; 0) Blähsucht
f; ~**ć** (-ę, -nij!) trommeln; fig. hämmern, klimpern; (herunter)leiern;
⟨a. roz-⟩ (herum)tratschen; ~**ć nad**
uchem (D) j-m die Ohren voll-
blasen; ~**enie** n (-a) Trommeln n,
Getrommel n; Geklimper n.

bębnowy [bɛm-] Trommel-.

bęc! [bɛnts] Int. bauz!, bums!

bę|cwał ['bɛn-] m (-a; -y) Trottel m,
Hornochse m; ~**dący** [-'dɔn-] Adjp.
v. być; ~**dę, ~dzie(cie, -my)** Fut. v.
być; ~**kart** ['bɛŋ-] m (-a; -y)
Bankert m; Balg m (Kind).

biad|a! Int. weh(e)!; ~**ać** (-am),
~**olić** (-lę) wehklagen, jammern
(nad I/über A).

bialu|chny F, ~**sieńki** F (-ko),
~**tki** F (-ko) ganz weiß, schneeweiß.

biał|aczka f (-i; 0) Med. Leukämie
f; ~**awy** (-wo) weißlich; ~**ko** n (-a;
G -lek) Eiweiß(stoff m) n; das
Weiße im Auge; ~**kowy** Eiweiß-;
~**kówka** f (-i; G -wek) Anat. Leder-
haut f.

biało Adv. a. biały; ~- in Zssgn
weiß-, Weiß-; ~**drzew** m (-u; -y)
Silberpappel f; ~**głowa** † f Frau f;
~**licy** mit (lilien)weißem Gesicht;
2**rusin** m (-a; -i) Weißrusse m;

~ruski (*po -ku*) weißrussisch; **~skórnictwo** *n* (*-a; 0*) Weiß-, Alaungerberei f; **~sz** *m* (*-a; -e*) Schimmel *m* (*Pferd*); **~ść** *f* (*-ści; 0*) Weiß *n*, Weiße f; **~włosy** weißhaarig; **~zór** *m* (*-ora; -ory*) Jagdfalke *m*.

biał|y (*Komp. bielszy; -ło, Komp. bielej*) weiß, Weiß-; **~a broń** Hiebwaffe f; **~y mróz** Rauhreif *m*; **~y jak kreda** (*od. płótno, ściana*) kreidebleich, -weiß; *w* **~y dzień** am hellichten Tage; *do* **~ego dnia** bis in den hellen Tag; *Su. m* (*-ego; -li*) Weiße(r).

biba F f (*-y*) Sauferei f.

bibeloty *pl.* (*-ów*) Nippes *pl.*

bibka F f (*-i; G -bek*) Party f, Hausfest *n*.

bibli|a [*'bi-*] f (*G, D, L -ii; -e*) Bibel f; **~jny** biblisch, Bibel-.

biblio|grafia [*-'gra-*] f (*G, D, L -ii; -e*) Bibliographie f; **~teczka** f Handbibliothek f; **~teczny** Bibliothek(en)-, Bücherei-.

biblioteka f Bibliothek f; (*Leih-*) Bücherei f; Bücherschrank *m*; **~rka** f (*-i; G -rek*), **~rz** *m* (*-a; -e, -y*) Bibliothekar(in f) *m*; **~rski** bibliothekarisch.

bibosz P *m* (*-a; -e*) Saufbold *m*.

bibularz *m* (*-a; -e*) (*Tinten-*) Löscher *m*.

bibuł|a f (*-y*) Lösch-, Fließpapier *n*; Löschblatt *n*; **~a filtracyjna** Filterpapier *n*; **~ka** f (*-i; G -lek*) Seidenpapier *n*; (*papierosowa*) Zigarettenpapier *n*.

bicie [*'bi-*] *n* (*-a*) Schlagen *n*; (*Herz-, Puls-*)Schlag *m*; (*Herz-*)Klopfen *n*; Schlachten *n*; (*Münz-*)Prägung f; **~ w dzwony** Glockengeläut(e) *n*.

bicz *m* (*-a; -e*) Peitsche f; *fig.* Geißel f; *jak z* **~a strzelił** *od.* trzasł wie aus der Pistole geschossen; **~ować** <*z-*> (*-uję*) (aus)peitschen; *fig.* geißeln; **~yk** *m* (*-a; -i*) *Bio.* Geißel f, Wimper f; **~ysko** *n* (*-a*) Peitschenstiel *m*.

bić (*-ję, bij!*) *v/t* schlagen; hauen, prügeln; *Vieh* schlachten; *Karte* stechen; *Münzen* prägen; *Beifall* klatschen; <*a. ~po-*> *Rekord* a. brechen; *v/i* (ein)schlagen; *Herz* a.; klopfen; *Quelle*: sprudeln, schießen; **~ do głowy** zu Kopf steigen; **~ w bębny** die Trommeln rühren *od.* schlagen; **~ w dzwony** die Glocken läuten; **~ w oczy** *fig.* in die Augen

stechen; *po*~ **wszystkie rekordy** F a. den Vogel abschießen; **~ się** sich (herum)schlagen (*z I/mit*).

bidło *n* (*-a; G -deł*) (Web-)Lade f.

biec [*bɛts*] <*po-*> (*wie biegnąć*) laufen, rennen; **~ kłusem** traben.

bied|a f (*-y*) Elend *n*, Not f, Armut f; Unglück *n*; *klepać* **~ę** sich mühselig durchbringen, darben; *od* **~y**, *z* **~ą** zur Not, schlecht und recht; *w tym tylko* **~a**, *że ...* das Schlimme ist nur, daß ...; **~actwo** *n* (*-a*), **~aczek** *m* (*-czka; -czki*) Ärmste(r), armes Ding; **~aczyna** *m* (*-y*), **~aczysko** *m od. n* (*-a*) armer Teufel; *a.* = **~ak** *m* (*-a; -cy*) Arme(r); **~nieć** [*'bɛd-*] <*z-*> (*-eję*) arm werden, verarmen; **~ny** arm; *engS.* kümmerlich; ärmlich; mittellos, notleidend; **~ota** f (*-y*) *s. biedak*; (*0*) Armut f, Elend *n*; *koll.* die Armen, Hungerleider *m/pl.*; **~ować** (*-uję*) Not leiden, darben.

biedronka f (*-i; G -nek*) Marienkäfer *m*.

biedrzeniec [*-'dʒɛ-*] *m* (*-ńca; -ńce*) *Bot.* Bibernelle f.

biedzić się <*na-*> (*-dzę*) sich (ab)plagen (*z, nad I/mit*).

bieg [*bɛk, -gi*] *m* (*-u; -i*) Lauf *m* (*a. Tech., JSpr.*); Gang *m*; Verlauf *m*; *Sp. a.* Rennen *n*; **~ długi**, **~ płaski** (*Ski-*)Langlauf; **~ w workach** Sackhüpfen *n*; **~ zjazdowy** Abfahrtslauf; **~i** *pl. Sp. a.* Laufwettbewerbe *m/pl.*; **~i myśliwskie** Jagdspringen *n*; *z* **~iem rzeki** flußabwärts; *w pełnym* **~u** in voller Fahrt; *z* **~iem czasu/lat** im Laufe der Zeit/Jahre; *zmiana* **~ów** *Kfz.* Gangschaltung f; **~acz** *m* (*-a; -e*) Läufer *m*; **~ać** <*po-*> (*-am*) (herum)laufen, (hinund her)rennen; **~ać po sklepach** die Geschäfte abklappern; **~ać za** (*I*) *j-m* nachlaufen; **~anie** *n* (*-a*) Laufen *n*; **~anina** f (*-y*) Lauferei f; **~iem** [*'bɛ-*] im Laufschritt.

bieg|le *Adv.* fließend (*sprechen*); flott (*lesen, spielen*); **~łość** f (*-ści; 0*) Gewandtheit f, Routine f, Fingerfertigkeit f; **~ły** (*Komp. -lejszy*) geschickt, geübt; erfahren (*in D*); *Su. m* (*-ego; -li*) Sachverständige(r), **~nąć** [*-nɔnte*] <*po-*> (*-nę, biegł*) (hin)laufen, rennen; *vgl. biec.*

biegun *m* (*-a; -y*) Renner *m* (*Pferd*); *Phys., Geogr.* Pol *m*; *koń* (*od. konik*) *na* **~ach** Schaukelpferd *n*; **~ka** f (*-i;*

G -nek) Diarrhöe *f*, Durchfall *m*;
~owość *f (-ści; 0)* Polarität *f*, Po-
lung *f*; **~owy** *(-wo)* Pol-, polar;
Adv. a. diametral *(fig.).*

biegus *m (-a; -y) Zo.* Strandläufer *m.*

biel¹ [bɛl] *f (-i; -e) (cynkowa, oło-
wiana* Zink-, Blei-)Weiß *n; w ~i* in
Weiß *(gekleidet);* **~²** *m (-u; 0)* Splint
(-holz n) m; **~ak** *m (-a; -cy)* Albino
m; (pl. -i) Zo. Schneehase *m;* **~arnia**
[-'lar-] *f (-i; -e, -i)* Bleiche(rei) *f;*
~ec *m (-lca; -lce) Zo.* Termite *f;*
~eć *(-eje) ⟨po-, z-⟩* weiß werden;
⟨za-⟩ weiß (durch)schimmern; **~ej**
s. biały; **~enie** *n (-a)* Tünchen *n,*
Weißen *n;* Verzinnen *n;* Bleichen *n.*

bieli|ć *(-lę) ⟨po-⟩* weißen, kalken,
verzinnen; *⟨wy-⟩* bleichen; **~dło** *n
(-dła; G -deł)* Malerkreide *f;* Kalk-
tünche *f;* Bleichmittel *n;* weiße
Schminke; **~k** *m (-a; -i) s. orzeł;*
~nek *m (-nka; -nki) Zo.* (Kohl-)
Weißling *m.* **~zna** *f (-y; 0) (osobista, stołowa* Leib-, Tisch-)Wäsche
f; **~źniany** Wäsche-; **~źniarka** *f
(-i; G -rek)* Wäscheschrank *m,*
-kommode *f;* † *a.* Weißnäherin *f.*

biel|mo *n (-a) Med.* Star *m; fig.*
Schleier *m; Bot.* Endosperm *n;*
~ony geweißt; gebleicht; verzinnt;
~szy *s. biały.*

bielu|chny F *s. bielutki;* **~ń** *m (-nia;
-nie) Bot.: ~ń dziędzierzawa* Stech-
apfel *m;* **~sieńki** F *(-ko),* **~tki** F *(-ko)*
ganz *(od. schön)* weiß; *Haar a.:*
schlohweiß.

bielu|cha *f (-y) s. wal biały;* **~ga** *f
(-i) Zo.* Huchen *m.*

bierka *f (-i; G -rek) (Schach-)*Figur *f; (Dame-)*Stein *m; (Karten-)*
Stich *m;* **~i** *pl. a.* Mikado(spiel) *n.*

biern|ik *m (-a; -i) Gr.* Akkusativ *m,*
Wenfall *m;* **~ość** *f (-ści; 0)* Passivität *f; eng S.* Teilnahmslosigkeit *f;*
~y passiv; inert; *strona -na Gr.*
Passiv *n.*

bierwiono *n (-a)* Rundholz *n.*

bierz(esz) *s. brać.*

bierzmowa|ć *(-uję)* firmen; **~nie**
n (-a) Firmung *f.*

bies [bɛs] *m (-a; -y)* Teufel *m.*

biesiad|a † *f (-y)* Festmahl *n,*
Schmaus *m;* **~nik** † *m (-a; -cy)
(Fest-)*Gast *m,* Zecher *m;* **~ować** †
(-uję) schmausen, tafeln.

bieżący [-'ʒɔn-] *(-co)* laufend;
aktuell; *Wasser:* fließend; *na -co*
auf dem laufenden.

bieżn|ia ['bʒɛ-] *f (-i; -e, -i) (Renn-,
Aschen-)*Bahn *f;* **~ik** *m (-a; -i)
(Reifen-)*Lauffläche *f,* Profil *n;* **~y**
Lauf-.

bigamia [-'ga-] *f (G, D, L -ii; 0)*
Bigamie *f.*

bigos *m (-u; -y)* Bigos *m (gedünstetes
Sauerkraut mit Fleisch);* F *fig.*
Durcheinander *n,* Mischmasch *m.*

bigot *m (-a; -ci),* **~ka** *f (-i; G -tek)*
Frömmler(in *f) m;* **~eryjny** bigott.

bija|k *m (-a; -i) Tech., Sp.* Schläger
m; Stößel *m; (Fall-, Hammer-)*Bär
m; Schlagleiste *f;* **~tyka** *f (-i)*
Schlägerei *f,* Prügelei *f;* **~tyka na
noże** Messerstecherei *f.*

bikiniarz [-'ki-] *m (-a; -e)* jugendlicher Geck, Papagallo *m,* Beatle *m.*

bil *m (-a; -e, -ów)* Billardstock *m,*
Queue *n;* **~a** *f (-i; -e, -/-i)* Billard-
kugel *f.*

bilans [-läs] *m (-u; -e/-y)* Bilanz *f;
(wodny* Wasser-)Haushalt *m;* **~ista**
m (-y; -ci, -ów) Bilanzbuchhalter *m;*
~ować *⟨z-⟩ (-uję)* bilancieren.

bilard *m (-u; -y)* Billard *n;* **~owy**
Billard-.

bile|cik *m (-a; -i)* Kärtchen *n,*
Briefchen *n;* **~t** *m (-u; -y)* Karte *f;*
Schein *m; eng S.* Fahrkarte, -schein;
(a. ~ wstępu) Eintrittskarte; *~
powrotny* Rückfahrkarte; *~ do
teatru* Theaterkarte; *~ na loterię*
Lotterielos *n;* **~ter** *m (-a; -rzy)*
Platzanweiser *m;* Kartenkontrol-
leur *m;* Bahnsteigschaffner *m;* **~-
terka** *f (-i; G -rek)* Platzanweiserin
f; **~towy:** *kasa -wa (Fahrkarten-)*
Schalter *m.*

bilion ['bi-] *m (-a; -y)* Billion *f.*

bilon *m (-u; 0) koll.* Hartgeld *n.*

bimb|ać F *(-am): on sobie ~a na
wszystko* er kümmert sich um
nichts, er pfeift auf alles; **~er** F
m (-bru; 0) schwarzgebrannter
Schnaps; **~rownia** F [-'rɔv-] *f (-i;
-e, -i)* Schwarzbrennerei *f.*

bio- *in Zssgn* Bio-, bio-; **~chemia** *f*
Biochemie *f.*

biodr|o ['bjɔ-] *n (-a; G -der)* Hüfte *f;*
~owy Hüft-; *Su. ~owa f (-ej; -e)
Kochk. (Rinds-)*Blume *f.*

bio|fizyka *f* Biophysik *f;* **~gra-
ficzny** biographisch; **~log** *m (-a;
-dzy/-owie)* Biologe *m;* **~logia** [-'lɔ-]
f (G, D, L -ii; 0) Biologie *f;* **~lo-
giczny** biologisch; **~sfera** *f (-y; 0)*
Biosphäre *f.*

biorą(c), biorę ['bɔ-] s. brać.
birbant † m (-a; -ci) Zecher m, Nachtschwärmer m; Schlemmer m.
biret m (-u; -y) Barett n; ~ doktorski Doktorhut m.
birkut m (-a; -y) s. berkut.
bis! Int. da capo!
biskup m (-a; -i) Bischof m; ~i bischöflich, Bischofs-; ~stwo n (-a) Bistum n.
biskwit (-u; -y) Biskuit(porzellan) n; Keks m od. n.
bisować (-uję) Dakapo rufen; Zugabe geben.
bisurma|n m (-a; -y/-i), ~**nin** m (-a; -anie, -ów) hist. Ungläubige(r), engS. Muselman(n) m; ~**ński** [-'maĩs-] (po -ku) ungläubig, unchristlich. [Biskuit-.]
biszkopt m (-a; -y) Biskuit n; ~**owy**
bit|ewny Schlacht-, Kampf-; ~**ka** f (-i; G -tek) Schlägerei f; KSp. Stich m; ~**ki** pl. (geklopfte) Koteletts pl.; ~**ność** f (-ści; 0) Tapferkeit f; ~**ny** tapfer.
bitumiczny bituminös, Bitumen-.
bit|wa f (-y; G -t[e]w) Schlacht f; ~**y** geschlagen; Straße: befestigt; Geflügel: geschlachtet, Schlacht-; s. ciemię.
biuletyn [-'lɛ-] m (-u; -y) Bulletin n, Bericht m.
biur|alista [bu-] m (-y; -ści, -ów) Büroangestellte(r); ~**ko** n (-a; G -rek) Schreibtisch m.
biuro ['bu-] n (-a) Büro n, Kontor n; ~ informacyjne a. Auskunft(sstelle) f; ♀ Politbüro; ~ prasowe Pressestelle f.
biurokra|cja f (-i; 0) Bürokratie f; ~**ta** m (-y; -ci, -ów) Bürokrat m; ~**tyczny** bürokratisch.
biurow|iec [-'rɔ-] m (-wca; -wce) Büro(hoch)haus n; ~**ość** f (-ści; 0) Bürowesen n; ~**y** Büro-, Geschäfts-; godziny ~e Dienst-, Bürostunden f/pl.
biust [bust] m (-u; -y) Büste f, Busen m; ~**onosz** m (-a; -e) Büstenhalter m.
biwak m (-u; -i) Biwak n, (Feld-) Lager n; ~**ować** (-uję) biwakieren, lagern.
bizanty|jski, ~ńoki ['tiĩs] byzantinisch.
bizmut m (-u; 0) Chem. Wismut m.
bizon m (-a; -y) Zo. Bison m.
bizun m (-a; -y) Ochsenziemer m.

biżuteria [-'tɛ-] f (G, D, L -ii; 0) (sztuczna Mode-)Schmuck m, Juwelen n/pl.
blach|a f (-y) (cienka, falista Fein-, Well-)Blech n; ~a do ciasta Backblech; pod ~ą Haus: mit Blech gedeckt; ~**arnia** [-'xar-] f (-i; -e, -i) Blechwarenfabrik f; Klempnerwerkstatt f; ~**arski** Klempner-; ~**arz** m (-a; -e) Klempner m, Spengler m.
blad|awy (-wo) bläßlich, etwas blaß; ~**o** (Komp. bladziej) Adv. u. in Zssgn blaß(-); ~**ość** f (-ści; 0) Blässe f; ~**y** (Komp. bledszy) (jak trup od. śmiertelnie leichen-)blaß, (ze strachu schrecken)bleich.
bladzi|ej s. blado; ~**ut(eń)ki** F (-ko) ganz blaß.
blag|a f (-i) Lügengeschichte f, Märchen n; Jäger-, Anglerlatein n; Seemannsgarn n; ~**ier** ['bla-] m (-a; -rzy) Aufschneider m; Spinner m; ~**ować** (-uję) dick auftragen, lügen, spinnen.
blaknąć [-nɔntɕ] ⟨wy-, z-⟩ (-nę; -kł/-nął) Farbe, Stoff: verblassen, verschießen, ausbleichen.
blankiet ['blaŋkɛt] m (-u; -y) Formular n, Vordruck m; ~ nadawczy Zahlkarte f.
blask m (-u; -i) Schein m; Glanz m.
blaszan|ka f (-i; G -nek) Blechkanne f, -kanister m; Blechdose f; ~**y** blechern, Blech-.
blaszk|a f (-i; G -szek) (Blech-) Streifen m, Plättchen n; Lamelle f; Stoßplatte f für Schuhe; ~**owaty** (-to) lamellar, blättchenartig, -förmig. [Blatt n.]
blat m (-u; -y) (Tisch-)Platte f.
bledn|ąć [-nɔntɕ] ⟨z-⟩ (-nę; -nął/ bladł) erblassen, erbleichen; verblassen; ~**ica** f (-y; 0) Bleichsucht f; ~**ieć** [-nɛtɕ] s. blednąć.
bledszy s. blady.
blejtram m (-u; -y) Blendrahmen m.
blekot m (-u; -y): ~ pospolity Hundspetersilie f.
blenda f (-y) Blende f; ~ uranowa Uranpechblende.
blezer m (-a/-u; -y) Blazer m, Klub-, Sportjacke f.
blichtr m (-u; 0) Flitter(glanz) m.
bliki m/pl. (-ów) Spitzlichter n/pl.
blisk|i (Komp. bliższy) nah, nahe liegend (gelegen); fig. a. eng, intim; najbliższa rodzina der engste Fa-

milienkreis; *bliższe dane/szczegóły* nähere Angaben, Nähere(s); *Su. m* (*-ego*; *-cy*) Verwandte(r), Nächste(r); **~o** *Adv.* (*Komp. bliżej*) nahe, unweit, in der Nähe; bald; etwa, beinahe; *z ~a* aus der Nähe; **~ość** *f* (*-ści*; *0*) Nähe *f*; **~owschodni** nahöstlich, Nahost-; **~oznaczny** sinnverwandt, synonym.

bliziut(eń)ki F (*-ko*) ganz nah(e).

blizna *f* (*-y*) (*po operacji* Operations-)Narbe *f*, (*po oparzeniu* Brand-)Mal *n*.   [mensch *m.*]

bliźni *m* (*-ego*; *-i*) Nächste(r), Mit-

bliźnia|czka *f* (*-i*; *G -czek*) Zwillingsschwester *f*; **~czy** Zwillings-; **~k** *m* (*-a*; *-cy/-i*) Zwilling *m*.

bliźnię|cy [*-'ŋen-*] *s. bliźniaczy*; **~ta** *pl.* (*-niąt*) Zwillinge *m/pl.*

bliż|ej, ~szy näher; *s. blisko, bliski.*

bloczek *m* (*-czka*; *-czki*) (*Notiz-, Kassen-*)Block *m.*

blok *m* (*-u*; *-i*) (*Fels-, Wohn-, Zeichen-*)Block *m*; Blockrolle *f*; *~ cylindrów,* *~ startowy* Zylinder-, Startblock; *~ wyborczy* Wählervereinigung *f*; **~ada** *f* (*-y*) Blockade *f*; *Tech. a.* Sperrung *f*; *Esb.* Blockung *f*; **~ować** (*za-*) (*-uję*) blockieren; *engS.* sperren, abriegeln; **~owy** Block-; *Su. m* (*-ego*; *-i*) Vorsitzende(r) des Blockkomitees; Blockälteste(r).

blond (*unv.*) blond; *~ włosy* blondes Haar; **~yn** *m* (*-a*; *-i*) blond(haarig)er Mann *od.* Junge, Blonde(r); **~yna** *f* (*-y*), **~ynka** *f* (*-i*; *G -nek*) Blondine *f*; **~ynek** *m* (*-nka*; *-nki*) Blondkopf *m* (*Kind*).

bluffować (*-uję*) bluffen.

bluszcz *m* (*-u*; *-e*) Efeu *m*, Immergrün *n*; **~yk** *m* (*-a*; *-i*) *Bot.* Gundermann *m.*

bluza *f* (*-y*) Bluse *f*; † *a.* Kittel *m.*

bluz|gać (*-am*), **~nąć** [*-nǫntɕ*] (*-nę*) (*be*)spritzen (*I/* mit); **~gać** *błotem* fig. mit Dreck bewerfen.

bluzka *f* (*-i*; *G -zek*) Bluse *f.*

bluźnić (*na-*) (*-ę, -nij!/-ń!*) schmähen (*D, przeciw D/A*); *Gott* lästern.

bluźnier|ca *m* (*-y*; *G -ów*) (Gottes-)Lästerer *m*; **~czy** (*-czo*) lästerlich, Läster-; **~stwo** *n* (*-a*) (Gottes-)Lästerung *f.*

błaga|ć (*-am*) (an)flehen, flehentlich bitten; **~lny** flehentlich, flehend; Bitt-; **~nie** *n* (*-a*) Flehen *n.*

błah|ostka *f* (*-i*; *G -tek*) Lappalie *f*,

Kleinigkeit *f*; **~y** gering(fügig); belanglos; *Vorwand:* fadenscheinig.

błam *m* (*-u*; *-y*) (*Fell-*)Tafel *f*, Platte *f.*

bławat *m* (*-u*; *-y*) (Hell-)Blau *n*; † *a.* Seide(nstoff *m*) *f*; **~ek** *m* (*-tka*; *-tki*) *s. chaber.*

błaz|en *m* (*-zna*; *-zny/-źni*) (*Hof-*)Narr *m*, Hanswurst *m*; Clown *m*; *udawać ~na* den Dummen spielen; *robić ~na* (*z G*) *j-n* zum Narren halten; **~eński** [*-'zeĩs-*] (*-ko*) närrisch, albern; Narren-; **~eństwo** *n* (*-a*) Narrheit *f*, Narretei *f*; Faxen *f/pl.*; *wyczyniać ~eństwa* = **~ować** (*-uję*) Possen reißen, Faxen machen, F blödeln.

błaźnić się ⟨*z-*⟩ (*-ę*) sich zum Narren machen; sich blamieren.

błąd [*bwɔnt, -ɛndu*] *m* (*błędu*; *błędy*) (*w rachunku, techniczny, wskazania* Rechen-, Kunst-, Ablese-)Fehler *m*; Irrtum *m*; Fehltritt *m*, *-*griff *m*; *~ młodości* Jugendsünde *f*; *~ wzroku* Fehlsichtigkeit *f*; *być w błędzie* (sich) irren, im Unrecht sein; *wpaść w ~* e-m Irrtum unterliegen; *wprowadzić w ~* irreführen.

błą|dzić [*-ɔndʑitɕ*] (*-dzę*) (umher-)irren (*po L, wśród G/in D, durch A*); ⟨*a. po-, z-*⟩ (sich) irren (*w L/in D*), fehlen; (*nur impf., I*) *Blick, Gedanken* schweifen lassen; (*nur pf.*) sich verirren; **~kać się** [*-ɔŋk-*] (*-am*) (umher)irren, streunen.

błędn|ik [*-ɛnd-*] *m* (*-a*; *-i*) *Anat.* Labyrinth *n*; **~ość** *f* (*-ści*; *0*) Falschheit *f*, Unrichtigkeit *f*; **~y** Irr-, Fehl-, irreführend, irrig; unrichtig, falsch; fehlerhaft; (*herum-*)irrend, Wander-; *Blick:* irr(e), unstet, verstört; **~nie** *Adv. a.* irrtümlich(erweise); **~e koło** Circulus vitiosus *m*; **~y ognik** Irrlicht *n.*

błędy *pl. v. błąd.*

błękit [*-ɛŋk-*] *m* (*-u*; *-y*) Blau *n*, Bläue *f*; *~ pruski* Berliner Blau; **~nawy** (*-wo*) bläulich; **~nooki** blauäugig; **~ny** (himmel)blau.

błoc|ić ⟨*za-*⟩ (*-cę*) mit (*Straßen-*)Schlamm beschmutzen; ⟨*a. na-*⟩ Schlamm *in die Wohnung* hin-, hereinschleppen; **~ko** F *n* (*-a*) (*Straßen-*)Schlamm *m*, Matsch *m.*

błogi (*-go*) (glück)selig; behaglich, Wohl-; *Einfluß:* heilsam.

błogosław|ić ⟨*po-*⟩ (*-ę*) segnen; (selig)preisen; **~ieństwo** [*-'jeĩs-*] *n*

(-a) Segen m; ~iony gesegnet; selig; segensreich.

błogo|stan m Zufriedenheit f, Wohlgefühl n; ~**ść** f (-ści; 0) (Glück-)Seligkeit f; Behaglichkeit f; ~**ść duszy** Seelenfriede m.

błon|a f (-y) Häutchen n, Membran(e) f; (śluzowa Schleim-)Haut f; (zwojowa Roll-)Film m; Folie f; ~**a dziewicza** a. Hymen n; ~**ica** f (-y; 0) Diphtherie f; ~**ie** ['bwɔ-] n (-a; -i/-ni) Blachfeld n, Heide f; ~**ka** f (-i; G -nek) Häutchen f; ~**koskrzydłe** pl. (-ych), ~**kówki** f/pl. (-wek) Zo. Hautflügler m/pl.; ~**nik** m (-a; 0) Zellulose f.

błotnia|k ['bwɔ-] m (-a; -i) Zo. Weihe f; ~**rka** f (-i; G -rek) Zo. Schlammschnecke f; Tech. Schlammfilter m, -presse f.

błot|niczka f (-i; G -czek) Zo. Sumpfmeise f; ~**nik** m (-a; -i) Kotflügel m, Schutzblech n; Schlammfänger m; ~**nisty** (-ście, -to) sumpfig, morastig; schlammig, matschig; ~**ny** Sumpf-, Moor-, ~**o** n (-a) (Straßen-)Schmutz m, Kot m, Schlamm m, F Dreck m; (mst pl.) Sumpf m, Moor n; fig. zmieszać z ~em in den Schmutz ziehen.

błysk m (-u; -i) Aufleuchten n, Aufblitzen n; (Licht-)Blitz m; fig. Schimmer m; ~**ać** (-am), ⟨(za)błysnąć⟩ [-nɔŋtɕ] (-nę) aufleuchten, (auf)blitzen, blinken; pf. fig. a. glänzen (I/ mit); ~ **o się** es blitzt; ~**awica** f (-y; -e) Blitz(strahl) m; ~**awiczny** blitzschnell, -artig, Blitz-.

błysko|tać ⟨za-⟩ (-czę/-cze) flimmern, glitzern, funkeln; ~**ka** f (-i; G -tek) Glitzerding n; pl. a. Flitterkram m; ~**liwość** f (-ści; 0) Einfallsreichtum m, lebhaft-geistreiche Witzigkeit; ~**liwy** (-wie) glitzernd; fig. (geist-)sprühende.

błys|kowy Blitz-, Blink-; lampa -wa Fot. Blitzleuchte f; ~**nąć** s. błyskać.

błyszcz m (-u; -e) Min. Glanz m; ~**ący** ['-tʃɔn-] (-co) glänzend, funkelnd, blank; ~**eć** (-ę) glänzen, funkeln; leuchten; ~**ka** f (-i; G -czek) (Angel-)Blinker m.

błyśnięcie [-'nɛn-] n (-a) s. błysk.

bo Kj. denn, weil, da; ~ ja wiem? was weiß ich?

boa[1] m (unv.) Zo. Boa f; ~ dusiciel Abgott-, Königsschlange f.

boa[2] n (unv.) (Feder-, Pelz-)Boa f.

boazeria [-'zɛ-] f (G, D, L -ii; -e) Paneel n, Lambris m.

bobak m (-a; -i) Murmeltier n.

bobas F m (-a; -y) Baby n.

bobkow|y: liście ~e Kochk. Lorbeerblätter n/pl.

bobo F n (unv.) s. bobas.

bobrek m (-rka; -rki) Fieber-, Sumpfklee m.

bobro|szczur m s. piżmowiec; ~**wy** Biber-.

bobslej m (-a; -e, -ów/-ei) Bob(sleih) m; ~**owy**: tor ~owy Bobbahn f.

bochen m (-chna; -chny) Tech. s. lupa; a. = ~**ek** m (-nka; -nki) (Brot-)Laib m.

bocian ['bɔ-] m (-a; -y) Storch m; ~**i** Storch-; gniazdo ~ie Mar. Mastkorb m, Krähennest n.

bociek ['bɔ-] F m (-ćka; -ćki) Klapperstorch m.

bocz|ek m (-czka; -czki) Seite(nteil m) f; Kochk. Speckseite f; magerer Speck, Bauchspeck m; F na ~**ku** auf die krumme Tour; ~**nica** f (-y; -e) Esb. Gleisanschluß m; Anschlußgleis n; Nebenstraße f; ~**nik** m (-a; -i) El. Nebenschluß m; Nebenwiderstand m; ~**ny** Seiten-, Neben-; ~**yć się** (-ę) (na A) scheel ansehen (A), grollen (D).

boć Kj. s. bo.

boćwina f (-y) Bot. Mangold m; Rübenkraut n.

bodaj, ~**że** Kj. mag auch, wenn nur (auch); Part. wenigstens; Int. ~(że) cię! hol dich der Kuckuck!

bodziec ['bɔ-] m (-dźca; -dźce) Anstoß m, Impuls m; Anreiz m, Ansporn m; Bio. Reiz m; ~ ekonomiczny ökonomisches Anreizmittel.

bodziszek m (-szka; -szki) Bot. Storchschnabel m.

bodźcowy s. leczenie.

boga|cić ⟨wz-⟩ (-cę) bereichern; ~**cić się** = ~**cieć** ['-ga-] ⟨z-⟩ (-eję) reich(er) werden, sich bereichern; ~**ctwo** a. Reichtum m; ~**ctwa naturalne** Bodenschätze m/pl.; ~**cz** m (-a; -e) Reiche(r), Krösus m; ~**cz wiejski** Großbauer m.

Bogarodzica f (-y; 0) Mutter Gottes.

bogat|ka f (-i; G -tek) s. sikora; ~**y** (-to) reich (I, w A/an); reichhaltig.

bogin|i f (unv.; -e) Göttin f; ~**ka** f (-i; G -nek) Nixe f; Fee f.

bogobojn|ość f (-i; 0) Gottesfurcht f, Frömmigkeit f; **~y** gottesfürchtig.

bohater m (-a; -rzy/-owie), **~ka** f (-i; G -rek) Held(in f) m; **~ski** (-ko, po -ku) heldenhaft, -mütig; Helden-; **~skość** f (-ści; 0) Heldenmut m; **~stwo** n (-a; 0) Heldentum n.

bohomaz m (-a; -y) Kitsch(gemälde n) m, Schinken m.

boisko [-'is-] n (-a) Sportplatz m; ~ piłkarskie Fußballplatz m.

boja f (G, D, L -oi; -e, -oi) s. pława.

bojaź|liwy (-wie) furchtsam; schüchtern; **~ń** f (-ni; 0) Furcht f.

bojer m (-a; -y) Eisjacht f.

boję się s. bać się.

bojkot m (-u; -y) Boykott m; **~ować** ⟨z-⟩ (-uję) boykottieren.

bojler m (-a; -y) Boiler m, Heißwasserbereiter m.

bojow|nik m (-a; -cy), **~niczka** f (-i; G -czek) (Vor-)Kämpfer(in f) m, Streiter(in f) m; **~nik** Zo. Schleierkampffisch m; **~nik o wolność** Freiheitskämpfer m; **~ość** f (-ści; 0) Kampfgeist m; Kampfkraft f; **~y** (-wo) kämpferisch; Kampf-, Gefechts-; gefechtsmäßig; s. zadanie.

bojówka f (-i; G -wek) (revolutionäre) Kampftruppe, Stoßtrupp m; Rollkommando n, Schlägertrupp m.

bok m (-u; -i) Seite f, Flanke f; na ~ zur Seite, beiseite; auf die Seite; na ~u auf der Seite; seitlich; abseits; przy ~u, u ~u an der Seite (G/von, G); w ~ in die Flanke; zur Seite; seitwärts; z ~u von der Seite; seitlich, Seiten-; seitwärts; F pod ~iem ganz in der Nähe, e-n Katzensprung (von hier); ujęć (od. wziąć) się pod ~i die Arme in die Seiten stemmen; zrywać ~i ze śmiechu sich biegen (od. kugeln) vor Lachen; robić ~ami Tier: schwer atmen; F fig. sich abstrampeln; zarabiać na ~u sich et. schwarz dazuverdienen; **~iem** Adv. seitlich; seitwärts; mit der Seite ab. Flanke; **~obrody** pl. (-ów) Backenbart m; Koteletten pl.

boks m (-u; -y) (Stall-)Box f; s. pięściarstwo; **~er** m (-a; -y) Boxer m (Hund); (pl. -rzy) s. pięściarz; **~erski** Box(er)-; **~ować (się)** (-uję) boxen (v/i.).

boksyt m (-u; -y) Bauxit m.

bolą|cy [-'lɔn-] s. bolesny; **~czka** f (-i; G -czek) (eiternde) Wunde,

Eiterbeule f; fig. a. wunder Punkt, Übel n.

bolec F m (-lca; -lce) s. sworzeń.

bole|ć¹ ⟨za-⟩ (L.) schmerzen, weh tun; boli (od. bolą) go ... er hat ...schmerzen; **~ć²** (-eję) beklagen (nad I/A); **~jący** [-'jɔn-] schmerzerfüllt, leidvoll; **~sny** (-śnie) empfindlich, schmerzhaft; fig. a. schmerzlich; **~ść** f (-ści) Schmerz m, Weh n; Leid n; **~ści** pl. (heftige) Leibschmerzen m/pl.; F fig. od siedmiu ~ści jämmerlich.

bolimuszka f Stechfliege f.

Boliwij|czyk m (-a; -cy), **~ka** f (-i; G -jek) Bolivianer(in f) m; **2ski** (po -ku) bolivianisch.

bom m (-u; -y) Mar. Baum m.

bomba f (-y) (głębinowa, zegarowa Wasser-, Zeit-)Bombe f; F fig. a. Bombenknüller m; ~ piwa e-e Maß Bier; F koniec i ~! aus und vorbei!; **~rdier** [-'bardjer] m (-a; -rzy) (Artillerie-)Gefreiter m; Bombenschütze m; Zo. Bombardierkäfer m; **~rdować** ⟨z-⟩ (-uję) bombardieren, mit Bomben belegen; **~styczny** bombastisch.

bombka f (-i; G -bek) (Christbaum-)Glaskugel f.

bombonier|a f (-y), **~ka** f (-i; G -rek) Bonbonniere f.

bombow|iec [-'bɔ-] m (-wca; -wce) (dalekiego zasięgu Langstrecken-) Bomber m; **~y** Bomben-; s. zamach.

bon m (-u; -y) Bon m, Gutschein m; Bezugschein m.

bona † f (-y) Kindermädchen n, -erzieherin f.

bonifika|cja f (-i; -e) Bonifikation f, Vergütung f; **~ta** f (-y) Preisnachlaß m; Sp. Vorgabe f, (Zeit-, Punkte-)Gutschrift f.

bonifikować (-uję) bonifizieren.

bor m (-u; 0) Chem. Bor n; F (-a; -y) Bohrer m; **~aks** m (-u; 0) Borax m.

bordo ['bɔr-] n (unv.) Bordeaux (-wein) m; **~ski** ciecz ~ska Kupferkalkbrühe f; **~wy** (-wo) bordeaux (-rot), weinrot.

bor|ek m (-u; -rki) Chem. Borid n; **~ny** s. borowy, kwas.

boro|wać F (-uję) bohren; **~wik** m (-a; -i) Steinpilz m; **~wik ponury** Hexenröhrling m, -pilz m.

borowin|a f (-y) (Heil-)Moor n; **~owy**: kąpiel ~owa Moorbad n.

borowy *Chem.* Bor-; ~ kwas ~ Borsäure *f*; *Su. m* (-*ego*; -*i*) Waldhüter *m*.

borówka *f* (-*i*; *G* -*wek*): ~ bagienna Rauschbeere *f*; ~ brusznica, ~ czerwona Preiselbeere *f*; ~ czernica Heidel-, Blaubeere *f*.

borsu|czy Dachs-; ~**k** *m* (-*a*; -*i*) Dachs *m*.

boruta *m* (-*y*; *G* -*ów*) Waldgeist *m*.

borykać się (-*am*) ringen, kämpfen.

bosak[1] *m* (-*a*; -*i*) Bootshaken *m*; ~ pożarniczy Brandhaken *m*; ~[2] *F m* (-*a*; -*i*) Sandale *f*; *Adv. na* ~**a** barfuß.

bosk|i (-*ko*) göttlich; *na miłość* (*od. litość*) ~*q!* um Gottes willen!; *rany* ~*ie!* großer Gott!; ~**ość** *f* (-*ści*; *0*) Göttlichkeit *f*.

bosman *m* (-*a*; -*i*) Bootsmann *m*; ~**mat** Bootsmanns-, Obermaat *m*.

boso *Adv.* barfuß; ~**nogi** barfüßig.

bosy barfüßig, (*präd.*) barfuß; *Pferd:* unbeschlagen.

bośniacki (*po* -*ku*) bosnisch.

bot *m* (-*a*; -*y*) *s.* boty.

botani|czny botanisch; ~**k** *m* (-*a*; -*cy*) Botaniker *m*; ~**ka** *f* (-*i*; *0*) Botanik *f*.

botwina *f* (-*y*) *s.* boćwina.

boty *m/pl.* (-*ów*) (*Damen*-)Gummi-überschuhe *m/pl.*; Stiefeletten *f/pl.*

bowiem ['bɔ-] denn, nämlich; *vgl.* bo.

boy [bɔi] *m* (-*a*; -*e*, -*ów*): ~ hotelowy (*Hotel*-)Page *m*. [Gott.\

Bozia ['bɔʒa] F *f* (-*i*; *0*) der liebe\

Boż|e *s.* Bóg; ~**ek** *m* (-*żka*; -*żki*) Götze *m*, Gottheit *f*; ~**y** Gottes-, göttlich; *cały* ~**y** *dzień* den lieben langen Tag; ~*e Narodzenie* Weihnachten *n*; ~**a** *krówka s.* biedronka; ~**yszcze** *n* (-*a*) *s.* bożek; *fig.* Abgott *m*.

bób *m* (*bobu*; *boby*) Puff-, Saubohne(n *pl.*) *f*; F *zad(aw)ać bobu* (*D*) *j-m* e-e Abreibung geben; *jak bobu* wie Sand am Meer.

bóbr *m* (*bobra*; *bobry*) Biber *m*.

Bóg *m* (*Boga*, *Bogu*, *Boże!*; *bogowie/ bogi*) Gott *m*; ♀ *wojny* Kriegsgott; ~ *zapłać* vergelt's Gott; *jak Boga kocham!* bei Gott!; *bój się* (*od. na, dla*) *Boga!* um Gottes (Himmels) willen!; *niech* ~ *broni!*, *broń Boże!*, *Boże uchowaj!* Gott behüte *od.* beschütze!; *szczęść Boże!* Gott zum Gruß!; *jak* ~ *da* so Gott will;

z Bogiem! Gott befohlen!; *pożal się Boże* zum Gotterbarmen; *Bogu ducha winien* unschuldig wie ein Lamm.

bój *m* (*boju*; *boje*, *bojów*) Kampf *m*, Schlacht *f*, Gefecht *n*; ~ *się s.* bać się; ~**ka** *f* (-*i*; *G* -*jek*) Schlägerei *f*, Prügelei *f*.

ból *m* (-*i*; -*e*, -*ów*) (*gardła*, *głowy*, *zębów* Hals-, Kopf-, Zahn-) Schmerz(en *pl.*) *m*; ~*e* (*po*)*porodowe* (Nach-)Wehen *pl.*; *z* ~*em serca* schweren Herzens.

bór *m* (*boru*; *bory*) *poet.* Wald *m*.

bóstwo *n* (-*a*) Gottheit *f*, Göttin *f*; *fig. a.* Idol *n*.

bóść (*L.*) mit den Hörnern stoßen; *v/t. Sporen* geben; *fig.* reizen, ärgern.

bóźnica *f* (-*y*; -*e*) Tempel *n*.

brac|ia [-tɕa] *s.* brat, brać[1]; (*Firma*) Gebrüder *pl.*; ~**iszek** *m* (-*szka*; -*szkowie*) Brüderchen *n*; (*Ordens*-) Bruder *m*; ~**ki** Bruderschafts-; *kasa* ~**ka** Knappschaftskasse *f*; ~**two** *n* (-*a*) Bruderschaft *f*, Brudergemeinde *f*.

brać[1] *f* (-*i*; *0*) *koll.* (*Berufs*-)Kollegen *m/pl.*; (*Fach*-)Genossen *m/pl.*; ~ *zakonna* Ordensbrüder *m/pl.*

brać[2] (*L.*), ⟨*wziąć*⟩ [vzɔ̃tɕ] (*L.*) *v/t* (an-, ein)nehmen; ~ *ze sobą* mitnehmen; ~ *na siebie auf* sich nehmen, übernehmen; ~ *na serio* ernst nehmen; *s. zły;* ~ *się* (*do G*) anpacken (*A*), herangehen (an *A*); *v/i* (*nur impf.*) *Fische:* anbeißen.

brak[1] *m* (-*u*; -*i*) Mangel *m*; Defekt *m*; Schund *m*, Ausschuß(ware *f*) *m*; ~*i pl. a.* Lücken *f/pl.* (*fig.*); Fehlbestand *m*; ~ *zaopatrzenia* Platzmangel; *z* ~*u* (*G*) aus Mangel (an), mangels (*G*); *odczu(wa)ć* ~ vermissen (*G/A*).

brak[2] *präd.* (*G*) es fehlt (*A*), es mangelt (an); ~ *gotówki* es fehlt an Bargeld.

brak|arz *m* (-*a*; -*e*) Gütekontroller *m*, -prüfer *m*; ~**nąć** *s.* brakować.

brakoró|b *m* (-*oba*; -*oby*) schlechter Arbeiter, Pfuscher *m*; ~**stwo** *n* (-*a*; *0*) Ausschußarbeit *f*, Pfuscherei *f*.

brakuw|ać[1] (-*uję*), ⟨*braknąć*⟩ [-nɔ̃tɕ] (-*nę*; *nur 3. Pers.*) fehlen, mangeln (*G/*an); *tego tylko* ~*ało!* das fehlte (gerade) noch!; ~**ać**[2] ⟨*za*-⟩ (-*uję*) *s.* wybrakowywać.

brama f (-y) Tor n; Toreinfahrt f; Pforte f.

bramin m (-a; -i) Brahmane m.

bramk|a f (-i; G -mek) Tor n (a. Sp.); strzał w ~ę Torschuß m; ~arz m (-a; -e) Torwart m; ~owy Sp. Tor-. [kran m.\

bramownica f (-y; -e) Brücken-\

brandenburski brandenburgisch.

bran|ie ['bra-] n (-a; 0) Nehmen n; ~ie udziału Teilnahme f; ~ka f (-i; G -nek) hist. Gefangene f, Sklavin f; (Rekruten-)Aushebung f.

bransolet|a [-ăso-] f (-y), ~ka f (-i; G -tek) Armband n.

branż|a [-ăʒa] f (-y; -e) (Wirt-schafts-)Zweig m, Branche f, Sparte f, Fach n; ~owy Branchen-, Fach-; sklep ~owy Fachgeschäft n.

brat m (-a, D -u, L -cie; -cia, -ci, I -ćmi) (przyrodni Halb- od. Stief-) Bruder m; F nasz ~ unsereiner, -eins; za pan ~ dick befreundet (z I/mit); ~ać się ⟨po-, z-⟩ (-am) sich verbrüdern; fraternisieren; ~anek m (-nka; -nkowie/-nki) Neffe m; ~anica f (-y; -e) Nichte f; ~ek m (-tka; -tki) Bot. Stiefmütterchen n; ~erski (po -ku, -ko) brüderlich, Bruder-; ~erskość f (-ści; 0) Brüderlichkeit f; ~erstwo n (-a) Brüderschaft f; ~ni (-nio) brüderlich, Bruder-; ~niak ['brat-] F m (-a; -i) Studentengenossenschaft f.

brato|bójca m (-y; G -ów) Brudermörder m; ~bójczy ⟨-czo⟩: wojna -cza Bruderkrieg m; ~bójstwo n (-a) Brudermord m; ~wa f (-wej, -wo!; -e) Schwägerin f (Bruders-frau).

braunsztyn m (-u; 0) Braunstein m.

braw|o n (-a) Bravo(ruf m) n; bić ~o Beifall spenden, beklatschen; huragan (od. burza) ~ Beifallssturm m; ~urowy (-wo) bravourös, Bravour-.

Brazylij|czyk m (-a; -cy), ~ka f (-i; G -jek) Brasilianer(in f) m; 2ski brasilianisch, Brasilien-.

brąz m (-u; -y) Bronze f (a. Farbe); ~y pl. Bronzeplastiken f/pl.; opalić się na ~ braungebrannt sein; ~ować (-uję) bronzieren; ~owawy (-wo) bräunlich, ~owy (-wo) bronzen, Bronze-; bronzefarben, braun.

bre|dnie ['brɛ-] f/pl. (-i) Unsinn m, F Mumpitz m; ~dzić (-dzę) faseln, spinnen; im Fieber phantasieren.

brelok m (-u; -i) Berlocke f.

brew f (brwi; brwi) (Augen-)Braue f.

brewerie [-'vɛ-] f/pl. (-ii) Spektakel m, Krach m.

brewiarz ['brɛ-] m (-a; -e) Brevier n.

brezent m (-u; -y) Plane(stoff m) f; Zeltstoff m; ~owy Zeltstoff-.

brnąć [-nɔntɕ] (-nę) waten; durch den Schnee stapfen; mst fig. ⟨za-⟩ (hinein)geraten, versinken.

broczyć ⟨-ę⟩ v/i Blut: fließen, strömen; ~ krwią bluten; Tier: schweißen; v/t ⟨a. z-⟩: ~ we krwi mit Blut besudeln.

broda f (-y; G bród) Kinn n; Bart m (-haare pl.) m; ~cz m (-a; -e) Bärtige(r); ~ty bärtig, ~wka f (-i; G -wek) Warze f; Med. a. Papille f; Bot. Knöllchen m; ~wkowaty (-to) warzenförmig; ~wnik m (-a; -i) (Bot. mleczowaty) Löwenzahn m.

brodz|ące [-'dzɔn-] pl. (-ych) Zo. Watvögel m/pl.; ~ić ⟨-dzę⟩ waten.

broić ['brɔ-] ⟨na-, z-⟩ ⟨-oję, -isz, brój!⟩ v/t anstellen, anrichten; v/i Unfug treiben.

brokatowy Brokat-.

brom m (-u; 0) Chem. Brom n; ~o- in Zssgn = ~owy Brom-.

brona f (-y) Egge f.

bronch|it m (-u; -y) Bronchitis f; ~y f/pl. (bronch) Bronchien f/pl.

broni|ć ⟨-ę⟩ ⟨o-⟩ (G) verteidigen (A; się sich); plädieren (für); (be-) schützen, (be)hüten, wahren (A); ⟨za-⟩ verbieten, verwehren (G/A); ~ować ⟨za-⟩ ⟨-uję⟩ eggen.

broń[1] s. bronić.

broń[2] f (-ni; -ie) Waffe(n pl.) f; (a. rodzaj ~ni) Waffengattung f; fig. a. Rüstzeug n; do nogi ~ń! das Gewehr ab!; na ramię ~ń! das Gewehr über!; ~ń krótka, ręczna ~ń palna Handfeuerwaffe(n); ~ń jądrowa, masowego rażenia od. masowej zagłady Kern-, Massenvernichtungswaffe(n); powoł(yw)ać pod ~ń zu den Waffen rufen; chwytać (od. porywać) za ~ń zur Waffe (od. zu den Waffen) greifen.

broszka f (-i; G -szek) Brosche f.

broszura f (-y) Broschüre f.

browar m (-u; -y) (Bier-)Brauerei f; ~n(icz)y Brauerei-.

bród m (-odu; -ody) Furt f; przejść w ~ durchwaten; fig. w ~ in Hülle und Fülle.

bródka f (-i; G -dek) Bärtchen n; Kinn n; JSpr. Bart m.

bróg *m* (*-ogu*; *-ogi*) Feldscheune *f*; Schober *m*.

brud *m* (*-u*; *-y*) Schmutz *m*, P Dreck *m*; ~y *pl. a.* schmutzige Wäsche (*a. fig.*); ~**as** F *m* (*-a*; *-y*) Schmutz-, Dreckfink *m*, Ferkel *n*; ~**nawy** (*-wo*) angeschmutzt.

brudn|o *Adv. s.* brudny; ~**opis** *m* (*-u*; *-y*) Konzept *n*, Entwurf *m*, erste Fassung; ~**y** (*-no*) schmutzig, P dreckig; *na* ~**o** ins unreine.

brudzić ⟨*po-, za-*⟩ (*-dzę*) beschmutzen, schmutzig (P dreckig) machen (*się* sich); ~ *się a.* verschmutzen, schmutzig werden.

bruk *m* (*-u*; *-i*) (*Straßen-*)Pflaster *n*; *fig.* Straße *f*; *wyrzucić na* ~ *j-n* auf die Straße setzen.

brukać ⟨*z-*⟩ (*-am*) *s.* brudzić.

brukarz *m* (*-a*; *-e*, *-y*) Pflasterer *m*.

brukiew ['bru-] *f* (*-kwi*; *-kwie*) Kohlrübe *f*, Wruke *f*.

brukow|ać ⟨*wy-*⟩ (*-uję*) Straße pflastern; ~**iec** [-'kɔ-] *m* (*-wca*; *-wce*) Pflasterstein *m*; *fig.* Revolver-, Boulevardblatt *n*; ~**y** Pflaster-; *fig.* Straßen-; Schund-; *s.* prasa.

bruksel|ka *f* (*-i*; *G -lek*) Rosenkohl *m*; ~**ski** Brüsseler (*Adj.*).

brulion ['bru-] *m* (*-u*; *-y*) Kladde *f*, Schmierheft *n*.

brunatn|awy (*-wo*) bräunlich; ~**y** (*-no*) braun.

brunet *m* (*-a*; *-ci*), ~**ka** *f* (*-i*; *G -tek*) Brünette *m od. f*, Dunkelhaarige(r).

brunszwicki Braunschweiger (*Adj.*).

brus *m* (*-a*; *-y*) Balken *m*, Holm *m*; Schleifstein *m*.

brusznica *f* (*-y*; *-e*) *s.* borówka.

brutal *m* (*-a*; *-e*) Rohling *m*; ~**ność** *f* (*-ści*; *0*) Brutalität *f*; ~**ny** brutal, roh.   [Riefe *f*, Rille *f*.]

bruzda *f* (*-y*) Furche *f*, Tech.]

bruzdownik *m* (*-a*; *-i*) *Agr.* Furchenzieher *m*.

bruździć ⟨*na-*⟩ (*-żdżę*, *-isz*) Hindernisse in den Weg legen, in die Quere kommen; wühlen, Unruhe stiften.

brwi *s.* brew; ~**owy** Augenbrauen-.

bryczesy *m/pl.* (*-ów*) Breeches *pl.*

bryczka *f* (*-i*; *G -czek*) Kalesche *f*, Britschka *f*.

brydż *m* (*-a*; *0*) Bridge *n*.

brygada *f* (*-y*) Brigade *f*; *eng S.* (*montażowa* Montage-)Kolonne *f*, Gruppe *f*; ~**dzista** *m* (*-y*; *-ści*, *-ów*) Brigadier *m od. f*, Vorarbeiter *m*, Kolonnenführer *m*.

bryk F *m* (*-a*; *-i*) Eselsbrücke *f*.

bryk|ać (*-am*), ⟨~**nąć**⟩ [-nɔŋtɕ] (*-nę*) *Pferd:* ausschlagen; (*nur impf.*) herumtollen, -springen; F ~**aj** (*stąd*)*!* verschwinde!

brykie|ciarka *f* (*-i*; *G -rek*) Brikettpresse *f*; ~**t** *m* (*-u*; *-y*) Brikett *n*, Preßling *m*; ~**townia** [-'tɔ-] *f* (*-i*; *-e*, *-i*) Brikettfabrik *f*.

bryknąć *pf. s.* brykać.

brylant *m* (*-u*; *-y*) Brillant *m*; ~**owy** (*-wo*) diamanten, Brillant-; ~**yna** *f* (*-y*) Brillantine *f*.

brył|a *f* (*-y*) Klumpen *m*; *Math.* Körper *m*; ~ *lodu* Eisblock *m*; ~**ka** *f* (*-i*; *G -łek*) Klümpchen *n*; ~**owaty** (*-to*) klumpig, kloßig; massig, grob, derb.

bryndza *f* (*-y*; *0*) Schafkäse *m*; F *fig.* Misere *f*.

bryś F *m* (*-sia*; *-sie*) Hundchen *n*.

brytan *m* (*-a*; *-y*) Hofhund *m*.

bryt|fanna *f*, ~**wana** *f* (*-y*) Bratpfanne *f*.

brytyjski britisch.

bryza *f* (*-y*) Brise *f*.

bryz|g *m* (*-u*; *-i*) Spritzer *m*; ~**gać** ⟨*z-*⟩ (*-am*), ⟨~**nąć**⟩ [-nɔŋtɕ] (*-nę*) (be)spritzen (*I*/mit).

bryzol *m* (*-u*; *-e*) *Kochk.* Brisolett *n*.

brzan|a *f* (*-y*) *Zo.* Barbe *f*; ~**ka** *f* (*-i*; *G -nek*) *s.* tymotka.

brzask *m* (*-u*; *-i*) Morgengrauen *n*; *z pierwszym* ~**iem** bei Tagesanbruch.

brząk|ać [-ɔŋk-] (*-am*), ⟨~**nąć**⟩ (*-nę*) *s.* brzękać.

brzdąc [-dɔnts] F *m* (*-a*; *-e*) Knirps *m*, Kleine(r).

brzdąk|ać [-dɔŋk-] (*-am*), ⟨~**nąć**⟩ (*-nę*) *s.* brzękać; *fig.* in den Bart brummen; ~**anina** *f* (*-y*) Geklimper *n*.

brze|chwa *f* (*-y*; *G -chew*) Stabilisierungsfläche *f*; ~**czka** *f* (*-i*; *G -czek*) Würze *f*; Maische *f*; Gerb-, Lohbrühe *f*.

brzeg *m* (*-u*; *-i*) Rand *m*; Kante *f*; Saum *m*; Ufer *n*; (*a.* ~ *morski*) Küste *f*; *po* ~*i* randvoll; *pierwszy z* ~*u* der erste beste; ~**owy** Küsten-, Ufer-; ~**ówka** *f* (*-i*; *G -wek*) *s.* jaskółka.

brzemienny *fig.* (*1, w A*) -schwer, -drohend; ~ *w skutki* folgenschwer; *vgl.* ciężarna.

brzemię *n* (*-ienia*; *-iona*) Bürde *f*, Last *f*.

brzeszczot m (-u/-a; -y) (Säge-)Blatt n; s. głownia.

brzezina f (-y) Birkenwäldchen n; Birkenholz n.

brzeżek m (-żka; -żki) (schmaler) Rand, Saum; s. brzeg.

brzęcz|eć ['bʒɛn-] ⟨za-⟩ (-ę, -y) summen; klirren, scheppern; klingen; **~enie** n (-a) Summen n; (Gläser-, Glöckchen-)Klang m; **~yk** m (-a; -i) El. Summer m.

brzęk [bʒɛŋk] m (-u; -i) Klirren n; s. brzęczenie; **~ać** (-am), **⟨~nąć⟩** [-nɔntɕ] (-nę) klirren, rasseln (I/mit); klimpern.

brzmi|ący [-mɔn-] schallend, laut; Text: lautend; **~eć** ['bʒmjɛtɕ] ⟨za-⟩ (-ę, -mij!) schallen, tönen, hallen; klingen; lauten; sich anhören; **~enie** n (-a) Klang m; Wortlaut m.

brzoskwini|a [-'kɕi-] f (-i; -e) Pfirsich(baum) m; **~owy** Pfirsich-.

brzost m (-u; -y) (Berg-)Rüster f, Ulme f.

brzoz|a f (-y; G brzóz) (Weiß-)Birke f; **~owy** Birken-.

brzózka f (-i; G -zek) kleine Birke.

brzuch m (-a; -y) Bauch m; Leib m; na ~u a. bäuchlings; taniec ~a Bauchtanz m; **~acz** F m, **~al** m (-a; -e) Dickbauch m, -wanst m; **~aty** dickbäuchig, -leibig; bauchig; **~omówca** m Bauchredner m.

brzusiec ['bʒu-] m (-śca; -śce) (Finger-)Kuppe f; (Messer-)Schneide f.

brzusz|ek m (-szka; -szki) Bäuchlein n; Bauch m (Fell); **~ny** Bauch-.

brzyd|actwo n (-a; 0) Häßlichkeit f; (pl. -a) häßliches Ding od. Wesen, Scheusal n; **~al** F m (-a; -e, -ów) häßlicher Mann od. Junge; **~ki** (Komp. -dszy; -ko, Komp. -dziej) häßlich, garstig, scheußlich; **~nąć** [-nɔntɕ] ⟨z-⟩ (-nę, -l) häßlich(er) werden; fig. lästig fallen; zbrzydło mi (A) ich habe genug (von) od. es satt (zu), F es hängt mir zum Hals heraus; **~ota** f (-y; 0) Häßlichkeit f; **~ula** f F (-i; -e) häßliche Frau, häßliches Mädchen.

brzydzić się (-dzę) (I) sich ekeln (vor D); verabscheuen (A).

brzytwa f (-y; G -tew) Rasiermesser n.

bubek F m (-bka; -bki) Fatzke m, Pinsel m.

buble F m/pl. (-i) Ladenhüter m/pl.

buc V m (-a; -y) s. kutas.

buch|ać (-am), ⟨~nąć⟩ [-nɔntɕ] (-nę) v/i Flamme, Geruch: empor-, entgegenschlagen; Wasser, Blut: strömen, sich ergießen; Rauch: hervorquellen; **~ać** Żarem Hitze ausströmen; F v/t klauen, klemmen, mausen; j-n hauen.

buchalter m (-a; -rzy) s. księgowy. **buch|asty** (-to) bauschig; **~nąć** pf. s. buchać.

buci|k m (-a; -i) Schuh m; **~or** ['bu-] P m (-a; -y) Quadratlatschen m.

bucze|ć ⟨za-⟩ (-ę, -y) heulen, brummen; summen; **~k** m (-czka; -czki) (Fabrik-)Sirene f; junge Buche.

buczyna f (-y) Buchenholz n; Buchecker f.

buda f (-y) Bude f; (Hunde-)Hütte f; (Wagen-)Verdeck n; F a. Penne f; s. pies.

buddyjski buddhistisch, Buddha-.

budka f (-i; G -dek) kleine Hütte; Häuschen n; Kiosk m; (Schiffs-) Koje f; (Führer-)Stand m; ~ suflerska Souffleurkasten m.

budow|a f (-y; G -dów) Bau m; engS. (a. teren ~y) Baustelle f; Aufbau m, Struktur f; Bauweise f; **~acz** m (-a; -e) Bgb. Zimmerhäuer m; **~ać** ⟨po-, wy-, z-⟩ (-uję) (er)bauen, errichten; Maschinen a. konstruieren; fig. aufbauen, schaffen; (nur impf.) (moralisch) erbauen; **~ać się** gebaut werden, im Bau sein; (sich ein Haus) bauen; **~la** f (-i; -e, -i) Bau(werk n) m; **~lany** Bau-; Su. ~lani pl. (-ych) koll. Bauarbeiter m/pl.

budowni|ctwo n (-a; 0) Bau(wesen n) m; Bautätigkeit f; fig. Aufbau m; **~ctwo mieszkaniowe** Wohnungsbau; **~czy** Bau-; Su. m (-ego; -owie) Baumeister m; Erbauer m.

budu|jący ['-jɔn-] (-co) erbaulich; **~lcowy** Bau-; Bio. Aufbau-; **~lec** m (-lca; 0) Baumaterialien n/pl.; Bauholz n.

budynek m (-nku; -nki) Gebäude n, (mieszkalny Wohn-)Haus n; ~ w stanie surowym Rohbau m.

budyń m (-niu; -nie) Pudding m.

budz|enie n (-a) Wecken n; **~enie się** Aufwachen n; **~ić** ⟨z-⟩ (-dzę) (auf)wecken; (nur impf.) fig. wachrufen; s. a. wzbudzać; **~ić się** er-, aufwachen; **~ik** m (-a; -i) Wecker m.

budżet [-d:ʒ-] m (-u; -y) Etat m,

Haushalt(splan) *m*; **~owy** Etat-, Haushalts-.

bufa *f* (-y) Puff *m*, Bausch *m*.

bufet *m* (-u; -y) Büfett *n*; Erfrischungsraum *m*, Imbißstube *f*; Theke *f*, Tresen *m*; **~owa** *f* (-ej, -wa!; -e) Büfettfräulein *n*; **~owy** Büfett-; *Su. m* (-ego; -i) Büfettier *m*.

bufiasty (-to) bauschig, Puff-.

bufonada *f* (-y) Possenreißerei *f*; Aufschneiderei *f*; **~** *filmowa* Filmklamotte *f*.

bufor *m* (-a; -y) *Esb.* Puffer *m*.

buhaj *m* (-a; -e, -ów) (*Zucht*-)Bulle *m*.

buj|ać (-am) *v/i* schweben, fliegen; (umher)schweifen; sich tummeln; **⟨wy-⟩** *Pflanzen*: wuchern; F **⟨na-⟩** (vor)flunkern, schwindeln; *v/t* **⟨po-⟩** schaukeln, wiegen (się sich *od. v/i*); **⟨z-⟩** beschwindeln; **~ak** *m* (-a; -i) Schaukelstuhl *m*; *Tech.* Wippe *f*, Schwinghebel *m*; **~da** F *f* (-y) Flunkerei *f*, Schwindel *m*, Humbug *m*; **~ny** (-nie, -no) üppig; *Haar*: dicht; *Phantasie*: lebhaft, blühend.

buk *m* (-u; -i) (*Rot*-)Buche *f*.

bukie|cik *m* (-a; -i) Sträußchen *n*; **~t** ['bu-] *m* (-u; -y) (*Blumen*-)Strauß *m*; (*Wein*-)Blume *f*; *JSpr.* Rehwedel *m*.

bukiew *f* (-kwi; -kwie) Buchecker *f*.

bukinista *m* (-y; -ści, -ów) Antiquar *m*.

bukowy Buchen-.

buks|a *f* (-y) *s. tuleja*; **~ować** ⟨za-⟩ (-uję) *Räder*: (durch)rutschen.

bukszpan *m* (-u; -y) Buchsbaum *m*.

bukwica *f* (-y; -e) Rote Betonie.

buldeneż *m* (-u; -e) *Bot.* Schneeball *m*.

buldo|g *m* Bulldogge *f*; **~żer** *m* (-a; -y) Bulldozer *m*, Planierraupe *f*.

bulgotać ⟨za-⟩ (-czę/-cę) gluckern, gurgeln, glucksen; *JSpr.* kullern.

bulić P ⟨wy-⟩ (-lę) *Geld* blechen.

bulion ['buljŏn] *m* (-u; -y) Fleischbrühe *f*.

bulla [-l:-] *f* (-i; -e, -i) (*Papst*-)Bulle *f*.

bulwa *f* (-y) Knolle *f*; *Bot.* Topinambur *m od. f*.

bulwarowy Boulevard-.

bulw|iaste [ˏ ˏa] *pl.* (*yuh*) Knollengewächse *n/pl.*; **~iasty** (-to) knoll(enart)ig; **~ka** *f* (-i; *G* -wek) Knöllchen *n*; **~owy** Knollen-.

buła P *f* (-y) Riesensemmel *f*; *fig.* Klotz *m*.

buła|nek *m* (-nka; -nki) Falbe(r); **~ny** *Pferd*: falb; **~wa** *f* (-y) Streitkolben *m*; Feldherrnstab *m*; *fig.* Oberbefehl *m*; **~wa** *marszałkowska* Marschallstab *m*.

bułeczka *f* (-i; *G* -czek) Semmel *f*, Brötchen *n*.

Bułgar *m* (-a; -rzy) Bulgare *m*; **~kaf** (-i; *G* -rek) Bulgarin *f*; **2ski** (*po* -ku) bulgarisch.

bułka *f* (-i; *G* -łek) Semmel *f*; (*Brot*-)Laib *m*; *s. bułeczka*.

bumel|anctwo *n* (-a; 0) Bummelei *f*, Krankfeiern *n*; **~ować** ⟨prze-⟩ (-uję) (ver)bummeln, sich von der Arbeit drücken, krankfeiern.

bundz *m* (-u; 0) Schafkäse *m*.

bunkier ['buŋk-] *m* (-kra; -kry) Bunker *m*.

bunt *m* (-u; -y) Aufruhr *m*, Auflehnung *f* (*a. fig.*), Revolte *f*; Meuterei *f*; **~ować** ⟨pod-, z-⟩ (-uję) aufwiegeln, -hetzen; **~ować się** sich empören, rebellieren, meutern; **~owniczy** (-czo) aufrührerisch, rebellisch; **~ownik** *m* (-a; -cy) Aufrührer *m*; Rebell *m*, Meuterer *m*.

buńczucz|ny hochmütig, arrogant; *Miene a.*: forsch; **~yć się** ⟨-⟩ sich aufspielen *od.* F aufplustern.

buńczuk *m* (-a; -i) *hist. Mil.* Roßschweif-Feldzeichen *n d. Türken*.

Bur *m* (-a; -owie) Bure *m*.

bura *f* (-y) Anpfiff *m*, Rüffel *m*, Abreibung *f*.

buracz|any Rüben-; **~ki** *m/pl.* (-ów) *s. ćwikła*; **~kowy** (-wo) dunkelrot; **~ysko** *n* (-a; *G* -ów) Rübenfeld *n*.

burak *m* (-a; -i) (*pastewny* Futter-) Rübe *f*; **~owy** Rüben-; *s. buraczkowy*.

burcz|eć ⟨za-⟩ (-ę, -y) brummen, knurren (*a. Darm*); (*na* A) j-n anknurren; **~ymucha** F *m* Brummbär *m*.

burd|a F *f* (-y) Krawall *m*, Krakeel *m*; *wyprawiać* **~y** *a.* auf den Putz hauen.

burdel P *m* (-u; -e) Bordell *n*.

burgun|d *m* (-a; 0) Burgunder (-wein) *m*; **~dzki** burgundisch.

burk|liwy Γ (wie) grießgrämig, mürrisch, **~nąć** [-nọntę] *pf.* (-nę), **~otać** P ⟨-czę⟩ *s. burczeć*.

burmistrz *m* Bürgermeister *m*.

buro Adv. s. bury.

bursa † f (-y) Konvikt n; Internat n.

burszostwo n (-a) Burschenschaft f.

bursztyn m (-u; -y) Bernstein m; ~owy (-wo) bernsteinern, Bernstein-.

burt|**a** f (-y) Mar. Bord(wand f) m; lewa, prawa ~a Back-, Steuerbord; człowiek za ~q! Mann über Bord!; wzdłuż ~y längsseits; ~ochron m (-u; -y) Mar. Abweiser m, Fender m.

bury (-ro) (grau)braun.

burza f (-y; -e) Sturm m; Gewitter n; ~ gradowa heftiger Hagelschauer.

burzan m (-u; -y) Steppengras n; (hohes) Unkraut.

burząc|**y** [-'ʒɔn-]: bomba ~a Sprengbombe f.

burzliw|**ość** f (-ści; 0) Ungestüm n, Heftigkeit f; Phys. Turbulenz f; ~y (-wie) stürmisch; turbulent; See a.: aufgewühlt; Zeiten a.: bewegt; Bach: wild, reißend.

burzow|**iec** [-'ʒɔ-] m (-wca; -wce) Regenwasserabfluß m; ~y Sturm-, Gewitter-.

burzy|**ciel** [-'ʒi-] m (-a; -e) Zerstörer m; Aufwiegler m; ~cielski (-ko) zerstörerisch; aufwieglerisch; ~ć ⟨po-, z-⟩ (-ę) zerstören; niederreißen; ⟨wz-, za-⟩ aufwühlen; aufwiegeln; ~ć krew das Blut in Wallung bringen; ~ć się brodeln, wallen; (auf)schäumen; (nur impf.) gären; moussieren; krew się w mnie ~ła das Blut kochte mir in den Adern.

burżuaz|**ja** f (-i; 0) Bürgertum n, Bourgeoisie f; ~yjny bourgeois, bürgerlich.   [Kapitalist m.)

burżuj P m (-a; -e) Bourgeois m.)

busola f (-i; -e, -i) Bussole f, (namiarowa Peil-)Kompaß m.

buszować (-uję) hausen, wüten.

but m (-a; -y) (z cholewami Schaft-) Stiefel m; F psu na ~y für die Katz; fig. szyć ~y intrigieren (D/gegen A).

buta f (-y; 0) Hoffart f.

butel|**czyna** F f (-y) Pulle f; ~eczka f (-i; G -czek) Fläschchen n; ~ka f (-i; G -lek) (do wina Wein-)Flasche f; ~ka wina z-e Flasche Wein; ~ka eksplodująca Molotow-Cocktail m; F nabi(ja)ć w ~kę j-n reinlegen, leimen, auf den Arm nehmen (fig.); ~kować ⟨za-⟩ (-uję) auf Flaschen füllen; ~kowy Flaschen-.

butla f (-i; -e, -i) (Glas-)Ballon m; Stahlflasche f; ~ tlenowa Sauerstoffflasche f.

butn|**ość** f (-ści; 0) s. buta; ~y hochmütig, herrisch.   [Knopfloch n.)

butonierka [-'nĭer-] f (-i; G -rek))

butwieć ['but-] ⟨z-⟩ (-eję) (ver)modern; F fig. versauern.

buzia ['bu-] F (-i; -e, -ź/-i) Gesichtchen n; Mündchen n, F Schnabel m; fig. hübsche Puppe, netter Käfer; buzi dać! (einfach) Zucker!; ~czek m (-czka; -czki), ~k m (-a; -i) Busserl n, Schmatz m; fig. s. buzia.

buzować (się) (-uję) Feuer: prasseln.

by Kj. daß, damit; um ... zu; (Konjunktivbildung) würde, hätte, wäre; napisałby(m) er/ich würde schreiben od. hätte geschrieben.

byci|**e** ['bi-] n (-a; 0) Sein n; sposób ~a Lebensart f, Umgangsformen f/pl.

bycz|**ek** m (-czka; -czki) Bullenkalb n; junger Stier; ~y Bullen-, Stier-; F fig. (-czo) pfundig, prima, Mords-; to ~o! das ist Klasse!

być (L.) sein; dasein, vorhanden sein; ~ może kann sein, möglich(erweise); nie może ~! das kann (doch) nicht sein!, unmöglich!; bądź zdrów! lebe wohl!; s. a. bądź, jest, stan.

bydgoski Bromberger (Adj.).

bydl|**ak** m (-a; -i) s. bydlę; ~ątko [-'lɔnt-] F n (-a; G -tek) das arme Viech m; ~ę n (-ęcia; -ęta) (Horn-) Vieh n; V fig. (Un-)Tier n, Rindvieh n; ~ęcy [-'len-] Vieh-; fig. (-co) viehisch, tierisch.

bydło n (-a; 0) koll. (na ubój Schlacht-)Vieh n; fig. Herde f; s.a. bydlę; ~stan m Viehbestand m.

byk m (-a; -i) Bulle m, Stier m; F fig. (grober) Fehler; Kopfstoß m in d. Bauch; stoi jak ~ da steht es klipp und klar; strzelić (od. palnąć) ~a e-n Bock schießen; ~owiec [-'kɔ-] m (-wca; -wce) s. bizun.

byle Kj. wenn nur; Adv. irgend; ~ co irgendwas; o ~ co um jede Kleinigkeit; ~ gdzie irgendwo(hin); ~ jak notdürftig; nachlässig; kunterbunt; ~ jaki irgend ein(er), x-beliebig; dürftig, schwach; nie ~ jaki nicht von Pappe, ganz schön; ~ kto der erste beste, x-beliebige(r); ~by damit (od. wenn) nur.

byli|ca f (-y; -e) *Bot.* Beifuß m; **~na** f (-y) Staude f.

był, ~a, ~o s. być; **~y** ehemalig, Ex-, F verflossen.

bynajmniej durchaus nicht, keineswegs; **~!** keine Spur!

bystro *Adv.* s. bystry; **~nogi** schnellfüßig; **~oki** mit forschenden (*od.* blitzenden) Augen; **~ść** f (-ści; 0) Schnelligkeit f; *fig.* Schärfe f; **~ść** umysłu Intelligenz f, Scharfsinn m.

bystry (*Komp.* -rzejszy; -ro, *Komp.* -rzej) schnell, rasch; *Strömung a.:* reißend; *fig.* scharf; aufgeweckt, gescheit.

bystrze n (-a; G -y) reißende Strömung, Stromschnelle f; **~j(szy)** s. bystry.

byt m (-u; 0) Dasein n, Existenz f; **~ność** f (-ści; 0) Aufenthalt m, Verbleib m; Anwesenheit f; **~ować** (-uję) existieren, leben; **~owy:** warunki **~owe** Lebensbedingungen f/pl., -verhältnisse n/pl.

bywa|ć (-am) (u G) besuchen (A), oft gehen *od.* kommen (zu), ver-

kehren (bei); vorkommen; **~ że** ... es kommt vor, daß ...; **~j zdrów!** laß es dir gut gehen!, leb(e) wohl!; **~lec** m (-lca; -lcy) alter Hase; Mann m von Welt; Stammgast m; **~ły** bewandert, erfahren.

bzdu|ra F f (-y) s. bzdurstwo; **~rny** dumm, albern; **~rstwo** F n (-a) Quatsch m, Kohl m, Zimt m; pleść **~rstwa** *od.* **~ry** = **~rzyć** (-ę) dummes Zeug reden, faseln.

bzik F m (-a; -i) (kleiner) Stich, Macke f, Fimmel m; Verrückte(r), Spinner m; *mieć* **~a** e-n Dachschaden (*od.* Fimmel) haben; *dostać* **~a** = **~ować** ⟨z-⟩ (-uję) überschnappen, (anfangen zu) spinnen; **~owaty** (-to) wunderlich, nicht ganz richtig (im Kopf).

bzow|ina f (-y) Holunder m; **~y** Flieder-; (a. -wo) fliederfarben.

bzów, bzu, bzy s. bez².

bzy|kać (-am), ⟨**~knąć**⟩ [-nɔ̃ntɛ] (-nę) summen; schwirren.

bździ|ć V (-żdżę, -dźij!) furzen, pupen; **~el** [bʒdʑɛl] V m (-a; -e), **~na** V f (-y) Furz m, Pup m.

C

caca P *Adv. s. cacy;* ~**nek** F *m* (*-nka;*
-nki) Herzblatt *n,* Goldkind *n;*
~**nka** F *f* (*-i; G -nek*): *obiecanka*
~*nka* leere Versprechungen; zu
schön, um wahr zu sein; ~**ny** F gol-
dig, süß; artig.

cack|ać się F (*-am*) (z *I*) (ver)hät-
scheln (*A*); sich allzuviel abgeben,
große Umstände machen (mit); ~**o**
n (*-a; G -cek*) Spielzeug *n;* F (*jak*)
~*o* schön, schmuck, wie aus der
Spielzeugkiste.

cac|uś F *m* (*-sia; -sie*) *s.* cacanek; ~**y**
F *Adv.* schön, artig; ~*y-*~*y* gut, lieb;
lieb Kind.

cal *m* (*-a; -e, -i*) Zoll *m* (*Maß*); *na* ~,
o ~ um ein Haar; *ani na* ~ keinen
Zollbreit.

calizna *f* (*-y*) Ur-, Mutterboden *m;*
Bgb. Feste *f,* Pfeiler *m.*

cal|owy zollbreit, -hoch, -lang;
...**owy** ...zollig, ...zöllig; ~**ówka** *f*
(*-i; G -wek*) Zollstock *m;* zolldickes
Brett. *[caly, całkowity.*\]

calu|sieńki F, ~**t(eń)ki** F (*-ko*) *s.*\]

całk|a *f* (*-i; G -lek*) *Math.* Integral
n; ~**iem** ['tsaw-] *Adv.* ganz (und
gar), vollends; ~*iem nieźle* gar nicht
schlecht; ~**ować** (*-uję*) *Math.* inte-
grieren; ~**owity** (*-cie*) gesamt;
völlig, restlos, vollkommen; *Adv. a.*
gänzlich, vollauf; *Tech. a.* Ganz-,
Voll-; *-cie metalowy* Ganzmetall-;
~**owy:** *rachunek* ~*owy* Integral-
rechnung *f.*

cało *Adv. s.* caly; ~**dniowy** ganztägig, e-n vollen Tag; *des ganzen
Tages;* ~**dobowy** 24stündig, rund
um die Uhr; ~**dzienny** *s. cało-
dniowy; Adv. a.* den ganzen Tag;
~**kształt** *m* Gesamtheit *f;* Gesamt-
bild *n;* ~*kształt twórczości* Gesamt-
werk *n; s.* całość; ~**miesięczny**
ganzmonatig; des ganzen Monats;
~**nocny** die ganze Nacht (hindurch)
dauernd, nächtelang; ~**roczny**
ganzjährig; e-s ganzen Jahres.

całoś|ciowy komplex, ganzheitlich,
Ganzheits-; ~**ć** *f* (*-ści*) Ganze(s),
Gesamtheit *f;* Integrität *f; w* ~*ci* als
Ganzes; im ganzen.

całotygodniowy ganzwöchig; (von)
der ganzen Woche; (für) die volle
Woche.

całowa|ć ⟨*po-*⟩ (*-uję*) küssen (*się*
sich); ~**nie** (*się*) *n* (*-a*) Küssen *n.*

całun *m* (*-u; -y*) Leichen-, Bahrtuch
n; fig. Schleier *m der Nacht;* ~
śniegu Schneedecke *f.*

całus *m* (*-a; -y*) Kuß *m;* Kußhand *f;*
~**ek** F *m* (*-ska; -ski*) Küßchen *n;*
~*ki pl. Kochk.* Pfeffernüsse *f/pl.*

cał|y (*-ło*) ganz; *engS.* vollständig;
unversehrt, heil, unverletzt; *Adv. a.*
mit heiler Haut; ~*ą mocą od. siłą*
mit voller Wucht *od.* Kraft; ~*ą parą*
mit Volldampf; ~*ymi dniami* tage-
lang; F *na* ~*ego* aufs Ganze, auf
Teufel komm 'raus.

campingowy [kεmpiŋ'govi] Zelt-,
Camping-; *domek* ~ (*Ferien-*)Bun-
galow *m,* Häuschen *n.*

cap *m* (*-a; -y*) (*Ziegen-, Gams-*)
Bock *m.*

cap|ać F (*-ię*), ⟨~**nąć**⟩ [-nɔntɕ] (*-nę*)
packen, grapschen; mausen.

capstrzyk *m* (*-a; -i*) Zapfenstreich
m; Festzug *m* am Vorabend *e-s
Festes.*

car *m* (*-a; -owie*) Zar *m;* ~**at** *m* (*-u; 0*)
Zarentum *n;* Zarenzeit *f;* ~**ewicz** *m*
(*-a; -e*) Zarensohn *m,* Zarewitsch *m;*
~**ogrodzki** byzantinisch; ~**ski** Za-
ren-, zaristisch; *Adv. po -ku* wie
ein Zar; ~**yca** *f* (*-y; -e*) Zarin *f.*

cążki *pl.* (*-ów*) (kleine) Zange.

ceb|er *m* (*-bra; -bry*) Zuber *m,*
Bottich *m;* ~**rzyk** *m* (*-a; -i*) Kübel *m.*

cebul|a *f* (*-i; -e*) Zwiebel *f;* ~**asty**
(*-to*) zwiebelartig; ~**ica** *f* (*-y; -e*)
Bot. Blaustern *m;* ~**ka** *f* (*-i; G -lek*)
(kleine) Zwiebel (*a. Anat., Zo.*);
Kochk. (*Röst-*)Zwiebel *f/pl.;* ~**ko-
waty** (*-to*) zwiebelförmig; ~**(k)owy**
Zwiebel-.

cech *m* (*-u; -y*) Zunft *f,* Innung *f;*
~**a** *f* (*-y*) Merkmal *n,* Kennzeichen
n; Eigenschaft *f;* (*Fabrik-*)Zeichen
n; (*Feingehalts-*)Stempel *m; Math.*
Charakteristik *f e-s log;* ~*a charakterystyczna* Charakteristikum *n,*
Eigentümlichkeit *f;* ~*a charakteru*

Charakterzug *m*; **~mistrz** *m* Innungs-, Zunftmeister *m*; **~ować** (-*uję*) markieren; eichen, kalibrieren; *fig.* aus-, kennzeichnen; **~owy** Zunft-, Innungs-.   [treten.]

cedować ⟨s-⟩ (-*uję*) zedieren, ab-

cedr *m* (-*u*; -*y*) Zeder(baum *m*) *f*; **~owy** Zedern-.

ceduła *f* (-*y*) Begleitschein *m*, -zettel *m*, -brief *m*; Frachtschein *m*, Konnossement *n*; **~ giełdowa** Börsen-, Kurszettel *m*.

cedz|ak *m* (-*a*; -*i*) Seiher *m*, Durchschlag *m*; **~ić** (-*dzę*) ⟨prze-⟩ (durch)seihen; ⟨wy-⟩ gedehnt sagen; F langsam trinken, schlürfen; **~idło** *n* (-*a*; *G* -*deł*) Seihtuch *n*; Passiermaschine *f*; **~iny** *f*/*pl.* (-) Seiher *m* (*Rückstände*).

cefal *m* (-*a*; -*e*) *Zo.* Meeräsche *f*.

cegielni|a [-'gɛl-] *f* (-*i*; -*e*, -*i*) Ziegelei *f*; **~any** Ziegelei-; **~ctwo** *n* (-*a*; *0*) Ziegelindustrie *f*; **~czy** Ziegel(ei)-.

cegiełka *f* (-*i*; *G* -*łek*) kleiner Ziegel; Preßling *m*; *fig.* Baustein *m*, Spende *f*.

cegla|ny Ziegel-; **~rka** *f* (-*i*; *G* -*rek*) Strang-, Ziegelpresse *f*; **~rski** Ziegel(ei)-; **~rz** *m* (-*a*; -*e*) Ziegelbrenner *m* *od.* -streicher *m*; **~sty** (-*to*) ziegelrot.

cegła *f* (-*y*; *G* -*gieł*) Ziegel(stein) *m*, Backstein *m*; **~ kształtówka**, **~ pełna** Form-, Vollstein *m*.

cejloński [-'lɔis-] ceylonesisch.

cekaem *m* (-*u*; -*y*) schweres Maschinengewehr, SMG *n*; **~ista** *m* (-*y*; -*ści*, -*ów*) SMG-Schütze *m*.

cel *m* (-*u*; -*e*, -*ów*) (bezpośredni, ostateczny Nah-, End-)Ziel *n*; Zielscheibe *f*; (sam w sobie, życia Selbst-, Lebens-)Zweck *m*; bez **~u** ziellos; zwecklos; do **~u** ans (*od.* zum) Ziel; na ten **~**, w tym **~u** zu diesem Zweck; na **~e** ... für ...-zwecke; wziąć na **~** aufs Korn nehmen; mieć za **~** zum Ziel haben, bezwecken; *Mil.* 2! Legt an!; *s. a. celem.*

cela *f* (-*i*; -*e*) (klasztorna, skazańców Kloster-, Todes-)Zelle *f*.

celebrować (-*uję*) zelebrieren.

celem *Prp.* (*G*) zwecks, um zu ...

celibat *m* (-*u*; *0*) Zölibat *n*.

cel|niczy Zoll-; Zöllner-; **~nik** *m* (-*a*; -*cy*) Zöllner *m*, Zollbeamte(r); **~ność** *f* (-*ści*; *0*) Treffsicherheit *f*,

-genauigkeit *f*; **~ny**[1] *Schuß*: genau; *Schütze*: treffsicher; **~ny strzał** Treffer *m*; **~ny**[2] Zoll-; zollamtlich; **~ny**[3] trefflich, hervorragend.

celow|ać (-*uję*) (an)visieren; ⟨*a. wy-*⟩ zielen (*a. fig.*), anlegen (*do G, w A/auf A*); (*nur impf.*; *I, w L*) sich auszeichnen (*in D*, durch, der (die) erste sein (*in D*); **~nica** *f* (-*y*; -*e*) Diopter(lineal) *n*; **~niczy** Richt-, Ziel-; *Su. m* (-*ego*; -*owie*) Richtkanonier *m*; **~nik** *m* (-*a*; -*i*) Visier *n*; *Fot. a.* Sucher *m*; *Mil. a.* Aufsatz *m*; *Gr.* Dativ *m*; **~nik lunetowy** Zielfernrohr *n*; **~ość** *f* (-*ści*; *0*) Zweckmäßigkeit *f*, -dienlichkeit *f*; **~y** (-*wo*) zweckmäßig, -dienlich; absichtlich, gewollt.

Celt *m* (-*a*; -*owie*) Kelte *m*; 2**ycki** (po -*ku*) keltisch.

celujący [-'jɔn-] (-*co*) ausgezeichnet, Best-; (*Note*) sehr gut.

celulo|id *m* (-*u*; *0*) Zelluloid *n*, Zellhorn *n*; **~za** *f* (-*y*; *0*) Zellulose *f*.

cembrow|ać ⟨o-, wy-⟩ (-*uję*) *Kanalschacht* ausbauen, verzimmern; **~ina** *f* (-*y*), **cembrzyna** *f* (-*y*) (*Brunnen-*)Kasten *m*; Betonring *m*, -röhre *f*.

cement *m* (-*u*; -*y*) Zement *m*; **~acja** *f* (-*i*; -*e*) Zementation *f*; Zementinjektion *f*; Einsatzhärtung *f*; **~ować** ⟨za-⟩ (-*uję*) zementieren; **~ownia** [-'tɔv-] *f* (-*i*; -*e*, -*i*) Zementfabrik *f*; **~owy** Zement-.

cen|a *f* (-*y*) (katalogowa *od.* cennikowa, kupna, nabycia, zakupu, wywoławcza Listen-, Kauf-, Anschaffungs-, Einkaufs- *od.* Gestehungs-, Anfangs-)Preis *m*; *fig. a.* Wert *m*; nie mieć **~y** nicht mit Geld zu bezahlen sein; za wszelką **~ę** zu jedem (*od.* um jeden) Preis; za pół **~y** für e-n Spottpreis; za żadną **~ę** um keinen Preis; być w **~ie** hoch im Preis stehen; **~ić** (-*ę*) † (e-n Preis) verlangen; *fig.* (*a.* sobie) schätzen, achten; **~iony** geschätzt, angesehen; **~nik** *m* (-*a*; -*i*) Preisliste *f*, -katalog *m*; **~ność** *f* (-*ści*; *0*) hoher Wert, Kostbarkeit *f*; **~ny** wertvoll, kostbar.

centkowany getüpfelt, Tüpfel-.

central|a *f* (-*y*; -*e*, -*i*) Zentrale *f*; *engS.* Hauptverwaltung *f*; Haupt-, Leitstelle *f*; *Hdl.* Stammhaus *n*; *Fmw.* Vermittlungsamt *n*; **~a międzymiastowa** Fernamt *n*;

~izować ⟨s-⟩ (-uję) zentralisieren; **~ny** Zentral-; Haupt-.

cent|rum n (unv.; -ra, -ów) Zentrum n, Mittelpunkt m; **~rum** diagnostyki Diagnosezentrum; **~ryfuga** f (-i) s. wirówka.

centuria [-'tu-] f (G, D, L -ii; -e) Tausendgüldenkraut n.

centy|- in Zssgn Zenti-, zenti-; **~metr** m Zentimeter n; Zentimetermaß n.

cenz|or [a. 'tsẽ-] m (-a; -rzy/-owie) Zensor m; **~ura** f (-y) Zensur f; **~urka** F f (-i; G -rek) (Schul-)Note f; **~urować** (-uję) zensieren; fig. a. bewerten.

ce|ownik m (-a; -i), **~ówka** f (-i; G -wek) -Stahl m; -Träger m.

cep m (-u/-a; -y) Dreschflegel m; Schlagleiste f; fig. (-a) Tölpel m.

cer m (-u; 0) Chem. Zer(ium) n.

cer|a¹ f (-y) Gesichtsfarbe f, Teint m; nabrać -y (gesunde) Farbe bekommen; **~a²** f (-y) gestopfte Stelle, Stopfstelle f.

cerami|czny keramisch, Keramik-; **~k** m (-a; -cy) Keramiker m; **~ka** [-'ra-] f (-i) (szlachetna Fein-)Keramik f.

cerat|a f (-y) Wachstuch n; **~ka** f (-i; G -tek) Gummiunterlage f; **~owy** Wachstuch-.

ceregiel|e [-'gɛ-] F pl. (-i) Fisimatenten pl.; Ziererei f; bez wielu ~i ohne viel Federlesens.

ceremoni|a [-'mɔ-] f (G, D, L -ii; -e) Zeremonie f; F ~e pl. Förmlichkeit f; Umstände m/pl.; **~alny** zeremoniell; zeremoniös; **~ał** [-'mɔ-] m (-u; -y) Zeremoniell n; **~ować się** (-uję) s. certować się.

cerkiew ['tsɛr-] f (-kwi; -kwie, -kwi) (orthodoxe) Kirche; **~nosłowiański** kirchenslawisch; **~ny** Kirchen-, kirchlich.

cerowa|ć ⟨za-⟩ (-uję) Strumpf stopfen; **~nie** n (-a) (artystyczne Kunst-)Stopfen n.

certa f (-y) Zo. Zährte f.

certować się (-uję) sich zieren; (viel) Umstände machen (z I/mit).

certyfikat m (-u; -y) Zertifikat n; (pochodzenia Ursprungs-)Zeugnis n.

cesa|rka f (-i; G -rek) s. perliczka; **~rski** kaiserlich, Kaiser-; **~rstwo** n (-a) Kaiserreich n; Kaisertum n; **~rz** m (-a; -e/-owie) Kaiser m; **~rzowa** f (-wej, -wo!; -we) Kaiserin f.

cesj|a f (-i; -e, -i) Zession f, Abtretung f; **~onariusz** [-'na-] m (-a; -e) Zessionar m.

cetn|ar m (-a; -y) Zentner m; **~o:** **~o** i licho paar oder unpaar.

cetyna f (-y; 0) Kiefern-, Fichtennadeln f/pl.

cew|a f (-y) Spule f; (Seil-)Trommel f; **~ka** f (-i; G -wek) Spule f; JSpr. (Reh-)Lauf m; Bot. Tracheide f; **~ka moczowa** Harnröhre f; **~ka zapłonowa** Kfz. Zündspule; **~kowy** Spul(en)-; Rdf. Lautsprecher: elektromagnetisch; **~nik** m (-a; -i) Med. Katheter m.

cez m (-u; 0) Chem. Zäsium n.

cęgi ['tsɛŋgi] pl. (-ów) (Kneif-, Nagel-)Zange f.

cętk|a ['tsɛnt-] f (-i; G -tek) Tupfen m, Tüpfelchen n; **~owany** gesprenkelt, getüpfelt.

chaber m (-bra; -bry) Flockenblume f; (~ bławatek) Kornblume f.

chabeta f (-y) Mähre f.

chabrowy (-wo) kornblumenblau.

chacina f (-y) s. chałupina.

chadec|ja f (-i; 0) Abk. v. chrześcijańska demokracja; **~ki** = chrześcijańsko-demokratyczny.

chadzać (-am) ab und zu (od. öfter) gehen, zu besuchen pflegen; (w ubraniu e-n Anzug) zu tragen pflegen.

chała f (-y) s. chałka; (jüd. Rel.) Challa f; fig. Schmarr(e)n m.

chałat m (-a/-u; -y) Kaftan m; (Arzt-)Kittel m.

chałka f (-i; G -lek) Zopf m (Gebäck).

chałup|a f (-y) (Bauern-)Haus n; a. = **~ina** f (-y), **~ka** f (-i; G -pek) (strohgedeckte) (Bauern-)Kate f, Hütte f; **~nica** f s. chałupnik; **~nictwo** n (-a; 0) Hausgewerbe n, Heimarbeit f; **~niczy** (-czo) in Heimarbeit hergestellt; przemysł -czy Heimindustrie f; **~nik** m (-a; -cy), **~nica** f (-y; -e) Heimarbeiter (-in f) m; † Häusler(in f) m.

chałwa f (-y) Halwa n.

cham m (-a; -y) Grobian m, Rüpel m; **~ka** f (-i; G -mek) ordinäres Weib(sbild); **~ski** (po -ku) flegel-, rüpelhaft; **~stwo** n (-a) Rüpelhaftigkeit f; Rüpelei f.

chan m (-a; -owie) Khan m.

chandr|a F f (-y) Trübsinn m; mieć **~ę** Trübsal blasen.

chao|s m (-u; 0) Chaos n; **~tyczny** chaotisch.

chapnąć [-nɔntɕ] pf. (-nę) schnappen (A/A od. nach).

charakter m (-u; -y) Charakter m; Eigenschaft f; brak ~u Charakterlosigkeit f; ~ pisma Handschrift f; pracować w -rze (G) arbeiten (beschäftigt sein) als; ciemny ~ dunkle Existenz; **~ystyczny** charakteristisch; Thea. Charakter-; **~ystyka** [-'ri-] f (-i) Charakteristik f; Darstellung f; **~yzacja** f (-i; -e) Thea. Maske f; **~yzator** m (-a; -rzy), **-rka** f (-i; G -rek) Maskenbildner (-in f) m; **~yzować** (-uję) ⟨o-⟩ charakterisieren; Thea. ⟨u-⟩ schminken (się sich).

char|czeć ⟨za-, wy-⟩ (-ę, -y) röcheln; (nur impf.) Atem: rasseln; **~kać** (-am), **⟨~knąć⟩** [-nɔntɕ] (-nę) abhusten, speien; **~kać krwią** Blut spucken; **~kot** m (-u; -y) Röcheln n; Rasseln n.

charła|cki kränklich, siech; **~ctwo** n (-a; 0) Med. Kachexie f; **~k** m (-a; -i/-cy) s. cherlak.

chart m (-a; -y) Windhund m; **~** rosyjski Barsoi m.

charytatywn|y karitativ; organizacja **~a** Wohlfahrtsverband m.

chata f (-y) s. chałup(k)a; JSpr. Biberburg f; **~** myśliwska Jagdhütte f.

chatka f (-i; G -tek) (kleine) Hütte.

chci|eć [xtɕɛtɕ] ⟨ze-⟩ (L.) wollen; belieben; mögen; chcąc nie chcąc wohl oder übel; (nie) chce mi się (G) ich habe (keine) Lust (zu D, auf A), ich möchte (nicht); **~wie** Adv. s. chciwy; **~wiec** ['xtɕi-] m (-wca; -wcy) Raffer m, Nimmersatt m; **~wość** f (-ści; 0) Gier f; engS. Hab-, Geldgier; **~wy** (-wie) (hab-, geld)gierig; **~wy** sławy, władzy, zysku ruhm-, herrsch-, gewinnsüchtig; **~wy** wiedzy wißbegierig; **~wy** krwi blutdurstig, -rünstig.

chelidonia [-'dɔ-] f (G, D, L -ii; -e) Schöllkraut n.

chełp|ić się (-ę) prahlen, sich brüsten (I/mit); **~liwie** Adv. s. chełpliwy; **~liwość** f (-ści; 0) Prahlsucht f, Wichtigtuerei f, **~liwy** (-wie) prahlerisch, anmaßend, F angeberisch.

chemi|a ['xɛ-] f (G, D, L -ii; 0) ([nie]organiczna, jądrowa, roślin [an]organische, Kern-, Pflanzen-) Chemie f; **~czny** chemisch, Chemie-; **~k** m (-a; -cy) Chemiker m; **~kalia** [-'ka-] pl. (-ów) Chemikalien f/pl.

cherla|k m (-a; -i/-cy) Schwächling m, Weichling m; **~wy** (-wo) kränklich, F mickrig.

cherubin m (-a; -y) Cherub m; **~ek** m (-nka; -nki) Engelchen n, Putto m.

chę|ć [xɛntɕ] f (-ci) Verlangen n, Lust f; Wunsch m; Wille m, Absicht f; dobre **~ci** guter Wille, redliche Absichten; (po)mimo najlepszych **~ci** beim besten Willen; mieć **~ć** Lust haben (+ Inf. od. do G/zu D, auf A); z miłą **~cią** sehr gern, mit (dem größten) Vergnügen.

chędo|gi [xɛn'd-] (-go) † sauber, ordentlich; sittsam; **~żyć** V (-ę) ficken, bumsen.

chęt|ka ['xɛnt-] F f (-i; G -tek) Gelüst n; mieć **~kę** scharf sein (do G/auf A); **~nie** Adv. gern, bereitwillig; **~ny** willig; **~ny** do nauki lernbegierig.

chichot m (-u; -y) Gekicher n; **~ać** ⟨za-⟩ (-czę/-cę) kichern.

chilijski chilenisch, Chile-.

chimer|a f (-y) Chimäre f, Hirngespinst n; **~y** pl. Launen f/pl.; **~yk** f m (-a; -cy) grilliger Mensch, Kauz m, F Spinner m.

chin|ina f (-y; 0) Chinin n; **2ka** f (-i; G -nek) Chinesin f; **~owiec** [-'nɔ-] m (-wca; -wce) Chinarindenbaum m; **~owy** China-.

Chiń|czyk m (-a; -cy) Chinese m; **2ski** ['xiĩs-] (po -ku) chinesisch; **2szczyzna** f (-y; 0) Chinesisch(e) n; koll. Chinawaren f/pl.; fig. böhmische Dörfer; Kauderwelsch n.

chirurg m (-a; -owie/-dzy) Chirurg m; **~ia** [-'rur-] f (G, D, L -ii; 0) (urazowa Unfall-)Chirurgie f; **~iczny** chirurgisch.

chlać V (-am/-eję) Schnaps saufen.

chlap|a F f f (-y) Matschwetter n; **~ać** (-ię) waten (po L/in D, durch); Regen: klatschen; **~ać się im Wasser** planschen, im Kot sich sielen; v/t ⟨u-, po-, ~nąć⟩ [='nɔntɕ] (-nę) (be-) spritzen (I/mit); F **~nąć się** plumpsen, hinfallen; **~anina** F f (-y) s. chlapa.

chlas|tać (-am/-szczę), **⟨~(t)nąć⟩**

[-nɔntɕ] (-nę) ein paar (*pf.* eins) überziehen (*A/D*; I/mit); *v/i s.* chlapać.

chleb *m* (-*a*; -*y*) Brot *n*; *fig. a.* Arbeit *f*, Verdienst *m*; być (*od.* żyć) na łaskawym ～ie das Gnadenbrot essen; o ～ie i wodzie bei Wasser und Brot; ～ak *m* (-*a*; -*i*) Brotbeutel *m*; ～ny Brot-; ～odajny fruchtbar; ～odawca *m* Brotherr *m*, Arbeitgeber *m*; ～owiec [-'bɔ-] *m* (-*wca*; -*wce*) Brot(frucht)baum *m*; ～owy Brot-.

chlew *m* (-*a*/-*u*; -*y*) (*Schweine-*)Stall *m*; ～iarka *f* (-*i*; *G* -*rek*) Schweinewärterin *f*; ～mistrz *m* Schweinemeister *m*; ～nia ['xlɛv-] *f* (-*i*; -*e*, -*i*) Schweinestall *m*; Schweinemästerei *f*; *a.* = ～ny: trzoda ～na koll. Schweine *n/pl.*

chlipać ⊦ (-*ię*), ⟨～nąć⟩ [-nɔntɕ] (-*nę*) schluchzen.

chlor *m* (-*u*; 0) Chlor *n*; ～an *m* (-*u*; -*y*) Chlorat *n*; ～ek *m* (-*rku*; -*rki*) (*winylu* Vinyl-)Chlorid *n*; ～ek bielący Chlorkalk *m*; ～ofil *m* (-*u*; 0) Chlorophyll *n*, Blattgrün *n*; ～oformować ⟨*za*-⟩ (-*uję*) chloroformieren; ～owiec [-'rɔ-] *m* (-*wca*; -*wce*) Halogen *n*, Haloid *n*; ～owodór *m* Chlorwasserstoff *m*; ～owy Chlor-.

chlub|a *f* (-*y*) Ruhm *m*; Stolz *m*; *konkr. a.* F Renommierstück *n*; ～ić się (-*ę*) sich rühmen (*I/G*); stolz sein (*I/auf A*); ～ny Ruhmes-, ruhmvoll, ehrenvoll; rühmlich, löblich; *Zeugnis usw.*: glänzend.

chlup|ać (-*ię*), ⟨～nąć⟩ [-nɔntɕ] (-*nę*) gluckern; plätschern; (*a.* się) planschen; ～nąć się do wody ins Wasser platschen, plumpsen; ～otać (się) ⟨-*cze*/-*ce*⟩ *s.* chlupać.

chlus|tać (-*am*), ⟨～nąć⟩ [-nɔntɕ] (-*nę*) *v/i* spritzen, (hervor)sprudeln, schießen; (*na A*) bespritzen (*A*); (*do G, w A*) plumpsen (in *A*); *v/t s.* chlastać.

chłeptać ⟨*wy*-⟩ (-*czę*/-*cę*) *Hund usw.*: (aus)schlackern, schlabbern; P *fig.* saufen.

chłod|ek *m* (-*dku*; 0) Kühle *f*, Frische *f*; ～nawy (-*wo*) kühl, frisch; ～nąć [-nɔntɕ] (-*nę*; *a.* chłódł) sich abkühlen; ～nia ['xwɔd-] *f* (-*i*; -*e*, -*i*) Kühlraum *m*, -halle *f*, -kammer *f*; Kühlhaus *n*; ～nica *f* (-*y*; -*e*) Kühler *m*; ～nictwo *n* (-*a*; 0)

Kältetechnik *f*; ～niczy Kälte-, Kühl-; ～nieć ⟨*po*-⟩ (-*eje*) kühl(er) werden, sich abkühlen; *pochłodniało es hat sich abgekühlt*; ～nik *m* (-*a*; -*i*) Art Gemüsekaltschale *f*; ～niowiec [-'ɲɔ-] *m* (-*wca*; -*wce*) Kühlschiff *n*; ～niutki F (-ko) ganz kühl *od.* kalt; ～ny (-*no*) kühl; frisch; ～no na dworze es ist kühl draußen; ～no mi mir ist kühl.

chłodzący [-'dzɔn-] kühlend, Kühl-; ～enie *n* (-*a*; 0) Kühlung *f*; ～iarka *f* (-*i*; *G* -*rek*) Kälte-, Kühlmaschine *f*; Kälteerzeuger *m*; ～ić ⟨*o*-⟩ (-*dzę*) (ab)kühlen (się sich); ～iwo *n* (-*a*) Kälteträger *m*, Kühlmittel *n*; ～ony (*wodą* wasser)gekühlt.

chłon|ąć [-nɔntɕ] (-*nę*, -*ń*) ⟨*po*-, *w*-⟩ absorbieren, auf-, einsaugen; *s. pochłaniać*; ～ica *f* (-*y*; -*e*) Absorber *m*; ～ka *f* (-*i*; 0) Lymphe *f*; ～ność *f* (-*i*; 0) Absorptionsfähigkeit *f*; *fig.* Aufnahmefähigkeit *f*; ～ny absorptiv; *fig.* aufnahmefähig; *Anat.* lymphatisch; gruczoły ～ne Lymphknoten *m/pl.*

chłop *m* (-*a*, -*u*; -*i*) Bauer *m*; F (*pl.* -*y*) Mann *m*, Kerl *m*; ～ jak dąb ein Kerl wie ein Baum; byczy (*od.* równy, morowy) ～ feiner (ganzer) Kerl, Pfundskerl *m*; ～ w ～a Kerle, einer wie der andere; ～aczek *m* (-*czka*; -*czki*) Kerlchen *n*; *s. chłopczyk*; ～aczyna *m* (-*y*) *s. chłopczyna*; ～ak *m* (-*a*; -*cy*/F -*i*) Junge *m*, Bengel *m*; Bursche *m*; setny ～ak toller Bursche; *s. chłopiec*; ～czyk *m* (-*a*; -*i*) (kleiner) Junge, Knabe *m*; ～czyna *m* (-*y*) (armes) Bürschchen, (armer) Junge; ～czysko *n* (-*a*; *G* -*ów*) (großer) Bursche, Kerl *m*; ～ek *m* (-*pka*; -*i*/-*owie*) Bäuerlein *m*, ～iec ['xwɔ-] *m* (-*pca*; -*pcy*) Junge *m*, Knabe *m*; (*Lauf-*)Bursche *m*; Lehrling *m*; ～iec okrętowy Schiffsjunge; ～iec do butów Stiefelknecht *m*; F mieć ～ca e-n (festen) Freund haben; *s. a. chłop*.

chłopię † *n* (-*cia*; -*ęta*) Knäblein *n*, Knabe *m*; ～co *Adv. s. chłopięcy*; ～ctwo *n* (-*a*; 0) Knabenalter *n*; Knabenjahre *n/pl.*; ～cy [-'ɲɛn-] (-*co*) knaben-, jungenhaft.

chłop|isko *n* (-*a*; *G* -*ów*) (Riesen-)Kerl *m*; ～ka *f* (-*i*; *G* -*pek*) Bäuerin *f*; ～ski Bauern-, bäuerlich; (*a. po* -*ku*) bäurisch; ～ski rozum gesunder

Menschenverstand; ~stwo n (-a; 0) Bauern(stand m) m/pl.

chłos|nać (-nɔntɕ) pf. (-nę) eins überziehen (I/mit); ~ta f (-y) Prügel(strafe f) pl.; ~tać <wy-> -szczę/-am) (aus)peitschen; fig. geißeln.

chłód m (-odu; -ody) Kühle f, Kälte f (a. fig.); powiało chłodem man spürt e-n kalten Hauch.

chłystek m (-tka; -tki) Schnösel m.

chmara f (-y) Schwarm m; Heer n (fig.); JSpr. Hirschrudel n.

chmiel [xmɛl] m (-u; 0) Hopfen m; ~arstwo n (-a; 0) Hopfen(an)bau m; ~nik m (-a; -i) Hopfenfeld n; ~owy Hopfen-.

chmur|a f (-y) (deszczowa Regen-) Wolke f; fig. a. Schwarm m; pokrywać, zawlec się ~ami sich bewölken; zajść ~ą Stirn: sich umwölken; ~ka f (-i; G -rek) Wölkchen n; ~ny (-nie, -no) bewölkt, wolkig; fig. (nur -nie) umwölkt, düster, finster.

chmurzyć (-ę) <na-> Stirn runzeln, Brauen zusammenziehen; ~ się <za-> sich be-, umwölken; Miene: sich verdüstern, -finstern; <na-> düster dreinschauen; (nur impf.) schmollen (na A/mit).

chochla f (-i; -e, -i/-chel) Schöpflöffel m, Kelle f.

chochlik m (-a; -i) Kobold m, Wicht(elmännchen n) m; ~ drukarski Druckfehlerteufelchen n.

chociaż, choć obgleich, obschon, obwohl; zwar; wenn auch; ~by wenigstens; wenn doch (od. nur).

chod|ak m (-a; -i) Holzschuh m; ~nik m (-a; -i) Gehweg m, Bürgersteig m; Läufer(teppich) m; Bgb. Strecke f; Mil. Gang m; ~y s. chód.

chodz|ący [-'dzɔn-] fig. leibhaftig, in Person; ~enie n (-a; 0) (Zufuß-) Gehen n, Laufen n; (Schul-)Besuch m; próby ~enia Gehversuche m/pl.; ~ić (-dzę) gehen, F laufen; (do szkoły Schule) besuchen; Karte ausspielen (w A, z G/A); Zug usw.: verkehren; ~ić o kiju od. lasce am Stock gehen; ~ić po (A) holen (A); ~ić po (L) (spazieren-, auf und ab, hin und her) gehen (in D); ~ić w (I) Kleid tragen; ~ić koło (G), za (I) sorgen (für), pflegen (A); ~ i o es geht (od. handelt sich) um ...; nie ~i o ... es kommt nicht auf ... an; o co ~i? worum geht es?; jeżeli

o mnie ~i was mich angeht; mogący ~ić gehfähig; vgl. iść.

choink|a [-'iŋka] f (-i; G -nek) Christ-, Weihnachtsbaum m; (Schul-)Weihnachtsfeier f; w ~ę im Fischgrätenmuster; dostać na ~ę zu Weihnachten bekommen; ~owy Weihnachts(baum)-.

choler|a f (-y; 0) Cholera f; P fig. ~a! verflucht!, verdammt (noch mal)!; do (jasnej od. nagłej) ~y verdammt viel; Int. zum Teufel od. Henker!; ~nik F m (-a; -cy/-i) Teufelskerl m; ~ny P mordsmäßig; verdammt, verflucht; ~yczny Cholera-; cholerisch; ~yk m (-a; -cy) Choleriker m. [0] Cholesterin n.]

cholester|ol m (-u; 0), ~yna f (-y; **cholew|a** f (-y) (Stiefel-)Schaft m; ~ka f (-i; G -wek) Schaft m, Oberleder n; (Strumpf-)Länge f, F smalić ~ki flirten (do G/mit).

chomąto [-'mɔn-] n (-a) Kum(me)t n.

chomik m (-a; -i) (syryjski Gold-) Hamster m; ~owy Hamster-.

chorągiew [-'rɔn-] f (-gwi; -gwie, -gwi) Fahne f; (Reiter-)Standarte f; Kirchenfahne f; (Pfadfinder-)Horst m; hist. Reiterregiment n; pod chorągwie zu den Fahnen; ~ka f (-i; G -wek) Fähnchen n; (Feder-) Fahne f; zwinąć ~kę fig. sich zurückziehen, aufgeben.

chorąży m (-ego; -owie) Fahnenträger m; Fähnrich m; fig. Bannerträger m.

choreograficzny choreographisch.

chorob|a f (-y; G -rób) Krankheit f, Leiden n; P ~a! verdammt!; ~a Heinego-Medina spinale Kinderlähmung; ~a morska, umysłowa, zawodowa See-, Geistes-, Berufskrankheit; ~a serca, wątroby Herz-, Leberleiden n; nabawić się ~y, F złapać ~ę sich e-e Krankheit holen; ~liwy (-wie) krankhaft; ~otwórczy (-czo) krankheitserregend; ~owość f (-ści; 0) Erkrankungs-, Krankheitsziffer f; ~owy Krankheits-; s. zasiłek.

chorować (-uję) krank sein; leiden (na A/an); ~ na grypę grippekrank sein; ~ na serce herzleidend sein; F ... na nowe auto von e-m neuen Wagen schwärmen.

chorowi|cie Adv. s. chorowity; ~tość f (-ści; 0) Kränklichkeit f; ~ty (-cie) kränklich; krankhaft.

choróbsko F n (-a) verdammte (od. leidige) Krankheit.

chorwa|cki (po -ku) kroatisch; 2t m (-a; -ci) Kroate m; 2tka f (-i; G -tek) Kroatin f.

chory krank, leidend; ~ na serce, na wątrobę herzleidend, leberkrank; ~ umysłowo gemüts-, geisteskrank; Su. m (-ego; -rzy) Kranke(r), Patient m.

chowa|ć (-am) ⟨s-⟩ verbergen, verstecken (się sich); Flgw. Fahrwerk einziehen, -fahren; ⟨po-⟩ beerdigen, bestatten; ⟨wy-⟩ auf-, großziehen; ~ć się ⟨s-⟩ a. F sich verkriechen; ⟨wy-⟩ gedeihen; ~nie n (-a; 0) Verstecken n; Aufzucht f; Großziehen n v. Kindern; ~nka f (-i; G -nek) Versteckspiel n; ~ny Flgw. einfahr-, einziehbar; bawić się w ~nego Versteck spielen.

chód m (-odu; -ody) Gang m; Sp. Marsch m, Gehen n; F fig. mieć chody Beziehungen haben.

chór m (-u; -y) Chor m u. n; ~em im Chor; ~alny, ~owy (-wo) Chor-.

chórzyst|a m (-y; -ści, -ów), ~ka f (-i; G -tek) Chorist(in f) m, Chorsänger(in f) m.

chów m (-owu; 0) Zucht f, Haltung f; fig. domowego chowu hausbacken, bieder. [Maikäfer m.]

chrabąszcz m (-a; -e) (a. ~ majowy)

chrap|ać ⟨za-⟩ ⟨-ię⟩ schnarchen; s. charczeć, sapać; ~anie n (-a) s. Schnarchen n; ~icki F ciąć ~ickiego sägen, schnarchen; ~ka F f (-i; 0): mieć ~kę scharf sein (na A/auf A); ~liwy (-wie) heiser, krächzend; ~y m/pl. (-ów) Nüstern f/pl. v. Tieren; Mar. (U-Boot-)Schnorchel m.

chrobot m (-u; -y) Rascheln n, Rumoren n; Knirschen n; ~ać ⟨za-⟩ ⟨-czę/-cę⟩ rascheln, rumoren; knirschen; ~anie n (-a) s. chrobot.

chrobry tapfer.

chrom m (-u; 0) Chem. Chrom n.

chromać † (-am) hinken, humpeln.

chrom|it m (-u; -y) Chromeisenstein m, Chromit m; ~osomy m/pl. (-ów) Chromosomen n/pl.; ~ować (-uję) verchromen; ~owy Chrom-.

chromy † hinkend, lahm; Su. m (-ego; -i) Lahme(r).

chroniący [-'nǫn-] (od G, przed I) schützend (vor D), abweisend, -schutz-.

chroniczny chronisch.

chronić (-ę) ⟨u-⟩ schützen (się sich), bewahren (od G, przed I/vor D); verhüten (przed I/A); ~ się ⟨s-⟩ Schutz suchen (pf. finden), sich flüchten od. verbergen.

chrono|logiczny chronologisch; ~metr m Chronometer n; ~metraż m Zeitstudie f, -nahme f, Arbeitszeitermittlung f; ~metrażysta m (-y; -ści, -ów) Zeitnehmer m.

chropaw|y (-wo), **chropowat|y** (-to) uneben, rauh; fig. a. holp(e)rig; ~ość f (-ści; 0) Rauheit f; fig. a. Holp(e)rigkeit f.

chrup! Int. knacks!; ~ać (-ię) v/t ⟨s-⟩ knabbern, knuspern; v/i Schnee: knirschen; ~iący [-'pǫn-] (-co) knusprig, rösch; knirschend; ~nąć [-nǫntɕ] pf. (-nę) v/i knacken b. Brechen.

chru|st m (-u; 0) Reisig n; Kochk. s. faworki; ~ściel ['xruɕ-] m (-a; -e) Zo. (Wiesen-)Ralle f.

chryja P f (-yi; -e) Stunk m, Krawall m.

chryp|ieć ['xri-] (-ę, -i) heiser sprechen od. sein; ~ka f (-i; G -pek) Heiserkeit f, F Frosch m im Hals; ~liwy (-wie) heiser, rauh.

Chrystus m (-a, Chryste/-sie!; 0) Christus m; przed ~em vor Christo; po ~ie nach Christo.

chryzantema f (-y) s. złocień.

chrzan m (-u; 0) Meerrettich m; P fig. do ~u mies, kümmerlich; ~ić P ⟨s-⟩ ~ę (ver)pfuschen; ~owy Meerrettich-.

chrząk|ać ['xʃɔŋk-] (-am), ⟨~nąć⟩ [-nǫntɕ] (-nę) sich räuspern, hüsteln; Schwein: grunzen; ~anie n (-a), ~nięcie [-'ɲɛn-] n (-a) Räuspern n; Grunzen n.

chrząstk|a f (-i; G -tek) Knorpel m, ~owy Knorpel-, knorpelig.

chrząszcz m (-a; -e) Zo. Käfer m.

Chrzci|ciel [-'tɕitɕɛl] m (-a; 0) Bibl. Täufer m; 2ć ⟨o-⟩ (-czę) taufen; F fig. strecken, verdünnen; 2elnica f (-y; -e) Taufbecken n, -stein m; 2ny pl. (-) Tauffeier f.

chrzest m (chrztu; chrzty) Taufe f; przyjąć ~ sich taufen lassen; trzymać do chrztu über die Taufe halten, (Tauf-)Pate sein (A/bei); ~ny Tauf-; Su. m (-ego; -i) Taufpate m; ~na f (-ej; -e) Taufpatin f.

chrześcijan|in m (-a; -anie, -), ~ka f (-i; G -nek) Christ(in f) m.

chrześcijańs|ki [-'aĩs-] christlich, Christ(en)-; **~two** n (-a; 0) Christentum n; Christenheit f.

chrześnia|czka f (-i; G -czek), **~k** m (-a; -cy) Patenkind n.

chrzę|snać pf. s. chrzęścić; **~t** m (-u; -y) Knistern n; Knirschen n; Geklirr n, Gerassel n; **~ścić** (-szczę), ⟨~snąć⟩ [-nątę] (-nę) knacken; Schnee, Seide: knirschen; (nur impf.) klirren, rasseln.

chuch|ać (-am), ⟨~nąć⟩ [-nątę] (-nę) (an)hauchen, blasen; F fig. (nur impf., na A) hegen und pflegen (A), übertrieben, liebevoll sorgen (für A); **~ra(cze)k** F m (-[cz]ka; -[cz]ki), **~ro** F n (-a; G -cher) Weichling m, Muttersöhnchen n.

chud|erlawy (-wo) hager, schmächtig, dünn; **~eusz** F m (-a; -e) s. chudzielec; fig. Habenichts m; **~nąć** [-nątę] ⟨s-⟩ (-nę, -dł) abmagern, abnehmen; **~o** Adv. s. chudy; **~ość** f (-ści; 0) Magerkeit f; **~y** (-do) mager (a. fig.), dünn

chudzi|ak ['xu-] F m (-a; -i), **~elec** F m (-lca; -lcy) Gerippe n, Klappergestell n (Mensch); **~uchny** F (-no), **~ut(eń)ki** F (-ko) sehr mager, ganz dünn.

chuligan m (-a; -i) Rowdy m, Rocker m, Halbstarke(r); **~eria** [-'nε-] f (G, D, L -ii; 0) koll. Rowdys m/pl., Halbstarke(n) m/pl.; **~ić** (-ę) randalieren, krakeelen

chuligańs|ki ['gaĩs-] (-ko) rowdy-, flegelhaft; **~two** n (-a) Rowdytum n; Jur. a. Roheitsdelikt n; grober Unfug.

chust|a f (-y) (Umschlag-)Tuch n; **~eczka** f (-i; G -czek) Tüchlein n, a. = **~ka** f (-i; G -tek) (do nosa, na szyję Taschen-, Hals-)Tuch n.

chutor m (-u; -y) s. futor.

chwacki (-ko) wacker, brav; keck.

chwal|ebny lobenswert, löblich; **~ić** ⟨po-⟩ (-lę) loben, preisen; **~ić się** (I) prahlen (mit); sich rühmen (G), stolz verweisen (auf A), stolz vorzeigen (A); **~ić Boga!** gottlob!; **~ipięta** F m (-y; G -ów) Prahlhans m.

chwał|a f (-y) Ruhm m; s. a. chluba; **~u Bogu!** Gott sei Dank!, gottlob!; na **~ę** (G) zum Ruhm(e), zur Ehre (G).

chwast m (-u; -y) Unkraut(pflanze f) n; Quaste f; **~obójczy** (-czo) un-

krautvertilgend; **~ownik** m (-a; -i) Unkrautjätmaschine f.

chwaścik m (-a; -i) Bommel f, Quaste f.   [Teufelskerl m.]

chwat m (-a; -y) Draufgänger m, F

chwiać [xɸatɕ] ⟨za-⟩ (-eję) (hin und her) wiegen, biegen (I/A); (nur pf.) fig. erschüttern (A); **~ się** (sch)wanken; wackeln (v/i).

chwiej|ący się [-'jɔn-] (sch)wankend; **~ność** f (-ści; 0) Labilität f, unsichere Lage; fig. Wankelmut m; **~ny** (sch)wankend, wack(e)lig; labil; unsicher; wankelmütig; **~nym krokiem** a. taumelnd.

chwil|a f (-i; -e) Augenblick m, Moment m; Weile f; Zeit f; lada **~a** jeden Moment; co **~a** alle Augenblicke; **~a wytchnienia** Atempause f; do **~i** obecnej bis jetzt, bis zur Stunde; od **~i** (G) seit (D); od tej **~i** von jetzt an; po **~i** nach e-r Weile; w tej **~i** auf der Stelle, sofort; (gerade) jetzt, zur Zeit, zur Stunde; w jednej **~i** im Handumdrehen; **przed ~ą** soeben, vor wenigen Augenblicken; (przez) **~ę** e-e Weile (lang), e-e Zeitlang; **~ami** manchmal, zuweilen; **(ecz)ka** f (-i; G -[cz]ek) Weilchen n; s. chwila; **~owy** (-wo) augenblicklich; vorübergehend, zeitweilig; Adv. a. zur Zeit.

chwycić pf. s. chwytać.

chwyt m (-u; -y) Griff m; (Werkzeug-)Schaft m; fig. a. Kunstgriff, F Dreh m; **~acz** m (-a; -e) Fänger m, Fangvorrichtung f; **~ać** (-am), ⟨(u)chwycić⟩ (-cę) (er)greifen, pak-ken, fassen; (auf)fangen; ertappen (na L/bei); nach Luft schnappen; Zeit (ab)stoppen; mróz **~a** es friert; **~ać**, ⟨(u)chwycić⟩ **się** (G, za A) packen (A), greifen (nach), sich klammern (an A); (nur impf.) sich ertappen (na L/bei); **~ak** m (-a; -i) Tech. (Selbst-)Greifer m; **~ny** Greif-; Fang-.

chyba wohl; **~ że** außer wenn (od. etwa), es sei denn, daß; no **~!** natürlich!, klar!; **~ nie** wohl kaum.

chybcik F: na **~a**, **~iem** fix, rasch, auf die schnelle.

chyb|i(a)ć (-ę) (celu das Ziel) verfehlen; vorbeischießen; danebengehen (a. fig.); na **~ił trafił** aufs Geratewohl; ani **~i** ganz bestimmt; **~ienie** n (-a) Fehlschuß m; **~iony** Fehl-, verfehlt; mißlungen.

chybot|ać (-czę|-cę|-am) v/t ⟨za-⟩ rütteln, schütteln (I/A); v/i Kfz., Flgw. flattern; ~ać się (sch)wanken; (er)zittern; s. chwiać; ~liwy (-wie) schwankend, wack(e)lig; Licht: flackernd.

chychy F: to nie ~ das ist kein Spiel.

chylić ⟨po-, s-⟩ (-lę) neigen (się sich).

chyłkiem Adv. verstohlen, heimlich; ~omierz m (-a; -e) Neigungsmesser m; Flgw. Lagenzeiger m.

chyl|ś F m (-sia; 0): dosta(wa)ć ~sia e-n Rappel bekommen.

chytr|o s. chytry; ~ość f (-ści; 0) Schlauheit f, Schläue f; ~us F m (-a; -y/-i) Pfiffikus m, Schlawiner m; ~y (Komp. -rzejszy; -ro, -rze) (arg)listig; schlau, durchtrieben; Lächeln: verschmitzt.

chyż|ość f (-ści; 0) Behendigkeit f; ~y (-żo) flink, behende.

ci Pron. (D v. ty) dir; (N/pl. Psf. v. ten) diese.

ciach|ać F (-am), ⟨~nąć⟩ [-nǫtɕ] (-nę) hauen, pf. a. eins verpassen.

ciał|ko n (-a; G -łek) Körper(chen n) m; ~ka krwi Blutkörperchen pl.; ~o m (-a, L ciele) Körper m; engS. a. Leib m; Fleisch n; Leichnam m, Leiche f; górna część ~a Oberkörper; Boże ℃o Fronleichnam(sfest n) m; duszą i ~em mit Leib und Seele; nab(ie)rać ~a, przyb(ie)rać na ciele Speck (Fett) ansetzen; ~opalenie n Leichenverbrennung f; ~opalny: cmentarzysko -ne Urnenfriedhof m, -feld n.

ciamajd|a F f/m (-y; G -/-ów) Tolpatsch m, Transuse f; Waschlappen m, (trübe) Flasche, Pfeife f; ~owaty (-to) tolpatschig, schwerfällig.

ciamkać F (-am) schmatzen.

ciap|a F m/f (-y; G -/-ów) s. ciamajda; ~ka F f (-i; G -pek) Sprenkel m, Tupfen m.

ciarki f/pl. (-rek) Schau(d)er m, Gänsehaut f; ~ przeszły mu po skórze es überlief ihn kalt.

ciasn| any (-wo) etwas eng, knapp; ~o Adv. s. ciasny; ~ota f (-y; 0) Enge f; Beengtheit f; ~ota umysłu a. Engstirnigkeit f; ~y (-no; Komp. -śniej[szy]) eng (a. fig.), knapp; Mensch: engstirnig.

ciast|(ecz)ko n (-a; G -[cz]ek) Kuchen(schnitte f) m; Törtchen n;

słone ~ka Salzgebäck n; ~o n (-a, L cieście) (francuskie Blätter-)Teig m; Arch. (Gips-)Brei m; ~a pl. Feingebäck n; ~owaty (-to) teigig; breiig.

ciaś|cisty teigig, pastös; ~nina f (-y) Engpaß m, Defilee n; Enge f; ~niut(eń)ki F (-ko) ganz (schön) eng, knapp.

ciąć [tɕɔntɕ] ⟨po-⟩ (L.) (zer)schneiden; sägen; (nur impf.) Bäume fällen; Getreide mähen; Mücken: stechen; Wind: peitschen; F (G) feurig spielen od. tanzen; ~ szablą, ~ batem e-n Säbel-, Peitschenhieb versetzen; ~ prawdę w oczy (D) j-m (unverblümt) die Wahrheit ins Gesicht sagen; s. od-, prze-, śçi-, ucinać.

ciąg [tɕɔnk, -ngu] m (-u; 0) (Ver-)Lauf m; Reihe(nfolge) f; (Luft-)Zug m; Flgw. Schub(kraft f) m; Tech. Vortrieb m; Zo. Zug m, Wanderung f; ~ dalszy Fortsetzung f; w dalszym ~u immer noch od. wieder; im weiteren Verlauf; w ~u (G) binnen, innerhalb; während, im Verlauf; jednym ~iem in e-m Zug; ~ać (-am) s. ciągnąć; ~le Adv. immer(fort), fortwährend; stets; ~liwość f (-ści; 0) Zähflüssigkeit f; Streck-, Dehnbarkeit f, Duktilität f; ~liwy zähflüssig; duktil, streck-, dehnbar; ~łość f (-ści; 0) ununterbrochene (Aufeinander-)Folge f; Fortdauer f; Kontinuität f, Stetigkeit f; ~ły ununterbrochen, stetig; kontinuierlich; Dauer-, anhaltend; F ewig; Linie: ausgezogen; s. ciągle.

ciągn|ąć ['tɕɔngnɔntɕ] ⟨po-⟩ (-nę) ziehen; schleppen; Mar. holen; (nur impf.) fortfahren; verschleppen; Tech. (tief)ziehen; Fin. Wechsel trassieren; ~ie unpers. es zieht; ~ąć się sich ziehen, sich schleppen; sich (aus)dehnen, erstrecken; ~ienie n (-a) (Lotterie-)Ziehung f; Tech. (na gorąco Warm-)Ziehen n; ~ik m (-a; -i) (Straßen-)Zugmaschine f, (Acker-)Schlepper m; ~iony Tech. (na zimno kalt)gezogen.

ciągomierz [tɕɔn'gɔ-] m (-a; -e) Zugmesser m.

ciąż|a f (-y; -e) Schwangerschaft f; Vet. Trächtigkeit f; w ~y schwanger; ~enie n (-a; 0) Gravitation f, Massenanziehung f; ~ki m/pl. (-ów) Hanteln f/pl.; ~owy Schwangerschafts-; ~yć ⟨za-⟩ (-ę) schwer sein; lasten, drücken (*na L*/auf *D*); tendieren, neigen (*ku D*/zu).

cich|aczem *Adv.* heimlich, verstohlen; **~nąć** [-nǫtɛ] ⟨*u*-⟩ (-*nę*; *a.* -*chł*) verstummen; sich beruhigen; *Wind usw.*: abflauen; **~o** *Adv.* (*Komp. ciszej*) *s.* cichy; **~obieżny** *Tech.* geräuscharm; **~ość** *f* (-ści; 0) Laut-, Geräuschlosigkeit *f*; **~ut(eń)ki** F (-*ko*) mucksmäuschenstill; ganz leise; **~y** (-*cho*, z -*cha*) leise, geräuschlos; still, ruhig; *po ~u* leise; im stillen; **~o!** still!, Ruhe!

ciebie ['tɕe-] *Pron.* (*G*, *A v.* ty) dich; *u ~* bei dir.

ciec [tɕets] (*L.*) *s.* cieknąć.

cieci|eruk *m* (-*a*; -*i*) Birk-, Spielhahn *m*; **~erzyca** *f* (-*y*; -*e*) Kichererbse *f*; **~orka** *f* (-*i*; *G* -*rek*) Birkhenne *f*; *Bot.* Kronwicke *f*.

ciecz [tɕetʃ] *f* (-*y*; -*e*) Flüssigkeit *f*; Lösung *f*; **~ka** *f* (-*i*; *G* -*czek*) *Zo.*, *JSpr.* Hitze *f*, Läufigkeit *f*; **~owy** Flüssigkeits-.

ciek [tɕek] *m* (-*u*; -*i*) *Geol.* (*Wasser*-) Lauf *m*; **~ać się** (-*am*) läufig (*od.* in der Hitze) sein.

ciekaw *präd. s.* ciekawy; **~ić** ⟨*za*-⟩ (-*ę*) interessieren, neugierig machen; **~ie** *Adv. s.* ciekawy; **~ostka** *f* (-*i*; *G* -*tek*) etwas Interessantes, interessante Einzelheit *od.* Neuigkeit; **~ość** *f* (-ści; 0) Neugier(de) *f*; *z największą ~ością* mit größter Spannung; **~ski** F *m* (-*ego*; -*cy*), **~ska** F *f* (-*kiej*; -*kie*) Neugierige(r); **~y** (-*wie*) neugierig (*G*/auf *A*); schaulustig; interessant, spannend; **~(y) jestem**, *czy ... ich bin gespannt*, *ob ...*

ciek|ły (-*le*) (dünn)flüssig; **~nąć** ⟨*po*-⟩ (-*nę*; *a.* -*kł*) fließen, rinnen; triefen; lecken, leck sein.

ciel|ak *m* (-*a*; -*i*) *s.* cielę; **~ątko** [-'lɔnt-] *n* (-*a*; *G* -*tek*) Kälbchen *n*; *fig.* Unschuld *f* vom Lande; **~ec** *m* (-*lca*; -*lce*) *złoty* ~*ec* das goldene Kalb.

cielesny (-*śnie*) körperlich, Leibes-, sinnlich, Sinnes-.

cielę *n* (-*ęcia*; -*ęta*) Kalb *n* (*a. fig. Wild*); Damkitz *n*; *fig.* (*a.* głupie ~, ~ marynowane) Zicke *f*, dumme Ziege; **~cina** [-lɛn'tɕi-] *f* (=*y*) Kalbfleisch *n*; **~cy** [-'len-] Kalb(s)-; *lata ~ce*, *wiek ~cy* Flegeljahre *n*/*pl.*; **~cy zachwyt** närrische Freude; **~tnik** [-'lent-] *m* (-*a*; -*i*) Kälberstall *m*.

cieli|czka *f* (-*i*; *G* -*czek*) Kuhkalb *n*; **~ć się** ⟨*o*-⟩ (-*lę*) kalben.

cielisty (-*to*) fleischfarben.

cieln|y: ~*a Kuh*, *Wild*: trächtig.

cielsko *n* (-*a*) massiger Körper, Leib.

ciemi|ączko [-'mɔn-] *n* (-*a*; *G*-*czek*) *Anat.* Fontanelle *f*; **~eniowy** Scheitel-; **~eniucha** *f* (-*y*; 0) Milchschorf *m*; **~ernik** *m* (-*a*; -*i*) *Bot.* Nieswurz *f*.

ciemię *n* (-*enia*; -*iona*) (*Kopf*-) Scheitel *m*; F *nie w ~ bity* nicht auf den Kopf gefallen.

ciemię|ga [-'mɛŋga] *m* (-*i*; *G* -[*ów*]) Trottel *m*, Tropf *m*; **~żca** *m* (-*y*; *G* -*ów*), **~życiel** *m* (-*a*; -*e*, -*i*) Unterdrücker *m*; **~żyć** ⟨*u*-⟩ unterdrücken.

ciemku: *po ~* im Dunkeln.

ciemn|awy (-*wo*) etwas dunkel; **~ia** ['tɕem-] *f* (-*i*; -*e*, -*i*) Dunkelraum *m*; *Fot.* Dunkelkammer *f*; F Dunkel *n*; **~iak** F *m* (-*a*; -*i*/-*cy*) Hinterwäldler *m*, dummer Bauer; **~ica** *f* (-*y*; -*e*) Kerker *m*; Dunkelhaft *f*; Finsternis *f*; **~ieć** [-'nɛtɕ] ⟨*po*-⟩ (-*eje*) dunkel (*od.* dunkler) werden; nachdunkeln; ⟨*a. ś*-⟩ sich verdunkeln, verfinstern; † ⟨*o*-⟩ erblinden.

ciemno *Adv. s.* ciemny; *in Zssgn* dunkel-, Dunkel-; **~blond** (*unv.*) dunkelblond; **~ść** *f* (-ści) Dunkel (-heit *f*) *n*, Finsternis *f*; **~ta** *f* (-*y*; 0) Ignoranz *f*, Unwissenheit *f*; *koll.* ungebildetes Volk; **~włosy** dunkelhaarig.

ciemn|y (-*no*) dunkel, finster; *fig.* unzivilisiert, rückständig; düster; blind; *Licht*: trüb(e); **~a masa** *s.* ciemniak; **~o choć oko wykol** stockfinster, keine Hand vor den Augen zu sehen; **~o w oczach** schwarz vor den Augen; *na ~o* dunkel (*Farbe*).

cieni|eć ['tɕe-] ⟨*s*-⟩ (-*eje*) dünner werden; **~ej** *s.* cienki.

cieniowa|ć (-*uje*) schattieren, (ab-) tönen; **~ć kreskami** schraffieren; **~ć**, ⟨*pod*-⟩ *oczy* Lidschatten *m* auflegen; **~nie** *n* (-*a*; 0) Schattierung *f*, Abtönung *f*.

cienisty (-*to*) schattig, Schatten-.

cieniu|chny F (-*no*), **~sieńki** F, **~t(eń)ki** F (-*ko*) hauchdünn; *Stimme*: ganz dünn.

cienk|i ['tɕen-] (*Komp. -ńszy*; -*ko*, *Komp. -niej*) dünn, Dünn-; fein, Fein-; dürr; *Tee*: schwach; **~onogi** dünnbeinig; **~ość** *f* (-ści; 0) Dünne *f*; Feinheit *f*; **~usz** *m* (*-a*; *-e*) Dünnbier *n*; Tresterwein *m*, Lauer *m*.

cień [tɕeɲ] *m* (*-nia*; *-nie*) Schatten *m*; *fig. a.* (*Hoffnungs-*)Schimmer *m*; Spur *f v.* Wahrheit; *w cieniu* im Hintergrund; **~szy** *s.* cienki.

cieplarnia [-'plar-] *f* (*-i*; *-e*, *-i/-ń*) Treib-, Gewächshaus *n*; **~ny:** *jarzyny ~ne* Treibhausgemüse *n*.

ciepl|eć ⟨*po-*⟩ (*-eje*) warm (*mar*) werden, sich erwärmen; **~ej** *s.* *ciepło²*; **~ice** *f/pl.* ⟨⟩ Therm(alquell)en *f/pl.*; **~ny** *Phys.* Wärme-; thermisch.

cieplu|chny F (*-no*), **~sieńki**, **~t(eń)ki** (*-ko*) ganz (*od.* schön, mollig) warm.

cieplawy (*-wo*) lau(warm).

ciepło¹ *n* (*-a*; *0*) Wärme *f* (*a. fig.*); **~ odlotowe**, **~ odpadkowe** Abwärme; **~²** *Adv.* (*Komp. -lej*) warm (*a. fig.*); *robi się ~ es wird warm*; F *trzymaj się ~!* laß es dir gut gehen!; **~chłon-ny** wärmeabsorbierend; **~chronny** Wärmeschutz-; **~krwisty** warmblütig; **~mierz** *m* (*-a*; *-e*) Wärme-(verbrauchs)messer *m*; Thermometer *m*; **~ść** *f* (*-ści*; *0*), **~ta** *f* (*-y*; *0*) Wärme *f*; **~wnia** [-'pwɔ-] *f* (*-i*; *-e*, *-i*) Fernheizwerk *n*; **~wniczy:** *magistrala -cza* Fernheizleitung *f*.

ciepł|y (*Komp. -lejszy*) warm (*a. fig.*); F *~e kluski fig.* Phlegmatiker *m*; Waschlappen *m*; *s. ciepło²*.

cierlica *f* (*-y*; *-e*) Flachsbreche *f*.

ciernie ['tɕer-] *pl. s.* cierń; **~owaty** dornartig; *a. = ~owy* dornig, stach(e)lig, Dorn(en)-; **~ówka** *f* (*-i*; *G -wek*) Schlehe *f*; *Zo.* Dorngrasmücke *f*; **~sko** *n* (*-a*) Dorngebüsch *n*; **~sty** (*-ście*) dornig, dornenvoll.

cierny Friktions-, Reib(ungs)-.

cier|ń ['tɕe-] *m* (*-nia*; *-nie*, *-mi*) Dorn *m*, Stachel *m*; **~nie** *pl. koll.* Dornbusch *m*, -gebüsch *n*.

cierpiący [-'pɔn-] (*-co*) leidend; *~ na morską chorobę* seekrank; *nie ~ zwłoki* unaufschiebbar, dringend.

cierpie|ć ['tɕer-] (*-ę*, *-i*) ⟨*u-*⟩ leiden (*z powodu G/unter D*, *na A/an*) ⟨*wy-*⟩ (er)dulden, ertragen; *nie ~ć* nicht leiden mögen, nicht ausstehen können (*G/A*); **~nie** *n* (*-a*) Leid(en) *n*, Schmerz *m*.

cierpk|i (*-ko*) herb; *Miene:* säuerlich; *Empfang:* unfreundlich, kühl; **~ość** *f* (*-ści*; *0*) Herbheit *f*; *fig. a.* Unfreundlichkeit *f*.

cierpliw|ość *f* (*-ści*; *0*) Geduld *f*, Langmut *f*; *wyprowadzać z ~ości* aus der Fassung bringen; *zdobyć się na ~ość* Geduld üben; **~y** (*-wie*) geduldig; duldsam; *być ~ym*, *~ie czekać* sich gedulden.

cierpn|ąć [-nɔŋtɕ] ⟨*ś-*⟩ (*-nę*; *a. -pł*) *Glieder:* einschlafen; *vor Angst* erstarren; (*aż*) *skóra ~ie* daß man e-e Gänsehaut bekommt *od.* F kriegt.

ciesiels|ki Zimmermanns-; **~two** *n* (*-a*; *0*), **ciesiołka** *f* (*-i*; *0*) Zimmerhandwerk *n*.

cieszy|ć ⟨*u-*⟩ (*-ę*) (er)freuen (*się* sich; *z G/an D*, über *A*); **~ć się** (*I*) genießen (*A*), sich erfreuen (*G*).

cieśl|a *m* (*-i*; *-e*, *-i[ów]*) Zimmermann *m*; **~ica** *f* (*-y*; *-e*) Zimmermannsaxt *f*.

cieś|nina *f* (*-y*) Meerenge *f*; *vgl. przesmyk*; **~ń** *f* (*-śni*; *-śnie*, *-śni*) *Anat.* Isthmus *m*, Verengung *f*; F Gedränge *n*.

cietrzew *m* (*-wia*; *-wie*) Birkhahn *m*.

cię *Pron. s.* ciebie.

cię|cie ['tɕen-] *n* (*-a*) Schneiden *n*; Sägen *n*; *Tech.* Brennschneiden *n*; *konkr.* Schnitt *m*; Hieb *m*; *cesarskie ~e Med.* Kaiserschnitt *m*; **~wa** *f* (*-y*) Bogensehne *f*; *Math.* Sehne *f*.

cięg|i ['tɕeŋgi] F *pl.* (*-ów*) Schläge *m/pl.*, e-e Tracht Prügel; **~iem** *Adv. s.* ciągle; **~ło** *n* (*-a*; *G -giel*) Zug(stange *f*) *m*; Seilzug *m*; *a. =* **~no** *n* (*-a*; *G -gien*) (*Zug-*, *Schalt-*) Stange *f*, (*Brems-*, *Ruder-*)Gestänge *n*.

cięt|ość *f* (*-ści*; *0*) Schärfe *f*, Bissigkeit *f*; Schlagfertigkeit *f*; **~y** geschnitten, Schnitt-; *fig.* scharf, schneidend; schlagfertig; F *być ~ym* (*na A*) j-m böse (*od.* nicht grün) sein.

ciężar *m* (*-u*; *-y*) (*bez ładunku*, *całkowity* Leer-, Gesamt-)Gewicht *n*; Last *f* (*a. fig.*); *Fin. na ~* zu Lasten (*G*); *podnoszenie ~ów* Gewichtheben *n*; **~ek** *m* (*-rka*; *-rki*) (*Waage-*, *Uhr-*)Gewicht *n*; Angel-, Senkblei *n*; **~na** schwanger; trächtig; *Su. f* (*-nej*; *-ne*) Schwangere *f*; **~ność** *f* (*-ści*; *-ście*) *s.* ciążą; **~owiec** ['rɔ-] *m* (*-wca*; *-wcy*) *Sp.* Gewichtheber *m*; **~owy** Last-Güter-; **~ówka** *f* (*-i*; *G -wek*) Last-(kraft)wagen *m*, F Laster *m*.

ciężk|i (*-ko*, *Komp. -żej*) schwer, Schwer-; schwerfällig; schwierig;

~ie roboty Zwangsarbeit f; ~o ranny schwerverletzt, -verwundet; ~o chory schwerkrank; **~ostrawny** schwerverdaulich; ~ość f (-ści; 0) Schwere f; środek (fig. punkt) ~ości Schwerpunkt m; **~ozbrojny** schwerbewaffnet.

ciężyć (-ę) s. ciążyć.

ciocia ['tɕɔ-] f (-i; -e) Tante f.

ciołek m (-łka; -łki) Bullenkalb n.

cios [tɕɔs] m (-u; -y) Schlag m (a. fig.), Hieb m, Streich m; Arch. Quader(stein) m; Geol. Absonderung f; ~ dobijający Gnadenstoß m; s. a. sierpowy, ~y pl. (Elefanten-) Backenzähne m/pl.; **~ać** (-am/ cieszę) behauen, zuhauen; ~any Adjp. behauen; gebeilt; ~owy: kamień ~owy Quader-, Werkstein f; Sp. ruch ~owy Ausholen n.

ciot|czyn(y) der Tante gehörig; **~eczka** f (-i; G -czek) Tantchen n; **~eczny**: brat ~ny Vetter m; siostra -na Base f, Kusine f; **~ka** f (-i; G -tek) Tante f; **~uchna** f (-y; G -chen), **~unia** f f (-i; -e) s. cioteczka.

cis m (-a; -y) Bot. Eibe f; Mus. (unw.) cis, Cis; **~awica** f (-y; 0) Addisonsche Krankheit; **~awy** Pferd: (kastanien)braun.

ciska|cz m (-a; -e) Bgb. Schlepper m; **~ć** (-am), ⟨-nąć⟩ [-nɔntɕ] (-nę) werfen, schleudern; ~ć się (hin und her) werfen; zappeln; f a. vor Wut beben, ~ć Stinkwut haben.

cisna|ć[1] pf. s. ciskać; **~ć**[2] ⟨po-, na-⟩ (-nę) drücken; (nur impf.) ~ć się sich drängen.

cisowy Eiben-.

cisz|a f (-y; 0) (grobowa, morska, radiowa Toten-, Wind-, Funk-) Stille f; ~a! Ruhe!; **~ej** s. cicho; **~yć** s. ś-, uciszać.

ciśnieni|e [-'nɛnɛ] n (-a) (powietrza Luft-)Druck m; Tech. a. Pressung f, Spannung f; **~omierz** m [-'nɔ-] (-a; -e) Druckmesser m; **~owy** Druck-.

ciśnięcie [-'nɛn-] n (-a) Wurf m.

ciuch [tɕux] f m (-a; -y) gebrauchtes Kleidungsstück, Lumpen m; ~y pl. a. Trödelmarkt m; **~cia** ['tɕux-] f f (-i; -ę, -i) Bummelbahn f.

ciuciubabka [tɕutɕu-] f Blindekuh f.

ciuła|cz m (-a; -e) Knauser m; Kleinsparer m; **~ć** ⟨u-⟩ (-am) (zusammen)sparen; knausern.

ciup [tɕup]: złożyć buzię w ~ e-e

Schnute (od. ein Schnütchen) ziehen, die Lippen schürzen; **~a** f f (-y) Bude f, Loch n; Kittchen n, Knast m; **~aga** f (-i) Bergstock m (mit Haue); **~ka** f f (-i; G -pek) Stübchen n; s. ciupa.

ciur|a ['tɕu-] m (-y; -y/-owie, -ów) hist. Troßknecht m; f Trottel m; **~czeć** (-ę), **~kać** (-am), ⟨~knąć⟩ [-nɔntɕ] (-nę) rinnen, strömen, spritzen; **~kiem** Adv. ununterbrochen (fließend); in Strömen.

ciż s. ci.   [schen-)Menge f.

ciżba f (-y) Gedränge n; (Men-

ckli|wie Adv. s. ckliwy; **~wo** Adv.: ~(wo) mi mir wird übel; **~wość** f (-ści; 0) Gefühlsduselei f, Sentimentalität f; † Übelkeit f; **~wy** (-wie) sentimental, rührselig; † (-wo) Übelkeit erregend.

clić ⟨o-⟩ (clę, clij!) verzollen.

cło n (cła; G ceł) Zoll(gebühr f) m; podlegający cłu zollpflichtig; **~wy** † s. celny[2].

cmenta|rny Friedhofs-, Kirchhofs-; **~rz** m (-a; -e, -y) (wojenny od. wojskowy Soldaten-)Friedhof m, Kirchhof m; **~rzysko** n (-a) Gräberfeld n; (Auto-)Friedhof m.

cmok|ać (-am), ⟨-nąć⟩ [-nɔntɕ] (-nę) schnalzen; schmatzen, schallend küssen; **~nięcie** [-nɛn-] n (-a) schallender Kuß, Schmatz m.

cna: do ~ völlig, ganz; bis auf die Grundmauern.

cnot|a f (-y; G cnót) Tugend f; Keuschheit f; **~ka** f (-i; G -tek) geheuchelte Tugend; f Tugendbold m, keuscher Joseph, Unschuld f vom Lande; **~liwy** (-wie) tugendhaft; keusch.

co (czego, czemu, czym) was; (irgend) etwas; ~ innego etwas anderes; ~ do bis (auf); was ... betrifft; ~ miesiąc (dzień) jeden Monat (Tag); nie ma ~ s hilft nichts; ~ się zowie ganz schön; ~ tam ach, was; ~ (to) za was für, welch; ~ tobie? was ist mit dir ?, was fehlt dir ?; ~ słychać? was gibt es Neues ?, wie geht's ?; jeszcze ~! was noch alles!; w razie czego falls etwas schiefgeht, notfalls; po czym danach; o czym wovon; davon; s. gorszy, najmniej usw.

codzienn|ie Adv. täglich, jeden Tag; **~ość** f (-ści; 0) Alltag m, Alltäglichkeit f; **~y** (all)täglich, Tages-; Alltags-.

cof|acz m (-a; -e) Rücktaste f; **~ać** (-am), ⟨~nąć⟩ [-nǫtɕ] (-nę) Hand, Truppen ab-, zurückziehen; Wagen zurücksetzen; Uhr zurückstellen; Versprechen, Auftrag zurücknehmen, widerrufen, rückgängig machen; Gunst entziehen; **~nąć** zamówienie (na A) abbestellen (A); **~ać** ⟨~nąć⟩ się zurücktreten, -gehen, -fahren; (zurück)weichen; Mil. a. sich absetzen; nie **~nąć** się nicht zurückschrecken (przed I/vor D); **~anie się** n (-a; 0) Zurücksetzen n, -fahren n; Med. Rückbildung f; Mil. s. odwrót.

cofnię|cie [-'nɛn-] n (-a) Zurückziehung f, -nahme f; Zurückstellung f; **~cie się** Zurückweichen n; Zurücktreten n; fig. Rückschritt m; **~ty** zurückgezogen; zurückgestellt; zurückgeblieben, rückständig; Kinn: fliehend.

cogodzinny stündlich.

cokolwiek etwas, ein bißchen; a. = **~bądź** irgend etwas, was auch (immer).

cokół m (-ołu; -oły) (lampowy, lądowy Lampen-, Kontinental-)Sockel m.

comber m (-bra; -bry) (Reh-)Rücken m, (Hirsch-)Ziemer m.

co|miesięczny (all)monatlich; **~nocny** allnächtlich.

coraz immer; ~ lepiej immer besser; ~ to immer wieder; mit jedem Mal(e); ~ więcej od. bardziej mehr und mehr.

coroczny alljährlich.

coś etwas; F etwa; ~ w rodzaju, ~ na kształt (G) so etwas (Ähnliches) wie; ~ takiego!, ~ także! (nein,) so etwas!, nicht zu fassen!; ~ z (G) a. ein Hauch von (D); **~kolwiek**, ~ niecoś s. cokolwiek.

cotygodniowy allwöchentlich.

cór|eczka f (-i; G -czek) Töchterchen n, -lein n; **~ka** f (-i; G -rek) Tochter f; **~uchna** f (-i; G -chen), **~unia** F f (-i; G -ń), **~usia** F f, **~uś** F f (-i; G -ś) s. córeczka.

cóż was denn; (fragend) warum; no i ~? na und?; s. co.

cuchną|cy [-'nɔn-] (-co) übelriechend, stinkend; **~ć** (-nę) übel riechen, stinken (I/nach).

cucić ⟨o-⟩ (-cę) (wieder) zu sich bringen; ~ się zu sich kommen, aus e-r Ohnmacht erwachen.

cud m (-u; -a/-y, -ów) Wunder n; (jakimś) **~em** (wie) durch ein Wunder; jakim **~em** wie um alles in der Welt; prawić **~a** Wunderdinge erzählen; ~ piękności Wunder an Schönheit; kraina **~ów** Wunderland n; **~actwo** n (-a) Verschrobenheit f, Wunderlichkeit f; **~aczeć** ⟨s-⟩ (-eję) wunderlich (od. verschroben) werden; **~aczny** schrullig, komisch; verschroben, überkandidelt; **~aczyć** (-ę) s. grymasić; Schrullen im Kopf haben; **~ak** m (-a; -cy) Sonderling m, (komischer) Kauz; **~em** s. cud; **~ny** wunderschön.

cudo F n (-a) Wunderding n, -werk n; to istne **~**! das ist ein wahres Wunder!; **~twórca** m Wundertäter m; **~twórczy** (-czo) wundertätig; **~wnie** Adv. wie durch ein Wunder, auf wunderbare Weise; a. = **~wny** wunderbar, -voll, herrlich; Wunder-, wundertätig.

cudzołoż|nica f (-y; -e), **~nik** m (-a; -cy) Ehebrecher(in f) m; **~yć** (-ę) ehebrechen, die Ehe brechen.

cudzo|łóstwo n (-a) Ehebruch m; **~ziemiec** m (-mca; -mcy, -mców), **-mka** f (-i; G -mek) Ausländer(in f) m, Fremde(r); **~ziemski** (po -ku) fremd(ländisch).

cudzy fremd; **~m** kosztem auf fremde Kosten; Su. cudze n (-ego; 0) fremdes Eigentum od. Gut; s. a. obcy; **~słów** m (-owu; -owy, -owów) Anführungszeichen n/pl.

cug m (-u; -i) Vierer-, Sechserzug m; (Feder-, Vogel-)Zug m; s. przeciąg; **~le** m/pl. (-i) Zügel m/pl.; fig. trzymać w **~lach** j-n kurzhalten.

cukier ['tsu-] m (-kru; -kry) (kostkowy, kryształ, lodowaty Würfel-, Streu-, Kandis-)Zucker m; ~ palony Karamel(zucker) m; cukry pl. a. Konfekt n; **~ek** m (-rka; -rki) Bonbon m od. n; **~enka** f (-i; G -nek) kleine (gemütliche) Konditorei; **~kowy** Bonbon-; fig. süßlich, kitschig; **~nia** [-'kɛr-] f (-i; -e, -i) Konditorei f; **~nica** f (-y; -e) Zuckerdose f; **~niczy** Konditor(ei)-, Süß-; **~nik** m (-a; -cy) Konditor m, Zuckerbäcker m.

cukro|mierz m (-a; -e) Sa(c)charimeter n; **~waciec** [-'va-] ⟨s-⟩ (-eję) verzuckern (v/i); **~wać** (-ko-) ⟨-uję⟩ zuckern; **~waty** (-to) zuck(e)rig; **~wnia** [-'rɔv-] f (-i; -e, -i) Zuckerfabrik f; **~wnictwo** n (-a; 0) Zuckerindustrie f, -fabrikation f; **~wy** Zucker-; zuckerhaltig; choroba ~wa s. cukrzyca.

cukry pl. (-ów) s. cukier.

cukrz|yca f (-y; 0) Kristallfüllmasse f; Med. Zuckerkrankheit f; **~yć** ⟨o-, po-⟩ zuckern.

cuma f (-y) Mar. Festmacher(trosse f) m, Anlegetau n; (Boots-)Fangleine f.

cumow|ać ⟨przy-, za-⟩ (-uję) Mar. verholen; festmachen; **~niczy:** pachoł(ek) -czy Ankerbetting f.

cupnąć [-nǫntɕ] F pf. s. przycupnąć.

cwał m (-u; 0) Galopp m; **~em**, w ~ im Galopp; **~ować** ⟨po-⟩ (-uję) galoppieren; fig. jagen (v/i).

cwaniactwo F n (-a; 0) Geriebenheit f, Gerissenheit f; **~k** ['tsva-] F m (-a; -i/-cy) Schlaukopf m, Schlitzohr n.

cwany F gewieft, gerissen, gerieben.

cybernetyka f (-i; 0) Kybernetik f.

cybuch m (-a; -y) (Tabaks-)Pfeifenrohr n; Tschibuk m.

cycek P m (-cka; -cki) Zitze f.

cyferblat m Zifferblatt n; P a. Visage f.

cyfr|a f (-y) Ziffer f; **~ami** in Ziffern; **~ować** (-uję) ⟨po-⟩ numerieren; ⟨pod-⟩ abzeichnen, paraphieren; (nur impf.) dial. (be)sticken; **~owy** Ziffer(n)-, Zahlen-; (a. -wo) ziffern-, zahlenmäßig; digital.

Cygan m (-a; -anie), **~ka** f (-i; G -nek) Zigeuner(in f) m; Zitzé f m; **~ić** ⟨na-⟩ F (-ę) ⟨o- be⟩schwindeln, -schummeln; ⟨wy-⟩ schnorren, abknöpfen, ablisten (od G/D).

cygań|ski [-'gaĩs-] Zigeuner-; po -ku wie ein Zigeuner; **~stwo** F n (-a) Schwindel(ei f) m.

cygar|nica f (-y; -e) Zigarren-, Zigarettenetui n; **~niczka** f (-i; G -czek) Zigaretten-, Zigarrenspitze f; **~o** n (-a) Zigarre f.

cyjan m (-u; 0) Chem. Zyan n; **~ek** m (-nka; -nki) Zyanid n; **~ek** potasu Zyankali(um) n; **~owodór** m Zyanwasserstoff m, Blausäure f; **~oza** f (-y; 0) Med. Zyanose f.

cykać (-am) ticken; Heimchen: zirpen; F pf. schluckweise trinken; in kleinen Mengen zuteilen; Raten abstottern; **~da** f (-y) s. piewik; **~nie** n

(-a; 0) Ticken n; **~ta** f (-y; 0) Zitronat n; Orangeat n.

cykl m (-u; -e) Zyklus m; engS. Umlauf m; Gang m; Periode f; Reihe f.

cyklamen m (-u; -y) Alpenveilchen n.

cykli|czny zyklisch; **~na** f (-y) Tech. Ziehklinge f; **~nować** (-uję) Parkettboden abziehen.

cyklistówka f (-i; G -wek) Sportmütze f.

cyklo|n m (-u; -y) Zyklon m (a. Tech.); Zyklone f; **~p** m (-a; -i/-y) Zyklop m; **~tron** m (-u; -y) Zyklotron n.

cyknąć [-nǫntɕ] pf. F (-nę) s. cykać.

cykoria [-'kɔ-] f (G, D, L -ii; -e) Zichorie f; F fig. Bammel m; **~ sałatowa** Chicorée f.

cykuta f (-y) Bot. Schierling m.

cylind|er m (-dra; -dry) Zylinder m; Zylinderhut m; **~rowy** Zylinder-; **~ryczny** zylindrisch.

cymbał F m (-a; -y) Einfaltspinsel m, Trottel m; **~y** pl. (-ów) Mus. Cymbal n, Hackbrett n; **~ki** pl. (-ów) (Kinder-)Xylophon n, Glockenspiel n.   [Zinn n.]

cyna f (-y; 0) (do lutowania Löt-)

cynad|erki f/pl. (-rek) Kochk. (geschmorte) Nieren; **~ra** f (-y; G -der) Zo. Niere f; Kochk. (G/pl. -ów) s. cynaderki.

cynamon m (-u; 0) Zimt m; **~owy** Zimt-; zimtfarben.

cynfolia f Stanniol n.

cyngiel ['tsɨ-] m (-gla; -gle) (Gewehr-)Abzug m, Drücker m; pociągnąć za ~ abdrücken (v/i).

cyni|czny zynisch; **~k** m (-a; -cy) Zyniker m; **~zm** m (-u; 0) Zynismus m.

cynk m (-u; 0) Chem. Zink n; (Gaunersprache) Wink m, Tip m; **~ografia** [-'gra-] f (G, D, L -ii; 0) Chemiegraphie f; **~ować** ⟨o-⟩ (-uję) verzinken; **~ownia** [-'kɔ-] f (-i; -e, -i) Zinkhütte f; Zinkgießerei f; **~owy** Zink-.

cynober m (-bru; 0) Zinnober m.

cynow|ać ⟨o-⟩ (-uję) verzinnen; **~any** verzinnt.

cypel m (-pla; -ple) Kap n, Landzunge f, Spitze f, Ende n.

cypry|jski Zypern-, zypriotisch; **~s** m (-a/-u; -y) Zypresse f; **~śnik** m (-a; -i) Sumpfzypresse f.

cyran|eczka f (-i; G -czek) Krick-

ente f; ~ka f (-i; G -nek) Knä(c)k-
ente f.

cyrk m (-u; -i) Zirkus m; Geol. Kar
n; ~iel ['tsɨr-] m (-kla; -kle) Zirkel
m; ~lować ⟨wy-⟩ (-uję) abzirkeln.

cyrkon m (-u; 0) Chem. Zirkonium
n; Min. Zyrkon m; ~owy Zir-
kon(ium)-.

cyrk|owiec [-'kɔ-] m (-wca; -wce),
~ówka f (-i; G -wek) Zirkusartist(in
f) m; ~owy Zirkus-, zirzensisch.

cyrkul|acja f (-i; 0) Zirkulation f,
Kreislauf m; ~arka f (-i; G -rek)
Kreissäge(blatt n) f; ~ować (-uję)
zirkulieren, in Umlauf sein.

cyrograf † m (-u; -y) Schuldschein
m; Pakt m mit dem Teufel.

cyrulik † m (-a; -cy) Barbier m,
Bader m.

cysta f (-y) Bio. Zyste f.

cysterna f (-y) Zisterne f, Tank m;
Esb. Kesselwagen m; ~ samochodowa Tank(kraft)wagen m.

cysters m (-a; -i) Zisterzienser m.

cyt! Int. pst!, sei still!

cytadela f (-i; -e, -i) Zitadelle f.

cyt|at m (-u; -y), ~ata f (-y) Zitat n;
~ować ⟨za-⟩ (-uję) zitieren, an-
führen.

cytra f (-y) Mus. Zither f.

cytrusow|y: owoce ~e Zitrusfrüchte
f/pl.

cytryn|a f (-y) Zitrone f; Zitronen-
baum m; ~ek m (-nka; -nki) Zo.
Zitronenfalter m; ~ka f (-i; -nek)
kleine Zitrone; F Citroën (Auto);
~owiec [-'nɔ-] m (-wca; -wce) Zi-
trusgewächs n; eng S. Zitronen-
baum m; ~owy Zitronen-; (a. -wo)
zitronengelb; ~ówka f (-i; G -wek)
Zitronenlikör m od. -schnaps m.

cytrzyst|a m (-y; -ści, -ów), ~ka f
(-i; G -tek) Zitherspieler(in f) m.

cytwarow|y: nasienie ~e Zitwer-
blüten f/pl., Wurmsamen m/pl.

cywil m (-a; -e, -ów) Zivilist m, Zivil-
person f; w ~u in Zivil(kleidung);
als Zivilist, im Zivilleben; F do ~a ins
Zivilleben zurückkehren.

cywiliz|acja f (-i; -e) Zivilisation f;
~acyjny zivilisatorisch, Zivilisa-
tions-; ~ować (-uję) zivilisieren;
~owany zivilisiert.

cywiln|oprawny zivilrechtlich; ~y
zivil, Zivil-; bürgerlich; s. urząd; F
po ~emu in Zivil(kleidung).

cyzel|erstwo n (-a; 0) Ziselierkunst
f; ~owany ziseliert.

czad m (-u; 0) Kohlen(mono)oxyd n,
Kohlendunst m; Bgb. Nachschwa-
den m; ~nica f (-y; -e) Gasgenerator m; ~nicowy (Gas-)Generator-.

czadzić ⟨za-⟩ ⟨na- voll⟩qualmen;
Lampe: rußen.

czaić się ['tʃa-] ⟨przy-, za-⟩ (-ję)
lauern; auflauern (na A/D).

czajka f (-i; G -jek) Zo. Kiebitz m.

czajnik m (-a; -i) Teekessel m.

czambuł m (-a; -y) fig.: w ~ in
Bausch und Bogen.

czap|a f (-y) (Riesen-)Mütze f; Geol.
Hut m, Kappe f; ~eczka f (-i; G
-czek) Käppchen n; (Kinder-)
Mützchen n; ~ka f (-i; G -pek)
Mütze f, Kappe f; ~kować (-uję)
vor j-m kriechen, dienern; ~kowy
Mützen-.

czapl|a f (-i; -e, -i/-pel) Zo. (siwa
Fisch-)Reiher m; ~i Reiher-.

czaprak m (-a; -i) Satteldecke f,
Schabracke f.

czar m (-u; -y) Zauber m; Bann m
(fig.); ~y pl. a. Zauberei f, Hexerei
f; rzucić ~y verhexen (na A/A).

czara f (-y) Pokal m, Trinkschale f.

czarci Teufels-, teuflisch.

czarka m (-i; G -rek) (Wein-)Glas n.

czarni|ak ['tʃar-] m (-a; -i) Zo.
Köhler m (Fisch); ~awy (-wo)
schwärzlich; Haut: dunkel; ~uch-
ny F (-no), ~usieńki F, ~ut(eń)ki F
(-ko) (kohlraben)schwarz.

czarno Adv. s. czarny; ~ na białym
schwarz auf weiß; ~brewy mit
schwarzen (Augen-)Brauen; ~bro-
dy schwarzbärtig; ~górski (po -ku)
montenegrinisch; ~grzywy mit
schwarzer Mähne; ~księski Zau-
ber-, magisch; latarnia -ka Laterna
magica f; ~księżnik m (-a; -cy)
Hexenmeister m, Magier m; ~-
morski Schwarzmeer-; ~oki
schwarzäugig; ~rynkowy Schwarz-
markt-; ~skóry schwarzhäutig; ~ść
f (-ści; 0) Schwärze f, Schwarz n;
~włosy schwarzhaarig; ~ziem
[-'nɔ-] m (-u; -y) Tschernosem n,
Schwarzerde f.

czarnu|la f (-i; -e) ,Schwarze' f
(Kuh); F fig. Zigeunerin f; ~szka f
(-i; G -szek) Bot. Schwarzkümmel
m; a. = czarnula.

czarn|y (-no) schwarz; Schwarz-;
fig. a. düster, finster; ~a godzina
Stunde (od. Zeiten) der Not; ~a
niewdzięczność schnöder Undank;

~a rozpacz helle Verzweiflung; pół ~ej, mała ~a ein Täßchen Kaffee ohne Sahne.

czarodziej m (-a; -e, -ei/-ów) Zauberer m; ~ka f (-i; G -jek) Zauberin f; fig. Hexe f; ~ski Zauber-, zauberkräftig; (a. -ko) zauberhaft; ~stwo n (-a) Zauber(ei f) m.

czarow|ać (-uję) zaubern, hexen; ⟨o-, za-⟩ verzaubern, behexen; ~nica f (-y; -e) Hexe f; ~nik m (-a; -cy) Zauberer m; Medizinmann m; ~ny Zauber-, zauberhaft.

czart m (-a, D -u/-rcie; -y/-ci) Teufel m; vgl. diabeł.

czarter m (-a; -y) Charter m; ~ować ⟨za-⟩ (-uję) chartern.

czar|ujący [-'jon-] (-co) bezaubernd; ~y s. czar.

czas m (-u; -y) Zeit f (na A/für); Uhrzeit f; (a. ~ trwania) Dauer f; ~ gry, ochronny, roboczy, miejscowy Spiel-, Schon-, Arbeits-, Ortszeit; ~ przeszły Gr. Präteritum n; ~ przyszły Gr. Futur n; ~ teraźniejszy Gr. Präsens n; brak ~u Zeitmangel m; co jakiś (od. pewien) ~, od ~u do ~u von Zeit zu Zeit, hin und wieder; do (pewnego) ~u e-e gewisse Zeit, e-e Zeit lang, so lange; na ~, w ~ (recht)zeitig, beizeiten; na ~ie zeitgemäß, aktuell; od ~u (jak) seit; od tego ~u ≈ebd-e zu spät; przed ~em verfrüht, vorzeitig; w ~ie (G) während, in der Zeit; w krótkim ~ie in Kürze, bald; w swoim ~ie, swego ~u seinerzeit; w sam ~ (gerade) zur richtigen Zeit; z ~em, z biegiem ~u mit der Zeit; z ~ów aus der Zeit; za ~ów ... zu Zeit(en) ...; ~ami, ~em zuweilen, bisweilen, von Zeit zu Zeit.

czaso|chłonny zeitraubend; zeitintensiv; ~kres m Zeitabschnitt m, -raum m; ~pismo n Zeitschrift f; ~wnik m (-a; -i) Gr. Zeitwort n, Verb n; Tech. Zeitrelais n; ~wnikowy Gr. Verb-, (a. -wo) verbal; ~wy Zeit-, zeitlich; (a. -wo) einstweilig.

czasz|a f (-y; -e) Schale f, Schüssel f; ~ka f (-i; G -szek) Anat. Schädel m; s. trupi; ~kowy Schädel-.

czat|ować ⟨-uję⟩ lauern; auflauern (na A/D); ~y s. ( ) Wach-, Horch posten m; JSpr. Ansitz m; stać na ~ach auf der Lauer liegen; F a. Schmiere stehen.

cząber ['tʃom-] m (-bra; -bry) Bohnen-, Pfefferkraut n.

cząsteczk|a f (-i; G -czek) Teilchen n; Phys. Molekül n; ~a pyłu Stäubchen n; ~owy molekular.

cząstk|a f (-i; G -tek) Teilchen n, Partikel f (a. Gr.); kleiner Teil; Phys. a. Korpuskel n; ~owy (-wo) teilweise, partiell.

czci s. cześć; ~ciel ['tʃtɕi-] m (-a; -e) Verehrer m; (Sonnen-)Anbeter m; ~ć (L.) verehren; anbeten; ⟨u-⟩ ehren; ~godność f (0) Ehrwürdigkeit f; ~godny ehrwürdig.

czcionk|a f (-i; G -nek) Letter f, Type f; ~i pl. a. Schrift f (Typ.).

czcz|ą, ~ę s. czcić; ~o s. czczy; na ~o auf nüchternen (od. mit nüchternem) Magen; ~ość f (-ści; 0) fig. Nichtigkeit f; ~y [tʃtʃi] (-czo) Magen: nüchtern; leer; fig. eitel, nichtig.

Czech m (-a; -si) Tscheche m; 2osłowacki tschechoslowakisch.

czeczotka f (-i; G -tek) Zo. Birkenzeisig m; Bot. karelische Birke.

czeczuga f (-i) Sterlet(t) m.

czego D, A v. co.

czek m (-u; -i) (przelewowy, na okaziciela, podróżniczy od. turystyczny Verrechnungs-, Inhaber- od. Überbringer-, Reise-)Scheck m.

czeka|ć ⟨po-, za-⟩ (-am) warten (z I/mit); (G, na A) erwarten (A); (nur impf., 3. Pers.) a. bevorstehen, drohen; tylko (od. rychło) ~ć jeden Moment; vgl. oczekiwać.

czekan m (-a; -y) Streithammer m; Eispickel m.

czekanie n (-a; 0) Warten n.

czekolad|a f (-y) Schokolade f; ~ka f (-i; G -dek) Schokoladenbonbon m od. n; ~owy Schokoladen-; (-wo) schokoladenfarben.

czekowy Scheck-; obrót ~ Scheckverkehr m.

czeladn|a f (-nej; -ne) Gesindestube f; ~iczy Gesellen-; świadectwo -cze Gesellenbrief m; ~ik m (-a; -cy) (Handwerks-)Geselle m.

czeladź f (-dzi; 0) Gesinde n.

czel|e s. czoło; ~ność f (-ści; 0) Vermessenheit f, Frechheit f; ~ny vermessen, frech; s. bezczelny.

czeluś|ć f (-ści, -śie) Anat. Rachen m; fig. Schlund m, Abgrund m.

czemu D v. co; s. dlaczego; po ~ wie teuer.

czep|eczek m (-czka; -czki) Häubchen n, Käppchen n; **~ek** m (-pka; -pki) Haube f; (Bade-)Kappe f; urodzony w ~ku Glücks-, Sonntagskind n.

czepi|ać się ['tʃe-] (-am), ⟨(u)czepić się⟩ (-ę) (sich) hängen, (an)klammern (G/an A); F (G) j-n anrempeln (fig.), stänkern; bekritteln (A), mäkeln (an D); **~ec** m (-pca; -pce) Haube f; Zo. Netzmagen m; **~ga** f (-i) Pflugsterz m.

czereda F f (-y) Horde f, Haufen m; (Kinder-)Schar f.

czeremucha f (-y) Ahlkirsche f, Faulbeerbaum m.

czerep m (-u; -y) (Ton-)Scherbe f; P a. Schädel m. [(a. Baum).]

czereśnia f (-i; -e, -i) Süßkirsche f)

czerni|ca f (-y; -e) Zo. Reiherente f; s. borówka; **~ć** ⟨po-⟩ (-ę, -ń/-nij/) schwarz machen od. anmalen, streichen, schwärzen; **~ć się** s. czernieć; **~dło** n (-a; G -del) Schwärze f; **~ec** ['tʃer-] (-ńca) schwarz (durch)schimmern; ⟨po-⟩ schwarz werden; **~na** f (-y) Kochk. Schwarzsauer n.

czerń f (-ni; 0) Schwärze f, Schwarz n; fig. Mob m, Pöbel m; **~ uranowa** Uranpecherz n.

czerpa|czka f (-i; G -czek) Schöpfer m, Kelle f; **~ć** (-ię) schöpfen (a. fig.); Profit ziehen; Tech. a. schaufeln, baggern; **~k** m (-a; -i) Baggerlöffel m, -eimer m; Schöpfbecher m; **~rka** f (-i; G -rek) (z kołem czerpakowym Schaufelrad-) Bagger m.

czerstw|ieć ['tʃer-] ⟨s-⟩ (-eję) Brot: hart werden; **~y** (-wo) Brot: altbacken, hart; fig. rüstig, frisch; Herz: hart.

czerw m (-wia; -wie, -wi) Made f; Madenwurm m; koll. (Bienen-)Brut f; **~** drzewny Holzwurm m; **~cowy** Juni-; **~iec** m (-wca; -wce) Juni m; Zo. **~ce** pl. Schildläuse f/pl.

czerwie|nić się ⟨za-⟩ (-ę) rot werden, sich röten; a. = **~nieć** [-'ye-] (-eję) rot schimmern; **~niej** s. czerwony; **~ń** ['tʃer-] f (-ni; 0) Röte f, Rot n; (Holz-)Rotkern m; KSp. Herz n; **~ń** żelazowa Eisenmennige f; **~ńszy** Komp. v. czerwony.

czerw|ionka f (-'yɔn-) f (-i; G -nek) Zo. Rotfeder f; **~liwość** f (-ści; 0) Käferfraß m.

czerwon|ak m (-a; -i) Flamingo m; **~awy** (-wo) rötlich; **~iutki** F (-ko) schön (od. ganz) rot; **~ka** f (-i; 0) (pełzakowa Amöben-)Ruhr f; **~o-** in Zssgn rot-, Rot-.

czerwono|armista m (-y, -ści, -ów) Rotarmist m; **~skóry** rothäutig; Su. m (-ego; -rzy) Rothaut f.

czerwon|ość f (-ści; 0) Röte f; **~y** (Komp. -wieńszy; -no, Komp. -wieniej) rot; **~y** jak burak od. piwonia puterrot; na **~o** (in) rot.

czesa|ć (-szę) ⟨u-⟩ kämmen (się sich); (nur impf.) striegeln; Wolle a. krempeln; Flachs hecheln; **~lnia** [-'sal-] f (-i; -e, -i) (Woll-)Kämmerei f; **~lnia** lnu Flachshechelei f; **~nka** f (-i; G -nek) s. wełna; **~rka** f (-i; G -rek) (Kammwoll-)Krempel f; Flachshechel f.

czeski Böhmen-, (a. po -ku) böhmisch, tschechisch.

czesne n (-ego; 0) Schul-, Kolleggeld n.

Czeszka f (-i; G -szek) Tschechin f.

cześć f (czci, czcią; 0) Ehre f; głęboka **~** Ehrfurcht f; na **~**, ku czci (G) zu Ehren; zum Andenken (an A); otaczać czcią in Ehren halten, ehren; F **~!** Servus!, Tag!; Tschüß!

cześnik m (-a; -cy) hist. Mundschenk m.

często (Komp. -ściej) Adv. oft, des öfteren; F **~** gęsto ziemlich oft; **~chowski** aus Tschenstochau; rymy -kie Knüttel-, Knittelverse m/pl.; **~kół** m Pfahlzaun m; **~kroć** Adv. häufig, oftmals; **~ść** f (-ści; -ście) Frequenz f; Häufigkeit f.

częst|ować ⟨po-⟩ (-uję) (I) bewirten (mit), anbieten (A); **~unek** m s. poczęstunek.

częsty (Komp. -tszy) häufig; s. często.

częś|ciowy Teil-; (-wo) teilweise; **~ć** f (-ści) (składowa, świata, większa, zamienna Bestand-, Erd-, Groß-, Ersatz-)Teil m; (lwia Löwen-)Anteil m; po (od. w) **~ci** zum Teil; vgl. trzeci usw.

czka|ć (-am), ⟨czknąć⟩ [tʃknɔntɕ] (-nę) Schlucken haben; P a. rülpsen; **~wka** f (-i; G -wek) Schluckauf m.

człapa|ć ⟨po-⟩ (-ię) schlürfen, latschen; **~ki** m/pl. (-ów) Latschen m/pl.

człe|czyna F m (-y; -y, -yn[ów]

Männlein n, **Menschlein** n; armer Teufel; **~k** F m (-a, -u/-owi, -u/ czlecze!; 0) Mensch m, Mann m; **~kokształtny**: mały -ne Menschenaffen m/pl.

człon m (-a/-u; -y) Element n, Glied n, (Bau-)Teil n; Strang m e-r Rohrleitung; (Raketen-)Stufe f; **~ek** m (-nka; -nki) Glied n, pl. a. Gliedmaßen; (pl. -owie), **~kini** f (-i, -ni!) (partii, załogi Partei-, Belegschafts- od. Besatzungs-)Mitglied n; państwo-**~ek**, kraj-**~ek** Mitglied(s)staat m, -land n; **~ek** rodu Stammesbruder m; **~kostwo** n (-a) Mitgliedschaft f; **~kować** (-uję) s. rozczłonkowywać; **~kowany** gliederig, gegliedert; **~kowski** Mitglieds-, Mitglieder-; **~kowy** Glied(er)-; **~owce** pl. (-ów) Gliedertiere n/pl.

człowie|czek m (-czka; -czki) Menschlein n; **~czeństwo** [-'tʃeĩs-] n (-a; 0) Menschlichkeit f; **~czy** menschlich, Menschen-; **~czyna** F m (-y) s. człeczyna; **~k** m (-a; ludzie) Mensch m; † Diener m (unpers.) man; **~k** interesu Geschäftsmann m; **~młody ~k** junger Mann; mój **~ku** mein Lieber; **~ku!** od. **~cze!** Mensch(enskind)!

czmych|ać (-am), **~nąć** [-nõŋtɕ] (-nę) huschen; F verduften, e-e Fliege machen.

czochrać (-am) Flachs riffeln; ⟨a. roz-⟩ (zer)zausen.

czołg m (-u; -i) Panzer(kampfwagen) m; **~ać się** ⟨po-, przy-⟩ (-am) kriechen (a. fig.); robben; **~ista** m (-y; -ści, -ów) Panzersoldat m; **~owisko** n (-a) Panzerübungsplatz m; **~owy** Panzer-.

czoło n (-a, L czele; -a, czół) Stirn f; Stirnseite f, -fläche f; (Kolonnen-) Spitze f; (Gewitter-)Front f; **~em!** Servus!, Hallo!; bić (od. paść) **~em** sich tief verneigen; stawić **~** die Stirn bieten; na czele an der Spitze f; **~bitność** f Unterwürfigkeit f; **~bitny** unterwürfig; **~wy** Stirn-; fig. Spitzen-, führend; Haupt-; Mil. frontal.

czołówka f (-i; G -wek) Spitze(n-gruppe) f; Avantgarde f (fig.); Leitartikel m, F Aufmacher m.

czop m (-a/-u; -y) Zapfen m; Spund m; **~ek** m (-pka; -pki) Stöpsel m, Propfen m; Med. Zäpfchen n; Anat. Zapfenzelle f; **~nica** f

(-y; -e) Zinkensäge f; **~ować** ⟨za-⟩ (-uję) verzapfen; **~ownica** f (-y; -e) s. czopnica; **~owy** Zapfen-; Spund-; **~uch** m (-a; -y) Fuchs m, Feuerzug m.

czosn|aczek m (-czka; -czki) Lauchkraut n; **~ek** m (-nku; -nki) Knoblauch m; **~kowy** Knoblauch-.

czółenk|o n (-a; G -nek) Schiffchen n; Schützen m; **~a** pl. Pumps m/pl.

czółko n (-a; G -lek) (Kinder-)Stirn f; Stirnband n.

czółno n (-a; G -len) Kahn m, Nachen m.

czterdzie|stka f (-i; G -tek) Vierzig f; **~stoletni** vierzigjährig; **~sty** vierzigste(r); -ta **~ste** vierziger Jahre; **~ści(oro)** vierzig.

cztere|ch Psf. vier; **~chsetny** vierhundertste(r); **~j** Psf. vier.

czterna|stka f (-i; G -tek) Vierzehn f; **~stodniowy** vierzehntägig; **~stolatek** m (-tka; -tki) Vierzehnjährige(r); **~sty** vierzehnte(r); **~sta** (godzina) vierzehn Uhr; **~ście, ~ścioro** vierzehn.

cztero|- In Zssgn vier-, Vier-; tetr(a)-, Tetr(a)-; **~barwny** vierfarbig; Typ. Vierfarben-; **~klasowy** vierklassig; **~kołowy** vierrädrig; **~krotny** viermalig, -fach; **~latek** m (-tka; -tki) Vierjährige(r); **~letni** vierjährig; **~listny** vierblättrig; **~masztowiec** m (-wca; -wce) Viermaster m; **~miejscowy** viersitzig; **~miesięczny** viermonatig; **~mocarstwowy** Viermächte-; **~osobowy** für (od. bestehend aus) vier Personen, Vierpersonen-; viersitzig; **~piętrowy** vierstöckig; **~procentowy** vierprozentig; **~silnikowy** viermotorig; **~stronny** vierseitig; Kfz. Viertakt-; **~ścieżkowy** Tonband: Vierspur-, vierspurig; **~tlenek** m Tetroxyd n; **~tomowy** vierbändig; **~wartościowy** vierwertig, tetravalent; **~wiersz** m Vierzeiler m; **~zgłoskowy** viersilbig; **~żyłowy** El. vieradrig.

cztery vier; na **~** ręce vierhändig; **~kroć** ['tʃte-] viermal; **~sta** ['tʃte-], **~stu** Psf. vierhundert.

czub m (-a; -y) (Haar-)Schopf m; (Feder-)Haube f; z **~em** gehäuft voll, mit Berg; F brać się za **~y** aneinander geraten, raufen; mieć w **~ie** e-n in der Krone haben.

czubajka f (-i; G -jek): ~ kania Parasolpilz m.

czubat|ka f (-i; G -tek) Henne f mit e-r Haube, Haubenhenne f; **~y** Vogel: mit e-r (Feder-)Haube, Hauben-; fig. (Adv. -to) gehäuft.

czub|ek m (-bka; -bki) s. czub; (Nasen-, Schuh-)Spitze f; Wipfel m; **~ek głowy** Scheitel m; na **~kach** palców auf den Zehenspitzen; **~ić się** <po-> (-ę) (sich) raufen, sich in die Haare geraten.

czuci|e ['t∫u-] f (-a; 0) Gefühl n; bez **~a** leblos, bewußtlos; **~owy** Empfindungs-, (-wo) sensorisch.

czuć <po-, u-> (-ję) fühlen (się sich; I/als); empfinden; (ver)spüren; wittern, riechen; (nur Inf.) man riecht (A), es (er, sie) riecht (I/ nach).

czuj|ka f (-i; G -jek) (Feld-)Wache f, (Horch-)Posten m; **~ka** pożarowa Feuerwarngerät n; **~nik** m (-a; -i) (Meßwert-)Geber m, (Meß-)Fühler m, Sonde f; **~ność** f (-ści; 0) Wachsamkeit f; **~ny** wachsam; Schlaf: leise.

czul|e Adv. s. czuły; **~ić się** (-lę) sich anschmiegen (do G/an A).

czułek m (-łka; -łki) Bot. Schamhafte Mimose f; Zo. Fühler m.

czułostk|a f (-i; G -tek) (übertriebene) Zärtlichkeit f; pl. a. F Gehätschel n, Gekose n; **~owość** f (-ści; 0) Empfindsamkeit f, F Gefühlsduselei f; **~owy** (-wo) empfindsam, sentimental.

czuł|ość f (-ści; 0) Empfindlichkeit f; Schärfe f des Gehörs; Zartgefühl n; (pl. -ści) Zärtlichkeit f; **~y** (-le) empfindlich (na A/ für); Gehör: fein; fig. zart-, mitfühlend; zärtlich, liebevoll; **~y na światło** lichtempfindlich.

czu|piradło F n (-a; G -del) Vogelscheuche f (fig.); **~pryna** f (-y) Haarschopf m; **~purny** streitsüchtig, aggressiv.

czuwa|ć (-am) wachen; überwachen (nad I/A); **~nie** n (-a; 0) Wachen n; (Kranken-)Wache f.

czwart|ak m (-a; -i) (Kompaß-) Strich m; F a. vierte(r) Stock; Schüler m der vierten Klasse; **~ek** m (-tku; -tki) Donnerstag m; Wielki **~ek** Gründonnerstag m; **~owy** Donnerstags-; **~orzęd** [-ʒent, -endu] m (-u; 0) Geol. Quartär n; **~y** vierte(r);

po **~e** viertens; **~a** (godzina) vier Uhr; (jedna) **~a** (ein) Viertel n.

czwora|czki pl. (-ów) Vierlinge m/pl.; **~ki**[1] pl. (-ów) Gesindehaus n; Adv. na **~kach** auf allen vieren; **~ki**[2] Num. viererlei; **~ko** auf viererlei Weise.

czworo vier; we **~** zu viert; vierfach (falten usw.); **~boczny** vierseitig, -eckig; **~bok** m Karree n; a. = **~kąt** m Viereck n; **~kątny** tetragonal, viereckig; Vierkant-; **~mian** [-mjan] m (-u; -y) Math. Quadrinom n; **~nożny** vierbeinig; **~nóg** m (-oga; -ogi, -ów) Vierbeiner m; **~ścian** [-'ɕtɕan] m vierreihig; **~ścian** [-'ɕtɕan] m (-u; -y) Math. Tetraeder n.

czwór|bój m Sp. Vierkampf m; **~ka** f (-i; G -rek) Vier f; Viererzug m; Sp. Vierer(boot n) m; we **~kę** zu viert; **~kami** in Viererreihen; **~nasób** vierfach; vervierfacht; **~nik** m (-a; -i) Kreuz(stück) n; Vierwegstück n; El. Vierpol m.

czy ob; oder; in Fragen mst unübersetzt: ~ to prawda? ist das wahr?; ~ aby ... ob ... wohl.

czyhać (-am) auflauern (na A/D); es abgesehen haben (auf A); Gelegenheit abpassen.

czyj, **~a**, **~e** wessen; jemandes ~ **bądź**, **~kolwiek** (bądź) wessen auch immer; **~ś** irgend jemandes.

czyli das heißt, oder; ~ że also, folglich; ż s. czy.

czym I v. co; womit; ~ ... tym je ... desto; ~ prędzej so schnell (od. rasch) wie möglich.

czyn m (-u; -y) (bohaterski, zbrodniczy Helden-, Straf-)Tat f; Werk n; Akt m; ~ pierwszomajowy zusätzliche Produktionssteigerung zu Ehren des 1. Mai; ~ społeczny freiwilliger Arbeitseinsatz; **człowiek** ~u Tatmensch m.   [n/pl.]

czynele m/pl. (-i/-ów) Mus. Becken\
czynić <u-> (-ę, -ń!) tun, machen; handeln; bereiten; Wunder vollbringen; Gewalt antun; Ehre erweisen; Opfer (dar)bringen; Gerechtigkeit widerfahren lassen; Summe: betragen, ausmachen.

czynieni|e [-'nɛnɛ] n (-a; 0): mieć do **~a** (es) zu tun (od. schaffen) haben (z I/mit).

czyn|nie Adv. s. czynny; **~nik** m (-a; -i) Faktor m; Kraft f; Chem. Agens n; (mst pl.) (Regierungs-)

Stelle f, Organ n; **~nościowy** funktionell; **~ność** f (-ści) Tätigkeit f; Handlung f; engS. Funktion f; Arbeit f; Verrichtung f, Operation f, Arbeitsgang m; **~ny** aktiv; tätig; in Betrieb; tätlich; strona **~na** Gr. Aktiv n; ciało **~ne**, substancja **~na** Wirkstoff m.

czynsz m (-u; 0) (Miet-, Pacht-) Zins m; **~owy** Zins-, Miets-.

czyrak m (-a; -i) Furunkel m.

czyst|y adj. (-a; -i), **~ek** m (-tka; -tki) Zistrose f; **~ka** F f (-i; G -tek) Pol. Säuberung(saktion) f; **~o** (Komp. -ściej) s. czysty; **~opis** m (-u; -y) Reinschrift f; **~ość** f (-ści; 0) Reinheit f; Sauberkeit f; **~y** (Komp. -ściejszy; -to) rein, Rein-; sauber; pur; Netto-; Himmel: klar; Feld: offen, frei; na **~o** ins reine; netto; do **~a** gänzlich, völlig; od krwi reinblütig, -rassig; Su. **~a** F f (-ej; 0) Klare(r);

czyszcz|ący [-'tʃɔn-] Reinigungs-, (-co) reinigend; Med. abführend; **~enie** n (-a) Reinigung f, Säuberung f; Putzen n.

czyści|but m Schuhputzer m; **~ciel** [-'tɕitɕel] m (-a; -e) Reiniger m, Putzer m; s. hycel; **~ć** ⟨o-, wy-⟩ (-szczę) reinigen, säubern; putzen; **~ć** szczotką bürsten; **~ec** ['tʃi-] m (-śćca; 0) Fegefeuer n; (pl. -śćce) Bot. Ziest m; **~ej**(szy) s. czysty; **~ocha** F f (-y) ‚Frau Saubermann'; a. = **~ucha** P f (-y) Klare(r); **~uchny** F, **~ut**(eń)**ki** F (-a(o); piek)sauber; **~wo** n (-a) Putzwolle f.

czyśćcowy Fegefeuer-.

czyta|ć (-am) ⟨prze- durch⟩lesen; **~ć** głośno laut (vor)lesen; **~nie** n (-a) (Vor-)Lesen n; Lesung f; **~nka** f (-i; G -nek) Lesebuch n.

czyteln|ia [-'tɛl-] f (-i; -e, -i) Lesehalle f, -raum m; Leihbücherei f; **~iczka** f (-i; G -czek), **~ik** m (-a; -cy) Leser(in f) m; **~iczy** Leser-; **~y** leserlich, (gut) lesbar.

czyt|nik m (-a; -i) (Mikrofilm-) Lesegerät n; **~ywać** (-uję) oft (od. ab und zu) lesen, zu lesen pflegen.

czyż[1] s. czy; **~by** ob wohl, ob denn.

czyż[2] m (-a; -e, -ów), **~yk** m (-a; -i) Zo. Zeisig m.

Ć

ćma f (ćmy; G ciem) Zo. Nachtfalter m; engS. Schwärmer m; F fig. Strichmädchen n; † a. Finsternis f; F Riesenmenge f.

ćmić ⟨za-⟩ (-ę, ćmij!) paffen, schmauchen; (nur 3. Pers.) flimmern; dunkel werden; (nur impf., a. się) trübe brennen od. leuchten.

ćwiart|ka f (-i; G -tek) Viertel n; F a. Viertelliter n od. m; **~ka** koła Quadrant m; **~kowy** Viertel-; Quart-; **~ować** ⟨po-⟩ (-uję) verteilen; Fleisch zerhacken, -legen; zerstückeln.

ćwicze|bny Übungs-, Schulungs-, Trainings-; **~nie** n (-a) Übung f; (Übungs-, Schul-)Aufgabe f; Mil. Exerzieren n; Mus. Übungsstück n; **~nia** pl. a. Praktikum n; ~nia polowe Manöver n/pl.; **~nia** wolne od. bez przyrządów Freiübungen f/pl.

ćwiczyć (-ę) ⟨wy-⟩ trainieren, (ein)üben (z I/mit; w L/A); abrichten;

exerzieren; ~ się (sich) üben, trainieren (v/i); ⟨o-⟩ züchtigen.

ćwiecz|ek m (-czka; -czki) Stift m, kleiner Nagel; za króla **Ć**ka vor undenklichen Zeiten.

ćwiek [tɕvɛk] m (-a; -i) Nagel m; F on ma **~a** w głowie er hat e-n Fimmel; zabić **~a** w głowę (D) j-m e-n Floh ins Ohr setzen.

ćwier|ć [tɕvɛrtɕ] f (-ci) Viertel n; na **~ci** in Stücke; F trzy **~ci** do śmierci mehr tot als lebendig.

ćwierć|finałowy Viertelfinale-, **~kilowy** Viertelkilo-; **~litrowy** Viertelliter-; **~nuta** f Viertelnote f; **~wiecze** n (-a) Vierteljahrhundert n.

ćwierk|ać (-am), ⟨~nąć⟩ [-nɔntɕ] (-nę) (t)schilpen; zirpen; **~anie** n (-a) Schilpen n; Zirpen n.

ćwikł m (-u, -i), stary ~ alter Hase (fig.); zdrów jak ~ kerngesund; **~a** f (-y; G -kieł) Kochk. eingemachte rote Beete, Rote-Rüben-Salat m; **~owy** Rote-Rüben-.

D

da s. dawać.
dach m (-u; -y) Dach n; ~ nad głową Obdach n; Heim n; bez ~u nad głową obdachlos, **~arz** m (-a; -e) Dachdecker m; **~owy** Dach-.
dachów|czarka f (-i; G -rek) Dachziegelpresse f; **~ka** f (-i; G -wek) Dachziegel m; **~ka** holenderska Dachpfanne f; **~kowy** Dachziegel-, Dachstein-.
dać (się) pf. s. dawać.
daj s. dawać.
daktyl m (-a; -e) Dattel f; Daktylus m (Versmaß); **~owiec** [-'lɔ-] m (-wca; -wce) Dattelpalme f.
dal f (-i; -e) Ferne f, Weite f; w ~ in die Ferne; w ~i in der Ferne; s. skok.
dalece Adv.: jak ~ (in)wieweit, -fern; tak ~ dermaßen, derart, so (sehr).
dalej weiter, ferner; fort-; nie ~ jak rok temu es ist kaum ein Jahr her; ~! vorwärts!
dalek|i (-ko) weit, fern; Weit-, Fern-; entfernt; entlegen; z ~a aus der Ferne; von weitem; ~o (+ Komp.) bei weitem viel; ~o lepiej, więcej viel besser, mehr; ~o nie bei weitem nicht; ~o idący od. posunięty weitreichend (fig.), weitgesteckt; do tego jeszcze ~o das liegt noch in weiter Ferne; jak ~o wie weit; soweit.
daleko|bieżny Esb. Fern-; **~morski** Hochsee-; hochseetüchtig; **~nośność** f Reich-, Schußweite f; **~nośny** weittragend, Fern-; **~pis** m (-u; -y) Fernschreiber m; Fernschreiben n, Telex n; **~siężny** weitreichend; Fern-; ruch ~ny automatyczny Selbstwählfernverkehr m; **~ść** f (-ści; -ście) Entfernung f; **~widz** m (-a) Weitsichtige(r).
dalekowzroczn|ość f (-ści; 0) Weitsichtigkeit f; **~y** weitsichtig.
dalia ['da-] f (G, D, L -ii; -e) Dahlie f.
dalibóg! † Int. bei Gott!, wahr-
dalma|cki, ~tyński [-'tɨs-] dalmat(in)isch.
dalmierz m (-a; -e) Entfernungsmesser m.
dalsz|y weiter, ferner; Weiter-, Fort-, Nach-; **~e** trwanie Fortdauer f; **~y** rozwój Weiter-, Fortentwicklung f; **~y** plan Hintergrund m; s. ciąg.
dam s. dawać.
dama f (-y) Dame f; ~ do towarzystwa Gesellschafterin f.
damasceński [-'stseĭs-] Damaszener-.
dam|ka f (-i; G -mek) Dame f (im Brettspiel); F a. Damen(fahr)rad n; **~ski** Damen-, Frauen-.
dan(e)¹ s. dawać, dany.
dan|e² pl. (-ych) Angaben f/pl.; Daten pl., Werte m/pl.; mieć wszelkie ~e po temu, aby ... alle Voraussetzungen dafür erfüllen, um ...; opracowywanie ~ych Datenverarbeitung f.
danie¹ ['da-] n (-a; G -ń) Kochk. Gang m, Gericht n.
danie² ['da-] n (-a; 0) Geben n; (Hilfe-)Leistung f.
daniel ['da-] m (-a; -e, -i) Damhirsch m; ~e pl. a. Damwild n.
danin|a f (-y) Abgabe f; Tribut m; złożyć ~ę Tribut zollen.
dannik m (-a; -cy) hist. Tributpflichtige(r).
dansing ['däs-] m (-u; -i) Tanz m; Tanzlokal n.
dany gegeben; fraglich, in Frage kommend; w ~m razie in diesem Fall.
dań f (-ni; -nie, -ni) hist. s. danina; lit. s. dar.
dar m (-u; -y) Gabe f; w darze als Geschenk; ~ słowa Rednergabe; ~y ziemi od. natury Bodenschätze m/pl.
darcie ['dar-] n (-a) Reißen n (a. F Med.).
daremn|ość f (-ści; 0) Vergeblichkeit f; **~y** vergeblich, müßig, F witzlos.
darł, ~am, ~em s. drzeć.
darmo Adv. umsonst; eng S. gratis; vergebens; niczego nie dawać za ~ nichts zu verschenken haben; za

pół ~ halb geschenkt; **~cha** P f (-y): na (od. za) ~chę umsonst, gratis; ~wy kostenlos; bilet ~wy Freikarte f; **~zjad** m (-a; -y) Nassauer m, unnützer Esser.

darni|na f (-y; 0) Rasen(sode f) m; ~owy Rasen-; **~ówka** f (-i; G -wek) Kleinwühlmaus f; **~sty** (-ście) voller Graswurzeln.

darń f (-ni; 0) s. darnina.

darow|ać (im)pf. (-uję) ⟨a. po-⟩ schenken; Strafe erlassen; verzeihen; ~ać sobie sich ersparen (fig.); ~ jemu a. = ~anie kary Straferlaß m; **~izna** f (-y) Schenkung f; akt ~izny Schenkungsurkunde f.

darty gerissen, Riß-; Federn: geschlissen, geschlißt.

darzyć ⟨ob-⟩ (-ę) schenken (k-o I/j-m A); ~ względami s-e Gunst gewähren; ~ zainteresowaniem Interesse zeigen (für); ~ się glücken, geraten.

dasz s. dawać.

daszek m (-szka; -szki) Spritz-, Schutzblech n, Schild m; (Mützen-) Schirm m; Vordach m; Gr. Zirkumflex m.

dat|a f (-y) Datum n; Tag m, Frist f; dawnej (od. starej) ~y alten Schlages; bez ~y undatiert; F pod dobrą ~ą beschwipst, angetrunken.

datek m (-tku; -tki) (milde) Gabe; Spende f.

datow|ać (-uję) datieren (się sich); ~ać wstecz zurückdatieren; **~nik** m (-a; -i) Datierapparat m; Datumstempel m; ~nik specjalny (Post-) Sonderstempel m.

dawać ⟨-ję⟩ ⟨dać⟩ ⟨dam, dadzą⟩ geben; ab-, hergeben; lassen; Beweis liefern; Gelegenheit bieten; Gewinn abwerfen; Unterricht, Auskunft usw. erteilen; Leben schenken; Ausdruck verleihen; Schatten spenden; ~ ognia Mil. feuern; ~ do naprawy reparieren lassen; ~ do zrozumienia zu verstehen geben; ~ (s)pokój in Ruhe lassen (D/A); sich zufriedengeben (D/mit); nie ~ a. nicht gönnen; daje się es läßt sich, man kann; ~ się słyszeć zu hören sein, co się da was nur (irgendwie) möglich ist; gdzie się da irgendwo(hin); jak się da wenn es möglich ist, wenn es sich läßt; irgendwie; nie ~ się sich nicht unterkriegen lassen; dajmy na to gesetzt den Fall, angenommen (daß); nie dane jest (było) es ist (war) nicht gegeben (vergönnt).

daw|anie n (-a; 0) s. danie²; **~ca** m (-y; G -ów), **~czyni** f (-i; -e) Geber(in f) m, Spender(in f) m.

dawien ['da-] s. dawno.

dawk|a f (-i; G -wek) Dosis f, Gabe f; **~ować** (-uję) dosieren; **~owanie** n (-a) Dosierung f; **~ownik** m (-a; -i) Dosierapparat m; ~ownik czasu Zeitschalter m.

dawno Adv. (schon) lange, längst; od (od. z) dawien ~a seit undenklichen Zeiten; von alters her; od ~a seit langem; po ~emu wie eh und je; wszystko po ~emu alles beim alten; **~y** Beamter: ehemalig, früher; Sitte, Freund: alt; z ~ych lat von damals.

dąb [domp, 'dembu] m (dębu; dęby) Eiche f; jak ~ baumstark; F dać dęba Reißaus nehmen; stanąć dęba od. dębem sich (auf)bäumen; Haare: zu Berge stehen, sich sträuben; **~czak** m (-a; -i), **~ek** m (-bka; -bki) junge Eiche; **~rowa** f (-y; G -ów) Eichenwald m; **~rowszczak** F m (-a; -cy) Soldat m der Dombrowski-Brigade. [wehen.]

dąć [dońtś] (dmę) blasen; Wind a.:]

dąs|ać się (-am) schmollen (na A/ mit); F e-n Flunsch ziehen; **~y** pl. (-ów) Schmollen n; (schlechte) Laune; stroić ~y in der Schmollecke sitzen.

dąż|enie n (-a) Streben n, Trachten n (do G/ nach); Verfolgen n e-s Ziels; ~enie do mocy Machtstreben; a. = **~ność** f (-ści) Bestrebungen f/pl., Bemühen n; Tendenz f; **~yć** (-ę) ⟨po-⟩ eilen; (nur impf., do G) streben, trachten (nach); anstreben, verfolgen (A); sich bemühen (zu + Inf.).

dba|ć ⟨za-⟩ (-am) (o A) sorgen (für A), sich kümmern (um A); nie ~m o to ich mache mir nichts daraus; **~le** Adv. s. dbały; **~łość** f (-ści; 0) Sorgfalt f; Sorge f um et.; **~ły** (-le) sorgsam, sorgfältig; fürsorglich; besorgt (um).

dobat|a f (-y) Debatte f; **~ować** (-uję) debattieren.

debel m (-bla; -ble) Kontra n (im Bridge); Sp. (Tennis-)Doppel n; Doppelzweier m (Boot).

debetow|ać (*-uję*) debitieren, belasten; **~y** Debet-, Soll-.

debil *m* (*-a*; *-e*) Schwachsinnige(r); (*Schimpfwort*) Schwachkopf *m*, Idiot *m*; **~izm** *m* (*-u*; *0*) Debilität *f*.

debiut ['dɛ-] *m* (*-u*; *-y*) Debüt *n*; **~ować** ⟨za-⟩ (*-uję*) debütieren.

debl *m* (*-a*; *-e*) *s.* debel.

decentralizować ⟨z-⟩ dezentralisieren.

dech *m* (*tchu, tchowi, dech, tchem, tchu; 0*) Atem(zug) *m*; brak mi tchu ich bekomme keine Luft; bez tchu außer Atem; atemlos; co (*od. ile*) tchu so schnell wie möglich laufen; jednym tchem in einem Atem(zug); zataić (*od. zatamować*) **~** den Atem anhalten.

dech|a *f* (*-y*): P w **~ę** prima, dufte; V pijany w **~ę** stockbesoffen.

decy- *in Zssgn* dezi-, Dezi-.

decydować (*-uję*) ⟨z-, za-⟩ entscheiden, beschließen (o I/über A, zu + Inf.); **~** się ⟨z-⟩ sich entscheiden, sich entschließen.

decy|dujący [-'jɔn-] (*-co*) entscheidend; maßgebend; **~zja** *f* (*-i; -e*) Entscheidung *f*, Entschluß *m*.

dedyk|acja *f* (*-i; -e*) Widmung *f*; **~ować** ⟨za-⟩ (*-uję*) widmen, zueignen.

defekt *m* (*-u; -y*) Defekt *m*; engS. Fehler *m*; Störung *f*, Panne *f*; z **~em** fehlerhaft. [defensiv.\]

defensyw|a *f* (*-y*) Defensive *f*; **~ny**

defetysta *m* (*-y; -ści, -ów*) Defätist *m*; F Miesmacher *m*.

deficyt *m* (*-u; -y*) Defizit *n*; engS. Fehlbetrag *m*; Fehlbedarf *m*; **~owość** *f* (*-ści; 0*) Unrentabilität *f*; **~owy** (*-wo*) defizitär; unrentabel; Fehl-, Mangel-; towar **~owy** Mangelware *f*; przedsiębiorstwo **~owe** Zuschußbetrieb *m*.

defilad|a *f* (*-y*) Vorbeimarsch *m*, (*Truppen-*)Parade *f*; **~a** lotnicza Vorbeiflug *m*; **~owy** Parade-.

defilować ⟨prze-⟩ (*-uję*) vorbeimarschieren; im Formationsflug vorbeifliegen.

defini|cja *f* (*-i; -e*) Definition *f*; **~ować** [-'ɲɔ-] ⟨z-⟩ (*-uję*) definieren; **~tywny** definitiv, endgültig.

de|flacja *f* (*-i; 0*) Deflation *f*; **~flektor** *m* (*-a; -y*) Kfz. Ausstellfenster *n*; **~formować** ⟨z-⟩ deformieren (*się* sich).

defraud|acja *f* (*-i; -e*) Unterschlagung *f*; **~ant** *m* (*-a; -ci*) Defraudant *m*, Betrüger *m*; **~ować** ⟨z-⟩ (*-uję*) veruntreuen, unterschlagen.

degener|acja *f* (*0*) Entartung *f*; **~ować** się ⟨z-⟩ (*-uję*) entarten.

degrad|acja *f* (*-i; -e*) Degradierung *f*; Med. (geistiger) Abbau; **~ować** ⟨z-⟩ (*-uję*) degradieren.

degustacja *f* (*-i; 0*) Kostprobe *f*, (Ver-)Kosten *n*.

deka¹ *f* (*-i*) Pferdedecke *f*; Mus. Decke *f*.

deka² F *n* (*unv.*) Dekagramm *n*; **~** *in Zssgn* Deka-, deka-; **~da** *f* (*-y*) Dekade *f*; **~dencki** (*-ko*) dekadent; **~gram** *m* *s.* deka²; **~litr** *m* Dekaliter *n* *od. m.*

de|kapitalizacja *f* (*-i; 0*) Kapitalschwund *m*; **~kartelizacja** *f* (*-i; 0*) Entflechtung *f* der Kartelle.

dekarz *m* (*-a; -e*) Dachdecker *m*.

dekla|macja *f* (*-i; -e*) Deklamation *f*; **~mator** *m* (*-a; -rzy*) Vortragskünstler *m*; *fig.* Phrasendrescher *m*; **~mować** ⟨wy-, za-⟩ (*-uję*) vortragen, deklamieren; **~racja** *f* (*-i; -e*) Deklaration *f*, Erklärung *f*; Hdl. a. (*Wert-, Inhalts-*)Angabe *f*; **~ratywny** deklarativ; -ne oświadczenie Lippenbekenntnis *n*; **~rować** ⟨za-⟩ erklären; angeben, deklarieren.

deklin|acja *f* (*-i; -e*) Deklination *f*; Phys. a. Mißweisung *f*; **~acyjny** Gr. Deklinations-.

deko|der *m* (*-a; -y*) Dechiffriergerät *n*, Entkoder *m*; **~dowanie** *n* (*-a*) Entschlüsselung *f*, Dechiffrierung *f*; **~lonizacja** *f* Entkolonisierung *f*.

dekolt *m* (*-u; -y*) Dekolleté *n*, (*Hals-*)Ausschnitt *m*; **~ować** się ⟨wy-⟩ (*-uję*) tief ausgeschnittene Kleider tragen; **~owany** dekolletiert, tief ausgeschnitten.

dekonspirować ⟨z-⟩ verraten, auffliegen lassen; Spion entlarven, enttarnen.

dekora|cja *f* (*-i; -e*) Dekoration *f*; engS. (*Bühnen-*)Ausstattung *f*; (*Ordens-*)Verleihung *f*; **~cyjny** dekorativ; Dekorations-; Ausstattungs-; **~tor** *m* (*-a; -rzy*) (*wystawowy* Schaufenster-)Dekorateur *m*; *s.* scenograf; **~torski** Dekorateur-.

dekorować ⟨u-⟩ (*-uję*) (aus-)schmücken; ausstatten; dekorieren, auszeichnen (*I*/mit).

dekow|ać F ⟨za-⟩ (-*uję*) *j-n* decken, verstecken; ~*ać się* sich drücken (*przed I*/vor *D*); **~nik** F *m* (-*a*; -*cy*) Drückeberger *m*.

dekret *m* (-*u*; -*y*) (*Regierungs*-)Verordnung *f*, Erlaß *m*; ~**ować** ⟨za-⟩ (-*uję*) anordnen, verfügen; dekretieren.

dekstryna *f* (-*y*) Dextrin *n*.

delega|cja *f* (-*i*; -*e*) Delegation *f*; Dienstreiseauftrag *m*; F *a.* Dienstreise *f*; **~t** *m* (-*a*; -*ci*), **~tka** *f* (-*i*; *G* -*tek*) Delegierte(r); Vertreter *m*, Beauftragte(r); **~tura** *f* (-*y*) Vertretung *f*, Mission *f*.

delegować ⟨wy-⟩ (-*uję*) delegieren, (ab)senden.

delektować się (-*uję*) sich ergötzen, gütlich tun (*I*/an *D*); genießen; auskosten (*I*/*A*).

delficki delphisch.

delfin[1] *m* (-*a*; -*y*) Delphin *m*; *Sp.* Schmetterlingsstil *m*.

delfin[2] *m* (-*a*; -*i*) Dauphin *m*.

delicje *f*/*pl.* (-*i*/-*cyj*) Leckereien *f*/*pl.*, Köstlichkeiten *f*/*pl.*

delikat|esy *pl.* (-*ów*) Delikatessen *f*/*pl.*; Delikateßgeschäft *n*; **~ność** *f* (-*ści*; 0) Zartheit *f*, Empfindlichkeit *f*; Zart-, Feingefühl *n*; **~ny** delikat; *engS.* zart, fein; zartfühlend; sanft; heikel; *Ware*: [Delta-⟩

delta *f* (-*y*) *Geogr.* Delta *n*; *in Zssgn*⟩

demarkacyjn|y: *linia* ~*a* Demarkationslinie *f*.

demaskować ⟨z-⟩ entlarven; *Mil.* enttarnen; ~ *się* sich verraten.

dementować ⟨z-⟩ (-*uję*) dementieren.

demilitaryzacja *f* (-*i*; 0) Entmilitarisierung *f*.

demobil *m* (-*u*; 0) ausrangiertes Kriegsgerät; **~izować** ⟨z-⟩ demobilisieren; entlassen.

demo|dernizacja *f Tech.* Veraltung *f*; **~graficzny** demographisch.

demokra|cja *f* (-*i*; -*e*) (*ludowa* Volks-)Demokratie *f*; **~ta** *m* (-*y*; -*ci*, -*ów*) Demokrat *m*; **~tyczny** demokratisch; **~tyzować** ⟨z-⟩ (-*uję*) demokratisieren.

demolować ⟨z-⟩ (-*uję*) demolieren, verwüsten.

demon *m* (-*a*; -*y*) Dämon *m*; **~iczny** dämonisch.

demonstr|acja *f* (-*i*; -*e*) Demonstration *f*; *engS.* Massenkundgebung *f*; **~acyjny** demonstrativ; **~ować** (-*uję*) demonstrieren; ⟨za-⟩ vorführen, zeigen.

demontować ⟨z-⟩ demontieren, zerlegen.

demoraliz|acja *f* (-*i*; 0) Sittenverfall *m*; Zuchtlosigkeit *f*; **~ować** ⟨z-⟩ demoralisieren; **~ować się** (moralisch) verkommen; (alle) Disziplin vergessen; **~ujący** [-'jon-] (-*co*) verderblich, zersetzend.

dena|cjonalizacja *f* Reprivatisierung *f*; **~cyfikacja** *f* (-*i*; 0) Entnazifizierung *f*.

denat *m* (-*a*; -*ci*), **~ka** *f* (-*i*; *G* -*tek*) Selbstmörder(in *f*) *m*; (*Mord-, Unfall-*)Opfer *n*.

denatur|alizacja *f* Ausbürgerung *f*; **~at** *m* (-*u*; 0) = *spirytus* ~*owany* vergällter Spiritus, Brennspiritus *m*.

denerw|ować ⟨z-⟩ (-*uję*) nervös machen, aufregen; ~*ować się* nervös werden, sich aufregen; **~ujący** [-'jon-] (-*co*) lästig, störend, auf die Nerven gehend.

den|ko *n* (-*a*; *G* -*nek*) (*Gefäß*-)Boden *m*; **~nica** *f* (-*y*; -*e*) Boden(platte *f*, -stück *n*) *m*; **~ny** Boden-, Grund-.

dentyst|a *m* (-*y*; -*ści*, -*ów*) (*a. lekarz* ~*a*) Zahnarzt *m*; **~ka** *f* (-*i*; *G* -*tek*) Zahnärztin *f*; **~yczny** zahnärztlich, Zahn(arzt)-; **~yka** [-'tisti-] *f* (-*i*; 0) Zahnheilkunde *f*.

denuncj|ator *m* (-*a*; -*rzy*), **-rka** *f* (-*i*; *G* -*rek*) Denunziant(in *f*) *m*; **~ować** ⟨za-⟩ (-*uję*) denunzieren.

departament *m* (-*u*; -*y*) Departement *n*; Ministerialabteilung *f*; 2 *stanu* Außenamt *n* (*USA*).

depesz|a *f* (-*y*; -*e*) Telegramm *n*; **~ować** ⟨za-⟩ (-*uję*) telegraphieren.

depila|cyjny Enthaarungs-; *pasta* ~*na* Haarentferner(-Creme *f*) *m*; **~tor** *m* (-*a*; -*y*) Haarentfernungsmittel *n*.

deponować ⟨z-⟩ (-*uję*) deponieren; *engS. a.* hinterlegen.

deport|acja *f* (-*i*; -*e*) Deportation *f*; Verschleppung *f*; **~ować** (-*uję*) deportieren; verschleppen.

depozyt *m* (-*u*; -*y*) Depositum *n*, Einlage *f*; Leihgabe *f*; **~owy** Depositen-.

depraw|acja *f* (-*i*; 0) Verderbtheit *f*, moralischer Verfall; Verführung *f* *zum Laster*; **~ować** ⟨z-⟩ (-*uję*) (moralisch) verderben, entsittlichen.

depre|cjacja *f* (-*i*; 0) (*Geld-*)Entwertung *f*; ~**sja** *f* (*-i*; *-e*) Depression *f*.

deprym|ować ⟨z-⟩ (*-uję*) deprimieren; ~**ujący** [-'jɔn-] (*-co*) deprimierend.

depta|ć (*-czę/-cę*) ⟨po-, roz-, z-⟩ zer-, niedertreten; *fig.* mit Füßen treten; F ~*ć koło* (*G*) sich zu schaffen machen (an *D*); ~*ć po piętach* (*D*) sich an *j-s* Fersen heften; keine Ruhe gönnen; ~**k** *m* (*-a*; *-i*) (*Kur-*) Promenade *f*; Tretrad *n*.

deput|acja † *f* (*-i*; *-e*) Deputation *f*; ~**at** *m* (*-u*; *-y*) Deputat *n*, Sachbezüge *m/pl.*; (*-a*; *-ci*) = ~**owany** *m* (*-ego*; *-ni*) Deputierte(r).

dera *f* (*-y*) *s. derka.*

deratyzacja *f* (*-i*; *0*) Mäuse-, Rattenvertilgung *f*.

dere|niówka *f* (*-i*; *G -wek*) Kornelkirschschnaps *m*; ~**ń** *m* (*-nia/-niu*; *-nie*) (właściwy) Kornelkirsche *f*; ~*ń świdwa* Roter Hartriegel.

deresz *m* (*-a*; *-e*) Rotschimmel *m* (*Pferd*).

derka *f* (*-i*; *G -rek*) Pferdedecke *f.*

derkacz *m* (*-a*; *-e*) Wachtelkönig *m*, Wiesenralle *f.*

dermatolog *m* (*-a*; *-dzy/-owie*) Hautarzt *m*; ~**iczny** dermatologisch, Haut-.

desant *m* (*-u*; *-y*) Truppenlandung *f*; ~ *powietrzny* Luftlandung *f*; ~**o- wiec** [-'tɔ-] *m* (*-wca*; *-wce*) Landungsfahrzeug *n*, -schiff *n*; ~**owy** Landungs-, (*Luft-*)Lande-; *barka* ~**owa** Landungsboot *n.*

deseczka *f* (*-i*; *G -czek*) Brettchen *n.*

deseń *m* (*-nia/-niu*; *-nie*) Muster (-zeichnung *f*) *n*, Dessin *n*; F *w ten* ~ auf diese Weise, so.

deser *m* (*-u*; *-y*) Dessert *n*, Nachtisch *m*; *na* ~ zum Dessert; ~**owy** Dessert-; *owoce* ~**owe** Tafelobst *n.*

desk|a *f* (*-i*; *G -sek*) Brett *n*; Tafel *f*; *do grobowej* ~*i* bis ans Grab; ~*a ratunku* letzte Hoffnung, Hoffnungsanker *m*; *od* ~*i do* ~*i* von der ersten bis zur letzten Zeile *od.* Seite, von A bis Z; *vgl. tablica*; ~**owanie** *n* (*-a*) (*Bretter-*)Verschalung *f*; ~**owy** Bretter-.

despera|cki † (*-ko*) verzweifelt, desperat; ~**t** *m* (*-a*; *-ci*) Verzweifelte(r), Verlorene(r).

despot|a *m* (*-y*; *-ci*, *-ów*) Despot *m*; ~**yczny** despotisch.

destruk|cyjny, ~**tywny** destruktiv.

destyla|cja *f* (*-i*; *0*) Destillation *f*; ~**cyjny** Destillations-, Destillier-; ~**rnia** [-'la-] *f* (*-i*; *-e*, *-i*) Pechsiederei *f*, Teerbrennerei *f*; ~**tor** *m* (*-a*; *-y*) Destillierapparat *m.*

de|stylować ⟨prze-⟩ (*-uję*) destillieren; ~**sygnowany** designiert; ~**synator** *m* (*-a*; *-rzy*) Dessinateur *m*, Musterzeichner *m.*

deszcz *m* (*-u/selt. dżdżu*; *-e*) (drobny, ulewny *od.* nawalny Sprüh-, Platz-) Regen *m*; *fig. a.* Hagel *m*; ~ *pada* es regnet; *spaść z* ~*em* vom Himmel fallen (*fig.*); ~**omierz** *m* (*-a*; *-e*) *f* Regenmesser *m*; ~**ownia** [-'ʃtʃɔv-] *f* (*-i*; *-e*, *-i*) Beregnungsanlage *f*; ~**owy** Regen-; *Wetter*: regnerisch; ~**ówka** *f* (*-i*; *0*) Regenwasser *n*; F *a.* Regenkappe *f.*

deszczułka *f* (*-i*; *G -lek*) Brettchen *n*; ~ *posadzkowa* Parkettstab *m.*

deszczyk *m* (*-u*; *-i*) (leichter) Regen.

deszyfr|ator *m* (*-a*; *-y*) Dechiffriereinrichtung *f*; *Fmw.* Übersetzer *m*; ~**ować** dechiffrieren.

detal *m* (*-u*; *-e*) Einzelheit *f*; (*Film-*) Großaufnahme *f*; (*0*) Einzelhandel *m*; *z* ~*ami* mit Details; ~**iczny** Einzel(handels)-; *cena* ~*na a.* Ladenpreis *m*; ~*nie Adv.* mit allen Einzelheiten; ~**ista** *m* (*-y*; *-ści*, *-ów*) Einzelhändler *m.*

detektyw *m* (*-a*; *-i*) Detektiv *m*; ~**istyczny** Detektiv-.

deter|genty *m/pl.* (*-ów*) *Chem.* Detergentien *pl.*; ~**minacja** *f* (*-i*; *0*) Entschlossenheit *f*; *Philos.* Determination *f.*

deton|acja *f* Detonation *f*; *Kfz.* Klopfen *n d. Motors*; ~**ator** *m* (*-a*; *-y*) Zündsatz *m*; Sprengkapsel *f*; ~**ować** (*im*)*pf.* (*-uję*) detonieren, zünden; ⟨z-⟩ verwirren, aus der Fassung bringen; ~**ujący** [-'jɔn-] Zünd-.

detronizować ⟨z-⟩ (*-uję*) entthronen, absetzen.

deuter ['dɛu-] *m* (*-u*; *0*) *Chem.* Deuterium *n.*

dewa|luacja *f* (*-i*; *-e*) Abwertung *f*; ~**stacja** *f* (*-i*; *0*) Verwüstung *f*, Zerstörung *f*; ~**stować** ⟨z-⟩ (*-uję*) verwüsten; verwahrlosen lassen; ~**stować się** verwahrlosen, verkommen.

dewiz|a *f* (*-y*) Devise *f*; ~**y** *pl. a.* Devisen *pl.*; ~**ka** *f* (*-i*; *G -zek*) Uhrkette *f*; ~**owy** Devisen-.

dewo|cja f (-i; 0) Devotion f; **~cjo-nalia** ['na-] pl. (-ów) Devotionalien pl.; **~tka** f (-i; G -tek) Betschwester f.

dezaprobat|a f Mißbilligung f; z **~q** mißbilligend.

dezatomizacja f (-i; 0) atomare Abrüstung f.

dezer|cja f (-i; -e) Fahnenflucht f; **~ter** m (-a; -rzy) Deserteur m; **~terować** ⟨z-⟩ (-uję) desertieren.

dez|odorant m (-u; -y) Desodorans n; **~odoryzator** m (-a; -y) Desodorationsapparat m; **~orientować** ⟨z-⟩ desorientieren, verwirren.

dezyderat m (-u; -y) Forderung f, Wunsch m.

dezynfek|cja f (-i; 0) Desinfektion f; **~cyjny** Desinfektions-, desinfizierend; **~ować** ⟨z-⟩ (-uję) desinfizieren.

dezynsekcja f (-i; 0) Ungeziefervertilgung f; engS. Entlausung f.

dęb|czak ['dɛm-] m (-a; -i) junge Eiche; **~ianka** f (-i; G -nek) Gallapfel m; **~ić** ⟨wy-⟩ (-ę) lohen, gerben; **~ieć** ⟨z-⟩ (-eję) hart werden; fig. stutzen; **~ina** f (-y) Eichenholz n; **~owy** Eichen-.

dęcie ['dɛn-] n (-a) Blasen n.

dęt|ka f ['dɛn-] f (-i; G -tek) (Rad-)Schlauch m; (Fuß-)Ballblase f; **~y** geblasen; hohl; Mus. Blas-.

diabel|ny [dja-] höllisch, verteufelt; a. = **~ski** Teufels-, (-ko, po -ku) teuflisch.

diab|eł ['dja-] m (-bła; -błu, -ble; -bli/-bły, -ów) Teufel m; F Teufels-, Satanskerl m; jeden **~eł** gehupft wie gesprungen; **~ła** tam! Teufel auch!; do **~ła** zum Teufel; verteufelt viel; na **~ła**, po ([ja]kiego) **~ła** was (od. wer, wozu usw.) zum Teufel (nochmal); rzucać (od. sadzić) **~łami** fluchen; **~li** mnie biorą ich könnte wütend werden od. alles zum Teufel wünschen; **~li** wzięli (A) et. od. j-d ist (od. geht) zum Teufel; **~li** nadali der Teufel schickt (A/A); pal **~li!** in drei Teufels Namen!; **~li** wiedzą weiß der Deibel; **~łek** m (-łka; -łki) s. diabełko.

dlabełyk [dja'bɛ-] m (-u, -y) Diabetiker m.

diab|lątko [dablɔnt-] n (-a; G -tek), **~lę** ['da-] n (-ęcia; -ęta) Teufelchen n; **~li** (-lo) teuflisch, Teufels-; s. a.

diabeł; **~lica** f (-y; -e) Satansweib n; Satansbraten m; **~lik** m (-a; -i) (drukarski Druck-)Teufelchen n.

dia|fragma [dja'fra-] f (-y) Diaphragma f; **~gnoza** f (-y) Diagnose f; **~gonalny** diagonal; **~gram** ['dja-] m (-u; -y) Diagramm n, Schaubild n.

diakon ['dja-] m (-a; -i) Diakon(us) m; **~isa** [-'ṇi-] f (-y) Diakonissin f.

dialekt ['dja-] m (-u; -y) Dialekt n; **~yczny** dialektisch; **~yka** [-'lɛk-] f (-i; 0) Dialektik f.

dialog ['dja-] m (-u; -i) Dialog m.

diament ['dja-] m (-u; -y) Diamant m; **~owy** (-wo) diamanten, Diamant-.

dia|riusz ['dja-] m (-a; -e) Diarium n; (Parlaments-)Protokollsammlung f; **~termia** [-'tɛr-] f (G, D, L -ii; 0) Med. Diathermie f.

diasek ['dja-] m (-a; -i) Deibel m, Deubel m; s. diabeł.

diecezja [dje'tsɛ-] f (-i; -e) Diözese f.

diet|a [-'djɛ-] f (-y) Diät f; **~a** surowa Rohkost(diät) f; być na diecie diät leben; **~y** pl. Diäten f/pl., Tagegelder n/pl.; (Fahrt-, Reise-)Spesen pl.; **~etyczny** diätetisch; żywienie -ne Schonkost f.

diuna ['du-] f (-y) Düne f.

dla Prp. (G) für (A); zu (D); um zu (+ Inf.); zwecks (G); wegen (G); **~** dobra kraju fürs Vaterland; z miłości **~** niego aus Liebe zu ihm; **~** mnie für mich; meinetwegen, mir zuliebe; **~czego** warum, weshalb, weswegen; **~ń** = dla niego; **~tego** darum, deshalb, deswegen; **~tego** że weil, da, denn.

dławi|ca f (-y; 0): **~ca** piersiowa Angina pectoris f; **~ć** ⟨z-⟩ (-ę) würgen (a. **~ć** się; I/an D); drosseln (a. Tech.); fig. Kritik abwürgen; (nur pf.) Feind niederhalten, -kämpfen; **~ć** się śmiechem vor Vergnügen glucksen; **~ec** ['dwa-] m (-wca; 0) Kehlkopfdiphtherie f, Krupp m; **~k** m (-a; -i) Drossel (-spule) f; **~kowy** Drossel-.

dławnica f (-y; -e) Stopfbuchse f.

dłoni|asty (-to) handförmig; **~ca** f (-y; -e) (Leder-)Handschützer m; **~owy** Hand(flächen)-.

dłoń f (-ni; -nie, I -nimi) (flache) Hand; Handfläche f; JSpr. (Elchgeweih-)Schaufel f; to jasne jak na **~ni** es liegt klar auf der Hand.

dłubacz 70

dłuba|cz F m (-a; -e, -y) Tüftler m; **~ć** (-ie) ⟨wy-⟩ (aus)höhlen; (herum-) stochern; *in der Nase* bohren; F fummeln, tüfteln, herumbasteln (w I/an D); **~ć się** trödeln; **~lski** F m (-ego; -cy), **~la** F m (-y) Trödelfritze m; **~nie** n (-a) (Herum-) Stochern n; Bohren n (*in der Nase*); **~niec** m (-ńca; -ńce) s. dłubanka; **~nina** F f (-y) Fummelei f; **~nka** f (-i; G -nek) Einbaum m.

dług m (-u; -i) Schuld f; w ~ auf Rechnung, F auf Pump; zabrnąć (od. wpaść) w ~i in Schulden geraten; zapisać w ~ belasten (D/A).

dług|awy (-wo) länglich; **~i** (Komp. -uższy) lang, Lang-; lang anhaltend; *jak ~i* in seiner ganzen Länge; *jak dzień ~i* den lieben langen Tag; *jak noc ~a* die ganze Nacht; mieć ~ie ręce lange Finger machen; mieć ~i język lose Zunge haben; od dłuższego czasu seit längerer Zeit; s. a. dług.

długo Adv. (Komp. -użej) lange; na ~ für lange Zeit; *jak ~* wie lange; solange; tak ~ solange; **~dystansowiec** [-tā'sɔ-] m (-wca; -wcy) Langstreckenläufer m; **~falowy** langwellig, Langwellen-; *fig.* (-wo) auf lange Sicht, langfristig; **~grający** [-'jɔn-]: płyta -ca Langspielplatte f; taśma -ca Langspielband n; **~letni** langjährig; jahrelang; **~metrażowy** Film: abendfüllend; **~nogi** langbeinig; **~okresowy** langfristig; **~pis** m (-u; -y) Kugelschreiber m.

długo|sz m (-a; -e): **~sz** królewski Königsfarn m; **~ść** f (-ści; 0) Länge f; Dauer f; **~ść lądowania** Landeweg m; **~terminowy** (-wo) langfristig; **~trwały** (-le) (lang) anhaltend; *von langer* Dauer, langwierig; haltbar, langlebig; **-ły** deszcz Land-, Dauerregen m; **~uchy** langohrig; **~wieczny** langlebig; dauerhaft; **~włosy** langhaarig, Langhaar-.

dłuto n (-a) Meißel m; (Stech-) Beitel m; ~ *grawerskie* Grabstichel m; *dłuta Michała Anioła* geschaffen von Michelangelo; **~wać** ⟨wy-⟩ (-uję) (aus)meißeln; *Nuten usw.* stoßen; **~wanie** n (-a; 0) Tech. Stoßen n; Meißeln n; **~wnica** f (-y; -e) (Senkrecht-)Stoßmaschine f; Stemmaschine f.

dłużej s. długo.

dłużn|iczka f (-i; G -czek), **~ik** m (-a; -cy) Schuldner(in f) m; **~y** Schuld-; *präd.* schuldig.

dłuż|szy s. długi; **~yca** f (-y; -e) Langholz n; **~yć się** (-ę) sich in die Länge ziehen; *Zeit a.*: langsam vergehen; **~yzna** f (-y) Länge f im Buch, Film.

dmuch m (-u; 0) (Gebläse-)Wind m; **~acz** m (-a; -e) (Glas-)Bläser m; **~ać** (-am), ⟨~nąć⟩ [-nɔntɕ] (-nę) blasen; F (*nur pf.*) stibitzen, abstauben; sich aus dem Staube machen; **~awa** f (-y) (piaskowa, wielkopiecowa Sandstrahl-, Hochofen-)Gebläse n; Blasrohr n (*Waffe*); **~awiec** [-'xa-] m (-wca; -wce) Löwenzahn m, F Pusteblume f; **~awka** f (-i; G -wek) kleines Gebläse; Lötrohr n; **~nąć** pf. s. dmuchać.

dna f (-y; 0) Arthritis f; s. a. dno.

dni(a) s. dzień.

dnie|ć [dɲe-] ⟨za-⟩ (-eję, unpers.) tagen; **~je** es wird Tag.

dniówk|a f (-i; G -wek) Arbeitstag m; Tagelohn m; na ~ę od. ~i im Tagelohn, als Tagelöhner; **~owy**: płaca ~owa Tagelohn m.

dniu s. dzień.

dno n (-a; G den) (Gefäß-)Boden m; (Fluß-, Meeres-)Grund m, (Tal-) Sohle f; iść ⟨pójść⟩ na ~ versinken, untergehen; wypi(ja)ć do dna leer(trink)en; do góry dnem kieloben, gekentert; umgestürzt, umgestülpt; na dnie fig. a. in der Tiefe; bez dna a. bodenlos.

do Prp. (G) bis (D); in (A), nach (D); (bis) an (A), zu (D); für (A); (+ Num.) gegen, etwa; dwa razy ~ roku zweimal im Jahr; wpół ~ piątej halb fünf; ~ niego an ihn; zu ihm; ~ jutra bis morgen; ~ szkoły zur (od. in die) Schule; ~ Berlina nach Berlin; od stu ~ dwustu etwa hundert bis zweihundert; oft durch Zssgn übersetzt: szczotka ~ zębów Zahnbürste f; drzwi ~ pokoju Zimmertür f.

dob|a f (-y; G dób) Tag m (und Nacht f); fig. Zeit f, Epoche f; ~a dzisiejsza Gegenwart f; w ciągu ~y binnen 24 Stunden; przez całą ~ę a. rund um die Uhr; na ~ie zeitgemäß.

do|badać się pf. (G) erforschen, ergründen (A); entdecken (A); **~bić** pf. s. dobijać.

dobieg m Sp. Endspurt m; Auslauf

m; *Flgw.* Ausrollen *n*; ~**ać**, ⟨~**nąć**, *dobiec*⟩ laufen bis (*do G*/*an A*, zu); *Ziel* erreichen; ~**a godzina** ... es geht auf ... (Uhr); ~**ać końca** sich dem Ende nähern.

dobierać (*-am*), ⟨**dobrać**⟩ dazu-, hinzunehmen, (sich) noch mehr nehmen; *et. Passendes, Gegenstück* aussuchen, auswählen, finden; ~ się (hin)gelangen, den Weg finden (*do G*/zu); mit knapper Not erreichen (*do G*/*A*); sich finden, (gut) zusammenpassen.

dobi|jać (*-am*), ⟨~**ć**⟩ (*A*) den Fangstoß (*od.* Gnadenstoß) geben, versetzen (*D*); *fig.* gänzlich vernichten, zugrunde richten, töten; (*G*) *Geschäft, Vertrag* abschließen, abmachen; (*do G*) *Hafen, Ziel* erreichen; ~**(ja)ć do brzegu** *Mar.* anlegen; ~**jać się** (*G*, *o A*) sich bemühen, werben (um *A*), streben (nach *D*); ~**jać się do bramy** ans Tor pochen; ~**ć się** erreichen, erlangen (*G*/*A*).

dobit|ek *m*, ~**ka** *f*: *na* ~**ek**, *na* ~**kę** obendrein, überdies, zu allem (Un-)Glück; ~**ność** *f* Nachdruck *m*; ~**ny** nachdrücklich, unmißverständlich; ~**nym głosem** laut (und deutlich).

dobo|rowy (*-wo*) auserlesen, ausgesucht; *Elite-*; ~**sz** *m* (*-a*; *-e*) Trommler *m*; Paukenschläger *m*; ~**wy** (*-wo*) Tages-; *s.* **doba**.

dobór *m* (*-oru*; *0*) (Aus-)Wahl *f*, Auslese *f*; Satz *m*; Assortiment *n*; ~ **naturalny** natürliche Zuchtwahl; ~ **sztuczny** Selektion *f*.

dobra *s. dobry, dobry*; F ~ (*jest*)! *Int.* schön!, in Ordnung!; ~ **nasza**! Hurra!; ~**ć** (**się**) *s. dobierać*; ~**noc**! gute Nacht!; *s. dobierać*; ~**ny** (zusammen)passend; harmonisch; ~**na para** *iron.* ein schönes Pärchen.

dobre *n* (*-ego*; *0*) Gute(s); *na* ~ ganz und gar; ernstlich, -haft; zum Guten; zugute; *wszystkiego* ~**go**! alles Gute!; *po* ~**mu** in Güte; *nic* ~**go** Tunichtgut *m*; *s. a.* **dobry**.

dobrnąć *pf.* mit Mühe (und Not) erreichen (*do G*/*A*).

dobr|o *n* (*-a*; *G dóbr*) Gut *n*; ~**a** *pl.* (*rodzinne, kulturalne* Familien-, Kultur-)Güter *n/pl.*; (*0*) (*publiczne* Gemein-)Wohl *n*, *dla* ~ zum Wohl(e); *num* ~**stwie** na ~ Fin zugunsten; *zapis(yw)ać na* ~ *o* (*G*) gutschreiben (*D*); zugute halten (*D*).

dobro|byt *m* Wohlstand *m*; ~**czyn-**

ny wohltätig; Wohltätigkeits-; wohltuend; ~**czyńca** *m* (*-y*; *G -ów*) Wohltäter *m*, Gönner *m*.

dobro|ć *f* (*-ci*; *0*) Güte *f*; F *po* ~**ci** in Güte. ⌊~**y** gutmütig.⌋

dobroduszn|ość *f* Gutmütigkeit *f*;⌋

dobrodziej [-'brɔ-] *m* (*-a*; *-e*) *s.* **dobroczyńca**; † (gnädiger) Herr; *iron. panie* ~**u** mein Bester; ~**stwo** *n* (*-a*) Wohltat *f*, Segen *m*.

dobro|sąsiedzki (*po -ku*) gut nachbarlich; ~**tliwość** *f* (*-ści*; *0*) (*Herzens-*)Güte *f*, (väterliche) Nachsicht; ~**tliwy** (*-wie*) gütig; ~**wolny** freiwillig, aus freien Stücken; gütlich.

dobr|uchny F herzensgut; ~**y** (*Psf. -rzy*, *Komp. lepszy*) gut; (*na A*, *do G*) passend (zu), gut (für *A*); F *a to* ~**e**! das ist ja toll!; ~**y sobie**! du bist (*od.* er ist) ja gut!; ~**ej myśli** zuversichtlich.

dobrze *Adv.* (*Komp. lepiej*) gut; wohl; *s. a.* **bardzo**; ~ **wychowany** wohlerzogen; ~ **zbudowany** gutgebaut; ~ **widziany** gern gesehen; F ~ *ci tak*! geschieht dir recht!; *równie* ~ genausogut.

dobud|ow(yw)ać ~-[*w*]uję anbauen; den Bau vollenden; ~**ówka** *f* (*-i*; *G-wek*) Anbau *m*.

dobudzić się *pf.* (nur) mit Mühe wachrufen *od.* -rütteln, F -kriegen (*G*/*A*).

doby|ć *pf. s. dobywać*; ~**tek** *m* (*-tku*; *0*) Habe *f*, Hab und Gut *n*; ~**(wa)ć** hervorbringen; (heraus-, hervor-)ziehen; *Kräfte* aufbieten; *s. wydoby(wa)ć*.

docelow|y Ziel-, End-; *stacja* ~**a** Zielbahnhof *m*.

doceni|ać [-'tse-] (*-am*), ⟨~**ć**⟩ richtig einschätzen; *nie* ~**(a)ć** unterschätzen.

docent *m* (*-a*; *-ci*) Dozent *m*.

dochodow|ość *f* (*-ści*; *0*) Einträglichkeit *f*, Rentabilität *f*; ~**y** (*-wo*) gewinnbringend; rentabel; Einkommen-.

dochodzenie *n* Untersuchung *f*, Ermittlungen *f/pl.*; Ermittlungsverfahren *n*; ~ *służbowe* Dienstaufsichtsverfahren *n*; ~ *roszczenia* Beitreibung *f* *o* ~ *Schuld*; Geltendmachung *f* *des Rechts*

dochodzić, ⟨*dojść*⟩ (*L. -jść*) (*do G*) sich nähern (*D*); erreichen (*A*); gelangen, kommen (zu); reichen (bis zu); (G) ermitteln (A); *Rechte* geltend machen; *Schuld* beitreiben; ~ *sprawiedliwości*, ~ *swego* sein Recht suchen (*pf.* finden); ~ *do głosu* zu Wort kommen; ~ *do zdrowia* gesund werden; ~ *na drodze sądowej* gerichtlich vorgehen; *doszło do bójki* es kam zu e-r Schlägerei; *doszła nas wiadomość* es kam uns zu Ohren; *dochodzi godzina ósma* es ist gleich acht (Uhr); (*mst. impf., nur 3. Pers.*) *Kochk.* gar werden; *Obst:* (nach)reifen.

dochow|ywać (-*owuję*), ⟨~*ać*⟩ bewahren; *Wort* halten; ~(*yw*)*ać się* erhalten bleiben; (*G; nur pf.*) *Kinder, Tiere* auf-, großziehen; *Früchte* ernten (-können).

dochód *m* (*społeczny od. narodowy* Volks-)Einkommen *n*, (*czysty* Rein-)Ertrag *m*; *pl. a.* Einkünfte *pl.*; ~ *uboczny a.* Nebenverdienst *m*.

do|chówek (-*wku*; *0*) Zuwachs *m*, Nachkommenschaft *f*; ~**chrapać się** *F* (*G*) sich mit Mühe und Not anschaffen (*A*), es bringen (auf *od.* zu et.); ~**ciąć** *pf. s.* docinać.

dociąg|ać, ⟨~*nąć*⟩ (hin)ziehen, schleppen ⟨*się sich*; *do G/bis zu*⟩; *Riemen* festziehen; *Schraube a.* anziehen.

dociek|ać, ⟨*dociec*⟩ fließen *od.* rinnen (*do G/bis zu*); *fig.* (*G*) (*impf.* suchen zu) ergründen (*A*), nachdenken (über *A*); ~**anie** *n* (-*a*) Erforschung *f*, Suche *f*, Spekulation *f*; ~**liwy** um Erkenntnis bemüht; *Forschung:* intensiv; -*wy umysł* Forschergeist *m*.

docierać (-*am*), ⟨*dotrzeć*⟩ *v/i* (*do A*) vordringen (bis zu); erreichen (*A*); *v/t Tech. Ventil* einschleifen; *Werkzeug* läppen; *Auto* einfahren.

docin|ać (-*am*), ⟨*dociąć*⟩ *fig.* (*D*) hänseln (*A*), sticheln (gegen *A*); ~**ek** *m* (-*nka*; -*nki*) Stich(elei *f*) *m*, Seitenhieb *m*.

docis|kać, ⟨~*nąć*⟩ (fest) andrücken, anpressen; ~**nąć się** sich durchdrängen.

docucić się *pf.* (endlich) zur Besinnung bringen (*G/A*).

doczekać (*pf.*) (*G*) erleben (*A*); *Ende* abwarten; *a.* ~ ~ *się* (so lange) warten, ausharren (bis); (endlich) bekommen (*A*); so weit bringen; *nie móc się* ~ (es) kaum erwarten können.

doczep|i(a)ć anhängen, -koppeln; ~**ka** *f* (-*i*; *G-pek*) (*Auto-*)Anhänger *m*; ~**ny** Anhänge-.

do|czesny vergänglich; *Leben, Güter:* irdisch; ~**czołgać się** *pf.* (*do G*) kriechen bis (zu), kriechend erreichen (*A*). [auslesen (*G/A*).⟩

do|czyt(yw)ać auslesen; ~ *się* her-⟩

doda|ć *pf. s.* dodawać; ~**nie** *n* (*0*) Zugabe *f*, Hinzufügung *f*; Beimischung *f*.

dodat|ek *m* (*Geld-*)Zulage *f*, Zuschuß *m*; Zusatz *m*, Zuschlag *m*; (*Zeitungs-*)Beilage *f*; Nachtrag *m*, Anhang *m*; ~*ek nadzwyczajny* Extrablatt *n*; ~*ek za pracę niebezpieczną, za wydajność* Gefahren-, Leistungszulage; ~*ek w naturze* Deputat *n*; *na* ~*ek* zusätzlich, obendrein; ~*ki a.* (*Schneider-*)Zubehör *n*; Accesoires *f*; ~**kowy** (-*wo*) zusätzlich; nachträglich; Zusatz-, Mehr-, Extra-, Ergänzungs-; *koszty* -*we* Nebenkosten *pl.*; ~**ni** (-*nio*) positiv; *Bilanz:* aktiv; *fig.* vorteilhaft, günstig.

doda|(wa)ć (*G od. A*) (hin)zufügen (*do G/D*); beimengen, zusetzen, -geben (*do G/D*); *Kraft, Schönheit* verleihen; *Math.* zusammenzählen, addieren; ~(*wa*)*ć ducha, odwagi, otuchy* (*D*) ermutigen, ermuntern (*A*), *Mut* machen (*D*); ~(*wa*)*ć do koloru KSp.* bedienen; *F* ~*ć gazu* Gas geben; *a.* ~ *in Zahn* zulegen; ~**wanie** *n* (-*a*) Addition *f*; *s.* dodanie.

dodruk *m Typ.* Nachdruck *m*; Nachauflage *f*; ~**ować** *pf.* ausdrucken; nachdrucken.

do|dzierać (-*am*), ⟨~*drzeć*⟩ (völlig) zerreißen; *Kleider* ab-, auftragen; ~**dzwonić się** *pf.* (*do G*) (telefonisch) erreichen (*A*); (so lange) klingeln, bis geöffnet wird; *nie móc się* ~dzwonić *k-n* Anschluß bekommen; ~**dźwigać** *pf.* mit Mühe schleppen (*do G/bis zu*).

dog *m* (-*a*; -*i*) Dogge *f*.

dogad|ać się *pf.* sich verständigen, einig werden (*z I/mit*); ~**ywać** (-*uję*) *s.* docinać, dogryzać.

dogadzać (-*am*), ⟨*dogodzić*⟩ (*D*) zufriedenstellen (*A*), es recht machen (*D*); (*mst impf.*) nachgeben, alle Wünsche erfüllen; zusagen, gefallen; ~ *sobie* sich gütlich tun.

do|ganiać, ⟨~*gonić*⟩ einholen; ~**ga-**

sać (-am) Feuer: verglimmen, (langsam) erlöschen (a. Leben); Tag: sich neigen; **~gasnąć** pf. (v)erlöschen.

dogląd [-ɔnt, -ɔndu] m (-u; 0) Aufsicht f; Pflege f, Wartung f; **~ać** (-am), ⟨~nąć⟩ [-nɔntɕ] (-nę) (G) achtgeben (auf A), beaufsichtigen (A); pflegen, warten (A).

dogłębny [-'gwem-] tiefschürfend, gründlich; Dank, Schmerz: tief.

dogmat m (-u; -y) Dogma n; **~yczny** dogmatisch.

dognać pf. s. doganiać.

dogodn|ość f (-ści; 0) Bequemlichkeit f; Handlichkeit f; **~y** bequem; handlich; Zeit: passend; Gelegenheit, Bedingungen: günstig.

dogo|dzić pf. s. dogadzać, **~nić** pf. s. doganiać; **~rywać** (-am) in den letzten Zügen liegen.

dogospoda|rować się pf., **~rzyć się** pf. erwirtschaften, erarbeiten (G/A); verwirtschaften, zugrunde richten.

dogotowywa|cz m (-a; -e) Dämpfer m (Topf); **~ć** (-owuję), ⟨dogotować⟩ gar kochen; **~ć się** gar werden.

dogryw|ać (-am), ⟨dograć⟩ zu Ende spielen; nachspielen; **~ka** f (-i; G-wek) Sp. Verlängerung f.

dogry|zać (-am), ⟨~źć⟩ (D) (hart) zusetzen (D), hänseln, quälen (A). **dogrz|ewać** (-am), ⟨~ać⟩ Sonne: wärmen, es gut meinen.

doić ⟨wy-⟩ [-ję, dój!] melken; P a. saufen.

doigrać się [dɔ'ig-] pf. (G) ein böses Ende nehmen (mit); schlimm enden (A); abbekommen, F -kriegen, weghaben (A).

do|jadać, ⟨~jeść⟩ zu Ende essen, abessen; Vorräte aufzehren; (nur impf.) nie ~jadać sich nicht satt essen können; **~jeść** do żywego bis aufs Blut reizen.

dojarka f (-i; G-rek) Melkerin f; Melkmaschine f.

dojazd m (-u; -y) Anfahrt f, -reise f; Zufahrt f; **~owy** Zufahrts-; droga **~owa** a. Zubringer m.

do|jąć pf. s. dojmować; **~jechać** pf. s, dojeżdżać; **~jenie** n (-a) Melken n; **~jeść** pf. s. dojadać.

doje|żdżać (-am), ⟨~chać⟩ (falnend) erreichen, ankommen; (nur impf.) sich nähern (do G/D); (nur pf.) P fig. schlagen, hauen; s. a. dogryzać.

dojm|ować (-uję), ⟨dojąć⟩ [-jɔntɕ] (-mę) Kälte: durchdringen, durch und durch gehen; (nur pf.) verletzen; dojąć do żywego an e-r empfindlichen Stelle treffen (fig.); **~ujący** [-'jɔn-] (-co) Wind: durchdringend, scharf; Kälte: schneidend; Schmerz, Gefühl: unangenehm, bohrend.

dojn|ica f (-y; -e) Melkeimer m; **~y**: **~a** krowa Milchkuh f.

dojrzałoś|ć f (-ści; 0) Reife f; Mannbarkeit f; **~ć** szkolna Schulreife; egzamin **~ci** Reifeprüfung f.

dojrzały (-le) reif; mannbar; (przed)wcześnie **~** frühreif.

dojrze|ć[1] pf. (-ę, -y) erblicken; jak okiem **~ć** so weit das Auge reicht; **~wać** (-am), ⟨~ć[2]⟩ (-eję) reif werden, (aus)reifen; **~wanie** n (-a; 0) Reifung f; Pubeszenz f; okres (od. wiek) **~wania** Pubertät(szeit) f.

dojście ['dɔ-] n (-a) Zugang(sweg) m; Erreichung f; **~** do skutku Zustandekommen n; **~** do porozumienia Einigung f; **~** do władzy Machtergreifung f.

dojść pf. s. dochodzić.

dok m (-u; -i) (suchy Trocken-)Dock n.

do|kańczać (-am), ⟨~kończyć⟩ bevollenden, abschließen, zu Ende führen, fertigstellen (G/A); **~karmiać** [-'kar-] (-am) zusätzlich ernähren od. füttern (I/mit).

dokaz|ywać (-uję) (ausgelassen) herumtollen, umherspringen, -toben; ⟨a. ~ać⟩ (G) vollbringen (A); **~ać** swego s-n Willen durchsetzen; **~ywanie** n (-a) übermütige Streiche, Unfug m, Herumtollen n.

dokąd [-kɔnt] wohin; solange (bis); **~** bądź = **~kolwiek** ganz gleich wohin, irgendwohin; **~kolwiek** by wohin auch immer; **~ś** irgendwohin; **~że** wohin denn; wie lange denn.

doker m (-a; -rzy) Hafen-, Dockarbeiter m.

dokład|ać (-am), ⟨dołożyć⟩ (G) (hin)zulegen, hinzutun, -fügen (A); Geld zusetzen, zuschießen; **~ka** f (-i; G-dek) als Zugabe; s. Nachschlag m; na **~kę** als Zugabe; s. Dobitek; **~ny genau**; ing s. n. präzis(e), exakt, Scharf-, Fein-.

dokoła Adv. ringsum(her); Prp. (G) um ... (A) herum; F **~** Wojtek immer die alte Leier, immer dasselbe.

dokona|ć pf. s. dokonywać; **~nie** n (-a) Vollendung f; Vollbringung f, Durchführung f; Leistung f; Verübung f, Begehung f e-r Straftat; **~ny** vollbracht; vollendet; Gr. a. perfektiv; fakt **~ny** vollendete Tatsache.

dokon|ywać (-uję), **⟨~ać⟩** (G) machen, tun (A); fertigbringen, bewerkstelligen (A); Wunder vollbringen; Operation, Test, Reform durchführen; Wahl treffen; Straftat begehen, verüben; Leben beschließen; **~(yw)ać się** erfolgen, geschehen; stattfinden.

dokończ|enie n (-a) Beendigung f, Fertigstellung f, Abschluß m; **~enie** nastąpi Schluß folgt; **~yć** pf. s. dokańczać.

doko|optować pf. (-uję) hinzuwählen, kooptieren; **~pywać** (-uję), **⟨~pać⟩** zu Ende (um)graben; **~pać się** sich durchgraben, -wühlen (do G/bis zu).

dokrewny Anat. endokrin.

dokręc|ać (-am), **⟨~ić⟩** festschrauben; Schraube an-, festziehen.

dokształc|ać (-am), **⟨~ić⟩** (się sich) fortbilden; **~ający** [-'jon-] fortbildend, Fortbildungs-.

doktor m (-a; -rzy/-owie) Doktor m (medycyny der Medizin); **~ka** F f (-i; G-rek) Ärztin f; **~ski** Doktor-; **~yzować się** (-uję) promovieren.

doktryn|a f (-y) Doktrin f; **~erski** (po -ku) doktrinär.

dokucz|ać (-am), **⟨~yć⟩** (-ę) ärgern (D/A); belästigen (D/A); (nur Inf. u. 3. Pers.) plagen, quälen; **~a** mi ... mich plagt ...; **~liwy** (-wie) lästig, zudringlich; Schmerz: quälend; **~yć** pf. s. dokuczać.

dokument m (-u; -y) Urkunde f; **~y** pl. a. (Ausweis-)Papiere n/pl.; Unterlagen f/pl.; **~acja** f (-i; -e) Dokumentation f; (Konstruktions-) Unterlagen f/pl.; **~alny**, **~arny** dokumentarisch; Dokumentar-; **~arzysta** m (-y; -ści, -ów) Dokumentarfilmer m; **~ny** F gründlich; **~ować** ⟨u-, za-⟩ (-uję) dokumentieren; **~owy** Dokumenten-, Urkunden-. [kaufen.]

dokup|ywać (-uję), **⟨~ić⟩** (hin)zu-

dokwaterować pf. (zusätzlich) einquartieren.

dol|a f (-i; -e) Los n, Schicksal n; **~e i** niedole Freud(en) und Leid(en); **~ać** pf. s. dolewać.

dolarowy Dollar-.

do|latywać (-uję), **⟨~lecieć⟩** (do G) fliegen bis (zu); Flgw. (impf.) sich nähern; (pf.) erreichen; Duft, Laut: dringen bis (zu); **~legać** (-am; nur Inf. u. 3. Pers.) (D) weh tun (D), plagen (A); co panu **~a**? was fehlt Ihnen?

dolegliw|ość f (-ści) Leiden n, F Wehwehchen n; oft pl. **~ości** Beschwerden f/pl.; **~y** schmerzhaft; Schmerz: heftig; lästig.

dolepi|ać ['-lɛ-] (-am), **⟨~ć⟩** ankleben; zu Ende kleben od. leimen.

dolew|ać (-am), **⟨dolać⟩** (G) (hin)zugießen (A); Wein nachschenken; **~ka** f (-i; G-wek) Nachschlag m (Suppe usw.).

dolicz|ać (-am), **⟨~yć⟩** (hin)zuzählen, -rechnen; zählen bis ...; nie móc się **~yć** (G) beim (Durch-)Zählen vermissen (A); **~enie** n (-a; 0): za **~eniem** odsetek, kosztów zuzüglich der Zinsen, Kosten.

dolin|a f (-y) Tal n; Doline f; **~a łez** od. płaczu Jammertal, das; **~iarz** [-'li-] m (-a; -e) Taschendieb m.

dolno- in Zssgn Nieder-, Unter-; **~niemiecki** niederdeutsch; **~płat** m Flgw. Tiefdecker m; **~śląski** niederschlesisch; **~zaworowy** mit unten liegender Nockenwelle.

doln|y untere(r), Unter-; Nieder-; **~y** bieg rzeki (Fluß-)Unterlauf m; **~a** część Unterteil m od. n.

do|lutow(yw)ać (-[w]uję) anlöten; **~ładow(yw)ać** (-[w]uję) (hin)zuladen; Batterie nachladen.

dołącz|ać (-am), **⟨~yć⟩** (hin)zufügen, beilegen, -fügen; (się sich) anschließen (do G/D).

dołe|czek m (-czka; -czki) (Wangen-)Grübchen n; **~k** m (-łka; -łki) (Start-, Erd-)Loch n; Vertiefung f; Grübchen n; Anat. Grube f; kopać dołki (pod I) e-e Grube graben (D), ausbooten wollen (A); **~m** Adv. unten (entlang).

dołow|a ⟨za-⟩ (-uję) Agr. einmieten, in e-r Erdgrube aufbewahren; Lehm, Ton sumpfen; **~y** m (-ego; -i) Bgb. Untertagearbeiter m.

dołożyć pf. s. dokładać.

dołu, doły s. dół.

dom m (-u, L -u; -y) (mieszkalny, to-

warowy Wohn-, Waren-)Haus *n*; (*starców*, *wypoczynkowy* Alten- wohn- *od.* Alters-, Erholungs-) Heim *n*; Zuhause *n*; F ~ *wariatów* Irrenhaus *n*, Klapsmühle *f* (*a. fig.*); ... ~*u in Zssgn* Haus-, Heim-; do ~*u* nach Hause, heim(wärts); F (*na*) *po* ~*u* fürs Haus, Haus-; w ~*u* im Haus(e); zu Hause; z ~*u Frau:* geborene; *głowa* ~*u* Familienober- haupt *n*, Hausvater *m*; *pan*(*i*) ~*u a.* Gastgeber(in *f*) *m*.

doma|gać się (-*am*) fordern, ver- langen (*G/A*); ~**lo**(**wy**)**wać** ~[-w]uję] zu Ende malen; anmalen.

domator *m* (-*a*; -*rzy*) häuslicher Mann *od.* Mensch; ~**ski** häuslich; *usposobienie* -*ie* Familiensinn *m*.

do|mawiać, ⟨~**mówić**⟩ ausreden, zu Ende sprechen.

dome|czek *m* (-*czka*; -*czki*) kleines Häuschen *n*; ~**k** *m* (-*mku*; -*mki*) Häuschen *n*, (*Einfamilien-*)Haus *n*; ~**k z kart** Kartenhaus *n*.

domena *f* (-*y*) Domäne *f*.

domiar ['dɔ-] *m* (-*u*; -*y*): ~ *podatku* Steuernachzahlung(sbescheid *m*) *f*; *na* ~ *nieszczęścia od.* złego zu allem Übel, um das Maß vollzumachen; ~**kować się** F *pf.* (endlich) kapieren (*G/A*).

domierz|ać (-*am*), ⟨~**yć**⟩ *Steuer:* neu veranlagen (*A/zu*); *nie* ~*yć* zu knapp (zu)messen.

domiesz|ać *pf.* beimischen, -men- gen; ~**ka** *f* (-*i*; *G*-*szek*) Beimengung *f*, Zusatz *m*; Fremdstoff *m*.

domięśniowy (-*wo*) intramuskulär.

dominikanin *m* (-*a*; -*anie*, -*ów*) Dominikaner(mönch) *m*.

domin|ium [-'mį-] *n* (*unv.*; -*ia*, -*ów*) Dominium *n*; ~**o** ['dɔ-] *n* (*unv.*) Domino *n u. m*; ~**ować** (-*uję*) do- minieren; *Sp. a.* führen; ~**ujący** [-'jɔn-] (-*co*) dominierend, über- ragend; *stanowisko* -*ce* Vormacht- stellung *f*.

domisko F *n* (-*a*) Riesenhaus *n*.

domknąć *pf. s.* domykać.

domniemany mutmaßlich, ver- meintlich.

domofon *m* (-*u*; -*y*) Haussprechan- lage *f*.

domokrąż|ca *m* (-*y*; *G*-*ów*) Hau- sierer *m*; ~**ny:** *handel* ~*ny* ambu- lanter Handel.

domo|rodny selbstgezüchtet; *Pflan- zen:* (ein)heimisch; ~**rosły** *fig.*

hausbacken; dilettantisch; ~**stwo** *n* (-*a*) Haus *n*, Gehöft *n*; ~**wnik** *m* (-*a*; -*cy*) Hausgenosse *m*, -bewoh- ner *m*; ~**wy** häuslich, Haus-, Fami- lien-; *po* ~*wemu* wie zu Hause.

do|mówić *pf. s.* domawiać; ~**myć** *pf. s.* domywać; ~**mykać** (-*am*), ⟨~**mknąć**⟩ ganz schließen; ein- schnappen lassen, einlinken; *nie* ~*mykać się* schlecht schließen (*v/i*).

domysł *m* (-*u*; -*y*) Vermutung *f*, Annahme *f*.

domyśl|ać się (-*am*), ⟨~**ić się**⟩ (-*lę*) vermuten, ahnen; erraten, dahin- terkommen; ~**nik** *m* (-*a*; -*i*) zwei- deutige Bemerkung, Anspielung *f*; ~**ność** *f* (-*ści*; 0) Scharfsinn *m*, Fin- digkeit *f*; ~**ny** findig, scharfsinnig, wach.

domy|wać (-*am*), ⟨~**ć**⟩ ganz ab- *od.* auswaschen; sauberbekommen.

do|naszać (-*am*), ⟨~**nosić**⟩ austra- gen; *Kleid:* ab-, auftragen.

donator *m* (-*a*; -*rzy*/-*owie*) *Jur.* Schenker *m*; Stifter *m*.

donica *f* (-*y*; -*e*) (großer) Blumen- topf *m*, Blumenkübel *m*; *Tech.* (*Glasschmelz-*)Hafen *m*.

doniczk|a *f* (-*i*; *G*-*czek*) Blumen- topf *m*; ~**owy:** *roślina* ~*owa* Topf- pflanze *f*.

donie|sienie *n* (-*a*; *G*-*ń*) Meldung *f*; Anzeige *f*; ~**ść** *pf.* tragen bis (*do G*/zu); *s.* donosić².

doniosł|ość *f* (-*ści*; 0) Wichtigkeit *f*, Tragweite *f*; ~**y** (-*le*) bedeutsam, von weittragender Bedeutung.

donos *m* (-*u*; -*y*) Denunziation *f*, Anzeige *f*; ~**iciel** [-'ɕi-] *m* (-*a*; -*e*), -**lka** *f* (-*i*; *G*-*lek*) Denunziant(in *f*) *m*, Zuträger(in *f*) *m*; ~**icielstwo** *n* (-*a*; 0) Denunziantentum *n*; ~**ić**[1] *pf. s.* donaszać; ~**ić**[2], ⟨donieść⟩ denun- zieren, angeben (*na A/A*); melden (*o L/A*).

donoś|ność *f* (0) Vernehmbarkeit *f*, -lichkeit *f*; *Mil.* Reich-, Schuß- weite *f*; ~**y** *Stimme:* laut, vernehm- lich.

doń = do niego.

dookoła *s.* dokoła.

dopa|dać, ⟨~**ść**⟩ gelangen, erreichen (*do G/A*); (*nur pf.*, *G*) einholen (*A*); (er)greifen, erwischen (*A*); ~**ść** stürzen (*auf A*); ~**ść konia** sich aufs Pferd schwingen.

dopalacz *m* (-*a*; -*e*) *Flgw.* Nach- brenner *m*; ~**ać** (-*am*), ⟨~**ić**⟩ Ziga-

rette aufrauchen; *Brennholz* verfeuern, verbrauchen; *~ać ⟨~ić⟩ się Feuer, Kerze*: niederbrennen; *pf. a.* erlöschen.

dopasow|ać *pf. s.* dopasowywać; **~anie** *n* Anpassung *f*; *Tech. a.* Nacharbeit *f*; Einpassen *n*; **~(yw)ać** (-[w]uję) anpassen (się sich); passend zusammenstellen; einpassen; *~ać się* (gut) zusammenpassen.

dopaść *pf. s.* dopadać.

dopatrywać (-uję), ⟨dopatrzyć⟩ (-ę) achtgeben, ein Auge haben (G/auf A); *~ się* (G) entdecken (A); ansehen (als A).

dopchać się *pf.* sich durchdrängen, -zwängen (do G/bis).

dopełni|acz [-'pɛw-] *m* (-a; -e) *Gr.* Genitiv *m*; *~ać* (-am), ⟨~ć⟩ vollnachfüllen; auffüllen; ergänzen; erfüllen; *~ajacy* [-'jɔn-] Ergänzungs-, Komplementär-.

dopełnieni|e *n* (-a) Ergänzung *f*; *Gr. a.* Objekt *n*; *~owy* Ergänzungs-, Objekt-.

dopełz|ać, ⟨~nąć⟩ (do G) kriechen bis (zu), kriechend erreichen (A).

dopędz|ać (-am), ⟨~ić⟩ einholen, erreichen.

dopiąć ['dɔ-] *pf.* Ziel erreichen, erlangen (G/A); *~ swego s-n* Willen durchsetzen; *s.* dopinać.

dopić *pf. s.* dopijać.

dopie|kać (-am), ⟨~c⟩ *v/t Brot* ausbacken; gar braten, durchbacken; *v/i Sonne*: brennen, stechen; *fig. s.* dokuczać, dogryzać.

dopiero eben, gerade; erst; *~ co* (so)eben; *a cóż ~* geschweige denn; *a to ~!* das ist ja (ein Ding)!

dopi|(ja)ć austrinken, leeren; **~inować** *pf.* achtgeben, aufpassen (G/ auf A *od.* daß) überwachen (G/A); *~nać* (-am), ⟨~ąć⟩ zuknöpfen; *~ąć na ostatni guzik* die letzte Hand anlegen (A/an A).

doping|ować (-uję) dopen; anspornen; *~ujący* [-'jɔn-]: *środek -cy* Dopmittel *n*.

dopis|ać *pf. s.* dopisywać; **~ek** *m* (-ska; -ski) (schriftlicher) Zusatz; Postskriptum *n*; (*Rand-*)Bemerkung *f*; *~(yw)ać* zu Ende schreiben; hinzuschreiben; (*nur 3. Pers.*) Hoffnungen erfüllen, günstig sein; *pogoda* (nie) *~ała* das Wetter war (un)freundlich; *zdrowie nie ~uje* mit der Gesundheit hapert es.

dopła|cać (-am), ⟨~cić⟩ nach-, zuzahlen; **~ta** *f* Nachzahlung *f*; Zuschlag *m*; Strafporto *n*.

dopły|nąć *pf. s.* dopływać; **~w** *m* (-u; -y) Zufluß *m*; Zufuhr *f*; Andrang *m*; Nebenfluß *m*; *~wać*, ⟨~nąć⟩ schwimmen bis (do G/zu), (*a. Schiff*) erreichen; **~wowy** Zufluß-, Einlaß-.

dopokąd [-kɔnt] *s.* dopóki.

dopo|magać ⟨~móc⟩ (ver)helfen, behilflich sein (w I/bei, in D); **~minać się** (-am), ⟨~mnieć się⟩ [-'pɔ-] (-nę, -nij!) (o A) verlangen (A, nach D), fordern (A); **~wiadać,** ⟨~wiedzieć⟩ aussprechen, -reden, zu Ende erzählen; hinzufügen; **~wiedzenie** *n Gr.* Apposition *f*.

dopó|ki *Kj.* solange; *Adv.* so lange wie (*od.* als); wie lange; **~ty:** *~kí ... ~ty* so lange ... bis.

dopraszać (-am), ⟨doprosić⟩: *~ się* bitten, betteln (G/um A); (*nur pf.*) *nie móc się ~* nicht erreichen (*od.* bekommen) können (G/A).

doprawdy wirklich; *~?* ist das wahr?

doprawi|ać [-'pra-] (-am), ⟨~ć⟩ *Kochk.* ansetzen; abschmecken.

doprosić się *pf. s.* dopraszać się.

doprowadz|ać (-am), ⟨~ić⟩ (do G) führen bis (do zu, bringen (in A, zu); *s. porządek;* (A) *Leitungen* (ver)legen; *Tech.* zuführen; **~anie** *n* (-a), **~enie** *n* Zufuhr *f*; Zuleitung *f*; Verlegung *f*; (*Gefangenen-*)Vorführung *f*.

dopust *m* (-u; -y): *~ boży* Fügung *f* (*od.* Strafe *f*) Gottes.

dopuszcza|ć, ⟨dopuścić⟩ zulassen (do G/zu); gestatten; entstehen (*od.* einreißen) lassen; gelten lassen; *Tiere* decken lassen; *~ się* begehen, verüben (G/A); *~ się czynu karalnego* straffällig werden.

dopuszcz|alny zulässig; maximal, Höchst-, Grenz-; **~enie** *n* (-a) Zulassung *f*.

dopuścić *pf. s.* dopuszczać.

dopyt|ywać (-uję), ⟨~ać⟩: *~(yw)ać się* (G) sich erkundigen, (durch-)fragen (nach); (o A, *nur impf.*) Erkundigungen einziehen, sich erkundigen (über A).

dorabiać [-'ra-] (-am), ⟨dorobić⟩ *passende od. fehlende Teile* anfertigen, *Schlüssel* nachmachen; (sich) *et.* dazuverdienen; *~ się* (G) es zu *et.* bringen, zu *et.* kommen.

dora|dca m Ratgeber m; ~dca prawny, wojskowy Rechts-, Militärberater m; **~dzać** (-am), ⟨~dzić⟩ (an)raten.

dorast|ać (-am), ⟨dorosnąć, dorość⟩ heranwachsen; pf. a. erwachsen sein; fig. (nie) dorość (nicht) gewachsen sein (do G/D); **~ający** ['-jon-] heranwachsend; **~anie** n (-a; 0) Heranwachsen n; wiek (od. okres) **~ania** Jugendalter n.

doraźn|y sofortig, rasch; behelfsmäßig, Behelfs-, Not-; ~ie Adv. a. sofort; w trybie **~ym** im Schnell(gerichts)verfahren.

doręcz|ać (-am), ⟨~yć⟩ aushändigen; Post zustellen; **~yciel** m (-a; -e, -i) Überbringer m.

dorob|ek m (-bku; 0) Errungenschaft f; koll. Werk n e-s Künstlers; (Kultur-)Güter n/pl., (National-)Erbe n; być na **~ku** anfangen, sich hocharbeiten; **~ić** pf. s. dorabiać; **~kiewicz** m (-a; -e) Neureiche(r).

doroczny alljährlich.

dorodn|ość f (-ści; 0) Stattlichkeit f, gute Figur; Schönheit f; **~y** stattlich, gut gebaut, wohlgestalt(et); Getreide: gut geraten.

doros|ły erwachsen; Su. m (-ego; -li) Erwachsene(r); **~nąć** pf. s. dorastać.

doroślec ⟨wy-⟩ (-eję) erwachsen werden.

dorozumie|wać się (-am), ⟨~ć się⟩ mutmaßen; pf. a. erraten.

dorożk|a f (-i; G -żek) Droschke f; **~arski** Droschken-; **~arz** m (-a; -e) (Droschken-)Kutscher m.

dorość pf. s. dorastać.

dorówn|ywać (-uje), ⟨~ać⟩ (D) gleichkommen, ebenbürtig sein (D), heranreichen (an A).

dorsz m (-a; -e) Kabeljau m; ~ bałtycki Dorsch m.

dorwać pf.: ~ się (do G) sich stürzen (auf A), herfallen (über A); ~ się do władzy an die Macht kommen.

dorysow(yw)ać (-[w]uje) hinzuzeichnen; fertigzeichnen.

dorywcz|o Adv. zeitweise, hin und wieder; **~y** gelegentlich, zeitweilig; s. praca. [Sammelgebiet n.]

dorzecze n (-a; G -y) Strom-⌋

dorzeczny vernünftig.

dorznąć pf. s. dorzynać.

dorzuc|ać (-am), ⟨~ić⟩ werfen bis (zu); (G) hinzutun (A); Kohle nachlegen; fig. hinzufügen, einwerfen (A).

do|rzynać (-am), ⟨~rznąć, ~rżnąć⟩ notschlachten; **~sadny** deutlich; deftig, derb; **~salać** (-am), ⟨~solić⟩ nachsalzen; fig. (D) j-m die Hölle heiß machen; **~sercowy** Med. Herz-.

dosiadać, ⟨dosiąść⟩: ~ konia sich aufs Pferd schwingen; fig. ~ swego konika sein Steckenpferd reiten.

do|siadywać, ⟨~siedzieć⟩ sitzen bleiben bis (zu); Strafe bis zum Ende absitzen; Eier ausbrüten.

dosiego: ~ roku! prosit Neujahr!

dosięg|ać, ⟨~nąć⟩ (G) reichen bis (zu); erreichen (A); **~alny** erreichbar.

dosk|akiwać (-uje), ⟨~oczyć⟩ (do G) hoch springen bis (zu, an A); heranspringen (an A).

doskona|le Adv. s. doskonały, **~lenie (się)** n (-a) Vervollkommnung f; (berufliche) Fortbildung; **~lić** ⟨u-, wy-⟩ (-lę) vervollkommnen (się sich); **~łość** f (-ści) Vollkommenheit f; **~ły** (-le) vollkommen, perfekt; vorzüglich, vortrefflich.

do|skwierać (-am) hart zusetzen; quälen, plagen (D/A); **~słać** pf. s. dosyłać.

dosł|adzać (-am), ⟨~odzić⟩ süßer machen.

dosłowny wörtlich, buchstäblich.

dosłysz|alny hörbar, vernehmbar; **~eć** pf. hören, vernehmen; nie ~eć schwer hören, nicht verstehen.

dosmaż|ać (-am), ⟨~yć⟩ gar braten.

do|solić pf. s. dosalać; **~spać** pf. s. dosypiać; **~stać** pf. s. dostawać.

dostarcz|ać, ⟨~yć⟩ (G) liefern (A); beliefern, versehen (mit); Bio. zuführen; Post zustellen; Arbeit beschaffen; Zeugen stellen; Unterlagen beibringen, einreichen; **~anie** n (-a; 0) Beschaffung f; Versorgung f (G/mit); a. = **~enie** n (-a; 0) Lieferung f; Zufuhr f; Beibringung f.

dostateczn|ie Adv. genug; (Schulnote) ausreichend; **~y** genügend, hinlänglich, ausreichend.

dostat|ek m Überfluß m; Wohlstand m; pod **~kiem** a. in Hülle und Fülle; **~ni** (-nio) wohlhabend.

dosta|wa f (-y) (dodatkowa Nach-) Lieferung f; ~gi ~wy obowiązkowe Pflichtablieferung f; Ablieferungssoll n; do **~wy** lieferbar; lieferfähig; termin **~wy** Lieferfrist f; Ablieferungstermin *m*; ~(**wa**)**ć** (ab)bekommen, erhalten, F kriegen; reichen bis (zu); erreichen; herausnehmen, -ziehen, -holen; ~(**wa**)**ć się** gelangen, kommen (**do** *G*/nach, bis); geraten (**do** *G*, **w** *A*/in *A*); (*D*) zufallen, anheimfallen; ~**ło mu się** er hat s-n Teil abbekommen; ~**wca** *m* (-*y*; *G* -*ów*) Lieferant *m*; Lieferfirma *f*; ~**wi**(**a**)**ć** anstellen, anlehnen (**do** *G*/an *A*); beistellen; liefern; abliefern; *j-n* vorführen; (*nur impf.*) beliefern (mit).

dostąpić *pf. Glück, Gnade* erlangen, finden (*G*/*A*), teilhaftig werden (*G*); herantreten (**do** *G*/an *A*).

dostęp [-stemp] *m* (-*u*; -*y*) Zugang *m*, Zutritt *m*; ~**ny** zugänglich; *Preis:* erschwinglich; *Vortrag:* allgemein verständlich.

dostoj|eństwo [-ʹjeĩs-] *n* (-*a*) Würde *f*; ~**nik** *m* (-*a*; -*cy*) Würdenträger *m*; ~**ność** *f* (-*ści*; *0*) Würde *f*; ~**ny** würdevoll, würdig; ehrwürdig, hochgeehrt.

dostosow|ać *pf. s.* dostosowywać; ~**alność** *f* (-*ści*; *0*) Anpassungsfähigkeit *f*; ~**anie** *n* (-*a*; *0*) Anpassung *f*; ~**any** (**do** *G*) angepaßt (an *A*); angemessen (*D*); ~(**yw**)**ać** (-[*w*]*uję*) anpassen (**się** sich, **do** *G*/an *A*, *D*).

dostr|ajać (-*am*), ⟨~**oić**⟩ *Mus.* nachstimmen; *Rdf.* abstimmen; ~**ajanie** *n* (-*a*) *Rdf.* Scharfabstimmung *f*.

dostrze|gać (-*am*), ⟨~**c**⟩ bemerken, erblicken; ~**galny** sichtbar; merkbar, -lich.

dosu|szać (-*am*), ⟨~**szyć**⟩ nachtrocknen (lassen); ~**wać**, ⟨~**nąć**⟩ heranschieben (**do** *G*/an *A*, bis zu).

do|sychać (-*am*), ⟨~**schnąć**⟩ ganz (*od.* völlig) trocken werden, nachtrocknen (*v*/*i*); ~**syć** genug; ziemlich, ganz schön; ~**syć dobrze** ganz gut; ~**syłać** (-*am*), ⟨~**słać**⟩ nachsenden; ~**sypać** *pf. s.* dosypywać.

dosypiać ⟨**dospać**⟩: **nie** ~ zu wenig (*od.* nicht genug) schlafen.

dosyp|ywać (-*uję*), ⟨~**ać**⟩ hinzuschütten, vollschütten (*G*/*A*).

doszczętny [-ʹʃtʃent-] (*Adv. a.* **do szczętu**) restlos, völlig, total.

doszk|alać (-*am*), ⟨~**olić**⟩ *s.* dokształcać.

do|szlifow(**yw**)**ać** (-[*w*]*uję*) *Tech.* einschleifen; ~**sztukow**(**yw**)**ać** (-[*w*]*uję*) anstückeln.

doszuk|ać *pf.*: ~**ać się** finden, entdecken (*G*/*A*); ~**iwać** (-*uję*): ~**iwać się** suchen (*G*/nach).

dościg|ać, ⟨~**nąć**⟩ [-nɔntɕ] (-*nę*) einholen.

dość *s.* dosyć; **nie** ~, **że** ... **ale nicht nur ...,** sondern auch; **nie** ~ **na tym** nicht genug (**że**/daß); **od** ~ **dawna** seit geraumer Zeit.

do|śmiertny *s.* dozgonny; ~**środkowy** (-*wo*) zentripetal; ~**śrubow**(**yw**)**ać** (-[*w*]*uję*) anschrauben; *Schraube* an-, festziehen.

doświadcz|ać (-*am*), ⟨~**yć**⟩ erfahren; *engS.* erdulden, erleiden, erleben (*G*/*A*); erproben (**na** *L*/an *D*); ~**yć na własnej skórze** am eigenen Leibe verspüren; (*nur 3. Pers.*) *v. Schicksal* heimgesucht, geprüft werden; ~**alny** experimentell, empirisch; Versuchs-, Test-; ~**enie** *n* (-*a*) Experiment *n*, Versuch *m*; Erfahrung(**en** *pl.*) *f*; ~**enie na zwierzętach** Tierversuch; ~**enie losu** Schicksalsschlag *m*; **brak** ~**enia** Unerfahrenheit *f*; ~**oność** *f* (-*ści*; *0*) Erfahrenheit *f*; ~**ony** erfahren; bewährt; ~**yć** *pf. s.* doświadczać.

dotacja *f* (-*i*; -*e*) Dotation *f*, Zuwendung *f*.

dotar|cie *n* Erreichen *n*; *Tech.* Einlaufen *n*; Einfahren *n*; ~**ty** *Kfz.* eingefahren.

dotąd [-tɔnt] (*örtl.*) bis hierher; (*zeitl.*) bisher, bis jetzt.

dotkliwy (-*wie*) empfindlich, fühlbar; *Not:* bitter.

dotkn|ać (**się**) *pf. s.* dotykać (**się**); ~**ięcie** [-ʹŋen-] *n* (-*a*) (*a.* **się**) Berührung *f*; ~**ięty** [-ʹŋen-] betroffen, befallen (*I*/von *D*); gekränkt, verletzt (**w**, **na** *L*/in *D*).

do|tłoczyć *pf. s.* dopchać się; ~**tować** (-*uję*) dotieren, unterstützen; ~**trwać** *pf.* (**do** *G*) dauern bis (zu); existieren, erhalten bleiben (bis zu); ausharren, aushalten (bis zu); ~**trzeć** *pf. s.* docierać.

dotrzym|ywać (-*uję*), ⟨~**ać**⟩ (*G*) *Wort, Schritt* halten; *Geheimnis* bewahren; *Gesellschaft* leisten; *Termin, Bedingungen* einhalten.

dotychczas bisher; ~**owy** bisherig.

dotyczyć (**się**) (*G*) betreffen, angehen (*A*), gelten (für).

dotyk *m* (-*u*; *0*) = zmysł ~**u** Tastsinn *m*; ~**ać**, ⟨**dotknąć**⟩ (*G*) berühren, anfassen (*A*; **się** *a.* sich, ein-

ander); anrühren (A); fig. (nur pf.)
rühren (A); verletzen (A); heim-
suchen (A); (nur impf.) anstoßen
(an A); ~alny fühlbar, tastbar;
~owy Tast-; Gefühls-.

doucz|ać [-'u-] (-am), ⟨~yć⟩ weiter-
bilden; ~ać ⟨~yć⟩ się auslernen;
dazulernen.

doustny [-'u-] Med. oral, Schluck-;
Adv. a. per os.

doważ|ać (-am), ⟨~yć⟩ (da)zuwie-
gen; nie ~yć falsch abwiegen.

dowcip m (-u; -y) Witz m; ~kować
(-uję) witzeln; ~niś F m (-sia; -sie,
-ów) Witzbold m; ~ny witzig.

do|wiadywać się (-uję), ⟨~wiedzieć
się⟩ (o A od. L) sich erkundigen
(nach); (o L) erfahren (A).

dowidzieć: nie ~ schlecht sehen
(können).

dowie|dziony erwiesen; ~rzać (-am)
trauen (D); nie ~rzać mißtrauen;
~rzający [-'jɔn-] vertrauensvoll;
~ść pf. s. dowodzić; ~źć pf. s.
dowoźić.

dowle|kać (-am), ⟨~c⟩ (się sich)
schleppen bis (do G/zu, nach).

dowodow|y Beweis-; Beleg-; postę-
powanie ~e Beweisaufnahme f.

dowodz|enie n (-a; 0): stanowisko
~enia Befehlsstand m; ~ić, ⟨do-
wieść⟩ führen bis (do G/zu, nach);
beweisen (G/A); (nur impf.) kommandieren, befehligen (I/A).

dowoln|ość f Belieben n, Freiheit f;
~y beliebig, (wahl)frei, Frei-, nach
Wahl; jazda ~a, ćwiczenia ~e
Kür(übung) f.

do|woływać się pf. (endlich) heraus-
od. herbeirufen (G/A); ~wozić,
⟨~wieźć⟩ v/t fahren; bringen bis
(do G/zu); (her)anfahren; beliefern
(k-u A/j-n mit).

dowód m (-odu; -ody) Beweis m;
(Kassen-)Beleg m; (Personal-)Aus-
weis m; ~ rzeczowy Beweisstück n;
na ~, w ~ (G) zum (od. als) Beweis
(für od. G).

dowódca m (-y; G -ów) Komman-
deur m, Befehlshaber m; ~ plutonu
Zugführer m; ~ kompanii Kompa-
niechef m; ~ eskadry Flgw. Staffel-
kapitän m.

dowództwo n (-a) Kommando n,
Befehl(sgewalt f) m; Kommando-
stelle f, Stab m.

dowóz m (-ozu; 0) Zufuhr f, Versorgung f.

doza f (-y) Dosis f, Gabe f.

dozbr|ajać (-am), ⟨~oić⟩ (zusätz-
lich) aufrüsten.

dozgonny ewig, bis ans Grab.

dozna|wać (-ję), ⟨~ć⟩ (G) empfin-
den, (ver)spüren (A); erfahren, erleiden (A); ~(wa)ć zawodu enttäuscht werden.

dozor|ca m (-y; G -ów), ~czyni f
(-i; -e) Aufseher(in f) m; Wärter
(-in f) m; Hauswart(sfrau f) m;
~ować (G) beaufsichtigen
(A); überwachen (A); ~owiec [-'rɔ-]
m (-wca; -wce) Wachboot n, -schiff
n; ~owy Patrouillen-, Wach-.

dozować (-uję) dosieren.

dozór m (-oru; 0) Aufsicht f, Überwachung f; oddać pod ~ unter Aufsicht stellen. [erlauben.}

dozw|alać (-am), ⟨~olić⟩ (-lę, -wól!)}

doża m (-y; -owie, -ów) Doge m.

doży|ć pf. s. dożywać; ~lny Med.
intravenös; ~nki pl. (-nek) Ernte-
(dank)fest n; ~wać (-am), ⟨~ć⟩ erleben (do G/A); ~ć późnego wieku
hohes Alter erreichen; ~wiać [-ɣa-]
(-am) s. dokarmiać; ~wocie n (-a;
G -i) Leibrente f; ~wotni (-nie,
-nio) Lebens-, lebenslänglich.

dójka f (-i; G -jek) Melkerin f;
Milchkuh f.

dół m (dołu; doły) Grube f, (Erd-)
Loch n, Unterteil m od. n; Unterseite f; unteres Ende; fig. Talsohle
f; w (od. na) ~u dołowi nach unten, abwärts, hin-, herunter; z (od.
od) dołu von unten; na (od. w) dole,
u dołu unten; ~ rzeki Flußunterlauf
m; płatny z dołu nachträglich zahlbar.

drab m (-a; -y) (Riesen-)Kerl m;
Strolch m; hist. (Kriegs-)Knecht m.

drabin|a f (-y) Leiter f; ~iasty:
wóz -ty Leiterwagen m; ~ka f (-i;
G -nek) (linowa od. sznurowa
Strick-)Leiter f; ~ka szwedzka Sp.
Sprossenwand f.

drabki f/pl. (-bek) (Heu-)Raufe f.

draganek m (-nka; 0) Estragon m.

drago|n m (-a; -i) hist. Dragoner m;
Sp. Drachen m (Boot); fig. Hüne m;
~ński [-'gɔiś-] Dragoner-; fig. derb.

draka f (-i) s. granda, chryja.

drakoński [-'kɔʲa-] (po ku) dra-
konisch.

drał|a P: dać ~a abhauen, Reißaus
nehmen; ~ować P (-uję) laufen,
marschieren.

dramat m (-u; -y) Drama n; ~opisarz m Bühnendichter m, Dramatiker m; ~urgiczny dramaturgisch; ~yczny dramatisch; Theater-; artysta -ny Bühnenkünstler m; ~yzować (-uję) dramatisieren.

dranic|a f (-y; -e) (Dach-)Schindel f; ~owy Schindel-.

drań m (-nia; -nie, -i[ów]) Lump m, Schuft m; ~stwo ['draĩs-] n (-a) Gemeinheit f; Lumpenpack n.

drapacz m (-a; -e) Agr. Krümmer m; Mar. Dregganker m; ~ chmur Wolkenkratzer m; ~ka f(-i; G -czek) Kratzbürste f.

drap|ać ⟨po-⟩ (-ię), ⟨~nąć⟩ [-nǫntɕe] (-nę) kratzen (się sich); ~ać się (na A) (hinauf)klettern; F ~nąć s. drapak(a dać), drała; ~ak F m (-a; -i) alter Besen, alte Bürste; fig. dać ~aka die Kurve kratzen; ~anie n (-a) Kratzen n; Kratzgeräusch n.

draperia [-'pɛ-] f (G, D, L -ii; -e) Drapierung f.

drapichrust F m (-a; -y) Strauchdieb m, Strolch m.

drapież|ca m (-y; G -ów), ~nik m (-a; -cy/-i) Zo., fig. Räuber m; ~ność f (-ści; 0) Raubgier f; ~ny raubgierig; Zo. Raub-; Greif-.

drapn|ąć pf. s. drapać; ~ięcie [-'nɛn-] n (-a) Kratzer m.

dra|powаć ⟨u-⟩ (-uję) drapieren; ~snąć [-nǫntɕe] pf. ⟨a. za-⟩ (-nę) kratzen, ritzen (się sich); Kugel: streifen; fig. verletzen; ~styczny drastisch; derb; heikel; ~śnięcie [-'nɛn-] n (-a) Kratzer m, Schramme f; Streifschuß m; ~twa f(-y; G -/-tew) Schusterzwirn m, Pechdraht m; ~żetka f (-i; G -tek) Dragée n.

drażliw|ość f (-ści; 0) Reizbarkeit f, Gereiztheit f; das Heikle, Peinliche e-r Situation; ~y (-wie) reizbar; heikel, kitzlig.

drażni|ący [-'nǫn-] (-co) Reiz-; Ätz-, ätzend; ~ć ⟨po-⟩ (-ę,-ń/-nij!) reizen; ~ć się (sich) necken (z I/A, mit).

drą s. drzeć.

drąg [drǫŋk, -ŋgi] m (-a; -i) Stange f; Rundholz n, Bengel m; ~ stalowy Brechstange; ~al F m (-a; -e) s. dryblas.

drąż|ek m (-żka; -żki) Knüppel m; Stange f; (Bedienungs-)Hebel m; Sp. Reck n; ~ek skrętny Torsions-

stab m; ~enie n (-a) Aushöhlen n; Bgb. Auffahren n, Vortrieb m; ~kowy Knüppel-; Stangen-; ~ony ausgehöhlt, hohl; ~yć ⟨wy-⟩ (-ę) aushöhlen.

drelich m (-u; -y) Drillich m; Drillichzeug n.

dren m (-u; -y) Drän(rohr n) m; engS. a. Sickergraben m; Med. Drain m; ~aż m (-u; -e) Dränage f, Dränung f; ~aż rynku Marktabschöpfung f; ~ować (-uję) dränieren; Med. drainieren.

dreptać ⟨po-⟩ (-czę/-cę) trippeln; zuckeln; ~ w miejscu auf der Stelle treten.

dres m (-u; -y) (Sport-)Dreß m.

dreszcz m (-u; -e) Schau(d)er m, Beben n; ~e pl. a. Schüttelfrost m; ~yk m (-u; -i) Schauer m, Prickelgefühl n; Frösteln n; ~yk emocji Nervenkitzel m.

drew|ienko n (-a; G -nek) Hölzchen n; ~niak ['drev-] m (-a; -i) Holzschuh m; Holzhaus n; ~niany Holz-, hölzern; ~nieć ⟨z-⟩ (-eję) verholzen, holzig werden.

drewno n (-a; G -wien) (opałowe, tarte Brenn-, Schnitt-)Holz n; Holzmasse f; fig. jak ~ wie ein (Holz-)Klotz; ~wiec [-'no-] m (-wca; -wce) Holzfrachter m.

drewutnia [-'vu-] f (-i; -e, -i) dial. s. drwalnia.

drezdeński [-'dɛĩs-] Dresd(e)ner (Adj.).

drę s. drzeć.

dręczy|ciel [drɛn'tɕi-] m (-a; -e, -i) Quäler m, Peiniger m; Plagegeist m; ~ć (-czę) quälen (się sich; I/mit); peinigen, plagen.

drętw|a ['drɛnt-] f (-y; G -) Zitterrochen m; ~ieć ⟨o-, z-⟩ (-eję) vor Kälte, Angst erstarren; Beine usw.: taub werden, F einschlafen; ~ik m (-a; -i) Zitteraal m; ~y: F ~a mowa Geschwafel n.

drga|ć ⟨za-⟩ (-am), ⟨drgnąć⟩ [-nǫntɕe] (-nę) zittern, beben; vibrieren, schwingen; (mst pf.) zucken; F ani drgnąć k-n Mucks tun; ~nie n (-a) Zittern n, Beben n; Schwingungen f/pl.; Schwingen n; ~wka f (-i; G -wek) Zuckung f; ~wki pl. a. Krämpfe m/pl.; ~wkowy krampfartig, -haft.

drgnąć pf. s. drgać.

drgni|enie n (-a), ~ęcie [-'nɛn-] n (-a)

(-a) Zucken n, Zuckung f; bez ~enia powieki ohne mit der Wimper zu zucken.

driakiew ['dṛia-] f (-kwi; -kwie) Bot. Skabiose f; † a. Heilsalbe f.

drobiar|nia [-'bar-] f (-i; -e, -i) Geflügelstall m; Wechselgang f; ~stwo n (-a; 0) Geflügelzucht f.

drobiazg ['dro-] m (-u; -i) Kleinigkeit f; koll. die Kleinen (Kinder); Jungfische m/pl.; ~! kleine Fische!; ~owo Adv. s. drobiazgowy; ~owość f (-ści; 0) Kleinlichkeit f, Kleinkrämerei f; ~owy (-wo) kleinlich, pedantisch; mit allen Einzelheiten; genau, sorgfältig.

drobi|ć ⟨roz-⟩ (-ę, drób!) (zer)krümeln, -bröckeln; ~na f (-y) Molekül n; a. = ~nka f s. odrobina; ~nowy molekular, ~owy [-'bo-] Geflügel-.

drobn|e pl. (-ych), F ~iaki pl. (-ów) Kleingeld n; Wechselgeld n, ~ica f (-y; -e) Stück(fracht)gut n; Mar. Generalcargo m; Kleinfische m/pl., ~icowiec [-'tso-] m (-wca; -wce) Frachtschiff n, Frachter m; ~icowy Stückgut-, Fracht-; ~iut(eń)ki (-ko) ganz klein, winzig.

drobno Adv. s. drobny; ~listny, ~liściasty kleinblättrig; ~mieszczański (-ko) kleinbürgerlich; ~seryjny Kleinserien-.

drobnostk|a f (-i; G -tek) Kleinigkeit f; Geringfügigkeit f; ~owy kleinlich, pedantisch.

drobno|ść f (-ści; 0) Feinheit f; Winzigkeit f; ~towarowy Klein(betriebs-); ~ustroje m/pl. (-ów) Mikroorganismen m/pl.; ~ziarnisty (-ście) feinkörnig.

drobn|y (-no) klein, Klein-; fein, Fein-; gering(fügig); ~y deszcz Sprühregen m; s. drobne.

droczyć się F (-ę) (sich) necken (z I/A, mit).

drog|a f (-i; G dróg) Weg m (a. fig.); eng S. Straße f; Bahn f; ~a gruntowa unbefestigte Straße; ~a startowa Startbahn, Piste f; ~a służbowa Dienst-, Instanzenweg; ~i oddechowe Atemwege; po (od. w) drodze unterwegs; w drodze ... (G) fig. auf dem ~weg; swoją ~ą ander(er)seits, andre(r)teils, szczególniej ~i glückliche Reise!

drogeria [-'ge-] f (G, D, L -ii; -e) Drogerie f.

drogi (Komp. -oższy, -go, Komp. -ożej) teuer; kostbar; fig. a. lieb; mój ~ mein Lieber.

drogista m (-y; -ści, -ów) Drogist m.

drogo Adv. s. drogi; ~cenny kostbar; Edel-.

drogo|we n (-ego; -e) Maut f, Weggeld n; ~wiec [-'go-] F m (-wca; -wcy) Straßenbauer m; ~wnictwo n (-a; 0) Straßen(bau)wesen n; ~wskaz m (-u; -y) Wegweiser m; ~wy Wege-, Straßen-; wypadek ~wy Verkehrsunfall m; prace ~we Straßenbauarbeiten f/pl.

drop m (-pia; -pie) Zo. Großtrappe f.

drops m (-a; -y) Drops m.

drozd m (-a; -y) (śpiewak Sing-) Drossel f.

drożdż|aki m/pl. (-ów) Hefepilze m/pl.; ~e pl. (-y) Hefe f; rosnąć jak na ~ach in die Höhe schießen; ~owy Hefe-; matka ~owa Mutter-, Kernhefe f.

droż|eć ⟨po-, z-⟩ (-eje) teurer werden, sich verteuern; ~ej, ~szy s. drogi; ~yć się (-ę) sich zieren.

droży|na f (-y) schmaler Weg, Pfad m; ~zna f (-y; 0) Teu(e)rung f.

drób m (drobiu; 0) Geflügel n, Federvieh n.

dróż|ka f (-i; G -żek) s. drożyna; ~ka startowa Startbahn f; ~nik m (-a; -cy) Bahn- od. Streckenwärter m; Straßenaufseher m.

druci|k m (-a; -i) Drahtstift m; (Stahlwatte-)Topfreiniger m; ~nka f (-i; G -nek) (Draht-)Fußabtreter m; ~ny Draht-; ~rnia [-'tcar-] f (-i; -e) Drahtfabrik f, -zieherei f.

drucik m (-a; -i) feiner Draht, Metallfaden m.

drugi zweite(r); Zweit-; andere(r); ~e danie Kochk. Hauptgericht n; co ~ jeder zweite; po ~e zweitens; ~e tyle nochmal so viel; jeden po ~ (od. za) ~m hinter-, nacheinander; druga (godzina) zwei (Uhr); s. a. plan, jeden, koniec.

drugo|planowy (-wo) zweitrangig, nebensächlich; a. = ~rzędny [-'zen-] zweitklassig, mittelmäßig; ~rzędowy [-zen-] (-wo) sekundär; ~stronny um-, rückseitig.

druh m (-a; -owie/-y) Kamerad m; ~na f (-y; G -hen) Kameradin f; Brautjungfer f.

druk m (-u; 0) (Buch-)Druck m; (Be-)Drucken n; (pl. -i) Drucksache *f*; Druckschrift *f*; ogłosić (*od. wydać*) ~iem veröffentlichen.

drukar|ka *f* (*-i*; *G* -rek) Druckmaschine *f*; ~nia* ['-kar-] *f* (*-i*; *-e*) Druckerei *f*; ~ski Druck(erei-) ~stwo *n* (*-a*; *0*) Buchdruckerkunst *f*; Druckgewerbe *n*.

drukarz *m* (*-a*; *-e*) (*Buch-*)Drucker *m*; ~ kornik *Zo.* Buchdrucker *m*.

drukowa|ć (*wy-*) (*-uję*) drucken; *Zeug* bedrucken; ~ny gedruckt, Druck-.

drumla *f* (*-i*; *-e*, *-i*) Maultrommel *f*.

drut *m* (*-u*; *-y*) (*kolczasty, zrywowy* Stachel-, Stolper-)Draht *m*; ~y *pl. a.* Leitung *f*; Stricknadeln *f/pl.*; *bez* ~u drahtlos; robić na ~ach stricken; *prosty jak* ~ schnurgerade; *za* ~ami *hinter* Stacheldraht; ~owce *pl.* (*-ów*) *Zo.* Drahtwürmer *m/pl.*; ~owy Draht-.

druzgot *m* (*-u*; *0*) *Min.* Trümmergestein *n*; ~ać <*po-*, *z-*> (*-czę/-cę*) zerschmettern, zertrümmern.

druż|ba *m* (*-y*; *-owie*, *-ów*) Brautführer *m*; ~ka *f* (*-i*; *G* -żek) Brautjungfer *f*.

drużyn|a *f* (*-y*) (*Sport-, Zug-*)Mannschaft *f*; Gruppe *f*, Abteilung *f*; *hist.* Kriegsgefolge *n*, Mannen *pl.*; (*Pfadfinder-*)Trupp *m*; ~ami gruppenweise; ~owy (*-wo*) Mannschafts-; Gruppen-; Trupp-; *Su. m* (*-ego*; *-i*) Gruppen-, Truppführer *m*.

drwa *pl.* (*drew*) (*Brenn-*)Holz *n*; ~ł *m* (*-a*; *-e*) Holzfäller *m*, -hacker *m*; ~łka *f* (*-i*; *G* -lek), ~łnia ['drva-] *f* (*-i*; *-e*) (*Brenn-*)Holzschuppen *m*.

drwi|ący ['-von-] (*-co*) höhnisch, spöttisch; ~ć <*za-*> (*-ę*; *-ij!*) (*z G*) verspotten (*A*), sich lustig machen (*über A*); ~ć sobie (*z G*) darauf pfeifen, sich nichts daraus machen.

drwin|a *f* (*-y*) Verspottung *f*; Hohn *m*; *stroić* ~y *s.* drwić; ~ki *pl.* (*-nek*) Spöttelei *f*; ~kować (*-uję*) (be-)spötteln. [Lulatsch *m.*]

dryblas F *m* (*-a*; *-y*) Schlaks *m.*]

dryblować (*-uję*) *Sp.* dribbeln.

dryf *m* (*-u*; *0*) Abtrift *f*; Drift *f*; ~ować (*-uję*) *v/i* driften, treiben.

dryg F *m* (*-u*; *0*) Talent *n*, Begabung *f*.

dryl *m* (*-a*; *-e*) Pfeifenreiniger *m*; (*-u*; *0*) Drill *m*; ~ować (*-uję*) bohren; *Kirschen* entkernen; ~ownik *m* (*-a*; *-i*) Kernentferner *m*.

dryn|da P *f* (*-y*) (*Pferde-*)Droschke

f; ~dziarz P *m* (*-a*; *-e*) Droschkenkutscher *m*.

drzazg|a [dʒ-] *f* (*-i*; *-z*[*e*]*g*) (*Holz-*)Span *m*; Splitter *m*; *strzaskać, rozbi*(*ja*)*ć na* (*od. w*) ~*i* Kleinholz machen (*A*/aus *A*), kurz und klein schlagen.

drzeć [dʒ-] <*po-*> (*L.*) (zer)reißen; (*nur impf.*) *Federn* schleißen; zausen (*za A*/an *D*); (*z G*) *j-n* ausnehmen (*fig.*); ~ *ze skóry fig.* das Fell über die Ohren ziehen; F ~ *koty* (*z I*) wie Hund und Katze leben (mit); ~ *gardło* schreien, brüllen; ~ *się* reißen (*v/i*); F (herum)brüllen; *Baby*: schreien.

drzem|ać [dʒ-] (*-ię*) <*za-* ein-> schlummern; ~ka *f* (*-i*; *G* -mek) Schlummer *m*, Halbschlaf *m*; Schläfchen *n*; F *uciąć* ~kę *ein* Nickerchen machen; ~lik *m* (*-a*; *-i*) *Zo.* Merlin *m*.

drzew|ce [dʒ-] *n* (*-a*; *G* -*wc*) Schaft *m*, Stiel *m*; (*Flagg-*)Stock *m*; ~ianka *f* (*-i*; *G* -nek) Laubfrosch *m*; ~iasty (*-to*) baumartig; ~ko *n* (*-a*; *G* -wek) Bäumchen *n*; ~nik *m* (*-a*; *0*) *s. lignino*; ~ny Holz-; Baum-.

drzewo [dʒ-] *n* (*-a*) (*iglaste, owocowe* Nadel-, Obst-)Baum *m*; Holz *n*; ~ryt *m* (*-u*; *-y*) Holzschnitt *m*; ~rytnik *m* (*-a*; *-cy*) Holzschneider *m*; ~stan *m* Waldbestand *m*; Baumbestand *m*.

drzwi [dʒ-] *pl.* (~) Tür *f*; ~ *do* (*od. od*) *szafy* Schranktür; *przy* ~ach *zamkniętych* unter Ausschluß der Öffentlichkeit; ~czki *pl.* (*-czek*) (*Ofen-*)Tür(chen *n*) *f*; (*Wagen-*)Schlag *m*; Klappe *f*; ~owy Tür-.

drżą|cy ['-ʒon-] (*-co*) zitternd, zittrig; ~czka *f* (*-i*; *G* -czek) *Bot.* Zittergras *n*; *Med.* Schüttellähmung *f*.

drże|ć <*za-*> (*-ę*, *-ysz*, *-żyj!*) (er)zittern, beben (*od, z G*/vor; *o A*/um); ~nie *n* (*-a*) Zittern *n*, Beben *n*.

dubbing ['dabiŋ] *m* (*-u*; *-i*) (*Film-*)Synchronisation *f*; ~ować <*z-*> (*-uję*) (nach)synchronisieren.

dubelt *m* (*-a*; *-y*) *Zo.* Doppelschnepfe *f*; ~owy (*-wo*) doppelt; Doppel-; ~ówka *f* (*-i*; *G* -wek) Doppelflinte *f*; F *całować z* ~ówki auf beide Wangen küssen.

dubl|er *m* (*-a*; *-rzy*) (*Film-*)Double *n*; ~et *m* (*-u*; *-y*) Dublette *f*; ~ować <*z-*> (*-uję*) dublieren; als Double spielen; *Sp.* überrunden.

duby *pl.* (-ów): ~ smalone dummes Zeug, barer Unsinn.

duch *m* (-a/-u, -y) Geist *m*; Mut *m*; *co* ~u, ~em so schnell die Füße tragen; *w* ~u im Geiste; im Innern, im stillen; † *czuj* ~! aufgepaßt!; ~ota F *f* (-y) Stickluft *f*; Schwüle *f*.

duchow|ieństwo [-'veĩs-] *n* (-a; *0*) Geistlichkeit *f*; ~ny geistlich; *Su. m* (-ego; -i) Geistliche(r); ~y geistig, Geistes-.

dud|a *f* (-y) *s.* dudy; *a. m* (-y; *G* -ów) = ~arz *m* (-a; -e) Dudelsackpfeifer *m*; ~ek *m* (-dka; -dki) *Zo.* Wiedehopf *m*; *s.* wystrychać; ~ka *f* (-i; *G* -dek) Hirten-, Rohrpfeife *f*; ~ki *pl.* *Kochk.* Kalbslunge *f* (*Suppeneinlage*); ~nić ⟨za-⟩(-ę)-(nij!) *Regen:* trommeln; *Räder:* rumpeln, rasseln; *Hufschlag:* dröhnen; F *auf* *d.* *Klavier* klimpern; ~nienie *n* (-a) Dröhnen *n*; Geklimper *n*; *El.* Schwebung *f*; ~u F: *ani* ~du kein Wort, k-n Mucks; ~y *f/pl.* (dud) Dudelsack *m*; *s. a.* piszczałka.

duet *m* (-u; -y) Duett *n*.

dufny eingebildet; (*a. w siebie*) selbstsicher.

du|ga *f* (-i) Krummholz *n*; ~kać (-am) *s.* bąkać; ~kat *m* (-a; -y) Dukaten *m*; ~kt *m* (-u; -y) Schneise *f*; Duktus *m*; ~lka *f* (-i; *G* -lek) (*Riemen-*)Dolle *f*.

dum|a *f* (-y; *0*) Stolz *m*; Ehrgeiz *m*; (*pl.* -y) (*Helden-*)Lied *n*; ~ać (-am) (nach)sinnen, grübeln (*nad I/über A*); ~ka *f* (-i; *G* -mek) (lyrisches) (*Kosaken-*)Lied, ~ny stolz (*z G/auf A*); hochmütig.

dunder F: *niech cię* ~ świśnie! hol dich der Kuckuck!

Dunka *f* (-i; *G* -nek) Dänin *f*.

Duń|czyk *m* (-a; -cy) Däne *m*; Ωski ['duĩs-] (*po -ku*) dänisch.

dup|a V *f* (-y) V Arsch *m*; V Fotze *f*; *do* ~y beschissen; im Arsch; *mam* ... *w* ~ie ich scheiße auf ...; ~erele V *pl.* (-i) Blödsinn *m*.

dur¹ *m* (-u; *0*) (*z bruzszny*) Typhus *m*; ~ *plamisty*, *powrotny* Fleck-, Rückfallfieber *n*; ~ *rzekomy* Paratyphus.

dur² *m* (*unv.*) *Mus.* Dur *n*.

dur|eń *m* (-rnia; -rnie, -rni/ów/) Dumm-, Schafskopf *m*; *zrobić* ~nia (*z G*) *j-n* zum Gespött der Leute machen; für dumm verkaufen; ~nowaty (-to) dümmlich; ~ny P Dumm, bescheuert.

durowy *Med.* Typhus-; *Mus.* -Dur-.

durszlak *m* (-a; -i) *Kochk.* Durchschlag *m*, Passiersieb *n*.

durzyć (-ę) zum Narren halten, narren; F ~ *się* ⟨za-⟩ vernarrt (*od.* verknallt) sein (*w L/in A*).

dusiciel [-'ći-] *m* (-a; -e) Würger *m*; ~e *pl. Zo.* Riesenschlangen *f/pl.*

dusić ⟨u-, za-⟩ (-szę) (er)würgen; *fig.* ⟨z-⟩ unterdrücken, ersticken, abwürgen; *Kochk.* ⟨u-⟩ dünsten, dämpfen; *fig.* (*nur impf.*) *Preise* drücken; F ~ *pieniądze* am Geld kleben, hängen; ~ *się* ⟨u-⟩ ersticken (*v/i*); *Kochk.* schmoren, *pf. a.* gar werden.

dusigrosz *m* (-a; -e, -ów) Knauser *m*.

dusz|a *f* (-y; -e) Seele *f* (*a. fig., Tech.*); (*Bügeleisen-*)Bolzen *m*; *ile* (*od. czego*) ~a zapragnie so viel (*od.* alles was) das Herz begehrt; ~ący [-'ʃɔn-] erstickend; *gaz* ~ący Lungengift *n*, -kampfstoff *m*; ~enie *n* (-a; *0*) *Kochk.* Dünsten *n*, Schmoren *n*; ~ka *f* (-i; *G* -szek) Seelchen *n*, Herzchen *n*; ~kiem *Adv.* mit e-m Zug, ex.

duszn|ica *f* (-y; *0*): ~ica bolesna Angina pectoris *f*, Herzbräune *f*; ~ość *f* (-ści; *0*) Atemnot *f*, Kurzatmigkeit *f*; Schwüle *f*; ~y (-no) schwül; stickig.

duszony *Kochk.* gedünstet, Schmor-.

duszpaste|rski (-ko) seelsorgerisch; ~rz *m* Seelsorger *m*.

duszyczka *f* (-i; *G* -czek) Seelchen *n*, junge Seele.

duż|o *Adv.* (*Komp. więcej*) viel; ~y (*Komp. większy*) groß, Groß-; *Bewölkung:* stark.

dwa, *Psf.* ~j zwei; ~ *słowa* ein paar Worte; ~ *różne* zweierlei; ~dzieścia zwanzig; ~kroć zweimal.

dwanaście|e, ~oro zwölf.

dwie *Num.* *f* zwei; ~ście zweihundert.

dwo|bój *m s.* dwubój; ~ić ⟨po-, z-⟩ (-ję; dwój!) verdoppeln (*się sich*); (*nur impf.*) halbieren; ~i *mi się w oczach* ich sehe alles doppelt; ~inka *f* (-i; *G* -nek) Diplokokkus *m*; ~istość *f* (-ści; *0*) Dualität *f*; ~isty (-ście) doppelt, zweifach; zwiespältig; dual.

dwoja|czki *m/pl.* (-ów) Zwillinge *m/pl.*; ~ki¹ (-ko) zweierlei; zwiefach; ~ki² *m/pl.* (-ów) Zwillingspaar *n*; Zwillingstopf *m*.

dwoj|e Psf. zwei; jedno z ~ga eins von beiden; na ~e für zwei; in zwei Hälften; je zur Hälfte; entzwei; we ~e doppelt; zu zweit.

dwom D v. dwa.

dwor|ak m (-a; -cy) Höfling m, Hofschranze m; ~cowy Bahnhofs-; ~ek m (-rku; -rki) (Guts-)Haus n; kleines Gut, F Klitsche f; ~ka f (-i; G -rek) Hofdame f; ~ski höfisch, Hof-; Schloß-; Guts-.

dworzanin m (-a; -anie, -) Höfling m.

dworzec m (-rca; -rce) (główny Haupt-)Bahnhof m; ~ lotniczy (Groß-)Flughafen m.

dwóch Psf. zwei.

dwój|a f (-ói; -e; -) Zwei(er m) f; ~ka f (-i; G -jek) Zwei f; Zweier (-boot n) m; ~kami paarweise, zu zweien; ~kowy (-wo) in Zweierreihen; Math. binär.

dwójnasób: w ~ doppelt, zweifach.

dwóm D v. dwa.

dwór m (-oru; -ory) (Fürsten-)Hof m; Gutshof m; (herrschaftliches) Haus; ... dworu in Zssgn Hof-; dama dworu Hofdame f; na ~ hinaus, nach draußen; na dworze draußen, im Freien; przy dworze am Hofe.

dwu Psf. zwei; ~- in Zssgn Zwei-; zwei-; doppel-, Doppel-; Bi-, Di-; ~barwny zweifarbig; ~biegunowy doppel-, zweipolig; ~bój: ~bój narciarski Biathlon m; ~calówka f zweizolliges Brett; ~chwyt m Sp. Zwiegriff m; ~cyfrowy Zahl: zweistellig; ~cylindrowy Zweizylinder-; ~częściowy zweiteilig; ~członowy zweistufig; binär; ~dyszne pl. (-ych) Zo. Lungenfische m/pl.; ~dzielny zweiteilig, dichotom; ~dziestka f (-i; G -tek) Zwanzig f.

dwudziesto|czterogodzinny 24-Stunden-, vierundzwanzigstündig; ~krotny zwanzigfach; ~lecie [-'le-] n (-a; G -i) zwanzigjähriges Jubiläum, zwanzigster Jahrestag; zwanzig Jahre (Zeitraum); ~letni zwanzigjährig; ~wieczny aus dem 20. Jahrhundert (stammend); 20 Jahrhunderte alt.

dwudziest|u Psf. zwanzig; ~y zwanzigste(r); lata ~a zwanziger Jahre.

dwu|fazowy zweiphasig; ~garbny zweihöckerig; ~głoska f Diphthong m; ~głosowy (-wo) zweistimmig; ~godzinny zweistündig;

~groszówka f Zweigroschenstück n; ~izbowy Pol. Zweikammer-; ~języczny zweisprachig; ~kierunkowy zweiseitig, in beiden Richtungen; Duplex-; ~kołowy Zweirad-, zweirädrig; ~kondygnacyjny zweigeschossig; ~konka f (-i; G -nek) Zweispänner m; ~krok m Sp. Doppelstockschub m mit Zwischenschritt; ~kropek m (-pka; -pki) Doppelpunkt m.

dwukrotn|ie [-'krɔt-] Adv. zweimal, -fach; ~y zweimalig.

dwu|latek m (-tka; -tki) Zweijährige(r) (bsd. Pferd); ~lecie n (-a; G -i) zwei Jahre (Zeitraum); zweiter Jahrestag; ~letni zweijährig; ~licowy heuchlerisch, doppelzüngig; ~lufowy doppelläufig; ~masztowiec [-'tɔ-] m (-wca; -wce) Zweimaster m; ~mian ['dvu-] m (-u; -y) Binom n; ~miejscowy zweisitzig; ~miesięczny zweimonatig.

dwunast|ak m (a; -i) JSpr. Zwölfender m; ~ka f (-i; G -tek) Zwölf(er m) f; ~nica f (-y; -e) Zwölffingerdarm m.

dwunasto|- in Zssgn Zwölf-, zwölf-; ~bój m Zwölfkampf m; ~godzinny Zwölfstunden-, zwölfstündig; ~kąt m Zwölfeck n; ~letni zwölfjährig; ~ścian [-'nastɔɕtɕan] m (-u; -y) Dodekaeder n; ~tonowy Zwölfton-.

dwunast|u Psf. zwölf; ~y zwölfte(r); ~a część Zwölftel n; ~a (godzina) zwölf (Uhr).

dwu|nogi, ~nożny zweibeinig; ~okapowy Arch. Sattel-, Giebel-; ~osiowy [-ɔ'ɕɔ-] zweiachsig; ~osobowy Zweipersonen-, Doppel-; zweisitzig; ~piętrowy zweistöckig; ~płat m, ~płatowiec [-'tɔ-] m (-wca; -wce) Doppeldecker m; ~płciowy zweigeschlechtig, Zwitter-; ~pokojowy Zweizimmer-; ~połówka f (-i; G -wek) Zweifelderwirtschaft f; ~poziomowy in zwei Ebenen; ~ramienny zweiarmig; Zweischaufel-; ~roczny zweijährig; Zweischaufel-; ~rurka f F f Doppelflinte f; ~rząd m (-ędu; -ędy) s. dwuszereg; ~rzędowy zweireihig; zweizeilig; ~setny zweihundertste(r).

dwusieczn|a f Winkelhalbierende f; ~y zweischneidig.

dwu|silnikowy zweimotorig; ~ski-

bowy *Pflug*: zweischarig; **~skład-nikowy** Zweikomponenten-; **~skrzydłowy** *Tür*: zweiflügelig; **~stopniowy** zweistufig, Zweistufen-; **~stronny** zweiseitig; doppelseitig.

dwustu *Psf. s.* dwieście.

dwu|suwowy *Kfz.* Zweitakt-; **~szereg** *m* Doppel-, Zweierreihe *f*; **~ściekowy** *Tonband*: zweispurig; **~teownik** *m* Doppel-T-Profil *n od.* Träger *m*; **~tlenek** *m* Dioxid *n*; **~tomowy** zweibändig; **~torowy** zweigleisig; **~tygodnik** *m* Halbmonatsschrift *f*; **~tygodniowy** zweiwöchig; **~tysięczny** zweitausendste(r); **~warstwowy** Doppelschicht-; doppellagig; **~wartościowy** zweiwertig; **~węglan** *m*: **~węglan sodu** doppeltkohlensaures Natrium; **~wiekowy** zweihundertjährig; **~wiersz** *m* Zweizeiler *m*; **~wklęsły** bikonkav; **~wymiarowy** zweidimensional; **~wypukły** bikonvex; **~zakresowy** *Rdf.* mit zwei Wellenbereichen; **~zgłoskowy** zweisilbig; **~złotówka** *f* Zweizlotystück *n*; **~zmianowy** *Arbeit*: in zwei Schichten; **~znaczny** zweideutig; doppelsinnig; **~żeństwo** [-'ʒeĩs-] *n* (-a) Doppelehe *f*, Bigamie *f*.

dybać (-ię) (na A) auflauern (D); trachten (nach).

dybel *m* (-bla; -ble) Dübel *m*.

dyb|ki *f/pl.* (-bek) Knebelkette *f*; **~y** *pl.* (-/-ów) (Folter-)Block *m*.

dycha P *f* (-y) Zehner *m*.

dycha|ć P (-am) *s.* dyszeć; **~wica** *f* (-y; 0) Asthma *n*; *Vet.* Dämpfigkeit *f*; **~wiczny** asthmatisch, kurzatmig; **~wka** *f* (-i; *G* -wek) Trachee *f*.

dydaktyczny didaktisch.

dydelf *m* (-a; -y) *Zo.* Opossum *m*.

dyf|erencjał *m* (-u; -y) Differentialgetriebe *n*; **~teryt** *m* (-u; 0) Diphtherie *f*; **~tong** *m* (-u; -i) Diphthong *m*.

dyfuzja *f* (-i; 0) Diffusion *f*.

dyg *m* (-u; -i) Knicks *m*; **~ać** (-am), **⟨~nąć⟩** [-nɔntɕ] (-nę) e-n Knicks machen, knicksen.

dygnita|rski *fig.* hochmütig; **~rz** *m* (-a; -e) Würdenträger *m*.

dygotać ⟨za-⟩ (-czę/-cę) zittern, beben.

dygresja *f* (-i; -e) Digression *f*.

dykcja *f* (-i; 0) Diktion *f*.

dykta *f* (-y) *s.* sklejka.

dykta|fon *m* (-u; -y) Diktiergerät *n*; **~ndo** *n* (-a) (*Schul-*)Diktat *n*; **~tor** *m* (-a; -rzy) Diktator *m*; **~torski** (*po -ku*) diktatorisch; **~tura** *f* (-y) Diktatur *f*.

dyktować ⟨po-⟩ (-uję) diktieren.

dyl *m* (-a; -e) Bohle *f*, Diele *f*; *s.* Sowizdrzał.

dyle|mat *m* (-u; -y) Dilemma *n*; **~tancki** (*po -ku*) dilettantisch.

dyliżans [-ʒãs] *m* (-u; -e) Postkutsche *f*.

dylować (-uję) dielen, bohlen.

dym *m* (-u; -y) Rauch *m*, Qualm *m*; **rozwiać się jak ~** *fig.* zerrinnen, vom Winde verweht werden; **pójść z ~em** in Rauch und Flammen aufgehen; **puścić z ~em** in Asche legen, niederbrennen; **~ek** *m* (-mku; -mki) schwacher Rauch, Rauchwölkchen *n/pl.*; **~ić (się)** (-ę) rauchen, qualmen (*v/i*); dampfen (*v/i*).

dymieni|ca *f* (-y; -e) *Med.* Bubo *m*; **~ca morowa** Beulenpest *f*; **~e** [-'mɛ-] *n* (-a) *Kfz.* Auspuffqualm *m*.

dymisj|a *f* Rücktritt *m*; Abschied *m*; **pod(aw)ać się do ~i** zurücktreten; **s-n Abschied nehmen**; **~onować** (*im)pf.* (-uję) entlassen, den Abschied geben; **~onowany** im Ruhestand, außer Dienst.

dym|ka *f* (-i; *G* -mek) Steckzwiebel *f*; **~nik** *m* (-a; -i) Dachluke *f*; Luftloch *n*; **~ny** Rauch-; *Mil. a.* Nebel-.

dymo|chłonny rauchverzehrend; **~twórczy** Rauch-, Nebel-, rauchentwickelnd; **~wy** Rauch-.

dymówka *f* (-i; *G* -wek) *s.* jaskółka.

dynami|czny dynamisch; **~ka** *f* (-i; 0) Dynamik *f*; **~t** *m* (-u; 0) Dynamit *m*.

dynamo *n* (-a/*unv.*) *s.* prądnica.

dynasówka *f* (-i; *G* -wek) Dinas *m*, Silikastein *m*.

dynastia [-'na-] *f* (*G, D, L* -ii; -e) Dynastie *f*.

dyndać F (-am) baumeln; schlenkern (*I/mit*).

dyngus *m* (-a; -y) Ostertaufe *f* (*Bespritzen am Ostermontag*).

dyni|a ['di-] *f* (-i; -e, -ń) Kürbis *m*; **~owaty** (-to) kürbisförmig; **~owy** Kürbis-.

dyon *m* (-u, -y) *s.* dywizjon.

dyplom *m* (-u; -y) Diplom *n*; (*Offiziers-*)Patent *n*; **~acja** *f* (-i; 0) Diplomatie *f*; **~ata** *m* (-y; -ci, -ów)

Diplomat m; ~atyczny diploma-tisch; ~ow(an)y Diplom-.

dyrekc|ja f (-i; -e) Direktion f; ~yjny Direktions-.

dyrektor m Direktor m; ~owa F f (-ej; -e) Direktorsgattin f, Frau Direktor; ~ski Direktor(en)-.

dyrektywa f (-y) Direktive f.

dyryg|ent m (-a; -ci) Dirigent m; ~ować (-uję) dirigieren.

dyscyplin|a f (-y) Disziplin f; † a. Geißel f, Peitsche f; brak ~y Disziplinlosigkeit f; ~arka F f(-i; G -rek) Disziplinarverfahren n; ~arny disziplinarisch, Disziplinar-.

dysertacja f (-i; -e) Dissertation f.

dysharmonia f Disharmonie f, Mißklang m.

dysk m (-u; -i) Diskus m, Scheibe f.

dyska f (-i; G -sek) KSp. Zehn f.

dyskobol m (-a; -e) Diskuswerfer m.

dyskont m (-u; -y) Diskont m; ~ować ⟨z-⟩ (-uję) diskontieren; ~owy Diskont(o)-.

dyskre|cja f (-i; 0) Diskretion f; ~dytować ⟨z-⟩ (-uję) in Mißkredit (od. Verruf) bringen; ~tny diskret.

dyskrymin|acja f (-i; 0) Diskriminierung f; ~ować ⟨z-⟩ (-uję) diskriminieren.

dysku|sja f (-i; -e) Diskussion f; ~syjny Diskussions-; ~tant m (-a; -ci) Diskussionsredner m; ~tować ⟨prze-⟩ (-uję) diskutieren.

dyskwalifi|kacja f Disqualifikation f; ~kować ⟨z-⟩ (-uję) disqualifizieren.

dysonans m (-u; -y) Dissonanz f.

dys|pasza f (-y; -e) Hdl. Dispache f; ~pensa [-'pĕsa] f (-y) Dispens m; ~ponować (-uję) verfügen; disponieren (I/über A); ⟨a. za-⟩ anordnen.

dyspozy|cja f Disposition f; engS. Order f; do ~cji verfügbar; mieć do ~cji zur Verfügung haben, zu Gebote stehen; być do ~cji zur Verfügung stehen; ~cyjny Dispositions-; ~tor m (-a; -rzy) Dispatcher m; Esb. Fahrdienstleiter m; El. Lastverteiler m; ~tornia f (-i; -e) Schaltraum m, -zentrale f; Kontrollzentrum n.

dys|proporcja f Disproportion f, Mißverhältnis n; ~puta f (-y) Disput m.

dystans [-tãs] m (-u; -e/-y) Distanz f; trzymać na ~ fernhalten (od G/von);

~ować ⟨z-⟩ (-uję) distanzieren, hinter sich lassen; ~owy Distanz-.

dystrybu|cja f (-i; 0) Verteilung f; Vertrieb m; ~tor m (-a; -rzy) (Waren-)Verteiler m; (pl. -y) (Benzin-)Zapfsäule f.

dystyn|gowany [-ŋg-] distinguiert, vornehm; ~kcja f (-i; -e) Vornehmheit f; (nur pl.) Rangabzeichen n/pl.

dysydent m (-a; -ci) Dissident m.

dysz|a f (-y; -e, -y/-) (wtryskowa Einspritz-)Düse f; ~eć (-ę, -y) atmen; ciężko ~eć schnaufen; ~eć zemstą nach Rache schnauben; ~ek m (-szka; -szki) (Kalbs-)Keule f, Schlegel m; ~el m (-szla; -szle) Deichsel f.

dyszkant m (-u; -y) Diskant m.

dywan m (-u; -y) Teppich m; ~ik m (-a; -i) kleiner Teppich, Läufer m; ~ik przed łóżkiem Bettvorleger m.

dywers|ja f Mil. Ablenkung(smanöver n) f; Pol. Störaktion f, Subversion f; ~yjny Ablenkungs-; Stör-, subversiv.

dywidenda f (-y) Dividende f.

dywiz m (-u; -y) Divis n, Bindestrich m; ~ja f (-i; -e) (piechoty Infanterie- od. Schützen-)Division f; ~jon m (-u; -y) Artillerieabteilung m; Mar., Flgw. Geschwader n; ~yjny Divisions-. [s. czarodziej.]

dyzenteria [-'tɛ-] f (G, D, L -ii; 0)]

dyżur m (-u; -y) (Bereitschafts-)Dienst m; ~ nocny Nachtdienst, -wache f; ~ny diensthabend, -tuend, ... vom Dienst; Su. m (-ego; -i) Wachhabende(r); ~ny ruchu Esb. Fahrdienstleiter m; ~ować (-uję) (Bereitschafts-)Dienst haben.

dzban m (-a; -y) (Ton-)Krug m; ~ek m (-nka; -nki) Krug m, Kanne f; (Keramik-)Becher m; ~uszek m (-szka; -szki) Kännchen n.

dzia|ć[1] [dʑatɕ] (dzieję, dział) stricken, wirken.

dziać[2] się [dʑatɕ] (dzieję, działo się) vor sich gehen, sich abspielen; geschehen, sich zutragen, passieren; widerfahren (z I/D); co się z tobą dzieje? was ist los mit dir?; niech się dzieje co chce mag kommen was da will od. wolle.

dziad [dʑat] m (-a,-dzie/-u!;-owie/-y) Großvater m; Alte(r), Greis m; Bettler m; F a. Kerl m; ~ stryjeczny Großonkel m; ~y pl. a. Totenfeier f

(*Litauen*); zejść na ~y an den Bettelstab kommen; **~ek** m (-*dka*; -*dkowie*) Großvater m, Opa m; *pl. a.* Großeltern *pl.*; (*0*) *KSp.* Strohmann m; (*pl. -dki*) Nußknacker m.

dziado|stwo n (-*a*; *0*) Bettelvolk n, Hungerleider m/pl.; *F a.* Elend n; Trödel m, (alter) Kram; **~wać** F (-*uję*) im Elend leben, Not leiden; (herum)betteln; **~wina** F m (-*y*; *G* -) Alterchen n; **~wski** Bettel-, Bettler-; elend, ärmlich; *Adv.* po -ku wie ein Greis; wie ein Bettler.

dzia|dówka f (-*i*; *G -wek*) Bettelweib n; **~dulek** F m (-*lka*; -*lkowie*), **~dunio** [-'du-] F m (-*a*; -*owie*, -*ów*), **~duś** F m (-*sia*; -*siowie*) Großpapa m, Opa m; **~dyga** [-'dy-] F m (-*i*; *G -ów*) *verä.* häßliche(r) Alte(r), alter Knacker; **~dzieć** ['dʒa-] F <z-> (-*eję*) alt (*od.* klapprig) werden; herunterkommen; **~dzio** ['dʒa-] m (-*a*; -*owie*, -*ów*) s. dziadulek.

dział [dʒaw] m (-*u*; -*y*) (Auf-)Teilung f; Teil m *od.* n; (*Wissens*-)Zweig m; Anteil m; Abteilung f, Sektion f; **~ wodny**, **~ wód** Wasserscheide f.

dzia|łacz m (-*a*; -*e*): **~ partyjny** Parteifunktionär m, -führer m; **~ polityczny** Politiker m; **~ rewolucyjny** Berufsrevolutionär m; **~ społeczny** Mann m des öffentlichen Lebens, Aktivist m; **~ związkowy** Gewerkschaftsfunktionär m, Gewerkschafter m.

dział|ać <po-> (-*am*) wirken; handeln; *Arznei a.*: anschlagen; (*nur impf.*) funktionieren, arbeiten; **~ć wstecz** rückwirkende Kraft haben; *s. nerw;* **~lność** f (-*ści*; *0*) Tätigkeit f, Wirken n; (*szpiegowska* Spionage-)Umtriebe m/pl.; **~nie** n (-*a*) Funktion(ieren n) f, Tätigkeit f; (Ein-)Wirkung f; *Mil.* Operation f; **~nie odwrotne**, **wtórne** Rück-, Nachwirkung; *pod ~niem* unter dem Einfluß *od.* der Einwirkung; **~nia nieprzyjacielskie a.** Feindseligkeiten f/pl.; **~nia arytmetyczne** Rechnungsarten f/pl.

działka f (-*i*; *G -lek*) (*Skalen-*)Strich m; Parzelle f; *Forst.* Jagen n; **~ pracownicza** Klein-, Schrebergarten m.

działko n (-*a*; *G -lek*) (*Bord-*)Kanone f; *s. przeciwlotniczy*, **~pancerny**.

działko|wicz F m (-*a*; -*e*, -*ów*), **~wiec** [-'kɔ-] m (-*wca*; -*wcy*) Klein-, Schrebergärtner m; *Vw* s. ogródek.

działo n (-*a*) Geschütz n, Kanone f; **~ pancerne** Panzerhaubitze f; **~n** m (-*u*; -*y*) (*Geschütz-*)Bedienung f; **~nowy** m (-*ego*; -*i*) Geschützführer m; **~wy** Teil(ungs)-; Geschütz-, Kanonen-; *Arch.* Trenn-.

dzian|ie ['dʒa-] n (-*a*) Stricken n, Wirken n; **~ina** f (-*y*) Strick-, Wirkware(n *pl.*) f; **~y** Strick-, Wirk-; *czapka ~a* Pudelmütze f.

dziargać F (-*am*) tätowieren.

dziarski (-*ko*) rüstig, frisch; wacker, munter; keck.

dziąsła n/pl. (-*seł*) Zahnfleisch n.

dzicz f (-*y*; *0*) Wildnis f; Wild n; *fig. koll.* (wilder) Mob, Plebs m; **~eć** <z-> (-*eję*) wild werden, verwildern; verrohen; **~ek** m (-*czka*; -*czki*) *JSpr.* Wildfang m; junges Wildschwein; **~ka** f (-*i*; *G -czek*) *Agr.* Wildling m; **~y** Wildschwein-, Keiler-; **~yć się** (-*ę*) (menschen)scheu sein; **~yzna** f (-*y*) Wild(bret) n; (*0*) Wildheit f.

dzida f (-*y*) Spieß m, Speer m.

dzidzius ['dʒi-] F m (-*sia*; -*sie*) kleines Küken, Würmchen n (*Kosewort*); Muttersöhnchen n.

dzieci *pl.* v. dziecko.

dziecia|k ['dʒe-] F m (-*a*; -*i*) Kind n; Kindskopf m; nieznośny **~k** freches Balg; **~rnia** [-'tɕar-] F f (-*i*; *0*) *koll.* (kleine) Kinder, Kinderschar f.

dzieciątko n (-'tɔɔnt-) n (-*a*; *G -tek*) Kindchen n, Baby n; ♀ Jezus Christkind n.

dziecię (-*ęcia*; -*ęta*) Kind(chen) n; **~cość** [-'tɕɛn-] f (-*ści*; *0*) Kindlichkeit f; **~ctwo** n (-*a*; *0*) Kindheit f; **~cy** kindlich, Kindes-, Kinder-.

dziecin|a F f (-*y*) kleines Kind, kleine Krabbe; **~ada** f (-*y*) Kinderei f, Albernheit f; **~iec** [-'tɕi-] m (-*ńca*; -*ńce*) (*Dorf-*)Kindergarten m; Kinderheim n; **~nieć** <z-> (-*eję*) kindisch werden; **~ny** (po-*nemu*) s. dziecięcy; kindisch; **~na igraszka** Kinderspiel n (*fig.*).

dzie|ciństwo ['tɕiĩs-] n (-*u*, *0*) Kindheit f; **~ciobójstwo** n (*a*) Kindesmord m, -tötung f; **~ciska** P *pl.* (-*ów*) Kinder(schar f) n/pl., Bälger n *od.* m/pl., Würmer m/pl.; **~ciuch**

F *m* (-*a*; -*y*) (großes) Kind (*a. fig.*); **~cko** *n* (-*a*; *dzieci*, *I dziećmi*) Kind *n*; dom **~cka** Kinderheim *n*; Kinderkaufhaus *n*; od **~cka** von Kind an, von klein auf.

dziedzi|c *m* (-*a*; -*e*) Erbe *m*; Gutsherr *m*; **~ctwo** *n* (-*a*; 0) Erbe *n*; **~czenie** *n* (-*a*; 0) Vererbung *f*; **~czka** *f* (-*i*; *G* -*czek*) Erbin *f*; Gutsherrin *f*; **~czność** *f* (-*ści*; 0) Erblichkeit *f*; *teoria* **~czności** Vererbungslehre *f*; **~czny** erblich, Erb-; **~czyć** ⟨*o*-⟩ (-*ę*) erben; beerben (*po L*/*A*); **~czyć się** sich vererben.

dziedzin|a *f* (-*y*) (*Fach*-, *Forschungs*-)Gebiet *n*, Bereich *m*, Sparte *f*; **~iec** [-'dʑi-] *m* (-*ńca*; -*ńce*) (*Schloß*-)Hof *m*, Platz *m*.

dzięg|ciowy Teer-; **~ieć** ['dʑe-] *m* (-*gciu*; 0) Teer *m*.

dzieje *pl.* (-*ów*) Geschichte *f*; Erlebnisse *n*/*pl.*; *s. dziać się.*

dziejo|pisarstwo *n* Geschichtsschreibung *f*, **~wy** historisch, geschichtlich.

dziekan *m* (-*a*; -*i*) Dekan *m*; Doyen *m*; *Rel.* Dechant *m*; **~at** *m* (-*u*; -*y*) Dekanat *n*.

dziel|enie *n* (-*a*) Teilung *f*, (Auf-)Teilen *n*; *Math.* Division *f*; **~ić** ⟨*po*-, *roz*-⟩ (-*lę*) (auf-, ein-, ver)teilen; gliedern; trennen; dividieren; **~ić się** sich teilen; *Math. a.* teilbar sein; ⟨*a. po*-⟩ miteinander teilen (*I*/*A*); mitteilen (*z kim I*/*j-m A*); **~na** *f* (-*ej*; -*e*) *Math.* Dividend *m*.

dzielnic|a *f* (-*y*; -*e*) Stadtteil *m*, -viertel *n*; Landesteil *m*, Region *f*; (*Polizei*-)Revier *n*; *a* mieszkaniowa, podmiejska Wohn-, Außenbezirk *m*; **~owy** Bezirks-; Revier-; *Su. m* (-*ego*; -*i*) Revierwachtmeister *m*.

dziel|nie ['dʑel-] *Adv. s. dzielny*; **~ik** *m* (-*a*; -*i*) *Math.* Divisor *m*; **~ość** *f* (-*ści*; 0) Tapferkeit *f*; (*Lebens*-, *See*-)Tüchtigkeit *f*, **~y** tapfer; tüchtig. [Werk *n.*]

dzieło *n* (-*a*) Tat *f*; (*sztuki* Kunst-)

dzienni|czek *m* (-*czka*; -*czki*) (*Schul*-)Aufgabenheft *n*; **~e**['dʑen-] *Adv.* täglich, pro Tag; **~k** *m* (-*a*; -*i*) Journal *n*, (Tage-, Eintragungs-)Buch *n*; (*Tages*-)Zeitung *f*, (*urzędowy* Amts-)Blatt *n*; **~k pokładowy** Bordbuch; Logbuch.

dziennika|rski journalistisch; Journalisten-; **~rstwo** *n* (-*a*; 0)

Journalismus *m*; **~rka** *f* (-*i*; *G* -*rek*), **~rz** *m* (-*a*; -*e*, -*y*) Journalist(in *f*) *m*.

dzienny täglich, Tag(es)-.

dzień [dʑeŋ] *m* (*dnia*; *dni*[*e*]) (*powszedni*, *ślubu*, *świąteczny*, *urodzin* Wochen-, Hochzeits-, Feier-, Geburts-) Tag *m*; ... *dnia in Zssgn* Tages-, des Tages; *co* ~, *co dnia* jeden Tag, täglich; ~ *w* ~, *po dniu* Tag für Tag, tagaus, tagein; *lada* ~ jeden Tag (*sehr bald*); *za dnia* bei Tageslicht; *jak* ~, *skoro* ~ bei Tagesanbruch; *z dnia na* ~ von Tag zu Tag; *w ciągu dnia* tagsüber; *jak* ~ *do nocy* wie Tag und Nacht; ~ *dobry!* guten Tag!

dzierga|ć (-*am*) *Knopflöcher* umstechen; sticken; **~ć** *koronki* klöppeln; *Flachs* riffeln; **~rka** *f* (-*i*; *G* -*rek*) Zickzackmaschine *f*.

dzierlatka *f* (*G* -*tek*) *Zo.* Haubenlerche *f*; *fig.* Göre *f*, Fratz *m*.

dzierzba *f* (-*y*) *Zo.* Würger *m*; *gąsiorek* Neuntöter *m*.

dzierżaw|a *f* (-*y*) (*wieczysta* Erb-) Pacht *f*; **~ca** *m* (-*y*; *G* -*ów*) Pächter *m*; **~czy** Pacht-; *Gr.* possessiv; **~ić** ⟨*wy*-⟩ (-*ę*) pachten; *pf. a.* verpachten; **~ne** *n* (-*ego*; 0) Pachtzins *m*; **~ny** Pacht-.

dzierży|ć † (-*ę*) halten; *Macht* innehaben; **~morda** V *m* (-*y*; *G* -*ów*) Leuteschinder *m*, Despot *m*.

dziesiąt|ek [-'ɕon-] *m* (-*tka*; -*tki*) Jahrzehnt *n*; *a.* = **~ka** *f* (-*i*; *G* -*tek*) Zehn(er *m*) *f*; **~kować** ⟨*z*-⟩ (-*uję*) dezimieren; **~y** zehnte(r); *pół do ~ej* halb zehn (Uhr); *jedna ~a* ein Zehntel.

dziesięcina [-ɕen'tɕi-] *f* (-*y*) *hist.* Zehnte(r); Deßjatine *f*.

dziesięcio|- [-ɕentɕo-] *in Zssgn* zehn-, Zehn-; **~boista** [-bɔ'is-] *m* (-*y*; -*ści*, -*ów*) Zehnkämpfer *m*; **~bój** *m Sp.* Zehnkampf *m*; **~dniowy** zehntägig; **~groszówka** *f* Zehngroschenstück *n*; **~krotny** zehnmalig; zehnfach; **~lecie** [-'le-] *n* (-*a*; *G* -*i*) Dezennium *n*, Jahrzehnt *n*; zehnter Jahrestag; zehnjähriges Jubiläum; **~letni** zehnjährig, zehn Jahre alt; **~ro** zehn; **~tysięcznik** [-'ɕentɕ-] F *m* (-*a*; -*i*) 10 000-Tonnen-Frachter *m*; **~złotówka** *f* Zehnzlotyschein *m*, -stück *n*.

dziesięć ['dʑeɕentɕ] zehn; **~kroć** ['dʑe-] *Adv.* zehnfach.

dziesiąt|ak [-'ɕen-] *m* (-*a*; -*i*) *JSpr.*

Zehnender m; ~nik m (-a; -cy) Vorarbeiter m, Gruppenführer m, Polier m; ~ny dezimal.

dzietny Ehepaar: mit Kind(ern).

dziewanna f (-y) Bot. Wollkraut n.

dziewcz|ątko [-'tʃɔn-] n (-a; G -tek) Mägd(e)lein n; ~ę n (-ęcia; -ęta) Mädel n; ~ęcy [-'tʃen-] Mädchen-; (-co) mädchenhaft; ~yna f (-y) Mädchen n; ~ynka f (-i; G -nek) (kleines) Mädchen.

dzieweczka f (-i; G -czek) s. dziewczątko, dziewczynka.

dziewiar|ka f (-i; G -rek) Wirkerin f; Wirkmaschine f; Strickmaschine f; ~ski Wirk-; Strick-.

dziewiarz [-'dze-] m (-a;-e) Wirker m.

dziewiąt|ka f (-i; G -tek) Neun(er m) f; F stara ~ka alte Schachtel (fig.); ~a (godzina) neun (Uhr); jedna ~a eine Neuntel.

dziewi|ca f (-y; -e) Jungfrau f, Jungfer f; ~ctwo n (-a; 0), ~czość f (-ści; 0) Jungfräulichkeit f; Jungfernschaft f; ~czy (-czo) jungfräulich; Jungfern-.

dziewięcio|krotny neunmalig, -fach; ~letni neunjährig, neun Jahre alt; ~miesięczny neunmonatig; ~rnik m (-a; -i) Bot. Herzblatt n; ~ro neun. [dziewięć(set).]

dziewięciu(set) [-'yeŋ-] Psf. s.)

dziewięć ['dzevents] neun; ~dziesiąt [-yen'dze-] neunzig; ~dziesiąty neunzigste(r); ~kroć ['dze-] Adv. neunfach; ~set ['dzeyeset] neunhundert; ~setny neunhundertste(r); ~sił m (-u/-a; -y) Bot. Eberwurz f.

dziewiętna|stka [-yet-] f (-i; G -tek) Neunzehn f; ~sty neunzehnte(r); ~ście, ~ścioro neunzehn.

dziewka f (-i; G -wek) Magd f; verä. Dirne f; ~rz P m (-a; -e) Schürzenjäger m.

dziewo|ja f (-oi; -e, -oi) Maid f; ~rództwo n (-a; 0) Jungfernzeugung f.

dziewu|cha F f (-y) Mädel n, Maid f; ~szka F f (-i; G -szek) Mädchen n, Kleine f.

dzieża f (-y; -e) Backtrog m.

dzię|cielina [dzęŋ] f (-y) s. cparceta; P a. Klee m; ~cioł m (-a; -y) Specht m; ~giel m (-gla/-glu/-u; -gle/-e, -gli/-głów/-i/-łów) Engelwurz f.

dzięk|czynny [dzęŋk-] Dank(es)-; list ~ny Dankschreiben n; ~i pl. (-ów) Dank m; Prp. dank (D); ~ować ⟨po-⟩ (-uję) danken; sich bedanken (D/bei; za A/für A).

dzik m (-a; -i) Wildschwein n; engS. Keiler m; Agr. Wildling m; ~arz m (-a; -e) Saupacker m, -rüde m; ~i (-ko) wild; F fig. a. seltsam, sonderbar; Su. m (-ego; -y) s. dzikus; ~ość f (-ści; 0) Wildheit f; ~us m (-a; -y), ~uska f (-i; G -sek) Wilde(r); fig. (menschen)scheue Person (engS. Junge, Mädchen usw.).

dzioba|ć ⟨~nąć⟩ [-nɔŋtɕ] (-nę) picken, hacken; ~ak m (-a; -i) Zo. Schnabeltier n; Spitzhacke f; Spitzhammer m; ~aty mit langem Schnabel; F pockennarbig; ~nąć pf. s. dziobać; ~nica f (-y; -e) Vor(der)steven m; ~nik m (-a; -i) Bugspriet m; ~ówka f (-i; G -wek) Mar. Back f.

dzionek F m (-nka; -nki) (lieber) Tag.

dziób [dzup, -ɔba] m (-oba/selt. -a; -oby) Schnabel m; Spitze f; (Schiffs-)Bug m; (Kannen-)Tülle f; dzioby pl. a. Pockennarben f/pl., Blattern f/pl. [Speer m.]

dziryt m (-u; -y) (Wurf-)Spieß m,)

dzi|siaj ['dzi-] s. dziś; Su. n (unv.) Heute n; ~siejszy heutig, von heute; ~ś heute; do ~ś dnia, po ~ś dzień bis heute; na ~ś dość genug für heute. [beitel m.]

dziubak m (-a; -i) Zimmermanns-)

dziup|la f (-i; -e, -i) (z gniazdem Nist-)Höhle f; ~nik m (-a; -i) Felsentaube f.

dziur|a f (-y) Loch n (a. fig.); F fig. a. Kaff n; szukać ~y w całym mäkeln, nörgeln; wiercić ~ę w brzuchu belästigen, langweilen (D/A); jak ~a w moście wie das fünfte Rad am Wagen.

dziura|wić ⟨prze-⟩ (-ę) (durch-) löchern, durchbohren, -schlagen; ~wiec [-'ra-] m (-wca; -wce) Johanniskraut n; ~wka f (-i; G -wek) (a. cegła ~wka) Lochstein m; ~wy löch(e)rig, durchlöchert; ~wy worek ein Faß ohne Boden.

dziur|ka f (-i; G -rek) Löchlein n, (Knopf-, Schlüssel-)Loch n; mieć po ~ki w nosie die Nase voll haben (G/ von); ~kacz m (-a; -e) (Büro-)Locher m; Lochapparat m; ~karka f (-i; G -rek) Perforier-, Lochma-

dziurkować

schine *f*; **~kować** ⟨po-⟩ (-uję) perforieren; lochen; **~kowany** perforiert; gelocht; **~kowaty** porös, löch(e)rig; **~kownik** *m* (-a; -i) Lochzange *f*; Locher *m*.

dziw *m* (-u; -y) Wunder *n*; nie **~** kein Wunder; **~actwo** *n* (-a) Absonderlichkeit *f*; Schrulle *f*.

dziwacz|eć ⟨z-⟩ (-eję) *s.* cudaczeć; **~ek** *m* (-czka; -czki) *Bot.* Wunderblume *f*; **~ka** *f* (-i; *G* -czek) schrullige, wunderliche Frau; **~ność** *f* (-ści; 0) *s.* cudactwo, dziwactwo; **~ny** *s.* cudaczny; **~yć** (-ę) *s.* grymasić, kaprysić.

dziwa|dło *n* (-a; *G* -deł) Wunderding *n*; Vogelscheuche *f* (*fig.*); a. = **~k** *m* (-a; -cy) Original *m*, Sonderling *m*.

dziw|ić ⟨z-, za-⟩ (-ę) (ver)wundern, erstaunen; **~ić się** ⟨z-⟩ sich wundern; **~ka** V *f* verä. *s.* dziewka; **~karz** V *m* (-a; -e) *s.* babiarz; **~ny** seltsam, sonderbar; **~na rzecz** (wie) seltsam; **cóż ~nego** was Wunder; **nic ~nego!** kein Wunder!; **~o** *n* (-a) *s.* dziw; **o ~o!** welch ein Wunder!

dziwo|k *m* (-a; -i) *J* Spr. *s.* dziczek; **~ląg** [-ŋɔk, -ŋga] *m* (-a; -i) *s.* dziwadło; (märchenhaftes) Ungeheuer; (*Sprach*-)Kuriosität *f*; **~ta** P *f* (-y): nie **~ta** kein Wunder; **~twór** *m* Ungeheuer *n*, Monstrum *n*; **~wać się** P (-uję) *s.* dziwić się; **~wisko** *n* (-a) (*Natur*-)Wunder *n*; Schau *f*; **~żona** *f* (-y) Waldfee *f*.

dzwon *m* (-u; -y) Glocke *f*; Glockengeläut *n*; F *od wielkiego ~u* zur Feier des Tages; **~eczek** *m* (-czka; -czki) Glöckchen *n*; **~ek** *m* (-nka; -nki) Glocke *f*; Klingel *f*; Klingelzeichen *n*; *Bot.* Glockenblume *f*; **~ki** *pl. Mar.* Glasen *n/pl.*; *Mus.* Schellenbaum *m*; *KSp.* Schellen *f/pl.*; **~ić** ⟨za-⟩ (-ę) läuten; klingeln; *s.* ząb; **~iec** ['dzvɔ-] *m* (-ońca; -ońce) *Zo.* Grünfink *m*; **~ienie** *n* (-a) (*Glocken*-)Geläut *n*; Klingeln *n*.

dzwonko *n* (-a; *G* -nek) (*Herings*-) Happen *m*; **~wy** Klingel-, Glocken-; Läute-.

dzwonni|ca *f* (-y; -e) Glockenturm *m*; **~k** *m* (-a; -cy) Glöckner *m*.

dzwono *n* (-a) Radkranz-Segment *n*; (*Tau*-)Bucht *f*; **~wy** Glocken-.

dźg|ać (-am), ⟨~nąć⟩ [-nɔŋtɕ] (-nę) stechen, durchbohren.

dźwię|czeć [-ŋɛn-] ⟨za-⟩ (-ę, -y)

---

klingen; ⟨~knąć⟩ [-nɔŋtɕ] (-nę) klirren (*I*/mit); **~czeć przeraźliwie** schrillen; **~czny** klangvoll; *Gr.* stimmhaft.

dźwięk [-ŋɛnk] *m* (-u; -i) Laut *m*; Ton *m*, Klang *m*; *pusty* **~** leere Worte, Phrasen *f/pl.*; **~nąć** *pf. s.* dźwięczeć.

dźwięko|chłonny [-ŋɛnk-] schallschluckend; **~szczelny** schalldicht; **~wy** Ton-; Schall-.

dźwig *m* (-u; -i) (*budowlany*, *portowy*, *wysięgnikowy* Bau-, Hafen-, Ausleger-)Kran *m*; (*osobowy* Personen-)Lift *m*, Aufzug *m*; **~ samochodowy** Kranwagen *m*; **~acz** *m* (-a; -e) *Anat.* Hebemuskel *m*; Atlas *m*; **~ać** (-am), ⟨~nąć⟩ [-nɔŋtɕ] (-nę) (hoch)heben; (*nur impf.*) tragen, schleppen; *fig.* (er)tragen; **~nąć** *z gruzów* neu aufbauen, wiederaufbauen; **~ać** ⟨~nąć⟩ *się* sich erheben; wiederaufleben; wiedererstehen; **~ar** *m* (-a/-u; -y) Träger *m*, Tragbalken *m*; **~nąć** *pf. s.* dźwigać.

dźwignia ['dʑvi-] *f* (-i; -e, -i) *Tech.* Hebel *m*; Arm *m*; Hebelstange *f*; (*Steuer*-)Knüppel *m*; *fig.* Triebkraft *f*; **~ wagi** Waagebalken *m*.

dźwigni|ca *f* (-y; -e) (*Seillauf*-)Kran *m*; **~k** *m* (-a; -i) Bockwinde *f*, Hebebock *m*; **~owy** [-'nɔ-] Hebel-.

dźwigowy Kran-; *Su. m* (-ego; -i) Kranfahrer *m*, -führer *m*.

dźwirówka *f* (-i; 0) Damaszenerstahl *m*.

dżdża *f* (-y; *G* -y) Sprühregen *m*.

dżdż|ownica *f* (-y; -e) Regenwurm *m*; **~u** *s.* deszcz; **~y** (*unpers.*) es regnet; **~ysty** regnerisch.

dżem [dʒ-] *m* (-u; -y) Marmelade *f*.

dżemper *m* (-a; -y) Jumper *m*.

dżentelmen *m* (-a; -i) Gentleman *m*.

dżersej *m* (-u; -e, -ów) Jersey *m*.

dżet *m* (-u; -y) Gagat *m*, Jett *m*; **~y** Gagatperlen *f/pl.*

dżez *m* (-u; 0) Jazz *m*.

dżinsy *pl.* (-ów) Blue jeans *pl.*

dżip *m* (-a; -y) Jeep *m*, Geländewagen *m*.

dżokej *m* (-a; -e, -ów/-ei) Jockey *m*; **~ka** *f* (-i; *G* -jek) Jagdreiterkappe *f*.

dżonka *f* (-i; *G* -nek) Dschunke *f*.

dżudo *n* (-a; 0) Judo *n*; **~wiec** ['-dɔ-] *m* (-wca; -wce) Judokämpfer *m*.

dżul *m* (-a; -e) Joule *n*.

dżum|a *f* (-y; 0) Pest *f*; **~owy** Pest-.

dżungla *f* (-i; -e, -i) Dschungel *m*.

E

e! *Int. s.* et!

ebonit *m* (-u; -y) Ebonit *n*, Hartgummi *m*.

ech! *Int.* ah!, ha!

ech|o *n* (-a) Echo *n*, Widerhall *m*, *fig. a.* Anklang *m*; ~a *pl. a.* Gerüchte *n/pl.*; odbi(ja)ć się szerokim ~em lebhaftes Echo finden, starken Widerhall wecken; bez ~a ohne Resonanz, tag- und klanglos; ~osonda *f* Echolot *n*.

edredon *m* (-a/-u; -y) *Zo.* Eiderente *f*; ~owy: puch ~owy Eiderdaunen *pl.*

edukac|ja *f* (-i; 0) *lit.* Erziehung *f*, Bildung *f*; ~yjny Erziehungs-.

edy|cja *f* (-i; -e) Ausgabe *f*, Edition *f*; ~kt *m* (-u; -y) Edikt *n*, Erlaß *m*; ~tor *m* (-a; -rzy) Herausgeber *m*, Editor *m*.

efekciars|ki (-ko) auf Effekt bedacht *od.* berechnet; ~two *n* (-a) Effekthascherei *f*.

efekt *m* (-u; -y) Effekt *m*; Wirkung *f*; ~a *pl. Hdl.* Effekten *pl.*; ⟨z⟩robić ~ Eindruck machen; ~owny effektvoll; ~ywność *f* (-ści; 0) Wirksamkeit *f*; Nutzeffekt *m*; ~ywny effektiv; wirksam.

egejski ägäisch.

egid|a *f* (-y; 0) Ägide *f*; pod ~ą unter der Schirmherrschaft.

Egipcjan|in *m* (-a; -nie, -), ~ka *f* (-i; *G -nek*) Ägypter(in *f*) *m*.

egipski (po -ku) ägyptisch.

ego|centryczny egozentrisch; ~ista [-ɔ'is-] *m* (-y; -ści, -ów), -tka *f* (-i; *G -tek*) Egoist(in *f*) *m*; ~istyczny egoistisch, selbstsüchtig.

egzalt|acja *f* (-i; 0) Exaltation *f*, ~owany exaltiert, überspannt.

egzamin *m* (-u; -y) (konkursowy, maturalny, z matematyki, na prawo jazdy, wstępny Auslese-, Reife-, Mathematik-, Fahr-, Aufnahme-) Prüfung *f*, (państwowy Staats-) Examen *n*; stawić się do ~u sich e-r Prüfung unterziehen; ~acyjny Examens-, Prüfungs-; ~ator *m* (-a; -rzy) Prüfer *m*; ~atorski (po -ku) prüfend, streng; ~ować ⟨prze-⟩ (-uję) prüfen, examinieren; ~owany

geprüft; *Su. m* (-ego; -i) Prüfling *m*.

egzekuc|ja *f* (-i; -e) (przymusowa Zwangs-)Vollstreckung *f*; Exekution *f*, Hinrichtung *f*; ~yjny Exekutions-, Vollstreckungs-; oddział (*od.* pluton) -ny Erschießungskommando *n*.

egzekut|or *m* (-a; -rzy) Vollstreckungsbeamte(r); ~or sądowy Gerichtsvollzieher *m*; ~ywa *f* (-y; 0) Exekutive *f*; Exekutivkomitee *n*, -ausschuß *m*.

egz|ekwie [-'zek-] *pl.* (-ii) *Rel.* Ex(s)equien *pl.*; ~ekwować ⟨wy-⟩ (-kwuję) vollstrecken; bei-, eintreiben; ~ema *f* (-y; 0) Ekzem *n*; ~emplarz *m* (-a; -e, -y) Exemplar *n*; Stück *n*; Ausfertigung *f*; ~orcyzmy *m/pl.* (-ów) Exorzismen *m/pl.*, Dämonenaustreibung *f*; ~otyczny exotisch.

egzystencj|a *f* (-i; -e) Existenz *f*; Vorhandensein *n*; środki ~i Unterhalt(smittel *n/pl.*) *m*.

egzystować (-uję) existieren; bestehen.

eh! *Int. s.* ech!

ej! *Int.* ei!, he!, heda!; ~że?! na?!

ekierka *f* (-i; *G -rek*) (Zeichen-) Dreieck *n*, Winkel *m*.

ekipa *f* (-y) Equipe *f*, Mannschaft *f*.

eklektyczny eklektisch.

ekler *m* (-a/-u; -y) Reißverschluß *m*; *Kochk.* Eclair *m*.

eklip|sa *f* (-y) Eklipse *f*; ~tyka *f* (-i) Ekliptik *f*.

ekonom *m* (-a; -i/-owie) Gutsverwalter *m*; ~ia [-'nɔ-] *f* (*G, D, L -ii*; 0) Ökonomie *f*; ~ia polityczna National-, Politökonomie, Volkswirtschaftslehre *f*; ~iczny ökonomisch, wirtschaftlich; Wirtschafts-; ~ika *f* (-i; 0) Ökonomik *f*, (Volks-)Wirtschaft *f*; (Industrie-, Land-)Wirtschaftskunde *f*; ~ista *m* (-y; -ści, -ów) Volkswirtschaftler *m*; Wirtschaftswissenschaftler *m*; ~ka *f* (-i; *G -nek*) Wirtschafterin *f*, Haushälterin *f*.

ekran *m* (-u; -y) Schirm(wand *f*) *m*, Abschirmung *f*; Schutzmantel *m*,

-hülle *f*; (*Film*-)Leinwand *f*; ~ fluoryzujący Leuchtschirm; ~ projekcyjny Projektions-, Bildwand *f*; ~ szeroki Breitwand *f*; ~ telewizyjny (*Fernseh*-)Bildschirm; ~izacja *f* (-*i*; -*e*) (*Roman*-)Verfilmung *f*; ~izować ⟨z-⟩ (-*uję*) verfilmen; ~ować (-*uję*) *El.*, *Rdf.* abschirmen; ~owy Leinwand-, Film-.

eks|- *in Zssgn* Ex-; ~-król Exkönig *m*; ~celencja *m* (-*i*; -*e*) Exzellenz *f*.

ekscentry|czny exzentrisch, überspannt; ~k *m* (-*a*; -*cy*) Original *m*, Sonderling *m*; *Tech.* (*pl.* -*i*) *s.* mimośród.

eks|cepcja *f* (-*i*; -*e*) *Jur.* Einspruch *m*; ~ces *m* (-*u*; -*y*) Exzeß *m*; *pl. a.* Ausschreitungen *f/pl.*; ~haustor *m* (-*a*; -*y*) Exhaustor *m*, Absauger *m*; ~hibicjonizm *m* (-*u*; 0) Exhibitionismus *m*; ~humacja *f* (-*i*; -*e*) Exhumierung *f*; ~humować (*im*)*pf.* (-*uję*) exhumieren; ~kawator *m* (-*a*; -*y*) *Med.* Exkavator *m*; *s.* koparka; ~komunika *f* (-*i*) Exkommunikation *f*; ~komunikować (*im*)*pf.* exkommunizieren; ~librys *m* (-*u*; -*y*) Exlibris *n*; ~misja *f* Zwangsräumung *f*, Exmittierung *f*; ~mitować (*im*)*pf.* ⟨*a.* wy-⟩ (-*uję*) exmittieren; ~pansywny [-pã'sɨv-] Expansions-; expansiv.

ekspatri|acja [-'ṭïa-] *f* (-*i*; 0) Ausbürgerung *f*; Ausweisung *f*; Auswanderung *f*; ~ować (*im*)*pf.* (-*uję*) ausbürgern, ausweisen; ~ować się ins Exil gehen, auswandern.

ekspedi|ent [-'pęḍïε-] *m* (-*a*; -*ci*), -tka *f* (-*i*; *G* -*tek*) (*Laden*-)Verkäufer(in *f*) *m*; ~ować [-'ḍïo-] ⟨wy-⟩ (-*uję*) absenden, befördern, expedieren; *Kunden* abfertigen.

ekspedycja *f* (-*i*; -*e*) (*karna* Straf-) Expedition *f*; (*bagażowa, towarowa* Gepäck-, Güter-)Abfertigung *f*; Versand(abteilung *f*, -stelle *f*) *m*; ~ naukowa, ~ odkrywcza Forschungs-, Entdeckungsreise *f*.

ekspedycyjny Versand-; Abfertigungs-; Expeditions-.

ekspert *m* (-*a*; -*ci*) Experte *m*, *engS.* Sachverständige(r), Gutachter *m*; ~yza *f* (-*y*) Expertise *f*, Gutachten *n*.

eksperyment *m* (-*u*; -*y*) Experiment *n*, (*na sobie, na zwierzętach* Selbst-, Tier-)Versuch *m*; ~alny experimentell, Versuchs-; ~ować (-*uję*) experimentieren.

eksploatac|ja *f* (-*i*; 0) Ausbeutung *f*; *Bgb.* Abbau *m*; Betrieb *m*, Nutzung *f*; ~ja rabunkowa Raubbau *m*; odda(wa)ć do ~ji in Betrieb nehmen, in Dienst stellen; ~yjny Betriebs-.

eksploat|atorski Ausbeuter-, Ausbeutungs-; ~ować ⟨wy-⟩ (-*uję*) ausbeuten; (aus)nutzen, betreiben.

eksplo|dować (*im*)*pf.* (-*uję*) explodieren; ~zja *f* (-*i*; -*e*) (*jądrowa* Kern-)Explosion *f*; ~zyjny explosiv, explosibel; ~zywny *Gr.* Verschluß-, Explosiv-.

ekspon|at *m* (-*u*; -*y*) Museums-, Ausstellungsstück *n*, Exponat *n*; ~ent *m* (-*a*; -*ci*) Aussteller *m*; ~ować (-*uję*) *Ware* ausstellen, -legen; *Fot.* belichten; *fig.* exponieren, aussetzen (*się* sich; *na* A/D).

eksport *m* (-*u*; 0) Export *m*, Ausfuhr *f*; *na* ~ für den Export; ~acja *f* (-*i*; -*e*): ~acja zwłok Leichenüberführung *f*; ~er *m* (-*a*; -*rzy*) Exporteur *m*; ~ować (*im*)*pf.* ⟨*a.* wy-⟩ (-*uję*) exportieren, ausführen; ~owy Export-.

ekspozy|cja *f* (-*i*; -*e*) Exposition *f*; Ausstellung *f*, Schau *f*; Lage *f*; *Fot.* Belichtung *f*; ~tura *f* (-*y*) Zweiggeschäft *n*; Agentur *f*, Nebenstelle *f* e-r *Behörde usw.*

ekspres *m* (-*u*; -*y*) Eilbrief *m*; Expreß(zug) *m*; ~ do kawy Kaffeeautomat *m*; ~jonizm *m* (-*u*; 0) Expressionismus *m*; ~owy Eil-, Schnell-, Expreß-; ~yjny, ~ywny expressiv.

eks|taza *f* (-*y*) Extase *f*; (*głębin* Tiefen-)Rausch *m*; ~tensywny [-tę'sɨ-] extensiv; ~terminacja *f* (-*i*; 0) Ausrottung *f*; ~terminacyjny Vernichtungs-, Ausrottungs-; ~terytorialny exterritorial.

ekstra *Adv.* extra; *Hdl.* superfein; ~dować (-*uję*) *Verbrecher* ausliefern; ~dycja *f* (-*i*; -*e*) Auslieferung *f*; ~klasa *f* *Sp.* Extraklasse *f*; ~kt *m* (-*u*; -*y*) Extrakt *m*, Auszug *m*; ~wagancki (-*ko*) extravagant.

ekstrem|ista *m* (-*y*; -*ści*, -*ów*), -tka *f* (-*i*; *G* -*tek*) Extremist(in *f*) *m*; ~um *n* (*unv.*, -*ma*) Extremwert *m*.

ekumen|a *f* (-*y*) Ökumene *f*; ~iczny ökumenisch.

ekwa|dorski ecuadorianisch; ~torialny äquatorial, Äquator-.

ekwi|librysta *m* (-*y*; -*ści*, -*ów*)

Aquilibrist *m*, Seiltänzer *m*; ~pu-
nek *m* (-*nku*; *0*) Ausrüstung *f*, Ausstattung *f*; ~walent *m* (-*u*; -*y*)
Aquivalent *n*.

elastyczn|ość *f* (-*ści*; *0*) Elastizität
f; ~y elastisch, flexibel.

elegan|cja *f* (-*i*; *0*) Eleganz *f*; ~cki
(-*ko*) elegant; ~t *m* (-*a*-; -*ci*) Geck *m*,
Elegant *m*; ~tka *f* (-*i*; *G -tek*) Mo-
depuppe *f*, -närrin *f*; ~tować się F
⟨*wy*-⟩ (-*uję*) sich herausputzen.

elegijny elegisch.

elekc|ja *f* (-*i*; -*e*) (*Königs*-)Wahl *f*;
~yjny Wahl-, Kur-.

elektor *m* (-*a*; -*rzy*/-*owie*) Wahl-
mann *m*; *hist.* Kurfürst *m*; ~ski
kurfürstlich; Wahl-; *kolegium* ~skie
Wahlmännerkollegium *n*.

elektro- *in Zssgn* Elektro-, elektro-;
~ciepłownia *f* Heizkraftwerk *n*;
~da *f* (-*y*) Elektrode *f*; ~kardio-
gram *m* (-*u*; -*y*) Elektrokardiogram *m*; ~lit *m* (-*u*; -*y*) Elektrolyt
m; ~liza *f* (-*y*) Elektrolyse *f*; ~luks
m (-*a*; -*y*) *s.* odkurzacz; ~magne-
tyczny elektromagnetisch; ~me-
chanik *m* Elektroschlosser *m*;
~monter *m* Elektromonteur *m*, F
Elektriker *m*.

~lektro|n *m* (-*u*; -*y*) Elektron *n*;
~niczny ktronisch; ~nowy
Elektronen-; -*wa maszyna licząca*
Elektronenrechner *m*; ~nówka *f*
(-*i*; *G -wek*) Elektronenröhre *f*;
~spawacz *m* Elektroschweißer *m*;
~techniczny elektrotechnisch;
~technik *m* Elektrotechniker *m*, F
Elektriker *m*; ~wnia [-'trɔ-] *f* (-*i*;
-*e*, -*i*) Elektrizitäts-, (*cieplna*, *wodna*
Wärme-, Wasser-)Kraftwerk *n*;
~wóz *m* Elektrolok *f*; ~wózek *m*
Elektrokarren *m*; ~wstrząs *m*
Elektroschock *m*.

lektryczn|ość *f* (-*ści*; *0*) Elektrizi-
tät *f*; F *a.* elektrisches Licht; ~y
elektrisch, Elektro-; *sieć* ~a Strom-
(versorgungs)netz *n*.

lektry|fikacja *f* (-*i*; *0*) Elektrifi-
zierung *f*; ~fikować ⟨*z*-⟩ (-*uję*)
elektrifizieren; ~k *m* (-*a*; -*cy*)
Elektr(otechn)iker *m*; *inżynier* ~k
Elektroingenieur *m*; ~ka [-'lɛ-] *f*
(-*i*; *0*) Elektr(otechn)ik *f*; ~zować
(*na*, *fig.* ɔ-) (-*uję*) elektrisie-
ren.

lement *m* (-*u*; -*y*) Element *n*;
Tech. a. Einzelteil *n*; ~ grzejny
Heizkörper *m*; Heizspirale *f*; ~

konstrukcji Bauteil *n*; ~arny elementar; ~arz *m* (-*a*; -*e*) Fibel *f*.

elew *m* (-*a*; -*i*/-*owie*) Eleve *m*.

elewa|cja *f* (-*i*; -*e*) *Arch.* Fassade *f*;
~tor *m* (-*a*; -*y*) Elevator *m*, Becher-
werk *n*; (*Getreide*-)Silo *m u. n.*

elim|inacja *f* (-*i*; -*e*) Elimination *f*;
engS. Beseitigung *f*; Ausschei-
dung(skampf *m*, -sspiel *n*) *f*; ~a-
cyjny Ausscheidungs-; *bieg* -ny
Vorlauf *m*; ~ować ⟨*wy*-⟩ (-*uję*)
eliminieren, ausschalten.

elip|sa *f* (-*y*) Ellipse *f*; ~soidalny
ellipsoid; ~tyczny elliptisch.

elita *f* (-*y*; *0*) Elite *f*; ~rny Elite-.

elkaem *m* *Abk. f.* lekki karabin
maszynowy.

elki *pl.* (-*ów*) Iltisse *m/pl.* (*Pelz*).

emali|a [ɛ'malia] *f* (*G, D, L -ii*; -*e*)
Email(le *f*) *n*; ~ernia [-'iɛr-] *f* (-*i*;
-*e*, -*i*) Emaillierwerk *n*; ~ować
[-'ljɔ-] ⟨*po*-⟩ (-*uję*) emaillieren;
~owany emailliert; *naczynie* -ne
Emaillegeschirr *n*; ~owy Email-.

emancyp|acja *f* (-*i*; *0*) (*kobiet*
Frauen-)Emanzipation *f*; ~antka *f*
(-*i*; *G -tek*) Frauenrechtlerin *f*, F
Blaustrumpf *m*; ~ować się (-*uję*)
sich emanzipieren.

emblemat *m* (-*u*; -*y*) Emblem *n*;
engS. Hoheitszeichen *n*; Sinnbild *n*.

embolia [-'bɔ-] *f* (*G, D, L -ii*; -*e*)
Med. Embolie *f*.

embrio|n ['ɛm-] *m* (-*u*/-*a*; -*y*) Em-
bryo *m*; ~nalny embryonal.

emeryt *m* (-*a*; -*ci*), ~ka *f* (-*i*; *G -tek*)
Pensionär(in *f*) *m*, Ruheständler(in
f) *m*; ~alny Pensions-, Ruhe-
stands-; *wiek* -ny Pensionsalter *n*;
~ować (-*uję*) emeritieren, in den
Ruhestand versetzen; ~owany
emeritiert, im Ruhestand; ~ura *f*
(-*y*) Pension *f*, Ruhegehalt *n*;
przejść na ~urę sich emeritieren
(*od.* pensionieren) lassen.

emetyk † *m* (-*u*; -*i*) Brechmittel *n*.

emfatyczny emphatisch.

emigrac|ja *f* (-*i*; -*e*) Emigration *f*;
Emigrantentum *n*; *na* ~ji im Exil;
~yjny Emigrations-; *rząd* -ny Exil-
regierung *f*.

emi|grować ⟨*wy*-⟩ (-*uję*) emigrie-
ren; ~nencja *f* (-*i*; -*e*) Eminenz *f*;
~sja *f* (-*i*; -*e*) Emission *f*; ~syjny
Emissions-; ~tować (-*uję*) emit-
tieren.

emocja *f* (-*i*; -*e*) Emotion *f*.

emocjon|alny emotional, emotionell, Gefühls-; ~ować (-uję) aufregen (się sich); ~ujący [-'jon-] (-co) aufregend, aufwühlend.

empir|owy [ãpi-] Stil: Empire-; ~yczny [ɛm-] empirisch.

emulsja f (-i; -e) Emulsion f.

encyklika [-'tsi-] f (-i) Enzyklika f.

encykloped|ia [-'pɛ-] f (G, D, L -ii; -e) Enzyklopädie f; ~yczny enzyklopädisch.

endecja f (-i; 0) hist. Abk. f. Narodowa Demokracja.

endek F m (-a; -cy) ND-Mitglied n.

endywia [-'di-] f (G, D, L -ii; -e) Endivie f.

energety|czny energetisch, Energie-, Kraft-; ~ka [-'gɛ-] f (-i; 0) Energetik f.

energi|a [-'nɛ-] f (G, D, L -ii; -e) (a. Phys. cieplna, jądrowa Wärme-, Kern-)Energie f; (wodna, życiowa Wasser-, Lebens-)Kraft f; ~czny energisch.

entuzja|sta m (-y; -ści, -ów), -tka f (-i; G -tek) Enthusiast(in f) m; ~sta sportu Sportfan m; ~styczny enthusiastisch, begeistert; ~zm m (-u; 0) Begeisterung f, Enthusiasmus m; ~zmować się (-uję) sich begeistern (I/für A).

epi|cki, ~czny episch; ~demia [-'dɛ-] f (G, D, L -ii; -e) Epidemie f; ~demiczny epidemisch; ~gon m (-a; -i/-owie) Epigone m; ~graf m (-u; -y) Epigraph n, Inschrift f; Motto n; ~gram(at) m (-u; -y) Epigramm n; ~ka [-'ɛpi-] f (-i; 0) Epik f; ~lacja f (-i; 0) Enthaarung f, Haarentfernung f; ~lepsja f (-i; 0) Epilepsie f, Fallsucht f; ~leptyczny epileptisch; ~leptyk m (-a; -cy), ~yczka f (-i; G -czek) Epileptiker(in f) m; ~skopat m (-u; -y) Episkopat n; ~tafium [-'ta-] n (unv.; -fia) Epitaph n, Grabschrift f; ~tet m (-u; -y) Epitheton n; ordynarny ~tet Schimpfwort n, -name m.

epizod m (-u; -y) Episode f; Erlebnis n; ~yczny episodisch, episodenhaft.

epizootia f (G, D, L -ii; -e) Vet. Tierseuche f.

epo|ka f (-i) Epoche f, Zeitalter n; (Stein-, Eis-)Zeit f; ~kowy (-wo) epochal, epochemachend; ~let m (-u; -y) Epaulette f; ~peja f (-ei; -e,

-ei) Epopöe f; a. = ~s m (-u; -y) Epos n.

era f (-y) Ära f, Zeitalter n; Zeitrechnung f.

eraty|czny Geol. erratisch; ~ne głazy = ~ki m/pl. erratische Blöcke m/pl.

erekc|ja f (-i; -e) Errichtung f; Gründung f; Bio. Erektion f; ~yjny: akt -ny Gründungsurkunde f.

eremita m (-y; -ci, -ów) Einsiedler m.

erkaem m Abk. f. ręczny karabin maszynowy Maschinenpistole f; ~ista m (-y; -ści, -ów) MP-Schütze m.

erot|omania f Erotomanie f, F Sexbesessenheit f; ~yczny erotisch; Sex-; ~yzm m (-u; 0) Erotik f, Sinnlichkeit f.

eroz|ja f (-i; -e) Erosion f; ~yjny erosiv; Erosions-.

errata pl. (-ów) Druckfehlerverzeichnis n.

erudy|cja f (-i; 0) Gelehrtheit f, Erudition f; ~ta m (-y; -ci, -ów) ein Mann von Bildung, Gelehrte(r).

erupcja f (-i; -e) Eruption f, Ausbruch m.

esdek m (-a; -cy) hist. Abk. f. socjaldemokrata.

ese|ista [-ɛ'i-] m (-y; -ści, -ów) Essayist m; ~j m (-u; -e, -ów) Essay m od. n.

esencja f (-i; -e) Essenz f.

eser m (-a; -rzy), ~owiec [-'rɔ-] f (-wca, -wcy) hist. Abk. f. socjalista -rewolucjonista Sozialrevolutionär m.

esica f (-y; -e) absteigender Grimmdarm.

eska|dra f (-y) Mar. Geschwader n, Flgw. Staffel f; ~lacja f (-i; -e) Eskalation f; ~pada f (-y) Eskapade f.

Eskimos m (-a; -i), ~ka f (-i; G -sek) Eskimo(frau f) m.

eskort|a f (-y) Eskorte f, Geleit n; Begleitschutz m; ~ować (-uję) eskortieren, geleiten; ~owiec [-'tɔ-] m (-wca; -wce) Geleitzerstörer m.

esow|aty (-to) S-förmig; ~nik (-a; -i) Karnies m.

esówka f (-i; G -wek) (Dach-)Pfanne f.

esperancki Esperanto-; po -ku auf Esperanto.

estet|a m (-y; -ci, -ów) Ästhet m; ~yczny ästhetisch; (form)schön; ~yka [-'tɛ-] f (-i; 0) Ästhetik f.

Esto|nka f (-i; G -nek) Estin f; ~ńczyk m (-a; -cy) Este m; 2ński ['tɔĩs-] Estland-, (po -ku) estnisch.

estrad|a f (-y) Podium n, Bühne f; ~owy Estraden-; zespół ~owy Unterhaltungsensemble n.

estrogeny pl. (-ów) Follikelhormone n/pl.

estymacja f (-i; -e) (statistische) Schätzung.

esy-floresy pl. (-ów-...-ów) Kringel m/pl., Schnörkel m/pl.

et! ach (wo)!, ah!

etan m (-u; 0) Chem. Äthan n.

etap m (-u; -y) Etappe f; engS. Stufe f, Phase f; ~ami etappen-, stufenweise; ~owy Etappen-.

etat m (-u; -y) Stellenplan m; Planstelle f; być na etacie etatmäßig angestellt sein, e-e Planstelle haben; hauptberuflich tätig sein (G/bei); ~owy (-wo) etatmäßig, Etat-; Planstellen-; Stellenplan-.

etażerka f (-i; G -rek) Etagere f, (Bücher-)Gestell n.

eter m (-u; -y) Äther m; na falach ~u durch Rundfunk, im Radio; ~yczny ätherisch.

Etiop ['ɛtjɔp] m (-a; -i), ~ka f (-i; G -pek) Äthiopier(in f) m; 2ski (po -ku) äthiopisch.

etiuda [ɛ'tju-] f (-y) Etüde f.

etniczny ethnisch.

etola f (-i; -e, -i) (Pelz-)Stola f.

ety|czny ethisch, sittlich; ~ka ['ɛti-] f (-i; 0) Ethik f.

etykiet|a f (-y) Etikette f; a. = ~ka f (-i; G -tek) Etikett n, Aufkleber m; ~ować (-uję) etikettieren.

etyl m (-u; 0) Äthyl n; ~en m (-u; 0) Äth(yl)en n; ~owy Äthyl-.

etymologiczny etymologisch.

eu|charystia [ɛŭ...'ri-] f (G, D, L -ii; -e) Eucharistie f; ~femi(sty)-

czny euphemistisch; ~foria [-'fɔ-] f (G, D, L -ii; 0) Euphorie f.

eukaliptus [ɛŭ-] m (-a; -y) Eukalyptus m; ~owy: olejek ~owy Eukalyptusöl n.   [Eunuche m.]

eunuch ['ɛŭ-] m (-a; -owie/-y)

Europej|czyk [ɛŭ-] m (-a; -cy), ~ka f (-i; G -jek) Europäer(in f) m; 2ski Europa-, (po -ku) europäisch.

eutanazja [ɛŭ-] f (-i; 0) Euthanasie f.

ewaku|acja f (-i; -e) Evakuierung f; engS. Räumung f, Verlegung f; ~acyjny Räumungs-; Bergungs-; ~ować (im)pf. (-uję) evakuieren; engS. räumen; aussiedeln; verlegen, verlagern; bergen.

Ewangeli|a [-'gɛ-] f (G, D, L -ii; -e) Evangelium n; 2cki evangelisch; a. = 2czny Evangelien-; 2k m (-a; -cy), 2czka f (-i; G-czek) Protestant(in f) m; 2sta m (-y; -ści, -ów) Evangelist m.

ewenement m (-u; -y) Sensation f.

ewentualn|ość f (-ści) Eventualität f, Möglichkeit f; na wszelką ~ość für alle Fälle; ~y eventuell; eventual.

ewiden|cja f (-i; -e) Registrierung f, Erfassung f, Dokumentation f (a. konkr.); Belegsammlung f; engS. Verzeichnis n, Liste f, Kartei f; ~cyjny Registrierungs-, Dokumentations-; stan ~ny Sollstärke f; Sollbestand m.

ewolu|cja f (-i; -e) Evolution f; Mil. Entfaltung(sbewegung) f; Figur f, Kunststück n; ~cje lotnicze Kunstflugfiguren; ~cje na trapezie Trapezkunststücke; ~cyjny Evolutions-; evolutorisch; ~ta f (-y) Math. Evolute f.

exposé [-'ze] n (unv.) Exposé n, Bericht m.

F

fabryczny Fabrik-; fabrikmäßig.
fabryka ['fa-] f (-i) Fabrik f; **~cja** f (-i; 0) Fabrikation f; **~t** m (-u; -y) Fabrikat n.
fabrykować (-uję) fabrizieren; fälschen.
fabu|larny s. film; **~ła** f (-y) (Roman-)Fabel f.
facecj|a f (-i; -e) Posse f; Anekdote f; **~wyprawiać ~e** Späße treiben.
facet F m (-a; -ci) Kerl m, Knilch m, Knülch m; **~ka** f (-i; G -tek) (Frauens-)Person f, engS. a. Kleine f, Puppe f.
fach m (-u; -y) Fach n; Beruf m; **~owiec** ['-'xɔ-] m (-wca; -wcy) Fachmann m; **~owość** f (-ści; 0) Fach-, Sachkenntnis f; **~owy** (-wo) fachkundig, -männisch; Fach-; wiadomości **~owe** Fachkenntnisse f/pl.
facjata f (-y) Dachstube f, Mansarde f; F a. Visage f.
fago|cista m (-y; -ści, -ów) Fagottbläser m; **~t** m (-u; -y) Fagott n.
faja F f (G, D, L fai; -e, -) Riesenpfeife f; fig. Pfeife f.
fajans [-jãs] m (-u; -e) Fayence f, Steingut n; **~owy** Fayence-.
fajeczka f (-i; G -czek) Pfeifchen n.
fajdać V (-am) ⟨za- voll⟩kacken.
fajer|ant F m (-u; -y) Feierabend m; **~ka** f (-i; G -rek) Ofenring m; **~werk** m Feuerwerk n.
fajf F m (-u; -y) Fünfuhrtee m.
fajk|a f (-i; G -jek) (Tabaks-)Pfeife f; **~i** pl. JSpr. Haderer m/pl. (des Keilers); **~ować** F (-uję) s. odfajkowywać; **~owy** Pfeifen-.
fajny F (-no, -nie) fein, prima.
fajt|ać F (-am) wedeln; schlenkern; ⟨a. ~nąć⟩ [-nɔntɕa] (-nę) purzeln; **~łapa** F m (-y; G -ów) Schlappschwanz m; Tölpel m, Schlafmütze f.
fak|t m (-u; -y) Tatsache f; po **~cie** nachträglich; **~ty** pf. a. Umstände m/pl.; **~tor** † m (-a; -rzy/-owie) Makler m; s. czynnik.
faktu|ra f (-y) (Waren-)Rechnung f, Faktura f; **~rować** ⟨za-⟩ (-uję) fakturieren; **~rzysta** m (-y; -ści,

-ów), **-tka** f (-i; G -tek) Fakturist(in f) m.
faktyczny tatsächlich, faktisch; stan **~** Tatbestand m, tatsächliche(r) Sachverhalt; Iststärke f.
fakult|atywny fakultativ; **~et** m (-u; -y) Fakultät f.
fal|a f (-i; -e) Welle f; Woge f; See(gang m) f; **~a** czołowa Bugwelle; **~a** martwa Dünung f; **~a** wielka schwere (rauhe) See; **~a** przybojowa Brandung(swelle) f; **~e** morskie a. Fluten f/pl.; płynąć z **~ą** sich treiben lassen.
falban|a f (-y), **~ka** f (-i; G -nek) Rüsche f, Volant m.
falc m (-u; -e) Falz m, Bruch m; **~ować** (-uję) falzen; **~ówka** f (-i; G -wek) Falzmaschine f.
falist|y (-to) wellenförmig, wellig, gewellt; geriffelt; blacha **~a** Wellblech n.
falo|chron m (-u; -y) Wellenbrecher m; Süllrand m;¹ **~mierz** m (-a; -e) Rdf. Frequenzmesser m; **~wać** (-uję) v/i wogen, wallen; Wellen schlagen; v/t kulieren; **~wanie** n (-a; 0) Wogen n; Seegang m; **~wód** m (-odu; -ody) Rdf. Hohl-, Wellenleiter m; **~wy** Wellen-, (a. -wo) wellenförmig.
falset m (-u; -y) Falsett n.
falstart m Sp. Fehlstart m.
falsyfik|at m (-u; -y) Falsifikat n; **~ować** (-uję) s. fałszować.
fałd m (-u; -y), **~a** f (-y) Falte f; **~** głosowy Stimmband n; w **~y** Falten-; **~ować** ⟨po-, s-⟩ (-uję) falten, in Falten legen; **~ować się** Falten werfen; **~owany** Falt(en-); gefaltet; faltig.
fałdzisty (-ście) faltig, Falten-.
fałsz m (-u; 0) Lüge f, Lug und Trug; Falschheit f; Mus. falsche(r) Ton; **~erstwo** n (-a) Fälschung f; **~erz** m (-a; -e) Fälscher(in f) m; **~erka** f (-i; G -rek) Fälscher(in f) m; **~erz pieniędzy** Falschmünzer m.
fałszowa|ć ⟨s-⟩ (-uję) (ver)fälschen; falsch singen od. spielen; **~nie** n (-a) Fälschen n, Fälschung f; **~ni**

bilansu Bilanzverschleierung *f;* ~ny gefälscht; verfälscht.

fałszyw|iec [-'ʃi-] *m* (-wca; -wcy) Heuchler *m,* Leisetreter *m;* ~ość (-ści; 0) Falschheit *f;* ~y (-wie) falsch; Fehl-.

famili|arny [-'lʲiar-] familiär; ~jny Familien-.

fanaberie [-'bε-] F *f/pl.* (-ii) Launen *f/pl.,* Flausen *f/pl.,* Verrücktheiten *f/pl.*

fanaty|czny fanatisch; ~k *m* (-a; -cy) Fanatiker *m;* ~zm *m* (-u; 0) Fanatismus *m.*

fanfar|a *f* (-y) Fanfare *f;* Fanfarenstoß *m;* ~on *m* (-a; -i) Maulheld *m,* Aufschneider *m;* ~onada *f* (-y) Aufschneiderei *f,* F Angabe *f.*

fanfarzysta *m* (-y; -ści, -ów) Fanfarenbläser *m.*

fant *m* (-u; -y) Pfand *n; gra w* ~y Pfänderspiel *n.*

fantast|a *m* (-y; -ści, -ów) Phantast *m,* Schwärmer *m,* F Spinner *m;* ~yczny phantastisch (*a.* F *fig.*); Phantasie-; *naukowo-*~yczny utopisch, Science-fiction-.

fantazj|a *f* (-i; -e) Phantasie *f;* Einfall *m,* Laune *f;* Mut *m; Mus.* Fantasie *f;* ~jować (-uję) phantasieren; F spinnen; ~yjny phantasievoll; Phantasie-.

fantow|y Pfänder-; *loteria* ~a Sachlotterie *f.*

fara *f* (-y) Pfarrkirche *f.*

faramuszki *f/pl.* (-szek) Firlefanz *m.*

faraon *m* (-a; -i/-owie) Pharao *m.*

farb|a *f* (-y) (*kryjąca, malarska* Deck-, Anstrich-) Farbe *f; JSpr.* Schweiß *m;* ~a *sucha* Farbpulver *n; puścić* ~ę Farbe bekennen; ~iarka *f* (-i; G -rek) Färberin *f;* Färbemaschine *f;* ~iarnia [-'bʲar-] *f* (-i; -e, -i/-rń) Färberei *f;* ~iarz ['far-] *m* (-a; -e) Färber *m;* ~ka *f* (-i; G -bek) (*do prania*) Waschblau *n;* ~ować ‹po-, u-› (-uję) *v/t* färben; *v/i* (*nur impf.*) abfärben; *JSpr.* schweißen.

farma *f* (-y) Farm *f.*

farma|ceutyczny pharmazeutisch; ~cja *f* (-i; 0) Pharmazie *f.*

farmakologi|a [-'lɔ-] *f* (G, D, L-ii; 0) Pharmakologie *f;* ~czny pharmakologisch.

farmer|ki *f/pl.* (-rek) Blue jeans *pl.;* ~ski Farmer(s)-; Farm-.

farny Pfarr-.

farsa *f* (-y) Farce *f,* Posse *f.*

farsz *m* (-u; -e) *Kochk.* Füllung *f,* Füllsel *n.*

fartu|ch *m* (-a; -y) Schürze *f;* Schutztuch *n,* -leder *n;* Abweiseblech *n;* ~szek *m* (-szka; -szki) Schürzchen *n,* (*Cocktail-*)Schürze *f.*

faryzeusz [-'zεuʃ] *m* (-a; -e) Pharisäer *m;* ~owski (-ko) pharisäisch.

fasad|a *f* (-y) Fassade *f,* Vorderfront *f;* ~owość *f* (-ści; 0) *fig.* Fassade *f,* leerer Schein.

fascynujący [-'jɔn-] (-co) faszinierend.

faseta *f* (-y) Facette *f.*

faska *f* (-i; G -sek) Fäßchen *n.*

fasol|a *f* (-i; -e, -i) Bohne *f;* koll. (*piesza, szparagowa* Busch-, Schnitt-)Bohnen *pl.;* ~ka *f* (-i; G -lek) (kleine) Bohne *f; Kochk.* grüne Bohnen; ~owy Bohnen-.

fason *m* (-u; -y) Fasson *f,* Machart *f,* Zuschnitt *m; fig.* F z ~em mit Bravour, schneidig.

fasować (-uję) Waren abpacken, abfüllen; ‹*a.* za-› Verpflegung *usw.* fassen.

fastryg|a *f* (-i) Heftnaht *f;* Heftfaden *m;* ~ować ‹po-, s-› (-uję) heften, reihen.

faszerowa|ć ‹*na*-› (-uję) *Kochk.* füllen (*I/*mit); ~ny gefüllt.

faszystowski (*po* -ku) faschistisch.

fatal|istyczny fatalistisch; ~ny fatal, verhängnisvoll; *Wetter usw.:* scheußlich, abscheulich; ~aszki *m/pl.* (-ów) Flitterkram *m,* Firlefanz *m.*

fatyg|a *f* (-i) Mühe *f,* Bemühung *f; nie żałować* ~i keine Mühe scheuen; *dać za* ~ę ein Trinkgeld zustecken; ~ować ‹*po*-› (-uję) bemühen (*się* sich), belästigen.

faul *m* (-a; -e) Foul *n,* Regelverstoß *m.*

fawor|ki *m/pl.* (-ów) *Kochk.* Liebesschleifen *f/pl.,* Schürzkuchen *m/pl.;* ~yt *m* (-a; -ci) Favorit *m,* Günstling *m;* ~ytka *f* (-i; G -tek) Favoritin *f,* Liebling *m;* ~yzować (-uję) begünstigen, favorisieren.

faz|a *f* (-y) Phase *f;* Stufe *f* (*fig.*); Fase *f; Typ.* Facette *f;* ~y *księżyca* Mondwechsel *m;* ~owy Phasen-.

fafel F *m* (-fla; -fle) (kleiner) Popel (*fig.*), (*nur pl.*) (*Nasen*)Schleim *m,* Rotz *m.*

fe! Interj. pfui!

febr|a *f* (-y) Fieber *n;* Schüttelfrost *m;* ~yczny Fieber-.

fecht|mistrz m Fechtmeister m; ~ować się (-uję) fechten.

federa|cja f (-i; -e) Föderation f, Bund m; ~cyjny föderativ; ~lny Bundes-.

fedr|ować (-uję) Bgb. (herein)gewinnen, abbauen; ~unek m (-nku; 0) Hereingewinnung f, Abbau m.

fekalia [-'ka-] pl. (-ów) Fäkalien pl.

felc m (-u; -e) Falz m; Typ. a. Falzbein n.

felczer m (-a; -rzy) † Wundarzt m; Mil. Sanitätsgehilfe m.

feld|febel m (-bla; -ble) Feldwebel m; ~marszałek m Feldmarschall m.

feler F m (-u; -y) Fehler m; z ~em mit e-m (Schönheits-)Fehler.

felieton [-'lie-] m (-u; -y) Feuilleton n; ~ista m (-y; -ści, -ów) Feuilletonist m.

fen m (-u; -y) Meteo. Föhn m.

Fenic|janin m (-a; -nie), ~janka f (-i; G -nek) Phönizier(in f) m; 2ki (po -ku) phönizisch.

fenig m (-a; -i) Pfennig m.

feniks m (-a; 0) Phönix m.

fenkuł m (-u; -y) Bot. Fenchel m.

fenol m (-u; -e) Phenol n.

fenomen m (-u; -y) Phänomen n; ~alny phänomenal.

fenowy föhnig.

fenylo- Chem. Phenyl-.

ferajna F f (-y) (lustiger) Verein, (Rassel-)Bande f.

feralny (un(glück)selig); Pech-, Unglücks-; ~ dzień schwarzer Tag.

ferie ['fɛ-] pl. (-ii) (Schul-)Ferien pl.

ferma f (-y) Farm f.

ferment m (-u; -y) Ferment n, Enzym n; fig. Unruhe(n pl.) f; ~acja f (-i; -e) Gärung f; ~ować (-uję) gären.

fermer m (-a; -rzy) Farmer m.

ferować (-uję) Urteil fällen.

ferrytowy Ferrit-.

fertać F (-am) wedeln (I/mit).

fertyczny munter; flink.

ferwor m (-u; 0) Eifer m; z ~em mit Schwung.

festiwal m (-u; -e) Festival n, Festspiele n/pl.; ~owy Festspiel-.

festyn m (-u; -y) Gartenfest n; Volksfest n; ~ strzelecki Schützenfest n.

fetor m (-u; -y) Gestank m.

fetować (-uję) festlich empfangen, bewirten.

fetysz m (-a; -e) Fetisch m.

feudalny [feŭ'da-] feudal(istisch), Feudal-. [dal-, Lehnsherr m.)

feudał ['feŭ-] m (-a; -owie) Feu-)

fibr|a f (-y; G -ber) (Vulkan-)Fiber f; ~yna f (-y; 0) Fibrin n.

fidrygałki F f/pl. (-łek) Firlefanz m.

fifka F f (-i; G -fek) (Zigaretten-) Spitze f.

fig|a f (-i) Feige f; F fig. (gar) nichts; ~a z makiem! Pustekuchen!, denkst du!; ~a sprężysta Bot. Gummibaum m; s. a. figowiec; ~i pl. (Damen-)Slip m.

figiel ['fi-] m (-gla; -gle) Streich m, Ulk m; pl. a. Unfug m, Faxen pl.; Schabernack m; F o mały ~ beinahe, um ein Haar.

figlar|ek m (-rka; -rki) Gaukler-, Affenblume f; ~ka f (-i; G -rek) (kokette) Schelmin, Schäkerin f; ~ność f (-ści; 0) Verspieltheit f; Schalk(haftigkeit f) m; ~ny verspielt; s. filuterny.

figl|arz m (-a; -e) Schelm m, Spaßvogel m, Schalk m; ~ować (-uję) sich katzbalgen, (herum)tollen.

figow|iec [-'go-] m (-wca; -wce) Feigenbaum m; ~y Feigen-.

figur|a f (-y) Figur f; Gestalt f; F a. ~grosses Tier‹; ~alny figürlich; figural; ~ant m (-a; -ci) Figurant m; Strohmann m; ~ka f (-i; G -rek) Figürchen n; ~ować (-uję) figurieren; in e-r Liste usw. verzeichnet sein, stehen; ~owy: ~owa jazda na lodzie Eiskunstlauf m.

fik|ać (-am), ‹~nąć› [-nǫntɛ] (-nę) v/i purzeln; Tier: ausschlagen; (nur impf.) hüpfen; s. koziołek.

fikc|ja f (-i; -e) Fiktion f; ~yjny fiktiv, Schein-.

fiknąć pf. s. fikać.

fiks|acja f (-i; 0) Med. Fixierung f; ~ować (-uję) v/t fixieren; † v/i ‹s-› F e-n Rappel bekommen.

fikus m (-a; -y) s. figowiec; Gummibaum m.

filantropijny philantropisch.

filar m (-a/-u; -y) Pfeiler m; fig. (-a) Stütze f.

filatelist|a m (-y; -ści, -ów) Philatelist m, Briefmarkensammler m; ~yka f ['lis-] f (-i; 0) Philatelie f.

filc m (-u; -e) (Walk-)Filz m; ~owy Filz-.

filet m (-u; -y) (z ryby Fisch-)Filet n.

filharmonia f Philharmonie f.

filia ['fi-] f (G, D, L -ii; -e) Filiale f

~ spółki Tochtergesellschaft f; **~lny** Filial-, Zweig-.

fili|granowy Filigran-; fig. (-wo) fein, zart; **~piński** [-'p̃iīs-] philippinisch, Philippinen-; **~żanka** f (-i; G -nek) Tasse f, Schale f.

film m (-u; -y) (fabularny, niemy, oświatowy, rysunkowy, wąskotaś-mowy Spiel-, Stumm-, Kultur-, Zeichen[trick]-, Schmal-)Film m; ~ komediowy Filmlustspiel n; s. błona; **~oteka** f Cinemathek f, Filmarchiv n; **~ować** ⟨s-⟩ (-uję) (ver)filmen; **~owiec** [-'mɔ-] m (-wca; wcy) Film(e)macher m, engS. Filmproduzent m, -regisseur m; **~owy** Film-; (-wo) filmisch.

filoksera f (-y; ...) ~ winiec Reblaus f.

filolog m (-a; -dzy/-owie) Philologe m; **~iczny** philologisch.

filować (-uję) v/i Lampe: blaken; v/t Karten langsam und vorsichtig auf-decken.

filozof m (-a; -owie) Philosoph m; **~iczny** philosophisch; **~ować** (-uję) philosophieren.

filtr m (-a; -y) Filter n od. m; ~ siatkowy Filtersieb n; **~acja** f(-i; -e) Filtrierung f, Filtern n, Filterung f; **~ować** ⟨prze-⟩ (-uję) filtrieren, filtern.   [lung f.]

filunek m (-nka; -nki) (Tür-)Fül-∫

filut m (-a; -ci) Filou m, Schlau-berger m; **~erny** schalkhaft, nek-kisch; pfiffig.

fimf|a ['f̃ifa] f (-y): stroić ~y be-leidigt tun, schmollen.

Fin m (-a; -owie) Finne m; ⊈ (-a; -y) Finn-Dingi n.

finali|sta m (-y; -ści, -ów) Endspiel-teilnehmer m; **~zować** ⟨s-⟩ (-uję) abschließen, beenden.

finał m (-u; -y) Finale n; Sp. a. Endspiel n, -kampf m; fig. Schluß-punkt m; **~owy** End-, Schluß-.

finans|e [-'nãsɛ] pl. (-ów) Finanzen f/pl.; **~ista** m (-y; -ści, -ów) Finanz-, Geldmann m, Finanzier m; **~jera** [-'ɕɛ-] f (-y; 0) Finanzoligarchie f; **~ować** ⟨s-⟩ (-uję) finanzieren; **~owiec** [-'sɔ-] m (-wca; -wcy) Finanz-, Bankfachmann m; **~owy** (-wo) finanziell; Finanz-.

finezja f (-i; -e) Finesse f; **~yjny** fein, subtil.

fingować [-ŋg-] ⟨s-⟩ (-uję) fingie-ren, vortäuschen.

finisz m (-u; -e) Sp. Finish n,

(End-)Spurt m; ~ lotny Wertungs-spurt; **~ować** (-uję) spurten.

Fin|ka f (-i; G -nek) **~landka** f (-i; G -dek) Finnin f; ⊈ka Finndolch m; **~landczyk** m (-a; -cy) Finne m; ⊈landzki s. fiński.

finta f (-y) Finte f.

fiński ['f̃iīs-] (po -ku) finnisch.

fiolet ['f̃iɔ-] m (-u; -y) Violett n; **~owy** (-wo) violett, veilchenblau.

fiolka ['f̃iɔ-] f (-i; G -lek) Phiole f.

fioł ['f̃iɔw] m (-a; -y): F mieć ~a e-n Vogel (od. P e-e Macke) haben; **~ek** m (-łka; -łki) (alpejski Alpen-) Veilchen n; **~ek trójbarwny** s. bra-tek; F s. fioł; **~kowy** (-wo) veilchen-blau.

firanka f (-i; G -nek) Gardine f.

fircyk m (-a; -i) Geck m, F Lackaffe m, Fatzke m; **~owaty** (-to) eitel, affig; flott, leichtlebig.

firletka f (-i; G -tek) Bot. Licht-nelke f.

firm|a f (-y) Firma f, engS. Ge-schäft n, Unternehmen n; **~ować** (-uję) firmieren.

firmow|y Firmen-; Geschäfts-; danie ~e Spezialität f des Hauses; Gedeck n; s. towar.

fis|harmonia [-s·x-] f Harmonium n; **~kalny** fiskalisch, Fiskal-; **~tasz-ki** m/pl. (-ów) Erdnußkerne m/pl.; **~tuła** f (-y) Fistel f; Orgelpfeife f.

fiszbin m (-u; -y) Fischbein n; (Korsett-)Schiene f; **~owce** m/pl. (-ów) Bartenwale m/pl.; **~owy** Fischbein-.

fito- in Zssgn Phyto-.

fizjo|logia [-'lɔ-] f (G, D, L -ii; 0) Physiologie f; **~logiczny** physiolo-gisch; **~nomia** [-'nɔ-] f (G, D, L -ii; -e) Physiognomie f, (Gesichts-) Ausdruck m; **~terapia** f physika-lische Therapie.

fizyczn|y physikalisch; physisch, körperlich; gabinet ~y (Schul-) Physikraum m.

fizyk m (-a; -cy) Physiker m; **~a** ['f̃i-] f (-i; 0) Physik f.

flacha F f (-y) Riesenflasche f.

flacz|asty Fleisch: sehnig; Haut: welk, erschlafft; **~ki** m/pl. (-ów) Kochk. Kaldaunen pl., Flecke pl.

flag|a f (=l) Flagge f, | Г Bauwetter n; **~owy** Flaggen-; **~sztok** m Flag-genstock m.

flak m (-a; -i) Darm m; **~i** pl. Ge-schlinge n; Kochk. s. flaczki.

flakonik *m* (-*a*; -*i*) (*Parfüm-*) Fläschchen *n*.

flakowaty (-*to*) welk, schlaff.

flama F *f* (-*y*) Flamme *f* (*fig.*).

flamandzki (*po* -*ku*) flämisch.

flamaster *m* (-*tra*; -*try*) Faser-, Filzschreiber *m*.

flaming *m* (-*a*; -*i*) *Zo.* Flamingo *m*.

flanc|e *f*/*pl.* (-/-*y*) Setzlinge *m*/*pl.*; **~ować** (-*uję*) (aus)pflanzen.

flanel|a *f* (-*i*; -*e*, -*i*) Flanell *m*; **~owy** Flanell-.

flank *m* (-*a*; -*i*), **~a** *f* (-*i*; *G* *flank*) *Mil., Sp.* Flanke *f*; **~ować** (-*uję*) flankieren; **~owy** Flanken-.

flaszk|a *f* (-*i*; *G* -*szek*) Flasche *f*; **~owy** Flaschen-.

flądra ['flɔn-] *f* (-*y*) *Zo.* Flunder *f*; P *fig.* Schlampe *f*.

flecist|a *m* (-*y*; -*ści*, -*ów*), **~ka** *f* (-*i*; *G* -*tek*) Flötenspieler(in *f*) *m*.

flegma *f* (-*y*; 0) *Med.* Schleim *m*, Auswurf *m*; *fig.* Phlegma *n*; *Chem.* Lutter *m*; **~tyczny** phlegmatisch; **~tyk** *m* (-*a*; -*cy*) Phlegmatiker *m*.

flegmisty *Med.* von Schleimsekretion begleitet.

flejtuch *m* (-*a*; -*y*) *verä.* Drecksack *m*; Schlampe *f*.

flek *m* (-*a*; -*i*) (*Absatz-*)Fleck *m*.

fleksja *f* (-*i*; -*e*) *Gr.* Flexion *f*.

flesz *m* (-*a*; -*e*) *Fot.* Blitzlicht(gerät *n*) *n*; (*Fechten*) Fleche *f*.

flet *m* (-*u*; -*y*) Flöte *f*; **~nia** ['flɛ-] *f* (-*i*; -*e*, -*i*) Schalmei *f*.

flir|ciarz ['fljir-] *m* (-*a*; -*e*) Charmeur *m*, Schwerenöter *m*; **~t** *m* (-*u*; -*y*) Flirt *m*; **~tować** (-*uję*) flirten.

flis *m* (-*a*; -*y*/-*owie*) *s.* flisak; (-*u*; -*y*) Flößerei *f*; **~acki** Flößer-; **~ak** *m* (-*a*; -*cy*) (*Holz-*)Flößer *m*.

fliza *f* (-*y*) Fliese *f*, Platte *f*.

floks *m* (-*a*; -*y*) Phlox *m*, Flammenblume *f*.

florecista *m* (-*y*; -*ści*, -*ów*) Florettfechter *m*.

floren|cki, **~tyński** [-'tiĩs-] florentinisch.

floresy *s.* esy.

floret *m* (-*u*; -*y*) Florett *n*.

flota[1] *f* (-*y*) (*morska* Hochsee-) Flotte *f*.

flota[2] F *f* (-*y*; 0) Kies *m*, Kohlen *pl.*

flotylla *f* (-*i*; -*e*) Flotille *f*, Flottenverband *m*; **~** *łowcza* Fangflotte *f*.

flower *m* (-*a*; -*y*) Kleinkalibergewehr *n*.

fluid *m* (-*u*; 0) Fluidum *n*.

fluksja *f* (-*i*; -*e*) (*Kiefer-*)Knochenabszeß *m*.

fluor *m* (-*u*; 0) *Chem.* Fluor *n*; **~escencja** *f* (-*i*; 0) Fluoreszenz *f*; **~oskop** [-'ɔrɔ-] *m* (-*u*; -*y*) Fluoroskop *n*, Röntgen(bild)schirm *m*; **~owce** *m*/*pl.* (-*ów*) Halogene *n*/*pl.*, Haloide *n*/*pl.*; **~oza** *f* (-*y*; 0) Fluorvergiftung *f*; **~yt** *m* (-*u*; -*y*) Flußspat *m*; **~yzować** (-*uję*) fluoreszieren.

fobia ['fɔ-] *f* (*G*, *D*, *L* -*ii*; -*e*) Fobie *f*.

fochy F *pl.* (-*ów*) Faxen *f*/*pl.*

foczy Robben-, Seehunds-.

fok *m* (-*a*; -*i*) Fock(segel) *m*; **~a** *f* (-*i*) Seehund *m*, Robbe *f*; *s.* uszatka; **~i** *pl. a.* Sealskin *m od. n*; **~maszt** *m* Fockmast *m*.

foks|terier *m* Foxterrier *m*; **~trot** *m* (-*a*; -*y*) Foxtrott *m*.

folg|a *f*: dać **~ę** freien Lauf lassen; (*sobie* sich) gönnen; **~ować** ⟨*po-*⟩ (-*uję*) Frost: nachlassen; (*D*) Nachsicht üben (mit); (*sobie*) frönen (*D*); (*sich od. D*) Luft machen; sich Ruhe gönnen.

folia ['fɔ-] *f* (*G*, *D*, *L* -*ii*; -*e*) (*kurczliwa*, *srebrna* Schrumpf-, Silber-) Folie *f*.

foliał ['fɔ-] *m* (-*u*; -*y*) Foliant *m*.

foliowy [-'lĩɔ-] Folien-, Plastik-.

folklor *m* (-*u*; 0) Folklore *f*; **~ystyczny** folkloristisch.

folować (-*uję*) walken.

folwar|czny Vorwerks-, Guts-; **~k** *m* (-*u*; -*i*) Vorwerk *n*, Gut(shof *m*) *n*.

fon *m* (-*u*; -*y*) *Phys.* Phon *n*; **~etyczny** phonetisch; **~etyka** *f* (-*i*) Phonetik *f*; **~ogram** *m* (-*u*; -*y*) Tonaufzeichnung *f*; Fernspruch *m*; **~oteka** *f* Tonarchiv *n*.

fontanna *f* (-*y*) Fontäne *f*, Springbrunnen *m*.

for *m* (-*a*; -*y*) Vorgabe *f*, Vorteil *m*; *mieć* **~y** Protektion genießen.

fora: **~** *ze dwora!* hinaus!

fordanser [-'däs-] *m* Eintänzer *m*.

forem|ka *f* (-*i*; *G* -*mek*) kleine (*Back-*, *Pudding-*)Form; **~nik** *m* (-*a*; -*i*) Matrize *f*, Hohlform *f*; **~ny** wohlgeformt, ebenmäßig.

form|a *f* (-*y*) Form *f*; Gestalt *f*; *Sp. a.* Kondition *f*; **~a** *zachowania* Verhaltensweise *f*; *o piękných* (*od. doskonałych*) **~ach** formschön, -vollendet; **~acja** *f* (-*i*; -*e*) Formation *f*;

~alina f (-y; 0) Formalin n; **~a-**
listyczny formalistisch; **~alność** f
(-ści) Formalität f; **~alny** formell,
formal, förmlich, Form-; w sprawie
-nej zur Geschäftsordnung (sprechen); **~at** m (-u; -y) Format n.

formie|rnia [-'mɛr-] f (-i; -e, -i)
Formerei f; **~rski** Tech. Form-;
~rz m (-a; -e) Former m.

formować ⟨u-⟩ (-uję) formen, bilden; formieren (się sich).

formu|larz m (-a; -e) Formular n,
Formblatt n; **~ła** f (-y), **~łka** f (-i;
G -łek) Formel f; **~łka grzecz-**
nościowa Grußformel; **~łować** ⟨s-⟩
(-uję) formulieren.

fornal m (-a; -e) Stallknecht m.

forni(e)r [-'for-] m (-u; -y) Furnier n.

forsa F f (-y) Moneten pl., Zaster m.

forsow|ać (-uję) forcieren ⟨Mil. a.
s-⟩; engS. vorantreiben, beschleu-
nigen; fördern; anstrengen (się
sich); KSp. reizen; ⟨a. prze-⟩
durchsetzen, durchpeitschen (fig.);
~ny forciert.

forsz|lak m (-u; -i) Kochk. Nieren-
stück n; **~mak** m (-u; -i) Art
Heringssalat m, Häckerle n.

forte|ca f (-y) Festung f; **~czny**
Festungs-.

fortel m (-u; -e) Kunstgriff m,
Trick m, List f.

fortepian [-'tɛpian] m (-u; -y) Klavier n, Flügel m; na ~ für Klavier,
Klavier-; **~owy** Klavier-.

fortun|a f (-y) Glück n; Vermögen
n; **~ny** glücklich.

fortyfik|acja f (-i; -e) Mil. Befe-
stigung f; **~acyjny** Befestigungs-;
~ować ⟨u-⟩ (-uję) befestigen.

forward m (-a; -dzi) Sp. Stürmer m.

foryś m (-sia; -sie, -ów) Vorreiter m.

fosa f (-y) (zamkowa Burg-)Graben
m; ~ dla orkiestry Orchesterraum m.

fosfor m (-u; 0) Phosphor m; **~an**
m (-u; -y) Phosphat n; **~escencja** f
(-i; 0) Phosphoreszenz f; **~owy**
Phosphor-; phosphorig; **~yzować**
(-uję) phosphoreszieren.

fosgen m (-u; 0) Chem. Phosgen n.

fotel m (-a; -e) (Polster-)Sessel m,
Lehnstuhl m; fig. Sitz m; ~ wyrzucany Flgw. Schleudersitz.

foto|amator m Amateurfotograf m,
Fotoamateur m; **~elektryczny**
fotoelektrisch; ogniwo -ne = **~ele-**
ment m Fotoelement n; **~geniczny**
fotogen.

fotograf m (-a; -owie) Fotograf m;
~ia [-'gra-] f (G, D, L -ii; -e)
(barwna Farb-)Fotografie f; konkr.
F Foto n; **~iczny** fotografisch;
Foto-; **~ika** f Fotografik f; **~ować**
⟨s-⟩ (-uję) fotografieren; **~ować się**
⟨s-⟩ sich fotografieren lassen.

fotogrametr|ia [-'mɛ-] f (G, D, L
-ii; 0) Luftbildmessung f; **~ysta** m
(-y; -ści, -ów) Luftbildauswerter m.

foto|komórka f Fotozelle f; **~kopia**
f Fotokopie f; **~kopiarka** f Foto-
kopiermaschine f, -gerät n; **~mon-**
taż m Fotomontage f; **~nowy**
Phys. Photonen-; **~nówka** f (-i; G
-wek) s. fotokomórka; **~ogniwo** n s.
fotoelement; **~reportaż** m Foto-,
Bildreportage f; **~reporter** m
Bildberichte(rstatt)er m.

fotos m (-u; -y) (Film-)Standfoto n.

foto|skład m Typ. Foto-, Lichtsatz
m; **~telegraf** m Bildtelegraph m,
-schreiber m; **~typia** [-'ti-] f (G, D,
L -ii; -e) Lichtdruck m; **~zestaw** m
(Foto-)Bildband m.

fracht m (-u; -y) Fracht f; ~ pośpieszny Eilgut m; **~ować** ⟨za-⟩
(-uję) (be)frachten; **~owiec** [-'tɔ-]
m (-wca; -wce) Frachtschiff n;
~owy Fracht-; Befrachtungs-.

fragment m (-u; -y) Fragment n;
Bruchstück n; **~aryczny** fragmen-
tarisch.

frajda P f (-y) Freude f; Gaudi(um
n) n od. f.

frajer P m (-a; -rzy/-y) Waisenkna be
m, Kamel n, Depp m; Kerl m,
fester Freund; za ~ umsonst, frei;
nab(ie)rać ~a j-n (he)reinlegen;
znaleźć ~a e-n Dummen finden;
~ka F f (-i; G -rek) feste Freundin,
Mädchen n.

frak m (-a; -i) Frack m.

frakc|ja f (-i; -e) Fraktion f; **~yjny**
Fraktions-.   [bung f.\]

framuga f (-i) Arch. Fensterlei-

francu|ski (po -ku) französisch; s.
ciasto; **~szczyzna** f (-y; 0) Französisch n; Śz m (-a; -i) Franzose m;
Śzka f (-i; G -zek) Französin f.

frank m (-a; -i) Frank(en) m; Ś (pl.
-owie) Franke m; **~o** Hdl. franco,
frei; **~oński** [-'kɔĩs-] (po -ku)
fränkisch; **~ować** ⟨o-⟩ (-uję) fran-
kieren, freimachen.

frant F m (-a; -y/-owie) gerissener
Bursche, Schlaumeier m; udawać
z głupia ~a sich dumm stellen.

frapujący [-'jon-] (-co) frappant, frappierend.

fraso|bliwy (-wie) betrübt, bekümmert; **~wać** ⟨za-⟩ **się** (-uję) sich sorgen, grämen.

fraszka f (-i; G -szek) Lappalie f; Spruchgedicht n; Epigramm m.

fraze|ologia [-'lɔ-] f (G, D, L -ii; 0) Phraseologie f; **~s** m (-u; -y) Phrase f; pusty **~s** a. Floskel f; **~sowicz** m (-a; -e, -ów) Phrasendrescher m; **~sowy** (-wo) phrasenhaft.

fregata f (-y) Fregatte f; Zo. Fregattvogel m.

frekwencj|a f (-i; -e) Frequenz f, Besucherzahl f; Frequentation f, Zuspruch m, Zulauf m; cieszyć się **~q** gut besucht sein.

fresk m (-u; -i) Fresko n, Freske f.

fretka f (-i; G -tek) Frettchen n.

frez m (-u; -y) (śrubowy Schäl-) Fräser m; **~arka** f (-i; G -rek) Fräsmaschine f; (Boden-)Fräse f; **~er** m (-a; -rzy) Fräser m (Arbeiter); **~ować** ⟨wy-⟩ (-uję) fräsen.

frędzl|a ['fren-] f (-i; -e, -i) Franse f; **~owaty** Fransen-, fransig.

front m (-u; -y) Front f; ♀ Ludowy Volksfront; na froncie an der Front; **~alny** frontal, Front(al)-, Stirn-; **~on** m (-u; -y) Fronton n, Vordergiebel m; **~owiec** [-'tɔ-] m (-wca, -wcze/-wcy) Frontsoldat m; **~owy** Vorder-; Front-.

froter|ka f (-i; G -rek) Bohner(maschine f) m; **~ować** ⟨na-, wy-⟩ (-uję) bohnern.

frustracja f (-i; 0) Frustration f.

fru|wać (-am), ⟨**~nąć**⟩ [-nɔntɕ] (-nę, -ń) flattern, fliegen; F **~waj stąd!** mach e-e Fliege!

fryc † m (-a; -e/-owie) Neuling m, Fuchs m; **~owe** n (-ego) fig. Lehrgeld n.

fry|ga f (-i) Kreisel m; **~kasy** m/pl. (-ów) Leckereien f/pl.; **~kcyjny** Friktions-.

fryt|a f (-y) Fritte f; **~ki** f/pl. (-tek/-ów) Pommes frites pl.; **~ura** f (-y) [Friture f.]

fryz m (-u; -y) Arch. Fries m; **~a** f (-y) Halskrause f; Rüsche(n pl.) f.

fryzjer m (-a; -rzy) Friseur m; **~ka** f (-i; G -rek) Friseuse f; **~ski** Friseur-, Frisör-; zakład **~ski** Frisiersalon m.

fryz|ować ⟨u-⟩ (-uję) frisieren; **~ura** f (-y) Frisur f; Haarschnitt m.

fryzyjski friesisch.

fuczeć (-czę) fauchen; schnaufen; s. fukać.

fug|a f (-i) Fuge f (a. Mus.); **~ować** (-uję) Arch. abrichten; fügen; ab-, auskehlen.

fuj! s. fe!

fujar|a f (-y) Schalmei f; P fig. Pfeife f; **~ka** f (-i; G -rek) Hirten-, Rohrflöte f.

fuk|ać (-am), ⟨**~nąć**⟩ [-nɔntɕ] (-nę) schnaufen, pusten; ⟨a. o-⟩ (D, na A) j-n anfauchen, anfahren; **~acz** m (-a; -e) Kohlenstaubexplosion f.

fuks m (-a; -y) Fuchs m (fig.); F a. Glückstreffer m; Zufallssieg(er m) m; **~em** zufällig(erweise).

fuksja f (-i; -e) Bot. Fuchsie f.

fular m (-u; -y) Foulard(tuch n) m.

fumy F f/pl. (-ów) Aufgeblasenheit f; Launen f/pl.; Flausen f/pl.

fund|a F f (-y) Gratisessen n od. -umtrunk m; wyprawić **~ę** spendieren.

funda|cja f (-i; -e) Stiftung f, Fundation f; **~ment** m (-u; -y) Fundament n; fig. Grundlage f; **~tor** m (-a; -rzy) Stifter m, Gründer m.

fundować ⟨u-, za-⟩ (-uję) stiften, gründen; F a. spendieren.

fundusz m (-u; -e) Fonds m; **~e** pl. a. Kapitalien n/pl.

funkcj|a [-ŋk-] f (-i; -e) Funktion f; objąć **~ę** (G) sein Amt als ... antreten; **~onariusz** [-'narjuʃ] m (-a; -e) Amtsträger m; (pocztowy Post-)Angestellte(r), (milicji obywatelskiej Volksmiliz-)Beamte(r); **~onować** (-uję) funktionieren, arbeiten.

funkcyjny Funktions-; dodatek **~** Dienstzulage f.

funt m (-a; -y) Pfund n.

fura f (-y) Fuhre f; **~żer** m (-a; -owie) Futtermeister m; **~żerka** f (-i; G -rek) Schiffchen n (Mütze).

fur|czeć (-ę, -y) Pfeil: schwirren; Kreisel, Spinnrad: schnurren, brummen; **~da** F f (-y) Lappalie f, Läpperei f; **~gonetka** f (-i; G -tek) Lieferwagen m.

furi|a [ˈfu-] f (G, D, L -ii; -e) Furie f; z **~q** wild, rasend; wpaść w **~ę** e-n Tobsuchtsanfall bekommen; **~at** m (-a; -ci) Rasende(r), Tobsüchtige(r); Choleriker m.

furk|ać (-am) s. furczeć; **~ot** m (-u; -y) Surren n, Schwirren n; (Fah-

nen-)Flattern *n* (*Geräusch*); **~otać** ⟨za-⟩ (*-czę/-cę*) *s.* furczeć; *Fahne:* flattern, schlagen.

furman *m* (*-a; -i*) Kutscher *m;* **~ić** (*-ę*) kutschieren; als Kutscher arbeiten; **~ka** *f* (*-i; G -nek*) (*Pferde-*) Fuhrwerk *n.*

furora *f* (*-y; 0*) Furore *f.*

furt|a *f* (*-y*) Pforte *f;* **~ian** [ˈfur-] *m* (*-a; -i*) (*Kloster-*)Pförtner *m;* **~ka** *f* (*-i; G -tek*) Pforte *f;* Gartentor *n; fig.* Hintertür(chen *n*) *f.*

furunkuł *m* (*-a; -y*) Furunkel *m.*

fusy *m/pl.* (*-ów*) Bodensatz *m; eng S.* Kaffeesatz *m.*

fuszer *m* (*-a; -rzy*) Pfuscher *m;* **~ka** F *f* (*-i; G -rek*) Pfuscherei *f,* Murks *m;* **~ować** F ⟨s-⟩ (*-uję*) (ver)pfuschen, (ver)murksen; **~ski** Pfusch(er)-.

futbol *m* (*-u; 0*) Fußball(spiel *n*) *m;* **~owy** Fußball-.

futerał *m* (*-u; -y*) Futteral *n,* Etui *n;* (*Pistolen-*)Tasche *f.*

futerko *n* (*-a; G -rek*) Fell *n,* Pelz *m;* **~wy** Pelz-.

futor *m* (*-u; -y*) (*Einzel-*)Gehöft *n.*

futr|o *n* (*-a; G -ter*) Fell *n;* Pelz *m; JSpr.* Balg *m;* obszyty **~em** pelzbesetzt; podbity **~em** pelzgefüttert; **~a** *pl. a.* Pelz-, Rauchwaren *f/pl.;* **~ować** (*-uję*) *v/t* täfeln; auskleiden, -füttern; *v/i* F futtern; **~yna** *f* (*-y*) (*Fenster-, Tür-*)Rahmen *m,* -zarge *f.*

futrza|ny Pelz-, Fell-; **~rski** Pelz-, Rauchwaren-; **~rz** *m* (*-a; -e*) Pelzhändler *m;* Kürschner *m.*

futurystyczny futuristisch.

fuzja[1] *f* (*-i; -e*) Büchse *f,* Flinte *f.*

fuzja[2] *f* (*-i; -e*) Fusion *f.*

fyrk|ać (*-am*), ⟨**~nąć**⟩ [-nɔ̃tɕ] (*-nę*) schnauben, schnaufen; F schmeißen.

G

gabardyna f (-y) Gabardine m od. f.
gabaryt m (-u; -y) (Auf-)Baumaß n; Esb. Lademaß n, -profil n.
gabinet m (-u; -y) Kabinett n (a. Pol.); Arbeitszimmer n; ~ lekarski (Arzt-)Sprechzimmer n; **~owy** Kabinett-.
gable pl. (-i) Kartoffelforke f.
gablot|a f (-y), **~ka** f (-i; G -tek) Schaukasten m, Vitrine f.
gacek m (-cka; -cki) Fledermaus f.
gach m (-a; -y) Galan m, Liebhaber m; JSpr. Rammler m.
gacie ['ga-] pl. (-) Unterhose f.
gad m (-a; -y) s. gady; fig. verä. Schlange f, Luder n.
gada|ć F (-am) ⟨po-⟩ reden, schwatzen; ⟨na-⟩ (na k-o j-n) ins Gerede bringen; **~nie** F n (-a; 0) Gerede n; **~nie!** larifari! bez (długiego) **~nia** ohne lange zu reden; **~nina** F f (-y) (leeres) Geschwätz, Gefasel n; Tratsch m; Palaver n; **~tliwy** (-wie) geschwätzig, schwatzhaft.
gadka P f (-i; G -dek) Schwatz m; Gerücht n, Mär f; (Volks-)Märchen n.
gadu|-gadu F (unv.) (sich ver-)plauschen, **~lstwo** n (-a; 0) Redseligkeit f; **~ła** m/f (-y; G -ów/-) Schwätzer(in f) m.
gady pl. (-ów) Zo. Reptilien n/pl.
gadzin|a f (-y) Reptil n; fig. Natter f; F dial. Federvieh n; **~owy** Reptilien-, **~ówka** f (-i; G -wek) Hetzblatt n.
gaf|a f (-y) Schnitzer m, Bock m; popełnić **~ę** e-n Schnitzer machen.
gagatek m (-tka; -tki) iron. Früchtchen n, Type f.
gaik m (-a; -i) Wäldchen n; s. maik.
gaj m (-u; -e, -ów) Hain m; **~owy** Wald-, Hain-; Su. m (-ego; -i) Forstgehilfe m; Waldhüter m; **~ówka** f (-i; G -wek) Hegerhütte f.
gala f (-i; -e) Gala f; Galaempfang m; Bankett n.
galaktyka f (-i) Galaxis f; ~ spiralna Spiralnebel m.
galanter|ia [-'tɛ-] f (G, D, L -ii; 0) Galanterie f; Galanteriewaren f/pl.;

~ia gumowa, żelazna (Haushalts-)Gummi-, Eisenwaren f/pl.; **~yjny** Galanterie-.
galare|cieć [-'rɛ-] ⟨z-⟩ (-eję) gelieren; **~ta** f (-y) Gallert(e f) n; Sülze f; Aspik m; **~tka** f (-i; G -tek) Gelee m od. n; **~towaty** (-to) gallertartig.
galas m (-u; -y) Gallapfel m.
galasówka f (-i; G -wek) Gallwespe f. [glanz m.]
galen|a f (-y), **~it** m (-u; -y) Blei-]
galera f (-y) Galeere f.
galeria [-'lɛ-] f (G, D, L -ii; -e) Galerie f; Thea. (Ober-)Rang m.
galernik m (-a; -cy) Galeerensklave m; Galeerensträfling m.
galimatjas F m (-u; 0) Durcheinander n; Gefasel n.
galon m (-u; -y) Litze f, Borte f; Gallone f.
galop m (-u; -y) Galopp m; **~em** im Galopp; **~ować** ⟨po-⟩ (-uję) galoppieren.
gal|owy (-wo) Gala-, Fest-; **~ówka** F f (-i; G -wek) Galaabend m, -vorstellung f.
galwani|czny galvanisch; **~zować** (-uję) galvanisieren.
galwano|metr m (-u; -y) Galvanometer m; **~typ** m Typ. Galvano n.
gał|a f (-y) Kugel f; Knauf m; **~y** P pl. Glubsch-, Glotzaugen n/pl.
gałą|zka f (-i; G -zek) Zweig m, Reis m; **~ź** f (-łęzi; -łęzie, -łęzi, I -łęziami/-łęźmi) Ast m, Zweig m (a. fig.).
gałeczka f (-i; G -czek) Kügelchen n.
gałęz|atka f (-i; G -tek) Zweigalge f; **~ie** pl. v. gałąź; **~i(a)sty** ästig, astreich.
gałgan m (-a; -y) Lappen m, Fetzen m; fig. (pl. -i) Schlingel m, Lausebengel m; Schuft m; **~ek** m (-nka; -nki) Lappen m; **~eria** [-'nɛ-] f (G, D, L -ii; -e) Lumpenpack n; **~iarz** [-'ga-] m (-a; -e) Lumpenhändler m.
gałgańs|ki [-'gaĩ-] schurkisch, gemein; po-ku wie ein Schuft; **~two** n (-a) Lumperei f; s. gałganeria.

gałka f (-i; G -łek) Kugel f; Knauf m; (Dreh-, Bedienungs-)Knopf m; ~ izolacyjna Isolierrolle f; ~ oczna\ **gały** s. gała. [Augapfel m.∫

gama f (-y) Mus. Tonleiter f; (Farben-)Skala f.

gamoń m (-nia; -nie) Tölpel m, Depp m.

ganek m (-nka; -nki) Arch. (Haus-) Laube f, überdachte Eingangstreppe; Veranda f; Empore f; Mil., Bgb. Stollen m, Gang m.

gangrena [-ŋg-] f (-y; 0) Gangrän n, Brand m.

gangster [-ŋg-] m (-a; -rzy) Gangster m.

gani|ać ['ga-] (-am) herumlaufen, -rennen; umhertollen; hinterherrennen (za I/D); ~ć ⟨z-⟩ (-ę) tadeln, rügen; (aus)schelten (za A/wegen).

gap m (-pia, -iu!; -ie, -ów) Gaffer m; Dussel m, Stoffel m, Schlafmütze f; ~a f (-y) s. gap; na ~ę umsonst, kostenlos; pasażer na ~ę blinder Passagier; łapać ~y = ~ić się ⟨za-⟩ (-ę) gaffen, Maulaffen feilhalten; angaffen (na A/A); ~iostwo n (-a; 0) Zerstreutheit f; ~iowaty (-to) dusselig, stoffelig; ~owicz F m (-a; -e) blinder Passagier.

gar m (-a; -y) großer Topf, Kessel m; (Hochofen-)Gestell n.

garaż m (-u; -e) (podziemny Tief-) Garage f; ~ować (-uję) in die Garage stellen, abstellen, parken.

garb m (-u; -y) Buckel m; Höcker m; Tech. Nocken m.

garba|rnia [-'ba-] f (-i; -e, -i) Gerberei f; ~rski Gerber-; ~rz m (-a; -e, -y) Gerber m.

garb|atość f (-ści; 0) Med. Buckel m, Kyphose f; ~aty (-to) buck(e)lig; höckerig; Su. s. garbus(ka); ~ić się ⟨z-⟩ (-ę) sich krumm halten, krumm sitzen od. gehen; ~ienie się n (-a) krumme Haltung, Haltungsfehler m.

garbnik m (-a; -i) Gerbstoff m; ~owy Gerb-.

garb|ować ⟨wy-⟩ (-uję) gerben (a. F fig.); ~ówka f (-i; G -wek) Lohe f.

garbus m (-a;-y/-i), ~ka f (-i; G -sek) Bucklige(r); F fig. ~ VW-, Käfer\ m.

gardcrob|a f (y) Garderobe f\ ~iana f (-ncj, -nc) Kammerfrau f, -jungfer f; Garderobiere f.

gard|lany Med. Rachen-; Hals-; ~ło n (-a; G -deł) Kehle f, Gurgel f, Hals m; Anat. Rachen m; Schlund m; wąskie ~ło fig. Engpaß m; mieć po ~ło es bis zum Hals stehen haben, es satt haben (G/A); dać ~ło mit dem Kopf bezahlen; na całe ~ło aus voller Kehle, lauthals; stać (k)ością w ~le zum Hals heraushängen; F jak psu z ~ła wyjęte ganz zerknautscht; ~łować (-uję) viel (od./u. laut) reden, palavern; krakeelen; die Werbetrommel rühren (za I/für A); ~łowy (-wo) Gr. guttural, Kehl-.

gardzić ⟨po-, wz-⟩ (-dzę) (I) verachten (A); verschmähen (A); nie ~ (I) nicht scheuen (A), kein Verächter sein (von).

gardziel ['gar-] f (-i; -e, -i) Rachen m; Schlund m (a. Anat.); s. a. gardło; Mündung f; Tech. (Hochofen-)Gicht f.

garłacz m (-a; -e) Gewehrgranatgerät n.

garmażer|ia [-'ʒɛ-] f (G, D, L -ii; -e) kalte Küche; a. = ~nia f (-i; -e, -i/-ń) Feinkostgeschäft n; ~yjny: wyroby -ne Fertiggerichte n/pl. und Wurstwaren f/pl.

garnąć ⟨-nonta⟩ (-nę) schaufeln, häufen; raffen; harken, rechen; s. a. przy-, od-, zgarnąć; ~ się (zusammen)strömen, eilen; (do G) Zuneigung fassen, empfinden (zu); sich scharen (um); ~ się do nauki wißbegierig sein.

garncar|nia [-'tsar-] f (-i; -e, -i) Töpferwerkstatt f, Töpferei f; ~ski Töpfer-; ~stwo n (-a; 0) Töpferhandwerk n, Töpferei f.

garn|carz m (-a; -e, -y) Töpfer m; ~czek m (-czka;-czki), ~ek m (-nka; -nki) Topf m; F zaglądać w cudze ~ki s-e Nase in fremde Angelegenheiten stecken; ~iec ['gar-] m (-nca; -nce) Metze f (Hohlmaß).

garni|rować (-uję) garnieren; ~tur m (-u; -y) (Herren-)Anzug m; Garnitur f, Satz m; ~zon m (-u; -y) Garnison f; ~zonowy Garnison-, Standorts-.

garnuszek m (-szka; -szki) kleiner Topf, Töpfchen n.

garson m (-a; -i) Kellner m; (Hotel-) Page m; ~iera ['ŋia] f (y) Junggesellenwohnung f; ~ka f (i, G -nek) Jackenkleid n; Pagenfrisur f.

garstka f (-i; G -tek) Händchen n; Handvoll f.

garść f (-ści; -ście/-ści) (hohle) Hand; Handvoll f; F wziąć się w ~ sich am Riemen reißen.

gas|ić ⟨z-⟩ (-szę) löschen; *Motor* abstellen; abwürgen; *Ball* stoppen; *Durst* stillen; *Eifer* dämpfen; **~nąć** [-nǫtɛ] ⟨po-, z-⟩ (-ne, -l/-nął) (v)erlöschen, ausgehen; *Motor*: stehenbleiben; *fig.* (dahin)schwinden; ersterben.

gastronom m (-a; -i) Feinschmekker m; **~iczny** gastronomisch; *zakład* -ny Gaststätte(nbetrieb m) f.

gastryczny *Med.* gastrisch.

gasz|enie n (-a) Löschen n; Löscharbeiten f/pl.; **~ony** s. wapno.

gaśni|ca f (-y; -e) Feuerlöscher m; **~ca** śniegowa Kohlensäureschneelöscher; **~czy** Lösch-.

gater m (-tra; -try) s. trak.

gatun|ek m (-nku; -nki) Sorte f, Güte f, Qualität f; *fig.* Schlag m; *Bio.* Art f, Spezies f; *nauka o pochodzeniu* **~ków** Abstammungslehre f; **~kowość** f (-ści; 0) (ausgesuchte) Güte, Qualität, Sorte; **~kowy** (-wo) Qualitäts-, Marken-; *Phys.* spezifisch.

gawę|da f ['-ven-] f (-y) Plauderei f; s. pogawędka; **~dzenie** n (-a) Geplauder n; **~dziarski** (po -ku) Plauder-; **~dziarz** m (-a; -e) Plauderer m; **~dzić** ⟨po-⟩ (-dzę) plaudern, sich (gemütlich) unterhalten.

gawiedź ['ga-] f (-i; 0) Pöbel m, Mob m.

gaworzyć (-rzę) *Kind*: lallen.

gawra f (-y) Bären(winter)höhle f.

gawron m (-a; -y) Saatkrähe f; *fig.* s. gap.

gaz m (-u; -y) (łzawiący, nośny, rozweselający, ziemny Tränen-, Füll-, Lach-, Erd-)Gas n; F pod **~em** benebelt, angesäuselt; *na pełnym* **~ie**, pełnym **~em** mit Vollgas; **~y** *pl. Med.* Blähungen f/pl.; **~y** *odlotowe od.* spalinowe Ab-, Auspuffgase; **~y** wydechowe Ab-, Auspuffgase; **~a** f (-y; -e) Gaze f, Mull m; **~ak** m (-a; -i) Gasgenerator m. [Bauer m.]

gazda m (-y; -owie, -ów) (Berg-)]

gazecia|rka f (-i; G -rek) Zeitungsfrau f; **~rski** Zeitungs-; **~rz** m (-a; -e) Zeitungsausträger m, -verkäufer m, -junge m.

gazela f (-i; -e) Gazelle f.

gazet|a f (-y) Zeitung f, Blatt n; **~owy** Zeitungs-.

gazo|beton m Gas-, Zellenbeton m; **~ciąg** m (magistralny Fern-)Gasleitung f; **~lina** f (-y; 0) Gasolin n; **~mierz** [-'zɔ-] m (-a; -e) Gaszähler m, -uhr f; **~szczelny** gasdicht; gassicher; **~wać** (-uję) mit Kohlensäure versetzen; **~wnia** [-'zɔ-] f (-i; -e, -i) Gaswerk n; **~wnica** f (-y; -e) s. gazak; **~wy** Gas-; gasförmig; Gaze-, Mull-.

gazówk|a f (-i; G -wek) Kohlensäure- od. Sauerstoffbad n; F **~i** pl. a. hauchdünne Strümpfe.

gazy s. gaz; **~fikacja** f (-i; 0) Vergasung f; Gasversorgung f.

gaździna f (-y) (Berg-)Bäuerin f.

gaźnik m (-a; -i) Vergaser m.

gaża f (-y; -e) Gage f; Offizier(s)-sold m.

gąb|czasty ['gɔmp-] (-to) schwamm-(-art)ig; **~ka** f (-i; G -bek) (grecka Bade-)Schwamm m; F a. Mäulchen n, Mündchen n.

gąsiątko ['-ɔnt-] n (-a; G -tek) Gänschen n.

gąsieni|ca f (-y; -e) Raupe f; *Tech.* a. Gleiskette f; **~cowy** Raupen-, Gleisketten-; szczotka -wa Flaschenbürste f; **~czniki** m/pl. (-ów) *Zo.* Schlupfwespen f/pl.

gąsior ['gɔ-] m (-a; -y) Gänserich m; Block m (*Folterwerkzeug*); große (*Korb*-)Flasche, Ballon m; Firstziegel m, -reiter m; **~ek** m (-rka; -rki) s. dzierzba.

gąsk|a f (-i; G -sek) Gans f; *fig.* dumme Gans; *Tech.* Massel f; Barren m; **~i** *pl. Bot.* Ritterlinge m/pl.; **~a** zielonka Grünling m.

gąszcz m (-u; -e) Dickicht n; Bodensatz m; *fig.* Gewirr n, Wald m.

gbur m (-a; -y) Lümmel m, Flegel m, Rüpel m; **~owaty** (-to) ordinär, lümmel-, flegelhaft.

gdaka|ć ⟨za-⟩ (-czę/-am) gackern; **~nie** n (-a; 0) Gackern n, Gegacker n.

gdański ['gdaĩ-] Danziger (*Adj.*).

gdera F f/m (-y; G -/-ów), **~cz** F m (-a; -e) Nörgler m, Quengler m; **~ć** (-am) nörgeln, F meckern; **~nie** n (-a), **~nina** f (-y) Nörgelei f, Murren n.

gderliwy (-wie) mürrisch, brummig.

gdula f (-y) s. cyklamen.

gdy *Kj.* wenn; als; podczas ~ während, indem; **~by** *Kj.* wenn; falls.

gdynki f/pl. (-nek) Pantoletten f/pl.

gdyż Kj. denn, da, weil.

gdzie wo; wohin; ~ indziej woanders(hin), anderswo(hin); ~ bądź, ~kolwiek irgendwo(hin); ~kolwiek bądź wo(hin) auch immer; ~**niegdzie** da und dort, hie(r) und da, stellenweise; s. a. tam; ~ś irgendwo(hin); ~ż wo (denn); wohin (denn).

gejzer m (-a; -y) Geysir m.

gem m (-a; -y) (Tennis) Spiel vor.

gen m (-u; -y) Bio. Gen n.

gencjana f (-y) Enzian m.

genealogi|**a** [-'lɔ-] f (G, D, L -ii; -e) Genealogie f; ~**czny**: drzewo -ne Stammbaum m.

genera|**cja** f (-i; -e) Generation f; ~**licja** f (-i; 0) Generalität f; ~**lizować** (-uję) verallgemeinern; ~**lny** General-, Haupt-; -ne porządki Großreinemachen n; ~**lski** General(s)-; ~**ł** m (-a; -owie) General m; ~ł broni Generaloberst m; ~ł brygady Generalmajor m; ~ł dywizji Generalleutnant m.

generator m (-a; -y) Generator m; ~ drgań Oszillator m; ~ pary Dampferzeuger m.

gene|**tyczny** genetisch; ~**za** f (-y) Genese f; Entstehungsgeschichte f.

geni|**alny** genial; ~**talia** [-'ta-] pl. (-ów) Genitalien n/pl.; ~**usz** m (-u/Pers.-a; -e) Genie n; Genius m.

geo|**deta** m (-y; -ci, -ów) Geodät m, Landmesser m; ~**dezja** f (-i; 0) Geodäsie f; Bgb. Markscheidekunde f; ~**fizyczny** geophysikalisch.

geograf m (-a; -owie) Geograph m; ~**iczny** geographisch, Geographie-.

geolog m (-a; -dzy/-owie) Geologe m; ~ poszukiwacz Prospektor m, Schürfer m; ~**iczny** geologisch, Geologie-.

geometr|**a** m (-y; -rzy, -ów) Geometer m, Landmesser m; ~**ia** [-'me-] f (G, D, L -ii; -e) (wykreślna darstellende) Geometrie; ~**yczny** geometrisch. [-e) s. dalia.⟩

georginia [-'ginia] f (G, D, L -ii;⟩

gerani|**a** [-'ra-] f (G, D, L -ii; -e) ~**um** n (unv.; -ia, -ów) s. bodziszek.

germani|**styka** [-'iś-] f (-i, 0) Germanistik f; ~**zować** ⟨z-⟩ (-uję) germanisieren.

germański [-'mai-] germanisch, Germanen-.

---

gest m (-u; -y) Handbewegung f, Geste f (a. fig.); Gebärde f; F mieć ~ großzügig sein.

gestapowiec [-'pɔ-] P m (-wca; -wcy) Gestapoagent m.

gestykulować (-uję) gestikulieren.

geszef|**ciarstwo** n (-a; 0) Geschäftemacherei f; ~**ciarz** m (-a; -e) Geschäftemacher m; ~**t** m (-u; -y) unsauberes (od. zweifelhaftes) Geschäft.

getry m/pl. (-ów) Gamaschen f/pl.

getto n (-a) Ghetto n.

gęb|**a** [gem-] f (-y) Mund(werk n) m, Maul n, Schnauze f; JSpr. Geäse n, Äser m; P dać ~y e-n Kuß geben; dać w ~ę eins auf die Schnauze geben; całą ~ą wie er im Buche steht; V stul ~ę! halt den Mund!, halt's Maul!; zamknąć ~ę das Maul stopfen (verbieten); języka w ~ie zapomnieć das Maul nicht auftun können; ~acz P m (-a; -e), ~al P m (-a; -e) Großschnauze f, Maulheld m; ~aty F großmäulig, mit losem Mundwerk; ~ować P (-uję) das Maul aufreißen, e-e große Schnauze führen; s. gardłować; ~owy: ~owe narzędzia Zo. (Insekten-)Freßwerkzeuge n/pl.; ~ula F f (-i; -e), ~usia [-'bu-] f (-i; -e) Mäulchen n, Schnute f.

gęg|**ać** ['gɛng-] (-am) ⟨-nąć⟩ [-nɔntɛ] (-nę) Gänse: schnattern; fig. brummeln; ~**anie** n (-a; 0), ~**ot** m (-u; 0) Schnattern n, Geschnatter n; ~**awy** s. geś.

gęsi Gänse-; ~ego im Gänsemarsch; ~**arka** f (-i; G -rek) Gänseliesel n; ~**na** f (-y) Gänsefleisch n; Gänsebraten m; ~**or** m (-a; -y) s. gąsior.

gęstnieć ⟨z-⟩ (-eję) dick(flüssig) er (od. dichter) werden.

gęsto Adv. s. gęsty; ~**listny** dichtbelaubt; ~**ściomierz** m (-a; -e) Aräometer n, Senkwaage f; ~**ść** f (-ści; 0) (zaludnienia Bevölkerungs-)Dichte f; Dickflüssigkeit f, Dicke f; fig. Häufigkeit f.

gęst|**wa** f (-y) (Ton-)Schlicker m; a. = ~**wina** f (-y) Dickicht n; ~**y** (-to) dick(flüssig); dicht; Haar a.: voll; häufig; F często ~o vielfach, häufig; ~ą mino siegesbewußt.

geś f (-si; I -siami/-śmi) (gęgawa, islandzka Grau-, Eider-)Gans f; s. gąska.

gęścieć ['gɛ̃-] (-eję) s. gęstnieć.

gęśl|e pl. (-i), ~iki pl. (-ów) Gusla f, Gusle f (Art Geige); ~arz m (-a; -y) Guslar m.

giąć [g.ɔŋtɕ] (gnę) (ver)biegen; beugen (się sich); s. zginać.

gibki (-ko) biegsam, geschmeidig; grazil.

gieł|da f (-y) (pieniężna Effekten-) Börse f; ~dowy, ~dziarski Börsen-; Kurs-; ~dziarz ['g.ew-] m (-a; -e) Börsianer m.

giemza f (-y) Chevreau(leder) n.

gier G/pl. v. gra.

giermek m (-mka; -mkowie/-mki) (Schild-)Knappe m; (Schach) Läufer m.

giez [g.es] m (gza; gzy) Dasselfliege f.

gięt|arka [g.ent-] f (-i; G -rek) Biegemaschine f; ~ki (-ko) biegsam, elastisch; fig. a. geschmeidig; ~kość f (-ści; 0) Biegsamkeit f, Elastizität f; ~kość myślenia geistige Beweglichkeit; ~y gebogen.

gigant|ofon m (-u; -y) Hochleistungslautsprecher m; ~yczny gigantisch, Riesen-.

gil m (-a; -e) Zo. Gimpel m, Dompfaff m.   [Gilde f.]

gildia ['g.il-] f (G, D, L -ii; -e)]

gilotyn|a f (-y) Guillotine f, Fallbeil n; Tech. Tafelschere f; ~ka f (-i; G -nek): ~ka do cygar Zigarrenabschneider m; ~ować (-uję) guillotinieren.

gilza f (-y) Hülse f.

gimnasty|czny gymnastisch, Turn-; ~ka ['-na-] f (-i; 0) (przyrządowa Geräte-)Turnen n, (lecznicza Heil-) Gymnastik f; ~kować się (-uję) turnen.

gimnazj|alny gymnasial; ~um n (unv.; -ja, -ów) Gymnasium n.

giną|ć [-nɔŋtɕ] ⟨z-⟩ (-nę, -ń!) zugrunde gehen, umkommen (a. fig. z G/vor); Tier, Pflanze: eingehen; im Krieg fallen; verschwinden; pf. ~ śmiercią bohatera den Heldentod sterben; ⟨a. za-⟩ verloren gehen, abhanden kommen; sich verlieren; verschollen sein.

ginekolog m (-a; -dzy) Frauenarzt m; ~ia ['-lɔ-] f (G, D, L -ii; 0) Frauenheilkunde f, Gynäkologie f.

gipiurowy Gipür-.

gips m (-u; -y) Gips m; (Schi-Sp.) Faulschnee m; ~owań ⟨za-⟩ (-uję) (ver)gipsen; Gipsverband anlegen; ~owy Gips-.

girlanda f (-y) Girlande f.

girlsa f (-y) (Revue-)Girl n.

giro- s. żyro-.

giry V f/pl. (-) Flossen f/pl. (Füße).

giser m (-a; -rzy) Gießer m; ~nia [-'ser-] f (-i; -e, -i) Gießerei f; ~ski Gieß(er)-.

gita|ra f (-y) (hawajska Hawaii-) Gitarre f; ~rzysta m (-y; -ści, -ów) Gitarrist m.

gladi|ator m (-a; -rzy/-owie) Gladiator m; ~olus m (-a; -y) s. mieczyk.

glansow|ać [-ã'sɔ-] ⟨na-⟩ (-uję) blank polieren od. reiben; ~any Glanz-; satiniert; Glacé-.

glaubersk|i: sól ~a Glaubersalz n.

glazura f (-y) Glasur f; ~ować ⟨po-⟩ (-uję) glasieren.

gleba f (-y) Boden(krume f) m, Erdboden m.

glebo|gryzarka f (-i; G -rek) Bodenfräse f; ~wy Boden-, Grund-; ~znawstwo n Bodenkunde f.

gleczer m (-u; -y) Gletscher m.

glej m (-u; -e) Lehm-, Tonboden m.

glejt m (-u; -y) hist. Geleitbrief m.

glejta f (-y) (Blei-)Glätte f.

glę|da ['glen-] F m (-y; G -/-ów) Quatschkopf m, langweiliger Schwätzer; ~dzenie F n (-a) Quasselei f, Gequassel n; ~dzić F (-dzę) quasseln, quatschen; (herum)nörgeln.

gli|ceryna f (-y; 0) Glyzerin n; ~koza f (-y; 0) Glukose f.

glin m (-u; 0) Chem. Aluminium n; ~a f (-y) (łupkowa, zwałowa Schiefer-, Geschiebe-)Ton m, Lehm m; P fig. Polyp m, Bulle m.

glinia|n ['gli-] m (-u; -y) Chem. Aluminat n; ~nka f (-i; G -nek) Ton-, Lehmgrube f; ~ny tönern, Ton-, Lehm-; ~sty (-o) lehmig, tonig, Lehm-, Letten-.

glinka f (-i; G -nek) Ton m; ~ porcelanowa Porzellanerde f.

glino|krzemian m Chem. Alumosilikat n; ~wy Aluminium-.

glist|a f (-y) Spulwurm m; F a. Regenwurm m; ~nica f (-y; 0) Spulwurmbefall m; ~nik m (-a; -i) Schöllkraut n.

gliwieć ['gli-] ⟨z-⟩ (-eję) Käse: zerfließen, laufen.

glob m (-u; -y) (Erd-)Kugel f; ~alny global; gesamt, Brutto-; pauschal; ~us m (-a; -y) Globus m.

glon m (-u; -y) Bot. Alge f.

gloryfikować (-uję) glorifizieren, verherrlichen.

glosa f (-y) Glosse f; **~riusz** [-'sa-] m (-a; -e) Glossar n.

gładk|i (-ko) (jak lustro spiegel)glatt; fig. a. gewandt; liebenswürdig; F a. hübsch; **~ość** f (-ści; 0) Glätte f; Gewandtheit f; Tech. **~ość** powierzchni Oberflächengüte f.

gładz|enie f (-a; 0) Glätten n, Glättung f; **~ica** f (-y; -e) Ziehklinge f; Zo. Scholle f, Goldbutt m; **~ić** (-dzę) ⟨wy-⟩ glätten; glatt streichen; polieren; ⟨po-⟩ streicheln; **~ik** m (-a; -i) Glätteisen n; Schlichtfeile f; Schlichthobel m; **~iutki** [-ko] (spiegel)glatt; **~izna** f (-y) Glätte f; glatte (Ober-)Fläche f.

głas|kać ⟨po-⟩ (-am/-szczę), **~nąć** [-nǫnte] (-nę) streicheln.

głaz m (-u; -y) (Roll-)Stein m, Felsblock m; **~ narzutowy** Findling m.

głąb¹ [gwǫmp, -ɛm-] m (-a; -y) Strunk m; fig. Klotz m.

głąb² [gwǫmp, -ɛm-] f (głębi; głębie) s. głębia; **~ kraju** Landesinnere(s).

głęb|ia f [ˈgwɛm-] f (-i; -e, -i) Tiefe f; Hintergrund m; fig. Innere(s); **~a ostrości** Fot. Tiefenschärfe f; do **~a** zutiefst, aufs tiefste; **z ~ serca** aus tiefstem Herzen; **~ć** (-ę, głąb!) Bgb. abteufen; **~na** f (-y) (Meeres-) Tiefe f; **~nowy** abyssal, Tiefsee-; **strefa ~wa oceanu** Tiefsee f.

głębok|i [gwɛm-] (-ko) tief; tiefgründig; tiefgreifend; reiflich; Adv. a. zutiefst; **z ~im poważaniem** mit vorzüglicher Hochachtung. **~ościomierz** [-'tɕɔ-] m (-a; -e) Tech. Tiefenlehre f; Mar. Tiefenmesser m; **~ość** f (-ści; -ście) Tiefe f; Bgb. Teufe f; **~ość zanurzenia** Tiefgang m; Tauchtiefe f; **~owodny** s. głębinowy.

głod|nieć [ˈgwɔd-] ⟨z-⟩ (-eję) Hunger bekommen, hungrig werden; **~ny** (-no) hungrig; hungernd (G/ nach); **~omór** F m (-ora; -ory) Hungerleider m; **~ować** (-uję) hungern; darben; **~owy** (-wo) Hunger-; **umrzeć śmiercią ~ową** an Hunger sterben, verhungern; **~ówka** f (-i; G -wek) Hungerstreik m; Hungerkur f.

głodzić (-dzę, a. -odź!) ⟨za- ver-⟩ hungern lassen; **~ się** (freiwillig) hungern, fasten.

głos m (-u; -y) Stimme f; (Hörner-) Klang m, Ruf m; Wort(meldung f) n; **na ~** laut; **na cały ~** aus vollem Halse; **na dwa ~y** zweistimmig; po **~ie** an der Stimme erkennen; **~ić** (-szę) (ver)künden; lauten; **~ik** m (-a; -i) Stimmchen n; **~ka** f (-i; G -sek) Gr. (szczelinowa, zwarta Reibe-, Verschluß-)Laut m; **~kowy** Laut-.

głosow|ać ⟨prze-⟩ (-uję) (ab)stimmen (za I/für); **~anie** n (-a) Abstimmung f; Stimmabgabe f; **~nia** [-'sɔv-] f (-i; -e) Lautlehre f; **~y** (-wo) Stimm-; Gr. phonetisch, Laut-.

głośn|ia [ˈgwɔɕ-] f (-i; -e, -i) Anat. Stimmritze f; **~ik** m (-a; -i) Lautsprecher m; **~ość** f (-ści; 0) Lautstärke f; **~y** (-no) laut; berühmt.

głow|a f (-y) Kopf m, Haupt n; **~a państwa, rodziny** Staats-, Familienoberhaupt; **~a cukru** Zuckerhut m; **bez ~y** kopflos; **uderzyć do ~y** zu Kopf steigen; **nie wychodzić z ~y** im Kopf herumgehen; **przyjść do ~y** Gedanke: durch den Kopf schießen, einfallen; **wbi(ja)ć sobie w ~ę** sich (D) in den Kopf setzen; sich et. einbilden; **suszyć ~ę**, **zawracać ~ę** den Kopf heiß (warm) machen (I/mit); F **ma ~ę na karku** er ist ein heller Kopf, hat Köpfchen; **~ą w dół** kopfüber; F **to mi się w ~ie nie mieści** das will mir nicht in den Kopf; F **za-, przewrócić w ~ie** den Kopf verdrehen; **mieć zielono** (od. pstro) **w ~ie** Flausen (od. Rosinen) im Kopf haben.

głowa|cica f (-y; -ɛ) Zo. Huchen m, Donaulachs m; **~cz** m (-a; -e) Bot. Samen-, Saathanf m; Zo. (Meer-) Grundel f; Groppe f (Fisch) C; F a. Kaulquappe f.

głowi|asty Kopf-; **~ca** f (-y; -e) Kopf(stück n) m; Arch. Kapitell n; (Degen-)Knopf m; (bojowa, odtwarzająca, wiertarska, zapisująca Spreng-, [Ton-]Wiedergabe-, Bohr-, [Ton-]Aufnahme-)Kopf m; **~ć się** (-ę, -ów/) sich den Kopf zerbrechen (nad I/über A); **~enka** f (-i; G -nek) Bot. Braunelle f; Zo. Tafelente f; **~na** f (-y) Köpfchen n; **~zna** f (-y) Schweinskopf(sülze f) m.

głow|nia [ˈgwɔ-] f (-i; -e, -i) schwelendes Holzscheit; (Säbel-)Klinge f;

Bot. Brand *m;* ∼**onogi** *pl.* (*-ów*) *Zo.* Kopffüßer *m/pl.;* ∼**owy** Kopf-.

głód *m* (*-odu; 0*) Hunger *m;* Hungersnot *f;* ∼ **wiedzy** Wissensdurst *m;* ∼ **mieszkaniowy** Wohnungsnot *f.*

głóg *m* (*-ogu; -ogi*) *Bot.* Weißdorn *m;* F *a.* Hagebutte *f.*

głów|ka *f* (*-i; G -wek*) Köpfchen *n; Tech., Bot.* Kopf *m;* (*Mohn-*)Kapsel *f;* Stirnseite *f; Sp.* Kopfball *m;* ∼**ować** (*-uję*) den Ball köpfen; ∼**owy** Kopf-.

głów|nie *Adv.* hauptsächlich; ∼**odowodzący** [-'dzɔn-] *m* (*-ego; -y*) Oberbefehlshaber *m;* ∼**y** Haupt-, Zentral-; Chef-; hauptsächlich.

głuch|awy schwerhörig; ∼**nąć** [-nɔntɕ] ⟨*o-*⟩ (*-nę*) taub werden; (*nur impf.*) verhallen, (langsam) verstummen.

głucho *Adv.* (ganz) still; dumpf, hohl; *zamknięty na* ∼ fest verschlossen, dichtgemacht; ∼**niemy** taubstumm; ∼**słuch** *m* Hörapparat *m;* ∼**ta** *f* (*-y; 0*) Taubheit *f.*

głuchy gehörlos, taub (*fig. na A/* gegen); *fig.* tief; dumpf, hohl(klingend); vage; ∼ *jak pień* stocktaub.

głup|awy (*-wo*) dümmlich; albern; ∼**i** (*-pio*) dumm, P doof, dämlich, blöd(e); ∼**i** *jak but, jak stołowe nogi* dumm wie Bohnenstroh, P saublöd; F *nie ma* ∼**ich!** ich lasse mich (*od.* wir lassen uns) nicht für dumm verkaufen!; *Su.* = ∼**iec** ['gwu-] *m* (*-pca; -pcy*) Narr *m,* Tor *m,* Dummkopf *m;* ∼**ieć** ⟨*z-*⟩ (*-eję*) verdummen, verblöden; ∼**(k)owaty** (*-to*) *s.* głupawy; ∼**ota** *f* (*-y*) Dummheit *f,* Einfalt *f;* ∼**stwo** *n* (*-a*) Dummheit *f,* Eselei *f;* Kleinigkeit *f,* Lappalie *f;* ∼**stwa** *pl. a.* dummes Zeug, Quatsch *m; palnąć* (*od. strzelić*) ∼**stwo** s-e Dummheit machen; ∼**tactwo** *n* (*-a; 0*) *s.* imbecylizm; ∼**tak** *m* (*-a; -i*) *Zo.* Tölpel *m;* (*pl. -cy*) (geringgradig) Schwachsinnige(r); F Trottel *m;* ∼**tas** F *m* (*-a; -y*), ∼**tasek** F *m* (*-ska; -ski*) Dummerjan *m,* Dummchen *n.*

głusz|a *f* (*-y; -e*) (*Wald-*)Dickicht *n;* Einöde *f;* ∼**ec** *m* (*-szca; -szce*) Auerhahn *m;* ∼**ka** *f* (*-i; G -szek*) Auerhenne *f;* ∼**yć** (*-ę*) ⟨*o-*⟩ betäuben; ⟨*za-*⟩ übertönen; dämpfen; *Agr.* überwuchern; *fig.* ersticken.

gmach *m* (*-u; -y*) Gebäude *n,* Bau *m.*

gmatwa|ć ⟨*po-, za-*⟩ (*-am*) durcheinanderbringen, verwirren (*się* sich); ∼**nina** *f* (*-y*) Gewirr *n,* Wirrwarr *m* (*a. fig.*).

gmera|ć (*-am/-rzę*) (herum)kramen, wühlen; ∼**ć** *się* (herum)trödeln, nicht vom Fleck kommen; ∼**nie** *f* (*-a*), ∼**nina** F *f* (*-y*) Trödeln *n,* Trödelei *f.*

gmin *m* (*-u; 0*) das einfache Volk, Plebs *m;* ∼**a** *f* (*-y*) Gemeinde *f;* ∼**ny** Gemeinde-, kommunal; ordinär, gewöhnlich.

gnać ⟨*po-*⟩ (*-am*) *v/t* treiben; *v/i* jagen, rennen.

gnat *m* (*-a; -y*) Knochen *m;* P *worek* ∼**ów** nur (noch) Haut und Knochen.

gną *s.* giąć.

gnejs *m* (*-u; -y*) Gneis *m.*

gnę *s.* giąć.

gnębi|ciel [gnɛm'bji-] *m* (*-a; -e*) Unterdrücker *m;* ∼**ć** ⟨*po-, z-*⟩ (*-ę*) unterdrücken; ausbeuten; (*nur impf.*) bedrücken; quälen (*a. I/mit*).

gniad|osz *m* (*-a; -e*) Braune(r); ∼**y** *Pferd:* braun.

gniazd|ko *n* (*-a; G -dek*) kleines (*fig.* gemütliches) Nest; *Rdf., El.* Büchse *f;* ∼**o** *n* (*-a*) Nest *n* (*a. fig.*), Horst *m; Fmw.* Klinke *f; Rdf.* (*Röhren-*)Fassung *f; Tech.* Sitz *m;* Loch *n;* ∼**o** *rodzinne* Familiensitz *m;* ∼**o** *wtyczkowe* Steckdose *f;* ∼**ownik** *m* (*-a; -i*) *Zo.* Nesthocker *m;* ∼**owy** (*-wo*) Nest-.

gni|cie ['gɲi-] *n* (*-a; 0*) Fäulnis *f,* Verwesung *f;* ∼**ć** ⟨*z-*⟩ (*-ję*) (ver-)faulen, verwesen.

gnid|a *f* (*-y; -e*) Nisse *f,* Niß *f;* ∼**osz** *m* (*-a; -e*) Läusekraut *n.*

gnie|cenie *n* (*-a; 0*) Kneten *n;* Drücken *n;* Walken *n;* ∼**sz** *s.* giąć; ∼**ść** (*L.*) drücken, pressen; kneten; ⟨*z-*⟩ knautschen, (zer)knüllen (*-ą*); bedrücken; ∼**ść** *się a.* sich drängen.

gniew [gɲef, -ɛvu] *m* (*-u; 0*) Zorn *m;* Unwille *m;* ∼**ać** ⟨*roz-*⟩ (*-am*) erzürnen, erbosen (*się* sich); ∼**ać** *się* (*na A*) böse sein, zürnen (*D*); (*o A*) sich ärgern, erzürnt sein (über *A,* wegen), ∼**liwy** (*-wie*) aufbrausend, auffahrend; *Adv. a.* mürrisch, ärgerlich; ∼**ny** *Blick, Stimme:* zornig, böse; *Person:* erbost, erzürnt; ∼**osz** *m* (*-a; -e*) *Zo.* Glatt-, Schlingnatter *f.*

gnie|ździć *się* ⟨*za-*⟩ ⟨*-żdżę*⟩ (sich ein)nisten; horsten; (*nur impf.*) *fig.*

zusammengepfercht hausen; **~ż-dżenie się** n (-a; 0) Nisten n, Horsten n.

gnij s. giąć, gnić.

gnil|ec m (-lca; 0) (Bienen-)Faulbrut f; Med. s. szkorbut; **~ny** Fäulnis-; Verwesungs-.

gniły faulig; morsch.

gniot|arka f (-i; G -rek) Breche f; Lederwalke f; **~ę** s. gnieść; **~ownik** m (-a; -i) Quetsch(mühl)e f; Kollergang m.

gno|ić (-ję, -ój!) düngen; **~ić się** eitern; **~jak** m (-a; -i) s. żuk; **~jarka** f (-i; G -rek) Stalldungstreuer m; **~jek** V m (-jka; -jki) Dreckskerl m; **~jenie** n (-a) Düngung f; **~jka** f (-i; G -jek) Schlammfliege f; **~jnik** m (-a; -i) Mistwagen m; **~jowiec** [-'jɔ-] m (-wca; -wce) s. żuk; **~jowisko** n (-a) Misthaufen m (a. fig.); a. = **~jownia** [-'jɔv-] f (-i; -e, -i) Dunggrube f; **~jowy** Mist-, Dung-; **~jówka** f (-i; G-wek) Jauche f, flüssiger Dünger.

gnój m (-oju; -oje) Mist m, Dung m.

gnuśn|ieć ['gnu-] (z-) (-eję) dahinvegetieren; apathisch werden; faulenzen; **~y** träge, apathisch, (denk-)faul.

gnyk m (-a; -i) = **~owa kość** Anat. Zungenbein n.

go Pron. (A, G v. on) ihn.

gocki Goten-; s. gotycki.

godło n (-a; G -deł) Wahlspruch m, Devise f; Emblem n; **~ państwa** Staatswappen n.

godn|ie ['gɔd-] Adv. gebührend, wie es sich gehört; mit Würde; **~ość** f (-ści) Würde f; Amt n; jak **~ość?** wie ist der (werte) Name?; bez **~ości** würdelos; **~y** (G) würdig, wert; **~y** podziwu, pogardy, polecenia, poszanowania, widzenia bewunderns-, verachtens-, empfehlens-, schätzens-, sehenswert; **~y** poparcia, zaufania förderungs-, vertrauenswürdig; okazać się **~ym** (G) sich (als) würdig erweisen.

god|owy Fest-; Hochzeits-; Zo. Brunft-, Brunst-; szata **~owa** Zo. Hochzeitskleid n; **~y** pl. (-ów) (Hochzeits-)Fest n; złote **~y** małżeńskie goldene Hochzeit.

godzić (-dzę, gódź!) v/i (w A) zielen (auf A); es abgesehen haben (auf A); (na A) trachten (zu, nach); v/t (po-) aussöhnen; vereinbaren, ver-

binden; **~ się** (po-) sich aussöhnen; (po-, z-) (na A, z I) einverstanden sein (mit); sich fügen (in A), sich abfinden (mit); hinnehmen, sich gefallen lassen (A); **~ się** o cenę e-n Preis aushandeln.

godzien präd. zu godny.

godzin|a f (-y) (policyjna Polizei-od. Sperr-)Stunde f; która **~a?** wie spät ist es?; o której **~ie?** um wieviel Uhr?; **~y** przyjęć Sprechstunde f; za **~ę** in (nach) einer Stunde; z **~y** na **~ę** von Stunde zu Stunde; za **~ą** Stunde um Stunde; **~ami** stundenlang; na **~y** stundenweise; w złą **~ę** zur Unzeit; **~ka** f (-i; G -nek) Stündchen n; **~ki** pl. Stundengebete n/pl.; **~ny** stündlich; einstündig; Stunden-; **~owe** n (-ego; 0) Stundenlohn m; **~owy** (-wo) Stunden-.

godziwy (-wie) billig, gerecht, angemessen.

gofrować (-uję) fälteln; Tech. gaufrieren, prägen.

gogle F pl. (-i) Schneebrille f.

goguś m (-sia; -sie, -siów) Geck m.

goić (za-, wy-) (-ję, gój!) heilen; **~ się** (ab)heilen, zuheilen, vernarben.

gol m (-a; -e) Sp. Tor n, Treffer m.

golas F m (-a; -y), **~ek** F m (-ska; -ski) Nackedei m; na **~a** nackt.

golec m (-lca; -lce/-lcy) Habenichts m; Zo. Saibling m.

goleni|e [-'lɛ-] n (-a) Rasieren n, Rasur f; aparat (od. maszynka) do **~a** Rasierapparat m; **~owy** Schienbein-; Unterschenkel-.

goleń f (-ni; -nie) Unterschenkel m; (Kalbs-)Hachse f.

golf m (-a; -y) Golf m u. n; pulower typu **~** Rollkragenpullover m; **~owy** Sp. Golf-.

goli|broda F m (G/pl. -ów) Barbier m; **~ć** (o-, z-, wy-) (-lę, a. gól!) (pf. ab-, aus)rasieren (się sich); **~zna** f (-y) kahle Stelle; Blöße f; fig. koll. arme Leute, Habenichtse m/pl.

golnąć [-nɔntɛ] P pf. (-nę): **~** sobie e-n kippen, e-n zur Brust nehmen.

golonka f (-i; G -nek) (Schweins-)Hachse f; Eisbein n.

golu|t(eń)ki F, **~ski** (-ko) F splitter(faser)nackt; fig. blank (ohne Geld).

gołąb [-wɔmp, -em-] m (-ębia; -ębie, -bi) (pocztowy, siniak Brief-, Hohl-)Taube f; engS. Tauber(ich) *m*; **~ek** *m* (*-bka*; *-bki*) Täubchen *n*; *Kochk.* Kohlroulade *f*; *Bot.* (wymiotny Spei-)Täubling *m*; **~ka** *f* (*-i*; *G- bek*) Taube(nweibchen *n*) *f*; *fig.* Täubchen *n*.

gołęb|i [-'wem-] Tauben-; **~iarz** *m* (*-a*; *-e*) Taubenliebhaber *m*, -züchter *m*; *Zo.* Hühnerhabicht *m*; **~ica** *f* (*-y*; *-e*) *s.* gołąbka; **~nik** *m* (*-a*; *-i*) Taubenschlag *m*.

goło *Adv. s.* goły; **~brody** bartlos, glattrasiert; **~głowy** barhäuptig; **~ledź** *f* (*-dzi*; *-dzie*) Glatteis *n*; **~nogi** barfüßig; **~słowny** unmotiviert, haltlos; **~wąs** *m* Milchbart *m*.

goły (*-ło*) nackt, bloß; *Draht, Schwert:* blank; *Gelände:* kahl; *pod ~m niebem* unter freiem Himmel; *z ~mi rękami* mit leeren Händen; *~m okiem* mit unbewaffnetem Auge; *z gołą głową* barhaupt; *~ jak święty turecki* arm wie e-e Kirchenmaus.

gomółka *f* (*-i*; *G -lek*) (luftgetrockneter) Quarkkäse.

gon *m* (*-u*; *-y*) Hatz *f*, Hetzjagd *f*; (*Damwild-*)Brunft *f*; Biberbau *m*.

gondola *f* (*-i*; *-e*, *-i*) Gondel *f*.

gonić (*-ę*) (*A*, *za I*) (nach)jagen, nachsetzen (*D*), verfolgen (*A*); treiben; *fig.* streben, haschen (nach); *v/i a.* jagen, eilen; *~ resztkami* auf dem letzten Loch pfeifen; *~ się um die Wette laufen; *Hündin:* läufig sein.

goni|ec ['gɔ-] *m* (*-ńca*; *-ńcy*, *-ów*) (*Eil-*)Bote *m*, Laufbursche *m*; (*Schach-*)Läufer *m*; *Text.* Schützenreiter *m*; **~ony** *m* (*-ego*; *0*) Haschen *n*, Zeck *m*; **~twa** *f* (*-y*) Verfolgung *f*; Wettrennen *n*; F Lauferei *f*; *fig. a.* Jagd *f*; *pl. hist.* Turnier *n*; **~twa myśli** *Med.* Ideenflucht *f*.

gonokoki *m/pl.* (*-ów*) Gonokokken *m/pl.*

gont *m* (*-a*; *-y*) (*Dach-*)Schindel *f*; **~owy** Schindel-; **~yna** *f* (*-y*) slawischer Heidentempel.

gończ|ak *m* (*-a*; *-i*) Hetzhund *m*; **~y** Hetz-; *s.* list.

gorąc|o [-'rɔn-] *n* (*-a*; *0*) (*Sommer-*)Hitze *f*; **~o** *Adv. s.* gorący; **~okrwisty** heißblütig; **~y** (*Komp. goretszy*, *Adv. -co*, *Komp. goręcej*) heiß; *fig. a.* warm; hitzig; inständig; *w ~ej wodzie kąpany* impulsiv, ungestüm; *na ~ym uczynku* auf frischer Tat.

gorączk|a *f* Fieber(hitze *f*) *n*; F *a.* Hitzkopf *m*; **~a** (po)połogowa, powrotna, premierowa Kindbett-, Rückfall-, Lampenfieber; *biała ~a* Säuferwahnsinn *m*; **~ować** (*-uję*) fiebern; **~ować się** ⟨*roz-*⟩ sich ereifern, erregen; **~owy** Fieber-, fiebrig; *fig.* (*-wo*) fieberhaft.

gorczy|ca *f* (*-y*; *-e*) *Bot.* Senf *m*; **~cowaty** *Pferd:* apfelgrau; **~cznik** *m* (*-a*; *-i*) Barbarakraut *n*; *Med.* Senfpflaster *n*; **~czny** Senf-.

gordyjski: węzeł *~* gordischer Knoten.

gore: *~!* es brennt!, Feuer!; **~jący** [-'jɔn-] (*-co*) lodernd.

gore|cej, ~tszy [-'ren-] *s.* gorący.

gorliw|iec [-'li-] *m* (*-wca*; *-wcy*) Eiferer *m*; **~ość** *f* (*-ści*; *0*) Eifer *m*; **~y** (*-wie*) eifrig.

gors *m* (*-u*; *-y*) Busen *m*; Dekolleté *n*; Vorhemd *n*, Chemisette *f*; **~et** *m* (*-u*; *-y*) Korsett *n*, Mieder *n*.

gorsz|ący [-'jɔn-] (*-co*) schockierend, skandalös, anstößig; *Einfluß:* verderblich; **~y** (*Komp. v.* zły) schlechter, schlimmer; *co ~a* was (noch) schlimmer ist; **~yć** ⟨*z-*⟩ (*-ę*) schockieren, entrüsten, Anstoß erregen; **~yć się** (*I*) Anstoß nehmen (an *D*), sich entrüsten (über *A*).

gorycz *f* (*-y*; *0*) Bitterkeit *f*; bitterer Geschmack; *fig. a.* Bitternis *f*; **~ka** *f* (*-i*; *G -czek*) leicht bitterer Geschmack, bitterer Beigeschmack; Bitterstoff *m*; *Bot.* Enzian *m*; Tausendgüldenkraut *n*.

goryl *m* (*-a*; *-e*) Gorilla *m*.

gorzał|a *f* † (*-y*), **~ka** † *f* (*-i*; *G -lek*) Schnaps *m*.

gorzeć † (*-eję*) brennen, lodern; *fig. a.* sich verzehren (nach), glühen.

gorzej *Adv.* schlechter; schlimmer, ärger; *vgl.* źle.

gorzelni|a [-'ʒe-] *f* (*-i*; *-e*) (*Sprit-*)Brennerei *f*; **~ctwo** *n* (*-a*; *0*) Branntweinherstellung *f*, Brennerei *f*.

gorzk|awy (*-wo*) leicht bitter; **~i** (*-ko*) bitter; *fig. a.* bitterlich; **~i jak** piołun gallebitter; **~o zapracowany** sauer verdient; **~nąć** [-nɔŋtɕ] ⟨*z-*⟩ (*-nę*), **~nieć** [-ɲɛtɕ] ⟨*z-*⟩ (*-eję*) bitter werden; *fig.* verbittern; **~o** *Adv. s.* gorzki; **~ość** *f* (*-i*; *0*) *s.* gorycz.

gospoda *f* (*-y*; *G -ód*) Wirtshaus *n*, Gaststätte *f*, -hof *m*.

gospodarczy (*-czo*) Wirtschafts-;

Haushalts-; wirtschaftlich; sposobem (od. systemem) ~m im Eigenbau, mit eigenen Mitteln.

gospodarka f (-i; G -rek) (narodowa, planowa Volks-, Plan-)Wirtschaft f; ~ zespołowa gemeinschaftliche Bewirtschaftung; zła ~ Mißwirtschaft.

gospodar|ność f (-ści; 0) Häuslichkeit f, Sparsamkeit f; ~ny haushälterisch, wirtschaftlich; ~ować (-uję) (be)wirtschaften; haushalten; verwalten (na I/A); ~ski (Land-)Wirts-, Hausherrn-; Bauers-; Wirtschafts-; po ~sku wie ein guter Wirt, sparsam; einfach, ohne Umstände.

gospodarstwo n (-a) Wirtschaft f; ~ domowe Haushalt m; ~ rolne landwirtschaftlicher Betrieb, Landgut n; państwowe ~ rolne Staatsgut n.

gospodarz m (-a; -e) (Gast-, Haus-)Wirt m; Hausherr m; Gastgeber m; Landwirt m, Bauer m; Herbergsvater m; ~yć (-ę) s. gospodarować; F werkeln.

gospo|dyni f (-i; -e, -ń) Wirtin f; (a. ~dyni domowa) Hausfrau f; Bäuerin f; Gastgeberin f; a. = ~sia ['-pɔ-] f (-i; -e, -ś) Haushälterin f, Wirtschafterin f.

gościć (-szczę) v/t bewirten; v/i zu Gast (od. Besuch) sein, sich aufhalten (u G/bei).

gościec ['-pɔ-] m (-śćca; 0) Rheuma n.

gości|na f (-y; 0) Besuch m; Bewirtung f; ~iec ['-ści-] m (-ńca; -ńce) Landstraße f, Chaussee f; † (Reise-)Andenken n; ~ność f (-ści; 0) Gastfreundschaft f; prawo ~ności Gastrecht n; ~ny gastfreundlich; Gäste-; ~ne progi gastfreies Haus.

goś|ć m (-ścia; -ście, -ści, I -ćmi) Gast m; Besucher m; F a. Mensch m, Dingsbums m; stały ~ć Stammgast; mieć ~ci Besuch haben.

gośćcowy rheumatisch, Rheuma-.

gotow|ać (-uję) ⟨u-, z-, za-⟩ kochen (się v/i); ⟨przy-, z-⟩ (vor)bereiten (się sich); ~anie (się) n (-a; 0) Kochen n; ~any gekocht, Koch-; ~izna † f (-y; 0) s. gotówka; ~ość f (-ści; 0) Bereitschaft f; Bereitwilligkeit f; wyrazić ~ość (+ Inf.) sich bereit erklären (zu); ~y fertig, Fertig-; bereit; ~y do działania (od. użycia) gebrauchsfertig; ~y do boju kampf-,

einsatzbereit; ~y do wyjścia w morze seeklar.

gotów präd. zu gotowy; ~ na wszystko zu allem bereit; ~ka f (-i; 0) Bargeld n; Barschaft f; za ~kę gegen bar; ~ką in bar; F być przy ~ce (gut) bei Kasse sein; ~kowy Bar(geld)-.

goty|cki gotisch; ~k m (-u; 0) Arch. Gotik f; Typ. Fraktur f.

goździanka f (-i; G -nek) Strauchpilz m.

goździk m (-a; -i) Bot. Nelke f; Kochk. Gewürznelke; ~owy Nelken-.

gór|a f (-y) Berg m; Oberteil n (m); oben; ~y pl. a. Gebirge n; do ~y nach oben, hinauf, hoch; ręce do ~y! Hände hoch!; odwrócić do ~y nogami auf den Kopf stellen; od ~y do dołu von oben bis unten; u ~y oben(an); z ~y von oben herab; im voraus; von vornherein; brać ⟨wziąć⟩ ~ę die Oberhand bekommen (gewinnen) (nad I/über A); na ~ę nach oben, hinauf; pod ~ę bergauf; w ~ę nach oben, hoch-; iść w ~ę fig. steigen; z ~ą über, reichlich; ~ą nasi! wir haben gesiegt!; ~al m (-a; -e, -i), ~alka f (-i; G -lek) Bergbewohner(in) m, Gorale m (-lin f); ~alski (po -ku) Berg-, Goralen-; ~ka f (-i; G -rek) kleiner Berg, Hügel m; Hängeboden m; Kochk. (Kalbs-)Rippen-, Kotelettstück n; ~ka rozrzędowa Esb. Ablaufberg m.

górni|ca f (-y; -e) (Rinder-)Rücken m, Hoch- und Fehlrippe f; ~ctwo n (-a) Bergbau m; Bergbaukunde f; ~ctwo naftowe Erdölgewinnung f; ~czy Berg(bau)-; Bergarbeiter-; przemysł ~czy Montanindustrie f; ~k m (-a; -cy) Bergmann m, -arbeiter m; ~k przodkowy od. ścianowy Hauer m, Häuer m.

górno|- in Zssgn obere(r, -s); Hoch-, hoch-; ~brzmiący (-co), ~lotny hochtrabend; ~niemiecki oberdeutsch; ~płat m Hochdecker m; ~zaworowy Kfz. mit obenliegender Nockenwelle.

górn|y oben(-); Ober-; Hoch-, hoch-; ~ część ciała Oberkörper m; ~y bieg rzeki (Fluß-)Oberlauf m.

górować (-uję) (nad I) überragen; übertreffen (A); dominieren; (w I) führen (in D).

górsk|i Berg-, Gebirgs-; *choroba* ~a Höhenkrankheit *f*.

górzysty (-to) bergig, gebirgig.

gówn|iarz ['guv-] V *m* (-a; -e) Scheißkerl *m*; *vgl. smarkacz*; ~o V *n* (-a; *0*) Scheiße *f*; Scheißdreck *m*.

gra *f* (gry; *G gier*) (*na skrzypcach, w karty* Geigen-, Karten-)Spiel *n*; *JSpr.* Balzarie *f*, -lied *n*; ~ pojedyncza (*Tennis-*)Einzel *n*; (nie) wchodzić w grę (nicht) in Frage kommen; (k)eine Rolle spielen; *s. a.* grać, podwójny.

grab *m* (-u; -y) Hain-, Weißbuche *f*; ~arz *m* (-a; -e) Totengräber *m* (*a. Zo.*); ~iciel [-'bi-] *m* (-a; -e, -i) grabieża; ~ić (-ę) ⟨o-⟩ (be)rauben, (aus)plündern; ⟨z-⟩ harken, rechen; ~ie ['gra-] *pl.* (-i) Harke *f*, (*Heu-*)Rechen *m*; ~ieć ⟨z-⟩ (-eję) *vor Kälte* erstarren, steif werden.

grabież ['gra-] *f* (-y; -e) Plünderung *f*; ~ca [-'bɛ-] *m* (-y; G -ów) Plünderer *m*; ~czy (-czo) räuberisch; Plünderungs-.

grab|ina *f* (-y; *0*) Buchenholz *n*; ~isko *n* (-a) Harkenstiel *m*; ~ki *pl.* (-bek) Handrechen *m*; *Tech.* Rechen *m*, Gabel *f*; ~owy (*Weiß-*)Buchen-.

graca *f* (-y; -e) (*Breit-, Jäte-*)Hacke *f*; Rührstange *f*.

gracj|a *f* (-i; -e, -i) Grazie *f*; z ~ą graziös. [wacker.]

gracki (-ko) forsch, schneidig,}

gracować (-uję) (ver)hacken; (um-) rühren.

gracz *m* (-a; -e) Spieler *m*.

grać ⟨za-⟩ (-am) (*w karty, w piłkę, na fortepianie* Karten, Ball, Klavier) spielen; ~ na nerwach auf die Nerven gehen (fallen) (*unpers.*) gra F es klappt; **grają** es wird gespielt; *vgl.* gra.

grad *m* (-u; *0*) Hagel *m* (*a. fig.*); *pada* ~ es hagelt; *deszcz z* ~em Hagelschauer *m*; ~em *Adv.* hageldicht; ⟨po⟩sypać się ~em *fig.* hageln; ~obicie *n* Hagelschlag *m*; Hagelschaden *m*; ~owy Hagel-.

graduować (-uję) graduieren.

gradzina *f* (-y) Hagelkorn *n*, Schloße *f*; *Tech.* Zahneisen *n*.

grafi|czny graphisch; ~k *m* (-a; -cy) Graphiker *m*; ~ka *f* (-i) Graphik *f*; ~on ['gra-] *m* (-y) Reiß-, Ziehfeder *f*.

grafit *m* (-u; *0*) Graphit *m*; ~owy Graphit-.

grafo|logia [-'lɔ-] *f* (*G, D, L -ii*; *0*) Graphologie *f*; ~mania *f* Schreib-, Druckwut *f*.

graj|carek F *m* (-rka; -rki) Kork(en)zieher *m*; ~dołek F *m* (Provinz-)Nest *n*; *s.* pipidówka.

grajek *m* (-jka; -jkowie) Musikant *m*.

gram *m* (-a; -y) Gramm *n*; ~siła Pond *n*.

gramaty|czny grammati(kali)sch; ~ka [-'ma-] *f* (-i) Grammatik *f*, Sprachlehre *f*.

gramofon *m* (-u; -y) Plattenspieler *m*; ~ ze zmieniaczem płyt Plattenwechsler *m*; ~owy Grammophon-; *s.* płyta.

gramolić się (-lę) sich schleppen; trödeln; ⟨w-, wy-⟩ mühsam (*od.* umständlich) hinein-/hinaufklettern.

granat *m* (-u; -y) *Bot.* Granatapfel (-baum) *m*; *Min.* Granat *m*; Marineblau *n* (*Farbe*); *Mil.* (ręczny, jajowaty Hand-, Eierhand-)Granate *f*; ~nik *m* (-a; -i) Granatwerfer *m*; ~owiec [-'tɔ-] *m* (-wca; -wce) Granat(apfel)baum *m*; ~owy (-wo) dunkel-, marineblau.

grand|a P *f* (-y) Skandal *m*, Beschiß *m*; Rabatz *m*, Stunk *m*; *koll.* (*Gauner-*)Bande *f*; *na* ~ę mit Gewalt; *całą* ~ą mit der ganzen Bande.

grandz|iarz ['gra-] P *m* (-a; -e) Radaumacher *m*, Randalierer *m*; ~ić P (-dzę) krakeelen; ⟨z-⟩ klauen.

graniastosłup *m* Prisma *n*; ~owy (-wo) prismatisch.

graniasty (-to) kantig; facettiert.

grani|ca *f* (-y; -e) Grenze *f*; *Math.* Grenzwert *m*; *Tech. a.* Schwelle *f*; za ~cą ⟨~cę⟩ im (ins) Ausland; ~czący [-'tʃɔn-] angrenzend; ~czny *m* (-a; -i) Grenz-, Markstein *m*, -zeichen *n*; ~czyć Grenz-; ~czyć (-ę) grenzen (z *I*/an *A*).

granit *m* (-u; -y) Granit *m*; ~owy Granit-.

granulacja *f* (-i; *0*) Granulation *f*, Körnigkeit *f*.

grań *f* (-ni; -nie, -ni) Kante *f*; Facette *f*; (*Berg-*)Grat *m*.

grasica *f* (-y; -e) Thymusdrüse *f*.

grasować (-uję) sein (ihr) Unwesen treiben; *Krankheit*: wüten, um sich greifen.

grat *m* (-a; -y) (altes) Möbel; ~y gruchot *m*; *Tech.* Grat *m*; ~y *pl.* Gerümpel *n*.

gratis(owy) frei, gratis.

gratka f (-i; G -tek) unverhofftes Glück, F Schwein n; to ci ~! das nenne ich Glück!

gratul|acja f (-i; -e) Glückwunsch m; ~ować ⟨po-⟩ (-uję) (k-u G) gratulieren (j-m zu), beglückwünschen (j-n zu).

gratyfikacja f (-i; -e) Gratifikation f, Prämie f.

grawer m (-a; -rzy) Graveur m; ~ować ⟨wy-⟩ (-uję) (ein)gravieren.

grawitacja f (-i; 0) Gravitation f.

grażel m (-a; -e) Bot. Teichrose f.

grdyka f (-i) Adamsapfel m.

gre|cki (po-ku) griechisch; ℒczynka f (-i; G -nek) Griechin f; ~czyzna f (-y; 0) Griechentum n; s. greka; ℒk m (-a; -cy) Grieche m; ~ka f (-i; 0) Griechisch n (Sprache).

gremi|alnie [-'mja-] Adv. gemeinsam, geschlossen; ~alny allgemein, Massen-; gemeinsam; ~um ['grɛ-] n (unv.; -ia, -ów) Gremium f; (Lehr-)Körper m.

grenadier [-'na-] m (-a; -rzy) Grenadier m.

grenlandzki grönländisch.

gręplar|ka [grɛmp-] f (-i; G -rek), ~nia [-'lar-] f (-i; -e, -i/-) s. zgrzeblarka, zgrzeblarnia.

grobla f (-i; -e, -i/-bel) Deich m, Damm m.

grobow|iec [-'bɔ-] m (-wca; -wce) (rodzinny Familien-)Gruft f; Sarkophag m; Grabmal n; ~y Grab(es)-; do ~ej deski bis in den Tod.

groch m (-u; 0) Erbse(n pl.) f; F fig. ~ z kapustą Kraut und Rüben; ~odrzew m (-u; -y) Bot. Robinie f; ~owiny pl. (-) Erbsenstroh n; ~owy Erbsen-; ~ówka f (-i; G -wek) Erbsensuppe f.

grodowy hist. Stadt-, Burg-.

grodz|a f (-y; -e, -y/-ódz) Absperrdamm m; ~ić ⟨o-, za-⟩ (-dzę) ab-, umzäunen; ~isko n (-a) Vorzeitburg f; ~ki städtisch, Stadt-; Burg-.

grom m (-u; -y) Donner(schlag) m; jak ~ z jasnego nieba wie der Blitz aus heiterem Himmel.

gromad|a f (-y) Haufe(n) m, Schar f; Rudel n; Menge f; Pol. (Dorf-)Gemeinde f; Bio. Klasse f; ~ka f (-dki; G -dek) (kleine) Schar, Gruppe f; ~nie Adv. haufen-, scharenweise; ~ny zahlreich, Massen-; Zo. gesellig.

gromadz|ić ⟨na-, z-⟩ (-dzę) (an-) häufen, (an)sammeln, zusammentragen; speichern; versammeln (się sich); Mil. konzentrieren; ~ki Gemeinde-, Dorf-.

gromić (-ę) ⟨z-⟩ (aus)schelten; ⟨roz-⟩ Feind (zer)schlagen.

gromki (-ko) laut, donnernd.

gromni|ca f (-y; -e) Weihkerze f; ~czny Lichtmeß-.

gron|iasty (-to), ~kowaty (-to) traubenförmig; ~kowce m/pl. (-ów) Staphylokokken m/pl.; ~o n (-a) Traube f; fig. Kreis m, Runde f; ~o nauczycielskie Lehrkörper m.

gronostaj m (-a; -e, -ai/-ów) Hermelin n; ~e pl. Hermelin(pelz) m.

gronow|iec [-'nɔ-] m (-wca; -wce) Bot. Mondraute f; ~y (Wein-) Trauben-.

gros[1] m (-a; -y) Gros n; ~[2] [grɔ] m (unv.) Großteil m.

grosi|k m (-a; -i) dim. v. grosz; ~sta m (-y; -ści, -ów) Großhändler m; ~wo P n (-a; 0) Kohlen pl., Moneten pl.

grosz m (-a; -e, -y) Groschen m; koll. Geld n; ~ładny ~ schöner Batzen Geld; bez ~a ohne einen Pfennig; co do ~a auf Heller und Pfennig; F wtrącać swoje trzy ~e s-n Senf dazugeben; ~ek m (-szku; -szki) (zielony grüne) Erbsen, Schoten f/pl.; Tupfen m; Nußkohle f; ~kowany Leder: genarbt; ~oróbm (-oba; -oby) Pfennigfuchser m; ~owy (-wo) billig; gering; ~ówka f (-i; G -wek) Groschen(stück n) m.

grot m (-u; -y) (Pfeil-, Speer-)Spitze f; Mar. Großsegel n; ~a f (-y) Grotte f.

groteskowy (-wo) grotesk.

grotmaszt m Großmast m.

grotołaz m (-a; -i/-y) Höhlenforscher m.

groz|a f (-y; 0) Grauen n; Entsetzliche(s); wzbudzający ~ę grauenerregend; przejęty ~ą von Entsetzen gepackt; ~ić (-żę) drohen (I/mit od. zu); za to ~i kara więzienia darauf steht Gefängnis.

groź|ba f (-y; G groźb) Drohung f; (wojny Kriegs-)Gefahr f; ~ba użycia siły Gewaltandrohung; ~ny drohend; bedrohlich; (lebens)gefährlich.

grożący [-'ʒɔn-] (I) -gefährlich; ~ wybuchem explosiv.

grób m (-obu; -oby) Grab(stätte f) n; wpędzić do grobu unter die Erde (od. ins Grab) bringen.

gród m (-odu; -ody) Stadt f, Burg f.

gródź f (-odzi; -odzie) Mar. Schott n.

grubas F m (-a; -y) Dicke(r), Fettwanst m; **~ek** F m (-ska; -ski), **~ka** f (-i; G -sek) Dickerchen n, Pummelchen n.

grubia|nin [-'bja-] m (-a; -anie, -ów) Grobian m; **~ński** [-'aïs-] (-ko, po -ku) grob, rüpelhaft; **~ństwo** m (-a) Rüpelhaftigkeit f, Grobheit f.

grubie|ć ['gru-] ⟨z-⟩ (-eję) dick(er) werden; Stimme: tief(er) werden; **~j** s. gruby.

grubo|- in Zssgn grob-, Grob-, dick, Dick-; s. gruby; **~skórne** pl. (-ych) Zo. Dickhäuter m/pl.; **~skórny** dickhäutig; fig. dickfellig; **~ścienny** dickwandig; **~ść** f (-i; -e) Dicke f, Stärke f; **~ziarnisty** (-ście) grobkörnig.

grub|y (-bo, Komp. -biej) dick, stark; groß; grob; **~a obelga** gröbliche Beleidigung; z **~sza** grob, annähernd; s. ryba.

gruch|ać (-am) girren, turteln; **~nąć** [-nɔntɕ] pf. (-nę) krachen; F hauen (A), **~ e** knallen (D); (a. się) (mit Gepolter) hinschlagen, -stürzen; **~ot** m (-u; 0) Krachen n, Gepolter n; F (-a; -y) Klapperkiste f, alte Mühle (Kfz.); Klimperkasten m; alte Zwiebel (Uhr); P alter Knacker, Tapergreis m; **~otać** ⟨za-⟩ -cze|-czę rasseln, poltern; ⟨z-, po-⟩ zertrümmern, F kaputtschlagen.

gruczo|lak m (-a; -i) Med. Adenom n; **~ł** m (-u; -y) Drüse f; **~łek** m (-łka; -łki) (kleine) Drüse; Med. a. Knötchen n; **~łowy** Drüsen-.

grud|a f (-y) Klumpen m; (Erd-) Scholle f; hartgefrorener (Straßen-) Schlamm; Vet. Mauke f; fig. jak po grudzie holprig, schwer; **~ka** f (-i; G -dek) Klümpchen n; Med. Papel f, Knötchen n; **~kowaty** (-to) klümpig, klumpig; Med. papulös; **~niowy** Dezember-; **~owaty** Weg: holprig.

grudzień ['gru-] m (-dnia; -dnie, -dni) Dezember m.

grunt m (-u; -a/-y) Grund m, Boden m; fig. Hauptsache f; z **~u** von Grund aus; do **~u** gründlich; ganz und gar; w gruncie rzeczy im Grunde (genommen), eigentlich; **~ować** (-uję) ⟨za-⟩ grundieren; (aus)loten; ⟨u-⟩ (be)gründen (na L/auf D); **~owny** grundlegend; gründlich; **~owy** Grund-, Boden-.

grup|a f (-y) (bojowa, krwi Kampf-, Blut-)Gruppe f; **~a uposażenia**, **~a zaszeregowań** Lohn-, Gehalts-, Tarifgruppe f; **~ować** ⟨z-⟩ (-uję) gruppieren, anordnen; versammeln; **~owo** Adv. gruppenweise, in Gruppen; **~owy** Gruppen-; Su. m (-ego; -i) Gruppenleiter m, -führer m.

grusz|a f (-y; -e) Birnbaum m; Tech. Birne f; **~ka** f (-i; G -szek) Birne f; **~ka treningowa** Sp. Plattformbirne; **~kowaty** (-to) birnenförmig; **~kowy** Birnen-; **~yczka** f (-i; G -czek) Bot. Wintergrün n.

gruz m (-u; -y) Schutt m; **~ ceglany** Ziegelsplitt m; nur pl. **~y** Trümmer pl., Ruinen f/pl.

gruzeł|ek m (-łka; -łki) Klümpchen n; Med. Knötchen n, Tuberkel f; **~kowaty** (-to) klümprig; tuberkular.

Gruzi|n n (-a; -i), **~nka** f (-i; G -nek) Georgier(in f) m; **2ński** [-'ziïs-] (po -ku) georgisch.

gruzo|beton m Ziegelsplittbeton m; **~wisko** n (-a) Trümmerhaufen m.

gruźli|ca f (-y; 0) (płuc Lungen-) Tuberkulose f; **~czy** tuberkulös, Tuberkulose-; **~k** m (-a; -cy), **~czka** f (-i; G -czek) Tuberkulosekranke(r).

gry s. gra.

gryczany s. hreczany.

gryf m (-a; -y) Greif m; (-u; -y) Griff m; (Ruder-)Schaft m; Kralle f; Mus. Griffbrett n.

gryka f (-i) Buchweizen m.

grylaż m (-u; 0) gebrannte Mandeln.

gryma|s m (-u; -y) Grimasse f, Fratze f; fig. Laune f; **~sić** (-szę) Launen haben, (herum)nörgeln; Kind a.: bocken; **~śny** eigensinnig, bock(bein)ig; nörgelig; im Essen wählerisch.

grynszpan m (-u; 0) Grünspan m.

grypa f (-y; 0) Grippe f.

gryps F m (-u; -y) Kassiber m.

grys m (-u; -y) Grieß m; (Ziegel-) Splitt m; **~ik** m (-a; -i) Grieß m; Grießbrei m; Feinkohle f.

gryz|ak m (-a; -i) Bgb. (Rollenmeißel-)Fräser m; **~ący** [-'zɔn-]

(-co) ätzend; beißend; **~ipiórek** m
(-rka; -rki) Federfuchser m, Schrei-
berling m; **~molić** ⟨na-⟩ (-lę) krit-
zeln, schmieren; **~moły** pl. (-ów)
Gekritzel n; **~oń** m (-nia; -nie)
Nagetier n.

gryźć (L.) (be)nagen; knabbern;
Nüsse knacken; Nägel kauen; Rost:
zerfressen; Gewissen: plagen; ⟨a.
u-⟩ beißen; stechen; **~ się** sich den
grämen (I/über A); sich in den
Haaren liegen (z I/mit).

grza|ć (-eję) ⟨o-, za-⟩ (er)wärmen
(się sich); F ⟨o-⟩ schlagen; Pferd
peitschen; **~ć się** läufig sein; rin-
dern; Tech. sich heißlaufen; **~łka** f
(-i; G -łek) Wärmflasche f; **~łka**
nurkowa Tauchsieder m; **~nie** n
(-a; 0) Wärmen n, Erwärmung f; F
fig. (e-e Tracht) Prügel f; **~nie się**
Brunft f; Tech. Erhitzung f, Heißlaufen n; **~nka** f (-i; G -nek) Toast
m, geröstete Brotschnitte.

grza|dka ['gʒɔn-] f (-i; G -dek)
(Gemüse-)Beet n; **~dziel** ['gʒɔn-] m
(-a; -e, -i) (Pflug-)Grindel m; **~ski**
(-ko) sumpfig, morastig; **~ść** (L.)
s. grzęznąć.

grzbiet ['gʒbet] m (-u; -y) Rücken
m; **~ dachu** Dachfirst m; **~ górski,
~ wzgórza** Berg-, Höhenrücken;
ośli **~** Arch. Kielbogen m; **~owy**
Rücken-.

grzeba|ć (-ię) graben, wühlen; F
(herum)fummeln; Hühner: scharren; Pferd a.: stampfen; F fig. a.
(herum)schnüffeln; ⟨po-⟩ begraben; **~ć się** (herum)wühlen, kramen; pusseln, trödeln; **~k** m (-a; -i)
Schürspitze f, Stocher m; **~nina** F f
(-y; 0) Fummelei f; Trödelei f.

grzebie|lucha f (-y) Zo. Ufer-
schwalbe f; **~niasty** (-to) kammartig, Kamm-; **~niowaty** (-to)
kammartig.

grzebień ['gʒe-] m (-nia; -nie)
Kamm m (a. Zo., fig.); Hechel f;
JSpr. Gamsbart m, Wachler m;
~ snowarski Schärblatt n.

grzeb|ionatka f (-i; G -tek) Bot.
Hahnenkamm m; **~owisko** n (-a)
Schindanger m; **~yk** m (-a; -i)
Kamm m

grzech m (-u; -y) (śmiertelny 1 öd-)
Sünde f.

grzechot m (-u; 0) Geklapper n;
Rattern n; Quaken n; **~ać** ⟨za-⟩
(-czę/-cę) klappern; rattern; Frösche:

quaken; **~ka** f (-i; G -tek) Klapper
f; Knarre f; **~nik** m (-a; -i) Zo.
Klapperschlange f.

grzeczn|ościowy Freundschafts-,
Gefälligkeits-; forma -wa Höflich-
keitsform f; **~ość** f (-ści) Höflichkeit f; Artigkeit f; Gefallen m;
przez **~ość** aus Gefälligkeit; **~y**
höflich, aufmerksam; Kind: artig;
bądź tak **~y** sei so gut od. freundlich.

grzeje(sz) s. grzać.

grzejn|ictwo n (-a; 0) Wärme-,
Heiztechnik f; **~ik** m (-a; -i) Heizkörper m; (Infrarot-)Strahler m; **~ik**
przepływowy Durchlauferhitzer m;
~y Heiz-, Wärme-.

grzesz|nica f (-y; -e), **~nik** m (-a;
-cy) Sünder(in f) m; **~ny** sündig;
sündhaft; **~yć** ⟨z-⟩ (-ę) sündigen;
sich versündigen; nie **~y** rozumem
er hat das Pulver nicht erfunden.

grzewczy s. grzejny.

grzę|da ['gʒen-] f (-y) (Gemüse-)
Beet n; Hühnerstange f; **~za** f (-y)
Angelblei n.

grzęzawi|ca f (-y; -e), **~sko** n (-a)
Moor n, Sumpf m.

grzęznąć [-nɔntɕ] ⟨u-⟩ (-nę, -źnij!,
grzązł) steckenbleiben; ein-, versinken; **~ w długach** in Schulden
stecken.

grzmi|ący [-mɔn-] (-co) donnernd;
~eć ['gʒmetɕ] ⟨za-, prze-⟩(-ę, -i, -ij!)
donnern; dröhnen; fig. wettern;
~enie n (-a) Donnern n; Gedröhn n.

grzmo|cić (-cę) hauen; ⟨a. wy-⟩
(ver)prügeln; ⟨a. ~tnąć⟩ [-tnɔntɕ]
(-nę) e-n Hieb versetzen (A/D);
schleudern; P **~tnąć się** lang hinschlagen; sich stoßen (o A/an).

grzmot m (-u; -y) Donner m.

grzyb m (-a; -y) (prawdziwy Stein-)
Pilz m, (domowy Haus-)Schwamm
m; **~y** rdzawikowe Rostpilze; **~ek** m
(-bka; -bki) (drożdżowy Hefe-)Pilz
m; **~ek** zaworu Ventilteller m;
~iasty (-to) pilzförmig, -artig; **~ica**
f (-y; -e) (Haut-)Pilzkrankheit f,
Mykose f; **~ica** woszczynowa Wa-
bengrind m; **~ieć** ['gʒi-] ⟨z-⟩ (-eję)
gebrechlich (senil) werden; **~ień** m
(-nia; -nie) (weiße) Seerose; **~kowy**
Pilz-, Med. mykotisch; **~nia**
['gʒi-] f (-i; -e, -i) Bot. Myzel(ium)
n; **~ny** Pilz-.

grzybo|bójczy (-czo) fungizid;
~branie n Pilzesuchen n, Pilzwan-

derung f, (österr.) Schwammerln n; **~waty** (-to) pilzförmig; **~wy** Pilz-, Schwamm-.

grzyw|a f (-y) Mähne f; **~acz** m (-a; -e) Schaumkrone f e-r Welle; Sturzwelle f, Brecher m; Zo. Ringeltaube f; **~iasty** (-to) mit langer Mähne; Zo. Mähnen-; Hauben-; **~ka** f (-i; G -wek) Ponies pl., Ponyfrisur f.

grzywna f (-y; G -wien) Geldstrafe f, Buße f; Bußgeld n.

gubern|ator m (-a; -rzy/-owie) Gouverneur m; **~ia** [-'bɛr-] f (-i; -e, -i) Gouvernement n.

gubić ⟨z-⟩ (-ę) verlieren; loswerden; verderben, zugrunde richten; **~** się verlorengehen, abhanden kommen; sich (od. einander) verlieren; (nur impf.) **~** się w domysłach Vermutungen anstellen.

gula f (-i; -e) Beule f.

gulasz m (-u; -e) Gulasch m od. n.

gulgotać s. bulgotać.

gum|a f (-y) (do żucia, gąbczasta Kau-, Schaum-)Gummi m od. n; **~iak** ['gu-] F m (-a; -i) Gummimantel m; **~ka** f (-i; G -mek) Gummiband m; **~ka do wycierania** Radiergummi m.

gumno n (-a; G -mien) Tenne f; Scheune f.

gumo|wać (-uję) gummieren; **~wy** Gummi-; fig. wie aus Gummi; **~żywica** f Gummiharz n.

gumówka F f (-i; G -wek) Flugmodell n mit Gummiantrieb.

gunia ['gu-] f (-i; -e) Goralenjoppe f.

guseł n/pl. (-seł) Zauberei f.

gust m (-u; -a/-y) fig. Geschmack m; coś w tym guście etwas in dieser Art; rzecz **~u** Geschmacksache f; w złym guście geschmacklos.

gustow|ać ⟨za-⟩ (-uję) Gefallen finden (w L/an D), lieben; **~ność** f (-ści; 0) (guter) Geschmack, Eleganz f; **~ny** geschmackvoll.

guścik m (-a; -i) Geschmack m (fig.).

guśla|rka f (-i; G -rek) Zaub(r)erin f; **~rz** m (-a; -e) Zaub(r)er m.

gutaperka f (-i; 0) Guttapercha f od. n.

guwern|antka f (-i; G -tek) Gouvernante f; **~er** m (-a; -rzy) Hauslehrer m.

guz m (-a; -y) Beule f; Med. a. Tumor m; Forst. Knollen m, Knoten m; P szukać **~a** Händel suchen.

guzdra|ć (-am): **~ć** się bummeln, trödeln; **~lski** F m (-ego; -cy), **~la** F m/f (-a; G -/-ów) Trödelfritze m, -liese f; **~nie** się F n (-a; 0), **~nina** F f (-y; 0) Trödelei f.

guz|ek m (-zka; -zki) kleine Beule, Knötchen n; **~eł** m (-zła; -zły) s. guz.

guzi|czek m (-czka; -czki) kleiner Knopf, Knöpfchen n; **~k** m (-a; -i) Knopf m; **~kowy** Knopf-.

guzowaty (-to) mit Beulen (bedeckt); knotig, knorrig.

gwałc|enie n (-a) s. po-, zgwałcenie; **~ić** (-cę) ⟨po-⟩ Ruhe stören; Recht verletzen; schänden, entweihen; ⟨z-⟩ vergewaltigen, notzüchtigen.

gwałt m (-u; 0) Gewalt(anwendung) f, Zwang m; Gewalttat f, -tätigkeit f; Lärm m, Radau m; zada(wa)ć **~** Gewalt antun; F narobić **~u** Zeter und Mordio schreien; na **~** auf Teufel komm raus; **~u!** (zu) Hilfe!; **~em** Adv. gewaltsam; um jeden Preis; **~owność** f (-ści; 0) Gewalttätigkeit f; Heftigkeit f; **~owny** gewaltsam; gewalttätig; heftig; -na potrzeba Notfall m.

gwar m (-u; 0) Stimmengewirr n; (Straßen-)Lärm m; **~a** f (-y) Mundart f, Dialekt m; Jargon m; **~a oddziejska** Gaunersprache f.

gwaran|cja f (-i; -e) Garantie f, Gewähr f; Bürgschaft f; **~cyjny** Garantie-; **~t** m (-a; -ci) Garant m, Bürge m; **~tować** ⟨za-⟩ (-uję) garantieren, bürgen (A/für).

gwar|dia ['gva-] f (G, D, L -ii; -e) Garde f; **~dzista** m (-y; -ści, -ów) Gardesoldat m.

gware|ctwo n (-a) Bgb. Gewerkschaft f; **~k** m (-rka; -rkowie) Gewerke m.

gwar|ny (-nie, -no) geräuschvoll; Straße: belebt, laut; **~owy** (-wo) dialektisch, mundartlich.

gwarzyć ⟨po-⟩ (-ę) plaudern; s. a. gaworzyć.

gwasz m (-u; -e) Guasch f.

gwiazd|a f (-y) Stern m; **~a filmowa** Filmstar m; **~a spadająca** Sternschnuppe f; F spod ciemnej **~y** Erz-(fig.); **~ka** f (-i; G -dek) Sternchen n; Starlet n; Weihnachtsbescherung f; dostać na **~kę** als Weihnachtsgeschenk bekommen; **~kowy** Weihnachts-; **~or** m (-a; -ry) (Film-)Star m; **~owaty** (-to) stern-

förmig, -artig; ~owy Stern-; ~o-
zbiór m Sternbild n.
gwiaździsty (-to) *Himmel*: sternbesät, gestirnt; sternförmig.
gwiezdny Stern-, stellar.
gwinci|arka f (-i; G -rek) Gewinde-
bohrmaschine f; ~k m (-a; -i)
Schräubchen n.
gwint m (-u; -y) Gewinde n; *Mil.*
Drall m.
gwintow|any *Lauf*: gezogen; ~**nica**
f (-y; -e) Gewinde(schneid)kluppe
f; ~**nik** m (-a; -i) Gewindebohrer
m; ~**y** Gewinde-.
gwizd m (-u; -y) Pfiff m, Pfeifen n;
JSpr. Gebrech n, Wurf m; ~**ać**

⟨za-⟩ (-żdżę), ⟨~nąć⟩ [-nɔntɕ] (-nę)
pfeifen; P *nur* ~nąć klauen, stibitzen; V ~nąć w *pysk* in die Fresse
hauen; ~**anie** n (-a) Pfeifen n;
~**awka** f (-i; G -wek), ~**ek** m (-dka;
-dki) Pfeife f; ~ek sędziego *Sp.* Ab-
pfiff m.
gwoli † -halber, um ... willen; ~
ścisłości um ganz genau zu sein.
gwoździk m (-a; -i) Stift m; s.
goździk.
gwóźdź m (-oździa; -oździe, I
-oździami/-oźdźmi) Nagel m.
gzy s. giez.
gzyms m (-a; -y) Sims m; Gardinen-
stange f, -leiste f.

H

habit m (-u; -y) (*Mönchs-*)Kutte f; (*Nonnen-*)Ordenskleid n.

hacel m (-a; -e) (*Hufeisen-*)Stollen m.

haczyk m (-a; -i) Haken m, Häkchen n; Angelhaken; *połknąć* ~ anbeißen (v/i); ~**owaty** (-to) hakenförmig.

hafciarka f (-i; G -rek) Strickerin f; Strickmaschine f.

haft m (-u; -y) Stickerei f; ~**ka** f (-i; G -tek) Heftel n, Haken m (und Öse f); ~**ować** ⟨wy-⟩ (be)sticken; ~**owany** gestickt, Stick-; bestickt.

hajda|**mak** m (-a; -cy), ~**maka** m (-i; -cy, -ów) (Saporoger) Kosak m; ~**wery** † pl. (-ów) Pluderhose f.

hajstra f (-y; G -ter) Schwarzstorch m.

hak m (-a; -i) (*do holowania, dźwigowy* Anschlepp-, Kran-)Haken m (a. Sp.); (*Tür-*)Angel f; Schienennagel m; ~**owaty** (-to) hakenförmig.

hal|**a**[^1] f (-i; -e) (*operacyjna, targowa* Schalter-, Markt-)Halle f; ~**a**[^2] f (-i; -e) (*Tatra-*)Alm f, Bergweide f, Matte f.

halerz m (-a; -e, -y) Heller m.

halibut m (-a; -y) Zo. Heilbutt m.

halka f (-i; G -lek) Unterrock m; Petticoat m.

hall [xɔ:l] m (-u; -e) (*Vor-*)Halle f.

hal|**niak** ['xɐl-] m (-a; -i) = ~**ny**: *wiatr* ~**ny** (*Tatra-*)Föhn m, Fallwind m; ~**owy** Hallen-.

halucynacja f (-i; -e) Halluzination f.

hałaburda m (-y; G -ów) Streithammel m, Radaubruder m.

hała|**s** m (-u; -y) Lärm m, Krach m; Gepolter n; *narobić* (*wiele*) ~**su** (großes) Aufsehen erregen, (viel) Staub aufwirbeln; *wyprawiać* ~**sy** = ~**sować** (-uję) lärmen, rumpeln, rumoren; ~**stra** f (-y; 0) Gesindel n, Pack m; ~**śliwy** (-wie) laut, lärmend.

hałda f (-y) Halde f.

hamak m (-a; -i) Hängematte f.

hamow|**ać** (-uję) ⟨za-⟩ bremsen; *fig. a.* hemmen; ⟨po-⟩ *Tränen* unterdrücken; *Zorn* zügeln; ~**ać się** ⟨po-⟩ sich beherrschen, mäßigen;

~**anie** n (-a) Bremsen n; Hemmung f, Behinderung f; *odległość* ~**ania** Bremsweg m; ~**nia** [-'mɔv-] f (-i; -e, -i) (*Motor-*)Prüfstand m.

hamulcowy Brems-, Hemm-; *Su.* m (-ego; -i) Bremser m.

hamulec m (-lca; -lce) (*bezpieczeństwa, wstecznego ruchu pedałów* Not-, Rücktritt-)Bremse f; *fig. a.* Hemmung f; Hemmnis n; Hemmschuh m.

handel m (-dlu; 0) (*krajowy, zagraniczny* Binnen-, Außen-)Handel m.

handl|**arz** m (-a; -e), ~**arka** f (-i; G -rek) Händler(in f) m; ~**ować** (-uję) *Handel treiben;* handeln (*I*/mit); ~**owiec** ['-lɔ-] m (-wca; -wcy) Kaufmann m, Geschäftsmann m; ~**owość** f (-ści; 0) Handelswesen n; ~**owy** (-wo) Handels-, kommerziell, Geschäfts-, geschäftlich; *próbka* ~**owa** Warenprobe f; ~**ówka** F f (-i; G -wek) Handelsschule f.

handryczyć się F (-ę) herumstreiten, nörgeln.

hangar m (-u; -y) Flugzeughalle f.

haniebny schändlich, Schand-, infam; schmählich.

hantla f (-i; -e) Sp. Hantel f.

hanzeatycki hanseatisch, Hansa-.

hańb|**a** f (-y; 0) Schande f, Schmach f, Schimpf m; ~**iący** [-'bɔn-] (-co) entehrend, ehrenrührig; ~**ić** ⟨po-, z-⟩ (-ę) entehren, schänden; entweihen.

haracz m (-u; -e) Tribut m.

harap m (-a; -y), ~**nik** m (-a; -i) (*Reit-*)Peitsche f.

harat|**ać** F (-am) ⟨po-⟩ kaputthauen, -schlagen; ⟨roz-⟩ (zer)hacken, spalten.

harcap m (-a; -y) Perückenzopf m.

harcer|**ka** f (-i; G -rek) Pfadfinderin f; ~**ski** Pfadfinder-; ~**stwo** n (-a; 0) Pfadfinderbewegung f.

harc|**erz** m (-a; -e) Pfadfinder m; ~**ować** (-uję) sich tummeln (a. *zu Pferde*).

hard|**ość** f (-ści; 0) Hochmut m; ~**y** (-do) hochmütig, stolz; trotzig, frech.

[^1]: a[^1]
[^2]: a[^2]

harf|a f (-y) Harfe f; **~iarka** f (-i; G -rek), **~iarz** ['xar-] m (-a; -e) Harfenist(in f) m.

harmider F m (-u/-dru; -dry) Krach m, Radau m.

harmon|ia [-'mɔ-] f (G, D, L -ii; 0) Harmonie f; (pl. -e) (Zieh-)Harmonika f; **~ijka** f (-i; G -jek) Mundharmonika f; Faltenbalg m; **~ijny** harmonisch; **~ika** f (-i; G -/kek) harmonika f; **~izować** (-uję) v/i harmonieren (z I/mit); v/t ⟨z-⟩ in Einklang bringen, aufeinander abstimmen; **~ogram** m (-u; -y) Schaubild n, (graphischer) Zeitplan.

har|ować F (-uję) schuften, ⟨a. z-się sich ab⟩rackern; **~ówka** F f (-i; G -wek) Plackerei f, Schinderei f.

harpun m (-a; -y) Harpune f.

hart m (-u; 0) Härte f, (Willens-) Kraft f; Standhaftigkeit f; (körperliche) Ertüchtigung f, G -Abhärtung f.

hartow|ać ⟨za-⟩ (-uję) härten, Tech. a. vergüten; fig. abhärten, stählen (się sich); **~any** gehärtet; (hart)vergütet. [len.⟩

hasać (-am) (herum)springen, tol-⟩

haski Haager (Adj.).

hasło n (-a; G -seł) Losung f, Parole f; Kennwort n; Stichwort n; Wahlspruch m; **~wy** Stichwort-.

haszysz m (-u; 0) Haschisch m.

haubica f (-y; -e) Haubitze f; ciężka ~ Mörser m.

haust m (-u; -y) Schluck m; jednym ~em auf e-n Zug.

hazard m (-u; 0) Hasard-, Glücksspiel n; Risiko n, Wagnis n; **~owny** gewagt, risikoreich; **~owy** Hasard-, Glücks-.

heban m (-u; 0) Ebenholz n; **~owy** fig. rabenschwarz.

heb|el m (-bla; -ble) s. strug; **~larka** f (-i; G -rek) Hobelmaschine f; **~lować** ⟨o-, wy-⟩ (-uję) (glatt)hobeln; **~lowiny** f/pl. (-) Hobelspäne m/pl.

hebrajski (po -ku) hebräisch.

hec|a F f (-y; -e) Affentheater n, Schau f; na ~ę aus Jux; wyprawiać ~e (Mords-)Spektakel machen; robić ~e z e-e Schau abziehen; a to ci ~a! es ist zum piepen!; das ist (vielleicht) ein Ding!

hegemonia [-'mɔ-] f (G, D, L -ii; 0) Vorherrschaft f.

Heine-Medina s. choroba.

hej! heda!, hallo!; **~nał** m (-u; -y) Turmmusik f; Trompetensignal n; **~że!** los!, auf!

heksa- in Zssgn hexa-, Hexa-.

hektar m (-a; -y) Hektar n.

hekto|- in Zssgn Hekto-, hekto-; **~grafować** (-uję) hektographieren.

hel m (-u; 0) Chem. Helium n.

helikopter m (-a; -y) Hubschrauber m.

hełm m (-u; -y) (korkowy, ochronny Tropen-, Schutz- od. Sturz-)Helm m; ~ lotniczy od. **~ofon** m (-u; -y) Fliegerkappe f, -helm m.

hemo|- in Zssgn Hämo-, hämo-; **~filia** [-'fi-] f (G, D, L -ii; 0) Bluterkrankheit f, Hämophylie f; **~roidy** pl. (-ów) Hämorrhoiden pl.

hen, ~ daleko weit (weg), in der (od. die) Ferne.

henna f (-y; 0) Henna(strauch m) f.

herb m (-u; -y) (rodowy Familien-) Wappen n; ~u ... aus dem Geschlecht der ...

herbacia|nka F f (-i; G -nek) Teewurst f; **~ny** Tee-; **~rnia** [-'tcar-] f (-i; -e, -i/-ń) Teestube f.

herbarz m (-a; -e) Wappenbuch n.

herbat|a f (-y; ...; do ~y in Zssgn Tee-; **~ka** f (-i; G -tek) (Fünfuhr-)Tee m; **~niki** m/pl. (-ów) Teegebäck n, Kekse m od. n/pl.

herbicyd m (-u; -y) Unkrautvertilgungsmittel n.

herbow|y Wappen-; szlachta ~a Geburtsadel m.

herc m (-a; -y) Phys. Hertz n.

here|tycki ketzerisch; **~tyk** m(-a;-cy) Ketzer m; **~zja** f (-i; -e) Ketzerei f.

herkulesowy herkulisch; Herkules-.

hermafrodyta m (-y; -ci, -ów) Zwitter(wesen n) m.

hermetyczny hermetisch, engS. luftdicht.

herod-baba f Mannweib n; (Haus-) Drachen m.

heroi|czny heroisch; **~na** f (-y) Heldin f; (0) Chem. Heroin n.

herszt m (-a; -y) (Banden-)Anführer m; Rädelsführer m.

heski hessisch, Hessen-.

het s. hen.

hetk|a f (-i; G -tek): mieć za ~ę--pętelkę f-n für ein Null halten.

hetman m (-a; -i) hist. Hetman m; (pl. -y) (Schach-)Königin f; ~ koronny, ~ wielki Kronfeldherr m.

hetta! hott! (nach rechts).

hiacynt *m* (-*u*; -*y*) *Min.* Hyazinth *m*; *Bot.* Hyazinthe *f*.

hiena [xi'ɛna] *f* (-*y*) Hyäne *f*.

hieroglif [-'rɔ-] *m* (-*u*; -*y*) Hieroglyphe *f*.

higien|a *f* (-*y*; *0*) Hygiene *f*; ~*a ciała* Körperpflege *f*; ~*iczny* hygienisch; *podpaska* -*na* Damen-, Monatsbinde *f*.

higro|- *in Zssgn* Hygro-, hygro-; ~**skopijny** hygroskopisch.

Hindus *m* (-*a*; -*i*) Inder *m*; Hindu *m*; ~**ka** *f* (-*i*; *G* -*sek*) Inderin *f*; ♀**ki** indisch.

hiper|- *in Zssgn* Hyper-, hyper-; ~**bola** *f* (-*i*; -*e*) Hyperbel *f*; ~**tonia** [-'tɔ-] *f* (*G*, *D*, *L* -*ii*; *0*) *Med.* Hypertonie *f*.

hipiczn|y: *zawody* ~*e*, *konkurs* ~*y* Reitturnier *n*.

hipika *f* (-*i*; *0*) Reitsport *m*.

hipis *m* (-*a*; -*i*) Hippie *m*.

hipno|tyzować ⟨*za*-⟩ (-*uję*) hypnotisieren; ~**za** *f* (-*y*; *0*) Hypnose *f*.

hipo|chondryk *m* (-*a*; -*cy*) Hypochonder *m*; ~**drom** *m* (-*u*; -*y*) (*Pferde*-)Rennbahn *f*; ~**kryta** *m* (-*y*; -*ci*, -*ów*) Heuchler *m*, Duckmäuser *m*; ~**potam** *m* (-*a*; -*y*) Fluß-, Nilpferd *n*; ~**teczny** thekarisch, Hypotheken-; ~**teka** *f* Hypothek *f*; Grundbuch *n*; ~**tetyczny** hypothetisch; ~**teza** *f* Hypothese *f*; ~**tonia** [-'tɔ-] *f* (*G*, *D*, *L* -*ii*; *0*) *Med.* Hypotonie *f*.

hippi- *s.* *hipi*-.

hister|ia [-'tɛ-] *f* (*G*, *D*, *L* -*ii*; *0*) Hysterie *f*; *wpaść w* ~*ię* hysterisch werden; ~**yczka** F *f* (-*i*; *G* -*czek*) hysterische Person (*Frau*); ~**yczny** hysterisch; ~**yk** *m* (-*a*; -*cy*) Hysteriker *m*.

histor|ia [-'tɔ-] *f* (*G*, *D*, *L* -*ii*; -*e*) (*powszechna*, *świata* Universal-, Welt-)Geschichte *f* (*a. fig.*); Geschichtswissenschaft *f*; F *fig.* *wyprawiać* ~*ie* (*schöne*) Geschichten machen; ~**yczny** historisch, geschichtlich; ~**yjka** *f* (-*i*; *G* -*jek*) kleine Geschichte, Histörchen *n*; ~**yk** *m* (-*a*; -*cy*) Historiker *m*.

Hiszpan *m* (-*a*; -*ie*, -*ów*), ~**ka** *f* (-*i*; *G* -*nek*) Spanier(in *f*) *m*; ♀**ka** Spitzbart *m*. [*nisch*.]

hiszpański [-'païs-] *f* (*po* -*ku*) spa-)

hoc! *Int.* hops!

hodow|ać ⟨*wy*-⟩ (-*uję*) züchten; (*groß*)ziehen; ~**ca** *m* (-*y*; -*y*, -*ów*),

~**czyni** *f* (-*i*; -*e*) Züchter(in *f*) *m*; ~**la** *f* (-*i*; -*e*, -*i*) Zucht *f*, Züchtung *f*; (*Bakterien*-)Kultur *f*; *Agr. a.* (An-)Bau *m*; ~**lany** (*Tier*-)Zucht-.

hojn|ie *Adv.* reich(lich), großzügig; ~**ość** *f* (-*ści*; *0*) Freigebigkeit *f*, Großzügigkeit *f*; ~**y** freigebig, nobel; ~*ą ręką* mit vollen Händen.

hoke|ista [-kɛ'is-] *m* (-*y*; -*ści*, -*ów*) Hockeyspieler *m*; ~**j** *m* (-*a*; *0*) (*na lodzie* Eis-)Hockey *n*.

hol *m* (-*u*; -*e*, -*ów*) *s.* hall; *Mar.* Schlepptau *n*; *na* ~*u* im Schlepp.

Holender *m* (-*dra*; -*drzy*, -*drów*), ~**ka** *f* (-*i*; *G* -*rek*) Holländer(in *f*) *m*, Niederländer(in *f*) *m*; ♀**ski** (*po* -*ku*) holländisch, niederländisch; *s.* dachówka.

holow|ać (-*uję*) schleppen, im Schlepp haben; ~**niczy** (Ab-) Schlepp-; ~**nik** *m* (-*a*; -*i*) Schlepper *m*, Schleppschiff *n*.

hołd *m* (-*u*; -*y*) Huldigung *f*; *złożyć* ~ *pamięci* (*G*) gedenken; *ofiarow*-*w(yw)ać w hołdzie* als Zeichen der Verehrung zueignen, darbringen; ~**ować** (-*uję*) huldigen; ~**ownik** *m* (-*a*; -*cy*) Lehnsmann *m*.

hołoble *f/pl.* (-*i*) Gabeldeichsel *f*.

hołota *f* (-*y*; *0*) Pack *n*, Mob *m*, P Gesocks *n*; Habenichtse *m/pl.*

hołub|ić ⟨*przy*-⟩ (-*ę*) ans Herz drücken, herzen; ~**iec** [-'wu-] *m* (-*bca*; -*bce*) Fersenschlag *m*; *wybijać* ~*ce bei der Mazurka* die Hacken zusammenschlagen.

homa|r *m* (-*a*; -*y*) Hummer *m*; ~**rzec** *m* (-*rca*; -*rce*) *Zo.* Kaisergranat *m*.

homeopatyczny homöopathisch.

homo|geniczny homogen; ~**seksualista** *m* (-*y*; -*ści*, -*ów*) Homosexuelle(r); ~**seksualny** homosexuell.

honor *m* (-*u*; *0*) Ehre *f*; *nur* ~*y pl.* Ehrenbezeigung *f*; Ehrung(*en pl.*) *f*; Honneurs *pl.*; *kwestia* ~*u* Ehrensache *f*; *słowo* ~*u* Ehrenwort *n*; ~**arium** [-'ra-] *n* (*unv.*; -*ia*, -*iów*) Honorar *n*; ~**ować** (-*uję*) ehren; honorieren; ~**owy** (-*wo*) ehrenhaft, Ehren-; ehrenhalber; ehrenamtlich; F *a.* stolz, eingebildet.

hop! hopp!, hoppla!; ~*!* ~*!* hallo!, huhu! (*im Wald*); *s.* hoc.

horda *f* (-*y*) Horde *f*.

hormon *m* (-*u*; -*y*) Hormon *n*; ~**alny**, ~**owy** hormonal, Hormon-

horrendalny horrend.

horyzont m (-u; -y) (*myślowy* geistiger) Horizont; Gesichtskreis m.

hossa f (-y) Fin. Hausse f.

hostia ['xɔst̯ja] f (G, D, L -ii; -e) Hostie f.

hotel m (-u; -e) Hotel n; ~ *robotniczy* Arbeiterwohnheim n; ~**arstwo** n (-a; 0) Hotelgewerbe n; ~**owy** Hotel-; *służba* -wa Hotelpersonal n.

hoży (-żo) frisch, blühend; drall, stattlich; hübsch.

hrab|ia ['xra-] m (G, A -iego/-i, D -iemu/-i, V -io!, I -ią, L -i; -owie, G, A -iów, D -iom, I -iami, L -iach) Graf m; ~**ianka** [-'bja-] f (-i; G -nek) Komtesse f; ~**ina** f (-y) Gräfin f; ~**iowski** gräflich, Grafen-; ~**stwo** n (-a) Grafschaft f.

hrecz|any dial. Buchweizen-; ~**ka** f (-i; G -czek) s. gryka; ~**kosiej** [-ɕei] m (-a; -e, -ów) iron. Krautjunker m, Land(edel)mann m.

hub|a f (-y) Feuerschwamm m; ~**ka** f (-i; G -bek) Zunder m.

hucu|lski Goralen-; 2**l** m (-a; -li) Gorale m, Bergbauer m (*Ostkarpaten*); ~**ł** (pl. -i) Karpatenpony n.

hucz|eć ⟨za-⟩ (-ę,-y) dröhnen, brummen; *Wind:* sausen; *Sturm:* brüllen; *Meer:* tosen; *Feuer:* prasseln; knallen (a. v/t j-m e-e). ~**ek** m (-czku -czki) s. huk; *fig.* Aufsehen n; ~**ny** laut; *Fest:* glänzend; rauschend; *Beifall a.:* rasend; *Lachen:* schallend; *żyć* ~nie in Saus und Braus leben.

hufiec ['xu-] m (-fca; -fce, -ów) Heer-, Marschsäule f; Schar f, Trupp m; (*Pfadfinder-*)Stamm m.

hufnal m (-a; -e) Hufnagel m.

huk m (-u; -i) Dröhnen n, Getöse n; Krachen n, Donner m; *fig.* Aufregung f, F Geschrei n; F a. Masse f, Haufen m, Unmenge f; ~**ać** (-am), ⟨~nąć⟩ [-nɔntɕ] (-nę) v/i „huhu" rufen; anbrüllen (*na A/A*); (*nur pf.*) krachen, dröhnen, F a. donnern, knallen (a. v/t j-m e-e).

hula|ć ⟨po-, roz- się⟩ (-am) sich ausleben, schwelgen, F auf die Pauke hauen; bechern, zechen; *Bande:* ihr Unwesen treiben, wüten; ~**jnoga** f (*Kinder-*)Roller m; ~**ka** m (-i, G -ów) Wüstling m; Zecher m; ~**nka** f (-i; G -nek), ~**tyka** f (-i) (*Zech-*)Gelage n; ~**szczy** (-czo) zügellos, liederlich.

hulta|ić się ['-ta-] (-ję,-aj!) herumlottern, -lungern; ~**j** m (-a; -e, -ów/-ai) Herumtreiber m, Nichtsnutz m, F Hallodri m; ~**jski** (-ko) faul, arbeitsscheu; s. hulaszczy.

humani|styczny humanistisch; ~**tarny** humanitär; human.

humor m (-u; -y) Laune f; Humor m; ⟨ze⟩*psuć* ~ verstimmen (D/A); *w dobrym humorze* gutgelaunt, in (guter) Stimmung; *w złym humorze* schlechtgelaunt, F sauer; ~**ek** F m (-rku; -rki) Laune f, Grille f; ~**eska** f (-i; G -sek) Humoreske f; ~**ystyczny** humoristisch; *pismo* -ne Witzblatt n.

Hunowie m/pl. (-ów) Hunnen m/pl.

huragan m (-u; -y) Orkan m; ~**owy** (-wo) orkanartig; *fig.* mörderisch, stürmisch.

hurkotać ⟨za-⟩ (-cze/-ce) rattern.

hur|ma, ~mem dichtgedrängt, in Scharen.

hurt m (-u; 0) Groß-, Engroshandel m; ~**em** en gros, Groß-; en bloc, in Bausch und Bogen; ~**ownia** [-'tɔv-] f (-i;-e,-i) Großhandlung f, Großhandelszentrale f; ~**ownik** m (-a; -cy) Großhändler m, Grossist m; ~**owy** Groß(handels)-, Engros-; -wo *Adv.* en gros.

husa|ria ['-sa-] f (G, D, L -ii; -e) *hist.* schwere Reiterei; ~**rz** m (-a; -e) *hist.* (*poln. schwerer*) Husar.

husycki hussitisch, Hussiten-.

husz|a|ć ⟨po-⟩ (-am) (v/i się) schaukeln; ~**wka** f (-i; G -wek) Schaukel f.

hut|a f (-y) Hütte(nwerk n) f; ~**a** *stali* Stahlwerk; ~**nictwo** n (-a; 0) Hüttenwesen n; Hüttenindustrie f; ~**niczy** Hütten-; metallurgisch; ~**nik** m (-a; -cy) Hüttenarbeiter m, (*Stahl-*)Schmelzer m.

huzar m (-a; -y/-rzy) Husar m; ~**ski** Husaren-.

huzia! ['xu-] los!, pack ihn *od.* sie!

hyc|ać (-am), ⟨~nąć⟩ [-nɔntɕ] (-nę) hopsen; hoppeln; ~**el** m (-cla; -cle) Hundefänger m; *fig.* Schuft m.

hydrauli|czny hydraulisch; ~**k** m (-a; -cy) Rohrleger m, Klempner m.

hydro|- *in Zssgn* Hydro-, hydro-, Wasser-; s. wod(n)o-; ~**elektrownia** f Wasserkraftwerk n; ~**fon** m (u; y) Unterwasserschallempfänger m; ~**netka** f (-i; G -tek) Handfeuerspritze f.   [Lobgesang m.]

hymn m (-u; -y) Hymne f; *fig. a.*]

hyś F m (-sia; -sie) Fimmel m; s. bzik.

i *Kj.* und, sowie, auch; sogar; ~ ... ~ sowohl ... als auch; ~ tak ohnedies, ohnehin.

ich *D v.* one; *G, A v.* oni; *poss.* ihr (*pl.*).

ichtiolow|y: *maść* ~*a* Ichthyolsalbe *f.*

ida(cy) *s.* iść.

idea ['idea/i'dea] *f* (*G, D, L -ei*; *-ee, -ei, -eom*) Idee *f*; ~**lista** *m* (*-y; -ści, -ów*) Idealist *m*; ~**lizm** *m* (*-u; 0*) Idealismus *m*; ~**lizować** ⟨*wy*-⟩ (*-uję*) idealisieren; ~**lny** ideal.

ideał *m* (*-u; -y*) (*piękna* Schönheits-)Ideal *n.*

identy|czny identisch; ~**fikować** ⟨*z*-⟩ (*-uję*) identifizieren; ~**fikacyjny** Kenn-, Identifizierungs-.

ideo|logia [-'lɔ-] *f* (*G, D, L -ii; -e*) Ideologie *f*; Gedankengut *n*; ~**wiec** [-'lɔyets] *m* (*-wca; -wcy*) Ideenverfechter *m*; *iron.* Hundertfünfzigprozentige(r); ~**wość** *f* (*-ści; 0*) Ideengehalt *m*; ~**wy** (*-wo*) ideell; ideentreu.

idę *s.* iść.

idio|cieć [-'ɔ-] ⟨*z*-⟩ (*-eję*) verblöden; ~**matyczny** idiomatisch; ~**ta** *m* (*-y; -ci, -ów*), ~**tka** *f* (*-i; G -tek*) Idiot(in *f*) *m*; ~**tyczny** idiotisch; ~**tyzm** *m* (*-u; -y*) Idiotie *f.*

idylliczny idyllisch.

idziesz, idź *s.* iść.

igieln|y Nadel-; *uszko* ~*e* Nadelöhr *n.*

igiełk|a *f* (*-i; G -łek*) (kleine) Nadel; ~**owaty** nadelförmig, spitz.

iglast|y *Bot.* Nadel-; *Su.* ~*e pl.* (*-ych*) Nadelhölzer *n/pl.*

igli|ca *f* (*-y; -e*) Nadel *f* (*bsd. Tech.*); Felsnadel *f*; *Arch.* Spitze *f*; Raumnadel (*Turm*); *Mil.* Schlagbolzen *m*; Zündnadel; ~**czka** *f* (*-i*) Durchziehnadel *f*; Filetnadel *f*; ~**cznia** [-'lʲi-] *f* (*-i; -e, -i*) Bot. Gleditschie *f*; *Zo.* Seenadel; ~**wie** [-'lʲi-] *n* (*-a; 0*) (Fichten-)Nadeln *f/pl.*

igł|a *f* (*-y; G igieł*) (cygańska, do szycia Pack-, Näh-)Nadel *f*; *Med.* Kanüle *f*; *jak z* ~*y* nagelneu (angezogen).

ignorować ⟨*z*-⟩ (*-uję*) ignorieren; *engS.* (geflissentlich) überhören *od.* -sehen.

igra|ć ⟨*po*-⟩ (*-am*) spielen, ein Spiel treiben (*z I/*mit); ~**jąc** [-jɔnts] *Advp.* spielerisch; ~**szka** *f* (*-i; G -szek*) Spiel(erei *f*) *n*; *fig.* Spielball *m*; ~**szka słów** *od.* słowna Wortspiel.

igrzyska *n/pl.* (*-*) (*Sport*-)Spiele *n/pl.*; ♀ *Olimpijskie* Olympische Spiele.

ikona *f* (*-y*) Ikone *f.*

ikr|a *f* (*-y*) (*Fisch*)Rogen *m*; Laich *m*; *składać* ~*ę* laichen.

ikrzak *m* (*-a; -i*) Rog(e)ner *m.*

ilasty (*-to*) tonig, lehmig, Letten-; *namuł* ~ Schlick *m.*

ile (*Psf. ilu*) wieviel; *o* ~ um wieviel (*mehr, weniger*); soviel; (in)sofern; *na* ~ um wieviel; soweit; ~ *razy* wie viele Male, wie oft; sooft; ~ *czasu* wie lange; ~ *bądź*, ~ *by* wieviel auch immer; ~**kolwiek** gleich(-gültig) wieviel, einige; ~**kroć** sooft; jedesmal (*od.* jederzeit, immer) wenn; ~**ś** einige, mehrere; *przed iluś laty* vor Jahren; ~**ż** wieviel (denn).

ilo|czyn *m* *Math.* Produkt *n*; ~**raz** *m* *Math.* Quotient *m*; ~**ściowy** (*-wo*) zahlenmäßig; Mengen-, quantitativ; ~**ść** *f* (*-ści*) (An-)Zahl *f*, Menge *f*; ~**ść sztuk** Stückzahl.

ilu *s.* ile.

ilumina|cja *f* (*-i; -e*) Illumination *f*; Flutlichtbeleuchtung *f*; ~**tor** *m* (*-a; -y*) Bullauge *n*; Kondensor *m.*

ilu|minować (*-uję*) illuminieren; ~**stracja** *f* (*-i; -e*) Illustration *f*; ~**strować** ⟨*z*-⟩ (*-uję*) illustrieren; *engS.* bebildern; ~**strowany** illustriert; (*czaso*)*pismo -ne* Illustrierte *f*; ~**zja** *f* (*-i; -e*) Illusion *f*; ~**zjonista** *m* (*-y; -ści, -ów*) Zauberkünstler *m*; ~**zoryczny** illusorisch.

ił *m* (*-u; -y*) (*Ziegel-, Klinker-*)Ton *m*; Tonschlamm *m*; ~ *łupkowy* Schieferton; ~**ołupek** *m* Tonschiefer *m*; ~**owaty** *s.* ilasty; ~**owiec** [-'wɔ-] *m* (*-wca*; *-wce*) Tongestein *n*

im Pron. ihnen (D v. one, oni); Adv. je; ~ ... tym je ... desto.

imać † (-am): ~ się (G) beginnen (zu, mit), in Angriff nehmen (A); greifen zu.

imad|ełko n (-a; G -łek) Feil-, Handkloben m; ~ło n (-a; G -deł) Schraubstock m; Klemme f; Spannstock m.

imaginac|ja f (-i; 0) Einbildung(skraft) f; ~yjny imaginär.

imaginować ⟨wy-⟩ (-uję): ~ sobie sich einbilden; sich vorstellen.

imbecylizm m (-u; 0) Med. Imbezillität f, Schwachsinn m.

imbir m (-u; 0) Ingwer m; ~owy Ingwer-.

imbryk m (-a; -i) Wasserkessel m; ~ z gwizdkiem Flötenkessel m.

imć s. jegomość, jejmość.

imienin|owy Namenstags-; ~y pl. (-) Namenstag m.

imien|niczka f (-i; G -czek) Namensschwester f; ~nik m (-a; -cy) Namensvetter m; ~ny namentlich; Namens-; nominal (a. Gr.).

imiesłów m (-owu; -owy) Partizip n.

imię n (-ienia; N, A -iona, -ion, -ionom, -ionami, -ionach) Name m; Gr. Nomen n; fig. Ruf m; jest mu na ~, on ma na ~ heißt, sein Name ist; po imieniu beim Namen; w ~ (G) um ... willen; imieniem (G) namens; w imieniu, w ~ im Namen (G/von); Huta imienia Lenina die Lenin-Hütte.

imigra|cja f (-i; -e) Einwanderung f; ~nt m (-a; -ci) Einwanderer m.

imit|acja f (-i; -e) Imitation f, Nachahmung f, konkr. a. Nachbildung f; ~ator m (-a; -rzy) Nachahmer m; (pl. -ry) Aut. Simulator m, Analogiegerät n; ~ować (-uję) nachahmen, -äffen; nachbilden; ~owany nachgemacht, unecht, imitiert.

immatrykulacja f (-i; -e) Immatrikulation f.

immuni|tet m (-u; -y) Immunität f; ~zować (-uję) immunisieren, immun machen.

impas m (-u; -y) KSp. Impaß m, Schneiden n; fig. Sackgasse f, Klemme f; ~ować ⟨za-⟩ (-uję) KSp.

imperiali|sta m (-y; -ści, -ów) Imperialist m; ~styczny imperialistisch.

impertynen|cja f (-i; -e) Imperti-

nenz f, Unverschämtheit f; ~cki (-ko) unverschämt, flegelhaft, F schnoddrig; ~t m (-a; -ci) Grobian m, Flegel m.

impet m (-u; 0) Schwung m, Wucht f, Ungestüm n; z ~em Adv. = ~yczny hitzig, ungestüm; ~yk m (-a; -cy) Hitzkopf m, Heißsporn m.

impon|ować ⟨za-⟩ (-uję) imponieren; ~ujący [-'jon-] (-co) imponierend; imposant, überwältigend.

import m (-u; -y) Import m, Einfuhr f; ~ować (-uję) importieren, einführen; ~owy Import-.

impotencj|a f (-i; 0) Impotenz f; cierpiący na ~e impotent.

impre|gnacja f (-i; -e) Imprägnierung f; ~gnować (-uję) imprägnieren; ~sjonizm m (-u; 0) Impressionismus m; ~za f (-y) Veranstaltung f.

improwiz|acja f (-i; -e) Improvisation f; ~ować ⟨za-⟩ (-uję) improvisieren.

impuls m (-u; -y) Impuls m (a. El.); Anregung f; ~ywny impulsiv.

inaczej anders, sonstwie; sonst, andernfalls; ~ niż anders als; nie ~ jak nicht anders als; jakże ~? wie denn sonst?

inaugurac|ja f (-i; -e) (feierliche) Eröffnung; ~yjny Eröffnungs-, Einweihungs-.

inaugurować ⟨za-⟩ (-uję) (feierlich) eröffnen. [Vorfall m.]

incydent m (-u; -y) Zwischenfall m.

indagować (-uję) (aus-, be)fragen.

indeks m (-u; -y) Index m; Indexziffer f; Kolleg-, Studienbuch n; ~ rzeczowy Sachregister n.

India|nin [-'dja-] n (-a; -anie, -ów), ~ka f (-i; G -nek) Indianer(in f) m; Indio(frau f) m; ~ński [-aís-] (po -ku) indianisch; Indianer-, Indio-.

indo|europejski indoeuropäisch; ~nezyjczyk m (-a; -cy) Indonesier m; ~nezyjski (po -ku) indonesisch.

indor m (-a; -y) s. indyk.

indos m (-u; -y) Indossament n; ~ować (-uję) indossieren.

induk|cja f (-i; -e) Induktion f; ~yjny induktiv, Induktions-.

induski (po -ku) s. hinduski.

indycz|ka f (-i, G -czek) Truthenne f, Pute f; ~yć się F ⟨za-⟩ (-ę) vor Wut schnauben, sich aufblasen.

indygo n (-a; 0) Indigo m, n; ~wiec [-'gɔ-] m (-wca; -wce) Anil n.

indyjski (*po -ku*) indisch.

indyk *m* (*-a*; *-i*) Truthahn *m*, Puter *m*.

indywidual|ista *m* (*-y*; *-ści, -ów*), **-tka** *f* (*-i*; *G -tek*) Individualist(in *f*) *m*; **~ność** *f* (*-ści*; *0*) Individualität *f*; **~ny** individuell; privat; Einzel-. [*s. gdzie, kiedy.*]

indziej: *nigdzie* ~ nirgendwo sonst;

inerc|ja *f* (*-i*; *0*) Beharrungsvermögen *n*; *siła* ~*ji* Trägheitskraft *f*; **~yjny** Trägheits-, inertial.

in|fantylizm *m* (*-u*; *0*) Infantilismus *m*; **~fekcja** *f* (*-i*; *-e*) Infektion *f*; **~filtracja** *f* (*-i*; *0*) Infiltration *f*; *engS.* Unterwanderung *f*; **~flacja** *f* (*-i*; *-e*) Inflation *f*.

informa|cja *f* (*-i*; *-e*) Information *f*; Informierung *f*; *engS.* Auskunft *f*; Bescheid *m*; *pl. a.* Daten *n*/*pl.*; **~cyjny** informatorisch; Informations-, Auskunfts-; **~nt** *m* (*-a*; *-ci*) Informant *m*; Gewährsmann *m*; **~tor** *m* (*-a*; *-rzy*) Informator *m*; Informant *m*; (*pl. -y*) Informationsschrift *f*, Führer *m*; Register *n*, (*Branchen-*)Adreßbuch *n*; **~torka** *f* (*-i*; *G -rek*) Informantin *f*; Hosteß *f*.

informować (*po-*) informieren, unterrichten; Auskunft erteilen; Bescheid geben; ~ *się* sich informieren (lassen), sich erkundigen (*o L*/über *A*).

infu|ła *f* (*-y*) Bischofshut *m*; **~zja** *f* (*-i*; *-e*) Infus(um) *n*, Aufguß *m*.

inger|encja *f* (*-i*; *-e*) Einmischung *f*, Eingriff *m*; **~ować** ⟨*za-*⟩ (*-uję*) sich einmischen.

inhalować (*-uję*) inhalieren.

inicjat|or *m* (*-a*; *-rzy*) Initiator *m*, Urheber *m*; **~ywa** *f* (*-y*) (*społeczna* Bürger-)Initiative *f*; *z własnej* ~*ywy* aus eigenem Antrieb; *z* ~*ywy* (*G*) auf Anregung (*G od.* von); F ~*ywa prywatna koll.* Privatunternehmertum *n*.

inicjować ⟨*za-*⟩ (*-uję*) anregen, den Anstoß geben (*A*/zu).

iniekcja [i'nĭek-] *f* (*-i*; *-e*) Injektion *f*.

inkarnatka *f* (*-i*; *G -tek*) Blut-, Rosenklee *m*.

inkas|ent *m* (*-a*; *-ci*) Inkassant *m*, Kassierer *m*; *engS.* Stromableser *m*; Gasmann *m*; **~o** *n* (*-a*) Inkasso *n*; **~ować** ⟨*za-*⟩ (*-uję*) (ein)kassieren; einziehen.

in|kaust † *m* (*-u*; *-y*) Tinte *f*; **~klinacja** *f* (*-i*; *-e*) Inklination *f*; Vor-

liebe *f*; **~krustacja** *f* (*-i*; *-e*) Intarsia *f*, Einlegearbeit *f*; **~krustowany** mit Intarsien verziert; **~kubacjny** Inkubations-; **~kubator** *m* (*-a*; *-y*) Brutapparat *m*, -schrank *m*.

inkwizy|cja *f* (*-i*; *0*) Inquisition *f*; **~cyjny** Inquisitions-; **~torski** (*po -ku*) inquisitorisch.

inlet *m* (*-u*; *-y*) Inlett *n*.

in|na, **~ne**, **~ni** *s. inny*.

inno|barwny andersfarbig; **~języczny** anderssprachig; **~kształtny** andersförmig; **~myślny** andersdenkend; **~plemienny** fremdstämmig; **~wacja** *f* (*-i*; *-e*) Innovation *f*, Neuerung *f*; **~wierca** *m* (*-y*; *G -ów*) Andersgläubige(r).

inny ander-; übrig, sonstig; anders; *co innego* etwas anderes; *kto* ~ ein anderer, jemand anders; *między* ~*mi* unter anderem (anderen); ~*m razem* ein andermal, das andere Mal; *s. słowo*.

inochód *m* (*0*) Paßgang *m*.

insceniza|cja [*a.* îs-] *f* (*-i*; *-e*) Inszenierung *f*; **~tor** *m* (*-a*; *-rzy*) *Thea.* Regisseur *m*.

insekt [*a.* îs-] *m* (*-a*/*-u*; *-y*) *s. owad*; **~ycyd** *m* (*-u*; *-y*) Insektizid *n*, Insektengift *n*.

inser|at [*a.* îs-] *m* (*-u*; *-y*) Inserat *n*, Anzeige *f*; **~ować** ⟨*za-*⟩ (*-uję*) inserieren.

inspekc|ja [*a.* îs-] *f* (*-i*; *-e*) Inspektion *f*; *engS.* Besichtigung *f*; **~jonować** (*-uję*) (über)prüfen, inspizieren; **~yjny** Inspektions-, Aufsichts-; *Mil.* diensthabend.

inspektor [*a.* îs-] *m* (*-a*; *-rzy*/*-owie*) Inspektor *m*, Prüfer *m*; ~ *bezpieczeństwa pracy* Arbeitsschutz-Sicherheitsbeauftragte(r) *im Betrieb*; ~ *księgowości* Buchprüfer *m*; ~ *szkolny* Schulrat *m*; **~at** *m* (*-u*; *-y*) Inspektion *f*, Aufsichtsstelle *f*; **~at szkolny** Schulamt *n*.

inspekt|owy [*a.* îs-] Treibhaus-, **~y** *pl.* (*-ów*) Treib-, Mistbeet *n*.

inspir|acja [*a.* îs-] *f* Inspiration *f*; **~ator** *m* (*-a*; *-rzy*) Urheber *m*, treibende Kraft, Drahtzieher *m*; **~ować** ⟨*za-*⟩ (*-uję*) inspirieren.

instalac|ja [*a.* îs-] *f* (*-i*; *-e*) Installation *f*; Installierung *f*; (*chłodzenie* Kühl-)System *n*; (*oświetleniowa* Beleuchtungs- *od.* *Kfz.* Licht-)Anlage *f*; **~yjny** Installations-, Einbau-.

instal|ator [a. ĭs-] m (-a; -rzy) Installateur m; Rohrleger m; ~ować ⟨za-⟩ (-uję) installieren; einrichten (się sich); Tech. a. verlegen; aufstellen.

instancja [a. ĭs-] f (-i; -e) Instanz f.

instruk|cja [a. ĭs-] f (-i; -e) Instruktion f; ~cja obsługi Bedienungsvorschrift f, -anleitung f; ~cyjny Instruktions-; Lehr-; ~taż m (-u; -e) Instruieren n; Schulung f; ~tażowy: narada ~wa Seminar n; ~tor m (-a; -rzy) Instrukteur m, Instruktor m, Ausbilder m; ~tor jazdy Fahrlehrer m.

instrument [a. ĭs-] m (-u; -y) Instrument n; fig. Werkzeug n; ~alny instrumental.

instrumentari|um [a. ĭs-] n (unv.; -ia, -ów): ~um podręczna chirurgisches Besteck; ~uszka [-'riuʃ-]f (-i; G -szek) Operationsschwester f.

instru|mentować [a. ĭs-] ⟨z-⟩ (-uję) instrumentieren; ~ować ⟨po-⟩ (-uję) instruieren; anleiten.

instynkt [a. ĭs-] m (-u; -y) Instinkt m; ~owny instinktiv.

instytu|cja [a. ĭs-] f (-i; -e) Institution f, Anstalt f; Amt n, Behörde f; ~t m (-u; -y) (naukowo-badawczy wissenschaftliches Forschungs-)Institut n.

insu|bordynacja [a. ĭs-] f s. niesubordynacja; ~lina f (-y; 0) Insulin n; ~rekcja f (-i; -e) Aufstand m, Erhebung f.

insy|gnia [ĭ'si-] pl. (-ów) Insignien f/pl.; ~nuacja f (-i; -e) Andeutung f, Anspielung f; Einflüsterung f; ~nuować ⟨za-⟩ (-uję) andeuten, anspielen (A/ auf A); einflüstern; unterschieben, -stellen.

integr|acja (-i; -e) Integration f; ~alny integral, Integral-; ~ał m (-u; -y) Integral n; ~ować ⟨z-⟩ (-uję) integrieren.

intelektual|ista m (-y; -ści, -ów) Intellektualist m; Intellektuelle(r) m; ~ny intellektuell.

nteligen|cja f (-i; 0) Intelligenz f; ~cja pracująca koll. Geistesschaffende(n); ~cki Intelligenz-; ~t m (-a; -ci) Geistesschaffende(r); Intellektuelle(r) a. verä. Intelligenzler m; ~tny intelligent.

nten|cja f (-i; -e) Absicht f, Intention f; na ~cję (G) für (A), zugunsten (G); ~dent m (-a; -ci) Inten-

dant m; ~syfikować ⟨z-⟩ (-uję) intensivieren.

intensywn|ość f (-ści; 0) Intensität f; ~y intensiv; Farbe: leuchtend.

interes m (-u; -y) Geschäft n (a. konkr.); Angelegenheit f, Anliegen n; Interesse n; F ładny ~! schöne Bescherung!; ~ant m (-a; -ci) Interessent m; Kunde m; ~ować (się sich; I/für); ~owny gewinn-, vorteilsüchtig; ~ujący [-'jon-] (-co) interessant, spannend.

inter|linia f Typ. Durchschuß m; ~n † m (-a; -i) Internatsschüler m; ~na f (-y; 0) innere Medizin; ~nat m (-u; -y) Internat n; ~nista m (-y; -ści, -ów) Internist m; ~nować ⟨-uję⟩ internieren; ~pelacja f (-i; -e) Interpellation f; ~pretacja f (-i; -e) Interpretation f; ~punkcja f Interpunktion f; ~wał m Intervall n; ~wencja f (-i; -e) Intervention f; Vermittlung f; ~weniować ⟨za-⟩ (-uję) eingreifen; vermitteln.

inton|acja f Intonation f; ~ować ⟨za-⟩ (-uję) intonieren, anstimmen.

intratny einträglich.

introligator m (-a; -rzy) Buchbinder m; ~nia [-'tɔr-] f (-i; -e) Buchbinderei f; ~ski Buchbinder-.

intruz m (-a; -i/-y) Eindringling m.

intryga f (-i) Intrige f; pl. a. Umtriebe m/pl.; ~ncki (-ko) intrigant, ränkevoll, -süchtig; ~nt m (-a; -ci), -tka f (-i; G -tek) Intrigant(in f) m.

intrygować (-uję) intrigieren, Ränke schmieden; ⟨a. za-⟩ neugierig machen, interessieren.

in|tuicyjny intuitiv; ~tymny intim.

inwali|da m (-y; -dzi, -ów) Invalide m; ~da wojenny Kriegsversehrte(r); ~dzki Invaliden-; ~dztwo n (-a) Invalidität f.

inwazja f (-i; -e) Invasion f.

inwencja f (-i; -e) Erfindungsgabe f, Findigkeit f; Mus. Invention f; ~ twórcza Kreativität f.

inwentaryz|acja f (-i; -e) Inventar-, Bestandsaufnahme f, Inventur f; ~ować ⟨z-⟩ (-uję) e-e Bestandsaufnahme machen, inventarisieren.

inwentarz m (-a; -e) Inventar n; ~ drobny Kleinvieh n; spis ~a Inventarverzeichnis n; ~owy Inventar-; [film m.]

inwersyjn|y: taśma ~a Umkehr-

inwest|or m (-a; -rzy) Geld-, Kapitalanleger *m*; Bauherr *m*; ~ować ⟨za-⟩ (-*uję*) investieren, anlegen; ~ycja *f* (-*i*; -*e*) Investition *f*; Investitionsvorhaben *n*; ~ycyjny Investitions-, Anlage-.

inwigil|acja *f* (-*i*; -*e*) (polizeiliche) Überwachung; ~ować (-*uję*) beschatten, überwachen.

inżynier [i'ʒɨ-] *m* (-*a*; -*rzy*/-*owie*) (mechanik, technolog Maschinenbau-, Fertigungs-)Ingenieur *m*; ~ia [-'ɲe-] *f* (*G*, *D*, *L* -*ii*; *0*) Ingenieurwesen *n*, -wissenschaft(en *pl.*) *f*; ~ia lądowa Hoch- und Tiefbau *m*; ~ia wodna Wasserbau(wesen *n*) *m*; ~ski, ~yjny Ingenieur-; *Mil.* Pionier-.

iperyt *m* (-*u*; *0*) Senfgas *n*.

ira|cki (po -*ku*) irakisch; ⍰nka *f* (-*i*; *G* -*nek*), ⍰ńczyk (-*a*; -*cy*) Iranier(in *f*) *m*, Perser(in *f*) *m*; ~ński [-'raĩs-] (po -*ku*) iranisch.

ircha *f* (-*y*; *0*) Sämischleder *n*.

Irlan|dczyk *m* (-*a*; -*cy*) Ire *m*; ~dka *f* (-*i*; *G* -*dek*) Irin *f*; ⍰dzki (po -*ku*) irisch.

ironi|a [-'rɔ-] *f* (*G*, *D*, *L* -*ii*; *0*) Ironie *f*; ~czny ironisch.

iryd *m* (-*u*; *0*) *Chem.* Iridium *n*; ~ować (-*uję*) irisieren.

irygacja *f* (-*i*; -*e*) Bewässerung *f*; *Med.* Spülung *f*.

irys *m* (-*a*; -*y*) *Anat.* Iris *f*; *Bot.* Schwertlilie *f*; Sahnebonbon *n od. m.*

irytacj|a *f* (-*i*; -*e*) Verärgerung *f*, Ärger *m*; z ~i aus Ärger; z ~ą verärgert, gereizt.

iryt|ować ⟨po-, z-⟩ (-*uję*) irritieren, (ver)ärgern (*się* sich); ~ujący [-'jɔn-] (-*co*) irritierend, ärgerlich, lästig.

iryzujący [-'jɔn-] (-*co*) irisierend.

ischias ['iʃias] *m* (-*u*; *0*) Ischias *f*.

iskać ⟨po-⟩ (-*am*) lausen (*się* sich).

iskierka *f* (-*i*; *G* -*rek*) Fünkchen *n*; ~ nadziei Hoffnungsschimmer *m*.

isk|ra *f* (-*y*; *G* -*kier*) Funke(n) *m*; ~ra zapłonowa Zündfunke; ~rownik *m* (-*a*; -*i*) Magnetzünder *m*; ~rowy Funken-; ~rzenie *n* (-*a*) Funkenbildung *f*; Funkenflug *m*; ~rzyć (-*ę*) *Tech.* funken, Funken geben; ~rzyć się ⟨za-⟩ funkeln, sprühen.

islamski islamisch.

Islan|dczyk *m* [-nt:ʃ-] *m* (-*a*; -*cy*), ~dka *f* (-*i*; *G* -*dek*) Isländer(in *f*) *m*; ⍰dzki (po -*ku*) isländisch.

istnie|ć ⟨za-⟩ (-*ję*) existieren; bestehen; vorhanden sn; ~nie *n* (-*a*) Existenz *f*, Dasein *n*; Leben *n*; Vorhandensein *n*; Bestand *m*; Bestehen *n*.

istny echt, wahr(haftig), rein; leibhaftig, ausgemacht.

istot|a *f* (-*y*) Wesen *n*; ~a szara graue Substanz *des Gehirns*; ~a żyjąca Lebewesen; ~a rzeczy, ~a sprawy das Wesentliche, Kern *m* der Sache; ~a czynu Tatbestand *m*; w istocie (rzeczy) in der Tat; im Grunde genommen, ~ny wesentlich; tatsächlich; sachdienlich.

iście *Adv.* wahrhaft(ig).

iść (*L.*), ⟨pójść⟩ (*L.* -*jść*) gehen, laufen; ~ sobie fortgehen; sich trollen; ~ na dobre (złe) sich zum Guten (Schlechten) wenden; ~ na ustępstwa sich zu Zugeständnissen bereit finden, Zugeständnisse machen; ~ w górę steigen; ~ w dół sinken; ~ po (*A*) holen; ~ za folgen (*I/D*); ~ za mąż (za *A*) Frau: heiraten (*A*); ~ o (*A*) sich handeln um (*A*); *jak idzie?* wie geht es?; *co za tym idzie* daraus folgt; *vgl.* (przy)chodzić.

iwa *f* (-*y*) Salweide *f*.

izba *f* (-*y*) Zimmer *n*, Stube *f*; *fig.* (*bsd. Pol.*) Kammer *f*; ~ chorych Krankenrevier *n*; *Pol.* ⍰ Gmin das Unterhaus; ~ handlowa, karna, poselska Handels-, Straf-, Abgeordnetenkammer; ⍰ Morska Seeamt *n*; ~ pomiarów Eichamt *n*; ~ zatrzymań Polizeigefängnis *n*, Arrestlokal *n*.

izbica *f* (-*y*; -*e*) Eisbrecher *m* e-r *Brücke*.

izdebka *f* (-*i*; *G* -*bek*) Stübchen *n*, Kämmerlein *n*.

izo- in *Zssgn* Iso-, iso-.

izola|cja *f* (-*i*; -*e*) Isolation *f*, Isolierung *f*; ~cja (przeciw)dźwiękowa Schallschutz *m*, -dämpfung *f*; ~cyjny Isolier-; ~tka *f* (-*i*; *G* -*tek*) Isolierzimmer *n*; Einzelzelle *f*; ~tor *m* (-*a*; -*y*) Isolator *m*.

izo|lować (-*uję*) ⟨za-⟩ isolieren ⟨od-⟩ isolieren, absondern; ~top *m* (-*u*; -*y*) Isotop *n*.

Izrael|czyk *m* (-*a*; -*cy*), ~ka *f* (-*i*; *G* -*lek*) Israeli *m*/*f*; ⍰icki israelitisch; ⍰ita *m* (-*y*; -*ci*) Israelit *m* Jude *m*; ⍰ski israelisch, Israel-.

iż(by) *Kj.* daß.

J

ja *Pron.* ich; *własne* ~ das eigene Ich.
jabłczany Apfel-.
jabłeczn|ik *m* (*-a*; *-i*) Apfelwein *m*; ~ Apfelkuchen *m*; ~**y** Apfel-.
jabłko *n* (*-a*; *G -lek*) Apfel *m*; *fig.* Reichsapfel *m*; *złote* ~ Goldgrube *f*; ~ *niezgody* Zankapfel; F *stłuc* (*od. zbić*) *na kwaśne* ~ windelweich (durch)prügeln; *w jabłka* = ~**wity:** *koń* ~**wity** Apfelschimmel *m*; ~**wy** Apfel-.
jabło|niowy Apfel(baum)-; ~**nka** *f* (*-i*; *G -nek*) Apfelbäumchen *n*; ~**ń** *f* (*-ni*; *-nie*, *-ni*) Apfelbaum *m*; *kwiat* ~**ni** Apfelblüte *f*. [chen *n*.]
jabłuszko *n* (*-a*; *G -szek*) Äpfel-⌡
jacht *m* (*-u*; *-y*) (*lodowy* Eis-)Jacht *f*; ~ *kabinowy* Kabinenkreuzer *m*; ~ *mieczowy* Schwertboot *n*.
jacy *Psf. v.* jaki.
jad *m* (*-u*; *-y*) (*Schlangen*-)Gift *n*; *Toxin n*; ~ *trupi* Leichengift; ~ *kiełbasiany* Botulin *n*; *bryzgać* (*od. tryskać*) ~*em* sein Gift verspritzen.
jadaczk|a V *f* (*-i*; *G -czek*) Maul *n*, Fresse *f*; *stul ~ę! a.* halt die Klappe!
jada|ć (*-am*) essen, speisen, sich verpflegen; ~**lnia** [-'dal-] *f* (*-i*; *-e*, *-i*) Speisezimmer *n*; ~**lny** genießbar, eßbar; *sala* ~**lna** Speisesaal *m*.
jadą, jadę *s.* jechać.
jadł(am, -em, -o) *s.* jeść.
jadło *n* (*-a*; *G -del*) Essen *n*, Speisen *f/pl.*; Futter *n*; ~**dajnia** [-'daĭ-] *f* (*-i*; *-e*, *-i*) Gaststätte *f*, Eßlokal *n*; ~**spis** *m* Speisekarte *f*; Menü *n*.
jadowi|cie *Adv. s.* jadowity; ~**tość** *f* (*-ści*; 0) Giftigkeit *f*; ~**ty** (*-cie*) giftig, Gift-; *fig. a.* boshaft.
jadowy Gift-; *gruczoł* ~ Giftdrüse *f*.
aga *f* (*-i*): *baba*-~ (alte) Hexe.
ag|lany Hirse-; ~**lica** *f* (*-y*; 0) *Med.* Trachom *n*; ~**ła** *f* (*-y*; *G -gieł*) Hirsekorn *n*; ~**ły** *pl. koll.* Hirse *f*; Hirsebrei *m*.
agn|iątko [-'ɲɔnt-] *n* (*-a*; *G -tek*) Lämmchen *n*; ~**ić się** (*-ę*) (ab)lammen; ~**ię** ['jag-] *n* (*-ęcia*; *-ęta*) Lamm *n*; *pokorny jak* ~**ię** lammfromm; ~**ięcy** [-'ɲen-] Lamm(fell)-.

jagod|a *f* (*-y*; *G -gód*) Beere *f*; *pl. a.* Beerenobst *n*; *czarna* ~**a** (*Wald-*) Heidel-, Blaubeere; *wilcza* ~**a** Tollkirsche *f*; *iść na* ~**y** Beeren sammeln (gehen); ~**owy** Beeren-.
jagódka *f* (*-i*; *G -dek*) kleine Beere; F *fig.* Herzchen *n*, Liebchen *n*.
jajcars|ki *Hdl.* Eier-; *centrala* ~**ko-drobiarska** Eier- und Geflügelzentrale *f*; ~**two** *n* (*-a*; 0) Eierhandel *m*; Eierproduktion *f*.
jajecz|ko *n* (*-a*; *G -czek*) (kleines) Ei; ~**kowanie** *n* (*-a*) Eisprung *m*, Ovulation *f*; ~**nica** *f* (*-y*; *-e*) Rührei *n/pl.*; ~**ny** Ei(er)-.
jajk|o *n* (*-a*; *G -jek*) Ei *n*; ~**o** *święcone* Osterei; *siedzieć na* ~**ach** brüten.
jaj|nik *m* (*-a*; *-i*) *Anat., Zo.* Eierstock *m*; ~**o** *n* (*-a*) (*kukułcze, kurze* Kuckucks-, Hühner-)Ei *n*; ~**a** *sadzone* Spiegeleier *n/pl.*; ~**a** *w proszku* Eipulver *n*; *vgl.* jajko; ~**orodny** *Zo.* eierlegend; ~**owaty** (*-to*) eiförmig; ~**owód** *m* (*-odu*; *-ody*) *Anat.* Eileiter *m*; ~**owy** Ei(er)-.
jak¹ *m* (*-a*; *-i*) *Zo.* Jak *m*, Yak *m*.
jak² *Adv., Kj.* wie; als; wenn; seit; *bei Bildung des Superlativs*: größt-, aller-, äußerst, möglichst, am -sten; ~ *się masz?* wie geht es dir? ~ *zdrowie?* was macht die Gesundheit?; ~ *cień a.* e-m Schatten gleich; ~ ... *to* ... wenn ... dann schon ...; ~ *dawno a.* seit wann; *nic innego* ~ nichts anderes als; ~ *gdyby* als ob; *zarówno* ... ~ sowohl ... als auch; ~ *najwięcej* möglichst viel; ~ *najlepszy* (aller)beste(r); ~ *najpiej* aufs beste, bestens; ~ *tylko* sobald; ~ *nie* (+ *Verb*) auf einmal, plötzlich; ~ *nie huknie* auf einmal knallt es; ~ *na* (+ *Su.*; A) für; ~ *na owe czasy* für die damalige Zeit; ~ *świt* bei Tagesanbruch; ~ *to wie* (donn) ... ~ ... ~ ... *main Lebtag*; ~ *co do czego* wenn es darauf ankommt; ~ *bądź, byle* ~ irgendwie; ~**by** F als ob; wenn; ~**bym się** *spóźnił* sollte ich mich verspäten.
jaki *Pron.* (*Psf.* jacy) welch(er),

welch ein, was für ein; (mst vor Adj.) wie; ~ bądź irgendein(er), beliebig(er); ~ taki leidlich, einigermaßen; jak ~ wie ein; ~m prawem mit welchem Recht; ~m cudem durch welch ein Wunder; w ~ sposób auf welche Weise; starszy o ~e pięć lat etwa um fünf Jahre älter; F po ~emu wie; s. byle, taki; ~kolwiek (bądź) irgendein(er), -welch (-er); beliebig; ~ś ein gewisser; za ~eś dwa lata etwa in zwei Jahren; przez ~ś czas eine Zeitlang; ~ż s. jaki.

jakkolwiek (bądź) obschon, obgleich; wenn auch; wie auch immer.

jako als; ~ taki als solcher; ~ tako schlecht und recht, soso; ~ to und zwar; ~ że weil, da.

jakobin m (-a; -i) Jakobiner m.

jakoby Kj. als ob, als wenn; daß; gleichsam; Adv. angeblich.

jakoś irgendwie; F ~ to będzie! es wird schon schiefgehen!

jakoś|ciowy Qualitäts-, Güte-; qualitativ; -wo Adv. qualitätsmäßig; ~ćf (-ści; 0) Qualität f, Güte f; dobrej ~ci von guter Qualität, Qualitäts-.

jakoż † (und) in der Tat; darum, deshalb.

jakucki (po-ku) jakutisch.

jakże wie (denn); P a ~! (aber) sicher!, freilich!; ~by (+ Verb im Konjunktiv) und wie, wie gern.

jałmużna f (-y; G -) Almosen n, milde Gabe.

jałow|cowy Wacholder-; ~cówka f (-i; G -wek) Wacholderschnaps m; ~ica f (-y; -e) s. jałówka; ~iec [-'wɔ-] m (-wca/-wcu; -wce) Wacholder m; ~ieć [-'wɔ-] ⟨wy-⟩ (-eję) Boden: sich erschöpfen, unfruchtbar werden; ~izna f (-y; 0) koll. Jungvieh n; Ödland n; ~nik m (-a; -i) Kälberstall m; ~ość f (-ści; 0) Unfruchtbarkeit f; Sterilität f; Unergiebigkeit f; ~y (-wo) Boden: unfruchtbar, unergiebig (a. fig.); Kuh: güst, nicht tragend; Med. steril, keimfrei; Essen: mager, ohne Fett; Gesicht: ausdruckslos, leer; fig. gehaltlos; fruchtlos; bieg ~y Leerlauf m.

jałówka f (-i; G -wek) Sterke f, Färse f; JSpr. Gelttier n.

jałtańsk|i [-'taĭs-]: konferencja ~a Jaltakonferenz f.

jama f (-y) Loch n, Grube f; Anat. (bębenkowa, oczna Pauken-, Augen-)Höhle f; (lisia Fuchs-)Bau m.

jamajka f (-i; 0) Jamaika-Rum m.

jamb m (-u; -y) Jambus m.

jam|ka f (-i; G -mek) Grübchen n; Vertiefung f; kleines (Erd-)Loch; ~nik m (-a; -i) Dachshund m; ~nik długowłosy Langhaardackel m; ~ochłony m/pl. (-ów) Zo. Hohltiere n/pl.; ~owy Gruben-, Höhlen-.

janczar m (-a; -owie/-rzy) hist. Janitschar m; ~y pl. (-ów) (Pferdegeschirr-)Schellen f/pl.

janow|cowy Ginster-; ~iec [-'nɔ-] m (-wca; -wce) Bot. Ginster m.

Japo|nka f (-i; G -nek) Japanerin f; ~ńczyk m (-a; -cy) Japaner m; 2ński [-'pɔĭs-] Japan-, (a. po -ku) japanisch; 2ńszczyzna [-pɔĭ'ʃtʃi-] (-y; 0) Japan-Erzeugnisse n/pl.; japanische Kultur (Sitten); Ling. Japanisch n.

jar m (-u; -y) Geländeeinschnitt m, Hohlweg m.

jard m (-a/-u; -y) Yard n.

jarka f (-i; G -rek) Jungschaf n; Agr. pszenica ~ Sommerweizen m.

jarmar|czny Jahrmarkts-, fig. marktschreierisch; ~k m (-u; -i) Jahrmarkt m; ~kowy s. jarmarczny.

jar|mułka f (-i; G -łek) s. mycka; ~muż m (-u; -e) Grün-, Blattkohl m; ~osz m (-a; -e) Vegetari(an)er m; ~ski vegetarisch; ~y (-ro) Sommer-; † fig. (Psf. jarzy) rüstig, frisch; zboża ~e Sommergetreide n; F stary ale ~y noch kerngesund.

jarząb ['jaʒɔmp, -'ʒem-] m (-ębu/-ęba; -ęby/-ębie,-ęb[i] ów) Bot. Eberesche f; ~ mączny Mehlbeere f; ~ek m (-bka; -bki) Zo. Haselhuhn n.

jarzący [-'ʒɔn-] (-co) glühend; leuchtend; Fenster: erleuchtet.

jarzeni|e (się) [-'ʒe-] n (-a; 0) Glimmen n; Phys. Lumineszenz f; ~owy Glimm-; Leucht-; lampa ~owa = ~ówka f (-i; G -wek) Leuchtröhre f, Edelgaslampe f.

jarzębi|ak [-'ʒem-] m (-u; -i) Ebereschenschnaps m; ~na f (-y; -) Ebereschenholz n; Bot. Vogelbeerbaum m; koll. Vogelbeeren f/pl.; ~nówka f (-i; G -wek) s. jarzębiak.

jarzmo n (-a; G -/-rzem) Joch n (a. fig.); Tech. Kulisse f; (Spann-) Bügel m, Schelle f; ~wy Joch-.

jarzy Psf. v. jary.

jarzyć się (-ę) glimmen, glühen; leuchten, erleuchtet sein.

jarzyn|a f (-y) Gemüsepflanze f; ~y pl. koll. Gemüse n; Kochk. a. Beilage f; **~iarka** f (-i; G -rek) (Kartoffel-)Schälmaschine f; **~owy** Gemüse-.

jasełk|a n/pl. (-łek) Krippenspiel n; **~owy** Krippen-.

jasiek ['ja-] m (-śka; -śki) kleines (Kopf-)Kissen; Bot. gelbe Gartenbohne.

jasion ['ja-] m (-u; -y) s. jesion.

jaskier ['ja-] m (-kra; -kry) Bot. Hahnenfuß m.

jaskini|a [-'ķi-] f (-i; -e, -ń) (Felsen-)Höhle f; ~a gry, rozbójników Spielhöhle, Räuberhöhle; **~owiec** ['-ŋɔ-] m (-wca; -wce) Höhlenmensch m; **~owy** Höhlen-; **~oznawstwo** n (-a; 0) Höhlenforschung f.

jaskół|czy Schwalben-; **~cze ziele** s. glistnik; **~ka** f (-i; G -łek) (brzegówka, dymówka Ufer-, Rauch-) Schwalbe f; Sp. Standwaage f; fig. pierwsza **~ka** Vorbote m.

jaskra f (-y; 0) Med. Glaukom n, grüner Star; **~wić się** (-ę) grell leuchten; **~wo** Adv. s. jaskrawy; in Zssgn grell-, knall-; **~woczerwony** knallrot; **~wość** f (-ści; 0) Grellheit f; Astr. Helligkeit f d. Sterne; **~wy** (-wo) hell, grell; Farbe a.: aufdringlich, F knallig; fig. kraß.

jasła pl. (-seł) Krippe f, Futterraufe f.

jasno Adv. (Komp. -śniej) hell (a. in Zssgn); fig. klar; Uhr: **~blond** (unv.) hellblond; **~górski** auf (od. von) der Jasna Góra; **~skóry** hellhäutig; **~ść** f (-ści; 0) Helligkeit f, Helle f; Klarheit f; **~ta** f (-y) Bot. Taubnessel f; **~widz** m Hellseher m; **~widzący** [-'dzɔn-] hellseherisch; **~włosy** hellhaarig, blond.

jasn|y (Komp. -śniejszy) hell, licht; heiter; klar; **~e jak słońce** sonnenklar; **w ~y dzień** am hellichten Tage; **rzecz ~a**, że ... es ist klar, daß...; **o ~e nieba!** gütiger Himmel!

jastrych m (-u; -y) Arch. Estrich m.

jastrz|ąb [-t:ʃɔmp, -t:ʃem-] m (-ębia; -ebie, -ębi) Habicht m; fig. Falke m; **~ębi** Habichts-.

jasyr m (-u; 0) hist. (Türken-, Tataren-)Gefangenschaft f, Sklaverei f.

jaszcz m (-a; -e) Munitionswagen m.

jaszczur m (-a; -y) Zo. (plamisty

Feuer-)Salamander m; (latający Flug-)Saurier m; (-u) Chagrinleder n; **~czy** Echsen-, Eidechsen-; fig. (-czo) boshaft, tückisch; **~ka** f (-i; G -rek) Eidechse f; fig. Natter f, Schlange f; **~owy** Chagrin-.

jaśmin m (-a; -y) Jasmin m.

jaśnie Adv.: ~ pan gnädiger Herr; ~ wielmożny pan(ie) Euer Gnaden; **~ć** ⟨za-⟩ (-eję) leuchten, glänzen (I/mit); **~j(szy)** s. jasno, jasny; **~pański** (po -ku) (hoch)herrschaftlich.

jatka f (-i; G -tek) Metzgerei f; fig. (mst pl.) Massaker n, Blutbad n; tania ~ Freibank f.

jaw: **wydoby(wa)ć** (od. wyciągnąć) na ~ an den Tag bringen, zutage fördern; **wyjść** (od. wystąpić) na ~ an den Tag (od. zutage) kommen; publik (od. bekannt, verraten) werden; **~a** f (-y; 0) reale Wirklichkeit; **na ~ie** im Wachzustand, wachend; **śnić na ~ie** mit offenen Augen träumen.

jawański [-'vaɪ̃s-] javanisch, Java-.

jaw|ić się (im)pf. (-ę) im Traum usw. erscheinen; **~ny** offen, öffentlich; offensichtlich, -kundig; **spółka ~na** offene (Handels-)Gesellschaft.

jawor m (-u; -y) Bergahorn m; **~owy** (Berg-)Ahorn-.

jaz m (-u; -y) (Wasser-)Sperre f; (Stau-)Wehr n; **~ przelewowy** Überfallmauer f; ~ **ziemny** Erd(stau)-damm m.

jazda f (-y) (koleją, samochodem Eisenbahn-, Auto-)Fahrt f, Fahren n; hist. Reiterei f; Sp. (na nartach, parami, szybka na łyżwach Schi-, Paar-, Eisschnell-)Lauf(en n) m; ~ na czas Zeitfahren; ~ konna Reiten n; F fig. ~! los!, ab!; ~ stąd! scher dich fort (von hier)!

jazgarz m (-a; -e) Zo. Kaulbarsch m; ~ morski Meersau f.

jazgot m (-u; 0) Rasseln n, Gerassel n; Krach m, Gekreisch n, Geschrei n; **~ać** (-czę/-cę) rasseln; schreien, kreischen; **~liwy** schrill, laut.

jaź f (-zia; -zie, -zi[ów]) Zo. Aland m.

jaź|ń f (-źni; -źnie) das Ich, Persönlichkeit f; **w głębi ~ni** im Innersten.

jaźwiec ['jaź-] m (-wca; -wce) Grimbart m, Dachs m.

ją Pron. sie (A v. ona).

jąć [jɔ̃ntɕ] (*nur Prät.* jął, jęła, jęli) *pf.* beginnen; ~ **się** *s.* imać się.

jadro ['jɔnd] *n* (-*a; G -der*) (atomu, komórki Atom-, Zell-)Kern *m* (*a. fig.*); *Anat.*, *Zo.* Hoden *m*, Testikel *m*; ~**wy** Kern-; *Phys. a.* Nuklear-.

jąka|ć ['jɔŋk-] (-*wy-*) (-*am*) stammeln; ~**ć się** stottern; ~**ła** *m* (-*y*; *G*, *A -ów*) Stotterer *m*; ~**nie się** *n* (-*a*; *0*) Stottern *n*.

jał *s.* jąć.

jątrzyć ['jɔnt-] (-*ę*) *Wunde* reizen, aufreißen; *fig. a.* schüren, neu entfachen; ~ **się** eitern, schwären; *fig.* schwelen, fortdauern; sich ärgern, giften.

je *Pron.* (*A v.* one) sie; (*A v.* ono) es; *v/t*, *v/i s.* jeść.

jechać ⟨po-⟩ (*L.*) fahren (*koleją* mit der Bahn, *samochodem* mit dem Auto); ~ *konno od.* wierzchem reiten; P ~ *do Rygi* kotzen; *od niego jedzie wódką* er hat e-e (*Schnaps-*) Fahne; ~ *po* (*A*) (ab)holen (*mit d. Wagen usw.*).

jed|en ein(er); allein; ~**na trzecia** ein Drittel; ~**en raz** einmal; ~**en** *drugiego od.* drugiemu einander; ~**en** *i* ten sam ein und derselbe; ~**en/~no** *od drugiego* voneinander; ~**en** *przed/po* drugim *vor-/nacheinander*; ~**en/~no** *przy* drugim nebeneinander; ~**en** *w* drugiego einer wie der andere; ~**en** *do zera* eins zu null; *ani* ~**en** kein einziger; *sam* ~**en** ganz allein; *wszystko* ~**no** ganz gleich, völlig egal; ~**nym** słowem mit einem Wort; ~**nego** *dnia* eines Tages; *z* ~**nej** *strony* einerseits; *to* *na* ~**no** *wychodzi* es kommt auf eins hinaus; F *pójść* *na* ~**nego** einen kippen (gehen).

jedenast|ka *f* (-*i*; *G -tek*) Elf *f* (*a. Sp.*); ~**olatka** *f* (-*i*; *G -tek*) Elfjährige *f*; Elfklassenschule *f*; ~**o-letni** elfjährig, elf Jahre alt; ~**u** *Psf.* elf; ~**y** elfte(r); *o* ~**ej** um Elf (Uhr).

jedenaści|e [-'nae], ~**oro** elf.

jedlina *f* (-*y*) (*Weiß-*)Tanne *f*; Tannenzweige *m/pl.*; Tannenwald *m*.

jednać (-*am*) ⟨z-⟩ gewinnen, einnehmen (*sobie* für sich); † ⟨po-⟩ versöhnen.

jednak doch, dennoch, indessen; immerhin; ~**i** †, ~**owy** (-*wo*) gleich, genau so; *Adv. a.* ebenso; ~**że** jedoch.

jedno|- *in Zssgn* ein-, Ein-, Mono-; ~**aktówka** *f* (-*i*; *G -wek*) Einakter *m*; ~**barwny** einfarbig, uni; ~**brzmiący** [-'mɔn-] gleichlautend; ~**chód** *m* (*0*) Paßgang *m*; ~**cyfrowy** *Zahl:* einstellig; ~**czesny** gleichzeitig; simultan; ~**czyć** ⟨z-⟩ (-*ę*) vereinigen (*się* sich); ~**daniowy** *Mahl:* aus einem Gang bestehend; ~**dniowy**, ~**dzienny** eintägig; ~**głosowy** *Mus.* einstimmig; ~**głośnie** *Adv.* einstimmig, -mütig; ~**imienny** gleichnamig; ~**izbowy** Einzimmer-; *Pol.* Einkammer-.

jednokierunkow|y: *ulica* ~**a** Einbahnstraße *f*; *ruch* ~**y** Einbahnverkehr *m*.

jedno|klasówka F *f* Zwerg-, Einklassenschule *f*; ~**komórkowce** *m/pl.* (-*ów*) *Bio.* Einzeller *m/pl.*; ~**konny** einspännig; ~**krotny** einmalig; ~**latek** *m* (-*tka*; -*tki*) Einjährige(r); ~**letni** einjährig; ~**licie** [-'ji-] *Adv. s.* jednolity; ~**litość** *f* (-*ści*; *0*) Homogenität *f*; Einheitlichkeit *f*; Einheit *f*; ~**lity** (-*cie*) gleichartig, homogen; monolythisch; einheitlich; ~**lity** front Einheitsfront *f*; ~**mian** [-'nɔ-] *m* (-*u*; -*y*) *Math.* Monom *n*.

jedno|miesięczny einmonatig, Monats-; ~**motorowy** einmotorig; ~**myślny** einmütig; ~**nogi** einbeinig; ~**oki** einäugig; ~**osiowy** einachsig; ~**osobowy** Einmann-; *Zimmer usw.:* Einzel-; ~**partyjny** Einparteien-; ~**piętrowy** einstöckig; ~**płat(owiec)** *m* *Flgw.* Eindecker *m*; ~**pokojowy** Einzimmer-; ~**postaciowy** izomorph; ~**raki** *s.* jednolity, jednorodny; ~**ramienny** *Tech.* einarmig; ~**razowy** (-*wo*) einmalig, Einfach-, Einzel-; ~**ręki** [-'rɛŋki] einarmig, -händig; ~**roczny** einjährig; ~**rodny** gleichartig, homogen; ~**rodzinny** Einfamilien-; ~**rożec** *m* (-*żca*; -*żce*) *Myth.* Einhorn *m*; *Zo.* Einhornwal *m*, Narwal *m*; ~**rzędowy** [-ʒɛn-] einreihig; ~**silnikowy** einmotorig; ~**skrzydłowy** *Tür:* einflügelig; ~**spadowy**: *dach* ~**wy** Halb-, Pultdach *n*; ~**formig*: *Leben:* eintönig.

jednost|ka *f* (-*i*; *G -tek*) (*miary, pływająca* Maß-, Flotten-)Einheit *f*; Individuum *n*; Person *f*; *Math.* Eins(er *m*) *f*; *s.* kult; ~**kowy** (-*wo*)

Einzel-, einzeln; individuell; *cena -wa* Stückpreis *m.*

jedno|stopniowy einstufig; *Wahl:* direkt; **~stronny** einseitig; *s.* stronniczy.

jedność *f (-ści; 0)* Einheit *f,* Einigkeit *f;* Übereinstimmung *f,* Gleichheit *f; Math.* Eins *f,* Einer *m.*

jedno|śladowy einspurig, Einspur-; **~tlenek** *m* Monoxid *m;* **~tomowy** einbändig; **~torowy** eingleisig; **~wierca** *m (-y; G -ów)* Glaubensbruder *m;* **~wymiarowy** eindimensional; **~zgłoskowy** *Gr.* einsilbig; **~złotowy** Einzloty-, 1-Zloty-.

jednoznaczn|ik *m* Synonym *n;* **~y** gleichbedeutend; eindeutig.

jednożeństwo [-'ʒeĩs-] *n (-a; 0)* Einehe *f.*

jedwab *m (-biu; -bie, -bi[ów])* Seide *f;* **~isty** *(-ście)* seidig, seidenglatt; **~nictwo** *n (-a; 0)* Seidenraupenzucht *f;* Seidenindustrie *f;* **~niczy** Seiden(raupen)-; **~nik** *m (-a; -i)* (morowy) *Zo.* Seidenspinner *m;* **~ny** Seiden-; *fig.* seidig; **~ne** życie sorgloses Leben.

jedyn|aczka *f (-i; G -czek)* einzige Tochter; **~ak** *m (-a; -cy/-i)* einziger Sohn; **~ie** [-'di-] *Adv.* einzig (und allein), nichts weiter als, ausschließlich; **~ka** *f (-i; G -nek)* Eins *f,* Einer *m (a. Boot);* **~y** einzig; alleinig; **~y w swoim rodzaju** einzigartig, einmalig, unnachahmlich; **~y do (G)** unübertroffen in *(D).*

jedz|(ą) *s.* jeść; **~enie** *n (-a)* Essen *n.*

jedzie(cie, -sz), jedź *s.* jechać.

ego *Pron. (G, A v. on)* ihn; *poss.* sein; *(G v. ono)* es.

egomość *m (-ści[a]; -ście/-ściowie, -ści[ów])* Herr *m,* Mann *m,* F Dingsbums *m; król ~* Seine Majestät; *ksiądz ~* Hochwürden.

ej *Pron. (G, D v. ona)* ihr *(a. poss.).*

ejmość F *f (-ści; -ście)* (ältere) Frau; *gruba ~* die *(od. e-e)* Dicke.

elec *m (-lca; -lce)* Parierstange *f.*

eleni Hirsch-; **~ec** [-'le-] *m (-nca; -nce)* Hirschgehege *n;* **~na** *f (-y)* Hirschfleisch *n;* **~ośwień** *m (-nia; -nie) Zo.* Hirscheber *m.*

cleń *m (-nia; -nie, -ni)* Hirsch *m.*

elito *n (-a)* (czcze, kręte, proste Leer-, Krumm-, Mast-)Darm *m; pl. a.* Eingeweide *n;* **~wy** Darm-; *robak* **~wy** Eingeweidewurm *m.*

jelonek *m (-nka; -nki)* Hirschkalb *n; Zo.* Hirschkäfer *m.*

jełczeć (z-) *(-eję)* ranzig werden.

jem *s.* jeść.

jemioła *f (-y)* Mistel *f.*

jemu *Pron. (D v. on, ono)* ihm.

jenajski Jenaer *(Adj.).*

jeniec ['je-] *m (-ńca; -ńcy) (Kriegs-)* Gefangene(r); **~ki** Gefangenen-.

jeno bloß, nur, lediglich.

jenot *m (-a; -y)* Waschbär *m.*

jerozolimski Jerusalemer *(Adj.),* Jerusalem-.

jerzyk *m (-a; -i)* Mauersegler *m.*

jesie|nny herbstlich, Herbst-; **~ń** ['je-] *f (-ni; -nie)* Herbst *m;* **~nią,** F *na ~ni* im Herbst.

jesion ['je-] *m (-u; -y)* Esche *f;* **~ka** *f (-i; G -nek)* Übergangsmantel *m;* **~owy** Eschen-.

jesiotr ['je-] *m (-a; -y)* Stör *m;* **~owy** Stör-.

jest *s.* być; *jak ~, tak ~* wie dem auch sei; **~estwo** *n (-a)* Wesen *n;* Sein *n,* das Seiende; **~eś(cie, -my)** *s.* być.

jesz *s.* jeść.

jeszcze noch; *~ jak!* und ob!

jeść (po-, z-) *(L.)* essen; zerfressen; *~ łyżką a.* löffeln; *~ śniadanie* frühstücken; *(mst impf.) ~ oczami* mit den Augen verschlingen; *~ z ręki* aus der Hand fressen *(fig.);* F *dać ~ zu essen geben.

jeśli wenn; falls; *~ chodzi o ... was ... betrifft.*

jezd|nia ['jez-] *f (-i; -e, -i)* Fahrbahn *f;* **~ny** Fahr-; *(be)*fahrbar.

jezio|rny See-; **~ro** *n (-a) (sztuczne od. zaporowe* Stau-)See *m;* **~rzysty** seereich.

jezui|cki [-zu'its-] jesuitisch, Jesuiten-; **~ta** *m (-y; -ci, -ów)* Jesuit *m.*

jeździć *(-żdżę)* fahren *(I od. na L/ mit; na A/zu);* rutschen, gleiten; *konno reiten; ~ na łyżwach* Schlittschuh laufen; *~ na rowerze* radfahren; *~ po świecie* in der Welt herumreisen; *~ w gościnę besuchen (do G/A); vgl.* jechać.

jeździec ['jez-] *m (-dźca, -dźce!/ -dźcu!; -dźcy)* Reiter *m;* **~ki** Reit-; **~two** *n (-a; 0)* Reitsport *m.*

jeż *m (-a; -e)* Igel *m; włosy na ~a* Bürstenhaarschnitt *m;* **~ałka** *f (-i; G -lek)* Zimmerlinde *f;* **~asty** *(-to)* stach(e)lig; **~atka** *f (-i; G -tek)* s. jeżozwierz.

jeżdżenie n (-a; 0) Fahren n; Laufen n; ~ konno Reiten n.

jeżeli wenn; s. jeśli.

jeżo|ryb m (-a; -y) Igelfisch m; ~wiec [-'ʒɔ-] m (-wca; -wce) Seeigel m; ~wy Igel-; ~zwierz m Stachelschwein n.

jeży|ć ⟨na-, z-⟩ (-ę) sträuben, aufrichten (się sich); ~na f (-y) Brombeere f; ~nowy Brombeer-.

jęcze|ć ['jen-] (-ę, -y), ⟨jęknąć⟩ [-nɔntε] (-nę) stöhnen; jammern, wimmern, ~nie n (-a; 0) Stöhnen n; Gejammer n.

jęczmie|nny [jen-] Gersten-; ~ń m (-nia; -nie) Gerste f; Med. a. = jęczmyk m (-a; -i) Gerstenkorn n.

jędrny ['jen-] kernig, fest, derb; markig; Haut a.: straff; Stil a.: knapp.

jędz|a ['jen-] f (-y; -e) Hexe f (a. fig.); ~owaty (-to) zänkisch.

jęk [jeŋk] m (-a; -i) Stöhnen n, Ächzen n; pl. a. Gejammer n; ~liwy (-wie) kläglich, weinerlich; ~nąć pf s. jęczeć.

jęła, jęli s. jąć.

jętka ['jen-] f (-i; G -tek) Arch. Dachbalken m; Zo. Eintagsfliege f.

jęzor m (-a; -y) Zunge f (mst v. Tieren); P mleć ~em leeres Stroh dreschen; latać z ~em herumtratschen.

języ|czek m (-czka; -czki) Zünglein n; Bot. Blatthäutchen n; Anat. Zäpfchen n; Zo. (Insekten-)Saugrüssel m; ~k m (-a; -i) Zunge f; Sprache f; ~k spustowy Abzug(shebel) m; ~k literacki, pisany Hoch-, Schriftsprache f; ciągnąć za ~k ausholen, ausfragen; dostać się na ~ki ins Gerede kommen; dosta(wa)ć ~ka e-n Gefangenen machen; zasięgnąć ~ka auskundschaften; F trzymać ~k za zębami die Zunge im Zaum halten; zapomnieć ~ka w gębie sprachlos dastehen.

języko|twórczy (-czo) sprachschöpferisch; ~wy (-wo) Zungen-; Sprach-; ~znawca m Sprachwissenschaftler m; ~znawstwo n Sprachwissenschaft f.

jidysz m (-u; 0) Jiddisch n.

jod m (-u; 0) Chem. Jod n.

jodełk|a f (-i; G -lek) kleine (junge) Tanne; w ~ę im Fischgrätenmuster.

jodł|a f (-y; G -del) (Edel-)Tanne f; ~ować (-uję) jodeln; ~owy Tannen-.

jodo|form m (-u; 0) Jodoform n; ~wy Jod-, -jodid n; jodhaltig.

jodyn|a f (-y; 0) Jodtinktur f; ~ować ⟨za-⟩ (-uję) mit Jodtinktur behandeln.

jog m (-a; -owie) Jogi m, Yogi m; ~a f (-i; 0) Joga m.

jogurt m (-u; 0) Joghurt m.

jol m (-a; -e) (Segel-)Jolle f; ~a f (-i; -e), ~ka f (-i; G -lek) (Ruder-) Jolle f.

jołop m (-a; -y) Trottel m, Dummkopf m; ~owaty (-to) begriffsstutzig, kopfschwach.

jon m (-u; -y) Phys. Ion n; ~izacja f (-i; -e) Ionisation f; ~owy Ionen-.

joński ['jɔis-] ionisch.

jordan|ka f (-i; G -nek) (Damen-) Handball(spiel n) m; ~owski: ogródek -ki Kindergarten m.

jot|a f (-y) Jota n; ani na ~ę (um) kein Jota n; co do ~y bis ins kleinste; ~a w ~ę aufs Haar.

jowialn|ość f (-ści; 0) Jovialität f; ~y jovial.

Jowisz m (-a; 0) Jupiter m.

jubel F m (-bla; -ble) Fete f, Budenzauber m; Gaudi(um) n.

jubilat m (-a; -ci), ~ka f (-i; G -tek) Jubilar(in f) m; Geburtstagskind n.

jubiler m (-a; -rzy) Juwelier m; ~ski Juwelier-; ~stwo n (-a; 0) Juwelierhandwerk n.

jubileusz [-'leûʃ] m (-u; -e) Jubiläum n; ~owy Jubiläums-.

jucha f (-y) Schweiß m, (Tier-)Blut n; V psia ~! Hundesohn!, verdammter Kerl!

jucht m (-u; -y) Juchtenleder n; ~owy Juchten-.

juczny Pack-, Last-; ~ koń Packpferd n.

judasz m (-a; -e) Judas m, Verräter m; Guckloch n, (Tür-)Spion m; ~owski, ~owy Judas-.

judzić ⟨-dzę⟩ hetzen, schüren.

jugosłowiański jugoslawisch, Jugoslawien-.

juhas m (-a; -i) (Tatra-)Schäfergehilfe m.

juna|cki (-ko) verwegen, waghalsig; keck, flott; ~ctwo n (-a; 0) Wagemut m, Verwegenheit f, Schneid m; ~k m (-a; -cy) waghalsiger Bursche; Draufgänger m; Jungmann m.

jung [-ŋ-] m (-a; -owie), ~a m (-i; -owie, -ów) Schiffsjunge m.

jurajski *Geol.* jurassisch, Jura-.
jurn|ość *f* (*-ści*; *0*) Temperament *n*; *engS.* Sinnlichkeit *f*, P Geilheit *f*; **~y** leidenschaftlich, hitzig; lüstern, P geil.
juror *m* (*-a*; *-rzy*) Preisrichter *m*.
jurys|dykcja *f* (*-i*; *0*) Jurisdiktion *f*, Gerichtsbarkeit *f*; **~prudencja** *f* (*-i*; *0*) Jurisprudenz *f*.
just|ować (*-uję*) justieren; *Typ.* ⟨*wy-*⟩ ausschließen; **~ier** ['ju-] *m* (*-a*; *-rzy*) Justierer *m*; **~unek** *m* (*-nku*; *-nki*) *Typ.* Ausschluß *m*.
jutowy Jute-.
jutr|o *Adv.* morgen; dziś **~o** in den nächsten Tagen; *Su. n* (*-a*; *0*) der

morgige Tag, Morgen *n* (*Zukunft*); do **~a** bis morgen; od **~a** von morgen an.
jutrz|ejszy morgig; **~enka** *f* (*-i*; *G -nek*) Morgenröte *f* (*a. fig.*); ♀**enka** (*0*) Morgenstern *m*; **~nia** ['ju-] *f* (*-i*; *-e*, *-i*) Frühmette *f*.
juwe|nalia [-'na-] *pl.* (*-ów*) Studententage *m/pl.* (*Fest*); **~nilia** [-'ni-] *pl.* (*-ów*) Jugendschriften *f/pl.*
już schon, bereits; **~** *nie* nicht mehr; **~** *nigdy* nie mehr; *i* **~**! und damit Schluß!; F **~** *po nim* es ist aus mit ihm; **~** *po wszystkim* es ist alles aus; **~** *cię nie ma!* 'raus!, verdufte!; **~ci** † freilich.

K

kabaczek *m* (*-czka*; *-czki*) Pasteten-kürbis *m*.

kaba|larka *f* (*-i*; *G -rek*) Kartenlegerin *f*; **~la** *f* (*-y*; *0*) Kabbala *f*; (*pl. -y*) Kartenlegen *n*; † Kabale *f*; F *a.* Schlamassel *m*; *kłaść ~łę* (*D*) *j-m* die Karten legen.

kabanos *m* (*-a*; *-y*) Kabanossi *f*.

kabaret *m* (*-u*; *-y*) Kabarett *n*; **~owy** Kabarett-.

kabe|l *m* (*-bla*; *-ble*) Kabel *n*; *Mar.* Kabellänge *f*; **~stan** *m Mar.* Gangspill *n*.

kabina *f* (*-y*) Kabine *f*; (*Fernsprech-*)Zelle *f*; ~ *kierowcy* Fahrerhaus *n*; ~ *kosmiczna* Raumkapsel *f*; ~ *lotnika*, ~ *pilota Flgw.* Cockpit *n*, Kanzel *f*; ~ *radiowa, reżyserska* Funk(er)-, Regieraum *m*.

kablo|beton *m* Stahlsaitenbeton *m*; **~wać** (*-uję*) kabeln; **~wiec** [-'lɔ-] *m* (*-wca; -wce*) Kabelleger *m*; **~wnia** *f* (*-i*; *-e*, *-i*) Kabelwerk *n*; **~wy** Kabel-.

kabłąk [-ɔŋk] *m* (*-a*; *-i*) Bügel *m*; Bogen *m*; *zgiąć w ~* krümmen; **~owaty** (*-to*) krumm, gekrümmt; *-te nogi* Säbelbeine *n/pl.*

kabotażowiec [-'ʒɔ-] *m* (*-wca; -wce*) Küstenfrachter *m*.

kaboty|n *m* (*-a*; *-i*) Komödiant *m*, Poseur *m*; **~nizm** *m* (*-u*; *0*), **~ństwo** [-'tĩs-] *n* (*-a*; *0*) Verstellungskunst *f*, Schauspielerei *f*.

kabura *f* (*-y*) Halfter *f*, Pistolentasche *f*.

kabz|a *f* (*-y*): F *nabić ~ę* den Säckel füllen.

kac P *m* (*-a*; *-e*) Katzenjammer *m*, Kater *m*.

kacer|ek *m* (*-rka; -rki*) *s. kancerek*; **~ka** *f* (*-i*; *G -rek*) Ketzerin *f*; **~ski** ketzerisch; **~stwo** *n* (*-a*) Ketzerei *f*.

ka|cerz *m* (*-a*; *-e*) Ketzer *m*; Kescher *m*; **~cet** F *m* (*-u*; *-y*) KZ, Konzentrationslager *n*; **~cyk** *m* (*-a*; *-i/-owie*) Kazike *m*, Häuptling *m*; *fig.* (lokaler) Potentat; **~czan** *m* (*-a*; *-y*) (*Mais-*)Kolben *m*; *s. głąb*; **~czątko** [-'tʃɔn-] *n* (*-a*; *G -tek*) Entlein *n*.

kaczeni|ca *f* (*-y*; *-e*) Entenmuschel *f*; **~ec** [-'tʃe-] *m* (*-ńca*; *-ńce*) Sumpfdotterblume *f*.

kaczk|a *f* (*-i*; *G -czek*) Ente *f*; *Mar.* Klampe *f*, **~a** *dziennikarska* Zeitungsente; **~a** *pieczona* Entenbraten *m*; *puszczać ~i* Steine auf dem Wasser hüpfen lassen.

kacz|or *m* (*-a*; *-y*) Erpel *m*, Enterich *m*; **~y** Enten-; **~yniec** [-'tʃi-] *m* (*-ńca; -ńce*) *s. kaczeniec*.

kade|cki Kadetten-; **~ncja** *f* (*-i*; *-e*) (*Amts-*)Dauer *f*; Regierungszeit *f*; *Mus.* Kadenz *f*.

kadłub *m* (*-a*; *-y*) Rumpf *m*, Körper *m*; *engS.* Gehäuse *n*; (*Maschinen-*) Ständer *m*, Bett *n*; (*Motor-*)Block *m*; (*Luftschiff-*)Tragkörper *m*; **~owy** Rumpf-.

kadr *m* (*-u*; *-y*) Filmausschnitt *m*; **~a** *f* (*-y*) Kader *m*; (*mst pl.*) Stamm (*-personal n*) *m*; **~y** *f/pl.* Führungskräfte *f/pl.*; *biuro ~*, *dział* ~ Personalabteilung *f*; **~a** *narodowa Sp. koll.* Nationalspieler *m/pl.*; Nationalmannschaft *f*; **~owicz** F *m* (*-a*; *-e*) *Sp.* = **~owiec** [-'rɔ-] *m* (*-wca; -wcy*) Berufsoffizier *m*; *Sp.* Stamm- *od.* Nationalspieler *m*; F *a.* Leiter *m* der Kader- *od.* Personalabteilung, Personalsachbearbeiter *m*; **~owy** Kader-, Stamm-; Personal-.

kadryl *m* (*-a*; *-e*) Quadrille *f*.

kaduk *m* (*-a*; *-i*): (*idź*) *do ~a!* (geh) zum Teufel!; *prawem ~a* widerrechtlich, auf eigene Faust.

kadzi|ć (*-dzę*) Weihrauch abbrennen (*fig.* streuen); **~dło** *n* (*-a*; *G -deł*) Weihrauch *m*; **~elnica** *f* (*-y*; *-e*) Weihrauchfaß *n*.

kadź *f* (*-dzi; -dzie*) Bottich *m*, Kübel *m*; *Tech. a.* (*Gieß-*)Pfanne *f*.

kaem *m* (*-u*; *-y*) *Abk. f. karabin maszynowy*, MG.

kafar *m* (*-a*; *-y*) (*Pfahl-*)Ramme *f*.

kaf|el *m* (*-fla*; *-fle*, *-fli*) Kachel *f*; **~larnia** *f* [-'lar-] *f* (*-i*; *-e*) Kachelfabrik *f*; **~lowy** Kachel-; gekachelt.

kaftan *m* (*-a*; *-y*) (orientalischer) Kaftan; Leibrock *m*; ~ *bezpie-*

czeństwa Zwangsjacke *f*; **~ik** *m* (-*a*; -*i*) Leibchen *n*; (*Baby*-)Jäckchen *n*.

kagan|ek *m* (-*nka*; -*nki*) (*Öl*-) Lämpchen *n*; **~iec** [-'ga-] *m* (-*ńca*; -*ńce*) Maulkorb *m*; Öllampe *f*; *fig.* Licht *n*.

kahał *m* (-*u*; -*y*) Judengemeinde *f*; jüdischer Gemeinderat.

kainow|y: **piętno ~e** Kainsmal *n*.

kajać się ⟨*po*-⟩ (-*am*) bereuen.

kajak *m* (-*a*; -*i*) Kajak *m od.* *n*; Paddelboot *n*; **~ składany** Faltboot *n*; **~arka** *f* (-*i*; *G* -*rek*) Kajakfahrerin *f*, Kanusportlerin *f*; **~arstwo** *n* (-*a*; *0*) Kanusport *m*; **~arz** *m* (-*a*; -*e*), **~owiec** [-'kɔ-] *m* (-*wca*; -*wce*) Kanute *m*; **~owy** Kajak-, Kanu-.

kajdan|iarz [-'da-] *m* (-*a*; -*e*) Zuchthäusler *m*; **~ki** *m/pl.* (-*ów*) Handschellen *pl.*, Schließbacht *f*; **~y** *pl.* (-) Fesseln *f/pl.*, Ketten *f/pl.*; **zakuć w ~y** in Eisen legen.

kajuta *f* (-*y*) Kajüte *f*.

Kajfasz *m* (-*a*; *0*) Kaiphas *m*; *s.* Annasz. [semmel *f*.]

kajzerka F *f* (-*i*; *G* -*rek*) Kaiser-]

kakao *n* (*unv.*) Kakao *m*; **~wiec** [-'ɔyεts] *m* (-*wca*; -*wce*) Kakaobaum *m*; **~wy** Kakao-.

kaktus *m* (-*a*; -*y*) Kaktee *f*, Kaktus *m*.

kalać ⟨*po*-, *s*-⟩ (-*am*) besudeln.

kalafior [-'la-] *m* (-*a*; -*y*) Blumenkohl *m*; **~owy** Blumenkohl-.

kala|fonia [-'fɔ-] *f* (*G, D, L* -*ii*; *0*) Kolophonium *n*; **~mbur** *m* (-*u*; -*y*) Kalauer *m*; **~repa** *f* (-*y*) Kohlrabi *m*.

kalcyt *m* (-*u*; -*y*) *Min.* Kalzit *m*.

kalectw|o *n* (-*a*) Gebrechen *n*; **wrodzone ~o** angeborener (*Körper*-) Fehler; **dotknięty ~em** mit e-m Gebrechen behaftet.

kaleczyć ⟨*po*-, *s*-⟩ (-*ę*) verletzen; verstümmeln (się sich); **Worte verdrehen; ~ mowę, ~ język** radebrechen.

kalek|a *m/f* (-*i*; -*i/-cy*, -) Krüppel *m*; **~i** verkrüppelt.

kalendarz *m* (-*a*; -*e*) (*kartkowy* Abreiß-)Kalender *m*; **Almanach** *m*; **~owy** Kalender-; **~yk** *m* (-*a*; -*i*) Taschenkalender *m*; **~yk** *małżeński* Ehekalender *m*.

kalenica *f* (-*y*; -*e*) (*Dach*-)First *m*.

kalesony *m/pl.* (-*ów*) Unterhose *f*.

kalet|ka *f* (*G* -*tek*): **~ka maziowa** *Anat.* Schleimbeutel *m*; **~nik** *m* (-*a*; -*cy*) Täschner *m*.

kaligraf|ia [-'gra-] *f* (*G, D, L* -*ii*; *0*) Schönschrift *f*, Kalligraphie *f*; **~ować** (-*uję*) schönschreiben.

kalina *f* (-*y*) *Bot.* Schneeball *m*.

kalk|a *f* (-*i*; *G* -*lek*) Blaupapier *n*; Pauspapier *n*; **~a maszynowa** Kohlepapier *n*; **~omania** *f* Abziehen *n* von Abziehbildern; Abziehbild *n*; **~ować** ⟨*prze*-, *з*-⟩ (-*uję*) (durch-, ab)pausen.

kalkula|cja *f* (-*i*; -*e*) (*wstępna*, *wynikowa* Vor-, Nach-)Kalkulation *f*, Berechnung *f* (*a. fig.*); **~cyjny** kalkulatorisch, Kalkulations-; **~tor** *m* (-*a*; -*rzy*) Kalkulator *m*; *fig.* (kühler) Rechner; **~torek** *m* (-*rka*; -*rki*): **~torek elektroniczny** Taschenrechner *m*.

kalkulować ⟨*wy*-⟩ (-*uję*) kalkulieren, berechnen (*na A*/auf *A*); **~ się** sich auszahlen, rentieren; **Preis:** sich belaufen.

kalor|ia [-'lɔ-] *f* (*G, D, L* -*ii*; -*e*) Kalorie *f*, **~yczność** *f* (-*ści*; *0*) Kaloriengehalt *m*; *engS. a.* Heiz-, Wärmewert *m*; **~yfer** *m* (-*a*; -*y*) Heizkörper *m*.

kalosz *m* (-*a*; -*e*, -*y*) Galosche *f*, Überschuh *m*; F *fig.* Flasche *f*, Pfeife *f*.

kalumnia [-'lu-] *f* (*G, D, L* -*ii*; -*e*) Verleumdung *f*.

kalwar|ia [-'va-] *f* (*G, D, L* -*ii*; -*e*) Leidensweg *m* (Christi); **~yjski:** *dziad* -*ki* Bettler *m*; *rymy* -*kie* Knittelverse *m/pl.*

kalwin *m* (-*a*; -*i*), **~ista** *m* (-*y*; -*ści*, -*ów*) Kalvinist *m*.

kał *m* (-*u*; *0*) Kot *m*.

kałamar|nica *f* (-*y*; -*e*) Kalmar *m*, **~rz** *m* (-*a*; -*e*) Tintenfaß *n*.

kałdun V *m* (-*a*; -*y*) Wanst *m*.

kałuż|a *f* (-*y*; -*e*) Lache *f*, Pfütze *f*, Tümpel *m*; **~nica** *f* (-*y*; -*e*) *Zo.* Kolbenwasserkäfer *m*.

kamasz *m* (-*a*; -*e*) Stiefelette *f*, Zugstiefel *m*; Gamasche *f*.

kambuz *m* (-*a*; -*y*) Kombüse *f*.

kamea *f* (*ei*, -*eę*, -*ee*, -*ei*) Kamee *f*.

kameduła *fig.*: **milczeć jak ~** schweigen wie ein Grab.

kameleon *m* (-*a*; -*y*) Chamäleon *n*.

kamer|a [-'ka-] *f* (-*y*) (*Foto*-, *Film*-) Kamera *f*; **~alny** *Mus.* Kammer-; **~dyner** *m* (-*a*; -*rzy*) Kammerdiener *m*; **~ton** *m* Kammerton *m*; Stimmgabel *f*.

kamfor|a [kä'fɔ-] *f* (-*y*; *0*) Kampfer

m; F **zniknąć** *(od. ulotnić się)* **jak** ~a verduften, sich aus dem Staube machen; ~**owy** Kampfer-.

kamica *f* (-y; -e) *(Gallen-)*Steinleiden *n*.

kamienia|k [-'mɛ-] P *m* (-a; -i) Stein(zeug)topf *m*; ~**rski** Stein-(metz)-; ~**rstwo** *n* (-a; 0) Natursteingewinnung *f*; Steinmetzhandwerk *n*; ~**rz** [-'mɛ-] *m* (-a; -e) Steinmetz *m*; Steinbrecher *m*.

kamieni|ca † *f* (-y; -e) *(czynszowa* Miets-)Haus *n*; ~**cznik** *m* (-a; -cy) *(Miets-)*Hausbesitzer *m*.

kamien|ieć [-'mɛ-] ⟨s-⟩ (-eję) versteinern; ~**iołom** *m* Steinbruch *m*; ~**isty** *(-ście)* steinig; ~**nik** *m* (-a; -cy) *s. kamieniarz*; ~**ny** Stein-, steinern; Steinzeug-; ~**na cisza** Totenstille *f*; ~**ny sen** bleierner Schlaf; ~**ować** ⟨u-⟩ (-uję) steinigen.

kamie|ń ['ka-] *m* (-nia; -nie, -ni) *(ciosany, łupany, nerkowy* Hau-, Bruch-, Nieren-)Stein *m*; ~**ń** *filozoficzny* Stein der Weisen; ~**ń** *obrazy* Stein des Anstoßes; **jak** ~**ń** **w wodę** spurlos; *jeżie jak z* ~**nia** *die Arbeit* kommt nicht vom Fleck.

kamionk|a *f* (-i; G -nek) *(biała* Fein-)Steinzeug *n*; Stein(zeug)topf *m*; *Bot.* echte Steinbeere; *Zo.* Steinmarder *m*; ~**owy** Steinzeug-.

kamizelka *f* (-i; G -lek) *(ratunkowa* Schwimm-)Weste *f*.

kampania [-'pa-] *f* (G, D, L -ii; -e) Kampagne *f*; Aktion *f*; ~ *propagandowa* Werbe-, Propagandafeldzug *m*; ~ *wyborcza* Wahlkampf *m*.

kampeszow|y: *drzewo* ~**e** Kampesche-, Blauholz *m*.

kamrat F *m* (-a; -ci) Kumpan *m*.

kamy|cze)k *m* (-[cz]ka; -[cz]ki) Steinchen *n*; ~ **do zapalniczki** Feuerstein *m*.

Kanadyj|czyk *m* (-a; -cy), ~**ka** *f* (-i; G -jek) Kanadier(in *f*) *m*; **2ka** Kanadier *m* *(Boot)*; Blouson *n* od. *m*; **2ski** kanadisch, Kanada-.

kanalarz F *m* (-a; -e) Kanalräumer *m*.

kanalia [-'na-] *f* (G, D, L -ii; -e) Kanaille *f*.

kanali|k *m* (-a; -i) Kanälchen *n*; Rille *f*; ~**zacja** *f* (-i; 0) Kanalisation *f*; ~**zacyjny** Kanalisations-; ~**zować** ⟨s-⟩ (-uję) kanalisieren.

kanał *m* (-u; -y) *(dymowy, żeglowny* Rauchabzugs-, Schiffahrts-)Kanal

m; ~ *remontowy Kfz.* Reparaturgrube *f*; ~**owy** Kanal-.

kanap|a *f* (-y) Kanapee *n*, Sofa *n*; ~**ka** *f* (-i; G -pek) kleines Kanapee; belegtes Brötchen, Sandwich *n*.

kanar|ek *m* (-rka; -rki) Kanarienvogel *m*; ~**kowy** Kanarienvogel-; *Farbe:* kanariengelb; ~**yjski** kanarisch.

kancelar|ia [-'la-] *f* (G, D, L -ii; -e) Kanzlei *f*; Geschäftszimmer *n*; ~**yjny** Kanzlei-, Büro-; *papier* -ny Schreibpapier *n*.

kancer|ek *m* (-rka; -rki) Kescher *m*; Krebsteller *m*; ~**ować** ⟨po-⟩ F (-uję) kaputtmachen, beschädigen.

kancia|rstwo F *n* (-a) Betrügerei *f*; ~**rz** *m* (-a; -e) Gauner *m*, Schwindler *m*; ~**sty** (-to) kantig, eckig.

kanclerz *m* (-a; -e) Kanzler *m*.

kandahary *m/pl.* (-ów) Ski-Bindung *f*.

kandelabr *m* (-u/-a; -y) Kandelaber *m*, Armleuchter *m*.

kandyda|cki Kandidaten-; ~**t** *m* (-a; -ci), ~**tka** *f* (-i; G -tek) Kandidat(in *f*) *m*, Anwärter(in *f*) *m*; ~**t(ka) do tronu** Thronprätendent(in *f*) *m*; ~**t na prawo jazdy** Führerscheinbewerber *m*, Fahrschüler *m*; ~**tura** *f* (-y) Kandidatur *f*.

kandydować (-uję) kandidieren.

kandyz *m* (-u; 0) Kandis(zucker) *m*; ~**owany** kandiert.

kangur *m* (-a; -y) Känguruh *m*.

kania ['kaɲa] *f* (-i; -e, -ń) *Zo.* Milan *m*; ~ *ruda a.* Gabel-, Königsweihe *f*; ~**nka** *f* (-i; G -nek) *Bot.* Seide *f*, Teufelszwirn *m*.

kanibal *m* (-a; -e) Kannibale *m*.

kanikuła *f* (-y) Hundstage *m/pl.*

kanonada *f* (-y) Kanonendonner *m*, Kanonade *f*.

kanoniczny kanonisch.

kanonier [-'no-] *m* (-a; -rzy) Kanonier *m*; ~**ka** *f* (-i; G -rek) Kanonenboot *n*.

kanoni|k *m* (-a; -cy) Chorherr *m*, Domkapitular *m*; Probst *m*; ~**zować** (-uję) heiligsprechen.

kant *m* (-u; -y) Kante *f*; Rand *m*; *(Hosen-)*Bügelfalte *f*; F *fig.* Schieberei *f*, Betrügerei *f*; **postawić się** ~**em** sich widerspenstig zeigen; **puścić** ~**em** fahren-, fallenlassen.

kantar *m* (-a; -y) Halfter *m*; Kandare *f*.

kantaryda *f* -y) spanische Fliege.

kantor m (-a; -rzy) Kantor m; (-u; -y) Kontor n; ~ przyjęć Annahmestelle f; ~ wymiany Wechselstube f; **~ek** m (-rka; -rki) kleines Kontor; Schreibpult m.

kantow|ać (-uję) (ab)kanten; F fig. ⟨wy-⟩ anschmieren, hereinlegen; **~nik** m (-a; -i) Tech. Kanter m.

kantówka f (-i; G -wek) Kantel m od. n; Kantholz n.

kantyczka f (-i; G -czek) Gesangbuch n, Weihnachtsliedersammlung f.

kantyn|a f (-y) Kantine f; **~iarz** [-'ti-] m (-a; -e) Kantinenwirt m.

kanwa f (-y) Kanevas m; fig. Grundlage f, Skelett n.

kańczug m (-a; -i) Karbatsche f.

kaowiec [-'o-] F m (-wca; -wcy) Kulturreferent m.

kapa f (-y) (Tages-)Bettdecke f; Rel. Pluviale n; Satteldecke f; (Torero-) Capa f.

kap|ać (-ię), **~nąć** [-nɔ̃tɕ] (-nę) tropfen; triefen; fig. abfallen; **~ie** es tröpfelt.

kapar m (-u; -y) Bot. Kapernstrauch m; **~y** Kapern f/pl.

kap|canieć [-'tsa-] ⟨s-⟩ (-eję) herunterkommen (fig.); versauern; **~ciuch** ['kap-] m (-a; -y) Tabaksbeutel m; **~eć** m (-pcia; -pcie, -i[ów]) Filzpantoffel m.

kapel|a f (-i; -e) Mus. Kapelle f; **~an** m (-a; -i/-owie) (Feld-)Geistliche(r); (pl. -i) Zo. Kapelan m; **~mistrz** m Kapellmeister m.

kapelu|sik m (-a/-i) Hütchen m; **~sz** m (-a; -e, -y) Hut m; **~sznik** m (-a; -cy) Hutmacher m.

kaperki m/pl. (-ów) Kapern f/pl.

kaper|ski: statek ~ski Kaperschiff n; **~unek** m (-nku; -nki) Kaperung f; Abwerbung f (bsd. Sp.).

kapi|larny kapillar, Kapillar-; **~szon** m (-a; -y) Kapuze f; Zündhütchen n; Zündblättchen n (f. Kinderwaffen).

kapitali|k m (-a; -i) F Sümmchen n; Typ. Kapitälchen n; **~sta** m (-y; -ści, -ów) Kapitalist m; **~styczny** kapitalistisch.

kapitaln|y kapital, Haupt-; F a. toll, Mords-, Klasse; remont ~y Generalüberholung f, Arch. vollständige Renovierung; **~y pomysł** großartige Idee.

kapitał m (-u; -y) (obrotowy,

udziałowy od. zakładowy Betriebs-, Stamm- od. Grund-)Kapital n, (stały Anlage-)Vermögen n; **~owy** Kapital-.

kapitan m (-a; -owie) Kapitän m; Mil. Hauptmann m; ~ marynarki Kapitänleutnant m; **~at** m (-u; -y) Hafenamt n; Sp. Fachausschuß m.

kapitański [-'taĩ-] Kapitäns-; Hauptmanns-; mostek ~ Kommandobrücke f.

kapitel m (-a/-u; -e, -i[ów]) Arch. Kapitell n.

kapitul|acja f (-i; -e) Kapitulation f; **~anctwo** n (-a; 0) Defätismus m, Schwarzseherei f; **~ant** m (-a; -ci) Defätist m, Kapitulant m; **~arz** m (-a; -e) Kapitelsaal m; **~ować** (im)pf. ⟨s-⟩ (-uję) kapitulieren.

kapituła f (-y) (Dom-)Kapitel n.

kapka f (-i; G -pek) Tröpfchen n; ein bißchen; Deckchen n; (Schuh-) Kappe f.

kapli|ca f (-y; -e) Rel. Kapelle f; **~czka** f (-i; G -czek) (Haus-)Kapelle f; Bildstock m, Marterl n.

kapła|n m (-a; -i), **~nka** f (-i; G -nek) Priester(in f) m; **~ński** [-'waĩs-] priesterlich, Priester-; **~ństwo** n (-a; 0) Priestertum m; Priesterweihe f.

kapłon m (-a; -y) Kapaun m.

kapnąć pf. s. kapać.

kapo|ta F f (-y) Joppe f, Mantel m; **~taż** m (-u; -e) Flgw. Kopfstand m; **~tować** ⟨s-⟩ (-uję) Flgw. sich überschlagen; **~wać** ⟨s-⟩ F (-uję) kapieren.

kapral m (-a; -e) Korporal m; eng S. Unteroffizier m; Stabsgefreite(r) m; **~ski** Korporals-; Unteroffiziers-.

kaprawy (-wo) triefäugig.

kapry|s m (-u; -y) Laune f, Grille f; Gelüst n; Mus. Capriccio n; **~sić** (-szę) Launen haben; (herum-) nörgeln; Kind: bocken; **~śny** launisch; nörglerisch, wählerisch; bockig.

kaps|el m (-sla; -sle), **~la** f (-i; -e, -i) Kronenkorken m; (Schamotte-) Kapsel f.

kapsuł|a f (-y), **~ka** f (-i; G -lek) Kapsel f.

kaptować ⟨s-⟩ (-uję) (ab)werben.

kaptur m (-a; -y) Kapuze f; Tech. Haube f; **~ek** m (Brot-, ?)(Kinder-)Kapuze f; Mil. Hütchen n; Tech. (Schutz-)Kappe f; Med. Kap-

penpessar *n*; *Czerwony* Łek Rot-
käppchen *n*; **~owy:** *sąd* ~owy
Femegericht *n*.

kapucyn *m* (-*a*; -*i*) Kapuziner
(-mönch) *m*; (*pl.* -*y*) = **~ek** *m*
(-*nka*; -*nki*) Lockentaube *f*; *Kochk.*
Cappuccino *m*; **~ka** *f* (-*i*; *G* -*nek*) *s.*
płaksa.

kapusta *f* (-*y*) (*głowiasta* biała,
pastewna, *włoska* Weiß-, Braun-,
Wirsing-)Kohl *m*.

kapuś *m* (-*sia*; -*sie*, -*siów*) Spitzel *m*.

kapuś|ciany Kohl-, Kraut-; F *fig.*
głowa -*na* Dussel *m*, Schafskopf *m*;
~niaczek F *m* (-*czka*; -*czki*) Sprühregen *m*; **~niak** [-'puɕ-] *m* (-*a*; -*i*)
Sauerkrautsuppe *f*.

kapuza *f* (-*y*) *s.* kaptur.

kar|a *f* (-*y*) (*pozbawienia* wolności,
śmierci Freiheits-, Todes-)Strafe *f*;
~a *cielesna* körperliche Züchtigung;
~a *boska* die Strafe Gottes; *za* **~ę**
zur Strafe.

karabela *f* (-*i*; -*e*, -/-*i*) (leichter)
Säbel.

karabin *m* (-*u*; -*y*) Gewehr *n*; **~ek** *m*
(-*nka*; -*nki*) Karabiner *m*; Karabi-
nerhaken *m*; **~owy** Gewehr-, Kara-
biner-.

karaczan *m* (-*a*; -*y*) *s.* karaluch.

karać ⟨*u*-⟩ (-*rzę*) (be)strafen (*za*
A/für; *I*/mit).

karafka *f* (-*i*; *G* -*fek*) Karaffe *f*.

karakuł *m* (-*a*; -*y*) Karakulschaf *n*;
~*y* *pl.* *a.* Persianer(mantel) *m*;
~owy Persianer-.

karaln|ość *f* (-*ści*; *0*) Strafbarkeit *f*;
~y strafbar; *czyn* ~*y* Straftat *f*,
strafbare Handlung.

karaluch *m* (-*a*; -*y*) Küchenschabe
f, Kakerlak *m*.

karambol *m* (-*u*; -*e*) Karambolage *f*.

karany (vor)bestraft.

karaś *m* (-*sia*; -*sie*) Karausche *f*.

-karatowy ...karätig.

karawan *m* (-*u*; -*y*) Leichenwagen
m; **~a** *f* (-*y*) Karawane *f*; *Mar.*
Konvoi *m*; **~iarski**: F *mina* -*ka*
Leichenbittermiene *f*; **~iarz** [-'va-]
m (-*a*; -*e*, -*y*) Leichenwagenkut-
scher *m*, -fahrer *m*; **~owy** Kara-
wanen-.

karb *m* (-*u*; -*y*) Kerbe *f*, Einkerbung
f; *Tech.* (*Feilen*-)Hieb *m*; Riefe *f*;
~*y pl.* (*Haar*-)Wellen *f/pl.*; *złożyć*
coś na ~ (*G*) et. (*D*) die Schuld geben
(an *D*), zuschreiben (*A*), et. (*A*)
entschuldigen (mit); *trzymać w*

~*ach* in Zucht halten; *ująć w* ~*y* in
strenge Zucht nehmen.

karbid|ka F *f* (-*i*; *G* -*dek*), **~ówka** *f*
(-*i*; *G* -*wek*) Karbidlampe *f*; **~owy**
Karbid-.

karbolowy Karbol-.

karbow|ać (-*uję*) ⟨*za*-⟩ (ein)kerben;
gaufrieren; rändeln; ⟨*u*-⟩ *Haar*
locken, kräuseln; *fig.* ~*ać* ⟨*za*-⟩
sobie sich merken; **~any** mit Ker-
ben; gelockt; gerieffelt, gerippt; ~*y*
m (-*ego*; -*i*) Gutsaufseher *m*.

karbówk|a *f* (-*i*; *G* -*wek*): *mst pl.* ~*i*
Brennschere *f*.

karbunkuł *m* (-*u*; -*y*) Karbunkel *m*.

karcący [-'tsɔn-] (-*co*) strafend.

karcia|ny Karten-; **~rski** Spieler-;
~*rz* *m* (-*a*; -*e*) (*Karten*-)Spieler *m*.

karcić ⟨*s*-⟩ (-*cę*) tadeln, (er)mahnen;
ausschelten; bestrafen.

karczek *m* (-*czka*; -*czki*) Nacken *m*;
Kochk. (*Kalbs*-, *Hammel*-)Kamm-
stück *n*; Passe *f*, Sattel *m* an *Klei-
dern*.

karcz|emny Kneipen-; *fig.* ordinär;
~ma *f* (-*y*) Wirtshaus *n*, Kneipe *f*;
Kaschemme *f*; **~marz** *m* (-*a*; -*e*)
(*Kneipen*-)Wirt *m*.

karczoch *m* (-*a*; -*y*) Artischocke *f*.

karczow|ać ⟨*wy*-⟩ (-*uję*) (aus)ro-
den; **~isko** *n* (-*a*) Rodung *f*, Rode-
land *n*; **~nik** *m* (-*a*; -*i*) Baumaushe-
ber *m*; Rodehacke *f*; *Zo.* ~*nik* ziem-
nowodny Schermaus *f*, F Wasser-
ratte *f*; (*pl.* -*cy*) Roder *m*.

karczunek *m* (-*nku*; -*nki*) Rodung (s-
arbeit) *f*.

kardanowy kardanisch, Kardan-.

kardiolog *m* (-*a*; -*owie*/-*dzy*) Kar-
diologe *m*.

kardyna|lny Grund-, Haupt-, Kar-
dinal-; **~lski** *Rel.* Kardinals-; **~ł** *m*
(-*a*; -*owie*/*Zo.* -*y*) Kardinal *m*.

karelski karelisch.

karencja *f* (-*i*; -*e*) Karenz(zeit) *f*.

karet|a *f* (-*y*) Kutsche *f*; **~ka** *f* (-*i*;
G -*tek*) *Tech.* Schlitten *m*, Wagen
m; **~ka** pogotowia Rettungswagen.

karier|a [-'ɾjɛ-] *f* (-*y*) Karriere *f*;
Laufbahn *f*; **~owicz** *m* (-*a*; -*e*) Kar-
rieremacher *m*, Streber *m*.

kark *m* (-*u*; -*i*) Nacken *m*, Genick *n*;
Sp., *fig.* Hals *m*; *Kochk.* Kamm
(-stück *n*) *m*; *na* ~*u* auf den Hals;
zima na ~*u* der Winter steht (schon)
vor der Tür; F *na* *złamanie* ~*u* Hals
über Kopf; *im* halsbrecherischen
Tempo; **~ołomny** halsbreche-

risch; ~owina f (-y) *Kochk.* Kamm m; ~owy Nacken-, Genick-; ~ówka f (-i; G -wek) Schweinekamm m.

karlica f (-y; -e) Zwergin f.

karł|owaty (-to) Zwerg-, zwergenhaft; verkrüppelt, verkümmert; ~owy Zwerg-; ~y pl. v. karzeł.

karm m (-u; 0), ~a f (-y) (soczysta Saft-)Futter n.

karmazyn m (-u; 0) Karmesinrot n; (pl. -y) karmesinrotes Tuch; Zo. Rotbarsch m; ~owy (-wo) karmesinrot.

karmelek m (-lka; -lki) Karamelle f; Lutschbonbon m.

karmeli|cki Karmeliter-; ~ta m (-y; -ci, -ów) Karmelit(er) m; ~tka f (-i; G -tek) Karmelit(er)in f.

karmelkowy Karamellen-.

karm|iak ['kar-] m (-a; -i) Futtersack m; ~iciel [-'mi-] m (-a; -e) Ernährer m; ~icielka f (-i; G -lek) Nährmutter f, Ernährerin f; ~ić ⟨na-⟩ (-ę) nähren (się sich); füttern; *Kind* stillen; säugen.

karminowy (-wo) karminrot.

karmn|ik m (-a; -i) Schweinekoben m; Futtertrog m; Futterhäuschen n; (Wild-)Futterstelle f; *Agr.* Mastschwein n; *Bot.* Mastkraut n; ~y Mast-.

karnawał m (-u; -y) Karneval m, Fasching m; ~owy Karnevals-, Faschings-.

karn|iak ['kar-] F m (-a; -i) Glas Schnaps zur Strafe (für Nachzügler); ~ie Adv. s. karny; ~ik F m (-a; -cy) Strafrechtler m.

karnisz m (-a/-u; -e) (Gardinen-) Schienenbrett n.

karn|ość f (-ści; 0) Zucht f, Disziplin f; ~y Straf-; (Adv. -nie) diszipliniert. [len f/pl.]

karo n (unv./-a; -y) Karo n, Schel-)

karo|ca f (-y; -e) Karosse f, (Staats-) Kutsche f; ~seria [-'se-] f (G, D, L -ii; -e) s. nadwozie.

karot|en m (-u; 0) Karotin n; ~ka f (-i; G -tek) Karotte f.

karowy *KSp.* Karo-, Schellen-.

karp m (-pia; -pie) (lustrzany Spiegel-) Karpfen m; ~ w szarym sosie Karpfen süßsauer.

karpacki Karpaten-, karpatisch.

karpina f (-y; 0) (teerhaltiges) Knorrholz.

karpiówka f (-i; G -wek) *Arch.* (a. dachówka ~) Biberschwanz m.

kart|a f (-y) (do gry, perforacyjna, wstępu Spiel-, Loch-, Eintritts-) Karte f; (tytułowa Titel-)Blatt n; (łowiecka, rejestracyjna Jagd-, Kraftfahrzeug-)Schein m; (wyborcza Wahl-)Zettel m; ~a powołania Einberufungsbefehl m; ℒa ONZ UNO-Charta f; stawić ~y Karten legen; z ~y a la carte.

kartacz m (-a; -e) Kartätsche f.

kartelowy Kartell-.

karteluszek F m (-szka; -szki) Zettel m.

karter m (-u; -y) Kurbelgehäuse n.

kartk|a f (-i; G -tek) Kärtchen n; Zettel m; (Kalender-)Blatt n; vgl. karta; ~ować ⟨prze-⟩ (-uję) (durch)blättern; ~owy Karten-; Zettel-; auf Zuteilung od. Marken.

kartofl|el m (-fla; -fle) Kartoffel f; ~le w mundurkach Pellkartoffeln; ~lanka F f (-i; G -nek) Kartoffelsuppe f; ~lany Kartoffel-; ~lisko n (-a) (abgeerntetes) Kartoffelfeld; ~lowy Kartoffel-.

kartograficzny kartographisch.

karton m (-u; 0) Karton m, engS. a. Pappe f; ~owy Karton-, Papp-.

kartotek|a f Kartothek f, Kartei f; ~owy Kartei-.

karuk m (-u; 0) Fischleim m.

karuzel|a f (-i; -e) Karussel n; ~ówka f (-i; G -wek) Karusseldrehmaschine f.

kary schwarz; ~ koń Rappe m.

karygodn|ość f (-ści; 0) Strafwürdigkeit f; Ungeheuerlichkeit f; ~y strafwürdig, strafbar; skandalös.

karykatu|ra f (-y) Karikatur f; Zerrbild n; ~ralny karikaturistisch; grotesk, lächerlich; ~rować ⟨s-⟩ (-uję) karikieren; ~rzysta m (-y; -ści, -ów) Karikaturist m.

karzeł m (-rła; -rły) Zwerg m; ~kowaty (-to) zwerg(en)haft.

kasa f (-y) (oszczędności, rejestrująca Spar-, Registrier-)Kasse f; Kassenraum m; ~ biletowa Fahrkartenschalter m; ~ pancerna Geldschrank m, Safe m; robić kasę *Thea.* volle Kassen machen.

kasac|ja f (-i; -e) *Jur.* Kassation f; *Mar.* Abwracken n; ~yjny Kassations-. [Kocher m.]

kasar m (-a; -y), ~ek m (-rka; -rki))

kaset|a f (-y) Kassette f (a. *Fot.*); ~ka f (-i; G -tek) (Geld-, Schmuck-) Kassette; ~(k)owy Kassetten-.

kasiarz ['ka-] F m (-a; -e) Schränker m, Tresorknacker m.

kasjer m (-a; -rzy), **~ka** f (-i; G -rek) Kassierer(in f) m.

kaskada f (-y) Kaskade f; (Stau-kraftwerks-)Treppe f.

kasłać (-am) s. kaszlać.

kasow|ać ⟨s-⟩ (-ję) Urteil aufheben; Briefmarke entwerten; Bandaufnahme usw. löschen; **~nik** m (-a; -i) Mus. Auflösungszeichen n; Typ. Deleatur n; (Tages-)Poststempel m; Löschknopf m, Löscher m; **~ość** f (-ści; 0) Kassenwesen n; **~y** Kassen-; księga **~a** Kassabuch f; sztuka **~a** Kassenschlager m.

kastaniety [-'nie-] pl. (-ów) Kastagnetten f/pl.

kastet m (-u; -y) Schlagring m; Totschläger m (Waffe).

kastr|acja f (-i; -e) Kastration f; **~ować** ⟨wy-⟩ (-uję) kastrieren.

kasyno n (-a) (gry Spiel-)Kasino n; (Offiziers-)Messe f.

kasz|a f (-y; -e) Grütze f; (perłowa Perl-)Graupen f/pl.; fig. Wirrwarr m; (Frost-)Graupeln f/pl.; **~a manna** Grieß(brei) m; F narobić **~y** Unordnung stiften; **~ak** m (-a; -i) Med. Grützbeutel m.

kaszalot m (-a; -y) Pottwal m.

kaszanka f (-i; G -nek) Grützwurst f.

kaszel m (-szlu; -szle) (odruchowy Reiz-)Husten m.

kasz|ka f (-i; G -szek) feine Grütze; (na mleku Milch-)Brei m; **~kiet** ['kaʃ-] m (-a/-u; -y) (Uniform-)Mütze f; **~kowaty** (-to) breiig.

kaszl|ać ⟨za-⟩ (-ę, -/-laj!⟩, **~nąć**⟩ [-nɔntę] (-nę) husten; **~nięcie** [-'nɛn-] n (-a; G -ć) Husten(geräusch n) m.

kasztan m (-a; -y) (jadalny Edel-)Kastanie f; Braune(r) (Pferd); grzyb **~** Maronenröhrling m; **~ek** m (-nka; -nki), **~ka** f (-i; G -nek) Fuchs(stute f) m, Braune(r); **~owaty** (-to) kastanienbraun; **~owiec** [-'nɔ-] m (-wca; -wce) (Roß-)Kastanie f; **~owy** Kastanien-.

kasztel m (-u; -e) Burg f, Kastell n; **~an** m (-a; -i) Burgvogt m, Kastellan m.

kaszubski Kaschuben-, (po -ku) kaschubisch.

kat m (-a, D -owi/-u; -ci/-y) Scharfrichter m, Henker m; do **~a!**, niech

to **~y!** zum Henker!; pal go kaci! hol's der Henker!

kata|klizm m (-u; -y) (Natur-)Katastrophe f; **~kumba** f (-y) Katakombe f; **~lizator** m (-a; -y) Katalysator m.

katalog m (-u; -i) Katalog m; **~ować** ⟨s-⟩ (-uję) katalogisieren; **~owy** Katalog-.

kataplazm m (-u; -y) (heißer) Breiumschlag.

katapult|a f (-y) Katapult n, Schleuder f; **~ować** (im)pf. (-uję) katapultieren; **~owy** Katapult-; siedzenie **~owe** Schleudersitz m.

katar m (-u; -y) (sienny Heu-)Schnupfen m; (kiszek, żołądka Darm-, Magen-)Katarrh m.

katarakta f (-y) Katarakt m; Med. (grauer) Star.

kataryn|iarz [-'ri-] m (-a; -e) Leierkastenmann m; **~ka** f (-i; G -nek) Leierkasten m, Drehorgel f; fig. Leier f.

kataster m (-tru; -try) Kataster m, Grundbuch n.

katastrofa f (-y) Katastrophe f; **~ kolejowa** Eisenbahnunglück n; **~ samochodowa** Auto-, Verkehrsunfall m; **~lny** katastrophal.

katech|eta f (-y; -ci, -ów) Katechet m; **~izm** m (-u; -y) Katechismus m.

katedra f (-y) Kathedrale f, Dom m, Münster n; Katheder n; engS. Pult n; Lehrstuhl m; **~lny** Kathedral-, Dom-.

kategor|ia [-'gɔ-] f (G, D, L -ii; -e) Kategorie f; engS. Klasse f; **~yczny** kategorisch.

katiusza F [-'tʃu-] f (-y; -e) Stalinorgel f.

katod|a f (-y) Kathode f; **~owy** Kathoden-.

katoli|cki (po -ku) katholisch; **~czka** f (-i; G -czek), **~k** m (-a; -cy) Katholik(in f) m.

katorga f (-i) hist. (schwere) Zwangsarbeit (bsd. in Sibirien); fig. Schinderei f.

katow|ać (-uję) foltern; mißhandeln; **~nia** [-'tɔv-] f (-i; -e, -i) Folterkammer f; **~ski** Henker(s)-; fig. grausam.

katusze f/pl. (-y) (Folter-)Qualen f/pl., Pein f.

kaucj|a ['kaǔ-] f (-i; -e) Bürgschaft f; za **~ą** gegen Kaution.

kauczuk m (-u; 0) Kautschuk m;

~owiec [-'kɔ-] *m* (-*wca*; -*wce*) Kautschukpflanze *f*; Kautschukbaum *m*; ~owy Kautschuk-.

kaukaski kaukasisch, Kaukasus-.

kauzyperda *m* (-*y*; *G* -*ów*) Winkeladvokat *m*.

kaw|a *f* (-*y*) (*biała, prawdziwa od. ziarnista, zbożowa* Milch-, Bohnen-, Malz-)Kaffee *m*; *in Zssgn* ... *do* ~*y* Kaffee-.

kawalarz *m* (-*a*; -*e*, -*y*) Witzbold *m*.

kawaler *m* (-*a*; -*rzy*/-*owie*) Kavalier *m*; Junggeselle *m*; Ritter *m e-s Ordens*; F Freier *m*; *stary* ~ Hagestolz *m*; ~**ia** [-'lɛ-] *f* (*G*, *D*, *L* -*ii*; -*ie*) Kavallerie *f*; ~**ka** F *f* (-*i*; *G* -*rek*) Junggesellenwohnung *f*; Junggesellenleben *n*; ~**ski** Junggesellen-; *fig.* verwegen; *krzyż* ~*ski* Ritterkreuz *m*; ~**yjski** Kavallerie-.

kawalerzysta *m* (-*y*; -*ści*, -*ów*) Kavallerist *m*.

kawał *m* (-*a*; -*y*) (großes) Stück, Batzen *m*; (*Weg-*)Strecke *f*; F ~ *chłopa* Riesenkerl *m*; ~ *czasu* geraume Zeit; F (*G* -*u*) Witz *m*; Jux *m*, Ulk *m*; *tylko był* ~*ów!* mach k-e Zicken!; *brać na* ~ *j-n* zum besten haben, verulken; ~**eczek** *m* (-*czka*; -*czki*) Stückchen *n*; ~**ek** *m* (-*łka*; -*łki*) Stück *n*, Brocken *m*; F *a.* Tausender *m*, Riese *m* (*Geldschein*); [*fig.*] *artysty* ein halber Künstler; F *głodne* ~*ki* Kohl *m*, Stuß *m*; *na* ~*ki in* Stücke; ~**kować** ⟨*po-*⟩ ⟨-*uję*⟩ zerstückeln, zerhacken.

kawęczeć [-'vεn-] F (-*ę*, -*y*) jammern, stöhnen.

kawiarnia [-'jar-] *f* (-*i*; *G* -*i*/-*ń*) Café *n*; ~**ny** Café-.

kawior ['ka-] *m* (-*u*; *0*) Kaviar *m*.

kawka *f* (-*i*; *G* -*wek*) *Zo.* Dohle *f*; (*ein Täßchen*) Kaffee *m*.

kawon *m* (-*a*/-*u*; -*y*) Wassermelone *f*.

kawow|iec [-'vɔ-] *m* (-*wca*; -*wce*) Kaffeebaum *m*; ~**y** Kaffee-; kaffeebraun.

kaza|ć (*im*)*pf.* (*każę, każ!*) (*D*) befehlen (*D*), heißen (*A*); *j-n lassen et. zu tun*; gebieten (*D*); *lekarz* ~*ł* ... der Arzt verordnete *od.* veranlaßte ...; *jak obyczaj każe* nach altem Brauch; ~**lnica** *f* (-*y*; -*e*) Kanzel *f*; ~**nie** *n* (-*a*) Predigt *f*; *prawić* ~*nie* *e-e* (*Straf-*)Predigt halten.

kazein|a [-'inaj *f* (-*y*; *0*) Kasein *n*, ~**owy** Kasein-.

kaziro|dczy blutschänderisch;

~**dztwo** *n* (-*a*; *0*) Blutschande *f*, Inzest *m*.

kaznodziej|a *m* (-*ei*; -*e*, -*ów*) Prediger *m*; ~**ski** Prediger-; *fig.* belehrend.

kaź|ń *f* (-*źni*; -*źnie*) Folter *f*, Tortur *f*; (*masowa* Massen-)Hinrichtung *f*, Exekution *f*.

każdorazow|o *Adv.* jedesmal, jeweils; ~**y** jeder; jedesmalig; jeweilig.

każd|y jeder; jedermann; ~**ego roku** jedes Jahr; (*w*) ~**ej chwili** jeden Augenblick; *w* ~**ej porze** zu jeder Stunde, jederzeit; *w* ~**ym** (*bądź*) *razie* auf jeden Fall; immerhin; *za* ~**ym razem** jedesmal; *na* ~**ym kroku** auf Schritt und Tritt.

kącik ['kɔn-] *m* (-*a*; -*i*) Ecke *f*, Eckchen *n*, Winkel *m*.

kądziel ['kɔn-] *f* (-*i*; -*e*, -*i*) (*Faser-*)Riste *f*, Faserbart *m*; (*Spinn-*)Rocken *m*; *po* ~*i* mütterlicherseits.

kąkol ['kɔn-] *m* (-*u*; -*e*) *Bot.* Kornrade *f*.

kąpa|ć ['kɔm-] ⟨*wy-*⟩ ⟨-*ię*⟩ baden (*się v/i od. sich*); ~*ć się fig.* schwimmen (*w L/in D*); ~*ć się w słońcu* sich sonnen; *von der Sonne* beschienen sein; ~**nie** (*się*) *n* (-*a*) Baden *n*.

kąpiel ['kɔm-] *f* (-*i*; -*e*, -*i*) (*lecznicza, parowa, słoneczna* Heil-, Dampf-, Sonnen-)Bad *n*; ~**isko** *n* (-*a*) Badestelle *f*, Strandbad *n*; Badeort *m*; ~**isko morskie** Seebad *n*; ~**iskowy** Bade-, Strandbad-; Kur-; ~**owy** Bade-; *Su. m* (-*ego*; -*wi*) Bademeister *m*; ~**ówki** *pl.* (-*wek*) Badehose *f*.

kąs|ać (-*am*), ⟨*ukąsić*⟩ ~*szę*, -*ś!*) beißen; *Mücken usw.*: stechen; ~*ać się beißen, bissig sein*; ~**ek** *m* (-*ska*; -*ski*) Bissen *m*, Stück *n*.

kąśliwy (-*wie*) bissig (*a. fig.*).

kąt [kɔnt] *m* (-*a*; -*y*) Winkel *m*; (*Zimmer-*)Ecke *f*; F *a.* Bleibe *f*; ~ *widzenia fig.* Gesichtspunkt *m*; *zapadły* ~ elendes Nest, Krähwinkel; *po* ~*ach* heimlich, insgeheim; *pod* ~*em* (*G*) unter dem Gesichtspunkt; *vom* Standpunkt (*G*); *mieszkać* ~*em* e-e Schlafstelle haben (*u G/bei*); *nie zagrzać* ~*ka miejsca* warm werden (*fig.*); *własny* ~ eigene vier Wände; *stać w* (*~ku*; *też*) (*Zimmer-*)Ecke *f*; Winkel *m* (*fig.*); *vgl.* **kącik**, ~**nica** *f* (-*y*; -*e*) *Anat.* Blinddarm *m*; ~**nik** *m* (-*a*

-i) Winkelstück *n*; Simshobel *m*;
~omierz *m* (*-a*; *-e*) Winkelmesser
m.

kątow|nik [kɔn-] *m* (*-a*; *-i*) Winkelstahl *m*, L-Stahl *m*; (*Anschlag-*)
Winkel *m*; *Typ.* Winkelhaken *m*; **~y**
Winkel-.

kciuk *m* (*-a*; *-i*) Daumen *m*.

keks *m* (*-u*; *-y*) Rührkuchen *m*; (*mst
pl.*) Keks *m od. n.*

kelner *m* (*-a*; *-rzy*) Kellner *m*, Ober
m; **~ka** *f* (*-i*; *G -rek*) Kellnerin *f*,
Serviererin *f*.

kemping [-ŋk] *m* (*-u*; *0*) Camping *n*,
Zelten *n*; (*pl. -i*) Camping-, Zeltplatz *m*; **~owáć** (*-uję*) campen, zelten; **~owy** Camping-, Zelt-; **domek
~owy** Ferienhäuschen *n*.

ketczup *m* (*-u*; *0*) (Tomaten-)
Ketchup *m od. n.*

ketmia ['kɛt-] *f* (*G, D, L -ii; -ie*)
Bot.: **~ południowa** Hibiskus *m*,
Stundenblume *f*.

kędy [-] † *Adv.* wo(hin).

kędzierzawy [kɛn-] (*-wo*) kraus,
gekräuselt; kraushaarig.

kędzior [kɛn-] *m* (*-a*; *-y*) (*Haar-*)
Locke *f*.

kęp|a [kɛm-] *f* (*-y*) (*Baum-*)Gruppe
f; (*Gras-*)Büschel *m*; Bülte *f*, Höcker *m im Moor*; (*Fluß-*)Werder *m*,
Holm *m*; **~iasty** (*-to*) in Gruppen
wachsend; buschig; *Moor:* mit
Bülten; **~ka** *f* (*-i*; *G -pek*) s. kępa.

kęs *m* (*-a*; *-y*) Bissen *m*, Stück *n*;
Tech. Barren *m*, Block *m*; Rohling
m; **~y pl.** Stückkohle *f*; **~isko** *n* (*-a*)
(*Walz-*)Knüppel *m*.

ki (*kiego*) *vgl. jaki*; **~ diabeł?!** was
(*od. wer*) zum Teufel?!

kibel P *m* (*-bla*; *-ble*) (*Gefängnis-*)
Kübel *m*.

kibic *m* (*-a*; *-e*) Kiebitz *m* (*fig.*);
(*Fußball-*)Fan *m*, Schlachtenbummler *m*; **~ować** (*-uję*) kiebitzen.

kibić *f* (*-ci*; *-cie*) Taille *f*; Statur *f*,
Gestalt *f*.

kic|ać (*-am*), 〈**~nąć**〉 [-nɔnt͡s] (*-nę*)
Hase: hoppeln, *JSpr.* rücken,
rutschen.

kicha P *f* (*-y*) (*Gummi-*)Schlauch *m*;
Flgw. Windsack *m*.

kich|ać (*-am*), 〈**~nąć**〉 [-nɔnt͡s] (*-nę*)
niesen; F **~am na to** ich pfeife darauf; **~anie** *n* (*-a*; *G -ń*), **~nięcie**
[-'nɛn-] *n* (*-a*; *G -ć*) Niesen *n*.

kicnąć *pf. s. kicać.*

kicz *m* (*-u*; *-e*) Kitsch *m*; **~owaty**
(*-to*) kitschig.

kidnaperstwo *n* (*-a*) (Kindes-)Entführung *f*, Kidnapping *n*.

kiecka ['kɛ-] *f* (*-i*; *G -cek*) *dial.*
(*Frauen-*)Rock *m*; P *a.* Fähnchen *n*
(*Kleid*).

kiedy wann; wenn; als; je(mals); **~**
bądź irgendwann; **~** indziej ein andermal; **~** niekiedy dann und wann;
~kolwiek irgendwann; *a.* = **~ś**
(irgend)einmal; **~ż** wann (denn).

kielich *m* (*-a*; *-y*) Pokal *m*, Kelch *m*
(*a. Bot.*); **~owaty** (*-to*) kelchartig,
-förmig.

kielisz|ek *m* (*-szka*; *-szki*) (*Schnaps-*)
Glas *m*; *fig.* Schnaps *m*; **~ek do jaj**
Eierbecher *m*; **~ek do wina** Weinglas; **~ek wina** ein Glas Wein; **przy
~u** beim Trinken; **~nik** *m* (*-a*; *-i*)
Bot. Zaunwinde *f*.

kielnia ['kɛl-] *f* (*-i*; *-e*, *-i*) (*Maurer-*,
JSpr. Biber-)Kelle *f*.

kieł [kɛw] *m* (*kła*; *kły*) Eckzahn *m*,
Fangzahn *m*; (*Keiler-*)Hauer *m*;
(*Elefanten-*)Stoßzahn *m*; *Tech.*
(*Reitstock-*)Spitze *f*; Klaue *f*.

kiełb *m* (*-bia*; *-bie*) *Zo.* Gründling *m*;
F **mieć ~ie we łbie** Grillen im Kopf
haben.

kiełbas|a *f* (*-y*) (*parzona, sucha*
Brüh-, Dauer-)Wurst *f*; **~ka** *f* (*-i*;
G -sek) Würstchen *n*; **~iany** Wurst-.

kiełbaśnica *f* (*-y*; *-e*) (*Wurst-*)Darm
m; Wurstfüllmaschine *f*.

kiełek *m* (*-łka*; *-łki*) Keim(ling) *m*;
~kować 〈*wy-*〉 (*-uję*) (aus)keimen.

kiełz(n)ać 〈*o-*〉 (*-am*) zäumen; *fig.*
(be)zähmen, zügeln. [*m.*]

kiep [kɛp] *m* (*kpa*; *kpy*) Narr *m*, Tor]

kiepsk|i (*-ko*) schlecht, mies, kläglich; **~o z nim** es steht nicht zum
besten mit ihm.

kier [kɛr] *m* (*-a*; *-y*, *-/-ów*) Herz *n*,
Coeur *n*; *vgl. kra.*

kier|at *m* (*-u*; *-y*) Göpel(werk *n*) *m*;
fig. (*Arbeits-*)Joch *n*; **~del** *m* (*-a/-u*;
-e) Schafherde *f*; *JSpr.* (*Reh-*)
Sprung *m*.

kiereszować 〈*po-*〉 (*-uję*) schneiden
(*się sich*), säbeln.

kiermasz *m* (*-u*; *-e*, *-ów*) Kirmes *f*;
(*Wohltätigkeits-*, *Bücher-*)Basar *m*;
~ świąteczny przed Bożym Narodzeniem Weihnachtsmarkt *m*.

kiernoz *m* (*-a*; *-y*) (*Zucht-*)Eber *m*.

kierowa|ć (*-uję*) *v/t* 〈*s-*〉 schicken,
verweisen (*do A/zu D, an A*);

Waffe, Brief richten; *Blick a.* wenden; *Fahrzeug* einweisen, dirigieren; *Aufmerksamkeit, Schritte* lenken; *(I)* ⟨po-⟩ *Auto usw.* lenken; *Schiff* steuern; *Betrieb* leiten; F *(na A)* ⟨wy-⟩ werden *(od.* studieren) lassen; ~ć się ⟨s-⟩ sich wenden *(do G/an A,* zu); ~ć się *(I)* sich leiten lassen *(von);* **~nie** *n (-a; 0)* Leitung *f,* Lenkung *f.*

kierowca *m (-y; G -ów)* (taksówki Taxi-)Fahrer *m;* ~ ciągnika Trekkerführer *m.*

kierowni|ca *f (-y)* Lenkrad *n;* Lenkstange *f; Esb.* Leitschiene *f; Tech.* (Turbinen-)Leitrad *n; Math.* Direktrix *f;* **~ctwo** *n (-a)* (Betriebs-)Leitung *f,* (Geschäfts-, Partei-)Führung *f;* **~czka** *f s.* kierownik; **~czy** leitend, führend, Führungs-; *Tech.* Lenkungs-, Steuerungs-; **~k** *m (-a; -cy),* **~czka** *f (-i; G -czek)* Geschäftsführer(in *f) m;* (lotów, szkoły, wydziału Flug-, Schul-, Abteilungs-)Leiter(in *f) m;* **~k** budowy Bauführer *m;* **~k** stacji benzynowej *a.* Tankwart *m.*

kierowy *KSp.* Herz-.

kierun|ek *m (-nku; -nki)* Richtung *f;* Kurs *m;* pod **~kiem** unter der Aufsicht *od.* Leitung *(G/G,* von); **~kowskaz** *m (-u; -y)* Fahrtrichtungsanzeiger *m, engS.* Winker *m,* Blinker *m;* **~kowy** gerichtet, Richt-; Richtungs-.

kierz|anka *f (-i; G -nek)* Butterfaß *n,* Kirne *f;* **~nia** ['kɛʒ-] *f (-i; -e, -i)* Buttermaschine *f.*

kiesa ['kɛ-] *f (-y)* Geldbeutel *m.*

kiesze|ń *f (-ni; -nie)* (boczna, u spodni Seiten-, Hosen-)Tasche *f;* F *fig.* uderzyć po **~ni** *j-n* in blechen lassen; nabić (sobie) **~ń** sich die Taschen füllen.

kieszonk|a *f (-i; G -nek)* (Westen-) Tasche *f,* Täschchen *n;* **~owiec** [-'kɔ-] *m (-wca; -wcy)* Taschendieb *m;* **~owy** Taschen-; *Su.* **~owe** *n (-ego; 0)* Taschengeld *n.*

kij *m (-a; -e, -ów)* Stock *m;* (Wander-)Stab *m;* (Besen-)Stiel *m;* Queue *n;* ~ golfowy Golf-, Hockeyschläger *m;* F **~e** *pl. a.* Uchlägo *m/pl.*

kijanka *f (-i; G -nek)* Waschbleuel *m; Zo.* Kaulquappe *f.*

kijek *m (-jka; -jki)* Stöckchen *n; Sp.* Schistock *m.*

kikut *m (-a; -y)* (Baum-, Bein-) Stumpf *m.*

kil *m (-u/-a; -e, -ów)* (Schiffs-)Kiel *m.*

kilim *m (-a; -y)* Kelim *m.*

kilka (*Psf.* kilku) einige, ein paar, mehrere; ~ razy mehrmals; **~dziesiąt** Dutzende, ...zig; **~krotny** mehrmalig; vielfach; *Adv.* -nie mehrmals, wiederholt; **~naście,** **~naścioro** etwa zwölf *(bis* neunzehn), ein Dutzend; **~set** einige hundert.

kilk|oro, ~u *s.* kilka.

kilku|- *in Zssgn* einige ... (dauernd, lang, alt *usw.*), mehr-; **~dniowy** einige Tage dauernd *od.* alt *usw.;* für ein paar Tage; **~dziesięcioletni** einige Jahrzehnte alt (dauernd); jahrzehntealt; **~głosowy** (-wo) mehrstimmig; **~godzinny** mehrstündig; für ein paar Stunden; **~letni** einige Jahre alt; mehrjährig; **~metrowy** einige Meter lang; **~miesięczny** einige Monate alt; mehrmonatig; **~minutowy** minutenlang.

kilkunasto|- *in Zssgn* elf *(bis* neunzehn) ..., mehr-; **~dniowy** etwa elf *(bis* neunzehn) Tage alt; mehrtägig; **~letni** über ein Jahrzehnt (dauernd); -ni chłopiec, -nia dziewczynka Teenager *m.*

kilku|nastu *Psf. s.* kilkanaście; **~osobowy** Mehrpersonen-; **~piętrowy** mehrstöckig; **~rodzinny** Mehrfamilien-.

kilkuset *Psf. s.* kilkaset; **~letni** jahrhundertealt.

kilku|stopniowy einige Grad ...; mehrstufig; **~tomowy** mehrbändig; **~tygodniowy** einige Wochen alt; mehrwöchig; **~tysięczny** ein paar *(od.* mehrere) tausend zählend; tausendköpfig.

kilof *m (-u/-a; -y)* Spitzhacke *f; Bgb.* Keilhaue *f.* [Kilopond *n.*\]

kilogram *m* Kilogramm *n;* ~~siła\]

kilometr *m (na godzinę* Stunden-) Kilometer *m;* **~aż** *m (Fahr-)*Kilometerleistung *f;* **~owy** Kilometer-; e-n Kilometer lang.

kilo|wat *m* Kilowatt *n;* **~wolt** *m* Kilovolt *n;* **~wy** Kilo-; *Mar.* Kiel-.

kilwater *m (-a; -y)* Kielwasser *n.*

kiła *f (-y; 0)* Syphilis *f; Bot.* Kohlhernie *f,* **~owy** syphilitisch.

kim *(I, L v.* kto): z ~ mit wem; o ~ über wen, von wem.

kim|ać P (-am), ⟨~nąć⟩ [-nɔntɕ] (-nę) pennen.

kimonowy Kimono-; rękaw ~ Kimonoärmel m.

kine|matografia [-'gra-] f (G, D, L -ii; -e) Kinematographie f; engS. Film(kunst f) m; ~skop m (-u; -i) Braunsche Röhre; engS. Bildröhre f; ~tyczny kinetisch.

kino n (-a) Kino n; engS. Lichtspieltheater n; ~ objazdowe Kinomobil n, Wanderkino; ~ parkingowe Autokino; ~man m (-a; -i), -nka f (-i; G -nek) Filmfan m, eifrige(r) Kinogänger(in); ~mechanik m Filmvorführer m; ~wy Kino-, Film-, Lichtspiel-.

kiosk ['ki̯ɔ-] m (-u; -i) Kiosk m; (U-Boot-)Kommandoturm m; ~arz m (-a; -e) Kioskbesitzer m, -verkäufer m.

kiper m (-a; -y) Räucherhering m.

kipi|acy [-'pɔn-] siedend (heiß); (auf)wallend; ~eć['ki̯-] ⟨za-⟩ (-ę, -i) sieden, (auf)kochen (v/i); schäumen, wallen, brodeln; ~el f (-i; -e) Brandung f.

kipnać [-nɔntɕ] P pf. (-nę) abkratzen (v/i, fig.). [Trauer f.\]

kir m (-u; -y) Trauerflor m; fig.∫

kirasjer m (-a; -rzy) Kürassier m.

kirgiski kirgisisch.

kirkut m (-u; -y) jüdischer Friedhof.

kisić ⟨za-⟩ (-szę, -ś!) (ein)säuern, einlegen; Gurken einsalzen; fig. (nur impf.) ~ się versauern.

kisiel ['ki̯-] m (-u; -e) (Frucht-) Gelee n, Zitterspeise f, Beerengrütze f.

kisnać [-nɔntɕ] ⟨s-, za-⟩ (-nę, -[nɔ]ł) sauer werden, gären; fig. versauern.

kiszk|a f (-i; G -szek) (F ślepa Blind-)Darm m; Schlauch m; ~a kaszana s. kaszanka; ~a krwista, pasztetowa Blut-, Leberwurst f; ~owaty (-to) schlauchförmig.

kiszon|ka f (-i; G -nek) Sauer-, Gärfutter n, Silage f; Kochk. eingesäuertes Gemüse; ~y: ~a kapusta Sauerkraut n; ~y ogórek Salzgurke f.

kiść f (-ści; -ście) Bot. Traube f; Rispe f; Pinsel m, Quaste f; JSpr. (Dachs-)Bürzel m; ~ ręki Handgelenk n.

kit m (-u; -y) Kitt m; F do ~u mistig, V beschissen; ~a f (-y) Federbusch m; JSpr. (Fuchs-)Lunte f, Stan-

---

darte f; V odwalić ~ę ins Gras beißen, krepieren; ~el m (-tla; -tle) (Arbeits-)Kittel m; ~la f (-i; -e, -i) Bgb. Grubenkittel m; ~ować ⟨za-⟩ (-uję) (ver)kitten.

kiw|ać (-am), ⟨~nąć⟩ [-nɔntɕ] (-nę) (I) winken, Zeichen geben (mit) nicken (mit); baumeln (mit); wedeln (mit); (na A) j-n herbeiwinken; (A) F ⟨a. ~y⟩ hereinlegen; Sp. (aus)tricksen; ~ać się (hin und her wackeln (v/i); (sch)wanken; ~nięcie [-'nen-] n (-a; G -ć) (głowe Kopf-)Nicken n.

klacz f (-y; -e) Stute f.

klajst|er m (-tru; -try) Kleister m ~rować ⟨za-⟩ (-uję) (ver)kleistern

klakson m (-u; -y) Hupe f, Horn n

klam|erka f (-i; G -rek) (kleine Klammer; Schelle f; ~ka f (-i; C -mek) (Tür-)Klinke f; ~ka zapadł es gibt kein Zurück mehr; ~ra f (-y G -mer) Klammer f; Koppelschlo n; Fibel f, Schließe f; Sp. Clinch m Umklammerung f; Berg-Sp Fiecht-, Eishaken m.

klap|a f (-y) Klappe f; engS. Venti n; Deckel m; Flgw. Landeklappe Revers m od. n, Aufschlag m; F fig Pleite f, Durchfall m; zrobić ~ durchfallen; ~ać (-ię) klappern (leicht) klopfen; ~ka f (-i; G -pek (kleine) Klappe; Flgw. Trimm ruder m; F ~ki pl. Pantoletten f/pl. ~nać [-nɔntɕ] pf. (-nę) s. klapa e-n Klaps geben; F plumpsen (sic setzen); fig. abkratzen (v/i); durch fallen; ~ować f (-uję) klapper ~owy Klappen-.

klaps m (-a; -y) Klaps m.

klarne|cista m (-y; -ści, -ów) Klari nettist m; ~t m (-u; -y) Klarinette f

klarow|ać ⟨wy-⟩ (-uję) (ab)klärer läutern; Mar. klarieren; F kla machen; ~ny klar, durchsichtig.

klas|a f (-y) Klasse f (a. Pol., Bi usw.); engS. Schulklasse; Klasser zimmer n; pierwszej ~y erstklassi F (pierwsza) ~a! (einfach) Klasse ~y pl. Himmel und Hölle (Spiel spiel); ~er m (-a; -y) (Briefmarken Einsteckalbum n; ~kać (-szcz -am), ⟨~nąć⟩ [-nɔntɕ] (-nę) klat schen; schnalzen; knallen (z bicz mit der Peitsche).

klas|owość f (-ści; 0) Klasser charakter m; ~owy Klassen-; ~ów ka f (-i; G -wek) Klassenarbeit f

klasy|czny klassisch; *Sp. styl* ~czny (*Schwimm-*)Bruststil *m*; **~fikować** ⟨za-⟩ (*-uję*) klassifizieren (*się sich*), einstufen; werten; *Bgb.* klassieren; **~k** *m* (*-a*; *-cy*) Klassiker *m*; **~ka** ['kla-] *f* (*-i*; *0*) Klassik *f*.

klaszcz|ą, ~esz, ~ę *s. klaskać.*

klasztor *m* (*-u*; *-y*) Kloster *n*; **~ny** klösterlich, Kloster-.

klatk|a *f* (*-i*; *G -tek*) Käfig *m*; (*Vogel-*)Bauer *n*; (*Film-*)Bildausschnitt *m*; *Tech.* (*Walz-*)Gerüst *n*; *Bgb.* Fördergestell *n*; **~a piersiowa** Brustkorb *m*; **~a schodowa** Treppenhaus *n*; **~owy** Käfig-; Zellen-.

klauzu|la *f* (*-i*; *-e*) Klausel *f*; **~rowy** Klausur-.

klawesyn *m* (*-u*; *-y*) Cembalo *n*.

klawi|atura *f* (*-y*) Klaviatur *f*; Tastatur *f*; **~sz** *m* (*-a*; *-e*) Taste *f*; **~szowy** Tasten-.

klawy (*-wo*) F prima, toll, dufte.

kląć [klɔntɕ] ⟨za-⟩ (*klnę*) (ver)fluchen (*na A/A*); **~ na czym świat stoi** wie ein Stallknecht fluchen; **~ się** *s. zaklinać się.*

klątwa [-ɔnt-] *f* (*-y*; *G -*) Bannfluch *m*, Kirchenbann *m*; Fluch *m*, Verwünschung *f*.

klech|a *m* (*-y*; *G -ów*) Pfaffe *m*; **~da** *f* (*-y*) Sage *f*.

klecić ⟨s-⟩ (*-cę*) (notdürftig) zusammenhauen, -stoppeln, improvisieren; (*nur impf.*) *Reime* schmieden.

klei|ć ['klɛ-] ⟨s-, za-⟩ (*-ję*) (zusammen)kleben, leimen; (*nur impf.*) **~ć się** Augen: (vor *Müdigkeit* fast) zufallen; F **nie ~ć się** nicht klappen (wollen); **~k** *m* (*-u*; *-i*) (*Hafer-*) Schleim *m*; **~sty** [-'is-] klebrig, schleimig.

klej *m* (*-u*; *-e*, *-ów*) Kleber *m*, Leim *m*; **~a** *pl. ę s. kleić*; **~ki** *s. kleisty.*

klejnot *m* (*-u*; *-y*) Juwel *n*, Schmuckstück *m*; **~y rodowe** Familienschmuck *m*; **~y koronne** Kronjuwelen.

klejo|nka *f* (*-i*; *G -nek*) Steifleinen *n*; *Text.* Schlichte *f*; *s. sklejka*; **~waty** (*-to*) *s.* kleisty; **~wy** Leim-, Klebstoff-.

klekot *m* (*-u*; *0*) Klappern *n*; F (*a. -a*; *-y*) Klapperkasten *m*; **~ać** (*oę/ -coę*) *Storch:* klappern; *Motor:* knattern; F plappern.

kleks *m* (*-a*; *-y*) (*Tinten-*)Kleks *m*.

klepa|czka *f* (*-i*; *G -czek*) Klopfer

m; (*Lein-*)Schwinge *f*; **~ć** (*-ię*) ⟨po-⟩ klopfen (*się sich od.* einander); ⟨od-⟩ *Gebete* herunterleiern; ⟨wy-⟩ *Sense* dengeln; *Metall* treiben; P *fig.* **~ć trzy po trzy** Blech reden; **~dło** *n* (*-a*; *G -del*) Klempneramboß *m*; Dengelamboß *m*.

klep|isko *n* (*-a*) Tenne *f*; *Agr. Tech.* Dreschkorb *m*; **~ka** *f* (*-i*; *G -pek*) (*Faß-*)Daube *f*; Parkettstab *m*; F *majster* **~ka** Tausendkünstler *m*; P *brak piątej* **~ki** (*I*) bei *ihm* ist eine Schraube locker; **~nąć** [-nɔntɕ] *pf.* (*-nę*) klopfen; herausplatzen (*A/* mit); **~sydra** *f* (*-y*) Todesanzeige *f*; Sanduhr *f*; **~ulec** *m* (*-lca*, *-lce*) *Typ.* Klopfholz *n*.

kler *m* (*-u*; *0*) Klerus *m*; **~yk** *m* (*-a*; *-cy*) Kleriker *m*; **~ykalny** klerikal.

kleszcz *m* (*-a*; *-e*) Zecke *f*; **~e** *pl.* (*-y/ -ów*) Zange *f*; (*Krebs-*)Schere *f*; **~owy** Zangen-; **~yki** *pl.* (*-ów*) kleine Zange; Aderklemme *f*.

kleterki F *m/pl.* (*-ów*) Kletterschuhe *m/pl.*

klęcz|eć [-ɛntʃ-] (*-ę*, *-y*) knien, auf den Knien liegen; **~ki** *pl.* (*-czek*): *na* **~kach** kniend, auf den Knien; *na* **~ki** auf die Knie; **~nik** *m* (*-a*; *-i*) Betpult *n*; Betschemel *m*; **~ny**: *Sp. siad* **~ny** Hocke *f*.

klęk [-ɛŋk] *m* (*-u*; *-i*) *Sp.* Kniestand *m*; **~ać** (*-am*), ⟨**~nąć**⟩ [-nɔntɕ] (*-nę*, *a. -kła, -kli*) niederknien.

klę|li, ~łam *s.* kląć.

klępa [-ɛmp-] *f* (*-y*) *s.* łosza; P Schlampe *f*.

klęska *f* (*-i*; *G -*) Niederlage *f*; (*powodzi, żywiołowa* Hochwasser-, Natur-)Katastrophe *f*; **~ głodu** Hungersnot *f*.

klęsnąć [-nɔntɕ] (*-nę*, *a. -sł/kląsł*) einfallen, einsinken; *Ödem:* zurückgehen.

klient ['klʲi-] *m* (*-a*; *-ci*) Kunde *m*; Abnehmer *m*; (*Hotel-*)Gast *m*; Mandant *m*; **~ela** *f* (*-i*; *-e*) Kundschaft *f*; **~ka** *f* (*-i*; *G -tek*) Kundin *f*; Mandantin *f*.

klika (*-i*) Clique *f*; Klüngel *m*.

klimakterium [-'tɛ-] *n* (*unv.*; *-ia*) Wechseljahre *n/pl.*

klimat *m* (*-u*; *-y*) Klima *n*; **~yczny** Klima-, klimatisch; *stacja* **~na** Luftkurort *m*; **~yzacyjny** Klima-; *urządzenie -ne* = **~yzator** *m* (*-a*, *-y*) Klimaanlage *f*; **~yzować** (*-uję*) klimatisieren.

klin m (-a; -y) Keil m; Keilstück n, Zwickel m; F zabić ~a (D) j-m e-e knifflige Aufgabe (verzwickte Frage) stellen.

klincz m (-u; -e) Sp. Clinch m.

klini|czny klinisch; ~ka ['kli-] f (-i) Klinik f; ~ka położnicza Entbindungsanstalt f.

klinkier ['klĩ-] m (-u; -y) Klinker m; ~owy Klinker-.

klinow|ać ⟨za-⟩ (-uję) verkeilen; ~aty (-to) keilförmig; ~y Keil-; pismo ~e Keilschrift f.

klips m (-a; -y) Klipp m, Klips m.

klister m (-tru; 0) Skiwachs m.

klisza f (-y; -e) (Lichtbild-)Platte f; Klischee n; ~ siatkowa Rasterätzung f.

klit|ka F f (-i; G -tek) Hütte f; Kabuff n, Kammer f, Stübchen n; ~uś-bajduś m (unv.) Quatsch m.

kln|ą, ~ę, ~iesz s. kląć.

kloc m (-a; -e) Klotz m, Block m; ~ek m (-a /-cka; -cki) Klötzchen n; (Spitzen-)Klöppel m; ~ki pl. a. Bauklötze m/pl.; ~owaty (-to) klotzig, klobig.

klomb m (-a; -y) Blumenbeet n.

klon m (-a; -y) (zwyczajny Spitz-) Ahorn m; ~owy Ahorn-.

klops m (-a; -y) Hackbraten m; F fig. s. klapa; ~ik m (-a; -i) Fleischklößchen n.

klosz m (-a/-u; -e) (Glas-)Glocke f; Lampenschirm m; (Obst-)Schale f; w ~ ~owy Rock: ausgestellt, Glocken-.

klown [klaŭn] m (-a; -i/-y) Clown m.

klozet m (-u; -y) (Wasser-)Klosett n; ~owy Klosett-, Toiletten-.

klub m (-u; -y) Klub m; Klubhaus n; ~ książki Buchgemeinschaft f; ~ poselski (Parlaments-)Fraktion f; ~ młodzieżowy Jugendfreizeitheim n.

klub|a f (-y): wziąć w ~y andere Saiten aufziehen, kurzhalten.

klubow|iec [-'bɔ-] m (-wca; -wcy) Klubmitglied n; (pl. -wce) Klubsessel m; ~y Klub-.

kluch m (-a; -y), ~a f (-y) Kloß m; Schlief m, Schliff m im Brot.

klucz m (-a; -e, -y) (do mieszkania, maszynowy, podziału Wohnungs-, Schrauben-, Verteilungs-)Schlüssel m (a. fig. zu e-m Lehrbuch); Flgw. Kette f; Zo. (Keil-)Schwarm m d. Vögel; (a. Bot., Geol.) Bestimmungsbuch n; Fmw. (Morse-)Taste

f; pod ~em unter Verschluß; ~nica f (-y; -e) Beschließerin f; ~nik m (-a; -cy) Schließer m; ~owy Schlüssel-.

kluczy|ć (-ę) Haken schlagen; ~k m (-a; -i) (kleiner) Schlüssel; ~ki pl. Schlüsselblume f.

kluć się ⟨-ję⟩ aus dem Ei schlüpfen; fig. keimen.

klus|ek m (-ska; -ski), ~ka f (-i; G -sek) (Mehl-)Klößchen n; ~ki pl. mst Nudeln f/pl.; F fig. ciepłe ~ki trübe Tasse.

kła s. kieł.

kłacz|asty (-to) zottig; ~ek m (-czka; -czki) Flocke f; ~kowaty (-to) flockig.

kład m (-u; -y) Math. Deckungsgleichheit f; Tech. Schnitt m (Zeichnen); ~ą, ~ę s. kłaść; ~ka f (-i; G -dek) (Bach-)Steg m.

kładzie(sz) s. kłaść.

kłak m (-a; -i) (Haar-)Büschel n; (Watte-)Bausch m; ~i pl. Werg n; Putzwolle f; P Zottelhaar n; F funta ~ów niewarte k-n Pfifferling wert.

kłam m (-u; 0) Lüge f; zad(aw)ać ~ Lügen strafen (D/A); ~ać ⟨s-⟩ (-ię) lügen; ~ca m (-y; G -ów), F ~czuch m (-a; -y) Lügner(in f) m; ~liwy (-wie) lügenhaft, lügnerisch; ~stwo n (-a) Lüge f.

kłaniać się ['kwa-] (-am) sich verbeugen; grüßen (D/A).

kłańce m/pl. (-ów) (Wolfs-)Fänge m/pl.

kłap|ać (-ię), ⟨~nąć⟩ [-nɔntɛ] (-nę) schnappen (mit), schnappend zuklappen; s. klapać; ~ouchy mit Hängeohren.

kłaść (L.), ⟨położyć⟩ (hin)legen (się sich); engS. a. stellen, setzen; Tech. a. verlegen; Hand auflegen; Unterschrift leisten; ~ spać zu Bett bringen; ~ trupem niederschießen, -strecken; (a. ~ pokotem) niedermähen; (mst pf.) ~ kres od. koniec (D) Einhalt gebieten (D), beenden (A); ~ uszy po sobie Ohren anlegen.

kłąb [kwɔmp, -ɛmbu] m (kłębu, kłęby) Knäuel m; Bot. Knolle f; Zo. Widerrist m; kłęby dymu Rauchschwaden m/pl.; kłęby kurzu Staubwolken f/pl.

kłacze [-ɔntʃɛ] n (-a) Wurzelstock m. Rhizom m.

kłęb|ek [-ɛmb-] m (-bka -bki) Knäuel n; fig. ~ek nerwów Nervenbündel n (fig.); zwinąć się w ~ek sich zusammenrollen; ~iasty in Schwaden; chmura -ta Kumuluswolke f; ~ić ⟨za-⟩ (-ę) Staub, Rauch aufwirbeln; ~ić się sich zusammenballen; wallen; ~owisko n (-a) Knäuel n (fig.).

Kłod|a f (-y; G kłód) (Baum-, Säge-) Klotz m; Holzstamm m, Rundholz n; fig. Knüppel m.

Kłoni|ca f (-y; -e) Runge f; ~ć ⟨s-⟩ (-ę) neigen; s. skłaniać.

Kłopo|t m (-u; -y) Mühe f, Sorgen f/pl., Scherereien f/pl.; ~ty dnia powszedniego Alltagsnöte f/pl.; ~ty sercowe Liebeskummer m; sprawi(a)ć ~t Ungelegenheiten bereiten; zu schaffen machen; mieć ~t, być w ~cie in Verlegenheit sein; wpaść w ~t in Schwulitäten geraten; ~tać się (-czę/-cę) sich sorgen (I, o A/um A); ~tliwy (-wie) peinlich.

kłos m (-a; -y) Ähre f; ~ić się ⟨wy-⟩ (-szę) in die Ähren schießen; ~ie ['kłɔ-] n (-a; 0) koll. Ähren f/pl.; ~owy Ähren-; rośliny ~owe Gräser n/pl.; ~ówka f (-i; G -wek) Honiggras n.

Kłócić się ⟨po-⟩ (-cę) streiten, sich zanken; sich (ständig) in den Haaren liegen; F Farben: sich beißen.

Kłódka f (-i; G -dek) Vorhängeschloß n.

Kłót|liwy zänkisch, streitsüchtig; ~nia ['kłu-] f (-i; -e) Zank m, Streit m, (małżeńska Ehe-)Krach m; ~nik m (-a; -cy) Streithammel m.

Kłu|cie ['kłu-] n (-a; G -ć) (w boku Seiten-)Stechen n; ~ć ⟨u-⟩ (-ję/ kole, -lesz usw.) stechen, F pieken; ~jący (-'jɔn-) (-co) spitz, scharf, stechend (a. fig.).

Kłus m (-a; -y) Trab m; ~ak m (-a; -i) Traber m; ~em im Trab.

Kłusow|ać (-uję) wildern; ⟨po-⟩ ~raben; ~nictwo n (-a; 0) Wilddieberei f, Wildern n; ~nik m (-a; -cy) Wilddieb m, Wilderer m.

Kły s. kieł; ~kieć ['kwi-] m (-kcia; -kcie) Kondylus m.

Kmieć [kmɛtɕ] † m (-cia; -cie) Bauer m, Landmann m; wolny ~ Freisasse m.

Kmin|ek m (-nku; -nki) Kümmel m; kmówka f (-i; G -wek) Kümmel (-schnaps) m.

Kmiotek ['kmɔ-] m (-tka; -tki) iron. Bäuerlein n.

kmotr m (-a; -y), ~a f (-y) s. kum(a).

knajpa F f (-y) Kneipe f.

kneb|el m (-bla; -ble) Knebel m; ~lować ⟨za-⟩ (-uję) knebeln.

knedle m/pl. (-i) (Pflaumen-)Klöße m/pl.

knieć [kɲɛtɕ] f (-ci; -cie) s. kaczeniec.

kniej|a ['kɲɛ-] f (-ei; -eje, -ej) tiefer Wald, Walddickicht n; Fischgarn n; ~ówka † f (-i; G -wek) Jagdhorn n.

kno|cić ⟨na-, s-⟩ P (-cę) (ver)pfuschen, versauen, Mist bauen; ~t m (-a; -y) Docht m; Mar. Knoten m; F fig. 'Sargnagel' m; Knirps m; brać ~ty Dresche bekommen; ~wać (-am) s. knuć; ~wania [-'va-] n/pl. (-ń) Umtriebe pl., Intrigen f/pl.

knuć ⟨u-⟩ (-ję) aushecken, ausbrüten; im Schilde führen; Ränke schmieden; Verrat planen.

knur m (-a; -y) Eber m; Keiler m.

knykieć ['kni-] m (-kcia; -kcie) (Finger-)Knöchel m.

knypel m (-pla; -ple) Holzhammer m, Klopfer m; F Flgw. (Steuer-) Knüppel m.

koalic|ja f (-i; -e) Koalition f; ~yjny Koalitions-.
[m.]

kobalt m (-u; 0) Kobalt m; ~owy Kobalt-.

kobiałka f (-i; G -lek) (Bast-)Korb

kobieciarz [-'bɛ-] m (-a; -e) Schürzenjäger m, Frauenheld m; ~cina f (-y) Weiblein n; ~cość f (-ści; 0) Weiblichkeit f; ~cy Frauen- (a. po -cemu) fraulich, weiblich; ~r- nictwo n (-a; 0) Teppichknüpferei f; Teppichindustrie f; ~rzec m (-rca; -rce) Teppich m; stanąć na ślubnym ~rcu in den Stand der Ehe eintreten; ~ta f (-y) Frau f, Weib n; ~ta lekkich obyczajów leichtes Mädchen, F Flittchen n.

kobuz m (-a; -y) Baumfalke m.

koby|li Stuten-, ~ła f (-y) Stute f; F fig. ein Riesending; ~łka f (-i; G -łek) (kleine) Stute; Gestell n, Bock m; (Geigen-)Steg m; (Haken-)Öse f.

koc m (-a; -e) (Woll-)Decke f.

kocanka f (-i; G -nek) Strohblume f.

kocha|ć ⟨po-⟩ lieben, liebhaben; ~ć cię oich (od. einander) lieben (w L) verliebt sein (in A); F ~n Narren gefressen haben (an D), vernarrt sein (in A); jak ... ~m! so wahr mir ... lieb ist!; ~nek m (-nka;

-nkowie) Liebhaber m, Geliebte(r);
~nie n (-a; 0) Liebe(n n) f; (Anrede)
Liebling m, Liebste(r); ~nka f (-i;
G -nek) Geliebte f, Liebchen n;
~ny lieb; mój ~ny mein Lieber od.
Liebling, ~siu! mein Lieber!,
meine Liebe!

kochliwy leicht (od. oft) verliebt,
entflammbar.

koci Katzen-; katzenhaft; ~e łby
Katzenkopfpflaster n; ~ak ['kɔ-] m
(-a; -i) Kätzchen n, Miez(e/katze) f;
F fig. Playgirl n, Häschen n; ~ca f
(-y; -e) s. kotka; JSpr. Häsin f; ~ć
się ⟨o-⟩ (-cę) Katze usw.: Junge
bekommen (JSpr. setzen): lam-
men; ~ę n (-ęcia; -ęta) (Katzen-)
Junge(s); Junghase m.

kociokwik F m (-u; -i) s. kac.

kocioł ['kɔ-] m (kotła; -tły) Kessel
m; Kesseltreiben n, -jagd f; ~ek m
(-łka; -łki) (kleiner) Kessel; Topf m.

kocisko F n (-a) Riesenkater m.

kociuba f (-y) Schür-, Feuerhaken
m.

kocmołuch F m (-a; -y) Schmierfink m, P Dreckschwein n; Schlampe f.

kocur m (-a; -y) Kater m.

kocyk m (-a; -i) (Kinder-)Decke f.

koczkodan m (-a; -y) Zo. Meer-
katze f/fig. Vogelscheuche f.

koczow|ać (-uję) nomadisieren, um-
herziehen; kampieren; ~isko n (-a)
(Nomaden-)Lager n; ~niczy No-
maden-, (-czo) nomadisierend;
~nik m (-a; -cy) Nomade m.

kod m (-u; -y) Kode m, Code m; ~
pocztowy Postleitzahl f.

kodeks m (-u; -y) (karny Straf-)Ge-
setzbuch m; (obyczajowy Sitten-)
Kodex m; ~ postępowania karnego
Strafprozeßordnung f.

ko|dować ⟨za-⟩ (-uję) chiffrieren,
verschlüsseln; ~dyfikować ⟨s-⟩
(-uję) kodifizieren; ~edukacyjny
Koedukations-; ~egzystencja f (0)
Koexistenz f.

kofeina [-ɛ'i-] f (-y; 0) Koffein n.

kogel-mogel F m (kogla-mogla)
Quirlei mit Zucker, Zuckerei n.

kogo wen (G, A v. kto); do ~ zu wem.

koguci Hahn(en)-; waga ~a Bantamgewicht n; ~k m (-a; -i) Hähnchen n.

kogut m (-a; -y) Hahn m; ~ek m
(-tka; -tki) s. kogucik; F a. (Haar-)
Tolle f.

koić ['kɔ-] ⟨u-⟩ (-ję) lindern.

koja f (-oi; -je, -oi) (Schlaf-)Koje f.

kojarzyć ⟨s-⟩ (-ę) verbinden, ver
knüpfen, Psych. assoziieren; Eh
stiften; ~ się sich verbinden; Zo
sich paaren.

kojący [-'jɔn-] (-co) lindernd
schmerzstillend; beruhigend.

kojec m (-jca; -jce) Geflügelkäfig m
Brutbauer m; Bucht f; (Kinder-
Laufställchen n.

kok m (-a; -i) Haarknoten m, Dut
m; (pl. -owie) (Schiffs-)Koch m.

kokain|a [-a'i-] f (-y; 0) Kokain m
~izować się (-uję) Kokain (einnehmen; kokainsüchtig sein.

kokarda f (-y) (Band-)Schleife f.

kokiet|eria [-'tɛ-] f (G, D, L -ii; 0
Koketterie f; ~eryjny kokett; ~ka
(-i; G -tek) Kokette f; ~ować (-uj
kokettieren.

koklusz m (-u; -e) s. krztusiec.

kokorycz m (-u; -e) Bot. Lerchen
sporn m.

kokos m (-u; -y) Kokospalme f
Kokosnuß f; F ~y pl. Bombenge
schäft(e pl.) n; ~owy Kokos-.

kokosz f (-y; -e), ~ka f (-i; G -szek
Huhn n, engS. Glucke f.

kokotka f (-i; G -tek) Kokotte f.

koks m (-u; 0) Koks m; ~iak ['kɔk
F m (-a; -i) Kokskorb m; ~ik m (-u
0) Kokosklein n, -grus m.

kokso|chemia f Chemie f de
Kohleveredelung; ~wać (-uję) ve
koken; ~wnia f [-'sɔ-] f (-i; -e, -
Kokerei f; ~w(nicz)y Koks-.

koktajl [-tɛ-] (-u; -e) Cocktail m;
mleczny Milchmischgetränk n.

kolabora|cjonista m (-y; -ści, -ó
~nt m (-a; -ci) Kollaborateur m.

kolacj|a f (-i; -e) Abendbrot n; je
~ę zu Abend essen.

kolan|ko n (-a; G -nek) (Kinder
Knie n; Bot. Knoten m; Tec
Rohrkrümmer m, Winkelstück
~kowaty gekröpft, Kurbel-; ~o
(-a) Knie n; Tech. Krümmer m
Kochk. Hesse f; po ~a, do ~ kni
tief, kniehoch; ~owy Knie-; ~ów
f (-i; G -wek) (Hosen-)Kniefutter

kolars|ki Rad(sport)-; ~two n (-
0) Radsport m.

kolarz m (-a; -e) Radsportler m.

kolaudacja f (-i; -e) (Bau-)End
abnahme f.

kola s. kłuć. [abnahme f

kolba f (-y) Kolben m; ~ lutownic
Lötkolben.

kolce pl. (-ów) s. **kolec**; Sp. Spikes pl.

kolcza|k m (-a; -i) Habichtspilz m; **~sty** stachlig, Stachel-; **~tka** f (-i; G -tek) Agr. Stachelwalze f; Zo. Australischer Ameisenigel; **~tki** pl. Sp. s. kolce.

kolczuga f (-i) Kettenpanzer m.

kolczyk m (-a; -i) Ohrring m; Nasenring m; **~ować** (-uję) beringen; durch e-e Ohrmarke kennzeichnen.

koleb|a f (-y) Kipplore f; s. a. koliba; **~ka** f (-i; G -bek) Wiege f.

kol|e(sz) s. kluć; **~ec** m (-lca; -lce) Dorn m, Stachel m; vgl. kolce.

koleg|a m (-i; -dzy, -ów) Kollege m; (Schul-)Kamerad m, Freund m; **~a po fachu** Fachgenosse m; **~ialny** [-'gĭa-] kollegial; **~iata** [-'gĭa-] f (-y) Stiftskirche f; Jur. a. Senat m; **~ować** (-uję) befreundet sein, Freundschaft pflegen (z I/mit).

kole|ina [-e'i-] f (-y) (Rad-)Spur f; **~j** f (G, D, L -ei; -e, -ei) (Eisen-)Bahn f; Reihe(nfolge) f; **~j podziemna** Untergrundbahn; na **~j** zur Bahn; on czeka na swoją **~j** er wartet bis er an die Reihe kommt; **~ją** mit der (od. per) Bahn; zwykłą **~ją** im ausgefahrenen Geleise (fig.); po **~i** der Reihe nach; reihum; z **~i** seiner-, ihrerseits; wiederum; danach, dann; s. a. kolejny; **~je losu** od. życia Wechselfälle m/pl. des Lebens.

kolej|arski Eisenbahn-; Eisenbahner-; **~arz** m (-a; -e, -y) Eisenbahner m; **~ka** f (-i; G -jek) (Klein-)Bahn f; Reihe(nfolge) f; (Menschen-)Schlange f; F (Bier-)Runde f; poza **~ką** außer der Reihe; stać w **~ce** (po A) Schlange stehen (nach); **~nictwo** n (-a; 0) Eisenbahnwesen n; **~no** Adv. s. kolejny; **~ność** f (-ści; 0) Reihenfolge f, Ordnung f; według **~ności** der Reihe nach; **~ny** (-no) (nächst)folgend; turnusmäßig; laufend; Adv. -no auf-, nacheinander; **~owy** Eisenbahn-, F Bahn-; ruch **-wy** Zugverkehr m.

kolek|cja f (-i) Kollektion f, Sammlung f; **~cjonować** ⟨s-⟩ (-uję) sammeln; **~ta** f (-y) Kollekte f, Geldsammlung f; **~tura** f (-y) (Lotterie-)Einnahmestelle f.

kolektyw m (-u; -y) Kollektiv n, (Arbeits-)Gemeinschaft f; **~izacja** f (-i; 0) Kollektivierung f; **~ny** kollektiv; praca **~na** a. Teamwork n.

kolend|er m (-dru; -dry), **~ra** f (-y; G -der) Koriander m.

koleżanka f (-i; G -nek) Kollegin f, (Fach-)Genossin f; (Schul-)Freundin f; vgl. kolega.

koleżeńs|ki [-'ʒɛĭs-] (po -ku) kollegial, kameradschaftlich; **~kość** f (-ści; 0) Kollegialität f; **~two** n (-a; 0) Kameradschaft f; (Waffen-)Brüderschaft f.

koleżka F m (-i; G -ów) Kumpel m.

kolę s. kluć.

kolęd|a f (-'len-] f (-y) Weihnachtslied n; **~nik** m (-a; -cy) (Weihnachts-)Sternsinger m; **~ować** (-uję) Weihnachtslieder singen; mit e-r Weihnachtskrippe von Haus zu Haus ziehen.   [Kollier n.\]

kolia ['kɔĭa] f (G, D, L -ii; -e)\

koli|ba f (-y) Sennhütte f; **~ber** m (-bra; -bry) Kolibri m; **~dować** (-uję) kollidieren (z I/mit); **~gacić się** ⟨s-⟩ (-cę) durch Heirat verwandtschaftliche Bande knüpfen, sich verschwägern; **~sty** (-to) kreisrund, -förmig; **~zja** f (-i; -e) Kollision f, Zusammenstoß m.

kolka f (-i; G -lek) Kolik f.

koloni|a [-'lɔnĭa] f (G, D, L -ii; -e) Kolonie f; **~a robotnicza** Arbeitersiedlung f; **~e letnie** Ferienkolonie f; **~alny** Kolonial-; **~jny** Kolonie-; **~sta** m (-y; -ści, -ów) Kolonist m, Siedler m; **~zować** ⟨s-⟩ (-uję) kolonisieren.

koloński [-'bĭs-]: woda **~a** Kölnischwasser n.

kolor m (-u; -y) Farbe f, Farbton m; F **~y** pl. a. bunte Wäsche; **~aturowy** Koloratur-; **~ować** (-uję) kolorieren, bunt bemalen; **~owy** (-wo) farbig, Farb-; bunt, farbenfroh; **~yzować** (-uję) ausschmücken, schönfärben.

kolos m (-a; -y) Koloß m, Riese m; **~alny** kolossal.

kolport|aż m (-u; -e) Kolportage f, Vertrieb m; **~er** m (-a; -rzy) (Zeitungs-)Austräger m, Verkäufer m; **~ować** (-uję) Zeitungen austragen, verkaufen; Gerüchte kolportieren.

kolumn|a f (-y) Säule f, Kolonne f; (Flüchtlings-)Treck m; Typ. Kolumne f; **~a rozdzielcza** Zapfsäule; włączyć się w **~ę** Kfz. sich einfädeln; **~ada** f (-y) Kolonnade f, Säulengang m; **~owy** Säulen-; Kolumnen-.

kołacz m (-a; -e) Hochzeitskuchen m; s. a. makuch.

kołat|ać ⟨za-⟩ (-czę/-cę) klopfen, pochen; fig. a. anklopfen (do G/bei); ~ać się im Wagen durchgerüttelt werden; fig. ruhelos herumreisen, -irren; Gedanke: verfolgen; ~ek m (-tka; -tki) Zo. Totenuhr f; ~ka f (-i; G -tek) Klopfer m; Ratsche f.

kołcho|z m (-u; -y) Kolchose f; ~źnik m (-a; -cy) Kolchosbauer m.

kołczan m (-u; -y) Köcher m.

kołdra f(-y; G -der) (Stepp-)Decke f.

kołduny pl. (-ów) Kochk. Teigtaschen f/pl. mit Fleischfüllung.

koł|eczek m (-czka; -czki) Pflöckchen n, Stift m; ~ek m (-łka; -łki) Pflock m; Pfahl m; Dübel m; (Holz-)Stift m; Zeltpflock, Hering m; Mus. Wirbel m; fig. zawiesić na ~ku an den Nagel hängen; ~em s. koło, kół; ~kować (-uję) Schuhe nageln; ⟨za-⟩ mit Pflöcken (od. Stiften) befestigen; v/i JSpr. Hase: Männchen machen, sichern.

kołnierz ['kɔw-] m (-a; -e, -y) (od palta Mantel-)Kragen m; Tech. Flansch m, Bund m; ~yk m (-a; -i) (Hemd-)Kragen m.

koł|o¹ n (-a; G kół) Kreis m (a. fig.); Rad n; Runde f; ~o garncarskie, pasowe Töpfer-, Riemenscheibe f; ~o opisane, wpisane Math. Um-, Inkreis; ~o gospodyń wiejskich Bäuerinnenzirkel m; ... na cztery ~a Vierrad-; stanąć ~em umringen, e-n Kreis bilden (um); s. a. grono.

koło² Prp. (G) um ... (A) herum; neben, an (A od. D); nahe (D); ~ południa gegen Mittag; ~ Berlina in der Nähe von Berlin.

koło|bieg m Sp. Rundlauf m; ~dziej [-'wɔ-] m (-a;-e,-ów) Stellmacher m, Wagner m; ~tok m Kollergang m.

kołowa|cieć [-'va-] (-eję) steif werden; Vet. an Drehkrankheit erkranken; ⟨s-⟩ verrückt werden, durchdrehen (v/i); ~cizna f (-y; 0) Drehkrankheit f; F fig. Durcheinander n; dosta(wa)ć ~cizny F fig. verrückt werden; ~ć (-luję, -luj!) v/i kreisen, sich drehen; umherirren; Flgw. rollen; F drum herumreden.

kołow|iec [-'wɔ-] m (-wca; -wce) Raddampfer m; ~rotek m (-tka; -tki) Spinnrad n; (Angel-)Rolle f; ~rót m (-rotu; -roty) (Seil-)Winde

f; Haspel f; Drehkreuz n; Sp. Umschwung m; ~rót konny Göpel m; ~y Kreis-; Rad-; droga ~a Fahrweg m.

kołpak m (-a; -i) Tech. Haube f, Kappe f.

kołtun m (-a; -y) Med. Weichselzopf m; fig. Spießer m, Banause m; mst ~y pl. Zottelhaar n; ~eria [-'nε-] f (G, D, L -ii; 0) Spießer-, Philistertum n; koll. Banausen m/pl., Spießer m/pl.; ~iasty (-to) Haar: verfilzt; zottelig; ~ić się ⟨s-⟩ (-ę), ~ieć [-'tu-] ⟨s-⟩ (-eje) verfilzen (v/i). **kołtuński** [-'tuĩs-] spießer-, philisterhaft.

kołys|ać (-szę) wiegen; ~ać się sich wiegen, (sch)wanken; ~anie n (-a) Pendeln n; Schwanken n; Kfz. Wanken n; Mar. Schlingern n; ~anka f (-i; G -nek) Wiegenlied n; ~ka f (-i; G -sek) Wiege f.

komandor m (-a; -owie) Komtur m; Mar. Kapitän m zur See; Sp. Rennleiter m; ~ podporucznik Korvettenkapitän; ~ porucznik Fregattenkapitän; ~ski: krzyż ~ski Großkreuz n e-s Ordens.

komandos m (-a; -i) Soldat m e-s Sabotagetrupps, Ranger m, Guerillakämpfer m.

komandyt|ariusz [-'ta-] m (-a; -e) Kommanditist m; ~owy: spółka ~owa Kommanditgesellschaft f.

komar m (-a; -y) Mücke f; ~ widliszek Anopheles(mücke) m; ~nica f (-y; -e) Kohlschnacke f; ~owy, komarzy Mücken-.

komas|acja f (-i; -e) Flurbereinigung f; Zusammenlegung f; ~ować ⟨s-⟩ (-uję) zusammenlegen.

kombajn m (-u; -y) Agr. Vollerntemaschine f; Bgb. Schrämlademaschine f; ~ zbożowy Mähdrescher m.

kombatancki Kombattanten-.

kombi F m (unv.) Kombiwagen m

kombinac|ja f (-i; -e) Kombination f; Unterrock m; fig. Machenschaft f, Betrugsmanöver n; ~yjny Kombinations-.

kombinat m (-u; -y) Kombinat n; ~or F m (-a; -rzy) Schlaukopf m, Gauner m.

kombi|nerki pl. (-rek) Kombizange f; ~nezon m (-u; -y) Overall m (Flieger-, Raum-)Schutzanzug m; ~nować (-uję) ⟨s-⟩ kombinieren ⟨wy-⟩ folgern (z G/aus); F a. austüfteln, -knobeln; (*nur pf.*) organisieren, beschaffen; (*nur impf.*) Geschäfte machen, spekulieren.

komedia [-'mɛ-] *f* (*G, D, L -ii; -e*) Komödie *f*, Lustspiel *n*; *fig.* Komödie *f*, Theater *n*; **~ncki** Komödianten-; **~nt** [-'mɛ-] *m* (*-a; -ci*), **-tka** *f* (*-i; G -tek*) Komödiant(in *f*) *m*.

komedio|pisarz *m* Komödiendichter *m*; **~wy** Komödien-, Lustspiel-.

komend|a *f* (*-y*) Kommando *n*; ~ *miasta* Stadtkommandantur *f*; ~a *milicji* (*Volks-*)Polizeipräsidium *n*; *Wojskowa* 2a *Rejonowa* Bezirks-Wehrersatzamt *n*; **~ant** *m* (*-a; -ci*) (*garnizonu* Orts-)Kommandant *m*; (*Polizei-*)Kommandeur *m*; **~antura** *f* (*-y*) Kommandantur *f*; **~erować** (*-uję*) kommandieren.

koment|arz *m* (*-a; -e, -y*) Kommentar *m*; **~ować** ⟨*s-*⟩ (*-uję*) kommentieren.

komercyjny Handels-, kommerziell.

kometa *f* (*-y*) Komet *m*.

komfort ['kɔf-] *m* (*-u; 0*) (*jazdy* Fahr-)Komfort *m*; **~owy** Komfort-, (*-wo*) komfortabel.

komiczn|ość *f* (*-ści; 0*) Komik *f*; **~y** komisch.

komik *m* (*-a; -cy*) Komiker *m*; **~sy** *pl.* (*-ów*) Comics *pl.*, Comic strips.

komin *m* (*-a; -y*) Schornstein *m*; (*Fabrik-*)Schlot *m*; *Berg-Sp.* Kamin *m*; *Flgw.* thermischer Aufwind; **~ek** *m* (*-nka; -nki*) (kleiner) Schornstein; (*Zimmer-*)Kamin *m*; *JSpr.* (*Hasen-*)Haken *m*.

kominiar|czyk *m* (*-a; -i*) Schornsteinfegerlehrling *m*; **~ka** *f* (*-i; G -rek*) (*Strick-*)Windhaube *f* mit Nackenschutz; **~ski** Schornsteinfeger-.

kominiarz [-'mi-] *m* (*-a; -e*) Schornsteinfeger *m*, Kaminkehrer *m*.

komis *m* (*-u; -y*) *Hdl.* Kommission(sgeschäft *n*) *n*; *F a.* Kommissionsladen *m*.

komisa|riat [-'sa-] *m* (*-u; -y*) (*Polizei-*)Revier *n*; **~ryczny** kommissarisch; **~rz** *m* (*-a; -e*) Kommissar *m*.

komisja *f* (*-i; -e*) (*badawcza, do spraw rozbrojenia, do badania energii atomowej* Untersuchungs-, Abrüstungs-, Atomenergie-)Kommission *f*, Ausschuß *m*; **~owy** *Hdl.* Kommissions-; *Su.* **~owe** *n* (*-ego; 0*)

Kommissionsgebühr *f*; **~yjny** Ausschuß-, ... der Kommission; *-nie Adv. a.* in e-m (*od.* durch e-n) Ausschuß.

komiśniak *m* (*-a; -i*) Kommisbrot *n*.

komitet *m* (*-u; -y*) Komitee *n*; ~ *rodzicielski* Elternbeirat *m*; **~owy** Komitee-.

komityw|a F *f* (*-y; 0*): wejść w ~ę dicke Freundschaft schließen (z *I*/mit); być (*od.* żyć) w najlepszej ~ie auf freundschaftlichem Fuße stehen (z *I*/mit).

komiwojażer *m* (*-a; -owie/-rzy*) Handlungsreisende(r).

komoda *f* (*-y; G -mód*) Kommode *f*.

komodor *m* (*-a; -rzy/-owie*) Kommodore *m*.

komonica *f* (*-y; -e*) Hornklee *m*.

komora *f* (*-y*) Kammer *f*; ~ *bombowa* Bombenschacht *m*; ~ *celna* Zollamt *n*; ~ *nabojowa Mil.* Ladungsraum *m*.

komor|ne *n* (*-ego; 0*) (*Wohnungs-*)Miete *f*; **~nik** *m* (*-a; -cy*) Gerichtsvollzieher *m*; **~owy** Kammer-.

komosa *f* (*-y*) *Bot.* Gänsefuß *m*; ~ *biała s. lebioda*.

komórk|a *f* (*-i; G -rek*) (*Rumpel-*) Kammer *f*; Kämmerlein *n*; *s. klitka*; (*Foto-*, *Ei-*)Zelle *f*; **~owy** Zell(en)-, zellular.

kompan F *m* (*-a; -i*) Kumpan *m*, Kumpel *m*; **~ia** [-'pa-] *f* (*G, D, L -ii; -e*) Gesellschaft *f*; *Mil.* (*honorowa, strzelecka* Ehren-, Schützen-) Kompanie *f*.

kompas *m* (*-u; -y*) (*bąkowy* Kreisel-) Kompaß *m*.

kompens|acja [-pɛ̃'sa-] *f* (*-i; 0*) Kompensation *f*, Ausgleich *m*; **~acyjny** Ausgleichs-, **~ować** ⟨*s-*⟩ (*-uję*) kompensieren, ausgleichen.

kompeten|cja *f* (*-i; -e*) Kompetenz *f*, Zuständigkeit *f*; Befugnis *f*; *zakres ~cji (służbowych)* Dienst-, Geschäftsbereich *m*; **~tny** kompetent, zuständig; fachkundig.

kompleks *m* (*-u; -y*) Komplex *m*; *Geol.* Folge *f*; **~owy** (*-wo*) komplex; umfassend; Ganzheits-.

komplement *m* (*-u; -y*) Kompliment *n*

komplet *m* (*-u; -y*) Satz *m*, Sortiment *n*; (*Instrumenten-*)Besteck *n*; (*Wäsche-, Möbel-*)Garnitur *f*; (*Kaffee-*)Service *n*; (*Zeitschriften-*)Jahrgang *m*; (*Skat-*)Runde *f*; (*Ent-*

scheidungs-)Gremium *n*; Jury *f*; ~ dzieł sämtliche Werke; ~ widzów ausverkaufter Saal; ~y tańca Tanzstunde(n *pl.*) *f*; tajne ~y hist. illegaler (*Gruppen-*)Unterricht; mieć ~ pasażerów voll besetzt (*od.* ausgebucht) sein; *w komplecie* komplett, vollzählig; *ponad* ~ überzählig; ~**ny** komplett; völlig, ganz; P ~ny idiota Vollidiot *m*; ~**ować** ⟨s-⟩ (-*uję*) komplettieren, vervollständigen, ergänzen.

komplik|acja *f* (-*i*; -*e*) Komplikation *f*; Schwierigkeit *f*; ~**ować** ⟨s-⟩ (-*uję*) komplizieren, erschweren; ~*ować się* sich verwirren, schwierig(er) werden.

kompo|nować ⟨s-⟩ (-*uję*) komponieren; ~**stować** (-*uję*) mit Kompost düngen.

kompot *m* (-*u*; -*y*) Kompott *n*; ~**ierka** [-'t͡ɕe-] *f* (-*i*; *G* -*rek*) Kompottschüssel *f*.

kompozy|cja *f* Komposition *f*; ~**tor** *m* (-*a*; -*rzy*) Komponist *m*; ~**torski** Kompositions-; Komponisten-.

kompres *m* (-*u*; -*y*) Kompresse *f*; (feuchter) Umschlag; ~**ja** *f* (-*i*; -*e*) Kompression *f*, Verdichtung *f*, *fig.* (*Personal-*)Abbau *m*, Reduktion *f*; ~**ować** ⟨s-⟩ (-*uję*) komprimieren.

kompromi|sowy Kompromiß-; ~**tacja** *f* (-*i*; -*e*) Bloßstellung *f*; ~**tować** ⟨s-⟩ (-*uję*) kompromittieren, bloßstellen; ~**tujący** [-'jɔn-] (-*co*) kompromittierend.

komu (*D v.* kto) wem.

komun|a *f* (-*y*) Kommune *f*; ~**alny** kommunal, Gemeinde-; ~**ał** *m* (-*u*; -*y*) Gemeinplatz *m*.

komunia [-'mu-] *f* (*G, D, L* -*ii*; -*e*) Kommunion *f*.

komunikac|ja *f* (-*i*; *0*) Kommunikation *f*; *engS.* (*miejska, samochodowa* Stadt-, Kraft-)Verkehr *m*; Verbindung *f*; ~**yjny** Kommunikations-; Verkehrs-.

komunika|nt *m* (-*a*; -*y*) *Rel.* Hostie *f*; (*pl.* -*ci*) Kommunikant *m*; ~**t** *m* (-*u*; -*y*) Kommuniqué *n*, Verlautbarung *f*; Bulletin *n*; ~**t** *o stanie pogody, o stanie dróg, prasowy* Wetter-, Straßenzustands-, Pressebericht *m*; ~**t** *o stanie wód, radiowy* Wasserstands-, Rundfunkmeldung *f*.

komunikować ⟨za-⟩ (-*uję*) mitteilen, bekanntgeben; (*nur impf.*) kommunizieren; ~ *się* ⟨s-⟩ in Verbin-

dung bleiben (*pf.* sich in Verbindung setzen).

komunist|a *m* (-*y*; -*ści*, -*ów*), ~**ka** *f* (-*i*; *G* -*tek*) Kommunist(in *f*) *m*; ~**yczny** kommunistisch.

komża *f* (-*y*; -*e*, -*y*|-*mež*) Meßhemd *n*.

kona|ć (-*am*) im Sterben liegen; ⟨s-⟩ sterben, entschlafen; *fig.* ersterben; (*nur impf.*) ~*ć ze śmiechu* sich totlachen (können), sich vor Lachen biegen; ~**jący** [-'jɔn-] sterbend; *Su. m* (-*ego*; -*y*) Sterbende(r).

konar *m* (-*a*|-*u*; -*y*) Ast *m*; *JSpr.* Sprosse *f*.

koncentr|acja *f* (-*i*; -*e*) Konzentration *f*; Ballung *f*; ~**acyjny** Konzentrations-; ~**at** *m* (-*u*; -*y*) Konzentrat *n*; *engS.* Kraftfutter *n*; ~**at** *pomidorowy* Tomatenpüree *n*; ~**ować** ⟨s-⟩ (-*uję*) konzentrieren (*się* sich); ~**yczny** konzentrisch.

koncep|cja *f* (-*i*; -*e*) Konzeption *f*; Auffassung *f*; ~**t** *m* (-*u*; -*y*) Einfall *m*, Idee *f*; Witz *m*; *wpaść na* ~*t* den Einfall haben; *F ruszyć* ~*tem* sich etwas einfallen lassen.

koncern *m* (-*u*; -*y*) Konzern *m*.

koncert *m* (-*u*; -*y*) (*muzyki lekkiej, życzeń* Unterhaltungs-, Wunsch-)Konzert *n*; ~ *na* (*A*) Konzert für (*A*); ~**mistrz** *m* Konzertmeister *m*; ~**ować** (-*uję*) konzertieren; ~**owy** Konzert-; konzertant; *F fig.* (-*a*, -*wo*) meisterhaft, glänzend.

koncesja *f* Konzession *f*.

koncesjon|ariusz [-'na-] *m* Konzessionsinhaber *m*; ~**ować** (-*uję*) konzessionieren; ~**owany** zugelassen.

koncha *f* (-*y*) Muschel *f*; (*Kristall-*)Schale *f*; *Arch.* Koncha *f*; ~ *uszna* Ohrmuschel.

koncypować (-*uję*) konzipieren; *F* ⟨*wy-*⟩ austüfteln, ersinnen.

konden|sator *m* (-*a*; -*y*) Kondensator *m*; ~**sować** ⟨s-⟩ (-*uję*) kondensieren; ~**sować** *się a.* sich niederschlagen; *mleko* ~**sowane** Kondensmilch *f*.

kondolenc|ja *f* (-*i*; -*e*) Beileid *n*, Kondolenz *f*; ~**yjny** Beileids-, Kondolenz-.

kondukt *m* (-*u*; -*y*) (*pogrzebowy* Trauer-)Zug *m*; ~**or** *m* (-*a*; -*rzy*), **-rka** *f* (-*i*; *G* -*rek*) Schaffner(in *f*) *m*; -*rka a.* Schultertasche *f*; ~**orski** Schaffner-.

kondy|cja f (-i; 0) Kondition f; być w dobrej ~cji a. gut in Form sein; ~cyjny Konditions-; **~gnacja** f (-i; -e) Stockwerk n, Geschoß n.

konew f (-nwi; -nwie, -nwi) Kanne f; Krug m; **~ka** f (-i; G -wek) (Gieß-)Kanne f.

konfedera|cja f Konföderation f; **~cki** Konföderations-; Konföderierten-; **~t** m (-a; -ci) Konföderierte(r); **~tka** f (-i; G -tek) Konföderierte; Konföderiertenmütze f.

konfekc|ja f (-i; 0) Konfektion f; **~yjny** Konfektions-.

konfer|ansjer [-'rä-] m (-a; -rzy), **-rka** f (-i; G -rek) Conférencier m; **-rka** a. Conférence f; **~encja** f (-i; -e) (prasowa, na szczycie Presse-, Gipfel-)Konferenz f; **~ować** (-uję) konferieren.

konfesjonał m (-u; -y) Beichtstuhl m.

konfiden|cjonalny vertraulich; **~t** m (-a; -ci) Informant m, Spitzel m; † a. Vertraute(r).

konfirm|acja f (-i; -e) Konfirmation f; **~ować** (-uję) konfirmieren.

konfisk|ata f (-y) Beschlagnahme f, Einziehung f; **~ować** ⟨s-⟩ (-uję) beschlagnahmen, konfiszieren.

konfitury f/pl. (-) Konfitüre f.

kon|fliktowy Konflikt-; **~formizm** m (-u; 0) Konformismus m; **~frontacja** f (-i; -e) Konfrontation f; Jur. Gegenüberstellung f; **~frontować** ⟨s-⟩ (-uję) konfrontieren (z I/mit); gegenüberstellen (z I/D).

kongijski [-ŋ-] kongolesisch, Kongo-.

kongregacja [-ŋ-] f (-i; -e) Kongregation f.

kongres [-ŋ-] m (-u; -y) Kongreß m; **~owy** Kongreß-; hist. Królestwo ~owe = **Lówka** F f (-i; 0) Kongreßpolen n.

koniak ['kɔɲak] m (-u; -i) Kognak m.

konicz|ek m (-czka; -czki) Pferdchen n; **~yna** f (-y) Klee m; **~ynowy** Klee-.

o|niec ['kɔ-] m (-ńca; -ńce) (a. miesiąca, roku Monats-, Jahres-) Ende n; Schluß m; (Zungen-, Nasen-)Spitze f; **~niec świata** Weltuntergang m; **~niec! es ist aus!**; na **~ńcu** am Ende, schließlich; wlec się na szarym **~ńcu** das Schlußlicht machen; bez **~ńca** endlos; od **~ńca** von hinten (nach vorn); od (od. z) **~ńca do ~ńca** von einem Ende zum

anderen; drugi od **~ńca** zweitletzte(r); pod **~niec** zum Schluß; w **~ńcu** schließlich; **~niec ~ńców** letzten Endes.

konieczn|ie Adv. unbedingt; **~ość** f (-ści; 0) Not(wendigkeit) f; w razie **~ości** im Not- od. Ernstfall; z **~ości** gezwungenermaßen, **~y** unbedingt (od. dringend) notwendig, unerläßlich.

koni|k m (-a; -i) Pferdchen n; Tech. Reitstock m; fig. Steckenpferd n; F (Eintrittskarten-)Schwarzverkäufer m; (Schach-)Springer m; **~k polny** Grashüpfer m; **~kówka** f (-i; G -wek) Rösselsprungaufgabe f; **~na** f (-y; 0) Pferdefleisch n; **~okrad** m (-a; -y) Pferdedieb m; **~sko** n (-a) Mähre f; **~uch** [-ŋu-] † m (-a; -y) Stallknecht m.

koniug|acja [-ŋiu'ga-] f (-i; -e) Konjugation f; **~ować** (-uję) konjugieren, beugen.

koniunktura [-ŋiuŋk-] f (-y) Konjunktur f.

koniuszek [-'ŋu-] m (-szka; -szki) (Nasen-)Spitze f; ~ palca Fingerkuppe f.

koniuszy [-'ŋu-] m (-ego; -owie, -ych) Stallmeister m.

konklu|dować [-ŋk-] (-uję) schlußfolgern; **~zja** f (-i; -e) Schluß(folgerung f) m.

konkret|ny [-ŋk-] konkret; gegeben, vorliegend; **~yzować** ⟨s-⟩ (-uję) konkretisieren, veranschaulichen.

konkurenc|ja [-ŋk-] f (-i; -e) Konkurrenz f (a. Sp.), Wettbewerb m; bez **~ji** konkurrenzlos; **~ja** jeżdziecka Reitturnier n; **~yjność** f (-ści; 0) Konkurrenz-, Wettbewerbsfähigkeit f; **~yjny** Konkurrenz-, Wettbewerbs-.

konkur|ent [-ŋk-] m (-a; -ci) Konkurrent m; Konkurrenzfirma f; Gegner m; (Mit-)Bewerber m; **~ować** (-uję) konkurrieren, wetteifern (z I/mit); um ein Mädchen anhalten.

konkurs [-ŋk-] m (-u; -y) (piękności, szybkości Schönheits-, Geschwindigkeits-)Wettbewerb m; (öffentliche) Ausschreibung (na A/ für); Preisausschreiben n; ~ skoków Sp. Wettspringen n; poza **~em** außer Konkurrenz; **~owy** Wettbewerbs-; Preis-.

konn|o *Adv.* zu Pferde, beritten; **~y** Pferde-; Reit(er)-; *in Zssgn z.B.* sześciokonny sechsspännig.

konop|ie [-'nɔ-] *pl.* (*-pi*) Hanf *m*; **~ny** Hanf-, hanfen. [ment *n*.)

konosament *m* (*-u; -y*) Konosse-)

konował P *m* (*-a; -y*) Viehdoktor *m; verä.* Kurpfuscher *m*.

konsekwen|cja [*a.* kõ-] *f* Konsequenz *f*; **~tny** konsequent; beharrlich.

konserwa [*a.* kõ-] *f* (*-y*) Konserve *f*; **~cja** *f* (*-i; -e*) Konservierung *f*; Instandhaltung *f*, Pflege *f*, Wartung *f*; **~cyjny** Schutz-, Konservierungs-, **~tor** *m* (*-a; -rzy*) Konservator *m*, Denkmalspfleger *m; Tech.* Wartungsmechaniker *m*; **~torium** [-'tɔ-] *n* (*unv., -ia, -ów*) Konservatorium *n*; **~torski** konservatorisch; **~tysta** *m* (*-y; -ści, -ów*) *Pol.* Konservative(r); **~tywny** konservativ.

konserw|ować [*a.* kõ-] ⟨*za-*⟩ (*-uję*) konservieren; **~owy** Konserven-; *engS.* Büchsen-, Dosen-; **~ujący** [-'jɔn-] Konservierungs-, (*-co*) konservierend.

konsol|a [*a.* kõ-] *f* (*-i; -e, -*) Konsole *f*; Ablage *f*; **~eta** *f* (*-y*) (*Regie-*) Pult *n*; **~idować** ⟨*s-*⟩ (*-uję*) konsolidieren (*się sich*).

kon|sorcjum [*a.* kõ-] *n* (*unv., -ja, -ów*) Konsortium *n*; **~spekt** *m* (*-u; -y*) Konzept *n*, Entwurf *m*; Konspekt *m*, Übersicht, Abriß *m*.

konspira|cja [*a.* kõ-] *f* (*-i; -e*) *Pol.* Tarnung *f*; konspirative Tätigkeit; Untergrund(bewegung *f*) *m*, geheime Organisation; **~cyjny** konspirativ, Untergrund-; **~torski** Verschwörer-.

konspirować [*a.* kõ-] (*-uję*) konspirieren; geheimhalten; **~ się** ⟨*za-*⟩ untertauchen, sich verstecken.

kon|statować [*a.* kõ-] ⟨*s-*⟩ (*-uję*) feststellen, konstatieren; **~stelacja** *f* (*-i; -e*) Konstellation *f*.

konstern|acja [*a.* kõ-] *f* (*-i; 0*) Bestürzung *f*; **~ować** ⟨*s-*⟩ (*-uję*) aus der Fassung bringen, bestürzen; befremden.

konstruk|cja [*a.* kõ-] *f* (*-i; -e*) Konstruktion *f; Arch., Tech. a.* Bauart *f*, -weise *f*; (*Auf-*)Bau *m*; **~cyjny** Konstruktions-; **~tor** *m* (*-a; -rzy*) Konstrukteur *m*; **~tywny** konstruktiv.

konstruować ⟨*s-*⟩ (*-uję*) konstruieren; *engS.* entwickeln; bauen.

konstytu|cja [*a.* kõ-] *f* (*-i; -e*) Verfassung *f*, Grundgesetz *n; Bio.* Konstitution *f*; **~cyjny** Verfassungs-; konstitutionell; **~ować** ⟨*u-*⟩ (*-uję*) konstituieren, bilden (*się sich*).

konsul [*a.* kõ-] *m* (*-a; -owie, -ów*) Konsul *m*; **~arny** Konsular-, konsularisch; **~at** *m* (*-u; -y*) Konsulat *n*; **~tować** (*-uję*) beraten; **~ować się** sich beraten; konsultieren (*u G/A*).

konsum [*a.* kõ-] *m* (*-u; -y*) Konsum *m; F engS.* Konsumladen *m*; **~ent** *m* (*-a; -ci*) Verbraucher *m*; **~ować** ⟨*s-*⟩ (*-uję*) verzehren; verbrauchen; **~pcja** *f* (*-i; 0*) Verzehr *m*; Verbrauch *m*; **~pcyjny** Verzehr-, Verbrauchs-; *Su.* -ne *n* (*-ego*): *zapłacić* -ne e-n Verzehrbon kaufen.

konsy|gnacja [*a.* kõ-] *f* (*-i; -e*) Konsignation *f*; Lieferschein *m*; **~liarz** [-'si-] *m* (*-a; -e*) *iron.* Heilkundige(r), Medizinmann *m*; **~lium** [-'si-] *n* (*unv., -ia, -ów*) Konsilium *n*; **~storski** Konsistorial-; **~storz** *m* (*-a; -e*) Konsistorium *n*.

konszachty [*a.* kõ-] *m/pl.* (*-ów*) Machenschaften *f/pl.*, Ränke *pl.*

kontakt *m* (*-u; -y*) Kontakt *m; fig. a.* Fühlung *f; El.* F *a.* Schalter *m*; z trudem nawiązujący **~** kontaktarm; **~ować** ⟨*s-*⟩ (*-uję*) *v/t* zusammenbringen, Kontakt herstellen; *v/i* Kontakt haben, sich berühren; **~ować się** ⟨*s-*⟩ in Kontakt stehen, (*pf.*) Kontakt aufnehmen (*z I/mit*); **~owy** Kontakt-, Berührungs-.

kontenans [-nãs] *m* (*-u; 0*) Selbstbeherrschung *f*; *zbić z ~u* aus der Fassung bringen.

kontener *m* (*-a; -y*) Container *m*; **~owiec** *m* (*-wca; -wce*) Containerschiff *n*.

kontent † (*z G*) zufrieden (*mit*), froh, erfreut (*über A*); **~ować się** (*-uję*) sich zufriedengeben (*I/mit*).

kont|o *n* (*-a*) (*bankowe* Bank-)Konto *n*; **~ować** (*-uję*) (*auf ein Konto*) (*ver*)buchen; **~owy** Konto-.

kontra[1] *f* (*-y*) *KSp.* Kontra *n; Typ.* Negativätzung *f*; *Box-Sp.* Konter *m*, Parade *f*.

kontra[2] *Prp.* kontra, gegen; **~banda** *f s.* przemyt; Konterbande, Schmuggelware *f*; **~bas** *m* Kontrabaß *m*.

ontradmirał [-r·a-] *m* Konter-
admiral *m*.

ontrafałd|a *f* Kellerfalte *f*; F **nie
zawracaj ~y!** laß mich in Ruhe!

ontr|ahent *m* (-a; -ci) Kontrahent
m, Vertragspartner *m*; **~akcja** *f*
[-'·a-] Kontraktion *f*; [-r·'a-] Ge-
genaktion *f*.

ontrakt *m* (-u; -y) Kontrakt *m*,
Vertrag *m*; **~acja** *f* (-i; -e) *Agr.* Ver-
tragssystem *n*; **~acyjny** kontrakt-
lich; *umowa -na* Anbau- *od.* Zucht-
vertrag *m*; **~ować** ⟨za-⟩ (-uję) *Agr.*
sich vertraglich zur Abnahme (*od.*
Ablieferung) verpflichten; **~owy**
Vertrags-.

ontrast *m* (-u; -y), **~owość** *f* (-ści;
θ) Kontrast *m*; **~owy** (-wo) kon-
trast(reich).

ontr|asygnować [-r·a-] gegen-
zeichnen; **~atak** *m* Gegenangriff *m*,
~schlag *m*; **~atakować** zum Gegenangriff übergehen, F e-n Gegenangriff starten; **~kandydat** *m* Gegen-
kandidat *m*; **~ofensywa** *f* Gegen-
offensive *f*.

ontrol|a *f* (-i; -e, -i) Kontrolle *f*;
ng S. Überwachung *f*; (Über-)
Prüfung *f*; **~er** *m* (-a; -rzy) Kon-
rolleur *m*; (*bsd. Tech.*) Prüfer *m*;
~ka F *f* (-i; *G* -lek) Kontrollbuch *n*;
~ny Kontroll-; **~ować** ⟨s-⟩ (-uję)
kontrollieren; (über)prüfen.

ontro|wać (-uję) *Sp.* kontern;
KSp. Kontra spielen; **~wersja** *f*
Kontroverse *f*.

ontr|rewolucyjny konterrevolu-
ionär; **~torpedowiec** *m* † *s. nisz-
zyciel*; **~wywiad** *m* Spionageab-
vehr *f*; Gegenspionage *f*.

ontrybuc|ja *f* (-i; -e) (*Kriegs-*)
Kontribution *f*; **~yjny** Kontribu-
ions-.

ontuar [-'tu-] *m* (-u; -y) Laden-
~isch *m*, Theke *f*.

ontur *m* (-u; -y) Umriß(linie *f*) *m*;
~owy Umriß-.

ontusz *m* (-a; -e) Kontusch *m*;
~owy *fig.* altpolnisch; *szlachta ~owa*
~ter Adel.

ontuzj|a *f* (-i; -e) Kontusion *f*,
Quetschung *f*, Prellung *f*; **~ować**
m/pf. (-uję) e-e Prellung (*od.*
Quetschung) verursachen.

ontynent *m* (-u; -y) Kontinent *m*,
~alny kontinental.

onty|ngent [-ŋg-] *m* (-u; -y) Kon-
ngent *n*; *Agr.* Ablieferungssoll *n*;

~nuacja *f* (-i; *θ*) Fortsetzung *f*;
~nuować (-uję) *v/t* fortsetzen, -füh-
ren; *v/i im Sprechen* fortfahren.

konwali|a [-'va-] *f* (*G, D, L* -ii; -e)
Maiglöckchen *n*; **~owy** Maiglöck-
chen-.

konwen|ans [-năs] *m* (-u; -e) Um-
gangsformen *f/pl.*; **~cja** *f* (-i; -e)
Konvention *f*; **~cjonalny** konven-
tionell; *a.* = **~cyjny** konventional;
~t *m* (-u; -y) Konvent *m*; **~t senio-
rów** Ältestenrat *m*.

konwer|sacja *f* (-i; -e) Konversa-
tion *f*, **~sacyjny** Konversations-;
~tor *m* (-a; -y) Konverter *m*; **~to-
wać** (-uję) konvertieren; **~tyta** *m*
(-y; -ci, -ów) Konvertit *m*.

konwoj|ent *m* (-a; -ci) Begleiter *m*,
Bewacher *m*, **~ować** (-uję) begleiten, eskortieren; **~owiec** [-'jɔ-] *m*
(-wca; -wce) Begleitschiff *n*.

konw|ój *m* (-oju; -oje, -ów) Eskorte
f, Begleitschutz *m*; (*Gefangenen-*)
Kolonne *f*; (*Fahrzeug-*)Konvoj *m*;
Mar. a. Geleitzug *m*; *pod ~ojem a.*
unter Bewachung.

konwuls|ja *f* (-i; -e): *mst pl.* **~je**
Zuckungen *f/pl.*, Krämpfe *m/pl.*;
~yjny konvulsivisch, krampfhaft.

koń *m* (-nia; -nie, *I* -ńmi) Pferd *n*,
Roß *n*; (*Schach-*)Springer *m*; *~
ciężki* Kaltblut *n*; *~ pełnej krwi*
Vollblut *n*; *~ z łękami* Turnpferd;
~ mechaniczny Pferdestärke *f*; *na
koniu* zu Pferde.

końc|a, ~e *s. koniec*; **~owy** End-,
(*Ab-*)Schluß-, letzt-; *głoska ~owa*
Gr. Auslaut *m*; **~ówka** *f* (-i; *G
-wek*) Ende *n*, Endstück *n*; Spitze *f*;
Aufsatz *m*; (*Schach-*)Endspiel *n*;
Sp. Endkampf *m*; *El.* Klemme *f*;
(*Kabel-*)Schuh *m*; *Gr.* Endung *f*.

kończy|ć ⟨s-⟩ (-ę) beenden, (ab-,
be)schließen; aufhören (*A/mit*); **~ć
pięć lat** fünf Jahre alt werden; **~ć
się** zu Ende gehen (*pf.* sein); ausgehen; enden, schließen (*v/i*); (*nur
impf.*) *nie ~ć się* nicht abreißen
(wollen); **~na** *f* (-y) Extremität *f*,
Glied *n*; *pl. a.* Gliedmaßen *f/pl.*

koński ['kɔ̃-] Pferde-; *~ ogon* Pfer-
deschwanz *m* (*a. Frisur*); F **~e
zdrowie** Pferdenatur *f*.

kooper|acja *f* Kooperation *f*, Zu-
sammenarbeit *f*; **~ować** hospern,
ren, zusammenarbeiten.

koordynować koordinieren.

kop P *m* (-a; -y) Fußtritt *m*.

kop|a f (-y) Schock (60 Stück); (Heu-)Schober m; (Garben-)Hocke f; F ⹀a (od. ⹀e) lat e-e Ewigkeit.

kopacz m (-a; -e) Erdarbeiter m; Grubenarbeiter m; ⹀ka f (-i; G -czek) Agr. Rodepflug m; ⹀ka do ziemniaków Kartoffelroder m.

kop|ać (-ię) ⟨wy-⟩ graben; (Kartoffeln, Rüben ernten; Torf stechen; ⟨a. ⹀nąć⟩ [-nǫtə] (-nę) e-n Fußtritt versetzen (A/D); Ball kicken; Kickstarter treten; v/i Tier: ausschlagen; Gewehr: (starken) Rückstoß haben; ⹀ać się sich (od. einander) mit Fußtritten traktieren.

kopal m (-u; -e) Kopal(harz n) m; ⹀ina f (-y) Mineral n, pl. a. Bodenschätze m/pl.

kopalnia [-'pal-] f (-i; -e, -i/-lni) Bergwerk n, Grube f, Zeche f; fig. Fundgrube f; ⹀k m (-a; -i) Gruben-, Zechenholz n; ⹀ny Bergwerks-, Gruben-, Zechen-.

kopalnictwo n (-a; 0) Bergbau m; ⹀ naftowe (Erd-)Ölförderung f.

kopal|ny Geol. fossil; ⹀owy Kopal-.

kopanie n (-a; 0) Graben m; (Hackfrucht-)Ernte f.

koparka f (-i; G -rek) (krocząca, zbierakowa, do rowów Schreit-, Schürfkübel-, Graben-)Bagger m; ⹀-strug(arka) Planierraupe f.

kopci|ć ⟨na-, -ćę, -ć/⟩ ⟨na-⟩ qualmen; Lampe: blaken, rußen; V fig. die Luft verpesten, furzen; ⹀uch ['kɔp-] F m (-a; -y) Schmutzfink m; Schlampe f; ⹀uszek m (-szka; -szki) Zo. Hausrotschwanz m; (im Märchen ♀) Aschenbrödel n. [einmieten.]

kopcować ⟨za-⟩ (-uję) Rüben usw./

kopczyk m (-a; -i) (Erd-)Häufchen n, Haufen m; kleiner Hügel; ⹀ować (-uję) Agr. (be)häufeln.

kopeć m (-pcia/-pciu; 0) Ruß m.

koper m (-pru; -pry) Dill m; ⹀ włoski Fenchel m.

koperczak F m (-a; -i): stroić (ciąć, sadzić, palić) ⹀i den Hof machen⟩

koperkowy Dill-. [(do G/D).⟩

kopernikowski kopernikanisch.

kopert|a f (-y) (Brief-)Umschlag m; (Schallplatten-)Hülle f; (Uhr-)Gehäuse n; (Bettdecken-)Kuvert n; ⹀ować ⟨za-⟩ (-uję) kuvertieren.

kopia¹ ['kɔpja] f (G, D, L -ii; -e) Kopie f; engS. Nachbildung f; Abschrift f; Durchschlag m, -schlag m; Fot. Abzug m; ⹀ na kalce Pause f.

kopia² ['kɔpja] f (G, D, L -ii; -e) Lanze f.

kopia|l ['kɔpjaw] m (-u; -y) Durchschreibeblock m; ⹀rka f (-i; G -rek) Kopiermaschine f; Kopiergerät n; Tech. a. Nachformmaschin f; ⹀rnia [-'pja-] f (-i; -e, -i) Kopieranstalt f.

kopi|asty (-to) (hoch) aufgetürmt voll (geladen); mit Berg; kuppenförmig; ⹀ec ['kɔ-] m (-pca; -pce) (Erd-)Hügel m, Haufen m; Hünengrab n; Agr. Miete f.

kopi|ować [-'pjɔ-] ⟨s-⟩ (-uję) kopieren; engS. nachahmen; nachbilden; abschreiben; durchpausen ⹀owy Kopier-; ⹀sta m (-y; -ów) Kopist m; hist. Grenzsoldat m

kopn|ąć pf. s. kopać; ⹀iak ['kɔ-] F (-a; -i) Fußtritt m; ⹀ięcie [-'ɲɛ̃-] n (-a) Fußtritt m; Sp. (Ball-)Stoŝ m; F (Gewehr-)Rückstoß m; ⹀ięt [-'ɲɛn-] F nicht ganz richtig in Kopf, bescheuert; ⹀y Sand, Schnee locker; mit Schnee (od. Sand zugeweht, schwer befahrbar.

kops F m (-a; -y) s. kopniak.

koptyjski koptisch.

kopulac|ja f (-i; -e) Bio., Agr. Ko pulation f; ⹀yjny kopulativ; punk -ny Beschälstation f, Körstelle f.

kopula|k m (-a; -i) s. żeliwiak; ⹀st (-to) kuppelförmig.

kopuł|a f (-y) Kuppel f; ⹀a par cerna Panzerturm m; ⹀a nieba Him melsgewölbe n; ⹀owy Kuppel-.

kopyść f (-ści; -ści[e]) (Holz-)Koch löffel m.

kopyt|ko n (-a; G -tek) (kleine Huf; (Kinder-)Schuhleisten m Kochk. ⹀ka pl. Kartoffelklöße m/pl ⹀ny Huf-; Su. ⹀ne pl. (-ych) Z Huftiere n/pl.; ⹀o n (-a) Huf m (Schuh-)Leisten m; F z ⹀a mit Vo dampf; spornstreichs; na jedno ⹀ nach Schema F; ⹀owy Huf-.

kora f (-y) (Baum-)Rinde f, Borke ⹀ garbarska Gerberlohe f; ⹀ móz gowa Großhirnrinde.

koral m (-a/-u; -e) Koralle f; nur Korallenkette f; Glasperlen f/p ⹀ik m (-a; -i) (izolacyjny Isolier Perle f; ⹀owiec [-'lɔ-] m (-wc ⹀wce) Zo. Koralle(ntier n) f; ⹀w Korallen-; korallenrot.

korb|a f (-y) Kurbel f; ⹀owód (-odu; -ody) Pleuel(stange f) ⹀owy Kurbel-.

korci|ć ⟨s-⟩ (*nur 3. Pers.*: ~) keine Ruhe lassen, plagen; der Versuchung nicht widerstehen können.

kord *m* (-a; -y) *hist.* (kurzes) Schwert; *Text.* Kord *m*.

kordelas *m* (-a; -y) Hirschfänger *m*.

kordon *m* (-u; -y) (polizeiliche) Absperr-, Postenkette *f*; Grenze *f*; **~ek** *m* (-nku; -nki) Kordonettseide *f*.

kordzik *m* (-a; -i) Dolch *m*.

Korea|nka *f* (-i; G -nek), **~ńczyk** *m* (-a; -cy) Koreaner(in *f*) *m*; 2**ński** [-'aĭs-] (*po -ku*) koreanisch; Korea-.

kor|ek *m* (-rka; -rki) Kork(rinde *f* *m*; Korken *m*, Propfen *m*; (*Schmelz-*) Sicherung *f*; F *fig.* Verkehrsstockung *f*; **~ki** *pl.* Korkeinlagen *f/pl.*; Schuhe *m/pl.* mit Korkabsätzen.

korekcyjny korrektiv; *Rdf.*, *El.* Entzerrungs-.

korekt|a *f* (-y) Korrektur *f*; Korrekturabzug *m*; *Typ.* ~ *ostateczna* Revision *f*; **~or** *m* (-a; -rzy) Korrektor *m*; *El.*, *Rdf.* Entzerrer *m*; **~orski** Korrektor-; **~owy** Korrektur-; **~ura** *f* (-y) Korrektion *f*, Berichtigung *f*.

korepety|cja *f*: *mst pl.* ~cje Nachhilfeunterricht *m*; *Mus.* Korrepetition *f*; **~tor** *m* (-a; -rzy) Repetitor *m*; *Mus.* Korrepetitor *m*.

korespondencj|a *f* (-i; -e) Briefwechsel *m*; Schriftverkehr *m*; Bericht *m*; **~yjny** Korrespondenz-, Schrift-; *studia* -ne Fernstudium *n*.

korespond|ent *m* (-a; -ci) Korrespondent *m*; *engS.* Berichterstatter *m*; **~ować** ⟨u-⟩ (-uję) korrespondieren; im Briefwechsel stehen.

korko|ciąg *m* Kork(en)zieher *m*; *Flgw.* Trudeln *n*; **~dąb** *m* Korkiche *f*; **~wać** ⟨za-⟩ (-uję) mit Korken verschließen, ver-, zukorken; *fig.* verstopfen; **~wiec** [-'kɔ-] *m* (-wca; -wce) Knallkorkenpistole *f*; *Bot.* Korkbaum *m*; **~wy** Kork(en)-.

korne|cista *m* (-y; -ści, -ów) Kornettbläser *m*; **~r** *m* (-a; -y) *Sp.* Eckball *m*, -stoß *m*; **~t** *m* (-u; -y) Nonnenhaube *f*; *Mus.* Kornett *m*, -a; -ci) Fähnrich *m*.

~rnik *m* (-a; -i) *s.* drukarz.

~rniszon *m* (-a; -y) (kleine) Pfefergurke, Cornichon *n*.

~ron|a *f* (-y) Krone *f*; *Hdl.* Heraldik *f*; *s. a.* koronka; **~acja** *f* (-i; -e) Krönung *f*; **~acyjny** Krönungs-; **~ka** *f* (-i; G -nek) *Text.* Spitze *f*;

(*Bohr-*, *Zahn-*)Krone *f*; *Rel.* odmawiać ~ki den Rosenkranz beten; **~kowy** Spitzen-; *fig.* fein, kunstvoll; **~ny** Kron-; *jeleń* ~ny kapitaler Hirsch; **~ować** ⟨u-⟩ -uję krönen (*na A/zu*); ~ować się sich krönen lassen; **~owy** Kronen-.

korowa|czka *f* (-i; G -czek) (*Holz-*) Schälmaschine *f*; **~ć** (-uję) entrinden.

korow|ód *m* (-odu; -ody) Reigen (-tanz) *m*; Reihe *f*, Schar *f*; ~ody *pl. s.* ceregiele; *po długich* ~odach nach langem Hin und Her.

korowy Rinden-.

korozja *f* (-i; 0) Korrosion *f*.

korpora|cja *f* (-i; -e) Körperschaft *f*; **~ncki** korporativ, Korps-; **~nt** *m* (-a; -ci) Korpsstudent *m*, Korporierte(r).

korpulentny korpulent, vollschlank.

korpus *m* (-u; -y) Rumpf *m*, Körper *m*; *Pol.*, *Mil.* Korps *m*; *Arch.* (*Gebäude-*)Block *m*; *Typ.* Korpus *f*.

korsa|rski Seeräuber-, Korsaren-; Kaper-; **~rz** *m* (-a; -e) Korsar *m*.

Korsyka|nin *m* (-a; -anie) Korse *m*; 2**ński** [-'kaĭs-] (*po -ku*) korsisch.

kort *m* (-u; -y) (*tenisowy*) Tennisplatz *m*.

koru|mpować ⟨s-⟩ (-uję) korrumpieren; **~pcja** *f* (-i; -e) Korruption *f*.

korweta *f* (-y) *Mar.* Korvette *f*.

kory|feusz *m* (-a; -e) Koryphäe *m/f*; **~gować** ⟨s-⟩ (-uję) korrigieren, berichtigen; *Rdf.* entzerren.

koryn|cki korinthisch; **~tka** *f* (-i; G -tek) Korinthe *f*.

korytarz *m* (-a; -e) Korridor *m*; Gang *m*; ~ *podejścia* (*do lotniska*) Anflugschneise *f*; **~owy** Korridor-.

koryt|ko *n* (-a; G -tek) kleiner Trog; Futternapf *m*; Blumenkasten *m*; **~o** *n* (-a) Trog *m*; *Tech. a.* Rinne *f*; Schütte *f*, Rutsche *f*; (*Fluß-*)Bett *n*.

korzec *m* (-rca; -rcy) Scheffel *m*.

korzeni|ć się ⟨za-⟩ (-ę) Wurzeln schlagen; **~owy** Wurzel-; **~ówka** *f* (-i; G -wek) Kräuterschnaps *m*.

korzenn|y Gewürz-; *przyprawy* ~e *a.* Spezereien *f/pl.*

korzeń *m* (-nia; -nie, -ni) Wurzel *f* (*a. fig.*); *pl. a.* Gewürze *n/pl.*; ~

korzonek *m* (-nka; -nki) (kleine, dünne) Wurzel.

korzyć się ⟨u-⟩ (-ę) sich demütigen.

korzyst|ać ⟨s-⟩ (-am) (be)nutzen, verwenden, sich zunutze machen, in Anspruch nehmen (z G/A); Vorteil(e) ziehen, profitieren (na L/ aus); ~ać z okazji e-e Gelegenheit wahrnehmen; ~ać z praw Rechte genießen; ~anie n (-a; 0) Benutzung f, Gebrauch m; Inanspruchnahme f; ~ny gewinnbringend, vorteilhaft, günstig; nützlich; ~ny dla zdrowia gesund, heilsam.

korzyść f (-ści) Nutzen m, Vorteil m; Gewinn m; na ~ zu Gunsten, zugunsten (G); wyjść na ~ zugutekommen, zum Vorteil gereichen.

kos m (-a; -y) Zo. Amsel f.

kosa f (-y) Sense f; Geogr. Nehrung f; ~ciec [-'sa-] m (-aćca; -aćce) Schwertlilie f; ~rz m (-a; -e) Zo. Weberknecht m.

koser m (-a; -y) Gartenmesser n.

kosia|k [-'ko-] m (-a; -i) Flgw. Tiefflug m; ~rka f (-i; G -rek) Mähmaschine f; Rasenmäher m; ~rz m (-a; -e) Schnitter m.

kosi|ć ⟨s-⟩ (-szę) (ab)mähen; fig. niedermähen; ~sko n (-a) Sensenstiel m.

kosmaty (-to) zottig; F wuschelig; ~ ręcznik Frottiertuch n.

kosmetycz|ka f (-i; G -czek) Kosmetikerin f; Kosmetik-, Schminktäschchen n; ~ny kosmetisch; gabinet ~ny Schönheitssalon m.

kosmetyk m (-u; -i) Schönheitsmittel n; ~a f (-i; 0) Kosmetik f, Schönheitspflege f.

kosmiczn|y kosmisch, (Welt-)Raum-; podróż ~a, lot ~y Raumflug m; przestrzeń ~a Weltraum m.

kosmo|drom m (-u; -y) Weltraumhafen m; ~nauta m (-y; -ci, -ów) Kosmonaut m, Raumfahrer m; ~nautyka [-'nau-] f (-i; 0) Astro-, Kosmonautik f; ~polita m (-y; -ci, -ów) Kosmopolit m.

kosmos m (-u; 0) Kosmos m, Weltall n.

kosm|ówka f (-i; G -wek) Anat. Frucht-, Zottenhaut f; ~yk m (-a; -i) (Haar-)Strähne f; (Woll-)Büschel n; JSpr. (Hasen-)Blume f.

kosodrzew m (-u/-ia; -y), ~ina f (-y) Berg-, Zwergkiefer f.

kosooki (-ko) schlitzäugig; schielend.

kosówka f (-i; G -wek) s. kosodrzew.

kostium ['ko-] m (-u; -y) Kostüm n;

(kąpielowy, plażowy Bade-, Strand-) Anzug m; (Sport-)Dreß m; (Volks-) Tracht f; ~owy Kostüm-.

kostk|a f (-i; G -tek) (kleiner) Knochen; Anat. Knöchel m; Würfel m; (Domino-)Stein m; Preßling m; Mus. Plektron n; ~a mydła ein Stück (Kern-)Seife; ⟨po⟩ krajać w ~ würfeln; po ~i knöcheltief; ~owy Würfel-, in Würfeln.

kostn|ica f (-y; -e) Leichenhalle f; Anat. Knochengewebe n; ~ieć ['ko-] ⟨s-⟩ (-eję) verknöchern; von Kälte erstarren; ~y Knochenknöchern.

kostropaty (-to) rauh, uneben.

kostrzewa f (-y) Bot. Schwingel m

kost|ucha f (-y) Knochen-, Sensenmann m; ~ur m (-a; -y) (Wander-) Stab m, Stock m; ~yczny Mensch bissig; Lachen: beißend, sarkastisch. [fig. scheel.

kosy (-so) schief; schräg; schielend;

kosz m (-a; -e) (do śmieci, plażowy Abfall-, Strand-)Korb m (a. fig.) Tech. a. Kübel m; Kfz. Beiwage m; ~ na plecy Kiepe f; ~ałka f (-i G -łek) Korb m; F fig. s. pleść.

koszar m (-a/-u; -y), ~a f (-y) Pfercl m; ~niak [-'ɲar-] F m (-a; -i) Mil Stubenarrest m; ~niany, ~owy Ka sernen-; służba ~owa Innendiens m; ton ~owy Kasernenhofton m; ~ pl. (-) Kaserne f.

koszący [-'ʃɔn-] s. lot[1]; ~enie f (-a Mahd f, Schnitt m, Mähen n.

koszerny koscher.

koszmar m (-u; -y) (senny) Alp traum m; Grauen n; ~ny grauen haft, entsetzlich.

koszt m (-u; -y/-a) Kosten pl.; Auf wand m; pl. a. Aufwendungen f/pl Spesen pl., Auslagen f/pl.; ~y do datkowe Mehrkosten; ~y podróż Reisegelder n/pl.; Reisekosten pl. ~(y) utrzymania Unterhalts-, Le benshaltungskosten; Wartungskos sten; po cenie ~u zum Selbstkosten preis; ~em (G) auf Kosten (G oc von), um den Preis (G); swoim (oc własnym) ~em auf eigene Kosten narazić na ~(y)(A) j-m (Un-)Koste verursachen, F (się) sich) in Un kosten stürzen.

kosztorys m Kostenanschlag m; wstępny Voranschlag m; Kosten überschlag m; ~owy (Vor-)Ko schlags-; veranschlagt.

kosztow|ać (*-uję*) kosten; ⟨*po-, s-, za-*⟩ kosten, probieren, versuchen; (*nur pf.*) ⟨*za-*⟩ erfahren, erleben; *drogo ~ać* teuer zu stehen kommen; **~ność** *f* (*-ści*) Kostspieligkeit *f*; *nur pl. ~ności* Kostbarkeiten *f/pl.*; *eng* S. Juwelen *n/pl.*, Schmuck *m*; **~ny** kostbar; kostspielig.

koszul|a *f* (*-i*; *-e*) (*nocna* Nacht-) Hemd *n*; *do ~i* bis aufs Hemd; **~ka** *f* (*-i*; *G -lek*) Hemd *n*; (ärmelloses) Unterhemd; *Sp.* Trikot *n*; *Tech.* Mantel *m*; **~owy** Hemd(en)-; **~ówka** *f* (*-i*; *G -wek*) Hemdenstoff *m*. [chen *n*.\]

koszyczek *m* (*-czka*; *-czki*) Körb-\]

koszyk *m* (*-a*; *-i*) (*na zakupy* Einkaufs-)Korb *m*; **~arz** *m* (*-a*; *-e*), **~arka** *f* (*-i*; *G -rek*) Korbmacher(in *f*) *m*; *Sp.* Korbballspieler(in *f*) *m*; **~arka** *Bot.* Korbweide *f*; **~owy** Korb-; **~ówka** *f* (*-i*; *0*) *Sp.* Korbball *m*, Basketball *n*.

kości|any knöchern, Knochen-; **~ec** [ˈkɔ-] *m* (*-śćca*; *-śće*) Gerippe *n*, Knochengerüst *n*.

kościelny Kirchen-, kirchlich; *Su. m* (*-ego*; *-i*) Kirchendiener *m*, Küster *m*. [Kirchlein *n*.\]

kości|ołek *m*, **~ółek** *m* (*-lka*; *-lki*)\]

kościotrup *m* Gerippe *n*, Skelett *n*.

kościół *m* (*-oła*, *L -iele*; *-oły*) (*parafialny* Pfarr-)Kirche *f* (*als Institution mst* ♀).

kości|sty (*-ście*) knochig; knochendürr; **~ć** *f* (*-ści*; *-ści*, *I -śćmi*) Knochen *m*, Bein *n*; *pl. a.* Gebeine *pl.*; (*Spiel-*)Würfel *m/pl.*; *Anat.*, *Zo. ~ć kulszowa*, *ogonowa* (*od. guziczna*), *piszczelowa*, *strzałkowa* Sitz-, Steiß-, Schien-, Wadenbein; **~ć** *łokciowa* Elle *f*; **~ć** *promieniowa* Speiche *f*; *fig. ~ć niezgody* Zankapfel *m*; *do ~ći* bis in (*od.* auf) die Knochen; *zmarznąć na ~ć* knochenhart gefrieren; *vor* Kälte erstarren.

koślaw|ić ⟨*wy-*⟩ (*-ę*) krümmen, krumm machen; *Absätze* schieftreten; **~ić** *język* radebrechen; **~y** (*-wo*) schief, krumm; *Tisch:* wack(e)lig; *Absätze:* schiefgetreten; *Sprache:* gebrochen.

kot *m* (*-a*, *D -u*; *-y*) Katze *f*, Kater *m*; *JSpr.* Rammler *m*; F drzeć **~y** (*z* I) wie Hund und Katze leben; *co ~ napłakał* herzlich wenig; *wykręcać ~a ogonem* alles verdrehen.

kotara *f* (*-y*) Vorhang *m*, Portiere *f*.

kotek *m* (*-tka*; *-tki*) Kätzchen *n*.

koteria [*-ˈtɛ-*] *f* (*G, D, L -ii*; *-e*) Klüngel *m*. [Anker *m*.\]

kotew *f* (*G, D, L -twi*; *-twie*) (*Zug-*)\]

kotka *f* (*-i*; *G -tek*) Katze *f*; *mst pl.* (*Weiden-*)Kätzchen *n/pl.*

kotla|rnia [*-ˈlar-*] *f* (*-i*; *-e*) Kesselschmiede *f*; Kupferschmiede *f*; **~rz** *m* (*-a*; *-e*) Kesselschmied *m*; Kupferschmied *m*.

kotlet *m* (*-a*; *-y*) *Kochk.* Kotelett *n*; *~ mielony od.* siekany, pożarski deutsches Beefsteak, Bulette *f*.

kotlina *f* (*-y*) Talkessel *m*; Mulde *f*; (*Hochofen-*)Gestell *n*.

kotł|a, **~em** *usw. s.* kocioł.

kotłow|ać się ⟨*za-*⟩ (*-uję*) brodeln, (auf)wallen; **~anina** *f* (*-y*) Durcheinander *n*, Gemenge *n*; **~iec** [*-ˈwɔ-*] *m* (*-wca*; *0*) Kesselstein *m*; **~nia** [*-ˈwɔ-*] *f* (*-i*; *-e*, *-i*) Kesselhaus *n*, -raum *m*; **~y** Kessel-; *Su. m* (*-ego*; *-i*) Kesselwärter *m*. [pauke *f*.\]

kotły *pl. v.* kocioł; *Mus.* Kessel-\]

kotny| **~y** *a.* trächtig.

kotować (*-uję*) (*Börse*) kotieren.

koturnowy (*-wo*) *fig.* hochtrabend, pathetisch; *obcas* ~ Blockabsatz *m*.

kotw|a *f* (*-y*; *G -tew*) *s.* kotew; **~ica** *f* (*-y*; *-e*) (*główna*, *stała* Bug-, Tot-) Anker *m*; **~icowisko** *n* (*-a*) Ankerplatz *m*; **~owy** Anker-.

kotwicz|ny Anker-; **~yć** ⟨*za-*⟩ (*-ę*) ankern, (*pf.*) vor Anker gehen.

kotwić ⟨*za-*⟩ (*-ę*) *Arch.* (ver)ankern.

kotylion [*-ˈti-*] *m* (*-u*; *-y*) Kotillon *m*; Kotillonorden *m*.

kowad|ełko *n* (*-a*; *G -łek*) Bankamboß *m*, Schlagstöckel *m*; *Tech.* Meßzapfen *m*; *Kfz.*, *Anat.* Amboß *m*; **~ło** *n* (*-a*; *G -del*) Amboß *m*; **~ło** *młota* (*Breit-*)Bahn *f* des Hammers.

kowal *m* (*-a*; *-e*) (*matrycowy*, *wykrojowy* Gesenk-)Schmied *m*;F Büffler *m*; **~ik** *m* (*-a*; *-i*) *s.* bargiel; **~ny** schmiedbar; **~ski** Schmied(e)-; **~stwo** *n* (*-a*; *0*) Schmiedehandwerk *n*.

kowarka *f* (*-i*; *G -rek*) Schmiedemaschine *f*.

kowbojski Cowboy-; *film* ~ Western *m*.

koza *f* (*-y*; *G kóz*) Ziege *f*; *JSpr.* Gams-, Rehgeiß *f*; *Bgb.* Holzwagen *m*; Kanonenöfchen *n*; F Knast *m*; *Mus. s.* dudy.

koza|cki Kosaken-; **~ctwo** n (-a; 0) Kosakentum n; **~czek** m (-czka; -czki) Bursche m; Kasatschok m (Tanz); **Qk** m (-a; -cy/-i) Kosak m; **~k** (pl. -i) Kosakentanz m; Mordskerl m; Bot. s. koźlak. [Grund.\

kozer|a: nie bez ~y nicht ohne\

kozetka f (-i; G -tek) Liege f.

kozi Ziegen-, Bocks-; **~a** bródka Spitzbart m; Bot. Keulenpilz m; **~a** nóżka (gekrümmte) Reiß-, Ziehfeder f; **~** róg fig. Bockshorn m; **~ca** f (-y; -e) Gemse f; **~eł** ['kɔ-] m s. kozioł; **~eniec** [-'ʒe-] m (-ńca; -ńce) Bot. Geißblatt n; **~k** m (-a; -i) Taschenmesser n; **~na** f (-y; 0) Ziegenfleisch n.

kozioł ['kɔ-] m (-zła, L -źle; -zły) Bock m; Rückentrage f; pl. a. Gerüst n, Gestell n; Gewehrpyramide f; ~ do siana Heureiter m; ~ ofiarny Sündenbock m, Prügelknabe m; ~ skalny s. koziorożec; **~ek** m (-łka; -łki) (junger) Bock; fig. Überschlag m, Purzelbaum m; fikać ~ki = **~kować** ⟨prze- się⟩ (-uję) Purzelbäume schlagen; (mst pf.) sich überschlagen.

kozio|rożec m (-a; -e) Zo. (Astr. ♀) Steinbock m; **~róg** m Zo. Heldbock m.

kozł|ek m (-łka; -łki) Bot. Baldrian m; **~ować** (-uję) Ball tippen, prellen; **~owy** Bocks-; **~y** s. kozioł.

kozodój m (-doja; -doje) Zo. Ziegenmelker m.

koźl|ak m (-a; -i) junger (Ziegen-) Bock; Bot. Birkenröhrling m; **~arz** m (-a; -e) Ziegelträger m; Bot. s. koźlak; **~arz** czerwony Rotkappe f; **~atko** [-'lɔnt-] n (-a; G -tek), **~ę** n (-ęcia; -ęta) Zicklein n; **~i** Ziegen-; **~ina** f (-y; 0) s. kozina; Bot. Korbweide f.

kożu|ch m (-a; -y) (Schaf-)Pelz m; JSpr. (Hasen-)Balg m; **~szek** m (-szka; -szki)(kurzer) Pelz; (Milch-) Haut f; **~sznik** m (-a; -cy) Kürschner m.

kół m (koła; koły) Pfahl m; stanąć kołem zur Bildsäule erstarrt (stehen); Blick: erstarren; s. koło.

kółeczko n (-a; G -czek) Rädchen n; Kringel m.

kółk|o n (-a; G -lek) Rad n, Rädchen n; (Schlüssel-)Ring m; Kreis m (a. fig.); fig. a. Zirkel m; ~a pl. Sp. Ringe m/pl.; F cztery ~a fahrbarer

---

Untersatz; w ~o im Kreis(e); rund um (A); **~ować** (-uję) beringen.

kózka f (-i; G -zek) (kleine) Ziege; Zicklein n.

kpa s. kiep. [(-a) Spöttelei f.\

kpiars|ki (-ko) spöttisch; **~two** n\

kpi|arz [kpaʃ, -aʒa] m (-a; -e) Spötter m; **~acy** ['kpɔn-] (-co) spöttisch; **~ć** ⟨za- sobie⟩ (-e, -ij!) (z G) verspotten (A), sich lustig machen (über A); **~na** f (-y): mst pl. **~ny** Spott m; bez ~n im Ernst; **~kować** (-uję) spötteln.

kpy s. kiep.

kra f (kry; G kier) Eisscholle f; koll. Treibeis n.

krab m (-a; -y) Krabbe f.

krach m (-u; -y) Krach m, Zusammenbruch m.

kraciasty (-to) kariert.

krad|li, ~ł, ~ną usw. s. kraść.

kradzież ['kra-] f (-y; -e) (samochodu, z włamaniem Auto-, Einbruchs-)Diebstahl m.

kradzion|y gestohlen; Su. ~e n (-ego) Diebesgut n.

kraina [-'ina] f (-y) (czarów, pieczonych gołąbków Märchen-, Schlaraffen-)Land n.

kraj m (-u; -e, -ów) (rozwijający się Entwicklungs-)Land n; engS. Region f; ~ rodzinny a. Heimat f.

kraja|ć ⟨po-⟩ (-ję) (zer)schneiden; Kochk. a. tranchieren; **~k** m (-a; -i) Glasschneider m; **~lnia** [-'ja-] f (-i; -e) Zuschneiderei f; **~lnica** f (-y; -e) (do chleba Brot-)Schneidemaschine f.

krajan m (-a; -i) Landsmann m; **~ka¹** f (-i; G -nek) Landsmännin f.

kraja|nka² f (-i; G -nek) koll. Stücke f/pl., Scheiben f/pl.; (Rüben-)Schnitzel pl.; **~rka** f (-i; G -rek) (Be-)Schneidemaschine f.

krajka f (-i; G -jek) besticktes Band Webkante f; (Papier-)Streifen m.

krajo|braz m Landschaft f; **~wiec** [-'jɔ-] m (-wca; -wcy) Eingeborene(r); **~wy** Landes-; einheimisch inländisch; **~znawczy** (-czo) heimat-, landeskundlich; **~znawstwo** n (-a; 0) Landeskunde f.

krakać ⟨za-⟩ (-czę) krächzen; fig unken.

krakow|iak [-'kɔ-] m (-a; -cy) Krakauer m; (pl. -i) Krakowiak m (Tanz); **~ski** Krakauer (Adj.).

kraksa F f (-y) Zusammenstoß m.

Karambolage *f*; *Flgw.* Bruchlandung *f*.

krakus F *m* (*-a*; *-i*) Krakauer *m*.

krakwa *f* (*-y*; *G krakw*) *Zo.* Schnatterente *f*.

kram *m* (*-u*; *-y*) Verkaufsbude *f*, -stand *m*; Kram *m*, Krempel *m*; Umstände *m*/*pl.*; **~arzyć się** F (*-ę*) *s.* grzebać się; **~ik** *m* (*-u*; *-i*) Verkaufsbude *f*; Kramladen *m*.

kran *m* (*-u*; *-y*) *s.* kurek; żuraw, dźwig.

kraniec ['kra-] *m* (*-ńca*; *-ńce*) (äußerstes) Ende, Rand *m*, Grenze *f*.

krańcow|**ość** *f* (*-ści*; *0*) Extrem *n*; **~y** (*-wo*) äußerst, extrem; End-, letzt-.

kras *m* (*-u*; *0*) *Geol.* Karst *m*.

kras|**a** *f* (*-y*) *poet.* Schönheit *f*; **~ić** (*-szę*) *poet.* verschönern, schmükken; *Kochk.* ⟨*a. o-*⟩ mit Speck anmachen; **~ka** *f* (*-i*; *G -sek*) *Zo.* Blauracke *f*.

krasno|**drzew** *m* (*-u*; *-y*) Koka (-strauch *m*) *f*; **~licy** rotwangig, -bäckig; **~ludek** *m* (*-dka*; *-dki*) Heinzelmännchen *n*; ⟨*Garten-*⟩ Zwerg *m*.

krasomów|**ca** *m* gewandter Redner, Redekünstler *m*; **~stwo** *n* (*-a*; *0*) rednerische Begabung; Redekunst *f*.

kraszanka *f* (*-i*; *G -nek*) (bemaltes) Osterei.

krašć ⟨*s-, u-*⟩ (*L.*) stehlen.

kraśn|**ia** ['kra-] *f* (*-i*; *0*) *JSpr.* Feist *n*; **~ieć** (*-eję*) ⟨*po-*⟩ *poet.* sich röten; ⟨*za-*⟩ rot schimmern; **~y** *JSpr.* feist; † *a.* rot; schön.

krat|**a** *f* (*-y*) Gitter *n*; w **~ę** kariert; za **~ami** hinter Gittern.

kratk|**a** *f* (*-i*; *G -tek*) Gitter *n*; Karo *n*; w **~ę** = **~owany** kariert.

kratow|**ać** ⟨*o-, za-*⟩ (*-uję*) vergittern; **~nica** *f* (*-y*; *-e*) (*Holz-*)Gitter *n*; Horde *f*; Fachwerkträger *m*; **~y** Gitter-.

kraul *m* (*-u*; *0*) Kraul(en) *n*; *pływać* **~em** im Kraulstil schwimmen, F kraulen.

krawa|**cik** *m* (*-a*; *-i*) (*Vogel-*)Kehlfleck *m*; **~t** *m* (*-a*/*-u*; *-y*) Krawatte *f*, Schlips *m*; Schwitzkasten(griff) *m*.

krawcowa *f* (*-wej*, *-wo!*; *-e*) Schneiderin *f*.

krawe|**dziak** ['-ven-] *m* (*-a*; *-i*) Kantholz *n*; **~dź** *f* (*-dzi*; *-dzie*) Kante *f*, Rand *m*; **~dź** tnąca Schneide *f* *e-s Werkzeugs*.

krawężni|**ak** [-'vęʒ-] *m* (*-a*; *-i*) *s.* krawędziak; **~k** *m* (*-a*; *-i*) Bord-, Randstein *m*.

krawiec ['kra-] *m* (*-wca*; *-wcy*) Schneider *m*; **~ki** Schneider-; **~two** *n* (*-a*; *0*) Schneiderhandwerk *n*.

krąg [krɔŋk, -eŋgu] *m* (*kręgu*; *kręgi*) Kreis *m*; Ring *m*; Scheibe *f*; (*Draht-*)Rolle *f*, Bund *m*; w **~** ringsum(her); im Kreis; **~lak** *m* (*-a*; *-i*) Rundholz *n*.

krąże|**k** *m* (*-żka*; *-żki*) (kleiner) Kreis; Ring *m*; Scheibe *f*; *Sp. a.* Puck *m*; *Tech.* Rolle *f*; **~k** maciczny Pessar *n*; **~nie** *n* (*-a*) Kreisen *n*; Umlauf *m*, Zirkulation *f*; **~nie krwi** Blutkreislauf *m*.

krąż|**nik** *m* (*-a*; *-i*) Läufer(stein) *m*; Laufrolle *f*; **~ownik** *m* (*-a*; *-i*) *Mar.* Kreuzer *m*; **~yć** (*-ę*) kreisen; umlaufen, zirkulieren; im Kreis gehen; **~yna** *f* (*-y*) Bogenlehre *f*; Wölbgerüst *n*.

krea|**cja** *f* (*-i*; *-e*) Kreation *f*, Schöpfung *f*; *Thea.* Rolle *f*; **~tura** *f* (*-y*) Kreatur *f*.

krecha F *f* (*-y*) dicker Strich.

kreci Maulwurfs-; *fig.* **~a robota** Wühlarbeit *f*, Wühlerei *f*.

kreda *f* (*-y*) Kreide *f*; *s.* biały.

kredens [-dẽs] *m* (*-u*; *-y*) Büfett *n*, Geschirrschrank *m*.

kred|**ka** *f* (*-i*; *G -dek*) Zeichenkreide *f*; Buntstift *m*; **~ka do ust** Lippenstift *m*; **~kowy** *Zeichnung*: Kreide-; **~owobiały** kreideweiß; **~owy** Kreide-; kreidig.

kredyt *m* (*-u*; *-y*) Kredit *m*; **~odawca** *m* Kreditgeber *m*, Kreditor *m*; **~ować** ⟨*s-*⟩ (*-uję*) kreditieren; **~owy** Kredit-.

krem *m* (*-u*; *-y*) Krem *f*, Creme *f*.

krema|**cja** *f* (*-i*; *-e*) Einäscherung *f*, Feuerbestattung *f*; **~toryjny**: *piec* **~ny** Krematoriumofen *m*.

kremow|**y** Krem-, Creme-; creme (-farben); *lody* **~e** Eiskrem *f*.

kreo|**wać** ⟨*u-*⟩ (*-uję*) kreieren, schaffen; **~zot** *m* (*-u*; *0*) Kreosot *n*.

krep|**a** *f* (*-y*) Krepp *m*; Trauerflor *m*; **~gummi** *f*; Trauerflor *m*; **~ina** *f* (*-y*) Kreppapier *n*; *Thea.* Perückenhaar *n*; **~owy** Krepp-, kreppig.

kres *m* (*-u*; *-y*) Ende *n*; Grenze *f*; Ziel *n*; **~y** *pl.* Grenzland *n*, -gebiet *n*; stanąć u **~u** am Ziel sein; być u **~u** am Ende sein; położyć **~** ein Ende setzen (*D*); *s. a.* kłaść.

kres|a f (-y) (dicker) Strich; Narbe f; **~ka** f (-i; G -sek) (Math. ułamkowa Bruch-)Strich m.

kreskow|ać <za-> (-uję) stricheln; schraffieren; **~any** Buchstabe: mit Strich; **~nica** f (-y; -e) Parallellineal n; **~y** Strich-.

kreskówka F f (-i; G -wek) Zeichen(trick)film m.

kresow|iak [-'sɔ-] F m (-a; -cy), **~iec** [-'sɔ-] m (-wca; -wcy) Grenzlandbewohner m; **~y** Grenz(land)-; Rand-.

kreśla|rnia f [-'lar-] f (-i; -e) Zeichensaal m; **~rski** Zeichen-, Reiß-; **~rz** m (-a; -e), **~rka** f (-i; G -rek) Tech. Zeichner(in f) m.

kreśl|enie n (-a) (technisches) Zeichnen; **~ić** (-lę) zeichnen; <a. prze-, wy-> (durch-, aus)streichen; <a. na-, s-> skizzieren; schildern; **~ić się** (in Briefen) zeichnen (v/i).

kret m (-a; -y) Maulwurf m.

kretes: z **~em** mit Haut und Haaren; mit Pauken und Trompeten.

kretowisko n (-a) Maulwurfshügel m. [Schwachkopf m.]

kretyn m (-a; -i) Kretin m; F fig.∫

krew f (krwi; 0) Blut n; **~** konserwowana Blutkonserve f; czystej (od. pełnej) krwi vollblütig, Vollblut-; do krwi bis zum Blut, blutig; z krwi i kości geborene(r), von echtem Schrot und Korn; psuć **~**, napsuć krwi (D) hart zusetzen, Ärger bereiten; broczyć (ociekać, spływać) krwią (ver)bluten, in Blut schwimmen; z zimną krwią kaltblütig.

krewetka f (-i; G -tek) Garnele f.

krew|ić F <s-> (-ę) im Stich lassen, kneifen; **~ki** (-ko) hitzig, heißblütig, temperamentvoll; **~kość** f (-ści; 0) (feuriges) Temperament.

krewn|a f (-ej; -e), **~iaczka** f f (-i; G -czek) Verwandte f; **~iak** ['krɛv-] F m (-a; -cy), **~y** m (-ego; -i) Verwandte(r).

krez|a f (-y) s. kryza; **~ka** f (-i; G -zek) mst pl.: **~ki** Gekröse n.

kręc|ić ['krɛn-] <po-, za-> (-cę) drehen; kurbeln; winden; herumwirbeln; Bart zwirbeln; F a. schwindeln, mogeln; (I) mit d. Schwanz wedeln; Kopf schütteln; Nase rümpfen (fig.); F den Laden schmeißen; **~ić się** sich drehen; kreisen; Haare: sich wellen; F a. herumlaufen, -werkeln; **~ić się koło** (G) sich be-

mühen um (A); herumscharwenzeln; łzy się **~ą** w oczach (D) j-d ist dem Weinen nahe; **~iek** [-tɕɛk] m (-ćka; 0) Vet. Drehkrankheit f; F dostać kręćka überschnappen; **~ony** gedreht, gewunden; Haar: kraus.

kręg [-ɛŋk, -ɛŋgu] m (-u; -i) Anat. Wirbel m; **~i** pl. s. a. krąg; **~arz** m (-a; -e) Chiropraktiker m; **~iel** m (-gla; -gle) (Spiel-)Kegel m; s. kręgle; **~ielnia** [-'ɡ,ɛl-] f (-i; -e, -i) Kegelbahn f; **~larstwo** n (-a; 0) Kegeln n; **~le** pl. (-i) Kegelspiel n; grać w **~le** kegeln; kula do **~li** Kegelkugel f.

kręgo|słup [-ŋg-] m Wirbelsäule f; **~wce** m/pl. (-ów) Wirbeltiere n/pl.; **~wy** Anat., Zo. Wirbel-.

krępować [krɛm-] <s-> (-uję) fesseln; fig. einschränken, einengen; in Verlegenheit bringen; stören (A), lästig sein (D); **~** się sich genieren.

krępu|jący [krɛmpu'jon-] (-co) lästig, unbequem; peinlich; **~lec** m (-lca; -lce) Aderpresse f.

krępy [-ɛm-] stämmig, untersetzt.

kręt|acki [krɛn-] betrügerisch; gerissen, gerieben; **~actwo** n (-a) Betrügerei f, Mogelei f; **~acz** m (-a; -e) Gauner m, Spitzbube m; Lügner m; **~anina** F f (-y; 0) Hin- und Herrennen n; Lauferei f; Durcheinander n; **~ek** m (-tka; -tki) Spirochäte f; **~lik** m (-a; -i) Wirbel m, Drehzapfen m; **~nica** f (-y; -e) Anat. Krummdarm m; **~y** (-to) gewunden.

krnąbrn|ość [-nɔmb-] f (-ści; 0) Aufsässigkeit f, Trotz m; **~y** aufsässig, störrisch, trotzig.

krochmal m (-u; 0) (Wäsche-)Stärke f; **~ić** <na-, wy-> (-lę) Wäsche stärken.

kroci|e ['krɔ-] pl. (-ci) Hunderttausende pl., Unmenge f; **~owy** riesig, unzählbar.

krocz f (-y; 0) Paßgang m; **~ak** m (-a; -i) Paßgänger m; **~e** n (-a) Anat. Damm m; **~ek** m (-czka; -czki) kleiner Schritt, Schrittchen n; **~yć** (-ę) schreiten; Wild: ziehen.

kroć s. krocie; in Zssgn -mal, z.B. dwa~ zweimal.

krogul|czy Sperber-; **~czy nos** Habichtsnase f; **~ec** m (-lca; -lce) Sperber m.

kroić ['krɔ-] (-ję, krój!; -ją) <prze-

(durch)schneiden; ⟨s-⟩ zuschneiden.

kroj|czy m (-ego; -owie) Zuschneider m; **~enie** n (-a; 0) (Zu-)Schneiden n.

krok m (-u; -i) (defiladowy, taneczny Parade- od. Stech-, Tanz-)Schritt m (a. fig.); Gang m (a. Tech.); ~ za ~iem Schritt für Schritt; ~ w ~, na każdym ~u, co ~ auf Schritt und Tritt.

kro|kiet ['krɔ-] m (-a; -y) Kochk. Krokette f; Sp. (0) Krocket n; **~kiew** ['krɔ-] f (-kwi; -kwie) (Dach-)Sparren m.

krokodyl m (-a; -e) Krokodil n; **~ek** m (-lka; -lki) El. Krokodilklemme f; **~i, ~owy** Krokodils-.

kroko|mierz ['kɔ-] m (-a; -e) Schrittzähler m; **~wy** Schritt-; gruczoł **~wy** Vorsteherdrüse f.

krokwiowy Sparren-.

kromka f (-i; G -mek) (Brot-) Schnitte f.

kronik|a [-'krɔ-] f (-i) (aktualności Tages-)Chronik f; ~a filmowa Wochenschau f; **~arski** chronistisch; Chronisten-; **~arz** m (-a; -e) Chronist m.

kropelk|a f (-i; G -lek) Tröpfchen n; **~owy**: Med. przetaczanie ~owe Tropfinfusion f; zakażenie ~owe Tröpfcheninfektion f.

krop|ić ⟨po-, s-⟩ (-ę), ⟨~nąć⟩ [-nǫtɕe] (-nę) (be)sprengen, (be-) sprühen; P a. hauen; ballern (schießen); umlegen (töten); **~nąć** sobie sich e-n genehmigen; **~i** es tröpfelt; **~idło** n (-a; G -deł) Weihwedel m; **~ielnica** f (-y; -e) Weihwasserbecken n.

kropk|a f (-i; G -pek) Punkt m; w ~i s. kropkowany; **~a** w **~ę** bis aufs i-Tüpfelchen, aufs Haar; stawiać ⟨wy-⟩ **~uję** punktieren, **~owaną** gepunktet, getüpfelt; Punktier-.

kropl|a f (-i; -e, -i/-pel) Tropfen m; **~a** goryczy Wermutstropfen (fig.); (~a) po ~i tropfenweise; ~a w morzu ein Tropfen auf den heißen Stein; jak dwie ~e wody ähneln wie ein Ei dem anderen; **~isty** (-ście) in großen Tropfen; **~owy** Tropfen-, **~ówka** f (-i; G -wek) Med. Dauertropfinfusion f, Infusionsflasche f.

kropnąć pf. s. kropić.

kros|ienka n/pl. (-nek) Stickrahmen m; **~no** n (-a; G -sien) Webstuhl m; **~no automatyczne** Webautomat m.

krost|a f (-y) Pustel f, Eiterbläschen n; czarna ~a Vet. s. wąglik; **~owaty** (-to) pick(e)lig.

krośniak ['krɔɕ-] m (-u; -i) Nessel (-stoff) m.   [Faktor m.⟩

krotność f (-ści; -ście) Grad m,⟩

krotochwila f Posse f, Schwank m.

krow|a f (-y; G krów) Kuh f; ~a morska Seekuh, Lamantin m; **~i** Kuh-; **~ianka** [-'ɣa-] f (-i; 0) Kuhpocken pl.; Kuhpockenvakzine f.

króc|ej Adv. kürzer; **~ica** f (-y; -e) hist. Terzerol n; **~iec** ['kru-] m (-ćca; -ćce) Tech. Stutzen m.

krój m (-oju; -oje, -ów) (Zu-)Schnitt m.

król m (-a; -owie, -ów/-i) König m; Święto Trzech ⟨i Dreikönigsfest n.

królestwo n (-a) Königreich n, -tum n; fig. Reich n; oboje ~ das Königspaar.

królew|icz m (-a; -e) Königssohn m, Prinz m; **~na** f (-y; G -wien) Königstochter f, Prinzessin f; Śpiąca ⟨na Dornröschen n; Śnieżna ⟨na Śnieżka Schneewittchen n; **~ski** Königs-, (po -ku) königlich.

króli|czy Kaninchen-, **~k** m (-a; -i) Kaninchen n; Kanin n; (pl. -owie) kleiner König (a. fig.); Stammes-) Häuptling m; **~karnia** f ['kar-] f (-i; -e) Kaninchenstall m.

królo|bójstwo n (-a) Königsmord m; **~wa** f (-ej, -wo!; -e) (piękności Schönheits-)Königin f; Agr. a. Weisel f; ~wa matka Königinmutter f; **~wać** (-uję) König(in) sein; herrschen, regieren; Berg, Turm: überragen (nad I/A); fig. a. thronen, beherrschen.

krótk|i (-ko) kurz; bieg ~i Kurzstreckenlauf m; ~i wzrok Kurzsichtigkeit f; ~o mówiąc kurz gesagt, kurzum; ~o i węzłowato kurz und bündig.

krótkodystansow|iec [-tã'sɔ-] m (-wca; -wce) Kurzstreckenläufer m; **~y** Kurzstrecken-; kurzfristig.

krótkofal|arstwo n (-a; 0) Amateurfunk m; **~owiec** [-'lɔ-] m (-wca; -wcy) Funkamateur m; **~owy** kurzwellig, Kurzwellen-; fig. (a. -wo) auf kurze Zeit, kurzfristig; **~ówka** f f (-i; G -wek) Kurzwellengerät n.

krótkometraż|owy: film ~owy = **~ówka** f (-i; G -wek) Kurzfilm m.

krótko|nogi kurzbeinig; **~ść** f (-ści;

0) Kürze *f*; ~**terminowy** (-wo) kurzfristig; ~**trwały** von kurzer Dauer, kurzlebig; ~**widz** *m* Kurzsichtige(r); ~**włosy** kurzhaarig; ~**wzroczny** kurzsichtig.

krówk|a *f* (-*i*; *G* -*wek*) (kleine) Kuh; ~*i pl. Zo.* Mistkäfer *m/pl.*; ~*i* śmietankowe Sahnebonbons *m/pl.*

krta|niowy Kehlkopf-; ~**ń** *f* (-*ni*; -*nie*) Kehlkopf *m*.

krucho *Adv. s.* kruchy.

kruchta *f* (-*y*) (*Kirchen*-)Vorhalle *f*.

kruch|y (-*cho*) brüchig, spröde, (leicht) zerbrechlich; bröck(e)lig; mürbe; *fig.* schwächlich, zart; ~**e** *ciasto* Mürbeteig *m*; F ~**o** *z nim* es steht schlecht um ihn.

kru|cjata *f* (-*y*) Kreuzzug *m*; ~**cy-fiks** *m* (-*u*; -*y*) Kruzifix *n*.

krucz|eć (-*ę*): ~*y w żołądku* der Magen knurrt; ~**ek** *m* (-*czka*; -*czki*) *fig.* Trick *m*, Kniff *m*; Spitzfindigkeit *f*; *przejrzeć* ~*ki* (*G*) hinter die Schliche kommen (*D*); ~**owłosy** mit rabenschwarzem Haar; ~**y** Raben-; rabenschwarz.

kruk *m* (-*a*; -*i*) *Zo.* Kolkrabe *m*; *fig.* Rabe *m*; *biały* ~ (bibliographische) Seltenheit.

krup *m* (-*u*; *0*) *s.* dławiec; ~**a** *f* (-*y*) *mst pl.* ~**y** Graupen *f/pl.*; Graupeln *f/pl.*; ~**czatka** *f* (-*i*; *0*) Grießmehl *n*; ~**iarka** *f* (-*i*; *G* -*rek*) Graupenmühle *f*; ~**iasty** (-*to*) körnig; ~**nik** *m* (-*a*; -*i*) Graupensuppe *f*; *Art* Honigpunsch *m*, Bärenfang *m*.

krusz|arka *f* (-*i*; *G* -*rek*) Brecher (-anlage *f*) *m*, Zerkleinerungsmaschine *f*; ~**ący** [-'ʃɔn-] (-*co*) brisant; *pocisk* ~**ący** Sprenggranate *f*, -geschoß *n*; ~**cowy** Erz-; ~**ec** *m* (-*szcu*; -*szce*) Erz *n*; ~**eć** ⟨*s*-⟩ (-*eję*) brüchig werden (*od.* sein); in Brocken zerfallen; *Kochk.* mürbe werden.

kruszon *m* (-*u*; -*y*) Bowle *f*; ~**ka** *f* (-*i*; *G* -*nek*) *Kochk.* Streusel *n/pl.*

kruszy|ć ⟨*po*-, *s*-⟩ (-*ę*) (zer)bröckeln (*się* *v/i*); brocken; *Tech.* brechen, zerkleinern; *fig.* zertrümmern; sprengen; *e-e Lanze* brechen; ~**na** *f* (-*y*) Bröckchen *n*; (*Brot*-)Krume *f*, Krümel *m*; *fig.* bißchen; *Bot.* Faulbaum *m*; ~**wo** *n* (-*a*) *Arch.* Füller *m*.

krużganek *m* Kreuzgang *m*; Loggia *f*.

krwawią|cy [-'vjɔn-] blutend; ~**czka** *f* (-*i*; *0*) Bluterkrankheit *f*.

krwaw|ica *f* (-*y*; -*e*) Sklaven-,

Knochenarbeit *f*; sauer verdientes Geld; ~**ić** (-*ę*) *v/i* bluten; *v/t s.* zakrwawiać; ~**nica** *f* (-*y*; -*e*) *Bot.* Blutweiderich *m*; *Med.* ~**nice** *pl.* Hämorrhoiden *f/pl.*; ~**nik** *m* (-*a*; -*i*) *Bot.* Schafgarbe *f*; *Min.* Karneol *m*; ~**o** *Adv. s.* krwawy; ~**oczerwony** blutrot; ~**y** Blut-; (-*wo*) blutig; blutrot; *Geld*: sauer verdient; *Arbeit*: schwer, hart; *Unrecht*, *Tränen*: bitter.

krwi|ak [krʃak] *m* (-*a*; -*i*) Bluterguß *m*, Hämatom *n*; ~**nka** *f* (-*i*; *G* -*nek*) Blutkörperchen *n*.

krwio|bieg *m* (*0*) Blutkreislauf *m*; ~**dawca** *m* Blutspender *m*; ~**dawczy** Blutspende-; ~**dawstwo** *n* (-*a*) Blutspenderdienst *m*; ~**mocz** *m* Blutharnen *n*; ~**nośny**: *naczynie* -*ne* Blutgefäß *n*; *układ* -*ny* Blutgefäßsystem *n*; ~**plucie** [-'plu-] *n* (-*a*; *0*) Blutspeien *n*; ~**żerca** *m* (-*y*; *G* -*ów*) blutrünstiger Mensch, Bluthund *m* (*fig.*); ~**żerczy** (-*czo*) blutdürstig, -rünstig.

krwisty (-*ście*) blutig; Blut-; blutunterlaufen; blutrot; *fig.* vollblütig. [Blutsturz *m.*

krwotok *m* Blutung *f*; ~ *płucny.*

kryć (-*ję*) ⟨*u*-⟩ verstecken, verbergen (*się* sich); ⟨*po*-⟩ (be)decken; *się* (*w L*, *za I*) dahinterstecken; (*z I* verheimlichen (*A*).

kry|gować się (-*uję*) sich zieren; ~**jomy**: *po* -*mu* heimlich, verstohlen; ~**jówka** *f* (-*i*; *G* -*wek*) Versteck *n*; Schlupfwinkel *m*.

kryl *m* (-*u*; *0*) *Zo.* Krill *m*.

krymina|lista *m* (-*y*; -*ści*, -*ów*) Kriminelle(r); ~**lny** kriminell; Kriminal-; *ł m* P (-*u*; -*y*) Knast *m*; kriminelle Sache; Krimi *m*.

krymski *Geogr.* Krim-.

kryni|ca *f* (-*y*; -*e*) Quelle *f*; ~**czny** Quell-.

krypt|a *f* (-*y*) Krypta *f*, Grabkammer *f*; ~**onim** *m* (-*u*; -*y*) Kryptonym *n*, Deckname *m*.

krystali|czny kristallin(isch); Kristall-; ~**zować** (-*uję*) (aus)kristallisieren.

kryształ *m* (-*u*; -*y*) Kristall *m u. n* Kristallzucker *m*; ~**ek** *m* (-*lka*; -*lki* (kleiner) Kristall; Kristalldetekto *m*; ~**owy** Kristall-; *fig.* (-*wo* kristallklar; makellos. [*pływalnia.*

kryty be- *od.* gedeckt; *s.* ścieg,

kryty|cyzm *m* (-*u*; *0*) Kritizismu

m; kritische Einstellung; ~czny kritisch; ~k m (-a; -cy) Kritiker m; ~ka ['kri-] f (-i) Kritik f; ~kanctwo n (-a; 0) Krittelei f, Nörgelei f; ~kować ⟨s-⟩ (-uję) kritisieren, Kritik üben (A/an D).

kryza f (-y) Krause f; Flansch m.

kryzys m (-u; -y) Krise f; Krisis f; nagły ~ a. Notstand m.

krzaczasty (-to) strauchartig; buschig.

krzak m (-a/-u; -i) Strauch m, Busch ~i pl. a. Gebüsch n.

krzątać|ć się ['kʃɔn-] (-am) herumwirtschaften, -hantieren; ⟨za-⟩ (koło G) sich zu schaffen machen (an D); sich beschäftigen (mit); sorgen (für); ~nina f (-y) Geschäftigkeit f, Getue n; Herumhantieren n.

krzem m (-u; 0) Chem. Silizium n; ~ian ['kʃɛ-] m (-u; -y) Silikat n; ~ica f (-y; 0) Silikose f; ~ienisty (-ście) steinig, übersät mit Steinen; ~ienny (Feuer-)Stein-, Flint-; ~ień ['kʃɛ-] m (-nia; -nie) Kiesel m; Min. Flint m; ~ionka [-'mɔn-] f (-i; 0) Kieselerde f; Chem. Kieselsäureanhydrid n; ~o- in Zssgn Kiesel-, ~owy Silizium-.

krzep|a P f (-y; 0) Stärke f, Kraft f; ~ić ⟨po-⟩ (-ę) stärken, erfrischen (się sich); ~ki (-ko) stark; rüstig; ~kość f (-ści; 0) Rüstigkeit f; ~liwy gerinnungsfähig; ~nąć [-nɔntɛ] (-ę, [-ną]ł, -pła) ⟨s-, za-⟩ gerinnen; erstarren; ⟨o-⟩ erstarken, kräftig(er) werden; ~nięcie [-'nɛn-] n (-a; 0) Gerinnung f; Erstarrung f.

krze|sać ⟨wy-⟩ (-szę) Feuer schlagen; ~sełko n (-a; G -łek) Stühlchen n; ~sełkowy s. wyciąg; ~siwo n (-a) Feuerstahl m (für Schlagfeuerzeug); ~sło n (-a; G -seł) Stuhl m.

krzew m (-u; -y) Strauch m; ~iasty (-to) strauchartig; buschig.

krzewić ⟨roz-⟩ (-ę) verbreiten; ~ oświatę aufklären; ~ się wachsen, wuchern; sich ausbreiten.

krzewina f (-y) Gebüsch n, Busch m.

krzt|a f: ani ~y kein bißchen; bez ~y (G) ohne e-e Spur (von).

krztusi|ć się ⟨za-⟩ (-szę) (drohen zu) ersticken (I/vor, an D); slch verschlucken; ~ec ['kʃtu-] m (-śca; 0) Keuchhusten m.

krztyna f s. krzta.

krzycz|ący [-'tʃɔn-] (-co) schreiend (a. fig.); ~eć ⟨za-⟩ (-czę), ⟨krzyknąć⟩ [-nɔntɛ] (-nę) schreien; (na A) rufen (A); anschreien (A).

krzyk m (-u; -i) Schrei m; ~i pl. a. Geschrei n; F (już) po ~u alles vorbei; narobić ~u Lärm schlagen; viel Staub aufwirbeln; ~acz F m (-a; -e) Schreier m, Schreihals m; ~liwy (-wie) laut, lärmend; Kind a.: (häufig) schreiend; Stimme: kreischend, schrill; fig. grell, schreiend; ~nąć pf. s. krzyczeć.   [s. krzywy.]

krzywa f (-ej; -e) Math. Kurve f;}

krzyw|da f (-y) Unrecht n; Schaden m, Nachteil m; nie rób mu ~dy tue ihm nichts (an); ~dzący [-'dzɔn-] (-co) ungerecht; nachteilig; ~dzić ⟨s-⟩ (-ę) v/t Leid antun (D); unrecht tun (D), benachteiligen (A); Schaden zufügen (D).

krzywi|ca f (-y; 0) Rachitis f; ~cz(n)y rachitisch; ~ć (-ę) ⟨s-, wy-, za-⟩ verbiegen, krümmen (się sich), krumm machen; fig. ⟨s-, wy-⟩ ~ć się, ~ć usta den Mund verziehen; ~ć się na (A) j-n schief ansehen; ~k m (-a; -i) Kurvenlineal n; ~zna f (-y) Krümmung f.

krzywka f (-i; G -wek) Tech. Nocken m, Daumen m.

krzywo Adv. s. krzywy; patrzeć ~ scheel ansehen (na A/A); ~nogi krummbeinig; ~przysięgać, ⟨~przysiąc⟩ e-n Meineid schwören; ~przysięstwo n Meineid m; ~przysiężny meineidig.

krzyw|ość f (-ści; 0) s. krzywizna; ~y (-wo) krumm; verbogen; schief; Blick: scheel; s. a. krzywa.

krzyż m (-a; -e) Kreuz n; na ~ über(s) Kreuz, gekreuzt; F jak z ~a zdjęty mehr tot als lebendig; ból(e) w ~u od. ~ach Kreuzschmerzen m/pl.; ~acki Kreuzritter-; ~ak m (-a; -cy) Kreuz-, Deutschordensritter m; ~ak (pl. -i) Zo. Kreuzspinne f; Tech. Kreuz(stück) m; (Rohr-)Vierwegstück n; ~mo n (-a; 0) Rel. Chrisam m od. n, Chrisma n; ~odziób m Zo. Kreuzschnabel m.

krzyżow|ać (-uję) ⟨u-⟩ kreuzigen; ⟨s-⟩ kreuzen (się sich); ⟨po-⟩ durchkreuzen (fig.); ~iec ['ʒɔ-] m (=wca, -wce) Kreuzfahrer m, ~nik ['ʒɔ-] m; ~nica f (-y; -e) Querholz n; Fensterkreuz n; Esb. Herzstück n; Bot. Kreuzblume f; ~y Kreuz-; Droga ~a Rel. Kreuzweg m; ~y ogień pytań Kreuzverhör n; wojny ~e Kreuzzüge m/pl.; Su. ~a f (-ej) Kochk. s. krzyżówka.

krzyż|ówka f (-i; G -wek) Kreuzworträtsel n; Bot. Hybride f, Kreuzung f; Zo. Stockente f; Kochk. (Rinds-)Hüfte f; Schwanzstück n; ~ulec m (-lca; -lce) Arch. Strebe f; Tech. Kreuzkopf m; ~yk m (-a; -i) Kreuz(chen) n; zaznaczyć ~ykiem ankreuzen; postawić ~yk na (L) drei Kreuze hinter e-r Sache machen; zacząć siódmy ~yk in den Siebzigern sein; wyszywać ~ami mit Kreuzstich sticken; ~ykowy Kreuz-.

kseres m (-u; 0) Jerez(wein) m.

ksiądz [kɔnts, kœndza, -ɛ̃ʒa] m (księdza, -ędzu, -ężel; -ęża, -ęży, -ężom, I -ężmi) Priester m.

ksiąstewko n (-a; G -wek) Zwergfürstentum n.

książ|ę [G usw. 'kɕɛɲ-] m (G, A księcia, D, L -ęciu, I -ęciem, książe!; -zęta, -żąt) Fürst m; Herzog m; Prinz m; ~ęcy [-'ʒɛn-] (-co) fürstlich; Fürst-; herzoglich, Herzogs-; Prinzen-.

książeczka f (-i; G -czek) Büchlein n; (Scheck-, Spar-)Buch n; ~ wojskowa Wehrpaß m; ~ żeglarska Seefahrtsbuch.

książk|a f (-i; G -żek) (do nabożeństwa, kucharska, szkolna Gebet-, Koch-, Schul-)Buch n; ~owy Buch-, Bücher-; schriftsprachlich.

książnica f (-y; -e) lit. Bibliothek f; Büchermagazin n.

ksieni ['kɕe-] f (-i; -e, -eń) Äbtissin f.

księ|cia s. książę. ~dza s. ksiądz.

księg|a ['kɕɛŋ-] f (-i; G ksiąg) Buch n; ~i pl. Zo. Blättermagen m; ~i gruntowe Grundbuch.

księga|rnia [kɕɛŋ'ga-] f (-i; -e/ -ń) Buchhandlung f; ~rski buchhändlerisch, Buch(händler)-; ~rstwo n (-a; 0) Buchhandel m; ~rz ['kɕɛŋ-] m (-a; -e) Buchhändler m.

księgo|susz [kɕɛŋ'gɔ-] m (-u; 0) Rinderpest f; ~wać (za-) (-uję) (ver)buchen; ~wanie n (-a) Buchung f; maszyna do ~wania Buchungsmaschine f; ~wość f (-ści; 0) Buchführung f; (bsd. konkret) Buchhaltung f; ~wy Buch-; buchhalterisch; Su. m (-ego; -i) Buchhalter m; ~zbiór m Bibliothek f; Buchbestand m e-r Bibliothek.

księ|stwo n (-a; G -stw) Fürstentum

n; Herzogtum n; (L -wu) das Fürstenpaar; ~żna f (-nej/-ny; D, L -nej/-nie, A -nę/-ną, -no!; -ne, -nych, D -nym/-nom) Fürstin f; Herzogin f; ~żniczka f (-i; G -czek) Prinzessin f; ~żowski, ~ży priesterlich, Priester-, Pfarrer-.

księżyc m (-a; -e; Astr. ☽, 0) Mond m; ~ w pełni Vollmond; blask (od. światło) ~a Mondschein m; ~owy Mond-.

ksyk|ać (-am), <~nąć> [-nɔŋtɕ] (-nę) zischen; zirpen.

ksylofon m (-u; -y) Xylophon n.

kształc|ący [-'tsɔn-] (-co) lehrreich, bildend; ~enie n (-a; 0) (Aus-)Bildung f (a. się); Entwicklung f, Vervollkommnung f; ~ić (wy-) (-cę) (aus)bilden; entwickeln, vervollkommnen; ~ić się sich bilden; sich ausbilden lassen.

kształt m (-u; -y) Gestalt f, Form f; (oft pl.) Figur f, Körperformen f/pl.; na ~t (G) in der Art (von), etwas wie (A); s. coś; w ~cie kuli, serca usw. kugel-, herzförmig usw.

kształt|ka f (-i; G -tek) Formstück n; Profilstein m; ~ny wohlgestalt(et), gut gebaut od. gewachsen; schön geformt; ~ować <u-> (-uję) formen, gestalten (się sich); ~ownik m (-a; -i) Walzprofil n; ~ówka f (-i; G -wek) s. kształtka, cegła.

kszyk m (-a; -i): bekas ~ gemeine Bekassine.

kto (G, V kogo, D komu, I, L kim) wer; F jemand; ~ bądź = ~kolwiek wer auch immer; irgend jemand.

ktoś (irgend) jemand.

któr|ędy [-'ren-] wo (entlang), welchen Weg; ~y welche(r); F (irgend)ein(er); ~a godzina? wie spät ist es?; o ~ej godzinie? um wieviel Uhr?; dom, w ~ym mieszkamy das Haus, in dem wir wohnen; ludzie, ~ym można zaufać die Menschen, denen man vertrauen kann; ~ykolwiek irgendein(er), irgendwelche(r); ~yś jemand; (irgend)ein(er); ~yż welcher denn.

któż (s. kto) wer denn. [zu.]

ku Prp. (D) zu; nach; gegen, auf ...

Kuba|nka f (-i; G -nek), ~ńczyk m (-a; -cy) Kubaner(in f) m; 2ński [-'baïs-] kubanisch, Kuba-; Kubaban-.

kubatura f (-y) Rauminhalt m.

kubek m (-bka; -bki) (Keramik-) Becher m; F ~ w ~ podobny do (G) er gleicht aufs Haar (D).

kubeł m (-bła; -bły) (do wody, na śmieci Wasser-, Müll-)Eimer m, Kübel m; ~kowy Tech. Becher-.

kubi|czny kubisch; Kubik-; ~styczny kubistisch.

kubrak m (-a; -i) Wams m, Jacke f.

kuc m (-a; -e) Pony n; ~ać (-am), ⟨~nąć⟩ [-nǫtę] (-nę) sich (hin)hocken, sich (hin)kauern.

kuch m (-u; -y) Ölkuchen m.

kucha|rka f (-i; G -rek) Köchin f; ~rski Koch-; ~rstwo n (-a; 0) Kochkunst f; ~rz m (-a; -e) Koch m; ~rzyć F (-ę) kochen, zubereiten; als Koch arbeiten.

kuch|cik m (-a; -i) Küchenjunge m; ~enka f (-i; G -nek) kleine Küche; (Elektro-)Kochplatte f; ~enny Küchen-; wejście -ne Hintereingang m.

kuchmistrz m Küchenchef m; Meisterkoch m; ~yni f Chefköchin f.

kuchnia ['kux-] f (-i; -e, -i/-chen) (elektryczna Elektro-)Herd m; (polowa, mieszkalna Feld-, Wohn-)Küche f; Mar. Kombüse f.

kuchta f (-y) Küchenfrau f.

kucie ['ku-] n (-a; 0) (Pferde-)Beschlag m; Schmieden n; F fig. Pauken n.

kuc|ki pl. (-cek) Hocke f; siedzieć w ~ki hocken; ~nąć pf. s. kucać; ~yk m (-a; -i) Pony n.

kucz|ka f (-i; G -czek) Hütte f; Żki pl. Rel. Laubhüttenfest n; ~ny Sp. Hock-.

kuć ⟨kuję, kuj!, kuł⟩ schmieden ⟨o-⟩ Pferde beschlagen; Fels behauen; ⟨wy-⟩ im Fels aushauen; F fig. ⟨wy-⟩ pauken, büffeln.

kudł|aty (-to) zottig, Zottel-; ~y pl. (-ów) Zottelhaar n; zottiges Fell.

ku|fa f (-y) Küfe f; ~fel m (-fla; -fle) Maßkrug m, Bierseidel m; ~fer m (-fra; -fry) Truhe f; F Kfz. Kofferraum m; ~glarz m (-a; -e) Gaukler m, Zauberkünstler m; ~jon m (-a; -y) Büffler m; ~jot m (-a; -y) Kojote m.

kuka|ć|Ϛ ⟨za-⟩ (-am) kuckuck rufen; ~nie n (-a) Kuckucksruf m.

kukiełk|a f (-i; G -lek) Puppe f, Marionette f; ~owy Puppen-.

kuk|lik m (-a; -i) Nelkenwurz f; ~ła f (-y; G -kieł) Puppe f.

kuks m (-a; -y), ~aniec [-'sa-] m (-ńca; -ńce) Puff m, Knuff m, Schubs m.

kuku! Int. (a. a ~!) kuckuck!; ~łczy Kuckucks-; ~łka f (-i; G -lek) Kuckuck m.

kukurydz|a f (-y; -e) Mais m; ~(i)any Mais-; ~iak [-'ri-] m Box-Sp. Maisbirne f.

kukurykać F (-am) Hahn: krähen.

kul|a f (-i; -e) Kugel f; (Erd-, Schnee-)Ball m; Krücke f; P dost(aw)ać po ~ach eins aufs Dach bekommen; Sp. pchnięcie ~ą Kugelstoßen n; chodzić o ~ach an Krücken gehen; ~ać (-am) v/t rollen (się v/i); ~as P (-a; -y) Fuß m, Flosse f; Lahme(r); nieczytelne ~asy krakelige Schrift.

kulaw|ieć [-'la-] ⟨o-⟩ (-eję) lahm werden; ~y (-wo) lahm, hinkend; Tisch: wack(e)lig; F pies z ~ą nogą kein Schwanz.

kulbak m (-a; -i) Zo. Heilbutt m; ~a f (-i) Sattel m.

kuleczka f (-i; G -czek) Kügelchen n.   [fig.).]

kuleć ⟨o-⟩ (-eję) lahmen, hinken (a.f.

kulfon F m (-a; -y) Tolpatsch m; mst pl. ~y Krakelei f, Gekrakel n; ~iasty (-to) krakelig; unförmig.

kulić (-lę) Schwanz ⟨a. pod-⟩, Kopf einziehen; ⟨s-⟩ Rücken krümmen; ~ się z zimna vor Kälte zittern.

kulig m (-u; -i) Schlittenfahrt f.

kulik m (-a; -i) Zo.: ~ P. Schnepfen f/pl.; ~ wielki Brachvogel m.

kulis m (-a; -i) Kuli m; ~a f (-y) Kulisse f; ~y pl. a. Hintergründe m/pl.; ~owy Kulissen-.

kulisty (-to) sphärisch, kugelförmig; Kugel-.

kulk|a f (-i; G -lek) Kügelchen n; Tech. (Lauf-)Kugel f; Murmel f, Klicker m; F ruszać ~ami die grauen Zellen arbeiten lassen; ~owy Kugel-.   [hen-.]

kulminacyjny Kulminations-, Hö-

kulo|chwyt m Kugelfang m; ~miot † m Maschinengewehr n; ~n m (-a; -y) s. kulik (wielki); ~odporny kugelfest; ~wy Kugel-.

kulszow|y s. kość, rwa; nerw ~y Ischiasnerv m.

kult m (-u; -y) (jednostki Personen-) Kult m; miejsce uprawiania ~u Kultstätte f; ~owy kultisch.

kultur|a f (-y) (fizyczna Körper-)

Kultur f; dom ~y Kulturzentrum n; ~alny kulturell, Kultur-; kultiviert, kulturvoll; ~owy Kultur-.

kultyw|acja f (-i; 0) Kultivierung f; ~ator m (-a; -y) Agr. Grubber m, Kultivator m; ~ować (-uję) kultivieren, engS. pflegen; züchten.

kuluary pl. (-ów) Wandelhalle f.

kuła|cki Kulaken-, Großbauer-; ~k m (-a; -i) s. pięść; śmiać się w ~k sich ins Fäustchen lachen; (pl. -cy) Kulak m, Großbauer m (UdSSR).

kum m (-a; -owie), ~a f (-y) Gevatter(in f) m; ~ać się F ⟨po-, s-⟩ (-am) sich anfreunden (z I/mit); ~ak m (-a; -i) Zo. Unke f; ~kać (-am) quaken.

kumo|stwo n (-a) Gevatterschaft f; Gevattersleute pl.; ~szka f (-i; G -szek) Klatschbase f; ~ter m (-tra; -trzy/-trowie) Kumpan m; s. a. kum; ~terski Cliquen-, Sippen-; ~terstwo n (-a; 0) Vetternwirtschaft f.

kumu|lacyjny kumulativ; Mil. Ladung: geballt; ~lować ⟨s-⟩ (-uję) anhäufen; vereinigen; ~lować się kumulieren. [milch f.]

kumys m (-u; 0) Kumyß m, Stuten-}

kuna f (-y) (leśna, kamionka Edel-, Stein-)Marder m.

kundel F m (-dla; -dle) Köter m.

kunszt [kũʃt] m (-u; 0) Kunst f; ~owny kunstvoll.

kup|a f (-y) Haufen m (a. F fig.); ~a ludzi a. (Menschen-)Menge f; F trzymać się ~y (sich) zusammenhalten; wziąć się w ~ę sich zusammennehmen. [Arnika f.]

kupalnik m (-a; -i) Bot.: ~ górski}

kup|cowa f (-ej, -wo!; -e) Kaufmannsfrau f; Händlerin f; ~czyć (-ę) verschachern (I/A).

kuper m (-pra; -pry) Zo. Bürzel m; P Hintern m.

kupić pf. s. kupować.

kupiec ['ku-] m (-pca; -pcy) Kaufmann m; Käufer m; ~ki (po -ku) kaufmännisch; Kaufmanns-; ~two n (-a; 0) Handel m; Kaufmannschaft f.

kup|ka f (-i; G -pek) Häufchen n, Häuflein n; ~kówka f (-i; G -wek) Knäuelgras n; ~no n (-a; 0) (na raty Raten-)Kauf m; ~ny käuflich.

kupon m (-u; -y) Kupon m; Abschnitt m; (Lotto-)Schein m.

kup|ować (-uję), ⟨~ić⟩ (-ę) kaufen; Fahrkarte usw. lösen; ~ujący [-'jɔn-] m (-ego; -y) Käufer m.

kur m (-a; -y) Hahn m; Zo. Seeskorpion m; ~a f (-y) Huhn n, Henne f.

kuracj|a f (-i; -e) Kur f; (uderzeniowa Schock-)Therapie f; ~usz m (-a; -e), ~uszka f (-i; G -szek) Kurgast m.

kuracyjn|y Kur-; miejscowość ~a Kurort m.

kurant m (-a; -y) Spielmechanismus m; ~y pl. Glockenspiel n.

kurat|ela f (-i; -e, -i) Kuratel f, Vormundschaft f; ~or m (-a; -rzy/-owie) Kurator m; Vormund m; Schulrat m; ~or nad zabytkami Denkmalspfleger m; ~orium [-'to-] n (unv.; -ia) Kuratorium n; Schulamt m; ~orka f (-i; G -rek) s. kurator; ~orski Pflege-, Vormundschafts-.

kurcz m (-u; -e) Krampf m.

kurcz|ak m (-a; -i) Hähnchen n; ~ę [G -ęcia] n (-cia; -ta) Küchlein n, Küken n; ~ę tuczone Masthähnchen n.

kurcz|liwy kontraktil, zusammenziehbar; ~owy (-wo) krampfhaft, krampfartig; verkrampft; ~yć ⟨s-⟩ (-ę) zusammenziehen (się sich); ~yć się a. sich zusammenkrampfen; (zusammen)schrumpfen; Stoff: eingehen; vgl. a. kulić się.

kurdupel V m (-pla; -ple) Zwerg m, ‚abgebrochener Riese'.

kurdyjski (po -ku) kurdisch.

kurek m (-rka; -rki) Tech., Mil. Hahn m; Zo. Knurrhahn m; ~ na kościele Wetterhahn.

kurenda f (-y) Rundschreiben n.

kuria ['ku-] f (G, D, L -ii; -e) Kurie f.

kurier ['kurɪer] m (-a; -rzy) Kurier m; Bote m; ~ski Kurier-; † Esb. Schnell-.

kur|ka f (-i; -rek) Huhn n; Bot. s. pieprznik; ~nik m (-a; -i) Hühnerstall m.

kuro|patwa f (-y) Rebhuhn n; ~ślep m (-u; 0) Nachtblindheit f.

Kurp m (-pia; -pie, -ów/-ów) Kurpe m (Bewohner v. Ost-Masowien); ♀ Bastschuh m.

kurs m (-u; -y) Kurs m; engS. a. Fahrtrichtung f; (Taxi-)Fahrt f; Kurs(us) m, Lehrgang m; (Geld-)Umlauf m; (Uni-)Jahr n; być w ~ie im Umlauf sein; ~ant m (-a; -ci),

~ista m (-y; -ści, -ów) Kursus-, Lehrgangsteilnehmer m; **~okonferencja** f Konferenzlehrgang m; **~ować** (-uję) im Umlauf sein, kursieren; *Zug, Bus:* verkehren; **~owy** Kurs(us)-.

kursywa f (-y) Kursiv(schrift) f.

kurtka f (-i; G -tek) Jacke f, Joppe f.

kurtuazyjn|y: *wizyta* ~a Höflichkeitsbesuch m.

kurtyna f (-y) Vorhang m.

kurwa V f (-y) Hure f, Nutte f.

kurz m (-u; -e) Staub m; **~ajka** f (-i; G -jek) Warze f; **~awa** f (-y) Staub(wolke f) m; **~awka** f (-i; G -wek) Flugsand m; Schwimmsand m.

kurz|y Hühner-; F ~e *łapki* Krähenfüße m/pl. (Fältchen); **~yć** (-ę) Staub aufwirbeln; F a. rauchen, schmauchen; ~*ć się* stauben; qualmen; *kłamać aż się* ~y lügen, daß sich die Balken biegen.

kurzy|ślad, **~ślep** m (-u; -y) Bot. Gauchheil m.

kusiciel [-'ci-] m (-a; -e), **~ka** f (-i; G -lek) Versucher(in f) m, Verführer(in f) m; **~ski** (-ko) verführerisch.

kusić ⟨s-⟩ (-szę) in Versuchung führen; (ver)locken, reizen; *s. pokusić się.*

kuso Adv. s. kusy.

kustosz m (-a; -e) Kustos m.

kusy ⟨-so⟩ kurz; gestutzt; knapp.

kusza f (-y; -e) Armbrust f; ~ *młot* Zo. Hammerhai m.

kuszący [-'ʃɔn-] (-co) verlockend.

kuszetka f (-i; G -tek) Esb. Liegewagen m.

kusztykać, kuśtykać (-am) hinken.

kuśnierz m (-a; -e) Kürschner m.

kutas V m (-a; -y) Pimmel m, Schwanz m.

kuter m (-tra; -try) Kutter m; ~ *torpedowy* Torpedo-, Schnellboot n.

kuternoga P m (-i; G a. -ów) Hinkebein n.

kutia ['kuʈa] f (G, D, L -ii; 0) Weihnachtsgrütze f.

kutwa m (-y; G -/-ów) Knauser m, Geizkragen m.

kuty Pferd: beschlagen; geschmiedet, Schmiede-; F ~ *na cztery nogi* mit allen Wassern gewaschen.

kuzienny Schmiede-.

kuzyn m (-a; -i) Vetter m; **~ka** f (-i; G -nek) Kusine f.

kuźni|a ['ku-] f (-i; -e, -i) Schmiede f; **~arka** f (-i; G -rek) Schmiedemaschine f; **~czy** Schmiede-.

kwadra f (-y) (Mond-)Viertel n; Quader m; **~ns** [-ās] m (-u; -e) Viertelstunde f; *za* ~ns *trzecia* ein Viertel vor drei; ~ns *na drugą* ein Viertel nach eins, Viertel zwei; **~t** m (-u; -y) Quadrat n; *podnieść do* ~tu quadrieren; *dwa do* ~tu zwei hoch zwei; **~towy** (-wo) quadratisch; Quadrat-; eckig; Vierkant-.

kwadrowy: *przypływ* (od. *odpływ*) ~ Nippflut f (od. -ebbe f).

kwak|ać (-am) Ente: schnattern; **~ier** ['kfa-] m (-a; -krzy/-krowie, -krów) Quäker m.

kwalifikac|ja f (-i; -e) Qualifikation f; engS. (mst pl.) Befähigung f, Eignung f; Agr. Anerkennung f; **~yjny** Befähigungs-, Eignungs-; Sp. Ausscheidungs-.

kwalifikow|ać ⟨za-⟩ (-uję) (się sich) qualifizieren; **~any** qualifiziert; vollausgebildet, gelernt.

kwantowy Quanten-.

kwapić się ⟨po-⟩ (-ę) sich beeilen (zu); *nie* ~ es nicht so eilig haben.

kwarantanna f (-y) Quarantäne f.

kwarc m (-u; -e) Quarz m; **~owy** Quarz-; **~ówka** f (-i; G -wek) Heim-, Höhensonne f.

kwarta f (-y) Quart n; Quarte f; **~lnik** m (-a; -i) Vierteljahresschrift f; **~lny** vierteljährlich, Quartals-; **~ł** m (-u; -y) Vierteljahr n, Quartal n; Trimester n.

kwas m (-u; -y) (azotowy, borny, solny, węglowy Salpeter-, Bor-, Salz-, Kohlen-)Säure f; Kwaß m (Getränk); fig. ~y pl. Unstimmigkeiten f/pl., Streit m; **~ek** m (-sku; 0) säuerlicher Geschmack; **~ić** ⟨za-⟩ (-szę) s. kisić; **~kowaty** (-to) säuerlich.

kwaso|mierz [-'sɔ-] m (-a; -e) Azidimeter m; **~odporny** säurebeständig; **~ta** f (-y 0) Med. Azidität f; **~wość** f (-ści; 0) Säuregehalt m; -grad m; **~wy** Säure-.

kwaszonka f (-i; G -nek) s. kiszonka.

kwaśn|ica f (-y; -e) Sauerdorn m; **~ieć** ['kfa-] ⟨s-⟩ (-eję) sauer werden; *versäuern*; ~y V (-no) sauci, fig. sauertöpfisch, säuerlich.

kwater|a f (-y) Quartier n, Unterkunft f; (Friedhofs-)Abteilung f; **~a** *pastwiska* Koppel f; **~ka** f

(-i; G -rek) Viertelliter *m*; **~mistrz** *m* Quartiermeister *m*; **~ować** *(-uję)* Quartier beziehen, untergebracht sein; *v/t* ⟨roz-, za-⟩ einquartieren, unterbringen; **~unek** *m (-nku; 0)* Quartier *n*; F Wohnungsamt *n*; **~unkowy** Wohnungs-; Quartier-.

kwef *m (-u; -y)* Schleier *m*; *(Nonnen-)*Haube *f.*

kwesta *f (-y)* Kollekte *f*, *(Geld-)* Sammlung *f.*

kwesti|a [ˈkfɛ-] *f (G, D, L -ii; -e)* Frage *f*; nie ulega *~i* es unterliegt keinem Zweifel; **~a zapatrywania** Ansichtssache *f*; **~onariusz** [-ˈna-] *m (-a; -e, -y)* Fragebogen *m*; **~onować** ⟨za-⟩ *(-uję)* in Frage stellen; beanstanden.

kwestować *(-uję)* Geldspenden sammeln.

kwękać [-ŋk-] *(-am)* kränkeln; ⟨za-, po-⟩ stöhnen.

kwiaciar|ka *f (-i; G -rek)* Blumenverkäuferin *f*; **~nia** [-ˈtɕar-] *f (-i; -e)* Blumenhandlung *f*; **~stwo** *n (-a; 0)* Blumenzucht *f*; *(Kunst-)*Blumenfabrikation *f.*

kwiaciasty *(-to)* geblümt.

kwiat [kɕat] *m (-u, L kwiecie; -y)* Blume *f*, Blüte *f (a. fig.)*; JSpr. Wedel *m*; **~y cięte** Schnittblumen *f/pl.*; **~ek** *m (-tka; -tki)* (kleine) Blume, Blümchen *n*; F ładne *~ki!* schöne Geschichte!; **~ostan** *m* Blütenstand *m*; **~owy** Blumen-, Blüten-.

kwicz|eć ⟨za-⟩ *(-ę, -y)* quieken; **~oł** *m (-a; -y)* Zo. Krammetsvogel *m.*

kwiec|iak [ˈkɕe-] *m (-a; -i)* Zo. *(Apfel-)*Blütenstecher *m*; **~iarka** *f*, **~iarnia** *f s.* kwiaciarka, kwiaciarnia; **~ie** *n (-a; 0)* Blüte(n *pl.*) *f*; w *~iu* in (voller) Blüte; **~ień** [ˈkɕe-] *m (-tnia; -tnie)* April *m*; **~isty** *(-ście)* blumenreich; geblümt.

kwietn|ik *m (-a; -i)* Blumenbeet *n*; **~iowy** [-ˈnɔ-] April-.

kwik *m (-u; -i)* Quieken *n*; **~nąć** [-nɔntɕ] *pf. (-nę) s.* kwiczeć.

kwil|enie *n (-a)* Wimmern *n*; **~ić** ⟨za-⟩ *(-lę)* wimmern; *Lerche:* singen.

kwint|a *f (-y) Mus.* Quinte *f*; F spuścić nos na *~ę* Trübsal blasen; **~al** *m (-a; -e)* Doppelzentner *m.*

kwit *m (-u; -y)* Quittung *f*; **~ bagażowy** Gepäckschein *m*; **~** F aus, Schluß; quitt; **~ariusz** [-ˈta-] *m (-a; -e)* Quittungsblock *m*; **~ek** *m (-tka; -tki): odejść z ~kiem* mit leeren Händen abziehen; *odprawić z ~kiem* abblitzen lassen; **~nąć** [-nɔntɕ] *(-nę)* blühen; *fig.* florieren, gedeihen; **~nięcie** [-ˈnɛn-] *n (-a; 0)* Blüte *f*, Blühen *n*; **~ować** ⟨po-⟩ *(-uję)* quittieren, bestätigen; **~owy** Quittungs-.

kwiz *m (-u; -y)* Quiz *n.*

kwok|a *f (-i)* Gluck(henne) *f*; **~ać** *(-am/-czę)* glucken.

kwo|ta *f (-y)* Betrag *m*; w *~cie (G)* im Betrag (von).

L

laboga! P *Int.* mein Gott!

laborant *m* (-*a*; -*ci*), **~ka** *f* (-*i*; *G* -*tek*) Laborant(in *f*) *m*.

laboratorium [-'tɔ-] *n* (*unv.*; -*ia*) Labor(atorium) *n*; **~** językowe Sprachlabor.

laboratoryjny Labor-.

lać (*leję*) gießen; *Blut* vergießen; P hauen, dreschen; **~** *w siebie* saufen; (*deszcz*) leje es gießt (*jak z cebra* wie aus Kannen); **~** *się* sich ergießen, fließen, strömen; P sich prügeln.

lada¹ *f* (-*y*) Ladentisch *m*; Truhe *f*, Lade *f*; **~** *chłodnicza* Tiefkühltruhe.

lada² (+ *Su. weist auf Geringfügigkeit, Unwichtigkeit*): **~** uczeń to zrozumie jeder Schüler wird es verstehen; **~** *niepowodzenie* der kleinste Mißerfolg; (+ *Pron.*); **~** *co* irgendetwas; **~** *gdzie* irgendwo; **~** *jak* irgendwie; **~** *jaki* irgendein(er), der erste beste; *a.* = **~** *kto* irgendwer; (*in Verbindung mit nie*): nie **~** beträchtlich, ziemlich, nicht zu verachten; **~co** *m* (*unv.*) Taugenichts *m*; **~czy** [-'dat͡ʃɨ; -*e*] Dirne *f*.

lafirynda *f* (-*y*) Flittchen *n*.

lai|cki (*po-ku*) laienhaft; laizistisch; **~k** *m* (-*a*; -*cy*) Laie *m*; Laienbruder *m*.

lak *m* (-*u*; -*i*) Siegellack *m*; *Bot.* Goldlack *m*; **~a** *f* (-*i*) Lack *m*; Lackarbeit *f*.

lakier ['la-] *m* (-*u*; -*y*) Lack(farbe *f*) *m*; Lackleder *n*; **~** *do paznokci* Nagellack *m*; (*von* einer Schönfärberei, **~ki** *m/pl.* (-*ów*) Lackschuhe *m/pl.*; **~nia** [-'kɛr-] *f* (-*i*; -*e*) Lackiererei *f*; Lackfabrik *f*; **~nictwo** *n* (-*a*; *0*) Lackherstellung *f*; *F* *fig.* Schönfärberei *f*; **~niczy** Lack-; **~nik** *m* (-*a*; -*cy*) Lackierer *m*; **~ować** ⟨*po-*⟩ (-*uję*) lackieren.

lakmusowy: *papierek* **~** Lackmuspapier *n*. [**~** Lack-.)

lakować ⟨*za-*⟩ (-*uję*) (ver)siegeln;)

lal|a *f* (-*i*; -*e*) Puppe *f* (*a. fig.*); **~eczka** *f* (-*i*; *G* -*czek*) Püppchen *n*; **~ka** *f* (-*i*; *G* -*lek*) Puppe *f*; *teatr* **~ek** Puppentheater *n*; **~kowaty**

(-*to*) puppenhaft, Puppen-; **~kowy** Puppen-. [*m.*)

laluś *m* (-*sia*; -*sie*, -*siów*) La(cka)ffe)

lama¹ *m* (-*y*; -*owie*, -*ów*) *Rel.* Lama *m*.

lama² *f* (-*y*) Lamé *n*; *Zo.* Lama *n*.

lamelka *f* (-*i*; *G* -*lek*) Lamelle *f*.

lament *m* (-*u*; -*y*) Jammern *n*, Gejammer *n*; Klage(lied *n*) *f*; **~ować** (-*uję*) jammern, wehklagen.

lameta *f* (-*y*) Lametta *n*.

lam|ować ⟨*ob-*⟩ (-*uję*) einfassen, umsäumen; **~ówka** *f* (-*i*; *G* -*wek*) Besatz *m*, Borte *f*.

lamp|a *f* (-*y*) (*łukowa,* *stojąca* Bogen-, Steh-)Lampe *f*, Leuchte *f*; (*Radio-*)Röhre *f*; (*elektronowa*) **~a** *błyskowa* (Elektronen-)Blitzgerät *n*; **~a** *sygnałowa,* *migająca* Blinkleuchte; **~y** *pl.* *JSpr.* Lichter *n/pl.*

lam|part *m* (-*a*; -*y*) (*azjatycki* Schnee-)Leopard *m*; **~pas** *m* (-*a*; -*y*) Biese *f*, Streifen *m* an Uniformhosen; Mützenrand *m*; *s. a.* lamówka; **~peria** [-'pɛ-] *f* (*G,* *D,* *L* -*ii*; -*e*) Paneel *m*, Täfelung *f*.

lamp|ka *f* (-*i*; *G* -*pek*) Lämpchen *n*; (*Nachttisch-*)Lampe *f*; **~ka** *wina* Schoppen *m* Wein; **~owy** Lampen-; *Rdf.* Röhren-.

lamus *m* (-*a*; -*y*) Speicher *m*; Rumpelkammer *f*; *fig.* Mottenkiste *f*; *odłożyć do* **~a** *fig.* in der Versenkung verschwinden lassen, auf Eis legen.

lanca *f* (-*y*; -*e*) Lanze *f*.

lancet *m* (-*u*; -*y*) Lanzette *f*; **~owaty** (-*to*) lanzettförmig.

landrynka *f* (-*i*; *G* -*nek*) Frucht-, Lutschbonbon *n* od. *m*.

lan|ie ['la-] *n* (-*a*) Gießen *n*; *F* *fig.* (*e-e* Tracht) Prügel; **~ka** *f* (-*i*; *G* -*nek*) Vollgummiball *m*.

lansować [lã'sɔ-] (-*uję*) lancieren.

lany gegossen, Guß-.

Laota|nka *f* (-*i*; *G* -*nek*) Laotin *f*; **~ńczyk** *m* (-*a*; -*cy*) Laote *m*; 2**ński** [-'taĩs-] (*po-ku*) laotisch.

lapis *m* (-*u*; *0*) *Chem.* Höllenstein *m*; **~ować** (-*uję*) mit Höllenstein behandeln (ätzen).

Lapo|nka *f* (-*i*; *G* -*nek*) Lappländerin *f*; **~ńczyk** *m* (-*a*; -*cy*) Lappe *m*,

Lapplländer m; **ǒński** [-'ɔ̃ski-] (po-ku) lapp(länd)isch.

larwa f (-y) Zo. Larve f; † a. Schreckgespenst n.

laryngo|fon m Kehlkopfmikrofon n; **~log** m (-a; -dzy/-owie) Laryngologe m.

las m (-u, L lesie; -y) (mieszany, wysokopienny Misch-, Hoch-)Wald m; ~ sztandarów, masztów ein Wald von Fahnen, Masten; fig. w lesie, za ~em in weiter Ferne; **~eczka** f (-i; G -czek) Stöckchen n; Stäbchen n; a. = **~ecznik** m (-a;-i) stäbchenförmige Bakterie, Bazillus m; **~ek** m (-sku; -ski) Wäldchen n, Gehölz n.

laska f (-i; G -sek) (Spazier-)Stock m; (Marschall-, Zauber-)Stab m; (Zimt-)Stange f; (Hockey-)Schläger m; w ~ch in Stangen; ⌐ Marszałkowska fig. Büro n des Sejmpräsidenten.

laskow|aty (-to) stabförmig, stangenartig; Beine: dürr; **~y** s. orzech.

laso|step m Waldsteppe f; **~wać** ⟨z-⟩ (-uję) Kalk löschen.

lastrykarz m (-a; -e) Fliesenleger m; Putzmaurer m.

lat|a pl. v. rok, lato; ile masz ~? wie alt bist du?; mając sześć ~ im Alter von 6 Jahren; na stare ~a auf die alten Tage; z biegiem ~, z ~ami mit zunehmendem Alter; przed ~y vor Jahren; vgl. a. wiek.

lata|cz m (-a; -e) Mar. Flieger m (Segel); **~ć** (-am) fliegen; F fig. (herum)rennen; abklappern (po L/A); hinterher sein (za I/hinter D), nachlaufen (D); Hände, Mund: zittern; ~ć z językiem od. ozorem herumtratschen; **~jący** [-'jɔn-] fliegend, Flug-; **~nie** n (-a; 0) Fliegen n; Fliegerei f; Herumrennen n; a. = **~nina** F f (-y; 0) Lauferei f.

latar|ka f (-i; G -rek) (kleine) Laterne; **~ka** kieszonkowa Taschenlampe f; **~nia** [-'tar-] f (-i; -e, -i) Laterne f; **~nia** morska Leuchtturm m; **~nia** radiowa Funkfeuer n; **~nik** m (-a; -cy) Leuchtturmwärter m; Zo. (pl. -i) Laternenträger m; **~niowiec** [-'ŋ-] m (-wca; -wce) Mar. Feuerschiff n.

latawiec [-'ta-] m (-wca; -wce) (Papier-)Drachen m.

latk|a pl. v. roczek; a. pl. v. **~o** (-a; G -tek) dim. v. Sommer m; F czekaj

tatka ~a da kannst du lange warten.

lat|o n (-a) Sommer m; ~em, w lecie im Sommer; w pełni ~a im Hochsommer; na ~o für den Sommer.

latorośl f (-śli; -śle, -śli) Sprößling m (a. fig.); ~ winna Weinrebe f.

latoś P in diesem Jahr, heuer.

latynoski lateinamerikanisch.

laufer m (-fra; -fry) (Schach) Läufer m.

laur m (-u; -y) Lorbeer m; **~eat** [-'rɛ-] m (-a; -ci) Preisträger m; **~ka** ['laur-] f (-i; G -rek) Glückwunschkarte f; **~owiśnia** f Bot. Kirschlorbeer m; **~owy** Lorbeer-.

lawa f (-y) Lava f.

lawend|a f (-y) Lavendel m; Lavendelwasser n; **~owy** Lavendel-.

laweta f (-y) Lafette f.

lawin|a f (-y) Lawine f; **~a** skalna Bergrutsch m; jak ~a = **~owo** Adv. lawinenartig; **~owy** Lawinen-.

lawir|ant F m (-a; -ci) Opportunist m, Chamäleon n; **~ować** (-uję) lavieren (a. fig.).

lazł, **~a(m)**, **~em** s. leźć.

lazur m (-u; 0) Azur m; Lazur f; **~owy** (-wo) azurblau; **~yt** m (-u; -y) Lasurit m.

ląd [lɔnt, -ndu] m (-u; -y) (stały Fest-)Land n; na lądzie i na morzu zu Lande und zu Wasser; od ~u Wind: ablandig; **otwórczy** (-czo) tektonisch.

lądowa|ć [lɔn'd-] ⟨wy-⟩ (-uję) v/i (przymusowo not)landen; engS. a. aufsetzen; **~nie** n (-a) (bez podwozia, przymusowe Bauch-, Not-)Landung f; długość ~nia Landestrecke f; lot bez ~nia Nonstopflug m.

lądow|isko n (-a) (Landeplatz m; Feldflugplatz m; **~nik** m (-a; -i): załogowy ~nik księżycowy Mondlandefahrzeug n, -fähre f; **~y** Land-, festländisch; Kontinental-; armia ~a Heer n.

ląg [lɔŋk, -ɛŋg-] m (lęgu; lęgi) Ausschlüpfen n aus d. Ei; Brüten n; Brut f; Gelege n.

lebiega m (-i) dial. Dussel m, Trampel m.

lebiod|a f (-y) Melde f, weißer Gänsefuß; **~ka** f (-i; G -dek) Bot. Dost m, wilder Majoran.

lec pf. (L.) sich (hin)legen; (sich) lagern; ⟨a. po-⟩ im Krieg fallen; ~

trupem tot umfallen; ~ w gruzach in Schutt und Asche sinken.

lec|ieć ‹-*ce*, -*i*, *leć*!› ‹a. po-› fliegen; ‹a. prze-› *Zeit:* verfliegen; ‹a. ob-› *Blätter usw.*: ‹ab)fallen; (*nur impf.*) F rennen; fließen, rinnen; *jak* ~*i* wie es kommt; *jak* ~*i?* wie geht es ?; ~*ieć z nóg* vor Müdigkeit nicht mehr stehen können.

leciutki ‹-*ko*› federleicht.

leciwy ‹-*wie*› bejahrt, betagt.

lecz (je)doch; aber; *nie tylko ... ~ jeszcze* nicht nur ... sondern auch.

leczeni|e [-'ʧɛ-] *n* ‹-*a*› (Heil-)Behandlung *f*; (*bodźcowe* Reiz-)Therapie *f*; Kur *f*; *sposób* ~*a* Heilverfahren *n*.

leczni|ca *f* ‹-*y*; -*e*› Heilanstalt *f*; Ambulatorium *n*; ~**ctwo** *n* ‹-*a*; 0› Gesundheitswesen *n*; Krankenversorgung; Heilkunde *f*; ~**czy** Heil-; Gesundheits-.

leczyć ‹-*ę*› behandeln, kurieren; ~ *się* sich (ärztlich) behandeln lassen, in Behandlung sein.

ledwie, ledwo kaum; ‹*a.* ~ *nie*) beinahe, fast; ~ *żywy* halbtot.

legaliz|acja *f* ‹-*i*; 0› Legalisierung *f*; Eichung *f*; ~**ować** ‹za-› ‹-*uję*› legalisieren; eichen.

legalny legal, gesetzlich, Rechts-; *Kind:* ehelich.

legar *m* ‹-*a*; -*y*› *Arch.* (*Sohl-*, *Grund-*)Balken *m*.   [Legat *n.*]

legat *m* ‹-*a*; -*ci*› Legat *m*; ‹-*u*; -*y*)〈

legawiec [-'ga-] *m* ‹-*wca*; -*wce*› Hühner-, Vorstehhund *m*.

legenda *f* ‹-*y*› Legende *f*; ~**rny** legendär; Sagen-.

legia ['lɛ-] *f* (*G, D, L -ii*; -*e*) (*cudzoziemska* Fremden-)Legion *f*.

legion ['lɛ-] *m* ‹-*u*; -*y*› Legion *f* (*a. fig.*); ~**ista** *m* (*y*; -*ści*, -*ów*) Legionär *m*.

legislatura *f* ‹-*y*) Legislaturperiode *f*; Legislative *f*.

legitym|acja *f* ‹-*i*; -*e*› Ausweis *m*; Legitimation *f*; ~*acja partyjna* Parteibuch *m*; ~**ować** ‹-*uję*› legitimieren; ‹*a. wy*-› ausweisen (*się* sich); Personalien feststellen.

leg|nąć [-'nɔntɕ] *pf.* (*L.*) *s.* lec; ~**owisko** *n* ‹-*a*› (*Tier-*)Lager *n*, Bau *m*; *vgl.* barłóg.

legumina *f* (*-y*) Süßspeise *f*

lej *m* ‹-*a*; -*e*, -*ów*› Trichter *m*; Krater *m*; ~ *po wybuchu bomby* Bombentrichter; *vgl. a.* lać.

lejc *m* ‹-*a*; -*e*): *mst pl.* ~*e* Zügel *m*/*pl.*; *popuścić* ~*e* die Zügel schleifen lassen (*fig.*).

lej|ek *m* ‹-*jka*; -*jki*) (*Gieß-*)Trichter *m*; ~(**k)owaty** ‹-*to*› trichterförmig.

lek *m* ‹-*u*; -*i*› Arznei(mittel *n*) *f*, F Medizin *f*; ~**arka** *f* ‹-*i*; *G* -*rek*) Ärztin *f*; ~**arski** ärztlich; Arzt-, Ärzte-; medizinisch, Medizin-; Heil-.

lekarstwo *n* ‹-*a*) *s.* lek; ~ *od bólu głowy,* na żołądek Kopfschmerz-, Magenmittel *n*; F *ani na* ~ nicht ein bißchen; *jak na* ~ herzlich wenig.

lekarz *m* ‹-*a*; -*e*) (*naczelny,* wertey*narii,* zaufania Chef-, Tier-, Vertrauens-)Arzt *m*; ~ *chorób dziecięcych,* kobiecych Kinder-, Frauenarzt.

lekceważ|ący [-'ʒɔn-] ‹-*co*› geringschätzig; ~**enie** *n* ‹-*a*; 0› Geringschätzung *f*; Unterschätzung *f*; ~**yć** ‹z-› ‹-*ę*) geringschätzen; *Gefahr usw. a.* unterschätzen, auf die leichte Schulter nehmen; *Rat a.* mißachten; *Pflichten* nicht ernst (genug) nehmen.

lekcj|a *f* ‹-*i*; -*e*) Lektion *f*; (*geografii,* gry na fortepianie, języka niemieckiego Geographie-, Klavier-, Deutsch-)Stunde *f*; *odrabiać* ~*e* Schulaufgaben machen; *udzielać* ~*i* Unterricht geben.

lekcyjny (*Schul-*)Stunden-.

lekk|i (*Komp.* lżejszy) leicht; *Tee usw.*: schwach; *fig. a.* leise; ~*i jak* piórko federleicht; *z* ~*a Adv.* leicht, kaum; beiläufig; ~*o* (*Komp.* lżej) *Adv.* leicht; flink; ~*o strawny* leichtverdaulich; ~*o drwiąc* mit leisem Spott.

lekkoatlet|a *m* Leichtathlet *m*; ~**yczny** leichtathletisch; ~**yka** *f* Leichtathletik *f*.

lekko|ciężki: *Sp. waga* -ka Leichtschwergewicht *n*; ~**duch** *m* Leichtfuß *m*, Windhund *m* (*fig.*); ~**myślność** *f* ‹-*ści*; 0› Leichtsinn *m*, (*a. Jur.*) Leichtfertigkeit *f*; ~**myślny** leichtsinnig, leichtfertig; ~**pół-średni**: *waga* -nia Halbweltergewicht *n*; ~**ść** *f* ‹-*ści*; 0› Leichtigkeit *f*.

loko|odporny *Med.* resistent; ~**epis** *m* Pharmakonie f.

leksyk|a *f* ‹-*i*) Lexik *f*; ~**alny** lexikalisch; ~**on** ['lɛ-] *m* ‹-*u*; -*y*) Lexikon *n*.

lektor m (-a; -rzy) Lektor m; (-u; -y) Lesegerät n für Mikro(photo)-kopien; **~ka** f (-i; G -rek) Lektorin f; **~ski** Lektors-.

lektura f (-y) Lektüre f.

lektyka f (-i) Sänfte f.

lelek m (-lka; -lki) s. kozodój.

lelum F: ~ polelum im Schneckentempo.

lemiesz ['lɛ-] m (-a; -e) Pflugschar f; (Planierraupen-)Schiebeschild m.

lemoniada [-'na-] f (-y) Limonade f.

len m (lnu; lny) Lein m, Flachs m.

leni|ć się (-ę) faul, träge sein, faulenzen; a. = **~eć** ['lɛ-] ⟨wy-⟩ (-eję) (sich) haaren; Vogel: sich mausern; Schlange: sich häuten.

leninowski leninistisch, Lenin-.

lenistwo n (-a; 0) Faulheit f, Trägheit f.

leniuch ['lɛ-] m (-a; -y) Faulenzer m, Faulpelz m; **~ować** F (-uję) faulenzen, auf der faulen Haut liegen.

leniw|ie Adv. s. leniwy; **~iec** [-'ɲi-] m (-wca; -wce/-wcy) s. leniuch; Zo. Faultier n; **~ieć** ⟨z-⟩ (-eję) faul (od. träge) werden; **~y** (-wie) faul, träge.

lenn|ik m (-a; -cy) hist. Lehnsmann m; **~o** n (-a) Lehen n; **~y** Leh(e)ns-.

leń m (-nia; -nie) Faulenzer m.

lep m (-u; -y) Leim m; ~ na muchy Fliegenleim, engS. Fliegenfänger m; dać się złapać na ~ auf den Leim gehen; **~ianka** f (-i; G -nek) Lehmhütte f; **~ić** (-ę) ⟨u-⟩ formen, kneten, modellieren; Schlammnest bauen; vgl. na-, przylepić; **~ić się** kleben (v/i), haften; Schnee: backen (v/i).

lepiej Adv. besser; tym ~ um so besser.

lep|ik m (-u; -i) (Teer-)Klebemasse f; **~iszcze** n (-a) Bindemittel n, Binder m; **~ki** (-ko) klebrig, leimig; zäh; **~kość** f (-ści; 0) Klebrigkeit f; Chem. Viskosität f; **~nica** f (-y; -e) Leimkraut n; **~nik** m (-a; -i) Bot. Igelsame m; **~owy** Leim-; **~si** s. lepszy.

lepsz|e n (-ego; 0) Bessere(s); zmieniać się na ~e sich zum Besseren wenden; **~y** (Psf. lepsi) besser; nie ma nic ~ego od (G) a. es geht nichts über (A).

lesbijski lesbisch.

lesisty waldreich; bewaldet.

less m (-u; -y) Geol. Löß m.

leszcz m (-a; -e) Zo. Blei m.

leszczyn|a f (-y) Bot. Haselnuß f; Hasel(nuß)strauch m; **~owy** Hasel(nuß)-.

leśni|ctwo n (-a; 0) Forstwesen n; engS. Forstwissenschaft f; Forstwirtschaft f; (pl. -a) Revierförsterei f; **~czówka** f (-i; G -wek) Försterei f, Forsthaus n; **~czy** Forst-; Su. m (-ego; -owie) (Revier-)Förster m; **~k** m (-a; -cy) Forstwirt m; Forstgehilfe m.

leśny Wald-; Forst-.

letarg m (-u; 0) Lethargie f (a. fig.); Scheintod m; **~iczny** lethargisch; teilnahms-, interesselos.

letkiewicz F m (-a; -e) Luftikus m.

letni (-nio) sommerlich; Sommer-, Freilicht-; lau(warm); **~k** m (-a; -cy) Sommerfrischler m, -gast m; **~sko** n (-a) Sommerfrische f; engS. Ferien-, Urlaubsort m; Landhaus n; **~skowy** Ferien-, Urlaubs-.

leukemia [lɛu̯'kɛmja] f (G, D, L -ii; 0) Leukämie f.

lew m (lwa, D lwu; lwy) Löwe m; ~ morski Haarrobbe f.

lewa s. lewy.

lewac|ki (-ko) linksradikal; **~two** n (-a; 0) Linksradikalismus m.

lewada f (-y) Sp. Levade f; dial. Anger m.

lewak F m (-a; -cy) Linksradikale(r); Linksabweichler m.

lewar m (-a; -y) s. dźwignik; (Saug-) Heber m; **~ek** m (-rka; -rki) (do wina Wein-)Heber m; Med. Wurzelhebel m; Kfz. Montiereisen n.

lewatywa f (-y) Klistier n.

lewic|a f (-y; -e) Linke f (a. Pol.); **~owiec** [-'tso-] m (-wca; -wcy) Linkspolitiker m, Linke(r); **~owy** (-wo) linksgerichtet, Links-.

lewkonia [-'kɔ-] f (G, D, L -ii; -e) Levkoje f.

lewo: na ~, w ~ (nach) links; linksherum; w ~ zwrot! Links um!; kierunek w ~! Links schwenkt!; F fig. na ~ auf die krumme Tour; sprzed(aw)ać na ~ unter der Hand (od. dem Ladentisch) verkaufen; **~brzeżny** am linken Ufer gelegen; **~skrętny** [-'skrɛn-] Gewinde: linksgängig; Schraube: mit Linksgewinde; **~skrzydłowy** m (-ego; -i) Sp. Linksaußen m; **~stronny** linksseitig; ruch ~ny Linksverkehr m.

lew|y linke(r), Links-; F fig. gefälscht, falsch; po ~ej ręce linkerhand; z ~a von links; ~a burta Mar. Backbord n; Su. ~a f (-ej; -e) Linke f (a. Sp.); KSp. Stich m.

leżeć F (L.) kriechen, krabbeln; klettern; fig. (ein)dringen; sich aufdrängen.

leżak m (-a; -i) Liegestuhl m; Lagerbier n; (Mühl-)Lagerstein m; Fuchs m (Rauchkanal).

leżakować (-uję) Bier, Wein: sich klären, reifen; ruhen; e-e Liegekur machen; **~anie** n (-a) (Bier-)Lagerung f; Weinschulung f; Lagerzeit f; Med. Liegekur f; **~y** Liege-.

leża|lnia [-'ʒa-] f (-i; -e) Liegehalle f; **~nka** f (-i; G -nek) Liege f; Mar. Koje f.

leżący [-'ʒɔn-] (-co) liegend; Liege-.

leże n (-a) s. legowisko; ~e zimowe Winterquartier n; **~eć** (-e, -y) liegen (a. fig.); Kleid: sitzen; F Arbeit: flachliegen; ~enie (a.) Liegen n; Sp. ~enie przewrotne Rolle f vorwärts; ~enie przerzutne Kerze f.

lędźwi|an ['lɛndz-] m (-u; -y) Bot. Platterbse f; **~e** pl. (-i) Anat. Lenden f/pl.

lęg m [lɛŋk, -ŋgu] (-u; -i) s. ląg; **~nąć się** [-nɔŋtɕ] (wy-) (-ę, lągł) ausschlüpfen, aus dem Ei schlüpfen; fig. entspriessen, keimen; **~owisko** n (-a) Brutplatz m; **~owy** Brut-, Nist-; JSpr. Stand-.

lęk [lɛŋk] m (-u; -i) Angst f, Furcht f; uczucie ~u Angstgefühl n; ~ pl. a. Angstzustände m/pl.; **~ać się** (-am) Angst haben, sich fürchten (G/vor D); fürchten (o A/um, für a); **~liwy** (-wie) ängstlich, furchtsam, scheu; schreckhaft; **~owy** Angst-.

lgnąć [-nɔŋtɕ] (-nę) (do G) haften, kleben (an D); fig. sich hingezogen fühlen (zu); sich anschmiegen (an A).

li: ~ tylko nur, allein.

libacja F f (-i; -e) Saufgelage n, Fete f.

libański [-'baĩs-] libanesisch.

liberaliz|acja f (-i; 0) Liberalisierung f; **~ować** (z-) (-uję) liberalisieren.

libera|lny liberal; **~ł** m (-a; -owie) Liberale(r).   [Livree f.)

iberia ['bɛ] f (G, D, L iii; -i) ihijeki libysch

ic|e n (-a) poet. mst pl. ~a Antlitz n; Arch. s. lico.

iceal|ista m (-y; -ści, -ów), **-tka** f

(-i; G -tek) Oberschüler(in f) m; **~ny** Oberschul-.

licenc|ja f (-i; -e) Lizenz f; **~jować** (-uję) lizenzieren; **~yjny** Lizenz-.

liceum [li'tsɛum] n (unv.; -cea) Lyzeum n; (erweiterte) Oberschule; ~ pedagogiczne Lehrerseminar n; ~ zawodowe Fachoberschule f.

licho[1] Adv. s. lichy.

lich|o[2] n (-a) Böse(s), böser Geist; F ~o wie weiß der Kuckuck; pal ~o!, niech (to) ~o porwie hol's der Deibel!; do ~a! zum Teufel!; (mieć) do ~a (G) et. in Hülle und Fülle (haben); ~a wart nichts wert; s. cetno; **~ota** F f (-y) Schund m, Schmarren m.

licht|arz m (-a; -e) Kerzenständer m, Leuchter m; **~ować** (-uję) Mar. leichtern; **~uga** f (-i) Leichter m.

lichw|a f (-y; 0) Wucher m; Wucherzins m; **~iarski** Wucher-; **~iarstwo** n (-a; 0) Wucherei f; **~iarz** m (-a; -e) Wucherer m.

lichy (-cho) elend, schäbig, F miserabel, pop(e)lig.

lico n (-a) s. lice; Arch. Verkleidung f; (Mauer-)Flucht f; Stirn(seite) f, Ansichtsfläche f; (Leder-)Narben m; rechte (Stoff-)Seite; **~wać** (-uję) v/i (z I) passen (zu), entsprechen (D); v/t Arch. verkleiden; **~wy** Vorder-, Front-, Stirn-.

licówka f (-i; G -wek) Arch. Verblender m; JSpr. Leittier n.

licyta|cja f (-i; -e) Versteigerung f, Auktion f; KSp. Reizen n, Reize n; **~cyjny** Versteigerungs-, Auktions-; **~tor** m (-a; -rzy) Auktionator m.

licytować (-uję) mehr (a. KSp. weiter) bieten; v/t (z-) versteigern; ~ się einander überbieten (wollen).

liczb|a f (-y) Zahl f; An-, Stückzahl f; ~a dziennika Aktenzeichen n; Gr. ~a pojedyncza Singular m; ~a mnoga Plural m; w ~ie pięciu ludzi zu fünft (F fünf Mann hoch; w ~ie gości unter den Gästen; w tej ~ie darunter; **~owy** Zahl(en)-, (-wo) numerisch.

liczebn|ik m (-a; -i) Gr. Zahlwort n; ~ik porządkowy Ordinalzahl f; ~y zahlenmäßig; stan y Stärke f, Bestand m.

liczeni|e n (-a; 0) Zählen n, Rechnen n; ... do ~a Rechen-.

liczko n (-a; G -czek) Gesichtchen n; (Leder-)Narben m.

licz|man † m (-a; -y) Spielmarke f; **~nie** Adv. s. liczny; **~nik** m (-a; -i) Tech., Math. Zähler m; (Drehzahl-)Messer m; Meßuhr f; **~ny** zahlreich.

liczy|ć (-ę) ⟨a. po-, z-⟩ (zusammen)zählen; (nur impf.) (be)rechnen; fig. (na A) rechnen (mit), zählen (auf A); **~ć się** zählen, rechnen zu (D); sich belaufen (auf); (z I) Rechnung tragen (D), berücksichtigen (A); Wert legen auf (A); **~ć się ze** słowami auf s-e Worte achten; **~dło** n (-a; G -deł) Rechenbrett n; Tech. Zähl-, Meßwerk n; **~krupa** F m (-y; G/-ów) Geizkragen m.

lider m (-a; -rzy) (Partei-)Führer m, Leader m; Sp. Spitzenreiter m, Tabellenführer m; **~ować** (-uję) (an)führen. [Völkerbund m.\

liga f (-i) Liga f; ♀ Narodów

ligni|na f (-a; 0) Lignin n; Med. Zellstoff m; **~t** m (-u; 0) Braunkohle f, engS. Lignit m.

ligow|iec [-'gɔ-] m (-wca; -wcy) Sp. Ligaspieler m; **~y** Liga-.

lik: bez **~u** zahllos, unzählig.

likier ['li-] m (-u; -y) Likör m; **~owy** Likör-.

likwid|acja f (-i; -e) Liquidation f; engS. Beseitigung f; Auflösung f; **~ować** ⟨z-⟩ (-uję) liquidieren, beseitigen; auflösen.

lila (unv.) lila(farben); **~k** m (-a; -i) Bot. Flieder m.

lili|a ['li-] f (G, D, L -ii; -e) Lilie f; **~a wodna** Seerose f; **~jka** f (-i; G -jek) dim. v. lilia; (Pfadfinder-)Rautenlilie f; **~owiec** [-'ljɔ-] m (-wca; -wce) Bot. Taglilie f; Zo. Haarstern m; **~owy** (-wo) s. lila.

liliput m (-a; -ci/-y), **~ka** f (-i; G -tek) Liliputaner(in f) m.

limba f (-y; 0) Zirbelkiefer f.

limfa f (-y; 0) s. chłonka; **~tyczny** lymphatisch; gruczoły -ne Lymphknoten m/pl.

limit m (-u; -y) Limit n, Kontingent n; **~ować** (-uję) limitieren, begrenzen; **~owy** Limit-, Grenz-.

lin m (-a; -y) Zo. Schleie f.

lin|a f (-y) Seil n, Tau n, Leine f; Trosse f; **~a holownicza** Schlepptau; Kfz. Abschleppseil; spuszczać na **~ie** abseilen.

linczować ⟨z-⟩ (-uję) lynchen.

linewka f (-i; G -wek) dünne Leine.

lingwistyka [-'vi-] f (-i; 0) Linguistik f.

linia ['li-] f (G, D, L -ii; -e) Linie f; Reihe f; Lineal n; (Telefon-)Leitung f; (Bahn-)Strecke f; (Fertigungs-)Straße f; **~** postępowania Handlungsweise f; Richtlinie f; **~ł** ['li-] m (-u; -y) (Maßstab-)Lineal n.

linie|ć ['li-] ⟨wy-⟩ (-eję) s. lenieć; **~nie** n (-a) Haaren n; Mauser f; Häutung f.

lini|jka f (-i; G -jek) Lineal n; **~ować** ⟨po-⟩ (-uję) linieren; **~owiec** [-'nɔ-] m (-wca; -wce) Linienschiff n; Schlachtschiff n; Frontsoldat m; **~owy** Linien-; linear; oficer **~owy** Truppenoffizier m.

linka f (-i; G -nek) Leine f, Schnur f; El. Litze f; **~ stalowa** Stahlseil n; **~ zrywna** Flgw Reißleine.

lino|ciąg m Seilaufzug m; **~ryt** m (-u; -y) Linolschnitt m; **~skoczek** m (-czka; -czki) Seiltänzer m; **~wy** Seil-, Tau-.

lip|a f (-y) Linde f; F fig. (-y) Schwindel m, V Beschiß m; na **~ę** zum Schein; **~cowy** Juli-; **~iec** ['li-] m (-pca; -pce) Juli m; **~ień** ['li-] m (-nia; -nie) Zo. Äsche f; **~ina** f (-y) Lindenholz n; **~ka** f (-i; G -pek) (pokojowa Zimmer-)Linde f; **~ny** gefälscht, frisiert; minderwertig, mies; **~owy** Linden-.

lir|a f (-y) Leier f; Lyra f; **~nik** m (-a; -cy) Leierspieler m; fig. Poet m; **~ogon** m Zo. Leierschwanz m; **~yczny** lyrisch; **~yka** ['li-] f (-i) Lyrik f.

lis m (-a; -y) Fuchs m; fig. **~em** podszyty schlau wie ein Fuchs; **~i** Fuchs-; **~iak** ['li-] m (-a; -i) Tech. Fuchsschwanz m; **~ica** f (-y; -e) Füchsin f; **~iczka** f (-i; G -czek) Bot. Pfifferling m; **~iura**[1] f (-y) (alter, schlauer) Fuchs, Reineke m; **~iura**[2] f (-y) Fuchspelz m.

lisowczyk m (-a; -cy) hist. Lisowski-Reiter m.

list m (-u; -y) (gończy, przewozowy, zastawny, żelazny Steck-, Fracht-, Pfand-, Geleit-)Brief m (do G/an A); Schreiben n, Zuschrift f; **~y** uwierzytelniające Beglaubigungsschreiben; **~a** f (-y) (obecności, płac Anwesenheits-, Lohn- od. Gehalts-)Liste f; Mar. **~a załogi** (Mannschafts-)Rolle f; **~ek** m (-tka; -tki) Blatt n, Blättchen n.

listew|ka f (-i; G -wek) Leiste f; Bündchen n (*Schneiderei*); **~nik** m (-a; -i) Hausbriefkasten m; Briefschlitz m.

list|kowy Blatt-; **~onosz** m (-a; -e) Briefträger m; **~opad** m (-a; -y) November m; **~opadowy** November-.

listow|ie [-'tɔ-] n (-a; 0) Laub n; **~ny** brieflich, schriftlich; **~y** Brief-.

listwa f (-y) (*przypodłogowa* Scheuer-)Leiste f; Borte f; Wulst f.

liszaj m (-a; -e, -ów/-ai) (*strzygący* Glatz-)Flechte f; **~ec** m (-jca; -jce) *Med.* Impetigo m.

liszka|a f (-i; G -szek) Raupe f; *JSpr.* Fähe f, Petze f; **~ojad** m (-a; -y) *Zo.* Puppenräuber m.

liściast|y *Bot.* Laub-; *Su.* **~e** pl. (-ych) Laubhölzer n/pl.

liście pl. v. liść; **~c** ['li-] m (-ća; -će) *Zo.* Wandelndes Blatt; **~ń** m (-nia; -nie) Keimblatt n.

liścio|wy Blatt-; **~zwój** m (0) Blattrollkrankheit f.

liś|ć m (-ścia; -ście, I -ćmi) *Bot.* Blatt n; **~cie** pl. koll. a. Laub n; (Rüben-)Kraut n.

lit m (-u; 0) *Chem.* Lithium n.

litania [-'ta-] f (G, D, L -ii; -e) Litanei f (a. fig.).

litaury pl. (-ów) (Kessel-)Pauke f.

litera f (-y) Buchstabe m, Letter f; **~mi** in Worten; **~cki** (Psf. -ccy; -ko) literarisch; Literatur-; **~lny** buchstäblich, (wort)wörtlich.

literat m (-a; -ci) Literat m, Schriftsteller m; **~ura** f (-y) Literatur f, Schrifttum n; **~uroznawstwo** n (-a; 0) Literaturwissenschaft f.

literow|ać (prze-) (-uję) buchstabieren; **~y** Buchstaben-.

litewski (po -ku) litauisch.

litkup † m (-u; -y) Lei(t)kauf m.

litoś|ciwy (-wie) barmherzig; mitleidig, mitfühlend; **~ć** f (-ści; 0) Mitleid n, Erbarmen n; bez **~ci** erbarmungslos; s. boski.

litować się (u-, z-) (-uję) (nad I) Mitleid haben (mit), sich erbarmen (G); impf. a. bemitleiden (A).

litr m (-a; -y) Liter m; **~aż** m (-u; -e) *Kfz.* Hubraum m; **~owy** Liter-; **~ówka** † f (-i; G -wek) Liter-flasche f.

liturgiczny liturgisch.

Litwin m (-a; -i), **~ka** f (-i; G -nek) Litauer(in f) m.

lity monolithisch; massiv.

liz|ać (-żę, liź!), **~nąć** [-nɔntɕ] (-nę) (be)lecken; *Flammen:* (um)züngeln; **~ak** m (-a; -i) Lutscher m; F (*Polizei-*)Kelle f; **~awka** f (-i; G -wek) *Agr.* Salzleckstein m; **~nąć** pf. s. lizać.

lizol m (-u; 0) Lysol n.

lizus m (-a; -i) Speichellecker m, (V Arsch-)Kriecher m; **~ostwo** n (-a; 0) Speichelleckerei f.

lnia|ny Flachs-, Lein-; *Haar:* flachsblond; **~rstwo** n (-a; 0) Flachs-, [Leinbau m.]

lnu, lny s. len.

lobować (-uję) *Tennis-Sp.* lobben.

loch m (-u; -y) (Burg-)Verlies n.

locha f (-y) (Mutter-)Sau f; *JSpr.* Bache f; **~nie się** n (-a) *JSpr.* Rauschzeit f.

locja f (-i; 0) Lotsen(kunde f) n; (pl. -e) See-, Küstenhandbuch n.

loczek m (-czka; -czki) Löckchen n.

lodo|łam m (Eis(schollen)brecher m; **~łamacz** m Eisbrecher m (Schiff); **~szreń** f (-ni; 0) Harsch m.

lodowa|cieć [-'va-] (z-) (-eję) zu Eis werden, gefrieren; fig. (vor Kälte) steif werden; **~aty** (-to) eiskalt, eisig; **~cowy** Gletscher-; **~iec** [-'dɔ-] m (-wca; -wce) Gletscher m; **~isko** n (-a) Eisbahn f; Eisfeld n; **~nia** [-'dɔ-] f (-i; -e, -i) Eiskeller m; **~y** Eis-. [m.]

lodówka f (-i; G -wek) Kühlschrank m; **lody** pl. (-ów) (Speise-)Eis n; vgl. lód.

lodziar|ka f (-i; G -rek) Eisverkäuferin f; **~nia** [-'dʑar-] f (-i; -e, -i) Eisdiele f.

lodziarz ['lɔ-] m (-a; -e) Eisverkäufer m. [schrot n.]

loftk|a f (-i; G -tek): mst pl. **~i** Reh-

log m (-u; -i) Log(ge f) n.

logarytm m Logarithmus m; **~iczny** logarithmisch.

logi|czność f (-ści; 0) Folgerichtigkeit f, Logizität f; **~czny** logisch; **~ka** ['lɔ-] f (-i) Logik f; **~styka** [-'gi-] f (-i; 0) Logistik f.

logogryf m (-u; -y) Buchstabenrätsel n.

lojaln|ość f (-ści; 0) Loyalität f; **~y** loyal.

lok m (-u; -i) (Haar-)Locke f.

lokac|ja f (-i; -e) (Kapital-)Anlage f, Γi,... Ortung f; **~yjny** Invest-ment-.

lokaj m (-a; -e) Lakai m, Diener m; **~ski** Lakaien-.

lokal m (-u; -e) Raum m, Lokalität f; (nocny Nacht-)Lokal n; **~izować** ⟨z-⟩ ⟨-uję⟩ lokalisieren; **~ny** lokal, örtlich; czas ~ny Ortszeit f; **~owy** Lokal-; wydział ~owy Wohnungsamt n.

lokat|a f (-y) (Kapital-)Anlage f; (Schule, Sp.) Placierung f; **~or** m (-a; -rzy), **-rka** f (-i; G -rek) Mieter(in f) m.

lokaut ['lɔ-] m (-u; -y) (Arbeiter-) Aussperrung f.

lokomo|bila f (-i; -e, -) Lokomobile f; **~cja** F f (-i; -e) = środek ~cji Verkehrsmittel n; **~tywa** f (-y) Lok(omotive) f.

lokować ⟨u-⟩ ⟨-uję⟩ unterbringen; Geld anlegen; ~ się sich (nieder-) setzen, niederlassen; sich placieren.

lokówka f (-i; G -wek) Lockenwickel m.

lombard m (-u; -y) Leihhaus n.

londyński [-'dii̇s-] Londoner (Adj.).

lont m (-u; -y) Zündschnur f, Lunte f.

lora f (-y) Esb. Plattformwagen m.

lord m (-a; -owie) Lord m; Izba ~ów Oberhaus n.

lornet|a f (-y) (nożycowa Scheren-) Fernrohr n; **~ka** f (-i; G -tek) Fernglas n; **~ka teatralna** Opernglas n.

los m (-u; -y) (oft a. pl. ~y) Los n, Schicksal n; Geschick n; (Lotterie-) Los n; rzucać ~y knobeln; na ~ szczęścia auf gut Glück; F masz ci ~! schöne Bescherung!; **~ować** ⟨-uję⟩ (ver)losen; **~owanie** n (-a) Verlosung f; (Lotterie-)Ziehung f; **~owy** Schicksals-; Los-; wybrany ~owo ausgelost.

lot[1] m (-u; -y) (grupowy, koszący, nurkowy, próbny Verbands-, Tief-, Sturz-, Test-)Flug m; fig. s. polot; **~y** pl. JSpr. Schwingen f/pl.; kierownictwo ~ami Flugleitung f; fig. **~em błyskawicy** wie der Blitz, blitzschnell; wie ein Lauffeuer; w ~ schnell, geschwind, sofort.

lot[2] m (-u; -y) Mar. Lot(leine f) n.

lotaryński [-'rii̇s-] lothringisch.

loter|ia [-'tɛ-] f (G, D, L -ii; -e) Lotterie f; **~yjka** f (-i; G -jek) (Zahlen-)Lotto n; **~yjny** Lotterie-.

lotka f (-i; G -tek) Zo. Schwungfeder f; Flgw. Querruder n; Sp. Federball m.

lotnia ['lɔ-] f (-i; -e, -i) Sp. Drachen m; **~ctwo** n (-a) Flugwesen n; Luftfahrt f; ~ctwo wojskowe Luftwaffe f.

lotni|czka f (-i; G -czek) Fliegerin f; **~czy** Flug-, Luft-; Flieger-; wojska (od. siły) ~cze Luftstreitkräfte f/pl.; przemysł ~czy Flugzeugindustrie f; **~k** m (-a; -cy) Flieger m.

lotnisko n (-a) Flugplatz m; eng S. Flugfeld n; Mil. a. Fliegerhorst m; ~ cywilne Verkehrsflughafen m; **~wiec** [-'kɔ-] m (-wca; -wce) Flugzeugträger m; **~wy** Flugplatz-, Flughafen-.

lotn|ość f (-ści; 0) Chem. Flüchtigkeit f; fig. **~ość umysłu** geistige Beweglichkeit, Geistesschärfe f; **~y** flüchtig; fliegend, Flug-; (bsd. Mil.) mobil, beweglich; fig. a. lebhaft; **~e piaski** Treib-, Flugsand m.

loż|a f (-y; -e, lóż) Loge f; miejsce w ~y Logenplatz m.

lód m (lodu; lody) Eis n; F jak lodu wie Heu (viel); jak po lodzie wie geschmiert; skuty lodem zugefroren.

lśni|ący [-'ŋɔn-] (-co) glänzend, funkelnd; **~ć (się)** ⟨-e, lśni/ glänzen, funkeln, glitzern; leuchten.

lub oder.

lub|a s. luby; **~czyk** m (-u; -i) Bot. Liebstöckel m; **~ić** ⟨po-⟩ ⟨-e⟩ lieben, gern haben; gern essen (trinken, tun usw.).

lubież|nik m (-a; -cy) Lüstling m, F Lustmolch m; **~ość** f (-ści; 0) Lüsternheit f, Begierde f; **~y** lüstern, geil.

lub|ować się ⟨-uję⟩ (I) Gefallen finden (an D); genießen (A), sich ergötzen (an D); **~y** lieb, teuer; Su. ~a f (-ej; -e), ~y m (-ego; -i) poet. Liebste(r).

lucerna f (-y) Luzerne f. [zifer m.]

Lucy|fer m, **~per** P m (-a; -y) Lu-]

lud m (-u, -u/-dzie/; -y) Volk m; **~ek** m (-dku; -dki) Völkchen n.

ludnoś|ciowy Bevölkerungs-; demographisch; **~ć** f (-ści; 0) Bevölkerung f; Einwohner m/pl.

ludny (dicht)bevölkert, volkreich; (-no) Straße: belebt.

ludobój|ca m (-y; G -ów) Massenmörder m; **~czy** völkermörderisch, Ausrottungs-; **~stwo** n (-a) Völkermord m, Genozid n.

ludo|jad m (-u; -y) s. ludożerca; **~wiec** [-'dɔ-] m (-wca; -wcy) Mitglied n der Bauernpartei; Bauernfunktionär m; **~wość** f (-ści; 0) Volkstümlichkeit f, -verbundenheit f; ~wy Volks-; Bauern-; dom ~wy (Gemeinde-)Kulturzentrum n; ~znawczy volkskundlich; ~żerca m (-y; G -ów) Menschenfresser m; ~żerstwo n (-a; 0) Kannibalismus m. [m.]

udwisarz m (-a; -e) Glockengießer m

udz|ie ['lu-] pl. (-i, I -dźmi) Leute pl., Menschen m/pl.; ~ie pracy Werktätige(n); F wyjść na ~i ein ordentlicher Mensch werden; ~iska F pl. (-ów) Leute pl.; ~ki (-ko, po -ku) menschlich, human; Menschen-; menschenwürdig; ~kość f (-ści; 0) Menschheit f; Menschlichkeit f; (Kanonen-)Rohr n.

ufa f (-y) (Gewehr-)Lauf m;

uf|cik m (-a; -i) (Fenster-)Lüftungsklappe f; ~ka F f (-i; G -fek) Zigarettenspitze f; ~t F m (-u; 0): do ~tu für die Katz, miserabel.

ugier ['lu-] m (-gra; -gry) Mar. Logger m.

uk m (-u; -i) (Einstiegs-)Luke f; ~a f (-i) Lücke f (a. fig.); Mar. Luke f.

ukier ['lu-] m (-kru; 0) Zuckerguß m.

ukr|atywny lukrativ, einträglich; ~ecja f (-i; -e) Bot. Süßholz n; Lakritze f; ~ować (po-) (-uję) mit Zuckerguß überziehen.

uksusowy (-wo) luxuriös, Luxus-.

ulać (u-) (-am) in den Schlaf wiegen od. singen.

ule|cznica f (-y; -e) Bot. Tollkraut n; ~k m (-lka; -lki): ~k czarny Bilsenkraut n.

ulka f (-i; G -lek) Pfeifenkopf m; † a. Pfeife f.

umbago n (unv.) Hexenschuß m.

uminarz m (-a; -e) Leuchte f (fig.), Berühmtheit f; pl. a. Honoratioren pl.

ump F m (-a; -y) Sauf-, Kneipenbruder m; ~ka F f (-i; G -pek) Sauferei f; ~ować (-uję) saufen, zechen.

una|park m Vergnügungspark m; ~tyczka f (-i; G -czek), ~tyk m (-a; -cy) Mondsüchtige(r), Schlafwandler(in f) m.

lunąć [-nɔŋtɕ] pf. (-nę, -ń!) v/i sich (plötzlich) ergießen, strömen; Regen: niederprasseln, -gehen; F v/t hauen, knallen.

luneta f (-y) Fernrohr n.

lupa f (-y) Lupe f.

lura F f (-y) dünne Suppe, Wassersuppe f; Gesöff n.

lusterko n (-a; G -rek) Taschen-, Handspiegel m; ~ wsteczne Kfz. Rückspiegel m.

lustr m (-u; -y) Lüster m (Überzug); fig. Glanz m; ~acja f (-i; -e) Revision f, Besichtigung f; ~ator m (-a; -rzy) Revisor m, Inspektor m; ~o n (-a; G -ter) Spiegel m; ~ować (z-) (-uję) inspizieren, besichtigen; mustern.

lustrz|anka f (-i; G -nek) Spiegelreflexkamera f; ~any Spiegel-; ~eń m (-enia; -enie) Spiegelkarpfen m.

lut m (-u; -y) Lot n, Lötmetall n.

luterani|n m (-a; -anie, -ów) Lutheraner m; ~zm m (-u; 0) die Lehre Luthers; evangelisch-lutherisches Bekenntnis.

lutni|a ['lu-] f (-i; -e, -i/-teń) Mus. Laute f; Bgb. Wetterlutte f; ~k m (-a; -cy) Geigen-, Instrumentenbauer m; ~sta m (-y; -ści, -ów) Lautenspieler m.

lutow|ać (-uję) (za- ver)löten; ~nica f (-y; -e), **lutówka** f (-i; G -wek) Lötkolben m; ~niczy Löt-.

lut|owy Februar-; ~y m (-ego; -e) Februar m.

luz m (-u; -y) freier Platz; Tech. Spiel n, Luft f; toter Gang; ~em Adv. lose, unverpackt; leer, unbeladen; fig. frei; allein; ~ak m (-a; -i) Ersatzpferd n; ~em s. luz; ~ować (-uję) (z-) Wache ablösen; (ob-, po-) lösen, lockern; lüften.

luźn|ik m (-a; -i) Stecher m (am Gewehr); ~y lose; locker; schlaff.

lwi Löwen-; ~ątko ['lvɔnt-] n (-a; G -tek) (Löwen-)Junge(s); ~ca f (-y; -e) Löwin f.

lwy s. lew.

lżej(szy) s. lekko, lekki.

lżyć (ze-) (-ę) schmähen.

Ł

łabę|dzi [-'bɛŋ-] Schwanen-; **~dź** m (-dzia; -dzie, -dzi) Schwan m.

łach m (-a; -y) Lumpen m, Fetzen m; s. łachman; **~y** pl. F a. Klamotten f/pl., Krempel m, Kram m.

łacha f (-y) (Fluß-)Altwasser n; Nebenarm m; Sandbank f.

łachman m (-a/-u; -y) s. łach; fig. menschliches Wrack; **w ~ach** zerlumpt, in Lumpen (gehüllt); **~iarz** [-'ma-] m (-a; -e) Lumpensammler m; zerlumpter Kerl; fig. Habenichts m.

łachudra V f/m (-y; -y, -der/-ów) Luder n, Lump m.

łacia|rz ['wa-] m (-a; -e) Flickschuster m; Flickschneider m; **~(s)ty** (-to) scheckig, gescheckt.

łaci|na f (-y; 0) Latein n; F fig. Kraftausdrücke m/pl.; **po ~nie** lateinisch; obrzucać (się) ~ną (sich) anpöbeln, beschimpfen; **~nnik** m (-a; -cy) Latinist m; **~ński** [-'tɕiĩs-] lateinisch, Latein-; **~ńsko-amerykański** lateinamerikanisch.

ład m (-u; 0) Ordnung f; bez **~u** (i składu) durcheinander; sinnlos; dojść do **~u** (z I) auskommen (mit); zurechtkommen, zu Rande kommen (mit).

ładn|iczka f (-i; G -czek) Bot. Tränendes Herz; **~ie** Adv. s. ładny; **~ieć** ['wad-] ⟨wy-⟩ (-eję) schöner, hübscher werden; **~y** (Komp. -niejszy) schön, hübsch (a. fig.); niedlich.

ładowa|cz m (-a; -e) Transportarbeiter m, Schauermann m; s. a. ładowarka; **~ć** (-uję) ⟨za-⟩ (ver-) laden; beladen; El., Mil. ⟨na-⟩ (auf)laden; F **~ć się** sich vordrängen; eindringen, hereinplatzen; **~nie** n (-a) Be-, Verladen n, Verladung f; El. Aufladen n; Mil. Laden n; **~rka** f (-i; G -rek) Lader m; (Auf-)Lademaschine f.

ładow|nia [-'dɔv-] f (-i; -e, -i) Laderaum m; Lager(haus) n; (Akku-)Ladestation f; **~nica** f (-y; -e) Patronentasche f; **~niczy** (Auf-)Lade-; Su. m (-ego; -owie) Mil.

Ladeschütze m; **~nik** m (-a; -cy) s. ładowacz; (pl. -i) (Akku-)Ladegerät n; **~ność** f (-ści; 0) Ladefähigkeit f; Ladeinhalt m; **~ny** geräumig; beladen (I/mit).

ładunek m (-nku; -nki) Ladung f (a. Mil., El.); eng S. Fracht f, (Fracht-)Gut n; **~ luzem** Schüttladung; **~ napędowy** Treibsatz m; **~ użyteczny** Nutzlast f.

ładunkowy (Ver-)Lade-; Su. m (-ego; -i) s. ładowacz.

łagodn|ieć [-'gɔd-] ⟨z-⟩ (-eję) sanft (od. milde gestimmt) werden; Kälte, Wind, Schmerz: nachlassen; **~ość** f (-ści; 0) Sanftheit f, Sanftmut m; Milde f; **~y** sanft(mütig); mild(e), leicht; Licht usw.: weich; Med. gutartig.

łagodz|ić (-dzę) ⟨z-⟩ mildern, lindern; ⟨za-⟩ Streit beilegen; okoliczności **~ące** mildernde Umstände.

łajać ⟨z-⟩ (-ę) (aus)schelten, abkanzeln.

łajba F f (-y) Mar. Pott m, alter Kasten, Seelenverkäufer m.

łajda|cki (-ko) (hunds)gemein, schuftig; liederlich; P mistig, Mist-; **~ctwo** n (-a) Gemeinheit f; Niederträchtigkeit f; **~czyć się** (-ę) sich herumtreiben, ausschweifend leben; **~k** m (-a; -cy/-i) Schuft m, Halunke m.

łajno n (-a; G -jen) (Kuh-)Mist m; Kot m; V fig. Miststück n.

łakn|ąć [-nɔŋtɕ] (-nę) hungern, dürsten (G/nach D); **~ienie** n (-a; 0) Med. Appetit m; fig. Verlangen n.

łakocie [-'kɔ-] pl. (-i) Naschwerk n; Süßigkeiten f/pl.

łakom|czuch m (-a; -y) Nascher(in f) m, Naschkatze f, -maul n; **~ić się** ⟨po-⟩ (-ę) es j-n gelüsten (na A/nach), F scharf sein (auf A); **~stwo** n (-a; 0) Naschhaftigkeit f † Gier f, Versessenheit f; **~y** naschhaft; gefräßig; fig. versessen, erpicht (na A/auf A); **~y kąsek** Leckerbissen m.

łam m (-u; -y) Typ. Spalte f; **~ach dzienników** in der Presse.

łama|acz m (-a; -e) Tech. Brecher m; Typ. Metteur m; Zo. Mahlzahn m; **~ć** (-ie) ⟨po-, z-⟩ (zer)brechen (się v/i); Typ. umbrechen; Hände ringen; Hindernisse überwinden; łamie go w kościach es reißt ihn in allen Gliedern; **~ć się chlebem** das Brot miteinander brechen od. teilen; **~ć się ze sobą** mit sich ringen; **~na** f (-ej; -e) Math. gebrochene Linie; **~nie** n (-a) (a. się) Brechung f, Brechen n; Typ. Umbruch m; fig. Bruch m, Verletzung f; (Glieder-)Reißen n; **~niec** [-'ma-] m (-ńca; -ńce) Kochk. fladenartiger Mohnkuchen; **~ńce** pl. a. (Körper-)Verrenkungen f/pl.; **~ny** gebrochen; umbrochen.

łami|główka f Puzzle(spiel) n; Denksportaufgabe f; fig. e-e harte Nuß, knifflige Aufgabe; **~strajk** m (-a; -i) Streikbrecher m.

łamliwy brüchig, spröde.

łan m (-u; -y) (Feld-)Flur f; † a. Hufe f; ~ zboża Kornfeld n.

łani|a [ˈwa-] f (-i; -e, -i/-ń) Hirschkuh f; Damtier n; fig. jak ~a stattlich, schmuck; ~ę n (-cia) JSpr. Hirsch-, Wildkalb n.

łańcuch m (-a; -y) Kette f (a. fig.); na ~u an der Kette; **~owy** Ketten-.

łańcusz|ek m (-szka; -szki) Kettchen n; (Uhr-, Hals-)Kette f; Kettenstich m; **~kowy** Ketten-.

łap|a f (-y) Tatze f, Pranke f, Pfote f (a. fig.); JSpr. a. Hand f; Tech. Fuß m, Pratze f, Arm m; P dać w ~ę (D) j-n schmieren, bestechen; dać po ~ach auf die Finger klopfen.

łapa|cz m (-a; -e) Tech. Fänger m; Greifer m; **~ć** ⟨z-⟩ (-ię) (auf)fangen, (er)greifen, F erwischen, schnappen; (mst pf.) Zeit stoppen; Zug usw. kriegen; Blick erhaschen; Worte aufschnappen; Krampf: ziehen; **~ć się** ⟨z-⟩ sich fangen (lassen); sich ertappen (na L/bei); **~nka** F f (-i; -e) Razzia f; **~wica** f (-y; -e) Fausthandschuh m.

łapcie pl. v. łapeć.

łapczy|wość f (-ści; 0) Gier(igkeit) f; **~wy** (-wie) (be)gierig.

łapeć m (-pcia; -pcie, -pci[ów]) Bastschuh m.

łapk|a f (-i; G -pek) Pfötchen n; (Mause-)Falle f; (Fliegen-)Klatsche f; **~i** F pl. ‚Gänsefüßchen' n/pl.; kocie **~i** Katzenzungen f/pl.

łapowni|ctwo n (-a; 0) Bestechlichkeit f; Jur. Bestechung f; **~czy** Bestechungs-; **~k** m (-a; -cy) bestechlicher Mensch.

łapówka f (-i; G -wek) Schmier-, Bestechungsgeld n.

łapserdak m (-a; -i) zerlumpter Kerl; Taugenichts m.

łapu-capu F holterdiepolter, hastig.

łasi|ca f (-y; -e) (Maus-)Wiesel n; **~czy** Wiesel-; **~ć się** (się -szę) mst Hund: sich zärtlich an den Beinen reiben, schwänzeln (do G/um A); fig. a. scharwenzeln.

łask|a¹ f (-i) Gunst f, Gnade f; być w ~ach (u G) sich j-s Gunst erfreuen, in Gunst stehen (bei); (od. żyć) na łasce (G) von j-s Gnaden leben; F bez ~i na, dann nicht; obejść się bez ~i (G) ohne j-s Hilfe auskommen; co ~a was (od. wieviel) es Ihnen beliebt; jak z ~i ungern; na łasce losu dem Schicksal überlassen, von der Gunst des Schicksals abhängig; w drodze ~i auf dem Gnadenweg(e); prawo ~i Begnadigungsrecht n; niech pan z ~i swojej ... würden Sie die Güte haben ...; F a nie ~a ...! wirst du wohl ...! **łaska²** f (-i; G -sek) s. łasica.

łaskaw s. łaskawy; **~ie** [-'ka-] Adv. gütig(st); gefälligst; vgl. łaskawy; **~ość** f (-ści; 0) Güte f, Wohlwollen n; **~y** (-wie) gnädig; gütig, wohlwollend; günstig; gefällig; s. chleb; bądź ~ sei so gut.

łaskot|ać ⟨po-⟩ (-czę/-cę) kitzeln; **~ki** pl. (-tek) Kitzel m; **~liwy** Kitzel-, (-wie) kitzlig.

łas|ować (-uję) naschen; **~uch** m (-a; -y) s. łakomczuch; **~y** (Psf. -si) s. łakomy; fig. a. empfänglich (na A/für).

łaszczyć się (-e) erpicht, versessen sein (auf A); vgl. łakomić się.

łasz|ek m (-szka; -szki) Fähnchen n (Kleid); **~ki** pl. pl. s. fatałaszki.

łata f (-y) Fleck m, Flicken m; (miernicza Meß-)Latte f; Kochk. Dünnung f; ~ murarska Richtscheit n; chodzić w ~ch zerlumpt gehen; **~cz** m (-a; -e) s. łaciarz; **~ć** ⟨za-⟩ (-am) flicken; F (nur impf.) **~ć** biedę kaum das Leben fristen;

~**nina** F f (-y) Flickerei f; Flickwerk n (a. fig.).

łat|ek m (-tka, -tki) verä. armer Schlucker; ~**ka** f (-i; G -tek) Flicken m.

łatwi|ej(szy) Komp. v. łatwo, łatwy; ~**zna** f (-y) Seichtheit f, Oberflächlichkeit f; oberflächliche, seichte Arbeit usw.

łatwo Adv. s. łatwy; in Zssgn leicht-; ~**palny** leichtbrennbar; ~**ść** f (-ści; 0) Leichtigkeit f; Einfachheit f; Fertigkeit f; ~**topliwy** leichtschmelzbar; ~**wierny** leichtgläubig.

łatwy leicht, unschwer; einfach; in Zssgn leicht-, Leicht-; ~ w pożyciu od. obejściu umgänglich, verträglich.

ław|a f (-y) (Sitz-)Bank f; Arch. Absatz m, Berme f; (Menschen-)Schar f, Masse f; ~ą dichtgedrängt; alle zusammen; ~**eczka** f (-i; G -czek) Bänkchen n; (Turnen) Brücke f; ~**ica** f (-y; -e) (Sand-)Bank f; (Fisch-)Schwarm m; ~**ka** f (-i; G -wek) (Sitz-, Schul-)Bank f; ~**kowiec** m (-'kɔ-) m (-wca; -wce) s. pędzel (ławkowy); ~**nik** m (-a; -cy) Schöffe m; Jur. a. Laienrichter m, Beisitzer m.

łazanki f/pl. (-nek) Fleckerln n/pl., Nudelflecke m/pl. [Lazarus m.\
łazarz F m (-a; -e) Hungerleider m,

łazęg|a [-'zɛŋga] 1. f (-i) Herumziehen n; Vagabundenleben n; Herumbummeln n, Umherschlendern n; 2. F f/m (-i/-dzy; G-/-ów) Vagabund m, Herumtreiber m; ~**ować** (-uję) herumziehen, vagabundieren; s. łazi(kowa)ć.

łazić (-żę) (herum)kriechen, -krabbeln; (herum)klettern, -kraxeln; (umher)schlendern, (herum)bummeln; abklappern (po L/A); herumschleichen (za I/um A).

łazien|ka f (-i; G -nek) Bad(ezimmer) n; ~**ny** Bade-; Su. m (-ego; -i) Bademeister m.

łazik F m (-a; -i) Stromer m, Tippelbruder m; Jeep m, Kübelwagen m; ~**ować** F (-uję) sich herumtreiben, herumlungern, -stromern.

łaźni|a ['waʑ-] f (-i; -e, -i) Badeanstalt f; Bad n (a. Chem., Tech.); sprawić ~ę (D) j-m das Fell (ver)gerben; krwawa ~a Blutbad.

łącz|ący [wɔnt'ʃɔn-] verbindend, Binde-; ~**e** n (-a; G -y) (Fern-

sprech-)Leitung f; Verbindung f; Richtfunkstrecke f; ~**enie** n (-a) Verbinden n, (a. się) Verbindung f.

łączka ['wɔntʃ-] f (-i; G -czek) (kleine) Wiese; F ośla ~ Idiotenhügel m, -hang m.

łączni|a ['wɔntʃ-] f (-i; -e, -i) Verbindungsstück n, -element n; ~**ca** f (-y; -e) Fmw. Klappenschrank m; Vermittlung(sstelle) f; ~**czka** f (-i; -czek) Meld(egäng)erin f.

łącznie ['wɔntʃ-] Adv. inklusive, einschließlich (z I/A); zusammen; s. łączny.

łącznik ['wɔntʃ-] m (-a; -cy) Meld(egäng)er m; Sp. Halbstürmer m; (pl. -i) Bindestrich m, Divis n; Gr. Kopula f; El. Schalter m; Adapter m, Zwischenstecker m; Tech. Verbinder m; s. łącznia; fig. Band n; ~**owy** Verbindungs-; Anschluß-.

łączno|ściowiec [wɔntʃnɔɕ'tɕɔ-] m (-wca; -wcy) Soldat m der Fernmeldetruppe, eng S. Funker m; Angestellte(r) des Fernmeldedienstes, Fernmeldetechniker m, F Telefonmann m; ~**ć** f (-ści; 0) Verbindung f; Fernmeldewesen n; Nachrichtenübermittlung f; Math. Verbindbarkeit f; środki ~ci Fernmeldeanlagen f/pl.

łącz|ny ['wɔntʃ-] m gesamt, Gesamt-; vereint; Binde-; pisownia ~na Zusammenschreibung f; ~**yć** ⟨po-, z-⟩ (-ę) verbinden, verein(ig)en, verknüpfen (się sich; z I/mit); zusammenfügen; anschließen (z I/an A); Rdf. ~yć się z (I) umschalten nach ...; (nur impf.) ~yć w sobie in sich schließen, umfassen.

łąk|a ['wɔŋka] f (-i) (do leżakowania Liege-)Wiese f; ~**owy** Wiesen-.

łeb m (łba; łby) Kopf m; P Schädel m, Birne f; ~ w ~ Kopf an Kopf; na ~, na szyję Hals über Kopf; wyrzucić na ~ rausschmeißen, hinausbefördern; brać (od. wodzić) się za łby sich in die Haare geraten; spode łba finster, mürrisch ansehen; ~**ek** m (-bka; -bki) Köpfchen n; (Stecknadel-, Nagel-)Kopf m; F od ~ka pro Nase; po ~kach oberflächlich, flüchtig; wieź na ~ka Mitfahrer unerlaubt mitnehmen; ~**ski** F mit Köpfchen, nicht dumm.

łechta|czka f (-i; G -czek) Klitoris f, Kitzler m; ~**ć** ⟨po-⟩ (-cę/-czę) kitzeln; fig. schmeicheln (A/D).

łep|ek, ~ski s. łebek, łebski.
łezka f (-i; G -zek) (kleine) Träne.
łęciny [wɛn-] f/pl. (-) Kartoffelkraut n.
łęg [wɛnk, -ŋgu] m (-u; -i): mst pl. ~i Wiesengrund m, feuchte Wiese; ~owy Wiesen-.
łęk [wɛnk] m (-u; -i) s. kabłąk, łuk; Sattelbogen m; ungarischer Sattel; Tech. Kulisse f; Geol. Synklin(al)e f, Mulde f; Sp. (Turnpferd-)Pausche f; ~otka f (-i; G -tek) s. rzepka; ~owaty (-to) krumm; muldenförmig.
łęty [wen-] m/pl. (-ów) s. łęciny.
łga|ć F ⟨ze-⟩ (łżę, łżyj!; lgal) lügen; ~rstwo F n (-a) Lüge f; ~rz F m (-a; -e) Lügner m.
łka|ć ⟨-am⟩ schluchzen; ~nie n (-a) Schluchzen n.
łoboda f (-y) Bot. Melde f.
łobuz m (-a; -y) Lausbub m, Range f, Lümmel m; Lump m, Schuft m; ~eria [-'ze-] f (G, D, L -ii; 0) koll. Lausbuben m/pl., Rangen f/pl.; Rowdys m/pl., Halbstarke(n); (mutwilliger) Streich, Unfug m; ~erka f (-i; 0) Schabernack m, Dummheiten f/pl., Unfug m; F Herumtreiberei f; Rüpelei(en pl.) f; Rowdytum m; ~erski (po -ku) frech, ungezogen; wild, ausgelassen; verschmitzt; rüpelhaft; -ki kawał Bubenstreich m; ~iak [-'bu-] m (-a; -i) Frechdachs m, Lausbub m.
łobuzo|stwo n (-a) s. łobuzerka; ~wać (się) (-uję) Unfug treiben, (herum)tollen; ~waty (-to), ~wski s. łobuzerski.
ło|chynia [-'xiŋa] f (-i; -e, -i) s. borówka (bagienna); ~czyga f (-i) Rainkohl m; ~dyga f (-i) Bot. Stengel m, Stiel m; JSpr. Sprosse f.
łodzi|k m (-a; -i) Zo. Nautilus m; ~owy Boots-.
łoić ⟨z-⟩ F (-ję, łój!) (durch-, ver-)prügeln; ~ skórę das Fell gerben.
łojo|ny JSpr. feist; ~ny zwierz Feisthirsch m; ~otok m (0) Med. Seborrhöe f; ~owy Talg-; ~ówka f (-i; G -wek) Talgkerze f; Kochk. (Rinder-)Dünnung f.
łok|ciowy Ellbogen-; towary ~we Tuchwaren f/pl.; ~ieć [ˈwɔ-] m (-kcia, -kcie, -kci) Ell(en)bogen m; Elle f; mieć roboty po ~cie alle Hände voll zu tun haben.
łom m (-u; -y) Brechstange f;

(Fels-)Block m; (Schokolade-, Ziegel-)Bruch m; Reisig n.
łomot m (-u; -y) Gepolter n, Krach m; (lautes) Pochen, Klopfen; ~ać (-cze/-cę) (laut, stark) pochen, klopfen; F hauen; ~anie n (-a) s. łomot; ~nąć [-nɔŋtɛ] F pf. (-nę) (hin)schlagen.
łon|o n (-a) Schoß m; poet. Busen m; w ~ie matki im Mutterleib; w ~ie rządu usw. in(nerhalb) der Regierung usw.; ~owy: kość ~owa Schambein n; s. wesz, wzgórek.
łopat|a f (-y) Schaufel f; (Propeller-)Blatt n, Flügel m; ~y pl. JSpr. Schaufelgeweih n; ~acz m (-a; -e) (Dam-, Elch-)Schaufler m; ~ka f (-i; G -tek) (Hand-, Kinder-)Schaufel f; Spa(ch)tel m; Anat. Schulterblatt n; Kochk. Bug m; Vorderschinken m; JSpr. Blatt n; położyć na (obie) ~ki auf die Schultern legen; Sp. e-n Schultersieg erringen; ~kowy Schaufel-; Schulter-; ~ologia [-'lɔ-] F f (G, D, L -ii; 0) etwa Holzhammermethode f.
łopian ['wɔ-] m (-u; -y) Bot. Klette f.
łopot m (-u; -y) (Flügel-)Schlag m; (Fahnen-)Flattern n (Geräusch); ~ać (-cze/-cę) (Flügel): schlagen; Segel: knallen; Fahne: flattern.
łopuch m (-u; -y) s. łopian.
łosi|(owy) Elch-; ~na f (-y; 0) Elchfleisch n.
łoskot m (-u; -y) Krachen n, Getöse n; z ~em mit Gepolter, polternd; ~ać ⟨za-⟩ (-czę/-cę) krachen; tosen; poltern; vgl. łomotać.
łoso|siowate pl. (-ych) Zo. Salmoniden pl.; ~siowy Lachs-; lachsfarben; ~ś m (-sia; -sie) Lachs m.
łosz|a f (-y; -e) Elchkuh f; ~ak m, ~uk m (-a; -i) Elchwildkalb n.
łoś m (-sia; -sie) Elch m, Elen m.
łotewski (po -ku) lettisch.
łotr m (-a; -y) Schuft m, Schurke m, Spitzbube m; hist. Häscher m; Rel. Schächer m; ~ostwo n (-a) Schurkerei f, Niederträchtigkeit f; ~owski (po -ku) schurkisch, gemein.
łotrzyk m (-a; -i/-owie) s. łotr.
Łotysz m (-a; -e) Lette m; ~ka f (-i; O -szek) Lettin f.
łow|ca m (y; -y, -ów) (autografów, głów, posagowy Autogramm-, Kopf-, Mitgift-)Jäger m; ~czy Jäger-; Fang-; Su. m (-ego; -owie)

Jägermeister *m*; **~ić** ⟨z-⟩ (-ę, *łów!*)
fangen; *fig.* aufmerksam (*od.* andächtig) lauschen; *Blick* erhaschen;
(suchen zu) erkennen; **~ić** *ryby*
fischen, angeln.

łowie|cki weidmännisch, Jäger-,
Waid-; *sezon -ki* Jagdzeit *f*; **~ctwo**
n (-a; *0*) Jagd *f*, Weidwerk *n*; **~nie**
n (-a; *0*) Fang *m*; Fischen *n*, Angeln *n*.

łowisko *n* (-a) (*Fisch-*)Fanggrund
m; Jagdgebiet *n*.

łown|y jagdbar, Jagd-; *ptaki* **~e**
Federwild *n*.

łowy *pl.* (-ów) (hohe) Jagd.

łoz|a *f* (-y), **~ina** *f* (-y) *Bot.* Grau-
weide *f*; Weidengerte *f*; Weiden-
gebüsch *n*.

łoż|e *n* (-a; *G łóż*) Liegestatt *f*,
(*Ehe-*)Bett *n*, (*Sterbe-*)Lager *n*;
Mil. (*Gewehr-*)Schaft *m*; (*Spreiz-*)
Lafette *f*; *Tech.* Ständer *m*; **~yć**
(-ę, *łóż!*) (*na A*) zahlen, aufkommen
(für), finanzieren (*A*); **~yć** *na utrzymanie* (*G*) *j-s* Unterhalt bestreiten.

łożysko *n* (-a) (*Fluß-*)Bett *n*; *Anat.*
Mutterkuchen *m*, Plazenta *f* (*a.
Bot.*); *Tech.* (*kulkowe od. toczne*
Kugel-)Lager *n*; **~wanie** *n* (-a)
Tech. Lagerung *f*; **~wy** *Tech.* Lager-.

łód|eczka *f* (-i; *G ~czek*) kleines
Boot *n*, **~ka** *f* (-i; *G -dek*) Boot *n*,
Kahn *m*; (*Ballon-*)Korb *m*.

łódź *f* (*łodzi*; *łodzie, łodzi*) (*ratunkowa, rybacka, żaglowa* Rettungs-,
Fischer-, Segel-)Boot *n*.

łój *m* (*łoju; łoje, łoi/łojów*) Talg *m*.

łów *m* (*łowu; łowy*) *s.* łowy.

łóż|eczko *n* (-a; *G -czek*) Bett(chen)
n; **~ko** *n* (-a; *G -żek*) Bett(gestell)
n; *iść do ~ka* zu Bett gehen.

łub *m* (-u; -y) (*Linden-*)Bast *m*;
Baststreifen *m*; **~ek** *m* (-bka; -bki)
Esb. Lasche *f*; *Med.* *mst pl.* **~ki**
Schiene *f*; *wziąć w ~ki* schienen;
~ianka *f* (-i; *G -nek*) Bastkorb *m*;
Spankorb *m*; **~iany** Bast-.

łubin *m* (-u; -y) Lupine *f*.

łuczni|ctwo *n* (-a; *0*) Bogenschie-
ßen *n*; **~czy** Bogen(schützen)-; **~k**
m (-a; -y) Bogenschütze *m*.

łuczywo *n* (-a) Kienspan *m*.

łudz|ący [-'dzɔn-] (-co) täuschend;
~ąco *podobny* zum Verwechseln
ähnlich; **~ić** ⟨z-⟩ (-dzę) trügen;
~ić się sich täuschen (*w L*/in *D*);

~ić się *nadzieją* sich der Hoffnung
hingeben.

ług *m* (-u; -i) (F *a.* Wasch-)Lauge *f*.

ługo|odporny laugenbeständig;
~wać ⟨wy-⟩ (-uję) (aus)laugen;
~wy Laugen-.

łuk *m* (-u; -i) Bogen *m*; *Ski-Sp.*
Schwung *m*; **~owaty** (-to) bogen-
förmig; **~owy** Bogen-; gewölbt.

łuna *f* (-y) Feuerschein *m am
Himmel*.

łup *m* (-u; -y) Beute *f*; Diebesgut *n*;
Mar. hist. Prise *f*; *fig.* *paść* **~em**
(*G*) e-e Beute (*G*) werden, zum
Opfer fallen (*D*).

łupa|cz *m* (-a; -e) *Bgb.* Kohlehobel
m; *Zo.* Schellfisch *m*; **~ć** ⟨roz-⟩
(-ię) (zer)spalten; *Nüsse* knacken;
(*nur impf. unpers.*) reißen, heftig
schmerzen; **~ny** Spalt-; **~rka** *f* (-i;
G -rek) Holzhackmaschine *f*; *Bgb.*
Schlagschrämmaschine *f*.

łup|ek *m* (-pku; -pki) *Min.* (*ilasty*
Ton-)Schiefer *m*; **~ić** ⟨z-⟩ (-ę)
(aus)plündern; (ver)prügeln; † *a.*
schinden; **~ień** ['wu-] F *m*: *dać
~nia* e-e Tracht Prügel verabreichen; **~iestwo** *n* (-a) Raub *m*,
Plünderei *f*.

łupież ['wu-] *m* (-u; *0*) Schuppen-
bildung *f*, *koll.* Schuppen *f/pl.*;
Med. **~** *pstry* Erbgrind *m*; **~ca** *m*
(-y; -y, -ów) Räuber *m*, Plünderer
m; **~czy** Raub-, räuberisch.

łupigrosz F *m* (*G/pl. a. -ów*) Hals-
abschneider *m*, Wucherer *m*.

łupin|a *f* (-y) Schale *f*, Pelle *f*;
Hülse *f*, Schote *f*; **~owy** Schalen-.

łupkow|aty (-to) schieferig; **~y**
schieferhaltig, Schiefer-.

łup|liwy spaltbar; **~nąć** [-nɔntɛ] F
pf. (-nę) hauen, knallen; (*mit Gepolter*) hin(unter)fallen, hinschlagen; *Strafe* aufbrummen.

łusk|a *f* (-i; *G -sek*) Hülse *f* (*a. Mil.*)
Schuppe *f*; (*Nuß-*)Schale *f*; **~ać**
(-am) ⟨ob-⟩ ent-, aushülsen; (*ob-*
schälen; ⟨roz-⟩ *Nüsse* knacken.

łusko|waty (-to) schuppig, schup-
penartig; **~wiec** [-'kɔ-] *m* (-wca
-wce) *Zo.* Schuppentier *n*.

łuszcz|ak *m* (-a; -i) (*reife*) Haselnuß
Zo. **~aki** *pl.* Finkenvögel *m/pl.*
~arka *f* (-i; *G -rek*) Schälmaschine
f; **~enie** *n* (-a; *0*) Schälen *n*; Ent-
hülsen *n*; **~enie się** Abschuppung *f*
Abblättern *n*; **~eniec** [-'tʃe-] *m*
(-ńca; -ńce) *s.* łuszczak; **~ka** *f* (-i

G -*czek*) Schale *f*, Hülle *f*; Schuppe *f*; Plättchen *n*; ~ony geschält; ~yca *f* (-*y*; 0) Med. Schuppenflechte *f*; ~yć (-*ę*) (ab)schälen; ent-, aushülsen; ~yć się abblättern, sich (ab)schuppen; ~yna *f* (-*y*) Bot. Schote *f*.

lut *m* (-*a*; -*v*) Lot *n* (*Gewicht*); *fig.* ein bißchen.

luza *f* (-*y*) Billardloch *n*.

łużycki (*po* -*ku*) sorbisch.

łydka *f* (-*i*; *G* -*dek*) Wade *f*.

łyk *m* (-*u*; -*i*) Schluck *m*, Zug *m*; ~ać (-*am*) schlucken; ~nąć [-nɔntɕ] *pf.* (-*nę*) e-n Schluck nehmen (*od.* trinken, tun; *G*/von *od. A*); *frische Luft* schnappen.

łyko *n* (-*a*) Bast *m*; *fig.* drzeć ~ das Fell über die Ohren ziehen (*z G*/*D*); ~waty (-*to*) faserig; sehnig, zähe; ~wy Bast-.

łyp|ać (-*ię*), ⟨~nąć⟩ [-nɔntɕ] (-*ne*): ~ać oczami mit den Augen rollen; mit den Blicken verfolgen; ~nąć okiem e-n (mißtrauischen) Blick werfen; blinzeln.

łys|awy mit kleiner Glatze; mit schütterem Haar; ~ieć ['wi-] ⟨wy-⟩ (-*eje*) Haare verlieren, e-e Glatze bekommen, kahl werden; ~ina *f* (-*y*) Glatze *f*; Blesse *f*; ~ka *f* (-*i*; *G* -*sek*) Kuh (*od.* Stute) mit Blesse;

Zo. Bläßhuhn *n*; ~y (-*so*) kahl (-köpfig); mit Blesse.

łyszczyk *m* (-*u*; -*i*) Min. Glimmer *m*.

łyż|eczka *f* (-*i*; *G* -*czek*) (*Tee*-)Löffel *m*; ~ka *f* (-*i*; *G* -*żek*) (*stołowa* Eß-)Löffel *m*; *JSpr.* Lauscher *m*; *Tech.* (*Bagger*-)Löffel *m*, Eimer *m*; *Kfz.* Montiereisen *n*; ~ka do obuwia Schuhanzieher *m*; ~kowaty (-*to*) löffelförmig; ~kowy *Tech.* Löffel-, Eimer-.

łyżwa *f* (-*y*; *G* -/-*żew*) Schlittschuh *m*; *Tech.* (*Gleit*-)Schuh *m*; *El.* Schleifstück *n*; *vgl. jazda, jeździć*.

łyżwia|rski Schlittschuh-, Eislauf-; ~rstwo *n* (-*a*; 0) Eis(kunst)lauf *m*; ~rz ['wi-] *m* (-*a*; -*e*), ~rka *f* (-*i*; *G* -*rek*) Schlittschuh-, Eis(kunst)läufer(in *f*) *m*.

łyżwowy Schlittschuh-.

łza *f* (*łzy*; *łzy*, *łez*) Träne *f*; śmiać się do łez Tränen lachen; (czysty) jak ~ lupenrein; herzens-, engelsrein; *przez łzy, ze* ~*mi w oczach* unter Tränen; ~wić ['-ɣɔn-] (-*co*) Tränen-; ~wić (się) (-*ę*) tränen; ~wienie *n* (-*a*) Tränen *n*; ~wy (-*wo*) voll Tränen, tränengefüllt; weinerlich; *fig.* rührselig.

łzo|tok *m* (0) Tränenfluß *m*; ~wy Tränen-.

łżą, łże(sz), łże *s. łgać*.

M

ma 3. *Pers. sg. v.* mieć; *Hdl.* Haben *n*; *s. a.* nie mą.

maca *f* (-y; -e) Matze(n *m*) *f*.

mac|ać ⟨po-⟩ ⟨-am⟩, ⟨₋nąć⟩ [-nǫnte] (-nę) (be)tasten, (be)fühlen; P betatschen; knutschen; *fig.* (aus)forschen, sondieren.

Macedo|nka *f* (-i; G -nek), **₋ńczyk** *m* (-a; -cy) Makedonier(in *f*) *m*; **Qński** [-'dɔĩs-] (po -ku) makedonisch.

mach|ać (-am), ⟨₋nąć⟩ [-nǫnte] (-nę) schwingen, schwenken (*I*/*A*); *mit d. Hand* winken, *impf. a.* fuchteln; *mit d. Schwanz* wedeln; F (*nur pf.*) Gläschen kippen; *Stück Arbeit* erledigen; *Strecke* zurücklegen; **₋nąć** ręką abwinken; (na *A*) freien Lauf lassen (*A*), verzichten (auf *A*); **₋er** F *m* (-a; -rzy) Schwindler *m*, (unredlicher) Geschäftemacher *m*; **₋erka** F *f* (-i; G -rek) Schwindel(ei *f*) *m*, Gaunerei *f*.

machina *f* (-y) (*Riesen*-)Maschine *f*; *fig.* Maschinerie *f*; (*Person*) Koloß *m*; **₋cje** *f*/*pl.* (-ji) Machenschaften *f*/*pl.*, Umtriebe *m*/*pl.*; **₋cje wyborcze** Wahlbetrug *m*; **₋lny** mechanisch, unbewußt.

machlojk|a F *f* (-i; G -jek) Gaunerei *f*, Betrügerei *f*; **robić ₋i** krumme Dinge drehen.

machn|ąć *pf. s.* machać; **₋ięcie** [-'nȩn-] *n* (-a) Schwung *m*; (*Flügel-*) Schlag *m*.

maci|ca *f* (-y; -e) Gebärmutter *f*; **₋ca perłowa** Perlmutt *n*; **₋czny** Gebärmutter-. [*mieć.*⟩

macie ['ma-] 2. *Pers. pl. Präs. v.*⟩

maciej|ka *f* (-i; G -jek) Matthiola *f*, (*Sommer-*)Levkoje *f*; **₋ówka** *f* (-i; G -wek) Art Schirmmütze *f*.

macierz *f* (-y) *lit.* Mutter(land *n*) *f*; *Math.* Matrix *f*.

macierzanka *f* (-i; G -nek) Thymian *m*, Quendel *m*.

macierzy|ński [-'ʒĩs-] mütterlich, Mutter-; Mutterschafts-; **₋ństwo** *n* (-a) Mutterschaft *f*; **₋sty** Mutter-, Stamm-; *port* **₋sty** Heimathafen *m*.

macior|a *f* (-y) Mutterschwein *n*,

Sau *f*; **₋ka** *f* (-i; G -rek) Mutterschaf *n*; *Bot.* Maskel *f*, Mastel *f*.

mack|a *f* (-i; G -cek) *Zo. s.* czułek; *mst pl.* **₋i** Tentakel *m* od. *n*/*pl.*, Fangarme *m*/*pl.*; *Tech.* Taster *m*.

macnąć *pf. s.* macać.

maco|cha *f* (-y) Stiefmutter *f*; **₋szy** (po -szemu) stiefmütterlich.

maczać (-am), ⟨umoczyć⟩ (-ę) (ein)tunken, (ein)tauchen.

macz|ek *m* (-czku; -czki) Mohn *m*; *pisać* **₋kiem** sehr klein schreiben.

maczug|a *f* (-i) (*Sp.* Schwing-) Keule *f*; Streitkolben *m*; **₋owaty** (-to) keulenförmig.

mać *f*: V *psia* **₋!** verdammt!, Scheiße!; *psia twoja* **₋!** du, Hundesohn! [lager *n*.⟩

madejow|y: **₋e łoże** Schmerzens-⟩

madera *f* (-y) Madeira *f*.

mag *m* (-a; -owie) Magier *m*.

magazyn *m* (-u; -y) Vorratsraum *m*, **₋kammer** *f*; (*Waren-*)Lager(haus, *n*; (*Mode-*)Magazin *n*; **₋ broni** Waffenkammer *f*; **₋ zbożowy** Getreidesilo *m*; **₋ek** *m* (-nka; -nki) (*Pistolen-*, *Gewehr-*)Magazin *n*; **₋ier** [-'zi-] *m* (-a; -rzy) Lagerverwalter *m*; Lagerist *m*; **₋ować** ⟨z-⟩ (-uję) (ein)lagern, speichern (*a. fig.*); einkellern; **₋owanie** *n* (-a; 0) (Ein-)Lagerung *f*; Bevorratung *f*; Speicherung *f*; **₋owy** Lager-; Magazin-. [*mała.*⟩

magi|a ['magja] *f* (G, D, L -ii; 0⟩ Magie *f*; **₋czny** magisch.

magiel ['ma-] *m* (-gla; -gle, -gli⟩ Mangel *f*, Wäscherolle *f*.

magik *m* (-a; -cy) Zauberkünstler *m*.

magister *m* (-tra; -trzy/-trowie) Magister *m*; F *a.* Apotheker *m*; **₋sk.** Magister-.

magistra|cki Magistrats-; **₋la** *f* (-i; -e) Magistrale *f*; *engS.* (*Haupt*-)Verkehrsader *f*, Fernverkehrsstraße *f*; Haupt(rohr)leitung *f*, Hauptstrang *m*; **₋lny** Haupt-.

magl|arka *f* (-i; G -rek) Manglerin *f*; **₋ować** ⟨wy-, z-⟩ (-uję) Wäsche rollen, mangeln; *fig.* durch die Mangel drehen; **₋ownik** *m* (-a; -i) Rolltuch *n*; (*Mangel-*)Docke *f*.

nagna|cki Großgrund-, Magna-
ten-, feudal; **~t** m (-a; -ci) Magnat
m; **~teria** [-'tɛ-] f (G, D, L -ii; 0)
Hoch-, Feudaladel m; die Reichen.
nagnes m (-u; -y) Magnet m; **~o-
wać** ⟨na-⟩ (-uję) magnetisieren,
magnetisch machen; **~owy** Ma-
gnet-.
nagneto n (-a) Magnetzünder m;
~fon m Tonbandgerät n; **~fonowy**
Tonband-; s. taśma; **~wid** m (-u; -y) Videorecorder m.
nagnety|czny magnetisch, Ma-
gnet-; **~t** m (-u; -y) Magneteisen-
stein m; **~zm** m (-u; 0) Magnetis-
mus m; **~zować** (-uję) Med. magnetisieren.
nagnez m (-u; 0) Chem. Magne-
sium m; **~ja** f (-i; 0) Magnesia f,
Magnesiumoxyd n; **~jowy** Magne-
sia-; **~owy** Magnesium-; **~yt** m
(-u; -y) Magnesit m.
nahometa|nin m (-a; -anie, -),
~nka f (-i; G -nek) Mohamme-
daner(in f) m; **~ński** [-'taĩs-] mo-
hammedanisch.
naho|niowy Mahagoni-; **~ń** m
(-nia; -nie) Mahagoni n.
nai|ć ⟨u-⟩ (-ję) mit Zweigen (od.
Blumen) schmücken; **~k** m (-a; -i)
Frühlingsfest n; Maie f.
naj m (-a; -e) Mai m; F fig. w **~u**
am Nimmerleinstag.
najaczyć|eć ⟨za-⟩ ⟨-eje⟩ s. majaczyć
się); **~enie** n (-a) Phantasieren n
m Fieber; **~yć** ⟨za-⟩ (-ę) (a. się)
chemenhaft (od. schattenhaft) zu
ehen sein (sich zeigen, abzeichnen); s. bredzić.
najak m (-a; -i) Schemen n, Wahn-
~ild n; (senny Nacht-)Mahr m.
ają 3. Pers. pl. v. mieć.
nająt|ek [-'jɔn-] m (-tku; -tki) Ver-
nögen n; Besitz m, Habe f; Land-
ut n; **~kowy** (-wo) Vermögens-.
najcher P m (-chra; -chry) ⟨Spring-⟩
Messer n.
najdać F (-am) s. majtać.
najdan m (-u; -y) Platz m; F (-a/-u;
) Zeug n, Kram m.
najeranek m (-nku; -nki) Majoran
.
najestat m (-u; 0) Majestät f, Er-
abenheit f; **~yczny** majestätisch,
oheitsvoll.
najętn|ość [-'jɛnt-] † f (-ści) s.
ajątek; **~y** † vermögend, begü-
ert.

majka f (-i; G -jek): **~** lekarska Spanische Fliege.
majolikowy Majolika-.
majonez m (-u; -y) Mayonnaise f.
major m (-a; -rzy/-owie) Major m;
Mus. (-u; 0) Dur n; **~owy** Mus. in
Dur; **~ski** Majors-.
majoryz|acja f (-i; 0) Majoritäts-
prinzip n; **~ować** (-uję) majori-
sieren.
maj|ownik m (-a; -i) Schatten-
blume f; **~owy** Mai-; **~ówka** f (-i;
G -wek) Picknick n, Ausflug m ins
Grüne.
majster m (-tra; -trowie/-trzy) (kra-
wiecki, murarski Schneider-, Mau-
rer-)Meister m; **~ka** F f (-i; 0)
Handwerk n.
majsterkow|ać (-uję) basteln; **~a-
nie** n (-a; 0) Basteln n, F Bastelei f;
~icz F m (-a; -e) Bastler m.
majstrow|ać F ⟨z-⟩ (-uję) (zu-
sammen)bauen, basteln; (nur impf.)
werkeln; **~ski** Meister-.
majt|ać F (-am), ⟨~nąć⟩ [-nɔntɛ]
(-nę) (nogami mit den Beinen)
schlenkern; (ogonem mit dem
Schwanz) wedeln.
majteczki pl. (-czek) Höschen n;
~-figi (Damen-)Slip m; **~** gimna-
styczne Turnhose f.
majtek m (-tka; -tkowie) Matrose m.
majtki pl. (-tek) Höschen n,
Schlüpfer m.
mak m (-u; -i) (lekarski, polny
Schlaf-, Klatsch-)Mohn m; (cisza)
jak **~iem** zasiał es ist (mucks)mäus-
chenstill; jak **~u** wie Sand am Meer;
s. zalewać.
makabryczny makaber; **~** sen Alptraum m.
makaron m (-u; -y) (w nitkach
Faden-)Nudeln f/pl.; **~** rurkowy,
~ włoski Makkaroni f; **~ik** m (-a; -i)
Kochk. Makrone f; **~owy** Nudel-,
Makkaroni-.
makat|a f (-y) Brokat m; a. = **~ka** f
(-i; G -tek) Wandbehang m, -tep-
pich m.
makieta f (-y) Modell n;
Typ. Makette f.
makijaż m (-u; -e) Make-up n.
makolągwa [-'lɔŋg-] f (-y) Zo.
Hänfling m; fig. dumme Pute.
makow|iec m [-'kɔ-] m (-wca; -wce),
~nik m (-a; -i) Mohnkuchen m;
~y Mohn-.   [kapsel f.]
makówka f (-i; G -wek) Mohn-]

makrela f (-i; -e) Makrele f.

makro|cząsteczka f Makromolekül n; **~skopijny, ~skopowy** makroskopisch.

maksimum ['ma~] n (unv.; -ma) Maximum n; Adv. (unv.) maximal.

maksyma f (-y) Maxime f; **~lny** maximal, höchst.

makuch m (-a; -y): mst pl. **~y** (lniane Lein-)Kuchen m.

makulatura f (-y; 0) Makulatur f, engS. Altpapier n.

makutra P f (-y; G -tr) (Ton-) Rührschüssel f.

malachitowy Malachit-; (a. -wo) malachitgrün.

malajski (po -ku) malaiisch.

malaria [-'larja] f (G, D, L -ii; 0) Malaria f, Wechselfieber n.

malar|ka f (-i; G -rek) Malerin f; **~nia** f (-i; -e, -i/-ń) Malerwerkstatt f; (Werks-)Malerei f; **~ski** Maler-; Malerei-; sztuka **~ska** Malkunst f; **~stwo** n (-a; 0) (pejzażowe, rodzajowe Landschafts-, Genre-)Malerei f; Malerhandwerk n.

malaryczny Malaria-; malariaverseucht.

malarz m (-a; -e) Maler m; Anstreicher m.

male|c m (-lca; -lcy) Kleine(r), Knirps m; **~ć** (z-) (-eję) kleiner werden; sich verkleinern; sich vermindern; sinken, fallen; Kräfte: nachlassen.

maleń|ki ganz (od. winzig) klein; Su. (mein) Kleiner; od **~kiego** von klein an od. auf; **~stwo** [-'leĩs-] n (-a) Kleinchen n, Baby n.

maligna f (-y; 0) hohes Fieber; Fieberträume m/pl.

malin|a f (-y) Himbeere f; **~a kamionka** echte Steinbeere; **~iak** [-'li-] m (-a; -i) Himbeersträucher m/pl.; (-u; -i) Himbeermet m; **~owy** Himbeer-; (-wo) himbeerrot.

malkonten|ctwo n (-a; 0) (ständiges) Nörgeln, Nörgelei f; **~t** m (-a; -ci) Nörgler m.

malowa|ć (-uję) ⟨a. na-⟩ Bild malen; fig. (aus)malen, schildern; ⟨a. po-⟩ anstreichen, bemalen; (się sich) anmalen; (nur impf.) **~ć się** sich widerspiegeln, sich malen (fig.); **~nie** n (-a) Malen n; Anstreichen n; Bemalung f; F jak **~nie** bildschön; **~nie się** Schminken n, F Anmalen n; **~nka** f (-i; G -nek)

buntes Bild; mst pl. **~nki** (Kinder-Malbuch n; **~ny** gemalt; bemalt.

malo|widło n (-a; G -del) Gemäld n, Bild n; **~wniczy** (-czo) malerisch

maltański [-'taĩs-] (po -ku) maltesisch; Malta-; zakon ~ Maltese(orden m.

maltretować ⟨z-⟩ (-uję) mißhan deln, quälen.

maluch m (-a; -y) Knirps m, Dre käsehoch m; **~y** pl. die Kleine Kleinkinder n/pl.; **~ny** s. maluth

maluczk|i † s. malutki; **~o** † Ad ein bißchen.

malutki (-ko) ganz klein, winzig vgl. maleńki.

malwa f (-y) Malve f.

malwersa|cja f (-i; -e) Veruntre ung f, Unterschlagung f; **~nt** (-a; -ci) Defraudant m.

malwowy Malven-.

małgiew ['maw-] f (-gwi; -gwi -gwi) (Sand-)Klaffmuschel f.

mało Adv. (Komp. mniej) weni kaum; bardzo ~ a. herzlich wenig ~ gdzie hie und da, selten; o ~ c o ~ nie fast, beinahe; ~ kto kau jemand, (nur) wenige; ~ tego nic genug(, daß); ~ brakowało es fehl nicht viel.

mało|duszny kleinmütig; **~kal browy** Kleinkaliber-; **~kaloryc ny** kalorienarm; **~letni** minde jährig; Su. m (-ego; -i) Minde jährige(r); **~litrażowy**: samoch **~litrażowy** Kleinwagen m; **~miastec kowy** (-wo) kleinstädtisch; **~mies czański** kleinbürgerlich; **~mówr wortkarg, schweigsam; **~obrazk wy** Fot. Kleinbild-; **~rolny** lan arm; chłop **~ny** Kleinbauer r **~seryjny** in Kleinserie gebaut c gefertigt, Kleinserien-.

małostk|a f (-i; G -tek) Kleinigk f; **~owy** (-wo) kleinlich.

mało|wartościowy minderwert von geringem Wert; **~ważny** a wichtig, unbedeutend; **~wymiar wy** Kleinformat-, Klein-; **~ż w weiß was (od. wo, wie, wievi wann usw.).

małp|a f (-y) Affe m; **~eczka** f (G -czek) Äffchen n; **~i** Affen **~iarstwo** n (-a) Nachäffen n, Nac äfferei f; **~iatka** f (-i; G -tek) Z Halbaffe m; **~ię** n (-ęcia; -ę Affenjunge(s), Äffchen n; **~io** (äffisch; **~iszon** m (-a; -y) Affe

małpo|lud m (-a; -y) Affenmensch m; **~wać** ⟨z-⟩ (-uję) nachäffen; **~wanie** n (-a) s. małpiarstwo; **~zwierz** m s. małpiatka.

mal|y (Psf. mali, Komp. mniejszy) klein; **~a** rzecz Kleinigkeit f; Su. **~y** m (-ego; -li), **~a** f (-ej; -e) Kleine(r); **~e** n (-ego; -e) (Tier-)Junge(s); od **~ego** von klein an; bez **~a** fast.

małż m (-a; -e) Zo. Muschel f.

małżeńs|ki ⟨-'ʒeĩs-⟩ Ehe-, ehelich; **~two** n (-a) Ehe f; Ehepaar n, **~leute** pl.; młode **~two** Jungverheiratete(n).

małżon|ek m (-nka; -nkowie) Gatte m, Gemahl m; pl. a. Eheleute pl.; **~ka** f (-i; G -nek) Gattin f, Gemahlin f. [Muschel f.]

małżowina f (-y) (uszna Ohr-)

mam 1. Pers. sg. Präs. v. mieć.

mama F f (-y) Mama f, Mutti f.

mamałyga f (-i; 0) Maisbrei m.

mam|er P m (-mra; -mry) Kittchen n, Knast m; wsadzić do **~ra** einlochen, einbuchten.

mami|ć ⟨z-⟩ (-ę) (ver)locken, verleiten; vorgaukeln (k-o I/j-m A); **~** (się sich) täuschen; **~dło** n (-a; G -deł) s. złuda, zjawa.

mam|insynek m Muttersöhnchen n; **~ka** f (-i; G -mek) Amme f, Pflegemutter f.

mam|lać (-am), **~leć** (-ę, -laj!) nurmeln, brummeln; herumkauen auf D).

mamrotać ⟨wy-⟩ (-czę/-cę) (pod nosem in den Bart) brummen, nurmeln.

mamusia f (-i; -e) Mutti f, Mama f.

mamut m (-a; -y) Mammut n; **~owiec** [-'tɔ-] m (-wca; -wce) Mamnutbaum m.

manatki pl. (-ów) Habseligkeiten pl., Siebensachen f/pl.

mandarynka f (-i; G -nek) Mandarine f.

mandat m (-u; -y) Mandat n; (**~arny**) Strafzettel m, gebührenpflichtige Verwarnung; Strafgebühr f; **~ariusz** [-'ta-] m (-a; -e, -ów) Mandatar m; Mandatszaat m; **~owy** Mandats-.

mandolina f (-y) Mandoline f.

manokin m (a; y) Schneider-, chaufensterpuppe f.

manele F pl. (-li) s. manatki.

manewr m (-u; -y) Mil. Bewegung Mar., Flgw. Manöver n; fig.

Winkelzug m, Kniff m, List f; nur pl. **~y** Mil. Manöver n; **~ować** (-uję) manövrieren; Mar. a. kreuzen; **~owanie** n (-a) Manövrieren n; Kreuzen n; (nie)zdolny do **~owania** manövrier(un)fähig.

mangan m (-u; 0) Chem. Mangan n; **~owy** Mangan-.

mangow|iec [-'gɔ-] m (-wca; -wce) Mangobaum m; **~y** Mango-.

mania ['manja] f (G, D, L -ii; -e) Manie f; **~** prześladowcza, **~** wielkości Verfolgungs-, Größenwahn m; **~cki** [-'nja-] krankhaft, psychotisch; **~czka** f (-i; G -czek), **~k** ['ma-] m (-a; -cy) Wahnsinnige(r), Irre(r); **~k** seksualny Sexualneurotiker m, engS. Triebtäter m.

manicurzystka [-ku-] f (-i; G -tek) Maniküre f.

manier|a [-'nɛ-] f (-y) Manier f, Stil m; **~y** pl. Manieren f/pl., Umgangsformen f/pl.

manierka [-'nɛ-] f (-i; G -rek) Feldflasche f.

manifest m (-u; -y) Manifest n; **~acja** f (-i; -e) Manifestation f, engS. Kundgebung f; **~acyjny** demonstrativ, Manifestations-; **~ować** ⟨za-⟩ (-uję) (się sich) manifestieren, bekunden.

manipul|acja f (-i; -e) Manipulation f, Handhabung f; (mst pl.) Verfahren n; **~acyjny**: koszty -ne Geschäftskosten pl.; droga -na Flgw. Rollbahn f; **~ator** m (-a; -y) Tech. Manipulator m; Fmw. Taster m, Handgeber m; **~ować** (-uję) manipulieren; hantieren (I/mit); bedienen (A).

mankament [-ŋk-] m (-u; -y): mst pl. **~y** Fehler m/pl., Mängel m/pl.

mankiet [-ŋk-] m (-u; -y) Manschette f; Hosenumschlag m.

manko [-ŋkɔ] n (-a) Manko n, Fehlbetrag m. [n od. f.]

manna f (-y) Grieß(brei) m; Manna

manow|iec [-'nɔ-] m (-wca; -wce): mst pl. **~ce** Irrwege m/pl.; Abwege m/pl.; **~cami** fig. auf Umwegen.

mansarda [mã-] f (-y) Mansarde f, Dachkammer f.

manszeta [mã-] f (-y) Med. Druckverband m. [meckern.]

mantyczyć F (-ę) (herum)nörgeln,

mańku|ctwo n (-a; 0) Linkshändigkeit f; **~t** m (-a; -ci/-ty) Linkshänder m.

mao|istowski maoistisch; **~ryski** Maori-.

map|a f (-y) (katastralna, plastyczna, synoptyczna) Flur-, Relief-, Wetter-)Karte f; **~nik** m (-a; -i) Kartenbehälter m, -tasche f; **~owy** (Land-)Karten-.

mara f (-y) Nachtmahr , Alp m; Gespenst n, Geist m; S..emen m.

marato|n m (-u; -y) Marathonlauf m; **~ńczyk** m (-a; -cy) Marathonläufer m; **~ński** ['-tɔis-] Marathon-.

marazm m (-u; 0) Med. Marasmus m; fig. Passivität f, Inaktivität f.

marc|a, ~e s. marzec.

marcepan f (-u; -y) Marzipan n.

marchew f (-chwi; -chwie) Mohrrübe f, Möhre f; **~ka** f (-i; G -wek) s. marchew; Kochk. Möhren f/pl.

marchia ['ma-] f (G, D, L -ii; -e) hist. Mark f. [ben-.]

marchwiany Möhren-, Mohrrü-)

marcinka f (-i; G -nek) Gloxinie f.

marcow|ać (-uję) sich paaren, ranzen; **~y** März-.

margaryna f (-y) Margarine f.

margerytka f (-i; G -tek) Margerite f, Maßliebchen n. [m.]

margiel ['ma-] m (-glu; -gle) Mergel)

margin|alny Rand-); **~es** m (-u; -y) (Buch-, Heft-)Rand m; **na ~esie** beiläufig, am Rande; **~esowy** Rand-; fig. a. zweitrangig.

margl|isty, ~owy mergelig, Mergel-.

margrab|ia m (wie hrabia) Markgraf m; **~ina** f (-y) Markgräfin f; **~stwo** n (-a) s. marchia.

mariasz ['ma-] m (-a; -e) KSp. Mariage f.

marionetk|a f (-i; G -tek) Marionette f; **~owy** Marionetten-, Puppen-. [rung).]

marka[1] f (-i; G -rek) Mark f (Wäh-)

marka[2] f (-i; G -rek) Marke f; (Firmen-)Zeichen n; Sorte f, Güteklasse f; fig. Ruf m, Reputation f; **~ pocztowa** s. znaczek.

markier ['mar-] m (-a; -rzy) Markör m; **~ant** ['-kę-] (-a; -ci) Drückeberger m, Bummelant m; **~ować** (-uję) sich von (od. vor) der Arbeit drücken; s. markować.

markietanka f (-i; G -nek) Marketenderin f.

markiz m (-a; -y) Markise f; **~eta** f (-y) Marquisette f.

markotn|ieć ['-kɔ-] <z-> (-eję)

trübsinnig werden, den Kopf hängen lassen; **~y** (-nie, -no) niedergeschlagen, bekümmert.

markować (-uję) markieren, so tun als ob; **~ robotę** sehr geschäftig tun

marksistowski (po -ku) marxistisch.

marmolad|a f (-y) Marmelade f **~ka** f (-i; G -dek) Geleekonfekt n

marmur m (-u; -y) Marmor m; **~el** m (-rka; -rki) Abziehstein m; Mar morpapier n; Marmorierung f **~owy** Marmor-; fig. (-wo) wie au Marmor.

marn|ie ['mar-] Adv. s. marny **~ieć** <z-> (-eję) verkümmern; ver kommen; eingehen; **~ość** f (-ści) Nichtigkeit f, Wertlosigkeit f; **~ota** f (-y) Schund m, Tand m; (Mensch ein Nichts, eine Null.

marnotraw|ca m (-y; -ów) Ver schwender m; **~ić** <z-> verschwen den, vergeuden; vgl. marnować **~ny** verschwenderisch; syn **~ny** de verlorene Sohn; **~stwo** n (-a) Ver schwendung f, Vergeudung f Lotterwirtschaft f.

marnow|ać <z-> (-uję) verderben verkommen lassen; (nutzlos) ver geuden, vertun; F verplempern **~ać** Zeit a. vertrödeln, verzetteln; Ge legenheit verpassen; **~ć się** ver kommen.

marn|y (Psf. marni) erbärmlich elend, miserabel; **~y koniec** ein jäm merliches Ende; **~a pociech** schwacher Trost; za **~e pieniądz** spottbillig, halb geschenkt; pójś na **~e** umsonst (od. vergebens) sein s. a. marnieć.

Maroka|nka f (-i; G -nek), **~ńczy** m (-a; -cy) Marokkaner(in f) **Qński** ['-kaĭs-] marokkanisch.

mars m (-a; -y) grimmige Mien spoglądać **~em** finstere Blicke we fen; (-u; -y) Mar. Mars m, Mas korb m; **Qjanin** m (-a; -anie, **~** Marsmensch m; **~kość** f (-ści) Med. (wątroby) Leber-)Zirrhose **~owy** (-wo) martialisch, grimmi

marsylia [-'si̯lia] f (G, D, L -ii; **~** czterolistna Kleefarn m; **Qnk** [-'li̯a-] f (-i; 0) Marseillaise f.

marsz m (-u; -e) (forsowny, milcz nia Gewalt-, Schweige-)Marsch **~!** marsch!; hej!, los!; **~a drzwi ~ stąd!** raus (hier)!; Mus. (-a; (pogrzebowy Trauer-)Marsch m.

marszał|ek m (-łka; -łkowie) Marschall m; ~ek sejmu a. Sejmpräsident m; ~kostwo n (-a) Marschall(s)würde f; Marschall mit Gattin; ~kowski Marschall(s)-.

marszcz|ony gekräuselt; gefältelt; ~yć ⟨z-⟩ (-ę) in Falten legen, fälteln; kräuseln; Stirn runzeln; ~yć się Falten ziehen od. werfen; das Gesicht verziehen.

marten F m (-a; -y) Siemens-Martin-Ofen m; ~owski Siemens-Martin-.

martwi|ca f (-y; -e) Bot. (Holz-) Borke f; Med. Nekrose f; Geol. Sinter m; ~cowy, ~czy nekrotisch; Sinter-.

martwić ⟨z-⟩ (-ę) betrüben, beunruhigen; ~ się a. sich Sorgen machen (o A/um; I/wegen G).

martw|ieć ['mar-] ⟨z-⟩ (-eję) absterben; fig. erstarren (z G/vor); ~ość f (-ści; 0) Leblosigkeit f; a. = ~ota f (-y; 0) Erstarrung f, Lethargie f (fig.); ~y (-wo) tot; leblos; a. natura Stilleben n; s. fala.

martyrologia ['-lɔ-] f (G, D, L -ii; -e) Martyrium n, Leiden(sgeschichte f) n.

maruda F m/f (-y; G -d[ów], A -y/ -ów) Trödler(in f) m, Trödelfritze m, -liese f.

naruder m (-a; -rzy) Marodeur m, Plünderer m; Nachzügler m; ~stwo n (-a) Marodieren n, Plündern n.

naru|dny F knifflig, mühsam; trödelig, langsam; nörglerisch; Kind, Baby: queng(e)lig; ~dzić F (-dzę) trödeln, bummeln; Kind: nörgeln, quengeln; vgl. a. grędzić.

nary pl. (-) (Toten-)Bahre f; Kata- **naryjny** Rel. Marien-.   [falk m.]

narynar|ka f (-i; G -rek) Jacke f, Sakko m; ~ka² f (-i; G -rek) (wojenna Kriegs-)Marine f; ~ski Marine-, See-; seemännisch, Seemanns-.

nary|narz m (-a; -e, -y) Seemann m; Matrose m; ~nata f (-y) Marinade f; ~nista m (-y; -ści, -ów) Marinemaler m.

narynowa|ć ⟨za-⟩ (-uję) marinieren, in Essig einlegen; F fig. schmoren lassen, unnötiges Zeug aufheben, aufbewahren; ~ny marinieren.

narzan|ka f (-i; G -nek): ~ka wonna Bot. Waldmeister m; ~na f (-y) Bot. Färberresede f.

marzący [-'ʒɔn-] (-co) träumerisch, verträumt.

marzec m (-rca; -rce) März m.

marzenie n (-a; G -ń) Träumerei f; Traum(bild n) m; Wunsch(bild n) m; ~ przyszłości Zukunftsmusik f; piękny jak ~ traumhaft schön.

marz|łóć [-r.z-] f (-ci; 0) Verfrostung f; wieczna ~łóć ewiger Bodenfrost; ~nąć [-r.znɔ̃tɕe] (-nę, -ł) ⟨z-⟩ frieren; ⟨za-⟩ gefrieren; (ja) ~nę mich friert; s. wy-, zamarzać.

marzyciel [-'ʒi-] m (-a; -e, -i), ~ka f (-i; G -lek) Träumer(in f) m, Schwärmer(in f) m; ~ski (-ko; Psf. -scy) träumerisch, versonnen; schwärmerisch; ~stwo n (-a; 0) Verträumtheit f, Versponnenheit f; Wunschdenken n.

marzyć (-ę) träumen, schwärmen (o L/von); F szkoda ~, ani ~ es ist nicht (daran) zu denken; ~ się (D) vorschweben; im Traum erscheinen.

marża f (-y; -e) Verdienst-, Handelsspanne f.

mas|a f (-y) Masse f; (Un-)Menge f; ~a plastyczna s. plastyk¹; ~y pl. die breite Masse; (Volks-)Massen f/pl., (breite) Kreise m/pl.; Schichten f/pl.; ~ami massenhaft, in Massen.

masakr|a f (-y; G -kier) Massaker n, Gemetzel n; ~ować ⟨z-⟩ (-uję) (nieder)metzeln; verstümmeln; zerstören, vernichten.

masar|nia f (-'sar-) f (-i; -e, -i/-rń) Wurstwarenhandlung f; vgl. wędliniarnia; ~ski Metzger-, Fleischer-; wyroby ~skie Wurstwaren f/pl.; ~stwo n (-a; 0) Metzger-, Fleischerhandwerk n; Wurstherstellung f.

masarz m (-a; -e) Wurstmacher m.

masaż m (-u; -e) Massage f; ~ysta m (-y; -ści, -ów) Masseur m; ~ystka f (-i; G -tek) Masseurin f, Masseuse f.

maseczka f (-i; G -czek) (Halb-) Maske f; (kosmetische) Gesichtsmaske; vgl. maska.

mas(i)elni|ca f (-y; -e) Butterfaß n; Buttermaschine f, Butterungsanlage f; ~czka f (-i; G -czek) Butterdose f.

mask|a f (-i; G -sek) (pośmiertna, przeciwgazowa, z pończochy Toten-, Gas-, Strumpf-)Maske f; Kfz. Motorhaube f; pochód (od. korowód) masek Masken(um)zug m; ~arada f (-y) Maskerade f; Maskenfest n; ~onur m Zo. Papageientaucher m.

maskot|a f (-y), ~ka f (-i; G -tek) Maskottchen n.

maskow|ać ⟨za-⟩ ~uję tarnen (się sich); fig. a. maskieren, bemänteln; ~anie n (-a) Tarnung f; Maskierung f; ~anie świateł Verdunk(e)lung f; ~y Masken-.

maskujący [-'jon-] Tarn-; ubiór ~ Tarnanzug m.

masło n (-a; G -seł) Butter f; ~ topione Butterschmalz n; F jak po maśle wie geschmiert; ~ maślane doppelt gemoppelt; ~wnia [-'vɔv-] f (-i; -e, -i) Butterei f; ~wy: kwas ~wy Buttersäure f.　　　[chist m.]

masochista m (-y; -ści, -ów) Maso-
maso|n m (-a; -i) Freimaurer m; ~neria [-'nɛ-] f (G, D, L -ii; 0) Freimaurertum n; ~ński [-'sɔĩs-] Freimaurer-.

masować[1] (-uję) Med. massieren; ~ się sich massieren (lassen).

masow|ać[2] ⟨z-⟩ (-uję) massieren, konzentrieren; ~iec [-'sɔ-] m (-wca; -wce) Mar. Massengutfrachter m; ~o Adv. massenweise, in Massen, zahlreich; ~y Massen-; Kunststoff-, Plastik-.

masówka f (-i; G -wek) (Massen-) Versammlung f.

masyw m (-u; -y) Massiv n; ~ny massiv, voll; fest; sperrig.

masz 2. Pers. sg. v. mieć.

maszczony s. maścić.

maszerować (-uję) marschieren.

maszkara f (-y) Schreckgespenst n, Monstrum n.

maszt m (-u; -y) (główny Groß-) Mast m; ~a f (-y): ~a ładownicza Mar. Ladepfosten m.

masztalerz m (-a; -e) Stallmeister m.

masztow|iec [-'tɔ-] m (-wca; -wce) Segler m, Segelschiff n; ~ina f (-y) Mastholz n; ~y Mast-.

maszyna f (-y) Maschine f; ~ analogowa Analogrechenanlage f; ~ do liczenia, do pisania, do szycia Rechen-, Schreib-, Nähmaschine; ~ cyfrowa licząca Digitalrechner m.

maszyneria [-'nɛ-] f (G, D, L -ii; -e) Maschinerie f; Mechanismus m, Werk n.

maszynist|a f (-y; -ści, -ów) Maschinist m, Lokführer m; Thea. Schnürmeister m; ~a na prasie

Presser m; ~a spycharki Planierraupenfahrer m; ~ka f (-i; G -tek) Maschine(n)schreiberin f, Stenotypistin f.

maszynka f (-i; G -nek) kleine Maschine; elektryczna ~ do golenia Trockenrasierer m; ~ do kawy Kaffeemaschine f; ~ do (mielenia) mięsa Fleischwolf m; ~ elektryczna elektrische Kochplatte; ~ spirytusowa Spirituskocher m.

maszyno|pis m (-u; -y) maschinengeschriebenes Manuskript, Typoskript n; ~wnia [-'nɔ-] f (-i; -e, -i) Maschinen- od. Motorenraum m, -saal m; ~wy Maschinen-; (-wo) maschinell; Waffe: automatisch; ~znawstwo n (-a; 0) Maschinenbau m (Fach); Maschinenkunde f.

maś|cić ⟨-szcze⟩ ⟨na-⟩ salben, einreiben; ⟨o-⟩ s. krasić; ~ć f (-ści; -ście) (cynkowa, na odmrożenie Zink-, Frost-)Salbe f (Fell-, Karten-)Farbe f; wszelkiej ~ci aller Schattierungen.

maśla|k m (-a; -i) Butterpilz m; ~nka f (-i; G -nek) Buttermilch f; ~ny Butter-; fig. ölig; ~rnia [-'la-], (-i; -e) Butterfabrik f.

maślnica [a.-'ɕɲi-] f (-y; -e) Butterfaß n.

mat[1] m (-u; 0) Mattheit f, Glanzlosigkeit f.

mat[2] m (-a; -y) (Schach) Matt n matt; dać ~a matt setzen (D/A).

mat[3] m (-a; -ci) Mar. Maat m.

mata f (-y) Matte f.

mata|ctwo n (-a; G -) Betrug m Schwindel m, pl. a. Machenschaften f/pl.; ~cz m (-a; -e) Betrüger m.

matczyn(y) Mutter-, mütterlich Adv. po -nemu wie eine Mutter mütterlich.

mateczka f (-i; G -czek) s. ma tuchna.

matecznik m (-a; -i) undurch dringliches (Wald-)Dickicht, Wild nis f; fig. Schlupfwinkel m; Agr Weiselzelle f; Mutterbeet n; ~ Bot., Zo. Mutter-.

matematyczn|y mathematisch maszyna ~a (Groß-)Rechenanlage f matematyk m (-a; -cy) Mathema tiker m; ~a [-'ma-] (-i; 0) Mathe matik f.

materac m (-a; -e) (sprężynow Federkern-)Matratze f; Tech. Pack werk n.

materi|a [-'tɛ-] f (G, D, L -ii; -e) Materie f, Stoff m; Med. Eiter m; fig. Gegenstand m, Thema n; w tej ~i zu diesem Thema, in dieser Angelegenheit.
materiali|sta m (-y; -ści, -ów) Materialist m; ~styczny materialistisch.
materialny [-'rial-] materiell; engS. stofflich; finanziell; Sach-.
materiał [-'tɛ-] m (-u; -y) Stoff m; Werkstoff m; Ware f, Gut n; fig. Material n; Unterlagen f/pl., Daten n/pl.; ~ na sukienkę Kleiderstoff; ~ siewny Saatgut; mst pl. ~y budowlane, pędne, surowe, wybuchowe Bau-, Treib-, Roh-, Sprengstoffe m/pl.; ~y opatrunkowe Verband(s)zeug n; ~y piśmienne Schreibware f/pl.
materiało|wy Material-; ~znawstwo n (-a; 0) Werkstoffkunde f.
naties ['ma-] m (-a; -y) Matjeshering m.
natka f (-i; G -tek) Mutter f; Muttertier n; ♀ Boska Muttergottes f; ~ chrzestna (Tauf-)Patin f; ~ pszczela Bienenkönigin f; po matce mütterlicherseits.
natko|bójstwo n (-a) Muttermord m; ~wać (-uję) die Mutterstelle vertreten (D/bei); ♀ bemuttern (D/A).
natnia ['ma-] f (-i; -e, -i) (Netz-) Steert m; fig. Kessel m, Falle f, Schlinge(n pl.) f.
natoł m (-a; -y) s. matołek; ~ectwo n (-a; 0) Med. Kretinismus m, Schwachsinn m; ~ek m (-łka; -łki) Kretin m; Zo. Krallenäffchen n; fig. Trottel m, Idiot m; ~kowaty (-to) blöd(e).
natow|ać[1] (-uję) mattieren; ~ać[2] (-uję) matt setzen; ~ieć ⟨z-⟩ (-eję) matt werden; ~y[1] (-wo) matt; mattiert, Matt-; ~y[2] Matt- (Schach).
natówka f (-i; G -wek) Fot. Mattscheibe f.
natrona f (-y) Matrone f.
natryc|a f (-y; -e) Matrize f; engS. Typ. Mater f; Tech. Gesenk n; Prägestock m; ~ować (-uję) Typ. matern; Tech. im Gesenk schmieden; pressen; ~owanie n (-a) Matrizen-; Tech. Kalt(fließ)pressen n; Warm- od. Kalt(fließ)pressen n; ~owy Matrizen-; Gesenk-; Preß-.
natrykuła f (-y) Matrikel f.

matrymonialn|y Ehe-, ehelich; biuro ~e Eheanbahnungsinstitut n; oszust ~y Heiratsschwindler m; w celach ~ych zwecks Eheschließung.
matu|chna F f (-y; G -chen), ~la F f (-i; -e) Mütterlein n, Mütterchen n.
matur|a f (-y) Abitur n, Reifeprüfung f; Reifezeugnis n; zdać małą ~ę die mittlere Reife erwerben; ~alny Abitur-, Reife-.
maturzyst|a m (-y; -ści, -ów), ~ka f (-i; G -tek) Abiturient(in f) m.
mauretański [-'tais-] maurisch, Mauren-; mauretanisch. [gen.]
mawiać ['ma-] (-am) zu sagen pfle-}
maz|ać ⟨-że⟩, ⟨-nąć⟩ [-nątɛ] (-nę) (be-, ver)schmieren.
mazagran m (-u; -y) Eiskaffee m mit Kognak od. Rum.
maza|k m (-a; -i) Auftragbürste f; Filzstift m; ~nina f (-y) Schmiererei f.
mazga|ić się F (-ję, -gaj!) flennen, jammern; ~j F m (-a; -e, -ai/-ów) Schlappschwanz m; Tolpatsch m; s. a. beksa; ~jowaty (-to) F weinerlich; tolpatschig.
mazi|dło n (-a; G -deł) Med. Liniment n; s. a. maź; ~sty schmierig, klebrig.
maznać pf. s. mazać. [wien-}
mazowiecki masowisch, Maso-}
Mazur m (-a; -rzy) Masure m; ♀ (pl. -y) Mazurka f (Tanz); ♀ek m (-rka; -rki) Mus. Mazurka f; Zo. Feldsperling m; Kochk. Osterwecken m, Art Wiener Törtchen; ♀ski Masuren-.
mazut m (-u; -y) Masut n; ~ opałowy (schweres) Heizöl.
maź f (-zi; -zie) Schmiere f; ~nica f (-y; -e) Gefäß n für Wagenschmiere; Esb. Achsbuchse f.
mąci|ć ['mon-] ⟨z-⟩ (-cę) trüben (się sich); Gedanken verwirren (się sich); ~ć wodę (aby ryby chwytać) im Trüben fischen (wollen); ~woda F m (-y; G -dów) Unruhestifter (-in f) m, Störenfried m.
mącz|ka ['mon-] f (-i; G -czek) (paszowa, rybna Futter-, Fisch-) Mehl n; ~niak ['mon-] m (-a; -i) Mehltau m; Bot. Bärentraube f; ~nik m (-a; -i) Zo. Mehlkäfer m; ~ny Mehl-; ~ysty (-to) mehlartig; mehlig.

mądr|ala [mɔn-] f/m (-i; -e, G, A -i/-ów) Besserwisser(in f) m, Neunmalkluge(r); **~ość** f (-ści; 0) Klugheit f, Weisheit f; **~ości** pl. iron. Weisheiten f/pl.; **~y** (-rze) klug, weise; gescheit; i bądź tu (teraz) ~y jetzt ist guter Rat teuer.

mądrze [mɔn-] Adv. s. mądry; **~ć** ⟨z-⟩ (-eje) klüger (gescheiter) werden; **~jszy** klüger, gescheiter; weiser.

mądrzyć się [mɔn-] (-ę) klugreden; alles besser wissen (od. machen) wollen.

mąk|a ['mɔŋka] f (-i) Mehl n; **~ina** [-'kina] f (-i; -e, -i) Bot. Mehlbeere f.

mątew ['mɔn-] f (-twi; -twie), **~ka** f (-i; G -wek) Quirl m.

mątw|a ['mɔn-] f (-y) Zo. (gemeiner) Tintenfisch; **~ik** (-a; -i) Zo. Nematode m, Fadenwurm m.

mąż m (męża; mężowie, -ów) Mann m; engS. Ehemann f, Gatte m; wyjść za ~ Frau: heiraten; wyd(aw)ać za ~ Tochter verheiraten; ~ zaufania, stanu Vertrauens-, Staatsmann; po mężu NN verehelichte NN.

mchu, mchy s. mech.

mdlący [-'lɔn-] (-co) Übelkeit erregend; vgl. mdły.

mdle|ć (-eję) ⟨a. ze-⟩ ohnmächtig werden; ⟨o-⟩ (od G) vor Anstrengung usw. ermatten, ermattet niedersinken; (z G) vor Durst, Angst vergehen; vor Müdigkeit, Hunger umfallen; **~jący** [-'jɔn-] Stimme: schwach, matt; Blick: getrübt.

mdlić ⟨ze-⟩ (nur unpers.): mdli mnie (go, ją) mir (ihm, ihr) wird (od. ist) übel (a. fig.).

mdł|awy (-wo) s. mdły; **~ości** f/pl. (-) Übelkeit f, Brechreiz m; **~y** (-o) Licht: trübe; Geruch, Geschmack: süßlich, ekelerregend, ek(e)lig; fig. fade, abgeschmackt.

me Kurzf. v. moje; s. mój.

mebel m (-bla; -ble, -bli) Möbel (-stück) n.

mebl|arski Möbel-; **~e** m/pl. (-i) Möbel n/pl., Mobiliar n; pokój z ~ami möbliertes Zimmer.

meblo|ścianka f Raumteiler m; **~wać** ⟨u-⟩ (-uję) möblieren, einrichten; **~wóz** m Möbelwagen m; **~wy** Möbel-.

mecenas m (-a; -i) Mäzen m, Gönner m; Anrede: panie ~ie Herr Rechtsanwalt, Herr Doktor.

mech m (mchu; mchy) Moos n; fig. Flaum m.

mechani|czny mechanisch; s. koń; **~k** m (-a; -cy) Mechaniker m; War m; **~k** maszynowy Maschinenschlosser m; **~ka** f (-i) (precyzyjna Fein-)Mechanik f; **~zacja** f (-i; 0 Mechanisierung f; **~zm** m (-u; -y) (a. Psych. obronny Abwehr-)Mechanismus m; engS. (zegarowy Uhr-)Werk n; (różnicowy Ausgleichs-)Getriebe n; Vorrichtung f **~zować** ⟨z-⟩ (-uję) mechanisieren

mechowisko n (-a) moosbedeckte Stelle.

mecz m (-u; -e) Sp. (bokserski Box-Kampf m, (piłkarski, rewanżowy o wejście do [G] Fußball-, Rück-Aufstiegs-)Spiel n.

meczeć ⟨za-⟩ (-ę, -y) meckern.

meczet m (-u; -y) Moschee f.

meczowy Sp. Kampf-, Spiel-.

medal m (-u; -e, -i) Medaille f; pamiątkowy a. Gedenkmünze f; na ~ großartig, prima; **~ik** m (-a; -i Rel.), **~ion** [-'daljɔn] m (-u; -y) Me daillon n; **~ista** m (-y; -ści, -ów) Sp Medaillengewinner m; **~owy** Me daillen-.

media|cja [-'dja-] f (-i; -e) Ver mittlung f, Schlichtung f; **~na** (-y) Math. Mittellinie f, Halbie rende f; Zentralwert m, Median n

mediolański [-'lais-] Mailände (Adj.).

meduza f (-y) Meduse f, Qualle f

medycyn|a f (-y; 0) (sądowa Ge richts-)Medizin f; in Zssgn ... ~ Medizin-.

medycz|ka F f (-i; G -czek) Med zinstudentin f; **~ny** medizinisch Medizin-.

medyk m (-a; -cy) Mediziner m engS. Medizinstudent m; Mediku m.

medyt|acja f (-i; -e) Meditation f **~ować** (-uję) meditieren, grübeli

mega|- in Zssgn Mega-; **~fon** f Megaphon n; (Straßen-)Lautspre cher m; **~lomania** f Größenwahn n

megiera [-'gɛ-] f (-y) Megäre f.

mej Kurzf. v. mojej; s. mój.

Meksyka|nka f (-i; G -nek), **~ńczy** m (-a; -cy) Mexikaner(in f) m Qński ['kais-] mexikanisch, Mex ko-.

melancholi|czny, ~jny melar cholisch, schwermütig.

melanż [-läʃ] *m* (*-u*; *-e*) (bunte) Mischung.

melasa *f* (*-y*; *0*) Melasse *f*.

meld|ować ⟨*za-*⟩ (*-uję*) (an)melden (się sich); anzeigen; **~unek** *m* (*-nku*; *-nki*) (o wykonaniu, radiowy Vollzugs-, Rundfunk-)Meldung *f*; Anmeldung *f*; **~unkowy** (An-)Meldebiuro *-we* Einwohnermeldeamt *n*.

melin|a F *f* (*-y*) Unterschlupf *m*, *engS*. Diebesnest *n*; **~ować** ⟨*za-*⟩ (*-uję*) verstecken (się sich).

melioracja *f* (*-i*; *-e*) *Agr.* Melioration *f*.

melisa *f* (*-y*) Melisse *f*.

melodia [-lɔdia] *f* (*G, D, L -ii*; *-e*) Melodie *f*.

melodramat *m* Melodram(a) *n*; **~yczny** melodramatisch.

melodyj|ka *f* (*-i*; *G -jek*) einfache Melodie, kleines Liedchen; **~ność** *f* (*-ści*; *0*) Wohlklang *m*; Melodienreichtum *m*; **~ny** melodisch, melodiös.

meloman *m* (*-a*; *-i*) Musikliebhaber *m*, -narr *m*.

melon *m* (*-a*; *-y*) (Zucker-)Melone *f*; **~ik** *m* (*-a*; *-i*) Melone *f* (*Hut*); **~owy** Melonen-.

meł|li, **~ł(am**, **-em**) *s. mleć*.

memoriał [-mɔ-] *m* (*-u*; *-y*) Denkschrift *f*; *Sp.* Gedächtniswettkampf *m* (*bsd. Lauf*).

menaż|er *m* (*-a*; *-owie*) *Thea., Sp.* Manager *m*, Betreuer *m*; **~eria** [-'ʒe-] *f* (*G, D, L -ii*; *-e*) Menagerie *f*; **~ka** *f* (*-i*; *G -żek*) *Mil.* Kochgeschirr *n*; **~ki** *pl.* Menage *f*.

menda P *f* (*-y*) Filzlaus *f*.

menni|ca *f* (*-y*; *-e*) Münze *f*, Münzanstalt *f*; **~czy** Münz-.

nen|strucja [*a.* mɛs-] *f* (*-i*; *-e*) *s.* miesiączka; **~talność** *f* (*-i*; *0*) Mentalität *f*; **~tolowy** Menthol-; **~torski** *Ton*: schulmeisterlich, belehrend.

nenzur|a [mɛ̃-] *f* (*-y*) Mensur *f*; **~ka** *f* (*-i*; *G -rek*) Meßzylinder *m*.

nerd|ać ⟨*po-*, *za-*⟩ (*-am*), ⟨*~nąć*⟩ [-nɔ̃tɛ] (*-nę*) *mit d. Schwanz* wedeln.

nerenga *f* (*-i*) Sahnebaiser *m*.

nereżk|a *f* (*-i*; *-żek*) Hohlnaht *f*, *saum m*, *~owy haft ~owy* Hohl nahtstickerei *f*, Hohlsaumarbeit *f*.

neritum *n* (*unv.*) Wesentliche(s), Hauptsache *f*, Kernpunkt *m*.

nerynos *m* (*-a*; *-y*) Merinoschaf *n*.

merytoryczny wesentlich, grundlegend; zur Sache.

Mesjasz *m* (*-a*; *0*) Messias *m*.

messa *f* (*-y*; *-e*) (Offiziers-)Messe *f*.

meszek *m* (*-szku*; *-szki*) Flaum *m*.

meszka *f* (*-i*; *G -szek*) Kriebelmücke *f*.

met|a *f* (*-y*) Ziel *n*; *na długą/dalszą* (*na krótką/bliską*) **~e** auf lange (kurze) Sicht; *gra w* **~y** Barlauf *m*.

meta|fizyczny metaphysisch; **~fora** *f* (*-y*) Metapher *f*; **~foryczny** metaphorisch, bildlich.

metal *m* (*-u*; *-e, -i*) Metall *n*; **~iczny** metallisch; **~izacja** *f* (*-i*; *-e*) Metallisieren *n*; Metallspritzverfahren *n*.

metalo|ceramika *f* Metallkeramik *f*; **~plastyk** *m* Kunstschmied *m*; **~plastyka** *f* kunstgewerbliche Metallverarbeitung; **~wiec** [-'lɔ-] *m* (*-wca*; *-wcy*) Metallarbeiter *m*; **~wy** Metall-; (*-wo*) metallisch; **~znawstwo** *n* (*-a*; *0*) Metallkunde *f*.

metalurgia [-'lur-] *f* (*G, D, L -ii*; *0*) Metallurgie *f*.

metan *m* (*-u*; *0*) Methan(gas) *n*; **~ol** *m* (*-u*; *0*) Methanol *n*.

meteor *m* (*-u*; *-y*) Meteor *n*.

meteorolog *m* (*-a*; *-dzy/-owie*) Meteorologe *m*; **~ia** [-'lɔ-] *f* (*G, D, L -ii*; *0*) Meteorologie *f*; **~iczny** meteorologisch, Wetter-.

meteoryt *m* (*-u*; *-y*) Meteorit *m*.

metka *f* (*-i*; *G -tek*) Mettwurst *f*.

metod|a *f* (*-y*) Methode *f*; *Tech. a.* Verfahren(sweise) *f*) *n*; **~yczność** *f* (*-ści*; *0*) Planmäßigkeit *f*, Regelmäßigkeit *f*, methodisches Vorgehen; **~yczny** methodisch; **~ysta** *m* (*-y*; *-ści, -ów*) *Rel.* Methodist *m*.

metr *m* (*-a*; *-y*) (kwadratowy, ścienny, przestrzenny Quadrat-, Kubik-, Raum- *od.* Fest-)Meter *n od. m*. [teur *m*.]

metrampaż *m* (*-a*; *-e*) *Typ.* Met-)

metraż *m* (*-u*; *-e*) Meterzahl *f*, Länge *f* in Metern; *krótki* **~** *koll.* Kurzfilm *m*.

metro *n* (*-a/unv.*) Untergrundbahn *f*, Metro *f*.

metropolita *m* (*-y*; *-ci, -ów*) Metropolit *m*, Erzbischof *m*.

metr|owy Meter-; meterlang; **~ówka** [*f* (*-i*, *G -wek*) Metermaß *n*, Zollstock *m*.

metry|czny metrisch; **~ka** ['mɛ-] *f* (*-i*) Metrik *f*; Kirchenbuch *n*, Tauf-, Heirats- und Sterberegister *n*; Matrikel *f*; (*a. wyciąg z ~ki*) Taufschein *m*, Geburts-, Heiratsod. Sterbeurkunde *f*; *Tech.* Maschinenkarte *f*, Stammkarte *e-r Maschine*; *Typ.* Impressum *n*; **~kalny**: książka *-na*, wyciąg *-ny s.* metryka. [Methyl-]

metyl *m* (*-u*; *0*) Methyl *n*; **~owy** **Metys** *m* (*-a*; *-i*) Mestize *m*; ♀ (*pl. -y*) *Zo.* Mischling *m*.

mew|a *f* (*-y*) (*śmieszka* Lach-) Möwe *f*; **~i** Möwen-.

męcz|arnia [mɛn-] *f* (*-i*; *-e*) Qual *f*; Marter *f*; **~ący** [-'tʃɔn-] (*-co*) quälend; anstrengend, ermüdend; **~ennica** *f* (*-y*; *-e*) Märtyrerin *f*; *fig.* Opfer *n*; *Bot.* Passionsblume *f*; **~ennik** [-'tʃeis-] *m* (*-a*; *-cy*) Märtyrer *m*; *fig.* Opfer *n*; **~eński** [-'tʃeis-] *h* (*-a*) Martyrium *n*; Märtyrertum *n*; **~yć** (*-ę*) ⟨*za-*⟩ martern, foltern, quälen; ⟨*z-*⟩ anstrengen, ermüden; **~yć się** sich quälen, plagen; ⟨*a. z-*⟩ ermüden (*v/i*); **~yduszа** F *f/m* (*-y*; *-e*, *-/-ów*, *A -e/-ów*) Quälgeist *m*.

mędrek ['mɛn-] *m* (*-rka*; *-rki/-rkowie*) *s.* mądrala; V Klugscheißer *m*.

mędrkowa|ć [mɛn-] (*-uję*) *s.* mądrzyć się; **~nie** *n* (*-a*) Spitzfindigkeit(en *pl.*) *f*, Haarspalterei(en *pl.*) *f*.

mędrzec ['mɛn-] *m* (*-rca*, *-rcze!*; *-rcy*) Weise(r).

męk|a ['mɛŋka] *f* (*-i*; *G mąk*) Qual *f*, Pein *f*; ♀*a Pańska* Passion *f* Christi, Kruzifix *n*; *Bot.* Passionsblume *f*; *wziąć na ~i* foltern.

męsk|i männlich; Männer-, Herren-; *wiek ~i* Mannesalter *n*; *po ~u Adv.* wie ein Mann, männlich; **~oosobowy** *Gr.*: *forma -wa* Personalform *f*; **~ość** *f* (*-ści*; *0*) Männlichkeit *f*. [Mut *m*.]

męstwo *n* (*-a*; *0*) Tapferkeit *f,* **męt** [mɛnt] *m* (*-u*; *-y*) *s.* męty; **~lik** F *m* (*-u*; *-i*) Durcheinander *n*, Wirrwarr *m*; **~nieć** ['mɛnt-] ⟨*z-*⟩ sich trüben; **~ność** *f* (*-ści*; *0*) Trübheit *f*, Trübe *f*; **~ny** trübe; *fig.* undeutlich; *Gedanken*: unklar, wirr; **~y** *m/pl.* (*-ów*) Bodensatz *m*, Niederschlag *m*, Trub *m*; *fig.* Abschaum *m.*

mężatka *f* (*-i*; *G -tek*) verheiratete Frau; **~czyzna** *m* (*-y*; *-źni*, *-zn*) Mann *m*; **~nieć** ['mɛ̃ʒ-] ⟨*z-*⟩ (*-eję*) erwachsen, groß werden, zum

Mann heranwachsen; **~ny** mannhaft, mutig, tapfer.

mężo|bójstwo *n* (*-a*) Gattenmord *m*; **~wski**, **~wy** des Mannes, Ehemanns-.

mężulek F *m* (*-lka*; *-lkowie*) *iron.* liebes Männchen, Männlein *n*.

mgiełka *f* (*-i*; *G -lek*) Nebelschleier *m*, leichter Dunst.

mglisty (*-to*) neb(e)lig, dunstig; *fig.* nebelhaft, verschwommen, vage.

mgła *f* (*-y*; *D, L mgle*; *G mgieł*) Nebel *m*; **~wica** *f* (*-y*; *-e*) *Astr.*, *fig.* Nebel *m*; **~wicowy** *Astr.* Nebel-; **~wy** (*-wo*) neb(e)lig; *fig.* vage.

mgłowy Nebel-.

mgnieni|e [-'ɲɛ̃ɲɛ] *n* (*-a*) Moment *m*, Augenblick *m*; *w ~u oka* im Nu blitzschnell.

mi *Kurzf. v. mnie* (*D*).

miał¹ [mjaw] *m* (*-u*) (*a*(*m*), **~eś** *s. mieć*

miał² [mjaw] *m* (*-u*; *-y*) Klein *n* Grus *m*; **~** *węglowy* Fein-, Gruskohle *f*; **~ki** (*-ko*) fein, Fein-, ge- **miano¹** *s. mieć.* [mahlen.]

miano² ['mja-] *n* (*-a*) Bezeichnung *f* Name *m*; **~wać** ⟨*za-*⟩ (*-uję*) ernennen (*I/zu*); **~wany** ernannt; *Math* benannt; **~wicie** [-'vi-] *Adv.* nämlich; *a* ~*wicie* und zwar; **~wnictwo** *n* (*-a*) Nomenklatur *f*; Terminologie *f*; **~wnik** *m* (*-a*; *-i*) *Gr.* Nominativ *m*; *Math.* Nenner *m*; *sprowadzić do wspólnego ~wnika* auf *e-n* Nenner bringen.

miar|a *f* (*-y*, *D*, *L mierze*; *-y* (*czasu*, *długości*, *powierzchni*, *pojemności* Zeit-, Längen-, Flächen-Hohl-)Maß *n*; *engS.* Maßeinheit *f* Meßgerät *n*; Ausmaß *n*; *fig. zacho wać* (*od. utrzymać*) ~ę maßhalten *przebrała* (*od. przepełniła*) *się* ~ das Maß ist voll; *w* ~ę mäßig; ange messen; *w* ~ę *jak* in dem Maße wie *w* ~ę *możliwości* nach Möglichkeit soweit möglich; *w* ~ę *potrzeby* im Bedarfsfall, nach Bedarf; *bez* ~ maßlos; (*po*)*nad* ~ę übermäßig; n ~ę, *według* ~y Maß-, maßgeschnei dert; *w pewnej mierze* im gewissen Grade; *w tej mierze* in diesem Maße; in dieser Hinsicht; *z wszech* ~ in jeder Hinsicht; *żadne ~ą* auf keinen Fall; *na* ~ę *światow ~ą* auf keinen Fall; *na* ~ę *światow* im Weltmaßstab; von Weltruf.

miareczkować (*-uję*) *Chem.* titrie ren.

miark|a *f* (*-i*; *G -rek*) Maß *n*, Meß

gefäß n, -gerät n, -latte f; vgl.
miara; ~a za ~ę wie du mir, so ich
dir; ~ować (-uję) mäßigen (się
sich); ⟨a. z-⟩ dial. verstehen, kapieren; merken.

niaro|dajny maßgebend, maßgeb-
lich; ~**wy** (-wo) gleichmäßig, gemessen, rhythmisch; Maß-, Meß-;
Versmaß: metrisch.

niasteczko n (-a; G -czek) Städtchen n; (Studenten-)Siedlung f;
wesołe ~ Rummelplatz m.

niasto n (-a, L mieście; -a) (po-
wiatowe, rodzinne Kreishaupt-,
Heimat-)Stadt f; ~**wy** Stadt-,
städtisch.

niau|czeć ['mąu-] ⟨za-⟩ (-ę, -y),
~**knąć** (-nąć) (-nę) miauen;
~**czenie** n (-a) Miauen n.

niazg|a f (-i; 0) Masse f, Brei m;
Pulpe f; Med. (Zahn-)Pulpa f;
Bot. Kambium n; na ~ę zu Brei.

niażdż|arka f (-i; G -rek) Zer-
kleinerungsmaschine f, Quetsche f;
~**ący** [-'dʒǫn-] (-co) fig. vernichtend, niederschmetternd; ~**yca** f
(-y; 0) (tętnic Arterio-)Sklerose f;
~**ycowy** Med. sklerotisch, Skle-
rose-; ~**yć** ⟨roz-, z-⟩ (-ę) zerdrücken,-quetschen; zermalmen.

miej|cie Imp. v. mieć.

niać [mǫntɕ] ⟨z-⟩ (mnę) (zer)knit-
tern, zerknüllen; ~ **się** knittern
(v/i); nie mnący się knitterfrei.

niąższ [mǫʃ:] m (-u; 0) (Frucht-)
Fleisch n; fig. Innere(s), Inhalt m,
Wesen n; ~**ość** f (-ści; 0) Bgb.
Dicke f, Mächtigkeit f.

niech [mɛx] m (-a; -y) (Blase-)Balg
m; Sack m; ~**unka** f (-i; G -nek)
Blasenkirsche f.

niecz [mjetʃ] m (-a; -e) Schwert n
(a. Mar.); po ~u im Mannesstamm;
~**nik** m (-a; -owie/-cy) hist. Schwertträger m; (pl. -i) Zo. Schwertfisch
m; ~**owy** Schwert-; ~**yk** m (-a; -i)
Kurzschwert n; Zo. Schwertträger
m; Bot. Gladiole f.

nieć [mɛtɕ] (L.) 1. haben; hatten
(za A/für); sollen, brauchen (zu +
Inf.); ~ na sobie Kleid anhaben; ~
miejsce stattfinden; ~ za złe übelnehmen; ~ to do siebie an sich
haben; miano budować dom es sollte
ein Haus gebaut werden; nie musz
się czego wstydzić du brauchst dich
(dessen) nicht zu schämen; masz,
macie hier hast du, habt ihr; masz
go!, macie go! sieh mal einer an!;
2. ~ **się** sich fühlen; sich befinden;
sich verhalten; jak się masz? wie
geht es dir?; ma się na deszcz es
sieht nach Regen aus; ~ się ku (D)
sich zuneigen (D), zugehen (auf
A); F ~ się ku sobie einander gern
haben; ~ się za (A) sich halten für,
sich fühlen als.

miedni|ca f (-y; -e) (Wasch-)Schüs-
sel f; Anat. Becken n; ~**cowy**
Becken-; ~**czka** f (-i; G -czek)
(kleine) Schüssel, Schale f; Anat.
(nerkowa) Nierenbecken n.

miedza f (-y; -e) (Feld-)Rain m,
Grenzfurche f.

miedzia|k ['mję-] m (-a; -i) Kupfer-
münze f; ~**nka** f (-i; G -nek) Grünspan m; Zo. s. gniewosz; ~**noczer-
wony** kupferrot; ~**ny** kupfern,
Kupfer-; kupferfarben.

miedzio|nośny kupferhaltig; ~**ryt**
m (-u; -y) Kupferstich m; ~**rytnik**
m (-a; -cy) Kupferstecher m; ~**wać**
⟨po-⟩ (-uję) verkupfern; ~**wy**
Kupfer-, kupfern; kupferig, kup-
ferähnlich.

miedź [mjedz, -dʑi] f (-dzi; 0) Kupfer
n.

miejsc|e n (-a) Platz m, Ort m,
Stelle f, Stätte f; Sitz m; Sp. a.
Rang m, Placierung f; ~e przestęp-
stwa od. zbrodni Tatort; czołowe ~e
Spitzenposition f; ~e postoju (Taxi-)
Halteplatz; ~e spotkania Treff-
punkt m; ~e zamieszkania od. stałego pobytu Wohnort, -sitz; na ~e,
w ~e (G) anstelle (G, von D); na ~u
auf der Stelle; an Ort und Stelle;
angebracht; nie na ~u deplaciert,
unangebracht; z ~a auf der Stelle,
sofort; ~ami stellenweise.

miejscow|nik m (-a; -i) Gr. Loka-
tiv m; ~**ość** f (-ści) Ort(schaft) f m;
obznajomiony (od. obeznany) z
~ością ortskundig; ~**y** Orts-, örtlich, lokal; einheimisch, bodenständig; pociąg ~y Vorstadtzug m;
~ym zwyczajem ortsüblich.

miejs|cówka f (-i; G -wek) Esb.
Platzkarte f; ~**ki** Stadt-, (Adv. z -ka,
po -ku) städtisch.

miel|(ą, -ę, -esz, -ę) s. mleć; ~**ec** m
(-lca, -lce) (Vogel-)Kau f, Muskel-
magen m.

mielerz m (-a; -e) (Kohlen-)Meiler
m.

mieli(ście, -śmy) Prät. v. mieć.

mielizn|a f (-y) Untiefe f; Furt f; (Sand-)Bank f; osiąść na ~ie auflaufen, stranden.

mielony gemahlen; Fleisch: durchgedreht, Hack-.

mienić (-ę): ~ się schillern, schimmern im bestimmten Farbton; ~ się na twarzy abwechselnd rot und blaß werden.

mienie ['mję-] n (-a; 0) Gut n, Habe f; ~ społeczne Gemeineigentum n.

mierni|ca f (-y; -e) Zo. Spannerlarve f; **~ctwo** n (-a; 0) Meßwesen n; Feld-, Landmeßkunst f; Bgb. Markscheidewesen n; **~czy** Meß-, Vermessungs-; Su. m (-ego; -owie) Land(ver)messer m; Bgb. Markscheider m; **~k** m (-a; -i) Maß(einheit f) n; Kriterium n, Maßstab m; Tech. Messer m, Anzeiger m; **~k** wartości Wertmaß n; **~kowce** m/pl. (-ów) Zo. Spanner m/pl.

miern|ość f (-ści; 0) Mittelmäßigkeit f; **~ota** f (-y) Durchschnitts-, Dutzendmensch m; (Kunst) Durchschnittswerk n; **~y** mäßig; fig. mittelmäßig.

mierzchnąć [-nɔntɕ] (-nę, -ł) (langsam) verlöschen; s. zmierzchać się.

mierze|ja f (-ei; -e, -ei) Nehrung f; **~nie** n (-a) Messen n, Messung f.

mierz|ić ['mɛrʑitɕ] (nur 3. Pers.): ~i mnie es (er, sie) ekelt (od. widert) mich an.

mierzwa f (-y) Stalldünger m; Streu f.

mierzwić ⟨roz-, z-⟩ (-ę) (zer)zausen; ~ się Haar: zerzaust sein.

mierzyć ⟨z-⟩ (-ę) (aus-, ver)messen; Kleid anmessen; Worte abwägen; ~ krokami abschreiten; ~ wzrokiem, ~ spojrzeniem (abschätzend) mustern; ~ do (G) Waffe anlegen auf (A); ~ z karabinu (do G) das Gewehr richten, mit dem Gewehr zielen (auf A); fig. (nur impf.) wysoko ~ hoch hinauswollen; ⟨nur z.⟩ (I) mit d. Peitsche eins überziehen; ~ się mit sich messen; sich gegenseitig mustern.

mierzynek m (-nka; -nki) Panjepferd n.

miesiąc ['mjɛɔɲts] m (-a; -e, -sięcy) Monat m; raz na ~ einmal im Monat; za ~ in e-m Monat.

miesiącz|ka [-'ɕɔn-] f (-i; G -czek) Monats-, Regelblutung f; Periode f; **~kować** (-uję) menstruieren.

miesić (-szę) kneten.

miesięczn|ik [-'ɕɛn-] m (-a; -i) Monatsschrift f; **~y** monatlich, Monats-; in Zssgn -monatig.

miesza|cz m (-a; -e) Rdf. Mischer m, Mischröhre f; **~ć** (-am) ⟨za-⟩ (um)rühren; ⟨z-⟩ (ver)mischen; fig. verwirren; verwechseln, durcheinanderbringen; ⟨w-⟩ beimengen; fig. hineinziehen; **~ć** się ⟨z-⟩ sich vermischen; fig. verwirrt sein, F durcheinandergeraten; ⟨w-⟩ sich (hin)einmischen; **~dło** n (-a; G -deł) Rührwerk n, Mischer m; **~k** m (-a; -i) Rührstange f, Rührer m; **~lny** mischbar; **~niec** [-'ʃa-] m (-ńca; -ńce/-ńcy) Mischling m; Bastard m; **~nina** f (-y) Gemisch n, Mischung f, F Mischmasch m; **~nka** f (-i; G -nek) Gemisch n, Gemenge n; Agr. Mischfrucht f Misch-, Mengfutter n; **~nka** wybuchowa, zapłonowa Spreng-, Zündsatz m; **~ny** gemischt, Misch-; **~rka** f (-i; G -rek) Mischmaschine f, Mischer m.

mieszcza|nin m (-a; -anie, -); **~nka** (-i; G -nek) Bürgersmann m (-frau f), Bürgerliche(r); **~ński** [-aŋs-] (po -ku) bürgerlich; fig. spießig; **~ństwo** [-aŋs-] n (-a; 0) Bürgerstand m, -tum n.

mieszcz|ka f (-i; G -czek) Bürgersfrau f, Städterin f; **~uch** m (-a; -y) Städter m; Spießbürger m.

mieszek m (-szka; -szki) Fot. Faltenbalg m; † a. Geldbeutel m.

mieszka|ć (-am) wohnen; bewohnen (w L/A); **~lny** Wohn-; łódź **~lna** Hausboot m; **~nie** n (-a) Wohnung f; **~niec** [-'ka-] m (-ńca; -ńcy) Einwohner m; Bewohner m; **~niowy** Wohnungs-; **~nka** f (-i; G -nek) Einwohnerin f; Bewohnerin f **~nko** n (-a; G -nek) kleine (gemütliche) Wohnung.

mieści|ć ⟨z-⟩ (-szczę) enthalten, (um)fassen; in sich schließen; ⟨nu ... impf.⟩ **~ć** się sich befinden; enthalten sein; ⟨a. po-, z-⟩ Platz od. finden; **~na** f (-y) armseliges kleines Städtchen, elendes Nest.

mieść (L.) weg|fegen.

mietlica f (-y; -e) Bot. Straußgras n

miewa|ć (-am) ab und zu (od. von Zeit zu Zeit, hin und wieder) haben; **~ć** się sich fühlen; jak się pa ~? wie geht es Ihnen?

mię (*Kurzf.* G, A v. ja) mich.

mięciu|chny, ~tki [mɛn-] F flaumweich, ganz weich.

mięczaki [mɛn-] *m/pl.* (*-ów*) *Zo.* Weichtiere *n/pl.*

międlar|ka [mɛn-] *f* (*-i*; G *-rek*) (*lnu* Flachs-)Breche *f*, Brechmaschine *f*; **~nia** [-'lar-] *f* (*-i*; *-e*) *Text.* Putzerei *f*.

międ|lić ['mɛn-] (*-lę*) *Text.* brechen, schwingen; F (langsam *od.* lange) kauen; wiederkäuen (*fig.*); **~oła** P *m* (*-y*; G *-ów*) Schwätzer *m*.

między ['mɛn-] *Prp.* zwischen, unter (*I/D*, *A/A*); ~ innymi unter anderem.

między|bieg [mɛn-] *m Sp.* Zwischenlauf *m*; **~czas** *m* Zwischenzeit *f*; *w ~czasie a.* zwischendurch, inzwischen; **~gwiazdowy, ~gwiezdny** interstellar; **~kontynentalny** interkontinental; **~ludzki** zwischenmenschlich; **~miastowy** interurban; *Fmw.* Fern-; **~morze** *n* Landenge *f*; **~mózgowie** *n* (*-a*) *Anat.* Zwischenhirn *n*; **~narodowy** international; **~narodówka** *f* (*-i*; G *-wek*) Internationale *f*; **~państwowy** zwischenstaatlich; *Sp.* Länder-; **~planetarny** interplanetar; **~plon** *m Agr.* Zwischenfrucht *f*; **~pokład** *m* Zwischendeck *n*; **~resortowy** interministeriell; **~rzecze** *n* (*-a*) Landschaft *f* zwischen zwei Flüssen, Zwischenstromland *n*; **~sojuszniczy** interalliiert; **~strefowy** Interzonen-; *granica ~wa* Zonengrenze *f*; **~wojenny** zwischen zwei Kriegen; **~zakładowy** zwischenbetrieblich.

nięk|czyć ['mɛnk-] ⟨z-⟩ (*-ę*) (auf-, er)weichen, weich machen; *s zmiękczać; ~isz m* (*-a*; *0*) *Bot.* Parenchym *n*; (*Brot-*)Krume *f*; (*Frucht-*)Fleisch *n*; **~ki** [-k:i] (*-ko* weich, Weich-; *Gr.* palatalisiert; *~ko* Ei: weichgekocht; **~kość** *f* (*-ści*; *0*) Weichheit *f*; **~nąć** [-nɔntɛ] ⟨z-⟩ (*-nę*; *-[nɑ]ł*) aufweichen, weich werden; mürbe werden.

nięsak *m* (*-a*; *-i*) *Med.* Sarkom *n*.

nięsień ['mɛ̃ɕ-] *m* (*-śnia*; *-śnie*) Muskel *m*; ~ naramienny, obły, piszczelowy, posładkowy Delta-, Rund-, Schienbein-, Gesäßmuskel; ~ dwugłowy Bizeps *m*; ~ czterogłowy uda Quadrizeps *m*; ~ trójgłowy ramienia Trizeps *m*.

---

mięsi|sty (*-ście*) fleischig; **~wo** *n* (*-a*) Fleisch(gericht) *n*.

mięsny Fleisch-; *sklep ~* Fleischerei *f*, Metzgerei *f*.

mięso *n* (*-a*) Fleisch *n*; ~ armatnie Kanonenfutter *n*; **~pust** † *m* (*-u*; *-y*) Faschingszeit *f*, Fastnacht *f*; **~żerny** fleischfressend.

mięśn|iak *m* ['mɛ̃ɕ-] (*-a*; *-i*) Myom *n*, Muskelgeschwulst *f*; **~iowy** Muskel-; *ból ~wy a.* Muskelkater *m*.

mięt|a ['mɛn-] *f* (*-y*) (*pieprzowa* Pfeffer-)Minze *f*; F *czuć ~ę* schwärmen (*do G/für A*); **~ka** *f* (*-i*; G *-tek*) Bergminze *f*; **~osić** ⟨wy-, z-⟩ (*-szę*) (zer)knüllen; **~owy** Pfefferminz-; **~ówka** *f* (*-i*; G *-wek*) Pfefferminz (-schnaps *m*, -bonbon *m od.* n) *m od. n*; **~us** *m* (*-a*; *-y*) *Zo.* Quappe *f*.

mig *m* (*-u*; *-i*): *w ~, ~iem* im Nu, wie der Blitz; *na ~i* durch Zeichen, in der Zeichensprache; **~acz** *m* (*-a*; *-e*) Blinkleuchte *f*, Blinker *m*; **~ać** (*-am*), ⟨~nąć⟩ [-nɔntɛ] (*-nę*) blinken; flimmern; (vorbei)huschen; **~anie** *n* (*-a*) Blinken *n*.

migawk|a *f* (*-i*; G *-wek*) *Fot.* Verschluß *m*; *Anat.* Nickhaut *f*; **~i** *pl.* *Zo.*, *Bot.* Flimmerhaare *n/pl.*, Geißeln *f/pl.*; *fig.* (kurze) Szenen; Kurzreportagen *f/pl.*; **~owy** *Zo.*, *Med.* Flimmer-; *Fot.* Verschluß-; *zdjęcie ~owe* Momentaufnahme *f*.

migdalić się F (*-lę*) tändeln, schäkern (*do G/*mit).

migdał *m* (*-a/-u*; *-y*) Mandel *f*; *a.* = **~owiec** [-'wɔ-] *m* (*-wca*; *-wce*) Mandelbaum *m*; **~owy** Mandel-.

mignąć *pf. s.* migać.

migot|ać ⟨za-⟩ (*-c[z]ę*) flimmern, flackern; **~anie** *n* (*-a*) Flimmern *n*, Flackern *n*; *Med. a.* Flattern *n*; **~liwy** (*-wie*) flimmernd, flackernd; **~ka** *f* (*-i*; G *-tek*) *Anat.* Nickhaut *f*.

migowy Moment-; Zeichen-.

migracja *f* (*-i*; *-e*) (Ab-, Aus-) Wanderung *f*; ~ wahadłowa (*Berufs-*) Pendelverkehr *m*.

migrena *f* (*-y*) Migräne *f*.

mijać (*-am*), ⟨minąć⟩ [-nɔntɛ] (*-nę*) *v/t* vorbeifahren, -gehen, -reiten *usw.* (an *D*), passieren, hinter sich lassen (*A*); *Ziel* verfehlen (*G*); *v/i* verfließen, vergehen, verstreichen; vorbei (*od.* vorüber) sein; ... *cię nie minie* du wirst ... nicht entgehen (*A/D*); ~ *się* aneinander vorbeigehen, -fahren, -reiten *usw.*;

Briefe: sich kreuzen; (z *I*) *Ziel, Beruf* verfehlen; ~ się z *prawdą* nicht der Wahrheit entsprechen.

mijanka *f* (*-i*; *G -nek*) Ausweiche *f*, Ausweichstelle *f*.

mika *f* (*-i*) Glimmer *m*.

Mikołaj *m* (*-a*; *-e*): Święty ~ Hl. Nikolaus, Weihnachtsmann *m*; Łek *m* (*-jka*; *-jki*) Pfefferkuchen-, Schokoladen-Nikolaus *m*; *Bot.* Mannstreu *f*; Łki *pl.* Nikolaustag *m*.

mikowy Glimmer-.

mikro|- *in Zssgn* Mikro-, Kleinst-; ~bus *m* (*-u*; *-y*) Klein(omni)bus *m*; ~by *m|pl.* (*-ów*) Mikroben *f|pl.*, ~element *m Chem.* Spurenelement *n*; ~fon *m* Mikrophon *n*; ~guma *f* mikroporöser Gummi; ~metr *m* (*-u*; *-e*) Mikrometer *n*; ~porowaty* mikroporös; ~samochód *m* Kleinstwagen *m*; Kabinenroller *m*.

mikroskop *m* (*-u*; *-y*) Mikroskop *n*; ~ijny mikroskopisch; ~owy Mikroskop-, (*-wo*) mikroskopisch.

mikro|struktura *f* Feingefüge *n*; ~świat *m* Mikrokosmos *m*; ~telefon *m Fmw.* Handapparat *m*, Hörer *m*.

mikrus F (*-a*; *-i*) Knirps *m*; (*pl. -y*) Kleinstwagen *m*, F (kleiner) Flitzer.

mikser *m* (*-a*; *-rzy*) Barmixer *m*; *Rdf.* Mixer *m*, Tontechniker *m*; (*pl. -y*) Shaker *m*, Mischbecher *m*; Mischpult *n*; ~ski Misch-.

miks|ować (*-uję*) *Rdf.* mischen; ⟨z-⟩ mixen; ~t *m* (*-u*; *-y*) *Sp.* gemischtes Spiel; ~tura *f* (*-y*) Mixtur *f*.

mila *f* (*-i*; *-e*, *-*) Meile *f*.

milcz|ąco [*-'tʃɔn-*] *Adv.* schweigend; ~ący (still)schweigend; schweigsam; ~eć (*-ę*, *-y*) schweigen; ~ek *m* (*-czka*; *-czki*) wortkarger Mensch, Schweiger *m*; ~enie *n* (*-a*) Schweigen *n*; Stille *f*; Stillschweigen *n*; *chwila* (*ogólnego*) ~enia Schweigeminute *f*; Pause *f im Gespräch*; *pominąć* (*od. obchodzić*) ~eniem überhören, mit Stillschweigen übergehen; *w* ~eniu schweigend; *ohne Murren*; ~kiem *Adv.* stillschweigend; leise, heimlich.

mile *Adv.* angenehm; herzlich; lieb(lich); ~ *widziany* gern gesehen.

mili|amper *m* Milliampere *n*; ~ard ['mi-] *m* (*-a*; *-y*) Milliarde *f*; ~ardowy Milliarden-.

milicja *f* (*-i*; *-e*) (*obywatelska, drogowa* Bürger- *od.* Volks-, Ver-

kehrs-)Polizei *f* (*in Polen*); *hist.* Miliz *f*; ~nt *m* (*-a*; *-ci*) Polizeibeamte(r), Polizist *m*; *hist.* Milizsoldat *m*.

mili|gram *m* Milligramm *n*; ~metr *m* Millimeter *n*.

milion ['miljɔn] *m* (*-a*; *-y*) Million *f*; ~owy Millionen-.

militar|ny militär-; ~ysta *m* (*-a*; *-ści*, *-ów*) Militarist *m*; ~ystyczny militaristisch.

milk|liwy (*-wie*) wortkarg, F maulfaul; ~nąć [*-nɔŋtɕ*] (*za-*) (*-nę*; *-[nə]ł*) verstummen, still werden.

millenium [*-'lɛ-*] *n* (*unv.*; *-ia*) Millenium *n*, Tausendjahrfeier *f*.

milowy Meilen-; meilenweit.

milszy *Komp. v. miły*.

milu|chny F niedlich; herzig, lieb; ~sińscy F [*-'ɕiĩs-*] *pl.* (*-skich*) (die lieben) Kinderchen, die Kleinen; ~tki (*-ko*) *s. miluchny*.

miłek *m* (*-łka*; *-łki*) *Bot.* Adonisröschen *n*.

miło *Adv.* lieb, angenehm; ~ mi jest ... es freut mich, ich habe die Freude (das Vergnügen) ...; aż ~ daß es eine (wahre) Freude (od Lust) ist *zu sehen usw.*; *iron. a.* daß die Ohren wackeln, es nur so staubt, sich die Balken biegen *usw*

miłosier|dzie [*-'ɕɛr-*] *n* (*-a*; 0 Barmherzigkeit *f*; *bez* ~dzia unbarmherzig, erbarmungslos; ~ny barmherzig.

miłos|ny Liebes-; liebevoll, verliebt; ~tka *f* (*-i*; *G -tek*) Liebschaf *f*, Liebelei *f*.

miłoś|ciwy (*-wie*) gnädig; ~ć *(-ści; 0)* (*bliźniego* Nächsten-)Lieb *f*; *s. boski*.

miłośniczka *f* (*-i*; *G -czek*), **miłośnik** *m* (*-a*; *-cy*): ~ *książki muzyki, sztuki, teatru* Bücher-Musik-, Kunst-, Theaterfreund(i *f*) *m*; ~ *koni* Pferdenarr (*-närrin f m*; ~ *sportu* Sportfan *m*.

miło|śnie *s. miłosny*; ~wać † (*-uję* lieben; *miłujący pokój* friedliebend

miły (*-ło*, *-le*) angenehm, nett sympathisch; lieb, teuer; lieblich

mim *m* (*-a*; *-owie*) Mime *m ~iczny* mimisch.

mimo *Adv.*: ~ że, ~ iż obwohl, ob gleich, wenn auch; ~ to trotzdem dessenungeachtet; ~ wszystko trot alledem; *Prp.* (*G*) trotz, ungeachte (*G*), entgegen (*D*); ~chodem *Adv* beiläufig; **~lotny** flüchtig; **~śród** m (-odu; -ody) Exzenter m; **~wolny** (-woli, -nie) unwillkürlich, unbewußt.

mina¹ f (-y) Miene f, Ausdruck m, Gesicht n; grobowa (od. pogrzebowa) ~ Leichenbittermiene.

mina² f (-y) (denna, lotnicza, przeciwpiechotna Grund-, Luft-, Tret-) Mine f.

minąć (się) pf. s. mijać.

miner m (-a; -rzy) Sprengmeister m, Feuerwerker m.

mineral|ny Mineral-, mineralisch; **~ogia** [-'lɔ-] f (G, D, L -ii; 0) Mineralogie f.

minerał m (-u; -y) Mineral n.

minerski Minier-; Mil., Bgb. oddział ~ Sprengtrupp m, -kommando n.

minia ['minja] f (G, D, L -ii; 0) Mennige f.

miniatu|ra f (-y) Miniatur f; Kleinmodell n; **~rowy** Miniatur-, Kleinst-; **~rzysta** m (-y; -ści, -ów) Miniaturmaler m.

minier(ski) s. miner(ski).

minim|alny minimal; **~um¹** ['mi-] n (unv.; -ima, -ów) (egzystencji Existenz-)Minimum n; in Zssgn a. Mindest-; **~um²** Adv. mindestens.

miniony vergangen.

minist|er m (-tra; -trowie) (oświaty, stanu Kultus-, Staats-)Minister m; rada **~rów** Ministerrat m; **~erialny** ministeriell, Ministerial-.

minist|erstwo n (-a) Ministerium n (spraw wewnętrznych, spraw zagranicznych, Obrony Narodowej des Inneren, des Äußeren, für Nationale Verteidigung); **~rant** m (-a; -ci) Ministrant m.

minor m (-u; 0) Mus. Moll n; **~owy** (-wo) Moll-, in Moll.

minow|ać ⟨za-⟩ (-uję) verminen; Zo. minieren; **~y** Minen-.

minóg m (-oga; -ogi) Neunauge n.

minus m (-a; -y) Minus n; Minuszeichen n; Adv. minus; s. plus; **~owy** Minus-.

minut|a f (-y) Minute f; co do **~y** auf die Minute (genau); z **~y** na **~ę** von Minute zu Minute; za **~ę** in e-r Minute; **~owy** Minuten-; in Zssgn -minutig.

miod|arka f (-i; G -rek) Honigschleuder f; **~nia** ['mɔ-] f (-i; -e, -i) Honigraum m; **~nik** m (-a; -i) Honigdrüse f; Bot. s. miodownik.

miodo|branie n Honigernte f; **~dajny** honigtragend; **~wiec** [-'lɔ-] m (-wca; -wce), **~wnik** m (-a; -i) Honigkuchen m; **~wnik** Bot. Immenblatt n; **~wy** Honig-; honiggelb; honigsüß; rosa **~wa** Honigtau m.

miod|ówka f (-i; G -wek) süße Apfelsorte; Zo. Apfel- od. Birnensauger m; **~unka** f (-i; G -nek) Lungenkraut n.

miot [mɔt] m (-u; -y) Zo. Wurf m; JSpr. Kessel m; **~acz** m (-a; -e) (dyskiem, ognia Diskus-, Flammen-) Werfer m; **~acz kulą** Kugelstoßer m; **~aczka** f (-i; G -czek) Sp. Werferin f; **~ać** (-am) werfen, schleudern; **~ać ikrę** laichen; **~ać się** sich wälzen, sich hin und her werfen; hin und her geworfen werden.

miot|ełka f (-i; G -łek) Handfeger m; Schneebesen m; **~lisko** n (-a) Besenstiel m; **~ła** f (-y; G -teł) (Kehr-)Besen m; Bot. Windhalm m.

miód [mjut, 'mɔd-] m (-odu; -ody) (odwirowany, w plastrach Schleuder-, Waben- od. Scheiben-)Honig m; **~** pitny Honigwein m, Met m.

mirabelka f (-i; G -lek) Mirabelle f.

miraż m (-u; -e) Luftspiegelung f, Fata Morgana f.

mirt m (-u; -y) Myrte f; **~owy** Myrten-.   [ken n.]

misa f (-y) (große) Schüssel, Bek-

misecz|ka f (-i; G -czek) Napf m, Schälchen n; Bot. Becherhülle f; **~kowaty** (-to) schalen-, becherförmig.

misio ['mi-] m (-a; -e) s. miś.

misja f (-i; -e) Mission f.

misjona|rski missionarisch; **~rz** m (-a; -e) Missionar m.

miska f (-i; G -sek) Schüssel f, Schale f, Napf m; **~** klozetowa Klosettbecken n.   [Fein-.]

misterny kunstvoll, meisterhaft,

mistrz [mjiʃtʃ] m (-a; -owie/-e, -ów) (murarski, świata Maurer-, Welt-) Meister m; engS. a. Lehrmeister; Könner m; **~** loży masońskiej Meister vom Stuhl; **~ostwo** n (-a) Meisterschaft f; Sp. pl. a. Meisterschaftsspiele n/pl.; **~wetkämpfe** m/pl.; **~owski** (-ko, po -ku) meisterhaft, -lich, Meister-; **~yni** f (-i; -e, -ń) Meisterin f.

misty|czny mystisch, geheimnisvoll; **~fikacja** f (-i; -e) Täuschung f, Irreführung f; **~fikować** (-uję) täuschen, irreführen; ~k *m* (-a; -cy) Mystiker *m*.

misyjny Missions-. [*m*.]

miś *m* (-sia; -sie) Petz *m*; Teddybär

miśnieński [-'nɛĩs-] Meißner (*Adj.*).

mit *m* (-u; -y) Mythe *f*, Mythos *m*.

mitologi|a [-'lɔ-] *f* (G, D, L -ii; -e) Mythologie *f*; ~czny mythologisch.

mitre|ga [-'trɛŋ-] F *f* (-i) Zeitverschwendung *f*; ~żyć [-ě-] ⟨z-⟩ (*czas die Zeit*) verschwenden, vertrödeln.

mityczny mythisch, Sagen-.

mitygować ⟨z-⟩ (-*uję*) mäßigen (*się sich*), begütigen.

mizdra *f* (-y) Aas-, Fleischseite *f*.

mizdrzyć się F (-ę) kokettieren, flirten (*do* mit).

mizer|ak *m* (-a; -i) Jammergestalt *f*, ein Häufchen Elend; armer Schlukker; ~ia [-'že-] *f* (G, D, L -ii; 0) Gurkensalat *m*; ~nieć ⟨z-⟩ (-*eję*) abmagern, dahinsiechen; *pf. a.* schlecht, abgemagert aussehen; ~ny abgemagert, abgezehrt, F mick(e)-rig; miserabel; ~ota F *f* (-y) Misere *f*, Armseligkeit *f*; *s. lichota*; *m/f* (-y; *G -t*) *s. mizerak*.

mknąć [-nɔŋtɕ] ⟨po-⟩ (-*nę*) (dahin-)eilen.

mlas|kać (-*am*), ⟨~nąć⟩ [-nɔŋtɕ] (-*nę*) schmatzen, schnalzen.

mlecz *m* (-u; -e) (*Pflanzen-*)Milch (-saft *m*) *f*; *Zo.* (*Fisch-*)Milch *f*; *Bot.* Gänsedistel *f*; F *a.* Rückenmark *n*; ~aj *m* (-a; -e, -ów) *Bot.* (*chrząstka* Wolliger) Milchling *m*; ~aj wełnianka Birkenreizker *m*; ~ak *m* (-a; -i) *Zo.* Milchner *m* (*Fisch*); Milchkalb *n*; Saugferkel *n*; ~arka *f* (-i; *G -rek*) Milchfrau *f*, ~verkäuferin *f*; ~arnia [-'tʃar-] *f* (-i; -e, -i/-rń) Molkerei *f*, Meierei *f*; ~arski Molkerei-; ~arstwo *n* (-a; 0) Molkerei *f*, Milchwirtschaft *f*; ~arz *m* (-a; -e) Milchmann *m*; Molkereiarbeiter *m*.

mlecz|ko *n* (-a) Milch *f*; *eng*S. Gesichtsmilch; ~ko kauczukowe Latex *m*, Gummimilch; ~nik *m* (-a; -i) Milchkännchen *n*; *Bot.* Milchkraut *n*; ~ność *f* (-ści; 0) Milchergiebigkeit *f*; Milchertrag *m*; Milchigkeit *f*; ~ny Milch-; milchig.

mleć ⟨ze-⟩ (*L.*) (zer)mahlen; F (*nur impf.*) ~ językiem *od.* ozorem der Zunge freien Lauf lassen, (unentwegt) schnattern.

mlek|o *n* (-a; 0) (*chude od. odtłuszczone*, *wyborowe*, *zsiadłe* Mager-, Vorzugs-, [dick]saure) Milch *f*; ~o w proszku Milchpulver *n*; *na ~u* Kochk. Milch-; *s. a.* mlecz(ko).

mleko|dajny milchgebend, Milch-; ~wy Milch-.

mlew|ny *m* (-a; -i) Mahl-, Mühlgang *m*; ~o *n* (-a; 0) Mahlgut *n*.

młocar|ka *f* (-i; *G -rek*), ~nia [-'tsar-] *f* (-i; -e, -i/-rń) Dreschmaschine *f*.

młoc|arz *m* (-a; -e) Drescher *m*; ~ka *f* (-i; *G -cek*) Drusch *m*; ~karnia *f s.* młocarnia.

młod|e *n* (-ego; -e) Jungtier *n*, Junge(s); *s.* młody; ~nieć ['mwɔd-] ⟨od-⟩ (-*eję*) (wieder) jung werden, sich jünger fühlen, jünger wirken *od.* aussehen; ~o *Adv.* jung.

młodociany jugendlich; *Su. m* (-ego; -ni) Jugendliche(r).

młodoś|ć *f* (-ści; 0) Jugend(zeit) *f*; *nie pierwszej ~ci* nicht mehr (ganz) jung; *w kwiecie ~ci* in der Blüte s-r (*od.* ihrer) Jahre.

młod|szy (*Psf. -dsi*) jünger; Unter-, Zweite(r) *im Rang*; ~y ⟨-do⟩ jung; *pan ~y* Bräutigam *m*; *panna ~a* Braut *f*; *państwo młodzi* Brautpaar *n*; Neuvermählte(n); *za ~u* in jungen Jahren; *s. a.* młode.

młodzi|ak ['mwɔ-] *m* (-a; -i) (*Dachs-*)Junge(s); F iron. *s.* młodzieniaszek; ~an ['mwɔ-] *m* (-a; -y) Jüngling *m*; ~anek † *m* (-nka; -nkowie) Knabe *m*; ~ej Komp. *v.* młodo.

młodzie|niaszek *m* (-szka; -szkowie/-szki) Jüngelchen *n*, grüne(r) Junge; ~niec [-'dze-] *m* (-ńca; -ńcy) Jüngling *m*; ~ńczość *f* (-ści; 0) Jugendlichkeit *f*; ~ńczy (-czo) jugendlich.

młodzież ['mwɔ-] *f* (-y; 0) koll. Jugend *f*; Jungtiere *n/pl.*, -vieh *n*; ~owiec [-'ʒɔ-] *m* (-wca; -wcy) Jugendfunktionär *m*; ~owy Jugend-.

młodzi|k *m* (-a; -i/-cy) Junge *m*, Bursche *m*; *Sp.* Jungmann *m*, Junior *m*; ~uchny, ~utki (-tko) blutjung, ganz jung; ~wo *n* (-a; 0) Biestmilch *f*.

młokos *m* (-a; -y) Grünschnabel *m*, Milchbart *m*.

młot *m* (-a; -y) (*Schmiede-*)Hammer *m*; *walić ~em* hämmern; ~eczek *m* (-czka; -czki) Hämmerchen *n*; *El.*

(*Unterbrecher*-)Hammer *m*; (*Klingel*-)Klöppel *m*; **~ek** *m* (*-tka*; *-tki*) (pneumatyczny Preßluft-)Hammer *m*; (*Polo*-)Schläger *m*; **~kowy** Hammer-; **~owina** *f* (*-y*) Hammerschlag *m*; **~owy** Hammer-; *Su. m* (*-ego*; *-owi*) Hammerschmied *m*.

młóc|enie *n* (*-a*) Dreschen *n*; **~ić** (*wy-, z-*) (*-cę*) (aus)dreschen; **~ka** *f* *s. młocka.*

młódka *f* (*-i*; *G -dek*) niedrige Karte; Jungvogel *m*; Jungtier *n*.

młyn *m* (*-a*; *-y*) Mühle *f*; **~arek** *m* (*-rka*; *-rki*) *s. mącznik*; **~arka** *f* (*-i*; *G -rek*) Müllerin *f*, Müllersfrau *f*; **~arski** Mühl(en)-; Müllers-; **~arstwo** *n* (*-a*) Mühlenbetrieb *m*; Mahlmüllerei *f*; **~arz** *m* (*-a*; *-e*) Müller *m*; **~ek** *m* (*-nka*; *-nki*) (Kaffee-, Pfeffer-)Mühle *f*; *Agr.* Windfege *f*; Windrädchen *n* (*Spielzeug*); (*Feuerwerks*-)Sonne *f*; kręcić, puścić, wywijać **~ka** (*herum*)wirbeln (*I/A*); **~iec** ['mwi-] *m* (*-ńca*; *-ńce*) (*schnelles*) Drehen, Wirbeln *n*; Turzelbaum *m*; *Fecht-Sp.* Kreisparade *f*; **~kować** (*-uję*) herumwirbeln, *-fuchten* (*I/mit*); *Agr. Getreide* worfeln; **~owy** Mühl(en)-; **~ówka** *f* (*-i*; *G -wek*) Mühlgraben *m*.

młyński ['mwiĩ-] Mühl(en)-.

mną¹ *I v. ja*; ze **~** mit mir; **~²** *3. Pers. pl. Präs. v. miąć.*

mnich *m* (*-a*; *mnisi*) Mönch *m*.

mnie (*G, A, v. ja*) mich; (*D, L v. ja*) mir; o **~** über mich, von mir; u **~** bei mir; **~²** *3. Pers. sg. Präs. v. miąć.*

mniej weniger, minder; **~ więcej** ungefähr, etwa; **~szościowy** Minderheits-; **~szość** *f* (*-ści*) Minderheit *f*; **~szy** kleiner; **~sza** o to od. z tym darauf kommt es nicht an, das ist Nebensache.

mniema|ć (*-am*) meinen, glauben, **~nie** *n* (*-a*) Meinung *f*, Vorstellung *f*; Mutmaßung *f*; **~ny** † angeblich, vermeintlich.

mnisi *pl. v. mnich*; *Adj.* Mönchs-.

mnisz|ek *m* (*-szka*; *-szki*) *Bot.* Löwenzahn *m*, F Butter-, Kuh-, Pusteblume *f*; **~ka** *f* (*-i*; *G -szek*) Nonne *f* (*a. Zo.*); **~y** Mönchs-.

mnog|i (*Psł. -dzy*) zahlreich; **~ość** *f* (*-ści*) Menge *f*; *teoria* **~ości** *Math.* Mengenlehre *f*.

mnoż|arka *f* (*-i*; *G -rek*) (*Elektronen*-)Rechenlocher *m*; *Agr.* Treib-

haus *n*; **~enie** *n* (*-a*; *G -ń*) Vermehrung *f*; Multiplikation *f*; **~na** *f* (*-ej*; *-e*) *Math.* Multiplikand *m*; **~nik** *m* (*-a*; *-i*) *Math.* Multiplikator *m*, Faktor *m*; **~ny** fruchtbar; **~yć** (*po-*) (*-ę*) (ver)mehren (*się sich*), vervielfältigen; *Math.* multiplizieren.   [Unzahl *f*.]

mnóstwo *n* (*-a*; *0*) Unmenge *f*,

mobiliz|acja *f* (*-i*; *-e*) Mobilisierung *f*; Mobilmachung *f*; **~ować** (*z-*) (*-uję*) mobilisieren.

moc *f* (*-y*; *-e*) Kraft *f*; Macht *f*; *Tech., El.* Leistung *f*; F *s. mnóstwo*; **~** *charakteru* Charakterstärke *f*; **~** *produkcyjna* Produktionskapazität *f*; **~** *prawna* Rechts-, Gesetzeskraft; o własnej **~y** aus eigener Kraft; nabrać **~y** (*prawnej*) in Kraft treten; zrobić wszystko co leży w ... **~y** alles tun, was in ... Macht steht; na **~y** kraft (*G*).

mocar|ny mächtig; **~stwo** *n* (*-a*) (*wielkie* Groß-)Macht *f*; **~stwa** zachodnie Westmächte *f/pl.*; **~stwowy** Großmacht-.

mocnica *f* (*-y*; *-e*) Stringer *m*.

mocn|iej(szy) stärker, kräftiger, fester; **~o** *Adv.* sehr, schwer; *a.* = **~y** (*-no*) stark, kräftig; fest.

moco|dawca *m* Vollmachter-, Auftraggeber *m*; **~wać** (*przy-, u-*) (*-uję*) befestigen; (*nur impf.*) **~wać** się ringen, kämpfen (*z I/mit*).

mocz *m* (*-u*; *0*) Urin *m*, Harn *m*.

moczar *m* (*-u*; *-y*): *mst pl.* **~y** Moor *n*, Sumpf *m*; **~ka** *f* (*-i*; *G -rek*) *Bot.* Wasserpest *f*; **~owaty** sumpfig; **~owy** Sumpf-, Moor-.

mocz|enie *n* (*-a*) Wässerung *f*, Einweichen *n*; (*Flachs*-)Röste(n *n*) *f*; Urinieren *n*, Harnen *n*; **~nica** *f* (*-y*; *0*) Urämie *f*; **~nik** *m* (*-a*; *-i*) Harnstoff *m*, Karbamid *n*.

moczo|pędny harntreibend; **~płciowy** urogenital; **~wód** *m* (*-odu*; *-ody*) Harnleiter *m*; **~wy** Harn-, Urin-.

moczówka *f* (*-i*; *G -wek*) Harnruhr *f*, Diabetes *m*.

moczy|ć (*-ę*) (*z-*) durchnässen, anbefeuchten; (*na-, za-*) (ein)weichen, wässern; *v/i* (*nur impf.*) *Tiere*: harnen; **~ć** się welchen (*v/i*), (*po-*) urinieren; **~gęba** P *m* (*-y*; *G -/-ów*) Schnapsbruder *m*, Saufbold *m*.

moda *f* (*-y*; *G mód*) Mode *f*; iść

z(a) ~q mit der Mode gehen; ostatni krzyk ~y der letzte Schrei.
modalny modal.
model m (-u; -e) Modell n; (G/sg. -a) (Maler-)Modell n; ~arnia [-'la-] f (-i; -e, -i/-rń) Modellwerkstatt f; ~arski Modell(bau)-; ~arstwo n (-a; 0) Modellbau m; Modellsport m; ~arz m (-a; -e) Modellbauer m; ~ka f (-i; G -lek) Mannequin n od. m, Vorführdame f; (Foto-)Modell n; ~ować ⟨wy-⟩ -uję) modellieren.
moderator m (-a; -y) Mus. Dämpfer m; Chem. Moderator m; Tech. Regler m.
moderni|styczny modernistisch; ~zować ⟨z-⟩ (-uję) modernisieren.
modli|ć się ⟨po-⟩ (-lę, módl!) beten (do G/ zu); ~szka f (-i; G -szek) Zo. Gottesanbeterin f; ~tewnik m (-a; -i) Gebetbuch n; ~twa f (-y) (przed jedzeniem Tisch-)Gebet n; dom ~twy Bethaus n.
modł|a f (-y; G -deł) Schablone f, Muster n; na ~ę (G) nach Art von (D); ~y f/pl. (-ów) (Bitt-)Gebete n/pl.
modniar|ka f (-i; G -rek) Modistin f; ~ski: sklep ~ski Hutgeschäft n; Modengeschäft n.
modn|ie Adv. s. modny; ~isia [-'ńi-] F f (-i; -e, -ś) Modepuppe f; ~iś m (-sia; -sie, -ów) Modenarr m, Geck m; ~y modisch, Mode-; modern.
modr|ak m (-a; -i) s. chaber; ~aszek m (-szka; -szki) Zo. Bläuling m (Falter), ~ooki blauäugig; ~y (-ro) (dunkel)blau.
modrzew m (-wia; -wie, -iów) Lärche f; a. = ~ina f (-y; 0) Lärchenholz n.
modulować ⟨z-⟩ (-uję) modulieren.
moduł m (-u; -y) Tech. Modul m; Arch. Model m.
modyfikować ⟨z-⟩ (-uję) modifizieren, abändern.
modystka f (-i; G -tek) Hut-, Putzmacherin f.
modzel m (-u; -e, -i) Hornhaut f, Schwiele f.
mogi|lnik m (-a; -i) Atommülldeponie f; ~lny Grab(es)-; ~ła f (-y) Grab n; Grabhügel m.
mog|ą, ~ę, ~li, ~łam, ~łem s. móc.
moher m (-u; -y) Mohair m.
moi, moja, moje s. mój.
Mojżesz m (-a; -e) Moses m; 2owy mosaisch.

moknąć ⟨z-⟩ (-nę, -nął/mókł) naß werden; (nur impf.) weichen (v/i).
mokra|dła n/pl. (-deł) Sumpfland n; Sümpfe m/pl.; ~wy (-wo) (etwas) feucht.
mokr|y (-ro, na -ro) naß, feucht; Wetter: regnerisch; P ~a robota Mord m.
mokrzyca f (-y; -e) Quellkraut n.
molestować ~uję) behelligen, belästigen (o A/mit).
molibden m (-u; 0) Molybdän n.
moll m (inv.) s. minor.
molik m (-a; -i): ~ mączny Mehlmotte f.   [f; Pier m od. f.]
molo n (unv./-a, L -u; -a, -y) Mole}
molo|bójczy: środek -czy Mottenmittel n; ~odporny mottenfest.
momencik F m (-a; -i) Weilchen n, Momentchen n.
moment m (-u; -y) Moment m (a. Phys.); s. chwila; ~ zaskoczenia Überraschungsmoment; ~alny Moment-; augenblicklich, blitzschnell.
monachijski Münch(e)ner (Adj.).
monarch|a m (-y; -owie, -ów) Monarch m, Herrscher m; ~ia [-'nar-] f (G, D, L -ii; -e) Monarchie f; ~istyczny monarchistisch.
monet|a f (-y) Münze f, Geldstück n; złota ~a a. Goldstück n; za dobrą ~ę für bare Münze; ~arny monetär, Geld-, Währungs-.
mongolski Mongolen-, (po -ku) mongolisch.
moniaki P [-'ńaki] m/pl. (-ów) Möpse pl., Kies m.
monit m (-u; -y) Mahnung f, Mahnbrief m; ~ować ⟨z-⟩ (-uję) (an-)mahnen; F drängen.
mono|- in Zssgn mono-, Mono-; ~gamia [-'gaṃia] f (G, D, L -ii; 0) Monogamie f, Einehe f; ~grafia [-'gra-] f (G, D, L -ii; -e) Monographie f; ~gram [-'nɔ-] m Monogramm n.
monokl m (-a; -e, -i) Monokel n.
mono|partyjny Einparteien-; ~plan m Flgw. Eindecker m.
monopol m (-u; -e) (spirytusowy Branntwein-)Monopol n; ~istyczny monopolistisch; ~owy Monopol-; Su. ~owa F f (-ej; -e) = ~ówka F f (-i; 0) (Monopol-)Schnaps m.
mono|sylaba f einsilbiges Wort; einsilbige Antwort; ~tonny monoton, eintönig; ~typ m Typ. Monotype f.

monstrancja [a. mãs-] f (-i; -e) Monstranz f.

monstrualny [a. mãs-] monströs.

montaż m (-u; -e) Montage f; oddział ~u (Film-)Schneideraum m; **~owiec** [-'ʒɔ-] m (-wca; -wcy) Montageschlosser m; Montagearbeiter m; **~ownia** f (-i; -e, -i) Montagehalle f; **~owy** Montage-; **~ysta** m (-y; -ści, -ów) (Film-)Cutter m.

monter m (-a; -rzy) Monteur m; ~ instalator Installateur m; ~ instalacji wodociągowych Rohrleger m; **~ka** f (-i; G -rek) Monteurin f; F Montierung f, Montage f; **~ski** Monteur-; Montier-.

montow|ać ⟨z-⟩ (-uję) montieren; **~nia** [-'tɔ-] f (-i; -e, -i) Montagewerk n; Montagehalle f.

mops m (-a; -y) Mops m; F nudzić się jak ~ sich schrecklich langweilen.

mora f (-y) Moiré m od. n.

moral|e n (unv.) Kampfgeist m, -moral f; **~izować** (-uję) moralisieren; **~ność** f (-ści; 0) Moral f, Sittlichkeit f; **~ny** moralisch, Moral-; krzywda ~na immaterieller Schaden.

morał m (-u; -y) Moral f; prawić ~ Moral predigen.

mord m (-u; -y) s. morderstwo.

mord|a f (-y) Schnauze f, Maul n; JSpr. a. Fang m; V stul ~ę! halt die Fresse!; trzymać za ~ę bei der Stange halten.

morder|ca m (-y; G -ów) (rabunkowy Raub-)Mörder m; **~czy** (-czo) mörderisch; **~czyni** f (-i, -i!; -e, -ń) Mörderin f; **~stwo** n (-a) (rabunkowe, sądowe, z pobudek seksualnych Raub-, Justiz-, Sexual-)Mord m, Mord-, Bluttat f.

mordęga [-'dɛŋ-] f (-i; 0) Schinderei f.

mordobicie P n Schlägerei f.

mordow|ać (-uję) ⟨za-⟩ (er)morden, töten; ⟨z-⟩ quälen, strapazieren; ~ać się ⟨po-⟩ sich gegenseitig umbringen; ⟨na-, z-⟩ sich (ab)plagen, (ab)schinden; **~nia** [-'dɔ-] f (-i; -e) Folterkammer f; Blutbad n, s. u. mordęga.

morel|a f (-i; -e, -i/-) Aprikose f, Marille f; **~owy** Aprikosen-, Marillen-.

morena f (-y) Moräne f.

mores: nauczyć ~u Mores lehren; znać ~ Respekt haben.

moręgowaty [-rɛŋ-] (-to) Tier: gestreift.

morfin|a f (-y; 0) Morphium n; **~ista** m (-y; -ści, -ów), **~istka** f (-i; G -tek) Morphinist(in f) m; **~izm** m (-u; 0) Morphiumsucht f, Morphinismus m; **~izować się** (-uję) Morphium spritzen.

morfologia [-'lɔ-] f (G, D, L -ii; 0) Morphologie f, Formenlehre f.

morga f (-i; G mórg) Morgen m (Feldmaß).

morka f (-i; G -rek) Seebrise f.

mornel m (-a; -e) Zo. Regenpfeifer m.

morow|iec [-'rɔ-] F m (-wca; -wcy) Pfundskerl m; **~y¹** (-wo) F prima, erstklassig, fabelhaft.

morow|y² † Pest-, pestilenzialisch; zaraza ~a Pestilenz f; powietrze ~e Pesthauch m.

morowy³ Moiré-.

mors¹ m (-a; -y) Walroß m.

mors² F m (-a; 0) Morsealphabet n.

morsk|i See-, Meer(es)-; drogą ~ą auf dem Seewege.

morsować (-uję) morsen.

morszcz|uk m (-a; -i) Seehecht m; **~yn** m (-a; -y) Blasentang m; **~yzna** f (-y; 0) koll. Seetang m.

morświn m (-a; -y) Tümmler m.

moru s. mór.

morus F m (-a; -y) Schmutzfink m; **~ać** ⟨u-⟩ (-am) beschmutzen, beschmieren (I/mit; się kać).

morw|a f (-y) Maulbeerbaum m; **~owy** Maulbeer-.

morz|e n (-a; G mórz) (pełne Hoch-) See f, Meer n; na pełnym (od. otwartym) ~u auf offener See; nad ~em am Meer.

morzy|ć (-ę): ⟨za-⟩ ~ć głodem (pf. ver)hungern lassen; ⟨z-⟩ ~ł go sen der Schlaf übermannte ihn; **~sko** n (-a) Vet. Kolik f.

mo|siądz ['mɔ-] m (-u; -e) Messing n; **~siężny** Messing-.

Mosk|al m (-a; -e) hist. Moskowiter m; **2iewski** Moskauer (Adj.).

moskit m (-a; -y) Moskito m; **~iera** [-'tie-] f (-y) Moskitonetz n.

mościpan(i) s. mość.

most m (-u; -y) (obrotowy, podnoszony od. zwodzony, wiszący Dreh-, Hub- od. Zug-, Hänge-)Brücke f; tylny ~ Kfz. Hinter(antriebs)achse *f*; F *prosto z* ~*u* rundheraus, ohne Umschweife; ~**ek** *m* (*-tku*; *-tki*) (kleine) Brücke, Steg *m*; *Tech.*, *Bgb.* Bühne *f*; *El.* Brücke *f*; *Zo.* (*Vogel-*)Brustbein *n*; *Kochk.* Bruststück *n*; ~**ek** *kapitański* Kommandobrücke; ~**ownica** *f* (*-y*; *-e*) Brükkenbalken *m*; ~**owy** Brücken-; *Su.* ~**owe** *n* (*-ego*; *-e*) Brückengeld *n*.

moszcz *m* (*-u*; *0*) Most *m*; junger Wein, Heuriger *m*.

moszna *f* (*-y*) Hodensack *m*.

mość|ci † (*Abk. v.* wasza miłości): ~*ci panie* gnädiger Herr; ~*ci pani* gnädige Frau; ~*ć f* (*-ści*; *-ście*): *Wasza, Jego, Ich Królewska* 2*ć* Eure, Seine, Ihre Königliche Majestät.

mota|ć (*-am*) haspeln, spulen, (auf-) wickeln; ~**k** *m* (*-a*; *-i*) Haspel *f od.* *m*; (*Garn-*)Weife *f*; ~**rka** *f* (*-i*; *G* ~*rek*) Haspelmaschine *f*; Spulmaschine *f*.

motek *m* (*-tka*; *-tki*) (*Garn-*)Strähn *m*, Docke *f*; (*Draht-*)Rolle *f*.

motet *m* (*-u*; *-y*) *Mus.* Motette *f*.

motłoch *m* (*-u*; *0*) Gesindel *n*, Pack *n*.

motocykl *m* (*-a*; *-e*) Motorrad *n*; ~**ista** *m* (*-y*; *-ści*, *-ów*) Motorradfahrer *m*; ~**owy** Motor(rad)-.

motopompa *f* (*Feuerwehr-*)Kraftspritze *f*.

motor *m* (*-u*; *-y*) Motor *m*; F *a.* Motorrad *n*; *s.* silnik; ~**niczy** *m* (*-ego*; *-owie*) (*Straßenbahn-*)Wagenführer *m*.

moto|rower *m* Moped *n*, Mofa *n*; ~**rowiec** [-'rɔ-] *m* (*-wca*; *-wce*) Motorschiff *n*; F (*pl. -wcy*) Motorsportler *m*; ~**rowodny**: *sport -ny* Motorbootsport *m*; ~**rowy** Motor-; motorgetrieben; *wóz* (*od.* wagon) *-wy* Triebwagen *m*; ~**rówka** *f* (*-i*; *G* ~*wek*) Motorboot *f*; ~**ryczny** motorisch.

motory|zacja *f* (*-i*; *0*) Motorisierung *f*; ~**zacyjny** Auto-, Kraftfahrzeug-; *przemysł -ny* Kraftfahrzeug- und Traktorenindustrie *f*; ~**zować** ⟨*z-*⟩ (*-uję*) motorisieren.

moto|skuter *m* Motorroller *m*; ~**szybowiec** *m* Motorsegler *m*.

motowidło *n* (*-a*; *G -deł*) Haspel *f*; (*Angler-*)Aufwindebrettchen *n*.

moty|czyć (*-ę*) *Agr.* (be)hacken; ~**ka** *f* (*-i*) Rode-, Schlaghacke *f*.

motyl *m* (*-a*; *-e*) Schmetterling *m*,

Falter *m*; Fliege *f*, Schleife *f*; ~**ek** *m* (*-lka*; *-lki* (kleiner) Schmetterling; *Sp.* Schmetterlingsschwimmen *n*; *Tech.* Flügelmutter *f*; ~**i** Schmetterlings-; ~**ica**[1] *f* (*-y*; *-e*) Bilharzie *f*; ~**ica** wątrobowa Leberegel *m*; ~**ica**[2] *f* (*-y*; *0*) Bilharziose *f*; ~**karz** F *m* (*-a*; *-e*) Schmetterlingsschwimmer *m*; ~**kowate** *pl.* (*-ych*) *Bot.* Schmetterlingsblütler *m/pl.*; ~**kowy**: *styl -wy Sp. s.* motylek.

motyw *m* (*-u*; *-y*) Motiv *n*; *engS.* Beweggrund *m*; ~**acja** *f* (*-i*; *-e*) Motivation *f*; ~**ować** ⟨*u-*⟩ (*-uję*) motivieren (*I/*mit).

mow|a *f* (*-y*; *G* mów) Sprache *f*; Rede *f*, Ansprache *f*; *w* ~*ie i piśmie* in Wort und Schrift; ~**ny** *s.* wygadany.

mozaika [-'zai-] *f* (*-i*) Mosaik *n*.

mozelski: *wino* ~*e* Moselwein *m*.

mozol|ić się ⟨*na-*⟩ (*-lę, a. -zól!*) sich (ab)plagen, abrackern (*nad I/*bei); ~**ny** mühevoll, mühselig.

mozół *m* (*-ołu*; *-oły*) Mühe *f*, Anstrengung *f*.

moździerz *m* (*-a*; *-e*, *-y*) Mörser *m*; *Mil.* Granatwerfer *m*.

moż|e 3. *Pers. sg. v.* móc; *Adv.* vielleicht; ~**esz** *s.* móc; ~**liwie** *Adv.* möglichst, wenn es möglich ist; möglicherweise; F (gar) nicht so übel, es geht; ~**liwość** *f* (*-ści*) Möglichkeit *f*; (*nur pl.*) Perspektiven *f/pl.*, Aussichten *f/pl.*; ~**liwy** (*-wie*) möglich; F ganz gut; *-wy do* (+ *G*) ...*bar, z. B.*: *-wy do zrealizowania* realisierbar, ausführbar; *bardzo* *-we, że* ... (sehr gut) möglich, daß ...; ~**na** man kann, ist zu (+ *Inf.*); *nie* ~*na* man kann nicht; man darf nicht; ~**ność** *f* (*-ści*) Möglichkeit *f*, Vermögen *n*; *nie mieć* ~*ności* (*G*) außerstande sein (zu).

możnowła|dca *m* Magnat *m*, Reiche(r); ~**dztwo** *n* (*-a*; *0*) Oligarchie *f*.

możn|y † mächtig, reich; ~*i pl.* die Reichen.

móc (*L.*) können, vermögen, imstande sein (zu + *Inf.*); dürfen; (*być*) *może* kann (*od.* mag) sein.

mój *m* (*moja f*, *moje n*; *moi Psf.*, *moje pl.*) mein(e); *z mojej strony* meinerseits.

mól *m* (*mola*; *mole*) Motte *f*; ~ *książkowy fig.* Bücherwurm *m*.

mór *m* (*moru*; *mory*) (*Tier-*)Seuche *f*.

mórg m (morga; morgi) s. morga.

mów|ca m (-y; G -ów) Redner m;
~ić ⟨-⟩ sprechen; sagen; **~iąc** man
sagt; **~iąc** otwarcie, szczerze **~iąc**
offen gestanden od. gesagt; inaczej
~iąc mit anderen Worten; szkoda
~ić (es ist) schade um jedes Wort;
nie ma o czym **~ić** nicht der Rede
wert; nie ma co **~ić** es läßt sich
nichts dagegen sagen; źle **~ić** a. ver-
ketzern (o L/A); nie **~my** o tym
Schwamm drüber, reden wir nicht
mehr davon; **~ienie** [-'ye-] n (-a; 0)
Sprechen n; **~nica** f (-y; -e) Red-
nertribüne f.

mózg m (-u; -i) Gehirn n, Hirn n;
... u in Zssgn (Ge-)Hirn-; **~owie**
[-'gɔ-] m pl. Anat. Gehirn n; **~ow-**
nica P f (-y; -e) Schädel m, Kopf
m; **~owy** Gehirn-, Hirn-.

móżdżek m (-dżku; -dżki) Anat.
Kleinhirn n; Kochk. Bregen m,
(Kalbs-)Hirn n.

mrocz|ek m (-czka; -czki) Med. mst
pl. **~czki** Augenflimmern n; **~nieć**
['mrɔ-] ⟨z-⟩ (-eję) sich verdunkeln,
verdüstern; **~ny** (-no) düster, dunkel; **~yć** ⟨o-, za-⟩ (-ę) verdunkeln,
verdüstern (się sich); s. zamraczać.

mrok m (-u; -i) (Abend-)Dämme-
rung f; fig. Dunkel n; zapada **~** es
dämmert.

mrowi|ć się ⟨-⟩ wimmeln; **~e**
['mrɔ-] n (-a; 0) (Un-)Menge f,
Gewimmel n; Schauer m, Frösteln
n; **~enie** n (-a; 0) = uczucie **~enia**
Kribbeln n; **~sko** n (-a) Ameisen-
haufen m.

mrozi|ć ⟨z-⟩ (-żę) gefrieren lassen,
zum Gefrieren bringen; fig. erstarren (od. stocken) lassen; **~k** m (-a; -i)
leichter Frost; **~wo** n (-a) Gefrier-
mittel n.

mrozo|odporny frostbeständig;
~wy Frost-.

mroźn|ia ['mrɔ-] f (-i; -e, -i) s.
mroźnia; **~o** Adv.: jest **~o** es friert;
~y (-no) frostig, eiskalt.

mroż|ący [-'ʒɔn-] s. mrozić; **~nia**
['mrɔ-] f (-i; -e, -i) Tiefkühlraum
m; **~onki** f/pl. (G -nek) Tiefkühlkost f, Gefrierware f; **~ony** Ge-
frier-, Tiefkühl-.

nrów|cz(an)y Ameisen-; **~ka** f (-i;
G -wek) Ameise f.

nrówko|jad m (-a; -y) Ameisenbär
m; **~lew** m Ameisenjungfer f, -löwe
m; **~wy**: kwas **~wy** Ameisensäure f.

mróz m (-ozu; -ozy) Frost m; Rauhreif m; Kälte f.

mruczeć ⟨za-⟩ (-ę, -y) brummen;
Katze: schnurren.

mrug|ać (-am), ⟨**~nąć**⟩ [-nɔntɕ]
(-nę) blinzeln, zwinkern; Licht
usw.: blinken, flimmern; (na A)
j-m zublinzeln; P szkoda **~ać** das
ist nicht drin!

mrugnięci|e [-'ŋẽ-] n (-a) (Au-
gen-)Blinzeln n, Zwinkern n; F bez
~a okiem ohne mit der Wimper zu
zucken.

mruk F m (-a; -i) Griesgram m;
~liwy (-wie) brummig, mürrisch,
muff(e)lig; **~nąć** pf. (-nę) s. mruczeć.

mruży|ć ⟨z-⟩ (-ę) Augen zusam-
menkneifen; nie móc oka z **~**kein
Auge zutun können.

mrzeć (L.) sterben.   [spinst n.]
mrzonka f (-i; G -nek) Hirnge-

msz|a f (-y; -e, -y) Rel. Messe f;
służyć do **~y** als Ministrant fungieren; dać na **~ę** e-e Messe lesen lassen.   [pflanzen f/pl.]
mszaki m/pl. (-ów) Bot. Moos-
mszalny Rel. Meß-, liturgisch.
mszał m (-u; -y) Rel. Meßbuch n.
mszar m (-u; -y) Torfmoos n; Torfmoor n.

mszy|ca f (-y; -e) Blattlaus f; **~ca**
krwista Blutlaus f; **~sty** moosig,
moosbedeckt; **~wioły** m/pl. (-ów)
Moostierchen n/pl.

mści|ciel [-'mɕtɕi-] m (-a; -e, -i)
Rächer m; **~ć** ⟨po-, ze-⟩ (L.) rächen
(się sich); **~wie** Adv. s. mściwy;
~wość f (-ści; 0) Rachsucht f; **~wy**
(-wie) rachsüchtig; nachtragend.

mu Kurzf. v. jemu (D v. on) ihm.

much|a f (-y) (domowa, plujka,
szara Stuben-, Schmeiß- od.
Brumm-, Fleisch-)Fliege f; F fig.
jak **~a** w smole im Schneckentempo,
sehr langsam; (on) ma **~y** w nosie,
~a (go) ukąsiła (ihm) ist e-e Laus
über die Leber gelaufen; **~a** nie
siada od. nie siądzie nichts d(a)ran
auszusetzen, tipptopp; być pod **~ą**
e-n sitzen haben.

mucho|łapka f Fliegenfänger m;
~łówka f (-i; G -wek) Bot. Venus-
fliegenfalle f; Zo. Fliegenschnäpper
m; **~mór** in Fliegenpilz m; **~mór**
zielonkawy od. bulwiasty Scheiden-
knollenblätterpilz m.

muczeć ⟨za-⟩ (-ę, -y) Kuh: muhen,
brüllen.

mufa

muf|a f (-y) Muffe f; **~ka** f (-i; G -fek) Muff m; (kleine) Muffe; **~lon** m (-a; -y) Muffel m, Mufflon n.

muflowy: piec ~ Muffelofen m.

mular|ka, ~ski usw. s. murarka usw.

Mulat m (-a; -ci) Mulatte m; **~ka** f (-i; G -tek) Mulattin f.

mulina f (-y) Stickseide f.

mulisty (-to) schlammig.

muł[1] m (-a; -y) Maultier n.

muł[2] m (-u; -y) (aktywny Belebt-) Schlamm m; ~ gnilny Modder m; **~owaty** (-to) schlammig; **~owy**[1] Schlamm-.

mułowy[2] Maultier-.

mumia ['mumja] f (G, D, L -ii; -e) Mumie f.

mundur m (-u; -y) Uniform f, Dienstanzug m; F Uniformierte(r); **~ek** m (-rka; -rki) (Schüler-)Uniform f; **~owy** Uniform-; Su. m (-ego; -i) (uniformierter) Polizist.

muni|o ['muɲo] F: ma kuka na ~u (er) hat nicht alle Tassen im Schrank.

munsztuk m (-a; -i) Mundstück n.

mur m (-u; -y) (ogniowy, obronny od. ochronny Brand-, Schutz-)Mauer f; ~ pruski Fachwerk n; F **~-beton** todsicher(e Sache); **~y** pl. a. Mauerwerk n, Gemäuer n; **~arski** Maurer-; **~arstwo** n (-a; 0) Maurerhandwerk n; **~arz** m (-a; -e) Maurer m; **~ek** m (-rku; -rki) (kleine, niedrige) Mauer.

murowa|ć ⟨wy-⟩ (-uję) mauern (a. fig. Sp.), aus Steinen errichten; **~nie** n (-a; 0) Mauerung f; Mauern n (a. Sp.); **~ny** gemauert, Stein-, Ziegel-; F todsicher, bombenfest.

mursz m (-u; 0) Morschheit f; **~eć** ⟨z-⟩ (-eję) morsch werden.

Murzyn m (-a; -i), **~ka** f (-i; G -nek) Neger(in f) m; ♀ Neger m (fig.); Strohmann m; Ghostwriter m; **~ek** m (-nka; -nki) Negerlein n; Žek Kochk. Mohrenkopf m.

murzyński [-'ʒiɪs-] Neger-.

mus[1] m (-u; -y) (z jabłek Apfel-) Mus n.

mus[2] m (-u; 0) Muß n, Zwang m; z ~u gezwungenermaßen; **~ieć** ['mu-] (-szę, -ś) müssen; 3. Pers. + Inf.: sicher(lich), gewiß, z. B.: ~iało być es war sicher(lich).

mus|kać (-am), ⟨~nąć⟩ [-nɔntɕ] (-nę) (leicht) berühren, streifen; (nur impf.) Vögel: (się sich) putzen.

muskula|rny muskulös; **~tura** f (-y) Muskulatur f.

muskuł m (-u; -y) Muskel m.

musnąć pf. s. muskać.

musować (-uję) moussieren, sprudeln; fig. (über)schäumen.

musow|o P Adv. ob man will oder nicht, wohl oder übel; **~y** P erzwungen, notgedrungen.

musujący Perl-, Schaum-, sprudelnd.

muszk|a f (-i; G -szek) (kleine, Fliege; Schönheitspflästerchen n; Schleife f, Fliege f; (Visier-)Korn n; wziąć na ~ę aufs Korn nehmen w ~ę Stoff: gepunktet.

muszkat m (-u; 0) Muskat(nuß f m; **~el** m (-u; -e) Muskateller m; **~ołowy:** gałka ~wa Muskatnuß f

muszkieter [-'kɛ-] m (-a; -owie -rzy) Musketier m.

muszl|a f (-i; -e, -i/-szel) Muschel f (Klosett-)Becken n; **~owy** Mu schel-.

musztard|a f (-y; 0) Senf m, Most rich m; **~niczka** f (-i; G -czek Senfnäpfchen n; **~owy** Senf-.

musztr|a f (-y) Exerzieren n, for male Ausbildung; Drill m; **~owa** (-uję) exerzieren, drillen.

muszy Fliegen-.

muślin m (-u; -y) Musselin m.

muśnięcie [-'nɛn-] n (-a) (leichte Berührung.

mutac|ja f (-i; -e) Bio. Mutation f Stimmwechsel m, -bruch m; (Zei tungs-)Lokalausgabe f; **~yjny** Mu tations-.

mut|erka F f (-i; G -rek), **~ra** F (-y; G -/-ter) Schraubenmutter f.

muza f (-y) Muse f.

muze|alny museal, Museums-; **~um** [-'ze-] n (unv.; -ea, -eów Museum n.

muzułma|nin m (-a; -anie, -ów Muselman m, Moslem m; **~ńsk** [-'maś-] moslemisch, muselma nisch.

muzy|czny Musik-, musikalisch **~k** m (-a; -cy) Musiker m; **~ka** f (-i; 0) (kameralna, ludowa, rozryw kowa Kammer-, Volks-, Unterhal tungs-)Musik f; **~ka przyszłośc** Zukunftsmusik; **~kalia** [-'kalja] p (-ów) Musikalien f/pl.; **~kalny** mo sikalisch; **~kolog** m (-a; -owie/-dzy Musikwissenschaftler m; **~kowa nie** n (-a; 0) Musizieren n.

my *Pron.* (*G, A, L* nas, *D* nam, *I* nami) wir; o *nas* über (*od.* von) uns; z *nami* mit uns.

mycie ['mɨ-] *n* (*-a*) Waschen *n* (*reflexiv:* się).

mycka *f* (*-i; G -cek*) Käppchen *n*, ,Kipa'-Mützchen *n*.

myć ⟨u-⟩ (*-ję*) waschen (się sich); *s.* zmywać.

mydelniczka *f* (*-i; G -czek*) Seifenschale *f*, -napf *m*.

mydełko *n* (*-a; G -łek*) Stückchen *n* Seife; Rasierseife *f*; Schneiderkreide *f*.

mydl|any Seifen-; **₋arnia** [-'lar-] F *f* (*-i; -e*) Seifengeschäft *n*; **₋arski** Seifen-, Waschmittel-; **₋enie** *n* (*-a*) Einseifen *n*; F **₋enie** oczu Augenwischerei *f*, Spiegelfechterei *f*.

mydli|ć (*-lę*) ⟨na-⟩ einseifen; ⟨za-⟩ **₋ć** oczy Sand in die Augen streuen; **₋ny** *pl.* (*-*) Seifenlauge *f*.

mydł|ek F *m* (*-lka; -lki*) *s.* chłystek; **₋o** *n* (*-a; G -deł*) (*do prania,* szare Haushalts-, Schmier-)Seife *f*; F jak *po* mydle ist wie geschmiert.

myj|ak *m* (*-a; -i*) Abwaschtuch *n*; **₋ka** *f* (*-i; G -jek*) Waschlappen *m*; Badeschwamm *m*; (*Flaschen-*)Spülmaschine *f*; **₋nia** ['mɨ-] *f* (*-i; -e, -i*) (*Auto-*)Waschanlage *f*.

mylić (*-lę*) ⟨z-⟩ irreführen, täuschen, fehlleiten; ⟨po-⟩ verwechseln; *~ krok* falschen Tritt haben; *~ się* ⟨o-, po-⟩ sich irren, e-n Fehler machen.

myln|ość *f* (*-ści; 0*) Irrtümlichkeit *f*; **₋y** irrig, irrtümlich, falsch, Fehl-; **₋ie** *Adv. a.* irrtümlicherweise; **₋y** wniosek Fehl-, Trugschluß *m*.

myrra *f* (*-y; 0*) Myrrhe *f*.

mysi Maus-, Mäuse-; *w ~m* kolorze mausgrau; **₋królik** *m Zo.* Goldhähnchen *n*.

mysz *f* (*-y; -y*) Maus *f*; F jak *~ pod* miotłą mucksmäuschenstill; **₋aty** (*-to*) mausgrau; **₋ka** *f* (*-i; G -szek*) Mäuschen *n*; trącić *₋ką* altmodisch wirken (klingen *usw.*); **₋kować** (*-uję*) (herum)schnüffeln, stöbern; *Mar.* gieren; **₋ołów** *m* (*-owa; -owy*) Mäusebussard *m*; **₋owaty** (*-to*) mausgrau.

myśl *f* (*-śli, -śli*) Gedanke *m*; *po ₋i* nach Wunsch, im Sinne; *w ~* (*G*) gemäß, laut, entsprechend (*D*); *mieć na ₋i* meinen; *w ~i* im Geiste; *stanąć w ₋i* in den Sinn kommen; *wpaść na ~* auf die Idee kommen, den Einfall haben (*zu + Inf.*); *nawet mi to przez ~ nie przeszło* od. *na ~ nie przyszło* das kam mir überhaupt nicht in den Sinn; *być dobrej ₋i* guten Mutes sein; **₋ący** [-'lɔn-] (*-co*) denkend; **₋ące** czoło Denkerstirn *f*; **₋leć** ⟨po-⟩ (*-ę, -i*) denken (*sobie sich* [*D*]; *o L/an,* über *A*); sinnen; meinen; gedenken, beabsichtigen; *co pan sobie ₋i* was fällt Ihnen ein!; *on ani ₋i* er denkt gar nicht daran; *₋alby kto* man könnte denken (meinen); **₋enie** *n* (*-a; 0*) Denken *n*; *sposób ₋enia* Denkweise *f*; **₋iciel** [-'l|i-] *m* (*-a; -e*) Denker *m*.

myśli|stwo *n* (*-a; 0*) Jagd *f*, Weidwerk *n*; **₋wiec** [-'l|i-] *m* (*-wca; -wce*) Jagdflugzeug *n*, Jäger *m*; (*pl. -cy*) (*a. pilot ₋wiec*) Jagdflieger *m*; **₋wski** Jagd-; Jäger-; *nóż -ki* Weidmesser *n*; **₋wy** *m* (*-ego; -wi*) Jäger *m*.

myśl|nik *m* (*-a; -i*) Gedankenstrich *m*; **₋owy** (*-wo*) gedanklich; Gedanken-; Denk-.

myto *n* (*-a*) Maut *f*.

mżawka *f* (*-i; G -wek*) Sprühregen *m*.

mży|ć (*-ę*) sprühen (*v/i*); *~* (*unpers.*) es nieselt; **₋sty** Niesel-; (*-to*) diesig.

na Prp. auf (A, L/A, D); an (A, L/A, D); nach (A/A); in (L/D); für (A/A); bei (A/D); über (A/A); zu (A/D); ~ łóżko aufs Bett; ~ łóżku auf dem Bett; ~ końcu am Ende, zum Schluß; umrzeć ~ tyfus an Typhus sterben; ~ drugi dzień am nächsten Tag; ~ Węgry nach Ungarn; ~ Litwie in Litauen; ~ jesieni im Herbst; ~ dwa dni für zwei Tage; skarżyć się ~ ból głowy über Kopfschmerzen klagen; spalić się ~ węgiel zu Kohle verbrennen; awansować ~ majora zum Major befördert werden; oft unübersetzt: Maßangaben, z. B. ~ sztuki stückweise; Zweck, Bestimmung, z. B. ~ półka ~ książki Bücherregal n; krople ~ kaszel Hustentropfen m/pl.; Umstände d. Art u. Weise, z. B. ~ bosaka barfuß; ~ leżąco liegend, im Liegen; ~ pamięć auswendig; ~ piśmie schriftlich; Umstände d. Ortes, z. B. ~ górze oben; ~ wprost geradeaus; ~ zewnątrz (dr)außen.

nabawi|ać [-'ba-] (-am), ⟨~ć⟩ v/t zufügen, bereiten (k-o G/j-m A); Angst einjagen; ~(a)ć się sich zuziehen (G/A); (nur pf.) lange genug gespielt haben.

nabiał ['na-] m (-u; 0) Molkereiprodukte n/pl.; ~owy Molkerei-; sklep ~owy Milchgeschäft n.

nabić pf. s. nabijać.

nabieg|ać ⟨~nąć⟩ anschwellen, sich füllen (I/mit); ~ły krwią blutunterlaufen; ~ać się lange genug (herum)gelaufen sein; sich die Beine ablaufen.

nabierać (-am) ⟨nabrać⟩ (A) nehmen; Nummer wählen; F j-n prellen, neppen (na A/um A); (G) Luft, Wasser schöpfen; Farbe usw. annehmen, bekommen; Mut fassen; an Höhe, Bedeutung gewinnen, pf. a. erreichen (A); Erfahrung sammeln; ~ przekonania zu e-r Überzeugung gelangen; ~ sił a. zu Kräften kommen; (mst pf.); ~ na kawał F j-n verkohlen, e-n Bären aufbinden (A/D); ~ tchu verschnaufen; JSpr. ~ wiatru Witterung aufnehmen; ~ wody w usta schweigen wie ein Grab; nur pf. dać się ~ (na A) hereinfallen (auf A). [marke f.]

nabieżnik m (-a; -i) Mar. Land-)

nabi|jać (-am), ⟨~ć⟩ vollstopfen; beschlagen (I/mit); Waffe, El. laden; mit Gas füllen; (na A) aufspießen; (nur pf.) verprügeln; ~(ja)ć się sich stoßen (na A/an D); (z G) s. drwić, kpić; ~ty vollgestopft; (scharf)geladen; F dureń ~ty ausgemachter Trottel.

na|błonek m (-nka; -nki) Epithel (-ium) n; ~błotny Bot., Zo. Sumpf-, Moor-; ~bojowy Lade-, Geschoß-.

nabożeństw|o [-'ʒɛĭ-] n (-a) Gottesdienst m, Andacht f; fig. z ~em mit Ehrfurcht, andächtig.

nabożn|isia [-'ɲi-] f (-i; -e, -ś), ~iś m (-sia, -sie, -siów) Frömmler(in f) m; ~y fromm; andächtig.

nabój m (G/pl. a. -boi) Ladung f; (ślepy Platz-)Patrone f; Schuß m; pl. a. Munition f.

nabrać pf. s. nabierać.

nabrzeż|e n (-a) (cumownicze, wyposażeniowe Anlege-, Ausrüstungs-) Kai m; ~ny Ufer-, Küsten-.

nabrzęk|ać ⟨~nąć⟩ anschwellen, F dick werden; ~ły, ~nięty [-'ɲɛn-] (an)geschwollen.

nabrzm|iałość f (-ści) (An-)Schwellung f; ~iały (an)geschwollen; fig. Problem: akut; ~iewać (-am), ⟨~ieć⟩ (an)schwellen; anlaufen; fig. sich verschärfen od. zuspitzen.

nabrzydzić pf. verunreinigen (w L/A).

naburmusz|ony F brummig; s. nachmurzony; ~yć się F pf. (-ę) finster dreinschauen.

naby|cie n (-a) Erwerb(ung f) m; engS. Kauf m; ~tek m (-tku; -tki) (Neu-)Erwerbung f, Anschaffung f; engS. Einkauf m, Gekaufte(s); ~(wa)ć erwerben, anschaffen; engS. (ein)kaufen; fig. (G) sich aneignen, vgl. nabierać; ~wca m (-y; G -ów) Käufer m, Abnehmer m; ~wczy s. siła.

nacechowany: być ~m sich auszeichnen (I/durch A).

na|chalny frech; ~chlać się V pf. sich vollaufen lassen; ~chmurzony finster, düster (blickend); ~chodzić, ⟨~jść⟩ (L. -jść) Gefühl: überkommen; überfallen (a. fig.); belästigen; ~chodzić się pf. sich müde laufen; ~chorować się pf. lange krank (gewesen) sein; ~chrapnik m (-a; -i) Nasenriemen m.

nachyl|ać (-am), ⟨~ić⟩ neigen, beugen (się sich); ~enie n (-a) Neigung f; Beugung f; Geol. Fall(en n) m; Tech. Zahnschräge f; ~ony geneigt.

naciąć pf. s. nacinać.

naciąg m (-u; -i) Spannung f, Spannen n; Mus. Saitenwerk n; Sp. Saitenbespannung f; ~acz m (-a; -e, -y) Tech. Spanner m; P Nepper m; ~ać, ⟨~nąć⟩ v/t (auf)spannen; stülpen, überziehen; Strümpfe, Handschuhe anziehen; Recht, Tatsachen verdrehen; Med. zerren; Fuß, Arm einrenken; P j-n neppen, prellen (na A/um A); v/i Tee: ziehen; (I) Geruch anziehen; ~anie n (-a; 0) Spannen n; P Nepp m, Prellerei f; ~any fig. gekünstelt, an den Haaren herbeigezogen; ~nięcie [-'nɛŋ-] n (-a) Spannung f; Med. (Sehnen-) Zerrung f; ~owy Spann-.

nacie|k m Med. Ödem n; Infiltration f; Geol. (mst pl.) Kalksinter m; ~kać, ⟨~c⟩, ~knąć pf. (hin)einfließen, vollaufen, sich füllen (I/mit A); ~kowy Geol. Tropfstein-; Med. Infiltrations-.

nacie|rać (-am), ⟨~trzeć⟩ einreiben, abreiben (I/mit); bohnern; (na A) j-n angreifen, bedrängen.

nacie|rpieć się pf. lange gelitten haben, viel aushalten müssen; ~szyć pf.: nie móc ~szyć oczy (I) sich nicht satt sehen können (an D); ~szyć się (I) sich lange erfreuen (an D). [f; (Feilen-)Hieb m.)

nacięcie n (Ein-)Schnitt m; Kerbe)

nacina|ć (-am), ⟨naciąć⟩ (viel) schneiden; einschneiden; (ein-) kerben; P fig. betrügen, hereinlegen; naciąć się hereinfallen (na L/ auf A); ~k m (-a; -i) Meißel m.

nacisk m (-u; -i) Druck m; Nachdruck m; ~ kół Achslast f; ~ać, ⟨nacisnąć⟩ drücken, pressen; bedrängen, Druck ausüben (A/auf A); ~owy Druck-.

nacjonali|sta m (-y; -ści, -ów) Nationalist m; ~styczny nationalistisch; ~zować ⟨z-⟩ (-uję) nationalisieren.

naczel|nik m (-a; -cy) Leiter m, Vorsteher m, Chef m; † a. Führer m, Haupt n; ~nik stacji s. zawiadowca; ~ny oberste(r), Ober-, Haupt-, Chef-; dyrektor ~ny Generaldirektor m; dowódca ~ny Oberkommandierende(r); Su. ~ne pl. (-ych) Zo. Primaten pl.

naczep|a f (-y) Sattel-, Einachsanhänger m; ~i(a)ć anhängen; aufhängen.

na|czolnik m (-a; -i) Stirnriemen m; ~czółek m (-łka; -łki) Arch. Öffnungsgesims n; Fecht-Sp. Haube f; Stirnband n; s. naczolnik.

naczyn|iak [-'tʃi-] m (-a; -i) Med. Angiom n; ~ie n (-a) Gefäß n; Behälter m; koll. pl. (Küchen-)Geschirr n; maszyna do mycia naczyń Geschirrspülmaschine f; ~iowy Gefäß-; vaskulär; ~iówka f (-i; G -wek) (Augen-)Aderhaut f.

naczytać się pf. viel lesen od. gelesen haben (G/über A, von).

nać f (-ci; 0) (Rüben-, Kartoffel-) Kraut n.

nad Prp. über (A/A; I/D); an (I/D); ~ podziw (+ Adj., Adv.) überraschend, erstaunlich gut (groß, schön usw.); ~ program außerhalb des Programms; ~(e) wszystko über alles; ~ wyraz außerordentlich; łotr ~ łotrami Erzschurke m.

nad- in Zssgn über-, super-, ober-; Chem. Per-.

nada|ć pf. s. nadawać; ~jnik m (-a; -i) (Impuls-)Geber m; Sender m, Funkgerät n. [vor; wie ehedem.)

nadal Adv. weiter(hin), nach wie)

nadanie n (Titel-)Verleihung f; (Brief-)Aufgabe f; ~ obywatelstwa Einbürgerung f.

nadaremn|ie Adv. umsonst, vergebens; ~y vergeblich.

nadarz|ać (-am), ⟨~yć się⟩ Gelegenheit: sich bieten.

nada|(wa)ć Brief, Gepäck aufgeben; fig. verleihen; Richtung, Namen geben; Rdf. senden, funken; P licho ~to! Teufel auch!; ~(wu)ć się (do G, na A) sich eignen, passen, taugen (zu); (nie) ~jący się (un)geeignet, (un)tauglich; ~wanie n Rdf. Senden n, Übertragung f; s. na-

danie; **~wca** *m* Absender *m;* Versender *m;* **~wczy** *Rdf.* Sende-.

nadąć (się) *pf. s.* nadymać (się).

nadąsany schmollend, F eingeschnappt.

nadąż|ać *(-am),* ⟨~yć⟩ *(za I)* Schritt halten, mitkommen (mit); *fig.* folgen *(D); (nur pf., z I)* fertig werden, zurechtkommen (mit); *nie* ~*ać* zurückbleiben, -fallen; nicht folgen können.

nad|bałtycki baltisch, Ostsee-; **~biegać,** ⟨~biec⟩ angelaufen kommen, herbeieilen; **~bierać** *(-am),* ⟨~ebrać⟩ zuviel nehmen; etwas nehmen *(G/*von *D);* **~bijać** *(-am),* ⟨~bić⟩ anschlagen, beschädigen.

nadbrzeż|e *n (-a)* Küste(nstreifen *m) f; s.* nabrzeże; **~ny** Küsten-, Ufer-. [gegend.⟩

nadbrzusze *n (-a)* obere Magen-⟩

nadbudow|a *f Philos.* Überbau *m; Arch.* Aufstockung *f,* Anbau *m;* **~(yw)ać** (-[w]uję) anbauen, aufstocken.

nadbudówk|a *f (-i; G -wek)* Aufbau *m; Mar.* **~i** *pokładowe* Deckaufbauten *m/pl.*

nad|burcie *n* [-'bur-] *n (-a) Mar.* Schanzkleid *n;* **~burmistrz** *m* Oberbürgermeister *m.*

nadchodz|ący kommend, bevorstehend; **~ić** ⟨nadejść⟩ *(L. -jść)* (an-, heran)kommen; sich nähern, (heran)nahen; eintreffen, sich einstellen; *s.* nadciągać.

nadcią|ć *pf. s.* nadcinać, **~gać,** ⟨~gnąć⟩ anrücken; *Gewitter:* heraufziehen.

nad|cięcie *n* Einschnitt *m;* **~cinać** *(-am),* ⟨~ciąć⟩ (ein wenig) ein-, anschneiden; **~ciśnienie** *n* Überdruck *m; Med.* Hochdruckkrankheit *f;* **~ciśnieniowy** hypertonisch; **~człowiek** *m* Übermensch *m;* **~czułość** *f (0)* Überempfindlichkeit *f;* **~czynność** *f (0) Med.* Überfunktion *f;* **~darcie** *f* Anriß *m;* **~datek** *m* Überschuß *m,* Mehr (-betrag *m) n; z* ~*datkiem* mit Zinseszins *(fig.);* **~dzierać** *(-am),* ⟨~edrzeć⟩ an-, einreißen; **~dzwiękowy** Ultraschall-.

nade *s. nad;* **~brać** *pf. s.* nadbierać; **~drzeć** *pf. s.* naddzierać.

nadejś|cie *n* [-'de-] *n (-a)* Ankunft *f,* Kommen *n,* Eintreffen *n;* Herannahen *n;* **~ć** *pf. s.* nadchodzić.

nadep|nąć [-'nɔntɛ] *pf.* (-nę), **~ta-** *pf.* treten (na A/auf A).

nader überaus, äußerst.

nade|rwać *pf. s.* nadrywać; **~rżnąć** *pf. s.* nadrzynać; **~słać** *pf. s.* nadsyłać.

nadetatowy [-d·e-] *(-wo) Beamte* ohne Planstelle, zusätzlich zum Stellenplan.

nadeżreć *pf. s.* nadżerać.

nadęt|ość [-'dɛn-] *f (-ści; 0)* Aufgeblasenheit *f;* Schwulst *m,* Bombast *m;* **~y** *s.* nadąsany, napuszony

nad|fioletowy, ~fiołkowy ultraviolett; **~garstek** *m (-tka; -tki)* Handwurzel *f;* **~gniwać** *(-am)* ⟨~gnić⟩ anfaulen; **~godzina** *f* Überstunde *f.*

nadgorliw|iec *m* Übereifrige(r) **~ość** *f* Übereifer *m;* **~y** übereifrig

nad|graniczny Grenz-, grenznah **~grobny** Grab-; **~gryzać** *(-am,* ⟨~gryźć⟩ anfressen; anbeißen; **~jeżdżać** *(-am),* ⟨~jechać⟩ (fahrend) ankommen, sich nähern **~kąsić** *pf.* (-szę) anbeißen; **~kłada** *(-am),* ⟨~łożyć⟩ (hin)zugeben; *~kła* dać drogi s. nadrabiać; **~krajać** **~krawać** *(-am),* ⟨~kroić⟩ anschnei den; **~kruszyć** *pf. v/t* abbröckeln **~kwasota** *f* Superazidität *f;* **~la** *pf. s.* nadlewać; **~latywać** *(-uję* ⟨~lecieć⟩ (her)an-, herbeifliegen (fliegend) ankommen; F heran brausen.

nadleśni|ctwo *n* Forstamt *n;* **~cz** *m* Oberförster *m,* Forstmeister *m.*

nadlew *m* (-u; -y) *Tech.* verlorene Kopf; **~ać** *(-am),* ⟨nadlać⟩ (ei wenig) abgießen.

nadliczb|owy *(-wo)* überzählig godziny ~owe = **~ówki** F *f/pl.* (-we* Überstunden *f/pl.* [sinnlich.

nadludzki übermenschlich; über **nadłam|anie** *n Med.* Infraktion *f* **~ywać** *(-uję),* ⟨~ać⟩ *v/t* anbrechen

nad|łożyć *pf. s.* nadkładać; **~man ganian** [-'ga-] *m (-u; -y) Chem* Permanganat *n;* **~marzać** [-r·z- *(-am),* ⟨~marznąć⟩ anfrieren, leich erfrieren; **~metraż** *m* überschüs siger Wohnraum; **~miar** [-'nad-] *r* (-u; -y) Zuviel *n,* Überschuß *m* Übermaß *n; w* ~*miarze* im Über fluß, überreichlich; **~mieni(a)ć** er wähnen, bemerken; **~mierny** über mäßig; überschüssig; *Adv. a.* allzu sehr; **~mistrz** *m* Obermeister *m.*

nadmorsk|i See-, Küsten-; *plaża*
~a Meeresstrand *m*.

nadmuch|iwać (-*uję*), ⟨~ać⟩ auf-
blasen; ~iwany aufblasbar, Luft-.

nad|murow(yw)ać (-[*w*]*uję*) an-
mauern, -bauen; ~nercze *n* (-*a*)
Anat. Nebenniere *f*.

nadobn|y † anmutig, schön; *odpła-*
cać pięknym za ~*e* Gleiches mit
Gleichem vergelten.

nad|obowiązkowy   freigestellt,
wahlfrei; über das (*Ablieferungs-*)
Soll gehend; *przedmiot -wy* Wahl-
fach *n*; ~olbrzym *m Astr.* Über-
riese *m*; ~palać (-*am*), ⟨~palić⟩
anbrennen, ansengen; ~pęknięty
Glas, Teller: mit e-m Sprung; ~pić
pf. s. *nadpijać*.

nadpięcie [-'pęŋ-] *n* (-*a*): ~ *przed-*
nie Mittelhand *f*; ~ *tylne* Mittelfuß
m.

nadpi|(ja)ć antrinken, etwas ab-
trinken; ~łow(yw)ać (-[*w*]*uję*) ansägen; anfeilen.

nadpis *m* (-*u*; -*y*) Überschrift *f*;
Titel *m*; ~(yw)ać überschreiben.

nad|planowy *s. ponadplanowy*; ~-
pleśniały angeschimmelt; ~pła-
cać (-*am*), ⟨~płacić⟩ überzahlen,
zuviel (be)zahlen; ~płata *f* Über-
(be)zahlung *f*; Mehrbetrag *m*;
~pływać, ⟨~płynąć⟩ heranschwim-
men, angeschwommen kommen;
Schiff, Boot: ankommen, sich nähern (*do* G/D); ~produkcja *f* (0)
Überproduktion *f*.

nadprogram *m* Beiprogramm *n*;
Zugabe *f zum Programm*; ~owy als
Zugabe; außerplanmäßig, zusätz-
lich.

nad|prokurator *m* Oberstaatsan-
walt *m*; ~próchniały etwas morsch;
~przewodność *f* Supraleitfähig-
keit *f*; ~przyrodzony übernatür-
lich; ~psuty angefault, zum Teil
verdorben.

nadr|abiać [-'ra-] (-*am*), ⟨~obić⟩
nacharbeiten; nachholen; *Verlust*
einholen; *Zeit* aufholen; anstük-
keln; anstricken; ~obić *drogi* e-n
Umweg machen.

nadrealizm *m* Surrealismus *m*.

nadruk *m* Aufdruck *m*; *Text.* Bedrucken *n*; ~ow(yw)ać (-[*w*]*uję*)
aufdrucken; bedrucken.

nad|rywać (-*am*), ⟨~erwać⟩ an-,
einreißen (*się* v/i).

nadrzeć *pf. s. drzeć in d. Bedeutung*

viel, reichlich, genug *usw.* (zer-)
reißen, spleißen *usw.*

nadrzewny Baum-.

nad|rzędny [-'ʒen-] übergeordnet,
ober-; ~rzynać (-*am*), ⟨~erżnąć⟩
an-, einschneiden; ~scenie [-'stse-]
n (-*a*) *Thea.* Schnürboden *m*; ~ska-
kiwać (-*uję*) (D) hofieren (A), F um
den Bart gehen (D); ~skakujący
[-'jɔn-] (-co) schmeichlerisch, süß-
freundlich; ~słuchiwać (-*uję*) horchen, lauschen; ~spodziewany
unverhofft, unerwartet; -*nie dobrze*
über Erwarten gut; ~stawi(a)ć (A
od. G) hinhalten, entgegenstrecken;
Ohren spitzen; *Kopf* riskieren;
~stawka *f Tech.* Aufsatz *m*; Ansatz
m, Verlängerungsstück *n*; ~syłać
(-*am*), ⟨~esłać⟩ (ein-, zu)senden;
~szarpać *pf.*, ~szarpnąć *pf.* erschüttern, zerrütten; *Vermögen*
(ver)mindern; ~sztukow(yw)ać
(-[*w*]*uję*) verlängern, ansetzen; ~
szybie [-'ʃi-] *n* (-*a*; G -*i*) *Bgb.*
Hängebank *f*; ~tapiać się [-'ta-]
(-*am*), ⟨~topić się⟩ einseitig (*od.*
zum Teil) schmelzen, zu schmelzen
beginnen; ~tlenek *m Chem.* Super-
oxyd *n*.

nadto überdies, außerdem; allzu;
aż ~ mehr als genug, über-.

nadtytuł *m* Überschrift *f*.

naduży|cie *n* Mißbrauch *m*; Ver-
untreuung *f*, Unterschlagung *f*; ~cie
podatkowe Steuerhinterziehung *f*;
~(wa)ć (G) mißbrauchen (A); über
Gebühr in Anspruch nehmen (A);
Geduld auf e-e harte Probe stellen;
~wać *alkoholu* übermäßig trinken;
~wanie *n* Mißbrauch *m*.

nad|waga *f* Übergewicht *n*; ~war-
tość *f* (0) Mehrwert *m*; ~ważać
(-*am*), ⟨~ważyć⟩ zuviel abwiegen;
~wątlać [-'vɔnt-] (-*am*), ⟨~wątlić⟩
(-*lę*) *Gesundheit* schwächen, erschüttern; ~werężać (-*am*), ⟨~we-
rężyć⟩ (-*ę*) verletzen, beschädigen;
allzu sehr strapazieren; ~wichnąć
[-'nɔnte] *pf.* (-*nę*) verstauchen;
~wiślański [-'laiś-] an der Weichsel gelegen, Weichsel-.

nadwo|dny Überwasser-; am Was-
ser gelegen; ~rny höfisch, Hof-;
lekuz ~ny Leibarzt *m*; ~zie ['vɔ-] *n*
(*a*; G -*i*) Karosserie *f*.

nadwrażliwy überempfindlich.

nadwyżka *f* (-*i*; G -*żek*) Überschuß
m; *engS.* Mehrertrag *m*; Überge-

wicht *n*; Mehrbetrag *m*; ~owy Mehr-, Über-, überschüssig.

nadwzroczność *f* (-*ści*; *0*) Med. Weitsichtigkeit *f*.

nady|mać (-*am*), ⟨*nadąć*⟩ aufblasen, (auf)blähen (się sich); *s. a.* dąsać się; ~mić *pf.* (-*ę*) vollrauchen, F -qualmen.

nadziać *pf. s.* nadziewać.

nadzie|ja *f* (-*ei*; -*e*, -*ei*) Hoffnung *f*; pełen ~i hoffnungsvoll; mieć ~ję hoffen; cień (od. iskra, promyk) ~i Hoffnungsschimmer *m*; † przy ~i Frau: guter Hoffnung; ~lać (-*am*), ⟨~lić⟩ (k-o ziemią j-m Land) zuteilen.

nadziem|ny [-d·'z-] oberirdisch; *Bgb.* über Tage; ~ski (-*ko*) überirdisch.

nadzie|nie *n* (-*a*) Füllsel *n*, Füllung *f*; ~wać (-*am*), ⟨*nadziać*⟩ Kochk. füllen (*I*/mit); aufspießen (się sich); ~wany gefüllt, mit Füllung; ~wka *f* (-*i*; *G* -*wek*) *s.* nadzienie.

nadziwić *pf.*: nie móc się ~ aus dem Staunen nicht herauskommen, sich (sehr) wundern (*D*/über *A*).

nadzmysłowy [-d·z-] übersinnlich.

nadzor|ca [-d·z-] *m* (-*y*; *G, A* -*ów*), ~czyni *f* (-*i*; -*e*, -*ń*) Aufseher(in *f*) *m*; ~czy Aufsichts-; ~ować (-*uję*) beaufsichtigen, überwachen.

nadzór [-d·z-] *m* (-*oru*; *0*) Aufsicht *f*, Überwachung *f*.

nadzwyczaj [-d·z-] *Adv.* äußerst, ausnehmend; ~ny außergewöhnlich, -ordentlich; außerplanmäßig; Sonder-; ~ne wydanie Extrablatt *n*; Sonderausgabe *f*.

nadzy *Psf. v.* nagi.

nadżer|ać [-d·ʒ-] (-*am*), ⟨*nadżreć*⟩ anfressen; ~ka *f* (-*i*; *G* -*rek*) Med. Erosion *f*.

nafcia|ny (Erd-)Öl-; ~rski Erdöl-, erdölverarbeitend; ~rz ['na-] F *m* (-*a*; -*e*) Erdölfachmann *m*; Ölfeldarbeiter *m*.

naft|a *f* (-*y*) Kerosin *n*, Petroleum *n*; *s. ropa*; ~alinowy: *kulki* -*we* Mottenkugeln *f/pl.*; ~ociąg *m* Ölleitung *f*, Pipeline *f*; ~owiec [-'tɔ-] F *m* (-*wca*, -*wcy*) *s.* nafciarz; ~owy Kerosin-, Petroleum-; (Erd-)Öl-; ~ówka F *f* (-*i*; *G* -*wek*) Petroleumlampe *f*.

nagab|ywać (-*am*), ⟨*nagąć*⟩ [-nɔŋtɛ] (-*nę*) belästigen, behelligen; *mit Fragen usw.* plagen.

nagadać F *pf.* e-e Menge erzählen; ~ głupstw Unsinn reden, quatschen; (*na A*) *j-n* ins Gerede bringen, *j-m* Übles nachsagen; ~ się nach Herzenslust schwatzen.

nagan|a *f* (-*y*) Tadel *m*, Rüge *f*; ~iacz ['ga-] *m* (-*a*; -*e*) (Zu-)Treiber *m*; (Kunden-)Schlepper *m*; ~iać, ⟨*nagnać*⟩ (zu)treiben; antreiben; Angst einjagen; ~ka *f* (-*i*; *G* -*nek*) *s.* nagonka; ~ny tadelnswert; tadelnd.

nagarn|iać [-'gar-] (-*am*), ⟨~*ąć*⟩ zusammenscharren, -schaufeln; auftürmen, -häufen, -schichten.

nag|i (*Psf.* nadzy; *Adv.* -*go*) nackt, bloß, entblößt; *Bäume, Hügel*: kahl; rozebrać się do ~a sich ganz ausziehen.

nagiąć (się) *pf. s.* naginać.

nagietek *m* (-*tka*; -*tki*) Ringelblume *f*.

nagi|ęcie [-'gˌeŋ-] *n* (-*a*) Neigung *f*, Beugen *n*; ~nać (-*am*), ⟨~*ąć*⟩ neigen, beugen (się sich); *fig.* anhalten (do *G*/zu); ~nać się fügen (in *A*).

nagl|ący [-'lɔn-] (-*co*) dringend, eilig; ~e *Adv. s.* nagly; ~ić (-*lę*) *s.* przynaglać; czas ~i die Zeit drängt.

na|głos *m* Gr. Anlaut *m*; ~głość *f* (-*ści*; *0*) Dringlichkeit *f*; Plötzlichkeit *f*; Hast *f*; ~głośnia *f Anat.* Kehldeckel *m*; ~główek *m* (-*wka*, -*wki*) Titelkopf *m*; Überschrift *f*; Schlagzeile *f*; Briefkopf *m*.

nagl|y (-*le*) plötzlich, schlagartig; dringend; z ~a *Adv.* plötzlich, unerwartet.

na|gminny alltäglich, (sehr) verbreitet; epidemisch; ~gnać *pf. s.* naganiać; ~gniotek *m* (-*tka*; -*tki*) Hühnerauge *n*.

nago *Adv. s.* nagi.

nagolennik *m* (-*a*; -*i*) *Sp.* (Schien-)Beinschützer *m*.

nagon|ić *pf. s.* naganiać; ~ka *f* (-*i*; *G* -*nek*) Treibjagd *f*; *fig.* Kesseltreiben *n*, Hetze *f*.

nagość *f* (-*ści*; *0*) Nacktheit *f*.

nagra|bić *pf.* zusammenrechen, -harken; durch Raub zusammentragen, anhäufen; ~ć *pf. s.* nagrywać; ~dzać (-*am*), ⟨*nagrodzić*⟩ belohnen; auszeichnen (*I*/mit); ~nie *n* (-*a*) Ton-, Band-, Schallplattenaufnahme *f*.

nagro|bek *m* (-*bka*; -*bki*) Grabmal

n, -stein *m*; ~bny Grab-; ~da *f* (-*y*) Belohnung *f*; (*Nobla, pocieszenia* Nobel-, Trost-)Preis *m*; ~da rzeczowa Sachprämie *f*; ~dzić *pf. s. nagradzać*; ~dzony preisgekrönt.

nagromadz|enie *n* (An-)Häufung *f*, Ansammlung *f*; Zusammenballung *f*; ~ić *pf. s. gromadzić.*

nagr(yw)ać (-[w]am) auf Band aufnehmen; *Platte* bespielen; *Ton* aufzeichnen.

nagry|zać (-am), ⟨~źć⟩ anbeißen; anfressen.

nagrzać (się) *pf. s. nagrzewać.*

nagrzew|acz *m* (-*a*; -*e*) Erhitzer *m*; Heizgerät *n*; ~acz akumulacyjny Nachtspeicherofen *m*; ~ać (-am), ⟨*nagrzać*⟩ erwärmen, erhitzen (się sich); *vgl.* grzać; ~anie *n* Erwärmung *f*, Erhitzung *f*; Beheizung *f*; ~nica *f* (-*y*; -*e*) Erhitzer *m*.

nagus F *m* (-*a*; -*y*) Nackte(r); *na* ~ nackt; *a.* ~ek F *m* (-*ska*; -*ski*) Nackedei *m*, Nacktfrosch *m*; ~ieńki F (-*ko*) splitternackt.

naigrawa|ć się (-*am*) sich lustig machen (z *G*/über *A*); ~nie (się) *n* (-*a*) s. *drwina*. [plustern.]

naindyczyć się F *pf.* (-*ę*) sich auf-]

naiwnia|ctwo F *n* (-*a*; *0*) Einfalt *f*; ~czek F *m* (-*czka*; -*czki*), ~k F *m* (-*a*; -*i*) Waisenknabe *m*, Einfaltspinsel *m*.

naiwn|ość *f* (-*ści*; *0*) Naivität *f*; ~y naiv, treuherzig.

na|jadać się, ⟨~jeść się⟩ sich satt essen, F sich vollessen; F (*G*) *Angst* ausstehen; *vor Scham* vergehen; ~jazd *m* (-*u*, L -*jeździe*; -*y*) (feindlicher) Einfall, Streif-, Raubzug *m*; ~jać *pf. s. najmować*; ~jądrze [-'jon-] *n* (-*a*) *Anat.* Nebenhoden *m*.

naj|bardziej *Adv.* am meisten, zumeist, meist-; ~bliżej *Adv.* nächst-, am nächsten; ~bliższy nächst-, am nächsten (gelegen); ~częściej *Adv.* am häufigsten, zumeist, meistens; ~dalej *Adv.* am weitesten; spätestens; (*zeitl. in d. Vergangenheit*) höchstens; ~dalszy am weitesten (gelegen, entfernt), fernste(r); äußerste(r); ~dłuższy [-ʃ:ɨ] längste(r).

naje|chać *pf. s. najeżdżać*; ~dzony satt, F voll.

najem *m* (*jmuy, jmuy*) Verleih *m*, Vermietung *f*; Miete(n *n*) *f*; Dingen *n*, Anheuern *n*; (*od)dać (od. wziąć) w ~ s.* (*wy)najmować; umowa*

o ~ Mietvertrag *m*; Anstellungsvertrag *m*; ~ca *m* (-*y*; *G, A -ów*) Mieter *m*; Pächter *m*; ~nica *f* (-*y*; -*e*) Tagelöhnerin *f*, Magd *f*; ~nik *m* (-*a*; -*cy*) Tagelöhner *m*, Knecht *m*; Mietling *m*; Söldner *m*; ~ny gemietet, Miet-; gedungen; *praca* ~na Lohnarbeit *f*; *wojsko* ~ne Söldnertruppe *f*.

najeźdź|ca [-ɕ:tsa] *m* (-*y*; *G, A -ów*) Eindringling *m*, Aggressor *m*; ~czy Invasions-, Raub-.

najeż *m* (-*a*; -*e*) *Zo.* Kofferfisch *m*; ~ać (-am), ⟨~yć⟩ sträuben (się sich).

naje|żdżać (-am), ⟨~chać⟩ (na *A*) auffahren (auf *A*), fahren (gegen *A*), überfahren (*A*); (*L*) *Land* überfallen, mit Krieg überziehen; ~chało gości es kam e-e Menge Gäste.

najeż|ony gesträubt; *fig.* (voll)gespickt (*I*/mit); ~yć *pf. s. najeżać.*

najęty [-'jen-] gemietet, gedungen; F *jak* ~ *schreien* wie am Spieß; *lügen* daß sich die Balken biegen.

najgorętszy [-'rɛnt:ʃɨ] (-ęcej) *fig.* innigst.

najgorsz|y *Komp.* schlechteste(r), schlimmste(r); *w* ~ym *razie* schlimmstenfalls; *Su.* ~e *n* (-*ego*; *0*) das Schlimmste.

naj|gorzej *Adv.* am schlimmsten; ~lepiej *Adv.* am besten.

najlepsz|y beste(r); *w* ~ym *razie* bestenfalls; *Su.* ~e *n* (-*ego*; *0*) das Beste; *wszystkiego* ~ego! herzlichen Glückwunsch!; F *w* ~e als ob nichts geschehen wäre.

najmniej *Adv.* am wenigsten; *co* ~ zumindest, mindestens, wenigstens; *jak* ~ so wenig wie möglich; ~szy kleinste(r), geringste(r), mindest-.

najmo|biorca *m* (-*y*; *G, A -ów*) Mieter *m*; ~dawca *m* Vermieter *m*, Verleiher *m*; ~wać (-*uję*), ⟨*nająć*⟩ (-*jmę*) mieten, (aus)leihen; dingen, anwerben, anheuern; ~wać się sich verdingen.

naj|niższy [-ʃʃɨ] niedrigste(r); ~nowszy (aller)neueste(r), letzte(r); ~odleglejszy *s. najdalszy*; ~pewniej *Adv.* am sichersten; ~pierw *Adv.* zu(aller)erst, vor allem; ~prawdopodobniej *Adv.* am wahrscheinlichsten; ~prędzej *Adv.* jak -ej so schnell (*od.* bald) wie möglich; ~rozmaitszy [-t:ʃɨ] verschiedenste(r), allerlei.

najspieszniej: *jak* ~ *so schnell wie möglich.*

najspokojniej: ~ *w świecie seelenruhig.*

najstarszy älteste(r).

najś|cie ['na-] *n* (*-a*) Überfall *m*; ungebetener Besuch; ~cie domu Hausfriedensbruch *m*; ~ć *pf. s. nachodzić.*

naj|świeższy [-ʃʃ̡i] frischeste(r); neueste(r), letzte(r); ~świętszy [-'ɕvɛntʃi] heilig(ster); ~ważniejszy wichtigste(r); ~wcześniej *Adv.* frühestens; ~więcej *Adv.* am meisten, meist-; Meist-; ~większy größte(r); ~wyżej *Adv.* am höchsten, höchst; (*co ~wyżej*) höchstens; allenfalls; ~wyższy höchste(r); maximal; ~zupełniej *Adv.* ganz (und gar).

nakadzić *pf.* Zimmer vollrauchen, -qualmen, F die Luft verpesten.

nakaz *m* (*-u*; *-y*) Befehl *m*; Gebot *n*; ~ *pracy* Arbeitszuweisung *f*; ~ *stawienia się do służby wojskowej* Gestellungsbefehl; ~ać *pf. s. nakazywać*; ~ujący ['-jɔn-] (*-co*) gebieterisch; ~ywać (*-uję*), ⟨~ać⟩ befehlen, anordnen, vorschreiben; gebieten (*ratsam sein*).

nakle|jać (*-am*), ⟨~ić⟩ auf-, ankleben; ~jka *f* (*-i*; *G -jek*) Aufkleber *m*.

nakład *m* (*-u*; *-y*) (*Arbeits-, Zeit-*) Aufwand *m*; Typ. Auflage *f*; ~em (*G*) im Verlag ...; ~y pl. Kostenaufwand; ~ać (*-am*), ⟨nałożyć⟩ auflegen; aufladen; Strafe verhängen; Pflicht auferlegen; Bajonett aufpflanzen; Verband, Kleid anlegen; ~any aufgesetzt, aufgenäht; ~ca *m* (*-y*; *G -ów*) Verleger *m*; ~ka *f* (*-i*; *G -dek*) Lasche *f*; Belag *m*; ~owy: księgarnia ~owa Verlagsbuchhandlung *f*.

nakł|amać *pf. j-m et.* vorlügen; ~aniać, ⟨~onić⟩ bewegen, überreden, bringen (*do G/zu*); ~aść *pf. s. nakładać*; ~ucie *n* Einstich *m*; Med. Punktur *f*; ~uwać (*-am*), ⟨~uć⟩ anstechen; tätowieren; aufspießen; Med. punktieren.

nako|lannik *m* (*-a*; *-i*) Knieschützer *m*; ~pcić *pf. s. nakadzić*; ~stnik *m* (*-a*; *-i*) Sp. Knöchelschutz *m*; ~stny Med. Knochen-.

nakr|apiać [-'kra-] (*-am*), ⟨~opić⟩ besprengen, bespritzen; ~apiany gesprenkelt; ~aść *pf.* zusammen-

stehlen; ~eślać (*-am*), ⟨~eślić⟩ aufzeichnen.

nakrę|cać [-'krɛn-] (*-am*), ⟨~cić⟩ Uhr aufziehen; Nummer wählen; Mutter aufschrauben; Film drehen; F *j-n* anstiften; (*nur pf.*) ein krummes Ding drehen; ~canie *n* (*-a*; *0*) Aufziehen *n*; (*Film-*)Dreharbeiten *f/pl.*, Drehen *n*; ~cany Aufzieh-; ~tka *f* (*-i*; *G -tek*) (*skrzydełkowa* Flügel-)Mutter *f*.

nakropić *pf. s. nakrapiać*.

nakry|cie [-'krɨ-] *n* (*-a*) Abdeckung *f*; Hülle *f*, Bedeckung *f*; Tafelgeschirr *n*; Gedeck *n*, Kuvert *n*; ~wa *f* (*-y*) Abdeckplatte *f*; Haube *f*; ~wać (*-am*), ⟨~ć⟩ ab-, be-, zudecken (*się sich*); (*do stołu* Tisch) decken; F *fig.* ertappen; ~wka *f* (*-i*; *G -wek*) Deckel *m*.

naku|pować, ⟨~pić⟩ viel (alles mögliche, e-e Menge) (ein)kaufen; ~rzyć *pf.* vollstauben, viel Staub aufwirbeln; *s. nakadzić*.

na|kwasić *pf. in* Essig einlegen; ~lać *pf. s. nalewać*; ~lany voll(gegossen); *fig.* aufgedunsen, dick; *s. nabiegać*; ~latywać (*-uję*), ⟨~lecieć⟩ (in Schwärmen) heran-, hereinfliegen; *fig.* rasen, prallen (*na A*/gegen *A*).

nale|ciałość *f* (*-ści*) Spur *f*; fremdes Element *in* e-r Sprache; ~cieć *pf. s. nalatywać*; ~gać (*-am*) (*na A*) bestehen, beharren (auf *A*); drängen, dringend auffordern (*A*, *daß*); ~gający ['-jɔn-] (*-co*) eindringlich; ~piać [-'lɛ-] (*-am*), ⟨~pić⟩ an-, aufkleben; ~pka *f* (*-i*; *G -pek*) Aufkleber *m*; ~śnik *m* (*-a*; *-i*) Eierkuchen *m*, Plinse *f*; ~wać (*-am*), ⟨nalać⟩ (ein)gießen; vergießen; ~wka *f* (*-i*; *G -wek*) Fruchtlikör *m*, Aufgesetzte(r); Med. Tinktur *f*.

na|leżeć (an)gehören (*do G/D*, zu); obliegen (*do G/D*); ~żeć się zustehen, zukommen, gebühren; ~ży (*się*) man muß, man soll(te); *jak ~ży* wie es sich gehört; *ile się panu ~ży?* wieviel bekommen Sie? ~żność *f* (*-ści*) fälliger (*od.* zustehender) Betrag, Forderung *f*, *pl. a.* Außenstände *m/pl.*; ~żny zustehend; gebührend; ~żytość *f* (*-ści*) *s.* należność; ~żyty (*-cie*) nötig, recht, richtig, gehörig; angemessen.

na|liczyć *pf.* zählen (*G/A*); ~lot *m* Anflug *m*, Hauch *m*; (*Rost-*)Haut *f*;

Med. Belag *m*; *Flgw.* (*bombowy* Bomben-)Angriff *m*; **~lutow(yw)ać** (-[*w*]*uję*) auflöten.

ała|dowany (voll)geladen; vollgestopft (*I*/mit); **~pać** *pf.* (viel, e-e Menge) (ein)fangen (*G*/*A*); **~zić** F *v*/*t* belästigen, behelligen.

ałogow|iec [-'go-] *m* (-*wca*; -*wcy*) (*Rauchgift-*)Süchtige(r); (*Rauch-*) heitstrinker *m* od. -raucher *m*; **~o** *Adv.* gewohnheitsmäßig; **~y** (-*wo*) Gewohnheits-; **~y** *karciarz* passionierter Kartenspieler; **~y** *pijak* Trinker *m*, Alkoholiker *m*.

ało|kietnik *m* (-*a*; -*i*) *Sp.* Ell(en)- bogenschutz *m*; **~żnica** *f* (-*y*; -*e*) Konkubine *f*; **~żyć** *pf. s. nakładać*.

ałóg *m* (-*ogu*; -*ogi*) Sucht *f*; üble Gewohnheit, Hang *m*.

ałykać się *pf.* viel schlucken (müssen) (*G*/*A*); P *a.* sich vollaufen lassen; F **~ strachu** große Angst ausstehen.

am (*D v.* my) uns.

amacać| *ć pf.* ertasten; **~lny** tastbar; *fig.* greifbar; untrüglich, schlagend.

amarznąć się [-r-z-] *pf.* lange frieren (müssen).

amaszcz|ać (-*am*), ⟨*namaścić*⟩ (ein)salben; ölen; **~enie** *n* (-*a*; 0) Salbung *f*; z **~eniem** salbungsvoll; andächtig.

a|mawiać, ⟨**~mówić**⟩ (do *G*) überreden, ermuntern (zu); anstiften, anstacheln (zu); *dać się* **~mówić** sich überreden lassen; **~mazać** *pf. s.* (*po*)*smarować*; **~męczyć** *pf.* lange quälen (się sich).

ami *I v.* my; z **~** mit uns.

amia|r ['na-] *m* (-*u*; -*y*) Peilung *f*; **~rowy** Peil-; **~stka** *f* (-*i*; *G* -*tek*) ⟨*kawy* Kaffee-⟩Ersatz *m*.

amie|rnik *m* Peilgerät *n*; **~rzać** (-*am*), ⟨*~rzyć*⟩ abmessen; (an)peilen; **~rzanie** *n* (-*a*) (An-)Peilung *f*. **~stnik** *m* (-*a*; -*cy*) Statthalter *m*.

amię|kać [-'mięŋk-] (-*am*), ⟨*~knąć*⟩ weich werden, erweichen; **~tność** *f* (-*ści*) Leidenschaft *f*; **~tny** leidenschaftlich; *engS. a.* passioniert. **[~owy** Zelt-⟩.

amiot ['na-] *m* (-*u*; -*y*) Zelt *n*;⟩

a|młócić *pf.* (aus)dreschen; **~mnożyć** *pf.* sehr vermehren (się [·]·]·]; ·uuuh·iu·iu·ii· w (·G· ·ii· w·iiiiipiuuli· von), **~moczyć** *pf.* einweichen; **~moknąć** *pf.* durchweichen, durch- näßt werden.

---

namordować *pf.* (massenweise) (er)morden; **~** się sich lange (ab)geplagt haben; sich müde arbeiten.

namorzyn *m* (-*a*; -*y*) Mangrove *f*.

namow|a *f* Überredung *f*; Anregung *f*; Anstiftung *f*; Stimme *f des Herzens*; *ulec ~om* (*G*) *j-s* Überredungskunst erliegen.

namówić *pf. s. namawiać*.

namu|lać (-*am*), ⟨*~lić*⟩ (-*lę*) anschlämmen; **~lisko** *n* (-*a*), **~ł** *m* Anschlämmung *f*; Schwemmland *n*.

namydl|ać (-*am*), ⟨*~ić*⟩ einseifen.

namy|sł *m* (-*u*; 0) Überlegung *f*; *bez ~słu* unüberlegt; ohne lange zu überlegen; *czas do ~słu* Bedenkzeit *f*; **~ślać się** (-*am*), ⟨*~ślić się*⟩ überlegen, nachdenken; sich bedenken.

nanieść *pf. s. nanosić*.

nanos *m* (-*u*; -*y*) Anschwemmung *f*, **~ić**, ⟨*nanieść*⟩ ['na-] (viel) herbeiholen, -schleppen, zusammentragen (*G*/*A*); *auf e-r Karte* einzeichnen, eintragen; *Wasser:* Sand anschwemmen, ablagern; *Wind:* Schnee, Sand auftürmen, häufen; *Vögel:* Eier legen.

nań = *na niego*.

nao|bie(cy)wać *pf.* e-e Menge (*od.* allerhand, viel) versprechen; **~bijać się** F *pf.* (genug, viel) herumgekommen sein (po świecie in der Welt); **~cznie** [-'ɔtʃ-] *Adv.* mit eigenen Augen, selbst; **~czny** augenfällig; *s.* świadek.

na|około *Prp.* (*G*) (rings) um (*A*); *Adv.* rings(her)um; **~opowiadać** *pf.* viel (alles Mögliche) erzählen (*k-u G*/*j-m A*); **~orać** *pf.* viel gepflügt haben; **~orać się** F *fig. s.a.* natyrać się; **~owocnia** *f* *Bot.* Fruchtgehäuse *n*; **~ówczas** zu jener Zeit, damals.

napa|d *m* (-*u*; -*y*) (*bandycki* Raub-) Überfall *m*; (*Husten-*, *Wut-*)Anfall *m*; *Sp.* Angriff *m*, Sturm *m*; *niespodziewany* **~d** Handstreich *m*; **~d** *gorączki* Fieberschub *m*; **~dać**, ⟨*~ść*⟩ *Wut usw.*: (plötzlich) ergreifen, packen; (*na A*) überfallen (*A*); angreifen (*A*); **~ść** znienacka *a.* überrumpeln; **~dało** (dużo) śniegu es ist viel Schnee gefallen; **~dowy** *Med.* anfallweise auftretend, paroxysmal; **~kować** *pf.* vollpacken, -stopfen (*unpers.*) **~koWać się** (do *G*) gedrängt voll sein; **~lać** (-*am*), ⟨*~lić*⟩ (an)heizen; *s. nakadzić*.

napalmowy Napalm-.

na|palowisko n (-a) Pfahlbau m; **~par** m (-u; -y) Aufguß m.

naparst|ek m (-tka; -tki) Fingerhut m; **~nica** f (-y; -e) Bot. Fingerhut m.

naparz|ać (-am), ⟨~yć⟩ aufbrühen, -gießen; Tech. abbrühen; dämpfen; **~ać się** Tee: ziehen; P fig. sich prügeln.

napaskudzić P pf. (alles) vollschmieren, besudeln, P verdrecken.

napast|liwy (-we) aggressiv, streitsüchtig; Kritik, Ton: boshaft, gehässig; **~niczy** Aggressions-, Invasions-; **~nik** m (-a; -cy) Angreifer m; Sp. Stürmer m; **~ować** (-uję) angreifen, bekämpfen; belästigen, verfolgen (k-o I/j-n mit); plagen.

napaść¹ pf. s. napadać, paść.

napaść² f (-ści, -ści) Überfall m; fig. Attacke f; s. napad.

napat|aczać F (-am), ⟨~oczyć się⟩ (-ę) auftauchen, über den Weg laufen; Gelegenheit: sich bieten, kommen; ⟨~rzeć pf., ~rzyć pf.: nie móc się ~rzeć/~rzyć sich nicht satt sehen können (na A/an D).

napawa|ć (-am) (er)füllen (I/mit); **~ć oczy** (od. wzrok) widokiem (G) sich an dem Anblick (G) weiden; **~ć się** (I) sich weiden (an D), genießen (A).

napcha|ć pf. s. napychać; **~ny** F proppenvoll.

napeln|iać [-'pew-] (-am), ⟨~ić⟩ (auf-, voll)füllen (się sich; I/mit); fig. a. mit Duft usw. erfüllen; **~i(a)ć zbiornik paliwem** (auf)tanken.

napęd m (tylny, na przednią oś, na wszystkie koła Heck-, Front-, Allrad-)Antrieb m; **~owy** Treib-, Antriebs-.

napędz|ać (-am), ⟨~ić⟩ zusammentreiben; (do G) zur Arbeit antreiben; (G) Angst einjagen; (nur impf.) Tech. antreiben; **~ający** [-'jon-] Antriebs-, Treib-; **~any** Tech. (an)getrieben.

na|piąć pf. s. napinać; **~pić się** pf. (G) s. pić; **~pierać** (-am), ⟨~przeć⟩ (na A) drücken (auf A), bedrängen (A); drängen, **~piersny** Brust-.

napię|cie [-'pɛn-] n (-a) Spannen n; Spannung f (a. El.); Med. Tonus m; Streß m; w ~ciu gespannt; **~stek** [-'pɛ̃-] m (-tka; -tki) Handwurzel f; **~tek** [-'pɛn-] m (-tka; -tki) (Strumpf-)Ferse f; (Schuh-)Fersen-

kappe f; Anat. Sprungbein n; **~ty** gespannt; angespannt.

napin|acz m (-a; -e) Spanner m Spannvorrichtung f; Anat. Streck-Spannmuskel m; **~ać** (-am), ⟨na piąć⟩ [-pɔntɛ] (-pnę) (an)spannen (się sich).

napis m (-u; -y) Aufschrift f; In schrift f; (Film-)Untertitel m.

napi|tek m (-tku; -tki) Trank m Trunk m; **~wek** m (-wku; -wki Trinkgeld n.

na|pletek m (-tka; -tki) Anat. Vor haut f; **~płakać** pf. s. kot.

napływ m (-u; -y) Ansammlung f Med. Andrang m; fig. Zustrom m Woge f, Welle f e-s Gefühls; **~ać** ⟨~nąć⟩ (ein)dringen; hinein fließen; Wolken: aufkommen Nachrichten, Geld: (zu)fließen, ein treffen; Zuschauer: (herbei)strö men; Gedanken: kommen, bedrän gen; Blut: ins Gesicht schießen Tränen: in d. Augen treten; **~ać** (I sich füllen (mit); **~owy** zugewan dert; Geol. alluvial.

napo|cić się pf. viel schwitzen müs sen (przy L/bei); **~czynać**, ⟨~cząć⟩ anbrechen; engS. Flasche öffnen Faß anstechen; Brot anschneiden **~kładowy** Mar., Flgw. Bord-.

napom|inać (-am), ⟨~nieć⟩ [-'po (-mnę) ermahnen; **~knięcie** [-'nɛn n (-a) Erwähnung f, Bemerkung f Andeutung f; **~nieć** pf. s. napo minać; **~nienie** n (-a) Ermahnun f; **~powąć** pf. auf-, vollpumpen **~ykać**, ⟨~knąć⟩ (o L) (beiläufig erwähnen (A); andeuten (A).

napo|rowy Tech. Druck-; **~tny** schweißtreibend; **~t(y)kać** (-am) v begegnen (D), stoßen (auf A) **~wietrzny** El., Tech. oberirdisch Ober-; kolej -na Hochbahn f **~życzać** pf. (sich) zusammenbor gen; e-e Menge ver-, ausleihen.

na|pój m (-oju; -oje, -oi/-ojów (chłodzący Erfrischungs-)Geträn n; **~pór** m (-oru; 0) Druck m Wucht f; Andrang m.

napra|cować się pf. viel arbeiten, sich abrackern (müssen); sich müd arbeiten; **~szać się** (-am) sich auf drängen; **~wa** f (-y) Ausbesserun f, Reparatur f, Instandsetzung f Besserung f; dać do **~wy** repariere lassen; **~wczy** Reparatur-; **~wd** Adv. tatsächlich, wahrhaftig.

naprawi|ać [-'pra-] *(-am)*, ⟨~ić⟩ ausbessern, reparieren; (ver)bessern (*się* sich); (wieder)gutmachen; **~alny** reparabel; **~enie** *n (-a; 0) s. naprawa*; Wiedergutmachung *f.*

naprędce [-'prent:sɛ] *Adv.* eilig, rasch, F auf die Schnelle.

napręż|acz *m (-a; -e, -y) s. napinacz*; **~ać** *(-am)*, ⟨~yć⟩ *s. napinać*; **~enie** *n (-a; 0)* Spannung *f*; Anspannung *f*; **~ony** gespannt.

napromieni|ać [-'mę-] *(-am)*, ⟨~ć⟩ (*-ę*) bestrahlen; **~enie** *n*, **~(ow)anie** *n (-a)* Bestrahlung *f.*

naprowadz|ać *(-am)*, ⟨~ić⟩ führen; einweisen; lenken; **~ać** *na myśl* den Gedanken eingeben; *s. trop.*

naprzeciw *Prp.* (G, D) gegenüber (D); *Adv.* entgegen; *wyjść ~* entgegengehen, -kommen; **~ko** gegenüber (G/D); *z ~ka* von drüben; **~legły** *Bot.* gegenständig.

naprze|ć *pf. s. napierać*; **~mianległy** Wechsel-.

naprzód *Adv.* nach vorn; zuerst, zuvor; im voraus; *iść ~* voran-, vorausgehen; *głową ~* kopfüber.

naprzykrz|ać się *(-am)*, ⟨~yć się⟩ (D) sich aufdrängen (D), stören, belästigen (A); *engS.* betteln (*o A/* um A); **~ony** lästig; zudringlich.

naprzy|nosić *pf.* viel zusammentragen, holen, anbringen; **~wozić** *pf.* viel anfahren, mitbringen.

napu|chać *(-am)*, ⟨~chnąć⟩ *s. nabrzmiewać*; **~szać** *(-am)*, ⟨~szyć⟩, (-ę) *Federn, Fell* sträuben; ⟨~szyć *się*⟩ sich aufplustern (*a.* F *fig.*); **~szczać**, ⟨~ścić⟩ (her-, hin)einlassen; imprägnieren, (durch)tränken (*I/* mit); F (auf)hetzen; **~szoność** *f (-ści; 0) s. nadętość*; **~szony** aufgeblasen; schwulstig, bombastisch.

nap(y)chać *(-am)* (hinein-, voll-) stopfen; *~ się* vollstopfen; sich (hinein)drängen.

napytać F *pf. ~ sobie, ~ się* (G) sich einbrocken; *Krankheit* einfangen; bekommen.

nara|chować *pf. s. naliczyć*; **~da** *f* Besprechung *f*, Beratung *f*; **~da wojenna** Kriegsrat *m*; **~dzać się** *(-am)* ⟨~dzić się⟩ (nad I) (sich) beraten (über A), besprechen (A); *jąć* F (*am*), ⟨~dzić⟩ andienen, zuschanzen; **~miennik** *m (-a; -i) Mil.* Schulterklappe *f.*

narasta|ć *(-am)*, ⟨narosnąć⟩ an-

wachsen; sich verstärken, sich steigern; **~jący** [-'jɔn-] anwachsend; immer stärker werdend; *Hdl., Fin.* kumulativ.

naraz plötzlich, auf einmal; gleichzeitig.

nara|żać *(-am)*, ⟨~zić⟩ *j-n* aussetzen, preisgeben (*na A/D*); riskieren, wagen; **~zić** *na kłopoty j-m* Ungelegenheiten bereiten; **~żać** *na niebezpieczeństwo* gefährden; **~żać** ⟨~zić⟩ *się* (*na A*) sich aussetzen (D); (D) Mißfallen erregen, F anecken (bei); **~żenie** *n (-a; 0):* **z ~żeniem** *życia* unter Lebensgefahr.

narciar|ka *f (-i; G ~rek)* Schisportlerin *f*, -läuferin *f*; F *a.* Schimütze *f*; *pl.* F *a.* Schistiefel *m/pl.*; **~ski** Ski-, Schi-; **~stwo** *n (-a; 0)* Ski-, Schisport *m.*

narciarz ['nar-] *m (-a; -e)* Schisportler *m*, -läufer *m.*

narcyz *m (-a; -y)* Narzisse *f*; **~m** *m (-u; 0)* Narzißmus *m.*

nareszcie [-'rɛ-] *Adv.* endlich.

naręcz|e [-'rɛn-] *n (-a; G ~y)* Armvoll *m*; **~ny** *s.* zegarek.

narko|man *m (-a; -i) (Drogen-)* Süchtige(r), Suchtkranke(r); **~mania** *f* Rauschmittel-, Rauschgiftsucht *f*; **~tyczny** narkotisch; *fig.* betäubend; **~tyk** *m (-u; -i)* Narkotikum *n*, Rauschmittel *n*; *engS.* Rauschgift *n.*

narkotyz|acja *f (-i; -e)* Narkotisieren *n*; Drogenkonsum *m*, Rauschmittelmißbrauch *m*; **~ować** ⟨z-⟩ (-*uję*) narkotisieren, betäuben; **~ować** *się* Drogen *od.* Rauschgift(e) nehmen; **~ujący** [-'jɔn-] *(-co)* narkotisch.

narkoza *f (-y)* Narkose *f.*

narobić *pf.* (in Mengen) produzieren, herstellen (G/A); *Schaden* verursachen; *Kummer* bereiten; *Lärm* machen; F *~ się s. napracować się.*

narodow|iec [-'dɔ-] *m (-wca; -wcy)* Nationalist *m*; Mitglied *n* der Volkspartei; **~ość** *f (-ści)* Nationalität *f*, Volkszugehörigkeit *f*; **~ościowy** Nationalitäts-; *państwo* -we Vielvölkerstaat *m*; **~owyzwoleńczy:** *walka* -*cza* Volksbefreiungskampf *m*; **~y** national, völkisch, Volks-.

narodz|enie *n s. Boży*; **~iny** *pl.* (-) Geburt *f.*

naro|snąć pf. s. narastać; **~st** m (-u; -y) Bot. Epiphyt m; a. = **~śl** f (-i; -e) Beule f, Knoten m; Wucherung f.

narowi|ć się ‹z-› (-ę, -rów!) störrisch sein, sich widerspenstig zeigen; **~sty** (-ście) störrisch.

naroż|e n (-a; G -y) Ecke f; Arch. Grat m; **~nik** m (-a; -i) Ecke f; Eckstück n, -stein m; Eckhaus f; **~n(ik)owy** Eck-.

naród m Volk n, Nation f.

narów m Unart f, schlechte (An-)Gewohnheit.

narrator m (-a; -rzy) Erzähler m; **~ski** erzählerisch.

nart|a f (-y) (biegowa Langlauf-)Ski m, Schi m; Flgw. Schneekufe f; na-po-~ach Après-Ski; **~ostrada** f (-y) Skipiste f.

narusz|ać, ‹~yć› Recht antasten; Grenze verletzen; Wort, Vertrag brechen; Ruhe stören; Vorrat usw. angreifen; Siegel erbrechen; Geheimnis verraten.

naruszenie n Verstoß m (G/gegen A); (Pflicht-)Verletzung f; (Vertrags-)Bruch m; ~ porządku publicznego öffentliche Ruhestörung; ~ stanu posiadania Vermögensdelikt n.

narwa|ć pf. s. rwać; F **~ć się** geraten (na A/an A); **~niec** [-'rva-] F m (-ńca; -ńcy) Brause-, Hitzkopf m; **~ny** F fig. verrückt, toll.

narybek m (-bku; 0) Fischbrut f; fig. Nachwuchs m.

narząd [-ʒɔnt, -ndu] m (-u; -y) Organ n; **~owy** Organ-.

narzecze n (-a; G -y) Dialekt m.

narzecze|ni pl. (-onych) Verlobte(n) pl., Brautpaar n; **~ński** [-'tʃeĩs-] Verlobungs-; **~ństwo** n (-a; 0) Brautstand m; Verlobungszeit f.

narzeczon|a f (-ej; -e) Verlobte f, Braut f; **~y** m (-ego; -eni) Verlobte(r).

narzekać (-am) (sich be)klagen, stöhnen (na A/über A).

narzędnik [-'ʒɛn-] m (-a; -i) Gr. Instrumental m.

narzędzi|e [-'ʒɛŋ-] n (-a; G -i) Werkzeug n; mst fig. Instrument n; **~e pracy** Arbeitsgerät n; Arbeitsmittel n; **~e zbrodni** Tatwerkzeug; **~owiec** [-'dʒɔ-] m (-wca; -wcy) Werkzeugmacher m; **~owy** Werkzeug-; Geräte-.

narznąć pf. s. narzynać.

narzuc|ać, ‹~ić› (hinein)werfen; Sand usw. (hinein)schaufeln, aufladen; Mantel überwerfen; j-m et. aufzwingen, F aufhalsen; **~ać się** sich aufdrängen.

narzut m Hdl. Aufschlag m; Arch. Anwurf m; **~a** f (-y) Bett- od. Couch-, Divandecke f; **~ka** f (-i; G -tek) Umhang m; **~nik** m Geol. Findling m.

na|rzynać (-am), ‹~rznąć, ~rżnąć› viel schneiden; einschneiden, -kerben; vgl. nacinać; **~rzynka** f (-i; G -nek) (Gewinde-)Schneideisen n.

nas (G, A v. my) uns.

nasad|a f (-y) Fuß m; Ansatz m; Aufsatz m; Bot. Blattgrund m; **~o** języka Anat. Zungenwurzel f; **~ka** f (-i; G -dek) Aufsatz m; Ansatzstück n, -rohr n; Vorsatz m; El. (Pol-)Schuh m; **~kowy**: soczewka -wa Fot. Vorsatzlinse f; **~owy**: klucz **~owy** Steckschlüssel m.

nasadz|ać, ‹~ić› aufsetzen, -stekken; ansetzen; mit e-m Stiel versehen; Bäume anpflanzen; Bajonett aufpflanzen; Henne brüten lassen.

nasącz|ać (-am), ‹~yć› tröpfeln; tropfenweise (ein)gießen; langsam füllen.

nasenny: środek **~** Schlafmittel n.

nasercowy: środek **~** Herzmittel n.

nasępi|ać [-'sɛm-] (-am), ‹~ć› (-ę) Stirn runzeln; **~(a)ć się** finster (drein)blicken; **~ony** finster, mürrisch.

nasiad [-na-] m Agr. Brutraum m; **~ka** f (-i; G -dek) brütender Vogel; engS. Bruthenne f; **~owy**: kąpiel -wa = **~ówka** f (-i; G -wek) Sitzbad n.

nasiąk|ać, ‹~nąć› sich vollsaugen, durchtränkt werden (I/mit); **~liwość** f (-ści; 0) Saugfähigkeit f.

na|siec ['na-] pf. s. (na)siekać; **~siedzieć się** pf. lange (genug) gesessen haben; **~siekać** pf. (klein-)hacken.

nasien|ie n (-a; -siona, -sion) Same(n) m; pl. a. Sämereien f/pl.; **~iowód** m (-odu; -ody) Anat. Samenleiter m; **~ne** pl. (-ych) Samenpflanzen f/pl.; **~nia** [-'ɕɛɲ:a] f (-i; -e, -i) Bot. Samengehäuse n; **~nictwo** n (-a) Samenzucht f; **~niczy** Saatzucht-; **~nik** m (-a; -i) Agr. Samenträger m; **~ny** Saat-, Samen-.

nasil|ać się (-am), ‹~ić się› sich

verstärken, zunehmen, anwachsen; **~enie** n (-a) Anwachsen n; Dichte f, Intensität f; (Wind-, Laut-) Stärke f; Med. Verschlimmerung f.

nasion|a pl. v. nasienie; **~ko** n (-a; -nek), **~o** n (-a; G –) Samenkorn n.

nask|akiwać (-uję), ⟨**~oczyć**⟩ (na A) aufprallen (auf A), prallen (gegen A); Schiff: auflaufen; fig. herfallen (über A).

~askarżyć pf. verpetzen (na A/A); **~ się** beschweren (na A/über A).

~askoczyć s. naskakiwać.

~askór|ek m (-rka; -rki) Anat. (Ober-)Haut f; **~ny** Haut-.

~asłać pf. s. nasyłać; naścielać.

~asłuch m (0) Rdf. Empfangsbereitschaft f; pozostawać na **~u** auf Empfang bleiben; centrala **~u** (Funk-)Mit-, Abhörzentrale f; **~ać się** pf. sich satt hören; (sich) viel anhören müssen; ⟨**~iwać** (-uję)⟩ horchen, lauschen; Fmw., Rdf. ab-, mithören; **~owy** Abhör-.

~a|smarować pf. bestreichen, einschmieren (I/mit); einfetten; fig. schmieren; ~**spawać** pf. an-, aufschweißen; ~**sprowadzać** pf. Waren (viel, in Mengen) kommen (od. schicken) lassen, bestellen.

~asroż|ać (-am), ⟨**~yć**⟩ s. nastroszać; Brauen zusammenziehen; **~yć się** ein grimmiges Gesicht machen.

asta|ć pf. s. nastawać; **~ć się** lange stehen müssen; ~**nie** n (-a) An-bruch m, Beginn m; z **~niem** nocy beim Einbruch der Nacht.

astarczać (-am), ⟨**~yć**⟩: nie móc **~yć** (G od. z I) nicht nachkommen (od. Schritt halten) können (mit).

asta|(wa)ć kommen, anbrechen, eintreten; (po L) folgen (D), kommen (nach D); (nur impf.; na A) beharren (auf A), fordern (A); ~**wczy** Einstell-, Justier-.

astawi|acz m [-'ta-] m (-a; -e) Tech. Einrichter m; s. nastawniczy; **~(a)ć** Hand hinhalten, ausstrecken; Wek-ker stellen; Kragen auf-, hoch-schlagen; Ohren spitzen; Bowle ansetzen; Braten zusetzen; Platte auflegen; Gerät ein-, nachstellen; Med. einrenken; Tech. a. justieren; **~enie** n (-a) Einstellung f (a. fig.); Tech. Einrichten n; Med. Einren-ken n; ~**ony** (ein)gestellt; ausge-richtet (na A/auf A); gesinnt.

astawn|ia [-'ta-] f (-i; -e, -i) El.

Schaltwarte f; Esb. Stellwerk n; ~**iczy** m (-ego; -owie, -ych) Stell-werk-, Weichenwärter m; ~**ik** m (-a; -i) Fahrschalter m; (Ein-)Stell-knopf m, Regler m; ~**y** regelbar, einstellbar; (Ein-)Stell-.

nastąpić pf. s. następować.

następ|ca [-'temp-] m (-y; G –ów) Nachfolger m; ~**ca** tronu Thron-folger m; ~**czy** folgend, Folge-; ~**czyni** f (-i; -e, -i/-ń) Nachfolgerin f; ~**nie** Adv. ferner(hin); anschlie-ßend; ~**ny** (nach)folgend; nächst; w ~**nym** tygodniu in der kommenden Woche; tegoż **~nego** dnia anderntags; s. raz; ~**ować** (-uję), ⟨nastąpić⟩ treten (na A/auf A); (po sobie aufeinan-der)folgen; kommen, eintreten; jak **~uje** wie folgt.

następstw|o [-'temp-] n (-a) Folge (-erscheinung f) f, Konsequenz f; (Reihen-, Nach-)Folge f; **~o** tronu Thronfolge f; **~a** pl. a. Nachwir-kungen f/pl.; w **~ie** infolge.

następując|o [-temp-] Adv. wie folgt; ~**y** (nach)folgend.

nastolatek m (-tka; -tki) Teenager m.

nastr|ajać (-am), ⟨**~oić**⟩ v/t stim-men (a. fig.); ~**aszyć** pf. erschrek-ken.

nastręcz|ać (-am), ⟨**~yć**⟩ vermit-teln, empfehlen; **~ać się** sich bie-ten; Frage: sich aufdrängen.

nastro|ić pf. s. nastrajać; ~**jowy** (-wo) stimmungsvoll; Stimmungs-, Gemüts-.

nastrosz|ać (-am), ⟨**~yć**⟩ Fell, Ge-fieder sträuben; **~ony** gesträubt; struppig.

nastr|ój m (-oju; -oje, -ojów) Stim-mung f; Gemütszustand m; za-burzenie **~oju** Med. Verstimmung f; w dobrym **~oju** guter Laune, gutge-launt.

nasturcja f (-i; -e) Kapuzinerkresse f.

nasuwać ⟨nasunąć⟩ schieben, zie-hen, stülpen (na A/über A); auf d. Gedanken bringen; **~ się** sich schie-ben (vor, auf A); sich bieten; Gedanke: auftauchen, kommen.

nasyc|ać (-am), ⟨**~ić**⟩ sättigen; (durch)tränken (I/mit); fig. be-friedigen; **~ać się** (I) s. napawać się; **~anie** n (-a) Imprägnieren n; ~**enie** n (-a) Sättigung f (a. fig.); ~**ony** gesättigt; durchtränkt (I/ mit); fig. durchdrungen (I/von D).

na|syłać (-am), ⟨**~słać**⟩ oft (viel,

wiederholt) schicken, senden; *fig.*
auf den Hals schicken.

nasyp *m* (-u; -y) Aufschüttung *f*,
Damm *m*; **~owy** Schütt-; **~ywać**
(-uję), ⟨~ać⟩ (auf)schütten; (ver-)
streuen.

nasz *Pron.* (*Psf. nasi*) unser; *dobra*
~a! hurra!; **z ~ej strony** unser(er)-
seits.

na|szczekiwać (-uję) bellen; *JSpr.*
verbellen; **~szczuć** *pf.* (auf)hetzen;
~szukać się *pf.* (G) lange suchen
(müssen).

naszy|ć *pf. s. naszywać*; **~jnik** *m* (-a;
-i) Halskette *f*; **~wać** (-am), ⟨~ć⟩
aufnähen; besetzen (I/mit); **~wka**
f (-i; G -wek) *Mil.* Streifen *m*.

naśladow|ać (-uję) nachahmen; **~ca**
m (-y; G -ów) Nachahmer *m*; **~czy**
Nachahmungs-; **~nictwo** *n* (-a)
Nachahmung *f*; **~nik** *m* (-a; -i)
Flgw. Simulator *m*.

naśmi|ewać (-am), ⟨~ać⟩: **~(ew)ać**
się auslachen, verspotten (z G/A);
s. a. rozpuk, uśmiać się.

naświetl|acz *m* (-a; -e) Flutlicht-
scheinwerfer *m*; **~ać** (-am), ⟨~ić⟩
(-lę) bestrahlen; *Fot.* belichten; *fig.*
darstellen; **~anie** *n* (-a) Bestrah-
lung *f*; *Fot.* Belichtung *f*.

natańczyć się *pf.* viel tanzen, sich
im Tanz austoben.

natar|cie *n* Einreiben *n*; *Mil.*, *Sp.*
Angriff *m*; Offensive *f*; *niespodzie-
wane ~cie a.* Überfall *m*; **~czywy**
(-wie) beharrlich, hartnäckig; auf-,
zudringlich.

natchn|ąć *pf.* inspirieren, anregen
(*do G*/zu); beseelen, erfüllen (*I*/
mit); **~ienie** *n* Inspiration *f*; Ein-
gebung *f*.

natęż|ać (-am), ⟨~yć⟩ (-ę) (an)span-
nen; anstrengen (się sich); **~enie** *n*
Anspannung *f*; Anstrengung *f*; Intensität *f*, Stärke *f*; (*Verkehrs-*)
Dichte *f*.

natka *f* (-i; G -tek) (*Petersilien-*)
Grün *n*.

natknąć (się) *pf. s. natykać.*

natłocz|ony gedrängt voll; **~yć** *pf.
s. tłoczyć*; vollstopfen; (się sich)
zusammendrängen.

natłok *m* Gedränge *n*, Andrang *m*;
Unmenge *f*; Drang *m* der Geschäfte.

natłu|szczać (-am), ⟨~ścić⟩ (-szczę)
einfetten.

natomiast dagegen, hingegen.

natrafi(a)ć (*na A*) treffen, finder
(*A*), stoßen (auf A).

natrę|ctwo [-'tren-] *n* (-a) Zudring-
lichkeit *f*; *Med.* **~ctwa** *pl.* Zwangs-
vorstellungen *f*/*pl.*; **~t** *m* (-a; -ci
zudringlicher (*od.* lästiger) Mensch
~tny auf-, zudringlich, lästig; **~tne**
myśl fixe Idee.

natrysk *m* (-u; -i) Brause *f*, Dusche
f; **~iwacz** *m* (-a; -e) Spritzpistole *f*
~iwać (-uję) besprühen; aufsprit
zen, aufsprühen; **~ownia** [-'kɔv-],
(-i; -e, -i) Duschraum *m*; *Tech*
Spritzraum *m*; **~owy** Spritz-
Sprüh-; Brause-.

natrz|ąsać się (-am) (z G) verspot
ten (*A*); *s. pokpiwać*; **~eć** *pf. s*
nacierać.

natura *f* (-y) Natur *f*; *engS.* We
sen(sart *f*) *n*; Gemüt(sart *f*) *n*; *w*
-rze in natura, in Produkten; *s*
martwy; **~lia** [-ra-] *pl.* (-ów) Natu
ralien *pl.*; **~lizacja** *f* (-i; -e) Ein
bürgerung *f*; **~lny** natürlich; Na
tur-.

natychmiast [-'tix-] sofort, so
gleich; **~owy** (-wo) sofortig, unver
züglich; umgehend.

naty|kać, ⟨*natknąć*⟩ spicken (I/mit)
s. nadziewać się, natrafi(a)ć; **~ra**
się P *pf.* sich abschinden, abrak
kern.

naucz|ać (-am), ⟨~yć⟩ lehren, un
terrichten; *s. rozum*; **~yć się** (er)ler
nen (G/A); **~anie** *n* (-a) Unterwei
sung *f*; Unterricht *m*; **~ka** *f* (-i; ι
-czek) Lehre *f* (*fig.*).

nauczyciel [-'tʃi-] *m* (-a; -e, -i), **~k**
f (-i; G -lek) Lehrer(in *f*) *m*; **~** *za*
wodu Lehrausbilder *m*; **~ski** Leh
rer-; *ciało ~skie* Lehrkörper *m*
~stwo *n* (-a; 0) Lehrerschaft *f*
Lehr(er)beruf *m*.

nauczyć *pf. s. uczyć, nauczać.*

nauk|a *f* (-i) Wissenschaft *f*; Lehr
f, Lehrausbildung; Studium *n*
(*szkolna, zasad ruchu* Schul-, Ver
kehrs-)Unterricht *m*; **~owe**
[-'kɔ-] *m* (-wca; -wcy) Wissen
schaftler *m*; **~owy** (-wo) wissen
schaftlich, Wissenschafts-.

na|umyślnie *Adv.* absichtlich; **~**
usznik *m* (-a; -i) Ohrenklappe *j*
Ohrenschützer *m*.

nawa *f* (-y) *Arch.* (*główna* Mittel-
Schiff *n*; **~ państwowa** Staatsrude
n.

nawadnia|ć [-'vad-] (-am), ⟨*nawoc*

nić⟩ (-ę, -nij!) bewässern; ~jący [-'jɔn-] Bewässerungs-; ~nie [-'na-] n (-a; G -ń) Bewässerung f.

awal|acz P m (-a; -e, -y) Pfuscher m; ~ać (-am), ⟨~ić⟩ v/t auf e-n Haufen werfen; (auf)häufen, stapeln; v/i F fig. Mist bauen, (ver-)murksen; kaputtgehen, pf. a. kaputt sein; guma mi ~iła ich habe e-e Reifenpanne; dostawa ~a die Versorgung klappt nicht; ~lić się (sich zusammen)drängen; s. napadać; ~anka f f (-i; -nek) Murks m, Pfuscherei f; Durchfall m (fig.); ~ny dicht, stark; ~ony F kaputt.

awał m (Un-)Menge f, Masse f; ~ pracy F a. ein Haufen Arbeit; ~a f (-y) Einfall m, Überfall m der Feinde; s. natłok; ~nica f (-y; -e) Gewittersturm m; fig. Lawine f, Flut f; ~nica śnieżna heftiger Schneesturm. [ter m.]

awar m Kesselstein m; Geol. Sin-⟩

awarzyć pf.: fig. ~ kaszy, bigosu Unheil anrichten; ~ sobie piwa in Schwulitäten geraten.

aważyć pf. (-ę) abwiegen.

awet Adv. sogar, selbst; ~ gdyby selbst wenn; ~ nie nicht einmal.

awęd [-vent, -ɛnda] m (-a; -y) Zo. Seeteufel m.

awęgl|ać [-'vɛŋg-] (-am), ⟨~ić⟩ -le) Tech. (auf)kohlen; einsatzhärten, zementieren.

awia|é ['na-] pf. s. nawiewać; ~ny Sand usw.: angeweht; Geol. Flug-.

awias ['na-] m (-u; -y) Klammer f; ~ziąć w ~ einklammern; mówiąc ~em nebenbei gesagt; poza ~em außerhalb; ~owy (-wo) beiläufig; Adv. a. nebenbei.

awiąz|ać s. nawiązywać; ~anie Anknüpfung f; ~anie styczności ~ühlungnahme f; w ~aniu do (G) ~ nawiązując; ~ka f Überschuß m; ~ur. Schmerzensgeld n (od. Schadenersatz m) zuzüglich Buße; z ~ką mit Zins und Zinseszins; ~ywać ~uję⟩, ⟨~ać⟩ anknüpfen, anbahnen, ~ufnehmen; Fmw. Verbindung herstellen; (do G) sich beziehen, Bezug ~ehmen (auf A); ~ując do (G) mit ~ezug auf (A).

~wiodą|uó (am), ⟨~ić⟩ (~uąę) ~eimsuchen, verfolgen; Geist: erscheinen (D).

~wierzchn|ia [-'vɛʃ-] f (-i; -e, -i) ~: kostki Pflaster-)Decke f; Esb.

Oberbau m; o twardej ~i Straße: befestigt.

nawie|trzny [-t:ʃ-] Wind-, Luv-; strona -na Windseite f, Luv f; ~wnik m (-a; -i) (Tisch-)Ventilator m; Mar. Lüfter m; ~żć pf. s. nawozić[1].

nawiga|cja f (-i; 0) Navigation f; ~cyjny Navigations-; ~tor m (-a; -rzy) Navigationsoffizier m.

nawi|jać (-am), ⟨~nąć⟩ [-nɔntɕ] (-nę, -ń!) (auf)wickeln, aufrollen; (auf)spulen; F fig. ~nąć się sich bieten, sich zufällig finden; unerwartet auftauchen; ~nąć pod rękę, na oczy zufällig in die Hände, unter die Augen kommen; ~jarka f (-i; G -rek) Wickelmaschine f; Spulvorrichtung f.

nawil|gać (-am), ⟨~gnąć⟩ [-gnɔntɕ] (-nę) feucht werden; sich vollsaugen (I/ mit); ~żacz m (-a; -e) Anfeuchter m; Luftbefeuchter m; ~żać, ⟨~yć⟩ s. zwilżać.

nawinąć pf. s. nawijać.

nawis m (-u; -y) Überhang m, Wächte f; Vorsprung m; ~ać (-am), ⟨~nąć⟩ [-nɔntɕ -ę] überhängen; hängen (nad I/über D).

nawle|kać (-am), ⟨~c⟩ Faden einfädeln; Perlen auffädeln; Kissen beziehen.

nawodni|ć pf. s. nawadniać; ~ny Überwasser-; budowla ~na Pfahlbau m; ptactwo ~ne Wasservögel m/pl.

nawojowy (Auf-)Wickel-.

nawoływa|ć rufen; Zo. a. locken; fig. aufrufen, auffordern (do G/zu); ~ć się sich mit Rufen verständigen, sich zurufen; ~nie n (-a) Ruf(en n) m; Aufforderung f.

na|wozić[1], ⟨~wieźć⟩ Erde usw. anfahren; viel mitbringen.

nawo|zić[2] (-żę) düngen; ~zowy Dünge-, Dung-; ~żenie n (-a) Düngung f.

na|wój m (-oju; -oje, -oi/-ojów) Kettenbaum m; ~wóz m Dung m, Mist m; (sztuczny Kunst-)Dünger m.

nawr|acać (-am), ⟨~ócić⟩ v/i kehrtmachen; zurückkehren (do G/zu); v/t wenden; bekehren (się sich); Tech. umsteuern; ~otowy Med. Rückfall-; ~ócenie n Bekehrung f; ~ót m (-otu; -oty) Rückkehr f, Wiederauftreten m; Med. Rückfall m, Rückschlag m; Tech. Umsteuerung f.

nawy|czka P f (-i; G -czek) (üble) (An-)Gewohnheit f; **~k** m (-u; -i) Gewohnheit f; **~kać** (-am), ⟨~knąć⟩ [-nɔntɕ] (-nę) sich angewöhnen (do G/A); s. przywykać; **~kowy** (-wo) Med. gewohnheitsmäßig, habituell; **~myślać** pf. (sich) allerhand ausdenken; s. wymyślać.

nawzajem Adv. gegenseitig; ... sobie ~ einander ...; ~! danke, gleichfalls!

nazad P Adv. zurück; tam i ~ hin und zurück, auf und ab.

nazajutrz Adv. morgen, am nächsten Tag.

nazbyt Adv. allzu, zu sehr; aż ~ dobrze allzu gut; F nie ~ nicht besonders.

nazębny [-'zɛmb-]: kamień ~ Zahnstein m.

naziemny Erd-, oberirdisch; Flgw. Boden-; Bgb. über Tage.

naznacz|ać (-am), ⟨~yć⟩ be-, kennzeichnen; bestimmen, festsetzen.

nazw|a f (-y; G-) Name m, Bezeichnung f; **~ać** pf. s. nazywać; **~isko** n (-a) Name m; z **~iska** dem Namen nach.

naz|ywać (-am), ⟨~wać⟩ (be)nennen, heißen; bezeichnen; **~ywać się** sich nennen, heißen.

na|żłopać się P pf. sich vollaufen lassen (G/mit); **~żreć się** P pf. sich vollfressen, sich vollstopfen (G/ mit).

nefryt m (-u; -y) Nephrit m, Jade m.

negatyw m (-u; -y) Negativ n; **~ny** negativ; eng S. verneinend, ablehnend; **~owy** Negativ-.

negliż m (-u; -e, -y) Negligé n.

negocja|cje f/pl. (-i) Verhandlungen f/pl.; **~tor** m (-a; -rzy) Verhandlungspartner m. [ten.]

negować (-uję) verneinen, bestrei-]

nekrolog m (-u; -i) Todesanzeige f, Nachruf m.

neo|- in Zssgn neu-, Neu-, Neo-; **~fita** m (-y; -ci, -ów) Neophyt m, Neugetaufte(r); **~logizm** m (-u; -y) Neologismus m.

neon m (-u) Chem. Neon n; (pl. -y) Neonröhre f; F a. Leuchtreklame f; **~owy** Neon-; Leucht-; **~ówka** f (-i; G -wek) Neonröhre f.

nepotyzm m (-u; 0) Nepotismus m.

ner|czyca f (-y; -e) Nephritis f; **~ka** f (-i; G -rek) Niere f; chory na **~ki** nierenkrank; **~kowaty** (-to) nieren-

förmig; **~kówka** f (-i; G -wek) Kochk. Nierenstück n; Nierenbraten ten m; **~pa** f (-y) Zo. Ringelrobbe

nerw m (-u; -y) (czuciowy, wzro-kowy Empfindungs-, Seh-)Nerv m; F tylko bez **~ów!** nur k-e Aufregung!; działać na **~y**, grać na **~ac** auf die Nerven gehen od. fallen; **~ica** f (-y; -e) (lękowa, natręct Angst-, Zwangs-)Neurose f; **~i** cowy neurotisch, Neurose-; **~obó** m Neuralgie f.

nerwow|iec [-'vɔ-] m (-wca; -wc nervöser Mensch; **~o** Adv. nervös **~o** chory nervenkrank; **~ość** f (-i; (Nervosität f; **~y** Nerven-; nervös

nerwus F m (-a; -y) Choleriker n Hitzkopf m.

neseser m (-u; -y) (Reise-)Neces saire n.

neska F f (-i; 0) Pulverkaffee m.

neuralgi|a [-'ral-] f (G, D, L -ii; -e **~czny** s. nerwoból, newralgiczny.

neuro|log m (-a; -dzy/-owie) Neur loge m; **~tyk** m (-a; -cy) Neuroti ker m.

neutral|izować ⟨z-⟩ (-uję) neutra lisieren; **~ność** f (-ści; 0) Neutral tät f; Unparteilichkeit f; **~ny** neu tral; unparteiisch.

newralgi|a [-'ral-] f (G, D, L -ii; - s. nerwoból; **~czny** neuralgisch.

nęc|ący [nɛn'tsɔn-] (-co) (ver)lok kend, verführerisch; **~ić** ['nɛn-] ⟨z-⟩ (-cę) (ver)locken, reizen.

nędz|a ['nɛn-] f (-y; -e) Not f, Elen n; w **~y** notleidend; **~arka** f (-i; -rek) Bettelweib n, Bettlerin f; **~ar ski** Bettler-; **~arz** m (-a; -e) Bettle m, Hungerleider m; **~nica** f (-y; Schurkin f; s. nędzarka; **~nik** (-a; -cy) Schuft m, Elende(r); **~n** elend, Elends-; erbärmlich, mise rabel; gemein, niederträchtig.

nęka|ć ['nɛŋk-] ⟨z-⟩ (-am) plage terrorisieren; Mil. Feind störe **~jący** [-'jɔn-] Mil. Stör-.

ni (G) nicht einmal, auch nicht (A ~ ... ~ weder ... noch, nicht ... un auch nicht ...; ~ stąd, ~ zowąd po nichts, dir nichts; ~ to, ~ owo e Undefinierbares.

niań|czyć ['naɲ-] (-ę) Kind pflege versorgen; in den Armen wiege auf dem Arm tragen; **~ka** f (-i; -niek) Kindermädchen n m.

nią A u. I v. ona; z ~ mit ihr.

niby (A) gleich (D), wie (A); (s

als ob; es scheint; Schein-, quasi; małżeństwo na ~ Scheinehe f; **~kwiat** m Bot. Scheinblüte f.

nic (G niczego, nic; D niczemu; A nic; I, L niczym) nichts; nikt ~ nie słyszał niemand (od. keiner) hat etwas gehört; być do niczego nichts taugen, F kaputt sein; zostać bez niczego vor dem Nichts stehen; w niczym überhaupt nicht, in keiner Weise; z niczym unverrichteter Dinge; ~ a ~ (rein) gar nichts; F jak ~ glatt, todsicher; jak gdyby ~ als ob nichts geschehen wäre; na ~ für die Katz; z tego daraus wird nichts; tyle co ~ so gut wie gar nichts; ~ mi po tym darauf lege ich k-n Wert; ~ tu po nim er hat hier nichts zu suchen; ~ ci do tego das geht dich gar nichts an.

ich G, L v. oni, one; A v. oni; o ~ über sie, von ihnen.

ici pl. s. nić; **~any** [-'tɕa-] Zwirn-, Strick-, gestrickt; **~arka** f (-i; G -rek) Nietmaschine f; Typ. Zwirnmaschine f; Fadenbuchheftmaschine f; **~enie** [-'tɕe-] m/pl. (-i) Zo. Fadenwürmer m/pl.

icość f (-ści; 0) Nichts n; Nichtigkeit f.

icowa|ć ⟨prze-⟩ (-uję) Kleid wenden; fig. zerpflücken, verreißen; verdrehen; **~ny** gewendet.

icpoń m (-nia; -nie, -ni[ów]) Taugenichts m, Schlingel m.

icze|go s. nic; = **~gowaty** P passabel; **~mu** s. nic.

iczy j niemandes; ziemia **~ja** Niemandsland n; bez **~jej** pomocy ohne remde Hilfe; **~m** s. nic; Prp. (A) vie (A), gleich (D).

ć f (nici; nici, I -ćmi) Faden m; fig. rubymi **~mi** szyty sehr fadenscheiig.

derlandzki niederländisch.

e [nɛ] nein; (+ Verb od. Su.) icht, kein; ~ do (+ G, mst VSbst.) icht zu (+ Inf.); (+ Adv. od. Advp.) nicht; ohne zu; (+ Adj.) n Zssgn un-, nicht-, -frei; ależ ~! ber nein!; nicht doch!; ~ płacąc hne zu bezahlen; ~ zapytany unefragt; ~ wymagający obsługi waringsfrei; ~ ulegający zepsuciu altbar, nicht verderblich; no ~? icht wahr?; ~ do zniesienia nicht u ertragen, untragbar; ~ kto inny iemand anders; ~ od tego (żeby)

nicht abgeneigt; ledwo ~ umarł ze strachu er wäre fast gestorben vor Angst; s. nie ma. [miß-.⟩

nie- in Zssgn un-, in-, -los, -frei,⟩

nieagresj|a f: pakt **~i** Nichtangriffspakt m.

nie|aktualny nicht aktuell; **~apetyczny** unappetitlich; **~baczny** unüberlegt, unbedacht; **~bawem** bald, in Kürze; kurz danach.

niebezpieczeństw|o n (-a) (dla życia, wybuchu, zawalenia się Lebens-, Explosions-, Einsturz-)Gefahr f; **~o na morzu** Seenot f; w **~ie** życia unter Lebensgefahr; s. narażać.

nie|bezpieczny (dla życia lebens-) gefährlich; **~bezpośredni** indirekt; **~biański** [-'bjaĩs-] himmlisch.

niebieska|wy (-wo) bläulich; **~i**[1] (-ko) blau; **~i**[2] Himmels-; Królestwo **~ie** Himmelreich n; ptak ~ Schmarotzer m, Hochstapler m; **~ooki** blauäugig.

niebiosa pl. (-os, L -osach) Himmel m; wychwalać (od. wynosić) pod ~ in den Himmel heben (fig.).

nieb|o n (-a) Himmel m; o ~o himmelweit; wielkie **~a**! großer Himmel!

niebo|g|a f (-i; G -bóg) armes Ding; † a. Liebste f; **~lesny** schmerzlos; **~ractwo** n (-a) armes Ding; **~rak** m (-a; -cy) armer Schlucker m; (pl. -ki) arme Kreatur (v. Tieren); **~ski**: F jak **~skie** stworzenie fürchterlich, schrecklich; **~skłon** m Himmelsgewölbe m.

nieboszcz|ka f (-i; G -czek) Verstorbene(r); **~yk** m (-a; -cy) Verstorbene(r); moja babka **~ka** meine selige Großmutter.

niebotyczny himmelhoch.

nie|**boże** n (-ęcia; -ęta) s. biedactwo; **~brzydki** (-ko) nicht häßlich, F passabel; Pers. a.: gutaussehend.

nieby|ły nichtexistent; ungeschehen, gegenstandslos; Jur. nichtig; **~t** m Nichtsein n; **~tność** f Abwesenheit f; **~wały** (-le) noch nicht (od. nie) dagewesen, ohnegleichen, einmalig.

niecał|**kowity** (-cie) unvollständig, unvollkommen; lückenhaft; **~y** nicht ganz; **~y tydzień** e-e knappe Woche.

niece|**lny** Schuß ungenau; **~lowy** (-wo) unzweckmäßig; **~nzuralny** anstößig, unanständig.

niech (*Modal-Part.*) möge(n), soll(en), will (wollen); (*Ausdruck der Vermutung*) angenommen (daß); ~ zaczeka er soll warten; ~ pan pozwoli erlauben Sie; ~ cię uściskam laß dich umarmen; ~ (ci) będzie! meinetwegen!; **~aj** s. niech; **~by** wenn (auch, doch).

niechc|aco, ~ący [-'tsɔn-] *Adv.* unabsichtlich, ungewollt; **~enie** n (-a): od ~enia lustlos; nonchalant; mit Leichtigkeit, mühelos.

niechę|ć f (0) Abneigung f, Widerwille m (do G/gegen A); Unlust f; **~tnie** *Adv.* ungern, widerstrebend, -willig; **~tny** abgeneigt (do G/D); mißgünstig. [lich.]

niechlubny unrühmlich, schmäh-]

niechluj F m (-a; -e, -ów) Schmierfink m; Schlampe(r m) f; **~ny** unordentlich, schlampig; schmudd(e)lig; **~stwo** n (-a; 0) Liederlichkeit f, Schlampigkeit f; s. niedbalstwo.

nie|chodliwy *Ware*: nicht gängig, schwer absetzbar; **~chybny** unvermeidlich, unweigerlich, sicher.

niechże s. niech; a ~ to! zum Henker!, wie dumm!

nie|ciągly diskontinuierlich; unterbrochen; *Math.* unstetig, diskret; **~ciekawy** (-wie) uninteressant; uninteressiert, nicht neugierig; **~cierpek** m (-pka; -pki) Springkraut n.

niecierpliw|ić ⟨z-⟩ (-ę) v/t j-s Geduld auf e-e harte Probe stellen, j-n ungeduldig machen; **~ić się** ungeduldig werden, die Geduld verlieren; **~ość** f Ungeduld f; **~y** (-wie) ungeduldig.

nieck|a f (-i; G -cek) Trog m; *Geol.* Mulde f, Becken n; *Bgb.* Hund m; **~owaty** (-to) muldenartig.

niecn|ota F f/m (-y; G -/-ów) Lümmel m; **~y** ruchlos, niederträchtig.

nieco ein wenig, etwas; co ~ ein bißchen, **~dzienny** nicht alltäglich, außergewöhnlich; **~ś** s. nieco; coś **~ś** e-e Kleinigkeit.

nie|często *Adv.* nicht oft, ab und zu; **~czuly** (-le) unempfindlich (na A/gegen A); gefühllos, kalt.

nieczyn|ność f (0) Untätigkeit f; Stillstand m; *Chem.* Inaktivität f; **~ny** außer Betrieb; stillgelegt; *Vulkan:* erloschen; *Büro:* geschlossen; *Chem.* inaktiv; *Kapital:* tot, brachliegend.

nieczyst|ość f (-ści) Unsauberkeit f;

~ości pl. Unrat m, Abfälle m/pl.; Abwässer n/pl.; **~y** (-to) unsauber; *fig. a.* unrein, nicht (rein)rassig; unlauter; siła (od. moc) ~a der Leibhaftige; ~e sumienie schlechte: Gewissen.

nie|czytelny unleserlich; **~dalek** (-ko) unweit; *Reise:* nah; *Zeit:* nah

niedawn|o *Adv.* kürzlich, neulich unlängst; **~y** jüngst, letzt-; frisch do ~a bis vor kurzem; od ~a sei kurzem.

niedba|le *Adv. s.* niedbały; **~lstwo** (-a) Nachlässigkeit f; Fahrlässig keit f; F Schlamperei f; **~ly** (-le nachlässig, liederlich; fahrlässig *Benehmen:* lässig.

nie|delikatny grob, taktlos; **~dlug** (-go) kurz, nicht lang(e); **~dlu** gowieczny kurzlebig.

niedo|bitek m (-tka; -tki) Überlebende(r) e-r *Schlacht*, Versprengte(r); **~bór** m (-oru; -ory) Mange m, Knappheit f, Fehlbedarf m (G/a D); Rückstand m; Defizit n, Fehl betrag m; **~brany** schlecht zusam menpassend; unharmonisch; **~br** (-rze) schlecht, eng S. schlimm übel; ungezogen, böse; **~bre** prze czucie ungutes Gefühl; **~chodow** verlustbringend, unrentabel; **~ ciągnięcie** [-cɔŋ'nɛn-] n (-a Mangel m, Mißstand m, Übelstan m; **~cieczony** unergründlich.

niedoczekanie: twoje (od. jeg usw.) ~! niemals!

niedo|czynność f (0) *Med.* Unter funktion f; **~godny** unbequem; un günstig; **~gotowany** (noch) nich gar; **~jadać** sich schlecht ernähre an Unterernährung leiden.

niedoj|da m/f s. niedorajda; **~rzal** (-le) unreif, grün.

niedo|kładny ungenau; **~konan** *Gr.* imperfektiv; **~kończony** ur vollendet, unbeendet; **~krwisto** f (-ści; 0) Blutarmut f, (złośliw perniziöse) Anämie f; **~kształcen** n mangelhafte Ausbildung f; Unter entwicklung f; *Med.* Hypotroph f; Hypoplasie f; **~kwasota** f (- 0) *Med.* Hypochlorhydrie f.

niedol|a f Unglück n, schwere Geschick; **~e życia** Fährnisse n/ des Lebens.

niedolę|ga [-ŋga] m/f (-i; G -ów Versager m, F Niete f; s. nied rajda; **~stwo** [-'wɛ̃-] n (-a; 0) G brechlichkeit f, (Alters-)Schwäche f; Ungeschicklichkeit f; Unfähigkeit f; **żnieć** [-'wɛȝ-] ⟨z-⟩ (-eje) gebrechlich werden, nachlassen, abbauen; **żny** gebrechlich, hilflos; unfähig, stümperhaft.

iedomag|ać kränkeln, sich unwohl fühlen; F fig. hinken, nicht glatt verlaufen; **~anie** n (-a) Unpäßlichkeit f, Unwohlsein n; Tech. Störung f.

iedomog|a f (-i; G -óg) Med. Schwäche f, Insuffizienz f; **~i** pl. Mängel m/pl., Unzulänglichkeiten f/pl.

iedomówienie n (versteckte) Andeutung, Anspielung f; (rhetorische) Pause.

iedomykalność f (-ści; 0): **~ zastawek** (serca) Herzklappenfehler m.

iedo|myślny begriffsstutzig; **~noszony** Kind: nicht ausgetragen; Idee: unausgegoren; **~pałek** m (-łka; -łki) (Zigaretten-)Stummel m.

iedopatrzenie n (-a) Unachtsamkeit f, Unterlassung f; przez **~** aus Versehen.

iedo|pieczony (noch) nicht durchgebacken od. durchgebraten; F fig. unfertig; **~płacenie** n, **~płata** f (podatku Steuer-)Rückstand m; **~powiedzenie** n s. niedomówienie; **~puszczalny** unzulässig; **~puszczenie** n (-a) Nichtzulassung f; **~rajda** F m/f (-y; G -/-ów) Tolpatsch m, Tölpel m, ‚trübe Tasse'.

iedoręczeni|e n: w razie **~a** falls unzustellbar.

iedoros|ły minderjährig; nicht ausgewachsen; **~tek** m s. wyrostek, młokos.

iedorozw|inięty unterentwickelt, (umysłowo geistig) zurückgeblieben; **~ój** m Entwicklungsrückstand m; s. niedokształcenie.

iedorzeczn|ość f (-ści) Ungereimtheit f, Unsinn m; **~y** unsinnig, absurd; albern; **~y pomysł** F Schnapsidee f.

iedo|sięgły [-'sɛŋ-] unerreichbar; **~skonały** unvollkommen.

iedosłysz|alny unhörbar; **~eć** chwerhörig sein; **~enie** n Schwerhörigkeit f.

iedo|smażony nicht (ganz) durchgebraten; **~solony** zuwenig gesalzen; **~spać** pf. s. niedosypiać.

iedosta|teczny ungenügend, un-

zulänglich; Adv. -nie (Schulnote) mangelhaft; **~tek** m Not f; Mangel m, Verknappung f; **~wać** † s. brakować.

niedo|stępny unzugänglich; unerreichbar; Ware: nicht erhältlich; fig. unnahbar; -ny dla oka außerhalb der Sichtweite; **~strzegalny** unsichtbar; unmerklich, nicht wahrnehmbar; **~sypiać**, ⟨-spać⟩ nicht genug (od. zu wenig) schlafen (pf. geschlafen haben); **~syt** m (-u; 0) Hunger m, Verlangen n (G/nach); fig. Unbefriedigung f; **~szły** nicht zustande gekommen, nicht verwirklicht; Mensch: gescheitert, F verkracht, Möchtegern-; **~ścigły**, **~ścigniony** unerreichbar; unübertrefflich; **~świadczony** unerfahren; **~świetlenie** n (-a) Fot. Unterbelichtung f; **~trenowany** untrainiert; **~trzymanie** n (-a; 0) Nichteinhaltung f; (Wort-, Vertrags-)Bruch m; **~tykalny** unantastbar; Rel. unberührbar; **~tykalska** F f (-kiej; -kie) Fräulein n Rührmichnichtan; **~uczek** m (-czka; -czki) Halbgebildete(r), Ignorant m; **~waga** f (0) Untergewicht n; **~warzony** pf. unreif, unausgegoren; **~wiarek** F m (-rka; -rki/-rkowie) Zweifler m, Skeptiker m.

niedowidz|enie n (0) Fehlsichtigkeit f; **~ieć** schlecht sehen (können).

niedowierza|jąco [-'jɔn-] Adv. ungläubig, zweifelnd; argwöhnisch; **~nie** n (-a; 0) Ungläubigkeit f, Skepsis f.

niedo|wład m (-u; -y) Med. Parese f; fig. Lähmung f; **~zwolony** unerlaubt.

niedożywi|enie n Unterernährung f; **~ony** unterernährt.

niedro|gi (-go) preiswert; **~żność** f (-ści; 0) Med. (jelit Darm-)Verschluß m.

nieduż|o Adv. nicht viel; s. niewiele; **~y** nicht groß, klein.

niedwuznaczny unzweideutig, unmißverständlich.

niedys|krecja f Indiskretion f, **~kretny** indiskret; **~pozycja** f Unpäßlichkeit f, Unwohlsein n.

niedziedziczny nicht erblich.

niedziel|a f (-i; -e) Sonntag m; **~ny** sonntäglich, Sonntags-.

niedzisiejszy nicht von heute; *fig.* von gestern, altbacken.

niedźwiad|ek m (-dka; -dki) Jungbär m; Bärchen n; Teddybär m; **~ki** pl. Zo. Skorpione m/pl.

niedźwie|dzi Bären-; **~dzica** f (-y; -e) Bärin f; Astr. Wielka (Mała) Ǫdzica Großer (Kleiner) Bär; **~dziowaty** (-to) bärenhaft, plump; **~dź** m (-dzia; -dzie, -dzi) (biały, szary Eis-, Grisly-)Bär m; pl. a. Bärenpelz m.

nie|dźwięczny tonlos; **~efektowny** wenig anziehend, reizlos; einfach; **~ekonomiczny** unwirtschaftlich; **~etatowy** nicht im Stellenplan vorgesehen; nicht festangestellt, freiberuflich.

niefachow|iec m Nichtfachmann m, Laie m; **~ość** f mangelnde Sachkenntnis, Laienhaftigkeit f; **~y** (-wo) unfachmännisch, laienhaft; Arbeiter: ungelernt.

nie|foremny unförmig, ungeschlacht; **~formalny** formlos; formwidrig; **~fortunny** glücklos, unglücklich; **~frasobliwy** (-wie) unbekümmert; **~gaszony** Kalk: ungelöscht; **~gatunkowy** außerhalb der Qualitätsnormen; **~gdyś** einst(mals); **~giętki** unelastisch, starr; **~głęboki** seicht, flach; **~głośny** nicht laut, halblaut; diskret; **~głupi** gescheit, clever; Vorschlag: vernünftig.

niego G, A v. on; G v. ono; od ~ von ihm; u ~ bei ihm.

niego|dny, *präd.* **~dzien** (G) unwürdig, nicht wert (G); s. podły; **~dziwiec** [-'dʑi-] m (-wca, -wcze!; -wcy) Schuft m; **~dziwy** (-wie) gemein, nichtswürdig.

nie|gospodarny nicht sparsam, schlecht(wirtschaftend); **~gościnny** ungastlich; **~groźny** ungefährlich.

niegrzeczn|ość f Unhöflichkeit f; Ungezogenheit f; **~y** unhöflich; ungezogen, unartig.

nie|gustowny geschmacklos; **~honorowy** unehrenhaft; **~interwencja** f (0) Nichteinmischung f; **~istotny** unwesentlich, unerheblich.

niej G, D, L v. ona.

nie|jadalny ungenießbar, nicht eßbar; **~jadowity** ungiftig.

niejak|i ein gewisser; od ~iego czasu seit einiger Zeit; **~o** Adv. einigermaßen; gewissermaßen.

nie|jasny (-no) unklar, undeutlich; **~jawny** geschlossen, nicht öffentlich, unter Ausschluß der Öffentlichkeit; **~jeden** manch (einer); mancher; **~jednakowy** ungleich, verschieden.

niejedno manches; **~krotnie** mehrmals; **~krotny** mehrmalig, wiederholt; **~lity** ungleich(artig); unkoordiniert; **~rodny** ungleichartig.

niekar|alność f Straffreiheit f; **~alny** straffrei; **~ność** f Disziplinlosigkeit f; Gehorsamsverweigerung f; **~ny** undiszipliniert, aufsässig.

niekiedy manchmal, bisweilen; kiedy ~ dann und wann.

nie|kłamany aufrichtig, echt; **~koleżeński** unkollegial, unkameradschaftlich; **~kompetentny** unzuständig, inkompetent; **~kompletny** unvollständig; **~koniecznie** Adv nicht unbedingt; nicht nur; **~korzystny** ungünstig; unvorteilhaft

niekorzyść f: na ~ (G) zuungunsten (G); na moją ~ zu meinem Nachteil.

nie|krępujący bequem; zwanglos **~krwawy** unblutig; **~kryjący** [-'jon-] Farbe: nicht deckend **~kształtny** unförmig.

niektó|ry: **~re**, Psf. **~rzy** manche einige.

nie|kulturalny unkultiviert, ungesittet; **~kurczliwy** Text. krumpfecht.

nieledw|ie, **~o** kaum; fast, beinahe

nie|legalny ungesetzlich, illegal **~ny** handel Schwarzhandel m; **~n** pasażer blinder Passagier; **~letni** minderjährig; Su. m (-ego; -i Minderjährige(r); **~lichy** F (-cho ganz schön, beträchtlich; **~liczn** nicht viel(e), spärlich, wenig; **~n** Psf. -ni a. einige; **~litościwy** u barmherzig; **~lojalny** untreu, treu los, nicht loyal; **~ludzki** (-ko) u menschlich, entmenschlicht.

niela|d m Unordnung f, F Durcheinander n; Verwirrung f; w ~dz unordentlich; in völliger Verwirrung; **~dny** häßlich, unschön.

nie|łamliwy unzerbrechlich; **~ła ka** f (-i; 0) Ungnade f; **~łatw** nicht leicht; -we zadanie leichte Aufgabe; **~łowny** Wil nicht jagdbar.

nie ma (G) es gibt nicht, gibt kein(

...,... ist (*od.* sind) nicht da; *mowy* ~ es kann keine Rede sein (*o L*/von); F *już cię* ~*!* weg mit dir!, ab durch die Mitte!; *a jego jak* ~*, tak* ~ er kommt und kommt nicht; ~ *za co* keine Ursache.

nie|majętny unvermögend; **~mal** *Adv.* fast, beinahe; **~mało** *Adv.* nicht wenig(e), ziemlich viel(e), e-e ganze Menge; **~mały** ziemlich (groß), erheblich; **~materialny** unkörperlich, unstofflich; nicht materiell; **~mądry** unklug.

niemczy|ć (z-) (-ę) germanisieren; **~zna** *f* (-y; *0*) Deutsch *n*; Deutschtum *n*.

nie|metaliczny nichtmetallisch; **~męski** unmännlich.

niemiar|a: *co* ~*a* e-e Masse, Unmenge *f*, sehr viel; **~odajny** inkompetent; unmaßgeblich; **~owy** arhythmisch.

Niemiec ['ɲe-] *m* (-mca; -mcy, -ów) Deutsche(r); **2ki** (*po -ku*) deutsch; Deutsch-; *z 2ka* auf deutsche Art.

niemieć ['ɲe-] (za-) (-eję) verstummen, stumm werden.

nie|mieszkalny nicht bewohnbar; *ür gewerbliche Zwecke bestimmt*; **~mile** *Adv. s.* niemiły; **~milknący** ['-nɔn-] unaufhörlich; *Beifall*: anhaltend; **~miło** *Adv. s.* niemiły; **~miłosierny** *s.* nielitościwy; F *fig.* schrecklich, fürchterlich; **~miły** unangenehm, unerfreulich, unerquicklich.

niemka *f* (-i; *G* -mek) Deutsche *f*.

nie|młody nicht mehr (ganz) jung, *bei Jahren*; **~mnący** ['-mnɔn-] knitterfest, -frei; **~mniej** dennoch; *~mniej przeto* nichtsdestoweniger.

niemo *Adv.* stumm.

niemoc *f* (*0*) Schwäche *f*; Leiden *n*; ~ *płciowa Med.* Impotenz *f*; **~ny** schwach, kraftlos; † *a.* krank; F *fig.* nicht ganz sattelfest (*w L*/in *D*).

nie|modny unmodern; **~moralny** unmoralisch, unsittlich; *czyn -ny* Sittlichkeitsdelikt *m*; **~mota** *f* (-y; *0*) *Med.* Stummheit *f*; **~mowa** *m/f* (-y; *G* -owów/-mów) Stumme(r); *~ z mowa* er ist stumm.

niemowlę *n* (-ęcia; -ęta) Säugling *n*, Baby *n*, **~ctwo** ['-len-] *n* (-a; *0*) Säuglingsalter *n*, **~cy** Säuglings-.

niemożliw|ość *f* Unmöglichkeit *f*; **~y** (-wie) unmöglich (*a.* F *fig.*); **~y do opisania** unbeschreiblich; **~y do**

zdobycia *Festung*: uneinnehmbar; *Ware*: nicht erhältlich; *vgl.* nie.

nie|możność *f* (*0*) Unmöglichkeit *f*; Unvermögen *n*; **~mrawy** (-wo) langsam, schwerfällig; unwillig; **~mroźny** (-no) frostfrei.

niemu *D v.* on, ono.

nie|muzykalny unmusikalisch; **~my** stumm; *Su. m* (-ego; -i) Stumme(r); **~nadążanie** *f* (-a; *0*) Zurückbleiben *n*, Nachhinken *n*; **~nadzwyczajny** nicht besonders, mäßig.

niena|ganny tadellos; **~prawialny** irreparabel; **~ruszalny** unantastbar; unverbrüchlich; *Ration*: eisern; **~ruszony** unberührt; unversehrt; **~sycony** unersättlich; *Chem.* ungesättigt; **~świetlony** *Fot.* unbelichtet; **~turalny** unnatürlich, gekünstelt; **~ukowy** unwissenschaftlich; **~umyślnie** *Adv.* unabsichtlich.

nienawi|dzić (-dzę) ⟨z- beginnen zu⟩ hassen (*się* sich, einander); **~stny** verhaßt; *Blick*: haßerfüllt, gehässig; **~ść** *f* (-ści; *0*) Haß *m*.

nie|nawykły nicht gewohnt (*do G*/ an *A*); **~normalny** anormal, nicht normal; **~nowy** nicht (mehr) neu; *Sache*: gebraucht; **~obciążony** unbelastet; unbeladen; **~obcy** nicht fremd, bekannt.

nieobecn|ość *f* Abwesenheit *f*; Fernbleiben *n*; *pod* ~*ość während der Abwesenheit*; **~y** abwesend; *być* ~*ym a.* fernbleiben (*na, przy, w L/D*).

nieob|liczalny unberechenbar; unkalkulierbar; unabsehbar; **~owiązkowy** pflichtvergessen; nicht obligatorisch, fakultativ; **~robiony** unbearbeitet, roh; **~rotny** ungewandt, unbeholfen; **~sadzony** unbesetzt; unbemannt.

nie|obyty ungeschliffen, mit schlechten Manieren; **~obywatelski** unsozial; **~oceniony** unschätzbar; **~ochoczo** *Adv.* ungern; **~oczekiwany** unerwartet; **~odczuwalny** nicht fühlbar *od.* tastbar; unmerklich.

nieod|danie *n* (*0*) Nichtrückgabe *f*; Nichtrückzahlung *f*; **~padniony** unfortröschlich, unergründlich; **~łączny** unzertrennlich; untrennbar; **~mienny** unveränderlich; unwandelbar; *Gr.* unflektiert; **~par-**

ty unumstößlich, unwiderlegbar; (-cie) *Verlangen usw.*: unbezähmbar; unwiderstehlich; **~płatny** kostenlos; **~porny** nicht widerstandsfähig, anfällig (*na A*/gegen *A*); **~powiedni** ungeeignet, unpassend; unzweckmäßig; unangemessen; **~wiedzialny** unverantwortlich, verantwortungslos; **~rodny** echt, wahr; **~stępny** [-'stemp-] unzertrennlich; *-nie Adv. a.* auf Schritt und Tritt; **~wołalny** unwiderruflich; **~wracalny** nicht umkehrbar; unabwendbar; **~zowny** unerläßlich, unabdingbar.

nieodżałowan|y [-d·ʒ-] *Verlust:* unersetzlich; **~ej pamięci** *Toter:* unvergessen.

nieo|ficjalny inoffiziell; **~głędny** unvorsichtig, leichtsinnig; **~graniczny** (-czenie) unbegrenzt, unbeschränkt, grenzenlos; **~kiełznany** zügellos, ungezähmt; **~kreślony** unbestimmt; *Gr. a.* indefinit; **~krzesany** ungeschliffen, ungehobelt; **~mal** *s.* niemal; **~mylny** unfehlbar; untrüglich; **~panowany** unbeherrscht; *Angst:* unbezwinglich, unüberwindlich; *Lachen, Zorn:* unbändig; **~patrzny** unbedacht; **~pisany** unbeschreiblich; **~płacalny** unrentabel; **~prawny** *Typ.* ungebunden.

nie|organiczny anorganisch; **~osiagalny** unerreichbar; **~osobliwy** (-wie) nicht besonders; **~osobowy** unpersönlich; **~ostrość** *f* (-ści; 0) Unschärfe *f.*

nieostrożn|ość *f* Unvorsichtigkeit *f;* **~y** unvorsichtig.

nie|ostry unscharf; mild; **~oswojony** ungezähmt; **~oszacowany** unschätzbar; **~oświecony** ungebildet; **~ozdobny** schmucklos, schlicht; **~oznaczony** *Math.* unbestimmt; **~pakowany** nicht geräumig, klein, eng; **~palący** *Adj., Su. m* Nichtraucher *m;* **~palny** unbrennbar.

niepamię|ć *f* Gedächtnisausfall *m,* Amnesie *f;* Vergessenheit *f; puścić w ~ć* vergeben und vergessen; *do ~ci* maßlos; **~tliwy** nicht nachtragend; **~tny** undenklich; *od ~tnych czasów* seit Menschengedenken.

nieparzysty unpaar(ig), ungerade.

niepełno|letni minderjährig; **~prawny** nicht vollberechtigt; be-

dingt rechtsfähig; **~sprawny** *Med.* behindert; **~ść** *f* Unvollständigkeit *f;* **~wartościowy** nicht vollwertig; minderwertig.

niepełny nicht voll; unvollständig, lückenhaft.

niepewn|ość *f* Ungewißheit *f;* Unsicherheit *f;* Zweifel *m;* **~y** ungewiß; unsicher; *Person:* unzuverlässig; *Schritt:* schwankend; *Firma:* unsolide; *Stimme:* zaghaft; *na ~e* auf gut Glück.

niepierwsz|y: ~ej młodości nicht mehr der (*od.* die) jüngste.

nie|pijący [-'jon-] *m* (-ego; -y) Nichttrinker *m;* **~piśmienny** leseund schreibunkundig; *Su. m* (-ego; -i) Analphabet *m;* **~planowy** außerplanmäßig; planlos; **~płatny** unentgeltlich; unbesoldet; **~płodny** unfruchtbar.

niepo|chlebny wenig schmeichelhaft, ungünstig; mißbilligend; **~ciągający** wenig anziehend, nicht attraktiv; **~cieszony** untröstlich; **~czciwy** unehrlich; **~czytalny** unzurechnungsfähig.

niepodległ|ościowy Unabhängigkeits-, Freiheits-; **~ość** *f* (-ści; 0) (nationale) Unabhängigkeit *f;* **~y** unabhängig, souverän.

niepodob|ieństwo *n* (ein Ding der) Unmöglichkeit *f;* **~na** (*unpers.*) (e ist *od.* war) unmöglich, undenkbar **~ny** unähnlich (*do G/D*).

niepo|dzielny unteilbar; **~goda** (-y; *G* -gód) schlechtes Wetter Regenwetter *n;* **~hamowany** hemmungslos, unbändig; **~jętny** lehrig, begriffsstutzig; **~jęty** [-'jen-] unfaßbar; **~kalany** makellos; **~n poczęcie** *Rel.* unbefleckte Empfängnis; **~kaźny** unscheinbar; un bedeutend.

niepoko|ić ⟨za-⟩ (-ję) beunruhigen stören, belästigen; **~ić się** (*I, o A* beunruhigt sein (über *A*), bange (um *A*); **~jący** [-'jon-] (-co) beun ruhigend, beängstigend; besorg niserregend, alarmierend.

niepo|konany unbesiegbar; unbesiegt; unüberwindlich; **~kój** *m* (-oju -oje) Unruhe *f;* Besorgnis *f;* **~kup ny** *Ware:* nicht gefragt, schwer ab setzbar; **~mierny** extrem, über mäßig; unangemessen (hoch); **~m ny** (*G*) nicht eingedenk, ungeachte (*G*); **~myślny** ungünstig, widrig

~płatny nicht lohnend; ~prawny nicht richtig, fehlerhaft; unverbesserlich; ~radny s. niezaradny; ~ręczny unhandlich; sperrig; ungünstig; ~rozumienie n Mißverständnis n; Mißhelligkeit f, Unstimmigkeit f; ~równany s. niezrównany; ~równywalny unvergleichbar; ~ruszony unbeweglich.
nieporząd|any [-ʒɔn-] unerwünscht; ~ek m Unordnung f; ~ny unordentlich.
niepo|skromiony unbändig; ~słuszny ungehorsam, unfolgsam; Kind a.: unartig; ~spolity ungewöhnlich, außergewöhnlich; ~strzegalny unmerklich, für Auge nicht wahrnehmbar; ~strzeżenie Adv. unbemerkt; ~szanowanie n Respektlosigkeit f, Unehrerbietigkeit f; Mißachtung f (G); ~szlakowany makellos, untadelig; ~trzebny unnötig, unnütz; überflüssig; ~ważny nicht ernst(gemeint); nicht ernsthaft; ~wetowany unersetzlich; ~wodzenie n (-a) Mißerfolg m, Fehlschlag m, Rückschlag m; ~wrotnie Adv. unwiederbringlich; ~wstrzymany unaufhaltbar, -sam; s. niepohamowany; ~wtarzalny unwiederholbar, einmalig.
niepozna|ka f: dla ~ki zwecks Täuschung, um Spuren zu verwischen; ~nie n: do ~nia bis zur Unkenntlichkeit; ~walny unerforschlich.
niepo|zorny unscheinbar, unansehnlich; ~żądany unerwünscht; ~żyteczny unnütz; uneinträglich; ~żyty (-cie) unverwüstlich, robust.
nieprawda f Unwahrheit f; to ~ das ist nicht wahr; ~(ż)? nicht wahr?
nieprawdopodob|ieństwo n Unwahrscheinlichkeit f; ein Ding der Unmöglichkeit; ~ny unwahrscheinlich; unerhört; Adv. F a. schrecklich, unvorstellbar. [Schein-.]
nieprawdziwy unwahr; unecht,
nieprawidłow|ość f Unrichtigkeit f; Unregelmäßigkeit f, Anomalie f; ~y unrichtig, falsch; unregelmäßig.
niepraw|ny ungesetzlich; unrechtmäßig; ~omocny nicht rechtsgültig, nicht rechtskräftig; ~owity unrechtmäßig.
nie|prędko Adv. nicht so bald; ~proszony ungebeten; unaufgefordert.

nieprze|baczalny unverzeihlich; ~brany unzählig, unermeßlich; unerschöpflich; ~byty Wald: undurchdringlich; Fluß, Weg: unpassierbar; ~chodni Gr. intransitiv; ~ciętny überdurchschnittlich; ~jednany unversöhnlich; ~jezdny Straße: unbefahrbar, unpassierbar; ~kładalny unübersetzbar; ~kraczalny Frist: festgelegt, unaufschiebbar; ~kupny unbestechlich; ~liczony unzählbar, unzählig; ~makalny wasserdicht; ~mijający unvergänglich; ~możony unüberwindlich, unbändig; ~myślany unüberlegt; ~nikniony undurchdringlich; ~party (-cie) unwiderstehlich; s. nieprzemożony; ~pisowy vorschriftswidrig, unvorschriftsmäßig; Sp. a. regelwidrig; ~puszczalny undurchlässig; ~rwany ununterbrochen; ~ścigniony unübertroffen; ~tłumaczalny unübersetzbar; ~widziany unvorhergesehen, unerwartet; ~wodnik m Phys. Nichtleiter m; ~zroczysty, ~źroczysty undurchsichtig; ~zwyciężony s. nieprzemożony.
nieprzy|chylność f feindselige Einstellung, Mißgunst f; ~chylny abgeneigt (do G/D); Umstände: ungünstig, widrig; Gegend: unwirtlich; ~datny ungeeignet (do G/für, zu).
nieprzyja|ciel m, ~ciółka f Feind(in f) m; ~cielski feindlich, Feind(es)-; ~zny feindselig; widrig.
nieprzy|jemność f Unannehmlichkeit f; Peinlichkeit f; ~jemny unangenehm; peinlich; ~stępny unzugänglich; fig. unnahbar; Preis: unerschwinglich; ~tomny bewußtlos; Blick: geistesabwesend; verrückt, von Sinnen vor Freude usw.; ~tulny ungemütlich; ~zwoitość f Unanständigkeit f; Zote f; ~zwoity unanständig, anstößig; ungebührlich.
nie|punktualny unpünktlich; ~pyszny: jak ~ny wie ein begossener Pudel.
nierad nicht froh, unzufrieden (D/über A); ungern; rad ~ wohl oder übel.
nie|rasowy nicht reinrassig; ~raz Adv. mehrmals, oft(mals); manchmal; ~rdzewny rostbeständig, -frei, nichtrostend; ~realny unwirklich,

fiktiv; nicht realisierbar; **~regularny** unregelmäßig; irregulär; **~rentowny** unrentabel; **~robaczywy** madenfrei; **~rogacizna** f koll. Schweine n/pl., Borstenvieh n.

nieroz|ciągliwy un(aus)dehnbar; **~dzielny** untrennbar; **~erwalny** unlösbar, unzerreißbar; **~garnięty** Person: beschränkt; **~łączka** f Zo. Wellensittich m; **~łączny** untrennbar, unzertrennlich; **~mowny** wortkarg, einsilbig; **~myślny** unabsichtlich; **~poznawalny** nicht erkennbar; **~pryskowy** Glas: splitterfrei; **~puszczalny** unlöslich; **~sądny** unvernünftig; unbedacht; **~strzygalny** unlösbar; **~strzygnięty** ungelöst; unentschieden; **~tropny** begriffsstutzig; Tat: unbesonnen.

nieroz|umny unklug; **~ważny** unüberlegt, gedankenlos; übereilt; Person: unbesonnen; **~wiązalny** un(auf)lösbar; **~wiklany** ungelöst; Verbrechen a.: unaufgeklärt; **~winięty** unentwickelt; unterentwikkelt, (a. geistig) zurückgeblieben; Gr. Satz: einfach.

nierób m (-oba; -oby) Nichtstuer m; **~stwo** n (-a; 0) Müßiggang m, Nichtstun n.

nierówno Adv. s. nierówny; **~legły** nicht parallel (do G/zu); **~ść** f Ungleichheit f; Unebenheit f.

nierówny uneben; ungleich; Gelände a.: wellig; Straße a.: holp(e)rig; Charakter: unausgeglichen.

nieruch|awy (-wo), **~liwy** gemächlich, träge, schwerfällig; **~omieć** ⟨z-⟩ (-eję) stehenbleiben, unbeweglich verharren; stocken, erstarren; **~omo** Adv. s. nieruchomy; **~omość¹** f (-ści; 0) Unbeweglichkeit f.

nieruchom|ość² f (-ści): mst pl. **~ości** Immobilien pl., Liegenschaften f/pl.; **~y** (-mo) unbeweglich; unbewegt; stationär.

nierząd [-ɔnt, -ndu] m (-u; 0) Unzucht f, Prostitution f; **~nica** † f (-y; -e) Dirne f; **~ny** czyn: **~ny** unzüchtige Handlung.

nierze|czowy unsachlich; **~czywisty** unwirklich; **~telny** unredlich.

nie|samodzielny unselbständig; **~samowity** (-cie) unheimlich; F fig. a. schrecklich, fürchterlich;

~sforny widerspenstig; ausgelassen, übermütig; **~skalany**, **~skazitelny** makel-, tadellos; unbescholten; **~składny** plump, unbeholfen; fig. ungereimt; **~skłonny** (do G) abgeneigt (D), nicht geneigt od. aufgelegt (zu); **~skończony** (-enie) unendlich; endlos; **~skory** langsam; s. niesklonny; **~skracalny** Math. unkürzbar; **~skromny** unbescheiden; unanständig; **~skuteczny** unwirksam, wirkungslos; **~słabnący** [-'nɔn-] unvermindert stark (heftig usw.).

niesław|a f Unehre f, Schande f; **~ny** ruhmlos, unehrenhaft.

niesłodk|i ungesüßt; F **~o mi szło** es war kein Zuckerlecken.

nie|słony ungesalzen; **~słowny** unzuverlässig; wortbrüchig; **~słuszny** unrichtig; ungerecht, unverdient; **~słychany** unerhört; **~smaczny** schlecht schmeckend; geschmacklos; **~smak** m (0) schlechter (Nach-) Geschmack; Mißbehagen n; **~snaski** f/pl. (-sek) Streitereien f/pl.

niespełna nicht ganz, fast; **~** rozumu nicht recht bei Verstand.

niesplik m (-u; -i) Mispel f.

niespo|dzianka f (-i; G -nek) Überraschung f; **~dzi(ew)any** unerwartet, unverhofft, überraschend; **~kojny** unruhig; rastlos, unstet; turbulent; **~rny** unstreitig; **~ro** Adv. langsam, schwierig; **~tykany** nie dagewesen, nie gesehen; **~żyty** s. niepożyty.

niesprawiedliw|ość f (-ści) Ungerechtigkeit f, Unrecht n; **~y** (-wie) ungerecht; Adv. a. zu Unrecht.

niesprawn|ość f Störung f, **~y** gestört, beschädigt, außer Betrieb.

niesta|ły unbeständig; unstet; labil, **~ranny** nachlässig, ungenau; **~rty** s. niezatarty; **~teczny** instabil, labil; fig. leichtsinnig, unsolide, unzuverlässig; **~wiennictwo** n Nichterscheinen n.

niestety leider, bedauerlicherweise **nie|stosowny** unpassend; unschicklich, ungebührlich; **~strawność** f (-ści; 0) Unverdaulichkeit f; Med Verdauungsstörung f; **~strawny** unverdaulich; schwerverdaulich **~strudzony** (-dzenie) unermüdlich, rastlos; **~stworzony** F unglaublich, toll; **~ne** brednie blühender Unsinn; **~sumienny** unehr lich; *Arbeit usw.*: nachlässig, schlampig; ~swoj(sk)o, ~swój *Adv.* unbehaglich; unwohl.

niesy|metryczny unsymmetrisch; ~mpatyczny unsympathisch; ~stematyczny unsystematisch, wahllos; ~ty *fig.* begierig, erpicht (*G*/auf *A*).

nieszcze|gólny nicht besonders, so lala; ~lny undicht; leck; ~ry unaufrichtig, heuchlerisch.

nieszczę|sny unselig, fatal; unglückselig; ~ście *n* Unglück *n*; Malheur *n*, Mißgeschick *n*; *jak na ~ście* wie verhext; *zu allem* Unglück; ~śliwy unglücklich; glücklos; ~śnie *Adv. s.* nieszczęsny; ~śnik *m* (*-a; -cy*) Unglücksmensch *m*, F -vogel *m*, -rabe *m*. [los.\
nieszkodliwy unschädlich, harm-\
nieszlache|cki nichtadlig; ~tny unedel.

nieszpory *pl.* (*-ów*) (*Christ*-)Vesper *f*; *dzwon na ~* Vesperglocke *f*.

nie|szpułka *f* (*-i; G -lek*) *s.* niesplik; ~ściągalny *Fin.* nicht einziehbar, uneinbringlich; ~ścieralny abriebfest; radierfest; ~ścisłość *f* (*-ści*) Ungenauigkeit *f*; (*mst pl.*) Fehler *m*, falsche Angabe(n); ~ścisły ungenau, unpräzise; locker, lose.

nieść (*L.*) *v/t* tragen; *Hilfe* leisten, gewähren; *Linderung, Leid* bringen; *Eier* legen; *v/i Waffe*: tragen, reichen; *Gerücht*: (um)gehen; ~ *się* (dahin)jagen, eilen; *Duft, Laute*: dringen, sich verbreiten; *Vogel*: Eier legen; *v/i* nosić.

nie|ślubny un-, außerehelich; ~śmiały schüchtern, zaghaft, scheu.

nieśmierteln|ik *m* (*-a; -i*) *Bot.* Papier-, Strohblume *f*; *vgl.* kocanka; ~y unsterblich.

nieśn|y: ~*a kura* Legehenne *f*.

niespieszn|y nicht dringend; ohne Hast; ~*ie mi* ich habe es nicht eilig.

nieświadom|ość *f* Unkenntnis *f*; Unbewußtheit *f*; Bewußtlosigkeit *f*; ~y (*präd. ~*) sich nicht bewußt, in Unkenntnis (*G*/*G*); unbewußt.

nie|świeży nicht (mehr) frisch; *eng S. Brot*: altbacken; *Fisch, Fleisch*: verdorben; *Blume, Gesicht*: welk; ~takt *m* Taktlosigkeit *f*, Entgleisung *f*; ~taktowny taktlos; ~terminowy nicht fristgerecht; ~tęgi F (*-go*) schwach, miserabel; ~tknięty [-'ŋɛn-] unberührt; un-

verschrt; ~tłukący (się) unzerbrechlich.

nietoperz *m* (*-a; -e, -y*) Fledermaus *f*; *Mar.* Sturmlaterne *f*.

nie|topliwy unschmelzbar; ~towarzyski ungesellig; ~trafny verfehlt, mißglückt; falsch, unzutreffend; ~treściwy *Futter*: mit geringem Nährwert; *fig.* inhaltsarm; ~trwały kurzlebig; unbeständig; instabil; ~trzeźwość *f* Trunkenheit *f*, Rausch *m*; ~trzeźwy betrunken, (be)trunken; *Urteil usw.*: unsachlich; ~tutejszy nicht hiesig, auswärtig, (orts)fremd.

nietykaln|ość *f* (*-ści; 0*) Unverletzlichkeit *f*, Unantastbarkeit *f*; *Pol.* Immunität *f*; *Jur.* naruszenie ~ości osobistej Körperverletzung *f*; ~y unverletzlich, unantastbar; Immunität genießend.

nie|typowy untypisch, nicht typisch; ~ublagany unversöhnlich; unerbittlich; ~uchronny unvermeidlich, unabwendbar; ~uchwytny nicht zu fassen, schwer zu erwischen; unmerklich; ~ny dla ucha unhörbar; ~uctwo *n* (*-a*) Unwissenheit *f*, Ignoranz *f*; ~uczciwy unredlich; ~uczesany ungekämmt; ~uczynny ungefällig; ~udany mißlungen, mißglückt, Fehl-; ~udolny unfähig; *s.* nieumiejętny; ~ufność *f* Mißtrauen *n*; ~ufny mißtrauisch, argwöhnisch; ~ugaszony unstillbar; ~ugięty [-'ɡɛn-] (*-cie*) unbeugsam; ~ujarzmiony unbezähmbar.

nieuk ['ŋɛuk] *m* (*-a; -i*) unwissender (*od.* ungebildeter) Mensch, Ignorant *m*.

nie|ukojony *Trauer*: tief; *Sehnsucht*: unstillbar; ~uleczalny unheilbar; ~umiarkowany unmäßig; hemmungslos; ~umiejętny ungeschickt; unsachgemäß, stümperhaft; ~umyślny unbeabsichtigt, absichtslos; ~unikniony unvermeidlich; ~uprawny *Agr.* unbebaut, brachliegend; ~uprzedzony unvoreingenommen; ~uprzejmy unhöflich, unfreundlich.

nieurodzaj *m* Mißernte *f*; ~ność *f* *Agr.* Unfruchtbarkeit *f*; ~ny unfruchtbar; ~ny rok Mißjahr *n*, schlechtes Jahr.

nie|urzędowy inoffiziell, nichtamtlich; ~uspołeczniony nicht vergesellschaftet, privat; **~ustający** [-'jon-], **~ustanny** unaufhörlich; **~ustępliwy** (-wie) unnachgiebig; **~ustraszony** (-szenie) unerschrocken; **~usuwalny** unabsetzbar; **~utulony** *Trauer*: tief, untröstlich; **~uważny** unaufmerksam, unachtsam; **~uzasadniony** unbegründet.

nieużyt|eczny unnütz, unbrauchbar; **~ek** m: mst pl. **~ki** Brachland n; **~y** ungefällig, unfreundlich.

niewart (G) nicht wert (G od. zu).

nieważ|ki (-ko) schwerelos; **~ny** unwichtig; ungültig; ungültig.

nie|wątpliwy zweifellos; unstreitig, unbestritten; **~wczas** m: po **~wczasie** zu spät, hinterher; **~wczesny** fehl am Platz; zu früh; zu spät; w **~ną porę** zur Unzeit; **~wdzięczny** undankbar; **~wesoły** traurig, unfroh.

niewiadom|y unbekannt; *Su.* **~a** f (-ej; -e) *Math.* Unbekannte f; w **~e** mit unbekanntem Ziel, ins Blaue.

niewiar|a f Unglaube m; Mißtrauen n; **~ogodny**, **~ygodny** unglaublich, unwahrscheinlich.

niewiasta f (-y) Frau f, Weib n.

niewidka f (-i; G -dek): czapka **~** Tarnkappe f.

niewido|czny unsichtbar; **~my** blind; *Su.* m (-ego; -i) Blinde(r); ... dla **~mych** Blinden-.

niewidzia|lny unsichtbar; **~ny** (noch) nie dagewesen.

niewie|dza f Unwissenheit f; Unkenntnis f; **~le** nicht viel, (ein) wenig; einige; **~lki** nicht groß, (ziemlich) klein; gering.

nie|wierność f Untreue f; **~wierny** untreu, treulos; **~wierzący** ungläubig, gottlos; **~wieści** Frauen-, weiblich.

niewin|iątko [-'njont-] n (-a; G -tek) *iron.* Unschuldsengel m; **~ność** f (-ści; 0) Unschuld f, *Jur. a.* Schuldlosigkeit f; **~ny** unschuldig, schuldlos; harmlos.

niewłaściwy unrichtig, falsch, fehl-; unangebracht; unzuständig; *s.* ułamek.

niewol|a f Gefangenschaft f; *s.* niewolnictwo; **~nica** f (-y; -e) Sklavin f; **~nictwo** n (-a; 0) Sklaverei f, Knechtschaft f; **~niczy** sklavisch; (-czo) sklavisch; **~nik** m (-a; -cy) Sklave m; handel **~nikami** Skla-

venhandel m; **~ny** unfrei, versklavt. [n.]

niewód m (-odu; -ody) Schleppnetz

nie|wprawny ungeübt; **~wrażliwy** (na A) unempfindlich (gegen A); unempfänglich (für A); **~wskazany** nicht angezeigt, nicht ratsam; **~współmierny** unverhältnismäßig; unvergleichbar (z I/mit).

niewy|baczalny unverzeihlich; **~buch** m s. niewypał; **~chowany** schlecht erzogen, rüpel-, flegelhaft; **~czerpa(l)ny** unerschöpflich; **~dajny** unergiebig; **~darzony** mißraten.

niewydoln|ość f Med. Insuffizienz f; **~y** insuffizient, nicht voll leistungsfähig.

niewy|gasły (noch) nicht erloschen; Liebe, Haß: tief, alt; Frist: (noch) nicht abgelaufen; **~goda** f Beschwerlichkeit f; Unbequemlichkeit f; **~godny** unbequem; beschwerlich; **~konalny** unerfüllbar; nicht vollstreckbar; **~kształcony** ungebildet; **~kwalifikowany** Arbeiter: ungelernt; **~mienny** nicht aus-, umtauschbar; Währung: nicht konvertierbar; **~mierny** unermeßlich; Math. irrational; **~mowny** unaussprechlich; nicht redegewandt; **~myślny** simpel, einfach.

niewypał m Blindgänger m, Versager m.

niewy|parzony: P -na gęba loses Maul; ordinärer Kerl; **~pieczony** unausgebacken; **~płacalny** zahlungsunfähig; **~powiedziany** unsagbar; **~raźny** undeutlich; unklar; **~robiony** unerfahren, ungeübt; **~słowiony** unaussprechlich, unsagbar; **~spany** unausgeschlafen; **~starczająco** Adv. nicht genug, ungenügend; **~szukany** schlicht anspruchslos; **~tłumaczalny** unerklärbar; **~tłumaczony** unerklärlich, unverständlich; **~trzymały** nicht haltbar; unbeständig; nicht A/gegen A); **~ważenie** n (-a) Tech Unwucht f; **~właszczalny** unveräußerlich; **~wrotny** kippsicher standfest; Boot: kenterfest.

niewzruszony (-szenie) unerschüttert, gelassen; unbeweglich.

nieza|angażowany nicht engagiert Staat: blockfrei; **~budka** f (-i; G -dek) s. niezapominajka; **~budowany** unbebaut; **~chwiany** unerschütterlich, standhaft; unbeirrbar; **~długo** Adv. in Kürze, bald; **~dowolenie** n Unzufriedenheit f, Mißfallen n; **~dowolony** unzufrieden (z G/mit D, wegen G); mißmutig; **~kłócony** ungestört; ungetrübt; Rdf. störungsfrei.

niezależn|ie (od G) unabhängig, abgesehen (von D); **~y** unabhängig, selbständig; Journalist usw.: frei; Gr. mowa **~a** direkte Rede.

nieza|mącony [-mɔn-] ungetrübt; **~mężna** Frau: unverheiratet; **~mieszkały** unbewohnt; **~pominajka** f (-i; G -jek) Vergißmeinnicht n; **~pomniany** unvergeßlich, unvergessen; **~przeczalny**, **~przeczny** unbestreitbar, unbestritten; **~radny** unbeholfen; hilflos; **~stąpiony** [-stɔm-] unersetzlich; **~tapialny** unsinkbar; **~tarty** unauslöschlich, unvergeßlich; **~uważony** unbemerkt; **~wisły** (-śle) unabhängig; **~wodny** zuverlässig; engS. bewährt; (betriebs)sicher; -nie Adv. a. unfehlbar, bestimmt, F todsicher.

nie|zbadany unerforschlich; unerforscht; **~zbędny** unentbehrlich, unerläßlich; Su. -ne n (-ego; 0) das Nötigste; **~zbity** (-cie) unwiderlegbar, schlagkräftig; **~zborność** f (-ści; 0) Astigmatismus m. [(all)zu.)

niezbyt Adv. nicht sehr, nicht}

niezdar|a m/f (-y; G -ów/-) Tölpel m, Tolpatsch m; **~ny** ungeschickt, linkisch; tolpatschig; stümperhaft.

niezdatny untauglich, ungeeignet (do G/zu D, für A); **~** do pracy arbeitsunfähig; **~** do użytku unbrauchbar, unbenutzbar.

niezdecydowa|nie[1] n Unschlüssigkeit f, Wankelmut m; **~nie**[2] Adv.; **~ny** unschlüssig, unentschlossen; unsicher.

niezdoln|ość f (0) Unfähigkeit f, Unvermögen n; **~ość** do działań prawnych Geschäftsunfähigkeit f; **~y** unfähig; untauglich (do G/zu D, für A); unbegabt; **~y** do służby wojskowej (wehr)dienstuntauglich.

nie|zdrowy unwohl; krankhaft; ungesund, gesundheitsschädlich; **~zgłębiony** [-gwem-] unergründlich.

niezgod|a f Zwietracht f, Zwist m; **~ność** f Unstimmigkeit f; Nichtübereinstimmung f, Diskrepanz f;

Widerspruch m; **~ny** uneinig; unverträglich, zänkisch; widersprüchlich; nicht übereinstimmend (z I/mit); **~ny** z przepisami unvorschriftsmäßig.   [leidlich.}

niezgorszy F (-rzej) nicht schlecht,}

niezgrab|a m/f (-y; G -ów/-) s. niezdara; **~ny** s. niezdarny; unförmig, plump.

nie|ziemski (-ko) außerirdisch; überirdisch; **~ziszczalny** unerfüllbar; **~zliczony** unzählbar, ungezählt; **~złomny** unerschütterlich, standhaft, ungebrochen; felsenfest.

niezły (-źle; Psf. -źli) ganz gut, nicht schlecht; ziemlich; iron. **~** numer ein nettes Früchtchen.

nie|zmącony [-mɔn-] ungetrübt; **~zmienny** unveränderlich, gleichbleibend, konstant; **~zmiernie** Adv. äußerst, extrem; a. = **~zmierny** unermeßlich, grenzenlos; **~zmordowany** unermüdlich; **~zmywalny** nicht abwaschbar, engS. wasserfest.

niezna|czny unerheblich, unbedeutend, gering(fügig); unmerklich; **~jomość** f (0) Unkenntnis f; **~jomy** unbekannt, fremd; Su. -ma f (-ej; -e), -my m (-ego; -i) Unbekannte(r), Fremde(r); **~ny** unbekannt; Su. **~ne** n (-ego; 0) das Unbekannte; vgl. niewiadomy.

nie|zniszczalny unzerstörbar, unverwüstlich; **~znośny** unerträglich; Pers. a. unleidlich, ungezogen; **~zrozumienie** n Unverständnis n, Verständnislosigkeit f; **~zrównany** unvergleichlich, unübertrefflich; -troffen; **~zupełnie** Adv. nicht ganz; **~zupełny** unvollständig, unvollkommen; **~zwilżalny** :-ny wodą wasserabstoßend; **~zwłoczny** unverzüglich; -y Adv. a. unverzüglich; **~zwrotny** schwerfällig; Darlehn: nicht rückzahlbar, verloren; Verpackung: Einweg-; **~zwyciężony** unbesiegbar; **~zwykły** (-le) ungewöhnlich; außergewöhnlich; Adv. a. äußerst.

nieźle Adv. s. niezły.

nie|żelazny: metale -ne Nichteisenmetalle n/pl.; **~żonaty** Mann: unverheiratet, ledig; **~życiowy** (-wo) lebensfremd, realitäts-, wirklichkeitsfremd; **~życzliwy** übel gesinnt, mißgünstig; ungünstig; **~żyjący** verstorben.

nieżyt m (-u; -y) Katarrh m; **~** żo-

łądka Gastritis *f*; ~owy katarrhalisch. [leblos.]
nieży|wotny unbelebt; ~wy tot,
nigdy nie(mals); ~ *przenigdy* nie und nimmer; *jak* ~ wie noch nie (zuvor).
nigdzie nirgends, nirgendwo(hin).
nijak *Adv.* auf keine Weise, überhaupt nicht; ~i fade, ausdruckslos, farblos; *Gr.* neutral, sächlich; ~o F *Adv.* unbestimmt; mißlich, ungemütlich; peinlich.
nikczemn|ik *m* (-a; -cy) Schurke *m*, Schuft *m*; ~y niederträchtig, gemein, elend.
nikiel ['ɲi] *m* (-klu; 0) Nickel *n*.
nikim *I, L v.* nikt.
nikle *Adv. s.* nikły.
niklow|ać ⟨po-⟩ (-uję) vernickeln; ~y Nickel-.
nik|ły (-le) kümmerlich, spärlich, schwach; *Freude:* kurzlebig, ~nąć [-nǫtɕ] (-nę) (ver)schwinden; vergehen; *vgl.* z(a)nikać.
niko|go (*G v.* nikt) niemanden; ~mu (*D v.* nikt) niemandem.
nikotyn|a *f* (-y; 0) Nikotin *n*; ~owy Nikotin-.
nik|t niemand; ~ogo nie ma es ist niemand da. [on, ono) ihm.]
nim¹ (*D v.* oni, one) ihnen; (*I, L v.*)
nim² *Kj.* bevor, ehe; bis.
nimi *I v.* oni, one; *z* ~ mit ihnen.
niniejszy vorliegend; ~m hiermit; *wraz z* ~m, *przy* ~m beiliegend.
nioska ['nɔ-] *f* (-i; *G* -sek) Legehenne *f*.
nisk|i (*Komp.* niższy) niedrig, nieder; klein (gewachsen); *Verbeugung, Ton:* tief; ~o *Adv.* niedrig; tief (gelegen); ~o- *in Zssgn* Nieder-.
nisko|ciśnieniowy Niederdruck-; ~**gatunkowy** *Ware:* minderwertig; ~**kaloryczny** kalorienarm; *Kohle:* heizschwach; ~**procentowy** mit niedrigem Gehalt an (*D*); *Bgb.* geringhaltig; ~**rosły** kleinwüchsig; ~**wartościowy** minderwertig.
nisza *f* (-y; -e) Nische *f*.
niszcz|ący [-'ʃtʃɔn-] (-co) vernichtend, zerstörend; ruinös; verderblich; ~eć ⟨z-⟩ (-eję) zugrunde gehen, verfallen; verderben, F kaputtgehen; ~yciel *m* (-a; -e) Zerstörer *m* (*a. Mar.*); ~yciel czołgów Jagdpanzer *m*; ~ycielski Vernichtungs-, Zerstörungs-; (-ko) zerstörerisch, verheerend; ~yć ⟨wy-, z-⟩ (-ę) ver-

nichten, zerstören; verderben; vertilgen; ruinieren; ~yć się *s.* niszczeć.
nit *m* (-u; -y) Niet *m*.
nitk|a *f* (-i; *G* -tek) Faden *m*; *zmoknąć do* ~i k-n trockenen Faden (mehr) am Leibe haben; *nie zostawić suchej* ~i (*na L*) kein gutes Haar lassen (an *D*); ~owaty (-to) fadenförmig, Faden-; ~owiec ['-kɔ-] *m* (-wca; -wce) *Zo.* Fadenwurm *m*.
nitow|acz *m* (-a; -e) Nieter *m*; ~ać ⟨za-⟩ (-uję) (ver)nieten; ~nica *f* (-y; -e) Nietmaschine *f*; ~y Niet-.
nitro|- Nitro-; ~**wanie** *n* (-a; 0) Nitrierung *f*.
niuans ['njuãs] *m* (-u; -y) Nuance *f*.
niuch [njux] *m* (-u; -y) (Schnupftabak-)Prise *f*; F *fig.* mieć (dobrego) ~a den richtigen Riecher haben (do *G*/für *A*); ~ać (-am), ⟨~nąć⟩ [-nǫtɕ] (-nę) Tabak schnupfen.
niunia ['njuɲa] F *f* (-i; -e) *s.* ślamazara, trusia.
niwa *f* (-y) Flur *f*; *fig.* Feld *n*.
niwecz|nik *m* (-a; -i) *Bio.* Antikörper *m*; ~yć ⟨z-⟩ (-ę) zunichte machen, vereiteln; *s.* niszczyć.
niwel|ator *m* (-a; -y) Nivellierinstrument *n*; ~ować ⟨z-⟩ (-uję) nivellieren. [fädeln.]
nizać ⟨na-⟩ (-żę) aufreihen, auf-
nizin|a *f* (-y) Niederung *f*, Tiefebene *f*; ~ny Tiefland-, flach.
niziutki F (-ko) *s.* niski.
niźli † *s.* niż¹.
niżli † *s.* niż¹.
niż¹ *Kj.* als, denn.
niż² *m* (-u; -e) *s.* nizina; ~baryczny Tief(druckgebiet) *n*; 2 *hist.* Saporoszcze *n*, ~ej (*Komp. v.* nisko) niedriger; tiefer; ~ej podpisany der Unterzeichnete, ~eli *s.* niż¹; ~owy Tief(land)-; *Jahrgang:* geburtenschwach; *hist.* Saporoger (*Adj.*).
niższ|ość *f* (-ści; 0) geringerer Stand *od.* Wert; Minderwertigkeit *f*; Unterlegenheit *f*; ~y (*Komp. v.* niski) niedriger, kleiner; untergeordnet; tiefer; ~a izba *Pol.* Unterhaus *n*.
no *Int.* nun; los; *patrz* ~! sieh mal an!; ~, ~! nanu!; aber, aber!; *dawaj to,* ~! los, gib es her!; ~ *to co?* was denn?; ~ *prosze!* na bitte!
nobilitować (*im*)*pf.* (-uję) adeln.
noc *f* (-y; -e) Nacht *f*; *po* ~y, *w* ~y nachts, in der Nacht; *po* ~ach nächtelang; *od rana* (*od. świtu*) *do* ~y von früh bis spät. [ke *f.*]
nochal P *m* (-a; -e) Zinken *m*, Gur-

nocleg *m* (*-u*; *-i*) Übernachtung *f*; Nachtlager *n*, Nachtquartier *n*; **~owy**: *dom* ~owy Nachtasyl *n*; *punkt* ~owy (*Touristen-*)Herberge *f*.

noc|nik *m* (*-a*; *-i*) Nachtgeschirr *n*, -topf *m*; **~ny** nächtlich, Nacht-; **~ować** ⟨*prze-, za-*⟩ (*-uję*) übernachten, über Nacht bleiben.

nog|a *f* (*-i*, *D*, *L -dze*; *-i*, *nóg*) Bein *n*; Fuß *m*; *~i w O* o-beinig; *~i w X* x-beinig; *~i cielęce* Kalbsfußgelee *n*; *~i wieprzowe* Spitzbeine *n/pl.*; *zmienić ~ę* Schritt wechseln; *F wziąć ~i za pas* die Beine in die Hand nehmen; *dać ~ę* Reißaus nehmen, verduften; *na jednej nodze fig.* flink, im Handumdrehen; *zerwać się na równe ~i* aufspringen, emporschnellen; *w ~i! ab!*, nichts wie weg!; *~a za ~ą* Schritt für Schritt; *do ~i!* bei Fuß!; *jak z nóg ścięty* wie gefällt; *lecieć* (*od. walić się*) *z nóg* nicht (mehr) stehen können; **~awka** *f* (*-i*; *G -wek*), **~awica** *f* (*-y*; *-e*) Hosenbein *n*.

nokaut *m* (*-u*; *-y*) Knockout *m*, K.-o.-Schlag *m*; **~ować** ⟨*z-*⟩ (*-uję*) niederschlagen, zu Boden schicken; *pf. a.* durch K.o. siegen.

nokturn *m* (*-u*; *-y*) Notturno *n*.

nomada *m* (*-y*; *-dzi/-owie*, *-ów*) Nomade *m*.

nomin|acja *f* (*-i*; *-e*) Ernennung *f*, Nominierung *f*; **~acyjny** Ernennungs-; **~alny** nominell, Nenn-; **~ał** *m* (*-u*; *-y*) Nennwert *m*.

non|sens *m* Unsinn *m*, F Quatsch *m*; **~sensowy** unsinnig; **~szalancki** (*-ko*) nonchalant.

nora *f* (*-y*) (*Fuchs-*)Bau *m*; *fig.* Loch *n*.

nordycki nordisch.

norka *f* (*-i*; *G -rek*) Maus(e)loch *n*; *vgl. nora*; *Zo.* Nerz *m*.

norma *f* (*-y*) Norm *f*; Standard *m* (*DDR*); *engS. a.* Quote *f*, Satz *m*; Regel *f*; *~ prawna* a. Rechtsgrundsatz *m*; *~ paszowa* Futterration *f*; **~lizować** ⟨*z-*⟩ (*-uję*) normalisieren; normen; **~lny** normal, Normal-; **~tywny** normativ. [regeln.]

normować (*-uję*) normen; ⟨*u-*⟩∫

nornik *m* (*-a*; *-i*) *Zo.* Wühlmaus *f*; Feldmaus *f*; *JSpr.* Erdhund *m*.

Norwe|g *m* (*-a*; *-owie*), **~żka** *f* (*-i*; ⌐□ □⌐⌐ □ (-⌐-) (-⌐-⌐-) □ □-ku) norwegisch; Norwegen-; *Sp. kombinacja ⎾ska* Nordische Kombination.

norymberski Nürnberger (*Adj.*).

nos *m* (*-a*; *-y*) Nase *f*; *mówić przez ~* näseln; *F mieć (dobrego) ~a* (*gute*) Nase haben (*do G/für A*); *kręcić ~em* die Nase rümpfen (*na A/über A*); *uśmiechać się pod ~em* schmunzeln; *F mieć w ~ie (A)* pfeifen (auf *A*); **~acizna** *f* (*-y*; 0) *Vet.* Rotz *m*; Staupe *f*; **~aty** mit großer Nase; **~ek** *m* (*-ska*; *-ski*) Näschen *n*; (*Schuh-, Ski-*)Spitze *f*.

nosi|ciel *m* (*-a*; *-e*) Träger *m*; **~ć** ⟨*-sze*⟩ tragen; **~ć się** sich tragen (*z I/mit*); sich kleiden; **~dła** *n/pl.* (*-deł*) Schultertrage *f*; **~woda** *m* (*-y*; *-y*, *-ów*) Wasserträger *m*.

noso|rożec *m* (*-żca*; *-żce*, *-żców*) Nashorn *n*; **~wy** Nasen-; nasal.

nosówka *f* (*-i*; *G -wek*) *Gr.* Nasenlaut *m*; *Vet.* Hundestaupe *f*.

nostalgia [*-'tal-*] *f* (*G*, *D*, *L -ii*; 0) Nostalgie *f*; Heimweh *n*.

nostrzyk *m* (*-a*; *-i*) Steinklee *m*.

nosze *f/pl.* (*-y*) Trage *f*; **~nie** *n* (*-a*) Tragen *n*.

nośn|ik *m* (*-a*; *-i*) (*dźwięku, kosztów* Ton-, Kosten-)Träger *m*; **~ość** *f* (*-ści*; 0) Tragfähigkeit *f*, -kraft *f*; Reichweite *f*; Legefähigkeit *f der Hühner*; **~y** tragend, Trag-; Träger-; *siła ~a* Auftrieb(skraft *f*) *m*; *kura ~a* Legehenne *f*.

nota *f* (*-y*) Note *f*; Anmerkung *f*; Bewertung *f*; **~bene** übrigens; **~rialny** [*-'rial-*] notariell; Notariats-; **~riusz** [*-'ta-*] *m* (*-a*; *-e*) Notar *m*; **~tka** *f* (*-i*; *G -tek*) An-, Bemerkung *f*, Notiz *f*; **~tnik** *m* (*-a*; *-i*) Notiz-, Schreibblock *m*.

notes *m* (*-u*; *-y*) Notizbuch *n*.

notoryczny notorisch; berüchtigt; *~ przestępca* Gewohnheitsverbrecher *m*, Wiederholungstäter *m*.

notowa|ć ⟨*od-, za-*⟩ (*-uję*) notieren; registrieren, vermerken; *fig. źle ~ny* schlecht angesehen (*u G/bei*).

nowa|cja *f* (*-i*; *-e*) *Jur.* Novation *f*; **~lije** [*-'va-*] *f/pl.* (*-ii*), **~lijki** *f/pl.* (*-jek*) Frühgemüse *n*; Frühobst *n*.

nowator *m* (*-a*; *-rzy*) Neuerer *m*, Innovateur *m*; **~ski** Neuerer-, Innovations-; **~stwo** *n* (*-a*; 0) Neuerertum *n*; Innovations *pl.*

nowel|a *f* (*-i*; *-e*) Novelle *f*; **~izacja** ∫ (( ) (∐⌐⌐⌐⌐⌐□) □⌐⌐⌐⌐⌐∐ ⌐ **nowel|a** *f* (*-i*; *-e*) Novelle *f*; **~izacja**

nowicj|at *m* (*-u*; 0) Noviziat *n*; **~usz** *m* (*-a*; *-e*), **~uszka** *f* (*-i*; *G -szek*) Novize *m* (*-in f*), Neuling *m*.

nowin|a f (-y) Neuigkeit f; to nie ~a das ist nichts Neues; ~ka f (-i; G -nek): mst pl. ~ki Neuigkeiten f/pl., (neuester) Klatsch. [neu.]
nowiut(eń)ki F (-ko) (funkel)nagel-⌐
nowizna f (-y) Neuland n.
nowo Adv. s. nowy; ~ in Zssgn neu-, Neu-; ~bogacki m (-ego; -ccy) Neureiche(r); ~czesność f (-ści; 0) Modernität f; ~czesny modern, auf dem neuesten Stand; ~fundland m (-a; -y) Zo. Neufundländer m; ~modny neumodisch, (ultra-)modern; ~roczny Neujahrs-; ~rodek m (-dka; -dki) Neugeborene(r).
nowość f (-ści) Neuheit f; (Buch-)Neuerscheinung f.
nowo|testamentowy neutestamentarisch; ~tworowy Krebs-, Tumor-; ~twór m Neuprägung f; Med. Geschwulst f, Tumor m; ~zelandzki neuseeländisch; ~żeniec [-'ʒe-] m (-ńca; -ńcy, -ńców) Neuvermählte(r); ~żytny neuzeitlich.
now|y neu; neuartig; 2y Rok Neujahr n; od ~a, na ~o von neuem, aufs neue, erneut; po ~emu auf neue Art (und Weise), anders, neu; co ~ego? was gibt es Neues?; nic ~ego nichts Neues. [Nüster f.)
nozdrze n (-a; -a, -y) Nasenloch n;⌐
noż|e pl. v. nóż; ~ny Fuß-; s. piłka.
nożow|iec [-'ʒɔ-] m (-wca; -wcy) Bandit m, Messerheld m; ~niczy: wyroby -cze Messerwaren f/pl.; ~nik m (-a; -cy) s. nożowiec; † a. Messerschmied m; ~y Messer-.
noży|ca f (-y; -e) Tech., allg. nur pl. ~ce Schere f; ~cowy Scheren-; ~czki f/pl. (-czek) (do paznokci Nagel-)Schere f; ~k m (-a; -i) (Taschen-)Messer n; (Rasier-)Klinge f.
nów m (G, L nowiu; 0) Neumond m.
nóż m (noża; noże, noży) Messer n; (Schneid-)Stahl m; Schneide(r m) f; ~ do konserw Büchsenöffner m; być na noże sich in den Haaren liegen (z I/mit); jak nożem uciął wie abgeschnitten.
nóżk|a f (-i; G -żek) Beinchen n; Füßchen n; Kochk. s. noga.
nucić ⟨za-⟩ (-cę) Lied summen.
nud|a f (-y; G -ów) Langeweile f; (mst pl.) langweiliges Ding, Stück usw.; ~nawy (-wo) ziemlich langweilig; ~ność f (-ści) Langweiligkeit f; nur pl. Brechreiz m; ~ny (-no, -nie) langweilig, F lahm.

nudyst|a m (-y; -ści, -ów), ~ka f (-i; G -tek) Nudist(in f) m; plaża dla ~ów Nacktbadestrand m.
nudzi|ara F f (-y) Transuse f, ~tüte f; ~arz F m (-a; -e) Langweiler m. Trantüte f; Quälgeist m; ~ć (-dzę) langweilen (się sich); belästigen, F anöden; vgl. mdlić.
nugat m (-u; -y) Nougat m.
nuklearny nuklear, Kern-.
nulka f (-i; G -lek) s. zerownik.
numer m (-u; -y) (porządkowy laufende) Nummer f; ~acja f (-i; -e) Numerierung f; ~ator m (-a; -y) Paginierstempel m, Numerator m; ~ek m (-rka; -rki) (Garderoben-)Marke f; ~ować ⟨po-⟩ (-uję) numerieren; ~owy Nummer(n)-; Su. m (-ego; -wi) Gepäckträger m; Zimmerkellner m.
nuncjusz m (-a; -e) Nuntius m.
nur[1] m (-a; -y) Zo. (Eis-)Taucher m.
nur[2] m (-a; -y) (Unter-)Tauchen n; Kopfsprung m ins Wasser; dać ~a (a. fig. unter)tauchen; ~ek m (-rka; -rkowie) Taucher m; (pl. -rki) s nur[1]; ~ka f (-i; G -rek) s. norka ~kować (-uję) tauchen; Flgw. im Sturzflug niedergehen; ~kowanie n (-a) Tauchen n, engS. Tauchsport m; Flgw. Sturzflug m; ~kowiec [-'kɔ-] m (-wca; -wce) Sturzkampfflugzeug n, Stuka m; ~kowy Tauch(er)-; Nerz-; Sturz-.
nurt m (-u; -y) Strömung f (a. fig.); Kielwasser n; ~ pracy Arbeitstempo n; ~y pl. Fluten f/pl.; ~ować (-uję; ~) vi. Gedanke: stark beschäftigen, keine Ruhe lassen (A/ D); Kummer, Sorge: nagen (A/an D); Neugier: plagen.
nurz|ać (-am), ⟨zanurzyć⟩ (-ę) (ein)tauchen (v/t); ~ać się (w L) sich suhlen (in D); fig. schwelgen (in D).
nut m (-u; -y) Nut f.
nut|a f (-y) Mus., fig. Note f; ~owy Noten-.
nutria ['nu-] f (G, D, L -ii; -e) Nutria f.
nuż a ~ wenn aber; vielleicht.
nuż|ący [-'ʒɔn-] (-co) ermüdend ~yć ⟨z-⟩ (-ę) ermüden, erschöpfen
nygus P (-a; -y) Faulpelz m; ~ostwo n P (-a; 0) Faulenzerei f; ~ować (-uję) faulenzen, herumlungern.
nylon ['naĭ-/'ni-] m (-u; 0) Nylon n F nur pl. ~y Nylonstrümpfe m/pl.; ~owy Nylon-.

O

o¹ *Prp.* (*L od. A*) über (*A*), von (*D*); an (*A, D*); gegen (*A*); um (*A*); mit (*D*); für (*A*), wegen (*G*); bei (*D*); nach (*D*); aus (*D*); *mówił ~ tobie* (er) sprach über dich (von dir); *myślę ~ tobie* ich denke an dich; *oprzeć ~ ścianę* an (gegen) die Wand lehnen; *niepokoić się ~* (*A*) um Sorgen machen wegen (*G*) *od.* um (*A*); *~ połowę krótszy* um die Hälfte kürzer; *~ szóstej* um sechs (Uhr); *~ jasnych włosach* mit blondem Haar; *~ świcie* beim Tagesanbruch; *pytać ~ k-o* nach j-m fragen; *~ własnych siłach* aus eigener Kraft; *oskarżyć ~* (*A*) beschuldigen, anklagen (*G*); *oft durch Zssgn wiedergegeben: ~ dużej mocy* Hochleistungs-; *~ napędzie silnikowym* motorgetrieben.

o²! *Int.* oh!, ah!

oaza *f* (*-y*) Oase *f*.

oba *Num.* (*Psf. obaj, f obie, G, D, L obu*|*oboma*|*obiema*) beide.

obal|ać (*-am*), ⟨*~ić*⟩ (*-lę*) niederschlagen, -werfen; fällen; (um-)stürzen (*v/t*); *Testament* anfechten; *Urteil* umstoßen; *~enie* *n* (*-a*) (*Regierungs-*)Sturz *m*; Widerlegung *f* e-r *Theorie*; Aufhebung *f*; *nie do ~enia* unumstößlich.

obandażowany *Med.* verbunden.

obarcz|ać (*-am*), ⟨*~yć*⟩ (*-ę*) belasten (*I*/mit); (k-o *I*) *Verantwortung* auferlegen; aufbürden, F aufhalsen (j-m *A*); *~ać się* (*I*) auf sich laden (*A*); sich belasten (*A*).

obarzanek *m s.* obwarzanek.

obaw|a *f* (*-y*) Befürchtung *f*; Scheu *f vor et.*; *pl. a.* Bedenken *n*/*pl.*; *mieć ~y a.* befürchten; *nie ma ~y!* keine Angst!; *budzący ~ę* besorgniserregend; *zachodzi ~a* es besteht die Gefahr; *~iać się* ⟨*~ić się*⟩ [-'ba-] (*-am*) sich fürchten (*G*/vor *D*); Angst haben, bangen (*o A*/um); *~iać się, że ...* (be)fürchten, daß ...

obcałow(yw)ać (*-[yw]uję*) abküssen, F abknutschen.

obcas *m* (*-a*; *-y*) Absatz *m*; *na wysokich ~ach* hochhackig, mit hohen Absätzen.

---

ob|cążki *pl. s.* cążki; *~cesowy* (*-wo*) ungeniert, rücksichtslos; brüsk; *~cęgi* *pl.* (Kneif-)Zange *f*.

obcho|dowy Strecken-, Revier-; *komitet ~dowy* Festkomitee *n*; *~dzenie* *n* (*Kontroll-*)Runde *f*, Tour *f*; Begehung *f*, Feiern *n*; *~dzenie się* (*z I*) Umgang *m* (mit), Behandlung *f*, Handhabung *f* (*G*); *~dzić*, ⟨*obejść*⟩ (*L. -jść*) *v*/*t* abschreiten; die Runde machen, herumgehen (*A*/in *D*); *Läden* ablaufen, F abklappern; *Hindernis, Recht* umgehen; *j-n* interessieren, berühren; betreffen, angehen; (*nur impf.*) *Fest* begehen; *Hochzeit* abhalten, feiern; *v*/*i* e-n Umweg machen; *~dzić się* (*z I*) umgehen (mit), abhandeln (*A*); handhaben (*A*); auskommen (bez *G*/ohne *A*); sich begnügen (*I*/mit); (nie) *obejdzie się bez ...* es wird (nicht) ohne ... abgehen.

obchód *m s.* obchodzenie; (*Arzt-*) Visite *f*; (*Jubiläums-*)Fest *n*.

obciąć *pf. s.* obcinać.

obcią|gać (*-am*), ⟨*~gnąć*⟩ be-, überziehen (*I*/mit); *Kleid* zurechtrücken; *Messer* abziehen; *~żać* (*-am*), ⟨*~żyć*⟩ beschweren, belasten (*I*/mit; się sich); *s. obarczać*; *~żyć nadmiernie* überlasten; *~żający* [-'jon-] (*-co*) belastend, erschwerend, Belastungs-; *Jur. a.* strafverschärfend; *~żalność* *f* (*-ści*; *0*) Belastbarkeit *f*.

obciążenie *n* (*-a*) Belastung *f*; Last *f*; *Tech. a.* Beanspruchung *f*; *nadmierne ~* Überlastung *f*; *~ dziedziczne* (negative) Erbanlage *f*.

obcierać (*-am*), ⟨*obetrzeć*⟩ abwischen; abtrocknen (się sich); abreiben.

obcięcie *n* Abschneiden *n*; *fig.* Beschneidung *f*, Kürzung *f*.

obcin|ać (*-am*), ⟨*obciąć*⟩ abschneiden, **abtrennen;** beschneiden, F *Prüfling* durchfallen lassen; *~ek* *m* (*-nka*; *-nki*): *mst pl. ~ki* Schnitzel *n*/*pl.*, Schnipsel *m od. n*/*pl.*, Reste *m*/*pl.*, Verschnitt *m*.

obcios|ywać (-uję), ⟨~ać⟩ behauen.
obcis|kać, ⟨~nąć⟩ fest umwickeln (I/mit); (nur impf.) Kleid: eng anliegen; **~ły** (-łe) eng(anliegend), hauteng.
obco Adv. s. obcy; **~języczny**, **~językowy** fremdsprachig; fremdsprachlich; **~krajowiec** m Ausländer m, Fremde(r); **~ść** f (-ści; 0) Fremdheit f; Fremdartigkeit f.
obcowa|ć (-uję) verkehren, Umgang haben (pflegen), sich austauschen (z I/mit); **~nie** n (-a; 0) Verkehr m, Umgang m; Zusammenleben n.
obcy (-co) fremd, Fremd-; Su. m (-ego; -cy) Fremde(r), Fremdling m.
obczy|zna f (-y; 0) Fremde f; na **~źnie** in der Fremde.
obda|row(yw)ać (-[w]uję) beschenken (I/mit); **~rty** zerlumpt, schäbig; **~rzać** (-am), ⟨~rzyć⟩ schenken (k-o I/j-m A); vgl. obdarow(yw)ać; być **~rzonym** haben, besitzen (I/A).
obdrap|ywać (-uję), ⟨~ać⟩ zerkratzen; s. a. odrap(yw)ać.
obdukcja f (-i; -e) Obduktion f.
obdzie|lać, ⟨~lić⟩ aus-, verteilen (k-o I/et. unter A); vgl. obdarowywać; **~rać** (-am), ⟨obedrzeć⟩ abziehen; abschälen; Baum abrinden; Haut abschürfen; fig. (k-o z G) nehmen, rauben (j-m A), ausnehmen; **~rać ze skóry** j-m das Fell über die Ohren ziehen; **~rgiwać** (-uję), ⟨~rgać, ~rgnąć⟩ [-nątε] (-am/-nę) Knopfloch umstechen; Geweberand (um)säumen.
obdziob|ywać (-uję), ⟨~ać⟩ abpicken.
obecn|ie Adv. gegenwärtig, jetzt, zur Zeit; heutzutage; **~ość** f (-ści; 0) Gegenwart f, Anwesenheit f, Beisein n; **~y** anwesend; gegenwärtig, jetzig; Su. **~i** pl. die Anwesenden.
obedrzeć pf. s. obdzierać.
obej|ma f (-y) Schelle f; Bügel m; **~mować** (-uję), ⟨objąć⟩ (-ejmę) umarmen (się sich); umfassen; einschließen; Dienst antreten; Macht, Führung übernehmen; Angst, Feuer: erfassen; **~rzeć** pf. s. oglądać; **~rzenie** [-'ʒε-] n (-a) Besichtigung f; do **~rzenia** zur Ansicht; **~ście** n (-a) 1. Rundgang m; Umgehung f; fig. Manieren f/pl., Benehmen n; 2. Bauernhof m; **~ść** pf. s. obchodzić.
obel|ga f (-i) Beleidigung f; **~gi** pl. a. Schimpfworte n/pl., Beschimpfun-

gen f/pl.; **~żywy** (-wie) beleidigend, verletzend; Schimpf-.
obelg|iwać (-uję), ⟨~ać⟩ belügen.
oberwa|ć pf. s. obrywać; **~nie** n (-a) Abreißen n; **~nie się chmury** Wolkenbruch m; **~ny** abgerissen; s. obdarty.
oberwisko m (-a) s. obryw.
obe|rznąć pf., **~rżnąć** pf. s. obrzynać.
oberża † f (-y; -e) Herberge f.
oberżyna f (-y) Aubergine f.
oberżysta m (-y; -ści, -ów) (Gast-) Wirt m.
obe|schnąć pf. s. obsychać; **~słać** pf. s. obsyłać; **~trzeć** pf. s. obcierać.
obezna|(wa)ć (-[w]am): **~(wa)ć się** sich vertraut machen (z I/mit); **~nie** n (-a; 0) (z I) Vertrautheit f (mit), (Sach-)Kenntnis f (G); **~ny** vertraut (mit), bewandert (in D), -kundig.
obezwładn|iać [-'vwad-] (-am), ⟨~ić⟩ (-ę) überwältigen (a. fig.); alle Kraft rauben, lähmen; lahmlegen; **~ienie** [-'nεnε] n (-a; 0) Überwältigung f; fig. Schwäche f, Lähmung f.
obeżreć pf. s. obżreć.
obfi|cie Adv. s. obfity; **~tość** f (-ści; 0) Überfluß m, Fülle f; **~tować** (-uję) (w A) reich sein (an D); voll sein, wimmeln (von); **~ty** (-cie) reichlich, ausgiebig; üppig; Regen: stark.
obgad|ywać F (-uję), ⟨~ać⟩ ins Gerede bringen, anschwärzen; e-e Sache bereden, besprechen.
obgotow(yw)ać (-[w]uję) abbrühen, blanchieren.
obgry|zać (-am), ⟨~źć⟩ ab-, benagen; **~zać paznokcie** an den Nägeln kauen.
obiad ['ɔbat, -adu] m (-u; -y) Mittagessen n; **jeść** **~** zu Mittag essen; **~owy** Mittags-; pora **~owa** a. Tischzeit f.
obi|bok F m Faulpelz m; **~cie** n s. pobicie; (Eisen-)Beschlag m; (Leder-)Bezug m; **~ć** pf. s. obijać.
obie s. oba.
obiec pf. s. obiegać; **~ać** pf. s. obiecywać; **~anka** f (-i; G -nek) leere Versprechung, **~ujący** [-'jɔn-] (-co) vielversprechend, verheißungsvoll; aussichtsreich; **~ywać** (-uję), ⟨~ać⟩ (-am) versprechen (sobie po L/sich von D), zusagen; verheißen.

obieg m Umlauf m; Kreislauf m; czas ~u Umlaufzeit f; **~gać**, ⟨obiec⟩ (her)laufen; umkreisen; fig. die Runde machen, (her)umgehen; Gerüchte a. schwirren; **~owy** Umlauf(s)-; pieniądz ~owy gesetzliches Zahlungsmittel.

obiek|cja [-'bĭɛ-] f (-i; -e) Einwand m, Bedenken n; **~t** ['ɔ-] m (-u; -y) Objekt n; engS. Gegenstand m, (Fabrik-, Sport-)Anlage f. **obiektyw** [ɔ'bĭɛ-] m (-u; -y) Objektiv n; **~ny** objektiv; **~owy** Fot. Objektiv-.

obier|aczka f (-i; G -czek) Schälmaschine f; **~ać** (-am), ⟨obrać⟩ Kartoffeln schälen; Raupen ablesen, abklauben; Beruf, Vorsitzer wählen; F j-n ausrauben; rauben (k-o z G/ j-m A); **~ek** m (-rka, -rki), **~ka** f (-i; G -rek): mst pl. **~ki = obierzyny** f/pl. (-) (Kartoffel-)Schalen f/pl., Abfälle m/pl. [Zusage f.\]

obietnica f (-y; -e) Versprechen n,\]

obieżyświat F m Globetrotter m, Weltenbummler m.

obi|jać (-am), ⟨~ć⟩ abschlagen; (I) beschlagen (mit); auspolstern (mit); (nur pf.) durchprügeln; (nur impf.) F **~jać** się herumlungern; s. a. ucho.

objadać ⟨objeść⟩ abfressen, kahlfressen; s. obgryzać; F **~** się sich vollstopfen; sich überfressen.

objaśni|ać [-'jaɕ-] (-am), ⟨~ć⟩ (-ę, -nij!) erklären, erläutern; **~enie** n (-a) Erklärung f, Erläuterung f.

objaw m (-u; -y) Erscheinung f; Ausdruck m, Zeichen n; Med. Symptom n; **~iać** [-'ja-] (-am), ⟨~ić⟩ äußern, offenbaren (się sich); **~ienie** n (-a) Offenbarung f (a. Rel.); **~owy** (-wo) Therapie: symptomatisch.

objazd m (-u; -y) Umweg m; Umleitung f; Rundfahrt f, Tour f; **~owy** Umleitungs-; mobil, beweglich; Wander-; droga ~owa Umgehungs-\]

objąć pf. s. obejmować. [straße f.\]

obje|ść pf. s. objadać; **~żdżać** (-am), ⟨~chać⟩ v/t Hindernis umfahren; P j-n abkanzeln; v/i n-n Umweg machen; ⟨~ździć⟩ v/t bereisen, besuchen; inspizieren; Pferd zureiten.

objęcie e [-'jɛn-] n (-a, Ø -ɕ) (Macht-) Übernahme f; (Amts-)Antritt m; Umarmung f; w ~ach in den Armen (G/G, von).

objęto|ściowy [-jɛn-] (-wo) Volu-

men-, Raum-; volumetrisch; analiza -wa Maßanalyse f; **~ść** f (-ści) Volumen n, Rauminhalt m; Umfang m (a. Typ.); **~ść** skokowa cylindra Kfz. Hubraum m.

objucz|ać (-am), ⟨~yć⟩ (-ę) beladen, bepacken (I/mit).

ob|kładać s. okładać; **~kop(yw)ać** s. okop(yw)ać; **~kuwać** (-am), ⟨~kuć⟩ behauen; F fig. büffeln.

obla|c pf. s. oblewać; **~mow(yw)ać** s. lamować; **~mowany** futrem mit Pelzbesatz; **~nie** n (-a) Begießen n (a. fig. F Feier); **~tany** F fig. beschlagen; **~tywacz** m (-a; -e) Flgw. Testpilot m; **~tywać¹** (-uję), ⟨~tać⟩ Flugzeug einfliegen; Falken abrichten; **~tywać²** (-uję), ⟨oblecieć⟩ umfliegen (A), herumfliegen (um A); Strecke abfliegen; Gerücht: sich verbreiten; Früchte: abfallen; F Geschäfte abklappern; Angst: ergreifen (G/A).

oble|c pf. s. oblegać, oblekać; **~cieć** pf. s. oblatywać²; **~gać** (-am), ⟨~c, ~gnąć⟩ Stadt belagern; **~kać** (-am), ⟨~c⟩ (L.) bedecken (I/mit; się sich); **~piać** [-'lɛ-] (-am), ⟨~pić⟩ bekleben (I/mit); kleben (A/an D); **~śny** lüstern, geil; kriecherisch.

oblewać (-am), ⟨oblać⟩ über-, begießen (I/mit; się sich); F fig. Erfolg begießen; **~** na egzaminie bei der Prüfung absägen, durchfallen lassen; **~** egzamin ..., **~** się na egzaminie die Prüfung verhauen.

obleźć pf. s. obłazić.

oblęż|enie n (-a) Belagerung f; **~niczy** Belagerungs-; **~ony** belagert; Su. m (-ego; -eni) Belagerte(r).

oblicówka f Arch. Verblendung f.

oblicz|ać (-am), ⟨~yć⟩ berechnen; errechnen; **~yć** się abrechnen (z I/mit); **~alny** berechenbar.

oblicz|e n (-a; G -y) Antlitz n; w ~u (G) angesichts (G); zniknąć z ~a ziemi von der Erdoberfläche verschwinden.

oblicz|enie n (-a) Berechnung f; Zählung f; Abrechnung f; **~eniowy** Rechen-; centrum ~we Rechenzentrum n; **~ony** berechnet (na A/ auf, für A); **~yć** pf. s. obliczać.

oblig m (-u; -i) Schuldschein m; acja f (-i; -e) Obligation f, Schuldverschreibung f.

obli|zywać (-uję), ⟨~zać⟩ (be)lecken; ablecken.

oblodzony vereist, mit Eis bedeckt.

oblubie|nica † *f* (*-y; -e*) Braut *f*; ~**niec** [-'bʲe-] † *m* (*-ńca; -ńcy*) Bräutigam *m*; ~*ńcy pl. a.* Brautpaar *n*.

obluzow|any lose, locker, gelockert; ~**(yw)ać** (*-[w]uję*), **obluźnić** *pf.* (*-ę, -nij!*) lösen, lockern (*się sich*).

obła|dow(yw)ać (*-[w]uję*) beladen; belasten (*się sich*); ~**mywać** (*-uję*), ⟨~**mać**⟩ abbrechen (*się v/i*); ~**piać** [-'wa-] P (*-am*), ⟨~**pić**⟩ (*-ę*) knutschen, drücken; ~**skawiać** [-'ska-] (*-am*), ⟨~**skawić**⟩ (*-ę*) zähmen.

obław|a *f* Treibjagd *f*; (*Polizei-*) Razzia *f*, ~**iać się** [-'wa-] (*-am*), ⟨*obłowić się*⟩ e-n guten Fischzug machen (*fig.*), sein Schäfchen ins trockene bringen; ~**nik** *m* (*-a; -cy*) (*Jagd-*)Treiber *m*.

obłazić, ⟨*obleźć*⟩ *Fliegen, Raupen:* bedecken, befallen; *Haare:* ausgehen; *Farbe:* abblättern.

obłąk [-wɔŋk] *m* (*-u; -i*) Bogen *m*.

obłąka|niec [-wɔŋ'ka-] *m* (*-ńca; -ńcy*) Wahnsinnige(r); ~**ny**, ~**ńczy** (*-czo*) wahn-, irrsinnig; *Blick:* irr(e); ~*ńczo a.* wie ein Irrer.

obłęd [-went, -ndu] *m* (*-u; -y*) (*lubieżny, opilczy* Liebes-, Säufer-) Wahnsinn *m*; Irrsinn *m*; ~**ny** irr(e).

obło *n* (*-a; G obł[e]ł*) *Mar.* Kimm *f*.

obło|czek *m* (*-czka; -czki*) Wölkchen *n*; ~**k** *m* (*-u; -i*) (*a. pyłu* Staub-) Wolke *f*; Schwaden *m*; ~**wić się** *pf. s. obławiać się*.

obłożn|y: ~**a choroba** ernste (schwere) Krankheit; ~**ie chory** bettlägerig.

obłoż|yć *pf. s. okładać*; ~**ony** *Med.* Zunge: belegt.   [dung *f*.⟩

obłóczyny *pl.* (*-*) *Rel.* Einklei-⟩

obłud|a *f* (*-y; 0*) Heuchelei *f*; Falschheit *f*; ~**nica** *f* (*-y; -e*), ~**nik** *m* (*-a; -cy*) Heuchler(in *f*) *m*; ~**ny** heuchlerisch, doppelzüngig, falsch.

obłu|pywać (*-uję*), ⟨~**pać**⟩ (ab-)schälen; ab-, behauen; ~**skiwać** (*-uję*) *s. łuskać, łuszczyć*.

obły walzenförmig; oval.

obma|cywać (*-uję*), ⟨~**cać**⟩ ab-, betasten, befühlen; ~**low(yw)ać** (*-[w]uję*) bemalen; ~**rzać** [-r·z-] (*-am*), ⟨~**rznąć**⟩ sich mit Eis bedecken, überfrieren; ~**wiać**, ⟨*obmówić*⟩ *s. obgadywać*.

obmi|atać, ⟨~**eść**⟩ *s. omiatać*.

obmierz|ać¹ (*-am*), ⟨~**yć**⟩ ausmessen.

obmier|zać² [-r·z-] (*-am*), ⟨~**znąć**⟩ [-nɔ̨tɕ] (*-nę*) *s.* obrzydnąć; ~**zły** (*-źle*) widerlich, zuwider.

obm|owa *f* Verleumdung *f*, üble Nachrede; ~**ówić** *pf. s. obgad(yw)ać*.

obmur|ow(yw)ać (*-[w]uję*) ummauern; ~**owanie** *n* (*-a*), ~**ówka** *f* (*-i; G -wek*), **obmurze** *m* (*-a*) Ein-Ummauerung *f*.

obmy|ślać (*-am*), ⟨~**ślić**⟩ (*-lę*) *v/t* (gründlich) durchdenken, überlegen (*A*); ~**ślony** überlegt; ~**wać** (*-am*), ⟨~**ć**⟩ abwaschen; umspülen.

obnaż|ać (*-am*), ⟨~**yć**⟩ (*-ę*) entblößen (*się sich*); ~**ony** nackt, entblößt; *Schwert:* blank.

obniż|ać (*-am*), ⟨~**yć**⟩ (*-ę*) senken; *engS.* herabsetzen, reduzieren; (ver)mindern; ~**ać się** fallen, sinken, sich senken; ~**ka** *f* (*-i; G -żek*) (*Preis-*)Senkung *f*.

obnosić herumtragen, -reichen, -zeigen; ~ **się** (*z I*) zur Schau tragen (*A*), hausieren gehen (mit).

oboczny parallel, Neben-.

obojczyk *m* (*-a; -i*) *Anat.* Schlüsselbein *n*.   [beide.⟩

oboje (*G -jga, D, L -jgu, I -jgiem*)⟩ **obojętn|ieć** [-'jent-] ⟨*z-*⟩ (*-eję*) gleichgültig werden (*na A, dla G* gegen *A*); ~**ość** *f* (*-ści; 0*) Gleichgültigkeit *f*; ~**y** gleichgültig; kalt (*-schnäuzig*); *Chem.* neutral.

obojna|ctwo *n* (*-a; 0*) Hermaphroditismus *m*; ~**k** *m* (*-a; -i*) Zwitter *m*.

obok *Adv.* daneben; abseits; tuż ~ ganz in der Nähe; *Prp.* (*G*) neben (*D*); dicht bei (*D*); abseits (*G*); vorbei (an *D*); ~ *siebie* neben-, beieinander.

obolały schmerzend, wund.

obopólny gegen-, beiderseitig.

obor|a *f* (*-y; G obór*) Vieh-, Kuhstall *m*; ~**nik** *m* (*-a; -i*) (*Stall-*)Dung *m*, Mist *m*; ~**owy** Stall-.

obosieczny zweischneidig.

obostrz|ać (*-am*), ⟨~**yć**⟩ verschärfen (*się sich*); ~**enie** *n* (*-a*) Verschärfung *f*; *Med.* Verschlimmerung *f*.

obowiąz|any verpflichtet; ~**ek** *m* (*-zku; -zki*) Pflicht *f*; Verpflichtung *f*; Aufgabe *f*; ~**kowo** *Adv.* unbedingt; ~**kowość** *f* (*-ści; 0*) Pflichtgefühl *n*; ~**kowy** (*-wo*) obligatorisch, verbindlich, Pflicht-; pflichttreu; ~**ujący** [-'jɔn-] verbindlich, in Kraft, geltend; *zasięg mocy -cej* Geltungsbereich *m*; ~**ywać** (*-uję* *nur 3. Pers.*) verpflichten, binden; gelten, in Kraft sein; *zacząć ~ywać* in Kraft treten.

obozow|**ać** [-'ra-] (-am); zelten; **~icz** F *m* (-a; -e) Campingfreund *m*, F Camper *m*; **~isko** *n* (-a) Lagerplatz *m*; Zeltplatz *m*; Zeltlager *n*; *~isko wakacyjne* Ferienlager *n*; **~y** Lager-; Camping-.

obożny *m* (-ego; -ni) Lagerleiter *m*.

obój *m* (-oju; -oje) *Mus.* Oboe *f*.

obóz *m* (-u; -y) (przyjęcia, *pod namiotami, zagłady* Auffang-, Zelt-, Vernichtungs-)Lager *n*.

obr|**abiać** [-'ra-] (-am), ⟨**~obić**⟩ *v/t* bearbeiten; *Land* bestellen; *Stoff* (um)säumen; *Geschäft* abmachen; P ⟨*z G*⟩ *j-n* erleichtern (um *A*).

obra|**biarka** *f* (-i; *G* -rek) Werkzeugmaschine *f*; ⟨**~bow(yw)ać**⟩ (-[w]uję) berauben ⟨*z G/G*⟩.

obrac|**ać**(-am), ⟨**obrócić**⟩ (-cę) (um-) drehen, (um)wenden (*się* sich); schwenken; verwandeln (*się* sich); verwenden (*na A/für A*); hin- und zurückfahren; (*nur impf.*) **~ać** *się a.* kreisen, rotieren; *fig.* verkehren, sich bewegen; **~alny** drehbar.

obrach|**ow(yw)ać** (-[w]uję) *s.* obliczać; **~unek** *m* Berechnung *f*; Abrechnung *f*; **~unkowy** Ver-, Abrechnungs-; *jednostka* (*od. Agr. dniówka*)-*wa*Verrechnungseinheit*f*.

obrać *pf. s.* obierać.

obrad|**a** *f*: *mst pl.* **~y** Beratung *f* (*in pl.*) *f*; ⟨**~ować**⟩ (-uję) beraten ⟨*nad I/über A*⟩.

obr|**adzać** (-am), ⟨**~odzić**⟩ *Baum*: gut tragen; *Felder*: reiche Ernte bringen; *Getreide*: gut geraten.

obramow|**anie** *n* (-a) Einfassung *f*, Umrandung *f*; Umrahmung *f*; (*Pelz-*)Besatz *m*; ⟨**~(yw)ać**⟩ (-[w]uję) einfassen, umranden; umrahmen; *mit Pelz* besetzen.

obrani|**ać** [-'ra-] (-am) *s.* bronić; **~e** *n* (-a) Wahl *f*.

obr|**astać** (-am), ⟨**~osnąć**⟩ bewachsen, sich bedecken (*I/mit*); *fig. s.* porastać.

obraz *m* Bild *n*; Gemälde *n*; F Film *m*; *Rel.* Heiligenbild *n*; F *~ nędzy i rozpaczy* Jammergestalt *f*; **~a** *f* (-y) Beleidigung *f*, ~*a moralności* Erregung öffentlichen Ärgernisses; **~ek** *m* (-zka; -zki) Bild(chen) *n*; *książka z ~kami* Bilderbuch *n*; *Bot.* **~ki** *pl.* Aronstab *m*; **~ić** *pf. s.* obra-

żać; **~kowy** Bilder-; **~ować** ⟨*z-*⟩ (-uję) schildern, (bildlich) darstellen; **~owy** (-wo) bildlich; anschaulich.

obra|**źliwy** (-wie) beleidigend, kränkend; *Pers.*: empfindlich, empfindsam; **~żać** (-am), ⟨**~zić**⟩ beleidigen, verletzen, kränken; **~zić się** beleidigt sein, sich gekränkt fühlen ⟨*o A/ wegen A*⟩; übelnehmen (*na A/D*); **~żający** [-'jon-] (-co) beleidigend, verletzend; **~żenie** *n* (-a) *s.* obraza; *mst pl. a.* (*Körper-*)Verletzungen *f/pl.*; **~żony** beleidigt.

obrąb|**ek** *m* s. obrębek; **~ywać** (-uję), ⟨**~ać**⟩ *Äste* abhauen; behauen.

obrączk|**a** *f* (*Trau-*)Ring *m*; ⟨**~ować**⟩ ⟨*za-*⟩ (-uję) beringen; **~owy** Ring-.

obręb [-remp, -mbu] *m* (-u; -y) Bereich *m*, Grenzen *f/pl.*; *a.* innerhalb; *poza ~em* außerhalb; **~ek** *m* (-bka; -bki) Saum *m*; **~iać** [-'rem-] (-am), ⟨**~ić**⟩ (-ę) (ein-)säumen.

obręcz *f* (-y; -e, -y) Reifen *m*; (*Faß-*)Band *n*; (*Rad-*)Felge *f*.

obro|**bić** *pf. s.* obrabiać; **~czniak** [-'rotʃ-] *m* (-a; -i) Futtersack *m*; **~czdź** *pf. s.* obradzać; **~k** *m* (-u; 0) (*Pferde-*)Futter *n*.

obron|**a** *f* (-y) Verteidigung *f*; Abwehr *f*; Schutz *m*; Wahrung *f* dr. *Interessen*; **~a** *konieczna* Notwehr *f*; **~a** *z urzędu* Pflichtverteidigung; *in Zssgn* ... **~y** *s.* obronny; stanąć (*od.* wystąpić) *w ~ie* (*G*) eintreten, sich einsetzen (für *A*); **~ność** *f* (-ści; 0) Verteidigungsbereitschaft *f*; Wehrhaftigkeit *f*; **~ny** Verteidigungs-, Abwehr-; Schutz-; *wyjść ~ą ręką* gut durch-, überstehen ⟨*z G/A*⟩.

obroń|**ca** (-y; -y, -ów) Verteidiger *m* (*a. Sp., Jur.*); Beschützer *m*; Sachwalter *m*; **~ca** *pokoju* Friedenskämpfer *m*; **~czy** Verteidigungs-; *mowa ~cza* (*Verteidiger-*)Plädoyer *n*.

obro|**sły** *s.* obrośnięty; **~snąć** *pf. s.* obrastać; **~śnięty** [-'ŋɛn-] bewachsen (*I/mit*); behaart; unrasiert.

obrot|**nica** *f* (-y; -e) *Tech.* Drehscheibe *f*; **~ność** *f* (-ści; 0) Wendigkeit *f*, Gewandtheit *f*; Geschäftstüchtigkeit *f*; **~ny** wendig, gewandt, clever, gerissen; geschäftstüchtig; **~omierz** [-'tɔ-] *m* (-a; -e) Drehzahlmesser *m*; **~owy** drehbar, Dreh-; schwenkbar, Schwenk-; *Hdl.* Umsatz-; *środki ~owe* Betriebsmittel *n*/*pl*.; **~ówka** F *f* (*-i*; *G* *-wek*) Drehbühne *f*.

obroża *f*(*-y*; *-e*) (*Hunde*-)Halsband *n*.

obróbka *f* (*-i*; *G* *-bek*) *Tech.* Bearbeitung *f*, Behandlung *f*; ~ *plastyczna* spanlose Formung; ~ *wstępna* Aufbereitung *f*.

obró|cić *pf*. *s.* obracać; **~t** *m* (*-otu*; *-oty*) (Um-)Drehung *f*; (Kehrt-)Wendung *f*; *Fin.* (*Geld*-)Umlauf *m*; (*Zahlungs*-)Verkehr *m*; *Hdl.* Umsatz *m*; F *wziąć w obroty sich j-n* vornehmen.

obrus *m* (*-u*; *-y*) Tischtuch *n*; *Rel.* Altardecke *f*.

obrusz|ać, ⟨~yć⟩ *Erdreich* lockern, ins Rutschen bringen; ~yć *się sich* entrüsten, empören (*na A*/über *A*).

obrys *m* Umriß *m*; ~ *ładunkowy Esb.* Lademaß *n*; **~ow(yw)ać** (*-[w]uję*) umreißen, skizzieren.

obryw *m* (*-u*; *-y*) Erd-, Bergrutsch *m*; **~ać** (*-am*), ⟨*oberwać*⟩ abreißen, (ab)pflücken; F *Schläge* abbekommen, abkriegen; **~ka** *f* (*-i*; *G* *-wek*): F *mst pl.* ~ki Nebenverdienst *m*.

obryzg|iwać (*-uję*), ⟨~ać⟩ bespritzen; besprühen.

obrząd *m* (*-ędu*; *-ędy*) = **~ek** *m* (*-dku*; *-dki*) *1.* Ritual *n*, (feierlicher) Brauch; Zeremonie *f*; *Rel.* Ritus *m*, (*Glaubens*-)Bekenntnis *n*; *2.* (*Vieh*-) Versorgung *f*, Fütterung *f*; **~kowy** rituell.

obrządz|ać [-'ʒɔn-] (*-am*), ⟨~ić⟩ *Vieh* versorgen, füttern.

obrzezanie *n* (*-a*) *Rel.* Beschneidung *f*.

obrzeż|e *n* (*-a*) Rand *m*; **~e** *koła* Radkranz *m*; **~ny** Rand-, Bord-.

obrzęd [-ʒɛnt, -ndu] *m* (*-u*; *-y*) *s.* *obrządek 1.*; **~owy** rituell.

obrzęk *m* Schwellung *f*; Ödem *n*; **~ać**, ⟨~nąć⟩ *Med.* (an)schwellen; **~ły** geschwollen; aufgedunsen.

obrzmi|ałość *f* (*-ści*), **~enie** *n* (*-a*) Schwellung *f*; Aufgedunsenheit *f*; **~ały** *s.* obrzękły; **~ewać** (*-am*), ⟨~eć⟩ (*-eję*) *s.* obrzękać.

obrzuc|ać, ⟨~ić⟩ bewerfen (*I*/mit); umnähen, umstechen; *fig.* ~ać *stekiem wyzwisk usw.* anpöbeln; ~ić *wzrokiem* (*A*) e-n Blick werfen (auf *A*).

obrzuszna *f* (*-nej*; *-ne*) *s.* otrzewna.

obrzutka *f* *Arch.* Unterputz *m*.

obrzydli|stwo *n* (*-a*) Abscheulichkeit *f*, Scheußlichkeit *f*; **~wiec** [-'lʲi-]

m (*-wca*; *-wcy*) Ekel *n*, Scheusal *n*; **~wość** *f* (*-ści*) Ekel *m*, Abscheu *m*; *s.* obrzydlistwo; **~wy** (*-wie*) abscheulich, ekelhaft, widerwärtig.

obrzy|dły *s.* obrzydliwy; **~dnąć** *pf.* *s.* zbrzydnąć; ~dł(a), ~dło mi ... ich habe ... satt, genug von ... (*D*), ... ekelt mich an; **~dzać** (*-am*), ⟨~dzić⟩ *j-m et.* verleiden, verekeln; **~dzenie** *n* (*-a*; 0) Ekel *m*, Widerwille *m*; *do* ~dzenia bis zum Überdruß; **~nać** (*-am*), ⟨*oberżnąć*⟩ beschneiden; abschneiden; absägen; **~nek** *m* (*-nka*; *-nki*) Schnittrest *m*, Abfallstück *n*.

obsa|da *f* (*-y*) (*Stellen*-, *Rollen*-) Besetzung *f*; Belegschaft *f*, Mannschaft *f*; Bemannung *f*; *Tech.* Halter *m*; Fassung *f*; *Agr.*, *JSpr.* Bestand *m*; **~dka** *f* (*-dki*; *G* *-dek*) Federhalter *m*; **~dnik** *m* (*-a*; *-i*) *Typ.* (Form-)Steg *m*; **~dzać**, ⟨~dzić⟩ besetzen (*I*/mit); bepflanzen (*I*/mit); *Mar.* bemannen; *Werkzeug*, *Feder* einsetzen; *Axt* bestielen.

obserwa|cja *f* (*-i*; *-e*) Beobachtung *f*; **~cyjny** Beobachtungs-; **~tor** *m* (*-a*; *-rzy*/*-owie*) Beobachter *m*; Betrachter *m*; **~torium** [-'tɔ-] *n* (*-*; *-ria*, *-ów*) Observatorium *n*, Sternwarte *f*. [ten.]

obserwować ⟨za-⟩ (*-uję*) beobach-⟩

obsesja *f* (*-i*; *-e*) Besessenheit *f*; fixe Idee; *Med.* Zwangsneurose *f*.

obsi|ać *pf.* *s.* obsiewać; **~adać**, ⟨~ąść⟩ *sich* setzen (*A*/um *A*); *Vögel usw.*: *sich* in Scharen niederlassen; *Ämter* besetzen, füllen.

obsiew ['ɔp-] *m* Aussaat *f*; Saat *f*; **~ać** (*-am*), ⟨obsiać⟩ ['ɔp-] besäen; *jak obsiał wie gesät.*

ob|sikać F *pf.* bepinkeln; **~skakiwać** (*-uję*), ⟨-skoczyć⟩ umspringen, umschwärmen; **~skub(yw)ać** *s.* oskub(yw)ać; **~skurny** obskur.

obsłu|chiwać (*-uję*), ⟨~chać⟩ *Med.* abhorchen; **~ga** *f* (*-i*) Bedienung *f*; Wartung *f*; Betreuung *f*; (*Kunden*-) Abfertigung *f*; Kundendienst *m*; (*naziemna Boden*-)Personal *n*; Bedienungsmannschaft *f*; **~giwać** (*-uję*), ⟨*żyć*⟩ bedienen; (*nur impf.*) warten, pflegen; **~gowy** Wartungs-, Pflege-; Service-.

obstal|ow(yw)ać (*-[w]uję*) bestellen, in Auftrag geben; **~unek** *m* (*-nku*; *-nki*) Bestellung *f*, Auftrag *m*; *zrobiony na* ~unek maßgearbeitet.

ob|staw|a f (-y) Sicherung f, Rückendeckung f; ⟨Einsatz-⟩Reserve f; **~ać** beharren, bleiben (przy L/auf, bei D); eintreten, sich einsetzen (za I/für A); **~i(a)ć** stellen (A/um A); umstellen (I/mit); Ball-Sp. mauern.

bst|ępować [-temp-] (-uję), ⟨-ąpić⟩ umringen.

bstrukcja f (-i; -e) Obstruktion f; Med. Obstipation f.

bstrz|ał [-t:ʃ-] m (0) Beschuß m, Beschießung f; **~elać** pf. s. ostrzeliwać.

bsun|ąć się pf. s. obsuwać się; **~ięcie się** [-'nɛŋ-] n (-a) Abrutschen n, **~ięcie się** góry od. ziemi s. obryw.

bsu|szać (-am), ⟨-szyć⟩ (ab)trocknen; **~wać się**, ⟨-nąć się⟩ (ab)rutschen; absacken; **~wisko** n (-a) zu Tal gerutschte Erd- od. Gesteinsmasse(n).

bsy|chać (-am), ⟨obeschnąć⟩ v/i trocknen, trocken werden; **~pywać** (-uję), ⟨-pać⟩ bestreuen (I/mit); fig. überhäufen; Agr. behäufeln; **~p(yw)ać się** abfallen; abbröckeln.

bszar m (-u; -y) (uprawy Anbau-) Fläche f, (państwa, dotknięty klęską Staats-, Notstands-)Gebiet n, (burzowy Sturm-)Zone f; Raum m; **~nik** m (-a;-cy) Großgrundbesitzer m.

bszarp|aniec [-'pa-] m (-ńca; -ńcy) zerlumpter Kerl; **~any** zerlumpt; **~ywać** (-uję), ⟨-ać⟩ herunterreißen; (zer)reißen.

bszerny ausgedehnt; geräumig; weitläufig, ausführlich, umfassend; Kleidung: groß, weit, lose.

bszuk|iwać (-uję), ⟨-ać⟩ Gelände absuchen; Person durchsuchen, abtasten.

bszy|cie n Besatz m; Leiste f; Biese f; Tech. Verkleidung f; Außenhaut f; **~wać** (-am), ⟨-ć⟩ besetzen, einfassen (I/mit); verkleiden, bespannen (I/mit); F jak **~ł** ganz genau; **~wka** f (-i; G -wek) s. obszycie.

bt|aczać, ⟨-oczyć⟩ Kochk. in Mehl wälzen; Tech. abdrehen; abschleifen; **~arcie** n aufgeriebene (Haut-) Stelle; **~łukiwać** (-uję) ⟨-łuc⟩ Henkel abschlagen; **~oczki** f/pl. (-łek) Drohspäne m/pl.; **~oczyć** pf. s. obtaczać.

obtrąc|ać, ⟨-ić⟩ v/t abschlagen;

obu s. oba; in Zssgn bi-, beid-;

~brzeżny an beiden Ufern e-s Flusses gelegen.

obuch m (-a; -y) Beilrücken m; ⟨Hammer-⟩Breitbahn f; hist. s. czekan; F dostać (jak) **~em w łeb** wie vor den Kopf geschlagen sein.

obucz|ać (-am), ⟨-yć⟩ s. (na)uczyć.

obuć pf. s. obuwać.

obudow|a f Umbauen n; Verkleidung f, Verschalung f; Gehäuse n; Bgb. Ausbau m; **~(yw)ać** (-[w]uję) umbauen (I/mit); verkleiden; ausbauen.

obudzić pf. s. budzić.

obukierunkowy in beiden Richtungen.

obum|arcie n (-a; 0) Absterben n; Nekrose f; **~ierać**, ⟨-rzeć⟩ absterben; verkümmern.

obu|oczny binokular; **~płciowy** (-wo) bisexuell; **~rącz** Adv. beidhändig, mit beiden Händen.

oburknąć pf. j-n grob anfahren.

oburz|ać (-am), ⟨-yć⟩ empören, entrüsten (się sich; na A/über A); **~ający** [-'jɔn-] (-co) empörend; **~enie** f (-a; 0) Empörung f, Entrüstung f; **~ony** empört.

obustronn|ie beiderseits; **~y** beiderseitig.

obuw|ać (-am), ⟨obuć⟩ (-ję) Schuhe anziehen; **~ie** [-'bu-] n (-a; 0) Schuhwerk n; Fußbekleidung f; **~ik** m (-a; -i) Bot. Frauenschuh m; **~iowy, ~niczy** Schuh-.

obwał m Einsturz m; Bgb. (Zusammen-)Bruch m; **~owanie** n (-a) Verschanzung f; Eindeichung f; Erddeich m; **~ow(yw)ać** (-[w]uję) Schanzen (od. Erdwälle) aufwerfen; eindeichen.

obwarow(yw)ać (-[w]uję) Stellung befestigen; fig. (a. się) sich vorbehalten, sichern.

obwarz|anek m (-nka; -nki) Brezel f; **~ać** (-am), ⟨-yć⟩ (ver)brühen.

obwąch|iwać (-uję), ⟨-ać⟩ beschnüffeln, beschnuppern; riechen (A/an D).

obwiąz|ywać (-uję), ⟨-ać⟩ umbinden; um-, verschnüren; Med. verbinden.

obwie|szać, ⟨-sić⟩ (-szę) behängen; **~szczać** (-am), ⟨-ścić⟩ (uroczo) verkünden, kundgeben, bekanntgeben; **~szczenie** n (-a) Bekanntmachung f; **~ść** pf. s. obwodzić; **~źć** pf. s. obwozić.

obwi|jać (-am), ⟨-nąć⟩ [-nɔntɛ] (-nę, -ń) umwickeln (I/mit); s. owijać; ~niać [-'ɕi-] (-am), ⟨-nić⟩ (-ę) beschuldigen, anklagen (k-o o A/j-n G); ~niony m (-ego; -nieni) Angeschuldigte(r); ~sać (-am), ⟨-snąć⟩ [-snɔntɛ] (-nę, -ł) (herab)hängen; ~sły (herab)hängend, Hänge-.

obwo|dnica f (-y; -e) Ringstraße f; ~dowy peripherisch; Bezirks-; ~dzić ⟨obwieść⟩ herumführen; umgeben (I/mit); ~luta f (-y) Schutzumschlag m; ~ływać (-uję), ⟨~łać⟩ ausrufen (I/zu D); ~zić, ⟨obwieźć⟩ herumfahren (v/t).

obwód m (-odu; -ody) Umfang m, Umkreis m; Peripherie f; El. (Strom-)Kreis m; Pol. Bezirk m; ~ w biodrach, w pasie, gorsu Hüft-, Taillen-, Oberweite f; ~ scalony integrierter Schaltkreis; ~ka f (-i; G -dek) Rand m, Kante f, Umrandung f.

oby (Ausdruck e-s Wunschgedankens) może(n) ..., möchte(n) ...; ~ś był szczęśliwy! sei glücklich!

obycie n s. ogłada; (z I) Vertrautheit f (mit), Kenntnis f (G).

obyczaj m (-u; -e, -ów) Brauch m, Sitte f; ~e pl. a. Anstandsnormen f/pl.; Brauchtum n; ~e przy stole Tischsitten; lekkie ~e lockere Moral; surowych ~ów sittenstreng; ~owość f (-ści; 0) Brauch m, Bräuche m/pl.; Sittlichkeit f; Umgangsformen f/pl.; Sittlichkeit f; ~owy Sitten-.

oby|ć się pf. s. obywać się; ~dwa (f ~ie, Psf. ~aj), ~dwoje (b. Pers. verschiedenen Geschlechts) beide; ~ty (z I) vertraut (mit), erfahren (in D), routiniert; wohlerzogen; ~ty w świecie weltgewandt; ~(wa)ć się (bez G) auskommen, sich behelfen (ohne A); (I) sich begnügen (mit); (z I) sich vertraut machen (mit), kennenlernen (A).

obywatel m (-a; -e, -i), ~ka f (-i; G -lek) Bürger(in f) m; engS. Staatsbürger(in), Staatsangehörige(r); ~ski Bürger-; ~stwo n (-a; 0) Bürgerschaft f; Staatsangehörigkeit f.

oznaj|amiać [-'ja-] (-am), ⟨~omić⟩ s. zaznajamiać.

obżar|stwo n (-a; 0) Völlerei f, P Verfressenheit f; ~tuch P m (-a; -y) Freßsack m, Vielfraß m; ~ty gefräßig, P verfressen.

obżerać (-am), ⟨obeżreć⟩ abfressen;

P ~ się sich vollfressen, vollstopfen.

ocal|ać (-am), ⟨~ić⟩ (-lę) retten (od G/vor D; się sich); Überlebende bergen; ~aly noch lebend, am Leben (geblieben); heil (geblieben); ~eć pf. (-eję) der Gefahr (od. dem Tod, Verderben) entrinnen, F mit heiler Haut davonkommen; Sache: heil überstehen, unversehrt bleiben; ~enie n (-a) Rettung f; Bergung f; nie do ~enia unrettbar.

ocean [-'tsɛ-] m (-u; -y) Ozean m; za ~em in Übersee; ~iczny ozeanisch; Ozean-; Tiefsee-.

ocelot m (-u; -y) Zo. Ozelot m.

ocen|a f Bewertung f; Beurteilung f; Würdigung f; (Ab-)Schätzung f; (Schul-)Note f; ~iać [-'tsɛ-] (-am), ⟨~ić⟩ bewerten; beurteilen; würdigen; (ab)schätzen.

ocet m (octu; octy) Essig m.

ochlap|ywać (-uję), ⟨~ać⟩ bespritzen.

ochł|adzać (-am), ⟨~odzić⟩ s. chłodzić; (się sich) erfrischen; ~adzający [-'jɔn-] (-co) (ab)kühlend; Kühl-.

ochłap m (-u/-a; -y) (Fleisch-) Rest m; ~y pl. a. Abfälle m/pl., Brocken m/pl. (a. fig.).

ochło|da f (-y; 0), ~dzenie n Abkühlung f; ~dzić pf. s. chłodzić; ~dziło się es hat sich abgekühlt, es ist kühl geworden; ~nąć pf. sich erholen, zu sich kommen; Eifer: sich abkühlen; ~nąć z wrażenia sich von s-m Erstaunen erholen.

ochmistrz m Haushofmeister m; Mar. Zahlmeister m; ~yni f Haushofmeisterin f.

ochoczo Adv. gern, (bereit)willig; ~y bereit, gewillt (do G/zu); eifrig; munter; ~y do nauki lernbegierig.

ochot|a f (-y; 0) Lust f; Bereitwilligkeit f, Eifer m; vgl. chęć; ~niczy (-czo) freiwillig; Freiwilligen-; ~nik m (-a; -cy) Freiwillige(r); na ~nika freiwillig.

ochra f (-y) Ocker m.

ochrania|cz m [-'xra-] m (-a; -e) Schoner m, Schützer m; ~ć (-am), ⟨ochronić⟩ (be)schützen, bewahren, sichern (od G, przed I/vor D, gegen A).

ochron|a f (-y) (młodocianych, przeciwlotnicza, środowiska, zabytków Jugend-, Luft-, Umwelt-, Denkmal-)Schutz m; Bewachung f; środek ~y (roślin Pflanzen-)Schutzmittel; ~ić pf. s. ochraniać; ~ka † f (-i; G -nek) Kinderbewahranstalt f; ~ungs-; Schon-; środki ~ne Sicherungs-, Schutzmaßnahmen f/pl.

ochryp|ły (-le) heiser, rauh; ~nąć [-nontɕ] pf. (-nę; -ła) heiser werden; ~nięcie [-'nɛn-] n (-a; 0) Heiserkeit f.

ochrzanić P pf. (-ę) j-n anschnauzen, j-m den Kopf waschen (o A/ wegen).

ochrzęstna f (-nej; -ne) Anat. Knorpelhaut f.

ociąg|ać, ⟨~nąć⟩ Tier abbalgen; ~ać się zögern, zaudern; ~ając się langsam, zögernd.

ocie|kać, ⟨~c⟩ abfließen; rieseln; triefen (I/von).

ocieleni|e n (-a) Kalben n; na ~u Kuh: hochtragend.

ocie|mniały blind, erblindet; związek -ych Blindenverein m; ~ni(a)ć s. zaciemniać; ~plać (-am), ⟨~plić⟩ (-lę) (er)wärmen; gegen Kälte isolieren, schützen; ~plić się sich erwärmen, wärmer werden; ~plenie n (-a; 0) Erwärmung f; ~rać (-am), ⟨otrzeć⟩ ['ɔt.ʃ-] abwischen; abreiben; Haut abschürfen, aufscheuern; fig. ~rać się (o A) s-e Erfahrungen machen (mit); verkehren (mit).

ociężały (-le) schwerfällig; Schritt: schleppend; Lider: schwer.

ocios m Bgb. Stoß m; ~ywać (-uję), ⟨~ać⟩ behauen.

ociupina F f (-y) ein bißchen.

ocknąć się [-nontɕ] pf. (-nę) auf-, erwachen; aufschrecken (v/i).

ocl|enie n (-a) Verzollung f; Zollerhebung f; podlegający ~eniu zollpflichtig; ~ony verzollt.

oct|an m (-u; -y) Chem. Azetat n; ~owy Essig-; essigsauer.

ocuc|ać (-am), ⟨~ić⟩ s. cucić.

ocyganić F pf. hereinlegen, betrügen.

ocza|dzieć pf. s. zaczadzieć.

oczajdusza m (-y; -e, -ów) Taugenichts m, Tagedieb m; Abenteurer m; Raufbold m

oczar m (-u; -y) Bot. Hamamelis f.

oczarow(yw)ać (-[w]uję) bezaubern.

oczaszna f (-nej; -ne) Anat. Perikran(ium) n.

oczekiwa|ć (-uję) (G, po kim) erwarten (A, von j-m), warten (auf A), entgegensehen (D); ~nie n (-a) Warten n; Erwartung f; wbrew ~niom wider Erwarten.

oczern|iać [-'tʃɛr-] (-am), ⟨~ić⟩ anschwärzen. [n/pl.]

oczęta [ɔ'tʃɛn-] pl. (-ąt) Äuglein

oczko n (-a; G oczek) Äuglein n; (Fett-)Auge n; (Spiel-)Punkt m; Masche f; (Klosett-)Brille f; (Bienenstock-)Flugloch n; F ~ w głowie Herzensliebling m, Augapfel m; s. a. oko, pawi; ~wać (-uję) Agr. okulieren; F fig. schöne Augen machen (do G/D).

oczn|ica f (-y; -e) (Geweih-)Augsprosse f; ~ik m (-a; -i) Okular n; ~y Aug(en)-.

oczo|dół m Augenhöhle f; ~pląs m (0) Med. Nystagmus m.

oczy pl. v. oko.

oczyszcz|acz m (-a; -e) Reiniger m; ~ać (-am), ⟨oczyścić⟩ s. czyścić; freilegen; Agr. auslichten; fig. reinwaschen; ~alnia [-'ʃtʃal-] f (-i; -e) (Guß-)Putzerei f; (Abwässer-)Klär-, Reinigungsanlage; ~alnik m (-a; -i) Klärbecken n; Reiniger m (Gerät); ~anie n (-a) Reinigung f, Säubern n; Putzen n.

oczytan|ie n (-a; 0) Belesenheit f; ~y belesen.

oczywisty (-ście) offensichtlich, augenscheinlich, selbstverständlich; kraß; Adv. a. klar, natürlich; (einräumend) freilich.

od Prp. (G) von (D); seit (D); oft mit Zssgn übersetzt: środek ~ kaszlu Hustenmittel n; ubezpieczenie ~ ognia Feuerversicherung f; dziurka ~ klucza Schlüsselloch n; b. Vergleich: als, z.B.: starszy ~ ciebie älter als du; jestem ~ tego, żeby ... ich bin dafür, daß ...

oda f (-y) Ode f. [fasser-.]

odautorski [ɔd-a-] Autoren-, Ver-

odąć pf. s. odymać.

odbarw|iać [-'bar-] (-am), ⟨~ić⟩ entfärben; engS. bleichen.

odbąkać pf. s. bąkać.

odbezpiecz|ać (-am), ⟨~yć⟩ (-ę) Waffe entsichern; Bombe scharf machen.

odbębnić pf. F fig. ab-, herunterleiern; s. bębnić.

odbi|cie n (Licht-)Reflexion f; Spiegelbild n; Widerhall m; Zurückschlagen n, Abwehr f; Rückeroberung f; (Gefangenen-)Befreiung f; ~cie się Rückprall m; Absprung m, Abstoß(en n) m; ~ć (się) pf. s. odbijać (się).

odbie|c pf., ~gać, ⟨~gnąć⟩ (od G) zur Seite laufen, weglaufen (von); fig. v. Thema abweichen, abkommen; nie ~gać od faktów bei den Tatsachen bleiben; ~gła go chęć er hat die Lust verloren (Inf./an D); ~łacz m (-a; -e) Fot. Bleichbad n.

odbier|ać (-am), ⟨odebrać⟩ (Präs., Imp. odb-) abnehmen (a. fig.: Eid, Bau), (weg)nehmen; erhalten, in Empfang nehmen; zurücknehmen; entziehen; Rdf. empfangen; odebrało mu mowę er hat die Sprache verloren; es hat ihm die Rede verschlagen; ~ak m (-a; -i): ~ak prądu Stromabnehmer m.

odbija|cz m (-a; -e) Typ. Abzieher m; Mar. Fender m; ~ć (-am), ⟨odbić⟩ reflektieren, zurückwerfen; widerspiegeln; Schlag parieren; Ball zurückschlagen; Angriff abwehren; Henkel abschlagen; Stellung zurück-, wiedererobern; Gefangene befreien; Stempel aufdrücken; Typ. abziehen; F Mädchen ausspannen; im Tanz abklatschen; j-m et. abjagen; odbi(ja)ć sobie sich schadlos halten (na L/an D); v/i Schiff, Boot: ablegen; odbi(ja)ć się zurückgeworfen werden; sich (wider)spiegeln; ab-, zurückprallen; sich abstoßen; sich abdrücken, e-e Spur hinterlassen; sich auswirken (na L/auf A); ~ć się echem widerhallen; (nur impf.) aufstoßen; F hochkommen; ~k m (-a; -i) (Tür-)Puffer m; ~nka f (-i; G -nek) Abziehbild n.

odbior|ca m (-y; G -ów) (Waren-) Abnehmer m; (Brief-)Empfänger m; (Strom-)Verbraucher m; ~czy Abnahme-; Empfangs-; ~czyni f (-i; -e) s. odbiorca; ~nik m (-a; -i) Rdf. Empfänger m; El. Abnehmer m.

odbiór ['ɔd-] m (-oru; -ory) Abnahme f; Entgegennahme f; Empfang m (a. Rdf.); Fmw. ~! „Kommen!".

odbit|ka f Fot., Typ. Abzug m; (Licht-)Pause f; Abdruck m; ~kowy: papier ~wy (Foto-)Papier n für Kontaktabzüge; strzał ~wy Abprallschuß m; ~y Licht: reflektiert.

odblask m Widerschein m, Abglanz m; Fot. Lichthof m; ~owy reflektierend.

odbły|sk m s. odblask; ~śnik m (-a; -i) (Scheinwerfer-)Reflektor m; Rückstrahler m.

odb|ojnica f (-y; -e) Esb. Leit-, Zwangsschiene f; Mar. Scheuerleiste f; Leitplanke f; ~ój m Tech. Abweiser m; Esb. Prellbock m; Prellstein m; Türpuffer m; JSpr. Halali n.

odbrzmie|wać (-am), ⟨~ć⟩ verklingen.

odbudow|a f (0) (Wieder-)Aufbau m, Rekonstruktion f; ~(yw)ać (-[w]uję) (wieder)aufbauen, wiederherstellen; Bgb. abbauen.

odbur|czeć pf., ~knąć pf. zurückbrummen, mürrisch antworten.

odbyci|e n Stattfinden n; Ausführung f; po ~u kary nach Verbüßung der Strafe; w celu ~a rozmów zu Gesprächen.

odbyć pf. s. odbywać.

odbyt m (-u; -y) Anat. Analöffnung f, After m; ~nica f (-y; -e) Mastdarm m; ~nicowy, ~niczy rektal; ~owy anal.

odby(wa)ć Sitzung abhalten; Studium absolvieren; Dienst ableisten; Strafe verbüßen; Reise machen, unternehmen; Kur durchmachen; ~ się stattfinden; vor sich gehen, verlaufen; (mst pf.) nie ~ się a. ausfallen; odbywający studia Studierende(r).

odcedz|ać (-am), ⟨~ić⟩ abseihen; Kartoffeln abgießen.

odchark|iwać (-uję), ⟨~ać, ~nąć⟩ abhusten.

odchod|ne n: na ~nym beim Abschied, im Weggehen; ~y m/pl. (-ów) Exkremente n/pl.

odchodzić, ⟨odejść⟩ (L. -jść) fort-, weggehen; Zug, Weg: abgehen; verlassen (od G/A); Dienst quittieren; ~ od zmysłów den Verstand verlieren.

odcho|row(yw)ać (-[w]uję) mit Krankheit bezahlen od. büßen (A/ für A); ~wać pf. auf-, großziehen; ~wać się gut geraten.

odchrząk|iwać (-uję), ⟨~nąć⟩ sich räuspern; abhusten.

odchudz|ać się (-am), ⟨~ić się⟩ (-dze) e-e Schlankheitskur (durch-) machen; ~ający [-'jɔn-] Abmage rungs-, Schlankheits-; ~anie (się) n (-a) Schlankheitskur f.

odchwa|szczać (-am), ⟨~ścić⟩ (-szczę) vom Unkraut befreien, jäten.

odchyl|ać (-am), ⟨~ić⟩ geradebiegen; zurückbiegen, -schieben; beiseite schieben od. ziehen; *Phys.* ablenken; *s.* uchylać; ~ać ⟨~ić⟩ się abweichen (od G/von); ~enie n (-a) Ablenkung f; Abweichung f; ~eniec [-'lɛ-] m (-ńca; -ńcy) *Pol.* Abweichler m; ~ny (aus)schwenkbar; aufklappbar.

od|chyłka f (-i; G -łek) Abweichung f; (Kompaß-)Mißweisung f; ~ciąć pf. s. odcinać.

odciąg|ać (-am), ⟨~nąć⟩ fort-, wegziehen; Milch entsahnen; fig. abbringen (k-o od G/j-n von D).

odciąż|ać (-am), ⟨~yć⟩ entlasten.

odcie|k m Abfluß m; Rigole f; *Chem.* Rückfluß m; ~kać, ⟨~c⟩ abfließen; ~kowy Abfluß-.

odcień m Farbton m; Schattierung f, Nuance f; *Fot.* ~ barwy Tonwert m; ~ niebieskawy Blaustich m.

odcierpieć pf. (ab)büßen.

odcię|cie n Abschneiden n; Abtrennung f; *Sp.* Riposte f; fig. scharfe Entgegnung; ~ty abgeschnitten; *Su.* ~ta f (-tej; -te) *Math.* Abszisse f.

odcin|ać (-am), ⟨odciąć⟩ abschneiden, abhauen, abtrennen; (ab)sperren; ~ać się (od G) sich absondern, zurückziehen (von); sich abheben, abstechen (von); (a. pf.) scharf entgegnen, erwidern; ~ek m (-nka; -nki) Abschnitt m; Strecke f; Segment m; (Zeit-)Spanne f; Bereich m; powieść w ~kach Fortsetzungsroman m; ~kowy Strecken-; Setzungs-.

odcis|k m (-u; -i) Abdruck m; *Med.* Hühnerauge n; ~kać, ⟨~nąć⟩ e-n Abdruck machen; Muster aufdrucken; Stempel aufdrücken; ~nąć się sich abdrücken; e-e Spur (od. e-n Abdruck) hinterlassen.

od|cumować pf. Schiff: losmachen; ~cyfrować pf. (-uję) entziffern; ~czekiwać (-uję), ⟨~czekać⟩ abwarten (A), warten bis (D).

odczep|i(a)ć się (-am), ⟨~i(a)ć się⟩ abhängen, abkoppeln; (los)lösen; ~i(a)ć się sich lösen, sich loskoppeln; F ~ się (ode mnie)! laß mich in Ruhe!; ~ne n: na ~ne um des lieben Friedens willen.

odczu|(wa)ć fühlen, empfinden; (ver)spüren; da(wa)ć się ~ć zu spüren sein, sich fühlbar machen; ~walny fühlbar, spürbar.

odczyn m *Chem.*, *Med.* Reaktion f; ~nik m Reagens n.

odczyt m (-u; -y) Vortrag m; (Zähler-)Ablesung f; ~ać pf. s. odczytywać; ~owy Vortrags-; Ablesungs-; ~(yw)ać (vor)lesen; ablesen.

odda|ć pf. s. oddawać; ~l: w ~li in der Ferne; z ~li aus der Ferne, von weitem; ~lenie n (-a; 0) Entfernung f; Abstand m; ~lać (-am), ⟨~lić⟩ (-lę) entfernen (się sich); entfremden; entlassen; Klage verwerfen; Antrag ablehnen; ~lony entfernt; ~nie n (-a; 0) Rückgabe f; fig. Ergebenheit f, Hingabe f; ~nie do eksploatacji od. użytku Indienststellung f, Inbetriebnahme f; z ~niem hingebungsvoll; ~ny ergeben; (ge)treu, zuverlässig; ~(wa)ć (ab)geben; zurückgeben; übergeben; überlassen; Ton, Bild wiedergeben; Grüße übermitteln, bestellen; Ehre, Dienst erweisen; Gruß, Besuch erwidern; ~(wa)ć mocz harnen; ~(wa)ć się (D) sich hingeben (D); sich widmen (D); ~wca m Überbringer m.

oddech m (-u; -y) Atmung f; Atem (-zug) m; fig. Hauch m; ~owy Atem-, Atmungs-.

od|delegować pf. delegieren; abkommandieren; ~dolny von unten, aus der Masse der Mitglieder usw.

oddycha|ć atmen; s. a. odetchnąć; ~nie n (-a; 0) Atmen n, Atmung f.

oddział m Abteilung f; (eskortujący, specjalny Begleit-, Sonder-)Kommando m; Trupp m; (opieki intensywnej Intensiv-)Station f; ~ straży pożarnej (Feuerwehr-)Löschzug m; ~ karny (sądu) Strafkammer f; ~ać pf. s. oddziaływać; ~owy Abteilungs-; Stations-.

oddział|ywać (-uję/-am), ⟨~ać⟩ einwirken; beeinflussen (na A/A).

oddziel|ać (-am), ⟨~ić⟩ abtrennen, (ab)schneiden; absondern; trennen; ~ić się sich lösen; sich absondern, sich abheben (na tle G/von D); ~ny getrennt, besonder, separat.

od|dzierać (-am), ⟨~edrzeć⟩ ab-, losreißen; ~dźwięk m Widerhall m, Echo m; Klang m; fig. Anklang m.

ode s. od.

odebrać pf. s. odbierać.

odechcie|wać się (-am), ⟨~ć się⟩ (nur 3. Pers.) die Lust verlieren (G/ an D), keine Lust mehr haben (G/ zu).

ode|drzeć pf. s. oddzierać, odrywać; **~gnać** pf. s. odganiać; **~grać** pf. s. odgrywać; **~granie** n (-a) Abspielen n; **~jmować** (-uję), ⟨odjąć (-ejmę⟩ abziehen; (weg)nehmen; Math. subtrahieren; Med. Glied abnehmen; fig. odjęło mu mowę er hat die Sprache verloren; troska odjęła mu sen die Sorge raubte ihm den Schlaf; **~jmowanie** n (-a) Math. s. odjęcie; **~jście** f [-'dɛ-] n (-a) Weggang m, Weggehen n; (a. Esb.) Abgang m; **~mknąć** pf. s. odmykać; **~mścić** pf. rächen (się sich; A na L/A an D); **~pchnąć** pf. s. odpychać; **~przeć** pf. s. odpierać; **~rwać** pf. s. odrywać; **~rwanie** n (0) Abtrennung f, Abreißen n; Loslösung f; Flgw. Abheben n; fig. Losgelöstsein n; **~rwany** abgerissen; einzeln, isoliert; abstrakt; **~rznąć**, **~rżnąć** pf. s. odrzynać; **~słać** pf. s. odsyłać; **~spać** pf. s. odsypiać; **~tchnąć** pf. s. odtykać.

odezwa f (-y) Aufruf m, Appell m; **~ć się** pf. s. odzywać się; **~nie (się)** n (-a) Äußerung f, Bemerkung f.

odęty [ɔ'den-] (-to) aufgedunsen; verquollen; fig. aufgeblasen; s. nadąsany.

odfajkow(yw)ać F (-[w]uję) auf e-r Liste abhaken.

odgad|ywać (-uję), ⟨~nąć [-nɔntɛ] (-nę)⟩ (er)raten; Rätsel lösen.

odgałę|ziać się [-'wɛ̃-] (-am) (sich) abzweigen (v/i); **~zienie** n (-a) Abzweig(ung f) m; **~źnik** m (-a, -i) Abzweigstück n; Abzweigrohr n.

odga|niać, ⟨odgonić, odegnać⟩ verjagen, fort-, wegjagen; **~rniać** [-'gar-] (-am), ⟨~rnąć⟩ zur Seite schieben, zurückschieben; Schnee, Erde wegräumen, -schaufeln; **~zowanie** n (-a; 0) Entgasung f.

od|ginać (-am), ⟨~giąć (-egnę⟩ zurückbiegen, aufbiegen, zur Seite biegen; **~głos** m Widerhall m; Geräusch n; Laut(e pl.) m, Klang m; **~gniatać** (-am), ⟨~gnieść⟩ abdrücken (się sich); abquetschen (sobie sich D); **~gonić** pf. s. odganiać; **~gotow(yw)ać** (-[w]uję) abkochen; auskochen; **~górny** obere(r); Obrigkeits-, F von oben.

odgr|adzać (-am), ⟨~odzić⟩ abzäunen; fig. ~adzać się sich absondern, abkapseln; **~aniczać** (-am), ⟨~aniczyć⟩ abgrenzen; **~ażać się** (-am) drohen; ⟨~ozić⟩ pf. s. odgradzać; **~omnik** m (-a; -i) Blitzableiter m; Blitzschutz m; **~uzowanie** n (-a; 0) Enttrümmerung f, Schuttbeseitigung f; **~uzow(yw)ać** (-[w]uję) enttrümmern; **~ywać** (-am), ⟨odegrać⟩ abspielen (się sich); Rolle spielen; odegrać się Verlorenes wieder-, zurückgewinnen; heimzahlen (na L/D); **~yzać** (-e), ⟨~yźć⟩ abbeißen, abknabbern; **~yzać się** F fig. die Zähne zeigen, sich wehren.

odgrz|ebywać (-uję), ⟨~ebać⟩ ausgraben, F ausbuddeln; **~ewać** (-am), ⟨~ać⟩ (wieder) aufwärmen.

odgwizd|ywać (-uję), ⟨~ać⟩ abpfeifen.

od|haczać (-am), ⟨~haczyć (-ę)⟩ abkoppeln; abhaken; **~holować** pf. (-uję) abschleppen.

odizolow(yw)ać [ɔd-i-] (-[w]uję) (voneinander) isolieren; fig. ~ się sich abkapseln.

odjazd m (-u; -y) Abfahrt f; Abreise f; Esb. Abgang m; **~owy** Abfahrts-. **~odjąć** pf. s. odejmować.

odje|chać pf. s. odjeżdżać; **~mna** f (-ej; -e) Math. Minuend(us) m; **~mnik** m (-a; -i) Math. Subtrahend m; **~zdne** n: na ~zdnym bei der Abfahrt; beim Abschied; **~żdżać** (-am), ⟨~chać⟩ abfahren; abreisen; s. odchodzić, odpływać.

odjęcie [-'jɛn-] n (-a) Abnahme f; Math. Subtraktion f.

odkarm|iać [-'kar-] (-am), ⟨~ić⟩ gut füttern, mästen; **~iony** wohlgenährt; gemästet.

odkaszl|iwać (-luję), ⟨~nąć⟩ abhusten; sich räuspern.

odkaża|ć (-am), ⟨odkazić⟩ (-żę) entkeimen, desinfizieren; entgiften; **~jący** [-'jɔn-] (-co) antiseptisch.

od|kąd [-kɔnt] seit wann; wie lange; seit(dem); **~kąsić** pf. (-szę) s. odgryzać.

odkle|jać (-am), ⟨~ić⟩ Geklebtes lösen (się sich); **~pywać** F (-uję), ⟨~pać⟩ herunterrasseln, -leiern.

odkład m (-u; -y) Geol. Ablagerung f; Agr. Ableger m; Bot. **~ać** (-am), ⟨odłożyć⟩ beiseite (od. aus der Hand) legen, hinlegen; Geld zurücklegen; *Hörer* auflegen; *Reise usw.* verschieben; *Sitzung* vertagen; *Agr. (nur impf.)* durch Ableger vermehren; ~ać się *Geol.* sich ablagern.

odkł|amywacz m (-a; -e) Lügendetektor m; ~aniać się, ⟨~onić się⟩ (D) j-s Gruß erwidern, zurückgrüßen (A); ~ócanie n (-a) El. Entstörung f.

odko|chać się F pf. (w L) zu lieben aufhören (A), Schluß machen (mit); ~menderować pf. abkommandieren, abstellen; ~p m Sp. (Ball-)Abstoß m, Abschlag m; ~pywać (-uję), ⟨~pać⟩ ausgraben.

od|korkow(yw)ać (-[w]uję) entkorken, öffnen; F fig. *Verkehrsstockung* auflösen; ~kosz m fig. Korb m; s. kosz.

odkotwicz|ać (-am), ⟨~yć⟩ Anker lichten.

odkra|jać pf., ~wać (-am), ⟨odkroić⟩ abschneiden.

odkręc|ać (-am), ⟨~ić⟩ abschrauben; abdrehen; *Hahn* aufdrehen, öffnen.

odkroić pf. s. odkrawać.

odkry|cie [-'kri-] n (-a) Aufdeckung f, Enthüllung f; Entblößung f; Entdeckung f; ~wać (-am), ⟨~ć⟩ aufdecken (się sich); freilegen; *Haupt* entblößen; *Geheimnis* enthüllen; *Land, Naturgesetz* entdecken; ⟨~wa⟩ się *Ausblick:* sich bieten; ~ty offen, frei; entblößt; z ~tą głową barhäuptig; ~wca m (-y; G -ów) Entdecker m; ~wczy Entdeckungs-; (-czo) bahnbrechend; ~wka f (-i; G -wek) Bgb. Tagebau m; Abraum m; ~wka żwiru Kiesgrube f; ~wkowy Tagebau-; kopalnia -wa Tagebaubetrieb m.

odkrzyknąć pf. zurückrufen; auf e-n Ruf antworten; zurückschreien.

odkształc|ać (-am), ⟨~ić⟩ verformen, deformieren; ~enie n (-a) Geol. Deformation f; Tech. Verformung f.

odku|ć pf. s. odkuwać; ~p m (-u; -y) Rückkauf m; *prawo* ~pu Rückkaufsrecht n; ~pienie n (-a) s. odkup; *Rel.* Erlösung f; ~pywać (-uję), ⟨~pić⟩ abkaufen; zurückkaufen; *Schaden* ersetzen; *Schuld* sühnen; (ab)büßen; ~rzać m (-u, -e) Staubsauger m; ~rzać (-am), ⟨~yć⟩ abstauben, abstauben; staubsaugen; entstauben; ~wać (-am), ⟨~ć⟩

schmieden; *Schloß* aufbrechen; *Fesseln* zerschlagen; F ~(wa)ć się gesundstoßen; sich schadlos halten; ~wka f (-i; G -wek) Schmiedestück n.

odla|ć pf. s. odlewać; ~kierować pf. lackieren; ~tywać (-uję), ⟨odlecieć⟩ weg-, fortfliegen; *Flgw.* abfliegen; *Farbe usw.:* abplatzen.

odlegiwać (-uję) s. odleżeć.

odleg|łościomierz [-'tɕɔ-] m (-a; -e) s. dalekomierz; ~łość f (-ści) Entfernung f; Distanz f, Abstand m; ~ły (-le) fern, (weit) entfernt; (längst) vergangen; entlegen, abgelegen.   [klejać.⟩

odlepi|ać [-'lɛ-] (-am), ⟨~ć⟩ s. od-⟩

odlew[1] : grzmotnąć na ~ (A) mit voller Wucht schlagen (A).

odlew[2] m (-u; -y) Abguß m, Guß (-stück n) m; Gießen n, Guß m; ~ać (-am), ⟨odlać⟩ (ab)gießen; V odl(ew)ać się pissen, schiffen; ~arka f (-i; G -rek) Gießmaschine f; ~nia [-'lɛv-] f (-i; -e, -i) Gießerei f; ~niczy *Tech.* Gieß(erei)-; ~nik m (-a; -cy) Gießer m.

odleż|eć pf. *Zeit* im Bett verbringen; im Bett auskurieren; *Med.* (sobie A) sich wundliegen, durchliegen; ~eć się abliegen; *Obst:* (nach)reifen; *Acker:* brachliegen; fig. liegen, F schmoren; ~yna f (-y) *Med.* Druckgeschwür n.

odlicz|ać (-am), ⟨~yć⟩ abzählen; abziehen, abrechnen; ~enie n (-a) Abzug m; po ~eniu (G) a. abzüglich (A).

odlot m Abflug m; czas ~u Abflugzeit f.

odlu|dek m (-dka; -dki) Einzelgänger m, Außenseiter m; ~dny abgelegen, abgeschieden; menschenleer; ~dzie [-'lu-] n (-a) Einöde f; ~tow(yw)ać (-[w]uję) ablöten.

odłam m Block m, Klumpen m; fig. Teil m; Gruppe f, Clique f; ~ partii Splitterpartei f; ~ek m (-mka; -mki) Bruchstück n; Splitter m; ~kowy *Min.* Splitter-; ~ywać (-uję), ⟨~ać⟩ abbrechen (się v/i).

odłącz|ać (-am), ⟨~yć⟩ (ab)trennen, (los)lösen (się sich); absondern (się sich); abschalten; abkoppeln; (*nur pf.*) *Kind* entwöhnen; ~enie n (Ab-) Trennung f, (Los-)Lösung f; ~enie od piersi (Kindes-)Entwöhnung f; ~nik m El. Trennschalter m.

odłogować   254

odł|ogować (-uję) Feld: brachliegen;
~ożyć pf. s. odkładać; ~óg m (-ogu;
-ogi) Brache f, Brachfeld n; Ödland
n.
odłup|ywać (-uję), ⟨~ać⟩ Stückchen
abspalten, ausbrechen; ~(yw)ać się
absplittern (v/i); Lack: abplatzen.
odma f (-y) Med. Pneumatose f;
Pneumothorax m.
odmach|iwać (-uję), ⟨~ać, ~nąć⟩ F
e-e Sache (fertig)machen, zuwege-
bringen; Weg zurücklegen; ~iwać
się verscheuchen (od G/A).
odma|czać (-am), ⟨odmoczyć⟩ ab-
weichen; ~łow(yw)ać (-[w]uję)
(neu) (an)streichen; fig. malen (się
sich).
odma|rsz m Abmarsch m; ~rzać
[-r-z-] (-am), ⟨~rznąć⟩ v/i auftauen;
abtauen; ~szerow(yw)ać (-[w]uję)
abmarschieren, abrücken; (nur pf.)
wegtreten!
odmawiać, ⟨odmówić⟩ (G) Bitte
ablehnen, abschlagen; Hilfe versagen; Gehorsam verweigern; Talent, Recht absprechen; (A) Gebete
hersagen; (k-u A) j-m ausreden (A);
j-n abbringen (von); ~ sobie (G)
sich versagen; F sich verkneifen (A);
~ się (od G) sich drücken (vor D).
odmeldow(yw)ać ać (-[w]uję) abmelden (się sich).
odmęt m Tiefe f, pl. a. Fluten f/pl.;
fig. Strudel m; Chaos n.
odmian|a f (-y) (Ab-, Ver-)Ände-
rung f; Wende f, Umschwung m;
Variante f, Ab-, Spielart f; Varietät
f; (Menschen-)Rasse f; Gr. Flexion
f; ~a czasownika Konjugation f; ~a
rzeczownika Deklination f; dla ~y,
na ~ę zur Abwechslung.
odmien|i(a)ć (ab-, ver)ändern; Gr.
deklinieren; konjugieren; ~i(a)ć się
sich (ver)ändern, wandeln; Gr.
flektiert (od. gebeugt) werden;
~iec [-'mɛ-] m (-ńca; -ńcy) Zo. Olm
m; ~ność f (-ści; 0) Verschieden-
heit f, Andersartigkeit f; ~ny abweichend, anders(artig); Gr. flek-
tierbar.
odmierz|ać (-am), ⟨~yć⟩ ab-, aus-
messen; zumessen; Worte wägen.
odminow(yw)ać (-[w]uję) entminen.
odmł|adzać (-am), ⟨~odzić⟩ ~dzę,
-ódź!) verjüngen; jünger erscheinen
lassen; ~adzający [-'jɔn-] Verjün-
gungs-.
odmo|czyć pf. s. odmaczać; ~tać

pf. abwickeln, abspulen; entwirren;
~wa f Ablehnung f; Weigerung f;
~wny ablehnend, abschlägig.
odmów|ić pf. s. odmawiać; ~ienie n
Verweigerung f; s. odmowa.
odmr|ażacz m (-a; -e) Entfroster m;
~ażać (-am), ⟨~ozić⟩ Ohren (sobie
sich D) erfrieren; entfrosten, enteisen; abtauen (v/t); Tiefkühlkost
auftauen (v/t); ~ozina f (-y)
Frostbeule f; ~ożenie n (-a) Er-
frierung f.
odmruk|iwać (-uję), ⟨~nąć⟩ mür-
risch antworten, zurückbrummen.
odmul|ać (-am), ⟨~ić⟩ (-lę) ab-
schlämmen.
odmy|kać (-am), ⟨odemknąć⟩ öff-
nen, aufmachen; aufschließen; ~
wać (-am), ⟨~ć⟩ ab-, weg-, rein-
waschen.
odnaj|ać pf. s. odnajmować; ~do-
wać (-uję), ⟨odnaleźć⟩ (L. -naleźć)
auf-, wiederfinden (się sich); ~ecie
n Vermietung f; ~mować, ⟨~ąć⟩
(weiter)vermieten; mieten.
odnale|zienie [-'że-] n (-a; 0)
Wieder-, Auffindung f; ~źć pf. s.
odnajdować.
odn|awiać (-am), ⟨~owić⟩ (-ę, -ów!)
erneuern; engS. renovieren, wiederherstellen; wiederaufnehmen; ~o-
wić się Wunde: wieder aufbrechen.
odniesieni|e n (-a; 0): w ~u do (G)
in bezug auf (A), bezüglich (G),
hinsichtlich (G); ~e się Verhalten
(G/do gegenüber D).
odn|ieść pf. s. odnosić; ~oga f Ab-
zweig(ung f) m; (Fluß-)Arm m;
(Berg-)Ausläufer m; JSpr. Sproß
m; ~osić, ⟨~ieść⟩ hintragen, -brin-
gen; zurückbringen; Sieg davontragen, erringen; Nutzen ziehen;
Vorteil erzielen, haben; Schaden,
Verletzungen erleiden; ~osić się (do
G) sich verhalten (zu, gegenüber
D), behandeln (A); (nur impf.) sich
beziehen (auf A), betreffen (A).
odnośn|ie [-'nɔɕ-]: ~ie do (G) s. od-
niesienie; ~ik m Verweisungszei-
chen n; ~y betreffend; dahinge-
hend; zuständig; einschlägig.
odno|tow(yw)ać (-[w]uję) notieren,
vermerken; ~wić pf. s. odnawiać;
~wienie n (-a) Erneuerung f;
Renovierung f; Wiederaufnahme f.
odnóże n (-a; G -óż[y]) Zo. (Insek-
ten-)Bein n.
odos|abniać [-'sa-] (-am), ⟨~obnić⟩

(-ę, -nij!) absondern, isolieren (się sich); **~obnienie** [-'nɛnɛ] n (-a; 0) Isolierung f; Abgeschiedenheit f; Zurückgezogenheit f; **~obniony** abgeschieden; zurückgezogen; vereinzelt.

odór m (-oru; -ory) Gestank m, übler Geruch.

odpad m (-u; -y) Abfall(produkt n) m; **~y** pl. Tech. a. Verschnitt m; Bgb. Berge m/pl.; **~y drzewne** Abfallholz n; **~ać**, ⟨**odpaść**⟩ abfallen (a. fig.); abröckeln; Sp. ausscheiden; fig. a. ent-, fort-, wegfallen; **~ek** m (-dka; -dki): mst pl. **~ki** Abfälle m/pl.; **~(k)owy** Abfall-.

odpa|lać (-am), ⟨**-lić**⟩ abfeuern, abdrücken; Sprengladung zünden; **~rcie** n (-a; 0) Zurückschlagen n e-s Angriffs; Widerlegung f; **~row(yw)ać** (-[w]uję) v/t verdampfen; eindampfen; s. parować¹, odpierać; **~rzać** (-am), ⟨**~rzyć**⟩ Haut wundreiben (sobie sich D); **~rzyć sobie stopy** sich die Füße wundlaufen; **~sywać** (-uję), ⟨**~sać**⟩ (-szę) abschnallen.

odpaść¹ pf. s. odpadać.

odpaść² pf. mästen.

odpędz|ać (-am), ⟨**~ić**⟩ wegjagen, vertreiben; Chem. austreiben, abdestillieren.

od|piąć (-pnę) s. odpinać; **~pić** pf. s. odpijać; **~pieczętow(yw)ać** [-tʃɛn-] (-[w]uję) entsiegeln, das Siegel erbrechen od. lösen; **~pierać** (-am), ⟨**odeprzeć**⟩ Angriff zurückschlagen; Feind zurückdrängen, -werfen; Schlag parieren; Vorwurf zurückweisen; widerlegen; v/i (nur pf.) entgegnen, erwidern; **~pi(ja)ć** abtrinken; **~piłow(yw)ać** (-[w]uję) absägen; abfeilen; **~pinać** (-am), ⟨**~piąć**⟩ [-pnę] (-epnę) abknöpfen; aufknöpfen; ab-, loshaken; aufhaken, Haken lösen; **~piąć się** lösen, aufgehen.

od|pis m (-u; -y) Abschrift f, Kopie f; Abbuchung f; **~(yw)ać** abschreiben; abbuchen; Eigentum übertragen.

~dplat|ywać (-uję), ⟨**~ać**⟩ entwirren.

~dplombować pf. entplomben, die Plombe(n) entfernen.

odpła|cać (-am), ⟨**~cić**⟩ heim-, zurückzahlen, vergelten; **~cić się** sich revanchieren (za A/für A; I/mit);

~ta f fig. Vergeltung f, (gerechter) Lohn; **~tać** pf. absäbeln; **~tny** bezahlt, gegen (Be-)Zahlung.

odpły|nąć pf. s. odpływać; **~nięcie** [-'nɛn-] n (-a) Mar. Auslaufen n; **~w** m Abfluß m; Geogr. Ebbe f; fig. Abwandern n, (Land-)Flucht f; **~y fabryczne** (Industrie-)Abwässer n/pl.; **~wać**, ⟨**~nąć**⟩ Schiff: auslaufen, in See stechen; fort-, wegschwimmen; Menschen: abwandern, wegziehen; Wasser: abfließen; zurückfluten, -strömen; **~wowy** Abfluß-; Ebbe-.

odpocz|ynek m (-nku; -nki) Ruhe f, Rast f; Erholung(spause) f; **~ywać** (-am), ⟨**~ąć**⟩ (sich aus)ruhen, rasten.

odpokutow(yw)ać (-[w]uję) (ab)büßen.

odpolityczni|ać [-'ti-] (-am), ⟨**~ć**⟩ (-ę, -nij!) entpolitisieren.

odporn|ość f (-ści; 0) Widerstandsfähigkeit f; Tech. (Wasser-)Beständigkeit f, (Abrieb-)Festigkeit f; (Farb-)Echtheit f; Med. Immunität f; Resistenz f; **~y** (na A/gegen A) widerstandsfähig, unempfindlich; gefeit; immun; **~y na wpływy atmosferyczne, na wstrząsy** wetter-, stoßfest.

odpowi|adać, ⟨**~edzieć**⟩ antworten; (na A) erwidern (A); beantworten (A); reagieren (auf A); (za A) verantworten (A), verantwortlich sein, haften (für); (nur impf. D) entsprechen (D), übereinstimmen (mit); gerecht werden (D); passen (zu), sich eignen (für); zusagen (D); **~adający** [-'jon-] (D) entsprechend (D), -gerecht, -gemäß; **~edni** (-nio) (do G) angemessen, entsprechend (D); passend, geeignet; recht; günstig; homolog; zutreffend; -io do stanu standesgemäß; **~ednik** m (-a; -i) Äquivalent n; engS. Gegenstück n; Entsprechung f.

odpowiedzialn|ość f (-ści; 0) Verantwortung f; Haftung f; Haftpflicht f; (a. zakres **~ości**) Verantwortlichkeit f; pociągnąć do **~ości** karnej strafrechtlich belangen; **~y** verantwortungsbewußt; (za A) verantwortlich (für); haftbar (für).

odpowie|dzieć pf. s. odpowiadać; **~dź** [-'po-] f (-dzi) Antwort f, Erwiderung f.

odpowietrz|ać [-t:ʃ-] (-am), ⟨**~yć**⟩

(-ę) entlüften; **~nik** *m* (-*a*; -*i*) Entlüfter *m*; Luftkanal *m*; Luftloch *n*.

odpór *m* (-*oru*; 0) Widerstand *m*.

odpra|cow(yw)ać (-[*w*]*uję*) abarbeiten; **~sow(yw)ać** (-[*w*]*uję*) (auf-) bügeln; *durch Pressen* abformen.

odpraw|a *f* (-*y*) (*Einsatz*-)Besprechung *f*; *Mil.* Befehlsausgabe *f*; Abweisung *f*, Abfuhr *f*; Abfindung *f*; (*Zoll*-, *Zug*-)Abfertigung *f*; **~iać** [-'pra-] (-*am*), **~ić** wegschicken, entlassen; abfertigen; versenden; zurückweisen, abblitzen lassen; *Gottesdienst* abhalten; *Messe* lesen, zelebrieren.

odpręż|ać (-*am*), **~yć** entspannen (się sich); **~enie** *n* (-*a*) Entspannung *f*.

odprowadz|ać (-*am*), **~ić** begleiten, geleiten; abführen; *Wasser a.* ableiten; *mit d. Blicken* (ver)folgen; **~anie** *n* (-*a*), **~enie** *n* Geleiten *n*; Abführung *f*; Ableitung *f*, Beseitigung *f*.

odpru|wać (-*am*), **~ć** *Genähtes* abtrennen.

odprys|k|m (*m* (-*u*; -*i*) Absplitterung *f*, Abplatzen *n*; Splitter *m*; **~kiwać** (-*uję*), **~nąć** absplittern, abplatzen.

odprzeda(wa)ć weiter-, wiederverkaufen, abtreten.

odprzysię|gać, **~qc** abschwören.

odpuk|iwać (-*uję*), **~ać** (*D*) *j-s* Klopfzeichen erwidern; (*w A*) ans Holz klopfen; *trzeba* **~ać!** unberufen, toi, toi, toi!

odpu|st *m* (-*u*; -*y*) Kirchweih *f*, Kirmes *f*; *Rel.* Ablaß *m*; **~stowy** Kirchweih-; **~szczać**, **~ścić** vergeben, erlassen; *Stahl* anlassen.

odpycha|ć(-*am*), ⟨*odepchnąć*⟩ weg-, zurückstoßen; *fig.* abstoßen; **~jący** [-'jon-] (-*co*) abstoßend.

odpyl|acz *m* (-*a*; -*e*) *Tech.* Staubabscheider *m*, Entstauber *m*; **~ać** (-*am*), **~ić** entstauben.

odra *f* (-*y*; 0) *Med.* Masern *pl.*

od|rabiać (-*am*), ⟨*~robić*⟩ abarbeiten; *Hausaufgaben* machen; *Versäumtes* nachholen; **~rachow(yw)ać** (-[*w*]*uję*) abrechnen, abziehen; **~raczać** (-*am*), ⟨*~roczyć*⟩ (-*ę*) vertagen, verschieben, verlegen; *Zahlung* aufschieben; *v. Wehrdienst* zurückstellen; **~radzać¹** (-*am*), ⟨*~radzić*⟩ abraten (*A*/von *D*).

odradzać² (-*am*), ⟨*odrodzić*⟩ wie-

derbeleben; wieder aufleben lassen; *Gefühle* wiedererwecken; *Gesetz* wieder einführen; **~ się** zum neuen Leben erwachen, wiederaufleben.

odrap|ywać (-*uję*), **~ać** abschaben, abkratzen; *Haut* abschürfen.

odr|astać (-*am*), ⟨*~osnąć*⟩ wieder wachsen, nachwachsen; aufwachsen; **~atow(yw)ać** (-[*w*]*uję*) retten, wiederbeleben.

odra|za *f* (-*y*; 0) Abscheu *m*, Widerwille *m*; **~żający** [-'jon-] (-*co*) abscheulich, ekelhaft, abstoßend.

odrąb|ywać (-*uję*), ⟨*~ać*⟩ abhacken, abhauen.

odrdzewi|acz [-'rdze-] *m* (-*a*; -*e*) Entrostungsmittel *n*; **~ać** (-*am*), **~ć**, ⟨*~ć*⟩ entrosten.

odre- *in Zssgn Verben s.* re-.

odrę|bny [-'remb-] getrennt, separat; Sonder-, besonder, eigen; verschieden; **~czny** manuell, Hand-; *eng S.* handschriftlich; handgearbeitet; *Zeichnung*: freihändig; *Adv.* **~nie** *a.* von der Hand; **~twienie** [-'drent] *n* (-*a*) Erstarrung *f*; (*Glied*-)Taubheit *f*; *fig.* Lethargie *f*, Trance *f*.

odrob|ek *m* (-*bku*; -*bki*) für e-e Schuld geleistete Arbeit; **~ić** *pf. s.* odrabiać; **~ienie** *n* (-*a*; 0): nie do **~ienia** nicht wiedergutzumachen; nicht nachzuholen.

odrobin|a *f* (-*y*), **~ka** *f* (-*i*; *G* -*nek*) ein bißchen, e-e Kleinigkeit (*G*/*A*); *ani* **~y** kein bißchen, k-n Funken.

odrocz|enie *n* (-*a*) Vertagung *f*, Verschiebung *f*; Zurückstellung *f*; Aufschub *m*; **~enie wykonania wyroku** Vollstreckungsaufschub; Strafaussetzung *f*; **~yć** *pf. s.* odraczać.

odrodz|enie *n* (0) Wiederaufleben *n*, Wiedergeburt *f*; *hist.* Ǫenie Renaissance *f*; **~ić** *pf. s.* odradzać².

odros|nąć *pf. s.* odrastać; **~t** *m* (-*u*; -*y*) Schößling *m*; Nachwuchs *m*.

odroś|l *f* (-*i*; -*e*) Sprößling *m*, Ausläufer *m*, Ableger *m*; **~nięcie** *n* Nachwachsen *n*.

odróść *pf.* (*L.*) *s.* odrastać.

odróżn|iać (-*am*), ⟨*~ić*⟩ unterscheiden (się sich); **~ienie** *n* (-*a*; 0) Unterscheidung *f*; nie do **~ienia** nicht zu unterscheiden (od *G*/von); *w* **~ieniu** (od *G*) im Gegensatz (zu), zum Unterschied (von).

odruch *m* *Bio.* Reflex *m*; Reflexbewegung *f*; *fig.* Regung *f*; **~owy**

Reflex-; (-wo) unwillkürlich, spontan.

drutow(yw)ać (-[w]uję) verdrahten; mit Drahtzaun umgeben, einzäunen.

dry|glow(yw)ać (-[w]uję) entriegeln; **~sow(yw)ać** (-[w]uję) abzeichnen (się sich); **~wać** (-am), ⟨oderwać⟩ abreißen; oderwać się sich losreißen; sich ablösen, gehen.

drze|ć pf. s. odzierać; **~kać** (-am), ⟨~c⟩ erwidern; **~kać** się entsagen, abschwören (od G/D).

drzuc|ać, ⟨~ić⟩ wegwerfen; zurückwerfen (a. fig.); Decke usw. zurückschlagen; Maske fallenlassen; Bitte abschlagen; ablehnen, zurückweisen; Angebot ausschlagen; Klage verwerfen; **~enie** n (-a; 0) Zurückweisung f, Ablehnung f; Jur. Verwerfung f; Med. Abstoßen n des Transplantats.

drzut m Rückstoß m; Mil. a. (Rohr-)Rücklauf m; **~owiec** [-'tɔ-] m (-wca; -wce) Düsenflugzeug n, engS. F Düsenjäger m; **~owy** Rückstoß-; (Stau-)Strahl-, F Düsen-.

drzwia [-'ɔ-] n/pl. (-i) Türrahmen m, Türfutter n.

dsadz|ać, ⟨~ić⟩ entfernen, Abstand schaffen; Kind entwöhnen; Kalb absetzen; **~ka** f (-i; G -dzek) Tech. Kehleisen n; Arch. (Mauer-)Absatz m; Berme f.

dsa|lanie n (-a; 0) (Meerwasser-)Entsalzung f; **~lutować** pf. Mil. (zurück)grüßen, salutieren; **~pnąć** pf. verschnaufen.

dsą|czać (-am), ⟨~czyć⟩ (ab)filtrieren, filtern; **~dzać** (-am), ⟨~dzić⟩ aberkennen, absprechen (k-o od G/ -m A); ~dzać od czci i wiary j-n in Verruf bringen.

dse|parow(yw)ać (-[w]uję) absondern, trennen; **~tek** m (-tka; -tki) Prozent m; pl. **~tki** (za zwłokę, składane Verzugs-, Zinses-)Zinsen pl.

d|siać pf. s. odsiewać; **~siadywać**, ⟨~siedzieć⟩ absitzen; F Strafe a. abbrummen.

dsie|cz [-'ɔt-] f (-y; -e) Mil. Entsatz m; dać ~cz, przyjść z ~czą entsetzen (D/A); **~dzieć** pf. s. odsiadywać; **~w** m Siebrückstand m; Fg. Auslese f; **~wacz** m (-a; -e) Sichter n, Sieb n; **~wać** (-am), ⟨odsiać⟩ absieben; aussieben (a. fig.).

odsk|akiwać (-uję), ⟨~oczyć⟩ abspringen, abprallen; zurückprallen; zur Seite springen; **~ocznia** f Sprungbrett n; **~ok** m Sprung m; Rück-, Abprall m.

odsł|aniać, ⟨~onić⟩ (-ę) auf-, abdecken; enthüllen (a. fig.); Haupt entblößen; Wahrheit offenbaren; Vorhang auf-, hochziehen; **~ona** f (-y) Thea. Aufzug m.

odsłoni|ć pf. s. odsłaniać; **~ęcie** [-'nɛn-] n (-a) Enthüllung f; Entblößung f; Geol. Denudation f; **~ęty** [-'nɛn-] entblößt; offen, frei.

odsłu|giwać, ⟨~żyć⟩ abdienen.

odsprzed(aw)ać s. odprzedawać.

odsta|wa f (-y) Lieferung f; Bgb. Förderung f; **~(wa)ć** sich (ab)lösen; abstehen, (heraus)ragen; Tür: schlecht schließen; (mst pf.) e-e Zeitlang stehen (müssen); ⟨~(wa)ć się Flüssigkeit: sich klären; ~jące uszy abstehende Ohren; **~wi(a)ć** wegstellen, beiseite stellen; zurückstellen; abliefern; Arznei absetzen; F den Dummen spielen.

odstąpi|ć pf. s. odstępować; **~enie** n (-a) Abtretung f; Verzicht m; Abweichung f v. e-m Grundsatz; Rücktritt m v. e-m Vertrag usw.

odstęp [-temp] m (-u; -y) Abstand m; (Zwischen-)Raum m; Zeilenabstand m; ~ czasu a. Zeitspanne f; **~ca** m (-y; G -ów) Abtrünnige(r); **~ne** n (-ego; -e) Abstand(ssumme f) m; **~nik** m (-a; -i) Leertaste f; **~ować** (-uję), ⟨odstąpić⟩ v/i (od G) zurücktreten (von); abgehen, abweichen (von); abrücken (von); aufgeben (A); Mil. sich zurückziehen; v/t verlassen; abtreten; überlassen; v. Preis nachlassen; nie ~ować ani na krok nicht von der Seite weichen, auf Schritt und Tritt folgen (G/D); **~stwo** n (-a) Abweichung f; Abtrünnigkeit f; Abfall m v. e-r Religion. [behälter m.}

odstojnik m (-a; -i) Chem. Absetz-}

odstrasz|ać (-am), ⟨~yć⟩ abschrecken (od G/von); verscheuchen; **~ający** [-'jɔn-] (-co) abschreckend.

odstręcz|ać (-am), ⟨~yć⟩ abstoßen (fig.); (k-o od G) j-n abgeneigt machen (D); abspenstig machen, ausspannen; Arbeiter abwerben; Freund entfremden; **~ający** [-'jɔn-] (-co) abstoßend; abschreckend.

odstrz|ał *m JSpr., Bgb.* Abschuß *m*; Sprengarbeit *f*; **~elać**, ⟨~*elić*⟩ abschießen; absprengen; **~eliwać się** (*-wuję*) zurückschießen. [*wać.*⟩

odstuk|iwać (*-uję*), ⟨~*ać*⟩ *s. odpuki-*

odsu|wać, ⟨~*nąć*⟩ *v/t* wegschieben, abrücken; beiseite schieben; aufschieben, aufmachen; *Riegel* zurückschieben; *fig. j-n* fernhalten (*od G*/von); beiseiteschieben; **~wać** ⟨~*nąć*⟩ się ab-, wegrücken (*v/i*); *fig.* sich zurückziehen (*od G*/von); in den Hintergrund treten.

odsyła|cz *m* (*-a*;*-e*) Verweisungszeichen *n*; Verweis(ung *f*) *m*; **~ć** (*-am*) ⟨*odesłać*⟩ (ab)senden; *j-n* (weg)schicken; zurücksenden, -schicken; verweisen (*do G*/an *A*, auf *A*).

odsyp *m* (*-u*; *-y*) *Geol.* Anschwemmung *f*, Schwemmland *n*; **~iać**, ⟨*odsypać*⟩ Schlaf nachholen; *Rausch* ausschlafen; **~ywać** (*-uję*), ⟨~*ać*⟩ abschütten; *Sand* anschwemmen.

odszcze|kiwać (*-uję*), ⟨~*kać*, ~*knąć*⟩ zurückbellen (*a. fig.*) P *a.* widerrufen; **~piać** [-ˈʃtʃe-] (*-am*), ⟨~*pić*⟩ abspalten(się sich); **~pieniec** [-ˈɲe-] *m* (*-ńca*; *-ńcy*) Abtrünnige(r), Renegat *m*; **~pieństwo** [-ˈpeĩs-] *n* (*-a*; *0*) Abspaltung *f*; *s. odstępstwo.*

odszczurz|ać (*-am*), ⟨~*yć*⟩ (*-ę*) Ratten vertilgen; **~anie** *n* (*-a*) Rattenbekämpfung *f*.

odszkodowa|nie *n* (*-a*) Entschädigung *f*, Wiedergutmachung *f*; Schadenersatz *m*; Abfindung *f*; ~*nie za ból* (*od. za pobicie, za wyrządzoną krzywdę*) Schmerzensgeld *n*; ~*nia wojenne* Reparationen *f/pl.*; ~*wczy* Wiedergutmachungs-; Schadenersatz-.

odszuk|ać *pf., selt.* **~iwać** (*-uję*) ausfindig machen; (wieder)finden (się sich).

odszyfrow(yw)ać (*-[w]uję*) entschlüsseln; *fig.* entziffern.

odśnież|ać (*-am*), ⟨~*yć*⟩ (*-ę*) Schnee (weg)räumen; **~anie** *n* (*-a*) Schneeräumung *f*. [absingen.⟩

odśpiew|ać *pf., selt.* **~ywać** (*-uję*)⟩

od|środkowy zentrifugal, Flieh(kraft)-; *s. pompa*; **~śrubow(yw)ać** (*-[w]uję*) abschrauben.

odśwież|ać (*-am*), ⟨~*yć*⟩ (*-ę*) auffrischen (*a. fig.*); *engS.* erneuern, aufpolieren, F aufmöbeln; erfrischen (się sich).

od|świętny [-ˈɕvɛnt-] Feiertagsfestlich, sonntäglich; **~tajać** *pf* auftauen (*v/i*); **~tańczyć** *pf.* (vor-)tanzen; **~tąd** [-tɔnt] von nun an; von da an; von hier ab; **~telegrafować** *pf.* zurücktelegraphieren.

odtłu|c *pf. s. obtłukiwać*; **~szczać** (*-am*), ⟨~*szczyć*⟩ (*-ę*) entfetten; entölen; **~szczający** [-ˈjɔn-] *s. odchudzający*; **~szczony** *s.* mleko.

odtransportow(yw)ać (*-[w]uję*) abtransportieren, wegschaffen.

odtrąbi|ć *pf.* mit e-m Trompetensignal antworten; *Jagd* abblasen *Zapfenstreich* blasen; ~*ono*! ohne Tritt (marsch)!; P ⟨*z*⟩*robić na* ~*ono e-e Arbeit* zusammenhauen.

odtrąc|ać, ⟨~*ić*⟩ beiseite-, weg-, zurückstoßen; *fig.* ab-, zurückweisen (*nur pf.*) abschlagen.

odtrutka *f* Gegengift *n*.

odtw|arzać (*-am*), ⟨~*orzyć*⟩ wieder herstellen, rekonstruieren; wieder geben, reproduzieren; darstellen ~*arzać* ⟨~*orzyć*⟩ się sich regenerieren; **~órca** *m* Interpret *m*, Darsteller *m*; **~órczy** (*-czo*) reproduktiv Wiedergabe-; **~órczyni** *f* Interpretin *f*, Darstellerin *f*.

od|tykać, ⟨~*etkać*⟩ entkorken, auf machen; **~tylcówka** *f* (*-i*; *G -wek* Hinterlader *m*; **~uczać** (*-am*), ⟨~ uczyć⟩ abgewöhnen (się, *k-o od* G sich, *j-m A*); **~umierać** (*-an* ⟨~*umrzeć*⟩ F wegsterben (*G/D*)

odurz|ać (*-am*), ⟨~*yć*⟩ berauschen betäuben (się sich); **~ający** [-ˈjon- (*-co*) berauschend, betäubend; śro dek *-cy* Rauschmittel *n*; **~enie** *n* (*-a* Rausch *m*; Benommenheit *f*; **~on** berauscht; benommen.

odw|adniać [-ˈvad-] (*-am*), ⟨~*odnić* (*-ę*, *-nij!*) Wasser entziehen, de hydratisieren; entwässern.

odwag|a *f* (*-i*; *0*) Mut *m*, Tapferkei *f*; ~*a cywilna* Zivilcourage *f*; zdoby (*od. zebrać*) się na ~*ę*, nabrać ~*i* Mu fassen *od.* aufbringen; *nie tracąc* ~ frohen Mutes.

odwal|ać, ⟨~*ić*⟩ beiseite schieber wegräumen, wegwälzen; P *Arbe* erledigen, hinter sich bringen; wej pfuschen; *Ahnungslosen* markierer (*nur pf.*) *Kopf* abhauen; *Schu arbeit* abschreiben; *Freier* abweiser ~*ić* się abfallen; (um)kippen (*v/i* P *odwal się!* hau ab!

odwa|niający [-ˈjon-] (*-co*) desodo

rierend; **~r** m Abkochung f, Absud m; **~rknąć** pf. zurückknurren.

odważ|ać (-am), ⟨~yć⟩ abwiegen; ~yć się (na A) wagen, riskieren (A); sich getrauen, den Mut haben (zu + Inf.); **~nik** m (-a; -i) (Kilo-)Gewicht n; **~ny** mutig, tapfer.

odwdzięcz|ać się (-am), ⟨~yć się⟩ sich dankbar zeigen, (mit Dank) vergelten, sich revanchieren (I/mit; za A/für).

dwet m (-u; 0) Vergeltung f, Revanche f; **w** ~ als Rache (za A/für); **~owiec** [-'tɔ-] m (-wca; -wcy) Revanchist m; **~owy** Vergeltungs-, Revanche-.

d|wiązywać (-uję), ⟨~wiązać⟩ losbinden (się sich); **~wieczny** uralt, jahrhundertealt.

dwiedz|ać (-am), ⟨~ić⟩ (-dzę) besuchen; **~iny** f/pl. (-) Besuch m; w ~iny na Besuch.

d|wiert m (-u; -y) Bgb. Bohrloch n; (Tief-)Bohrung f; **~wieść** pf. s. odwodzić; **~wiertznik** m Entlüfter m; **~wietrzny** leeseitig; strona -na Lee f; **~wieźć** pf. s. odwozić; **~wijać** (-am), ⟨~winąć⟩ [-nɔntɛ] (-nę, -ń!) auswickeln; abwickeln, abspulen, abrollen (się sich); (mst pf.) Hosen-bein zurückschlagen, hochkrempeln.

dwilż f (-y; -e) Tauwetter n; nastaje ~ es taut.

dwi|nąć pf. s. odwijać; **~row(yw)ać** [-'vyjuje] Milch, Wäsche schleudern.

dwle|kać (-am), ⟨~c⟩ (beiseite) schleppen, schleifen, ziehen; fig. verschleppen, hinauszögern.

dwł|aszać (-am), ⟨~osić⟩ (-szę) enthaaren.

dwłok m (-a/-u; -i) (Insekten-)Leib n, Hinterleib m.

dwo|dniać (-am), ⟨~dnić⟩ (-ę, -nij!) s. odwadniać; **~dowy** Mil. Reserve-, **~dzić** ⟨odwieść⟩ wegführen; Hahn pannen; (na stronę) j-n beiseite nehmen; fig. j-n abbringen (od G/ on); **~łać** pf. s. odwoływać; **~łalny** widerruflich; absetzbar.

dwołanie n Widerruf m, Zurücknahme f; Abberufung f; Jur. Berufung f; Hdl. Abruf m; ~ zamówienia Abbestellung f; ~ alarmu Entwarnung f; ~ się (do G) Appell n (an A). Anrufung f (G)

dwoł|awczy Jur. Berufungs-; **~ywać** (-uję), ⟨~ać⟩ j-n beiseite rufen; abberufen, zurückrufen; wider-

rufen; ⟨~(yw)ać⟩ się appellieren (do G/an A); sich berufen (do G/auf A); Jur. Berufung einlegen.

odw|ozić, ⟨~ieźć⟩ (hin)fahren, (hin)bringen; **~ód** m (-odu; -ody) Mil. (taktische) Reserve; **~ózka** P f (-i; G -zek) (Ab-)Transport m, Abfuhr f.

odwracać, ⟨odwrócić⟩ (um)kehren, (um)wenden; umkehren; Seite umblättern; Unglück abwenden; ~ uwagę (G) j-n ablenken; ~ się sich abwenden (a. fig.), sich umdrehen; umgedreht werden.

odwracalny umkehrbar, reversibel; film ~ Umkehrfilm m.

odwrotn|ie Adv. umgekehrt; im Gegenteil; **~ość** f (-ści) Math. Kehrwert m; **~y** umgekehrt; verkehrt; gegenteilig; Math. reziprok; ~a strona Rück-, Kehrseite f; ~ą pocztą postwendend.

odwrotow|y: walka ~a Rückzugsgefecht n.

odwró|cenie n Umkehrung f; Inversion f; **~cić** pf. s. odwracać; **~cony** umgedreht; verkehrt; **~t** m (-otu; -oty) Rückzug m; na ~t s. odwrotnie; na odwrocie auf der Rückseite.

odwszawi|ać [-'ffʃa-] (-am), ⟨odwszyć⟩ (-ę, -szyj!) entlausen.

odwyk|ać (-am), ⟨~nąć⟩ [-nɔntɛ] (-nę, -ła) (od G) sich abgewöhnen (A); verlernen (A), nicht mehr gewohnt sein (zu + Inf.); **~owy:** kuracja ~owa Entziehungskur f.

odwzajemni|ać [-'jem-] (-am), ⟨~ć⟩ (-ę, -nij!) Gefühle erwidern; ~(a)ć się sich revanchieren, vergelten (I/mit); ~(a)ć się przysługą sich erkenntlich zeigen (za A/für); nie ~ony unerwidert.

odymać (-am), ⟨odąć⟩ Lippen schmollend aufwerfen; Backen aufblähen; ~ usta F e-e Schnute ziehen.

odyniec [ɔ'di-] m (-ńca; -ńce) Wildeber m, Keiler m.

odzew [-d·z-] m (-u; -y) Mil. Losung f; fig. Widerhall m; **~owy:** sygnał ~owy Fmw. Amtszeichen n.

odzia|ć pf. s. odziewać; **~ny** bekleidet.

odzie|dziczony geerbt, Erb-; **~nie** n (-ǫ) (Be-)Kleidung f; **~wać** (-am), ⟨odziać⟩ (be)kleiden (się sich); **~wek** P m (-wku; -wki) Kluft f, Kledasche f.

odzież ['ɔ-] f (-y; 0) (domowa, robocza Freizeit-, Arbeits-)Kleidung f, Kleider n/pl.; ~owiec [-'ʒɔ-] m (-wca; -wcy) Bekleidungsfachmann m; Arbeiter(in f) m in der Bekleidungsindustrie; ~owy Bekleidungs-, Konfektions-.

od|zięblina [-dʑemb-] f (-y) Frostbeule f; ~zipnąć [-dʑ-] F pf. verschnaufen.

odzna|czać [-dz-] (-am), ⟨~czyć⟩ auszeichnen (się sich, I/durch A); ~czenie n (bojowe Kriegs-)Auszeichnung f; ~czka f (-i) Abzeichen n.

odzwierciadl|ać, odzwierciedl|ać [-dz-] (-am), ⟨~ić⟩ (-lę,-lij!) widerspiegeln (się sich); ~enie n (-a) Widerspiegelung f; Spiegelbild n.

odzwycza|jać [-dz-] (-am), ⟨~ić⟩ (-ję,-j!) s. oduczać.

odzysk [-dz-] m (0) Tech., ~anie n (-a; 0) Rück-, Wiedergewinnung f; ~anie zdrowia (gesundheitliche) Wiederherstellung, Gesundung f; ~(iw)ać wieder-, zurückbekommen, wiedererlangen; wieder-, zurückgewinnen (a. Tech.); Mil. a. zurückerobern; ~(iw)ać siły, przytomność wieder zu Kräften, zur Besinnung kommen; ~ać zdrowie genesen.

odzywać się [-dz-] (-am), ⟨odezwać się⟩ (-ę,-ie,-wij!) reden, sich äußern (o L/über A); von sich hören lassen; sich melden; Klingel: ertönen; KSp. Farbe ansagen; ~ do (G) j-n ansprechen, anreden; nie odezwał się (ani słowem) er sprach kein Wort.

odźwiern|ik m (-a; -i) Anat. Pförtner m; ~y m (-ego; -i) Pförtner m; hist. Türwächter m.

od|żałować [-dʒ-] pf. verschmerzen; ~żegnywać (-uję), ⟨~żegnać⟩ Geist bannen; ~żegnywać się (ver)leugnen (od G/A).

odżyw|ać [-dʒ-] (-am), ⟨odżyć⟩ wieder (zum Leben) erwachen; fig. wiederaufleben, -erwachen; wieder aufblühen; ~czy (-czo) nahrhaft; Nähr-; ~iać [-ʒi-] (-am), ⟨~ić⟩ (er)nähren (się sich); ~ianie się n (-a; 0) Ernährung f; ~ka f (-i; G -wek) Nährstoff m; (dla dzieci Kinder-)Nahrung f.

ofensyw|a f (-y) Offensive f; Vormarsch m; ~ny offensiv; Angriffs-.

oferent m (-a; -ci) Bewerber m; Bieter m; Anbieter m.

oferma P f/m (-y; G -/-ów) s. niedołęga, fajtłapa.

ofer|ować ⟨za-⟩ (-uję) anbieten; ~ta f (-y) Offerte f; złożyć ~tę ein Angebot machen.

offsetowy Offset-.

ofiar|a f (-y, D, L ofierze; -y) Opfer n; Geldopfer n, Spende f, Gabe f; ~a wypadku Unfallopfer; fig. F s fajtłapa; paść ~ą zum Opfer faller (G/D); ~ność f (-ści; 0) Opferbereitschaft f; Einsatzbereitschaft f Aufopferung f; ~ny Opfer-; opferwillig; aufopfernd.

ofiaro|dawca m Spender m, Stifter m; ~w(yw)ać (-[w]uję) spenden stiften (na A/für A); opfern; anbieten (się sich).

oficer m (-a; -owie/-rzy) Offizier m; ~ki F f/pl. (-rek) Schaftstiefel m/pl. ~ski Offiziers-; po -ku Adv. wi ein Offizier.

oficjal|ista † m (-y; -ści, -ów) Ökonom m; Gutsschreiber m; ~ny offi ziell, amtlich; [flügel m.]

oficyna f (-y) Hinterhaus n, Seiten-

ofsajd m (-u; -y) Sp. Abseits n.

oftalmolog m (-a; -dzy/-owie Augenarzt m; ~ia [-'lɔ-] f (G, D L -ii; 0) Ophthalmologie f.

ofuk|iwać (-uję), ⟨~ać, ~nąć⟩ an fahren, anherrschen.

oganiać (się) s. opędzać.

ogar m (-a; -y) Schweißhund m.

ogarek m (-rka; -rki) (Kerzen-Stummel m.

ogarn|iać [-'gar-] (-am), ⟨~ąć⟩ um fassen; fassen, begreifen; Gefüh ergreifen, erfassen, F packen; F (nu pf.) aufräumen; ~ięty [-'nɛn-] (~ ergriffen, besessen (von D).

og|ień ['ɔ-] m (ognia; ognie, -n. Feuer n; w ~niu in Flammen; fi im Eifer (G); pełen ~nia feurig; m Feuereifer; puścić z ~niem in Bran stecken; s. a. ognie.

ogier ['ɔ-] m (-a; -y) Hengst m.

ogląd m (-u; -y) Beschau f; ~acz (-a; -e) (Fleisch-)Beschauer m.

oglądać [-'lɔn-] (-am), ⟨obejrzeć (-ę, -y) besichtigen, beschauen, (sic an)sehen; ~ się sich umsehen; z rückschauen, -blicken; (nur impf na A) Rücksicht nehmen (auf A), i Betracht ziehen (A).

oględ|ność [-'lɛn-] f (-ści; 0) Un sicht f; Vorsicht f; ~y umsichti; vorsichtig; ~ie mówiąc milde gesag

oględziny [-'lɛn-] *pl.* (-) Besichtigung *f*; Untersuchung *f*; ~ zwłok Leichenschau *f*.

ogła|da *f* (-y; *0*) Schliff *m*, gute Manieren, Lebensart *f*; *bez* ~dy ungehobelt, ungeschliffen; ~szać (-*am*), ⟨*ogłosić*⟩ bekanntgeben, -machen; veröffentlichen; annoncieren (*v/t*); ~szać się annoncieren (*v/i*), inserieren.

ogłosze|nie *n* (-*a*) Bekanntgabe *f*, Bekanntmachung *f*; Aushang *m*, Anschlag *m*; Anzeige *f*, Inserat *n*; ~niowy Anzeigen-; Anschlag-.

ogłupi|ać [-'gwu-] (-*am*), ⟨~*ić*⟩ (-*ę*) verdummen; verwirren; stumpfsinnig machen; ~ały verrückt, von Sinnen (*z G/vor*); ~eć *pf. s. głupieć*; *fig.* verrückt (*od.* stumpfsinnig) werden; abstumpfen (*v/i*).

ogłusz|ać (-*am*), ⟨~*yć*⟩ betäuben; ~ający [-'jɔn-] (-*co*) (ohren)betäubend.

ogni|cha *f* (-*y*) *Bot.* Ackersenf *m*; ~ć się ⟨*za*-⟩ (-*ę*) *Wunde:* sich entzünden, schwären; ~e *m/pl. s.* ogień; *Mar.* Befeuerung *f*; ~e sztuczne Feuerwerk *n*; zimne ~e Wunderkerze(n *pl.*) *f*; ~k *m* (-*a*; -*i*) Flämmchen *n*; (*Licht*-)Schimmer *m*; (*Zigaretten*-)Glut *f*; *fig.* Feuer *n*.

ognio|mistrz *m* Feldwebel *m der Artillerie*; ~trwały feuerfest; ~wy Feuer-; Brand-. [Milchschorf *m*.]

ognipiór [-'ɲi-] *m* (-*u*; *0*) *Med.*]

ognisko *n* (-*a*) Feuer(stelle *f*) *n*; Lagerfeuer; Schmiedeesse *f*; *Phys.*, *fig.* Brennpunkt *m*; Herd *m* (*a. Med.*); (*Kultur*-)Zentrum *n*; ~wa *f* (-*wej*; -*we*) *Phys.* Brennweite *f*; ~wać ⟨*z*-⟩ (-*uję*) *Licht* bündeln, fokussieren; ~wać się sich konzentrieren; ~wy Feuer-; Herd- (*a. Med.*, *fig.*); *Phys.* fokal; *punkt* ~wy Brennpunkt *m* (*mst fig.*).

ognisto|czerwony feuer-, brennendrot; ~rudy, ~ryży *Haar:* feuerrot; ~złoty goldrot.

ogni|sty Feuer-, (-ście) feurig; *fig. a.* glühend, flammend; feuerrot; ~wo *n* (-*a*) (*Ketten*-)Glied *n*; *El.* Element *n*, Zelle *f*.

goł|acać (-*am*), ⟨~*ocić*⟩ (-*cę*) *v/t* (*z G*) entkleiden, entblößen (*G*); *j-n* *z-r Sache* völlig berauben, *j-m* alles wegnehmen.

gon *m* (-*a*; -*y*) Schwanz *m*, Schweif *m*, Rute *f*; *Flgw.* Heck *n*; *pawi* ~

Pfauenrad *n*; F *wlec się w* ~ie das Schlußlicht machen; ~ek *m* (-*nka*; -*nki*) Schwänzchen *n*; (*Blatt*-)Stiel *m*; *fig.* F (*Menschen*-)Schlange *f*; Häkchen *n am Buchstaben*; *stać w* ~ku Schlange stehen; *stanąć w* ~ku sich anstellen (*po A*/nach); *z* ~*kiem* mehr als, über; ~iasty geschwänzt, *Zo. a.* Schwanz-; ~owy Schwanz-, Schweif-; *Flgw.* Heck-; *Kochk.* Ochsenschwanz-.

ogorzał|ość *f* (-*ści*; *0*) (*Gesichts*-) Bräune *f*; ~y (sonnen-, wetter-) gebräunt.

ogólni|e *Adv.* allgemein, im großen und ganzen; ~e *mówiąc* im allgemeinen; ~a *m* (-*a*; -*i*) Gemeinplatz *m*, Binsenwahrheit *f*; ~kowy (-*wo*) allgemein, nichtssagend, vage.

ogólno|europejski gesamteuropäisch; ~krajowy gesamtstaatlich, Landes-; ~kształcący [-'tsɔn]: *szkoła* -*ca* allgemeinbildende Schule; ~narodowy das ganze Volk betreffend, national; ~partyjny gesamte Partei betreffend; ~polski gesamtpolnisch; ~światowy global, weltumfassend; weltweit; ~zakładowy gesamtbetrieblich, Werks-.

ogólny allgemein; gesamt, Gesamt-; gemeinsam, gemeinschaftlich; *s. zebranie*.

ogół *m* (-*u*; *0*) Gesamtheit *f*; Allgemeinheit *f*; *dobro* ~*u* Allgemeinwohl *n*; ~*em* im ganzen, zusammen, alles in allem; *na* ~ im allgemeinen, in der Hauptsache; *w ogóle* im allgemeinen; überhaupt.

ogór|ecznik *m* (-*a*; -*i*) Borretsch *m*; ~ek *m* (-*rka*; -*rki*) Gurke *f*; *fig.* ~ki *pl.* = ~kowy Gurken-; *czas* (*od. sezon*) ~*owy* Sauregurkenzeit *f*.

ograbki *pl.* (-*ów*) *Agr.* Harken *n*, Rechen *n*; Heu- *od.* Getreidereste *m/pl.*

ogr|abiać [-'gra-] (-*am*), ⟨~*ić*⟩ ausrauben, -plündern; berauben.

ogr|adzać *pf. s.* ogrywać; ~adzać (-*am*), ⟨~*odzić*⟩ ein-, umzäunen.

ogranicz|ać (-*am*), ⟨~*yć*⟩ begrenzen; beschränken (*się sich*; *do G*/ *auf A*); einschränken (*się sich*); ~ający [-'jɔn-] (-*co*) einschränkend, restriktiv; ~onie *n* (-*a*) Begrenzung *f*; Beschränkung *f*; Einschränkung *f*; (*przymusowe*) ~enie urodzeń Geburtenregelung *f*; *bez* ~*enia od.* ~*eń* unbeschränkt; ~oność *f* (-*ści*; *0*)

Beschränktheit *f*; **~ony** begrenzt, beschränkt (*a. fig.*); **~yć** *pf. s.* ograniczać.

ograny ausgenommen (*im Spiel*); Witz, Thema: abgedroschen.

ogrodni|ctwo *n* (*-a*; *0*) Gartenbau *m*; (*pl. -a*) Gartenbaubetrieb *m*, Gärtnerei *f*; **~czka** *f* (*-i*; *G -czek*) Gärtnerin *f*; **~czy** Garten-; Gärtner-; szkoła **~cza** Gartenbauschule *f*; **~k** *m* (*-a*; *-cy*) Gärtner *m*.

ogrodow|izna *f* (*-y*) Gartenpflanze *f*; koll. (Garten-)Gemüse *n*; **~y** Garten-.

ogrodz|enie *n* (*-a*) Umzäunung *f*; Zaun *m*; Gehege *n*; **~ić** *pf. s.* ogradzać.

ogrom *m* (*-u*; *-y*) (ungeheure) Größe, (gewaltige, riesige) Ausmaße *n/pl.*; (Riesen-)Menge *f*, Masse *f*, Unmenge *f*; F Pers. Riese *m*; **~ny** gewaltig, riesig, Riesen-; ungeheuer (groß).

ogród *m* (*-odu*; *-ody*) (owocowy, skalny, warzywny Obst-, Stein-, Gemüse-)Garten *m*; **~ek** *m* (*-dka*; *-dki*) Gärtchen *n*, (działkowy, przed domem, znaków drogowych Klein- od. Schreber-, Vor-, Verkehrskinder-)Garten *m*; **~ek kawiarniany** Gartencafé *n*; **~ka** *f*: bez **~ki**, bez **~ek** ohne Umschweife, unverblümt; **~kowy** (Klein-)Garten-.

ogr(yw)ać (*-am*) *v/t* j-m im Spiel alles abnehmen od. F abknöpfen, *j-n* ausnehmen; Sp. Spieler umspielen.

ogry|zać (*-am*), **⟨~źć⟩** ab-, benagen, F abknabbern; *s.* obgryzać; F **~zać się** zanken, keifen; **~zek** *m* (*-zka*; *-zki*) (Apfel-)Griebs *m*; Stummel *m*.

ogrza|ć *pf. s.* ogrzewać; **~nie** *n* Erhitzung *f*, Erwärmung *f*.

ogrzew|acz *m* (*-a*; *-e*) Erhitzer *m*; Heizgerät *n*; **~ać** (*-am*), **⟨ogrzać⟩** (er)wärmen, erhitzen, (sich) heizen; **~alny** beheizbar; Heiz-; **~anie** *n* (*-a*) *s.* ogrzanie; Heizung *f*; **~czy**, **~niczy** Heiz(ungs)-.

ogum|ienie *n* (*-a*) Kfz. Bereifung *f*; **~ow(yw)ać** (*-[w]uję*) mit Gummi überziehen, gummieren.

oheblow(yw)ać (*-[w]uję*) glatthobeln.

oho! *Int.* oh!, alle Achtung!

ohyd|a *f* (*-y*) Gräßlichkeit *f*, Scheußlichkeit *f* (*a. konkr.*); **~ny** gräßlich, scheußlich.

oj! *Int.* au!; ach!

ojciec [*'ɔj-*] *m* (*ojca*, *D ojcu*; *ojcowie*, *ojców*) Vater *m*; **~** chrzestny Taufpate *m*; po ojcu väterlicherseits; bez ojca vaterlos.

ojcobójstwo *n* (*-a*) Vatermord *m*.

ojcostw|o *n* (*-a*) Vaterschaft *f*; powództwo o ustalenie **~a** Vaterschaftsklage *f*.

ojcow|izna *f* (*-y*) väterliches Erbe; **~ski** Vaters-; (po **-ku**) väterlich, Adv. a. wie ein Vater.

ojcz|enasz *m* (*-a*; *-e*) Vaterunser *n*; **~ulek** F *m* (*-lka*; *-lkowie*) Väterchen *n*; **~ym** (*-a*; *-owie/-i*) Stiefvater *m*.

ojczy|sty Heimat-, heimatlich; język **~sty** Muttersprache *f*; kraj **~sty**, ziemia **~sta** = **~zna** *f* (*-y*) Vaterland *n*, Heimat *f*; **~źniany** vaterländisch.

okalać, ⟨okolić⟩ (*-lę*) umgeben, umfassen.

okalecz|ać (*-am*), ⟨~yć⟩ verletzen; verstümmeln, zum Krüppel machen; **~aly** verkrüppelt; **~eć** *pf.* (*-eję*) zum Krüppel werden; **~enie** *n* (*-a*) (Körper-)Verletzung *f*; Verstümmelung *f*.

okamgnieni|e *n* Augenblick *m*; w **~u** im Handumdrehen, im Nu.

okap *m* (*-u*; *-y*) (Dach-)Traufe *f*; Rauchfang *m*; (Dunst-)Abzugshaube *f*.

okaz *m* (*-u*; *-y*) Exemplar *n*; (wystawowy Ausstellungs-)Stück *m*; Muster *n*; **~ać (się)** *pf. s.* okazywać; **~ałość** *f* (*-ści*; *0*) Pracht *f*, Herrlichkeit *f*, Glanz *m*; Stattlichkeit *f*; **~ały** (*-le*) prächtig, prachtvoll, herrlich; stattlich; *Mahl*: üppig; **~anie** *n* (*-a*; *Gefühls-)*Äußerung *f*, Bezeigung *f*; **~anie** pomocy Hilfeleistung *f*; *Hdl* za **~aniem** bei Vorlage); **~iciel** [*'-źi-*] *m* (*-a*; *-e*) Inhaber *m*, Überbringer *m*, Vorzeiger *m*; *s.* czek.

okazj|a *f* (*-i*; *-e*) Gelegenheit *f*; Anlaß *m*; *Hdl.* Sonderangebot *n*; **~a** strzelecka Sp. Torchance *f*; przy **~i** gelegentlich, bei Gelegenheit; z **~** (*G*) aus Anlaß (*G*).

okaz|owy Muster-, Probe-; **~yjny** Gelegenheits-; kupić **~yjnie** günstig, od. gebraucht, aus zweiter Hand kaufen; **~ywać** (*-uję*), ⟨**~ać**⟩ (vor)zeigen; bekunden, (be)zeigen; offenbaren; *Hilfe* leisten; *Ehre* erweisen; **~(yw)ać się** sich zeigen; (*l* sich erweisen (*od.* entpuppen) als; sich bewähren als; **~ało się**, że ... *m* stellte sich heraus, daß ...

okiełznywać (-*uję*) s. kiełz(n)ać.

okien|ko n (-a; G -nek) Fensterchen n; (Kassen-)Schalter m; Durchreiche f; (Dach-)Luke f; **~nica** f (-y; -e) Fensterladen m; **~ny** Fenster-. [Schnee.⟩

okiść f an Ästen usw. hängender⟩

oklap|ły, ~nięty [-'nęn-] F welk; fig. teilnahmslos, ⊦ abgeschlafft; **~ać** pf. ⊦ Blumen usw.: schlaff herabhängen; Teig: zusammenfallen; fig. erlahmen, nachlassen; Pers. abschlaffen.

oklask m (-u; -i): mst pl. **~i** Beifall(skundgebung f) m, Applaus m; bić/zbierać **~i** Beifall klatschen/ernten; burzliwe **~i** Beifallssturm m; **~iwać** (-uję), **⟨~ać⟩** mit Beifall begrüßen; Beifall spenden, applaudieren (A/D).

okle|ina f (-y) Furnier n; **~jać** (-am), **⟨~ić⟩** aus-, bekleben.

oklep Adv.: jeździć (na) **~** auf ungesatteltem Pferd reiten; **~ać** pf. s. oklepywać; **~any** abgedroschen, banal; **~ywać** (-uję), **⟨~ać⟩** Rost abklopfen.

okład m Belag m; Med. Umschlag m; ⊦ sto z **~em** über hundert, hundert und mehr; **~ać** (-am), **⟨obłożyć⟩** v/t (I) belegen (mit); umgeben, umringen (mit); Tech. a. aus-, verkleiden (mit); (nur impf.) mit d. Stock bearbeiten, traktieren; **~ka** f (Heft-)Umschlag m; (Buch-)Deckel m; Einbanddecke f.

okładzin|a f (-y) Belag m; Arch. a. Verkleidung f; Bgb. Auskleidung f. **~ówka** f (-i; G -wek) Verblender m.

kłam|ywać (-uję), **⟨~ać⟩** belügen (samego siebie od. się sich).

kn|o n (-a; G okien) (wystawowe Schau-)Fenster n; **~ówka** f (-i; G -wek) Zo. Mehlschwalbe f.

k|o n (-a; oczy, oczu/ócz, oczom, oczami/oczyma, o oczach) Auge n; ⟨pl. oka, ok usw.⟩ Masche f; (Fett-)Auge n; (na wodzie) F Siebzehn und Vier n; Mar. Ausguck m; s. a. oczko; mieć **~o** na (A) ein Auge haben auf (A); ein Auge haben für (A); **~o** na **~o** Auge um Auge; na **~o** schätzungsweise, nach Augenmaß; dla **~a** für **s** Auge, zum Schein; spod **~a** aus den Augenwinkeln; fig. argwöhnisch; **pod ~iem** (G) unter den Augen (G od. von); być cierniem (od. solą) w

~u (D) ein Dorn im Auge sein (D); mieć na **~u** im Auge behalten; w cztery oczy unter vier Augen; otwarły mu się oczy ihm gingen die Augen auf; na (od. za) piękne oczy um j-s schöner (od. blauer) Augen willen, für nichts; na własne oczy mit eigenen Augen; w żywe oczy ins Gesicht; za oczy(ma) hinter j-s Rücken; w (od. na) oczach (G) unter den Augen, vor Augen (G, von); w oczach a. zusehends.

okoceni|e n: na **~u** Katze, Schaf: hochtragend.

okoli|ca f [a. ɔ'kɔ-] f (-y) Gegend f (a. Anat.); Umgebung f, Umgegend f; Region f; w całej **~cy** im ganzen Umkreis; **~cznik** m (-a; -i) Gr. adverbiale Bestimmung.

okolicznoś|ciowy (-wo) Gelegenheits-; aus gegebenem Anlaß, Sonder-, Gedenk-; **~ć** f (-ści) Umstand m; zbieg (od. splot) **~ci** Zusammentreffen n von Umständen.

okoliczn|y umliegend; **~i** mieszkańcy Bevölkerung f (od. Leute pl.) aus der Umgegend.

okolić pf. s. okalać.

około Prp. (G) um ... (A) herum; (bei Zeit- u. Maßangaben) um ... (herum), gegen; Adv. etwa, rund, zirka.

około|biegunowy zirkumpolar; **~księżycowy** Mondumlauf-; **~ziemski** Erdumlauf-.

oko|ń m (-nia; -nie, -ni(ów)) Barsch m; ⊦ stawać **~niem** sich widerspenstig zeigen, aufmucken.

okop m (-u; -y) Schützengraben m; **~ać** pf. s. okopywać; **~cić** pf. s. (za)kopcić; **~owe** pl. (-ych), **~owizna** f (-y; 0) Hackfrüchte f/pl.; **~owy** Mil. (Schützen-)Graben-; Agr. Hack-; **~ywać** (-uję), **⟨~ać⟩** Kartoffeln häufeln; Mil. mit Schützengräben umgeben; **~(yw)ać** się sich eingraben.

okor|ek m (Holz-)Schwarte f, Schalbrett n; **~ow(yw)ać** (-[w]uję) korować.

okostna f (-ej; 0) Knochenhaut f.

okot m (-u; -y) JSpr. Wurf m.

okow|y f/pl. (oków) Fesseln f/pl., Ketten f/pl., fig. **~ ~uch lodu** Fluß: unter e-r Eisdecke verschwunden; Schiff: im Eis eingeschlossen.

okóln|ik m (-a; -i) Rundschreiben n, Umlauf m; Agr. (Tier-)Auslauf m,

okólny   264

Laufplatz *m*; ~**y** Rund-, Ring-; ~*a droga* Umweg *m*; ~**a linia** (kolejowa) Ringbahn *f*.

okpi|wać (-*am*), ⟨~*ć*⟩ hereinlegen, beschwindeln; *dać się* ~*ć* sich übertölpeln lassen.

okraczny: *skok* ~ Grätschsprung *m*.

okra|dać (-*am*), ⟨~*ść*⟩ bestehlen; ~**jać**, ⟨okroić⟩ beschneiden (*a. fig.*); F *okroić się fig.* abfallen (*D*/für); ~**kiem** [ɔ'kra-] rittlings; spreiz-, breitbeinig; ~**sa** *f Kochk.* Fett *n, engS.* Butter *f,* Schmalz *n usw. als Zutat*; Würze *f*, Zutat *f*; ~**szać** (-*am*), ⟨~**sić**⟩ *mit Fett* anmachen; *fig.* würzen; ~**ść** *pf. s.* okradać; ~**towanie** *n* (-*a*) *s.* krata; ~**wać** *s.* okrajać; ~**wek** *m* (-*wka; -wki*) Abschnitt *m,* (*Schnitt-*)Rest *m.*

okrąg *m* Kreis *m,* Rund *n; s.* okręg; ~**lak** *m* (-*a; -i*) Rundholz *n;* (*Holz-*) Knüppel *m;* F *a.* Rundbau *m;* ~**lutki** F (-*ko*) hübsch rund(lich); ~**ławy** (-*wo*) rundlich; ~**ły** (-*ło*) rund, kreisförmig.

okrąż|ać (-*am*), ⟨~*yć*⟩ umrunden, umkreisen; *engS.* umgehen, umfahren, umschiffen; einkreisen; umzingeln; (*nur pf.*) umgeben, umfassen; ~**enie** *n* Umkreisung *f,* Umrundung *f; Sp.* (*Bahn-*)Runde *f; Mil.* Umzingelung *f; walka w* ~*eniu* Kesselschlacht *f.*

okres *m* (lodowcowy, ochronny, służby Eis-, Schon-, Dienst-)Zeit *f;* Dauer *f;* (*Garantie-*)Frist *f;* Laufzeit *f;* Zeitraum *m;* Zeitalter *n;* Periode *f; Geol. a.* Formation *f;* (*Schul-*)Vierteljahr *n,* Quartal *n;* ~ *świąteczny* (*Weihnachts-, Oster-*)Feiertage *pl.; przez pewien* ~ e-e Zeitlang; w ~*ie a.* im Stadium; ~**owość** *f* (-*ści*) Periodizität *f;* ~**owy** (-*wo*) periodisch; zyklisch; zeitweilig, vorübergehend; *bilet* ~*owy* Zeit(fahr)karte *f.*

określ|ać (-*am*), ⟨~*ić*⟩ bestimmen; bezeichnen; ~**enie** *n* Bestimmung *f;* Bezeichnung *f; Gr.* Attribut *n,* Beifügung *f;* ~**ony** bestimmt; *Math.* definit.

okręc|ać (-*am*), ⟨~*ić*⟩ umwickeln; (*nur impf.*) (herum)drehen; ~*ać* ⟨~*ić*⟩ *się* sich wickeln (*wokół G*/um *A*); sich einwickeln; ~*ić się* (herum)drehen.

okręcik [-reŋ-] *m* (-*a; -i*) Schiffchen *n.*

okręg *m* (*Wahl-*)Bezirk *m;* (*Indu-*

strie-)Gebiet *n;* ~ *wojskowy* Wehrbereich *m; vgl.* ~ *a.* okrąg; ~**owy** Bezirks-; *sąd* ~*owy etwa* Landgericht *n.*

okręt ['ɔkrɛnt] *m* (-*u; -y*) (flagowy, liniowy, widmo, wojenny Flagg-, Schlacht-, Geister-, Kriegs-, Schiff *n; podwodny* Unterseeboot *n.*

okrętow|iec [-rɛn-] *m* (-*wca; -wcy*) F Schiffbauer *m;* (*pl. -owce*) Zo Schiffsbohrwurm *m;* ~**nictwo** *n* (-*a; 0*) Schiffbau *m;* Schiffstechnik *f;* ~**y** Schiffs-; See-; *linia* ~*a* Schiffahrtslinie *f; vgl.* żeglugowy.

okrężn|ica *f* (-*y; -e*) *Anat.* Grimmdarm *m;* (*Fischerei*) Beutelnetz *n* ~**y** Ring-, Kreis-; Rund-; *mięsień* ~*y* (*Ring-*)Schließmuskel *m; drogą* ~*ą* auf Umwegen, F hintenherum

okro|ić *pf. s.* okrajać; ~**jenie** *n* (-*a* Beschneidung *f;* (*Text-*)Säuberung *f,* Streichung *f.*

okrop|ieństwo [-'pɛı̃-] F *n* (-*a* Gräßlichkeit *f;* ~**ność** *f* (-*ści*) Ungeheuerlichkeit *f;* Greuel(tat *f*) *m;* ~**ny** grauenerregend, -haft, -voll (*mst* F) schrecklich, furchtbar gräßlich.

okru|ch *m* (-*a/-u; -y*) Brocken *m* Stückchen *n; fig.* Bruchstück *n;* ~*chy* *skalne* Felstrümmer *m/pl.; s. okru* szyna; ~**chowy** Trümmer-; ~**cień stwo** [-'tɕɛı̃-] *n* (-*a*) Grausamkeit *f* ~**szyna** *f* (-*y*) (*Brot-*)Krümel *m* Brosame *f; fig.* Winzigkeit *f; vgl. a.* odrobina.

okrutn|ik *m* (-*a; -cy*) brutale Mensch, Rohling *m,* Untier *n;* ~**y** grausam; streng; F furchtbar schrecklich.

okrwawić *pf. s.* zakrwawić.

okry|cie [ɔ'kri-] *n* (-*a*) Bedeckung *f* Zudecke *f;* Mantel *m,* Überzieher *m;* ~**ć** *pf. s.* okrywać.

okryw|a *f* (-*y*) Decke *f,* Hülle Überzug *m; JSpr.* Haar *n;* ~**ać** (-*am*), ⟨okryć⟩ bedecken (*a. fig.* I *mit;* się sich), umhüllen; ~*a* *śmiesznością j-n der* Lächerlichke preisgeben.

okrzemk|a *f* (-*i; G -mek*) Kieselalg *f;* ~**owy:** *ziemia* ~*owa* Kieselgur *m.*

okrzes|anie *n* (-*a; 0*) *s.* ogłada; ~**any** *mit* (*od.* von) guten Manieren gewandt; ~**ywać** (-*uję*), ⟨~*ać* Baum* abästen; behauen; *fig.* gu Manieren beibringen (*A/D*); ~*(y w)ać się* gesellschaftlichen Schli bekommen.

okrzy|czany verschrien (als); berüchtigt; **~czeć** pf., **~kiwać** (-uję), ⟨⟨.knąć⟩⟩ (jako A) j-n erklären für (A), stempeln zu (D); **~k** m (Aus-)Ruf m, Schrei m; **~k** przerywający Zwischenruf; **~ki** radości Freudengeschrei n; wznosić **~ki** na cześć (G) zujubeln (D).

oksydować (się) (-uję) oxydieren.

oktanow|y: liczba **~a** Oktanzahl f.

oktaw m (-u; -y) Oktav(format) m; **~a** f (-y) Mus. Oktave f.

oku|cie [ɔ'ku-] n (-a; G -ć) (Tür-) Beschlag m; **~ć** pf. s. okuwać.

okular m (-a/-u; -y) Okular n; **~y** pl. Brille f; **~y** końskie Scheuklappen f/pl.; noszący **~y**, w **~ach** Brillenträger m; **~nik** m (-a; -i) Brillenschlange f; **~owy** Okular-; Brillen-.

okul|(awi)eć pf. s. kulawieć; **~baczyć** pf. (-ę) Pferd satteln.

okuli|sta m (-y; -ści, -ów) Augenarzt m; **~styka** [-'li-] f (-i; 0) Augenheilkunde f; **~zować** (-uję) okulieren.

okultystyczny okkultistisch.

okup m (-u; -y) Lösegeld m; **~acja** f (-i; -e) Okkupation f, Besetzung f; **~acyjny** Besatzungs-, Okkupations-; **~ant** m (-a; -ci) Okkupant m, Besatzer m; **~ować** pf. Land besetzen, okkupieren; fig. mit Beschlag belegen; **~ywać** (-uję), ⟨.ić⟩ bezahlen (co I/für et. mit); Schuld wiedergutmachen; **~ić** się sich loskaufen.

oku|rek m (-rka; -rki) s. niedopałek; **~wać** (-am), ⟨.ć⟩ beschlagen.

okwi|at m Blütenhülle f; **~tać** (-am), ⟨.tnąć⟩ ab-, verblühen.

olaboga! P Int. Gott im Himmel!; na **~** irgendwie, nachlässig.

olbrot m (-u; 0) Walrat m; **~owiec** [-'tɔ-] m (-wca; -wce) Pottwal m.

olbrzym m (-a; -y) Riese m, Gigant m; fig. a. Koloß m; **~i** riesenhaft, riesig, gewaltig.

olch|a f (-y) Erle f; **~owy** Erlen-.

oleisty ölhaltig; Öl-; (-ście) ölig; s. roślina.

olej m (-u; -e, -ów/-ei) (jadalny, opałowy, skalny od. surowy Speise-, Heiz-, Roh-)Öl n; **~e** pl. a. Ölfarben f/pl.; Ölgemälde n/pl.; F mieć **~ w** głowie Grütze im Kopf haben; **~arnia** f ⟨ ⟩ pł) Ölei m, Ölkamier; **~arnia** [-'jar-] f (-i; -e, -i/-ń) Ölmühle f; **~ek** m (-jku; -jki) (do opalania, różany Sonnen-, Rosen-)Öl

n; **~ny** Öl-; **~owiec** [-'jɔ-] m (-wca; -wce) Ölpalme f; **~owy** mst Tech. Öl-; **~ówka** f (-i; G -wek) Ölzeug n.

oleodruk m Öldruck m.

olimpi|ada [-'pĭa-] f (-y) Olympiade f; **~jczyk** m (-a; -cy) Olympionike m; **~jka** f (-i; G -jek) Olympionikin f; Sportjacke f; Olympia-Jolle f; **~jski** olympisch; rekordzista **-ki** Olympiasieger m.

olinowanie n (-a) (Schiffs-)Tauwerk n, Gut n.

oliw|a f (-y) (Oliven-)Öl n; Tech. Schmieröl n; **~iarka** f (-i; G -rek) Schmierbüchse f; s. olejarka; **~ić** ⟨na-⟩ (-ę) ölen; **~ka** f (-i; G -wek) Olivenbaum m; Olive f; **~kowy** Oliven-; (-wo) oliv(enfarben), olivgrün; **~nik** m (-a; -i) Olivenhain m; Bot. Ölweide f; **~ny** Oliven-; gałązka **~na** Ölzweig m.

olsz|a f (-y; -e), **~owy** s. olcha, olchowy; **~yna** f (-y) Erlengehölz n; Erlenholz n.

olśnić pf. s. olśniewać.

olśnie|nie n (-a; 0) Blendung f, Blenden n; fig. (plötzliche) Erleuchtung, F Geistesblitz m; **~wać** (-am), ⟨olśnić⟩ blenden (a. fig.); Gedanke: plötzlich auftauchen, kommen; **~wający** [-'jɔn-] (-co) blendend; fig. strahlend.

ołowian|ka f (-i; G -nek) Senkblei n; Min. Bleiglanz m; **~y** bleiern, Blei-; fig. a. bleischwer.

ołow|ica f (-y; 0) Bleivergiftung f; **~iowy** Blei-.

ołów m (-owiu; 0) Blei n; **~ek** m (-wka; -wki) Bleistift m; (kolorowy, do brwi, automatyczny Farb- od. Bunt-, Augenbrauen-, Dreh-)Stift m; (Kunst) Bleistiftzeichnung f; **~kowy** Bleistift-.

ołtarz m (-a; -e) (wielki Hoch-) Altar m; **~yk** m (-a; -i) Hausaltar m.

om m (omu; -y) Phys. Ohm n.

omac|ać pf. s. obmacać; **~ek:** po **~ku, ~kiem** tastend, blind, im Dunkeln; **~ywać** s. obmacywać.

omal (a. **~** nie, **~** że, **~** że nie) fast, beinahe.

omam m (-u; -y) Halluzination f, Sinnestäuschung f; Trugbild n, Phantasie-, Wahngebilde n; fig. Zauber m; **~iać** [-'ma-] (-am), ⟨.ić⟩ täuschen, irreführen; betören, verzaubern; s. a. mamić; dać się **~ić**

sich einwickeln lassen; **~owy** Hal-
luzinations-.

omar m (-u; 0) (Getreide-)Rost m;
~lica f (-y; -e) Aaskäfer m.

oma|sta f (-y) s. okrasa; **~sta do**
chleba Brotbelag m; **~szczać** (-am),
⟨**~ścić**⟩ s. okraszać; Brot schmieren,
belegen.

omawia|ć, ⟨omówić⟩ besprechen,
erörtern; abhandeln; pf. a. aus-
diskutieren; **~ny: ~na kwestia** an-
stehende Frage.

omdl|ałość f (-ści; 0) Schwäche f,
Mattigkeit f; **~aly** schwach, matt;
Lider: schwer; **~enie** n (-a) Ohnmacht f; Gefühllosigkeit f d. Glieder; **~ewać** (-am) s. mdleć.

omen m (-u; -y) Omen n, Vorzeichen n.

omi|atać (-am), ⟨**~eść**⟩ abfegen.

omieszka|ć pf. Jur. Termin versäu-
men; **nie ~ć** es nicht versäumen (zu
+ Inf.), sich nicht entgehen lassen;
nie ~j ... vergiß nicht zu ...

omi|eść pf. s. omiatać; **~jać**, ⟨**~nąć**⟩
(A) vorbeigehen od. -fahren (an D);
umgehen (a. fig. Recht), umfahren
(A); Thema (ver)meiden; Kugel: j-n
verfehlen; bei d. Beförderung usw.:
j-n übergehen; (nur impf.) j-n meiden, e-n großen Bogen machen (um
A); **nie ~jać** (G) nicht ungenutzt
lassen (A); **nie ~nie go kara** er wird
s-r Strafe nicht entgehen.

omlet m (-u; -y) Omelette f, Eier-
kuchen m.

oml|acać (-am) s. młócić; **~ot** m
Agr. Drusch m; **~otowy** Dresch-.

omnibus ['ɔm-] F m (-a; -y) wandelndes Lexikon; Allroundman m.

omomierz [ɔ'mɔ-] m (-a; -e) Ohm-
meter n.

omot|ywać (-uję), ⟨**~ać**⟩ umwickeln
(I/mit), einwickeln (w A/in A; się
sich); fig. umgarnen, einwickeln.

omowny verhüllend; umschrei-
bend; anspielend, verblümt.

omówi|ć pf. s. omawiać; **~enie** n (-a)
Besprechung f; Umschreibung f,
Verhüllung f.

omracza|ć (-am) s. mroczyć.

omsz|aly, **~ony** moosbewachsen,
bemoost.

omułek m (-łka; -łki) Miesmuschel f.

omurow(yw)ać s. obmurowywać.

omyć pf. s. omywać.

omyk m (-a; -i) JSpr. (Hasen-)
Blume f.

---

omy|lić pf. s. mylić; **~lny** fehlbar;
irreführend; **~łka** f (-i; G -łek) Fehler m; Irrtum m; Psych. Fehllei-
stung f; **przez ~łkę** aus Versehen;
Fmw. **~!** falsch verbunden!; s. a
błąd; **~łkowy** (-wo) irrtümlich
falsch; Adv. a. irrtümlicherweise
aus Versehen; **~wać** (-am) s. myć
obmy(wa)ć; Wellen: umspülen.

on Pron. (G jego, D [je]mu, A [je]go
I, L nim) er; **~a** Pron. (G, D jej
A ją, I nią, L niej) sie (3. Pers. sg.)

onaniz|m m (-u; 0) Onanie f; **~o**
wać (-uję) onanieren.

ondulacja f (-i; -e) Ondulation f; **~**
trwała Dauerwelle f.

ondulować ⟨za-⟩ (-uję) Haare on
dulieren, wellen; dać sobie **~ włos**
sich e-e Dauerwelle machen lassen

one Pron. pl./Sfm. (G ich, D im, A ja
I nimi, L nich) sie (3. Pers. pl.)

onegdaj vorgestern; neulich, kürz
lich; **~szy** vorgestrig, von vor
ongi(ś) lit. einst.   [gestern.

oni Pron. pl./Psf. s. one.

oniemiały sprachlos, stumm (z G
vor).

onieśmiel|ać (-am), ⟨**~ić**⟩ (-lę) un
sicher (od. verlegen) machen, der
Mut nehmen (A/D); **~enie** n (-a
0): z **~eniem** = **~ony** ängstlich
zaghaft.

onkologia [-'lɔ-] f (G, D, L -ii; 0
Onkologie f.

ono Pron. (G jego, D [je]mu, A je
I, L nim) es.

opac|ki Abtei-; **~two** n (-a) Abtei f
opaczny verkehrt, falsch, F schief
opad m (-u; -y) Fall(en n) m; Meteo
Niederschlag m; Sp. Rumpfbeug
f; **~y śniegowe** Schneefälle m/pl.;
krwi Blutsenkung f; radioaktywny
Fallout m; **~ać**, ⟨opaść⟩ v/i (ab)fal
len; (ab)sinken; abnehmen; ab
zusammensacken; abrutschen; v/
s. osaczać; umschwärmen; bedrän
gen (a. fig. Gedanken usw.); **~ać z si**
schwächer werden; **~ać z ciała s**
chudnąć; fig. ręce mi **~ają** ich ver
liere gänzlich den Mut; **~ając**
[-'jon-] fallend, sinkend; **~ek** r
(-dka; -dki): **~ki pl.** Fallobst m
~owy Fall-; Niederschlags-.

opadzi|na f (-y) (abgefallenes) Laub
abgefallene Nadeln; **~sko** n (-a
Erdrutsch m.

opak[1] m (-u; 0) Opakglas n.

opak[2]: na **~** verkehrt, andersherum

opakować pf. s. opakowywać.

opakowani|e n Verpackung f; Aufmachung f; w ~u próżniowym, oryginalnym vakuum-, originalverpackt; ~owy Verpackungs-.

opal m (-u; -e) Min. Opal m.

opal|acz m Strandanzug m; ~ać (-am), ⟨~ić⟩ beheizen, befeuern (I/ mit); (ab)sengen; (się sich) bräunen lassen v. d. Sonne; ~anie n (-a) (Be-)Heizung f; Absengen n; (sich się Sonnen(bad) n; ~enizna f (-y; 0) Sonnenbräune f; ~izować (-uję) opalisieren; ~ony braungebrannt, sonnengebräunt; ~owy Opal-.

opał m (-u; 0) Brenn-, Heizmaterial n, engS. a. Brennholz n; na ~ s. opałowy; pójść na ~ verheizt werden; ~ka f (-i; G -łek) Schwinge f, flacher Korb.

opałowy Brenn-, Heiz-; skład ~ Brennmaterialien-, engS. Kohlenhandlung f.

opaly m/pl. (-ów) Schwulitäten f/pl.; wpaść w ~ in die Bredouille geraten.

opamięt|anie n [-męn-] n (-a; 0) Besinnung f, Vernunft f; bez ~ania ohne Überlegung, wild, hemmungslos; heiß, leidenschaftlich; ~ywać się (-uję), ⟨~ać się⟩ (wieder) zur Besinnung (od. Vernunft) kommen.

opancerz|enie n (-a) Panzer(ung f) m; Ummantelung f, Mantel m; ~ony gepanzert; s. pancerny.

opanowanie n Beherrschung f; Beherrschtheit f, Gelassenheit f; bez ~ania unbeherrscht; ~any beherrscht, gelassen; ~(yw)ać (-[w]u-je) sich bemächtigen (A/G); beherrschen (a. fig.; się sich); in s-e Gewalt bekommen; meistern, Herr werden (A/über A); zügeln; unterdrücken; Feuer, Seuche unter Kontrolle bringen (od. haben), eindämmen; bändigen; Thema bewältigen; Angst besiegen; Gefühle: j-n erfassen, ergreifen, übermannen.

opar m (-u; -y) Dunst(wolke f) m; ~y pl. a. Ausdünstungen f/pl.; Schwaden m/pl.

oparci|e n (dla głowy Kopf-)Stütze f; (pod plecy Rücken-)Lehne f; fig. a. Rückhalt m, ~u in Anlehnung (o A/an A); stracić punkt ~a den Halt verlieren; [s. ograniczać.]

oparkani|ać [-'ka-] (-am), ⟨~ć⟩ (-ę)

oparty (o A) (an)gelehnt (an A); (na L) fußend (auf D), gestützt (auf A).

oparzeli|(z)na f (-y) Brandwunde f; ~sko n (-a) (nicht zufrierendes) Moor.

oparz|enie n Med. Verbrühung f, Verbrennung f; ~yć pf. s. parzyć; Kochk. abbrühen; F jak ~ony wie von e-r Tarantel gestochen.

opas m (-u; 0) Mast f; ~ać¹ pf. s. opasywać; ~ać², ⟨opaść⟩ s. paść².

opaska f (-i; G -sek) Band n; Binde f; Tech. a. Schelle f; (Post-)Kreuz-, Streifband n; ~ chwytna od. lepna Agr. Leimring m; ~uciskowa (Gummi-)Abschnürbinde f; ~ żałobna Trauerflor m (Armbinde); s. przepaska. [wy Mast-.]

opas|ly (-łe) feist, wohlgenährt; ~o-]

opas|ywać (-uję), ⟨~ać⟩ (-szę) (I) umgürten (mit), umschnallen (A; się sich); (sich) umbinden (A); fig. umringen, umgeben, umfassen (mit).

opaść pf. s. paść²; opadać.

opat m (-a; -ci) Abt m.

opatrun|ek m (-nku; -nki) (prowizoryczny Not-)Verband m; Verbandwechsel m; ~ek osobisty Verbandpäckchen n; ~kowy Verband-; s. punkt.

opat|rywać (-uję), ⟨~rzyć⟩ (-ę) (her)richten, in Ordnung bringen; Wunde behandeln, verbinden; versehen (I od. w A/mit); † Kinder, Vieh versorgen.

opatrzno|ściowy durch die (göttliche) Vorsehung bestimmt, vom Himmel gesandt, schicksalhaft; ~ść f (-ści; 0) Vorsehung f.

opatrzyć pf. s. opatrywać.

opatul|ać (-am), ⟨~ić⟩ (-lę) einmummen, einpacken.

opchać pf. s. opychać.

opcj|a f (-i; -e) Option f; dokonać ~i na rzecz (G) optieren (für).

opera ['ɔ-] f (-y) Oper f; engS. a. Opernhaus n.

operac|ja f (-i; -e) Operation f; Mil. a. Einsatz m; Tech. a. Arbeitsgang m; ~yjny operativ (Mil.); Operations-; Geschäfts-; Mil. Einsatz-; sala -na Med. Operationssaal m; (Bank-)Schalterhalle f; Mil. Lagezimmer n.

operator m (-a; -rzy) Operateur m; (pl. -y) Math. Operator m; ~ dźwięku Tontechniker m, -ingenieur m; ~

filmowy Kameramann *m*; ~ *kranu*
Kranführer *m*; ~**ski**: *sztuka ~ska*
(*Film-*)Kameraführung *f*.

operatywn|ość *f* (*-ści*; *0*) Tüchtig-
keit *f*; Leistungsfähigkeit *f*; ~**y** ope-
rativ; *eng S.* tüchtig, tätig.

operetk|a *f* (*-i*; *G -tek*) Operette *f*;
~**owy** Operetten-; operettenhaft.

operować (*-uję*) ⟨z-⟩ operieren (*I/*
mit); *v/i Sonne*: brennen.

operowy Opern-.

opędz|ać (*-am*), ⟨~**ić**⟩ verjagen,
vertreiben (*a. się*; *od G*/*A*); *Bedürf-
nisse* notdürftig befriedigen; *Ausgaben* mühsam bestreiten; ~**ać**
dni die Tage fristen.

opęt|anie [open'ta-] *n* (*-a*; *0*) Beses-
senheit *f*; ~**aniec** *m* (*-ńca*; *-ńcy*)
Besessene(r); ~**any** besessen (*I/von
D*); *jak ~any* = ~**ańczo** *Adv.* wie
besessen; ~**ańczy** wild, rasend; *s.*
opętany; ~**ywać** (*-uję*), ⟨~**ać**⟩ *v/t* die
Sinne verwirren (*D*), verstricken,
ins Netz locken; *Wut*: packen; besessen sein (von). [*s. opijać.*⟩

opi|ać *pf. s. opinać*; ⟨~**ć** (**się**) *pf.*⟩

opie|c *pf. s. opiekać*; ~**czętować** *pf.*
versiegeln; ~**ka** *f* (*-i*) (*nad grobami
poległych, sanitarna, społeczna*
Kriegsgräber-, Gesundheits-, So-
zial-)Fürsorge *f*; Obhut *f*, Sorge *f*;
(*nad zabytkami* Denkmals-)Pflege
f; Schutz *m*, Aufsicht *f*; (*lekarska*
ärztliche) Betreuung *f*; *Jur.* Vor-
mundschaft *f*; *Tech. a.* Wartung *f*;
być pod ~ką (*G*) in Pflege sein (bei);
in j-s Obhut stehen; *j-s* Schutz genießen; *mieć pod ~ką* (*A*) in Obhut
(*od.* Pflege) haben; *s. opiekować się.*

opieka|ć (*-am*), ⟨*opiec*⟩ über offe-
nem Feuer (*od.* am Spieß) braten,
rösten; grillen; ~**cz** *m* (*-a*; *-e*, *-y*)
Elektrogrill *m*; Toaster *m*.

opiek|ować się ⟨za-⟩ (*-uję*) (*I*) be-
treuen (*A*), pflegen (*A*); sorgen
(für *A*), sich kümmern (um *A*); beaufsichtigen (*A*); beschützen (*A*);
~**un** *m* (*-a*; *-i*), ~**unka** *f* (*-i*; *G -nek*)
Beschützer(in *f*) *m*; Betreuer(in *f*)
m; Gönner(in *f*) *m*; Pflegevater *m*
*bzw. -*mutter *f*; *Jur.* Vormund *m*;
Bewährungshelfer(in *f*) *m*; ~**un**
(*-ka*) *społeczny* (*-na*) (Sozial-)Für-
sorger(in *f*) *m*; ~**uńczy** (*-czo*) fürsorglich; Schutz-; Fürsorge-; vor-
mundschaftlich, Vormundschafts-.

opiela|cz *m* (*-a*; *-e*, *-y*) *Agr.* (*Jäte-*)
Hacke *f*; ~**ć** (*-am*), ⟨*oplec*⟩ jäten.

opie|niek [-'ɲe-] *m* (*-ńka*; *-ńki*), ~**ńka** *f* (*-i*; *G -niek*) *Bot.* Hallimasch *m*.

opiera|ć¹ (*-am*), ⟨*oprzeć*⟩ (*L. przeć*)
(an)lehnen (*o A* an *A*); stützen
(*się* sich; *na L* auf *A*); ~**ć się** *a.* fu-
ßen; (*a. pf., D*) widerstehen, standhalten (*D*; *a. fig.*); sich widersetzen
(*D*), sich sträuben (gegen *A*); ~**ć²**
(*-am*), ⟨*oprać*⟩ *Wäsche* waschen
(*A/D*, für).

opierz|ać się (*-am*), ⟨~**yć się**⟩ *Zo.*
Federn bekommen, sich zum ersten
Mal mausern; ~**ony** befiedert.

opiesza|łość *f* (*-ści*; *0*) Trägheit *f*,
Langsamkeit *f*; Saumseligkeit *f*;
Hdl. Säumnis *f*; ~**ły** (*-le*) langsam,
schleppend; nachlässig, fahrlässig;
Zahler: säumig. [lauten.⟩

opiewać (*-am*) *v/t* besingen; *v/i⟩*

opięty [ɔ'pɛ-] straff, enganliegend.

opij|ać (*-am*), ⟨~**ć**⟩ *F Erfolg, Ge-
schäft* begießen; ~**ć** (*ja*)**ć** się sich betrinken; zu viel trinken; ~**lczy** *s.*
obłęd; ~**lstwo** *n* (*-a*; *0*) Trunksucht
f; *w stanie ~lstwa* im volltrunkenen
Zustand, im Rausch.

opił|ek *m* (*-łka*; *-łki*): *mst pl.* ~**ki**
(*Feil-*)Späne *m*/*pl.*; ~**ow**(**yw**)**ać**
~[**w**]**uję** (rundum) abfeilen.

opinać (*-am*), ⟨*opiąć*⟩ ['ɔpɔntɕ]
(*opnę*) eng anliegen, sich eng anschmiegen (*A*/an *A*).

opini|a [ɔ'piɲia] *f* (*G, D, L -ii*; *-e*)
Meinung *f*, Ansicht *f*; Ruf *m*, Leumund *m*; Beurteilung *f*, Gutachten
n; *mający złą ~ę* übelbeleumdet;
~**odawca** *m* (Be-)Gutachter *m*; ~**o-
dawczy** beratend, Beratungs-;
Gutachter-; ~**ować** ⟨za-⟩ (*-uję*) beurteilen (*o L*/*A*); Gutachten abgeben (*A*/über *A*).

opis *m* (*-u*; *-y*) (*podróży* Reise-)
Beschreibung *f*; ~**anie** *n*: *nie do ~a-
nia* unbeschreiblich; ~**owy** (*-wo*)
beschreibend, deskriptiv; ~(**yw**)**ać**
beschreiben; *Math.* umschreiben;
den Bestand aufnehmen *zwecks
Pfändung*, F pfänden.

opity be-, volltrunken.

opium ['ɔpium] *n* (*unv.*) Opium *n*;
~**owy** Opium-.

opl|atać (*-am*), ⟨~**eść**⟩ umflechten;
umschlingen; klöppeln; ~**atywać**
[-lɔn-] (*-uję*), ⟨*oplatać*⟩ umschlingen;
fig. umgarnen; ~**eć** *pf. s. opielać*;
~**ot** *m* (*-u*; *-y*) Umflechtung *f*; Geflecht *n*.

oplu|wać (*-am*), ⟨~**ć**⟩ bespucken.

opłac|ać (-*am*), ⟨∼ić⟩ bezahlen (*a. fig.*; *I*/mit); *Brief* frankieren; ∼ać ⟨∼ić⟩ się sich auszahlen, lohnen; (*D*) *j-m* (*Geld*-)Geschenke zukommen lassen, sich los- *od.* freikaufen; Schweigegeld zahlen (an *A*); ∼alność *f* (-*ści*; *0*) Einträglichkeit *f*; Rentabilität *f*, Wirtschaftlichkeit *f*; ∼alny lohnend, vorteilhaft; ∼enie *n* Bezahlung *f*; ∼ony bezahlt; *Brief*: frankiert.

opłak|any beklagenswert, kläglich; ∼iwać (-*uję*), ⟨∼ać⟩ beweinen; *fig.* beklagen.

opłat|a *f* (*za doręczenie, telefoniczna* Zustell-, Fernsprech-)Gebühr *f*; ∼a portowa Hafenabgabe *f*; ∼a listowa Briefporto *n*; ∼y bankowe Bankspesen *pl.*; *za* ∼*ą* gegen Entgelt; ∼ek *m* Oblate *f*.

opłotki *m/pl.* (-*ów*) (*Flecht*-)Zäune *m/pl.*

opłucna *f* (-*ej*; -*e*) Rippenfell *n*.

opłuk|iwać (-*uję*), ⟨∼ać⟩ (ab)spülen.

opły|wać, ⟨∼nąć⟩ *v/t* Hindernis, Insel umschwimmen; umrudern; umschiffen, umsegeln; *Flüssigkeit, Gas*: umströmen (*A*); *v/i* (*I*) *v. Schweiß, Blut* triefen; (*nur impf.*) ∼wać w dostatki im Geld(e) schwimmen; ∼wowy Stromlinien-, (-*wo*) stromlinienförmig.

opodal *Adv.* (*a. nie* ∼) in der Nähe; *Prp.* (*G*) nahe (*G*), dicht bei (*D*), unweit (*G*).

opodatkow|anie *n* (-*a*) Besteuerung *f*; ∼(yw)ać (-[*w*]*uję*) besteuern, mit Steuer(n) belegen.

opoka *f* (-*i*) *Min.* Kieselmergel *m*; *fig.* Fels *m*.

opon|a *f* (-*y*) *Kfz.* Reifen(decke *f*) *m*; *Anat.* ∼y mózgowe Hirnhäute *f*/*pl.*

opon|ent *m* (-*a*; -*ci*), **-tka** *f* (-*i*; *G -tek*) Opponent(in *f*) *m*, Gegner(in *f*) *m*; ∼ować ⟨za-⟩ (-*uję*) opponieren, widersprechen; sich widersetzen (*przeciw D*/*D*).

opończa [ɔ'pɔĩŋ-] *f* (-*y*; -*e*) *Art* Pelerine *f*, Umhang *m*; *Kfz.* Plane *f*.

opor|a *f* Stütze *f*; Widerlager *n*; *fig. a.* (Rück-)Halt *m*; ∼nie *Adv.* schwer, mühsam; widerstrebend; *s. oporny*; ∼nik *m* (-*a*; -*i*) *El.* Widerstand *m* (*konkr.*), *Arch.* Kantenstein *m*; ∼ność *f* (*∼ści*; *0*) Widerspenstigkeit *f*; *Phys.*, *El.* Widerstand *m*; ∼ny widerspenstig, -setzlich; resistent; *Krankheit*: hart-

näckig; ∼ować (-*uję*) *Ski-Sp.* stemmen; ∼owy Widerstands-.

oportunist|a *m* (-*y*; -*ści*, -*ów*) Opportunist *m*; ∼yczny opportunistisch.

oporządz|ać [-'ʒɔn-] (-*am*), ⟨∼ić⟩ (-*dzę*) in Ordnung bringen; aufräumen; *Vieh* versorgen; *Fisch, Geflügel* ausnehmen; zurichten; ∼enie *n* (-*a*) Hausarbeit *f*; Zurichtung *f*; Ausrüstung *f*, Gepäck *n*.

opos *m* (-*y*; -*y*) *Zo.* Opossum *n*.

opowiad|acz *m* (-*a*; -*e*) Erzähler *m*; ∼ać, ⟨opowiedzieć⟩ erzählen; berichten; *opowiedzieć się* sich aussprechen (*za I*/für *A*); ∼anie *n* (-*a*) Erzählen *n*; Erzählung *f*.

opowie|dzieć *pf. s. opowiadać*; ∼ść *f* (-*ści*) Erzählung *f*, Geschichte *f*, Sage *f*.

opozyc|ja *f* Opposition *f*; ∼jonista *m* (-*y*; -*ści*, -*ów*) Oppositionelle(r), Mitglied *n* der Opposition; ∼yjny oppositionell; Oppositions-.

opój *m* (-*oja*; -*oje*, -*ów*) Trunkenbold *m*, P Säufer *m*.

opór *m* (-*oru*; -*ory*) Widerstand *m*; Resistenz *f*; Widerstreben *n*; *bez oporu* widerstandslos; *z oporem s. opornie*; *mieć opory* Hemmungen haben; *s. punkt.*

opóźni|ać [-'puʑ-] (-*am*), ⟨∼ć⟩ (-*ę*, -*nij!*) verzögern (*się sich*); *Zug*: sich verspäten; ∼enie *n* (-*a*) Verzögerung *f*; Verspätung *f*; ∼ony verspätet, Spät-; zurückgeblieben.

opracow|anie *n* (-*a*) Bearbeitung *f*; Ausarbeitung *f*; Monographie *f*; ∼(yw)ać (-[*w*]*uję*) *Werk* bearbeiten; *Thema* ausarbeiten; *Daten* verarbeiten; ∼ywanie *n* (-*a*): ∼ywanie danych Datenverarbeitung *f*.

oprać *pf. s. opierać²*.

opraw|a *f* (-*y*) Fassung *f*, Halter *m*; *Typ.* Einband *m*; (Ein-)Binden *n*; *fig.*, *Thea.* Rahmen *m*; *w* ∼*ie* gebunden; *dać do* ∼*y Buch* (ein)binden lassen; ∼ca *m* (-*y*; *G* -*ów*) Folter-, Henkersknecht *m*; Scherge *m*; *s. rakarz*; ∼iać [ɔ'pra-] (-*am*), ⟨∼ić⟩ *Buch* (ein)binden; *Axt* bestielen; *Edelstein* (ein)fassen; *Bild* (ein)rahmen; *Wild* zerlegen; *Fisch* zurichten; ∼ka *f* (-*i*; *G -wek*) Fassung *f*; ∼ku zatiskowa Spannfutter *n*; ∼ny *Buch*: gebunden; *Stein*: gefaßt.

opresja *f* Not-, Zwangslage *f*, F Klemme *f*.

oprocentowa|ć *pf.* verzinsen; **~nie** *n* (*-a*) Verzinsung *f*; *o stałym* **~niu** festverzinslich.

opromien|iać [-'mę-] (*-am*), ⟨**~ić**⟩ (*-ę*) bescheinen; *fig.* Glanz verleihen (*A/D*); **~iony** *fig.* strahlend (*I/*vor); verklärt.

oprotestować *pf.* Wechsel zu Protest gehen lassen.

oprowadz|ać (*-am*), ⟨**~ić**⟩ herumführen (*po I/in D*); **~ający** [-'jon-] *m* (*-ego; -y*) Führer *m*; **~anie** *n* (*-a*) Führung *f*, Herumführen *n*.

oprócz *Prp.* (*G*) außer (*A, D*), ausgenommen (*A*).

opróżni|ać [ɔ'pruʒ-] (*-am*), ⟨**~ć**⟩ (*-ę, -nij!*) (ent)leeren (się sich); *Zimmer, Stellung* räumen; **~ony** entleert; leer(stehend).

oprysk *m* (*-u; -i*) *Agr.* Besprühen *n*, **~iwacz** *m* (*-a; -e*) Spritz-, Sprühgerät *n*, (*Baum-*)Spritze *f*; **~iwać** (*-uję*), ⟨**~ać**⟩ (an-, be)spritzen, -sprühen (*I/*mit); (be)sprengen; **~iwanie** *n* (*-a*) s. oprysk.

opryskliwy (*-wie*) unwirsch, unfreundlich, ruppig, F schnoddrig, patzig, kratzbürstig.

opry|skowy Spritz-, Sprüh-; **~szczka** *f* (*-i; G -czek*) *Med.* Herpes *f*, Bläschenausschlag *m*; **~szek** *m* (*-szka; -szki*) Strauchdieb *m*, Wegelagerer *m*; (*heute*) Rowdy *m*, Schläger *m*.

oprząt|ać [ɔ'pʃon-] (*-am*), ⟨**~nąć**⟩ [-nɔntɕ] (*-nę*) *Wohnung* aufräumen; *Vieh* versorgen.

oprzeć *pf.* s. opierać[1]. [kokon.⟩

oprzęd ['ɔpʃent, -ndu] *m* (*-u; -y*) s.⟩

oprzyrządowanie [-ʒon-] *n* (*-a*) (*Werkzeug-, Vorrichtungs-*)Ausrüstung *f*; *El.* Instrumentierung *f*.

optować (*im*)*pf.* (*-uję*) optieren.

opty|czny optisch; **~k** *m* (*-a; -cy*) Optiker *m*; **~ka** [-'ɔ-] *f* (*-i; 0*) Optik *f*; **~malny** optimal.

optymi|sta *m* (*-y; -ści, -ów*) Optimist *m*; **~styczny** optimistisch.

opublikowanie *n* (*-a*) Veröffentlichung *f*.

opuch|lizna *f* (*-y*) Schwellung *f*; Ödem *n*; *Vet.* Sprunggelenkgalle *f*; **~ły**, **~nięty** [-'nen-] geschwollen.

opuk|iwać (*-uję*), ⟨**~ać**⟩ ab-, beklopfen; *Med. a.* perkutieren.

opust *m* (*-u; -y*) s. rabat.

opustoszały (menschen)leer, verödet.

---

opuszczać, ⟨**opuścić**⟩ herunter-, herablassen; senken; verlassen; *Details* auslassen; *et.* versäumen; **~** *się* heruntergehen, (herab)sinken; sich senken; (*mst pf.*) nachlassen, nachlässig werden; sich vernachlässigen.

opuszcz|any (ab)senkbar; (her)abklappbar; **~enie** *n* (*-a*) Herunterlassen *n*, (Ab-)Senkung *f*; Verlassen *n*; Auslassung *f*; (*Arbeits-*)Versäumnis *f*; Verlassenheit *f*; **~enie** się Nachlässigkeit *f*; Ungepflegtheit *f*; **~ony** herunter-, herabgelassen; verlassen (*Adj.*); *Aussehen*: vernachlässigt, ungepflegt. [kuppe *f*.⟩

opuszka *f* (*-i; G -szek*) Finger-⟩

opuścić *pf.* s. opuszczać.

opychać F (*-am*), ⟨*opchać*⟩ vollstopfen (się sich; *I/*mit).

opyl|acz *m* (*-a; -e*) Stäubegerät *n*, Zerstäuber *m*; **~ać** (*-am*), ⟨**~ić**⟩ bestäuben; F *fig.* verscheuern; **~anie** *n* (*-a*) Bestäubung *f*; Verstäubung *f*.

ora|cz *m* (*-a; -e*) Pflüger *m*, Ackersmann *m*; **~ć** ⟨*po-, z-*⟩ (*L.*) pflügen; (*nur impf.*) F *fig.* ackern; **~ć** *w* (*A*) *j-n* schinden; **~ć** *jak wół* schuften wie ein Sklave; (*nur pf.*) zerfurchen.

orangutan [-'gu-] *m* (*-a; -y*) Orang-Utan *m*.

oranż [-râʒ] *m* (*-u; 0*) Orange *n*; **~ada** *f* (*-y*) Orangeade *f*; **~eria** [-'ʒe-] *f* (*G, D, L -ii; -e*) Orangerie *f*; **~owy** (*-wo*) orange(farben).

oratorski rednerisch.

oraz und, sowie.

orbit|a *f* (*-y*) *Anat.* Augenhöhle *f*; *Astr., Phys.* Umlaufbahn *f*; **~alny** Augenhöhlen-; Bahn-.

orchidea [-'dea] *f* (*-ei, A -eę; -ee, -ei*) Orchidee *f*.

orczyk *m* (*-a; -i*) *Agr.* Gespannwaage *f*; *Flgw.* Steuerstange *f*.

orda *f* (*-y*) *hist.* Horde *f*.

order *m* (*-u; -y*) Orden *m*.

ordyna|cja *f* (*-i; -e*) (*wyborcza* Wahl-)Ordnung *f*; *Rel.* Ordination *f*; *hist.* Majorat(sgut) *n*; **~ns** [-âs] *m* (*-a; -i*) Ordonnanz *f*; (*Offiziers-*) Bursche *m*; **~rny** ordinär; **~ryjny**: *pokój -ny* (*Arzt-*)Sprechzimmer *n*.

ordynat *m* (*-a; -ci*) *hist.* Majoratsherr *m*; **~or** *m* (*-a; -rzy*) Oberarzt *m*.

ordyn|ek † *m* (*-nku; -nki*) s. szyk (*Mil.*); *stać* (*nq*)*ć w* **~ku** in Reih und Glied antreten; **~ować** (*-uję*) ordinieren; *Med.* ⟨*a. za-*⟩ verordnen;

~us P *m* (-*a*; -*y*) ordinärer Kerl, Prolet *m*; Grobian *m*.

oręedowni|ctwo [-rɛn-] *n* (-*a*) Fürsprache *f*, Fürbitte *f*; ~czka *f* (-*i*; G -*czek*), ~k *m* (-*a*; -*cy*) Fürsprecher (-in *f*) *m*.

orędzie [ɔ'rɛn-] *n* (-*a*) Ansprache *f*, Botschaft *f an das Volk*; Aufruf *m*, Appell *m*.

oręż *m* (-*a*; selt. -*e*) Waffe(n *pl.*) *f*; ~ny (schwer)bewaffnet.

organ *m* (-*u*; -*y*) Organ *n*; *s.* narząd; ~y *pl.* Orgel *f*; ~iczny organisch; ~ista *m* (-*y*; -*ści*, -*ów*) Organist *m*.

organiza|cja *f* (-*i*; -*e*) Organisation *f*; Organisierung *f*, Gestaltung *f*; ♀cja Narodów Zjednoczonych Organisation der Vereinten Nationen; ~cyjny Organisations-; organisatorisch; ~tor *m* (-*a*; -*rzy*/-*owie*) Organisator *m*; Veranstalter *m*; ~torski organisatorisch.

organi|zm *m* (-*u*; -*y*) Organismus *m*; ~zować ⟨z-⟩ (-*uję*) organisieren (*a.* F = *beschaffen*); veranstalten; (sinnvoll) gestalten.

organ|ki *m/pl.* (-*ów*) Mundharmonika *f*; ~owy Orgel-; ~y *s.* organ.

orgia [ˈɔr-] *f* (*G*, *D*, *L* -*ii*; -*e*) Orgie *f*.

orienta|cja *f* (-*i*; -*e*) Orientierung *f*; Kenntnisse *f/pl.*; Trend *m*; *dar* (*od.* szybkość) ~cji guter Orientierungssinn; schnelle Auffassungsgabe; *lewicowa* ~cja Pol. Linksdrall *m*; ~cyjny Orientierungs-; *cena* -*na* Richtpreis *m*; ~lny orientalisch.

orientować ⟨z-⟩ (-*uję*) unterrichten, informieren; (się) sich orientieren; ~ się *a.* sich zurechtfinden; sich auskennen.

orka[1] *f* (-*i*; G -*rek*) Schwertwal *m*.

orka[2] *f* (-*i*; 0) Pflügen *n*; F *fig.* Schinderei *f*; ~ jesienna *od.* zimowa Herbstfurche *f*.

orkiestr|a *f* (-*y*; G -) Orchester *n*; ~a jazzowa Jazzband *f*; ~a wojskowa Militärkapelle *f*, Musikzug *m*; ~owy Orchester-.

orkisz *m* (-*u*; -*e*) Bot. Dinkel *m*.

orl|atko [-'lɔn-] *n* (-*a*; G -*tek*), ~ę *n* (-*ęcia*; -*ęta*) (Adler-)Junge(s).

orli Adler-; ~ca *f* (-*y*; -*e*) Adlerweibchen *n*, *Bot.* Adlerfarn *m*; ~k *m* (-*a*; -*i*) junger Adler; *Bot.* Akelei *f*.

orłosęp *m* Zo.: ~ brodaty Lämmergeier *m*.

ormiański [-'mai̯s-] armenisch.

---

ormowiec [-'mɔ-] F *m* (-*wca*; -*wcy*) Hilfspolizist *m*, Mitglied *n* der Freiwilligen Polizeireserve.

ornament *m* (-*u*; -*y*) Ornament *n*; *Typ.* Einfassung *f*; ~alny, ~owy ornamental-, Zier-.

ornat *m* (-*u*; -*y*) Rel. Meßgewand *n*, Kasel *f*.   [*cja* ~*a* Vogelwarte *f*.]

ornitologiczn|y ornitologisch; sta-]

orn|y Acker-; grunta ~e Ackerland *n*.

oroszony taubedeckt.

orszada *f* (-*y*) Mandelmilch *f*.

orszak *m* (-*u*; -*i*) Gefolge *n*, Eskorte *f*; (*Leichen-*, *Hochzeits-*)Zug *m*.

ortęć [ˈɔrtɛntɛ] *f* (-*ci*) Chem. Amalgam *n*.   [big.]

ortodoksyjny orthodox, rechtgläu-]

ortografi|a [-'gra-] *f* (*G*, *D*, *L* -*ii*; -*e*) Rechtschreibung *f*; ~czny orthographisch.

ortopedyczny orthopädisch.

orygina|lny original; originell; urwüchsig; ~l *m* (-*u*; -*y*) Original *n*; (-*a*; -*owie*/-*y*) Sonderling *m*, Original *n*; w ~le *a.* urschriftlich; zgodnie z ~łem *a.* originalgetreu.

orzacha *f* (-*y*) Bot. Erdnuß *f*.

orzec *pf. s.* orzekać.

orzech *m* (-*a*; -*y*) (laskowy, włoski Hasel-, Wal-)Nuß *f*; Nußbaum (-*holz n*) *m*; Nuß(kohle) *f*; ~owy Nuß(baum)-; (-*wo*) nußbraun; ~ówka *f* (-*i*; G -*wek*) Nußlikör *m*; Zo. Tannenhäher *m*.

orzeczenie *n* (-*a*) Rel. Entscheid *m*, Bescheid *m*; Gutachten *n*; Jur. Spruch *m*, Erkenntnis *n*; Med. Befund *m*; Gr. Satzaussage *f*, Prädikat *n*.

orzecznictwo *n* (-*a*; 0): Med. ~ lekarskie Ausstellung *f* amtsärztlicher Zeugnisse, Gutachtertätigkeit *f*; Jur. ~ sądowe Rechtsprechung *f*.

orzecznik *m* (-*a*; -*i*) Gr. Prädikativ(um) *n*; ~owy prädikativ.

orze|kać (-*am*), ⟨~c⟩ feststellen, befinden; *Urteil* fällen; Jur. erkennen; ~kający [-'jɔn-]: *tryb* -*cy* Indikativ *m*; Jur. *kolegium* -*ce* Konfliktkommission *f*.

orzeł *m* (*orła*; *orły*) Adler *m*; *fig.* As *n*, Genie *n*; Zo. ~ bielik, ~ przedni See-, Steinadler; ~ czy reszka Kopf oder Zahl/Schrift; ~ek *m* (-*łka*; -*łki*) *Kokarde f in Form e-s Adlers*.

orzesz|ek *m* (-*szka*; -*szki*) (kleine) Nuß; ~nica *f* (-*y*; -*e*) Zo. Haselmaus *f*; ~yna *f* (-*y*) Hasel(nuß)-strauch *m*.

orzeźwi|ać [ɔ'ʒɛʒ-] (-am), ⟨~ć⟩ erfrischen, erquicken (się sich); ~ający [-'jɔn-] (-co) erfrischend; Erfrischungs-.

orzynać P (-am), ⟨orznąć, orżnąć⟩ betrügen (na L/bei); s. ogr(yw)ać.

osa f (-y) Wespe f; zły jak ~ gereizt, giftig.

osacz|ać (-am), ⟨~yć⟩ (-ę) umzingeln, umstellen; fig. in die Enge treiben.

osad m Bodensatz m, Rückstand m; Niederschlag m, Abscheidung f; Geol. Ablagerung f; ~a f (-y) (An-)Siedlung f; Schaft m, Griff m; Sp. (Ruderboot-)Mannschaft f; ~niczy (An-)Siedlungs-; Siedler-; ~nik m (-a; -cy) (An-)Siedler m; (pl. -i) Klär-, Absetzbecken n; Kläranlage f; Schmutzfänger m; ~owy sedimentär.

osadz|ać, ⟨~ić⟩ ansiedeln; ablagern, anschwemmen; befestigen; Axt bestielen; Stein einfassen; (nur pf.) Pferd zurückreißen, scharf zügeln; j-m e-n Dämpfer aufsetzen; ~ić na mieliźnie Schiff auf den Grund setzen; ~ić w więzieniu festsetzen, einsperren; ~ać ⟨~ić⟩ się sich niederschlagen, abscheiden; sich ablagern; ~ony befestigt; eingebettet; głęboko ~ony Augen: tiefliegend.

osamotni|eć [-'mɔ-] pf. (-eję) vereinsamen; ~enie n (-a; 0) Vereinsamung f; Einsamkeit f; ~ony vereinsamt. [lassen.]

osącz|ać (-am), ⟨~yć⟩ abtropfen]

osą|d m Urteil n; ~dzać (-am), ⟨~dzić⟩ richten (A), zu Gericht sitzen (A/über A); (be)urteilen; Jur. aburteilen; (nur pf.) verurteilen, ein Urteil fällen; ~dzenie n (-a) Verurteilung f; s. osąd.

osch|łość f (-ści; 0) Kühle f, Steifheit f, Reserviertheit f; ~łość uczuć od. serca Hartherzigkeit f, Gefühllosigkeit f; ~ły (-le) Antwort: trocken, kühl; Mensch: zurückhaltend, (sehr) reserviert; ~nąć pf. s. osychać. [schwanken.]

oscylować (-uję) oszillieren; fig.]

ose|łek m (-łka; -łki), ~ka f (-i; G -łek) Abzieh-, Schleifstein m; (Butter-)Weck m, Stück m.

osesek m (-ska; -ski) Säugling m; vom Muttertier gesäugtes Junges.

oset m (ostu; osty) Bot. Distel f; ~ lekarski Benediktinerkraut n.

osęk m, ~a f (-i) Bootshaken m.

osi Wespen-.

osiad|ać, ⟨osiąść⟩ s. osiedlać się; Staub: sich legen (auf A), bedecken (A); Trübstoff: sich setzen; Mauer: sich senken, (langsam) absacken; fig. ~ na bruku an den Bettelstab kommen; ~ na koszu Mädchen: sitzenbleiben; ~ na stałe festen (ständigen) Wohnsitz nehmen.

osiadły seßhaft; ansässig, bodenständig.

osiąg|ać [-'ɕɔŋg-] (-am), ⟨~nąć⟩ [-nɔntɕ] (-nę) erlangen, erzielen; (nur pf.) erreichen; ~alny erreichbar; ~i m/pl. (-ów) Flgw. Flugleistungen f/pl.; ~nięcie [-'ɲɛn-] n (-a, G -ć) Erlangung f, Erzielung f; Errungenschaft f, Leistung f.

osiąść pf. s. osiadać.

osiczyna f (-y) Espenholz n.

osie pl. v. oś.

osiedl|ać (-am), ⟨~ić⟩ (-lę) ansiedeln; ~ić się sich niederlassen od. ansiedeln, seßhaft werden; sn Wohnsitz aufschlagen; ~e n (-a; G -i) Siedlung f; ~e działkowe Laubenkolonie f; ~eniec [-'lɛ-] m (-ńca; -ńcy) Siedler m; ~eńczy Siedlungs-.

osiem ['ɔ-] acht.

osiemdziesiąt [-ɕɔnt] achtzig; ~ka f Achtzig f; ~y achtzig(er); achtzigste(r); Su. ~a f (-ej; -e) Achtzigstel n.

osiemdziesięcio|letni [-ɕɛntɕɔ-] achtzigjährig; ~ro achtzig.

osiemkroć ['ɔ-] achtfach.

osiemnast|ka f (-i; G -tek) Achtzehn f; ~oletni achtzehnjährig; ~owieczny aus dem XVIII. Jahrhundert (stammend); ~u Psf. achtzehn; ~y achtzehnte(r).

osiemnaści|e [-'naɕ-], ~oro achtzehn.

osiemset ['ɔ-] achthundert; ~ny achthundertste(r).

osierdzie [-'ɕɛr-] n (-a) Anat. Herzbeutel m.

osieroc|ać (-am), ⟨~ić⟩ (-cę) zu Waise(n) machen; ~ieć [-'rɔ-] pf. (-eję) zur Waise werden, verwaisen.

osi|ka f (-i), ~na f (-y) Espe f; ~kowy, ~nowy Espen-.

osioł ['ɔɕɔw] m (osła; osły) Esel m; ~ek m (-łka; -łki) Eselchen n.

osiow|y axial; Achs-; Su. ~e n (-ego; -e) Esb. Standgeld n.

osiwiały ergraut.

oskard m (-u; -y) Keilhaue f.

oskarż|ać (-am), ⟨~yć⟩ (o A) beschuldigen (G); anschuldigen, anklagen (G); **~enie** n (-a) Anschuldigung f; Anklage f; Jur. a. Strafantrag m; postawić w stan ~enia (A) unter Anklage stellen (A), Anklage erheben (gegen A); wnieść (od. skierować) ~enie Strafantrag stellen (przeciw D/gegen A); **~ony** angeklagt (o A/G); Su. m (-ego; -żeni) Angeklagte(r).

oskarżyciel [-'ʒi-] m (-a; -e) Ankläger m; ~ prywatny Nebenkläger m; **~ski** anklägerisch.

oskarżyć pf. s. oskarżać.

oskoła f (-y) Bot. (Baum-)Saft m.

oskom|a f (-y; 0) Appetit m, Verlangen n (na A/auf A, nach); wzbudzać ~ę den Mund wässerig machen (na A/nach); Zähne stumpf machen.

oskrob|ywać (-uję), ⟨~ać⟩ weg-, abkratzen; Gemüse (ab)schaben; Fisch (ab)schuppen.

oskrzel|e n (-a; G -i) Bronchie f; zapalenie (od. nieżyt) ~i Bronchitis f; **~owy** bronchial.

oskrzydl|ać (-am), ⟨~ić⟩ (-lę) Mil. umfassen, umgehen; manewr ~ający Umfassungsbewegung f.

oskub|ywać (-uję), ⟨~ać⟩ rupfen; abzupfen.

osłab|iacz [ɔ'swa-] m (-a; -e) Fot. Abschwächer m; **~ać** (-am), ⟨~ić⟩ (-ę) abschwächen; dämpfen; schwächen, entkräften; **~enie** n (-a) (Ab-)Schwächung f; Dämpfung f, Verminderung f; (Gedächtnis-, Augen-)Schwäche f; **~ony** geschwächt, schwach.

osłabnięcie [-'nęn-] n (-a) (Ver-)Minderung f, Nachlassen n; Entkräftung f.

osł|adzać (-am), ⟨~odzić⟩ (fig. ver-)süßen; **~aniać**, ⟨~onić⟩ (-ę) bedecken, verhüllen; Mil., Sp. decken, sichern; j-n schützen (od G, przed I/vor D; się sich); **~awiony** berüchtigt, verrufen; **~oda** (f -y) Trost m, Erquickung f; na ~odę zum Trost; ⟨~odzić⟩ pf. s. osładzać.

osłomuł m Maulesel m.

osłon|a f (-y) Schutz m; Schirm m, Abschirmung f; Schutzhaube f; Hülle f, Mantel m, Gehäuse n, Mil., Sp. a. Deckung f; ~a przeciwsłoneczna Fot. Gegenlichtblende f; pod ~ą nocy im Schutz der Nacht; **~ić** pf. s. osłaniać; **~ka** f: fig. bez ~ek ohne Umschweife, geradeheraus; **~ny** Schutz-; **~owy** Abdeck-; Abschirm-; Mil. Sicherungs-.

osłuch|iwać (-uję), ⟨~ać⟩ Kranke abhorchen.

osłup|iały (-le) entgeistert, bestürzt; -ły z przerażenia starr vor Entsetzen; **~ieć** [ɔ'swu-] pf. (-eję) bestürzt (od. verdutzt, wie versteinert) dastehen; **~ienie** n (-a; 0) Erstarrung f; Bestürzung f; Med. Stupor m.

osmalać (-am) s. smalić.

osmański [-'maís-] osmanisch.

osma|row(yw)ać (-[w]uję) be-, vollschmieren; bestreichen (I/mit); **~żać** (-am), ⟨~żyć⟩ (rundum) anbraten.

osmyk m (-a; -i) s. omyk.

osn|owa f (-y) Text. Kette f; (Reifen-)Karkasse f; fig. Vorwurf m; Mus. Thema n; **~uwać** (-am), ⟨~uć⟩ einspinnen; einhüllen.

osob|a f (-y; G osób) (fizyczna, prawna, urzędowa natürliche, juristische, Amts-)Person f; ~a trzecia Dritte(r); na ~ę, od ~y pro Person; we własnej ~ie persönlich; młoda ~a junge Frau; starsza ~a ältere Dame; **~istość** f (-ści) Persönlichkeit f; **~isty** (-ście) persönlich; privat; Leib(es)-, Personal-; **~liwość** f (-ści) Seltenheit f, Rarität f; (Natur-)Phänomen n; Sehenswürdigkeit f; (0) Eigenart f, Besonderheit f; **~liwy** (-wie) merkwürdig, eigentümlich; besonder; w ~liwego nichts besonderes; **~nik** m (-a; -i/-cy) Individuum f; engS. Einzelwesen n; Person f; **~ność** f (-ści; 0): na ~ności ungestört, unter vier Augen; **~ny** (-no) s. oddzielny, odrębny; każdy z ~na jeder für sich, jeder einzelne.

osobow|ościowy: zmiany -we persönlichkeitsveränderungen f/pl.; **~ość** f (-ści; 0) Persönlichkeit f; **~ość** prawna Rechtsfähigkeit f v. juristischen Personen; **~y** Personen-; Passagier-; akta ~e Personalakte f; skład ~y (personelle) Zusammensetzung.

oso|bówka F f (-i; G -wek) Personenwagen m; **~cze** n (-a; 0) (Blut-)Plasma n.

osowiał|ość f (-ści; 0) Niederge-
schlagenheit f, Mißmut m; ~y (-le)
deprimiert, (nieder)gedrückt; *Blick*:
düster.

osóbka f (-i; G -bek) kleine Person,
Persönchen n.

ospa f (-y; 0) Blattern f/pl., (wie-
trzna Wind-)Pocken f/pl.

ospa|łość f (-ści; 0) Schläfrigkeit f;
~ły (-le) schläfrig, verschlafen;
träge.   [Pocken-\

ospow|aty (-to) pockennarbig; ~y/

osprzęt m Zubehör n, Ausrüstung f;
(*Kessel-*)Armatur f.

ostać się pf. standhalten, trotzen (D).

ostateczn|ie Adv. schließlich, letzt-
lich; s. ostateczny; ~ość f (-ści)
Äußerste(s); Extrem n; zwingende
Notwendigkeit, höchste Not; do
~ości bis zum Äußersten; w ~ości im
(äußersten) Notfall, als Notlösung;
~y endgültig, letzt; End-, Schluß-;
äußerst; höchst; *sąd* ~y das jüngste
Gericht; w ~ym razie im äußersten
Fall(e).

ostat|ek m Rest m; nur pl. ~ki Fast-
nacht f; do ~ka bis zuletzt, bis zum
Schluß; na ~ek schließlich, zu guter
Letzt.

ostatni letzte(r); Schluß-; ten ~
letztgenannt; ~ dureń ein ausge-
machter Dummkopf; do ~ego bis
auf den letzten Mann; bis zuletzt;
~o Adv. kürzlich, unlängst; neuer-
dings.

ostentacyjny ostentativ.

ostęp ['ostemp] m (-u; -y) s. matecznik; *Forst.* Jagen n.

ostoja f (-oi; -e, -oi) JSpr. (Ein-)
Stand m; *Tech.* Gestell n, Rahmen
m; fig. Hort m, Bollwerk n.

ostracyzm m (-u; 0) Scherben-
gericht n.   [s. jeżyna.\

ostręż|nica f (-y; -e), ~yna f (-y)/

ostro Adv. s. ostry; ~ga f (-i; G -róg)
Sporn m; *Arch.* Buhne f; *Zo.* a.
Afterklaue f; fig. s. bodziec; ~kątny
spitzwinklig; ~kół † m Palisade f;
~krzew m Stechpalme f; ~łuk m
Spitzbogen m; ~mlecz m *Bot.*
Wolfsmilch f; ~słup m *Math.*
Pyramide f.

ostro|ść f (-ści; 0) Schärfe f; ~włosy
Hund: Rauhhaar-; ~żeń m (-żnia;
-żnie) *Bot.* Ackerdistel f.

ostrożn|ość f (-ści; 0) Vorsicht f;
mieć się na ~ości auf der Hut sein;
dla ~ości vorsichtshalber; *środki*

~ości Vorsichtsmaßregeln f/pl.; ~y
(-nie, z -na) vorsichtig; behut-
sam.

ostr|ółka f (-i; G -żek) *Bot.* Feld-
rittersporn m; ~użyny f/pl. (-;
(*Hobel-*)Späne m/pl.; (*Kartoffel-*)
Schalen f/pl.; ~y (-ro) scharf (a.
fig.); spitz, stechend; schrill; *Med.*
akut.

ostryga f (-i) Auster f.

ostrzał m s. obstrzał.

ostrz|arka [-t:ʃ-] f (-i; G -rek)
Schärfmaschine f; ~e n (-a) (*Mes-
ser-*)Schneide f, Klinge f; (*Nadel-
Bleistift-*)Spitze f; (*Axt-*)Blatt n.

ostrze|gacz [-t:ʃ-] m (-a; -e): ~gacz
pożarowy Feuermelder m; ~gać
(-am), ⟨~c⟩ warnen (przed I/vor D);
~liwać (-uję), ⟨-lać⟩ beschießen,
unter Feuer nehmen; ~liwać się zu-
rückschießen; ~żenie n (-a) (*sztormowe* Sturm-)Warnung f.

ostrzy|c [-t:ʃ-] pf. s. strzyc, ostrzy-
gać; ~ć ⟨na-⟩ (-ę) schärfen, wetzen,
schleifen; *Bleistift* (an)spitzen; fig.
~ć (sobie) zęby (na A) scharf sein
(auf A); ~ć zęby (na L) durchhecheln (A); ~gać (-am), ⟨~c⟩ Haare schneiden (A/D); *Schafe* scheren; *Hecke* stutzen; ~c się sich die
Haare schneiden lassen.

ostu|dzać (-am) s. studzić, ~kiwać
(-uję), ⟨~kać⟩ ab-, beklopfen.

ostygać (-am) s. stygnąć.

osunąć pf. s. osuwać.

osusz|acz m (-a; -e) Trockner m;
Trockenmittel n; ~ać (-am), ⟨~yć⟩
trocknen (v/t); *Sumpf* trockenlegen;
F *Flasche* leeren; ~anie n (-a) Trok-
kenlegung f; s. suszenie.

osutka f (-i; 0) *Med.* Exanthem n;
~owy exanthematisch; dur ~owy
Flecktyphus m.

osuw m s. osuwisko; ~ać się, ⟨osunąć
się⟩ (her)abrutschen, (hin)abglei-
ten; *Mensch*: niedersinken; ~isko n
(-a) Erd-, Bergrutsch m.

osw|abadzać (-am), ⟨osbodzić⟩
(-dzę, a. -bódź!) befreien (się sich);
~ajać (-am) ⟨~oić -ję⟩ vertrau
machen (się sich; z I/mit); *Tiere*
zähmen; ~oić się *Tier*: zahm werden.

oswo|badzać s. oswabadzać; ~
bodzenie n (-a; 0) Befreiung f; ~
bodziciel [-'dʑi-] m (-a; -e) Be-
freier m; ~**bodzić** pf. s. oswabadzać

oswo|ić pf. s. oswajać; ~**jony** zahm,
gezähmt; vertraut (z I/mit).

osychać (-am), ⟨oschnąć⟩ trocknen, trocken werden.

osyp|ać pf. s. osypywać; **~isko** n (-a) Geröllhalde f; Schutthalde f; **~ka** f (-i; G -pek) Körnerfutter n; **~ywać** (-uję), ⟨~ać⟩ bestreuen (I/mit); s. obsypywać się.

osz|a|chrować pf. j-n hereinlegen (na L/bei); **~cowanie** n (-a) (Ab-) Schätzung f; **~laly** (wie) von Sinnen, F verrückt (z G/vor); jak -ły a. wie toll; **~leć** pf. den Verstand verlieren, F verrückt werden (a. fig. dla G, na punkcie G/wegen G); **~łamiać** [-'wa-] (-am), ⟨oszołomić⟩ (-ę) betäuben; berauschen; den Atem benehmen (fig.); **~łamiający** [-'jon-] (-co) Schlag: wuchtig; fig. schwindelerregend; berauschend.

oszczek|iwać (-uję), ⟨~ać⟩ anbellen; verbellen.

oszczep m Spieß m, Speer m; **~nicz-ka** f (-i; G -czek) **~nik** m (-a; -cy) Sp. Speerwerfer(in f) m; **~owy** Speer-.

oszczer|ca m (-y; G -ów) Verleumder m; **~czy** (-czo) verleumderisch; Verleumdungs-; **~stwo** n (-a) Verleumdung f; rzucać ~stwa (na A) verleumden (A).

oszczędn|ościowy [ɔʃtʃɛn-] Spar-; **~ość** f (-ści; 0) Sparsamkeit f; (pl. -ści) Ersparnis f; Einsparung f; robić -ści sparen, Geld zurücklegen; Sparmaßnahmen durchführen; **~y** sparsam.

oszczędz|ać [ɔ'ʃtʃɛn-] (-am), ⟨~ić⟩ v/t sparen (na L/bei D); ersparen; einsparen; (j-n ver)schonen (się sich, einander); (G) kargen, sparsam sein (mit); haushalten (mit); **~ić k-u** (G) j-n verschonen (mit), j-m ersparen (A); **~anie** n, **~enie** n (-a; 0) Sparen n; (Ver-)Schonung f.

oszczypek m (-pka; -pki) (geräucherter) Schafkäse.

oszk- in Zssgn Verben s. szk-; **~lony** verglast, Glas-.

oszołom|ić pf. s. oszałamiać; **~ienie** n (-a; 0) Betäubung f; Rausch m; Bestürzung f; **~iony** betäubt; berauscht; fig. bestürzt, F verdattert.

oszpecać (-am) s. szpecić.

oszroniony bereift, mit Rauhreif bedeckt.

oszuk|ańczy (-czo) betrügerisch; vorgetäuscht, fingiert; **~aństwo** [-'kaĩ-] n (-a) Betrug m, Schwindel

m; **~iwać** (-uję), ⟨~ać⟩ betrügen, hintergehen, F (be)schwindeln, (be)schummeln, (be)mogeln; **~i-wać się** sich gegenseitig betrügen, hereinlegen; **~ać się** (na L) betrogen werden (bei); fig. enttäuscht werden (von); **dać się ~ać** sich täuschen lassen, F hereinfallen; **~iwanie** n (-a; 0) (samego siebie Selbst-) Betrug m.

oszust m (-a; -ści) Betrüger m, Gauner m, Schwindler m; **~wo** n (-a) Betrug m; Gaunerstreich m, Gaunerei f; **~wo podatkowe** Steuerhinterziehung f.

oszwabi|ać [ɔ'ʃfva-] P (-am) ⟨~ć⟩ (-ę) j-n übers Ohr hauen, hereinlegen, V bescheißen.

oś f (osi; osie) Achse f; fig. Angel-, Kernpunkt m; **~** odciętych s. odcięta; **~cie(ę)** s. ość.

ościenn|y benachbart, angrenzend; państwo **~e** Nachbarstaat m.

oścień ['ɔɕ-] m (-nia; -nie) Fischspeer m; Fischhaken m.

oścież ['ɔɕ-]: na **~** sperrangelweit (offen); **~nica** f (-y; -e) Fensterzarge f; Türrahmen m, -futter n; **~yna** f Türverkleidung f.

oś|cisty grätig, voller Gräten; Bot. grannig; **~ć** f (ości; ości) (Fisch-) Gräte f; Bot. Granne f; s. oścień; **~łątko** [-'lɔn-] n (-a; G -tek) Eselchen n.

oślep: na **~** blindlings; **~iać** [-'ɕle-] (-am), ⟨~ić⟩ (-ę) blenden; fig. blind machen (na A/für A); **~iający** [-'jon-] (-co) blendend, grell; fig. strahlend; **~ienie** n (-a) Blendung f; fig. Blindheit f; **~nięcie** [-'ɲɛn-] n (-a) Erblindung f.

ośli Esels-; **~ca** f (-y; -e) Eselin f.

oślini|ać [-'ɕli-] (-am), ⟨~ć⟩ besabbern.

ośliz|g)ły (-ło) schlüpfrig.

ośmiel|ać (-am), ⟨~ić⟩ (-lę) ermutigen; **~ić się** Mut fassen, wagen; sich erdreisten.

ośmiesz|ać (-am), ⟨~yć⟩ lächerlich machen (się sich).

ośmio|- in Zssgn Acht-, acht-; **~boczny** achteckig, oktogonal; **~bok** m Achteck n; **~dniowy** achttägig; **~godzinowy** achtstündig, Achtstunden-; **~kąt** m s. ośmiobok; **~krotny** achtmalig; **~letni** achtjährig; **~miesięczny** achtmonatig; **~nóg** m (-oga; -ogi) Zo. Oktopode m.

ośmior|nica f (-y; -e) Krake m; **~o** acht.

ośmio|strzałowy achtschüssig; **~ścian** m (-u; -y) Oktaeder n; **~tygodniowy** achtwöchig; **~tysięczny** achttausendste(r); achttausend *Mann usw.* stark; **~wiosłówka** f (-i; G -wek) (*Ruder-*)Achter m.

ośmiu(set) ['ɔɕ-] Psf. s. osiem(set).

ośnież|ać (-am), ⟨~yć⟩ mit Schnee bedecken; **~ony** schneebedeckt, verschneit. [Schnitzmesser n.]

ośnik m (-a; -i) Schabeisen n.]

ośrodek m (-dka; -dki) (badawczy, rachunkowości zmechanizowanej, sportowy, zdrowia Forschungs-, Rechen-, Sport-, Gesundheits- od. Behandlungs-)Zentrum n; Phys. Medium n, Mittel n; główny ~ fig. Hochburg f.

ośrodkowy zentral.

oświadcz|ać (-am), ⟨~yć⟩ erklären; bekunden; **~yć się** (D) e-n Heiratsantrag machen (D), anhalten (um A); **~enie** n Erklärung f, Aussage f; Jur. Einlassung f; **~yny** pl. (-) Heiratsantrag m; Liebeserklärung f.

oświat|a f (-y; 0) Bildung f; Bildungswesen n; Ministerstwo 2y Erziehungsministerium n; **~owiec** [-'tɔ-] m (-wca; -wcy) Erziehungs-, Bildungsfachmann m; **~owy** Bildungs-.

oświec|ać (-am), ⟨~ić⟩ beleuchten; fig. aufklären; erleuchten; **~enie** n (-a; 0) Aufklärung f; **~ony** fig. gebildet, aufgeklärt.

oświetl|acz m (-a; -e) (*Film-*)Beleuchter m; **~ać** (-am), ⟨~ić⟩ (-lę) beleuchten; erhellen; **~enie** n (-a; 0) Beleuchtung f; Befeuerung f; Licht n (a. fig.); **~eniowy** Beleuchtungs-, Licht-.

oświęcimiak [ɔɕvʸɛn'tɕi-] F m (-a; -cy/-i) ehemaliger Auschwitzhäftling.

ot Part. na; (*verstärkend*) also, ja.

otacza|ć, ⟨otoczyć⟩ umgeben (się sich); umhüllen; einschließen; umspülen; s. okrążać; **~jący** [-'jɔn-] umgebend, umliegend.

otar|cie n Abwischen n; (*Haut-*)Abschürfung f; Schürfwunde f; F na **~cie** łez als Trostpflaster; **~ty** abgeschürft, abgerieben.

otawa f (-y) Agr. Grum(me)t m.

otchłań f (-ni; -nie) Abgrund m.

otępi|ałość f (-ści; 0) Abgestumpftheit f; **~ały** (-le) abgestumpft; **~eć** pf. abstumpfen (fig.); **~enie** n Stumpfheit f (fig.); Med. **~enie starcze** Altersstumpfsinn m.

otłuszcz|enie n (-a; 0) Med. Verfettung f; **~ony** fettig; verfettet.

oto hier (od. da) ist, hier (od. da) sind; **~ jestem** da bin ich; **~ artysta!** das ist ein Künstler!

otocz|ak m Kiesel(stein) m; **~aki** pl. a. Geröll n; **~enie** n Umgebung f; Umwelt f; wpływ **~enia** Umwelteinflüsse m/pl.; w **~eniu** (G) a. in Begleitung, umgeben (von); **~ka** f (-i; G -czek) s. obwódka; Hülle f; **~ki** pl. Tech. Drehspäne m/pl.; **~yć** pf. s. otaczać.

otok m (-u/-a; -i) (*Mützen-*)Band n; JSpr. Koppelleine f; s. obwódka.

otoman|a f (-y), **~ka** f (-i; G -nek) Couch f, Liegesofa n; Ottomane f.

otóż s. oto; **~** to das ist es eben.

otr|ąbki [ɔ'trɔm-] pl. (-bek), **~ęby** [ɔ'trɛm-] pl. (-rąb/-bów) Kleie f.

otru|cie n (-a) (gazem Gas-)Vergiftung f; **~ty** vergiftet.

otrzaska|ć się F [ɔ't-ʃ-] pf. sich vertraut machen (z I/mit); **~ny** F firm, beschlagen.

otrząs|ać [ɔ't-ʃ-] (-am), ⟨~nąć⟩ [-nɔɕtɕ] (-nę) (fig. a. się; z G) abschütteln; abwerfen; **~ać się** sich schütteln; **~ąć się z wrażenia** die erste Überraschung überwinden.

otrzeć pf. s. ocierać.

otrzep|ywać [ɔt:ʃɛ-] (-uję), ⟨~ać⟩ Staub, Schnee abklopfen, ab-, ausschütteln; Möbel abstauben.

otrzewna f (-ej; -e) Bauchfell n.

otrzeźw|iać [ɔ't:ʃɛz-] (-am), ⟨~ić⟩ ernüchtern; erfrischen.

otrzym|anie [ɔt:ʃi-] n Empfang m, Erhalt m; nie do **~ania** nicht zu bekommen; **~ywać** (-uję), ⟨~ać⟩ bekommen, erhalten; (nur impf.) Zeitung, Gehalt beziehen; Tech. gewinnen.

otuch|a f (-y; 0) Mut m, Zuversicht f; pełen **~y** frohen Mutes, zuversichtlich; s. dodą(wa)ć.

otul|ać (-am), ⟨~ić⟩ (I) umhüllen (mit), einhüllen, einpacken (in A); **~ina** f (-y) Tech. Umhüllung f, Ummantelung f.

otumani|ać ['-ma-] (-am) s. tumanić.

otwar|cie[1] ['-var-] Adv. s. otwarty; **~cie[2]** n (-a) Eröffnung f; godziny

~cia Öffnungszeiten f/pl.; ~tość f
(-ści; 0) Offenheit f; Öffentlichkeit
f e-r Diskussion usw.; ~ty (-cie) offen, geöffnet; eröffnet; offenste-
hend; Gelände a.: frei; Buch a.:
aufgeschlagen.

otwier|acz m (-a; -e) (Flaschen-)
Öffner m; ~ać (-am), (otworzyć)
(-ę, -órz! Prät. a. otwarł, -ła, -li)
öffnen (się sich); eröffnen (się); ~
Schirm aufspannen; Math. Klammern auflösen; gwałtownie otworzyć
aufreißen; ~ać się a. aufgehen;
Wunde: aufbrechen (v/i).

otwor|ek m (-rka; -rki) kleine Öff-
nung; ~em s. otwór; ~nica f (-y; -e)
Tech. Lochsäge f.

otw|orzyć pf. s. otwierać; ~ór m
Öffnung f, Loch n; Tech. a. Boh-
rung f, Bohrloch; (Geld-, Brief-)
Einwurf m, Schlitz m; stać ~orem
(sperr)angelweit offenstehen.

oty|łość f (-ści; 0) Fettsucht f; Lei-
besfülle f, Beleibtheit f; ~y beleibt,
korpulent, F dick.

owa s. ów.

owac|ja f (-i; -e) Beifallssturm m;
~yjny enthusiastisch, begeistert.

owad m (-a; -y) Insekt n.

owado|bójczy (-czo) insektizid, In-
sekten vernichtend; środek ~czy Insektengift n; ~pylny entomophil;
~znawstwo n Insektenkunde f; ~
żerny insektenfressend.

owadzi Insekten-; ~arki f/pl. (-rek)
Zo. Schlupfwespen f/pl.

owak(i) s. tak(i).

owal m (-u; -e) Oval n; ~ny oval.

owca f (-y; G owiec) Schaf n; chodzić jak błędna ~ wie ein verlorenes
Schaf herumirren.

owczar|ek m (-rka; -rki) Schäfer-
hund m; ~ek szkocki Collie m; ~nia
[-'tʃar-] f (-i; -e, -i/-ń) Schafstall m,
Schäferei f; ~ski Schäfer-; Schaf-;
~stwo n (-a; 0) Schafzucht f.

owcz|arz m (-a; -e, -y) Schafzüchter
m; Schäfer m, Schafhirt m; ~y
Schaf-; fig. ~y pęd Herdentrieb m.

owdowi|eć [ɔ'vdɔ-] pf. (-eję) Wit-
we(r) werden; ~aly verwitwet.

owdzie ['ɔ-]: tu i ~ hie und da, da
und dort.

owędy [ɔ'vɛn-]: tędy i ~ hin und her.

owia|ć pf., ~ny s. owiewać.

owieczka f (-i; G -czek) Schaf n,
Schäfchen n.

owies ['ɔ-] m (owsa; owsy) Hafer m.

owiewać (-am), ⟨owiać⟩ ['ɔ-] um-
wehen; owiany (I) bedeckt (mit);
fig. von e-m Hauch umgeben.

owija|cz m (-a; -e) Wickelgamasche
f; ~ć (-am), ⟨owinąć⟩ (-nontę) (-nę,
-ń!) (um)wickeln (się sich); ~rka f
(-i; G -rek) Tech. Wickler m.

owi|nąć pf. s. owijać; ~onąć pf. s.
owiewać.

owład|ać, ⟨-nąć⟩ s. zawładnąć.

owłosi|enie [-'ɕe-] n (-a; 0) Behaa-
rung f, (Körper-)Haarwuchs m;
Zo. Haarkleid n; ~ony behaart,
haarig.

owo s. ów.

owoc m (-u; -e) (pestkowy, ziarnkowy
Stein-, Kern-)Frucht f; ~e pl. a.
Obst n.

owocar|ka f (-i; G -rek) Obsthänd-
lerin f; ~nia [-'tsar-] † f (-i; -e,
-i/-ń) Obstgeschäft n; ~ski Obst-;
~stwo n (-a; 0) Obstbau m.

owoc|arz m (-a; -e) Obsthändler m;
~nia [ɔ'vɔts-] f (-i; -e, -i) Bot.
Fruchtgehäuse n; ~nik m (-a; -i)
(Pilz-)Fruchtkörper m; ~ny fruchtbar, erfolgreich.

owoco|branie n Obsternte f; ~
listek m Bot. Fruchtblatt n; ~
nośny fruchttragend; ~wać (-uję)
(Früchte) tragen; ~wy Frucht-,
Obst-.   [ler m.⟩

owocówka f (-i; G -wek) Zo. Wick-⟩

owodnia f (-i; -e, -i) Am-
nion m, Fruchthülle f.

owręże n (-a; G -y) Mar. Spant-
werk n.

owrzodz|enie n (-a) Geschwürbil-
dung f, Ulkuskrankheit f; ~ieć
[ɔ'vʒɔ-] pf. (-eję) Med. ulzerieren.

owsian|ka f (-i; G -nek) Haferbrei
m; Haferflocken(suppe f) f/pl.;
Haferstroh n; ~y Hafer-.

owsi|ca f (-y; -e) Hafergras n; Med.
Madenwurmbefall m; ~k m (-a; -i)
Bot. Wildhafer m; Zo. Maden-,
Springwurm m; ~sko n (-a) Hafer-
feld n.

owszem Adv. sicher(lich), doch,
natürlich; gern; im Gegenteil.

ozd|abiać [-'da-] (-am), ⟨~obić⟩
(aus)schmücken, verzieren; verschönern; ~oba f (-y; G -dób) Verzierung f, Schmuck m, Zierat m;
fig. Stolz m, Zierde f; ~oby choinkowe Christbaumschmuck; bez
~ób schmucklos, schlicht; ~obny
Schmuck-, Zier-, verziert; deko-

rativ; ornamental; *Stil*: blumig; **~ne wydanie** *Typ.* Prachtausgabe *f*; **~óbka** *f* (*-i*; *G -bek*) Nippsache *f*, Tand *m*; Verzierung *f am Kleid*.

ozdrowie|ć *pf.* gesund werden, genesen; **~nie** *n* (*-a*) Gesundung *f*, Genesung *f*; Gesundmachen *f*; **~niec** [-'ɣe-] *m* (*-ńca*; *-ńcy*) Rekonvaleszent *m*; **~ńczy** Genesungs-; Rekonvaleszenten-.

ozębna [ɔ'zɛmb-] *f* (*-ej*; *-e*) (*Zahn-*) Wurzelhaut *f*.

oziębł|iacz [ɔ'ʒɛm-] *m* (*-a*; *-e*) Kühler *m*; **~iać** (*-am*), ⟨**~ić**⟩ (ab)kühlen; **~i(a)ć** *się* abkühlen, kalt werden; **~ienie** *n* (*-a*) Abkühlung *f* (*a. fig.*); głębokie **~ienie** Tiefkühlung *f*; **~ły** (*-le*) kühl, frostig; **~nąć** *pf.* auskühlen; *fig.* gleichgültig werden (*w stosunku do G*/gegen *A*).

ozim|ina *f* (*-y*) Wintersaat *f*, Wintergetreide *n*; **~y** *Agr.* Winter-.

ozł|acać (*-am*), ⟨**~ocić**⟩ vergolden (*a. fig.*).

oznacz|ać (*-am*) bedeuten, heißen; ⟨*a.* **~yć**⟩ be-, kennzeichnen, markieren; *Zeit* bestimmen; *Frist* festsetzen; **~anie** *n* (*-a*; *0*), **~enie** *n* Kennzeichnung *f*; Bestimmung *f*; (*nur* **~enie**) (Kenn-)Zeichen *n*, Bezeichnung *f*.

oznajm|iać [ɔ'znaj-] (*-am*), ⟨**~ić**⟩

(*-ę, -mij!*) bekanntgeben, verkün den; ankündigen (*się* sich); **~ieni** *n* (*-a*) Ankündigung *f*; *s.* obwie szczenie, oświadczenie; **~ujący** [-'jɔn-]: *Gr.* tryb *-cy* Indikativ *m*.

oznaka *f* (*-i*) (An-)Zeichen *n*; *Mil* Abzeichen *n*. [ge *f.*

ozorek *m* (*-rka*; *-rki*) *Kochk.* Zun-

ozór *m* (*-ora*; *-ory*) (*Tier-*)Zunge *f*

ozu|wać (*-am*), ⟨**~ć**⟩ (*-ję*) Schuh anziehen.

ożagl|enie *n* (*-a*), **~owanie** *n* (*-a* Segelwerk *n*, Takelung *f*.

ożebrowanie *n* (*-a*) *Arch.* Rippen werk *n*.

ożen|ek † *m* (*-nku*; *-nki*) Heirat *f* **~ienie** (**się**) *n* (*-a*) Verheiratung *f*

ożóg *m* (*-a*; *-i*, *-ów*) Schürhaken *m*

ożyć *pf. s.* ożywać.

ożyna *f* (*-y*) Brombeere *f.*

ożyw|ać (*-am*), ⟨**~ć**⟩ wieder leben dig werden; *fig.* wiederaufleben **~czy** (*-czo*) belebend, erfrischend **~iać** [ɔ'ʒi-] (*-am*), ⟨**~ić**⟩ wieder zun Leben erwecken; beleben (*się* sich); beseelen; **~ienie** *n* (*-a*; *0* Wiederaufleben *n*; Belebung *f* Lebhaftigkeit *f*; Belebtheit *f*, Le ben *n*; (wirtschaftlicher) Auf schwung; **~iony** belebt; lebhaft *Gespräch usw.*: angeregt; beseel (*I*/von).

Ó

ósemka *f* (*-i*; *G -mek*) Acht *f*, Achter *m*; F Achtel *n*; *Mus.* Achtelnote *f*; *Sp.* Achter *m* (*Boot*).

ósm|ak *m* (*-a*; *-i*) *JSpr.* Achtender *m*; **~y** achte(r); o **~ej** um acht (Uhr).

ów (*f owa*, *n owo*, *pl.* owe, *Psf.* owi) dieser, diese, dieses; jener, jene,

jenes; to i owo dies und das; ni to ni owo nicht das eine und nicht da andere; ni z tego, ni z owego aus heiterem Himmel, plötzlich; *tam* i **~** hin und her; ten i **~** der eine ode der andere; **~czesny** damalig; zeit genössisch; **~dzie** *s.* owdzie.

P

pa! F tschüß!

pach|a f (-y) Achselhöhle f; Ärmelloch m; *pod* ~*q* unter dem Arm.

pachn|ący [-'nɔn-] (-co) duftend, aromatisch; riechend; ~**ać**, ~**ieć** ⟨*za-*⟩ (-*nę*) duften, riechen (*I*/nach); ~**idło** n (-a; G -del) Riechstoff m.

pacho|le n (-ęcia; -ęta) Knabe m; Page m; ~**lm** (-a; -y) Mar. Poller m; ~**lek** m (-lka; -lki/-lcy) (*Haus-*) Diener m, Knecht m; (*Magistrats-*) Gehilfe m; *hist.* Soldat m; *Mar.* Vertäupoller m; ~**lek drogowy** Abweis-, Prellstein m.

pach|owy Achsel-; ~**wina** f (-y) *Anat.* Leiste(ngegend) f; *Bot.* Blattwinkel m; *Arch.* Zwickel m; *Kochk.* (*Schweine-*)Bauch m; ~**winowy** Leisten-.

pacierz [¹-pa-] m (-a; -e, -y) Gebet n; ~**owy** *Anat.* Rückgrat-.

pacior|ek m (-rka; -rki) F (*Kinder-*) Gebet n; (*Glas-*)Perle f; ~**ki** pl. Glas- *od.* Holzperlenschnur f; ~**kowiec** [-'kɔ-] m (-wca; -wce) Streptokokkus m.

pacjent m (-a; -ci), ~**ka** f (-i; G -tek) Patient(in f) m. -

pac|ka f (-i; G -cek) *Arch.* Reibbrett n; Fliegenklatsche f; ~**kać** F ⟨*po-*⟩ (-*am*) beklecksern, beschmieren; ~**nąć** [-nɔntɕ] pf. (-*nę*) klatschen; e-n Klaps geben.

pacyfi|kować ⟨*s-*⟩ (-*uję*) pazifizieren, befrieden; ~**sta** m (-y; -ści, -ów) Pazifist m.

pacyk|arz m (-a; -e) verä. Farbenkleckser m, Schmierer m; ~**ować** (-*uję*) klecksen, schmieren.

paczk|a f (-i; G -czek) Paket n; Packen m; P *fig.* Blase f, Bande f; ~**arnia** [-'kar-] f (-i; -e) Packerei f; ~**ować** ⟨*za-*⟩ (-*uję*) (in Pakete) packen, abpacken; ~**owany** abgepackt.

paczuszka f(-i; G -szek) Päckchen n.

paczyć ⟨*s-*⟩ (-*ę*) *Holz* krummen; *fig.* verbiegen, verderben; ~ *się* sich werfen, verziehen.

pad|aczka f (-i; 0) Fallsucht f; ~**a** (-*am*, -*aj*/-*nij*!), ⟨*upaść*⟩ fallen; ~*a*

deszcz, grad, śnieg es regnet, hagelt, schneit; ~**ać ze znużenia** vor Müdigkeit umfallen; *Mil.* ~**nij!** hinlegen!; ~**alec** m (-lca; -lce) *Zo.* Blindschleiche f; ~**lina** f (-y; 0) (*Tier-*)Kadaver m, Aas n.

padół m (-ołu; 0): ~ **płaczu**, ~ **łez** Jammertal n.

paginacja f (-i; 0) Paginierung f.

pagór|ek m (-rka; -rki) Hügel m, Anhöhe f; ~**kowaty** (-to) hügelig.

pajac m (-a; -e) Possenreißer m, Hanswurst m, Bajazzo m; ~**yk** m (-a; -i) Hampelmann m (*Spielzeug*); (einteiliger) Spielanzug.

pająk [-jɔŋk] m (-a; -i) Spinne f; Kronleuchter m; ~**owaty** (-to) spinnenartig. [Kanten m.]

pajda F f (-y) (*Brot-*)Scheibe f.

pajęcz|aki [-jen-] pl. (-ów) *Zo.* Spinnentiere n/pl.; ~**arz** F m (-a; -e) Schwarzhörer m; Wäschedieb m; ~**y** Spinnen-; ~**yna** f (-y) Spinnwebe f; *fig.* Gespinst n.

pak¹ m (-u; -i) (*Teer-*)Pech n.

pak² m (-u; 0) Packeis n.

paka f (-i) Kiste f; Pack(en) m, Ballen m; P *fig.* Knast m.

pakiet [¹-pa-] m (-u; -y) Paket n; ~**owy** Paket-; *film* ~**owy** Filmpack m.

pakow|acz m (-a; -e), ~**czka** f (-i; G -czek) Packer(in f) m; ~**ać** (-*uję*) ⟨*za-*⟩ (ein)packen; ⟨*o-*⟩ (ver)packen; ⟨*w-*⟩ (hinein)stecken, (-)stopfen; ~ **ać się** hereinplatzen; sich (hinein)drängen; ~**nia** [-'kɔ-] f (-i; -e, -a) Packraum m, Packerei f; ~**nica** f (-y; -e) Packmaschine f; ~**ny** geräumig.

pakowy Pech-; Pack-; *lód* ~ s. **pak²**.

pakt m (-u; -y) Pakt m; ~**ować** (-*uję*) paktieren.

pakuły pl. (-) Werg n.

pakun|eczek m (-czka; -czki) Päckchen n; ~**ek** m (-nku; -nki) Paket n; Bündel m; *Tech.* Packung f.

pal m (-a; -e) Pfahl m; *budowla na ~ach* Pfahlbau m, *hist.* *wbi(ja)ć na* ~ pfählen.

palacz m (-a; -e) Heizer m; (*nałogowy* Ketten-)Raucher m.

palant

palant m (-a; -y) Schlagball m.

palarnia [-'lar-] f (-i; -e) Rauchzimmer n; Thea. Rauchfoyer n; ~ kawy Kaffeerösterei f; ~ opium Opiumhöhle f.

palatal|izacja f (-i; -e) Gr. Palatalisierung f; ~ny palatal.

palatyn m (-a; -i) Pfalzgraf m; ~at m (-u; -y) Pfalzgrafschaft f; hist. Łat (Rhein-)Pfalz f.

palący [-'lɔn-] brennend (a. fig.); sengend; Tränen: heiß; Su. m (-ego; -y) Raucher m.

pal|cówka f (-i; G -wek) Mus. Fingerübung f; ~czak m (-a; -i) Jungfisch m, engS. junger Lachs.

palec m (-lca; -lce) (wskazujący, serdeczny Zeige-, Ring-)Finger m; Tech. Finger m, Daumen m; ~ u nogi Zehe f; ~ duży od. gruby Daumen m; ~ boży ein Fingerzeug Gottes; sam jak ~ mutterseelenallein; na palcach auf den Zehenspitzen; szeroki, gruby na ~ fingerdick, -breit, -stark; F dmuchać w palce in der Klemme sitzen; maczać palce (w L) s-e Hände im Spiel haben.

paleni|e n (-a) Brennen n; Heizen n; Verbrennen n; (Tabak-)Rauchen n; (Kaffee-)Rösten n; ~sko n (-a) Feuerung f, Herd m.

pale|stra f (-y; 0) die (gesamte) Anwaltschaft; ~ta f (-y) Palette f; ~tko F n (-a; G -tek) Mäntelchen f.

palić (-lę) v/i brennen; feuern; Person: rauchen; ⟨a. na-⟩ heizen; v/t ⟨a. za-⟩ s. zapalać; ⟨a. s-⟩ verbrennen; (nur impf.) Zigarette rauchen; Kaffee rösten; ~ się brennen (a. fig. do G/auf A); s. diabeł, licho.

pali|k m (-a; -i) Pflock m; ~kować (-uję) Agr. anpflocken.

palisandrowy Palisander-.

paliwo n (-a) Brennstoff m, engS. Kraft-, Treibstoff m; Heizöl n; ~ do silników wysokoprężnych Dieselkraftstoff; ~mierz m (-a; -e) Kraftstoffmesser m; ~wy Treibstoff-.

palm|a f (-y) (daktylowa, oleista Dattel-, Öl-)Palme f; fig. ~a zwycięstwa Siegespalme; ~iarnia [-'mja-] f (-i; -e) Palmenhaus n; ~owy Palm(en)-; Niedziela Łowa Palmsonntag m.

paln|ąć [-'nɔntɕ] F pf. (-nę) v/i schießen; knallen; v/t herausplatzen (mit); ~ąć sobie w łeb sich e-e Kugel in den Kopf jagen; vgl.

a. palić; ~ik m (-a; -i) Brenner m; ~ik lutowniczy Lötlampe f; ~y brennbar; broń ~a Feuerwaffe f.

palo|ny gebrannt; Kaffee: geröstet; ~wy Pfahl-.

palpitacj|a f (-i; -e) Herzklopfen n; dosta(wa)ć ~i serca e-n Herzanfall bekommen.

palto n (-a) Mantel m.

paluch m (-a; -y) Finger m; Anat., Zo. Daumen m.

palusz|ek m (-szka; -szki) Finger(-chen n) m; Kochk. pl. ~ki Mandelstangen f/pl.; ~ki rybne Fischstäbchen n/pl.; na ~kach s. palec.

pał|a f (-y) Stock m, Knüppel m; fig. F a. Eins f (in Polen schlechteste Schulnote); P Rübe f, Birne f; Hohl-, Schafskopf m; V Pimmel m; łysa ~a Kahlkopf m; zalać ~ę sich besaufen.

pałac m (-u; -e) Palast m, Palais n; ~owy Palast-; ~yk m (-a; -i) (Lust-)Schlößchen n.

pałać (-am) flammen, lodern; fig. (I) ⟨za- er⟩glühen, ⟨za- ent⟩brennen (vor, pf. in); Haß nähren; ~ zemstą Rache schnauben.

pałasz m (-a; -e) Pallasch m; ~ować ⟨s-⟩ P (-uję) spachteln, verputzen.

pałąk [-wɔŋk] m (-a; -i) Bügel m; Bügelstromabnehmer m; zgiąć się w ~ sich krümmen; sich verbiegen; ~owaty (-to) gebogen, krumm.

pałeczk|a f (-i; G -czek) Stöckchen n; Stäbchen n; (Staffellauf-, Zauber-)Stab m; Trommelschlegel m; ~a dyrygenta Taktstock m; Bio. ~i pl. Stäbchenbakterien f/pl.; ~owaty (-to) stäbchenförmig.

pałętać się [-'wen-] P (-am) herumlungern; zappeln.

pałk|a f (-i; G -łek) (Schlag-)Stock m, Knüppel m; † a. (Stock-)Hieb m; Bot. Rohrkolben m; ~a gumowa Gummiknüppel; ~arz m (-a; -e) Schläger m. [phlet n.]

pamflet [a. 'pãf-] m (-u; -y) Pam-]

pamiątk|a f (-i; G -tek) Andenken n; engS. Souvenir n; F Denkzettel m; ~a narodowa nationale Gedenkstätte; na ~ę zur Erinnerung (G/an A); ~arski Andenken-; ~owy Gedenk-; Erinnerungs-.

pamię|ciowy [-mɛn-] Gedächtnis-, mnemonisch; rachunek -wy Kopfrechnen n; Adv. -wo aus dem Gedächtnis; **.c** *f* (-*ci*; *0*) Gedächtnis *n* (do G/für A); Andenken *n*, Erinnerung *f*; (An-)Gedenken *n*; *Comp.* (*Informations*-)Speicher *m*; na **.c** auswendig, aus dem Kopf; *przywodzić na* **.c** ins Gedächtnis rufen; *w* **.ci** im Kopf *rechnen*; *o ile* (*od.* jeśli) *mnie* **.c** *nie myli* wenn ich mich recht erinnere; *zapisać się w* **.ci**, *wbić się w* **.c** sich ins Gedächtnis einprägen; *z* **.ci** aus dem Gedächtnis; F *za* **.ci** bevor ich es vergesse; *za mojej* **.ci** zu meiner Zeit; *smutnej* **.ci** unseligen Angedenkens; *świętej* **.ci** *Person*: selig, entschlafen; *dziękuję za* **.c** danke der Nachfrage (*od.* für den Brief *usw.*); *bez* **.ci** besinnungslos-; F *fig.* schrecklich, wahnsinnig.

pamięt|ać [-'mẽn-] (-*am*) (*A od.* o *L*) sich erinnern (an *A*); nicht vergessen (*A*); (o *L*) denken (an *A*), eingedenk sein (*G*); **.aj**, *że* ... vergiß nicht, daß ...; **.liwy** nachtragend; **.nik** *m* (-*a*; -*i*) Tagebuch *n*; (Poesie-)Album *n*; *pl. a.* Memoiren *pl.*, Erinnerungen *f/pl.*; **.nikarz** *m* (-*a*; -*e*) Memoirenschreiber *m*; **.ny** denkwürdig.

pan *m* (-*a*, *D, L* -*u*; -*owie*) Herr *m*; (*höfliche Anrede*) Sie, *z.B.*: *proszę* **.a**! ich bitte Sie!; *mówić k-u po* **.u** j-n siezen; **.** *domu* Hausherr; *być za* **.** *brat* intim sein (*z I/mit*); *s. młody*.

panamski Panama-.

pancern|ik *m* (-*a*; -*i*) Schlachtschiff *n*; *hist.* Kürassier *m*; *Zo.* Gürteltier *m*; **.y** gepanzert, Panzer-.

pancerz *m* (-*a*; -*e*) Harnisch *m*; Panzer *m*; *Tech.* Panzerung *f*; Armierung *f*; (*Stahl*-)Mantel *m*; **.ownica** *f* (-*y*; -*e*) *Mil.* Panzerfaust *f*; **.owy** Panzer-.

panew *f* (-*nwi*; -*nwie*, -*nwi*) *Tech.* Lagerpfanne *f*; *Chem.* Pfanne *f*; **.ka** *f* (-*i*; *G* -*wek*) *Anat.* Gelenkpfanne *f*; *Tech. s.* panew; *hist.* (*Zünd*-)Pfanne *f*; *fig. spalić na* **.ce** platzen, fehlschlagen.

pani *f* (*A* -*ą*, *V* -*i*; -*e*) Frau *f*; Dame *f*; Herrin *f*; (*höfliche Anrede*) Sie; *vgl.* pan; **.e** *i panowie*! meine Damen und Herren!

panichida *f* (-*y*) *Rel.* Totenmesse *f*.

paniczny panisch.

panie|nka *f* (-*i*; *G* -*nek*) Fräulein *n*; (*halbwüchsiges*) Mädchen; **.ński** [-'ɳɛi-] Mädchen-; *s. dziewiczy*; (*po* -*ku*) mädchenhaft; **.ństwo** *n* (-*a*; *0*) (*Alt*-)Jungfernstand *m*.

panier ['pa-] *m* (-*u*; -*y*) Paniermehl *n*; **.ować** (-*uję*) *Kochk.* panieren.

panik|a ['pa-] *f* (-*i*; *0*) Panik *f*; **.arski** panikartig; überängstlich; **.arz** *m* (-*a*; -*e*) Panikmacher *m*.

panna *f* (-*y*; *G* panien) Mädchen *n*, Junggesellin *f*; (*Anrede*) Fräulein *n*; *stara* **.** alte Jungfer; *Rel.* Najświętsza ♀ Heilige Jungfrau.

panoram|a *f* (-*y*) Panorama *n*; *Mil.* Panoramafernrohr *n*; **.iczny** Panorama-; Cinemascope-.

pano|szyć się ⟨*roz*-⟩ (-*ę*) herrschen, (*herum*)kommandieren; sich breitmachen; **.wać** (-*uję*) (*nad I*) herrschen (über *A*), regieren (*A*); beherrschen (*A*; *nad sobą* sich); **.wanie** *n* (-*a*) Herrschaft *f*; (*nad sobą* Selbst-)Beherrschung *f*.

pantałyk F *m* (-*u*; *0*): *zbić z* **.u** *j-n* durcheinanderbringen.

pantarka *f* (-*i*; *G* -*rek*) *Zo.* Perlhuhn *n*.

panter|a *f* (-*y*) Panther *m*; **.ka** F *f* (-*i*; *G* -*rek*) *Mil.* Tarnjacke *f*.

pantof|el *m* (-*fla*; -*fle*, -*fli*) (Halb-)Schuh *m*; **.le** *ranne od.* domowe Hausschuhe, Pantoffeln *m/pl.*; *być pod* **.lem** unter dem Pantoffel stehen; **.elek** *m* (-*lka*; -*lki*) Pantöffelchen *n*; Schühchen *n*; *Zo.* Pantoffeltierchen *n*; **.larz** *m* (-*a*; -*e*) Pantoffelheld *m*; **.lowy** Pantoffel-; *poczta* -*wa* Flüsterpropaganda *f*.

pantomi|ma *f* (-*y*) Pantomime *f*; **.miczny** pantomimisch.

panujący [-'jɔn-] (*be*)herrschend; *Fürst*(*enhaus*): regierend.

pańs|ki ['paĩs-] herrschaftlich, Herr(e)n-; (*in der höflichen Anrede*) Ihr, *z.B.*: *czy to* **.kie** *rzeczy*? sind das Ihre Sachen?; *roku* **.kiego** im Jahre des Herrn; *Adv. po* **.ku** (*hoch*)herrschaftlich; *z* **.ka** von oben herab; **.tewko** *n* (-*a*; *G* -*wek*) Kleinstaat *m*.

państw|o ['paĩs-] *n* (-*a*; *G* -*stw*) Staat *m*; (*L* -*u*) Herr und Frau (+ *Familienname*); Herrschaften *f/pl.*; Sie; *proszę* **.a**! meine Damen und Herren!; **.o** *pozwolą* gestatten Sie, lassen Sie (*mich*); *s. młody*.

państwo|wość [paĩs-] *f* (-*ści*; *0*) Eigenstaatlichkeit *f*; **.wy** staatlich, Staats-.

pańszczy|zna [paĩ'ʃtʃiz-] *f* (-*y*)

Fron *f*; Leibeigenschaft *f*; **~źniany** Fron-; *chłop* -ny Leibeigene(r).

papa[1] *f* (-*y*) (*dachowa*) Dachpappe *f*.
papa[2] *m* (-*y*; -*owie*, -*ów*) Papa *m*,
papa[3] V *f* (-*y*) Fresse *f*. [Vati *m*.]
papatacz *m* (-*a*; -*e*) Rosinenkuchen *m*.
papeteri|a [-'tε-] (*G*, *D*, *L* -*ii*; *0*), **sklep** *z ~q* Schreibwarengeschäft *m*.
papier ['pa-] *m* (-*u*; -*y*) (*czerpany*, *do pakowania*, *higieniczny*, *maszynowy* Bütten-, Pack-, Toiletten-, Schreibmaschinen-)Papier *n*; **~y okrętowe**, **wartościowe** Schiffs-, Wertpapiere; **~ek** *m* (-*rka*; -*rki*) Stückchen *n* Papier; Zettel *m*; **~kowy** F: *robota ~wa* Schreibkram *m*, Papierkrieg *m*; **~nia** [-'pεr-] *f* (-*i*; -*e*) Papierfabrik *f*; **~nictwo** *n* (-*a*; *0*) Papierindustrie *f*; Papierherstellung *f*; **~niczy** Papier-.
papiero|plastyka *f* Basteln *n* aus Papier; **~s** *m* (-*a*; -*y*) Zigarette *f*; **~siarka** *f* (-*i*; *G* -*rek*), **~siarz** [-'rɔ-] F *m* (-*a*; -*e*) Zigarettenverkäufer(in *f*) *m*; **~sowy** Zigaretten-; **~snica** *f* (-*y*; -*e*) Zigarettenetui *n*; **~wy** papieren (*a. fig.*), Papier-.
papierówka *f* (-*i*; -*wek*) *Agr.* Parmäne *f*; *Tech.* Papierholz *n*.
papie|ski päpstlich, Papst-; **~stwo** *n* (-*a*; *0*) Papsttum *n*; Pontifikat *n*; **~ż** ['pa-] *m* (-*a*; -*e*) Papst *m*.
papilot *m* (-*a*; -*y*) Lockenwickler *m*.
papk|a *f* (-*i*; *G* -*pek*) Brei *m*; *Tech. a.* Pulpe *f*; **~owaty** (-*to*) brei(art)ig.
papla F *f/m* (-*i*; -*e*, -*i*) Plappermaul *n*; Schwätzer(in *f*) *m*; **~ć** (-*am*) plappern, schnattern; ⟨*wy*-⟩ ausplaudern; **~nie** *n* (-*a*; *0*), **~nina** F *f* (-*y*; *0*) Geplapper *n*, Geschnatter *n*.
papowy Dachpappen-; aus Pappe.
papra|ć F (-*am*) beschmieren, besudeln; schludern; **~ć się** wühlen (*w L*/in *A*); Drecksarbeit machen; **~nina** F *f* (-*y*; *0*) Drecksarbeit *f*.
papro|ć *f* (-*ci*; -*cie*) Farn *m*; *liść* **~ci** Farnwedel *m*.
papry|ka ['pa-/-'pri-] *f* (-*i*) Paprika *m*; Paprikaschote *f*; **~karz** *m* (-*a*; -*e*) Paprikagulasch *n od. m*; **~kować** ⟨*na*-⟩ (-*uję*) mit Paprika würzen.
papu|ć *m* (-*cia*; -*cie*) (*Filz*-)Pantoffel *m*; **~ga** *f* (-*i*) Papagei *m*; **~zi** Papageien-; papageienhaft; **~zia choroba** Psittakose *f*; **~żka** *f* (-*i*; *G* -*żek*) (*falista* Wellen-)Sittich *m*.
par|a[1] *f* (-*y*) Dampf *m*; Atem *m*;

pełną **~q** mit Volldampf; F *nie* puścić **~y** *z ust* k-n Mucks sagen.
par[1]**a**[2] *f* (-*y*) Paar *n*; *Laar*; **~ami**, **~a za ~q** paarweise; **~a nie ~a** paar oder unpaar; *do ~y* paar(ig); passend; *nie do ~y* unpaar; nicht zueinander passend, gehörig; *fig. chodzić* (*od. iść*) *w parze* (*z I*) zusammen auftreten *od.* vorkommen, Hand in Hand gehen, gepaart sein (mit).
parabol|a [-'ra-] *f* (-*i*; -*e*) Parabel *f*; **~iczny** parabolisch; Parabel-.
parać się *f* (-*am*) sich befassen, abgeben (*I*/mit).
parad|a *f* (-*y*) Parade *f*, Schau *f*; *dla ~y* zum Schein; *od ~y s. paradny*; F *wejść w ~ę* (*D*) *j*-*m* in die Quere kommen; **~entoza** *f* (-*y*; *0*) Paradontose *f*; **~ny** Parade-; Gala-, Fest-; F *fig.* drollig, putzig.
paradoks *m* (-*u*; -*y*) Paradox(on) *n*; **~alny** paradox.
paradować (-*uję*) paradieren, stolzieren.
parafia [-'ra-] *f* (*G*, *D*, *L* -*ii*; -*e*) Pfarre *f*, *eng S.* Pfarrbezirk *m*; Pfarramt *n*; **~lny** Pfarr-; **~nin** *m* (-*a*; -*anie*, -) Pfarrkind *n*; *pl. a.* Pfarrgemeinde *f*.
para|fina *f* (-*y*) Paraffin *n*; **~fować** ⟨*za*-⟩ (-*uję*) paraphieren; **~fraza** *f* Paraphrase *f*; **~gon** *m* (-*u*; -*y*) Kassenzettel *m*; **~graf** *m* (-*u*; -*y*) Paragraph *m*; **~gwajski** paraguayisch, Paraguay-; **~laksa** *f* (-*y*) Parallaxe *f*; **~lela** *f* (-*i*; -*e*, -*i*/-) *fig.* Parallele *f*.
parali|tyk *m* (-*a*; -*cy*) Paralytiker *m*; **~tyczny** paralytisch; **~ż** *m* (-*u*; -*e*) Paralyse *f*, Lähmung *f*; **~żować** ⟨*s*-⟩ (-*uję*) paralysieren, lähmen.
para|militarny paramilitärisch; **~ntela** *f* (-*i*; -*e*, -*i*) Verwandtschaft *f*, Sippschaft *f*; **~pet** *m* (-*u*; -*y*) Brüstung *f*; (*okienny*) Fensterbank *f*; **~sol** *m* (-*a*; -*e*, -*i*) (Regen-)Schirm *m*; **~solowy** Schirm-; schirmartig; **~tyfus** *m* Paratyphus *m*; **~wan** *m* (-*u*; -*y*) Wandschirm *m*.
parcel|a *f* (-*i*; -*e*, -*i*) Parzelle *f*; *na budowlana* Baugrundstück *n*; **~acja** *f* (-*i*; -*e*) (*Boden*-)Parzellierung *f*, (*Land*-)Aufteilung *f*; **~ować** ⟨*roz*-⟩ (-*uję*) Land parzellieren, aufteilen.
parch *m* (-*u*; -*y*) *Agr.* Schorf *m*; *Med.* Krätze *f*; *Vet.* Räude *f*; **~aty** krätzig; räudig.
parcian|ka *f* (-*i*; *G* -*nek*) Sackleinen

n; Kleid *n* aus grobem Leinen; **~y** sackleinen.

~arcie ['par-] *n* (*-a*) Druck *m*; *Med.* (*Stuhl-*)Drang *m*; Pressen *n*.

~arentela *f* (*-i*; *-e*, *-i*) *s. parantela*.

~arę (*G, D, L -u, A ~, I -roma*; *Psf. N, A -ra*) einige, ein paar; **~ groszy** ein bißchen Geld; **~kroć** einige Male, einigemal; **~set** einige hundert.

~ark *m* (*-u*; *-i*) Park *m*; *engS.* Grünanlage *f*; Wagen-, Fuhrpark.

~ar|kać się (*-am*) *Wild*: sich paaren; **~kan** *m* (*-u*; *-y*) (*Bretter-*)Zaun *m*.

~arkiet ['par-] *m* (*-u*; *-y*) Parkett **~owy** Parkett-.   [Parken *n*.]

~arking *m* (*-u*; *-i*) Parkplatz *m*;⟩

~arkot *m* (*-u*; *-y*) *JSpr.* Paarzeit *f*.

~arkow|ać (*-uję*) ⟨*v/t a. za-*⟩ parken; **~anie** *n* (*-a*): *zakaz ~ania* Parkverbot *n*; **~y** Park-.

~arlament *m* (*-u*; *-y*) Parlament *n*; **~ariusz** [-'ta-] *m* (*-a*; *-e*) Parlamentär *m*, Unterhändler *m*; **~arny** parlamentarisch, Parlaments-; **~a~ rzysta** *m* (*-y*; *-ści*, *-ów*) Parlamentarier *m*.

~arn|ik *m* (*-a*; *-i*) (*Kartoffel-*)Dämpfer *m*; **~ość** *f*(*-ści*; *0*) Schwüle *f*; **~y** (*-no*) schwül.

~arob|czak *m* (*-a*; *-i*) junger Dorfbursche; *a.* = **~ek** *m* (*-bka*; *-bki* *-bcy/-bkowie*) (*Bauers-*)Knecht *m*.

~arodi|a [-'rɔ-] *f* (*G, D, L -ii*; *-e*) Parodie *f*; **~ować** ⟨*s-*⟩ (*-uję*) parodieren.

~aro|dniowy für einige Tage; ein paar Tage lang *od.* alt; **~godzinny** für einige Stunden; ein paar Stunden lang *od.* alt; **~konny** zweispännig; **~krotny** mehrmalig; *Adv.* -nie mehrmals.

~aroksyzm *m* (*-u*; *-y*) *Med.* Anfall *m*; *~ śmiechu* Lachanfall.

~arol *m* (*-u*; *-e*) Parole *f*, Losung *f*; *~ zgiąć ~* es abgesehen haben (*na A/auf A*).

~aro|letni ein paar Jahre alt; für einige Jahre, mehrjährig; **~miesięczny** einige Monate alt; für einige Monate, mehrmonatig; **~minutowy** einige (*od.* wenige) Minuten lang; für ein paar Minuten.

~arost|atek † *m* (*-u*; *-i*) *parowiec*; **~ek** *m* (*-tka*; *-tki*): *~tki rogacza* (*Reh-*)Gehörn *f.*

~aro|stopniowy von einigen Graden; **~tygodniowy** ein paar Wo-

chen alt (*od.* lang); für einige Wochen; **~tysięczny** von einigen tausend.

parow|ać¹ ⟨*od-*⟩ (*-uję*) parieren; **~ać²** (*-uję*) *v/i* (ver)dampfen; *v/t* dämpfen; **~iec** [-'rɔ-] *m* (*-wca*; *-wce*) Dampfschiff *n*, Dampfer *m*.

paro|wiekowy *s. parosetletni*; **~wozownia** *f* Lokomotivbetriebswerk *n*; Lokomotivschuppen *m*; **~wóz** *m* Dampflok(omotive) *f*; **~wy** Dampf-.

parów *m* Hohlweg *m*; Schlucht *f*; **~ka** *f* (*-i*; *G -wek*) Dampfbad *n*; Sauna *f*; *Kochk. mst pl.* **~ki** Brühwürstchen, Wiener Würstchen *n/pl.*

parsk|ać (*-am*), ⟨*~nąć*⟩ [-nɔntɛ] (*-nę*) *Pferd*: schnauben; *Katze*: fauchen; *fig.* **~nąć śmiechem** laut auflachen.

parszyw|iec [-'ʃi-] ∨ *m* (*-wca*; *-wcy*) Mistvieh *n*, Scheißkerl *m*; **~ieć** ⟨*s-*⟩ (*-eję*) Räude (*od.* Krätze) bekommen; **~y** (*-wie*) räudig, grindig; P *fig.* mies.

parta|cki (*po -ku*) stümperhaft; **~ctwo** *n* (*-a*) Stümperei *f*, Pfuscherei *f*; **~cz** *m* (*-a*; *-e*) Stümper *m*, Pfuscher *m*; **~czyć** ⟨*s-, na-*⟩ (*-ę*) (ver)pfuschen, (ver)hudeln, *pf. a.* F vermasseln, P versauen.

parter *m* (*-u*; *-y*) Erdgeschoß *n*, Parterre *n*; *Thea.* Parkett *n*; **~owy** Erdgeschoß-; *Haus*: einstöckig; *Thea.* Parkett-.

partia ['pa-] *f* (*G, D, L -ii*; *-e*) Partei *f*; Partie *f*; *Mus.*, *Thea. a.* Part *m*; *Polska Zjednoczona* ♀ *Robotnicza* Polnische Vereinigte Arbeiterpartei.

partner *m* (*-a*; *-rzy*), **~ka** *f* (*-i*; *G -rek*) Partner(in *f*) *m*; *~ w interesach* Geschäftsfreund *m*.   [*taczyć*.]

partolić F ⟨*na-, s-*⟩ (*-lę*) *s. par-*⟩

part|y: *bóle ~e* Preßwehen *f/pl.*

partyj|ka *f* (*-i*; *G -jek*) Zwergpartei *f*; kleine Partie; **~niak** [-'tij-] F *m* (*-a*; *-cy/-i*) Parteigenosse *m*; **~ność** *f* (*-ści*; *0*) Parteimitgliedschaft *f*; Partei-, Linientreue *f*; **~ny** Partei-; *Su. m* (*-ego*; *-i*) Parteigenosse *m*.

party|kularz *m* (*-a*; *-e*) Provinz *f*, Nest *n*; **~kuła** *f* *Gr.* Partikel *f*; **~tura** *f* (*-y*) Partitur *f*.

partyzan|cki Partisanen-, Guerilla-; **~t** *m* (*-a*; *-ci*), **~tka** *f* (*-i*; *G -tek*) Partisan(in *f*) *m*, Guerillakämpfer(in *f*) *m*, Freischärler(in *f*)

m; ~tka F a. Partisanen- od. Guerillakrieg m, -kampf m; Untergrund-, Partisanenarmee f.
paru|- s. paro-; ~jący [-'jon-] dampfend.
paryski Pariser (Adj.), Paris-.
parytet m (-u; -y) Parität f.
Paryżan|in m (-a; -anie,-), ~ka f (-i; G -nek) Pariser(in f) m.
parz|enie n (-a) Brühen n; Dämpfen n; ~onka f (-i; G -nek) Brühfutter n; ~yć¹ ⟨s-, o-, po-⟩ (-ę) (ver)brühen; (ver)brennen; Tech. dämpfen; ~yć się sich verbrühen; (nur impf.) Tee: ziehen.
parzyć²: ~ się (-ę) sich paaren.
parzydełkowe pl. (-ych) Zo. Nesseltiere n/pl.
parzyst|okopytne pl. Zo. Paarhufer m/pl.; ~y (-to, -ście) paar(ig); Zahl: gerade; Adv. a. paarweise.
pas¹ m (-a; -y) Gurt m, Gürtel m (a. fig.); Mil. Koppel m; Streifen m, Taille f; (Treib-)Riemen m; ~ bezpieczeństwa Sicherheits-, Anschnallgurt; ~ (do) lądowania, ~ startowy Landebahn-, Startbahn f; ~ ruchu od. jezdni, ~ postoju Fahr-, Standspur f; ochronny ~ leśny Waldschutzstreifen; ~ ortopedyczny Leibbinde f; ~ przenośny Bandförderer m; ~ zieleni (ulicznej) Grünstreifen; w ~y gestreift; po ~ bis zur Gürtellinie; F fig. być za ~em bevorstehen, vor der Tür stehen. [schritt m.⟩
pas² [pa] n (unv.) Pas m, Tanz-⟩
pas!³ KSp. (ich) passe!
pasać (-am) Vieh weiden.
pasat m (-u; -y) Passat m.
pasaż m (-u; -e) Passage f; ~er m (-a; -owie) Fahr- od. Fluggast m, Reisende(r), Passagier m; ~erski Fahrgast-, Passagier-. [Passah-⟩
Pasch|a f (-i) Rel. Passah n; ~alny
pase|czek m (-czka; -czki), ~k¹ m (-ska; -ski) Gürtel m; Riemen m, Riemchen n; Streifen m; ~k do zegarka Uhrband n; fig. wodzić na pasku gängeln.
pas|ek² F m (-ska; 0) s. paskarstwo; kupić na ~ku auf dem schwarzen Markt kaufen; ~er m (-a; -rzy) Hehler m; ~erstwo n (-a; 0) Hehlerei f.
pasia|k [pa-] F (-a; -i) gestreifte Volkstracht; Sträflingsanzug m; ~sty (-to) gestreift, Streifen-.

pasibrzuch P m Schmarotzer m, Fresser m.
pasie|cznictwo m (-a; 0) Imkerei f, ~cznik † m (-a; -cy) Imker m; ~ka [-'ce-] f (-i) Bienenstand m, Imkere f; ~nie n (-a; 0) Weiden n.
pasierb ['pa-] m (-a; -owie/-i) Stiefsohn m; (pl. -y) Agr. s. pasynek; ~ica f (-y; -e) Stieftochter f.
pasikonik m Grashüpfer m.
pasj|a f (-i; -e) Passion f; engS. a. Liebhaberei f; Wut f; z ~ą volle Wut, wutentbrannt; ~ans [-ãs] n (-a; -e) Patience f.
pasjon|at F m (-a; -ci) Hitzkopf m ~ować (-uję) begeistern (się sich I/für A), faszinieren; ~ujący [-'jon-] (-co) packend, spannend.
paskars|ki Schwarzmarkt-, Spekulanten-; ~two n (-a; 0) Schiebergeschäfte n/pl.; Preistreiberei f.
pask|arz m (-a; -e) Spekulant m Schieber m, Schwarzmarkthändle m; ~ować (-uję) Schwarzmarktgeschäfte machen, P schieben.
pasku|dnik m (-a; -i/-cy) Scheusa n; V Sau f (fig.); Schuft m; ~dny scheußlich; P saumäßig, mies; miß lich; unflätig; ~dziarz [-'ku-] m (-a; -e) s. paskudnik; Schweinige m; Pfuscher m; ~dzić ⟨-dzę⟩ ⟨naza-⟩ beschmutzen, P dreckig machen; schweinigeln; ⟨s-⟩ (verpfuschen, P versauen; ~dzić się ⟨za-⟩ sich dreckig machen; Wunde eitern; ~dztwo n (-a) Abscheulich keit f; Scheusal n; Unflat m Schmutz m, P Dreck m; Fraß m.
pasmanter|ia [-'tɛ-] f (G, D, L -ii 0) Kurzwaren f/pl.; Kurzwaren handlung f; ~yjny Kurzwaren-.
pasm|o n (-a) Strähne f, Strang m Streifen m; Band n (a. Rdf.); (Ge birgs-)Zug m; (Hügel-)Kette f; ~ życia Lebensfaden m; ~owy Band
pasow|ać¹ (-uję) v/i passen (do G zu; do siebie zueinander); sich schicken; Kleid: stehen (D); v/ ⟨do-⟩ anpassen (do G/an A); ~ać (-uję) v/t KSp. passen; v/t ~ać na rycerza zum Ritter schlagen; ~a się kämpfen (z I/mit); ~anie n (-a Tech. Passung f; ~anie na rycerz Ritterschlag m; ~y Gürtel-; Tech (Treib-)Riemen-.
pasożyt m (-a; -y) Schmarotzer m Parasit m; ~ować (-uję) schmarot zen.

passa f (-y): dobra, zła ~ Glücks-, Pechsträhne f.

past|a f (-y) Pasta f, Paste f; ~a do podłóg Bohnerwachs m; ~a do obuwia Schuhkrem f; ~elowy Pastell-.

paster|ka f (-i; G -rek) Hirtin f, Schäferin f; Florentinerhut m; Rel. Mitternachtsmette f; ~nak m (-u; -i) Pastinake f; ~ski Hirten-; Schäfer-.

paste|rz m (-a; -e) Hirt(e) m; ~rz alpejski Senne m; ~wny Futter-.

pastor m (-a; -owie) Pastor m; ~alny pastoral; ~ał m (-u; -y) Bischofsstab m; ~ałka f (-i; G -lek) Pastorale f; Weihnachtslied n; ~owa f (-ej; -e) Pastorin f; ~ski Pastoren-.

pastować ⟨na-⟩ (-uję) Schuhe putzen; Boden bohnern.

pastu|ch m (-a; -y/-owie) Hirt(e) m; Schäfer m; ~szek m (-szka; -szkowie) Hirtenjunge m; ~szka f (-i; G -szek) Hirtenmädchen n.

pastw|a f (-y): paść (od. stać się) ~ą zum Opfer fallen (G/D); rzucić (od. wydać) na ~ę überlassen, opfern (G/D); ~ić się (-ę) quälen, mißhandeln (nad I/A).

pastwisko n (-a) Weide f; ~ alpejskie Alm f.   [Dragee n.]

pastylka f (-i; G -lek) Pastille f,)

pasyjny Rel. Passions-.

pasyn|ek m (-nka; -nki) Agr. Geiz (-trieb) m; ~kować (-uję) Agr. ausgeizen.

pasyw|a pl. (-ów) Passiva pl., Passiven pl.; ~ny passiv.

pasza¹ f (-y; -e) Futter n.

pasza² m (-y; -owie, -ów) Pascha m.

paszcz|a f (-y; -e), ~ęka f Rachen m, Fang m; Bot. lwia ~a Löwenmaul n; Anat. wilcza ~a Wolfsrachen.

pasz|kot m Zo. Misteldrossel f; ~kwil m (-u; -e) Schmähschrift f; ~owy Futter-; Su. m (-ego; -i) Futtermeister m.   [~owy Paß-.]

paszport m (-u; -y) (Reise-)Paß m;)

paszte|ciarnia f (-i; -e) Art Imbißstube mit Pasteten als Spezialität; ~cik m (-a; -i) Pastetchen n; Fleischklößchen n; ~t m (-u; -y) Pastete f; ~towy Pasteten-; ~tówka f (-i; G -wek) Leberwurst f.

aść¹ pf. (L.) mst fig. Soldat, Schatten, Rekord usw.: fallen; vgl. padać.

aść|² (L.) v/t ⟨po-⟩ weiden; Vieh füttern; ⟨o-, u-⟩ mästen; ~ć się weiden (v/i); äsen; fig. sich weiden

(I/an D); ⟨u-⟩ F fig. sich mästen; pf. a. dick (und fett) werden; ~nik m (-a; -i) Weide f, Trift f; Heu-)

pat m (-u; -y) Patt n.   [raufe f.)

patałach P m (-a; -y) Stümper m, P Flasche f.

patefon F m (-u; -y) Grammophon n.

patelni|a [-'tɛl-] f (-i; -e) Bratpfanne f; F jak na ~i wie auf dem Präsentierteller.

patent m (-u; -y) Patent n; ~ki f/pl. (-tek) Kräuselkreppsocken f/pl.; ~ować ⟨o-⟩ (-uję) patentieren; ~owany patentiert; ~owy Patent-.

pater|a f (-y) Tafelaufsatz m; (Silber-)Schale f; hist. Opferschale f; ~noster m (-tru/-tra; -try) Paternosteraufzug m; F (unv.) Strafpredigt f.

patetyczny pathetisch.

patka f (-i; G -tek) Patte f, Kragenspiegel m; (Schulter-)Klappe f.

patoka f (-i) Jungfernhonig m; Melasse f.

patolog m (-a; -owie/-dzy) Pathologe m; ~iczny pathologisch.

patos m (-u; 0) Pathos n.

patriarcha m (-y; -owie, -ów) Patriarch m; ~lny patriarchalisch.

patriot|a m (-y; -ci, -ów), ~ka f (-i; G -tek) Patriot(in f) m; ~yczny patriotisch.   [n.)

patrochy pl. (-ów) JSpr. Gescheide)

patrol m (-u; -e) Patrouille f, Streife f; ~ wywiadowczy Spähtrupp m; ~ować (-uję) patrouillieren, Streife gehen, Streifendienst tun; ~owiec [-'lɔ-] m (-wca; -wce) Patrouillenboot n od. -flugzeug n; ~owy Patrouillen-, Streifen-.

patron m (-a; -i/-owie), ~ka f (-i; G -nek) Patron(in f) m, Schirmherr(in f) m; Rel. Schutzheilige(r); ~at m (-u; -y) Patronat n, Schirmherrschaft f; ~ować (-uję) fördern, beschützen (D/A); Schirmherrschaft übernehmen od. haben.

patroszyć ⟨wy-⟩ (-ę) ausweiden.

patrycjusz (-a; -e), ~ka f (-i; G -szek) Patrizier(in f) m.

patrz|eć (-ę, -y), ~yć (się) [-t:ʃ-] (-ę) ⟨po-⟩ blicken, schauen; ansehen (na A/A); betrachten (na A/A); F Fenster: ausgehen; (nur impf.) rychło (od. tylko) ~eć jeden Augenblick od. Moment; ~eć życzliwym/krzywym okiem wohlwollend/mißbilligend gegenüberstehen (na

A/D); F jak się ~y wie es sich gehört; ~cie go (od. no)! sieh mal
(einer) an!
paty|czkować się F (-uję) Umstän-
de machen (z I/mit); ~k m (-a; -i)
Stock m; Zweig m, Rute f; P fig. a.
Tausender m; ~kowaty (-to) lang
und dünn, wie e-e Stange; ~na f
(-y) Patina f.
pauz|a f (-y) Pause f; ~ować (-uję)
pausieren.
paw m (-ia, -iu; -ie, -i) Pfau m; ~i
Pfauen-; stroić się w ~ie pióra sich
mit fremden Federn schmücken; ~ie
oczko Zo. Guppy m; s. pawik.
pawian ['pa-] m (-a; -y) Pavian m.
pawi|ca f (-y) Pfauenhenne f; ~k
m (-a; -i) Zo. Tagpfauenauge n.
pawilon m (-u; -y) Pavillon m; ~
chorych Bettenhaus n; ~ wystawowy
Ausstellungshalle f.
pawlacz m (-a; -e) Hängeboden m.
paznok|ieć [-'nɔ-] m (-kcia; -kcie,
-kci) (Finger-, Zehen-)Nagel m;
... do ~ci Nagel-.
pazuch|a f (-y): za ~ę (od. ~ą) in den
(od. am) Busen; in die (od. der)
Brusttasche; zza ~y aus dem
(Kleid-)Ausschnitt; aus der Brusttasche.
pazur m (-a; -y) Kralle f, Klaue f;
ostrzyć ~y scharf sein (na A/auf A).
paż m (-zia; -zi[owi]e, -ów) Page m;
fryzura na pazia Pagenfrisur f; Zo.
~ królowej Schwalbenschwanz m.
październik m (-a; -i) Oktober m;
~owy Oktober-.   [Schäbe f.]
paździerz m (-a; -e): ~e pl. Text.
paczek ['pɔn-] m (-czka; -czki)
Bot. Knospe f; Kochk. (Berliner)
Pfannkuchen; F fig. jak ~ w maśle
kerngesund.
pączkow|ać [pɔn-] (-uję) knospen;
~anie n (-a) Knospenbildung f; ~y
Knospen-.
pąk [pɔŋk] m (-a; -i) (Blüten-)
Knospe f; ~la f (-i; -e, -i) Zo. See-
pocke f.
pąs [pɔŋs] m (-u; -y) Karmesin-, Hochrot
n; ~y pl. (Gesichts-)Röte f; ~owieć
[-'sɔ-] ⟨s-⟩ (-eję) sich (hoch)rot färben; erröten; ~owy (-wo) (hoch)rot.
patnik ['pɔnt-] m (-a; -cy) Pilger m;
(pl. -i) Zo. Landkrabbe f.
pch|acz m (-a; -e) Schubschiff n;
~ać (-am), ⟨~nąć⟩ [-nɔŋtɕ] (-nę)
schieben; stoßen; (nur impf.) (hinein)stopfen; (nur pf.) mit d. Messer
(zu)stechen; ~ać się sich (hinein-
durch)drängen, hineinzwängen.
pch|ełka f (-i; G -łek), ~ła f (-y; G
pchel) Floh m.
pchn|ać pf. s. pchać; ~ięcie [-'nɛn-]
n (-a) Stoß m, F Schubs m; (Mes-
ser-)Stich m; s. a. kula.
pech F m (-a; 0) Pech n (fig.); ~o-
wiec [-'xɔ-] F m (-wca; -wcy) Pech-
vogel m; ~owy (-wo) Pech-.
pedagog m (-a; -owie/-dzy) Päd-
agoge m; ~iczny pedagogisch.
pedał m (-u; -y) Pedal n, Fußhebel
m; Tretkurbel f; ~ować (-uję)
radeln, in die Pedale treten; Mus.
mit Pedal spielen; ~owy Pedalen-.
pedant m (-a; -ci) Pedant m; ~yczny
pedantisch.   [m, V Schwule(r).]
pederasta m (-y; -ści, -ów) Päderast
pedi|atra m (-y; -rzy, -ów) Kinder-
arzt m; ~atria [-'at-] f (G, D, L -ii;
0) Kinderheilkunde f, Pädiatrie f;
~cure [-'kyr] m (-u; 0) Fußpflege f.
pe|em m (-u; -y) M.P., Maschinen-
pistole f; ~geerowski Staatsguts-
pejcz m (-a; -e) Reitpeitsche f.
pejs m (-a; -y) Schläfenlocke f.
pejzaż m (-u; -e) Landschaft f; ~o-
wy Landschafts-; ~ysta m (-y;
-ści, -ów) Landschaftsmaler m.
pekińczyk m (-a; -i) Zo. Pekinese m.
peklow|ać ⟨na-, za-⟩ (-uję) (ein)-
pökeln; ~any gepökelt, Pökel-; ~i-
na f (-y) Pökelfleisch n.
peklowina f (-i; G -wek) Pökel m.
pelargonia [-'gɔ-] f (G, D, L -ii; -e,
Pelargonie f.
peleng m (-u; -i) (Kompaß-)Peilung
f; ~ator m (-a; -y) Peilgerät n, Pei-
ler m; ~ować (-uję) peilen.
pele|ryna f (-y) Pelerine f, Umhang
m; ~ton m rad-Sp. (Haupt-)Feld n
peli|kan m (-a; -y) Pelikan m; ~sa
(-y) (Innenpelz-)Damenmantel m.
pełen s. pełny.
pełni|a ['pɛw-] f (-i; -e) Vollmond
m; Fülle f, Höhepunkt m; in Zssgn
(+ G) Voll-, Hoch-, z.B.: ~genuß
-gefühl usw.; księżyc w ~ es ist Vollmond; w ~ sezonu in der Hoch-
saison; w ~ młodości in der Blüte s-
Jugend; w ~ sił im Vollbesitz s-
Kräfte; w (całej) ~ im vollen Gange
voll und ganz, völlig; ~ć (-ę, -ń/-nij!
Amt versehen; ausüben; Wache
stehen, halten; ~ć obowiązki (G)
fungieren, amtieren (als); vertreten
(A); ~k m (-a; -i) Trollblume f.

ełno *Adv.* voll; in Hülle und Fülle; **~etatowy** (-wo) hauptberuflich, ganztägig beschäftigt; **~krwisty** vollblütig, Vollblut-; **~letni** volljährig; **~metrażowy** *Film:* abendfüllend.

ełnomocn|ictwo *n* (-a) Vollmacht *f*; **~ik** *m* (-a; -cy) Bevollmächtigte(r); **~y** bevollmächtigt.

ełno|morski Hochsee-; **~płatny** voll zu bezahlen (*ohne Ermäßigung, Zuschuß usw.*); **~prawny** vollberechtigt; **~ść** *f* (-ści; 0) Fülle *f*; *vgl.* pełnia; **~tłusty**: ser -ty Vollfettkäse *m*; mleko -te Vollmilch *f*; **~wartościowy** vollwertig, -gültig.

ełn|y (-no) voll, Voll-; *fig. a.* erfüllt (*G*/von); **~** na morze offene See, Hochsee; **~ej** tuszy vollschlank; **~y** (*od.* pełen) nadziei, energii hoffnungsvoll, energiegeladen; do **~a** randvoll, bis zum Rand.

ełz|ać (-am) kriechen; **~ak** *m* (-a; -i) *Bot.* Kriechpflanze *f*; *Zo.* (Schlamm-)Amöbe *f*; **~nać** [-nɔŋtɕ] (-nę) ⟨po-⟩ kriechen; ⟨s-⟩ *Stoff:* verschießen, verbleichen.

enetr|acja *f* (-i; 0) Durchdringung *f*, Durchsetzung *f*; Eindringen *n*; **~ować** (-uję) durchdringen, -setzen; eindringen (*A*/ in *A*); erforschen.

eni|cylina *f* (-y; 0) Penicillin *n*; **~tencjarny** *Jur.* Strafvollzugs-.

ensja ['pɛ̃-] *f* (-i; -e) Gehalt *n*, Bezüge *m/pl.*; † Pensionat *n*.

ensjon|ariusz [pɛ̃sjɔ'na-] *m* (-a; -e), **-szka** *f* (-i; -szek) Pensionsgast *m*; Internatsschüler(in *f*) *m*; (*Heim-*)Insasse *m* (-ssin *f*); **~arka** *f* (Schul-; -y) (*Fremden-*)Pension *f*.

eonia [-'ɔ-] *f s.* piwonia.

epesza ['pɛ-] *f* (-y) *s.* peem.

epit|a *f* (-y), **~ka** *f* (-i; *G* -tek) Pepita(muster) *n*; Pepita(stoff) *m*.

epsyna *f* (-y) Pepsin *n*.

erć *f* (-ci; -cie) *dial.* Saumpfad *m*.

erełka *f* (-i; *G* -łek) (kleine) Perle *f*.

er|fektywny *Gr.* perfektiv; **~fidny** perfid(e).

erfor|acja *f* (-i; -e) Perforation *f*; **~ator** *m* (-a; -y) Locher *m*; Perforierapparat *m*; **~ować** (-uję) perforieren; **~owany** perforiert; Loch-.

erfum|eria ['-mɛ-] *f* (*G, D, L* -ii; -e) Parfümerie *f*; **~ować** ⟨na-⟩ (-uję) parfümieren (się sich); **~y** *pl.* (-) Parfüm *n*.

pergamin *m* (-u; -y) Pergament *n*; Pergamentpapier *n*; **~owy** Pergament-; (-wo) pergamenten.

period ['pɛ-] *m* (-u; -y) Periode *f*; **~yczny** periodisch; **~yk** *m* (-u; -i) Periodikum *n*, Zeitschrift *f*.

perkal *m* (-u; -e) Kattun *m*; Perkal *m*; **~owy** Kattun-.

perkaty F: **~** nos Stupsnase *f*; z **~m** nosem stupsnasig.

perkus|ista *m* (-y; -ści; -ów) *Mus.* Schlagzeuger *m*; **~ja** *f* (-i; -e) = **~yjny**: instrumenty -ne *Mus.* Schlagzeug *n*.

perli|czka *f* (-i; *G* -czek) Perlhuhn *n*; **~ć się** (-lę) perlen; **~sty** (-ście) perlig, wie Perle(n); perlend.

perł|a *f* (-y; *G* -reł) Perle *f*; **~owiec** [-'wɔ-] *m* (-wca; -wce) Perlmutt(er *f*) *n*; **~owy** (-wo) perlig, Perl(en)-; perlgrau; **~ówka** *f* (-i; *G* -wek) *Bot.* Perlgras *n*; F *a.* Perlgraupen *f/pl.*

peron *m* (-u; -y) Bahnsteig *m*; **~owy** Bahnsteig-; **~ówka** *f* (-i; *G* -wek) Bahnsteigkarte *f*.

perorować F (-uję) große Reden schwingen (o *L*/über *A*), bramarbasieren (von).

Pers *m* (-a; -owie) Perser *m*; ♀ (*pl.* -y) Perser(teppich) *m*; ♀**ki** persisch, Persien-; robić (*od.* puszczać) -ie oko schöne Augen machen (do *G*/*D*).

personal|ia [-'na-] *pl.* (-iów) Personalien *f/pl.*; **~ny** personell, Personal-; *Su.* F *m* (-ego; -i) Personal(abteilungs)leiter *m*.

personel *m* (-u; 0) Personal *n*.

perspektyw|a *f* (-y) Perspektive *f*; **~iczny** perspektivisch.

perswa|dować (-uję) *v/t* ⟨wy-⟩ (k-u *A*) abbringen (j-n von), ausreden (j-m *A*); *v/i* (*D*) zureden (*D*), überreden (*A*); **~zja** *f* (-i; -e) Zureden *n*.

pertrakt|acja *f* (-i; -e): mst *pl.* **~acje** Verhandlungen *f/pl.*; **~ować** (-uję) verhandeln (o *L*/über *A*).

peruka *f* (-i) Perücke *f*; **~rz** *m* (-a; -e) Perückenmacher *m*; *JSpr.* Perückenbock *m.*   [Peru-.]

peruwiański [-vi'aĩs-] peruanisch,)

nerwers|ia *f* (-i; -e) Perversion *f*; **~yjny** pervers.

peryfer|ia [-'fɛ-] *f* (*G, D, L* -ii; -e) Peripherie *f*; (*nur pl.*) Stadtrand *m*; **~yjny** peripher, Rand-; Stadtrand-.

pery|fraza f Periphrase f; ~petie
[-'pe-] f/pl. (-ii) Wechselfälle m/pl.,
das Auf und Ab des Lebens; ~skop
m (-u; -y) Periskop n, Sehrohr n.

perz m (-u; -e) Bot. Quecke f.

perzyn|a f (-y) Brandstätte f; obró-
cić w ~ę in Schutt und Asche legen.

pestk|a f (-i; G -tek) (Kirsch-)Stein
m; (Apfel-, Kürbis-)Kern m; F fig.
Kleinigkeit f, Klacks m; zalany w ~ę
sternhagelvoll, voll wie e-e Haubitze; ~owiec [-'kɔ-] m (-wca; -wce)
Steinfrucht f; ~owy Bot. Stein-.

pesymi|sta m (-y; -ści, -ów) Pessi-
mist m; ~styczny pessimistisch.

peszyć F ⟨s-⟩ (-ę) aus der Fassung
bringen; ~ się verlegen werden.

petarda f (-y) Petarde f; Knall-
körper m.

petent m (-a; -ci), ~ka f (-i; G -tek)
Besucher(in f) m auf e-m Amt usw.;
engS. Bittsteller(in f) m, Antrag-
steller(in f) m.

petrel m (-a; -e) Sturmvogel m.

petro|chemia f Petrol-, Erdöl-
chemie f; ~grafia [-'gra-] f (G, D,
L -ii; 0) Petrographie f.

petunia [-'tu-] f (G, D, L -ii; -e)
Petunie f.

petycja f (-i; -e) Petition f.

pew|ien¹ ['pe-] Adj. (ein) gewisser;
~na ilość gewisse Anzahl od. Menge,
einige; co ~ien czas von Zeit zu
Zeit; ~nego dnia eines Tages; ~nego
razu einmal; ~ien² s. pewny; ~niak
['pev-] F m (-a; -cy) verläßlicher,
zuverlässiger Mensch; sicherer Fa-
vorit; (pl. -i) todsichere Sache; na
~niaka (tod)sicher, ohne jedes Risiko; ~nie Adv. sicher; fest; sicherlich, gewiß; ~nik m (-a; -i) Axiom
n; F (tod)sichere Sache; ~no Adv.
sicherlich; na ~no ganz bestimmt.

pewnoś|ć f (-ści; 0) Gewißheit f;
Sicherheit f; Zuverlässigkeit f;
Glaubwürdigkeit f; z ~cią gewiß,
sicherlich; z całą ~cią ganz gewiß,
so gut wie sicher; dla ~ci sicher-
heitshalber.

pewn|y (präd. pewien) sicher; engS.
bestimmt, gewiß; fest; zuverlässig;
~y siebie, zwycięstwa selbst-, sieges-
sicher; ~ym głosem mit fester
Stimme; na ~e unfehlbar, ganz
sicher; to ~e (od. ~a), że ... es steht
fest, daß ...; nic ~ego nichts Be-
stimmtes.

pęcak ['pɛn-] m (-a; 0) s. pęczak.

pęcherz m (-a; -e) Blase f; ~ z lodem
Eisbeutel m; ~owy Blasen-; ~yk n
(-a; -i) Bläschen n; Anat. Follike.
m; s. bąbelek; ~ykowaty (-to)
bläschenartig.

pęcina ['pɛn-] f (-y) Zo. Fessel f.

pęcz|ak ['pɛn-] m (-u; 0) Kochk
Graupen f/pl.; ~ek m (-czka; -czki
Bund n, Bündel n; (Gras-)Büsche
n; ~nieć ⟨roz-, na-⟩ (-eję) (auf-
quellen; (an)schwellen.

pęd [pɛnt, -ndu] m (-u; -y) Schnell-
ligkeit f, Tempo n; schneller Lauf
(do wiedzy Wissens-)Drang m
Phys. Impuls m; Bot. (dziki Geil-
Trieb m; nabrać ~u auf Touren (od
in Fahrt) kommen; F w te ~y sofort
auf der Stelle; ~em im Galopp, mi
Windeseile, flugs; ~nia ['pɛn-]
(-i; -e, -i) Tech. Transmission f; ~
nik m (-a; -i) Mar. Propeller m
~ny Treib-, Trieb-.

pędrak ['pɛn-] m (-a; -i) Zo. Enger
ling m; F fig. Knirps m, Wurm m.

pędzel ['pɛn-] m (-dzla; -dzle) Pin
sel m; ~ ławkowy Deckenbürste f
Quast m; ~ek m (-lka; -lki) Pinse
(-chen n) m.

pędzi|ć ['pɛn-](-dzę) v/i ⟨po-⟩ jagen
sausen, rasen, F fegen; v/t ⟨po-
(an)treiben; vortreiben; ⟨na-
Schnaps brennen; s. po-, s-, wy
pędzać; ~wiatr F m Windbeutel m
(fig.).

pędzlować [pɛn-] (-uję) pinseln.

pęk [pɛŋk] m (-u; -i) Bund n, Bünde
n; Büschel n; Armvoll m; ~ klucz;
Schlüsselbund.

pęk|ać ['pɛŋk-] (-am), ⟨~nąć⟩ [-'nɔn
tɕ] (-nę, -[nq]ł, -ła) (zer)platzen
(zer)springen, bersten; Seil, Saite
reißen ⟨v/i⟩; Lippen: aufspringen
~anie n (-a) Zerspringen n, Bersten
n; ~anie lodów Eisgang m; ~aty (-tc
bauchig; (zum Bersten) voll; s
brzuchaty; ~nąć pf. s. pękać; ~nię
cie [-'nɛn-] n (-a) Sprung m, Riß m
(Rohr-, Feder-)Bruch m.

pęp|ek ['pɛm-] m (-pka; -pki
(Bauch-)Nabel m; ~kowy Nabel
~owina f (-y) Nabelschnur f.

pęseta f (-y) Pinzette f.

pęt|a ['pɛn-] n/pl. s. pęto; ~acki
unreif, grün (fig.); ~ać (-am) ⟨s-
fesseln; F ~ać się s. obijać się, kręci
się; ~ak F m (-a; -i) Bengel m
Schlingel m; Grünschnabel m
~elka f (-i; G -lek) (Stoff-)Öse

(zum Knöpfen); **~la** f (-i; -e, -i) Schlinge f; Schlaufe f; Schleife f; Kehre f; Flgw. Looping m od. n; **~o** n (-a): mst pl. **~a** Fesseln f/pl.
ofe!, pfu! Int. pfui!
piach [pax] m (-u; -y) Sand m.
piać [patɕ] ⟨za-⟩ (-eję) krähen.
pian|a f (-y) Schaum m; **~a z białka** Eischnee m; **pokryty ~ą** schaumbedeckt.
~ianie ['pa-] n (-a) Krähen n; **~ koguta** Hahnenschrei m.
piani|no [pĭa'ɲi-] n (-a) Pianino n, Klavier n; **~sta** m (-y; -ści, -ów) Pianist m.
lank|a f (-i; G -nek) Schaum m; Schaumstoff m; Kochk. Schnee m; Mus m; **~owy** Schaum-; schaumig.
~iano|guma f Schaumgummi m; **~plastyk** m Schaumstoff m; **~szkło** n Schaumglas n; **~wy** s. piankowy.
~iar|g [pa-] m (-u; -i) Geröll n; **~żysko** n (-a) Geröllhalde f.
~ias|eczn ica f (-y; -e) Sandstreuer m; **~ek** m (-sku; -ski) Sand m; **~ek nerkowy** od. pęcherzowy Harngrieß m; **~ki** pl. a. Sandboden m.
~iaska|rka f (-i; G -rek) Sandstreuwagen m; **~rz** m (-a; -e) Sandgrubenarbeiter m.
~iasko|łaz m (-y) Zo. Sandklaffmuschel f; **~wać** (-uję) mit Sand bestreuen; Tech. sandstrahlen; **~wiec** ['-kɔ-] m (-wca; -wce) Min. Sandstein m; Bot. Sandkraut n; Zo. Strandläufer m; **~wnia** ['-kɔv-] f (-i; -e, -i) Sandgrube f; **~wnica** f (-y; -e) Sandpiste f; (Kinder-) Sand-, F Buddelkasten m; Sp. Sprunggrube f; s. piaszczarka; **~wy** Sand-; sandig; (a. Adv. -wo) sandfarben.
~iast|a f (-y) (Rad-)Nabe f; **~ować** (-uję) Kind auf dem Arm tragen, pflegen; Amt bekleiden; **~un** m (-a; -i) Erzieher m; Pflegevater m; **~un-ka** f (-i; G -nek) Kinderfrau f; Pflegemutter f.
~iaszcz|arka f (-i; G -rek) Sandstrahlgebläse m; **~ysty** (-to) sandig, Sand-.
~iać się [pɔntɕ] (pnę) (empor-) clettern, klimmen.
~łastka f (i, i, G a)th) Fäustchen n
~iąt|a, **~e** [pɔn-] s. piąty, **~ek** m (-tku; -tki) Freitag m; w **~ek** freitags; Wielki **~ek** Karfreitag; **~ka** f

(-i; G -tek) Fünf f, Fünfer m; **~ko-wy** Freitags-; **~y** fünfte(r); po **~e** fünftens; **~a godzina** fünf Uhr.
pi|chcić F (-cę) kochen, brutzeln; **~cie** ['pi-] n (-a) Trinken n; Getränk n; zdatny do **~cia** trinkbar, Trink-; coś do **~cia** etwas zu trinken; **~ć¹** (-ję) v/t ⟨na- się (G), wy-⟩ (aus)trinken; Tier: saufen; v/i ⟨na- się⟩ trinken; chcieć **~ć** Durst haben; **~ć zdrowie (G)** auf j-s Gesundheit trinken; ~o do (G) j-n zuprosten; fig. auf j-n münzen; **~ć²** F (-ję) Schuhe: drücken.
pidżama f (-y) Schlafanzug m.
piec¹ [pets] m (-a; -e) (do spalania odpadków, do topienia, do wypalania, stałopalny, wielki Müllverbrennungs-, Schmelz-, Brenn-, Dauerbrand-, Hoch-)Ofen m; **~ kuchenny** Küchenherd m.
piec² [pets] ⟨na-, u-⟩ (L.) v/t backen; Fleisch braten; v/i (nur impf.) Sonne, Augen usw.: brennen; ~ się backen (v/i); braten (v/i); ~ się na słońcu in der Sonne schmoren.
piechot|a f (-y) Infanterie f; **~ą, na ~ę** zu Fuß.
piechur m (-a; -rzy/-y) Fußgänger m; Mil. Infanterist m.
piec|ownia [-'tsɔ-] f (-i; -e, -i) Ofenhaus n; **~owy** Ofen-; **~o, na** -i) Ofenwärter m; Hochöfner m; **~uch** F m (-a; -y) Stubenhocker m; Weichling m; **~yk** m (-a; -i) Öfchen n; (Bade-)Ofen m; F a. Bratröhre f.
piecz|a f (-y; 0) (Für-)Sorge f, Obhut f; Aufsicht f; mieć w swojej **~y** (A) sorgen (für A), sich kümmern (um A).
pieczar|a f (-y) Höhle f, Grotte f; **~ka** f (-i; G -rek) Champignon m.
pieczatk|a [-'tʃɔnt-] f (-i; G -tek) s. pieczęć; Signet n, Handsiegel n; przybić **~ę** (ab)stempeln; siegeln.
piecze|niarz [-'tʃe-] m (-a; -e, -y) Nassauer m, F Schnorrer m; **~ń** f (-ni; -nie) Braten m; **~ń zwijana** (Kalbs-)Rolle f.
pieczę|ć ['-tʃentɕ] f (-ci; -cie, -ci) Siegel n; Stempel m (a. fig.); Stempelabdruck m; **~tować** [-tʃen-] ⟨za-, o-⟩ (-uję) (ver)siegeln.
pieczołowi|tość f (-ści; 0) Besorgtheit f, Sorge f; Sorgfalt f; **~ty** (-cie) fürsorglich, sorgsam; sorgfältig.
piecz|ony gebacken; gebraten, Brat-; **~yste** n (-ego; -e, -tych) Bra-

ten m; ~ywo n (-a) Backwaren f/pl.; Backwerk n, Gebäck n.

piedestał [pje-] m (-u; -y) Sockel m, Postament n.

pieg [pɛk, pɛga] m (-a; -i): mst pl. ~i Sommersprossen f/pl.; ~owaty (-to) sommersprossig.

piekar|nia [-'kar-] f (-i; -e, -i/-ń) Bäckerei f; ~niany Back-; ~nik m (-a; -i) (Küchen-)Backofen m; Brat-ofen m; ~ski Bäcker-; Back-.

piekarz m (-a; -e, -y) Bäcker m; ~owa f (-ej; -e) Bäckersfrau f.

piekący [-a; -e, -y] brennend (a. fig.).

piekiel|ica F f (-y; -e) Hexe f; Drachen m; ~y höllisch, Höllen-.

piek|lić <roz-> F (-lę) vor Wut toben, rasen; ~ło n (-a; G -kieł) Hölle f; F robić ~ło Höllenlärm machen; (D) j-m die Hölle heiß machen; z ~ła rodem Teufels-.

piel|acz m (-a; -e) Agr. Jäter m; ~e-nie n (-a) Jäten n; ~esze pl. (-y) (a. rodzinne, domowe ~) Heim(at f) n.

pielęgnacja [-lɛŋg-] f (-i; 0) (Körper-, Haar-)Pflege f.

pielęgniar|ka [-lɛŋg-] f (-i; G -rek) (Kinder-, Kranken-)Pflegerin f; ~ski Pfleger(innen)-; ~stwo n (-a; 0) Krankenpflege f (als Beruf).

pielęgn|iarz [-'lɛŋg-] m (-a; -e, -y) (Kranken-)Pfleger m; ~ować (-uję) pflegen (się sich), betreuen; Pflanzen ziehen; ~owanie n (-a; 0) Pflege f; Wartung f.

pielgrzym m (-a; -i) Pilger m; ~ka f (-i; G -mek) Pilgerfahrt f; Pilger-gruppe f.

pielnik m (-a; -i) (Zug-)Hacke f.

pielu|cha f (-y), ~szka f (-i; G -szek) Windel f.

pienia|ctwo n (-a; 0) Prozeßsucht f; ~cz ['pɛ-] m (-a; -e, -y) prozeß-süchtiger Mensch, Querulant m.

pieniądz [-nɔnts, -'nɛndza] m (-a; -e, -iedzy, I -iedzmi) Geldstück n; koll. Geld n (als Zahlungsmittel); ~e pl. Geld n (konkret); F być przy ~ach bei Kasse sein; grube ~e e-e Menge Geld; robić (od. zbijać) ~e zu Geld(e) kommen, Geld machen.

pienia|cy się [-'nɔn-] schaumbe-deckt; s. pienisty; ~żek m (-żka; -żki) kleine Münze.

pienić <za-> (-ę) zum Schäumen bringen, Schaum machen; ~ się schäumen (a. fig.), Schaum bilden; Getränk: aufbrausen; sprudeln.

pie|niek ['pɛ-] m (-ńka; -ńki) (Baum-)Stumpf m; (Zahn-)Rest m, Wurzel f; F mieć na ~ńku (z I) nicht grün sein (D).

pienięż|ny Geld-; Finanz-; gos-podarka towarowo-~a Marktwirt-schaft f.

pienisty schäumend; s. musujący.

pień [pɛń] m (pnia; pnie, pni) (Baum-)Stamm m; JSpr. (Geweih-)Stange f; Geol. Stock m; wyciąć w ~ (alle) bis zum letzten Mann niedermachen, metzeln; na pniu auf dem Halm.

pieprz [pɛpʃ] m (-u; -e) Pfeffer m; ~niczka f (-i; G -czek) Pfeffer-streuer m; ~nik m (-a; -i) Pfifferling m; ~ny (-nie, -no) pfefferig, ge-pfeffert; fig. zotig; ~owiec [-'pʃo-] m (-wca; -wce) Paprika(pflanze f) m; ~owy Pfeffer-; ~ówka f (-i; G -wek) Wodka m mit Pfeffer, Rachenputzer m; ~yca f (-y; -e Kresse f; ~yć (-ę) <o-> pfeffern; <po-, wy-> bumsen, pimpern; (nur impf.) Blödsinn reden, quat-schen; ~yk m (-a; -i) Pfefferkorn n Schönheits-, Leberfleck m; fig Pfeffer m, Pfiff m.

pier|dzieć ['pɛr-] V (-dzę, -i <~dnąć> [-nɔntɛ] (-nę) furzen.

piernat m (-a; -y) (Feder-)Unter-bett n; F pl. Bettzeug n.

piernik m (-a; -i) Pfeffer-, Leb-kuchen m; P stary ~ alter Knak-ker.

pieroński [-'roɪ̃-] dial. verdammt verflixt.

pier|ożek m (-żka; -żki) Kochk (gefülltes) Teigtäschchen; ~óg n (-oga; -ogi) Pastete f in Teigkruste fig. Dreispitz m.

piersi|(a)sty breitbrüstig; vollbusig F kurvenreich; ~owy Brust-; ~ów-ka f (-i; G -wek) (Rinder-)Brust (-stück n) f.

pier|ś f (-si), oft a. ~si pl. Brust f dziecko przy ~si Brustkind n; przy garnąć do ~si an die Brust drücken ~ś w ~ś Brust an Brust.

pierścienio|płat m Flgw. Coleopte m; ~waty (-to) ringförmig; ~w Ring-, ringförmig.

pierści|eń ['pɛr-] m (-nia; -nie), o nek m (-nka; -nki) Ring m.

pierwej Adv. zuvor, vorher.

pierwiast|ek m (-tka; -tki) Ele ment n; Chem. a. Bildner m; Math Radikal n; Wurzel f; ~ka f (-i; G

-*tek*) s. pierworódka; ~kować (-*uję*) Math. radizieren.

pierwiosn|ek m (-*nka; -nki*), ~ka f (-*i; G -nek*) (echte) Schlüsselblume, (duftende) Primel.

pierwo|- in Zssgn oft erst-, Erst-, Ur-; ~bór m Urwald m; ~ciny f/pl. (-) Anfänge m/pl., Beginn m; Erst-ling(swerk n) m; ~kup m (-*u; -y*): prawo ~kupu Vorkaufsrecht n; ~rodny erstgeboren; grzech -ny Erbsünde f; ~rodztwo n, ~rództwo n (-*a*): prawo -wa Erstgeburts-recht n; ~ródka f (-*i; G -dek*) Erst-gebärende f; ~tniaki m/pl. (-*ów*) Zo. Urtierchen n/pl.; ~tność f (-*ści; 0*) Ursprünglichkeit f; Ur-wüchsigkeit f; Primitivität f; ~tny ursprünglich; primär, Ur-; An-fangs-; primitiv; ~wzór m Proto-typ m; Archetyp(us) m.

pierwszak F m (-*a; -cy/-i*) s. pierw-szoklasista.

pierwszeństwo [-'ʃeɪs-] n (-*a; 0*) Vorrang m, Priorität f; Vortritt m; (*a. ~ przejazdu*) Vorfahrt(srecht n) f; da(wa)ć ~ den Vorzug geben (D).

pierwszo|klasista m (-*y; -ści, -ów*) ABC-Schütze m, Erstkläßler m; ~ligowy Sp. Landesliga-; ~majo-wy Mai(feier)-, zum 1. Mai; ~pla-nowy Fot. Vordergrund-; fig. Haupt-, vordringlich; ~rzędny [-'ʒen-] erstklassig, ausgezeichnet, = prima, erstrangig.

pierwszy erste(r); po raz ~y zum ersten Mal, erstmalig; po ~e erstens; za (godzina) ein Uhr; ~yzna f (-*y; 0*): to dla niego nie ~yzna das ist für ihn nichts Neues.

pierzast|o-kłębiasty [-kwem'bɑ-]: chmura -ta Schäfchen-, Lämmer-wolke f; ~o-warstwowy: chmura -wa Schleierwolke f; ~y gefiedert; Feder-; federartig; chmura ~a Zir-rus(wolke f) m.

pierzch|ać (-*am*), ⟨~nąć⟩ (-*nę*) aus-inanderstieben; fig. Ruhe, Stim-mung: (dahin)schwinden, verflie-ßen; ~liwy (-*wie*) scheu, ängstlich; ~nąć [-nɔɲtɕe] ⟨s-⟩ (-*nę; -la*) Haut: rauh werden, aufspringen; s. pierz-chać.

pierze n (-*a*) koll. Federn f/pl.; Ge-feder n.

pierzy|ć się (-*ę*) sich mausern; ~na f (-*y*) Federbett n.

pies [pɛs] m (psa, psu, L psie; psy) (po-

kojowy, służbowy Luxus- od. Schoß-, Dienst- od. Wach-)Hund m; ~ morski Gemeiner Seehund; F ~ z kulawą nogą kein Schwanz; pod psem hundsmiserabel; hundeelend; ni ~, ni wydra weder Fisch noch Fleisch; zejść na psy auf den Hund kommen; psu na budę (zda się das ist) für die Katz; ~ek m (-*ska; -ski*) Hündchen m; ~i s. pieszy; ~iec ['pɛ-] m (-*śca; -śce*) Polarfuchs m; ~ki F: ~ka pogoda Hundewetter n; ~kie życie Hundeleben n.

piestrzenica f (-*y; -e*) Lorchel f.

pieszczo|ch m (-*a; -y*), ~cha f (-*y*) Hätschelkind n, Liebling m, F Schmuser(in f) m; ~ta f (-*y*) Zärt-lichkeit f, Liebkosung f; ~tliwy (-*wie*) zärtlich, (lieb)kosend.

piesz|o Adv. zu Fuß; ~y (Psf. piesi) Fuß-, Wander-; Mil. Infanterie-; Su. m (-*ego; -si*) Fußgänger m; † Fußsoldat m; przejście dla ~ych Fußgängerüberweg m.

pieści|ć ⟨po-⟩ (-*szczę*) (lieb)kosen, herzen; (*mst impf.*) verzärteln, (ver)hätscheln; ~ć oko das Auge er-freuen; ~ć się kosen (D); F schmu-sen; ~dełko n (-*a; G -łek*) Schmuck-stück n (fig.).

pieśnia|rka f (-*i; G -rek*), ~rz m (-*a; -e*) (Lieder-)Sänger(in f) m; ~rstwo n (-*a*) (Lied-)Gesang m; Liederdichtung f.

pieśń [pɛɕɲ] f (-*ni*) Lied n; (Vogel-) Gesang m.

piet|(e)r ['pɛ-] P m (-*tra; 0*): mieć ~ra Schiß haben; dostać ~ra kalte Füße kriegen; napędzić ~ra Angst einjagen; ~ruszka f (-*i; -szek*) Petersilie f.

pietyzm ['pɛ-] m (-*u; 0*) Pietät f; Pietismus m; z ~em pietätvoll.

piew|ca m (-*y; G -ów*) Sänger m, Dichter m; ~ik m (-*a; -i*) Zikade f.

pięcio|- ['pɛɲ-] in Zssgn fünf-, Fünf-; Chem., Math. pent(a)-; ~boczny pentagonal, fünfeckig; ~boista [-bɔ'is-] m (-*y; -ści, -ów*) Sp. Fünfkämpfer m; ~bok m Fünfeck n; ~bój m Sp. Fünfkampf m; ~dnio-wy fünftägig, Fünftage-; ~kąt m s. pięciobok, pięcioboczny; ~krotny fünfmalig; Adv. -nie fünfmal; ~ksiąg [-kɔnk-engu] m (-*iegu; -iegi*) Rel. Pentateuch m; ~latek m (-*ka; -tki*) Fünfjährige(r); ~latka f (-*i; G -tek*) Fünfjährige f; Fünfjahr(es)-

plan *m*; **~lecie** *n* (-*a*) Jahrfünft *n*; fünfter Jahrestag; fünfjähriges Jubiläum; **~letni** fünfjährig; **~linia** [-'li-] *f* (0) 5 Notenlinien *f/pl.*; **~raczki** *m/pl.* (-*ów*) Fünflinge *m/pl.*; **~raki** fünferlei; **~ramienny** fünfarmig; *Stern:* fünfzackig; **~ro** fünf; *na* (*od. w*) **~ro** fünffach; **~stopniowy** fünfstufig; *Mus.* pentatonisch; **~strzałowy** fünfschüssig; **~ścian** [-'tɕɔ-] *m* (-*u*; -*y*) Pentaeder *m*; **~złotówka** *f* Fünfzlotymünze *f*, -stück *n od.* -schein *m*.

pięciu(set) ['pęn-] *Psf. s.* pięć(set).
pięć [pęntɕ] *f* (*G* pięciu; F *ni* w **~** *ni* w dziewięć fehl am Platz; ohne Sinn und Verstand; aus heiterem Himmel.

pięćdziesiąt [pęn'dʑɛɕɔnt] fünfzig; **~tka** *f* Fünfzig *f*; **~ty** fünfzigste(r); *~te lata* die fünfziger Jahre; *Su.* **~ta** *f* (-*ej*; -*e*) Fünfzigstel *n*.

pięćdziesięcio|groszówka [pęn-dʑɛcɔn-] *f* Fünfziggroschenstück *n*, F Fünfziger *m*; **~lecie** [-'lɛ-] *f* (-*a*) fünfzig Jahre, halbes Jahrhundert; fünfzigjähriges Jubiläum; **~ro** fünfzig; **~złotówka** *f* Fünfzigzlotyschein *m*.

pięćset ['pęɕsɛt] fünfhundert; **~ka** *f* Fünfhundert *f*; F *a.* Fünfhundertzlotyschein *m*; **~lecie** *n* (-*a*) fünfhundert Jahre; fünfhundertjähriges Jubiläum; **~ny** fünfhundertste(r); *Su.* **~na** *f* (-*ej*; -*e*) Fünfhundertstel *n*.

piędź [pęndʑ] *f* (-*dzi*; -*dzie*) Spanne *f*; *fig.* Zollbreit *m*, Fußbreit *m*.

piękn|ieć ['pęnk-] (*wy-*) ⟨*~eje*⟩ schöner werden; **~iś** *m* (-*sia*; -*sie*) Beau *m*, Geck *m*; **~o** *n* (-*a*; 0) Schönheit *f*; **~oduch** *m* Schöngeist *m*; **~ość** *f* (-*ści*) Schönheit *f*; **~y** schön.

pięścia|rski [pęɕ-] Box-, Faust-; **~rstwo** *n* (-*a*; 0) Boxsport *m*, Boxen *n*; **~rz** *m* (-*a*; -*e*) Boxer *m*.

pięść [pęɕtɕ] *f* (-*ści*, -*ści*[*e*]) Faust *f*; *jak ~ do nosa* wie die Faust aufs Auge.

pięt|a [pęn-] *f* (-*y*) Ferse *f*, Hacke(n *m*) *f*; *deptać* (*od. łazić*) *po ~ach* (*D*) *j-m* auf Schritt und Tritt folgen; *następować na ~y* (*D*) *j-m* dicht auf den Fersen sein *od.* bleiben; **~ak** *m* (-*a*; -*i*) Brechstange *f*; **~ka** *f* (-*i*; *G* -*tek*) Ferse *f*; (*Brot*-)Kanten *m*; (*Wurst*-)Zipfel *m*, Ende *n*.

piętnast|ka [pęnt-] *f* (-*i*; *G* -*tek*)

Fünfzehn *f*; **~olatek** *m* (-*tka*; -*tki* Fünfzehnjährige(r); **~oletni** fünf-zehnjährig; **~y** fünfzehnte(r); *Su ~a f* (-*ej*; 0) fünfzehn Uhr.

piętnaści|e, **~oro** [pęnt-] fünfzehn

piętn|o ['pęnt-] *n* (-*a*, *L* -*nie*; *G* - (*Brand*-)Mal *n*; *fig.* Stempel *m* Spur *f*; **~o hańby** Schandmal; **~ować** ⟨*na-*⟩ (-*uję*) brandmarker (*a. fig.*).

piętow|y [pęnt-] Fersen-; *kość ~* Fersenbein *n*.

piętr|o ['pęnt-] *n* (-*a*; *G* -*ter*) Ge schoß *n*, Stock(werk *n*) *m*, Etage *f eng S.* Obergeschoß; *Bgb.* Sohle *f Geol.* Stufe *f*; **~owy** Haus: ein stöckig, mit e-m Obergeschoß łóżko **~owe** Etagenbett *n*; *autobu ~owy* = **~us** F *m* (-*a*; -*y*) Doppel stockomnibus *m*, F Doppeldecker *m* **piętrzyć** ['pęn-] ⟨*s-*⟩ (-*ę*) (auf)tür men (*się* sich); *Wasser* stauen.

Pigme|jczyk *m* (-*a*; -*cy*) Pigmäe *m* Ọnt *m* (-*u*; -*y*) Pigment *n*.

pigu|larz *m* (-*a*; -*e*) *iron.* Pillen dreher *m*; **~łka** *f* (-*i*; *G* -*lek*) Pille *f* **pigw|a** *f* (-*y*) Quitte *f*; **~ow**: Quitten-.

pija|cki Trinker-, Säufer-; Sauf Zech-; **~czka** *f* (-*i*; *G* -*czek*) Trin kerin *f*, Säuferin *f*; **~czyć się** ⟨*roz- (-ę*) sich dem Trunk (*od.* P Suff) er geben; **~czyna** F *m* (-*y*; *G* -), **~czy sko** F *n* (-*a*; *G* -) Kneip-, Schnaps Saufbruder *m*; **~ć** (-*am*) (pflegen zu trinken; **~k** *m* (-*a*; -*cy*) Trinker *m* Trunkenbold *m*; **~lnia** [-'ja-] (*-i*; -*e*) Trinkhalle *f*; **~lny** trinkbar Trink-; **~nica** ['pia-] P *m* (-*y*) pijaczyna; **~ny** (be-, voll)trunken (*jak bela od. w sztok* stock- *oc* stink)besoffen; *Su.* **~ny** (-*ego*; -*i*) Be trunkene(r); *Adv. po ~nemu* im Rausch, P im Suff; **~ństw** ['pïaĩs-] *n* (-*a*; 0) Trunksucht *f* Suff *m*; (*pl.* -*a*) = **~tyka** *f* (Zech-, Trinkgelage *n*, P Sauferei **~wka** *f* (-*i*; *G* -*wek*) Blutegel *m*; *fi.* Blutsauger *m*.

pijus F *m* (-*a*; -*y*) *s.* pijaczyna.

pik *m* (*unv.*) Pik *n*; *as ~* Pik-As *n*.

pika[1] *f* (-*i*; 0) Pikee *m*.

pika[2] *f* (-*i*) Pike *f*.

pika[3] *f* (-*i*) *Flgw.* Sturzflug *m*.

pikant|eria [-'tɛ-] *f* (*G*, *D*, *L* -*ii*; -*e* **~ność** *f* (-*ści*) Pikanterie *f*; **~ny** piki *pl.* (-) *s.* pik.   [pikant

pikiet|a *f* (-*y*) Feldwache *f*; Streik

posten m; ~ować (-uję) Streikposten stehen.

pikl|e pl. (-i/-ów) Gewürzgurken f/pl.; Mixpickles n/pl.; **~ing** m (-a; -i) Kochk. Bückling m.

piknąć [-nǫtɕ] pf. (-nę) piep(s)en; pieken, stechen.

pikolak F m (-a; -i) Pikkolo m.

pikow|ać ⟨prze-⟩ (-uję) (ab)steppen; Agr. pikieren; **~y¹** Pik-; dama ~a Pik-Dame f; **~y²** Pikee-.

pikulina f (-y) Pikkoloflöte f.

pilarka f (-i; G -rek) (Holz-)Sägemaschine f.

pilch m (-a; -y) Zo. Bilch m.

pilić F (-lę) drängen, (an)treiben.

pilniczek m (-czka; -czki) (Nagel-)

pilnie ['pil-] Adv. s. pilny. [Feile f.]

pilnik m (-a; -i) Feile f; ~ do drewna Raspel f.

pilno Adv.: ~ mu er hat es eilig; dokąd ci tak ~? wohin so eilig?; **~ść** f (-ści; 0) Fleiß m; Dringlichkeit f; **~wać** ⟨przy-⟩ (-uję) (G) be-, überwachen (A), beaufsichtigen (A); aufpassen (auf A); Interessen wahrnehmen; (nur impf.) Vorschriften einhalten; ~wać się sich in acht nehmen; einander be-, überwachen; aufeinander aufpassen.

pilny dringend, eilig; fleißig; aufmerksam; wachsam.

pilot m (-a; -ci) Mar. (morski See-)Lotse m; Flgw. (drugi Ko-)Pilot m, Flugzeugführer m; **~-instruktor** Fluglehrer m; **~aż** m (-u; 0) Lotsen (-kunst f) n; Flugzeugführung f; Flugkunst f; nauka ~ażu Flugausbildung f; **~ka** f (-i; G -tek) Pilotin f, Flugzeugführerin f; Fliegerhelm m; Autokappe f, Rennhaube f; **~ować** (-uję) lotsen (a. Sp.); Flgw. steuern; **~owy** Lotsen-; Piloten-; **~ówka** f (-i; G -wek) Lotsenboot n.

pilśni|arka f (-i; G -rek) Walkmaschine f; **~owy** Filz-; płyta ~owa Hartfaserplatte f.

piła f (-y) Säge f; F fig. Langweiler m; **~eczka** f (-i; G -czek) kleine Säge; (kleiner) Ball, Bällchen n; **~ka** f (-i; G -łek) Ball m; s. piła; **~karski** Fußball-; **~karstwo** n (-a; 0) Fußball(sport) m; **~karz** m (-a; -e) Fußball(spiel)er m; **~ować** ⟨ u(je⟩ sägen; teilen; F fig. langweilen, anöden.

...inczer m (-a; -y) Pinscher m.

...inda V f (-y) Flittchen n.

pinezka f (-i; G -zek) Reißzwecke f.

pingwin [-ng-] m (-a; -y) Pinguin m.

pini|a ['piɲa] f (G, G, L -ii; -e) Pinie f; **~owy** Pinien-.

piołun m (-u; -y) (Bot. bylica ~ der Echte) Wermut m; fig. a. Bitternis f; **~owy** Wermuts-; **~ówka** f (-i; G -wek) Wermutschnaps m.

pion¹ [pɔn] m (-u; -y) Lot(rechte f) n; Senklot n; (Rohr-)Strang m, engS. Fall- od. Steigleitung f; fig. Ressort n.

pion² [pɔn] m (-a; -y) = **~ek** m (-nka; -nki) (Schach-)Bauer m; (Dame-)Stein m; (nur ~ek) fig. Marionette f, Werkzeug n.

pionier ['pjɔ-] m (-a; -rzy) Pionier m; **~ski** ['-ɲer-] Pionier-; **~stwo** n (-a; 0) czasy ~stwa Pionierzeit f.

pionow|y (-wo) lot-, senkrecht, vertikal; Su. ~a f (-ej; -e) Math. Vertikale f. [mittel n.]

piorący [-'rɔn-]: środek ~ Wasch-

piorun m (-a/-u; -y) Blitz m; F a. Donner(schlag) m; uderzenie ~a Blitzschlag m; burza z ~ami Gewitter n; F fig. ~em wie ein geölter Blitz; do ~a! Donnerwetter!; **~ochron** m (-u; -y) Blitzableiter m; **~ować** (-uję) (los)donnern, wettern (na A, przeciw D/gegen, über A) ⟨a. s-⟩ strafend anblicken; **~owy** Blitz-, Donner-; fig. donnernd; gewaltig; **~ujący** [-'jɔn-] (-co) blitzartig, wie ein Blitz; donnernd; Blick: Blitze schleudernd, zornerfüllt; gaz ~cy Knallgas n; sprawić ~ce wrażenie wie ein Blitz einschlagen.

piosenka f (-i; G -nek) Lied(chen) n, Chanson n, Schlager m; **~rka** f (-i; G -rek), **~rz** m (-a; -e) (Schlager-)Sänger(in f) m; Chanson-, Schlagerdichter(in f) m.

piór|ko n (-a; G -rek) (kleine) Feder; **~kowy** Feder-; **~nik** m (-a; -i) Federkasten m, -tasche f.

pióro ['pu-] n (-a) (Vogel-, Schreib-) Feder f; JSpr. Feder-, Flugwild n; (Ruder-, Riemen-)Blatt n; ~ kulkowe Kugelschreiber m; wieczne ~ Füll(feder)halter m; **~pusz** m (-a; -e) Federbusch m; **~wy** Feder-.

pipeta f (-y) Pipette f.

Pipidówka F f (-i; G -wek) Krähwinkel m, Posemuckel m.

pira|cki Piraten-; **~ctwo** n (-a; 0) Piraterie f; **~mida** f (-y) Pyramide f; ~t m (-a; -ci) Pirat m; P a. Verkehrsrowdy m.

piro|- Chem. Pyro-; ~**technik** m Pyrotechniker m, Feuerwerker m.

pirs m (-u; -y) Mar. Pier f, Landungssteg m.

piryt m (-u; -y) Min. Pyrit m.

pisa|ć ⟨na-⟩ ⟨-szę⟩ schreiben; ~ć na maszynie maschineschreiben, tippen; jak się to pisze? wie schreibt man (od. sich) das?; ~k m (-a; -i) (Geräte-)Schreiber m, Schreibstift m; F Schreibe f; ~nie n (-a) Schreiben n; ~nina F f (-y) Schreiberei f, Geschreibsel n; ~nka f (-i; G -nek) (buntbemaltes) Osterei; ~ny geschrieben, Schreib-; ~rka f (-i; G -rek) Schriftstellerin f; ~rski Schriftsteller-; Schreib-; ~rstwo n (-a; 0) Schriftstellerei f; ~rz m (-a; -e) Schreiber m; Schriftsteller m.

pisem|ko n (-a; G -mek) kurzes Schreiben, Kurzbrief m; ~ny schriftlich; Schreib-.

pisk m (-u; -i) Piep(s)en n, Quietschen n, Gequietsche n; ~lątko [-'lɔnt-] n (-a; G -tek), ~lę n (-ęcia; -ęta) (Vogel-)Junge(s), engS. Küken n (a. fig.); ~liwy (-wie) kreischend, schrill, F piepsig.

piskorz m (-a; -e) Zo. Schlammpeitzker m.

pism|ako m (-a; -i/-cy) Schreiberling m; ~o n (-a; G -) (drukarskie od. drukowane, maszynowe Druck-, Schreibmaschinen-)Schrift f; Handschrift f; Schreiben n, Brief m; Blatt n, Zeitung f; 2o Święte die Heilige Schrift; F poczuć ~o nosem den Braten riechen.

pisnąć pf. s. piszczeć.

pisownia [-'sɔv-] f (-i; -e, -i) Rechtschreibung f; Schreibung f.

pistacja f (-i; -e) Pistazie f.

pistolet m (-u; -y) Pistole f; ~owy Pistolen-.

pisuar [-'suar] m (-u; -y) (Toiletten-) Urinbecken n; Pissoir n.

pi|sywać ⟨-uję⟩ ab und zu (od. von Zeit zu Zeit) schreiben; ~szący [-'ʃɔn-] Schreib-; Su. m (-ego; -y) Schreiber m, Schreibende(r).

piszcz|ałka f (-i; G -łek) Mus. Querpfeife f; (organowa Orgel-) Pfeife f; ~ałka pastusza Hirten-, Rohrflöte f; ~eć (-ę, -y), ⟨pisnąć⟩ [-nɔnt-]⟨-nę⟩ kreischen, quietschen; pfeifen; F piep(s)en; ani pisnąć k-n

Mucks (od. Piep) sagen; wiedzieć co w trawie ~y das Gras wachsen hören; u niego bieda aż ~y er ist arm wie e-e Kirchenmaus; ~el m (-a; -e) od. f (-i; -e) Schienbein n.

piśmidło n (-a; G -deł) Schundroman m; Wurst-, Käseblatt n.

piśmien|nictwo n (-a) Schrifttum n; ~niczy literarisch; ~ny schreibkundig; schriftlich; materiały ~ne Schreibwaren f/pl.   [goras-]

pitagorejski pythagoreisch, Pytha-⌐

pitny trinkbar, Trink-; s. miód.

pitrasić F ⟨u-⟩ ⟨-szę⟩ kochen, brutzeln.

piure [pju're] n (unv.) Püree n, Mus n.

piusa ['pjusa] f (-i; G -sek) (Mönchs-)Käppchen n, Kalotte f.

piwiarnia [-'va-] f (-i; -e) Bierstube f, Stehbierhalle f; -ny Bierkeller-, Bierbank-.

piw|ko F n (-a; -wek) (kleines) Bier; ~nica f (-y; -e) (na wino Wein-) Keller m; ~niczny Keller-; ~niczy m (-ego; -owie) Kellermeister m; ~ny Bier-; Augen: hellbraun; ~o n (-a) Bier n; dać na ~o Trinkgeld geben.

piwonia [-'vo-] f (G, D, L -ii; -e) Pfingstrose f.

piwo|sz m (-a; -e) Bierbruder m; ~warstwo n (-a; 0) Bierbrauerei f.

piżama f (-y) s. pidżama.

piżm|aczek m (-czka; -czki) Moschuskraut n; ~k m (-a; -i) Bisamratte f; ~ki pl. a. Bisam m (Fell).

piżmo n (-a; 0) Moschus m; ~szczur m s. piżmak; ~wiec [-'mo-] m (-wca; -wce) Moschustier n; ~wy Bisam-, Moschus-.

plac m (-u; -e) (do gier i zabaw, targowy Kinderspiel-, Markt-)Platz m ~ budowy Baustelle f; ~ zamkow Burghof m; ~ bitwy, ~ boju Schlacht feld n; ~ek m (-cka; -cki) (z serem Käse-)Kuchen m; Fladen m; ~k kartoflane Kartoffelpuffer m/pl Reibekuchen m/pl.; F masz bab ~ek! das ist ja e-e schöne Besche rung!; leżeć ~kiem hingestreck (da)liegen.

plac|enta f (-y) Plazenta f; ~ka f (- G -cek) s. packa; ~owy Platz-; S ~owe n (-ego; -e) Platzgeld n, -miet f; ~owy m (-ego; -i) Platzwart m ~ówka f (-i; G -wek) Feldwache Posten m; Agentur f; Einrichtung (Verkaufs-, Post-)Stelle f; ~ówk dyplomatyczna diplomatische Ve tretung; **~yk** m (-a; -i) (kleiner) Platz.   [leuchte f.]

plafoniera [-'nĭɛ-] f (-y) Decken-⌐

plaga f (-i) Plage f.

plagiat ['pla-] m (-u; -y) Plagiat n.

lajt a F f (-y) Pleite f; **~ować** F ⟨s-⟩ (-uję) Pleite machen.

plaka|cista m (-y; -ści, -ów) Plakatmaler m; **~t** m (-u; -y) Plakat n; Poster n (a. m); **~tować** ⟨roz-⟩ (-uję) plakatieren; **~towy** Plakat-.

plakiet|a f (-y), **~ka** f (-i; G -tek) Plakette f.

plam|a f (-y) Fleck(en) m; fig. Makel m, Schandfleck m; bez **~y** makellos; **~iak** ['pla-] m (-a; -i) Zo. s. łupacz; **~ica** f (-y; 0) Med. Purpurausschlag m; **~ić** ⟨po-, s-, za-⟩ (-ę) beflecken; fig. a. besudeln, beschmutzen; **~ić się** Flecken bekommen, schmutzen; sich beflecken; **~isty** fleckig, gefleckt, Fleck(en)-; **~ka** f (-i; G -mek) Fleckchen n; Tüpfelchen n, Pünktchen n.

lan m (-u; -y) (etatów, miasta, operacji, uprawy Stellen-, Stadt-, Einsatz-, Anbau-)Plan m; na pierwszym, drugim **~ie** im Vorder-, Hintergrund; bez **~u** planlos; **~de-ka** f Plane f; Persenin(n)g f.

laneta f (-y) Planet m; **~rny** planetarisch.

lani|metria [-'me-] f (G, D, L -ii; 0) Planimetrie f; **~sta** m (-y; -ści, -ów) Planer m.

lankton|iczny, **~owy** Plankton-.

lanow|ać¹ (-uję) ⟨za-⟩ planen; sich vornehmen; ⟨roz-⟩ planieren; **~ać²** (-uję) Flgw. gleiten, im Gleitflug niedergehen; **~anie** n (-a) Planen n, Planung f; **~anie prze-strzenne** Raumordnung f; ... **~ania** Planungs-; **~o** Adv. s. planowy; **~ość** f (-ści; 0) Planmäßigkeit f; F a. Planungsabteilung f; **~y** (-wo) planmäßig, Plan-.

lansza ['plā-] f (-y; -e) (Schau-) Tafel f; Sp. Fechtbahn f.

lant m (-u; -y) Esb. Bahnkörper m; zur pl. **~y** Boulevard m; Parkanlage f.

lanta|cja f (-i; -e) Pflanzung f, Plantage f; **~tor** m (-a; -rzy) Pflan-... m, Plantagenbesitzer m.

lantować ⟨s-⟩ (-uję) planieren.

ask m (-u; -i) Klatsch(en n) m; **~laps** m; **~nąć** (-am), ⟨plasnąć⟩ -nǫtɛ] (-nę) klatschen.

plasować ⟨u-⟩ (-uję) placieren (się sich).

plast|elina f (-y; 0) Plastilin n, Knetmasse f; **~er** m (-tra; -try) (lepki, na odciski Heft-, Hühneraugen-)Pflaster n; Agr. (Honig-) Wabe f; a. = **~erek** (-rka; -rki) Pfläschen n, (Wurst-)Scheibe f.

plasty|czka f s. plastyk²; **~czność** f (-ści; 0) Plastizität f; **~czny** plastisch; eng S. bildsam; sztuki **-ne** bildende Künste; **~fikator** m (-a; -y) (Kunststoff-)Weichmacher m; **~k¹** m (-u; -i) plastische Masse, Kunststoff m, Plast m; **~k²** m (-a; -cy), **~czka** f (-i; G -czek) bildende(r) Künstler(in f) m; **~ka** f (-i; 0) Plastik f, Bildhauerkunst f; Plastizität f, eng S. Bildhaftigkeit f; Med. Plastik f; **~kowy** Kunststoff-, Plastik-.   [Platanen-⌐

platan m (-a; -y) Platane f; **~owy**⌐

plater m (-u; -y): **~y** pl. silber- od. goldplattiertes Geschirr; **~ować** (-uję) plattieren.

platforma f Plattform f; Esb. Plattformwagen m, Lore f; Pritschenwagen m; **~ startowa** (Raketen-) Starttisch m.

platoniczny platonisch.

platyn|a f (-y; 0) Platin n; Tech. Platine f; **~owy** Platin-; platinblond.

plazma f (-y) Plasma n.

plaż|a f (-y) (Bade-)Strand m; **~o-wać** (-uję) sich (am Strand) sonnen, sich von der Sonne bräunen lassen; **~owanie** n (-a) Sonnenbad(en) n; **~owicz** F m (-a; -e) Strandgast m; **~owy** Strand-; **~ówka** F f (-i; G -wek) Strandanzug m.

plądrować [plǫn-] ⟨s-⟩ (-uję) (aus-) plündern.

pląs m (-u; -y) Tanz m; w **~ach** hüpfend, tänzelnd; **~ać** (-am) tanzen; **~awica** f (-y; 0) Med. Veitstanz m.

plątać ['plǫn-] ⟨po-, s-⟩ (-czę) verwickeln, verwirren (się sich); F a. verwechseln; **~ć się** durcheinandergeraten; herumwirtschaften; płącze mu się w głowie er bringt alles durcheinander; płącze mu się język er hat e-ę schwere Zunge; **~ć się** pod nogami im Wege sein; **~ć się w** zeznaniach sich (bei e-r Aussage) in Widersprüche verwickeln; **~nina** f (-y; 0) Wirrwarr m, F Durcheinander n.

pleban m (-a; -i) Pfarrer m; ~ia
[-'ba-] f (G, D, L -ii; -e) Pfarrhaus n.
ple|bejusz m (-a; -e) Plebejer m; ~
biscyt m (-u; -y) Volksbefragung f.
plecak m (-a; -i) Rucksack m; Mil.
Tornister m.
pleci|ak ['plɛ-] F m (-a; -i) Flecht-
zaun m; ~onka f (-i; G -nek)
Flechtwerk n; Geflecht n; Stroh-
matte f; Kochk. Zopf m; ~ony geflochten, Flecht-.
pleciu|ch ['plɛ-] F m, ~cha F f (-y),
~ga F f (-i) Schwätzer(in f) m.
plec|ówka f (-i; G -wek) Kochk.
(Rinds-)Bug m, Blatt n; ~y pl. (-ów)
Rücken m; fig. Rückendeckung f,
Beziehungen f/pl.; obrócić się ~ami
den Rücken zuwenden (do G/D);
szeroki w ~ach breitschultrig.
pleć (L.) jäten. [decke f.]
pled m (-u; -y) Reise-, Flausch-⟩
plejada f (-y) fig. Schar f, Kreis m.
plem|ienny Stammes-; ~ię ['plɛ-] n
(-enia; -iona) (Volks-)Stamm m;
~nia ['plɛ-] f (-i; -e, -i) Bot. Be-
fruchtungskolben m; ~nik m (-a; -i)
Spermium n.
plenarny Plenar-.
plene|r m (-u; -y) Freilichtmalerei f;
(Film) Außenaufnahme (n pl.) f; w
~rze im Freien; ~rowy Freilicht-,
Außen-.
plenipoten|cja f (-i; -e) Vollmacht
f; ~t † m (-a; -ci) Bevollmäch-
tigte(r).
plenn|ość f (-ści; 0) Agr. Fruchtbar-
keit f; wzrost ~ości Ertragssteige-
rung f; ~y fruchtbar, ergiebig, ertragreich.
plenum n (unv.; -na, -ów) Plenar-
sitzung f, Vollversammlung f.
pleszka f (-i; G -szek) Zo. Garten-
rotschwanz m.
pleść (L.) ⟨s-, za-⟩ flechten; F fig.
⟨na-⟩ schwatzen, quasseln; ~
koszałki-opałki, ~ trzy po trzy Unsinn verzapfen, dummes Zeug reden.
pleś|niawki f/pl. (-wek) Med.
Schwämmchen n, Aphthen f/pl.; ~
nieć ['plɛ-] ⟨s-, za-⟩ (ver-)
schimmeln; ~niowy Schimmel-; ~
f (-ni; -nie) Bot. Schimmel m; ~nie
pl. Schimmelpilze m/pl.
plew|a f (-y) Spelze f; ~y pl. Spreu f,
Kaff n; ~ić (-ę) s. pleć.
plik m (-u; -i), ~a f (-i) Stoß m,
Bündel n.

plis|a f (-y) Rüsche f; Blende f
falscher Saum; Falte f, Plisee n
~ować (-uję) plissieren, fälteln; ~o-
wany plissiert, Plissee-.
pliszka f (-i; G -szek) Bachstelze f
plomb|a f (-y) Plombe f; (Zahn-
Füllung f; ~ować ⟨za-⟩ (-uję) ver
plomben; Zahn plombieren; ~ow
nica f (-y; -e) Plombierzange f.
plon m (-u; -y) Ertrag m, Ernte f (a
fig.); święto ~ów Erntedankfest n
~ować (-uję) Pflanzen: gedeihen.
plotk|a f (-i; G -tek) Klatschge
schichte f; mst pl. ~i Klatsch m,
Tratsch m; ~ara f (-y), ~arka f (-i
G -rek) Klatschweib n, Klatsch(ba
s)e f; ~arski Klatsch-; klatschhaft
~arstwo n (-a; 0) Klatscherei f
Klatschsucht f; ~arz m (-a; -e
Klatschmaul m, -base f; ~owa
⟨na-⟩ (-uję) klatschen, tratschen (
L, na A/über A); ~owanie n (-a
Klatsch(erei f) m, Tratsch(en n) m
plucha F f (-y) Regenwetter n.
plu|ć ⟨na-⟩ (-ję), ⟨~nąć⟩ [-nǫtɛ
(-nę) speien, spucken; P fig. pfeife
auf (A); ~ć sobie w brodę sich übe
sich selbst ärgern.
pluga|stwo n (-a) Schmutz m,
Dreck m; Ungeziefer n, Viehzeug n
Mob m; Gemeinheit f; ~wić ⟨s-
(-ę) besudeln, beschmutzen; ~w
widerwärtig; schmutzig, P dreckig
ordinär, unflätig.
plu|jka f (-i; G -jek) s. mucha; ~na
pf. s. pluć.
pluralistyczny pluralistisch.
plus m (-u; -y) Plus n; Pluszeiche
n; ~ minus etwa, ungefähr.
plusk m (-u; -i) Platschen n, Plump
m (Geräusch); Plätschern n; JSp
(Biber-)Kelle f; ~ać (-am/-szcz
⟨plusnąć⟩ [-nǫtɛ] (-nę) platscher
schwappen; spritzen; plätscher
(nur pf.) ins Wasser plumpsen; ~
się planschen; ~iewka f (-i; G -wek
Reißzwecke f; ~olec m (-lca; -lc
Zo. Ruderwanze f; ~ot m (-u; -y
plusk; ~otać ⟨za-⟩ (-czę) s. pluska
pluskw|a f (-y; G -kiew) Wanze f
~iaki m/pl. (-ów) Zo. Schnabe
kerfe m/pl.; Wanzen f/pl.; ~iowat
pl. (-ych) Zo. Baumwanzen f/pl.
plusnąć pf. s. pluskać.
plusz m (-u; -e) Plüsch m.
pluszcz m (-a; -e) Zo. Wasseramsel
pluto|kracja f (-i; -e) Plutokratie f
~n[1] m (-u; 0) Chem. Plutonium ～

~n² m (-u; -y) Mil. Zug m; s. egzekucyjny; **~nowy** Mil. Zug-; Su. m (-ego; -i) Zugführer m. [m.]

plwocina f (-y) Sputum n, Auswurf⌡

płac|a f (-y; -e) (za czas, od sztuki Zeit-, Stück-)Lohn m; **~enie** n (-a) Zahlung f.

płachta f (-y) Plane f, Plache f; **~ ratownicza** Sprungtuch n; jak czerwona ~ wie ein rotes Tuch.

płacić (-cę, -ć!) (be)zahlen, engS. a. entrichten.

płacz m (-u; -e) Weinen n; wybuchnąć **~em**, F uderzyć w ~ zu weinen (F heulen) beginnen; mur ~u Klagemauer f; **~ący** [-'tʃɔn-] Adjp. (-ąc) weinend; **~ka** f (-i; G -czek) Klageweib n; **~liwy** (-wie) weinerlich, wehleidig; klagend.

płak|ać ⟨za-⟩ (-czę) weinen; fig. a. beklagen (nad I/A); **~sa** F f/m (-y; G -s[ów]) Heulsuse f; Schreihals m; **~sa kapucynka** Kapuzineraffe m.

płask: na ~ flach; platt; **~i** (-ko) flach, eben; plan; platt (a. fig.).

płasko Adv. s. płaski; **~rzeźba** f Flachrelief n; **~stopie** [-'stɔ-] n (-a; 0) Plattfüßigkeit f; **~ść** f (-ści; 0) ebene Beschaffenheit, Flachheit f; Plattheit f; **~wnik** m (-a; -i) Flachstange f; engS. Flach-, Stabstahl m; **~wypukły** plankonvex; **~wyż** m, **~wzgórze** n Hochebene f.

płaskun m (-a; -y) (Hanf-)Femel m.

płastuga f (-i) Plattfisch m, Scholle f.

płaszcz m (-a; -e) Mantel m; Tech. a. Ummantelung f; **~-namiot** Mil. Einmannzelt m; **~ka** f (-i; G -czek) Zo. Rochen m; Tech. Platine f; **~o-wy** Mantel-; **~ówka** f (-i; G -wek) Mantelstoff m; **~yć** ⟨roz-, s-⟩ (-ę) platt, breit drücken od. schlagen; **~yć się** sich flach an den Boden drücken; fig. kriechen (przed I/vor D); **~yk** m (-a; -i) Mäntelchen n (a. fig.); **~yzna** f (-y) Math. Ebene f; Fläche f.

płat m (-u/-a; -y) Stück n; Anat. Lappen m; Flgw. Tragwerk n; **~ nośny** Tragflügel m; **~ wirnika** Rotorblatt n; s. płatek.

płat|ać (-am) ⟨roz-⟩ (zer)schneiden, zerlegen; fig. **~ać** ⟨s-⟩ figla j-m e-n Streich spielen; **~ać figle** a. Schabernack treiben; **~ek** m (-tka; -tki) Bot. Kronblatt n; Blütenblatt n; (Schnee-)Flocke f; (Gurken-)Schei-

be f; (Stoff-)Stück n, Fetzen m; (Ohr-)Läppchen n; **~ki mydlane, owsiane** Seifen-, Haferflocken f/pl.; **~ki róży** Rosenblätter n/pl.; fig. jak z ~ka wie am Schnürchen, wie geschmiert; **~kowy** flockig, Flocken-; **~nąć** [-nɔntɕ] pf. (-nę) s. płatać; **~nerstwo** n (-a; 0) Waffenschmiedekunst f; **~nerz** m (-a; -e) Waffenschmied m; **~nica** f (-y; -e) Fuchsschwanz(säge f) m.

płatn|iczy Zahlungs-; **~ik** m (-a; -cy) (podatków Steuer-)Zahler m; Mil., Mar. Zahlmeister m; **~ość** f (-ści; 0) Zahlbarkeit f; Zahlung f; **~y** zahlbar; Dienst-, Urlaub-: bezahlt.

płatow|iec [-'tɔ-] m (-wca; -wce) Flugzeugzelle f, Flugwerk n; F a. Flugzeug n; **~y** Med. Lappen-.

pław|a f (-y) Bake(nboje) f; **~ić** (-ię) Pferde schwemmen; **~ić się** fig. schwimmen (w L/in D); **~ik** m (-a; -i) (Angel-)Schwimmer m.

pław|ik|onik m Seepferdchen n; **~sko** n (-a) (Pferde-)Schwemme f.

pławn|ica f (-y; -e) Treib-, Schwimmnetz n; **~y** Schwimm-.

płaz¹ m (-a; -y) Lurch m; F fig. Reptil n.

płaz² m (-u; 0) flache Klinge; puścić **~em** durchgehen lassen.

płci G v. płeć.

płcio|pęd m (0) Geschlechtstrieb m; **~wość** f (-ści; 0) Geschlechtlichkeit f, Sexualität f; **~wy** (-wo) geschlechtlich, sexuell, Sexual-; gruczoły ~we a. Keimdrüsen f/pl.

płeć f (płci; płcie, płci) Geschlecht n; † a. Teint m; fig. brzydka ~ das starke Geschlecht; tej samej płci gleichgeschlechtlich.

płetw|a f (-y) (pływacka, statecznika Schwimm-, Kiel-)Flosse f; **~a grzbietowa** Finne f; **~a steru** Ruderblatt n; **~al** m Zo. (Blau-)Wal m.

płetwo|nogie pl. (-ich) Zo. Flossenfüßer m/pl.; **~nurek** m Sporttaucher m; Mil. Kampfschwimmer m, F Froschmann m; **~waty** (-to) flossenartig.

płoch|a f (-y) Web(e)blatt n, Riet (-kamm) m; **~acz** m (-a; -e) Zo. Flachkenbraunelle f; JSpr. Stöberhund m; **~liwość** f (-ści; 0) Scheu f; **~li-wy** (-wie) scheu, ängstlich; **~y** (-cho) leichtfertig; flatterhaft; scheu.

płoć f (-ci; -cie) Zo. Plötze f.

płodn|ość f (-ści; 0) Fruchtbarkeit f; Gebärfähigkeit f; **~y** fruchtbar.

płodo|wy Med. fötal; intrauterin; **~zmian** [-'dɔ-] m (-u; -y) Fruchtfolge f.

płody pl. v. płód.

płodz|enie n (-a; 0): zdolność ~enia Zeugungsfähigkeit f; **~ić** (-dzę, -ódź!) ⟨s-⟩ (er)zeugen; ⟨na-⟩ gebären, in die Welt setzen.

płomie|niak [-'mę-] m (-a; -i) Tech. Flammofen m; **~nica** f (-y; -e) (Kessel-)Flammrohr n; **~nisty** (-ście), **~nny** flammend, Flammen-, brennend; fig. a. glühend, feurig; **~ń** ['pwɔ-] m (-nia; -nie) Flamme f (a. fig.); **~ń** wylotowy Mündungsfeuer n; **~nczyk** m (-a; -i) Flammenblume f.

płomy|czek m (-czka; -czki) Flämmchen n; **~k** m (-a; -i) (kleine) Flamme f; Bot. Phlox m; s. nadzieja; **~kówka** f (-i; G -wek) Zo. Schleiereule f.

płoną|cy [-'nɔn-] brennend, in Flammen stehend; fig. glühend; **~ć** ⟨za-⟩ (-nę, -ń!) brennen, lodern, in Flammen stehen; Gesicht: glühen.

płon|ica f (-y; 0) Med. Scharlach m; **~ka** f (-i; G -nek) Bot. Holzapfel m; Agr. Wildling m.

płon|ik m (-a; -i) Bot. Goldenes Frauenhaar; **~y** vergeblich, eitel; nutzlos; Bgb., Agr. taub.

płoskoń m s. płaskoń. [skorpion m.]

płoszczyca f (-y; -e) Zo. Wasser-)

płoszyć ⟨s-, wy-⟩ (-ę) (auf-, ver-)scheuchen; **~, ⟨s-⟩ się** aufgescheucht werden, flüchten.

płot m (-u; -y) (z desek Bretter-) Zaun m; **~ek** m (-tka; -tki) Sp. Hürde f; bieg przez ~ki Hürdenlauf m; **~ka** f (-i; G -tek) s. płoć; **~karka** f (-i; G -rek), **~karz** m (-a; -e) Hürdenläufer(in f) m.

płow|ieć ['pwɔ-] ⟨s-, wy-⟩ (-eję) Stoff: verschießen; Farbe: verblassen; **~y** (-wo) fahlgelb, falb; Haar: strohgelb.

płoz m (-a; -y) (Hemm-)Schuh m; **~a** f (-y; G płóz) (Schlitten-)Kufe f; (Gleit-)Schuh m; **~a** ogonowa Flgw. Schwanzsporn m.

płócien|ko n (-a; G -nek) dünner Baumwollstoff; **~ny** leinen, Leinen-.

płód m (-odu; -ody) (Leibes-)Frucht f; pl. płody a. (Boden-)Erzeugnisse n/pl.

płótno n (-a; G płócien) Leinen n, Leinwand f; Ölgemälde n; **~ filtracyjne** Filtertuch n; s. biały.

płóz m (-ozu; -ozy) s. płoz.

płuc|ko n (-a; G -cek) Kochk.: **~ka** pl. Lungenhaschee n; **~nik** m (-a; -i) Bot. Lungenkraut n; F (pl. -cy) Lungendoktor m; **~ny** Lungen-; **~o** n (-a) Lungenflügel m; pl. **~a** Lunge(n pl.) f.

płuczka f (-i; G -czek) Chem., Tech. Wäsche(r m) f, Waschapparat m, -anlage f, -turm m; Spülung f; **~ złota** Goldwäscherei f; **~rka** f (-i; G -rek), **~rnia** f (-i; -e; -i, -e) Tech. Wasch-, Spülmaschine f.

płucz|kownia [-'ko-] f (-i; -e, -i), **~nia** ['pwu-] f (-i; -e, -i) Bgb., Tech. Wäscherei f.

pług m (-a; -i) (kolejny, zawieszany Karren-, Anbau- od. Trag-)Pflug m; Ski-Sp. Pflugfahren n; **~ śnieżny** Schneeräumer m; **~owy** Pflug-.

płuka|ć (-czę) ⟨s-, wy-⟩ ab-, aus-) spülen; **~ć gardło** gurgeln; **~nie** n (-a) Spülen n, Spülung f; Tech. a. Wäsche f; **~nka** f (-i; G -nek) Spülflüssigkeit f; Mund-, Gurgelwasser n; **~rka** f (-i; G -rek) Spülmaschine f. [m; **~y** Pflug-.]

płuż|ek m (-żka; -żki) Gartenpflug)

płyci|na f (-y) Arch. Füllung f; **~zna** f (-y) (Sand-)Bank f; Bgb. Seichtigkeit f; **~zna** przybrzeżna Wattenmeer n.

płyn m (-u; -y) Flüssigkeit f; **~ do wywabiania plam, ~ do włosów** Fleck(en)-, Haarwasser n; **~ąć** [-nɔntɕ] ⟨po-⟩ (-nę, -ń!) fließen Zeit a.: verfließen; schwimmen Schiff: fahren, segeln; fig. Gedanken: schweifen, fliegen; **~ność** (-ści; 0) Fließbarkeit f; Flüssigkeit f; d. Stils, Bewegungen usw.; **~ny** flüssig; **~ny** owoc Fruchtsaft m.

płyt|a f (-y) (gramofonowa, wiórowa Schall-, Holzspan-)Platte f; Arch. a. Fliese f; (pamiątkowa Gedenk-)Tafel f; Geol. Plattform f; **~ka** f (-i; G -tek) Platte f, Plättchen n; La melle f; Lasche f; (Schokolade-)Tafel f; Fliese f; Kocher m, Kochplatte f; vgl. płyta; **~ki** (-ko) flach seicht (a. fig.); **~kowy** plattenförmig, lamellar; Platten-, Fliesen-. **~oteka** f Diskothek f; **~owy** Platten-; Tafel-.

pływ m (-u; -y) Tide f; **~y** pl. Gezeiten pl.; ~ syzygijny Springflut f; **~acki** Schwimm(er)-; **~actwo** n (-a; 0) Schwimmsport m; **~aczka** f (-i; G -czek) Schwimmerin f; **~ać** (-am) schwimmen; segeln, fahren; **~ający** ['-jɔn-] schwimmfähig; Schwimm-; **~ak** m (-a; -i/-cy) Schwimmer m; Schwimmkörper m; Floß n; Zo. Schwimmkäfer m; F fig. Phrasendrescher m; Schlaumeier m; **~akowy** Tech. Schwimmer-; **~alnia** [-'val-] f (-i; -e, -i) (otwarta) Freibad n; (kryta) Hallenbad n, Schwimmhalle f; **~anie** n (-a) Schwimmen n; (See-)Reise f, Fahrt f; nauka **~ania** Schwimmunterricht m; ~y Bot., Zo. Schwimm-; **~owy** Gezeiten-; **~y** pl. s. pływ.

pną|cy ['pnɔn-] Rank-, Kletter-; **~cz** m (-a; -e) Kletterpflanze f, Rankengewächs n.

pneumaty|czny pneumatisch, (Druck-)Luft-; łódź **-na** Schlauchboot n; **~k** m (-a; -i) Kfz. Reifen m.

pniak [pɲak] m (-a; -i) (Baum-)Stumpf m, Stubben m; **~ do rąbania** Hackklotz m.

po Prp. (L) auf, in (D); an (D); bis (zu D); von (D); (a. A) nach (D); (A) zu, je; klepać ~ ramieniu auf die Schulter klopfen; chodzić ~ deszczu im Regen gehen; poznać ~ głosie an der Stimme erkennen; śnieg ~ kolana Schnee bis zu den Knien; ~ ojcu vom Vater erben; ~ wojnie nach dem Krieg; jeden ~ drugim einer nach dem anderen, nacheinander; iść ~ wodę nach Wasser gehen, Wasser holen; ~ pięć złotych za kilo das Kilo zu fünf Zloty; bleibt oft unübersetzt: ~ całych nocach nächtelang; puszka ~ konserwach Konservendose f; ~ pierwsze erstens; ~ bohatersku heldenhaft; ~ niemiecku (auf) deutsch; już ~ wszystkim (schon) alles vorbei.

pobiałka f (-i; G -łek) Engobe f.

pobi|cie n Besiegung f; Niederlage f; Prügel m/pl., Schläge m/pl.; Jur. Körperverletzung f, körperliche Mißhandlung; **~ć** pf. s. bić.

pobie|c, ~gnąć pf. s. biec, biegać, biegnąć; **~lać** (-am) s. bielić; **~rać** (-am), ⟨pobrać⟩ Einkünfte beziehen; Unterricht bekommen, erhalten; Steuern erheben; Miete (ein)kassieren; Probe entnehmen; F pobrać się heiraten; **~ranie** n (-a; 0) Bezug m;

Erhebung f; Entnahme f; **~ranie** nauki Schulbesuch m; Studium n; Lehre f; **~żny** oberflächlich, flüchtig.   [Bgb. Fäustel m.]

pobijak m Schlegel m, Klopfholz n;]

pobli|ski nahe (od. in der Nähe) gelegen; **~sko** n (-a; G -y): w **~żu** (D) in der Nähe (G, von), nahe bei.

pobłaż|ać (-am) (D) zu viel durchgehen lassen (D), (zu) nachsichtig sein (gegenüber D); **~liwość** f (-ści; 0) Nachsicht(igkeit) f; Toleranz f; **~liwy** (-wie) nachsichtig; tolerant.

pobłyskiwać (-uję) aufblitzen; s. błyskać.

pobocz|e n (-a) Bankette f, Randstreifen m; **~ny** Neben-, Zweit-, Rand-, Hilfs-.

pobo|jowisko n (-a) Schlachtfeld n, † Walstatt f; **~rca** m (-y; G -ów) (Steuer-)Einnehmer m; **~rowy** gestellungspflichtig; Musterungs-; Rekruten-, Wehrdienst; (Steuer-) Erhebungs-, Beitreibungs-; Su. m (-ego; -i) Wehr(dienst)pflichtige(r), Rekrut m; **~ry** m/pl. (-ów) Gehalt n, Bezüge m/pl., Besoldung f.

pobożn|iś m (-sia; -siowie), **~isia** [-'ɲi-] f (-i; -sie) Frömmler(in)f m; **~ość** f (-ści; 0) Frömmigkeit f; **~y** fromm.

pobór m (Rekruten-)Aushebung f, Einberufung f; (Steuer-)Erhebung f; (Strom-, Wasser-)Entnahme f.

pobra|ć pf. s. pobierać; **~nie** (-a) (Post-)Nachnahme f; za **~niem** gegen Nachnahme; **~niowy** Nachnahme-.

pobratym|iec [-'ti-] m (-mca; -mcy) (Bluts-)Verwandte(r); fig. Kamerad m, Intimus m; **~stwo** n (-a; 0) (Bluts-)Verwandtschaft f; Freundschaft(sbande pl.) f.

pobru- in Zssgn Verben s. bru-.

pobrzeż|e n (-a; G -y) Küste(nstrich m) f; Ufer n; Rand m; **~ny** Küsten-, Ufer-.

pobrzękiwać [-bʒɛŋ-] (-uję) klimpern; scheppern; Kette: rasseln.

pobudka f Mil. Wecksignal n; (oft pl.) Motiv n, Beweggrund m; Ansporn m, Anreiz m.

pobudliw|ość f (-ści; 0) Erregbarkeit f, Reizempfindlichkeit f, próg **~ości** Reizschwelle f; **~y** (leicht) erregbar.   [sich anbauen.]

pobudować pf. s. budować; ~ się]

pobudz|ać (-am), ⟨**~ić**⟩ hervorrufen, erregen; anreden (*do G*/zu); (*nur pf.*) mehrere Personen (auf-)wecken; **~ający** [-'jɔn-] (-co) stimulierend, anregend; *środek -cy* Anregungsmittel *n*; **~enie** *n* (-a; 0) Anregung *f*; *środek na ~enie apetytu* appetitanregendes Mittel; **~ić** *pf. s.* pobudzać.

poby|ć *pf.* sich e-e Weile aufhalten, e-e Zeitlang verweilen; **~t** *m* (-u; -e) Aufenthalt *m*. [(-nku;-nki) Kuß *m*.)

pocał|owanie *n* (-a), **~unek** *m*)

pocenie się *n* (-a; 0) Schwitzen *n*.

pochewka *f* (-i; *G* -wek) Etui *n*, Hülle *f*, Futteral *n*.

pochleb|ca *m* (-y; *G* -ów) Schmeichler *m*; **~czy** (-czo) schmeichlerisch, liebedienerisch; **~iać** [-'xlɛ-] (-am), ⟨**~ić**⟩ (-ę) schmeicheln; lobhudeln, liebedienern; **~iać sobie** *a.* sich geschmeichelt fühlen; **~iający** [-'jɔn-] (-co) schmeichelnd; *s.* pochlebczy; **~ny** schmeichelhaft; **~stwo** *n* (-a) Schmeichelei *f*.

pochłania|cz [-'xwa-] *m* (-a; -e) Absorptionsmittel *m*; Filter *n*; **~cz dymu** Rauchverzehrer *m*; **~cz dźwięku** Schallschlucker *m*; **~ć** (-am) *s.* chłonąć; verschlingen (*a. fig.*); j-n völlig in Anspruch nehmen, beschäftigen; Opfer fordern; **~nie** *n* (-a; 0) Absorption *f*, Aufnahme *f*.

pochło|nąć *pf. s.* pochłaniać, chłonąć; **~nięcie** [-'nɛŋ-] *n* (-a; 0) (gänzliche) Inanspruchnahme (*I*/ durch *A*); Vertieftsein *n* (in *A*); **~nięty** [-'nɛŋ-] *fig.*(*I*) gefesselt(von), vertieft, versunken (in *A*).

pochmurn|ieć [-'xmu-] (-eje) Himmel: sich bewölken; sich eintrüben; ⟨*a. s-*⟩ *Gesicht:* sich verfinstern, verdüstern; **~y** *s.* chmurny.

pochodn|a *f* (-ej; -e) *Math.* Ableitung *f*; *Chem.* Derivat *m*; *fig.* natürliche Folge, Ergebnis *n*; **~ia** [-'xɔd-] *f* (-i; -e, -i) Fackel *f*; *fig.* Leuchtfeuer *n*; **~ik** *m* (-a; -cy) Fackelträger *m*; **~y** abgeleitet; sekundär; *wyraz ~y Gr.* Ableitung *f*.

pochodz|enie *n* Ursprung *m*; Abstammung *f*; Herkunft *f*, Provenienz *f*; *Polak z ~enia* gebürtiger Pole; **~ić¹** *pf.* (e-e Zeitlang, hin und her) wandeln, spazieren; **~ić²** (-dze) (ab)stammen (*z G*/von, aus *D*); herrühren, s-n Ursprung haben.

pochopn|ość *f* (-ści; 0) Hastigkeit *f*,

Voreiligkeit *f*; **~y** (*a. zbyt ~y*) voreilig, übereilt; eilfertig.

pochoro|bowy: *pielęgnacja -wa* Nachsorge *f*, -behandlung *f*; **~wać** *pf.* e-e Weile krank sein; **~wać się** nacheinander (*od.* alle) erkranken, krank werden.

pochód *m* Marsch *m*; (Fest-)Zug *m*; ~ *lodu* Eisgang *m*.

po|chówek P *m* (-wka/-wku; -wki) Beerdigung *f*; **~chrapywać** (-uję) aufschnarchen, leise schnarchen; *Pferd:* aufschnauben; **~chrząkiwać** [-xʃɔŋ-] (-uję) sich räuspern.

pochw|a *f* (-y; *G* -chew) Scheide *f*; (Pistolen-)Tasche *f*; *Tech.* Hülse *f*, Hülle *f*, Mantelrohr *n*; *dobyć z ~y* blankziehen.

pochwa|lać (-am) billigen, gutheißen; (na ~lać mißbilligen; **~lny** lobend, Lobes-; Belobigungs-; **~la** *f* (-y) Lob *n*; Belobigung *f*; *godny ~ły* lobenswert.

pochwyc|enie *n*(-a; 0) Ergreifung *f*; **~ić** *pf. s.* chwytać; entführen; *Dieb* ergreifen; begreifen, erfassen.

pochy|lać (-am) *s.* chylić; **~lenie** *n* (-a) Neigung *f*; Schräge *f*; **~lnia** [-'xil-] *f* (-i; -e, -i) Rampe *f*; Helling *f*; *Bgb.* Schrägrutsche *f*; Schleppschacht *m*; *Esb.* Bremsberg *m*; **~lnik** *m* (-a; -i) Neigungsmesser *m*; Gradbogen *m*; **~lony** geneigt; gebeugt (*nad I*/über *D*); **~ł** *m* (-u; -y) Schlagseite *f*; **~ło** *Adv. s.* pochyły; **~łomierz** *f* [-'wɔ-] *m* (-a; -e) *s.* pochylnik; **~łość** *f* (-ści) Neigung *f*, Gefälle *n*; Schräglage *f*; (Ab-)Hang *m*; **~ły** (-ło) geneigt, schief, schräg.

pociąg¹ *m* [-'tɕɔŋk, -ŋgu] (-u; -i) (*motorowy, pospieszny, towarowy* Triebwagen–, Schnell–, Güter–) Zug *m*; ~ *holowniczy Mar.* Schleppzug; ~ *drogowy dalekobieżny Kfz.* Fernlastzug.

pociąg² *m* Hang *m*, Neigung *f* (*do G*/zu); ~ *do zabawy* Spieltrieb *m*; *mieć ~ do* (*G*) sich hingezogen fühlen zu (*D*); **~ać**, ⟨**~nąć**⟩ ziehen (*za A*/an *D*; *do G*/zu; *za sobą* nach sich); (*mst impf.*) anziehen, locken; (*z G*) e-n Zug machen (aus), e-n Schluck nehmen (aus), nippen (an *D*); (*po L*) (an)streichen (*A*); (*nur pf.*) losziehen, nachziehen; **~ać nosem** aufschnupfen, F die Nase hochziehen; F *on długo nie ~nie* er macht nicht mehr lange; **~ający** [-'jɔn-] (-co) anziehend, attraktiv; verlockend; **~ly** länglich.

pociągnięcie [-'nɛn-] n (-a) Zug m; (Feder-, Pinsel-)Strich m; za jednym **~m** mit e-m Schlag; ~ do odpowiedzialności cywilnej, karnej Klageerhebung f, Strafanzeige f.

pociągowy [-tɔɔŋ'gɔ-] Zug-.

pocić się ⟨s-⟩ (-cę, -é!) schwitzen (fig. nad I/bei); s. potnieć.

pocie|- in Zssgn Verben s. cie-; **~c** pf. s. cieknąć; **~cha** f (-y) Trost m; Freude f; F Sprößling m, pl. a. Nachwuchs m; nie będzie z tego ~chy daraus wird wohl nichts; sto ~ch było es war zum Totlachen; na ~chę zur Freude; **~rać** (-am), ⟨potrzeć⟩ reiben (się sich).

pociesz|ać (-am), ⟨~yć⟩ trösten (się sich), Trost spenden; **~ający** [-'jɔn-] (-co) tröstlich, erfreulich; **~enie** n (-a; 0) Trost m; na ~enie zum Trost; **~ny** drollig, possierlich; **~yciel** [-'ʃi-] (-a; -e), **~lka** f (-i; G -lek) Tröster(in f) m; **~yć** pf. s. pocieszać.

pocisk m (-u; -i) (kierowany, smugowy, wybuchowy Lenk-, Leucht-spur-, Spreng-)Geschoß m; Projektil n; ~ burzący, odłamkowy Brisanz-, Splittergranate f; ~ moździerzowy (Wurf-)Mine f; ~ (klasy) ziemia-ziemia Boden-Boden-Rakete f.

pocis|kać ⟨~nąć⟩ drücken.

po co wozu, weshalb.

począć pf. s. poczynać.

począt|ek [-'tʃɔn-] m (-tku; -tki) Anfang m, Beginn m; **~ki** pl. a. Anfangsgründe m/pl.; dać ~ek (D) den Anfang machen (mit), in Gang setzen (A); brać (od. mieć) ~ek beginnen, entstehen; zurückgehen auf (A); od (samego) ~ku (ganz) von Anfang an, von vorn; od ~ku (G) zu Beginn (G); na ~ek für den Anfang; na ~ku anfangs; (G) zum Auftakt, zu Beginn (G); z ~kiem (od. w ~kach) maja Anfang Mai; **~kowo** Adv. anfangs, zuerst; **~kowy** anfänglich, Anfangs-; głoska -wa Gr. Anlaut; Su.m ⟨-ego; -y⟩ Anfänger m.

poczciarz ['pɔ-] Γ m (-u, -e) Postler m;

poczciw|ie Adv. s. poczciwy; **~iec** [-'tɕi-] m (-wca; -wcy), **~ina** m (-y; G -/-ów) Seele f von Mensch, e-e

gute Seele; **~y** (-wie) gutmütig; gütig, warmherzig; † a. ehrlich, bieder; **~y z kościami** ein herzensguter Mensch.

pocze- in Zssgn Verben s. cze-.

poczeka|lnia [-'kal-] f (-i; -e, -i) Wartezimmer n, -raum m, -saal m; **~nie** n: na ~niu sofort, auf der Stelle; aus dem Stegreif.

pocze|sny ehrenvoll, Ehren-; **~t** m (-cztu; -czty) Schar f, Reihe f; Gefolge n; ~t sztandarowy Fahnenträger m/pl.; wpłata na ~t rachunku Abschlagszahlung f.

poczęcie [-'tʃɛn-] n (-a) Empfängnis f; ♀ Najświętszej Marii Panny Mariä Empfängnis.

poczęstować pf. s. częstować; ~ się (I) nehmen (A); proszę się ~! bitte bedienen Sie sich! [Imbiß m.\

poczęstunek m (-u; -i) Bewirtung f;

poczt|a f (-y) (lotnicza, pneumatyczna Luft-, Rohr-)Post f; ~ konna Posthalterei f; Postkutsche f; ~q per (od. mit der) Post; **~owiec** [-'tɔ-] m (-wca; -wcy) Postler m, Postbeamte(r); **~owy** Post-, postalisch; (główny) urząd ~owy (Haupt-)Postamt n; **~ówka** f (-i; G -wek) Postkarte f; ~ówka z życzeniami Glückwunschkarte f; **~ylion** [-'tɕi-] m (-a; -i/-owie) Postillion m.

poczucie n (czasu, honoru, obowiązku, winy Zeit-, Ehr-, Pflicht-, Schuld-)Gefühl n; ~ humoru Sinn m für Humor.

poczuwać: ~ się do (G) sich bewußt sein (G); ~ się do obowiązku sich verpflichtet fühlen.

poczwar|a f (-y) Scheusal n, Ungeheuer n; **~ka** f (-i; G -rek) Zo. Puppe f; Larve f; **~ny** gräßlich.

poczwórny vierfach.

poczyna|ć (-am), ⟨począć⟩ [-tʃɔntɕ] (-nę) beginnen, anfangen; ~ć sobie auftreten, sich aufführen; (nur pf.) Kind empfangen; co począć? was (ist zu) tun? **~nie** n (-a): mst pl. ~nia Tun n, Handlungen f/pl.

poczyt|ać pf. (e-e Weile, etwas) lesen; s. poczytywać; **~alność** f (-ści; 0) (ograniczona verminderte) Zurechnungsfähigkeit f; **~alny** zurechnungsfähig; **~ność** f (-ści; 0) große Verbreitung, Auflage, Popularität e-r Zeitung usw.; **~ny** vielgelesen, auflagenstark, populär.

poczytywać halten (co, k-o za G/es,

j-n für *A*); ~ sobie za zaszczyt sich zur Ehre anrechnen; ~ się sich wähnen.

pod *Prp.* (*A, I*) unter (*A, D*); an (*A, D*), bis (*D*); (*I*) bei (*D*); in (*D*); (*A*) gegen (*A*); ~ stół (*stołem*) unter den (dem) Tisch; ~ ścianę (ścianą) an die (der) Wand; ~ karą bei Strafe; ~ Warszawą bei Warschau; ~ postacią in der Gestalt; ~ słońce gegen die Sonne; ~ wieczór gegen Abend; ~ słomą strohbedeckt.

pod- *in Zssgn* unter-; hoch-; an-.

podać *pf. s.* podawać.

podagr|a *f* (*-y; 0*) Gicht *f*, F Zipperlein *n*; **~ycznik** *m* (*-a; -i*) *Bot.* Giersch *m*; **~yczny** gichtisch; **~yk** *m* (*-a; -i/-cy*) Gichtkranke(r).

podajnik *m* (*-a; -i*) Aufgabe-, Beschickungsvorrichtung *f*, Beschikker *m*; Zubringer *m* (*an Waffen*).

podalpejski subalpin.

podani|e *n* (Über-)Reichen *n*; Angabe *f*, Mitteilung *f*; Antrag *m*, Gesuch *n*; Überlieferung *f*; *Sp.* Paß *m*, Vorlage *f*, Zuspiel *n*; Aufschlag *m*; ~e do wiadomości Bekanntgabe *f*; ~e ręki Händedruck *m*, Händeschütteln *n*; ~e się do dymisji Rücktritt *m*; **~owy** Antrags-.

podar|ek *m* (*-rku; -rki*), **~unek** *m* (*-nku; -nki*) Gabe *f*, Geschenk *n*; w ~unku als (*od.* zum) Geschenk.

podat|ek *m* (dochodowy, obrotowy, spadkowy, od nieruchomości, od psów, od wynagrodzeń, od wartości dodanej Einkommen-, Umsatz-, Erbschafts-, Gebäude-, Hunde-, Lohn-, Mehrwert-)Steuer *f*; **~kowy** steuerlich; Steuer-; **~nik** *m* (*-a; -cy*) Steuerzahler *m*, Steuerpflichtige(r); **~ność** *f* (*-ści; 0*) Empfänglichkeit *f*, Anfälligkeit *f* (*na A/* für); Lenksamkeit *f*, Gefügigkeit *f*; *Tech.* -barkeit *f*, -fähigkeit *f*; **~ny** empfänglich, anfällig (*na A/*für); lenksam, gefügig; *Tech.* ~ny na korozję korrosionsempfindlich; ~ny grunt dankbarer Boden (*fig.*).

poda(wa)ć (über)reichen; *Gesuch* einreichen; *Details, Anschrift* angeben, nennen; *Kochk.* servieren, auftragen; *Sp.* (*Tennis*) aufschlagen, angeben; (*Fußball*) *Ball* zuspielen; *fig.-j-n* ausgeben (*za A/*für); ~ dalej weiterreichen; ~ do stołu bei Tisch bedienen; auftragen.

poda|wca *m* (*-y; G -ów*) *Hdl.* Prä-

sentant *m*; **~wczy:** dziennik ~wczy (*Büro-*)Journal *n*; (*Waren-*)Angebot *n*; nadmiar ~ży Überangebot (*G/an*).

podąż|ać (*-am*), ⟨~yć⟩ sich begeben, sich auf den Weg machen (*do G/* nach); *zur Hilfe* eilen; ~ać za (*I*) *j-m* folgen, nachgehen, -eilen.

podbarwi|ać [-'bar-] (*-am*), ⟨~ć⟩ tönen, leicht färben.

podbecht|ywać F (*-uję*), ⟨~ać⟩ (*-am*) aufhetzen.

podbiał ['pod-] *m* (*-u; -y*) *Bot.* Huflattich *m*.

podbi|cie *n* Unterwerfung *f*, Eroberung *f*; *Anat.* Spann *m*; (*Pelz-*) Futter *n*; **~ć** *pf. s.* podbijać.

podbie|c *pf. s.* podbiegać; **~g** *m* *Ski-Sp.* Aufstieg *m*; **~gać**, ⟨~gnąć⟩ angelaufen kommen, herbeieilen; **~gły** *s.* nabiegły; **~gunowy** polar, Pol-; **~rać** (*-am*), ⟨podebrać⟩ (heraus)nehmen; F stibitzen; *Schwanz* einziehen.

podbi|jać (*-am*), ⟨~ć⟩ unterwerfen, erobern; *Ball* (von unten) nach oben schlagen; *Auge* blau schlagen; *Preis* in die Höhe treiben; *j-n* überbieten; *Mantel* füttern (*I/*mit); *Schuhe* besohlen; F *Papiere* abstempeln; ~ć sobie nogę *Pferd:* lahmen; F ~(ja)ć bębenka (*D*) *j-m* schmeicheln; ~te oko blaues Auge, F Veilchen *n*; ~jak *m* *Sp.* Schlagholz *n*.

pod|bojowy Eroberungs-; **~bój** *m* Eroberung *f*; **~bramkowy** *Sp.* Tor-; F *fig.* sytuacja -wa verzwickte Lage; **~bródek** *m* (*-dka; -dki*) Kinn *n*; **~bródkowy** Kinn-; cios -wy Kinnhaken *m*; **~brzeźniak** [-'bʒeʒ-] *m* (*-a; -i*) Birkenpilz *m*; **~brzusze** *n* (*-a*) Unterbauch *m*, -leib *m*; (*Tier-*)Bauch *m*.

podbudow|a *f* Unterbau *m* (*a. fig.*); **~(yw)ać** (*-[w]uję*) unterbauen.

pod|buntować *pf.*, **~burzać** (*-am*), ⟨~burzyć⟩ aufwiegeln.

podchmiel|ić *pf.* (*-ę*): ~ić sobie sich e-n antrinken; **~ony** beschwipst.

podchodz|enie *n s.* podbieg; J*Spr.* Pirsch *f*; **~ić**, ⟨podejść⟩ (*L. -jść*) (*do G*) näher treten *od.* kommen, herangehen, -kommen (*an A*), sich nähern (*D*); anrücken; sich (her)anpirschen (*an A*); *zum Gipfel* aufsteigen, klettern; *fig.* behandeln (*A*), herangehen (*an A*); (*I*) sich füllen (mit *Tränen, Eiter*); ~*ić do lądowania* zur Landung ansetzen.

podchorąż|ak F *m* (*-a; -i*) *s.* podchorąży; **~ówka** F *f* (*-i; G -wek*) Offiziersschule *f*; **~y** *m* (*-ego; -owie*) Fähnrich *m* (*a. hist.*), Offiziersanwärter *m*. [großziehen.)

podchow|ywać (*-uję*), ⟨~*ać*⟩ auf-,)

pod|chód *m* Anschleichen *n*; *s.* podchodzenie; **~chów** *m* Aufzucht *f*.

podchwy|cić *pf. s.* podchwytywać; **~t** *m* Griff *m* von unten; *Sp.* Kammgriff; **~tliwy**: *-we pytanie* Fangfrage *f*; **~tywać** (*-uję*), ⟨~*cić*⟩ auffangen (*a. fig.*); *Anregung, Gedanken* aufgreifen; *in ein Lied* einstimmen.

podciąć *pf. s.* podcinać.

podciąg|ać, ⟨~*nąć*⟩ *v/t* empor-, hochziehen; (hoch)hieven; (her-)anziehen; *fig. Leistungen, Disziplin* verbessern; (*mst pf.*) einstufen (*pod A/in A*); *v/i* anrücken, herannahen; **~nąć się** sich emporziehen; sich hochhangeln; *fig.* sich verbessern *in d. Schule usw.*

podcieni|ać [-'tce-] (*-am*), ⟨~*ć*⟩ (*-ę*) nuancieren, (ab)tönen; ~*ć cieny* Lidschatten auftragen; **~e** *n* (*-a; G -i*) Bogengang *m*, Lauben *f/pl.*; Vordach *n*.

pod|cień *m s.* podcienie; **~cierać** P (*-am*), ⟨~*etrzeć*⟩ den Hintern abwischen (*się sich*); **~cięcie** *n* Beschneiden *n*, Stutzen *n*; (Ein-) Schnitt *m*; **~cinać** (*-am*), ⟨~*ciąć*⟩ (von unten) abschneiden; anschneiden; verschneiden, stutzen (*a. fig.*); (*Tennis*) *Ball* schneiden; *mit d. Peitsche* ein paar (*pf.* eins) überziehen (*G/D*); ~*ciąć korzenie* (*G*) *fig.* im Keim ersticken (*A*); **~ciśnienie** *n* Unterdruck *m*; *Med.* Hypotonie *f*; **~cyfrować** *pf.* (*-uję*) abzeichnen, paraphieren.

podczas *Prp.* (*G*) während (*G*); ~ *gdy* in (*od.* zu) der Zeit als; wohingegen. [Mundschenk *m*.)

podczaszy *m* (*-ego; -owie*) *hist.*)

podczer|niać [-'tʃer-] (*-am*), ⟨~*nić*⟩ schwarz anmalen, färben; dunkel tönen; **~wień** *f* Infrarot *n*; **~wony** infrarot.

podczes|ywać (*-uję*), ⟨~*ać*⟩ *Haar* hochkämmen.

podczołgać się *pf. s.* podpełzać.

podda|ć (się) *pf. s.* poddawać; **~nie** *n* Übergabe *f* e-r Festung; Unter-

ziehen *n* e-r Behandlung; ~*nie się* Kapitulation *f*; *z* ~*niem mit* Resignation; **~ny** untertan; *Su. m* (*-ego; -i*) Leibeigene(r); Untertan *m*; **~ńczy** † abhängig, hörig; leibeigen; **~ństwo** [-'daĩs-] *n* (*-a*) Leibeigenschaft *f*; *Pol.* Abhängigkeit *f*; † *a.* Staatsbürgerschaft *f*; **~sze** *n* (*-a; G -y*) Dachgeschoß *n*; Dachkammer *f*.

podda(wa)ć *Festung* übergeben; *e-r Behandlung* unterwerfen, -ziehen; *e-r Wirkung* aussetzen; *Gedanken* eingeben; ~ *próbie* testen, prüfen; ~ *się* sich ergeben; erliegen; sich unterwerfen, -ziehen; *nie* ~ *się a.* sich nicht unterkriegen lassen.

pod|dostawca *m* Zulieferer *m*; **~dział** *m* Unterabteilung *f*; **~dzierżawca** *m* Unterpächter *m*.

pode *s.* pod; **~mną** unter mir; **~brać** *pf. s.* podbierać.

podej|mować (*-uję*), ⟨*podjąć*⟩ (*-ejmę*) aufheben; empor-, hochheben; *Geld* abheben; *Anker* lichten; *Beschluß* fassen; *Verpflichtung* eingehen, auf sich nehmen; *Produktion, Kampf* (*na nowo wieder-*) aufnehmen; *Reise* unternehmen; (*nur impf.*) *Gäste* empfangen, begrüßen; *e-n Empfang* geben (*für A*); *podjąć się* (*G*) *Rolle, Pflicht* übernehmen; **~rzany** verdächtig (*o A/G*); suspekt; *Su. m* (*-ego; -i*) Verdächtige(r).

podejrze|ć *pf. s.* podglądać; **~nie** *n* (*-a*) Verdacht *m*; Verdächtigung *f*; ~*nie o popełnienie morderstwa* Mordverdacht; **~wać** (*-am*) verdächtigen (*o A/G*); argwöhnen.

podejrzliw|ie *Adv. s.* podejrzliwy; **~ość** *f* (*-ści; 0*) Mißtrauen *n*, Argwohn *m*; **~y** (*-wie*) mißtrauisch, argwöhnisch.

podej|ście [-'dɛj-] *n* (*-a; G -ść*) Annäherung *f*; Aufstieg *m*; *Flgw.* (*Lande-, Ziel-*)Anflug *m*; Art *f et.* zu tun, Methode *f*; Behandlung *f*; Auffassung *f*; Hinterlist *f*; **~ść** *pf. s.* podchodzić. [coać.)

podekscytować *pf.* (*-uję*) *s.* podnie-)

pode|przeć *pf. s.* podpierać; **~rwać** *pf. s.* podrywać; **~rznąć**, **~rżnąć** *pf. s.* poderzynać; **~schnąć** *pf. s.* podsychać; **~słać** *pf. s.* podsyłać, podścielać.

podest *m* (*-u; -y*) Treppenabsatz *m*; Podest *n*, Podium *n*.

podesz|ły: w ~łym wieku vorge-schrittenen Alters, bejahrt; (*I*) *s.* nabiegły; ~**wa** *f* (-y; *G* -szew) (Fuß-, Schuh-)Sohle *f*; ~**wica** *f* (-y; -e) See-zunge *f*; ~**wowy** Sohlen-.

podetap *m Sp.* Teilstrecke *f*, Halb-etappe *f*.

pode|tkać, ~tknąć *pf. s.* podtykać; ~**trzeć** *pf. s.* podcierać.

pod|fastrygować *pf.* anheften; ~**fruwajka** *f f* (-i; *G* -jek) Teenager *m*, Backfisch *m*; ~**galać** (-am), ⟨~golić⟩ (aus)rasieren; ~**ganiać** ⟨~gonić⟩ *s.* podpędzać.

podgardl|anka *f* (-i; *G* -nek) Weiß-wurst *f*; ~**e** *n* (-a) (Ochsen-)Stich-brust *f*, Wamme *f*; F *A.* Doppelkinn *n*; ~**ica** *f* (-y; -e) Kropf *m*.

podgar|niać [-'gar-] (-am), ⟨~nąć⟩ zusammenrechen, -harken; *Kleid* zusammenraffen; *Haar* hochstek-ken. [spezies *f*.]

podgatunek *m Bio.* Unterart *f*, Sub-}

podgazować F *pf.*: ~ sobie *s.* pod-chmielić.

pod|ginać (-am), ⟨~giąć (-egnę)⟩ *Hose* um-, einschlagen; *Rand* um-biegen; *s.* podkulać; ~**glądać** [-'glɔn-] (-am) *s.* podpatrywać; ~**glebie** [-'glɛ-] *n* (-a; *G* -i) Unter-boden *m*; ~**główek** *m* (-wka; -wki) Kopfstütze *f*; Kopfkissen *n*; ~**gni-wać** (-am), ⟨~gnić⟩ anfaulen; ~**go-lić** *pf. s.* podgalać; ~**gonić** *pf. s.* pod-pędzać; ~**gorączkowy** *Med.* sub-febril; ~**górski** Vorberg-, Vorland-, am Fuße e-s Gebirges gelegen; ~**górze** *n* (-a) Vorgebirge *n*, (Gebirgs-) Vorland *n*; ~**grodzie** [-'grɔ-] *n* (-a; *G* -i) hist. Burgstadt *f*; ~**grupa** *f* Untergruppe *f*; ~**gryzać** (-am), ⟨~gryźć⟩ annagen; *fig.* intrigieren, wühlen (*A*/gegen *A*).

podgrzew|acz *m* (-a; -e) Vorwärmer *m*; Erhitzer *m*; ~**ać** (-am), ⟨pod-grzać⟩ auf-, anwärmen, warm (*od.* heiß) machen; *Tech.* vorwärmen.

pod|grzybek *m* Maronenpilz *m*, Birkenpilz *m*; ~**halański** [-'laĩs-] Tatravorland-; aus Podhale (stam-mend); ~**inspektor** *m* Unter-inspekteur *m*; ~**jadać**, ⟨~jeść⟩ *s.* pod-gryzać; F (*nur pf.*) sich stärken, etwas essen; ~**jadek** *m* (-dka; -dki) *Zo.* Maulwurfsgrille *f*.

podjazd *m* (-u; -y) An-, Zufahrt(s-weg *m*) *f*; (überdachtes) Portal; † *Mil.* Streifzug *m*; Erkundungstrupp

m; *fig.* böser Streich; ~**owy** An-fahrts-; Zubringer-; *wojna* ~**owa** Partisanenkrieg *m*; *fig.* Wühltätig-keit *f*.

pod|jąć *pf. s.* podejmować; ~**jeść** *pf. s.* podjadać; ~**jeżdżać** (-am), ⟨~je-chać⟩ heranfahren, (her)anrollen; *e-n Hügel* hinauffahren; (*nur impf.*) hist. aus dem Hinterhalt überfallen; P (*unpers.*) stinken (*I*/nach); ~**jęcie** [-'jɛn-] *n* (-a) (Geld-)Abheben *n*; Beginn *m*, Aufnahme *f*; (Gäste-) Bewirtung *f*, Empfang *m*; ~**judzać** (-am), ⟨~judzić⟩ aufhetzen; ~**kar-miać** [-'kar-] (-am), ⟨~karmić⟩ *Tiere, Vögel* zusätzlich füttern; ~**karpacki** Karpaten(vorland)-; aus dem Karpatenvorland stammend.

podkas|any *Rock*: (ziemlich) kurz; F *fig.* frivol; ~**ywać** (-uję), ⟨~ać⟩ (-am) *Rock* lüpfen, raffen; *Hose* hochkrempeln.

pod|klasa *f* Unterklasse *f*; ~**klejać** (-am), ⟨~kleić⟩ ([von] unten) an-kleben; aneinanderkleben; ~**kleić** *płótnem* auf Leinen aufziehen.

podkład *m* Unterlage *f*; Grund *m*, Bett *n*; (Eisenbahn-)Schwelle *f*; Grundanstrich *m*; Grundierung *f*; *Agr.* Wildling *m*; ~**ać** (-am), ⟨podłożyć⟩ unterlegen; unterschie-ben, F -jubeln; *Feuer, Mine* legen; *Kohle* anlegen; *Gedicht* vertonen; ~**ka** *f* Unterlage *f*; *Tech.* Unterleg-scheibe *f*; ~**ka** sprężysta Federring *m*; ~**owy** Grund(ier)-.

podko|chiwać się (-uję) (*w L*) ein bißchen verliebt sein (in *A*), schwärmen (für *A*); ~**lanówki** *f*/pl. (-wek) Kniestrümpfe *m*/pl.; ~**mendny** untergeordnet; *Su. m* (-ego; -i) Untergebene(r); ~**misja** *f*, ~**mitet** *m* Unterausschuß *m*; ~**morzy** *m* (-ego; -owie) hist. Kam-merherr *m*; Kämmerer *m*.

podkop *m* (unterirdischer) Gang, Stollen *m*, Mine *f*; ~**ywać** (-uję), ⟨~ać⟩ untergraben, -höhlen; mi-nieren (*a. fig.*); ~**ywać się** sich unter-irdisch heranarbeiten (*pod A*/an *A*).

podko|szulek *m* (-lka; -lki) Unter-hemd *n*; ~**wa** *f* (-y; *G* -ów) Huf-eisen *n*; ~**wiak** [-'kɔ-] *m* (-a; -i) Hufnagel *m*; ~**wiasty** (-to) huf-eisenförmig.

pod|kówka *f* (-i; *G* -wek) kleines Hufeisen *f*; (Absatz-)Eisen *n*; ~**kpi-wać** (-am) sich lustig machen (z *G*/

über *A*); **kradać** (-am), ⟨**kraść**⟩ (be)stehlen; **kraść się** sich (her-) anschleichen; **krążony**: -ne oczy Augenränder *m/pl.*, -ringe *m/pl.*

podkreśl|ać (-am), ⟨**ić**⟩ unterstreichen; *fig. a.* hervorheben.

podkręc|ać (-am), ⟨**ić**⟩ *Bart* zwirbeln; *s. na-,* przykręcać; F *fig. a.* aufziehen.

podku|cie *n* (-a) Hufbeschlag *m*; **ć** *pf. s.* podkuwać; **lać** (-am), ⟨**lić**⟩ *Schwanz, Beine* einziehen; **pywać** (-uję), ⟨**pić**⟩ *beim Kauf* überbieten; † *a.* bestechen.

podkurcz *m Sp.* Hocke *f*; **ać** (-am), ⟨**yć**⟩ *s.* podkulać.

podku|rzacz *m* (-a; -e) Imkerpfeife *f*; **rzać** (-am), ⟨**rzyć**⟩ Bienen berauchen; **ty** beschlagen (*Adj.*); **wać** (-am), ⟨**ć**⟩ *Pferd* beschlagen.

pod|kwasić *pf.* ansäuern; **lać** *pf. s.* podlewać; **latywać** (-uję), ⟨**lecieć**⟩ auffliegen; heranfliegen; F (*nur pf.*) angerannt kommen.

podle¹ † *Prp.* (*G*) bei, neben (*D*).

podle² *Adv. s.* podły; **c¹** F *m* (-a, -u!; -e) Schuft *m*.

podle|c² *pf. s.* podlegać; **cieć** *pf. s.* podlatywać; **czyć** *pf.* bessern, teilweise auskurieren; *Kranken, Gesundheit* teilweise wiederherstellen; **czyć się** sich etwas erholen; *s-n* Gesundheitszustand bessern; **gać** (-am), ⟨**c**⟩ unterstehen, unterstellt sein; unterliegen, unterworfen sein; *unter das Gesetz* fallen; nie **gać** (*D*) frei, befreit sein (von); **gający** [-'jɔn-]: *cy karze* strafbar, -würdig; *-cy opłacie, opodatkowaniu* gebühren-, steuerpflichtig; nie *-cy s. wolny*; **gły** (*D*) untergeben, untertan (*D*), abhängig (von); ausgesetzt (*D*); *s. podlegający.*

podlep|iać [-'le-] (-am), ⟨**ić**⟩ anleimen, -kleben; *s.* podklejać.

podle|szczyk *m* (-a; -i) *Zo.* Güster *m*; **wać** (-am), ⟨**podlać**⟩ begießen; **źć** *pf. s.* podłazić.

podlicz|ać (-am), ⟨**yć**⟩ zusammenzählen, addieren; **enie** *n* (-a) Zusammenzählung *f*; Summe *f*.

podliz|ywać się (-uję), ⟨**ać się**⟩ sich einschmeicheln; *fig.* sich lieb machen (*D/bei*). [Backfisch *m.*]

podlotek *m* (-tka; -tki) Göre *f*⌡

podła|tać *pf.* notdürftig flicken; **zić**, ⟨**podleźć**⟩ kriechen (*pod A/* unter *A*); *s. podpełzać.*

podłącz|ać (-am), ⟨**yć**⟩ anschließen; **yć się** (*do G*) *Leitung* anzapfen; **enie** *n* (*Gas-*)Anschluß *m*.

podło|ga *f* (-i; *G* -lóg) (Fuß-)Boden *m*; **gowy** Fußboden-; **gówka** *f* (-i; *G* -wek) Fußbodenbrett *n*; **stka** *f* (-i; *G* -tek) übler Streich; **ść** *f* (-ści) Niederträchtigkeit *f*, Gemeinheit *f*; **że** *n* Unterlage *f*; (Unter-) Grund *m*; *Tech. a.* Bett(ung *f*) *n*; **żyć** *pf. s.* podkładać.

podług *Prp.* (*G*) laut, nach (*D*); gemäß (*D*); *s.* według; **mnie** meiner Meinung nach.

podłu|gowaty (-to) länglich; **żać** (-am), ⟨**żyć**⟩ verlängern, länger machen; **żny** Längs-; länglich; longitudinal; *-nie Adv.* längs, der Länge nach.

podły (-le) niederträchtig, gemein; F *a.* (hunds)miserabel, lumpig.

podma|jstrzy *m* (-ego; -trowie) Meistergehilfe *m*, Vorarbeiter *m*; Polier *m*; **kać** (-am), ⟨**podmoknąć**⟩ feucht (od. naß) werden; **lowywać** (-[w]uję) anmalen (się sich); **rzać** [-r.z-] (-am), ⟨**rznąć**⟩ anfrieren, leicht (ge)frieren; **wiać**, ⟨**podmówić**⟩ anstiften (*do G/zu*).

podmi|atać (-am), ⟨**eść**⟩ zusammenkehren.

podmiejski vorstädtisch, Vorstadt-, Vorort(s)-.

podminow|(yw)ać (-[w]uję) verminen; **any** vermint; F *fig.* geladen.

podmiot ['pod-] *m* Subjekt *n*; **owy** subjektiv, Subjekt-.

pod|mokły feucht, naß; **moknąć** *pf. s.* podmakać; **morski** unterseeisch, submarin, Untersee-; **mówić** *pf. s.* podmawiać.

podmuch *m* (-u; -y) Windstoß *m*, Bö *f*; *Tech.* Wind *m*; *fig.* Hauch *m*; *fala* **u** Druckwelle *f*.

podmur|ow(yw)ać (-[w]uję) untermauern; **owanie** *n* (-a), **ówka** *f* *G* -wek) Untermauerung *f*.

podmy|cie *n* Unterspülung *f*; **wać** (-am), ⟨**ć**⟩ Ufer unterspülen, auswaschen; (się sich) die Aftergegend (*od.* Genitalien) waschen.

podnaj|emca *m* Untermieter *m*; **mować**, ⟨**ąć**⟩ weiter-, untervermieten; nur Untermiete wohnen.

podnebien|ie *n* (-a; *G* -ień) Gaumen *m*; **ie miękkie** Gaumensegel *n*; **ny** Gaumen-.

podniebny himmelhoch, Himmels-.

podniec|ać (*-am*), ⟨*~ić*⟩ erregen (się sich); anregen, aufputschen; aufreizen, anstacheln; **~ający** [-'jon-] (*-co*) anregend, stimulierend; aufputschend; aufreizend; spannend; **~enie** *n* (*-a*) Erregung *f*, Erregtheit *f*; **~ony** erregt.

podnie|sienie *n* (*-a*) *Rel.* Elevation *f*; **~siony** erhoben; **~ść** *pf. s.* podnosić; **~ta** *f* (*-y*) Anregung *f*, Ansporn *m*; *Bio.* Reiz *m*.

pod|niosły (-śle) erhaben, gehoben; **~niszczony** (etwas) abgenutzt; abgegriffen; verschlissen; *s.* podnoszony.

podnosić, ⟨podnieść⟩ (auf-, empor-, hoch)heben; erheben; *Mar.* hieven; *Flagge* hissen, setzen; *Laufmasche* aufheben; *Kragen* hochklappen; *Anker* lichten; *Staub* aufwirbeln; *Alarm* schlagen; *Thema* anschneiden; ~ *na duchu* (neuen) Mut machen (*A/D*); ~ *do potęgi Math.* potenzieren; ~ *się* sich (er)heben; sich aufrichten; *Preis usw.*: steigen.

podnoszenie *n* (Hoch-)Heben *n*; Abheben *n*; ~ *do potęgi Math.* Potenzieren *n*; ~ *oczek* (*Lauf-*)Maschenaufnehmen *n*; *s.* ciężar.

podnoszony *Kleidung*: (etwas) abgetragen, schäbig; aufklappbar, Klapp-; Tech. Hub-.

podnośn|ia [-'nɔɕ-] *f* (*-i*; *-e*, *-i*): **~ia statków** Schiffshebewerk *n*; **~ik** *m* Hubförderer *m*; Aufzug *m*; *Kfz.* Wagenheber *m*; **~y** Hebe-, Hub-.

podnóż|e *n* (*-a*) (*Berg-*)Fuß *m*; *u ~a* (*G*) am Fuß(e); *u ~a dębu* unter e-r Eiche; **~ek** *m* (*-żka*; *-żki*) Trittbrett *n*; Fußbank *f*; *Sp.* Stemmbrett *n*.

podobać się (*-am*) gefallen; *nie ~ać się* mißfallen; *co* (*jak, gdzie, ile, jak*) *się k-u* (*żywnie*) *~a* was (wo, wieviel, wie) es (nur) j-m gefällt; **~ieństwo** [-'beɪ̃s-] *n* (*-a*) Ähnlichkeit *f*; **~izna** *f* (*-y*) Bild(nis) *n*, Photographie *f*; **~nie** *Adv. s.* podobny; (*a. ~nież*) ebenso, gleichermaßen; **~nie jak** ebenso wie; *i tym ~nie* und ähnliches; **~no** *Adv.* es scheint; wie man hört, sagt *usw.*; **~no wyjechał** er soll abgereist sein; **~ny** (*-nie*) ähnlich; *być ~nym* (*do G*) ähneln, gleichen (*D*); *do czego to ~ne* was ist das für e-e Art; *nic ~nego!* keine Spur!; *czy ~na?* (wie) ist denn das möglich?

pod|ochocony *F* angeheitert; **~oddział** *m Mil.* Teileinheit *f*.

podoficer *m* Unteroffizier *m*; **~ka** *f* (*-i*; *G* -rek) Unteroffiziersmesse *f*; **~ski** Unteroffizier(s)-.

pod|okiennik *m* (*-a*; *-i*) Fensterbrett *n*; **~okręg** *m* (*Wehr-*)Bezirk *m*.

podo|lski aus Podolien (stammend); **~łać** *pf.* (*-am*) (*D*) schaffen, bewältigen (*A*), gewachsen sein (*D*); **~m-ka** *f* (*-i*; *G* -mek) Morgenrock *m*; Kittelschürze *f*.

podopieczny *m* (*-ego*; *-i*) Schützling *m*, Schutzbefohlene(r).

podorędzi|e [-'rɛŋ-] *n*: *na ~u* bei der Hand.

pod|orywka *f* (*-i*; *G* -wek) *Agr.* Schälfurche *f*; **~ostry** *Med.* subakut; **~ówczas** damals; **~padać**, ⟨*~paść*⟩ fallen (*pod A/unter A*); *F* (*nur pf.*) (unangenehm) auffallen.

podpal|acz *m* Brandstifter *m*; *s. a.* podżegacz; **~ać** (*-am*), ⟨*~ić*⟩ anzünden, in Brand stecken; *~ić w piecu* Ofen anheizen; **~any** *Tier*: braun gefleckt, gescheckt; **~enie** *n* Anzündung *f*; Brandstiftung *f*.

podpa|łka *f* Anheizen *n*; (*a. drzewo na ~łkę*) Anzündmaterial *n*, (*Klein-*)Brennholz *n*; **~rcie** *n* Ab-, Unterstützung *f*; *Tech.* Lagerung *f*; **~ska** *f* (*-i*; *G* -sek) Binde *f*, Band *n*; Suspensorium *n*; **~sywać** (*-uję*), ⟨*~sać*⟩ (*-szę*) umbinden, umschnallen (*się I/sich A*); **~ść¹** *pf. s.* podpadać; **~ść² się** *pf.* (*L.*) Speck ansetzen, fetter werden.

podpatryw|acz *m* (*-a*; *-e*) heimlicher Beobachter, Spion *m*; Voyeur *m*; **~ać** (*-uję*), ⟨podpatrzyć⟩ *v/t* heimlich beobachten (*A*), zuschauen (*D*); spionieren.

podpełz|ać, ⟨*~nąć*⟩ herankriechen, sich heranschleichen (*do G/an A*), vorrücken. [(*a. fig.*)]

podpędz|ać (*-am*), ⟨*~ić*⟩ antreiben.

podpi|ąć *pf. s.* podpinać; **~ć** *pf.*: *~ć sobie* sich e-n Schwips antrinken.

podpie|kać (*-am*), ⟨*~c*⟩ anbraten; *s.* opiekać; **~niek** *m s.* opieniek; **~rać** (*-am*), ⟨podeprzeć⟩ abstützen; (*się*) sich) stützen (*I od. o A/auf A*); **~rać się w** (*od. pod*) *boki* Arme in die Hüften stemmen.

pod|piętro *n Bgb.* Zwischensohle *f*; **~piłow(yw)ać** (-[w]uję) (von unten) ansägen; **~pinać** (*-am*), ⟨*~piąć*⟩ [-pɔntɕ] (*-epnę*) ein-, anknöpfen;

(ein- *od.* umschlagen und) fest-
stecken; festschnallen; **~pinka** f (-i;
G -nek) Einschlaglaken n; Ein-
knöpffutter n; *Mil.* Kinn-, Sturm-
riemen m.

podpis m (-u; -y) Unterschrift f; **~a-
nie** n (-a) Unterschriftleistung f;
Unterzeichnung f; **~any** Su. m
(-ego; -i) der Unterzeichnete; **~u-
jący** [-'jon-] m (-ego; -ry) = strona
-ca Unterzeichner m; **~(yw)ać** v/t
darunterschreiben; (a. się) unterschreiben, -zeichnen.

podpi|ty angetrunken, angeheitert;
~wniczny unterkellert.

pod|płomyk m *Kochk.* Art Fladen
m; **~pływać**, ⟨**~płynąć**⟩ (do G) her-
anschwimmen (an A); heranrudern
(an A); *Schiff:* sich nähern (D);
(pod A) schwimmen (unter A);
Schiff: fahren (unter A); **~pajać**
(-am), ⟨**~poić**⟩ betrunken machen;
~pora Stütze f (a. fig.); *Arch.*
(Balken-)Auflager n; Widerlager n;
(Brücken-)Stützkörper m; **~pora**
ukośna Strebe f; **~porucznik** m
(Unter-)Leutnant m.

podporządkow|any [-ɔnt-] nach-,
untergeordnet; być -ym a. unter-
stehen; **~anie** n (-a) Unterordnung
f; **~(yw)ać** (-[w]uję) unterordnen
(się sich), unterstellen. [fig. sagen.]
podpowi|adać, ⟨**~edzieć**⟩ vorsagen; f
podpór m (-oru; -ory) Sp. (leżąc
Liege-)Stütz m; **~ka** f (-i; G -rek)
Stütze f; eng S. Stützpfahl m;
Stützbalken m.

podpraw|a f (-y) *Kochk.* Zutat f,
Würze f; **~iać** [-'pra-] (-am), ⟨**~ić**⟩
würzen, anmachen (I/mit).

podpraż|ać (-am), ⟨**~yć**⟩ anrösten.
podprowadz|ać (-am), ⟨**~ić**⟩ heran-
führen (do G/an A); ein Stück begleiten.

pod|puchnąć pf. anschwellen; **~
pułkownik** m Oberstleutnant m; **~
puszczka** f (-i; G -czek) Lab(ferment) n.

podrabia|cz [-'ra-] m (-a; -e) Fäl-
scher m; s. fałszerz; **~ć** (-am),
⟨**podrobić**⟩ nachmachen, fälschen.

podra|pać pf. s. drapać; **~pać się**
sich zerkratzen (o A/an D); **~stać**
(*uni.*), ⟨**podrosnąć**⟩ heranwachsen;
~tować pf. mit Geld aushelfen (A/
D); s. podreperować; **~żać** (-am),
⟨**podrożyć**⟩ verteuern.

podrażni|ać [-'dra-] (-am), ⟨**~ć**⟩

reizen; **~enie** n (-a) *Med.* Reizung f;
fig. Gereiztheit f; **~ony** gereizt.

podrab|ywać (-uję), ⟨**~ać**⟩ *Forst.*
e-e (Fall-)Kerbe schlagen.

podreperować pf. wieder in Ordnung bringen, reparieren; fig. ~
zdrowie et. für s-e Gesundheit tun;
~ się s-e (finanzielle) Lage bessern;
sich (wieder) erholen.

podręczn|ik m Lehrbuch n; Hand-
buch n, Leitfaden m; **~ik** szkolny
Schulbuch n; **~y** Hand-.

podrobi|ć pf. s. podrabiać, drobić;
~ony nachgemacht, gefälscht.

pod|roby m/pl. (-ów) Geschlinge n,
Innereien f/pl.; **~rosnąć** pf. s.
podrastać; **~rostek** m (-tka; -tki)
Halbwüchsige f; **~rozdział** m
Abschnitt m e-s Kapitels.

podroż|eć pf. s. drożeć; **~yć** pf. s.
podrażać.

podró|bki f/pl. (-bek) Hühner-,
Gänseklein n; **~ść** pf. s. podrastać.

podrównikowy äquatorial.

podróż f (-y; -e) (morska, zagranicz-
na See-, Auslands-)Reise f, (dzie-
wicza, koleją Jungfern-, Bahn-)
Fahrt f; biuro **~y** Reisebüro n; **~** tam
i z powrotem Hin- und Rückreise;
~niczka f (-i; G -czek) s. podróżnik;
~niczy Reise-; **~nik** m (-a; -cy)
Reisende(r); *Bot.(pl.-i)* ~nik błękitny
Wegwarte f, Endivie f; **~ny** Reise-
Fahrt-; *Su. m* (-ego; -i) Fahr-
Fluggast m, Reisende(r); **~ować**
(-uję) reisen; (po L) bereisen (A);
~ujący [-'jon-] m (-ego; -y) s. podróżny.   [knusprig braten.]
podrumienić pf. *Kochk.* braun, f
podryg m Zucken n; Hüpfer m;
ostatnie **~i** letzte Zuckungen; **~iwać**
(-uję) zucken; hüpfen.

podryw|acz F m (-a; -e) Schürzen-
jäger m; **~ać** (-am), ⟨**poderwać**⟩
hochreißen (a. fig.); *Wasser:* unter-
spülen; *Gesundheit, Glauben* untergraben, erschüttern; P a. kriegen,
ergattern; *Mädchen* aufreißen; ~ się
się aufspringen; *Vogel:* auffliegen;
Flugzeug: abheben; **~ka** f (-i; G
-wek) Kescher m, Hamen m.

podrzędny [-'žend-] untergeordnet,
zweitrangig; *Talent:* mäßig; *Gr.*
Neben-.

podrzu|cać, ⟨**~cić**⟩ in die Höhe
werfen, hochwerfen; *Holz* anlegen;
Kind unterschieben; F (*mst pf.*) j-n
(im Auto) mitnehmen; j-m et. brin-

gen, liefern; **~t** m Stoß m; (Hoch-)
Werfen n; Sp. Stoßen n b. Gewichtheben; **~tek** m Findelkind n; **~to-
wy**: deska -wa Sp. Federbrett n.

pod|rzynać (-am), **~erznąć**, **~erż-
nąć** (von unten) anschneiden, ansägen; Kehle, Ader durchschneiden.

podsadz|ać, ⟨~ić⟩ empor-, hoch-
heben; auf- od. einsteigen helfen;
Bgb. versetzen; **~ka** f (-i; G -dzek)
Bgb. Versatz m.

pod|sądny m (-ego; -i) Angeklag-
te(r); **~scenie** n (-a) Unterbühne f.

podsekretarz m: **~** stanu Unter-
staatssekretär m.   [gengrube f.⟩

podsercowy: dołek ~ Herz-, Ma-⟩
pod|sienie n (-a; G -i) (Hausflur-)
Vordach n; **~siniaczony** F Auge:
blau(geschlagen); **~siwiały** leicht
ergraut.

podskaki|ewicz F m (-a; -e) Streber
m, Speichellecker m; **~wać** (-uję),
⟨podskoczyć⟩ (hoch)springen; hop-
sen, hüpfen; Fahrzeug: rütteln,
holpern; fig. hochschnellen.

pod|skarbi m (-ego; -owie) hist.
Kämmerer m; **~skoczyć** pf. s. podskakiwać.

podskok m Sprung m, Hüpfer m,
Hopser m; **~i** pl. a. Freuden-, Luft-
sprünge pl.; w **~ach** hüpfend, tänzelnd; fig. dienstbeflissen.

podskórn|y Unterhaut-, subkutan;
woda **~a** (schwebendes) Grund-
wasser.

podsłuch m Horchen n; Ab-, Mithören n; s. nasłuch; służba **~u**
Horch-, Abhördienst m; F założyć
~ e-e Abhöranlage (od. F Wanze) in-
stallieren; **~iwać** (-uję), ⟨~ać⟩ (v/t
(heimlich) horchen, (v/t be)lau-
schen; ab-, mithören; **~owy**
Horch-, Abhör-.

podsma|lać (-am), ⟨~lić⟩ ansengen;
mit Ruß anschwärzen; **~żać** (-am),
⟨~żyć⟩ anbraten.

podsta|cja f Unterstation f; **~cja
transformatorowa** El. Umspannwerk n; **~rzały** bei Jahren, älter;
ältlich.

podstaw|a f (-y) Grund(lage f) m,
Basis f; Math. Grundfläche f;
Grundlinie f; Tech. Gestell n,
Ständer m; Grundplatte f; Sockel
m; Rdf. Chassis n; (Visier-, Säulen-)
Fuß m; Anat. **~a** czaszki Schädel-
basis; dać **~ę** Anlaß (od. Grund)
liefern, geben (do G/zu); nie bez **~y**

nicht ohne Grund; na **~ie** (G) auf
Grund (von); **~ek** m (-wka; -wki)
Mus. Steg m; **~i(a)ć** (dar)unterstel-
len, -setzen; Kopf, Hände halten
unter (A); falschen Zeugen vor-
schieben; Chem., Math. substituie-
ren; **~ić nogę** (D) j-m ein Bein stellen; **~ić pociąg** e-n Zug (am Bahnsteig) bereitstellen; **~ka** f Untersatz m, Untersetzer m; Untertasse f;
(Unter-)Gestell n, Ständer m; Rdf.
(Röhren-)Sockel m; **~owy** Grund-,
Basis-; grundsätzlich.   [stempeln.]

podstemplow(yw)ać (-[w]uję) ab-⟩
podstęp [-temp] m (-u; -y) (wojenny
Kriegs-)List f, Trick m; **~em** mit
List (und Tücke); **~ny** hinterlistig,
-hältig; Plan: heimtückisch.

pod|stołeczny in der Nähe der
Hauptstadt gelegen, aus der Nähe
der Hauptstadt stammend; **~strze-
lić** pf. anschießen; **~strzygać** (-am),
⟨~strzyc⟩ Bart stutzen; Haare
schneiden; s. strzyc.

podsumow|(yw)ać (-[w]uję) zu-
sammenzählen, addieren; Diskussion zusammenfassen; **~anie** n (-a)
fig. Zusammenfassung f, Rekapitu-
lation f.

podsu|szać (-am), ⟨~yć⟩ (vor-)
trocknen (v/t); **~wać**, ⟨~nąć⟩ unterschieben; j-m et. zuschieben;
Stuhl zurecht rücken; Gedanken
eingeben, nahelegen; vgl. podkła-
dać; **~wać** ⟨~nąć⟩ się näher rücken
(do G/an A).

podsy|cać (-am), ⟨~cić⟩ Feuer
unterhalten; (neu) entfachen; Haß
schüren; Hoffnung nähren; Begierde
anstacheln; **~chać** (-am), ⟨~po-
deschnąć⟩ teilweise (od. oberflächlich) trocknen, trocken werden; **~
łać** (-am), ⟨podesłać⟩ (unaufgefor-
dert, F auf den Hals) senden,
schicken; **~pywać** (-uję), ⟨~pać⟩
(darunter)streuen; bestreuen (I/
mit); hinzuschütten; aufschütten.

podszczu|wacz m (-a; -e) Hetzer m,
Aufwiegler m; **~wać** (-am), ⟨~ć⟩
Hund hetzen; fig. aufhetzen.

podszep|t m Einflüsterung f; **~ty-
wać** (-uję), ⟨~nąć⟩ zuflüstern; ein-
flüstern.

podszewk|a f (-i; G -wek) (Jacken-)
Futter n; **~owy**: materiał **~owy** Fut-
terstoff m.

podszkliwny Unterglasur-.
podszy|bie [-'ʃi-] n (-a; G -i) Bgb.

Füllort m; ~ć pf. s. podszywać; ~t m (-u; -y) Forst. Unterholz n; ~ty (I) -gefüttert, z.B. ~ty futrem pelz-gefüttert; Wald: mit dichtem Unterholz; fig. ~ty lisem verschlagen; ~ty tchórzem feig(e); ~ty wiatrem Mantel; ~wać (-am), ⟨~ć⟩ Futter einnähen; füttern (I/mit); Kleid säumen; F ~wać się pod (A) sich ausgeben als od. für (A).

pod|ścielać (-am), ⟨~ścielić, ~esłać⟩ v/t Decke unterbreiten, ausbreiten (pod A/unter A); v/i dem Vieh streuen; ~ściółka f Unterlage f; Streu f; ~śmiewać się (-am) spötteln, witzeln (z G/über A); ~śnieżny unter dem Schnee (befindlich); ~śpiewywać (-uję) vor sich hinsingen, summen.

podświadom|ość f Unterbewußtsein n; ~y unterbewußt.

pod|taczać, ⟨~toczyć⟩ rollen (się/ v/i; pod A/unter A); Würmer: aushöhlen, anfressen; ~tatusiały F (-le) angejahrt, im gesetzten Alter; ~tekst m verborgene(r) Sinn, Doppelsinn m; ~torze n (-a) Esb. Bahnunterbau m.

podtrzym|ywać (-uję), ⟨~ać⟩ halten, stützen; fig. a. Auftrieb geben (D), aufmuntern; Beziehungen, Tradition aufrechterhalten; j-n unterstützen; Feuer nicht ausgehen lassen, unterhalten; Unterhaltung allein bestreiten, in Gang halten.

pod|tykać, ⟨~etkać, ~etknąć⟩ (dar-)unterschieben, stecken unter (A); j-m et. zuschieben; ~tytuł m Untertitel m; ~uczać (-am), ⟨~uczyć⟩ ein wenig anlernen, vorbilden (G/ in D); ~uczyć się ein bißchen lernen (G/A); hinzulernen; ~udzie ['-u-dźe] n (-a; G -i) Unterschenkel m.

podupada|ć, ⟨~ść⟩ herunterkommen, verarmen; in Verfall geraten; (na zdrowiu gesundheitlich) nachlassen; ~ć na siłach hinfällig werden; ~ść na duchu den Mut verlieren; ~dły heruntergekommen, verarmt; Sache: verfallen, verwahrlost.

podusz|eczka f (-i; G -czek) kleines Kissen; ~ka f (-i; G -czek) (elektryczna, do stempli, pod głowę Heiz-, Stempel-, Kopf-)Kissen n; (Luft-)Polster m; (Daumen-)Ballen m; książka do ~ki Bettlektüre f; ~kowiec ['-kɔ-] m (-wca; -wce) Luft-

kissenfahrzeug n; ~kowaty (-to) kissenförmig, polsterartig; ~kowy Kissen-, Polster-. [(się sich).]

podw|ajać (-am), ⟨~oić⟩ verdoppeln

podwa|le n (-a; G -i) (Burg-)Wallböschung f, unterer Wall; ~lina f (-y) Arch. Schwelle f, Sohlbalken m; fig. Grundstein m; ~żać (-am), ⟨~żyć⟩ anheben, wuchten; fig. erschüttern, rütteln (an D).

podwędz|ać (-am), ⟨~ić⟩ leicht räuchern; F fig. s. zwędzić.

podwia|ć pf. s. podwiewać; ~trowy wind-, luvwärts.

podwiąz|ka f Strumpfband n; Sockenhalter m; Order ⟨ki Hosenbandorden m; ~ywać (-uję), ⟨~ać⟩ hoch-, anbinden; Ader abbinden.

podwie|czorek m Vesper(brot n) f; ~szać, ⟨~sić (-szę)⟩ (auf)hängen; ~szenie n (-a) Aufhängung f; ~szka f (-i; G -szek) Med. Suspensorium n; Tech. Aufhängung(svorrichtung) f; ~trzny [-t:ʃ-] s. podwiatrowy; ~wać (-am), ⟨podwiać⟩ Wind: Rock empor-, hochheben; wehen, blasen; ~źć pf. s. podwozić.

podwi|jać (-am), ⟨~nąć⟩ [-nɔ̨tɕ] (-nę, -ń!) auf-, hochkrempeln; s. podkulać.

pod|władny untergeben, unterstellt; Su. m (-ego; -i) Untergebene(r), Befehlsempfänger m; ~woda f Fuhrwerk n; ~wodny Unterwasser-, Untersee-; ściek m s. podwajać; ~woje pl. (-oi/-ojów) (große) Flügeltür; Pforte f, Tor n; ~wojenie n (-a) Verdopp(e)lung f.

podwoz|ić, ⟨podwieźć⟩ mitnehmen, mitfahren lassen; ~ie [-'vɔ-] f (-a; G -i) Kfz. Fahrgestell n; Flgw. (chowane Einzieh-)Fahrwerk n; Esb. Wagengestell n.

podwój|ny doppelt, Doppel-, Duo-, binär; zweifach; liczba ~a Gr. Dual m; gra ~a (Tennis-)Doppel n; fig. Doppelspiel n.

podwó|rko n (-a; G -rek), ~rze n (-a; G -y) Hof m; na ~rzu draußen; ~rzowy Hof-. [nehmer m.]

podwykonawca m Nachauftrag-

podwyż|ka f (-i; G -żek) Erhöhung f; ~szać (-am), ⟨~szyć (-ę) erhöhen; lich (się sich), steigern; aufstocken (a. fig.); ~szenie n (-a) Erhöhung f; Steigerung f; (Temperatur-)Anstieg m; Aufstockung f.

pody- in Zssgn Verben s. dy-.

pod|zamcze [-d·z-] *n* (*-a*) *hist.* Ansiedlung *f* am Fuß e-r Burg; **~zamkowy** in der Burgnähe (gelegen), unterhalb des Burgwalls (befindlich); **~zbiór** *m Math.* Teilmenge *f*.

podziać *pf. s. podziewać.*

podział *m* (Auf-, Ein-, Ver-)Teilung *f*; *engS. a.* Gliederung *f*; ponowny ~ Umverteilung *f*; złoty ~ (odcinków) goldener Schnitt; ~ godzin Stundenplan *m*; **~ka** *f* Maßstab *m*; Skala *f*, (*Grad-*)Teilung *f*. **podziel|ać** (*-am*) *s.* dzielić; **~enie** *n s.* dzielenie, podział; **~nia** [-'dźel-] *f* (*-i*; *-e*, *-i*) *Tech.* (*Zeiger-*)Skala *f*; Gradbogen *m*; Skalenscheibe *f*; **~nik** *m s.* dzielnik; **~ność** *f* (*-ści*; *0*) *Math.* Teilbarkeit *f*; **~ny** teilbar.

podziem|ie [-d·źe-] *n* (*-a*; *G -i*) Keller(geschoß *n*) *m*; (unteridrisches) Gewölbe *n*; *fig.* Untergrund (-bewegung *f*) *m*; Unterwelt *f*; **~ny** unterirdisch, Untergrund- (*a. fig.*); *Bgb.* untertägig.

podzi|ewać (*-am*), ⟨**~ać** *-eję*⟩ (irgendwohin) tun, legen, stellen, (irgendwo stehen-, liegen)lassen, *F* verkramen; ⟨**~ew**⟩*ać się* (irgendwo) stecken, bleiben; (irgendwohin) geraten; abhanden kommen; *nie wiedzieć gdzie się ~ać* nicht wissen wohin.

podzięk|a [-'dźeŋka] † *f* (*-i*; *0*), **~owanie** *n* (*-a*) Dank *m*.

podziurawiony durchlöchert, voller Löcher; **~ od kul, ~ pociskami** *a.* zerschossen.

podziw *m* (*-u*; *0*) Bewunderung *f*; *s. nad*; *nie móc wyjść z ~u* sich vom Staunen nicht erholen können; **~iać** [-'dźi-] (*-am*) bewundern.

podzwonne *n* (*-ego*; *0*) Grabgeläute *n.* [tropisch, Tropen-.⟩

podzwrotnikowy [-d·z-] (sub-)⟩

podźwignąć *pf.* heben, wuchten, *fig.* wiederherstellen, aufbauen, neu erstehen lassen; aufhelfen (*A/D*); ~ *się* (mühsam) aufstehen, sich aufrichten; *fig. s.* dźwigać *się.*

podźe|brze [-d·ʒe-] *n* (*-a*; *G -y*) *Anat.* Unterrippengegend *f*; **~gacz** *m* (*-a*; *-e*) Aufwiegler *m*; *F* Scharfmacher *m*; **~gacz wojenny** Kriegshetzer *m*; **~gać** (*-am*) aufwiegeln; *Jur.* anstiften (do *G*/zu); **~ganie** *n* (*-a*; *0*) Aufwiegelung *f*, Aufhetzung *f*; **~ganie do wojny** Kriegshetze *f*.

poe|mat *m* (*-u*; *-y*) Poem *n*; *F fig.*

Gedicht *n*; **~ta** *m* (*-y*; *-ci*, *-ów*), **~tka** *f* (*-i*; *G -tek*) Dichter(in *f*) *m*; **~tycki** (*-ko*) dichterisch; *a.* = **~tyczny** poetisch; **~zja** *f* (*-i*; *-e*) Poesie *f*, Dichtkunst *f*; Dichtung *f*.

pofa-, pofo- *in Zssgn Verben s. fa-, fo-*.

poga|dać *pf.* (e-e Weile) plaudern; *s. gadać*; **~danka** *f* (*-i*; *G -nek*) Plauderei *f*; **~duszki** F *f/pl.* (*-szek*) Schwatz *m*, Schwätzchen *n*; **~niacz** [-'ga-] *m* (*-a*; *-e*) (*Kamel-*)Treiber *m*; **~niać**, ⟨*pogonić, pognać*⟩ (an)treiben; **~nin** *m* (*-a*; *-anie,-*) Heide *m*; **~ński** [-'gais-] heidnisch, Heiden-; **~ństwo** *n* (*-a*; *0*) Heidentum *n*; *koll.* Heiden *m/pl.*

pogar|da *f* (*-y*; *0*) Verachtung *f*; **~dliwy** (*-wie*) verächtlich; **~dzać** (*-am*), ⟨**~dzić**⟩ (*I*) verachten (*A*), verschmähen (*A*).

pogarsz|ać (*-am*), ⟨*pogorszyć*⟩ verschlechtern, verschlimmern (*się* sich); **~ający** [-'jɔn-] (*-co*) verschlimmernd; erschwerend, verschärfend.

pogawędka [-'vent-] *f* (*-i*; *G -dek*) Unterhaltung *f*, Plauderei *f*.

pogląd [-lɔn-] *m* (*-u*; *-y*) Ansicht *f*, (*na świat* Welt-)Anschauung *f*; *Jur.* ~ *prawny* Rechtsauffassung *f*; *wymiana ~ów* Meinungsaustausch *m*; **~owy** (*-wo*) anschaulich; Anschauungs-.

pogł- *in Zssgn Verben s. gł-.*

pogłębi|ać [-'gwem-] (*-am*), ⟨**~ć**⟩ vertiefen (*się* sich); *Tech.* (ein)senken; (aus)baggern; **~arka** *f* (*-i*; *G -rek*) (*chwytakowa, kubłowa, ssąca* Greif-, Eimer[ketten]-, Saug-[schwimm]-)Bagger *m*; **~enie** *n* Vertiefung *f*.

pogłos *m* Nachhall *m*; **~ka** *f* Gerücht *n*; **~owy** Nachhall-.

po|głowie [-'gwɔ-] *n* (*-a*; *0*) (*bydła* Vieh-)Bestand *m*; **~główny** Kopf-, pro Kopf; **~gm-** *in Zssgn Verben s. gm-*; **~gmatwany** verwirrt, verwickelt; **~gn-** *in Zssgn Verben s. gn-.*

pogniewa|ć *pf. s. gniewać*; **~ć się** sich zerstreiten, *F* böse sein; **~ny** verärgert; zerstritten, *F* böse (z *I*/ mit).

pogod|a *f* (*-y*; *0*) (*brzydka, marcowa* schlechtes, April-)Wetter *n*, Witterung *f*; *fig.* (*a. ~a duszy, umysłu*) heitere Ausgeglichenheit, Frohsinn *m*; *raptowna zmiana ~y* Wetterumschlag *m*; zanosi się na ~ę es gibt schönes Wetter; **~ność** *f* (-ści; 0) Gelassenheit *f*, heitere (*Gemüts-*)Ruhe; *s. a.* pogoda (*fig.*); **~ny** heiter; *fig. a.* (innerlich) fröhlich, ausgeglichen; w ~nym nastroju frohgemut; **~owy** Wetter-; **~ynka** *f* (-*i*; *G* -*nek*) (telefonische) Wetteransage.

pogodz|enie *n* (-*a*) Versöhnung *f*; ~enie się Aussöhnung *f*; Ergebenheit *f* (z *I*/in *A*); niemożliwy do ~enia unvereinbar; **~ić** *pf. s.* godzić (się); (miteinander) vereinen.

pogoń *f* (-*ni*; -*nie*) Verfolgung *f*, Verfolgungsjagd *f*; *koll.* Verfolger *m/pl.*; ruszyć (*od.* puścić, rzucić się) w ~ die Verfolgung aufnehmen (za *I/G*), nachjagen (*D*).

pogorsz|enie (się) *n* (-*a*) Verschlechterung *f*, Verschlimmerung *f*; **~yć** *pf. s.* pogarszać.

pogorzel|ec *m* (-*lca*; -*lcy*) Brandgeschädigte(r), -opfer *n*; **~isko** *n* (-*a*) Brandstätte *f*.

pogotow|ie [-'tɔ-] *n* (-*a*; 0) (*a.* alarmowe *od.* ostre Alarm-)Bereitschaft *f*; Bereitschaftsdienst *m*; F *a.* Rettungswagen *m*; ~e ratunkowe Rettungsdienst *m*; ~e górskie Bergrettungsdienst *m*, Bergwacht *f*; ~e techniczne, awaryjne Störungsdienst *m*; ~e policyjne, milicyjne Überfallkommando *n*; w ~u in Bereitschaft, (einsatz)bereit; mieć w ~u bereithalten.

pogranicz|e *n* (-*a*; *G* -*y*) Grenzgebiet *n*; Grenzland *n*; Wojska Ochrony ~a Grenzschutz(truppen *pl.*) *m*; **~ny** Grenz-.

pogrąż|ać (-*am*), ⟨~yć⟩ (-*ę*) versenken; *fig. ins Elend usw.* stürzen; ~ać ⟨~yć⟩ się versinken; *fig. a.* sich vertiefen; ~eni w smutku in tiefer Trauer (*b. Todesanzeigen*).

pogrobowiec *m* Post(h)umus *m*; *fig.* Epigone *m*.

pogrom *m* totale Niederlage; *hist.* (*Juden-*)Pogrom *m*; **~ca** *m* (-*y*; *G* -*ów*) Bezwinger *m*; **~ca** serc Herzensbrecher *m*; **~ca** zwierząt Tierbändiger *m*.

pogróżka *f* (-*i*; *G* -*żek*) Drohung *f*; list z ~mi Drohbrief *m*.

pogru- *in Zssgn Verben s.* gru ; **~biać** [-'gru-] (-*am*), ⟨~bić⟩ (-*ę*) dicker machen, verdicken.

pogryziony zerbissen; *v. Mücken* zerstochen.

pogrzeb *m* (-*u*; -*y*) Begräbnis *n*, Beisetzung *f*; Leichenzug *m*; **~acz** *m* (-*a*; -*e*) Schüreisen *n*, -haken *m*; **~ać** *pf. s.* grzebać; *Tote* beerdigen, beisetzen, (*a. fig.*) begraben; **~owy** Begräbnis-, Beisetzungs-; mowa ~owa Trauerrede *f*; zakład ~owy Bestattungsinstitut *n*.

pogu- *in Zssgn Verben s.* gu-.

pogwałc|ać (-*am*), ⟨~ić⟩ verletzen, brechen; **~enie** *n* (*Rechts-*)Bruch *m*, Verletzung *f*; Verstoß *m* (*G/gegen A*).

pogwar *m* Stimmengemurmel *n*.

pogwizd *m* Pfiff *m*; **~ywać** (-*uję*) vor sich hin pfeifen.

pohamowa|ć *pf. s.* hamować; *fig. Zorn* unterdrücken, bezwingen; **~ć** się sich beherrschen; **~nie** *n* Beherrschung *f*; brak ~nia Unbeherrschtheit *f*, Sichgehenlassen *n*.

po|hańbienie *n* (-*a*; 0) Schändung *f*, Entehrung *f*; **~hulanka** *f* *s.* hulanka, potańcówka.

poi|ć ['pɔ-] ⟨na-⟩ (-*ję*, -*isz*, *pój!*) zu trinken geben (*A/D*); *Vieh* tränken; *j-n* betrunken machen; **~dło** *n* (-*a*; *G* -*deł*) Tränke *f*; Tränkbecken *n*.

poinformowany informiert; eingeweiht (o *L*/in *A*).

poja- *in Zssgn Verben s.* ja-.

pojawi|ać się [-'ja-] (-*am*), ⟨~ć się⟩ erscheinen; zum Vorschein kommen; sich einstellen.

pojazd *m* (-*u*; -*y*) (*mechaniczny* Kraft-)Fahrzeug *n*, *engS.* Wagen *m*; ~ konny (Pferde-)Fuhrwerk *n*; ~ kosmiczny Raumschiff *n*.

po|jąć *pf. s.* pojmować; **~je-** *in Zssgn Verben s.* je-.

pojedna|nie *n* (-*a*) Aus-, Versöhnung *f*; **~wczy** (-*czo*) versöhnlich.

pojedyn|czy (-*czo*) einzeln, Einzel-; einfach (*nicht doppelt*); *s.* gra; **~ek** *m* (-*nku*; -*nki*) (*a. fig.* słowny Rede-)Duell *n*; J*Spr.* (*G* -*nka*) Einzelgänger *m* (*Keiler*); **~ka** *f* einläufiges (*Jagd-*)Gewehr; Einzelzimmer *n*; Einzelzelle *f*; w ~kę allein; **~kować** się (-*uję*) sich duellieren.

pojemn|ik *m* (-*a*; -*i*) Behälter *m*; *engS.* Container *m*; **~ik** na śmiecie Mülltonne *f*; **~ikowiec** *m* (-*wca*; *woo*) Containerschiff *n*; **~ość** *f* (-*ści*; 0) Rauminhalt *m*, Volumen *n*; *Phys., Tech. a.* Kapazität *f*; Fassungsvermögen *n*; (*Schiffs-*)Tonnage *f*; *Hdl.* (*Markt-*)Aufnahmefähigkeit *f*; ~y geräumig; *Markt*: aufnahmefähig.

poje|nie *n* (*-a*) Tränken *n*; ~**zierze** *n* (*-a*; *G -y*) Seeplatte *f*.

pojęci|e [-'jɛn-] *n* (*-a*) Begreifen *n*, Verstehen *n*; Begriff *m*; Vorstellung *f*; nie do ~a unbegreiflich; ~**owy** (*-wo*) begrifflich, Begriffs-.

pojękiwać [-jɛŋ-] (*-uję*) (leise) stöhnen.

pojętn|ość [-'jɛnt-] *f* (*-ści*; 0) rasche Auffassungsgabe, Auffassungsvermögen *n*; ~**y** aufgeweckt, gescheit; gelehrig.

pojm|anie † *n* (*-a*) Ergreifung *f*, Festnahme *f*; ~**ować** (*-uję*), ⟨*pojąć*⟩ (*-jmę*) begreifen, verstehen; einsehen; † *pojąć za żonę* zur Frau nehmen.

pojnik *m* (*-a*; *-i*) (*Vogel-*)Tränke *f*.

pojutrze [-t:ʃɛ] *Adv.* übermorgen.

poka|- *in Zssgn Verben s. ka-*; ~**pować się** F *pf.* (*-uję*) merken, kapieren.

pokarm *m* (*-u*; *-y*) Nahrung *f*; Futter *n*; Muttermilch *f*; ~**owy** Nahrungs-, Ernährungs-. [steln.]

poka|słgiwać, ~**słgiwać** (*-uję*) hü-)

pokaz *m* (*-u*; *-y*) (*Mode-, Leistungs-*) Schau *f*; (*Film-*)Vorführung *f*; na ~ zum Schein; zur Schau; chłop na ~ prächtiger Bursche; ~**owy** (*-wo*) auffällig, ostentativ; Vorführ-; mustergültig, Muster-; Schau-; ~**ówka** *f* (*-i*; *G -wek*) Vorführung *f*; ~**ywać** (*-uję*), ⟨~**ać**⟩ zeigen (się sich); *Uhr*: anzeigen; *Weg, Tür* weisen; ~(*yw*)*ać się a.* sich sehen lassen; ~(*yw*)*ać się na oczy* unter die Augen kommen.

po|kaźny ansehnlich, beträchtlich; ~**ką-** *in Zssgn Verben s. ką-*; ~**kątny** [-'kɔnt-] heimlich, illegal; *-ny doradca* Winkeladvokat *m*; *-ny handel, -na robota* Schleich-, Schwarzhandel *m*, Schwarzarbeit *f*; ~**ki(e)-** *in Zssgn Verben s.* ki(e)-; ~**klask** *m* (*-u*; *-i*) Beifall *m*.

poklep|ywać (*-uję*), ⟨~**ać**⟩ (*po L*) *auf d. Schulter* klopfen.

pokład *m* (*-u*; *-y*) *Geol.* Schicht *f*; *Bgb.* Flöz *n*; *Mar.* (główny, spacerowy Haupt- *od.* Ober-, Promenaden-)Deck *n*; *na pokładzie* an Deck; *an Bord*; ~**ać** (*-am*) *s.* kłaść; *fig. Hoffnung, Vertrauen* setzen (w *L*/ auf, *in A*); ~**ać się** *ze śmiechu* sich wälzen, kugeln *vor Lachen*; ~**ełko** *n* (*-a*; *G -łek*) *Zo.* Legeröhre *f*,

-stachel *m*; ~**owy** Decks-, Bord-; *Bgb.* Flöz-; ~**ówka** *f* (*-i*; *G -wek*) Deckaufbau *m*.

pokłon *m* (*-u*; *-y*) (tiefe) Verbeugung; bić ~y (przed *I*) sich tief verbeugen (vor *D*), sich zu Füßen werfen (*D*).

pokłosie [-'kwɔ-] *n* (*-a*; *G -i*) Ährenlese *f*, Nachlese *f*; *fig.* Ernte *f*, Früchte *f*/*pl.*; Nachwirkungen *f*/*pl.*

po|kłócić *pf.* entzweien (się sich); ~**kłuć** *pf.* zerstechen; ~**kochać** *pf.* sich verlieben (*A*/in *A*); liebgewinnen.

pokoi|czek [-'itʃ-] *m* (*-czka*; *-czki*) ~**k** [-'kɔ-] *m* (*-u*; *-i*) Zimmerchen *n*, Stübchen *n*.

pokojow|a † *f* (*-ej*; *-e*) *s.* pokojówka. ~**iec** [-'jɔ-] *m* (*-wca*; *-wcy*) (*Kammer-*)Diener *m*; ~**o** *Adv.* *s.* pokojowy[1]; ~**ość** *f* (*-ści*; 0) Friedensliebe *f*; Friedfertigkeit *f*; ~**y**[1] (*-wo*) friedlich; friedfertig; Friedens-; ~**y**[2] Zimmer-, Stuben-.

poko|jówka *f* (*-i*; *G -wek*) Zimmer-, Stubenmädchen *n*; ~**lenie** *n* (*-a*) Generation *f*, Geschlecht *n*.

pokona|ć *pf. s.* pokonywać; ~**nie** *n* (*-a*) Bezwingung *f*, Besiegung *f*; Überwindung *f*; nie do ~**nia** unüberwindlich; ~**ny** besiegt, unterlegen; überwunden; *Su. m* (*-ego*; *-i*) Besiegte(r), Unterlegene(r); uznać się za ~**nego** sich geschlagen geben.

pokon|trolny: *zarządzenia -ne Anordnungen e-s* (*Betriebs-*)Prüfers; ~**ywać** (*-uję*), ⟨~**ać**⟩ (*-am*) besiegen; überwinden.

poko|ńczyć *pf.* beenden; ~**ra** *f* (*-y*; 0) Demut *f*; ~**rnieć** [-'kɔr-] ⟨*s-*⟩ (*-eję*) demütig werden; ~**rny** demütig, demutsvoll; ~**s** *m* (*-u*; *-y*) *Agr.* Schnitt *m*, Schwaden *m*.

pokost *m* (*-u*; *-y*) (*lniany* Leinöl-) Firnis *m*; *fig.* Anstrich *m*, Tünche *f*; ~**ować** (*-uję*) firnissen.

pokot *m* (*-u*; 0) *JSpr.* Strecke *f*; ~**em** *Adv.*: leżeć ~**em** nebeneinander, in e-r Reihe liegen; *s.* kłaść.

pokój[1] *m* (*-oju*; *-oje*) (mieszkalny, *od* podwórza, stołowy Wohn-, Hinter-, Speise-)Zimmer *n*; (do pracy, reżyserski Arbeits-, Regie-)Raum *m*.

pokój[2] *m* (*-oju*; 0) Friede(n) *m*; ~ *jego prochom* Friede s-r Asche; *ruch na rzecz pokoju* Friedensbewegung *f*; *s.* obrońca.

pokpi|ć pf. v/t: ~ć sprawę e-e Sache verpfuschen, F vermasseln; v/i = ~wać (-am) sich lustig machen (z G/über A); s. kpić.

pokra|czny häßlich, mißgestaltet; kurios, F ulkig; ~ka f/m (-i; G -/-ów) Mißgestalt f, Monstrum n; F a. Greuel m (Sache). ~piać (-am) Regen: tröpfeln.

pokre|- in Zssgn Verben s. kre-; ~wieństwo [-'vɛĩst-] n (-a) Verwandtschaft f; ~wny verwandt.

pokrę|cać [-'kren-] (-am), ⟨~cić⟩ drehen (A od. I/A); Motor anlassen; verdrehen; s. kręcić; ~tka f (-i; G -tek) (Seil-)Strang m; (Dreh-) Knopf m; Knebel(holz n) m; ~tło n (-a; G -teł) Tech. Knebelgriff m; Handkurbel f, Handrad n; ~tny Tech. Dreh-.

pokro|ić pf. s. (po)krajać; ~pić pf. v/t besprengen, beträufeln (I/mit); v/i Regen: ein bißchen tröpfeln; ~wiec [-'krɔ-] m (-wca; -wce) Schonbezug m, Schoner m; Futteral n; Abdeckplatte f.

pokr|ój m Zuschnitt m, Art f, Schlag m; wszelkiego ~oju allerlei, aller Art(en); ~ótce Adv. kurz, mit ein paar Worten.

pokrwawi|ć pf., ~ony s. zakrwawiać.

pokry|cie [-'kri-] n (-a) Be-, Abdeckung f; Decke f; Bedachung f; (Schutz-)Schicht f, Überzug m; Belag m; Verkleidung f; vgl. poszycie; Vet. Decken n, Beschälen n; Hdl., Fin. Deckung f; bez ~cia ungedeckt; ~ć pf. s. pokrywać.

pokryw|a f (-y) (lodowa, chmur Eis-, Wolken-)Decke f; Tech. Deckel m; Haube f, Kappe f; ~acz m (-a; -e): ~acz dachów Dachdecker m; ~ać (-am), ⟨pokryć⟩ ab-, zudecken; bedecken; überziehen (I/mit); Dach, Bedarf usw. decken; Kosten a. tragen; Schuld a. bezahlen; Tier dekken, beschälen; ~ać milczeniem (A) (sich aus)schweigen (über A); ~ać ogniem unter Feuer nehmen; ~ać się (I) sich bedecken (mit); ansetzen (A); (z I) sich decken (mit); ~ka f (-i; G -wek) Deckel m.

pokrzep|iać [-'kʃɛ-] (-am), ⟨~ić⟩ stärken, erquicken (się sich); ~ć na duchu Mut machen (A/D), aufmuntern, trösten; ~ajacy [-'jɔn-] (-co) stärkend; Schlaf: erquicklich, belebend; ~enie n (-a) Stärkung f; Erquickung f; Ermutigung f.

pokrzewka f (-i; G -wek) Zo. Grasmücke f.

pokrzyk m Bot.: ~ wilcza jagoda Tollkirsche f; ~iwać (-uję) (wiederholt auf)schreien; (na A) mit Rufen antreiben.

pokrzyw|a f (-y) Brennessel f; ~dzony geschädigt, benachteiligt; Su. m (-nego; -eni) Geschädigte(r); ~ka f (-i; G -wek) Med. Nesselausschlag m, -fieber n; ~kowy Med. Nessel-; ~nica f (-y; -e) s. płochacz; ~owy Nessel-.

poku- in Zssgn Verben s. ku-.

pokup m (-u; 0) (Waren-)Absatz m, Abgang m; ~ność f (-ści; 0) Hdl. (leichte) Verkäuflichkeit f, Absetzbarkeit f; ~ny (leicht)verkäuflich, gängig; gefragt, begehrt.

pokurcz m (-a; -e) Köter m, Promenadenmischung f; verä. Bastard m; fig. a. Scheusal n.

poku|sa f (-y) Versuchung f, Verlockung f; ~sić się pf, (o A) wagen, versuchen (A, zu); sich versuchen (in D); ~szenie n (-a) Rel. Versuchung f.

pokut|a f (-y) Buße f, Sühne f; odprawiać ~ę Buße tun; ~nica f (-y; -e) Büßerin f; ~niczy Büßer-; ~czo Adv. wie ein Büßer; ~nik m (-a; -cy) Büßer m; ~ny Buß-, Sühne-; ofiara ~na Sühneopfer n; ~ować ⟨od-⟩ (-uję) (za A) büßen (für A), sühnen (A); F (nur impf.) sich (hartnäckig) halten, fortleben.

pokwa-, pokwę- in Zssgn Verben s. kwa-, kwę-.

pokwitanie n (-a; 0) Pubertät f.

pokwitowanie n (-a) Quittieren n; Empfangsbescheinigung f, engS. Quittung f; za ~m gegen Quittung.

pola- in Zssgn Verben s. la-.

Polak m (-a; -cy) Pole m.

polan|a f (-y) (Wald-)Lichtung f, Wiese f; ~o n (a) Holzscheit m; JSpr. (Wolfs-)Rute f.

polar|ny polar, Polar-; ~yzacja f (-i; -e) Polarisation f.

polat|ać pf. s. latać, polatywać; ~ucha f (-y) F fig. Herumtreiber(in f) m; ~ywać ⟨ uję⟩ umherfliegen, -flattern.

pol|e n (-a; G pól) (bitwy, ciężkości, do popisu, obstrzału, sił, ugorowe, widoczności, zraszane Schlacht-,

Schwere-, Betätigungs-, Schuß-, Kraft-, Brach-, Gesichts-, Riesel-) Feld n; ~e orne Acker(feld n) m; ~e (pod)bramkowe, karne Tor-, Strafraum m; ~e biwakowe od. namiotowe Zeltplatz m; fig. ~e działania Arbeitsgebiet n; ustąpić ~a das Feld räumen; wywieść w ~e täuschen, zum Narren halten.

polec|ać (-am), ⟨~ić⟩ (-cę) anordnen, veranlassen, tun lassen; anvertrauen; empfehlen (się sich); ~a-jący [-'jon-]: list -cy Empfehlungsschreiben n; ~enie n (-a) Anweisung f, Auftrag m; Empfehlung f; z ~enia, na ~enie (G) auf Veranlassung (G od. von); opłata za ~enie (Brief-)Einschreib(e)gebühr f.

pole|cieć pf. auffliegen; weg-, fortfliegen; s. lecieć; ~gać (-am) sich verlassen, bauen (na L/auf A); bestehen (na L/in D); ~gać na tym darin bestehen; ~gły Soldat: gefallen; Su. m (-ego; -li) Gefallene(r).

polemi|czny polemisch; ~zować (-uję) polemisieren.

polepa f (-y): z gliny Lehmfußboden m; Arch. Lehmstrich m.

polepsz|ać (-am), ⟨~yć⟩ (-ę) (ver)bessern (się sich); ~yło mu się es geht ihm besser; ~enie n (-a) Verbesserung f; Besserung f.

poler|ka f (-i; G -rek) Poliermaschine f; ~ować ⟨wy-⟩ (-uję) polieren.

poletko n (-a; G -tek) Ackerstück n, kleines Feld; ~ doświadczalne Versuchsparzelle f; ~ hodowlane Zuchtgarten m.

polew|a f (-y) Glasur f; Email n, Schmelz m; ~aczka f (-i; G -czek) s. konewka; F a. Sprengwagen m; ~ać (-am), ⟨polać⟩ begießen, besprengen; Tonwaren glasieren; ~any glasiert; emailliert, Email-; ~ka f (-i; G -wek) Suppe f; ~ka piwna Warmbier n. [ben).⟩

poleżeć pf. e-e Weile liegen (blei-⟩

poledwic|a [-lend-] f (-y; -e) Lende f, Filet n; ~a (wieprzowa) wędzona Lachsschinken m; ~owy Filet-, Lenden-.

poli|- in Zssgn poly-, Poly-; ~chlorek m: ~chlorek winylu Polyvinylchlorid n; ~chromia [-'xrɔ-] f (G, D, L -ii; -e) Polychromie f; Wandmalerei(en pl.) f.

polic|ja f (-i; 0) (drogowa, rzeczna,

śledcza, Verkehrs-, Wasserschutz-, Kriminal-)Polizei f; ~jant m (-a; -ci) Polizist m; ~yjny polizeilich, Polizei-.

policz|ek m (-czka; -czki) Wange f, Backe f; Ohrfeige f; ~kować ⟨s-⟩ (-uję) ohrfeigen; ~kowy Wangen-, Backen- [nen (z I/mit).]

policzyć pf. s. liczyć; ~ się abrech-⟩

poli|ester m (-tru; -try) Polyester m; ~gamia [-'ga-] f (G, D, L -ii; 0) Polygamie f; ~glotyczny polyglott; ~gon m (-u; -y) Mil. Truppenübungsplatz m; ~gon strzelań czołgów Panzerschießplatz m; ~gon doświadczalny Versuchsgelände n; ~grafia [-'gra-] f (G, D, L -ii; 0) graphisches Gewerbe; ~klinika f Poliklinik f; ~mer m (-u; -y) Polymer(isat) m; ~meryzacyjny polynesisch.

polip m (-a; -y) Polyp m.

polisa f (-y) Police f.

polistyr|en m (-u; -y), ~ol m (-u; -e) Polystyrol n.

poliszynel m (-a; -e): tajemnica ~a offenes Geheimnis.

politechni|czny polytechnisch; ~ka f (-i) Polytechnikum n, technische Hochschule.

politowani|e n (-a; 0) Mitleid n; z ~em mitleidig, mitleidsvoll.

politur|a f (-y) (Möbel-)Politur f; ~ować ⟨wy-⟩ (-uję) Politur auftragen, polieren.

polity|czność f (-ści; 0) politischer Charakter, politische Seite e-r Sache; ~czny politisch, Polit-; fig. diplomatisch; Su. F m (-ego; -i) politischer Gefangener; ~k m (-a; -cy) Politiker m; ~ka f [-'li-] f (-i) (zewnętrzna, gospodarcza, kadrowa Außen-, Wirtschafts-, Personal-)Politik f; ~kier [-'li-] m (-a; -rzy) Politikaster m; ~kierstwo n (-a) Politisieren n; ~kować (-uję) politisieren.

Polka f (-i; G -lek) Polin f; ♀ Polka f.

pol|nik m (-a; -i) Feldmaus f; ~ny Feld-.

polo n (unv.) Sp. Polo n; Polohemd n.

polodowcowy postglazial.

polo|n m (-u; 0) Chem. Polonium n; ~nez m (-a; -y) Polonäse f; ♀nia [-'lɔ-] f (G, D, L -ii; -e) polnische (Emigranten-)Kolonie; ~nistyka [-'ni-] f (-i; 0) Polonistik f.

polor m (-u; 0) Schliff m (fig.).

polot m (-u; 0) Schwung m;

schöpferische Phantasie; *bez* ~u phantasie-, geistlos, fade.

połowa|ć (-*uję*) Wild, Beute jagen (*na A/A*); auf die Jagd gehen; *fig.* Jagd machen (auf *A*); jagen (nach); ~*ć z podchodu* auf die Pirsch gehen, pirschen; ~**nie** *n* (-*a*) (*na lisa, z naganką* Fuchs-, Treib-)Jagd *f*; ~*nie na grubego zwierza* hohe Jagd.

pol|owy Feld-; *Su. m* (-*ego*; -*i*) Flur-, Feldhüter *m*; ~**ówka** F *f* (-*i*; *G* -*wek*) Feldmütze *f*; Feldgeschütz *n*; Feldbett *n*.

polsk|i (*po* -*ku*) polnisch; ~**ość** *f* (-*ści*; *0*) Polentum *n*.

polszczy|ć ⟨*s*-⟩ (-*ę*) polonisieren (*się sich*); † *a.* ins Polnische übertragen; ~**zna** *f* (-*y*; *0*) Polnisch(e) *n*; † *a.* Polentum *n*.

olub|ić *pf.* liebgewinnen (*się* einander); ~**owny** gütlich; Schieds-; -**nie** *Adv. a.* in Güte.

olucja *f* (-*i*; -*e*) Pollution *f*.

oła- *in Zssgn Verben s.* **ła-.**

oł|a *f* (-*y*; *G* pół) (Rock-)Schoß *m*; *trzymać się* ~*y an* j-s Rockschößen hängen.

ołać *f* (-*ci*; -*cie*/-*ci*) Stück *n*, Teil *m*, Bereich *m*; ~ *dachu* Dachfläche *f*.

oła|janka F *f* (-*i*; *G* -*nek*) Schmähung *f*, Schimpfwort *n*; Rüffel *m*, Schelte *f*; ~**maniec** F *m* kaputtes Ding; (*pl. a.* -*ńcy*) Krüppel *m*; ~**many** ge-, zerbrochen, F kaputt; ~**pać** *pf. s.* łapać; F ~*pać się* kapieren (*w L/A*).

ołowia|cz [-'waya-] *m* (-*a*; -*e*) (*Robben*-)Fänger *m*; (*Schwamm*-)Taucher *m*; (*Korallen*-)Fischer *m*; *Mar.* ~*cz min* Minensucher *m*, -räumboot *n*; ~**ć** (-*am*) fischen; tauchen (*A/nach*); ~**nie** *n* (-*a*; *0*) *s.* połów.

ołącz|enie *n* Verbindung *f*; (*Firmen*-)Zusammenschluß *m*, Verschmelzung *f*; *El.* (*drukowane* gedruckte) Schaltung *f*; Anschluß *m*; Verbindungsstelle *f*; ~**nik** *m* El. Schalter *m*; ~**ony** verbunden; verknüpft (*z I/mit*); *Kräfte:* vereint; gekoppelt; geschaltet; angeschlossen (*z I/an A*).

ołe- *in Zssgn Verben s.* **łe-.**

ołeć *m* (-*łcia*; -*łcie*) großes Stück, *JSpr.* Flanke *f*; ~ *słoniny* Speckseite *f*.

ołkn|ąć *pf. s.* połykać; ~**ięcie**

[-'nɛŋ-] *n* (-*a*) Verschlucken *n*, Verschlingen *n*; Schluck *m*.

połogowy Wochenbett-, Kindbett-.

połonina *f* (-*y*) (*Ostkarpaten*-)Alm *f*.

połow|a *f* (-*y*; *G* -*łów*) Hälfte *f*; Mitte *f*; *w* ~*ie maja* Mitte Mai; *wird oft mit Adj. übersetzt:* ~*a nocy* halbe Nacht; ~*a życia* das halbe Leben; *w* ~*ie drogi* auf halbem Wege; *do* ~*y zur* Hälfte, halb...; *napełniony do* ~*y* halbvoll; ⟨*po*⟩*dzielić na* ~*ę* halbieren; *po* ~*ie* halb und halb, zu gleichen Teilen, F fifty-fifty; ~**ica** *f* (-*y*; -*e*) F bessere Hälfte; *Bgb.* Schalholz *n*; ~**iczność** *f* (-*ści*) Halbheit *f*; ~**iczny** halb; halbseitig; *okres* -*nego rozpadu* Halbwertszeit *f*.

poło|wowy (*Fisch*-)Fang-; ~**z** *m* (-*a*; -*y*) *Zo.* Balkannatter *f*.

położenie *n* (-*a*) Hinlegen *n*; Lage *f*; Stellung *f*; Standort *m*; *wejść w* ~ sich in *j*-s Lage versetzen.

położn|a *f* (-*ej*; -*e*) Hebamme *f*; ~**ica** *f* (-*y*; -*e*) Wöchnerin *f*; ~**ictwo** *n* (-*a*; *0*) Geburtshilfe *f*; ~**iczy** Geburts(hilfe)-, Entbindungs-; *sala* ~*icza* Kreißsaal *m*; ~**ik** *m* (-*a*; -*cy*) Geburtshelfer *m*.

położyć *pf. s.* kłaść.

poł|óg *m* (-*ogu*; -*ogi*) Wochenbett *n*; ~**w** *m* (*Fisch*-, *Wal*-)Fang *m*; (*Perlen*-)Fischerei *f*; Fangreise *f*; ~*w gąbek* Tauchen *n* nach Schwämmen; ~**wka** *f* (-*i*; *G* -*wek*) Hälfte *f*.

południ|e [-'wud-] *n* (-*a*) Mittag *m*; Süden *m*; *przed* ~*em* am Vormittag, vormittags; *po* ~*u* am Nachmittag, nachmittags; *w* ~*e* am Mittag; *na* ~*e* nach Süden; *na* ~*e od* (*G*) südlich (*G od. von*); ~**k** *m* (-*a*; -*i*) Meridian *m*; ~**owiec** [-'ɲɔ-] *m* (-*wca*; -*wcy*) Südländer *m*.

południowo- *in Zssgn* süd-, Süd-; ~**wschodni** südöstlich, Südost-; ~**zachodni** südwestlich, Südwest-.

południo|-wschód *m* Südosten *m*; ~**wy** Mittags-; südlich, Süd-; südländisch; ~**zachód** *m* Südwesten *m*.

poły *s.* pół.

połyka|cz *m* (-*a*; -*e*): ~*cz ognia* Feuerschlucker *m*; ~**ć**, ⟨*połknąć*⟩ [-nɔntɛ] (-*nę*) (hinunter-, ver-)~~schlucken; (oczami mit den Augen)~~ verschlingen.

połysk *m* (-*u*; *0*) Glanz *m*; Schimmer *m*; Glitzern *n*, Funkeln *n*; ~**iwać** (-*uję*) glänzen, glitzern, funkeln; **~liwy** (-wie) glänzend, glitzernd, funkelnd.

poma- in Zssgn Verben s. ma-.

pomad|a † f (-y) (Haar-)Pomade f; **~ka** f (-i; G -dek) Fondant m (Bonbon); **~ka do ust** Lippenstift m.

pomag|ać (-am), **⟨pomóc⟩** (L. móc; pomóż!) helfen (przy, w L/bei; do G/zu; na A/bei D, gegen A; sobie sich), behilflich sein; **~ier** [-'ma-] F m (-a; -rzy) iron. Helfer m.

poma|leńku F, **~lutku** F Adv. (hübsch, schön, ganz) langsam; **~łu** Adv. langsam; nach und nach; F **~łu!** sachte! sacht! nicht so stürmisch!

pomarańcz|a f (-y; -e) (czerwona Blut-)Orange f, Apfelsine f; **~arnia** [-'tʃar-] f (-i; -e) Orangerie f; **~owy** Apfelsinen-, Orangen-; (a. -wo) orange(farben).

poma|rszczony faltig, runz(e)lig, dial. verschrumpelt; **~rznąć** [-r·z-] pf. erfrieren; **~wiać**, **⟨pomówić⟩** (k-o o A) nachsagen, zur Last legen (j-m A), beschuldigen (j-n G); (nur pf.) e-e Weile reden, sprechen (z I/mit); **~wianie** n (-a) Unterstellung(en pl.) f, Bezichtigung(en pl.) f; **~zać** pf. bestreichen (I/mit); salben; **~zaniec** m (-ńca; -ńcy) lit. Gesalbte(r).

pomą-, pome-, pomę- in Zssgn Verben s. mą-, me-, mę-.

pomiar ['pɔ-] m (-u; -y) Messung f; (Land-)Vermessung f, Aufnahme f; **~ głębokości** Tiefenlotung f; **~owy** Meß-; Vermessungs-.

pomi- in Zssgn Verben s. mi-.

pomiatać (-am) (I) geringschätzig behandeln, schurigeln (A); (A) JSpr. Junge werfen.

pomięty [-'mɛn-] zerknittert.

pomidor m (-a; -y) Tomate f; **~owy** Tomaten-; tomatenrot.

pomie- in Zssgn Verben s. mie-.

pomiesza|ć pf. (um)rühren; (ver)mischen (się sich); fig. verwirren (zmysły Sinne); Pläne durchkreuzen; **~nie** n (-a) Verwirrung f; **~nie zmysłów** Wahnsinn m.

pomieszcz|ać (-am), **⟨pomieścić⟩** unterbringen; enthalten, fassen, Raum bieten (für); s. mieścić się; **~enie** n (-a) Unterbringung f; Unterkunft f; (składowe, służbowe Lager-, Dienst-)Raum m.

po|mieszkać pf. e-e Weile wohnen, logieren; **~między** s. między.

---

pomi|jać, **⟨~nąć⟩** auslassen; übergehen; nicht beachten, ignorieren; außer acht lassen; nie **~nąć** (G) sich nicht entgehen lassen (A), nicht vorbeigehen (an A); **~jając, ~nwszy** ... (A) abgesehen von ... (D); **~mo** Prp. (G, A) s. mimo; **~nąć** pf. s. pomijać; **~nięcie** [-'nɛn-] n (-a) Auslassung f; Nichtbeachtung f; Außerachtlassung f; zrobić coś z **~nięciem** k-o F über j-s Kopf et tun.

pomiot ['pɔ-] m (Tier-)Wurf m, Geheck n; **~ło** n (-a; G -teł) (Bäcker-)Besen m; fig. Kuli m, Arbeitstier n.

po|mknąć pf. s. mknąć, pomykać; **~mnażać** (-am) s. mnożyć.

pomniejsz|ać (-am), **⟨~yć -ę⟩** verkleinern; verringern, (ver)mindern (się sich); **~y** kleiner; fig. minder.

pomnik m (-a; -i) (architektury ku czci poległych Bau-, Gefallenen-Denkmal n; **~owy** Denkmalsmonumental.

pomny lit. (G) eingedenk (G).

pomo- in Zssgn Verben s. mo-.

pomoc f Hilfe f, Beistand m; (pieniężna Geld-)Unterstützung f, Beihilfe f; (Arzt-, Küchen-)Hilfe f, Hilfskraft f; Sp. Läufer(reihe f m/pl.; Mil. Verstärkung(en pl.) f, Hilfstruppen pl.; **~ domowa** Hausangestellte f; **~ drogowa** Straßenwacht f; **~e naukowe** Lernmitte n/pl.; biec (od. skoczyć, pospieszyć z **~ą** od. na **~** zur Hilfe eilen, kommen; służyć **~ą** behilflich sein wołać na (od. o) **~**, wzywać **~y** od na **~** um Hilfe rufen; na **~!** (zur Hilfe!; szukając(y) **~y** hilfesuchend za **~ą** (G) mit Hilfe (G od. von) **~nica** f (-y; -e) Helferin f, Gehilfin f; **~nictwo** n (-a; 0) Jur. Beihilfe f **~niczy** Hilfs-; Neben-; Entla stungs-; **~nik** m (-a; -cy) Helfer m Gehilfe m; Sp. (Fußball-)Läufer m **~nik kierowcy** Beifahrer m; **~nik kucharza** Hilfskoch m; **~ny** reich; (w L) behilflich (bei).

pomo|rdować pf. alle (nacheinan der) ermorden, umbringen, ab schlachten; **~rnik** m (-a; -i) Bor Arnika f; **~rski** Küsten-; Geogr Pommern-; pommer(i)sch; **~rze** Küstenregion f.

pomost m (Arbeits-, Hebe-)Bühn f; (Verlade-)Brücke f; (Wagen-

Plattform *f*; ~ załadowczy (Ver-)Laderampe *f*.

pomóc *pf. s.* pomagać.

pomór *m* Seuche *f*; (Hühner-)Pest *f*.

pomówić *pf. s.* pomawiać.

pomp|**a**¹ *f* (-y) (do powietrza, odśrodkowa, tłoczącą, wirnikowa, wtryskowa Luft-, Zentrifugal-, Förder-, Kreisel-, Einspritz-)Pumpe *f*; F a. (Regen-)Guß *m*; ~a strażacka Feuerspritze *f*; ~**a²** *f* (-y; 0) Pomp *m*, Aufwand *m*; ~**atyczny** pompös, pomphaft; *Stil:* bombastisch; ~**iarz** ['pom-] *m* (-a; -e) Pumpenwärter *m*; ~**ka** *f* (-i; G -pek) (Fahrrad-)Pumpe *f*.   [Bommel*f*.]

pompon *m* (-u; -y) Pompon *m*, F)

pompow|**ać** ⟨na-⟩ ⟨-uję⟩ (voll-)pumpen; ~ać zęzę Mar. lenzen; ~**nia** ['pɔv-] *f* (-i; -e, -i) Pumpstation *f*, -werk *n*; ~**y** Pumpen-.

pomroka *f* (-i; 0) Dunkel *n*.

pomruk *m* (-u; -i) Brummen *n*; Knurren *n*; Murren *n*; (Donner-)Rollen *n*; ~**iwać** ⟨-uję⟩ murren, brummen; *Katze:* schnurren, spinnen; *Donner:* rollen.

pomrzeć *pf. s.* (po)umierać.

pomst|**a** *f* †*lit.* (-y) Rache *f*; wołający o ~**ę** do nieba himmelschreiend; ~**ować** ⟨-uję⟩ (na A) verfluchen, beschimpfen (A), herziehen (über A).

po|**murnik** *m* (-a; -i) Bot. Glaskraut *n*; Zo. Mauerläufer *m*; ~**myin** Zssgn Verben s. my-; ~**myje** *pl.* (-) Abwasch-, Spülwasser *n*; P *fig.* Gesöff *n*, Brühe *f*; ~**mykać** ⟨-am⟩ *J Spr.* abspringen, flüchten.

pomyl|**eniec** F *m* (-ńca; -ńcy) Wirrkopf *m*, Verrückte(r); ~**ony** F übergeschnappt, verrückt.

pomyłk|**a** *f* (-i; G -łek) Irrtum *m*, Fehler *m*; Versehen *n*; Verwechslung *f*; *Fmw.* falsche Verbindung; przez ~**ę** aus Versehen; irrtümlicherweise.

pomysł *m* (-u; -y) Einfall *m*, Gedanke *m*, Idee *f*; Plan *m*; ~ racjonalizatorski Rationalisierungvorschlag *m*; F zwariowany ~ Schnapsidee; ~**owy** erfinderisch, kreativ; (-wo) gut ausgedacht, sinnreich.

pomyśl|**any** (źle schlecht) durchdacht; ~**enie** *n*: nie do ~**enia** undenkbar, unvorstellbar; nicht auszudenken; ~**ność** *f* (-ści; 0) Wohl (-ergehen) *n*, Glück *n*; życzyć wszelkiej ~**ności** Glück und Segen

wünschen; ~**ny** günstig; *Lösung:* befriedigend; erfolgreich.

pomywacz *m* (-a; -e), ~**ka** *f* (-i; G -czek) Tellerwäscher(in *f*) *m*.

pona- *in Zssgn Verben s.* na-.

ponad *Prp.* (*A od. I*) über (*A od. D*); ~ miarę übermäßig; być ~ ... übersteigen (*A*).

ponad|- Über-, Super-, Ultra-; ~**dźwiękowy** Überschall-; ~**narodowy** supranational; ~**państwowy** überstaatlich; ~**planowy** (-wo) überplanmäßig, Übersoll-; ~**podstawowy** *Schule:* weiterführend; ~**przeciętny** überdurchschnittlich; ~**tlenek** *m Chem.* Hyperoxyd *n*.

ponadto *Adv.* überdies, darüber hinaus, dazu; nic ~ nichts mehr *od.* weiter.

pon|**aglać** (-am) *s.* naglić; ~**awiać** (-am), ⟨~**owić**⟩ ⟨-ę; -nów!⟩ erneuern, wiederholen.

poncz *m* (-u; -e) Punsch *m*; Grog *m*.

ponęt|**a** [-'nen-] *f* (-y) (Ver-)Lockung *f*; verführerischer Zauber, Reiz; ~**ny** verlockend; reizvoll.

poniechać *pf. lit. s.* zaniechać.

poniedział|**ek** *m* (-łku; -łki) Montag *m*; ~**kowy** Montags-.

ponie|**kąd** [-kɔnt] gewissermaßen, irgendwie; immerhin; eher, vielmehr; ~**miecki** ehemals deutsch; ~**ść** *pf. s.* ponosić; ~**waż** weil, da; ~**wczasie** *Adv.* zu spät; hinterher.

poniewier|**ać** (-am) ⟨s-⟩ (*A od. I*) schlecht behandeln, malträtieren, F triezen (*A*); ~**ać się** *Person:* herumgestoßen, mißhandelt werden; (po świecie in der Welt) sich (mühselig) durchschlagen, sich (heimatlos) herumtreiben; *Sachen:* (unordentlich) herumliegen; ~**anie** *n* (-a; 0), ~**ka** *f* (-i; 0) schlechte Behandlung, Mißhandlung; F bitteres Los.

poniż|**ać** (-am), ⟨~**yć**⟩ ⟨-ę⟩ erniedrigen, herabwürdigen (się sich); ~**ający** [-'jɔn-] (-co) erniedrigend; ~**ej** *Adv. s. niżej; Prp.* (*G*) unter (*D*), unterhalb (*G*); ~**enie** *n* (-a) Erniedrigung *f*; ~**szy** (weiter) unten erwähnt; ~**yć** *pf. s.* poniżać.

ponoć *Adv. s.* podobno.

ponosić, ⟨ponieść⟩ *v*/*t* tragać (*a. fig.*); Tod, Niederlage erleiden; (nur 3. Pers.) Gefühle: j-n übermannen, überwältigen; *v*/*i* Pferd: durchgehen; ponosi go er ist außer sich;

gdzie oczy poniosą wohin die Füße
tragen, irgendwohin; ~ winę Schuld
haben, schuld sein (za A/an D).
ponow|a f (-y) JSpr. Neue f, Neu-
schnee m; **~ić** pf. s. ponawiać; **~nie**
Adv. wieder, erneut, aber-, nochmals; **~ny** wiederholt, nochmalig,
erneut, Wieder-.
pontonowy Ponton-.
pontyfika|lny pontifikal; **~t** m (-u;
-y) Pontifikat n.
ponu- in Zssgn Verben s. nu-.
ponur|actwo F n (-a; 0) Griesgrä-
migkeit f, sauertöpfisches Wesen;
~ak F m (-a; -y) Griesgram m,
Sauertopf m; **~o** Adv. s. ponury;
~ość f (-ści; 0) Düsterheit f, Trost-
losigkeit f; düstere Stimmung,
Trübsinn m; **~y** (-ro) düster, finster; fig. a. bedrückend, trostlos.
pończo|cha f (-y) Strumpf m;
~szarka f (-i; G -rek) Strumpf-
strickmaschine f; **~szka** f (-i; G
-szek) (Kinder-)Strumpf m; **~sz-
niczy** Strumpf-.
po|ob- in Zssgn Verben s. ob-; **~o-
biedni** Nachmittags-; **~od-** in
Zssgn Verben s. od-; **~ojcowski**
väterlich, vom Vater geerbt; **~o-
kupacyjny** nach der Besatzungszeit; aus der Besatzungszeit (stammend); **~op-** in Zssgn Verben s. op-;
~operacyjny postoperativ; **~or-,
~os-, ~ot-** in Zssgn Verben s. or-,
os-, ot-.
pop m (-a; -i) Pope m.
popa|- in Zssgn Verben s. pa-; **~dać¹**
pf. Regen: ein wenig (od. kurze Zeit,
e-e Weile) fallen; **~dać²**, ⟨~ść⟩
(L. paść) (hinein)geraten; (nur pf.)
co ~dnie ganz gleich was, irgendwas; jak ~dnie ganz gleich wie;
gdzie ~dnie ganz gleich (wohin),
aufs Geratewohl. [Popenfrau f.\
popadia [-'padja] f (G, D, L -ii; -e)
popamięta|ć pf. s. pamiętać; **~sz!**
du wirst noch daran denken!
poparci|e n Unterstützung f; För-
derung f; Untermauerung f e-r
Behauptung; ciche (od. nieoczeki-
wane) ~e a. Schützenhilfe f.
poparz|enie n Verbrühung f, Ver-
brennung f; **~yć** pf. s. parzyć.
popas m Rast f; stanąć na ~(ie) ~
~ać (-am) Rast machen.
popa|ść pf. s. popadać², paść²; **~try-
wać** (-uję) ab und zu e-n Blick
werfen.

popchnąć pf. s. popychać.
popelin|a f (-y) Popeline f; **~owy**
Popeline-.
popeł|niać [-'pew-] (-am), ⟨~ić⟩
Fehler begehen; (Selbst-)Mord ver-
üben; iron. Roman verbrechen;
~ieć [-'pew-] pf. (-eje) voller werden, zunehmen; **~ienie** n (-a; 0)
Begehung f, Verübung f.
popęd m Bio. Trieb m; Phys., Tech.
Impuls m; z własnego ~u aus eigenem Antrieb.
popędliw|ie [-pęnd-] Adv. s. po-
pędliwy; **~ość** f (-ści; 0) Jähzorn m,
Heftigkeit f; **~y** (-wie) aufbrausend.
pope|dowy [-pęnd-] (-wo) trieb-
haft; **~dzać** (-am) s. pędzić; **~kany**
voller Risse, rissig; Haut a.: auf-
gesprungen, geplatzt.
popi|- in Zssgn Verben s. pi-; **~cie**
[-'pi-] n (-a) s. popijawka; **~ć** pf. v/t
etwas trinken; ~ć wodą et. Wasser
nachtrinken; v/i s. podpić; **~e-** in
Zssgn Verben s. pie-.
popiel|aty (-to) (asch)grau; **~cowy**
środa -wa = 2ec [-'ɲe-] m (-lca,
-lce) Aschermittwoch m; **~ica** f (-y;
-e) Zo. Siebenschläfer m; **~icowy**
Feh-; **~isko** n (-a) Asche(reste pl.)
f; Brandstätte f; **~nica** f (-y; -e)
hist. Totenurne f; a. = **~niczka** f
(-i; G -czek) Asch(en)becher m;
~nik m (-a; -i) Tech. Aschenkaster
m; Bot. Zinerarie f.
popie|rać (-am), ⟨poprzeć⟩ unter-
stützen; Bitte befürworten; Handel, Künstler fördern; Argumente
untermauern, belegen (I/mit); **~rsie**
[-'pęr-] (-a; G -i) (Marmor-)Büste f
popija|ć (langsam) trinken, nipper
(A/an D); F (a. sobie) schnäpseln;
~wa P f (-y), **~wka** F f (-i; G -wek)
(Zech-, Sauf-)Gelage n.
popiołowy Asch(en)-.
popi|ół ['po-] m (-ołu, L -iele; -oły)
Asche f; pl. s. a. proch(y); obrócić
w ~ół in Asche legen.
popis m (-u; -y) Schau f, Vorführung f; ~ szkolny Schulfeier f; s
pole; **~owy** Schau-; pole ~owe
Glanzrolle f; **~(yw)ać się** (I) glänzen, brillieren (mit); renommieren
(mit), zur Schau stellen (A); nie
~ać się k-n Ruhm ernten (mit).
popl- in Zssgn Verben s. pl-.
popleczni|ctwo n (-a; 0) Unter-
stützung f; Jur. Beihilfe f; **~k** m

(-a; -cy) Anhänger m, Parteigänger
m; Komplice m, Helfershelfer m.
poplon m Agr. Nach-, Stoppel-
frucht f.   [schen.}
poplotkować pf. ein bißchen klat-
popla|cać (-am) sich auszahlen,
lohnen; **~cić** pf. alles bezahlen;
~kać pf. ein wenig weinen; **~kiwać**
(-uję) (ab und zu od. leise) weinen;
~tny lohnend.
opław m (-u; -y) Welle f; Strömung f; überschwemmte Wiese.
opłoch m (-u; 0) Panik f, pa-
nischer Schrecken; w ~u in pa-
nischer Angst.
opłu|czki f/pl. (-czek), **~czyny**
pl. (-) Abwaschwasser n, Spülicht n.
opo|- in Zssgn Verben s. po-; **~d** †
Prp. (A od. I) s. pod; **~jutrze** Adv.
in zwei Tagen, F überübermorgen;
~logowy s. połogowy.
opołudni|e n Nachmittag m; **~o**
Nachmittags-, **~ówka** F f (-i;
G -wek) Thea. Nachmittagsvor-
stellung f; Abendblatt n.
opo|rodowy Med. postnatal; s.
połogowy; **~wstaniowy** nach e-m
Aufstand (auftretend), durch e-n
Aufstand verursacht.
opra|- in Zssgn Verben s. pra-;
~cować pf. etwas (ein bißchen), e-e
Weile od. viel, gehörig arbeiten.
opraw|a f (-y) Besserung f; Ver-
besserung f; **~a koniunktury** Kon-
junkturaufschwung m; ulec ~ie sich
(ver)bessern; **~czak** F m (-a; -i)
Fürsorge-, Erziehungsheim n; **~czy**
Fürsorge-, Erziehungs-; zakład (od.
dom) **~czy** Besserungsanstalt f;
~egzamin ~czy Wiederholungsprü-
fung f; **~iać** [-'pra-] (-am), **~ić**
(ver)bessern; Fehler berichtigen,
korrigieren; richtigstellen; in Ordnung bringen, ordnen; F (nur impf.)
nochmals wiederholen, verbessern;
s. naprawiać; **~i(a)ć się** sich bessern;
sich verbessern; an Gewicht zunehmen; **~ienie** n (-a) (Ver-)Besserung
f; s. naprawa, poprawka; **~iny** F f/pl.
(-) Nachfeier f; **~ka** f (-i; G -wek)
Berichtigung f, Korrektur f,
(Kleid-)Änderung f; (Gesetzes-)
Ergänzung f; **~ność** f (-ści; 0) Richtigkeit f; Korrektheit f, **~ny** richtig; Sprache: fehlerfrei; Benehmen:
korrekt, einwandfrei.
opręg [-'pręŋg] m (-u; -i) Sattelgurt m; Bauchgurt m.

popro- in Zssgn Verben s. pro-.
popromienn|y: choroba **~a** Strah-
lenkrankheit f.   [(pró-, pru-.}
popró-, popru- in Zssgn Verben s.}
poprzecz|ka f (-i; G -czek) Arch.
Querbalken m; Tech. Querholm m;
Sp. (Tor-, Sprung-)Latte f; **~nica** f
Arch. Querträger m; Tech. Querstrebe f; Traverse f; Querhaupt n;
Bgb. Querstrecke f; Anat. querer
Grimmdarm; **~nik** m (-a; -i) Quer-
arm m, -träger m; **~ny** quer, Quer-;
Bio., Phys. transversal.
poprzeć pf. s. popierać.
poprzedni vor(her)ig, vorherge-
hend; **~ego dnia** am Tag(e) vorher;
~czka f (-i; G -czek), **~k** m (-a; -cy)
Vorgänger(in f) m; **~k** Gr. Bezie-
hungswort n; **~o** Adv. vorher.
poprze|dzać (-am), **~dzić** (-dzę)
vorangehen (A/D); einleiten, den
Auftakt bilden (zu); **~dzający**
[-'jon-] vorher-, vorangehend; **~k:**
na (od. w) **~k** quer; **~sta(wa)ć** sich
begnügen (na L/mit).
po|przez Prp. (A) durch, über (A);
vgl. przez; **~prztykać się** F pf.
(-am) sich verzanken (z I/mit);
~przy- in Zssgn Verben s. przy-;
~przysiąc pf. s. przysięgać; **~pst-**
rzony durch Fliegen beschmutzt.
popularno|naukowy populärwis-
senschaftlich; **~ść** f (-ści; 0) Popularität f.
popular|ny populär; **~yzować** ⟨s-⟩
(-uję) popularisieren.
popu|szczać ⟨**~ścić**⟩ v/t lockern;
v/i Frost: nachlassen.
popycha|cz m (-a; -e) Tech. Stößel
m; Fmw. Hebklinke f; **~ć** (-am),
⟨popchnąć⟩ stoßen, schieben; F j-n
drängen, anstiften (do G/zu); Arbeit vorantreiben; in e-e Richtung
lenken; **~dło** F n (-a; G -del) Mädchen n für alles, Aschenputtel n;
Marionette f (fig.).
popyt m (-u; -y) Hdl. Nachfrage f;
cieszyć się **~em** gefragt sein, guten
Abgang haben; **~ny** s. pokupny.
por m (-u; -y) Anat. Pore f; (-a;
-y) Bot. Porree m.
pora- in Zssgn Verben s. ra-.
por|a f (-y; G pór) (deszczowa,
obiadowa, roku Regen-, Mittags-,
Jahres-)Zeit f (0) Zeitpunkt m;
w samą **~ę** (gerade) rechtzeitig; nie
w **~ę** ungelegen, zu unpassender
Zeit; do tej **~y** bis zu diesem Zeit-

punkt; wczesną ~ą zu früher Stunde; o tej porze um diese Zeit; o każdej porze jederzeit, zu jeder Stunde.

porabia|ć [-'ra-] (-am) machen, tun; co ~sz? a. wie geht's?

porachun|ek m Abrechnung f; fig. mieć ~ki osobiste e-e Rechnung zu begleichen haben (z I/mit).

porad|a f Rat m, Anraten n; ~a prawna Rechtsauskunft f; za ~ą auf Anraten (G); ~nia [-'rad-] f (-i; -e, -i) Beratungsstelle f; ~nictwo n (-a; 0) (zawodowe Berufs-)Beratung f; ~nik m (-a; -i) Ratgeber m (Buch).

poradzić pf. s. radzić; nie ~ nicht fertig werden, nicht schaffen (können); ~ sobie sich zu helfen wissen; zurechtkommen (z I/mit).

poran|ek m Morgen m; Matinee f; Frühvorstellung f; ~ienie n (-a) Verletzung f, Verwundung f; ~ny morgendlich, Morgen-.

porastać (-am), ⟨porosnąć⟩ be-, zuwachsen, sich bedecken (I/mit); ~ w piórka fig. sich mausern.

pora|żać (-am), ⟨~zić⟩ (-żę) Med. lähmen; Agr. befallen; ~zić prądem e-n elektrischen Schlag versetzen (A/D).

porażenie n (-a) Med. Lähmung f, Parese f; Agr. Befall m; ~ prądem Stromverletzung f; ~ słoneczne Sonnenstich m; ~ postępujące progressive Paralyse.

poraż|ka f (-i; G -żek) Niederlage f; ~ony gelähmt; befallen.

porcelan|a f (-y) (saska Meißner) Porzellan n; ~owy Porzellan-.

porcelit m (-u; -y) Halbporzellan n.

porcj|a f (-i; -e) Portion f; Ration f; Partie f; Satz m; F ~a batów e-e Tracht Prügel; ~owo Adv. portionsweise.

pore|- in Zssgn Verben s. re-; ~manentowy: sprzedaż -wa Lagerräumung f; ~wolucyjny auf e-e Revolution folgend, Nachrevolutions-.

poręba [-'rem-] f (-y) Kahlschlag m.

porę|cz [-ren-] f (-y; -e, -y) (Treppen-)Geländer n; (Arm-)Lehne f; ~e pl. Sp. (Parallel-)Barren m; ~ać (-am), ⟨~yć⟩ bürgen; s. ręczyć; ~enie n (-a) Bürgschaft f; ~ny handlich; ~owy Geländer-; krzesło ~owe Armsessel m; ~yciel [-'tʃi-] m (-a; -e, -i) Bürge m; ~yć pf. s. poręczać.

poręka f Bürgschaft f, Sicherhei f; Gewähr f.

porfir m (-u; -y) Porphyr m.

pornograficzny pornographisch.

poro|- in Zssgn Verben s. ro-; ~dowy Geburts-, Entbindungs-; izba -wa (Land-)Entbindungsheim n; ~dówka f (-i; G -wek) Kreißsaal m

poroni|ć pf. e-e Fehlgeburt haben abortieren; Vet. verwerfen, verkalben; ~enie n (-a) Fehlgeburt f Abort(us) m; ~ony fig. verfehlt Fehl-.

poros|ły bewachsen (I/mit); ~ną pf. s. porastać; ~t m (-u; -y) Wuch m; Bot. Flechte f; środek na ~ włosów Haarwuchsmittel n; ~tnic f (-y; -e) Lebermoos n; ~towy Bot Flechten-.

porowaty (-to) porös, porig.

poroz|- in Zssgn Verben s. roz-~biorowy hist.: czasy -we die Zei nach der Teilung (Polens).

porozumie|nie [-'mje-] n (-a) Ver ständigung f; Einvernehmen n Übereinkunft f; ~nie o zawieszeni broni Waffenstillstandsvereinba rung f; ~nie się a. Rücksprache f w ~niu z (I) in Übereinstimmung im Einverständnis mit (D); i Bunde mit (D); dojść do ~nia zu e Einigung kommen; ~wać się (-am ⟨~ć się⟩ sich verständigen (z I/mi co do G/über A); übereinkommen vereinbaren, abmachen; ~wani się n (-a; 0) Verständigung f ~wawczy (-czo) Blick: verständi nisvoll, vielsagend; komisja ~c Schlichtungsausschuß m.

poroże n (-a) (Hirsch-)Geweih n (Reh-)Gehörn n.

poród m (przed- od. niewczesny kleszczowy Früh-, Zangen-)Ge burt f, Entbindung f.

porówn|anie n Vergleich m; bez ~ania weit, viel, bedeuten besse usw.; nie do ~ania nicht zu vergle chen; w ~niu z (I) im Vergleich zu ~anie dnia z nocą s. równonoc ~awczy Vergleichs-, (-czo) ver gleichend; ~ywać (-uję-), ⟨~a vergleichen; ~ywalny vergleichba

poróżni|ć pf. entzweien (się sich ~ony entzweit.

port m (-u; -y) (lotniczy, rybac Flug-, Fischerei-)Hafen m; fi Zuflucht f.

porteczki pl. (-czek) Höschen n.

ortfel m (-a; -e) Brieftasche f; **Portefeuille** n; ~ zamówień Auftragsbestand m, -polster n.

ortier ['pɔrt̬jer] m (-a; -rzy) Portier m, Pförtner m; **~a** [-'t̬iera] f (-y) (Tür-)Vorhang m; **~nia** [-'t̬ier-] f (-i; -e) Pförtnerloge f.

ortki P pl. (-tek) Hosen f/pl.; V **rzqść** ~ami, robić w ~i die Hosen (gestrichen) voll haben, Schiß haben.

ort|landzki Portland-; **~monetka** f (-i; G -tek) Geldbörse f, Portemonnaie n.

orto¹ n (-a) (Brief-)Porto n.

orto² n (unv.) Portwein m.

ortow|iec [-'to-] m (-wca; -wcy) Hafenarbeiter m; Hafenbeamte(r); **~y** Hafen-; Su. **~e** n (-ego; -e) Hafengebühr f.

ortre|cista m (-y; -ści, -ów) Porträtmaler m od. -photograph m; **~t** n (-u; -y) Porträt n, Bildnis n; **~tować** ⟨s-⟩ (-uję) porträtieren; fig. a. schildern.

ortugal|czyk m (-a; -cy) Portugiese m; **~ka** f (-i; G -lek) Portugiesin f; **2ski** (po -ku) portugiesisch.

ortulaka f (-i) Portulak m.

orubstwo n (-a; 0) Sittenlosigkeit f, Unzucht f.

oruczać (-am), ⟨~yć⟩ (-ę) anvertrauen; **~nik** m (-a; -cy) Oberleutnant m (marynarki zur See).

oruszać, ⟨~yć⟩ bewegen (się ich); in Bewegung setzen; Tech. a. ntreiben; Thema zur Sprache ringen, berühren; **~ać się** a. sich Bewegung verschaffen; **~enie** n (-a) Bewegung f; fig. a. (Gemüts-) rregung f, Unruhe f.

orwa|ć pf. s. porywać, rwać; **~nie** n (-a) Entführung f, Raub m, Kidnapping n.

oryw m (-u; -y) Anwendung f, ufwallung f, Aufschwung m; ~ iatru Windstoß m, Bö f; w ~ie niewu in e-m Wutanfall; w ~ie adości in e-m Freudenausbruch; **acz** m (-a; -e) Kidnapper m, Entihrer m; **~ać** (-am), ⟨porwać⟩ auben, entführen, kidnappen; *'vhul, Strömung: mit-, fortreißen,* *uufwildt Beute usw. schnappen,* uuben, wegschleppen; j-n, et. astig) packen, greifen, an sich eißen; Tod: j-n hinraffen; Zu-

schauer fesseln, hin-, mitreißen; Angst, Haß: j-n ergreifen, packen; (nur pf.) zerreißen; porwać w objęcia in die Arme schließen; **~ać** ⟨porwać⟩ się fassen, greifen (za A/nach D, an A); v. Stuhl aufspringen, hochschnellen; (na A) losgehen (auf A), herfallen (über A); sich versuchen (in A), wagen (A); pf. s. rwać się; **~ajacy** [-'jɔn-] (-co) hin-, mitreißend, packend; **~czy** (-czo) hastig; aufbrausend; heftig, ungestüm; **~isty** (-ście) böig, stürmisch.

porzqd|ek [-'ʒɔn-] m (-dku; -dki) (dzienny od. obrad, publiczny Tages-, öffentliche) Ordnung f; (chronologiczny Zeit-)Folge f, Reihenfolge f; przywołać do ~ku zur Ordnung rufen; dla ~ku ordnungshalber; po ~ku der Reihe nach; robić ~ki Wohnung aufräumen, saubermachen; **~kować** ⟨u-⟩ (-uję) ordnen, in Ordnung bringen; **~kowy** Ordnungs-; laufend; Su. m (-ego; -i) (Saal-)Ordner m; **~nicki** F m (-ego; -ccy) Ordnungsfanatiker m; **~nie** Adv. ordentlich; fig. a. weidlich; **~ny** ordentlich; ordnungsliebend; fig. anständig, rechtschaffen; F a. gehörig.

porzecz|e n (-a; G -y) Flußgebiet n; **~ka** f (-i; G -czek) Johannisbeere f; **~kowy** Johannisbeeren-; **~ny** Fluß-, Ufer-.   [Spruch m, Redensart f.)

porzekadło n (-a; G -deł) (Denk-)‹

porzuc|ać, ⟨~ić⟩ hin-, wegwerfen; verlassen, im Stich lassen; Kind aussetzen; Gewohnheit aufgeben; **~enie** n (-a; 0) Verlassen n; (Kindes-)Aussetzung f; Aufgabe f; **~ony** verlassen, im Stich gelassen.

posa- in Zssgn Verben s. sa-.

posad|a f (-y) Stellung f, Stelle f, Posten m; bez ~y stellungslos; chwiać się (od. drżeć) w ~ach fig. in s-n Grundfesten erschüttert sein.

posadz|ić pf. s. sadzać, sadzić; **~ka** f (-i; G -dzek) (klepkowa, taflowa Parkett-, Fliesen-)Fußboden m; **~karz** m (-a; -e) Parkett-, Fliesenleger m.

posag m (-u; -i) Mitgift f, Aussteuer f; dostać w ~u als Mitgift bekommen, **~owy** Mitgift *s s. lowam.*

posa|pywać (-uję) ab und zu (od. leise) schnaufen; s. sapać; **~żny** ~żna panna reiches Mädchen, F Goldfisch m.

posądz|ać [-'sɔn-] (-*am*), ⟨~*ić*⟩ (*k-o o A*) verdächtigen (j-n *G*), zur Last legen (j-m *A*); unterstellen (j-m *A*); **~enie** *n* (-*a*) Verdächtigung *f*; Unterstellung *f*.

posąg [-sɔŋk, -ŋgu] *m* (-*u*; -*i*) Statue *f*, Standbild *n*; **~gowy** (-*wo*) statuenhaft; **~żek** *m* (-*żka*; -*żki*) Figürchen *n*, Statuette *f*.

posels|ki Abgeordneten-; **klub ~ki** (*Parlaments-*)Fraktion *f*; **~two** *n* (-*a*) Gesandtschaft *f*; **przybyć w ~twie** als Abgesandte(r) (*od.* in e-r diplomatischen Mission) kommen.

poseł *m* (-*sła*; -*słowie*) Abgeordnete(r); *Pol.* Gesandte(r); (*do sejmu* Sejm-) Abgeordnete(r); *hist.* Landbote *m*.

pose|sja *f* (-*i*; -*e*) (*Haus-*)Besitz *m*, Grundstück *n*; **~zonowy** Nachsaison-; *s.* wyprzedaż.

posępn|ieć [-'semp-] ⟨*s*-⟩ (-*eje*) sich verdüstern; immer finsterer dreinblicken; **~y** finster, düster; *Tag a.*: trübe.

posi- *in Zssgn Verben s.* si-.

posiada|cz *m* (-*a*; -*e*), **~czka** *f* (-*i*; *G* -*czek*) Besitzer(in *f*) *m*, Eigentümer(in *f*) *m*; (*Scheck- usw.*)Inhaber(in *f*) *m*; **~ć** (-*am*) besitzen; im Besitz sein (*A/G od.* von); haben; *Kunst, Fertigkeit* beherrschen; **nie ~ć się** außer sich (*od.* F ganz aus dem Häuschen) sein (*z radości* vor Freude); *s.* posiąść; **~jący** [-'jɔn-] besitzend; im Besitz von; *Su. m* (-*ego*; -*y*) Besitzer *m*; **~nie** *n* (-*a*; *0*) Besitz *m*; **wziąć** (*od.* objąć) **w ~nie** (*A*) in Besitz nehmen (*A*), Besitz ergreifen (von *D*); **wejść w ~nie** (*G*) *s.* posiąść; **być w ~niu** (*G*) im Besitz e-r *Sache* sein; sich in j-s Besitz befinden.

po|siadłość *f* (-*ści*) Besitzung *f*; *engS.* Landsitz *m*; **~siąść** *pf.* in den Besitz e-r *Sache* kommen; erwerben; *Frau* besitzen, nehmen; **~siedzenie** *n* (-*a*) Sitzung *f*; **~siew** ['pɔ-] *m* (-*u*; -*y*) Saat(bestellung) *f*. [sich).]

posil|ać (-*am*), ⟨~*ić*⟩ stärken (się)/

posił|ek *m* (-*łku*; -*łki*) Mahlzeit *f*; *nur pl.* **~ki** *Mil.* Verstärkung(en *pl.*) *f*; **~kować się** (-*uję*) (*I*) zur Hilfe nehmen (*A*), sich bedienen (*G*); **~kowy** (-*wo*) Hilfs-; **słowo ~we**, **czasownik ~wy** Hilfsverb *n*.

posiniaczony voller Blutergüsse *od.* F blauer Flecken.

posk|- *in Zssgn Verben s.* sk-; **~api** *pf.* (-*ę*) ungern tun *od.* geben (*k-G/*j-m *A*); *s.* skąpić.

poskr|amiacz [-'skra-] *m* (-*a*; -*(Tier-*)Bändiger *m*; **~amiać** (-*am* ⟨~*omić*⟩ (-*ę*) bändigen; im Zau (*od.* in Schach) halten; zügeln (*fig. **~omiciel** [-'mi-] *m* (-*a*; -*e*) poskramiacz.

posl- *in Zssgn Verben s.* sl-.

posła|ć *pf. s.* słać, posyłać; **~nie**[1] (-*a*; *0*) Absendung *f*; Aussendun *f*; **~nie**[2] *n* (-*a*) (*Schlaf-*)Lager *engS.* Bett *n*; **~niec** [-'swa-] (-*nca*; -*ńcy*) Bote *m*; **~nka** *f* (-*i*; -*nek*) Abgeordnete *f*; (Ab-)G sandte *f*; **~nnictwo** *n* (-*a*) Missic *f*, Sendung *f*. [röschen *n*]

posłonek *m* (-*nka*; -*nki*) Sonnen **posłowie** *n* (-*a*; *G* -*i*) Nachwort *n*; poseł.

posłuch *m* (*0*) Gehör *n*; Gehorsa *m*; **zdoby(wa)ć ~** sich Gehör ve: schaffen; **~anie** *n* (-*a*) Gehorche *n*; † Audienz *f*.

posług|a *f* (-*i*) Dienst *m*; Bedienur *f*; **być na ~ach** (*u k-o*), **chodzić z** (*do k-o*) Aufwartung machen (b j-m); **~acz** *m* (-*a*; -*e*) (*Haus-*)Dien *m*, Aufwärter *m*; **~aczka** *f* (-*i*; -*czek*) Aufwarte-, Putzfrau *f*, Au wartung *f*; **~iwać** (-*uję*), ⟨*posłuży (mst impf.*; *D*) bedienen (*A*), au warten (*D*); als Putzfrau arbeite (*mst pf.*) dienen (*za A/*als); **~iwa się** sich bedienen (*I/G*); *s.* służy **posługiwanie** *n* (-*a*; *0*) *s.* posług **~ się** Handhabung *f*, Benutzung

posłuszeństw|o [-'łeis-] *n* (-*a*; Gehorsam *m*; **odmówić ~a** *fig.* ve sagen (*a. Beine, Gerät usw.*).

po|słuszny gehorsam, folgsar **~służyć** *pf. s.* służyć, posługiwa **~sm-** *in Zssgn Verben s.* sm **~smak** *m* Beigeschmack *m* (*a. fig* Nachgeschmack *m*.

poso|- *in Zssgn Verben s.* so-; **~c nica** *f* (-*y*; -*e*) *Med.* Sepsis *f*; **~ka** (-*i*) *Med.* Blutwasser *n*; (*Wund* Jauche *f*; *JSpr.* Schweiß *m*, Far *f*; **~kować** [-'kɔ-] *m* (-*wca*; -*w* Schweißhund *m*.

posp|- *in Zssgn Verben s.* sp-; **~** *pf.* ein wenig schlafen. [*usu*

pospie|ch, **~szać**, **~szny** *s.* pośpiec **pospłacać** *pf.*: **~ długi** alle Schuld bezahlen.

pospoli|tość *f* (-*ści*; *0*) Gewöh

...lichkeit f, Alltäglichkeit f; hausbackenes Wesen; Pöbelhaftigkeit f; **~ty** (-cie) gewöhnlich; häufig (vorkommend); gemein, ordinär; durchschnittlich; hausbacken (fig.); **~te ruszenie** letztes Aufgebot; Volks-, Landwehr f.

osp|ołu † gemeinsam; **~ólstwo** n (-a; 0) die niederen Stände, das gemeine Volk, Pöbel m; **~ółka** f (-i; G -lek) Arch. Kiessand m; Bgb. Förderkohle f.

osprze|czać się pf. sich überwerfen, entzweien (z I/mit); **~dawać** pf. alles verkaufen, veräußern.

osrebrz|ać (-am), ⟨~yć⟩ (-ę) versilbern; **~any** versilbert.

ost m (-u; -y) Fasten n; Fasttag m; **Wielki ♀** Rel. Fastenzeit f.

ost|- in Zssgn Verben s. st-; **~ać¹** pf. e-e Weile stehen; s. stać.

osta|ć² f (-ci; -cie/-ci) Gestalt f; ngS. a. Form f; Figur f; (Roman-)Held m; pod **~cią** (G) in der Gestalt (von), in Form (G); znana **~ć** = -e bekannte Persönlichkeit; **~nawiać** [-'na-] (-am), ⟨~nowić⟩ beschließen; entscheiden; sich entschließen; **~nowienie** n (-a) Beschluß m; Entschluß m; Bestimmung f, Erlaß m; **~rzać** (-am), **~rzyć** (-ę) älter machen od. erscheinen lassen.

ostaw m (-u; -y) Text. Kette f; Zettel m; **~a** f (-y) (Körper-)Stellung f, Haltung f; Figur f, Gestalt f; fig. Einstellung f, Haltung f; **~ić** f. s. stawiać; **~ny** stattlich, gut gewachsen od. gebaut.

ostąpić pf. s. postępować.

ostdatować post-, vordatieren.

osterun|ek m (-nku; -nki) Mil. Posten m; Esb. Blockstelle f; **~ek milicji** (Volks-)Polizeiwache f; **~ek sanitarny** Verbandstation f; **stać na ~ku** Wache stehen od. halten; **~mrzeć na ~ku** bei der Erfüllung -r Dienstpflichten sterben; **~kowy** a. (-ego; -i) Schutzmann m.

ostękiwać [-stęn'ki-] (-uję) von Zeit zu Zeit (od. immer wieder) stöhnen, ächzen; kränkeln.

ostęp [-temp] m (-u; -y) Fortschritt m; Math. Progression f; Bgb. Vortrieb m; **iść z ~em** mit der Zeit gehen; **~ek** m (-pku; -pki) Tat f, Handlung f; **~ować** (-uję), ⟨postąpić⟩ hergehen, schreiten (za I/hinter D); handeln, verfahren; umgehen (z I/mit); (nur impf.) fortschreiten, sich entwickeln; **~owanie** n (-a; 0) Tun n, Handeln n; Umgang m; Verhalten n; Jur. (arbitrażowe, karne Schieds-, Straf-) Verfahren n; **~owiec** ['-pɔ-] m (-wca; -wcy) Fortschrittler m, Mann m des Fortschritts; **~owy** (-wo) fortschrittlich; a. = **~ujący** fortschreitend, progressiv.

postny Fast(en)-; fleischlos.

postojow|y Stand-, Halte-; Su. **~e** n (-ego; -e) Esb. Wagenstandgeld n; Mar. Schiffsliegegeld n.

post|ój m (-oju; -oje, -ojów/-oi) Halt m; Rast f; (Zug-)Aufenthalt m; (Schiffs-)Liegezeit f; (Maschinen-) Stillstand m; **~ój taksówek** Taxistand m.

postponować (-uję) geringschätzen.

postrach m Schrecken m; strzał na **~** Schreckschuß m.

postradać † pf. (-am) einbüßen, (zmysły den Verstand) verlieren.

postron|ek m (-nka; -nki) Strick m, Strang m; **~ny** Neben-, Begleit-; fremd, äußere(r); außenstehend.

postrzał m Schußwunde f, -verletzung f; Med. Hexenschuß m; **~ w głowę, brzuch** Kopf-, Bauchschuß m; **~owy** Schuß-.

postrze|galny [-t:ʃ-] wahrnehmbar; merklich; **~gać** (-am), ⟨~c⟩ wahrnehmen; merken; **~leniec** [-'le-] F m (-ńca; -ńcy) Hitzkopf m, Verrückte(r); **~lić** pf. anschießen, verwunden; **~lony** angeschossen, weidwund; F fig. verrückt, übergeschnappt.

postrzeżeni|e n (-a) Wahrnehmung f; **~owy** Wahrnehmungs-.

postrzępiony [-st:ʃem-] ausgefranst; Felsen: zackig, zerklüftet.

postrzyżyny [-t:ʃ-] pl. (-) hist. Fest n des ersten Haarschnitts (Mannbarkeitsfest); Rel. Mönchsweihe f, engS. Detonsion f.

post|scriptum [-sk-] n (unv.) Postskriptum n; **~synchronizacja** f Nachsynchronisation f.

postukiwać (-uję) ab und zu (od. gleichmäßig) klopfen, pochen.

postulat m (-u; -y) Philos., Rel. Postulat n; Forderung f, (Grund-) Bedingung f; **~ować** (-uję) postulieren, fordern, sich einsetzen (für).

postument m (-u; -y) Postament n.
posu- in Zssgn Verben s. su-.
posu|cha f (-y) Dürre f, Trockenheit f; F fig. Mangel m (na A/an); strefa narażona na ~chę Dürregebiet n; katastrofalna ~cha Dürrekatastrophe f; ~nąć pf. s. posuwać, sunąć; ~nięcie [-'nęn-] n (-a) Vorrücken n; (Fort-)Bewegung f; (Schach-)Zug m; fig. Schritt m; Schachzug m; ~w m Tech. Vorschub m; ~wać, ⟨~nąć⟩ v/t (vor)rücken, (vor)schieben; Arbeit beschleunigen; Spaß treiben (do G/bis zu); Gefühle steigern (do G/bis zu); v/i Wagen: (dahin-)rollen; ~wać się sich bewegen, sich schieben; Arbeit: fortschreiten, vorangehen; zur Seite rücken, Platz machen; ~wać się naprzód auf-, vorrücken; vordringen; sich vorschieben; (nur pf.) ~nąć się w lata in die Jahre kommen; ~nąć się za daleko zu weit gehen, es zu weit treiben; ~nąć się do zbrodni vor e-m Verbrechen nicht zurückschrecken; daleko ~nięty weit fortgeschritten; ~wanie n (-a): ~wanie się naprzód Vorrücken n; Mil. Vormarsch m; ~wisty (-ście) Schritt: gleitend, Gleit-.
posy- in Zssgn Verben s. sy-.
posył|ać (-am), ⟨posłać⟩ v/t (hin)schicken, senden; (im)pf. a. versenden, -schicken; v/i (po A) schicken nach (D), holen lassen (A); ~ka f (-i; G -łek) Sendung f, engS. Paket n, Päckchen n; chłopiec do ~ek Laufbursche m.
posyp|ka f (-i; G -pek) s. kruszonka; ~ywać ⟨-ać⟩ bestreuen (I/ mit); (ver)streuen; (nur pf.) ~ać się Funken: sprühen; Blätter usw.: in Massen herabfallen; fig. ~ały się na niego ... er wurde mit ... überschüttet.
poszanowani|e n (-a; 0) Achtung f, Respekt m; brak ~a Respektlosigkeit f.
poszarpany zerfetzt, zerrissen.
poszcze|gólny (jeder) einzelne; ~kiwać ⟨-uję⟩ von Zeit zu Zeit bellen; ~pienny Med. nach e-r Impfung auftretend.
poszczęści|ć się pf. (-szczę; nur 3. Pers.) Glück haben; (nie) ~ło mi się ich hatte (kein) Glück.
po|szczu-, ~szczy- in Zssgn Verben

s. szczu-, szczy-; ~szedł s. pójść, iść; ~szept m Geflüster n.
poszerz|ać (-am), ⟨~yć⟩ verbreitern (się, sich); erweitern (się sich); ~nie n (-a) Verbreitung f (a. się) Erweiterung f.
po|szewka f (-i; G -wek) Kissenbezug m; ~szkodowany geschädig Su. m (-ego; -i) Geschädigte(r Opfer n. [dizien-
poszlak|a f (-i) Indiz n; ~owy Inposz|li, ~ła, ~ło s. pójść, iść.
poszuki|wacz m (-a; -e) (złota Gold-)Sucher m; (Er-)Forscher m Kfz. Suchscheinwerfer m; ~wać suchen (G/nach); nach Gold schür fen; Jur. fordern; ~wanie n (-c Suche f; Suchaktion f; Geol. Pro spektion f; Schürfen n; ~wany ge sucht; fig. a. gefragt; ~wawcz Such-; Erforschungs-; Schürf-.
po|szum m Rauschen n; ~szwa (-y) Kissenbezug m; Bettbezug n
poszy|cie n Strohdach n; Tec Außenhaut f, Bespannung f; B plankung f; ~wać (-am), ⟨~c Strohdach decken; Tech. bespan nen; beplanken; pf. s.a. szyć.
pościć <-szczę; pościł> fasten.
pościel|l ['pɔɕ-] f (-i; 0) Bettzeug wäsche f; Bett n; ~lić pf. s. słac ~lowy Bett-.
pościg m (-u; -i) Verfolgung f (z I/G; vgl. pogoń; ~owiec [-'gɔ-] (-wca; -wce) Jagdflugzeug n; ~ow Verfolgungs-; Flgw., Mil. Jagd-.
po|ślad m Schmachtkorn n; ~ek (-dka; -dki) Hinterbacke f; ~ki pl. Hinterteil n, Gesäß n; ~kow Gesäß-. [letzte(r) Qualität
pośledni letzt; w ~m gatunk
poślizg m Rutschen n, Gleiten Rutsch m; El., Tech. Schlupf n ~ hydrodynamiczny Aquaplaning Flgw. s. ślizg; Kfz. wpaść w ~ i Schleudern geraten; ~owy Glei Rutsch-; gleitend.
poślizn|ąć się [-nɔntɛ] pf. (-nę) au gleiten, -rutschen; noga mu się ~ er ist ausgerutscht.
poślub|iać [-'ɕlu-] (-am), ⟨~ić⟩ zum Mann (od. zur Frau) nehme sich vermählen (A/mit); ~ny Hoc zeits-.
pośmiertn|y post(h)um; postmor tal; sekcja ~a Obduktion f.
pośmiewisk|o n (-a; 0) Gespött

Zielscheibe f des Spottes; **wystawić na ~o** der Lächerlichkeit preisgeben; **stać się ~iem ludzi** sich zum Gespött der Leute machen.

pośpie|ch ['pɔ-] m (-u; 0) Eile f, Hast f; **zbytni ~ch** Überstürzung f; **~szać** (-am), **⟨~szyć⟩** eilen, hasten; (nur pf.; a. się) sich beeilen; **~szny** eilig, schnell; hastig; **zbyt ~szny** voreilig, vorschnell, übereilt; **~szyć** pf. s. pośpieszać. [singen, trällern.)

pośpiewywać (-uję) vor sich hin)

pośredni (-nio) indirekt, mittelbar; mittlere; **coś ~ego między ... a ...** ein Mittelding zwischen ... und ...; **~ak** ['-ɕred-] F m (-a; -i) Arbeitsamt n.

pośrednictw|o n (-a) Vermittlung f; **~o handlowe** a. Zwischenhandel m; **za ~em** (G) durch Vermittlung (von); mittels (G); **biuro ~a pracy** Arbeitsvermittlung(sstelle) f, Arbeitsamt n.

pośrednicz|ący ['-ˈtʃɔn-] (-co) vermittelnd, Vermittlungs-; **~enie** n (-a) Vermittlung f; Vermittlertätigkeit f; **~ka** f (-i; G -czek) Vermittlerin f, Mittelsperson f; **~yć** (-ę) vermitteln (w L/bei, in D); als Zwischenhändler (od. Makler) tätig sein.

pośredni|k m (-a; -cy) Vermittler m; Mittelsmann m; Zwischenhändler m; Makler m; **~o** s. pośredni.

pośrodk|owy Med. median; **~u** Prp. (G), Adv. inmitten, in der Mitte.

pośród Prp. (G) (mitten) in, zwischen, unter (D), inmitten (G).

poświadcz|ać (-am), **⟨~yć⟩** bescheinigen, beurkunden, beglaubigen; **~enie** n Bescheinigung f, Beglaubigung f.

oświata f (-y) schwaches, fahles Licht; Leuchten n.

oświęc|ać (-am), **⟨~ić⟩** weihen; widmen; Zeit, Mittel opfern; **~ać ⟨~ić⟩ się** sich opfern; sich widmen, sich verschreiben (D); **~enie** n Weihe f, Einweihung f; Opferung f; Selbstaufopferung f, Hingabe f; **~enie się** (D od. dla G) ein Leben (für A), Hingabe (an A); **~ony** geweiht; gewidmet.

ośwlţlţlk ['-ɛɣɛnt-] m (-a; -i) Skarabäus m.

oświst m Pfiff m, Pfeifen n; **~ywać** (-uję) ab und zu (od. vor sich hin) pfeifen.

pot m (-u; -y) Schweiß m; **mokry od ~u** schweißtriefend, -naß; **zlany ~em** schweißbedeckt; **w pocie czoła** im Schweiße s-s Angesichts; **na ~y** schweißtreibend.

pota|- in Zssgn Verben s. ta-; **~jemny** heimlich; Geheim-; **~kiwacz** F m (-a; -e) Jasager m; **~kiwać** (-uję) zustimmen; zustimmend nicken; **~kujący** ['-jɔn-] Adv. zustimmend; **~nienie** n (-a) Verbilligung f; **~ńcówka** F f (-i; G -wek) Tanzkränzchen n, Tanzparty f.

potar|- in Zssgn Verben s. tar-; **~cie** n Reibung f, Reiben n; **~ka** f (-i; G -rek) Reibfläche f.

potas m (-u; 0) Chem. Kalium n; **~owy** Kalium-.   [Ätzkali n.)

potaż m (-u; 0) Pottasche f; **~ żrący)**

pot|ąd [-tɔnt] bis hierher; **~em** nachher; dann, darauf; **na ~em** für später.

potencj|a f (-i, -e) Potenz f; **~alny** potentiell; **~ał** m (-u; -y) Potential n; **~ometr** m Potentiometer n.

potęg|a f (-i, -e) Macht f, Stärke f; (pl. -i) (Groß-)Macht f; Math. Potenz f; F **na ~ę** jede Menge; **łgać na ~ę** lügen wie gedruckt; **~ować** ⟨s-⟩ (-uję) steigern (się sich); Math. potenzieren; **~owy** Math. Potenz-.

potępi|ać ['-tem-] (-am), **⟨~ć⟩** verurteilen, mißbilligen; (Rel. mst pf.) verdammen; **~ający** ['-jɔn-] (-co) mißbilligend.

potępieni|e [-tem-] n (-a) Verurteilung f, Mißbilligung f; Achtung f, Verdammung f; wieczne ~e ewige Verdammnis; **godny ~a,** **zasługujący na ~e** verdammenswert, verwerflich, tadelnswert; **~ec** ['-ɲec] m (-ńca; -ńcy) Gott Verworfene(r), Verdammte(r); F **jak ~ec** wie ein Besessener.

potępi|eńczy [-tem'ɲen-] (-czo) höllisch, schaurig; **~ony** verdammt; s. potępiać.

potężn|ieć ['-tɛ̃ʒ-] ⟨s-⟩ (-eję) an Stärke (od. Macht) gewinnen, erstarken; **~y** mächtig, stark, gewaltig; Schlag: wuchtig.

potkn|ąć pf. s. potykać się; **~ięcie się** [-'ɲɛn-] n (-a) Stolpern n, Straucheln n; fig. Fehltritt m.

potliwość f (-ści; 0) Diaphorese f; übermäßiges Schwitzen.

potł- in Zssgn Verben s. tł-.

potn|ieć ['pɔ-] ⟨za-⟩ (-eję) schwitzen; *Glas*: beschlagen; **~ik** m (-a; -i) Schweißblatt n; (*Mützen-*)Schweißrand m; (*Pferde-*)Schweißdecke f; **~y** Schweiß-.

poto- *in Zssgn Verben s.* to-.

potocz|ek m Bächlein n; **~ny** verbreitet, üblich; Tages-, alltäglich; einfach, gewöhnlich; *mowa* **~na** Umgangssprache f; **~ysko** n (-a) Bachbett n; **~ysty** (-ście) Rede, *Stil*: gewandt, flüssig, glatt.

potok m (górski Gieß-, Wild-)Bach m; (*materiału, ruchu* Material-, Verkehrs-)Fluß m; **~** pojazdów Fahrzeugstrom m; **~** deszczu Regenflut f; **~** słów Redeschwall m; **~i krwi**, *łez* Ströme von Blut, Tränen; **~ami** in Strömen; **~owy** s. produkcja.

potom|ek m (-mka; -mkowie) Nachkomme m; Abkömmling m, Sproß m; **~ność** f (-ści; 0), (-a; -ych) Nachwelt f, künftige Generationen; *przejść do* **~ności** in die Geschichte eingehen; **~stwo** n (-a; 0) Nachkommen(schaft f) m/pl. [flut f.\
potop m (-u; -y) Flut f; *Rel.* Sint-\
pot|owy s. potny; **~ówka** f (-i; G -wek) Frieselfieber n; (*mst pl.*) Schweißfriesel m.

potr- *in Zssgn Verben s.* tr-.

potra|fić (*im/pf*.) können, verstehen, wissen (zu); **~jać** (-am) s. troić.

potransfuzyjny: wstrząs **~** *Med.* Transfusionsschock m.

potraw m (-u; -y) *Agr. s.* otawa; **~a** f (-y) Speise f, Gericht n; **~ka** f (-i; -wek) Ragout n; Frikassee f; *kura w* **~ce** Hühnerfrikassee.

potrąc|ać, ⟨~ić⟩ (an)stoßen, (an)rempeln (się sich); *mit d. Wagen* anfahren; *Thema* berühren, erwähnen; *v. Lohn* abziehen; **~enie** n (-a) Anstoßen n, Anrempeln n; (*Lohn-*) Abzug m.

po|trojenie n (-a) Verdreifachung f; **~trójny** dreifach; **~tru-**, **~trw-** *in Zssgn Verben s.* tru-, **~trw-**.

potrzask [-t:ʃ-] m Falle f (a. fig.); **~ać** pf., **~iwać** (-uję) s. trzaskać.
potrząsać [-t:ʃ-] (-am) s. trząść.
potrzeb|a¹ f [-t:ʃ-] (-y) Notwendigkeit f; Not f; (*pilna, nagła* dringendes) Bedürfnis; *mst pl.* **~y** Bedarf m; *doraźna* **~a** Notfall m; F *pójść za* **~ą** austreten gehen, s-e Notdurft verrichten; *bez* **~y** unnötigerweise;

w **~ie** in der Not, in Notzeiten; **~a²** *präd.* es ist nötig; **~a** *mi* ich brauche; *więcej niż* **~a** mehr als nötig, als man braucht; *jak* **~a** wie es sich gehört; **~ny** notwendig, nötig; **~ne** *mi to* ich brauche es; *wszystko co* **~ne** alles Nötige; **~ować** (-uję) (G) nötig haben, brauchen (A); *Zeit* erfordern; *Pflege* bedürfen; **~ujący** [-'jon-]: *-cy pomocy* hilfsbedürftig.

po|trzeć [-t:ʃ-] *pf. s.* pocierać, trzeć; **~tulny** fügsam, gefügig; sanft(mütig); *-ny jak baranek* lammfromm; **~turbować** *pf.* böse (*od.* übel) zurichten.

potwa|rca m (-y; G -ów) Verleumder m; **~rz** f Verleumdung f, falsche Anschuldigung.

potwierdz|ać (-am), ⟨~ić⟩ bestätigen (się sich); **~ająco** [-'jon-] *Adv.* bejahend; **~enie** n (-a) (*odbioru* Empfangs-)Bestätigung f; Bejahung f; **~enie nadania** Einlieferungsschein m.

potwor|ek m (-rka; -rki) Mißgeburt f, Wechselbalg m; **~kowaty** (-to) mißgebildet, -gestaltet; **~ność** f (-ści) Monstrosität f; *engS.* Ungeheuerlichkeit f, Abscheulichkeit f; Scheußlichkeit f; Greuel m; **~ny** ungeheuerlich; gräßlich, scheußlich (*a.* F *fig.*).

potwór m Monstrum n, Ungeheuer n; Scheusal n; Unhold m; **~ w** *ludzkim ciele* ein Teufel in Menschengestalt.

poty|czka f Scharmützel n, Geplänkel n; **~kacz** m (-a) Stolperdraht m; **~kać się**, ⟨potknąć się⟩ stolpern (*o A*/über A); (*nur impf.*) im Turnier kämpfen.

potyli|ca f (-y; -e) *Anat.* Hinterkopf m; **~cowy**, **~czny** Hinterhaupt(s)-.
poucz|ać (-am), ⟨~yć⟩ belehren; **~y** *jak się obchodzić z* (*I*) beibringen wie man bedient *od.* handhabt (A); **~ający** [-'jon-] (-co) belehrend lehrreich; **~anie** n (-a), **~enie** n (-a Belehrung f.

poufa|le *Adv. s.* poufały; **~lić się** ⟨s-⟩ (-le) familiär tun *od.* werden allzu persönlich werden; (*z I*) sich anfreunden (mit); sich anbieder (bei); **~ly** (-le) vertraulich, familiär; zudringlich, allzu frei; *być n* **~lej stopie** auf vertrautem Fuß stehen (*z I/mit*).

poufn|ie [-'uf-] *Adv.* (*ściśle* streng

vertraulich; unter der Hand; **~y** vertraulich, diskret; vertraut, intim.

pouk-, poum-, poup- in Zssgn Verben s. uk-, um-, up-.

pourazow|y posttraumatisch; *gorączka ~a* Wundfieber n.

pous- in Zssgn Verben s. us-.

powab m (-u; -y) (Lieb-)Reiz m, Anmut f; Charme m; **~ny** reizvoll, anmutig.

powag|a f (-i; 0) Ernst m; Ernsthaftigkeit f; Autorität f, Prestige n; *zachować ~ę* ernst bleiben.

powal|ać¹ pf. s. walać; **~ać²** (-am), *⟨~ić⟩* (um)stürzen; (mst pf.) niederstrecken; **~any** beschmutzt.

pował m Forst. Windbruch; **~a** f (-y) (Zimmer-)Decke f.

poważ|ać (-am) achten, schätzen (się sich, einander); **~anie** n (-a; 0) Achtung f, Wertschätzung f; Ansehen n; z ~aniem hochachtungsvoll (in Briefen); **~nie** Adv. s. poważny; **~nieć** [-'vaʒ-] ⟨s-⟩ (-eję) ernst werden; **~ny** ernst; ernsthaft; (a. w ~nym stopniu) ansehnlich, beträchtlich; s. stan.

powątpiewa|ć [-vɔnt-] (-am) (o L) zweifeln (an D), bezweifeln (A); **~jąco** [-'jɔn-] Adv. zweifelnd; bedenklich; **~nie** n (-a; 0) Zweifel m; z ~niem zweifelnd, unschlüssig.

powe- in Zssgn Verben s. we-.

powetować pf. (-uję) (wieder)gutmachen, erstatten; Zeit nachholen; *~ sobie* sich schadlos halten (na L/an D).

powi|- in Zssgn Verben s. wi-; **~ać** pf. s. powiewać; **~adać** (-am) sagen.

powiadamia|ć [-'da-] (-am), ⟨powiadomić⟩ (-ę) benachrichtigen; **~nie** n (-a; 0) Mil. Warnen n; sieć ~nia Warnnetz n.

powiadomi|ć pf. s. powiadamiać; **~enie** n (-a) Benachrichtigung f, Unterrichtung f.

powia|stka f (-i; G -tek) Geschichte f, Erzählung f; **~t** m (-u; -y) Pol. Kreis m; **~towy** Kreis-.

powiąza|ć pf. (zusammen)binden; fig. verbinden, verknüpfen; **~nie** n (-a) Zusammenhang m; mst pl. ~nia Verbindungen f/pl., Beziehungen f/pl.; **~ny** in Wechselbeziehung stehend; zusammenhängend; nie ~ny zusammenhanglos.

powić pf. (A) lit. e-m Kind das Leben schenken.

powid|ło n (-a; G -deł) Marmelade f; *~la śliwkowe* Pflaumenmus n.

powiedz|enie n (-a) Sagen n; Äußerung f; Redensart f; nie mieć nic do ~enia nichts zu sagen haben; **~ieć** [-'ɣe-] pf. sagen (sobie sich), meinen; że tak pewnym sozusagen; **~onko** n (-a; G -nek) stehende Redensart, F Spruch m.

powiek|a f (-i-) Augenlid n; zamknąć ~i (na zawsze für immer) die Augen schließen; bez drgnienia (od. zmrużenia) ~(i) ohne mit der Wimper zu zucken; spędzać sen z ~ den Schlaf rauben.

powiela|cz m (-a; -e) Vervielfältigungsgerät n, Vervielfältiger m; Rdf., El. Vervielfacher m; **~ć** (-am), ⟨powielić⟩ (-lę) vervielfältigen; vervielfachen.

powierni|ca f (-y; -e) Vertraute f; **~ctwo** n (-a) Treuhänderschaft f; Treuhandverwaltung f; **~czy** fiduziarisch, Treuhand-; **~k** m (-a; -cy) Vertraute(r); Sachwalter m; Treuhänder m.

powierz|ać (-am), ⟨~yć⟩ anvertrauen; betrauen (k-u A/j-n mit).

powierzch|nia [-'ɣɛʃ-] f (-i; -e) (rozłamu, tarcia, uprawiana, użytkowa Bruch-, Reibungs-, Anbau-, Nutz-)Fläche f; (ziemi Erd-)Oberfläche f; ~nia morza Meeresspiegel m; **~niowy** (-wo) Oberflächen-; Bgb. über Tage; **~ownść** f (-ści) Äußere(s); Oberflächlichkeit f; **~owny** äußerlich, äußere(r); fig. oberflächlich.

powieści|pisarka f, **~pisarz** m Romanschriftsteller(in f) m; **~wy** Roman-; (-wo) Adv. romanhaft.

powieść¹ f (dokumentarna Tatsachen-)Roman m.

powieść² s. wieść¹; ~ się gelingen, glücken; nie ~ się fehlschlagen, mißlingen; j-m schlecht ergehen; ~ okiem po (L) mustern (A).

powietrz|e [-t:ʃe] n (-a; 0) (do oddychania Atem-)Luft f; Bgb. (Gruben-, Berg-)Wetter n; fig. wisieć w ~u in der Luft liegen; **~nik** m (-a; -i) Wetterfahne f; Tech. (Be-)Lüfter m; Windkessel m;

~no-suchy lufttrocken; ~ny Luft-; pneumatisch.

powiew ['pɔ-] *m* (-u; -y) (Wind-) Hauch *m*; Lüftchen *n*, leichte Brise; *Meteo.* leiser Zug (*Windstärke*); ~ać (-am), ⟨powiać⟩ (leise) wehen; schwenken (*I/A*); (*nur impf.*) *Fahne*: flattern; *wiatr ~a włosami* der Wind zaust die Haare; ~ny luftig, leicht; *fig.* ätherisch.

powiększ|ać [-'vɛŋk-] (-am), ⟨~yć⟩ (-ę) vergrößern (się sich); (auf)weiten; ~ający [-'jɔn-] vergrößernd; *szkło* -ce Vergrößerungsglas *n*; ~alnik *m* (-a; -i) Vergrößerungsapparat *m*, Vergrößerer *m*; ~enie *n* (-a) Vergrößerung *f*; ~yć *pf. s.* powiększać.

powijak|i *m/pl.* (-ów) Windeln *f/pl.*; *dziecko w ~ach* Wickelkind *n*; *fig.* *być w ~ach* in den Kinderschuhen stecken.

powikłan|ie *n* (-a) Verwicklung *f*, Komplikation *f* (*a. Med.*); ~y verwickelt, verworren.

powin|ąć się *pf.* (-nę): *noga mu się ~ęła* er hatte Pech.

powinien [-'vi-] soll, muß, hat zu (+ *Inf.*); müßte, sollte; *powinno się man muß od.* soll; ~em ich muß *od.* soll; ~eś du mußt *od.* sollst; (+ *był* = *Irrealis*) *czy ~ był to zrobić?* hätte er das tun müssen *od.* sollen?

powinięcie [-'ɲɛɲ-] *n* (-a): ~ *nogi* Ausrutscher *m*.

powin|na, ~ne, ~ni, ~no *s.* powinien; ~ność *f* (-ści) Pflicht *f*, Schuldigkeit *f*.

powinowa|ctwo *n* (-a) Verschwägerung *f*; *fig.* Verwandtschaft *f*; *Math.*, *Chem.* Affinität *f*; ~ty verschwägert.

powinszowanie [-ɣɪʃ-] *n* (-a) Glückwunsch *m*, Gratulation *f*.

powita|lny Begrüßungs-, Willkommens-; ~nie *n* (-a) Begrüßung *f*, (*uroczyste* feierlicher) Empfang; *na ~nie a.* zum Gruß.

powle|kać (-am), ⟨~c⟩ überziehen (się sich); belegen; beschichten; be-, überstreichen; *Bett* (frisch) beziehen; (*nur pf.*) *j-n* (mit)schleppen.

powło|czka *f* (-i; *G* -czek) (*Bett-*, *Kissen-*)Bezug *m*; ~ka *f* (-i) Überzug *m*, Belag *m*; Schicht *f*; Anstrich *m*; Hülle *f*, Haut *f*, Schale *f*.

powłóczy|ć 1. schleppen; *Bett* beziehen; *Bein* nachziehen; *ledwo ~ć*

---

nogami sich kaum noch auf den Beinen halten; *2. pf. Feld* eggen; *s. włóczyć*; ~sty *Kleid:* (boden)lang, mit Schleppe; (*a. Adv.* -ście) *Schritt:* schleppend; *Blick:* schmachtend, glühend.

powodow|ać ⟨s-⟩ (-uję) verursachen, bewirken; beeinflussen, lenken (*I/A*); beherrschen (*I/A*); ~ać się sich leiten lassen (*I/*von); ~y *Jur.* klägerisch, Kläger-.

powodzeni|e *n* (-a; 0) Erfolg *m*, Gelingen *n*; *cieszyć się ~em* Erfolg haben (*u G/*bei); *cieszący się ~em* erfolgreich; *bez ~a* erfolglos, glücklos.

powo|dzianin *n* (-a; -anie, -) Hochwassergeschädigte(r), Opfer *n* e-r Hochwasserkatastrophe; ~dzić[1] lenken (*I/A*); ~dzić[2] się (-dzę) (er-) gehen; *dobrze* (*źle*) *mu się ~dzi* es geht ihm gut (schlecht); ~dziowy Hochwasser-; ~jenny Nachkriegs-.

powojnik *m* (-a; -i) Waldrebe *f*.

powol|i *Adv.* langsam, sachte; ~ny langsam; † willfährig; ~nym krokiem *a.* gemächlich; ~ne narzędzie willenloses Werkzeug; ~utku F *Adv.* schön langsam.

powoł|anie *n* (-a) Berufung *f* (*a. fig.*; *się na A/*auf *A*) *Mil.* (~anie do wojska) Einberufung *f*; *minąć się z ~aniem sn-s* Beruf verfehlen; ~any berufen (*do G/*zu); ~ywać (-uję) ⟨~ać⟩ berufen (się sich); einberufen; ~ać *do życia* ins Leben rufen; ~ujac się na (*A*) unter Berufung (*od.* Bezugnahme) auf (*A*).

powonienie *n* (-a; 0) Geruch(ssinn) *m*.

powoz|ić[1] kutschieren, lenken; ~ić[2] *pf. j-n* e-e Weile herumfahren.

pow|ód[1] *m* (-odu; -ody) Anlaß *m* Veranlassung *f*; (*Pferde-*)Zügel *m* ~ód podejrzenia Verdachtsmomen *n*; *być* (*od. stać się*) ~odem (*G*) verursachen (*A*), die Ursache sein (für); *z ~odu* (*G*) wegen (*G*); *z ~ó choroby* krankheitshalber; *z teg ~odu* aus diesem Grund, deshalb *bez żadnego ~odu* ohne jeden Grund, ohne den geringsten Anlaß; *nie ma ~odu* es besteht kein Grund (*do G/*zu).

pow|ód[2] *m* (-oda; -owie), ~dka *f* (-i; *G* -dek) *Jur.* Kläger(in *f*) *m* ~dztwo *n* (-a) (*cywilne*, *wzajemn Privat-*, *Gegen- od.* Wider-)Klage *f*

powódź f (-odzi; -odzie) Überschwemmung f, Hochwasser n; fig. Flut f; katastrofalna ~ Flutkatastrophe f. [Winde f.)
powój m (-oju; -oje) Bot. (Korn-)
powóz m Kutsche f, Wagen m.
powr|acać, ⟨.ócić⟩ s. wracać; .acać do siebie wieder zu sich kommen; .acający [-'jon-] (stale immer) wieder-, zurückkehrend; .otny Rück-; s. bilet, gorączka.
powroźni|ctwo n (-a; 0) Seilerei f; .k m (-a; -cy) Seiler m.
powró|cić pf. s. (po)wracać; .sło n (-a; G -seł) Strohseil n; .t m (-otu; -oty) Rückkehr f; Chem., Tech. Rücklauf m; Med. Rückfall m; .t do zdrowia Genesung f; na .t, z powrotem zurück; wieder; .z m (-ozu; -ozy) Strang m, Strick m; .zek m (-zka; -zki) Strick m; Anat., Med. Strang m. [treiber m.)
powsinoga F m (-i; G -ów) Herum-/
powsta|nie n (-a) Aufstehen n; Entstehen n, Entstehung f; Aufstand m, Rebellion f; .niec [-'ta-] m (-ńca; -ńcy) Aufständische(r), Rebell m; .ńczy aufständisch, Rebellen-; .(wa)ć aufstehen, sich erheben; entstehen; erstehen; sich empören, revoltieren.
powstrzym|anie n Aufhalten n; Zurückhalten n; (Harn-)Verhaltung f; .anie się Unterdrückung f (od G/G); (od głosowania Stimm-) Enthaltung f; .ujący [-'jon-] hemmend, Hemmungs-; .(yw)ać aufhalten; hemmen; ab-, zurückhalten (od G/von); Lachen, Zorn unterdrücken; .(yw)ać się (od G) sich enthalten (G), absehen (von); zurückhalten, F sich verkneifen (A).
powszechn|ie Adv. allgemein; .y allgemein; verbreitet; Massen-.
powszedni alltäglich, Alltags-; chleb ~ das tägliche Brot; .eć [-'fed-] ⟨s-⟩ (-eję) alltäglich werden.
powściąg|ać (od -am), ⟨-nąć⟩ zurückhalten; zügeln, mäßigen; .liwość f (-ści; 0) Zurückhaltung f; Beherrschtheit f; Mäßigkeit f; .liwy (-wie) zurückhaltend, reserviert; beherrscht; mäßig (in D).
powtarz|ać (-am), ⟨powtórzyć⟩ wiederholen (się sich); wiadaąga ben, weitersagen, F nachplappern; .alny wiederholbar; Repetier-; .anie n (-a) Wiederholung f.

powtór|ka F f (-i; G -rek) Wiederholung f; Nachprüfung f in d. Schule; .kowy Wiederholungs-, Nach-; .nie Adv. wiederholt, noch-, abermals; .ny wiederholt, nochmalig, Zweit-, Nach-.
powtórz|enie n (-a) Wiederholung f; .yć pf. s. powtarzać.
powulkaniczny eruptiv.
powy-| in Zssgn Verben s. wy-; .ginany verbogen; .żej Adv. höher; Prp. (G) über (A od. D), oberhalb (G); .zszy obig, obenerwähnt, -genannt; vorhergehend.
powzi|ąć pf. Beschluß, Plan fassen; Verdacht schöpfen; (Ab-)Neigung entwickeln; .ęcie [-'żen-] n: .ęcie decyzji od. uchwały Entscheidung f; Beschlußfassung f.
poza¹ f (-y; G póz) Pose f (a. fig.), Haltung f.
poza² Prp. (A, I) hinter (A, D); (I) außerhalb (G); ausgenommen (A); neben, außer (D); ~ tym überdies, ferner.
poza- in Zssgn Verben s. za-; außer-, Außer-; .biurowy außerhalb der Bürozeit, außerdienstlich; Freizeit-; .grobowy jenseitig, nach dem Tode; .krajowy ausländisch, Fremd-; .maciczny Med. extrauterin; .małżeński außerehelich; .obowiązkowy nicht obligatorisch, fakultativ; .parlamentarny außerparlamentarisch; .planowy außerplanmäßig; .przeszły: czas -ły Plusquamperfekt n; .służbowy außerdienstlich; außerberuflich; .szkolny außerschulisch; .umowny nicht vereinbart, außervertragsmäßig; .urzędowy außeramtlich.
pozawałowy Med. nach e-m Herzinfarkt auftretend. [gestrig.)
pozawczoraj vorgestern; .szy vor-)
poza|zakładowy außerbetrieblich; .ziemski außerirdisch.
pozbawi|ać [-'ba-] (-am), ⟨.ć⟩ (k-o G) nehmen, rauben, entziehen, vorenthalten (j-m A); berauben (j-n G); .ć urzędu vom Amt entfernen, absetzen; .ć czci die Ehre abschneiden, in Verruf bringen; .ć dachu nad głową obdachlos machen; .(u)ć się (G) sich begeben (G), verzichten (auf A); .ć się życia sich das Leben nehmen; .enie n (-a; 0) Wegnahme f, Entzug m; .ony (G)

ohne (A), bar (G); -los; ~ony środków do życia mittellos.

pozbierać pf. zusammensuchen, einsammeln.

pozby(wa)ć się (G) loswerden (A), sich entledigen (G); Gewohnheit ablegen, aufgeben.

pozdr|awiać [-'zdra-] (-am), ⟨~owić⟩ (-ę, -rów!) (be)grüßen; ~owienie n (-a) Begrüßung f; Gruß m.

pozer m (-a; -rzy) Poseur m, Wichtigtuer m; ~stwo n (-a; 0) Wichtigtuerei f.

pozew m (-zwu; -zwy) (sądowy richterliche) Vorladung f; Klage (-schrift) f; ~ rozwodowy, ~ o eksmisję Scheidungs-, Räumungsklage f; wnieść ~ s. pozywać.

po|zgonny postmortal, nach dem Tode (auftretend); ~zie- in Zssgn Verben s. zie-.

poziom ['po-] m (-u; -y) Niveau n, Stand m, Pegel m; Bgb. (Gruben-) Sohle f; Geol. Horizont m; ~ morza Meeresspiegel m; najniższy ~ Tiefstand; ~ica f (-y; -e) Höhenlinie f; ~ka f (-i; G -mek) (Wald-) Erdbeere f; Sp. ~ka w podporze Schwebestütz m; ~kowy Erdbeer-; ~nica f (-y; -e) Setz-, Richtwaage f; ~y (-mo) horizontal, waagerecht; fig. prosaisch, nüchtern.   [zl-.]

pozj-, pozl- in Zssgn Verben s. zj-,⌐

pozl|acać (-am), ⟨~ocić⟩ vergolden; ~acany vergoldet; ~ocisty (-ście) poet. golden, gülden; ~ota f (-y) Vergoldung f; ~otka f (-i; G -tek) Goldfolie f.

pozna|- in Zssgn Verben s. zna-; ~nie n (-a) Erkenntnis f; Erkennung f, (Wieder-)Erkennen n; nie do ~nia nicht wiederzuerkennen, unkenntlich; ~wać (-ję), ⟨~ć⟩ kennenlernen (się sich); erkennen (po L/an D); wiedererkennen; ansehen (coś po L/j-m et.); dać ~ć po sobie zu erkennen geben; ~ć się (na L) durchschauen (A); nie ~ć się (na L) a. verkennen (A); ~walny erkennbar; ~wczy Erkenntnis-.

pozor|ność f (-ści; 0) äußere(r) Schein, Anschein m; ~ny scheinbar, Schein-; Bot. Trug-; Mil. a. Ablenkungs-; ~ować ⟨u-⟩ (-uję) simulieren, vortäuschen; ~owany simuliert; ~y pl. v. pozór.

pozosta|łość f (-ści) (Über-)Rest m; Restbestand m; Chem. Rückstand m; fig. Überbleibsel n, Relikt n; Med. Folge(erscheinung) f; ~ły übrig(geblieben, -gelassen), Rest-; (po L) hinterlassen, nachgelassen (von); ~ły przy życiu Überlebende(r); ~(wa)ć bleiben; übriglbleiben; ~(wa)ć w tyle zurückbleiben.

pozostawi(a)ć (be-, liegen-, stehen-, zurück)lassen; übriglassen; überlassen; (nur pf.) verlassen; ~ za sobą hinter sich lassen; Verfolger abhängen; ~ po sobie hinterlassen; nie ~ wątpliwości k-n Zweifel (aufkommen) lassen (co do G/über A), -iony samemu sobie sich selbst überlassen.

pozować (-uję) Modell stehen od. sitzen; als Modell dienen (do G/für A); ~ na (A) sich aufspielen (als)

pozór m (-oru; -ory) (An-)Schein m, Vorwand m; dla pozoru zum Schein; na ~ scheinbar, anscheinend; pod pozorem (G) unter dem Anschein od. Vorwand (G); pod żadnym pozorem unter keinen Umständen; pozory mylą od. łudzą der Schein trügt; stwarzać pozory des Anschein erwecken; zachować pozory den Schein wahren; sein Gesicht wahren.

pozw|ać pf. s. pozywać; ~alać (-am) ⟨~olić⟩ erlauben, gestatten; zulassen; ~alać sobie sich erlauben; (n~ A) sich leisten können (A); pa~ ~oli! Sie gestatten! bedienen Sie sich!; treten Sie ein!; ~anie n (-a) (Vor-)Ladung f; ~any (vor)geladen; Su. m (-ego; -i) Jur. Beklagte(r).

pozwoleni|e n (-a) Erlaubnis f (budowlane Bau-)Genehmigung f; ~e na wywóz Ausfuhrbewilligung f; ~e na broń Waffenschein m; z ~em! mit Verlaub!

pozwolić pf. s. pozwalać.

pozyc|ja f (-i; -e) Position f; engS Stellung f (a. fig., Mil.); (Körper-Haltung f; Mar., Flgw. Standort m; Hdl. Posten m; Sp. ~ja spalon Abseits(position f) n; ~yjny Posi tions-; wojna -na Stellungskrieg m

pozysk(iw)ać Vertrauen erwerber gewinnen; j-n für et. einnehmen.

pozytyw m (-u; -y) Positiv n; ~ka (-i; G -wek) Leier-, Spieldose f; Spieime chanismus m e-r Spieldose; ~n positiv; ~owy Fot. Positiv-.

poz|ywać (*-am*), ⟨*~wać*⟩ *Jur.* klagen (*A*/gegen *A*; o *A*/auf *A*).

poża- *in Zssgn Verben s.* **ża.**

pożar *m* (*-u*; *-y*) Brand *m*, Feuer *n*; **~niczy**, **~owy** Feuerwehr-; **~ny**: *straż ~na* Feuerwehr *f*; **~ski** *s.* kotlet.

pożąd|ać begehren (*G/A*); **~anie** *n* Begehren *n*, Verlangen *n* (*G*/nach); Begierde *f*; **~any** erwünscht, willkommen; wünschenswert; **~liwy** (*-wie*) gierig; begehrlich, lüstern.

poże- *in Zssgn Verben s.* **że-.**

pożegna|lny Abschieds-; **~nie** *n* (*-a*) Abschied *m*; *na ~nie* zum Abschied.

pożera|ć *m* (*-a*; *-e*): F **~cz** książek Büchernarr *m*, *-wurm* *m*, **~cz** serc Herzensbrecher *m*; **~ć** (*-am*), ⟨*pożreć*⟩ auffressen, verschlingen.

pożniwny nach der Ernte (auftretend, stattfindend).

pożog|a *f* (*-i*) Feuersbrunst *f*; *fig.* (*wojenna* Kriegs-)Brand *m*; *nieść ~ę* verheeren, verwüsten.

pożółkły vergilbt.

pożreć *pf. s.* pożerać.

pożycie *n* Zusammenleben *n*; Umgang *m*; *~ małżeńskie* Ehegemeinschaft *f*; *nieślubne ~* wilde Ehe.

pożycz|ać (*-am*), ⟨*~yć*⟩ (ver)leihen; *Geld a.* vorschießen, -strecken; sich (aus)leihen, borgen; **~ka** *f* (*-i*; *G -czek*) Anleihe *f*; (*na zakup* Anschaffungs-)Darlehn *n*; *Ling.* Lehnwort *n*; **~kobiorca** *m* (*-y*; *G -ów*) Darlehnsnehmer *m*; **~kodawca** *m* Darlehnsgeber *m*; Geld-, Kreditgeber *m*; **~kowy** Anleihe-; Darlehns-, Kredit-. [den-.]

pożydowski ehemals jüdisch, Ju-]

pożyteczn|ość *f* (*-ści*; *0*) Nützlichkeit *f*, Nutzen *m*; **~y** nützlich, Nutz-.

pożyt|ek *m* (*-tku*; *-tki*) Nutzen *m*, Vorteil *m*; *Agr.* (*Bienen-*)Tracht *f*; *bez ~ku* nutzlos; *z ~kiem* mit Nutzen, nutz-, gewinnbringend.

pożyw|ienie *n* Nahrung *f*; Kost *f*; *s.* odżywianie; **~ka** *f* (*-i*; *G -wek*) *Bio.* Nährboden *m*; **~ność** *f* (*-ści*; *0*) Nahrhaftigkeit *f*, Nährwert *m*; **~ny** nahrhaft; *substancja ~na* Nährsubstanz *f*. [kauz *m.*]

pójdźka *f* (*-i*; *G -dziek*) *Zo.* Stein-]

pójść *pf.* (*L. jść*) *an* idź.

póki *Kj.* solange (wie *od.* bis).

pół (*unv.*) halb; *~ roku* halbes Jahr; *~ do drugiej* halb zwei (*Uhr*); F *~*

---

biedy halb so schlimm; *~ na ~* halb und halb; *w ~ drogi* auf halbem Wege; *przerwać w ~* słowa mitten im Satz ab- *od.* unterbrechen; *na poły* zur Hälfte, halb; *vgl.* połowa.

pół|analfabeta *m* Halbanalphabet *m*, kaum des Lesens und Schreibens kundig; **~automatyczny** halbautomatisch; **~bóg** *m* Halbgott *m*; **~bucik** *m*, *pl.* but *m* Halbschuh *m*; **~cień** *m* Halbschatten *m*; **~ciężarówka** *f* *Kfz.* Lieferwagen *m*; **~ciężki**: *waga -ka Sp.* Halbschwergewicht *n*; **~diablę** F *n* kleiner Teufel; **~dupek** P *m* (*-pka*; *-pki*) Hinterbacke *f*; **~dziki** halbwild.

półeczka *f* (*-i*; *G -czek*) kleines Regal; Ablage *f*.

pół|etap *m* halbe Etappe *od.* Strekke; **~fabrykat** *m* Halbfabrikat *n*; **~finał** *m* Halbfinale *n*, Vorschlußrunde *f*.

półgębkiem [-ˈgɛmp-] F *Adv.*: *mówić* (*od.* bąkać) *~* murmeln, brumme(l)n; *uśmiechać się ~* zaghaft lächeln.

pół|gęsek *m* (*-ska*; *-ski*) Spickgans *f*; **~głosem** *Adv.* halblaut, mit gedämpfter Stimme; **~główek** *m* (*-wka*; *-wki*) Dumm-, Schwachkopf *m*; **~godzina** *f* e-e halbe Stunde; **~godzinny** halbstündig; **~gotowy** halbfertig; *gruby Typ.* halbfett; **~halka** *f* Petticoat *m*; **~jedwabny** halbseiden.

półka *f* (*-i*; *G -lek*) Regal *n*; Einlegeboden *m*, Fach *n*; (*Fels-*)Gesims *m*; *na książki* Bücherbord *n*; *na ~ch księgarskich* im Buchhandel.

półkilo|gramowy Halbkilo-, halbkilosch; * wer; **~metrowy** ein halbes Kilometer lang *od.* weit.

pół|kilowy *s.* półkilogramowy; **~klinkier** *m* Hartbrandziegel *m*; **~kole** *n* (*-a*; *-i*, *-i*) Halbkreis *m*; *-em im* Halbkreis; **~kolisty** (*-to*) halbkreisförmig, Halbkreis-; **~kolonialny** halbkolonial; **~kożuszek** *m* kurzer Pelz, Halbpelz *m*; **~krew** *f*: *Polak ~krwi* Halbpole *m*; *koń ~krwi* Halbblut *n*; **~księżyc** *m* Halbmond *m*, Halbmond *m*; **~kula** *f* Halbkugel *f*, (*bsd. Geogr.*) Hemisphäre *f*; **~kulisty** halbkugelförmig; **~litrowy** Halbliter-; **~litrówka** F *f* Halbliterflasche *f*; **~martwy** halbtot; **~metal** *m* Halbmetall *n*; **~metek** *m* (*-tka*; *-tki*) *Sp.* halbe Strecke;

~**metrowy** halbmeterlang; ~**miesięczny** halbmonatlich *od.* -monatig; ~**misek** *m* (*-ska; -ski*) (*Fleisch*-) Platte *f*; ~**mrok** *m* Halbdunkel *n*; ~**nagi** (*-go*) halbnackt.

północ *f* (0) Mitternacht *f*; Nord(en) *m*; o ~y um Mitternacht; na (*dalekiej*) ~y im (hohen) Norden; na ~ od (*G*) nördlich (von); ~**no-** *in Zssgn* Nord-; ~**ny** nördlich, Nord-; ~**o-wschód** *m* Nordost(en) *m*; ~**o-zachód** *m* Nordwest(en) *m*.

pół|nuta *f Mus.* halbe Note; ~**obłąkany** halb irrsinnig; ~**oficjalny** halbamtlich, offiziös; ~**okrąg** *m* Halbrund *n*, Halbkreis *m*; *Math.* Halbkreisbogen *m*; ~**okrągły** (*-ło*) halbrund; ~**oś** *f* Halbachse *f*; *Kfz.* (*Hinter*-) Achswelle *f*; ~**otwarty** (*-to*) halboffen; ~**pasiec** [-'pa-] *m* (*-śca; 0*) *Med.* Gürtelrose *f*; ~**piętro** *n*, ~**piętrze** *n* (*-a*) Halb-, Zwischengeschoß *n*; ~**płótno** *n* Halbleinen *n*; ~**poście** *n* (*-a*) *Rel.* Mittfasten *n*; ~**prawda** *f* Halbwahrheit *f*; ~**przewodnik** *m* Halbleiter *m*; ~**przymknięty** halbgeschlossen; ~**przytomny** halb besinnungslos; ~**rękawek** *m* (*-wka; -wki*) Ärmelschoner *m*.

półrocz|e *n* (*-a*; *G* -y) Halbjahr *n*; Semester *n*; ~**ny** halbjährig; halbjährlich.

pół|sen *m* Halbschlaf *m*; ~**senny** halbwach; ~**sierota** *m/f* Halbwaise *f*; ~**skórek** *m* (*-rka; -rki*) Halbledereinband *m*.

półsłówk|o *n*: zby(wa)ć ~ami mit kurzen (*od.* dürren) Worten abspeisen; *mówić* ~ami Andeutungen machen.

pół|słupek *m* halbhoher (*Schuh*-) Absatz *m*; ~**suchy** halbtrocken; ~**surowy** halbroh, halbgar; ~**szept** *m*: *mówić* ~szeptem laut flüstern, halblaut sprechen; ~**szlachetny** Halbedel-; ~**średni** *waga -nia Sp.* Halbmittelgewicht *n*; ~**środek** *m* halbe Maßnahme, Halbheit *f*; ~**świadomie** *Adv.* halb im Unterbewußtsein, halbbewußt; ~**światek** *m* (*-tka; 0*) Halbwelt *f*; ~**tłusty** halbfett (*a. Typ.*); ~**tonowy** halbtonnen-, e-e halbe Tonne schwer.

półtora *Num. m/n* (*półtorej, półtory* *f*) anderthalb, eineinhalb; ~**miesięczny** anderthalbmonatig; ~**roczny** anderthalbjährig.

pół|trzecia † drei(und)einhalb; ~**tusza** *f* (*Schweine*-)Hälfte *f*; ~**uchem** ϝ *Adv.* mit halbem Ohr; ~**urzędowy** halbamtlich; ~**uśmiech** *m* verstecktes Lächeln; ~**wełna** *f* Halbwolle *f*; ~**wiecze** *n* (*-a*; *G* -y) halbes Jahrhundert; ~**wojskowy** halbmilitärisch; ~**wysep** *m* (*-spu; -spy*) Halbinsel *f*; ~**zmierzch** *m* Halbdunkel *n*; ~**żartem** *Adv.* halb im Scherz; ~**żywy** halbtot.

póty *Kj.* so lange (bis); ~ ... *póki* ... *od.* aż ... so lange ... bis ...; *s.* (*do*)*póki, dopóty.*

później *Adv.* ziemlich spät; ~**ić się** (*-ę*) *Uhr:* nachgehen; *s.* opóźniać się; ~**iej** ['puʒ-] *Adv.* später; ~**iejszy** spätere(r); ~**o** *Adv.* spät; do ~a w noc bis spät in die Nacht; ~y spät; ~y wiek, ~a starość hohes Alter; ~ym latem im Spätsommer.

pra|- *in Zssgn* ur-, Ur-; ~**babka** *f* Urgroßmutter *f*.

praca *f* (*-y; -e*) (*dodatkowa, dorywcza, fizyczna, najemna, przygotowawcza, ręczna* Mehr-, Gelegenheits-, Körper-, Lohn-, Vor-, Hand-)Arbeit *f*; (*ciągła, próbna* Dauer-, Probe-)Betrieb *m*; (*zbiorowa* Sammel-)Werk *n*; Leistung *f*; ~*a zawodowa* Berufstätigkeit *f*; ~ *zlecona* Auftrag *m*; ~ *zespołowa a.* Teamwork *n*; ~ *w niepełnym wymiarze godzin* Teilzeitbeschäftigung *f*; *bez pracy* arbeitslos.

praco|biorca *m* (*-y*; *G* -*ów*) Arbeitnehmer *m*; ~**chłonność** *f* Arbeitsaufwand *m*; ~**chłonny** arbeitsintensiv; ~**dawca** *m* Arbeitgeber *m*.

pracow|ać (*-uję*) arbeiten (*na A/* für; *u G/*bei; *przy L, nad I/*an *D*); ~**icie** [-'vi-] *Adv. s.* pracowity; ~**itość** *f* (*-ści; 0*) Arbeitsamkeit *f*, Fleiß *m*; ~**ity** (*-cie*) arbeitsam; mühsam, -selig; ~**nia** [-'tsɔv-] *f* (*-i; -e, -i*) Arbeitsraum *m*, -zimmer *n*; (*Maler*-)Atelier *n*; (*Röntgen*-) Labor *n*; (*Schneider*-)Werkstatt *f*; ~**nica** *f* (*-y; -e*), ~**niczka** *f* (*-i; G* -*czek*) *s.* pracownik; *Zo.* ~nica Arbeiterin *f*; ~**niczy** Arbeitnehmer-, Werktätigen-.

pracownik *m* (*-a; -cy*) Beschäftigte(r), Arbeitnehmer *m*; Werk- *od.* Betriebsangehörige(r) *m*; *engS.* (*a.* ~ *umysłowy*) Angestellte(r); ~ *fizyczny* Arbeiter *m*; ~ *naukowy* Wissenschaftler *m*.

racujący [-'jon-] (berufs)tätig, arbeitend; *Maschine*: im Betrieb; *Su. m* (-ego; -y) Werktätige(r).

racz m (-a; -e), **~ka** f (-i; G -czek) Wäscher(in f) m; nur ~ *Zo. s. szop.*

raczłowiek m Urmensch m.

rać (L.) ⟨u-, wy-⟩ Wäsche waschen; P (ver)dreschen, (ver)hauen; ~ chemicznie chemisch reinigen.

ra|dawny uralt; **~dolina** f Urstromtal m; **~dziad(ek)** m Urgroßvater m; **~dzieje** pl. Vor-, Urgeschichte f.

ragmaty|czny pragmatisch; **~ka** [-'ma-] f (-i) Geschäfts(verteilungs-)plan m, Dienstordnung f.

ragnąć [-nonte] ⟨za-⟩ (-nę) (sich) wünschen, begehren (G/A); dürsten, verlangen, sich sehnen (G/ nach).

ragnienie n (-a) Durst m; Wunsch m; Sehnsucht f, Verlangen n (G/ nach); ~ zemsty Rachgier f, -sucht f; mieć ~ durstig sein.

raktyczn|y pf (-ści; 0) das Praktische *an e-r Sache*; praktisches Wesen, Sachlichkeit f; praktische Anwendbarkeit, Handlichkeit f; **~y** praktisch; angewandt.

raktyk m (-a; -cy) Praktiker m; **~a** ['pra-] f (-i) Praxis f; Erfahrung f; Lehre f, Lehrzeit f; Praktikum n; *nur pl. ~i* Praktiken pl/pl.; **~ant** m (-a; -ci), **-tka** f (-i; G -tek) Praktikant(in f) m; Lehrling m; **~ować** (-uję) praktizieren; *in der Lehre sein; nie ~uje się es* ist nicht üblich; **~ujący** [-'jon-] praktizierend (a. *Rel.*). [Urwald m.)

ra|kultura f Urkultur f; **~las** m) **~ralin|a** f (-y), **~ka** f (-i; G -nek) Praline f.

ral|ka f (-i; G -lek) Waschmaschine f; **~kowirówka** f Waschmaschine f mit Schleuder, Waschkombination f; **~nia** ['pral-] f (-i; e, -i) (samoobsługowa Münz-)Wäscherei f; **~nia chemiczna** chemische Reinigung.

raludz|ie pl. v. praczłowiek; **~ki:** ~stota ~ka Vormensch m.

ra|łat m (-a; -ci) Prälat m; **~maria** f Urmaterie f, Urstoff m; **~mieszkaniec** m Ureinwohner m.

rani|e ['pra-] n (-a) Waschen n, mózgów, wstępne Gehirn-, Vor-)Wäsche f; do ~a Wäsche-, Wasch-. **~aojciec** m Ur-, Stammvater m,

Ahnherr m; **~polski** urpolnisch; **~prababka** f Ururgroßmutter f; **~pradziadek** m Ururgroßvater m; **~prawnuk** m Ururenkel m; **~przodek** m Urahn(e) m; **~rodzic** m s. praojciec.

prasa¹ f (-y) (do siana, drukarska, olejarska, taśmowa Heu-, Diucker-, Öl-, Strang-)Presse f; ~ do prasowania wtryskowego Spritzgußmaschine f.

prasa² f (0) (brukowa Boulevard- od. Regenbogen-)Presse f.

praski Prager (Adj.).

pras|kać f (-am), ⟨~nąć⟩ [-nonte] (-nę) knallen; krachen.

prasłowiański urslawisch.

prasnąć pf. s. praskać.

prasow|acz m (-a; -e), **~aczka** f (-i; G -czek) Presser(in f) m; Bügler (-in f) m; **~ać** ⟨od-, wy-⟩ ⟨-uję⟩ pressen; bügeln, plätten; **~anie** n (-a) (na gorąco, wykańczające Warm-, Nach-)Pressen n; Bügeln n, Plätten n; do ~ania Bügel-; **~any** gepreßt, Preß-; gebügelt; **~arka** f (-i; G -rek) Bügelmaschine f; **~y** Presse-; Su. m (-ego; -i) Presser m.

prasówka f f (-i; G -wek) (Betriebs-)Pressebesprechung f, Politinformation f.

pra|stary uralt; **~szczur** m (-a; -owie) Urahn(e) m.

prawd|a f (-y) Wahrheit f; czy to ~a? ist das wahr?; okazać się ~ą sich als wahr erweisen od. herausstellen; święta ~a! das ist ein wahres Wort!; ~ę mówiąc od. rzekłszy um die Wahrheit zu sagen; wyrąbać ~ę w oczy unverblümt die Wahrheit sagen; ani słowa ~y kein wahres Wort; ach, ~a! ach ja!; ~a? nicht wahr?; co ~a allerdings; zwar; **~omówny** wahrheitsliebend.

prawdopodobieństw|o n Wahrscheinlichkeit f; według wszelkiego ~a aller Wahrscheinlichkeit nach.

prawdopodobnie Adv. wahrscheinlich.

prawdziw|ek F m (-a; -i) Steinpilz m; **~ie** [-'dzi-] Adv. wahrhaft(ig); **~y** wahr(haft); echt; wirklich; regelrecht; ⊢ waschecht.

prawic|a f (-y; -e) Rechte f (a. Pol.); po ~y zur Rechten; **~owiec** [-'tso-] m (-wca; -wcy) Mitglied m e-r Rechtspartei, engS. Rechtsextre-

mist *m*; Rechtsabweichler *m*; **~owy**
Pol. Rechts-.

prawi|czka F *f* (*-i*; *G* -*czek*) unbe-
rührtes Mädchen, Jungfrau *f*; **~ć**
(*-ę*) erzählen; *Unsinn* reden; *Kom-
plimente* machen; F **~ć** *kazanie* abkanzeln (*D/A*).

prawidło *n* (*-a*; *G* -*deł*) Regel *f*;
Schuhspanner *m*; *mieć za ~* sich
zur Regel machen; **~wy** (-*wo*) regelmäßig; richtig; ordnungsgemäß.

prawie ['pra-] *Adv.* fast, beinahe,
nahezu; *~ nie* kaum; *~ niemożliwy*
schier unmöglich.

prawie|czny uralt, ewig; **~k** *m*: *od
~ków* seit Urzeiten.

prawni|czka *f s.* prawnik; **~czy** ju-
ristisch, Rechts-; **~e** *Adv.* recht-
lich; **~k** *m* (*-a*; -*cy*), **~czka** *f* (*-i*; *G*
-*czek*) Rechtler(in *f*) *m*; F Jura-
student(in *f*) *m.* [*m.*\

prawnu|czka *f*, **~k** *m* Urenkel(in *f*)\

praw|ny rechtlich, Rechts-; gesetz-
lich; *s.* prawniczy; **~o¹** *n* (*-a*) (*autorskie, głosowania, karne, polowania,
posiadania, spadkowe* Urheber-,
Stimm-, Straf-, Jagd-, Besitz-,
Erb-)Recht *n*; (*błędów, natury,
powszechnego ciążenia* Fehler-,
Natur-, Gravitations-(en)Gesetz *n*;
Rechtswissenschaft(en *pl.*) *f*, Jura
n/pl.; F **~o** *jazdy* Führerschein *m*;
w imieniu ~a im Namen des Gesetzes; *jakim ~em?* mit welchem
Recht?

prawo²: *na ~, w ~* (*nach*) rechts; *w ~
zwrot!* rechts um!; **~brzeżny** am
rechten Ufer *e-s Flusses* gelegen;
~dawca *m* Gesetzgeber *m*; **~daw-
czy** gesetzgebend; **~mocność** *f*
(*-ści; 0*) Rechtskraft *f*; **~mocny**
rechtskräftig; **~myślny** linientreu,
loyal; **~ręczny** rechtshändig; **~-
rządność** ['ʒɔnd-] *f* (*-ści; 0*)
Rechtssicherheit *f*; Rechtsstaat-
lichkeit *f*; **~rządny** rechtsstaatlich;
~skrętny ['skrent-] *Gewinde*:
rechtsgängig; **~skrzydłowy** *m*
(*-ego; -i*) rechte(r) Flügelmann *m*; *Sp.*
Rechtsaußen *m*; **~sławie** [-'swa-] *n*
(*-a; 0*) griechisch-orthodoxes Glau-
bensbekenntnis *n*; **~sławny** grie-
chisch-orthodox; **~stronny** rechts-
seitig, Rechts-; *Maschine*: rechts-
läufig.

prawoślaz *m* (*-u; -e*) *Bot.* Stock-
malve *f*; *~ lekarski* echter Eibisch.

prawo|wierny recht-, strenggläu-

big; **~wity** (-*cie*) rechtmäßig,
~znawstwo *n* Rechtskunde *f*.

praw|y rechte(r); *fig.* rechtschaffen
po ~ej ręce rechterhand; **~ego** łoż
Kind: ehelich; *Su.* **~a** *f* (*-ej*; -*e*)
Rechte *f*; *z ~a* von rechts.

prawzór *m* Prototyp *m*, Urbild

praż|ak *m* (*-a; -i*) *Tech.* Röstofen *m*
~alnia [-'ʒal-] *f* (*-i; -e, -i*) Röster
f, Agglomerieranlage *f*; **~enie** *n* (*-ċ
0*) Rösten *n*, Röstung *f*; **~yć** (*-
v/t* rösten; *v/i Sonne*: sengen, brer
nen; F ballern, feuern; **~ynki** *f/p
(-nek)* (*Kartoffel-)Chips *m/pl.*

pracie ['prɔn-] *n* (*-a; G -i*) Penis *n
Glied *n*.

prąd [prɔnt, -ndu] *m* (*-u; -²*
(*morski, powietrza* Meeres-, Luft
Strömung *f* (*a. fig.*); (*stały, zmienn
Gleich-, Wechsel-)Strom *m*; *fig.*
Tendenz *f*, Trend *m*; *z ~em* stron
ab(wärts); *pod ~* stromauf(wärts
iść z ~em czasu mit der Zeit Schri
halten; *ulec ~owi* sich treiben la
sen; **~nica** *f* (-*y*; -*e*) (*Strom-*)Gen
rator *m*, Dynamo(maschine *f*) *n
Kfz.* Lichtmaschine *f*; **~niczka**
(*-i; G -czek*) Fahrraddynamo *m*.

prądo|wnica *f* (*-y; -e*) Strahlrohr
~wy Strömungs-; Strom-.

prąt|ek ['prɔnt-] *m* (*-tka; -tki*) Stä
chen *n*, stäbchenförmige Bakteri
~kować (*-uję*) Krankheitskein
ausscheiden; **~kowy** Stäbchen
Bazillen-.

prąż|ek *m* (*-żka; -żki*) Streifen *
Strieme(n *m*) *f*; *Phys. a.* Linie
w ~ki = **~kowany** gestreift.

prebenda *f* (*-y*) Pfründe *f*.

precedens [-dɛs] *m* (*-u; -y*) Präz
denzfall *m*; *bez ~u* beispiellos, no
nie dagewesen.

precel *m* (-*cla; -cle*) Brezel *f*.

precyz|ja *f* (*-i; 0*) Präzision
~ować (*s-*) (*-uję*) präzisiere
~yjny präzis(e); Präzisions-.

precz fort, weg; *wypędzić ~* fo
jagen; *pójść ~* weggehen; *~ z drog
aus dem Weg!; ~ z mego dom
hinaus!, verlaß (sofort) mein Haus
~ z wojną! nieder mit dem Krie

predestynować (*-uję*) prädestini
ren (*do G/*für).

predy|katywny *Gr.* prädikati
~lekcja *f* Vorliebe *f* (*do G/*für
~spozycja *f* Prädisposition *f*.

prefabryk|acja *f Arch.* Vorfer
gung *f*, Herstellung *f* von Ferti

(bau)teilen; **~at** m Fertig(bau)teil n; **~owany** vorgefertigt, Fertig-; *dom z elementów -ych* Fertighaus n.

prefe|ktura f (-y) Präfektur f; **~rans** [-râs] m (-a; -y) Preference f; **~rencja** f (-i; -e) Präferenz f; **~rencyjny** Präferenz-, Vorzugs-.

prehistor|ia f (0) Vorgeschichte f; **~yczny** vorgeschichtlich, prähistorisch; *czasy* -ne Urzeit f.

pre|judykat m (-u; -y) Jur. Präjudiz n; **~kluzja** f (-i; 0) Jur. Präklusion f; **~kursor** m (-a; -rzy) Bahnbrecher m, Wegbereiter m; **~legent** m (-a; -ci) Vortragende(r), Referent m; **~lekcja** f Vortrag m.

prelimin|arz m (-a; -e) (*Kosten-*) Voranschlag m, **~arz budżetowy** Haushalt(s)plan m, Etatentwurf m; **~ować** ⟨za-⟩ (-uję) ein Budget machen; *im Haushaltsplan vorsehen.* [Präludium n.]

preludium [-'lu-] n (unv.; -ia, -ów)

premedytacj|a f Vorbedacht m; Jur. a. Vorsatz m; *morderstwo z* **~ą** vorsätzlicher Mord.

premi|a ['prɛmja] f (G, D, L -ii; -e) Prämie f; Prämienlohn m; **~a za wydajność** Leistungszulage f; **~er** [-mjer] m Premier(minister) m; **~era** [-'mjɛra] f (-y) Premiere f, Erstaufführung f; **~ować** (-uję) prämiieren, mit e-r Prämie belohnen od. auszeichnen; **~owy** Prämien-.

prenumer|ata f (-y) (*Zeitungs-*) Abonnement n, Bezug m; **~ator** m (-a; -rzy) Abonnent m, Bezieher m; **~ować** ⟨za-⟩ (-uję) abonnieren, beziehen.

prepar|at m (-u; -y) Präparat m, **~ować** (-uję) präparieren, aufbereiten. [Prärie f.]

preria ['prɛrja] f (G, D, L -ii; -e)

prerogatywa f (-y) Vorrecht n.

pre|sja f (-i; -e) Pression f, Druck m; **~stiż** m (-u; 0) Prestige n, engS. Ansehen n; **~szpan** m (-u; -y) Preßspan m; **~tekst** m (-u; -y) Vorwand m.

preten|dent m (-a; -ci) Prätendent m, Bewerber m, Anwärter m; **~dować** (-uję) (*do G*) beanspruchen (A), Anspruch erheben (auf A); **~sja** [-'tɛs-] f (-i; -e) Anspruch m, Forderung f; Anmaßung f, Dünkel m; Groll m, Grund m zur Klage (*do G*/gegenüber D); *nie mam do niego*

~sji ich trage ihm nichts nach; **~sjonalny** prätentiös; affektiert.

prewen|cja f (-i; -e) Jur. Prävention f; **~cyjny** präventiv, vorbeugend; *areszt -ny* Vorbeugehaft f; **~torium** [-'tɔ-] n (unv.; -ia, -ów) Sanatorium n für Präventivbehandlung.

prezbiterianin [-'rja-] m (-a; -anie, -/-ów) Presbyterianer m.

prezen|cja f (-i; 0) Äußere(s), (statt-liche) Erscheinung; **~t** m (-u; -y) Präsent n; *w ~cie* als Geschenk; **~ter** m (-a; -rzy) Rdf. Moderator m; **~tować** ⟨za-⟩ (-uję) vorstellen, zeigen; *Wechsel, Waffe* präsentieren; **~tować się** erscheinen, aussehen.

prezerwa f (-y) Präserve f, Halbkonserve f; **~tywa** f (-y) Präservativ n.

prezes m (-a; -i) Vorstand m, Präside m, Vorsitzer m; **~ rady ministrów** Ministerpräsident m; **~ostwo** n (-a) Präsidentschaft f; Vorsitz m; **~ować** (-uję) als Vorstand fungieren; s. prezydować.

prezyden|cki Präsidenten-, Präsidial-; **~t** [a. 'prɛ-] m (-a; -ci) Präsident m; **~towa** F f (-ej; -e) Präsidentengattin f; **~tura** f (-y) Präsidentschaft f.

prezy|dialny präsidial; **~dium** [-'zi-] n (unv.; -ia, -ów) Präsidium n; **~dować** (-uję) den Vorsitz führen, präsidieren.

pręcik ['prɛn-] m (-a; -i) Gerte f, Rute f; Bot. Staubblatt n; (*Graphit-*)Mine f; Anat. Stäbchen(zelle f) n.

pręd|ce ['prɛnt-] s. prędzej; **~ki** (-ko) schnell, rasch; hastig; impulsiv; **~kościomierz** [-'tɕɔ-] m (-a; -e) Geschwindigkeitsmesser m; (*rejestrujący*) Fahrtschreiber m; **~kość** f (-ści) (*dźwięku, lotu, podróżna, światła* Schall-, Flug-, Reise-, Licht-)Geschwindigkeit f; Schnelligkeit f; impulsive Art; s. szybkość.

prędzej ['prɛn-] Adv. schneller; eher; *co* (*od. -dzury*) *~* so schnell wie möglich; *~ czy później* früher oder später; F *na prędce* auf die Schnelle.

pręg|a ['prɛn-] f (-i) Streifen m; Strieme(n m) f; Tech. a. Schliere f; Kochk. Rinderhachse f; **~ierz** [-'prɛn-] m (-a; -e) Pranger m; **~owany**, **~owaty** gestreift.

pręt [prɛnt] m (-a; -y) Rute f, Gerte

f; Stock *m*; Stange *f*, Stab *m* (*a. Tech.*); ~ stalowy okrągły, płaski Rund-, Flachstahl *m*; ~owy Stangen-, Stab-.

pręż|nik *m* (*-a*; *-i*) *Sp.* Reckstange *f*; ~**ność** *f* (*-ści*; *0*) Spannung *f*; Elastizität *f*; *fig. a.* Spannkraft *f*; *Tech. a.* Druck *m*; ~**ny** *Muskel*: gespannt; *Schritt*: federnd; elastisch; ~**yć** ⟨*na-*, *wy-*⟩ (*-ę*) (an)spannen (*się* sich); ~*yć się do skoku* zum Sprung ansetzen.

prima F prima; **~ aprilis** *m* (*unv.*) der erste April; Aprilscherz *m*; *oszukać na ~ aprilis* in den April schicken.

priorytet *m* (*-u*; *-y*) Priorität *f*, Vorrang *m*; ~**owy** Prioritäts-, vorrangig.

probierczy Prüf-; *urząd ~* Eichamt *n*; *znak ~* Feingehaltsstempel *m*, F Probe *f*; *kamień ~* Probierstein *m*.

probierz ['prɔ-] *m* (*-a*; *-e*) Kriterium *n*, Prüfstein *m*.

problem *m* (*-u*; *-y*) Problem *n*; ~ *rzeczowy* Sachfrage *f*; ~**atyczny** problematisch; ~**owy** Problem-.

probo|stwo *n* (*-a*) Pfarre *f*; Pfarrhaus *n*; ~**szcz** *m* (*-a*; *-owie/-e*) Pfarrer *m*; (*Dom-*)Probst *m*; ~**szczowski** Pfarrers-. [glas *n*.]

probówka *f* (*-i*; *G* ~*wek*) Reagenz-⟩

proc|a *f* (*-y*; *-e*) Schleuder *f*, Katapult *m od. n*; *jak z ~y* wie ein geölter Blitz; *wie aus der Pistole* geschossen.

proced|er *m* (*-u*; *-y*) (dunkles, schmutziges) Gewerbe *n*; Treiben *n*; ~**ura** *f* (*-y*) Prozedur *f*, Verhalten *n*; ~**uralny** *Jur.* Verfahrens-.

procent *m* (*-u*; *-y*) Prozent *n*; Quote *f*, Prozentsatz *m*; *pl.* ~*y s. odsetek*; ~**ować** (*-uję*) Zinsen tragen; ~**owy** Prozent-; Zins-; *in Zssgn* -prozentig.

proces *m* (*-u*; *-y*) Prozeß *m* (*a. Jur.*); *engS.* Vorgang *m*, Ablauf *m*; *Jur.*, *Tech. a.* Verfahren *n*; ~ *technologiczny* Fertigungsablauf *m*; ~**ja** *f* (*-i*; *-e*) Prozession *f*; ~**ować** *się* (*-uję*) prozessieren, e-n Prozeß führen; ~**owy** *Jur.* Prozeß-.

proch *m* (*-u*; *-y*) (*Schieß-*)Pulver *n*; F *a.* Staub *m*; ~*y pl.* (*Toten-*)Asche *f*; ~**owiec** [-'xɔ-] *m* (*-wca*; *-wce*) Staubmantel *m*; ~**ownia** *f* (*-i*; *-e*, *-i*) Pulvermagazin *n*; ~**ownica** *f* (*-y*; *-e*) *hist.* Pulverhorn *n*; ~**owy** Pulver-.

prodiż *m* (*-u*; *-y*) Backhaube *f*.

producent *m* (*-a*; *-ci*) Produzent *m*, Hersteller *m*, Erzeuger *m*.

produk|cja *f* (*-i*; *-e*) (*globalna*, *przemysłowa* Brutto-, Industrie-) Produktion *f*; (*jednostkowa*, *potokowa od. taśmowa* Einzel-, Fließ[band]-)Fertigung *f*, Herstellung *f*; (*Strom-*, *Getreide-*)Erzeugung *f*; ~**yjność** *f* (*-ści*; *0*) Produktivität *f*; Ertragsfähigkeit *f*; ~**yjny** Produktions-, Fertigungs-; produktiv.

produk|ować ⟨*wy-*⟩ (*-uję*) produzieren (*się* sich); *engS.* erzeugen, fertigen; ~**t** *m* (*-u*; *-y*) Produkt *n*, Erzeugnis *n*; *fig.* Ergebnis *n*, Werk *n*; *Bgb.* Gut *n*; ~**t** (*społeczny*) *globalny* Bruttosozialprodukt ~**tywizacja** *f* (*-i*; *0*) Eingliederung *f* in den Produktionsprozeß; ~**tywny** produktiv.

profan|acja *f* (*-i*; *0*) Entweihung *f*, Schändung *f*; ~**ować** ⟨*s-*⟩ (*-uję*) entweihen, entwürdigen.

profes|ja *f* (*-i*; *-e*) Beruf *m*, Profession *f*; ~**jonalny** professionell, Berufs-; ~**or** *m* (*-a*; *-owie/-rzy*) Professor(in *f*) *m*; [*a.* ~**orka** *f* (*-i*; *G* -*rek*)] Lehrer(in *f* *m* (*Anrede in d. Schule*); ~**orowa** F *f* (*-ej*; *-e*) Professorengattin *f*; ~**orski** Professor-, professoral; ~**ura** *f* (*-y*) Professur *f*.

profil *m* (*-u*; *-e*) Profil *n*; *z* (*od. w*) ~*u* im Profil.

profilakty|czny prophylaktisch, vorbeugend; ~**ka** *f* (*-i*; *0*) Prophylaxe *f*, Vorbeugung *f*; Vorsorge *f*.

profilow(an)y *Tech.* Profil-.

progi *pl. v.* próg.

prognoz|a *f* (*-y*; *-y*) Prognose *f*, Voraussage *f*; ~*a pogody* Wettervorhersage *f*; ~**ować** (*-uję*) prognostizieren.

progowy Schwellen-, Grenz-.

program *m* (*-u*; *-y*) Programm *n*; ~ *nauczania* Lehrplan *m*; ~**ista** *m* (*-y*; *-ści*, *-ów*) Programmierer *m*; ~**ować** ⟨*za-*⟩ (*-uję*) programmieren; ~**owany** programmiert; ~**owy** Programm-; programmatisch.

progres|ja *f* (*-i*; *-e*) Progression *f*; ~**ywny** progressiv.

prohibicja *f* (*-i*; *-e*) Prohibition *f*.

projekc|ja *f* (*-i*; *-e*) Projektion *f*; ~**yjny** Projektions-, Vorführ-.

projekt *m* (*-u*; *-y*) Projekt *n*, Entwurf *m*; Denkmodell *n*; Plan *m*, Vorhaben *n*; Vorschlag *m*; *rządowy* ~ *ustawy* Regierungsvorlage *f* e-t-

Gesetzes; **~ant** *m* (-*a*; -*ci*) Projektant *m*, Projekteur *m*, Entwerfer *m*; Gestalter *m*, Designer *m*; **~odawca** *m* Autor *m*, Urheber *m* e-s Projekts *od.* Entwurfs; **~or** *m* (-*a*; -*y*) Projektor *m*, Projektionsapparat *m*; *(iluminacyjny* Flutlicht-)Scheinwerfer *m*; **~ować** *(za-)* (-*uję*) planen, beabsichtigen; entwerfen, projektieren; **~owy** Projekt-, Entwurfs-; geplant.   [ausrufen.)

proklamować *(-uję)* proklamieren.)

prokur|a *f* (-*y*) Prokura *f*; **~tor** *m* (-*a*; -*rzy*) Staatsanwalt *m*; **~torski** Staatsanwalt(s)-, Anklage-; **~tura** *f* (-*y*) Staatsanwaltschaft *f*.

prokurent *m* (-*a*; -*ci*) Prokurist *m*.

proletari|acki proletarisch; **~usz** [-'ta-] *m* (-*a*; -*e*) Proletarier *m*.

prolong|ata *f* (-*y*) (*Frist-*)Verlängerung *f*, Aufschub *m*; **~ować** *(s-)* (-*uję*) Frist, Paß verlängern; *Zahlung* aufschieben, stunden; *Wechsel* prolongieren.

prom *m* (-*u*; -*y*) *(kosmiczny* Raum-) Fähre *f*; **~ morski** Fährschiff *n*.

promenada *f* (-*y*) Promenade *f*.

promieni|ca *f*(-*y*; -*e*) *Zo.* Strahlentierchen *n*, Radiolarie *f*; *Med.* Aktinomykose *f*; **~czy** aktinomykotisch; **~e** *pl. v.* promień; **~eć** (-*eję*) *fig.* strahlen (*I*/vor).

promienio|lecznictwo *n* Strahlentherapie *f*; **~twórczy** strahlungs-, radioaktiv; **~wać** (-*uję*) (aus)strahlen; **~wanie** *n* (-*a*) *(cieplne, słoneczne* Wärme-, Sonnen-)Strahlung *f*, Radiation *f*; **~wiec** [-'ŋɔ-] *m* (-*wca*; -*wce*) Strahlenpilz *m*; **~wy** radial, Radial-; *s. kość.*

promien|isty (-*sto*, -*ście*) strahlen-, sternförmig; *s.* promienny; **~nik** *m* (-*a*; -*i*) *(podczerwieni* Infrarot-) Strahler *m*; **~ny** strahlend; *Phys., Med.* Strahlungs-.

promie|ń ['prɔ-] *m* (-*nia*; -*nie*) Strahl *m*; *Math.* Radius *m*, Halbmesser *m*; **~niście** s. promienisty; **w ~niu** *(G)* im Umkreis (von); *fig. s. a.* promyk.

promil *m* (-*a*; -*e*) Promille *n*.

promo|cja *f* (-*i*; -*e*) Promotion *f*; *(Schul-)*Versetzung *f*; Beförderung *f*; **~tor** *m* (-*a*, -*rzy*) Doktorvater *m*; *fig.* Förderer *m*; *Chem. (Katalysator)* Beschleuniger *m*; **~wać** (-*uję*) *Schüler* versetzen; promovieren; *(na oficera* zum Offizier) befördern.

promy|(cze)k *m* (-[*cz*]*ka*; -[*cz*]*ki*) (kleiner, schwacher) Strahl (*a. fig.*); *(Haar-)*Strähne *f*; *fig.* Schimmer *m*.

proniemiecki prodeutsch, deutschfreundlich.

propagand|a *f* (-*y*) Propaganda *f*; Propagierung *f*; **~owość** *f* (-*ści*; *0)* Propaganda-, Werbewirkung *f od.* -wert *m*; **~owy** Propaganda-, Werbe-; **~ystyczny** propagandistisch; *manewr* -*ny* Propagandatrick *m*.

propag|ator *m* (-*a*; -*rzy*) Verbreiter *m*; **~ować** (-*uję*) propagieren (*A*), werben (für *A*).

propan *m* (-*u*; *0*) Propan(gas) *n*.

pro|państwowy staatsbejahend, loyal, regimefreundlich; **~ponować** *(za-)* (-*uję*) vorschlagen; anbieten; *Ehe, Hilfe a.* antragen.

proporcj|a *f* Proportion *f*; *Math. a.* Verhältnisgleichung *f*; **~onalny** proportional; proportioniert.

propo|rczyk *m* (-*a*; -*i*), **~rzec** *m* (-*rca*; -*rce*) *(Lanzen-)*Fähnchen *m*; Wimpel *m*; Stander *m*; **~rzec** *Sp. a.* Siegeswimpel; *Mar.* Bugflagge *f*; **~zycja** *f* Vorschlag *m*, Angebot *n*; *(Heirats-)*Antrag *m*.

pro|radziecki prosowjetisch; **~rektor** *m* Prorektor *m*.

proro|ctwo *n* (-*a*) Prophetie *f*; Prophezeiung *f*; **~czy** (-*czo*) prophetisch; **~k** *m* (-*a*; -*cy*) Prophet *m*; **~kować** (-*uję*) prophezeien, verkünden.

pro|rządowiec [-ʒɔn'dɔ-] *m* (-*wca*; -*wcy*) Regierungsanhänger *m*; **~sektorium** [-'tɔ-] *n* (*unv.*; -*ia*, -*ów*) Prosektur *f*, Sezierraum *m*; **~seminarium** [-'na-] *n* Vorseminar *n*.

prosi|ak ['prɔ-] *m* (-*a*; -*i*), **~ątko** [-'ɔnt-] *n* (-*a*; *G* -*tek*) *s.* prosię.

prosić[1] *⟨po-⟩* (-*szę*) bitten (*o A*/um *A*; *na A*/zu); ersuchen; *proszę* bardzo bitte sehr *od.* schön; *bei der höflichen Anrede unübersetzbar, z. B.*: proszę pana (pani), która godzina? würden Sie mir (bitte) sagen, wie spät es ist?; proszę się nie krępować! tu dir keinen Zwang an!, fühlen Sie sich wie zu Hause!; F *(no)* proszę! was sagen Sie dazu!; *na, also!; s.* **się** (an)flehen; *gerade zu geeignet sein (o A*/fiir); unbedingt brauchen (*o A*/*A*).

prosi|ć[2] **się** *⟨o-⟩* (-*szę*) *Sau:* ferkeln, frischen; **~ę** *n* (-*ęcia*; -*ęta*) *(mleczne, ziemne* Span-, Erd-) Ferkel *n.*

pros|o *n (-a)* Hirse *f;* **~ówka** *f (-i; G -wek) Med.* Frieselfieber *n.*

prospe|kt *m (-u; -y)* Prospekt *m;* **~rować** *(-uję)* gedeihen, prosperieren.

prosta *s.* **prosty;** **~cki** *(-ko, po -ku)* derb, grob, ungehobelt, ordinär; **~czek** *m (-czka;-czkowie/-czki)* Einfaltspinsel *m;* **~czka** *f (-i; G -czek)* ungebildete, ordinäre Frau; *s. a. prostak;* **~czkowaty** *(-to)* einfältig; **~czy** *(-czo) s. prostacki;* **~k** *m (-a; -i/-cy)* ordinärer, ungebildeter Kerl, Bauernlümmel *m;* Trottel *m.*

prost|ata *f (-y) Anat.* Prostata *f,* Vorsteherdrüse *f;* **~nica** *f (-y; -e) s. odbytnica.*

prosto *Adv. (Komp. prościej)* gerade(aus); einfach; direkt, geradewegs; *~ przed siebie* geradeaus; *siedzieć ~* geradesitzen; *~ do domu* direkt nach Hause; **~duszny** treuherzig; **~kąt** *m* Rechteck *n;* **~kątny** [-'kɔnt-] rechtwinklig; rechteckig.

prostolini|jny geradlinig; *fig.* geradsinnig, gerade; **~owy** *(-wo)* geradlinig.

prostopad|le *Adv. s.* **prostopadły;** **~łościan** [-'pad'wɔ-] *m (-u; -y)* Rechtflach *n,* Quader *m;* **~ły** *(-łe)* senkrecht; rechtwinklig.

prosto|ta *f (-y; 0)* Einfachheit *f;* Schlichtheit *f;* **~wać** *(-uję) (wy-)* geraderichten, -biegen, -machen; *Glieder* (aus)strecken; *El.* gleichrichten; *Tech. Blech* spannen; *(s-)* berichtigen, richtigstellen; **~wać się** *(wy-)* sich gerade-, aufrichten; **~wnica** *f (-y; -e) Tech.* Richtmaschine *f; El.* = **~wnik** *m (-a; -i)* Gleichrichter *m; Anat.* Streckmuskel *m.*

prostracja *f (-i; 0)* Erschöpfung *f,* Entkräftung *f;* Niedergeschlagenheit *f.*

prost|y *(Komp. -tszy)* gerade; einfach; schlicht; **~y** *żołnierz* gemeiner Soldat; *rzecz ~a als Adv.* natürlich, selbstverständlich; *po ~u* (ganz) einfach, ohne weiteres; *Su.* **~a** *f (-ej; -e) Math.* Gerade *f;* **~y** *m (-ego; -e) (Boxen)* Gerade *f.*

prostytu|cja *f (-i; 0)* Prostitution *f;* **~tka** *f (-i; G -tek)* Prostituierte *f.*

proszący [-'ʃɔn-] *(-co)* bittend, bettelnd.

prosz|ek *m (-szku; -szki) (do pieczenia, do prania, do zębów* Back-, Wasch-, Zahn-)Pulver *n; (G -szka) Med.* (od bólu głowy, nasenny Kopfschmerz-, Schlaf-)Pulver *n; w ~ku* in Pulverform, pulverisiert; *F fig.* (ganz) auseinandergenommen, in kleinste Teile zerlegt; **~kować** *(roz-, s-) (-uję)* pulverisieren; **~kowy** Pulver-, pulv(e)rig.

proszon|y gebeten; für geladene Gäste; *F chodzić po ~ym* betteln (gehen).

prośb|a [-żba] *f (-y; G próśb)* Bitte *f (do G/an A);* Ersuchen *n;* Gesuch *n; chodzić po ~ie s. proszony.*

prościut(eń)ki *F (-ko)* ganz gerade, schnurgerade.

prośna *Sau:* trächtig, tragend.

protegowa|ć *(-uję)* fördern; begünstigen, protegieren; **~ny** *m (-ego; -i)* Schützling *m,* Protegé *m,* Günstling *m.*

prote|ina *f (-y)* Protein *n;* **~kcja** *f (-i; -e)* Protektion *f,* Begünstigung *f,* Förderung *f.*

protek|cjonalny gönnerhaft; **~cjonistyczny** protektionistisch; **~cyjny** Schutz-; gönnerhaft; **~tor** *m (-a; -rzy/-owie)* Förderer *m,* Gönner *m;* Schirmherr *m; Tech. (pl. -y) (Reifen-)*Lauffläche *f;* **~torat** *m (-u; -y)* Schirmherrschaft *f; Pol.* Protektorat *n.*

protest *m (-u; -y)* Protest *m;* wnieść *~ a.* Einspruch erheben; *na znak ~u a.* aus Protest.

protesta|cyjny Protest-; **~ncki** protestantisch, evangelisch; **~nt** *m (-a; -ci),* **~tka** *f (-i; G -tek)* Protestant(in *f) m.*

protest|ować *(za-) (-uję)* protestieren *(przeciw D/gegen A); s. oprotestować;* **~owy** *Hdl.* Protest-; **~ujący** [-'jɔn-] *m (-ego; -y)* Protestierende(r), *F* Protestierer *m.*

proteza *f (-y)* Prothese *f; ~ słuchowa* Hörgerät *n.*

proto|kolant *m,* **~kólant** *m (-a; -ci),* **~tka** *f (-i; G -tek)* Protokollführer(in *f) m;* **~kolarny,** **~kólarny** protokollarisch, Protokoll-; **~kołować, ~kółować** *(za-) (-uję)* protokollieren; **~kół** *m (-ołu; -oły) (odbioru, szkód, zebrania* Abnahme-, Schadens-, Sitzungs-)Protokoll *n.*

proto|plasta *m (-y; -ści, -ów)* Ahnherr m; ~plazma f Bio. Protoplasma n; ~typ m Prototyp m; ~typ metra Urmeter n.

prowadni|ca f (-y; -e) Tech. Führung f, Führungsleiste f, -bahn f; Esb. Leit-, Gegenschiene f; ~k m (-a; -i) Tech. Führungs-, Leitstück n.

prowadz|ący [-'dzon-] führend; ~enie n (-a) Führung f, Leitung f; Lenkung f; uzyskać ~enie in Führung gehen; trudny do ~enia schwererziehbar; ~enie się Führung f, Betragen n; ~ić (-dzę) v/t ⟨po-, za-⟩ (hin)führen, geleiten, bringen; ⟨po-⟩ Fahrzeug führen, lenken, steuern; Betrieb leiten; Hof bewirtschaften; Geschäft, Gespräch usw. führen; ~ić dalej weiterführen, fortsetzen; v/i ⟨do-, za-⟩ führen (do G/zu, in A nach); ~ić (an-)führen; Sp. a. an der Spitze liegen; ~ić się sich betragen.

prowiant ['prɔvjant] m (-u; 0) Proviant m, Verpflegung f; ~owy Proviant-, Verpflegungs-.

prowincj|a f (-i; -e) Provinz f; ~onalism m (-u; -y) Ling. Provinzialismus m; (0) Lokalpatriotismus m; ~onalny Provinz-; provinziell.

prowizja f (-i; -e) Hdl. Provision f.

prowizor|ium [-'zɔ-] n (unv.; -ia, -ów) Provisorium n; ~ka F f (-i; G -rek) Notbehelf m; ~yczny provisorisch; Behelfs-, Not-, behelfsmäßig.

prowodyr P m (-a; -rzy/-owie) Boß m, Rädelsführer m.

prowoka|cja f (-i; -e) Provokation f; ~cyjny provokatorisch; ~tor m (-a; -rzy) Provokateur m; ~torski s. prowokacyjny.

prowok|ować ⟨s-⟩ (-uję) provozieren, herausfordern; ~ujący [-'jon-] (-co) provozierend, herausfordernd.

proza f (-y; 0) Prosa f; ~iczny [-'itʃ-] prosaisch; ~ik ['zaik] m (-a; -cy), ~tor m (-a; -rzy) Prosaist m; ~torski Prosa-.

prożek m (-żka; -żki) Mus. Sattel m.

prób|a f (-y) Probe f (a. Thea.), Versuch m, Prüfung f (a. fig.); Tech., Med. a. Test m; (Gold-) Feingehalt m; konkr. Probe-, Prüfstück n, ~o drogowa u. Próbofahrt f; fig. ~a życiowa Bewährungsprobe; ~a ogniowa Feuertaufe f; na ~ę, dla ~y zur Probe, versuchsweise;

~ka f (-i; G -bek) Probe(stück n) f; Muster n; ~nik m (-a; -i) Prüfgerät n, Prüfer m; Versuchstier n; ~nik międzyplanetarny Raumsonde f; ~ny Versuchs-, Probe-, Test-; ~ować (-uję) ⟨po-, s-⟩ probieren, versuchen (G/A od. zu + Inf.); ⟨wy-⟩ prüfen, testen; (nur impf.) Thea. proben.

próchni|ca f (-y; 0) Med. (zębów Zahn-)Karies f, Knochenfraß m; Agr. Humus m; ~cowy Med. kariös; Agr. humos, humusreich; ~eć ['prux-] ⟨s-⟩ (-eję) (ver)modern, verrotten, morsch werden; Knochen, Zahn: (ver)faulen.

próchno n (-a; 0) Mulm m, morsches Holz; F verä. klapprige(r) Alte(r), Ruine f.

prócz Prp. (G) außer (A, D); ~ tego außerdem, überdies.

próg m (-ogu; -ogi) Schwelle f (a. fig., Psych., Med., Tech., Bgb.); ~ skalny Klippe f; ~ skoczni narciarskiej (Schanzen-)Absprungtisch m; progi rodzinne Heim n, Zuhause n; w progu in der Tür; zima za progiem der Winter steht vor der Tür.

prószyć (-ę) v/i ⟨po-⟩ (a. ~ śniegiem) leicht (od. fein) schneien; Regen: (nieder)sprühen; v/t ⟨o-⟩ bestäuben; besprühen.

próżn|ia ['pruʒ-] f (-i; -e, -i) Leere f; Vakuum n, Luftleere f; w ~ię ins Leere.

próżnia|cki [-'ɲa-] s. próżniaczy; ~ctwo n (-a; 0) Müßiggang m, Nichtstun n, F Faulenzerei f; ~czy (-czo) untätig; faul, arbeitsscheu; ~k ['pruʒ-] m (-a; -cy/-i) Müßiggänger m, Faulenzer m, F Faulpelz m.

próżnic|a F f: po ~y unnütz, nutzlos; s. próżno.

próżnio|mierz [-'ɲɔ-] m (-a; -e) Vakuummeter m; ~wy Vakuum-.

próżno Adv. (a. na ~) vergeblich, vergebens, umsonst; ~ść f (-ści; 0) Eitelkeit f; ~wać (-uję) nichts tun, faulenzen, F bummeln, herumlungern.   [leer.

próżny eitel; vergeblich, nutzlos; pruć ⟨po-, s-⟩ (-ję) Genähtes (auf-)trennen; F Straße usw. aufreißen; aufschlitzen; ~ fale die See durchpflügen

pruderyjny prüde.

prus|acki preußisch; 2ak m (-a; -cy) Preuße m; Zo. ~ak (pl. -i)

Deutsche Schabe, F Schwabe *f*; **~ki** preußisch, Preußen-; *kwas* **~ki** Blausäure *f*.

prych|ać (-am), ⟨~nąć⟩ [-nɔntɕ] (-nę) schnauben; **~nąć śmiechem** laut auflachen.

prycza *f* (-y; -e) Pritsche *f*.

pryk P *m* (-a; -i) alter Knochen *od.* Knacker.

prym † *m* (-u; 0) Vorrang *m*; *dzierżyć* **~** an erster Stelle sein, den ersten Platz einnehmen; vorherrschen.

pryma *f* (-y) *Mus.* Prime *f*; **~~** in *Zssgn s.* prima-; **~aprylis** *m* (-a; -y) *s.* prima; **~ria** ['ma-] *f* (G, D, L -ii; -e) Frühmesse *f*; **~s** *m* (-a; -owie/-i) *Rel.* Primas *m*; **~t** *m* (-u; 0) Primat *n od. m.*

prymityw *m* (-u; -y) Primitivität *f*; primitives Kunstwerk; Primitive(r) (*Angehöriger e-s Naturvolkes*); **~izm** *m* (-u; 0) Primitivismus *m*; *a.* = **~ność** *f* (-ści; 0) Primitivität *f*; **~ny** primitiv.

prymka *f* (-i; G -mek) Kautabak *m*.

prymul|a *f* (-i; -e), **~ka** *f* (-i; G -lek) Primel *f*.

prymus *m* (-a; -i/-y) Primus *m*, Klassenbeste(r); (*pl.* -y) Petroleumkocher *m*; **~ka** *f* (-i; G -sek) Klassenbeste *f*.

prys|kać (-am), ⟨~nąć⟩ [-nɔntɕ] (-nę, *a.* -ł) spritzen; bersten, platzen (*a. fig.*); F flitzen, ausreißen.

pryszcz *m* (-a; -e) Pickel *m*, Pustel *f*; **~aty** (-to) pick(e)lig; **~yca** *f* (0) Maul- und Klauenseuche *f*; **~yk** *m* (-a; -i) *s.* pryszcz.

prysznic *m* (-a/-u; -e) Dusche *f*; Duschbad *n*, Brause *f*.

prywat|a *f* (-y) Eigennutz *m*, Privatinteresse *n*; **~ka** *f* (-i; G -tek) Tanzparty *f*; **~nie** *Adv.* privat; vertraulich; **~noprawny** privatrechtlich; **~ny** privat, Privat-; persönlich.

pryzma *f* (-y) (prismenförmiger) Stapel, Haufen; *a.* = **~t** *m* (-u; -y) Prisma *n*; **~tyczny** prismatisch.

prząsny ungesäuert; ungegoren.

prządk|a *f* ['pʃɔn-] *f* (-i; G -dek) Spinnerin *f*; *Zo. a.* = **~ówka** *f* (-i; G -wek) Spinner *m* (*Falter*).

prząś|ć ⟨s-⟩ (L.) spinnen; **~lica** *f*, **~nica** *f* (-y; -e) Spinnrocken *m*.

prze|adresować *pf.* umadressieren; **~baczać** (-am), ⟨~baczyć⟩ verzei-

hen, vergeben; **~baczenie** *n* (-a) Verzeihung *f*, Vergebung *f*; **~badać** *pf.* durchforschen, gründlich erforschen; **~bąkiwać** [-bɔŋk-] (-uję) munkeln (*o L*/über *A*).

przebi|cie *n* (-a) Durchschuß *m*; Durchbohrung *f*; *El.* Durchschlag(en *n*) *m*; *Bgb.* Durchbruch *m*, (*Tunnel*-)Durchstich *m*; *Hdl.* Höher-, Mehrgebot *n*; **~cie opony** Reifenpanne *f*; **~ć** *pf. s.* przebijać; **~ec** *pf. s.* przebiegać.

przebieg *m* Verlauf *m* (*a. e-r Strecke*), Ablauf *m*, (Her-)Gang *m*; zurückgelegte Kilometerzahl *od.* Fahrstrecke; **~** *pusty* Leerfahrt *f*; **~ać**[1], ⟨przebiec⟩ durchlaufen; überfliegen, (flüchtig) durchsehen; **~ać**[2] (*im*)*pf.* (-am) verlaufen; **~ły** (-le) durchtrieben, gerissen, gerieben; **~nąć** *pf. s.* przebiegać[1].

przebier|ać (-am), ⟨przebrać⟩ umziehen, umkleiden (*się* sich); verkleiden (*się* sich; *za A*/als); *Beeren usw.* auslesen; (*nur impf.*) wählerisch sein, mäkeln (*w L*/bei); (*I*) *Beine, Hände bewegen*; *nie* **~ając** *w środkach* mit allen Mitteln, ohne Skrupel; (*nur pf.*) erschöpfen (*się* sich); **~alnia** [-'ral-] *f* (-i; -e, -i) Umkleideraum *m*; **~anie** *n* (-a) Auslesen *n*; (*a. się*) Umkleiden *n*, Umziehen *n*; Verkleiden *n*; **~ki** *f/pl.* (-rek) Abfälle *m/pl.*

przebi|jać (-am), ⟨~ć⟩ durchbohren, -schlagen, -stechen, -stoßen; *Karte:* übertrumpfen; *Hdl.* überbieten; **~(ja)ć się** sich durchdrängen; sich durchschlagen; durchdringen (*przez A*/*A*); **~jak** *m* (-a; -i) (Loch-)Dorn *m*, Locheisen *n*; Lochhammer *m*; **~śnieg** *m* Schneeglöckchen *n*; **~tka** *f* Durchschlag *m*, Kopie *f*; *Bgb.* Überhau *m*; Übertrumpfen *n*; F = **~tkowy**: *papier* -*wy* Durchschlagpapier *n*.

przebłagać *pf.* Vergebung erflehen, (wieder) versöhnen.

przebłysk *m* Glanz *m*, Schimmer *m*; (*Geistes*-)Blitz *m*; (*Hoffnungs*-)Strahl *m*; **~** *świadomości* lichter Augenblick; **~iwać** (-uję) (hin-)durchschimmern, leuchten, funkeln.

prze|bogaty sehr reich (*w A*/an *D*); überfließend, üppig; *voll. pf.* przebój; **~bojowiec** [-'jo-] *m* (-*wca*; -*wce*) Draufgänger *m*; **~boleć** *pf.*

Verlust usw. überwinden, verschmerzen, hinwegsein (*A*/über *A*); **~bóg!** *Int.* Allmächtiger!; **~bój** *m* Schlager *m*, Hit *m*; F Knüller *m*; Sp. Durchbruch *m*, ~bojem, † *na* ~bój hart, rücksichtslos; **~brać** *pf.* s. *przebierać*; **~branie** *n* (-*a*) Verkleidung *f*; **~brany** verkleidet (*za A*/als); **~brnąć** *pf.* durchwaten; mühsam durch-, überqueren; durch *d. Schnee* stapfen; *fig.* sich (mühsam) durcharbeiten; **~brzmiewać** (-*am*), ⟨~brzmieć⟩ verklingen; *fig.* vergehen, entschwinden; vergessen werden; **~brzydły** scheußlich, abscheulich.

~rzebudow|a *f* Umbau *m*; *fig.* Umwandlung *f*; **~(yw)ać** (-[*w*]*uję*) umbauen; umwandeln, umformen.

rzebudz|ać (-*am*) s. *budzić*; **~enie** *n* (-*a*) Erwachen *n*.

rzeby|cie [-'bi-] *n* (-*a*) Passieren *n*, Durchgang *m*, -fahrt *f*; *nie do* ~*cia* unpassierbar; *trudny do* ~*cia* unwegsam, schwer passierbar; **~(wa)ć** verweilen, sich aufhalten, sein; *Strecke* zurücklegen; *Grenze* überschreiten, passieren; *Krankheit, Not* durchmachen, überstehen.

rzecedz|ać (-*am*), ⟨~*ić*⟩ durchseihen; s. *cedzić*.

rzecen|a *f* Neufestsetzung *f* (*mst* Herabsetzung *f*) der Preise; **~iać** [-'tse-] (-*am*), ⟨~*ić*⟩ überschätzen; überbewerten; Preis(e) neu festsetzen, herabsetzen; **~ianie** [-'na-] *n* (-*a*) (*własnych możliwości* Selbst-)Überschätzung *f*.

rzechadz|ać się ⟨*przejść się*⟩ (*L.* -*jść*) schlendern, bummeln; *im Zimmer* hin und her gehen; s. *przechodzić*; **~ka** *f* (-*i*; G -*dzek*) Spaziergang *m*, F Bummel *m*.

rzechera *m* (-*y*; G -*ów*), *f* (-*y*; G -) Schlaumeier *m*, Fuchs *m*.

rzechł|adzać (-*am*), ⟨~*odzić*⟩ etwas abkühlen; unterkühlen; **~odzenie** *n Phys.* Unterkühlung *f*.

rzechodni Durchgangs- (*Zimmer usw.*); Wander- (*Preis, Pokal usw.*); *Math.,* *Gr.* transitiv.

rzechodz|ący vorübergehend; **~ić¹**, ⟨*przejść*⟩ (*L.* -*jść*) *v*/*i* gehen (*do C*/in *A*); zurücklegen (*przez A*) *Licht, Kugel*: durchdringen (*A*); *Fluß, Straße* durch-, übergehen (*do G, na A*/zu *D*); vorüber-, vorbeigehen (*obok G*/an

D); *Zug*: vorbeifahren, passieren; *Grenze*: verlaufen; *Winter, Regen*: vorüber sein; *Schmerz*: vergehen; *Zeit a.*: verfließen, verstreichen; (*nur pf.*) *Antrag*: angenommen werden; *v*/*t Lehrstoff* durchnehmen; *Krankheit, Not* durchmachen; *Kurs* durchlaufen; (*samego siebie* sich selbst) übertreffen; *Vorstellungskraft usw.* übersteigen; ~*ić w zwyczaj* zur Gewohnheit werden; (*nur pf.*) *Probe* bestehen; *przeszedł mnie dreszcz* ein Schauer überlief mich; *przejść wilgocią, zapachem* Feuchtigkeit, Geruch anziehen; *przejść się e-n* kleinen Spaziergang tun; **~ić²** *pf. e-e Zeitlang* gehen, laufen; **~ień** [-'xɔ-] *m* (-*dnia*; -*dnie*, -*dniów*) Passant *m*.

przechorow|ywać (-[*w*]*uję*) *e-e Zeitlang* krank sein.

przechowa|ć *pf.* s. *przechowywać*; **~lnia** [-'val-] *f* (-*i*; -*e*, -*i*) Aufbewahrung(sraum *m*) *f*; **~wca** *m* (-*y*; G -*ów*) Be-, Verwahrer *m*.

przechow|ywać (-*uję*), ⟨~*ać*⟩ (auf-)bewahren, verwahren; lagern; verstecken (*się* sich); s. *zachow(yw)ać*; **~ywanie** *n* (-*a*; 0) Lagerung *f*; Aufbewahrung *f*.

przechrz|cić *pf.* umtaufen; *Juden* taufen; ~*cić się* sich taufen lassen, konvertieren; **~ta** *m* (-*y*; G -*ów*) Konvertit *m, engS.* zum Christentum konvertierter Jude.

przechwa|lać (-*am*), ⟨~*lić*⟩ übermäßig loben, F hochloben; ~*lać się* prahlen, F den Mund zu voll nehmen; **~lki** *f*/*pl.* (-*lek*) Prahlereien *f*/*pl.*, Großtuerei *f*.   [fangen.]

przechwy|tywać (-*uję*), ⟨~*cić*⟩ ab-)

przechyl|ać (-*am*), ⟨~*ić*⟩ neigen (*się* sich); kippen (*się* sich); **~enie** *n* (-*a*) Neigung *f*, schräge Lage *f*; s. *przechył*; **~ny** kippbar; **~ony** geneigt.

przechył *m* (-*u*; -*y*) *Mar.* Krängung *f*, Schräglage *f*, Schlagseite *f*; *Flgw.* Querlage *f*, -neigung *f*.

przechytrz|ać (-*am*), ⟨~*yć*⟩ (-*ę*) überlisten, übervorteilen.

przeciąc *pf.* s. *przecinać*.

przeciąg *m* Zug(luft *f*) *m*; (*0*) Dauer *f*; ~**ać** (-*am*), ⟨~*nąć*⟩ *v*/*t* (lin)durchziehen (*przez A*/durch *A*); her- *od.* hinüberziehen (*przez A*/über *A*); *Seil* spannen; *Arme* strecken; *Angelegenheit* verschleppen, in die Länge

przeciągły

ziehen; v/i mit d. Hand streichen, fahren (po L/über A); vorbei-, dahinziehen (I/durch A); ~nąć strunę den Bogen überspannen; ~ać ⟨~nąć⟩ się sich strecken; sich in die Länge ziehen; Gesicht: schmaler werden; ~ły (-le) gedehnt; Schrei: langgezogen; Blick: lang; schmachtend.

przeciąż|ać (-am), ⟨~yć⟩ überladen; über(be)lasten; überbürden, überanstrengen; ~enie n (-a) Über(be)lastung f; Überlast f; Überanstrengung f.

przecie s. przecież.

przecie|k ['pʃe-] m Leck n; Hdl. Leckage f; fig. Durchsickern n; ~kać, ⟨~c, ~knąć⟩ auslaufen, durchsickern (a. fig.); Gefäß, Schiff: lecken; Dach: undicht sein; Bach: (hin)durchfließen.

przecier ['pʃe-] m (-u; -y) Brei m, Püree n; ~ać (-am), ⟨przetrzeć⟩ (ab)wischen, (ab)reiben; Gemüse durchpassieren; fig. Weg ebnen, bahnen; (mst pf.) durchreiben, -scheuern (się sich); ~aczka f (-i; G -czek) Passiersieb n; ~anka f (-i; G -nek) s. przecier; ~pieć pf. erdulden, aushalten; durch-, überstehen.

przecież ['pʃe-] Adv. doch.

przecię|cie n Schnitt m; (a. punkt ~cia) Schnittpunkt m; ~cie się Überschneidung f; ~tna f s. przeciętny; ~tniak [-'tsent-] F m (-a; -cy) Durchschnittsmensch m; ~tny durchschnittlich, Durchschnitts-, Mittel-; mittelmäßig; Su. ~tna f (-ej; -e) Durchschnitt(swert) m, Mittelwert m.

przecina|cz m (-a; -e) Tech. Brennschneider m; ~ć (-am), ⟨przeciąć⟩ durchschneiden; Weg, Rückzug abschneiden; Platz, Straße überqueren; ~ć się sich überschneiden; ~k m (-a; -i) Meißel m; ~k rur Rohrschneider m; ~rka f (-i; G -rek) Tech. Trennmaschine f.

przecin|ek m (-nka; -nki) Komma n, Beistrich m; ~ka f (-i; G -nek) Forst. Schneise f; Auslichten n; ~kowce m/pl. (-ów) Kommabazillen m/pl.

przecis|kać, ⟨~nąć⟩ durchdrücken, -pressen; ~kać/~się durchdrängen.

przeciw Prp. (D) gegen, wider (A); nie mam nic ~(ko) temu ich habe

nichts dagegen; wszystkie za i das Für und Wider.

przeciw|- in Zssgn gegen-, wideranti-, konter-; ~alkoholowy: p radnia ~wa Alkoholikerbetreuungs stelle f; ~bieżny Tech. gegenläufig ~błoniczny: szczepienie -ne Diph therieschutzimpfung f; ~bólów (-wo) schmerzstillend; ~chemiczny: obrona -na Mil. Gasabwehr f ~ciało n Bio. Antikörper m; ~cięża m Gegen-, Ausgleichsgewicht n ~czołgowy Panzerabwehr-; zapor -wa Panzersperre f; ~durowy przeciwtyfusowy.

przeciwdziała|ć (D) entgegenwir ken (D); angehen gegen (A), be kämpfen (A); neutralisieren (A ~nie n Gegenwirkung f; Wider stand m.

przeciw|ek m: z ~ka von gegenüber von der anderen (Straßen-)Seite ~gazowy Gasabwehr-; ~gorąc kowy fiebersenkend; ~gośćcow antirheumatisch; ~gruźliczy: po radnia -cza Tuberkulose-, Tb Beratungsstelle f; ~grypowy anti grippal; ~środek gm Grippemittel n

przeciwieństw|o [-'yeɪs-] n (-cɡ Gegensatz m; Gegenteil n; w ~ie c (G) im Gegensatz zu (D).

przeciw|jad m Gegengift n; ~k s. przeciw(ek); ~korozyjny Ros schutz-; ~krwotoczny blutstil lend; ~krzywicowy, ~krzywiczn antirachitisch; ~kurczowy kramp lösend, -stillend; ~legły (-le) ge genüberliegend; ~lotniczy Flugab wehr-, Fliegerabwehr-; dział(k) -cze a. Flak f; ~mgłowy: syren -wa Nebelhorn f; ~nakrętka Kontermutter f; ~natarcie n Ge genangriff m.

przeciwn|iczka f s. przeciwnik; ~i Adv. umgekehrt, im Gegenteil; ~i do (G) im Gegensatz zu (D); vg przeciwny; ~ik m (-a; -cy), ~iczka (-i; G -czek) Gegner(in) f m, Ge genspieler(in) f m; ~ość f (-śc Widrigkeit f, Widerwärtigkeit pl. a. Tücken f/pl.; ~y entgegen gesetzt; gegenüberliegend; w ~y razie adern-, widrigenfalls; by ~ym (D) gegen (A) sein.

przeciw|ogniowy Feuerschutz ~pancerny Panzer(abwehr)-; par zerbrechend; dział(k)o -ne a. Pak ~państwowy staatsfeindlich; ~po

wodziowy als Schutz gegen Überschwemmungen dienend; **pogotowie** -we Hochwasseralarm m; **~pożarowy** Feuer(schutz)-, Brandschutz-, Feuerlösch-; **~prostokątna** f (-ej; -e) Math. Hypothenuse f; **~rakowy** (-wo) antikarzinogen, krebshemmend; **~rdzewny** s. przeciwkorozyjny; **~rządowy** regierungsfeindlich; **~skurczowy** s. przeciwkurczowy; **~słoneczny** Sonnen(schutz)-; **~sobny** Gegenakt-.

przeciwstawi|a(ć (D) gegenüberstellen (D), konfrontieren (mit); entgegenstellen, -setzen (się sich); **~enie** n (-a) Gegenüberstellung f; Gegensatz m; Astr. Opposition f.

przeciw|stawny gegensätzlich, entgegengesetzt; gegenüberstehend, -liegend; **~śliżgowy** Gleitschutz-; Kfz. Schnee-; **~tężcowy:** surowica -wa Tetanusserum n; **~torpedowy:** sieć -wa Torpedonetz n; **~tyfusowy** gegen Typhus (wirksam); **~uderzenie** n Gegenschlag m, -stoß m; **~wiatrowy** Windschutz-; **~wskazany** kontraindiziert; **~zakaźny** antiseptisch, Ansteckung f verhütend; **~zakłóceniowy** Störschutz-, störungsdämpfend; **~zakrzepowy** gerinnungshemmend; **~zapalny** Med. entzündungshemmend.

przecud(ow)ny wunderschön.

przeczą|c|y [-'tʃɔn-] (-co) verneinend; odpowiedzieć **~o** verneinen; abschlägig bescheiden.

przecze|kiwać (-uję), **⟨~kać⟩** e-e Zeitlang warten, so lange warten bis; **~nie** n (-a) Verneinung f; **~sywać** (-uję), **⟨~sać⟩** durchkämmen.

prze|cznica f (-y; -e) Querstraße f; Bgb. Querschlag m; **~czołgać się** pf. durchkriechen.

przeczu|cie [-'tʃu-] n (-a) Vorgefühl n, (Vor-)Ahnung f; **~ć** pf. s. przeczuwać; **~lenie** n (-a) Überempfindlichkeit f; **~lony** überempfindlich; **~wać** (-am), **⟨~ć⟩** mst Böses ahnen, fühlen, spüren.

przeczy (-ę) widersprechen, im Widerspruch stehen (zu); s. zaprzeczać.

przeczyszcz|ać (-am) s. czyścić; Med. abführen, **~ający** ['jɔn] (-co) abführend; środek -cy Abführmittel n; **~enie** n (-a; 0) Med. Abführen n; dać na **~enie** Abführmittel geben.

przeczytać pf. s. czytać; **~ do końca** auslesen.

przeć[1] (L.) drängen; Med. pressen.

przeć[2] (-eję) faulen, modern.

przed Prp. (A od. I) vor (A od. D); żalić się **~** (I) na (A) j-m klagen (A), sich beklagen bei j-m über (A).

przed|- in Zssgn vor-, Vor-; **~alpejski** Voralpen-, zisalpin.

przeda|rcie [-'dar-] n (-a) Durchreißen n; Riß m; **~rty** durchgerissen, zerrissen.

przedawkować pf. überdosieren.

przedawni|a|ć [-'daw-] (-am), **⟨~ć się⟩** (-ę) ungültig werden, verfallen; Strafe: verjähren; **~enie** [-'nɛnɛ] n (-a) Verfall m, Erlöschen n e-s Anspruchs; Verjährung f.

przed|bieg m Sp. Vorlauf m; **~chrześcijański** vorchristlich; **~dzień** m: w **~dzień,** w **~edniu** am Vortage. [vor allem.)

przede Prp. s. przed; **~ wszystkim**)

przedenerwowany überreizt.

przed|górski an (od. vor) e-m Gebirge gelegen; charakteristisch für das (Gebirgs-)Vorland; **~górze** n (-a) Geol. Vorland n; **~gwiazdkowy** vorweihnachtlich; **~imek** m (-mka; -mki) Gr. Artikel m; **~jesienny** spätsommerlich; **~kładać** (-am), **⟨~łożyć⟩** vorlegen, unterbreiten; Scheck, Wechsel präsentieren; Antrag einbringen; (nur impf.) bevorzugen, lieber mögen; **~lecie** [-'lɛ-] n (-a) Vorsommer m; **~lodowcowy** voreiszeitlich; **~łożyć** pf. s. przedkładać.

przedłuż|acz m (-a; -e) Verlängerungsstück n; (Bleistift-)Verlängerer m; El. Verlängerungsschnur f; **~ać** (-am), **⟨~yć⟩** verlängern, eng S. ansetzen, anstückeln; **~ać się** in die Länge ziehen; **~anie** n, **~enie** n (-a) Verlängern n, Verlängerung f; **~nik** m (-a; -i) Verlängerungs-, Ansatzstück n.

przed|małżeński vorehelich; **~miejski** vorstädtisch, Vorstadt-; **~mieście** n (-a) Vorstadt f.

przedmiot m Gegenstand m, Objekt n (a. Gr.); Ziel n; (Lehr-)Fach n; **~** obrabiany Werkstück n; **~owy** gegenständlich; Gr. Objekt-; katalog **~owy** Sachkatalog m; s. szkiełko.

przed|mowa f Vorrede f; Vorwort n, Einleitung f; **~mówca** m Vorredner m.

przedmuch|iwać (-uję), ⟨∼ać⟩ durchblasen, F durchpusten.

przed|murze n (-a) Vormauer f, äußere Schutzmauer; fig. Bollwerk n, Schutzwall m; ∼ni vordere(r), Vorder-; Mar., Flgw. a. Bug-; fig. vortrefflich; ∼nówek m (-wka; -wki) Vorerntezeit f; na ∼nówku vor der (neuen) Ernte; ∼obiedni Vormittags-.

przedosta|tni vorletzte(r); ∼(wa)ć się (hinein)gelangen, eindringen (do G/in A); sich durchdrängen, -zwängen (przez A/durch A).

przed|piekle n (-a) Vorhölle f; F fig. Stadtrand m, Außenbezirk m; ∼piersie [-'per-] n (-a) hist. Brustwehr f; Gewehrauflage f; ∼płata f Subskription f; cena w ∼płacie Subskriptionspreis m; ∼poborowy vormilitärisch; ∼pokój m Vorzimmer n; Diele f, Flur m; ∼pole n Vorfeld n, -gelände n.

przedpołudni|e n Vormittag m; ∼owy Vormittags-.

przed|porcie [-'por-] n (-a) Vorhafen m; ∼porodowy vor der Niederkunft, Geburts-, Med. ante partem; ∼potopowy vorsintflutlich; ∼powstaniowy e-m Aufstand vorangehend, in (od. aus) der Zeit vor e-m Aufstand; ∼ramię n Unterarm m; ∼rewolucyjny vorrevolutionär; ∼rostek m (-tka; -tki) Gr. Vorsilbe f, Präfix n; ∼rozbiorowy in (od. aus) der Zeit vor der Teilung (Polens); Polska -wa Polen n vor der Teilung.

prze|drażać (-am), ⟨∼drożyć⟩ überteuern; ∼druk m Typ. Abdruck (en n) m; Nachdruck m; ∼drukow(yw)ać (-[w]uję) nachdrucken; neu auflegen; umdrucken; ∼drzeć się pf. s. przedzierać się; ∼drzemać pf. e-e Zeitlang dösen, schlummern; ∼mać się ein Nickerchen machen.

przedrzeźnia|cz [-'d:ʒɛʒ-] m (-a; -e) Nachahmer m; Zo. Spottdrossel f; ∼ć (-am) nachahmen, nachäffen; **przed|scenie** [-'stsɛ-] n (-a) Vorbühne f; ∼sezonowy Vorsaison-.

przedsiębior|ca [-ɕɛm-] m (-y; G -ów) Unternehmer m; ∼czość f (-ści; 0) Unternehmungsgeist m, Tatkraft f; ∼czy unternehmungslustig, tatkräftig; ∼stwo n (-a) Unternehmen n, Betrieb m; ∼stwo żeglugowe Reederei f.

przedsię|brać [-'ɕɛm-], ⟨∼wziąć⟩ unternehmen; Maßregeln treffen, ergreifen; gerichtlich vorgehen; ∼wzięcie n Unternehmung f, Unternehmen n, Vorhaben n; ryzykowne ∼wzięcie Wagnis n.

przed|sionek m (-nka; -nki) (Vor-) Halle f, Vorraum m; (Haus-)Flur m; Windfang m; (Herz-)Vorhof m; ∼smak m Vorgeschmack m; ∼sprzedaż f Vorverkauf m.

przedstawi|(a)ć vorstellen (sobie sich et.); vorweisen, vorzeigen, vorlegen; zur Beförderung vorschlagen; Stück inszenieren, aufführen; Film vorführen; Sachverhalt schildern; et. künstlerisch wiedergeben, interpretieren; (nur impf.) darstellen; ∼(a)ć naocznie veranschaulichen; ∼(a)ć się sich j-m vorstellen; Anblick: sich bieten; aussehen, sich zeigen; Sache: sich verhalten; erscheinen; ∼ciel [-'ɕi-] m (-a; -e, -i), -lka f (-i; G -lek) Vertreter(in f) m, Repräsentant(in f) m; Träger(in f) m irgendwelcher Eigenschaften; Bevollmächtigte(r); ∼cielstwo n (-a) Vertretung f; ∼ć pf. s. przedstawiać; ∼enie n (-a) Vorstellung f (a. Thea.); Vorlegung f, Vorweisen n; Vorschlagen n; Wiedergabe f, Darstellung f.

przedszkol|ak m (-a; -cy/-i) Kleinkind n, Kind n im Vorschulalter; ∼anka f (-i; G -nek) Kindergärtnerin f; ∼e n (-a; G -i) Kindergarten m; Vorschule f; ∼ny vorschulisch, Vorschul-; Kindergarten-.

przed|ślubny vor der Trauung (stattfindend); vorehelich; ∼śmiertny vor dem Tod auftretend, Todes-, Med. ante mortem; ∼świąteczny vor dem Fest (stattfindend), engS. vorweihnachtlich, vorösterlich; ∼świt m Tagesanbruch m, Morgengrauen n; fig. Anbruch m; ∼tem Adv. vorher, zuvor; vormals, früher; ∼terminowy (-wo) vorfristig; ∼wakacyjny vor den Ferien, den Ferien vorangehend; ∼wczesny vorzeitig, verfrüht; ∼wczoraj vorgestern; ∼wczorajszy vorgestrig; ∼wieczny uralt; ewig; ∼wieczorny vorabendlich; ∼wieczór m später Nachmittag; ∼wielkanocny vorösterlich; ∼wiosenny Vorfrühlings-; ∼wiośnie n (-a) Vorfrühling m; ∼wojenny Vorkriegs-; ~wstępny einleitend, vorbereitend, Vor-; ~wyborczy vor den Wahlen (stattfindend), Wahl-; ~zamcze [-d·z-] n (-a) s. podzamcze; ~zgonny s. przedśmiertny.

przedział m Abteil n; (Zeit-)Abstand m; Math. Interval n; a. ~ek m (-lka;-lki) (Haar-)Scheitel m.

przedziel|ać (-am), ⟨~ić⟩ abteilen, abtrennen; Haar scheiteln.

przedzierać (-am), ⟨przedrzeć⟩ zer-, durchreißen; ~ się entzweigehen, reißen (v/i); fig. durchdringen; vordringen, sich durchkämpfen; sich durchdrängen.

przedzierzg|ać się (-am), ⟨~nąć się⟩ [-nǫt·ś] (-nę) sich verwandeln.

przedzimie [-d·źi-] n (-a) Vorwinter m.

przed|ziurawiać (-am) s. dziurawić; ~dziwny wundervoll, -bar.

przed|zjazdowy [-d·z-] e-m Parteitag vorangehend, Parteitags-; zu Ehren e-s Parteitags; ~żniwny Vorernte-.

~**rze|ekspediować** pf. nachsenden, weiterbefördern; ~erotyzowany (all)zu erotisiert, F sexbetont; sexbesessen; ~farbować pf. umfärben; ~fasować pf. (durch)passieren; ~fermentować pf. v/t vergären; v/i zu gären aufhören; ~flancować pf. Setzlinge umpflanzen; ~gadywać F (-uję), ⟨~gadać⟩ et.-, j-n überschreien; j-n unter den Tisch reden; s. przegawędzić.

~**rzegalopować** pf. vorbeigaloppieren; ~ się sich vergaloppieren.

~**rze|ganiać**, ⟨~gonić, ~gnać⟩ vorjagen; überholen; ~gapiać [-'ga-] F (-am), ⟨~gapić⟩ j-n, et. übersehen; Chance verpassen; ~garniać ['-gar-] (-am), ⟨~garnąć⟩ Feuer schüren; ~gawędzić F pf. Zeit verplaudern; ~gięcie [-'geṇ-] n (-a) Umbiegen n; Durchbiegen n; F fig. Mißbrauch m, Übertreibung f; ~ginać (-am), ⟨~giąć⟩ (um)biegen (się sich); durchbiegen (się sich).

~**rzegląd** [-glǫnt, -ndu] m (-u; -y) Besichtigung f, Inspektion f; (gründliche) Überprüfung, Durchsicht; Übersicht f, ~blick m, Vor... przegląd... Rundschau f; Mil Truppenschau f; ~ lekarski ärztliche Untersuchung; ~ broni Waffenappell m; ~ać (-am), ⟨przejrzeć⟩ be-

sichtigen, inspizieren; überprüfen, durchsehen; Med. untersuchen; ~ać się w lustrze sich im Spiegel besehen.

przegł|adzać (-am), ⟨~odzić⟩ hungern lassen; ~odzić się hungern, fasten.

przegłos m Gr. Umlaut m; ~o-w(yw)ać (-[w]uję) s. głosować.

prze|gnać pf. s. przeganiać; ~gnić pf. durchfaulen; s. a. gnić; ~gonić pf. s. przeganiać; ~gotow(yw)ać (-[w]uję) abkochen; zu lange kochen; zerkochen (się v/i); noch einmal (auf)kochen.

przegr|a f (-y) Schwarmflug m der Bienen; ~ać pf. s. przegrywać; ~adzać (-am), ⟨~odzić⟩ durch e-e Trennwand (ab)trennen, teilen; Weg, Fluß sperren; ~ana f (-ej; -e) (Spiel-)Verlust m; Niederlage f, F Schlappe f; ~oda f (-y; G -ód) Scheide-, Trennwand f; (Schrank-)Fach n; Sperrdamm m, (Tal-)Sperre f; fig. Barriere f; ~oda ogniowa Brandschott n; ~oda piętrząca Staumauer f; ~ódka f (-i; G -dek) Zwischen-, Trennwand f; Fach n.

przegrupow|anie n (-a) Umgruppierung f, Umordnung f; ~(yw)ać (-[w]uję) umgruppieren.

przegryw|ać (-am), ⟨przegrać⟩ verspielen; verlieren; Tonband überspielen; Platte (ab)spielen; ~ający [-'jon-] m (-ego; -y) Verlierer m; ~ka f (-i; G -wek) Zwischenspiel n.

przegry|zać (-am), ⟨~źć⟩ durchbeißen (się sich); durchfressen, -nagen; F zum Schnaps et. dazuessen; e-e Kleinigkeit essen; ~zka F f (-i; G -zek) Imbiß m.

przegrz|ać pf. s. przegrzewać; ~any überhitzt.

przegrze|bek m (-bka; -bki) Zo. Kammuschel f; ~bywać (-uję), ⟨~bać⟩ durchwühlen; ~wać (-am), ⟨~ać⟩ überhitzen (się sich).

przegrzmieć pf. verhallen.

przegub m (-u; -y) Gelenk n (a. Tech.); engS. Anat. Handgelenk; ~owiec [-'bo-] F m (-wca; -wce) Gelenk(auto)bus m; ~owy Gelenk-...

prze|handlować pf. verschachern (na A/gegen A); e-e Zeitlang Handel treiben; ~holow(yw)ać (-[w]uję) Schiff verholen; fig. übertreiben, übers Ziel hinausschießen; **~hulać** *pf.* verprassen; **~idealizować** *pf.* zu sehr idealisieren, allzu idealistisch darstellen; **~inaczać** (-am), ⟨**~inaczyć**⟩ (-ę) Tatsachen verdrehen.

przeistaczać (-am), ⟨**przeistoczyć**⟩ (-ę) umgestalten, -wandeln; **~ się** sich (ver)wandeln.

prze|istoczenie n (-a) Um-, Verwandlung f; **~jadać**, ⟨**~jeść**⟩ fürs Essen (*od.* für den Unterhalt) ausgeben, P verfressen; *Zeit* beim Essen zubringen; (*nur pf.*) *Eßbares* aufbrauchen, verzehren; **~jeść się** sich überessen (*nur pf.*, 3. Pers.) sich (D) *et.* überessen.

przejaskrawi|ać [-'kra-] (-am), ⟨**~ć**⟩ (-ę) übertreiben, aufbauschen.

przejaśni|ać się [-'jaɕ-] (-am), ⟨**~ć się**⟩ (-ę) *Himmel:* sich aufheitern; **~enie** [-'ɲɛɲɛ] n (-a) Aufheiterung f.

przejaw m (-u; -y) Ausdruck m, Äußerung f; Anzeichen n, Symptom n; **~iać** [-'ja-] (-am), ⟨**~ić**⟩ offenbaren, zeigen; **~i(a)ć się** a. zum Ausdruck kommen, sich manifestieren.

przejazd m (-u; -y) Durchfahrt f, -reise f; (*Schiffs-*)Passage f, Fahrt f; **~ kolejowy** Bahnübergang m; **~ dołem, górą** (*Weg-*)Unter-, Überführung f; **opłata za ~** Fahrpreis m; **~em, w przejeździe** auf der Durchreise.

przejażdżka f (-i; G -dżek) Spazierfahrt f; **~ konna** Spazierritt m.

przejąć *pf. s.* przejmować.

przeje|chać *pf. s.* przejeżdżać; **~ść** *pf. s.* przejadać; **~zdny** fahrbar; Durchreise-; Su. m (-ego; -i) Durchreisende(r); **~ździć** *pf.* Geld, Zeit verfahren; **~żdżać** (-am), ⟨**~chać**⟩ durchfahren, -reisen; vorbeifahren (*obok* G/an D); (*nur pf.*) j-n überfahren; *mit d. Hand* streichen, fahren (*po* L/über A); **~chać stację** den Bahnhof (*od.* die Haltestelle) verpassen, zu weit fahren; **~chać się** e-e (Spazier-)Fahrt machen; **~chać się konno** e-n Ritt unternehmen.

przeję|cie [-'jɛŋ-] n (-a) Übernahme f; Abfangen n; *fig.* Ergriffenheit f; Leidenschaft f, Eifer m; **~ty** *fig.* ergriffen (I/von); gespannt, aufmerksam.

przejęzycz|ać się F (-am), ⟨**~yć**⟩

się⟩ (-ę) sich versprechen; **~enie** F n (-a) falscher Zungenschlag.

przejm|ować (-uję), ⟨**przejąć**⟩ (-jmę) übernehmen; *Gewohnheit* annehmen; *Brief* abfangen; *Angst, Gefühl:* j-n durchdringen, ergreifen; (*nie*) **~ować się** (I) sich (nicht) zu Herzen nehmen (A), sich (nicht) aufregen (über A); **on się niczym nie ~uje** ihn läßt alles kalt; **~ujący** [-'jɔn-] (-co) *Kälte:* bitter; *Wind:* scharf, rauh; *Schrei:* schrill, gellend; *Blick:* durchdringend, bohrend; *Schmerz:* stechend, rasend; *Anblick:* ergreifend.

przejrz|ały überreif; **~eć¹** *pf.* (-ę -y, -yj!) v/t s. przeglądać; *fig.* erkennen, durchschauen; v/i das Augenlicht wiedererlangen, wieder sehen können; *fig.* sich bewußt werden (G); **~eć²** *pf. s.* przejrzewać; **~enie** n (-a) Durchsicht f v. *Akten usw.*; **~ewać** (-am), ⟨**~eć**⟩ (-eję) überreif werden.

przejrzysty (-to, -ście) durchsichtig, transparent; klar (*a. fig.*).

przejści|e ['pʃɛ-] n (-a) Übergang m; Durchgang m, Passage f; Überschreitung f (*przez* A/G); *fig.* Übertritt m; (schweres) Erlebnis, Prüfung f; **~owy** (-wo) einst-, zeitweilig, vorübergehend, Übergangs-, Zwischen-.

prze|jść *pf. s.* przechodzić; **~kabacić** F *pf.* (-cę) j-n überreden; **~kar miać** [-'kar-] (-am), ⟨**~karmić**⟩ überfüttern.

przekaz m (-u; -y) (czekowy *Zahlungs-*)Anweisung f; (gotówkow Bar-)Überweisung f; **~ pocztow** Postanweisung f; Postzahlschein m **~anie** n (-a) Übergabe f; (*Nachrichten-*)Übermittlung f; (*Geld-*)Überweisung f, Einsendung f Übertragung f *d. Rechte usw.* **~owy** Anweisungs-, **~ywać** (-uję ⟨**~ać**⟩ übergeben; weitergeben -leiten; überliefern; übermitteln durchgeben, -sagen; *Recht* über tragen; *Eindruck* vermitteln; *Gel* anweisen; überweisen.

przekaźnik m (-a; -i) El., Fmu Relais n; **~owy** Relais-.

przekąs: z **~em** höhnisch, bissig **~ić** *pf.* (-szę) etwas essen, e-n Imbi nehmen; **~ka** f (-i; G -sek) Imbi m, Zwischenmahlzeit f.

przekątn|a [-'kɔn-] f (-ej; -e) Dia

gonale f; po ~ej diagonal, über Eck, schräggüber; ~y Math. diagonal.

rze|klasyfikować pf. umklassifizieren, neu einteilen; ~kleństwo [-'kleĩ-] n (-a) Fluch m; engS. Kraftwort n; s. a. klątwa; ~klęcie¹ [-'klęn-] n (-a) Verfluchung f, Verdammung f; ~klęcie² Adv., ~klęty [-'klen-] verflucht, verdammt, F verflixt; ~klinać (-am), ⟨~kląć⟩ verfluchen, verdammen; (nur impf.) fluchen.

rzekład m (-u; -y) (Text-)Übersetzung f; ~ać (-am), ⟨przełożyć⟩ umlegen, (wo)anders legen; Karten abheben; über et. legen; (I) dazwischenlegen (A); Torte füllen (mit); fig. Text übersetzen, -tragen; (na później auf später) verschieben; ~aniec [-'da-] m (-ńca; -ńcy) Art Schichttorte f, gefüllter Kuchen; fig. Kunterbunte(s), Potpourri m; ~anka f (-i; G -nek) Sp. (Eislauf) Choctaw n; ~nia [-'kwad-] f (-i; -e, -i) Gr. Inversion f; El., Tech. Übersetzung f; Tech. a. (kątowa, -różnicowa, zmianowa Kegelrad-, Ausgleichs-, Wechsel-)Getriebe n; ~niowy Getriebe-; ~owy Übersetzungs-.

rzeklu|cie n Durchbohrung f, -stechen n; (Ein-)Stich m; ~cie pony Reifenpanne f; ~wać (-am), ⟨~ć⟩ durchbohren, -stechen, -lochen, -löchern. [(z I/A).]

rzekomarzać się (-am) necken\

rzekona|ć pf. s. przekonywać; ~nie n (-a) Überzeugung f; Anschauung f, Gesinnung f; nie mieć ~nia (do G) bezweifeln (A); trafić do ~nia einleuchten; (k-u j-n) über~zeugen; ~ny überzeugt.

rzekonywa|ć (-uję), ⟨przekonać⟩ überzeugen (się sich); überreden; ~jący [-'jon-] (-co) überzeugend; ~chlagkräftig, triftig; ~nie n (-a; 0); siła ~nia Überzeugungskraft f.

rzekop m Graben m, Einschnitt m; Kanal-)Durchstich m; Bgb. Querschlag m; ~ywać (-uję), ⟨~ać⟩ Garen umgraben; Graben ausheben; Kanal, Tunnel graben, bauen.

rzekor|a¹ f (-y; 0) Widerspenstig-keit f, Eigensinn m; ż ~ą a. nek-isch; ~a² F m/f (-y; G -ów/-) Trotzkopf m; ~ność f (-ści; 0) s. rzekora²; ~ny eigenwillig, eigen-innig, widerspenstisch; neckisch.

przekór: na ~ zum Trotz; ungeachtet (D/G).

przekr|aczać (-am), ⟨~oczyć⟩ überschreiten (a. fig.); übersteigen; Gebot übertreten; Konto überziehen.

przekra|dać się (-am), ⟨przekraść się⟩ durch-, hineinschlüpfen; sich davonstehlen; ~wać (-am), ⟨~jać, przekroić⟩ durchschneiden.

przekreśl|ać (-am), ⟨~ić⟩ aus-, durchstreichen; fig. durchkreuzen.

przekręc|ać (-am), ⟨~ić⟩ (ver)drehen; Gewinde überdrehen; fig. verdrehen, entstellen; ~ić przez maszynkę Fleisch durchdrehen; ~ić się sich verdrehen; sich (um)drehen.

przekrocz|enie n (-a) Überschreitung f; Übertretung f; (Plan-, Norm-)Übererfüllung f; ~enie władzy Machtmißbrauch m; Amts-anmaßung f; ~yć pf. s. przekraczać.

przekr|oić pf. s. przekrawać; ~ój m Math. Durchschnitt m, Schnitt m; (tech. Zeichnen) Schnitt m; Querschnitt m, Profil n; fig. Überblick m, Übersicht f; ~ój pionowy Aufriß m.

przekrwi|enie n (-a) Blutandrang m; ~ony mit Blut gefüllt; Augen: blutunterlaufen.

przekrzy|kiwać (-uję), ⟨~czeć⟩ überschreien; ~wiać [-'kʃi-] (-am), ⟨~wić⟩ verdrehen, (zur Seite) biegen; Gesicht verziehen; ~wiony verdreht, schief; krumm; s. wy-krzywiony. [buchen.\

przeksięgow(yw)ać (-[w]uję) um-\

przekształc|ać (-am), ⟨~ić⟩ umge-stalten, -bilden, -wandeln; ~ać się sich (ver)wandeln.

przeku|ć pf. s. przekuwać; ~pić pf. s. przekupywać; ~pienie n (-a) Be-stechung f; ~pień [-'ku-] m (-pnia; -pnie, -pniów) (Markt-)Händler m; ~pka f (-i; G -pek) Marktfrau f, Händlerin f; ~pność f (-ści; 0) Be-stechlichkeit f; ~pny bestechlich, käuflich, korrupt; ~pstwo n (-a; 0) Bestechung f, Korruption f; ~py-wać (-uję), ⟨~ić⟩ bestechen, kau-fen, P schmieren; ~wać (-am), ⟨~ć⟩ umschmieden; durchschmieden.

przekwalifikowa|ć pf. Fachkräfte umschulen; ~nie n (-a) (zawodowe berufliche) Umschulung.

przekwaterować pf. umquartieren.

przekwit|ać (-am), ⟨~nąć⟩ ab-, ver-blühen; fig. Schönheit usw.: (ver)-welken, vergehen; ~anie n (-a; 0)

Verblühen *n*; *Med.* (*a. okres ~ania*) Klimakterium *n*, Wechseljahre *n/pl.*; **~nica** *f* (*-y*; *-e*) *Bot.* Asparagus *m*.

przela|ć *pf. s.* przelewać; **~tywać** (*-uję*), ⟨przelecieć⟩ (*z drzewa na drzewo vo an-e-m Baum zum anderen*) fliegen; (*nad I*) überfliegen (*A*), hinwegfliegen (über *A*); vorbeifliegen (*obok G/an D*); *fig.* eilen, rennen; (*nur pf.*) *Zeit*: verfliegen.

przelew *m* (*-u*; *-y*) *Arch.* (Talsperren-)Überlauf *m*; *Jur.* Übertragung *f*; *Fin.* Überweisung *f*; **~ krwi** Blutvergießen *n*; **~ać** (*-am*), ⟨przelać⟩ umgießen, -füllen; vergießen (*a. Blut*); *Geld* überweisen; *Recht* übertragen; **~ać z pustego w próżne** unnütz hin und her reden; **~ać się** (über)fließen; vergossen werden; **~anie** *n* (*-a*) Umgießen *n*, Umfüllung *f*; Vergießen *n*; **~ki** *pl.* (*-wek*): **to nie ~ki** das ist e-e ernste Sache *od.* kein Kinderspiel; **~owy** Überlauf-; *Fin.* Überweisungs-.

przele|żeć *pf. s.* przełazić; **~żeć** *pf.* *e-e Zeitlang* liegen, im Liegen verbringen.

przelęk|ły [-'lęŋk-] erschrocken; **~nąć się** [-nǫntɕ] *pf.* (*-nę*) erschrecken (*vi/i*). [*licytować.*]

przelicytow(yw)ać (*-[w]uję*) *s.* }

przelicz|ać (*-am*), ⟨~yć⟩ durch-, nachzählen; *Währung* umrechnen; **~yć się** sich verrechnen; **~enie** *n* (Durch-)Zählen *n*; Umrechnung *f*; *w ~eniu* umgerechnet; **~eniowy** Umrechnungs-; **~nik** *m* Umrechnungsfaktor *m*; (*cyfrowy Digital-*) Rechner *m*; **~yć** *pf. s.* przeliczać.

przelot *m* Flug *m*; Überfliegen *n* (*nad I/G*); *Zo.* Vogelzug *m*; **~em**, *w przelocie* = **~nie** *Adv.* flüchtig; nebenbei; im Vorbeigehen; **~ność** *f* (*-ści*) Flüchtigkeit *f*; Vergänglichkeit *f*; *Tech. s.* przelotowość; **~ny** flüchtig; kurzlebig, vergänglich; *deszcz ~ny* Regenschauer *m*; *~ne opady* kurze Regen- *od.* Schneeschauer *m/pl.*; **~owość** *f* (*-ści*; 0) (*Straßen-, Kanal-*)Kapazität *f*; (*Hafen-*)Umschlagsfähigkeit *f*; **~owy** Vogelzug-; Flug-; Durchfluß-, Durchlaß-.

przeludni|enie *n* (*-a*; 0) Überbevölkerung *f*; **~ony** übervölkert.

przeładow|anie *n s.* przeładunek;

Überladung *f*, -lastung *f*; **~(yw)ać** (*-[w]uję*) umladen; umschlagen; überladen, -lasten.

przeładun|ek *m* Umladen *n*, Umladung *f*; (*Güter-*)Umschlag *m*; **~kowy** (Um-)Lade-.

przelaj *m* (*-u*; *-e*, *-ów*) (*a. bieg na ~*) Querfeldeinlauf *m*; *na ~* querfeld ein.

przełajdaczyć F *pf.* verprassen.

przełajowy: *bieg ~ s.* przełaj.

przełam *m Min.* Bruch *m*; **~ywać** (*-uję*), ⟨~ać⟩ (*durch-, zer*)brechen; **~ać się** brechen (*vi/i*), entzweigehen *fig.* sich bezwingen, sich überwinden; **~ać się opłatkiem** *Rel. mit j-m* die Oblate brechen.

przełaz *m* (*-u*; *-y*) Durchgang *m*, Zauntritt *m*, Steige *f*; **~ić** F, ⟨przeleźć⟩ hinüberklettern, -steigen; durchkriechen.

przełącz|ać (*-am*), ⟨~yć⟩ umschalten; **~nica** *f Fmw.* Verteiler *m*; **~nik** *m* (Um-)Schalter *m*.

prze|łęcz [-'wentʃ] *f* (*-y*; *-e*) (*alpejska* Alpen-)Paß *m*; (*Eis-*)Scharte *f*; **~łknąć** *pf. s.* przełykać.

przełom *m* Bruch(stelle *f*) *m*, Durchbruch *m* *e-s Flusses*; *fig.* Wende(punkt *m*) *f*; *na ~ie roku* um die Jahreswende; **~owy** (*-wo*) Wende-, kritisch, von umwälzender Bedeutung.

przełoż|ony *m* (*-ego*; *-żeni*), **~ona** *f* (*-ej*; *-e*) Vorgesetzte(r); *Rel.* Superior(in *f*) *m*; *Matka ~ona* Mutter Oberin; **~yć** *pf. s.* przekładać.

przełyk *m Anat.* Speiseröhre *f*; **~ać**, ⟨przełknąć⟩ [-nǫntɕ] (*-nę*) hinunter-, verschlucken, -schlingen; *fig.* schlucken, einstecken.

przem|aczać (*-am*), ⟨~oczyć⟩ durchnässen, -feuchten; **~agać** (*-am*), ⟨~óc⟩ *v/t* überwältigen; *Angst usw.* überwinden; *v/i Meinung:* überwiegen, sich durchsetzen; *Gefühl:* siegen, die Oberhand gewinnen; **~óc się** sich überwinden; **~akać** (*-am*), ⟨~oknąć⟩ Wasser durchlassen; (*nur pf.*) durchnäßt werden; **~akalny** wasserdurchlässig.

prze|malow(yw)ać (*-[w]uję*) übermalen, -pinseln; anders (be)malen; neu (an)streichen; **~marsz** *m* (*Truppen-*)Durchzug *m*, -marsch *m*; Vorbeimarsch *m*.

przemarz|ać [-r·z-] (*-am*), ⟨~nąć

durchfrieren; **~lina** f (-y) Frostschaden m.

prze|maszerować pf. vorbeimarschieren, -ziehen; **~mawiać**, ⟨~mówić⟩ e-e Ansprache (od. Rede) halten; ansprechen, anreden (do G/A); appellieren (do G/an A); sprechen, sich einsetzen (za I/für A); **~mawiający** [-'jɔn-] m (-ego; -y) Redner m, Sprecher m; **~mądrzały** [-mɔn-] F superklug; **~meblow(yw)ać** (-[w]uję) neu einrichten; **~meldow(yw)ać** (-[w]uję) ummelden (się sich).

przemęcz|ać (-am), ⟨~yć⟩ Augen überanstrengen, übermüden; ~yć się a. sich überarbeiten; sich e-e Zeitlang plagen (przy L/bei); **~ony** übermüdet, überarbeitet.

przemiał ['pʃɛ-] m Mahlen n; Einstampfen n der Druckerzeugnisse; Mahlfeinheit f, -grad m; Mahlgut n.

przemian ['pʃɛ-]: na ~ abwechselnd, wechselweise; **~a** f (-y) (Um-, Ver-)Wandlung f; (materii, pokoleń Stoff-, Generations-) Wechsel m; Math. Permutation f; **~a podstawowa** Grundumsatz m; ulec ~ie a. sich ändern; **~ow(yw)ać** (-[w]uję) umbenennen.

przemie|lać (-am), ⟨przemleć⟩ durchmahlen; **~ni(a)ć** um-, verwandeln; ändern (się sich); **~nienie** n (-a) Um-, Verwandlung f; ℒnienie Pańskie Verklärung Christi.

przemien|nik m (-a; -i) (Frequenz-) Umsetzer m; Umformer m; (Drehmoment-)Wandler m; **~ny** (ab)-wechselnd, alternierend; um-, verwandelbar; Math. kommutativ.

przemie|rzać (-am), ⟨~rzyć⟩ (neu) durchmessen (a. fig.); neu vermessen; Gegend a. durchstreifen; **~sić** pf. durchkneten; **~szać** pf. durchrühren, gut (ver)mischen; **~szczać** (-am), ⟨~ścić⟩ (-szczę) versetzen, -rücken, -lagern, -schieben (się sich); Personen umsiedeln; **~szkiwać** (-uję), ⟨~szkać⟩ e-e Zeitlang wohnen.

przemi|jać, ⟨~nąć⟩ vergehen; abklingen, vorübergehen; **~jający** [-'jɔn-] vorübergehend; vergänglich.

prze|mily allerliebst, reizend, entzückend; **~minąć** pf. s. przemijać;

~mknąć pf. s. przemykać; **~mleć** pf. s. przemielać; **~mnażać** (-am), ⟨~mnożyć⟩ multiplizieren.

przemoc f Gewalt f; akt ~y Gewalttat f; użycie ~y Gewaltanwendung f; ~ą gewaltsam, mit Gewalt.

przemo|czyć pf. s. przemaczać; **~knąć** pf. s. przemakać; **~wa** f Ansprache f, Rede f; **~żny** übermächtig, überwältigend.

przemó|c pf. s. przemagać; **~wić** pf. s. przemawiać; **~wienie** n (-a) Rede f, Ansprache f.

przemy|cać (-am), ⟨~cić⟩ (-cę) (durch-, ein)schmuggeln; **~cie** n (Durch-)Waschen n, Wäsche f; Med. Spülung f; **~ć** pf. s. przemywać; **~kać** (-am), ⟨przemknąć⟩ vorbeieilen, F -huschen, -flitzen; **~kać się** durchschlüpfen; Licht, Gedanke: durchzucken.

przemysł m (-u; -y) (górniczy, maszynowy, naftowy, spożywczy, zbrojeniowy Montan-, Maschinenbau-, Mineralöl-, Nahrungsmittel-, Rüstungs-)Industrie f; Gewerbe n; ~ okrętowy od. stoczniowy Schiffbau m; własnym ~em im Do-it-yourself-Verfahren, ,Marke Eigenbau'; **~o-wiec** ['-swo-] m (-wca; -wcy) Industrielle(r); **~owy** (-wo) industriell, Industrie-; gewerblich.

przemyśl|any (gut) durchdacht, überlegt; **~eć** pf. durchdenken, genau überlegen; **~enie** n (-a; 0) Überlegung f; **~iwać** (-am/-wuję) nachdenken, -sinnen (nad I/über A); erwägen; **~ny** einfalls-, trickreich, schlau; sinnreich, kunstvoll.

przemyt m (-u; 0) Schmuggel m; Schmuggelware f; **~nictwo** n (-a; 0) Schmuggel(ei f) m; **~nik** m (-a; -cy) Schmuggler m.

przemy|wać (-am), ⟨~ć⟩ (durch-, aus)waschen; Med. spülen; **~wanie** n (-a) s. przemycie.

przenajświętszy ['-ɕvɛnt-] allerheiligst; ℒ Sakrament das (heilige) Altarsakrament.

przenicow(yw)ać (-[w]uję) Kleid wenden; F fig. j-n durchhecheln; et. umkrempeln.

przeniesieni|e n (-a) Übertragung f; Versetzung f; Verlegung f, Verlagerung f; Hdl. do ~a, z ~a Übertrag m; **~e się** Übersiedlung f.

prze|nieść pf. s. przenosić; **~nigdy** (nie und) nimmer.

przenik|ać (-am), ⟨~nąć⟩ durchdringen; eindringen (do G/in A); fig. ergründen; **~ający** [-'jon-] (-co) durchdringend; **~alny** durchlässig, durchdringbar; **~anie** n (-a) Durchdringung f; Eindringen n; Fot. Überblendung f; **~liwość** f (-ści; 0) Durchdringungsfähigkeit f; fig. Scharfsinn m, -blick m; Schärfe f, Eindringlichkeit f; **~liwy** (-wie) durchdringend; Blick a.: scharf; Geruch a.: stechend; Schrei a.: schrill.

przenocow|ać pf. v/i s. nocować; v/t übernachten lassen, Nachtquartier gewähren (D); **~anie** n (-a) Übernachtung f.

przeno|sić, ⟨przenieść⟩ (hinüber-/herüber)tragen; übertragen; versetzen; verlegen, -lagern; zeitl. (vor)verlegen; Hdl. vortragen, transportieren; Wort trennen; przenieść się umziehen, übersiedeln (v/i); sich versetzen lassen; **~siny** pl. (-) Umzug m, Übersiedlung f; **~śnia** [-'nɔɕ-] f (-i; -e) Metapher f; **~śnie** Adv. im übertragenen Sinn, figürlich; **~śnik** m (-a; -i) Tech. Förderer m, engS. Förderband n, -rinne f; Stechzirkel m; **~śny** transportabel, tragbar; Wander-; übertragbar; methaphorisch, bildlich. [langweilig.]

przenudny F (ganz) lahm, stink-⌡

przeobra|żać (-am), ⟨~zić⟩ (-żę) umgestalten, umwandeln; **~zić się** sich (ver)wandeln; **~żenie** n (-a) Metamorphose f; (Ver-, Um-)Wandlung f; (oft pl.) Wandel m.

przeocz|ać (-am), ⟨~yć⟩ (-ę) übersehen, auslassen; **~enie** n (-a) Übersehen n, Nichtbemerken n; (przez aus) Versehen n.

przeogromny F riesengroß, riesig.

przeor m (-a; -rzy/-owie) Prior m.

przeor|ać pf. s. brzorywać; **~ganizow(yw)ać** (-[w]uję) umorganisieren.

przeorysza f (-y; -e) Priorin f.

przeor|ywać (-uję), ⟨~ać⟩ umpflügen; fig. zerfurchen.

przepa|dać, ⟨~ść⟩ verlorengehen; verschwinden; F (za I) sehr gern haben od. tun, lieben (A); (mst pf.) (na egzaminie bei der Prüfung) durchfallen; **~ść bez wieści** vermißt werden; **~dek** m (-dku; -dki) Jur. (Vermögens-)Verlust m, Einziehung

f; **~dły** verloren, vermißt; **dnięcie** [-'nɛŋ-] n (-a) Verlust m; Verschwinden n; Flgw. Durchsacken n; **~jać** (-am), ⟨przepoić⟩ (durch)tränken; fig. durchdringen; **~kow(yw)ać** (-[w]uję) umpacken; neu verpacken; **~lać** (-am), ⟨~lić⟩ durchbrennen (się sich); versengen; Ofen überheizen; ein bißchen heizen; ab und zu (an)heizen; Ziegel zu hoch brennen; **~lić się** El. a. durchschmoren; **~lanka** f (-i; G -nek) Karamelschnaps m; **~lenie** n (-a) Überhitzen n; Verbrennen n; (się) Durchbrennen n; **~lić** pf. s. przepalać.

przepas|ka f (-i; G -sek) (Haar-, Stirn-)Band n; **~ka na oczy** Augenbinde f; **~ka na biodra** Lendentuch n, -schurz m; **~ywać** (-uję), ⟨~ać⟩ (-szę) umgürten (a. sich; I/mit), umbinden (I/A); ⟨~yw⟩ać się (sich D) umschnallen (I/A).

przepa|ść¹ f (-ści; -ście) Abgrund m, Tiefe f; Schlund m; **~ść²** pf. s. przepadać; **~trywać** (-uję), ⟨~trzyć⟩ durchsehen. [pychać.]

przepch|ać pf., **~nąć** pf. s. prze-⌡

przepełni|ać [-'pɛw-] (-am), ⟨~ć⟩ überfüllen; **~enie** n (-a) Überfüllung f; Andrang m, F Gedränge n; **~ony** überfüllt.

przepelz|ać, ⟨~nąć⟩ durchkriechen; kriechen über (A).

przepę|d m (Vieh-)Trieb m; **~dzać** (-am), ⟨~dzić⟩ durch-, vorbeitreiben; verjagen, vertreiben; Zeit verbringen.

przepi|cie n F Kater m, Brummschädel m; chory z **~cia** verkatert; **~ć** pf. s. przepijać.

przepie|czony zu scharf ausgebacken; Tech. zu scharf gebrannt; **~kać** (-am), ⟨~c⟩ zu scharf ausbacken; durchbacken; **~prząć** (-am), ⟨~przyć⟩ zu stark pfeffern; **~rać** (-am), ⟨przeprać⟩ durchwaschen; **~rka** f (-i; G -rek) kleine Wäsche; Vorwäsche f; **~rzenie** n (-a) (Bretter-)Verschlag m, Wand f; (Holz-)Blende f.

przepię|cie [-'pɛŋ-] n (-a) El. Überspannung f; **~kny** wunderschön.

przepi|(ja)ć v/t vertrinken, P versaufen; beim Trinken zubringen; v/i (do G) zutrinken, zuprosten (D); **~łow(yw)ać** (-[w]uję) durchsägen; durchfeilen.

przepiór|eczka f (-i; G -czek), **~ka** f (-i; G -rek) Wachtel f.

przepis m (-u; -y) Vorschrift f, Bestimmung f; (użycia Gebrauchs-) Anweisung f; (ärztliche) Verordnung f; ~ kucharski Kochrezept n; ~ pl. a. Ordnung f, Regeln pl.; ~y drogowe Verkehrsregeln f; wbrew ~om, niezgodnie z ~ami vorschriftswidrig; **~owy** (-wo) vorschriftsmäßig, ordnungsgemäß; **~(yw)ać** abschreiben; vorschreiben; verschreiben, verordnen; Grundstück usw. auf j-n umschreiben lassen; Ton überspielen.

przepity vertrunken, P versoffen.

przeplata|ć (-am), ⟨przepleść⟩ durch-, verflechten; neu flechten; ~ć abwechseln, bunte Reihe machen; ~ć się wechseln (v/i); **~nka** f (-i; G -nek) Flechtarbeit f; fig. bunte Reihe; **~ny** durchflochten (I/ mit); fig. bunt, gemischt.

przeplot m (-u; -y) Geflecht n; **~nia** [-'plɔt-] f (-i; -e, -i) Sp. Gitterleiter f.

przepła|cać (-am), ⟨~cić⟩ zu teuer (od. zuviel) bezahlen (A/für A); **~kać** pf. durchweinen; **~szać** (-am), ⟨przepłoszyć⟩ verscheuchen.

przepłuk|iwać (-uję), ⟨~ać⟩ durchspülen; ~ać gardło gurgeln; F fig. die Kehle anfeuchten.

przepły|w m (-u; -y) Durchfluß m; Strömung f, Fluß m; **~wać**, ⟨~nąć⟩ durchfließen; durchschwimmen; Wolken: (vorbei)ziehen; (przez A) hinüberschwimmen (über A); Schiff: überqueren (A).

przepo|cić pf. durchschwitzen; **~czwarzyć się** (-am), ⟨~czwarzyć się⟩ (-ę) Zo. sich verpuppen; **~ić** pf. s. przepajać; **~ławiać** [-'wa-] (-am), ⟨~łowić⟩ halbieren.

przepompow|nia f Pumpstation f; **~(yw)ać** (-[w]uję) umpumpen.

przepon|a f (-y) Anat. Zwerchfell n; Tech. Membran(e) f; **~owy** Zwerchfell-; Membran(en)-.

przepowi|adać, ⟨~edzieć⟩ prophezeien, vorhersagen; voraussagen; **~ednia** [-'ved-] f (-i; -e, -i) Prophezeiung f; Voraussage f.

~~przepracow|any überarbeitet Tag~~ durcharbeitet, Arbeits; ~(yw)ać (-[w]uję) durcharbeiten; überarbeiten (się sich).

przeprać pf. s. przepierać.

przeprasz|ać (-am), ⟨przeprosić⟩ um Verzeihung bitten (za A/für A); Abbitte tun (A/D); **~am!** entschuldige(n Sie)!, Verzeihung!; przeprosić się sich (wieder) versöhnen; **~ajacy** [-'jɔn-] (-co) entschuldigend, rechtfertigend.

przepraw|a f (-y) (przez A) Durch-, Überquerung f (G); Überfahrt f (über A); Beförderung f, Transport m (über A); **~iać** [-'pra-] (-am), ⟨~ić⟩ transportieren, befördern; übersetzen, ans andere Ufer bringen; ~i(a)ć się (przez A) durch-, überqueren (A); übersetzen (über A).

przepro|sić pf. s. przepraszać; **~siny** pl. (-) Entschuldigung f; Versöhnung f; **~szenie** n (-a) (Bitte f um) Verzeihung f.

przeprowadz|ać (-am), ⟨~ić⟩ führen (przez A/über, durch A); Straße, Bahn bauen, anlegen; Linie, Graben ziehen; Reform, Versuch durchführen; Untersuchung führen; ~ać ⟨~ić⟩ się umziehen (v/i); **~enie** n Durchführung f; Verlegung f, Bau m; ~enie się Umzug m; **~ka** f (-i; G -dzek) Umzug m; koszty ~ki Umzugskosten pl.

przeprzą|g [-pʃɔŋk] m (-ęgu; -ęgi) Pferdewechsel m; **~egać** [-'pʃɛŋɡ-] (-am), ⟨~qc⟩ [-pʃɔnts] (L. -prząc) Pferde wechseln.

przepuklina f (-y) (pachwinowa Leisten-)Bruch m.

przepust m (-u; -y) Durchlaß m; ~ biletowy (Bahnsteig-)Sperre f; **~ka** f (-i; G -tek) Passierschein m; (Dienst-)Ausweis m; ~ka na ląd Mar. Landurlaub m; **~nica** f (-y; -e) Drosselklappe f; **~owość** f (-ści) Kapazität f, Leistungsfähigkeit f.

przepuszcz|ać, ⟨przepuścić⟩ v/t durchlassen; (mst pf.) übersehen, auslassen; Gelegenheit verpassen; F Vermögen durchbringen; Fleisch durchdrehen; nie ~ać s. pomijać; **~alność** f (-ści; 0) Durchlässigkeit f; **~alny** durchlässig.

prze|puścić pf. s. przepuszczać; ~~nych m (-ego) Pracht f, Luxus m~~ **~pychać** (-am), ⟨~pchać, ~pchnąć⟩ durchdrücken, -treiben, -stoßen; F fig. durchboxen; ~p(y)chać się sich durchdrängen.

przepy|szlin m (-u; -y) Bot. Gardenie f; ~szny prachtvoll, herrlich; ~**tywać** (-uję), ⟨~tać⟩ ausfragen (o A/über A); Schüler abfragen, abhören (z G/A).

przera|biać [-'ra-] (-am), ⟨przerobić⟩ verarbeiten (na A/zu); Werk um-, überarbeiten; Lektion durcharbeiten, -nehmen; Kleid (um-) ändern; ~**bianie** n (-a; 0) s. przerób(ka); ~**chow(yw)ać** (-[w]uję) s. przeliczać; ~**dzać się** (-am), ⟨przerodzić się⟩ in Härte, Haß umschlagen; in Willkür ausarten; sich verwandeln; ~**stać** (-am), ⟨przerosnąć⟩ wachsen (A/über A); j-m über den Kopf wachsen; fig. a. übertreffen, übersteigen; ~**stały** Fleisch: durchwachsen; ~**za** f (-y) Zo. Seekatze f; ~**zić** pf. s. przerażać; ~**źliwy** (-wie) ohrenzerreißend, schrill, gellend; entsetzlich; ~**żać** (-am), ⟨~zić⟩ entsetzen (się sich); ~**żający** [-'jon-] (-co) entsetzlich, grausig; ~**żenie** n (-a; 0) Entsetzen n, Grauen n; ~**żony** entsetzt.

przerąb m Forst. Ausholzen n; ~**ywać** (-uję), ⟨~ać⟩ durchhauen; Wald ausholzen, lichten.

prze|rdzewieć pf. durchrosten; ~**redagow(yw)ać** (-[w]uję) neu redigieren; ~**rębel** [-'rɛm-] m (-bla; -ble, -bli), ~**rębla** f (-i; -e, -bel/-i) Eisloch n, Wu(h)ne f.

przero|bić pf. s. przerabiać; ~**bowy** Verarbeitungs-; ~**dzić się** pf. s. przeradzać się; ~**snąć** pf. s. przerastać; ~**st** m (-u; -y) übermäßiges Wachstum; Zuviel n (G/an D); Wasserkopf m (fig.); Auswüchse m/pl.; Med. Hypertrophie f; ~**śnięty** [-'ɕnɛn-] durchwachsen.

przeró|b m (-obu; -oby) Verarbeitung f; Aufbereitung f; ~**czy** Verarbeitungs-; ~**ka** f (-i; G -bek) Umarbeitung f, Änderung f; Überarbeitung f; Tech. s. przerób; ~**ka** uszlachetniająca Veredelung f; dalsza ~**ka** Weiterverarbeitung f.

przerw|a f (-y) Pause f (a. Schule, Thea.); (Fahrt-)Unterbrechung f; Lücke f; (Strom-)Ausfall m; bez ~**y** a. unaufhörlich, pausenlos, ununterbrochen; ~**ać** pf. s. przerywać; ~**anie** n Durchreißen n; (Front-) Durchbruch m; (ciąży Schwangerschafts-)Unterbrechung f; Einstellung f, Abbruch m d. Verhandlun-

gen usw.; ~**anie** tamy, zapory Deich-, Dammbruch m.

przery|sow(yw)ać (-[w]uję) ab-, nachzeichnen; durchpausen; ~**wacz** m (-a; -e) (Strom-)Unterbrecher m; ~**wać** (-am), ⟨przerwać⟩ zer-, durchreißen; unterbrechen (a. v/i D/j-n); abbrechen, einstellen; Front durchbrechen; Schweigen brechen; Agr. verziehen, ausdünnen; v/i a in d. Rede innehalten; przerwać rozmowę a. (Hörer) auflegen, einhängen; przerwać się (durch)reißen (v/i); unter-/abgebrochen werden; durchbrechen (przez A/durch A); ~**wany** mit Unterbrechungen; -ym głosem mit stockender (od. erstickter) Stimme; ~**wnik** m (-a; -i) Typ. Englische Linie.

przerze|dnąć pf. sich lichten; ~**dzać** (-am), ⟨~dzić (-dzę) lichten (się sich); Forst. auslichten; Agr. ausdünnen. [nać.⟩

prze|rznąć, ~rżnąć pf. s. przerzy-⟩

przerzu|cać, ⟨~cić⟩ (hin)überwerfen (przez A/über A); hin und herwerfen; Brücke schlagen; Sachen durchwühlen, -stöbern; Truppen, Arbeiter verlegen, werfen; Beamte versetzen; Pflichten auf j-n abwälzen, -schieben; ~**cać kartki** (G Buch durchblättern; ~**cić bieg** Kfz. schalten, e-n anderen Gang einlegen; ~**cać** ⟨~**cić⟩ się** (über)wechseln (na A/zu); Feuer, Seuche: überspringen, -greifen; ~**t** m Verlegung f, Transport m; Übergreifen n; Med. Metastase f; Sp. Flankenwechsel m; ~**tka** f (-i; G -tek) (Fahrrad-)Gang-Kettenschaltung f.

prze|rzynać (-am), ⟨~rznąć, ~rżnąć⟩ durchschneiden, -sägen.

przesa|da f (-y) Übertreibung f; Übermaß n; Überspanntheit f; do ~**dy** = ~**dnie** Adv. übermäßig, allzu; a. = ~**dny** übertrieben; ~**dzać** ⟨~dzić⟩ v/t umsetzen; umpflanzen, -topfen; s. przeskakiwać; v/i übertreiben; ⟨tylko s. przesiadać się

prze|salać (-am), ⟨~solić⟩ versalzen; F fig. s. przeholow(yw)ać.

przesącz [-sɔntʃ] m (-a; -e) Chem Filtrat n; ~**ać** (-am), ⟨~yć⟩ filtern durchseihen; ~**ać się** durchsickern

przesą|d m Aberglaube m; Vorurteil n; wolny od ~**dów** vorurteilsfrei unvoreingenommen; ~**dny** aber-

gläubisch; ~dzać (-am), ⟨~dzić⟩ im
voraus (od. vorschnell) entscheiden, urteilen; nie ~dzać nicht vor-
greifen (G/D).

rze|schnąć pf. s. przesychać; ~siać
pf. s. przesiewać.

rzesiad|ać, ⟨przesiąść⟩ (a. się)
sich woanders(hin) setzen, den
Platz (od. die Plätze) wechseln; Esb.
usw. umsteigen; ~anie n (-a): bilet
z ~aniem Umsteigefahrschein m;
~ka F f (-i; G -dek) Umsteigen n;
~ywać (-uję), ⟨przesiedzieć⟩ lange
Zeit, öfter sitzen, verbringen.

rzesiad|ać, ⟨~nąć⟩ (durch)sik-
kern; (nur pf.) s. nasiąkać; ~liwy
durchlässig, saugfähig.

rzesiąść pf. s. przesiadać.

rzesiedl|ać (-am), ⟨~ić⟩ (-lę) um-
siedeln; ~ić się übersiedeln, umziehen (do G/nach); ~enie n (-a)
Umsiedlung f; ~enie się Übersied-
lung f; ~eniec [-'lε-] m (-ńca; -ńcy)
Umsiedler m; ~eńczy Umsiedler-;
Umsiedlungs-.

rzesie|dzieć pf. s. przesiadywać;
~ka f (-i) (Wald-)Schneise f; ~wacz
m (-a; -e) Sieb(maschine f) n; ~wać
(-am), ⟨przesiać⟩ (durch)sieben,
sichten.

rzesięk [-gεŋk] m (-u; -i) Med.
Transsudat n.

rzesil|ać się (-am), ⟨~ić się⟩ den
Höhepunkt erreichen (pf. über-
schreiten); ~enie n (-a) Krisis f,
Krise f; Wendepunkt m; Astr.
Sonnenwende f.

rzesk|akiwać (-uję), ⟨~oczyć⟩ (A,
przez A) überspringen (A); springen, setzen (über A); ~oczyć na
drugą stronę a. sich hinüber-
schwingen; ~ok m Überspringen
n; Sprung m (über A).

rze|skrobać F f. ausfressen (fig.);
~słać pf. s. przesyłać, przesiełać;
~słodzać (-am), ⟨~słodzić⟩ zu süß
machen, zu sehr süßen; ~słaniać,
⟨~słonić⟩ (-ę) verhüllen, verhängen
f/mit); verdecken; Fot. abblen-
den; ~słanie n (-a) Über-, Zusen-
dung f; ~słanka f (-i; G -nek) Vor-
aussetzung f, Prämisse f; ~słodzo-
ny zu süß, übersüß; ~słona f (-y)
Vorhang m, Fot. Blende f, El.
Blendschutzraster m

rzesłuch|anie n (-a) Verhör n,
Vernehmung f; Abhören n e-r
Platte usw.; Anhörung f; ~iwać

(-uję), ⟨~ać⟩ verhören, vernehmen;
abhören.

prze|służyć pf. e-e Zeitlang dienen
(u G, w L/bei); ~słyszeć się pf. sich
verhören; ~smażyć pf. anbraten;
zu lange braten; ~smyk (-u; -i)
enger Durchgang, Engpaß m;
Geogr. Isthmus m; Meerenge f;
JSpr. Wildpfad m; Tech. (Web-)
Fach n; ~solić pf. s. przesalać;
~solony versalzen, zu scharf; ~-
spacerować się pf. (ein bißchen)
spazierengehen, schlendern; ~spać
pf. s. przesypiać.

przesta|ć¹ pf. s. przestawać; ~ć² pf.
e-e Zeitlang stehen; ~ły abgestan-
den; Obst: überreif; ~nek m (-nku;
-nki): bez ~nku ununterbrochen,
immerfort; ~nkowanie n (-a) Zei-
chensetzung f; ~nkowy: znaki -we
Satzzeichen n/pl.; ~rzały veraltet,
überholt; ~wać (-ję), ⟨~ć⟩ aufhören
(+ Inf./mit, zu); (nur impf.) sich
abgeben, verkehren (z I/mit);
~wi(a)ć umstellen (się sich); wo-
andershin stellen; verstellen; Ofen
umsetzen; ~wienie n (-a) Umstel-
lung f; Verstellung f; ~wnia f [-'ta-]
f (-i; -e, -i) Gr. Inversion f; ~wny
verstellbar; szyk ~wny umgekehrte
Wortfolge.

przestąpić pf. s. przestępować.

przestęp [-stemp] m (-u; -y) Bot.
Zaun-, Giftrübe f; ~ca m (-y; G
-ów) (brutalny, wojenny Gewalt-,
Kriegs-)Verbrecher m; ~ca kryminalny Straftäter m; ~czość f
(-ści; 0) Kriminalität f; ~czy (-czo)
verbrecherisch; Jur. a. kriminell,
Straf-; świat ~czy Verbrecher-,
Unterwelt f; ~czyni f (-i; -e) Ver-
brecherin f; s. przestępca; ~ny s.
przestępczy; Math. transzendent;
rok ~ny Schaltjahr n; ~ować (-uję),
⟨przestąpić⟩ überschreiten, treten
über (A); Gesetz übertreten; ~stwo
n (-a) Verbrechen n, Jur. a. Straftat
f; (służbowe Dienst-)Vergehen n.

prze|stojowe (-ego; -e) Schiffs-
liegegeld n; ~stój m (-oju; -oje)
Stillstand(szeit f) m; Verlustzeit f;
(w pracy Arbeits-)Ausfall m; Mar.
Überliegezeit f.

przestra|ch m Schrecken m, Ent-
setzen n; ~ać (~am), ⟨~szyć⟩ erschrecken (się v/i); ~szony er-
schrocken.

przestro|ga f (-i; G -róg) Warnung

f; **~ić** pf. s. przestrajać; **~nny** geräumig; Kleidung: weit, lose.

przestrzał m Durchschuß(wunde f) m; otworzyć okna na **~** gegenüberliegende Fenster aufmachen, Durchzug schaffen; otwarty na **~** weit geöffnet.

przestrze|gać (-am), ⟨~c⟩ warnen; (nur impf.; G) Vorschrift befolgen, sich halten an (A); Diät, Fastenzeit einhalten; Stillschweigen beobachten, wahren; **~lać**, ⟨~lić⟩ durchschießen; (nur pf.) Sp. (Fußball) verschießen; **~lina** f (-y) Einschuß-, Durchschußöffnung f; **~nny** räumlich, Raum-; **~ń** f (-ni; -nie, -ni)(dreidimensional) Raum m; **~ń** kosmiczna, życiowa Welt-, Lebens-)Raum m; Strecke f; **~ń** robocza Arbeitsbereich m; **~ń** lodów, wodna Eis-, Wasserfläche f; na **~ni** (G) im Umkreis, innerhalb (von); im Verlauf (von), während (G); **~żenie** n (-a) Warnung f.

przestu|diować pf. durch-, erforschen; Lehrstoff durchgehen; **~dzać** (-am), ⟨~dzić⟩ (zu sehr) abkühlen.

przestw|orze n (-a; G -y), **~ór** m (-oru; -ory) lit. Raum m, Weite f; w **~orza** in die Lüfte.

przestyg|ać (-am), ⟨~nąć⟩ v/i abkühlen, erkalten.

przesu|nąć pf. s. przesuwać; **~nięcie** [-'ɲen-] n (-a) Verschiebung f; **~szać** (-am), ⟨~szyć⟩ (ein wenig od. zu lange) trocknen (lassen); **~w** m Schub m; Hub m; Verschiebung f; prędkość **~wu** taśmy (Ton-)Bandgeschwindigkeit f; **~wać**, ⟨~nąć⟩ verschieben (się sich); (ver)rücken; Truppen verlegen; Beamte versetzen; **~wać** ⟨~nąć⟩ się vorüberziehen (v/i; przed l/an D); sich vorbeischleichen; (hin)durchschlüpfen; **~wnica** f Schiebebühne f; **~wny** verschiebbar; fahrbar.

przesy|cać (-am), ⟨~cić⟩ durchtränken, imprägnieren (I/mit); übersättigen; **~cić się** übersättigt sein (I/von); **~cenie** n (-a; 0) Übersättigung f (a. Chem.).

przesy|chać (-am), ⟨przeschnąć⟩ (teilweise) trocken werden, trocknen (v/i); **~cić** pf. s. przesycać; **~łać** (-am), ⟨przesłać⟩ (zu)senden, schicken; Grüße übermitteln, bestellen; Kußhand zuwerfen; **~łać** dalej weiterleiten; **~łka** f (-i; G -łek) Übersendung f; (towarowa

Waren-)Sendung f; **~łka** ekspresowa Expreßgut n; **~piać**, ⟨przespać⟩ durchschlafen; verschlafen; przespać się (ein wenig) schlafen **~pywać** ⟨-uję⟩, ⟨~pać⟩ umschütten; dazwischenstreuen (I/A); **~t** m (-u; 0) Übersättigung f; fig. Überdruß m.

prze|szacow(yw)ać (-[w]uję) ne schätzen; überschätzen; **~szarżować** pf. übertreiben; zu weit geher (w L/mit od. in D); **~szastać** F pf verschwenden, F verplempern.

przeszczep m Verpflanzung f Pfropfreis n; Med. Transplantat n **~iać** [-'ʃtʃe-] (-am), ⟨~ić⟩ verpflanzen (a. Med.); fig. a. einimp fen, einprägen; **~ienie** n Med Transplantation f, Verpflanzung f Agr. Pfropfung f.

przeszk|adzać (-am), ⟨~odzić⟩ (D j-n behindern (w L/in, bei D); j-hindern (an D); verhindern (A) stören (A); hinderlich sein (D) **~adzanie** n (-a; 0) Behinderung f Stören n; **~alać** (-am), ⟨~olić⟩ umschulen.

przeszko|da f Hindernis n (a. Sp.) Hinderungsgrund m; **~dy** atmosfe ryczne atmospherische Störungen stanąć na **~dzie** sich in den Weg stellen, F in die Quere kommen jeśli nic nie stanie na **~dzie** wen nichts dazwischenkommt; stać na **~dzie** (D) im Wege sein (D), ver hindern (A); bez **~ód** ungehinder ungestört; **~dzić** pf. s. przeszko dzać; **~lić** pf. s. przeszkalać.

przeszło Adv. über, mehr als **~roczny** vorjährig.

przeszł|ość f (-ści; 0) Vergangen heit f; **~y** vergangen; Jahr, Woch usw.: letzt-; s. czas.

przeszmuglować F pf. durch einschmuggeln.

przeszpiegi pl. (-ów) (Aus-)Spähe n; chodzić (od. iść) na **~** auskund schaften, ausspähen.

przeszu|flować pf. umschaufeln **~kiwać** ⟨-uję⟩, ⟨~kać⟩ ab-, durch suchen, durchkämmen.

przeszwarcować F pf. ⟨-uję⟩ durch schmuggeln; **~** się sich einschmug geln.

przeszy|wać (-am), ⟨~ć⟩ durch nähen; Knöpfe versetzen; durch bohren (a. fig.); Luft zerreißen **~wający** [-'jɔn-] (-co) Schmer

Blick: stechend, scharf; *Ton*: durchdringend.

przeście|lać *dial.*, **~łać** ⟨-am⟩, ⟨~lić, *przesłać*⟩ Bett neu machen, richten; **~radło** *n* ⟨-a; *G -deł*⟩ (Bett-)Laken *n*; **~radło** *kąpielowe* Badetuch *n*.

prześcig|ać, ⟨~nąć⟩ [-nɔntɕ] ⟨-nę⟩ überholen, hinter sich lassen (*a. fig.*); übertreffen, überbieten; **~ać się** (miteinander) wetteifern (*w L/*in *D*).

prześladow|ać ⟨-uję⟩ verfolgen (*a. fig.*); peinigen, drangsalieren; **~anie** *n* ⟨-a⟩ Verfolgung *f*; *fig.* verfolgt; *Su. m* ⟨-ego; -i⟩ Verfolgte(r); **~ca** *m* ⟨-y; *G -ów*⟩ Verfolger *m*; Peiniger *m*, F Quälgeist *m*; **~czy** Verfolgungs-.

prześlepi|ać [-'ɕlɛ-] F ⟨-am⟩, ⟨~ć⟩ ⟨-ę⟩ übersehen, nicht bemerken.

prześliczny wunderschön.

prześliz|gać się -giwać się ⟨-uję⟩, ⟨~(g)nąć się⟩ [-nɔntɕ] ⟨-nę⟩ durchschlüpfen; durchrutschen; **~nął się** *wzrokiem po ...* (*L*) sein Blick glitt über ... (*A*).

prze|śmieszny urkomisch; **~śnić** *pf.* (durch)träumen; **~śpiewać** *pf.* *e-e Zeitlang* singen; absingen.

przeświadcz|enie *n* Überzeugung *f*; **~ony** überzeugt (*o L/*von).

prześwie|cać ⟨-am⟩ (durch)schimmern, durchscheinen; **~cający** [-'jɔn-] durchscheinend; **~tlać** ⟨-am⟩, ⟨~tlić⟩ ⟨-lę⟩ durchleuchten; (*nur pf.*) *Fot.* überbelichten; **~tlenie** *n* ⟨-a⟩ Durchleuchtung *f*; *Fot.* Überbelichtung *f*; **~tny** glänzend, ausgezeichnet.

prześwit *m* lichter Durchmesser; lichte Weite *od.* Höhe; *Arch.* Licht *n*; *nad ziemią Kfz.* Bodenfreiheit *f*; *~ toru Esb.* Spurweite *f*.

przetacza|ć ⟨*przetoczyć*⟩ rollen, wälzen (*a. Esb.* rangieren; *Flüssigkeit* umfüllen; *Blut* übertragen; **~ć się** (vorbei)rollen (*v/i*); **~anie** *n* ⟨-a⟩ (*Blut-*)Transfusion *f*; Umfüllung *f*; *Esb.* Rangieren *n*, Verschieben *n*; **~nik** *m* ⟨-a; -i⟩ *Bot.* Ehrenpreis *m*.

przeta|k *m* ⟨-a/-u; -i⟩ *Kochk.* Durchschlag *m*; Sieb *n*; **~ńczyć** *pf.* durchtanzen; **~piać** [-'ta-] ⟨-am⟩, ⟨*przetopić*⟩ umschmelzen; aus-, zerlassen; **~rcie** *n* Durchscheuern *n*; durchgescheuerte Stelle.

przetarg *m* Versteigerung *f*; Aus-

23*

schreibung *f*; *sprzedać z ~u* versteigern; *kupić z ~u* ersteigern.

przetarty durchgerieben, durchgescheuert.

przeterminowa|ć *pf.* die Frist nicht einhalten; **~ny** verfallen (*Adj.*).

prze|tkać *pf.*, **~tknąć** *pf. s.* przetykać; **~tłaczać** ⟨-am⟩, ⟨*tłoczyć*⟩ (hin)durchpressen, durchdrücken; umpumpen; **~tłuszczony** öl-, fettgetränkt; *papier -ny* Ölpapier *n*.

przeto *Kj.* deshalb; indes; **~czyć** *pf. s.* przetaczać; **~ka** *f* ⟨-i⟩ *Med.* Fistel *f*; Drain *m*; **~kowy** *Med.* Fistel-; *Esb.* Rangier-, Verschiebe-; **~pić** *pf. s.* przetapiać.

przetraw|iać [-'tra-] ⟨-am⟩, ⟨~ić⟩ verdauen; *Chem.* zerfressen, zerstören.

przetrą|cić F *pf.* brechen; *e-n Happen* essen; **~trenow(yw)ać** (-[w]uję) *Sp.* übertrainieren.

przetrw|ać *pf.* überdauern, überleben (*heil*) überstehen, durchstehen; **~alnik** *m* ⟨-a; -i⟩ *Bot.* Spore *f*; **~aniać** [-'va-] ⟨-am⟩ *s.* trwonić.

przetrząs|acz [-t:ʃ-] *m* ⟨-a; -e⟩ *Tech.* Schüttler *m*; *Agr.* **~acz** *siana* Heuwender *m*; **~ać** ⟨-am⟩, ⟨~nąć⟩ durchschütteln; *Kissen* aufschütteln; *Heu* wenden; *fig.* durchsuchen, -wühlen.

przetrze|biać [-'t:ʃɛ-] ⟨-am⟩, ⟨~bić⟩ auslichten; *fig.* dezimieren; **~ć** *pf. s.* przecierać; **~pywać** ⟨-uję⟩, ⟨~pać⟩ ausklopfen; F *fig. j-n* vermöbeln.

przetrzym|anie [-t:ʃ-] *n* ⟨-a⟩ (vorläufig) Festnahme; *Box-Sp.* Halten *n*; **~ywać** ⟨-uję⟩, ⟨~ać⟩ *e-e Zeitlang* (fest)halten; durchhalten, überstehen; zurückhalten.

przetw|arzać ⟨*przetworzyć*⟩ verarbeiten; *fig.* umgestalten, umformen; **~ornica** *f* ⟨-y; -e⟩ *El.* Umformer *m*; **~ornik** *m* ⟨-a; -i⟩ *El.* Wandler *m*, Umsetzer *m*; **~orzyć** *pf. s.* przetwarzać.

przetwór *m* (*Veredelungs-*)Produkt *n*; **~ca** *m* Verarbeiter *m*; *s.* przetwórnia; **~czość** *f* ⟨-ści; 0⟩ Veredelungs-, Verarbeitungsindustrie *f*; **~czy** Verarbeitungs-, Veredelungsbetrieb *m*; *trawler -nia* Heckfänger-Fabrikschiff *n*; **~stwo** *n* ⟨-a; 0⟩ Verarbeitung *f*, Veredelung *f*.

przety|czka f Tech. (Vorsteck-) Stift m, Knebel m; ~czka do fajki Pfeifenreiniger m; ~kać, ⟨przetkać⟩ durchwirken (I/mit); durchflechten (I/mit); ⟨a. przetknąć⟩ (hin)durchstoßen; Pfeife reinigen.

przewa|ga f Übergewicht n (a. fig.); Überlegenheit f; Sp. Führung f; uzyskać ~gę die Oberhand gewinnen; Sp. in Führung gehen; mieć ~gę überlegen sein (nad I/D); ~lać, ⟨~lić⟩ umstoßen; wälzen; überrollen (przez A/A); ~lać się sich hin- und herwerfen; sich wälzen.

przewartościow|anie n (-a) Umwertung f; ~(yw)ać (-[w]uję) umwerten.

przeważ|ać (-am), ⟨~yć⟩ v/t (nach)wiegen; zuviel abwiegen; v/i überwiegen; vorherrschen; überlegen sein; ~yć się sich auf e-e Seite neigen; ~ający [-'jon-] (vor)herrschend, maßgebend; (a. w -cej mierze, w -cym stopniu) über-, vorwiegend; -ca część der größte Teil; ~nie Adv. meisten(teil)s; a. = ~ny vor-, überwiegend.

przewąch|iwać F (-uję), ⟨~ać⟩ Gefahr, Geschäft wittern, Wind bekommen (A/von).

prze|wędrować pf. durchwandern, ~wężenie n (-a) (Darm-, Rohr-)Verengung f; Einschnürung f; ~wiać pf. s. przewiewać; ~wiązło n (-a; G -seł) s. powrósło.

przewiąz|ka f (Stirn-)Band n; (Augen-)Binde f; Arch. (Quer-)Verband m; ~ywać ⟨~ać⟩ (-uję), ⟨~ać⟩ Schürze umbinden; Wunde verbinden.

przewi|dujący [-'jon-] (-co) vorausschauend, weitblickend; ~dywać (-uję), ⟨~dzieć⟩ voraussehen, -ahnen, erwarten; vorsehen (na A/ für); (nur pf.) wieder sehen können.

przewidywa|nie n (-a) Voraussicht f; Vorahnung f, Erwartung f; w ~niu (G) in Erwartung (G); ~ny voraussichtlich; vorausgesehen.

przewidz|enie n: to było do ~enia es war vorauszusehen od. zu erwarten; nie(możliwy) do ~enia nicht vorausehbar; nicht abzusehen; ~iany vorgesehen (na A/für); ~ieć pf. s. przewidywać.

przewie|lebny † hochwürdig; ~rcać (-am), ⟨~rcić⟩ durchbohren (a. fig.); ~szać, ⟨~sić⟩ (-szę) über-,

umhängen; ~szać ⟨~sić⟩ się (über-hängen (v/i); sich hinauslehnen, -beugen; ~szka f (-i; G -szek) (Fels-)Überhang m.

przewietrz|ać [-t:ʃ-] (-am), ⟨~yć⟩ (durch)lüften; auslüften; F ~yć się frische Luft schnappen; ~anie n (-a; 0) (Be-)Lüftung f; Bgb. Bewetterung f; ~enie n (-a; 0) Aus-, Durchlüften; ~nik m (-a; -i) Lüfter m, Ventilator m; ~yć pf. s. przewietrzać.

przewiew ['pʃɛ-] m Luftzug m; ~ać (-am), ⟨przewiać⟩ durchwehen; Wind: j-n frösteln lassen; Wolken auseinandertreiben; Agr. schwingen, worfeln; ~ny luftig; Raum a.: undicht, winddurchlässig; windig.

przewie|zienie n (-a) Überführung f, Transport m; ~źć pf. s. przewozić.

przewi|jać (-am), ⟨~nąć⟩ [-nontɕ] (-nę) umwickeln, umspulen; Kind trockenlegen; Wunde verbinden; ~jać ⟨~nąć⟩ się (przez A) vorüberziehen (an D); (vorübergehend) weilen (in D); ~jarka f (-i; G -rek) Spulmaschine f; (Film-)Umrolltisch m; ~nić pf. verschulden; verfehlen; ~nienie n (-a) Verfehlung f, Vergehen n.

przewle|kać (-am), ⟨~c⟩ Faden durchziehen; Bett neu beziehen; et. hinüber- od. herüberschleppen, -ziehen; fig. in die Länge ziehen; verschleppen; ~kły (-le) langwierig, schleppend; hinhaltend; Med. chronisch, hartnäckig.

przewłoka f (-i) Mar. Klüse f.

przewodni leitend, Leit-, Führungs-; niedziela ~a Weißer Sonntag; pismo ~e Begleitschreiben n; ~ctwo n (-a; 0) Vorsitz m; Leitung f, Führung f; (cieplne Wärme-) Leitfähigkeit f.

przewodnicz|ąca [-'tʃon-] f (-ej; -e), ~ący m (-ego; -y) Vorsitzende(r), Vorsitzer m; (Delegations-)Leiter(in) f m; ~enie n (-a) Vorsitz m; ~ka f (-i; G -czek) (Fremden-)Führerin f; Leittier n; ~yć (-ę) den Vorsitz haben od. innehaben; ⟨~yć⟩ den Vorsitz führen od. innehaben; Idee vorherrschen.

przewo|dnik m (-a; -cy) (An-)Führer m; (Fremden-, Berg-)Führer m (pl. -i) Kopf-, Leittier n; Leithammel m; Reiseführer m (Buch); Leitfaden m; Phys. Leiter m; ~dność

(-ści; *0*) *Phys.* Leitwert *m*, -fähigkeit *f*; **~dowy** Leitungs-; *radiofonia* -wa Drahtfunk *m*; **~dzić** führen, leiten (*D/A*); befehligen, kommandieren (*nad I/A*); *Phys., Bio.* leiten; **~łany** *Fot.* überentwickelt; **~zić**, ⟨*przewieźć*⟩ befördern, transportieren; überführen; **~zić** *przez rzekę* übersetzen, ans andere (Fluß-)Ufer bringen; **~zowy** Beförderungs-, Transport-.

przewoźn|e *n* (-*ego*; -*e*) Fracht(geld *n*) *f*; **~ik** *m* (-*a*; -*cy*) Frachtführer *m*; *Mar.* Verfrachter *m*; Fuhr-, Transportunternehmer *m*; Fährmann *m*; **~y** transportabel, fahrbar.

przewód *m* (-*odu*; -*ody*) (*doprowadzający*, *kanalizacyjny*, *wodny* Zu-, Abwässer-, Wasser-)Leitung *f*; (*grzejny*, *zerowy* Heiz-, Null-)Leiter *m*; Leitungsdraht *m*; **~** *dymowy* Rauchkanal *m*; **~** *pleciony El.* Litze *f*; **~** *pokarmowy od. trawienny* Verdauungskanal *m*, Magen-Darm-Kanal *m*; **~** *sądowy* Gerichtsverhandlung *f*; **~** *słuchowy* Gehörgang *m*; **~** *zapłonowy* Zündkabel *n*; *pod przewodem unter der Führung* (*G*).

przewóz *m* (*lotniczy*, *ładunków*, *towarów* Luft-, Fracht-, Güter-)Beförderung *f*, Transport *m*; Verkehr *m*; Fuhrwesen *n*; Anlegeplatz *m* *e-r Fähre*; *koszty* **~***ozu* Beförderungs-, Transportkosten *pl.*

przewrac|ać, ⟨*~ócić*⟩ *v/t* umstürzen, -werfen, -kippen; (um)wenden, -drehen; *Augen* rollen, verdrehen; F **~***ócić* wszystko do góry nogami alles auf den Kopf stellen; **~***ócić* w głowie (*D*) *j-m* zu Kopf steigen (*fig.*); **~***acać* ⟨*~ócić*⟩ *się* umstürzen, -kippen, -fallen; sich (um)drehen.

przewrażliwi|enie *n* (-*a*; *0*), **~ony** *s.* przeczulenie, przeczulony.

przewrot|ność *f* (-*ści*; *0*) Falschheit *f*, Tücke *f*; Gemeinheit *f*; **~ny** falsch, (heim)tückisch, perfid(e); **~owy** umwälzend; umstürzlerisch.

przewró|cić *pf. s.* przewracać; **~t** *m* (-*otu*; -*oty*) Umwälzung *f*, Revolution *f*; *Sp.* Luftrolle *f*, Salto *m*.

przewyższ|ać (-*am*), ⟨*~yć*⟩ (-*ę*) *v/t* höher sein als (*A*); übersteigen (*A*), größer sein als (*A*); übertreffen (*I/an*); überlegen sein (*A/D*).

rzez *Prp.* (*A*) durch (*A*); über (*A*); **~** *sen im Schlaf; samo* **~** *się von selbst; porzucony* **~** *matkę von der*

Mutter verlassen; **~** *szacunek aus Achtung*; *bleibt oft unübersetzt:* **~** *wiele lat* viele Jahre (lang); **~** *chwilę* e-n Augenblick (lang), e-e Weile; **~** *to* dadurch.

przeza|bawny urkomisch, zum Lachen; **~cny** sehr ehrenwert; durch und durch ehrenhaft, rechtschaffen.

przezbrojenie *n* Umrüstung *f*.

przeze *s.* przez; **~** *mnie* durch mich; **~ń** durch ihn.

przezier|ać (-*am*) lugen, F gucken (durch *A*), hervorschauen; **~nik** *m* (-*a*; -*i*) Schauloch *n*; Schauglas *n*; Diopter *n*, Sucher *m*; (*lusterkowy* Reflex-)Visier *n*.

przezięb|iać [-'ʒɛm-] (-*am*), ⟨*~ić*⟩ erkälten (się sich); **~ienie** *n* (-*a*) Erkältung *f*; **~iony** erkältet; **~nąć** *pf.* durchfrieren, auskühlen.

przezim|ek *m* (-*mka*; -*mki*) Jährling *m*, einjähriges Wild; **~ować** *pf.* überwintern.

przeznacz|ać (-*am*), ⟨*~yć*⟩ bestimmen, vorsehen (*na A, do G/zu, für*); *było* **~***one* es war vorherbestimmt, beschieden; **~enie** *n* Bestimmung *f*; Zweck *m*; Los *n*, Geschick *n*; Vorherbestimmung *f*; *zgodnie z* **~***eniem* zweckentsprechend; *miejsce* **~***enia* Bestimmungsort *m*.

przezorn|ość *f* (-*ści*; *0*) weise Voraussicht, Vorsorge *f*; Umsicht *f*, Vorsicht *f*; **~y** umsichtig; vorsorglich; *-nie Adv. a.* vorsichtshalber.

przezrocz|e *n*, **przeźrocz|e** *n* (-*a*; *G* -*y*) Dia(positiv) *n*; *wykład z* **~***ami* Lichtbildervortrag *m*; **~ysty** (-*ście*) durchsichtig, transparent; *Wasser:* klar.

przezw|ać *pf. s.* przezywać; **~isko** *n* (-*a*) Spitzname *m*; Schimpfname *m*.

przezwycięż|ać, ⟨*~yć*⟩ überwinden, besiegen (się sich selbst); **~nie** *n* Überwindung *f*; *nie do* **~***enia* unüberwindbar.

prze|zywać (-*am*), ⟨*~zwać*⟩ e-n Spitznamen geben; beim Spitznamen nennen; beschimpfen; **~ż-rocz-** *s.* przezrocz-; **~żerać** (-*am*), ⟨*~żreć*⟩ durchfressen.

przeżu|wacz *m* (-*a*; -*e*) Wiederkäuer *m*; **~wać** (-*am*), ⟨*~żuć*⟩ (zer-) kauen; (*nur impf.*) wiederkäuen.

przeży|cie *n* Überleben *n*; Erlebnis *n*; *na* **~***cie* auf den Erlebensfall;

bogaty w ~cia erlebnisreich; **~tek** *m (-tku; -tki)* Überbleibsel *n*, Relikt *n*; Anachronismus *m*; **~ty** überlebt; verlebt; **~wać** *(-am)*, *⟨~ć⟩* verleben; überleben *(się* sich); erleben; **~wiać** ['-ʒi-] *(-am)*, *⟨~wić⟩* ernähren, F durchfüttern *(się* sich).

przędza ['pʃ ɛn-] *f (-y; -e)* (do cerowania, dziewiarska Stopf-, Strick-) Garn *n*; Gespinst *n*; **~lnia** ['-'dzal-] *f (-i; -e)* Spinnerei *f*; **~lnictwo** *n (-a; 0)* Spinnerei *f (Industrie)*; **~rka** *f (-i; G -rek)* Spinnmaschine *f*.

przędz|enie [pʃ ɛn-] *n (-a)* Spinnen *n*; **~iwo** *n (-a)* Spinngut *n*, -stoff *m*; Gespinst *n*.

przęsło *n (-a; G -seł)* Arch. Stützweite *f*; *(Brücken-)*Öffnung *f*; *Esb. (Gleis-)*Joch *n*; *El. (Spann-)*Weite *f*.

przod|ek[1] *m (-dka; -dkowie)* Vorfahr *m*, Ahn *m*; **~ek**[2] *m (-dku; -dki) Bgb. (Abbau-)*Ort *m*; Vorderteil *m*, -gestell *n*; *Mil. (Geschütz-)*Protze *f*; **~kowy** *Bgb.*: *ściana* -wa Stoß *m*.

przodow|ać *(-uję)* (an)führen, an der Spitze sein *od.* stehen; **~nica** *f (-y; -e) s. przodownik*; *JSpr.* Leittier *m*; alte Bache; **~nictwo** *n (-a)* Führung *f*; Spitzenposition *f*; *~nictwo pracy* Aktivisten-, Bestarbeiterbewegung *f*; **~nik** *m (-a; -cy)*, **~nica** *f (-y; -e)* (An-)Führer(in *f*) *m*, Erste(r); *(pracy)* Bestarbeiter(in *f*) *m*, Aktivist(in *f*) *m*; *~nik wyścigu* Spitzenfahrer *m b. Rennen*; **~y** Vorder-, Front-; *Su. m (-ego; -i) Bgb.* Oberhauer *m*.

przod|ówka *f (-i; G -wek)* Spitze *f*, Vorausabteilung *f*; **~ujący** ['-jɔn-] führend, Spitzen-; fortschrittlich.

przód *m (-odu; -ody)* Vorderteil *m*, -seite *f*, Front *f*; Oberteil *m*; *Mar., Flgw., Kochk.* Bug *m*; *do przodu, ku przodowi* nach vorn; *na przodzie od. przedzie* vorn; an der Spitze; *z przodu* (von) vorn; *przody pl. (Schuh-)*Oberleder *n*.

przty|czek *m (-czka; -czki)* Nasenstüber *m*; **~k** *m (-a; -i) s. pstryczek*; **~kać** *(-am)*, *⟨~knąć⟩* [-nɔŋtɕ] *(-nę)* mit d. Fingern schnippen, schnalzen; klicken; **~knąć w nos** e-n Nasenstüber geben.

przy *Prp. (L)* an *(D)*, bei *(D)*; neben *(D)*; *~ czym* wobei; *~ tym* dabei; *~ ulicy Wilczej* in der Wilcza-Straße.

przybi|cie *n* Annageln *n*; *~cie do*

brzegu Anlegen *n* e-s *Schiffes*; *z ~ciem ręki* mit Handschlag; **~ć** *pf. s. przybijać*.

przybie|gać, *⟨~c⟩* herbeieilen, -laufen, -rennen, angelaufen kommen; **~gunowy** polar, Polar-; **~rać** *(-am)*, *⟨przybrać⟩* *v/t* annehmen; *Mienę* aufsetzen; *Weihnachtsbaum* schmücken; *v/i* Mond, Frost, *an Gewicht*: zunehmen; *vgl. przybywać*.

przybi|jać *(-am)*, *⟨~ć⟩* *v/t* annageln; *Stempel* aufdrücken; *v/i* den Zuschlag erteilen, zuschlagen *(auf Auktionen)*; *~(ja)ć do brzegu* (am Ufer) anlegen; *~(ja)ć targu* ein Geschäft mit Handschlag besiegeln; **~tka** *f* Ladepropfen *m*; *(Auktions-)*Zuschlag *m*; *fig.* niedergeschlagen, angeschlagen; *fig.* niedergeschlagen.

przybl|adnąć, **~ednąć** *pf.* etwas blaß werden; *Farbe*: etwas verblassen.

przybliż|ać *(-am)*, *⟨~yć⟩ (-ę)* näher (heran)bringen, nähern; **~ać** *⟨~yć⟩* *się* näher kommen, sich nähern *(do G/D)*; (heran)nahen *(-a)*; **~enie** *n (-a)* Annäherung *f*; *w ~eniu* annähernd; *~enie się* Nahen *n*; **~ony** sehr nahe; annähernd.

przy|błąkać się *pf. Hund usw.*: zulaufen *(do G/D)*; **~błęda** ['-bwen-] *f/m (-y; G -/-ów)* Landstreicher *m*, Vagabund *m*; verirrtes *(od.* streunendes) Tier *(mst* Hund, Katze); **~boczny** Leib-, persönlich; **~bojowy** Brandungs-; **~bornik** *m (-a; -i)* Reißzeug *n*; **~bój** *m* Brandung *f*; **~bór** *m (Wasser-)*Anstieg *m*; *~bory od.* Gerät(e *pl.*) *n*, Utensilien *f/pl.*; Zubehör *n*; *(Toiletten-)*Artikel *m/pl.*; *~bory do golenia, do szycia* Rasier-, Nähzeug *n*; **~brać** *pf. s. przybierać*; **~branie** *n (-a)* Annahme *f*; Zunahme *f*, Anstieg *m*; *(Aus-)*Putzen *n*; Garnieren *n; konkr.* Putz *m*, Verzierung *f*; Garnierung *f*; **~brany** verziert; garniert *(I/mit)*; *dziecko -ne* Adoptivkind *n*; *nazwisko -ne* Künstler- *od.* Deckname *m*, Pseudonym *n*; *ojczyzna -na* Wahlheimat *f*; *rodzice -ni* Pflegeeltern *pl.*; **~brudzić** *pf. (-am)* anschmutzen *(się v/i)*; **~brzeżny** Küsten-, Ufer-; **~brukać** *pf. (-am)* anschmutzen *(się v/i)*.

przybud|ow(yw)ać *(-[w]uję)* anbauen; **~ówka** *f (-i; G -wek)* Anbau *m*, Nebengebäude *n*.

przyby|cie [-'bɨ-] *n* (*-a*) Ankunft *f*, Eintreffen *n*; Zunahme *f*, (*Wert-*) Zuwachs *m*; **~ć** *pf. s.* przybywać; **~ły** angekommen, eingetroffen; *Su. m* (*-ego; -i*) = **~sz** *m* (*-a; -e*) Ankömmling *m*; **~tek** *m* (*-tku; -tki*) Zunahme *f*, Zuwachs *m*; Tempel *m* der Kunst, der Musen usw.; **~(wa)ć** ankommen, eintreffen; (*mst 3. Pers. + G*) *Mond:* zunehmen; *Wasser:* steigen; **~ło mi dwa kilo** ich habe um zwei Kilo zugenommen; **~ło mu lat** er ist älter geworden; **~ło mi kłopotów** ich habe jetzt mehr Sorgen.

przycho|dni Zugeh-; *Arbeiter:* auswärtig; **~dnia** [-'xɔd-] *f* (*-i; -e, -i*) (*Krankenhaus-*)Ambulanz *f*, Ambulatorium *n*; Beratungsstelle *f*; **~dowy** Einnahme-, Empfangs-; **~dzić,** ⟨*przyjść*⟩ (*L. -jść*) kommen (*a. fig. do siebie, na myśl* zu sich, in den Sinn); **~dzić po** (*A*) abholen (*A*); **~dzić z trudem** schwerfallen; **przyjść do zdrowia** (wieder) gesund werden; **~dzień** *m* (Neu-)Ankömmling *m*.

przychó|d *m* Einnahme(n *pl.*) *f*; Eingänge *m/pl.*, eingehende Gelder *od.* Waren; Ertrag *m*, Gewinn *m*; **~w** *m*, **~wek** *m* (*-wku; -wki*) *Agr.* Jungtiere *n/pl.*, -vieh *n*; *fig.* Nachwuchs *m*.

przychwy|tywać (*-uję*), ⟨**~cić**⟩ schnappen; ertappen (*się* sich; *na* L/bei).

przychyl|ać (*-am*), ⟨**~ić**⟩ (hin)neigen (*się* sich); *fig.* **~ić się** (*do G*) gewähren (*A*), entsprechen (*D*); *e-r Meinung* zustimmen; **~ność** *f* (*-ści; 0*) Wohlwollen *n*, Gewogenheit *f*; **~ny** wohlwollend, gewogen; *Bescheid usw.:* günstig.

przy|ciasny F knapp, ein bißchen (zu) eng; **~ciąć** *pf. s.* przycinać.

przyciąg|ać (*-am*), ⟨**~nąć**⟩ heran-, hinzuziehen; *Phys., fig.* anziehen (*się* sich); **~ający** [-'jɔn-] (*-co*) anziehend; **~anie** *n* (*-a; 0*) (*ziemskie* Erd-)Anziehung *f*.

przycich|ać (*-am*), ⟨**~nąć**⟩ (allmählich) still(er) werden, sich beruhigen.

przyciemni|ać [-'tɕem-] (*-am*), ⟨**~ć**⟩ (*-ę*) ab-, verdunkeln; *Haar* dunkler tönen.

przy|cierać (*-am*), ⟨**~trzeć**⟩ abreiben, -scheuern; **~ciężki** F ein

bißchen (*od.* ganz schön) schwer; **~cinać** (*-am*), ⟨**~ciąć**⟩ *v/t* zuschneiden; *Haare* stutzen; *Äste* beschneiden; *Finger* einklemmen; *v/i fig.* (*D*) sticheln (gegen *A*); **~ciąć usta** (hochmütig) die Lippen schürzen; **~cinek** *m* (*-nka; -nki*) Stichelei *f*, spitze Bemerkung.

przycis|k *m* (*-u; -i*) Briefbeschwerer *m*; Ton *m*, Akzent *m*; Betonung *f*, Nachdruck *m*; *Tech.* Druckknopf *m*, -taste *f*; **~kać,** ⟨**~nąć**⟩ drücken; *Finger* einklemmen; F *fig.* Druck ausüben (*A/auf A*); **~kowy** Druck-.

przycisz|ać (*-am*), ⟨**~yć**⟩ (*-ę*) *Stimme* senken, dämpfen; *Radio* leiser stellen; **~ony** gedämpft, leise.

przycupnąć F *pf.* sich hocken, kauern.

przycza|jać się (*-am*), ⟨**~ić się**⟩ sich verbergen, verstecken, F sich mucksmäuschenstill verhalten; *s. czaić się;* **~jony** lauernd, auf der Lauer liegend; versteckt.

przyczep *m* (*-u; -y*) Befestigung *f*, Anhängung *f*; *Bio.* Ansatz(stelle *f*) *m*; **~a** *f* (*-y*) (*-cysterna, kempingowa, -wywrotka* Tank-, Wohn-, Kipp-)Anhänger *m*; **~i(a)ć** [-'tʃe-] anhängen, -koppeln; anheften, befestigen; **~i(a)ć się** (*do G*) sich heften (an *A*); haften (an *D*); F sich aufdrängen (*do* czepiać się; **~ka** *f* (*-i; G -pek*) (*Motorrad-*)Bei-, Seitenwagen *m*; F *fig. s.* zaczepka; **na ~kę** noch dazu, außerdem; **~ność** *f* (*-ści; 0*) Haftvermögen *n*; Haftung *f*, Adhäsion *f*; **~ny** anhängbar, Anhänge-; (an)haftend.

przycze|rniać [-'tʃer-] (*-am*) *s.* czernić; **~sywać** (*-uję*), ⟨**~sać**⟩ (glatt)kämmen (*się* sich).

przy|czołgać się *pf.* herankriechen, angekrochen kommen; **~czółek** *m* (*-łka; -łki*) (*Brücken-*)Widerlager *n*; *Mil.* Brückenkopf *m*.

przyczyn|a *f* (*-y*) Ursache *f*, Grund *m*; *z ~y* (*G*) wegen, infolge; *z jakiej ~y* aus welchem Anlaß *od.* Grund; **~ek** *m* (*-nku; -nki*) Beitrag *m*; **~iać** [-'tʃi-] (*-am*), ⟨**~ić**⟩ *Kosten, Schaden* verursachen; *Kummer* bereiten; **~i(a)ć się** (*do G*) beitragen (zu); **~ienie** *n* (*-a; 0*) Mitwirkung *f*, Beitrag *m* (*do G/*zu); **~owy** kausal, ursächlich.

przyćmi|ewać (*-am*), ⟨**~ć**⟩ *Licht* dämpfen, abschwächen; *Gedächt-*

nis trüben; *fig.* in den Schatten stellen, überstrahlen; ⟋*ony Licht:* gedämpft; abgeblendet.

przyda|ć *pf. s.* przydawać; ⟋**rzać się** (*-am*), ⟋*rzyć się*⟩ passieren, zustoßen (*D*); ⟋**tek** *m* Zusatz *m*; Anhängsel *n*; ⟋**tność** *f* (*-ści; 0*) Brauchbarkeit *f*, Verwendbarkeit *f*; *próba* ⟋*tności* Eignungsprüfung *f*; ⟋**tny** brauchbar, tauglich, geeignet (*do G/*zu); ⟋**(wa)ć** *s.* doda(wa)ć; *fig. Würde usw.* verleihen, geben; ⟋**(wa)ć się** (*do G, na A*) brauchbar sein (für *A*), (ge)brauchen (für *A*, zu), zu verwenden sein (bei); ⟋*i by mi się* (*bardzo*) ... *ich könnte* ... (dringend) *gebrauchen;* ... *na nic się nie ⟋ ... nützt gar nichts od.* führt zu nichts; ⟋**wka** *f Gr.* Attribut *n;* ⟋**wkowy** attributiv.

przydech *m* (*-u; -y*) *Ling.* Behauchung *f;* ⟋**owy** *Gr.* Hauch-.

przy|denny (*Meeres-*)Grund-; ⟋**deptywać** (*-uję*), ⟨⟋*deptać*⟩ treten (*A/*auf *A*); niedertreten; ⟋**długi** *F* etwas (zu) lang; ⟋**domek** *m* Beiname *m;* ⟋**domowy** zum Haus gehörig, an das Haus angrenzend.

przydroż|e *n* (*-a*) Weg-, Straßenrand *m;* ⟋**ny** am Wege (*od.* am Straßenrand) gelegen; *gospoda* ⟋*na* ein Gasthaus direkt an der Straße, Rasthaus *n.*

przydu|cha *f* (*-y; 0*) Sauerstoffmangel *m* im Wasser; ⟋**szać** (*-am*), ⟨⟋*sić*⟩ (*A*) drücken (auf *A*), liegen (auf *D*); mit s-m Gewicht niederdrücken *od.* zerquetschen; *Feuer* ersticken; *F fig.* erpressen; ⟋**ży** *F* etwas (zu) groß.

przy|dworcowy Bahnhofs-; ⟋**dybać** *F pf.* ertappen (*na L/* bei); ⟋**dział** *m* Zuteilung *f,* Zuweisung *f;* Kontingent *n;* Ration *f;* ⟋**dzielać** (*-am*), ⟨⟋*dzielić*⟩ zuteilen (*do G/D*), zuweisen; anweisen, bewilligen; ⟋**fabryczny** Betriebs-, Werks-; ⟋**fastrygować** *pf.* anheften; ⟋**frontowy** frontnah.

przygad|uszki *F f/pl.* (*-szek*) Sticheleien *f/pl.;* ⟋**ywać** *F* (*-uję*), ⟨⟋*ać*⟩ (*D*) hänseln (*A*), sich mokieren (über *A*); sticheln (gegen *A*); ⟋*ać sobie dziewczynę* sich ein Mädchen anlachen.

przygan|ia *f* (*-y*) Tadel *m;* ⟋**ia(ć**[1] tadeln, rügen (*D/A*); ⟋**iać**[2], ⟨*przygnać*⟩ hertreiben.

przygar|bić *pf.* beugen, krümmen (*się* sich); ⟋**biony** gebeugt; ⟋**niać** [-'gar-] (*-am*), ⟨⟋*nąć*⟩ an sich drücken/ziehen, in die Arme schließen; *fig.* (bei sich) aufnehmen, Zuflucht gewähren; ⟋*nąć się* sich schmiegen (*do G/*an *A*).

przyga|sać (*-am*), ⟨⟋*snąć*⟩ (allmählich) (v)erlöschen, verglimmen; *fig. pf. a.* den Kopf hängen lassen; ⟋**sły** *Blick:* trübe, getrübt; ⟋**szać** (*-am*), ⟨⟋*sić*⟩ *Licht, Eifer* dämpfen; *Feuer* ersticken; *fig. a.* trüben.

przy|ginać (*-am*), ⟨⟋*giąć*⟩ (nieder)beugen; ⟋**glądać się** [-'glon-] (*-am*), ⟨⟋*jrzeć się*⟩ (*-ę, -rzyj!*) betrachten, sich ansehen (*D/A*); ⟋**gładzać** (*-am*), ⟨⟋*gładzić*⟩ glätten, glattstreichen.

przygłu|chy schwerhörig; ⟋**szać** (*-am*), ⟨⟋*szyć*⟩ *Ton* dämpfen; *Pflanzen:* überwuchern, ersticken.

przygnać *pf. s.* przyganiać[2].

przygnęb|iać [-'gnem-] (*-am*), ⟨⟋*ić*⟩ deprimieren, bedrücken; ⟋**iający** [-'jon-] (*-co*) deprimierend, bedrückend; ⟋**ienie** [-'bɛ-] *n* (*-a; 0*) Niedergeschlagenheit *f,* Bedrücktheit *f,* Trübsinn *m;* ⟋**iony** niedergeschlagen, deprimiert; trübsinnig.

przygni|atać (*-am*), ⟨⟋*eść*⟩ ['pʂi-] *mit s-m Gewicht* niederdrücken, zu Boden pressen; ab-, zerquetschen; *Sorgen:* drücken; ⟋**atający** [-'jon-] (*-co*) *Mehrheit usw.:* erdrückend.

przygod|a *f* (*-y; G -gód*) Abenteuer *n;* ⟋*a miłosna a.* Liebesaffäre *f;* *pełen przygód* abenteuerlich; ⟋**ny** Zufalls-, Gelegenheits-, (*a. Adv. -nie*) zufällig, gelegentlich; *myśliwy* ⟋*ny* Sonntagsjäger *m;* ⟋**owy** Abenteuer-.

przygo|dzić się *pf.* passieren (*v/i*); ⟋**nić** *pf. s.* przyganiać[2].

przygotow|anie *n* (*-a*) Vorbereitung *f;* Bereitstellung *f;* (Zu-)Bereitung *f; Agr., Chem.* Aufbereitung *f;* ⟋**any** vorbereitet; bereit(gestellt); zubereitet; ⟋*any do rejsu Mar.* seeklar; ⟋**awczy** Vorbereitungs-; ⟋**ywać** (*-uję*), ⟨⟋*ać*⟩ (vor)bereiten (*się* sich; *do G/*auf *A,* zu); bereitstellen; zubereiten; *Agr., Chem.* aufbereiten.

przy|graniczny Grenz-, grenznah; ⟋**gruby** *F* etwas (zu) dick; dicklich.

przygry|wać (*-am*) *Musik:* aufspielen; begleiten (D/A); **~wka** f (-i; G -wek) Vorspiel n (a. fig.); **~zać** (-am), ⟨~źć⟩ v/t (an)beißen; **~zać sobie wargi** sich auf die Lippen beißen; v/i j-m hart zusetzen.

przygrz|ewać (-am), ⟨~ać⟩ v/t aufwärmen; v/i Sonne: wärmen, scheinen.

przygw|aźdżać (-am), ⟨~oździć⟩ ⟨-źdże⟩ fig. festnageln.

przyhamow(yw)ać (-[w]uję) (ab-) bremsen; hemmen.

przyim|ek [-'imɛk] m (-mka; -mki) Präposition f; **~kowy** präpositional.

przyja|ciel [-'ja-] m (-a; -e, -ciół, D -ciołom, I -ciółmi, L -ciołach) Freund m; F **~ciel od kieliszka** Saufkumpan m; **~cielski** (-ko, po -ku) freundschaftlich, Freundschafts-; **~ciółka** f (-i; G -łek) Freundin f.

przyjazd m (-u; -y) Ankunft f, Eintreffen n; **~owy** Ankunfts-.

przyja|zny (-źnie) wohlwollend, freundlich; günstig; **znić się** (-ę, a. -nij!) befreundet sein, Freundschaft pflegen (z I/mit); nur pf. ⟨za-⟩ sich befreunden (z I/mit); **~źń** f (-źni; -źnie) Freundschaft f.

przy|jąć pf. s. przyjmować; **~jechać** pf. s. przyjeżdżać.

przyjemność f (-ści) Freude f, Vergnügen n, Genuß m; z kim mam ~? mit wem habe ich das Vergnügen?

przyje|mny angenehm; behaglich, gemütlich; wohltuend; **~mny w smaku** wohlschmeckend; **~zdny** Reise-, Wander-; Besucher-; Su. m (-ego; -i) Reisende(r), Besucher m; Fremde(r); **~żdżać** (-am), ⟨~chać⟩ ankommen, eintreffen.

przyj|ęcie [-'jɛn-] n (-a) Annahme f; Empfang m; Aufnahme f; Tech., Arch. Abnahme f; nie do **~ęcia** unannehmbar; **~mować** (-uję), ⟨~ąć⟩ (-jmę) annehmen; entgegennehmen; Nahrung zu sich nehmen; Arznei einnehmen; Bau, Parade abnehmen; Gäste, Sakramente empfangen; j-n aufnehmen; Pflicht übernehmen; **~ąć się** (sich) einwurzeln; fig. sich einbürgern; **~rzeć się** pf. s. przyglądać się.

przyjście ['pjɕ-] n (-ścia) Ankunft f, Kommen n; **~ do zdrowia** Genesung f; **~ na świat** Geburt f; s. dojście.

przyjść pf. s. przychodzić.

przykaz|anie n (-a) Gebot n; dzie-

sięcioro **~ań** die zehn Gebote; **~y-wać** (-uję), ⟨~ać⟩ gebieten, befehlen.

przyklas|kiwać (-uję), ⟨~nąć⟩ Beifall klatschen od. zollen; fig. (D) a. Lob spenden (D), in den höchsten Tönen loben (A); (nur impf.) Publikum: mitklatschen.

przykle|jać (-am), ⟨~ić⟩ ankleben, -leimen; s. przylepiać.

przyklęk|ać, **~iwać** (-uję), ⟨~nąć⟩ (nieder)knien.

przykład m (-u; -y) Beispiel n (G/ an); Muster(beispiel) n; na ~ zum Beispiel; iść za ~em (G) sich richten (nach), dem Beispiel (G) folgen; ukarać dla ~u exemplarisch bestrafen; świecić ~em ein Beispiel sein (für A); **~ać** (-am), ⟨przyłożyć⟩ anlegen (do G/an A); Pflaster auflegen; **~ać wagę** Gewicht legen (do G/auf A); **~ać się** (do G) sich ins Zeug legen (bei); przyłożyć się beitragen (do G/zu); **~nica** f (-y; -e) Reißschiene f; fig. beispielhaft, mustergültig; **~owy** durch Beispiel(e) erläutert; exemplarisch.

przyko|p m Graben m; **~palniany** Gruben-, Zechen-; **~ścielny** Kirchen-.

przykr|acać (-am), ⟨~ócić⟩ (-cę) kürzen; fig. im Zaum halten, zügeln; **~awacz** m (-a; -e) Zuschneider m; **~awać** (-am), ⟨~oić⟩ zuschneiden; **~ęcać** (-am), ⟨~ęcić⟩ an-, festschrauben; Hahn zudrehen; fig. **~ęcać śrubę** ein strenges Regiment (ein)führen.

przykro Adv. (Komp. -rzej) unangenehm; być ~ leid tun; ~ mi (bardzo) es tut mir (sehr) leid; zrobiło mi się ~ ich wurde peinlich berührt (z powodu G/von D); **~ić pf. s.** przykrajać; **~stka** f (-i; G -tek) kleine Unannehmlichkeit, Ärger m; **~ść** f (-ści) Unannehmlichkeit f, Ärger m, Verdruß m; Leid n, Kummer m; z **~ścią** leider, zu j-s Leidwesen.

przykró|cić pf. s. przykracać; **~tki** (-ko) etwas (zu) kurz.

przykry unangenehm, leidig, ärgerlich; Lage a.: peinlich; mißlich; Mensch a.: schwierig; lästig.

przykry|cie [-'kri-] n (-a) Ab-, Bedeckung f; Decke f; **~wa** f (-y) Abdeckplatte f; Deckel m; **~wać** (-am), ⟨~ć⟩ ab-, bedecken, zudekken (się sich; *I*/mit); **~wka** *f* (-*i; G* -*wek*) Deckel *m*; Kappe *f*.

przykrzyć się ⟨s-⟩ ⟨-ę⟩ (*D*) langweilen (*A*), lästig werden/sein (*D*); (za *I*, bez *G*) vermissen (*A*), Sehnsucht haben (nach); *sprzykrzyło mi się* (*Inf. od. VSbst.*) ich bin (*G*) überdrüssig (geworden).

przyku|cać, ⟨~cnąć⟩ (sich hin-) kauern; **~pywać** (-*uję*), ⟨~pić⟩ dazukaufen; **~rcz** *m* (-*u; -e*) *Med.* Kontraktur *f*; **~wać** (-*am*), ⟨~ć⟩ anschmieden; *fig. Blick usw.*: fesseln; **~ty do łóżka** ans Bett gefesselt.

przyla|sek *m* Wäldchen *n*, Gehölz *n*; **~szczka** *f* (-*i; G* -*czek*) Leberblümchen *n*; **~tywać** (-*uję*), ⟨*przylecieć*⟩ heran-, herbeifliegen, angeflogen kommen; *Flgw.* ankommen; F *fig.* herbeieilen.

przylądek [-'lɔn-] *m* (-*dka; -dki*) Landzunge *f*, -spitze *f*, Kap *n*.

przyle|cieć *pf. s. przylatywać*; **~gać** (-*am*) (do *G*) haften (an *D*), (fest) anliegen (an *D*); *Kleid a.*: sich anschmiegen; angrenzen (an *D*); **~gać do siebie** aneinanderhaften; aneinandergrenzen, -stoßen; **~gający** [-'jɔn-] (eng)anliegend; angrenzend, anstoßend; **~głość** *f* (-*ści*) Nebengebäude *n*, Dependance *f*; dazugehöriges Land (*zu e-m Haus*); **~gły** angrenzend, benachbart; *Math.* Neben-.

przylep|iać [-'lɛ-] (-*am*), ⟨~ić⟩ ankleben, anleimen; **~i(a)ć się** (fest-) kleben, haften (do *G*/an *D*); **~iec** [-'lɛ-] *m* (-*pca; -pce*) Heftpflaster *n*, **~ka** *f* (-*i; G* -*pek*) Brotkanten *m*, Ränftchen *n*; F *fig.* Schmuser *m*, Schmeichelkätzchen (*n*); **~ność** *f* (-*ści; 0*) Haftvermögen *n*, Klebkraft *f*.

przy|leźć *pf. s. przyłazić*; **~lga** *f* (-*i; G* -) Falz *m*; Dicht(ungs)-, Sitzfläche *f*; *Zo.* Saugnapf *m*; **~listek** *m Bot.* Nebenblatt *n*; **~lizać** F *pf. Haar* glatt kämmen od. bürsten; **~lot** *m Vögel, Flgw.:* Ankunft *f*; **~lutow(yw)ać** (-[*w*]*uję*) anlöten.

przyła|pywać (-*uję*), ⟨~pać⟩ ertappen (się bei), erwischen (*na L*/bei); **~tać** *pf.* anflicken; **~zić**, ⟨*przyleźć*⟩ angekrochen kommen.

przyłącz|ać (-*am*), ⟨~yć⟩ anfügen; anschließen (się sich); **~ać się** *a.* sich gesellen (do *G*/D zu); **~e** *n* (-*a*) Anschluß(stück *n*, -ende *n*) *m*;

Rohrstutzen *m*, -ansatz(stück *n*) *m*; **~enie** *n* (-*a*) Anschluß *m*; *Chem.* Anlagerung *f*, Addition *f*.

przyłbic|a *f* (-*y; -e*) Helmgitter *n*, Visier *n*; *Tech.* (*Schweißer*-)Schutzhelm *m*; *odsłonić* **~ę** *od.* **~y** mit offenem Visier kämpfen.

przyłożyć *pf. s. przykładać.*

przymar|szczać (-*am*), ⟨~szczyć⟩ einreihen, in Fältchen legen; *s. marszczyć;* **~zać** [-r·z-] (-*am*), ⟨~znąć⟩ an-, festfrieren (do *G*/an *D*).

przymawiać ⟨*przymówić*⟩ *s. przygadywać;* **~ się** (o *A*) zu verstehen geben, (daß ...).

przymgl|enie *n* (-*a*) leichter Nebel; **~enie świadomości** Bewußtseinstrübung *f;* **~ony** diesig, leicht neblig; getrübt; *Augen:* verschleiert.

przymiar ['pʃi-] *m* (-*u; -y*) *Tech.* Maßstab *m;* **~ka** *f* Anprobe *f.*

przymie|rać (-*am*) halbtot sein (z *G*/vor); **~rać głodem** Hunger leiden; **~rzać**, ⟨~rzyć⟩ anpassen; *Anzug* anprobieren; **~rze** *n* (-*a*) Bündnis *n*, Allianz *f;* **~szać** *pf.* beimischen (do *G*/D); **~szka** *n* (-*i; G* -*szek*) Beimischung *f.*

przymil|ać się (-*am*) (do *G*) zu gefallen suchen (*D*), umschmeicheln (*A*); F (*herum*)scharwenzeln; anhimmeln (*A*), F poussieren (mit); **~ny** einnehmend, gewinnend.

przymiot ['pʃi-] *m* Eigenschaft *f*, Merkmal *n;* **~y** *pl. a.* Qualitäten *f/pl.;* **~nik** *m* (-*a; -i*) Adjektiv *n;* **~nikowy** (-*wo*) adjektivisch.

przy|mizgi F *m/pl.* (-*ów*) *s. umizgi;* **~mknąć** *pf. s. przymykać;* **~mocow(yw)ać** (-[*w*]*uję*) befestigen; **~moczka** *f* (-*i; G* -*czek*) feuchter Umschlag; **~morski** Küsten-, See-; **~mówić** *pf. s. przymawiać;* **~mówka** *f* (-*i; G* -*wek*) Stichelei *f*, Seitenhieb *m;* Wink *m*, Andeutung *f;* **~mrozek** *m* (-*zka; -zki*) (leichter) Nachtfrost.

przymruż|ać (-*am*), ⟨~yć⟩ *Augen* zusammenkneifen; **~yć oko** zublinzeln, zuzwinkern (do *G*/D). [bau *m*.|

przymurówka *f* (-*i; G* -*wek*) An-|

przymus *m* (-*u; -y*) Zwang *m;* Druck *m* (*fig.*); *Jur.* Nötigung *f;* **~ić** *pf. s. przymuszać;* **~owość** *f* (-*ści; 0*) Zwang *m;* **~owy** (-*wo*) Zwangs-; *Tech.* zwangsläufig; *Flgw.* Not-.

przymusz|ać (-*am*), ⟨*przymusić*⟩

(-szę) zwingen (do G/zu; się sich); nötigen; ~ony gezwungen.

przy|mykać (-am), ⟨~mknąć⟩ halb schließen; Tür anlehnen; F j-n einsperren, dingfest machen; ~mykać oczy (na A) ein Auge zudrücken (bei); V ~mknij się! halt die Klappe!

przynagl|ać (-am), ⟨~ić⟩ drängen, zur Eile antreiben.

przynajmniej wenigstens.

przynależność f Zugehörigkeit f; ~ć państwowa Staatsangehörigkeit f; bez ~ci państwowej staatenlos.

przynę|cać [-'nen-] (-am) s. nęcić; ~ta f (-y) Köder m; fig. Lockmittel n; Verlockung f.

przy|nosić, ⟨~nieść⟩ (ze sobą mit)bringen; fig. a. mit sich bringen; ~obiec(yw)ać versprechen.

przyodzi|ewać (-am), ⟨~ać⟩ (an)kleiden (się sich) anziehen; ~ewek m (-wku; -wki) dial. Kleidung f.

przyozd|abiać, ⟨~obić⟩ s. ozdabiać.

przypa|dać, ⟨~ść⟩ sich werfen (do ziemi auf den Boden); Ehre, Pflicht; j-m zufallen; ~ść do serca od. gustu j-m gefallen; ~ść w udziale zuteil werden.

przypad|ek m (-dku; -dki) Zufall m; Fall m (-dka Gr.); Zwischenfall m; Gr. a. Kasus m; (nie) ~kiem od. przez ~ek (nicht) zufällig; ~kowo Adv. zufällig(erweise); ~kowy zufällig, Zufalls-; Gr. Kasus-; ~łość f (-ści) Unpäßlichkeit f.

przypal|ać (-am), ⟨~ić⟩ ansengen; Essen anbrennen lassen; Zigarette anzünden; ~ić się anbrennen (v/i).

przypa|rty s. przypierać; ~sywać (-uję), ⟨~sać⟩ (-szę) Schürze umbinden; s. przypinać; ~trywać się (-uję), ⟨~trzyć się⟩ (D) betrachten (A); (sich) anschauen, ansehen (A); zusehen, zuschauen (D, bei).

przypełz|ać, ⟨~nąć⟩ angekrochen kommen; Stoff: etwas verschießen.

przypędz|ać (-am), ⟨~ić⟩ v/t herantreiben, herbeitreiben; v/i herbeieilen, angerannt kommen.

przypi|ąć pf. s. przypinać; ~ć pf. s. przypijać.

przypie|c pf. s. przypiekać; ~cek m (-cka; -cki) Ofenbank f; ~czętow(yw)ać (-[w]uję) abstempeln; fig. besiegeln; ~kać (-am), ⟨~c⟩ ['pɕi-] v/t rösten; grillen; v/i Sonne: brennen; fig. s. dopiekać; ~rać (-am), ⟨przyprzeć⟩ (an)drücken (do

G/an A); fig. ~rać do muru in die Enge treiben.

przypi|(ja)ć zutrinken, zuprosten (do G/D; do siebie einander); ~nować pf. achtgeben, aufpassen (G/ auf A); ~nać (-am), ⟨przypiąć⟩ [-pǫtę] (-pnę) anheften, anstecken; anschnallen (się sich); festschnallen.

przypis m (-u; -y): mst pl. ~y Kommentar m, Anmerkungen f/pl., Erläuterungen f/pl.; ~ek m (-sku/-ska; -ski) s. przypis; Postskript(um) n; ~(yw)ać (da-, hin)zuschreiben; fig. Eigenschaft zuschreiben, nachsagen; Schuld a. geben. [(I/mit).]

przypłac|ać (-am), ⟨~ić⟩ bezahlen

przypły|nąć pf. s. przypływać; ~w m (-u; -y) Flut f; Zufluß m, Zustrom m; (Blut-)Andrang m; fig. Anwandlung f; ~w i odpływ a. Gezeiten pl.; ~wać, ⟨~nąć⟩ heranschwimmen; Schiff, Boot: ankommen; ~wowy Flut-, Gezeiten-.

przypo|chlebi|ać się sich einschmeicheln (D/bei); ~dobać się pf. (D) gefallen, j-s Gunst erlangen.

przypom|inać, ⟨~nieć⟩ [-'pom-; -nę, -mij!] erinnern (k-u, sobie A/j-n, sich an A); on mi ~ina brata er erinnert mich an meinen Bruder; ~inać ⟨~nieć⟩ się (k-u A) wieder einfallen (j-m A); sich in Erinnerung bringen (D/bei); ~ina mi się (A) ich erinnere mich (G od. an A); ~nienie n (-a) Erinnerung f; Mahnung f.

przypo|n m (-u; -y) (Angel-)Vorfach n; ~ra f (-y; G -ór) Arch. Strebepfeiler m; Tech. Widerlager n; ~wiastka f Anekdote f, a. = ~wieść f Parabel f.

przypra|wa f (-y) Zutat f, Würze f; ~wiać [-'pra-] (-am), ⟨~wić⟩ anmachen, -setzen, -fügen; Kochk. anmachen, würzen (I/mit); j-n bringen (o A/um A); ~wiać o mdłości Übelkeit erregen (A/bei).

przypro|stokątna [-'kǫt-] f (-ej; -e) Math. Kathete f; ~wadzać (-am), ⟨~wadzić⟩ Person, Tier mitbringen; s. doprowadzać.

przyprósz|ać (-am), ⟨~yć⟩ Schnee, Staub: bedecken, überziehen (I/ mit); ~ony siwizną graumeliert.

przy|przeć pf. s. przypierać; ~przęgać** [-'pɕeŋg-] (-am), ⟨~przą⟩ [-pɕonts] (L. -przą̌c) Pferd vorspannen; **~pudrow(yw)ać** (-[w]uję) (leicht) pudern.

przypuszcz|ać, ⟨przypuścić⟩ näher kommen lassen; zulassen, Zutritt gewähren; *Tier* decken lassen (von); *fig.* vermuten, annehmen; *s.* szturm; **~ający** [-'jɔn-] *Gr.* Bedingungs-, Konditional-; **~alny** vermutlich; voraussichtlich; **~enie** n (-a) Vermutung f, Annahme f.

przy|puścić pf. s. przypuszczać; **~ranny** *Med.* Wund-; **~rastać** (-am), ⟨~rosnąć, -róść⟩ (zu)wachsen, sich vermehren; anwachsen (do G/an A).

przyrod|a f (-y; 0) Natur f; Naturkunde f; **~ni** Halb-, Stief-; **~niczy** Natur-, naturwissenschaftlich; **~nik** m (-a; -cy) Naturforscher m, ~wissenschaftler m.

przyrodo|lecznictwo n Naturheilkunde f; **~znawstwo** n (-a; 0) Naturwissenschaften f/pl.

przyro|dzenie P n (-a; 0) Scham-, Geschlechtsteile m/pl.; **~dzony** angeboren, natürlich; **~snąć** pf. s. przyrastać; **~st** m (-u; -y) Zuwachs m, Anwachsen n, Zunahme f; **~st** naturalny Geburtenüberschuß m; **~stek** m (-stka; -stki) *Gr.* Suffix n.

przy|róść pf. s. przyrastać; **~równywać** (-uję), ⟨~równać⟩ vergleichen (do G/mit); *Math.* angleichen.

przyrzą|d m (-u; -y) (do badania, pomiarowy, ostrzegawczy Prüf-, Meß-, Warn-)Gerät n, Instrument n, Apparat m; Vorrichtung f; **~dowy** Instrumenten-; *gimnastyka* **~wa** Gerät(e)turnen n; **~dzać** (-am), ⟨~dzić⟩ (zu)bereiten.

przyrze|czenie n (-a) Versprechen n, Verspechung f; **~kać** (-am), ⟨~c⟩ versprechen, zusichern.

przysa|dka f (-i; G -dek): *Anat.* **~dka** mózgowa Hirnanhangdrüse f; **~dkowy** *Anat.* Hypophysen-; **~dzisty** untersetzt, gedrungen.

przysądz|ać (-am), ⟨~ić⟩ *Jur.* zusprechen, zuerkennen.

przyschn|ąć pf. s. przysychać; **~ięty** [-'sxnɛn-] angetrocknet.

przysiad ['pʃi-] m Kniebeuge f; Hocke f, Hockstellung f.

przysiadać, ⟨przysiąść⟩ sich setzen; sich niederhocken, in die Hocke gehen; **~** sich dazusetzen (do G/zu); F *Anhalter:* mitgenommen werden, mitkommen.

przysią|c pf. s. przysięgać; **~ść** pf. s. przysiadać.

przysiedzieć pf.: **~** fałdów sich tüchtig auf die Hosen setzen.

przysięg|a [-'sɛŋga] f (-i; G -siąg) (na wierność Treue-)Schwur m, (wojskowa Fahnen-)Eid m; pod **~ą** unter Eid; **~ać** (-am), ⟨~nąć, przysiąc⟩ ['pʃiɔnts] (-nę, L. -siąc) schwören (na A/bei); (F a. się) beschwören (że/daß); **~ły** be-, vereidigt; eingeschworen; *Su.* m (-lego; -li) Geschworene(r); s. sąd.

przysk|akiwać (-uję), ⟨~oczyć⟩ springen (do G/an A, zu); *fig.* (sobie do oczu aufeinander, do k-o auf j-n) losgehen; **~rzynić** P pf. (-ę) einklemmen; j-n einsperren, einbuchten.

przysł|ać pf. s. przysyłać; **~aniać** [-'swa-] (-am), ⟨~onić⟩ (-ę) ab-, verdecken (się sich); abschirmen; *Fot.* abblenden; **~ona** f (-y) *Fot.* Blende f; **~oneczny** sonnennächste(r); **~onić** pf. s. przysłaniać; **~owie** [-'swɔ-] n (-a; G -słów) Sprichwort n; wejść w **~owie** sprichwörtlich werden; **~owiowy** (-wo) sprichwörtlich; **~ówek** m (-wka; -wki) Adverb n; **~ówkowy** (-wo) adverbial.

przysłu|chiwać się (-uję) zuhören; sich anhören (D/A); **~ga** f (-i) Gefälligkeit f, Dienst m; **~giwać** zustehen, gebühren; **~guje** mu ... er hat ein Recht auf ...; **~żyć się** pf. e-n Dienst erweisen.

przysma|k m Leckerbissen m, Delikatesse f; **~lać** (-am), ⟨~lić⟩ ansengen; **~żać** (-am), ⟨~żyć⟩ (an)braten.

przysp|arzać (-am), ⟨~orzyć⟩ (-ę, a. -spórz!) vermehren, vergrößern; *Ärger, Mühe* bereiten (k-u G/j-m A); **~awać** pf. anschweißen; **~ieszacz** m usw. s. przyśpieszacz usw.

przyspos|abiać [-'sa-] (-am), ⟨~obić⟩ (-ę, -sób!) vorbereiten; (się sich); geeignet machen, anpassen (do G/für); schulen; *Jur.* an Kindes Statt annehmen.

przysposobienie n (-a) Vorbereitung f; Anpassung f; *Jur.* Annahme f an Kindes Statt; **~** wojskowe vormilitärische Ausbildung.

przyssa|ć się pf. sich festsaugen; **~wka** f *Zo.* Saugnapf m.

przysta|ć pf. s. przystawać[1]; **~jący**

[-'jon-] *Math.* kongruent; **~nąć** *pf.* *s.* przystawać²; **~nek** *m* (-*nku*/-*nka*; -*nki*) (końcowy, na żądanie End-, Bedarfs-)Haltestelle *f*; **~nie** *n* (-*a*) *fig.* Einwilligung *f* (na *A*/zu); **~niowy** Hafen-; **~ń** *f* (-*ni*; -*nie*, -*ni*) (*Fischerei*-)Hafen *m*; Landungs-, Anlegestelle *f*; **~(wa)ć**¹ (fest) an-liegen, (zusammen)passen; (na *A*) einwilligen (in *A*), einlaufen (auf *A*); F (do *G*) sich anschließen (*D*); beitreten (*D*); *jak przystoi* **~ło** (*D od.* na *A*) wie es sich gehört (für *A*); *to nie przystoi* es (ge)ziemt sich nicht; **~wać²**, ⟨**~nąć**⟩ stehenblei-ben, anhalten; innehalten; **~wi(a)ć** (hin)stellen; anlegen; ansetzen (*a. Braten usw.*); *Leiter* anlehnen; **~wka** *f* Vorspeise *f*, Hors d'euvre *n*; *Tech.* Ansatz(stück *n*) *m*; Vor-satzgerät *n*.

przystąpić *pf. s.* przystępować.
przystęp [-stemp] *m* (-*u*; -*y*) Zu-gang *m*, Zutritt *m*; *fig.* Anfall *m*; Anwandlung *f*; w **~ie** (*G*) in e-m Anfall (von); **~ny** (leicht) zugäng-lich, leicht erreichbar; *Mensch*: aufgeschlossen; *Erklärung*: (allge-mein)verständlich; *Preis*: er-schwinglich; *po ~nej cenie a.* preis-wert; **~ować** (-*uję*), ⟨*przystąpić*⟩ (do *G*) herantreten (an *A*); heran-gehen, sich machen (an *A*), begin-nen (mit); beitreten, sich anschlie-ßen (*D*); *przystąpić do rzeczy* zur Sache kommen.

przysto|i *s.* przystawać¹; **~jny** gutaussehend; *Frau a.*: hübsch.
przystosow|anie *n* (do *G*) Anpas-sung *f* (an *A*); Umstellung *f* (auf *A*); ~*anie się* Anpassung *f*, Akko-modation *f*; **~(yw)ać** (-[*w*]*uję*) an-passen (*się* sich); umstellen (do *G*/ auf *A*).

przystr|ajać (-*am*), ⟨**~oić**⟩ (aus-) schmücken, verzieren; (*sił*) herausputzen.   [*Bart* stutzen.]
przystrzy|gać (-*am*), ⟨**~c**⟩ *Haare*,]
przysu|wać, ⟨**~nąć**⟩ heran-, näher-rücken (*się* v/i; do *G*/an *A*); **~nąć** *się do siebie* zusammenrücken (v/i).
przyswaja|ć (-*am*), ⟨*przyswoić*⟩ (-*ię*) (*a. sobie*) sich aneignen; *Brauch usw.* an-, übernehmen; *Bio.* assimilieren; **~nie** *n* (-*a*; *0*) Auf-nahme *f*; *Bio.* Assimilation *f*.
przy|swoić *pf. s.* przyswajać; **~sy-chać** (-*am*), ⟨**~schnąć**⟩ antrocknen;

~syłać (-*am*), ⟨**~słać**⟩ senden, schicken (po *k-o*/nach *j-m*).
przysy|pka *f* (-*i*; *G* -*pek*) *Med.* Puder *m*; **~pywać** (-*uję*), ⟨**~pać**⟩ (da)zuschütten; *j-n* verschütten; bestreuen (*I*/mit); **~sać się** (-*am*) *s. przyssać się.*
przyszczyp|ek F *m* (-*pka*; -*pki*), **~ka** *f f* (-*i*; *G* -*pek*) Fleck *m*, Flicken *m*; **~nąć** F *pf.* Finger einklemmen.
przyszkolny schuleigen; *ogród*(ek) ~ Schulgarten *m*.
przyszło|roczny nächstjährig; **~-ściowy** Zukunfts-; **~ść** *f* (-*ści*; *0*) Zukunft *f*; na ~*ść*, w ~*ści* in Zu-kunft, künftig; *plany* na ~*ść* Zu-kunftspläne *m/pl.*; *wybiegający w* ~*ść* zukunftsweisend.
przyszł|y (zu)künftig; kommend; *Monat usw.*: nächste(r); *Su.* **~y** F *m* (-*ego*; -*li*), **~a** F *f* (-*ej*; -*e*) Zukünfti-ge(r).
przyszpil|ać (-*am*), ⟨**~ić**⟩ (-*lę*) an-heften, anstecken; aufspießen.
przysz|tukować (-*am*) anstückeln; **~ywać** (-*am*), ⟨**~yć**⟩ annähen.
przy|ścienny Wand-; **~śnić się** *pf.* im Traum erscheinen; ~*śniło mi się* ich habe geträumt (*A*/von).
przyśpiesz|acz *m* (-*a*; -*e*) *Chem.*, *Tech.* Beschleuniger *m*; **~ać** (-*am*), ⟨**~yć**⟩ beschleunigen; *fig. a.* voran-treiben; drängen; **~enie** *n* (-*a*) Be-schleunigung *f*; **~nik** *m* (-*a*; -*i*) *Agr.* Treib-, Mistbeet *n*; **~ony** be-schleunigt, Eil-; *-ym krokiem* im Eilschritt.
przyśpiew ['pśi-] *m* Refrain *m*, Kehrreim *m*; **~ka** *f* (-*i*; *G* -*wek*) Couplet *n*, Kehrreimlied *n*; **~ywać** (-*uję*) mitsingen (*D*/mit); *s.* pod-śpiewywać.
przyśrubować *pf.* anschrauben.
przyświadcz|ać (-*am*), ⟨**~yć**⟩ be-zeugen, bestätigen.
przyświe|cać (-*am*), ⟨**~cić**⟩ leuchten (*D*); *fig.* vorschweben (*D*).
przy|taczać (-*am*), ⟨**~toczyć**⟩ heranrol-len; *Beispiel* anführen, nennen; *Worte* zitieren; *Quelle* angeben.
przytak|iwać (-*uję*), ⟨**~nąć**⟩ [-*nonte*] (-*nę*) zustimmend nicken; bejahen, billigen; **~ująco** [-'jon-] *Adv.* zustimmend.
przytęp|iać [-'tem-] (-*am*), ⟨**~ić**⟩ stumpf(er) machen, abstumpfen; ~*i*(*a*)*ć się* stumpf werden; *fig. Ge-dächtnis usw.*: nachlassen; **~ienie** *n*

(*-a*) Nachlassen *n*; ~ienie słuchu Schwerhörigkeit *f*; ~iony stumpf; *Gehör*, *Gedächtnis*: schlecht; -ny wzrok Schwachsichtigkeit *f*, schwache Augen.

przy|tknąć *pf. przytykać*; ~tłaczać (*-am*), ⟨~tłoczyć⟩ *s. przyginać*; ~tłumiać [-'twu-] (*-am*), ⟨~tłumić⟩ *Licht, Ton* dämpfen (*a. fig.*); ~tłumiony gedämpft; ~toczyć *pf. s. przytaczać*.

przytomn|ie *s. przytomny*; ~ieć [-'tɔm-] ⟨o-⟩ (*-eję*) zur Besinnung (*od. zu sich*) kommen; ~ość *f* (*-ści*; *0*) Bewußtsein *n*; Besinnung *f*; ~ość umysłu Geistesgegenwart *f*; ~y bei Bewußtsein, bei Sinnen; geistesgegenwärtig.

przytrafi(a)ć się passieren, zustoßen (*D*).

przytrzas|kiwać (*-uję*), ⟨~nąć⟩ zuknallen, knallend zumachen; *in der Tür* einklemmen.

przytrzym|ywać (*-uję*), ⟨~ać⟩ festhalten (się sich, G/an *D*); aufhalten.

przytul|ać (*-am*), ⟨~ić⟩ drücken, pressen (*do A*); *fig.* (*mst pf.*) Obdach (*od. Zuflucht*) gewähren; ~ić się sich schmiegen (*do G/an A*); ~ny gemütlich, behaglich, traulich.

przytu|łek *m* (*-łku*; *-łki*) Zuflucht *f*; Zufluchtsort *m*; † Obdachlosen-asyl *n*, Armenhaus *n*; ~łek dla starców Altersheim *n*; ~pywać (*-uję*), ⟨~pnąć⟩ mit dem Fuß (auf-)stampfen.

przytwierdz|ać (*-am*), ⟨~ić⟩ befestigen, festmachen; anbringen, annageln (*do G/an A*); *fig.* bestätigen. [men.]

przytyć *pf.* dicker werden, zuneh-┤

przytyk *m* (*-u*; *-i*) (*boshafte*) Anspielung, Seitenhieb *m*, spitze Bemerkung; ~ać (*-am*), ⟨przytknąć⟩ *v/t* halten, (an)legen (*do G/an A*); *v/i* (*nur impf.*) (an)grenzen (*do G/an A*).

przyucz|ać (*-am*), ⟨~yć⟩ gewöhnen (*do G/an A*; się sich); anlernen; ~ony angelernt.

przy|uliczny an der Straße gelegen, Straßen-; ~usznica *f* (*-y*; *-e*) *Anat.* Ohrspeicheldrüse *f*; ~wabiać [-'va-] (*-am*), ⟨~wabić⟩ anlocken; ~walać (*-am*), ⟨~walić⟩ *s. przygniatać*; ~wara *f* (*-y*) Untugend *f*, Laster *n*, schlechte Gewohnheit.

przywdz|iewać (*-am*), ⟨~iać⟩ ['pʃi-] anziehen, anlegen.

przywiąz|anie *n* (*-a*) Anbinden *n*; *fig.* (*do G*) Anhänglichkeit *f* (an *A*), Treue *f* (zu); ~ywać (*-uję*), ⟨~ać⟩ (*do G*) anbinden (an *A*; się sich); *fig. Bedeutung* beimessen (*D*); *Gewicht, Wert* legen (auf *A*); *Legende, Vergünstigung* verknüpfen (mit); ~(yw)ać do siebie *j-n* an sich binden; ~(yw)ać się *fig.* liebgewinnen, in sein Herz schließen (*do G/A*).

przywidz|enie *n s. omam, złudzenie*; ~ieć się (*nur 3. Pers.*) *j-m* erscheinen, sich zeigen; ~iało mu się er bildete sich ein (że/daß).

przyw|ierać¹ (*-am*), ⟨~rzeć⟩ (*do G*) sich drücken (an *A*); pressen (*I/A*; *do G/an A*); (an)haften, kleben (an *D*); sich schmiegen (an *A*); ~ierać² (*-am*), ⟨~rzeć⟩ *s. przymykać*.

przywie|szka *f* (*-i*; *G -szek*) (*Koffer-*)Anhänger *m*; ~ść *pf. s. przywodzić*; ~źć *pf. s. przywozić*.

przywię|dnąć *pf.* (beginnen zu) welken; ~zienny Gefängnis-.

przywi|lej *m* (*-u*; *-e*) Vorrecht *n*, Privileg *n*; Vergünstigung *f*; ~tać (się) *pf. s. witać*; ~tanie *n* (*-a*) Begrüßung *f*.

przywłaszcz|ać (*-am*), ⟨~yć⟩ (*-ę*) (*a. sobie*) sich (widerrechtlich) aneignen, an sich reißen; sich anmaßen.

przywo|dzić, ⟨przywieść⟩ (*do G*) führen (zu); bringen (zu); ~dzić na pamięć ins Gedächtnis zurückrufen; ~łanie *n* (*-a*) *Fmw.*: z ~łaniem mit Voranmeldung; ~ływać (*-uję*), ⟨~łać⟩ (herbei)rufen; ~zić, ⟨przywieźć⟩ *v/t* (her)anfahren, bringen, herbeischaffen; einführen; mitbringen; ~zowy Einfuhr-.

przywó|dca *m* (*-y*; *G -ów*) (An-)Führer *m*; ~z *m* Anfuhr *f*; Einfuhr *f*, Import *m*.

przywr|acać (*-am*), ⟨~ócić⟩ wiederherstellen (*A od. do G/A*); zurück-, wiedergeben; ~ócenie *f* Wiederherstellung *f* der Ordnung usw.; Rückgabe *f* des Eigentums usw.; ~ócenie jedności Wiedervereinigung *f*.

przywrzeć *pf. s. przywierać*.

przywyk|ać (*-am*), ⟨~nąć⟩ [-nɔntɛ] (*-nę, -ł*) sich gewöhnen (*do G/an A*).

przyza|grodowy: *działka -wa* zum (*Bauern-*)Hof gehörige Landparzelle; **~kładowy** werkseigen, Fabrik-.

przyzębica [-zem-] f ⟨-y; 0⟩ Med. Parodontose f.

przyziem|ić pf. (-ę) Flugzeug aufsetzen; **~ie** [-'ze-] n (-a) Erdgeschoß n; **~ny** ebenerdig; bodennah, Boden-; erdnah; fig. prosaisch, nüchtern.

przyzna|ć pf. s. przyznawać; **~nie** n (-a) Zuerkennung f; (Titel-)Verleihung f; Anerkennung f; Eingeständnis n; **~nie się** Geständnis n; (do winy Schuld-)Bekenntnis n; **~wać** (-ję), ⟨~ć⟩ zugeben, eingestehen; zugestehen; Titel zuerkennen; Kredit einräumen, bewilligen; Recht verleihen; **~(wa)ć się** gestehen, bekennen (do G/A).

przyzw|alać ⟨~olić⟩ (-lę) gestatten, erlauben (na A/A); **~alający** [-'jon-] (-co) zustimmend; Gr. Konzessiv-.

przyzwoi|tka f (-i; G -tek) Anstandsdame f, F -wauwau m; **~tość** f (-ści; 0) Anstand m, Schicklichkeit f; dla **~tości** anstandshalber; **~ty** (-cie) anständig; Benehmen: schicklich, einwandfrei, korrekt.

przyzwol|enie n (-a) Erlaubnis f, Zustimmung f; **~ić** pf. s. przyzwalać.

przyzwycza|jać (-am), ⟨~ić⟩ (-ję) gewöhnen (się sich; do G/an A); **~jenie** n (-a) Gewohnheit f; z **~jenia** aus Gewohnheit, gewohnheitsmäßig; **~jony** gewohnt (do G/an A).

psa G v. pies.

psalm m (-u; -y) Psalm m.

psalterz m (-a; -e) Psalter m.

pseudo|- in Zssgn pseudo-, Pseudo-; F n (unv.) = **~nim** m (-u; -y) Pseudonym n, Deckname m.

psi Hunde-, Hunds-; hündisch; F za **~e pieniądze** halb geschenkt; **~m swędem** ohne große Mühe, leicht.

psia|jucha s. psiakość; **~k** [p¢ak] m (-a; -i) Hündchen n, junger Hund; **~kość!**, **~krew!** Int. verdammt (noch mal)!, Scheiße!, (zum) Donnerwetter!; **~nka** f (-i; G -nek) Bot. Nachtschatten m; **~rnia** ['p¢a-] f (-i; -e, -i) Hundezwinger m; (Hunde-)Meute f, Pack n; F zimno jak w ~iej hundekalt, Hundekälte f.

psi|ątko ['p¢ont-] n (-a; G -tek) Hündchen n; **~kus** m (-a; -y) Schelmenstreich m, Schabernack

m; **~na** f (-y) Köter m, Hündchen n; **~oczyć** F ⟨na-⟩ (-ę) meckern, schimpfen (na A/über A); **~sko** F n (-a) Riesenhund m.

pso|cić ⟨na-, s-⟩ (-cę) e-n (dummen) Streich spielen; Unfug treiben; **~ta** f (-y) Streich m, Schelmerei f; pl. a. Unfug m; z **~ty** aus Übermut; **~tnica** f (-y; -e), **~tnik** m (-a; -cy) Schelm(in f) m, Wildfang m; **~tny** zu Streichen aufgelegt, übermütig.

pstrąg [-roŋk, -ŋga] m (-a; -i) Forelle f; **~arnia** [-'gar-] f (-i; -e, -i) Forellenzucht f.

pstro Adv. s. pstry; **~katy** (-to) bunt (-farbig); buntscheckig, getupft.

pstry (-ro) bunt; getüpfelt, gefleckt; scheckig, gescheckt; **~czek** m (-czka; -czki) Schnippchen n, Schneller m; Nasenstüber m; **~kać** F (-am), ⟨~knąć⟩ [-nɔŋtɛ] (-nę) ein-, zuschnappen lassen; klicken; knipsen (a. Fot.); mit d. Fingern schnippen, schnipsen.

pstrzyć ⟨po-⟩ (-ę) bunt machen; tüpfeln; ⟨a. za-⟩ Fliegen: beschmutzen.

psubrat P m Hundsfott m, Schuft m.

psuć ⟨po-, ze-⟩ (-ję) beschädigen, entzwei (F kaputt) machen; verderben (a. fig.); Kind verziehen, verwöhnen; **~ się** ⟨po-, ze-⟩ entzwei (F kaputt) gehen; verderben (v/i); verdorben werden od. sein; Wetter, Speisen: schlecht werden; leicht psujący się leichtverderblich.

psy pl. v. pies.

psychiatr|a [-'çat-] m (-y; -rzy, -ów) Psychiater m; **~ia** [-'çatria] f (G, D, L -ii; 0) Psychiatrie f.

psychi|czny psychisch, seelisch; -nie chory a. gemütskrank; **~ka** ['psi-] f (-i) Psyche f; Mentalität f.

psychoanali|tyczny psychoanalytisch; **~za** f Psychoanalyse f.

psycholog m (-a; -dzy/-owie) Psychologe m; **~ia** [-'lɔ-] f (G, D, L -ii; 0) (głębi Tiefen-)Psychologie f; **~iczny** psychologisch.

psychopat|a m (-y; -ci, -ów) Psychopath m; **~yczny** psychopathisch.

psychoterapia f Psychotherapie f; **~ grupowa** Gruppentherapie f.

psychoza f (-y) Psychose f; **~ maniakalno-depresyjna** manisch-depressives Irresein n.

psyk|ać (-*am*), ⟨∼*nąć*⟩ [-*nɔ̃tɕ*] (-*nę*) zischen.

pszczela|rski Imker-; Imkerei-; ∼**rstwo** *n* (-*a*) Bienenzucht *f*, Imkerei *f*; ∼**rz** *m* (-*a*; -*e*) Imker *m*, Bienenzüchter *m*.

pszcz|eli Bienen-; ∼**oła** *f* (-*y*; *G* -*ół*) (*robotnica* Arbeits-)Biene *f*; ∼**ołojad** *m* (-*a*; -*y*) *Zo.* Wespenbussard *m*; ∼**ółka** *f* (-*i*; *G* -*łek*) Bienchen *n*.

pszen|ica *f* (-*y*) (*ozima* Winter-) Weizen *m*; ∼**iczny** Weizen-; ∼**iec** ['pʃɛ-] *m* (-*ńca*; -*ńce*) *Bot.* Wachtelweizen *m*; ∼**ny** Weizen-.

ptactwo *n* (-*a*; 0) *koll.* (*wodne* Wasser-)Vögel *m*|*pl.*; *dzikie* ∼ Federwild *n*; ∼ *domowe* Geflügel *n*.

pta|k *m* (-*a*; -*i*) (*przelotny* Zug-) Vogel *m*; *z lotu* ∼*ka* aus der Vogelperspektive; ∼**si** Vogel-.

ptasz|ek *m* (-*szka*; -*szki*) Vögelchen *n*, F Piepmatz *m*; *fig.* Früchtchen *n*; ∼**nica** *f* (-*y*; -*e*) Vogelflinte *f*; ∼**nik** *m* (-*a*; -*cy*) Vogelfänger *m*; *Zo.* (*pl.* -*i*) Vogelspinne *f*; ∼**or** *m* (-*a*; -*y*) *Zo.* Fliegender Hering, Schwalbenfisch *m*; ∼**yniec** ['ʃ-] *m* (-*ńca*; -*ńce*) Vogelmilbe *f*; ∼**yna** *f* (-*y*) Vögelchen *n*.

ptyś *m* (-*sia*; -*sie*) *Kochk.* Windbeutel *m*.

publicyst|a *m* (-*y*; -*ści*, -*ów*) Publizist *m*; ∼**yka** [-'tsɨ-] *f* (-*i*; 0) Publizistik *f*.

publiczn|oprawny *Jur.* öffentlich-rechtlich; ∼**ość** *f* (-*ści*; 0) Publikum *n*; Öffentlichkeit *f*, F die Leute; ∼**y** öffentlich; *dobro* ∼*e* Gemeingut *n*; *dom* ∼*y* Bordell *n*; *tajemnica* ∼*a* offenes Geheimnis.

publik|a ['pu-] F *f* (-*i*; 0) Publikum *n*; ∼**ować** ⟨*o*-⟩ (-*uję*) publizieren, veröffentlichen.

puca F *f* (-*y*) pausbäckiges Gesicht.

puch *m* (-*u*; -*y*) Flaum (*federn* *f*|*pl.*, -*haar* *n*) *m*; Daunen *f*|*pl.*; *Sp.* Pulverschnee *m*; *fig.* *rozbić w* ∼ vernichtend schlagen.

puchacz *m* (-*a*; -*e*) Uhu *m*.

puchar *m* (-*u*; -*y*) Pokal *m*; ∼**owy** *Sp.* Pokal-.

puchlina *f* (-*y*) Schwellung *f*; ∼ *wodna* Wassersucht *f*, Ödem *n*; *Leberkrankheit f der Schafe*.

puchną|ć [-*nɔ̃tɕ*] ⟨*s*-, *roz*-, *za*-⟩ (-*nę*, *a.* -*ł*) (an)schwellen; F *Sp.* ⟨*nur* *s*-⟩ nachlassen, schlappmachen; *fig.*

(*aż*) *uszy* ∼ (*so daß*) e-m die Ohren weh tun.

puchowy Flaum-; Daunen-.

puc|ołowaty (-*to*) pausbäckig; ∼**o-wać** F ⟨*o*-⟩ (-*uję*) putzen; *Essen* verputzen; ∼**ówka** P *f* (-*i*; *G* -*wek*) Rüffel *m*; ∼**ybut** *m* Schuhputzer *m*.

pucz *m* (-*u*; -*e*) Putsch *m.* [del *m.*]

pudel *m* (-*dla*; -*dle*, -*dli*|-*łów*) Pu-ⳇ

pudełko *n* (-*a*; *G* -*łek*) (*od zapałek* Streichholz-)Schachtel *f*.

puder *m* (-*dru*; -*dry*) Puder *m*; *cukier* ∼ Puderzucker *m*; ∼**niczka** *f* (-*i*; *G* -*czek*) Puderdose *f*.

pudło *n* (-*a*; *G* -*deł*) Schachtel *f*; Kasten *m*; F *JSpr.* Fehlschuß *m*; ∼ *tekturowe* Karton *m.*, Pappschachtel; F *stare* ∼ Klapperkasten; *fig.* alte Schachtel; ∼**wać** F ⟨*s*-⟩ (-*uję*) fehlen, vorbeischießen.

pudrować ⟨*przy*-, *za*-⟩ (-*uję*) pudern (*się* sich).

puf *m* (-*a*|-*u*; -*y*) (*Sitz*-)Puff *m.*

pugi|lares *m* (-*u*; -*y*) Brieftasche *f*; ∼**nał** *m* (-*u*; -*y*) *hist.* Dolch *m.*

puk|ać ⟨*za*-⟩ (-*am*), ⟨*nąć*⟩ [-*nɔ̃tɕ*] (-*nę*) klopfen, pochen; knallen; ∼*ać palcem w czoło* e-n Vogel zeigen; P ∼*nij się w czoło!* du hast wohl 'nen Knall!; ∼**anie** *n* (-*a*) Klopfen *n*, Pochen *n*; ∼**anina** *f* (-*y*) Knallerei *f*; ∼**awka** *f* (-*i*; *G* -*wek*) Knallbüchse *f*; Knallkorkenpistole *f*.

pukiel ['pu-] *m* (-*kla*; -*kle*) Locke *f*.

puklerz *m* (-*a*; -*e*) Rundschild *m*; *fig.* Schutz *m.* [bekloppt.]

puknięty P [-'nɛn-] behämmert,ⳇ

pula *f* (-*i*; -*e*) (*Gesamt*-)Spieleinsatz *m*, Bank *f*; Spiel *n*, Partie *f*; Quote *f.*

pulchn|ieć ['pul-] (-*eje*) locker(er) werden; F mollig(er) werden, zunehmen; ∼**ik** *m* (-*a*; -*i*) Backpulver *n*; ∼**y** locker; mollig, rundlich.

pulpet *m* (-*a*|-*u*; -*y*) Fleischklößchen *n*, Klops *m.*

pulpit *m* (-*u*; -*y*) Notenständer *m*; Pult *n*; ∼ *rozrządczy El.* Schalttisch *m.*

puls *m* (-*u*; -*y*) Puls *m*; ∼**ować** (-*uję*) pulsieren. [ber *m.*]

pulweryzator *m* (-*a*; -*y*) Zerstäu-ⳇ

pułap *m* (-*u*; -*y*) (*Zimmer*-)Holzdecke *f*, *Bgb.* First(e *f*) *m*, Hangende(s); *Flgw.* Gipfelhöhe *f*; ∼ *chmur* Wolkenhöhe *f*; ∼**ka** *f* (-*i*; *G* -*pek*) Falle *f* (*a. Tech.*, *fig.*); ∼**owy** Decken-.

pułk m (-u; -i) Regiment n; Flgw. Geschwader n; **~ownik** m (-a; -cy) Oberst m; **~ownikowa** F f (-ej; -e) Frau Oberst; **~owy** Regiments-.
pumeks m (-u; 0) Bimsstein m; **~ować** (-uję) abbimsen.
pumpy F pl. (-/-ów) Pumphose f.
punkc|ik [-ŋk-] m (-a; -i) Pünktchen n; **~ja** f (-i; -e) Med. Punktion f; **~yjny** Med. Punktier-.
punk|t¹ [-ŋkt] m (-u; -y) (ciężkości, wyjścia, karny Schwer-, Ausgangs-, Straf-)Punkt m; **~** opatrunkowy, **~** sanitarny Verbandplatz m; Sanitätswache f, Erste-Hilfe-Station f; **~t** usługowy Dienstleistungsbetrieb m, eng S. Werkstatt f, Servicestation f usw.; **~t** honoru Ehrensache f; **~t** oporu Widerstandsnest n; **~t** widzenia Standpunkt (fig.); w dobrym **~cie** in guter Lage; **~t** po **~cie** e-n Punkt nach dem anderen; na **~cie** (G) in puncto, hinsichtlich (G); mieć manię na **~cie** czystości e-n Sauberkeitsfimmel haben; zwyciężyć na **~ty** nach Punkten siegen; **~t²** F Adv.: **~t** o jedenastej Punkt (od. Punkt) 11 (Uhr); **~tacja** f (-i; -e) Vorvertrag m, Punktation f; Sp. Punktwertung f; Punktzahl f; **~tak** m (-a; -i) Tech. Körner m; **~tować** (-uję) punktieren; Sp. (Plus-)Punkte geben; Tech. (an-)ankörnen; **~towiec** [-'tɔ-] m (-wca; -wce) Punkt(hoch)haus n; **~towy** Punkt-; punktförmig; **~tualny** pünktlich.
pupa F f (-y) Popo m, Podex m.
pupil m (-a; -e), **~ek** m (-lka; -lki) Liebling m; Schützling m.
purchawka f (-i; G -wek) Bofist m.
purpur|a f (-y) Purpur m; **~owy** (-wo) purpurrot.
Purym m (unv.) Rel. Purim(fest) n.
pury|sta m (-y; -ści, -ów) Purist m; **~tanin** m (-a; -nie, -ów) Puritaner m; **~tański** [-'taĭs-] puritanisch.
pust|ać f (-i; -e) (sandige) Heide; **~ak** m (-a; -i) Loch-, Hohlstein m; **~e** s. przelewać.
pustel|nia [-'tel-] f (-i; -e, -i) Einsiedelei f; Kartause f; **~iczy** (-czo) einsiedlerisch; **~ik** m (-a; -cy), **~ica** f (-y; -e) Einsiedler(in f) m, Eremit (-in f) m; rak **~ik** (pl. -i) Einsiedlerkrebs m.
pust|ka f (-i; G -tek) Leere f; Einöde f; stać **~ką** od. **~kami** leer-
stehen; **~kowie** [-'kɔ-] n (-a; G -i) Einöde f; Ödland n, Wildnis f.
pusto Adv. s. pusty; **~głowy** zerfahren, gedankenlos; dumm; **~szeć** ⟨o-⟩ (-eje) veröden; sich leeren; **~szyć** ⟨o-, s-⟩ (-ę) verwüsten, verheeren; **~ść** f (-ści; 0) Leere f; **~ta** f (-y; 0) Leichtsinn(igkeit f) m, Leichtfertigkeit f.
pustuł|eczka f (-i; G -czek) Zo. Rötelfalke m; **~ka** f (-i; G -lek) Zo. Turmfalke m.
pusty (-to) leer; hohl; wüst, öde; leerstehend, unbewohnt; fig. eitel; leichtsinnig; **~** zbiór Math. Nullmenge f; **~nia** [-'ti-] f (-i; -e) Wüste f; Wüstenei f; s. a. pustkowie; **~nny** Wüsten-; wüst, öde. [nis f.]
puszcza f (-y; -e) Urwald m; Wild-
puszcz|ać (-am), ⟨**puścić**⟩ (-szczę) v/t (los)lassen; fallen lassen; laufen lassen, fortlassen; (her)einlassen; durchlassen; Drachen steigen lassen; Knospen, Wurzeln treiben; F Vermögen verprassen; in Umlauf bringen, setzen; v/i nachgeben, -lassen; Masche: laufen; Farbe: abfärben; sich lösen; s. ruch; **~ać** ⟨puścić⟩ się sich aufmachen, aufbrechen (v/i); losstürmen, -rennen; (na A) sich einlassen (auf A), F einsteigen (in A); P Frau: fremdgehen; auf den Strich gehen; **~alska** F f (-iej; -ie) Flittchen n; **~yk** m (-a; -i) Waldkauz m.
pusz|ek m (-u; -i) Flaum m; Puderquaste f; **~ka** f (-i; G -szek) Dose f; Büchse f; Sammelbüchse f; **~ka** po konserwach (leere) Konservendose; **~karz** m (-a; -e) Waffenschmied m, -meister m; Kanonier m.
puszta f (-y) Puszta f.
puszy|ć się ⟨na-⟩ ⟨-ę⟩ sich aufplustern; **~sty** (-ście, -to) flaumig; Teppich: flauschig; Schnee: locker, weich; Hundeschwanz: buschig.
puś|cić pf. s. puszczać; **~lisko** n (-a) (Steig-)Bügelriemen m.
puzd|erko n (-a; G -rek) dim. v. = **~ro** n (-a; G -der) Dose f; (Schmuck-)Kästchen n; Etui n.
puzon m (-u; -y) Posaune f; **~ista** m (-y; -ści, -ów) Posaunenbläser m.
pych|a f (-y; 0) Hochmut m, Dünkel m; Stolz m; wbijać w **~ę** stolz machen; F **~a!** Klasse!, prima!
pyk|ać (-am), ⟨**~nąć**⟩ [-nɔŋtɛ] (-nę) paffen.

pyli|ca f (-y; 0) Med. Staublunge f; **~ć** (-lę) stauben; Staub aufwirbeln; **~nka** f (-i; G -nek) Staubkörnchen n.

pylnik m (-a; -i) Bot. Staubbeutel m.

pył m (-u; -y) Staub m; ~ piaskowy Schluff m; ~ śnieżny Pulverschnee m; **~ek** m (-łku; -łki) Stäubchen n, Staubkorn n; Bot. Blütenstaub m; drobny jak ~ek staubfein; **~kowy** Bot. Pollen-.

pyło|chłonny staubschluckend; **~szczelny** staubdicht; **~wy** Staub-.

pypeć m (-pcia; -pcie) Vet. Pips m.

pysk m (-u; -i) Maul n, Schnauze f (a. V fig.); P dać ~a sich abschmatzen lassen; V dać (od. gwizdnąć, wyrżnąć) w ~ in die Schnauze hauen; **~acz** P m (-a; -e) Großmaul n; Streithammel m; **~aty** F frech, vorlaut; großmäulig; streitsüchtig; **~ować** F (-uję) (herum)brüllen, das Maul aufreißen; vorlaut sein; **~ówka** F f (-i; G -wek) Krach m, Kabbelei f; (Gerichts-)Verhandlung f e-r Beleidigungsklage.

pyszał|ek m (-łka; -łki) arroganter Kerl od. Mensch; **~kowaty** (-to) anmaßend, überheblich.

pyszczek m (-czka; -czki) Mäulchen n; Zo. Saugrüssel m.

pyszn|ić się (-ę, -nij!) sich wichtig tun, angeben (I/mit); bramabrasieren; sich anmaßend benehmen; **~ość** f (-ści) Vortrefflichkeit f, Vorzüglichkeit f; F ~ości wino erstklassiger Wein; **~y** hochmütig, überheblich (I/in D); prachtvoll, herrlich; vorzüglich, vortrefflich, F ganz groß; mieć się z ~a in der Klemme sitzen; in Teufelsküche geraten.

pyta|ć ⟨s-, za-⟩ (-am) (a. się) fragen (o A/nach); anfragen; befragen; **~jący** [-'jon-] (-co) fragend; **~jnik** m (-a; -i) Fragezeichen n; **~jny** Gr. Frage-, interrogativ; **~nie** n (-a) Fragen n; Frage f; **~nie** informacyjne Rückfrage; odpowiedź ~niem na ~nie Gegenfrage.

pyt|el m (-tla; -tle) Sichter m, Beuteltuch n; **~lować** (-uję) sichten, beuteln; F ~lować ozorem schnattern, quasseln; **~lowy**: mąka ~wa gebeuteltes Mehl; chleb -wy helles Roggenbrot.

pyza f (-y) Kochk. Kartoffelkloß m; F fig. pausbäckiges Gesicht; **~ty** pausbäckig.

R

raban F *m* (-*u*; -*y*) Radau *m*.

rabarbar *m* (-*u*; -*y*) Rhabarber *m*.

rabat *m* (-*u*; -*y*) Rabatt *m*; **~a** *f* (-*y*), **~ka** *f* (-*i*; *G* -*tek*) Rabatte *f*.

rabin *m* (-*a*; -*i*) Rabbiner *m*.

rabować ⟨*ob*-, *z*-⟩ (-*uję*) (aus-, be-) rauben; (aus)plündern.

rabun|ek *m* (-*u*; -*i*) Raub *m*; Plünderung *f*; *Bgb*. Rauben *n*; **~kowy** Raub-; *gospodarka* -*wa* Raubbau *m*; *napad* -*wy* (*z bronią w ręku* bewaffnuter) Raubüberfall.

rabuś *m* (-*sia*; -*sie*, -*ów*) Räuber *m*, Strolch *m*.

rachityczny rachitisch.

rach|mistrz *m* Rechnungsführer *m*; Rechenkünstler *m*, guter Rechner; **~ować** (-*uję*) *v/t* ⟨*ob*- be⟩rechnen; ⟨*po*-, *z*- zusammen⟩zählen; *v/i fig*. (*na A*) rechnen (mit), zählen (auf *A*); **~ować się** ⟨*po*- ab⟩rechnen (*z I*/mit).

rachub|a *f* (-*y*) Rechnung *f*; *brać w* **~ę** rechnen auf (*A*) *od*. mit (*D*); *to nie wchodzi w* **~ę** das zählt nicht; *das kommt nicht in Frage*; *omylić się w* **~ach** sich verrechnen; *sich verkalkulieren*.

rachun|ek *m* (-*u*; -*i*) *Math*. Kalkül *n*; (*całkowy, kosztów, za mięso* Integral-, Kosten-, Fleisch-)Rechnung *f*; *Fin*. (*bankowy* Bank-)Konto *n*; **~ek bieżący** Kontokorrent *n*; **~ek sumienia** Gewissenserforschung *f*; **~ki** *pl*. Rechnen *n* (*Schulfach*).

rachunkow|ość *f* (-*ści*; *0*) Rechnungswesen *n*; Rechnungsführung *f*, Buchhaltung *f*; **~y** rechnerisch, Rechen-; Rechnungs-.

raci|ca *f* (-*y*; -*e*) Klaue *f*; **~cowy** Klauen-.

racj|a[1] *f* (-*i*; -*e*) Ration *f*; **~a[2]** *f* (-*i*; *0*) Richtigkeit *f*; Grund *m*; **~a bytu** Daseinsberechtigung *f*; **~a stanu** Staatsraison *f*; *mieć* **~ę** recht haben; *przyzn(aw)ać* **~ę** recht geben; *z* **~i** *podeszłego wieku* aus Altersgründen.

racjonaliza|cja *f* (-*i*; *0*) Rationalisierung *f*; **~cyjny** *s*. racjonalizatorski; **~tor** *m* (-*a*; -*rzy*) Rationali-

sator *m*; **~torski** Rationalisierungs-; **~torstwo** *n* (-*a*; *0*) Rationalisatorenbewegung *f*.

racjon|alizować ⟨*z*-⟩ (-*uję*) rationalisieren; **~alny** rationell, rational; **~ować** ⟨*z*-⟩ (-*uję*) rationieren.

racu|ch *m* (-*a*; -*y*), **~szek** *m* (-*szka*; -*szki*) Hefeplinse *f*; Kartoffel-, Reibekuchen *m*.

raczej *Adv*. eher, lieber (*niż* als); vielmehr, eigentlich.

racz|ek *m* (-*czka*; -*czki*) kleiner Krebs, Krebschen *n*; *gefüllte Bonbonart*; **~kować** (-*uję*) *Kind*: krabbeln.

raczyć (-*ę*) belieben, geruhen; sich bequemen, ⟨*u*-⟩ bewirten; **~ się** sich gütlich tun (*I*/an *D*).

rad[1] *m* (-*u*; *0*) *Chem*. Radium *n*.

rad[2] *Adj*. froh (*D*, *z G*/über *A*); *Adv*. **~** *bym ich würde* (*od*. hätte) *gern*; **~** *nierad* wohl oder übel.

rad|a *f* (-*y*) Rat(schlag) *m*; (*nadzorcza, zakładowa* Aufsichts-, Betriebs-)Rat *m*; Sowjet *m*; Abhilfe *f*; *pójść za* **~ą** (*G*) dem Rat (*G*) folgen; *dać sobie* **~ę** *z* (*I*) *s*. radzić sobie; Rat wissen (in *D*); *dawać sobie* **~ę** *bez* (*G*) auskommen ohne (*A*); *nie ma na to* **~y**, *trudna* **~a** da ist nichts zu machen; *Powiatowa* 2*a Narodowa* Kreisvolksrat, Rat des Kreises; 2*a Państwa* Staatsrat.

radar *m* (-*u*; -*y*) Radar(gerät *n*) *m od*. *n*; **~owy** Radar-.

radca *m* (-*y*; -*y*, -*ów*) Rat *m* (*Titel*); **~** *prawny* Rechtsberater *m*, Justitiar *m*. [chen *n*) *f*.]

radełko *n* (-*a*; *G* -*lek*) Rändel(räd-]

radi|acja [-'dĭa-] *f* (-*i*; *0*) *Phys*. Strahlung *f*; **~alny** radial, Radial-; **~ator** *m* (-*a*; -*ry*) Heizkörper *m*; **~o** ['ra-] *n* (-*a*, *L* -*o*/-*u*; *selt*. -*a*, *G* -*ów*) Rundfunk *m*; Radio *n*, Rundfunkgerät *n*.

radio|abonent *m* Rundfunkteilnehmer *m*; **~aktywny** radioaktiv; **~amator** *m* Radio-, Funkamateur *m*; **~aparat** *m* *s*. radioodbiornik; **~biologia** *f* Strahlenbiologie *f*; **~fonia** [-'fɔ-] *f* (*G*, *D*, *L* -*ii*) (*0*) Fmw.

24*

Sprechfunk *m*; Rund-, Hörfunk *m*; **~foniczny** Rundfunk-, Hörfunk-; **~fonizacja** *f* (*-i*; *0*) Errichtung *f* der Rundfunk-Sendeanlagen; Verbreitung *f* des Rundfunks; Anschluß *m* an das Drahtfunknetz; **~kabina** *f* Funkraum *m*; **~komunikacja** *f* Funkverkehr *m*; Funkverbindung *f*; **~latarnia** *f* Funkleitsender *m*, Funkfeuer *n*; Funkbake *f*; **~linia** *f* Richtfunkstrecke *f*.
radiolo|gia [-'lɔ-] *f* (*G, D, L -ii; 0*) Radiologie *f*; **~gia lekarska** Strahlenmedizin *f*; **~kacja** *f* (*-i; 0*) Funkortung *f*, Peilfunk *m*; **~kacyjny** Funkmeß-; **~kator** *m* (*-a; -y*) Funkmeßgerät *n*.
radio|mechanik *m*, **~monter** *m* Rundfunkmechaniker *m*; **~namiernik** *m* Funkpeiler *m*; **~namierzanie** *n* Funkpeilung *f*; **~odbiornik** *m* Rundfunkempfänger *m*; **~operator** *m* (Bord-)Funker *m*; **~pajęczarstwo** *n* (*-a; 0*) Schwarzhören *n*; **~podsłuchowy**: stacja *-wa* Funkabhörstelle *f*; **~reklama** *f* Rundfunkwerbung *f*; **~reportaż** *f* (Rund-)Funkreportage *f*; **~słuchacz** *m* Rundfunkhörer *m*; **~sonda** *f* Funksonde *f*; **~stacja** *f* Funkstation *f*, -stelle *f*; Rundfunksender *m*; **~technika** *f* (Rund-)Funktechnik *f*.
radiotele|fon *m* Sprechfunkgerät *n*; **~fonia** *f* Sprechfunk *m*; **~grafia** *f* drahtlose Telegraphie, Funktelegraphie *f*; **~grafista** *m* Funker *m*; **~gram** *m* Funkspruch *m*.
radio|węzeł *m* (Draht-)Funkzentrale *f*; **~wiec** [-'dʑɔ-] *m* (*-wca; -wcy*) Rundfunkfachmann *m*; Angestellte(r) des Rundfunks; inżynier *~wiec* Radio- und Fernsehingenieur *m*; **~wóz** *m* Funkstreifenwagen *m*; *Mil.* Funkkraftwagen *m*; **~wy** Radio-, (Rund-)Funk-.
radło *n* (*-a; G -deł*) Hakenpflug *m*.
radny *m* (*-ego; -i*) Ratsmitglied *n*; *~ miejski* Stadtrat *m* (*Pers.*).
rado|sny freudig, Freuden-; fröhlich; **~ść** *f* (*-ści*) Freude *f*; Jubel *m*; *z ~ści* vor Freude; *~ść życia*, *z cudzego nieszczęścia* Lebens-, Schadenfreude; **~śnie** *Adv.* freudig; **~wać** <*u-*> (*-uję*) (er)freuen (*się z G*/über *A*).
radowy Radium-.
radyka|lista *m* (*-y; -ści, -ów*), **~ł** *m*

(*-a; -owie*) Radikale(r), F Radikalinski *m*; **~lny** radikal.
radzić (*-dzę*) <*po-*> (an)raten, e-n Rat geben; <*po-, za-*> (ab)helfen; *~ sobie* (*z I*) schaffen, meistern (*A*); *fertig werden* (mit); *nur impf.* beraten (*nad I*/über *A*); umieć sobie *~* sich zu helfen wissen; *~ się* <*po-*> (*G*) *j-n* um Rat fragen, zu Rate ziehen; [Sowjetunion *f*.]
radziecki sowjetisch; Związek 2,
radża *m* (*-y; -owie, -ów*) Radscha *m*
rafa[1] *f* (*-y*) Riff *n*.
rafa[2] *f* (*-y*) Gittersieb *n*; Wurfsieb *n*
rafin|ada *f* (*-y*) Raffinade *f*; **~eria** [-'nɛ-] *f* (*G, D, L -ii; -e*) Raffinerie *f*; *~eria metali szlachetnych* Scheideanstalt *f*; **~ować** (*-uję*) raffinie-
rafowy Riff-. [ren.]
raglanowy: rękaw *~* Raglanärmel *m*
raić F (*na-*) <*-ję, -isz*> vermitteln verkuppeln (wollen).
raj *m* (*-u; -e*) Paradies *n*.
raja *f* (*rai; -e*) *Zo.* Rochen *m*.
rajc|a *m* (*-y; -owie/-y, -ów*) hist. Ratsherr *m*; **~ować** F (*-uję*) palavern.
rajd *m* (*-u; -y*) (Wett-)Fahrt *f* (*Polizei-*)Einsatz *m*; *Mil.* Streifzug *m*; **~wy** gwieździsty Rallye *f*, Sternfahrt *f*; **~owiec** [-'dʑɔ-] *m* (*-wca; -wcy* Rallyefahrer *m*.
rajfur ka † *f* (*-i; G -rek*) Kupplerin *f*, Kuppelweib *n*; **~stwo** *n* (*-a* Kuppelei *f*.
rajski Paradies-, (*-ko*) paradiesisch
raj|stopy *f*/*pl.* (*-*), **~tuzy** *m*/*pl.* (*-ów* Strumpfhose *f*; *nur ~tuzy* a. Gamaschenhose *f*; Reithose *f*.
rak *m* (*-a; -i*) Krebs *m* (*a. Med.*) spiec *~a* tief erröten, krebsrot werden; chodzić *~iem* auf allen vieren kriechen; chory na *~a* krebskrank; jak *~ świśnie* am Nimmerleinstag *~i pl. a.* Steigeisen *n*/*pl*.
rakarz *m* (*-a; -e*) Hundefänger *m*
rakiet|a[1] [-'kɛ-] *f* (*-y*) Tennisschläger *m*; **~a**[2] *f* (*-y*) (bliskiego działania, kierowana, na paliwo stałe ziemia-ziemia* Kurzstrecken-Lenk-, Feststoff-, Boden-Boden-Rakete *f*; *~ bojowa* Raketengeschoß *n*; **~ka** *f* (*-i; G -tek*) Tischtennisschläger *m*; **~nica** *f* (*-y; -e*) Leuchtpistole *f*; *Mar.* Raketenapparat *m* **~owy** Raketen-.
rako|twórczy (*-czo*) kanzerogen karzinogen; **~waty** (*-to*) krebsig kanzerös; **~wy** Krebs-.

ram|a f (-y) Rahmen m; nur pl. ~y fig. Rahmen m; Grenzen f/pl.

rami|ączko [-'mɔntʃ-] n (-a; G -czek) (Hemd-, BH-)Träger m; Kleiderbügel m; **~eniowy** (Ober-)Arm-; **~ę** n (-enia; -ona) Arm m; Schulter f, Achsel f; Math., Tech. a. Schenkel m; **~ę** adaptera Tonarm; ~ę w ~ę, ~ę przy ~eniu Arm in Arm; Schulter an Schulter; z ~enia (G) im Namen (od. Auftrag); (wz)ruszać ⟨(wz)ruszyć⟩ ~onami die (od. mit den) Achseln zucken; **~onko** n (-a; G -nek) Ärmchen n; vgl. ramię.

ramka f (-i; G -mek) (diapozytywowa Dia-)Rähmchen n.

ramol m (-a; -e) Tapergreis m; **~eć** ⟨z-⟩ (-eję) senil werden.

ramow|nica f (-y; -e) Tech. Rahmen m; **~y** Rahmen-.

rampa f (-y) Rampe f (a. Thea.); Schlagbaum m, Sperre f.

ran|a f (-y) (cięta, kłuta, tłuczona Schnitt-, Stich-, Quetsch-)Wunde f; odnieść ~ę verwundet werden; s. boski.

randka [-tka] F f (-i; G -dek) Verabredung f, Rendezvous n.

ran|ek m (-nka; -nki) Morgen m; wczesnym ~kiem a. frühmorgens.

ranga [-ŋga] f (-i; G -) Rang m.

ran|ić (im)pf. ⟨z-⟩ (-ę) verwunden; (nur impf.) verletzen (a. fig.); **~ony** verwundet.

raniuszek [-'ɳu-] m (-szka; -szki) Zo. Schwanzmeise f; **~t(eń)ko** F Adv. frühmorgens.

ran|ka f (-i; G -nek) kleine Wunde; **~ny¹** verwundet, verletzt; Su. m (-ego; -i) Verwundete(r), Verletzte(r).

~ny² Morgen-; F fig. ~ ptaszek Frühaufsteher m.

ran|o¹ Adv. frühmorgens; dziś ~o heute morgen; wcześnie ~o früh am Morgen; **~o²** n (-a) Morgen m; nad ~em gegen Morgen; z ~a am Morgen. [Degen m.]

rapier ['ra-] m (-a; -y) Rapier n,

raport m (-u; -y) Bericht m; Vortrag m; Mil. Meldung f; **~ować** ⟨za-⟩ (-uję) Bericht erstatten; Mil. melden.

rapsod m (-u; -y) Mus., **~ia** [-'sɔ-] f (G, D, L -ii; -e) Rhapsodie f.

rapt|em Adv. plötzlich, unversehens; F a. kaum, gerade mal;

~owny plötzlich; heftig, ungestüm; **~us** F m (-a; -i) Choleriker m, Hitzkopf m.

rar|óg m (-oga; -ogi) Zo. Würgfalke m; patrzeć jak na ~oga j-n wie e-n Verrückten anstarren. [rassig.]

ras|a f (-y) Rasse f; czystej ~y rein-

rasi|sta m (-y; -ści, -ów) Rassist m; **~stowski** rassistisch, Rassen-.

rasowy Rassen-, rassisch; Rasse-, rassig. [chen n.]

raszka f (-i; G -szek) Zo. Rotkehl-

raszpla f (-i; -e, -i) Raspel f.

rat|a f (-y) Rate f; Teilzahlung f; na ~y, w ~ach, ~ami in (od. auf) Raten, ratenweise; kupno na ~y Ratenkauf m.

ratafia [-'ta-] f (G, D, L -ii; -e) Fruchtlikör m.

ratalny Raten-, Teilzahlungs-.

ratow|ać ⟨po-, u-, wy-⟩ (-uję) (er-)retten (od G/vor D; się sich; I/durch A); Schiff bergen; Schein wahren; **~nictwo** n (-a; 0) Rettungswesen n, -dienst m; **~niczy** Rettungs-; Bergungs-; wóz techniczno-~niczy Abschleppwagen m; **~nik** m (-a; -cy) Retter m; Berger m; Mitglied n e-r Rettungsmannschaft; Strandwächter m, Bademeister m; Bgb. Grubenwehrmann m.

ratun|ek m (-nku; -nki) Rettung f; **~ku!** zur Hilfe!; bez ~ku rettungslos; **~kowy** Rettungs-; Bergungs-; koło ~we, pas ~wy Rettungsring m.

ratusz m (-u; -e, -y/-ów) Rathaus n; **~owy** Rathaus-.

ratyfik|acja f (-i; -e) Ratifizierung f; **~ować** (im)pf. (-uję) ratifizieren.

rausz m (-u; -e) Rausch m; F pod ~em angeheitert. [Empfang m.]

raut m (-u; -y) Abendgesellschaft f,

raz¹ m (-u; -y, -ów) Hieb m, Schlag m; (G/pl. -y) Mal n; Fall m; dwa ~y zweimal; dwa ~y pięć zwei mal fünf; ile ~y wievielmal, wie oft; jeszcze ~ noch einmal; pierwszy ~ słyszę das höre ich zum ersten Mal; ~ po ~, ~ za ~em viele Male, x-mal, wiederholt; ~ na zawsze ein für allemal; za każdym ~em jedesmal; ostatnim ~em beim letzten Mal; pewnego ~u einmal, eines Tages; na ten ~, tym ~em (für) diesmal; ani ~u, hain (od. nicht ein) einziges Mal; w obu ~ach in beiden Fällen; w ~ie (G) im Falle (G); w sam ~ gerade recht (richtig, passend), wie geschaffen; *w takim* ~*ie* in diesem Fall; *na przyszły* ~, *następnym* ~*em* das nächste (*od.* beim nächsten) Mal.

raz² *Num.* ein(s); *Adv.* (ein)mal; *Part./Kj.* mal; ~ ..., ~ mal ..., mal ...; *na* ~*ie* vorläufig, einstweilen; *od* ~*u* sofort; unmittelbar (*po L/* nach); *na* ~ plötzlich, mit einem Mal(e), auf einmal; ~*em Adv.* zusammen; gemeinsam (*z I*/mit).

razić (-*żę*) schlagen (und treffen); (be)schießen; *Licht*: blenden; *Strom*: e-n Schlag versetzen; *fig. Ohr, Gefühle* beleidigen; schockieren, empören.

razow|iec [-'zɔ-] *m* (-*wca*; -*wce*) Vollkornbrot *n*; ~*y*: *mąka* ~*a* = **razówka** *f* (-*i*; *G* -*wek*) Vollkornmehl *n*.

raźny (-*nie*, -*no*) rege, munter; flink, lebhaft; *Schritt*: flott.

rażący [-'ʒɔn-] (-*co*) *Farbe*: grell; *Licht*: blendend; *Laute*: schrill; *Fall, Fehler*: kraß, gravierend.

rażony (*I*) getroffen (von); ~ *paraliżem* gelähmt.

rąb [rɔmp, 'rɛmbu] *m* (-*u*; -*y*) (*Hammer-*)Finne *f*; (*rębu*; *ręby*) *Forst.* Einschlag *m*, Aushieb *m*; ~*ać* (-*ję*) ⟨*na-, po-*⟩ (zer)hacken; ⟨*a. wy-*⟩ *Bäume* (ab)hauen, fällen; *fig. s. prawda*; *v/i* (*nur impf.*) *mit d. Säbel* hauen; *s. a. rąbnąć*; ~*anka* F *f* (-*i*; *G* -*nek*) Schweinefleisch *n* wie gewachsen; ~*ek m* (-*bka*; -*bki*) Rand *m*; Saum *m*; *Tech.* (*Blech-*)Falz *m*; (*Preß-, Schweiß-*)Grat *m*, Bart *m*; Walznaht *f*; *fig.* uchylić ~*ka tajemnicy* ein Geheimnis lüften; ~*nąć* [-nɔntɕ] *pf.* (-*nę*) *v/t* e-n Hieb (*od.* Schlag) versetzen (*D*), F *j-m* eins verpassen; *Runde* schmeißen; *v/i* aufprallen, aufschlagen (*o A*/auf *A*).

rącz|ka ['rɔntʃ-] *f* (-*i*; *G* -*czek*) Händchen *n*; (*Hand-*)Griff *m*, Halter *m*, Stiel *m*; Hebel *m*; ~*y* (-*czo*) flink, behende, hurtig; *Strömung*: schnell.

rdest *m* (-*u*; -*y*) *Bot.* Knöterich *m*; ~ *ostrogorzki* Wasserpfeffer *m*; ~*nica* *f* (-*y*; -*e*) *Bot.* Laichkraut *n*.

rdza *f* (-*y*; -*e*, -*y*) Rost *m* (*a. Bot.*).

rdzawo|brunatny rostbraun; ~*czerwony* rostrot.

rdzawy rostfarben; rostig, verrostet.

rdzen|iowy [-'nɔ-] Kern-; *Anat.* medullär, Mark-; spinal; ~*ny*

Kern-; echt, unverfälscht; Ur-, ureingesessen, angestammt; *Gr* Wurzel-, Stamm-.

rdzeń *m* (-*nia*; -*nie*) *Bot.* Mark *n*; *Tech., fig.* Kern *m*; *Anat.* (*pacierzowy* Rücken-)Mark *n*; *Med* (*Eiter-*)Pfropf *m*; (*Hühneraugen-*)Wurzel *f*; *Gr.* Stamm *m*, Wurzel *f*

rdzew|ieć ['rdze-] ⟨*za-*⟩ (-*eję*) (ver-) rosten; ~*ny* rostanfällig.

rdzoodporny rostbeständig, -fest

reagować ⟨*za-*⟩ (-*uję*) reagieren.

reakcj|a *f* (-*i*; -*e*) Reaktion *f*; *czas* ~ Reaktionszeit *f*; ~*onista* *m* (-*y*; -*ści* -*ów*) Reaktionär *m*.

reak|cyjny reaktionär; ~*tor* *m* (-*a* -*y*) (*jądrowy* Kern-)Reaktor *m* ~*tywować* (*im*)*pf.* reaktivieren.

reali|a [-'alja] *pl.* (-*ów*) Realien *pl.* Realitäten *f/pl.*; ~*sta* *m* (-*y*; -*ści* -*ów*) Realist *m*; ~*styczny* realistisch; ~*zacja* *f* (-*i*; -*e*) Realisierung *f*, eng*S.* Verwirklichung *f*; *Thea. Film* Regie *f*; Produktion *f*; ~*zatoi* *m* (-*a*; -*rzy*) Vollstrecker *m*, ausführende Person, ausführendes Organ; (*Film-*)Regisseur *m*; ~*zatorski*: *ekipa* ~*ka* (*Film-*)Aufnahmeteam *n*; ~*zować* ⟨*z-*⟩ (-*uję* realisieren; eng*S.* in die Tat umsetzen, verwirklichen; *Scheck* einlösen.

realn|ość *f* (-*ści*) Realität *f*; ~*y* real sachlich, nüchtern; aus-, durchführbar.

re|asekuracja *f* Rückversicherung *f*; ~*asumować* ⟨*z-*⟩ zusammenfassen, rekapitulieren; *Beschluß* erneut beraten.

rebelia [-'bɛ-] *f* (*G, D, L* -*ii*; -*e* Rebellion *f*; ~*nt m* (-*a*; -*ci*) Rebell *m*

rebus *m* (-*u*; -*y*) Bilderrätsel *n*.

recenz|ent *m* (-*a*; -*ci*) Rezensent *m* ~*ja* *f* (-*i*; -*e*) Rezension *f*, Besprechung *f*; ~*ować* ⟨*z-*⟩ (-*uję*) rezensieren, (kritisch) besprechen; ~*yjny* Rezensions-.

recepc|ja *f* (-*i*; -*e*) *Psych.* Rezeption *f* eng*S.* Empfang *m* (*a. Hotel*≳); An-Übernahme *f*; ~*yjny*: *sala* ~ Festsaal *m*.

recept|a *f* (-*y*; *G* -) Rezept *n*; eng*S* Kochvorschrift *f*; *Med. a.* Verordnung *f*; *tylko za* ~*ą lekarza* verschreibungspflichtig; *bez* ~*y* rezeptfrei; ~*owy* Rezept-; ~*ura* *f* (-*y* Rezeptur *f*; Zusammensetzung *f* ~*ywny* rezeptiv.

recesja f Hdl. Rezession f.

rechot m (-u; -y) Quaken n der Frösche; Glucksen n, Lachen n; **~ać** ⟨za-⟩ (-czę/-cę) Frösche: quaken; s. rechtać; (laut) glucksen, lachen.

rechtać ⟨-czę/-cę⟩ grunzen.

recital ['rɛ-] m (-u; -e) (Solo-)Vortrag m; (Klavier-)Konzert n; ~ śpiewaczy Liederabend m.

recydyw|a f (-y) Rückfall m; **~ista** m (-y; -ści, -ów) Wiederholungstäter m.   [vortragen.]

recytować ⟨wy-⟩ (-uję) rezitieren.

reda f (-y) Reede f.

redagować ⟨z-⟩ (-uję) redigieren.

redak|cja f (-i; -e) Redaktion f; pod ~cją (G) herausgegeben von (D); **~cyjny** redaktionell; Redaktions-; **~tor** m (-a; -rzy) Redakteur m; Herausgeber m; **~torski** Redakteur-   [feder f.]

redisówka f (-i; G -wek) Redis-)

reduk|cja f (-i; -e) Reduktion f; engS. Verminderung f; Abbau m; (Lohn-)Kürzung f; (Ausgaben-)Einschränkung f; **~cyjny** Reduktions-; Reduzier-; **~ować** ⟨z-⟩ (-uję) reduzieren; engS. (ver)mindern; abbauen; kürzen; einschränken; **~tor** m (-a; -rzy) Reduzierventil n; Untersetzungsgetriebe n.

reduta f (-y) Redoute f.

redyk m (-u; -i) Schaftrieb m.

re|edukacja f Resozialisierung f; **~edycja** f Neuausgabe f; **~emigracja** f Rückwanderung f.

ref m (-u; -y) Mar. Reff n; brać ~y reffen.

refe|ktarz m (-a; -e) Refektorium n; **~rat** m (-u; -y) Referat n, Bericht m; (Fach-)Abteilung f.

referen|cja f (-i; -e) Referenz f; **~darz** m (-a; -e) Referendar m; **~dum** m (unv.; -da, -dów) Referendum n, Volksentscheid m; **~t** m (-a; -ci), **~tka** f (-i; G -tek) Referent(in f) m; Sachbearbeiter(in f) m.

referować ⟨z-⟩ (-uję) referieren, berichten (A/über A).

refleks m (-u; -y) Reflex m; **~ja** f (-i; -e) Reflexion f, Nachdenken n; **~owy** Reflex-, reflektorisch; **~yjny** nachdenklich, besinnlich.

reflekt|ant m (-u, ~i) Bewerber m; Interessent m, engS. Käufer m; **~or** m (-a; -y) Reflektor m; (mgłowy, ~nastawny Nebel-, Such-)Scheinwerfer m; (kierunkowy Leit-)Strahler m; Leuchte f; Astr. Spiegelteleskop n; ~or paraboliczny Parabolspiegel m; w świetle ~orów fig. im Rampenlicht; **~orowy** Reflektor-; Scheinwerfer-; Flutlicht-; **~ować** (-uję) v/i (na A) Interesse haben (für A, an D), † reflektieren (auf A).

reform|a f (-y) Reform f; F ~y pl. a. Schlüpfer m; **~acja** f (-i; 0) hist. Reformation f; **~ator** m (-a; -rzy) Reformer m; hist. Reformator m; **~ować** ⟨z-⟩ (-uję) reformieren.

re|fować (-uję) Mar. reffen; **~fren** m (-u; -y) Refrain m, Kehrreim m; **~fundować** ⟨z-⟩ zurückzahlen, ersetzen; **~galia** [-'ga-] pl. (-ów) (Krönungs-)Insignien pl.

regał m (-u; -y) Regal n, Gestell n.

regat|owiec m ['-to-] m (-wca; -wcy) Regattateilnehmer m; **~y** pl. (-) Regatta f.

regener|acja f Regenerierung f; Tech., Chem. a. Aufbereitung f, Rückgewinnung f; **~ować** ⟨z-⟩ (-uję) regenerieren (się sich).

regent m (-a; -ci), **~ka** f (-i; G -tek) Regent(in f) m.

reg|iel ['rɛ-] m (-gla; -gle): mst pl. **~le** (Tatra-)Bergwälder m/pl.

region ['rɛ-] m (-u; -y) Region f; **~alny** regional.

registratura f (-y) Registrierung f; Registratur f.

reglament|acja f (-i; -e) (Staats-)Kontrolle f, Reglementierung f; Bewirtschaftung f; Kontingentierung f; **~ować** (-uję) kontrollieren, reglementieren; kontingentieren.

regle pl. v. regiel.

regres m (-u; -y) Regreß m; bez prawa ~u ohne Obligo; **~ja** f (-i; -e) Regression f; **~yjny**, **~ywny** regressiv.

regula|cja f (-i; -e) Regelung f, Regulierung f; **~cja urodzin** Geburtenregelung; **~min** m (-u; -y) (Dienst-)Vorschrift(en pl.) f, Reglement n; (Vereins-)Satzung(en pl.) f; Statuten pl.; (Betriebs-)Ordnung f; **~minowy** (-wo) vorschriftsmäßig; satzungsgemäß; Dienst-; **~rny** regelmäßig; regulär; **~tor** m (-a; -y) Regler m; Chem. Reglerturm m; Regulativ n.

regulować (-uję) regeln; (a. na-) regulieren, ein-, nachstellen, justieren.

reguł|a ['rɛ-] *f* (*-y*) Regel *f*; Gesetz *n*, Prinzip *n*; **~a trzech** Regeldetri *f*; **z ~y** in der Regel.

rehabilitować ⟨z-⟩ (*-uję*) rehabilitieren (*się* sich).

rej *m* (*unv.*): **wodzić ~** erste Geige spielen, den Ton angeben.

reja *f* (*rei*; *-e*, *rei*) Rah(e) *f*.

rejent † *m* (*-a*; *-ci*) Notar *m*; **~alny** notariell.

rejestr *m* (*-u*; *-y*) (*morski, skazanych* Schiffs-, Straf-)Register *n* (*a. Mus.*); *Comp.* Speicher *m*.

rejestra|cja *f* (*-i*; *-e*) Registrierung *f*; **~cja** bydła Viehzählung *f*; **~cyjny** Registrierungs-; *Kfz.* tabliczka *-na*, numer *-ny* amtliches Kennzeichen, F Nummernschild *n*; **~tor** *m* (*-a*; *-rzy*) Registrator *m*, Registerführer *m*; (*pl. -y*) Registrierapparat *m*; (*Kurs-, Flug-*)Schreiber *m*.

rejestrow|ać ⟨za-⟩ (*-uję*) registrieren; *Ton, Bild* aufzeichnen; *Daten* speichern; **~y** Register-.

rejon *m* (*-u*; *-y*) Bezirk *m*, Gebiet *n*; *Mil.* **~** koncentracji Bereitstellungsraum *m*; **~owy** Bezirks-.

rejs *m* (*-u*; *-y*) Seereise *f*, Fahrt *f*; Kreuzfahrt *f*; **~** dziewiczy Jungfernfahrt. [Spektakel *m*.]

rejwach F *m* (*-u*; *-y*) Klamauk *m*,}

rek *m* (*-u*; *-i*) *Sp.* Reck *n*.

rekin *m* (*-a*; *-y*) Hai *m* (*a. fig.*).

reklam|a *f* (*-y*) Reklame *f*, Werbung *f*; **~acja** *f* (*-i*; *-e*) Reklamation *f*, Beschwerde *f*.

reklamow|ać (*-uję*) ⟨roz-⟩ Reklame machen, werben (*A*/für *A*); ⟨za-⟩ reklamieren, beanstanden; **~y** Reklame-, Werbe-; *redaktor tekstów ~ych* Werbetexter *m*.

reklamówka F *f* (*-i*; *G -wek*) Werbeschrift *f*.

rekolekcje *pl.* (*-i*) *Rel.* Exerzitien *pl.*

rekomend|acja *f* (*-i*; *-e*) Empfehlung *f*; **~ować** ⟨za-⟩ (*-uję*) empfehlen.

rekompens|ata [-pɛ̃sa-] *f* (*-y*) Entschädigung *f*; **~ować** ⟨z-⟩ (*-uję*) entschädigen; ersetzen.

re|konesans [-sãs] *m* (*-u*; *-e*) *Mil.* Geländebesprechung *f*; (*Gelände-*) Erkundung *f*; **~konstruować** ⟨z-⟩ rekonstruieren; **~kontrować** *KSp.* Rekontra geben.

rekonwalescen|cja *f* (*-i*; *0*) Rekonvaleszenz *f*; **~t** *m* (*-a*; *-ci*) Rekonvaleszent *m*, Genesende(r).

rekord *m* (*-u*; *-y*) (*halowy, skoczn*. świata Hallen-, Schanzen-, Welt-) Rekord *m*; Höchstleistung *f*; **~er** *m* (*-u*; *-y*) *s. rejestrator*; **~owy** (*-wo*) Rekord-.

rekordzist|a *m* (*-y*; *-ści, -ów*), **~ka** *f* (*-i*; *G -tek*) Rekordhalter(in *f*) *m* Sieger(in *f*) *m*, Beste(r).

rekreacyjny Erholungs-, Freizeit-*Sp.* Ausgleichs-.

rekru|cki Rekruten-; **~t** *m* (*-a*; *-cı* Rekrut *m*; **~tować** (*-uję*) rekrutie ren (*się* sich).

rektor *m* (*-a*; *-rzy/-owie*) Rektor *n*

rekwi|em [-'ʋiɛm] *n* (*unv.*) Requier *n*; **~rować** ⟨za-⟩ (*-uję*) requirieren beschlagnahmen.

rekwizy|cja *f* (*-i*; *-e*) Beschlagnah me *f* für Truppen; **~t** *m* (*-u*; *-y* Requisit *m*; **~tornia** [-'tɔr-] *f* (*-i*; *-i*) Requisitenkammer *f*.

relac|ja *f* (*-i*; *-e*) Bericht *m*; Rela tion *f*; **~jonować** ⟨z-⟩ (*-uję*) be richten (*A*/über *A*).

relaks *m* (*-u*; *0*) Entspannung(s pause) *f*; **~ować** F (*-uję*) sich en: spannen.

relaty|wizm *m* (*-u*; *0*) Relativismu *m*; **~izować** (*-uję*) relativieren; **~n**; relativ.

releg|acja *f* (*-i*; *-e*) Relegation *j* Schulverweis *m*; **~ować** (*im*)*p∫* (*-uję*) relegieren, verweisen.

relief ['rɛ-] *m* (*-u*; *-y*) Relief *n*.

religi|a [-'li-] *f* (*G, D, L -ii*; *-e*) Religion *f*; *nauka ~i* Religionsun terricht *m*; **~anctw** *n* (*-a*; *0*) Bi gotterie *f*, Frömmelei *f*; **~jność** (*-ści*; *0*) Religiosität *f*; **~jny** religiös Religions-; **~oznawstwo** *n* (*-a*; *0* Religionswissenschaft *f*.

relikt *m* (*-u*; *-y*) Relikt *n*, Übe: bleibsel *n*.

relikwi|a [-'lik-] *f* (*G, D, L -ii*; *-e* Reliquie *f*; **~arz** [-'ʋaʃ] *m* (*-a*; *-e* Reliquiar *m*.

remanent *m* (*-u*; *-y*) Inventur *f* (*Waren-*)Bestand *m*; **~owy** Inven

remi *n* (*unv.*) Rommé *n*.   [tur-

remilitaryzować ⟨z-⟩ (*-uję*) remi litarisieren.

remis *m* (*-u*; *-y*) Remis *n*, Unent schieden *n*; **~ować** ⟨z-⟩ (*-uję*) ei Unentschieden erreichen, unent schieden spielen; **~owy** (*-wo*) remi unentschieden.

remiz *m* (*-a*; *-y*) *Zo.* Beutelmeise *j*

remiza *f* (*-y*; *-e*) Wagen-, Loko

motivschuppen *m*, Depot *n*; ~ stra-
żacka Spritzenhaus *n*.

emont *m* (-*u*; -*y*) Reparatur *f*, In-
standsetzung *f*, Überholung *f*; ~o-
wać ⟨*od-*, *wy-*⟩ (-*uję*) reparieren,
ausbessern; *Maschine* überholen.

en *m* (-*a*; -*y*) *s.* renifer.

encist|a *m* (-*y*; -*ści*, -*ów*), ~ka *f*
(-*i*; *G* -*tek*) Rentner(in *f*) *m*.

ene|gat *m* (-*a*; -*ci*) Renegat *m*; ~-
sans [-sãs] *m* (-*u*; *0*) Renaissance *f*.

enifer *m* (-*a*; -*y*) Ren(tier) *n*; ~owy
Ren-; *chrobotek* ~owy Rentier-
flechte *f*.

eno|mowany renommiert, ange-
sehen; ~wacja *f* (-*i*; -*e*) Renovierung *f*.

enta *f* (-*y*) (*starcza* Alters-)Rente *f*.

entgen *m* (-*a*; -*y*) *Phys.* Röntgen *n*;
F a. Röntgenapparat *m*; Röntgen-
durchleuchtung *f*.

entgeno|gram *m* (-*u*; -*y*) Rönt-
genaufnahme *f*, -bild *n*; ~wski
Röntgen-; *przychodnia* -ka Schirm-
bildstelle *f*.

entow|ać się (-*uję*) sich rentieren,
sich lohnen; ~ny rentabel, einträglich; ~y Renten-.

eński ['reĩs-] rheinisch, Rhein-; *Su.*
~e *n* (-*ego*; -*e*) Rheinwein *m*.

eorganiz|acja *f* Reorganisation *f*,
Neuordnung *f*; ~ować ⟨*z-*⟩ reor-
ganisieren.

ep F *m* (-*a*; -*owie*) alter Sporthase.

epara|cja *f* (-*i*; -*e*) *s.* reperacja;
~cje *pl.* Reparationen *f*/*pl.*; ~cyjny
Reparations-; ~turka F *f* (-*i*;
G -*rek*) Fahrradflickzeug *n*.

apa|rtycja *f* (-*i*; *0*) Auf-, Vertei-
lung *f*; ~sacja *f* (-*i*; *0*) (*Lauf*-)
Maschenaufnehmen *n*; ~saczka *f*
(-*i*; *G* -*czek*) Repassiererin *f*.

epatri|acja *f* [-'rĩa-] *f* (-*i*; *0*) Re-
patriierung *f*; ~ant [-'pa-] *m* (-*a*;
-*ci*), -**tka** *f* (-*i*; *G* -*tek*) Rück-,
Heimkehrer(in *f*) *m*; ~ować (*im*)*pf.*
-*uję*) repatriieren.

eper|acja *f* (-*i*; -*e*) Reparatur *f*,
~ować ⟨*z-*⟩ (-*uję*) reparieren;
~tuar *m* (-*u*; -*y*) Repertoire *n*,
Spielplan *m*.

epet|a F *f* (-*y*) Nachschlag *m* (*zu-
ätzl. Portion*); ~ent F *m* (-*a*; -*ci*)
Wiederholungsschüler *m*, Repetent
n; ~ować (-*uję*) *Gewehr* **durchla-**
den; F *a.* sitzenbleiben, die Klasse
wiederholen; ~ycja *f* (-*i*; -*e*) Wie-
derholung *f*, Repetition *f*.

replika ['rɛ-] *f* (-*i*) Replik *f*; *Thea.*
Stichwort *n*.

report *m* (-*u*; -*y*) *Hdl.* Report *m*;
~aż *m* (-*u*; -*e*) Reportage *f*; ~ażowy
Reportage-; reporterhaft; ~ażysta
m (-*y*; -*ści*, -*ów*), ~er *m* (-*a*; -*rzy*)
Reporter *m*, Berichterstatter *m*;
~erski Reporter-.

repre|salia [-'sa-] *pl.* (-*ów*) Repres-
salien *f*/*pl.*; ~sja *f* (-*i*; -*e*) Repres-
sion *f*; *mst pl.* ~sje Vergeltungs-
maßnahmen *f*/*pl.*; ~syjny repres-
siv.

reprezent|acja *f* Repräsentation *f*;
engS. Vertretung *f*; Aufwand *m*;
Sp. Auswahl(mannschaft) *f*; ~a-
cyjny repräsentativ; Repräsenta-
tions-; ~ant *m* (-*a*; -*ci*) Repräsen-
tant *m*, Vertreter *m*; ~ować reprä-
sentieren, vertreten.

reprodukować ⟨*z-*⟩ reproduzieren.

repry|menda F *f* (-*y*) Standpauke
f, Strafpredigt *f*; ~watyzacja *f* (-*i*;
0) Reprivatisierung *f*; ~za *f* (-*y*)
Reprise *f*.

republika [-'pu-] *f* (-*i*) Republik *f*;
~nin *m* (-*a*; -*anie*, -) Republikaner
m; ~ński [-'kaĩs-] republikanisch.

reputacj|a *f* (-*i*; -*e*) Leumund *m*,
Ruf *m*; *psuć* ~ę (*D*) *j-n* in Verruf
bringen.

resor *m* (-*u*; -*y*) Fahrzeug-, Wagen-
(blatt)feder *f*; *na* ~ach gefedert;
~owy Feder-, Federungs-; *Wagen*:
gefedert; ~pcja *f* (-*i*; *0*) Resorp-
tion *f*.

resort *m* (-*u*; -*y*) Ressort *n*; *engS.*
Zuständigkeitsbereich *m*; ~owy
Ressort-.

resp|ektować (-*uję*) respektieren,
(be)achten; ~irator *m* (-*a*; -*y*)
Atemmaske *f* (*a. Med.*); Atem-
schutzgerät *n*; ~ondent *m* (-*a*; -*ci*)
Befragte(r).

restaura|cja *f* (-*i*; -*e*) Restaurierung
f; Restauration *f*; Restaurant *n*;
~cyjny Restaurierungs-; Restau-
rant-; Speise-; ~tor *m* (-*a*; -*rzy*)
Restaurator *m*; Restaurateur *m*,
Gastwirt *m*.

restaurować ⟨*od-*⟩ (-*uję*) restau-
rieren.

restytu|cja *f* (-*i*; -*e*) Rückerstattung
f, Restitution *f*; ~ować (*im*)*pf.*
-*uję*) zurückerstatten.

reszka *f* (-*i*; *G* -*szek*) (*Münzen*-)
Bildseite *f*, Avers *m*.

reszt|a *f* (-*y*) Rest *m*; Wechselgeld

n; *Chem. a.* Rückstand m; ~a ... (G) der (die, das) übrige ..., die übrigen ...; *bez* ~y restlos; *do* ~y vollends, vollständig; *wydać* ~ę Geld herausgeben; ~ka f (-i; G -tek) (letzter) Rest (G/an); Stummel m; ~ki pl. a. Überreste m/pl.

re|torta f (-y) Retorte f; **~toryczny** rhetorisch; **~transmisja** f Übertragung f e-r vom anderen Sender übernommenen Sendung; **~trospektywny** retrospektiv; *przegląd* ~ny Retrospektive f.

retusz m Retusche f; **~ować** (-uję) retuschieren. [Hilfe!]

rety! *Int. dial.* o weh!; meine Güte!;

reumaty|czny [reu-] rheumatisch, Rheuma-; **~zm** m (-u; 0) Rheuma(tismus m) n.

rewaloryzacja f (-i; -e) Fin. Aufwertung f.

rewanż [-vāʃ] m (-u; -e) Revanche f; eng S. Rache f, Vergeltung f; **~ować się** ⟨z-⟩ (-uję) sich revanchieren; heimzahlen, vergelten; **~owy** Revanche-.

rewelac|ja f (-i; -e) aufsehenerregende Enthüllung od. Entdeckung, Sensation f; **~yjny** sensationell, aufsehenerregend. [f; Schau f.)

rewia ['rɛ-] f (G, D, L -ii; -e) Revue)

rewid|ent m (-a; -ci) Revisor m, Prüfer m; **~ować** ⟨z-⟩ (-uję) durchsuchen; revidieren, überprüfen.

rewindyk|acja f Rückgabe f od. Wiedererlangung f e-r Sache; Jur. Rückforderung f; **~ować** (im)pf. zurückbekommen; zurückfordern.

rewiowy [-'vi̯o-] Revue-.

rewir m (-u; -y) (łowiecki Jagd-) Revier n; **~owy** Revier-.

rewizj|a f Revision f; (Über-)Prüfung f; Durch-, Haussuchung f; **~a** osobista Leibesvisitation f; nakaz przeprowadzenia ~i Durchsuchungsbefehl m.

rewizjoni|sta m (-y; -ści, -ów) Pol. Revisionist m; **~styczny** revisionistisch.

rewiz|or m (-a; -rzy/-owie) Revisor m; **~yjny** Revisions-; Durch-, Haussuchungs-; Prüf-.

rewizyta f Gegenbesuch m.

rewoluc|ja f (-i; -e) Revolution f; **~jonista** m (-y; -ści, -ów) Revolutionär m; **~jonizować** ⟨z-⟩ (-uję) revolutionieren; **~yjny** revolutionär; Revolutions-.

rewolwer m (-u; -y) Revolver m; **~owy** Revolver-; **~ówka** f (-i; G -wek) Revolverdrehmaschine f.

rezeda f (-y) Reseda f.

rezerw|a f (-y) Reserve f; eng S (Not-)Vorrat m, Rücklage f; Ersatz m; Zurückhaltung f; Sp. Ersatzspieler m/pl., -mannschaft f; **~acja** f (-i; -e) Reservierung f; (Platz-)Buchung f; **~at** m (-u; -y) (Tier-)Reservat n; (Indianer-)Reservation f; ~at przyrody Naturschutzgebiet n; **~ista** m (-y; -ści, -ów) Reservist m; **~ować** ⟨za-⟩ (-uję) reservieren; Platz a. belegen; Zimmer usw. a buchen; **~owy** Reserve-, Ersatz-

rezerwuar [-'zɛr-] m (-u; -y) Reservoir n.

rezolu|cja f (-i; -e) Resolution f, Beschluß m; **~tność** f (-ści; 0) resolute Art; Entschlossenheit f; **~tny** resolut.

rezon|ans [-nãs] m (-u; -e) Resonanz f; **~ansowy** Resonanz-; **~ować** (-uję) räsonieren; mitklingen

rezulta|t m (-u; -y) Resultat n, Ergebnis n; w ~cie schließlich.

rezurek|cja f (-i; -e) Ostermesse f **~cyjny:** procesja ~na Osterprozession f.

rezus m (-a; -y) Zo. Rhesusaffe m

rezyd|encja f (-i; -e) Residenz f **~ować** (-uję) residieren.

rezygn|acja f (-i; -e) Verzicht m (z G/auf A); Rücktritt m (z G/von) Resignation f; **~ować** ⟨z-⟩ (-uję) (z G) verzichten (auf A); fallen lassen (A); zurücktreten (von); resignieren; aufgeben, aufstehen.

reżim m, **reżym** m (-u; -y) Regime n; **~owiec** [-'mɔ-] F m -wca; -wcy Regimeanhänger m; **~owy** Regime-

reżyser m (-a; -rzy) Regisseur m **~eria** [-'sɛ-] f (G, D, L -ii; 0) Thea Regie f; **~ka** f (-i; G -rek) Regisseurin f; F a. Regie f; **~ować** ⟨wy-⟩ (-uję) Regie führen (A/bei); **~sk** Regie-.

ręba|cz ['rɛm-] m (-a; -e) Bgb Hauer m; guter Fechter; **~jło** F n (-a; -y, -ów) Haudegen m (fig.).

ręce pl. v. ręka.

ręczn|ik ['rɛntʃ-] m (-a; -i) Hand tuch m; ~ik kąpielowy Badetuch n **~y** Hand-; manuell; handgearbei tet; handbetrieben; ~ie szyty handgenäht; ~y karabin maszynowy leichtes Maschinengewehr.

ręczy|ciel [rɛn'tʃɕi-] m (-a; -e, -i) Bürge m; **~ć** ⟨po-, za-⟩ ⟨-ę⟩ bürgen (za A/für; I/mit); haften (za A/ für); s. gwarantować.

ręk|a ['rɛŋka] f (-i, L ręce/-ku; ręce, rąk, I rękami/-koma) Hand f; po prawej ręce rechterhand; ~a w ~ę Hand in Hand; z rąk do rąk von Hand zu Hand; od ~i umgehend, sofort; pod ~ę Arm in Arm, untergefaßt, -gehakt; na ~ę in die Hand; iść na ~ę (D) entgegenkommen, gefällig sein (D); być na ~ę (D) passen, gelegen kommen (D); być pod ~ą bei der Hand sein; być na ~u KSp. ausspielen; dać/mieć wolną ~ę freie Hand lassen/haben; oddać do rąk aushändigen; ,do rąk własnych' ,persönlich'; posłać na ręce (G) an j-s Adresse schicken; podać ~ę die Hand (od. den Arm) reichen; prosić o ~ę um die Hand anhalten; na własną ~ę auf eigene Faust; opuścić ręce resignieren, F die Flügel hängenlassen; jak(by) ~ą odjął wie durch Zauber(hand); z otwartymi ~ami mit offenen Armen; mieć ręce pełne roboty alle Hände voll zu tun haben; P ręce przy sobie! Pfoten weg!

~kaw ['rɛŋ-] m (-a; -y) Ärmel m; Flgw. Windsack m; bez ~ów ärmellos; **~ek** m (-wka; -wki) kurze(r) Ärmel; Ärmelschoner m; **~ica** f (-y; -e) (jednopalcowa Faust-)Handschuh m; **~iczka** f (-i; G -czek) Handschuh m; **~nik** m (-a; -i) (Bügel-)Wärmbrett n.

~ko|czyn [rɛŋ'kɔ-] m Handgreiflichkeit f, Tätlichkeit f; przejść do ~czynów handgreiflich werden; **~dzielnictwo** n (-a; 0) Gewerbe n, Handwerk n; **~dzielnik** m (-a; -cy) (Kunst-)Handwerker m; **~dzieło** n handgearbeiteter Gegenstand, Handarbeit f; **~jeść** f (-ści) (Hand-) Griff m, Stiel m; **~jmia** [-'kɔj-] f (-i; -e, -jmi) Bürgschaft f, Garantie f; **~pis** m (-u; -y) Manuskript n, Handschrift f.

ing [-ŋk, -ŋgu] m (-u; -i) Sp. Ring m; **~owy** Ring-.

~ha|ctwo n (-a; 0) Ungeziefer n, Viehzeug n; **~czek** m (-czka; -czki) Würmchen n; **~czkowy:** ruch -wy Peristaltik f; wyrostek -wy Wurmfortsatz m.

~baczy Wurm-; **~ca** f (-y; 0)

Wurmkrankheit f; **~wy** wurmstichig, madig.

robak m (-a; -i) Wurm m (a. fig.); F a. Made f; F fig. zal(ew)ać ~a s-e Sorgen ersäufen; **~owaty** wurmartig.

robić ⟨z-⟩ ⟨-ę, rób!⟩ machen, tun; nie masz tu co ~ du hast hier nichts zu suchen; ~ się sich machen; (gemacht) werden; (unpers.) robi się ciemno/późno es wird dunkel/spät; robi się dzień es tagt.

robi|grosz F m Geldraffer m; **~ony** fig. gekünstelt.

roboci|arski F Arbeiter-; po -ku Adv. wie ein Arbeiter, nach Arbeiterart; **~arz** [-'bɔ-] F m (-a; -e) Arbeiter m; **~zna** f (-y) (Lohn-) Arbeit f; (Arbeits-)Lohn m; (a. koszty ~zny) Lohnkosten pl.

roboczo|dniówka f Arbeitstag m; **~godzina** f Arbeitsstunde f.

robocz|y Arbeits-; Betriebs-, betrieblich; dzień ~a Werktag m; ręce f/pl. ~e Arbeitskräfte f/pl.; po ~emu wie ein Arbeiter.

robot m (-a; -y) Roboter m; ~ kuchenny Küchenautomat m, -maschine f; **~a** f (-y; G -ót) (ciężka, czarna, krecia Schwer-, Dreck-, Wühl-)Arbeit f; F a. (krummes) Ding; mst pl. ~y (przymusowe, polowe Zwangs-, Feld-)Arbeit(en pl.) f; ~y ręczne (Schul-)Werkunterricht m; Handarbeit; po robocie nach Feierabend; domowe (od. własnej/swojej) ~y haus-, selbstgemacht, Hausmacher-; nie mieć nic do ~y nichts zu tun haben; **~nica** f (-y; -e) Arbeiterin f; **~niczy** Arbeiter-; **~nik** m (-a; -cy) (wykwalifikowany Fach-)Arbeiter m; **~ny** P fleißig, arbeitsam.

robótka f (-i; G -tek) iron. Job m, Arbeit f; † a. Hand-, Nadelarbeit.

rocz|ek m (-czka; -czki) Jährchen n, Jahr n; **~niak** ['rɔtʃ-] m (-a; -i) Jährling m; **~nica** f (-y; -e) Jahrestag m; setna ~nica śmierci 100. Wiederkehr f des Todestages; obchód ~nicy Jahr(es)feier f; **~nie** Adv. jährlich, pro Jahr; **~nik** m (-a; -i) Jahrgang m; Altersklasse f; Jahrbuch n; **~ny** jährlich; Jahres-; einjährig.

roda|czka f (-i; G -czek), **~k** m (-a; -cy) Landsmännin f, -mann m, Mitbürger(in f) m.

rodn|ik *m* (*-a*; *-i*) *Chem.* Radikal *n*; ~y fruchtbar; *s.* rozrodczy.

rodo|wity gebürtig, geboren; -ty *Polak* gebürtiger Pole; -ty język Muttersprache *f*; ~wód *m* (*-odu*; *-ody*) Abstammung *f*; Stammbaum *m*; ~wy Stamm(es)-; angestammt, Ahnen-, Erb-.

rody *pl. v.* ród.

rodzaj *m* (*-u*; *-e*, *-ów*) Art *f*; Genre *n*; *Bio.* Gattung *f*; *Gr.* Genus *n*, Geschlecht *n*; Aspekt *m*, Aktionsart *f der Verben*; ~ ludzki Menschengeschlecht; coś w ~u (*G*) etwas wie (*A*); pewnego ~u ... e-e Art ...; wszelkiego ~u allerlei, verschieden; jedyny w swoim ~u einzigartig; ~nik *m* (*-a*; *-i*) *Gr.* Artikel *m*; ~owy Gattungs-; Genre-; *Gr.* Aspekt-.

rodzą|y [-'dzɔn-] Früchte tragend; *Boden*: fruchtbar; ~y się *fig.* entstehend, anbrechend; *Su.* ~a *f* (*-ej*; *-e*) Gebärende *f*.

rodze|nie *n* (*-a*) Gebären *n*, Geburt(svorgang *m*) *f*; ~nie dzieci *f* Kinderkriegen *n*; ~ństwo [-'dzeĩ-] *n* (*-a*) Geschwister *pl*.

rodzic † *m* (*-a*; *0*) Erzeuger *m*, Vater *m*; ~e *pl.* (*-ów*) Eltern *pl.*; ~ielka *f* (*-i*; *G -lek*) Mutter *f*; ~ielski elterlich, Eltern-.

rodzić (*-dzę, a. ródź!*) ⟨*na-, u-*⟩ gebären, zur Welt bringen; *Zo. a.* Junge bekommen, werfen; ⟨*ob-, u-*⟩ Früchte tragen; *Getreide*: geraten, gut gedeihen; *fig.* (*mst impf.*) erzeugen, gebären; ~ się ⟨*na-, u-*⟩ geboren werden, zur Welt kommen; (*mst impf.*) *Bot.* wachsen, gedeihen; *fig.* entstehen.

rodzi|my (ein)heimisch, inländisch; heimatlich; *Min.* gediegen; *vgl.* narodowy, ojczysty; ~na *f* (*-y*) Familie *f*; ~na panująca Herrscherhaus *n*; ~na zmarłego die Hinterbliebenen; bez ~ny ohne Anhang; ~nny Familien-; heimisch; heimatlich; dom ~nny Elternhaus *n*.

rodzony *Kinder*: leiblich; *Eltern, Geschwister*: eigen.

rodzyn|ek *m* (*-nka*; *-nki*) Rosine *f*; ~kowy Rosinen-.

roga|cizna *f* (*-y*; *0*) Rinder *n/pl.*, Hornvieh *n*; ~cz *m* (*-a*; *-e*) Hirsch *m*; *fig. iron.* Hahnrei *m*; ~l *m* (*-a*; *-e*) *JSpr.* Bock *m*, Widder *m*; *fig. s.* rogacz; *Kochk.* = ~lik *m* (*-a*; *-i*) Hörnchen *n*; ~tka *f* (*-i*; *G -tek*)

Schranke *f*, Schlagbaum *m*; za ~tkami miasta vor den Toren der Stadt; ~ty gehörnt, Horn-; *fig. Ehemann*: betrogen; *F a.* widerspenstig, aufsässig; ~tywka *f* (*-i*; *G -wek*) Tschapka *f*.

rogi *pl. v.* róg.

rogow|acieć [-'va-] ⟨*z-*⟩ (*-eję*) verhornen; ~aty hornartig, verhornt; ~iec [-'gɔ-] *m* (*-wca*; *-wce*) *Min.* Hornstein *m*; *Zo.* Plattmuschel *f*; ~nik *m* (*-a*; *-i*) Hornfels *m*; ~y Horn-, hörnern.

rogoża *f* (*-y*; *-e*, *-y/-góz*) Bastmatte *f*; *Bot.* Rohrkolben *m*.

rogó|wka *f* (*-i*; *G -wek*) (*Augen-*) Hornhaut *f*; ~żka *f* (*-i*; *G -żek*) Bastmatte *f*; Panamastoff *m*.

rohatyna † *f* (*-y*) Jagdspieß *m*.

roić (*-ję, rój!*) *v/i* träumen (*A od.. o L* von); ~ się ⟨*za-*⟩ *Bienen*: schwärmen; wimmeln (od *G*/von).

roje *pl. v.* rój.

rojeni|e [-'je-] *n* (*-a*) Träumerei *f.* ~a *pl. a.* Tagträume *m/pl.*, Hirngespinste *n/pl.*

rojn|ica *f* (*-y*; *-e*) *Med.* Ergotismus *m*; ~y (*-no*) belebt; na ulicach było ~o die Straßen wimmelten vor Menschen.

rojow|isko *n* (*-a*) Gewimmel *n* Ameisenhaufen *m* (*fig.*); ~iske gwiazd Sternhaufen *m*; ~y *Zo* Schwarm-.

rok *m* (*-u*; *lata*) (*sprawozdawczy* świetlny Rechnungs-, Licht-)Jah *n*; Nowy ♀ Neujahr; od ~u sei einem Jahr; ~ w ~ Jahr für Jahr z ~u na ~ von Jahr zu Jahr; *s. a. lata*

rokambuł *m* (*-u*; *0*) Perlzwiebel *f*

rokfor *m* (*-u*; *-y*) Roquefort *m*.

rokitnik *m* (*-a*; *-i*) *Bot.* Sanddorn *m*

rokoko ['rɔ-] *n* (*unv.*) Rokoko *n* ~wy Rokoko-.

rokosz *m* (*-u*; *-e*) *hist.* Aufruhr *m* Rebellion *f* des Adels; ~anin *n* (*-a*; *-anie*, *-/-ów*) Aufrührer *m*, Re bell *m*; ~owy aufrührerisch; Rebel len-.

rokowa|ć (*-uję*) *v/i* verhandeln (z *I* mit; o *A*/über *A*); ahnen (*od.. hof* fen) lassen; *v/t* verheißen (er sprechen (*sobie* sich); ~ć nadzieje zu Hoffnungen berechtigen; ~nie *r* (*-a*) *Med.* Prognose *f*; *nur pl.* ~ni Verhandlungen *f/pl.* [jedes Jahr.

rokrocznie *Adv.* jahraus jahrein,

rola[1] *f* (*-i*; *-e*, *ról*) Acker(boden) *m*

ol|a² f (-i; -e, ról) (papieru, tytułowa Papier-, Titel-)Rolle f; nie grać żadnej ~i keine Rolle spielen; **~ada** f (-y) Kochk. Roulade f; (biszkoptowa Biskuit-)Rolle f.

oleta f (-y) Rolladen m, Rollo n.

olk|a f (-i; G -lek) Rolle f; Thea. kleine Rolle, Nebenrolle; **~owy** Tech. Rollen-.

olmops m Kochk. Rollmops m.

olni|ctwo n (-a; 0) Landwirtschaft f; **~czy** (-czo) landwirtschaftlich; Landwirtschafts-; **~k** m (-a; -cy) Landwirt m.

olny Agrar-, Land(wirtschafts)-; Feld-. [len.]

olowač (-uję) ⟨z-⟩ zusammenrol-

omanca f (-y; -e) lit. Romanze f.

omanistyka [-'ɲi-] f (-i; 0) Romanistik f.

omans [-mãs] m (-u; -e) Roman m; Mus., F fig. Romanze f; **~ik** F m (-a;-i) Liebschaft f, Techtelmechtel n; **~opisarz** m Romanschreiber m; **~ować** ⟨po-⟩ (-uję) flirten; e-e Liebschaft haben; **~owy** Roman-; (-wo) romanhaft.

omanty|czność f (-ści; 0) das Romantische (G/an D); **~czny** romantisch.

omański [-'maĩs-] romanisch.

omb m (-u; -y) Rhombus m, Raute f; **~owy** rhombisch.

ondel¹ m (-dla; -dle) Kasserolle f, Schmortopf m.

ondel² m (-d[e]la; -e) hist. Rondell n, Rundturm m.

ondo n (-a) (Hut-)Krempe f; runder Platz; Mus. Rondo n; **~wy** Mus. Rondo-.

onič ⟨u-⟩ (-ę) fallen lassen; Blätter verlieren; Tränen vergießen.

op|a f (-y) Eiter m; (~a naftowa Erdöl m; Kochk. Salzlake f; **~ieč** ['ro-] (-eje) eitern; **~ień** ['ro-] m (-pnia; -pnie) Abszeß m; **~niak** ['rop-] m (-a; -i) Med. Empyem n; Tech. Schwerölmotor m; **~ny** itrig; Eiter-; Erdöl-, Rohöl-; chweröl-.

~po|ciąg m Erdölleitung f, Pipeline f; **~nośny** (erd)ölhaltig, -führend; ole -ne Ölfeld n; **~tok** m Med. ...fluß mi **~wica** f (-y; -e) Med. ...

...wce) (Erd-)Öltanker m; **~wy** Schwer-)Öl-. [Kröten-.]

pu|cha f (-y) Kröte f; **~szy**

roraty pl. (-ów/-) Frühmesse f im Advent.

ros|a f (-y) Tau m; Schwitzwasser n; chodzenie po ~ie Tautreten n; **~iczka** f (-i; G -czek) Bot. Sonnentau m; **~ić** ⟨z-⟩ (-szę) v/t Schweiß, Tränen: et. benetzen, befeuchten; nässen; ~i es näßt.

Rosjan|in m (-a; -anie, -) Russe m; **~ka** f (-i; G -nek) Russin f.

ros|ły groß, von hohem Wuchs; **~nąć** [-nɔ̃tɕ] (L.) wachsen; ⟨a. u-, wy-⟩ (auf)wachsen; anwachsen; Teig: aufgehen, treiben; Preise: steigen.

rosoch|a f (-y) Astgabel f; **~y** pl. Elchgeweih n, Schaufeln f/pl.; **~aty** gegabelt, gabelförmig. [fleisch n.]

rosołow|y Brüh-; mięso ~e Suppen-

rosomak m (-a; -i) Zo. Vielfraß m.

rosół m (-ołu; -oły) (z kury Hühner-) Brühe f.

rostbef m (-u; -y) Roastbeef n; (Rinds-)Rippenstück n.

rosyjski (po -ku) russisch; Russen-.

rosza|da f (-y) Rochade f; **~rnia** [-'ʃar-] f (-i; -e) (lnu Flachs-)Röstbetrieb m.

rosz|czenie n (-a) Beanspruchung f; Anspruch m, Forderung f; Jur. Klage f auf Anspruch; **~enie** n (-a; 0) (lnu Flachs-)Rösten n; **~onka** f, **~ponka** f, **~punka** f (-i; G -nek) Rapunzel f.

rościć ⟨u-⟩ (-szczę): ~ (sobie) prawo sich ein Recht anmaßen; ~ (sobie) pretensje sich berufen fühlen (do G/zu); beanspruchen (do G/A).

roścież: na ~ s. oścież.

roślejszy Komp. v. rosły.

roślin|a f (-y) (lekarska, oleista, pnąca, użytkowa Heil-, Öl-, Kletter-, Nutz-)Pflanze f; Agr. (okopowa, zbożowa Hack-, Halm- od. Körner-)Frucht f; ~a wieloletnia Staude f; **~ność** f (-ści; 0) Vegetation f, Pflanzenwuchs m; **~ny** Pflanzen-, pflanzlich; **~ożerny** pflanzenfressend.

rośnięcie [-'ɲɛn-] n (-a; 0) Wachsen n, Wachstum n.

rota¹ f (-y; G rot) Mil. hist. Rotte f.

rota² f (-y; G rot) Eidesformel f.

rotacyjny Rotations-; Dreh-. ...

roto|grawiura f (-y) Typ. Rakeltiefdruck m; **~r** m (-a; -y) Rotor m, Läufer m.

rotunda f (-y) Rundbau m.

rowek m (-wka; -wki) Rille f, Nut f; Schlitz m.

rowe|r m (-u; -y) Fahrrad n; (trzykołowy Drei-)Rad n; ~r z motorkiem Mofa n, Moped n; jechać na ~rze Rad fahren; ~rowy Fahrrad-, ~rzysta m (-y; -ści, -ów) Radfahrer m; droga dla -tów Radfahrweg m.

rowkowa|ć (-uję) riffeln; nuten; ~ny gerippt, gerillt; mit Nut(en) versehen.

rowy pl. v. rów.

roz|anielony F überglücklich, im siebenten Himmel; ~babrywać F (-uję), ⟨~babrać⟩ verschmieren; durcheinanderwerfen; verpfuschen; ~bałaganić się F pf. verbummeln, versumpfen; ~bawiać [-'ba-] (-am), ⟨~bawić⟩ amüsieren; aufheitern; ~bawiony vergnügt, in Hochstimmung; ~beczeć się (anfangen zu) heulen; ~bełtywać (-uję), ⟨~bełtać⟩ Flüssigkeit (durch-) schütteln; Eier verrühren, schlagen; ~bestwienie n (-a; 0) s. bestialstwo; ~bębnić F (-am), ⟨~bębnić⟩ ausplaudern.

rozbi|cie n Zerschlagung f, Zertrümmerung f; ~cie (się) samolotu Flugzeugabsturz m; ~cie (się) statku Schiffbruch m; ulec ~ciu zertrümmert werden; Flgw., Mar. zerschellen; ~ć pf. s. rozbijać.

rozbie|c się pf. s. rozbiegać się; ~g m Anlauf m; Flgw. Startweg m; Sp. Anlaufbahn f; ~r Sprungschanze; ~gać się, ⟨~c się⟩ auseinanderlaufen; (nur pf.) Anlauf nehmen.

rozbiera|ć (-am), ⟨rozebrać⟩ entkleiden, ausziehen (się sich); Maschine zerlegen, auseinandernehmen; Bau abtragen; Huhn ausnehmen, zerlegen; Gr. Satz grammatisch zergliedern; Typ. Satz ablegen; Krankheit, Fieber: j-n packen, j-m (schwer) zu schaffen machen; Ware aufkaufen, wegraffen; ~lnia [-'ral-] f (-i; -e, -i) Umkleideraum m, -kabine f; ~lny zerlegbar.

rozbieżn|ia f Anlaufbahn f; ~ość f (-ści) Diskrepanz f, (Meinungs-) Verschiedenheit f; Math. Divergenz f; ~y abweichend, verschieden; divergent.

rozbija|cki F destruktiv, zersetzend; ~ć (-am), ⟨rozbić⟩ zerschlagen, -trümmern; -schmettern (a.

fig.); zersplittern; Bank sprengen; Safe knacken; Lager, Zelt aufschlagen; Pläne a. vereiteln; Nas blutig schlagen; rozbić na (od. w kawałki in Stücke schlagen; ~ ⟨rozbić⟩ się sich zerschlagen, zer schellen (o A/an D); zersplitter (v/i); (nur impf.) F sich herumprü geln; sich herumtreiben (po L/in A) krampfhaft suchen (za I/nach); ~ się autem im Auto herumrasen.

rozbiorowy Pol. Teilungs-.

rozbiór ['rɔz-] m (-oru; -ory) Aus einandernehmen n, Zerlegung f (Satz-)Zergliederung f; Pol. Tei lung f; ~ka f (-i; G -rek) Abbruc m, Abtragung f e-s Hauses; Zerle gung f, Demontage f; Typ. Ab legen n des Satzes; ~kowy Ab bruchs-; Demontage-.

rozbit|ek m (-tka; -tkowie/-tk Schiffbrüchige(r); fig. (a. ~ek ży ciowy) Unglücksmensch m, Pech vogel m; (nur pl.) ~ki versprengt Truppen; ~y zerschlagen.

rozbłys|k m Aufleuchten n, -blitze n; fig. Aufflammen n; ~kać, ~kiwa (-uję), ⟨~nąć⟩ aufleuchten, -blitzer aufflackern, -flammen.

rozbol|eć pf. (nur 3. Pers. u. Inf. ~ała go głowa er bekam Kopf schmerzen.

rozbój m Raub m; Räuberei f ~niczy räuberisch, Räuber-; ~ni m (-a; -cy) (morski See-)Räuber m

rozbra|jać (-am), ⟨rozbroić⟩ en waffnen (a. fig.); Munition en schärfen; ~jający [-'jon-] (-c Lächeln usw.: entwaffnend; ~tel ~ (-tla; -tle) Kochk. Rumpsteak n hohe Rippe, Fehlrippe f.

rozbro|ić pf. s. rozbrajać; ~jenie n (-a; 0) Entwaffnung f; Abrüstun f; (Munitions-)Entschärfung f; ~je niowy Abrüstungs-.

rozbrykany ausgelassen.

rozbryz|giwać (-uję), ⟨~gać, ~nąc (ver)spritzen.

rozbrzmie|wać (-am), ⟨~ć⟩ (er)tö nen, (er)klingen, (er)schallen; sa ~wała oklaskami Beifall brandete i Saal auf.

rozbudow|a f Ausbau m; Erweite rung f; Entwicklung f der Industri ~ywać (-uję), ⟨~ać⟩ (weiter) au bauen; vergrößern; (weiter)entwi keln.

rozbudz|ać (-am), ⟨~ić⟩ s. budzi

fig. (er)wecken; ~ić się aufwachen; geweckt werden, aufkommen.

roz|bujać *pf. s.* rozhuśtać; **~burzać** (*-am) s.* burzyć; **~charakteryzować** *pf.* abschminken (się sich); **~chełstany** mit offenem Hemd.

rozchlap|ywać (*-uję*), ⟨*~ać*⟩ aus-, verschütten; verspritzen; F *Schuhe* austreten; F **~ało się** es hat sich eingeregnet.

rozchmurz|ać się (*-am*), ⟨*~yć się*⟩ sich aufheitern, aufklären; *fig.* wieder fröhliche Miene zeigen.

rozchodow|ać (*im)pf.* (*-uję*) *Geld* ausgeben, verausgaben; **~y** Ausgaben-.

rozchodzić się, ⟨rozejść się⟩ (*L.* -*jść*) auseinandergehen; *Wellen:* sich fortpflanzen, ausbreiten; *Nachricht:* sich verbreiten, sich herumsprechen; *Wege:* sich gabeln; *fig.* sich scheiden; F *Eheleute:* sich scheiden lassen.

rozchorow|ywać się (*-uję*), ⟨*~ać się*⟩ krank werden.

rozchód *m* (*Geld-*)Ausgabe(n *pl.*) *f*, Aufwand *m*, Kosten *pl.*; *Fin.* Soll *n*, Debet *n*.

rozchw|iewać (*-am*), ⟨*~iać*⟩ schwingen lassen, in Pendelbewegung versetzen; **~i(ew)ać się** hin- und herschwanken; *fig.* zunichte werden.

rozchwyt|any ausverkauft; *Buch:* vergriffen; **~ywać** (*-uję*), ⟨*~ać*⟩ wegschnappen; reißend kaufen; *być ~ywanym Ware:* reißenden Absatz finden; sehr begehrt sein.

rozchy|botany wack(e)lig; **~lać** (*-am*), ⟨*~lić*⟩ halb (*od.* ein bißchen) öffnen; *Vorhang, Äste* etwas zur Seite schieben; **~lić się** sich (etwas) öffnen; **~lony** (halb)offen.

rozciąć *pf. s.* rozcinać.

rozciąg|ać (*-am*), ⟨*~nąć*⟩ auseinanderziehen, (aus)dehnen; strecken; weiten; *Arme, Flügel* ausbreiten; *Schutz* gewähren (*nad I/D*); **~ać** ⟨*~nąć*⟩ się sich (aus)dehnen; sich ausbreiten, sich erstrecken (*a.* fig.; *na A/auf A*); sich ausstrecken; **~liwy** dehnbar; *Metall:* streckbar; **~łość** *f* (*-ści; 0*) Ausdehnung *f*; *w całej ~łości* im vollen Umfang.

rozdrap|ywać (*-uję*), ⟨*~ać*⟩ zer-

rozciekaw|iać ['-ka-] (*-am*), ⟨*~ić*⟩ *-n* gespannt machen; *j-s* Neugier(de) erwecken.

rozcieńcz|ać (*-am*), ⟨*~yć*⟩ (*-ę*) ver-

dünnen; verwässern; **~alnik** *m* (*-a; -i*) Verdünnungsmittel *n*.

roz|cierać (*-am*), ⟨rozetrzeć⟩ (ver-, zer)reiben; **~cież** *s.* oścież; **~cięcie** *n* Durch-, Zerschneiden *n*; Schnitt *m*; **~cinać** (*-am*), ⟨*~ciąć*⟩ (zer)schneiden; *Buch* aufschneiden; *Tech. Werkstoff* trennen; **~cinak** *m* (*-a; -i*) *Tech.* Trenner *m*.

rozczapierz|ać (*-am*), ⟨*~yć*⟩ (*-ę*) spreizen.

rozczarow|anie *n* (*-a*) Enttäuschung *f*; **~(yw)ać** (*-[w]uję*) enttäuschen; **~ać się** enttäuscht sein *od.* werden.

rozcze|pi(a)ć abhängen; abkoppeln; **~sywać** (*-uję*), ⟨*~sać*⟩ (durch)kämmen.

roz|członkow(yw)ać (*-[w]uję*) zergliedern; **~czochrany** zerzaust.

rozczul|ać (*-am*), ⟨*~ić*⟩ (*-lę*) (*do łez* zu Tränen) rühren; **~ić się** gerührt (*od* griffen) sein; **~ać się** *nad* (*I*) Mitleid haben, mitfühlen (mit); **~ajacy** ['-jon-] (*-co*) rührend, ergreifend; **~enie** *n* (*-a; 0*) Rührung *f*; **~ony** gerührt, ergriffen.

rozczyn *m* Sauerteig *m*; **~iać** ['-'tʃi-] (*-am*), ⟨*~ić*⟩ *Teig* anrühren.

rozczyt|ywać się (*-uję*), ⟨*~ać się*⟩ sehr gern (*od.* ausdauernd) lesen (*w I/*in *D*).

rozda|rcie *n* Zerreißen *n*; Riß *m*; **~wać** ⟨*~po-, ~ć*⟩ (aus)geben, verteilen; *a.* = **~row(yw)ać** (*-[w]uję*) verschenken; **~wnictwo** *n* (*-a; 0*) Verteilung(saktion) *f*.

roz|dąć *pf. s.* rozdymać; **~deptywać** (*-uję*), ⟨*~deptać*⟩ zertreten; **~dłubywać** (*-uję*), ⟨*~dłubać*⟩ *Wunde* zerkratzen; (herum)stochern (*A/*in *D*); **~dmuchiwać** (*-uję*), ⟨*~dmuchać*⟩ *Wind: et.* auseinandertreiben, zerstreuen, verwehen; *fig. Feuer, Gefühl* anfachen; *e-e Sache* aufbauschen, übertreiben.

rozdrab|iać ['-'dra-] (*-am*) *s.* drobić; **~niać** ['-'drab-] (*-am*), ⟨rozdrobnić⟩ (*-ę, -nij!*) zerkleinern, zerstückeln; zersplittern (*się v/i*); **~niać się** *a.* sich verzetteln; **~niarka** *f* (*-i; G -rek*) Zerkleinerungsmaschine *f*; Quetsche *f*; Brecher *m*.   [kratzen.]

rozdrap|ywać (*-uję*), ⟨*~ać*⟩ zer-)

rozdrażn|iać ['-'draʒ-] (*-am*), ⟨*~ić*⟩ (auf)reizen; ärgern, in Rage bringen; **~i(a)ć się** in Rage kommen, in Wut geraten; **~ienie** *n* (*-a*) Reizung *f* (*a. Med.*), Aufreizung *f*; Gereizt-heit *f*; w ~ieniu = ~iony gereizt, verärgert.

rozdrob|(n)ić *pf. s.* rozdrab(n)iać; **~nienie** *n* (-a) Zerkleinerung *f*; *fig.* Zersplitterung *f*.

rozdroż|e *n* (-a; G -y) Kreuzweg *m*, Weggabelung *f*; *fig. stanąć na ~u* am Scheideweg stehen.

rozdw|ajać (-am), ⟨~oić⟩ halbieren, in zwei Hälften teilen *od.* spalten; ~ajać się sich teilen *od.* spalten; *Weg:* sich gabeln.

rozdwojenie *n* (-a) Halbierung *f*, Teilung *f*; Spaltung *f*; ~ jaźni, *osobowości* Bewußtseins-, Persön-lichkeitsspaltung.

rozdzia|ł *m* Aufteilung *f*; Vertei-lung *f*; (Ab-)Trennung *f*; (*Buch-*) Kapitel *n*; **~wiać** P [-'dźa-] (-am), ⟨~wić⟩ (-ę) *Mund* aufsperren, aufreißen.

rozdziel|acz *m* (-a; -e) Verteiler *m*; **~ać** (-am), ⟨~ić⟩ (ab-, auf-, ver)tei-len; (ab)trennen; ~ać się sich tren-nen; sich verzweigen; ~czy Vertei-lungs-; *s. tablica*; **~enie** *n* (0) (Auf-)Teilung *f*; Verteilung *f*; Trennung *f*; **~nia** [-'dzel-] *f* (-i; -e, -i) *El.* Schaltwerk *n*, -haus *n*; Schaltanlage *f*; **~nictwo** *n* (-a; 0) Verteilung *f*; **~nik** *m* Verteiler *m*, Verteilungsschlüssel *m*; **~ność** *f* (*majątku* Güter-)Trennung *f*; (*wła-dzy* Gewalten-)Teilung *f*; **~ny** ge-trennt; teilbar; *Math.* distributiv.

rozdzier|ać (-am), ⟨rozedrzeć⟩ zer-reißen; *vgl.* drzeć; **~jący** [-'jɔn-] (-co) *Schmerz:* reißend; *Anblick:* herzzerreißend; *Schrei:* gellend.

rozdźwięk *m* Mißklang *m*, Unstim-migkeit(en *pl.*) *f*.

roze|brać *s. pf.* rozbierać; **~dma** *f* (-a; 0) *Med.* Emphysem *n*; **~drzeć** *pf. s.* rozdzierać; **~gnać** *pf. s.* rozganiać; **~grać** *pf. s.* rozgrywać.

rozejm *m* (-u; -y/-ów) Waffenstillstand *m*; **~owy** Waffenstillstands-.

rozej|rzeć się *pf. s.* rozglądać się; **~ść się** *pf. s.* rozchodzić się.

roze|mleć *pf.* zermahlen; **~pchać** *pf.*, **~pchnąć** *pf. s.* rozpychać; **~przeć** *pf. s.* rozpierać.

rozerwa|ć *pf. s.* rozrywać; **~nie** *n* Zerreißen *n*; Bersten *n*; ~nie się

Reißen *n*; Explosion *f*; *s. a.* rozrywka; **~ny** zerrissen.

roze|rznąć *pf. s.* rozrzynać; **~sch-nąć się** *pf. s.* rozsychać się; **~słać** *pf. s.* rozsyłać, rozścielać; **~spany** verschlafen, schlaftrunken; **~śmiać się** *pf.* in Lachen ausbrechen, laut auflachen; **~śmiany** [-'śma-] la-chend. [sette *f.*]

rozet|a *f* (-y), **~ka** *f* (-i; G -tek) Ro-]

rozewrzeć *pf. s.* rozwierać.

rozezna|nie *n* (-a) Unterscheidung *f*; Erkenntnis *f*; *brak ~nia* (*w L*) mangelnde Kenntnis (*G*), kein Überblick (über *A*); **~wać** (-*ję*), ⟨~ć⟩ unterscheiden, erkennen; ~(wa)ć się sich auskennen.

rozgad|ywać F (-*uję*), ⟨~ać⟩ aus-plappern, -plaudern; ~(yw)ać się ins Schwatzen kommen.

rozgałę|ziać się [-'wę-] (-am), ⟨~zić się⟩ (-żę) sich verzweigen; sich gabeln; **~zienie** *n* (-a) Ver-zweigung *f*; Abzweigung *f*; **~ziony** [-'zɔ-] verzweigt; verästelt; **~źnik** *m* (-a; -i) *El.* Gabelschaltung *f*; *Tech* Abzweigrohr *n*, -stück *n*.

roz|ganiać (-am), ⟨~gonić, ~egnać⟩ aus-einandertreiben, -jagen; *Wolke:* zerstreuen.

rozgar|diasz [-'gar-] F *m* (-u; -e Durcheinander *n*, Wirrwarr *m*; **~niać** (-am), ⟨~nąć⟩ *Sand, Asche* zu Seite scharren, schieben; *Schne* wegschaufeln, räumen; **~nięty** [-'nɛn-] *fig.* aufgeweckt, gescheit.

roz|ginać (-am), ⟨~giąć⟩ auseinan derbiegen; geradebiegen; *Gliede* ausstrecken; **~glądać się** [-'glɔn-(-am), ⟨~ejrzeć się⟩ (-ę, -y, -yj/ umherblicken, sich umsehen; F sicl umschauen, sich umtun (*za I*/nach *w L*/bei, in *D*).

rozgl|aszać (-am), ⟨~osić⟩ publi machen, F an die große Glocke hän gen; *Geheimnis* (hin)ausposaunen **~os** *m* (-u; 0) Berühmtheit *f*, Popu larität *f*; *nabrać ~osu* (allgemein bekannt werden.

rozgłośn|ia *f* Rundfunksender *m* **~y** laut, schallend; *fig.* berühm

rozgmatw|ywać (-*uję*), ⟨~ać⟩ en wirren. [ken, -quetschen.

rozgni|atać (-am), ⟨~eść⟩ zerdrük-

rozgniew|ać (-am), ⟨~ać się⟩ zornig werden; **~any** zornig, e zürnt, aufgebracht.

ozgonić *pf. s.* rozganiać.

ozgorączkow|ać się *pf.* in Erregung geraten, vor Aufregung fiebern; **~any** fiebrig; *fig.* fiebernd, erregt.

ozgorycz|ać (-*am*), ⟨**~yć**⟩ (-*ę*) verbittern (*się* v/i); **~enie** *n* (-*a; 0*) Verbitterung *f*; **~ony** verbittert.

ozgo|rzeć *pf.* entflammen; **~ścić się** *pf.* sich wie zu Hause fühlen; *s.* rozlokowywać się; **~tow(yw)ać** (-[*w*]*uję*) zerkochen (*się* v/i).

ozgrabi|ać [-'gra-] (-*am*), ⟨**~ć**⟩ *Agr.* Heu mit dem Rechen (der Harke) auseinanderbreiten; (*mst pf.*) ausplündern.

ozgr|amiać [-'gra-] (-*am*), ⟨**~o-mić**⟩ *Feind* zerschlagen, aufs Haupt schlagen.   [grenzen.]

ozgranicz|ać (-*am*), ⟨**~yć**⟩ ab-|

oz|gromienie *n* (-*a; 0*) Zerschlagung *f*; **~grymaszony** *Kind*: nörgelig, quengelig.

ozgryw|ać (-*am*), ⟨rozegrać⟩ *Sp. Spiel* austragen; *Schachpartie* spielen; **~ać** ⟨rozegrać⟩ się stattfinden; sich abspielen; **~ka** *f* (-*i; G -wek*) (parteipolitischer) Kampf; *Sp.* Spiel *n*, (Wett-)Kampf *m*; **~ki**ligowe Liga-Aufstiegsspiele *n/pl.*; **~ki** końcowe Endausscheidungen *f/pl.*

ozgry|zać (-*am*), ⟨**~źć**⟩ zerbeißen; *Nüsse* knacken; F (*nur pf.*) kapieren.

ozgrz|ać *pf. s.* rozgrzewać; **~any** erhitzt.

ozgrze|bywać (-*uję*), ⟨**~bać**⟩ auf-, durch-, zerwühlen; kramen (*A/in D*); *s.* rozgarniać; **~szać** (-*am*), ⟨**~szyć**⟩ *Rel.* Absolution erteilen; (*z D*) *j-n* freisprechen (von *D*), *j-m* vergeben (*A*); **~szenie** *n* (-*a*) Absolution *f*; Vergebung *f*; **~wać** (-*am*), ⟨rozgrzać⟩ auf-, erwärmen (*się* sich); **~wka** *f* (-*wki; G -wek*) Aufwärmen *n*.

oz|gwar Lärm *m*; Stimmengewirr *n*; *s.* gwar; **~gwara** *f* Seestern *m*; **~gwieżdżony** *Himmel:* gestirnt; **~hamowanie** *n* Enthemmung *f*; **~haratać** P *pf.* zerschlagen; zerfetzen; **~hukany** wild, toll, zügellos; **~hulać się** F *pf. s.* hulać; *Sturm:* wüten, toben.

ozhuśtać *pf. s.* rozkołysać; **~ się** in Schwung kommen.

oz|igrać się *pf.* herumtollen, außer Rand und Band sein; *Sturm:* losbrechen, rasen; **~jadać**, ⟨**~jeść**⟩

zerfressen; **~jarzać się** (-*am*), ⟨**~jarzyć się**⟩ (beginnen zu) glühen, leuchten, scheinen; **~jaśniać** [-'jać-] (-*am*), ⟨**~jaśnić**⟩ (-*ę, -nij!*) erhellen; aufhellen (*się* sich).

rojazd *m* (-*u; -y*) *Esb.* Weiche *f*; **~y** *pl.* Reisen *f/pl.*; być ciągle w **~ach** immer unterwegs sein.

roz|jątrzać (-*am*) *s.* jątrzyć; **~je-chać** *pf. s.* rozjeżdżać.

rozjem|ca *m* (-*y; G -ów*) Schiedsrichter *m*, -mann *m*, Schlichter *m*; **~czy** Schieds-, Schlichtungs-.

rozje|ść *pf. s.* rozjadać; **~żdżać** (-*am*), ⟨**~chać**⟩ überfahren; (*nur impf.*) viel reisen, oft unterwegs sein; **~żdżać** ⟨**~chać**⟩ się auseinanderfahren.

rozjuczyć *pf.* (-*ę*) *Lasttier* absatteln, Packsattel abnehmen.

rozjuszony wütend, rasend.

rozka|pryszony *Kind:* quengelig; verzogen; **~rtkować** *pf.* verzetteln.

rozkaz *m* (-*u; -y*) Befehl *m*; *Mil.* **~**! zu Befehl!; pod **~ami** (*G*) unter dem Befehl (von); **~odawca** *m* Befehlshaber *m*; **~odawczy**: władza **~cza** Kommando-, Befehlsgewalt *f*; **~u-jacy** [-'jon-] (-*co*) befehlend, gebieterisch; *Adv. a.* im Befehlston; *tryb -cy s.* rozkaźnik; **~ywać** (-*uję*), ⟨**~ać**⟩ befehlen, gebieten.

rozkaźnik *m* (-*a; -i*) *Gr.* Imperativ *m*; **~owy** Imperativ-.

rozkiełzn|any ungezäumt; *fig.* zügellos, ungezügelt; **~ywać** (-*uję*), ⟨**~ać**⟩ abzäumen.

rozkis|ać F (-*am*), ⟨**~nąć**⟩ matschig, schlammig werden; **~ły** matschig.

rozkle|jać (-*am*), ⟨**~ić**⟩ *Plakate* ankleben; *e-e Klebstelle* lösen; **~ić się** *Geklebtes:* sich lösen, abgehen, F aus dem Leim gehen; F *fig.* schlappmachen; **~kotany** F klapp(e)rig, im desolaten Zustand; *Nerven:* überreizt, schwach; **~pywać** (-*uję*), ⟨**~pać**⟩ *Tech.* schweifen; *Niet* (an-)stauchen.

rozkład *m* (An-)Ordnung *f*, Einteilung *f*; Verteilung *f*; (*lekcji, lotów* Stunden-, Flug-)Plan *m*; *Chem.* Zersetzung *f*; Zerlegung *f* (*a. Phys.*); *Bio.* Zerfall *m*; (*moralny sittlicher*) Verfall *m*; *JSpr.* Strecke *f*, **~ać** (-*am*), ⟨rozłożyć⟩ ausbreiten; * in beli* einteilen; *Maschine* zerlegen; *Bio.*, *Chem.*, *fig.* zersetzen; *Tuch a.* auseinanderfalten; *Beine* spreizen;

Lager aufschlagen; ~ać na raty in Raten (be)zahlen lassen; ~ać ⟨*rozłożyć*⟩ się sich ausstrecken; ausbreiten (z I/A); ⟨*mst pf.*⟩ *Mil.* biwakieren, lagern; *Bio.* verwesen; *Chem.* sich zersetzen; ~alny zerlegbar; ~owy Verwesungs-; Zersetzungs- (a. *fig.*).

rozkoch|any (*sehr*) verliebt, vernarrt (w I/in A); ~iwać (-uję), ⟨~ać⟩ verliebt machen, j-s Liebe gewinnen; ~(*iw*)ać się sich verlieben (w I/in A). [soziation *f*.]

rozkojarzenie n (-a; 0) *Med.* Dis-]

rozkołysa|ć *pf.* in Schwung bringen, in schaukelnde Bewegung versetzen; ~ć się schwingen, schaukeln (v/i); *See*: wogen; ~ny schwingend, wogend.

rozko|nspirować *pf.* enttarnen (się sich); ~pywać (-uję), ⟨~pać⟩ aufgraben.

rozkosz f (-y; -e) Wonne f; Wollust f; *pl. a.* Genüsse m/pl., Freuden f/pl.; z ~ą *a.* genießerisch, genüßlich; ~ny entzückend, wonnig, wonnevoll, genußreich; ~ować się (-uję) (I) sich ergötzen (an D), genießen (A), schwelgen (in D).

rozkracz|ać (-am), ⟨~yć⟩ (-ę) Beine spreizen, grätschen; ~ony gespreizt.

rozkra|dać (-am), ⟨~ść⟩ (alles) wegstehlen, F auf die Seite bringen *od.* schaffen; ~jać, ~wać (-am), ⟨*rozkroić*⟩ zerschneiden.

rozkrę|cać (-am), ⟨~cić⟩ auseinander-, losschrauben; aufdrehen; *fig.* ankurbeln; auf Touren bringen; ~ać się sich aufdrehen; *Haare*: aufgehen, sich lösen; auf Touren kommen.

rozkro|czny *Sp.* Grätsch-; ~ić *pf. s.* rozkrajać; ~k m Grätsche f.

rozkrusz|ać (-am), ⟨~yć⟩ zerbröckeln (się v/i).

rozkrwawi|ać [-'krva-] (-am), ⟨~ć⟩ zum Bluten bringen; blutig schlagen.

rozkry|wać (-am), ⟨~ć⟩ aufdecken.

roz|krzewiać [-'kʃe-] (-am) *s.* krzewić; ~krzyżow(yw)ać (-[*w*]uję) *Arme* ausbreiten; ~kuć *pf. s.* rozkuwać; ~kudłany zerzaust.

rozkulbacz|ać (-am), ⟨~yć⟩ absatteln. [aufkaufen.]

rozkup|ywać (-uję), ⟨~ić⟩ (alles)]

rozkurcz m (*Muskel-*)Expansion f;

~ serca Diastole f; ~ać (-am), ⟨~yć⟩ *Muskel* entspannen; *Faust* öffnen; ~owy (-wo) krampflösend; diastolisch.

rozku|wać (-am), ⟨~ć⟩ *Hufeisen* abschlagen; von Ketten (*od.* Fesseln) befreien.

rozkwa|szać (-am), ⟨~sić⟩ aufweichen; F *fig.* Nase blutig schlagen; ~terować *pf. s.* kwaterować; rozlokow(yw)ać.

rozkwit m (-u; 0) Auf-, Erblühen n; Blüte f; *fig. a.* Aufschwung m; ~ać (-am), ⟨~nąć⟩ auf-, erblühen.

rozla|ć *pf. s.* rozlewać; ~nie n (-a) ~nie się Überschwemmung f; ~ny *fig.* verschwommen; aufgedunsen; ~tywać się (-uję), ⟨*rozlecieć się*⟩ auseinanderfliegen, -stieben; zerspringen; auseinanderfallen; ~zły schlaff, weich(lich); F *fig.* schlapp, träge, F latschig.

rozle|cieć się *pf. s.* rozlatywać się; ~gać się (-am), ⟨~c, ~gnąć się⟩ (*L. lec, -nę, -ł*) erschallen, -tönen (wider)hallen; *Protest usw.*: laut werden; ~gle *Adv. s.* rozległy ~głość f (-ści; 0) Ausdehnung f Weite f; *fig.* Umfang m, Ausmaß n; ~gły (-le) ausgedehnt, weit(reichend); umfangreich, umfassend weitgespannt.

rozleniwi|ać [-'nivate-] (-am), ⟨~ć⟩ (-ę) träge, faul machen; ~ać się faul, träge werden; ~enie n (-a; 0 Faulheit f; (*Darm-*)Trägheit f.

rozlepi|ać [-'le-] (-am), ⟨~ć⟩ *Pla* kate ankleben; *Geklebtes* lösen.

rozlew m (-u; -y) Überschwemmung f, Hochwasser n; Abfüllun f; ~ krwi Blutvergießen n; bez ~ krwi a. unblutig; *s. a.* rozlewisko ~ać (-am), ⟨*rozlać*⟩ vergießen (*Blut*), verschütten; (*do butelek i* Flaschen) abfüllen; *Fluß*: (*a. ~ się*) über die Ufer treten; ~ać ⟨*rozlać*⟩ się überfließen; (aus-, zerfließen, rinnen, laufen; sich ergie ßen; ~arka f (-i; G -rek) Abfüll maschine f; ~isko n (-a) überflutet Fläche, überschwemmtes Land; *a. rozlew*; ~ma [-'lev-] f (-i; -e, - Abfüllbetrieb m; ~niczy Abfüll-; ~ny *Wasserfläche*: ausge dehnt, weit; *fig.* Stil: weitschweif fig; umständlich; *Melodie*: schmal zig.

rozleźć się *pf. s.* rozłazić się.

rozlicz|ać (-am), ⟨-yć⟩ berechnen; verrechnen; ~ać ⟨-yć⟩ się abrechnen (z I/mit); ~enie n (-a) Abrechnung f; Verrechnung f; ~e-niowy Abrechnungs-, Verrech-nungs-; ~ny verschieden(artig), mannigfaltig; zahlreich.

rozlokow|anie n (-a) Unterbrin-gung f; Einquartierung f; ~(yw)ać (-[w]uję) unterbringen; einquartie-ren; ~(yw)ać się unterkommen; Quartier beziehen; sich (häuslich) einrichten.

rozlosow|anie n Verlosung f; ~(yw)ać (-[w]uję) verlosen.

rozlutow(yw)ać (-[w]uję) e-e Löt-stelle lösen, loslöten; ~ się an den Lötstellen undicht werden.

rozluzow(yw)ać (-[w]uję) lockern (się sich).

rozluźni|ać [-'luż-] (-am), ⟨-ć⟩ (-e, -nij!) lockern; lösen (się sich); Muskel entspannen (się sich); ~e-nie [-'nęnę] n (-a; 0) (Auf-)Locke-rung f, Lockern n; Laxheit f; Lok-kerheit f; Schlaffheit f; ~ony lok-ker, lose; Muskel: schlaff, ent-spannt.

rozładow|anie n Entladung f; ~anie napięcia fig. Entspannung f; ~czy s. rozładunkowy; ~(yw)ać (-[w]uję) entladen (się sich, bsd. El.); Schiff löschen; fig. ~(yw)ać atmosferę de Atmosphäre reinigen; ~(yw)ać na-pięcie die Lage entspannen.

rozładun|ek m Entladen n, Ent-ladung f; Mar. Löschung f; ~kowy Entlade-, Ablade-, Lösch-.

rozłajdaczyć się F pf. verlottern, verbummeln.

rozłam m Bruch m, Spaltung f; ~o-wiec [-'mɔ-] m (-wca; -wcy) Pol. Spalter m; ~owy spalterisch, zu e-r Spaltung führend; ~ywać (-uję), ⟨-ać⟩ (zer)brechen (się v/i); fig. spalten (się sich).

rozłazić się, ⟨-leźć się⟩ überallhin, in alle Richtungen kriechen; F fig. Menschen: auseinandergehen, -lau-fen; Kleidung, Schuhe: auseinan-derfallen.

rozłącz|ać (-am), ⟨-yć⟩ (ab)trennen, scheiden; abschalten; ~ać sprzęgło auskuppeln; ~ać ⟨-yć⟩ się sich tren-nen, voneinander scheiden; ~nik m (-a; -i) Trennungsstrich m; El. (Trenn-)Schalter m; ~ny trennbar; getrennt.

roz|łąka f Trennung f; ~łoga f (-i) s. rozłóg; JSpr. Auslage f.

rozłoż|enie n (-a) Zerlegung f; s. rozkład; ~yć pf. s. rozkładać; ~ysty (-to) Baum: weitverzweigt, weit ausladend; Geweih: gut ausgelegt.

rozłóg m (-ogu; -ogi) weite (offene) Fläche; Bot. Ausläufer m, Trieb m.

rozłup|ywać ⟨-ać⟩ (zer-) spalten; Holz spleißen; Nüsse knacken; ~(yw)ać się spalten.

rozmach m (-u; -y) Schwung m; Wucht f; fig. a. Energie f, Elan m; uderzyć z ~u mit aller Wucht (zu-)schlagen; z ~em a. schwungvoll; ~iwać (-uję), ⟨-ać⟩ in Schwung bringen; (nur impf.) schwenken, schwingen (I/A); fuchteln; ~ać się in Schwung kommen, Schwung bekommen.

rozma|czać (-am), ⟨rozmoczyć⟩ einweichen; aufweichen; ~gneso-w(yw)ać (-[w]uję) entmagnetisie-ren.

rozmai|tość f (-ści) Mannigfaltig-keit f, Vielfalt f; Abwechslung f; ~tości pl. Verschiedene(s), alles mögliche, die verschiedensten Dinge; † Kochk. Aufschnitt m; ~ty (-cie) verschieden(artig), man-nigfaltig, allerlei; ~cie bywa nichts ist unmöglich.

rozm|akać (-am), ⟨-oknąć⟩ auf-, durchweichen.

rozmaryn m (-u; -y) Rosmarin m; ~owy Rosmarin-.

rozmarz|ać[1] [-r·z-], ⟨-nąć⟩ auf-tauen (v/i); ~ać[2] [-ʒ-], ⟨-yć⟩ in träumerische Stimmung versetzen; Wärme usw.: faul (od. träge, schläf-rig) machen; ~yć się traumverloren dasitzen od. -stehen; ganz träge (od. schläfrig) werden; ~enie n (0) träu-merische Stimmung; Schläfrigkeit f, (angenehme) Müdigkeit f; ~ony traumverloren, träumerisch; schläf-rig, träge, müde; ~yć pf. s. rozma-rzać[2].

rozmawiać ⟨po-⟩ sich unterhalten, (miteinander) sprechen.

rozmaz m (-u; -y) Med. Abstrich m; ~ywać (-uję), ⟨-ać⟩ verschmieren, verreiben; verwischen; F fig. breit-treten; ~(yw)ać się verschwimmen.

rozmiar [-r·m-] m (-u; -y) Größe f; Abmessung (pl.) f, Dimension f; Ausmaß n, Umfang m, Größen-ordnung f.

rozmiażdżać *(-am)* s. miażdżyć.
rozmie|niać [-'m'e-] *(-am)*, ⟨~nić⟩ Geld wechseln; *fig.* verzetteln; ~rzać *(-am)*, ⟨~rzyć⟩ aus-, vermessen; ~sić *pf.* Teig, Ton kneten; Straßenkot zerwühlen, breittreten; ~szać *pf.* verrühren; ~szczać *(-am)*, ⟨~ścić⟩ Gäste, Soldaten unterbringen; setzen, Plätze anweisen; (auf verschiedene Plätze) verteilen; (an-)ordnen, placieren; ~szczać się Quartier beziehen *od.* nehmen, Unterkunft finden; sich setzen, Plätze einnehmen; ~szczenie *n (-a)* Unterbringung *f*; Verteilung *f*; Anordnung *f*.
rozmięk|ać [-'mɛŋk-] *(-am)*, ⟨~nąć⟩ weich werden, aufweichen; ~czać *(-am)*, ⟨~czyć⟩ *(-ę)* weich machen, aufweichen; *fig.* erweichen.
rozmiękczenie [-mɛŋk-] *n (-a)*: *Med.* ~ mózgu Gehirnerweichung *f*; *Vet.* ~ kości Knochenweiche *f*.
rozmiłow|anie *n (-a)* Vernarrtheit *f*, Liebe *f*; ~(yw)ać *(-[w]uję)* Liebe erwecken *(w L/für A)*; ~(yw)ać się vernarrt sein *(w L/in A)*.
rozmi|nąć się *pf.* s. mijać się; ~no-w(yw)ać *(-[w]uję)* entminen; ~no-w(yw)anie *n (-a; 0)* Minenräumung *f*.
rozmnaż|ać *(-am)*, ⟨rozmnożyć⟩ vermehren (się sich); ~anie *n (-a; 0)* Vermehrung *f*, *(a. się)* Fortpflanzung *f*; *Kernphys.* Brüten *n*.
roz|mnożyć *pf.* s. rozmnażać; ~mnóżka *f (-i; G -żek)* (cebulkowa) Steckzwiebel *f*; ~moczyć *pf. s.* rozmaczać; ~moknąć *pf. s.* rozmakać; ~montować *pf.* demontieren; zerlegen; ~motać *pf.* ab-, loswickeln, abspulen; entwirren.
rozmow|a *f (miejscowa, na szczycie, zamiejscowa* Orts-, Gipfel-, Fern-) Gespräch *n (o L/über A)*, Unterredung *f*; Unterhaltung *f*; ~ny gesprächig.
rozmów|ca *m*, ~czyni *f (-i; -e, -ń)* Gesprächspartner(in *f*) *m*; ~ić się *pf.* sich verständigen; sprechen, reden *(z I/mit; co do G, o A/wegen G, über A)*; ~ka *f (-i; G -wek)* Unterhaltung *f*, Plauderei *f*; *(nur pl.)* ~ki Konversationsbuch *n*; Sprachführer *m*; ~nica *f (-y; -e)* Sprechzimmer *n*; (öffentliche) Fernsprechzelle.
roz|mrażać *(-am)*, ⟨~mrozić⟩ auf-

tauen; entfrosten; ~myć *pf. s.* rozmywać.
rozmysł *m (-u; 0)* Bedacht *m*, Überlegung *f*; *z ~em* mit (Vor-)Bedacht; *bez ~u a.* unüberlegt; unbeabsichtigt.
rozmyśl|ać *(-am)* nachdenken, sinnen *(nad I/über A)*; grübeln, sinnieren, meditieren; ~anie *n (-a)* Nachdenken *n*, (Nach-)Sinnen *n*; Überlegung *f*; ~ania *pl. Rel.* Meditation *f*; Kontemplation *f*; ~ić się *pf. (-lę)* sich anders besinnen, es sich anders überlegen; ~ność *f (-ści; 0)* Bedächtigkeit *f*; Vorsätzlichkeit *f*; ~ny absichtlich, vorsätzlich; mutwillig.
rozmy|wać *(-am)*, ⟨~ć⟩ Ufer auswaschen, unterspülen.
roznamiętni|ać [-'mɛnt-] *(-am)*, ⟨~ć⟩ *(-ę, -nij!)* erregen, Leidenschaften entfachen, aufwühlen; ~(a)ć się sich ereifern, in Eifer geraten; ~ony (leidenschaftlich) erregt, hitzig.
roznegliżowany halb angezogen im Negligé.
roznie|cać *(-am)*, ⟨~cić⟩ *(-cę)* anentzünden; entfachen; schüren *(a. fig.)*; ~ść *pf. s.* roznosić.
roznosi|ciel [-'ci-] *m (-a; -e)* Austräger *m*; ~ć, ⟨roznieść⟩ Zeitungen austragen; Getränke usw. herumreichen; Krankheiten übertragen; Klatsch verbreiten; Feind vernichten; zerstören; F radość ~la go er war außer sich vor Freude; ~ć ⟨roznieść⟩ się sich verbreiten; sich herumsprechen.
rozochoc|ić *pf. (-cę)* anregen, in Stimmung bringen; ~ić się in Stimmung kommen; ~ony in gehobener Stimmung, gut aufgelegt
rozogni|ać [-'ɔg-] *(-am)*, ⟨~ć⟩ *(-ę -nij!)* erhitzen *(fig.)*; *Med.* entzünden *(się sich)*; ~enie *n (-a; 0)* Entzündung *f*, krankhafte Rötung.
rozpacz *f (-y; 0)* Verzweiflung *f* Gram *m*, tiefe Trauer *(nad I, po L über A)*; *akt ~y* Verzweiflungstat *f* złamany ~ą gramgebeugt, ganz verzweifelt; F ~! (es ist) zum Verzweifeln!; ~ać *(-am)* verzweifeln; sich grämen, trauern *(po L/über A)*; ~liwość *f (-ści; 0)* Hoffnungs-, Aussichtslosigkeit *f*; ~liwy *(-wie)* verzweifelt.
rozpad *m (-u; 0)* Zerfall *m*; ~ać[1] ⟨rozpaść się⟩ zerfallen; auseinan-

derfallen; **~ać²** się pf. (nur Inf. u. 3. Pers. sg.): ~ał się deszcz es regnet(e) ununterbrochen; (unpers.) ~ało się es hat sich eingeregnet; **~lina** f, **~lisko** n (-a) (Fels-)Spalte f, Kluft f, Klamm f; **~owy** Zerfalls-.

rozpakow(yw)ać (-[w]uję) (się s-e Koffer) auspacken.

rozpal|ać (-am), ⟨**~ić**⟩ Feuer anzünden, machen; Ofen anheizen; Hochofen anblasen; fig. entzünden, entfachen; (nur pf.) glühend heiß machen, zum Glühen bringen; ~ać się (beginnen zu) brennen; ~ić się glühen; fig. sich ereifern; **~ony** s. rozżarzony.

rozpal: na ~ zum Anheizen; **~ka** F f (-i; 0) Kleinholz n od. Späne pl. zum Feueranmachen.

rozpa|miętywać [-męn-] (-uję) sich s-n Erinnerungen hingeben; sinnen, grübeln (o L/über A); **~prać** F pf. s. rozbabrywać; Arbeit: (unfertig) liegenlassen. [parcelować.]

rozparcelow(yw)ać (-[w]uję) s.

rozpa|sać¹ (-am), ⟨**~ść**⟩ mästen; **~sać²** s. rozpasywać; **~sanie** n (-a; 0) Disziplin-, Zuchtlosigkeit f; Sittenlosigkeit f; **~sywać** ⟨**~sać**⟩ (-saé -sze) den Gürtel (od. das Koppel) abnehmen; fig. ~s(yw)ać się jedes Maß überschreiten, Zucht und Ordnung vergessen; außer Rand und Band geraten; **~ść** pf. s. rozpasać¹; ~ść się s. rozpadać się.

rozpatrywać (-uję), ⟨**rozpatrzeć**⟩ -rzyć⟩ (über)prüfen, untersuchen; erörtern; ~ się sich umsehen (w L/ in D).

rozpat|rywanie n (-a) Erörterung f; a. = **~rzenie** [-t:ʃ-] n (-a) (Über-)Prüfung f, Untersuchung f.

rozpełz|ać się, ⟨**~nąć się**⟩ auseinanderkriechen.

rozpęd m Anlauf m; Schwung m; vgl. rozmach, pęd; **~owy:** koło ~owe Schwungrad n.

rozpędz|ać (-am), ⟨**~ić**⟩ auseinandertreiben, -jagen; Sorgen, Wolken vertreiben; F ~ić na cztery wiatry zum Teufel jagen; (nur pf.) auf Touren bringen, beschleunigen; Pferde im Galopp laufen lassen; ~ać (się) auf Touren kommen; in Fahrt kommen od. sein.

rozpęt|ywać (-uję), ⟨**~ać**⟩ Fesseln lösen od. abnehmen; F Krieg, Revolution entfesseln; ~(yw)ać się sich von Fesseln befreien; F aus-, losbrechen, losgehen.

roz|piąć pf. s. rozpinać; **~pić się** pf. s. rozbijać; **~pieczętow(yw)ać** [-tʃɛn-] (-[w]uję) Siegel erbrechen; Brief öffnen.

rozpiera|ć (-am), ⟨**rozeprzeć**⟩ (aus-)dehnen, auseinanderdrücken; Arch. spreizen; ~ go duma er platzt vor Stolz; ~ć się sich (hin)lümmeln.

rozpierzch|ać się, ~iwać się (-uję), ⟨**~nąć się**⟩ auseinanderstieben.

rozpie|szczać (-am), ⟨**~ścić**⟩ verhätscheln, verzärteln; Kind verziehen; **~szczony** verhätschelt, Hätschel-; Kind: verzogen.

rozpię|tość [-'pent-] f (-ści) Spannweite f; lichte Weite; fig. Umfang m.

rozpija|czony F versoffen; **~czyć się** F pf. (-ę), ~ć się, ⟨**rozpić się**⟩ (beginnen zu) saufen, P saufen.

rozpi|łow(yw)ać (-[w]uję) zersägen; **~nać** (-am), ⟨**rozpiąć**⟩ (-epnę) aufknöpfen; aufhaken; Schnalle, Gurt lösen; Zelt aufschlagen, -stellen; Segel setzen; rozpiąć na krzyżu ans Kreuz schlagen, kreuzigen; rozpiąć się s-e Kleidung öffnen; (Druck-)Knopf: aufgehen.

rozpis|anie n (-a; 0) Ausschreibung f; Auslobung f; ~anie ankiety Fragebogenaktion f; **~ywać** ⟨**~ać**⟩ (-uję), ⟨~ać⟩ Wahlen ausschreiben; Ausschreibung ausloben; Anleihe auflegen; Rollen abschreiben; ~(yw)ać się viel (od. gern und oft) schreiben.

rozpla|katow(yw)ać (-[w]uję) durch Plakat(e) bekanntmachen; **~now(yw)ać** (-[w]uję) nach e-m Plan einteilen; e-n Plan ausarbeiten; **~tać** (-am), ⟨**rozpleść**⟩ aufflechten, Flechtwerk lösen; rozpleść się Geflecht: sich lösen, aufgehen.

roz|plątywać (-uję), ⟨**~ać**⟩ entwirren (a. fig.); **~pleniać** [-'ple-] (-am), ⟨**~plenić**⟩ (-ę) vermehren (się sich); fig. verbreiten (się sich); **~pleść** pf. s. rozplatać; **~plombow(yw)ać** (-[w]uję) die Plombe(n) entfernen; **~płakać się** pf. in Tränen ausbrechen; **~płakany** weinend, in Tränen aufgelöst.

rozpłaszcz|ać (-am), ⟨**~yć**⟩ plattschlagen, abplatten.

rozpłat|ać pf. spalten; **~nica** f (-y; -e) Fuchsschwanz(säge f) m.

rozpłod|nik m (-a; -i) Zuchttier n; **~owy** Zucht-.

rozpłód m (Tier-)Zucht f.

rozpły|wać się (-am), ⟨~nąć się⟩ zerfließen (a. fig.); Menge: sich verlaufen.

rozpocz|ęcie n Beginn m, Eröffnung f, Aufnahme f; **~ynać** (-am), ⟨~ąć⟩ beginnen, starten (v/t); (na nowo wieder)aufnehmen; Spiel usw. eröffnen; Gespräch a. einleiten; ~ynać ⟨~ąć⟩ się beginnen, anfangen (v/i).

rozpog|adzać (-am), ⟨~odzić⟩ (-dzę, -gódź!⟩ aufheitern (się sich); **~odzenie** n (-a) Meteo. Aufheiterung f.

rozpo|litykować się pf. (- uję) ins Politisieren geraten; **~ławiać** (-am) s. przepoławiać; **~ra** f Arch. (Spann-)Riegel m; Spreize f (a. Bgb.); **~rek** m (-rka; -rki) (Hosen-) Schlitz m.

rozporzadz|ać (-am), ⟨~ić⟩ verfügen (I/über A); ~ać ⟨~ić⟩ się Anordnungen treffen, bestimmen, entscheiden (w sprawie G/über A); **~alny** verfügbar; **~enie** n (-a) Verfügung f; An-, Verordnung f, Erlaß m; ostatnie ~enie der letzte Wille.

rozpo|starty ausgebreitet; **~ścierać**, ⟨~strzeć⟩ (L.) ausbreiten (się sich); **~wiadać**, ⟨~wiedzieć⟩ (überall) erzählen.

rozpowszechn|iać [-'fʃex-] (-am), ⟨~ić⟩ (-ę) verbreiten (się sich); **~ienie** n (-a; 0) Verbreitung f.

rozpozna|ć pf. s. rozpoznawać; **~nie** n (-a) Erkennen n, Erkennung f; Identifikation f; Med. a. Diagnostizierung f; Mil. Aufklärung f; Geol. Erkundung f; Jur. Verhandlung f; łatwy do ~nia leicht erkennbar; nie do ~nia nicht zu erkennen; sprawa podlega ~niu przez sąd powiatowy der Fall wird vor dem Kreisgericht verhandelt; **~(wa)ć** erkennen; identifizieren; Med. diagnostizieren; Geol. erkunden; Mil. a. aufklären; Jur. Fall verhandeln; ~(wa)ć się nicht zurechtfinden; sich auskennen (w L/in D); **~wczy** Erkennungs-, Unterscheidungs-; Med. a. spezifisch; Mil. Erkundungs-, Aufklärungs-.

roz|pórka f (-i; G -rek) Arch. Spreize f; **~pracow(yw)ać** (-[w]uję) ausarbeiten.

rozprasza|ć (-am), ⟨rozproszyć⟩ (-ę) zerstreuen (się sich); verstreuen; **~jący** [-'jon-] Zerstreuungs-; **~nie** n (-a; 0) Phys. Streuung f; Verstreuung f; **~nie energii** Energieverlust m.

rozpraw|a f (-y) Debatte f, Erörterung f; Jur. Verhandlung f; (wissenschaftliche) Abhandlung; Doktorarbeit f, Dissertation f; Zusammenstoß m; doszło do ~y es kam zu e-m Kampf; **~iać** [-'pra-] (-am) debattieren, palavern, sich verbreiten od. auslassen (o L/über A); **~iać** [-'pra-] (-am), ⟨~ić się⟩ (-ę) (z I) sich auseinandersetzen (mit); fertig werden (mit); abrechnen (mit); **~ka** f (-i; G -wek) kurze Abhandlung, Essay m od. n.

rozpręż|ać (-am), ⟨~yć się⟩ recken (się sich); entspannen (się sich); Phys. Chem. expandieren; dekomprimieren; **~anie** n (-a) Phys. Expansion f; Dekompression f; **~enie** n (-a) Entspannung f.

rozpromieni|ać [-'mę-] (-am), ⟨~ć⟩ (-ę) Augen aufleuchten lassen; ~(a)ć się (übers ganze Gesicht) strahlen; **~ony** [-'nɔ-] (freude)strahlend.

rozprostow(yw)ać (-[w]uję) geradebiegen, -machen, strecken; glätten; Beine ausstrecken; ~ plecy sich aufrichten; ~ się gerade werden.

rozprosz|enie n (-a) Zerstreuung f; Phys. a. Streuung f; **~enie uwagi** Zerstreutheit f; **~yć** pf. s. rozpraszać; **~ony** zerstreut; dispergiert; Licht a.: diffus.

rozprowadz|ać (-am), ⟨~ić⟩ verteilen; Waren a. liefern; Flüssigkeit verdünnen (I/mit).

rozróżniacz|ać (-am), ⟨~yć⟩ s. rozleniwiać; **~yć się** verbummeln (v/i); **~ony** verbummelt, faul.

rozpru|wacz F m (-a; -e) Geldschrankknacker m; **~wać** (-am), ⟨~ć⟩ (auf)trennen; Bauch aufschlitzen; Safe knacken; ~(wa)ć się Naht: aufgehen.

rozprysk|iwacz m (-a; -e) Zerstäuber m; Agr. a. Jaucheverteiler m; **~iwać** (-uję), ⟨~ać, rozprysnąć⟩ (ver-, zer)sprühen, -spritzen; rozprysnąć się (nach allen Seiten) spritzen (v/i); Glas: zersplittern (v/i); **~owy** Splitter-.

roz|prysnąć pf. s. rozpryskiwać; **~prząc** pf. s. rozprzęgać.

rozprzeda|wać (*-ję*), ⟨**~ć**⟩ (*-am*) (nach und nach) verkaufen; ausverkaufen; **~ż** *f* (*-y*; *-e*) Ausverkauf *m*.

rozprzestrzeni|ać [*-'st:ʃɛ-*] (*-am*), ⟨**~ć**⟩ (*-ę*) verbreiten (*się* sich); *engS.* **~ać** *się* sich ausbreiten; um sich greifen; *Schall, Licht a.*: sich fortpflanzen.

rozprzę|gać [*-'pʃɛŋg-*] (*-am*), ⟨**~gnąć**, *rozprząc* [*-nɔntɕ*, *-pʃɔnts*] (*-nę, L. -prząc*) *Pferde* ausspannen; *fig.* zerrütten, auflösen; **~gać** ⟨**~gnąć**⟩ *się Disziplin*: zerrüttet werden, nachlassen (*v/i*); **~żenie** *n* (*-a*) Ausspannen *n d. Pferde*; *fig.* Auflösung *f*, Zerrüttung *f*; Anarchie *f*; **~żenie obyczajów** Sittenverfall *m*.

rozpuk *m*: ⟨*na*⟩śmiać *się do ~u* sich vor Lachen ausschütten; sich (fast) totlachen.

rozpulchni|ać (*-am*), ⟨**~ć**⟩ (*-ę, -nij!*) (auf)lockern.

rozpust|a *f* (*-y*) Ausschweifung (*-en pl.*) *f*, Unzucht *f*, V Hurerei *f*; *gniazdo ~y* Lasterhöhle *f*; **~nica** *f* (*-y; -e*) Dirne *f*; **~nik** *m* (*-a; -cy*) Wüstling *m*, P Lustmolch *m*; **~ny** ausschweifend, lasterhaft, sittenlos; *Text, Bild*: unzüchtig.

rozpuszcza|ć, ⟨*rozpuścić*⟩ (auf)lösen; schmelzen, zerlassen; *fig. Truppe* auflösen; *Parlament* beurlauben; *Gerücht* verbreiten; *Kinder* verziehen, verwöhnen; *rozpuścić się* (auf)lösen; zergehen; ungezogen werden; **~lnik** *m* (*-a; -i*) Lösungsmittel *n*; F *a.* Fleck(en)wasser *n*; **~lny** (*w wodzie wasser-*) löslich.   [Lösung *f*.]

rozpuszczenie *n* (*-a*; *0*) (Auf-)

rozpy|chać (*-am*), ⟨*rozepchać, rozepchnąć*⟩ zuviel hineinstopfen, ausdehnen, *Taschen* ausbeulen; *Leute* zur Seite stoßen, wegschieben, abdrängen; **~chać się** (sich (durch-)drängen; **~lacz** *m* (*-a; -e*) (Fein-)Zerstäuber *m*; Sprühdose *f*; ⟨*Zerstäuber-*)Düse *f*; F *a.* Maschinenpistole *f*, Spritze *f*; **~lać** (*-am*), ⟨**~lić**⟩ (*-lę*) versprühen, zerstäuben; **~tywać** (*-uję*), ⟨**~tać**⟩ ausfragen; **~t(yw)ać się** (*o A*) fragen, sich erkundigen (*nach D*).

~ozrabia|cki F Intrigen-, Wühl-; **~ctwo** F *n* (*-a; 0*) Stänkern *n*, Wühlarbeit *f*, Quertreiberei *f*; **~cz** F *m* (*-a; -e*) Stänker(er) *m*, Wühler *m*;

~ć [*-'ra-*] (*-am*), ⟨*rozrobić*⟩ anrühren, anmachen; F **~ć**, ⟨*na-*⟩ stänkern, *engS. a.* intrigieren, wühlen.

rozrachować się *pf.* abrechnen (*z I/mit*).

rozrachun|ek *m* Abrechnung *f*; Verrechnung *f*; Zahlungsausgleich *m*; **~ek gospodarczy** wirtschaftliche Rechnungsführung *f*; **~kowy** Ab-, Verrechnungs-.

rozradowa|ć *pf.* erfreuen; **~ć się** sich sehr freuen (*I, z G/über A*); **~ny** hocherfreut.

roz|radzać się (*-am*), ⟨*~rodzić się*⟩ sich vermehren; **~rastać się** (*-am*), ⟨*~rosnąć, ~rość się*⟩ wachsen; wuchern (*a. fig.*), sich ausbreiten; ins Kraut schießen; *Baum a.*: dichter (*od.* größer) werden; **~rąbywać** (*-uję*), ⟨*~rąbać*⟩ zerhacken.

rozregulow(yw)ać (*-[w]uję*) verstellen; die genaue Einstellung verändern; **~ się** sich verstellen, nicht (mehr) ordentlich funktionieren.

rozrobić *pf. s.* rozrabiać.

rozrodcz|ość *f* (*-ści; 0*) Fortpflanzungsfähigkeit *f*; (*bsd. Zo.*) Fruchtbarkeit *f*; **~y** Zeugungs-, Fortpflanzungs-; *czynności ~e* Fortpflanzungsfunktion *f*.

rozro|dzić się *pf. s.* rozradzać się; **~snąć się** *pf. s.* rozrastać się; **~st** *m* (*-u; 0*), **~śnięcie się** *n* Wachstum *n*; *fig. a.* Expansion *f*, Ausdehnung *f*.

rozrób|a P *f* (*-y*), **~ka** P *f* (*-i; G -bek*) Stänkerei *f*; Rabatz *m*, Krakeel *m*.

rozró|d *m* Fortpflanzung *f*, Vermehrung *f*; **~ść się** *pf. s.* rozrastać się.

rozrówn|ywać (*-uję*), ⟨*~ać*⟩ nivellieren, planieren, einebnen; glattstreichen.

rozróżni|ać [*-'ruʒ-*] (*-am*), ⟨*~ć*⟩ unterscheiden; **~enie** *n* (*-a; 0*) Unterscheidung *f*.

rozruch *m Tech.* Anfahren *n*, Anlassen *n*, Anlauf *m*; Inbetriebnahme *f*; **~ próbny** Probelauf *m*, *-betrieb m*; *nur pl. ~y Pol.* Unruhen *f/pl.*; **~owy** Anlasser-, Start-.

rozrusz|ać *pf.* anlassen, anwerfen, in Gang setzen; *Motor a.*: warmlaufen lassen; *fig.* aufmuntern, in Stimmung bringen; **~nik** *m* (*-a; -i*) Anlasser *m*.

rozryw|ać (*-am*), ⟨*rozerwać*⟩ zerreißen (*się v/i*); (*nur impf.*) F sich reißen (um *A*); (*nur pf.*) zerstreuen; unterhalten (się sich); **~ka** *f* (-*i*; *G -wek*) Unterhaltung *f*, Zerstreuung *f*, Vergnügen *n*; **~ka** umysłowa Denksportaufgabe *f*; *ulubiona* **~ka** Lieblingsbeschäftigung *f*; *dla* **~ki** zum Zeitvertreib *m*; **~kowy** Unterhaltungs-.

rozrząd [-ʒɔnt] (-*u*; -*y*) *m Tech.* Steuerung *f*; *Esb.* Rangieren *n*; **~owy** *Tech.* Steuer(ungs)-; *Esb.* Rangier-, Verschiebe-.

rozrzedz|**ać** (-*am*), ⟨~*ić*⟩ (-*dzę*) verdünnen; **~ony** verdünnt.

rozrzewni|**ać** [-'ʒɛv-] (-*am*), ⟨~*ć*⟩ (-*ę*, -*nij!*) (zu Tränen) rühren; **~ajacy** [-'jɔn-] (-*co*) rührend, herzbewegend; **~enie** *n* (-*a*; *0*) Rührung *f*.

rozrzuc|**ać** ⟨*po*-, ~*ić*⟩ aus-, ver-, zerstreuen; durcheinanderwerfen; *Arme* ausbreiten; **~ać** *pieniądze* mit dem Geld um sich werfen.

rozrzut *m* Streuung *f*; *Mil.* (*a. pole* ~*u*) Streubereich *m*; **~nica** *f* (-*y*; -*e*), **~nik** *m* (-*a*; -*cy*) Verschwender(in *f*) *m*; *nur m* (*pl.* -*i*) Streugerät *n*; **~ność** *f* (-*ści*; *0*) Verschwendung(ssucht) *f*; **~ny** verschwenderisch.   [schneiden.\

roz|**rznąć** (-*am*), **~erznąć**⟩ zer-\

rozsad|**a** *f* (-*y*) *Agr.* Setzlinge *m*/*pl.*; **~ka** *f* (-*i*; *G -dek*) Setzling *m*; **~nik** *m* (-*a*; -*i*) *Agr.* Saatbeet *n*; *Forst.* Kamp *m*, Pflanzgarten *m*; *fig.* Brutstätte *f*; **~awiać** [-'da-] (-*am*), ⟨~*owić*⟩ Plätze anweisen (*A*/*D*), setzen; **~owić się** *s.* rozsiadać się.

rozsadz|**ać** (-*am*), ⟨~*ić*⟩ Plätze anweisen (*A*/*D*), setzen; auseinander setzen, trennen; sprengen (*a. fig.*), zerreißen; *Agr.* um-, verpflanzen.

rozsąd|**ek** *m* (-*dku*; *0*) Vernunft *f*, Verstand *m*; *zdrowy* **~ek** gesunder Menschenverstand; *małżeństwo z* **~ku** Vernunftheirat *f*; **~ny** vernünftig, klug.   [den.\

rozsądz|**ać** (-*am*), ⟨~*ić*⟩ entschei-\

rozsia|**ć** ['rɔsɕatɕ] *pf. s.* rozsiewać; **~dać się**, ⟨*rozsiąść się*⟩ sich (hin-) lümmeln, sich breitmachen (*a. fig.*); (*mst pf.*) die Plätze einnehmen, sich (hin)setzen; *Vögel*: sich niederlassen; **~ny** verstreut.

roz|**siąść się** *pf. s.* rozsiadać się; **~siec** *pf. s.* rozsiekać.

rozsiedl|**ać** (-*am*), ⟨~*ić*⟩ (-*lę*) ansiedeln (się sich); **~enie** *n* (-*a*; *0*)

Besiedlung *f*; *Zo.* Lebensraum *m*; *obszar* **~enia** Verbreitungsgebiet *n*.

rozsie|**kać** *pf.* zerhacken; **~rdzić** *pf.* (-*dzę*) erzürnen.

rozsiew *m* Ausstreuen *n*, Streuung *f*; **~acz** *m* (-*a*; -*e*) Streuer *m*; **~ać** (-*am*), ⟨rozsiać⟩ aussäen; ausstreuen (*a. fig.*).   [teln.\

rozsiodł|**ywać** (-*uję*), ⟨~*ać*⟩ absat-\

roz|**sławiać** [-'swa-] (-*am*), ⟨~*sławić*⟩ (überall) berühmt machen; **~smakow(yw)ać się** [-[w]uję] (*w L*) Geschmack finden (an *D*) *od.* abgewinnen (*D*); **~smarow(yw)ać** (-[*w*]*uję*) verschmieren; verstreichen; **~sortow(yw)ać** (-[*w*]*uję*) sortieren.

rozsta|**ć się** *pf. s.* rozstawać się; **~j** *m* (-*u*/-*a*; -*e*, -*ai*/-*ów*) Wegkreuzung *f*, Kreuzweg *m*; **~jny**: *fig.* stać na ~*jnych drogach* am Scheideweg stehen; **~nie** (się) *n* (-*a*) Abschied (-nehmen *n*) *m*, Scheiden *n*; Trennung *f*

rozstaw *m* Abstand *m*; ~ *kół* Radstand *m*, Spurweite *f*; **~ać się**, ⟨*rozstać się*⟩ scheiden, sich trennen (*z I*/von); Abschied nehmen; **~i(a)ć** aufstellen (się sich); auseinanderrücken; *Beine* spreizen; F *fig.* ⟨*a. po-*⟩ ~*i(a)ć po kątach* (*A*) die Leviten lesen (*D*); **~ienie** *n* (-*a*) Aufstellung *f*, Anordnung *f*; Abstand *m* (*bsd. Tech.*); **~ny** Strecken-; *bieg* ~*ny* Staffellauf *m*; *konie* ~*ne* frische Pferde; *stół* ~*ny* Klapptisch *m*.

rozst|**ęp** [-ɛmp] *m* (-*u*; -*y*) Abstand *m*; *Med.*, *Zo.* Spalt *m*; **~ępować się** (-*uję*), ⟨~*ąpić się*⟩ Platz machen, zur Seite treten, e-e Gasse bilden; *Erde*: sich auftun.

rozstr|**ajać** (-*am*), ⟨~*oić*⟩ verstimmen; zerrütten; **~ój** *m* (-*oju*; -*oje* -*ów*) Verwirrung *f*, Desorganisation *f*; (*Nerven-*)Zerrüttung *f*; (*Magen-*) Verstimmung *f*.

rozstrzel|**anie** *n* Erschießung *f*; **~iwać**[1] (-*wuję*), ⟨~*ać*⟩ erschießen; **~iwać**[2] (-*wuję*), ⟨~*ić*⟩ *Aufmerksamkeit* Wahlstimmen zersplittern; *Typ* durchschießen.

rozstrzyg|**ać** (-*am*), ⟨~*nąć*⟩ [-*nɔntɕ* -*nę*] entscheiden (się sich); *engS. a.* den Ausschlag geben; **~ający** [-'jɔn-] (-*co*) entscheidend, ausschlaggebend; Entscheidungs-; **~nięcie** [-'nɛn-] *n* (-*a*) Entscheidung *f*; Ergebnis *n*.

rozsu|pływać (-*uję*), ⟨~*płać*⟩ entknoten, aufbinden; ~*wać*, ⟨~*nąć*⟩ auseinanderrücken, zur Seite schieben; *Tisch* ausziehen; *Vorhang* aufziehen; ~*wać* ⟨~*nąć*⟩ *się Vorhang*: aufgehen; *Leute*: zur Seite treten, Platz machen; ~**wa(l)ny** ausziehbar, Auszieh-.

rozsy|chać się (-*am*), ⟨*rozeschnąć się*⟩ *Boot, Faß*: vor Trockenheit Risse bekommen, leck werden; ~**łać** (-*am*), ⟨*rozesłać*⟩ versenden, -schicken; ~**pka** *f*: *pójść* w ~**pkę** auseinanderlaufen, versprengt werden; ~**pywać** ⟨~*pać*⟩ sich ~, zerstreuen (się sich); ~**p(yw)ać się** w *tyralierę Mil.* ausschwärmen.

rozszarp|ywać (-*uję*), ⟨~*ać*⟩ zerfetzen, -reißen; zerfleischen.

rozszczep *m Med.* (*Gaumen*-)Spalte *f*; *Sp.* siad ~**em** Spagat *m*; ~**iać** [-'ʃtʃɛ-] (-*am*), ⟨~*ić*⟩ (auf-, zer-)spalten; *Phys. Licht* zerlegen; ~*iać włos na czworo* Haarspalterei (be)treiben; ~*i(a)ć się* sich spalten; *Licht*: zerlegt werden; ~**ialny** spaltbar, -fähig, Spalt-; ~**ienie** *n* (-*a*; *0*) (Auf-)Spaltung *f*; (*Licht*-) Dispersion *f*; ~*ienie jaźni s.* rozdwojenie.

rozszerz|ać (-*am*), ⟨~*yć*⟩ erweitern (*a. fig., Math.*); weiten, (aus)dehnen (się sich); verbreitern (się sich); ~*ać się a.* sich ausbreiten; ~**alność** *f* (-*ści*; *0*) Ausdehnung(sfähigkeit) *f*; ~**alny** (aus)dehnbar; ~**enie** *n* (-*a*) Erweiterung *f*; Verbreiterung *f*; (Aus-)Weitung *f*; Ausdehnung *f*; *fig. a.* Ausbau *m*; *Phys. a.* Expansion *f*.

roz|sznurow(yw)ać (-[*w*]*uję*) aufschnüren, -binden; ~**szyfrow(yw)ać** *-*[*w*]*uję*) dechiffrieren; *fig.* entziffern; ~**ścielać** (-*am*), ⟨*ścielić*⟩, ~**ściełać**(-*am*), ⟨*rozesłać*⟩ ausbreiten; ~**śmiać się** *pf. s.* roześmiać się; ~**śmieszać** (-*am*), ⟨*śmieszyć*⟩ zum Lachen bringen; amüsieren, erheitern; ~**śpiewać się** *pf.* (freudig) zu singen beginnen; ~**środkowanie** *n* (-*a*) Auflockerung *f*, Dezentralisierung *f*; ~**śrubować** *pf.* (-*uję*) auseinanderschrauben.

rozświe|cać (-*am*), ⟨~*cić*⟩ erhellen; ~*tlać* (~*am*), (*uświli*) (~*ić*) erhellen (*a. fig.*); aufhellen.

roztaczać, ⟨*roztoczyć*⟩ verbreiten; vor Augen führen, ausmalen;

Schutz gewähren; ~ *się Anblick*: sich bieten.

rozta|klować *pf.* (-*uję*) *Mar.* abtakeln; ~**ńczyć się** *pf.* mit Begeisterung (*od.* ununterbrochen) tanzen.

roztapiać [-'ta-] (-*am*), ⟨*roztopić*⟩ zum Schmelzen bringen, schmelzen lassen; *Butter* zerlassen; ~ *się* schmelzen (*v*/*i*); zergehen; *fig.* ~ *się w mroku* in der Dunkelheit verschwinden.

roztargni|enie [-'nɛnɛ] *n* (-*a*; *0*) Zerstreutheit *f*, Geistesabwesenheit *f*; w ~*eniu* gedankenlos; *a.* = ~**ony** [-'nɔ-] zerstreut, geistesabwesend.

rozter|ka *f* (-*i*; *G* -*rek*) Zerrissenheit *f*; Seelenqual *f*; Zwiespalt *m*; w ~*ce* beklommen, (innerlich) zerrissen; uneins mit sich selbst.

roztkliwi|ać [-'tkli-] (-*am*), ⟨~*ć*⟩ (-*ę*) *s.* rozrzewniać; ~*a(ć) się* sentimental (*od.* zu Tränen gerührt) werden.

roztocz *m* (-*a*; -*e*); *mst pl.* ~*e* Zo. Milben [*f/pl.*]; ~*e n* (-*a*): *mst pl.* ~*e Bot.* Saprophyten *m/pl.*; *Zo.* Saprophagen *m/pl.*; ~**yć** *pf. s.* roztaczać.

rozto|ka *f* (-*i*) Klamm *f*; ~**p** *m* (-*u*; -*y*): *mst pl.* ~*y* Schneematsch *m*; okres ~*pów* Schneeschmelze *f*, Schlammperiode *f*; ~**pić** *pf. s.* roztapiać.

roztra|bić *pf.* ausposaunen; ~**cać**, ⟨~*cić*⟩ zur Seite stoßen *od.* drängen.

roztrop|ność *f* (-*ści*; *0*) Besonnenheit *f*; Umsicht *f*; Vernunft *f*; ~**ny** besonnen; umsichtig; vernünftig; wohlüberlegt, klug. [*trwonić.*⟩

roztrwaniać [-'trva-] (-*am*) *s.*⟩

roztrzask|iwać [-t:ʃ-] (-*uję*), ⟨~*ać*⟩ zerschmettern, -splittern; ~(*iw*)*ać się* zerschellen, sich zerschlagen.

roztrzą|sacz [-t:ʃ-] *m* (-*a*; -*e*) Streuer *m*; ~*ać* (-*am*) ver-, zerstreuen; *Heu* wenden; *fig. e-e Sache* erörtern; ~**anie** *n* (-*a*) *fig.* Erörterung *f*.

roztrzep|aniec [-t:ʃɛ'pa-] *m* (-*ńca*; -*ńcy*) F Schussel *m*, Faselhans *m*, -liese *f*; *Kochk.* geschlagene Dickmilch; ~**any** F *Haar*: unordentlich, zerzaust; *Kochk.* geschlagen; *fig.* F schusselig, schußlig; ~**ywać** (-*uję*), ⟨~*ać*⟩ *Haare* zerzausen; *Kochk.* schlagen.

roztrzęsiony [-t:ʃ-] klapp(e)rig; *fig.* zitt(e)rig, nervös.

roztw|arzać (-am), ⟨ₓorzyć⟩ auf-
lösen; *Chem.* aufschließen; **ₓierać**
(-am), ⟨ₓorzyć⟩ aufsperren; ₓorzyć
się gwałtownie *Tür*: auffliegen; **ₓór**
m Chem. Lösung *f*.

rozum *m* (-u; -y) Verstand *m*; Vernunft *f*; Ratio *f*; chłopski ₓ gesun-
der Menschenverstand; F brać na ₓ
überlegen; ruszyć ₓem, iść po ₓ do
głowy s-n Kopf anstrengen; przemówić do ₓu an die Vernunft appellieren; nauczyć ₓu (A) zur Vernunft
bringen (A), den Kopf zurechtrücken (D).

rozumie|ć [-'zu-] ⟨z-⟩ (L.) ver-
stehen (się sich *od.* einander); begreifen, F kapieren; ma się ₓć!
selbstverständlich!, (das) versteht
sich!; nic nie ₓjąc verständnislos.

rozumieni|e *n* (-a; 0) Verstehen *n*,
Begreifen *n*; w ₓu im Sinne; w
moim ₓu in meinen Augen.

rozumny klug; vernünftig; ver-
nunftbegabt.

rozumow|ać (-uję) (durch)denken,
überlegen, erwägen; argumentie-
ren; **ₓanie** *n* (-a) Denken *n*, Über-
legung(en *pl.*) *f*, Erwägung(en *pl.*) *f*;
(Schluß-)Folgerung *f*; Argumentation *f*; sposób ₓania Denkweise *f*;
tok ₓania Gedankengang *m*; **ₓy**
(-wo) verstandesmäßig, rational.

roz|uzdać pf. (-am) *Pferd* abhal-
ftern; **ₓwadniać** [-'vad-] (-am),
⟨ₓwodnić⟩ (-ę, -nij!) verwässern, mit
Wasser verdünnen.

rozwag|a *f* (-i; 0) Besonnenheit *f*,
Umsichtigkeit *f*; Überlegung *f*;
brać pod ₓę in Erwägung ziehen;
nie brać pod ₓę außer Betracht
lassen; podda(wa)ć pod ₓę zur Diskussion stellen; z ₓą mit Überlegung.

rozwal|ać, ⟨ₓić⟩ zerstören, ein-
reißen; P *Schädel* zertrümmern;
ₓać ⟨ₓić⟩ się auseinanderfallen, F
kaputtgehen; (mst pf.) sich (hin-)
lümmeln; **ₓniać** [-'val-] (-am),
⟨rozwolnić⟩ (-ę) = **ₓniające**
[-'jɔn-]: działać -co laxieren, ab-
führen; **ₓniający**: środek -cy Ab-
führmittel *n*.

rozwałk|a P *f* (-i; G -lek) Erschie-
ßung *f*; **ₓow(yw)ać** (-[wywy] *Teig*
ausrollen; F *Thema* breittreten.

rozwar|cie [-'var-] *n* (-a) Öffnen *n*;
Öffnung *f*, Weite *f*; **ₓstwiać się**
[-'var-] (-am), ⟨ₓstwić się⟩ (-ę) sich

schichtweise trennen, sich in
Schichten zerlegen; *Emulsion*: sich
entmischen; **ₓty** offen; *Arme*: ausgebreitet; *Math. Winkel*: stumpf.

rozważ|ać (-am), ⟨ₓyć⟩ abwiegen;
fig. ab-, erwägen, überlegen; **ₓny**
Mensch: bedächtig, umsichtig;
überlegt, wohldurchdacht.

rozwesel|ać (-am), ⟨ₓić⟩ erheitern,
belustigen; aufmuntern; in Stimmung bringen; ₓić się in Stimmung
kommen.

rozwiać *pf. s.* rozwiewać.

rozwiąz|ać *pf. s.* rozwiązywać; **ₓal-
ny** *Aufgabe*: (auf)lösbar; **ₓanie** *n*
(*Problem*-)Lösung *f*; (*Parlaments*-)
Auflösung *f*; (Auf-)Lösung *f*, Be-
endigung *f* e-s *Dienstverhältnisses*;
Med. Entbindung *f*; nie do ₓania
unlösbar; **ₓłość** *f* (-ści; 0) Laxheit *f*
der Sitten, Verworfenheit *f*; **ₓły**
(-źle) lasterhaft, locker, lose; **ₓy-
wać** (-uję), ⟨ₓać⟩ aufbinden, (*a.
fig.*) lösen; *Verein* auflösen.

rozwichrz|ać (-am), ⟨ₓyć⟩ *Haare*
zerzausen.

rozwid|lać się [-'vid-] (-am), ⟨ₓlić
się⟩ (-lę) sich gabeln; **ₓlenie** *n* (-a)
Gabelung *f*; **ₓlony** gegabelt, gabelförmig; **ₓniać się** (-am), ⟨ₓnić się⟩
nur unpers.: ₓnia się tagt.

rozwie|dziony *Ehe(leute)*: geschie-
den; **ₓlitka** *f* (-i; G -tek) Daphnie *f*.

rozwier|acz *m* (-a; -e) *Med.* Re-
traktor *m*; **ₓać** (-am), ⟨rozewrzeć⟩
öffnen (się sich); spreizen; *Arme*
ausbreiten; ₓać się *a.* auseinander-
klaffen; **ₓać** (-am), ⟨ₓić⟩ *Tech*
ausbohren; (aus)reiben; **ₓtak** *m*
(-a; -i) *Tech.* Reibahle *f*.

rozwie|szać (po-), ⟨ₓsić⟩ (-szę,
Wäsche, Netze aufhängen; **ₓść** *pf. s*
rozwodzić; **ₓwać** (-am), ⟨rozwiać⟩
Wind: verwehen, fort-, wegweher
(*Laub usw.*); (zer)zausen; *fig. Bedenken, Zweifel* zerstreuen; *Hoff-
nungen* zerstören; (nur impf.) ₓwa-
się im Wind flattern, wehen; **ₓść** *pf
s.* rozwozić.

rozwi|jać (-am), ⟨ₓnąć⟩ [-nɔnte
(-nę) auf-, auswickeln; abrollen
-spulen, -wickeln; auseinanderfal
ten, entfalten, -rollen; *Segel* setzen
fig. entwickeln; ⟨ₓjać⟩ ⟨ₓnąć⟩ się sich
entfalten (*a. fig.*); sich entwickeln
(*a. fig.*); pomyślnie się ⟨ₓjać⟩ *a.* gedei
hen; **ₓkływać** (-uję), ⟨ₓkłać⟩ (-am
entwirren; *Rätsel* lösen; **ₓnięty**

[-'nɛn-] entrollt, ausgebreitet; (*nie w pełni od.* słabo unter)entwickelt; *przedwcześnie* -ty frühreif.

rozwle|kać ⟨po-⟩ (-*am*), ⟨‿c⟩ (nach bringen; *fig.* weitschweifig, weg bringen; *fig.* weitschweifig gestalten, in die Länge ziehen; **‿kłość** f (-ści; 0) Weitschweifigkeit f, Langatmigkeit f; **‿kły** (-kle) weitschweifig, langatmig; *Aussprache:* gedehnt.

rozwłóczyć *pf. s.* rozwlekać.

rozwo|dnić *pf. s.* rozwadniać; **‿dnik** F m (-a; -cy) geschiedener Mann; **‿dniony** verwässert, gelängt; **‿dowy** (*Ehe*-)Scheidungs-; **‿dzić**, ⟨rozwieść⟩ Ehe scheiden; *rozwieść się* sich scheiden lassen (z I/von D); (*nur impf.*) sich verbreiten (*nad* I/über A); **‿jowy** Entwicklungs-.

rozwolni|ć *pf. s.* rozwalniać; **‿enie** n (-a) Durchfall m.

roz|wozić, ⟨‿wieźć⟩ *Milch* ausfahren, (*po domach* ins Haus) liefern; *Post* zustellen.

rozwód m (-odu; -ody) (*Ehe*-)Scheidung f; *wziąć* ‿ sich scheiden lassen; **‿ka** F f (-i; G -dek) geschiedene Frau.

rozwój m (-oju; 0) Entwicklung f; ‿ *choroby* Krankheitsverlauf m; ‿ *wsteczny* Rückbildung f; ‿ *wypadków* Ablauf m der Ereignisse.

rozwóz m, **‿ka** F f (-i; G -zek) Ausfahren n, (Be-)Lieferung f; Zustellung f.

rozwrzeszczeć się F (beginnen zu) schreien, heulen.

rozwście|czony wütend, wutentbrannt, F fuchsteufelswild; rabiat; **‿czyć** *pf.* (-ę), **‿klić** *pf.* (-lę, -lij!) aufbringen; **‿czyć** (*od.* **‿klić**) *się* in Wut (*od.* in Rage) geraten.

rozwydrz|enie F n (-a; 0) Rüpel-, Lümmelhaftigkeit f; Zuchtlosigkeit f; **‿ony** lümmelhaft, rüpelhaft, (dumm)dreist; zuchtlos.

roz|ziew ['rɔz-] m (-u; -y) Hiatus m; **‿złoszczono** zornig, erbost.

rozzuchwal|ać (-am), ⟨‿ić⟩ (-lę) j-s Dreistigkeit f (*od.* Unverfrorenheit f) herausfordern (*od.* steigern; *Verbrecher* ermutigen (zu); **‿ać** ⟨‿ić⟩ *się* dreist, frech werden, sich zuviel **erlauben; ‿ony** frech, dreist, unverfroren.

rozzu|wać (-am), ⟨‿ć⟩ (-ję) Schuhe ausziehen (*się* sich D).

rozżal|ać (-am), ⟨‿ić⟩ erbittern, Groll erwecken; rühren, Mitgefühl wecken; **‿ać** ⟨‿ić⟩ *się* voller Groll sein, verbittern (*v*/*i*); *s.* rozczulać *się*; **‿ony** beleidigt, gekränkt; verbittert.

rozżarz|ać (-am), ⟨‿yć⟩ glühend machen, zum Glühen bringen; **‿ać** ⟨‿yć⟩ *się* (beginnen zu) glühen; **‿ony** (*do białości* weiß)glühend.

roż|ek m (-żka; -żki) (kleines) Horn; *Kochk.* Hörnchen n; (*Kragen-*, *Papier*-)Ecke f; *Zo.* Fühlhorn n; *Bot.* Johannisbrotbaum m; **‿en** m (-żna; -żny) (*Brat*-)Spieß m; z ‿na vom Spieß; *nabi(ja)ć* na ‿en aufspießen; **‿ny:** rzut ‿ny *Sp.* Eckstoß m.

ród m (rodu; rody) (*Volks*-)Stamm m; (*Adels*-)Geschlecht n; rodem z (G) gebürtig aus (D); *ona jest rodem z Berlina* sie stammt aus Berlin.

róg m (rogu; rogi) Horn n; (*Straßen*-, *Zimmer*-)Ecke f; *Mus.* Waldhorn n; *na rogu* an der Ecke; *za rogiem* um die Ecke; *miejsce w rogu* Eckplatz m; *przypiąć rogi* (D) j-m Hörner aufsetzen; *vgl. a.* rożek.

rój m (roju; roje) (*pszczół* Bienen-)Schwarm m; *otoczony rojem* (G) umschwärmt (von).

róść *pf. s.* rosnąć.

rów m (rowu; rowy) (*odpływowy*, *Mil.* łączący Abfluß-, Verbindungs- *od.* Lauf-)Graben m.

rówien ['ru-] *s.* równy.

rówieśni|ca f (-y; -e), **‿czka** f (-i; G -czek) Altersgenossin f; **‿k** m (-a; -i) Altersgenosse m.

równ|ać (-am) ⟨wy-, z-⟩ ebnen; richten, gerademachen; ⟨z-⟩ (z I) gleichmachen (D); ausgleichen (mit); *s. a.* porównywać; **‿ać** *się* ⟨z-⟩ (z I) gleichkommen (D), erreichen (A); *Mil.* sich (aus)richten; *dwa i dwa* ‿na *się* cztery zwei und zwei ist (gleich) vier; **‿anie** n (-a) Ebnen n, Planieren n; Richten n; Gleichmachung f; *Math.* Gleichung f; **‿ia** ['ruv-] f (-i; -e, -i) (*pochyła* schiefe) Ebene f; *na* ‿i gleich, auf gleicher Höhe; *być na* ‿i gleichrangig sein (z I/mit) u. *s. równać się*, **‿ie** ['ruv-] *Adv.* genauso, gleich; **‿ież** *Adv.* gleichfalls, ebenso; ‿ież *nie* auch nicht.

równi|k m (-a; -i) Äquator m; **‿kowy** äquatorial, Äquator-; **‿na** f (-y)

Geol. Ebene *f*, Flachland *n*; **~nny** *Gelände*: flach, eben; **~usieńki** F (*-ko*) ganz (*od.* schön) flach, eben; ganz gleich; ganz gerade.

równo *Adv. s.* równy; **~boczny** *Math.* gleichseitig; **~brzmiący** gleichlautend; **~czesny** gleichzeitig; **~imienny** gleichnamig; **~katny** [-'kɔnt-] gleichwinklig; **~legła** *f* (*-ej*; *-e*) *Math.* Parallele *f*; **~ległobok** *m* Parallelogramm *n*; **~legły** (*-le*) parallel; **~leżnik** *m* (*-a*; *-i*) *Geogr.* Breitenkreis *m*; **~mierny** gleichmäßig, -förmig; **~noc** *f* Tagundnachtgleiche *f*; **~prawny** gleichberechtigt; **~ramienny** *Math.* gleichschenk(e)lig; **~rzędny** [-'ʒend-] gleichwertig, -rangig; *fig. a.* ebenbürtig.

równo|ść *f* (*-ści*) Gleichheit *f*; Ebenheit *f*; Geradheit *f*; **~uprawnienie** *n* Gleichberechtigung *f*; **~waga** *f* Gleichgewicht *n*; (*Tennis*) Einstand *m*; *fig.* wyprowadzić z **~wagi** aus der Ruhe bringen; **~wartościowy** äquivalent, gleichwertig.

równoważ|nia [-'vaʒ-] *f* (*-i*; *-e*, *-i*) *Sp.* Schwebebalken *m*; **~nik** *m* (*-a*; *-i*) Äquivalent *n*; **~ny** *s.* równowartościowy; **~yć** im Gleichgewicht halten; *s.* zrównoważać.

równoznaczn|ik *m* (*-a*; *-i*) Synonym *n*; **~y** gleichbedeutend; synonym.

równ|y (*-no*) glatt, eben, flach; gerade; gleich (*D*, z *I/D*, mit); gleichmäßig; F voll, ganz; *Summe*: rund; **~y** wiekiem gleichaltrig; uważać za **~e** gleichsetzen (z *I/*mit); być **~ym** (*D*) gleichkommen (*D*).

rózg|a *f* (*-i*; *-z[e]g*) Rute *f*, Gerte *f*; **~i** *pl. a.* Dresche *f*, Prügel *pl.*

róż *m* (*-u*; *-e*) Rosa *n*; Rouge *n*; **~a** *f* (*-y*; *-e*) *Bot.* (pnąca, *Med.* przyranna, *Geogr.* wiatrów Kletter-, Wund-, Wind-)Rose *f*.

róża|necznik *m* (*-a*; *-i*) Rhododendron *m od. n*; **~niec** [-'ʒa-] *m* (*-ńca*; *-ńce*) Rosenkranz *m*; Rosenkranzgebet *n*; **~ny** Rosen-; **~ńcowy** Rosenkranz-.

różdżk|a *f* (*-i*; *G* -dżek) Wünschelrute *f*; **~a** czarodziejska Zauberstab *m*; **~arz** *m* (*-a*; *-e*) (Wünschel-) Rutengänger *m*.

różnic|a *f* (*-y*; *-e*) (wieku Alters-) Unterschied *m*; *Math.* Differenz *f*;

Gefälle *n*; (*zdań* Meinungs-)Verschiedenheit *f*; *bez* **~y** unterschiedlos; *jeśli ci to nie robi* **~y** wenn es dir nichts ausmacht; **~ować** ⟨z-⟩ (*-uję*) e-n Unterschied machen, unterscheiden, differenzieren; **~owy** *Tech.*, *Phys.* Differential-.

różniczk|a *f* (*-i*; *G* -czek) *Math.* Differential *n*; **~owy** *Math.* Differential-.

różni|ć się (*-ę*, *-nij!*) sich unterscheiden, abweichen (*od* *G/*von; *I/*durch; w *L/*in *D*); **~e** *Adv. s.* różny.

różno|- in *Zssgn* verschieden-, anders-; **~barwny** verschiedenfarbig, bunt; **~imienny** ungleichnamig; **~języczny** vielsprachig; **~kolorowy** *s.* różnobarwny; **~kształtny** ungleichförmig; **~lity** (*-cie*), **~raki** (*-ko*), **~rodny** mannigfaltig, vielfältig, verschieden(artig); **~rodny** *a.* heterogen.

różn|ość *f* (*-ści*) Verschiedenheit *f*; Verschiedenartigkeit *f*, Mannigfaltigkeit *f*; **~ości** *pl.* alles Mögliche, Verschiedene(s); **~y** verschieden; unterschiedlich; **~e** *pl. a.* vielerlei.

różow|ać się ⟨na-⟩ Rouge auflegen; **~awy** (*-wo*) blaß-, zartrosa; **~ić** ⟨za-⟩ (*-ę*) rosa färben; **~ić się** = **~ieć** [-'ʒɔ-] ⟨po-, za-⟩ (*-eję*) sich rosa färben; rosa (durch-) schimmern.

róż|owy (*-wo*) rosa(farben, -farbig, -rot), rosig (*a. fig.*); **~yca** *f* (*-y*; *0*) *Vet.* Rotlauf *m*; *Arch.* Rosenfenster *n*; **~yczka** *f* (*-i*; *G* -czek) Röschen *n*; Rosette *f*; *Med.* Röteln *pl.*

rtęci|ca [rtɛn'tɕi-] *f* (*-y*; *0*) Quecksilbervergiftung *f*; **~owy** Quecksilber-.

rtęć [rtɛntɕ] *f* (*-ci*; *0*) Quecksilber *n*.

rubaszn|ość *f* (*-ści*; *0*) Derbheit *f*, derbe Gutmütigkeit; **~y** (gutmütig) derb, ehrlich-grob.

rubel *m* (*-bla*; *-ble*) Rubel *m*.

rubid *m* (*-u*; *0*) *Chem.* Rubidium *n*.

rubież ['ru-] *f* (*-y*; *-e*) *lit.* Grenze *f*; *Mil.* (obronna Verteidigungs-)Linie *f*; **~e** *pl.* Grenzmark *f*.

rubin *m* (*-u*; *-y*) Rubin *m*; **~owy** Rubin-; rubinrot.

rubryka ['ru-] *f* (*-i*) Rubrik *f*.

ruch *m* (*-u*; *-y*) (*do dołu*, ręki, oporu Abwärts-, Hand-, Widerstands-) Bewegung *f*; (*drogowy od.* uliczny, jednokierunkowy, lokalny, pieszy

Straßen-, Einbahn-, Nah-, Fußgänger-)Verkehr *m*; (*nieprzerwany* Dauer-)Betrieb *m*; (*Schach-*)Zug *m*; *bez* ~*u* bewegungslos; *niezdolny do* ~*u* bewegungsunfähig; *puścić* (*od. wprawić*) *w* ~ in Bewegung (*od.* in Betrieb) setzen; *Motor* anlassen; *być w* ~*u* in Bewegung (*od.* in Betrieb, in Gang) sein; *zażywać* ~*u* sich Bewegung verschaffen; **~awka** F *f* (-*i*; *G* -*wek*) Krawall *m*, Unruhen *f/pl.*

ruchliwy (-*wie*) beweglich; *Straße:* belebt; *fig.* rege, rührig; geschäftig.

ruchom|o *Adv.* s. ruchomy; **~ość**[1] *f* (-*ści*; *0*) Bewegungsfähigkeit *f*, Beweglichkeit *f*; **~ość**[2] *f* (-*ści*): *mst pl.* *~ości* bewegliche Güter, Mobiliarvermögen *n*; **~y** beweglich, mobil; verstellbar.   [risch.]

ruchowy (-*wo*) Bewegungs-, moto-)

ruda *f* (-*y*) (*uranowa, żelaza* Uran-, Eisen-)Erz *n*; **~wy** (-*wo*) rötlich (-braun).

rudbekia [-'bɛ-] *f* (*G, D, L* -*ii*; -*e*) *Bot.* Sonnenhut *m*.

rudera *f* (-*y*) baufälliges Haus, F Bruchbude *f*.   [~y Erz-.)

rudn|ik *m* (-*a*; -*cy*) Erzbergmann *m*;)

rudo *Adv.* s. rudy; **~blond** (*unv.*) *Haar:* rotblond; **~brody** rotbärtig; **~brunatny** rotbraun.

rudo|nośny erzführend; **~węglowiec** *m* Kohle-Erz-Frachter *m*; **~wiec** [-'dɔ-] *m* (-*wca*; -*wce*) Erzfrachter *m*.

rud|owłosy rothaarig; **~y** rotbraun, rostrot, fuchsrot; rothaarig; *Su. s.* rudzielec.

rudzie|ć ['ru-] ⟨*po-, z-*⟩ sich rotbraun (ver)färben; **~lec** F *m* (-*lca*; -*lce*) Rotkopf *m*.

rudzik *m* (-*a*; -*i*) Rotkehlchen *n*.

ruf|a *f* (-*y*) *Mar.* Heck *n*; Achterschiff *n*; *na* ~*ie a.* achtern; **~owy** Heck-, Achter-.

ruga F *f* (-*i*) Anpfiff *m*, Rüffel *m*; **~ć** F (-*am*) *j-n* herunterputzen.

rugbista *m* (-*y*; -*ści*, -*ów*) Rugbyspieler *m*.

rugować ⟨*wy-*⟩ (-*uję*) vertreiben; verdrängen, ausbooten; eliminieren (*a. Math.*), ausschalten.

ulna [iu'l-] *f* (-*y*) Rüin *m*, Verfall *m*; (*mst pl.*) Ruine *f*; Trümmer *pl.*

uja *f* (*G, D, L* rui; -*e*) Brunft *f*; Rausche *f*.

ujn|ować ⟨*z-*⟩ (-*uję*) ruinieren (*się*

sich); *eng S.* (*mst pf.*) zerstören, beschädigen; verderben, zugrunde richten; **~ujący** [-'jɔn-] (-*co*) ruinös.   [Brunftbett *n.*]

rujowisko *n* (-*a*) *JSpr.* Brunft *f*;)

rukiew ['ru-] *f* (-*kwi*; -*kwie*) Brunnenkresse *f*.

rulet|a *f* (-*y*) Roulett *n*; **~ka** *f* (-*i*; *G* -*tek*) Bandmaß *n*; **~owy** Roulett-.

rulon *m* (-*u*; -*y*) (*Papier-*)Rolle *f*.

rum *m* (-*u*; *0*) Rum *m*.

rumak *m* (-*a*; -*i*) (*bojowy* Schlacht-) Roß *n*.

rumb *m* (-*a*; -*y*) Kompaßstrich *m*.

rumian ['ru-] *m* (-*u*; -*y*) Hundskamille *f*; **~ek** *m* (-*nku*; -*nki*) (*Bot.* Echte) Kamille *f*; Kamillentee *m*; **~y** (-*no*) rotbäckig, -wangig; *Braten:* knusprig-braun.

rumien|ić (-*ę*) *Kochk.* ⟨*ob-, przy-*⟩ bräunen; ⟨*za-*⟩ *Wangen* rot färben; erröten lassen; **~ić się** ⟨*za-*⟩ erröten, rot werden; *Blumen usw.:* rot schimmern, leuchten; *Kochk.* braun werden; **~iec** [-'mę-] *m* (-*ńca*; -*nice*) (*Gesichts-*)Röte *f*; Erröten *n*; *z* ~*ińcem wstydu na twarzy* schamrot.

rumień ['ru-] *m* (-*nia*; -*nie*) *Med.* Erythem *n*; **~ lombardzki** Pellagra *f*; **~czyk** *m* (-*a*; -*i*) leichte Röte.

rumor *m* (-*u*; -*y*) Krach *m*, Lärm *m*, Poltern *n*.

rumo|sz *m* (-*u*; *0*) (*Gesteins-*)Schutt *m*, Felstrümmer *pl.*; **~wisko** *n* (-*a*) Trümmer(haufen *m*)*pl.*; *Geol.* Geschiebe *n*; Schutt *m*; **~wy** Rum-.

rumsztyk *m* (-*a*; -*i*) Rumpsteak *n*.

Rumu|n *m* (-*a*; -*i*) Rumäne *m*; **~nka** *f* (-*i*; *G* -*nek*) Rumänin *f*; **2ński** [-'muĩs-] *m* (*po* -*ku*) rumänisch.

run *m* (-*u*; -*y*) Run *m*, Sturm *m* (*auf A*); **~ąć** [-'nɔntɕ] *pf.* (-*nę*, -*ń!*) (hin)fallen, stürzen (*v/i*); *Gebäude:* ein-, zusammenstürzen; *Pläne:* scheitern; (*do G, na A*) sich stürzen (auf *A*, zu), sich werfen (auf *A*); **~ąć do** *ataku* losstürmen.

runda *f* (-*y*) *Sp.* Runde *f*.

runiczny Runen-.

runięcie [-'ɲen-] *n* (-*a*) (Ab-)Sturz *m*, Fall *m*; Ein-, Zusammensturz *m*; Scheitern *n*.

run|ko *n* (-*a*) *Text.* Flor *m*; **~o** *n* (~*a*) Vlies *n*; **~owy** s, runiczny; **~y** *pl.* (-/-*ów*) Runen *f/pl.*

rupieci|arnia [-'tɕar-] *f* (-*i*; -*e*) Rumpelkammer *f*; **~e** [-'ɲe-] *m/pl.* (-*ci*) Gerümpel *n*.

ruptura f (-y) s. przepuklina.

rur|a f (-y) (wodociągowa, wydechowa Wasser[leitungs]-, Auspuff-) Rohr n; s. a. piekarnik; **~ka** f (-i; G -rek) Röhrchen n, Röhre f, Rohr n; **~ka** z kremem Schillerlocke f (Gebäck); zwinąć w ~kę Papier zusammenrollen; **~kowaty** (-to) röhrchenförmig; **~kowy** Röhr(ch)en-.

ruro|ciąg m Rohrleitung f, Pipeline f; **~ciąg** gazu ziemnego, parowy Erdgas-, Dampfleitung f; **~wy** Röhren-.

rusałka f (-i; G -lek) Nixe f, Wasserjungfrau f.

ruski russisch, Russen-; Rußland-.

rusy|cystyka f (-i; 0) Russistik f; **~fikować** <z-> (-uję) russifizieren.

rusz|ać (-am), <~yć> v/t an-, berühren; bewegen (się sich); e-e Sache in Gang bringen; v/i losfahren; -gehen, sich in Bewegung setzen; sich auf den Weg machen, aufbrechen; Wagen: (a. ~yć z miejsca) anfahren; ~yć w dalszą drogę den Weg fortsetzen; ~yć w drogę powrotną den Rückweg antreten; bewegen, rühren (I/A); F nie ~yć nogą od. krokiem (z domu) k-n Fuß vor die Tür setzen; nie ~ać się z miejsca sich nicht von der Stelle (od. vom Fleck) rühren; ... ani ~ ... geht es nicht; co ~ jeden Augenblick, immerfort; **~anie** n (-a; 0): ~anie z miejsca Anfahren n; **~enie** n (-a) s. pospolity; ~enie lodów Eisgang m.

ruszni|ca f (-y; -e) hist. Handbüchse f; **~karstwo** n (-a; 0) Waffenkunst f; **~karz** m (-a; -e) Büchsenmacher m; Mil. Waffenmeister m, -mechaniker m.

ruszt m (-u; -y) (Feuer-)Rost m; Kochk. Grill m, Bratrost m; z ~u vom Rost, gegrillt; **~owanie** n (-a) (Bau-)Gerüst n.

ruszyć pf. s. ruszać. [Raute.)

rut|a f (-y), **~ka** f (-i; G -tek) Bot.)

rutyn|a f (-y; 0) R(o)utine f; **~iarz** [-'ti-] m (-a; -e) Routinier m; **~owany** routiniert.

rwa f (-y; 0): ~ kulszowa Ischias f (F m od. n); **~ć** (L.) v/t <po-> (zer-) reißen (się v/i); <wy-> ausreißen; Zahn ziehen; <ze-> abreißen; Beeren usw. a. pflücken; v/i (nur 3. Pers. od. unpers.) ziehen(d schmerzen); Reißen haben (w L/in D); F ~ć się fig. brennen, scharf sein (do G/auf

A); **~nie** n (-a) Abreißen n, Pflükken n; Sp., Med. Reißen n.

rwący ['rvɔn-] Schmerz: ziehend; Strömung: reißend.

rwetes F m (-u; -y) Trubel m, (lautes) Durcheinander.

ryb|a f (-y) (morska See-)Fisch m; F fig. gruba ~a großes Tier; iść na ~y fischen (od. angeln) gehen; łowić ~y w mętnej wodzie im Trüben fischen

ryba|cki Fischer(ei)-; **~ctwo** n (-a) Fischerei f; **~czka** f (-i; G -czek) **~k** m (-a; -cy) Fischer(in) f m; **~lt** m (-a; -ci) fahrender Sänger, Spielmann m; **~ltowski**: komedia -ko hist. Posse f, Burleske f.

rybi Fisch-; **~arz** ['ri-] F m (-a; -e) passionierter Fischesser; **~twa** f (-y; G -) Zo. Seeschwalbe f.

ryb|ka f (-i; G -bek) Fischchen n Fischlein n; F (moja) ~ko! Herzchen!; **~ny** Fisch-; fischreich.

rybo|jaszczur m Ichthyosaurier m **~łów** m (-a; -y) Zo. Fischadler m; **~łówstwo** n (-a) Fischerei f; **~stan** m Fischbestand m; **~żerny** Zo fischfressend.

rycers|ki (-ko, po -ku) ritterlich (a fig.); Ritter-; **~two** n (-a; 0); Rittertum n; Ritterschaft f; fig. Heldenmut m.

rycerz m (-a; -e) (błędny, zakonny fahrender, Ordens-)Ritter m.

rychł|o Adv. bald; co ~o so schnel wie możliwe; ~o patrzeć jeden Moment; iron. ~o w czas viel zu spät **~y** baldig; prompt, schnell.

rycina f (-y) (Buch-)Illustration f Bild n; z ~mi bebildert.

rycyn|a f (-y; 0) Rizinus(öl n) m **~owy** Rizinus-.

ryczałt m (-u; -y) Pauschale f **~em** pauschal; in Bausch und Bogen; **~ować** <z-> (-uję) pauschalie ren; **~owy** Pauschal-, (a. -wo pauschal.

rycze|ć <za-> (-ę, -y), <ryknąć [-nɔntɕ] (-nę) brüllen (a. fig.); röhren; Meer a.: tosen; Geschütz a. dröhnen; **~k** m (-czka; -czki) JSpr (Reh-)Spießbock m.

ryć (-ję; ryj!; ryl, ryty) wühlen; Typ stechen; fig. Stirn zerfurchen.

rydel m (-dla; -dle, -dli/-dlów Spaten m.

rydwan m (-u; -y) hist. Streit Kampfwagen m; ~ żałobny Leichen wagen m.

rydz *m* (*-a*; *-e*) (*a.* ~ *mleczaj*) Reizker *m*; *zdrów jak* ~ kerngesund.

ryga *f* (*-i*) Linienblatt *n*.

ryg|iel [*'ri*-] *m* (*-gla*; *-gle*, *-gli*/*-glów*) Riegel *m*; *Bgb.* Sparren *m*; **~lować** ⟨*za*-⟩ *-uję* verriegeln.

rygor *m* (*-u*; *-y*) (*Gefängnis*-)Ordnung *f*; Rigorosität *f*; *Jur.* Sanktion *f*; *pod ~em* (*G*) bei Strafe von; **~ystyczny** rigoristisch; rigoros.

ryj *m* (*-a*; *-e*, *-ów*) (*Schweine*-)Rüssel *m*, *JSpr.* Wurf *m*; *V fig.* Schnauze *f*; **~ek** *m* (*-jka*; *-jki*) (*Igel*-)Rüssel *m*; Saugrüssel *m*; **~owce** *m/pl.* (*-ów*) *Zo.* Rüsselkäfer *m/pl.*; **~ówka** *f* (*-i*; *G -wek*) Spitzmaus *f*.

ryk *m* (*-u*; *-i*) Brüllen *n*, Gebrüll *n*; Röhren *n e-s Hirsches*; Heulen *n e-r Sirene*; **~a** *f* (*-i*) *JSpr.* Ricke *f*; **~nąć** *pf. s.* ryczeć.

rykoszet *m* (*-u*; *-y*) Abprall *m*; Prellschuß *m*.   [platz *m*.]

rykowisko *n* (*-a*) Brunft *f*; Brunft-]

ryksza *f* (*-y*, *-e*, *-*) Rikscha *f*, **~rz** *m* (*-a*; *-e*) Rikschamann *m*.

rylec *m* (*-lca*; *-lce*) (*Grab*-)Stichel *m*.

rym *m* (*-u*; *-y*) Reim *m*; *~y pl. a.* Verse *m/pl.*; F *mówić do ~u* reimen (*v/i*).

ryma|rstwo *n* (*-a*) Sattlerhandwerk *n*; **~rz** *m* (*-a*; *-e*) Sattler *m*.

rymesa *f* (*-y*) *Hdl.* Rimesse *f*.

rymnąć [*-nonte*] F *pf.* (*-nę*) (hinab)-poltern; ~ *jak długi* lang hinschlagen, knallen (*v/i*).

rymować ⟨*-uję*⟩ reimen (*się sich*).

rynek *m* (*-nku*; *-nki*) (*wewnętrzny od. krajowy* Binnen-)Markt *m*; Marktplatz *m*; ~ *zbytu a.* Absatzgebiet *n*.

ryn|ienka *f* (*-i*; *G -nek*) (*kleine*) Rinne *f*; **~ka** *f* (*-i*; *G -nek*) *dial. Kochk.* Kasserolle *f*; **~kowy** Markt-; **~na** *f* (*-y*; *G rynien*) Rinne *f*; *Tech. a.* Rutsche *f*; *z deszczu pod ~nę* vom Regen in die Traufe.

ryno|laryngologia *f* Rhinolaryngologie *f*; **~plastyka** *f* Nasenplastik *f*.

rynszt|ok *m* Rinnstein *m*; *fig.* Gosse *f*; **~okowy** Rinnstein-; Gossen-; **~unek** *m* (*-nku*; *-nki*) (*Ga*-)Rüstung *f*; *w pełnym ~unku* marszowym feldmarschmäßig.

ryp|nąć P (*-nę*) rasen, sausen; **~nąć** [*-nontę*] P *pf.* (*-nę*) *j-m a.* knallen; **~nąć się** *s.* rymnąć.

ryps *m* (*-u*; *-y*) Rips *m*.

rys *m* (*-u*; *-y*) Skizze *f*, Entwurf *m*; (charakteristischer) Zug *m*; *~y twarzy* Gesichtszüge *m/pl.*; **~af** (*-y*) Riß *m*; **~ak** *m* (*-a*; *-i*) *s.* kłusak; **~i** Luchs-; **~ik** *m* (*-a*; *-i*) Griffel *m*; *Tech.* Schreibstift *m*; Stichel *m*; **~ik traserski** Reißnadel *f*.

ryso|pis *m* (*-u*; *-y*) Personenbeschreibung *f*; **~wać** ⟨*-uję*⟩ ⟨*na*-⟩ (auf)zeichnen; ⟨*po*-⟩ zerkratzen, ritzen; *Gesicht* zerfurchen; *~wać się* ⟨*za*-⟩ sich abzeichnen, sichtbar werden; ⟨*po*-⟩ Risse bekommen; **~wnica** *f* (*-y*; *-e*) Reißbrett *n*; **~wnik** *m* (*-a*; *-cy*), **-iczka** *f* (*-i*; *G -czek*) Zeichner(in *f*) *m*.

rysun|ek *m* (*-nku*; *-nki*) (*w ołówku*, *odręczny*, *węglem* Bleistift-, Hand-, Kohle-)Zeichnung *f*; **~ki** *pl.* Zeichnen *n* (*Unterrichtsfach*); **~kowy** (*-wo*) zeichnerisch; Zeichen-.

ryszka *f* (*-i*; *G -szek*) Rüsche *f*.

ryś *m* (*-sia*; *-sie*, *-si*[*ów*]) Luchs *m*.

rytm *m* (*-u*; *-y*) Rhythmus *m*; Takt *m*; **~iczny** rhythmisch; *Schrift*, *Atem*: gleichmäßig; **~ika** [*'ri*-] *f* (*-i*; *0*) Rhythmik *f*; *Sp.* rhythmische Gymnastik.

rytow|ać ⟨*wy*-⟩ ⟨*-uję*⟩ (ein)gravieren, stechen; **~nictwo** *n* (*-a*; *0*) Gravierkunst *f*; **~nik** *m* (*-a*; *-cy*) Graveur *m*, Stecher *m*.

rytua|lny rituell, Ritual-; **~ł** *m* (*-u*; *-y*) Ritual *n*.

rywal *m* (*-a*; *-e*) Konkurrent *m*, Gegner *m*; *eng S.* Nebenbuhler *m*, Rivale *m*; **~izacja** *f* (*-i*; *-e*) Wettstreit *m*, Konkurrenz *f*; Rivalität *f*; **~izować** (*-uję*) wetteifern, rivalisieren (*z I/mit*; *o A/um A*).

ryza[1] *f* (*-y*) Ries *n*; (*Holz*-)Riese *f*, Rutsche *f*.

ryz|a[2] *f* (*-y*): *trzymać w ~ach* unter der Fuchtel haben, *j-n* kurzhalten; *ująć* (*od. wziąć*) *w ~y j-n* an die Kandare nehmen.

ryzykan|cki (*-ko*) tollkühn, waghalsig; *Natur a.*: draufgängerisch; **~ctwo** *n* (*-a*; *0*) Waghalsigkeit *f*; Wagemut *m*, Draufgängertum *n*; **~t** *m* (*-a*; *-ci*) Wagehals *m*, Draufgänger *m*; Vabanquespieler *m*.

ryzyko [*'ri*-] *n* (*-a*; *0*) Risiko *n*; **~wać** ⟨*za*-⟩ (*-uję*) riskieren, wagen; **~wny** riskant, risikoreich, gewagt.

ryż *m* (*-u*, *-e*) (*na mleku* Milch-)Reis *m*; **~owy** Reis-; *szczotka ~owa*]

ryży *s.* rudy.   [Schrubber *m*.]

rzadk|i (*-ko*) *1.* dünn(flüssig); *Haar*

a.: schütter; *Wald*: licht; *na* ~o *Kochk.* dünn, wässerig; *2.* selten, rar; vereinzelt; *z* ~*a* ab und zu; dünn gesät; ~**ość** *f* (*-ści*; *0*) Dünnflüssigkeit *f*; Dünnheit *f*; Selten-}

rzadszy *Komp. v.* rzadki. [heit *f.*}

rzadzi|ej *Komp. v.* rzadko; ~**utki** *f* (*-ko*) ganz dünn; *vgl.* rzadki.

rząd[1] [ʒɔnt, -endu] *m* (*rzędu*; *rzędy*) Reihe *f*; *Bio., Math.* Ordnung *f*; *hist.* Reitzeug *n*; *z rzędu, pod* ~ hinter-, nacheinander; *w pierwszym rzędzie fig.* in erster Linie, vorzugsweise; *ostatniego rzędu* ausgemacht, wie er im Buche steht; ~[2] [ʒɔnt, -ndu] *m* (*-u*; *-y*) Regierung *f*; *Gr.* Rektion *f*; ~**y** *pl. a.* Regime *n*, Herrschaft *f*, Regiment *n*; ... ~*u in Zssgn* Regierungs-; ~**ca** *m* (*-y*; *-ów*) (*Guts-*)Verwalter *m*; ~**ek** *m* (*-dka*; *-dki*) Reihe *f*; ~**ny** *s.* gospodarny; ~**owy** Regierungs-; Staats-.

rządzi|ć [-dʑe] (*I*) regieren (*A*) (*a. Gr.*), herrschen (über *A*) beherrschen (*A*); ~ *się* das Regiment führen, kommandieren; regiert werden; *sich leiten lassen* (*I/von*).

rzapie [ʒɔm-] *n* (*-a*) *Bgb.* Sumpf *m*.

rze|c *pf.* (*L.*) sagen; ~*c można man kann sagen*; *jak* ~*ktem, jak się* ~*kło wie gesagt*; ~*kłbyś man könnte sagen od.* meinen; *nie* ~*kłszy słowa ohne ein Wort zu sagen*; *słowo się* ~*kło versprochen ist versprochen.

rzecz *f* (*-y*) Sache *f*; Ding *n*; Angelegenheit *f*; ~ *sama przez się zrozumiała* Selbstverständlichkeit *f*; ~ *prosta od.* jasna ganz klar (, daß); *ogólnie* ~ *biorąc* im allgemeinen; *cała* ~ *w tym der* Kern *der Sache ist*; ~ *w tym, że* ... es handelt sich darum, daß ...; *ściśle* ~ *biorąc, w istocie* ~*y der springende Punkt ist*; *na* ~ (*G*) zugunsten; *na* ~ *pokoju für den Frieden*; F *wielka mi* ~*! ach, was!*, *nur k-e Bange!*; *od* ~*y irrelevant*; *mówić od* ~*y unsinniges Zeug reden*; *nie od* ~*y byłoby od. będzie* ... es würde nichts schaden ...; F *być od.* ~*y passabel sein*; *mówić do* ~*y vernünftig* (*od.* sachlich) *reden*; *to nie ma nic do* ~*y das gehört nicht zur* Sache; das hat nichts zu sagen; *jak* ~*y stoją so wie die Dinge (nun einmal) liegen*; *słyszane* (*od.* widziane) ~*y! wo gibt's denn so was!*; *biuro* ~*y znalezionych Fundbüro n.*

rzeczka *f* (*-i*; *G -czek*) Flüßchen *n*.

rzeczni|czka *f* (*-i*; *G -czek*), ~**k** *m* (*-a*; *-cy*) (*Regierungs-*)Sprecher(in *f*) *m*; Fürsprecher *m*; ~**k patentowy** Patentanwalt *m*.

rzeczny Fluß-.

rzeczony erwähnt, besagt.

rzeczownik *m* (*-a*; *-i*) Substantiv *n*; ~ *pospolity* Gattungsname *m*; ~**owy** (*-wo*) substantivisch.

rzeczow|o *Adv. s.* rzeczowy; ~**ość** *f* (*-ści*; *0*) Sachlichkeit *f*; ~**y** Sach-, Ding-; (*a. -wo*) sachbezogen; sachlich.

rzeczoznawca *m* Sachverständige(r), Gutachter *m*.

rzeczpospolita [*a.* -'pɔli-] *f* (*-czy... 'litej*; *-czy...'lite*) (*ludowa* Volks-) Republik *f*.

rzeczułka *f* (*-i*; *G -łek*) Flüßchen *n*.

rzeczywist|ość *f* (*-ści*; *0*) Wirklichkeit *f*; *w* ~*ości a.* in Wahrheit; ~**y** (*-ście*) wirklich; tatsächlich; ~*y członek ordentliches Mitglied.*

rzedn|ać [-nɔntɕ] ⟨z-⟩ (*-nę, -nął/-ł*) dünn(flüssig)er werden; *mina mu* ~*ie sein Gesicht wird immer länger*; *a.* = ~**ieć** ⟨z-⟩ (*-eję*) Haar, *Wald*: sich lichten.

rzek|a *f* (*-i*) Fluß *m*, Strom *m* (*a. fig.*); *w dół, w górę* ~*i flußab-, flußaufwärts.

rzek|ł(**a, -o**) *s.* rzec; ~**omy** (*-mo*) angeblich; *Med., Bot.* Pseudo-, Schein-; *s.* dur[1].

rzekotka *f* (*-i*; *G -tek*) Laubfrosch *m*.

rzemie|nny Riemen-, Leder-; ~**ń** ['ʒe-] *m* (*-nia*; *-nie*) Riemen *m*, (*Leder-*)Gurt *m*.

rzemieślni|czy (*-czo*) handwerklich, gewerblich; Handwerks-, Gewerbe-; ~**k** *m* (*-a*; *-cy*) Handwerker *m*, Gewerbetreibende(r).

rzemiosło *n* (*-a*; *G -sł*) (*artystyczne* Kunst-)Handwerk *n*, Gewerbe *n*.

rzemy|czek *m* (*-czka*; *-czki*), ~**k** *m* (*-a*; *-i*) Riemchen *n*, Riemen *m*.

rzep *m* (*-u*; *-y*) Klette *f*; ~**a** *f* (*-y*) Wasser-, Stoppelrübe *f*. [Raps-.}

rzepak *m* (*-u*; *-i*) Raps *m*; ~**owy**}

rzep|icha *f* (*-y*) Brunnenkresse *f*; ~**ik** *m* (*-u*; *-i*) Rübsen *m*; Odermennig *m*; ~**ka** *f* (*-i*; *G -pek*) *s.* rzepa; *Anat.* Kniescheibe *f*.

rzesza *f* (*-y*; *-e*) (*Menschen-*)Menge *f*, Masse *f*; 2 *hist. Pol.* (*Deutsches*) Reich.

rzeszoto *n* (*-a*) (weitmaschiges) Sieb.

rze|ski (*-ko*) vital, rüstig; frisch,

munter; ~telny redlich; gründlich; *Talent*: wirklich.

rzewień ['ʒɛ-] *m* (-nia/-wnia; -nie) *Bot.* Rhabarber *m*.

rzewn|ość *f* (-ści; 0) Wehmut *f*; Rührseligkeit *f*; ~y rührend, wehmütig; rührselig; *płakać ~ymi łzami* bittere Tränen weinen.

rzezimieszek *m* Spitzbube *m*.

rzeź *f* (-zi; -zie) Schlachten *n*; *fig.* Massaker *n*, Gemetzel *n*; *bydło na ~* Schlachtvieh *n*; ~**ba** *f* (-y)(w brązie, *marmurowa* Bronze-, Marmor-) Plastik *f*, Skulptur *f*; Schnitzwerk *n*; *Geol.* (Boden-)Relief *n*.

rzeźbia|rka *f* (-i; *G* -rek) Bildhauerin *f*; *Typ.* Guillochiermaschine *f*; ~**rski** (-ko) bildhauerisch; ~**rstwo** *n* (-a; 0) Bildhauerkunst *f*; *vgl.* ~**ba**; ~**rz** ['ʒɛʒ-] *m* (-a; -e, -y) Bildhauer *m*.

rzeź|bić <wy-> (-ę, *a.* -bij!) *in Stein* meißeln, hauen; schnitzen; *Geol.* *Gelände* formen; ~**nia** ['ʒɛʒ-] *f* (-i; -e, -i) Schlachthof *m*, -haus *n*; ~**nia** końska Roßschlächterei *f*; ~**nictwo** *n* (-a; 0) Metzger-, Fleischerhandwerk *n*; ~**niczy** Metzger-, Fleischer-; ~**nik** *m* (-a;-cy) Metzger *m*, Fleischer *m*; ~**ny** Schlacht-.

rzeźw|iąco ['-ʋɔn-] *Adv.* erfrischend; ~**ić** <o-> (-ę, -wij!) *s.* orzeźwiać; ~**y** (-wo) munter, lebhaft; rüstig; frisch, erfrischend.

rzeżączk|a ['-ʒɔntʃ-] *f* (-i; 0) *Med.* Gonorrhöe *f*; ~**owy** gonorrhoisch.

rzeżucha *f* (-y) *Bot.* Schaumkraut *n*; ~ *gorzka* Bitterkresse *f*.

rzędn|a ['ʒɛnd-] *f* (-ej; -e) *Math.* Ordinate *f*; *oś* ~**ych** Ordinatenachse *f*, Y-Achse *f*.

rzęd|owy [ʒɛn-] Reihen-; ~**y** *pl. v.* rząd[1].

rzępol|enie [ʒɛm-] *n* (-a; 0) Gefiedel *n*, Gedudel *n*; ~**ić** (-lę) fiedeln, auf der Geige kratzen, dudeln.

rzęsa *f* (-y) Wimper *f*; *Bot.* Wasserlinse *f*.

rzęsist|ek *m* (-tka; -tki) Trichomonade *f*; ~**y** (-ście) *Beifall*: anhaltend; *Regen*: dicht; *Licht(er)*: strahlend, festlich.

rzęs|ka *f* (-i; *G* -sek) Flimmerhärchen *n*, Geißel *f*, ~**orek** *m* (-rka; -rki) *Zo.* Wasserspitzmaus *f*.

rzężl *f* (-i; -e) *Bot.* Wasserstern *m*.

rzę|zić <za-> (-żę, -źl) röcheln; ~**żenie** *n* (-a) Röcheln *n*.

rznąć *s.* rżnąć.

rzodkiew ['ʒɔt-] *f* (-kwi; -kwie) Rettich *m*, (a. ~ świrzepa) Hederich *m*; ~**ka** *f* (-i; *G* -wek) Radieschen *n*.

rzuc|ać (-am), <~ić> (-cę) werfen, schleudern (a. *fig.*); verlassen, im Stich lassen; *Bemerkung* fallen lassen; (na *A*) ~**ić** klątwę in den Bann tun (*A*); ~**ić** okiem e-n Blick werfen (auf *A*), F ein Auge riskieren; *s. a.* wstecz; *v/i statkiem* ~**ało** das Schiff wurde hin- und hergeworfen; ~**ać** <~**ić**> się werfen, sich stürzen; (do *G*) *Flucht* ergreifen; *an d. Kehle* springen; ~**ić** się na szyję um den Hals fallen; *fig.* ~**ać** się w oczy in die Augen springen; ~**anie** *n* (-a) Werfen *n*; *Tech.* Schlagen *n*; ~**ić** *pf. s.* rzucać; ~**ik** *m* (-a; -i): w ~ik Stoff: gepunktet, getupft.

rzut *m* (-u; -y) Wurf *m*; *Sp.* (dyskiem, młotem, oszczepem Diskus-, Hammer-, Speer-)Werfen *n od.* Wurf (karny, wolny Straf-, Frei-) Wurf *od.* Stoß *m*; *Math. Tech.* Projektion *f*; (pionowy, poziomy Auf-, Grund-)Riß *m*; *Mil.* (Angriffs-) Staffel *f*, Welle *f*; ~ oka Blick *m*; Übersicht *f*; ~**ek** *m* (-tka; -tki) Tontaube *f*; ~**ki** *Mensch*: aktiv, energisch, tatkräftig; *Verstand*: rege; ~**kość** *f* (-ści; 0) Unternehmungsgeist *m*, Initiative *f*; ~**nia** ['ʒut-] *f* (-i; -e, -i) *Math.* Projektionsebene *f*; *Sp.* (Hammer-)Wurfanlage *f*; ~**nik** *m* (-a; -i) Bildwerfer *m*; ~**nik do przeźroczy** Diaprojektor *m*; ~**ować** (-uję) projizieren (na *a. fig.*); *fig. a.* sich widerspiegeln.

rzyg|acz *m* (-a; -e) *Arch.* Wasserspeier *m*; ~**ać** (-am), <~**nąć**> [-nɔntɛ] (-nę) speien (a. *fig.*), V kotzen.

Rzym|ianin ['-mja-] *m* (-a; -anie,-), -**anka** *f* (-i; *G* -nek) Römer(in *f*) *m*; 2**ski** römisch, Rom-; 2**skokatolicki** römisch-katholisch.

rżel|ć <za-> (-ę, -y) wiehern; ~**nie** *n* (-a) Wiehern *n*.

rżnąć [-nɔntɛ] (*im*)*pf.* (-nę) schneiden; *Vieh* schlachten; P (hin-) schmeißen, schmettern (a. v/i, a. *Kapelle*); V bumsen, pimpern; ~ w karty Karten dreschen.

rżnię|cie [-'nɛn-] F *n* (-a) Dresche *f*, Prügel *pl.*; Leibschneiden *n*; ~**ty** *Glas, Kristall*: geschliffen.

rżysko *n* (-a) (abgeerntetes) Roggenfeld.

S

sabat m (-u; -y) Rel. Sabbat m; ~o-wy Sabbat-.

sabot|aż m (-u; -e) Sabotage f; ~a-żysta m (-y; -ści, -ów) Saboteur m; ~ować (-uję) sabotieren, hinter-treiben.

sacharyna f (-y) Sacharin n.

sad m (-u; -y) Obstgarten m.

sadło n (-a; 0) Fett n, Schmalz n; fig. a. Speck m.

sadowić ⟨u-⟩ (-ę, -dów!) s. (roz-) sadzać; ~ się s. siadać.

sadowni|ctwo n (-a; 0) Obstbau m; ~czy Obstbau-; Obstgarten-; ~k m (-a; -cy) Obstgärtner m.

sadyba f (-y) Gehöft n.

sady|sta m (-y; -ści, -ów) Sadist m; ~styczny sadistisch.

sadza f (-y; -e) Ruß m.

sadza|ć (-am), ⟨posadzić⟩ (hin)set-zen, placieren; vgl. wsadzać; ~rka f (-i; G -rek) Agr. Pflanzmaschine f; ~wka f (-i; G -wek) Weiher m.

sadzeniak [-'dze-] m (-a; -i): mst pl. ~i Pflanzgut n, engS. Pflanzkartof-feln f/pl.

sadz|enie n (-a; 0) Agr. Pflanzen n, Setzen n; ~ić (-dzę) v/t ⟨po-⟩ pflan-zen, setzen; v/i F hasten, jagen; set-zen, springen; Wild a.: flüchten; ~onka f (-i; G -nek) Ableger m; Setzling m, Pflänzling m; ~ony: jaja ~one Spiegeleier n/pl.

sadź f (-dzi; -dzie) Rauhreif m.

safanduła F m (-y; G -uł/ów) Tran-tüte f, Schlafmütze f; Schlapp-schwanz m, Waschlappen m.

safian ['sa-] m (-u; -y) Saffian(leder n) m.

saga f (-i) (nordische) Sage.

sagan m (-u; -y) gußeiserner Koch-topf.

sago n (-a; 0) Sago m; ~wy Sago-.

sak m (-u; -i) Sack m; Reisetasche f; Beutelnetz n; † Überzieher m; ~iewka f (-i; G -wek) Geldbeutel m.

sakra|lny sakral; ~mencki P ver-dammt, verflixt.

sakrament m (-u; -y) Sakrament n; ostatnie ~y letzte Ölung; ~alny sa-kramental.

saksofon m (-u; -y) Saxofon n; ~ista m (-y; -ści, -ów) Saxophonist m.

Saksończyk m (-a; -cy) Sachse m.

sakwa † f (-y; -kw) Quersack m; Futtersack m.

sala f (-i; -e) Saal m; (Zuschauer-) Raum m; (Kranken-)Zimmer n; (Turn-, Schalter-)Halle f; koll. Pu-blikum n, Auditorium n.

sala|mandra f (-y; G -der) (plamista Feuer-)Salamander m; ~mi m (unv.) Salami f; ~terka f (-i; G -rek) (Sa-lat-)Schüssel f.

salceson m (-u; -y) Preßkopf m.

sale|tra f (-y) Salpeter m; ~trzak m (-u; 0) Kalkammonsalpeter m.

salicylowy Salizyl-.

salina f (-y) Saline f; ~ morska a. Salzgarten m.

salomonowy salomonisch.

salon m (-u; -y) (piękności, samo-chodowy Schönheits-, Auto-)Salon m; ~ik m (-u; -i) kleiner Salon, Be-suchszimmer n; ~ka f (-i; G -nek) Esb. Salonwagen m; ~owiec [-'no-] m (-wca; -wcy) Salonlöwe m; ~owy Salon-.

salowa f (-ej; -e) Stationshilfe f.

salut m (-u; -y) Salut m; ~ować ⟨za-⟩ (-uję) salutieren, ~owanie ~ (-a) Ehrenbezeigung f.

salw|a f (-y) Salve f; ~a burtowe Mar. Breitseite f; ~owy Mil. Sal-ven-.

sałat|a f (-y) Bot. (głowiasta Kopf-Salat m, (siewna Garten-)Lattich m Kochk. = ~ka f (-i; G -tek) (He rings-)Salat m.

sam[1] Pron. (f ~a, n ~o; ~e, Psf. ~i selbst; allein; nur, bloß; s. a. pocz tek, pora, raz; ~o przez się vor selbst; ~(o) w sobie an sich; in sich (selbst); w ~ym środku genau in de Mitte; mittendrin; ~ na ~ unte vier Augen; ten ~, ta ~a, to ~o der-die-, dasselbe; tak ~o genauso; tyr ~ym deshalb; dadurch.

sam[2] F m (-u; -y) Selbstbedie nungsladen m. [riter m.

samarytanin m (-a; -nie, -) Sama-sam|czy Zo., Bot. männlich; ~czyi *m* (-a; -i) *s.* samiec; **~ica** *f* (-y; -e), **~iczka** *f* (-i; *G -czek*) *Zo.* Weibchen *n*; **~iczy** *Zo., Bot.* weiblich; **~iec** ['sa-] *m* (-mca; -mce) *Zo.* Männchen *n*, *eng S. a.* Rüde *m*, Hahn *m*.

samiut(eń)ki mutterseelenallein.

samo|- Selbst-, Auto-; **~bieżny** *Tech.*, *Mil.* Selbstfahr-.

samobój|ca *m* (-y; *G -ów*), **~czyni** *f* (-i; -e) Selbstmörder(in*f*) *m*; **~czy** (-czo) selbstmörderisch; *Sp.* bramka **~cza** Eigentor *n*; **~stwo** *n* (-a) Selbstmord *m*.

samochcąc [-xtsɔnts] *Adv.* aus eigenem Antrieb, freiwillig.

samochodow|nictwo *n* (-a; *0*) Kraftfahrwesen *n*; **~y** Kraft(wagen)-, Automobil-; *szkoła jazdy* **~ej**, *kursy* **~e** Fahrschule *f*.

samochód *m* Kraftfahrzeug *n*, Kraftwagen *m*; **~** *pożarniczy* Löschfahrzeug *n*, Löschzug *m*; *pancerny* **~** rozpoznawczy Panzerspähwagen.

samochwa|lczy prahlerisch; **~lstwo** *n* (-a; *0*) Selbst-, Eigenlob *n*; **~ł** *m* (-a; -y), **~ła** *m/f* (-y; *G -[ów]*) Großmaul *n*, Prahler *m*.

samo|czynny selbsttätig; **~dział** *m* Text. Homespun *n*; **~dzielny** selbständig; **~dzierża** *m* (-y; *G -ów*) Selbstherrscher *m*; **~głoska** *f* Selbstlaut *m*, Vokal *m*; **~gon** F *m* (-u; *0*), **~gonka** F *f* (-i; *0*) schwarz-, selbstgebrannter Schnaps, F Fusel *m*; **~gwałt** *m* Selbstbefriedigung *f*; **~istny** spontan; selbständig; **~kontrola** *f* Selbstbeherrschung *f*; **~krytyczny** selbstkritisch; **~kształcenie** *n* Selbststudium *n*.

samolot *m* (*komunikacyjny* Verkehrs-)Flugzeug *n*; **~** *dalekiego rozpoznania* Fernaufklärer *m*; **~** *myśliwsko-bombowy* Jagdbomber *m*; **~** *pionowo startujący* VTOL-Flugzeug *n*, F Senkrechtstarter *m*; **~owy** Flugzeug-.

samolub *m* (-a; -y/-i) Egoist *m*; **~ny** eigen-, selbstsüchtig; **~stwo** *n* (-a; *0*) Eigenliebe *f*, Selbstsucht *f*.

samo|nośny selbsttragend; **~obrona** *f* Selbstverteidigung *f*.

samoobsług|a *f* Selbstbedienung *f*; **~owy** Selbstbedienungs-.

samo|okaleczenie *n* Selbstverstümmelung *f*; **~określenie** *n* (*U*) *s.* samostanowienie; **~opanowanie** *n* Selbstbeherrschung *f*; **~oskarżenie** *n* Selbstanklage *f*; **~pał** *m* (-u;

-y) *hist.* (*Steinschloß-*)Pistole *f*; **~pas** *Adv.* sich selbst überlassen, unbeaufsichtigt; **~piszący** [-'ʃɔn-] selbstregistrierend; **~poczucie** *n* (*Gemüts-*)Verfassung *f*; (*Allgemein-*)Befinden *n*; **~pomoc** *f* Selbsthilfe *f*; gegenseitige Hilfe; **~powtarzalny** *Mil.* Selbstlade-; **~poznanie** *n* Selbsterkenntnis *f*; **~rodny** urwüchsig; angeboren, Natur-; **~repetujący** [-'jɔn-] *s.* samopowtarzalny; **~rództwo** *n* (-a) Urzeugung *f*.

samorząd *m* [-ʒɔnt, -ndu] (-u; -y) Selbstverwaltung *f*; **~** *szkolny* Schülermitverwaltung *f*; **~owiec** [-'dɔ-] F *m* (-wca; -wcy) Kommunalbeamte(r) *od.* -politiker *m*; **~owy** Selbstverwaltungs-; kommunal.

samo|rzutny spontan, aus eigenem Antrieb; **~sąd** *m* Lynch-, Selbstjustiz *f*; **~siejka** *f* (-i; *G -jek*) wildwachsende Kulturpflanze; F *a.* selbstgezogener Tabak; **~stanowienie** *n* (-a; *0*) *Pol.* Selbstbestimmung *f*; **~strzał** *m* Armbrust *f*.

samotn|ia [-'mɔ-] *f* (-i; -e, -i) Einöde *f*, Einsiedelei *f*; Einsiedlerleben *n*; **~iczy** (-czo) weltabgewandt, einsiedlerisch; **~ik** *m* (-a; -cy) Einzelgänger *m* (*a. JSpr.*), Außenseiter *m*; *Mar.* Einhandsegler *m*; **~ość** *f* (-ści; *0*) Einsamkeit *f*, Alleinsein *n*; **~y** einsam; zurückgezogen, weltabgeschieden; unverheiratet; -nie *Adv. a.* allein.

samo|tok *m* Tech. Rollgang *m*; **~trzask** *m* Fangeisen *n*, Falle *f*; **~uczek** *m* (-czka; -czki) Lehrbuch *n* für den Selbstunterricht; *a.* = **~uk** *m* (-a; -i/-cy) Autodidakt *m*; **~war** *m* (-a; -y) Samowar *m*; **~warek** F *m* (-rka; -rki) Bimmelbahn *f*.

samowła|dca *m* Alleinherrscher *m*; **~dztwo** *n* (-a) Alleinherrschaft *f*.

samowol|a *f* Willkür *f*; Eigenmächtigkeit *f*; **~ny** willkürlich, selbstherrlich; eigenmächtig.

samowy|starczalny autark, (wirtschaftlich) unabhängig; **~zwalacz** *m* Fot. Selbstauslöser *m*.

samoza|chowawczy Selbsterhaltungs-; **~dowolenie** *n* Selbstzufriedenheit *f*; **~parcie** *n* Selbstverleugnung *f*; **~pylenie** *n* Selbstbestäubung *f*.

samozwa|niec [-'zva-] *m* (-ńca;

-ńcy) Usurpator m; ~ńczy usur-patorisch, widerrechtlich.
samura f (-y) Bache f.
sanacja f (-i; -e) Sanierung f; hist. Regime n der nationalen Erneuerung.
sanator|ium [-'tɔ-] n (unv.; -ia, -ów) Sanatorium n; ~ium dla nerwowo chorych Nervenheilanstalt f; ~yjny: leczenie -ne Heilkur f.
sanda|cz m (-a; -e) Zander m; ~ł m (-a; -y) Sandale f; ~łek m (-łka; -łki) (Kinder-)Sandale f; Sandalette f; ~łowiec [-'wɔ-] m (-wca; -wce) Sandelbaum m; Sandelholz n; ~łowy Sandel-.
sandwicz m (-a; -e) Sandwich n.
saneczk|arstwo n (-a; 0) Sp. Rodeln n; ~arz m (-a; -e) Rodler m; ~i pl. (-czek) Rodelschlitten m; ~ować (-uję) rodeln.
sani|e ['sa-] pl. (sań) Schlitten m (a. Tech.); ~e bobslejowe Bob m; jazda ~ami Schlittenfahrt f.
sanitariusz [-'ta-] m (-a; -e) Sanitäter m; (Kranken-)Pfleger m, Wärter m; Krankenträger m; ~ka [-'rʲuʃ-] f (-i; G -szek) Sanitäterin f; Krankenpflegerin f.
sankarz m (-a; -e) Rodler m.
sankcj|a [-ŋk-] f (-i; -e) Sanktion f; Sanktionierung f; ~e karne a. Straf-, Zwangsmaßnahmen f/pl.; ~onować ⟨u-⟩ (-uję) sanktionieren.
san|ki pl. (-nek) s. sanie, saneczki; ~na f (-y; 0) schneebedeckte(r) Weg, Straße; Schlittenfahrt f.
sap|a f (-y) Mil. Sappe f; ~ać (-ię), ⟨~nąć⟩ [-nɔŋtɛ] (-nę) schnaufen, keuchen; vor Wut schnauben.
saper m (-a; -rzy) Mil. Pionier(soldat) m; ~ka f (-i; G -rek) Pionierspaten m; mst pl. ~ki Knobelbecher m/pl.; ~ski Mil. Pionier-; sprzęt ~ski Schanzzeug n.
sap|ka f (-i; G -pek) Schnupfen m; ~nąć pf. s. sapać.
sard|ela f (-i; -e, -i) Sardelle f; Anschovis f; ~elowy Sardellen-; ~ynka f (-i; G -nek) Sardine f.
sarenka f (-i; G -nek) (junges) Reh.
sarka|ć (-am), ⟨sarknąć⟩ [-nɔŋtɛ] (-nę) schimpfen, murren; ~styczny sarkastisch.
sarkofag m (-u; -i) Sarkophag m.

sarkoma f (-y) Med. Sarkom n.
sarma|cki sarmatisch; 2ta m (-y; -ci, -ów) Sarmate m.
sarn|a f (-y) Reh n, engS. Ricke f, Rehgeiß f; ~i Reh-; ~ina f (-y) Rehbraten m; ~iuk ['sar-] m (-a; -i) Rehbock m.
Sas m (-a; -i) Sachse m.
sasan|ek m (-nka; -nki), ~ka f (-i; G -nek) Bot. Küchenschelle f, Anemone f.
saski sächsisch, Sachsen-.
sataniczny satanisch.
sateli|cki Pol. Satelliten-; ~ta m (-y; -y/-ci, G -ów) Satellit m, Trabant m; Tech. Planetenrad n; Kfz. Ausgleichskegelrad n; miasto-~ta Satellitenstadt f; ~tarny Satelliten-. [satiniert.]
satyn|a f (-y) Satin m; ~owany)
satyr|a f (-y) Satire f; ~yczny satirisch; ~yk m (-a; -cy) Satiriker m.
satysfakcja f (-i; 0) Genugtuung f; Befriedigung f.
sawantka f (-i; G -tek) iron. Intelligenzbestie f, Blaustrumpf m.
są 3. Pers. Pr. v. być; (unpers.) es gibt.
sącz|ek ['sɔn-] m (-czka; -czki) Chem. Filter n; Drain m, Drän m (a. Med.); ~enie n (-a) Absonderung f, (Aus-)Schwitzen n; Filtrieren n; (a. się) Sickern n; ~yć (-ę) absondern; filtrieren; langsam gießen; langsam trinken; gedehnt (aus)sprechen; ~yć się (durch)sickern; Licht: durchschimmern.
sąd [sɔnt, -ndu] m (-u; -y) (dla nieletnich, doraźny, grodzki, przysięgłych, wojskowy Jugend-, Schnell- od. Stand-, Amts-, Schwur-, Kriegs-)Gericht n; Urteil n; iść pod ~, stanąć przed ~em sich vor e-m Gericht verantworten müssen; podać do ~u vors Gericht bringen; ~ny: ~ny dzień das Jüngste Gericht; Rel. Versöhnungsfest n; do ~nego dnia bis zum Jüngsten Tag.
sądow|nictwo n (-a; 0) Gerichtsbarkeit f, Rechtsprechung f; Gerichtswesen n; ~nie Adv. gerichtlich; ~nik m (-a; -cy) Justizbeamte(r); ~y gerichtlich, Gerichts-; w drodze ~ej auf dem Rechtsweg.
sądz|ić [sɔn-] ⟨-dzę⟩ richten, Gericht halten; verhandeln (A/gegen A; o, za A/wegen A); ⟨a. o-, za-⟩ ab-, ver-

urteilen; (*nur impf.*) urteilen (o L/
über A; po L/nach), beurteilen (o
L/A); annehmen, glauben, meinen;
nie było mu ~one es war ihm nicht
beschieden; *~qc po* (L) *od. z* (G)
nach (D) zu urteilen.

sąg [sɔŋk, -gi] *m* (-a/-u; -i) (*Holz-*)
Klafter *m od. n.*

sąsiad ['sɔ̃-] *m* (-a; sąsiedzi, -ów)
Nachbar *m*; Nebenmann *m*; *pl. a.*
Nachbarschaft *f*, Nachbarsleute *pl.*;
od ~ów Nachbars-; **~ka** *f* (-i; G
-dek) Nachbarin *f*; **~ować** (-*uję*)
Nachbar(in) sein (z I/von *od.* G);
angrenzen (z I/an A); **~ujący**
[-'jɔn-] *s.* sąsiedni.

sąsie|dni benachbart; angrenzend,
Neben-; **~dzki** nachbarlich, Nachbar(s)-; gutnachbarlich; **~dztwo** *n*
(-a; 0) Nachbarschaft *f*.

sąsiek ['sɔ̃-] *m* (-a; -i) Scheunenfach
n, Banse *f*.

sąż|eń (-*żnia*; -*żnie*) Klafter *m*
od. n; **~nisty** (-*ście*) Riesen-;
meterlang.

cal|ać (-*am*), **⟨~ić⟩** (-*lę*) ver-
ein(ig)en, verschmelzen (*się* sich);
Grundstücke zusammenlegen; **~e-
nie** [-'le-] *n* (-a) Verschmelzung *f*;
Integration *f*; Zusammenlegung *f*.

cedz|ać (-*am*), **⟨~ić⟩** abseihen,
abgießen.

cena *f* (-*y*) Bühne *f*; Szene *f*; *engS.*
a. Schauplatz *m*; (*Film-*)Einstellung
f; **~riusz** [-'na-] *m* (-a; -e) (*Film-*)
Drehbuch *n*; Szenario *m*; **~rzysta**
m (-*y*; -*ści*, -ów) Drehbuchautor *m*.

cen|eria [-'nɛ-] *f* (G, D, L -*ii*; -e)
Szenerie *f*; *Thea.* Bühnenbild *n*;
~iczny Bühnen-; **~ka** *f* (-i; G -*nek*)
kleine Szene.

ceno|graf *m* (-a; -owie) Bühnen-
bildner *m*; **~pis** *m* (-u; -y) (*Film-*)
Drehbuch *n*; **~pisarstwo** *n* Bühnen-
dichtung *f*.

cepty|czny skeptisch; **~k** *m* (-a;
-cy) Skeptiker *m*.

chab [sxap, -bu] *m* (-u; -y)
Schweinsrücken *m*; **~ środkowy**
Kotelettstück *m*; **~oszczak** P *m*
(-a; -i) = **~owy**: *kotlet ~owy*
Schweinskotelett *m*.

cha|dzka *f* (-i; G -*dzek*) (heim-
liche) Verabredung *f*; Rendezvous
n; **~mlec** ['sxu-] *pl.* (-*łje*) verföhnen.

chemat *m* (-u; -y) Schema *n*; El.,
Rdf. Schaltplan *m*, -bild *n*; **~yczny**
schematisch.

scherlały *s.* cherlawy.

schizo|frenia [sçizo'frɛ-] *f* (G, D, L
-*ii*; 0) Schizophrenie *f*; **~idalny**
schizoid.

schlać się *pf. s.* chlać.

schlebiać['sxlɛ-](-*am*) schmeicheln.

schludn|ość *f* (-*ści*; 0) Sauberkeit *f*;
Reinlichkeit *f*; **~y** (-*nie*, -*no*) sauber;
reinlich; *Kleidung a.*: ordentlich.

schł-, schm- *in Zssgn Verben s.*
chł-, chm-.

schnąć [sxnɔntɕ] (-*nę*, -*nął*/*schł*,
schła) **⟨wy- aus⟩**trocknen (*v/i*);
verdorren; *fig.* dahinsiechen.

schod|ek *m* (-*dka*; -*dki*) (Treppen-)
Stufe *f*; **~ki** *pl.* (kleine) Treppe
f; **~kowaty** (-*to*) stufen-, treppen-
förmig; **~kowy** Treppen-, Stufen-;
~nia ['sxɔd-] *f* (-i; -e, -i) Mar.
Niedergang *m*; **~owy** Treppen-;
~y *m/pl.* (-ów) (kręcone *od.* kręte,
ruchome Wendel-, Roll-)Treppe *f*;
do góry po ~ach treppauf; *w dół po*
~ach treppab.

schodzić, **⟨zejść⟩** (L. -*jść*) *v/i* her-
unter-, (her- *od.* hin)absteigen,
-gehen, -kommen; *v. Kurs, Weg*
abkommen (*a. fig.*; z G/von); sich
entfernen (z G/von); *Tag:* vergehen; **~ na** (A) *Gespräch*: kommen, gelenkt werden (auf A); **~ na**
szpiega zum Spion werden; **~ na**
bok zur Seite treten; **~ na ląd** an
Land gehen; **~ z ekranów** *Film*:
abgesetzt werden; *v/t Weg* begehen;
durchwandern; F *Schuhe* austreten;
~ się zusammenkommen, sich treffen *od.* versammeln.

scho|lastyczny scholastisch; **~ro-
wany**, **~rzały** (durch Krankheit)
ausgezehrt, siech; **~rzenie** *n* (-a)
Erkrankung *f*, Leiden *n*; *Med. a.*
Affektion *f*.

schow|ać *pf. s.* chować; **~anko** *n*
(-a; G -*nek*), **~ek** *m* (-*wka*; -*wki*)
(*Geheim-*)Versteck *n*; (*nur ~ek*) *Kfz.*
Handschuhfach *n*.

schron *m* (-u; -y) (*Schutz-*)Bunker
m; **~ przeciwlotniczy** Luftschutz-
raum *m*; **~ić się** *pf. s.* chronić;
~ienie [-'nɛnɛ] *n* (-a) Schutz *m*,
Zuflucht *f*; Unterschlupf *m*.

schronisko *n* (-a) Zufluchtsort *m*;
Asyl *n*, Heim *n*; [*tugend-*]Herberge
f; [*Berg-*]Schutzhütte *f*, Baude *f*;
~ dla zwierząt Tierheim.

schrypnięty [-'nɛn-] heiser.

schudnięci|e [-'nɛn-] *n* (-a; 0) Ab-

nehmen n; dla ~a Schlankheits-, Abmagerungs- [Mordskerl m.]
schwał: na ~ Pracht-; chłop ~a
schwy|cić pf. s. chwytać; ~tać pf. j-n auf-, ergreifen; ertappen.
schyl|ać (-am) s. chylić; ~ony s. pochylony.
schył|ek m (-łku; 0) Neige f, Ende n; ~ek życia Lebensabend m; mieć się ku ~kowi zur Neige gehen; ~kowy dekadent. [verzucken.]
scukrz|ać (się) (-am), ⟨~yć (się)⟩
scy|puł m (-u; 0) JSpr. Bast m; ~sja f (-i; -e, -i) Auseinandersetzung f, Zusammenstoß m; ~zo-ryk m (-a; -i) Taschenmesser n.
sczepi(a)ć ['ſtʃɛ-] (zusammen)koppeln, -kuppeln; (zusammen)heften; ~ się festhaken; einander festhalten; sich ineinander verbeißen.
sczer- in Zssgn Verben s. czer-.
seans ['sɛãs] m (-u; -e/-y) (Film-) Vorführung f, Vorstellung f; (spiritistische) Sitzung f. [gendstil m.]
secesyjny Sezessions-. styl ~ Ju-
sedes m (-u; -y) (Klosett-)Brille f; ~ pokojowy Nachtstuhl m.
sedno n (-a; 0) Kern(punkt) m; ~ rzeczy a. des Pudels Kern; trafić w ~ den Nagel auf den Kopf treffen.
segment m (-u; -y) Segment n; ~owy: meble ~owe Anbaumöbel n/pl.
segreg|acja f (-i; 0) Absonderung f, Abtrennung f; ~acja rasowa Rassentrennung; ~ator m (-a; -y) (Akten-)Ordner m; Ablagekorb m; Aktenregal n od. -schrank m; ~o-wać ⟨po-⟩ (-uję) sortieren, ordnen.
sejf m (-u; -y) Safe m.
sejm m (-u; -y) Reichstag m, Parlament n; ♀ Sejm m; ~ik m (-u; -i) hist. Land- od. Kreistag m des Adels; ptasi ~ik Zugvögelversammlung f; ~owy Parlaments-, Sejm-.
sejsmiczny seismisch.
sekator m (-a; -y) Agr. Baumschere f, Astschneider m.
sekciars|ki sektiererisch; ~two n (-a; 0) Sektierertum n (a. Pol.).
sekc|iarz ['sɛk-] m (-a; -e) Sektierer m; ~ja f (-i; -e) Sektion f; ~ja zwłok a. Autopsie f, Obduktion f; ~yjny Sektions-; Sezier-.
sekre|cja f (-i; 0) Bio. Sekretion f; ~t m (-u; -y) Geheimnis n; w ~cie im Vertrauen, vertraulich.
sekreta|riat [-'ta-] m (-u; -y) Sekre-

tariat n; ~rka f (-i; G -rek) Sekre tärin f; ~rz m (-a; -e) (stan Staats-)Sekretär m; Schriftführe m; ~rzyk m (-a; -i) (Schreib Sekretär m.
sekret|era f (-y) s. sekretarzyk ~ny vertraulich, geheim.
seks F m (-u; 0) Sex m; ~ta f (-y Mus. Sexte f; ~tans [-tãs] m, ~tan m (-u; -y) Mar. Sextant m; ~tet n (-u; -y) Mus. Sextett n.
seksual|izm m (-u; 0), ~ność (-ści; 0) Sexualität f; ~ny sexuell Sexual-.
sekt|a f (-y) Sekte f; ~or m (-a; -y Sektor m; ~orowy sektoral; Sek toren-.
sekund|a f (-y) Sekunde f; co do ~ auf die Sekunde genau; ~ant n (-a; -ci) Sekundant m; ~nik n (-a; -i) Sekundenzeiger m; ~o mierz [-'do-] m (-a; -e, -y/-ów Stoppuhr f; ~ować (-uję) sekun dieren; ~owy Sekunden-.
sekutnica f(-y; -e) zänkisches Weib Xanthippe f.
sekwen|cja f (-i; -e) Sequenz f (a Film); ~s [-vɛs] m (-u, -y) KSp Sequenz f.
sekwestr m (-u; -y) Jur. Sequestra tion f, Zwangsverwaltung f; † a Pfändung f; ~ator m (-a; -rzy Gerichtsvollzieher m; ~ować ⟨za-(-uję) sequestrieren; † pfänden.
sekwoja f (-i; -e) Mammutbaum n
selcersk|i: woda ~a Selters(wasser n. [grün.
seledynowy (-wo) seladon, zart-
selek|cja f (-i; 0) Selektion f, Aus lese f; ~cjonować ⟨wy-⟩ (-uję auswählen, -lesen; ~cyjny Selek tions-, Auslese-; ~tywność f (-ści 0) Rdf. Trennschärfe f; ~tywny selektiv; Rdf. a. trennscharf.
selen m (-u; 0) Chem. Selen n ~onauta [-'naů-] m (-y; -ci, -ów Mondfahrer m; ~owy Selen-.
seler m (-a; -y) Sellerie f.
semafor m (-a; -y) Esb. Signal n
semantyczny semantisch.
semestr m (-u; -y) Semester m ~alny Semester-.
semi|cki semitisch; ~narium [-'na-] n (unv.; -ia, -ów) Seminar n ~narzysta m (-y; -ści, -ów) Semi narist m.
sen m (snu, L śnie; sny) Schlaf m Traum m; jak przez ~ wie ir

Traum; *mówić przez* ~ *im Schlaf reden.*

sena|cki *Senats-;* ~**t** *m (-u; -y)* Senat *m;* ~**tor** *m (-a; -owie/-rzy)* Senator *m.*

senior ['sɛ-] *m (-a; -owie/-rzy)* Senior *m,* Älteste(r); *rada* ~*ów* Ältestenrat *m;* ~**ka** *f (-i; G -rek)* Seniorin *f.*

senn|ik *m (-a; -i)* Traumbuch *n;* ~**ość** *f (-ści; 0)* Schläfrigkeit *f,* F Bettschwere *f;* ~**y** schläfrig; schlaftrunken, verschlafen; *Traum-.*

sens [sɛs] *m (-u; selt.-y)* Sinn *m; z* ~*em* sinnvoll; *nie ma* ~*u* es hat k-n Sinn.

sensac|ja [sɛ̃'sa-] *f (-i; -e)* Sensation *f; wywołać* ~*ję* Aufsehen erregen; ~**yjny** sensationell, aufsehenerregend; *-na powieść, -ny film* Thriller *m,* Reißer *m.*   [gerichtlig.

sensowny [sɛ̃'sɔ-] vernünftig, fol-⌡

sentencja *(-i; -e)* Sentenz *f; Jur.* Tenor *m e-s Urteils;* ~ *ludowa* Bauernregel *f.*

sentyment *m (-u; -y)* (Vor-)Liebe *f,* Hang *m (do G/zu);* zärtliche Gefühle; *nie bawić się w* ~*y* die Gefühlsduselei beiseite lassen; ~**alny** sentimental.

separa|cja *f (-i; -e)* Trennung *f;* Isolierung *f; żyć w* ~*cji Eheleute:* getrennt leben; ~**tka** *f (-i; G -tek) Med.* Isolierraum *m;* Isolier-, Einzelzelle *f;* ~**tysta** *m (-y; -ści, -ów) Pol.* Separatist *m.*

separować ⟨od-⟩ *(-uję)* absondern, isolieren; trennen.

sepia ['sɛ-] *f (G, D, L -ii; 0)* Sepia *f; Zo. (pl. -e)* Sepie *f.*

seplenić *(-ę)* lispeln.

septet *m (-u; -y) Mus.* Septett *n.*

ser *m (-a; -y)* Käse *m.*

Serb *m (-a; -owie),* ~**ka** *f (-i; G -bek)* Serbe *m, -in f.*

serbo|chorwacki serbokroatisch; ~**łużycki** *s.* łużycki.

serbski serbisch.

serc|ak *m (-a; -i) Zo.* Herzmuschel *f;* ~**e** *n (-a) Herz n (a. fig.); (Glokken-)*Klöppel *m; brak* ~*a* Herzlosigkeit *f; bez* ~*a* herzlos; *ciężko (lekko) na* ~*u* schwer (leicht) ums Herz; *otworzyć* ~*e sein Herz* ausschütten *(przed I/D);* nie mieć ~*a (do G)* kein Herz haben (für *A*); es nicht übers Herz bringen (zu);

z ręką na ~*u* Hand aufs Herz; *wkładać* ~*e w (A)* mit dem Herzen dabeisein (bei).

sercow|aty *(-to)* herzförmig; ~**o:** ~*o chory* herzkrank; ~**y** Herz-; *fig. a.* Herzens-.   [kirsche *f.*⌉

sercówka *f (-i; G -wek)* Herz-⌡

serdak *m (-a; -i)* ärmellose *(Pelz-)* Jacke, (lange) Weste.

serdeczn|ie [-'dɛ-] *Adv. s.* serdeczny; ~**ość** *f (-ści)* Herzlichkeit *f;* ~**y** herzlich; (herz)innig; ~*a przyjaciółka* Busenfreundin *f.*

serdelek *m (-lka; -lki)* Bockwurst *f.*

serdusz|ko *n (-a; G -szek)* Herzchen *n.*

serek *m (-rka; -rki) (twarogowy* [*n.* Frisch-)Käse(ecke *f) m.*

seri|a ['sɛ-] *f (G, D, L -ii; -e)* Serie *f; Mil.* Feuerstoß *m,* Garbe *f;* ~**al** *m (-u; -y)* Serienfilm *m;* Fernsehserie *f;* ~**o** *Adv.* ernst(haft); *(a. na* ~*o)* im Ernst, allen Ernstes.

serni|ca *f (-y; -e)* Käsefliege *f;* ~**k** *m (-a; -i) Kochk.* Quark-, Käsekuchen *m; Bio. (0)* Kasein *n.*

serowa|rnia [-'var-] *f (-i; -e, -i)* Käserei *f;* ~**rstwo** *n (-a; 0)* Käseherstellung *f;* ~**ty** käsig, käseartig.

serpentyna *f (-y)* Serpentine *f;* Papierschlange *f.*   [*m,* Angabe *f.*⌉

serw *m (-u; -y) (Tennis-)*Aufschlag⌡

ser|wantka *f (-i; G -tek)* Glasschrank *m,* Vitrine *f;* ~**watka** *f (-i; G -tek)* Molke *f;* ~**weta** *f (-y)* Tischdecke *f; JSpr. (Reh-)*Spiegel *m;* ~**wetka** *f (-i; G -tek) (bibułkowa* Papier-)Serviette *f;* Deckchen *n.*

serwis *m (-u; -y) (Tisch-)*Service *n;* *(Presse-)*Dienst *m,* Service *m od. n.*

serwo|motor *m* Servomotor *m;* ~**wać** *(-uję) Sp.* aufschlagen.

seryjny serienmäßig, Serien-; *domek* ~ Reihen(fertig)haus *n; film* ~ Filmserie *f.*

sesja *f (-i; -e)* Session *f,* Sitzung *f.*

set *m (-u; -y) Tennis-Sp.* Satz *m.*

seter *m (-a; -y)* Setter *m.*

setk|a *f (-i; G -tek)* Hundert *n;* Hunderter *m;* F *a.* hundertprozentige Wolle *(Stoff);* Deziliter *m;* Hundertmeterlauf *m;* ~*ami* zu Hunderten; *mieszkać pod* ~*ą* in der Nr. 100 wohnen; ~**arz** F *m (-a; -e, -y/-ów)* Hundertmeterläufer *m.*

setn|ie ['sɛt-] † *Adv.* tüchtig; vorzüglich; ~**y** hundertste(r); ~*a część* Hundertstel *n.*

sezamowy Sesam-.

sezon m (-u; -y) Saison f, Zeit f; martwy ~ s. ogórki; **~owiec** [-'nɔ-] m (-wca; -wcy) Saisonarbeiter m; **~owy** Saison-.

sęczek ['sɛn-] m (-czka; -czki) s. sęk.

sędzi|a ['sɛn-] m (-i[ego], -i[emu], -iego, -io!, -ią, -i[m], -owie, -ów) Richter m; Sp. Kampf-, Schiedsrichter; **~na** f (-y) Richterin f; Richtersgattin f.

sędzio|stwo [sɛn-] n (-a) Richteramt n, -würde f; (Herr) Richter mit Gattin; **~wać** (-uję) als (Sp. Schieds-)Richter fungieren; Sp. a. F schiedsrichtern, Spiel pfeifen; **~wski** (Schieds-)Richter-, richterlich.

sędziwy [sɛn-] (hoch)betagt.

sęk [sɛŋk] m (-a; -i) Ast(ansatz) m, Astloch n (im Brettholz); w tym ~! da steckt der Haken!; ~ w tym, że ... die Schwierigkeit besteht darin, daß ...; **~acz** m (-a; -e) Knotenstock m; Kochk. Baumkuchen m; **~aty** Holz: ästig; knorrig. [Geier-\

sęp [sɛmp] m (-a; -y) Geier m; **~i}**

sfa- in Zssgn Verben s. fa-.

sfer|a f (-y) Sphäre f; **~yczny** sphärisch.

sfi- in Zssgn Verben s. fi-.

sfil|cowany verfilzt; **~mowanie** n (-a) Verfilmung f.

sfinks [-ŋks] m (-a; -y) Sphinx f.

sflacz|ały Haut: welk, schlaff; **~eć** pf. (-eję) welk, schlaff werden.

sfo- in Zssgn Verben s. fo-.

sfora f (-y) (Hunde-)Koppel f.

sfor|mułowanie n (-a) Formulierung f; **~sowanie** n (-a) Forcierung f.

sfru|- in Zssgn Verben s. fru-; **~strowany** frustriert.

sfu- in Zssgn Verben s. fu-.

si (unv.) Mus. h.

siać [ɕatɕ] ‹po-, za-› (-eję) v/t (aus)säen; fig. (aus)streuen; v/i Regen: dicht (und fein) fallen.

siad [ɕat, 'ɕadu] m (-u; -y) Sp. Sitz m; ~ podkurczony Hocke f; **~ać** (-am), ‹siąść› (L.) sich setzen (do G/an A); einsteigen (do G/in A); Flgw. landen; F że proszę ~ać! daß e-m die Spucke wegbleibt!; **~ywać** (-uję) zu sitzen pflegen, öfter sitzen.

siak(i) ['ɕa-] s. tak(i).

sian|ie ['ɕa-] n (-a) Säen n; **~o** n (-a; 0) Heu n; F wykręcić się ~em sich herausreden.

sianokos m (-u; -y): mst pl. ~y Heuernte f.

siar|la f (-y; 0) Biestmilch f; **~czan** m (-u; -y) Sulfat n; **~czany** Schwefel-; **~czek** m (-czku; -czki) Sulfid n; **~czyn** m (-u; -y) Sulfit n; **~czysty** (-ście) s. krewki; Ohrfeige: schallend; Frost: klirrend.

siark|a f (-i; 0) Schwefel m; **~owa** (-uję) schwefeln; **~owodór** m Schwefelwasserstoff m; **~owy** Schwefel-.

siatk|a f (-i; G -tek) (do włosów, nc zakupy, od much Haar-, Einkaufs-, Fliegen-)Netz n; Netzgewebe n; Rdf. Gitter n; Typ. Raster m; **~o** żarowa Glühstrumpf m; **~arka** j (-i; -rek), **~arz** m (-a; -e) Volleyballspieler(in f) m; **~owy** Netz-, Rdf. Gitter-; Typ. Raster-; **~ówka** (-i; G -wek) Anat. Netzhaut f; Sp Volleyball m.

siąk|ać ['ɕɔŋk-] (-am), ‹~nąć› [-nɔntɕ] (-nę) v/t Nase putzen schnauben; ~ać nosem s. pociągać

siąpić ['ɕɔm-] (-ę) nieseln.

siąść pf. s. siadać.

sidł|o n (-a; G -del): mst ~a pl (Fang-)Schlinge f; fig. a. Fallstrick(e pl.) m.

siebie ['ɕe-] Pron. (G, D, L sobie A siebie/się, I sobą) sich; einander dla ~ für sich; füreinander; do ~ ku sobie sich; zueinander; od ~ von sich; voneinander; przed ~ voraus-, nach vorn; za ~ zurückpo sobie an sich selbst; auf-, nache einander; z sobą mit sich; mit einander; u ~ przy sobie bei sich w sobie in sich; ineinander.

siec [ɕɛts] v/t (klein)hacken hauen; prügeln; v/i Wind: schneiden; Regen: peitschen.

sieci|arz ['ɕe-] m (-a; -e) Netzknüpfer m; **~owy** Netz-.

sieczka f (-i; 0) Häcksel m, Häkkerling m; **~rka** f (-i; G -rek) **~rnia** [-'kar-] f (-i; -e) Häckselmaschine f.

sieczn|a f (-ej; -e) Math. Sekante f **~y**: broń ~a Hiebwaffe f.

sieć [ɕɛtɕ] f (-ci; -ci) (ciepłownicza rybacka Fernheiz-, Fischer-)Netz / (a. fig.); Netzwerk n, Geflecht n Spinnennetz, Spinnwebe f.

sied|em sieben; **~miu braci śpią**cych Siebenschläfer m (Fest).

siedemdziesiąt [-'dʑeɕɔnt] siebzig

~ka f Siebzig f; **~y** siebzigste(r); **~e** *lata* die siebziger Jahre.

iedemdziesięcio|lecie [-cęntcɔ-'le-] n (-a; G -i) siebzig Jahre; siebzigster Jahrestag *od.* Geburtstag; **~letni** siebzigjährig; **~ro** siebzig.

iedemnast|ka f (-i; G -tek) Siebzehn f; **~olatek** m (-tka; -tki) Siebzehnjährige(r); **~oletni** siebzehnjährig; **~owieczny** siebzehn Jahrhunderte alt; aus dem XVII. Jahrhundert (stammend); **~y** siebzehnte(r); *Su.* **~o** f (-ej; 0) siebzehn Uhr.

iedemnaś|cie [-'naɕ-], **~cioro** siebzehn.

iedemset ['ɛɛ-] siebenhundert; **~ny** siebenhundertste(r).

iedlisko n (-a) (*Wohn-*)Sitz m; (*Krankheits-*)Herd m; *Bio.* Lebensraum m; *fig.* Brutstätte f.

iedmio- *in Zssgn* sieben-, Sieben-; hept(a)-, Hept(a)-; **~dniowy** siebentägig; **~klasowy** *Schule*: siebenklassig; **~krotny** siebenmalig, siebenfach; **~ksiąg** [-kɕɔŋk] m (-u; 0) Heptateuch m; **~latka** f (-i; G -tek) Siebenklassenschule f; F Siebenjährige f; *Bot.* Röhrenlauch m; **~letni** siebenjährig; **~miesięczny** sieben Monate alt, Siebenmonats-; **~milowy** Siebenmeilen-; **~raki** siebenfach; siebenerlei; **~ro** sieben.

iedmiu(set) ['ɛɛd-] *Psf. s.* siedem (*-set*).

iedz|ący [-'dzɔn-] (-co) sitzend; Sitz-; **~enie** n (-a) Sitzen m; Sitz m; F Hinterteil n, Gesäß n; **~iba** f (-y) Wohnsitz m; Wohnstätte f; (*Regierungs-*)Sitz m; (*Firmen-*)Stammsitz m; **~ieć** ['ɕɛ-] *(-dzę, -i)* sitzen; festsitzen; (*w domu zu Hause*) hocken; **~ieć** *na jajach* brüten.

ieka|cz m (-a; -e, -y) Hackbeil n, **~messer** n; *Agr.* (*Rüben-*)Schneider m; *Anat.* Schneidezahn m; **~ć** **<po->** *(-am)* (klein)hacken; *Kochk.* wiegen; **~niec** ['ka-] m *(-ńca; -ńce)* (*Reh-*)Posten m; **~nina** f (-y) (Klein-)Hacken n; † *Gemetzel* n; *Kochk.* **~iekany** (*mięso*): **~ny** (klein)gehackt; *Kochk. a.* (fein)gewiegt; Hack-; **~mięso** *ons*, F **~ne** n (-ego; 0) Genackte(s), Hackfleisch n; Hackbraten; **~ekier|a** [-'kɛ-] f (-y) Beil n; Axt f; **~ka** f (-i; G -rek) kleine Axt, Beilchen n; F *fig.* der Siebzigste (*Geburtstag*).

---

sielank|a f (-i; G -nek) Idylle f; Idyll n; *pow.* (-wo) idyllisch.

sielski ländlich; idyllisch.

siemię n (-ienia; 0) Samen m.

sien|nik m (-a; -i) Strohsack m; **~ny** Heu-. [(Haus-)Flur m.)

sień [ɕɛn] f (-ni; -nie) Diele f,)

siepacz m (-a; -e) Scherge m, Häscher m.

siermię|ga [-'mɛŋga] f (-i) Bauernrock m (*aus grobem Tuch*); **~żny** bäuerlich, Bauern-.

siero|ciniec [-'tɕi-] † m (-ńca; -ńce) Waisenhaus n; **~cy** Waisen-; **~ta** m/f (-y; G -/-ót), **~tka** F m/f (-i; G -tek) Waise f; *dom* **~t** Waisenhaus n.

sierp [ɕɛrp] m (-a; -y) Sichel f; *Box-Sp.* Haken m; **~ień** m (-'ɕɛr-] (-pnia; -pnie) August m; **~niowy** August-; **~owaty** (-to) sichelförmig; **~owy** Sichel-; *Sp.* (*a. cios* **~owy**) Haken m.

sierść [ɕɛrɕtɕ] f (-ści; 0) (*Tier-*) Haar n, Fell n.

sierżant m (-a; -ci) Sergeant m; (*starszy* Haupt-)Feldwebel m; **~** *policji* Wachtmeister m.

siew [ɕɛf, 'ɕɛvu] m (-u; -y) (*Aus-*) Saat f; **~ca** m (-y; G -ów) Sämann m; **~ka** f (-i; G -wek) *Agr.* Sämling m; *Zo.* (*Gold-*)Regenpfeifer m.

siewnik m (-a; -i) Sämaschine f; **~** rzędowy Drillmaschine f; **~** nawozowy Düngerstreuer m.

siewn|y (*Aus-*)Saat-; *akcja* (*od. kampania*) **~a** Saatbestellung f; *materiał* **~y** Saatgut n.

się [ɕɛ] *Pron.* sich; (*unpers.*) man; *nigdy* **~** *nie wie man weiß nie.*

sięg|ać *(-am)*, **<~nąć>** [-nɔntɛ] *(-nę)* *v/i* langen, fassen (*po* A/nach; *do* G/in A); reichen (*G, do* G/bis [zu]); *v/t* erreichen; *jak okiem* **~nąć** *so* weit das Auge reicht; *fig.* **~ać** *wysoko* hoch hinauswollen; **~nąć** (*myślą*) *wstecz* sich (zurück)erinnern; *nie trzeba daleko* **~ać** *man* muß nicht lange suchen.

sik|acz F m (-a; -e) Krätzer m, saurer Wein; **~ać** (*-am*), **<~nąć>** [-nɔntɛ] *(-nę)* spritzen; P **<ob- be>**pinkeln; **~awka** f (-i; G -wek) Feuerspritze f.

sikor|a f (-y), **~ka** F f (-i; G -rek) (*Zo. bogatka, modra Kohl-*, Blau-)/ **~siksa** f? (-y) Range f   [*Meise f.*]

silić się (-lę) *sich* anstrengen, sich bemühen (*na* A/um A, zu).

silni|a ['ɕil-] f (-i; -e, -i) *Math.* Fakultät *f*; ~e *Adv. s.* silny; ~k *m* (-a; -i) Motor *m*, Triebwerk *n*, (wodny Wasser-)Kraftmaschine *f*; ~kowy Motor-, Triebwerk-.

silny stark; kräftig; schlagkräftig; *Überzeugung:* fest; *Wind a.:* steif.

silos *m* (-u; -y) Silo *m*; ~ować (-uję) *Futter* einsäuern; ~owy Silage-.

sił|a¹ *f* (-y, D, L -le; -y) (ciężkości, nabywcza, przebicia, robocza, rozpędowa, uderzenia Schwer-, Kauf-, Durchschlags-, Arbeits-, Schwung-, Stoß-)Kraft *f*; Stärke *f*; Gewalt *f*; Macht *f*; o własnych ~ach aus eigener Kraft; ~ą mit Gewalt, gewaltsam; ~ą rzeczy zwangsläufig; co ~(y), z całych ~ a. aus Leibeskräften; *bez użycia* ~y ohne Gewalt (-anwendung); *Mil.* ~y *pl. a.* Streitkräfte *f/pl.*; *w sile 200 ludzi* 200 Mann stark; ~a² *dial. Adv.* viel; sehr; ~acz *m* (-a; -e) Kraftmensch *m*, Athlet *m*.

siło|mierz [-'wɔ-] *m* (-a; -e) Dynamometer *m*; ~wać się (-uję) s. mocować się; sich anstrengen; ~wnia [-'wɔ-] *f* (-i; -e, -i) Kraftwerk *n*; (*Betriebs-*)Kraftzentrale *f*; ~wy Kraft-; *ćwiczenia* ~we Krafttraining *n*.

sinawy (-wo) bläulich.

sinia|czyć ⟨po-⟩ (-ę) (grün und) blau schlagen; ~k *m* (-a; -i) s. siniec; *Bot.* Kornblumen-Röhrling *m*; *Zo.* Hohltaube *f*.

sini|ca *f* (-y; -e) *Med.* Zyanose *f*; ~ec ['ɕi-] *m* (-ńca; -ńce) blutunterlaufene Stelle, F blaue(r) Fleck; ~ec *pod okiem* blaues Auge, F Veilchen *n*; ~eć ⟨po-⟩ (-eję) blau werden, sich blau (ver)färben; blau schimmern.

sino *Adv.* blau; 2brody *m* (-ego; 0) Blaubart *m*; ~szary blaugrau; ~ść *f* (-ści; 0) Bläue *f*, Blau *n*; ~zielony blaugrün. [mus *m.*]

sintoizm [-'tɔ-] *m* (-u; 0) Schintois-}

siny (*Komp.* -ńszy) blau, Blau-.

siodełko *n* (-a; *G* -lek) (*Fahrrad*)Sattel *m*; *Sp.* (*Boots-*)Sitz *m*; ~wy *s.* wyciąg.

siod|larnia [-'lar-] *f* (-i; -e, -i) Sattlerwerkstatt *f*; ~larz *m* (-a; -e) Sattler *m*; ~łać ⟨o-⟩ (-am) satteln; ~ło *n* (-a; *G* -deł) Sattel *m* (*a. Geol.*); ~łowy Sattel-.

sioło *n* (-a; *G* siół) *poet.* Dorf *n*.

siorbać (-ię|-am) *Suppe* schlürfen.

siostra *f* (-y; *G* sióstr) (przełożona zakonna Ober-, Ordens-)Schwester *f*.

siostrz|any [-'tʃa-] schwesterlich, Schwester-; ~enica *f* (-y; -e) Nichte *f*; ~eniec [-'st:ɕe-] *m* (-ńca; -ńcy) Neffe *m*; ~yczka *f* (-i; *G* -czek) Schwesterchen *n*.

sió|demka *f* (-i; *G* -mek) Sieben *f*; ~my siebente(r); *Su.* ~ma *f* (-ej; 0) sieben Uhr.

sit *m* (-u; -y) *Bot.* Binse *f*; ~ak *m* (-a; -i), ~arz *m* (-a; -e) Kuhpilz *m*; ~ko *m* (-a; *G* -tek) (*Tee-*)Sieb *n*; ~o *n* (-a) Sieb *n*; Seiher *m*; ~owie [-'tɔ-] *n* (-a) *Bot.* Flechtbinse *f*; ~owy Sieb-; ~ówka *f* (-i, *G* -wek Hohllochstein *m*. [schaft *f.*]

sitwa P *f* (-y) Mischpoke *f*, Sipp-}

siucht|a P *f* (-y) Schwindel(geschäf *n*) m; Schiebung *f*; *mieć* ~ę gemein same Sache machen (z *I*/mit).

siusi|ać ['ɕu-] F ⟨wy- się⟩ (-am) = ~u F: ⟨z⟩robić ~u Pipi macher pinkeln.

siw|awy (-wo) gräulich, ins Grau spielend; angegraut; ~ek *m* (-wka-wki) Grauschimmel *m*.

siwi|eć ['ɕi-] ⟨o-⟩ (-eję) ergrauen grau werden; (*nur impf.*) gra schimmern; ~ut(eń)ki F (-ko) gan grau *od.* weiß; ~zna *f* (-y; 0 graues (*od.* weißes) Haar.

siwka *f* (-i; *G* -wek) Grauschimmel stute *f*.

siwo|brody grau-, weißbärtig; ~s *m* (-a; -e) *s.* siwek; ~włosy grauweißhaarig.

siwucha F *f* (-y) Fusel *m*.

siwy (-wo) grau, *Haar a.:* weiß *Mensch:* grau-, weißhaarig; *Su.* (-ego; -e) Graukopf *m*; *s.* siwek.

skafander *m* (-dra; -dry) Anorak *m Mar.* Taucheranzug *m*; *Flgw.* ciśnieniowy, kosmiczny Druck-Raumanzug *m*.

skaka|ć (-czę), ⟨skoczyć⟩ (-ę) sprin gen; hüpfen, hoppeln; *mit d. Fall schirm* abspringen; F (*nur pf.*) tlit zen; ~nie *n* (-a) Springen *n*; ~nka (-i; *G* -nek) Springseil *n*; bawieni się ~nką Seilspringen *n*.

skal|a *f* (-i; -e) Skala *f*; Maßstab *(a. fig.);* Umfang etc.; ~a podatkow Steuertarif *m*; (zakrojony) *na wielk (od. szeroką)* ~ę großangelegt, ir großen Maßstab (geplant usw.).

kalecz|enie n (-a) Verletzung f; ~ony verletzt.

kal|eń m (-enia; -enie) Feldspat m; ~isty (-to) felsig, Felsen-; ~ny Fels-; Gesteins-.

kal|ować (-uję) gradieren; eichen; ~pować ⟨o-⟩ (-uję) skalpieren.

kal|a f (-y) Gestein n; Fels(en) m; Bgb. a. Gebirge n; ~a płonna Bgb. Berge m/pl.; ~a podwodna Klippe f, Riff m; ~kówka f (-i; G -wek) Steinschloßgewehr n.

kamie|lina f (-y), ~niałość f (-ści) Versteinerung f, Fossil n; ~niały versteinert, fossil. [-ij!) s. skomleć.]

kaml|ać (-am/-ę, -i), ~eć (-ę, -i, a.) kanalizowany kanalisiert.

kandal m (-u; -e) Skandal m; znany ze ~i od. ~ów skandalumwittert; ~iczny skandalös.

kan|dować (-uję) skandieren; ~dy-nawski skandinavisch; ~sen m (-u; -y) Freilichtmuseum n.

kap- in Zssgn Verben s. kap-.

karanie n (-a; 0); ~ boskie Strafe f Gottes, Geißel f, Heimsuchung f.

karb m (-u; -y) Schatz m; ~ pań-stwa a. Fiskus m, Staatskasse f; ~minister(stwo) ~u Finanzminister -ium n) m; ~czyk m (-a, -i) Schatzkästchen n; ~iec ['skar-] m -bca; -bce) Schatzkammer f; Bank-)Tresor m; (Kron-)Schatz m; ~nica f (-y; -e) fig. Schatz m; Schatzkammer f; ~niczka f (-i; G czek), ~nik m (-a; -cy) Schatz-meister(in f) m; Kassenwart(in f) n, Kassierer(in f) m; (nur m) Zahl-meister m; ~onka f (-i; G -nek) parbüchse f; Sammelbüchse f; owiec [-'bɔ-] F m (-wca; -wcy) inanzbeamte(r); ~owość f (-ści; 0) taatsfinanzen f/pl.; Finanzver-valtung f; ~owy Finanz-; Schatz-; teuer-.

ar|ga f (-i) Klage f; Beschwerde f; ~ójść na ~gę sich beschweren (na /über A; do G/bei); ~lały, ~lo-vaciały Zwerg- verkümmert; ~niać ['skar-] (-am), ⟨~mić⟩ ver-ittern.

arp m (-ia; -ie) Zo. Steinbutt m; a f (-y) Böschung f; ~eta f (-y), etka f (-i; G -teh) Socke f.

art- in Zssgn Verben s. kart-.

arż|ący [-'ʒɔn-] m (-ego; -y) Klä-er m; ~yć (-ę) ⟨a. za-⟩ verklagen A/wegen A); ⟨na-⟩ (na A) be-schuldigen, bezichtigen (A), F (ver-)petzen (przed I/bei); ~yć ⟨po-⟩ się klagen, sich beklagen; sich be-schweren (na A/über A); ~ypyta F f/m (-y; G -/-ów, A -y/-ów) Petze f.

skas-, skat- in Zssgn Verben s. kas-, kat-.

skaut m (-a; -ci) Pfadfinder m; ~ing m (-u; 0) Pfadfinderbewegung f.

skaz|a f (-y) Defekt m, Fehler m; fig. Makel m; Med. Diathese f; bez ~y makellos; ~ać pf. s. skazywać.

skazan|ie n (-a) Verurteilung f; ~iec ['za-] m (-ńca; -ńcy) (engS. zum Tode) Verurteilte(r); ~y ver-urteilt (na A/zu); Su. m (-ego; -i) s. skazaniec.

skaz|ić pf. s. skażać; ~ywać (-uję), ⟨~ać⟩ (na karę śmierci zum Tode) verurteilen.

ska|żać (-am), ⟨~zić⟩ (-żę) ver-gällen, denaturieren; (nur pf.) ver-derben; vergiften; ~żenie n (-a; 0) Vergällung f; Verseuchung f; ~że-nie radioaktywne a. Verstrahlung f; ~żony vergällt; verseucht.

skąd [skɔnt] Adv. woher; (ależ) ~! ach wo(her)!; ~inąd [-'inɔnt] von anderswo, anderswoher; and(e)rer-seits; im übrigen; ~kolwiek, ~ś irgendwoher; woher auch immer; ~że woher (denn).

skąp|any [skɔm-] gebadet (w I/in D); ~ić ⟨po-⟩ (-ę) knausern, geizen (G/mit); (Mühe) scheuen; ~iec ['skɔm-] m (-pca; -pcy) Geizhals m; ~iradło F n (-a; G -deł) Knicker m, Filz m; ~o Adv. knapp, spärlich; ~stwo n (-a; 0) Geiz m; ~y geizig, F knaus(e)rig; knapp, spärlich; Su. m (-ego; -i) s. skąpiec.

skecz m (-u; -e, -y) Sket(s)ch m.

skiba f (-y) (Erd-)Scholle f; s. kromka.

skierka f (-i; G -rek) s. skra.

skierow|ać pf. s. skierowywać; ~a-nie n (-a) Verweisung f; Ein-, Überweisung(sschein) m; ~any (aus)gerichtet; ~(yw)ać -[w]uję) Brief richten (do G/an); Gespräch, Auto lenken; j-n einweisen (do G/in A); überweisen; verweisen (do G/an A); ~ać w inną stronę a. ab-lenken.

skif m (-u; -y) Sp. Skiff n, Einer m; ~ista m (-y; -ści, -ów) Skuller m.

skin|ąć [-nɔntɕ] pf. (-nę, -ń!) win-ken, ein Zeichen geben (na A/D);

nicken; **~ienie** n (-a) Handzeichen n, Wink m; Kopfnicken n.

skisly sauer (geworden).

skle|cać (-am) s. klecić; **~jać** (-am), ⟨~ić⟩ zusammenkleben; *Tech. a.* verleimen.

sklejarka f (-i; G -rek): ~ do filmu (Film-)Klebepresse f; ~ dwóch warstw Kaschiermaschine f.

sklejka f (-i; G -jek) Sperrholz n; Furnierplatte f.

sklep m (-u; -y) (mięsny, z obuwiem Fleischwaren-, Schuh-)Geschäft m, Laden m; **~ienie** [-'ɲe-] n (-a) Gewölbe n.

sklepik m (-u; -i) (Kram-)Laden m; **~arka** f (-i; G -rek), **~arz** m (-a; -e) Ladenbesitzer(in f) m, Krämer(in f) m.

sklep|iony Gewölbe-, gewölbt; **~owy** Laden-; *Su.* **~owa** f (-ej; -e) Verkäuferin f.

sklero|tyczny sklerotisch; **~za** f (-y; 0) Sklerose f.

sklad m (-u; -y) Zusammensetzung f (a. Chem.); Bestand m; Sp. (Mannschafts-)Aufstellung f; (Regierungs-)Mitglieder n/pl., Mannschaft f; Lager n; Speicher m; Typ. Satz m; ~ zdania Satzbau m; wchodzić w ~ (G) den Bestandteil bilden (von), gehören (zu); w pełnym składzie vollzählig; s. ład; **~acz** m (-a; -e) (Schrift-)Setzer m; **~ać** (-am), ⟨złożyć⟩ zusammenlegen, -klappen; zusammensetzen, -bauen; (zusammen)falten; Kranz, Amt niederlegen; Eid, Unterschrift leisten; Dank, Besuch abstatten; Gesuch einreichen; Bericht erstatten; Waffen strecken; Aussage machen; Erklärung abgeben; Verantwortung aufbürden (na A/D); Pfand hinterlegen; deponieren; Kaution bezahlen; Geld sparen; Ware einlagern; Beileid, Glückwunsch aussprechen; Opfer bringen; Verse dichten; Prüfung, Zeugnis ablegen; Typ. setzen; złożyć do grobu beisetzen; ~ać ikrę laichen; ~ać się sich zusammensetzen, bestehen (z G/aus D); (na A) Geld zusammenlegen (für), beisteuern (zu); sich fügen; ~ać się na całość das Ganze bilden; tak się złożyło, że ... es fügte sich, daß ...; **~ak** m (-a; -i) Faltboot m; Klappmesser n; **~alnia** [-'dal-] f (-i; -e, -i) Typ. Setzerei f; **~anie** n (-a) Zu-

sammensetzung f, -bau m; (Zusammen-)Falten n; (do magazynu Einlagerung f; Typ. Setzen n, Satz m; s. a. złożenie; **~anka** f (-i; G -nek) bunter Abend, buntes Programm; Puzzlespiel n; **~any** zusammenlegbar, -klappbar, Klapp-, zusammengesetzt; s. odsetek; **~ka** f (-i; G -dek) (członkowska Mitglieds-)Beitrag m; gemeinsamer Fonds; **~kowy:** zabawa -wa geselliger Abend zu dem (od. Party f zu der) alle etwas beisteuern; **~ni** ['skwad-] f (-i; -e, -i) Syntax f; **~nica** f (-y; -e) Lager(haus) n; **~nik** m (-a; -i) Bestandteil m, Komponente f; Math. Summand m; **~niowy** syntaktisch; **~ny** gutgebaut; adrett, hübsch; Sprache gewandt; Arbeit: ordentlich.

skladow|a f (-ej; -e) Komponente f; **~ać** (-uję) lagern; **~isko** n (-a) Lagerplatz m; **~isko złomu** Schrottplatz m; **~y** Lager(ungs)-; Su. **~e** (-ego; -e) Lagergebühr f, -geld n; składowa.

skla|dzik m (-a; -i) kleines Lager; **~niać** ['skwa-] (-am), ⟨skłonić⟩ j-bewegen, überreden (do G/zu), veranlassen, dazu bringen (do G/zu); (się sich ver)beugen; ~nia się (do D) dazu neigen, geneigt sein et. zu tun; (ku D) neigen (zu).

sklon m (-u; -y) (Ab-)Hang m; Sp. (Rumpf-)Beuge f; ~ić pf. s. skłaniać; **~ność** f (-ści) Neigung f (do G/zu); Prädisposition f, Anlage f; Zuneigung f; ~ność do burz Gewitterneigung; **~ny** geneigt, bereit (do G/zu); Med. anfällig (zu); neigend (zu); ~ny do gniewu jähzornig, reizbar; nie być ~nym (do G) nicht bereit sein (zu).

skłó|cać (-am), ⟨~cić⟩ Flüssigkeit schütteln; umrühren; fig. Unfrieden stiften, entzweien.

skner|a m (-y; -rzy, -/-ów) Geizhals m, Geizkragen m; **~stwo** n (-a; 0) Geiz m.

skobel m (-bla; -ble, -bli) Schelle f, Haspe f; a. = **~ek** m (-lka; -lki) Krampe f.

skoczek m (-czka; -czkowie) Springer m; ~ cyrkowy Zirkusakrobat m (pl. -czki) (Schach-)Springer m; Zo. Springmaus f.

skocz|nia ['skɔ-] f (-i; -e, -i) (mamucia Riesen-)Sprungschanze

Sprunggrube f; ~ny Sprung-, Spring-; *Tanz, Musik:* flott, lebhaft, lustig; ~yć *pf. s.* skakać; ~yć na równe nogi aufspringen, hochschnellen.

kojarz|enie n (-a) *Psych.* Assoziation f; ~eniowy (-wo) assoziativ; ~ony *Tech.* Verbund-.

kuk m (-u; -i) (w dal, wzwyż, o tyczce Weit-, Hoch-, Stabhoch-) Sprung m; *Tech.* (Kolben-)Hub m; *JSpr.* (Hasen-)Lauf m; (Gaunersprache) Bruch m; ~ gwintu Schraubengang m; ~i narciarskie, z wieży Schi-, Turmspringen n; P zrobić ~ ein Ding drehen; jednym skokiem mit e-m Satz; ~owy Sprung-; sprunghaft; Hub-; ~ówki F f/pl. Sprungschier m/pl.

kol- in Zssgn Verben s. kol-.

koligac|enie n (-a) Verschwägerung f; ~ony verschwägert.

kolopendra f (-y) Riesentausendfuß m.

kołatany *Mensch:* hart geplagt, bedrückt; *Gesundheit:* zerrüttet, arg mitgenommen.

kołowa|ciały steif, F eingeschlafen; ~ćF pf. erschöpfen, entnerven; F durcheinanderbringen; ~ny F am Ende (s-r Kräfte); (völlig) durcheinander.

kom- in Zssgn Verben s. kom-; ~leć (-ę, -i-lij!); ~lić ⟨za-⟩ (-lę, -lij!) s. skowyczeć.

komp|likowany kompliziert; ~romitowany kompromittiert.

kon m (-u; -y) lit. Tod m, Hinscheiden n; ~ in Zssgn Verben kon-; ~any F todmüde; ~centrowany konzentriert; ~sternowany entgeistert.

konto n (unv.) Skonto n od. m.

kończon|ość f (-ści; 0) Endlichkeit f; Perfektion f; ~y beendet; absolut, perfekt; f Mensch a.: am Ende, fertig; ~y osioł ein richtiger Esel.

kończy ćpf. s. kończyć; ~wszy na... L) bis zu ...

kop m (-a; -y) Hammel m; ~ek m (~pka; -pki) s. szkopek; ~owy Hammel-.

korek m (-rka; -rki) Ohrwurm m.

koro Kj sobald; wenn; s świt; ~szyt m (-u; -y) Schnellhefter m; ~widz m in Index m, Verzeichnis n, Daumen-)Register n. [pion m.] ~orpion ['skor-] m (-a; -y) Skor-)

skorumpowany korrumpiert.

skorup|a f (-y) (Eier-)Schale f; (Topf-)Scherbe f; (Erd-)Rinde f, Kruste f; (Eis-)Decke f; Zo. Schale f, Panzer m; Tech. Außenhaut f; (Geschoß-)Hülle f; ~a ślimaka Schneckenhaus n; ~iaki [-'ŋa-] m/pl. (-ów) Zo. Krebse m/pl., Krustentiere n/pl.; ~ka f (-i; G -pek) s. skorupa; ~kowy Scherben-; ~owy Schalen-; Krusten-.

skory (Psf. skorzy) willig (do G/zu); a. durch Zssgn: ~ do pomocy hilfsbereit; ~ do kłótni zanksüchtig, rauflustig.

skorz- in Zssgn s. korz-.

skos m (-u; -y) Schräge f; Schrägkante f; Flgw. Pfeil(stell)ung f; ~ in Zssgn Verben s. kos-.

skostni|ały verknöchert; steif, erstarrt vor Kälte; ~enie [-'ŋene] n (-a) Verknöcherung f; Erstarrung f.

skosz- in Zssgn Verben s. kosz-; ~arowany kasernieren.

skoś|- in Zssgn Verben s. koś-; ~nooki schlitzäugig; ~ny (-nie, -no) schräg, Schräg-; schief.

sko|wa f (-y) (Eisen-)Klammer f; ~wronek m (-nka; -nki) Zo. Lerche f; ~wyczeć ⟨za-⟩ (-ę, -y) winseln, jaulen; ~wyt m (-u; -y) Winseln n, Jaulen n.

skójka f (-i; G -jek): ~ perłorodna Flußperlmuschel f.

skór|a f (-y) Haut f; (irchowa, łosiowa, wierzchnia Sämisch-, Wild-, Ober-)Leder n; Fell n, Balg m; ~a właściwa Anat. Lederhaut f; zmieniać (od. zrzucać) ~ę sich häuten; kryty ~ą lederbezogen, Leder-; F ~a i kości Haut und Knochen, anscheindürr; dać w ~ę j-m das Fell gerben; dostać (od. oberwać) w ~ę Dresche kriegen; ~ka f (-i; G -rek) Häutchen n; (Brot-)Rinde f; (Wurst-)Pelle f, (Orangen-)Schale f; Bot. Epidermis f; Anat. Nagelhaut f; gęsia ~ka Gänsehaut f; ~ka królicza Kanin(chenfell) n; wyczyścić ~ką abledern; ~kowy ledern, Leder-; ~nictwo n (-a; 0) Gerberei f; ~nik m (-a; -i) Zo. Speckkäfer m; F (pl. -cy) Hautarzt m; ~ny Haut-.

skórza|ny Leder-; ~sty (-to) lederartig.

skra f (-y; G skier) Funke m.

skra|- in Zssgn Verben s. kra-; ~cać (-am), ⟨skrócić⟩ (-cę) (ab-, ver-)

kürzen; **~dać się** (*-am*) sich (her-)anschleichen; **~dziony** gestohlen.

skraj *m* Rand *m*, Saum *m*; *na ~u* am Rande (*G*); **~ać**, ⟨*skroić*⟩ ab-, wegschneiden; *pf. a.* zuschneiden; **~nia** ['skraj-] *f* (*-i*; *-e*, *-i*) Umgrenzungslinie *f*, Lichtraum(profil *n*) *m*; **~nik** *m* (*-a*; *-i*) *Mar.* Piek *f*; **~ność** *f* (*-ści*) Extrem *n*; *na ~ny* Rand-; äußerst, extrem; *Pol.* radikal.

skrapl|ać ['skra-] (*-am*), ⟨*skropić*⟩ *Rasen* (be)sprengen; **~iarka** *f* (*-i*; *G -rek*) Sprengwagen *m*; **~lać** (*-am*), ⟨*skroplić*⟩ verflüssigen, kondensieren (*się v/i*).

skrawa|ć (*-am*) *Tech.* ab-, schab(eh)en; **~nie** *n* (*-a*; *0*) *Tech.* Zerspanen *n*, Spanabhebung *f*.

skraw|ek *m* (*-wka*; *-wki*) (*Papier-*)Schnitzel *n od. m*, (*Stoff-*)Rest *m*; Fleck *m*, Stück *n* Land; **~ki** *pl. a.* Verschnitt *m*.

skre|- *in Zssgn Verben s.* kre-; **~ślać** (*-am*), ⟨*skreślić*⟩ (aus-, durch)streichen; (nieder)schreiben.

skręc|ać (*-am*), ⟨*~ić*⟩ *v/t Seil, Zigarette* drehen; *Kabel* verseilen; *Schnur* (zusammen)wickeln, -rollen; *Tech. a.* verdrehen; zusammenschrauben; *Arm* verstauchen; *v/i Fahrzeug:* abbiegen; einbiegen, *um die Ecke biegen; Fluß, Weg:* eine Biegung machen; *in e-e Richtung* führen; **~ać się** sich zusammenrollen; sich winden (*z bólu vor* Schmerzen); **~ić kark** (*D*) *j-m* das Genick brechen; **~anie** *n* (*-a*) *Tech.* Verdrehung *f*; Abbiegen *n*; **~enie** *n* (*-a*) *Med.* Verstauchung *f*.

skręp|owa|nie [skrempo-] *n* (*-a*) Be-, Einschränkung *f*; Lästigkeit *f*; Unsicherheit *f*, Verlegenheit *f*; *bez ~nia* ungeniert; nur zu, keine Angst; **~ny** gefesselt; *fig.* gebunden (*I/*durch, *an A*); eingeschränkt; verlegen, befangen.

skręt[1] [skrent] *m* (*-u*; *-y*) Drehung *f*; Wendung *f*; Drehsinn *m*; *Text.* Drall *m*; Windung *f*; (*Weg-*)Biegung *f*, Kurve *f*; *ostry ~ Flgw.* Steilkurve *f*; *~ jelit od.* kiszek Darmverschlingung *f*; *~[2] P m* (*-a*; *-y*) Selbstgedrehte *f* (*Zigarette*); **~ka** *f* (*-i*; *G -tek*) Litze *f*; *El. a.* Wendel *f*; *Bot.* Schraubel *f*; *~ka grzejna* Heizspirale *f*; **~ny** (Ver-)Dreh(ungs)-, Torsions-; **~omierz** ['-to-] *m* (*-a*; *-e*) *Flgw.* Wendezeiger *m*.

skroba|cz *m* (*-a*; *-e*) Kratzer *m*, Schrapper *m*; **~czka** *f* (*-i*; *G -czek*) Schabeisen *n*; Abstreicher *m*; **~** (*-ię*) kratzen (*się* sich); schaben; *ab* kratzen, *Fisch* abschuppen; **~k** *m* (*-a*; *-i*) Schaber *m*; *s.* skrobaczka **~nka** *f* *f* (*-i*; *G -nek*) Auskratzung *f*

skrob|ia ['skrɔ-] *f* (*G, D, L -bi*; *0* Bio., Chem. Stärke *f*; **~iowy** Stärke-; **~nąć** [-nɔŋtɕ] *pf.* (*-nę*) *s.* skrobać.

skrocz *m* (*-a*; *0*) *s.* krocz.

skrofuliczny skrofulös.

skroić *pf. s.* skrajać, kroić.

skrom *m* (*-u*; *0*) Hasenfett *n*

skromn|isia [-'niɕa] *f* *f* (*-i*; *-e* Zimperliese *f* (*-ści*; *0* Sittsamkeit *f*; Bescheidenheit *f* Schlichtheit *f*; **~y[1]** schüchtern; bescheiden; spröde, sittsam.

skro|mny[2] *Hase:* fett; **~niow** Schläfen-; **~ń** *f* (*-ni*; *-nie*, *I -ńm* Schläfe *f*; *poet.* Haupt *n*.

skropl|ić *pf. s.* skraplać; **~ony** ver flüssigt, Flüssig-.

skroś *s.* wskroś.

skró|cenie *n* (*-a*) Ab-, Verkürzun *f*; *w ~ceniu* in Kurzfassung; i Auszügen; **~cić** *pf. s.* skracać; **~t** *(-u; -y)* Abkürzung *f*; Kurzfassun *f*; *w telegraficznym ~cie* im Tele grammstil; **~towiec** ['-tɔ-] *m* *(-wca; -wce)* Kurzwort *n*; **~tow** *(-wo)* kurz, verkürzt. [turm *m.*

skruber *m* (*-a*; *-y*) *Chem.* Wasch **skruch|a** *f* (*-y*; *0*) Reue *f*; *ze ~q* skruszony.

skrupi|ać się ['skru-] (*-am*), ⟨*~ się*⟩ (*-ę*): **~(ło) się na mnie** ic muß(te) es ausbaden.

skrupula|(n)t *m* (*-a*; *-ci*) Kleini keitskrämer *m*, Haarspalter *m* Mensch *m* voller Skrupel; **~tn** (peinlich) genau, penibel, F ping lig.

skrupuł *m* (*-u*; *-y*) Skrupel *m*, B denken *n*; *bez ~ów* skrupellos.

skrusz|ać (*-am*), ⟨*~yć*⟩ *s.* kruszy *fig. j-n* dazu bringen zu bereuer *Herz* erweichen, rühren; **~yć** *łoз fig.* das Eis brechen; **~yć się** Reu empfinden; **~ony** reu(müt)ig, reu voll, zerknirscht; bußfertig.

skruta|cyjny: *komisja -na* Wah ausschuß *m*; **~tor** *m* (*-a*; *-rz* Wahlleiter *m*.

skrwawia|ć [-'vaɣa-] (*-am*), ⟨*~* mit Blut besudeln; **~ć się** verbl ten; ~ony blutend; mit Blut beschmiert.

kry|- in Zssgn Verben s. kry-; ~**cie** Adv. heimlich; ~**ć** pf. s. skrywać.

krypt m (-u; -y) (Vorlesungs-)Heft n; ~ dłużny Schuldschein m.

krytka f (-i; G -tek) Geheimfach n; (Bank-, Post-)Fach n.

krytobój|ca m (-y; -y, -ów) Meuchelmörder m; ~**czo** Adv. meuchlings; ~**czy** meuchlerisch; ~**stwo** n (-a) Meuchelmord m.

krytoś|ć f (-ści; 0) Heimlichkeit f; Verschlossenheit f; w ~ci ducha im Innersten.

kry|ty Mensch: verschlossen, unzugänglich; verborgen; Gefühle a.: heimlich; ~**wać** (-am), ⟨~**ć**⟩ verbergen (się sich); verheimlichen.

krzat m (-a; -y) Kobold m, Wicht(elmännchen n) m; F Knirps m, kleiner Kerl.

krzący się ['skʃɔn] funkelnd.

krze|czeć ⟨za-⟩ (-ę, -y) kreischen; Frosch: quaken; ~**k** m (-u; -i) Kreischen n, Gekreische n; Quaken n; Zo. Froschlaich m; ~**kliwy** Stimme: kreischend; ~**le** n (-a; -e/-a, -i) mst pl. ~le/~la Kiemen f/pl.; ~**lowy** Kiemen-.

krzep m (-u; -y) Gerinnsel n; Med. Blutpfropf m, Thrombus m; Tech. Bär m, Sau f; ~**iać**, ⟨~**ić**⟩ s. pokrzepiać; ~**lina** f (-y) Med. s. skrzep; ~**ły** geronnen; ~**nięcie** [-'nɛn-] n (-a; 0) Gerinnung f; ~**owy** Med. thrombotisch.

krzętny [-ʃɛnt-] emsig, geschäftig.

krzyć (się) ⟨za-⟩ (-ę) funkeln, flimmern.

rzyd|ełko n (-a; G -lek) Flügel(-chen n) m; Typ. (Schutzumschlag-)Klappe f; ~**ełkowy** Flügel-; **laty** geflügelt; ~**lo** n (-a; G -deł) Flügel m; Flgw. a. Tragflügel; Flgw. Mil. Geschwader n; ~**lowy** Flügel-; Mil. Flanken-; Sp. a. -außen-; Su. m (-ego; -i) Außenstürmer m.

rzyk|iwać (-uję), ⟨~**nąć**⟩ zusammenrufen.

rzyn|eczka f (-i; G -czek) Kästchen n; ~**ia** ['skʃi-] f (-i; -e) Kiste f, Kasten m, Truhe f, Tech. u. Ge-; ~ia inspektowa Frühbeet n; ~**ka** f (-i; G -nek) (do narzędzi, pocztowa Werkzeug-, Brief-)Kasten m; ~ka biegów Kfz. Schalt-, Wechsel-

getriebe n; ~ka skarg i zażaleń Kummer(brief)kasten; vgl. skrzynia; ~**kowy** Kasten-.

skrzyp m (-u; -y) (Dielen-)Knarren n; (Tür-)Quietschen n; (Schnee-)Knirschen n; Bot. Schachtelhalm m; ~**aczka** f (-i; G -czek) Geige(n-spiele)rin f, Violinistin f; ~**ce** f/pl. (-piec) Geige f, Violine f; ~**cowy** Geigen-, Violin-; ~**ek** m (-pka; -pkowie) Geiger(spieler) m, Violinist m; ~**ieć** ['skʃi-] ⟨za-⟩ (-ę, -i), ⟨~**nąć**⟩ [-nɔntɕ] (-nę) knarren; Tür, Rad a.: quietschen; Schnee, Sand: knirschen; ~**ienie** n (-a) s. skrzyp; ~**liwy** (-wie) quietschend; knarrend; ~**nąć** pf. s. skrzypieć.

skrzywdz|enie n (-a) Benachteiligung f, Beeinträchtigung f; Zufügen n von Unrecht (G/D); ~**ony** s. pokrzywdzony.

skrzywi|ać ['skʃi-] (-am) s. krzywić, wykrzywiać; ~**enie** n (-a) Verbiegung f, (Ver-)Krümmung f; ~**ony** verbogen, gekrümmt; Mund: verzogen.

skrzyżow|ać pf. s. krzyżować; ~**anie** n (-a) (Straßen-)Kreuzung f.

skub|ać (-ię), ⟨~**nąć**⟩ [-nɔntɕ] (-nę) rupfen; zupfen (A/an D); F Mädchen kneifen.

sku|ć pf. s. skuwać; ~**dłacić** pf. (-cę), ~**dłać** pf. (-am) Haare zerzausen; ~**dła(ci)ć się** verfilzen (v/i).

skumbria ['sku-] f (G, D, L -ii; -e) Hdl. Makrele f.

skunks [-ŋks] m (-a; -y) Skunk m, Stinktier n; ~**owy** Skunk-.

skup m (-u; -y) Aufkauf m; Erfassung f d. Agrarprodukte; ~**iać** ['sku-] (-am), ⟨~**ić**[1]⟩ sammeln, konzentrieren (się sich); ~i(a)ć się a. sich zusammenballen; ~**ić**[2] pf. s. skupować; ~**ienie** [-'ɲɛn-] n (-a; 0) Konzentration f; Zusammenballung f; vgl. skupisko; w ~ieniu ducha mit Andacht, andächtig; ~**iony** Mensch: aufmerksam; Aufmerksamkeit: konzentriert; Mil. Ladung: geballt; ~**isko** n (-a) Anhäufung f, Ansammlung f; Sammelbecken n (fig.), -stelle f, Zentrum n; ~**ować**, ~**ywać** (-uję), ⟨~**ić**⟩ aufkaufen.

skurcz m (-u; -y) Zusammenziehung f; Schrumpfung f; ~ ramion Sp. Beugen n der Arme; ~**ać** (-am) s. kurczyć; ~**liwość** f (-ści; 0) Schwin-

dung f; **~owy** _Med._ Kontraktions-;
Krampf-; Schrumpf-; **~ybyk** V _m_
Schuft _m_, Lump _m_.

skurwysyn V _m_ Hurensohn _m_, Sau-
kerl _m_, -hund _m_.

skuteczn|ość _f_ (-ści; 0) Wirksam-
keit _f_; Wirkungsgrad _m_; **~y** wirksam, effektiv.

skut|ek _m_ (-tku; -tki) Folge _f_, Aus-
wirkung _f_, Ergebnis _n_; (uboczny
Neben-)Wirkung _f_; dojść do **~ku**
zustande kommen; doprowadzić do
~ku zum Erfolg führen; nie odnosić
żadnego **~ku** k-n Erfolg (od. k-e
Wirkung) zeigen; bez **~ku** erfolglos;
wirkungslos; **~kiem**, na **~ek** (G) infolge (G), ... (D) zufolge, durch (A),
~kiem tego dadurch, daher, deshalb.

skuter _m_ (-a; -y) Motorroller _m_.

skutk|ować ‹po-› (-uję) wirken, e-n
Erfolg zeitigen; to nic nie **~uje** das
verschlägt nichts; **~owy** _Gr._ konse-
kutiv.

sku|wać (-am), ‹~ć› zusammen-
schmieden; in Ketten legen; _Frost:_
in Eis verwandeln, steinhart gefrieren lassen; **~wka** _f_ (-i; _G_ -wek)
Schelle _f_, Bügel _m_; (Bleistift-)
Hülse _f_.

skwapliw|ość _f_ (-ści; 0) Eilfertig-
keit _f_, Eifer _m_; **~y** (-wie) eilfertig;
dienstbeflissen, eifrig; **~a** usłużność
Dienstbeflissenheit _f_.

skwar _m_ (-u; -y) glühende (od. brütende) Hitze, (Sonnen-)Glut _f_; **~ek**
_m_ (-rka; -rki), **~ka** _f_ (-i; _G_ -rek)
Griebe _f_; **~ny** (-nie, -no) (drückend)
heiß.

skwarzyć ‹-ę› _v/t_ Speck auslassen;
Fleisch braten; _v/i Sonne:_ sengen,
brennen; **~ się** braten, schmoren
(v/i).

skwa|szony F _fig._ sauer(töpfisch)
~śnieć _pf._ (-eję) sauer werden.

skwer _m_ (-u; -y) Grünanlage _f_.

skwierczeć ‹za-› (-ę, -y) zischen,
bruzzeln; _s._ piszczeć.

slajd F _m_ (-u; -y) Dia _n_.

slalom _m_ (-u; -y) (gigant Riesen-)
Torlauf _m_, Slalom _m_; **~owy**
Slalom-.

slawist|a _m_ (-y; -ści, -ów) Slawist _m_;
~yka [-'vi-] _f_ (-i; 0) Slawistik _f_.

sleeping ['sli:-] _m_ (-u; -i) _Esb._
Schlafwagen(platz) _m_.

slip _m_ (-u; -y) _Mar._ Helling _f_.

sliping _m_ (-u; -i) _s._ sleeping.

slogan _m_ (-u; -y) Schlagwort _n_,

Slogan _m_; **~owy** (-wo) schablonen-
phrasenhaft, abgedroschen.

slumsy _m/pl._ (-ów) Slums _m/pl._

słabeusz F [-'beúʃ] _m_ (-a; -e
Schwächling _m_, Schlappschwanz _m_

słabiu|sieńki F (-ko), **~tki** (-ko
ganz schwach.

słab|izna _f_ (-y) schwache Stelle
Schwäche _f_; _Kochk._ Dünnung _f_
~nący [-nɔn-] sich abschwächend
(immer) schwächer werdend, nach
lassend; _Aufmerksamkeit usw.:_ er
lahmend; **~nąć** [-nɔntɕ] ‹o-› (-n(
-l) schwach (od. schwächer) wer
den; sich abschwächen, nachlassen
erschlaffen; _Widerstand:_ erlahmen
Sehkraft: abnehmen.

słabo _Adv._ schwach; jest mu **~**, roł
mu się **~** er ist e-r Ohnmacht nahe
ihm wird übel; mówić **~** po polsk
schlecht polnisch sprechen; **~siln**
F _Mensch:_ schwach, schwächlich
~stka _f_ (-i; _G_ -tek) _fig._ (kleine
Schwäche; **~ść** _f_ (-ści) Schwäche _f_
~wity schwächlich; kränklich.

słab|y schwach; _Ähnlichkeit a.:_ ent
fernt; coraz **~szy** immer schwächer

słać[1] ‹po-› (_L._) (ent)senden, schik
ken.

słać[2] (_L._) ‹posłać, pościelić› _v_
Decke ausbreiten; _Bett_ macher
Nest bauen; v/i s. pościelać; (nu
impf.) **~ się** Rauch usw.: (niedri
über der Erde) hängen, schwebe

słaniać się ['swa-] (-am) (sch)war
ken.

sław|a f (-y) Ruhm _m_; Ruf _m_, Repu
tation _f_; konkr. Berühmtheit _f_
światowej **~y** weltberühmt; vc
Weltruf; zlej **~y** berüchtigt, übe
beleumdet; **~!** heil!; **~etny** † _iro_
berühmt; **~ić** (-ę) rühmen, lober
(lob)preisen; **~ny** berühmt; ruhn
reich.   [_n_, Plumpsklo _n_

sławojka f (-i; _G_ -jek) iron. Örtcher

słodk|awy (-wo) süßlich; **~i** (-k
(jak cukier zucker)süß; _fig. a._ lieł
lich.

słodko|górz _m_ (-a; -e) _Bot._ Bitte
süß _n_; **~ść** f (-ści; 0) Süße _f_, Süßi,
keit _f_; **~wodny** Süßwasser-.

słodow|nia [-'dov-] f (-i; -e, -
Mälzerei _f_; Malzdarre _f_; **~y** Malz

słodycz f (-y; -e) Süße _f_; fig.
Lieblichkeit _f_; **~e** _pl._ Süßigkeit
f/pl., Süßwaren f/pl.

słodzi|ć ‹o-› (-dzę, a. słódź!) süßer
s. osładzać; **~ny** f/pl. (-) Treb

m; **~usieńki** F, **~utki** F (-ko) ganz süß, zuckersüß.
słoi|czek [swoˈi-] *m* (-czka; -czki) (*Salben-*)Töpfchen *n*; (*Senf-*)Glas *n*; **~k** [ˈswo-] *m* (-a; -i) (*Marmeladen-*)Topf *m*; (*Einmach-*)Glas *n*.
słojowa|nie *n* (-a) (*Holz-*)Maserung *f*; **~ty** gemasert. [strohgedeckt.]
słom|a *f* (-y) Stroh *n*; kryty ~ą∫
słomia|nka *f* (-i; *G* -nek) Strohmatte *f*; **~nożółty** strohgelb; **~ny** Stroh-.
słomk|a *f* (-i; *G* -mek) Strohhalm *m*; **~owy** Stroh-; strohgelb.
słonawy (-wo) schwach salzig; *Wasser*: brackig.
słonecz|ko F *n* (-a; *G* -czek) die liebe Sonne; **~nik** *m* (-a; -i) Sonnenblume *f*; **~nikowy** Sonnenblumen-; **~ny** Sonnen-; sonnig.
słoni|ątko [-ˈnɔn-] *n* (-a; *G* -tek) Elefantenbaby *n*; **~ca** *f* (-y; -e) Elefantenkuh *f*; **~k** *m* (-a; -i) Jungelefant *m*; Rüsselkäfer *m*; **~na** *f* (-y) Speck *m*; na ~nie mit Kreppsohle; **~niec** [-ˈninɛts] *m* (-ńca; -ńce) Speckstein *m*; **~nowy** Speck-.
słoniowa|cizna *f* (-y; 0), **~tość** *f* (-ści; 0) Med. Elephantiasis *f*; **~ty** wie ein Elefant, grobschlächtig, plump (und dick). [fenbein *n*.]
słoniowy Elefanten-; kość ~a El-∫
słon|ka *f* (-i; *G* -nek) Zo. Waldschnepfe *f*; **~ko** F *n* (-a; *G* -nek) s. słoneczko; Sonnenschein *m* (*a. fig.*); **~ość** *f* (-ści; 0) Salzigkeit *f*; Salzgeschmack *m*; **~owodny** Salzwasser-; **~y** salzig; Salz-; *fig.* gesalzen.
słoń *m* (-nia; -nie) Elefant *m*.
słońce [ˈswɔɲtsɛ] *n* (-a; *Astr.* 2) Sonne *f*; Sonnenschein *m*; pod ~ gegen die Sonne; jasny jak ~ sonnenklar.
słota *f* (-y) Regenwetter *n*; **~ny** regnerisch; regenreich.
słowia|nin [-ˈvja-] *m* (-a; -anie, -) Slawe *m*; **~nka** *f* (-i; *G* -nek) Slawin *f*; **~ński** [-ˈvaĭs-] slawisch, Slawen-; 2ństwo [-ˈvaĭs-] *n* (-a; 0) Slawentum *n*; 2ńszczyzna [-vaĭˈʃtʃ-] die Slawen, slawische Länder; slawische Kultur.
słowi|czy Nachtigall-; **~k** *m* (-a; -i) Nachtigall *f*; k *story* Sprooooer *m*.
słowni|ctwo *n* (-a) Wortschatz *m*, Vokabular *n*; **~czek** *m* (-czka; -czki) Kleinwörterbuch *n*; Glossar *n*; **~e** [ˈswo-] *Adv.* in Worten; **~k** *m* (-a;

-i) Wörterbuch *n*; *s.* słownictwo; **~karski** lexikographisch; **~kowy** Wörterbuch-; Wortschatz-.
słow|ny verbal, gesprochen; *Pers.* verläßlich, zuverlässig; **~o** *n* (-a; *G* słów) Wort *n*; ~ w ~ Wort für Wort, wortwörtlich; od ~a do ~a ein Wort ergab das andere; co do ~a wörtlich, wortgetreu; dojść do ~a zu Wort kommen; w całym tego ~a znaczeniu im wahrsten Sinne des Wortes; ani ~a! kein Wort (mehr)!; trzymać za ~o beim Wort nehmen; być po ~ie (z *I*) verlobt sein (mit); liczyć się ze ~ami s-e Worte wägen; wymyślać ostatnimi ~ami unflätig beschimpfen (*D/A*); innymi ~y mit anderen Worten; w kilku (*od.* w krótkich) ~ach in ein paar (*od.* in knappen) Worten; **~otwórczy** (-czo) Wortbildungs-.
słód *m* (-odu; 0) Malz *n*.
słój *m* (-oja; -oje, -oi/-ojów) *s.* słoik; *Bot.* Jahresring *m*.
słów|ko *n* (-a; *G* -wek) Wörtchen *n*; **~a** *pl. a.* Konversationsbuch *n*; Vokabeln *f/pl.*
słuch *m* (-u; 0) Gehör *n*; (*pl.* -y) Gerücht *n*; *JSpr.* (*Hasen-*)Löffel *m*; (*Sau-*)Teller *m*; **~** przytępiony ~ Schwerhörigkeit *f*; ze ~u nach Gehör; vom Hörensagen; F powiedzieć do ~u *j-m* die Meinung sagen; zamienić się cały w ~ ganz Ohr sein; w zasięgu ~u in (od. auf) Hörweite; ~ o nim zaginął man hört nichts mehr von ihm; **~acz** *m* (-a; -e, -y/-ów) Hörer *m*; Zuhörer *m*; **~ać** (po-) (-am) (*G*) hören (*A*), zuhören (*D*); (*a. ~ać się*) gehorchen, folgen (*G/D*); **~aj!** hör(e) mal!
słuchawk|a *f* (-i; *G* -wek) (*Kopf-*)Hörer *m*; *Med.* Stethoskop *n*; **~owy** *Rdf.* Kopfhörer-.
słuchow|isko *n* (-a) Hörspiel *n*; **~y** Gehör-; (*a.* -wo) auditiv, Hör-; **~o-wzrokowy** audiovisuell.
słu|g|a *m/f* (-i; -udzy/-i, -) Diener(in *f*) *m*; Bedienstete(r); **~us** *m* (-a; -i/-y) Lakai *m* (*a. fig.*).
słup *m* (-a; -y) Pfeiler *m*; (*ogłoszeniowy*, *wody* Litfaß-, Wasser-)Säule *f*; (*Licht-*)Mast *m*; (*Zaun-*)Pfosten *m*, (*Telegraphen-*)Stange *f*; (*Grenz-*)Pfahl *m*; *fig.* mieć oczy w ~ unbeweglich starren; zamienić się w ~ soli zur Salzsäule erstarren; **~ek** *m* (-pka; -pki) Pfosten *m*; Abweis-,

Prellstein *m*; *Bot.* Stempel *m*; ⹀ek rtęci Quecksilbersäule *f*; ⹀ek startowy Startblock *m*; ⹀ica *f* (-y; -e) (*Pflug*-)Rumpf *m*, Grießsäule *f*; ⹀kowy Pfosten-; *Bot.* Stempel-.

słupo|łazy *m/pl.* (-ów) Steigeisen *n/pl.*; ⹀wy Säulen-, Mast(en)-, Pfosten-.

słuszn|ie ['swu-] *Adv. s.* słuszny; ⹀ość *f* (-ści; 0) Recht *n*, Richtigkeit *f*; Berechtigung *f*, Rechtmäßigkeit *f* e-r Forderung; *mieć* ⹀ość recht haben, im Recht sein; *nie mieć* ⹀ości unrecht haben, im Unrecht sein; *nie bez* ⹀ości nicht unbegründet, berechtigterweise; ⹀y richtig, recht; berechtigt, begründet; (ge)recht, billig; (*a.* ⹀*ego wzrostu*) hochgewachsen, groß.

służ|alczy (-czo) unterwürfig, kriecherisch, servil; ⹀alec *m* (-lca; -lcy) Lakai *m*, Knecht *m*; ⹀aca *f* ['ʒɔn-] *f* (-ej; -e) Dienerin *f*; Dienstmädchen *n*; ⹀ący *m* (-ego; -y) Diener *m*.

służb|a *f* (-y) Dienst *m*; (0) Bedienstete(*r*) *pl.*, Personal *n*; ⹀y *pl.* Mil. Versorgungstruppen *f/pl.*; *młodzieżowa* ⹀*a ruchu* Schülerlotsendienst; *2a Polsce* Polnischer Arbeitsdienst; *na* (*od. w*) ⹀ie im Dienst; diensthabend; *po* ⹀ie dienstfrei; *pełniący* ⹀ę diensttuend; *zdolny do* ⹀y diensttauglich; ⹀ista *m* (-y; -ści, -ów) pflichtbewußte(*r*), pedantische(*r*) Beamte(*r*); strenge(*r*) Vorgesetzte(*r*); *Mil. a.* Leuteschinder *m*; ⹀iście *Adv.* diensteifrig; ⹀owy (-wo) dienstlich, Dienst-; Dienstboten-; *Mil. a.* diensthabend.

służ|yć (-ę) dienen (*w L/in D*; *u G/bei*; *do G/zu*; *za A, jako N/als*); guttun; *Hund:* Männchen machen; *Rel.* ⹀yć *do mszy* ministrieren; ⹀ę *panu* (*pani*)! zu Ihren Diensten!; *nie* ⹀yć im Stich lassen, (den Dienst) versagen.

słych *m*: F *ani* ⹀*u, ani dychu* man hört nichts (*o L/von*); ⹀ać (*nur Inf.*) man hört; *es* ist zu hören; *co* ⹀? was gibt es Neues?; *jak* ⹀ać wie man hört.

słyn|ąć [-nɔntɕ] ⟨*za*-⟩ (-nę) berühmt (*od.* bekannt) sein *od.* werden (*z G/*für, als); ⹀ny (*na cały świat* welt)berühmt.

słyszaln|ość *f* (-ści; 0) Hörbarkeit *f*; *Fmw.* Verständigung *f*; ⹀y hörbar. **słysz|eć** ⟨*po*-, *u*-, *za*-⟩ (-ę, -y) hören;

pierwsze ⹀ę (noch) nie gehört; ⹀nie *n* (-a; 0) Hören *n*; *ze* ⹀*enia* vom Hörensagen.

smaczn|y schmackhaft, wohlschmeckend; ⹀ie *Adv. a.* mit Appetit; ⹀*ego!* guten Appetit!; ⹀y *kąsek* Leckerbissen *m*.

smag|ać (-am), ⟨⹀nąć⟩ [-nɔntɕ] (-nę) peitschen (*a. fig.*); ⹀liczka *f* (-i; *G -czek*) Schild-, Steinkraut *n*; ⹀l(olic)y dunkel(häutig); ⹀nąć *pf. s. smagać*.

smak *m* (-u; -i) Geschmack *m*; *ze* ⹀*iem* mit Appetit; geschmackvoll; *bez* ⹀*u* ohne Geschmack, fad(e); geschmacklos; *stracić* ⹀ *do* (*G*) die Lust verlieren (zu, an *D*); *to mu nie w* ⹀ das paßt (F schmeckt) ihm (gar) nicht; *przypaść do* ⹀*u* (*D*) schmecken; *fig.* gefallen; F ⹀i *pl.* Würze *f*.

smako|łyk *m* (-u/-a; -i) Leckerbissen *m*, Schmankerl *n*; ⹀sz *m* (-a; -e) Feinschmecker *m*; ⹀wać (-uję) *v/i* schmecken; *v/t* ⟨*po*-⟩ kosten, probieren; sich schmecken lassen; ⹀wity (-cie) schmackhaft; appetitlich; ⹀wy Geschmacks-; *wg Adv.* dem Geschmack nach; in bezug auf den Geschmack.

smal|ec *m* (-lcu; 0) Schmalz *n*; *gęs* ⹀ec Gänsefett *n*; ⹀ić ⟨*o*-⟩ (-lę) (ab)sengen; ⹀ta *f* (-y; 0) Schmalte *f*

smar *m* (-u; -y) Schmiermittel *n*; *płynny* Schmieröl *n*; ⹀ *stały* Schmierfett *n*; ⹀ *do nart* Schiwachs *n*; ⹀ *do wozów* Wagenschmiere *f*.

smardz *m* (-a; -e) (Speise-)Morchel *f*.

smark P *m* (-a;-i) Rotz *m*. [chef.. **smarkacz** F *m* (-a; -e) Rotzbengel *m*, -nase *f*; Grünschnabel *m* Schnösel *m*; ⹀*ostwo* F *n* (-a) Unerfahrenheit *f*, Unreife *f*; Dummerjungenstreich *m*; ⹀*owaty* F (-to) frech, naseweis; schnöselig.

smarka|ć P (-am), ⟨*smarknąć*⟩ [-nɔntɕ] (-nę) sich die Nase putzen V rotzen; ⹀teria F [-'te-] *f* (*G*, *D*, -ii; 0) junge(s) Gemüse, Halbwüchsige(n) *pl.*, Halbstarke(n) *pl.*; ⹀ty F unreif, grün; schnodderig.

smark|nąć *pf. s. smarkać*; ⹀*ula* F (-i; -e, -) junges Ding, Göre *f* Rotznase *f*.

smarow|acz *m* (-a; -e) *s. smarownik*; ⹀ać ⟨*po*-⟩ (-uję) schmieren; *v/i* flitzen, pesen; ⹀*idło* *n* (-a; *G -deł*) Schmiere *f*; Salbe *f*; ⹀*nica* (-y; -e) Schmierbüchse *f*; Schmier kopf *m*; **~nik** *m* (*-a*; *-cy*) Schmierer *m*; **~y** Schmier-.

smaż|ony gebraten, Brat-; **~yć** ⟨*u-*⟩ (*-ę*) braten, schmoren (*się v/i*); *Konfitüre* einkochen. [terschlag.⟩

smecz *m* (*-u*; *-e*) (*Tennis-*)Schmet-⟩

smęt|ek ['smen-] *m* (*-tku*; *0*) *s. smutek*; **~ny** traurig, melancholisch.

smocz|ek *m* (*-czka*; *-czki*) (*Kinder-*) Sauger *m*, F Schnuller *m*; *Zo.* Saugrüssel *m*; Saugmund *m*; *Tech.* Strahlsaugpumpe *f*; **~y** Drachen-; **~e zęby** *Mil.* Höckerhindernisse *n/pl.*

smok *m* (*-a*; *-i*) Drache *m*; (*Bagger-*) Saugkopf *m*; **~owiec** [-'kɔ-] *m* (*-wca; -wce*) Drachenbaum *m*.

smoktać (*-am*) saugen, lutschen; *s. cmoktać.*

smol|ak *m* (*-a*; *-i*) Kienholzscheit *m*; *Typ.* Spieß *m*; **~arnia** [-'lar-] *f* (*-i; -e*) Teerbrennerei *f*; **~arz** *m* (*-a; -e*) Pechsieder *m*; **~ić** ⟨*u-*⟩ (*-lę, smól/smol!*) beschmutzen, schmutzig machen (*się sich*); **~isty, ~y** kienig, Kien-; Pech-; **~uch** F *m* (*-a; -y*) Schmierfink *m*.

mol|a *f* (*-y; G smól*) Teer *m*; Pech *n*; czarny jak **~a** pechschwarz; **~ować** (*-uję*) teeren; **~owiec** [-'wɔ-] *m* (*-wca; -wce*) Pechstein *m*; **~owy** Teer-; Pech-.

~ółka *f* (*-i; G -lek*) Galipot *m*; *Bot.* Pechnelke *f*; *Med.* Kindspech *n*.

mrek *m* (*-u; -i*) *dial. s. świerk.*

mro|dliwy stinkend, übelriechend; **~dzić** ⟨*na-*⟩ (*-dzę*) die Luft verpesten; V furzen.

mród *m* (*-odu; -ody*) Gestank *m*; V *fig.* Gernegroß *m*.

mucić ⟨*za-*⟩ (*-cę*) betrüben, bekümmern, traurig stimmen; **~ się** traurig sein; sich grämen.

mug|a *f* (*-i*) Streifen *m*; Striemen *m*; *Mil.* Leuchtspur *f*; *Tech.* Schliere *f*; **~a dymu** Rauchfahne *f*; **~acz** *m* (*-a; -e*) *Mil.* Leuchtspureinsatz *m*; **~owaty** (*-to*) streifig; streifenförmig; **~owy** Streifen-; *Mil.* Leuchtspur-.

mukl|ość *f* (*-ści; 0*) Schlankheit *f*; **~y** (*-ło*) schlank.

mut|ek *m* (*-tku; 0*) Trauer *f*, Traurigkeit *f*, Betrübnis *f*; **~ułeć** ['smut-] ⟨*po-*⟩ (*-eję*) traurig (gestimmt) sein *od.* werden; **~ny** (*-nie, -no*) traurig; **~no mi ich bin traurig.

smuż *m* (*-u; -e*) *JSpr.* (*Hasen-*)Balg *m*; **~ka** *f* (*-i; G -żek*) (dünner, feiner) Streifen; (*Licht-*)Strahl *m.*

smycz *f* (*-y; -e*) Hundeleine *f*; *JSpr.* Windhundekoppel *f*; **~ek** *m* (*-czka; -czki*) (*Violin-*)Bogen *m*; *Mus. ~ki pl.* Streicher *m/pl.*; **~kowy** *Mus.* Streich-.

smyk F *m* (*-a; -i*) Bengel *m*, Steppke *m*; **~ać** (*-am*), ⟨*~nąć*⟩ (*-nę*) *v/t* zupfen; *v/i s.* czmychać; **~ałka** F *f* (*-i; 0*) Grips *m*, Köpfchen *n.*

smyrgać (*-am*) *s. szmyrgać.*

snajper *m* (*-a; -rzy/-owie*) Scharfschütze *m.*

snob *m* (*-a; -y*), **~ka** *f* (*-i; G -bek*) Snob *m*; **~istyczny** snobistisch.

snop *m* (*-a; -y*) Garbe *f*; Bündel *n*; **~ światła** (gebündelter) Lichtstrahl; **~ek** *m* (*-pka; -pki*) (kleine) Garbe; Büschel; **~owiązałka** *f* (*-i; G -lek*) Garbenbinder *m.*

snowarka *f* (*-i; G -rek*) (*Ketten-*) Schärmaschine *f.*

snu *s. sen.*

snuć (*-ję*) *Text.* Garn schären, (an-)zetteln; spinnen (*a. fig.*); *Vermutungen* anstellen; *Pläne* schmieden; **~ marzenia** träumen; **~ się** *Faden:* sich abspulen; *Rauch:* (in Schwaden) hängen, schweben; sich hin und her bewegen; *Gedanken:* [schwirren.⟩

sny *pl. v. sen.*

snyce|rka *f* (*-i; 0*), **~rstwo** *n* (*-a; 0*) Holzschnitzerei *f*; **~rz** *m* (*-a; -e*) Holzschnitzer *m.*

sobaczy *dial.* Hunde-.

sobą *s. siebie.*

sobek *m* (*-bka; -bkowie*) Egoist *m.*

sobie ['sɔ-] *Pron. s. siebie*; *żartujesz* **~!** du machst wohl Witze!; *był ~* es war einmal; F *niczego ~* passabel, nicht übel; **~pan** *m* sein eigener Herr; **~pański** anmaßend, rücksichtslos.

sobko|stwo *n* (*-a; 0*) Selbstsucht *f*; **~wski** selbstsüchtig. [*bel-*.⟩

sobol|e *pl. v. soból*; **~i, ~owy** Zo-⟩

soborowy Konzils-.

sobot|a *f* (*-y*) Sonnabend *m*, Samstag *m*; **~ni** Sonnabend-, Samstag-; **~nio-niedzielny** Wochenend-. [*m.*⟩

sobowtór *m* (*-a; -y*) Doppelgänger⟩

sobó|l *m* (*-ola, -ole*) Zobel *m*; **~r** *m* (*-oru; -ory*) Konzil *n*; (*orthodoxe*) Kathedrale *f*; **~tka** *f* (*-i; G -tek*) Johannisfeuer *n*; *mst pl.* Mittsommerfest *n.*

socha f (-y) Hakenpflug m.

socjaldemokratyczny sozialdemokratisch.

socjalista m (-y; -ści, -ów) Sozialist m; **~styczny** sozialistisch.

socjalny sozial.

socjolog m (-a; -dzy/-owie) Soziologe m; **~ia** [-'lɔ-] f (G, D, L -ii; 0) Soziologie f; **~iczny** soziologisch.

soczewica f (-y; -e) Bot. Linse f; Kochk. (0) Linsen f/pl.; **~ka** f (-i; G -wek) Phys., Fot. Linse f; **~kowy** Linsen-.

soczystość f (-ści; 0) Saftigkeit f, Saftfülle f; Fot., Film: (Bild-)Brillanz f; (Farben-)Sattheit f; **~y** (-ście) saftig (a. fig.); Farbe: satt; Witz usw. a.: derb; Stimme: sonor.

soda f (-y; 0) Soda f od. n; **~ oczyszczona** doppeltkohlensaures Natrium, F Natron n; **~ żrąca** Ätznatron.

sodoma i gomora f (-y; 0): **~a i gomora** Sodom n und Gomorr(h)a; **~ia** [-'dɔ-] f (G, D, L -ii) Sodomie f.

sodowy Natrium-; Soda-; **~ówka** f (-i; G -wek) Bot. Sode f; F Sodawasser n.

sofa f (-y) Sofa n, Couch f.

soja f (G, D, L soi; 0) Sojabohne f; **~owy** Soja-.

sojusz m (-u; -e) Bündnis n, Allianz f; **~niczy** verbündet, alliiert; Verbündeten-, Alliierten-; umowa -cza Bündnisvertrag m; **~nik** m (-a; -cy) Verbündete(r), Bundesgenosse m, Pol. a. Alliierte(r).

sok m (-u; -i) Saft m; **~ zagęszczony** Sirup m.

sokoli Falken-; **~niczy** Falkner-; Falken-; **~nik** m (-a; -cy) Falkner m.

sokownik m (-a; -i) (Dampf-)Entsafter m.

sokół m (-oła; -oły) Falke m.

sol (unv.) Mus. G n.

sola f (-i; -e, -) Zo. Seezunge f.

solanka f (-i; G -nek) Salzbrötchen n, -semmel f; Bot. Salzkraut n; Sole f, (Salz-)Lake f; Geol. Solquelle f; Salzbrunnen m; **~owy** Sol-.

solarnia [-'lar-] f (-i; -e) Einsalzbetrieb m; **~ny** solar; **~yzacja** f (-i; 0) Fot. Solarisation f.

sole pl. v. sól; **~nie** n (-a) (Ein-)Salzen n.

solenizant m (-a; -ci), **~ka** f (-i; G -tek) j-d der s-n Namenstag feiert; Geburtstagskind n.

solenny feierlich.

solić (-lę, sól!) <o-, po-> salzen; <za-> einsalzen.

solidar|nościowy Solidaritäts-, Sympathie-; **~ność** f (-ści; 0) Solidarität f; **~ny** solidarisch; **~yzować się** <z-> (-uję) sich solidarisieren, sich solidarisch erklären.

solidny solid(e); fundiert; F beträchtlich.

soli|ród m Bot. Glaskraut n; **~sta** m (-y; -ści, -ów), **~tka** f (-i; G -tek) Solist(in f) m, engS. a. Solosänger(-in f) m; **~ter** m (-a; -y) Bandwurm m; Solitär m.

sol|niczka f (-i; G -czek) Salzfaß n, -streuer m; **~nik** m (-a; -i) Salzlecke f; **~y** Salz-.

solonka f (-i; G -nek) in Salzlake eingelegte(s) Gemüse, Pilze; Salzfleisch n; **~ny** gesalzen, Salz-.

sol|owy Solo-; **~ówka** f f (-i; G -wek) Solovortrag m; Kfz. Solomaschine f.

sołectwo n (-a) † Schulzenamt n.

sołtys m (-a; -i) Gemeindevorsteher m, † Schulze m, Schultheiß m; **~ówka** f (-i; G -wek) s. sołectwo.

somnambuli|k m (-a; -cy) Schlafwandler m; **~zm** m (-u; 0) Schlafwandeln n.

sonata f (-y) Sonate f.

sonda f (-y) (Tief-)Lot n; Sonde f; **~aż** m (-u; -e) Sondierung f; **~aż owy** Sondierungs-; **~ować** (-uję) sondieren; Mar. loten.

sonet m (-u; -y) Sonett n.

sopel m (-pla; -ple) (lodu Eis-)Zapfen m.   [Sopran-.

sopran m (-u; -y) Sopran m; **~owy**

sorek m (-rka; -rki) s. ryjówka.

sorgo n (-a; 0) Mohrenhirse f.

sorter m (-a; -rzy/-y) Sortierer m.

sortow|acz m (-a; -e), -czka f (-i; G -czek) Sortierer(in f) m; **~ać** (-uję) sortieren; Bgb. klassieren; **~nia** [-'tɔv-] f (-i; -e, -i) Sortierabteilung f, Sortiererei f; **~nik** m (-a; -i) Sortiermaschine f, Sichter m, Scheider m; Bgb. Klassierer m.

sortyment m (-u; -y) Sortiment n; **~ysta** m (-y; -ści, -ów) Sortimenter m.

sos m (-u; -y) Sauce f, Soße f; Tunke f; F smażyć się we własnym **~ie** in eigenen Saft schmoren.

sosenka f (-i; G -nek) junge Kiefer.

sosjerka f (-i; G -rek) Sauciere f.

sosn|a f (-y; G sosen) Föhre f, Kiefer f; Kiefernholz n; **~owy** Kiefern-, Föhren-.

sośnina f (-y) Kiefern-, Föhrenwald m; Kiefern-, Föhrenholz n.

sow|a f (-y) Eule f; **~i** Eulen-.

sowicie Adv. s. sowity.

sowiecki [-'vε-] sowjetisch, So-} **sowity** (-cie) reichlich. [wjet-J

sowizdrza|lstwo n (-a) Eulenspiegelei f; **~l** m (-a; -y) Eulenspiegel m.

sód m (sodu; 0) Chem. Natrium n.

sójka f (-i; G -jek) Zo. Eichelhäher m.

sól m (soli; sole) (kuchenna Koch-) Salz n; być solą w oku ein Dorn im Auge sein; bez soli a. salzlos.

sów|eczka f (-i; G -czek) Zo. Sperlingskauz m; **~ka** f (-i; G -wek) Zo. Steinkauz m; **~ki** pl. a. Eulen f/pl. (Falter).

pacer m (-u; -y) Spaziergang m od. -fahrt f; **~ po mieście** Stadtbummel m; iść na **~** -en m Spaziergang machen, spazierengehen; **~ować** ⟨po-⟩ (-uje) spazieren; **~owicz** m (-a; -e) Spaziergänger m; **~owy** Spazier-.

pacja f (-i; G -e) Typ. Spatium n.

pacz|ać s. spaczyć; **~enie** n (-a) fig. Verzerrung f, Entstellung f, Verdrehung f. [ein Klotz).

pać (L.) schlafen (jak kamień wie)

pad m (-u; -y) Fall(en n) m; Gefälle n; Fallhöhe f; **~y owocowe** Fallobst n; **~ać**, ⟨spaść⟩ (herab-, hinab)fallen; (ab)stürzen; Unglück: treffen (na A/A), Pflichten: zufallen (na A/D); (nur impf.) Gelände: abfallen; spaść z ciała vom Fleisch fallen, abmagern; s. a. opadać; **~ek¹** m (-dku; -dki) Fall(en n) m; (Ab-)Sturz m; Gefälle m; Abnahme f, Rückgang m; (Druck-)Abfall m; **~ek²** m (-dku; -dki) Erbschaft f, Erbe n; otrzymać w **~ku** erben; pozostawić **~ku** vererben, hinterlassen.

padkobier|ca m (-y; G -ów) Erbe n; **~czyni** f (-i; -e, -ń) Erbin f.

padkowa|ca m, **~czyni** f Erbasser(in f) m.

padko|mierz [-'kɔ-] m (-a; -e) Neigungsmesser m od. **~wicz** F m (-a; -e) Sp. Absteiger m; **~wy** Erb(schafts)-; Tendenz: fallend.

padnięcie [-'nεn-] n (-a) s. spadek¹

padochron m (-u; -y) Fallschirm n; **~iarski** Fallschirmspringer-; Mil. Luftlande-; **~iarstwo** n (-a; 0) Fallschirmsport m; **~iarz** [-'xrɔ-] m

(-a; -e) Fallschirmspringer m; Mil. Fallschirmjäger m; **~owy** Fallschirm-.

spa|dowy Fall-; **~dzisty** (-to, -ście) abschüssig, steil; Schultern abfallend; vgl. spad; **~jać¹** (-am), ⟨spoić⟩ aneinander befestigen, verbinden; fig. einigen, fest zusammenschließen (się sich); **~jać²** (-am), ⟨spoić⟩ betrunken machen; **~lać** (-am), ⟨lić⟩ verbrennen (się v/i); **~lanie** n (-a) (śmieci Müll-)Verbrennung f.

spaleni|e n (-a) Verbrennung f; **~sko** n (-a) Brandstätte f; **~zna** f (-y) Brandgeruch m.

spali|ć pf. s. spalać, palić; **~nowy** Tech. Verbrennungs-; **~ny** f/pl. (-) Verbrennungsgase, Abgase n/pl.

spalony verbrannt; Su. m (-ego; -e) Sp. Abseits(stellung f) n.

spani|e ['spa-] n (-a; 0) Schlafen n; F a. Schlafstätte f, Lager n; pora **~a** Schlafenszeit f.

spa|r- in Zssgn Verben s. par-; **~ralizowany** gelähmt.

spar|ciały strohig; **~szywiały** räudig; s. parszywy.

sparta|kiada ['kʲa-] f (-y) Sportfest m, Spartakiade f; **~ński** [-'taĩs-] (po -ku) spartanisch.

sparz- in Zssgn Verben s. parz-; **~enie** n (-a) Verbrühung f.

spas- in Zssgn Verben s. pas-; **~ać** (-am), ⟨~ść⟩ (L.) Wiese abweiden lassen; Hafer verfüttern; (nur pf.) mästen; **~ść się** fett (od. dick) werden; **~iony**, **~ły** fett, dick.

spastyczny spastisch. [spasiony.]

spaś|ć pf. s. spadać, spasać; **~ny** s.

spat m (-u; -y) Min. Spat m.

spaw m (-u; -y) Tech. Schweißnaht f; Schweißen n.

spawa|cz m (-a; -e) Schweißer m; **~ć** ⟨po-⟩ (-am) Tech. schweißen.

spawalni|ca f (-y; -e) Schweißmaschine f; **~ctwo** n (-a; 0) Schweißtechnik f; **~czy** Schweiß-.

spawa|nie n (-a; 0) (gazowe Autogen-)Schweißen n; **~ny** Schweiß-, geschweißt; **~rka** f (-i; G -rek) Schweißmaschine f. [naht f.]

spawka f (-i; G -wek) Schweiß-

spazm m (-u; -y) Krampf m; **~y** pl. a. Weinkrampf; **~atyczny** krampfartig, haft, spasmatisch; **~ować** (-uje) e-n Weinkrampf bekommen.

spąg m (spɔŋk, -ŋgu) m (-u; -i) Bgb. Sohle f, Liegende(s).

spec F *m* (*-a*; *-e*) Experte *m*, F Kanone *f*.

specjali|sta *m* (*-y*; *-ści*, *-ów*) Fachmann *m*, Spezialist *m*; *lekarz* ∼**sta** Facharzt *m*; ∼**styczny** fachlich, Fach-, Spezial-; ∼**zacja** *f* (*-i*; *0*) Spezialisierung *f*; Fachstudium *n*; ∼**zować** ⟨*wy-*⟩ (*-uję*) spezialisieren (*się sich*; *w L/auf A*).

specjaln|ie *Adv.* speziell, besonders, extra; ∼**ość** *f* (*-ści*) Spezialfach *n*, -gebiet *n*, Spezialität *f*; ∼**y** besonder, speziell, Sonder-, Spezial-, Extra-.

specjał *m* (*-u*; *-y*) Leckerei *f*.

specyfi|czny spezifisch, eigen(tümlich); ∼**km** (*-a*; *-i*) *Med.* Spezialität *f*; ∼**kacja** *f* (*-i*; *-e*) Spezifikation *f*, Stückliste *f*; ∼**kować** (*-uję*) spezifizieren, einzeln angeben.

spedy|cja *f* (*-i*; *0*) Spedition *f*; ∼**cyjny** Speditions-; ∼**tor** *m* (*-a*; *-rzy*) Spediteur *m*.

spektralny spektral.

spektro- *in Zssgn* Spektro-.

spekula|cja *f* (*-i*; *-e*) Spekulation *f*; *trudnić się* ∼*cją* Spekulationsgeschäfte betreiben; ∼**cyjny** spekulativ; Spekulations-; ∼**nt** *m* (*-a*; *-ci*) Spekulant *m*, F Schieber *m*; ∼**tywny** spekulativ.

spe|kulować (*-uję*) spekulieren; ∼**lunka** *f* (*-i*; *G -nek*) Spelunke *f*.

spełni|ać ['spɛw-] (*-am*), ⟨∼*ć*⟩ erfüllen (*się sich*); *nie* ∼(*a*)*ć* (*G*) *Hoffnungen* enttäuschen; ∼**ajacy się** [-'jɔn-] *Math.* Supplement-; ∼**enie** *n* Erfüllung *f*.

spelz|ać, ⟨∼*nąć*⟩ (hin)abgleiten, rutschen; *pf. s.* pełznąć; *fig.* ∼*nąć na niczym* im Sande verlaufen.

speszony betroffen, verlegen.

spęcz- *in Zssgn Verben s.* pęcz-.

spęd *m* (*Vieh-*)Auftrieb *m*; Zusammentreiben *n*.

spędz|ać (*-am*), ⟨∼*ić*⟩ *Vieh* zusammentreiben; *Zeit* verbringen (*w L/in D, na L/bei, auf D*); *Frucht* abtreiben; ∼**enie** *n* (*-a*; *0*) *s.* spęd; ∼*enie płodu Med.* Abtreibung *f*.

spętany [spɛn-] gefesselt.

spiąć *pf. s.* spinać. [Speicher *m*.]

spich(le)rz *m* (*-a*; *-e*) (*Korn-*)∫

spiczasty (*-to*) spitz.

spić *pf. s.* spijać.

spie|c *pf. s.* spiekać; ∼**czony** ausgedörrt; *Lippen:* aufgesprungen, trocken; ∼**k** [spɛk-] *m* (*-u*; *-i*) *Tech.*

Agglomerat *n*, Sinter *m*; Fritte *f*; ∼**ka** F *f* (*-i*) *s.* spiekota; ∼**kać** (*-am*), ⟨∼*c*⟩ ausdörren, -trocknen; (ver)sengen; *Tech.* agglomerieren, sintern (*się v/i*); fritten; ∼*kać się a.* zusammenbacken (*v/i*); ∼**kota** F *f* (*-y*) (brütende) Hitze.

spienięż|ać (*-am*), ⟨∼*yć*⟩ (*-ę*) zu Geld machen, verkaufen, P verscheuern, verhökern; ∼**enie** *n* (*-a*) *Hdl.* Realisierung *f*; Kapitalisierung *f*. [menhauen.]

spieprzyć P *pf.* verhunzen, zusam-∫

spierać[1] (*-am*) *s.* zeprzeć; ∼ *się sich* streiten (*o A/um*, über *A*).

spierać[2] (*-am*) (*sprać*, *zeprać*) *Fleck* auswaschen; ∼ *się sich* auswaschen lassen.

spie|ranie się *n* (*-a*) Wortwechsel *m*, -streit *m*; ∼**rzchnięty** [-'nɛn-] *Haut:* rissig, aufgesprungen; ∼**szny** ∼**szyć** *s.* śpiesz-.

spięcie ['spɛn-] Zusammenstecker *n*, Befestigung *f*; *El.* (*a. krótkie* ∼ Kurzschluß *m*; F *fig.* Auseinandersetzung *f*; Konflikt *m*.

spiętrz|ać (*-am*), ⟨∼*yć*⟩ auftürmen, -stapeln; *Wasser* (auf)stauen; ∼*y się sich* türmen; ∼**enie** *n* (*-a*) Stau(ung *f*) *m*; Haufen *m*.

spi(ja)ć abtrinken; absaugen; betrunken machen; ∼ *się sich* betrinken.

spiker *m* (*-a*; *-rzy*) ∼**ka** *f* (*-i*; *G -rek*) *Rdf.* Sprecher(in *f*) *m*, Ansager(in *f*) *m*.

spiknąć [-nɔntɕ] F *pf.* (*-nę*) *Personen* zusammenbringen; ∼ *się sich* zusammentun, unter e-r Decke stecken (*z I/mit*).

spilśni|ać ['spilɕ-] (*-am*), ⟨∼*ć*⟩ (*-ę*) *Text.* walken; ∼(*a*)*ć się* verfilzen (*v/i*); ∼**ony** verfilzt; Filz-.

spiłow(yw)ać ⟨*-[w]uję*⟩ absägen; abfeilen.

spin|acz *m* (*-a*; *-e*) Büro-, Heftklammer *f*; *Esb.* Kuppler *m*; ∼**ać** (*-am*), ⟨spiąć⟩ [spɔntɕ] (*L.*) zusammenheften, -stecken, -klammern, zusammenkoppeln; *spiąć ostrogami dem Pferd* die Sporen geben; ∼**ka** (*-i*; *G -nek*) Kragen- *od.* Manschettenknopf *m*; (*Haar-*)Klemme *f*.

spinning *m* (*-u*; *-i*) Spinnangelei *f*; *a.* = ∼**ówka** *f* (*-i*; *G -wek*) (*Angel-*)Spinnrute *f*.

spiral|a *f* (*-i*; *-e*,*-*) Spirale *f*; ∼**ny** ralig, Spiral-; spiralförmig.

pirytu|alia [-'aĺĭa] F pl. (-ii/-ów) Spirituosen f/pl.; **~s** m (-u; -y) Spiritus m, Sprit m; **~s drzewny** Methylalkohol m; **~sowy** Spiritus-.

pirytystyczny spiritistisch.

pis m (-u; -y) Liste f, (rzeczy Inhalts-)Verzeichnis n; Registrierung f, Erfassung f; ~ *ludności* Volkszählung f; ~ *potraw* Speisekarte f; ~ *załogi Mar.* Musterrolle f; **~ać** pf. s. spisywać; **~ek** m (-sku; -ski) Verschwörung f, Komplott n; **~kować** (-uję) konspirieren, sich verschwören; **~kowiec** [-'kɔ-] m (-wca; -wcy) Verschwörer m; Geheimbündler m; **~kowy** Verschwörungs-, Komplott-; **~owy** Registrierungs-, (Volks-)Zählungs-.

~(yw)ać v/t e-e Liste auf-, zusammenstellen (G, von); aufschreiben; niederschreiben; *Protokoll* aufnehmen; F a. abschreiben; *Fin.* **~(yw)ać na straty** *Betrag* abschreiben; **~(yw)ać się** ich benehmen, verhalten.

pity betrunken.

piż m (-u; -e) Rotguß m, Erz n; Bronze f.

piżar|ka f (-i; G -rek) **~nia** [-'ʒar-] (-i; -e) Vorratskammer f; Speisechrank m.

piżowy Erz-; ehern (a. fig.).

la|- *in Zssgn Verben s.* pła-, **~tać** (-am) s. pleść.

plat|anie n (-a) *Med.*: **~anie** myśle*ia* geistige Verwirrung; **~(yw)ać** (-uję) s. plątać.   [Pracht f.]

plendor † m (-u; 0) Glanz M,

leśniały verschimmelt.

lin m (-u; 0) Spleen m.

lot m (-u; -y) Gewirr n, Knäuel m; *erflechtung* f; Geflecht n; (*Haar-) :opf* m; *Text.* Bindung f; **~ka** f (-i; *-tek) Litze f.

lu|- *in Zssgn Verben s.* plu-, **~nąć** *f. s.* spluwać; **~wa** P f (-y) Kanone f; Schießeisen n; **~waczka** f (-i; G *czek) Spucknapf m; **~wać** (-am, ~nąć/-nę, -n!) (aus)spucken.

la|cać (-am), ⟨**~cić**⟩ *Schuld* ab- :ahlen; *Miterben* auszahlen; **~dzać** -am) s. płodzić; **~kać się** pf. wei- :en, Tränen vergießen (*nad I*/über *I*); **~kany** verweint; *Stimme:* wei- :lili, **~szać** ⟨-am⟩ s. płoszyć.

laszcz|ać (-am), ⟨**~yć**⟩ abflachen, bplatten; breit schlagen; platt- :reitdrücken (się sich); **~ony** abe- :flacht; platt, breitgedrückt.

---

spłat|a f Abzahlung f; *kupno na* **~y** Ratenkauf m.

spław m (-u; -y) (*Holz-)Flößerei f; **~iać** ['spwa-] (-am), ⟨**~ić**⟩ *Holz* flößen; F *fig.* loswerden; **~iak** ['spwa-] m (-a; -i) *Tech.* Schwemmrinne f; **~ik** m Flöße f; s. pławik; **~ny** schiffbar; flößbar.

spło|nąć pf. abbrennen, in Flammen aufgehen; **~nąć rumieńcem** erröten; **~nka** f (-i; G -nek) Zündhütchen n; Sprengkapsel f; **~wiały** verschossen, ausgebleicht.

spłu|czka f (-i; -czek) (*Klosett-) Spülung f; **~kiwać** (-uję), ⟨**~ać**⟩ (ab)spülen; F **~ać się** blank sein (*ohne Geld*).

spły|cać (-am), ⟨**~cić**⟩ v/t, **~cieć** ['spwi-] pf. (-eję) v/i verflachen; **~nąć** pf. s. spływać; **~w** m (-u; -y) Abfluß m; (*Flüsse-)*Zusammenfluß m; *Sp.* (*Kanu-)*Wanderfahrt f; **~wać**, ⟨**~nąć**⟩ abfließen, ablaufen, (herab)rinnen; (*I) mit Blut, Schweiß* bedeckt sein; **~wnik** m (-a; -i) *Mar.* Speigatt n; **~wowy** Abfluß-.

spo- *in Zssgn Verben s.* po-.

spocz|ąć pf. s. spoczywać; **~nik** m (-a; -i) (*Treppen-)*Absatz m.

spoczyn|ek m (-nku; -nki) Ruhe f; *chwila* **~ku** Ruhepause f; *miejsce ostatniego* **~ku** letzte Ruhestätte f; *stan* **~ku** Ruhestand m; Ruhezustand m.

spocz|ywać (-am), ⟨**~ąć**⟩ ruhen; *niech pan(i)* **~nie!** nehmen Sie Platz!; *Mil.* **~nij!** rührt euch!

spod, **~e** Prp. (G) unter (D) hervor; von (D); aus der Gegend (von); **~eczek** m (-czka; -czki), **~ek** m (-dka; -dki) Untertasse f; **~ek** *Math.* Fußpunkt m; Bgb. (*Schacht-)*Sohle f; **~em** s. spód.

spode|nki, **~ńki** pl. (-nek/-niek) kurze Hose; (*kąpielowe*) Badehose f.

spodni untere, Unter-; **~e** ['spod-] pl. (-i) Hose(n pl.) f.

spodziewa|ć się (-am) (G) hoffen (*auf A*); sich erhoffen (A); erwarten (A; *po L/von D*); *nie* **~ł się niczego złego** er ahnte nichts Böses; **~ć się dziecka** a. Mutterfreuden entgegensehen; **~ny** erwartet, vorausgesehen.

spoglądać [-'glɔn-] (-am), ⟨**spojrzeć**⟩ (-ę, -y) blicken, schauen, F gucken; ~ *na (A)* j-n, *et.* anblicken, anschauen; ~ *w górę/w dół* auf-/hin-

abblicken, -schauen; *fig.* ~ z góry
auf j-n herabblicken; (*nur pf.*) ~
prawdzie w oczy die Tatsachen
sehen.

spoić|**ć** *pf. s.* spajać; ~**na** [-'ina] *f* (-*y*)
(*Schweiß*-)Naht *f;* Lötstelle *f;*
(*Mauer*-)Fuge *f;* ~**stość** *f* (-*ści; 0*) Kompaktheit *f*, festes Gefüge; *fig.* Zusammenhalt *m;* ~**sty**
fest gefügt, kompakt, dicht; ~**wo**
[-'ivo] *n* (-*a*) Bindemittel *n.*

spoj|**enie** *n* (-*a*) *s.* spoina; ~**enie** *łono-
we* Scham(bein)fuge *f;* ~**ówka** *f* (-*i;*
G -wek) Bindehaut *f;* ~**rzeć** *pf. s.*
spoglądać; ~**rzenie** *n* (-*a*) Blick *m.*

spokojny ruhig; gelassen; *bądź* ~!
sei unbesorgt!

spokój *m* (-*oju; 0*) Ruhe *f;* Gelassenheit *f;* ~ *duchowy* Seelenfrieden *m;*
dać (*święty*) ~ *j-n* in Ruhe
lassen; *zakłócający* ~ ruhestörend.

spokrewni|**ać się** [-'kre-] (-*am*), ⟨~**ć**
się⟩ (-*ę*, -*nij!*) verwandtschaftliche
Bande knüpfen (*z I/*mit); ~**ony**
verwandt.

spolaryzowany polarisiert.

spolszcz|**ać** (-*am*), ⟨~**yć**⟩ (-*ę*) polo-
nisieren; ins Polnische übersetzen;
~**yć się** = ~**eć** *pf.* (-*eję*) Pole werden.

społeczeństwo [-'tʃeĩ-] *n* (-*a*) Gesellschaft *f;* Öffentlichkeit *f; Zo.*
Volk *n.*

społeczn|**ica** *f* (-*y;* -*e*), ~**ik** *m* (-*a;*
-*cy*) aktive(r) Mitbürger(in *f*) *m;*
~**ość** *f* (-*ści*) Gemeinschaft *f;* Ge-
meinwesen *n; s.* społeczeństwo; ~**y**
gesellschaftlich, Gesellschafts-; sozial; gemeinschaftlich.

spo|**łem** *Adv.* gemeinsam, mitein-
ander; ~**między** *Prp.* (*G*) zwischen
(*D*); aus der Mitte (*G*); ~**nad** *Prp.*
(*G*) über (*D*); ~**niewierany** herum-
gestoßen, mißhandelt; *F* zerschlagen, arg mitgenommen.

spontaniczny spontan.

spopiel|**ać** (-*am*), ⟨~**ić**⟩ (-*lę*) zu
Asche verbrennen, einäschern;
Chem. veraschen; ~**eć** *pf.* (-*eję*) zu
Asche werden.

spopu- in Zssgn Verben s. popu-.

spora *f* (-*y*) Spore *f.*

sporadyczny sporadisch.

sporek *m* (-*rku;* -*rki*) *Bot.* Spark *m.*

sporn|**y** umstritten, stittig; *kwestia*
~**a** Streitfrage *f.*

sporo *Adv.* ziemlich viel.

sport *m* (-*u;* -*y*) Sport *m;* ~**y** *wodne,*
zimowe Wasser-, Wintersport; ~**o-**

wiec [-'to-] *m* (-*wca;* -*wcy*) Sportler
m; ~**owy** Sport-, (*a.* -*wo, po -wemu*)
sportlich; ~**smenka** *f* (-*i;* *G -nek*)
Sportlerin *f.* [*s. a.* spór.]

spory ziemlich groß, beträchtlich;⟍

sporysz *m* (-*u;* -*e*) Mutterkorn *n.*

sporząd|**zać** (-*am*), ⟨~**ić**⟩ anferti-
gen, machen; *Brief a.* aufsetzen
Protokoll aufnehmen; *Jur. Testa*
ment errichten; *s. przyrządzać.*

spos|**obność** *f* (-*ści*) Gelegenheit *f*
~**obny** geeignet, passend; ~**ób** *n*
(-*obu;* -*oby*) Art *f,* Weise *f;* Metho
de *f;* Weg *m,* Möglichkeit *f;* ~**ó**
użycia a. Gebrauchsanweisung *f*
w *następujący* ~**ób** folgendermaßen
jakimś ~**obem,** w *jakikolwiek* ~**ób** ir
gendwie; *dziwnym* ~**obem** seltsa
merweise; w *istotny* ~**ób** wesentlich
w dobry ~**ób** im Guten; *wszelkim*
~**obami,** *na różne* ~**oby** auf jede Ar
und Weise; w *żaden* ~**ób,** *żadnym*
~**obem** auf keine Weise; *nie* ~**ób** (e
ist [*od.* war] ganz) ausgeschlossen
unmöglich; *mieć* (*od.* znaleźć) ~**ó**
~**oby** Mittel und Wege finden; *brα*
się na ~**oby** alle möglichen Trick
anwenden.

spostrzega|**ć** [-'st:ʃɛ-] (-*am*), ⟨*spo*
strzec⟩ erblicken, sehen; wahrneh
men, (be)merken, erkennen; ~**In**
sichtbar, erkennbar, (be)merkbar
~**wczość** *f* (-*ści; 0*) Beobachtungs
gabe *f;* ~**wczy:** *być* ~*czym* gute
(*od.* scharfer) Beobachter sein.

spostrzeżeni|**e** [-st:ʃɛ-] *n* (-*a*) Wah
nehmung *f;* Beobachtung *f,* Fes
stellung *f;* Bemerkung *f;* ~**ow**
Wahrnehmungs-. [*unter* D)

spośród *Prp.* (*G*) aus (*D*) heraus
spot- in Zssgn Verben s. pot-.

spotka|**ć** *pf. s.* spotykać; ~**nie** *n* (-
Begegnung *f;* Zusammenkunft
Verabredung *f,* Stelldichein *n; S*
Treffen *n; wyjść na* ~**nie** entgege
kommen (*G/D*); *nie przyjść na* ~*n*
a. j-n versetzen. [*laufen*

spotniały *s.* spocony; *Glas:* angel

spotwarz|**ać** (-*am*), ⟨~**yć**⟩ (-*ę*) ver
leumden, diffamieren; ~**enie** *n* (-
Verleumdung *f,* üble Nachrede.

spot(**yk**)**ać** (-*am*) *v/t* begegnen (*D*
treffen (*się sich*); (*mst impf.*) finde
entgegenkommen (*D*); *Neuja*
feiern, begrüßen; (*nur 3. Pers*
Unglück usw.: zustoßen (*D*), heim
suchen (*A*); ~ *ponownie a. wiede*
sehen (*się sich*); *fig.* ~ *się z* (

stoßen auf (A), begegnen (D); **to się często spotyka** das kommt oft vor.

spoufal|ać się (-am) s. poufalić się; **~enie** n (-a; 0) Vertraulichkeit f.

spowa- in Zssgn Verben s. powa-.

spowiadać (-wy-) die Beichte abnehmen (A/D); **~ się** beichten (z G/A).

spowie|dnik m (-a; -cy) Beichtvater m; **~dź** ['spo-] f (-dzi) Beichte f.

spowinowacić się (-am), ⟨⟨-ć-ce⟩ sich verschwägern (z I/mit); **~ony** verschwägert.

spowo|dow(yw)ać (-[w]uję) s. powodować; **~lnieć** [-'vɔl-] pf. (-eje) langsamer werden, sich verlangsamen.

spowszednialy alltäglich, banal.

spoza (Prp. G) hinter (D) hervor; außerhalb (G).

spozierać (-am) s. spoglądać.

spoży|cie n (-a; 0) Verbrauch m, Konsum m; s. spożywanie; **~wać** (-am), ⟨⟨-ć⟩ einnehmen, verzehren, zu sich nehmen; verbrauchen, konsumieren; **~wanie** n (-a; 0) **~nica** f (-i; 0) s. spożycie; **~wczy** Nahrungs-, Nähr-; artykuły **~wcze** a. Lebensmittel n/pl.

spód m (spodu; spody) Unterteil m od. n; Unterseite f; Unterkante f; (Gefäß-)Boden m; (Fundament-) Sohle f; na spodzie, u spodu ganz unten, zuunterst; od spodu von unten (her); pod spodem darunter; spodem Adv. (weiter) unten; **~nica** f (-y; -e) **~niczka** f (-i; G -czek) (Frauen-)Rock m.

spój|ka f (-i; G -jek) Typ. Ligatur f; Gr. Kopula f; **~nia** ['spuj-] f (-i; -e, -i) Bande pl.; Verbindung f; łączyć w **~nię** verbinden; **~nik** m (-a; -i) Bindewort n, Konjunktion f; **~ność** f (-ści; 0) Kohäsion f; F s. spoistość; **~ny** kohärent; s. spoisty.

spółdziel|ca m (-y; G -ów) Genossenschaftsmitglied n; **~czość** f (-ści; 0) Genossenschaftswesen n; **~czy** (-czo) genossenschaftlich, Genossenschafts-; **~nia** [-'dʑel-] f (-i; -e) Genossenschaft f; Konsum(genossenschaft f) m.

spółgłoska f Konsonant m,

spółk|a ['spuw-] f (-i; G -łek) Partnerschaft f, Zusammenarbeit f; (Handels-)Gesellschaft f (z ograniczoną odpowie-

dzialnością mit beschränkter Haftung); **~a autorska** Autorenkollektiv n; ...i **~a**... und Genossen; do **~i, na ~ę** gemeinsam, zusammen; **być w spółce** gemeinsame Sache machen (z I/mit); **~ować** (-uję) kopulieren, sich begatten; **~owanie** n (-a) Geschlechtsakt m, Koitus m.

spór m (-oru; -ory) Streit m, Streitigkeit f; Streitgespräch n; Zank m.

spóźni|ać się ['spuʑ-] (-am), ⟨⟨-ć się⟩ sich verspäten, zu spät kommen; versäumen, verpassen (na A/ A); **~alski** m (-ego; -cy) Nachzügler m; **~enie** n (-a) Verspätung f; **~ony** verspätet; zurückgeblieben.

spracowa|ć się pf. sich abarbeiten; **~ny** abgearbeitet.

spra|ć pf. s. spierać; F j-n durchprügeln, verhauen; **~szać** (-am), ⟨sprosić⟩ Gäste einladen.

spraw|a f (-y) Sache f, Angelegenheit f; Jur. Fall m; Rechtsstreit m, Prozeß m; gorsza **~a, że ...** schlimmer ist, daß ...; na dobrą **~ę** eigentlich, im Grunde; zdać **~ę** Rechenschaft ablegen (z G/über A); zdawać sobie **~ę** sich klar sein (z G/über A); za jego **~ą** auf sein Betreiben; **~ca** m (-y; G -ów), **~czyni** f (-i; -e) Täter(in f) m; Urheber(in f) m; przeciw(ko) nieznanemu **~cy** gegen Unbekannt.

sprawdz|ać (-am), ⟨⟨-ić⟩ (-dzę) (nach-, über)prüfen; nachsehen; **~ać** ⟨⟨-ić⟩ się s. spełniać się; sich bestätigen, zutreffen; **~alny** nachprüfbar; **~anie** n (-a), **~enie** n (-a) (Nach-, Über-)Prüfung f; Test m; **~ian** [f 'sprav-] m (-u; -y) Prüfstein m; Tech. (Meß-)Lehre f; Kaliber n; **~ić** pf. s. sprawdzać.

sprawi|ać ['spra-] (-am), ⟨⟨-ć⟩ verursachen; bereiten; Freude a. machen; Verdruß a. schaffen; et. anschaffen, zulegen (sobie sich [D]); Fest ausrichten; Kochk. ausnehmen, zubereiten; F **~ lanie** f **~ chrzest, ~ lanie** verdreschen (D/A).

sprawiedliw|ość f (-ści; 0) Gerechtigkeit f; Recht n; odda(wa)ć **~ość** Gerechtigkeit widerfahren lassen; minister **~ości** Justizminister m; **~y** (-wie) gerecht, billig; Su. m (-ego; -i) Gerechte(r).

spraw|ka f (-i; G -wek) krumme Sache; Streich m; **~ność** f (-ści; 0) Leistungsfähigkeit f; Leistung f;

Fertigkeit(en *pl.*) *f*, Können *n*; *Tech.* Wirkungsgrad *m*; ~ność bojowa Gefechtsausbildung(sstand *m*) *f*; ~nościowy Geschicklichkeits-; ~ny geübt, erfahren, geschickt; gut funktionierend *od.* organisiert, leistungsfähig; einsatzfähig.

sprawowa|ć (-uję) *Amt* bekleiden, innehaben, ausüben; *Interessen* wahrnehmen; *Aufsicht* führen; *Rolle* spielen; *zu Gericht* sitzen; ~ć opiekę s. opiekować się; ~ć obowiązki (*G*) fungieren, amtieren als (*N*); ~ć rządy/władzę regieren; ~ć się sich betragen; ~nie *n* (-a) Ausübung *f*; Wahrnehmung *f*; Betragen *n*.

sprawozda|nie *n* (*z działalności* Geschäfts-)Bericht *m*; ~wca *m* (-y; *G* -ów) Berichterstatter *m*; ~wczość *f* (-ści; *0*) Berichterstattung *f*; Rechnungslegung *f*; ~wczy Berichts-; *referat* ~wczy Rechenschaftsbericht *m*.

sprawun|ek *m* (-nku; -nki) (Ein-)Kauf *m*, Anschaffung *f*; *załatwiać* ~ki Einkäufe machen; *na* ~ki Einkaufs-.

spre- *in Zssgn Verben s. pre-*.

spręż|ać (-am), ⟨~yć⟩ verdichten (*a. Arch.*), komprimieren; *s. prężyć*; ~arka *f* (-i; *G* -rek) Kompressor *m*; Verdichter *m*; ~ony komprimiert, Druck-; *Beton*: verdichtet; ~yk *m* (-a; -i) *Zo.* Schnellkäfer *m*, *F* Drahtwurm *m*.

sprężyn|a *f* (-y) (*piórowa* Blatt-)Feder *f*; *fig.* Triebfeder; ~ować (-uje) federn; ~owy Feder-.

sprężyst|ość *f* (-ści; *0*) Elastizität *f*, Federkraft *f*; *fig. a.* Spannkraft *f*; Schwung *m*; ~y (-a; -ście) elastisch; *fig. a.* schwungvoll, tatkräftig; *Schritt*: federnd; *s.a.* sprawny.

sprint *m* (-u; -y) *Sp.* Kurzstreckenlauf *m*, Sprint *m*; ~er *m* (-a; -rzy), ~erka *f* (-i; *G* -rek) Kurzstreckenläufer(in *f*) *m*.

spro- *in Zssgn Verben s. pro-*.

sprost|ać *pf.* (-am) gewachsen sein (*D*); ~owanie *n* (-a) Berichtigung *f*; Richtig-, Klarstellung *f*, Dementi *n*; ~ow(yw)ać (-[w]uję) *s. prostować*; [ver(förm)ig.]

sproszkowany pulverisiert, pul-)

sprośn|ość *f* (-ści) Obszönität *f*, Unanständigkeit *f*; *pl. a.* Zoten *f/pl.*; ~y obszön, lasziv; *Witz*: zotig, schlüpfrig; unzüchtig.

sprowadz|ać (-am), ⟨~ić⟩ *v/t* *j-n* kommen lassen, (herbei)holen, -rufen; *Ware* beziehen, bekommen; *Zustand* herbeiführen; *Gespräch* lenken (auf *A*); *j-n* hinunter-/her-untergeleiten; (*do G*) führen (zu); (*z G*) abbringen (von); *v/i Treppe*: herabführen; *co cię* ~a! was führt dich hierher?; ~ać się sich niederlassen; *Mieter*: einziehen; (*do G*) zurückzuführen sein (auf *A*).

spro-, spró- *in Zssgn Verben s. pro-* pró-.

spróchniały morsch; kariös, hohl.

sprycia|ra *f* *f* (-y) schlaues Mädchen, Evastochter *f*; *gerissenes Weib*(stück) *n*; ~rz *f* *m* (-a; -e) Schlaufuchs *m*, Pfiffikus *m*; Lebenskünstler *m*; gerissener Kerl.

sprysk|ać *pf. s. spryskiwać*; ~iwacz *m* (-a; -e): *Kfz.* ~iwacz szyb Scheibenwaschanlage *f*; ~iwać (-uję), ⟨~ać⟩ besprühen; *Wäsche* ein-sprengen.

spryt *m* (-u; *0*) Pfiffigkeit *f*, Durchtriebenheit *f*; Gewandtheit *f*; Sinn *m* für das Praktische; Talent *n* (für *A*); ~ *do interesów* Geschäftstüchtigkeit *f*; ~ny pfiffig; clever, durchtrieben; flink, gewandt.

sprzą|c [spżon-] *pf. s. sprzęgać;* ~czka *f* (-i; *G* -czek) Schnalle *f*, Schließe *f*; *s. klamra*.

sprzątaczka [spżon-] *f* (-i; *G* -czek) Reinemachefrau *f*; ~ć (-am), ⟨*sprzątnąć*⟩ [-nonte] (-nę) *v/t* auf-wegräumen; aus dem Weg räumen, beseitigen (*pf. a. fig.* = *töten*) *Ernte* bergen, einbringen; *F* (*sprzed nosa* vor der Nase) wegschnappen; mausen; *v/i* (*w pokoju* Zimmer) aufräumen; (*ze stołu* Tisch) abräumen; (*z talerza* Teller) abputzen; ~nie *n* (-a) Aufräumen *n*, (*gruntowne* Groß-)Reinemachen *n*; Abräumen *n*.

sprzątnięcie [spżont'ńeṇ-] F *n* (-a) Beseitigung *f* (*Tötung*).

sprzeciw *m* (-u; -y) Einwand *m* Widerspruch *m*; Einspruch *m*; *bez* ~u ohne Einwände, widerspruchslos; ~iać się [-'tɕi-] (-am), ⟨~ić się⟩ (-ę) sich widersetzen; widersprechen; protestieren (*D*/gegen *A*), ablehnen (*D*/*A*).

sprzecz|ać się ⟨*po-*⟩ (-am) (sich) streiten, zanken; ~ka *f* (-i; *G* -czek) Streit *m*, Zank *m*; ~ność *f* (-ści)

Widerspruch *m*; Gegensatz *m*; Unvereinbarkeit *f* (z *I*/mit); **~ny** widersprüchlich; (z *I*) unvereinbar (mit), -widrig; **~ny** z *prawdą* nicht der Wahrheit entsprechend.

sprzed *Prp.* (*G*) vor (*D*); aus der Zeit vor (*D*).

sprzeda|ć *pf. s.* sprzedawać; **~jący** [-'jon-] *m* (*-ego*; *-y*) Verkäufer *m*; **~ny** käuflich, bestechlich; **~nie** *n* (*-a*) Verkauf *m*; do **~nia** zu verkaufen; **~(wa)ć** verkaufen (się sich, *a.* *fig.*); **~wca** *m* Verkäufer *m*; **~wczyk** *m* (*-a*; *-i*) Verräter *m*, Renegat *m*; **~wczyni** *f* Verkäuferin *f*; **~ż** *f* (*-y*; *-e*, *-y*) Verkauf *m*; **~ż** z *publiczna* Versteigerung *f*; do **~ży**, na **~ż** *a.* zu verkaufen; **~żny** Verkaufs-.

sprzeniewierz|ać (*-am*), ⟨**~yć**⟩ (*-ę*) veruntreuen, unterschlagen; **~yć** (*D*) untreu werden; *j-s* Vertrauen mißbrauchen; *Eid* brechen; **~enie** *n* (*-a*) Veruntreuung *f*, Unterschlagung *f*; **~enie się** Untreue *f*; Vertrauensbruch *m*, -mißbrauch *m*.

sprzęg [spʃɛŋk, -ŋgu] *m* (*-u*; *-i*) *Tech.*, *Esb.* Kupplung *f*; **~ać** (*-am*), ⟨**~nąć**⟩ [spʃɔntɕ, -nɔntɛ] (*L.* *-przące*) (zusammen)koppeln, (an)kuppeln; *Pferde*: zusammenspannen; **~ło** *n* (*-a*; *G* -*gieł*) Kupplung *f*; *włączyć* **~ło** einkuppeln; **~łowy** Kupplungs-; **~nąć** *pf. s.* sprzęgać; **~owy** Verbund-.

sprzęt [-ʃɛnt] *m* (*-u*; *-y*) Gerät *n*; Ausrüstung *f*; *mst pl.* **~y** Gerätschaften *f/pl.*, Utensilien *n/pl.*; Möbel *n/pl.*, Einrichtung *f*; (*0*) *Agr.* Ernte(arbeiten *f/pl.*) *f*.

sprzężaj *m* (*-u*; *-e*) (*Pferde-*)Gespann *m*; (*Ochsen-*)Joch *n*; **~enie** *n* (*-a*) Kopplung *f*; Kupplung *f*; **~ony** (zusammen)gekoppelt; *Math.* konjugiert; **~one** *czterolufowe działo* Vierlingsflak *f*.

sprzyja|ć (*-am*) (*D*) geneigt sein (*D*); begünstigen (*A*), günstig sein (für *A*); dienlich, förderlich sein (*D*); **~jący** [-'jon-] günstig.

sprzykrzy|ć *pf.*: **~łem** sobie to, **~ło** mi się to ich bin dessen überdrüssig geworden, F ich habe es satt.

sprzymierz|ać się (*-am*), ⟨**~yć się**⟩ (*-ę*) sich verbünden (z *I*/mit); **~eniec** [-'ʒe-] *m* (*-ńca*; *-ńcy*) Bundesgenosse *m*, Verbündete(r); **~eńczy** Verbündeten-, Alliierten-, **~ony** verbündet.

sprzysi|ęgać się, ⟨**~qc się**⟩ sich verschwören; **~ężenie** *n* (*-a*) Verschwörung *f*.

spuch|lizna *f* (*-y*), **~nięcie** [-'nɛn-] *n* (*-a*) (An-)Schwellung *f*; **~nięty** [-'nɛn-] geschwollen; *Bauch a.*: aufgetrieben.

spulchni|acz ['spu-] *m* (*-a*; *-e*) *Agr.* Dreizinkgrubber *m*; **~ać** (*-am*), ⟨**~ć**⟩ (*-ę*; *-nij!*) (auf)lockern.

spust *m* (*-u*; *-y*) Ablaß(öffnung *f*) *m*; (*Roheisen-*)Abstich *m*; Abzug(shebel) *m*; *Fot.* Auslöser *m*; (*Schloß-*) Riegel *m*; F *zamknąć na cztery* **~y** doppelt verschließen.

spusto|szenie *n* (*-a*) Verwüstung *f*, Verheerung *f*; **~wy** Ablaß-; Abzugs-; *Fot.* Auslöse-.

spuszczać, ⟨**spuścić**⟩ herab-, herunter-, hinunterlassen (się sich); *Kopf* senken; *Augen a.* niederschlagen; *Hund* loslassen, abketten; **~** *na wodę Schiff* vom Stapel lassen; **~** z *ceny* vom Preis nachlassen; *nie* **~** z *oka/z oczu* im Auge behalten, nicht aus den Augen lassen; F (*mst pf.*) **~** *lanie*, **~** *manto* e-e Tracht Prügel verabreichen; **~** z *tonu* (ziemlich) kleinlaut werden.

spuści|ć *pf. s.* spuszczać; **~zna** *f* (*-y*) Erbe *n*.

spycha|cz *m* (*-a*; *-e*) *s.* spycharka; **~ć** (*-am*), ⟨**zepchnąć**⟩ (*w dół* hinab-/hinunter-, *w bok* zur Seite) schieben *od.* stoßen; *Feind* zurückdrängen; **~rka** *f* (*-i*; *G* -*rek*) Planiergerät *n*, -raupe *f*.

spyt|ać *s.* pytać; **~ki** *pl.*: *wziąć na* **~ki** ins Verhör (F Gebet) nehmen.

sracz V *m* (*-a*; *-e*; *-y*) Scheißer *m*, Scheißkerl *m*; Lokus *m*, Scheißhaus *n*; **~ka** V *f* (*-i*; *G* -*czek*) Scheißerei *f*.

srać V (*srać*) scheißen.

srebrnik *m* (*-a*; *-i*) Silberling *m*; *Bot.* Fingerkraut *n*.

srebrno|popielaty, **~szary** silbergrau; **~włosy** weiß-, silberhaarig.

srebr|ny silbern; *Silber-*; **~o** *n* (*-a*) Silber *n*; F *żywe* **~o** Quecksilber; **~a** *pl.* Tafelsilber.

srebrzy|ć ⟨*po-*⟩ (*-ę*) versilbern; **~stobiały** silberweiß; **~sty** (*-ście*, *-o*) silbrig.

sroczy Elster-; [-to) silbrig.]

srog|i (*-go*, *srodze*) streng; **~ość** *f* (*-ści*; *0*) Strenge *f*.

srok *a* *f* (*-i*) Elster *f*; F *trzymać dwie* **~i** *za ogon* zwei Fliegen mit e-r Klappe schlagen wollen; **~acz** *m*

(-a; -e) Schecke m (Pferd); ~aty scheckig.

srom m (-u; -y) Scham f, Vulva f; Vet. Scheide f; ~ota f (-y) Schande f, Schmach f; ~otny schmählich, schändlich; ~owy Anat. Scham-.

sroż|szy Komp. v. srogi; ~yć się (-ę) rasen, wüten; Sturm: toben; Winter: sehr streng sein.

ssa|ć (L.) saugen; Bonbon lutschen; ~k m (-a; -i) Säugetier n; ~wa f (-y) Exhaustor m; ~wka f (-i; G -wek) Tech. (Gummi-)Sauger m, Saugfuß m; ~wny, ssący ['s:ɔn-] Saug-.

st- in Zssgn Verben s. t-.

stabiliz|acja f (-i; -e) Stabilisierung f; ~ować ⟨u-⟩ (-uję) stabilisieren (się sich).

stabilny stabil.

stacja f (-i; -e) (dolna, górna, obsługi, satelitarna Tal-, Berg-, Service-, Raum-)Station f; (czołowa, przeznaczenia, rozrządowa, towarowa Kopf-, Bestimmungs-, Verschiebe-, Güter-)Bahnhof m; ~ benzynowa Tankstelle f; ~ doświadczalna Versuchsanstalt f; ~ klimatyczna Luftkurort m; ~ meteorologiczna Wetterwarte f; ~ pożarna Feuerwache f; ~ redukcyjna Umspannwerk n; ~ telewizyjna Fernsehsender m; Rel. ♀ Drogi Krzyżowej (Kreuzweg-)Station.

stacjon|arny stationär; ~ata f (-y) Sp. (Military-)Palisade f; ~ować (-uję) stationieren.

stacyj|ka f (-i; G -jek) Kleinbahnhof m; F Kfz. Zündschloß n; ~ny Stations-, Bahnhofs-.

staczać, ⟨stoczyć⟩ hinab-, hinunterrollen (się v/i), -wälzen; (nur pf.) Würmer, Rost: zerfressen; Schlacht schlagen, sich liefern; ~ się a. hinunterkollern.

stać¹ (L.) stehen (a. fig.); eng S. dastehen; stillstehen; jak stał wie er ging und stand; F jak sprawy stoją? wie stehen die Aktien?

stać² † (L. nur unpers.) imstande sein, vermögen, können; nie ~ nicht (mehr) dasein; nie ~ mnie na to ich kann es mir nicht leisten.

stać³ się pf. (L.) s. stawać się.

stadion ['sta-] m (-u; -y) Stadion n.

stad|ko n (-a; G -dek) kleine Herde, Schar f; vgl. stado; ~ło n (-a; G -deł) Paar n; ~nik m (-a; -i) Beschäler m, Deckhengst m; Zuchtbulle m; ~

nina f (-y) Gestüt n; ~ny: instynkt ~ny Herdentrieb m; księga ~na Zuchtstammbuch n, eng S. Gestütbuch n; prowadzić ~ny tryb życia gesellig (od. in Herden) leben; ~o n (-a) Herde f; (Vogel-)Schwarm m, Schar f; (Wolfs-)Rudel n.

stagnacj|a f (-i; -e) Stagnation f; być w ~i stagnieren.

staje s. stawać.

staj|enka f (-i; G -nek) kleiner Stall, Ställchen n; ~enny (Pferde-)Stall-; Su. m (-ego; -i) Stallknecht m; ~nia ['sta-] f (-i; -e, -i/-jen) (Pferde-)Stall m.

stal f (-i; -e, -i) (konstrukcyjna, kuta, lana, platerowana Bau-, Schmiede-, Guß-, Verbund-)Stahl m; twardy jak ~ stahlhart.

stale Adv. stets, immerfort; ständig.

stalinow|iec m Stalinist m; ~ski stalinistisch, Stalin-. [m.]

staliwo n (-a)Stahlguß m, Gußstahl]

staloryt m (-u; -y) Stahlstich m; ~nictwo n (-a; 0) Stahlstichkunst f.

stalować P (-uję) bestellen, in Auftrag geben.

stalowni|a [-'lɔ-] f (-i; -e, -i) Stahlwerk n; ~ctwo n (-a; 0) Stahlerzeugung f; Stahlindustrie f; ~k m (-a; -cy) Stahlwerker m.

stalowo|niebieski, ~szary stahlblau, -grau.

stal|owy stählern, Stahl-; stahlgrau; ~ówka f (-i; G -wek) (Stahl-)Schreibfeder f; Mar. Stahlseil n; (Angel-)Haken m.

stalszy Komp. v. stały.

stalunek P m s. obstalunek.

stał|a f s. staly; ~o się s. stawać się.

stało|cieplny Zo. warmblütig; ~palny s. piec; ~ść f (-ści; 0) Festigkeit f; Beständigkeit f, Konstanz f; Stetigkeit f; Stabilität f.

stał|y fest, Fest-; beständig, stetig, Dauer-; Math. konstant; ortsfest, stationär; Kosten, Stern usw. a.: fix; Platz, Bevölkerung: angestammt; Wohnsitz, Ausschuß a.: ständig; ~y gość/klient Stammgast m, -kunde m; na ~e fest, für immer; Su. ~a f (-ej; -e) Math. Konstante f.

stamtąd [-tɔnt] Adv. von dort, von da; von drüben.

stan m (-u; -y) (drogi, duchowy, oblężenia, skupienia, zdrowia Straßen-, Gemüts-, Belagerungs-, Aggregat-, Gesundheits-)Zustand m;

(*Finanz-*, *Wetter-*)Lage *f*; (*cywilny*, *średni* Familien-, Mittel-)Stand *m*; (*Bar-*, *Lager-*)Bestand *m*; Taille *f*; *Pol.* (*Bundes-*)Staat *m*; ~ duchowny Geistlichkeit *f*; *Hdl.* ~ bierny Passiva *pl.*; ~ czynny Aktiva *pl.*; ~ liczebny zahlenmäßige Stärke; ~ rzeczy Tatbestand; Sachverhalt *m*; *Jur.* ~ wyższej konieczności Notstand; *być w* ~ie imstande sein, vermögen; *żyć ponad* ~ über s-e Verhältnisse leben; F *w odmiennym* (*od. poważnym*) ~ie in anderen Umständen; *Qy* Ziednoczone Vereinigte Staaten; *rada* ~ów Ständerat *m*.

stanąć *pf. s.* stawać.

stancj|a † (*-i*; *-e*) Logis *n*, Unterkunft *f*; *być na* ~i logieren, wohnen.

standard *m* (*-u*; *-y*) Standard *m*; ~owy Standard-.

standaryz|acja *f* (*-i*; *0*) Standardisierung *f*, Normung *f*; ~ować (*-uję*) standardisieren. [Kutscher.]

stangret † *m* (*-a*; *-eci*) (livrierter)

stani|ca *f* (*-y*; *-e*) Kosakendorf *n*; Bootsstation *f*; (*Grenz-*)Wachtturm *m*; ~czek *m* (*-czka*; *-czki*), ~k *m* (*-a*; *-i*) Leibchen *n*; Mieder *n*; Büstenhalter *m*.

staniol ['sta-] *m* (*-u*; *0*) Stanniol *n*, Silberpapier *n*.

stanowcz|ość *f* (*-ści*; *0*) Entschiedenheit *f*; *eng* S. Entschlossenheit *f*; Bestimmtheit *f*; ~y (*-czo*) entschieden; entschlossen, resolut; bestimmt, kategorisch; ~o nie ganz sicher nicht.

stanowi|ć (*-ę*, *-nów!*) *v/i* entscheiden (*o L/*über *A*); *v/t* bilden, ausmachen; *Agr. Tier* belegen, decken; ~enie *n* (*-a*) Entscheidung *f* (*o L/*über *A*); ~sko *n* (*-a*) (*kierownicze*, *społeczne* leitende, soziale) Stellung *f*; (*Arbeits-*)Platz *m*; (*kontrolne*, *dowodzenia*, *taksówek* Prüf-, Gefechts-, Taxi-)Stand *m*; Stelle *f*; *Bio.* Standort *m*; *fig.* Standpunkt *m*; ~sko bojowe *Mar.* Gefechtsstation *f*; *zajęcie* ~ska Stellungnahme *f*; *na* ~sku *a.* in gehobener Stellung.

stanowy Stände-; (*Bundes-*)Staats-.

stapiać ['sta-] (*-am*), ⟨**stopić**⟩ (*ver*-)schmelzen; *Metalle* legieren; ~ się schmelzen (*v/i*).

stara|ć się (*=um*) sich bemühen (*o A/*um *A*); sich bewerben (*o A/*um *A*); ⟨*po-*⟩ verschaffen (*o A dla k-o/* j-m *A*); ~jący się ['-jɔn-] *m* (*-ego*;

-y) Bewerber *m*; ~nie *n* (*-a*): *mst pl.* ~nia Bemühungen *f/pl.*, Bestrebungen *f/pl.*: *dołożyć wszelkich* ~ń sich alle Mühe geben; *czynić* ~nia *s.* starać się; ~nność *f* (*-ści*; *0*) Sorgfalt *f*; ~nny sorgfältig.

starcie ['star-] *n* (*-a*) Ab-, Wegwischen *n*; (*Haut-*)Abschürfung *f*; *fig.* Gefecht *n*, Zusammenstoß *m*; Wortwechsel *m*; *Sp.* Runde *f*.

starcy *pl. v.* starzec.

starcz|ać (*-am*), ⟨~yć⟩ (*-ę*) genügen, (*aus*)reichen (*na A/*für *A*); ~owzroczność *f* (*-ści*; *0*) Alterssichtigkeit *f*; ~y Alters-, Greisen-; ~yć *pf. s.* starczać.

star|ka *f* (*-i*; *G* -*rek*) alter Wodka; *JSpr.* Henne *f* (mit Brut); † *a.* alte Frau; ~nia ['star-] *f s.* stornia.

staro *Adv.* (*Komp. starzej*) alt; ~cerkiewny altkirchenslawisch; ~cie [-'rɔ-] F *n* (*-a*) altes Zeug, Gerümpel *n*; ~dawny altertümlich; uralt; ~druk *m* Wiegendruck *m*; ~drzew *m* (*-u*; *0*) alter Wald; *Forst.* Altholz *n*; ~grecki altgriechisch; ~kawalerski Altjunggesellen-; ~miejski Altstadt-, altstädtisch; ~modny altmodisch; ~panieński altjüngferlich; ~polski altpolnisch; ~rzecze *n* (*-a*) (*Fluß-*)Altwasser *n*.

starost|a *m* (*-y*; *-owie*, *-ów*) Älteste(r), Sprecher *m*; *hist.* Starost *m*; Landrat *m*; ~a weselny Hochzeitsmarschall *m*; ~wo *n* (*-a*) *hist.* Starostei *f*; Starost mit Gattin; Landratsamt *n*.

starości|na *f* (*-y*) Älteste *f*, Sprecherin *f*; *hist.* Starostengattin *f*; ~na weselna Kranzjungfrau *f*; ~ński [-'ɕtɕiɛs-] Starosten-.

staroś|ć *f* (*-ści*; *0*) (*późna* Greisen-) Alter *n*; *na* ~ć fürs Alter; im Alter; *do późnej* ~ci bis ins hohe Alter; *ze* ~ci altersbedingt.

staro|świecki (*-ko*) altertümlich, altväterlich, altmodisch; ~testamentalny, ~testamentowy alttestamentarisch; ~wina *f/m* (*-y*; *G* -/-*ów*) Alte(r); ~zakonny alttestamentarisch; *Su. m* (*-ego*; *-i*) orthodoxer Jude.

starożytn|ość *f* (*-ści*) Altertum *n*, Antike *f*; ~ości *pl.* Altertümer *m/pl.*, Antiquitäten *f/pl.*; ~y altertümlich, antik; uralt.

starówka F *f* (*-i*; *G* -*wek*) Altstadt *f*.

starsz|ak F *m* (*-a*; *-cy*) (Vorschul-) Kind *n* aus d. älteren Gruppe (*im Kindergarten*); **~awy** ältlich, angejahrt; **~eństwo** [-'ɛĩs-] *n* (*-a*; *0*) (Dienst-)Alter *n*; Rangordnung *f*; **~y** (*Psf. -rsi*) ältere(r), senior; *in Zssgn* Ober-; *im Rang* höherstehend; F *panie* **~y!** Herr Ober!; **~yzna** *f* (*-y*) koll. die Vorgesetzten, Obrigkeit *f*; Senioren *m/pl*.

start *m* (*-u*; *-y*) Start *m*; *Sp.* **~!** los!; *czas* **~u** Flgw. Abflugzeit *f*; *długość* **~u** Startstrecke *f*; **~er** *m* (*-a*; *-rzy*) *Sp.* Starter *m*; (*-u*; *-y*) s. rozrusznik; **~ować** ⟨wy-⟩ ⟨*-uję*⟩ *v/i* starten; *Flgw. a.* abheben; **~owy** Start-.

starty abgetreten

starusz|ek *m* (*-szka*; *-szkowie*) alter Mann, Alterchen *n*; *pl. a.* altes Ehepaar; **~ka** *f* (*-i*; *G -szek*) altes Mütterchen, alte Frau.

star|y alt; altbacken; *Su.* **~a** *f* (*-ej*; *-e*), **~y** *m* (*-ego*; *-rzy*) Alte(r); **~e** *n* (*-ego*; *0*) Alte(s); *po* **~emu** wie früher, wie gehabt; *vgl. starszy.*

starze|c *m* (*-rca*; *-rcy*) Greis *m*, Alte(r); *Bot.* Kreuzkraut *n*; **~ć się** ⟨*po-, ze-*⟩ ⟨*-eję*⟩ altern, alt (*od. älter*) werden; **~j** *s.* staro; **~nie** *n* (*-a*) *Tech.* Alterung *f*; **~nie się** Altwerden *n*.

starzyzn|a *f* (*-y*; *0*) altes Zeug, Trödel(kram *m*); *handlarz* **~q** Altwarenhändler *m*, Trödler *m*; *skład* **~y** Trödelladen *m*.

statecz|ek *m* (*-czka*; *-czki*) Schiffchen *n*; **~nik** *m* (*-a*; *-i*) Flgw. (*Seiten-, Höhen-*)Flosse *f*; Stabilisator *m*; **~ność** *f* (*-ści*; *0*) Stabilität *f*, *engS.* Standfestigkeit *f*; *fig.* Gesetztheit *f*, Bedächtigkeit *f*; **~ny** stabil, standfest; *fig.* gesetzt, bedächtig.

stat|ek *m* (*-tku*; *-tki*) (*-chłodnia, małej żeglugi, pełnomorski* Kühl-, Küsten-, Hochsee-)Schiff *n*; **~ek kołowy** Raddampfer *m*; *na* **~ku** *a.* an Bord; *wkiem per Schiff*; **~ki** *pl.* (*-ów*) (*Küchen-*)Geschirr *n*.

statu|a ['sta-] *f* (*-uy/-ui, A -uę, D, L -ui; -uy, -ui, -uom*) Statue *f*, Standbild *n*; **~etka** *f* (*-i*; *G -tek*) Statuette *f*; **~ować** ⟨*-uję*⟩ statuieren.

statut *m* (*-u*; *-y*) Statut *n*, Satzung *f*; **~owy** (*-wo*) statuarisch, satzungsgemäß.

staty|czny statisch; **~ka** ['sta-] *f* (*-i*; *0*) Statik *f*.

statyst|a *m* (*-y*; *-ści, -ów*), **~ka** *f* (*-i*; *G -tek*) Statist(in *f*) *m*; Komparse *m*, *-sin f*; **~yczny** statistisch, Statistik-; **~yka** [-'tıs-] *f* (*-i*) Statistik *f*.

statyw *m* (*-u*; *-y*) Stativ *n*; Gestell *n*, Ständer *m*. [lenk *n*.]

staw *m* (*-u*; *-y*) Teich *m*; *Anat.* Ge-}

stawa *f* (*-y*) *Mar.* Bake *f*.

stawać (*-ję*), ⟨stanąć⟩ [-'nontɕ] (*-nę, -ń!*) stehen; sich stellen (*na A, L/*auf, an *A*; *za I/*hinter *A*); stehenbleiben, haltmachen; stillstehen; erscheinen (*przed I/*vor *D*); *Haare:* sich sträuben, zu Berge stehen; *Bauwerk:* errichtet werden; konfrontiert werden (*wobec G/*mit); *stanąć u celu/*mety am Ziel sein; *stanąć na wysokości zadania* der Aufgabe gewachsen sein; *rzeka stanęła* der Fluß ist zugefroren; *na tym stanęło* es blieb dabei; *stanęło na tym, że ... es wurde beschlossen, daß ...; *stanąć* wenn *sił nie staje* die Kräfte reichen nicht aus.

sta|wać się (*-ję*), ⟨*-ć się*⟩ (*L.*) geschehen, passieren; werden (*I/N*); *co* **~ło?** was ist geschehen (*od.* passiert, los)?; *dobrze się* **~ło***, że ... es ist nur gut, daß ...; *co się z nim* **~ło** was ist ihm passiert?; *was ist aus ihm geworden?*

stawia|cz ['sta-] *m* (*-a*; *-e*) *Mar.*: **~cz min** Minenleger *m*; **~ć** ['sta-] (*-am*), ⟨postawić⟩ (auf-, hin)stellen; *b.* Wetten, Segel, Punkt, Komma setzen; *Haus* bauen, errichten; *Blutegel* ansetzen; *Kragen* hochschlagen; *erste Schritte* machen, tun; *Karten* legen; P *Runde* spendieren, schmeißen; *ja* **~m** ich gebe e-n aus; **~ć w trudnej sytuacji** *j-n* in e-e schwierige Lage bringen; *postawić na swoim* s-n Willen durchsetzen; **~ć się** sich einfinden, erscheinen, sich melden.

stawić (*im*)*pf.* (*-ę*) *Widerstand* leisten; *Stirn* bieten; **~ się** *s.* stawiać się.

stawidło *n* (*-a*; *G -deł*) (*Schleusen-*) Schütz(e *f*) *n*.

stawien|ie się *n* (*-a*; *0*), **~nictwo** *r* (*-a*; *0*) Erscheinen *n*, Sicheinfinder *n*.

stawik *m* (*-a*; *-i*) Tümpel *m*, Pfuhl *m*

stawk|a *f* (*-i*; *G -wek*) (*Lohn-, Taryf-*)Satz *m*; (*Spiel-*)Einsatz *m* (*Renn-*)Fahrer *m/pl.*, Läufer *m/pl od.* Pferde *m/pl.* am Start.

stawo|nogi *m/pl.* (*-ów*) *Zo.* Gliederfüßer *m/pl.*; **~wy** Teich-; *Anat.* Gelenk-.

staż *m* (*-u; 0*) Probe-, Anerkennungszeit *f*, Praktikum *n*; Dienstalter *n*; ~ *pracy/partyjny* Dauer der Berufstätigkeit/Parteizugehörigkeit; **~ysta** *m* (*-y; -ści, -ów*) Praktikant *m*; (*Pflicht-*)Assistent *m*.

stąd [stɔnt] *Adv.* von (*od.* ab) hier; daher; *cóż* ~? na und?; *s. ni.*

stągiew ['stɔŋ‍ɡef] *f* (*-gwi; -gwie*) (*Holz-*)Kübel *m*, Bütte *f*; (*Ton-*) Krug *m*, Kruke *f*.

stąp|ać ['stɔm-] (*-am*), *⟨~nąć⟩* [-nɔntɕ] (*-nę*) (auf)treten, schreiten; *źle* ~*nąć* stolpern; *~ić pf.* (*-ę*) den Fuß setzen; *nie móc kroku* ~*ić* k-n Schritt tun können.

stchórzyć *pf.* Angst bekommen, F kneifen.   [Stearin-.]

stearyn|a *f* (*-y; 0*) Stearin *n*; **~owy**⟩

stebnow|ać (*-uję*) ⟨*przy-, pod-* auf-, unter⟩steppen; **~y** Stepp-.

stek[1] *m* (*-u; -i*) Steak *n*.

stek[2] *m* (*-u; -i*) *Zo.* Kloake *f*; ~ *kłamstw* ein Haufen Lügen; ~ *wyzwisk* e-e Flut von Schimpfwörtern.

stela *f* (*-i; -e, -*) Stele *f*.

stelaż *m* (*-a/-u; -e, -y*) Gestell *n*; Notenpult *n*.

stelmach *m* (*-a; -owie*) Stellmacher *m*, Wagner *m*.

stemp|el *m* (*-pla; -ple, -pli*) (*Präge-, Post-*)Stempel *m*; Stempelabdruck *m*; *Bgb.* Grubenstempel; *hist.* Ladestock *m*; *~el formy* Patrize *f*; **~low-ać** ⟨*o-*⟩ (*-uję*) (ab)stempeln; markieren; *Arch.* (ab)stützen; **~lowy** Stempel-; *znaczek -wy a.* Gebührenmarke *f*.

sten F *m* (*-a; -y*) „Sten“-MP.

stenograf|ia [-'ɡra-] *f* (*G, D, L -ii; -e*) Stenographie *f*; **~ować** (*-uję*) stenographieren.

stenotypist|a m (*-y; -ści, -ów*), **~ka** *f* (*-i; G -tek*) Stenotypist(in *f*) *m*.

stentorowy: ~ *głos* Stentorstimme *f*.

step *m* (*-u; -y*) Steppe *f*; **~owy** Steppen-.

ster *m* (*-u; -y*) Steuer *n*, (*kierunku, państwa* Seiten-, Staats-)Ruder *n*.

stera|ć *pf.* (*-am*) erschöpften, abnetzen; *Kräfte verbrauchen, Gesundheit untergraben; ~ny* erschöpft, abgehetzt, F geschafft; *~ny życiem* vom Leben gebrochen.

stercz *m* (*-a; -e*) Vorsteherdrüse *f*; **~ący** [-'tʃɔn-] empor-, herausragend; vorspringend; *Ohren:* abstehend; **~eć** (*-ę, -y*) empor-, herausragen; vorspringen; F herumstehen *od.* -hocken.

stereofoni|a [-'fɔ-] *f* (*G, D, L -ii; 0*) Stereophonie *f*; **~czny** stereophon; *płyta -na* Stereo(schall)platte *f*.

stereotyp *m* *Typ.* Stereo(typplatte *f*) *n*; **~owy** (*-wo*) stereotyp.

sternik *m* (*-a; -cy*) Rudergänger *m*; Steuermann *m* (*a. Sp.*); **~** automatyczny Selbststeueranlage *f*.

sterow|ać (*-uję*) (*I*) steuern (*A*); lenken (*A*); **~anie** *n* (*-a; 0*) (*programowe, zdalne* Programm-, Fern-) Steuerung *f*; Lenkung *f*; **~any:** *ręcznie, zdalnie* ~*any* hand-, ferngesteuert; **~iec** [-'rɔ-] *m* (*-wca; -wce*) Luftschiff *n*; **~nia** [-'rɔ-] *f* (*-i; -e, -i*) Ruderhaus *n*; **~nica** *f* (*-y; -e, ~) Ruderpinne *f*; *Flgw.* Steuersäule *f*; **~niczy** Steuer(ungs)-; **~ność** *f* (*-ści; 0*) Steuerbarkeit *f*; *Kfz.* Lenkbarkeit *f*; **~y** Steuer-, Ruder-.

sterówka *f* (*-i; G -wek*) *s.* sterownia; *Zo.* Steuerfeder *f*.

stert|a *f* (*-y*) (*Heu-*)Schober *m*; Stoß *m*, Haufen *m*; **~ować** (*-uję*) schobern, schöbern; **~ownik** *m* (*-a; -i*) Hubstapler *m*.

sterujący [-'jɔn-] Steuerungs-.

steryliz|acja *f* (*-i; -e*) Sterilisierung *f*; **~ator** *m* (*-a; -y*) Sterilisationsapparat *m*; **~ować** ⟨*wy-*⟩ (*-uję*)

sterylny steril.   [sterilisieren.⟩

stetryczały tapp(e)rig.

stewa *f* (*-y*) *Mar.* Steven *m*.

stębnować [stɛmb-] *s.* stebnować.

stęchlizn|a *f* (*-y; 0*) Schimmelgeruch *m*, Moderduft *m*, Muff *m*; *czuć* ~*ę* es riecht nach Moder.

stęch|ły dumpf, muffig, mod(e)rig; **~nąć** [-nɔntɕ] *pf.* (*-nę, -ł*) muffig riechen.

stęk [stɛŋk] *m* (*-u; -i*) Stöhnen *n*; **~ać** (*-am*), *⟨~nąć⟩* [-nɔntɕ] (*-nę*) stöhnen, ächzen; *s.* kwękać; **~anie** *n* (*-a*) Stöhnen *n*, F Gestöhn *n*; Ächzen *n*; **~nięcie** [-'nɛn-] *n* (*-a*) *s.* stęk.

stęp [stɛmp] *m* (*-a; 0*) (*Pferde-*)Schritt *m*; *Anat., Zo.* Fußwurzel *f*; *jechać ~a* Schritt fahren.

stępa ['stɛm-] *f* (*-y*) Stampfe *f*; *Bgb.* Pochwerk *n*.

stępi|ać ['stɛmp-] (*-am*), *⟨~ć⟩* (*-ę*)

stumpf machen; ~(a)ć się = ~eć *pf. s.* tępieć; ~enie *n* (-a) Stumpfwerden *n*; *Med.* ~enie uczuć Abstumpfung *f*; ~ony stumpf; *fig.* abgestumpft. [Kiel *m.*]

stępka [ˈstɛmp-] *f* (-i; G -pek) *Mar.*

stępor [ˈstɛmp-] *m* (-a; -y) Stößel *m*, Stampfer *m*; Handramme *f*.

stęskni|ć się *pf. s.* tęsknić; ~ony mit Sehnsucht erfüllt (*od.* ergriffen, gequält) (*za I, do G*/nach *D*); *Blick*: sehnsüchtig, sehnsuchtsvoll; ~ony *za domem od.* krajem heimwehkrank.

stęż|ać (-am), ⟨~yć⟩ (-ę) *Chem.* konzentrieren; ~ały erstarrt, steif; ~enie *n* (-a) *Chem.* Konzentration *f*; Erstarrung *f*; ~enie pośmiertne Leichenstarre *f*; ~ony *Chem.* konzentriert.

stiuk [stjuk] *m* (-u; 0) *Arch.* Stuck *m*; ~owy Stuck-.

stl-, stl- *in Zssgn Verben s.* tl-, tl-.

stłucz|enie *n* (-a) *Med.* Quetschung *f*, Prellung *f*; ~ka *f* (-i; G -czek) Scherbe(n *pl.*) *f*, Bruch *m*.

stłumi|ać [ˈstwu-] (-am) *s.* tłumić; ~ony *Stimme*: gedämpft; *Schrei usw.*: unterdrückt, erstickt.

sto hundert; *w* stu procentach hundertprozentig; ~ razy hundertmal; F na ~ dwa! tadellos!, tipptopp!

stoczni|a [ˈstɔ-] *f* (-i; -e, -i) Werft *f*; ~owiec [-ˈŋɔ-] *m* (-wca; -wcy) Werftarbeiter *m*; ~owy Werft-; *przemysł* ~owy Schiffbau *m*.

sto|czyć *pf. s.* staczać; ~doła *f* (-y; G -dół) Scheune *f*; ~gi *pl. v.* stóg.

stoi *s.* stać[1].

stoi|cki [stɔˈi-] (-ko) stoisch; ~sko *m* (-a) (*Ausstellungs-*)Stand *m*.

stoja|k *m* (-a; -i) Ständer *m*, Gestell *n*; *Bgb.* (*Gruben-*)Stempel *m*; ~n *m* (-a; -y) *El.* Ständer *m*.

stoją|cy [-ˈjɔn-] (-co, *na* -co) stehend; *Auto*: abgestellt; *miejsce* ~e Stehplatz *m*. [Hang *m.*]

stok *m* (-u; -i) Böschung *f*; (*Berg-*)

stokroć *Adv.* hundertmal; *a. po* ~ hundertfach.

stokrot|ka *f* (-i; G -tek) Gänseblümchen *n*; ~ny hundertfach.

stolar|ka *f* (-i; 0) *Arch.* Holzbauelemente *n*/*pl.*; F *s.* stolarstwo; ~nia [-ˈlar-] *f* (-i; -e) Tischlerwerkstatt *f*, Tischlerei *f*; ~ski Tischler-, Schreiner-; ~stwo *n* (-a; 0) Tischlerhandwerk *n*.

stolarz *m* (-a; -e) Tischler *m*, Schreiner *m*.

stol|cowy rektal; *kiszka* ~wa Mastdarm *m*; ~ec *m* (-lca; -lce) Stuhl (-gang) *m*; *Arch.* ~ec dachowy Dachstuhl *m*; oddać ~ec Stuhlgang haben.

stoli|ca *f* (-y; -e) Hauptstadt *f*, Metropole *f*; ~czek *m* (-czka; -czki), ~k *m* (-a; -i) Tischchen *n*, Tischlein *n*; ~k nocny Nachttisch *m*.

stolni|ca *f* (-y; -e) Küchen-, Nudelbrett *n*; ~k *m* (-a; -cy) *hist.* Truchseß *m*.

stołe|czny hauptstädtisch, Hauptstadt-; ~k *m* (-lka; -lki) Schemel *m*, Hocker *m*; *fig.* podstawić stołka (*D*) *fig. j-m* ein Bein stellen, *j-n* zu Fall bringen.

stołow|ać (-uję) beköstigen, verpflegen (się sich); ~niczka *f* (-i; G -czek), ~nik *m* (-a; -cy) Kostgänger(in *f*) *m*, Pensionsgast *m*; ~y Tisch-, Tafel-.

stołów|ka *f* (-i; G -wek) (*Werks-*)Kantine *f*; ~a akademicka Mensa *f*; ~owy Kantinen-; Mensa-.

stoły *pl. v.* stół.

stomatologi|a [-ˈlɔ-] *f* (*G, D, L* -ii; 0) Zahnheilkunde *f*; ~czny stomatologisch.

stonka *f* (-i; G -nek): ~ ziemniaczana Kartoffelkäfer *m*.

stonoga *f* Kellerassel *f*.

stop!![1] *Int.* halt!, stop!

stop[2] *m* (-u; -y) Legierung *f*; ~ drukarski Letternmetall *n*; ~ łożyskowy Lagermetall *n*.

stop|a *f* (-y; G stóp) Fuß *m* (*a. fig.*); Fußsohle *f*; *Arch.* Basis *f*, Säulenfuß; (*Steuer-*, *Zins-*)Satz *m*; ~a wzrostu, zysku Wachstums-, Gewinnrate *f*; ~a urodzeń Geburtsziffer *f*; ~a życiowa Lebensstandard *m*; czubek ~y Fußspitze *f*; u stóp von Füßen; od stóp do głów von Kopf bis Fuß; być na ~ie wojennej auf Kriegsfuß stehen (*z I*/mit); *Jur.* odpowiadać *z* wolnej ~y (bis zum Prozeß) Haftverschonung genießen.

stoper *m* (-a; -y) Stoppuhr *f*; *Mar.* Stopper *m*.

stop|ić *pf. s.* stapiać; ~ień [ˈstɔ-] *m* (-pnia; -pnie, -pni) Stufe *f* (*a. fig.*); Grad *m* (*a. Math., Geogr.*); *eng S. a.* Dienstgrad; *Kfz.* Trittbrett *n*; (*Schul-*)Note *f*, Zensur *f*; *Gr.* ~ień równy, wyższy, najwyższy Positiv *m*,

Komparativ *m*, Superlativ *m*; do tego ~nia, że ... so sehr (*od.* weit), daß ...; do pewnego ~nia bis zu e-m gewissen Grade; gewissermaßen; w mniejszym ~niu weniger; w pewnym ~niu in gewissem Grade; w wysokim ~niu hochgradig; w większym ~niu mehr; ~iony ['-ɲɔ-] ge-, verschmolzen; ~ka *f* (*-i*; *G* -*pek*) Füßchen *n*; (*Schnaps-*)Gläschen *n*; *Tech.* Fuß *m*; (*Reifen-*)Wulst *f*; *El.* Sicherung(spatrone) *f*.

stopniow|ać (*-uję*) abstufen; staffeln; *Gr.* steigern; ~**anie** *n* (*-a*) Abstufung *f*; Staffelung *f*; *Gr.* Steigerung *f*; ~**y** (*-wo*) stufenweise, allmählich, nach und nach.

stopow|ać (*-uję*) *Sp.* stoppen; ~**y**[1] legiert; ~**y**[2] Fuß-.

stora *f* (*-y*) Store *m*.

storczyk *m* (*-a*; *-i*) Orchidee *f*, Knabenkraut *n*; ~ błotny Sumpfwurz *f*.

stornia ['stɔ-] *f* (*-i*; *-e*, *-i*) *Zo.* Flunder *f*, Butt *m*.

storno *n* (*-a*) Storno *m*; ~**wać** (*wy-*) (*-uję*) stornieren.

stos *m* (*-u*; *-y*) Stapel *m*, Haufen *m*, Stoß *m*; Scheiterhaufen *m*; *Bgb.* Pfeiler *m*, Kasten *m*; *El.* Voltaische Säule; ~ atomowy Atommeiler *m*; ~ pacierzowy *s.* kręgosłup; ułożyć w ~ stapeln.

stosowa|ć (*za-*) (*-uję*) anwenden; *s.* do-, przy-, zastosowywać; ~ć się (*do G*) sich halten (an *A*), sich richten (nach *D*), befolgen (*A*); *j-n* angehen, betreffen; ~**ny** angewandt.

stosown|ie ['-sɔv-] *Adv.* entsprechend, gemäß (*do G*/*D*); ~ie do tego dementsprechend; ~**y** angemessen; passend, angebracht; w ~ej chwili zur rechten Zeit, im rechten Augenblick; uważać za ~e es für richtig halten.

stosun|ek *m* (*-nku*; *-nki*) Verhältnis *n*; Beziehung *f*; Geschlechtsakt *m*, -verkehr *m*; w ~ku do (*G*) im Verhältnis zu; być w dobrych ~kach (*z I*) gute Beziehungen pflegen (mit); ~**kowy** proportional; (*-wo*) relativ, verhältnismäßig.

stowarzysz|ać się (*-am*), ⟨~yć się⟩ e-n Verein gründen, ~**enie** *n* (*-a*) Verein(igung) *f*; Gesellschaft *f*; Genossenschaft *f*; tajne ~enie Geheimbund *m*; ~**ony** assoziiert; ~**yć się** *pf. s.* stowarzyszać się.

---

stoż|ek *m* (*-żka*; *-żki*) Kegel *m* (*a. Math.*); ~**owaty** (*-to*) kegelförmig; ~**kowy** konisch, Kegel-; *Su.* -wa *f* (*-ej*; *-e*) *Math.* Kegelschnitt *m*.

stóg *m* (*-ogu*; *-ogi*) Schober *m*.

stój *s.* stać[1]; ~**ka** *f* (*-i*; *G* -*jek*) Stillstehen *n*; Stehkragen *m*; *JSpr.* Vorstehen *n* des Hundes; ~**kowy** † *m* (*-ego*; *-i*) Schutzmann *m*.

stół *m* (*-ołu*; *-oły*) Tisch *m*; (*Hochzeits-*)Tafel *f*; Kost *f*; przy stole am (*od.* bei) Tisch.

stówka *P f* (*-i*; *G* -*wek*) Hunderter *m*.

strace|nie *n* (*-a*) Verlust *m*; Hinrichtung *f*; miejsce ~ń Richtstätte *f*; nie mieć nic do ~nia nichts zu verlieren haben; ~**niec** ['-tsɛ-] *m* (*-ńca*; -*ńcy*) Desperado *m*; oddział ~ńców Himmelfahrtskommando *n*; ~**ńczy** verloren, hoffnungslos; desperat.

strach *m* (*-u*; 0) Angst *f*, Furcht *f*; (*-a*; -*y*) Schreckgespenst *n*; (*a.* ~ na wróble Vogelscheuche *f*; ze ~u vor Angst; *F* (*że*) aż ~ furchtbar, schrecklich; *F* mieć ~a Bammel haben; ~**ajło** *F n od. m* (*-a*; *G* -*ów*) Angsthase *m*, Memme *f*; ~**liwy** (*-wie*) ängstlich, scheu.

stracon|y (*beznadziejnie* rettungslos) verloren; jeszcze nic ~ego noch ist nicht alles verloren.

stragan *m* (*-u*; *-y*) Marktstand *m*, -bude *f*; ~**iarka** *f* (*-i*; *G* -*rek*), ~**iarz** ['-ga-] *m* (*-a*; *-e*) Markthändler(in *f*) *m*; ~**owy** Stand-, Markt-; *literatura ~owa* Groschenhefte *n*/*pl.*

strajk *m* (*-u*; *-i*) (*głodowy, powszechny, okupacyjny, włoski* Hunger-, General-, Sitz-, Bummel-)Streik *m*; ~**ować** (*-uję*) streiken, in den Ausstand treten; ~**owicz** *F m* (*-a*; *-e*) Streikende(r); ~**owy** Streik-; ~**ujący** ['-jɔn-] streikend; *Su. m* (*-ego*; *-y*) Streikende(r).

strapi|enie *n* (*-a*) Kummer *m*, Sorge *f*; ~**ony** niedergeschlagen, deprimiert, (tief) betrübt.

strasz|ak *m* (*-a*; *-i*) Schreckschußpistole *f*; *s.* straszydło; ~**liwy** (*-wie*), ~**ny** furchtbar, schrecklich; *F fig.* fürchterlich; ~**yć** (*prze-, wy-*) (*-ę*) *v/t* ängstigen, Angst einjagen; (*nur impf.*) schrecken; drohen (*D*); *v/i* tu ~y hier spukt es; ~**ydło** *n* (*-a*; *G* -*deł*) Schreckgespenst *n*, Popanz *m*.

strat|a *f* (*-y*) Verlust *m*; *engS. a.* Einbuße *f*; ponieść ~e/~y Verlust(e) erleiden.

strategi|a [-'tɛ-] *f* (*G, D, L -ii; -e*) Strategie *f*; **~czny** strategisch.

stratny: *być ~m* verlieren, nicht auf *s-e* Kosten kommen.

stratosferyczny stratosphärisch.

straw|a *f* (*-y*) Nahrung *f*; Kost *f*, Essen *n*; **~ny** (leicht) verdaulich; *Su. ~ne n* (*-ego; -e*) Kostgeld *n*; † *Mil.* Verpflegungsgeld *n*.

straż *f* (*-y; -e*) Wache *f*; Wachmannschaft *f*; *~ ogniowa s.* pożarny; *~ zakładowa* Werkschutz *m*; *~ obywatelska* Bürgerwehr *f*; *Mil. ~ przednia, tylna* Vor-, Nachhut *f*; *wziąć pod ~* unter Bewachung stellen; *j-n in* Gewahrsam nehmen; *stać na ~y* Wache stehen; bewachen (*G/ A*); *trzymać pod ~q j-n in* Gewahrsam halten; **~acki** Feuerwehr-; **~ak** *m* (*-a; -cy*) Feuerwehrmann *m*; **~nica** *f* (*-y; -e*) Wachtturm *m*; **~niczy** Wach-; **~nik** *m* (*-a; -cy*) Wachmann *m*, Wächter *m*; **~nik więzienny** Gefangenenaufseher *m*.

strąc|ać, ⟨**~ić**⟩ hinabstoßen, -werfen; *v. Lohn* abziehen; *Flugzeug* abschießen; *Chem.* (aus)fällen, niederschlagen; **~enie** *n* (*-a*) (*Flugzeug-*) Abschuß *m*.

strącz|ek ['strən-] *m* (*-czka; -czki*) *s.* strąk; **~kowy** *Bot.* hülsenförmig, Hülsen-; *Agr. rośliny* **~we** Hülsenfrüchte *f/pl*.

strąk [strɔŋk] *m* (*-a; -i*) Hülse(nfrucht) *f*, F Schote *f*.

stref|a *f* (*-y*) (*działań wojennych, zagrożenia* Kampf-, Gefahren-)Zone *f*; Region *f*; *~a tropikalna a.* Tropengürtel *m*; **~owy** Zonen-, zonal.

stremowany nervös, vom Lampenfieber ergriffen.

stres *m* (*-u; -y*) Streß *m*; **~or** *m* (*-a; -y*) Streßfaktor *m*; **~owy** Streß-.

streszcz|ać (*-am*), ⟨**streścić**⟩ (*-szczę*) kurz zusammenfassen; (*nur impf.*) *Buch, Artikel*: enthalten, ausdrücken; **~ać się** sich kurz fassen; *in gedrängter* Form lauten; **~enie** *n* (*-a*) Zusammenfassung *f*; Kurzfassung *f*; (*kurze*) Inhaltsangabe.

stręczyciel [stren'tʃi-] *m* (*-a; -e*), **~ka** *f* (*-i; G -lek*) Kuppler(in *f*) *m*; † *a.* Vermittler(in *f*) *m*; **~stwo** *n* (*-a; 0*) Kuppelei *f*.

stręczyć ['stren-] ⟨*na-*⟩ (*-ę*) *Kauf* vermitteln, empfehlen; verkuppeln.

stretwa ['stren-] *f* (*-y*) Zitteraal *m*.

striptiz *m* (*-u; -y*) Striptease *m*.

strofa *f* (*-y*) Strophe *f*.

strofować (*-uję*) ermahnen; tadeln, rügen.

stroi|ciel [-ro'i-] *m* (*-a; -e*) *Mus.* Stimmer *m*; **~ć** (*-ję, strój!*) ⟨*u-, wy-*⟩ (aus)schmücken, putzen (*się* sich); ⟨*na-*⟩ *Mus.* stimmen; (*nur impf.*) F *Faxen* machen; *Gesichter* schneiden; *~k m* (*-a; -i*) Kopfputz *m*; *Mus.* (*Rohr-*)Blatt *n*.

stroje *pl. v.* strój.

strojeni|e *n* (*-a; 0*) *Mus.* Stimmen *n*; *Rdf.* Abstimmung *f*. **~owy** *Mus.* Stimm-.

stroj|nisia [-'ɲiɕa] *f* (*-i; -e*) Modepuppe *f*; **~ś** *m* (*-sia; -sie, -siów*) Geck *m*, Beau *m*.

strojny elegant, schmuck; geschmückt, verziert.

strom|izna *f* (*-y*) Steilhang *m*; **~y** (*-mo*) steil; schroff, abschüssig.

stron|a *f* (*-y*) Seite *f* (*a. fig.*); *Jur.* Partei *f*; *~a świata* Himmelsrichtung *f*; *na ~ę a.* beiseite; *na ~ie* abseits; *w ~ę* (*G*) in Richtung auf (*A*), auf ... zu; *ze ~y* seitens (*G*); *z jednej ~y ... z drugiej ~y* einerseits ... and(e)rerseits; *~y rodzinne* Heimat *f*; *dalekie ~y* Ferne *f*; *z naszych ~ aus unserer* Gegend; **~ica** *f* (*-y; -e*) (*Buch-*)Seite *f*.

stronić (*-ę*) meiden (*od G/A*); *nie ~* nicht abhold sein (*od G/D*).

stronni|ctwo *n* (*-a*) *Pol.* Partei *f*; *Ꝃctwo Ludowe* Volkspartei; **~czka** *f* (*-i; -e*) *s.* stronnik; **~czość** *f* (*-ści; 0*) Parteilichkeit *f*; Befangenheit *f*; **~czy** (*-czo*) parteiisch, parteilich; befangen; *~k m* (*-a; -cy*), **~czka** *f* (*-i; G -czek*) Anhänger(in *f*) *m*; Verfechter(in *f*) *m*.

stront *m* (*-u; 0*) *Chem.* Strontium *n*.

strop *m* (*-u; -y*) *Arch.* Decke *f*; *Bgb.* Hangende(s) *f*; *Geol.* Dach *n*.

stropić *pf.* aus der Fassung bringen, verwirren; **~ się** verlegen werden.

stro|powy *Arch.* Decken-; **~skany** sorgen-, kummervoll, bekümmert; **~szyć** ⟨*na-*⟩ (*-ę*) sträuben (*się* sich).

strój *m* (*-oju; -oje*) Kleid *n* (*a. Zo.*) Anzug *m*; (*Volks-*)Tracht *f*; (*Braut-*) Staat *m*; *Mus.* Stimmung *f*; *~ żałobny* Trauerkleidung *f*.

stróż *m* (*-a; -e/-owie*) Wächter *m*; *fig.* (*Ordnungs-*)Hüter *m*; *a.* **~ka** *f* (*-i; G -żek*) Hausmeister(in *f*) *m*, **~-wart** (in *f*) *m*; **~ować** (*-uję*) bewachen; als Wächter arbeiten;

~ówka f (-i; G -wek) Pförtner- od. Wächterhäuschen n.

stru|- in Zssgn Verben s. tru-; ~chla-ły wie gelähmt (od. steif) vor Schreck; ~cla f (-i; -e, -i) Kochk. Striezel m; ~del m (-dla; -dle) (Apfel-)Strudel m; ~dzony ermüdet, strapaziert, mitgenommen (I/von).

strug m (-a; -i) Hobel m; ~a f (-i) (Wasser-)Strahl m; Rinnsal n, Bach m; lać się (od. płynąć) ~ami strömen; deszcz leje ~ami es gießt in Strömen; ~ać ⟨o-⟩ (-am) Balken behauen; Bleistift spitzen; Kartoffeln schälen; Holzlöffel schnitzen; Tech. hobeln; F fig. ~ać wariata den Dummen spielen; ~arka f (-i; G -rek) Hobelmaschine f; ~nica f (-y; -e) Hobelbank f.

struktur|a f (-y) Struktur f, Gefüge n, Aufbau m; ~alny strukturell, Struktur-.

strumie|nica f (-y; -e) Fot. Spotlight n; Bgb. Strahlrohr n; ~niowy Bach-; Tech. Strahl-; ~ń ['stru-] m (-nia; -nie) Bach m; Strahl m; Strom m; ~niami [-'ɲa-] in Strömen.

strumy(cze)k m (-[cz]ka; -[cz]ki) Bächlein n.

strun|a f (-y) Saite f; ~y głosowe Stimmbänder n/pl.; wyprężyć się jak ~a sich kerzengerade aufrichten; ~nik m (-a; -i) Mus. Saitenhalter m.

struno|beton m Stahlsaitenbeton m; ~wy Saiten-.

strup m (-a; -y) Schorf m; a. = ~ień ['stru-] m (-pnia; -pnie) Med. Grind m; ~ieszały morsch; fig. veraltet; ~owaty schorfig.

stru|si Straußen-; ~sia polityka Vogelstraußpolitik f; ~ś m (-sia; -sie) Zo. Strauß m. [geschlagen sein.]

struty: chodzić jak ~ ganz nieder-

strużyny f/pl. (-) Hobelspäne m/pl.

strych m (-u; -y) (Dach-)Boden m; ~ na siano Heuboden; ~arz m (-a; -e) Ziegelstreicher m.

strychulec m (-lca; -lce) Abstreicher m, Abstreifer m.

stryj m (-a; -owie, -ów), ~aszek F m (-szka; -szkowie) Onkel m (väterlicherseits); ~eczny: brat ~ny Vetter m, Cousin m; siostra ~na Base f, Kusine f; dziadek ~ny Großonkel m; ~ek m (-jka; -jkowie) s. stryj; ~enka f (-i; G -nek) Tante f (Onkels Frau);

~ostwo n (-a; 0) Onkel und (od. mit) Tante; ~owski (des) Onkels.

strzał [st:ʃ-] m (-u; -y) (z pistoletu Pistolen-)Schuß m; ~celny ~ (Voll-)Treffer m; gotowy do ~u schußbereit; ~a f (-y) Pfeil m; Forst. (Baum-)Stamm m; prosty jak ~a pfeilgerade; ~ka f (-i; G -łek) Pfeil m; (Kompaß-)Nadel f; Anat. Wadenbein n; Stern m, Blesse f; (Pferdehuf-)Strahl m, Gabel f; Kfz. Winker m; Bot. Pfeilkraut n; Sp. Kopfsprung m ~ vorwärts gehechtet; ~ka łuku Bogenhöhe f; ~kowaty (-to) pfeilförmig; ~owy Schuß-, Schieß-; Su. m (-ego; -i) Bgb. Schießmeister m.

strzą|sać ['st:ʃ-] (-am), ⟨~nąć⟩ [-nɔntɕ] (-nę) abschütteln.

strzec [st:ʃ-] (L.) (G) hüten (A); bewachen (A); ~ jak oka w głowie od. jak źrenicy oka wie s-n Augapfel hüten; ~ się sich in acht nehmen, sich hüten (G/vor); s. przestrzegać.

strzecha ['st:ʃ-] f (-y) Strohdach n; fig. F (Haar-)Schopf m; Haus n, Heim n.

strzel|ać ['st:ʃ-] (-am), ⟨[wy]~ić⟩ (-lę) schießen (do G/auf A); Waffe a.: feuern; knallen; Bgb. a. sprengen; jak ~ił schnurgerade; ~anie n (-a) (ostre, do tarczy, Scharf-, Scheiben-)Schießen n; Bgb. Schießarbeit f; ~anina f (-y; 0) Schießerei f, F Knallerei f; ~ba f (-y) Büchse f, Flinte f.

strzelec ['st:ʃ-] m (-lca; -lcy) Schütze m; ~ piechoty zmechanizowanej Panzergrenadier m; ~ górski Gebirgsjäger m; ~ki Schützen-; Schieß-; sport ~ki = ~two n (-a; 0) Schießsport m.

strzeli|ć [st:ʃ-] pf. s. strzelać; ~sty (-to, -ście) Baum, Turm: schlank (und hoch); ~sta modlitwa Stoßgebet n; ~wo n (-a) Bgb. Schießstoff m.

strzelni|ca f (-y; -e) Schießstand m; Schießbude f; hist. Schießscharte f; ~czy Schieß-.

strzemi|ączko [st:ʃɛ'mɔntʃ-] n (-a; G -czek) (Keilhosen-)Steg m; Tech. Haltebügel m; Anat. Steigbügel m; ~enny Steigbügel-; Su. na ~(-ego; -e) Abschiedstrunk m; ~ę n (-enia; -ona) Steigbügel m; Arch. Bügel m.

strzep|ywać [st:ʃ-] (-uję), ⟨~nąć⟩

Staub abschütteln, abklopfen; (*I od. A*) schütteln (*A*).

strzeż|enie [st:ʃɛ-] *n* (*-a*; *0*) Bewachung *f*; **~ony** bewacht.

strzęp [st:ʃɛmp] *m* (*-u*; *-y*), **~ek** *m* (*-pka*; *-pki*) Fetzen *m*; *w* **~ach** in Fetzen; **~iasty** ausgefranst; *Brauen:* buschig; **~ić** (*po-, wy-*) (*-ę*) ausfransen (*się v/i*); F **~ić sobie język** (*herum*)tratschen.

strzyc [st:ʃi-] (*o-*) (*L.*) *Haare, Rasen* schneiden; *Schafe* scheren; *Hunde usw.* trimmen; (*nur impf.*) **~** *oczami* schöne Augen machen; **~** *uszami Pferd usw.*: die Ohren spitzen; **~** *się* (*o-, pod-*) sich die Haare schneiden lassen.

strzyga ['st:ʃi-] *f* (*-i*) Vampyr *m*.

strzyk [st:ʃ-] *m* (*-a*; *-i*) Zo. Zitze *f*, Strich *m*; **~ać** (*-am*), (*~nąć*) [-nɔn] (*-nę*) spritzen; stechen(d schmerzen); **~awka** *f* (*-i*; *G -wek*) Injektionsspritze *f*; **~wa** *f* (*-y*) Zo. Seewalze *f*.

strzyż|a ['st:ʃi-] *f* (*-y*; *-e*) (*Schaf-*) Schur *f*; **~enie** *n* Haarschneiden *n*; **~yk** *m* (*-a*; *-i*) Zo. Zaunkönig *m*.

stu *Psf. s.* sto; **~-** *in Zssgn* hundert-.

studen|cki studentisch, Studenten-, **~t** *m* (*-a*; *-ci*) Student *m*; **~teria** F [-'tɛ-] *f* (*G, D, L -ii*; *0*) Studentenvolk *n*; **~tka** *f* (*-i*; *G -tek*) Studentin *f*.

studi|a *pl. v.* studium; **~o** ['stu-] *n* (*-a*; *G -ów*) (*Film-, Ton-*)Studio *n*; **~ować** [-'djo-] (*-uję*) studieren; **~um** ['stu-] *n* (*unv.*; *-ia, -ów*) Studium *n*; Studie *f*; *nur pl.* **~a** Hochschulstudium; *być na* **~ach**, *odbywać* **~a** studieren (*v/i*).

studni|a ['stu-] *f* (*-i*; *-e, -i/-dzien*) (*z żurawiem* Zieh-)Brunnen *m*; *jak* **~a** wie ein Faß ohne Boden; **~owy¹** *s.* studzienny.

studni|owy² hundert Tage lang *od.* alt; **~ówka** F *f* (*-i*; *G -wek*) Abiturientenball *m*.

studzić (*o-*) (*-dzę*) (ab)kühlen.

studzien|ka *f* (*-i*; *G -nek*) (kleiner) Brunnen; *Tech.* Schlammfang; Sumpf *m*; **~ny** Brunnen-.

stu|głowy hundertköpfig; **~gramowy** Hundertgramm-.

stuk *m* (*-u*; *-i*) Klopfen *n*, Pochen *n*; **~ać** (*-am*), (*~nąć*) [-nɔntɛ] (*-nę*) klopfen (*w A/an A*); P (*nur pf.*) *j-n* umlegen, totschießen-; F **~ać** (*~nąć*)

się mit d. Gläsern anstoßen; *s. pukać się;* **~anie** *n* (*-a*) *s.* stuk.

stu|karatowy hundertkarätig; **~kilometrowy** hundert Kilometer lang *od.* weit.

stuk|nąć *pf. s.* stukać; **~nięty** [-'ŋɛn] P bekloppt, doof; **~ot** *m* (*-u*; *-y*) *s.* stuk; Poltern *n*, F Gepolter *n*; **~otać** (*za-*) (*-czę/-cę*) pochen; poltern.

stukrotny *s.* stokrotny.

stul|ać (*-am*), (*~ić*) (zusammen-) schließen (*się sich*).

stulecie *n* (*-a*; *G -i*) Jahrhundert *n*; hundertjähriges Jubiläum.

stulejka *f* (*-i*; *G -jek*) Med. Phi-\
stuletni hundertjährig.   [mose *f.*\
stuli|ć *pf. s.* stulać; **~sz** *m* (*-a/-u*; *-e*) Bot. Rauke *f.*

stulitrowy hundert Liter fassend, Hundertliter-.

stuła *f* (*-y*) Rel. Stola *f*.   [Hydra *f.*\
stułbia ['stuwba] *f* (*-i*; *-e, -i*) Zo.\

stu|markowy Hundertmark-; **~metrowy** Hundertmeter-; **~metrówka** F *f* Hundertmeterlauf *m*; **~milowy** Hundertmeilen-; **~procentowy** (*-wo*) hundertprozentig; **~tonowy** Hunderttonnen-; **~tysięczny** hunderttausendste(r); hunderttausend Mann stark *od.* Einwohner zählend; **~złotówka** *f* Hundertzlotyschein *m*.

stwardni|ały verhärtet, hart; **~enie** *n* (*-a*) (*Gewebe-*)Verhärtung *f*; **~enie** rozsiane (*rdzenia*) multiple Sklerose.

stw|arzać (*-am*), (*~orzyć*) (er-) schaffen; *jak(by)* **~orzony** do (*G*) wie geschaffen (für).

stwierdz|ać (*-am*), (*~ić*) feststellen; **~enie** *n* Feststellung *f.*

stworz|enie *n* (*-a*) Erschaffung *f*, Schöpfung *f*; Geschöpf *n*, Kreatur *f*; **~onko** *n* (*-a*; *G -nek*) kleines Geschöpf, Lebewesen *n*; **~yciel** [-'ʒi-] *m* (*-a*; *-e, -i*) *s.* stwórca; **~yć** *pf. s.* stwarzać.

stwór *m* Ungeheuer *n*, Monstrum *n*; **~ca** *m* (*-y*; *G -ów*; Rel. 2ca) Schöpfer *m.*

stycz|eń *m* (*-cznia*; *-cznie*) Januar *m*; **~ka** *f* El. Kontaktstück *n*; **~na** *s.* styczny; **~nik** *m* (*-a*; *-i*) El. (Schalt-)Schütz *m*; **~niowy** Januar-.

styczność|ć *f* (*-ści*) Berührung *f*, Kontakt *m*; Verbindung *f*, Beziehung *f*, Fühlung *f*; *być w* **~ci** im

Kontakt stehen (z I/mit); nawiązać ~ć, wejść w ~ć Verbindung aufnehmen (z I/mit).

styczn|y Berührungs-; *Math.* tangential; *Su.* ~a f (-ej; -e) Tangente f.

stygmat m (-u; -y) Stigma n; *engS. Rel.* Wundmal n.

stygn|ąć [-nǫntɕ] ⟨o-, wy-⟩ ⟨-nę⟩ kalt werden, erkalten; *fig. Blut:* erstarren.

styk m (-u; -i) Berührung f; Stoß m; (chwiejny Wackel-)Kontakt m; na ~ auf Stoß; ~ać, ⟨zetknąć⟩ in Berührung bringen; *Personen* zusammenbringen, -führen; ~ać się zusammen-berühren; anstoßen, anliegen (z I/an A); ⟨a. zetknąć się⟩ aufeinander treffen *od.* stoßen; ~owy *Fot.*: odbitka ~owa Kontaktabzug m.　　　[*Sp.* Freistil-.⟩

styl m (-u; -e) Stil m; w ~u dowolnym f

stylisko n (-a) (Spaten-)Stiel m.

stylisty|czny stilistisch; ~ka [-'li-] f (-i) Stilistik f.

stylizować ⟨wy-⟩ ⟨-uję⟩ stilisieren.

stylon m (-u; -y) Steelon n; F ~y *pl.* Steelonstrümpfe m/pl.; ~owy Steelon-.

stylowy Stil-; stilvoll.

stymul|acyjny stimulierend; ~ator m (-a; -y): ~ator serca Herzschrittmacher m; ~ować ⟨-uję⟩ stimulieren.

stypa f (-y) Leichenschmaus m.

stypend|ium [-'pɛn-] n (unv.; -ia, -ów) Stipendium n; ~ysta m (-y; -ści, -ów) Stipendiat m.

styren m (-u; -y) *Chem.* Styrol n.

styryjski stei(e)risch.

subiek|cja † [-'bjɛk-] f (-i; -e): mst *pl.* ~cje Ungelegenheiten f/pl., Umstände m/pl.; ~t † ['su-] m (-a; -ci) Kommis m.; ~tywny subjektiv.

sublim|acja f (-i; -e) *Chem.* Sublimation f; *Psych.* Sublimierung f; ~ować ⟨-uję⟩ sublimieren.

sublokator m (-a; -rzy), ~ka f Untermieter m; ~ski: pokój ~ski ein Zimmer in Untermiete.

subordynacja f (0) Unterordnung f, Gehorsam m.

subskryp|cja f (-i; -e) Subskription f; ~yjny Subskriptions-.

substancja f Substanz f; Stoff m.

subsydi|ować [-'dɕɔ-] ⟨-uję⟩ unterstützen, subventionieren; ~um [ˈsu-dium] n (unv.; -ia, -ów) s. subwencja.

subtel|ność f (-ści; 0) Subtilität f, Feinheit f; ~y subtil.

subwencj|a f (-i; -e) Subvention f, Zuschuß m; ~onować ⟨-uję⟩ subventionieren.　　　[Zwieback m.⟩

suchar m (-u; -y), ~ek m (-rka; -rki) f

Suchedni m/pl. (Suchychdni) *Rel.* Quatembertage m/pl.

sucho *Adv. s.* suchy; ~ść f (-ści; 0) Trockenheit f.

suchot|nica f (-y; -e), ~nik m (-a; -cy) Schwindsüchtige(r); ~niczy schwindsüchtig.

suchoty *pl.* (0) Schwindsucht f.

suchy (*Psf.* susi; *Adv.* -cho, *Komp.* suszej) trocken, Trocken-; dürr; *Gesicht:* hager; wytrzeć do ~cha trockenreiben.

sucz|ka f (-i; G -czek) s. suka; ~y von e-r Hündin, Hunde-.

sudański [-'daĩ-] sudan(es)isch.

sudecki Sudeten-.

sufit m (-u; -y) (Zimmer-)Decke f; ~owy Decken-.

sufler m (-a; -rzy) Souffleur m; ~ka f (-i; G -rek) Souffleuse f.

suflet m (-u; -y) Soufflé n, Auflauf m.

sufra|gan m (-a; -owie) Weihbischof m; ~żystka f (-i; G -tek) Suffragette f.

suge|rować ⟨za-⟩ ⟨-uję⟩ suggerieren; ~stia f (G, D, L -ii; -e) Suggestion f; Anregung f; ~stywny suggestiv.

suita [sǔ'ita] f (-y) *Mus.* Suite f.

suka f (-i) Hündin f; *JSpr. a.* Wölfin f; Fähe f; *Bgb.* Hund m.

sukces m (-u; -y) Erfolg m; ~ja † f (-i; -e) Erbschaft f; Thronfolge f; ~or m (-a; -rzy) Erbe m; ~ywny sukzessiv.

sukien|ka f (-i; G -nek) Kleid n; ~kowy Kleider-; ~nice f/pl. (-) Tuchhalle f; ~nik m (-a; -cy) Tuchmacher m; ~ny Tuch-.

sukinsyn V m Hundesohn m.

sukmana f (-y) Bauernkittel m.

sukn|ia ['su-] f (-i; -e, -i/-kien) Kleid n; ~o n (-a; G -kien) Tuch n.

sułtan m (-a; -owie/-i) Sultan m; ~ka f (-i; G -nek) Sultansgattin f; *Kochk.* ~ki pl. Sultaninen f/pl.

sum m (-u; -y) Wels m.

sum|a f (-y) Summe f; Gesamtheit f; Betrag m; *Rel.* Hochamt n; w ~ie insgesamt, ~aryczny summarisch, Gesamt-

sumiasty *Schnurrbart:* lang und buschig.

sumien|ie n (-a) Gewissen n; bez

~ia a. gewissenlos; ~ny gewissenhaft.

sumik m (-a; -i) Zo. Zwergwels m.

sum|ka f (-i; G -mek) Sümmchen n; ~ować ⟨pod-, z-⟩ (-uję) s. podsumowywać; (nur impf.) summieren (się sich).

sunąć [-nǫtɕ] v/i (-nę, -ń!) (dahin)gleiten; Wagen: (dahin)rollen; † v/t s. (po)suwać.

supeł m (-pła; -pły), ~ek m (-łka; -łki) Knoten m.

superata f (-y) Überschuß m, engS. Mehrbetrag m, -gewicht n.

super|fosfat m Superphosphat n; ~nowoczesny supermodern; ~sam ['su-] F m (-u; -y) Supermarkt m.

supłać ⟨za-⟩ (-am) (ver)knoten.

surdut m (-a; -y) Gehrock m.

surogat m (-u; -y) Ersatz(stoff) m.

surojadka f (-i; G -dek) Bot. Täubling m.

surow|cowy Rohstoff-; ~ica f (-y; -e) Serum n; ~iczy serös; ~iec ['-ro-] m (-wca; -wce) Rohmaterial n, -stoff m; ~iec wyjściowy Ausgangsprodukt n; ~izna f (-y; 0) Roheit f, roher Zustand; Rohgemüse n od. -obst n; ~o Adv. s. surowy; ~ość f (-ści; 0) Roheit f; Strenge f, Härte f; Rauheit f d. Klimas; ~y (-wo) roh; engS. unbearbeitet; streng, hart; Klima: rauh; w stanie ~ym Roh-.

surówka f (-i; G -wek) Rohkost f (-salat m) f; Roheisen n; Rohleinen n; Lehmziegel m.

sus m (-a; -y) Sprung m, Satz m.

suseł m (-sła; -sły) Zo. Ziesel m; spać jak ~ wie ein Murmeltier schlafen.

susi Psf. v. suchy.

susz m (-u; -e) Dörrobst n; Trockengemüse n; getrocknete Kräuter; Reisig n; ~a f (-y; -e) Dürre f, Trockenperiode f.

suszar|ka f (-i; G -rek) Trockner m, Trockenapparat m; ~nia [-'ʃar-] f (-i; -e) Trockenanlage f; Trocknerei f; Darre f.

susz|enie n (-a; 0) Trocknen n, Trocknung f; Darren n; ~ka f (-i; G -szek) Sikkativ n; (Tinten-) Löscher m, Löschwiege f; ~ony getrocknet, Trocken-, Dörr-; ~yć ⟨wy-⟩ (-ę) trocknen; dörren; F ~yć głowę (D) j-m über et-n Ohren liegen; ~yć sobie głowę sich (D) den Kopf zerbrechen; ~yć się s. schnąć.

sutanna f (-y) Sutane f.

sutek m (-tka- -tki) Brustwarze f; Zo. Zitze f.

sutener m (-a; -rzy) Zuhälter m; ~stwo n (-a; 0) Zuhälterei f.

suterena f (-y) Kellergeschoß n; Kellerwohnung f.

sutk|a f (-i; G -tek) s. sutek; ~owy Brustwarzen-.

suty (-to) üppig, reichlich.

suw m (-u; -y) Tech. Hub m; ~ać (-am) v/t (hin- und her)schieben; v/i ~ać nogami schlurfen, schlürfen; mit den Füßen scharren; ~ać się (hin- und her)rutschen, gleiten; ~ak m (-a; -i) Tech. Schieber m; Schlitten m; Stößel m; F Reißverschluß m; ~ak logarytmiczny Rechenschieber.

suweren|ność f (-ści; 0) Souveränität f; ~ność obszaru powietrznego Lufthoheit f; ~ny souverän.

suw|miarka f Schieb-, Schublehre f; ~nica f (-y; -e) (pomostowa Lauf- od. Brücken-)Kran m; ~nicowy m (-ego; -i) Kranführer m.

swa Pron. Kurzf. v. swoja; s. swój.

swada f (-y; 0) Beredsamkeit f, Redegewandtheit f.

swarliw|ie Adv. s. swarliwy; ~ość f (-ści; 0) Zank-, Streitsucht f; ~y (-wie) zänkisch, streitsüchtig.

swa|ry m/pl. (-ów) Streit(ereien f/pl.) m, Gezänk n; ~rzyć się (-ę) (sich) streiten, zanken.

swastyka f (-i) Hakenkreuz n.

swat m (-a; -owie/-ci), ~ka f (-i; G -tek) Ehestifter(in f) m; Brautwerber(in f) m; ~ać ⟨wy-⟩ (-am) j-n verheiraten wollen (z I/mit), e-e Frau/e-n Mann suchen od. pf. finden (A/für); ~ka f s. swat; ~y m/pl. (-ów) Brautwerbung f; Brautschau f.

swawol|a f (-i; -e, -i) lustige(r Streich; (Š) Ausgelassenheit f Übermut m; † a. Willkür f; ~ić (-lę) ausgelassen sein, übermüti (herum)tollen, umhertoben; ~nic f (-y; -e), ~nik m (-a; -cy) Range f Wildfang m; ~ny ausgelassen übermütig; verspielt.

swąd [svɔnt, -endu] m (swędu; -y) Brandgeruch m; Gestank m.

sweter m (-tra; -try) Pullover m Strickjacke f; ~ek m (-rka; -rki) (Kinder-)Pullover m; Pulli m.

swędz|enie n (-a; 0) Jucken n, Juckreiz m; ~i(e)ć (-dzę) jucken

swobod|a f (-y; 0) (działania, słowa, wyznania Handlungs-, Rede-, Bekenntnis-)Freiheit f; Zwanglosigkeit f, Ungezwungenheit f; **~y** pl. a. Rechte n/pl., Privilegien n/pl.; **~ny** frei; zwanglos, ungezwungen.

swoi Psf. v. swój.

swoist|ość f (-ści; 0) Eigentümlichkeit f, Eigenart f; **~y** (-ście) eigenartig, -tümlich.

swoja s. swój; **~czka** P f (-i; G -czek) Landsmännin f; **~k** P m (-a; -cy) Landsmann m; F „Eigenbau" m (Tabak).

swoj|e s. swój; **~ski** (-ko) heimisch, vertraut; behaglich, gemütlich; Tiere: zahm, Haus-.

swój [sfui] Pron. (sw[oj]a f, sw[oj]e n, pl.) sein(e), ihre(e), mein(e), dein(e), unser(e) (oft + eigen), z.B. w swoim imieniu in s-m (od. ihrem, meinem) eigenen Namen; swoje rzeczy s-e (od. meine, ihre, deine) eigenen Sachen; Su. ~ m (sw[oj]ego; swoi) Landsmann m; Verwandte(r); swoje n (sw[oj]ego; 0) Eigentum n, engS. eigene(s) Land; eigene Sachen; wyjść na swoje auf s-e Kosten kommen; po swojemu auf meine (od. s-e, ihre) Art (und Weise); obstawać przy swoim bei s-r usw. Meinung bleiben; zrobić swoje s-n usw. Zweck nicht verfehlen; robić swoje s-e usw. Arbeit (od. Pflicht) tun; dostać za swoje sein usw. Fett weghaben od. Teil abbekommen.

sybaryta m (-y; -ci, -ów) Schwelger m, Schlemmer m. [birien-.]

syberyjski, sybirski sibirisch, Si-]

sycić ⟨na-⟩ ⟨-cę⟩ s. nasycać; ~ wzrok od. oczy (I od. widokiem G) sich weiden an ⟨D⟩; ~ miód Honig zu Met verarbeiten; ~ się sich satt)

sycylijski sizilianisch. [essen.]

sycz|ący ⟨-'tʃ ɔn-⟩ (-co) zischend; Gr. Zisch-; **~eć** ⟨za-⟩ ⟨-ę, -y⟩, ⟨syknąć⟩ [-nɔntɕ] ⟨-nę⟩ zischen; **~enie** n (-a) Zischen n.

syfili|s [ˈsi-] m (-u; 0) Syphilis f; **~tyk** m (-a; -cy) Syphilitiker m.

syfon m (-u; -y) Siphon m.

sygnali|sta m (-y; -ści, -ów) Mar. Signalgast m; Bgb. Anschläger m; **~zacja** f (-i; 0) Signalübermittlung f, Signalisieren n; Signal-, Meldeeinrichtung f; Signaltechnik f; **~zator** m (-a; -y) (Feuer-)Melder m;

(alarmowy) Alarmvorrichtung f; **~zować** ⟨za-⟩ ⟨-uję⟩ signalisieren, melden; engS. a. winken, Zeichen geben.

sygnał m (-u; -y) (odjazdu, świetlny Abfahrts-, Licht-)Signal n; (czasu, stacji, zajętości Zeit-, Rdf. Pausen-, Besetzt-)Zeichen n; ~ uliczny a. Verkehrsampel f; ~ wzywania pomocy Notruf m; ~ dawać ~ klaksonem hupen; **~owy** Signal-.

sygnat|ariusz [-'ta-] m (-a; -e) Signatarmacht f; **~ura** f (-y) Signatur f; **~urka** f (-i; G -rek) Bet(zeit)glocke f.

sygn|et m (-u; -y) Signet n; engS. Siegelring m; **~ować** ⟨-uję⟩ signie-)

syjamski siamesisch. [ren.]

syjoni|sta m (-y; -ści, -ów) Zionist m; **~styczny** zionistisch.

syk m (-u; -i) Zischen n; **~ać** ⟨-am⟩ s. syczeć.

sykatywa f (-y) Sikkativ n.

syknąć pf. s. syczeć.

sylab|a f (-y) (Schreib-)Silbe f; **~izować** ⟨prze-⟩ ⟨-uję⟩ syllabieren, Silbe für Silbe (aus)sprechen; mühsam lesen; **~owy** Silben.

sylik|at m (-u; -y) Silikat n; **~on** m (-u; -y) Silikon n; **~oza** f (-y; 0) s. pylica.

sylwester m (-tra; -try) Silvester (-feier f) m; **~rowy** Silvester-.

sylwet|a f (-y), **~ka** f (-i; G -tek) Silhouette f, fig. (nur ~ka) Gestalt f, Erscheinung f; **~ka w locie** (Vogel-) Flugbild n; **~kowy** Silhouetten-.

symbol m (-u; -e) Symbol n, Sinnbild n; Wahrzeichen n; **~iczny** symbolisch, Symbol-; **~izować** ⟨-uję⟩ symbolisieren.

symetr|ia [-'mɛ-] f (G, D, L -ii; 0) Symmetrie f; **~yczny** symmetrisch.

symfoni|a [-'fɔ-] f (G, D, L -ii; -e) Symphonie f; **~czny** symphonisch, Symphonie-.

sympat|ia [-'pa-] f (G, D, L -ii; -e) Sympathie f, (Zu-)Neigung f; F Freund(in f) m, Flamme f; ⟨po-⟩ czuć ~tię a. sich hingezogen fühlen (do G/zu); **~tyczny** sympathisch; **~tyk** m (-a; -cy) Sympathisant m; **~tyzować** ⟨-uję⟩ sympathisieren (z I/mit); Zuneigung empfinden (z osobą musinander).

symptom(at) m (-u; -y) Symptom n, Anzeichen n.

symula|nctwo n (-a; 0) Simulantentum *n*, Drückebergerei *f*; **~nt** *m* (-*a*; -*ci*), **~ntka** *f* (-*i*; *G* -*tek*) Simulant(in *f*) *m*, Drückeberger(in *f*) *m*; **~tor** *m* (-*a*; -*y*) (*Flug*-)Simulator *m*.

symulować (-*uję*) simulieren.

symultanka F *f* (-*i*; *G* -*nek*) (*Schach*-)Simultanspiel *n*.

syn *m* (-*a*, *V*, *L* -*u*; -*owie*) Sohn *m*; chrzestny ~ Patenkind *n*.

synagoga *f* (-*i*) Synagoge *f*.

synal *m* (-*a*; -*e*), **~ek** *m* (-*lka*; -*lkowie*) *iron.* Filius *m*.

synchroni|czny synchron; **~zować** (*z*-) (-*uję*) synchronisieren; (*w czasie* zeitlich) aufeinander abstimmen.

syndyk *m* (-*a*; -*owie*) Syndikus *m*; **~at** *m* (-*u*; -*y*) Syndikat *n*.

syne|czek *m* (-*czka*; -*czkowie*), **~k** *m* (-*nka*; -*nkowie*) Söhnchen *n*, Söhnlein *n*. [de *f.*]

synekura *f* (-*y*) Sinekure *f*, Pfrün-]

syngiel ['sɨ-] *m* (-*gla*; -*gle*) *Sp.* Einzel(spiel) *n*.

synobójstwo *n* (-*a*) Sohnes-, Kindesmord *m*.

synod *m* (-*u*; -*y*) Synode *f*.

synogarlica *f* (-*y*; -*e*) Lachtaube *f*.

synonim *m* (-*u*; -*y*) Synonym *n*; **~iczny** synonymisch, sinnverwandt. [Wetterkarte *f.*]

synoptyczn|y synoptisch; *mapa* ~a]

syno|stwo *n* (-*a*; *0*) Kindschaft *f*; (*pl.* -*a*) Sohn *m* und Schwiegertochter; **~wa** *f* (-*ej*; -*e*) Schwiegertochter *f*; **~wiec** ['-ɲo-] † *m* (-*wca*; -*wcy*) *s.* bratanek; **~wski** Sohnes-; *Adv.* po -*ku* wie ein Sohn.

synta|ksa *f* (-*y*) *s.* składnia; **~ktyczny** syntaktisch.

synte|tyczny synthetisch, Synthetik-; **~tyk** F *m* (-*a*; -*i*) synthetischer Stoff; **~za** *f* (-*y*) Synthese *f*.

synuś F *m* (-*sia*; -*sie*/-*siowie*, -*siów*) *s.* synek.

syp|ać (-*ię*) *v/t* (*w*- hinein-, *u*- auf-) schütten; ⟨*a.* po-⟩ streuen; F ⟨*a. w*-⟩ *j-n* verpfeifen; (*I*) *Drohungen* ausstoßen; *mit Lob* überhäufen; *mit Geld* um sich werfen; *Worte, Namen*: aus *j-s* Mund (hervor-)sprudeln; **~ać iskrami** Funken sprühen; *v/i Schnee*: dicht fallen; F hasten, flitzen; **~ać się** ⟨*po*-⟩ dicht fallen; bröckeln; *fig.* hageln, regnen; (*in Massen*) strömen; *Funken*: sprühen; *Bart*: sprießen; *Getreide*: überreif sein, sich aussäen; F ⟨*w*-⟩ sich verraten; einander verpfeifen.

sypia|ć ['sɨ-] (-*am*) (pflegen zu) schlafen; **~lnia** [-'pa-] *f* (-*i*; -*e*, -*i*/ -*ń*) Schlafzimmer *n*, Schlafsaal *m*, -raum *m*; **~lny** Schlaf-; *Su.* F *m* (-*ego*; -*e*) Schlafzimmergarnitur *f*.

syp|ki (-*ko*) locker; **~nąć** [-nɔntɕ] *pf.* (-*nę*) *s.* sypać.

syren|a *f* (-*y*) Sirene *f*; *engS.* Signal-, Martinshorn *n*; **~a mgłowa** Nebelhorn *n*; **~i** Sirenen-.

syrop *m* (-*u*; -*y*) Sirup *m*.

Syryj|czyk *m* (-*a*; -*cy*), **~ka** *f* (-*i*; *G* -*jek*) Syrer(in *f*) *m*; **2ski** (*po* -*ku*) syrisch.

sysak *m* (-*a*; -*i*) *JSpr.* (*Reh*-)Kitz *n*.

system *m* (-*u*; -*y*) System *n*.

systematy|czność *f* (-*ści*; *0*) Ordnung *f*, Methode *f*, Planmäßigkeit *f*; **~czny** systematisch.

syt *s.* syty; **~ny** sättigend, nahrhaft; **~ość** *f* (-*ści*, *0*) Sattheit *f*; Sättigung *f*.

sytuac|ja *f* (-*i*; -*e*) Situation *f*, Lage *f*; **~yjny** Situations-, Lage-.

sytuowa|ć ⟨*u*-⟩ (-*uję*) placieren; **~ny**: dobrze/źle ~ny gut/schlecht situiert.

syt|y satt; **~**(*y*) sławy auf dem Gipfel s-s Ruhmes; *najeść się do* ~*a* sich satt essen. [arbeit *f.*]

syzyfow|y: **~e** prace Sisyphus-]

sza! *Int.* still!, k-n Mucks!

szaba|s *m* (-*u*; -*y*) Sabbat *m*; **~sowy** Sabbat-.

szaber[1] F *m* (-*bru*; *0*) Plünderung *f* (*mst verlassener Wohnungen*); geplündertes Gut.

szaber[2] *m* (-*bra*; *0*) *s.* tłuczeń.

szabl|a *f* (-*i*; -*e*, -*bel*/-*i*) Säbel *m*; **~asty** säbelförmig; **~ista** *m* (-*y*; -*ści*, -*ów*) *Sp.* Säbelfechter *m*; **~ogrzbiet** *m Zo.* Schwertwal *m*.

szablon *m* (-*u*; -*y*) Schablone *f*; *Tech. a.* Lehre *f*; **~owy** (-*wo*) schablonenhaft.

szablowy Säbel-.

szabrow|ać F ⟨*wy*-⟩ (-*uję*) plündern, organisieren, sich unter den Nagel reißen; **~nik** F *m* (-*a*; -*cy*) Plünderer *m*.

szach[1] *m* (-*a*; -*owie*) Schah *m*.

szach[2] *m* (-*a*/-*u*; -*y*): **~y** *pl.* Schach (-*spiel*) *n*; grać w ~y Schach spielen; dać ~a Schach bieten; **~ista** *m* (-*y*; -*ści*, -*ów*) Schachspieler *m*.

szachowa|ć ⟨*za*-⟩ (-*uję*) Schach bieten; **~nica** *f* (-*y*; -*e*) Schachbrett *n*; *Agr.* Buntschlag *m*; w ~nicę schachbrettartig (gemustert); **~y** Schach-.

szachraj m (-a; -e, -ai/-ów), **~ka** f (-i; G -jek) Schwindler(in f) m; **~** stwo n (-a) Schwindel m, Betrug m.

szachrować (-uję) schwindeln, F mogeln.

szacow|ać ⟨o-⟩ (-uję) (ab)schätzen; taxieren; **~ny** geschätzt.

szacun|ek m (-nku; 0) Achtung f, Wertschätzung f; F **~ek!** habe die Ehre!; brak **~ku** Unehrerbietigkeit f, Mißachtung f; pełen **~ku** respektvoll; godny **~ku** achtungs-, schätzenswert; z wyrazami **~ku** hochachtungsvoll; **~kowo** Adv. schätzungsweise; **~kowy** Schätz(ungs)-.

szadź f (-dzi; 0) s. sadź.

szafa f (-y) Schrank m; **~** grająca Musikbox f, -automat m; F **~** gra! (es ist) alles o.k.!

szafir m (-u; -y) Saphir m; **~owy** Saphir-; (a. -wo) saphirfarben.

szafk|a f (-i; G -fek) Schränkchen n; Vitrine f; **~a** nocna Nachttisch m; **~owy** Schrank-.

szaflik m (-a; -i) Mörteltrog m; (Holz-)Kübel m.

szafot m (-u; -y) Schafott n.

szafow|ać (-uję) verschwenderisch umgehen, aasen (I/mit); **~y** s. szafkowy.

szafran m (-u; -y) Bot., Kochk. Safran m; **~owy** Safran-; safrangelb.

szajka f (-i; G -jek) Bande f.

szakal m (-a; -e) Schakal m.

szakłak m (-a; -i) Bot. Kreuzdorn m.

szal m (-a; -e) Schal m.

szala f (-i; -e, -) (Waag-)Schale f.

szalanda f (-y) (Bagger-)Schute f, Prahm m.

szalbie|rski betrügerisch, arglistig; **~rstwo** n (-a) Erschleichung f, Betrug m; engS. a. Zechprellerei f; **~rz** m (-a; -e) Schwindler m, Preller m.

szale|ć (-eję) ⟨roz- się⟩ rasen, toben, wüten; ⟨o-⟩ außer sich sein (ze szczęścia vor Glück); (za I) verrückt sein (nach), vernarrt sein (in A); s. hulać; **~j** m (-u; -e) Bot. Wasserschierling m; **~nie** Adv. rasend; **~niec** [-'lɛ-] m (-ńca; -ńcy) Verrückte(r), Irre(r); Wag(e)hals m.

szaleń|czy (-czo) wahnsinnig, irr(e); [-'lɛ-] n (-a) Wahnsinn m; vgl. szał.

szalet m (-u; -y) Chalet n; (öffentliche) Bedürfnisanstalt.

szalik m (-a; -i) Schal m, Halstuch n.

szalka f (-i; G -lek) s. szala.

szalony wahnsinnig; rasend, toll; fig. a. närrisch, verrückt; wild; vgl. szaleńczy, hulaszczy. [flotte f.]

szalotka f (-i; G -tek) Bot. Scha-}

szalować ⟨o-⟩ (-uję) verschalen.

szalupa f (-y) Schaluppe f.

szał m (-u; -y) Tobsucht f; Raserei f, Koller m; **~** miłosny, **~** mordowania Liebes-, Blutrausch m; **~** mody Modetorheit f; wpaść w **~** e-n Tobsuchtsanfall bekommen; Amok laufen.

szałaput F m (-a; -y), **~a** F m (-y; G -ów) s. szałwiła.

szałas m (-u; -y) (Laub-)Hütte f; Chalet n; święto **~ów** Laubhüttenfest n.

szałwiła F m (-y; G -/-ów) Bruder Leichtfuß m, Windbeutel m.

szałow|iec [-'wo-] F m (-wca; -wcy) Tobsüchtige(r); **~y** F toll, doll, bombig. [Salbei m.}

szałwia ['ʃawvʲa] f (G, D, L -ii; -e)}

szaman m (-a; -i) Schamane m.

szambelan m (-a; -i/-owie) Kammerherr m. [se(n pl.) f.}

szamerunek m (-nku; -nki) Tres-}

szamot m (-u; -y) Schamotte f.

szamotać ⟨za-⟩ ⟨-czę/-cę/-am⟩ zerren (I/an D); schütteln; **~** się zappeln; sich (katz)balgen, (ze sobą miteinander) raufen.

szampa|n m (-a; -y) Champagner m, Sekt m; **~nka** f (-i; G -nek) Sektglas n; Art Biskuit m; **~ński** [-'paɪ̃-] Champagner-; Sekt-; F fig. bezaubernd. [pion m.}

szampion ['ʃam-] m (-a; -i) Cham-}

szampon m (-u; -y) Schampun n.

szaniec ['ʃa-] m (-ńca; -ńce) Mil. Schanze f.

szankier ['ʃaŋ-] m (-kra; -kry) Med. Schanker m.

szanow|ać (-uję) ehren, schätzen; Gesetz (be)achten; respektieren; Tradition in Ehren halten, bewahren; Kleidung, Gesundheit schonen; **~ać** się einander achten, schätzen; sich schonen; **~any** acht-, ehrbar; anständig; **~ny** (wiele szn.) geehrt, ehrenwert; Śni Panowie! meine (sehr geehrten) Herren!

szansa ['ʃãsa] f (-y; -e) Chance f.

szansonist|a m (-y; -ści, -ów) Chan-

sonnier *m*; ~ka *f* (-*i*; *G* -*tek*) Chansonnette *f*.
szantaż *m* (-*u*; -*e*) Erpressung *f*; ~o-wać (-*uję*) erpressen; ~ysta *m* (-*y*; -*ści*, -*ów*) Erpresser *m*.
szapoklak † *m* (-*a*; -*i*) Klapphut *m*.
szara|czek *m* (-*czka*; -*czki*) *s*. szarak; *hist.* (*pl.* -*czkowie*) kleiner Gutsbesitzer, Krautjunker *m*; ~da *f* (-*y*) Silbenrätsel *n*; ~gi *m*|*pl.* (-*ów*) Kleiderständer *m* *od.* -rechen *m*; ~k *m* (-*a*; -*i*) (Feld-)Hase *m*.
szarańcza *f* (-*y*; -*e*, -*y*) Heuschrecke *f*.
szara|wary *m*|*pl.* (-*ów*) *s*. hajdawe-ry; ~wy (-*wo*) gräulich, etwas grau.
szarfa *f* (-*y*) Schärpe *f*; Kranzschleife *f*.
szargać † (*za*-) (-*am*) besudeln.
szarlata|n *m* (-*a*; -*i*) Scharlatan *m*; *engS.* Kurpfuscher *m*; ~ński [-'taĩ-] betrügerisch, Schwindel-. [*m*.]
szarlotka *f* (-*i*; *G* -*tek*) Apfelstrudel
szarłat *m* (-*u*; -*y*) *Bot.* Amarant *m*.
szarmancki (-*ko*) galant.
szaro *Adv.* grau; ~ *in Zssgn* grau-, Grau; *vgl.* siwo-; ~błękitny *s*. szaroniebieski; ~głaz *m* Grauwacke *f*; ~niebieski graublau, taubengrau; ~oki grauäugig; ~srebrny silbergrau; ~ść *f* (-*ści*; 0) Grau *n*; ~tka *f* (-*i*; *G* -*tek*) Edelweiß *n*; ~zielony graugrün; feldgrau; ~żółty graugelb.
szarówka *f* (-*i*; *G* -*wek*) Abenddämmerung *f*; Morgengrauen *n*.
szarp|ać (-*ię*), (~nąć) [-*nǫłtę*] (-*nę*) *v*/*t* ⟨*a.* po-, roz-zer⟩reißen; raufen; ⟨*za*-⟩ zerren (*A*/*an D*); (*za rękaw* am Ärmel) zupfen; (*za włosy* an den Haaren) ziehen; *fig.* (*nur impf.*) nagen, zehren (*A*/*an D*); *vgl.* obmawiać, targać; *v*/*i Fahrzeug*: rucken; ~ać ⟨~nąć⟩ się sich winden, zappeln; zerren (*an D*); F (*nur impf.*) mit *Schwierigkeiten* kämpfen; (*nur pf.*) ~nąć się *na kupno* (*G*) tief in die Tasche greifen und kaufen (*A*); ~anina F *f* (-*y*; 0) Geraufe *n*, Gezerre *n*; *fig.* Kummer *m*, Ärger *m*; ~any *Text.* Reiß-; *Mus.* Zupf-; ~arka *f* (-*i*; *G* -*rek*) Reißwolf *m*; Lumpenreißer *m*; ~iący *Schmerz*: reißend.
szarpn|ać *pf.* *s*. szarpać; ~ięcie [-'nęn-] *n* (-*a*) Ruck *m*.
szaruga *f* (-*i*) Regenwetter *n*, Dauerregen *m*.

szarwark *m* (-*u*; -*i*) *hist.* Scharwerk *n*, Spanndienst *m*.
szar|y (-*ro*) grau; ~y człowiek Durchschnittsmensch *m*; *fig.* być na ~ym końcu das Schlußlicht machen; o ~ej godzinie in der Dämmerung.
szarytka *f* (-*i*; *G* -*tek*) Graue Schwester.
szarz|eć (-*eje*) ⟨po-⟩ grau werden; ⟨*za*-⟩ grau schimmern; ~eje es dämmert; ~yzna *f* (-*y*; 0) Grau *n*; *fig.* Einerlei *n*.
szarż|a *f* (-*y*; -*e*) (*Kavallerie*-)Attacke *f*; *Thea.*, *Mil.* Charge *f*; *Sp.* (*Rugby*) Fassen *n*; ~ować (-*uję*) Attacke reiten; chargieren, übertreiben.
szast|ać (-*am*), ⟨~nąć⟩ [-*nǫłtę*] (-*nę*) scharren; F ~ać *pieniędzmi* mit dem Geld um sich werfen; *s*. szafować; F ~ać się herumfuhrwerken; sich herumtreiben.
szata *f* (-*y*) Gewand *n*, Kleid *n*; (*Pflanzen*-) Decke *f*; *Typ.* (*Buch*-) Ausstattung *f*.
szata|n *m* (-*a*; -*i*/-*y*) Satan *m*, Leibhaftige(r) *Bot.* Satanspilz *m*; ~ński [-'taĩ-] Satans-; (*a.* -*ko*) satanisch.
szatkow|ać ⟨po-⟩ (-*uję*) *Kohl* hobeln, raspeln; ~nica *f* (-*y*; -*e*) Krauthobel *m*.
szatnia [´ʃat-] *f* (-*i*; -*e*, -*i*) Garderobe *f*, Kleiderablage *f*; ~rka *f* (-*i*; *G* -*rek*) Garderobenfrau *f*.
szatyn *m* (-*a*; -*i*), ~ka *f* (-*i*; *G* -*nek*) Braun-, Dunkelhaarige(r).
szczać V ⟨*na*-, wy- się⟩ (-*ę*) pissen.
szczapa *f* (-*y*) (*Holz*-)Scheit *n*, Kloben *m*; *chudy jak* ~ spindeldürr.
szczaw *m* (-*iu*; -*ie*) (*Sauer*-)Ampfer *m*; ~a *f* (-*y*) Sauerbrunnen *m*, Säuerling *m*; ~ik *m* (-*u*; -*i*) Sauerklee *m*; ~iowy (*Sauer*-)Ampfer-; *Chem.* Oxal-.
szczątek [´ʃtʃɔn-] *m* (-*tka*; -*tki*) (*Über*-)Rest *m*; ~ki *pl. a.* Wrack (-*teile* *m*|*pl.*) *n*; ~ki doczesne sterbliche Hülle; ~kowy (-*wo*) Rest-; *Bio.* rudimentär.
szczeb|el *m* (-*bla*; -*ble*) Sprosse *f*; *fig.*, *Pol.* *a.* Ebene *f*; wyższego ~la übergeordnet; *na najwyższym* ~lu *a.* Spitzen-, Gipfel-.
szczebiot [´ʃtʃe-] *m* (-*u*; -*y*) Zwitschern *n*, Gezwitscher *n*; *fig.* (*Kinder*-)Geplapper *n*; ~ać ⟨*za*-⟩ ⟨-*cze*| -*ce*|-*am*⟩ zwitschern; plappern; ~liwy geschwätzig.

szczecin|a f (-y) Borsten f/pl.; **~iasty** borstenartig; a. = **~owaty** borstig, stach(e)lig; **~ka** f (-i; G -nek) Borste f; **~owy** Borsten-.

szczeć f (-ci; -cie) s. szczecina; Bot. Karde f.

szczególn|ie Adv. besonders, insbesondere; sonderlich; **~ość** f (-ści; 0) Besonderheit f; w ~ości s. szczególnie; **~y** besonder; nic ~ego nichts Besonderes; s. znak.

szczegół m (-u; -y) Einzelheit f, Detail n; ~y pl. a. Nähere(s); nie wdawać się w ~y auf Details verzichten; **~owy** (-wo) ausführlich, mit allen Einzelheiten; (peinlich) genau, sorgfältig.

szczek m (-u; -i) Gebell n, Bellen n; **~acz** m (-a; -e) Kläffer m (a. fig.); **~aczka** f (-i; G -czek) verä. Straßenlautsprecher m für Propagandazwecke; Hetzsender m; V Schnauze f, Klappe f; s. spluwa; **~ać** (-am), ⟨~nąć⟩ [-nǫtɕ] (-nę) bellen, kläffen.

szczeli|na f (-y) Spalt m, Ritze f; Schlitz m; (Trenn-)Fuge f; Geol. Spalte f, Kluft f; **~nowy** Schlitz-; Ling. frikkativ, Reibe-; **~wo** n (-a) Dichtungsmaterial n.

szczelny (luft-/wasser)dicht, hermetisch; -nie zapełniony voll(besetzt, -gefüllt).

szczenia|cki (-ko) fig. s. smarkaty; **~ctwo** F n (-a; 0) fig. Kindheit f; **~k** ['ʃtʃɛ-] m (-a; -i) s. szczenię; (pl. a. -cy) Bengel m; (junger) Schnösel; s. smarkacz.

szczeni|ątko [-'lnɔnt-] n (-a; G -tek) s. szczenię; **~ć się** ⟨o-⟩ (-ę) Hündin, Wölfin: Junge werfen; **~ę** n (-ęcia; -ęta) Welpe m; **~ęcy** [-'nɛn-] Welpen-; fig. unreif, grün; lata ~ęce Flegeljahre n/pl.

szczenna Hündin: trächtig.

szczep m (-u; -y) (Volks- u. Bio.) Stamm m; Agr. Pfropfreis m; ~ winny Weinstock m; **~ić** ⟨za-⟩ (-ę) Agr. (an-, auf)pfropfen, kopulieren; Med. impfen; fig. einimpfen; **~ienie** n (-a) Pfropfung f; Med. ⟨doustne Schluck-⟩Impfung f; **~ionka** f (-i; G -nek) Impfstoff m, Vakzine f; **~owy** Stammes-.

szczerb|a f (-y) Scharte f; (Zahn-, Mauer-)Lücke f; **~aty** schartig, zahnlückig, mit lückenhaftem Gebiß; **~ić** ⟨po-, wy-⟩ (-ę) schartig

machen; **~ić się** ⟨wy-⟩ schartig werden; **~ina** f (-y) Kimme f.

szczero|polski urpolnisch; **~sre-brny** aus purem Silber; **~ść** f (-ści; 0) Aufrichtigkeit f, Offenherzigkeit f; Offenheit f, Freimut m; **~zloty** aus purem Gold.

szczery (-rze) aufrichtig, offenherzig; offen, freimütig; lauter, rein; Wünsche: herzlich; w ~m polu auf freiem Feld.

szczerzyć ⟨wy-⟩ (-ę): ~ zęby die Zähne blecken od. fletschen; fig. P ⟨do G⟩ j-n anlächeln, j-m (breit) zulächeln.

szczeżuja f (-ui; -e) Teichmuschel f.

szczędzić ['ʃtʃɛn-] ⟨dze⟩ s. oszczędzać, skąpić; nie ~ wysiłków k-e Mühe scheuen; nie ~ pochwał mit dem Lob nicht geizen.

szczęk [ʃtʃɛŋk] m (-u; -i) (Waffen-) Geklirr n, Rasseln n; Rattern n der Maschinen; **~a** f (-i) Anat. Kinnlade f, Kiefer m; Tech. (Brems-)Backe f; sztuczna ~a künstliches Gebiß; **~ać** ⟨za-⟩ (-am), ⟨~nąć⟩ [-nɔntɕ] (-nę) klirren, rasseln; rattern; **~ościsk** m Med. Kaumuskelkrampf m; **~owy** Anat. Kiefer-; Tech. Backen-.

szczęściarz ['ʃtʃɛ-] F m (-a; -e) Glückspilz m; **~ć się** ⟨po-⟩ (nur Inf. u. unpers.): ~(ło) mu się we wszystkim er hat(te) in allem Glück; **~e** ['ʃtʃɛ-] n (-a; 0) Glück n; F a. Schwein n, Dusel m; **~em**, na ~e zum Glück.

szczęśliw|iec [-'ɕji-] m (-wca; -wcy) s. szczęściarz; **~y** (-wie) glücklich; Glücks-.

szczęt [ʃtʃɛnt] m: do ~u, ze ~em vollständig, völlig; radikal.

szczodr(obliw)|ość f (-ści; 0) Freigebigkeit f, Großzügigkeit f; **~y** freigebig, großzügig; s. a. hojny.

szczodrze Adv. s. szczodry; **~niec** [-'dʒɛ-] m (-ńca; -ńce) Bohnenstrauch m.

szczot|eczka f (-i; G -czek) (do zębów Zahn-)Bürste f; **~ka** f (-i; G -tek) (do butów, do szorowania Schuh-, Scheuer-)Bürste f; (Kehr-) Besen m; **~karz** m (-a; -e) Bürstenbinder m; **~kować** ⟨wy-⟩ (-uję) (aus)bürsten, Tferd striegeln; Fußboden polieren; **~kowy** Bürsten-.

szczuć ⟨po-⟩ (-ję) (auf)hetzen; ~ psami ⟨A⟩ Hunde hetzen (auf A).

szczudło n (-a; G -del) Krücke f;

Stelze f; **~waty** (*-to*) stelzenförmig.

szczupa|czy Hecht-; **~k** m (*-a*; *-i*) Hecht m; F *fig.* Hechtsprung m.

szczup|leć ⟨*wy-*, *ze-*⟩ (*-eję*) schlank werden, abnehmen; *fig. a.* schwinden, zusammenschrumpfen; **~łość** f (*-ści*; 0) Magerkeit f, Schmächtigkeit f; *fig.* Knappheit f; **~łość** miejsca Enge f, Beengtheit f; **~ły** (*-lo*) mager, schmächtig; schlank; *fig.* knapp, karg.

szczu|r m (*-a*; *-y*) Ratte f; **~rzy** Ratten-; **~tek** m (*-tka*; *-tki*) Nasenstüber m.

szczw|any durchtrieben, ausgekocht; *~ny lis* schlauer Fuchs; **~ół** m (*-ołu*; *-oły*) Schierling m.

szczycić się (*-cę*) stolz sein (*I*/auf *A*); sich brüsten (*I*/mit) berühmt sein (*I*/für *A*).

szczygieł ['ʃtʃi-] m (*-gła*; *-gły*) Stieglitz m, Distelfink m.

szczyny V *pl.* (*-*) Pisse f.

szczyp|ać (*-ię*), ⟨**~nąć**⟩ [*-nǫntɕ*] (*-nę*) zwicken, kneifen (*się* sich); (*nur impf.*) Gras rupfen; *Gewürze*: beißen, brennen; *Getränk*: prikkeln; **~awka** f (*-i*; *G ~wek*) *Zo.* Laufkäfer m; **~ce** f/*pl.* (*-piec*) Zange f; (Krebs-)Schere f; **~czyki** m/*pl.* (*-ów*) kleine Zange; Pinzette f.

szczypior|ek m (*-rku*; 0) Schnittlauch m; **~niak** [*-'ŋɔr-*] m (*-a*; 0) *Sp.* Handball m.

szczyp|nąć *pf. s.* szczypać; **~nięcie** [*-'ŋɛŋ-*] n (*-a*) Kniff m, Zwicken n; **~ta** f (*-y*) Prise f, Messerspitze f; *fig.* Quentchen n, bißchen.

szczyr m (*-u*; *-y*) Bingelkraut n.

szczyt m (*-u*; *-y*) Gipfel m (*a. fig.*); Spitze f; Scheitel m; *Arch.* Giebel m; *~* komunikacyjny, *~* ruchu *a.* Hauptverkehrszeit f; *godziny ~u* Stunden f/*pl.* der Spitzenbelastung; *u ~u* an der Spitze; *auf dem Gipfel s-s Ruhmes usw.*; to *~* wszystkiego! das ist der Gipfel!; **~ny** ruhmreich; erhaben; **~owy** Gipfel-; Spitzen-; Giebel-; *~owy punkt* Höhepunkt m.

szedł(em) 3., 1. *Pers. Prät. v.* iść.

szef m (*-a*; *-owie*) Chef m; *~* kuchni Chefkoch m; **~ostwo** n (*-a*) Führung f, Leitung f; **~owa** F f (*-ej*; *-e*) Chefin f.

szejk m (*-a*; *-owie*) Scheich m; **~a(na)t** m (*-u*; *-y*) Scheichtum n.

szelak m (*-a*; *-i*) Schellack m.

szeląg [*-lɔŋk*, *-ŋga*] m (*-a*; *-i*) Heller m; *nie wart złamanego ~a* k-n Pfifferling wert.

szele|st m (*-u*; *-y*) (*Blätter-*)Rauschen n; Rascheln n; **~szczący** [*-'tʃɔn-*] (*-co*) raschelnd; **~ścić** ⟨*za-*⟩ (*-szczę*) rauschen; *Laub, Papier*: rascheln (*I*/mit).

szelf m (*-u*; 0) Kontinentalsockel m, Schelf m.

szelk|i f/*pl.* (*-lek*) (Hosen-)Träger m/*pl.*; *spódniczka na ~ach* Trägerrock m.

szelm|a m/f (*-y*; *-ów/-*) Schuft m; Schelm m, Schlingel m, freche Göre; **~ostwo** n (*-a*) Schurkerei f; Schelmerei f, Schelmenstreich m; **~owski** (*-ko*) schurkisch; schelmisch, schalkhaft.

szemra|ć (*-rzę/-am*) *Bach*: murmeln; *Wellen*: leise plätschern; *fig.* ⟨*a. za-*⟩ murren; **~nie** n (*-a*) Murmeln n; leises Plätschern; *fig.* Murren n.

szep|lenić (*-nię*) lispeln; **~nąć** *pf. s.* szeptać; **~t** m (*-u*; *-y*) Flüstern n; **~ty** *pl. a.* Gezischel n; **~tem** im Flüstern, flüsternd; **~tać** ⟨*za-*⟩ (*-czę/-cę*), ⟨**~nąć**⟩ [*-nɔntɕ*] (*-nę*) (*pf. a. za*)flüstern, zischeln; *fig.* die Köpfe zusammenstecken, *et.* aushecken; **~tanina** f (*-y*) Geflüster n.

szereg m (*-u*; *-i*) Reihe f; stanąć w **~u** (in Reih u. Glied) antreten; *wstąpić w ~i partii* in die Partei eintreten.

szeregow|ać ⟨*u-*⟩ (*-uję*) aneinanderreihen; ordnen; **~iec** [*-'gɔ-*] m (*-wca*; *-wcy*) *Mil.* Schütze m, (gemeiner) Soldat; *starszy ~iec* Gefreite m; **~y** Reihen-; in Reihen *Su.* m (*-ego*; *-i*) *s.* szeregowiec; *Mil. ~i pl.* Mannschaften f/*pl.*

szermie|rka f (*-i*; *G ~rek*) Fechten n; Fechtkunst f; *fig. ~rka słowna* Wortgefecht n; **~rski** Fecht-; **~rstwo** n (*-a*; 0) *s.* szermierka; **~rz** m (*-a*; *-e*) Fechter m; *fig.* Verfechter m.

szermować (*-uję*) fechten; *fig.* stets im Munde führen (*I*/*A*).

szerok|i (*Komp.* szerszy) breit; weit(läufig); *o ~ich barach* breitschultrig; *jak kraj długi i ~i* weit und breit, im ganzen Land; **~o** *Adv.* (*Komp.* szerzej) breit; weit; weitschweifig; *~o rozpowszechniony* weitverbreitet.

szeroko|- breit-, weit-; **~ekranowy**

Film: Breitwand-; ~kątny *Fot.*
Weitwinkel-; ~nosy breitnasig; ~
pasmowy *Rdf.* Breitband-; ~éé *f*
(*-ści*) Breite *f*; Weite *f*; Weitläufig-
keit *f*; ~torowy *Esb.* weitspurig.
zerszeń *m* (*-nia*; *-nie*) Hornisse *f*.
zerszy *s.* szeroki.
zerze|j *s.* szeroko; ~nie *n* (*-a*; *0*)
Verbreitung *f*.
zerzyć ⟨*roz-*⟩ (*-ę*) verbreiten; ~ się
sich ausbreiten; um sich greifen.
zesnast|ka *f* (*-i*; *G -tek*) Sechzehn
f; ~olatek *m* (*-tka*; *-tki*), -tka *f* (*-i*;
G -tek) Sechzehnjährige(r); ~oletni
sechzehnjährig; ~owieczny aus
dem XVI. Jahrhundert (stammend); 16 Jahrhunderte alt; ~u
Psf. sechzehn; ~y sechzehnte(r).
zesnaści|e, ~oro sechzehn.
ześci|an *f* ['ʃɛɕ-] *m* (*-u*; *-y*) *Math.*
Würfel *m*, Kubus *m*; *podnieść do*
~anu in die 3. Potenz erheben; ~en-
ny kubisch, Kubik-.
ześcio|- sechs-, Sechs-; ~bok *m*
Hexagon *n*, Sechseck *n*; ~dniówka
F *f Sp.* Sechstagerennen *n*; ~kątny
sechseckig; ~krotny sechsmalig;
sechsfach; ~latek *m* (*-tka*; *-tki*),
-tka *f* (*-i*; *G -tek*) Sechsjährige(r);
nur -tka Sechsjahresplan *m*; ~lecie
n (*-a*) sechs Jahre; sechsjähriges
Jubiläum; ~letni sechsjährig; ~
miesięczny sechsmonatig; ~racz-
ki *m/pl.* (*-ów*) Sechslinge *m/pl.*; ~
raki sechserlei; ~ro sechs; ~strza-
łowy sechsschüssig; ~tygodniowy
sechswöchig.
ześ|ciu *Psf.*, ~ć sechs.
ześćdziesiąt [zɛʑ'dʑɛɕɔnt] sechzig;
~ka *f* (*-i*; *G -tek*) Sechzig *f*; ~y
sechzigste(r); *lata* ~e die sechziger
Jahre.
ześćdziesięcio|letni [ʃɛʑdʑɛ'ɕɛŋ-]
sechzigjährig; ~ro sechzig.
ześćset ['ʃɛɕsɛt] sechshundert; ~ny
sechshundertste(r).
zew [ʃef] *m* (*szwu*; *szwy*) Naht *f*;
bez szwu nahtlos; *zdjąć* szwy *Med.*
Fäden ziehen.
zewc *m* (*-a*; *-y*) Schuhmacher *m*, F
Schuster *m*; ~owa F *f* (*-ej*; *-e*)
Schuhmachersfrau *f*.
zewro *n* (*unv.*) Chevreau(leder) *n*.
zews|ki Schuhmacher-, F Schus-
ter-; ~two *n* (*-a*; *0*) Schuhmacher-
handwerk *n*.
zezlag [-lɔŋk, -ŋgu] *m* (*-u*; *-i*)
Chaiselongue *f*, Liege *f*.

szkalować ⟨*o-*⟩ (*-uję*) verleumden,
diffamieren.   [*m*, Mähre *f.*⟩
szkap|a *f* (*-y*), ~ina *f* (*-y*) Klepper⟩
szkaplerz *m* (*-a*; *-e*) Skapulier *m*.
szkarad|a † *f* (*-y*) Scheusal *n*; ~ny
häßlich, abscheulich.
szkar|latyna *f* (*-y*; *0*) *Med.* Schar-
lach *m*; ~łat *m* (*-u*; *-y*) Scharlach *m*;
~łatny scharlachrot; ~łupnie *m/pl.*
(*-i*) *Zo.* Stachelhäuter *m*.
szkatułka *f* (*-i*; *G -łek*) Schatulle *f*,
Kästchen *n*.
szkic *m* (*-u*; *-e*) Skizze *f*; Entwurf *m*;
~ować ⟨*na-*⟩ (*-uję*) skizzieren;
~ownik *m* (*-a*; *-i*) Skizzenbuch *n*,
-mappe *f*; ~owy Skizzen-; (*-wo*)
skizzenhaft.
szkielet ['ʃkɛ-] *m* (*-u*; *-y*) Skelett *n*,
Gerippe *n*; *Tech. a.* Gerüst *n*;
~owy Skelett-; Gerüst-.
szkiełko *n* (*-łka*; *G -łek*) (*Uhr-*)
Glas *n*; ~ przedmiotowe Objekt-
träger *m*.
szklan|eczka *f* (*-i*; *G -czek*) Gläs-
chen *n*; ~ka *f* (*-i*; *G -nek*) (*Trink-*)
Glas *n*; *Agr.* Glaskirsche *f*; ~ki *pl.*
Mar. Glasen *n/pl.*; ~y gläsern,
Glas-.
szklar|nia ['ʃklar-] *f* (*-i*; *-e*) Ge-
wächshaus *n*; ~ski Glaser-; Glas-;
~stwo *n* (*-a*; *0*) Glaserhandwerk *n*.
szklarz *m* (*-a*; *-y*) Glaser *m*; F
Libelle *f*, Wasserjungfer *f*.
szkli|ć ⟨*o-*, *za-*⟩ (*-lę*, *-ij!*) verglasen;
~ć się glitzern; ~sty (*-ście*) glasig;
glasartig; *ciał(k)o* ~ste (*Augen-*)
Glaskörper *m*; ~wić ⟨*o-*⟩ glasieren;
~wo *n* (*-a*) Glasur *f*; (*Zahn-*)
Schmelz *m*.
szkło *n* (*-a*) (*bezodpryskowe, płaskie,
wodne* Sicherheits-, Tafel-, Was-
ser-)Glas *n*; *koll. a.* Glaswaren *f/pl.*;
~o *do lampy* Lampenzylinder *m*.
szkocki (*po -ku*) schottisch.
szkod|a¹ *f* (*-y*; *G szkód*) Schaden *m*;
~y *spowodowane burzą* Sturmschä-
den *m/pl.*; ~a *leśna* Waldfrevel *m*;
na ~ę, *za* ~ą *dla* (*G*) zum Schaden
(*G*), zum Nachteil (von); *bydło w*
szkodzie Vieh auf fremder Wiese
od. fremdem Feld; ~a² *Adv.* (es ist)
schade (*G/um A*; *że/daß*); ~a *słów*
schade um jedes Wort; ~o *fatygi*, F
~o *czasu i utłusu* es ist die Mühe
nicht wert; ~liwy (*-wie*) (*dla zdro-*
wia gesundheits)schädlich; nachteilig; destruktiv, verderblich.
szkodni|ctwo *n* (*-a*; *0*) schädliche

Tätigkeit, Sabotage *f*; ~k *m* (-*a*; -*i*/ -*cy*) Schädling *m*.

szkodz|enie *n* (-*a*) Schädigung *f*; ~ić ⟨*za*-⟩ (-*dzę*) schaden; co to ~i? was (*od. wem*) schadet das?; nie ~i! es schadet (*od.* macht) nichts!

szkoleni|e *n* (-*a*) (*Berufs*-)Ausbildung *f*, (*ideologische*) Schulung *f*; Lehrgang *m*; ~owiec [-'ŋɔ-] *m* (-*wca*; -*wcy*) Ausbilder *m*; ~owy Ausbildungs-, Schulungs-.

szkol|ić ⟨*wy*-⟩ (-*lę*) ausbilden, schulen; ~nictwo *n* (-*a*; *0*) (*wyższe* Hoch-)Schulwesen *n*; ~ny Schul-; schulisch.

szkoł|a *f* (-*y*; *G* szkół) (*podstawowa*, *całodzienna*, *tańca*, *zawodowa* Grund-, Ganztags-, Tanz-, Fachod. Berufs-)Schule *f*; ~a na fortepian Klavierschule *f*; F *dać* ~ę (*D*) *j*-*m* die Leviten lesen.

szkop *m* (-*a*; -*y*) *verä. s. szwab.*

szkopek *m* (-*pka*; -*pki*) Melkeimer *m*; (*Holz*-)Kübel *m*.

szkopuł *m* (-*u*; -*y*) Hindernis *n*, Klippe *f*.

szkorbut *m* (-*u*; *0*) Skorbut *m*.

Szkot *m* (-*a*; -*ci*) Schotte *m*; ~ka *f* (-*i*; *G* -*tek*) Schottin *f*.

szkółka *f* (-*i*; *G* -*lek*) (kleine Dorf-)Schule; ~ *drzewek* Baumschule *f*; ~ *leśna* Forstgarten *m*, Kamp *m*.

szkrab F *m* (-*a*; -*y*) Knirps *m*, kleine Krabbe *f*.

szku|ner *m* (-*a*; -*y*) *Mar.* Schoner *m*; ~ta *f* (-*y*) Lastkahn *m*, Schute *f*; ~tnik *m* (-*a*; -*cy*) Bootsbauer *m*.

szkwa|listy *Wind*: böig; ~ł *m* (-*u*; -*y*) (*Wind*-)Böf.

szlaban *m* (-*u*/-*a*; -*y*) Schranke *f*, Schlagbaum *m*.

szlach|cianka *f* (-*i*; *G* -*nek*) Edelfrau *f od.* -fräulein *n*, Adlige *f*; ~cic *m* (-*a*; -*e*) (*zagrodowy od. zaściankowy* Land-)Edelmann *m*, Adlige(r).

szlachet|czyzna *f* (-*y*; *0*) Adels-, Schlachtaherrschaft *f*; ~ność *f* (-*ści*; *0*) edle Gesinnung, Edelsinn *m*, -mut *m*; Würde *f*, Vornehmheit *f*; edle Beschaffenheit; ~ny edel, Edel-; edelmütig. [Schlachta *f*.]

szlachta *f* (-*y*; *0*) Adel *m*, *eng*S.]

szlafrok *m* (-*u*; -*i*) Morgen-, Schlafrock *m*.

szlag F *m* (-*u*; -*i*): ~ *mnie trafia*

---

mich rührt der Schlag; *żeby to trafił!* da soll doch das Donnerwetter dreinfahren!; ~ier ['ʃla-] F *n* (-*a*; -*y*) *s. przebój*; ~on *m* (-*a*; -*y*) Landjunker *m*.

szlak *m* (-*u*; -*i*) (*Verkehrs*-, *Lebens*-) Weg *m*, (*Luft*-, *See*-) Straße *f* (*Bahn*-)Strecke *f*, (*Wander*-)Rout *f*; (*Dekorations*-)Streifen *m*, Band *n* Spur *f*, Fährte *f*; ~a † *f* (-*i* Schlacke *f*; ~owy Weg-, Routen-Strecken-; *Su. m* (-*ego*; -*i*) *St* Schlagmann *m*.

szlam *m* (-*u*; -*y*) Schlamm *m*; ~owa (-*uję*) schlämmen; ~owy Schlamm-

szleja *f* (*G*, *D*, *L* -*ei*; -*e*, -*ei*) Siele *ʃ*

szlem *m* (-*a*; -*y*), ~ik *m* (-*a*; -*i*) *KSʃ* Schlemm *m*.

szli 3. *Pers. Prät. v. iść*.

szlif *m* (-*u*; -*y*) Schliff *m*; ~a *f* (-*y* Epaulette *f*; ~y *generalskie* Gene ralsrang *m*.

szlifier|ka *f* (-*i*; *G* -*rek*) Schlei maschine *f*; ~nia [-'ɛr-] *f* (-*i*; -*e* Schleiferei *f*; ~ski Schleif-.

szlif|ierz ['ʃli-] *m* (-*a*; -*e*) Schlei fer *m*; ~ować ⟨*o*-⟩ (-*uję*) schleifer

szloch *m* (-*u*; -*y*) Schluchzer *m*; ~a ⟨*za*-⟩ (-*am*) schluchzen.

szła(m) 3./1. *Pers. Prät. v. iść*.

szmacia|k ['ʃma-] *m* (-*a*; -*i*) Flik kenteppich *m*; ~nka F *f* (-*i*; *G* -*ne* Lumpenball *m*; ~ny Lumpen-Flicken-; ~rka *f* (-*i*; *G* -*rek*), ~rz *ʃ* (-*a*; -*e*) Lumpensammler(in *f*) *m*.

szmaragd *m* (-*u*; -*y*) Smaragd *m* ~owy Smaragd-; smaragdgrün.

szmat *m* (-*u*; -*y*) (*ordentliche* Stück; ~ *czasu* lange Zeit; ~a *f* (-*y* Lappen *m*; Fetzen *m*, Lumpen *m fig. verä.* Flittchen *n*; *a.* = ~ławie [-'wa-] *m* (-*wca*; -*wce*) Skandal Revolverblatt *n*.

szmelc F *m* (-*u*; *0*) Schrott *m*.

szmer *m* (-*u*; -*y*) Geräusch *n*; Ge murmel *n*.

szmerg|iel ['ʃmɛr-] *m* (-*gla*; -*gl* Schmirgel *m*; F *fig.* Fimmel *n* ~lowy Schmirgel-.

szmerowy Geräusch-.

szmink|a *f* (-*i*; *G* -*nek*) Schminke Lippenstift *m*; ~ować ⟨*u*-⟩ (-*uj* schminken (*się* sich).

szmira F *f* (-*y*) Schmiere *f* (*Thea.*

szmirus F *m* (-*a*; -*y*) Saufbruder *m*

szmug|iel ['ʃmu-] *m* (-*glu*; *0*) przemyt; ~lować ⟨*prze*-⟩ (-*uj* (durch-, ein)schmuggeln.

zmyrg|ać F (-am), ⟨~nąć⟩ [-nɔnțe] (-nę) huschen.

znur m (-a; -y) Schnur f, Strick m; ~ **do bielizny** Wäscheleine f; ~ **pojazdów** Fahrzeugschlange f; **jak pod** ~ schnurgerade; ~**ek** m (-rka; -rki) Schnur f, Bindfaden m; Kordel f.

znurow|ać ⟨za-⟩ (-uję) (zu-, ver-)schnüren; ~**adło** n (-a; G -deł) Schnürsenkel m; ~**y** Schnur-, Strick-. [wadło.⟩

znurówka f (-i; G-wek) s. sznuro-

znycel m (-cla;-cle) Schnitzel n.

zofer m (-a; -rzy) (Kraft-)Fahrer m, Chauffeur m; ~**ka** f f (-i; G -rek) (LKW-)Fahrerkabine f; Fahrerin f; 0) Kraftfahrerberuf m; ~**ować** f -uję) chauffieren; ~**ski** (Kraft-)Fahrer-, Chauffeur-.

zok m (-u; -i) Schock m; ~**ować** ⟨za-⟩ (-uję) schockieren; ~**ujący** -'jon-] (-co) schockierend.

zop m (-a; -y) Waschbär m.

zopa f (-y) Schuppen m; F a. Mähne f, Pennerkissen n.

zopenowski Chopin-.

zopka f (-i; G -pek) kleiner Schuppen; (Weihnachts-)Krippe(nspiel n) ; satirisches Kabarett; F s. heca;

zrz m (-a; -e) Krippenspieler m.

zopowy Waschbär-.

zorowa|ć ⟨wy-⟩(-uję) v/t scheuern; v/i F rasen, hasten; P **szoruj stąd!** zau ab!

orstk|i (-ko) rauh; fig. a. schroff, barsch, brüsk; ~**owłosy** rauhhaarig.

orty m/pl.(-ów) Shorts pl.

os|a f (-y) Chaussee f, (Land-)traße f; ~**owiec** [-'sɔ-] m (-wca; wcy) Sp. (Rad-)Straßenfahrer m; **owy** Chaussee-, Straßen-.

ot m (-u; -y) Mar. Schott f.

owinista m (-y; -ści, -ów) Chauvi-ist m.

óst|ak m (-a; -i) JSpr. Sechs-nder m; ~**ka** f (-i; G -tek) Sechs f; **y** sechste(r); Su. ~**a** (-ej; 0) sechs Jhr.

pachl|a f (-i; -e, -i/-chel) Spachtel f; ~**ować** ⟨za-⟩ (-uję) (ver)spach-:ln; ~**ówka** f (-i; G -wek) Spach-:lmasse f.

pa|da f (-y) Degen m; ~**del** m ullu, ~dle) Opaten m, ~**dzista** m y; -ści, -ów) Degenfechter m.

pagat m (-u; -y) Bindfaden m; p. Spagat m.

pak m (-a; -i) Zo. Star m; Grau-

schimmel m (Pferd); ~**owaty** grau-meliert; Pferd: grau.

szpaler m (-u; -y) Spalier n.

szpalt|a f (-y) Typ. Spalte f; ~**owy** Spalten-. [Schlitz m.⟩

szpara f (-y) Spalt m, Ritze f;⟩

szparag m (-a; -i) Spargel m; ~**nia** [-'gar-] f (-i; -e) Spargelbeet n; ~**owy** Spargel-; s. fasola.

szpargał m (-u; -y) Wisch m; ~**y** pl. a. alte Papiere. [schmale Ritze.⟩

szparka f (-i; G-rek) kleiner Spalt,⟩

szpat[1] m (-a/-u; 0) Vet. Spat m.

szpat[2] m (-u; -y) Min. Spat m.

szpatułka f (-i; G -lek) Spatel m.

szpecić (-ę) häßlich machen; ⟨o-, ze-⟩ entstellen, verunstalten.

szpera|cz m (-a; -e) (eifriger) For-scher, Sucher; JSpr. Stöberhund m; Mil. Späher m; Kfz. Such-scheinwerfer m; ~**ć** (-am) (durch-)stöbern, wühlen; ⟨wy- aus-, her-vor⟩kramen; ~**nie** n (-a; 0), ~**nina** F f (-y; 0) (Herum-)Stöbern n, Kramen n.

szperka f (-i; G -rek) (Speck-)Grie-be f; magerer Speck.

szpet|ność f (-ści; 0), ~**ota** f (-y; 0) Häßlichkeit f; ~**ny** häßlich, garstig.

szpic m (-a; -e) Spitze f; Spitz m (Hund); w ~ spitz, Spitz-; ~**a** f (-y; -e) Vorhut f; ~**el** m (-cla; -cle) Spitzel m, Schnüffler m; ~**lować** (-uję) spionieren; bespitzeln; ~**ruta** f Reitpeitsche f. [Spion m.⟩

szpieg [ʃpɛk, '-ɛga] m (-a; -dzy) **szpiego|stwo** n (-a; 0) Spionage f; ~**wać** (-uję) ⟨wy- aus⟩spionieren; ~**wski** Spionage-.

szpik m (-u; 0) Mark n; do ~**u kości** bis auf die Knochen, durch und durch; ~**ować** ⟨na-⟩ (-uję) Kochk. spicken; ~**owy** Mark-; ~**ulec** m (-lca; -lce) Spicknadel f; Stielkamm m.

szpilk|a f (-i; G -lek) Stecknadel f; (Draht-)Stift m; ~**a do włosów** Haarnadel; F pl. ~**i** Bleistiftabsätze m/pl.; ~**owy** Nadel-; Stift-.

szpinak m (-u; -i) Spinat m.

szpital m (-a; -e) Krankenhaus n; ~ **wojskowy** Lazarett n; ~ **dla umysłowo chorych** Nervenheilanstalt f; ~**nictwo** n (a) Krankenhauwwesen n; ~**ny** Krankenhaus-; Mil. Lazarett-; Behandlung: stationär.

szpon m (-a; -y) Klaue f, Kralle f; ~**y** pl. a. Fang m, Fänge m/pl.

szponder m (-dra; -dry) (Mittel-)Bruststück n v. Rind; ~ poprzeczny Querrippe f. [Sprotte f.]
szprot m (-a; -y), ~ka f (-i; G -tek)
szprycha f (-y) (Rad-)Speiche f.
szpul|**a** f (-i; -e), ~ka f (-i; G -lek) Spule f.
szpunt m (-u; -y) Spund m.
szrafować (-uję) schraffieren.
szrama f (-y) s. blizna; Schramme f.
szrapnel m (-a; -e) Schrapnell n.
szreń f (-ni; -nie, -ni) Firn m.
szron m (-u; -y) (Rauh-)Reif m.
sztab m (-u; -y) (generalny, kierowniczy General-, Führungs-)Stab m.
sztab|**a** f (-y) (Eisen-)Stange f., Stab m; (Gold-)Barren m; ~ik m (-a; -i) Typ. Steg m; ~ka f (-i; G -bek) kleiner Barren; s. sztaba.
sztabow|**iec** m (-bca; -wca; -wcy) Stabsoffizier m; ~y¹ Stabs-; ~y² Stangen-; Barren-.
sztachet|**a** f (-y) Zaunlatte f; ~y pl. Staket n, Lattenzaun m; ~owy Latten-.
sztafaż m (-u; -e, -y) Staffage f.
sztafet|**a** f (-y) hist. Stafette f; Sp. = ~owy: bieg ~owy Staffellauf m.
sztafirować się F ⟨wy-⟩ (-uję) sich ausstaffieren.
sztalug|**a** f (-i) Staffelei f; ~owy: malarstwo ~owe Tafelmalerei f.
sztama F f (-y) dicke Freundschaft.
sztampa f (-y) Schablone(nhaftigkeit) f; [(-uję) stanzen.]
sztanc|**a** F f (-y) Stanze f; ~ować F]
szandar m (-u; -y) Fahne f; ~owy Fahnen-; Su. m (-ego; -i) Fahnenträger m.
sztang|**a** f (-i) Stange f; Sp. Scheibenhantel f; ~ista m (-y; -ści, -ów) Sp. Gewichtheber m.
sztapl|**arka** f (-i; G -rek) (Hub-)Stapler m; ~ować (-uję) (auf-)stapeln. [Schauermann m.]
sztauer m (-a; -rzy) Stauer m,]
sztok s. pijany.
sztolnia ['ʃtɔ-] f (-i; -e) Bgb. Stollen m.
szton m (-a/-u; -y) Spielmarke f.
sztorc: na ~, ~em hochkant; F stawać ~em sich sträuben, sich auf die Hinterbeine stellen; ~ować F ⟨o-⟩ (-uję) j-n rüffeln, abkanzeln.
storm m (-u; -y) (See-)Sturm m; ~owy Sturm-; ~ówka f (G -wek) Sturmlaterne f; ~trap m Seefallreep n.

sztruks m (-u; -y) Kord-, Ripssamm m; ~owy Kord(samt)-.
sztuba|**cki** F: ~cki kawał Dummejungenstreich m; ~k F m (-a; -cy -i) Pennäler m.
sztu|**cer** m (-a; -y) Stutzen n (Waffe); ~ciec ['ʃtu-] m (-ćca; -ćce (Eß-)Gabel f; nur pl. ~ćce (Eß-Besteck n.
sztucz|**ka** f (-i; G -czek) Kniff m Trick m; Thea., Mus. kurze Stück; ~ki diabelskie Teufelswer n; chytra ~ka Pfiffikus m; ~n; künstlich, Kunst-; gekünstelt, ge ziert.
sztućce pl. v. stuciec. [ten m.]
sztufada f (-y) Rinderschmorbra-]
sztuka f (-i) Kunst f; (Schreib-Kriegs-)Handwerk n; Stück n (a Thea.); Kunststück n; wielka ~ to nie ~! das ist kein Kunststück! ~mięs [-mỹs] m (-a; -y) gekochte Rindfleisch.
sztukas F m (-a; -y) Flgw. Stuka m
sztukat|**eria** [-'tɛ-] f (G, D, L -ii -e) Arch. Stuck m; ~or m (-a; -rz) Stukkateur m.
sztuk|**mistrz** m (Zirkus-)Artist m Zauberkünstler m; ~ować ⟨nad-⟩ (-uję) (an)stückeln.
szturch|**ać** (-am), ⟨-nąć⟩ [-nɔn't̚- (-nę) puffen, knuffen, schubsen ~aniec [-'xa-] m (-ńca; -ńce), ~nię cie [-'ŋɛŋ-] n (-a) Puff m, Knuff m Schubs m.
szturm m (-u; -y) (Sturm-)Angrif m; przypuszczać ~ anstürmer Sturm laufen (do G/gegen A); ~a m (-a; -i/-owie) Mar. Steuermann m; Sturmkolonne f; ~ować ~(uję) stürmen, angreifen; fig. an stürmen (do G/gegen A); ~owie [-'mɔ-] F m (-wca; -wce) Schlacht flugzeug n; ~owy Sturm-, An griffs-; fig. Stoß-; ~ówka f (-i; -wek) (rotes) Banner.
sztych m (-u; -y) (Klingen-)Spitze (Degen-)Stoß m; Stich m (a. Kunst ~arz m (-a; -e) (Kupfer-)Stecher ~ować (-uję) in Metall stechen.
sztyft m (-u; -y) (Draht-)Stift m.
sztygar m (-a; -rzy) Bgb. Steiger m
sztylet m (-u; -y) Dolch m; ~owa ⟨za-⟩ (-uję) erdolchen.
sztylpy f/pl. (-) Stulpenstiefel m/p
sztym|**ować** F (-uję) stimmen (v/i ~uje! okay!
sztywn|**iak** ['ʃti-] F m (-a; -cy) hoch

näsiger, zugeknöpfter Kerl; **~ieć** ⟨ze-⟩ (-eje) steif werden; erstarren; **~ość** f (-ści; 0) Steifheit f, Steife f; Starrheit f; **~y** (-no) steif; starr; Preise: fest.

zubieni|ca f (-y; -e) Galgen m; **~cznik** m (-a; -cy/-i) Galgenvogel m; **~czny** Galgen-.

zubraw|iec [-'bra-] m (-wca; -wcy) Lump m, Schuft m; **~stwo** n (-a) Lumperei f, Gemeinheit f; koll. Lumpengesindel n.

zuf|elka f (-i; G -lek) (Hand-) Schaufel f; **~la** f (-i; -e, -i) Schaufel f, Schippe f; Typ. Satzschiff n; **~lada** f Schublade f, -fach n; **~lad-kowy** Schubladen-; verschachtelt; **~lować** (-uję) schaufeln, schippen. **zuja** f/m (G, D, L -ui; -e, szuj[ów]) Schuft m.

zuka|cz m (-a; -e) Sucher m; Suchgerät n; **~ć** ⟨po-⟩ (-am) suchen (G/A); **~nie** n (-a) Suche(n n) f.

zuler m (-a; -rzy) Falschspieler m; **~ka** f (-i; 0), **~stwo** n (-a; 0) Falschspiel n; **~ski** Falschspieler-.

zum m (-u; -y) Geräusch n; Rauschen n; F fig. Krach m; **~ w uszach** Ohrensausen n; **~ieć** ['ʃu-] ⟨za-⟩ (-ę, -i) rauschen; Wind a.: sausen; Meer a.: brausen; wino **~i w głowie** der Wein steigt zu Kopf; **~ny** geräuschvoll, laut; rauschend, brausend (a. fig.); hochtönend, -trabend; **~ować** ⟨z-⟩ (-uję) ab-, entschäumen; **~owiny** f/pl. (-) Schaum m; fig. Abschaum; **~ówka** f (-i; G -wek) Schaumkelle f.

zurać (-am) s. szurgać; P fig. kra-keelen; stänkern.

zurg|ać (-am) mit d. Füßen schar-ren; **~ot** m (-u; -y) Scharren n; lautes) Rücken.

zus m (-u/-a; -y) blöder (od. komi-cher) Einfall, F Schnapsidee f; Sp. **~hußfahrt** f; **~ować** (-uję) Sp. im Schuß hinabfahren.

zut|er m (-tru; 0) Schotter m; **~ro-visko** n (-a) Geröllfeld n; **~rowy** schotter-.

zuwary m/pl. (-ów) Röhricht n, Schilf(dickicht) n, Ried n.

zwab m (-a; -i/-owie) Schwabe m; **~ra†** (pl. -y) Buche m, Hunne m; **~ski** schwäbisch; verä. deutsch.

zwaczka † f (-i; G -czek) Näherin f. **zwadron** m (-u; -y) Schwadron f; **~undertschaft** f.

szwagier ['ʃva-] m (-gra; -growie) Schwager m; **~ka** f (-i; G -rek) Schwägerin f.

szwagro|stwo n (-a, D, L -u; -a) Schwager m mit (s-r) Frau; **~wski** schwägerlich, Schwagers-.

Szwajcar m (-a; -rzy), **~ka** f (-i; G -rek) Schweizer(in f) m; **2ski** schweizerisch, Schweizer-.

szwalnia f [ʃval-] f (-i; -e) Näherei f, Nähwerkstatt f.

szwank m (-u; -i) Schaden m, Nach-teil m; narazić na **~** (A) schaden (D); schädigen, beeinträchtigen (A); bez **~u** unverletzt; unbeschädigt; fig. ungeschoren; **~ować** F (-uję) nicht recht funktionieren, hapern; **~ować** na umyśle nicht ganz bei Verstand sein; coś tu **~uje** irgend etwas klappt hier nicht.

szwarcować F ⟨prze-⟩ (-uję) s. szmuglować.

szwargot m (-u; -y) Kauderwelsch n; **~ać** ⟨za-⟩ (-czę/-cę) Kauder-welsch reden, kauderwelschen; un-entwegt plappern.

Szwed m (-a; -dzi) Schwede m; **~ka** f (-i; G -dek) Schwedin f.

szwedzki (po -ku) schwedisch; **~** chleb Knäckebrot n.

szwendać się (-am) herumlungern, sich herumtreiben.

szwindlować F (-uję) schwindeln, mogeln.

szwoleżer m (-a; -rzy/-owie) hist. Chevauleger m.

szwu, szwy s. szew.

szyb m (-u; -y) Bgb., Tech. Schacht m; **~** naftowy Erdölbohrloch n; **~** do śmieci Müllschlucker m; **~a** f (-y) (Fenster-)Scheibe f.

szybciej ['ʃip-] Komp. v. szybko.

szyb|er m (-bra; -bry) Schieber m; **~ik** m (-a; -i) (Schürf-)Schacht m; **~ka** f (-i; G -bek) kleine (Glas-) Scheibe.

szybki (Komp. szybszy; Adv. -ko, Komp. szybciej) schnell; rasch, prompt; nie tak -ko! a. nicht so eilig!

szybko|bieżny Tech. hochtourig, Schnell-, schnelläufig; **~sprawny** Arch. schnellbindend; **~strzelny** Schnellfeuer-.

szybkościo|mierz [-'tɕɔ-] m (-a; -e) Geschwindigkeitsmesser m; **~wy** (-wo) schnell-, Schnell-.

szybko|ść f (-ści; 0) Geschwindigkeit *f*; *Mar. a.* Fahrt *f*; ⁓*šć orien-tacji* guter Orientierungssinn; *s. prędkość*; ⁓**war** *m* (*-u*; *-y*) Schnell-kochtopf *m*; ⁓**wiążący** *s.* szybko-sprawny.

szybow|ać ⟨*po-*⟩ (*-uję*) *durch d. Luft* segeln, gleiten; *Flgw.* segel-fliegen; im Gleitflug niedergehen; ⁓**anie** *n* (*-a*; *0*) Gleitflug *m*; Segel-flug *m*; ⁓**cowy** Segelflug(zeug)-; ⁓**iec** [-'bɔ-] *m* (*-wca*; *-wce*) Gleiter *m*, Segelflugzeug *n*; ⁓**nictwo** *n* (*-a*; *0*) Segelfliegerei *f*, Segelflugsport *m*; ⁓**nik** *m* (*-a*; *-cy*) Segelflieger *m*; ⁓**y**[1] *Bgb.* Schacht-; ⁓**y**[2] Gleit-, Segel-; *lot* ⁓**y** *s.* szybowanie; ⁓**y**[3]: *szkło* ⁓**e** Fensterglas *n*.

szybszy *Komp. v.* szybki.

szych *m* (*-u*; *0*) Lahn *m*; Lametta *n*; *fig.* Flitterkram *m*.

szychta P *f* (*-y*) (*Arbeits-*)Schicht *f*.

szy|cie ['ʃi-] *n* (*-a*) Nähen *n*, Näh-arbeit *f*; ⁓**ć** ⟨*u-*⟩ (*-ję*) nähen; schneidern.

szydełko *n* (*-a*; *G -lek*) Häkelhaken *m*; ⁓**wać** (*-uję*) häkeln; ⁓**wy** Häkel-.

szyder|ca *m* (*-y*; *G -ów*) Spötter *m*; Schmäher *m*; ⁓**czy** (*-czo*) höhnisch; ⁓**czy uśmiech** hämisches Grinsen; ⁓**stwo** *n* (*-a*) Hohn *m*, Spott *m*; Verspottung *f*.

szydło *n* (*-a*; *G -deł*) Ahle *f*, Pfriem *m*; *wylazło* ⁓ *z worka* da kommt der Pferdefuß zum Vorschein.

szydz|enie *n* (*-a*; *0*) Verspottung *f*, -höhnung *f*; ⁓**ić** (*-dzę*) höhnen; ⟨*za-*⟩ (*z G*) *j-n* verspotten, -höhnen.

szyfon *m* (*-u*; *-y*) Chiffon *m*.

szyfr *m* (*-u*; *-y*) Chiffre *f*; ⁓**ogram** *m* Chiffretelegramm *n*; ⁓**ować** ⟨*za-*⟩ (*-uję*) chiffrieren, verschlüsseln; ⁓**owy** Chiffre-; Kombinations- (*Schloß*).

szyj|a *f* (*szyi*; *-e*, *-*) Hals *m*; ⁓**ka** *f* (*-i*; *G -jek*) (*Flaschen-*, *Gebärmut-*

ter-)Hals *m*; F ⁓**ka rakowa** Krebs-schwanz *m*; ⁓**ny** Hals-.

szyk[1] *m* (*-u*; *0*) Schick *m*, Eleganz *f.* **szyk**[2] *m* (*-u*; *0*) (*Marsch-*)Ordnung *f*; *Flgw.* Formation *f*; *Gr.* Wortfolge *f*; ⁓ *rozwinięty* *Mil.* Linie *f*; *s. szyki.*

szykan|a *f* (*-y*) Schikane *f*; ⁓**ować** (*-uję*) schikanieren.

szyki *pl.* (*-ów*) Reihen *f*/*pl.*; *fig. po-mieszać* ⁓ (*D*) *j-s* Pläne durch-kreuzen.

szykow|ać ⟨*na-*, *przy-*⟩ (*-uję*) (*si-*)bereiten (*się sich*; *do G*/*zu*); ⁓**ać si*** (*D*) *j-m* ins Haus stehen, bevor-stehen; ⁓**ać się do skoku** zun Sprung ansetzen; ⁓**ny** schick, flott

szyld *m* (*-u*; *-y*) (*Aushänge-*)Schild *n*; ⁓**kret** *m s.* szylkret.

szyling *m* (*-a*; *-i*) Schilling *m*.

szylkret *m* (*-u*; *-y*) Schildpatt *n*; *Zo* ⁓ *olbrzymi* Suppenschildkröte *f* ⁓**owy** Schildpatt-.

szympans [-pãs] *m* (*-a*; *-y*) Schim panse *m*.

szyn|a *f* (*-y*) Schiene *f* (*a. Med.*); ⁓**** *m* (*-a*/*-u*; *-e*) *Mil.* Mantel *m*; ⁓**iał** ['ʃi-] *m* (*-a*; *-i*) Schienennagel *m*.

szynk [-ŋk] *m* (*-u*; *-i*) Schenke *f*; ⁓ *f* (*-i*; *G -nek*) Schinken *m*; ⁓**was** *r* (*-u*; *-y*) Schanktisch *m*, Theke *f*.

szynowy Schienen-; schienenge bunden.

szynszyl|a *f* (*-i*; *-e*, *-i*) Chinchilla *f* ⁓**owy** Chinchilla-.

szyper *m* (*-pra*; *-prowie*) Schiffer *n* **szypszyna** *f* (*-y*) Heckenrose *f*.

szypułk|a *f* (*-i*; *G -lek*) Blatt- *o* Blütenstiel *m*; ⁓**owy**: *dąb* ⁓*ow* Stieleiche *f*.

szysz|ak *m* (*-a*; *-i*) Helm *m*; ⁓**ka** (*-i*; *G -szek*) (*Tannen-*)Zapfen *n* Hopfendolde *f*; ⁓**kowy** Zapfen-gruczoł *-wy* = ⁓**ynka** *f* (*-i*; *G -ne Anat.* Zirbeldrüse *f*.

szyty genäht.

cian|a f (-y) Arch. Wand f, Mauer f; Bgb. Streb m; Math. (Seiten-) Fläche f; mieszkać przez ~ę Wand an Wand wohnen; **~ka** f (-i; G -nek) Wand(ung) f.

ciąc pf. s. ścinać.

ciąg [ɕtɕɔŋk, '-ŋgu] m (-u; -i) Arch. Zuganker m; Bundbalken m; **~acz** m (-a; -e) Strickbündchen n; Strickansatz m; (Gardinen-)Schleuderstab m; Tech. Abziehvorrichtung f; **~aczka** F f (-i; G -czek) Spickzettel m; **~ać**, ⟨~nąć⟩ v/t herab-, hinunterziehen, -zerren; abziehen (a. fig., Tech.); Wein usw. abfüllen; Mantel, Handschuh ausziehen; Flagge einholen; Aufmerksamkeit, Verdacht (na siebie auf sich) lenken, ziehen; zusammenziehen (a. fig.; się sich); Steuern einziehen; F (nur pf.) mopsen, klauen; v/i (mst impf.) Leute: zusammenströmen; F (mst pf.) in d. Schule abschreiben; s. ściskać się; **~ający** [-'jɔn-] (-co) Med. adstringierend; **~anie** n (-a), **~nięcie** [-'nɛn-] n (-a) Zusammenziehung f; Abziehen n; (Steuer-)Einziehung f; Beitreibung f; **~awka** f (-i; G -wek) s. ściągaczka; **~nąć** pf. s. ściągać.

ich|ać (-am) s. cichnąć; **~apek** [-pɛŋk] F m (-a; -i) stilles Wasser fig.), ein ganz Stiller.

iec pf. s. ściekać.

ieg [ɕtɕɛk, '-egu] m (-u; -i) (kryty, ańcuszkowy Blind-, Ketten-)Stich m; Tech. Schweißraupe f.

iek [ɕtɕɛk] m (-u; -i) Abfluß(rinne f, -graben m) m; Gosse f; ~i pl. Abwässer n/pl.; **~ać**, ⟨ściec, ~nąć⟩ abließen, ablaufen; abtropfen; **~owy** abfluß-.

iel|enie n (-a): ~enie łóżek Bettenmachen n; **~ić** ⟨po-⟩ -(ię) s. słać[2].

iemni|ać [ɕtɕɛm-] (-am), ⟨~ć⟩ -ę, -nię) dunkler machen; Licht bblenden; **~a się** za wiąd dunkel, eć pf. s. ciemnieć; na dworze ~ało traußen ist es dunkel geworden.

ienny Wand-.

ier [ɕtɕɛr] m (-u; -y) Tech. (Holz-) Stoff m, Zeug n; **~ać** (-am), ⟨zetrzeć⟩ ab-, wegwischen; abreiben; ausradieren (a. fig.); auslöschen, tilgen; **~ać** kurze Staub wischen; **~ać** ⟨zetrzeć⟩ się sich abreiben, sich (durch Reibung) abnutzen; ausradiert werden (können); fig. hart aufeinanderprallen; **~alność** f (-ści; 0) Abriebfestigkeit f; **~anie** n (-a; 0) (Ab-)Wischen n; ~anie się Abrieb m, Verschleiß m; **~eczka** f (-i; G -czek) (Staub-, Spül-)Lappen m, Tuch n; **~ka** f (-i; G -rek) (Scheuer-)Tuch n; V fig. Schickse f, Hure f.

ścierni|ca f (-y; -e) Schleifscheibe f; **~sko** n (-a) Stoppelfeld n; **~wo** n (-a) Schleifmittel n.

ścierny Tech. Schleif-; engS. a. Schmirgel-, Glas-.

ścierń [ɕtɕɛrɲ] f (-ni; -nie) (Getreide-) Stoppeln f/pl.

ścierpieć pf. ertragen, (er)dulden.

ścier|wica f (-y; -e) Fleischfliege f; **~wnik** m (-a; -i) Aasgeier m; **~wo** n (-a) (Tier-)Kadaver m, Aas n, Luder n.

ścieśni|ać [ɕtɕɛɕ-] (-am), ⟨~ć⟩ -ę, -nij!) verengen (się sich), enger machen; beschränken; zusammendrängen (się sich); **~a)ć** szeregi aufschließen (v/i).

ścież|ka f (-i; G -żek) (Fuß-, Saum-)Pfad m, (Garten-)Weg m; (Ton-)Spur f; **~ka** dla rowerzystów Radfahrweg; **~yna** f (-y) schmaler Pfad.

ścięcie n Abschneiden n, Abhacken n; Tech. Abscherung f; Sp. Schnitt(ball)schlag m; hist. Enthauptung f, Köpfen n; jak na ~ wie zu s-r eigenen Hinrichtung.

ścięgno [-ɛŋg-] n Anat. Sehne f; Tech. Spannseil n, -draht m; Flgw. Verstrebung f; **~wy** Sehnen-.

ścięty [ɕtɕɛn-] abgeschnitten; enthauptet; Baum: gefällt; Math. -stumpf m (z.B. Kegelstumpf); ~ skośnie abgeschrägt; fig. jak ~ abgestumpft; verzweifelt.

ściga|cz m (-a; -e) Mar. Schnellboot

n; ~ć (-am) verfolgen; Jur. a. ahnden; ~ć się um die Wette laufen; (miteinander) wetteifern; ~nie n(-a; 0): aparat (od. organy) ~nia Strafverfolgungsorgane n/pl., ~behörde f.

ścinać (-am), ⟨ściąć⟩ abschneiden; Bäume absägen, fällen; Ball, Kurve schneiden; hist. j-n enthaupten, köpfen; fig. F Prüfling durchfallen lassen; F absägen; Blut stocken lassen; ~ z nóg Krankheit: j-n entkräften, auszehren; ~ się gerinnen; erstarren; gefrieren; ~ się ostro (z I) sich in die Haare geraten.

ścin|ak m (-a; -i) Kreuzmeißel m; ~anie n (-a) Abschneiden n; (Holz-) Fällen n; s. ścięcie; ~anie się Gerinnung f; ~ki m/pl. (-ów) (Schnitt-) Abfälle m/pl., Verschnitt m.

ściółk|a f (-i; G -lek) Forst. Unterstreu f; Agr. (Ein-)Streu f; ~owy Streu-.

ścisk m (-u; 0) Gedränge n; (Seil-) Klemme f; a. = ~acz m (-a; -e) (Schraub-)Zwinge f; ~ać, ⟨ścisnąć⟩ v/t zusammenpressen, -drücken; umklammern; umarmen; zusammenpferchen; Faust ballen; Hand drücken, schütteln; Zähne zusammenbeißen; Mieder schnüren; fig. Herz abdrücken; Kehle zusammenschnüren; vgl. zaciskać; v/i mróz ~a es friert Stein und Bein; ~ać ⟨ścisnąć⟩ się Herz: sich zusammenkrampfen; Menschen: sich zusammendrängen; sich (od. einander) umarmen; ścisnąć się pas(ki)em den Gürtel enger schnallen; ~anie n (-a; 0) Zusammendrücken n, Pressen n; Tech. a. Verdichtung f.

ścisł|ość f (-ści; 0) Kompaktheit f; Dichtheit f; Genauigkeit f, Exaktheit f; dla ~ości um genau zu sein; ~y (Psf. -śli, Komp. -ślejszy, Adv. ściśle) dicht, kompakt; Beziehungen usw.: eng; Diät usw.: streng; Vorschrift: strikt; genau, präzis(e), exakt; ściśle biorąc streng-, genaugenommen; ~ tajny.

ścisnąć pf. s. ściskać.

ścisz|ać, ⟨~yć⟩ s. przyciszać.

ściś|le Adv. s. ścisły; ~liwość f (-ści; 0) Verdichtbarkeit f; ~nięcie [-'nen-] n (-a) s. ściskanie.

ślad m (-u; -y) Spur f; fig. a. Anzeichen n; JSpr. a. Fährte f; Sp. a. Loipe f; bez ~u spurlos; ani ~u keine Spur (G/von); w ~ za (I) dicht

hinter, nach (D); iść ~em folger (G/D); wstępować w ~y (G) in j-s Fuß(s)tapfen treten; vgl. trop.

ślak m (-u; -i) (Dachs-)Spur f.

ślamazar|a F m/f (-y; G -ów/-) Schlafmütze f, Trödelfritze m Transuse f; ~ny F langsam, tranig

ślaz m (-u; -y) Bot. Malve f.

śląski schlesisch, Schlesien-.

Śląza|k m (-a; -cy), ~czka f (-i; G -czek) Schlesier(in f) m.

śledcz|y Jur. Untersuchungs-, Ermittlungs-; policja ~a Kriminalpolizei f.

śledz|enie n (-a; 0) Beobachtung f Verfolgung f; engS. Beschattung f Observation f; Nachspionieren n ~ić (-dzę) v/t der Spur (G) folgen nachspüren, -gehen (D); beobachten; verfolgen; engS. beschatten observieren; nachspionieren (D).

śledzienni|ca f (-y; -e) Milzkraut n ~k † m (-a; -cy) Hypochonder m.

śledzik m (-a; -i) Kochk. Hering m F a. Katerfrühstück n.

śledzion|a f (-y; -) Milz f; ~ka (-i; G -nek) Milzfarn m; ~owy Milz-.

śledziowy Herings-. [Milz-.

śledztwo [-tstfo] n (-a) (wstępn Vor-)Untersuchung f, Ermittlung(en pl.) f; Ermittlungsverfahren n.

śledź m (-dzia; -dzie, -dzi) Herin m; ~ bałtycki Strömling m; ~ smc żony Brathering; ~ wędzony Bück ling m; ~ w oliwie Heringsfilet n; zawijany Rollmops m; F wygląda jak ~ blaß ausstehen.

ślep|ak m (-a; -i) Zo. Blindbremse ~ie ['ślepe] n (-a; -a, -i/-ów): m pl. ~ia JSpr. Seher m/pl.; P a. At gen n/pl.; vgl. gały; ~iec ['-pets] (-pca, a. -pcu!; -pcy, -ów) Blinde(r m ~ięta F [-'nen-] pl. (-ąt), ~ki f od. m/pl. (-pek/-ów) Äuglein n/p Gucker m/pl.; ~nąć [-nonte] ⟨o- (-nę) blind werden, erblinden.

ślepo Adv. blind; na ~ blindling aufs Geratewohl; ~ta f(-y) (zmierz chowa od. kurza Nacht-)Blindhe f; jasna ~ta schwarzer Star, Ama rose f; ~wron m (-a; -y) Zo. Nacht reiher m.

ślep|y (-po) blind (a. fig.); Blind ~y na barwy od. kolory farbenblin ~a babka s. ciuciubabka; ~a ulic Sackgasse f; s. tor; Su. ~y m (-eg -i), ~a f (-ej; -e) Blinde(r).

ślęczeć ['ɛlɛntʃ-] (-ę, -y) hocken (*nad I*/bei *D*, über *A*).

śliczn|iutki F (-*ko*) *s.* śliczny; **~otka** f (-*i*; *G* -*tek*) schönes Mädchen, Schönheit f; **~y** (sehr) hübsch, niedlich, (wunder)schön.

ślima|cznica f (-*y*; -*e*) *Arch.* Volute f; *Tech.* Schneckenrad n; **~czy** Schnecken-; **~k** m (-*a*; -*i*) Schnecke f; Kehrschleife f, Serpentine f; jak **~k** *a.* im Schneckentempo; **~kowaty** (-*to*) schneckenförmig.

ślina f (-*y*; 0) Speichel m, Geifer m, F Spucke f.

ślinia|czek m (-*czka*; -*czki*), **~k** ['ɛli-] m (-*a*; -*i*) (Sabber-)Lätzchen n; **~nka** f (-*i*; *G* -*nek*) Speicheldrüse f.

ślin|ić (-*ę*) ⟨po-⟩ mit Speichel (F Spucke) anfeuchten; ⟨za-⟩ begeifern, besabbern; **~ić się** sabbern, geifern; **~ka** F f (-*i*; 0) Spucke f; **~ka idzie do ust** j-m läuft das Wasser im Mund(e) zusammen; **~owy** Speichel-.

śliski (-*ko*) schlüpfrig (*a. fig.*), glitschig, rutschig; (*jak węgorz aal*-)glatt.

śliw|a f (-*y*) Pflaume f, Pflaumenbaum m; **~ka** f (-*i*; *G* -*wek*) Pflaume f, Zwetsch(g)e f; **~ki suszone** Backpflaumen f/pl.; **~kowy** Pflaumen-, Zwetschgen-; **~owica** f (-*y*; -*e*) Sliwowitz m; Zwetschgenwasser n; **~owy** Pflaumen-.

śliz m (-*a*; -*y*) *Zo.* Schmerle f.

ślizg m (-*u*; -*y*) *Flgw.* Seitenrutsch m; *Sp.* (*Rodel*-)Abfahrt f; **~ lodowy** *s.* bojer; **~acz** m (-*a*; -*e*) *Tech.* Schleif-, Kontaktschuh m, Gleitbügel m; *Sp.* Gleitboot n; **~ać się** ⟨*-am*⟩ (durch)rutschen; F schlittern; gleiten (*a. fig.*); *Sp.* Schlittschuh laufen, eislaufen; **~anie** n (-*a*) Gleiten n; Rutschen n; **~awica** f (-*y*; -*e*) Eisglätte f; **~awka** f (-*i*; *G* -*wek*) Eisbahn f; **~owiec** ['-'ɡɔ-] m (-*wca*; -*wce*) *Sp. s.* ślizgacz; **~owy** Gleit-; *Tech. a.* Schleif-.

ślub m (-*u*; -*y*) Trauung f; Vermählung f; **~y zakonne** Ordensgelübde n/pl.; **wziąć ~** (*cywilny*) sich (stan-desamtlich) trauen lassen, e-e (Zivil-)Ehe schließen; **da(wa)ć ~** trauen; *s. a.* ślubowanie; **~ny** Trau(ungs)-; ehelich, Ehe-; Hochzeits-; **~ować** ⟨*-uję*⟩ geloben; ein Gelübde ablegen; **~owanie** n (-*a*)

Gelübdeablegung f; Gelübde n; Gelöbnis n, feierliches Versprechen.

ślusar|nia [-'sar-] f (-*i*; -*e*) Schlosserei f; **~ski** Schlosser-; **~stwo** n (-*a*; 0) Schlosserhandwerk n.

ślusarz m (-*a*; -*e*) Schlosser m; **~ narzędziowy** Werkzeugmacher m.

śluz m (-*u*; 0) Schleim m; **~a** f (-*y*) (*Wasser*-)Wehr f, Schleuse f; **~owaty** schleim(art)ig; **~owy**¹ Schleim-; **~owy**² Schleusen-; **~ówka** f (-*i*; *G* -*wek*) Schleimhaut f.

śmiać się [ɛmatɕ] ⟨za-⟩ (-*eję*) lachen (*na całe gardło* aus vollem Halse); (*nur impf.*) (*z G*) *j-n* auslachen; *et.* lächerlich finden.

śmiał|ek m (-*łka*; -*łkowie*) Waghals m, Draufgänger m; *Bot.* (*pl.* -*łki*) Schmiele f; **~o** *Adv. s.* śmiały; **~ość** f (-*ści*; 0) Kühnheit f, Courage f; Dreistigkeit f; **~y** (*Komp.* śmielszy; *Adv.* -*ło*, *Komp.* śmielej) kühn, verwegen; dreist, keck; **~o** *a.* gut und gern, bestimmt.

śmiech [ɛmɛx] m (-*u*; -*y*) Lachen n, Gelächter n; **narazić się na ~** sich lächerlich machen.

śmieci|arka f (-*i*; *G* -*rek*): **~arka samochodowa** Müllabfuhrwagen m; *a.* **~arz** m (-*a*; -*e*) Lumpensammler(in f) m; **~ć** ⟨*na*-, *za*-⟩ ⟨-*cę*⟩ verunreinigen (*w L*/*A*), Schmutz (*od.* F Dreck) machen; **~e** ['ɛmɕe-] m/*pl.* (-*i*) Müll m, Kehricht m, Unrat m; **do ~ na** Müll-; Kehr-; **na swoich ~ach** zu (*od.* im eigenen) Hause; **~uszka** f (-*i*; *G* -*szek*) *Zo. s.* dzierlatka.

śmieć¹ [ɛmɛtɕ] ⟨po-⟩ (*L.*) wagen, sich erkühnen (*od.* erdreisten, erlauben) sich (ge)trauen.

śmieć² m *s.* śmiecie.

śmiel|ej, **~szy** *s.* śmiały.

śmier|cionośny todbringend; **~ć** [ɛmɛrtɕ] f (-*ci*; -*ci*/-*cie*, -*ci*) (*głodowa*, *męczeńska*, *żołnierska* Hunger-, Märtyrer-, Soldaten-)Tod m; **na ~ć** zu Tode; **auf den Tod**; F *fig. a.* sterblich; **patrzeć ~ci w oczy** dem Tod ins Auge sehen; **Zć z kosą** Sensenmann m.

śmierdz|ący ['-'dzɔn-] stinkend; **~ieć** ['ɛmɛr-] ⟨*-dzę*, -*i*⟩ stinken (*I*/nach); **~iel** ['ɕ-] m (-*a*; -*e*) *Zo.* Stinktier n; P *fig.* **~iuch** ['ɕ-] F m (-*a*; -*y*) Stinker m, Stinkfritz(e) m.

śmiertel|nik m (-*a*; -*cy*) Sterbliche(r); ~ość f (-ści; 0) Sterblichkeit f; Tödlichkeit f, tödliche Wirkung; ~y sterblich; Tod(es)-; tödlich, letal; Su. m (-ego; -i) s. śmiertelnik.

śmiesz|ek¹ m (-szku; -szki) Kichern n, Gekicher n; ~ek² m (-szka; -szki) Spaßvogel m, -macher m, Possenreißer m; ~ka f (-i; G -szek) lachlustige Natur, F vergnügtes (od. fideles) Huhn; s. mewa; ~nostka f (-i; G -tek) komische (F ulkige) Gewohnheit; ~ność f (-ści) Lächerlichkeit f; poczucie ~ności Sinn m für das Komische; ~ny komisch, drollig, F ulkig; lachhaft; ~nie niska cena Spottpreis m; to ~ne das ist zum Lachen; ~yć (roz-) (-ę) s. rozśmieszać.

śmietan|a f (-y) (saure) Sahne, Rahm m; ~ka f (-i; G -nek) (süße) Sahne, Obers n; fig. Creme f der Gesellschaft; zbierać ~kę absahnen (a. fig.); ~kowy Sahne-, Rahm-; Creme-; cremefarben, -farbig; ~owy Sahne-, Rahm-.

śmiet|niczka f (-i; G -czek) Kehrschaufel f; ~nik m (-a; -i) Müllkasten m; Abfall-, Müllhaufen m (a. fig.), -grube f; fig. a. F Schweinestall m; ~nisko n (-a) Müllkippe f, -abladeplatz m.

śmig|a f (-i) Windmühlenflügel m; Luftschraubenblatt n; ~ać (-am), ⟨~nąć⟩ [-nǫtɕ] (-nę) v/t (batem die Peitsche) sausen lassen (A/auf A); v/i (vorbei)huschen, sausen, schwirren.

śmigło n (-a; G -giel) Propeller m, Luftschraube f; ~wiec [-'gwɔ-] m (-wca; -wce) Hubschrauber m; ~wy Propeller-.

śmig|nąć pf. s. śmigać; ~ownica f (-y; -e) Hist. Feldschlange f; ~us m (-a; -y) s. dyngus.

śniadani|e n (-a) (drugie Gabel-) Frühstück n; jeść ~e frühstücken; ~owy Frühstücks-; ~ówka F f (-i; G -wek) Frühstückstasche f; Frühstücks(frischhalte)beutel m.

śniadanko F n (-a; G -nek) dim. v. śniadanie.

śniad|ość f (-ści; 0) (Haut-)Bräune f, dunkler Teint; ~y (-do) dunkel (-häutig).

śni|ć (-ę, -ij!) träumen (o L/von); ~łeś mi się ich habe von dir geträumt; ~ło mu się, że ... er träumte,

daß ...; F ani mi się ~! (das) fällt mir nicht im Traum ein!

śnie|ć (śnieta] f (-ci; -cie) (Getreide-) Brand m; ~dzieć ['ɕnɛ-] ⟨za-⟩ (-eję) Grünspan ansetzen; ~dź f (-dzi; 0) Grünspan m.

śnieg [ɕɲɛk, 'ɕɲɛgu] m (-u; -i) Schnee m; ~ pada es schneit; biały jak ~ schneeweiß; pokryty ~iem schneebedeckt; zasypany ~iem verschneit; ~owce m/pl. (-ów) (Gummi-)Überschuhe m/pl.; ~owy Schnee-; ~uliczka f (-i; G -czek) Bot. Schneebeere f.

śnież|ek m (-u; -i) feiner Schnee; ~ka f (-i; G -żek) Schneeball m; ⁀-ka (0) Geogr. Schneekoppe f; ~nobiały schneeweiß; ~ny Schnee-; Winter-: schneereich; ~yca f (-y; -e) Schneegestöber n, -treiben n; Schneesturm m; ~yczka f (-i; G -czek) Schneeglöckchen n; ~yć (-ę; nur 3. Pers.): ~y (się) es schneit; ~ynka f (-i; G -nek) Schneeflocke f; ~ysty schneebedeckt; schneeweiß.

śnięty ['ɕɲɛn-] Fische: tot.

śpią|c [ɕpɔnts] Adv. schlafend, im Schlaf; ~cy schlafend; schläfrig; ~czka f (-i; G -czek) Med. Dämmer-, Schlafzustand m; Koma n; F a. Schläfrigkeit f; ~czka afrykańska Schlafkrankheit f.

śpichlerz m s. spichlerz.

śpiesz|ny (-nie, -no) eilig; ~no mu er hat es eilig; ~yć (-ę) ⟨po-⟩ eilen ~yć się sich beeilen; (nur impf. Uhr: vorgehen; nie ~yć się sich Zeit lassen.

śpiew [ɕpɛf, 'ɕpɛvu] m (-u; -y) (n głosy, solowy mehrstimmiger, Solo-Gesang; ~ słowika, ziemby Nachti gallen-, Finkenschlag m; ~aczka s. śpiewak; ~aczy Gesangs-; ~ać ⟨za-⟩ (-am) singen; ~ać (D) j-m vorsingen; (nur pf.) F Preis fordern verlangen; ~ająco [-'jɔn-] F Adv mit Leichtigkeit; ~ający singend Sing-; ~ak m (-a; -cy), ~aczka f (- G -czek) Sänger(in f) m; (nur ~a Singvogel m; ~anie n (-a) Singen ~ka f (-i; G -wek) Liedchen n; fig stara ~ka die alte Leier; ~nik m (-a -i) Liederbuch n; Rel. Gesangbuch n; ~ny (-nie, -no) Tonfall: singend Stimme: melodisch.

śpio|ch [ɕpɔx] m (-a; -y), ~cha f (-y) Langschläfer(in f) m; ~szk m/pl. (-ów) Strampelanzug m.

piwór m Schlafsack m.

redni (-nio) mittlere(r), Mittel-; mittelmäßig; Su. ~a f (-ej; -e) Math. Mittel n, Mittelwert m; ~a roczna Jahresdurchschnitt m; ~ca f (-y; -e) Durchmesser m; ~ca wewnętrzna lichte Weite; ~cowy Durchmesser-; ~k m (-a; -i) Semikolon n.

rednio Adv. durchschnittlich, (a. ~ biorąc) im Durchschnitt od. Mittel; vgl. średni; ~dystansowiec [-'so-] m (-wca; -wcy) Mittelstreckenläufer m; ~falowy Rdf. Mittelwellen-; ~górze n (-a) Mittelgebirge n; ~terminowy mittelfristig.

redniowiecz|e n (-a; 0) Mittelalter n; ~ny mittelalterlich.

rednio|wysoki mittelhoch; ~zamożny mittelständisch; klasy -ne Mittelschicht f, -stand m.

redniówka f (-i; G -wek) Zäsur f; Mar. Mittschiffsaufbau m, Brükkenhaus m; F a. mittlerer Tageslohn.

rod|a f (-y; G śród) (popielcowa Ascher-)Mittwoch m; ~ek m (-dka; -dki) Mittelpunkt m, Zentrum n; Mitte f; Innere(s); Mittel n; ~ek prowizoryczny od. doraźny Notbehelf m; ~ek prawny Rechtsbehelf m, -mittel; ~ki pieniężne Geldmittel n/pl.; ~ki stałe Anlagekapital t, -vermögen n; ~ki przewozowe Verkehrs-, Transportmittel n/pl.; ~ki zaradcze Hilfsmaßnahmen f/pl.; nasowe ~ki komunikacji a. Massenmedien n/pl.; dostać się do ~ka hineingelangen, hereinkommen (G/in t); od ~ka von innen; w ~ku (G) a. mitten (in D); bez ~ków mittellos; ie przebierając w ~kach mit allen Mitteln; ~kować (-uję) zentrieren.

odkow|y (-wo) zentral, Zentral-; Mittel-; Su. ~a f (-ej; -e) a. mediana; y m (-ego; -i) Sp. Mittelstürmer m; ialbinae(r) od. -rechte(r).

odowisko n (-a) Milieu n, Kreis(e l.) m; Umwelt f, Umgebung f; ilo- a. Lebensraum m, Biotop n; hys., Chem. Medium n; ~wy Umvelt-, Milieu-.

odowy Mittwochs-.

ód † Prp. (G) s. wśród; ~- in Zssgn iter-, intra-; Mittel-, Zentral-; neso-; endo-; ~głos m Gr. Inlaut n; ~lądowy binnenländisch; Binnen-; ~miejski Innenstadt-, Stadtern-; ~mieście [-'mɛɛ-] n (-a)

Stadtkern m, -zentrum n, -mitte f; Innenstadt f; ~mięśniowy (-wo) intramuskulär; ~mózgowie n, ~móżdże n (-a; G -y) Mittelhirn f; ~okręcie [-'krɛŋ-] n (-a; G -i) Mar. Mittelschiff n; ~plon m Zwischenfrucht f; ~poście [-'pɔɕ-] n (-a; 0) Mittfasten n; ~ręcze [-'rɛn-] n (-a; G -y) Mittelhand f; ~stopie [-'stɔ-] n (-a; G -i) Anat., Zo. Mittelfuß m; ~ziemnomorski mittelländisch, Mittelmeer-; ~żylny intravenös.

śrub|a f (-y) Schraube f; ~ka f (-i; G -bek) Schräubchen n.

śrubo|kręt m Schraubenzieher m; ~wać (-uję) (zusammen)schrauben; fig. ⟨wy-⟩ in die Höhe schrauben; ~wiec [-'bɔ-] m (-wca; -wce) Schraubenschiff n; Spirille f; ~wy Schrauben-; schraubenförmig.

śru|cina f (-y) Schrotkorn n; ~t m (-u; -y) JSpr. Schrot m od. n; gruby ~t Posten m; ~ta f (-y) Agr. Schrot m od. n; ~tować ⟨ze-⟩ (-uję) Getreide schroten; ~townik m (-a; -i) Schrotmühle f; ~towy Schrot-; ~tówka f (-i; G -wek) Schrotflinte f.

świadcz|enie n (-a) Bezeugung f; (oft pl.) Leistung(en pl.) f; ~yć (-ę) zeugen (o L/von); bezeugen (w sądzie vor Gericht); als Zeuge aussagen (przeciw D/gegen A); Dienst, Hilfe leisten.

świadectw|o n (-a) (niekaralności, moralności, szkolne Führungs-, Leumunds-, Schul-)Zeugnis n; (Impf-, Toten-)Schein m, (Geburts-, Heirats-)Urkunde f; Attest n, Zertifikat n; Beweis m; Bezeugung f; dawać ~o a. bezeugen; być ~em (G) zeugen (von); vgl. świadczyć.

świad|ek m (-dka; -dkowie) (naoczny, dowodowy Augen-, Belastungs-)Zeuge m; przy ~kach vor Zeugen.

świadom|ość f (-ści; 0) Bewußtsein n; Bewußtheit f; ~y (präd. świadom) bewußt.

świat [ɕvat] m (-a, -u; -y) Welt f; fig. a. Reich n; wydać na ~ zur Welt bringen; jak ~ ~em seit Bestehen der Welt, noch nie; za nic w świecie nicht um alles in der Welt; F ~ drogi ein gutes Stück Weges; ~ (tam)ten; ~ek m (-tka; -tki) kleine Welt, Weltchen n.

świat|ełko n (-łka; G -łek) schwaches Licht, Lichtlein n, Schimmer m; ~ło n (-a; G -teł) (długie od. drogowe, słońca Fern-, Sonnen-)Licht n; ~ło postojowe, tylne a. Park-, Schlußleuchte f; ~ła pl. a. Befeuerung f; ~ła pozycyjne a. Positionslaternen f/pl.; pod ~ło gegen das Licht; fig. w świetle (G) angesichts (G); ukazać we właściwym świetle ins rechte Licht setzen.

świat|ło|cień m Helldunkel m; ~czuły lichtempfindlich; ~druk m Lichtdruck m; ~kopia f Lichtpause f; ~lubny Pflanze: lichtbedürftig; ~mierz [-'wɔ-] m (-a; -e) Belichtungsmesser m; ~odporność f Lichtbeständigkeit f, -echtheit f; ~ść f (-ści; 0) Licht n, Helle f; Phys. Lichtstärke f; ~wstręt m Lichtscheu f. [geklärt.]

światły hell, licht; Geist: auf-

świato|burczy welterschütternd; ~pogląd m Weltanschauung f, -bild n; ~poglądowy weltanschaulich; ~wiec [-'tɔ-] m (-wca; -wcy) Weltmann m, Mann m von Welt; ~wy Welt-; weltweit; weltmännisch; mondän. [reiz m.]

świąd [ɕvɔnt, '-ndu] m (-u; 0) Juck-

świąt s. święto.

świąt|eczny [ɕvɔn-] festlich, Fest-, Feiertags-; ~k m (-tka; -tki) Holzstatue f e-s Heiligen; Zielone Świątki Pfingsten n.

świątobliw|ie [ɕvɔn-] Adv. s. świątobliwy; ~ość f (-ści; 0) Gottesfurcht f, Frömmigkeit f; (Papsttitel) Heiligkeit f; ~y (-wie) gottgefällig, gottesfürchtig, fromm.

świątynia [ɕvɔn-] f (-i; -e, -ń) Tempel m; Heiligtum n.

świder m (-dra; -dry) Bohrer m; Bgb. Bohrmeißel m; ~ek m (-rka; -rki) Drillbohrer m; ~ek dentystyczny Zahnbohrer m.

świdrować (-uję) bohren; ~ uszy od. w uszach in den Ohren gellen; ~ wzrokiem od. oczami den Blicken durchbohren.

świdrow|iec [-'drɔ-] m (-wca; -wce) Trypanosoma n; ~y Bohr(meißel)-.

świd|rujący [-'jɔn-] (-co) Blick: bohrend; ~wa f (-y) Bot. Roter Hartriegel.

świec|a f (-y; -e) (woskowa, zapłonowa Wachs-, Zünd-)Kerze f (a. Sp., Flgw.), (Talg-)Licht n; ~e pl. JSpr. Lichter n/pl.; prosty jak ~a kerzengerade; ~ący [-'tsɔn-] (się) leuchtend; ~ić (-cę) (a. się) leuchten; scheinen; glänzen (a. fig.; I/durch A, vor); ~ić oczami sich schämen müssen (za A/für); ~ić pustkami leer (und verlassen) sein, leerstehen; świeć Panie nad jego duszą Gott (der Herr) sei s-r Seele gnädig; ~idełko n (-a; G -łek) Flitter(kram m, Glitzerschmuck m.

świecki weltlich, säkular, Laien-; Schule: nichtkonfessionell.

świecówka f (-i; G -wek) El. Kerze(nlampe) f.

świecz|ka f (-i; G -czek) Kerze f Licht n; F ~ki stanęły mi w oczach es flimmerte mir vor den Augen ~nik m (-a; -i) Leuchter m.

świekr [ɕvɛkr] m (-a; -owie) Schwiegervater m; pl. a. Schwiegereltern pl.; ~a f (-y) Schwiegermutter f.

świerczyna f (-y) Fichtenholz n Fichtenwald m.

świergot m (-u; -y) Gezwitscher n Zwitschern n; ~ać (za- ~cze/-cę zwitschern; ~ek m (-tka; -tki) Zo Pieper m.

świerk [ɕvɛrk] m (-a/-u; -i) Fichte f Rottanne f; ~owy Fichten-.

świerszcz [ɕvɛ-] m (-a; -e) Grille f ~ domowy a. Heimchen n.

świerzb [ɕvɛ-] m (-u; 0) Krätze f Skabies f; Vet. Räude f; ~iączk [-'bɔnt-] f (-i; G -czek) Prurigo od. n; juckende Hautflechte; ~i(e) (-ę, -i) s. swędzić; ~owiec [-'bɔ-] m (-wca; -wce) Krätzmilbe f.

świetlan|ka f (G -nek) Med Lichtbügel m; ~y leuchtend, strahlend.

świetl|ący [-'lɔn-] El. Glimm-; ~ s. świetlić.

świetlic|a f (-y; -e) (Jugend-)Kultur-, Gemeinschaftsraum m, -zentrum n; † a. Wohnstube f; ~owiec [-'tsɔ-] m (-wca; -wcy) s. Su. → ~owy Kulturzentrum-, Klub-; Su. r (-ego; -i) Kulturzentrumsleiter m.

świetli|k m (-a; -i) Bot. Augentros m; Zo. Leuchtkäfer m; Arch. Oberlicht n; ~sty (-ście) leuchtend Leucht-.

świet|lny Licht-, Leucht-; ~łówk f (-i; G -wek) Leuchtstoffröhre f ~ny glänzend, großartig, exzellen prachtvoll, herrlich.

śwież|arka f (-i; G -rek) Tech. Puddelofen m; ~o Adv. s. świeży; ~ość (-ści; 0) Frische f; ~utki F (-k ganz frisch; **~y** (-żo) frisch (*a. fig.*); **~yć** (-ę) *Tech.* frischen.

święc|enie [ɕvɛn-] *n* (-a) Heiligung *f*; (*Priester-*)Weihe *f*; **~ić** (-cę) festlich begehen; *Triumphe* feiern; ⟨*po-*⟩ heiligen; F **~ić się** (*unpers.*) sich anbahnen, im Anzug sein; **~ie** ['ɕvɛn-] *Adv.* (hoch und) heilig; **~ony** geweiht, Weih-; *Su.* -ne *n* (-*ego*; -*e*) geweihtes Ostermahl; Frühstück *n* am Ostersonntag.

święto ['ɕvɛn-] *n* (-a; *G* *świąt*) Feiertag *m*; Fest *n*; Festtag *m*; ♀ *Matki* Muttertag *m*; **~jański** [-'jaĩs-] Johannis-; *chleb* -ki Johannisbrot *n*; *robaczek* -ki Glühwürmchen *n*; **~kradca** *m* (-y; *G* -*ów*) Kirchenräuber *m*; Heiligtumschänder *m*, Frevler *m*; **~kradztwo** *n* (-a) Kirchenraub *m*; Sakrileg(ium) *n*, Frevel *m*; **~szek** *m* (-*szka*; -*szki*/ -*szkowie*) Scheinheilige(r), Heuchler *m*; **~szkowaty** (-*to*) scheinheilig, heuchlerisch.

świętość ['ɕvɛn-] *f* (-*ści*) Heiligkeit *f*; Heiligtum *n*; *zaklinać na wszystkie* **~ci** *j-n* beschwören.

święt|ować [ɕvɛn-] (-*uję*) feiern; festlich begehen; **~y** (-*cie*) heilig (*a. fig.*); *Wszystkich* ♀*ych* Allerheiligen *n*; *mieć* **~e** *życie* glückliches Leben führen.

świnia ['ɕviɲa] *f* (-*i*; -*e*) Schwein *n*; V *fig.* (Dreck-)Schwein, Sau *f*; **~k** *m* (-a; -*i*) (*junges*) Schwein; **~rka** *f* (-*i*; *G* -*rek*), **~rz** *m* (-*a*; -*e*) Schweinehirt(in *f*) *m*.

świnić ⟨*na-*, *za-*⟩ (-*ę*) Schweinerei machen, schweinigeln.

świnina *f* (-*y*; 0) Schweinefleisch *n*.

świnio|bicie *n* Schlachtfest *n*; **~pas** *m* (-a; -*y*) Schweinehirt *m*; **~waty** schweinisch.

świn|ka *f* (-*i*; *G* -*nek*) (*junges*) Schwein; F *Med.* Ziegenpeter *m*, Mumps *m*; **~ka morska** Meerschweinchen *n*; **~ka-skarbonka** Sparschwein(chen); **~tuch** F *m* (-a; -*y*) Schweinigel *m*; Saukerl *m*, Schwein *n*; **~tuszyć** (-*ę*) *s.* świnić.

świńs|ki ['ɕviĩs-] Schweins-, Schweine-; *fig.* schweinisch, säuisch; **~two** *n* (-a) Schweinerei *f*, Sauerei *f*; *fig.* wertloses Zeug, Plunder *m*; **~twa** *pl. a.* Zoten *f*/*pl.*

świrzepa *f* (-*y*) *Bot.* Rapsdotter *m*.

świs|nąć [-nɔntɕ] *pf.* (-*nę*) *s.* świstać; F *j-m* e-e hauen; klauen, klemmen; **~t** *m* (-*u*; -*y*) Pfiff *m*; Pfeifen *n*; **~tać** ⟨*za-*⟩ (-*szczę*/-*am*) pfeifen; *Pfeil a.*: schwirren; **~tak** *m* (-a; -*i*) Murmeltier *n*; **~tawka** *f* (-*i*; *G* -*wek*) Pfeife *f*; **~tek** *m* (-*tka*; -*tki*) Zettel *m*, Wisch *m*.

świstun *m* (-a; -*y*) Pfeifente *f*; **~ka** *f* (-*i*; *G* -*nek*): **~ka wójcik** Zilpzalp *m*.

świszczący [-'tʃɔn-] (-*co*) pfeifend.

świt *m* (-*u*; -*y*) Tagesanbruch *m*, Morgengrauen *n*; *fig.* Morgenrot *n*; *o świcie, skoro* **~** bei Tagesanbruch.

świta *f* (-*y*) Gefolge *n*.

świta|ć ⟨*za-*⟩ (-*am*) *Tag*: dämmern, anbrechen; *już* **~** *der Morgen dämmert schon*; F *zaczyna mi* **~** *w głowie* jetzt dämmert es mir; **~nie** *n* (-a) *s.* świt.

świtezianka *f* (-*i*; *G* -*nek*) Wasserjungfrau *f*; *Zo.* Wasserjungfer *f*.

T

ta *Pron. s.* ten.

taba|czkowy tabakfarben, gelbbraun; **~ka** *f* (*-i*) Schnupftabak *m*; *zażywać* **~ki** Tabak schnupfen; F *ciemny jak* **~ka** *w rogu* dumm wie Bohnenstroh; **~kiera** *f* (*-y*), **~kierka** *f* (*-i*; *G -rek*) Schnupftabakdose*f*.

tabela *f* (*-i*; *-e*) Tabelle *f*; **~** *wygranych* Gewinnliste *f*; **~** *wynagrodzeń* (*Lohn-*)Tarifordnung *f*; **~ryczny** tabellarisch, in Tabellenform.

tabletka *f* (*-i*; *G -tek*) Tablette *f*.

tabli|ca *f* (*-y*) Tafel *f*; Tabelle *f*; **~ca** *rozdzielcza*, **~ca** *przyrządów pokładowych* Schalt-, Instrumenten-, Armaturenbrett *n*; **~czka** *f* (*-i*; *G -czek*) (kleine) Tafel *f*, Täfelchen *n*; (Schokolade) Schild *n*; **~czka** *mnożenia* Einmaleins *n*.

tabor *m* (*-u*; *-y*) Fuhrpark *m*, Fahrzeugpark *m*; *Esb. a.* rollendes Material; *Mil.* Troß *m*, Train *m*; (*Zigeuner-*)Lager *n*.

tabore|cik *m* (*-a*; *-i*) kleiner Hocker; Fußschemel *m*; **~t** *m* (*-u*; *-y*) Hocker *m*, Schemel *m*.

taborowy Troß-, Train-.

tabun *m* (*-u*; *-y*) (*Pferde-*)Herde *f*; *JSpr.* Flug *m*, Schar *f*.

taca *f* (*-y*; *-e*, -) Tablett *n*, Platte *f*; *Rel.* Kollektenteller *m*.

tachometr *m* (*-u*; *-y*) Tachometer *m*.

tacka *f* (*-i*; *G -cek*) (kleines) Tablett.

tacy *Psf. v.* taki.

tacz|ać (*-am*) rollen, wälzen (*się* sich); **~ki** *f*/*pl.* (*-czek*) Schubkarren *m*.

taf|elka *f* (*-i*; *G -lek*) Täfelchen *n*; **~la** *f* (*-i*; *-e*, *-i*/-*fel*) Platte *f*, Tafel *f*; *fig.* (*Wasser-*, *Eis-*)Fläche *f*; *Arch. a.* Füllung *f*; **~lowy** Platten-, Tafel-.

taft|a *f* (*-y*) Taft *m*; **~owy** Taft-.

taić 〈*za-*〉 (*-ję*) verschweigen, verheimlichen, für sich behalten; *Gefühl* verbergen; *Atem* verhalten; **~** *się* verborgen sein; (*z I*) heimlichtun (mit); *nie* **~** *się* kein Geheimnis machen (*z I*/aus D).

tajać 〈*roz-*〉 (*-ę*) schmelzen, tauen.

tajemnic|a *f* (*-y*; *-e*) (*stanu*, *pu-* *bliczna* Staats-, offenes) Geheimnis *n*; Mysterium *n*; *obowiązek zacho-wania* **~y** Schweigepflicht *f*; *w* **~** heimlich, im geheimen; *trzymać w* **~y** geheimhalten.

tajemnicz|ość *f* (*-ści*; *0*) das Geheimnisvolle (*G*/an D); **~y** (*-czo*) geheimnisvoll, mysteriös; *vgl. za-gadkowy.

tajemny geheim; *s.* tajemniczy.

tajn|iak ['taj-] F *m* (*-a*; *-cy*) Geheimpolizist *m*; **~ik** *m* (*-a*; *-i*) Geheimnis *n*; geheimer Ort, Schlupfwinkel *m*; *fig.* (*mst pl.*) Innerste(s), Tiefen *pl.*; **~ość** *f* (*-ści*; *0*) Geheimhaltung *f*; **~y** geheim, Geheim-; okkult; *ściśle* **~e** streng geheim; **~ie** *Adv. a.* insgeheim.

tak (*unv.*) ja; so; *i* **~** sowieso; *i* **~** *dalej* und so weiter; *ot* **~** einfach so; irgendwie; **~** *samo* ebenso, genau so; **~** *sobie* einfach so; *soso* lala; *mittelprächtig*; **~** ... *jak i* ... sowohl ... als auch ...; **~** *czy siak* od. owak so oder so; *i* **~** *i owak* verschieden allerlei; **~** *jest!* jawohl!; *no* **~**, *ale* .. ja, aber ...; **~** *daleko* soweit; **~a** *Pron. s.* takiż; **~i** *Pron.* (*Psf. tacy*) so ein(e, -er); solch, derartig; **~** *raz*[1], *sposób*; (+ *Adj.*) so; **~i** *lu* *siaki* so oder so; *jaki jest*, **~i** *jest* e ist so wie er ist; *pan* **~i** *a* **~i** He Soundso; *w* **~im** *to a im dniu* a dem und dem Tag(e); **~i** *sam* ge nauso ein(e, -er); **~i** *sobie* leidlich einigermaßen; *nic* **~iego** nichts Be sonderes; *s. a.* jaki, jako, owaki.

takielunek *m* (*-nku*; *-nki*) Takelun *f*. [ebensolche(r, -s)

takiż *Pron.* (*-każ* *f*, *-kież* *n*, *pl.*

tako: *jako* **~** *s.* jako.

taksa *f* (*-y*) Taxe *f*, Gebühr *f*; Taxe *f*, Droschke *f*; **~tor** *m* (*-a* *-rzy*) Taxator *m*, Schätzer *m*.

taksiarz ['tak-] F *m* (*-a*; *-e*) Taxi fahrer *m*.

takso|metr *m* (*-u*; *-y*) Taxameter *m* **~wać** 〈*o-*〉 (*-uję*) taxieren, (ab schätzen; **~wy** Tax-.

taksówka *f* (*-i*; *G -wek*) Taxi *n* **~rz** F *m* (*-a*; *-e*) Taxifahrer *m*.

takt m (-u; -y) Takt m.

takto|mierz m (-a; -e) Metronom n; **~wność** f (-ści; 0) Takt(gefühl) m; **~wny** takt-, rücksichtsvoll.

takty|czny taktisch; **~ka** ['ta-] f (-i) Taktik f.

także auch, ebenfalls.

tal m (-u; 0) Chem. Thallium n.

talar m (-a; -y) Taler m; **~ek** m (-rka; -rki) (Zwiebel-)Scheibe f.

talent m (-u; -y) Talent n (do G/zu), Begabung f.

talerz m (-a; -e) Teller m; JSpr. (Hirsch-)Spiegel m; **~e** pl. s. czynele; latający ~ fliegende Untertasse; **~owy** Teller-; **~yk** m (-a; -i) (Dessert-)Teller m; (Waag-)Schale f.

tali|a ['ta-] f (G, D, L -ii, -e) Taille f; **~a kart** ein Spiel Karten; wcięty w ~i tailliert.

talizman m (-u; -y) Talisman m.

talk m (-u; 0) Talk(um n) m; Talkumpuder m; **~owy** Talk(um)-.

talmud|owy, ~yczny talmudisch.

talon m (-u; -y) Talon m, Abschnitt m; Bezug(s)schein m.

tała|lajstwo F n, **~tajstwo** F n (-a; 0) Pack n, Gesindel n.

tam dort (drüben), da; dorthin, dahin; ~ i z powrotem hin und zurück; tu i ~ hie und da; hüben und drüben; F co ~! ach was!; co mi ~! macht mir gar nichts!; gdzie(ż) ~! i wo!; jaki ~ z niego fachowiec! was ist er schon für ein Fachmann!

tam|a f (-y) Deich m, Damm m; fig. Ende n, Grenze f; położyć ~ę eindämmen (D/A).

tamborek m (-rka; -rki) Stickrahmen m.

tamci Psf. v. tamten.

tamować ⟨za-⟩ (-uję) Wasser sperren, stauen; eindämmen; Verkehr (be)hindern, hemmen; Blut stillen; Atem verhalten.

tampon m (-u; -y) Wattebausch m, (bsd. Med.) Tampon m; **~ować** (-uję) tamponieren.

tamt|a, ~e s. tamten; **~ejszy** dortig; **~en** Pron. (~a f, ~o n, ~e pl., Psf. tamci) jene(r, -s); z ~ej strony von der anderen Seite; po ~ej stronie jenseits (G); drüben; na ~ym świecie im Jenseits; **~ędy** [-'tɛn-] dort entlang od. durch; **~o** s. tamten.

tamujący [-'jɔn-] (-co) hemmend, behindernd; ~ krew blutstillend.

tamże ebenda, ebendort; dort auch.

tan m (-u; -y): iron. puścić się w ~y das Tanzbein schwingen.

tance|rka f (-i; G -rek), **~rz** m (-a; -e) Tänzer(in f) m; **~rka rewiowa** Revuegirl n.

tandem m (-u; -y) Tandem n; Tech. Tandemmaschine f; **~owy** Tandem-.

tandet|a f (-y) Trödel m; Schund m, Ramsch(ware f) m; Trödelmarkt m; **~ny** wertlos, minderwertig, Schund-, Kitsch-. **~y** Tanz-.)

taneczn|ica f (-y; -e) Tänzerin f.)

tango [-ŋɡɔ] n (-a) Tango m.

tani (-nio) billig (a. fig.); ~ jak barszcz, śmiesznie ~ spottbillig; ~m kosztem fig. mit e-m blauen Auge; a. = za ~e pieniądze für billiges Geld, günstig.

taniec ['ta-] m (-ńca; -ńce) Tanz m; ~ świętego Wita Veitstanz; w koło Reigen m.

tanieć ['ta-] ⟨po-, s-⟩ (-eję) sich verbilligen, billiger werden.

tanina f (-y; 0) Tannin n.

tanio Adv. s. tani; **~cha** P f (-y; 0) billiges Zeug; to ~cha das ist spottbillig; **~ść** f (-ści; 0) Billigkeit f.

tank m (-u; -i) s. zbiornik; **~ować** ⟨za-⟩ (-uję) Benzin tanken; **~owiec** [-'kɔ-] m (-wca; -wce) Tankschiff n.

tantal m (-u; 0) Chem. Tantal n; męki 2a Tantalusqualen f/pl.; **~owy** Tantal-.

tantiema [-'tɕe-] f (-y) Tantieme f.

tań|ce pl. v. taniec; **~cować** P dial. (-uję) tanzen, schwofen; **~cówka** P f (-i; G -wek) s. potańcówka.

tańczyć ['taɲ-] ⟨po-, za-⟩ (-ę) tanzen.   [Liege f.)

tapczan m (-u/-a; -y) Couch f,)

tapet|a f (-y) Tapete f; **~ować** ⟨wy-⟩ (-uję) tapezieren; **~owy** Tapeten-.

tapicer m (-a; -rzy) Tapezierer m, Polsterer m; **~ka** f (-i; 0) Tapeziererhandwerk n; Polstermaterial n; Polsterung f; **~nia** [-'tser-] f (-i; -e) Tapezier-, Polsterwerkstatt f; **~ski** Tapezier-, Polster-.

tapirować ⟨u-⟩ (-uję) toupieren.

tara [-'ra] f (-y) Tara f, Leergewicht n.

tara[1] f (-y) Waschbrett n.

tara|ban m (-u; -y) hist. Kesselpauke f; **~n** m (-a; -y) hist. Sturmbock m; Tech. Stoßheber m.

tarantula f (-i; -e) Zo. Tarantel f.

tarapat|y F m/pl. (-ów) Schwierigkeiten f/pl., Scherereien f/pl.; być w ~ach in der Klemme sitzen.

taras m (-u; -y) Terrasse f; **~ować** ⟨za-⟩ (-uję) Weg versperren; verrammeln; **~owy** Terrassen-; terrassenförmig.

tarci|ca f (-y; -e) Schnittholz n; **~e** ['tar-] n (-a) Reibung f; F **~a** pl. Reibereien f/pl.; **~owy** Reib(ungs)-.

tarcza f (-y; -e) Schild m; Scheibe f; Plattenteller m; ~ zegara Zifferblatt n.

tarczo|waty (-to) schildförmig; **~wnik** m (-a; -cy) hist. Schildträger m; **~wy** Schild-; Tech. Scheiben-; Kreis-.

tarcz|ówka f (-i; G -wek) Kreissäge f; Plandrehmaschine f; **~yca** f (-y; -e) Anat. Schilddrüse f; Bot. Helmkraut n; **~ycowy** Schilddrüsen-.

targ m (-u; -i) (Wochen-)Markt m; Marktplatz m; Feilschen n; **~i** pl. (Handels-)Messe f; **~i wzorcowe** Mustermesse; dobić ~u, ubić ~ handelseinig werden; bez ~u ohne zu feilschen.

targ|ać (-am), ⟨~nąć⟩ [-nɔ̨ts] (-nę) zerren, reißen, ziehen (za A/an D); ⟨a. po-, roz-⟩ zerreißen, in Stücke reißen; F Nerwen strapazieren; gniew min ~a er bebt vor Zorn; **~nąć** się e-n Anschlag wagen (od. verüben) (na A/auf A); **~nąć** się na (swe) życie die Hand an sich legen; **~anie** n (-a) Zerren n, Ziehen n; **~nięcie** n (-a) Ruck m.

targow|ać (-uję) v/i handeln (I/ mit); v/t ein (Preis-)Angebot machen (A/für); **~ać** się feilschen (o A/um); **~isko** n (-a) Marktplatz m; **~y** (Wochen-)Markt-; Messe-.

tar|ka f (-i; G -rek) Reibeisen n; s. tara[2], tarnina; **~lak** m (-a; -i) Rog(e)ner m; **~lica** f (-y; -e) s. cierlica; **~lisko** n (-a) Laichplatz m; **~lo** n (-a) Laichzeit f; Laichen n.

tarmosić F ⟨-szę⟩ ⟨po-⟩ zerren, zupfen; ⟨wy-⟩ zausen (za włosy bei den Haaren); ~ się (miteinander) raufen.

tarni|k m (-a; -i) Raspel f; **~na** f (-y) Schlehdorn m; (a. owoc ~ny) Schlehe f; **~ówka** f (-i; G -wek) Schlehenschnaps m.

tarować ⟨wy-⟩ ⟨-uję⟩ (aus)tarieren.

tarta|czny Sägewerk-; **~k** m (-u; -i) Sägewerk n.

tart|y gerieben; **~a bułka** Semmelbrösel m/pl.

taryf|a f (-y) Tarif m; fig. stosować **~ę ulgową** milde beurteilen od. behandeln; **~ikator** m (-a; -y) Tarifordnung f; **~owy** Tarif-.

tarzać ⟨wy-⟩ (-am) rollen, wälzen (się sich).

tasak m (-a; -i) Hackmesser n.

tasiem|cowy Bandwurm-; fig. endlos; **~iec** ['-ɕe-] m (-mca; -mce) Bandwurm m; **~ka** f (-i; G -mek) Bändchen n; Borte f, Litze f; **~nica** f (-y; -e) Seegras n.

tasmański ['-maĩ-] tasmanisch.

tasować ⟨prze-⟩ (-uję) Karten mischen.

tasza f (-y; -e) Seehase m.

tasznik m (-a; -i) Hirtentäschel n.

taśma f (-y; G -) (lepka, maszynowa, montażowa Klebe-, Farb-, Montage-)Band n; Sp. Zielband n; ~ filmowa Film(streifen) m; ~ miernicza Bandmaß n; ~ perforowana Lochstreifen m; ~ z nabojami Patronengurt m.

taśmo|ciąg m s. taśmowiec; **~teka** f Tonbandarchiv n; **~wiec** ['-mɔ-] m (-wca; -wce) Förderbandanlage f; Bandstraße f; **~wnik** m (-a; -i) Bandeisen n; **~wy** Band-; s. produkcja.

taśmówka f (-i; G -wek) Bandsäge f.

tata F m (-ty, D, L tacie; -towie, -tów) Papa m, Vati m.

Tatar m (-a; -rzy) Tatar m; 2 (pl. -y) Tatar(beefsteak) n.

tatar|ak m (-u; -i) Bot. Kalmus m; **~czany** Buchweizen-; 2**ka** f (-i; G -rek) Tatarin f; Bot. **~ka** Buchweizen m; **~ski** (po -ku) tatarisch; Tataren-; Kochk. Tatar-.

taterni|ctwo n (-a; 0) Bergsport m; **~czka** f (-i; G -czek), **~k** m (-a; -cy) Bergsteiger(in f) m; **~czy** Bergsteiger-.

tat|ko F m (-a; -owie, -ów), **~o** m (-y, D, L tacie; -owie, -ów) s. tata.

tatrzański ['-t:ʃaĩ-] Tatra-.

tatuaż m (-u; -e) Tätowierung f.

tatu|lek F m (-lka; -lkowie), **~nio** F m (-a; -owie, -ów) s. tata.

tatuować ⟨wy-⟩ (-uję) tätowieren.

tatu|siowy Papas, Vatis; **~ś** m (-sia; -sie) s. tata.

tawuła f (-y) Bot. Spiere f.

taż Pron. s. tenże.

tą Pron. I v. ta.

tąp|anie [tɔmp-] n (-a), **~nięcie** [-'nɛŋ-] n (-a) Bgb. Gebirgsschlag m.
tchaw|ica f (-y; -e) Anat. Luftröhre f; **~ka** f (-i; G -wek) Trachee f.
tchem s. dech.
tchn|ący [-nɔn-] (I) e-n Hauch von ... verbreitend; duftend (nach); **~ąć** [-nɔŋts] (-nę) v/i (I) Luft: riechen, duften (nach); Duft ausströmen; v/t pf. Leben einhauchen; ~ąć nienawiścią Blicke: voll(er) Haß (od. haßerfüllt) sein; **~ienie** n (-a) Atemzug m; Hauch m.
tchórz m (-a; -e) Feigling m; Zo. Iltis m; F mieć ~a Bammel haben; **~liwość** f (-ści; 0) Feigheit f; **~liwy** (-wie) feig(e), furchtsam; **~ostwo** n (-a; 0) Feigheit f; **~yć** <s-> (-ę) sich feige zeigen; feig(e) davonlaufen; F kneifen.
tchu s. dech.
te Pron. pl. v. ten, ta, to.
teatr m (-u; -y) Theater n; ~ objazdowy Wanderbühne f; ~ rozmaitości Varieté(theater) n; ~ działań wojennych Kriegsschauplatz m; **~alny** Theater-, Bühnen-; fig. theatralisch, gespreizt.
teatro|logia [-'lɔ-] f (G, D, L -ii; 0) Theaterwissenschaft f; **~man** m (-a; -i) Theaterliebhaber m.
teatr|aki [-'a-; -i] Kleinkunstbühne f; ~ kabaretowy Kabarett n; ~ lalek Puppentheater n; vgl. teatr.
techni|czny technisch; **~k** m (-a; -cy) Techniker m; ~k normowania pracy Arbeitsnormer m; **~ka** ['tex-] f (-i) (chłodnicza, okrętowa, świetlna Kälte-, Schiffbau-, Licht-)Technik f; Verfahren n; **~kum** n (unv.; -ka, -ów) Technikum n, technische Fachschule.
~echno|kracja f (-i; 0) Technokratie f; **~log** m (-a; -dzy) Technologe m; **~logia** [-'lɔ-] f (G, D, L -ii; -e) Technologie f.
~eczka f (-i; G -czek) Aktentasche f; Schulmappe f; Aktendeckel m.
~ego Pron. G, A v. ten G v. to; **~roczny** diesjährig.
~ej Pron. G, D, L v. ta.
~ek m (-u; -i) Teakbaum m; (0) Teakholz n.
~ek|a f (-i) Brief-, Sammel-, Aktenmappe f; (Minister-)Portefeuille n; s. teczka.
~ekowy Teak-.
~eksasy m/pl. (-ów) Niethose f.

tekst m (-u; -y) (otwarty Klar-)Text m; Wortlaut m; **~owy** Text-; **~ura** f (-y) Gefüge n, Textur f.
tekstyl|ia [-'ti-] pl. (-ów) Textilien pl.; **~ny** Textil-, textil.
tektoniczny tektonisch.
tektur|a f (-y) (falista Well-)Pappe f; ~a szlachetna Preßspan m; **~owy** Papp-, Karton-.
tele-| in Zssgn Tele-, Fern(seh)-; **~elektryka** f Schwachstromtechnik f.
telefon m (-u; -y) Telefon n, Fernsprecher m; F a. Anruf m; przez ~ telefonisch, fernmündlich.
telefoni|czny Fernsprech-, Telefon-; telefonisch, fernmündlich; **~sta** m (-y; -ści, -ów), **~stka** f (-i; G -tek) Telefonist(in f) m.
telefono|gram m (-u; -y) Fernspruch m; **~wać** <za-> (-uję) telefonieren; anrufen (do G/A).
telegraf m (-u; -y) Telegraf m.
telegrafi|czny Telegrafen-; telegrafisch; w stylu -ym im Telegrammstil; **~sta** m (-y; -ści, -ów), **~stka** f (-i; G-tek) Telegrafist(in f) m.
telegra|fować <za-> (-uję) telegrafieren (do G/an A); **~m** m (-u; -y) Telegramm n.
telekomunikacj|ja f Fernmeldeverkehr m; Fernmeldewesen n; **~yjny** Fernmelde-; fernmeldetechnisch; Nachrichten-.
tele|konkurs m Fernsehwettbewerb m; **~ksowy** Fernschreib-; **~mechanika** f Fernsteuertechnik f; **~obiektyw** m Teleobjektiv n.
telepać się F (-ię) zittern; baumeln; sich schleppen; Wagen: langsam holpern.
telepa|jęczarz F m (TV-)Schwarzseher m; **~tyczny** telepathisch.
telesatelita m Nachrichtensatellit m.
teleskop m (-u; -y) Teleskop n, Fernrohr n; Tech. Teleskopstoßdämpfer m; **~owy** teleskopisch, Teleskop-.
tele|stacja f Fernsehsender m; **~technika** f Fernmeldetechnik f; **~transmisja** f Übertragungstechnik f; **~turniej** m Fernsehquiz n; **~widz** m Fernsehzuschauer m; Fernsehteilnehmer m.
telewizj|ja f Fernsehen n; oglądać ~ję fernsehen; **~or** m (-a; -y) Fernsehempfänger m, F Fernseher m; **~yjny** Fernseh-.

temat m (-u; -y) Thema n; engS.
Gesprächsgegenstand m, -stoff m;
Gr. Stamm(silbe f) m; ~ dnia Tages-
gespräch n; mówić na ~ (G) sprechen über (A); nie w związku z ~em
nicht zum Thema gehörig; ~owy
Thema-; Gr. Stamm-; ~yczny
thematisch.

temblak m (-a/-u; -i) Med. (Arm-)
Schlinge f.

tembr m (-u; -y) Timbre n.

tempera f (-y) Temperafarbe f;
Temperamalerei f; ~ment m (-u;
-y) Temperament n; z ~mentem
temperamentvoll; ~tura f (-y)
Temperatur f; (Gefrier-)Punkt m.

temper|ować ⟨za-⟩ (-uję) Bleistift
(an)spitzen; ~owy Tempera-;
~ówka f (-i; G -wek) Bleistift-
spitzer m. [Templer m.]

templariusz [-'la-] m (-a; -e)

tempo n (-a) Tempo n; F nadawać
~ Tempo vorgeben.

temu Pron. D v. ten, to; Adv.:
dawno ~ vor langer Zeit; schon
lange her; dwa lata ~ vor zwei
Jahren.

ten Pron. (ta f, to n, te pl., Psf. ci)
diese(r, -s); der (die, das); ~ świat
Diesseits n; ~ i ów dieser und
jener; w tej chwili in dem Moment;
sofort; dnia tego a tego an dem und
dem Tage; ~, który der(jenige),
welcher od. der; s. a. sam, to[1].

tendenc|ja f (-i; -e) Tendenz f;
Trend m; ~yjny tendenziös, Ten-
denz-.

tenis m (-a; 0) (stołowy Tisch-)Ten-
nis n; ~ista m (-y; -ści, -ów),
-tka f (-i; G -tek) Tennisspieler(in
f) m; ~owy Tennis-; ~ówki f/pl.
(-wek) Tennisschuhe m/pl.

tenor m (-u; -y) Tenor(stimme f) m;
(pl. -rzy) Tenor(sänger) m; ~owy
Tenor-.

tent m (-u; -y) Sonnensegel n.

tenuta f (-y) Pachtzins m; Pacht f.

tenże Pron. (taż f, toż n, też pl.,
Psf. ciż) der-, die-, dasselbe; s. ten.

teolog m (-a; -owie/-dzy) Theologe
m; ~iczny theologisch.

teore|mat m (-u; -y) Theorem n;
~tyczny theoretisch; ~tyk m (-a;
-cy) Theoretiker m; ~tyzować
(-uję) theoretisieren.

teori|a [-'orja] f (G, D, L -ii; -e)
Theorie f; ~opoznawczy gnoseo-
logisch.

teoryjka f (-i; G -jek) Pseudo-
theorie f.

teow|nik m (-a; -i) Tech. T-Profil n;
~y T-förmig.

teówka f (-i; G -wek) s. teownik

tera|kota f (-y) Terrakotta f; ~pia
[-'ra-] f (G, D, L -ii; -e) Therapie f
~sa f (-y) Geol. Terrasse f.

teraz jetzt; gegenwärtig; a co ~
was nun?; od ~ von nun an; na ~
für jetzt.

teraźniejsz|ość f (-ści; 0) Gegen-
wart f; ~y gegenwärtig, jetzig.

terc|et m (-u; -y) Terzett n; ~ja
(-i; -e) Mus., Sp. Terz f; (Spiel-
Drittel n; Typ. Tertia f; ~jowy
Mus. Terz-.

terefere F: ~ kuku dummes Zeug

teren m (-u; -y) Terrain n; (budowy
do prób, zakładu Bau-, Versuchs-
Werks-)Gelände n; (Kampf-)Ge
biet n (a. fig.); (Wirkungs-)Bereich
m, Kreis m; ~ łowiecki Jagdrevier n
~y zielone Grünflächen f/pl., -anla
gen f/pl.; pracować w ~ie in de
Provinz (an Ort und Stelle) arbei
ten; im Außendienst tätig sein
~owy Gelände-; geländegängig
regional, lokal; ~ówka F f (-i; C
-wek) Geländefahrzeug n.

terier ['tε-] m (-a; -y) Terrier m

terkot m (-u; -y) Rattern n; Rassel
n, Schnarren n; F fig. Geschnatte
n, Geplapper n; ~ać (-czę/-cę) rat
tern; schnarren, rasseln; fig
schnattern, plappern.

term|a f (-y) Therme f; (Gas-)Heiß
wasserbereiter m; ~alny thermal
~iczny thermisch.

termin m (-u; -y) Termin m, Fris
f; Fälligkeitstag m; Terminus m
(Fach-)Ausdruck m; † (Hand
werks-)Lehre f; ~ ważności Gültig
keitsdauer f; przed ~em vorfristig
w ~ie innerhalb e-r Frist von; frist
termingerecht; oddać do ~u in di
Lehre geben; ~arz m (-a; -e) Zei
plan m; Terminkalender m; ~ato
m (-a; -rzy) Lehrling m; ~atorsk
Lehrlings-; ~ować (-uję) in de
Lehre sein; ~owo Adv. s. termi
nowy; ~owość f (-ści; 0) Einhaltun
f der Termine od. Fristen; Pünkt
lichkeit f; ~owy Termin-, Frist
(a. -wo) termin-, fristgerecht; be
fristet; eilig, dringend.

termit[1] m (-a; -y) Zo. Termite f
~[2] m (-u; 0) Tech. Thermit n.

termo|- *in Zssgn* thermo-, Thermo-, Wärme-; **~for** *m* (-u; -y) (Gummi-)Wärmflasche *f*; **~jądrowy** thermonuklear; Fusions-; **~metr** *m* (-u; -y) Thermometer *n*; **~plastyczny** thermoplastisch; **~s** *m* (-u; -y) Thermosflasche *f*.

terowy Teer-.

terpentyn|a *f* (-y; 0) Terpentin *n*; **~owy** Terpentin-.

terror *m* (-u; 0) Terror *m*; **~ysta** *m* (-y; -ści, -ów) Terrorist *m*; **~ystyczny** terroristisch, Terror-; **~yzować** ⟨s-⟩ (-uję) terrorisieren.

terytori|alny [-'ṛial-] territorial; *wody* -ne Hoheitsgewässer *n/pl.*; **~um** [-'tɔ-] *n* (*unv.*; -ia, -ów) Territorium *n*, Gebiet *n*.

test *m* (-u; -y) Test *m*; (*Fern-seh-*)Testbild *n*.

testamen|t *m* (-u; -y) Testament *n*; **~towy** (-wo) testamentarisch; Testaments-.

testator *m* (-a; -rzy) Erblasser *m*.

testowy Test-.

teś|ciowa *f* (-ej; -e) Schwiegermutter *f*; **~ć** *m* (-ścia; -ściowie, -ów) Schwiegervater *m*; *pl. a.* Schwiegereltern *pl.*

tetra *f* (-y) Windelstoff *m*; *Chem.* Tetrachlormethan *n*; **~edr** *m* (-u; -y) Tetraeder *m*.

tetry|czeć ⟨s-⟩ (-eję) (im Alter) griesgrämig werden; **~k** *m* (-a; -cy) Griesgram *m*.

teza *f* (-y) These *f*, Leitsatz *m*.

też¹ *Adv.* auch, ebenfalls; *to* ~ *dlatego* ~ daher, deshalb; *jak* ~ ebenso wie.

też² *Pron. s.* tenże.

tę *Pron. A v.* ta.

tęchnąć [-nɔntɕ] ⟨s-, za-⟩ (-nę) (ver)schimmeln, faulen; nach Moder riechen; *Schwellung:* zurückgehen.

tęcz|a [ten-] *f* (-y) Regenbogen *m*; F *wpatrywać się jak w* ~ę (*w A*) *j-n* anhimmeln; **~owy** Regenbogen-; (*a.* -wo) regenbogenfarben; **~ówka** *f* (-i; *G* -wek) Regenbogenhaut *f*.

tędy ['ten-] *Adv.* hier/da durch (*od.* entlang, hinaus, herum *usw.*); *nie* ~ *droga* das ist nicht der richtige Weg (*a. fig.*); *s.* owędy.

tęg|i ['ten-] beleibt, dick, füllig; *Stück:* groß; *Schlag:* kräftig, wuchtig; *fig. Frost, Wind:* stark; vortrefflich, erstklassig; *Arbeiter:* tüch-

tig; F ~a *głowa* Köpfchen *n*; ~a *mina* selbstsichere Miene; **~o** *Adv.* stark, kräftig; (vor)trefflich; viel.

tego|pokrywe [tɛŋ-] *pl.* (-ych) *Zo.* Deckflügler *m/pl.*, Käfer *m/pl.*; **~ryjec** *m* (-jca; -jce) *Zo.* Hakenwurm *m*; **~skór** *m* (-a; -y) Kartoffelbofist *m*; **~ść** *f* (-ści; 0) Beleibtheit *f*, (Körper-)Fülle *f*.

tęp|ak F ['tem-] *m* (-a; -i) Trottel *m*, Schwachkopf *m*; **~iciel** [-'pi-] *m* (-a; -e) Vertilger *m*, Vernichter *m*; **~ić** (-ę) ⟨wy-⟩ ausrotten, vertilgen (*się* einander *od.* gegenseitig); ⟨s-⟩ stumpf machen; **~ić się** = **~ieć** [-pɛtɕ] ⟨s-⟩ (-eję) stumpf werden; *fig.* abstumpfen (*v/i*); *Sehkraft:* nachlassen; **~ienie** *n* (-a; 0) (*chwastów* Unkraut-)Vertilgung *f*; **~o** *Adv. s.* tępy; **~ogłów** *m* (-owa; -owy) Meeräsche *f*; **~ota** *f* (-y; 0) Dummheit *f*, Stumpfsinn *m*; **~y** (-po) stumpf; *fig. a.* stumpfsinnig; dumm, schwer von Begriff; *Sinne:* abgestumpft.

tęskn|ić ⟨s- się⟩ (-ę, -nij!) (*za I*) sich sehnen, Sehnsucht haben (nach); sehnlichst erwarten (*A*) *od.* verlangen (nach); **~ić za domem** (*od. krajem, rodziną*) Heimweh haben, heimwehkrank werden *od.* sein; **~o** *Adv. s.* tęskny; **~ota** *f* (-y) Sehnsucht *f*; Heimweh *n*; **~ota za dalekim światem** Fernweh *n*; *pełen* ~oty sehnsuchtsvoll; **~y** (-nie, -no) sehnsüchtig; wehmütig, melancholisch; *Blick a.:* schmachtend; ~o *mi* ich sehne mich (*za I*/nach).

tęt|ent ['ten-] *m* (-u; -y) Hufschlag *m*; Getrappel *n*, Trappeln *n*; **~niak** ['tɛnt-] *m* (-a; -i) *Med.* Aneurysma *n*; **~niący** [-'ɲɔn-] pulsierend (*I/* von); **~nica** *f* (-y; -e) Schlagader *f*; **~nić** (-ę, -nij!) dröhnen; puls(ier)en; **~nienie** *n* (-a) Dröhnen *n*; Pulsieren *n*, Pulsation *f*; **~no** *n* (-a; *G* tętn) Puls(schlag) *m* (*a. fig.*).

też|cowy Tetanus-; **~ec** *m* (-źca; 0) Starrkrampf *m*, Tetanus *m*; **~eć** ⟨s-⟩ (-eję) erstarren, hart werden; stärker werden; **~enie** *n* (-a; 0) Erstarren *n*; **~nia** ['tɛʒ-] *f* (-i; -e, -i) Gradierwerk *n*; Rieselkühler *m*, ~turm *m*; **~yzna** *f* (-y; 0) Kraft *f*, Vitalität *f*.

tik *m* (-u; -i) Tick *m*, Gesichtszucken *n*.

tio- *Chem. in Zssgn* thio-, Thio-.

tiul [ʈul] *m* (-*u*; -*e*) Tüll *m*; **~owy** Tüll-.

tkac|ki Web-; Weber-; Textil-; **~two** *n* (-*a*; *0*) (wzorzyste Jacquard-) Weberei *f*.

tkacz *m* (-*a*; -*e*), **~ka** *f* (-*i*; *G* -*czek*) Weber(in *f*) *m*; *nur* ~ *Zo.* Webervogel *m*.

tka|ć ⟨*u*-⟩ (-*am*) weben; *F* *a.* (hinein)stopfen (*do G*/in *A*); **~lnia** [ˈtkal-] *f* (-*i*; -*e*, -*i*) Weberei *f*.

tkan|ie *n* (-*a*; *0*) Weben *n*; **~ina** *f* (-*y*) (wełniania, z tworzyw sztucznych Woll-, Chemiefaser-)Gewebe *n*, Stoff *m*; **~ka** *f* (-*i*; *G* -*nek*) (łączna Binde-)Gewebe *n*; **~y** gewebt; durchwebt (*I*/mit).

tkliw|ie *Adv. s.* tkliwy; **~ość** *f* (-*ści*; *0*) Liebe *f*, Zärtlichkeit *f*, Güte *f*; *Med.* Empfindlichkeit *f*; **~y** (-*wie*) liebevoll, zärtlich; empfindlich.

tkn|ąć *pf. s.* (do)tykać; **~ięty** [-ˈnɛn-] (*I*) berührt (von); *v.* *Krankheit* befallen; *v.* *Schlag* gerührt; *v.* *Unglück* geschlagen; *nie* ~ięty unberührt.

tkwić ⟨*u*-⟩ (-*ę*, -*ij!*) stecken; *im Gedächtnis* haften; wurzeln, verwurzelt sein.

tleć *s.* tlić (się).

tlen *m* (-*u*; *0*) Sauerstoff *m*; **~ek** *m* (-*nku*; -*nki*) Oxyd *n*, Oxid *n*; **~ić** *s.* utleniać; **~owce** *m*/*pl.* (-*ów*) Aerobier *pl.*; **~owy** Sauerstoff-.

tlić (się) (L.) glimmen, schwelen (*a. fig.*).

tłamsić ⟨*s*-⟩ (-*szę*) (zer)knüllen; (*nur impf.*) *F* ~ się sich drängen.

tło *n* (-*a*; *G* tel) Grund(lage *f*) *m*; Grundfarbe *f*; Hintergrund *m* (*fig.* oft -gründe *pl.*); *na tle* (*G*) vor dem Hintergrund; auf Grund (von), bedingt (durch); im Zusammenhang (mit); auf dem Boden (*G*); † *do tła* vollständig, völlig.

tłocz|arka *f* (-*i*; *G* -*rek*) *Tech.* Presse *f*; **~arz** *m* (-*a*; -*e*) Stanzer *m*; **~enie** *n* (-*a*; *0*) Stanzen *n*; (*na zimno* Kalt-)Pressen *n*; Prägung *f*, Prägen *n*; **~nia** [ˈtwɔʈ-] *f* (-*i*; -*e*, -*i*) Pochwerk *n*; Presse *f*; **~nica** *f* (-*y*; -*e*) (*do smaru*) Fettspritze *f*, -presse *f*; **~nictwo** *n* (-*a*; *0*) Stanzereitechnik *f*; **~nik** *m* (-*a*; -*i*) Stanzwerkzeug *n*; **~no** *Adv.*: *jest* (*od. było*) *tam* ~*no* es herrscht(e) dort ein Gedränge; **~ny** *Tech.* Druck-; *Raum*: überfüllt, (ge-

drängt) voll; *Straße*: sehr belebt; **~ony** gestanzt, Stanz-; **~yć** (-*ę*) ⟨*wy*-⟩ (aus)stanzen; *Typ.* prägen; drucken; ⟨*prze*-⟩ *Flüssigkeit* fördern; **~yć się** ⟨*s*-⟩ sich drängen; **~ysko** *n* (-*a*) Kolbenstange *f*; **~ywo** *n* (-*a*) Preßmasse *f*; Spritzgußmasse *f*.

tłok *m* (-*u*; *0*) Gedränge *n*, *F* Gewühl *n*, Getümmel *n*; *F* *ujdzie w* ~*u* es geht; (-*a*; -*i*) *Tech.* Kolben *m*; **~owy** Kolben-.

tłuc (L.) *v/t* ⟨*po*-, *roz*-, *s*-⟩ zerschlagen, zertrümmern; ⟨*na*-⟩ (zer)stampfen; *Steine* klopfen; *F* ⟨*s*-, *wy*-⟩ *j-n* (ver)hauen; ⟨*po*-, *wy*-⟩ totschlagen; *v/i* klopfen, pochen; ~ *się* (heftig) schlagen (*v/i*); poltern; *auf e-r Fahrt* (durch)geschüttelt werden; *s.* rozbi(ja)ć się.

tłucz|arka *f* (-*i*; *G* -*rek*) Stampfmühle *f*; **~ek** *m* (-*czka*; -*czki*) Pistill *n*, Stößel *m*; (*Kartoffel*-)Stampfer *m*; **~eń** *m* (-*cznia*; -*cznie*) Steinschlag *m*, Schotter *m*, Splitt *m*; **~ka** *f* (-*i*; *G* -*czek*) Stampfe *f*; (*Kartoffel*-)Quetsche *f*; (*Keramik*-) Bruch *m*; **~ony** zerkleinert, -schlagen; Stampf-.

tłum *m* (-*u*; -*y*) Menschenmasse(n *pl.*) *f*, Menge *f*; Gedränge *n*; *s.* tłuszcza; **~em**, **~ami** *s.* tłumnie.

tłumacz *m* (-*a*; -*e*), **~ka** *f* (-*i*; *G* -*czek*) Übersetzer(in *f*) *m*; Dolmetscher(in *f*) *m*; **~enie** *n* (-*a*) (równoczesne Simultan-)Übersetzung *f*; (*błędne* Miß-)Deutung *f*; Zureden *n*; Entschuldigung *f*, Rechtfertigung *f*; **~ka** *f* *s.* tłumacz; **~yć** (-*ę*) *v/t* ⟨*wy*-⟩ erklären; *engS.* begreiflich machen; deuten, auslegen; *j-m* (gut) zureden; ⟨*prze*-⟩ übersetzen, -tragen; *v/i* dolmetschen; **~yć się** ⟨*wy*-⟩ sich erklären (*I*/mit); sich entschuldigen, sich rechtfertigen; *to się nie da* ~*yć das ist unübersetzbar.

tłumi|ć ⟨*s*-⟩ (-*ę*) *Feuer*, *fig.* ersticken; *Aufruhr a.* niederschlagen; *Gefühle*, *Kritik a.* unterdrücken; *Schritte*, *Stimme* dämpfen; **~enie** *n* (-*a*) Unterdrückung *f*; *Psych.* Verdrängung *f*; Dämpfung *f*; **~k** *m* (-*a*; -*i*) (*Schall*-, *Stoß*-)Dämpfer *m*.

tłumn|ie *Adv.* in Massen, zahlreich, scharenweise; **~y** Massen-; gut besucht; *Straße*: belebt, wimmelnd von Menschen.

tłumo|czek m (-czka; -czki), ~k m (-a; -i) Bündel n, Paket n; ~k fig. Trampel m od. n.

tłusto Adv. s. tłusty; ~sz m (-a; -e) Fettkraut n; ~ść f (-ści; 0) Fettigkeit f, Fettheit f.

tłust|y (-to) fett; fettig; fig. schlüpfrig, zotig; ~y czwartek Donnerstag m vor Fastnacht; (drukowany) ~ym drukiem fettgedruckt; ~a plama Fettfleck m.

tłuszcz m (-u; -e) Fett n; ~ topiony Schmalz n; ~a f (-y; -e) Mob m, Pöbel(haufen) m; ~owce m/pl. (-ów) Bio. Lipoide n/pl.; ~owy Fett-.

tłuści|eć ⟨po-⟩ (-eję) fett (od. dick) werden; ~och ['tłuɔ-] F m (-a; -i) Fettkloß m, Dickwanst m; ~oszek F m (-szka; -szki) Dickerchen n; ~uchny, ~utki F pummelig.

tną 3. Pers. pl. v. ciąć; ~cy ['tnɔn-] Schneid-; scharf. [ciąć.⟩

tnę 1. Pers. sg. v. ciąć; tnij Imp. v.⟩

to[1] Pron. das, dies, es; s. ten; ~ i owo s. ów; na ~, na tym darauf; do tego dafür, dazu; od tego davon; poza tym darüber hinaus, außerdem; przed tym davor; przez ~ dadurch; przy tym dabei; w tym darin; za ~ dafür; z tego daraus; z tym damit; poprzestać na tym es dabei bewenden lassen; jestem od tego dazu bin ich da; cóż ty na ~? was sagst du dazu?; dajmy na ~ angenommen; z tym, że ... mit der Bemerkung, daß ...

to[2] (unv., bleibt oft unübersetzt) das, es; dann, so; denn; kto ~? wer ist das?; ~ fakt es ist eine Tatsache; chcesz, ~ idź wenn du willst, dann (od. so) gehe; co ~ za jeden? was ist (denn) das für ein(er)?; czas ~ pieniądz Zeit ist Geld; co ~ za hałas! was für ein Krach!; no ~ co? na und?; ~ ... ~ bald ... bald; mal ... mal; ~ tu, ~ tam mal hier, mal dort; i ~ und dann auch (noch).

toalet|a f (-y) Toilette f; ~ka f (-i; G -tek) Frisiertoilette f, -kommode f; ~owy Toiletten-.

toast ['tɔst] m (-u; -y) Toast m, Trinkspruch m.

tobą I v. ty; z ~ mit dir.

tobie (D, L v. ty) dir; o ~ von dir, über dir.

tob|ołek m (-łka; -łki), ~ół m (-oła; -oły) s. tłumo(cze)k.

tocz|ak m (-a; -i) Schleifstein m; Tech. (Kollergang-)Läufer m; ~ek m (-czka; -czki) Toque f; (Töpfer-)Scheibe f; ~enie n (-a; 0) Rollen n; (Verhandlungs-)Führung f; Tech. Drehen n; Drechseln n; ~eń m (-cznia; -cznie) Med. Lupus m; ~ny Tech. Lauf-, Roll-, ~ony gedreht; gedrechselt; ~yć ⟨-⟩ ⟨po-⟩ Faß, Stein rollen; ⟨s-⟩ Kampf austragen; Drechseln liefern; Schädlinge: Holz zerfressen, durchbohren; ⟨wy-⟩ Tech. Metall (ab)drehen; Holz a. drechseln; ⟨na-, u-⟩ auf Flaschen ziehen, abfüllen; (nur impf.) Verhandlungen, Prozeß führen; Gram: zehren, nagen (A/an D); Tränen, Blut vergießen; ~yć okiem od. wzrokiem den Blick schweifen lassen, umherblicken; ~yć się ⟨po-⟩ rollen; F kollern, kullern (v/i); (mst impf.) Wasser: fließen; Verhandlungen, Kampf: verlaufen; geführt werden; Zeit, Leben: verstreichen; Ereignisse a.: sich abspielen; Unterhaltung a.: sich drehen (o L/um A); ~ydło n (-a; G -deł) Schleifstein m.

toć (unv.) doch (ja).

toga f (-i; G -/tóg) Toga f; (Richter-)Robe f, Talar m.

togijski togo(les)isch.

tojad m (Bot. Echter) Eisenhut m.

tok[1] m (-u; 0) Gang m, (Ver-)Lauf m; (Rede-)Fluß m; być w ~u im Gang sein. [pl. Balz f.⟩

tok[2] m (-u; -i) s. klepisko; JSpr. ⟩

tokaj m (-u; -e, -i/-ów) Tokaier m.

tokar|ka f (-i; G -rek) Drechselbank f; (-kopiarka Nachform-)Drehmaschine f; ~nia [-'kar-] f (-i; -e) Dreherei f; Drechslerei f; ~ski Dreh-; Drechsel-. [Drechsler m.⟩

tokarz m (-a; -e) Dreher m;⟩

tokow|ać (-uję) balzen; ~anie n (-a) Balz f; ~isko n (-a) Balzplatz m; s. a. klepisko; ~y Balz-.

toksyczny toxisch.

toleranc|ja f (-i; Tech. -e, -i) Toleranz f; ~yjny tolerant.

tolerować (-uję) dulden, tolerieren.

tom m (-u; -y) Band m.

tomas|ówka f (-i; 0), ~yna f (-y; 0) Thomasmehl n

tomik m (-a; -i) Typ. Bändchen m.

tomiłek m (-łka; -łki) Heliotrop n.

tomisko n (-a) Wälzer m, F Schinken m.

ton m (-u; -y) Ton m (a. fig.), Klang m; w złym ~ie unpassend; geschmacklos.

tona f (-y) Tonne f.

tonacja f (-i; -e) Mus. Tonart f; (Malerei) Tönung f; ~ majorowa Dur n; ~ minorowa Moll n.

tonaż m (-u; 0) Tonnage f.

tona|cy [-'nɔn-] s. tonąć; Su. m (-ego; -y) Ertrinkende(r); ~ć [-nɔntɕ] (-ę, toń!) ⟨u-⟩ ertrinken (a. fig.), F ersaufen; ⟨za-⟩ Schiff: untergehen, ⟨fig. a. po-⟩ versinken; ~ć we łzach in Tränen zerfließen.

toni|czny tonisch; Med. a. = **~zujący** [-'jɔn-] (-co) tonisierend.

tono|- in Zssgn Tonnen-, z.B. **~kilometr** m Tonnenkilometer m; **~wać** (-uję) v/t tönen.

tonsura f (-y) Tonsur f.

toń f (-ni; -nie, -ni, -ńmi) lit. Tiefe f, Fluten f/pl.; vgl. topiel.

top m (-u; -y) Mar. Topp m.

topaz m (-u; -y) Topas m.

topić (-ę) ⟨po-, u-⟩ ertränken, ersäufen (a. fig.); ⟨za-⟩ Schiff versenken; ⟨roz-⟩ schmelzen (się v/i); ~ się s. tonąć.

topiel ['tɔ-] f (-i; -e, -i) tiefe Stelle im Fluß; Fluten f/pl.; ~ błotna gefährliches Moor; **~ec** ['-ɲɛ-] m (-lca; -lcy), **~ica** f (-y; -e) Ertrunkene(r), Wasserleiche f; Nix(e) f m; **~isko** n (-a) s. topiel.

topi|enie n (-a; 0) Tech. (Ein-)Schmelzen n; **~k** m (-a; -i) El. Schmelzsicherung f. [ohneˢ]

toples F: w ~ie busenfrei, ᵒbenˢ

topliwość f (-ści; 0) Schmelzbarkeit f; ~y schmelzbar.

topni|eć ['tɔp-] ⟨s-⟩ (-eję) schmelzen (v/i); **~k** m (-a; -i) Tech. Flußmittel n.

topograficzny topographisch.

topol|a f (-i; -e, -pól) (biała Silber-) Pappel f; **~owy** Pappel-.

topo|rek m (-rka; -rki) Handbeil n; **~rny** grobschlächtig, ungeschlacht; **~rzysko** n (-a) Axt-, Beilstiel m.

topowy Mar. Topp-.

topór m (-ora; -ory) Beil n; hist. Streitaxt f.

tor¹ m (-u; -y) (Renn-, Umlauf-) Bahn f; Esb. (szeroki, zapasowy Breitspur-, Abstell-)Gleis n; Schienenstrang m; Fmw. (Bild-, Ton-) Kanal m; Leitung f; ~ regatowy Regattastrecke f; wodny ~ Fahrwasser n, -rinne f; fig. ślepy ~ Sackgasse f; iść ~em (G) j-m folgen.

tor² m (-u; 0) Chem. Thorium n.

Tora f (-y; 0) Thora f.

torb|a f (-y; G -/-reb) Beutel m; (Bettel-, Futter-)Sack m; (Einkaufs-) Tasche f; puścić z ~ami an den Bettelstab bringen; **~acz** m (-a; -e) Beuteltier n; **~iel** ['tɔr-] f (-i; -e, -i) Med. Zyste f; **~ielowy** zystisch.

torcik m (-a; -i) Törtchen n.

torebka f (-i; G -bek) (foliowa Plastik-)Beutel m; (Papier-)Tüte f; Handtasche f; Anat., Zo. (Haar-) Balg m; Bot. (Samen-)Kapsel f; ~ z uchwytami Trag(e)tasche f.

torf m (-u; -y) Torf m; Agr. a. Torfmull m; **~owiec** ['-fɔ-] m (-wca; -wce) Torfmoos n; **~owisko** n (-a) Torfmoor n; **~owy** Torf-.

tornister m (-tra; -try) Tornister m; (Schul-)Ranzen m.

toro|mistrz m Esb. Rottenführer m; **~wać** ⟨u-⟩ (-uję) (sobie sich) den Weg bahnen (a. fig.); **~wiec** ['-rɔ-] m (-wca; -wcy) Esb. Gleis(ver)leger m; Sp. Bahnfahrer m; **~wy** Bahn-; Gleis-.

torowy² Chem. Thorium-.

torped|a f (-y) Torpedo m; Schnelltriebwagen m; **~o** n (-a) (Fahrrad-) Rücktrittbremse f; **~ować** ⟨s-⟩ (-uję) torpedieren (a. fig.); **~owiec** [-'dɔ-] m (-wca; -wce) Torpedoboot n; **~owy** Torpedo-.

tors m (-u; -y) Anat. Oberkörper m; (Kunst) Torso m.

torsje f/pl. (-i/-syj) Erbrechen n.

torsyjny Torsions-.

tort m (-u; -y) Torte f; **~ownica** f (-y; -e) Tortenform f; **~owy** Torten-.

tortur|a f (-y) Folter f, Tortur f; fig. a. Marter f, Qual f; wziąć na ~y (A) die Folter anwenden (bei); **~ować** (-uję) foltern; fig. quälen.

toruński [-'ruĩ-] Thorner (Adj.).

tost m (-u; -y) s. grzanka.

totalizator m (-a; -y) Totalisator m; ~ sportowy (Fußball-)Toto m.

totalny total, Total-.

totek F m (-tka; -tki) Toto m.

toteż Kj. daher auch.

totolotek F m (-tka; -tki) Sportlotto n 6 aus 49.

totumfacki F m (-ego; -ccy) Faktotum n, Mädchen n für alles.

towar m (-u; -y) Ware f; oft pl. ~y

a. Güter *n/pl.;* ~ firmowy Markenartikel *m.*

towarow|iec [-'ro-] *m (-wca; -wce) Mar.* Frachter *m;* ~y Waren-; Fracht-, Last-; *Esb.* Güter-.

towaroznaw|czy warenkundlich; ~stwo *n (-a; 0)* Warenkunde *f.*

towarzys|ki *(-ko)* gesellig; umgänglich; gesellschaftlich, Gesellschafts-; *Sp.* Freundschafts-; *formy ~kie* Umgangsformen *f/pl.;* ~two *n (-a)* Gesellschaft *f (a. Hdl.* akcyjne, *przewozów powietrznych* Aktien-, Luftfracht-); ~two opieki nad zwierzętami Tierschutzverein *m;* unikać ~twa *(G) j-n* meiden; *w* ~twie *(G)* in Begleitung (von); *przebywać w złym* ~twie schlechten Umgang haben.

towarzysz *m (-a; -e)* Genosse *m; (niedoli, życia* Leidens-, Lebens-) Gefährte *m;* Begleiter *m; (zabaw dziecięcych* Spiel-)Kamerad *m;* ~ broni Waffenbruder *m,* Kriegskamerad; ~ący [-'Jɔn-] *Adjp. (I)* Begleit-; ~ka *f (-i; G -szek)* Genossin *f;* Gefährtin *f;* Kamerad(in *f) m; vgl.* towarzysz; ~yć *(-ę) (D)* begleiten *(A);* einhergehen (mit).

towot *m (-u; -y)* Staufferfett *n;* ~nica *f (-y)* Fettpresse *f;* Fettbüchse *f.*

też *Pron. s.* tenże; *Kj.* doch, ja.

tożsamo|ść *f (-ści; 0)* Identität *f; Mil.* znak ~ci Erkennungsmarke *f.*

trachoma *f (-y; 0) s.* jaglica.

tracić *(s, u- (-cę)* verlieren *(a. fig.; na L/an D); Recht* verwirken; *(nur s-)* einbüßen; hinrichten; ~ *na* wadze an Gewicht verlieren; abnehmen *(v/i).*

tracz *m (-a; -e)* Brettschneider *m,* Säger *m (a. Zo.);* ~nica *f (-y; -e)* Bohlensäge *f.*

tradyc|ja *f (-i; -e)* Tradition *f;* ~yjny traditionell, althergebracht.

traf *m (-u; -y)* Zufall *m;* szczęśliwy ~ Glücksfall *m;* ~ zdarzył, F trzeba ~u wie es der Zufall wollte; szczęśliwym ~em glücklicherweise; ~iać ['tra-] *(-am), ~ić (-ę)* treffen; stoßen (auf *A);* den Weg finden; gelangen (do *G/*nach); geraten (in *A);* nie ~ić verfehlen; ~(iać) się vorkommen, sich finden; *Chance:* sich bieten; ~ienie *n (-a)* Treffer *m; (Geschoß-)*Auf-, Einschlag *m;* sześć ~ień *a.* sechs Richtige *(im Lotto);*

~iony getroffen *(I/*von); ~ność *f (-ści; 0)* Treffsicherheit *f; fig.* Richtigkeit *f,* Exaktheit *f;* Triftigkeit *f;* ~ny gut gezielt; treffsicher; *fig.* (zu)treffend; ~unek P *m (-nku; -nki) s. traf.*

tragarz *m (-a; -e)* Lastträger *m;* Gepäckträger *m.*

traged|ia [-'ge-] *f (G, D, L -ii; -e)* Tragödie *f (a. fig.),* Trauerspiel *n;* ~iopisarz *m* Tragödiendichter *m.*

tragicz|ka *f (-i; G -czek)* Tragödin *f;* ~ny tragisch; ~ny w skutkach verhängnisvoll.

tragi|k *m (-a; -cy)* Tragöde *m;* Tragiker *m;* ~komiczny tragikomisch; ~zm *m (-u; 0)* Tragik *f,* das Tragische.

trajkot *m (-u; -y) s.* terkot; ~ać *⟨za-⟩ (-czę/-cę) s.* terkotać; ~ka F *f (-i; G -tek)* Quasselstrippe *f,* Schnatterliese *f.*

trajlować F *(-uję)* das Blaue vom Himmel herunterlügen. [säge *f.⟩*

trak *m (-u; -i)* Sägegatter *n,* Gatter-⟩

trakcja *f (-i; 0) Esb.* Fahrbetrieb *m; (Dampf-)*Betrieb *m.*

traken *m (-a; -y)* Trakehner *m.*

trak|t *m (-u; -y) (Land-)*Straße *f; (Gebäude-)*Trakt *m; w* ~cie *(G)* im Verlauf, im Laufe, während *(G).*

traktat *m (-u; -y)* Traktat *m,* Abhandlung *f; (pokojowy* Friedens-) Vertrag *m;* ~owy Vertrags-.

trakto|r *m (-a; -y) s.* ciągnik; ~rzysta *m (-y; -ści, -ów)* Treckerfahrer *m,* Traktorist *m.*

traktowa|ć *⟨po-⟩ (-uję) v/t* behandeln (się einander); † *a.* bewirten *(I/*mit); *v/i* handeln (o *L/*von); ~ć poważnie ernst nehmen; ~nie *n (-a; 0)* Behandlung *f.*

tralka *f (-i; G -lek)* Baluster *m.*

trał *m (-u; -y)* Grundschleppnetz *n; Mar.* Minensuchgerät *n;* ~ować *(-uję)* mit dem Schleppnetz fischen; *Mar.* Minen räumen; ~owanie *n (-a; 0) Mar.* Minenräumung *f;* ~owiec [-'wo-] *m (-wca; -wce)* Minensuch- *od.* Minenräumboot *n.*

tram *m (-u; -y) (Dach-, Sp.* Schwebe-)Balken *m.*

tramp *m (-a; -y/-owie)* Tramp *m;* Trampschiff *n;* ~ing [-ŋk] *m (-u; 0)* Trampschiffahrt *f;* ~ki *f/pl. (-pek)* (leichte) Sportschuhe *m/pl.*

trampolina *f (-y)* Trampolin *n;* Sprungbrett *n.*

trampow|ać (*-uję*) trampen; **~ski,**
~y Tramp-.

tramwaj *m* (*-u; -e, -ai/-jów*) Stra-
ßenbahn(wagen *m*) *f;* **~arz** *m* (*-a;*
-e) Straßenbahner *m;* **~owy** Stra-
ßenbahn-.

tran *m* (*-u; -y*) (Leber-)Tran *m;*
~owy Tran-.

trans [-äs] *m* (*-u; -y*) Trance *f.*

trans|akcja [-äs-] *f* Transaktion *f,*
Geschäft *n;* **~atlantyk** *m* (*-u; -i*)
Überseeschiff *n.*

transformator [-äs-] *m* (*-a; -y*)
Transformator *m;* Umspanner *m;*
Fmw. a. Übertrager *m;* **~nia** [-'tɔr-]
f (*-i; -e*) Umspannwerk *n;* Trans-
formatorenstation *f;* **~owy** Trans-
formatoren-.

trans|formować [-äs-] (*-uję*) trans-
formieren, umwandeln; *El. a.* um-
spannen; **~fuzja** *f* (*Blut-*)Transfu-
sion *f,* Übertragung *f;* **~kontynen-**
talny trans-, *Mil. a.* interkontinen-
tal; **~krypcja** *f* (*-i; -e*) Transkrip-
tion *f; Ling. a.* Umschrift *f.*

transmi|sja [-äs-] *f* (*Fernseh-*)
Übertragung *f; Tech. s.* pędnia;
~syjny Übertragungs-, **~tować**
(*-uję*) *Rdf.* übertragen, transmit-
tieren.

trans|oceaniczny [-äs-] trans-
ozeanisch, überseeisch; **~parent** *m*
(*-u; -y*) Spruchband *n;* **~plan-**
tacja *f* (*0*) Transplantation *f,*
Verpflanzung *f.*

transport [-äs-] *m* Transport *m* (*a.*
konkr.); Verkehr *m; engS.* Beförderung *f;* **~er** *m* (*-a; -y*) *Tech. s.*
przenośnik; *Mil.* Mannschafts-
(transport)wagen *m;* Schützen-
panzer *m;* **~ować** (*-uję*) transportieren, befördern; **~owiec** [-'tɔ-] *m*
(*-wca; -wce*) *Mil. Flgw.* Transport-
flugzeug *n; Mar.* Truppentrans-
porter *m;* Frachter *m;* F (*pl. -wcy*)
Transportarbeiter *m;* **~owy** Trans-
port-, Beförderungs-.

transzeja [-äʃ-] *f* (*G, D, L -ei; -e,*
-ei) *Mil.* (*Lauf-*)Graben *m.*

tranzystor [-äs-] *m* (*-a; -y*) Transistor *m;*
~owy Transistor-.

tranzyt *m* (*-u; -y*) Transit(verkehr)
m; **~owy** Transit-, Durchgangs-.

trap *m* (*-u; -y*) *Geol.* Trapp *m; Mar.*
Landgang *m;* Niedergang *m; Thea.*
Versenkung *f.*

traper *m* (*-a; -rzy*) Trapper *m;*
~ski Trapper-.

trapez *m* (*-u; -y*) Trapez *n.*

trapić (*-ę*) plagen; bedrücken, quälen; Sorgen (*od.* Kummer) bereiten;
~ się ⟨s-⟩ sich Sorgen machen (*I/*
über *A*).

trasa *f* (*-y*) Trasse *f;* Linien-,
Streckenführung *f;* (*Eisenbahn-,*
Renn-)Strecke *f;* (*Wander-*)Route
f, Weg *m;* **~** lotnicza *od.* powietrzna
a. Luftstraße *f.*

tras|ant *m* (*-a; -ci*) Trassant *m;*
~at *m* (*-a; -ci*) Trassat *m;* **~er** *m*
(*-a; -rzy*) *Tech.* Anreißer *m;* **~ować**
(*-uję*) trassieren; *engS.* abstecken
(und vermessen); *Tech.* anreißen,
anzeichnen.

traszka *f* (*-i; G -szek*) Molch *m.*

trata *f* (*-y*) *Hdl.* Tratte *f.*

tratować ⟨roz-, s-⟩ (*-uję*) zertreten,
zertrampeln.

tratwa *f* (*-y; G -/-tew*) Floß *n.*

traw|a *f* (*-y*) Gras *n;* F wiedzieć co
w **~ie** piszczy das Gras wachsen
hören.

trawers *m* (*-u; -y*) Traverse *f; engS.*
Tech. Querstrebe *f,* -träger *m;*
~ować (*-uję*) *Sp.* traversieren.

trawest|acja *f* (*-i; -e*) *Lit.* Tra-
vestie *f;* **~ować** (*-uję*) travestieren.

trawia|rka *f* (*-i; G -rek*) *Typ.* Ätz-
maschine *f;* **~sty** Gras-, grasbe-
deckt; grasgrün; *Bot.* krautartig.

trawić (*-ę*) ⟨s-⟩ verdauen; *fig.* (verzehren; *Zeit* verbringen (*na L/*bei);
⟨wy-⟩ *Tech.* ätzen; F nie móc
strawić *j-n* nicht verknusen können.

trawien|ie *n* (*-a; 0*) Verdauung *f;*
Ätzen *n,* Ätzung *f;* **~iec** [-'ɣe-] *m*
(*-ńca; -ńce*) Labmagen *m;* **~ny**
Verdauungs-; Ätz-.

traw|ka *f* (*-i; G -wek*) Gras *n;*
Gräschen *n;* **~ler** ['traʃ-] *m* (*-a; -y*)
Trawler *m;* **~ler** *m* rufowy Heckfänger
m; **~nik** *m* (*-a; -i*) Rasen *m.*

trawo|polny: system **~ny** Feldgras-
wirtschaft *f;* **~żerny** *s.* roślinożerny.

trąb|a ['trɔm-] *f* (*-y*) Trompete *f;*
(*Signal-*)Horn *n;* (*Elefanten-*)Rüssel
m; Meteo. Wind-, Wasserhose *f,*
Trombe *f; fig.* F Gimpel *m,* Trottel
m; **~ić** (*-ę*) ⟨za-⟩ trompeten; ins
Horn stoßen; hupen; (*na alarm*
Alarm) blasen; F ⟨roz-⟩ auspo-
saunen; P ⟨wy-⟩ kippen, saufen;
~ka *f* (*-i; G -bek*) Trompete *f;*
(*Jagd-*)Horn *n;* **~ka** Eustachiusza
Eustachische Röhre; zwinąć w **~kę**
Papier zusammenrollen.

tropikalny

trąc|ać ['trɔnts-] (-am), ⟨∼ić⟩ (-ę) v/t (an)stoßen; berühren; v/i (nur pf. unpers.) riechen (I/nach); ∼ać się gegenseitig stoßen; beim Trinken anstoßen (z I/mit).

trą|d [-ɔnt, -ɔndu] m (-u; 0) Lepra f, Aussatz m; ∼d cynowy Zinnpest f; ∼dzik m (-u; 0) Akne f.

trefić † ⟨u-⟩ (-ę) Haar in Locken legen, frisieren.

trefl m (-a; -e) KSp. Treff n, Kreuz n; ∼owy Treff-, Kreuz-.

tref|niś m (-sia; -sie, -siów) Hofnarr m; ∼ny nicht koscher, unrein.

trel m (-u; -e, -i/-ów) Triller m; ∼ować (-uję) trillern.

trema f (-y; 0) Lampenfieber n.

tren¹ m (-u; -y) Lit. Threnodie f, Klagelied n.

tren² m (-u; -y) (Kleid-)Schleppe f.

trend m (-u; -y) Trend m.

trener m (-a; -rzy), ∼ka f (-i; G -rek) Trainer(in f) m; F (nur ∼ka) Trainieren n, Trainingsarbeit f.

trening m (-u; -i) Training n; ∼owy Trainings-, ∼ówka F f (-i; G -wek) Trainingsanzug m. [(v/i a. się).]

trenować ⟨wy-⟩ (-uję) trainieren

trep m (-a; -y) s. chodak; ∼ek m (-pka; -pki) Sandale f.

tres|ować ⟨wy-⟩ (-uję) dressieren, abrichten; ∼ura f (-y) Dressur f, Abrichtung f.

treści|owo ⟨-wo⟩ inhaltlich, Inhalts-; ∼wie Adv. s. treściwy; ∼wość f (-ści; 0) Bündigkeit f, Kürze f; Nahrhaftigkeit f, Nähr(stoff)gehalt m; ∼wy (-wie) inhaltsreich, gehaltvoll; bündig, kurz(gefaßt); nahrhaft, gehaltreich; pasza ∼wa Kraftfutter n.

treś|ć f (-ści) Inhalt m, (ideowa Ideen-)Gehalt m; Bedeutung f, Sinn m; Psych. ∼ć wyparta Verdrängung f (konkr.); bez ∼ci inhaltsleer, -los, nichtssagend; w ∼ci dem Inhalt nach, inhaltlich.

trębacz ['trɛm-] m (-a; -e) Trompeter m; Hornist m.

trędowaty [tren-] leprakrank, aussätzig.

trędzla f (-i; -e, -i) s. uzda.

trian|gel ['-aŋgel] m (-gla; -gle, -gli) Triangel f; ∼gulacyjny Triangulations-.

trik m (-u; -i) Trick m; ∼owy Trick-.

trio n (-a; G -ów) Trio n; ∼da f (-y) Triode f.

trium|f m usw. s. tryumf usw.; ∼wirat m (-u; -y) Triumvirat n.

trochej m (-a; -e, -ei/-ów) Trochäus m.

trochę Adv. ein wenig, etwas, (ein) bißchen; ani ∼ nicht ein (od. kein) bißchen; po trochu, po trosze/troszku allmählich, nach und nach, F häppchenweise.

trocin|iak [-'tçi-] F m (-a; -i) Sägemehl-Dauerbrandofen m; ∼owy Sägespäne-, Sägemehl-; ∼y f/pl. (-) Sägespäne m/pl., -mehl n.

trockistowski trotzkistisch.

troć f (-ci; -cie, -ci) Seeforelle f.

trofeum [-'fɛum] n (unv.; -ea, -eów) Trophäe f. [bewohner m.]

troglodyta m (-y; -ci, -ów) Höhlen-

troi|ć ⟨po-⟩ (-ję, trój!) verdreifachen (się sich); ∼sty (-ście) dreifältig, -gliedrig, Drei-, Tri-.

troja|czki m/pl. (-ów) Drillinge m/pl.; ∼k m (-a; -i) Dreier m, Dreiling m (3-Groschen-Münze); Trojak m (Volkstanz); ∼ki dreierlei; ∼ko Adv. auf dreierlei Art; ∼nek m (-nka; -nki) Leberblümchen n.

troje drei; we ∼ zu dritt; złożyć na ∼ dreifach falten.

troki m/pl. (-ów) Riemen m/pl., Gurte m/pl., Schnüre f/pl. zum Festbinden.

trolejbus m (-u; -y) Oberleitungsomnibus m, F Obus m; ∼owy Obus-.

trombita f (-y) Art Alphorn n.

trombo|cyt m (-u; -y) Bio. Thrombozyt m; ∼n m (-u; -y) s. puzon.

tromtadracja f (-i; 0) iron. Bombast m, große Worte; eng S. Hurrapatriotismus m. [Thron-.]

tron m (-u; -y) Thron m; ∼owy

trop¹ m (-u; -y) Fährte f; Spur f; JSpr. sztuczny ∼ Schleppe f; wpaść na ∼ e-e Spur aufnehmen; auf die Spur kommen (G/D); naprowadzić na ∼ auf die Spur bringen; iść w ∼ (za I) j-s Spuren folgen; chodzić ∼ w ∼ (za I) j-m auf dem Fuße folgen, auf den Fersen bleiben; zmylić ∼y von der (richtigen) Spur abbringen.

trop² m (-u; -y) Trope f, Tropus m.

tropi|ciel [-'ɲi-] m (-a; -e, -i/-ów) fährtengerechter Jäger; fig. Spürhund m; ∼ć (-ę) e-r Fährte (od. Spur) nachgehen, folgen; Wild, Verbrecher verfolgen, hetzen.

tropikalny tropisch, Tropen-; tropenfest.

tropowiec [-'pɔ-] *m* (-wca; -wce) Spürhund *m*.

trosk|a *f* (-i; G -) Sorge *f* (o *A*/um); *pełen* ~*i* kummer-, sorgenvoll; *s.* troskliwy; *przyczyniać* ~ (D) *j-m* Kummer (*od.* Sorgen) bereiten; ~**ać się** ⟨za-⟩ (-am) sich sorgen, besorgt sein (o *A*/um); ~**liwość** *f* (-*ści*; *0*) Besorgtheit *f*; Sorgfalt *f*, Sorgsamkeit *f*; ~**liwy** (-wie) fürsorglich, rührend besorgt.

troszcz|yć się ⟨za-⟩ (-ę) (o *A*) sich kümmern (um), sorgen (für); sich sorgen, besorgt sein (um); *nie* ~*ąc się o ...* ohne Rücksicht auf ...

trosze, ~**czkę** *s.* trochę.

trotuar *m* (-u; -y) Bürgersteig *m*.

trój|- *in Zssgn* drei-, Drei-, tri-, Tri-; *s.* trzy-; ~**a** *f* F (-i;-e,-) Drei *f*; ~**barwny** dreifarbig; ~**biegowy** *Kfz.* Dreigang-; ~**bój** *m* Dreikampf *m*; ⦁**ca** *f* (-y; *0*) *Rel.*: ⦁**ca Święta** Dreifaltigkeit *f*; ~**dzielny** dreiteilig, -gliedrig; *nerw* -*ny* Trigeminus *m*; ~**dźwięk** *m* Dreiklang *m*; ~**graniasty** dreikantig, Dreikant-; *kapelusz* -*ty* Dreispitz *m*; ~**ka** *f* (-i; G -jek) Drei *f*, F Dreier *m*; Troika *f*, Dreigespann *n*; F *fig.* Kleeblatt *n*, Trio *n*; *we* ~*kę* zu dritt.

trójkąt *m* Dreieck *n*; *Mus.* Triangel *f*; ~ *małżeński* Dreiecksverhältnis *n*; ~ *kreślarski* Winkel *m*; ~**ny** dreieckig, Dreiecks-; *Tech. a.* Dreikant- [*s.* trzykołowy.]

trójko|lorowy *s.* trójbarwny; ~**lowy**)

trójkombinacja *f*: ~ *alpejska* alpine (Dreier-)Kombination.

trój|kowy Dreier-; *iść w szyku* -*ym* in Dreierreihen marschieren; ~**listny** dreiblättrig; ~**liść** *m Bot.* Fieberklee *m*; ~**mecz** *m Sp.* Dreiländerkampf *m*, F Dreiertreffen *n*; ~**mian** ['truj-] *m* (-u; -y) *Math.* Trinom *n*; ~**miasto** *n* Dreistädteverband *m*; ~**mocarstwowy** Dreimächte-; ~**motorowy** dreimotorig.

trójnasób: *w* ~ dreifach, dreimal; *powiększyć w* ~ verdreifachen.

trój|niak ['truj-] *m* (-a; -i) Art Met *m*; ~**nik** *m* (-a; -i) *Tech.* T-Stück *n*, Dreiwegestück *n*; ~**nóg** *m* (-oga; -ogi) Dreifuß *m*; Stativ *n*; ~**osiowy** dreiachsig, Dreiachs-; ~**połówka** *f* (-i; G -wek) *Agr.* Dreifelderwirtschaft *f*; ~**ramienny** dreiarmig; ~**skok** *m* Dreisprung *m*; ~**stronny** dreiseitig; ~**szereg** *m* Dreierreihe *f*;

~**ścian** ['truj-] *m* (-u; -y) Dreikant *m*; ~**wartościowy** *Chem.* dreiwertig; ~**wymiarowy** dreidimensional; ~**ząb** *m* Dreizack *m*; ~**zgłoskowy** dreisilbig; ~**zmianowy** dreischichtig; ~**żyłowy** *El.* Dreileiterdreiadrig.

truch|cik *m* (-a; -i) (Hunde-)Trab *m*; ~**leć** ⟨s-⟩ (-eję) erschrecken (v/i) sich entsetzen; ~*leję na myśl o* (*P*) mich (*od.* mir) schaudert bei den Gedanken (an); ~**t** *m* (-u; -y) Trab *m*; *JSpr. a.* Trollen *n*; *biec* ~*tem* traben; *JSpr. a.* trollen.

truci|ciel [-'tɕi-] *m* (-a; -e), **-lka** *f* (-i; G -lek) Giftmörder(in *f*) *m*; ~**cielski** Giftmord-; ~**zna** *f* (-y Gift *n*.

truć ⟨o-⟩ (-ję) vergiften (*się* sich); *fig.* ~ *się* (*I*) sich krank ärgern (über *A*).

trud *m* (-u; -y) Mühe *f*; Anstrengung *f*, Strapaze *f*; *bez* ~*u* mühelos z ~*em* mit Mühe, mühevoll; ~**nie się** (-ę, -nij!) (*I*) (be)treiben (*A*) sich betätigen (als); sich befassen sich beschäftigen (mit).

trudno *Adv.* schwer(lich); ~ *czy telny* schwer lesbar; ~ *rozpuszczaln* schwerlöslich; ~ *topliwy* strengflüs sig; *(no) to* ~*!* da läßt sich nicht machen!

trudnoś|ć *f* (-ści) Schwierigkeit *f* *bez* ~*ci a.* mühe-, anstandslos z ~*cią* mit Mühe.

trudny (-no) schwer (*do G*/zu + *Inf.*) schwierig; mühevoll, mühsam *Kind a.*: schwer erziehbar; ~ *obejściu od. pożyciu* unverträglich

trudzić ⟨po-⟩ (-dzę) bemühen (*si* sich); ~ *się a.* sich (ab)mühen (*na I, przy L*/bei *D*, um *A*); *możes się nie* ~ spare dir die Mühe.

trufl|a *f* (-i; -e, -i) Trüffel *f*; ~**ow** Trüffel-.

trujący [-'jon-] (-co) giftig, Gift **trumn|a** *f* (-y; G -mien) Sarg *m* ~**iaki** F *m/pl.* (-ów) Slipper *m/pl.* ~**iarz** ['trum-] *m* (-a; -e) Sarg tischler *m*.

trunek *m* (-nku; -nki) (Alkohol- Getränk *n*.

trup *m* (-a; -y) Leiche *f*, Leichnam *m*; F (Auto-)Wrack *n*; *paść* ~*er* tot umfallen; *po moim* ~*ie* übe meine Leiche; ~**i** Leichen-; ~*i czaszka* Totenkopf *m*, -schädel *m* ~**iarnia** [-'ŋar-] *f* (-i; -e) Leichen halle f; ~io ['tru] *Adv.*: ~io blady leichenblaß; ~osz m (-a; -e) s. trup.

trusi|a ['tru-] m/f (-i; -e, -iów/-ś): jak ~a still, verschüchtert, scheu, gehemmt; *potulny* (*od. skromny*) jak ~a sanft wie ein Lamm *od.* e-e Taube; *udawać* ~ę die Unschuld markieren. [f; ~owy Erdbeer-.]

truskawk|a f (-i; G -wek) Erdbeere)

trust m (-u; -y) *Hdl., Fin.* Trust m.

truteń m (-tnia; -tnie) Drohne f.

trutka f (-i; G -tek) Gift n.

trwa|ć <po-> (-am) dauern; *Zustand, Tätigkeit*: währen; bestehen (*przy L*/bei); verharren (*w L*/in D); ~le *Adv.* s. trwały; ~łość f (-ści; 0) Beständigkeit f; Dauer(haftigkeit) f, Stabilität f; (*Farb-*)Echtheit f; Haltbarkeit f; Langlebigkeit f; ~ły (-le) beständig, dauerhaft, Dauer-; *Zustand a.*: stabil; *Ware usw. a.*: haltbar; *Eindruck, Wirkung*: nachhaltig; *Farbe*: echt; ~nie n (-a; 0) (Fort-)Dauer f, (Fort-)Bestand m; Ver-, Beharren n; w czasie ~nia (G) während (G).

trwo|ga f (-i; 0) Angst f, Furcht f; Schrecken m; bić na ~gę Alarm schlagen; ~nić <roz-> (-ę) vergeuden, F verplempern; ~żliwy (-wie) schreckhaft, furchtsam; zaghaft; a. = ~żny angsterfüllt, bang(e); ~żyć <za-> (-ę) ängstigen, schrecken; ~żyć się bangen, (sich) fürchten.

tryb m (-u; -y) (Art und) Weise f; Ab-, Verlauf m, Gang m; *Gr.* Modus m, Aussageweise f; *Tech.* Zahnrad n; ~y pl. a. Getriebe n; ~ życia a. Lebenswandel m; swoim (*od.* zwykłym) ~em im gewohnten Gang, wie gewöhnlich; *Jur.* w ~ie przyspieszonym im beschleunigten Verfahren; *Gr.* ~ oznajmiający Indikativ m; ~ przypuszczający Konjunktiv m; ~ rozkazujący Imperativ m; ~ warunkowy Konditional m; ~ik m (-a; -i) Zahnrädchen n; ~owy *Gr.* Modus-; *Tech.* Zahnrad-.

trybula f (-i; -e) *Bot.* Kerbel m.

trybun m (-a; -owie/-i) Tribun m; ~a f (-y) Tribüne f; ~ał m (-u; -y) Tribunal n, Gerichtshof m.

trychin|a f (-y) s. włosień; ~oskopia ['-sko-] f (G, D, L, -ii; 0) Trichinenschau f.

trygonometr|ia [-'me-] f (G, D, L -ii; 0) Trigonometrie f; ~yczny trigonometrisch.

tryk m (-a; -i) Ramm m, Widder m, (Schaf-)Bock m. [wy Trikot-.]

trykot m (-u; -y) Trikot m, n; ~o-)

tryl m (-u; -e, -ów) *Mus.* Triller m.

trylion ['tri-] m (-u; -y) Trillion f.

try|logia [-'lɔ-] f (G, D, L -ii; -e) Trilogie f; ~mestr m (-a; -y) Trimester n; ~mować (-uję) trimmen; ~mowy *Mar.* Trimm-; ~per m (-pra; -pry) Tripper m; ~pla f (-i; 0) Kieselgur f; ~ptyk m (-a; -i) Triptychon n.

trys|kacz m (-a; -e) Sprinkler m; ~kać (-am), <~nąć> [-nɔńć] (-nę) (heraus-, hervor)spritzen, sprudeln, quellen; *Funken*: sprühen; ~kać zdrowiem od Gesundheit strotzen.

tryt m (-u; 0) Tritium n.

tryton m (-a; -y) *Zo.* s. traszka; róg ♀a Tritonshorn f; (-u; -y) *Phys.* Triton n; *Mus.* Tritonus m.

tryumf ['trɨuf] m (-u; -y) Triumph m; ~alny triumphal; ~ować <za-> (-uję) triumphieren (nad L/über A); (*impf. a.*) frohlocken, jubeln; ~ujący [-'jɔn-] (-co) triumphierend.

trywialny trivial.

trza [t:ʃa] F s. trzeba.

trzask[1] [t:ʃ-] m (-u; -i) Krachen n; Knacken n; Knall(en n) m; F Geknatter n; z ~iem a. krachend; knallend; ~! *Int. Rdf.* Knackgeräusche n/pl.; ~[2]! *Int.* krach!, bum!; ~a f (-i; G -sek) (Kien-)Span m; s. drzazga; ~ać (-am), <trzasnąć> [-nɔntɕ] (-nę) v/t knallen (a. po-, s-) zerschlagen; v/i knallen, krachen, knacken; zerspringen; knattern; (*I*) Hacken zusammenschlagen; mit d. Tür knallen; pf. Tür zuknallen, knallend zumachen; ~ający [-'jɔn-] *Frost*: klirrend.

trza|snąć pf. s. trzaskać; ~śnięcie [-'nɛn-] n (-a) s. trzask.

trząść [t:ʃ-] (L.) v/t <po-, za-> (*I*) schütteln (A); *fig.* rütteln (an D); F kommandieren (A); (A) <na-G> Äpfel v. Baum schütteln; v/i *Wagen*: rütteln, schütteln; ~ się <za-> (er)zittern, beben; schlottern (ze strachu vor Angst); (nur impf.) im Wagen (durch)geschüttelt werden.

trzcin|a f ['tʃtɕi-] f (-y) *Bot.* Schilfrohr n; (*Rohstoff*) Rohr n, ~ cukrowa Zuckerrohr n; ~y pl. s. szuwary; z ~y Rohr-; wyplatany ~ą mit Sitz aus Rohr(geflecht); ~ka f (-i; G -nek) (einzelnes) Schilfrohr; Rohrstock *m*; *Mus. s. stroik*; smukły jak ~ka gertenschlank; ~owy Schilf-, Rohr-.

trzeba [t:ʃ-] (*unpers.*) man muß; man soll; man braucht; ~ żebyś pojechał du mußt fahren, es ist nötig, daß du (hin)fährst; *nie ~ było* iść man hätte (*od.* du hättest, Sie hätten) nicht (hin)gehen sollen; ~ mu spokoju er braucht Ruhe; *nie-wiele* ~ es fehlt(e) nicht viel; *nie ~* nicht nötig; ~ ci to? hast du das nötig?; F *jak ~* wie es sich gehört.

trzebi|ć [t:ʃe-] (-*ę*) ⟨*prze-*⟩ *Wald* durchforsten, lichten; ⟨*wy-*⟩ aus-merzen; *Wild* ausrotten; *Tiere* ver-schneiden; ausnehmen, -weiden; ~enie *n* (-*a*; *0*) Ausmerzung *f*; Verschneiden *n*; *a.* = ~eż *f* (-*y*; -*e*) Durchforstung *f*; Lichtung *f*, aus-geholzte Stelle; Ausrottung *f*.

trzech [t:ʃ-] *Psf.* drei; ~ *in Zssgn s.* trzy-, trój-; ~lecie [-'le-] *n* (-*a*; *G* -*i*) Triennium *n*; dritte(r) Jahres-tag; ~setlecie *n* (-*a*; *G* -*i*) dreihun-dertjähriges Jubiläum; ~setny drei-hundertste(r); ~tysięczny drei-tausendste(r).

trzeci [t:ʃe-] dritte(r); *po* ~e drit-tens; *jedna* ~a, ~a część ein Drittel; *Su.* ~a *f* (-*ej*; *0*) drei (Uhr).

trzeciorzęd [t:ʃe'tɕɔʒent] *m* (-*u*; *0*) *Geol.* Tertiär *n*; ~ny drittklassig; ~owy tertiär.

trzeć [t:ʃ-] ⟨*po-*⟩ (*L.*) reiben (*się* sich); *vgl. po-, roz-, wycierać; Zo.* ~ *się* laichen.

trzej [t:ʃ-] *Psf.* drei.

trzepa|czka [t:ʃ-] *f* (-*i*; *G* -*czek*) Teppichklopfer *m*; *Kochk.* Schnee-besen *m*; ~ć (-*ię*) ⟨*wy-*⟩ *Teppiche* (aus)klopfen, schlagen (*I*/mit); (*nur impf.*) *Flachs* schwingen; F *Ge-bete* (herunter)leiern; ~ć językiem schwatzen, quatschen, plappern; ~k *m* (-*a*; -*i*) (*Teppich-*)Klopfstange *f*; ~rka *f* (-*i*; *G* -*rek*) *Text.* Schlag-maschine *f*.

trzepnąć ['t:ʃepnɔntɕ] F *pf.* (-*nę*) hauen, schlagen; ~ *się* sich stoßen (*o A*/an *D*); lang hinschlagen.

trzepot ['t:ʃpɔt] *m* (-*a*; -*u*) Flattern *n*; ~ać ⟨*za-*⟩ (-*czę*/-*cę*) flattern; *fig. a.* zittern, beben; ~ać skrzydłami mit den Flügeln schlagen; ~ać się herum-, umherflattern; *im Netz* zappeln; *im Wasser* planschen.

trzeszcz|e [t:ʃ-] *m/pl.* (-*y*) *JSpr.*

(*Hasen-*)Seher *m/pl.*; ~eć ⟨*za-*⟩ (-*ę*, -*y*) Eisdecke, trockene Äste: krachen, knacken; *Fußboden, Möbel:* knar-ren; *Feuer:* prasseln; *Seide:* kni-stern; F *fig.* schnattern; *aż głowa* ~y daß e-m der Kopf platzt; ~enie *n* (-*a*) *s.* trzask; ~ka *f* (-*i*; *G* -*czek*) Gelenkbein *n*.

trze|śnia ['t:ʃe-] *f* (-*i*; -*e*, -*i*) *s.* cze-reśnia; ~wia *pl.* (-*i*) Eingeweide *n*, Gedärm(e) *n*.

trzewi|czek [t:ʃ-] *m* (-*czka*; -*czki*) (*Kinder-*)Schuh *m*, Schühchen *n*; *Bot.* Frauenschuh *m*; ~k *m* (-*a*; -*i*) (*Schnür-*)Schuh *m* (*bsd. Sp.*).

trzewny [t:ʃ-] *Anat.* Bauch-, Ein-geweide-.

trzeźw|iący [t:ʃeʑ'vɔn-] (-*co*) bele-bend; ~ić ⟨*o-*⟩ (-*ę*, *a.* -*ij!*) zur Be-sinnung bringen; *fig.* ernüchtern; ~ieć ['t:ʃ-] ⟨*o-*, *wy-*⟩ (-*eję*) (wieder) nüchtern werden; zu sich kommen; munter werden; *fig.* Illusionen ver-lieren; ~y (-*wo*) nüchtern (*a. fig.*).

trzęs|awisko [t:ʃ-] *n* (-*a*) Bruch *m*, Moor(sumpf *m*) *n*; ~ienie *n* (-*a*) Schütteln *n*, Rütteln *n*; ~ienie ziemi Erdbeben *n*.

trzmiel [t:ʃmjel] *m* (-*a*; -*e*, -*i*) Hum-mel *f*; ~ina *f* (-*y*) Spindelbaum *m*.

trznadel [t:ʃ-] *m* (-*dla*; -*dle*) Gold-ammer *f*.

trzoda [t:ʃ-] *f* (-*y*; *G* trzód) Herde *f*; ~ chlewna Schweine *n/pl.*

trzon [t:ʃ-] *m* (-*u*; -*y*) Grundstock *m*, Kern *m*; Schaft *m*; Stiel *m*; *Tech. a.* Stange *f*, Stab *m*; Herd-sohle *f*; *a.* = ~ek *m* (-*nka*; -*nki*) Griff *m*, Heft *n*; *El.* (*Lampen-*)Sockel *m*; ~owy *s.* ząb.

trzos [t:ʃ-] † *m* (-*u*/-*a*; -*y*) Geld-katze *f*, Säckel *m*.

trzpień [t:ʃ-] *m* (-*enia*; -*enie*) Schaft *m*; *Tech.* Dorn *m*, Bolzen *m*.

trzpiot [t:ʃpɔt] *m* (-*a*; -*y*), ~ka *f* (-*i*; *G* -*tek*) *Kinder:* Wildfang *m*, Irrwisch *m*, Range *f*; *Erwachsene:* Luftikus *m*, Windhund *m*; flatter-hafte, leichtfertige Person; ~owaty (-*to*) flatterhaft; albern, F zickig; *Kind:* übermütig, verspielt.

trzustka [t:ʃ-] *f* (-*i*; *G* -*tek*) Bauch-speicheldrüse *f*.

trzy [t:ʃi] drei; *vgl.* trój-; ~aktówka *f* (-*i*; *G* -*wek*) *Thea.* Dreiakter *m*; ~częściowy dreiteilig; ~ćwier-ciowy Dreiviertel-.

trzydziest|ka [t:ʃ-] *f* (-*i*; *G* -*tek*)

Dreißig f; *po* ~ce über dreißig (Jahre alt); **~olecie** [-'le-] *n* (-a; *G* -i) dreißig Jahre; dreißigjähriges Jubiläum; **~oletni** dreißigjährig; **~u** *Psf.* dreißig; **~y** dreißigste(r); ~e *lata* dreißiger Jahre.

trzydzieści [t:ʃ-], **~oro** dreißig.

trzy|zbowy [t:ʃ-] *s.* trzypokojowy; **~kołowy** dreirädrig, Dreirad-; **~konny** dreispännig; **~kroć**, **~krotnie** *Adv.*, **~krotny** dreifach; **~latek** *m* (-tka; -tki) Dreijährige(r); **~letni** dreijährig; Dreijahres-.

trzyma|ć [t:ʃ-] (-am) halten; festhalten (się sich; za A, D/an D); **~ć się a.** standhalten; **~ć się długo** (sich) lange halten; lange anhalten; **~ć się prosto** sich geradehalten; **~ć się razem od.** F kupy zusammenhalten; **~ć się zdala** sich fernhalten (od G/von); **~dełko** *n* (-a; *G* -lek) Feilkloben *m*; **~k** *m* (-a; -i) *Tech.* Halter *m*; **~nie** *n* (-a; 0) (Fest-)Halten *n*; **~nie się** Haltung *f*.

trzy|masztowy [t:ʃ-] *m* Dreimaster *m*; **~miesięczny** dreimonatig; **~minutowy** Dreiminuten-.

trzynast|nast [t:ʃ-] *f* (-i; *G* -tek) Dreizehn *f*; **~olatek** (-tka; -tki) Dreizehnjährige(r); **~oletni** dreizehnjährig; **~u** *Psf.* dreizehn; **~y** dreizehnte(r); *Su.* ~*a f* (-ej; 0) dreizehn (Uhr). [zehn.]

trzynaści|e [t:ʃi'naç-], **~oro** drei-

trzy|osiowy [t:ʃ-] *s.* trójosiowy; **~osobowy** Dreipersonen-; **~pokojowy** Dreizimmer-; **~połówka** *f s.* trójpołówka.

trzyst|a [t:ʃ-], **~u** *Psf.* dreihundert.

trzy|stoletni [t:ʃ-] dreihundertjährig; **~stopniowy** dreistufig; **~wy mróz** drei Grad unter Null; **~sylabowy** dreisilbig; **~szpaltowy** dreispaltig; **~tomowy** dreibändig; **~tysięczny** *s.* trzechtysięczny; **~wiekowy** *s.* trzystoletni; **~zmianowy** Dreischichten-.

tu hier; hierher; *s.* owdzie, tam.

tuba *f* (-y) (*Schall*-)Trichter *m*; Tube *f*; Sprachrohr *n*, Megaphon *n*; *Mus.* Tuba *f*; **~lny** dröhnend, schallend.

tuberku|liczny tuberkulös; **~lino-wy** "tuberkulin-; **~ł** *m* (-u; -y) Tuberkel *m od. f.* [mig.]

tubiasty trichter-, trompetenför-

tub|ka *f* (-i; *G* -bek) Tube *f*; **~us** *m* (-u; -y) Tubus *m*.

tubyl|czy eingeboren, ureingesessen, Eingeborenen-; **~ec** *m* (-lca; -lcy) Eingeborene(r), Ureinwohner *m*.

tucz *m* (-u; 0) Mast *f*; Mastfutter *n*; **~arnia** [-'tʃar-] *f* (-i; -e) Mastbetrieb *m*, Masterei *f*; **~nik** *m* (-a; -i) Mastschwein *n*, (Mast-)Läufer *m*; **~ność** *f* (-ści; 0) Feistheit *f*; **~(o)ny** gemästet, Mast-; **~yć** *(u-)* (-ę) mästen; *(nur impf.)* Speisen: dick machen.

tudzież ['tu-] *sowie* (auch), ferner.

tuf *m* (-u; -y) Tuff *m*; **~owy** Tuff-.

tuja *f* (-i; -e, tui/-) Lebensbaum *m*.

tulej|a *f* (*G*, D, L -ei; -e, -ei), **~ka** *f* (-i; *G* -jek) Buchse *f*, Hülse *f*, Muffe *f*.

tulić ⟨przy-⟩ (-lę) (do siebie an sich) drücken; ~ *ogon pod siebie* den Schwanz einziehen, einklemmen; ~ *się* sich (an)schmiegen, sich kuscheln (do G/an, in A); ~ *się do siebie* sich aneinanderschmiegen.

tulipan *m* (-a; -y) Tulpe *f*.

tułacz *m* (-a; -e), **~ka** *f* (-i; *G* -czek) Heimatlose(r), *engS.* Flüchtling *m*, Emigrant(in *f*) *m*; *nur* ~**ka** (ruheloses) Herumirren (in der Welt), Wanderschaft *f*; **~y** (umher)irrend, Wander-; *życie* ~*e* unstetes Leben, Nomadenleben *n*.

tułać się (-am) umherirren, -wandern, ein unstetes Leben führen.

tułów *m* (-owia; -owie) Rumpf *m*.

tum *m* (-u; -y) Kathedrale *f*, Dom *m*.

tumak *m* (-a; -i) Edel-, Baummarder *m*; ~*i pl. a.* Marderpelz *m*.

tuman *m* (-u; -y) (*Staub*-)Wolke *f*; F (-a; -y) Einfaltspinsel *m*, Blindgänger *m*; **~ić** F ⟨o-⟩ (-ę) beschwindeln, hinters Licht führen, blauen Dunst (*od. etwas*) vormachen (*A/D*).

tundra *f* (-y; *G* -) Tundra *f*.

tunel *m* (-u; -e) Tunnel *m*; Stollen *m*; (*Straßen*-)Unterführung *f*; **~owy** Tunnel-.

Tunezyj|czyk *m* (-a; -cy), **~ka** *f* (-i; *G* -jek) Tunesier(in *f*) *m*; **2ski** tunesisch, Tunesien-.

tuńczyk *m* (-a; -i) Thunfisch *m*.

tup|ać (-pię), ⟨~nąć⟩ [-nɔ̃tɕ] (-nę) (auf)stampfen, trampeln; **~et** *m* (-u; 0) Schneid *m*; **~nąć** *pf. s.* tupać; **~nięcie** [-'nɛn-] *n* (-a) Aufstampfen *n*; **~ot** *m* (-u; 0) (Geräusch der) Schritte *m/pl.*, Tritte *m/pl.*, Getrappel *n*; **~otać** ⟨za-⟩ (-czę/-cę) trappe(l)n, stampfen; *s.* tupać.

tur *m* (-a; -y) Auerochs *m*; *chłop jak* ~ (Kerl wie) ein Schrank *m*.

tura *f* (-y) Tour *f*.

turbin|a *f* (-y) Turbine *f*; **~owiec** [-'nɔ-] *m* (-wca; -wce) Turbinenschiff *n*; **~owy** Turbinen-.

turbo|dmuchawa *f* Turbogebläse *n*; **~odrzutowy** Turbinenstrahl-; **~śmigłowiec** *m* Turboprop-Flugzeug *n*.

turbot *m* (-a; -y) *s.* skarp.

turbowąć † (-uję) behelligen.

turbozespół *m* Turbinensatz *m*.

Turczy|nka *f* (-i; *G* -nek) Türkin *f*; **2ć** ⟨s-⟩ türkisieren.

turec|czyzna [-re'tʃ:-] *f* (-y; 0) Türkisch(e) *n*; Türkentum *n*; türkische Sitten; **~ki** (po -ku) türkisch, Türken-, Türkei-; *Adv. a.* auf türkische Art; *siedzieć po -ku* im Schneidersitz sitzen.

Turek *m* (-rka; -rcy) Türke *m*.

turkawka *f* (-i; *G* -wek) Turteltaube *f*.

turk|meński [-meîs-] (po -ku) turkmenisch; **~olog** *m* (-a; -dzy) Turkologe *m*.

turkot *m* (-u; -y) Rattern *n* d. Wagens, Zuges; **~ać** ⟨za-⟩ (-czę/-cę) rattern.   [Maulwurfsgrille *f.*]

turkuć *m* (-cia; -cie) ~ podjadek

tur|kusowy Türkis-; (-wo) türkisfarben, -grün; **~lać** ⟨-ać⟩ *s.* taczać, toczyć (się); **~nia** ['tur-] *f* (-i; -e, -i) scharfgratiger (*Tatra*-) Gipfel.

turniej *m* (-u; -e, -ów) (o puchar, szachowy Pokal-, Schach-)Turnier *n*, Wettkampf *m*; **~owy** Turnier-, Wettkampf-.

turnus *m* (-u; -y) Turnus *m*; (*Teilnehmer*-)Gruppe *f*.

turyngski thüringisch, Thüringer.

turyst|a *m* (-y; -ści, -ów), **~ka** *f* (-i; *G* -tek) Tourist(in *f*) *m*; **~yczny** touristisch, Touristen-, Fremdenverkehrs-; *ruch -ny* Fremdenverkehr *m*.

turystyka [-'ri-] *f* (-i; 0) (motorowa Auto-)Touristik *f*; ~ *piesza* Wandern *n*; ~ *masowa* Massentourismus *m*.

turzyca *f* (-y; -e) Riedgras *n*.

tusz *m* (-u; -e) Tusche *f*; Dusche *f*; *Mus.* Tusch *m*; *Sp.* (*Fechten*) Treffer *m*.

tusz|a *f* (-y; -e) Körper *m*, Leib *m*; Körper-, Leibesfülle *f*; ausge- schlachtetes Tier, *engS.* Rinds-, Schweinehälfte *f*; **~ka** *f* (-i; *G* -szek) ausgeschlachtetes Geflügel.

tuszow|ać (-uję) tuschieren; ⟨za-⟩ vertuschen; **~y** Tusch-.

tuszyć † (-ę) hoffen, erwarten.

tut|aj *s.* tu; **~ejszy** hiesig; *Su. m* (-ego; -jsi) Hiesige(r).

tutka *f* (-i; *G* -tek) (*Papier*-)Röllchen *n*, Rolle *f*; (*Zigaretten*-)Hülse *f*; kleine Tüte.   [Tier.]

tuz *m* (-a; -y) *s.* as; *F fig.* großes

tuzin *m* (-a; -y) Dutzend *n*; **~kowy** Dutzend-, Durchschnitts-.

tuż *Adv.* ganz in der (*od.* in nächster) Nähe; ~ *przy* (*L*) dicht bei *od.* an (*D*); ~ *za* (*I*) dicht (*od.* unmittelbar) hinter (*D*); ~ *obok* nebenan; (*zeitlich*) ~ *przed* (*I*) kurz vor (*D*); ~ *po* (*L*) unmittelbar nach (*D*); ~ ~ ganz nahe.

tużurek *m* (-rka; -rki) Gehrock *m*.

twa *Kurzf. v.* twoja.

tward|nieć ['tfar-] ⟨s-⟩ (-eje) hart werden; **~nienie** *n* (-a; 0) (Er-)Härtung *f*, Erstarrung *f*; **~o** *Adv. s.* twardy; **~opodniebienny** *Ling.* palatal; **~ość** *f* (-ści; 0) Härte *f* (a. fig.); Härtewert *m*; **~ówka** *f* (-i; *G* -wek) (*Augen*-)Lederhaut *f*, Sklera *f*; **~y** (-do) Hart-, hart; steif; *Schlaf, fig.:* fest; **~y** *jak kamień* steinhart; *ugotowany na* **~o** hartgekocht.

twardz|iel ['tfar-] *f* (-i; -e) Kernholz *n*; **~ina** *f* (-y) *Med.* Sklerom *n*.

twar|ogowy Quark-; **~óg** (-ogu; -ogi) Quark *m*, Topfen *m*.

twarz *f* (-y; -e) Gesicht *n*, Antlitz *n*; *do* **~y** Gesichts-; kleidsam; *być do* **~y** (*D*) (gut) kleiden (*A*), stehen (*D*); **~** *w* **~**, **~ą** *w* **~** von Angesicht zu Angesicht (*z I*/mit); **~owy** (-wo) Gesichts-; kleidsam; **~yczka** *f* (-i; *G* -czek) Gesichtchen *n*.

twe *Kurzf. v.* twoje.

twierdza *f* (-y; -e) Festung *f*, † Feste *f*; Festungshaft *f*; *vgl.* ostoja.

twierdz|ący ['-dzon-] (-co) bejahend, zustimmend; **~enie** *n* (-a; 0) Behauptung *f*; Lehrsatz *m*, Theorem *n*; **~ić** (-dzę) behaupten.

two|i, **~ja**, **~je** *s.* twój.

twor|nik *m* (-a; -i) *El.* Anker *m*; **~y** *pl. v.* twór.

tworz|enie *n* (-a; 0) (Er-)Schaffung *f*; **~enie się** Bildung *f*, Entstehung *f*; **~yć** (-ę, -órz!) ⟨s-⟩ (er)schaffen; ⟨u-⟩ bilden; formen; **~yć się** sich

bilden, entstehen; ~ywo n (-a) (Roh-)Material n, Stoff m.
wój (twoja/twa f, twoje/twe n, pl., Psf. twoi) dein(e), der (die, das) dein(ig)e; twoi die Dein(ig)en.
wór m (-oru; -ory) Geschöpf n; Gebilde n; Schöpfung f, Werk n; ~ca m (-y; G -ów) Schöpfer m; (Be-)Gründer m; ~czo Adv. s. twórczy; ~czość f (-ści; 0) Schaffen n, Tätigkeit f; koll. Werke n/pl.; ~czość ludowa Volkskunst f, -dichtung f; ~czy (-czo) schöpferisch, Schöpfer-, Schöpfungs-; produktiv; pęd ~czy Schaffensdrang m; dom pracy ~czej Künstlerzentrum n; ~czyni f (-i; -e, -ń) Schöpferin f; (Be-)Gründerin f.
y Pron. (G, A ciebie/cię, D tobie/ci, I tobą, L tobie) du; być na ~ duzen (z I/A); F masz tobie! da haben wir es!
ybetański [-'taïs-] (po -ku) tibetisch.
ych Pron. G, L v. ten.
yci F so klein, so winzig.
ycie ['ti-] n (-a; 0) Zunehmen n, Fettwerden n.
ycio F ['ti-] s. tyci; ani ~ nicht ein bißchen.
ycjanowski Tizian-; tizianrot.
yczk|a f (-i; G -czek) Stange f; (Nivellier-)Latte f; Sp. Stab m; chudy jak ~a spindel-, klapperdürr; ~arz F m (-a; -e) Stabhochspringer m; ~ować (-uję) s. tyczyć; ~owaty dünn wie e-e Latte; ~owy Stangen-; ~yć (-ę) ⟨wy-⟩ Strecke abstecken, mit Latten markieren; (nur impf.) Pflanzen anbinden, stützen; s. dotyczyć; ~ się (nur 3. Pers. od. Inf.) betreffen, angehen (G/A); co się tyczy ... was ... betrifft.
yć ⟨roz- się⟩ (-ję) an Gewicht zunehmen, Fett ansetzen.
ydzień m (tygodnia; tygodnie) Woche f; raz na ~ einmal wöchentlich; od dziś za ~ heute in acht Tagen; ~ temu vor e-r Woche, vor acht Tagen; całymi tygodniami wochenlang; koniec tygodnia Wochenende n.
yfus m (-u; -y) Typhus m; s. dur; ~owy Typhus-; typhös.
ygiel ['ti-] m (-gla; -gle) Tiegel m.
ygodni|a e pl. v. tydzień; ~k m (-a; -i) Wochenblatt n; ~owy (-wo) wö-

chentlich; Wochen-; e-e Woche lang od. alt; ~ówka F f (-i; G -wek) Wochenlohn m.
tygrys m (-a; -y) Tiger m; ~i Tiger-; ~ica f (-y; -e) Tigerin f.
tyka f (-i) Stange f; (Vermessungs-) Bake f; F fig. Bohnenstange f, Latte f.
tyk|ać¹ (-am) ticken; ~ać² (-am), ⟨tknąć⟩ [-nonts] (-nę) an-, berühren; ~ać³ F (-am) duzen; ~anie n (-a) Duzen n; a. = ~ot m (-u; -y) Ticken n; ~owaty s. tyczkowaty.
tykwa f (-y) Flaschenkürbis m.
tylda f (-y) Tilde f.
tyle¹ (Psf., G, A, L tylu, I tyloma) so viel(e); soviel; na ~ um so mehr; insofern; na ~, że(by) so viel, daß; drugie ~ nochmal (od. noch einmal) soviel; ~ co (nic) soviel wie (gar nichts); nie ~ ..., jak raczej nicht so sehr ..., als vielmehr ...; oddalić się na ~, że ... sich so weit entfernen, daß ...; i ~ und nichts weiter; ~ na dziś soviel für heute; ~ samo, ~ż ebensoviel; ~² s. tył.
tylec m (-lca; -lce) (Messer-)Rücken m.
tyle|kroć Adv. so viele Male; ~ż s. tyle¹.
tylko Adv. nur, bloß; lediglich; co (kto, gdzie, kiedy) ~ was (wer, wo, wann) nur od. auch immer; jak (od. skoro) ~ sobald, sowie; F ~ co soeben, gerade.
tyl|ni Rück-, Hinter-; Mar. achter, Achter-; Kfz. Heck-; ~nica f (-y; -e) Mar. Achtersteven m; ~nojęzyczny Ling. velar; ~ny hinter(e)r, Hinter-; rückwärtig, Rück-(-wärts)-; ~na kieszeń Gesäßtasche f.
tylo|godzinny stundenlang; ~krotny mehrmalig; Adv. -nie soviel-mal; ~letni mehr-, langjährig.
tylu s. tyle¹.
tylżycki Tilsiter (Adj.).
tył m (-u; -y) Rück-, Kehrseite f; Hinterteil n; ~ głowy Hinterkopf m; ~ statku Heck n; ~em rückwärts; w tyle hinten; im Rücken; do ~u, w ~ nach rückwärts, nach hinten, zurück; od ~u, z ~u von hinten; hinterrücks; pokój od ~u Hinterzimmer n; obrócić się ~em den Rücken kehren (do G/D); w ~, zwrot! Abteilung kehrt!; ~y pl. Mil. Hinterland n; osłona ~ów Rückendek-

kung *f*; *na* ~*ach wroga* im Rücken des Feindes; ~**ek** F *m* (-*łka*; -*łki*) Hintern *m*, Hinterteil *n*.

tym *Pron. I, L, D/pl. v.* ten, to; desto.

tymczas|em *Adv.* einstweilen; unterdessen, inzwischen; ~**owo** *Adv. s. tymczasowy;* ~**owość** *f* (-*ści; 0*) vorläufiger, provisorischer Charakter *e-r Lage usw.;* Einst-, Zeitweiligkeit *f;* ~**owy** (-*wo*) vorläufig, zeit-, einstweilig, Interims-; behelfsmäßig, Behelfs-.

tymi *Pron. I/pl. v.* ten.

tymian ['ti-] *m* (-*u;* -*y*), ~**ek** *m* (-*nku/-nka;* -*nki*) Thymian *m*.

tynk *m* (-*u;* -*i*) *Arch.* Putz *m;* ~ *suchy* Gips(bau)platte *f;* ~**arski** (Ver-Putz-; ~**arz** *m* (-*a;* -*e*) *Arch.* (Ver-Putzer *m;* ~**ować** ⟨o-⟩ (-*uję*) (ver-)putzen; ~**owy** Putz-, Mörtel-.

typ *m* (-*u;* -*y*) Typ(us) *m; Tech. a.* Bauart *f,* -muster *n,* Modell *n; fig.* (-*a*) Typ *m;* F = ~**ek** F *m* (-*pka;* -*pki*) Kerl *m,* Individuum *n.*

typo|grafia [-'gra-] *f* (*G, D, L -ii; 0*) Typographie *f,* Buchdruck(erkunst *f*) *m;* ~**wać** ⟨*wy-*⟩ (-*uję*) (aus-)wählen; (*nur impf.*) tippen; ~**wo** *Adv. s.* typowy; ~**wość** *f* (-*ści; 0*) typische Beschaffenheit, typischer Charakter; ~**wy** (-*wo*) typisch (*dla G/für A*).

tyrać P (-*am*) asten, schuften.

tyraliera [-'lìɛ-] *f* (-*y*) (Schützen-) Linie *f.*

tyran *m* (-*a;* -*i*) Tyrann *m;* ~**ia** [-'ra-] *f* (*G, D, L -ii; 0*) Tyrannei *f;* ~**izować** (-*uję*) tyrannisieren.

tyrański [-'raîs-] (-*ko*) tyrannisch

tyrolski Tiroler (*Adj.*).

tyrystor *m* (-*a;* -*y*) Thyristor *m.*

tysiąc ['tìɕɔnts] (*G/pl. tysięcy*) tausend; ~**e** (viele) Tausende *n;* ~*ami zu* Tausenden; ~**kroć** *Adv.,* ~**krotny** tausendfach; ~**lecie** [-'lɛ-] *n* (-*a, G -i*) Jahrtausend *n,* Millenium *n,* Millenium(s)feier *f;* ~**letni** tausendjährig.

tysiącz|nik [-'ɕɔn-] *m* (-*a;* -*i*) Tausendgüldenkraut *n;* ~**ny,** **tysięczny** [-'ɕɛn-] tausendste(r); tausendfach.

tytan *m* (-*a;* -*i*) Titan *m;* (-*u; 0*) *Chem.* Titan *n;* ~**owy** Titan-.

tyto|niowy Tabak(s)-; ~**ń** *m* (-*niu; -nie*) (fajkowy Pfeifen-)Tabak *m.*

tytularny Titular-.

tytuł *m* (-*u;* -*y*) Titel *m;* (*Rechts-*) Anspruch *m; z jakiego* ~*u?* mit welchem Recht?; ~**em** *zaliczki* vorschußweise, als Anzahlung; ~**ować** (-*uję*) titulieren; ⟨*za-*⟩ betiteln; ~**ować się** e-n Titel annehmen *od.* führen; ~**owy** Titel-.

U

u *Prp.* (G) bei (D); an (D); jak ~ kota wie bei e-r Katze; stanąć ~ celu am Ziel (angelangt) sein; co ~ diabła! was zum Teufel!; *wird oft nicht übersetzt:* wstążka ~ kapelusza Hutband *n*; ~ góry oben; ~ dołu unten.

uaktualni|ać [-'al-] (-am), ⟨~ć⟩ (-ę) aktualisieren.

uaktywni|ać [-'ti-] (-am), ⟨~ć⟩ (-ę, -nij!) aktivieren.

uatrakcyjni|ać [-'ti-] (-am), ⟨~ć⟩ (-ę, -nij!) attraktiv(er) machen *od.* gestalten.

ubarwi|ać [u'bar-] (-am), ⟨~ć⟩ färben; *fig.* ausschmücken, schönfärben; **~enie** *n* Färbung *f*.

ubawić się *pf.* sich (gut) amüsieren.

ubezpiecz|ać (-am), ⟨~yć⟩ (-ę) versichern (się sich; od G/gegen A); *Mil.* decken, Feuerschutz geben; **~alnia** [-'tʃal-] *f* (-i; -e, -i): Zalnia Społeczna Krankenversicherungsanstalt *f*, Krankenkasse *f*; **~enie** *n* (-a) (od ognia, od skutków odpowiedzialności cywilnej, na życie, społeczne Feuer-, Haftpflicht-, Lebens-, Sozial-)Versicherung *f*; *Mil.* Sicherung *f*, Deckung *f*; **~eniowy** Versicherungs-; **~ony** versichert; *Su. m/f* (-ego/-ej; -eni/-one) Versicherte(r); **~yć** *pf. s.* ubezpieczać.

ubezwłasnowolnić *pf.* (-ę, -nij!) entmündigen.

ubić *pf. s.* ubijać.

ubie|c *pf. v/t e-e Strecke* im Lauf zurücklegen, laufen; *j-m* zuvorkommen; *v/i* = **~gać** *Zeit:* verstreichen, ablaufen; **~gać się** sich bemühen, sich bewerben (o A/um A); **~gnąć** *pf. s.* ubiec.

ubieg|ły |oroczny vorjährig, vom Vorjahr; **~y** *Monat, Jahr:* vergangen, abgelaufen, letzt-.

ubiel|ać (-am), ⟨~ić⟩ weiß machen.

ubierać (-am), ⟨ubrać⟩ (an)kleiden, anziehen; *j-n* einkleiden; *Weihnachtsbaum* schmücken; ~ się sich anziehen; sich kleiden (na czarno schwarz); sich die Kleider machen (*od.* nähen) lassen (u G/bei); ~ się w

(A) anziehen, anlegen (A); *s. a.* ubrać.

ubijacz *m* (-a; -e) *s.* ubijak; ~ do jaj *Kochk.* Schneebesen *m*; **~ka** *f* (-i; G -czek) Handrührgerät *n*.

ubija|ć (-am), ⟨ubić⟩ *Wild* erlegen; feststampfen; *Sahne, Eier* schlagen; *F fig. Geschäft* machen; **~k** *m* (-a; -i) Ramme *f*; Stampfe(r *m*) *f*; **~rka** *f* (-i; G -rek) (Boden-)Stampfmaschine *f*.

ubikacja *f* (-i; -e) Raum *m*, Zimmer *n*; Toilette *f*, Klosett *n*.

ubiór [u'-] *m* (-oru; -ory) Kleidung *f*; Tracht *f*; (Taucher-)Anzug *m*.

ubliż|ać (-am), ⟨~yć⟩ (-ę) beleidigen, verletzen, kränken (D/A); **~ający** [-'jɔn-] (-co) beleidigend, kränkend; ehrenrührig.

ubłocony voll(er) Kot, Schlamm, schmutzig, F dreckig, verdreckt.

ubocz|e *n* (-a): być (*od.* stać) na ~u abseits stehen, sich fernhalten; usunąć się na ~e sich zurückziehen; mieszkać na ~u abgelegen wohnen; **~nie** *Adv.* nebenbei; **~ny** Neben-; rzecz ~na Nebensache *f*; Nebensächlichkeit *f*.

ubog|i (*Psf. -dzy, Komp. -ższy*) arm (w *A*/an *A*), bedürftig; armselig; *Su. m* (-ego; -dzy) Bedürftige(r); **~o** *Adv.* (*Komp. -żej*) arm(selig).

ubojowy Schlacht- (*v. Tieren*).

ubolewa|ć (-am) beklagen (nad *I*/A); **~m, że ...** es tut mir (sehr) leid, daß ...; **~jąco** [-'jɔn-] mitfühlend; **~nie** *n* (-a) Mitgefühl *n*, Anteilnahme *f*; Bedauern *n*; godny ~nia bedauerns-, beklagenswert; złożyć wyrazy ~nia sein Bedauern aussprechen.

uboż|eć ⟨z-⟩ (-eję) verarmen, arm werden; **~yć** ⟨z-⟩ (-ę) arm machen; *Boden* auslaugen.

ubój *m* (-boju; 0 konieczności Not-) Schlachtung *f*.

ubóstwi|ać [u'bu-] (-am), ⟨~ć⟩ (-ę, -wij!) vergöttern, anbeten.

ubóstwo *n* (-a; 0) Armut *f*; Dürftigkeit *f*.

ubra|ć *pf. s.* ubierać; F *fig. j-n* hereinlegen; ~**nie** n (-a) Ankleiden n; (robocze, więzienne Berufs-, Sträflings-)Kleidung f; Anzug m; Schmuck m, Verzierung f; ~**niowy** Anzugs-; ~**nko** n (-a; G -nek) (Knaben-)Anzug m; ~**ny** angezogen; być ~**nym** w (A) anhaben (A), tragen (A).

ubrdać F pf. (-am): ~ sobie sich einbilden; sich in den Kopf setzen.

uby|**ć** pf. s. ubywać; ~**tek** m (-tku; -tki) Abnahme f; (Gewinn-)Minderung f, Ausfall m; (Kräfte-)Verfall m; Verlust m; Hdl. Schwund m; ~(**wa**)**ć** ab-, weggehen; (nur Inf. u. 3. Pers.) abnehmen (v/i), sich vermindern; ~**wa dnia** die Tage werden kürzer; ~**ło mi trzy kilo** ich habe um 3 kg abgenommen.

ucałowani|**e** n (-a) Kuß m; ~**a** rączek! küß' die Hand!

uchat|**ka** f (-i; G -tek) Ohrenrobbe f; ~**y** Henkel-.

uchlać się V pf. sich besaufen.

ucho n (-a; uszy, uszu, uszom, uszami, uszach) Ohr n; (pl. -a, uch) Henkel m; Tech. a. Öse f; Schäkel m; obijać się o uszy (D) j-m zu Ohren kommen; powiedzieć na ~ ins Ohr flüstern; F dać po uszach j-m eins hinter die Ohren geben.

ucho|**dzić**, ⟨ujść⟩ (L. -jść) j-m entkommen, -fliehen; (z życiem mit dem Leben) davonkommen; (a. Wild) flüchten; (Fluß: münden (do G/in A); Luft: entweichen; dem Tod entrinnen; der Aufmerksamkeit, Strafe entgehen; Kräfte: j-n verlassen; (nur pf.) Strecke zurücklegen; to nie ~dzi das gehört sich nicht; ~dzić za (A) gelten als; uszło mu bezkarnie er ging straffrei aus; ~dzić nogi sich die Füße ablaufen; ~**dźca** m (-y; G -ów) Flüchtling m; ~**dźczy** Flüchtlings-.

uchowa|**ć** pf. auf-, großziehen; erhalten, bewahren; ~**ć się** am Leben bleiben; erhalten (od. ganz, heil) bleiben; sicher sein (przed I/vor D). [gehen (od G/D).]

uchronić pf. bewahren; ~ **się** ent-∫

uchwa|**lać** (-am), ⟨~**lić**⟩ beschließen; Gesetz a. verabschieden; Antrag a. annehmen; ~**la** f (-y) Beschluß m.

uchwy|**cić** pf. s. chwytać; ~**t** m (Hand-)Griff m; Henkel m; Tech. Greifer m; Halter m; (Spann-)

Futter n; El. Klemme f; ~**tny** greifbar; (mało kaum) wahrnehmbar; ~**tywać** (-uję) s. chwytać.

uchyb m (-u; -y) (Anzeige-)Fehler m, Abweichung f; ~**i(a)ć** beleidigen (D/A); verstoßen (D/gegen A); ~**iałoby to mojej godności** das wäre unter m-r Würde; ~**iający** [-'jon-] beleidigend; abträglich; ~**ienie** n (-a) Fehler m; Verstoß m, Vergehen n; Verfehlung f; Jur. Rechtswidrigkeit f.

uchyl|**ać** (-am), ⟨~**ić**⟩ (G) e-n Spalt weit öffnen od. aufmachen (A); Gardine zur Seite schieben, zurückziehen; Hut, Geheimnis lüften; Kopf neigen; (A) Urteil, Gesetz aufheben; ~**ać** ⟨~**ić**⟩ się sich e-n Spalt weit öffnen; sich (ver)neigen; (od G) sich entziehen (D), F sich drücken (vor); verweigern (A); ~**ający się od służby wojskowej** Kriegsdienstverweigerer m; ~**anie** n (-a) Aufhebung f; ~**anie się** (od G) Ausweichen n; Verweigerung f; (od pracy) Drückebergertum n; ~**enie** n (-a) Aufhebung f; ~**ny**: waga ~**na** Neigungswaage f; ~**ony** halboffen, e-n Spalt weit geöffnet.

uciąć pf. s. ucinać.

uciążliwy (-wie) beschwerlich, mühsam, schwierig; langwierig; lästig; być ~**m** (dla G) zur Last fallen (D).

uciechać (-am) s. cichnąć.

ucie|**c** pf. s. uciekać; ~**cha** f (-y) Freude f; Belustigung f; Spaß m, Gaudi(um n) f.

ucieczk|**a** f (-i; G -czek) Flucht f; Ausbruch m (z więzienia aus d. Gefängnis); Zuflucht f; Rad-Sp. Ausreißversuch m; ~**a kierowcy** (po wypadku) Fahrerflucht; zmusić do ~**i** in die Flucht schlagen, jagen.

ucie|**kać** (-am), ⟨~**c**⟩ (wie -nąć, -I) (ent)fliehen; ausbrechen (v/i); F ausreißen; (sich) flüchten (od G vor); pf. a. entkommen, entrinnen; ~**kać** ⟨~**c**⟩ się (do G) j-s Schutz, Hilfe suchen; greifen (zu); Zuflucht nehmen (zu); ~**kinier** ['-ki-] m (-a; -rzy) Flüchtling m; F Ausreißer m; Mil. Deserteur m.

uciele|**śniać** [-'leɕ-] (-am), ⟨~**ć**⟩ (-ę, -nij!) verkörpern; ~(**a**)**ć się** ihg. sich verwirklichen.

uciemiężony unterdrückt.

ucierać (-am), ⟨utrzeć⟩ (zer)reiben; abwischen; fig. (mst pf.) F ~ nosa

(D) j-m den Kopf zurechtrücken; ~ się *fig.* sich einbürgern.

¹cierpieć *pf.* e-n Verlust (*od.* Schaden) erleiden.

¹cieszny drollig, possierlich; **~yć** *pf. s.* cieszyć.

¹cina|ć (-*am*), ⟨*uciąć*⟩ ab-, wegschneiden; abhauen, -hacken; F *fig.* Nickerchen machen; *jak uciął wie* abgeschnitten; *Summe:* haargenau; **~k** m (-a; -i) *Tech.* Abschneider m.

¹cisk m (-u; -i) (*Hände-*)Druck m; (*Magen-*)Drücken n; Be-, Unterdrückung f; **~ać** drücken; be-, unterdrücken; **~owy** Druck-.

¹cisz|ać (-*am*), ⟨~*yć*⟩ (-*ę*) beruhigen; *engS.* zum Schweigen auffordern *od.* bringen, um Ruhe bitten; **~ać** ⟨~*yć*⟩ się sich beruhigen, still werden.

¹ciśniony unterdrückt, unterjocht.

¹czący się [-'tʃɔn-] m (-*ego*; -y) Lernende(r).

¹czci|ć *pf. s.* czcić; *Jahrestag* feierlich begehen; **~wość** f (-*ści*; 0) Ehrlichkeit f, Redlichkeit f; **~wy** (-*wie*) ehrlich, redlich.

¹czelnia [-'tʃel-] f (-i; -e, -i) (*wyższa* Hoch-)Schule f, Lehranstalt f; **~ny** (Hoch-)Schul-, Universitäts-.

¹cze|nie¹ się n (-a; 0) Lernen n; **~nie²** *Adv.* gelehrt; **~nnica** f (-y; -e) Schülerin f, Schulmädchen n; **~ń** m Lehrling m, Lehrmädchen n; **~ń** m (*ucznia*; *uczniowie*) Schüler m; Lehrling m.

¹czesa|ć *pf.* kämmen (się sich); *Haar a.* frisieren, legen; **~nie** n (-a) Kämmen n; Frisur f.

¹czestni|ctwo n (-a; 0) Teilnahme f, Beteiligung f; **~czący** [-'tʃɔn-] m (-*ego*; -y) *s.* uczestnik; **~czenie** n (-a; 0) *s.* uczestnictwo; **~czyć** (-*ę*) teilnehmen, sich beteiligen (w L/an D); **~k** m (-a; -cy), **~czka** f (-i; G -*czek*) Teilnehmer(in f) m.

¹częszcza|ć (-*am*) *Schule, Konzerte* besuchen (do G, na A/A); **~nie** n (-a; 0) (regelmäßiger) Besuch m; **~ny** gut besucht, frequentiert.

¹człowiecz|ać (-*am*), ⟨~*yć*⟩ (-*ę*) vermenschlichen.

¹czni|ak ['utʃ-] F m (-a; -cy) Schuljunge m, -bub m; **~owski** Schüler-, *iron.* Pennäler-.

¹czon|ość f (-*ści*; 0) Gelehrsamkeit f; Gelehrtheit f; **~y** gelehrt; *Su. m* (-*ego*; *uczeni*) Gelehrte(r).

---

ucz|ta f (-y) Gast-, Festmahl n; **~ować** (-*uję*) schmausen, tafeln.

uczuci|e [u'tʃu-] n (-a) Gefühl n, Empfindung f; *pozbawiony uczuć* gefühllos; **~owo** *Adv. s.* uczuciowy; **~owość** f (-*ści*; 0) Empfindsamkeit f; **~owy** Gefühls-, Empfindungs-; (*a.* -wo) gefühlsmäßig, emotional, -nell; gefühlvoll; gefühlsbetont; *stan* **~owy** Stimmungslage f.

uczuć *pf. s.* uczuwać, czuć.

uczul|acz m (-a; -e, -y) *Chem.* Sensibilisator m; **~ać** (-*am*), ⟨~*ić*⟩ (-*lę*) *Person* empfänglich machen (*na* A/für); *Bio., Chem.* = **~ająco** [-'jɔn-]: *działać -co* sensibilisieren; **~eniowy** *med.* allergisch, Allergie-.

uczu(wa)ć fühlen, empfinden.

uczyć ⟨*na-*⟩ (-*ę*) (*k-o* G, *Inf.*) lehren (j-n A, *Inf.*), beibringen (j-m A, zu + *Inf.*); ~ się lernen (A, zu + *Inf.*), erlernen, sich aneignen (A).

uczyn|ek m (-*nku*; -*nki*) Tat f; Werk n; **~ność** f (-*ści*; 0) Hilfsbereitschaft f, Entgegenkommen n; Dienstfertigkeit f; **~ny** hilfsbereit, gefällig.

uda|ć *pf. s.* udawać; **~nie się** n (-a; 0) Gelingen n, Erfolg m; **~ny** gelungen; wohlgeraten; vorgetäuscht.

udar m (-u; -y) (*cieplny, mózgu, serca* Hitz-, Gehirn-, Herz-)Schlag m; ~ *słoneczny* Sonnenstich m.

udaremni|ać [-'rem-] (-*am*), ⟨~*ć*⟩ (-*ę*, -*nij!*) vereiteln.   [Schlag-.⟩

udar|ny schlagfest; **~owy** *Tech.*⟩

uda|tny gelungen; **~(wa)ć** v/t nachahmen, imitieren; simulieren, vortäuschen, -schützen; v/i sich verstellen; so tun als ob; **~(wa)ć się** gelingen; *engS.* glücken; (*gut*) geraten; *lit.* (do G, na A) sich begeben (nach, zu), aufsuchen (A); *Spaziergang* machen; **~wany** vorgetäuscht, unecht, geheuchelt.

udept|ywać (-*uję*), ⟨~*ać*⟩ festtreten.

uderz|ać (-*am*), ⟨~*yć*⟩ (-*ę*) v/t schlagen, stoßen, *pf. a.* e-n Schlag (*od.* Stoß) versetzen; *fig.* j-n frappieren; *j-m* auffallen; v/i schlagen, anstoßen (*o* A/an D, gegen); einschlagen (w A/in A); fahren (w A/gegen); *Schweiß:* ausbrechen; ~ać ⟨~*yć*⟩ się *sich sihlagen* od. stoßen (I/mit; o A, w A/an D, gegen); **~ający** *Adjp.* frappierend; hervorstechend, augenfällig; **~enie** n (-a) Schlag m, Stoß m, Hieb m; Aufschlag, -prall *m*; Einschlag; *Mil. a.* Vorstoß *m*; *Mus.* Anschlag; **~**enie krwi do głowy Blutandrang *m*; **~**eniowy Schlag-, Stoß-; *Mil.* Aufschlag-; **~**yć *pf. s. uderzać, bić.*

udławić się *pf.* ersticken (*I/*an *D*).

udo *n* (*-a*) Schenkel *m*; *Kochk.* Keule *f*, Schlegel *m*.

udobruchać *pf.* (*-am*) besänftigen, begütigen; **~** się nicht mehr zürnen (F böse sein).

udogodni|ć *pf.* (*-ę, -nij!*) einfacher (*od.* bequemer) machen, erleichtern; **~**enie *n* (*-a*) Vereinfachung *f*, Erleichterung *f*.

udokumentow(yw)ać **~**[*-w*]*uję*) urkundlich belegen, beurkunden.

udoskonal|ać (*-am*), ⟨**~**ić⟩ vervollkommnen, verbessern; **~**enie *n* (*-a*) Verbesserung *f*; Weiterentwicklung *f*.

udostępni|ać [*-*'stɛmp-] (*-am*), ⟨**~**ć⟩ (*-ę, -nij!*) zugänglich machen; gewähren, ermöglichen; **~**enie *n* (*-a*) Gewährung *f*, Ermöglichung *f*.

udow|adniać (*-am*), ⟨**~**odnić⟩ (*-ę, -nij!*) be-, nachweisen, den Beweis erbringen (*A/*für); belegen (*I/*mit, durch); *e-s Verbrechens* überführen (*D/A*); *nie dający się* **~**odnić *unbeweisbar*; **~**odnienie *n* (*-a*; *0*) Beweisführung *f*; Be-, Nachweis *m*.

udowy (Ober-)Schenkel-.

udój *m* (*udoju*; *udoje*) Melken *n*; gemolkene Milch(menge), (täglicher) Milchertrag.

udra- *in Zssgn Verben s. dra-.*

udrę|czać dręczyć; **~**czenie *n* (*-a*), **~**ka** [*-*'rɛŋ-] *f* (*-i*) Plage *f*, Qual *f*.

uduchowiony durch-, vergeistigt.

udu|sić *pf.* erwürgen, erdrosseln; **~**sić się ersticken; *Kochk. s. dusić*; **~**szenie *n* (*-a*) Erwürgung *f*, Erdrosselung *f*; Erstickung *f*; *śmierć od* **~**szenia Erstickungstod *m*.

udział *m* Teilnahme *f*, Beteiligung *f*; Teilhaberschaft *f*; Anteil *m*; **~** *w zbrodni* (Mit-)Täterschaft *f*; *brać* **~** sich beteiligen, teilnehmen (*w L/*an *D*), F mitmachen (bei); **~**owiec [*-*'wɔ-] *m* (*-wca*; *-wcy*) Anteilseigner *m*; Teilhaber *m*; **~**owy Anteils-.

udziec [*-*'u-] *m* (*udźca*; *udźce*) (*Hammel-*)Keule *f*; *s. udo.*

udziel|ać (*-am*), ⟨**~**ić⟩ gewähren; *Kredit a.* einräumen; *Auskunft* geben; *Wort, Auftrag* erteilen; *Hilfe* leisten; *Sakrament* spenden;

~ać ⟨**~**ić⟩ się *Krankheit*: sich übertragen; *Stimmung*: übergreifen (*D/* auf *A*); *nie* **~**ać się sich abseits halten; **~**enie *n* (*-a*) Gewährung *f*; Erteilung *f*; **~**enie pomocy Hilfeleistung *f*; **~**ić *pf. s. udzielać*; **~**ny *hist.* souverän, unabhängig, frei.

udziesięciokrotni|ać [*-*sɛntɕɔ-] (*-am*), ⟨**~**ć⟩ (*-ę,-nij!*) verzehnfachen.

udźwię|czniać [*-*'ʐɛntʃ-] (*-am*), ⟨**~**cznić⟩ (*-ę, -nij!*) *Gr. Laut* stimmhaft machen *od.* aussprechen; **~**kowiać** [*-*'kɔ-] (*-am*), ⟨**~**kowić⟩ (*-ę, -wij!*) *Film* vertonen.

udźwig *m* Tragfähigkeit *f*, Tragkraft *f*; **~**nąć *pf.* (hoch)heben.

ufać ⟨*za-*⟩ (*-am*) (ver)trauen (*D*); **~** *pamięci, szczęściu* sich auf *sein* Gedächtnis, Glück verlassen; (*nur impf.*) **~**, *że* ... darauf bauen (*od.* vertrauen, hoffen), daß ...; *nie* **~** mißtrauen.

ufn|ość *f* (*-ści*; *0*) (*w siebie, w Bogu* Selbst-, Gott-)Vertrauen *n*; Zuversicht *f*; **~**y vertrauensvoll, zuversichtlich; vertrauend (*w A/*in, auf *A*); **~**y *w swe siły* selbstsicher.

ufor-, ufry-, ufu- *in Zssgn Verben s. for-, fry-, fu-.*

uganiać ⟨*się*⟩ herumrennen; nachlaufen (*za I/D*). [**~**ić *pf. s. gasić*.]

ugas|ać (*-am*), ⟨**~**nąć⟩ erlöschen;|

ugaszczać (*-am*), ⟨*ugościć*⟩ bewirten.

ugi|ąć *pf. s. uginać*; **~**ęcie [*-*'gɛn-] *n* (*-a*) Durchbiegen *n*; *Phys.* Beugung *f*, Diffraktion *f*; **~**nać (*-am*), ⟨**~**ąć⟩ (durch)biegen; (nieder)beugen; **~**nać ⟨**~**ąć⟩ się sich biegen *od.* beugen; einknicken (*v/i*).

ugła- *in Zssgn Verben s. gła-.*

ugni|atać (*-am*), ⟨**~**eść⟩ *v/t* feststampfen *od.* -walzen; kneten, formen; lasten, drücken (*A/*auf *A*) *v/i* (*nur impf.*) *Schuh*: drücken.

ugod|a *f* (*-y*; *G -gód*) Übereinkunft *f*; Abkommen *n*; gütliche Einigung, Vergleich *m*; **~**owiec [*-*'dɔ-] *m* (*-wca; -wcy*) Kompromißler *m*; Beschwichtigungspolitiker *m*; **~**owy (*-wo*) versöhnlerisch, kompromißbereit; Beschwichtigungs-.

ugo|dzić *pf.* treffen; F *a.* mieten anheuern; *s. godzić*; **~**ścić *pf. s. ugaszczać.*

ugór *m* (*-oru; -ory*) Brache *f*, Brachland *n*; *leżeć ugorem* brachliegen

ugru|ntow(yw)ać (*-[w]uję*) begründen; **~powanie** n (-a) Gruppierung f; Gliederung f, Formation f; Mil. Aufstellung f; **~pow(yw)ać** (-[w]uję) gruppieren (się sich).

~grzaźć pf. s. grzęznąć.

~grzeczniony zuvorkommend, höflich.

~iszcz|ać (-am) ⟨uiścić⟩ -szczę⟩ ⟨z góry voraus-⟩bezahlen, entrichten; **~enie** n (-a) Bezahlung f.

~jada|ć (-am) bellen; (na A) j-n anbellen (a. P fig.); F **~ć** się sich zanken; **~nie** n (-a) Bellen n, Gebell n.

~jarzmi|ać [-'jaʒ-] (-am), ⟨~ć⟩ ⟨-ę, -mij!⟩ unterjochen, -werfen; Fluß, Natur bezwingen, bändigen.

~jawni|ać [-'jav-] (-am), ⟨~ć⟩ ⟨-ę, -nij!⟩ aufdecken, ans Licht bringen, enthüllen; bekanntgeben; offenbaren (się sich); **~(a)ć** się a. ans Licht kommen, bekannt (od. aufgedeckt) werden; Pol. sich (den Behörden) stellen; **~enie** n (-a) Aufdeckung f, Enthüllung f; Offenbarung f; (a. się) Rückkehr f zur Legalität.

~jąć pf. s. ujmować.

~jechać pf. Strecke zurücklegen.

~jednolic|ać (-am), ⟨~ić⟩ -cę⟩ vereinheitlichen; engS. uniformieren, gleichschalten.

~jemny negativ; fig. a. ungünstig; nachteilig; abschätzig; Bilanz: passiv.

~jeźdź|ać (-am), ⟨ujeździć⟩ Pferd zureiten; **~alnia** [-'dʒal-] f (-i; -e, -i) Reitschule f; Reitbahn f, Manege f; **~anie** n (-a) próba **~ania** Dressurprüfung f; **~ony** Straße: ausgefahren.

~jęcie [u'jen-] n (-a) Ergreifung f; Erfassung f; (Film) (Kamera-)Einstellung f; **~ wodne** Wasserfassung f.

~jm|a f (-y; 0) (moralischer) Schaden, Nachteil m; przynosić **~ę** Abbruch tun; **~ować** (-am), ⟨ująć⟩ ⟨ujmę⟩ (ujmę) ergreifen, fassen (za I/bei); formulieren, abfassen; erfassen; j-n für sich gewinnen, einnehmen; verringern, wegnehmen (G/A); ująć w ramiona in die Arme schließen; **~ować** ⟨ująć⟩ się sich fassen, greifen (za A/an A, bei); sich einsetzen (za I/für), **~ujący** ⟨-jon-⟩ (-co) anziehend, einnehmend.

~jrzeć pf. (-ę, -y, -yj!) erblicken.

~jście ['uj-] n (-a) Auslauf(öffnung

f) m; (Fluß-)Mündung f; fig. Ventil n.

ujść pf. s. uchodzić.

uka|- in Zssgn Verben s. ka-; **~rtować** pf. (-uję) abkarten; **~trupić** P pf. (-ę) kalt-, totmachen.

ukaz|ać pf. s. ukazywać; **~anie** n (-a; 0) (Auf-)Zeigen n, Vorführung f; **~anie** się Erscheinen n; **~ywać** (-uję), ⟨~ać⟩ (auf)zeigen; **~yw(a)ć** się sich zeigen; Buch: erscheinen; Thea. aufgeführt werden.

uka|sić pf. s. kąsać; **~szenie** n (-a) Biß m; (Insekten-)Stich m.

ukleja f (-ei; -e, -ei/-ej) Zo. Ukelei f.

uklęknąć pf. s. klękać.

układ m (-u; -y) System n; Struktur f; Anordnung f, Stellung f; Aufbau m, Komposition f; El. Schaltung f; Übereinkunft f, Abmachung f; Pol. Pakt m; (Zahlungs-)Abkommen n; (Handels-)Vertrag m; **~ sił** Kräfteverhältnis n; **~ wysokiego ciśnienia** Hochdruckzone f; zbiorowy **~ pracy** Manteltarif m; nur **~y** pl. Verhandlungen f/pl.; **~acz** m (-a; -e) Packer m, Stapler m; Arch. Verleger m; **~ać** (-am), ⟨ułożyć⟩ (hin)legen; zurechtlegen, ordnen; (auf)stapeln, (auf)schichten; Mar. stauen; verlegen; Text aufsetzen, ab-, verfassen; Tabelle zusammenstellen; Plan aufstellen; Lied komponieren; Hund abrichten; Haare legen; **~ać** do snu schlafen legen, ins Bett bringen; **~ać** ⟨ułożyć⟩ się sich (hin)legen; Haare: liegen; Verhältnis usw.: sich gestalten, entwickeln; (nur impf.) unter-, verhandeln; (nur pf.) (vertraglich) abmachen; Pol. wysokie **~ające się** strony die hohen vertragschließenden Parteien; **~anie** n (-a; 0) (An-)Ordnen n, (Zurecht-)Legen n; (Auf-)Stapeln n; Tech. Verlegung f; Mar. Stauung f; (Text-)Abfassung f; Zusammenstellung f; Komponieren n; **~anka** f (-i; G -nek) Puzzlespiel m; **~ność** f (-ści; 0) Höflichkeit f; gute Umgangsformen; Gewandtheit f; **~ny** liebenswürdig; gewandt; **~arka** f (-i; G -rek) Stapler m; **~owy** Med. System-.

ukłon m (-u; -y) Verbeugung f; **~y** pl. a. Grüße m/pl., Empfehlung f; **~ić** się pf. s. kłaniać się.

ukłucie n Stechen n; Stich m.

uko- in Zssgn Verben s. ko-.

ukocha|ć pf. s. pokochać; **~ny** geliebt, (aller)liebste(r); Su. **~ny** m (-ego; -i), **~na** f (-ej; -e) Geliebte(r).

uko|jenie n (-a) Linderung f; **~łysać** pf. in den Schlaf wiegen; **~ntentowanie** n (-a; 0) Befriedigung f, Zufriedenheit f.

ukończ|enie n (-a) Beendigung f; engS. Abschluß m; Absolvierung f; Fertigstellung f; **~yć** pf. beend(ig)en, abschließen, fertigstellen; absolvieren.

ukoronowanie n (-a) Krönung f.

ukorzeni|ać się [-'ʒɛ-] (-am), ⟨**~ć się**⟩ Wurzeln schlagen, verwurzeln; **~ony** (tief) verwurzelt.

ukorzyć pf. demütigen; s. korzyć się.

ukos m (-u; -y) Schräge f, Abschrägung f; Fase f; na **~** schrägüber; a. = **~em** schief, schräg; z **~a** seitlich, von der Seite, Seiten-.

ukośn|ica f (-y; -e) Bot. Begonie f; **~ik** m (-a; -i) Rhombus m, Raute f; **~y** Schräg-, schräg; Seiten-.

ukr|acać (-am), ⟨**~ócić; -cę**⟩ Mißstände abstellen, abschaffen; der Willkür Einhalt gebieten.

ukradk|iem [u'krat-] Adv. verstohlen; a. = **~owy** heimlich, verborgen.

ukradzion|y gestohlen; **~e** przedmioty Diebesgut n.

Ukrai|niec [-'iɲɛts] m (-ńca; -ńcy), **~nka** f (-i; G -nek) Ukrainer(in f) m; **2ński** [-'iĩs-] (po-ku) ukrainisch.

ukr|ajać, ⟨**~oić**⟩ abschneiden.

ukręc|ać [-'krɛn-] (-am), ⟨**~ić; -cę**⟩ Knopf abdrehen; Hals umdrehen; Kügelchen, Strick drehen; Kochk. (ver)quirlen.

ukroić pf. s. ukrajać.

ukrop m (-u; 0) kochendes (od. siedendes) Wasser; F jak (mucha) w **~ie** emsig, wie e-e Biene.

ukróc|ać (-am), ⟨**~ić; -cę**⟩ kürzen; schmälern; fig. Einhalt gebieten od. tun (A/D).

ukryci|e [u'krɨ-] n (-a) Verbergung f; engS. Verstecken n; konkr. Versteck n, Schlupfwinkel m; Zuflucht(sort m) f; Mil. Deckung f; z **~a** aus dem Hinterhalt; aus der Verborgenheit.

ukry|ć pf. s. ukrywać; **~ty** verborgen; verkappt; latent; **~wać** (-am), ⟨**~ć**⟩ verbergen; verstecken; Tatsachen, Bilanz verschleiern; Ge-

danken a. verheimlichen; **~wanie** n (-a) Verheimlichung f; Verschleierung f; s. ukrycie.

ukrzyżowan|ie n (-a) Kreuzigung f; **~y** gekreuzigt.

ukształtowanie n (-a) Bildung f, Gestaltung f.

ukuć pf. v/t schmieden. [f/pl.]
ukwiały m/pl. (-ów) Zo. Aktinien]
ukwiec|ać (-am), ⟨**~ić; -cę**⟩ mit Blumen (aus)schmücken; **~ony** fig Stil: blumenreich.

ul m (-a; -e, -i/-ów) Bienenstock m; F fig. Knast m, Kittchen n.

ulać pf. s. ulewać.

ulatnia|ć się [-'lat-] (-am), ⟨**ulotnić się**⟩ (-cę, -nij!) sich verflüchtigen; verdunsten; Laune, Duft: verfliegen; F fig. a. verduften, sich verdünnisieren; **~jący się** [-'jɔn-flüchtig.

ulatywać (-uję), ⟨**ulecieć**⟩ ab-, wegfliegen; Zeit: verfliegen; dem Gedächtnis entfallen.

uląc się ['ulɔnts] s. zlęknąć się.

ulec pf. (L. lec) s. ulegać; **~ieć** pf. s. ulatywać.

ulecz|ać (-am), ⟨**~yć**⟩ heilen; **~alny** heilbar; **~enie** n Heilung f.

uleg|ać (-am), ⟨**ulec**⟩ (D) unterliegen; erliegen; sich überwältigen lassen (von); unterworfen werden; j-s Bitten nachgeben, -kommen sich fügen (D); Schaden erleiden Eindruck haben, bekommen; de Vernichtung anheimfallen; **~ając** [-'jɔn-] unterworfen (D); -cy zepsu ciu leichtverderblich; **~le** Adv.

ulegly; **~łość** f (-ści; 0) Nachgiebig keit f; Fügsamkeit f, Ergebenheit Willfährigkeit f; **~ly** (-le) nachgie big; fügsam, willfährig, ergeber Kind a.: gehorsam; **~nąć** [-nɔnt pf. (-nę, -ł) s. ulegać.

ulepek m (-pku; -pki) Med. Sirup m
ulepi|ać [-'lɛ-] (-am), ⟨**~ć**⟩ s. lepi
ulepsz|ać (-am), ⟨**~yć**⟩ (-ę) verbe sern; **~enie** n (-a) Verbesserung f

ulew|a f (-y) (Regen-)Guß m, Plat regen m; **~ać** (-am), ⟨**ulać**⟩ ab gießen; **~ać się** verschüttet werde F jak ulał wie angegossen; **~** Regen: stark, wolkenbruchartig.

uleżeć pf. liegen (bleiben), **~ się** at gelagert werden od. sein; nach reifen.

ulęgałka [-lɛŋ'g-] f (-i; G ulągał Wild-, Holzbirne f.

ulęknąć się pf. s. zlęknąć się.

ulg|a f (-i; G -) Erleichterung f; engS. Linderung f; (Steuer-)Vergünstigung f; **~owy** ermäßigt, verbilligt; bevorzugt, Vorzugs-.

ulic|a f (-y; -e) (główna, handlowa, przelotowa Haupt-, Geschäfts-, Durchgangs-)Straße f; in Zssgn: ... ~y Straßen-.

ulicz|ka f (-i; G -czek) Gäßchen n; ślepa ~ka fig. Sackgasse f; **~nica** † f (-y; -e) Dirne f; ~**nik** m (-a; -cy) Gassenjunge m; ~**ny** Straßen-; fig. a. vulgär, gewöhnlich. [v. ul.]

ulik m (-a; -i) Matjeshering m; dim.)

ilistni|enie n (-a; 0) Laub n; **~ony** belaubt.

ilokowanie n (-a) Placierung f; Unterbringung f; (Kapital-)Anlage f.

ilot|ka f (-i; G -tek) Flugblatt n; **~nić się** pf. s. ulatniać się.

ilowy Bienenstock-.

iltra|- in Zssgn ultra-, Ultra-; **~dźwiękowy** Ultraschall-; **~fioletowy**, **~fiołkowy** ultraviolett; **~katolicki** strengkatholisch; **~konserwatysta** m Erzkonservative(r); **~maryna** f (-y; 0) Ultramarin n; **~nowoczesny** supermodern; **~prawicowy** rechtsextremistisch; **~reakcyjny** erzreaktionär.

iltras m (-a; -i) Pol. Ultra m, Extremist m; **~owski** s. ultrareakcyjny.

iltymatywny ultimativ.

ilubieni|ca f (-y; -e) Liebling m; Lieblingsfrau f; Lieblingstochter f; **~ec** (-'ȷɛ̃-; m -ńca; -ńcy) Liebling m; Günstling m.

ilubiony Lieblings-.

iłży|ć pf. (-ę) (k-u w L) erleichtern (j-m A); lindern (j-s N); **~ć** sobie s-m Herzen (od. sich) Luft schaffen, sich abreagieren.

iłagodzić pf. s. łagodzić.

iłam|ać pf. s. ułamywać; **~ek** m (-mka; -mki) Bruchstück n, -teil m; Math. ([nie]właściwy [un]echter) Bruch; **~kowy** Math. Bruch-; (-wo) bruchstückhaft; **~ywać** (-uję), **~ać** abbrechen (się v/i).

iłan m (-a; -i) Ulan m; **~ka** f (-i; G -nek) Bot. Fuchsie f; Mil. hist. Tschapka f; Ulanenrock m.

iłański [-'waɲs-] Ulanen-.

iłaskawi|ać [-'ka-] (-am), **⟨~ć⟩** (-ę) begnadigen; **~enie** n (-a) Begnadigung f.

31*

ułatwi|ać [-'wat-] (-am), **⟨~ć⟩** (-ę) erleichtern; begünstigen; vereinfachen; **~enie** n (-a) Erleichterung f; Vereinfachung f.

ułom|ek m (-mka; -mki) (Bruch-)Stück n; **~ny** verkrüppelt; gebrechlich; fig. unvollkommen; vgl. kaleki.

ułoż|enie n (-a) Lage f, Anordnung f; (Schichten-)Lagerung f; ~**ony:** dobrze ~ony wohlgeordnet; Satz: richtig (od. gut) gebildet; Mensch: mit guten Manieren, gut erzogen; z góry ~ony abgekartet, von vornherein feststehend; **~yć** pf. s. układać.

ułów m (Fisch-)Fang m.

ułud|a f (-y) Trugbild n; świat ~y Traumwelt f; s. złudzenie; **~ny** trügerisch.

uma|- in Zssgn Verben s. ma-; **~cniać** [-'ma-] (-am), **⟨umocnić⟩** (-ę, -nij!) (be)festigen; **~jać** (-am), **⟨~ić⟩** (-ję) mit Grün od. Blumen (aus)schmücken.

umarły gestorben, tot.

umartwiać się [u'mar-] (-am) sich kasteien.

umarzać (-am), **⟨umorzyć⟩** Hdl., Fin. amortisieren, abschreiben; Schuld tilgen; Jur. Verfahren niederschlagen.

umas|awiać [-'sa-] (-am), **⟨~owić⟩** (-ę, -sów!) den (Volks-)Massen zugänglich machen, popularisieren.

umawiać, **⟨umówić⟩** (a. się) verabreden, vereinbaren; j-n anstellen, verpflichten; ~ się a. sich verständigen, sich einigen (co do G/über A); ~ Verabredung treffen, sich verabreden.

umbra f (-y; 0) Umber m.

umeblowanie n (-a) (Zimmer-)Einrichtung f; koll. a. Möbel n/pl.

umęczać (-am) s. męczyć.

umiar ['umjar] m (-u; 0) Maß n; Maßhalten n; zachować ~ maßhalten, das rechte Maß einhalten; z ~em maßvoll; bez ~u übermäßig, übertrieben; ~**kowanie** n (-a; 0) Mäßigung f, das rechte Maß; **~kowany** maßvoll, mäßig; gemäßigt.

umieć ['umjɛtɕ] (L.) können, es verstehen/wissen et. zu tun.

umiejętn|ość [-'jent-] f (-ści) (Sach-)Kenntnis f; Fertigkeit f, Können n; † pl. Wissenschaften *f/pl.*; **~y** sachkundig; gekonnt, kunstgerecht.

umiejsc|awiać [-'stsa-] (*-am*), ⟨~owić⟩ (*-ę*, *-ców!*) lokalisieren; *engS.* orten; zeitlich (*od.* örtlich) bestimmen; **~owienie** *n* (*-a*) Lokalisierung *f*; Standortbestimmung *f*.

umiera|ć (*-am*), ⟨umrzeć⟩ sterben (*gwałtowną śmiercią, na raka, z otrucia* eines gewaltsamen Todes, an Krebs, an Vergiftung); (*nur impf.*) *a.* im Sterben liegen; *fig.* **~ć z głodu, z ciekawości** vor Hunger, Neugier sterben; **~jący** [-'jon-] sterbend; *Su. m* (*-ego*; *-y*) Sterbende(r); **~lność** *f* (*-ści*; *0*) Sterblichkeit *f*.

umie|szczać (*-am*), ⟨~ścić⟩ *v/t* (hin)stellen, legen, setzen, F tun; unterbringen; placieren; *Geld* anlegen; *Gebäude* errichten; den Standort bestimmen; aufnehmen (*in A*); **~ścić się** sich setzen; Unterkunft finden *od.* haben; untergebracht sein; **~szczenie** *n* (*-a*; *0*) Unterbringung *f*; Aufnahme *f* (*w L/in D*); (*Geld-*)Anlage *f*; **~ścić** *pf. s.* umieszczać.

umiędzynarodowić [umęn-] *pf.* (*-ę*, *-dów!*) internationalisieren.

umięśni|enie *n* (*-a*; *0*) Muskulatur *f*; **~ony** muskulös.

umil|ać (*-am*), ⟨~ić⟩ (*-lę*) angenehm(er) machen *od.* gestalten, verschönern.

umiłowa|nie *n* (*-a*) Liebe *f*; Lieblingsbeschäftigung *f*; **~ny** geliebt; *Sache:* liebst.

umizg|ać się (*-am*), **~iwać się** (*-uję*) (*do G*) flirten (mit), Hof machen (*D*), F poussieren (mit); **~i** *pl.* (*-ów*) Flirt(en *n*) *m*, Tändelei(en *pl.*) *f*.

umknąć *pf. s.* umykać.

umniejsz|ać (*-am*), ⟨~yć⟩ (*-ę*) (ver)mindern, verringern.

umoc|nić *pf. s.* umacniać; **~nienie** *n* (*-a*) Befestigung *f*; Stärkung *f*, Festigung *f*; *fig.* Stärkung *f*, **~ow(yw)ać** (*-[w]uję*) befestigen, festmachen, -binden, -nageln *usw.*; *vgl.* przymocow(yw)ać.

umoczyć *pf.* (*-ę*) *s.* maczać.

umoralni|ać [-'ral-] (*-am*), ⟨~ć⟩ (*-ę*, *-nij!*) moralisch belehren, die Moral heben (wollen).

umorusa|ć się *pf.* (*-am*) sich beschmutzen, beschmieren (*I/mit*); **~ny** (voll)beschmiert (*I/mit*).

umorz|enie *n* (*-a*) *Hdl.* Amortisation *f*; Tilgung *f*; *Jur.* Niederschlagung *f*; **~yć** *pf. s.* umarzać.

umotywowanie *n* (*-a*) Motivation *f*, Begründung *f*.

umow|a *f* (*kupna, o pracę, zbiorowa* Kauf-, Arbeits-, Tarif-)Vertrag *m*, (*Handels-*)Abkommen *n*; Abrede *f*, Vereinbarung *f*; *małżeńska* **~o** *majątkowa* Ehevertrag; **~a** *o przyjaźni i pomocy* Freundschafts- und Beistandspakt *m*; *według* (*od. w myśl*) **~y** vertragsgemäß, -mäßig; *wbrew* **~ie** vertragswidrig; **~ny** vertraglich, Vertrags-; vereinbart; Konventional-; fiktiv, angenommen.

umożliwi|ać [-'li-] (*-am*), ⟨~ć⟩ (*-ę*) ermöglichen.

umór *m*: *kochać się na* **~** sterblich verliebt sein (*w L/in A*); *pić na* **~** sich um Sinn und Verstand trinken.

umówi|ć *pf. s.* umawiać; **~ony** verabredet, vereinbart, abgesprochen.

umrz|eć *pf. s.* umierać; **~yk** P *m* (*-a*; *-i*) Tote(r), Leiche *f*.

umundurow|ać *pf.* (*-uję*) in Uniform kleiden, einkleiden; **~anie** *n* (*-a*) Einkleidung *f*; Uniform *f*.

umy|cie (się) *n* Waschen *n*; **~ć** *pf. s.* umywać. [F entwischen.]

umykać (*-am*), ⟨umknąć⟩ flüchten,)

umy|sł *m* (*-u*; *-y*) Geist *m*; Verstand *m*, Intellekt *m*; *zdrowy na* **~śle** be: Verstand; F *słaby na* **~śle** geistig minderbemittelt, schwach im Kopf

umysłow|o *Adv.* geistig, intellektuell; *chory* **~o** geisteskrank; **~ość** *f* (*-ści*; *0*) Mentalität *f*, Denkart *f* **~y** Geistes-, Verstandes-; (*a.* ~wo geistig, intellektuell.

umyśl|ić *pf.* (*-lę*) sich ausdenken planen; beschließen, sich vornehmen; **~ny** absichtlich; vorsätzlich † *Su. m* (*-ego*; *-i*) Eilbote *m*.

umyw|ać (*-am*), ⟨umyć⟩ waschen (*się* sich); *Geschirr* spülen, ab: waschen; F *ani się* **~ać** (*do G*) sich nicht messen können (mit); **~alka** (*-i*; *G -lek*) Waschbecken *n*; Wasch tisch *m*; **~alnia** [-'val-] *f* (*-i*; *-e* Waschraum *m*.

unaoczni|ać [-'ɔtʃ-] (*-am*), ⟨~ć (*-ę*, *-nij!*) vor Augen führen.

unar|adawiać [-'da-] (*-am*), ⟨~odo wić⟩ (*-ę*, *-dów!*) nationalisieren.

unasiennienie *n* (*-a*) Besamung.

unia ['unja] *f* (*G, D, L -ii*; *-e* Union *f*.

unicestwi|ać [-'tsɛ-] (-am), ⟨-ć⟩ (-ę, -wij!) vernichten; *Plan* vereiteln.

unicki *Rel. hist.* uniert, Unions-.

niemożliwi|ać [-'ʒi-] (-am), ⟨-ć⟩ (-ę) unmöglich machen, verhindern; vereiteln.

nieruch|amiać [-'xa-] (-am), ⟨-omić⟩ (-ę) zum Stillstand (*od.* Erliegen) bringen; *Betrieb* einstellen; stillegen; außer Betrieb setzen; *Kapitał* festlegen; *Med.* fixieren, ruhigstellen; **~omienie** *n* (-a) Außerbetriebsetzung *f*; Betriebseinstellung *f*, Stillegung *f*; Lahmlegung *f des Verkehrs*; *Med.* Ruhigstellung *f*; **~omiony** unbeweglich; bewegungsunfähig; still-, lahmgelegt; *Kapitał*: festgelegt; *Med.* fixiert; *~ny w lodach Schiff*: eingefroren, im Eis festliegend.

niesieni|e *n* (-a) Begeisterung(s-zaumel *m*) *f*; Erregung *f*, Erregtheit *f*; *w ~u* entzückt, begeistert; erregt; *n der Hitze des Gefechts*; *Jur.* im Affekt; *okrzyki ~a* Jubel *m*.

nieszczęśliwi|ać [-'ʒi-] (-am), ⟨-ć⟩ (-ę) unglücklich machen.

nieszkodliwi|ać [-'ʒi-] (-am), ⟨-ć⟩ (-ę) unschädlich (*od.* unbrauchbar) nachen; außer Gefecht setzen.

nieść *pf.* s. unosić.

nieśmiertelni|ać [-'tɛl-] (-am), ⟨-ć⟩ (-ę, -nij!) unsterblich machen, rerewigen.

niewążni|ać [-'vaʒ-] (-am), ⟨-ć⟩ (-ę, -nij!) ungültig machen; für ungültig (*od.* unwirksam, nichtig) erlären; *Auftrag* annullieren, widerufen; **~enie** *n* (-a) Ungültigmachung *f*; Ungültigkeits- *od.* Nichtigkeitsrklärung *f*; Widerruf *m*, Annullierung *f*.

niewinni|ać [-'vin-] (-am), ⟨-ć⟩ (-ę, -nij!) für unschuldig erklären, freisprechen; rechtfertigen (się ich); *~ć się a.* s-e Unschuld beeisen; *wyrok ~ający* Freispruch *m*; **~enie** *n* (-a) Freispruch *m*.

niezależni|ać [-'lɛʒ-] (-am), ⟨-ć⟩ (-ę, -nij!) unabhängig (*od.* frei) nachen, selbständig werden lassen; *~ć Unabhängigkeit gewähren; *(a)ć się unabhängig werden, sich elbständig machen.

ifikować ⟨z-⟩ (-uję) unifizieren.

iform *m* (-u; -y) s. mundur.

ik *m* (-u; -i) *Sp.* Ausweichen *n*,

Ducken *n*; **~ać** (-am), ⟨~nąć⟩ (ver-)meiden (*G/A*); ausweichen (*G/D*); entgehen, -rinnen (*G/D*).

unikalny einmalig; einzigartig.

uniknięci|e [-'nɛn-] *n* (-a) Vermeidung *f*; Entrinnen *n*; *nie do ~a* nicht zu vermeiden.

unit|a *m* (-y; -ci, -ów), **~ka** *f* (-i; *G* -tek) *Rel.* Unierte(r).

uniwer|ek F *m* (-rku; -rki) Uni *f*; **~salny** universell, universal; vielseitig; Allzweck-.

uniwersyte|cki Universitäts-, Hochschul-, **~t** [-'ver-] *m* (-u; -y) Universität *f*; **~t powszechny** *od.* *ludowy* Volkshochschule *f*.

uniż|enie *Adv.* untertänig(st), ergeben(st); untertänig, unterwürfig, servil; untertänig.

unosić, ⟨unieść⟩ (fort-, weg)tragen; (hoch-, an)heben; *Gefühl*: sich bemächtigen (*G*), übermannen (*A*); *vgl. ponosić*; *~ się* sich erheben; *Vorhang*: hochgehen; entschwinden; *in d. Luft* schweben, schwirren; *auf d. Wasser* treiben, schwimmen; *fig.* ergriffen, übermannt werden (*I/von*); (*nur impf.*) *fig.* aufbrausen; *~ się nad* (*I*) in Entzücken geraten über (*A*), schwärmen für (*A*).

unowocześni|ać [-'tʃɛɕ-] (-am), ⟨-ć⟩ (-ę, -nij!) modernisieren.

unrowski F aus den UNRRA-Spenden stammend.

uodp|arniać [-'par-] (-am), ⟨~ornić⟩ (-ę, -nij!) widerstandsfähig (*od.* immun) machen (*od. się werden; na* *A/gegen*).

uogólni|ać [-'gul-] (-am), ⟨-ć⟩ (-ę, ~ć) verallgemeinern.

uos|abiać [-'sa-] (-am), ⟨~obić⟩ (-ę, -sób!) personifizieren, verkörpern; **~obienie** *n* (-a) Verkörperung *f*.

upad|ać, ⟨upaść⟩ fallen, stürzen; niedersinken; *pf. s.* (s)*padać, paść*; *fig.* (moralisch) sinken; *Plan, Antrag*: zu Fall kommen *od.* gebracht werden, F durchfallen; *Frage, Sache*: wegfallen, F vom Tisch sein; *Firma*: Bankrott machen; *Staat, Kultur*: untergehen; *~ać na duchu* den Mut verlieren; *~ać ze zmęczenia* vor Müdigkeit umfallen; *~ać pod brzemieniem* (*G*) zusammenbrechen unter der Last (von); **~ek** *m* (-dku; -dki) Fall *m*, Sturz *m*; *fig.* Nieder-, Untergang *m*; (*sił*

Kräfte-)Verfall *m*; Zusammenbruch *m*, Bankrott *m*; ~ek ducha
Verzagtheit *f*, Mutlosigkeit *f*; ~lać
(-am), ⟨upodlić⟩ (-lę, -lij!) erniedri-
gen.

upadł|ościowy *Jur.* Konkurs-;
~ość *f* (-ści; 0) Zahlungsunfähig-
keit *f*, Konkurs *m*, Bankrott *m*; ~y
Person: gefallen, (tief gesunken);
Firma: zahlungsunfähig, bankrott;
F do ~ego bis zur (völligen) Erschöpfung, bis zum letzten.

upadowa *f* (-ej; -e) Bgb. Fallort *m*.
upaja|ć (-am), ⟨upoić⟩ (be)trunken
machen; berauschen (się sich; I/an
D); ~jący [-'jon-] (-co) berau-
schend. [mer-)Hitze *f*.]
upa|lny heiß; ~l *m* (-u; -y) (Som-]
upamiętni|ać [-'mjent-] (-am), ⟨~ć⟩
(-ę, -nij!) unvergeßlich machen;
Denkmal: erinnern (A/an A); ~(a)ć
się im Gedächtnis haften, sich einprägen (I/durch); ~enie *n* (-a; 0):
dla ~enia zum Gedenken (G/an A).
upaństw|awiać [upaĩst'fa-] (-am),
⟨~owić⟩ (-ę, -wów!) verstaatlichen.
upar|cie [u'par-] *Adv.* s. uparty;
~ciuch F *m* (-a; -y) Dickkopf *m*,
-schädel *m*; ~ty (-cie) hartnäckig;
beharrlich; eigensinnig, halsstar-
rig, F querköpfig, stur; F na ~tego
mit aller Gewalt.

upaść pf. s. upadać, paść².
upat|rywać (-uję), ⟨~rzyć⟩ s. wy-
patrywać, dopatrywać się; Moment
abpassen; (nur pf., a. sobie) auser-
sehen, sich aussuchen; ~rzyć sobie
a. es abgesehen haben (A/ auf A).
upchać pf. s. upychać.
upełno|letnić pf. (-ę, -nij!) für voll-
jährig erklären; ~mocniać [-'mɔ-]
(-am), ⟨~mocnić⟩ (-ę, -nij!) bevoll-
mächtigen, die Vollmacht erteilen
(do G/zu); ~prawniać [-'praw-]
(-am), ⟨~prawnić⟩ (-ę, -nij!) Gleich-
berechtigung gewähren; zum Voll-
mitglied erklären.
uperfumowany parfümiert.
upewni|ać [u'pev-] (-am), ⟨~ć⟩ (-ę,
-nij!) versichern (k-o o L/j-m od.
j-n G); ~(a)ć się (że, o L, co do G)
sich vergewissern (daß), sich Ge-
wißheit verschaffen (über A).
upi|jać pf. s. upinać; ~ć pf. s. upijać.
upie|c pf. s. piec²; F to ci się ~kło
du hast noch einmal Schwein gehabt.
upiera|ć się (-am), ⟨uprzeć się⟩

beharren, (hartnäckig) besteher
(przy L/auf D); sich störrisch
widerspenstig zeigen; ~nie się *r*
(-a) s. upór.
upierzenie *n* (-a) Gefieder *n*, Feder-
kleid *n*.
upiększ|ać [u'pɛŋk-] (-am), ⟨~yć⟩
(-ę) verschönern, ausschmücken
fig. schönfärben; idealisieren; ~a-
się sich schönmachen; ~enie *n* (-a
Ausschmückung *f*; mst *pl. a.* Ver-
zierungen *f/pl.*; *fig.* Schönfärberei *f*
upi|(ja)ć (G) abtrinken (A), nippe
(an D); (A) j-n betrunken machen
~(ja)ć się sich betrinken; ~na
(-am), ⟨~ąć⟩ ['upɔntɕ] (-pnę) dra
pieren; aufstecken; Haar a. hoch
stecken; ~orny [u'pɔr-] gespen
stisch, geisterhaft; ~ór ['upur] *m*
(-ora; -ory) Gespenst *n*; Vampir *m*
~ty (do nieprzytomności sinnlos
betrunken.
upla- *in Zssgn Verben s.* pla-.
upławy *pl.* (-ów) *Med.* Aus-, bsd
Weißfluß *m*.
upłaz *m* (-u; -y) *Geol.* Terrasse *f*
upłyn|ąć pf. s. upływać; ~nia
[u'pwin-] (-am), ⟨~nić⟩ (-ę, -nij!
verflüssigen; *Hdl.* realisieren, z
Geld machen, veräußern; ~nien
n (-a): ~nienie zapasów Räumungs
verkauf *m*.
upływ *m* (-u; -y) Abfluß *m*; (Zeit-
Ablauf *m*; (Blut-)Verlust *m*; z ~ei
lat im Verlauf der Jahre; ~a
⟨upłynąć⟩ Blut: ausfließen; Fris.
ablaufen; Zeit: (ver)fließen; ve
gehen.
upod|abniać [-'da-] (-am), ⟨~obnić
(-ę, -nij!) v/t (do G) ähnlicher ma
chen; angleichen (D); assimilierer
~obnić się ähnlich(er) werden (D
sich angleichen, sich anpassen (D
~lać s. upadlać; ~lenie *n* (-a;
Erniedrigung *f*, Entwürdigung *f*.
upodoba|ć pf.: ~ć sobie Gefalle
finden (A/an D); ~nie *n* (-a) G
fallen *n* (do G/an D); (Zu-)Neigur
f; Vorliebe *f*; z ~niem gern, m
Vergnügen; według ~nia nach B
lieben; z ~nia aus Neigung.
upodobni|(a)ć s. upodabniać; ~en
n (-a) *Gr.* Assimilation *f*; Anpa
sung *f*.
upo|ić pf. s. upajać; ~jenie *n* (-
Rausch *m*, Taumel *m*; (Be-)Tru
kenheit *f*.
upokarza|ć (-am), ⟨upokorzyć⟩ (-

demütigen (się sich); **~jący** [-'jon-] (-co) demütigend.

~polityczni|ać [-'titʃ-] (-am), ⟨~ć⟩ (-ę, -nij!) politisch bewußt(er) machen; politische Bedeutung verleihen (A/D).

~polować pf. erjagen, erlegen; Tier: Beute fangen; F fig. ergattern.

~pom|inać (-am), ⟨~nieć⟩ [u'pɔm-] (-nę, -nij!) ermahnen; Hdl. mahnen; **~inać** ⟨~nieć⟩ się (o A) mahnen (an A, wegen), (zurück)fordern, verlangen (A); **~inać** się o swoją krzywdę Genugtuung verlangen; **~inek** m (-nku; -nki) Andenken n, Geschenk n; **~nieć** pf. s. upominać; **~nienie** n (-a) (Er-)Mahnung f; engS. a. Verweis m, Verwarnung f.

porać się F pf. (-am) (z I) fertig werden (mit); verkraften, bewältigen (A).

porczywy (-wie) hartnäckig, beharrlich, zäh; Blick: stur.

porządkow|anie [-ɔnt-] n (-a; 0) Ordnung f, Regelung f; ⟨~ywać⟩ [-[w]uję] ordnen, regeln. [m/pl.]

posażenie n (-a) Gehalt n, Bezüge/

pośledz|ać (-am), ⟨~ić⟩ benachteiligen, ungerecht (od. stiefmütterlich) behandeln; beeinträchtigen; **~enie** n (-a) Benachteiligung f, Zurücksetzung f; (Körper-)Behinderung f; **~ony** benachteiligt; unterprivilegiert; (körper)behindert; ony na umyśle geistig zurückgeblieben.

oważni|ać [-'vaʒ-] (-am), ⟨~ć⟩ (-ę, -nij!) beauftragen, ermächtigen; yć ~onym befugt od. autorisiert (berechtigt) sein (do G/zu); **~enie** n (-a) Ermächtigung f; Vollmacht f; ~enia im Auftrag(e).

owszechni|ać [-'tʃex-] (-am), ⟨~ć⟩ (-ę, -nij!) verbreiten, zum Allgemeingut werden lassen od. machen.

ozorow|anie n (-a) Vortäuschung f; ⟨~yw⟩ać od ~[w]uję⟩ vortäuschen; any a. gestellt.

ór m (-oru; 0) Trotz m; Hartnäckigkeit f, Beharrlichkeit f; Starrsinn m, Halsstarrigkeit f, Sturheit f.

ragni|enie n: z ~eniem sehnsuchtsvoll, mit Ungeduld; **~ony** ersehnt.

rasz|ać (-am), ⟨uprosić⟩ (er)bitten, (er)flehen; ersuchen; ~a się ciszę! Ruhe, bitte!; **~czać** (-am),

⟨uprościć⟩ (-szczę) vereinfachen; Math. Bruch kürzen.

upraw|a f (-y) (Boden-)Bearbeitung f, Agrikultur f; (Gemüse-, Getreide-)Anbau m, (Tabak-, Wein-)Bau m; **~iać** [-'pra-] (-am), ⟨~ić⟩ Land bebauen; (nur impf.) Pflanzen anbauen; betreiben, sich beschäftigen (A/mit); Sport, Unzucht treiben; **~iać** n (-a) Agr. s. uprawa; fig. Ausübung f; Betreiben n, Beschäftigung f (mit); **~ianie** siępferdesportliche Betätigung f; **~ianie boksu** Boxen n; **~niać** [-'praw-] (-am), ⟨~ić⟩ berechtigen; s. upoważniać; **~nienie** n (-a) Berechtigung f, Recht n; Befugnis f; **~niony** (do głosowania stimm)berechtigt; **~ny** Agr. anbaufähig, Kultur-; urbar; Anbau-.

uprawomocnić pf. (-ę, -nij!) Rechtskraft verleihen; ~ się rechtskräftig werden.

upro|sić pf. s. upraszać; **~szczenie** n (-a) Vereinfachung f; **~ścić** pf. s. upraszczać.

uprowadz|ać (-am), ⟨~ić⟩ entführen, kidnappen; **~enie** n (-a) Entführung f.

uprząt|ać (-am), ⟨~nąć⟩ s. sprzątać.

uprząż f (-ęży; -ęże) (Pferde-)Geschirr n.

uprze|c się pf. s. upierać się; **~dni** s. poprzedni; **~dnio** [u'pʃed-] Adv. vorher, zuvor.

uprzedz|ać (-am), ⟨~ić⟩ (-dzę) zuvorkommen, vorgreifen (A/D); (o L) j-n (vorher) informieren (über A); warnen (vor D); ~ać ⟨~ić⟩ się voreingenommen sein (do G/gegen A); **~ający** [-'jon-] (-co) zuvorkommend; **~enie** n (-a) Voreingenommenheit f; **~ony** voreingenommen.

uprzejm|ość f (-ści) Höflichkeit f, Liebenswürdigkeit f; pl. a. Artigkeiten f/pl.; zrób mi tę ~ość i ... sei so nett und ...; to zbytek ~ości zu liebenswürdig; **~y** höflich; liebenswürdig, freundlich.

uprzemysł|awiać [-'swa-] (-am), ⟨~owić⟩ (-ę, -łów!) industrialisieren; **~owienie** n (-a; 0) Industrialisierung f.

uprzęż f (-y; -e) s. uprząż.

uprzyjemni|ać (-am), ⟨~ć⟩ (-ę, -nij!) angenehm(er) gestalten od. machen; Zeit (angenehm) vertreiben.

uprzykrz|ać (-am), ⟨~yć⟩ j-m das Leben schwermachen; ~yć sobie (A) überdrüssig werden (G); ~ać się (D) j-n belästigen; **~enie** n (-a; 0): aż do ~enia bis zum Überdruß, F bis es j-m zum Hals heraushängt; **~ony** lästig; ~yć pf. s. uprzykrzać.

uprzystępni|ać [-'stemp-] (-am), ⟨~ć⟩ (-ę, -nij!) allgemeinverständlich machen, popularisieren; s. udostępniać.

uprzyt|amniać [-'tam-/ -'tɔm-] (-am), ⟨~omnić⟩ (-ę, -nij!) vergegenwärtigen (sobie sich); s. uzmysłowić.

uprzywilejow|(yw)ać (-[-w]uję) bevorrechtigen, privilegieren; **~any** privilegiert; (a. Hdl., Fin.); Auto: vorfahrtsberechtigt.

upu- in Zsgn Verben s. pu-.

upust m (-u; -y) Ablaß(öffnung f) m; Schleuse f; ~ krwi Aderlaß m; fig. dać ~ freien Lauf lassen.

upu|szczać, ⟨~ścić⟩ fallen lassen; † ~ścić krwi (D) j-n zur Ader lassen.

upychać (-am), ⟨upchać⟩ (hinein-, voll)stopfen.

urabia|ć [-'ra-] (-am), ⟨urobić⟩ formen, bilden, gestalten; Bgb. abbauen; F fig. j-n bearbeiten; urobić sobie ręce po łokcie sich abrackern; ~ć się sich bilden; **~nie** n (-a; 0) (Meinungs-)Bildung f; Bgb. Abbau(arbeiten pl.) m.

uracz|ać (-am), ⟨~yć⟩ bewirten (I/mit); s. raczyć.

uradowa|nie n (-a; 0) Freude f; **~ny** (hoch)erfreut (I, z G/über A).

uradz|ać (-am), ⟨~ić⟩ beschließen, F a. es schaffen, zustande bringen.

uralski Ural-.

uran m (-u; 0) Chem. Uran n; 2 (-a; 0) Astr. Uranus m; **~owy** Uran-.

urastać (-am), ⟨urosnąć, uróść⟩ (auf)wachsen, groß werden.

uratowa|ć pf. (er)retten; **~nie** n (Er-)Rettung f; nie do ~nia nicht zu retten; **~ny** gerettet.

uraz m Verletzung f; Psych. Trauma n; **~a** f (-y) Groll m, Haß m, Ressentiment n; mieć ~ę Groll hegen (do G/gegen A); **~ić** pf. s. urażać; **~owość** f (-ści; 0) Unfallhäufigkeit f; **~owy** traumatisch, Wund-; Unfall-; **~ówka** F f (-i; G -wek) Unfallstation f.

ura|żać (-am), ⟨~zić⟩ verletzen (a. fig.); ~żać ⟨~zić⟩ się sich verletzen;

sich verletzt fühlen; **~żony** verletzt beleidigt.

urąg|ać [u'rɔŋg-] (-am) s. wymyślać lit. hohnsprechen (D); **~owisko** (-a; 0) s. pośmiewisko.

urbanist|a m (-y; -ści, -ów) Städteplaner m, -bauer m; **~yczny** städte baulich; **~yka** [-'ni-] f (-i; 0) Städte bau m.

urealni|ać [-'al-] (-am), ⟨~ć⟩ (-ę -nij!) der Wirklichkeit anpassen realisierbar machen.

uregulowanie n (-a) Regelung f Bezahlung f.

urlop m (-u; -y) Urlaub m; ~ ma cierzyński (Mutter-)Schutzfrist f ~ zbiorowy Betriebsferien pl.; wzią ~ a. sich beurlauben lassen; **~owa** (im)pf. (-uję) beurlauben; **~owicz** m (-a; -e) Urlauber m, Feriengas m; **~owy** Urlaubs-, Ferien-.

urna f (-y) Urne f.

uro- in Zsgn Verben s. ro-.

urob|ek m (-bku; 0) Bgb. Ausbeut f, Fördergut n; Bohrklein n; **~ić** p s. urabiać.

uroczy (-czo) bezaubernd, entzük kend; **~sko** n (-a) (altslawische Kultstätte; Forst m; F a. Wildnis f **~stość** f (-ści) (Abschieds-, Trauer Feier f; Feierlichkeit f; **~sty** (-ści feierlich; festlich, Fest-.

uroda f (-y) Schönheit f, gutes Aus sehen.

urodzaj m (-u; -e, -ai/-ów) (gute Ernte f; fig. Fülle f; **~noś** f (-ści; 0 Ertragsfähigkeit f, Fruchtbarkeit f **~ny** fruchtbar, ertragreich.

urodzeni|e n Geburt f; † s. pocho dzenie; miejsce ~a Geburtsort m Polak z ~a gebürtige(r) Pole; artyst z ~a der geborene Künstler; regu lacja ~ń Geburtenregelung f.

urodzi|nowy Geburtstags-; **~ny** p (-) Geburtstag m; Geburtstagsfeie f, -party f; ilość ~n Geburtenrate f **~wy** (-wie) schön, gutaussehend.

uro|dzony geboren; gebürtig; **~je nie** n (-a) Hirngespinst n, Trugbil n; (oft pl.) Wahn(vorstellungen pl m; **~jony** eingebildet, imaginär.

urok m (-u; -i) Reiz m, Zauber m Bann m; rzucić ~ be-, verhexen (n A/A); pełen ~u reizvoll, reizend; n psa ~! unberufen! [Urologie f **urologia** [-'lɔ-] f (G, D, L -ii; 0

urosnąć pf. s. urastać.

urozmaic|ać (-am), ⟨~ić⟩ (-cę) f

Abwechslung sorgen, abwechslungsreich gestalten, beleben (I/mit); **~enie** n (-a) Abwechslung f; **~ony** abwechslungsreich.

uróść pf. s. urastać. [nerin f.)

urszulanka f (-i; G -nek) Ursuli-)

uruch|amiać [-'xa-] (-am), ⟨~omić⟩ (-ę) in Betrieb setzen, in Gang bringen; betätigen; in Dienst stellen; Motor anlassen; **~omienie** n (-a; 0) Inbetriebnahme f; Indienststellung f.

urugwajski uruguayisch, Uruguay-.

urwa|ć pf. s. urywać, rwać; **~nie** n (-a) F: ~nie głowy heiße(r) Tag, Gehetze n; mieć ~nie głowy (z I) alle Hände voll zu tun haben (mit).

urwi|połeć F m s. łobuz, hultaj; **~s** m (-a; -y) Bengel m, Schlingel m, Range f; **~sko** n (-a) Ab-, Steilhang m; Steilufer n; Abgrund m; **~sow-ski** ausgelassen, schelmisch; **~sty** (-to) s. stromy, spadzisty.

uryna † f (-y) Urin m; **~l** m (-u; -y) Urinflasche f.

urywa|ć (-am), ⟨urwać⟩ v/t abreißen; (ab)pflücken; fig. abknapsen, abknappen; v/i abbrechen, stocken; **~any** Stimme: stockend; **~ek** m (-wka; -wki) Bruchstück n, Fragment n; (Papier-)Fetzen m; **~kowy** (-wo) bruchstückhaft; Adv. a. bruchstückweise.

urząd ['uʒɔnt] (-edu; -ędy) m (stanu cywilnego Standes-)Amt n; Behörde f; z urzędu von Amts wegen; Jur. Offizial-.

urządz|ać (-am), ⟨~ić⟩ einrichten (się sich); veranstalten, organisieren, F aufziehen; arrangieren; Fest ausrichten; Hinterhalt legen; P a. schlechten Dienst erweisen (A/D); **~enie** n (-a) Tech. Installation f; Vorrichtung f; Anlage f.

urze|c pf. s. urzekać; **~czony** verzaubert, gebannt.

urzeczywistni|ać [-'yist-] (-am), ⟨~ić⟩ (-ę, -nij!) verwirklichen (się sich), in die Tat umsetzen.

urze|kać (-am), ⟨~c⟩ behexen, bezaubern; fig. a. bestechen (I/durch); **~kający** [-'jɔn-] (-co) bezaubernd.

urzędni|czka [u'ʒɛn-] f (-i; G-czek) Beamtin f; **~czy** Beamten-; **~k** m (-a; -cy) (państwowy Staats-)Beamte(r).

urzędow|ać [uʒɛn-] (-am) amtieren, sein Amt ausüben; **~anie** n (-a; 0) Dienst m; Amtsführung f, -tätig-

keit f; godziny ~ania Amts-, Dienststunden f/pl.; **~y** (-wo) amtlich; Amts-; offiziell.

urzutowany Mil. gestaffelt.

urzynać (-am), ⟨urznąć, urżnąć⟩ abschneiden; ~ się sich schneiden; P a. sich besaufen.

usad|awiać [-'da-] (-am), ⟨~owić⟩ s. sadowić; ansiedeln.

usamodzielni|ać [-'dʒel-] (-am), ⟨~ć⟩ (-ę, -nij!) s. uniezależniać.

usankcjonowanie n (-a; 0) Sanktionierung f.

uschnąć pf. s. usychać.

usia|ć ['ucatɛ] pf. besäen; **~ny** besät, bedeckt (I/mit).

usiąść pf. s. siadać.

usidl|ać (-am), ⟨~ić⟩ (-lę, -lij!) umgarnen, bestricken.

usie|dzieć pf. sitzen bleiben; nie móc ~dzieć nicht ruhig sitzen können; **~wać** (-am) s. usiać.

usi|lny Bitte: inständig, dringend; Bemühen: beharrlich, unentwegt; Tätigkeit: eifrig, angespannt; **~ło-wać** (-uję) (+ Inf.) sich bemühen, (ver)suchen, trachten (zu); ringen (nach); **~łowanie** n (-a) Versuch m; pl. a. Bemühungen f/pl., Mühe f.

usk|akiwać (-uję), ⟨~oczyć⟩ zur Seite springen, ausweichen.

uskarżać się (-am) klagen, sich beklagen, beschweren (na A/über A).

uskładać pf. beiseite legen, ersparen.

usko|czyć pf. s. uskakiwać; **~k** m Sprung m, Satz m; Geol. Sprung m, Verwerfung f.

uskrobać pf. schaben, F Geld zusammenkratzen. [beflügeln.)

uskrzydl|ać (-am), ⟨~ić⟩ (-lę, -lij!))

usłać pf. s. uścielać.

usłuchać pf. (G) gehorchen (D); befolgen (A).

usług|a f (-i) Dienst m; Handreichung f; ~i pl. a. Dienstleistungen f/pl.; Service m od. n; do ~ zu Diensten; być na ~ach (G) in j-s Dienst stehen; s. a. ob-, przysługa; **~iwać** (-uję), ⟨usłużyć⟩ (D) dienen (D); bedienen (A; do stołu bei Tisch); **~owy**: punkt, zakład ~owy Dienstleistungsbetrieb m.

usłuż|ność f (-ści; 0) Dienstfertigkeit f; Hilfsbereitschaft f, Gefälligkeit f; **~ny** dienstfreitig; hilfsbereit, gefällig; **~yć** pf. s. usługiwać.

usłyszeć pf. hören, vernehmen.

usmar|kany P voll(er) Rotz, mit laufender Nase; **~ować** *pf.*, **usmolić** *pf.* vollschmieren, F dreckig machen (się sich).

usnąć *pf. s.* zasypiać.

uspok|ajać (*-am*), ⟨*~oić*⟩ (*-ję*) beruhigen (się sich); besänftigen; **~oić się** a. *Wind*, *Sturm*: sich legen; *Schmerz*: abklingen, nachlassen; **~ajający** [-'jon-] (*-co*) beruhigend, Beruhigungs-; **~oić** *pf. s.* uspokajać.

uspołeczni|ać [-'wetʃ-] (*-am*), ⟨*~ć*⟩ (*-ę, -nij!*) für die sozialen Belange interessieren, zum aktiven Mitbürger machen; *Betrieb usw.* vergesellschaften; **~a(ć się** sozial aktiv werden, sich politisch betätigen; **~ony** vergesellschaftet, volkseigen.

usportowić *pf.* (*-ę, -ów!*) Sportgeist wecken (*A/*bei).

uspos|abiać [-'sa-] (*-am*), ⟨*~obić*⟩ (*-ę, -sób!*) [*przychyl*nie günstig *od.* freundlich] stimmen (*do G* gewinnen (für), geneigt machen (zu).

usposobieni|e *n* (*-a*) Wesen *n*, Naturell *n*, Gemüt(sart *f*) *n*; Stimmung *f*, Laune *f*; w złym **~u** (in) schlechter Laune; z **~a** von Natur aus.

uspółdzielcz|ać (*-am*), ⟨*~yć*⟩ (*-ę*) in Genossenschaften zusammenschließen, kollektivieren.

usprawiedliwi|ać [-'lji-] (*-am*), ⟨*~ć*⟩ (*-ę*) entschuldigen, rechtfertigen (się sich; *I*/mit); **~ający** [-'jon-] Rechtfertigungs-; **~enie** *n* (*-a*) Entschuldigung *f*, Rechtfertigung *f*.

usprawni|ać [u'sprav-] (*-am*), ⟨*~ć*⟩ (*-ę, -nij!*) verbessern; **~enie** *n* (*-a*) Verbesserung(svorschlag *m*) *f*.

ust|a *pl.* (*-*) Mund *m*, Lippen *f*/*pl.*; odejmować sobie od **~** sich vom Mund(e) absparen; *nie schodzić z* **~** in aller Munde sein; dauernd im Mund führen; *mieć na* **~ach** Wort auf der Zunge haben.

usta|ć¹ *pf. s.* ustawać; **~ć²** *pf.* stehen (können); **~ć się** *Flüssigkeit*: sich abklären; **~lać** (*-am*), ⟨*~lić*⟩ (*-lę*) stabilisieren, festigen (się sich); *Preis*, *Wert* festsetzen, -legen; *Richtung* bestimmen; *Tatbestand*, *Standort* feststellen, ermitteln; **~lenie** *n* (*-a*; *0*) Festigung *f*; Festsetzung *f*, Bestimmung *f*; Feststellung *f*; **~lenie** *prawdy* Wahrheitsfindung *f*; **~lony**: to jeszcze nie jest -ne das

steht noch nicht fest; **~nawiać** [-'na-] (*-am*), ⟨*~nowić*⟩ *Gesetz* einführen; ernennen; *als Erben usw.* einsetzen; **~nek**: bez **~**nku unaufhörlich, ununterbrochen; **~nowienie** *n* (*-a*) Einführung *f*; Einsetzung *f*; **~tkować się** *pf.* (*-uję*) solide werden; **~wa** *f* (*-y*) Gesetz *n*; **~(wa)ć** aufhören; (*nur impf.*) nachlassen (*v/i*); *nie* **~**wać nicht abreißen (wollen); **~wczy** Stell-, Justier-.

ustawi|acz [-'ta-] *m* (*-a*) *a.* Buchstütze *f*; *Tech.* Einrichter *m*; **~ać** ⟨*~ć*⟩ aufstellen (się sich); errichten; *Tech.* einstellen; **~czny** ständig fortwährend; **~enie** *n* (*-a*) Aufstellung *f*; Errichtung *f*; Montage *f*.

ustawny *Zimmer*: gut geschnitten

ustawodaw|ca *m* Gesetzgeber *m* **~czy** gesetzgebend, -geberisch, le gislativ; *władza* **~cza** Legislative *f* **~stwo** *n* (*-a*; *0*) Gesetzgebung *f*.

ustawowy gesetzlich, Gesetzes-Adv. -wo *a.* durch Gesetz.

ustąpi|ć *pf. s.* ustępować; **~enie** [-'pɛ-] *n* (*-a*) Zurücktreten *n*, Rücktritt *m*; Abtretung *f*; Nachgeben *n*

usteczka *pl.* (*-czek*) Mündchen *n*

uster|ka *f* (*-i*; *G -rek*) Fehler *m* Mangel *m*; bez **~**ek einwandfrei störungsfrei; **~kować** ⟨*za-*⟩ (*-uję* beanstanden.

usterzenie *n* (*-a*) *Flgw.* Leitwerk *n*

ustęp [-temp] *m* (*-u; -y*) (*Text-*)Abschnitt *m*, Fragment *n*; Toilette *f* Abort *m*; **~liwie** *Adv. s.* ustępliwy **~liwość** *f* (*-ści*; *0*) Nachgiebigkeit *f* **~liwy** (*-wie*) nachgiebig; **~owa** (*-uję*), ⟨ustąpić⟩ *v/i* beiseite treten zurücktreten, -weichen (*a. fig.*) (*D*, *przed I*) nachgeben (*D*); re signieren, verzichten; *Schmerz* nachlassen, abklingen; unterlege sein; *v/t* abtreten, überlassen; *Plat* (frei)machen; *nie* **~**ować nicht nach stehen (*w L*/an); *ustąpić z ceny* vo Preis nachlassen; **~owy** Toiletten **~stwo** *n* (*-a*) Zugeständnis *n*.

ustn|ik *m* (*-a*; *-i*) Mundstück *n*; **~** mündlich; *Anat.* Mund-.

ustokrotni|ać [-'krɔt-] (*-am*), ⟨*~ć*⟩ (*-ę, -nij!*) verhundertfachen.

ustosunkow|anie się *n* (*-a*) Ein stellung *f*, Verhältnis *n* (*do G*/zu) **~any** mit (guten) Beziehungen **~(yw)ać się** [-[w]uję] sich verhalte eingestellt sein (*do G*/gegen *A*, ge genüber *D*).

ustrojowy *Bio.* organisch; *Pol.* System, Struktur-.

ustron|ie *n* (*-a*) entlegener Ort; *na ~iu* = *~ny* entlegen, abgelegen, einsam.

ustrój *m* Organismus *m*; System *n*; Struktur *f*, Ordnung *f*; *~ państwowy* Staatsform *f*, Regime *n*.

usun|ąć *pf. s.* usuwać; *~ięcie* ['-nen-] *n* (*-a*) Entfernung *f*, Beseitigung *f*; *engS. a.* Abschaffung *f*; Behebung *f*; *Sp.* Feldverweis *m*; *nie do ~ięcia* nicht zu entfernen *od.* beheben.

ususzka *f* Trockenschwund *m*.

usuwać (*usunąć*) zur Seite schieben, wegschieben; entfernen; *engS.* beseitigen, beheben; *fig. ~ w cień* in den Schatten stellen; *~ się zur* Seite treten; sich zurückziehen; *s.* obsuwać się.

usuw|anie *n* (*-a*) *s.* usunięcie; *~isko* *n* (*-a*) Erdrutsch *m*.

usychać (*-am*), (*uschnąć*) aus-, eintrocknen (*v/i*); durch Trocknung schwinden.

usyn|awiać ['-na-] (*-am*), (*~owić*) (*-ę, -nów!*) an Kindes Statt annehmen, adoptieren; *~owienie* *n* (*-a*) Adoption *f*.

usy|pać *s.* usypywać; *~piać* ['-śi-] (*-am*), (*~śpić*) (*-ę, -pij!*) einschläfern; *Kind in den Schlaf wiegen od.* singen; *~piający* ['-jon-] (*-co*) einschläfernd, Schlaf-.

usyp|isko *n* (*-a*) Haufen *m*, Halde *f*; *Geol.* Schutt *m*; *~ywać* (*-uję*), (*~ać*) aufschütten.

usytuować *pf.* (*-uję*) placieren, den Standort bestimmen (*A/von*); unterbringen; *~ny* gelegen.

uszak *m* (*-a; -i*) *Tech.* Greifer *m*; *Bot. ~* judaszowy Judasohr *n*.

uznanowa|nie *n* (*-a; 0*) *s.* poważanie, szacunek; *moje ~e* ...! habe die Ehre ...!; *brak ~a* Unehrerbietigkeit *f*.

uszat|ka *f* (*-i; G -tek*) Ohrenrobbe *f*; *~y* Zo. Ohren-; Henkel-.

uszczel|ka *f* (*-i; G -lek*) *Tech.* Dichtung(sscheibe) *f*; Packung *f*; *~niać* ['-ʃtʃel-] (*-am*), (*~nić*) (*-ę, -nij!*) abdichten.

uszczerb|ek *m* (*-bku; -bki*) Schaden *m*, Verlust *m*, Nachteil *m*; *bez ~ku* ohne Schaden, unversehrt; *ponieść, przynosić ~ek a.* Abbruch erleiden, tun.   [(*-ę*) beglücken.]

uszczęśliwi|ać ['-śli-] (*-am*), (*~ić*)〉

uszczknąć [-'nɔntɕ] *pf.* (*-nę*) abzwicken, -knipsen; abpflücken.

uszczupl|ać (*-am*), (*~ić*) (*-lę, -lij!*) (ver)mindern, kürzen; *~ać się* sich verkleinern, abnehmen (*v/i*); *~enie* *n* (*-a; 0*) (Ver-)Minderung *f*, Kürzung *f*.

uszczyp|liwie *Adv. s.* uszczypliwy; *~liwość* *f* (*-ści*) Boshaftigkeit *f*, Sarkasmus *m*; *konkr. a.* Stichelei *f*, Anzüglichkeit *f*; *~liwy* (*-wie*) boshaft, sarkastisch; anzüglich; *~nąć* *pf. s.* szczypać; *fig.* stichein (*A/gegen A*); *~nięcie* [-'nen-] *n* (*-a*) Kniff *m*.

uszk|adzać (*-am*), (*~odzić*) beschädigen; verletzen.

uszk|o *n* (*-a; -a/-i, uszek*) Öhrchen *n*; (*pl. -a*) (Tassen-)Henkel *m*; (*Nadel-*)Öhr *n*; *~a* *pl. Kochk.* Ravioli *pl.*

uszkodz|enie *n* (*-a*) Beschädigung *f*; Panne *f*, Schaden *m*; *Jur.* przestępstwo *~enia* ciała Körperverletzung *f*; *~ony* beschädigt; verletzt.

uszlachetni|ać ['-xet-] (*-am*), (*~ić*) (*-ę, -nij!*) veredeln, vergüten.

uszny Ohr(en)-.

usztywni|acz ['-tiv-] *m* (*-a; -e*) steife Einlage; *Tech.* Versteifung *f*, Steifmaterial *n*; *~ać* (*-am*), (*~ić*) (*-ę, -nij!*) versteifen (*się* sich); verspannen; verstreben.

uszy *pl. v.* ucho; *~ in Zssgn Verben s.* szy-; *~ca* *f* (*-y; -e*) Pfeilkraut *n*.

uszyci|e *n* Nähen *n*; *dać do ~a* nähen (*od.* schneidern) lassen.

uścielać (*-am*), (*usłać*) beschen (*I/mit*); (*nur pf.*) *Bett* machen, richten; *Nest* bauen.

uścis|k *m* Umarmung *f*; (*Hände-*)Druck *m*; *Sp.* (*Ringen*) Fessel(ung) *f*; (*in Briefen*) serdeczne *~ki dla* (*G*) herzliche Grüße an (*A*); *~kać*, (*~nąć*) umarmen, ans Herz (*od.* an die Brust) drücken, in die Arme schließen; *Hand* drücken.

uściśl|ać (*-am*), (*~ić*) (*-lę, -lij!*) präzisieren, genauer angeben.

uśmia|ć się *pf.* (*do łez* Tränen) lachen; *F koń by się ~ł* daß ich nicht lache (*z G/über A*).

uśmiech *m* Lächeln *n*; szyderczy Grinsen, *m*; *~ać się* (*~nąć się*) [-'nɔntɕ] (*-nę*) lächeln, schmunzeln; (*do G*) anlächeln (*A*), zulächeln (*D*); *~ać się* szyderczo grinsen; *~nięty* [-'nen-] lächelnd.

uśmierc|ać (-am), ⟨~ić⟩ ⟨-cę⟩ töten; irrtümlich für tot erklären.

uśmierz|ać (-am), ⟨~yć⟩ ⟨-ę⟩ Revolte niederschlagen; Schmerz lindern; **~ający** [-'jon-] ⟨-co⟩ beruhigend; lindernd, schmerzstillend.

uśmieszek m Schmunzeln n; s.

uśpić pf. s. usypiać. [uśmiech.]

uświadamiać [-'da-] (-am), ⟨uświadomić⟩ ⟨-ę⟩ aufklären (co do G, o L/über A); bewußtmachen; ~ sobie (A) sich klar werden (über A); sich bewußt werden (G).

uświadamiający [-'jon-] Aufklärungs-.

uświadomi|ć pf. s. uświadamiać; **~enie** n ⟨-a; 0⟩ Bewußtmachung f; Aufklärung f; Bewußtheit f.

uświęc|ać [-'ęyen-] (-am), ⟨~ić⟩ heiligen; ~ony zwyczajem althergebracht, traditionell.

uta|jać (-am) s. taić; **~jony** verborgen, versteckt; heimlich; Phys., Med. latent; **~lentowany** talentiert.

utarczka f ⟨-i; G -czek⟩ Scharmützel n, Geplänkel n; ~ słowna Wortgefecht n.

utarg m ⟨Tages-⟩Erlös m, Kasse f; **~ować** pf. erlösen, einnehmen; Preis herunterhandeln.

utart|y zer-, gerieben; fig. üblich, herkömmlich; ~ym zwyczajem nach alter Sitte; iść ~ą drogą ausgetretene Wege gehen; ~y zwrot Gemeinplatz m. [pl.]

utensylia [-'si-] pl. ⟨-ów⟩ Utensilien

utęsknienie n ⟨-a; 0⟩: z ~m sehnsuchtsvoll.

utk|ać pf. s. tkać, utykać[1]; **~nąć** pf. steckenbleiben; fig. a. sich festfahren; ~nąć na martwym punkcie am toten Punkt angelangt sein; **~wić** pf. v/t Dolch bohren; Blick heften; v/i steckenbleiben; im Gedächtnis haftenbleiben.

utleni|acz [u'tlɛ-] m ⟨-a; -e⟩ Oxydationsmittel n; **~ać** (-am), ⟨~ć⟩ oxydieren (się v/i); Haar bleichen, blondieren; **~ony** oxydiert; Haar: blondiert, F wasserstoffblond; woda **~ona** Wasserstoffsuperoxyd n.

uto|czyć pf. eingießen; s. toczyć; **~nąć** pf. s. tonąć; fig. ~nąć w niepamięci in Vergessenheit geraten, in der Versenkung verschwinden; **~pia** [-'tɔ-] ⟨G, D, L -ii; -e⟩ Utopie f; **~pijny** utopisch.

utożsami|ać [-'sa-] (-am), ⟨~ć⟩ ⟨-ę⟩ identifizieren (się sich).

utrac|ać (-am) s. tracić; **~jusz** m ⟨-a; -e⟩ Verschwender m, Vergeuder m.

utrapienie F n ⟨-a⟩ Kummer m, Kreuz n (z I/mit).

utrata f ⟨-y⟩ Verlust m.

utrąc|ać, ⟨~ić⟩ Henkel abschlagen; F Kandidaten absägen.

utrudni|ać [u'trud-] (-am), ⟨~ć⟩ erschweren; behindern (k-u A/j-n bei); **~enie** n ⟨-a⟩ Erschwerung f; Behinderung f; Erschwernis f, Schwierigkeit f.

utrudz|ać (-am), ⟨~ić⟩ ermüden, erschöpfen; ~ić się ermüden (v/i), erschöpft sein.

utrwal|acz m ⟨-a; -e⟩ Fot. Fixiersalz n; (Speise-)Konservierungsmittel n; **~acz włosów** Haarfestiger m; **~ać** (-am), ⟨~ić⟩ ⟨-lę⟩ festigen, konsolidieren (się sich); konservieren; (na L) im Bild, auf Band festhalten; Fot. fixieren; **~enie** n ⟨-a; 0⟩ Festigung f; Fixierung f; Haltbarmachung f; **~ić** pf. s. utrwalać.

utrząs|ać pf. v. Baum schütteln; stauchen; j-n durchrütteln; ~ się durchgerüttelt werden.

utrzeć pf. s. ucierać.

utrzyma|ć pf. s. utrzymywać; **~nie** n ⟨-a; 0⟩ Halten n; Unterhaltung f; (Lebens-)Unterhalt m; Erhaltung f; nie do ~nia unhaltbar; mieszkanie z ~niem Kost und Logis; mieć na ~niu (A) für j-s Lebensunterhalt sorgen od. aufkommen; być na ~niu (u G) a. ausgehalten werden (von); **~nka** † f ⟨-i; G -nek⟩ Mätresse f.

utrzym|ywać (-uję), ⟨~ać⟩ v/t halten (się sich); unterhalten; Geliebte aushalten; in e-m Zustand erhalten; aufrechterhalten; v/i (nur impf.) behaupten; [trösten.]

utulać (-am) s. tulić; (a. w płaczu)]

utwardz|ać (-am), ⟨~ić⟩ ⟨-dzę⟩ hart machen, härten; Straße befestigen; **~ić się** s. stwardnieć.

utwierdz|ać (-am), ⟨~ić⟩ befestigen; bestärken; s. zatwierdzać; **~ić się w przekonaniu** (immer mehr) die Überzeugung gewinnen.

utworz|enie n Bildung f, Schaffung f; **~enie się** Entstehung f; **~yć** pf. s. tworzyć, stwarzać; **~yć się** sich bilden, entstehen.

utwór m Werk n, Schöpfung f;

(*Klavier-*, *Theater-*)Stück n; Gebilde n; *Geol.* Formation f.

utycie n s. tycie.

utyk|ać[1] ⟨*utkać*⟩ *Ritzen* abdichten, verstopfen; (voll)stopfen; ~*ać*[2] hinken, lahmen; ~*ać na lewą nogę* das linke Bein nachziehen.

utylizacja f (-*i*; 0) Verwertung f.

utyskiwa|ć (-*uję*) klagen (*na A*/über A); beklagen (*nad I/A*); ~**nie** n (-*a*) Klagen n, F Stöhnen n.

uwag|a f (-*i*; 0) Aufmerksamkeit f; Interesse n; (pl. -*i*) Anm., Bemerkung f; Verweis m, Rüge f; ~*a!* Achtung!, Obacht!; ~*i* Unaufmerksamkeit f, Zerstreutheit f; brać *pod* ~*e* in Betracht (*od.* Erwägung) ziehen, berücksichtigen; *zwrócić* ~*ę* (*na A*) Beachtung schenken (D); Aufmerksamkeit lenken, aufmerksam werden (*auf A*); (G) *j-n* aufmerksam machen (*auf A*); hinweisen (*auf A*); (D) *j-m* e-n Verweis (*od.* e-e Rüge) erteilen; *zwrócić na siebie* ~*ę* Aufsehen erregen, auffallen, Beachtung finden; *godny* ~*i, zasługujący na* ~*e* beachtens-, bemerkenswert; *przykuwający* ~*ę* fesselnd, spannend; *nie zwracać* ~*i* (*na A*), *nie przywiązywać* ~*i* (*do G*) keine Beachtung schenken (D); *bez zwracania* (*od.* *zwrócenia*) ~*i* ohne Aufsehen, unauffällig; *w centrum* ~*i a.* im Blickpunkt; *z uwagi na* (A) mit Rücksicht auf (A), wegen (G); in Anbetracht (G); *mieć na uwadze* (A) denken (an A), meinen (A); im Sinn haben; in Betracht ziehen; berücksichtigen.

uwalniać [-'val-] (-*am*), ⟨*uwolnić*⟩ (-*ę, -nij!*) (*od G*) befreien (von; sich); *engS.* freilassen; entheben (G), entbinden (von); *von e-r Schuld* freisprechen; *Strafe* erlassen.

uwarstwienie n (-*a*) Schichtung f.

uwarunkow|any bedingt (*I/durch A*); ~(yw)ać (-[w]uję) abhängig machen (*I/von*).

uważ|ać (-*am*) v/i aufpassen; *engS.* aufmerksam sein; achtgeben; ~*ać nu siebie* nu in acht nehmen, sich vorsehen; *a. v/t* (*za A*) erachten, ansehen, finden (als), halten (für; sich); *być* ~*anym* gelten (*za A*/als); ~**ny** aufmerksam, achtsam.

uwertura f (-*y*) Ouvertüre f.

uwiąd ['uvɔnt, -ndu] m (-*u*; 0) *Med.* Marasmus m; ~ *starczy* Altersschwäche f, Senilität f.

uwiąz(yw)ać s. przywiąz(yw)ać.

uwid|aczniać [-'datʃ-] (-*am*), ⟨~*ocznić*⟩ (-*ę, -nij!*) zeigen, sichtbar machen; vor Augen führen; ~*ocznić się* sichtbar werden.

uwieczni|ać [-'vɛtʃ-] (-*am*), ⟨~*ć*⟩ (-*ę, -nij!*) verewigen, unsterblich machen; ~*ć się* ewigen Ruhm erlangen (I/durch).

uwiedziony verführt.

uwielbi|ać [-'vɛl-] (-*am*), ⟨~*ć*⟩ anbeten, vergöttern, lieben über alles; ~**enie** n (-*a*; 0) Anbetung f, Liebe f.

uwielokrotni|ać [-'krɔt-] (-*am*), ⟨~*ć*⟩ (-*ę, -nij!*) vervielfachen.

uwieńcz|ać (-*am*), ⟨~*yć*⟩ krönen (*fig.*); ~*ony pomyślnym wynikiem* von Erfolg gekrönt; s. wieńczyć.

uwierać (-*am*) drücken, reiben.

uwierz|enie n (-*a*; 0): *nie do* ~*enia* kaum (*od.* nicht) zu glauben; ~*yć* pf. glauben.

uwierzytelni|ać [-'tɛl-] (-*am*), ⟨~*ć*⟩ (-*ę, -nij!*) beglaubigen; ~**enie** n (-*a*) Beglaubigung f.

uwie|sić pf. (-*szę*) s. zawieszać; ~**ść** pf. s. uwodzić; ~**źć** pf. s. uwozić.

uwię|zić pf. fest-, gefangensetzen, einkerkern, ins Gefängnis werfen; *fig.* festhalten; ~**ienie** n (-*a*; 0) Verhaftung f, Festsetzung f, Einkerkerung f; Gefangenschaft f, Haft f; ~**iony** gefangengesetzt, eingekerkert; *fig.* gefangen, festgehalten.

uwię|ź f (-*zi -zie, -zi*) Leine f; *na* ~*zi* angebunden, an der Leine *od.* Kette; ~**źnięcie** ['-nɛn-] n (-*a*) *Med.* Einklemmung f; ~**żnięty** [-'nɛn-] *Bruch:* eingeklemmt.

uwi|jać[1] (-*am*) s. wić; ~**jać**[2] *się* (-*am*), ⟨~*nąć się*⟩ [-nɔntɕ] (-*nę, -ń!*) sich beeilen (z I/mit); (*nur impf.*) sich drehen; (geschäftig) hin und her flitzen; (*koło k-o* j-m) um den Bart gehen.

uwi|kłać pf. verwickeln (się sich), hineinziehen; ~**nać się** s. uwijać się.

uwłacza|ć (-*am*) (D) Abbruch tun; *j-n* herabsetzen, in Verruf bringen; ~**jący** [-'jɔn-] beleidigend; *ku czci* ehrenrührig.

uwłasnowolnić (-*ę, -nij!*) Jur. für volljährig erklären; die Entmündigung aufheben.

uwłaszcz|ać (*-am*), ⟨*~yć*⟩ (*-ę*) *v/t* *j-n* zum Eigentümer machen, *j-m* das Eigentumsrecht gewähren; **~enie** *n* (*-a*; *0*) *hist.* Gemeinheitsteilung *f*; (*a.* **~enie chłopów**) Bauernbefreiung *f*.

uwłosi|enie *n* (*-a*; *0*) Haarwuchs *m*, Behaarung *f*; **~ony** behaart.

uwodziciel [*-'dzi-*] *m* (*-a*; *-e*), **~ka** *f* (*-i*; *G -lek*) Verführer(in*f*) *m*; **~ski** (*-ko*) verführerisch.

uwodzić ⟨*uwieść*⟩ verführen.

uwolni|ć *pf. s.* uwalniać; **~enie** *n* (*-a*) Befreiung *f*; Freilassung *f*; **~enie od winy i kary** Freispruch *m*.

uwozić ⟨*uwieźć*⟩ wegbringen, fortschaffen; mitnehmen, entführen.

uwrażliwienie *n* (*-a*; *0*) Sensibilisierung *f*.

uwspółcześni|ać [*-'tʃɛɕ-*] (*-am*), ⟨*~ć*⟩ (*-ę*, *-nij!*) aktualisieren, modernisieren.

uwydatni|ać [*-'dat-*] (*-am*), ⟨*~ć*⟩ (*-ę*, *-nij!*) (besser) zur Geltung bringen, hervorheben; **~a**(*ć*)*ć się* (besser) hervortreten.

uwypukl|ać (*-am*), ⟨*~ić*⟩ (*-lę*, *-lij!*) *fig.* plastisch darstellen, verdeutlichen; *s.* uwydatniać.

uwzględni|ać [*-'lɛnd-*] (*-am*), ⟨*~ć*⟩ (*-ę*, *-nij!*) berücksichtigen; Rücksicht nehmen (*A/auf A*), Rechnung tragen (*A/D*); stattgeben, nachgeben (*A/D*); **nie ~a**(*ć*)*ć* unberücksichtigt lassen (*G/A*); **~ając** (*A*) mit Rücksicht (auf *A*); **~enie** *n* (*-a*; *0*) Berücksichtigung *f*; **z ~eniem** unter Berücksichtigung.

uwziąć się *pf. s.* zawziąć się.

uzależni|ać [*-'lɛʒ-*] (*-am*), ⟨*~ć*⟩ (*-ę*, *-nij!*) abhängig machen (von); **~a**(*ć*)*ć się* abhängig werden, in Abhängigkeit geraten (*od G/von*); **~ony** abhängig; *to ~one jest od tego, czy ...* das hängt davon ab, ob ...

uzasadni|ać [*-'sad-*] (*-am*), ⟨*~ć*⟩ (*-ę*, *-nij!*) begründen; **~enie** *n* (*-a*) Begründung *f*; **~ony** begründet; berechtigt; *niczym nie ~ony* völlig unbegründet.

uzbecki (*po -ku*) usbekisch.

uzbierać *pf.* ansammeln (się sich).

uzbr|ajać (*-am*), ⟨*~oić*⟩ bewaffnen (się sich); ausrüsten, bestücken (*w A/mit*); *Arch.* bewehren; *Munition* scharf machen; **~oić się w cierpliwość** sich mit Geduld wappnen; **~ojenie** *n* (*-a*) Bewaffnung *f*; Ausrüstung *f*; (*Bauland-*)Erschließung *f*; *Arch.* Bewehrung *f*; **~ojony** bewaffnet (*w A/mit*); bewehrt; erschlossen; entsichert, scharf.

uzda *f* (*-y*) Zaum(zeug *n*) *m*.

uzdatni|ać [*u'zdat-*] (*-am*), ⟨*~ć*⟩ (*-ę*, *-nij!*) (wieder) brauchbar machen, aufbereiten; **~anie** *n* (*-a*; *0*) (*Wasser-*)Aufbereitung *f*.

uzdolni|enie *n* (*-a*) Begabung *f*; **~ony** (*wielce hoch*)begabt.

uzdrawia|ć [*u'zdra-*] (*-am*), ⟨*uzdrowić*⟩ (*-ę*, *-ów!*) gesund machen, wiederherstellen; *Hdl.*, *Fin.* sanieren; *Beziehungen* ins reine bringen, klären; **~jący** [*-'jɔn-*] (*-co*) heilsam.

uzdrowi|enie *n* (*-a*) Genesung *f*, Gesundung *f*; Heilung *f*; Sanierung *f*; **~sko** *n* (*-a*) Kurort *m*, *engS. a.* Bad(eort *m*) *n*; **~skowy** Kur(ort)-; *leczenie -we* Kur(behandlung) *f*.

uzewnętrzni|ać [*-'vnɛntʃ-*] (*-am*), ⟨*~ć*⟩ (*-ę*, *-nij!*) zum Ausdruck bringen, zeigen, manifestieren; **~a**(*ć*)*ć się* sich äußern.

uzębi|enie [*uzɛm'bɛ-*] *n* (*-a*) (*Zahn-*)Gebiß *n*; *Tech.* Zahnung *f*; **~ony** gezahnt.

uzg|adniać [*u'z-*] (*-am*), ⟨*~odnić*⟩ (*-ę*, *-nij!*) in Einklang (*od.* Übereinstimmung) bringen, (aufeinander) abstimmen, koordinieren; vereinbaren, verabreden; **~odnienie** *n* (*-a*; *0*) Koordination *f*, Abstimmung *f*. [Korngröße *f*.]

uziarnienie *n* (*-a*) Körnung *f*,]

uziemi|ać [*u'ʑe-*] (*-am*), ⟨*~ć*⟩ (*-ę*) erden; **~enie** *n* (*-a*) Erdung *f*.

uzmysł|awiać [*-'swa-*] (*-am*), ⟨*~owić*⟩ (*-ę*, *-ów!*) veranschaulichen, begreiflich machen; **~owić sobie** begreifen, (klar) erkennen.

uzna|ć *pf. s.* uznawać; **~nie** *n* (*-a*) Anerkennung *f*; Ermessen *n*, Belieben *n*; Ansehen *n*, Achtung *f*; **~nie za zmarłego** Todeserklärung *f*; *z ~niem* zustimmend, beifällig; *pozostawić do ~nia* (*G*) *in j-s* Ermessen stellen; *okrzyki ~nia* Beifall(srufe *m/pl.*) *m*; *spotkać się z ~niem a.* Anklang finden; **~ny** anerkannt; akzeptiert; **~wać** (*-ję*), ⟨*~ć*⟩ *v/t* anerkennen (*za A/als*); gutschreiben (*konto e-m Konto*); annehmen (*a. an Kindes Statt*); (*za A*) halten, befinden (für), erachten (als); (*a. za słuszne*) gutheißen, billigen; **~(wa)ć winnym** schuldig sprechen; ~(wa)ć za zmarłego für tot erklären; v/i (an)erkennen (że/ daß); ~(wa)ć się sich betrachten (za A/als); ~(wa)ć się winnym sich schuldig bekennen.

uzupełni|ać [-'pew-] (-am), ⟨~ć⟩ (-ę, -nij!) vervollständigen, ergänzen (się sich); **~ający** [-'jon-] Ergänzungs-; komplementär; Nach-(Wahl-); **~enie** n (-a) Vervollständigung f, Ergänzung f; Nachtrag m; Anhang m; **Komenda** ₂eń Wehrersatzamt n.

uzurpować (-uję), ~ sobie usurpieren.

uzwojenie n (-a) El. Wicklung f.

uzysk m (-u; -i) Bgb., Tech. Ausbeute f; **~ać** pf. s. uzyskiwać; **~anie** n (-a; 0) Erlangung f, Erwerb m; **~(iw)ać** erlangen, erwerben, bekommen.

uździenica f (-y) Halfter m od. n.

użaglenie n (-a) Besegelung f.

użal|ać się (-am), ⟨~ić się⟩ klagen (na A/über A); Mitleid haben (nad I/mit).

uże|brać pf. zusammenbetteln; **~rać się** F (-am) (sich) zanken (z I/ mit); **~ranie się** F n (-a) Gezänk n.

użyci|e n Gebrauch m; An-, Verwendung f, Benutzung f; Einsatz m e-s Mittels; (Lebens-)Genuß m, Vergnügen n; gotowy do ~a gebrauchsfertig; nie do ~a unbrauchbar, unbenutzbar; wyjść z ~a außer Gebrauch kommen, ungebräuchlich werden; przy ~u unter An- od. Verwendung (G/von); żądny ~a genußsüchtig.

użycz|ać (-am), ⟨~yć⟩ (G) leihen (A); gewähren (A).

użyć pf. s. używać.

użyteczn|ość f (-ści; 0) Nützlichkeit f; ~ości publicznej öffentlich;

gemeinnützig; **~y** nützlich, nutzbringend; **moc** ~a Nutzleistung f.

użyt|ek m (-tku; 0) Gebrauch m; Nutzen m; **do** ~ku domowego, szkolnego für den Haus-, Schulgebrauch (bestimmt); oddać do ~ku der Bestimmung übergeben; nadający się (od. zdatny) do ~ku nutz-, verwendbar; gebrauchsfähig; bez ~ku unbe-, ungenutzt; trwałego ~ku Güter: langlebig; (nur pl.) ~ki (-ów) landwirtschaftlich genutzte Fläche(n pl.) f.

użytkow|ać (-uję) v/t (nieß)nutzen; ⟨a. z-⟩ verwenden, verwerten; **~anie** n (-a; 0) Nutzung f, Nutznießung f; Nießbrauch m; Verwertung f; **~ca** m (-y; G -ów), **~nik** m (-a; -cy) Benutzer m; Nutznießer m, Nießnutzer m; **~y** nutz-, verwertbar, Nutz-; Nutzungs-; Gebrauchs-; sztuka ~a angewandte Kunst.

uży|wać (-am), ⟨~ć⟩ (G) an-, verwenden, gebrauchen, benutzen (A), sich bedienen (G); Kraft, Mittel aufwenden, -bieten; Alkohol usw. genießen; Leben a. auskosten; ~(wa)ć sobie sich ausleben, es sich gut gehen lassen.

używaln|ość f (-ści; 0) Benutzbarkeit f, Verwendbarkeit f; (Mit-) Benutzung f; przywrócenie do stanu ~ości Wiederinstandsetzung f; w stanie ~ości = ~y benutzbar; Straße a.: befahrbar.

używ|anie n (-a; 0) (Be-)Nutzung f, Gebrauch m; F a. gutes Leben; s. użytek; **~any** gebraucht; nie ~any unbenutzt; **~ka** f (-i; G -wek) Genußmittel n.

użyźni|ać [u'ʒiʒ-] (-am), ⟨~ć⟩ (-ę, -nij!) ertragreich(er), fruchtbar(er) machen, düngen.

W

w *Prp.* (*wo?* L; *wohin?* A) in (D, A); nach (D); an (D); ~ *lesie* im Wald; ~ *pole* ins Feld; ~ *lewo* nach links; ~ *dzień* am (*od.* bei) Tag(e); *wird oft mit anderen Prp. od. ohne Prp. übersetzt:* grać ~ *karty* Karten spielen; ~ *paski* gestreift; ~ *poprzek* quer; ~ *odwiedziny* zu Besuch; *dzień* ~ *dzień* Tag für Tag; ~ *czasie rozmowy* während des Gespräch(e)s; ~ *konie!* auf die Pferde!; ~ *to* daran.

wab *m* (-*ia*; -*ie*): polowanie na ~*ia* Lockjagd *f*; **~ić** ⟨z-⟩ (-*ę*) (an)locken; ~*ić się Hund, Katze:* heißen; **~ik** *m* (-*a*; -*i*) Lockmittel *n, engS.* Lockvogel *m*; Lock(pfeif)e *f*.

wachlarz *m* (-*a*; -*e*) Fächer *m*; *fig.* (*Waren*-)Auswahl *f*, Sortiment *n*; **~owaty** (-*to*) fächerartig; **~yk** *m* (-*a*; -*i*) *Bot.* Fächel *m od. f*.

wachlować (-*uję*) fächeln (*I*/mit); ~ *się* sich Kühlung zufächeln.

wach|mistrz *m* Wachtmeister *m*; **~ta** *f* (-*y*) *Mar.* Wache *f*; **~towy** *Mar.* Wacht(n-.

waci|ak ['va-] *m* (-*a*; -*i*) wattierte Jacke; **~k** *m* (-*a*; -*i*) Wattebausch *m*; (Watte-)Tupfer *m*.

wada *f* (-*y*) Fehler *m* (*a. Med., Anat.*), Mangel *m*; ~ *krążenia* Kreislaufstörung *f*.

wadera *f* (-*y*) *JSpr.* Wölfin *f*.

wadium ['va-] *n* (*unv.*; -*ia*, -*ów*) Kaution *f*. [fehler-, mangelhaft.]

wadliwy Fehl-, Miß-, (-*a*, -*wie*))

waf|el *m* (-*fla*; -*fle*, -*fli*) Waffel *f*; **~lowy** Waffel-.

wag|a *f* (-*i*) (dźwigniowa, pomostowa Balken-, Brücken-)Waage *f*; (czysta, musza, piórkowa, żywa Netto-, Fliegen-, Feder-, Lebend-)Gewicht *n*; *Sp.* Standwaage; *fig. a.* Bedeutung *f*; *na* ~*ę* nach Gewicht; *na* ~*ę złota* nicht mit Gold zu bezahlen; *zyskać na wadze* (an Gewicht) zunehmen; *nadwyżka* ~*i* Übergewicht; *oszukiwać na wadze* beim (Ab-)Wiegen betrügen; *najwyższej* ~*i* von größter Wichtigkeit.

wagar|ować (-*uję*) = ~*y pl.* (-*ów*): iść na ~*y* die Schule schwänzen.

wagon *m* (-*u*; -*y*) Esb. Waggon *m*, (-chłodnia, -cysterna, doczepny, restauracyjny Kühl-, Tank-, od. Kessel-, Anhänge-, Speise-)Wagen *m*; **~etka** *f* (-*i*; *G* -*tek*) (Feldbahn-)Wagen *m*, (Kipp-)Lore *f*; **~ik** *m* (-*a*; -*i*) (*Spielzeug*-)Wagen *m*; (Seilbahn-)Kabine *f*; **~ownia** [-'nɔv-] *f* (-*i*; -*e*, -*i*) Bahnbetriebswagenwerk *n*; **~owy** Waggon-, Wagen-.

wagowy Waage-; Gewichts-; *Su. m* (-*ego*; -*i*) Wiegemeister *m*.

waha|cz *m* (-*a*; -*e*, -*y*) Schwinge *f*, Schwingarm *m*; (*Bohr*-)Schwengel *m*; Wippe *f*; *Kfz.* (*Quer*-)Lenker *m*; **~ć się** (-*am*) schwingen; pendeln; *fig.* schwanken; ⟨*a. za*-⟩ zögern; **~dło** *n* (-*a*; *G* -*deł*) Pendel *n*; Perpendikel *m od. n*; **~dłowiec** [-'dwo-] *m* (-*wca*; -*wce*) Raumfähre *f*; **~dłowy** Pendel-; ⟨*a. -wo*⟩ pendelnd; **~jący się** [-'jɔn-] schwankend; zögernd; **~nie** *n* (-*a*) Pendeln *n*, Pendelbewegung *f*; Schwankung *f*; Zögern *n*; *bez* ~*nia* ohne zu zögern.

wahliwy Schwing-; Schwenk-; Pendel-.

wajdelota *m* (-*y*; -*ci*, -*ów*) *hist.* litauischer Priester und Sänger.

wakac|je *pl.* (-*i*) Ferien *pl.*; **~yjny** Ferien-.

wak|ans [-käs] *m* (-*u*; -*e*) Vakanz *f*, offene Stelle; **~at** *m* (-*u*; -*y*) *s.* wakans; *Typ.* Vakat (-*u*); **~ować** (-*uję*) *Stelle:* vakant sein.

wal *m* (-*a*; -*e*) *Zo.* Weißwal *m*.

walać ⟨po-, u-, za-⟩ (-*am*) beschmutzen (*się* sich; *I*/mit); (*nur impf.*) ~ *się* umherliegen; sich wälzen. [Walzer.]

walc *m* (-*a*; -*e*) (*angielski* langsamer))

walc|arka *f* (-*i*; *G* -*rek*) (*Blech*-)Walzwerk *n*, -gerüst *n*; **~e** *pl. v.* walec, walc.

walcow|ać ⟨roz-⟩ (-*uję*) (aus)walzen; **~any** *Tech.* gewalzt, Walz-; **~aty** (-*to*) walzenförmig; **~nia** [-'tsɔv-] *f* (-*i*; -*e*, -*i*) (*na zimno* Kalt-)Walzwerk *n*; Walzstraße *f*; **~nik** *m* (-*a*; -*cy*) Walzwerker *m*; **~y** Walzen-.

wal|cówka f (-i; G -wek) Walzeisen n; gewalzter Draht; **~czak** m (-a; -i) Tech. (Kessel-)Trommel f.

walczyć (-ę) kämpfen, streiten, ringen (o A/um A; z I/mit), ankämpfen (z I/gegen A); ~ na pięści boxen, mit den Fäusten kämpfen.

walczyk m (-a; -i) (schneller) Walzer.   [Math. Zylinder m.\

walec m (-lca; -lce, -lców) Walze f;

waleczn|ość f (-ści; 0) Tapferkeit f; **~y** tapfer; Su. m (-ego; -i) Held m; śmierć ~ych Heldentod m.

walenie m/pl. (-i) Zo. Wale m/pl.

walerian|a [-'rja-] f (-y; 0) Bot. Baldrian m; F = **~owy:** krople ~owe Baldriantropfen m/pl.

walet m (-a; -y) (kier Herz-)Bube m; Unter m.

wal|ić (-lę), <~nąć> [-nɔntɕ] (-nę) hauen, schlagen, hämmern (a. fig.); F ballern; (nur impf.) Bau streichen; abreißen; auf e-n Haufen werfen, aufhäufen; Menschen: strömen; (hervor)quellen; ~ić <po-> (z nóg) j-n niederschlagen, -werfen; ~ić się sich (od. einander) hauen, schlagen; <a. po-, roz-> zusammengen; ~ić (się) zusammenbrechen; scheitern; niedersinken, fallen; nieder-

walijski walisisch.   [prasseln.

waliz|a f (-y) (Reise-)Koffer m; **~ka** f (-i; G -zek) (Hand-)Koffer m; **~kowy** Koffer-.

walk|a f (-i; G -) (byków, lądowa, wręcz Stier-, Erd-, Nah-)Kampf m (o A/um A); Sp. (wolna Freistil-) Ringen n; (ze szkodnikami, z hałasem Schädlings-, Lärm-)Bekämpfung f; ~a ogniowa Feuergefecht n; ~a pokoleń Generationskonflikt m; końcowy etap (od. końcowa faza) ~i Endkampf.

walkower m (-u; -y) Sp. Sieg m ohne Spiel od. Kampf; wygrać ~em kampflos siegen.

waln|y pf. s. walić; **~y** Sitzung usw.: allgemein, General-, Haupt-; entscheidend; ~a bitwa offene (Feld-) Schlacht.

walonki f/pl. (-nek) Filzstiefel m/pl.

walor m (-u; -y) Wert m; engS. gute Eigenschaft, Vorzug m; ~y pl. a. Wertpapiere n/pl., Effekten pl.

waltornia f (-'tor-] f (-i; -e) Waldhorn n.

walu|ciarz [-'lu-] F m (-a; -e) De-

visenhändler m, -schieber m; **~ta** f (-y) Währung f; Devisen pl., Valuta f; **~towy** Währungs-, monetär; Devisen-, Valuta-.

wał m (-u; -y) Wall m; Damm m; Deich m; Tech. Welle f; Agr. Ackerwalze f.

wałach m (-a; -y) Wallach m.

wał|eczek m (-czka; -czki) Rolle f; **~ek** m (-łka; -łki) Tech. Welle f; (Schreibmaschinen-)Walze f; (Lokken-)Wickel m; (Haar-)Rolle f; **~ek do ciasta** Nudelholz n; zwinąć w ~ek zusammenrollen.

wałęsać się (-am) sich herumtreiben, stromern.

wałko|nić się F (-ę) faulenzen, herumlungern; **~ń** m (-nia; -nie, -ni[ów]) Faulenzer m.

wałkow|ać <roz-> (-uję) Teig ausrollen; F fig. Frage ausführlich beraten, breittreten; Probleme wälzen; **~nica** f (-y; -e) Nudelholz n; **~y** Tech. Wellen-; Walzen-.

wałówka f (-i; G -wek) Fressalien pl., Freßpaket n.

wały pl. v. wał; P dostać ~ Dresche kriegen.   [z ~i mit euch.\

wam (D v. wy) euch; **~i** I v. wy;\

wanad m (-u; 0) Chem. Vanadium n.

wandal m (hist. ♀; -a -owie/fig. -e, -ów) Wandale m; **~ski** wandalisch.

wanienka f (-i; G -nek) (Kinder-) Badewanne f; Küvette f, Schale f.

wanili|a f (-'nilja] f (G, D, L -ii; 0) Vanille f; **~na** f (-y; 0) Vanillin n; **~owy** Vanille-.

wanna f (-y; G wanien) Badewanne f; Chem., Tech. Wanne f; Wannenofen m.

wanta f (-y) Mar. Want n.

wapien|nik m (-a; -i) Kalkbrennerei f; Kalkofen m; **~ny** Kalk-, kalkhaltig; kalkig.

wap|ień ['va-] m (-nia; -nie), Min. **~niak** ['vap-] m (-a; -i) Kalk(stein) m; **~ień naciekowy** Tropfstein m; **~niarnia** [-'ɲar-] f (-i; -e) Kalkbrennerei/; **~nieć** ['vap-] <z-> (-eje) verkalken; **~niowy** Kalzium-; **~nisty** kalk(halt)ig; **~no** n (-a; 0) (bielące, palone Chlor- od. Bleich-, Brannt-)Kalk m; **~ń** m (-nia; 0) Chem. Kalzium n.

war m (-u; -y) siedendes Wasser; Hitze f; Tech. Sud m.

wara! (od G) (Hände) weg (von)!, unterstehe dich (zu)!

warcaby pl. (-ów) Dame(spiel n) f.
warchlak m (-a; -i) Frischling m; Ferkel n.
warcho|lić (się) (-lę) Unfrieden (od. Unruhe) stiften; krakeelen, (sich) zanken; **~lstwo** n (-a) Händel-, Streitsucht f; Wühlarbeit f, Unruhestiftung f; **~ł** m (-a; -y) Unruhestifter m, Störenfried m; Streithammel m.
war|czeć (-ę, -y), ⟨**~knąć**⟩ [-nǫtɛ] (-nę) knurren; (nur impf.) s. warkotać; **~czenie** n (-a; 0) Knurren n; s. warkot.
warg|a f (-i) Lippe f; **~i sromowe** Schamlippen; **~owy** Lippen-; Gr., Med. a. labial.
wariacj|a [-'r̃a-] f (-i; -e) Variation f; F fig. s. wariactwo; **~ki** (-ko, po -ku) verrückt, toll, irr(e); **~two** n (-a) Verrücktheit f (a. konkr.), Irrsinn m.
wariant ['va-] m (-u; -y) Variante f.
wariat ['va-] m (-a; -ci), **~ka** f (-i; G -tek) Verrückte(r), Irre(r); F **robić ~a z** (G) j-n zum Narren halten; **na ~a** auf gut Glück.
wariować ⟨z-⟩ (-uję) verrückt werden (pf. a. sein); (nur impf.) verrückt spielen.
wark|liwy knurrig, brummig; **~nąć** pf. s. warczeć; **~nięcie** [-'ŋɛŋ-] n (-a) (kurzes) Knurren n.
warkocz m (-a; -e) (Haar-)Zopf m; (Kometen-)Schweif m.
warkot m (-u; -y) (Motoren-)Gebrumm n, Brummen n, Dröhnen n; (Trommel-)Wirbel m; **~ać** (-czę/-cę) brummen, surren, dröhnen.
warnik m (-a; -i) Chem. (Aus-) Kocher m.
warow|ać (-uję) Hund: kuschen; F fig. bewachen; **~nia** ['rɔv-] f (-i; -e, -i) Burg f, Kastell n; **~ny** Mil. befestigt; **mury ~ne** Festungsmauern f/pl.
warst|ewka f (-i; G -wek) dünne Schicht; **~wa** f (-y) Schicht f; (Metall-)Auflage f; **~wa orna** Ackerkrume f; **~wica** f (-y; -e) Höhen(schicht)linie f; **~wowy** (-wo) schichtweise.
warszawia|k [-'ʃa-] m (-a; -cy), **~nin** m (-a; -anie, -), **~nka** f (-i; G -nek) Warschauer(in f) m.
warszawski Warschauer (Adj.).
warsztat m (-u; -y) Werkstatt f; **~ pracy** Arbeitsstätte f; **na warsztacie**

in Arbeit; **auf der Tagesordnung**; **~owiec** [-'tɔ-] m (-wca; -wcy) werkseigener Handwerker, Werkstattarbeiter m; **~owy** Werkstatt-
wart (Psf. warci) präd. wert; -würdig; **niewiele ~(e)** nicht viel wert; **śmiechu ~e** lächerlich, zum Lachen.
war|ta f (-y) Wache f; eng S. Wachtposten m; Wachmannschaft f; **stać na ~cie** Wache stehen; s. a. wart; **~tki** (-ko) Strömung: schnell, reißend; fig. Redefluß: lebhaft, angeregt.
warto (unpers.) es lohnt sich; **~ by było** es wäre nicht schlecht; **~ dodać** es ist nötig hinzuzufügen; **nie ~ o tym mówić** nicht der Rede wert; **czy to ~?** ist (od. war) es nötig?
wartościow|ać (-uję) (be)werten; **~ość** f (-ści; 0) Wertigkeit f; **~y** wertvoll, Wert-; vollwertig.
wartoś|ć f (-ści) (dodatkowa, liczbowa, opałowa, użytkowa Mehr-, Zahlen-, Heiz-, Gebrauchs-)Wert m; **podanie ~ci** Wertangabe f.
wartowni|a [-'tɔv-] f (-i; -e, -i) Wache f, Wachstube f, -lokal n; **~czy** Wach(t)-; **~k** m (-a; -cy) Wache f, Wachtposten m; Wachmann m, Wächter m.
warun|ek m (-nku; -nki) Bedingung f; **~ki mieszkaniowe, atmosferyczne** Wohn-, Wetterverhältnisse n/pl. **w tych ~kach** unter diesen Umständen; **pod ~kiem** unter der Bedingung; **~kować** ⟨u-⟩ (-uję) bedingen; **~kowy** (-wo) bedingt; Bedingungs-; Gr. a. Konditional-; Jur. zur Bewährung. [löffel m.]
warzą|chew f (-chwi; -chwie) Koch-
warzelnia [-'ʒɛl-] f (-i; -e, -i) (Brauerei-)Sudhaus n; **~ mydła, soli** Seifen-, Salzsiederei f.
warz|echa f (-y) Löffelkraut n **~onka** f (-i; 0) Siedesalz n; **~yć** (-ę) Bier brauen; Salz sieden; Zucker kochen (v/t); fig. ⟨na-⟩ anstiften anrichten (G/A); ⟨z-⟩ Frost Pflanzen beschädigen, vernichten **~yć się** sieden, kochen (v/i).
warzyw|a pl. s. warzywo; **~nictwo** n (-a; 0) Gemüse(an)bau m, Gemüsegärtnerei f; **~niczy** Gemüse-; **~nik** m (-a; -i) Gemüsegarten m; (pl -cy) Gemüsegärtner m; **~ny** Gemüse-; **~o** n (-a) Gemüsepflanze f, **~a** pl. koll. Gemüse n.
was Pron. (A, L v. wy) euch.

wasal *m* (-a; -e) Vasall *m*, Lehnsmann *m*.

wasąg *m* [-sɔŋk, -g̨i] *m* (-u/-a; -i) Ackerwagen *m*.

wasz *Pron.* (~a *f*, ~e *n u. pl.*, *Psf.* *wasi*) euer; ~ec † *m* (-ci[a]; -cie, -ciów), ~mość † *m* (-ścia; -ście/-ściowie, -ściów) Euer Gnaden.

waś|nić ⟨po-, z-⟩ (-ę, -nij!) entzweien (się sich); ~ń *f* (-ni; -nie, -ni) Zwist *m*, Fehde *f*.

wat *m* (-a; -y) *El.* Watt *n*.

wata *f* (-y; 0) (higroskopijna Verband-)Watte *f*; ~ szklana Glaswolle *f*; *na wacie* wattiert.

wataha *f* (-y) Bande *f*, Haufe(n) *m*; *JSpr.* (Wolfs-)Rudel *n*; (Wildschwein-)Rotte *f*.

waterpolo *n Sp.* Wasserball *m*.

wato|godzina *f* (-y; 0) Schneiderwatte *f*; ~lina *f* (-y; 0) Schneiderwatte *f*; ~mierz [-'tɔ-] *m* (-a; -e) Wattmesser *m*; ~wać ⟨wy-⟩ (-uję) wattieren; ~wy Watte-.

watówka *f* (-i; *G* -wek) Schulterpolster *n*; F *s.* waciak.

watra *f* (-y) (Lager-)Feuer *n*.

watykański [-'kaĩs-] vatikanisch, Vatikan-.

wawrzyn *m* (-u; -y) Lorbeer *m*; Lorbeerkranz *m*; ~owy Lorbeer-.

waza *f* (-y) (Blumen-)Vase *f*; Suppenterrine *f*.

wazelin|a *f* (-y) Vaseline(f) *n*; *f* fig. Lobhudelei *f*; ~iarstwo P *n* (-a; 0) salbungsvolles Wesen, Glattheit *f*; ~iarz P [-'li-] *m* (-a; -e) Speichellecker *m*, V Schleimscheißer *m*, Arschkriecher *m*; ~ować ⟨na-⟩ (-uję) mit Vaseline schmieren *od.* einreiben.

wazon *m* (-u; -y), ~ik *m* (-a; -i) Blumenvase *f*.

waż|enie *n* (-a) (Ab-)Wiegen *n*; ~ka *f* (-i; *G* -żek) *Zo.* Libelle *f*; ~ki gewichtig.

ważni|ctwo F *n* (-a; 0) Wichtigtuerei *f*; ~k F *m* (-a; -cy/-i) Wichtigtuer *m*, Gernegroß *m*.

ważn|ość *f* (-ści; 0) Wichtigkeit *f*, Bedeutung *f*; Gültigkeit *f*; stracić ~ość ungültig werden, verfallen; okres ~ości Geltungsdauer *f*; ~y wichtig; gültig, geltend; † *a.* wichtigtuerisch; *co ~iejsza, ...* was wichtiger ist, ...

ważyć (-ę) *v/t* ⟨z-⟩ (ab)wiegen; *fig.* (ab)wägen; *v/i* wiegen, schwer sein;

~ się sich wiegen; erwogen werden; wagen, riskieren (*na A/A*); *ani mi się waż!* unterstehe dich!

wąchać ⟨po-⟩ (-am) riechen (*A/an D*); F schnuppern; *nie ~* (G) nicht ein bißchen (*od.* k-e Ahnung) haben (von).

wądół ['vɔn-] *m* Hohlweg *m*.

wąg|ier ['vɔn-] *m* (-gra; -gry) *Zo. s.* wągr; *Text.* Noppe *f*; ~lik *m* (-a; 0) *Vet.* Milzbrand *m*; ~r *m* (-a; -y) *Med.* Mitesser *m*; *Zo.* (Bandwurm-) Finne *f*; ~rowaty pickelig, voll(er) Mitesser; *Vet.* finnig; ~rzyca *f* (-y; 0) Finnenkrankheit *f*.

wąs *m* (-a; -y) (*oft pl.* ~y) Schnurrbart *m*; *Bot.* Ranke *f*; Schnauzer *m*; Widerhaken *m*; *Zo.* ~y *pl.* Bart (-haare *n*/*pl.*, -eln *f*/*pl.*) *m*; *pod ~em* (fast) erwachsen; ~acz *m*, ~al *m* (-a; -e) F Schnauzbart *m* (*Pers.*); ~aty schnurrbärtig, mit Schnurrbart; *Bot.* mit Ranken; ~ik *m* (-a; -i) (Schnurr-)Bärtchen *n*; *Bot. s.* wąs.

wąski (-ko) schmal; eng.

wąsko|ść *f* (-ści; 0) Schmalheit *f*; Enge *f*; ~taśmowy *s. film*; ~torowy *Esb.* schmalspurig; ~torówka F *f* (-i; *G* -wek) Schmalspurbahn *f*.

wąt|ek ['vɔn-] *m* (-tku; -tki) *Text.* Schuß *m*; Schußfaden *m*; *fig.* Faden *m*; (*Roman-*)Handlung *f*, Fabel *f*; ~leć ⟨z-⟩ (-eję) gebrechlich(er) (*od.* kränklicher) werden; ~lo *Adv. s.* wątły; ~łość *f* (-ści; 0) Gebrechlichkeit *f*; Kränklichkeit *f*, schwache Konstitution *f*; ~łusz *m* (-a; -e) *s. dorsz*; ~ły (-lo) gebrechlich; schwächlich, zart; kümmerlich; *Hoffnung*: schwach.

wątpi|ący [vɔnt'pɔn-] (-co) zweifelnd; ~ć (-ę) zweifeln (*w A, o L*/*an D*); ~enie *n* (-a) Zweifel(n *n*) *m*; *bez ~enia* ohne Frage, zweifellos; ~liwie [vɔnt-] *Adv. s.* wątpliwy; ~liwość *f* (-ści) Zweifel *m*; *podać w ~ość* in Zweifel ziehen; *nie pozostawiający ~ości* zweifelsfrei, eindeutig; *nie podlega* (*od.* ulega) ~ości es unterliegt k-m Zweifel; ~y (-wie) zweifelhaft; fraglich, ungewiß.

wątrob|a [vɔn-] *f* (-y; *G* -rób) Leber *f*; ~ianka † *f* (-i; *G* -nek) Leberwurst *f*; ~iany *Kochk.*, ~owy *Anat.* Leber-.

wątróbka [vɔn-] *f* (-i; *G* -bek) *mst Kochk.* Leber *f*.

wąwóz m (-ozu; -ozy) Hohlweg m; ~ górski Schlucht f.

wąż m (węża; węże) Schlange f; (eskulapa Äskulap-)Natter f; (Gummi-)Schlauch m.

wbić pf. s. wbijać.

wbie|gać (~, ~gnąć) hineinlaufen, hereinkommen; ~c na górę hinauflaufen.

wbi|jać (-am), ⟨~ć⟩ (hin)einschlagen, -treiben; einrammen; Messer hineinstoßen; Dorn, Splitter (sich) eintreten; Kochk. Eier einrühren; Ball ins Tor schießen; ~jać do głowy j-m et. eintrichtern, -pauken; ~jać w dumę j-n stolz machen; ~(ja)ć się eindringen.

wbrew Prp. (D) entgegen (D), trotz (G); ~ faktom ungeachtet der Tatsachen.

wbudow|anie n (-a) Einbau m; ~ywać (-uję), ⟨~ać⟩ einbauen.

wcale Adv.: ~ nie (ganz und) gar (od. überhaupt) nicht; ~ dobre ganz gut.

wchł|aniać ['fxwa-] (-am), ⟨~onąć⟩ aufsaugen, resorbieren; Duft einatmen; fig. aufnehmen.

wchodzić, ⟨wejść⟩ (L. -jść) (do G, w A) hineingehen (in A); hereinkommen, eintreten (in A); einsteigen (in A); eindringen (in A); (na A) betreten (A); hinaufgehen, -kommen; ~ na ekrany Film: anlaufen; ~ w modę Mode werden; ~ na orbitę die Kreisbahn (um die Erde) erreichen; ~ w krew in Fleisch und Blut übergehen.

wciąć pf. s. wcinać.

wciąg|ać (-am), ⟨~nąć⟩ (do G) (hin)einziehen (in A); in ein Gespräch verwickeln; in e-e Liste eintragen; Luft usw. a. einsaugen; j-n gewöhnen (an A); heranziehen (zu); hinaufziehen (na A/auf A); ~nąć się sich angewöhnen (w A, do G/A); ~nąć się do pracy sich einarbeiten; ~any Fahrwerk: einziehbar; ~arka f (-i; G -rek) (Lade-, Anker-)Winde f; Bgb. Fördermaschine f; ~nąć pf. s. wciągać; ~nięcie [-'nen-] n (-a) Einziehen n; Hinaufziehen n; Verwicklung f; Einbeziehung f; ~nik m (-a; -i) Tech. Flaschenzug m.

wciąż Adv. immer(fort), fortwährend; ~ na nowo immer wieder.

wcie|kać (-am), ⟨~c⟩ (hin)einlaufen, -fließen.

wciel|ać (-am), ⟨~ić⟩ (-lę) eingliedern, einverleiben (do G/in A); verkörpern; verwirklichen; ~ić w czyn in die Tat umsetzen; ~ać ⟨~ić⟩ się Gestalt annehmen; sich identifizieren (w A/mit); ~enie n (-a) Eingliederung f, Einverleibung f; Verkörperung f, Inkarnation f; ~enie w życie Verwirklichung f; ~enie dobroci die Güte in Person; ~ić pf. s. wcielać; ~ony in Person, leibhaftig.

wciera P f (-y) e-e Tracht Prügel, Abreibung f; ~ć (-am), ⟨wetrzeć⟩ einreiben; ~nie n (-a) Einreibung f; płyn do ~nia Einreibemittel n.

wcię|cie n Einschnitt m; Einkerbung f; (Kleider-)Ausschnitt m; Typ. Einzug m; Bgb. Ausbruch m; ~ty Kleid: ausgeschnitten; tailliert, auf Taille gearbeitet; ~ty w pasie mit schlanker Taille.

wci|nać (-am), ⟨~ąć⟩ einschneiden; P Essen verputzen.

wcisk m (-u; -i) Tech. Übermaß n; ~ać, ⟨wcisnąć⟩ (hin)eindrücken, -pressen; ~ać do ręki in die Hand drücken, aufdrängen; ~ać się sich hineindrängen (do G/in A); eindringen.

wczasow|icz m (-a; -e), ~iczka f (-i; G -czek) Feriengast m, Urlauber(in f) m; ~isko n (-a) Ferien-Urlaubsort m; ~y Ferien-, Urlaubs-, Kur-.

wczasy pl. (-ów) Urlaub m, Ferien pl.; lit. Ruhe f; ~ lecznicze Erholungskur f, Verschickung f; ~ pod namiotami Zelten n, Camping n.

wczep|i(a)ć (się) sich fest|krallen.

wczesno|- früh-, Früh-; ~chrześcijański frühchristlich; ~kapitalistyczny frühkapitalistisch.

wczesny (Psf. -śni; Komp. -śniejszy) früh-, Früh-; od ~ch lat von Jugend an.

wcześni|ak ['ftʃɛɕ-] m (-a; -i) Frühgeborene(s), frühgeborenes Kind; ~e Adv. früh; im ~ej, tym lepiej je früher, desto besser.

wczoraj Adv. gestern; ~szy gestrig.

wczu(wa)ć się sich einfühlen.

wczyt|ywać się (-uję), ⟨~ać się⟩ sich hineinlesen.

wda(wa)ć: ~ się sich einlassen (w A/ in A, auf A; z I/mit); ~ się w ojca ganz der Vater sein.

wdarcie się n Eindringen n; (Wasser-)Einbruch m; Erklimmung f (na A/G).

wdech m Einatmung f; **~owy** Einatmungs-; F (a. -wo) prima, toll, große Klasse.

wdep|nąć [-nǫntɕ] pf. (-nę) treten (w A/in A); F fig. hineinschlittern, -geraten; vorbeischauen (do G/bei); **~tywać** (-uję), ⟨~tać⟩ in den Boden eintreten.

wdmuch|iwać (-uję), ⟨~ać, ~nąć⟩ (hin)einblasen.

wdow|a f (-y; G wdów) (po poległym [żołnierzu] Krieger-)Witwe f; **~i** Witwen-; **~iec** ['vdɔ-] m (-wca, a. -wcu!; -wcy) Witwer m; **~ieństwo** [-'ɕɛĩ-] n (-a; 0) Witwenstand m.

wdówka f (-i; G -wek) (junge) Witwe.

wdrap|ywać się (-uję), ⟨~ać się⟩ hinaufklettern; be-, ersteigen, erklimmen (na A/A).

wdrażać (-am), ⟨wdrożyć⟩ anerziehen, angewöhnen (k-o do G/j-m A); anleiten (do G/zu); einschärfen, einimpfen (k-o w A od. do G/j-m A); Verfahren einleiten; ~ do pracy anarbeiten (się sich); ~ się sich gewöhnen (do G/an A).

wdychać (-am) einatmen.

wdzia|ć pf. s. wdziewać; **~nko** n (-a; G -nek) Jacke f.

wdzierać się (-am), ⟨wedrzeć się⟩ eindringen (do G/in A); erklimmen (na A/A).

wdziewać (-am), ⟨wdziać⟩ (-eję) anlegen, anziehen; ~ żałobę trauern (po L/um A).

wdzięcznoś|ć ['vdʑɛntʃ-] f (-ści; 0) Dankbarkeit f; mam wobec niego dług ~ci ich bin ihm zu Dank verpflichtet.

wdzięcz|ny ['vdʑɛn-] dankbar; anmutig, reizend; **~yć się** (-ę) s. przymilać się, umizgać się.

wdzięk [vdʑɛŋk] m (-u; -i) (Lieb-) Reiz m, Anmut f, Charme m; z ~iem anmutig, graziös; ~i pl. (weibliche) Reize m/pl.

we Prp. s. w.

weba f (-y; 0) Wäscheleinen n.

wed|le dial., **~ług** Prp. (G) gemäß, nach (D); laut (G); ~ług rozkazu! zu Befehl!

wedrzeć się pf. s. wdzierać się.

weekend ['ʋikent] m (-u; -y) Wochenende n.

wegeta|cja f (-i; -e) Vegetation f;

Vegetieren n; **~cyjny** vegetativ, Vegetations-; **~rianin** [-'r̂ia-] m (-a; -anie, -ów) Vegetarier m; **~riański** [-'r̂iaĩs-] vegetarisch; **~tywny** vegetativ.

wegetować (-uję) vegetieren.

wejrze|ć pf. s. wglądać; **~nie** n (-a) Einblick m; od pierwszego ~nia auf den ersten Blick.

wejści|e ['vej-] n (-a) Eintritt m; Eingang m; Zutritt m; (Gipfel-)Be-, Ersteigung f; Comp. Eingabe f; ~e w posiadanie Besitznahme f; ~e w życie Inkrafttreten n; **~owy** Eingangs-; Eintritts-; **~ówka** f F (-i; G -wek) Eintrittskarte f.

wejść pf. s. wchodzić.

wek m (-u; -i) Einmachglas n; **~ować** ⟨za-⟩ (-uję) einwecken, einmachen.

weks|el m (-sla; -sle) (gwarancyjny od. kaucyjny, płatny za okazaniem Deckungs- od. Depot-, Sicht-) Wechsel m; **~el trasowany** Tratte f; **~lowy** Hdl., Fin. Wechsel-.

wektor m (-a; -y) Vektor m.

welinowy Velin-.

welon m (-u; -y) (Braut-)Schleier m; taniec z ~ami Schleiertanz m; wdziać ~ den Schleier nehmen; **~ik** m (-a; -i) (Gesichts-)Schleier m.

weloogon m Schleierschwanz m (Fisch).

welur m (-u; -y) Velours m; a. = **~owy**: skóra ~owa Veloursleder n.

welwet m (-u; -y) Velvet m od.

wełna f (-y) (ze strzyży od. żywa Schur-) Wolle f.

wełni|anka f (-i; G -nek) Wollgras n; s. mleczaj; **~any** wollen, Wolle-; **~sty** wollig.

wena f (-y) Ader f (fig.).

wendeta f (-y) Blutrache f.

wene|cki venezianisch, Venedig-; **~ryczny** venerisch; choroba -na Geschlechtskrankheit f; **~zuelski** venezolanisch.

wenta f (-y): ~ dobroczynna Wohltätigkeitsbasar m.

wentyl m (-a; -e) Ventil n; s. zawór; **~acja** f (-i; 0) Ventilation f, (Be-) Lüftung f; Bgb. Bewetterung f; **~acyjny** (Be-)Lüftungs-; Bgb. Wetter-; **~ator** m (-a; -y) Ventilator m, Lüfter m; Kfz. Kühlluftgebläse n; **~owy** Ventil-.

weń = w niego.

wepch|ać pf., **~nąć** pf. s. wpychać.

weprzeć pf. s. wpierać.

weranda f (-y) Veranda f; ~ otwarta Terrasse f.

werb|alny verbal, Verbal-; ~el m (-bla; -ble) Mus. Trommel f; Trommelwirbel m; ~ena f (-y) Eisenkraut n; ~ować ⟨z-⟩ (-uję) anwerben; Mil. rekrutieren; ~unek m (-nku; -nki) Anwerbung f; Rekrutierung f; ~unkowy Rekrutierungs-.

werk F m (-u; -i) Uhrwerk n.

wermiszel m (-u; 0) Fadennudeln f/pl. [m.)

wermut m (-u; -y) Wermut(wein) (

werni|ks m (-u; -y) (Gemälde-)Firnis m, Fixativ n; ~sarz m (-u; -e) Vernissage f.

wersal|iki m/pl. (-ów) Typ. Versalien f/pl.; ~ka f (-i; G -lek) Bett-, Schlafcouch f.

wers|et m (-u; -y) Vers m; ~ja f (-i; -e) Version f.

wertep m (-u; -y): ~y pl. wegloses (od. unwegsames) Gelände(n); holperige, schlechte Straße(n).

wertheimowski [-xaĭ-]: zamek ~ Sicherheitsschloß n.

wertować ⟨prze-⟩ (-uję) Buch)

werwa f (-y; 0) Schwung m, Verve f.

weryfik|acja f (-i; -e) Verifikation f; engS. Beglaubigung f; ~ować ⟨z-⟩ (-uję) verifizieren, (nach)prüfen; die Richtigkeit (od. Echtheit) feststellen, nachweisen; Urkunde beglaubigen. [wrzynać się.)

werżnąć się, werznąć się pf. s.)

wesel|e n (-a) Hochzeit f; ~ić ⟨u-⟩ (-lę) sich amüsieren, lustig sein; ~ny hochzeitlich, Hochzeits-; ~szy Komp. v. wesoły.

wesoł|ek m (-łka; -łki/-łkowie) Spaßvogel m, lustiger Bursche; ~ko-waty: -te zachowanie Med. läppisch-albernes Verhalten; ~y (-ło; präd. wesół) fröhlich, heiter, lustig, vergnügt.

we|spół † Adv. gemeinsam (z l/ mit); ~sprzeć pf. s. wspierać; ~ssać pf. s. wsysać. [n Seufzer m.)

westchn|ąć pf. s. wzdychać; ~ienie)

wesz f (wszy; N, G wszy) (głowowa, łonowa Kopf-, Filz-)Laus f.

wet: ~ za ~ Wurst wider Wurst; oddać ~ za ~ Gleiches mit Gleichem vergelten.

weteran m (-a; -i) Veteran m.

weteryna|ria [-'na-] f (G, D, L -ii; 0) Tierheilkunde f; Veterinärwesen n; ~ryjny tierärztlich, Veterinär-; ~rz m (-a; -e, -y) Tierarzt m.

wetknąć pf. s. wtykać.

weto n (-a) Veto n; założyć ~ a. Einspruch erheben.

wetrzeć pf. s. wcierać.

wewnątrz [-nɔnt:ʃ] Adv. (dr)innen, inwendig; do (od) ~ nach (von) innen; wpuścić do ~ hereinlassen; Prp. (G) in (D), innerhalb (G); ~partyjny innerparteilich; ~zakładowy innerbetrieblich.

wewnętrzn|y [-'nɛnt:ʃ-] inner(er), Innen-; innerlich; inwendig; Binnen-; do użytku ~ego Med. innerlich (anzuwenden).

wezbra|ć pf. s. wzbierać; ~nie n (-a): ~nie rzeki Wasseranstieg m im Fluß; Hochwasser n; ~ny Fluß: angeschwollen; fig. überfüllt (I von).

wezgł|owie [-'zgwɔ-] n (-a) (Bett-) Kopfende n; ~ówek m (-wka; -wki) Keilkissen n.

wezwa|ć pf. s. wzywać; ~nie n (-a) Aufforderung f; Appell m; Vorladung f; ~nie do wojska Einberufungsbefehl m; kościół pod ~niem św. Piotra St.-Peters-Kirche f.

wezyr m (-a; -owie) Wesir m.

weżreć się pf. s. wżerać się.

węch m (-u; 0) Geruch(ssinn) m; bei Tieren: Witterung f, Spürsinn m; F Nase f; ~owy Geruchs-.

wędk|a ['vɛnt-] f (-i; G -dek) Angel f; łowić na ~ę angeln; ~arski Angel-; ~arz m (-a; -e) Angler m.

wędlin|a [vɛnd-] f (-y) Räucherware f, Rauch-, Selchfleisch n; engS. Räucherschinken m; Wurstware(n pl.) f; ~iarnia [-'ɲar-] f (-i; -e) Wurstwarenhandlung f; ~iarsk Wurstwaren-.

wędrow|ać [vɛnd-] m (-uję) wandern; herumziehen; Vögel: ziehen; ~iec [-'drɔ-] m (-wca; -wcy) Wanderer m; ~ny Wander-; (herumziehend; ~ny tryb życia Nomadenleben n.

wędrówka [vɛnd-] f (-i; G -wek) Wanderung f; Wanderfahrt f, Tour f; Migration f.

wędz|arnia [vɛn'dzar-] f (-i; -e Räucherkammer f; Räucherei f ~enie n (-a) Räuchern n; ~ić ⟨u-⟩ (-dzę) räuchern.

wędzid|ełko [vɛn-] n (-a; G -łek

Anat. Zungenbändchen *n*; ~ło *n* (-a; *G* -deł) Gebißstange *f*, Kandare *f*; *fig.* Zügel *m*, Zaum *m*.

wędzisko [vɛn-] *n* (-a) Angelrute *f*.

wędzon|ka [vɛn-] *f* (-i; *G* -nek) Räucherspeck *m*; *pl. a.* Räucherwaren *f/pl.*; ~y geräuchert, Räucher-.

węgiel ['vɛn-] *m* (-gla; -gle) Kohle *f*; *Chem.* Kohlenstoff *m*; czarny jak ~ kohl(raben)schwarz; ~ek *m* (-lka; -lki) Stückchen *n* (glühender) Kohle.

węgieln|ica [vɛn-] *f* (-y; -e) (Meß-) Winkel *m*; ~y Winkel-, Eck-; kamień ~y Grundstein *m*; *fig. a.* Eckpfeiler *m*.

węgieł ['vɛn-] *m* (-gła; -gły) Ecke *f*; Eckstein *m*.

Węgier ['vɛngɛr] *m* (-gra; -grzy) Ungar *m*; ~ka *f* (-i; *G* -rek) Ungarin *f*; *Bot.* 2ka Hauspflaume *f*, Zwetsch(g)e *f*; 2ski (po -ku) ungarisch.

węgl|an ['vɛng-] *m* (-u; -y) Karbonat *n*; ~arka *f* (-i; *G* -rek) Esb. Kohlenwagen *m*, Lore *f*; ~arz *m* (-a; -e) Kohlenhändler *m*; Kohlenträger *m*; ~ica *f* (-y; 0) *Med.* Anthrakose *f*; ~ik *m* (-a; -i) Karbid *n*; ~ikowy Karbid-.

węglo|wiec [vɛŋ'glɔ-] *m* (-wca; -wce) Kohlenfrachter *m*; ~wnia *f* (-i; -e, -i) *Mar.* Kohlenbunker *m*; ~wodan *m* (-u; -y) Kohle(n)hydrat *n*; ~wodór *m* Kohlenwasserstoff *m*; ~wy Kohle(n)-; *Chem.* Kohlenstoff-.

węgorz ['vɛng-] *m* (-a; -e, -y) (elektryczny Zitter-)Aal *m*; ~owy Aal-; ~yca *f* (-y; -e) Aalmutter *f*.

węgrzyn ['vɛng-] *m* (-a; -y) Ungarwein *m*.

węszy|ciel [-'ʃi-] F *m* (-a; -e, -i) Schnüffler *m*; ~ć (-ę) ⟨z-⟩ wittern; F *fig.* (*nur impf.*) schnüffeln.

węża *f* (-y) *Agr.* Wabe *f*, Wachstafel *f*.

węz|eł *m* (-zła; -zły) Knoten *m*; *fig.* Band *n*; *Esb.* Knotenpunkt *m*; *Arch.* Installationszelle *f*; połączyć ~łem małżeńskim ehelich verbinden; ~ełek *m* (-łka; -łki) Knoten *m*, Knötchen *n*; Bündel *n*; ~ełkowy: pismo -we Knotenschrift *f*; ~łina *f* (-y) Landenge *f*; ~łowaty (-to) knotig; *fig.* bündig; ~łowy Knoten-; *fig.* Kern-, Haupt-.

węże *pl. v.* wąż; ~j *Komp. v.* wąsko.

wężo|jad *m* (-a; -y) *Zo.* Sekretär *m*; ~jaszczur *m* Plesiosaurus *m*.

wężow|aty (-to) schlangenförmig; ~idło *n* (-a; *G* -deł) *Zo.* Schlangenstern *m*; ~isko *n* (-a) Schlangennest *n*; ~nica *f* (-y; -e) (Kühl-, Heiz-) Schlange *f*; ~y Schlangen-.

węższy *Komp. v.* wąski.

węży|k *m* (-a; -i) kleine Schlange; Schlangenlinie *f*; *Fot.* ~k spustowy Drahtauslöser *m*; ~kowaty (-to), ~kowy s. wężowaty; ~mord *m* (-u; -y): ~mord czarny korzeń Schwarzwurzel *f*.

wganiać *s.* wegnać.

wg|ięcie ['vgɛn-] *n* (-a) *s.* wgniecenie; ~nać (-am), ⟨wgiąć⟩ eindellen, eindrücken.

wgląd [vglɔnt, -du] *m* (-u; -y) Einblick *m*, Einsicht *f*; ~ać (-am), ⟨wejrzeć⟩ (-ę, -rzyj!) einsehen (*w A/A*), Einblick nehmen (in *A*).

wgłębi|ać się ['vgwɛm-] (-am), ⟨~ć się⟩ (-ę) sich vertiefen, eindringen; ~enie *n* Vertiefung *f*; *Tech. a.* Aussparung *f*.

wgni|atać (-am), ⟨~eść⟩ (hin)eindrücken; hineinpressen; hineinstopfen; (*nur pf.*) einbeulen, -dellen; ~ecenie *n* (-a) Vertiefung *f*, Delle *f*.

wgry|zać się (-am), ⟨~źć się⟩ sich verbeißen (*a. fig.*); sich einfressen.

wiać [vjatɕ] (-eję) *v/i* ⟨po-⟩ Wind, Fahnen: wehen; F ⟨wy-, z-⟩ sich aus dem Staube machen, türmen, ausreißen; *v/t* ⟨wy-⟩ Korn schwingen, worfeln. [*n*) *m.*]

wiaderko *n* (-a; *G* -rek) Eimer(chen

wiadom|o (*unpers.*) es ist bekannt, man weiß (*że/daß*); *nigdy nie* ~o man weiß nie; *jak* ~o bekanntlich, bekanntermaßen; *o ile mi* ~o *a.* meines Wissens; ~ość *f* (-ści) Nachricht *f*; Kenntnis *f*; ~y bekannt; wohlbekannt; ein gewisser; ~a rzecz (es ist) klar, selbstverständlich.   [Müll-]Eimer *m.*]

wiadro *n* (-a; *G* -der) (do śmieci

wialnia ['vjal-] *f* (-i; -e, -i) (Korn-) Schwinge *f*, Windfege *f*.

wian|ek *m* (-nka; -nki) Kranz *m*; (Wurst-)Ring *m*; ~ek ciesielski Richtkrone *f*; dostać ~ek grochowy e-n Korb bekommen; ~o *n* (-a) Mitgift *f*; *hist.* Wittum *f*; ~uszek *m* (-szka; -szki) Kränzchen *n*.

wiar|a *f* (-y; 0) Glaube(n) *m*; Treue

f; F *koll.* Kameraden *m/pl.*; ~a w siebie Selbstvertrauen *n*; nie dawać ~y k-n Glauben schenken; w dobrej (*od.* najlepszej) wierze guten Glaubens, im guten Glauben; nie do ~y! unglaublich!; F żyć na ~ę zusammen leben (*in wilder Ehe*); naprzód, ~a! Vorwärts, Jungs!; ~ogodny glaubwürdig, glaubhaft.

wiarołom|ca *m* (-*y*; *G* -*ów*) Treulose(r), Treubrecher *m*; ~ność *f* (-*ści*; 0) Treulosigkeit *f*, Treubruch *m*; ~ny treulos, -brüchig; ~stwo *n* (-*a*; 0) *s.* wiarołomność.

wiarus *m* (-*a*; -*y*/-*i*) alter Haudegen, im Dienst ergrauter Soldat.

wiarygodny *s.* wiarogodny.

wiatr [vjatr] *m* (-*u*, *L* wietrze; -*y*) (przeciwny, wstępujący Gegen-, Auf-)Wind *m* (*a. JSpr.*); ~y *pl. Bgb.* Wetter *n*; *Med.* Winde *m/pl.*, Blähungen *f/pl.*; na ~ in den Wind; F na cztery ~y wo der Pfeffer wächst, zum Teufel; na wietrze im Wind; *pod* ~ gegen den Wind; *Mar.* leewärts; z ~em vor dem Wind; szukaj ~u w polu er ist auf und davon.

wiatra|czek *m* (-*czka*; -*czki*) Windrädchen *n*; ~k *m* (-*a*; -*i*) Windmühle *f*; ~kowiec [-'ko-] *m* (-*wca*; -*wce*) Autogiro *n*.

wiatro|chron *m* (-*u*; -*y*) Windschutz *m*; ~łom *m* Windbruch *m*; ~mierz [-'tro-] *m* (-*a*; -*e*) Wind(geschwindigkeits)messer *m*; ~pylny *Bot.* anemogam; ~wskaz *m* (-*u*; -*y*) Windfahne *f*; Windrichtungsanzeiger *m*; *Flgw.* Windsack *m*; ~wy Wind-.

wiatrówka *f* (-*i*; *G* -*wek*) Windjacke *f*; Luftgewehr *n*.

wiatyk ['vja-] *m* (-*a*; -*i*) *Rel.* Viatikum *n.* [Tabes *f.*]

wiąd [vɔnt, -du] *m* (-*u*; 0) *Med.*

wiąz *m* (-*u*; -*y*) (Feld-)Ulme *f*, (górski Berg-)Rüster *f*.

wiąza|ć (-*żę*) (z- zusammen-, ver-)binden; fesseln; knüpfen; *Chem.*, *Arch.* binden; łebno ~ć koniec z końcem (mit dem Geld) kaum auskommen; ~ć się sich binden (*I*/durch *A*); (z *I*) sich verbinden (mit), sich knüpfen an (*D*); *Bot.* Knospen ansetzen; ~dło *n* (-*a*; *G* -*del*) *Anat.* Band *n*; ~łka *f* (-*a*; *G* -*lek*) Mähbinder *m*; ~nie *n* (-*a*) (Zusammen-)Binden *n*; Bindung *f*

(*a. Chem.*, *Sp.*); (*Teppich-*)Knüpfen *n*; *Arch.* Abbinden *n*; Verband *m*; ~nka *f* (-*i*; *G* -*nek*) (*Blumen-*)Gebinde *n*, Strauß *m*; ~nka melodii Potpourri *n*.

wiązka *f* (-*i*; *G* -*zek*) Bund *n*, Bündel *n*; (*Licht-*)Kegel *m*, (*Leit-*)Strahl *m*.

wiąz|owy Ulmen-, Rüster-; ~ówka *f* (-*i*; *G* -*wek*) *Bot.* Mädesüß *n*.

wiążący [-'ʒɔn-] Binde-; bindend.

wibra|cyjny Vibrations-; ~tor *m* (-*a*; -*y*) *Arch.* Rüttler *m*; *Phys.* Schwinger *m*; ~tor kwarcowy Schwingquarz *m*.

wibro|beton *m* Rüttelbeton *m*; ~wać (-*uję*) *v/i* vibrieren, schwingen; *v/t Arch.* rütteln.

wice- in *Zssgn* Vize-; ~minister *m* stellvertretender Minister.

wicher *m* (-*chru*; -*chry*) Sturm (-wind) *m*.

wichrowa|ć się (-*uję*) *Holz*: sich werfen; ~ty (-to) verzogen, krumm; *Holz*: drehwüchsig.

wichrzyciel [-'xʃi-] *m* (-*a*; -*e*, -*i*) Unruhestifter *m*, Aufwiegler *m*; ~ski aufwieglerisch, wühlerisch; ~stwo *n* (-*a*; 0) Aufwiegelung *f*, (Volks-)Verhetzung *f*.

wich|rzyć (-*ę*) ⟨z-⟩ (zer)zausen; *fig.* aufwiegeln, -hetzen; Unruhe stiften; ~ura *f* (-*y*) *s.* wicher.

wici *s.* wić[1].

wicio|krzew *m* Heckenkirsche *f*; Geißblatt *n*; ~wce *m/pl.* (-*ów*) *Zo.* Geißeltierchen *n/pl.*

wić[1] *f* (-*ci*; *N*, *G* -*ci*) Gerte *f*, Rute *f*; Ranke *f*; *Bio.* Geißel *f*; *hist. nur pl.* rozesłać wici das Heervolk durch Boten zusammenrufen.

wić[2] ⟨u-⟩ (-*ję*) *Kranz* flechten; *Nest* bauen; (*nur impf.*) ~ się sich winden; sich ringeln, kräuseln; (sich) ranken.

widać (*nur Inf.*) man sieht; nic nie ~ es ist nichts zu sehen; ~ po nim, że ... man sieht ihm an, daß ...; *s.* widocznie.

wide|lec *m* (-*lca*; -*lce*) Gabel *f*; ~łki *pl.* (-*łek*) *Tech.* Gabel *f*; *engS.* Telefongabel; *Mil.* Zweibein *n*; *Zo.* Gabelbein *n*.

wideokaseta *f* Video-, TV-Cassette *f.* [belt.]

widlasty (-*to*) gabelförmig, gega-]

widli|czka *f* (-*i*; *G* -*czek*) Moosfarn *m*; ~szek *m* (-*szka*; -*szki*) Anophelesmücke *f.*

widł|ak m (-a; -i) Bot. Bärlapp m; JSpr. Gabler m; ~y pl. (-dél) (Heu-)Gabel f, Forke f.

widmo n (-a) Gespenst n (a. fig.); Phys. Spektrum n; ~wy gespenster-, geisterhaft; Spektral-.

widnie|ć ['vid-] (-eję) zu sehen (od. sichtbar) sein; (unpers.) ~je co tagt.

widnokr|ąg m Horizont m; na ~ęgu am Horizont.   [bei Tageslicht.]

widn|y Raum, Nacht: hell; za ~a]

widoczn|ie Adv. offensichtlich, offenbar; ~ość f (-ści) Sehweite f; Sicht(weite) f; poza zasięgiem ~ości außer Sichtweite, ~y sichtbar; merklich, offensichtlich; być ~ym zu sehen sein, sich abzeichnen.

widok m (-u; -i) (ogólny, z tyłu Gesamt-, Rück-)Ansicht f; Anblick m; Aussicht f, Ausblick m (a. fig.); Aussehen n; Landschaft(s-bild n) f; ~a na morze Meeresblick m; na ~ (G) beim Anblick (G, von); wystawić na ~ publiczny öffentlich zeigen; z ~u dem Äußeren nach; mieć na ~u (A) im Auge haben; ~owy landschaftlich, Landschafts-; ~ówka f (-i; G -wek) Ansichts-karte f.

wido|my sichtbar; ~wisko n (-a) Schau f, Veranstaltung f, Vorstellung f; fig. a. Schauspiel n; zrobić z siebie ~wisko sich lächerlich machen, e-e Schau bieten; ~wnia [-'dov-] f (-i; -e, -i) Zuschauerraum m; koll. Zuschauer m/pl.; fig. Schauplatz m.

widywać (-uję) j-n ab und zu (od. oft) sehen; j-m begegnen.

widz m (-a; -owie) Zuschauer m; engS. (Kino-, Theater-)Besucher m.

widzeni|e n (-a) Sehen n; Besuch m (im Gefängnis); s. widziadło; z ~a vom Sehen; do ~a! auf Wieder-sehen!

widzia|dło n (-a; G -deł) Erscheinung f, Phantom n; ~dło senne Traumbild n; ~lność f (-ści; 0) s. widoczność; ~lny sichtbar; ~ny (an)gesehen; mile ~ny willkommen; źle ~ne nicht gern gesehen.

widz|ieć ['vi-] (-dzę, -i) sehen; erschein (■ A/u.s. D); (unpers.); to kto! das gibt es doch nicht!; ~iał się sich (od. einander) sehen; ~i mi się, że ... ich glaube, daß ...; ~imi-się [-'miɕe] F n (unv.) Gutdünken n; Laune f.

wiec [vɛts] m (-u; -y) (przedwyborczy Wahl-)Kundgebung f.

wiech|a f (-y) Strohwisch m; Arch. Richtkrone f; Absteckpfahl m, Bake f; Mar. Pricke f; Bot. Rispe f; JSpr. (Wolfs-)Rute f; uroczystość zatknięcia ~y Richtfest n; ~eć m (-chcia; -chcie) (Stroh-)Wisch m, Bündel n; ~owaty Rispen-.

wiecow|ać (-uję) e-e Kundgebung veranstalten; ~y Kundgebungs-.

wiecz|erza f (-y; G -y) Abendmahl n; Rel. Ostatnia ?erza das letzte Mahl Christi; ~ko n (-a; G -czek) (Dosen-, Kiemen-)Deckel m.

wieczn|ość f (-ści; 0) Ewigkeit f; na ~ość für ewig; przenieść się do ~ości das Zeitliche segnen; ~ozielony immergrün; ~y ewig; immer-während.

wieczor|ek m (-rka; -rki) (geselliger) Abend; ~nica f (-y; -e) Abend(-veranstaltung f) m; engS. Literatur-, Musikabend m; ~ny, ~owy abendlich, Abend-; ~ówka F f (-i; G -wek) Abendschule f; Abendblatt n.

wiecz|ór m (-oru; -ory) Abend m; s. a. wieczornica; ~ór autorski Dichterabend, -lesung f; dzisiaj ~ór od. ~orem heute abend; ~orami abends; Abend für Abend; ~orem abends, am Abend.

wieczysty (-ście) ewig; Jur. erblich, Erb-.

wiede|nka f (-i; G -nek), ~ńczyk m (-a; -cy) Wiener(in f) m; ~ński ['dɛiś-] Wiener, wienerisch.

wiedz|a f (-y; 0) Wissen n; (Fach-) Kenntnisse f/pl.; ~a życiowa Lebenserfahrung f; za moją ~ą mit m-m Wissen; ~ie s. wieść[1]; ~ieć ['ye-] (L.) wissen (o L/A od. von); kto wie wer weiß; o ile wiem soviel ich weiß, meines Wissens; nic nie ~qc nichtsahnend.

wiedźma f (-y) Hexe f. [dörflich.]

wiejski ländlich, Land-; Dorf-,]

wiek [vɛk] m (-u; 0) (przekory, sędziwy Trotz-, Greisen-)Alter n; Lebensdauer f; w kwiecie ~u in der Blüte s-r Jahre; w dojrzałym ~u reif, gereift, erwachsen; (pl. -i) Jahrhundert n; Zeitalter n; ~i średnie Mittelalter n; na ~i für ewig; od ~ów a. seit Urzeiten; Rel. na ~i ~ów in alle Ewigkeit.

wieko n (-a) (Truhen-)Deckel m.

wieko|pomny denkwürdig, unsterblich; **~wać** (*-uję*) für immer bleiben; **~wy** jahrhundertealt.

wiekuisty ewig(lich).

wielbi|ciel [-'bį-] *m* (*-a*; *-e*), **-lka** *f* (*-i*; *G -lek*) Verehrer(in *f*) *m*, Anbeter(in *f*) *m*, Bewunderer *m* (*-derin f*); **~ć** (*-ę*, *-bij!*) *s.* uwielbiać.

wielbłą|d ['vɛlbwɔnt, -'wɔnda] *m* (*-a*; *-y*) Kamel *n*; **~dzi** Kamel-; **~dzica** *f* (*-y*; *-e*) Kamelkuh *f*, *-stute f.* [*v. wielki.*]

wielc|e *Adv.* sehr; überaus; **~y** *Psf.*]

wiel|e (*Psf. -lu*) viel; wieviel; z **~u** *powodów* aus vielerlei Gründen; o **~e** um vieles; za **~e** zuviel.

wielebny ehrwürdig; **~** ... Hochwürden ...

wielekroć vielmals, oftmals.

wielicki aus Wieliczka.

Wielkanoc *f* (*-y*/*Wielkiejnocy*, *I -ą*/ *Wielkąnocą*; *-e*) Ostern *n*; na **~** zu Ostern; **~ny** österlich, Oster-.

wielk|i (*Psf. -lcy*) groß, Groß-; riesig, Riesen-; *Tech.*, *El. a.* Hoch-, hoch-; **~i** *czas* höchste Zeit; *nic* **~iego** nichts besonderes; *Aleksander* **2i** Alexander der Große.

wielko|- *in Zssgn s. wielki*; *Chem. a.* Makro-, makro-; **~duszny** großherzig, -mütig; **~lud** *m* (*-a*; *-y*) Riese *m*; **~miejski** großstädtisch, Großstadt-; **~mocarstwowy** Großmacht-; **~pański** vornehm, prunkvoll; *z -ka* wie ein großer Herr; **~piątkowy** Karfreitag-; **~piecownik** *m* (*-a*; *-cy*) Hochofenarbeiter *m*; **~piecowy** Hochofen-; **~płytowy:** *budownictwo -we* Großplattenbauweise *f*; **~polski** großpolnisch, Großpolen-; **~postny** Fasten(zeit)-; **~ruski** großrussisch; **~rządca** *m* Statthalter *m*; **~seryjny** Großserien-.

wielkoś|ciowy Größen-; **~ć** *f* (*-ści*) Größe *f*; **~ci** (*G*) in der Größe (*G od.* von); *jednakowej* **~ci** gleich groß.

wielko|światowy aus der großen Welt, vornehm; **~tygodniowy** Karwochen-; **~uchy** *Zo.* Langohr-.

wielmoż|a *m* (*-y*; *-e*/*-owie*, *-ów*) Magnat *m*; **~ny** † *Anrede*: (*jaśnie* hoch)wohlgeboren.

wielo|- *in Zssgn* mehr(fach)-, multi-, poly-; **~barwny** viel-, mehrfarbig; farbenreich; **~boczny** vielerlei, polygonal; **~boista** *m* (*-y*, *-ści*, *-ów*) *Sp.* Mehrkämpfer *m*; **~bok** *m* Poly-

gon *n*; **~bój** *m* *Sp.* Mehrkampf *m*; **~branżowy:** *sklep -wy* Warenhaus *n*; **~częściowy** mehrteilig; **~dzietny** kinderreich; **~etapowy** Mehretappen-; **~głosowy** mehrstimmig; **~języczny** mehrsprachig; **~kąt** *m* Vieleck *n*; **~kątny** *s.* wieloboczny; **~kierunkowy** nach allen Richtungen; vielseitig; **~komórkowy** *Bio.* mehrzellig; **~kondygnacyjny** *Arch.* mehrgeschossig; **~krążek** *m* Flaschenzug *m*; *Talje f*; **~kropek** *m* (*-pka*; *-pki*) Gedankenpunkte *m*/*pl.*

wielokrotn|ość *f* (*-ści*) *Math.* Vielfache(s); **~y** mehrfach, vielfach; *Gr.* iterativ; *Tech. a.* Dauer-.

wielo|letni mehrjährig; **~mian** [-'lɔ-] *m* (*-u*; *-y*) *Math.* Polynom *n*; **~milionowy** Millionen-, mehrere Millionen betragend; **~mówny** redselig; **~narodowy** multinational, Völker-; **~osobowy** mehrere Personen umfassend; **~partyjny** Mehrparteien-; **~pasmowy** *Straße*: mehrspurig; **~płaszczyznowy** mehr-, vieldimensional; **~półówka** *f* (*-i*; *G -wek*) Vielfelderwirtschaft *f*; **~postaciowy** vielgestaltig, polymorph; **~raki** vielfältig, vielerlei; **~rasowy** mehr-, vielmalig; **~ródka** *f* (*-i*; *G -dek*) Multipara *f*.

wieloryb *m* (*-a*; *-y*) Wal(fisch) *m*; **~i** Wal(fisch)-; **~nictwo** *n* (*-a*; *0*) Walfang *m*; **~niczy** Walfang-; **~nik** *m* (*-a*; *-cy/-i*) Walfänger *m*.

wielo|rzędowy mehrreihig; **~setletni** *s.* wielowiekowy; **~słowny** wortreich; **~stopniowy** mehrstufig, Mehrstufen-; **~stronny** vielseitig; multilateral; **~strzałowy** mehrschüssig; **~ścian** [-'lɔ-] *m* (*-u*; *-y*) Vielflach *n*, Polyeder *n*; **~ścienny** polyedrisch.

wielość *f* (*-ści*) Vielheit *f*.

wielo|tomowy *Werk*: mehrbändig; **~tonowy**[1] polytonal; **~tonowy**[2] mehrere Tonnen schwer; **~torowy** mehrgleisig; **~tysięczny** mehrere (*od.* viele) Tausende stark, vieltausendköpfig; **~warstwowy** mehrschichtig; **~wartościowy** mehrwertig; **~wiekowy** jahrhundertealt *od. -*lang; **~wymiarowy** mehrdimensional; **~zakładowy:** *przedsiębiorstwo -we* gemischtes Unternehmen; **~zgłoskowy** mehrsilbig; **~znaczny** mehrdeutig; **~żeństwo** [-'ʒɛĩ-] *n* (*-a*; *0*) Vielweiberei *f*.

wieniec ['ɣe-] m (-ńca; -ńce) (do-żynkowy, koła Ernte-, Felgen-) Kranz m; JSpr. (Hirsch-)Krone f; złożenie wieńców Kranzniederlegung f.

wień|cowy Med. Herzkranz-; choroba -wa Angina pectoris f; **~czyć** ⟨u-⟩ (-ę) bekränzen; fig. krönen.

wieprz [vepʃ] m (-a; -e) (Haus-) Schwein n; **~ak** m (-a; -i), **~ek** m (-rzka; -rzki) junges Schwein, Ferkel n; **~owina** f (-y; 0) Schweinefleisch n; Schweinebraten m; **~owy** Schweine-, Schweins-.

wierc|enie n (-a) Bohren n; Bohrung f; **~ić** (-ce) bohren; **~ić się** sich winden; F (herum)zappeln; **~pięta** ['-pen-] F m (G/pl. a. -ów) Zappelphilipp m, Quirl m.

wiern|opoddańczy (-czo) untertänig, treu ergeben; **~ość** f (-ści; 0) Treue f; **~y** treu; getreu; Su. m (-ego; -i) Gläubige(r).

wiersz [veʃ] m (-a; -e, -y) Gedicht n; Vers m; Zeile f; **~a** f (-y; -e) Trommelreuse f, Bunge f.

wiersz|okleta m (-y; -y/-ci, -ów) Verse-, Reimschmied m; **~wać** (-uję) dichten, Verse machen; **~wy** Vers-; Zeilen-.

wiersz|ówka F f (-i; G -wek) Zeilenhonorar n; **~yk** m (-a; -i) kleines Gedicht, Verschen n.

wiert|acz m (-a; -e) Bohrer m, Bohrhauer m; **~arka** f (-i; G -rek) Bohrmaschine f; **~ło** n (-a; G -teł) Bohrer m; Bohrwerkzeug n; **~nica** f (-y; -e) Bohranlage f; **~niczy** Bohr-; Su. m (-ego; -owie) s. wiertacz.

wierutny berüchtigt, notorisch; **~e kłamstwo** glatte Lüge.

wierzący ['-ʒɔn-] gläubig; Su. m (-ego; -y) Gläubige(r).

wierzb|a f (-y) (biała Silber-)Weide f; **~ina** f (-y) Weidenholz n; Weidengebüsch n; **~owy** Bot. Weiden-.

wierzch [vɛʃx] m (-u; -y) Oberteil m od. n; Oberleder n; Oberfläche f; (Hand-)Rücken m; Tech. a. Kopf m; po (sam) **~u** do (samego) **~u** bis ganz oben; bis zum Rand; na **~u** nach oben; obendrauf; na **~u** oben (-auf); jechać **~em** reiten; **~ni** obere(r), Ober-; Außen-.

wierzcho|łek m (-łka; -łki) Gipfel m, Spitze f; Scheitel m (a. Math.); **~łkowy** Gipfel-; Scheitel-; **~tka** f (-i; G -tek) Bot. Spire f; **~wiec**

[-'xɔ-] m (-wca; -wce) Reitpferd n; **~wy** Reit-, Sattel-.

wierzeje pl. (-ei) Tor n.

wierzeni|e n (-a; mst pl.) (Volks-) Glaube m; **~owy** Glaubens-.

wierzg|ać (-am), ⟨~nąć⟩ [-nɔntə] (-nę) Pferd usw.: ausschlagen; mit d. Füßen strampeln; F fig. bocken, sich störrisch zeigen.

wierzyciel ['-ʒi-] m (-a; -e), **~ka** f (-i; G -lek) Gläubiger(in f) m; **~ski** Gläubiger-.

wierzy|ć ⟨u-⟩ (-ę) (w A) glauben (an A); vertrauen (auf A); (D) Glauben schenken, F j-m etc. abnehmen; **s-n Ohren, Augen** trauen; **~telność** f (-ści) (Schuld-)Forderung f; pl. a. Außenstände m/pl.

wiesza|ć (-am), ⟨powiesić -szę⟩ (auf)hängen; F aufknüpfen; **~ć się** sich aufhängen; sich (an)hängen (na L/an A); **~dło** n (-a; G -deł) Kleiderhaken m; Kleiderständer m; **~k** m (-a; -i) Kleiderbügel m; Kleiderrechen m; Aufhänger m; Tech. Gehänge n; Einhänggestell n; El. (Kabel-)Tragbügel m; **~k do spodni** Hosenspanner m; s. a. wieszadło.

wieszcz [veʃtʃ] m (-a; -owie/-e, -ów) Künder m, Seher m; engS. (National-)Dichter m, Poet m; **~ka** f (-i; G -czek) Wahrsagerin f; **~y** lit. prophetisch.

wieś [veɕ] f (wsi; wsie, wsi) Dorf n; Land n; na **~** aufs Land; na wsi auf dem Lande; życie na wsi Landleben n.

wieść¹ [veɕtɕ] ⟨po-⟩ (L.) führen; vgl. prowadzić; **~ się** (unpers.) (er)gehen; gelingen.

wieść² [veɕtɕ] f (-ści) Kunde f, Nachricht f; Gerücht n.

wieśnia|czka f (-i; G -czek) Bäuerin f, Bauersfrau f; **~czy** bäuerlich, Bauern-; bäuerisch; **~k** m (-a; -cy) Bauer m, Landmann m; pl. a. Dorfleute pl.; **~wka** Bewohner m/pl.

wietlica f (-y; -e): ~ samicza Frauenfarn m.

Wietnam|czyk m (-a; -ycy), **~ka** f (-i; G -mek) Vietnamese m (-sin f); **2ski** (po -ku) vietnamesisch.

wietrz|eć ['vet:ʃ-] (-eje) ⟨wy-⟩ Gestein: verwittern; Duft: verfliegen; ⟨z-⟩ Getränk: schal werden, abgestanden schmecken; **~enie** n (-a; 0) Lüftung f; Verwitterung f; **~nik** m (-a; -i) Lüftungsklappe f od. -öffnung *f*; **~no** *Adv*. windig; **~ny** Wind-; windig; **~yć** (*-ę*) **~wy~** (aus)lüften; ⟨*z-*⟩ wittern; **~yk** *m* (*-a*; *-i*) Lüftchen *n*, leichte Brise.

wiew [vɛf, -vu] *m s*. powiew.

wiewiór|czy Eichhörnchen-; **~ka** *f* (*-i*; *G -rek*) Eichhörnchen *n*; **~ki** *pl. a.* Feh(werk) *n*.

wieźć ⟨*od-*, *po-*, *za-*⟩ (*L.*) *v/t* fahren; transportieren, befördern; *Zugtier*: ziehen.

wież|a *f* (*-y*) (*ciśnień*, *do skoków*, *szybowa* Wasser-, Sprung-, Förder-)Turm *m*; *Mil.* Panzer(dreh)turm; **~owiec** [-'ʒɔ-] *m* (*-wca*; *-wce*) Hochhaus *n*; **~owy** Turm-; **~yczka** *f* (*-i*; *G -czek*) Türmchen *n*; *Mil.* (*MG-*)Drehturm *m*.

więc [vɛnts] (al)so, folglich; *a* **~** und zwar; **~**? (was) nun?

więcej ['vɛn-] (*Komp. v. dużo*, *wiele*) mehr; *co* **~** vielmehr; *dwa* **~** *trzy* jest pięć zwei und drei ist fünf.

więcierz ['vɛn-] *m* (*-a*; *-e*) Reuse *f*.

więdnąć ['vɛndnɔntɛ] ⟨*u-*, *z-*⟩ (*-ę*, *a.* wiądł) (ver)welken.

większ|ość ['vɛŋk-] *f* (*-ści*) Mehrheit *f*, Mehrzahl *f*; *Pol. a.* Majorität *f*; **~ością** głosów durch Stimmenmehrheit; **~y** (*Komp. v. duży*, *wielki*) größer; **~a** część Großteil *m*, die meisten; *po* **~ej** części größtenteils.

więz|adło *n s.* wiązadło; **~ić** (*-żę*) gefangenhalten, in Haft halten.

więzien|ie *n* (*-a*) (*Straf-*)Gefangenschaft *f*, Haft *f*; Gefängnis *n*, Haft-, Strafanstalt *f*; Freiheits-, Gefängnisstrafe *f*; ciężkie **~ie** Zuchthaus *n*; **~nictwo** *n* (*-a*; *0*) Strafvollzug *m*, Gefängniswesen *n*; **~ny** Gefängnis-; Straf-; *karetka* **~na** Gefängniswagen *m*, F grüne Minna.

więz|ień ['vɛ̃-] *m* (*-źnia*; *-źniowie*) Sträfling *m*, Gefängnisinsasse *m*, Häftling *m*, Gefangene(r); **~nąć** [-nɔntɛ] ⟨*u-*⟩ (*-nę*, *wiązł*) steckenbleiben; **~ówka** *f s.* wiązówka; **~y** *pl.* (*-ów*) Fesseln *f/pl.*

więź [vɛ̃ɛ, 'vɛ̃ʑi] *f* (*-zi*; *-zi*) Bindung *f*, Band(e *pl.*) *n*; **~ba** *f* (*-y*) (*Dach-*)Verband *m*; *Mar.* Back *f*.

więźniar|ka *f* (*-i*; *G -rek*) Gefängnisinsassin *f*, Gefangene *f*; *s.* więzień; **~ski** Sträflings-; Häftlings-.

wigili|a *f* [-'gi-] *f* (*G*, *D*, *L -ii*; *-e*) Vorabend *m*; ♀ Bożego Narodzenia Heilig-, Weihnachtsabend *m*; tra-

ditionelles Heiligabendessen; **~jny** Weihnachts-, Heiligabend-.

wigor *m* (*-u*; *0*) Vitalität *f*, Lebenskraft *f*, Energie *f*; pełen **~u** vigorös, rüstig.

wihajster P *m* (*-tra*; *-try*) Dingsbums *m od. n*, Dingsda *m*.

wij *m* (*-a*; *-e*, *-ów*) *Zo.* Tausend-, Vielfüßer *m*; **~ący się** [-'jɔn-] sich schlängelnd; *Haar*: lockig, kraus.

wikar|iusz [-'ka-] *m* (*-a*; *-e*), **~y** *m* (*-ego*; *-rzy*, *-rych*) Vikar *m*.

wiklin|a *f* (*-y*) *Bot.* Korbweide *f*; *koll.* (*0*) (Weiden-)Zweige *m/pl.*, Ruten *f/pl. zum* Flechten; **~owy** Weiden-; Korb-, Flecht-.

wikła|ć *m* (*-a*; *-e*) *Zo.* Webervogel *m*; **~ć** ⟨*po-*, *za-*⟩ (*-am*) verwirren, verwickeln (*się* sich); **~ć się** *a.* sich komplizieren; sich verhaspeln; *s.* plątać (*się*).

wikt F *m* (*-u*; *0*) Verpflegung *f*, Kost *f*; **~uały** † *pl.* (*-ów*) Viktualien *pl.*

wilcz|ątko [-'tʃɔnt-] *n* (*-a*; *G -tek*) Wolfsjunge(s), Wölfchen *n*; **~ek** *m* (*-czka*; *-czki*) Jungwolf *m*; junger deutscher Schäferhund; **~e** *n* (*-ęcia*; *-ęta*) *s.* wilczątko; **~omlecz** *m Bot.* (Sonnen-)Wolfsmilch *f*; **~ur** *m* (*-a*; *-y*) alte(r) Wolf; F *a.* Wolfshund *m*, deutscher Schäferhund; **~ura** *f* (*-y*) Wolfspelz *m*; **~y** Wolfs-; *s.* jagoda; **~yca** *f* (*-y*; *-e*) Wölfin *f*; F *a.* Wolfshündin *f*. [winde *f*.]

wilec *m* (*-lca*; *-lce*) *Bot.* Trichter-)

wilga *f* (*-i*) *Zo.* Pirol *m*.

wilgo|ć *f* (*-ci*; *0*) Feuchtigkeit *f*; **~tnawy** etwas feucht; **~tnieć** [-'gɔt-] ⟨*z-*⟩ (*-eję*) feucht werden; **~tnościomierz** [-'stɛɔ-] *m* (*-a*; *-e*) Hygrometer *n*; **~tność** *f* (*-ści*; *0*) Feuchtigkeit(sgehalt *m*) *f*; **~tny** (*-no*) feucht; **~tny** i zimny naßkalt.

wilia ['vi-] *f s.* wigilia.

wilk *m* (*-a*; *-i*) Wolf *m*; *Kochk.* Fleischwolf *m*; *Text.* Reißwolf *m*; *Med.* Lupus *m*; *Bot.* wilder Trieb; *Tech.* (*Eisen-*)Sau *f*, Bär *m*; *fig.* Seebär *m*; F *s.* wilczur; **~** morski *s.* orka¹; patrzeć jak *m* finster blicken; **~ołak** *m* (*-a*; *-i*) Werwolf *m*.

willa *f* (*-i*; *-e*, *-/-i*) Villa *f*.

win|a *f* (*-y*) (*Tat-*)Schuld *f*; **~a** nieumyślna *Jur.* Fahrlässigkeit *f*; poczuwający się do (*od.* świadom) **~y** schuldbewußt; nie z **~y** (*G*) ohne *j-s* Verschulden.

wind|a *f* (*-y*) (*Seil-*)Winde *f*; Aufzug m, Lift m; *jechać ~q* den Aufzug benutzen.

windyk|acja f (-i; -e) Jur. Forderung f der Herausgabe e-r Sache; **~acyjny:** *proces ~ny* Klage f auf Herausgabe; **~ować** (-uję) zurückfordern, auf Herausgabe klagen.

windziarz ['vin-] m (-a; -e) Fahrstuhlführer m, Liftboy m.

winia|k ['vi-] m (-u; -i) Weinbrand m; **~n** m (-u; -y) Chem. Tartrat n; **~rnia** [-'ɲar-] f (-i; -e) Weinstube f; **~rstwo** n (-a; 0) Weinproduktion f; **~rz** m (-a; -e) Weinhersteller m; Weinhändler m; Weinkenner m.

winić (-ę) v/t beschuldigen (A), die Schuld geben (D).

winiec ['vi-] m (-ńca; -ńce) s. *filoksera.*

winien (-nna f, -nno n, -nne, -nni pl.) präd. zu *winny²*; Hdl. (a. *strona ~*) Soll m.

winieta [-'ɲɛ-] f (-y) Vignette f.

winni|ca f (-y; -e) Weinberg m; **~czek** m (-czka; -czki) Weinbergschnecke f.

winny¹ Wein-; s. *latorośl.*

win|ny² schuldig; *kto temu ~ien* wer ist schuld daran; *~ien* (+ *Inf.*) s. *powinien;* Su. *~ny* m (-ego; -i) Schuldige(r).

wino n (-a) (grzane, musujące Glüh-, Schaum-)Wein m; *dzikie ~ =* **~bluszcz** m Jungfernrebe f, wilder Wein.

winobrani|e n Weinlese f; *święto ~a* Winzerfest n.

winogro|dnik m Winzer m, Weinbauer m; **~na** n/pl. (-) Wein(trauben f/pl.) m; **~nowy** Trauben-; Reben-.

winorośl f (-i; -e, -i) (Wein-)Rebe f; Weinstock m.

winowaj|ca m (-y; G -ów), **~czyni** f (-i; -e) Schuldige(r), Täter(in) f m.

winszować [viŋʃo-] ⟨po-⟩ (-uję) (k-u G) gratulieren (j-m G), beglückwünschen (j-n zu).

winyl m (-u; 0) Chem. Vinyl n.

wio! [vɔ] Int. hüh!

wiod|ą, ~ę s. *wieść;* **~ący** [-'dɔn-] Führungs-, führend.

viol|inany [viɔ-] Violin-; **~onczela** f(-i; -e, -i /-i) Cello n; **~onczelista** m (-y; -ci, -ów) Cellist m.

wionąć [-nɔntɕ] (-nę) v/i (I) wehen, strömen.

wiorsta f (-y) Werst f.

wios|enny Frühlings-, Frühjahrs-; **~ka** f (-i; G -sek) Dorf n, Weiler m.

wiosło n (-a; G -seł) (Boots-)Riemen m, Ruder n; *~ kajakowe* Paddel n; **~wać** (-uję) rudern; **~wy** Ruder-.

wiosn|a f (-y; G -sen) Frühling m, Frühjahr n, poet. Lenz m; *~ą, na ~ę* im Frühling.

wioszczyzna f (-y) Dörfchen n.

wiośla|ka f (-i; G -rek) Ruderin f; Zo. **~ki** pl. Wasserflöhe m/pl.; **~ski** Ruder-; **~stwo** n (-a; 0) Rudern n, Rudersport m.

wioślarz m (-a; -e, -y) Ruderer m.

wiośniany Frühlings-; poet. fig. jung, im Lenz des Lebens (stehend).

wiot|czeć ⟨z-⟩ (-eję) erschlaffen; **~ki** (-ko) Haut: schlaff; Figur: schlank, grazil.

wioz|ą, ~ę s. *wieźć.*

wiór [vur] m (-a; -y) Span m; **~kować** (-uję) Parkett abziehen; **~owy** Tech. spanabhebend.

wir m (-u; -y) Strudel m, Wirbel m; fig. a. Getümmel n.

wir|aż m (-u; -e, -y/-ów) (Straßen-) Kehre f; Flgw. Kehrtkurve f, Turn m; **~nik** m (-a; -i) Tech. Läufer m, Rotor m; Windrad n; Flgw. Trag-, Hubschraube f; **~opłat** m Flgw. Drehflügler m; **~ować** (-uję) v/i ⟨za-⟩ sich drehen, rotieren; umlaufen; wirbeln; Flgw. trudeln; v/t ⟨od-⟩ Milch, Wäsche schleudern; **~owy** Dreh-, Rotations-; Wirbel-; *taniec ~owy* Rundtanz m; **~ówka** f (-i; G -wek) Schleuder f, Zentrifuge f.

wirtuoz m (-a; -i/-owie) Virtuose m; **~owski** (-ko) virtuos.

wiru|lentny virulent; **~s** m (-a; -y) Virus m; **~sowy** Virus-.

wirydarz m (-a; -e) Innenhof m; Klostergarten m.

wisie|ć ['vi-] (-szę) v/i hängen; herabhängen; **~lczy** Galgen-; **~lec** m (-lca; -lcy) Ge- od. Erhängte(r).

wisiorek m (-rka; -rki) (Schmuck-) Anhänger m; Anhängsel n.

wiskoza f (-y; 0) Viskose f.

wist m (-a; 0) Whist m.

wisus m (-a; -y) s. *hultaj, urwis.*

wisz|ący [-'ɔn-] hängend, Hänge-; **~ę** s. *wisieć.*

wiślany Weichsel-.

wiśni|a ['viɕ-] f (-i; -e, -sien) Sauer-, Weichselkirsche f; Kirschbaum m

od. -holz n; ~a wawrzynowa Kirschlorbeer m; ~ak ['yiɛ-] m (-u; -i)
Kirschwasser n; ~owy Kirsch-; (a.
-wo) kirschrot; ~ówka f (-i; G -wek)
Aufgesetzte(r) mit Kirschen.

wiśta! Int. hü(st)! (nach links).

wita|ć (po-, przy-) (-am) (be)grü-
ßen; ~ć się (przy-) (z I) (sich/ein-
ander) begrüßen; ~j(cie)! willkommen!

wita|lny vital; ~mina f (-y) Vit-
amin n; ~min(iz)ować (-uję) vit-
aminisieren; ~minowy Vitamin-.

witka f (-i; G -tek) Gerte f, Rute f.

witlinek m (-nka; -nki) Zo. Witling
m, Merlan m.

witraż m (-a; -e) buntes (Kirchen-)
Fenster; ~owy Buntglas-; malowidło ~owe Glasmalerei f.

witriol ['yi-] m (-u; -e) Vitriol m.

witryna f (-y) Schaukasten m,
Vitrine f; Schaufenster n.

witwa f (-y) Bot. Korbweide f.

wiwat m (-u; -y) Hochruf m; ~! es
lebe (hoch)!; strzelać na ~ Salut
schießen; ~ować (-uję) hochleben
lassen (na cześć G/A).

wiza f (-y) (tranzytowa Transit-)
Visum n. [n.]

wizerunek m (-nku; -nki) Bild(nis)

wizja f (-i; -e) Vision f; Rdf. TV-
Videoteil m; Jur. ~ lokalna Tatort-
besichtigung f; Lokaltermin m.

wizjer m (-u; -y) Fot. Sucher m;
~ka F f (-i; G -rek) Guckloch n.

wizjonerski visionär. [Spion m.]

wizować ⟨za-⟩ (-uję) Paß visieren,
mit e-m Visum versehen.

wizualny visuell.

wizyjny Video-, Bild-.

wizyt|a f (-y) (przyjaźni, wstępna
Freundschafts-, Antritts-)Besuch
m; być z ~ą zu Besuch sein od. weilen; ~acja f (-i; -e) Besichtigung f,
Inspektion f; ~ator m (-a; -rzy/
-owie) Schulinspektor m; ~ować
⟨z-⟩ (-uję) besichtigen, inspizieren;
~owy Besuchs-; bilet ~owy =
~ówka f (-i; G -wek) Visitenkarte f.

wjazd m (-u; -y) Einfahrt f; Ein-
reise f; Auffahrt f; Einzug m; ~owy Einfahrts-; Einreise-.

wje|żdżać (-am), ⟨~chać⟩ (hin)ein-
fahren; (hin)auffahren; P fig. (na
A) j-n anfahren.

wkle|jać (-am), ⟨~ić⟩ einkleben;
~jka f (-i; G -jek) eingeklebtes
(Papier-)Blatt.

wkle|słodruk m Typ. Tiefdruck m;
~sły (-ło) konkav; hohl; Winke.
überstumpf; ~śnięcie [-'cnɛn-] n
(-a) Vertiefung f, Delle f.

wkład m (-u; -y) (Spar-)Einlage f;
Beitrag m (w A, do G/zu); (Arbeits-
Kapital-)Aufwand m; Tech. a. Einsatz m; (Schreib-)Mine f; ~ać
(-am), ⟨włożyć⟩ (hin)einlegen, hin-
eintun (do G/in A); einsetzen
(hin)einstecken; investieren; Kleid
Schuhe anziehen; Fesseln a. anlegen; Hut aufsetzen; Pflichten auferlegen; włożyć się (do G) s. wdrażać
się; ~ka f (-i; G -dek) Einlage f;
Einsatz(stück n) m; Dübel m; Geol.
Einlagerung f; s. a. wkład; ~owy
Einlage-.

wkoło Prp. (G) rund um (A).

wkop|ywać (-uję), ⟨~ać⟩ eingraber
(się sich); F ~ać się sich verraten
in e-e Sache hineingeraten, -schlit-
tern.

wkorzeni|ać się [-'ʒɛ-] (-am), ⟨~ć
się⟩ sich einwurzeln.

wkra|czać (-am), ⟨wkroczyć⟩ (do G
hereinkommen, hineingehen (in A)
betreten (A); Truppe: einrücken
einmarschieren; fig. sich einmi-
schen, einschreiten; ~dać się (-am)
⟨~ść się⟩ sich einschleichen (do G,
in A); ~placz m (-a; -e) Tropfröhr-
chen n; ~plać (-am), ⟨wkroplić⟩
(-lę) einträufeln; ~ść się pf. s.
wkradać.

wkrę|cać (-am), ⟨~cić⟩ eindrehen
einschrauben; F fig. j-m et. andrehen, andienen; e-n Job verschaffen
~cić się sich einschmuggeln (do G
na A/in A, zu); ~t m (-u; -y) (Holz-
Schraube f; ~tak m (-a; -i) Schrau
benzieher m; ~tka f (-i; G -tek
Gewindestöpsel m.

wkrótce Adv. in Kürze, bald, dem
nächst; ~ po (L) kurz nach (D).

wkup|ywać się (-uję), ⟨~ić się⟩
(I/als) Einstand geben.

wku|wać (-am), ⟨~ć⟩ F fig. büffeln
ochsen (do egzaminu für die Prü
fung).

wla|ć pf. s. wlewać; ~ny P besoffen
voll; ~tywać (-uję) ⟨~lecieć⟩ her-
hineinfliegen (do G/in A); F fig
her-, hineinrennen, -stürzen; ~zł s
włazić.

wle|c (L.) schleppen (się sich), ⟨z
sobą hinter sich her⟩ ziehen, schlei

fen; **~c się** *Kleid*: schleifen (*po ziemi* über dem Boden); *Tag usw.*: sich lange hinziehen; **~cieć** *pf. s.* **wlatywać**; **~piać** ['vlɛ-] (*-am*), ⟨**~pić**⟩ einkleben; F *Strafe* aufbrummen; *Zensur* verpassen; *~pi(a)ć oczy od. wzrok w* (*A*) anstarren (*A*).

wlew *m* (*-u*; *-y*) Einfüllöttnung *f*; *Tech.* Einguß *m*; *Med.* Infusion *f*; **~ać** (*-am*), ⟨**wlać**⟩ (ein)gießen; ergießen (*się* sich); *fig.* einflößen; P *wlać się* sich vollaufen lassen; **~ka** *f* (*-i*; *G -wek*) *Med.* Einlauf *m*; **~nica** *f* (*-y*; *-e*) *Tech.* Kokille *f*; **~nik** *m* (*-a*; *-i*) Einfüllöffnung *f*, -stutzen *m*; *Med.* Irrigator *m*.

wleźć *pf. s.* **wlazić**.

wlicz|ać (*-am*), ⟨**~yć**⟩ an-, ein-, mitrechnen; *s. doliczać*; **~ając** *...* *... eingerechnet.*

wlok|a, **~ę** *s. wlec.*

wlot *m* Einlaß *m*, Eintritt *m*; (*Stollen-*)Mund *m*; **~owy** Einlaß-, Eintritts-; *otwór ~owy a.* Einschuß (*-loch n*) *m*.

wlutow|ywać (*-[w]uję*) einlöten.

włada|ć (*-am*) (*I*) herrschen (über *A*); beherrschen (*A*); mächtig sein (*G*); handhaben (*A*); *Glieder* rühren (*od. bewegen*) können; *Landgut im Besitz haben*, besitzen; *nie ~ć sobą* sich nicht beherrschen können; *s. panować*; **~ca** *m* (*-y*; *G -ów*), **~czyni** *f* (*-i*; *-e*) (Be-)Herrscher(in *f*) *m*, Gebieter(in *f*) *m*; **~czy** (*-czo*) gebieterisch, herrisch; **~ny** *lit.* befugt, berechtigt.

władz|a *f* (*-y*; *-e*) Macht *f*; (*Amts-*)Gewalt *f*; Vermögen *n*; (*mst pl.*) Behörde(n *pl.*) *f*, Obrigkeit *f*, Führungsorgan(e *pl.*) *n*; *stać u ~y an* der Macht sein; *stracić ~ę w nogach s-e* Beine nicht mehr bewegen können.

włam|ać się *pf. s.* **włamywać się**; **~anie** *n* (*-a*) (*Bank-*)Einbruch *m*; **~ywacz** *m* (*-a*; *-e*) Einbrecher *m*; **~ywać się** (*-uję*), ⟨**~ać się**⟩ einbrechen (*do G/in A*).

~łasno|ręczny eigenhändig; **~ściowy** Eigentums-, Besitz-; **~ść** *f* (*-ści*) (*publiczna od. społeczna* Gemein-)Eigentum *n*, Besitz *m*; *mieć na ~ść* sein eigen nennen.

~łasn|y eigen; Eigen-, Selbst-; *zu Händen; z ~ej woli* aus eigenem Antrieb, freiwillig.

właściciel [-'ɕtɕi-] *m* (*-a*; *-e*, *-i*), **~ka** *f* (*-i*; *G -lek*) Eigentümer(in *f*) *m*, Besitzer(in *f*) *m*.

właściw|ie *Adv. s.* **właściwy**; **~ość** *f* (*-ści*) Eigenschaft *f*; Eigenart *f*; Beschaffenheit *f*; Angemessenheit *f*, Richtigkeit *f*; *Jur.* (*Gerichts-*)Zuständigkeit *f*; **~y** angemessen, richtig; *Jur.* zuständig; *Muth.* echt; (*D*) charakteristisch, typisch (für), eigen (*D*); *Phys.* spezifisch; (*a. -wie*) eigentlich; *we ~ym czasie* zur rechten Zeit.

właśnie *Adv.* eben, gerade; soeben.

właz *m* (*-u*; *-y*) Einstieg(luke *f*) *m*; **~ić** (*-żę*), ⟨**wleźć**⟩ hinauf-/hineinkriechen, -klettern; hineinkriechen (*pod A*/unter *A*); F (*w A*) (hinein)geraten; *Platz haben od.* finden, hineingehen; F *ile wlazło*, *ile wlezie* jede Menge; **~owy** Einstiegs-.

włącz|ać (*-am*), ⟨**~yć**⟩ einschließen, einbeziehen; eingliedern, einfügen (*się* sich); einverleiben; *Tech.*, *El.* einschalten; *Gang* einlegen; **~yć** *sprzęgło* einkuppeln; *~ać* ⟨**~yć**⟩ *się s. do-*, *przyłączać*; **~nie** *Adv.* einschließlich, inklusive; **~nik** *m* (*-a*; *-i*) (*przerzutowy* Kipp-)Schalter *m*; **~yć** *pf. s.* **włączać**.

Wło|ch *m* (*-a*; *-si*), **~szka** *f* (*-i*; *G -szek*) Italiener(in *f*) *m*.

włochaty (*-to*) haarig, behaart; zottig; Frottee-.   [ekonom.]

włodarz † *m* (*-a*; *-e*) Vogt *m*; *s.*]

włok *m* (*-a*; *-i*) Schleppnetz *n*.

włom *m Bgb.* Einbruch *m*.

włos *m* (*-a*; *-y*) Haar *n* (*a. koll.*); (*Teppich-*)Flor *m*; (*Unruh-*)Spirale *f*; *o* (*mały*) *~* um ein Haar; (*ani*) *na ~* nicht um Haaresbreite; *~ mu z głowy nie spadnie es* wird ihm kein Haar gekrümmt; *pod ~* gegen den Strich; *drzeć ~y* (*sich*) *die* Haare raufen; *do ~ów in Zssgn* Haar-; **~ek** *m* (*-ska*; *-ski*) Härchen *n*; **~ianka** *f* (*-i*; *G -nek*) Roßhaar (*-gewebe*) *n*.

włosie ['vwɔ-] *n* (*-a*; *0*) Roßhaar *n*; **~n(n)ica** *f* (*-y*; *-e*) Büßerhemd *n*; **~nny** Roßhaar-; **~ń** *m* (*-śnia/-sienia*; *-sienie*, *-śni/sieni*) *s. włosie*; *Zo.* Trichine *f*

włosi|ęta [-'ɕɛn-] *pl.* (*-ąt*) (*Kinder-*) Haar(e *pl.*) *n*; **~sty** haarig, behaart.

włoski (*po -ku*) italienisch; Italien-.

włos(k)ow|aty kapillar; *naczynia*

~ate Kapillaren f/pl., Haargefäße n/pl.; ~y Haar-.

włosz|czyzna f (-y; 0) Italienisch n; italienische Kultur, Sitten usw.; Kochk. Suppengrün n; 2ka f s. Włoch.

włości pl. (-i) (Land-)Güter n/pl.; ~anin † [-'tca-] m (-a; -anie, -), ~anka f (-i; G -nek) s. wieśniak, wieśniaczka; ~ański [-'tcaĩs-] Land-, Bauern-.

włośni|ca f (-y; -e) Kolbenhirse f; Med. Trichinose f; Tech. Laubsäge f; ~k m (-a; -i) Bot. Wurzelhaar n.

włożyć pf. s. wkładać.

włóczęg|a[1] [-'tsenga] f (-i; G -) Wanderschaft f, Nomadenleben n; s. tułaczka; ~a[2] m (-i; -i/-dzy, -ów/-) Landstreicher m, Herumtreiber m, Tramp m; ~ostwo n (-a; 0) Landstreicherei f.

włóczk|a f (-i; G -czek) Strickwolle f; JSpr. Schleppe f; ~owy Strick-, Woll-.

włóczni|a [ˈvwutʃ-] f (-i; -e, -i) hist. Spieß m, Lanze f; ~k m (-a; -cy) Speerträger m; (pl. -i) Zo. Schwertfisch m.

włóczy|ć ⟨po-⟩ (-ę) s. wlec; ~ć nogami schlürfen (v/i); ~ć się sich herumtreiben; ~kij F m Tippelbruder m, Penner m.

włók m (-a; -i) s. włok; Agr. = ~a f (-i) Ackerschleppe f; † a. Hufe f (Feldmaß).

włókien|ko n (-a; G -nek) Anat. Fibrille f; ~nictwo n (-a; 0) Textil(fach)kunde f; Textilindustrie f; ~niczy Textil-; ~nik m (-a; -cy) Textilfachmann m.

włóknia|k [ˈvwuk-] m (-a; -i) Med. Fibrom n; ~rka f (-i; G -rek), ~rz m (-a; -e, -y) Textil(fach)arbeiter(in f) m.

włókn|ik m (-a; 0) Blutfaserstoff m; ~ina f (-y) Text. (Faser-)Vlies n; ~isty faserig, Faser-; ~o n (-a; G -kien) Faser f.

wmarsz m Einmarsch m, Einzug m.

wmawia|ć ⟨wmówić⟩ einreden; weismachen.

wmiesza|ć pf. hineinmischen; fig. j-n verwickeln (w A/in A); ~ć się sich (ein)mischen; ~nie się n Einmischung f.

wmontow(yw)ać (-[w]uję) einbauen, (ein)montieren.

wmówić pf. s. wmawiać.

wmu|row(yw)ać (-[w]uję) einmauern; ~szać (-am), ⟨~sić⟩ (-szę) j-m et. aufdrängen, aufzwingen.

wmyśl|ać się (-am), ⟨~ić się⟩ (-lę) sich hineindenken. [danach.]

wnet sofort; bald; ~ potem gleich}

wnęka [ˈvnen-] f (-i) Nische f.

wnętrz|e [ˈvnent:ʃɛ] n (-a) Innere(s); Innenraum m; Interieur n; od ~a, z ~a von innen; do ~a nach innen; ~ności pl. (-ci) Eingeweide n; fig. Innere(s).

wniebo|głosy Adv. aus Leibeskräften, aus vollem Halse; 2wstąpie-nie n, 2wzięcie n Rel. Himmelfahrt f; ~wzięty F fig. entzückt, hingerissen.

wnie|sienie n (-a) Einbringung f; Eintragung f; ~sienie skargi (do sądu) Klageerhebung f; ~ść pf. s. wnosić.

wnik|ać (-am), ⟨~nąć⟩ eindringen; fig. a. sich hineindenken, versetzen; ~liwy (-wie) durchdringend; forschend; tiefgründig; vgl. przenikliwy; ~nięcie [-ˈŋɛn-] n (-a; 0) Eindringen n; Ergründung f.

wnios|ek m (-sku; -ski) (nagły Dringlichkeits-)Antrag m; Beschlußempfehlung f; (Rationalisie-rungs-)Vorschlag m; Schluß(folgerung f) m; Rückschluß m; ~ek o ukaranie Strafantrag; Strafanzeige f; wolne ~ki Verschiedenes, Sonstiges (Tagesordnung); kto za ~kiem (przeciw ~kowi) wer ist dafür (dagegen)?; ~kodawca m Antragsteller m; ~kować ⟨wy-⟩ (-uję) folgern (z G/aus), schließen (o L/auf A); ~kowanie n (-a) (Schluß-)Folgerung f, Konklusion f. [chen.]

wniwecz: obrócić ~ zunichte ma-}

wnosić, ⟨wnieść⟩ v/t her-/hinauf-od. her-/hineinbringen, -tragen, -schaffen; fig. Beitrag, Zahlung leisten; Antrag stellen; Klage einreichen; Beschwerde vorbringen; Protest, Anklage erheben; Berufung einlegen; Korrekturen anbringen; v/i (nur impf.) schließen (z G/aus); Jur. beantragen (o A/A).

wnu|częta [-ˈtʃɛn-] n/pl. (-ąt) Enkel (-kinder n/pl.) m/pl.; ~czka f (-i; G -czek), ~k m (-a; -owie/-i) Enkel (-in f) m.

wnyk m (-a; -i): mst pl. ~i (Wilderer-) Schlinge f; F a. Dresche f; ~arz m (-a; -e) Fallensteller m.

woalka f (-i; G -lek) Schleier m.

wobec Prp. (G) angesichts (G); gegenüber (D); wegen (G); ~ tego u Anbetracht dessen (że/daß); ~ braku mangels (G); ~ czego infolgedessen.

wod|a f (-y; G wód) (do picia, mała, po goleniu, słodka, święcona Trink-, Nieder-, Rasier-, Süß- od. Frisch-, Weih-)Wasser n; ~y pl. Gewässer n; spuścić na ~ę zu Wasser lassen; fig. płynąć z ~ą mit dem Strom schwimmen. [n.]

wodewil m (-u; -e, -ów) Vaudeville

wodni|actwo n (-a) Wassersport m; ~ak ['vɔd-] F m (-a; -cy) Schiffer m; Wassersportler m; Med. ~ak jądra Hodenwasserbruch m; ~ca f (-y; -e) Wasserjungfer f, Nixe f; Mar. Lade(wasser)linie f; ~k m (-a; -cy) Wassergeist m, Nix m; Zo. (pl. -i) Wasserralle f; 2k (0) Astr. Wassermann m; ~sty wässerig, wäßrig.

vodno|kanalizacyjny Wasser- und Kanalisations-; ~płat(owiec) m, ~samolot m Wasserflugzeug n; (łodziowy) Flugboot n.

vodn|y Wasser-; drogą ~ą zu Wasser, auf dem Seeweg(e), per Schiff.

vodochłonny hygroskopisch.

wodociąg m Wasserleitung f; pl. F a. Wasserwerke n/pl.; ~owiec [-'gɔ-] F m (-wca; -wcy) Rohrleger m, Klempner m; ~owy (Wasser-)Leitungs-.

vodo|dział m Wasserscheide f; ~głowie [-'gwɔ-] n (-a; 0) Gehirnwassersucht f; ~lecznictwo n Wasserheilkunde f; ~lot m Tragflächen-, Tragflügelboot m; ~lubny wasserliebend; ~łaz m (-a; -y) Neufundländer m (Hund); ~mierz [-'dʒ-] m (-a; -e) Wassermesser m, F -uhr f; ~miotacz m Wasserwerfer m; Bgb. Spülstrahlrohr n; ~nośny wasserführend; ~odporny wasserfest; ~odpychający wasserabstoßend; ~pój m (-oju; -oje) (Vieh-)Tränke f; ~przepuszczalny wasserdurchlässig.

vodor|ek m (-rku; -rki) Chem. Hydrid n; ~o- Chem. Hydrogen-.

vodorost m (-u; -y) Wasserpflanze f, s. glon.

vodoro|tlenek m Chem. Hydroxid n; ~węglan m Chem. Hydrogen-, Bikarbonat n; ~wy Wasserstoff-.

vodo|spad m Wasserfall m; ~-

---

szczelny wasserdicht; ~trysk m (-u; -i) Springbrunnen m, Wasserspiele n/pl.; ~wać ⟨z-⟩ -uję v/i Flgw. wassern; v/t vom Stapel (laufen) lassen; ~wanie n (-a) Flgw. Wassern n; Mar. Stapellauf m; ~wskaz m (-u; -y) Wasserstandsanzeiger m; Pegel m; ~wstręt m Wasserscheu f.

wodór m (-oru; 0) Wasserstoff m; ciężki ~ Deuterium n.

wodz|a f (-y; -e): nur pl. ~e Zügel m/pl.; puszczać ~e die Zügel lockern (fig. schießen lassen); trzymać na ~y j-n fest an der Kandare halten; pod ~ą (G) unter der Führung (G od. von); vgl. a. wódz; ~ąca [-'dzɔn-] f (-ej; -e) Math. Direktrix f.

wodzian f (-u; -e, -ów) Hydrat n.

wodzi|ć (-dzę, wódź!) führen; Augen schweifen lassen (po L/über A); mit den Augen verfolgen (za I/A); fig. ~ć za nos an der Nase herumführen; ~dło n (-a; G -deł) Tech. Stange f, Führung f; ~k m (-a; -i) Tech. Kreuzkopf m; ~rej m (-a; -e, -ów) Vortänzer m; Reigenführer m; fig. Boß m, Haupt n.

wodzo|stwo n (-a; 0) Führerschaft f; ~wie pl. v. wódz; ~wski Führer-.

wojaczk|a F f (-i; G -czek): iść na ~ę zu den Soldaten gehen; ins Feld ziehen.

wojak m (-a; -cy/-i) Soldat m.

wojen|ka F f (-i; G -nek) Krieg m; ~ny Kriegs-.

wojew|oda m (-y; -owie, -ów) Woiwode m; ~ódzki (-ko) Woiwodschafts-; ~ództwo n (-a) Woiwodschaft f.

wojłok m (-u; -i) Filz m.

wojn|a f (-y; G -jen) (domowa, na wyczerpanie Bürger-, Abnutzungs-) Krieg m; fig. a. Kampf m (z I/mit); ~y krzyżowe hist. Kreuzzüge m/pl.; iść na ~ę in den Krieg ziehen.

wojow|ać (-uję) Krieg führen; fig. bekämpfen (z I/A); ~niczy (-czo) kriegs-, kampflustig, kriegerisch; ~nik m (-a; -cy) Krieger m.

wojsk|o n (-a) Militär n, Truppe f, Armee f; F a. Wehrdienst m; ~o lądowe Heer n; po ~u gedient; być w ~u dienen; ~owość f (-ści; 0) Militärwesen n; Militärdienst m; ~owy Militär-; Kriegs-; (a. -wo, po -wemu) militärisch; s. żołnierski; Su. m (-ego; -i) Militär m, Soldat m.

wokal(icz)ny Mus. vokal, Vokal-.

wokan|da *f* (-*y*) Termin-, Prozeß-
liste *f*; *na* ~*dzie fig.* auf der Tagesordnung.

wok|oło, ~**ół** *Prp.* (*G*) rund (*od.*
rings) um (*A*), um (*A*) her(um);
Adv. nach allen Seiten.

wol|a *f* (-*i*; *0*) Wille *m*; ~*a Boska!*
Gottes Wille geschehe!; *do* ~*i* nach
Herzenslust; *mimo* ~*i* unwillkür-
lich; unabsichtlich.

wolant *m* (-*a*; -*y*) *Flgw.* (Steuer-)
Handrad *n*; *Sp.* Federball(spiel *n*)
m.

wole *n* (-*a*; *G* -*i*) Kropf *m* (*a. Med.*).

wol|eć (-*ę*, -*i*) lieber haben (*od.* mö-
gen, essen, trinken, tun), vorziehen;
~*ałbym* ... ich würde eher ...

wolej *n* (-*a*; -*e*, -*ów*) Volley(schuß)
m; *z* ~*a* direkt aus der Luft.

wolfram *m* (-*u*; *0*) *Chem.* Wolfram
n; ~*owy* Wolfram-.

wol|i Ochsen-; ~*e oko Arch.* Och-
senauge *n.*

wolina *f* (-*y*; *0*) Holzwolle *f.*

wolniusieńki *F* (-*ko*) ganz langsam.

wolno *Adv.* (*Komp. wolniej*) langsam, gemächlich; lose; frei; *präd.*
man darf; *czy* ~*?* ist es gestattet?,
gestatten Sie?; *nie* ~ *mi* ich darf
nicht; *nie* ~ *nikomu* ... niemand
darf; ~- *in Zssgn* frei-, Frei-; ~-
amerykanka *F f* (-*i*; *0*) Freistilringen *n*; ~**bieżka** *F f* (-*i*; *G* -*żek*)
Freilauf-Fahrrad *n*; ~**bieżny** *Tech.*
langsamlaufend; ~**cłowy** zollfrei.

wolnomula|rski Freimaurer-; ~**r-
stwo** *n* (-*a*; *0*) Freimaurerei *f*; ~**rz**
m (-*a*, -*y*; -*e*) Freimaurer *m.*

wolnomyśliciel *m* Freidenker *m*;
~**ski** freidenkerisch; ~**stwo** *n* (-*a*; *0*)
Freidenkerei *f.*

wolno|myślny freidenkend, -sin-
nig; ~**najemny** *Arbeit(er)*: frei;
~**nośny** freitragend; ~**obrotowy**
Motor: langsamlaufend; ~**ryn-
kowy** Freihandels-, Freimarkt-.

wolnoś|ciowy Freiheits-; ~**ć** *f* (-*ści*;
0) (*słowa, sumienia* Meinungs-,
Gewissens-)Freiheit *f*; *na* ~*ci* in
Freiheit; *in* freier Wildbahn.

woln|y frei (*od G*/von), Frei-; lang-
sam; *Kleid*: lose, weit; ~*y od*
opłat/*podatków* gebühren-, steu-
erfrei; *na* ~*ym powietrzu* im Freien,
draußen; *bilet* ~*ego wstępu* Freikarte *f.*

wolontariusz [-'ta-] † *m* (-*a*; -*e*)
Volontär *m.*

wolt *m* (-*a*; -*y*) *El.* Volt *n*; ~**a** *f* (-*y*)
Sp. Volte *f*; ~**omierz** [-'tɔ-] *m* (-*a*;
-*e*) Voltmeter *n.*

woltyżer *m* (-*a*; -*owie*/-*rzy*), ~**ka** *f*
(-*i*; *G* -*rek*) Zirkus-, Kunstreiter(in
f) *m*; ~*ka a.* Kunstreiten *n*; *hist.*
nur pl. ~*owie* leichte Reiterei.

woła|cz *m* (-*a*; -*e*, -*y*) *Gr.* Vokativ
m; ~**ć** ⟨*za*-⟩ (-*am*) rufen; ~**nie** *n*
(-*a*) Rufen *n*; (*o pomoc* Hilfe-)Ruf *m.*

wołek *m* (-*lka*; -*lki*): ~ *zbożowy*
Kornkäfer *m.*

wołow|ina *f* (-*y*; *0*) Rindfleisch *n*
Rindsbraten *m*; ~**y** Ochsen-,
Kochk. a. Rinder-, Rinds-.

woły *pl. v.* **wół**.

won|ieć ['vɔ-] (-*eję*) *lit.* duften (*I*
nach); ~**ny** wohlriechend, duftend

woń *f* (-*ni*; -*nie*) Duft *m*, (Wohl-
Geruch *m*; Gestank *m.*

wopista *F m* (-*y*; -*ści*, -*ów*) Grenz-
soldat *m*, Grenzer *m.*

woreczek *m* (-*czka*; -*czki*) Beutel *n*
(*a. Bot., Anat.*); Säckchen *n*; ~
żółciowy Gallenblase *f.*

worek *m* (-*rka*; -*rki*) Sack *m*; *F Mil*
Kessel *m*; *Sp.* Sandsack; *Anat*
(*Herz*-)Beutel *m.*

workow|ać ⟨*z*-⟩ (-*uję*) einsacken
~**aty** (-*to*) sackartig, -förmig; ~**y**
wory *pl. v.* **wór**. [Sack-.

wosk *m* (-*u*; -*i*) Wachs *n.*

woskow|ać ⟨*na*-⟩ (-*uję*) (ein)wach
sen; ~**any** gewachst; Wachs-; ~**in-**
f (-*y*) Ohrenschmalz *n*; *Bot.* Pflan
zenwachs *n*; ~**ożółty** wachsgelb
~**y** wächsern, Wachs-.

wo|skówka *f* (-*i*; *G* -*wek*) Wachs
matrize *f*; *Zo.* Wachshaut *f*; ~**sz**
czyna *f* (-*y*) Wabe *f*; *s.* woskowin
wotum *n* (*unv.*; -*ta*, -*tów*) (*zaufanic
nieufności* Vertrauens-, Mißtrau
ens-)Votum *n*; *Rel.* Votivgabe *f.*

wotywa *f* (-*y*) Votivmesse *f.*

woz|ak *m* (-*a*; -*cy*) (Aus-)Fahrer *m*
Fuhrmann *m*; *Bgb.* Wagenschiebe
m; ~**ić** (-*żę, woż/wóź!*) *v/t* (aus)fah
ren; ~**iwoda** *m* (-*y*; *G* -*ów*) (*Trink
Wasserfahrer *m*; ~**ownia** [-'zɔv-]
(-*i*; -*e*, -*ń*) Wagenschuppen *n*
~**owy** Wagen-; ~**ówka** *f* (-*i*; *G* -*wek*
Arch. Läufer(stein) *m*; ~**óz** *v/v.* wó:

woźn|a *f* (-*ej*; -*e*) Amtsbotin
Pförtnerin *f*; ~**ica** *m* (-*y*; *G* -*ó*
Kutscher *m*, Fuhrmann *m*; ~**y** *n*
(-*ego*; -*i*) Amtsbote *m*; Pförtner *n*
Gerichtsdiener *m.*

wód|eczka *F f* (-*i*; *G* -*czek*) Schnäp

chen *n*; ~**ka** *f* (*-i*; *G -dek*) Schnaps *m*, (*Korn-*)Branntwein *m*; ~**ka czysta** Wodka *m*; ~**ki** *pl. a.* Spirituosen *pl.*; ~**ki gatunkowe** Liköre *m*/*pl.*; F iść na ~**kę** e-n trinken gehen.

wódz *m* (*wodza*; *wodzowie*) Befehlshaber *m*; (*Stammes-*)Häuptling *m*; *s. do-*, *przywódca*.

wójt *m* (*-a*; *-owie*) *hist.* (*Land-*)Vogt *m*; Schultheiß *m*, Schulze *m*, Gemeindevorsteher *m*; Klassensprecher *m*.

wół *m* (*wołu*; *woły*) Ochse *m*; *fig.* ~ **roboczy** Packesel *m*, Kuli *m*; F *pracować jak* ~ schuften, ackern; *stoi* (*napisane*) *jak* ~ da steht es schwarz auf weiß.

wór *m* (*woru*; *wory*) Sack *m*.

wówczas *Adv.* dann; damals; nawet ~ selbst dann.

wóz *m* (*wozu*; *wozy*) (*drabiniasty*, *gospodarski*, *reportażowy*, *tramwajowy* Leiter-, Acker-, Übertragungs-, Straßenbahn-)Wagen *m*; ~ **doczepny** Anhänger *m*; ~ **policyjny z hydrantem** Wasserwerfer (*-wagen*) *m*.

wózek (*-zka*; *-zki*) (*Kinder-*, *Hand-*)Wagen *m*; *Tech. a.* Schlitten *m*; *Sp.* Rollsitz *m*; (*Motorrad-*)Beiwagen; (*Elektro-*)Karren *m*; ~ **kołowy** Kipplore *f*; ~ **podnośny widłowy** Gabelstapler *m*; ~ **suwnicy** Laufkatze *f*.

~ózkować (*-uję*) *Sp.* dribbeln.

~pad|**ać**, ⟨~**wpaść**⟩ hineinfallen; einfallen; *Fluß*: münden; *fig.* (*a. z impetem*) hereinstürzen (*do G/in A*); fallen (*do rąk in die Hände*; *w oczy in die Augen*); verfallen (*w A/D*, *in A*); geraten (*w A/in A*); kommen (*na myśl*, *na pomysł auf* den Gedanken); F (auf e-n Sprung) vorbeikommen (*do G/bei*); (*na L*) *D*); *Geheimbund usw.*: auffliegen; ~**ka** F *f* (*-i*; *G -dek*) Auffliegen *n fig.*); Reinfall *m*; KSp. ~**ka bez dwóch** zwei Stiche zuwenig; ~y **ingefallen**, ~**nięcie** [-'nęŋ-] *n* (*-a*) Einfall(en *n*) *m*; ~**unek** F *m* (*-nku*; *-nki*) Reinfall *m*. [beibringen.⟩

pajać (*-am*), ⟨**wpoić**⟩ einprägen,⟩

pakow(yw)ać (*-[w]uję*) hineinbacken, -stopfen; F *Kugel* verpassen; *s. wsadzać*; ~ **się** geraten; reinfallen (*z I/mit*).

---

wpaść *pf. s.* **wpadać**.

wpat|**rywać się** (*-uję*), ⟨~**rzeć się**⟩ (*w A*) unverwandt ansehen, anstarren (*A*), den Blick heften (auf *A*); ~**rzony w** (*A*) ohne den Blick abzuwenden (von).

wpeł|**ać**, ⟨~**nąć**⟩ hineinkriechen.

wpędz|**ać** (*-am*), ⟨~**ić**⟩ (hin)eintreiben.

wpi|**ać** *pf. s.* **wpinać**; ~**ć** *pf. s.* **wpijać**; ~**erać** (*-am*), ⟨**weprzeć**⟩ stemmen (*w A*/gegen *A*). [her.⟩

wpierw [fperf] zuerst; zuvor, vor-⟩

wpi|**(ja)ć** ~ **Zähne, Krallen** schlagen, graben; ~ **się** sich tief einschneiden; sich festsaugen; sich festbeißen *od.* -krallen; ~ **oczy**, ~ **się oczami** *s. wpatrywać się*.

wpi|**nać** (*-am*), ⟨~**ąć**⟩ einheften; *Nadel usw.* (hin)einstecken.

wpis *m* (*-u*; *-y*) Eintragung *f*; † *a.* Schulgeld *n*; ~**ać** *pf. s.* **wpisywać**; ~**owy** Eintragungs-, Einschreib-; *Su.* ~**owe** *n* (*-ego*; *-e*) Einschreibegebühr *f*; ~**(yw)ać** eintragen, einschreiben, registrieren (*się* sich [lassen]).   [*G*/in *A*).⟩

wpl|**atać**, ⟨~**eść**⟩ einflechten (*do*⟩

wpląt|**ywać** (*-uję*), ⟨~**ać**⟩ verwickeln, verstricken.

wpleść *pf. s.* **wplatać**.

wpła|**cać** (*-am*), ⟨~**cić**⟩ einzahlen; ~**cenie** *n* (*-a*), ~**ta** *f* Einzahlung *f*.

wpław *Adv.* schwimmend.

wpły|**nąć** *pf. s.* **wpływać**; ~**w** *m* (*-u*; *-y*) Einfluß *m*; (Ein-)Wirkung *f*; (*Geld-*)Eingang *m*, Einnahme(n *pl.*) *f*; mieć ~**wy** Beziehungen haben; ~**wać**, ⟨~**nąć**⟩ (hin)einfließen; *Schiff*: einlaufen; *Fluß*: sich ergießen, münden; *Post*: eingehen; (*na A*) Einfluß ausüben (auf *A*), beeinflussen (*A*); ~**wowy** einflußreich.

wpoić *pf. s.* **wpajać**.

wpół *Adv.* halb, zur Hälfte; ~ **do drugiej** halb zwei (Uhr); (*na*) ~ **otwarty** halbgeöffnet; **chwycić** ~ (*A*) j-n um die Taille fassen; ~**darmo** halb geschenkt; ~**surowy** halbroh; ~**ślepy** halbblind.

wpr|**aszać się** (*-am*), ⟨~**osić się**⟩ um e-e Einladung bitten; sich selbst einladen (*do G*/bei, zu).

wpraw|**a** *f* (*-y*; *0*) Übung *f*; (Hand-)Fertigkeit *f*; **nabyć** ~**y** Geschicklichkeit erwerben (*w L*/in *D*); **wyjść z** ~**y** aus der Übung kommen; ~**dzie**

wprawiać

['fprav-] zwar; allerdings; **~iać** ['fpra-] (-am), ⟨~ić⟩ Scheibe, Zahn einsetzen; Stein (ein)fassen; Bild einrahmen; Fuß einrenken; j-n versetzen (w podziw in Erstaunen usw.); einüben (się sich); **~ka** f (-i; G -wek) Übung(sstück n) f; **~ny** geübt.

wprosić się pf. s. wpraszać się.

wprost Adv. gerade(aus); direkt; einfach; Prp. na ~ gegenüber (G/D, von); Mil. na ~ patrz! Augen geradeaus!

wprowadz|ać (-am), ⟨~ić⟩ (her-, hin)einführen, hereinbringen; fig. einführen; j-n in e-n Zustand versetzen; Mil. ~ić do akcji Truppen einsetzen; ~ić w czyn in die Tat umsetzen; ~ać ⟨~ić⟩ się einziehen (do G/in A); **~anie** n (-a) (Daten-) Eingabe f; **~enie** n (-a) Einführung f (do G/in A); Mil. (do akcji od. walki) Einsatz m.

wprzęg|ać ['fpʃɛŋ-] (-am), ⟨~nąć, wprząc⟩ [-nɔntɕ, fpʃɔnts] (-nę, L. -prząc) einspannen.

wprzód Adv. zuvor, zuerst.

wpust m Einlaß(öffnung f) m; Tech. Einlege-, Nasenkeil m, (Paß-)Feder f; Nut f; Anat. Magenmund m; ~ uliczny Straßenablauf m, Gully m od. n; **~nik** m (-a; -i) Spund-, Nuthobel m; **~owy** Einlaß-; Spund-.

wpu|szczać, ⟨~ścić⟩ (her)einlassen; Tech. einfugen.

wpychać (-am), ⟨wepchać, wepchnąć⟩ hineinstopfen, -stecken; Messer hineinstoßen, -jagen; vgl. wciskać.

wracać ⟨po-⟩ (-am), ⟨wrócić⟩ -cę⟩ zurückkehren, -kommen (do G/auf A); wiederkommen, -kehren (do G/zu); ~ do zdrowia wieder gesund werden, wiederhergestellt sein.

wrak m (-a/-u; -i) (Schiffs-)Wrack n.

wrastać (-am), ⟨wrosnąć⟩ (hin)einwachsen.

wraz Adv. (z I) zusammen (mit); gleichzeitig (mit); samt (D).

wrażenie n (-a) Eindruck m; odnosić ~ den Eindruck haben od. gewinnen.

wrażliw|ość f (-ści; 0) Empfindlichkeit f; Empfänglichkeit f; Empfindsamkeit f, Sensibilität f; **~y** (-wie) (na A) empfindlich (gegen A); empfänglich (für A); empfindsam, sensibel, F zartbesaitet; a. in

Zssgn: ~y na zimno kälteempfindlich.

wrąb m (wrębu; wręby) Einschnitt m, Kerbe f; Arch. Versatz m, Kamm m im Holz; Bgb. Kohlenschnitt m, Schram m; pełny po wręby randvoll; **~ywać** P (-uję), ⟨~ać⟩ fig. Essen (ver)spachteln, kräftig einhauen.

wre s. wrzeć.

wreszcie Adv. endlich, schließlich; nicht zuletzt.

wrębia|rka [vrem-] f (-i; G -rek) Bgb. Schrämmaschine f; **~rz** m (-a; -e, -y) Bgb. Schrämhauer m.

wręcz [vrentʃ] Adv. geradezu, rundweg; (ganz) einfach; ~ przeciwny gerade (od. ganz) entgegengesetzt; s. walka; **~ać** (-am), ⟨~yć⟩ überreichen, -geben; aushändigen.

wręg [vrɛŋk, -ŋgu] m (-u; -i), **~a** (-i) Spant n; **~ownik** m (-a; -i) Falzhobel m.

wrodz|ić się pf. (w A) nach j-m geraten, schlagen; **~ony** angeboren; Med. a. Erb-.

wrog|i (-go) feindlich; feindselig; **~o** usposobiony feindlich gesinnt (do G/D).

wron|a f (-y) (siwa Nebel-)Krähe f; **~i** Krähen-; **~iec** ['vrɔ-] m (-ńca -ńce) Rabenkrähe f; **~y:** † ~y koń Rappe m.

wros|nąć pf. s. wrastać; **~tek** m (-tka; -tki) Gr. Infix n; Min. Einschluß m.

wrot|a pl. (wrót) Tor n; u wrót (G am Tor od. Eingang (zu); **~ka** f (-i; G -tek) Rollschuh m; **~karz** m (-a; -e) Rollschuhläufer m.

wrób|el m (-bla; -ble) Sperling m, Spatz m; **~li** Sperlings-, Spatzen-; **~lowate** pl. (-ych) Sperlingsvögel m/pl.

wrócić pf. s. wracać.

wróg m (-oga; -owie) Feind m; s nieprzyjaciel.

wróść pf. s. wrastać.

wrót G v. wrota.

wróżb|a f (-y) Wahrsagung f (Vor-)Zeichen n, Omen n; **~iarka** (-i; G -rek) s. wróżka; **~iarstwo** n (-a; 0) Wahrsagerei f; Wahrsagekunst f; **~iarz** ['vruʒ-] m (-a; -e) **~ita** f (-y; -ci, -ów) Wahrsager m.

wróże|bny prophetisch; **~nie** n (-a Wahrsagen n; **~nie z kart** Kartenlegen n; **~nie z ręki** Handlesen n

wróż|ka f (-i; G -żek) Wahrsageri

f; *engS.* Kartenlegerin *f*; Handleserin *f*; *dobra* ~ka gute Fee; ~yć ⟨po-, wy-⟩ (-ę) wahrsagen; voraussagen; ~yć z kart Karten legen; ~yć z ręki aus der Hand lesen.

wry|ć się *pf.* sich hineinbohren; *im Sand* versinken; sich einprägen; *jak* ~ty wie angenagelt. [nen.)

wrysow|ać *pf.* (-[w]uję) einzeich-)

wrzas|k *m* (-u; -i) Schrei *m*; (*a. pl.* ~i) Geschrei *n*; ~kliwy (-wie) laut, lärmend; *Stimme:* schreiend, gellend; ~nąć *pf. s.* wrzeszczeć.

wrzaw|a *f* (-y; 0) Lärm *m*, Krach *m*; Tumult *m*; F Brimborium *n*; *fig.* wywołać ~ę Staub aufwirbeln.

wrzą|cy ['vʒɔ-] siedend, kochend; ~tek *m* (-tku; 0) kochendes Wasser.

wrzeciono *n* (-a; G -) Spindel *f*; ~waty (-to) spindelförmig; ~wy Spindel-.

wrze|ć (L.) *v/i* sieden, ⟨za- auf-⟩ kochen, wallen (*a. fig.*); *fig. Kampf:* toben; *praca wre* es wird mit Feuereifer (*od.* Hochdruck) gearbeitet; ~nie *n* (-a; 0) Sieden *n*, Kochen *n*; *fig.* Gärung *f*, Unruhe *f*; ~sień ['vʒɛ-] *m* (-śnia; -śnie) September *m*; ~szczeć (-ę, -y), ⟨wrzasnąć⟩ [-nǫttɕ] (-nę) schreien, F brüllen; anschreien, F anbrüllen (*na A/A*); ~śniowy September-.

wrzo|dowy ulzerös; *choroba* ~wa Magengeschwür *n*; ~dzik *m* (-a; -i) kleines Geschwür.

wrzos *m* (-u; -y) Heidekraut *n*; *Bot.* Besenheide *f*; ~iec ['vʒɔ-] *m* (-śca; -ście) *Bot.* Glockenheide *f*, Erika *f*; ~owisko *n* (-a) Heide(land *n*) *f*; ~owy Heidekraut-.

wrzód *m* (-odu; -ody) Geschwür *n*.

wrzuc|ać, ⟨~ić⟩ (hin)einwerfen (*do G/in A*).

wrzynać się (-am), ⟨werznąć/ werżnąć się⟩ sich einschneiden.

wsad *m* (-u; -y) (*Ofen-*)Charge *f*; (*Reaktor-*)Füllung *f*.

wsadz|ać, ⟨~ić⟩ (hin)einsetzen; *in d. Zug* setzen; (hin)einstecken; F (*za kraty, do kozy, do ciupy*) *j-n* einsperren, -lochen, -buchten, hinter Schloß und Riegel setzen; ~ka *f* (-i; G -dzek) (*Blusen-*)Einsatz *m*.

wschodni östlich, Ost ; *orienta* isch; ~o- *in Zssgn* Ost-, ost-.

wschodzić, ⟨wzejść⟩ (L. -jść) Getirn, Pflanze: aufgehen.

wsi *G v.* wieś.

wsi|adać, ⟨~ąść⟩ einsteigen (*do G/in A*); an Bord gehen; (*na A*) besteigen (*A*), steigen (auf *A*); F *j-n* herunterputzen.

wsiąk|ać, ⟨~nąć⟩ versickern, aufgesaugt werden; F *fig.* untertauchen, verschwinden.

wsiąść *pf. s.* wsiadać.

wsie *pl. v.* wieś.   [haut *f.*)

wsierdzie ['fɕɛr-] *n* (-a) Herzinnen-)

wsiowy Dorf-, dörflich.

wsk|akiwać ⟨~uję⟩, ⟨~oczyć⟩ (*do G*) hinein-, hereinspringen (in *A*); (hin)aufspringen; F auf e-n Sprung vorbeikommen (bei).

wskaz|ać *pf. s.* wskazywać; ~anie *n* Zeigen *n*; Hinweis *m*; (*Meßgerät-*) Anzeige *f*, Angabe *f*; (*Barometer-*) Stand *m*; *Med.* (*mst pl.*) Indikation *f*; ~any (an)gezeigt; angegeben; *uważać za* ~ane es für angezeigt halten; ~ówka *f* (-i; G -wek) (*Uhr-*) Zeiger *m*; (An-)Weisung *f*; Hinweis *m*; Wink *m*, Tip *m*, Fingerzeig *m*; *oft pl.* ~ki Verhaltungsmaßregeln *f/pl.*, Richtlinien *f/pl.*; ~ujący [-'jɔn-] *Gr.* demonstrativ; *s. palec*; ~ywać ⟨~uję⟩, ⟨~ać⟩ zeigen; (hin)weisen; *Platz* anweisen; andeuten (*na A/A*); *Gerät:* anzeigen.

wskaźnik *m* (-a; -i) Anzeigegerät *n*; (An-)Zeiger *m*; *Chem.* Indikator *m*; (*cen Preis-*)Index *m*; (*Kenn-*)Ziffer *f*; Richtwert *m*; ~ *kierunku jazdy wania Fłgw.* Landekreuz *n*; ~i *pl. a.* Daten *n/pl.*; ~i *planu* Planziffern *f/pl.*; ~i *produkcji* Fertigungszahlen *f/pl.*; ~owy Anzeige-.

wskoczyć *pf. s.* wskakiwać.

wskóra|ć *pf.* (-am) erreichen, ausrichten; *nic nie* ~wszy unverrichteterdinge.

wskroś, *na* ~ durch (und durch).

wskrze|szać (-am), ⟨~sić⟩ (-szę) (vom Tode) auferwecken; *fig.* wiederbeleben; ~sić w pamięci ins Gedächtnis zurückrufen; ~szenie *n* (-a) Auferweckung *f* (vom Tode); *fig.* Wiederbelebung *f*.

wskutek *Prp.* (G) zufolge (*D od. G*), infolge (*G, von*); ~ *czego* wodurch; ~ *tego* infolgedessen.

wsław|iać (-wa-) (-am), ⟨~ić⟩ berühmt machen; ~(a)ć się berühmt werden (*I/durch A, jako/*als).

wsłuch|iwać się ⟨-uję⟩, ⟨~ać się⟩ (*w A*) lauschen (*D*), horchen (auf *A*).

wspak, *na* ~ *Adv.* rückwärts; verkehrt.

wspania|łomyślny edel-, großmütig, großzügig; ~**łość** *f* (*-ści*; *0*) Pracht *f*, Glanz *m*, Herrlichkeit(en *a. pl.* F) *f*; ~**ły** (*Komp. -lszy; -le*) prächtig, pracht-, glanzvoll, herrlich; grandios.

wsparcie *n* Unterstützung *f*.

wspiąć *pf. s.* wspinać.

wspie|niony schaumbedeckt; ~**rać** (*-am*), ⟨wesprzeć⟩ (*L. przeć*) unterstützen; (ab)stützen; ~**rać się** sich stützen (*na L*, o *A*/auf *A*).

wspinacz *m* (*-a; -e, -y*) Bergsteiger *m*, Kletterer *m*; ~**ka** *f* (*-i; G -czek*) Felsklettern *n*; (*Berg-*)Besteigung *f*; *Rad-Sp.* Bergfahren *n*; ~**ka na ścianie** Wanddurchstieg *m*; ~**kowy** Kletter-; zespół ~**wy** Seilschaft *f*.

wspinać się, ⟨wspiąć się⟩ klettern, kraxeln; erklettern (*na A*/*A*); *Tier:* sich aufrichten; sich bäumen; ~ **się na palcach** sich auf die Zehenspitzen stellen.

wspom|agać, ⟨~óc⟩ unterstützen; ~**inać** (*-am*), ⟨~nieć⟩ (*-nę, -nij!*) sich erinnern (*A/G*, an *A*); erwähnen (o *L/A*); ~**niany** erwähnt, genannt.

wspomnienie *n* (*-a*) Erinnerung *f*; Erwähnung *f*; ~ **pośmiertne** Nachruf *m*; *na samo* ~ schon bei der Erwähnung (o *L/G*).

wspomóc *pf. s.* wspomagać.

wspornik *m* (*-a; -i*) *Tech.* (*Stütz-*) Konsole *f*; Kragstein *m*; Tragarm *m*; (*Boots-*)Ausleger *m*.

wspólni|ctwo *n* (*-a*) Teilhaberschaft *f*; ~**ctwo w zbrodni** Mittäterschaft *f*; ~**czka** *f* (*-i; G -czek*) ~**k** *m* (*-a; -cy*) Gesellschafter *m*, Teilhaber *m*, Kompagnon *m*; Partner *m*; ~**k zbrodni** Mittäter *m*, Komplize *m*.

wspóln|ość *f* (*-ści*; *0*) Gemeinsamkeit *f*; ~**ota** *f* (*-y*) (*dóbr od. majątkowa, interesów* Güter-, Interessen-)Gemeinschaft *f*; ~**ota pierwotna** Urgesellschaft *f*; Żota Węgla i Stali Montanunion *f*; Brytyjska Żota Narodów Commonwealth *n*; *s. a.* wspólność; ~**y** gemeinsam; gemeinschaftlich; nie mieć nic ~**ego** *a.* nichts zu tun haben (z *I*/mit; z tym/damit); ~**ymi siłami** mit vereinten Kräften.

współ|- in *Zssgn* Mit-, Ko-, mit-;

~**biesiadnik** *m* (Zech-)Kumpan *m*; ~**brzmienie** *n* Gleichklang *m*.

współczesn|ość *f* (*-ści*, *0*) Gleichzeitigkeit *f*; *koll.* Zeitgenossen *m/pl.*; die heutige Zeit, Gegenwart *f*; ~**y** gleichzeitig lebend *od.* bestehend *usw.* (*D/*mit); zeitgenössisch; modern; *historia* ~**a** Zeitgeschichte *f*; *Su. m* (*-ego; -i*) Zeitgenosse *m*.

współczu|cie *n* Mitgefühl *n*, Anteilnahme *f*; Beileid *n*; godny ~**cia** bedauernswert; ~**ć** (*D*) mitfühlen (mit); bedauern (*A*); ~**jący** [-'jon-] mitfühlend; ~**lny** *Anat.* sympathisch.

współ|czynnik *m* Koeffizient *m*, *Math.* Faktor *m*; ~**decydować** mitbestimmen; ~**dłużnik** *m* Mitschuldner *m*.

współdziała|ć zusammenarbeiten, -wirken; mitwirken (*przy L/*bei); ~**nie** *n* Zusammenarbeit *f*, -wirken *n*, Kooperation *f*; Zusammenspiel *n*.

współ|istnienie *n* Koexistenz *f*; ~**lokator** *m* Zimmergenosse *m*; Mitbewohner *m*; ~**małżonek** *m* Ehepartner *m*; ~**mierny** *Math.* kommensurabel; proportional, im (richtigen) Verhältnis (*do G/*zu); ~**osiowy** koaxial; ~**oskarżony** *m* Mitangeklagte(r); ~**podróżny** *m* Mitreisende(r).

współprac|a *f* Mitarbeit *f*; ~**ować** mitarbeiten, -wirken; ~**ownik** *m* Mitarbeiter *m*.

współ|rządzić mitregieren (*I/A*); ~**rzędny** [-'ʒɛnd-] bei-, gleichgeordnet; *Su.* ~**na** *f* (*-ej; -e*) Koordinate *f*.

współspraw|ca *m* Mittäter *m*; ~**stwo** *n* (*-a*) Mittäterschaft *f*.

współ|środkowy (*-wo*) konzentrisch; ~**towarzysz** *m* (*Reise-*)Gefährte *m*; (*Spiel-*)Kamerad *m*.

współuczestni|ctwo *n*, ~**czenie** *r* Teilnahme *f*, Beteiligung *f*; ~**czyć** teilnehmen *od.* -haben (w *L/*an *D*) ~**k** *m* Teilnehmer *m*.

współ|udział *m* Teilnahme *f*, Mitwirkung *f*; ~**więzień** *m* Mithäftling *m*, Haft-, Zellengenosse *m*; ~**winny** mitschuldig; ~**własność** *f* gemeinsamer Besitz; ~**wyznawca** *m* Glaubensbruder *m*; ~**zależność** *f* Korrelation *f*, Wechselbeziehung *f*.

współzawodni|ctwo *n* (*-a; 0*) Wettbewerb *m*; ~**czka** *f s.* współzawodnik; ~**czyć** (*-ę*) im Wettbewerb stehen, wetteifern (z *I*/mit); **~k** *m*, **~czka** *f* Mitbewerber(in *f*) *m*, Teilnehmer(in *f*) *m* am Wettbewerb.

współ|ziomek *m* Landsmann *m*; **~życie** *n* Zusammenleben *n*; *Bio.* Symbiose *f*; **~żyć** (z *I*) zusammen leben (mit); (miteinander) auskommen; *Bio.* in Symbiose leben}

wstać *pf.* s. wstawać.   [(mit).}

wstaw|a P *f* (-*y*) *s.* libacja; **~ać**, ⟨**wstać**⟩ (*L. stać³*) aufstehen, sich erheben; **~i(a)ć** hineinstellen; einsetzen; **~i(a)ć się** sich einsetzen, verwenden (za *I*/für); P **~wić się** sich e-n ansaufen; **~iennictwo** *n* (-*a*; 0) Fürsprache *f*, Vermittlung *f*; **~iony** F voll, blau; **~ka** *f* (-*i*; *G* -*wek*) Einsatz *m*; *Thea.* Einlage *f*.

wstąpi|ć *pf.* s. wstępować; **~enie** *n* (-*a*) Eintritt *m* in d. Armee; (*Thron-*)Besteigung *f*.

wstąż|eczka *f* (-*i*; *G* -*czek*) Bändchen *n*; **~ka** *f* (-*i*; *G* -*żek*) (*Haar-*) Band *n*; Schleife *f*.

wstecz *Adv.* zurück, rückwärts; rück-; rzucić okiem **~**, oglądać się **~** zurückblicken; rzut oka **~** Rückblick *m*, Rückschau *f*; **~nictwo** *n* (-*a*; 0) Rückständigkeit *f*; **~nik** *m* (-*a*; -*cy*) Rückschrittler *m*, Reaktionär *m*; **~ny** rückwärtig, Rück(-wärts-); regressiv; rückläufig; *fig.* rückschrittlich, reaktionär; *bieg* **~ny** *Kfz.* Rückwärtsgang *m*; *działanie* **~ne**, *moc* **~na** Rückwirkung *f*.

wstęg|a ['fstɛŋga] *f* (-*i*; *G* -) Band *n*; (*Papier-*)Bahn *f*; Streifen *m*; **~owy** Band-.

wstęp [fstɛmp] *m* (-*u*; -*y*) Ein-, Zutritt *m*; Einlaß *m*; Einleitung *f*; *na* **~ie** eingangs, am (*od.* zu) Anfang; **~niak** ['fstɛmp-] F *m* (-*a*; -*i*) Leitartikel *m*; **~ny** Einleitungs-, einleitend, vorbereitend, Vor-; Eintritts-, Einlaß-; *słowo* **~ne** Vorwort *n*.

wstępować [fstɛm-] (-*uję*), ⟨**wstąpić**⟩ (*do G*) eintreten (in *A*); beitreten (*D*); vorbeikommen, hereinschauen (bei); (*na A*) betreten (*A*); *Podium, Thron* besteigen; (w *A*) *Hoffnung usw.*: j-n erfüllen; *Ehe* eingehen; **~** do wojska (zum Militär) einrücken.   [gend.}

wstępujący [fstɛmpu'jon] aufstei- }

wstręt [fstrɛnt] *m* (-*u*; 0) Abscheu *m*, Ekel *m*; ze **~em** a. mit Widerwillen; wzbudzający **~** ekelerregend; F czynić **~y** j-m Scherereien

machen; **~ny** ek(e)lig; *s.* obrzydliwy, ohydny.

wstrząs *m* (-*u*; -*y*) Erschütterung *f*; Schock *m*; (*Erd-*)Stoß *m*; bez **~ów** erschütterungsfrei; **~ać** (-*am*), ⟨**~nąć**⟩ (-*nę*, -*nij!*) schütteln; *fig.* erschüttern, aufwühlen (*I*/*A*); **~nąć się** sich erschüttert werden; sich schütteln; **~ający** ['-jon-] erschütternd, aufwühlend; **~arka** *f* (-*i*; *G* -*rek*) Schüttel-, Rüttelmaschine *f*; **~nąć** [-*nɔɳtɛ*] *pf.* s. wstrząsać; **~owy** *Med.* Schock-.

wstrząśnię|cie [-'ɳɛn-] *n* (-*a*) Schütteln *n*; *s.* wstrząs; **~ty** erschüttert.   [sich einschießen.}

wstrzel|iwać się (-*wuję*), ⟨**~ać się**⟩ }

wstrzemięźliwy (-*wie*) enthaltsam; mäßig *im Essen*; zurückhaltend.

wstrzyk|iwać (-*uję*), ⟨**~nąć**⟩ einspritzen, injizieren; **~nięcie** [-'ɳɛn-] *n* (-*a*) Injektion *f*.

wstrzym|ać *pf.* s. wstrzymywać; **~anie** *n* Anhalten *n*; Unterbrechung *f*, Einstellung *f*; Zurückhalten *n*; **~anie** premii Prämienentzug *m*; **~anie się** *s.* powstrzymanie; **~ywać** (-*uję*), ⟨**~ać**⟩ anhalten; *s.* powstrzymywać.

wstyd *m* (-*u*; 0) Scham *f*; Schande *f*; **~** mówić man schämt sich, es zu sagen; ze **~u** vor Scham; czy ci nie **~**? schämst du dich nicht?; **~liwy** (-*wie*) schamhaft, be-, verschämt.

wstydzić ⟨za-⟩ (-*dzę*) beschämen; **~** się sich schämen (za *A*/für); wstydź się! schäm(e) dich!

wsu|wać, ⟨**~nąć**⟩ einschieben, einrücken, -führen (*do G*/in *A*); *in d. Tasche* stecken; *in d. Hand* drücken; P *Essen* (ver)spachteln; **~wać** ⟨**~nąć**⟩ się sich hineinschieben; hineinschlüpfen; **~wka** *f* (-*i*; *G* -*wek*) *do włosów* Haarklemme *f*.

wsyp *m* (-*u*; -*y*) Schüttröhre *f od.* -öffnung *f*; *dial.* = **~a** *f* (-*y*) Inlett *n*; F (*nur* **~a**) Auffliegen *n*, Hochgehen *n e-r Verschwörung*; nastąpiła **~a** ... (*G*) ... ist aufgeflogen; **~ać** *pf.* s. wsypywać; **~owy** Inlett-; Schütt-; **~ywać** (-*uję*), ⟨**~ać**⟩ (hin)einschütten, -füllen; F auffliegen (*od.* hochgehen) lassen; **~ać** baty verdreschen (*D*/*A*); F **~**(*yw*)**ać** się auffliegen, hochgehen.

wsysać (-*am*), ⟨**wessać**⟩ einsaugen.

wszak *Adv.* doch (wohl); **~że** *Adv.* (je)doch; immerhin; *a.* = wszak.

wsza|rz V *m* (-a; -e) verlauster, dreckiger Landstreicher, Dreckschwein *n*; **~wica** *f* (-y; *0*) Läusebefall *m*.

wszcząć *pf. s.* wszczynać.

wszczepi|ać ['fʃtʃe-] (-am), ⟨~ć⟩ einimpfen (*a. fig.*); *Agr.* aufpropfen; *Med.* einpflanzen.

wszcz|ęcie ['fʃtʃeŋ-] *n* (-a; *0*) Beginn *m*; Einleitung *f*; Anzettelung *f*; **~ynać** (-am), ⟨~ąć⟩ [fʃtʃɔŋtɛ] (-nę, wszczął) beginnen; einleiten; Streit anzetteln.

wszech|- *in Zssgn* All-, Universal-, Pan-, Omni-; **~ludzki** universal; **~moc** *f* Allmacht *f*; **~mocny** allmächtig; **~nica** *f* (-y; -e) *lit.* Universität *f*; **~obecny** allgegenwärtig; **~ogarniający** [-'jɔn-] allumfassend; **~potężny** *s.* wszechmocny; **~słowiański** panslawistisch; **~stronny** vielseitig; allseitig; *-nie Adv. a.* von allen Seiten; **~świat** *m* (*0*) Weltall *n*, Universum *n*; **~wiedzący** [-'dzɔn-] allwissend; **~władny** allmächtig, -gewaltig; **~związkowy** Allunions-.

wszel|aki *lit.* allerlei; **~ako** † *Adv.* jedoch, gleichwohl; **~ki** jede(r), jegliche(r); all; *za ~ką cenę* um jeden Preis.

wszerz *Adv.* quer; *wzdłuż i ~* kreuz und quer; auf und ab.

wszeteczny † buhlerisch.

wszę|dobylski [fʃen-] F allgegenwärtig; **~dzie** *Adv.* überall; *~dzie dokoła* ringsum. [Federling *m*.]

wszoł *m* (-a; -y) *Zo.* Haarling *m*.)

wszy *s. wesz*; **~ć** *pf. s.* wszywać.

wszyscy *Psf.* alle.

wszyst|ek (~ka, ~ko, *pl.* ~kie) all, ganz; *ze ~kich sił* aus allen Kräften, mit voller (*od.* ganzer) Kraft; **~ko** *n* (-kiego; *0*) alles; Ganze(s); *do ~kiego* zu allem; für alles; *już po ~kim* schon alles vorbei; F *~kiego im ganzem*, nur; alles in allem; *z tym ~kim* trotz all(ed)em; **~kożerny** allesfressend.

wszyściut|eń|ko F *s.* wszystko.

wszyw|ać (-am), ⟨wszyć⟩ einnähen; **~ka** *f* (-i; *G* -wek) Abnäher *m*.

wścib|iać ['fɕtɕi-] F (-am), ⟨~ić⟩ (-ę) (hinein)stecken (*a. fig. Nase*); **~ski** neugierig, zudringlich; **~stwo** *n* (-a; *0*) Neugier(de) *f*, Zudringlichkeit *f*.

wściek|ać się (-am), ⟨wściec się⟩ [fɛtɕɛts] (*L.*) an Tollwut erkranken; F *fig.* toben, rasen(d werden); *wściec się można!* es ist zum Verrücktwerden!; **~le** *Adv. fig. s.* wściekły; **~lizna** *f* (-y; *0*) Tollwut *f*; **~łość** *f* (-ści; *0*) Wut *f*, Raserei *f*; *wpaść we ~łość* e-n Wutanfall bekommen; **~ły** tollwütig; *fig.* (-le) wütend, rasend, wild.

wśliz|giwać się (-uję), ⟨~nąć się⟩ [-nɔntɕ] (-nę) hineinschlüpfen (*do G/in A*).

wśród *Prp.* (*G*) inmitten (*G*), mitten unter *od.* in (*D*).

wśrubow(yw)ać (-[w]uję) eindrehen, -schrauben.

wtaczać ⟨wtoczyć⟩ hinein-/hinaufrollen (*się v/i*), -wälzen (*się sich*).

wtajemnicz|ać (-am), ⟨~yć⟩ (-ę) einweihen; **~ony** eingeweiht; *Su. m* (-ego; -eni) Eingeweihte(r).

wtapiać ['fta-] (-am), ⟨wtopić⟩ einschmelzen, -brennen.

wtargnąć *pf.* einbrechen, eindringen (*do G/in A*).

wte|dy *Adv.* dann; damals; **~m** *Adv.* plötzlich; **~nczas** *s.* wtedy.

wtł|aczać (-am), ⟨~oczyć⟩ hineindrücken, -pressen, -stopfen; **~oczyć się** sich hineindrängen.

wtopić *pf. s.* wtapiać.

wtor|ek *m* (-rku; -rki) Dienstag *m*; *we ~ek a.* dienstags; **~kowy** Dienstags-.

wtór † *m* (-u; *0*) *Mus.* Begleitung *f*; **~nik** *m* (-a; -i) Duplikat *n*, Doppel *n*, Zweitschrift *f*; **~ny** sekundär *engS.* zweitrangig, nebensächlich, zusätzlich; *Tech.* Nach-, nach; **~ować** ⟨za-⟩ (-uję) begleiten (*D/A*) *fig.* beipflichten; **~y** *po raz ~y* zum zweiten Mal; *po ~e* zweitens.

wtrąc|ać, ⟨~ić⟩ *v/t* Bemerkung einwerfen, einflechten; *ins Gefängnis* werfen; *v/i* bemerken, sagen; **~a** ⟨~ić⟩ *się* sich einmischen; **~menge** (*do G/in A*); **~anie się** *n* (-a) Einmischung *f*; **~enie** *n* (-a) *Tech.* Einschluß *m*; *Geol.* Einschaltung *f*.

wtręt [ftrɛnt] *m* (-u; -y) Einschaltung *f*, Einschiebung *f in e-n Text* Fremdkörper *m*.

wtryni|ać ['ftri-] F (-am), ⟨~ć⟩ (-ę) aufschwatzen, andrehen.

wtrysk *m* (-u; -i) Einspritzung *f* Spritzguß *m*; **~arka** *f* (-i; *G* -rek Spritzgußmaschine *f*; **~iwacz** *m* (-a; -e, -y) Einspritzdüse *f*; **~iwa**

(-*uję*), ⟨*wtrysnąć*⟩ einspritzen; **~o-wy** Einspritz-.

wtul|ać (-*am*), ⟨*~ić*⟩ Kopf in die Kissen pressen, drücken; **~ić się** sich kuscheln.

wtyczka f (Kontakt-)Stöpsel m; (ze stykiem ochronnym Schuko-) Stecker m; F fig. Spitzel m; **~owy** El. Steck-.

wtyk m (-*u*; -*i*) s. wtyczka; **~ać**, ⟨*wetknąć*⟩ (hin)einstecken.

wuj m (-*a*; -*owie*, -*ów*), **~aszek** F m (-*szka*; -*szkowie*) Onkel m (*mütterlicherseits*); **~eczny**: *babka ~na* Großtante f; *brat ~ny* Vetter m; *siostra ~na* Kusine f; *dziadek ~ny* Großonkel m; **~ek** F m (-*jka*; -*jkowie*) s. wuj; **~enka** f (-*i*; G -*nek*) Tante f (*Onkels Frau*); **~ostwo** n (-*a*; 0) Onkel und (*od. mit*) Tante; **~owski** (*des*) Onkels.

wulgarny vulgär.

wulkan m (-*u*; -*y*) Vulkan m; **~iczny** vulkanisch; **~izator** m (-*a*; -*y*) Vulkanisierapparat m; (*pl. -rzy*) Vulkaniseur m; **~izować** ⟨*za-*⟩ (-*uję*) vulkanisieren.   [-*werfen*.]

wwal|ać, ⟨*~ić*⟩ (hinein)schmeißen,]

wwoz|ić ⟨*wwieźć*⟩ einführen, importieren; **~owy** Einfuhr-, Import-.

wwóz m (0) Einfuhr f, Import m.

wy Pron. (G, A, L was, D wam, I wami) ihr (*1. Pers. pl.*).

wybacz|ać (-*am*), ⟨*~yć*⟩ entschuldigen, verzeihen; **~alny** verzeihlich, entschuldbar; **~enie** n (-*a*) Verzeihung f; *nie do ~enia* nicht zu entschuldigen, unverzeihlich.

wyba|dywać (-*uję*), ⟨*~dać*⟩ ausforschen; **~luszać** (-*am*) s. bałuszyć.

wybaw|ca m (-*y*; G -*ów*), **~czyni** f (-*i*; -*e*) (Er-)Retter(in f) m, Erlöser(in f) m; **~iać** [-'ba-] (-*am*), ⟨*~ić*⟩ (er)retten, befreien, erlösen (z G/aus D); **~iciel** [-'vi-] m (-*a*, -*e*), **~lka** f (-*i*; G -*lek*) s. wybawca; **~ienie** n (-*a*) (Er-)Rettung f, Erlösung f.   [*wybijać.*]

~y|bąknąć pf. s. bąkać; **~bić** pf. s.]

~ybie|c pf. s. wybiegać; **~dzony** abgemagert, abgezehrt; **~g** m Auslauf m; Freigehege n; Flgw. Rollbahn f; fig. Ausflucht f; **~gać**, ⟨*~c*, *~gnąć*⟩ her-, hinauslaufen, -rennen; **~c na spotkanie** (G) j-m entgegenlaufen, -rennen; **~gać się** pf. s. Kinder: genug herumgetollt haben;

~lać (-*am*), ⟨*~lić*⟩ weiß machen; fig. weißwaschen; **~rać** (-*am*), ⟨*wybrać*⟩ herausnehmen; (aus-) wählen, auslesen; *Mar.* Seil einholen; **~rać ⟨wybrać⟩ się** sich anschicken, die Absicht haben *et. zu tun*; **~rać się w drogę** sich auf den Weg machen; **~rak** m (-*a*; -*i*) Fmw. Wähler m; **~ralny** wählbar; **~ranie** n (-*a*) (Aus-)Wahl f; Bgb. Abbau (-betrieb) m; **~rka** f (-*i*; G -*rek*): *~rki pl.* Reste m/pl., Abfall m.

wybi|jać (-*am*), ⟨*~ć*⟩ (her)ausschlagen, -treiben, -stoßen; *Fenster* einschlagen; (ein)prägen, ausstanzen; *Uhr:* schlagen; (*nur pf.*) durchprügeln; ausrotten; **~(ja)ć się** empor-, hochkommen; *Sp.* sich abstoßen; **~ć się ze snu** k-n Schlaf (mehr) finden; **~jak** m (-*a*; -*i*) Tech. Austreibdorn m.

wybi|orczość f, **~órczość** f (-*ści*; 0) Selektivität f; **~órki** pl. s. wybierka.

wybitn|ie Adv. ausgesprochen, äußerst, hoch-; **~ość** f (-*ści*; 0) Ansehen n, Berühmtheit f; Bedeutung f; **~y** hervorragend, bedeutend; berühmt, prominent.

wybla|dły s. blady; a. = **~kły** ausgebleicht, verschossen; **~knąć** [-*nǫt͡s*] pf. s. blaknąć.

wybla|gać pf. erflehen; **~yskać**, **~yskiwać** (-*uję*) *Funken:* (hervor-) sprühen.

wybo|czenie n (-*a*) Tech. Knickung f; (Aus-)Beulen n/pl.; **~isty** Straße: holp(e)rig, voll(er) (Schlag-) Löcher; **~je** pl. v. wybój.

wybor|ca m (-*y*; G -*ów*) Wähler m; **~czy** pl. a. Wählerschaft f; **~czy** Pol. Wahl-; **~ny** vorzüglich, ausgezeichnet; **~owy** ausgesucht, erlesen; Elite-; Hdl. a. Marken-; (*wódka*) **~owa** f (-*ej*; 0) extrafeiner Wodka; **~y** s. wybór.   [*loch n.*]

wybój m (G/pl. -*oi/-ojów*) Schlag-]

wyb|ór m (Aus-)Wahl f; Auslese f; Pol. mst pl. **~ory** (*uzupełniające* Nach-)Wahlen f/pl.; *bez ~oru* wahllos; *do ~oru zur* Auswahl, wahlweise; **~rać** pf. s. wybierać.

wybrak m = **~owany**: *towar ~ny* Ausschuß(ware f) m; Ramsch m; *wyrób ~ny* Fehlstück m; **~ow(yw)ać** (-[*w*]*uję*) Ausschuß aussortieren, -scheiden; ausrangieren, -mustern.

wybran|ie [-'bra-] n (Aus-)Wählen n; *Tech.* Aussparung f; s. wybór;

~iec m (-ńca; -ńcy), ~ka f (-i; G -nek) Auserwählte(r); ~iec losu Liebling m des Glücks; ~y gewählt; (aus)erwählt; auserlesen.

wybredn|ość f (-ści; 0) Verwöhntheit f, anspruchsvolles (od. wählerisches) Wesen; ~y verwöhnt, wählerisch, mäkelig; anspruchsvoll, F pingelig. [(D).]

wybredzać (-am) mäkeln (w L/an)

wybrnąć pf. (z G) (heil) herauskommen (aus D); überwinden, meistern (A); ~ z długów Schulden bezahlen.

wybr|oczyna f (-y) Med. Extravasation f; Ekchymose f; ~onić pf. (erfolgreich) verteidigen.

wybryk m (-u; -i) (młodości Jugend-) Streich m; Auswuchs m; ~i pl. a. Extratouren f/pl., F Mätzchen n/pl.; ~ natury Laune f der Natur.

wybrzeż|e n (-a) Küste f, poet. Gestade n; Küstenstrich m; łódź patrolowa obrony ~a Küstenwachboot n.

wybrzusz|ać się (-am), ⟨~yć się⟩ (-ę) sich (vor)wölben; ~enie n (-a) Ausbuchtung f, Beule f.

wybuch m (-u; -y) Explosion f, Detonation f; (Kriegs-, Vulkan-)Ausbruch m; Geol. a. Eruption f; ~(y) śmiechu Lachsalve(n pl.) f, donnerndes Gelächter; ~ać, ⟨~nąć⟩ explodieren, detonieren, krepieren; Krieg, Feuer, Epidemie: ausbrechen (a. fig.: I/in); hervor-, herausschießen, -quellen; fig. aufbrausen, F platzen; ~nąć gniewem in Zorn geraten; ~owo Adv. s. wybuchowy; ~owość f (-ści; 0) Explosibilität f; Sprengkraft f; fig. Unbeherrschtheit f, aufbrausendes Temperament; ~owy explosiv, Spreng-; Bgb. schlagend; (a. -wo) aufbrausend, jähzornig. [Neubau-.]

wybudowany: nowo ~ neu erbaut.)

wybu|jały Pflanze: üppig, wuchernd; Junge: hochaufgeschossen; ~rzać (-am), ⟨~rzyć⟩ ab-, niederreißen; zerstören.

wycałow(yw)ać ~[-w]uję abküssen, F -knutschen.

wyce- in Zssgn Verben s. ce-; **~na** f Preisfestsetzung f, Auspreisung f; **~niać** [-'tse-] (-am), ⟨~nić⟩ Preis(e) festsetzen, auspreisen.

wychl- in Zssgn Verben s. chl-.

wychł|adzać (-am), ⟨~odzić⟩ auskühlen.

wychod|ek F m (-dka; -dki) Klo n; ~ne F n (-ego; 0) freier Tag, Ausgang m; F na ~nym beim Hinausgehen.

wychodzić, ⟨wyjść⟩ (L. -jść) (z G) (hin)ausgehen (aus); herauskommen (aus); Karte ausspielen; (na A) hinaufgehen, -steigen (auf A); erreichen (A); F pf. a. alle werden; auf e-m Bild gut getroffen werden; ~ z siebie außer sich sein; ~ w morze in See stechen; ~ na wolność freigelassen werden; F ~ na człowieka ordentlicher Mensch werden; dobrze (od. źle) ~ na (L) gut (od. schlecht) wegkommen od. abschneiden (bei); ~ na pożytek od. na dobre (D) j-m zugute kommen; ~ na swoje od. na czysto auf s-e Kosten kommen; ~ na jedno auf dasselbe hinauslaufen; nic z tego nie wyszło daraus wurde nichts.

wychodź|ca m (-y; G -ów) Auswanderer m, Emigrant m; ~stwo n (-a; 0) Auswanderung f, Emigration f; koll. Auswanderer m/pl.

wychowa|ć pf. s. wychowywać; ~nek m (-nka; -nki), ~nica † f (-y; -e), ~nka f (-i; G -nek) Absolvent(in f) m, Zögling m; Pflegekind n, Pflegling m; ~nie n (-a) (fizyczne Leibes-)Erziehung f; złe ~nie a. schlechte Manieren; wziąć na ~nie in Pflege nehmen; ~nka f s. wychowanek; ~wca m (-y; G -ów), ~wczyni f (-i; -e) Erzieher(in f) m; Klassenlehrer(in f) m; ~wczy Erziehungs-; (a. -czo) erzieherisch.

wychow|ywać (-uję), ⟨~ać⟩ aufgroßziehen; erziehen; ⟨~yw⟩ać się aufwachsen (u G/bei); erzogen werden; dobrze ~any guterzogen.

wychów m Agr. Aufzucht f.

wychrzta P m (-y; G -ów) getaufte(r) Jude.

wychud|ły abgemagert; ~nąć pf. abmagern. [ben.]

wychwalać (-am) (an)preisen, lob-)

wychwy|cić pf. s. wychwytywać ~t m Gang m, Hemmung f e-r Uhr ~tać pf., ~tywać (-uję), ⟨~cić⟩ aus der Hand reißen; ab-, auffangen

wychyl|ać (-am), ⟨~ić⟩ Kopf (z okna zum Fenster) hinaus-, herausstrecken; Glas leer(trink)en, F (hinunter)kippen; Tech. (aus)schwenken; ~ać ⟨~ić⟩ się sich hinauslehnen, -beugen; Zeiger: ausschla gen (v/i); hervorgucken, lugen (spoza, z G/aus); ~ić się do przodu/ do tyłu nach vorn beugen, sich vor-/zurückbeugen; ~enie n (-a) (Nadel-)Ausschlag m; Schwenkung f; Sp. (Körper-)Vorlage f; ~ny schwenkbar.

wyciąć pf. s. wycinać.

wyciąg m Aufzug m, (krzesełkowy od. siodełkowy, orczykowy Sessel-, Schlepp-)Lift m; Auszug m, engS. a. Extrakt m; Abzugshaube f; Med. Streckverband m; ~ać, ⟨~nąć⟩ (her)ausziehen; (aus)dehnen; Hände, Beine (aus)strecken (po A/ nach); Hand z. reichen; Nutzen, Wurzel usw. ziehen; F j-n mitschleppen (do G/zu); herausbekommen (k-o z G/j-n aus D); P ~nąć nogi od. kopyta ins Gras beißen, abkratzen (v/i); ~ać ⟨~nąć⟩ się sich (aus)dehnen; sich (lang aus)strecken; F fig. Gesicht: immer länger werden; ~owy Auszugs-; Auf zugs-, Förder-; Abzugs-; Med. Streck-.

wycie ['vi-] n (-a) Heulen n, Geheul n; Heulton m; ~ć pf. s. wyciekać.

wycieczk|a f (-i; G -czek) Ausflug m, Partie f; Reisegesellschaft f; ~a piesza Wanderung f; ~a samochodem Autotour f; fig. ~i osobiste Ausfälle m/pl., Seitenhiebe m/pl.; ~owicz F m (-a; -e) Ausflügler m; ~owy Ausflugs-, Wander-.

wyciek ['vi-] m (-u; -i) Ausfluß m; Hdl. Leckage f; ~ać (-am), ⟨wyciec⟩ ausfließen, -laufen.

wycieńcz|ać (-am), ⟨~yć⟩ (-ę) ab-, auszehren, entkräften; ~ony abgezehrt, ausgemergelt; entkräftet (I/durch A).

wycier ['vi-] m (-u; -y) Fischbrut f; ~aczka f (-i; G -czek) Abtreter m, Fußmatte f; Kfz. Scheibenwischer m; ~ać (-am), ⟨wytrzeć⟩ (ab)wischen; (ab)trocknen; abreiben; Nase putzen; Füße abtreten; ~ać gumką ausradieren; ~ać ⟨wytrzeć⟩ się sich abreiben, abtrocknen; (mst pf.) sich abwetzen; Fische: ablaichen; s. a. na-, ocierać się; ~pieć pf. erdulden, durchmachen; ~uch m (-a; -y) vera. Dreckschwein n; Schlampe f.

wycięcie n Ausschneidung f; Ausschnitt m; Einschnitt m; ~ lasu Abforstung f.

wycina|ć (-am), ⟨wyciąć⟩ (her)aus-

schneiden; Tech. ausstanzen; Med. a. herausoperieren, entfernen; Rasen stechen; Bäume abhauen, fällen; Schneise aushauen; F (mst pf.) Tanz, Rede hinlegen; Kapelle: schmettern; ~ć las aforsten; P wyciąć policzek (D) j-m e-e kleben; ~k m (-a; -i) Meißel m; ~nka f (-i; G -nek) Scherenschnitt m; ~rka f (-i; G -rek) Ausschneidemaschine f.

wycin|ek m (-nka; -nki) Ausschnitt m; Med. Gewebeprobe f; ~kowy fragmentarisch.

wycio|r ['vi-] m (-a; -y) Mil. Gewehr(putz)stock m; Rohrwischer m; s. wycier; ~sywać ⟨~sać⟩ aushauen, -meißeln.

wycisk m (-u; -i) Eindruck m, Druckspur f; F dać ~ (D) j-m e-e Abreibung geben; ~acz m (-a; -e) Zitruspresse f; ~ać, ⟨wycisnąć⟩ auspressen, -quetschen, -drücken; Stempel aufdrücken; Spuren hinterlassen; ~anie n (-a; 0) Sp. Drücken n; Tech. Fließpressen n; Gautschen n.

wyci|snąć pf. s. wyciskać; ~szanie n (-a) Rdf. Überblendung f; ~śnięcie n Auspressen n, -drücken n; Aufdruck m.

wycof|anie n (-a) Zurückziehung f, -nahme f; Widerruf m; Einziehung f; ~anie się Sichzurückziehen n; Aus-, Rücktritt m; ~ywać ⟨-uję⟩, ⟨~ać⟩ zurückziehen (się sich).

wycygani|ać ['-'ga-] F (-am), ⟨~ć⟩ v/t (u G) schnorren (bei); ablisten, abgaunern (D).

wyczek|ać pf. abwarten, abpassen (A od. G/A); ~iwać (-uję) (G) erwarten (A), harren (G); ~iwanie n (-a) Warten n; ~ujący [-'jon-] (-co) abwartend.

wyczerp|anie n (-a) Erschöpfung f; być na ~aniu zur Neige gehen; ~any erschöpft, verbraucht; Buch: vergriffen; Pers. a.: ermattet, F abgeschlafft; ~any walką abgekämpft; ~any nerwowo F mit den Nerven fertig; ~ujący [-'jon-] (-co) erschöpfend, umfassend; anstrengend; ~ywać ⟨-uję⟩, ⟨~ać⟩ erschöpfen; erschöpfen; aufbrauchen; Person a. entkräften, schwächen; ~ywać się zur Neige gehen; ~ać się erschöpft sein.

wyczes|ywać (-uję), ⟨~ać⟩ auskämmen.

wyczołg|iwać się (-*uję*), ⟨~*ać się*⟩ herauskriechen.

wyczu|cie n Gefühl n, Sinn m (G/ für); Intuition f; *na ~cie* intuitiv, nach Gefühl; *z ~ciem* mit Fingerspitzengefühl; **~lać** (-*am*), ⟨~*lić*⟩ (-*lę*) besonders empfindlich machen (*na A*/für); **~wać**, ⟨~*ć*⟩ (ver)spüren; *engS.* (heraus)fühlen; **~walny** spürbar, fühlbar.

wyczyn m (Höchst-)Leistung f; Heldentat f, -stück n; Kunst-, Glanzstück n; *~y pl. a.* Schandtaten f/pl., Ausschreitungen f/pl.; **~iać** [-'tʃi-] F (-*am*) veranstalten, machen, anstellen; **~owiec** [-'nɔ-] m (-*wca*; -*wcy*) Leistungssportler m; **~owy** *Sp.* Leistungs-.

wyczy|szczać (-*am*) s. *czyścić*; **~t(yw)ać** (heraus)lesen; (*z oczu na* den Augen) ablesen.

wyć (-*ję*) heulen; s. *skowyczeć*.

wyćwiczyć *pf. s. ćwiczyć*; ertüchtigen.

wyda|ć *pf. s. wydawać*; **~jność** f (-*ści*; 0) Ertrag(sfähigkeit f) m; Leistung(svermögen n) f; Ergiebigkeit f; Ausbeute f; *~jność pracy* Arbeitsproduktivität f; **~jny** ergiebig; leistungsfähig; *Arbeit*: produktiv; **~lać** (-*am*), ⟨~*lić*⟩ (-*lę*) entlassen; relegieren, verweisen; ausweisen; *Bio.* ausscheiden; **~lenie** n (-*a*) Aus-, Verweisung f; Entlassung f; **~lić** *pf. s. wydalać*; **~lina** f (-*y*) *Bio.* Ausscheidung f; **~nie** n (-*a*) Ausgabe f; Herausgabe f; *Jur.* Auslieferung f; Verrat m; Verheiratung f e-r *Tochter*; (*nowe Neu-*)Auflage f; *na ~niu* heiratsfähig.

wydarz|ać się (-*am*), ⟨~*yć się*⟩ nur 3. *Pers.*: sich ereignen, passieren, vorfallen; **~enie** n (-*a*) (*dnia* Tages-)Ereignis n; Vorfall m; *obfitujący w ~enia* ereignisreich; **~enie** sezonu Clou m der Saison.

wydat|ek m (Geld-)Ausgabe f; Aufwendung f; *Tech.* (*Pumpen-*)Leistung f, Förderung f; **~kować** (-*uję*) ausgeben, verausgaben; **~ny** (her)vorstehend, -tretend; beträchtlich, erheblich; bedeutend.

wyda(wa)ć ausgeben; ausstellen; *Buch a.* herausgeben, -bringen; *Befehl a.* erlassen; *Empfang* geben; *Party* veranstalten; *Schlacht* liefern; *Urteil* ergehen lassen; *j-n, et.* verraten; *Verbrecher* ausliefern;

Geruch ausströmen; *Ton* hervorbringen; *~ się* scheinen, den Anschein haben; sich verraten; an den Tag kommen; *wydaje się, że ... wie* es scheint, ...

wydaw|anie n (Her-)Ausgabe f; Abgabe f (G/von od. G); **~ca** m Verleger m; Herausgeber m; **~nictwo** n (-*a*) Verlag m; Ausgabe f, Publikation f; **~niczy** Verlags-.

wydąć *pf. s. wydymać*.

wydąż|ać (-*am*), ⟨~*yć*⟩ (rechtzeitig) fertig werden (z I/mit); Schritt halten können (*za* I/mit).

wydech m (-*u*; -*y*) Ausatmung f; Atem(strom) m; *Tech.* Auspuff m; **~owy** Ausatmungs-; *Tech.* Auspuff-, Auslaß-.

wyde|koltowany (tief) dekolletiert, ausgeschnitten; **~likacony** verzärtelt; zart, weich.

wydept|ywać (-*uję*), ⟨~*ać*⟩ zertreten; austreten.

wyderka f (-*i*; G -*rek*) *Zo.* Nerz m.

wydę|bić [-'dem-] F *pf.* (A od k-o) abschwatzen (j-m A); entlocken (j-m A); erwirken (bei j-m A); **~cie** [-'dɛŋ-] n Aufblasen n; a. = **~tość** [-'den-] f (-*ści*) Ausbauchung f, -buchtung f, Vorwölbung f; **~ty** ausgebaucht, vorgewölbt; *Lippen*: aufgeworfen.

wydłub|ywać (-*uję*), ⟨~*ać*⟩ (her)ausklauben; aushöhlen; *Augen* ausstechen.

wydłuż|ać (-*am*), ⟨~*yć*⟩ verlängern, längen, strecken; **~ać się** länger werden; sich (aus)dehnen; **~enie** n (-*a*) Verlängerung f; (Aus-)Dehnung f; Streckung f; **~ony** (lang-) gestreckt; länglich.

wydm|a f (-*y*) Düne f; **~owy** Dünen-.

wydmuch m (-*u*; -*y*) windige Stelle *od.* Ecke; *Tech.* Auspuff m; **~iwać** (-*uję*), ⟨~*ać*⟩ aus-, fortblasen; **~ów** F m (-*owa*; 0) windige Gegend *od.* Ecke.

wy|dmuszka f (-*i*; G -*szek*) ausgeblasenes Ei; **~dobrzeć** *pf.* (-*eję*) gesund werden; ausheilen.

wydoby|cie n (-*a*; 0) *Bgb.* Gewinnung f, Förderung f; **~wać**, ⟨~*ć*⟩ heraus-, hervorholen; herausbekommen; *Laut* hervorbringen; *Schatz usw.* bergen, heben; *Bgb.* gewinnen, fördern; **~(wa)ć się** heraus-, hervordringen; *vgl. wydosta-*

wać (się); ~wczy Bgb. Förder-; przemysł ~wczy Bergbau m.

wydo|lność f (-ści; 0) Wirkungsgrad m, Effizienz f; Fähigkeit f, Vermögen n; Med. Suffizienz f; ~lny leistungsfähig, effizient; ~lać pf. (-am) (D) bewältigen, F schaffen (A); durchstehen, aushalten (A).

wydoskonalać (-am) s. doskonalić.

wydosta|(wa)ć herausnehmen, -ziehen, hervorholen; herausbekommen; auftreiben, beschaffen; ~ się herauskommen, F -können; sich emporarbeiten; sich befreien (z G/ von, aus); Gas usw.: entweichen.

wydój m (-oju; -oje) s. udój.

wydra f (-y; G -/-der) Fischotter m; Otterpelz m; fig. verä. Satansweib n; ~ morska Seeotter m.

wydrapy|wać (-uję), ⟨~ać⟩ auskratzen; F ~(yw)ać się s. wdrapywać się.

wydrąż|acz m (-a; -e) Med. Exkavator m; ~ać (-am), ⟨~yć⟩ aushöhlen; Kernobst entkernen; ~ony ausgehöhlt, hohl.

wydrowy (Fisch-)Otter-.

wydrwi|grosz m Bauernfänger m, Geldschneider m; ~wać (-am), ⟨~ć⟩ lächerlich machen, auslachen.

wydrzeć pf. s. wydzierać.

wydu|szać (-am), ⟨~sić⟩ (alle od. mehrere) erwürgen, töten; F fig. Geld, Geständnis herauspressen; F ~sić z siebie stammeln.

wydy|chać pf. ausatmen; ~macz m (-a; -e) Glasbläser m; ~mać (-am), ⟨wydąć⟩ (auf)blähen (się sich); ~mać usta die Lippen schürzen od. verziehen.

wydział m Abteilung f; Dezernat n; Fakultät f; ~ oświaty, zdrowia Schul-, Gesundheitsamt n; ~owy Abteilungs-; Fakultäts-; [erben.]

wydziedzicz|ać (-am), ⟨~yć⟩ ent-}

wydziel|ać (-am), ⟨~ić⟩ aus-, zuteilen; (mst impf.) ausscheiden, -sondern; ausstrahlen, -strömen; Chem. a. abscheiden; freisetzen; ~ać się (aus)fließen; ausströmen (v/i); ausgeschieden werden; Chem. a. frei werden; ~anie n (-a; 0) Bio. Sekretion; (a. się) Ab-, Ausscheidung f, -sonderung f; Ausstrahlung f; a. = ~enie n (-a; 0) Aus-, Zuteilung f; Chem. (a. się) Freimachen n od. -werden n; ~ina f (-y) Bio. Absonderung f, Sekret n;

engS. a. Schleim m; Auswurf m; Ausfluß m; ~ony Stadt: kreisfrei.

wy|dzierać (-am), ⟨~drzeć⟩ (her-)ausreißen; fig. entreißen; abringen; F ~dzierać z rąk Ware aus der Hand reißen; P ~dzierać się brüllen, grölen.

wydzierżawi|ać [-'ʒa-] (-am), ⟨~ć⟩ verpachten; pachten.

wydziob|ywać (-uję), ⟨~ać⟩ (her-)aushacken, -picken.

wydziwi|ać [-'dzi-] F (-am) viel Aufhebens (od. Theater) machen; nörgeln, schimpfen (nad I/über A); verspotten, -höhnen (na A/A); nie móc się ~ć aus dem Staunen nicht herauskommen.

wydzw|aniać [-'dzva-] (-am), ⟨~onić⟩ läuten, klingeln, F bimmeln; Uhr: schlagen; F (impf. ständig) anrufen.

wydźwięk m fig. Moral f, Aussage f.

wydźwignąć pf. (empor)heben; neu aufbauen; fig. ~ się sich erheben; wieder auf die Beine kommen.

wyegz-, wyeks-, wyekw-, wyel-, wyem-, wyew-, wyfa-, wyfra- in Zssgn Verben s. egz-, eks-, ekw-, el-, em-, ew-, fa-, fra-.

wyfru|wać, ⟨~nąć⟩ [-nonta] (-nę, -ń!) (her)ausfliegen.

wyga m/f (-i; G -ów/-) alter Hase, schlauer Fuchs.

wygad|ać pf. ausposaunen, -plappern; Herz ausschütten; ~ać się genug geredet haben; sich anvertrauen (przed I/D); sich verplappern; ~anie F n flinkes Mundwerk; ~any F nicht auf den Mund gefallen; ~ywać F (-uję) quatschen, spinnen; herziehen (na A/über A).

wyg|ajać (-am), ⟨~oić⟩ Wunden pflegen; zum Abheilen bringen; ~alać (-am), ⟨~olić⟩ ausrasieren; ~aniać (-am), ⟨~onić, ~nać⟩ vertreiben; hinausjagen, -werfen; s. wypędzać.

wygarn|iać [-'gar-] (-am), ⟨~ąć⟩ Asche ausräumen; F fig. Meinung rundheraus sagen; s. prawda.

wygas|ać (-am), ⟨~nąć⟩ erlöschen; ~ić pf. (a./us)löschen; Motor abstellen; ~ły erloschen.

wyga|szać (-am) selt. s. wygasić; ~śnięcie [-'nen-] n (-a; 0) Erlöschen n.

wygi|nać pf. s. wyginać; ~basy F m/pl. (-ów) Verrenkungen f/pl.; ~ęcie [-'g.en-] n (-a) (Durch-)

Biegung f; Krümmung f; Rundung f, Wölbung f; Höhlung f; **~ęty** gekrümmt; geschweift; s. zgięty; **~mnastykowany** geschmeidig, durchtrainiert; **~nać** (-am), ⟨~ąć⟩ (durch-, ver)biegen; krümmen; (vor)beugen (się sich); **~nak** m (-a; -i) Tech. Biegestanze f; **~nąć** pf. aussterben.

wygląd [-glont] m (-u; -y) Aussehen n, Äußere(s); Habitus m, (äußere) Erscheinung; Aufmachung f; dbać o swój ~ sich pflegen, gepflegt aussehen; **~ać¹** (-am), ⟨wyjrzeć⟩ (-ę, -y) v/i hinaussehen, -schauen (oknem aus dem Fenster); heraus-, hervorschauen, F -gucken (zza, spod G/hinter, unter D); lugen (z G, przez A/aus D, durch A); (nur impf.) (młodo, na artystę jung, wie ein Künstler) aussehen; to na ciebie ~a! das sieht dir ähnlich!; nie ~a na to es sieht nicht danach aus; **~ać²** (-am) v/t erwarten (A), Ausschau halten, ausschauen (nach).

wygładz|ać¹ (-am), ⟨~ić⟩ glätten, glatt machen; fig. polieren; **~ać się** glatt werden, sich glätten; **~ać²** (-am), ⟨wygłodzić⟩ hungern lassen, aushungern; **~ak** m (-a; -i) Schabewerkzeug n; **~enie** n Glätte f, Glattheit f.

wygł|aszać (-am), ⟨~osić⟩ Vortrag halten; Meinung usw. äußern; **~odzić** pf. s. wygładzać²; **~os** m Gr. Auslaut m; **~osić** pf. s. wygłaszać.

wyglupi|ać się [-'gwu-] F (-am), ⟨~ć się⟩ (-ę) herumalbern, kaspern, Faxen machen; nie ~aj się! laß den Quatsch!

wygna|ć pf. s. wyganiać; **~nie** n (-a) Vertreibung f; Verbannung f; Hinauswurf m; na ~niu a. im Exil; **~niec** [-'na-] m (-ńca; -ńcy) Vertriebene(r); Verbannte(r); **~ńczy** Vertriebenen-; Verbannungs-, Exil-.

wygniat|ać (-am), ⟨wygnieść⟩ kneten; auspressen, -drücken; Gras zertrampeln; Kleid zerdrücken; Spuren hinterlassen, eindrücken; Bleche (um)formen durch Formstanzen; **~ak** m (-a; -i) Formstanze f; **~arka** f (-i; G -rek) Knetmaschine f.

wygnieciony zerdrückt, -knittert; Couch: durchgesessen.

wygod|a f (-y; G -ód) Bequemlich-

keit f; (oft pl.) Komfort m; **~nicki** F m (-ego; -ccy) ein ganz bequemer Kunde, Faulpelz m; **~nictwo** n (-a; 0) Bequemlichkeit f, Trägheit f; **~nisia** [-'ni-] F f (-i; -e) eine ganz bequeme Person; **~ny** bequem; komfortabel; engS. a. annehmlich, behaglich; handlich; mühelos.

wygo|ić pf. s. wygajać; **~lić** pf. s. wygalać; **~lony** (aus)rasiert; **~n** m Anger m, Weide(wiese) f; **~nić** pf. s. wyganiać; **~spodarować** pf. erwirtschaften; **~towywać** (-uję), ⟨~tować⟩ auskochen; **~tować się** verdampfen. [Lokus m.]

wygódka F f (-i; G -dek) Klo n.)

wygórowany übertrieben, unmäßig, maßlos; Preise: überhöht, (zu) hoch.

wygra|ć pf. s. wygrywać; **~molić się** F pf. sich heraus-/herausarbeiten, heraus-/herauskommen; **~na** f (-ej; -e) Gewinn m; Treffer m; Sieg m; (nie) da(wa)ć za ~ną (nicht) aufgeben, sich (nicht) geschlagen geben; **~nie** n (-a) Gewinnung f, Gewinnen n; **~nie na czasie** Zeitgewinn m; **~ny** gewonnen; siegreich; dać za ~ne s. wygrana; **~żać** (-am) drohen; drohend fuchteln (I/mit).

wygr|ywać (-am), ⟨~ać⟩ gewinnen (A, na, w L/A, in, bei D); siegen (A/bei, in D); Part. a. obsiegen; ausspielen (A przeciw D/A gegen A); (nur impf.) aufspielen (A); spielen (na L/auf D).

wygry|zać (-am), ⟨~źć⟩ ausbeißen; aus-, wegfressen; F fig. j-n rausekeln.

wygrz|ać pf. s. wygrzewać; **~eby-wać** (-uję), ⟨~ebać⟩ ausgraben, F -buddeln; F fig. hervorkramen; F ~eb(yw)ać się herauskommen; loswerden (z G/A); (nur pl.) fertig werden; **~ewać** (-am), ⟨~ać⟩ (durch)wärmen; **~ewać się na słońcu** sich sonnen.

wygu|bić pf. s. wyniszczać; **~zdrać się** F pf. (endlich) fertig werden.

wygwieżdżony sternbesät, gestirnt

wygwizd|ów F m (-owa; 0) öde Gegend, Wüstenei f; **~ywać** (-uję), ⟨~ać⟩ v/t Melodie pfeifen; Künstler auspfeifen; v/i (nur impf.) vor sich hin pfeifen.

wyha-, wyhe-, wyho- in Zssgn Verben s. ha-, he-, ho-.

wy|idealizowany idealisiert, Ideal-

~imaginowany eingebildet, unwirklich.

wyinacz|ać (-am), ⟨~yć⟩ verdrehen, entstellen.

wyjada|cz F m (-a; -e): *stary ~cz* alter Hase; **~ć,** ⟨wyjeść⟩ auf-, ausessen; ausfressen.

wyjał|awiać ['-wa-] (-am), ⟨~owić⟩ (-ę, -ów!) *Boden* erschöpfen; *Med.* sterilisieren.

wyjaskrawi|ać ['-skra-] (-am), ⟨~ć⟩ (-ę) übertreiben, aufbauschen.

wyjaśni|ać ['-jać-] (-am), ⟨~ć⟩ (-ę, -nij!) erklären, erläutern; aufklären; *Ansicht* klarlegen, -machen; *Mißverständnisse* klarstellen, ausräumen; *~(a)ć się* sich auf- *od.* erklären; sich aufheitern; **~enie** n (-a) Erklärung f; Aufklärung f.

wyjawi|ać ['-ja-] (-am), ⟨~ć⟩ enthüllen; offenbaren; *nie ~(a)ć a.* nicht preisgeben.

wyjazd m (-u; -y) Ausfahrt f; Ausreise f; Abreise f, -fahrt f; (*Dienst*) Reise f, Fahrt f; **~owy** Reise-; Ausreise-.

wyją|ć pf. *s.* wyjmować; **~kać** pf. v/t stammeln; **~tek** ['-jon-] m (-tku; -tki) Ausnahme f; (*Text-*)Auszug m; *bez ~tku a.* ausnahmslos; *w drodze ~tku* ausnahmsweise, im Ausnahmefall; *z ~tkiem* (G) mit Ausnahme (von); **~tkowo** *Adv.* ausnahmsweise; äußerst, ausnehmend; **~tkowy** Ausnahme-, besonder, Sonder-; **~wszy** [-'jõf-] ausgenommen (A).

wyjec m (-jca; -jce) Brüllaffe m.

wyje|chać pf. *s.* wyjeżdżać; **~dnywać** (-uję), ⟨~dnać⟩ erwirken, besorgen; **~ść** pf. *s.* wyjadać.

wyjezdn|e n: *na ~ym* bei der Abreise; *być na ~ym* im Begriff sein abzureisen *od.* wegzufahren.

wyje|żdżać (-am), ⟨~chać⟩ ab-, (hin)aus-, fort-, wegfahren; ab-, ausreisen; fort-, wegziehen; ⟨~ździć⟩ *Straße* ausfahren; (*nur pf.*) *~ździć się* genug gefahren sein; **~żdżony** *Straße* ausgefahren.

wyję|cie [-'jęń-] n (-a) Herausnahme f, Entnahme f; **~cie** *spod prawa hist.* Achtung f; **~czeć** [-'jen-] pf. v/t stöhnen; **~ty:** *~ty spod prawa* geächtet, vogelfrei.

wyjężycz|ać się F (-am), ⟨~yć się⟩ (-ę) sich ausdrücken; sich verständlich machen.

wyj|mować (-uję), ⟨~ąć⟩ (-jmę) (her)ausnehmen, -ziehen; **~rzeć** pf. *s.* wyglądać[1].

wyjści|e ['vi-] n (-a) Ausgang m; Ausstieg m; *fig. a.* Ausweg m; *~e na wolność* Haftentlassung f; *~e za mąż* Heirat f (v. e-r Frau); *bez ~a a.* ausweglos; *s. a.* odejście; **~owy** Ausgangs-; Ausgeh-.

wyjść pf. *s.* wychodzić.

wyka f (-i) *Bot.* Wicke f; **~** *in Zssgn Verben s.* ka-.   [chern.]

wykadz|ać (-am), ⟨~ić⟩ ausräu-)

wykałaczka f (-i; G -czek) Zahnstocher m.

wykańcza|ć (-am), ⟨wykończyć⟩ beenden, abschließen, fertig machen; ausarbeiten; letzte Hand anlegen (A/an A); *Tech.* ausstatten; nachbearbeiten, -behandeln; *Arch.* (innen) ausbauen; *Text.* zurichten; ausstatten; F *fig. j-n* erledigen, fertigmachen; *wykończyć się* tin und fertig sein; zu Ende (*od.* F alle) sein; **~lnia** [-'tʃal-] f (-i; - e, -i) (*Guß-*)Putzerei f; Zurichterei f.

wykapan|y: *~y ojciec* ganz der Vater; *to ~a matka* sie ist ihrer Mutter wie aus dem Gesicht geschnitten.

wykar|askać się F pf. (-am) *s.* wybrnąć, wydosta(wa)ć się; **~czowywać** (-uję) *s.* karczować.

wykarmi|ać ['-kar-] (-am), ⟨~ć⟩ *Kinder* aufziehen.

wyk|aszać (-am), ⟨~osić⟩ abmähen.

wykaz m (-u; -y) Aufstellung f, Verzeichnis m, Liste f; Nachweis m; **~ywać** (-uję), ⟨~ać⟩ be-, nachweisen; aufweisen, zeigen, erkennen lassen; ⟨~yw⟩ać się vorweisen (I/A).

wyką-, wyki- *in Zssgn Verben s.* ką-, ki-.

wykidajło F m (-a; G -ów) Rausschmeißer m.

wyki|erowywać (-uję) *s.* kierować; **~pieć** pf. überkochen (v/i); **~towáć** P pf. krepieren, abkratzen (v/i); **~wać** F pf. *j-n* reinlegen.

wykląć pf. *s.* wyklinać.

wykle|jać (-am), ⟨~ić⟩ auskleben (I/mit); **~jka** f (-i; G -jek) Typ. (*Vorsatz-*)Spiegel m.

wyklę|cie [-'klęṅ-] n (-a) Kirchenbann m; Verstoßung f; **~ty** exkommuniziert; verstoßen.

wyklina f (-y) Rispe(ngras n) f; **~ć** (-am), ⟨wykląć⟩ v/t mit dem Kirchenbann belegen; *Sohn, Frau* verstoßen; *v/i (nur impf.)* schimpfen.

wyklucz|ać (-*am*), ⟨-*yć*⟩ ausschließen (*się sich*); **~enie** *n* (-*a*) Ausschluß *m*; z **~eniem** unter Ausschluß (*G*); **~ony** ausgeschlossen.

wyklu|wać się (-*am*), ⟨-*ć się*⟩ *Vogel:* ausschlüpfen.

wykład *m* (-*u*; -*y*) Vorlesung *f*, (*Lehr-*)Vortrag *m*; **~ać** (-*am*), ⟨*wyłożyć*⟩ auslegen; *engS. a.* auskleiden, -füttern (*I/*mit); vortragen; (*nur impf.*) unterrichten; Vorlesung(en) halten; **~any:** *kołnierz(yk)* **~any** Umlegekragen *m*; **~nia** [-'kwad-] *f* (-*i*; -*e*, -*i*) Auslegung *f*, Interpretation *f*; **~nik** *m* (-*a*; -*i*) Ausdruck *m*; Exponent *m* (*a. Math.*); **~nik wodorowy** *a.* pH-Wert *m*; **~owca** *m* (-*y*; *G* -*ów*) Lehrer *m*; Dozent *m*; **~owy** Vorlesungs-; Hör-(*Saal*) Unterrichts-.

wykl|adzina *f* (-*y*) Belag *m*; Ausverkleidung *f*; **~aszać się** (-*am*) *s.* kłosić się; **~ócać się** (-*am*) (herum-) streiten, zanken (*o A/*um *A*).

wyklu|wać (-*am*), ⟨-*ć*⟩ ausstechen; (alle) erstechen.

wykole|jać (-*am*), ⟨-*ić*⟩ (-*ję*) Zug zum Entgleisen bringen; *fig.* aus der Bahn werfen; **~ić się** entgleisen; *fig.* auf die schiefe Bahn (auf Abwege) geraten; **~jenie** *n* (-*a*) Entgleisung *f*; **~jenie się** Verwahrlosung *f*, (sozialer) Abstieg; **~jeniec** *m* verkrachte Existenz, (menschliches) Wrack.

wykoł|atać *pf.* erlangen, erbetteln; **~owywać** F (-*owuję*), ⟨-*owáć*⟩ *s.* wykiwać.

wykomb- *pf. s.* komb-.

wykon *m* (-*u*; -*y*) Produktion *f*, Ausstoß *m*; **~ać** *pf. s.* wykonywać; **~alny** aus-, durchführbar; erfüllbar; vollstreckbar; **~anie** *n* (-*a*) Verrichtung *f*, Aus-, Durchführung *f*; Erfüllung *f*, Fertigstellung *f*; Anfertigung *f*; Verarbeitung *f*; Vollstreckung *f*; *Thea.* Darstellung *f*, Spiel *n*.

wykonaw|ca *m* (-*y*; *G* -*ów*), **~czyni** *f* (-*i*; -*e*) Hersteller(in *f*) *m*; Ausführende(r); Vollstrecker(in *f*) *m*; (*roli głównej* Haupt-)Darsteller(in *f*) *m*; *nur* **~ca** *a.* Auftragnehmer *m*; **~czy** Exekutiv-; Durchführungs-; Vollstreckungs-; **~czyni** *f s.* wykonawca; **~stwo** *n* (-*a*; *0*) Aus-,

Durchführung(sarbeiten *pl.*) *f*; Realisation *f*.

wykon|ywać (-*uję*), ⟨-*ać*⟩ *v/t* tun, machen; aus-, durchführen; anfertigen, herstellen; erfüllen; *Aufgabe a.* vollbringen, erledigen; *Urteil* vollstrecken; *Thea.* aufführen, geben; *Rolle* spielen; *Mus. a.* vortragen; (*nur impf.*) verrichten; *Beruf, Macht* ausüben; *e-r Arbeit* nachgehen.

wykończ|ać (-*am*) *s.* wykańczać; **~arka** *f* (-*i*; *G* -*rek*) Appreturmaschine *f*; (*Straßen-*)Fertiger *m*; **~enie** *n* (-*a*) Vollendung *f*, Fertigstellung *f*; **~eniowy:** *prace* **-we** Ausbauarbeiten *f/pl.*; **~ony** vollendet, fertig; ausgearbeitet; F *fig.* erledigt, geschafft, kaputt; **~yć** *pf. s.* wykańczać.

wykop *m* (*Bau-*)Grube *f*; (*Rohr-*) Graben *m*; (*Kanal-*)Aushub *m*; *Sp.* Abstoß *m v. Tor*; **~y** *pl.* Ausgrabungen *f/pl.*; *s.* wykopki; **~ać** *pf. s.* wykopywać.

wykopalisk|o *n* (-*a*): *mst pl.* **~a** Ausgrabungen *f/pl.*; **~owy** Ausgrabungs-.

wykopki *pl.* (-*ów*): **~** ziemniaków Kartoffelernte *f*.

wykop|owy Aushub-; *prace* **~owe** Erdarbeiten *f/pl.*; **~ywać** (-*uję*), ⟨-*ać*⟩ graben, ausheben; ausgraben.

wykorzeni|ać [-'ʒe-] (-*am*), ⟨-*ć*⟩ (mit der Wurzel) ausrotten.

wykorzyst|ać *pf. s.* wykorzystywać; **~anie** *n* Ausnutzung *f*, Ausbeutung *f*; Inanspruchnahme *f*; Auslastung *f*; Verwertung *f*; **~ywać** (-*uję*) ausnutzen, ausbeuten (*a. j-n*); auslasten; verwerten.

wyko|sić *pf. s.* wykaszać; **~sztować się** P *pf.* sich in Unkosten stürzen.

wykot *m* (-*u*; -*y*) (*Junge-*)Werfen *n*, Setzen *n*; Lammung *f*.

wykpi|wać (-*am*), ⟨-*ć*⟩ verhöhnen; sich mokieren (*A/*über *A*); **~ć się** herumkommen, sich drücken (*od G/*um *A*).

wykra|czać (-*am*), ⟨*wykroczyć*⟩ (*przeciw D*) übertreten (*A*), verstoßen, sich vergehen (gegen *A*); hinausgehen (*poza A/*über *A*); **~dać** (-*am*), ⟨-*ść*⟩ wegstehlen (się sich); entführen, kidnappen; **~dać** *s.* wykrawać; **~ść** *pf. s.* wykradać; **~wać** (-*am*), ⟨*wykroić*⟩ (her)aus-

schneiden; *Tech.* (aus)stanzen; F *fig.* abzweigen; herausschinden, -schlagen; **~wek** *m* (-wka, -wki) Ausschnitt *m*.

wykres *m* Diagramm *n*, Schaubild *n*; (*Fieber-*)Kurve *f*.

wykreśl|ać (-am), **⟨~ić⟩** (auf)zeichnen; (aus)streichen; **~ny** graphisch; darstellend.

wykręc|ać (-am), **⟨~ić⟩** *v/t* (her)ausschrauben, -drehen; (aus)wringen; verdrehen; *v/i* abdrehen; *vgl.* skręcać; **~ać ⟨~ić⟩ się** sich (um)drehen.

wykręt [-krent] *m* (-u; -y) Ausflucht *f*, Ausrede *f*; adwokackie **~y** Winkelzüge *m/pl.*; **~ny** Antwort: ausweichend; *a.* Mensch: spitzfindig.

wykrocz|enie *n* (-a) Ordnungswidrigkeit *f*; Übertretung *f*; Vergehen *n*; **~yć** *pf. s.* wykraczać.

wykro|ić *pf. s.* wykrawać; **~jka** *f* (-i; G -jek) Platine *f*, Blechschnitt *m*; **~k** *m Sp.* Ausfall *m*.

wykropkow|ywać (-owuję), **⟨~ać⟩** auspunkten.

wykr|ot *m* (-u; -y) entwurzelter Baum; **~ój** *m* Aus-, Zuschneiden *n*; Ausschnitt *m*; Schnittmuster *n*; *Tech.* Blechschnitt *m*; Kaliber *n*.

wykrusz|ać (-am), **⟨~yć⟩** abbrökkeln (się *v/i*), -splittern; Körner usw. *a.* (her)ausköpfen, -klauben.

wykrwawi|ać [-'krfa-] (-am), **⟨~ć⟩** ausbluten lassen; **~(a)ć się** sich ausbluten.

wykry|cie *n* (-a) Auf-, Entdeckung *f*, Aufspürung *f*; Enthüllung *f*; Nachweis *m v.* Gasen usw.; **~wacz** *m* (-a; -e) Spür- od. Anzeigegerät *n*, Detektor *m*; **~wacz min** Minensuchgerät *n*; **~wać** (-am), **⟨~ć⟩** auf-, entdecken, aufspüren; erforschen, entdecken; *Radar:* Objekt erfassen; **~(wa)ć się** herauskommen (*fig.*); **~walność** *f* (-ści; 0) (*Verbrechens-*)Aufdeckungsquote *f*; Nachweisbarkeit *f*; **~walny** erkennbar, nachweisbar.

wykrzesać (-uję) *s.* krzesać.

wykrztu|szać (-am), **⟨~sić⟩** herauswürgen; aushusten; *fig.* (stotternd) heraus-, hervorbringen; **~śny:** *środek* **~śny** Expektorans *n.*

wykrzy|czeć *pf.* herausschreien, F -brüllen; laut ausschimpfen; **~k** *m* Ausruf *m*, Aufschrei *m*; **~kiwać** (-uję), **⟨~knąć⟩** schreien, laut rufen,

---

F brüllen; **~kiwać z radości** jauchzen; **~knik** *m* (-a; -i) Interjektion *f*; Ausrufungszeichen *n*.

wykrzywi|ać [-'kʃi-] (-am), **⟨~ć⟩** krümmen, (ver)biegen; *Gesicht* verziehen, verzerren; *Absätze* schieftreten; **~ać się** sich verbiegen; sich verziehen; verkniffenes Gesicht (od. F saure Miene) machen; **~ony** Gesicht: verzerrt; verkniffen; Absätze: schief(getreten).

wykształc|ać (-am) *s.* kształcić; **~enie** *n* (-a) (*Berufs-*)Ausbildung *f*, (*Hochschul-*)Bildung *f*, Studium *n*; ... *z* **~enia** ... von Beruf; **~ony** gebildet, gelehrt.

wykuć *pf. s.* wykuwać.

wykup *m* (-u; -y) Aus-, Einlösung(ssumme) *f*; Loskauf *m*; Lösegeld *n*; **~ienie** *n* (-a) Rück- od. Loskauf *m*; *vgl. a.* wykup; **~ne** *n* (-ego; -e) Ablöse(summe) *f*; **~ywać** (-uję), **⟨~ić⟩** (alles) aufkaufen; ab-, aus-, einlösen, los- od. zurückkaufen; **~ywać się** sich loskaufen (od *D*/von).

wykurz|ać (-am), **⟨~yć⟩** ausräuchern.

wykusz *m* (-a/-u; -e, -y/-ów) Erker *m*; **~owy** Erker-.

wyku|wać (-am), **⟨~ć⟩** aus- od. behauen; *fig.* schmieden; F (*na pamięć* auswendig) lernen.

wykwa|lifikowany qualifiziert; *Arbeiter:* gelernt, ausgebildet; **~terow(yw)ać** (-[w]uję) ausquartieren; exmittieren.

wykwint *m* (-u; 0) Eleganz *f*, Feinheit *f*, Raffinesse *f*; Luxus *m*; **~ny** elegant, fein, raffiniert; luxuriös.

wykwit *m* Inbegriff *m*, Höchste(s); *Chem.* Ausblühung *f*; *Med.* Exanthem *n*; **~y na murze** Mauerfraß *m*; **~ać** (-am), **⟨~nąć⟩** erblühen.

wyla|ć *pf. s.* wylewać; **~nie** *n* (-a) Ausgießen *n*; *fig.* Überschwenglichkeit *f*; F *a.* Rausschmiß *m*; *z* **~niem** überschwenglich; **~tać** *pf.* fliegen(d zurücklegen); F *a.* verschaffen, organisieren; **~tywać** (-uję), **⟨wy-lecieć⟩** (her-, hin)ausfliegen; *Flgw.* abfliegen; *Rauch, Gas:* (her)ausströmen, -quellen; herausfallen; F *a.* heraus-, hinausstürzen; (*mst pf.*) *v. d. Gchule, in d. Luft* fliegen (*z pamięci* dem Gedächtnis) entfallen; **~zł-** *s.* wyleźć.

wylądow|ać *pf. s.* wylądowywać; **~anie** *n* Landung *f*; **~(yw)ać**

(-[w]uję) v/t *Truppen* absetzen, landen; v/i s. lądować.

wyląg m s. **ląg**.

wyle|c pf. s. wylegać; **~cieć** pf. s. wylatywać; **~czyć** pf. heilen, kurieren; **~czyć się** geheilt werden (z G/von); **~gać** (-am), ⟨**~c**⟩ *Menschen*: herausströmen; *Getreide*: v. *Wind* umgelegt werden; **~giwać się** (-uję) faul herumliegen, sich (herum)sielen; **~gnąć** [-nǫtą] pf. s. wylęgać; **~piać** [-'lɛ-] (-am), ⟨**~pić**⟩ auskleben, -kleiden, eng*S.* austapezieren.

wylew m (-u; -y) Überschwemmung f, Hochwasser n; *Med. fig.* Erguß m; katastrofalny **~** Flutkatastrophe f; **~ krwi do mózgu** Gehirnblutung f; **~ać** (-am), ⟨**wylać**⟩ v/t ausgießen; verschütten, -gießen (a. *Blut*, *Tränen*); *Wut* auslassen (na *A*/an *D*); F j-n rausschmeißen, feuern; v/i *Fluß*: über die Ufer treten; **~ać** ⟨**wylać**⟩ **się** sich ergießen; verschüttet werden; s. przelewać się; **~ność** f (-ści; 0) Mitteilsamkeit f; Überschwenglichkeit f, Überschwang m; **~ny** mitteilsam; überschwenglich; *Geol.* Eruptiv-, Erguß-.

wyle|źć pf. s. wyłazić; **~żały** *Obst*: mürbe, reif; abgelagert; **~żeć** pf. durch Liegen eindrücken; **~żeć się** lange liegen od. gelegen haben.

wyląc [-lɔnts] pf. (L.) s. wylęgać.

wyląg [-lɛŋk] m s. ląg; **~ać** (-am), ⟨**~nąć**⟩ (aus)brüten; *Eier* bebrüten; **~ać się** v/i. s. lęgnąć się.

wylęgani|e [-lɛŋg-] n (-a) (Aus-)Brüten n; okres **~a** Inkubationszeit f.

wylęgar|ka [-lɛŋ'gar-] f (-i; G -rek) Brutapparat m; Brutkasten m, Inkubator m; **~nia** f (-i; -e) Brutanstalt f; (*Fisch-*)Brutaufzuchtbach m; *fig.* Brutstätte f; Geburtsstätte f.

wylęg|nąć pf. s. wylęgać; **~owy** Brut-.

wylękniony [-lɛŋk-] verängstigt, verstört.

wylicz|ać (-am), ⟨**~yć**⟩ aufzählen; aus-, errechnen; ⟨*sobie* sich⟩ vorrechnen; *Geld usw.* abzählen; **~yć się** abrechnen, (z G) Rechenschaft ablegen (über *A*); **~anka** f (-i; G -nek) Abzählreim m; **~enie** n Aufzählung f; (Aus-, Er-)Rechnung f; (a. się) Rechenschaft f.

wylinka f (-i; G -nek) *Zo.* Häutung f.

wyliz|ywać (-uję), ⟨**~ać**⟩ auslecken; ⟨**~(yw)ać się**⟩ *Tiere*: sich lecken, sich putzen; F *fig.* sich aufrappeln; **~any** wie geleckt.

wylosow(yw)ać (-[w]uję) auslosen.

wylot m Ausflug m; Abflug m; Abfluß m; Mund(loch n) m; (*Tunnel-, Rohr-*)Mündung f; na **~** *Adv.* durch (und durch); **~owy** Abflugs-; Mündungs-; trasa (od. ulica) **~owa** Ausfallstraße f.

wyludni|ać [-'lud-] (-am), ⟨**~ć**⟩ (-ę, -nij!) entvölkern (się sich).

wyładow|anie n s. wyładunek; *El.* Entladung f; **~czy** Ablade-, Entladungs-; **~ywacz** m (-a; -e) Entlader m; ⟨**~(yw)ać**⟩ (-[w]uję) abaus-, entladen; *Mar.* löschen; vollladen, -stopfen (*I*/mit); *fig. Wut* auslassen (na *L*/an *D*); ⟨**~(yw)ać się** sich ab-, aus-, entladen werden; sich entladen; aussteigen; von Bord (od. an Land) gehen; F a. sich abreagieren.

wyładun|ek m Ab-, Aus-, Entladung f; *Mar.* Löscharbeiten f/pl.; **~kowy** Ablade-, Entladungs-, Lösch-.

wyłam|ywać (-uję), ⟨**~ać**⟩ (her-)ausbrechen; *Tür* einschlagen; ⟨**~(yw)ać się** aus-, abbrechen (v/i).

wyłani|ać [-'wa-] (-am), ⟨**wyłonić**⟩ (-ę) sichtbar machen; *Ausschuß* bilden; **~ się** auftauchen (a. *fig.*), sichtbar werden, emporkommen; sich bilden, entstehen.

wyła|pywać (-uję), ⟨**~pać**⟩ alle (ein)fangen, schnappen; **~wiacz** [-'wa-] m (-a; -e) *Tech.* Fänger m; **~wiać** [-'wa-] (-am), ⟨**wyłowić**⟩ einfangen herausfischen, -ziehen; *Teich* leerfischen.

wyłaz m (-u; -y) Ausstieg(luke f) m; **~ić**, ⟨**wyleźć**⟩ (her)auskriechen, herauskommen (z *G*/aus *D*); hinaufklettern; herausragen, hervorstehen; hervorschauen, lugen (spod *G*/unter, hinter *D*); F **~ić bokiem** schlimme Folgen haben (*D*/für); **~ić ze skóry** sein Bestes tun.

wyłącz|ać (-am), ⟨**~yć**⟩ ab-, (a. *fig.*) ausschalten (się sich); *Motor* abstellen; ausschließen (się einander, sich); ausscheiden (się v/i); **~yć** bieg od. sprzęgło auskuppeln (v/i); **~alny** ab-, ausschaltbar; **~enie** n Ab-, Ausschaltung f; Ausschließung f (a. *Jur.*); Ausscheidung f;

z ~eniem (G) mit Ausschluß (von);
~nik m (Aus-)Schalter m; **~ny** ausschließlich, einzig; Allein-, exklu-
siv; ~nie Adv. a. nur.

wyłg|iwać się (-uję), ⟨~ać się⟩ sich
herauslügen.

wyło|gi pl. v. wyłóg; **~m** m Bresche
f; fig. a. Einbruch m; Bgb. Ausbruch m; **~nić** pf. s. wyłaniać; **~wić**
pf. s. wyławiać; **~żyć** pf. s. wykładać.

wyłóg m (-ogu; -ogi) Revers m od.
n, Aufschlag m.

wyłudz|ać (-am), ⟨~ić⟩ (A od G)
erschwindeln (bei j-m A), abgaunern (j-m A), prellen (j-n um A);
entlocken (D).   [wać.⟩

wyługow(yw)ać (-[w]uję) s. ługo-⟩

wyłup|ać pf. s. wyłupywać; **~iać**
[-'wu-] (-am), ⟨~ić⟩ (her)aussste-
chen; s. wydłubywać; ~i(a)ć oczy
P Augen aufreißen, glotzen; **~iasty**
Augen: hervortretend, P Glotz-;
~ywać (-uję), ⟨~ać⟩ (her)ausschä-
len; s. wydłubywać, wyłuskiwać.

wyłusk|iwać (-uję), ⟨~ać⟩ aushül-
sen; Med., fig. (her)ausschälen.

wyłuszcz|ać (-am), ⟨~yć⟩ aushül-
sen; fig. darlegen, auseinander-
setzen, (klipp und klar) sagen.

wyłysi|ały kahl(köpfig); **~enie** n
(-a) Haarausfall m; Kahlheit f.

wyma|chiwać (-uję) s. machać,
wywijać; **~szerować** (-uję), ⟨~ać⟩ er-
tasten; **~czać**, ⟨wymoczyć⟩ (aus-)
wässern.

wymaga|ć (-am) v/t (G) verlangen,
erfordern (od G/von), abverlangen
(od G/D); bedürfen (G); v/i fordern, erwarten (żeby/daß); **~jący**
[-'jon-] anspruchsvoll; Chef: streng,
hart; -cy opieki pflegebedürftig; -cy
zezwolenia genehmigungspflich-
tig; **~nie** n (-a) Verlangen n, Forderung f; **~nia** pl. a. Ansprüche f/pl.;
Bedingungen f/pl.; **~ny** erforder-
lich.

wymal-, wymam-, wyman- in
Zssgn Verben s. mal-, mam-, man-.

wymar|cie [-'mar-] n (-a; 0) Aus-
sterben n; na ~ciu vom Aussterben
bedroht; **~ły** ausgestorben.

wymarsz m Ab-, Ausmarsch m.

wymarz|nąć [-r·z-] (-am), ⟨~nąć⟩
v/i Feldfrüchte: auswintern.

wymarz|ony erträumt, Traum-,
Ideal-; ~one życzenie Wunsch-
traum m; **~yć** pf. (sobie sich) erträumen.

34*

wymaszerować pf. ausmarschieren,
losziehen.

wymawiać, ⟨wymówić⟩ aussprechen; vorhalten, Vorwürfe machen; Vertrag usw. kündigen; ~
sobie sich ausbedingen; ~ dom das
Haus verbieten; ~ się sich aussprechen, ausgesprochen werden;
sich herausreden od. entschuldigen.

wymawianie n (-a) Aussprechen n,
-sprache f; Vorhaltungen f/pl.

wymaz|ywać (-uję), ⟨~ać⟩ be-, voll-
schmieren (I/mit); ausradieren;
(aus)löschen, tilgen.

wymeldow(yw)ać (-[w]uję) (polizeilich) abmelden (się sich).

wymęcz|ać (-am), ⟨~yć⟩ erschöp-
fen, schwächen, aufreiben; F a.
mühsam hervorbringen; **~yć się**
sich abplagen; erschöpft sein (I/
von).

wymian|a f (-y) Austausch m;
(Geld-)Umtausch m; (Wort-,
Schuß-)Wechsel m; (Schlag-)Ab-
tausch m; kurs ~ Umrechnungs-
kurs m; punkt ~y waluty Wechselstube f.

wymiar ['vi-] m (-u; -y) Ausmaß n,
Größe f, pl. a. Abmessungen f/pl.,
Maße n/pl.; Dimension f; Berech-
nung f, Festsetzung f e-r Zahlung
usw.; ~ kary Strafmaß n; ~ podat-
kowy Steuerveranlagung f; ~ sprawiedliwości Rechtsprechung f; podstawa ~u renty Rentenberechnungs-
grundlage f; ~y składu Typ. Satz-
spiegel m; w dwóch ~ach zweidi-
mensional; **~owanie** n (-a) Tech.
Bemaßung f.

wymi|atać (-am), ⟨~eść⟩ ausfegen,
-kehren; F jak ~ótł wie ausgestorben.

wymien|iacz m Chem. (Ionen-)Aus-
tauscher m; **~i(a)ć** austauschen,
-wechseln; umtauschen, (um)wech-
seln; erwähnen; aufzählen, -führen,
nennen; ~i(a)ć się (aus)tauschen
(I/A); **~nik** m (-a; -i) (ciepła
Wärme-)Austauscher m; **~ny** aus-
wechselbar, -tauschbar; Tausch-;
Austausch-; część ~na Ersatzteil n.

wymiera|ć (-am), ⟨wymrzeć⟩ aus-
sterben.

wymierny Math. rational; meßbar.

wymierz|ać (-am), ⟨~yć⟩ v/t (aus-,
ver)messen; bemessen; zumessen;
Strafe a. verhängen, auferlegen;
Kritik usw. richten (przeciw D/ge-

gen *A*); *Recht* sprechen; *Schläge* verabfolgen; (*nur pf.*) *Ohrfeige* geben; *Hieb* versetzen; *Gewehr* anlegen (w *A*/auf *A*); ~*yć karę* (*G*) *Jur. a.* erkennen auf (*A*); *v/i* zielen (w *A*/auf *A*).

wymie|sić *pf.* durchkneten; ~**szać** *pf.* (durch-, ver)mischen; ~**ść** *pf. s.* wymiatać.

wymię *n* (-enia; -iona) Euter *n*.

wymięt(oszon)y [-mȩnt-] zerdrückt, zerknittert.

wymig|iwać się F (-uję), ⟨~ać się⟩ sich drücken (od *G*/vor).

wymi|jać, ⟨~nąć⟩ *Wagen* überholen; vorbeigehen *od.* -fahren (*A*/ an *D*); *s.* (o)mijać; ~**jający** [-'jɔn-] (-co) ausweichend; ~**janie** *n* (-a) Überholen *n*; ~**nięcie** [-'nȩn-] *n* (-a) Umgehen *n od.* -fahren *n*; (*a. się*) Ausweichen *n*; *s. a.* wymijanie.

wymio|ciny [-mɔ-] *f/pl.* (-) Erbrochene⟨s⟩; ~**na** *s.* wymię; ~**tnica** *f* (-y; -e) *Bot.* Ipekakuanha *f*; Brechwurzel *f*; ~**tny** Brech-; ~**tować** ⟨z-⟩ (-uję) erbrechen (*I*/*A*), sich übergeben; ~**ty** *m/pl.* (-ów) Erbrechen *n*; *zbierać się na* ~**ty** (*D*) *j-m* übel werden; *dostać* ~**tów** sich übergeben müssen.

wy|mizerowany *s.* mizerny; ~**mknąć się** *pf. s.* wymykać się; ~**mleć** *pf.* ausmahlen; ~**młacać** (-am), ⟨~**młócić**⟩ ausdreschen.

wymocz|ek *m* (-czka; -czki) *Zo.* Aufgußtierchen *n*; F *fig.* Kümmerling *m*, Hering *m*, kränkliche Gestalt; ~**yć** *pf. s.* wymaczać.

wymo|dlić *pf. durch Gebet* erflehen; ~**gi** *f/pl.* (-ów) Anforderungen *f/pl.*; ~**knąć** *pf.* durchnäßt werden.

wymontow(yw)ać (-[w]uję) abmontieren, ausbauen.

wymordować *pf.* (alle) ermorden, umbringen; F *fig. j-n* kaputt machen; ~ *się* einander (*od.* sich) umbringen; F *fig.* total erschöpft sein (*I*/durch *A*).

wymow|a *f* Aussprache *f*; Aussage *f* e-s *lit. Werks*; Redegewandtheit *f*; Redekunst *f*; *dar* ~*y* = ~**ność** *f* (-ści; 0) Redetalent *n*; Zungenfertigkeit *f*; *fig.* Bedeutung *f*; ~**ny** redegewandt, beredt; *fig. a.* vielsagend.

wymóc *pf.* abnötigen (*na L*/*D*); erpressen (*na L*/von); ~ *siłą* erzwingen.

wymów|ić *pf. s.* wymawiać; ~**ienie**

---

f (-*a*) *s.* wymawianie; *Kündigung f*; *nie do* ~*ienia* unaussprechlich; ~**ka** *f* (-i; *G* -wek) Ausrede *f*, *pl. a.* Ausflüchte *f/pl.*; *Vorwurf m*.

wymr|ażać (-am), ⟨~ozić⟩ *v/t* ausfrieren (lassen); *Frost*: vernichten; F *a.* auskühlen.

wymrzeć *pf. s.* wymierać.

wymu|skany herausgeputzt, F wie aus dem Ei gepellt; gepflegt; ~**szać** (-am), ⟨~sić⟩ (-szę) erzwingen (*na L*, *od G*/von); abringen (*od G*/*D*); *vgl.* wymóc; ~**szenie** *n* (-a) Nötigung *f*; Erpressung *f*; ~**szony** gezwungen, gekünstelt.

wymy|cie *n* Auswaschung *f*; Unterspülung *f*; ~**ć** *pf. s.* wymywać, myć; ~**k** *m* (-u; -i) *Sp.* Felge *f*; ~**kać się** (-am), ⟨wymknąć się⟩ entschlüpfen (*a. fig.*), entwischen; sich hinausstehlen; aus der Hand gleiten, den Händen entgleiten (*a. fig.*); ~**sł** *m* (-u; -y) Erfindung *f*; ~**sły** *pl. a.* Beschimpfungen *f/pl.*

wymyśl|ać (-am), ⟨~ić⟩ (-lę) erfinden; *engS.* sich ausdenken, erdichten; aushecken; *nur* ~*ać* ⟨na-, z-⟩ (*D*, *na A*) beschimpfen (*A*), herziehen (über *A*); ~**ania** [-'la-] *n/pl.* (-ń) *s.* wymysł(y); ~**ny** sinnreich, kunstvoll; raffiniert; phantasiereich.

wymy|wać (-am), ⟨~ć⟩ (-ję) (ab)waschen; auswaschen; ausschwemmen; unterspülen.

wynagr|adzać, ⟨~odzić⟩ belohnen; ab-, entgelten, vergüten; *Schaden a.* ersetzen; *Unrecht* wiedergutmachen; entschädigen (*k-u A*/*j-n* für); ~*odzić sobie* (*A*) sich schadlos halten (für).

wynagrodzenie *n* (-a) Belohnung *f*; Entschädigung *f*; Entgeld *n*, Vergütung *f*; *engS.* Lohn *m*, Gehalt *n*, Bezüge *m/pl.*; ~ *szkody* Schadenersatz *m*; *za* ~ *m* gegen Entgeld.

wynagrodzić *pf. s.* wynagradzać.

wynaj|dywać *s.* wynajmować, wynaleźć; ~**dywać** (-uję), ⟨wynaleźć⟩ (*L.* -naleźć) erfinden; entdecken, finden, ausfindig machen; ~**em** *m* Vermietung *f*; *Ausleih m*, Ausleih *m*; ~**emca** *m* Vermieter *m*, Verleiher *m*; ~**ęcie** [-'jȩn-] *n* (-a) *s.* wynajem; *do* ~*ęcia* zu vermieten; ~**mować**, ⟨~ąć⟩ mieten; (aus)leihen; chartern; vermieten; verleihen; ~**mujący** [-'jɔn-] *m* (-ego; -y) Mieter *m*; Vermieter *m*, -leiher *m*.

wynalaz|ca *m* (*-y*; *G* *-ów*) Erfinder *m*; **~czość** *f* (*-ści*; *0*) Erfindungsgabe *f*; Erfindungswesen *n*; **~czy** erfinderisch; schöpferisch, einfallsreich; *ruch* **~czy** Erfinderbewegung *f*; **~ek** *m* (*-zku; -zki*) Erfindung *f*.

wynale|zienie *n* (*-a*; *0*) Erfinden *n*, Erfindung *f*; **~źć** *pf.* *s.* wynajdywać.

wynar|adawiać [*'-da-*] (*-am*), ⟨**~o**dowić⟩ (*-ę,-ów!*) entnationalisieren; **~odowić się** die nationale Eigenart verlieren; *s-e* Volkszugehörigkeit verleugnen. [entarten.]

wy|nędzniały [-nendz-] (*ad-*), ausgezehrt; **~niańczyć** *pf.* Kind großziehen.

wynie|sienie *n* (*-a*) Geol. Erhebung *f*; **~ść** *pf.* *s.* wynosić¹.

wynik *m* (*-u; -i*) Ergebnis *n*, Resultat *n*; Befund *m*; (*Spiel-*)Stand *m*; Folge *f*, Aus-, Nachwirkung *f*; *pomyślny* **~** Erfolg *m*, Gelingen *n*; **~i** *pl.* *a.* Leistungen *f/pl.*; *tablica* **~ów** *Sp.* Anzeigetafel *f*; **~ać** (*-am*), ⟨**~nąć**⟩ entstehen, sich ergeben, hervorgehen (*z G/*aus); entspringen (*z G/D*); *z tego* **~a** daraus folgt; **~ły** (*z G*) entstanden, resultierend (aus); bedingt (durch); **~owa** *f* (*-wej; -e*) Math. Resultante *f*.

wyniosł|ość *f* (*-ści; 0*) (*Boden-*)Erhebung *f*; Fig. Hochmut *m*, Arroganz *f*; **~y** hoch(ragend); (*a. -śle*) hochmütig, -fahrend, arrogant.

wyniszcz|ać (*-am*), ⟨**~yć**⟩ ausrotten (*się* sich *od.* einander), vertilgen; ruinieren, F kaputtmachen (*się* sich); *Körper a.* auszehren, schwächen; **~ony** ruiniert, ab-, ausgezehrt, ab-, ausge▪.

wynos *m*: *na* **~** außer Haus (*Verkauf*); **~ić¹**, ⟨**~wynieść**⟩ (hin-, her-) austragen; hinauftragen; betragen; ausmachen, sich belaufen (auf); *fig.* hochspülen; † *a.* loben, preisen; **~ić** ⟨**~wynieść**⟩ *się* aus-, wegziehen (*v/i*); sich hinausscheren, verschwinden; sich erheben (*ponad innych* über andere); **~ić²** *pf.* Kind austragen.

wyno|szony Kleid: abgetragen; Kind: ausgetragen; **~tow(yw)ać** (*-[w]uję*) (sich) notieren.

wynurz|ać, ⟨**~yć**⟩ (*-ę*) aus *d. Wasser* herausst(r)ecken; *fig.* eröffnen, offenbaren; **~ać** ⟨**~yć**⟩ *się* auftauchen (*a. fig.*); *sein* Herz ausschütten;

~enie *n* (*-a*) Auftauchen *n*; *fig.* Erguß *m*.

wyobcowan|ie *n* Entfremdung *f*, Isolierung *f*; **~y** entfremdet (*z G/D*).

wyobra|zić *pf.* *s.* wyobrażać; **~źnia** *f* (*-i; 0*) Einbildungs-, Vorstellungskraft *f*, Phantasie *f*; *pozbawiony* **~źni** phantasie-, einfallslos; **~żać**, ⟨**~zić**⟩ (bildlich) darstellen; zeigen; veranschaulichen; ⟨**~zić**⟩ *sobie* sich vorstellen; sich einbilden *od.* einreden; **~żenie** *n* Darstellung *f*; Veranschaulichung *f*; Vorstellung *f*, Idee *f*.

wyodrębni|ać [*'-remb-*] (*-am*), ⟨**~ć**⟩ (*-ę, -nij!*) absondern (*się* sich), trennen; ⟨**~a**⟩ *się* *a.* sich unterscheiden (*l/*durch); **~ony** *s.* odrębny.

wyokrętować [-rent-] *pf.* (*-uję*) Mar. ausschiffen.

wyolbrzymi|ać [*-'źi-*] (*-am*), ⟨**~ć**⟩ (*-ę*) vergrößern; *fig.* übertreiben.

wyor|ywacz *m* (*-a; -e*) Rodepflug *m*, Roder *m*; **~ywać** (*-uję*), ⟨**~ać**⟩ beim Pflügen freilegen.

wyostrz|ać (*-am*), ⟨**~yć**⟩ *s.* (*na*)ostrzyć; *fig.* (mehr) hervortreten lassen; empfindlicher machen; **~yć** *się* *fig.* schärfer werden.

wyp|acać (*-am*), ⟨**~ocić**⟩ ausschwitzen; **~ocić** *się* tüchtig schwitzen.

wypacz|ać (*-am*), ⟨**~yć**⟩ *s.* paczyć; *fig. a.* verzerren, entstellen; **~yć** *się* *fig.* verdorben (*od.* entstellt) werden.

wypad *m* (*-u; -y*) Spritztour *f*, Trip *m*, Abstecher *m*; Mil. Stoßtruppunternehmen *n*, Vorstoß *m*; Sp. *a.* Auslage *f*; (*Fechten*) Ausfall *m*; **~ać**, ⟨**wypaść**⟩ (her)ausfallen; *der Hand* entgleiten; Haare *a.* ausgehen; heraus-, hinausstürzen, -stürmen; Anteil: entfallen; Fest, Datum: fallen (*w A/*auf *A*); (*gut, schlecht*) ausfallen; *kiedy kolej* **~nie** *na nas?* wann sind wir an der Reihe?; (*nur 3. Pers.*) *~ło im jechać przez las* sie mußten durch den Wald fahren; (*nie*) **~a** es gehört sich (nicht); **~ało ... man hätte wohl ...;** **~ek** *m* (*-dku; -dki*) Ereignis *n*, Begebenheit *f*; (*wyjątkowy* Ausnahme-) Fall *m*; † *a.* Zufall *m*; *nieszczęśliwy* **~ek** Un(glücks)fall; **~ek** drogowy, *przy pracy* Verkehrs-, Arbeitsunfall; *na wszelki* **~ek** auf alle Fälle; *w najlepszym* **~ku** bestenfalls; *w najgorszym* **~ku** im schlimmsten

Fall; *w żadnym* ~*ku* auf k-n Fall, keinesfalls, -wegs; *ulec* ~*kowi*, *mieć* ~*ek a.* verunglücken; ~**kowość** *f* (*-ści*; *0*) Unfallquote *f*; ~**kowy** Unfall-; *Math.* resultierend; *Su. -wa f* (*-ej*; *-e*) Resultante *f*; ~**nięcie** *n* (*Her-*)Ausfallen *n*, Ausfall *m*; *Med.* (*Scheiden-*)Vorfall *m*; ~**owy** Ausfall-; *grupa* ~*owa* Stoßtrupp *m*.

wypal|**acz** *m* (*-a*; *-e*) (*Kalk-*)Brenner *m*; ~**ać** (*-am*), ⟨~*ić*⟩ ausbrennen; *Ziegel* brennen; *Holz* verfeuern; (*nur pf.*) *Zigarre* zu Ende rauchen; *fig. Rede* halten; *et.* rundheraus sagen; *Waffe:* feuern; *nie* ~*ić* versagen (*v/i*); ~*ać* ⟨~*ić*⟩ *się* ausbrennen, zu Ende brennen; *pf. a.* erlöschen (*v/i*); *Kalk usw.:* gebrannt werden; ~**anie** *n* (*-a*) Ausbrennen *n*; *Tech. a.* Brennen *n*, Brand *m*.

wypał *m* (*-u*; *-y*) *s. wypalanie*; ~**ki** *m/pl.* (*-ów*) (*Piryt-*)Abbrand *m*.

wypar|**cie** *n* Hinausdrängen *n*; Verdrängung *f* (*a. Psych.*); ~*cie się* Verleugnung *f*, Lossagung *f* (*G*/von); ~**ow(yw)ać** (*-[w]uję*) verdampfen; *v/t* *f fig.* verduften; ~**ty** verdrängt.

wyparz|**ać** (*-am*), ⟨~*yć*⟩ ausbrühen; ~*yć się in der Sauna* schwitzen.

wypas *m* (*-u*; *-y*) Weiden *n*; Weideplatz *m*; ~**ać**, ⟨**wypaść**⟩ *Wiese* abweiden lassen; *Vieh* auf der Weide halten; *Schweine*, P *fig.* mästen (*się* sich); ~**iony** gutgenährt, fett.

wypa|**ść** *pf. s. wypadać, wypasać*; ~**trywacz** *m* (*-a*; *-e*) Ausguck *m*; ~**trywać** (*-uję*), ⟨~**trzyć**⟩ (*nur impf.*) Ausschau halten (*A*/nach); (*nur pf.*) erspähen; ausersehen; ~*trzyć sobie oczy sich die Augen* aussehen (*za I*/nach).

wypch|**ać** *pf. s. wypychać*; ~**any** ausgestopft; *Hosen usw.* ausgebeult; ~**nąć** *pf. s. wypychać*.

wypełni|**acz** [*-'pɛw-*] *m* (*-a*; *-e*) Füllstoff *m*, Füller *m*; *Arch. a.* Zuschlagstoff *m*; ~**ać** (*-am*), ⟨~*ć*⟩ (*voll*)füllen; ausfüllen; *s. spełniać*; ~*(a)ć się* sich füllen (*I*/mit); ~**anka** *f* (*-i*; *G -nek*) Füllrätsel *n*; ~**ony** ausgefüllt; voll(gefüllt); vollbesetzt.

wypełz|**ać**, ⟨~*nąć*⟩ heraus-, hinaus-, hervorkriechen; hinaufkriechen; *s. pełznąć*.

wyper|**fumowany** (stark) parfümiert; ~**swadow(yw)ać** (*-[w]uję*) *j-m et.* ausreden.

wypędz|**ać** (*-am*), ⟨~*ić*⟩ heraustreiben; hinausjagen, verjagen; F rausschmeißen; *Teufel, Unart* austreiben.

wypi|**jać** *pf. s. wypinać*; ~**cie** *n* (Aus-Trinken *n*; *coś do* ~*cia etwas zu* trinken; ~*ć pf. s. wypijać.*

wypie|**c** *pf. s. wypiekać*; ~**k** *m* (*-u* *-i*) (*Brot-*)Backen *n*; Schub *m Brötchen*; ~*ki pl.* (krankhaft) gerötete Wangen; *domowego* (*od. własnego* ~*ku* selbstgemacht, hausbacken ~**kać** (*-am*), ⟨~*c*⟩ (aus)backen *Mehl* zum Backen verbrauchen ~**kowy** Back-.

wypiela|**cz** *m* (*-a*; *-e*) Jätemaschine *f*; ~**ć** (*-am*), ⟨*wypleć*⟩ ausjäten.

wypierać[1] (*-am*), ⟨*wyprzeć*⟩ hinaus-, verdrängen; *fig. a.* ausbooten ~*się* (*G*) ab-, verleugnen (*A*); sich lossagen (von).

wypie|**rać**[2] (*-am*), ⟨*wyprać*⟩ auswaschen; ~**rzać się** (*-am*), ⟨~*rzy* *się*⟩ *Vögel:* sich mausern; ~**szczać** (*-am*), ⟨~*ścić*⟩ (ver)hätscheln; mi (*aller*) Liebe großziehen; *Hoffnung usw.* nähren, hegen.

wypi|**(ja)ć** austrinken; *Glas a.* leeren; ~**łow(yw)ać** (*-[w]uję*) (her-aussägen; ~**nać** (*-am*), ⟨*wypiąć*⟩ [*-pɔntɛ*] (*-pnę*) spannen; *Brus* (vor)wölben.

wypis *m* (*-u*; *-y*) (*Text-*)Auszug *m* ~*y pl.* Chrestomathie *f*; ~**(yw)a(** ausschreiben; *Bleistift* abschreiben *Text* herausschreiben, Auszüge machen; *nur* ~*ywać* ausführlich (*od* viel, dummes Zeug) schreiben ~**(yw)ać się** *Mine:* leergeschrieber sein; austreten (*z G*/aus *D*); ~**a** ~*się ze szpitala* das Krankenhaus verlassen.

wypita F *f* (*-i*; *G -tek*) Umtrunk *m*, Trinkerei *f*.

wypitra|**szać** F (*-am*), ⟨~*sić*⟩ *Schmähbrief* fabrizieren.

wypl|**atać** (*-am*) *s. pleść*; ~**atany** geflochten; ~**ątyw ać** (*-uję*), ⟨~*qtać*⟩ befreien, lösen (*się* sich; *z G*/aus) ~**ąt(yw)ać się** *fig.* (heil) herauskommen (aus); ~*pleć pf. s. wypielać.*

wypleni|**ać** [*-'ple-*] (*-am*), ⟨~*ć*⟩ (*-ę* ausmerzen, ausrotten.

wyple|**ść** *pf. s. wyplatać*; ~**wić** *pf* (*-ę*) *s. wypielać.*

wyplu|**nąć** *pf.*, ~**wać** (*-am*), ⟨~*c*⟩ ausspeien, F -spucken.

wypłac|**ać** (*-am*), ⟨~*ić*⟩ auszahlen

Schuld abzahlen; **~alny** zahlungsfähig, solvent.

wypłak|iwać (*-uję*), ⟨*~ać*⟩ durch Weinen (F Heulen) (suchen zu) erhalten/erreichen; **~ać** *sobie oczy* sich die Augen ausweinen; ~(*iw*)*ać się* sich ausweinen. [scheuchen.⟩

wypł|aszać (*-am*), ⟨*~oszyć*⟩ auf-⟩

wypłat|a *f* (Aus-)Zahlung *f*; (*Dividenden-*)Ausschüttung *f*; Lohn *m*; *dzień* **~y** Zahltag *m*.

wypło|szyć *pf. s.* wypłaszać; **~wiały** *s.* spłowiały.

wypłuk|any (aus)gespült; F ~*any z pieniędzy* blank, abgebrannt; **~iwać** (*-uję*), ⟨*~ać*⟩ (aus)spülen; *s.* płukać.

wypły|w *m* (*-u; -y*) Ausfluß *m*, Ausströmen *n*; **~wać**, ⟨*~nąć*⟩ (her)ausfließen, -strömen; hinausrudern, -segeln; *Schiff:* auslaufen; auftauchen (*a. fig.*), an die Oberfläche kommen; *fig. s.* wynikać; **~wowy** Abfluß-.   [(-) Geschreibsel *n*.⟩

wypoci|ć *pf. s.* wypacać; **~ny** F *pl.*⟩

wypocz|ąć *pf. s.* wypoczywać; **~ęty** [-'tʃɛn-] erholt, ausgeruht; **~ynek** *m* (*-nku; -nki*) Erholung *f*, Ruhe *f*, Rast *f*; **~ynkowy** Erholungs-; **~ywać** (*-am*), ⟨*~ąć*⟩ sich erholen, ausruhen.

wypog|adzać (*-am*), ⟨*~odzić*⟩ (*się*) *s.* rozpogadzać; **~odnieć** *pf.* (*-eję*) sich aufheitern.

wypom|inać (*-am*), ⟨*~nieć*⟩ *-nę, -nij!*) vorhalten, -werfen; **~po-w(yw)ać** (*-[yw]uję*) auspumpen.

wyporność *f* (*-ści; 0*) *Mar.* Verdrängung *f*.

wyposaż|ać (*-am*), ⟨*~yć*⟩ (*-ę*) ausstatten (*w A*/mit); *Tech. a.* ausrüsten; **~enie** *n* (*-a*) Ausstattung *f*; Ausrüstung *f*; Zubehör *n*.

wypowi|adać, ⟨*~edzieć*⟩ aussprechen, -drücken, äußern; kündigen; *Krieg* erklären; *Gehorsam* verweigern; *Dienst* versagen; **~adać** ⟨*~edzieć*⟩ *się s-e* Meinung äußern (*o L*/über *A*); sich aussprechen (*za I*/für; *przeciw D*/gegen); **~edzenie** *n* Jur. Kündigung *f*; *a.* = **~edź** [-'pɔ-] *f* (*-dzi*) Äußerung *f*, Aussage *f*, Erklärung *f*; Stellungnahme *f*.

wypożycz|ać, ⟨*~yć*⟩ ausleihen; **~alnia** [-'tʃal-] *f* (*-i; -e*) (*Bücher*-) Verleih *m*; Leihbücherei *f*; **~enie** *n* (*-a*) Ausleihung *f*, Verleih *m*.

wypór *m* (*-oru; 0*) *Phys.* Auftrieb *m*.

wypracow|anie *n* (*-a*) Ausarbei-

tung *f*; (*Klassen-*)Aufsatz *m*; **~(yw)ać** (*-[yw]uję*) ausarbeiten.

wypra|ć *pf. s.* wypierać[²]; **~ny** (frisch) gewaschen; F *fig. s.* wypłukany; **~szać** (*-am*), ⟨*wyprosić*⟩ erbitten, erbetteln; **~szać** *sobie sich (D*) verbitten; wyprosić *za drzwi j-n* vor die Tür setzen.

wypraw|a *f* (*-y*) (*Forschungs-*)Reise *f*, Expedition *f*; (*Kreuz-, Kriegs-*) Zug *m*; Ausflug *m*, Tour *f*; Aussteuer *f*; *Arch.* (Ver-)Putz *m*; Futter *n*, Auskleidung *f*; (*Häute-*)Gerbung *f*; **~iać** [-'pra-] (*-am*), ⟨*~ić*⟩ senden, schicken (*po A*/nach, um *A* zu holen); *Fest* ausrichten; *Unfug* treiben, anstellen; *Krawall* machen; *Häute* gerben; *Wand* verputzen; *Ofen* zustellen, auskleiden; F *ins Jenseits* befördern; *co ty ~iasz?!* was machst du für Sachen?!; **~ka** *f* (*-i; G -wek*) Säuglingsausstattung *f*; **~ny** Aussteuer-.

wypraż|ać (*-am*), ⟨*~yć*⟩ kalzinieren; rösten; ausglühen.

wypręż|ać (*-am*), ⟨*~yć*⟩ straffen, (an)spannen; **~yć** *się* sich straffen *od.* spannen; sich aufrichten; strammstehen; **~ony** stramm, straff.

wypro|- *in Zssgn Verben s.* pro-; **~mieniow(yw)ać** (*-[yw]uję*) ausstrahlen; **~sić** *pf. s.* wypraszać.

wyprost *m* (*-u; -y*) *Sp.* Aufrichten *n*; (*Glieder-*)Strecken *n*; **~owany** (aus)gestreckt; (hoch)aufgerichtet; gerade(gebogen); **~ow(yw)ać** (*-[yw]uję*) *s.* prostować; aufrichten (*się* sich); *Arch.* begradigen.

wyprowadz|ać (*-am*), ⟨*~ić*⟩ heraus-, hinausführen, -geleiten; *fig. Schlüsse* ziehen; **~ać** *swój rodowód* ab-, entstammen (*od G*/*D*); **~ić** *z błędu j-n* e-s Besseren belehren, aufklären; *j-m s-n* Irrtum klarmachen; **~ać** ⟨*~ić*⟩ *się* aus-, fortziehen (*v/i*); **~ka** F *f* (*-i; G -dzek*) Auszug *m* *aus e-r Wohnung*.

wypróbow|any erprobt, bewährt; **~(yw)ać** (*-[yw]uję*) ausprobieren, erproben, testen.

wypróżni|ać [-'pruʒ-] (*-am*), ⟨*~ć*⟩ (*-ę, -nij!*) (aus-, ent)leeren (*się* sich), leer machen; **~ć** *się a.* den Darm entleeren; **~enie** *n* (*-a*) (Ent-) Leerung *f*; (*mst pl.*) Stuhl(gang) *m*.

wypru|wać (*-am*), ⟨*~ć*⟩ Genähtes heraustrennen; P ⟨*wy*⟩*ać flaki j-m* den Bauch aufschlitzen.

wyprys|k m (-u; -i) (Her-)Ausspritzen n; F (Haut-)Pickel m; **~kiwać** (-uję), ⟨~nąć⟩ (her)ausspritzen. [pf. s. wypierać.⟩

wy|prząc pf. s. wyprzęgać; **~przeć⟩**

wyprzeda|wać (-ję), ⟨~ć⟩ (-am) ausverkaufen; ⟨~(wa)ć się alles verkaufen; **~ż** f (-y; -e) Ausverkauf m; **~ż posezonowa**, resztek Schluß-, Resteverkauf m.

wyprze|dzać (-am), ⟨~dzić⟩ (-dzę) v/t überholen (A); zuvorkommen (D); vorausgehen (D); vorwegnehmen (A). [sein n.⟩

wyprzenie n (-a) (Baby-)Wund-⟩

wyprz|ęgać [-'p∫εng-] (-am), ⟨~ąc⟩ [-ɔnts] (L. -prząc) Pferde ausspannen; **~ódki** F: na ~ódki um die Wette.

wy|przystojnieć [-'tɔj-] pf. (-eję) schöner (od. hübscher) werden; **~psnąć się** [-nɔntε] F pf. (-nę) aus der Hand rutschen; Wort: entschlüpfen.

wypuk|iwać (-uję), ⟨~ać⟩ (aus)klopfen; **~lina** f (-y) Beule f, Höcker m, Buckel m; **~łość** f (-ści; 0) Gewölbtheit f, Konvexität f; (pl. -ści) Wölbung f; Ausbauchung f; s. wypuklina; **~ły** (-le, -ło) konvex, gewölbt; vorspringend.

wypunktować pf. Sp. nach Punkten schlagen.

wypust m (-u; -y) Vorsprung m; (Holz-)Feder f, Spund m; Ablaß (-öffnung f) m; **~ka** f (-i; G -tek) Vorstoß m, Paspel f am Kleid.

wypu|szczać, ⟨~ścić⟩ (her)auslassen, engS. freilassen; (los)lassen; Rakete abschießen; Fahrwerk ausfahren; Briefmarken ausgeben; (na rynek auf den Markt) bringen; (in Umlauf setzen; F Kleid auslassen; vgl. puszczać; **~szczenie** n (-a) (na wolność) Freilassung f; (Raketen-) Abschuß m.

wypycha|cz m (-a; -e) Tech. Ausstoßer m; ⟨~ć⟩ ⟨wypchnąć, wypchać⟩ aus-, vollstopfen (I/mit); hinausdrängen; Tech. (her)ausstoßen; ausdrücken; P wypchaj się! laß mich in Frieden!

wypyt|ywać, ⟨~ać⟩ (a. się) ausfragen; **~ywanie** n (-a) Ausfragen n, F Ausfragerei f.

wyrabiać [-'ra-] (-am) (ver)fertigen, herstellen; F a. anstellen, treiben; ⟨a. wyrobić⟩ Norm erfüllen; ~ sobie

(A) sich verschaffen; a. Begriff, Namen sich machen; kommen zu e-r Meinung; Kundenstamm usw. sich aufbauen; (nur pf.) verbrauchen; ~ się sich abnutzen; fig. sich entwickeln (na A/zu).

wyrachowa|ć pf. ausrechnen; **~nie** n (-a) Berechnung f; **~ny** berechnend, eigennützig.

wyr|adzać się (-am), ⟨~odzić się⟩ aus-, entarten.

wyrafinowan|ie n (-a; 0) Raffinement n; Raffinesse f; Raffiniertheit f; **~y** raffiniert. [boldmaki m.⟩

wyrak m (-a; -i): ~ upiór Zo. Ko-⟩

wyr|astać (-am), ⟨~osnąć, ~ość⟩ wachsen; sprießen; (z G) herauswachsen (aus), entwachsen (D); (na A) werden (A).

wyratowanie n (-a) (Er-)Rettung f.

wyraz m Ausdruck m; Ling. a. Wort n; ~ bliskoznaczny Synonym n; bez ~u ausdruckslos; nad ~ (+ Adj./Adv.) äußerst, ausgesprochen; dać ~ zum Ausdruck bringen (D/A); s. wyrażać; tączę ~y poważania hochachtungsvoll; **~iciel** [-'ʑi-] m (-a; -e, -i) Sprecher m; **~ić** pf. s. wyrażać; **~istość** f (-ści; 0) Ausdruckskraft f; Deutlichkeit f; **~isty** (-ście) ausdrucksstark, -voll; vielsagend; deutlich; **~owy** Ling. Wort-.

wyra|źny deutlich, klar; ausdrücklich; **~żać** (-am), ⟨~zić⟩ ausdrücken (się sich); ~żać się a. Ausdruck finden, sich äußern (w L/in D); **~żenie** n (-a) Ausdruck m; Ling. a. Idiotismus m; ~żenie zgody Zustimmung f.

wyrąb m Abholzung f; Lichtung f; Schneise f; ⟨~ywać⟩ (-uję), ⟨~ać⟩ aushauen; Bäume fällen; ⟨~(yw)ać⟩ las ausforsten; s. prawda.

wyre- in Zssgn Verben s. **re-.**

wyręcz|ać (-am), ⟨~yć⟩ vertreten (A), aushelfen, einspringen (A/für); **~ać się** (I) j-s Dienste in Anspruch nehmen, j-n für sich tun lassen (A).

wyręka f (Aus-)Hilfe f.

wyrko F n (-a; G -rek) (Schlaf-) Pritsche f.

wyrob|ić pf. s. wyrabiać; **~ienie** n (-a; 0) Erfahrenheit f, Können n; Reife f; Lebensart f, (gesellschaftlicher) Schliff; **~isko** n (-a) Bgb. Grubenbau m/pl.; **~nica** f (-y; -e), **~nik** m (-a; -cy) Tagelöhner(in f) m; **~y** pl. v. wyrób.

wyroczn|ia [-'rɔtʃ-] f (-i; -e, -i)
Orakel n; tonem ~i orakelhaft.

wyrod|ek m (-dka; -dki) Mißgeburt
f, Monstrum n (fig.); **~nieć** [-'rɔd-]
⟨z-⟩ (-eje) aus-, entarten; **~ny** miß-
raten; **~ny** ojciec Rabenvater m.

wyrodzić się pf. s. wyradzać się.

wyrok m (-u; -i) Jur. (śmierci,
zaoczny Todes-, Versäumnis-)Ur-
teil n; ~ skazujący Verurteilung f,
Schuldspruch m; ~ polubowny
Schiedsspruch m; ~ i opatrzności
die Wege der Vorsehung; **~ować**
⟨za-⟩ (-uję) entscheiden; **~owanie**
n (-a) Aburteilung f; Urteilsfin-
dung f; Beurteilung f, Entscheidung f.

wyros|nać pf. s. wyrastać, **~t** m:
na ~t zum Hineinwachsen, e-e
Nummer größer (berechnet); fig. auf Zuwachs
(berechnet); **~tek** m (-tka; -tki)
Halbwüchsige(r); Anat. (Wurm-)
Fortsatz m; Auswuchs m, JSpr.
Sproß m.

wyrośl f (-i; -e, -i) Auswuchs m,
Med. Wucherung f; Bot. Gallen-
bildung f.

wyrozumi|ałość f (-ści; 0) Ver-
ständnis n, Einsicht f; Nachsicht f;
~ały (-le) verständnisvoll, ein-
nachsichtig; **~eć** pf. (genau) verstehen, begreifen; **~enie** n s. wyrozumiałość.

wyrób m (-obu; 0) Herstellung f,
Erzeugung f, Produktion f; (pl.
-oby) Erzeugnis n, Produkt n; Artikel m; pl. a. Güter n/pl., Waren f.

wyróść pf. s. wyrastać.   [f/pl.]

wyrówn|anie n Ausgleich m; Be-
gradigung f; (Lohn-)Restzahlung f;
Begleichung f; **~awczy** Aus-
gleichs-; **~ywać** (-uję), ⟨~ać⟩ aus-
gleichen; kompensieren; begradigen; Lohn nachzahlen; Rechnung
begleichen; v. a. równać.

wyróżni|ać [-'ruʒ-] (-am), ⟨~ć⟩ be-
vorzugen; auszeichnen (się sich;
I/mit, durch); unterscheiden (się
sich); **~enie** n (-a) Auszeichnung f;
~k m (-a; -i) Tech. Kennziffer f;
Math. Diskriminante f.

wyrudzi|ały verschossen; **~eć** pf.
Stoff: verschießen.

wyrusz|ać, ⟨~yć⟩ aufbrechen, los-
ziehen; **~ać** w drogę sich auf den
Weg machen; **~yć** w podróż auf die
Reise gehen; **~yć** na wojnę in den
Krieg ziehen.

wyrwa f (-y) (Deich-)Außriß m;
Bresche f, Loch n, Lücke f (a. fig.);
(Bomben-)Trichter m.

wyryw|ać (-am), ⟨wyrwać⟩ v/t
(her)ausreißen; (aus)zupfen; (aus)-
raufen; entwinden, entreißen (z G/
D); Zahn ziehen; v/i F ausreißen,
Reißaus nehmen; wyr(y)wać się
sich loßreißen; j-m entfahren; F a.
herausplatzen (z I/mit); **~ki** f/pl.:
na ~ki wahllos, aufs Geratewohl;
~kowy Stichproben-; badanie -we,
próba -wa Stichprobe f; -wo Adv.
s. wyrywki.

wyrządz|ać (-am), ⟨~ić⟩ anrichten;
zufügen, antun.

wyrze|c pf. s. wyrzekać, rzec; **~cze-
nie** n (-a) Entsagung f, Opfer n;
~czenie się (G) Verzicht m (auf A);
~kać (-am) ⟨~c⟩ (nur impf.)
Lossagung f (von); **~kać** (-am),
⟨~c⟩ (nur impf.) klagen, sich beklagen (na A/über A); (nur pf.) aussprechen, äußern; **~kać** ⟨~c⟩ się
(G) sich lossagen (von); entsagen
(D), verzichten (auf A); **~kanie** n
(-a) Klage f, pl. a. Gejammer n.

wyrznąć pf. s. wyrzynać.

wyrzuc|ać, ⟨~ić⟩ wegwerfen, aus-
-schmeißen; hinauswerfen, F rausschmeißen; fig. a. j-n feuern; Tech.
auswerfen; Rakete abschießen; **~ić**
za burtę über Bord werfen; (nur
impf.) vorwerfen (sobie sich); **~enie**
n (-a) Hinauswurf m, F Rausschmiß
m; (Raketen-)Abschuß m; nie mieć
sobie nic do ~enia sich nichts vor-
zuwerfen haben.

wyrzut m Sp. (Vor-)Spreizen n,
Strecken n; fig. Vorwurf m; **~y**
sumienia Gewissensbisse m/pl.;
pełen **~u**, z **~em** vorwurfsvoll; nur
pl. **~y** Med. Ausschlag m; **~ek** m
Ausge-, Verstoßene(r), Verdamm-
te(r); **~ki** społeczeństwa Auswurf m
der Menschheit; **~nia** [-'ʒut-] f
(-i; -e, -i) Ling. Elision f, Auslas-
sung f; Gr. Ellipse f; Mil. (Rake-
ten-)Abschußvorrichtung f, -gestell
n, -rampe f; **~nia** podziemna Start-
silo n; **~nia** torpedowa Torpedorohr
n; **~nik** m (-a; -i) Tech. Ausstoßer
m; Mil. Auswerfer m.

wyrzy|gać pf. auskotzen; **~nać**
(-am), ⟨wyrznąć, wyrżnąć⟩ s. wycinać; P (nur pf.) hauen, knallen (w
A/auf A); Wahrheit unumwunden
sagen; Standpauke halten; dziecku
~nają się zęby das Kind zahnt;

~**nanie** *n* (*-a*) (Her-)Ausschneiden *n*; ~nanie się zębów Zahnen *n*.

wy|rżnąć *pf. s.* wyrzynać; ~**sad** *m* *Geol.* Stock *m*.

wysadzać, ⟨wysadzić⟩ *j-n* absetzen (*a. Mil.*), aussteigen lassen; auspflanzen, -setzen; bepflanzen (*I*/mit); (her)ausstrecken; ~ *na brzeg* ausschiffen, ans Land bringen; ~ *w powietrze* in die Luft jagen, sprengen; ~ *z siodła* aus dem Sattel heben (*a. fig.*).

wysadzina *f* (*-y*) Frostaufbruch *m*.

wysącz|ać (*-am*), ⟨~yć⟩ langsam auslaufen lassen; langsam austrinken; ~yć się heraussickern.

wyschnąć *pf. s.* wysychać.

wysepka *f* (*-i; G -pek*) kleine Insel, Inselchen *n*; Werder *m*; ~ *przystankowa* Verkehrsinsel *f*.

wysią|ć *pf. s.* wysiewać; ~**dać**, ⟨wysiąść⟩ aussteigen; von Bord (*od.* an Land) gehen; ~**dywać**, ⟨wysiedzieć⟩ *v/t Eier* ausbrüten; *v/i* (*godzinami* stundenlang) sitzen (bleiben), F herumhocken.

wysiąść *pf. s.* wysiadać.

wysiedl|ać (*-am*), ⟨~ić⟩ (*-lę*) aussiedeln, vertreiben; ausquartieren; ~**eniec** [-'lɛ-] *m* (*-ńca; -ńcy*) Aussiedler *m*, Vertriebene(r); ~**ony** ausgesiedelt, vertrieben; *Su. m* (*-ego; -eni*) *s.* wysiedleniec.

wysiedzieć *pf. s.* wysiadywać.

wysiew *m* (Aus-)Saat *f*; *Med.* (*Tbc-*) Entzündungsherd *m*; ~**ać** (*-am*), ⟨wysiać⟩ aussäen; ~**ki** *pl.* (*-wek*) abgesiebte Reste.

wysięgni|ca [-'ɕɛŋg-] *f* (*-y; -e*), ~**k** *m* (*-a; -i*) (*Kran-*)Ausleger *m*; *nur* ~**k** Ladebaum *m*.

wysięk [-ɕɛŋk] *m* (*-u; -i*) *Med.* Exsudation *f*; Exsudat *n*; ~**owy** exsudativ.

wysi|łać (*-am*), ⟨~lić⟩ anstrengen (się sich); *Kräfte usw. a.* aufbieten; ~*łać się a.* sich (be)mühen (*na A*/um *A*); ~**łek** (*-łku*; *-łki*) Anstrengung *f*; Kraftakt *m*; (Kraft-)Aufwand *m*; *bez* ~*łku* ohne sich anzustrengen; *z* ~*łkiem* mit Mühe. [schmeißen.]

wysiudać [-'ɕu-] F *pf.* (*-am*) raus-)

wysk|akiwać (*-uję*), ⟨~oczyć⟩ heraus- *od.* hinausspringen; (her)vorspringen; F (*nur pf.*) schnell holen (*po A*/*A*); herausplatzen (*z I*/mit); ~**oczyć z szyn** entgleisen; ~**oczyć ze** *spadochronem* mit dem Fallschirm

abspringen; *co koń* ~**oczy** im Galopp; ~**ok** *m* Exzeß *m*, (dummer) Streich; *Arch.* Vorsprung *m*; *Sp.* Aufsprung *m*; Absprung *m*; ~**okowy**: *napoje* -we alkoholische Getränke, Spirituosen *pl.*

wyskrob|ek *m* (*-bka; -bki*) F *fig.* Nesthäkchen *n*; (lächerlicher) Zwerg, Knirps *m*; *mst pl.* ~ki ausgekratzte Reste; ~**ywać** (*-uję*), ⟨~ać⟩ auskratzen, -schaben.

wyskub|ywać (*-uję*), ⟨~ać⟩ (her-)auszupfen, -rupfen.

wysła|ć *pf. s.* wysyłać, wyściełać; ~**nie** *n* (*-a*) Entsendung *f*; Absendung *f*; Auspolstern *n* (*I*/mit).

wysłanni|czka *f* (*-i; G czek*), ~**k** *m* (*-a; -cy*) Abgesandte(r), Sendbote *m* (*-tin f*); Korrespondent(in *f*) *m*.

wysł|awiać[1] [-'swa-] (*-am*) *v/t* lob(preis)en (*A*), *j-s* Lob singen; ~**awiać**[2] (*-am*), ⟨~owić się⟩ (*-ę, -ów!*) sich ausdrücken.

wysło|dki *m/pl.* (*-ów*) (Rüben-) Schnitzel *n/pl.*; ~**dziny** *f/pl.* (*-*) (*Bier-*)Treber *m/pl.*

wysłuch|iwać (*-uję*), ⟨~ać⟩ (*a. takl*) anhören; (*nur pf.*) *j-s Bitte* erhören.

wysłu|ga *f* (*-i*): ~*ga lat* Dienstzeit *f*, -jahre *n/pl.*; ~**giwać** (*-uję*), ⟨~żyć⟩ (sich) erdienen, erarbeiten; (*nur pf.*) abdienen; ~*giwać się* dienen, Dienste leisten (*D*); sich bedienen (*I*/*G*); ~**żony** altgedient.

wysma- in *Zssgn Verben s.* sma-.

wysmarkać P *pf.*: ~ *nos*, ~ *się* sich schneuzen, sich die Nase putzen.

wysmarow|ywać (*-owuję*), ⟨~ać⟩ bestreichen, schmieren (*I*/mit); vollschmieren (się sich).

wysmukły schlank.

wysnu|wać (*-am*), ⟨~ć⟩ *Faden* herausziehen, ausfädeln; *fig. Schlüsse* ziehen; *s.* snuć.

wysoce *Adv.* hoch-, sehr.

wysok|i (*Komp. wyższy; Adv. -ko, Komp. wyżej*) hoch; hochgewachsen, groß; *z* ~*a* von oben; *fig.* von oben herab; ~*o postawiony* hochgestellt; *zajść* ~*o* es weit bringen.

wysoko|ciśnieniowy *Tech.* Hochdruck-; ~**gatunkowy** hochwertig; Qualitäts-; ~**górski** Hochgebirgs-; *uzdrowisko* -*kie* Höhenkurort *m*; ~**napięciowy** Hochspannungs-; ~**pienny** *Agr.* hochstämmig; ~**prężny** *Tech.* Hochdruck-; ~**procentowy** hochprozentig.

wysokościo|mierz [-'ɕtɕɔ-] m (-a; -e) Höhenmesser m; **~wiec** [-'ɕtɕɔ-] m (-wca; -wce) Hochhaus n; **~wy** Höhen-.

wysokoś|ć f (-ści) Höhe f; engS. a. Größe f; (Titel) Hoheit f; na ~ć człowieka mannshoch; nab(ie)rać ~ci an Höhe gewinnen, (auf)steigen; stanąć na ~ci zadania e-r Aufgabe gewachsen sein.

wysoko|wartościowy hochwertig; **~wydajny** hochleistungsfähig; **~wysortować** pf. aussortieren, ausmustern.

wyspa f (-y) Insel f (a. fig.), Eiland n.

wyspa|ć się pf. (sich) ausschlafen; **~ny** ausgeschlafen.

wyspecjalizowany spezialisiert.

wyspia|rski Insel-; **~rz** m (-a; -e), **~rka** f (-i; G -rek) Inselbewohner (-in f) m, Insulaner(in f) m.

wyspo|rtowany muskulös, athletisch, durchtrainiert; **~wiadać się** pf. s. spowiadać; **~wy** Insel-.

wy|sprzedany ausverkauft; vergriffen; ausgebucht; vgl. wyprzedawać; **~srać** się V pf. (sich aus-)scheißen; **~ssać** pf. s. wysysać.

wysta|ć pf. s. wystawać; **~jący** [-'jɔn-] vorspringend, herausragend, hervortretend; **~ły** abgelagert; Früchte: reif; **~rać się** pf. (sich) verschaffen (o A/A).

wystarcz|ać, ⟨~yć⟩ s. starczać; aż nadto ~y es ist mehr als genug, übergenug; **~y** ... es genügt ...; **~y** mi tego es reicht mir; **~ający** [-'jɔn-] (-co) genügend, aus-, hin-, zureichend, hinlänglich.

wystaw|a f (-y) (dzieł sztuki Kunst-) Ausstellung f, (zwierząt Tier-) Schau f; Schaufenster n; Thea. Ausstattung f; **~ać** herausragen, vorspringen, -stehen; ⟨a. wystać⟩ (lange) stehen; wystać się lange stehen müssen od. gestanden haben; Wein: abgelagert sein; **~ca** m (-y; G -ów) Aussteller m; **~i(a)ć** v/t heraus-/hinausstellen; heraus-, vorstrecken; ausstellen; Wache, Kandidaten usw. aufstellen; j-n, et. aussetzen (na A/D); Thea. aufführen; Denkmal setzen; Haus bauen; **~ić** na sprzedaż zum Verkauf anbieten; **~ić** na próbę e-r Probe (od. e-m Test) unterziehen; F **~ić** k-o o wiatru j-n hereinlegen; v/i JSpr. Hund: vorstehen; **~i(a)ć** się sich aussetzen (na

A/D); **~ienie** n (-a) Ausstellen n; Zurschaustellung f; Aufstellung f; Aussetzung f; Thea. (ponowne Wieder-)Aufführung f; Errichtung f, Bau m; **~ny** prunk-, prachtvoll; **~owy** Ausstellungs-; Schaufenster-.

wystąpi|ć pf. s. występować; **~enie** n (-a) Auftritt m; Rede f; Austritt m, Ausscheiden n.

występ [-stɛmp] m (-u; -y) Vorsprung m; (Fels-)Gesims n; Thea. Auftritt m; **~ek** m (-pku; -pki) Vergehen n; Verfehlung f; siedlisko ~ku Lasterhöhle f; **~ny** verbrecherisch, strafbar; lasterhaft.

występować [-stɛm-] (-uję), ⟨wystąpić⟩ heraus-, (her)vortreten; sich zeigen; auftreten; austreten (z G/ aus); sich aussprechen (w obronie G/für; przeciw D/gegen A); sich betätigen (jako/als); (nur impf.) vorkommen; ~ z wnioskiem e-n Antrag einbringen; ~ z przemówieniem e-e Rede halten; ~ z brzegów über die Ufer treten; ~ z koncertem ein Konzert geben.

wy|stępowanie [-stɛm-] n (-a) Geol. Vorkommen n; **~stosować** pf. Brief richten (do G/an A); **~straszać** (-am) s. (prze)straszyć; **~strojony** herausgeputzt.

wystrychnąć F pf. (-nę): ~ na dudka j-n für dumm verkaufen, verschau- **~wystrzał** m Schuß m. [keln.⟩

wystrze|gać się (-am) sich hüten, sich in acht nehmen (G/vor D); meiden (G/A); **~lać** (im)pf. (nur pf.) Munition verschießen; (viele, alle) erschießen, F über den Haufen schießen; (nur impf.) emporschießen; **~lić** pf. (ab)schießen, (ab-)feuern.

wystrzępiony ausgefranst.

wystrzy|gać (-am), ⟨~c⟩ e-e Stelle kahlscheren; **~ganka** f (-i; G -nek) Scherenschnitt m.

wystu|dzać (-am) s. studzić; **~kiwać** (-uję), ⟨~kać⟩ (ab)klopfen; F Brief abtippen; Fmw. morsen.

wystygać (-am) s. stygnąć.

wysu|btelnić pf. (-ę) verfeinern; **~nąć** pf. s. wysuwać; **~nięcie** [-'ɲɛn-] n (-a) Vorschieben n; (Kandidaten-)Aufstellung f; Beförderungsvorschlag m; **~nięty** [-'ɲɛn-] Mil. Stellung: vorgeschoben.

wysusz|ać (-am), ⟨~yć⟩ v/t (aus-)

trocknen; *Flasche* leeren; *j-n* auszehren; ~ony getrocknet.

wysu|wać, ⟨~nąć⟩ vorschieben;
(her)ausziehen; (her)ausstrecken;
Fahrwerk, Sehrohr ausfahren; *For-
derungen* stellen; *Theorie, Kandidaten* aufstellen; *j-n a.* vorschlagen
für e-n Posten; (be)fördern; ~wać
⟨~nąć⟩ się heraus-, hervorkommen;
sich vorwagen; entgleiten (*z G/D*);
hinausschlüpfen; ~nąć się na czoło
sich an die Spitze stellen, Spitzenposition einnehmen; ~wa(l)ny aus-
ziehbar; *Tech.* ausfahrbar.

wysw|abadzać, ~obadzać (-am),
⟨~obodzić⟩ (-dzę, *a.* -ódź!) befreien
(się sich).

wysy|chać (-am), ⟨wyschnąć⟩ *v/i*
austrocknen; eintrocknen; ~cony
Chem. gesättigt.

wysył|ać (-am), ⟨wysłać⟩ ab-, aus-,
verschicken, -senden; ~ka *f* (-i; *G*
-*lek*) Versand *m*; Sendung *f*; gotowy do ~ki versandfertig; ~kowy
Versand-.

wysyp|ać *pf. s.* wysypywać; ~iać się
[-'sɪ-] lange schlafen; ~isko *n* (-a)
(*Müll-*)Kippe *f*; ~ka *f* (-i; *G* -*pek*)
Med. (Haut-)Ausschlag *m*; ~ywać
(-uję), ⟨~ać⟩ ausschütten; verschütten; *mit Sand* bestreuen; F *a.*
j-n verpfeifen; ~(yw)ać się (heraus-)
rieseln; herausfallen, F -kullern;
Menschen: hinausströmen, -quel-
len; *Ausschlag*: sich zeigen; *Bart*:
sprießen.

wy|sysać (-am), ⟨~ssać⟩ aussaugen;
Tech. absaugen; ~szaleć się *pf.*
sich austoben; ~szargany speckig,
schmudd(e)lig.

wyszarp|ywać (-uję), ⟨~ać, ~nąć⟩
herausreißen, -zerren.

wyszarzały fadenscheinig, schäbig;
Gesicht: verlebt, verbraucht.

wyszczególni|ać [-'gul-] (-am),
⟨~ć⟩ (-ę, *-nij!*) (einzeln) angeben,
aufführen, (be)nennen, spezifizie-
ren; ~enie *n* (-a) genaue Aufzäh-
lung, Spezifikation *f*; *konkr. a.*
Einzelaufstellung *f*, Stückliste *f*.

wyszczekany P *s.* wygadany.

wyszczerbi|ać [-'ʃtʃer-] (-am), ⟨~ć⟩
schartig machen; *Geschirr* an-
schlagen; ~(a)ć się schartig werden; ~ony schartig; angeschlagen.

wyszczerzać (-am) *s.* szczerzyć.

wyszcz|o-, ~u- *in Zssgn Verben s.*
szczo-, szczu-.

wyszczyp|ywać (-uję), ⟨~ać⟩ *s.*
wyskubywać. [szk-, szl-.⟩

wyszk-, wyszl- *in Zssgn Verben s.⟩*

wyszp|erać F *pf.* ausfindig machen;
s. szperać; ~iegować *pf.* auskundschaften, -spionieren.

wyszuk|any *Sprache usw.*: gewählt;
ausgesucht; *s.* wykwintny, wytworny;
~iwać(-uję), ⟨~ać⟩ (her)aussuchen;
(heraus)finden.

wyszumieć *pf. fig. Rausch*: verfliegen; ~ się sich austoben, -leben.

wyszy|ć *pf. s.* wyszywać; ~dzać
(-am), ⟨~dzić⟩ verspotten, -höhnen;
~kować F *pf.* (vor)bereiten.

wyszynk *m* Ausschank *m*.

wyszywa|ć (-am), ⟨wyszyć⟩ sticken;
besticken; (*nur pf.*) *Garn* auf-
brauchen; ~nka *f* (-i; *G* -*nek*)
Stickerei *f*.

wyście|lić *pf.*, ~łać, ⟨wysłać⟩ (aus-)
polstern (*I/mit*); ~łany Polster-,
gepolstert.

wyścig *m* (-u; -i) (*szosowy* Straßen-)
Rennen *n*; Wettlauf *m*; ~ zbrojeń
Wettrüsten *n*; ~i *konne* Pferde-
rennen; *na* ~i um die Wette; ~o-
wiec [-'go-] *m* (-wca, -wce) Renn-
pferd *n*; ~owy Renn-; ~ówka F *f*
(-i; *G* -*wek*) Rennrad *n*; Rennboot *n*.

wy|ściółka *f* Auskleidung(sschicht)
f; Einlage *f*; (Polster-)Füllung *f*;
Brandsohle *f*; ~śledzić *pf.* auf-
spüren.

wyśliz|giwać się (-uję), ⟨~nąć się⟩
[-nɔntɕ] (-nę) entschlüpfen; *aus d.*
Hand gleiten, rutschen.

wyśmiać *pf. s.* wyśmiewać.

wyśmie|nity (-cie) ausgezeichnet,
großartig, F blendend; *Essen*: vorzüglich; ~wać (-am), ⟨wyśmiać⟩
auslachen; ~wać się lachen über
(*z G/A*). [Traum erscheinen.⟩

wyśnić *pf.* erträumen; ~ się im⟩

wyśpiew|ać *pf. v/t* singen (*a.* F
fig.); ~ywać (-uję) singen, trällern
(*a. v/i*).

wyświadcz|ać (-am), ⟨~yć⟩ *Dienst*
erweisen; *Gutes* tun, wirken.

wyświe|cać (-am), ⟨~cić⟩ *Kleidung*
abtragen, abwetzen; ~chtany ab-
gewetzt, speckig; *Witz usw.*: abgedroschen; ~tlać (-am), ⟨~tlić⟩ (-*lę*)
aufklären, -hellen (się sich), Licht
in *e-e Sache* bringen; *Film* vorführen;
ren; *Dias* zeigen; *Lichtpausen* belichten; ~tlarka *f* (-i; *G* -*rek*)
Lichtpausgerät *n*; ~tlarnia [-'tlar-⟩

f (*-i*; *-e*, *-i*) Projektionsraum *m*; Lichtpauserei *f*; ~żony erfrischt.
wyświęc|**ić** (*-am*), ⟨~ić⟩ ordinieren, weihen (*na księdza* zum Priester); ~enie *n* Priesterweihe *f*.
wytaczać, ⟨wytoczyć⟩ *v/t* hinausrollen; *Proze*ß anstrengen, (*pf.*) machen; *Klage, Argumente* vorbringen; *Wein, Blut* abzapfen; *Tech.* ab-, ausdrehen, drechseln; ~ się heraus-/hinausrollen (*v/i*); F *a.* schwankend herauskommen/hinausgehen.
wytapia|**cz** [-'ta-] *m* (*-a*; *-e*) *Tech.* Schmelzer *m*; ~ć (*-am*), ⟨wytopić⟩ (aus-, er)schmelzen; *Speck* auslassen.
wytar|- *in Zssgn Verben s. tar-*; ~gować *pf.* abhandeln; *Preis* herunterhandeln; *fig.* aushandeln; ~ty fadenscheinig, schäbig; *Treppe*: ausgetreten; *Teppich*: abgetreten; *Tech. Lager*: ausgelaufen.
wytchnąć *pf. s.* wytykać.
wytchnąć *pf.* verschnaufen, sich Ruhe gönnen.
wytchnieni|**e** *n* (*0*) Ruhe *f*, Rast *f*, Pause *f*; *bez* ~a rastlos, unermüdlich.
wytę|- *in Zssgn Verben s.* tę-; ~pienie *n* Ausrottung *f*; Vertilgung *f*; ~skniony (lang)ersehnt.
wytęż|**ać** (*-am*), ⟨~yć⟩ (*-ę*) *Augen, Geist* anstrengen; *Kräfte* anspannen, aufbieten; ~yć się sich anstrengen; ~ony angestrengt.
wytknąć *pf. s.* wytykać.
wytłacza|**ć** (*-am*), ⟨wytłoczyć⟩ *Wein* keltern; *Saft, Öl* auspressen; *Tech. s.* tłoczyć; ~arka *f* (*-i*; *G* -rek) Stanzmaschine *f*; Auspreßmaschine *f*; Prägemaschine *f*; ~arka otworów Lochstanze *f*.
wytło|**czka** *f* (*-i*; *G* -czek) Preßteil *n*, Preßling *m*; ~czyć *pf. s.* wytłaczać, tłoczyć; ~czyny *pl.* (*-*), ~ki *pl.* (*-ów*) Preßrückstände *m/pl.*; *engS.* Treber *pl.*, Trester *pl.*, Rübenschnitzel *pl.*
vytłuc *pf. Geschirr* zerschlagen, zertrümmern; *Hagel*: (vollständig) vernichten; F *a.* verdreschen, den Hintern versohlen (*A/D*); alle umbringen.
wytłu|**maczenie** *n* Erklärung *f*; Rechtfertigung *f*; ~**szczać** (*-am*), ⟨~ścić⟩ (*-szczę*) mit Fett beschmutzen, speckig machen.
wytn|**ę**, ~**ie(sz)** *s.* wycinać.

wytoczyć *pf. s.* wytaczać.
wytop *m* (*-u*; *-y*) *Tech.* (*Aus-*) Schmelzen *n*; *konkr.* Schmelze *f*; ~ić *pf. s.* wytapiać.
wytra- *in Zssgn Verben s.* tra-[-'tra-]
wytraw|**a** *f* Beize *f*; ~iać [-'tra-] (*-am*), ⟨~ić⟩ einätzen; beizen; ~**ny** *Spirituosen*: alt, ausgereift; *Wein*: trocken; *fig.* erfahren, bewährt.
wytrąc|**ać**, ⟨~ić⟩ *aus d. Hand* schlagen; *aus d. Gleichgewicht* bringen; *aus d. Bahn* werfen; *aus d. Schlaf* reißen; *v. Lohn* abziehen; *Chem.* fällen.
wytre|- *in Zssgn Verben s.* tre-; ~**nowany** (gut) trainiert; ~**sowany** dressiert.
wy|**tropić** *pf.* aufspüren, -stöbern; ~**truć** *pf.* alle vergiften, mit Hilfe von Gift ausrotten.
wytrwa|**ć** *pf.* aushalten, -harren (*przy L/bei*); beharren (*w L/bei*); nicht nachlassen (*w L/in D*); ~**łość** *f* Ausdauer *f*, Beharrlichkeit *f*; Standhaftigkeit *f*; ~**ły** (*-le*) ausdauernd, beharrlich; standhaft, fest.
wytrych *m* (*-a*; *-y*) Dietrich *m*.
wytrysk *m* (*-u*; *-i*) Ausspritzung *f*; (*Geysir-*)Eruption *f*; Springquelle *f*; ~ *nasienia* Samenerguß *m*; ~ *słoneczny* Protuberanz *f*; ~**ać**, ⟨~**iwać**⟩ (*-uję*) *s.* tryskać. [beschaffen.]
wytrzasnąć F *pf.* auftreiben, (sich)
wytrzą|**sać** (*-am*), ⟨~snąć, ~ść⟩ ausschütten; *nur* ~ść durchschütteln, -rütteln.
wytrze|**biać** [-'tʃe-] (*-am*) *s.* trzebić; ~**ć** *pf. s.* wycierać; ~**pywać** (*-uję*), ⟨~**pać**⟩ *Decke* ausschütteln; *Teppich* ausklopfen.
wytrzeszcz|**ać** [-tʃ-], ⟨~**yć**⟩ (*-ę*): ~ać ⟨~yć⟩ oczy od. P gały starren, glotzen; (*na A*) anstarren -glotzen (*A*).
wytrzeźwieć [-tʃ-] *pf.* ausnüchtern.
wytrzym|**ać** [-tʃ-] *pf. s.* wytrzymywać; ~**łość** *f* (*-ści*; *0*) Widerstandskraft *f*; Ausdauer *f*; *Tech.* Widerstandsfähigkeit *f*, (*Zerreiß-*)Festigkeit *f*, (*Wärme-*)Beständigkeit *f*; ~**ły** widerstandsfähig (*na A/gegen A*); *Tech. a.* beständig, fest; ausdauernd; *być* ~**łym** (v)ertragen können (*na A/A*).
wytrzym|**ywać** [-tʃ-] (*-uję*), ⟨~**ać**⟩ aushalten; *engS.* (v)ertragen; standhalten (*A/D*); *Probe* bestehen.

wytwarza|ć (-am), ⟨wytworzyć⟩ erzeugen; engS. herstellen; Rauch usw. entwickeln; bilden (się sich); ∼ć się a. entstehen; ∼**nie** n (-a; 0) Erzeugung f; Herstellung f; Entwicklung f; Bildung f; ∼**nie się** Entstehung f.

wytworn|ica f (-y; -e) Tech. Erzeuger m; engS. Gasgenerator m; ∼**isia** [-'ńi-] f (-i; -e), ∼**iś** m (-sia; -sie) iron. s. elegant(ka); ∼**y** fein, vornehm; elegant.

wytworzyć pf. s. wytwarzać.

wytwór m Erzeugnis n, Produkt n; s. a. twór; ∼**ca** m Erzeuger m; engS. Herstellungsbetrieb m; ∼**czość** f Erzeugung f; koll. Erzeuger m/pl.; drobna ∼czość Kleingewerbe n; ∼**czy** Erzeuger-; Herstellungs-, Produktions-; ∼**nia** [-'tfur-] f (-i; -e, -i) Herstellerbetrieb m, engS. Fabrik f, Werk n; ∼nia filmowa Filmstudio n.

wytycz|ać (-am), ⟨∼yć⟩ Strecke abstecken, markieren; fig. bestimmen; ∼**na** f (-ej; -e) Richtschnur f, Richt-, Leitlinie f.

wytyk m (-u; -i) Vorwurf m, Tadel m; Mar. Spiere f; ∼**ać**, ⟨wytknąć⟩ hinausst(r)ecken; j-m et. vorhalten, vorwerfen; s. a. wytyczać; ∼ać k-o palcami mit den Fingern auf j-n zeigen.

wytyp- in Zssgn Verben s. typ.

wyucz|ać (-am), ⟨∼yć⟩ (k-o G) lehren (j-n G), beibringen (j-m A); ∼yć się lernen (G/A); ∼yć się zawodu e-n Beruf erlernen; ∼**ony** ge-, erlernt.

wyuzdan|ie n (-a; 0) Zügellosigkeit f; Lasterhaftigkeit f; ∼**y** zügellos; ausschweifend, liederlich.

wywabi|acz [-'va-] m (-e; -y): ∼acz plam Fleckenentferner m; ∼**ać** (-am), ⟨∼ć⟩ herauslocken; Fleck entfernen.

wywal|ać (-am), ⟨∼ić⟩ heraus-/hinauswerfen, P ∼schmeißen; auskippen; Tür einschlagen, -treten; Fahrzeug umkippen (się v/i); P Zunge ausstrecken; hängen lassen; ∼ać otwarte drzwi offene Türen einrennen; ∼ić się a. herausfallen, F -purzeln. [fen, erringen.⟩

wywalcz|ać (-am), ⟨∼yć⟩ erkämp-⟩

wywalić pf. wywalać.

wywar m Abkochung f, Absud m; Schlempe f.

wywaź|ać (-am), ⟨∼yć⟩ Tür aufbrechen; abwiegen; Tech. auswuchten; ∼**anie** n (-a; 0) Auswuchten n.

wywąch|iwać (-uję), ⟨∼ać⟩ wittern; F fig. herausbekommen. [lung f.⟩

wywczasy † pl. Urlaub m, Erho-⟩

wywdzięcz|ać się, ⟨∼yć się⟩ s. odwdzięczać się.

wywę|drować pf. auswandern; ∼**szyć** pf. s. wywąchiwać.

wywiać pf. s. wywiewać.

wywiad ['vi-] m (-u; -y) Interview n; Befragung f; Erkundung f; Med. Anamnese f; Mil., Pol. Nachrichten-, Geheimdienst m; Spionage f; ∼ lotniczy Luftaufklärung f; agent ∼u = ∼**owca** m (-y; G -ów) Geheimdienstler m, -agent m; Ermittler m, Detektiv m; Befrager m; ∼**owczy** Mil. Aufklärungs-; Ermittlungs-; Geheimdienst-, Nachrichten-, Spionage-; ∼**ówka** F f (-i; G -wek) Elternversammlung f ∼**ywać się** (-uję), ⟨wywiedzieć się⟩ (o A) sich erkundigen (nach), Auskunft einholen (über A).

wywiąz|ywać się (-uję), ⟨∼ać się⟩ sich entwickeln, sich entspinnen, (z G) sich entledigen (G), erfüller (A), genügen (D); Chem. frei werden.

wywichn|ąć [-nǫtɛ] pf. (-nę) Fuß aus-, verrenken; ∼**ięcie** [-'ńeŋ-] ɩ (-a) Verrenkung f. [się.⟩

wywiedzieć się pf. s. wywiadywać⟩

wywiera|ć (-am), ⟨wywrzeć⟩ Druck ausüben; Rache üben; Eindruck hervorrufen, machen; Wirkung zeitigen, haben; ∼jący wrażenie eindrucksvoll.

wywierc|ać (-am), ⟨∼ić⟩ (aus)bohren; F Loch machen.

wywie|szać[1] ⟨∼sić⟩ (-szę) (her)aushängen; Zunge (her)ausstrecken; ∼**szać**[2] pf. alle erhängen od. aufknüpfen; ∼**szka** f (-i; G -szek Anhänger m, Anhängezettel m (Laden-)Schild n; ∼**sić** pf. s. wy wieszać[1]; ∼**ść** pf. s. wywodzić ∼**trznik** [-t:f-] m (Absaug-)Ventila tor m, Lüfter m; Dachaufsatz m ∼**wać** (-am), ⟨wywiać⟩ weg-, fort blasen; v/i weggeblasen werden Agr., fig. s. wiać; ∼**źć** pf. s. wywo zić.

wywi|jać (-am), ⟨∼nąć⟩ [-nǫtɛ (-nę, -ń!) (nach außen) umbiegen umkrempeln; *Kragen* umlegen; *Tech.* bördeln; (*mst impf.*) F *Tanz* aufs Parkett legen; *Purzelbäume* schlagen; (*I*) schwingen (*A*), F fuchteln (mit); wedeln (mit); **~nąć** się sich herauswinden; entschlüpfen (z *G/D*); **~kłać** *pf.* befreien (się sich; z *G/*aus).

wywle|kać (*-am*), ⟨**~c**⟩ her-/hinausziehen; heraus-/hinausschleppen, -zerren; F *fig.* ans Licht (*od.* wieder zur Sprache) bringen.

wywłaszcz|ać (*-am*), ⟨**~yć**⟩ (*-ę*) enteignen.

wywłoka V *f/m* (*-i*; *-[ów]*) Schlampe *f*, Nutte *f*; *stary* ~ alter Herumtreiber.

wywnętrz|ać się [-'vnɛnt:ʃ-] (*-am*), ⟨**~yć się**⟩ (*-ę*) *sein* Herz ausschütten, beichten.

wywo|dy *pl. v.* **wywód**; **~dzić**, ⟨**wywieść**⟩ heraus-/hinausführen; herleiten (się sich; *od G/*von); *Eier* ausbrüten; (*nur impf.*) darlegen; *Lied* erklingen lassen, singen; **~dzić** się *a.* abstammen (*od*, z *G/*von); **~jować** *pf.* erkämpfen.

wywoł|anie *n Fmw.* Anruf *m*; *Fot.* Entwicklung *f*; **~awczy** Ruf-; **~ywacz** *m* (*-a*; *-e*) *Fot.* Entwickler *m*; **~ywać** (*-uję*), ⟨**~ać**⟩ herausrufen, -bitten; *an die Tafel rufen*; *Namen usw.* ausrufen; *Geister* beschwören; *Erinnerungen* wachrufen; *et.* bewirken, auslösen, verursachen; *Wirkung a.* erzielen; *Gefühl a.* hervorrufen; *Anstoß* erregen; *Fot.* entwickeln.

wywoz|ić, ⟨**wywieźć**⟩ *v/t* hinaus-, abfahren, wegschaffen; *Waren* ausführen, exportieren, **~owy** Ausfuhr-.

wywód *m* (*-odu*; *-ody*) Ausführung *f*; Argumentation *f*; Herleitung *f*; Herkunft *f*; *Jur.* Begründung *f*; ~ *końcowy a.* Plädoyer *n*.

wywóz *m* Ausfuhr *f*; *a.* = **~ka** *f* (*-i*; *G -zek*) Abfuhr *f*.

wywr|acać, ⟨**~ócić**⟩ *s. przewracać*; *Purzelbaum* schlagen, schießen; *Taschen* umdrehen; **~ócić** się *s. przewracać* się; *Boot:* kentern.

wywrot|ka *f* (*-i*; *G -tek*) Kentern *n*; Kippwagen *m*, Kipper *m*; *Esb. a.* Kipplore *f*; **~nica** *f* (*y₁ ι*) Wagenkipper *m*; **~ny** (leicht) kippbar; *Mar.* rank; **~owiec** [-'tɔ-] *m* (*-wca*; *-wcy*) *Pol.* Umstürzler *m*; **~owy**

Kipp-; (*a. -wo*) umstürzlerisch, subversiv; **~y** *pl. v.* **wywrót**.

wywróc|enie *n* (*-a*) (Um-)Kippen *n*, (Um-)Stürzen *n*; **~ić** *pf. s. wywracać*.

wywrót *m* (*-otu*; *-oty*) *Bgb.* Wagenkipper *m*; *Forst.* Windbruch *m*; *na* ~ umgedreht, verkehrt.

wy|wróżyć *pf.* prophezeien, weissagen; **~wrzeć** *pf. s. wywierać*.

wywyższ|ać (*-am*), ⟨**~yć**⟩ (*-ę*) erheben; **~ać** się überheblich sein, sich *et.* Besseres dünken.

wyz *m* (*-a*; *-y*) *s. bieługa*.

wyzb|ierać *pf.* alle(s) einsammeln *od.* (*Beeren usw.*) abernten; **~y(wa)ć** się (*G*) sich entledigen (*G*), loswerden (*A*); *Gewohnheit* ablegen.

wyzdrowie|ć [-'zdro-] *pf.* (*-eję*) gesund werden, genesen; **~nie** *n* (*-a*) Gesundung *f*, Genesung *f*.

wyzie|rać (*-am*) *s.* wyglądać; **~wy** *m/pl.* (*-ów*) Ausdünstung(en *pl.*) *f*, Brodem *m*; **~wać** (*-am*) Geruch ausströmen.

wyzięb|iać [-'ʑɛm-] (*-am*), ⟨**~ić**⟩ *v/t* auskühlen; **~nąć** *pf. v/i* auskühlen, durchfrieren.

wyzionąć *pf.*: ~ *ducha*, ~ duszę die Seele aushauchen, den Geist aufgeben.

wyznacz|ać (*-am*), ⟨**~yć**⟩ bestimmen; *engS.* festsetzen, festlegen; *Termin a.* ansetzen; *Platz a.* anweisen; *Belohnung a.* aussetzen; **~enie** *n* Bestimmung *f*; Festsetzung *f*, -legung *f*; (*Steuer*-)Veranlagung *f*; Auslobung *f* e-r *Belohnung*; **~nik** *m Math.* Determinante *f*.

wyzna|nie *n* (*-a*) Bekenntnis *n*; Geständnis *n*; (*Liebes*-)Erklärung *f*; *Rel. a.* Konfession *f*; **~nie** wiary Kredo *n*; **~niowy** Bekenntnis-, konfessionell; Religions-; **~wać** (*-ję*), ⟨**~ć**⟩ bekennen, (ein)gestehen; *Liebe* erklären; sich bekennen (*A/* zu); **~wać** się sich auskennen (w *L/* in *D*); **~wca** *m* (*Glaubens*-)Bekenner *m*, Anhänger *m*, Gläubige(r); *fig. a.* Jünger *m*.

wyzu|cie [-'zu-] *n* (*-a*; *0*) Beraubung *f*, Entziehung *f* (z *G/G*); *cie* z *praw* Entrechtung *f*; **~ty**: *~ty ze czci* bar aller Ehre; *~ty z majątku* aller Habe beraubt; **~wać** (*-am*), ⟨**~ć**⟩ (*-ję*) (*k-o* z *G*) berauben (j-n *G*), entziehen (j-m *A*).

wyzw|ać *pf. s. wyzywać*; **~alacz** *m*

(-a; -e) El., Fot. Auslöser m; **~alać** (-am), ⟨~olić⟩ (-lę, -wól!) befreien; Energie freisetzen; Lehrling freisprechen; Gefühle auslösen; ~olić się sich befreien (z, spod G/von); frei werden; **~anie** n (-a) Herausforderung f; **~isko** n (-a) Schimpfwort n.

wyzwol|enie n (-a) Befreiung f; Freiwerden n v. Energie usw.; **~eńczy** Befreiungs-; **~iciel** [-'li-] m (-a; -e) Befreier m; **~ony** befreit, frei.

wyzysk m Ausbeutung f; **~(iw)ać** ausnutzen; engS. ausbeuten; **~iwacz** m (-a; -e) Ausbeuter m.

wyzywa|ć (-am), ⟨wyzwać⟩ (heraus)fordern; F (nur impf.) beschimpfen; **~jący** [-'jon-] (-co) herausfordernd, provozierend.

wyż m (-u; -e) Hochland n; Meteo. Hoch n; fig. Spitze f.

wyżalać się (-am) sein Leid klagen (przed I/D). [durch)glühen.⟩

wyżarz|ać (-am), ⟨~yć⟩ (aus-⟩

wyżąć² pf. s. wyżymać.

wyżąć² pf. (s. żąć) abmähen.

wyżebr|ywać (-uję), ⟨~ać⟩ erbetteln.

wyżej Adv. höher; weiter oben.

wyżeł m (-ła; -ły) Vorstehhund m.

wyżer|ać (-am), ⟨wyżreć⟩ ausfressen; V a. alles wegfressen; **~ka** f (-i; G -rek) (kostenlose) Fresserei, Gelegenheit f zum Futtern.

wyżli|ca f (-y) Vorstehhündin f; **~n** m (-u; -y) Bot. Löwenmaul n.

wyżł|abiać [-'3wa-] (-am), ⟨~obić⟩ aushöhlen, eingraben; Tech. auskehlen; **~obienie** n (-a) Tech. Rille f; Rinne f, Furche f; Tech. a. Aussparung f.

wy|żowy Hochland-; Meteo. Hochdruck-; **~żreć** pf. s. wyżerać.

wyższ|ość [-ʃʃ-] f (-ści; 0) Überlegenheit f; z **~ością** gönnerhaft, herablassend; **~y** höher; Ober-; **~y** pilotaż Kunstflug m; s. wysoki.

wyży|ć pf. s. wyżywać; **~łować** pf. (-uję) Fleisch von Sehnen befreien; P fig. j-n aussaugen.

wyżyma|czka f (-i; G -czek) Wringmaschine f; Tech. Auspreßmaschine f; **~ć** (-am), ⟨wyżąć⟩ (-żmę) Wäsche (aus)wringen; Tech. auspressen.

wyżyn|a f (-y) Hochebene f; **~y** pl. fig. Höhen f/pl.; **~ny** Hochland-.

wyży|ty abgelebt; **~wać się** (-am),

⟨~ć się⟩ sich ausleben; **~wiać** [-'3i-] (-am), ⟨~wić⟩ ernähren (się sich).

wyżywienie n Ernährung f; Verpflegung f; Unterhalt m; całodzienne ~ Vollpension f.

wzajemn|ie Adv. wechsel-, gegenseitig, einander; **~ość** f (-ści; 0) Gegenseitigkeit f; miłość bez ~ości unerwiderte Liebe; **~y** wechselgegenseitig; ... auf Gegenseitigkeit; Jur. pozew **~y** Gegenklage f; stosunek **~y** Wechselbeziehung f.

wzbi|ć pf. s. wzbijać; **~erać** (-am) ⟨wezbrać⟩ Fluß: anschwellen; **~jać** (-am), ⟨~ć⟩ Staub aufwirbeln; **~(ja)ć** się auf-, emporsteigen; sich emporschwingen.

wzboga|cać (-am), ⟨~cić⟩ bereichern; reich machen; **~cić** się a reich werden (na L/bei); **~cenie** n (-a; 0) Bereicherung f; Tech. Anreicherung f; Aufbereitung f.

wzbr|aniać ['vzbra-] (-am), ⟨~onić⟩ verbieten; **~aniać** się sich weigern **~oniony** verboten.

wzbudz|ać (-am), ⟨~ić⟩ Liebe usw erwecken; Neid usw. erregen Streit entfachen, anzetteln; vg wywoływać; **~enie** n Erregung f.

wzburz|ać (-am), ⟨~yć⟩ aufwühlen; erregen, in Wallung bringen **~yć** się Meer: wogen, schäumen fig. sich empören, sich erregen **~enie** n (-a) Erregung f; Unruhe f Aufruhr m; **~ony** Meer: aufge wühlt, stürmisch; Pers. erregt.

wzd|ać pf. s. wzdymać; **~ęcie** f (Auf-)Blähung f; Ausbauchung f

wzdłuż Adv. längs, der Länge nach Prp. (G) längs, entlang (G); **~ni** längsseits; **~nik** m (-a; -i) Mar Stringer m; **~ny** longitudinal Längs-.

wzdragać się (-am) Bedenken (od Skrupel) haben et. zu tun, zurück schrecken (vor).

wzdręga [-reŋ-] f (-i) s. czerwionka

wzdrygnąć się pf. erschauern, zu sammenfahren.

wzdy|chać, ⟨westchnąć⟩ seufzen **~mać** (-am), ⟨wzdąć⟩ (auf)blähe (się sich); **~mać** się a. anschwellen sich bauschen; Wellen: (immer höher schlagen.

wzejść pf. s. wschodzić.

wzgar|da f (-y; 0) Verachtung f **~dliwy** (-wie) verachtungsvoll, ge ringschätzig; verächtlich; **~dza-**

(-*am*), ⟨~*dzić*⟩ verschmähen (*I/A*); *s. pogardzać*.

vzgl|ad [-lɔnt, -'lɛn-] *m* (-*lędu*; -*lędy*) Rücksicht *f*; *pl. a.* Gunst *f*; *mieć na* ~*ędzie* bedenken, in Betracht ziehen; beabsichtigen; *mając na* ~*ędzie unter Berücksichtigung* (*A/G*); *a.* = *przez* ~*ąd, ze* ~*ędu* (*na A*) aus (*od.* mit) Rücksicht (auf *A*); *pod każdym* ~*ędem* in jeder Hinsicht; *pod żadnym* ~*ędem a.* in keinem Fall; *ze* ~*ędów oszczędnościowych, zdrowotnych aus* Sparsamkeits-, Gesundheitsgründen; *darzyć* ~*ędami* (*A*), *okazywać* ~*ędy* (*D*) *s-e* Gunst schenken/gewähren (*D*).

vzględ|em [-lɛn-] *Prp.* (*G*) gegenüber (*D*); hinsichtlich, bezüglich (*G*); ~**nie** *Adv.* verhältnismäßig, relativ; oder, beziehungsweise; ~**ność** *f* (-*ści*; 0) Relativität *f*; ~**ny** relativ; *F a.* leidlich, einigermaßen; nachsichtig, tolerant.

vzgórek *m* (-*rka*; -*rki*) Hügel *m*, Anhöhe *f*; ~ *łonowy* Schamberg *m*. **ziąć** *pf. s.* brać.

ziernik *m* (-*a*; -*i*) *Tech.* Schau-, Guckloch *n*; *Med.* ~ *oczny*, *pęcherzowy* Augen-, Blasenspiegel *m*; ~*ować* (-*uję*) *Med.* spiegeln.

ziew|ać inhalieren; ~**ny** Inhala-

zięcie ['vʑɛn-] *n* (-*a*) Nehmen *n*; Entnahme *f*; ~*e do niewoli* Gefangennahme *f*; ~*e w posiadanie* Besitzergreifung *f*; ~*e w zastaw* Pfändung *f*; *F do* ~*ą* (noch) zu haben; *mieć* ~*e* Zuspruch haben; *s. a. branie*.

zięty ['vʑɛn-] *fig.* beliebt, populär.

zl|atywać (-*uję*), ⟨~*ecieć*⟩ aufliegen, sich in die Luft erheben; ~**ot** *m* Aufliegen *n*, (Auf-)Steigen *n*, Aufstieg *m*; *fig.* (0) (Auf-)Schwung *m*.

zmacnia|cz ['vzma-] *m* (-*a*; -*e*) Verstärker *m*; ~*ć* (-*am*), ⟨*wzmocnić*⟩ ~*e*, -*nij!*) kräftigen, stärken; verstärken; *s.* wzmagać (*się*); ~**jący** -'jon-] (-*co*) (ver)stärkend; kräftigend, tonisierend; ~**k** *m* (-*a*; -*i*) ~*mw.* Verstärker *m*.

um|agać (-*am*), ⟨~*óc*⟩ verstärken, teigern (*się* sich); ~*agać się a.* an Heftigkeit zunehmen.

zmianka *f* (-*i*; *G* -*nek*) Erwähnung *f*, Notiz *f*.

wzmocni|ć *pf. s.* wzmacniać; ~**ony** verstärkt; gestärkt.

wzmoż|enie *n* (-*a*; 0) Steigerung *f*, Verstärkung *f*; ~**ony** gesteigert, verstärkt, erhöht.

wzmóc *pf. s.* wzmagać.

wznak: *na* ~ auf dem Rücken, rücklings.

wzn|awiać ['vzna-] (-*am*), ⟨~*owić*⟩ (-*ę*, -*ów!*) wiederaufnehmen; *Buch* wiederauflegen; *Thea.* wiederaufführen.

wznie|cać, ⟨~*cić*⟩ *s.* rozniecać; *fig.* entfachen; schüren; ~**sienie** *n* (-*a*) Anhöhe *f*; *s.* wznoszenie; ~**ść** *pf. s.* wznosić.

wzniosły (-*le*) erhaben; erhebend.

wznos *m* (-*u*; -*y*) *Sp.* (*Bein-*)Vorspreizen *n*; (*Arm-*)Hochhalte *f*; ~**ić**, ⟨*wznieść*⟩ (empor)heben; erheben; *Toast* ausbringen; errichten; aufstellen; ~*ić się* (empor-)steigen; (*mst impf.*) (empor)ragen; ~**oszenie** *n* Errichtung *f*; (Empor-)Heben *n*; ~ *się* Steigen *n*, *Flgw.* Steigflug *m*.

wznow|a *f* (-*y*) *Med.* Metastase *f*; ~**ić** *pf. s.* wznawiać; ~**ienie** *n* (-*a*) Wiederaufnahme *f*; *Typ.* Neuauflage *f*; Neuausgabe *f*; *Thea.* Wiederaufführung *f*; Reprise *f*.

wzorcow|ać (-*uję*) Muster entwerfen; modellieren, Modelle bauen; justieren; ~**nia** [-'tsov-] *f* (-*i*; -*e*, -*i*) Modellwerkstatt *f*; ~**y** Modell-, Vorführ-; Richt-, Standard-.

wzor|ek *m* (-*rku*; -*rki*) (feines) Muster; *s. a.* wzór; ~**nictwo** *n* (-*a*; 0) Entwerfen (*od.* Zeichnen) *n* von Mustern; (industrielle) Formgestaltung; ~**nik** *m* (-*a*; -*i*) Schablone *f*; Lehre *f*; Mustersammlung *f*.

wzorow|ać (-*uję*) (nach)bilden, gestalten (*na L*/nach); ~**ać się** (*na L*) sich zum Vorbild nehmen (*A*); nachahmen, kopieren (*A*); ~**y** (-*wo*) musterhaft, vorbildlich, Muster-.

wzory *pl. v.* wzór.

wzorz|ec *m* (-*rca*; -*rce*) Muster *n*; Richtmaß *n*; Kaliber *n*; Lehre *f*; Normal *n*; *vgl.* wzór; ~**ysty** (-*ście*) gemustert, bunt.

wzór *m* (-*oru*; -*ory*) (konstrukcyjny, do haftowania Bau-, Stick-)Muster *n* (*a. fig.*); Modell *n*; Vorlage *f*; *Math.*, *Chem.* Formel *f*; *fig.* Vorbild *n*; Ausbund *m*; *brać* ~ sich zum Vorbild nehmen (*z G/A*); *na*

~, wzorem (G) nach dem Beispiel, nach Art (von).

wzrasta|ć (-am), ⟨wzrosnąć⟩ (an-)wachsen, (an)steigen, zunehmen; s. rosnąć; ~jący [-'jɔn-] wachsend, steigend, zunehmend.

wzrok m (-u; 0) Sehkraft f, -vermögen n; Auge(n pl.) n; Blick m; zły ~ a. Fehlsichtigkeit f; ~owy (-wo) visuell; Seh-.

wzros|nąć pf. s. wzrastać; ~t m (-u; -y) Wachstum n; Zuwachs m, Anwachsen n, Zunahme f, Anstieg m; (Wert-)Steigerung f; Körpergröße f, Wuchs m; małego ~tu kleingewachsen; średniego ~tu mittelgroß; wysokiego ~tu hochgewachsen; ~towy Wachstums-.

wzróść pf. s. wzrastać.

wzrusz|ać, ⟨~yć⟩ Erde usw. (auf-)lockern; fig. bewegen, rühren, er-greifen; ~ający [-'jɔn-] (-co) rührend, ergreifend; ~enie n (-a) Rührung f, Ergriffenheit f; ~enie ra mionami Achselzucken n; ~ony gerührt, ergriffen; Stimme a. bewegt.   [anziehen.

wzu|wać (-am), ⟨~ć⟩ (-ję) Schuhe

wzwód m (-odu; -ody) (Penis-)Erektion f.

wzwyż Adv. hinauf, empor, hoch-; † a. über.

wzywać (-am), ⟨wezwać⟩ rufe (G/A, um A); auffordern (do G zu); vorladen.

wżenić się pf. einheiraten.

wżerać się (-am), ⟨wżeć się⟩ sich einfressen.

wży|wać się (-am), ⟨~ć się⟩ sich einleben, heimisch werden; (w A sich hineinversetzen, sich einfühle (in A); kennenlernen (A).

Z

z *(vor einigen Konsonanten ze)* Prp. (G) aus, von (D); vor (N); über (A); (I) mit (D); an (D); nach (D); ~ domu aus dem Haus; von Haus aus; każdy ~ nas jeder von uns; ~e srebra aus Silber; drżeć ~ zimna vor Kälte zittern; ~e śmiechu vor Lachen; cieszyć się ~ czegoś sich über et. freuen; ojciec ~ synem Vater mit dem Sohn; ~ początkiem roku am Jahresanfang; ~ nazwiska dem Namen nach; *bleibt oft unübersetzt:* ~e śpiewem singend; ~ nagła plötzlich; spieszyć ~ pomocą zu Hilfe eilen; *Adv. bei Maß-, Zeitangaben:* etwa, an; ~e dwie godziny etwa (*od.* an die) zwei Stunden.

~a Prp. (A *od.* I) hinter (A *od.* D); (A) für (A); in (D); an (D); (I) nach (D); an (D), um (A); gegen (A); mit (D); (G) während (G), zu (D); ~ nami hinter uns; przemawiać ~ kimś für j-n sprechen; ~ rok in e-m Jahr; trzymać ~ rękę an der Hand halten; jeden ~ drugim e-r nach dem anderen; ~ stołem am (*od.* hinter dem) Tisch; ~ rogiem um die Ecke; ~ opłatą gegen Gebühr; ~ pomocą mit Hilfe; ~ panowania ~ ... während der Herrschaft ...; ~ moich czasów zu meiner Zeit (*wird mit Kj. übersetzt*) als; przebrać się ~ ... sich verkleiden als ...; służyć ~ ... als ... dienen; *Adv.* (+ *Adj./Adv.*) (all)zu; s. co.

~a *in Zssgn Verben s.* ~a-.

~a|absorbowanie n (-a; 0) (gänzliche) Inanspruchnahme (I/durch); **~aferowany** (sehr) beschäftigt, geschäftig; *-na mina* verlegenes Gesicht.

~aangażowanie n (-a; 0) Engagement n; Teilnahme f, Beteiligung f; ~ się *fig.* Einsatz m, Hingabe f.

~a|aplikowanie pf. (-uję) Medizin verschreiben; anwenden; verabreichen; **~awansowany** fortgeschritten.

~aba|- *in Zssgn Verben s.* ba-; **~gniony** sumpfig, versumpft.

---

zabarwi|ać [-'bar-] (-am) s. barwić; **~enie** n (-a) Färbung f.

zabaw|a f (-y) Spiel n; Vergnügen n; (Volks-, Betriebs-)Fest n; dla ~y zum Vergnügen *od.* Spaß, zur Unterhaltung; wesołej ~y! viel Spaß!; **~iać** [-'ba-] (-am) unterhalten, amüsieren (się sich); v/i verweilen; **~ka** f (-i; G -wek) Spielzeug n; Kinderspiel n (*fig.*); Spielerei f; **~karski** Spielwaren-; **~ny** amüsant; drollig, possierlich, F putzig, ulkig; **~owy** Vergnügungs-.

zabeczany F verheult.

zabezpiecz|ać (-am), ⟨~yć⟩ (-ę) (ab)sichern; sicherstellen; schützen (przed I/vor D; się sich); abschirmen.

zabezpieczenie n (-a) (Ab-)Sicherung f, (Mil. tyłów Rücken-)Deckung f; Sicherstellung f; Schutz m; Abschirmung f; ~ na starość Altersversorgung f; *Jur.* ~ powództwa einstweilige Verfügung.

zabezpiecz|ony (ab)gesichert; geschützt; gedeckt; **~yć** pf. s. zabezpieczać.

zabi|cie n Tötung f, engS. Ermordung f; **~ć** pf. s. zabijać, wbijać.

zabie|c pf. s. zabiegać; **~dzony** abgemagert.

zabieg ['za-] m Eingriff m; Arbeitsstufe f, Durchgang m; ~i pl. a. Maßnahmen f/pl.; Betreiben n; podjąć ~i Schritte unternehmen; **~ać**, ⟨zabiec⟩ (hin)rennen, laufen(d gelangen); Weg abschneiden (D); (*nur impf.*) sich bemühen (o A/um A); **~any** F sehr beschäftigt, immer auf (dem) Trab; **~owy:** Med. pokój ~owy Behandlungsraum m.

zabiel|ać (-am), ⟨~ić⟩ Kochk. mit Sahne anmachen.

zabier|ać (-am), ⟨zabrać⟩ wegnehmen; mitnehmen; Wort ergreifen; Zeit beanspruchen, F a. stehlen; Schiff aufbringen; ~ać się mitkommen, F mitwollen (z I/mit); (do G) beginnen (mit), anpacken (A); ~ać się do wyjścia im Aufbruch

---

35*

begriffen sein; ~ak m (-a; -i) Tech. Mitnehmer m.

zabi|jać (-am), ⟨~ć⟩ töten, F umbringen (się sich [gegenseitig]); Vieh (ab)schlachten; Zeit totschlagen; Öffnung vernageln; Karte, Stein schlagen; s. a. wbijać; ~(ja)ć się a. bei e-m Unfall umkommen; ~ć się ciężką pracą sich zu Tode arbeiten od. F schuften; ~jaka m (-i; G -ów) Raufbold m; ~ty getötet, tot; fig. eingefleischt, durch und durch; Su. m (-ego; -ci) Tote(r), Getötete(r), engS. a. Mord-, Unfallopfer n.

zabliźni|ać [-'bliz-] (-am), ⟨~ć⟩ (-ę, -nij!) Wunden heilen (a. fig.); ~(a)ć się vernarben. [Sperr-.]

zablokowany blockiert; gesperrt.]

zablą|dzić pf., ~kać się pf. sich verirren; ~kany verirrt.

zabobon m (-u; -y) Aberglaube m; ~ny abergläubisch.

zabor|ca m (-y; G -ów) Eindringling m, Aggressor m; ~czy räuberisch, Eroberungs-; fig. habgierig.

zabój: na ~ maßlos, sterblich verliebt usw.; ~ca m (-y; G -ów) Mörder m, Totschläger m, F Killer m; ~czy (-czo) tödlich; mörderisch; iron. unwiderstehlich; ~czyni f (-i; -e) Mörderin f, Totschlägerin f; ~stwo n (-a) Tötung f; Totschlag m (w samoobronie in Notwehr); Jur. ~stwo z przypadku fahrlässige Tötung.

zabór m Raub m; Annexion f, Einverleibung f; hist. besetzter (Landes-)Teil (Polens).

zabra|ć pf. s. zabierać; ~knąć pf. nicht (aus)reichen; fehlen (G/an); ~niać [-'bra-] (-am), ⟨zabronić⟩ verbieten, untersagen (k-u G/j-m A).

zabroniony verboten, untersagt.

zabrudz|ać (-am) s. brudzić; ~ony verschmutzt.

zabryzg|iwać (-uję), ⟨~ać⟩ bespritzen (I/mit).

zabudowa f Arch. Bebauung f; ~ania [-'va-] n/pl. (-ń) Gebäude n/pl., Bauten m/pl.; ~(yw)ać (-[w]uję) Arch. bebauen; Ansicht verbauen.

zaburz|ać (-am) s. burzyć; ~enie n (-a) Störung f; Med. a. Fehlleistung f; pl. a. Unruhen f/pl., Gärung f; ~enia rozwojowe, wzroku Entwicklungs-, Sehstörungen.

zabyt|ek m (-tku; -tki) (Natur-,

Bau-)Denkmal n; pl. a. Sehenswürdigkeiten f/pl.; ~kowy von historischem Wert; unter Denkmal(s)schutz stehend.

zachci|anka f (-i; G -nek) Laune f, Schrulle f; Gelüst n; s. chętka; ~ewać się (nur 3. Pers. sg. -ewa), ⟨~eć się⟩ (nur 3. Pers. -chce, -chciało) Lust bekommen od. haben (G/auf A), wollen, sich wünschen (G/A); vgl. chcieć.

zachę|cać [-'xen-] (-am), ⟨~cić⟩ (-cę) ermuntern, ermutigen; anspornen (do G/zu); ~cający [-'jon-] (-co) anspornend; ermutigend; vielversprechend; ~ta f (-y) Ermunterung f, Ermutigung f; Ansporn m.

zachłan|ność f (-ści; 0) Habgier f, Unersättlichkeit f; ~ny habgierig unersättlich.

zachłys|tywać się (-uję), ⟨~nąć się⟩ [-nǫtę] (-nę) sich verschlucken (I/bei; śmiechem vor Lachen).

zachmurz|ać (-am), ⟨~yć⟩ be-, fig. umwölken; ~ać się s. chmurzyć; ~enie n (-a) (duże starke) Bewölkung; ~ony bewölkt; fig. düster finster.

zachod|ni westlich, West-; ~nioeuropejski westeuropäisch, West europa-; ~nioniemiecki west deutsch.

zachodzić ⟨zajść⟩ (L. -jść) gelangen, (hin)kommen (do G/bis); hin kehren, vorbeikommen (do G/ bei) Gestirn: untergehen; Gefahr, Frage: sich ergeben, auftauchen, be stehen; Irrtum: unterlaufen; Änderung: eintreten; daleko ~ weit gediehen sein; es weit bringen; ~ w ciążę schwanger werden; ~ drog j-m den Weg verlegen; ~ krwią mi Blut unterlaufen; ~ parą Glas: an laufen (v/i); (nur impf.) ~ na siebi sich überlappen; ~ w głowę sic den Kopf zerbrechen.

zachorowa|ć pf. krank werden; er kranken (na A/an); befallen werden (na A/von); ~lność f (-ści; 0) Er krankungsziffer f.

zachowa|ć pf. s. zachowywać; ~ni n (-a; 0) Erhaltung f; Wahrung f (a. się) Benehmen n, Betragen m Gehabe n; Verhalten(sweise f) n ~wczy erhaltend, konservierend konservativ.

zachow|ywać (-owuję), ⟨~ać⟩ be wahren, erhalten; wahren; Diä

Maß halten; *Vorsicht* walten lassen; (*przy sobie* für sich) behalten; ⁓(*yw*)*ać się* erhalten bleiben; sich benehmen *od.* betragen; sich verhalten.

zach|ód¹ *m* (*-odu*; *0*) Westen *m*; *Zód a.* Abendland *n*; (*pl. -ody*) (*Sonnen-*)Untergang *m*; *na* ⁓*ód* nach Westen, westwärts; *na* ⁓*ód od* (*G*) westlich (von, *G*); **⁓ód²** *m* (*-odu*; *-ody*) Mühe *f*, Umstände *pl.*; Getue *n*; *za jednym* ⁓*odem* auf einmal, F in einem Abwaschen; *bez* ⁓*odu* mühelos.

zachryp|ły, ⁓nięty [*-'ŋɛn-*] heiser.

zachwala|cz *m* (*-a*; *-e*) Ausrufer *m*, Werber *m*; **⁓ć** (*-am*) anpreisen.

zachwaszczony von Unkraut überwuchert.

zachwyc|ać (*-am*), **⁓ić** entzücken, hinreißen; ⁓*ać się* (*I*) entzückt (*od.* hingerissen) sein (von), sich begeistern (für); **⁓ający** [*-'jon-*] (*-co*) entzückend, hinreißend; **⁓enie** *n* (*-a*) *s.* zachwyt; w ⁓*eniu, z* ⁓*eniem* verzückt; **⁓ony** entzückt, hingerissen, begeistert.

zachwyt *m* (*-u*; *0*) Begeisterung *f*, Entzücken *n*; *wpaść w* ⁓ *a.* in Verzückung geraten.

zacią|ć *pf. s.* zacinać; **⁓g** *m* Anwerbung *f*, Rekrutierung *f*; **⁓gać**, ⟨**⁓gnąć**⟩ *v/t* (hin)schleppen, ziehen (*do G/bis, in A*); *Vorhang* zuziehen; *Riemen* festziehen; *Darlehn* aufnehmen; *Verpflichtung* eingehen; *Wache* beziehen; *Fußboden* bestreichen, einreiben (*I/mit*); ⁓*gać do wojska* Rekruten ausheben; *v/i* ⁓*gać z rosyjska* mit russischem Akzent sprechen; ⁓*gać* ⟨⁓*gnąć*⟩ *się* (*I*) *Rauch* inhalieren, tief einziehen; *Himmel:* sich bedecken; † (*do G*) *zum Militär* einrücken; sich anwerben lassen.

⁓acie|k *m* (*-u*; *-i*) Wasserfleck *m*; (*Fleck-*)Rand *m*; **⁓kać** (*-am*), ⟨**⁓c**⟩ einregnen; *Wasser:* durchsickern, hineingelangen.

⁓aciekawi|ać [*-'ka-*] (*-am*), ⟨**⁓ć**⟩ interessieren (*się* sich), neugierig machen, *j-s* Neugier(de) wecken; **⁓enie** *n* (*-a*) Interesse *n*, Neugier (*-de*) *f.*

⁓aciek|ły (*-le*) hartnäckig, verbissen, wütend; **⁓ły** *wróg* Erzfeind *m*; **⁓nąć** [*-nɔntɕ*] *pf. s.* zaciekać.

⁓aciemni|ać [*-'tɕɛm-*] (*-am*), ⟨**⁓ć**⟩

(*-ę, -nij!*) verdunkeln; **⁓enie** *n* (*-a*) Verdunk(e)lung *f.*

zacieni|ać [*-'tɕe-*] (*-am*), ⟨**⁓ć**⟩ (*-ę*) *v/t* beschatten (*A*), Schatten werfen (auf *A*); vor Sonne (*od.* Licht) schützen, abschirmen; **⁓ony** schattig.

zacier [*'za-*] *m* (*-u*; *-y*) Maische *f*; **⁓ać** (*-am*), ⟨*zatrzeć*⟩ ab-, wegwischen; verwischen (*się* sich); tilgen, löschen; *Hände* reiben; ⁓*ać się* *Tech.* sich festfressen; **⁓ka** *f* (*-i*; *G -rek*): *mst pl.* **⁓ki** Nudeleinlage *f*; **⁓ki** *na mleku* Milchsuppe *f* mit *Art* Spätzle.

zacieśni|ać [*-'tɕeɕ-*] (*-am*), ⟨**⁓ć**⟩ (*-ę, -nij!*) enger machen *od.* zusammenziehen; *fig. Beziehungen* vertiefen, enger knüpfen; ⁓*a(ć się* sich verengen.

zacietrzewi|ać się [*-'tɕɛ-*] (*-am*), ⟨**⁓ć** *się*⟩ (*-ę*) (*w L*) sich ereifern (für, bei); sich versteifen (auf *A*); ⁓*ać się w złości* voller Grimm sein; **⁓enie** *n* (*-a*; *0*) Erciferung *f*, Erbitterung *f*; (*blinder*) Eifer, Fanatismus *m*; **⁓ony** grimmig, verbissen; verstockt, fanatisch.

zacię|cie¹ *Adv. s.* zacięty; **⁓cie²** *n* Einschnitt *m*, Kerbe *f*; (*a. się*) Klemmen *m*; *Mil.* Ladehemmung *f*; F *fig.* Schwung *m*, Schmiß *m*; **⁓tość** *f* (*-ści*; *0*) Verbissenheit *f*, Hartnäckigkeit *f*, F Sturheit *f*; **⁓ty** (*-cie*) verbissen, erbittert; *s.* zaciekły.

zacięż|ny *wojsko* ⁓*e* Söldnerheer *n*; *Su.* **⁓y** *m* (*-ego*; *-i*) Söldner *m.*

zaci|nać (*-am*), ⟨**⁓ąć**⟩ *v/t* (ein-)schneiden; *fig. Lippen* zusammenpressen, -kneifen; *Zähne* zusammenbeißen; ⁓*ąć batem* mit der Peitsche eins überziehen (*A/D*); *v/i* (*nur impf.*) *Wind:* peitschen; **⁓nać** ⟨**⁓ąć**⟩ *się* sich (beim Rasieren) schneiden, klemmen; Ladehemmung haben; *fig.* (*w L*) sich verbeißen (in *A*), sich versteifen (auf *A*). [hauen, spitzen.]

zacios|ywać (*-uję*), ⟨**⁓ać**⟩ spitz zu-

zacisk *m* (*-u*; *-i*) Klemme *f*; (*Rohr-*) Schelle *f*; Zwinge *f*; *s.* zaciśnięcie; **⁓acz** *m* (*-a*; *-e*) Quetschhahn *m*; Klemme *f*; **⁓ać**, ⟨*zacisnąć*⟩ *Schlinge zuziehen* (*się* sich); *Riemen* enger schnallen; *Faust* ballen; *Zähne* zusammenbeißen; *Ader* abbinden; *Tech.* einspannen; (ein)klemmen; **⁓owy** Klemm-; Spann-.

zacisnąć *pf. s.* zaciskać.

zacisz|e *n* (-*a*) windgeschützte Stelle; ruhiges Plätzchen, stiller Winkel; Abgeschiedenheit *f*, Zurückgezogenheit *f*; Häuslichkeit *f*; w ~u domowym am häuslichen Herd; **~ny** windgeschützt; *fig. Ort:* still, ruhig; *Heim:* gemütlich, behaglich.

zacny rechtschaffen, ehrbar, brav.

zacofan|ie *n* Rückständigkeit *f*; **~y** rückständig; *Land a.:* unterentwickelt. [ein(e, -er).]

zacz: kto ~, co ~ was (denn) für

zaczadz|enie *n* (-*a*) Kohlen(mon)oxydvergiftung *f*; **~ieć** [-'tʃa-] *pf.* (-*eję*) an Kohlen(mon)oxydvergiftung sterben, sich mit Kohlen(mon)oxyd vergiften.

zacza|jać się (-*am*) *s.* czaić się; **~rowany** verzaubert, Zauber-.

zaczą|ć *pf. s.* zacząć; **~tek** [-'tʃɔn-] *m* (-*tku; -tki*): *mst pl. ~tki* Ansätze *m/pl.*, Anfänge *m/pl.*; **~tkowy** anfänglich, Anfangs-. [dulden.]

zaczekać *pf. s.* czekać; sich ge-

zaczep *m* (-*u; -y*) (*Anhänge-*)Haken *m*; Kupplungsmaul *n*; *Tech. a.* Daumen *m*; **~a** *f* (-*y*): **~a do bielizny** Wäscheklammer *f*; **~i(a)ć** *v/t* anhängen, befestigen; *F fig.* (*mst pf.*) *j-n* ansprechen, -reden; Streit anfangen *od.* suchen (*A/mit*); *v/i* ~i(a)ć się hängenbleiben (o *A/an,* in *D*); **~ka** *f* (-*i*; *G -pek*) Herausforderung *f*, *F* Stänkern *n*; Angriff *m*, Attacke *f*; Tätlichkeit *f*; szukać ~ki Streit suchen, *F* stänkern; **~ność** *f* (-*ści*; 0) Angriffslust *f*; herausfordernde Haltung; **~ny** aggressiv, streitsüchtig; *Mil.* offensiv; Angriffs-.

zaczer|pywać (-*uję*), **⟨~pnąć⟩** [-nɔntɕ] (-*ne*) schöpfen; *s.* zasięgać; **~wieniony** gerötet.

zaczes|ywać (-*uję*), **⟨~ać⟩** kämmen.

zaczyn *m* Sauerteig *m*; Ferment *n*, Enzym *n*; *Arch.* Zementbrühe *f*; **~ać** (-*am*), **⟨zacząć⟩** [-tʃɔntɕ] (-*cznę*) anfangen, beginnen (*A/von D,* als; *Inf./*zu + *Inf.*); *Packung* anbrechen; *Brot* anschneiden; **~ać** **⟨zacząć⟩ się** anfangen, beginnen (*v/i;* od *G/*mit); **~a się** *F* es geht los; **~iać** [-'tʃi-] (-*am*), **⟨~ić⟩** *Teig* anrühren.

zaczyt(yw)ać *Buch* zerlesen.

zaćma *f* (-*y*; 0) *Med.* (grauer) Star.

zaćmi|ć *pf. s.* zaćmiewać; **~enie** *n*

(-*a*) (*Sonnen-*)Finsternis *f*; Geistesgestörtheit *f*; **~ewać** (-*am*), **⟨~ić⟩** verdunkeln, -finstern (się sich); *fig.* in den Schatten stellen, überstrahlen; *Geist* verwirren (się sich).

zad *m* (-*u; -y*) Hinterteil *n*, (*Pferde-*)Kruppe *f*; *P a.* Hintern *m*.

zada|ć *pf. s.* zadawać; **~nie** *n* (-*a*) Aufgabe *f*; Auftrag *m*; Zufügen *n* e-r *Wunde*; **~rty** nach oben gerichtet *od.* gebogen, aufgerichtet; **~ty nos**(*e*) Stupsnase *f*; *z -tym nosem* stupsnasig; *fig.* hochnäsig.

zadat|ek *m* (-*tku; -tki*) Anzahlung *f*; *fig. ~ki* Anlagen *f/pl.*; **~kować** *pf.* (-*uję*) anzahlen.

zada(wa)ć (*A od. G*) *Frage* stellen *Rätsel* aufgeben; *Hieb* versetzen *Niederlage* bereiten; *Wunde* beibringen; *Gewalt* antun; *Buße* auferlegen; *Futter* geben; **~ śmierć** töten; **~ sobie trud** sich die Mühe machen; *F* **~ szyku** imponieren (wollen), angeben (mit); *P* **~ bobu** Pfeffer geben; **~ się** *F* sich abgeben einlassen (z *I/*mit).

za|dawniony (ur)alt, eingewurzelt *Leiden a.* verschleppt; **~dąsany** *s.* nadąsany; **~dbany** *Hände:* gepflegt.

zade- *in Zssgn Verben s.* de-.

zadek *F m* (-*dka; -dki*) Hinterteil *n* Podex *m*.

zadept|ywać (-*uję*), **⟨~ać⟩** zertreten, -trampeln; *pf. a.* zu Tod trampeln.

zadłuż|ać (-*am*), **⟨~yć⟩** mit Schulden belasten; **~yć się** verschulde sein; **~ony** verschuldet.

za|dnieprzański [-'pɕa-] jenseit (*od.* am linken *Ufer*) des Dnjep gelegen; **~domowić się** *pf.* (-*ów!*) sich einleben.

zadość: *uczynić* ~ Genüge tun (*D*) *stało się* ~ wurde Genüge geta (*D*); **~uczynić** *pf.* (*D*) befriedige (*A*), genügen (*D*); **~uczynienie** (-*a*) Wiedergutmachung *f*; Genug tuung *f*.

zadow|alać (-*am*), **⟨~olić⟩** (-*lę, -ól* befriedigen, zufriedenstellen; **~ol** się sich zufriedengeben, begnüge (*I/*mit); **~alająco** [-'jɔn-] (-*co*) be friedigend, zufriedenstellend; **~o lenie** *n* (-*a*) Befriedigung *f*; Zufrie denheit *f*; Wohlbehagen *n*; **~olon** zufrieden (z *G/*mit); *-ny z sieb* mit sich zufrieden; selbstzufrieden

-gefällig; ~ny z cudzego nieszczęścia schadenfroh.

zadra f (-y; G -) (Holz-)Splitter m.

zadra- in Zssgn Verben s. dra-.

zadrap|**ać** (~nąć) aufkratzen, -reißen.

zadrażni|**enie** n (-a) Reiberei f, Mißhelligkeit f; ~ony Beziehungen: gespannt.

za|**dręcz**|**ać** (-am), ⟨~yć⟩ s. zamęczać; ~drukow(yw)ać (-[w]uję) bedrucken; ~**drzeć** pf. s. zadzierać.

zadrzewi|**ać** [-'d:ʒe-] (-am), ⟨~ć⟩ (-ę) mit Bäumen bepflanzen; ~**enie** n Baumbestand m; granica ~enia Baumgrenze f.

zadu|**ch** m (-u; 0) schlechte (od. verbrauchte) Luft, F Mief m; ~**fany** überheblich, eingebildet.

zaduma f Nachdenklichkeit f; Tiefsinn m, Grübeln n; ~**ć się** (-am) nachdenken, grübeln; ~**ny** s. zamyślony.   [winkel n.]

zadupie [-'du-] P n (-a; 0) Kräh-J

zadurz|**ać się** (-am) s. durzyć się; ~**ony** F vernarrt, verknallt.

zadusz|**ać** (-am), ⟨zadusić⟩, - enie s. udusić, uduszenie; **Ȯ**ki f/pl. (-szek) Allerseelen n; ~**ny** Allerseelen-.

zadymi|**ać** [-'di-] (-am), ⟨~ć⟩ v/t vollqualmen; verqualmen, -räuchern; vernebeln; v/i ~ć beginnen zu qualmen od. rauchen; ~**enie** n (-a) Rauch m; Qualm m; Fot. Schleier m.

zadymka f (-i; G -mek) Schneegestöber n, -treiben n.

zadysz|**any** außer Atem, keuchend; ~**ka** f (-i; G -szek) Kurzatmigkeit f, Atembeschwerden f/pl.

zadzierać (-am), ⟨zadrzeć⟩ v/t Haut aufreißen, -schürfen; Kopf in den Nacken werfen; Schwanz aufrichten; F nur impf. ~ nosa die Nase hoch tragen; v/i F (z I) aneinandergeraten (mit), anecken (bei); nur impf. (sich) streiten; ~ się sich nach oben biegen.

za|**dzierz**|**gać** (-am), ~**giwać** (-uję), ⟨~gnąć⟩ [-nɔt-nę] Knoten knüpfen; ~**ysty** (-ście) streitlustig; forsch.

adzior ['za-] m (-u/-a; -y) Tech. Grat m; Bart m; Bot., Zo. Dorn m; ~**ny** F streitsüchtig, zänkisch.

adziwi|**ać** [-'dʒi-] (-am), ⟨~ć⟩ in Erstaunen versetzen, verblüffen; ~**ający** [-'jɔn-] (-co) erstaunlich, verblüffend.

zadżumiony pestkrank.

zafa|**-** in Zssgn Verben s. fa-; ~**scynowany** fasziniert.

za|**flegmienie** n (-a) Med. Verschleimung f; ~**frasowany** sorgenvoll, besorgt.

zagad|**ka** f (-i; G -dek) Rätsel n; ~**kowy** (-wo) rätselhaft; ~**nienie** n (-a) Problem n, Frage(nkomplex m) f; ~**ywać** (-uję), ⟨~nąć⟩ [-nɔtę] (-am, -nę) (do G) reden (mit), anreden, ansprechen (A); F ~**ać się** sich verplauschen.

zaga|**jać** (-am), ⟨~ić⟩ (-ję) eröffnen; ~**jenie** n (-a) Eröffnung f; ~**jnik** m (-a; -i) Wäldchen n, Gehölz n; ~**lopow(yw)ać się** (-[w]uję) sich vergaloppieren.

zaganiać ⟨zagnać, zagonić⟩ (hinein)treiben (do G/in A); fig. verschlagen (do G/nach); ~ **się** sich abhetzen; s. zagaić.   [gaffend.]

zagapiony mit offenem Mund,J

zagarn|**iać** [-'gar-] (-am), ⟨~nąć⟩ zusammenraffen; fig. an sich reißen, sich aneignen, wegnehmen; ~**ięcie** [-'nɛn-] n (-a) (widerrechtliche) Aneignung, Wegnahme f.

zaga|**sać** (-am), ⟨~snąć⟩ v/i (ver-)löschen; ~**wędzić się** F pf. sich verplauschen.

zagazow|**any** vergast; gasbeschädigt; P fig. benebelt, betütert, blau; ~(**yw**)**ać** (-[w]uję) vergasen, in e-r Gaskammer umbringen; mit Gas verseuchen.

zagęszcz|**acz** m (-a; -e) Eindickungsmittel n; ~**ać** (-am), ⟨zagęścić⟩ (-szczę) eindicken; ~**ać mieszkanie** Mieter (in e-e Wohnung) zusätzlich einquartieren.

zagi|**ąć** pf. s. zaginać; ~**ęcie** [-'gɛn-] n (-a) Kniff m, Knick m; (Rohr-) Knie n; Tech. a. Falz m; Kröpfung f; ~**ęty** umgebogen; Tech. gekröpft; ~**nać** (-am), ⟨~ąć⟩ umbiegen (się sich); kniffen, knicken; Tech. a. kröpfen; ~**nięcie** [-'nɛn-] n (-a) Verlust m, Verschwinden n; Vermißtsein n; ~**niony** vermißt; Su. m (-ego; -eni) Vermißte(r).

zaglądać [-'glɔn-] (-am), ⟨zajrzeć⟩ (-ę, -y) hereinschauen (do A); hin- ~~~~einschauen, -schauen, F reingucken (do G/in A); im Buch nachschlagen; ~ **w oczy** Tod, Ruin usw.: j-m drohen.

zagła|**da** f (-y; 0) Vernichtung f;

eng S. Ausrottung *f*; **~dzać** (*-am*),
⟨zagładzić⟩ (ver)hungern lassen.

zagłębi|ać [-'gwem-] (*-am*), ⟨~ć⟩
versenken (*się* sich); **~(a)ć się** *a.*
eindringen; einsacken; *fig.* sich vertiefen; **~e** *n* (*-a; G -i*) Becken *n*;
fig. (*Kohlen-*)Revier *n*; **~e naftowe**
Ölfeldgebiet *n*; Ꞅe Ruhry Ruhrgebiet *n*; **~enie** *n* (*-a*) Vertiefung *f*;
Mar. Tauchtiefe *f.*

zagłodz|ić *pf. s.* zagładzać; **~ony**
halb verhungert.

zagłówek *m* (*-wka; -wki*) Kopfende
n; Kopfkissen *n.*

zagłusz|ać (*-am*), ⟨~yć⟩ *Laute* übertönen; *Rdf. Sendungen* stören;
Pflanzen: überwuchern; *fig. Gefühle* unterdrücken, betäuben.

zagnać *pf. s.* zaganiać; *Pferd* zuschanden reiten.

zagniazdownik *m* (*-a; -i*) *Zo.* Nestflüchter *m.*

zagnie|wany zornig, erzürnt; **~ż-
dżać się** (*-am*), ⟨~ździć się⟩ sich
einnisten.

zago- *in Zssgn Verben s.* go-.

zagon *m* (Stück) Feld *n*, Parzelle *f*;
(*Frei-*)Beet *n*; *Mil. hist.* (*Tataren-*)
Vortrab *m*; Streifzug *m*; **~ić** *pf. s.*
zaganiać; **~iony** F abgehetzt;
~owy: *szlachta ~owa* Landadel *m.*

zagorzały (*-le*) glühend, fanatisch;
Diskussion: heiß, hitzig.

zagospodarow|anie *n* (wirtschaftliche) Erschließung; **~(yw)ać**
(*-[w]uję*) erschließen, nutzbar machen; **~(yw)ać się** (eine Wohnung *usw.*) einrichten.

zagotow(yw)ać (*-[w]uję*) *v/t* (auf-)
kochen; **~ się** sieden, kochen (*v/i*).

zagra|biać [-'gra-] (*-am*), ⟨~bić⟩
glattrechen, -harken; rauben; **~-
dzać** (*-am*), ⟨zagrodzić⟩ abzäunen;
Weg (ver)sperren.

zagrani|ca *f* (0) Ausland *n*; **~czny**
ausländisch, Auslands-; *Hdl., Pol.*
Außen-.

zagr|ażać (*-am*), ⟨~ozić⟩ bedrohen,
gefährden (*D/A*); (*nur pf.*) drohen
(*k-u I/j-m mit*).

zagro|da *f* (*-y; G -ód*) Gehöft *n*,
Hof *m*; Pferch *m*, Hürde *f*;
(*Minen-*)Sperre *f*; **~dowy** Hof-,
Wirtschafts-; *s. szlachcic*; **~dzić** *pf.
s.* zagradzać; **~zić** *pf. s.* zagrażać.

zagrożen|ie *n* (*-a*) Gefährdung *f*,
Bedrohung *f*; **~e karą** Strafandrohung *f*; *stan ~a* Notstand *m.*

zagrożony bedroht, gefährdet; *rejon ~* Gefahrengebiet *n.*

zagry|cha P *f* (*-y*) Gabelbissen
m/pl., Happen *m/pl.* zum Wodka;
~wać (*-am*) ⟨~źć⟩ KS*p.* ausspielen; **~wka**
f (*-i; G -wek*) *Tennis-Sp.* Aufschlag
m; (*Hockey*) Bully *n*; **~zać** (*-am*),
⟨~źć⟩ *zum Wodka* dazuessen; (*nur
pf.*) zu Tode beißen, zerreißen, zerfleischen; **~zać** *wargi* sich auf die
Lippen beißen; **~zać** ⟨~źć⟩ *się* sich
grämen (*pf. zu* Tode).

zagrzać *pf. s.* zagrzewać.

zagrzeb|ywać (*-uję*), ⟨~ać⟩ verscharren, vergraben.

zagrz|ewać (*-am*), ⟨~ać⟩ erwärmen;
Essen aufwärmen; F *fig.* ~(ew)ać
miejsca warm werden, aushalten.

zagw|ażdżać (*-am*), ⟨~oździć⟩ (*-ż-
dżę*, *a. -óźdź!*) *Bgb.* vernageln; *Geschütz* vernageln; *fig.* verhindern.

zahacz|ać (*-am*), ⟨~yć⟩ (*-ę*) hängenbleiben (*I/mit*; *o A/an D*); F *fig.*
(*nur pf.*) *j-n* ansprechen (*o A/auf A*
hin); *Ort:* (*an*) berühren (*A*), haltmachen (in); **~yć się** *a.* sich festhaken.

zahamow|anie *n* Bremsung *f*;
Psych. Hemmung *f*; **~(yw)ać**
(*-[w]uję*) (ab)bremsen; *s. hamować.*

zahar|owany abgearbeitet, am Ende der Kräfte; **~towany** gehärtet
fig. abgehärtet.   [verstört.]

zahukany F eingeschüchtert, scheu,

zaimek [za'i-] *m* (*-mka; -mki*)
(*dzierżawczy, osobowy* Possessiv-
Personal-)Pronomen *n.*

zaimp|- *in Zssgn Verben s. imp-.*
~rowizowany improvisiert.

zain- *in Zssgn Verben s. in-.*

zaintereso|wan|ie *n* (*-a*) Interesse
n; Interessiertheit *f*; *z ~iem a.* aufmerksam, gespannt; **~y** interessier
(*w L/an D*); *osoba ~a* der/die Beteffende; **~e strony** die Beteiligten
być ~ym Interesse haben (*w L/a
D*, für).

zaiste † *Adv.* wahrlich, fürwahr.

zajad *m* entzündeter Mundwinkel
Med. Perlèche *f*; **~ać** F mit Appeti
essen, futtern; **~ać się** viel esser
(*I/von*); **~łość** *f* (*-ści*; 0) *s. za-
cietrzewienie*; Unversöhnlichkeit *f*
Unerbittlichkeit *f*; **~ły** (*-le*) verbissen; fanatisch; eingefleischt
unversöhnlich, unerbittlich.

zajazd *m* (*-u*; *-y*) *hist.* (*Landgut-
Besetzung *f*; Herberge *f.*

zają|c [-jɔnts] *m* (-*a*; -*e*, -*jęcy*) (*bielak* Schnee-)Hase *m*; **~czek** *m* (-*czka*; -*czki*) Häschen *n*; F *puszczać ~czki* mit e-m Spiegel Sonnenlicht zurückwerfen; **~ć** *pf. s. zajmować*.

zają|kiwać się [-jɔn-] (-*uję*), ⟨**~nąć się**⟩ [-nɔntɕ] *s. jąkać się; ani się ~nąć* kein Wort sagen (o *L*/über *A*, von); **~liwy** (-*wie*) stotternd, stammelnd; **~nienie** *n* (-*a*): *bez ~nienia* ohne zu stocken; ohne mit der Wimper zu zucken.

zaje|chać *pf. s. zajeżdżać*; **~zdnia** *f* (Omnibus-)Abstellhalle *f*, Betriebshof *m*; **~zdny** †: *dom -ny* Gasthof *m*, Herberge *f*; **~zdzić** *pf. Pferd* überfordern, zuschanden reiten; **~żdżać** (-*am*), ⟨**~chać**⟩ ankommen (do *G*/in, bei); vorfahren (*przed A*/ vor *A*); einkehren, haltmachen (do *G*/in, bei); *Weg* versperren; P *od niego ~żdża wódką* er stinkt nach Schnaps.

zaję|cie [-'jɛn-] *n* (-*a*) Einnahme *f*, Besetzung *f*; Inbesitznahme *f*; *Jur.* Pfändung *f*; Beschäftigung *f*; *pl. a.* (*Schul-*)Unterricht *m*; *bez ~cia a.* beschäftigungslos, unbeschäftigt; *z ~ciem a.* interessiert, aufmerksam; **~ciowy** Beschäftigungs-; **~czy** [-'jen-] Hasen-; **~czyca** *f* (-*y*; -*e*) Häsin *f*; **~ty** beschäftigt; besetzt; gepfändet; *być ~tym a.* gefesselt sein (*I*/von).

zajm|owac (-*uję*), ⟨**zająć**⟩ [-jɔntɕ] (-*jmę*) Platz *usw.* einnehmen; besetzen; reservieren, belegen; beschäftigen (się sich; *I*/mit); fesseln, interessieren (się sich); *Zeit* in Anspruch nehmen, beanspruchen; *Stellung* beziehen; *Räume* bewohnen; *Jur.* pfänden; (*nur pf.*) *zająć się* in Brand geraten; **~ujący** [-'jɔn-] (-*co*) fesselnd, spannend; unterhaltend.

zajrzeć *pf. s. zaglądać*.

zajś|cie ['za-] *n* (-*a*) (Hin-/Herein-) Kommen *n*, Gelangen *n*; Auftauchen *n* (*fig.*); Vorfall *m*; Zusammenstoß *m*; **~cie** do *lądowania* Landeanflug *m*; **~cie w ciążę** Empfängnis *f*; **~ć** *pf. s. zachodzić*.

zakadzić *pf. vollqualmen; fig. s. kadzić*.

zakal|cowaty *Kochk. Brot:* schliffig, schlecht ausgebacken; **~ec** *m* (-*lca*; -*lce*) Schlief *m*, Schliff *m*.

zaka|ła F *f/m* (-*y*; *G* -*/-ów*) Schandfleck *m*; **~marek** *m* (-*rka*; -*rki*) Winkel *m* (*fig.*).

zakamieniał|ość *f* (-*ści*; 0) Verstocktheit *f*; **~ość serca** Hartherzigkeit *f*; **~y** verstockt, hartgesotten; *s. zatwardziały*.

zakamuflowany getarnt.

zakańczać (-*am*), ⟨**zakończyć**⟩ *v/t* beenden, abschließen; **~ się** enden (*I*/mit); *vgl. kończyć*.

zakarpacki transkarpatisch.

zakas|any auf-, F hochgekrempelt; **~łać** *pf. s. kaszlać*; **~ować** *pf. j-n* in den Schatten stellen, übertrumpfen, F ausstechen; *~ować wszystkich* F *a.* den Vogel abschießen; **~ywać** (-*uję*), ⟨**~ać**⟩ (-*szę*) *Ärmel* auf-, F hochkrempeln.

zakatarz|enie *n* (-*a*) Schnupfen *m*; **~ony** verschnupft; **~yć się** *pf.* (-*ę*) Schnupfen bekommen.

zakatrupić P *pf.* (-*ę*) *j-n* umlegen, kaltmachen.

zakaukaski transkaukasisch.

zakaz *m* (-*u*; -*y*) Verbot *n*; **~any** verboten; **~ić** *pf. s. zakażać*; **~ywać** (-*uję*), ⟨**~ać**⟩ verbieten, untersagen (*G*/*A*).

zakaźn|y ansteckend, übertragbar; **~ie chory** an e-r ansteckenden Krankheit leidend.

zakaż|ać (-*am*), ⟨**zakazić**⟩ anstecken (*się* sich); **~enie** *n* (-*a*) Ansteckung *f*, Infektion *f*; Infekt *m*; **~enie krwi** Blutvergiftung *f*.

zakąs|ić *pf.* (-*szę*) *s. przekąsić*; **~ić** *kanapką* en belegtes Brot *zum Wodka* dazuessen; **~ka** *f* (-*i*; *G* -*sek*) Appetithappen *m/pl.*, Hors d'œuvre *n* Vorgericht *n*.

zakątek *m* Winkel *m* (*fig.*).

zaki|chany F *mies*, lausig; **~sząć** (-*am*) *s. kisić*.

zakl|a- *in Zssgn Verben s. kla-*; **~ąć** *pf. s. zaklinać*.

zakle|jać (-*am*), ⟨**~ić**⟩ zukleben; verkleben; **~pywać** (-*uję*), ⟨**~pać**⟩ vernieten; *pf.* F *a.* reservieren, sichern; **~szczać** (-*am*), ⟨**~szczyć**⟩ (-*ę*) Tech. festklemmen (*się* sich).

zaklę|cie [-'klɛn-] *n* (-*a*) Beschwörung *f*; Zauberformel *f*; **~ty** [-'klen-] verzaubert; Zauber-; *milczeć jak ~ty* eisern schweigen.

zaklina|cz *m* (-*a*; -*e*) (*wężów* Schlangen-)Beschwörer *m*; **~ć** (-*am*), ⟨**zakląć**⟩ beschwören; verzaubern; *pf. s.* kląć; **~ć się** schwören (na A/bei).

zaklinow(yw)ać (-[w]uję) verkeilen.

zakład *m* (*Rock-*)Saum *m*; Wette *f*; (*badawczy, wychowawczy* Forschungs-, Erziehungs-)Anstalt *f*; Betrieb *m*; Geschäft *n*, Laden *m*; **~** *pracy* *a.* Arbeitsstätte *f*; **~** wytwórczy Herstellwerk *n*; *pójść o* **~** *s.* zakładać się; **~ać** (-*am*), (założyć) umbiegen, einschlagen; *Pferde* anspannen; einlegen (*a. fig., Protest usw.*); *Arme* verschränken; *Loch* verstopfen; *Verband* anlegen; *Familie* gründen; *Filiale* errichten; *Brille* aufsetzen; *Strom* (ver)legen; *Geld für j-n* auslegen; *et.* annehmen, voraussetzen; *Platz* belegen; **~ć** *nogę na nogę* die Beine übereinanderschlagen; *fig. z* założonymi *rękami* untätig, tatenlos; **załóżmy,** *że …* nehmen wir an (*od.* angenommen), *daß …*; **~ać** (założyć) *się* e-e Wette eingehen, wetten (*o* A/um A); sich überlappen, übereinanderliegen; **~ka** *f* Falte *f*, Einschlag *m*; Überlappung *f*; Lesezeichen *n*.

zakładni|czka *f* (-*i*; *G* -*czek*), **~k** *m* (-*a*; -*cy*) Geisel *f*; wzięcie **~ków** Geiselnahme *f*.

zakład|owy Betriebs-, Werks-; **~y** *m/pl.* (-*ów*) Betriebe *m/pl.*, Werk(e *pl.*) *n*; *s.* zakład.

zakłam|anie *n* (-*a*; 0) Verlogenheit *f*; **~any** verlogen; erlogen; **~ywać** (-*uję*), (~ać) verfälschen, falsch darstellen.

zakłopota|ć *pf.* in Verlegenheit bringen; **~ć** *się* sich sorgen (*o* A/um); verlegen werden; **~nie** *n* (-*a*) Verlegenheit *f*, Verwirrung *f*; **~ny** verlegen, verwirrt; bekümmert.

zakłóc|ać (-*am*), (~ić) stören; **~anie** *n* (-*a*): **~anie** *radiowe* Störfunk *m*; **~enie** *n* (-*a*) Störung *f*; **~enie** *spokoju publicznego* öffentliche Ruhestörung, Landfriedensbruch *m*; **~enia** *pl. a.* Störgeräusche *n/pl.*; **~ony** gestört.

zakłu|wać (-*am*), (~ć) *v/t* erstechen; *v/i* stechen.

zakoch|any verliebt; *Su. n* (-*ego*; -*i*) Verliebte(r); *pl. a.* Liebespaar *pl.*, (*a. para* -*ych*) Liebespaar *n*; **~iwać** *się* (-*uję*), (~ać *się*) sich verlieben (*w* L/in D).

zako|le *n* (-*a*; *G* -*i*) (*Fluß-*)Windung

f, Schleife *f*; **~munikowanie** *n* (-*a*) Mitteilung *f*, Bekanntgabe *f*.

zakon *m* (-*u*; -*y*) (*krzyżacki* Kreuzritter-)Orden *m*; *Nowy, Stary* ♀ das Neue, Alte Testament; **~nica** *f* (-*y*; -*e*) Ordensschwester *f*, Nonne *f*; **~nik** *m* (-*a*; -*cy*) Ordensbruder *m*, Mönch *m*; **~ny** Ordens-.

zakon|serwowany [-kõs-] konserviert, Konserven-; **~spirowany** konspirativ, geheim, Tarn-.

zakończ|ać *s.* zakańczać; **~enie** *n* (-*a*) Beendigung *f*; Abschluß *m*; *s.* koniec; **~yć** *pf. s.* zakańczać.

zakop|ać *pf. s.* zakopywać; **~cić** *pf.* rußig machen; **~cić** *się* rußig werden, verrußen; **~cony** rußig, verrußt; **~iański** [-'paĩe-] aus (*od.* in) Zakopane; **~ywać** (-*uję*), (~ać) ein-, vergraben (*się* sich). [stopft.]

zakorkowany verkorkt; *fig.* ver-]

zakorzeni|ać *się* [-'ʒe-] (-*am*) *s.* korzenić się; **~ony** (tief) verwurzelt, eingewurzelt.

zakos *m* (-*u*; -*y*) Spitzkehre *f*.

zakotwicz|ać (-*am*), (~yć) verankern; **~yć** *się* vor Anker gehen, ankern. [rung *f.*]

zakotwienie *n* (-*a*) Arch. Veranke-]

zakra|dać *się* (-*am*), (~ść *się*) sich hineinstehlen; *s.* wkradać się.

zakr|apiać [-'kra-] (-*am*), (~opić) besprengen; *F fig. s.* zapijać; **~aplacz** *m* (-*a*; -*e*) Tropfglas *n*, Tropfer *m*.

zakra|ść *się* *pf. s.* zakradać się; **~towany** vergittert; **~wać** (-*am*) (*na* A) grenzen an (A); klingen (*od.* aussehen) wie (A).

zakres *m* (*Meß-, Kompetenz-*)Bereich *m*, *engS. a.* Kreis *m*; we *własnym* **~ie** *a.* ohne fremde Hilfe, mit eigenen Mitteln.

zakreśl|ać (-*am*), (~ić) durchstreichen; aufzeichnen; *Stelle im Buch* anstreichen; *Kreis* beschreiben.

zakręc|ać (-*am*), (~ić) drehen (*I/* mit); eindrehen; zudrehen; *Schraube* anziehen; *v/i* wenden, umkehren; (*unpers.*): **~ić** *w nosie* in der Nase kribbeln; **~ić** *w głowie* *Wein* zu Kopf steigen; **~ić** *się* *s.* kręcić; **~ony** zugedreht; *s.* kręcony.

zakręt [-krent] *m* (-*u*; -*y*) Biegung *f*, (*ostry, w lewo* Steil-, Links-)Kurve *f*, *K*chre *f*; Windung *f*, Krümmung *f*; *za* **~em** um die Ecke; **~as** *m*

(-*a*; -*y*) Schnörkel *m*; **~ka** *f* (-*i*; *G* -*tek*) Schraubverschluß *m*.

zakro|ić *pf. s.* zacinać; *fig.* planen, organisieren; **~jony** *s.* skala; **~pić** *pf. s.* zakrapiać.

zakrwawi|ać [-'krfa-] (-*am*), ⟨~ć⟩ mit Blut besudeln; *Nase* blutig schlagen; **~ony** blutig, *engS.* blutbeschmiert.

zakryć *pf. s.* zakrywać.

zakrystia [-'kri-] *f* (*G, D, L* -*ii*; -*e*) Sakristei *f*; **~n** [-'kri-] *m* (-*a*; -*i*/ -*ie*, -*ów*) Sakristan *m*; Mesner *m*, Küster *m*.

zakry|wać (-*am*), ⟨~ć⟩ verdecken; be-, zudecken (*się* sich).

zakrzątnąć się [-nǫntɕ] *pf. s.* krzątać się.

zakrzep *m* (-*u*; -*y*) *Med.* Thrombus *m*, Blutpfropf *m*; Thrombose *f*; **~ły** geronnen.

zakrztuszać się (-*am*) *s.* krztusić się.

zakrzywi|ać [-'kʃi-] (-*am*) *s.* krzywić; **~enie** *n* (-*a*) Krümmung *f*; **~ony** gekrümmt, verbogen.

zaktualizowany aktualisiert, auf den neuesten Stand gebracht.

zakuć *pf.* zakuwać.

zakulis|ie [-'liɕe] *n* (-*a*) Hinterbühne *f*; **~owy** *Thea.* hinter den Kulissen befindlich; *fig.* heimlich, dunkel, sich hinter den Kulissen abspielend.

zakup *m* (-*u*; -*y*) Einkauf *m*; ... *na* **~y** Einkaufs-; *iść po* **~y** einkaufen gehen; **~ywać** (-*uję*), ⟨~ić⟩ (an-, ein)kaufen.

zaku|rzony ver-, eingestaubt, staubig; **~sy** *m/pl.* (-*ów*) Versuche *m/pl.*, Absichten *f/pl.*; **~ty**: **~ty w zbroję** *Ritter:* in Rüstung; *F fig.* **~ty łeb**, **~ta głowa** Dussel *m*, Hohlkopf *m*; **~wać** (-*am*), ⟨~ć⟩ zusammenschmieden; **~ć w dyby** an den Pranger stellen.   [*s.* kisić.]

zakwa|szać (-*am*), ⟨~sić⟩ ansäuern;]

zakwaterow|anie *n* (-*a*) Einquartierung *f*; Stationierung *f*; **~(yw)ać** (-*[w]uję*) einquartieren.

zakwiecony blumengeschmückt.

zakwit|ać (-*am*), ⟨~nąć⟩ erblühen; *F a.* (ver)schimmeln.

zala|ć *pf. s.* zalewać; **~kowany** *Brief:* versiegelt; **~ny** überflutet; *P fig.* besoffen; *s.* pestka; **~tany** *F* abgehetzt; **~tywać** (-*uję*) riechen (*I/nach*).

zaląż|ek *m* (-*żka*; -*żki*) Samen-

knospe *f*; *fig.* Keim *m*; **~nia** [-'lɔ̃ʒ-] *f* (-*i*; -*e*, -*i*) *Bot.* Fruchtknoten *m*.

zalec *pf. s.* zalegać; **~ać** (-*am*), ⟨~ić⟩ (-*cę*) empfehlen, (an)raten; verfügen, anordnen; *Med. a.* indizieren; **~ać się den Hof machen** (*do G/D*); **~anie się** *n* (-*a*), **~anki** *f/pl.* (-*nek*) (*Liebes-*)Werbung *f*, Flirt(en *n*) *m*; **~enie** *n* (-*a*) Empfehlung *f*, Rat(schlag) *m*; *s.* polecenie; **~ić** *pf. s.* dolatywać.

zalecz|ać (-*am*), ⟨~yć⟩ Leiden bessern; *s. a.* goić.

zaledwie *Adv.* kaum, knapp; gerade erst.

zale|gać (-*am*), ⟨~c, ~gnąć⟩ *v/t Platz* bedecken, (aus)füllen, einnehmen, beanspruchen; *v/i Schweigen, Nacht:* eintreten; sich senken; (*nur impf.*) im Rückstand sein (*z I/mit*); *Geol.* vorkommen; **~głość** *f* (-*ści*) Rückstand *m*; *pl. a.* Nachholbedarf *m*.

zaleg|ły rückständig; *Zahlungen:* unbeglichen, *Arbeit:* unerledigt; **~nąć** *pf. s.* zalegać.

zalepi|ać [-'lɛ-] (-*am*), ⟨~ć⟩ ver-, zukleben.   [aufforsten.]

zalesi|ać [-'lɛ-] (-*am*), ⟨~ć⟩ (-*ę*)]

zaleszczotek *m* (-*tka*; -*tki*) Bücherskorpion *m*.

zaleta *f* (-*y*) Vorzug *m*.

zalew *m* (-*u*; -*y*) Überschwemmung *f*; Haff *n*; Lagune *f*; **~a** *f* (-*y*) (*Salz-*)Lake *f*; **~a octowa** Marinade *f*; **~ać** (-*am*), ⟨zalać⟩ *v/t* übergießen (*I/mit*); *Kochk. a.* ansetzen (*I/mit*); überfluten, -schwemmen; (be)fluten; vergießen, ausfüllen (*I/mit*); *F fig.* **~ać kolejkę** flunkern, spinnen; **~ać** ⟨zalać⟩ **się** sich übergießen; überflutet werden; **~ać się łzami** in Tränen zerfließen; *P* **zalać się** (*w drobny mak*) sich vollaufen lassen; *vgl. a.* spływać (*krwią, potem*); **~ajka** *F f* (-*i*; *G* -*jek*) (saure) Kartoffelsuppe; **~isko** *n* (-*a*) Marsch(land *n*) *f*; Außendeichland *n*; *a.* = **~owy**: *teren* **~owy** Überschwemmungsgebiet *n*.

zależ|eć abhängen, abhängig sein (*od G/von*); es ankommen (*na L/auf A*); *to* **~y** es kommt darauf an; *bardzo mi na tym* **~y** es liegt mir viel daran; **~nie** *Adv.* je nachdem (*od G/wie; od tego, czy/ob*); **~ność** *f* (-*ści*) Abhängigkeit *f*; (*wzajemna* Wechsel-)Beziehung *f*; **~ny** abhängig.

zalękniony [-lɛŋk-] erschreckt; einge-, verschüchtert.

zalicz|ać (-am), ⟨~yć⟩ (hinzu)rechnen, zählen (do G/zu; impf. a. się sich); anrechnen (na A/auf A); **~enie** n (Hin-)Zurechnung f; Anrechnung f; za **~eniem** (pocztowym) per/gegen Nachnahme; **~ka** f (-i; G -czek) Vorschuß m; **~kować** (-uję) bevorschussen; **~kowo** Adv. als Vorschuß, im voraus.

zalotn|ica f (-y; -e) Kokette f, Schäkerin f, F kesse Motte; **~ik** m (-a; -cy) Freier m, Verehrer m; **~y** kokett.

zaloty m/pl. (-ów) Flirt m; (Braut-) Werbung f; chodzić (od. iść) w ~ auf Freiersfüßen gehen.

zaludni|ać [-'lud-] (-am), ⟨~ć⟩ (-ę, -nij!) besiedeln, bevölkern; ~(a)ć się Straße usw.: sich füllen; **~enie** n Besiedelung f; Bevölkerung f.

załadow|ca m (-y; G -ów) Verlader m; **~czy** Verlade-; **~ywać** (-uję), ⟨~ać⟩ beladen; verladen.

załadun|ek m Be- od. Verladung f; **~kowy** (Ver-)Lade-.

załag|adzać (-am), ⟨~odzić⟩ schlichten, beilegen; mildern, erleichtern.

załam|anie n Knick m, Bruch m; Phys. Brechung f; Zusammenbruch m; **~ywać** (-uję), ⟨~ać⟩ knicken, kniffen; Hände ringen; Licht brechen; ~(yw)ać się (sich) brechen (v/i); einknicken (v/i); zusammenbrechen (a. fig.); Eis: einbrechen (v/i); fig. a. scheitern.

załatwi|ać [-'wat-] (-am), ⟨~ć⟩ (-ę) erledigen; Geschäft abmachen; Kunden abfertigen; Streit beilegen; ~(a)ć się s-e Notdurft verrichten, F austreten (gehen, müssen); **~enie** n (-a) Erledigung f; Abfertigung f; Regelung f, Lösung f e-r Sache.

załącz|ać (-am), ⟨~yć⟩ Anlage beifügen, -legen; s. do-, przyłączać; ~ać ukłony in Briefen Grüße übermitteln; **~enie** n El. Einschaltung f; w ~eniu in der Anlage, beiliegend; **~nik** m An-, Beilage f; Anhang m.

zalgany verlogen.

załog|a f (-i; G -łóg) Besatzung f; Mannschaft f; (Werks-)Belegschaft f; (Stadt-)Garnison f; bez ~i unbemannt; z ~ą = **~owy** bemannt.

założeni|e n (-a) Gründung f; Errichtung f; Grundsatz m; Grundkonzeption f; Annahme f, Voraussetzung f; ~a planu a. Planziele n/pl.

założyciel [-'ʒi-] m (-a; -e), **~ka** f (-i; G -lek) Gründer(in f) m; **~ski** Gründungs-.

za|łożyć pf. s. zakładać; **~łzawiony** Augen: tränend, voller Tränen.

zamach m (-u; -y) Anschlag m, Attentat n; Tech. Wucht f; Schwung m; ~ samobójczy Selbstmordversuch m; ~ stanu Staatsstreich m; wojskowy ~ stanu Militärputsch m; za jednym ~em auf e-n Schlag; **~nąć się** pf. zum Schlag usw. ausholen; **~owiec** [-'xɔ-] m (-wca; -wcy) Attentäter m; **~owy** Aushol-, Attentats-; koło -we Schwungrad n.

zam|aczać, ⟨~oczyć⟩ (w L) eintauchen (in A); einweichen (in D); durchnässen; **~alow(yw)ać** -[w]u-ję) übermalen, -pinseln, -streichen.

zamar|cie [-'mar-] n (-a) Absterben n; fig. Erstarrung f; Stillstand m; **~ły** fig. leblos, bewegungslos, erstarrt.

zamartwi|ać się [-'mart-] (-am), ⟨~ć się⟩ sich (zu Tode) grämen; **~ca** f Med. Asphyxie f.

zamarz|ać [-r-z-] (-am), ⟨~nąć⟩ (ge-, zu)frieren; (nur pf.) erfrieren; **~nięty** [-'nɛn-] (zu)gefroren; erfroren.

zamaskow|any maskiert; getarnt; **~yw)ać** (-[w]uję) maskieren (się sich); tarnen (się sich). [energisch.]

zamaszysty (-ście) schwungvoll,)

zam|awiać, ⟨~ówić⟩ (powtórnie) nach)bestellen; in Auftrag geben; Reise buchen; Gespräch anmelden; † a. Krankheit besprechen; **~ówić** się sich (od. s-n Besuch) ansagen.

zamaz|any verwischt, verschwommen, unklar; **~ywać** (-uję), ⟨~ać⟩ verwischen (a. fig.; się sich); verschmieren (I/mit).

zamąc|ać [-'mɔn-] (-am), ⟨~ić⟩ aufwühlen, trüben (a. fig.); e-e Sache durcheinanderbringen; ~ić w głowie Wein: zu Kopf steigen.

zamążpójście n (-a) Heirat f (v. Frauen).

zam|czysko n (-a) (alte, große) Burg(ruine); **~eczek** m (-czka; -czki) Schlößchen f; **~ek** m (-mka; -mki) Schloß n; **~ek błyskawiczny**

Reißverschluß *m*; (-*mku*; -*mki*) Schloß *n*, (warowny Wehr-)Burg *f*.
zameldowanie *n* (-*a*) Meldung *f*; (polizeiliche) Anmeldung.
zamę|czać (-*am*), ⟨.*czyć*⟩ (*pf.* zu Tode) quälen (*się* sich; *I*/mit); .*t* [-*ment*] *m* (-*u*; -*y*) Verwirrung *f*, Wirrwarr *m*, Chaos *n*, F Durcheinander *n*; .*żna* Frau: verheiratet, † verehelicht.
zamgl|enie *n* (-*a*) Vernebelung *f*; (Nebel-)Schleier *m*; Dunst *m*; .*ić pf.* (-*lę*, -*lij!*) verschleiern, einhüllen; .*ony* neb(e)lig, dunstig, verschleiert (*a. fig.*).
zamian ['za-]: *w* ~ (*za A*) an Stelle, anstelle (*G*); im Austausch (für); .*a f* (-*y*) (Aus-)Tausch *m*; Umtausch *m*; Vertauschung *f*, -wechselung *f*; Umwandlung *f*.
zamianowanie *n* (-*a*) Ernennung *f*.
zamiar ['za-] *m* (-*u*; -*y*) Absicht *f*; Vorhaben *n*; Vorsatz *m*; mieć ~ *a.* im Begriff sein.
zamiast ['za-] *Prp.* (*G*) (an)statt (*G*), anstelle (von); ~ *tego* statt dessen; *Adv.* anstatt zu.
zamiatacz *m* (-*a*; -*e*): ~ *ulic* Straßenfeger *m*, -kehrer *m*; .*ka f* (-*i*; *G* -*czek*) *s.* zamiatarka.
zamiata|ć (-*am*), ⟨zamieść⟩ ['za-] (aus)fegen, (aus)kehren, .*rka f* (-*i*; *G* -*rek*) (Straßen-)Kehrmaschine *f*.
zamieć ['za-] *f* (-*ci*; -*ciel-ci*, -*ci*) Schneesturm *m*.
zamiejs|cowy auswärtig; ortsfremd, nicht von hier; .*ki* außerhalb e-r Stadt gelegen, auswärtig; wycieczka ~*ka* Landausflug *m*.
zamien|i(a)ć (aus)tauschen; umtauschen; vertauschen; ver-, umwandeln (*się* sich); *Worte* wechseln; .*ialny* austauschbar; .*nik m* (-*a*; -*i*) Austauschstoff *m*, Ersatz *m*; .*ny* (Aus-)Tausch-; Ersatz-.
zamiera|ć (-*am*), ⟨zamrzeć⟩ eingehen, sterben; *fig.* ersterben; erstarren; zum Erliegen kommen; *z jącym sercem* mit Herzklopfen.
zamierz|ać (-*am*), ⟨.*yć*⟩ beabsichtigen, vorhaben, gedenken; ⟨.*yć*⟩ *się* zum Schlag ausholen; (be)drohen (*kijem* mit dem Stock); .*chły* (ur)alt; -*łe czasy* graue Vorzeit; .*enie* *n* (-*a*) *s.* zamiar; .*ony* beabsichtigt.
zamieszanie *n* (-*a*) *fig. s.* zamęt; .*any fig.* verwickelt (*w A*/in *A*);

.*czać* (-*am*), ⟨zamieścić⟩ (-*szczę*) *Anzeige* drucken, veröffentlichen; *vgl.* umieszczać.
zamieszk|ać *pf.* sich niederlassen, *s-n* Wohnsitz nehmen; e-e Wohnung beziehen; .*ały* wohnhaft, beheimatet (*w L*/in *D*); bewohnt; .*anie** *n s.* miejsce; *(nie)* nadający *się do* ~*ania* (un)bewohnbar; .*i f*/*pl.* (-*szek*) Unruhen *f*/*pl.*, Wirren *pl.*; .*iwać* (-*uję*) bewohnen; *s.* mieszkać.   [*pf. s.* zamiatać.⟩
zamieś|cić *pf. s.* zamieszczać; .*ć⟩**
zamilcz|ać (-*am*), ⟨.*eć*⟩ *v/i* verschweigen (*o L*/*A*); *s.* milczeć, milknąć.
zamiłowan|ie *n* (-*a*) (*do G*) Vorliebe *f* (für); Neigung *f*, Hang *m* (zu); Vernarrtheit *f* (in *A*); *z ~iem* mit Liebe, mit Leib und Seele; .*y* passioniert, begeistert, leidenschaftlich; .*y w* (*L*) vernarrt in (*A*); -freudig, -lustig.
zaminowany vermint.
zamkn|ąć *pf. s.* zamykać; .*ięcie* [-'nęn-] *n* (-*a*) Schließung *f*; Ab-, Ein-, Verschließen *n*; (Ab-)Sperrung *f*; Verschluß *m*; Sperre *f*; (Börsen-)Schluß *m*; Abschluß *m*; Gewahrsam *n od. m*; .*ięty* [-'nęn-] geschlossen; -*ty w sobie* in sich gekehrt, verschlossen.
zamkowy Schloß-; Burg-.
zamo|cow(yw)ać (-*[w]uję*) befestigen; .*czyć pf. s.* zamaczać; .*knąć pf.* naß (*od.* feucht) werden; .*tow(yw)ać** (-*[w]uję*) einbauen, installieren.
zamordowan|ie *n* (-*a*) Ermordung *f*; .*y* ermordet.
zamorski überseeisch, Übersee-.
zamorzyć *pf.*: ~ *głodem* verhungern lassen.
zamożny wohlhabend, vermögend.
zamówi|ć *pf. s.* zamawiać; .*enie** *n* (-*a*) Bestellung *f*, Order *f*, Auftrag *m*; *fig.* jak na ~*enie* wie gerufen.
zamr|aczać (-*am*), ⟨.*oczyć*⟩ *Sinne* benebeln; *Verstand* trüben, verwirren; .*oczyło go* ihm wurde schwarz vor d. Augen; *s.* mroczyć.
zamraża|ć (-*am*), ⟨zamrozić⟩ einfrieren (*a. Fin., Hdl.*), gefrieren lassen; *s.* mrozić; .*lnia* [-'žal-] *f* (-*i*; -*e*, -*i*) Gefrierraum *m*, -kammer *f*; Frosterei *f*; .*lnik m* (-*a*; -*i*) Gefrierapparat *m*; Froster *m*, Gefrierfach *n*; .*nie** *n* (-*a*; *0*) Gefrierenlas-

sen *n*; Tiefkühlung *f*; ~**rka** *f* (-*i*; *G* -*rek*) Gefriertruhe *f*, -schrank *m*; Gefrieranlage *f*.

zamro|czenie *n* (-*a*) Bewußtseinstrübung *f*; Benommenheit *f*; (*Alkohol*-)Rausch(zustand) *m*; ~**czony** benommen, berauscht; ~**zić** *pf. s.* zamrażać; ~**żenie** *n* (-*a*) Einfrierung *f*; *fig. a.* (*Lohn*-)Stopp *m*.

zamróz *m* Rauhreif *m*; Eisblumen *f/pl.*

zamrzeć *pf. s.* zamierać. [*f/pl.*]

zamsz *m* (-*u*; -*e*) Sämisch-, Wildleder *n*; ~**aki** F *m/pl.* (-*ów*) Wildlederschuhe *m/pl.*

zamul|ać (-*am*), ⟨~*ić*⟩ (-*lę*) *v/t* Schlamm absetzen (auf, in *D*), mit Schlamm verunreinigen; ~*ać* ⟨~*ić*⟩ się verschlammen (*v/i*).

zamurow(yw)ać (-[*w*]*uję*) ver-, zumauern.

zamy|kać (-*am*), ⟨*zamknąć*⟩ schließen (się sich); *engS.* zumachen; *Buch* zuklappen; *j-n* einschließen, -sperren (się sich); *Straße, Strom* sperren; *Weg* versperren; *zamknąć na klucz* ab-, verschließen; ~*kać na zasuwę* verriegeln; ~*ać pochód* die Nachhut bilden, den Zug beschließen; ~*kać się w sobie* sich zurückziehen, absondern; unter sich bleiben. [*m*.]

zamysł *m* (-*u*; -*y*) Vorhaben *n*, Plan|

zamyśl|ać (-*am*), ⟨~*ić*⟩ vorhaben, planen, im Sinn haben; ~*ać* ⟨~*ić*⟩ się in Gedanken versinken, nachdenklich werden; sinnen, nachdenken (*nad I*/über *A*); ~**enie** *n* (-*a*) *s.* zaduma; Nachdenken *n*, Überlegungen *f/pl.*; ~**ony** nachdenklich, gedankenverloren, grübelnd.

zanadrz|e *n* (-*a*; *0*): *schować w* ~*e* in den Halsausschnitt (*od.* in die Brusttasche) stecken; *fig. mieć w* ~*u* in petto haben, F auf Lager haben.

zanadto *Adv.* (all)zuviel; *aż* ~ *mehr* als genug.

zaniecha|ć *pf.* (-*am*) (*G*) aufgeben, fallenlassen (*A*); verzichten (auf *A*), ablassen (von); ~**nie** *n* (-*a*) *Jur.* Unterlassung *f*.

zanieczyszcza|ć (-*am*), ⟨*zanieczyścić*⟩ verunreinigen, verschmutzen; ~**enie** *n* Verunreinigung *f*, (*środowiska* Umwelt-)Verschmutzung *f*; (*oft pl.*) Schmutz *m*.

zanied|bać *pf. s.* zaniedbywać; ~**nie**[1] *n* (-*a*) Vernachlässigung *f*; (*Pflicht*-)Versäumnis *n*; Schlam-

pigkeit *f*, Nachlässigkeit *f*; ~**nie**[2] *Adv.* = ~**ny** vernachlässigt; nachlässig, salopp.

zaniedb|ywać (-*uję*), ⟨~*ać*⟩ vernachlässigen (się sich); versäumen; ~*ywać się a.* nachlässig werden, nachlassen (*w L*/in *D*); ~*ujący swe obowiązki* pflichtvergessen.

zanie|magać † (-*am*), ⟨~*móc*⟩ erkranken; ~**mówić** *pf.* die Sprache verlieren; *fig. a.* sprachlos sein (*z G*/vor).

zaniepoko|jenie *n* (-*a*) Beunruhigung *f*; *s.* niepokój; ~**jony** beunruhigt, besorgt (*I*/über *A*).

zanie|ść *pf. s.* zanosić; ~**widzieć** *pf.* das Augenlicht verlieren, blind werden.

zanik *m* (-*u*; -*i*) Schwund *m*; *Med. a.* Schrumpfung *f*, Rückbildung *f*; *Rdf.* ~ *fal* Fading *m*; *w* ~*u* im Schwinden begriffen; ~**ać** (-*am*), ⟨~*nąć*⟩ (ver)schwinden; (*mst impf.*) sich zurückbilden, schrumpfen; vergehen, aussterben; ~**ający** *Niederschläge:* nachlassend; ~**owy** *Med.* atrophisch.

zanim *Kj.* bevor, ehe.

zaniż|ać (-*am*), ⟨~*yć*⟩ (-*ę*) *Preis* (herab)drücken; ~**ony** *Preis:* stark herabgesetzt; *cena* ~*ona* Schleuderpreis *m*.

zano|kcica *f* (-*y*; -*e*) *Bot.* Frauenfarn *m*; *Med.* eitrige Nagelbettentzündung, Paronychie *f*; ~**sić**, ⟨*zanieść*⟩ *v/t* (hin)bringen, (-)schaffen, (-)tragen; *Weg:* zugeweht sein *od.* werden (*śniegiem* mit Schnee); *fig. s.* wnosić; *v/i* ~*sić się płaczem* heftig weinen, schluchzen; ~*sić się od śmiechu* sich krümmen vor Lachen; ~*sić się kaszlem* e-n heftigen Hustenanfall bekommen; *unpers.* ~*si zapachem* es riecht (*G*/ nach); ~*si się na* (*A*) es sieht nach ... aus.

zanotowani|e *n* (-*a*): *mieć do* ~*a* zu vermerken haben.

zanudz|ać (-*am*), ⟨~*ić*⟩ zu Tode langweilen (się sich).

zanurz|ać, ⟨~*yć*⟩ *s.* nurzać; ~**enie** *n* (-*a*) (Ein-)Tauchen *n*; *Mar.* Tiefgang *m*; Tauchtiefe *f*; ~**ony** *Mar.*|

zań = *za niego* für ihn. [getaucht.]

zaoceaniczny transozeanisch.

zaoczn|ie [-*ɔt͡ʃ*-] *Adv. Jur.* in Abwesenheit; ~**y**: *studia* ~*e* Fernstudium *n*; *s. wyrok.*

zaofiarow(yw)ać (-[w]uję) anbieten (się sich).

zaogni|ać ['-ɔg-] (-am), ⟨⟨ać⟩ (-ę, -nij!) verschärfen, zuspitzen (się sich); *Gesicht* röten (się sich); ~(a)ć się *Wunde* a.: sich entzünden.

zaokrągl|ać ['-krɔŋg-] (-am), ⟨⟨ić⟩ (-lę, -lij!) runden (się sich), rund machen; *Summe* ab- od. aufrunden; ~ony gerundet, rund; ab- od. aufgerundet.

zaokrętować [-ren-] *pf.* (-uję) *v/t* an Bord nehmen, verschiffen; *Matrosen* anmustern (się *v/i*); *v/i* (a. ~ się) an Bord gehen, sich einschiffen.

zaoliwiony ölig, ölverschmiert.

zaopat|rywać, ⟨⟨rzyć⟩ (w A) versorgen (mit; się mit); versehen, ausstatten (mit); *impf. a.* beliefern (mit); ~rywać się a. beziehen (w A/ A); ~rzyć w żywność a. verproviantieren (się sich); ~rzyć w paliwo a. auftanken; ~rywanie n (-a; 0) Belieferung f; s. zaopatrzenie.

zaopatrzeni|e n (-a; 0) Versorgung f; Ausstattung f; *Mil.* Nachschub m; Beschaffungswesen n; *Hdl.* Einkauf m; Beschaffung f; Bezug m; ~owiec [-'nɔ-] F m (-wca; -wcy) (*Material*-)Beschaffer m, Einkäufer m; ~owy Versorgungs-; Beschaffungs-, Einkaufs-.

zaopatrzyć *pf.* s. zaopatrywać.

zaopi-, **~o-** *in Zssgn Verben s.* opi-, opo-.

zaor|ywać (-uję), ⟨⟨ać⟩ fertig pflügen; unterpflügen; P ~(yw)ać się sich abrackern.

zaostrz|ać (-am), ⟨⟨yć⟩ s. ostrzyć; *fig.* verschärfen, zuspitzen (się sich).

zaoszczędz|ać (-am), ⟨⟨ić⟩ einsparen (na L/bei); ersparen (sobie sich; G/A).

zapach m (-u; -y) (*Wohl*-)Geruch m, Duft m; *przykry* ~ übler Geruch, Gestank m.

zapadać ⟨*zapaść*⟩ fallen, niedergehen, sinken; *Schweigen*: eintreten; *Urteil*: gefällt werden; (*mst pf.*) einfallen, -sinken; *impf.* ~ *na zdrowiu* krank werden, kränkeln; *pf.* ~ *na chorobę* erkranken (*G/an*); ~ *się* ein-; *versinken*; *zusammen* stürzen; *jakby się pod ziemią zapadł* er war wie vom Erdboden verschluckt.

zapad|alność f (-ści; 0) Anfälligkeit f (na A/für); ~ka f (-i; G -dek) *Tech.* (Sperr-)Klinke f; Ratsche f; ~lina f (-y), ~lisko n (-a) Absakkung f, Senke f; ~lisko oceaniczne Tiefseegraben m; ~ły eingestürzt; eingefallen, -sunken; *Augen*: tiefliegend; *Ort*: gottverlassen, elend; ~nia ['-pad-] f (-i; -e, -i) *Thea.* Versenkung f; ~nięcie się n Einsturz m.

zapakow(yw)ać (-[w]uję) einpacken (się sich).

zapal|ać (-am), ⟨⟨ić⟩ *v/t* an-, entzünden; *Feuer a.* anmachen; *Zigaretto a.* anstecken; *Licht a.* F anknipsen; *Motor* anlassen; *fig.* j-n entflammen, begeistern (do G/für); *v/i* anheizen, Feuer anmachen; *Motor*: anspringen; ~ać ⟨⟨ić⟩ się sich entzünden, Feuer fangen; *Lichter*: aufflammen, angehen; *fig.* in Hitze geraten; *Mil.* bei Feuereifer herangehen (do G/an A); ~ający [-'jɔn-] *Mil.* Brand-; ~arka f (-i; G -rek) Zündapparat m.

zapalczyw|ość f (-ści; 0) Heftigkeit f, Unbeherrschtheit f, aufbrausendes Temperament; ~y (-wie) unbeherrscht, aufbrausend.

zapale|nie [-'le-] n (a. *Med.* Entzündung f; ~niec m (-ńca; -ńcy) Enthusiast m, Schwärmer m, Heißsporn m; ~ńczy glühend, begeistert.

zapalić *pf.* s. zapalać.

zapaln|iczka f (-i; G -czek) Feuerzeug n; *Kfz.* Zigarrenzünder m; (*do gazu*) Gasanzünder m; ~ik m (-a; -i) Zünder m; ~y entflammbar, -zündbar; *Med.* Entzündungs-; *fig.* hitzig, ungestüm; *punkt* ~y Unruheherd m.

zapa|lony *fig.* passioniert, leidenschaftlich; ~l m (-u; 0) Eifer m, Begeisterung f; *w chwilowym* ~le im Eifer des Gefechts.

zapał|czany Zündholz-, Streichholz-; ~ka f (-i; G -lek) Zünd-, Streichholz n.

zapamięt|ałość f (-ści; 0) (*Arbeits-, Tanz-*)Wut f, Besessenheit f, (wilder) Fanatismus; ~ały (-le) leidenschaftlich; fanatisch, wie besessen; blindwütig; ~anie n (-a; 0): trudny do ~ania schwer zu merken od. zu behalten; godny ~ania denkwürdig; ~ywać (-uję), ⟨⟨ać⟩ (im Gedächtnis) behalten, sich merken; beherzigen; *Comp.* speichern; ~(yw)ać się alles vergessen (w L/über D, bei); völlig versinken (w L/in A).

zapanować pf. s. panować; Stille, Ruhe: eintreten; Frieden, Nacht: anbrechen, beginnen.

zapar|cie n Med. Obstipation f; ~cie się Ab-, Verleugnung f; ~ty: z ~tym oddechem mit angehaltenem Atem, atemlos.

zaparz|aczka f (-i; G -czek) Bügeltuch n; ~ać (-am), ⟨~yć⟩ Tee (auf-)brühen, aufgießen; ~ać ⟨~yć⟩ się Heu: faulen, modern.

zapas m (-u; -y) (na zimę Winter-)Vorrat m; Bestand m; Reserve f; w ~ie vorrätig; na ~ auf Vorrat; ~ka f (-i; G -sek) Schürze f; ~kudzać (-am) s. paskudzić; ~owy Reserve-, Ersatz-; Not-, Hilfs-; ~y m/pl. (-ów) Sp. Ringen n, Ringkampf m; iść w ~y ringen; s. a. zapas.

zapaść¹ f s. zapadać. [m.]
zapaść² f (-ści; -ście) Med. Kollaps.
zapaść³ pf. (L. paść²) übermästen.

zapaśni|ctwo n (-a; 0) Kampfsport m; ~czy Sp. Ring-; ~k m (-a; -cy) Ring(kämpf)er m.

zapatrywa|ć się (-uję) betrachten (na A/A); jak się na to zapatrujesz? was hältst du davon?; ~nie n (-a) Ansicht f, Auffassung f.

zapatrz|ony in Betrachtung versunken, ohne den Blick zu wenden (w A/von); ~yć się pf. (w A) den Blick heften (auf A), unverwandt ansehen (A); (na A) nachahmen (A).

zapcha|ć pf. s. zapychać; ~ny verstopft; vollgestopft (I/mit); gestopft voll, F proppenvoll.

zapchlony voller Flöhe.

zapełni|ać [-'pew-] (-am), ⟨~ć⟩ (aus)füllen (się sich).

zaperz|ać się (-am), ⟨~yć się⟩ (-ę) aufbrausen, F hochgehen; ~ony aufgebracht, gereizt.

zapewn|e Adv. sicher(lich); ~iać [-'pev-] (-am), ⟨~ić⟩ (-ę, -nij!) versichern (k-o o L/j-n G); beteuern (o L/A); sichern, garantieren, gewährleisten.

zapęd m s. rozpęd, impet; mst pl. ~y Bestrebungen f/pl., Versuche m/pl.

zapędz|ać (-am), ⟨~ić⟩ hineintreiben (do G/in A); (mst pf.) fig. antreiben (do G/zu); ~ić w kąt in die Enge treiben; F ~ić w kozi róg ins Bockshorn jagen; ~ać ⟨~ić⟩ się (zu)

weit vordringen; sich vergaloppieren; [pijać.]

zapi|ać pf. s. zapinać; ~ć pf. s. za-]
zapie|cek m (-cka; -cki) Ofenhölle f; ~kać (-am), ⟨~c⟩ v/t Kochk. überbacken, gratinieren; einbacken; v/i (nur pf.) Wunde: brennen; ~kać ⟨~c⟩ się Blut: gerinnen; fig. s. zacinać się; ~kanka f (-i; G -nek) Kochk. Auflauf m; ~kły Blut: geronnen; fig. nagend, fressend; ~rać¹ (-am), ⟨zaprzeć⟩ Fleck auswaschen; ~rać² (-am), ⟨zaprzeć⟩ versperren; Atem verschlagen, (be)nehmen; Med. obstipieren; ~rać ⟨zaprzeć⟩ się sich stemmen; (ver)leugnen (G/A).

zapieprzający [-'jon-]: ~ dech atemberaubend.

zapięcie [-'pen-] n (-a) Zuknöpfen n; Verschluß m, Schloß n, Schnalle f, Schließe f.

zapija|czony F versoffen; ~ć, ⟨zapić⟩ hinunter-, nachspülen (I/mit); ~ć się unmäßig trinken.

zapin|ać (-am), ⟨zapiąć⟩ [-pǫtʃ̣] (-pnę) zuknöpfen (się sich); zuhaken; um-, zuschnallen, schließen; ~ka f (-i; G -nek) s. spinka.

zapis m (-u; -y) Aufzeichnung f (a. konkr.); Einschreibung f, Registrierung f; Notierung f; Niederschrift f; Jur. Vermächtnis n, testamentarische Zuwendung; ~ dźwięku, ~ na taśmie Ton-, Bandaufnahme f; ~ać pf. s. zapisywać; ~ek m (-sku; -ski), ~ka f (-i; G -sek) Notiz f; zbiór ~ków Aufzeichnungen f/pl.; ~ujący [-'jon-] Schreib-; Tonaufnahme-; ~ywacz m (-a; -e) Tech. Schreiber m; ~(yw)ać Seite bevollschreiben; notieren, niederschreiben; registrieren; eintragen, -schreiben (a. lassen; się sich); Ton aufzeichnen, (auf Band) aufnehmen; Betrag gutschreiben; (testamentarisch) vermachen; Arznei verschreiben, verordnen; ~ywanie n (-a) (Ton-)Aufnahme f, Aufzeichnung f s. zapisanie.

zapl|anowany einge-, verplant; ~atać (-am), ⟨~eść⟩ flechten; (zusammen)spleißen.

zaplą|tywać (-uję), ⟨~ać⟩ verwickeln (w A/in A); verwirren (się sich); ~ać się a. sich verfangen (w L/in D); fig. verwickelt werden.

zaplecz|e n (-a; G -y) Hinterland n;

(*Wirtschafts-*)Basis *f*; ~nik *m* (*-a*; *-cy*) Hintermann *m*.

zaplemni|ać [-'ple-] (*-am*), ⟨~ć⟩ (*-ę, -nij!*) befruchten. [schimmelt.⟩

zapleś|ć *pf. s.* zaplatać; ~niały ver-⟩

zaplombowany verplombt.

zaplu|ć *pf.* vollspucken; ~skwiony verwunzt.

zapłac|enie *n* Bezahlung *f*, Begleichung *f*; ~ić *pf.* bezahlen (*I*/mit, za *A*/für), begleichen.

zapł|adniać [-'pwad-] (*-am*), ⟨~odnić⟩ (*-ę, -nij!*) befruchten.

zapła|kany weinend; verweint; ~ta *f* (*-y*) (Be-)Zahlung *f*; Entlohnung *f*; Lohn *m* (*a. fig.*).

zapłodni|ć *pf. s.* zapładniać; ~enie *n* (*-a*) Befruchtung *f*; Besamung *f*.

zapłon *m* (*-u*; *-y*) Entzündung *f*; *Kfz.* Zündung *f*; Zündflamme *f*; ~nik *m* (*-a*; *-i*) *El.* (*Glimm-*)Starter *m*; *Mil.* Zünder *m*, Zündrohr *n*; ~owy *Kfz.* Zünd-.

zapły|wać, ⟨~nąć⟩ (*do G*) schwimmen (bis zu); *Schiff:* anlaufen (*A*); einlaufen (in *A*).

zapobieg|ać, ⟨~zapobiec⟩ (*D*) verhüten, verhindern (*A*); vorbeugen, F vorbauen (*D*); ~anie *n* (*-a*) Verhütung *f*; ~awczy (*-czo*) vorbeugend, präventiv; Schutz-; ~liwy (*-wie*) vorausblickend, vorsorglich; besorgt, betulich; ~nąć *pf. s.* zapobiegać.

zapo|cony schweißbedeckt; *Scheibe:* beschlagen; ~czątkow(yw)ać [-'tʃɔnt-] [-[*w*]*uję*] einleiten, in Gang bringen, F starten; ~czwarzyć się *pf.* (*-ę*) *Zo.* sich verpuppen; ~dzi(ew)ać (się) *s.* podziewać.

zapom|inać (*-am*), ⟨~nieć⟩ [-'pɔm-] (*-nę, -nij!*) vergessen; verlernen; liegen- od. stehenlassen; nie ~nieć *a.* daran denken.

zapominals|ki F *m* (*-ego*; *-cy*) vergeßlicher Mensch, zerstreuter Professor; ~two F *n* (*-a*; *0*) Vergeßlichkeit *f*, Zerstreutheit *f*.

zapomnianly vergessen (*Adj.*); ~ od (*od. przez*) Boga i ludzi gottverlassen.

zapomnie|ć *pf. s.* zapominać; ~nie *n* (*a;* *0*) Vergessen *n;* Vergessenheit *f*; przez ~nie aus Vergeßlichkeit.

zapomog|a *f* (*-i*; *G -óg*) Unterstützung *f*, Beihilfe *f*; ~owy Unterstützungs-, Hilfs-.

zapora *f* Sperre *f*; Staudamm *m*, -mauer *f*, Talsperre *f*; *Esb.* Schranke *f*; *Mil.* Feuerriegel *m*; *s. a.* zasiek.

zaporo|ski Saporoger (*Adj.*); ~wy Sperr-; jezioro ~we Stausee *m*.

zapotrzebowa|ć *pf.* anfordern (*G/ A*); ~nie *n* (*-a*) Anforderung *f*; Auftrag *m*, Order *f*; Bedarf *m*; Nachfrage *f*.

zapowi|adać, ⟨~edzieć⟩ ankündigen, ansagen (*się* sich); ~adać się (na *A*) versprechen (zu werden), erwarten (*A*); ~ hoffen, befürchten lassen (*A*); dobrze się ~adać sich gut anlassen; nic nie ~ada, że ... nichts spricht dafür, daß ...

zapowie|dzenie *n* Ankündigung *f*, *engS.* Ansage *f*; ~dzieć *pf. s.* zapowiadać; ~dź *f* (*-dzi*) *s.* zapowiedzenie; Anzeichen *n*; Aufgebot *n*; dać na ~dzi das Aufgebot bestellen; ogłosić ~dzi Brautpaar aufbieten; bez ~dzi ohne (Vor-)Anmeldung; ~trzony † [-t:ʃ-] verpestet.

zapozna|nie *n* Vorstellung *f* v. *Pers.*; Verkennung *f*; ~nie się Kennenlernen *n*; Gewöhnung *f* (*z I/*an *A*); ~ny verkannt; ⟨~(wa)ć⟩ bekannt machen (*z I*/mit); verkennen; ~(wa)ć się kennenlernen (*z I/A*, sich); sich vertraut machen (*z I/* mit); ~wczy: wieczór ~wczy Begrüßungsabend *m*.

zapożycz|ać, ⟨~yć⟩ entlehnen; ~ać (*się*) (*G*) die Schulden machen, ein Darlehn aufnehmen; ~enie *n* (*-a*) Entlehnung *f*; *Ling.* Lehnwort *n*; ~ony entlehnt, Lehn-.

zapóźniony verspätet.

zapracow|any verdient, erarbeitet; sehr beschäftigt; *on jest bardzo* ~any er hat sehr viel zu tun; ~(yw)ać (-[*w*]*uję*) verdienen, erarbeiten; ~ywać się sich (ab)placken, P sich abschinden; ~ać się sich zu Tode arbeiten.

zaprać *pf. s.* zapierać[1].

zaprasow(yw)ać ~ (-[*w*]*uję*) Falten bügeln *od.* F machen.

zapr|aszać (*-am*), ⟨~osić⟩ (na *A*, do *G*/zu) einladen; auffordern, bitten; *j-n* hereinbitten.

zaprawa *f* (*-y*) Einübung *f*; (Kon-*ditiono-*)Training *n*; *Kochh.* Zutaten *f*/pl.; *Arch.* Mörtel *m*; *Agr.*, *Chem.* Beize *f*.

zaprawdę † *s.* zaiste.

zaprawi|ać [-'pra-] (*-am*), ⟨~ć⟩

Kochk. anmachen (I/mit); *Agr.*
Saatgut beizen; vorbereiten (się
sich), trainieren (się v/i; do G/für,
zu); *Tier* abrichten; ⹁ony (do G)
geübt, versiert in D); gewohnt (an
A); ⹁ony w bojach kampferprobt.
zapr|e-, ⹁o- *in Zssgn Verben s.*
pre-, pro-.
zapro|sić pf. s. zapraszać; ⹁siny
f/pl. (-) Einladung f; ⹁szenie n (-a)
Einladung(skarte) f; Aufforderung f.
zaprowadz|ać (-am), ⟨⹁ić⟩ hin-
führen (do G/zu, bis); *Neuerungen*
einführen; *Ordnung* schaffen.
zaprósz|ać (-am), ⟨⹁yć⟩: ⹁yć sobie
oko e-n Fremdkörper ins Auge bekommen; ⹁ać ⟨⹁yć⟩ ogień e-n
Brand verursachen; ⹁yć się verstauben; ⹁ony verstaubt; F angeheitert. [Renegat *m*.]
zaprzaniec [-'pſa-] *m* (-ńca; -ńcy))
zaprzą|c pf. s. zaprzęgać; ⹁g
[-pſɔŋk, -ɛŋgu] *m* (-ęgu; -ęgi) Gespann *n*; ⹁g czterokonny Viererzug
m.
zaprząt|ać [-'pſɔn-] (-am), ⟨⹁nąć⟩
[-nɔntɕ] (-nę) ganz in Anspruch
nehmen, beschäftigen, fesseln; F
⹁nąć sobie głowę nur im Kopf haben
(I/A).
zaprzecz|ać (-am), ⟨⹁yć⟩ (D) ver-
neinen (A); (ab)leugnen (A); ab-,
bestreiten, zurückweisen (A); *vgl.*
przeczyć; ⹁enie *n* Verneinung f,
Negation f; ony *Ling.* verneint.
zaprze|ć pf. s. zapierać[2]; ⹁da(wa)ć
verraten, verkaufen; ⹁dać się sich
verkaufen (D/an A); ⹁paszczać
(-am), ⟨⹁paścić⟩ ⟨-szcze⟩ zugrunde
richten, ruinieren; vergeuden;
Chance verspielen; *Sache* verpfu-
schen, verderben; ⹁sta(wa)ć (G)
aufhören (mit), einstellen (A);
⹁szły: *Gr.* czas ⹁szły Plusquamperfekt *n*.
zaprzęg [-pſɛŋk, -ŋgu] *m* (-u; -i) s.
zaprząg; ⹁ać (-am), ⟨⹁nąć, za-
przęc⟩ [-nɔntɕ, -pſɔntɕ] (-nę, L.
-prząc) anschirren, (a. fig.) an-
einspannen; ⹁owy Zug-.
zaprzy|chodować pf. (-uję) gut-
schreiben, als Einnahme verbu-
chen; ⹁jaźniony befreundet; ⹁się-
gać ⟨⹁siąc⟩ vereidigen; s. przysięgać; ⹁sięženie *n* (-a) Vereidigung
f; s. przysięga; ⹁siężony vereidigt,
beeidet; *fig.* fanatisch; eingefleischt.

zapu|- *in Zssgn Verben s.* pu-;
⹁chły, ⹁chnięty [-'ŋɛn-] verquollen, geschwollen.
zapust|ny Fastnachts-; poniedziałek
⹁ny Rosenmontag *m*; ⹁y *m/pl.*
(-ów) Fastnacht f.
zapuszczać ⟨zapuścić⟩ (ver)sen-
ken; hineinstecken, -treiben; *Wur-*
zeln schlagen; herunterlassen; verwildern (od. verwahrlosen) lassen;
Bart wachsen lassen; F *Motor* anlassen; *Fußboden* bohnern; ⹁ się
ein-, vordringen; *Kuh*: trocken-
stehen.
zapuszcz|enie *n* (-a; 0) Verwahr-
losung f; ⹁ony verwahrlost, verkommen; verwildert.
zapuścić pf. s. zapuszczać.
zap|ychać (-am), ⟨⹁chać⟩ verstop-
fen (się sich); (nur pf.) vollstopfen
(I/mit); *fig.* ⹁ychać dziury die
Löcher stopfen. ⹁
zapyl|ać (-am), ⟨⹁ić⟩ *Bot.* be-
stäuben; (nur pf.) mit Staub bedecken; ⹁ić się verstauben; ⹁anie
n, ⹁enie *n* (-a) *Bot.* Bestäubung f;
Tech. nur ⹁enie Staubgehalt *m*.
zapyt|anie *n* (An-, Rück-)Frage f;
stać pod znakiem ⹁ania in Frage
gestellt sein, fraglich sein; ⹁ywać
(-uję), ⟨⹁ać⟩ (a. się) fragen, sich erkundigen (o A/nach).
zar|abiać [-'ra-] (-am), ⟨⹁obić⟩ ver-
dienen (na I/bei; na chleb sein Brot).
zarad|czy abhelfend, vorbeugend;
środki ⹁cze vorsorgliche (od. flan-
kierende) Maßnahmen; ⹁ny findig,
wendig, einfallsreich.
zaradz|ać (-am), ⟨⹁ić⟩ (D) Rat (od.
Abhilfe) schaffen, helfen (bei);
Mittel und Wege finden.
zaran|ie [-'ra-] *n* (-a) *lit.* Anfänge
m/pl., Anbruch *m*; w ⹁iu życia im
Frühling des Lebens.
zar|astać (-am), ⟨⹁osnąć⟩ (I) be-
wachsen werden (von), sich bedek-
ken (mit); zuwachsen (mit).
zaraz *Adv.* sofort; gleich.
zaraz|a f (-y; 0) Seuche f; *Bot.*
Sommerwurz f; ⹁a ziemniaczana
Knollenfäule f; ⹁a cynowa Zinn-
pest f; unikać jak ⹁y wie die Pest
meiden; ⹁ek *m* (-zka; -zki) (*Krank-*
heits-)Erreger *m*.
zara|zem *Adv.* zugleich, gleichzei-
tig; ⹁zić pf. s. zarażać; ⹁źliwość f
(-ści; 0) Ansteckungsfähigkeit f,
Infektiosität f; ⹁źliwy (-wie) an-

steckend; *Med. a.* infektiös, übertragbar; **~żać** (*-am*), ⟨*~zić*⟩ infizieren, anstecken (*I*/mit; się sich); verseuchen; **~żony** angesteckt, infiziert (*I*/mit); verseucht.

zardzewiały verrostet, rostig.

zare- *in Zssgn Verben s.* re-.

zaręcz|ać (*-am*), ⟨*~yć*⟩ j-m versichern; (*mst pf.*) verloben (się sich); **~ony** verlobt; *Su. m* (*-ego*; *-czeni*), **~ona** *f* (*-ej*; *-e*) Verlobte(r); **~yć** *pf. s.* ręczyć; **~ynowy** Verlobungs-, **~yny** *f/pl.* (*-*) Verlobung *f*; uroczystość **~yn** Verlobungsfeier *f*.

zarękawek *m* Ärmelschoner *m*; † *a.* Muff *m*.

zarobaczywiony von Würmern befallen; voll Ungeziefer.

zarob|ek *m* (*-bku*; *-bki*) Verdienst *m*, *eng* S. (Arbeits-)Lohn *m*; *pl. a.* Einkünfte *pl.*; **~ić** *pf. s.* zarabiać; **~kiewicz** F *m* (*-a*; *-e*) Geldraffer *m*, profitgieriger Mensch; **~kować** (*-uję*) s-n Unterhalt verdienen, arbeiten; **~kowy** *Arbeit*: bezahlt; Erwerbs-; *pracować* **-wo** für Geld arbeiten; erwerbstätig sein.

zarod|ek *m* (*-dka*; *-dki*) Keim *m*; Embryo *m*, Fötus *m*; **~ek jaja** Hahnentritt *m*; w **~ku** im Keim(e); **~kowy** Keim-; fötal; **~nia** [*-'rod-*] *f* (*-i*; *-e*, *-i*) *Bot.* Sporenkapsel *f*; **~nik** *m* (*-a*; *-i*) Spore *f*; **~nikowe** *pl.* (*-ych*) Sporenpflanzen *f/pl.*; **~owy** *Agr.* Zucht-.

zarodziec [*-'ro-*] *m* (*-dźca*; *-dźce*): **~** ruchliwy Malariaerreger *m*.

zaros|nąć *pf. s.* zarastać; **~t m** (*-u*; *0*) Bartwuchs *m*.

zaroś|la *n/pl.* (*-i*) Gestrüpp *n*, Dickicht *n*; **~nięty** [*-'ŋɛn-*] bewachsen (*I*/mit); unrasiert; behaart.

zarozumia|le *Adv. s.* zarozumiały; **~lec** *m* (*-lca*; *-lcy*) arroganter Mensch, F Wichtigtuer *m*, Fatzke *m*; **~lstwo** *n* (*-a*; *0*) (Eigen-)Dünkel *m*, Hochmut *m*; **~ły** eingebildet, überheblich.

zaró|dź *f* (*-odzi*; *0*) Protoplasma *n*; **~ść** *pf. s.* zarastać; **~wno** *Adv.* sowohl, ebenso wie.

zaróżowi|enie *n* (*-a*) (leichte) Rötung; **~ony** gerötet.

zarumieni|ać [*-'ŋɛ-*] (*-am*) *s.* rumienić; **~ony** *s.* rumiany.

zarwa|ć *pf. s.* zarywać; **~ński** [*-'vais-*]: F *fig.* **~ka** *ulica* Toll-, Irrenhaus *n*.

---

zaryb|ek *m s.* narybek; **~iać** [*-'rɨ-*] (*-am*), ⟨*~ić*⟩ (*-ę*) Fischbrut aussetzen (*A*/in *A*).

zaryć *pf. s.* zarywać.

zarys *m* Umriß *m*, Kontur *f*, Profil *n* (*a. Tech.*); Abriß *m*; w głównych **~ach** in groben Zügen; **~owy** (*-wo*) skizzenhaft; **~ow(yw)ać** (*-[w]uję*) vollzeichnen, mit Zeichnungen füllen; skizzieren, entwerfen; *Fläche* zerkratzen; **~ow(yw)ać się** rissig werden/sein, Risse (*od.* Kratzer) bekommen; sich abzeichnen, sich abheben (*na I*/gegen *A*). [(się sich).⟩

zary|wać (*-am*), ⟨*~ć*⟩ vergraben.

zarząd [*-ʒɔnt*] *m* (*-u*; *-y*) Verwaltung *f*; Geschäftsleitung *f*; **~ca** *m* (*-y*; *G -ów*), **~czyni** *f* (*-i*; *-e*) Verwalter(in *f*) *m*; Leiter(in *f*) *m*.

zarządza|ć (*-am*), ⟨zarządzić⟩ anordnen, verfügen; (*nur impf.*) verwalten, leiten, managen (*I*/*A*); **~jący** [*-'jɔn-*] Verwaltungs-; *Su. s.* zarządca; **~nie** *n* (*-a*; *0*) Verwaltung *f*, Management *n*.

zarządz|enie [*-ʒɔn-*] *n* (*-a*) *s.* rozporządzenie, polecenie; **~ić** *pf. s.* zarządzać.

zarze|kać się, ⟨*~c się*⟩ *s.* wyrzekać, wypierać; **~wie** [*-'ʒɛ-*] *n* (*-a*) Glut *f*; *fig.* Fackel *f*.

zarznąć *pf. s.* zarzynać.

zarzuc|ać, ⟨*~ić*⟩ *v/t Loch* zuschütten; bedecken, überhäufen, -schütten (*I*/mit); *Netz* auswerfen; *j-m et.* vorwerfen, -halten; *Gewohnheit* aufgeben; *Vorhaben* fallenlassen, verwerfen; F *et.* verlegen, -kramen; *v/i Fahrzeug*: schleudern; **~ić na siebie od. na plecy** *Mantel* überwerfen; *Tuch, Schal a.* umhängen; **~ić ręce na szyję** die Arme um den Hals schlingen; **~anie** *n Kfz.* Schleudern *n*; **~enie** *n* (*-a*) (*Netz-*) Auswerfen *n*; Aufgabe *f e-r Gewohnheit*; nie mam nic do **~enia** ich habe nichts vorzuwerfen; co temu masz do **~enia**? was hast du daran auszusetzen?

zarzut *m* Vorwurf *m*; Einwand *m*; *Jur.* Beschuldigung *f*, (Punkt *m* der) Anklage *f*; **~** rewizyjny Revisionsgrund *m*; *pod* **~em** morderstwa unter Mordverdacht, bez **~u** tadellos; **~ka** *f* † Überwurf *m*, Umhang *m*.

zarzynać (*-am*), ⟨zarznąć, *-rżnąć*⟩ (ab)schlachten, abstechen; die Kehle durchschneiden (*A*/*D*).

zasa|da f (-y) Grundsatz m, Prinzip n; Regel f; *Phys. a.* Gesetz n, Satz m; *Chem.* Base f; *na jakiej* ~*dzie?* aus welchem Grund?, mit welchem Recht?; *w* ~*dzie* im Prinzip; *z* ~*dy* aus Prinzip; *bez* ~*d* prinzipienlos; ~**dniczy** (-czo) grundsätzlich, prinzipiell; *(nur Adj.)* Grund-; grundlegend; ~**dowy** *Chem.* basisch, alkalisch.

zasadz|ać, ⟨~*ić*⟩ s. sadzić, sadowić; ~*ać* ⟨~*ić*⟩ do (G) *j-n an e-e Sache* setzen, anhalten *et. zu tun; (nur impf.)* (be)gründen (się sich; na L/ auf D); ~*ać* ⟨~*ić*⟩ się auflauern (na A/D); ~**ka** f (-i; G -dzek) Hinterhalt m.

zas|alać (-am), ⟨~*olić*⟩ einsalzen.

zasapa|ć się pf. außer Atem kommen; ~**ny** außer Atem, nach Luft schnappend.

zasądz|ać (-am), ⟨~*ić*⟩ *Jur.* zuerkennen, zusprechen; *j-n* aburteilen; verurteilen (na A/zu); ~**enie** n (-a) Ab-, Verurteilung f.

zascenie [-'stse-] n (-a) *Thea.* Hinterbühne f.

zasch|ly s. zaschnięty; ~**nąć** pf. s. zasychać; ~**nięty** [-'ŋen-] vertrocknet; verdorrt; verkrustet; *Kehle:* trocken.

zase- in Zssgn Verben s. se-.

zasępi|ać się [-'sem-] (-am), ⟨~*ć się*⟩ (-ę) s. posępnieć; ~**ony** s. posępny.

zasia|ć pf. s. zasiewać; ~**dać,** ⟨zasiąść⟩ (do G, za I) sich setzen, Platz nehmen (an D, zu); *im Komitee* sitzen, Sitz und Stimme haben.

zasiąg m s. zasięg; ~**ść** pf. s. zasiadać. [siedeln.]

zasiedl|ać (-am), ⟨~*ić*⟩ (-lę) be-]

zasiedz|enie n *Jur.* Ersitzung f; ~**ieć** pf. *Kleid* zerdrücken; ~*ieć się* (zu) lange bleiben, sitzen.

za|siek ['za-] m (-u; -i) *Agr.* s. sąsiek; (Stacheldraht-)Verhau m; ~**siew** m Saat(bestellung) f; s. siew.

zasięg [-seŋk, -ŋgu] m (-u; -i) Reichweite f; ~ słyszenia, ~ widzenia Hör-, Sichtweite f; ~ działania Aktionsbereich m, -radius m; dalekiego ~u Langstrecken-, Fern-; *Geschütz:* weittragend; ~**ać,** ⟨~*nąć*⟩ *Rat* einholen; *Erkundigungen* einziehen.

zasil|acz m (-a; -e, -y) *Tech.* Beschicker m, Feeder m; ~**ać** (-am), ⟨~*ić*⟩ versorgen (w A/mit); *Tech.*
speisen, beschicken, zuführen; ~**ający** [-'jɔn-] Beschickungs-, (Ein-)Speisungs-; ~**anie** n (-a) Versorgung f; Beschickung f, (Ein-)Speisung f, Zufuhr f.

zasiłek m (-łku; -łki) Beihilfe f, Unterstützung f; ~ chorobowy, macierzyński, pogrzebowy Kranken-, Mutterschafts-, Sterbegeld n.

zask|akiwać (-uję), ⟨~*oczyć*⟩ v/t überraschen; *Dieb usw.* ertappen; v/i *Schloß usw.:* einschnappen; ~**akujący** [-'jɔn-] (-co) überraschend, verblüffend.

zaskarbi|ać [-'skar-] (-am), ⟨~*ć*⟩ (-ę) erwerben, gewinnen.

zaskarż|ać (-am), ⟨~*yć*⟩ v/t (do sądu vor Gericht) Klage erheben (gegen A), verklagen (A); *Urteil* anfechten; ~**alny** gerichtlich verfolgbar, verklagbar; *Urteil:* anfechtbar.

zasklep|iać [-'skle-] (-am), ⟨~*ić*⟩ (-ę) überwölben; verschließen, zumauern; verkleistern (się sich); ~*i(a)ć się a.* sich verkapseln; *Wunde:* sich schließen; ~**ka** f (-i; G -pek) *Bot.* Schwiele f.

zaskocz|enie n (-a) Überraschung f; ~**ony** überrascht, verblüfft, perplex.

zaskorupi|aly verkrustet; ~**eć** [-'ru-] (-eje) verkrusten (a. fig.).

zaskórn|ik m (-a; -i) *Med.* Mitesser m; ~y: woda ~a Grundwasser n.

zaskroniec [-'skrɔ-] m (-ńca; -ńce) *Zo.* Ringelnatter f.

zaskrz|e-, ~y- in Zssgn Verben s. (s)krze-, skrzy-.

zasła|bnąć pf. vom Unwohlsein befallen werden, e-n Schwächeanfall erleiden; erkranken; ~**ć** pf. s. zasylać, zaściełać.

zasłaniać, ⟨zasłonić⟩ (-ę) *Aussicht* verdecken; *Gesicht* verhüllen; *Fenster* verhängen; schützen, abschirmen (się sich, przed I/vor); ~ światło (D) j-m im Licht stehen; ~ się sich bedecken; *fig.* vorschützen (I/A).

zaslon|a f (-y) Vorhang m; Schleier m; Schutz m; *Sp.* Deckung f; Abwehr f, Parade f; *Tech. a.* Abdeckung f, Klappe f; ~a *przeciwśnieżna* Schneezaun m; ~a *spadła mu z oczu* es fiel ihm wie Schuppen von den Augen; ~**ić** pf. s. zasłaniać.

zasłuchać się *pf.* versunken zuhören, andächtig lauschen (*w A/D*).

zasług|a *f* (*-i*) Verdienst *n*; położyć ~*i* sich verdient machen (*dla G/*um *A*); Krzyż $\mathcal{Q}i$ Verdienstkreuz *n*; **~iwać** (*-uję*), ⟨*zasłużyć*⟩ (*na A*) verdienen (*A*), wert sein (*G*); **zasłużyć się** sich verdient machen (*D/*um *A*); **~ujący** na uwagę beachtenswert.

zasłuż|enie *Adv.* verdientermaßen; *a.* = **~ony** verdient; **~yć** *pf. s.* zasługiwać.

zasły- *in Zssgn Verben s.* sły-.

zasmakować *pf.* (*w L*) Gefallen finden, Geschmack gewinnen (an *D*), auf den Geschmack kommen (*G*); (*D*) *j-m* zusagen, behagen, F schmecken.

zasmarkan|iec [-'ka-] P *m* (*-ńca*; *-ńcy*) Rotznase *f*, -junge *m*; **~y** mit laufender Nase, voller Schleim im Gesicht.

zasma|row(yw)ać (*-[w]uję*) verschmieren; vollschmieren; **~żać** (*-am*), ⟨**~żyć**⟩ rösten, bräunen; **~żka** *f* (*-i*; *G -żek*) Mehlschwitze *f*, Einbrenne *f*.

zasmo- *in Zssgn Verben s.* smo-.

zasmr|adzać (*-am*), ⟨**~odzić**⟩ mit Gestank erfüllen, P verstänkern.

zasmuc|ać (*-am*) *s.* smucić; **~ony** *s.* smutny.

zasn|ąć *pf. s.* zasypiać; **~uwać** (*-am*), ⟨**~uć**⟩ bedecken, um-, verhüllen (*się sich*); mit *Spinnengewebe* umspinnen.

zasobn|ia [-'sɔb-] *f* (*-i*; *-e, -i*) *Mar.* Bunker *m*; **~ik** *m* (*-a*; *-i*) (*Vorrats-*) Behälter *m*; Silo *m*; Speicher *m*; Bunker *m*; *Flgw.* Raumsonde *f*; **~y** wohlhabend; (*w A*) reich (an), reichlich ausgestattet (mit). [*lać.*\]

zaso|**by** *pl. v.* zasób; **~lić** *pf. s.* zasa-\]

zasób *m* (*-obu; -oby*) Vorrat *m*; Bestand *m*; *pl. a.* Ressourcen *f/pl.*; ~ wiedzy Wissensschatz *m*; **zasoby** pieniężne Geldmittel *n/pl.*

zaspa *f* (*-y*) (*Schnee-*)Wehe *f*; **~ć** *pf. s.* zasypiać; **~ny** verschlafen (*Adj.*).

zaspok|ajać (*-am*), ⟨**~oić**⟩ (*-ję*) Hunger, Durst stillen; *Neugier, Bedarf* befriedigen; *Ansprüche* abgeltcn, **~ojenie** *n* (*-a*) Befriedigung *f.*

zasran|iec [-'sra-] V *m* (*-ńca; -ńcy*) Scheißkerl *m*, Scheißer *m*; **~y** V vollgeschissen; beschissen.

zasta|ć *pf. s.* zastawać; **~ły** abgestanden; dumpf, muffig.

zastan|awiać [-'na-] (*-am*), ⟨**~owić**⟩ (*A*) zu denken geben (*D*), auffallen (*D*); **~awiać** ⟨**~owić**⟩ **się** (*nad I*) überlegen (*A*), nachdenken (über *A*); (*nur pf.*) sich besinnen, bedenken; **~awiający** [-'jɔn-] sonderbar, merkwürdig.

zastanowieni|e *n* Überlegung *f*, Nachdenken *n*; bez ~a a. ohne zu überlegen; z ~em *a.* mit Vorbedacht.

zastarzały alt, antiquiert, verstaubt; *Leiden:* chronisch, verschleppt.

zastaw *m* Pfand *n*; dać w ~ verpfänden; als Pfand zurücklassen; **~a** *f* (*-y*) (*Tafel-*)Service *n*; *Sp. s.* zasłona; **~ać**, ⟨*zastać*⟩ an(treffen (*przy L/*bei); **~i(a)ć** vollstellen (*I/* mit); *Fallen* stellen; *Weg* verstellen; verpfänden, versetzen; **~i(a)ć się** *s.* zasłaniać się; **~ka** *f* (*Schleusen-*) Schütze *f*; (*Schloß-*)Zuhaltung *f*; (*Tabulator-*)Reiter *m*; *Anat.* (*Herz-*) Klappe *f*; **~niczy**, **~ny** Pfand-.

zastąpi|ć *pf. s.* zastępować; **~enie** *n* (*-a*) Ersatz *m*, Ersetzen *n*.

zastęp [-stɛmp] *m* (*-u; -y*) Schar *f*, Gruppe *f*; Riege *f*; (*Pfadfinder-*) Meute *f*; *nur pl.* **~y** (*wojska* Heer-) Scharen *pl.*; **~ca** *m* (*-y; G -ów*), **~czyni** *f* (*-i; -e*) (*Stell-*)Vertreter(in *f*) *m*; *Sp.* Ersatzmann *m*; **~ca dyrektora** stellvertretender Direktor; **~czy** Ersatz-; behelfsmäßig, Behelfs-, Not-; **~czo** *Adv.* vertretungsweise, stellvertretend; ersatzweise; **~czyni** *f s.* zastępca; **~ować** (*-uję*), ⟨*zastąpić*⟩ ersetzen (*I/*durch *A*); (*A*) vertreten (*A*), F einspringen (für *A*); *zastąpić drogę* (*D*) sich *j-m* in den Weg stellen; **~stwo** *n* (*-a*) Vertretung *f*.   [Stauung *f.*\]

zastoina [-ɔ'ina] *f* (*-y*) *Med.* Stase *f.*\]

zastosow|anie *n* (*-a*) An-, Verwendung *f*; Einsatz *m*; **~(yw)ać** (*-[yw]uję*) an-, verwenden; einsetzen; **~(yw)ać się** *s.* stosować się.

zastój *m* (*-oju; 0*) Stagnation *f*; *eng S.* Stockung *f*, Stillstand *m*, Flaute *f*; *Med.* Stase *f*.

zastra|chany F verschreckt, erschrocken; **~szać** (*-am*), ⟨**~szyć**⟩ Angst einjagen, einschüchtern (*I/* mit); **~szający** [-'jɔn] ⟨**~co**⟩ erschreckend.

zastrzał *m Arch.* Strebe *f*; *Med.* (*Finger-*)Umlauf *m*; *Mar.* (*Lade-*) Baum *m*.

zastrze|gać (-am), ⟨~c⟩ (a. sobie sich) vorbehalten; ausbedingen; ~gać ⟨~c⟩ się von vornherein erklären, warnen; sich verwahren; ~lić pf. Wild schießen; niederschießen; erschießen (się sich).

zastrzeż|enie n (-a) Vorbehalt m; bez ~eń rückhalt-, vorbehaltslos; z ~eniem zmian Änderungen vorbehalten; ~ony Recht; vorbehalten; (prawnie gesetzlich) geschützt.

zastrzyk m (-u; -i) Einspritzung f, Injektion f, F Spritze f (a. fig.); ~iwać (-uję), ⟨~nąć⟩ einspritzen, injizieren.   [hart werden.)

zastyg|ać (-am), ⟨~nąć⟩ erstarren,)

zasu|- in Zssgn Verben s. su-; ~nąć pf. s. zasuwać; ~szać, ⟨~szyć⟩ v/t trocknen; Pflanzen pressen.

zasuw|a f (-y) (Tür-)Riegel m; Tech. a. Schieber m; Schütze f; ~ać, ⟨zasunąć⟩ zuschieben; (za co/hinter et.) schieben; Gardine zuziehen; Riegel vorschieben; ~any Schiebe-; ~ka f (-i; G -wek) (Tür-)Riegel m.

za|sy- in Zssgn Verben s. sy-; ~sychać (-am), ⟨~schnąć⟩ vertrocknen, -dorren; ~schło mi w gardle m-e Kehle ist ganz ausgetrocknet; ~syłać (-am) s. przesyłać.

zasyp|ać pf. s. zasypywać; ~iać, ⟨zaspać⟩ verschlafen; ⟨zasnąć⟩ [-nonts] (-nę) einschlafen; zasnąć na wieki entschlafen (sterben); ~ka f (-i; G -pek) (Kinder-, Wund-)Puder m; Arch. Hinterfüllung f; ~owy Tech. Schütt-; ~ywać (-uję), ⟨~ać⟩ einfüllen, hineinschütten; Graben zuschütten; fig. überschütten; ~häufen (I/mit).

zasz|a-, ~cze- in Zssgn Verben s. sza-, szcze-.

zaszczepi|ać (-am) [-'pa-] n (-a), ~enie n (Ein-)Impfung f.

zaszczu|wać (-am), ⟨~ć⟩ (pf. zu Tode) hetzen.

zaszczy|cać (-am), ⟨~cić⟩ v/t (I) beehren (mit); die Ehre erweisen (D); czuć się ~conym sich geehrt fühlen; ~t m Ehre f; pl. ~ty Ehrungen f/pl.; (hoher) Rang, Würde(n pl.) f; zrobić ~t s. zaszczycać; ~tny ehrenvoll, rühmlich, Ehren-.

zaszeregow(yw)ać (-[w]uję) einstufen, -ordnen (do G/in A).

zaszewka f (-i; G -wek) Abnäher m.

zas~łość f (-ści) Begebenheit f; Eintragung f, Buchung f.

zaszy|ć pf. s. zaszywać; ~frowany chiffriert; Deck-; ~wać (-am), ⟨~ć⟩ zunähen.

zaś Kj. aber, dagegen; zwłaszcza ~ besonders jedoch.

zaścian|ek m (-nka; -nki) hist. Dorf n; Edelhof m (Kleinadel-)Landsitz m; fig. Krähwinkel m; ~kowy s. szlachcic; fig. spießig; provinziell, rückständig.

zaście|lać (-am), ~łać, ⟨~lić, zasłać⟩ bedecken (I/mit); Bett richten, machen.

zaślep|iać [-'śle-] (-am), ⟨~ić⟩ verblenden, blind machen; Tech. Öffnung verschließen; ~ienie [-'pe-] n (-a) Verblendung f; ~iony verblendet; blind; ~ka f (-i; G -pek) Verschlußpfropfen m; Blende f.

zaślubi|ać [-'ślu-] (-am), ⟨~ć⟩ (-ę) v/t ehelichen (A), sich vermählen (mit); ~ny f/pl. (-) Vermählung f.

zaśmie|cać (-am) s. śmiecić; ~wać się (-am) sich ausschütten (od. F kugeln) vor Lachen.

zaśniad ['za-] m (-u; -y) Med. Mole f, Mondkalb m.

zaśnie|działy mit Grünspan überzogen; fig. veraltet, rückständig; ~żony schneebedeckt.

zaśnięcie [-'śnen-] n (-a) Einschlafen n.

zaśpie- in Zssgn Verben s. śpie-.

zaświadcz|ać (-am), ⟨~yć⟩ bescheinigen, bestätigen; bezeugen; ~enie n Bescheinigung f, Bestätigung f.

zaświat|owy jenseitig, aus dem Jenseits; ~y m/pl. (-ów) Jenseits n.

zaświe|- in Zssgn Verben s. świe-; ~cać (-am), ⟨~cić⟩ v/t Licht anzünden; v/i (nur pf.) (beginnen zu) leuchten; vgl. świecić.

zaświ|n-, ~s-, ~t- in Zssgn Verben s. świn-, świs-, świt-.

zatacz|ać, ⟨zatoczyć⟩ v/t Kreis beschreiben, ziehen; (nur pf.) (hin-)rollen; ~ oczyma umherblicken; ~ się taumeln, torkeln.

zata|jać (-am), ⟨~ić⟩ verheimlichen, -schweigen; ~ić się sich auf die Lauer legen; ~mow(yw)ać (-[w]uję) s. tamować; ~n-, ~ń- in Zssgn Verben s. tan-, tań-; ~piać [-'ta-] (-am), ⟨zatopić⟩ versenken (a. fig.; się sich, w L/in D); überschwemmen; unter Wasser setzen, (be-)fluten; Glasrohr zuschmelzen; ~ra-

sow(yw)|**ać** (-[w]uję) verbarrika-
dieren (się sich); *Tür a.* verrammeln; **~rcie** n Löschung f im *Straf-
register*; **~rcie się** *Tech.* Festfressen n.

zatarg m Konflikt m, Streit m; **~i**
· *pl. a.* Zwistigkeiten f/pl.

zatarty verwischt; gelöscht.

zate- in *Zssgn Verben s.* te-.

zatem *Adv.* demnach, folglich, also;
a ~ somit auch; ~ in *Zssgn Verben*
s. tem-.   [tęsknić.⟩

zatę|**chły** s. stęchły; **~sknić** *pf.* s.⟩

zatk|**ać** *pf.*, **~nąć** *pf.* s. zatykać.

zatłoczony (gedrängt) voll; *Raum:*
vollgestopft (I/mit); *s.* tłoczny.

zatłu|**c** *V pf.* totschlagen, -prügeln;
~szczony fettig, speckig, schmierig; **~szczać** (-am), ⟨**~ścić**⟩ ⟨-szczę⟩
fettig (od. speckig) machen, mit
Fett/Schmiere beschmutzen.

zatocz|**ek** m *Zo.* Tellerschnecke f;
~ka f (-i; *G* -czek) kleine Bucht;
~yć *pf.* s. zataczać.

zatok|**a** f (-i) Bucht f, Golf m,
Meerbusen m; *Parkhafen* m; *Anat.*
Sinus m, (*Stirn-*)Höhle f; **~a** niskiego ciśnienia Tiefdruckausläufer
m.

zato|**nięcie** [-'nɛn-] n (-a) (*Schiffs-*)
Untergang m, Versinken n; **~pić** *pf.*
s. zatapiać; **~pienie** [-'pɛ-] n (-a)
Versenkung f.

zator m (*drogowy*) Verkehrsstok-
kung f; Stau m; *Med.* Embolie f; ~
lodowy Eisstau(ung f) m.

zatrac|**ać** (-am), ⟨**~ić**⟩ Eigenschaft
(*impf.* allmählich) verlieren; **~ać**
⟨**~ić**⟩ się verlorengehen, verschwinden; *Person:* sich verlieren (w L/in
D); **~ony** F verflixt, furchtbar, unmöglich.

zatrata f (-y) Verlust m, Verschwinden n v. *Eigenschaften*; Untergang
m, Vernichtung f.

zatrącać riechen (I/nach); ~ z fran-
cuska mit französischem Akzent
sprechen; ~ gwarą mundartliche
Ausdrücke verwenden.

zatro|- in *Zssgn Verben s.* tro-;
~skany besorgt, sorgenvoll.

zatru|**cie** [-'tru-] n (-a) Vergiftung
f; **~ć** *pf.* s. zatruwać.

zatrudni|**ać** [-'trud-] (-am), ⟨**~ć**⟩
beschäftigen, *pf. u. an-,* einstellen,
engagieren; **~enie** n (-a) (*pełne*
Voll-)Beschäftigung f; *miejsce/*
urząd **~enia** Arbeitsstätte f/-amt n;
~ony beschäftigt (w L/in D, bei).

---

zatru|**ty** vergiftet; **~wać** (-am),
⟨**~ć**⟩ vergiften.

zatrważa|**ć** (-am) s. trwożyć; **~jący**
[-'jɔn-] (-co) beunruhigend, be-
sorgniserregend.

zatrzask m Schnappschloß n,
Schnäpper m; *a.* = **~a** f Druck-
knopf m am *Kleid*; **~iwać** (-uję),
⟨zatrzasnąć⟩ *Tür, Deckel* zuschlagen, -knallen (się v/i); einschnappen lassen.

zatrze|- in *Zssgn Verben s.* trze-; **~ć**
pf. s. zacierać.

zatrzęsienie [-'ɕe-] F n (-a; 0) Haufen m, Masse f.

zatrzym|**anie** n (-a) Unterbre-
chung f, Stop m; *Jur.* Festnahme f;
~anie się Halt m; Aufenthalt m;
~ywacz m (-a; -e) Arretiervorrich-
tung f, Sperre f; **~ywać** (-uję),
⟨**~ać**⟩ v/t anhalten, stoppen, zum
Stehen bringen; *Maschine a.* abstellen; *j-n a.* auf-, zurückhalten;
festnehmen; *et.* (*a. dla/u siebie*) behalten; ⟨**~yw**⟩*ać się* anhalten, stoppen (v/i); innehalten; sich aufhalten, verweilen; *im Hotel* absteigen.

zatu|- in *Zssgn Verben s.* tu-;
~szow(yw)|**ać** (-[w]uję) vertuschen.

zatwardz|**ajaco** (-co) działać
-co zur Stuhlverstopfung führen;
~enie n (-a) Stuhlverstopfung f,
Obstipation f; **~iały** (-łe) verstockt,
hartgesotten; unbußfertig.

zatwierdz|**ać** (-am), ⟨**~ić**⟩ *Urteil,*
j-n im Amt bestätigen; **~enie** n Be-
stätigung f.

zaty|**czka** f Stöpsel m, Stopfen m,
Spund m; *Tech. a.* Steckstift m;
~kać¹, ⟨**~ć**⟩ verstopfen (się
sich; I/mit); *sich d. Ohren* zuhalten;
V Maul stopfen; F zatkało mnie mir
blieb (einfach) die Luft weg; **~kać²**,
⟨zatknąć⟩ *s.* wtykać; *Fahne* hissen;
~tułować *pf.* betiteln.

zaufani|**e** n (-a; 0) Vertrauen n (*do*
G/zu); brak **~a** Mißtrauen n; brak
~a do siebie mangelndes Selbstvertrauen; nie budzący **~a** nicht (od.
wenig) vertrauenerweckend; w **~u**
im Vertrauen.

zaufany Vertrauens-, Gewährs-;
zuverlässig, verläßlich; *Freund a.:*
vertraut, intim.

zaułek [-'uwek] m (-łka; -łki) Gäßchen n, Gasse f.

zautomatyzowany (*całkowicie*
voll!)automatisiert.

zauważ|ać [za·u-], ⟨~yć⟩ (-ę) bemerken; ~yć brak od. nieobecność (G) vermissen (A); dać się ~yć wahrnehmbar sein.

zawada f Hindernis n.

zawadia|cki [-'dǐa-] (-ko) raufustig, streitbar; forsch, draufgängerisch; ~ka m (-i; G -ów) Streithammel m, F Radaubruder m, Schläger(typ) m.

zawadz|ać (-am), ⟨~ić⟩ (-dzę) (o A) anstoßen (an A; I/mit), anfahren (A); hängenbleiben, sich festhaken (an D); Thema streifen; haltmachen (in D); (nur impf.) im Wege sein (D), behindern (D/A); nie ~i es kann nicht schaden.

zawal|ać pf. s. walać ⟨a. ~ić⟩ zuschütten; bedecken (I/mit); überschütten, -häufen (I/mit); versperren; zum Einsturz bringen; F fig. vermasseln, verhauen; ~ać ⟨~ić⟩ się einstürzen, zusammenbrechen, F -krachen; ~enie się (-a) Einsturz m; grożący ~eniem a. baufällig; ~idroga m (-i; G -ów) Nichtstuer m, -nutz m.

zawał m Geol. Erdbruch m, Einsturz m; Bgb. (Ver-)Bruch m; Bergsturz m; Med. (Herz-)Infarkt m; ~a f (-y) Mil. (Straßen-)Hindernis n.

zawar|cie [-'var-] n (-a) (Vertrags-)Abschluß m; (Ehe-)Schließung f; ~tość f Inhalt m; Gehalt m; ~ty enthalten (w L/in D); Vertrag usw.: (ab)geschlossen.

za|ważyć pf. fig. (na L) entscheiden (A), von Bedeutung sein (für); wiegen, zählen; ~wczasu Adv. beizeiten; ~wczoraj Adv. vorgestern.

zawdzięcz|ać [-'dzęn-] (-am) verdanken; ~enie n (-a): mieć k-u do ~enia j-m verdanken, zu verdanken haben.

za|wezwać pf. s. wzywać; ~wędrować pf. gelangen (do G/bis nach od. zu); vgl. wędrować.

zawiać pf. s. zawiewać.

zawiad|amiać [-'da-] (-am), ⟨~omić⟩ (-ę) benachrichtigen, unterrichten (o L/von); ~omienie n (-a) Benachrichtigung f, Unterrichtung f; Anzeige f.

zawiadowca m (-y; G -ów): ~ stacji Stationsvorsteher m.

zawiany verweht, zugeweht (I/mit); F fig. angesäuselt.

zawias [ˈza-] m (-u; -y), ~a [-ˈva-] f

(-y) (Tür-)Band n, Angel f; Scharnier n; Anat. Scharniergelenk n; zdjąć z ~ów Tür aushängen.

zawiąz|ek m (-zku/-zka; -zki) Keim m; Bot. a. Fruchtknoten m; ~ywać (-uję), ⟨~ać⟩ zubinden; verknoten; Tuch umbinden; Augen verbinden; Schleife binden; Knospen ansetzen; fig. Verein gründen; Beziehungen usw. (an)knüpfen; ~(yw)ać się sich bilden; gegründet werden; Gespräch: in Gang kommen; Bot. Frucht ansetzen; vgl. na-, wywiązywać (się).

zawie|dziony (Psf. -dzeni) enttäuscht; ~ja f (-ei; -e, -ei) s. zawierucha; ~rać (-am), ⟨zawrzeć⟩ [L.] enthalten; Vertrag, Ehe schließen; ~rać się enthalten sein; ~rający sól salzhaltig.

zawieru|cha f (-y) (Schnee-)Sturm m; ~cha wojenna Kriegswirren f/pl.; ~szać F (-am), ⟨~szyć⟩ (-ę) verlegen, verkramen; ~szyć się verlorengehen, abhanden kommen.

zawierz|ać (-am), ⟨~yć⟩ v/i (ver)trauen; v/t anvertrauen (się sich).

zawiesi|ć pf. s. zawieszać; ~na f (-y) Chem. Suspension f; ~sty dickflüssig; Suppe, Soße: sämig, gebunden.

zawieszać, ⟨zawiesić⟩ (-szę) v/t (auf)hängen; Wände be-, vollhängen; Hörer, Tür einhängen; fig. vertagen, unterbrechen; Zahlungen, Arbeit einstellen; ~ w czynnościach od. obowiązkach vom Dienst suspendieren; ~ wykonanie wyroku die Vollstreckung der Strafe zur Bewährung aussetzen; F (nur pf.) ~ na kołku aufstecken, aufgeben.

zawieszeni|e n (-a) Aufhängung f (a. Tech.); Einhängung f; Vertagung f, Unterbrechung f; (Zahlungs-)Einstellung f; ~e w czynnościach od. w urzędowaniu Suspendierung f, Dienstenthebung f; ~e kary od. wykonania wyroku Strafaussetzung f; z ~eniem mit Bewährung; ~e broni Waffenruhe f; pozostawać w ~u in der Schwebe bleiben.

zawie|ść pf. s. zawodzić; ~trzny [-t:f-] Mar. Lee-; ~wać (-am), ⟨zawiać⟩ v/i Wind: aufkommen, (beginnen zu) wehen; v/t Wege ver-, zuwehen; zawiało go er bekam Zugluft; zawiało zapachem (G) der

Wind brachte den Duft (von); **~ść** *pf. s. zawozić*.

zawi|jać (*-am*), ⟨*~nąć*⟩ [*-nɔŋtɕ*] (*-nę*) *v/t* einwickeln, -schlagen; einhüllen, -packen (*się* sich); *Ärmel* aufkrempeln; (*nur pf.*) schwingen (*I/A*); *v/i* (*do portu* Hafen) anlaufen; F (*nur impf.*) spachteln, futtern; **~jać** ⟨*~nąć*⟩ **się** *Kragen-, Buchecke*: sich umbiegen, sich einrollen; (*nur pf.*) F **~nąć się koło** (*G*) sich beeilen (mit); sich (energisch) bemühen (um). **~janie** *n* (*-a*) Einwickeln *n*; Einrollen *n*; *Med.* (*Moor-*)Packung *f*, Umschlag *m*; **~jarka** *f* (*-i*; *G -rek*) Einwickelmaschine *f*; **~jas** *m* (*-a*; *-y*) Schnörkel *m*; **~jka** *f* (*-i*; *G -jek*) Bördelrand *m*, Falz *m*; **~kłać** *pf. s.* wikłać; **~le** *Adv. s.* zawiły; **~lec** *m* (*-lca*; *-lce*) Anemone *f*.

zawilg|ły (*-le*) verworren; kompliziert, F kniff(e)lig.

zawin|ąć *pf. s.* zawijać; **~ąć** [*-'vi-*] (*-am*), ⟨*~ić*⟩ *v/t* verschulden (*A*), schuld sein (an *D*); *v/i* sich schuldig machen, schuldig werden; *ciężko* **~ić** schwere Schuld auf sich laden; **~ić wzgłędem** (*od.* wobec) k-o j-m ein Unrecht antun, an j-m schuldig werden; **~iątko** [*-'nɔnt-*] *n* (*-a*; *G -tek*) Bündel *n*, Paket *n*; **~iony** verschuldet.

zawis|ać (*-u*; *-y*) *Flgw.* Schweben *n*, Schwebeflug *m*; **~ać** (*-am*), ⟨*~nąć*⟩ [*-nɔntɕ*] (*-nę, a. -ł*) *v/i* hängen (*nad I/*über *D*; *na L/*an *D*); schweben; *Schweigen*: lasten; *Gefahr*: drohen (*nad I/D*); (*nur pf.*) abhängen (*od G/*von); **~aki** *m/pl.* (*-ów*) *Zo.* Schwärmer *m/pl.*; **~łość** *f* (*-ści*; *0*) Abhängigkeit *f*; **~ły** abhängig (*od G/*von).

zawistn|ik *m* (*-a*; *-cy*) Neidhammel *m*, Neider *m*; **~y** neidisch, mißgünstig.   [gunst *f*.]

zawiść *f* (*-ści*; *0*) Neid *m*, Miß-

zawiślański [*-'ɕlaĩs-*] jenseits der Weichsel gelegen; vom anderen Weichselufer (stammend).

zawitać *pf.* kommen, eintreffen; besuchen (*do C/*Λ).

zawle|czka *f* (*-i*; *G -czek*) *Tech.* Splint *m*; **~kać** (*-am*), ⟨*~c*⟩ (hin)schleppen (*do G/*in *A*, bis; *się* sich); *Seuche* einschleppen; **~kać**

⟨*~c*⟩ **się** sich bedecken *od.* überziehen (*I/*mit).

zawładn|ąć [*-nɔntɕ*] *pf.* (*-nę*) (*I*) sich bemächtigen (*G*), Besitz ergreifen (von); **~ięcie** [*-'ŋen-*] *n* (*-a*; *0*) Besitzergreifung *f*, -nahme *f*.

zawn-, zawo- *in Zssgn Verben s.* wn-, wo-.

zawodni|czka *f* (*-i*; *G -czek*), **~k** *m* (*-a*; *-cy*) (*Wett-*)Bewerber(in *f*) *m*, Wettkämpfer(in *f*) *m*, *Sp. a.* (*Wett-kampf-*)Teilnehmer(in *f*) *m*.

zawodny unzuverlässig; trügerisch, illusorisch.

zawodow|iec [*-'dɔ-*] *m* (*-wca*; *-wcy*) Berufssportler *m od.* -spieler *m*, -kämpfer *m*, F Profi *m*; **~o** *Adv.* berufsmäßig, als Beruf; *czynny zawodowo* berufstätig; **~y** Berufs-; Fach-; beruflich; berufsmäßig.

zawod|ówka F *f* (*-i*; *G -wek*) Berufsschule *f*; **~y** *m/pl.* (*-ów*) Rennen *n*; (*o mistrzostwo* Meisterschafts-) Wettbewerb *m*, Wettkampf *m*; *iść w* **~y** weiteifern (*z I/*mit); **~zić**, ⟨*~wieść*⟩ (hin)führen; enttäuschen; sich nicht bewähren; *Gedächtnis*: trügen; *Pläne*: fehlschlagen; *Gerät, Stimme*: versagen (*A/D*); (*nur impf.*) jammern, wehklagen; **~jow(yw)ać** (*-[w]uję*) erobern.

zawołanie *n* Rufen *n*; Anruf *m*; *jak na* **~** wie gerufen; *być na każde* **~** jederzeit da sein.

zawor|a *f* (*-y*) Riegel *m*; *fig.* **~y** *niebios* die Schleusen des Himmels; **~ek** *m* (*-rka*; *-rki*) Ventil *n*.

zawozić, ⟨*zawieźć*⟩ *v/t* (hin)fahren, bringen.

zawód[1] *m* (*-odu*; *-ody*) Beruf *m*; Gewerbe *n*; *wybrać* **~** *a.* e-e Laufbahn einschlagen; *z zawodu* von Beruf.

zaw|ód[2] *m* (*-odu*; *-ody*) Enttäuschung *f*; *doznać* **~odu** enttäuscht werden; *spotkał go* **~ód** es war für ihn e-e Enttäuschung; *zrobić* k-u **~ód** j-n enttäuschen; *j-m* e-e Enttäuschung bereiten.

zawój *m* (*-oju*; *-oje*) Turban *m*.

zawór *m* (*-oru*; *-ory*) Ventil *m*.

zawr|acać, ⟨*~ócić*⟩ *v/i* umkehren, kehrtmachen; wenden; *v/t* (*nur pf.*) *j-n* zur Umkehr veranlassen; F **~acać sobie głowę** (*I*) sich (ständig) beschäftigen (mit); *nie* **~acaj głowy** *od. gitary!* laß mich in Ruhe!

zawracanie n (-a) Kehrtmachen n, Wenden n; F fig. ~ głowy! papperlapapp!

zawr|otny schwindel(errege)nd; w -nym tempie a. rasend schnell; **~ó-cić** pf. s. zawracać; **~ót** m (-otu; -oty) Flgw. (hochgezogene) Kehrtkurve f; **~ót głowy** Schwindel m.

zawrzeć pf. s. zawierać, wrzeć.

zawstydz|ać (-am) s. wstydzić; **~e-nie** n (-a; 0) Beschämung f; z **~e-niem ~ony** beschämt.

zawsze Adv. immer; stets; ~ to immerhin; na ~ für immer.

zawszony verlaust.

zawt-, zawy- in Zssgn Verben s. wt-, wy-.

zawyż|ać (-am), ⟨~yć⟩ (-ę) Planziele zu hoch ansetzen; Zensuren zu großzügig vergeben.

zawziąć się pf. (na A) sich verbeißen (in A), sich versteifen (auf A); ~ się na k-o j-n mit s-m Haß verfolgen, j-n ständig schikanieren, es auf j-n abgesehen haben.

zawzię|cie[1] [-'vzɛn-] Adv. s. zawzięty; **~cie[2] się** n (-a; 0) Hartnäckigkeit f; a. = **~tość** [-'vzɛn-] f (-ści; 0) Ingrimm m; s. zaciętość; **~ty** (-cie) hartnäckig, unnachgiebig; s. zażarty, zacięty, zapamiętały.

zazdro|sny (-śnie) neidisch (o A/auf A); eifersüchtig (o A/auf A); **~stka** f (-i; G -tek) Eifersüchtelei f; Scheibengardine f; **~ścić** (-szczę) neiden, mißgönnen (k-u G/j-m A); beneiden (k-u G/j-n um A); **~ść** f (-ści; 0) Neid m; Eifersucht f; **~śnica** f (-y; -e) Neiderin f; eifersüchtige Frau; **~śnik** m (-a; -cy) Neider m, Neidhammel m; eifersüchtiger Mann.

zazębi|ać się [-'zɛm-] (-am), ⟨~ć się⟩ (-ę) ineinandergreifen, miteinander verzahnt sein; **~ający się** [-'jɔn-] ineinandergreifend; **~ony** verzahnt.

zazie|leniać [-'lɛ-] (-am), ⟨~lenić⟩ begrünen, mit Grün bepflanzen; **~mski** außerirdisch; **~rać** (-am) hineinsehen, -schauen, F -gucken.

zaziębi|ać [-'zɛm-] (-am), ⟨~ć⟩ (-ę) erkälten, F verkühlen (się sich); **~enie** n (-a) Erkältung f; **~ony** erkältet.

zaznacz|ać (-am), ⟨~yć⟩ abzeichnen (się sich); markieren; be-, vermer-

ken; hervorheben, betonen; **~ać się** a. zum Ausdruck kommen.

zazna|ć pf. s. zaznawać; **~jamia(** [-'ja-] (-am), ⟨~jomić⟩ bekannt machen (z I/mit, z sobą/miteinander się sich); vertraut machen (z I/mit) **~jomić się** (z I) a. j-s Bekanntschaf machen, kennenlernen (A); **~wać** (-ję), ⟨~ć⟩ s. doznawać, doświadczać, używać; nie ~ć spokoju k-c Ruhe finden.

zazwyczaj Adv. gewöhnlich, in de: Regel; mniej niż ~ weniger als sonst

zażale|nie n (-a) Beschwerde f (a Jur.), Klage f; referat skarg i ~1 Beschwerdestelle f; wnoszący ~nie Beschwerdeführer m.

za|żarty (-cie) heftig, wild, grimmig, verbissen; **~żą-** in Zssg Verben s. żą-.

zażegn|ywać (-uję), ⟨~ać⟩ Gefahr abwenden; Streit verhindern; Konflikt beilegen. [~y verlegen.]

zażenowan|ie n (-a) Verlegenheit f;`

zaży|łość f (-ści; 0) Vertrautheit f Intimität f; **~ły** (-łe) vertraut, intim; być w ~łych stosunkach freundschaftlich verkehren, F dick befreundet sein (z I/mit); **~wać** (-am) ⟨~ć⟩ (A) einnehmen; (G) Ruhr usw. genießen; Bad, Prise Schnupftabak nehmen; **~wny** F (ziemlich dick, beleibt.

ząb [zɔmp, 'zɛmba] m (zęba; zęby) (jadowy, trzonowy, mądrości Gift-Molar- od. Backen-, Weisheits-Zahn m (a. Tech.); Zacke f; Zinke f; Bot. koński ~ Pferdebohne f; ... do zębów in Zssgn Zahn-; bolą go zęby er hat Zahnschmerzen; V dać w zęby (D) j-n in die Fresse hauen; F ani w ~ k-n Schimmer, k-e blasse Ahnung (G/von); przez zęby zwischen zusammengebissenen Zähnen (hervor); dzwonić (od. szczękać) zębami mit den Zähnen klappern; F zjeść zęby (na L) sich gut verstehen (auf A); **~ek** m (-bka; -bki) kleiner Zahn, Zähnchen n Zacke f; **~ek** czosnku Knoblauchzehe f; **~kować** (-uję) v/t zähne(l)n; v/i zahnen; **~kowany** gezahnt.

zba- in Zssgn Verben s. ba-; **~biały** F verweichlicht, weibisch; **~cza** (-am), ⟨zboczyć⟩ v/i abbiegen; Straße a.: abgehen; v. Weg abweichen (a. fig.); v. Kurs abkommen; **~raniały** P verdattert.

zbaw|ca m (-y; G -ów) (Er-)Retter m, (a. Rel. 2ca) Erlöser m; **~iciel** [-'yi-] m (-a; 0) Rel. s. zbawca; **~iać** ['zba-] (-am), ⟨~ić⟩ (er)retten; Rel. erlösen.

zbawieni|e n (-a) (Er-)Rettung f, Erlösung f (a. Rel.); ~ie duszy Seelenheil n; F czekać na (A) jak ~ia od. jak na ~ie sein Heil erhoffen (von D); **~ny** rettend; wohltuend; segensreich.

zbe- in Zssgn Verben s. be-.

zbędny ['zbɛnd-] überflüssig, entbehrlich; unnötig.

zbić pf. s. zbijać.

zbie|c pf. s. zbiegać; **~dzony** abgemagert, ausgemergelt; **~g** [zbɛk] m (-a; -owie) Flüchtling m; Ausbrecher m, Entflohene(r); Deserteur m; (-u; 0): ~g ulic Straßenkreuzung f; ~g okoliczności (auffälliges/glückliches) Zusammentreffen von Umständen, Koinzidenz f; **~gać**, ⟨~c⟩ hinab-, herunter-/hinunterlaufen, F -rennen (po schodach die Treppe); entfliehen, -laufen, ausbrechen; desertieren; (nur pf.) die Stadt usw. ablaufen; durchstreifen; Zeit: verfliegen; ~gać ⟨~c⟩ się zusammenlaufen; (w czasie zeitlich) zusammenfallen, -treffen; Stoffe a.: einlaufen; **~gowisko** n (-a) (Menschen-)Auflauf m.

zbiera|cki Sammel-, Sammler-; **~ctwo** n (-a; 0) Sammeln n, Kollektionieren n; **~cz** m (-a; -e) Sammler m; Agr. a. Pflücker m; Tech., Arch. a. Sammelleitung f, Sammeldrän m; El. Stromabnehmer m; **~czka** f (-i; G -czek) Sammlerin f; Agr. a. Trachtbiene f; **~ć** ⟨na-, po-⟩ (-am), ⟨zebrać⟩ (wie brać) zbiore usw.) sammeln (a. fig.); engS. (ab)pflücken; (zusammen)klauben, -suchen; zusammenraffen; Früchte ernten; Ähren, Beeren a. lesen; Rahm usw. abschöpfen; ~ć ze stołu den Tisch abräumen; ~ć ⟨zebrać⟩ się sich (ver)sammeln; sich ansammeln; sich anschicken (do G, na A/zu); (unpers.) ~ mi się na wymioty mir wird übel; ~ło się jej na płacz sie war den Tränen nahe; ~ na deszcz od gibt Regen, es wird regnen; F zbierz się do kupy nimm dich zusammen; **~k** m (-a; -i) Tech. Abstreifer m; Fmw. Mitnehmer m; **~nina** f (-y) Sammelsurium

n, Mischmasch m; bunter Haufen.

zbieżn|ość f (-ści) Konvergenz f, Übereinstimmung f; **~y** konvergent, übereinstimmend.

zbi|jać (-am), ⟨~ć⟩ abschlagen; herunterschlagen; Kiste zusammennageln; Argumente entkräften, widerlegen; ~(ja)ć z nóg j-n niederschlagen; ~(ja)ć z tropu j-n irremachen, verunsichern; ~(ja)ć majątek zu Geld (od. Vermögen) kommen; (nur pf.) j-n (do krwi od. na miazgę krankenhausreif) zusammenschlagen, verprügeln; ~(ja)ć się sich zusammendrängen; **~jak** m (-a; -i) Kochk. Fleischklopfer m.

zbior|czy Sammel-; **~ek** m (-rku; -rki) kleine Sammlung.

zbiorni|ca f (-y; -e) Sammelstelle f; ~ca złomu a. Schrottplatz m; **~czek** m (-czka; -czki) kleiner Behälter, (kleines) Gefäß; **~k** m (-a; -i) (Gas-, Wasser-)Behälter m; Tank m; (Wasser-)Becken n, Speicher m; Bunker m; ~k na gnojówkę Jauchegrube f; **~kowiec** [-'ko-] m (-wca; -wce) Tankschiff n, Tanker m.

zbiorow|isko n (-a) Ansammlung f, F Haufen m; ~o Adv. kollektiv, gemeinsam; **~ość** f (-ści) Gemeinschaft f, Kollektiv n; ~ość statystyczna statistische Gesamtheit, Population f; **~y** Sammel-; kollektiv, gemeinschaftlich; scena ~a Massenszene f.

zbiór [zbur] m (-oru; -ory) Sammlung f, Kollektion f; Math. Menge f; Agr. Ernte f; Lese f; (z hektara Hektar-)Ertrag m; **~ka** f (-i; G -rek) Sammlung(saktion) f; Zusammenkunft f; Mil. Appell m; ~ka! angetreten!; **~kowy** Sammel-; Appell-.

zbir m (-a; -y) Häscher m.

zbity dicht, kompakt.

zbiurokratyzowany bürokratisiert, bürokratisch.

zbla- in Zssgn Verben s. bla-; **~zowany** blasiert; kaltschnäuzig.

zbliż|ać (-am), ⟨~yć⟩ (-ę) nähern (się sich; do G/an A); (einander) näherbringen; ~ać ⟨~yć⟩ się (do G) a. näherkommen (D, an A); zukommen (auf A); nahen, anrücken; ~a się godzina piąta es ist gleich fünf (Uhr), es geht auf fünf (Uhr) zu; **~enie** n (-a) Annäherung f; Fot., Film Groß-, Nahaufnahme f;

~enie się Kommen n; ~ony nah; ähnlich (do G/D).

zbl|ąkany [zbwɔn'k-] verirrt; ~o- cony schmutzig, F verdreckt.

zbocz|e n (-a) (Ab-, Berg-)Hang m; strome (od. urwiste) ~e Steilhang; ~enie n (-a) Abweichung f; Ablenkung f, Deviation f; abnormes Verhalten, Perversität f; ~enie magnetyczne magnetische Deklination; ~eniec [-'tʃe-] m (-ńca; -ńcy) Perverse(r); ~yć pf. s. zbaczać.

zbo|lały schmerzend; schmerzerfüllt; ~rny Sammel-.

zboż|e n (-a; G zbóż) Getreide n, Korn n; ~ny † s. na-, pobożny; ~owy Getreide-, Korn-; Su. ~we pl. (-ych) Zerealien f/pl.

zbój m (-a; -e, -ów), ~ca m (-y; G -ów) Bandit m, Räuber m; ~ecki, ~nicki[1] Räuber-; ~nicki[2] m (-ego; 0) Goralentanz m; ~nik m (-a; -cy) Räuber m.

zbór m (-oru; -ory) protestantische Kirche(ngemeinde).

zbra-, zbro- in Zssgn Verben s. bra-, bro-. [strömt.]

zbroczony: ~ krwią blutüber-}

zbrodni|a ['zbrɔd-] f (-i; -e, -i) (ciężka Kapital-)Verbrechen n; ~arka f (-i; G -rek), ~arz m (-a; -e) (Schwer-)Verbrecher(in f) m; ~s. przestępca; ~czość f (-ści; 0) das Verbrecherische, der verbrecherische Charakter e-r Tat; ~czy (-czo) verbrecherisch.

zbroić ⟨u-⟩ (-ję, -ój!) bewaffnen (się sich) Arch. bewehren, armieren; ~ się a. aufrüsten (v/i).

zbroić[2] pf. s. broić.

zbroja f (-oi; -e, -oi/-ój) (Ritter-)Rüstung f; ~rz m (-a; -e) Arch. Eisenflechter m.

zbrojeni|e n (-a) Bewaffnung f; (Auf-)Rüstung f; Arch. Bewehrung f; ~owy Rüstungs-; Bewehrungs-.

zbroj|eń m (-nia; -nie) Zo. Stachelhummer m; ~mistrz m Mil. Waffenmeister m; ~nie Adv. mit Waffengewalt; ~ny bewaffnet (w A/ mit); Mil. a. Streit-; fig. gerüstet; ~ownia [-'jɔv-] f (-i; -e, -i) Zeughaus n, Rüstkammer f; Waffenmuseum n; Waffenfabrik f.

zbru- in Zssgn Verben s. bru-.

zbrzy|dnąć pf. s. brzydnąć; ~dzić pf. s. obrzydzić.

zbu|- in Zssgn Verben s. bu-;

~dowanie n (-a; 0) (Auf-)Bau m, Errichtung f.

zbuk m (-a; -i) faules Ei.

zbu|rczeć F pf. j-n anmeckern; ~rzenie n (-a; 0) Zerstörung f; Abriß m; ~twiały verrottet, morsch.

zby|cie ['zbɨ-] n (-a; 0) Veräußerung f; do ~cia, na ~ciu zu verkaufen; entbehrlich; ~ć pf. s. zbywać.

zbydlęc|enie [-dlen-] n (-a; 0) Verrohung f; Bestialität f; ~ony tierisch, viehisch, bestialisch.

zbyt[1] Adv. (all)zu, über-; ~ pośpieszny vorschnell.

zbyt[2] m (-u; 0) (Waren-)Absatz m, Verkauf m, Vertrieb m; cena ~u Abgabepreis m; ~eczny überflüssig, unnötig; ~ek m (-tku; -tki) Luxus m, Aufwand m; Überfluß m, Zuviel n (G/an); (nur pl.) ~ki Unfug m, Streiche m/pl., Faxen f/pl.; ~kować (-uję) s. figlować, swawolić. ~kowny luxuriös, aufwendig; ~ni (-nio) übertrieben, übermäßig.

zby(wa)ć veräußern, verkaufen; j-n abfertigen, vertrösten, abspeisen (I/mit); v/i (mst impf.) übrigbleiben; zbywa mi ... ich habe ... übrig na niczym mu nie zbywa es mangelt ihm an nichts; aby zbyć nachlässig, zdać pf. s. zdawać. [schlampig.]

zdaln|y Tech., El. Fern-; ~ie kierowany ferngesteuert.

zdani|e n Übergabe f; Ablegung f e-r Prüfung; Meinung f, Ansicht f; Gr. (nadrzędne od. niezależne, orzekające, podrzędne, przydawkowe Haupt-, Aussage-, Neben-, Attributiv-)Satz m; Philos. Behauptung f; Mus. Phrase f; moim ~em meiner Meinung nach; ~owy Gr. Satz-.

zdar|cie n: nie do ~cia Stoff usw. unverwüstlich; ~ty abgerissen; Schuhe: abgetreten, F abgelatscht.

zdarz|ać się (-am), ⟨~yć się⟩ geschehen, sich ereignen od. zutragen, vorfallen, -kommen, passieren; Unglück a.: zustoßen; ~ło się, że ... es traf (od. fügte, † begab) sich, gab ...; to się ~a das gibt es (schon) ~enie n (-a) Ereignis n; Begebenheit f, Vorkommnis n, Vorfall m; tok ~eń Geschehen n; z prawdziwego ~enia (wasch)echt.

zdatn|ość f (-ści; 0) Tauglichkeit f, Eignung f; ~y tauglich, geeignet (do G/zu, für); ~y do picia trinkbar; ~y do latania flugfähig.

zda(wa)ć übergeben; übertragen; überlassen (*na A/D*); *Prüfung, Rechnung* ablegen; *a. Probe* bestehen; *być zdanym a.* ausgeliefert sein (*na A/D*); ~ **się** (*na A*) sich verlassen (auf *A*), sich anvertrauen (*D*); (*nur pf.*) taugen, sich eignen, brauchbar sein (zu, für); *płacz na nic się nie zda* das Weinen nützt gar nichts; (*nur impf.*; *D*) scheinen (*D*), dünken (*A, D*); sich einbilden; *zdaje mi się*, że mir scheint (*od.* ich glaube), daß; *vgl.* **wydawać się.**

zdawczo-odbiorczy: *protokół* ~ Übergabe-, Lieferprotokoll *n.*

zdawkow|ość *f* (*-ści*; *0*) Gleichgültigkeit *f*, Banalität *f*; ~**y** (*-wo*) nichtssagend; ~**a moneta** Kleingeld *n.*

zdąż|ać (*-am*), ⟨~**yć**⟩ Schritt halten, mitkommen (*za I/mit*); fertig werden (*z I/mit*); (*nur pf.*; *na A*) zur rechten Zeit kommen; *Zug usw.* erreichen (*A*); *nie* ~**yć** *a.* verpassen (*na A/A*); *nie* ~**ył** ..., *kiedy* ... kaum ... *er, als* ...; (*nur impf.*; *do A*) *podążać*; *do czego on* ~**a?** worauf will er hinaus?

zdech|łak P *m* (*-a*; *-i*) Kümmerling *m*, Weichling *m*, mickrige Gestalt; ~**ły** verreckt, krepiert; F *fig.* mick(e)rig; ~**nąć** *pf. s.* **zdychać.**

zdecydowan|ie *n* (*-a*; *0*) Entschlossenheit *f*; *brak* ~**ia** Unentschlossenheit *f*; ~**y** (*szybko kurz*) entschlossen.

zde|formowany deformiert; ~**generowany** degeneriert; ~**gustowany** (*do G*) angewidert (von), überdrüssig (*G*); ~**humanizowany** entmenschlicht.

zdejmować (*-uję*), ⟨**zdjąć**⟩ [-jǫntɕ] (*-ejmę*) herunter-, her/abnehmen; *Mantel* ablegen, ausziehen; *Hörer a.* abheben; *Maß* nehmen; entheben, absetzen (*a. v. Spielplan*); *Wachen* einziehen; *Gefühle:* j-n ergreifen, packen; F *j-n* knipsen.

zde|klasowany deklassiert; ~**kompletowany** nicht vollständig, nicht komplett; ~**konspirowany** *Spion:* enttarnt, entlarvt; *Plan:* verraten; ~**maskowany** demaskiert, entlarvt; ~**militaryzowany** entmilitarisiert; ~**moralizowany demoralisiert.**

zdenerwowan|ie *n* (*-a*; *0*) Aufregung *f*, Nervosität *f*; ~**y** aufgeregt, nervös.

deprawowan|ie *n* (*-a*; *0*) Entsitt-

lichung *f*; *s.* **deprawacja;** ~**y** verdorben, verkommen, verworfen.

zdeprymowany deprimiert, niedergeschlagen.

zder|ać się (*-am*), ⟨~**yć się**⟩ (*-ę*) zusammenstoßen, -prallen, kollidieren, (einander) rammen; ~**ak** *m* (*-a*; *-i*) *Tech.* Anschlag *m*; *Esb.* Puffer *m*; *Kfz.* Stoßfänger *m*, -stange *f*; ~**enie** *n* (*-a*) Zusammenstoß *m*, -prall *m*, Kollision *f*, F Karambolage *f.*

zde|tonowany verwirrt, bestürzt; ~**wastowany** verwüstet, zerstört; heruntergewirtschaftet.

zdez|aktualizowany nicht (mehr) aktuell, überholt; ~**organizowany** desorganisiert; ~**orientowany** desorientiert; verwirrt.

zdjąć *pf. s.* **zdejmować.**

zdjęci|e [-'jɛn] *n* (*-a*) Abnahme *f*; (*na czas, pod światło, przyspieszone, zwolnione* Zeit-, Gegenlicht-, Zeitlupen-, Zeitraffer-)Aufnahme *f*; *Fot. a.* Bild *n*, Foto *n.*

zdławi|enie *n* (*-a*) Niederschlagung *f*; ~**ony** *Adjp.* Lachen, Weinen: unterdrückt, erstickt.

zdmuch|iwać (*-uję*), ⟨~**nąć**⟩ wegblasen, F wegpusten.

zdobić ⟨*o-*⟩ (*-ę*, *-ób!*) verzieren, schmücken (*I/mit*); (*mst impf.*) zieren (*A*), e-e Zierde sein (für).

zdobni|ctwo *n* (*-a*; *0*) dekorative Kunst; Ornamentik *f*; ~**czy** dekorativ, Dekorations-, Verzierungs-, ornamental; ~**czka** *f* (*-i*; *G* -*czek*), ~**k** *m* (*-a*; *-cy*) Kunstgewerbler(in *f*) *m*, *engS.* Dekormaler(in *f*) *m.*

zdobny verziert, (aus)geschmückt (*w A/mit*).

zdoby|cie [-'bɨ-] *n* (*-a*) Eroberung *f*, Einnahme *f* e-*r Stadt usw.*; ~**cie szturmem** Erstürmung *f*; *nie do* ~**cia** uneinnehmbar, unangreifbar; nicht zu bekommen; ~**cz** *f* (*-y*; *-ę*) Beute *f*; Errungenschaft *f*; ~**czny** Beute-, erbeutet; ~**(wa)ć** erobern; *Stadt a.* einnehmen; erbeuten; *Sieg usw.* erringen; *Kenntnisse* erwerben; *Gipfel* bezwingen; *Beifall* ernten; *Sp. Tor* erzielen; F *a. et.* ergattern, (mit Mühe) kriegen; ~**(wa)ć się** (*na A*) (endlich) sich leisten können (*A*); sich aufraffen (zu); sich zwingen, es über sich bringen (zu); ~**wca** *m* (*-y*; *G* -*ów*) Eroberer *m*; ~**wca nagrody** Preisgewinner *m*;

~wca serc Herzensbrecher *m*; ~wczy Eroberungs-.

zdolnoś|ć *f* (-*ści*) (do pracy, płatnicza, przyswajania Arbeits-, Zahlungs-, Aufnahme-)Fähigkeit *f*, (pamięciowa, uczenia się Erinnerungs-, Lern-)Vermögen *n*; ~ć nabywcza, bojowa Kauf-, Kampfod. Schlagkraft *f*; ~ć produkcyjna Produktionskapazität *f*; ~ć prowadzenia pojazdów mechanicznych Fahrtüchtigkeit *f*; *mst pl.* ~ci Begabung *f*, Talent *n* (do *G*/zu).

zdolny begabt, talentiert; befähigt, fähig (do *G*/zu); ~ do pracy, do służby liniowej, *Jur.* do działań prawnych arbeits-, kriegsverwendungs-, geschäftsfähig.

zdołać *pf.* (-*am*) imstande sein (zu), es fertigbringen; ~ dokonać zustande bringen.

zdrad|a *f* (-*y*) Verrat *m*; ~a małżeńska Ehebruch *m*; ~liwy (-*wie*) verräterisch.

zdradz|ać (-*am*), ⟨~ić⟩ (-*dzę*) verraten (się sich; z *I*/mit); untreu sein/werden; *Vertrauen* mißbrauchen; *Neugier* zeigen, erkennen lassen; ~iecki (-*ko*) verräterisch; tückisch; *Adv. a.* hinterrücks.

zdraj|ca *m* (-*y*; *G* -*ów*), ~czyni *f* (-*i*; -*e*) (ojczyzny Landes-)Verräter (-in *f*) *m*.

zdrap|ywać (-*uję*), ⟨~ać⟩ abkratzen.

zdrętwi|ałość *f* (-*ści*; 0), ~enie *n* (-*a*; 0) s. odrętwienie.

zdrobni|ały (-*le*) klein, verkleinert; *Ling.* diminutiv; ~eć ['zdrob-] *pf.* (-*eję*) kleiner werden; ~enie *n* (-*a*) *Ling.* Diminutiv *n*.

zdroje *pl. v.* zdrój.

zdrojowisko *n* (-*a*) Heil-, Mineralbad *n*, Badeort *m*; ~wy Bade-, Kur-.

zdrojowy Heil-, Mineralquellen-, Brunnen-; *dom* ~ Kurhaus *n*.

zdrowaśka F *f* (-*i*; *G* -*siek*) Ave (Maria) *n*.

zdrowi|e ['zdro-] *n* (-*a*; 0) Gesundheit *f*; Wohlbefinden *n*; *dla* ~a *a.* erholsam; *jak* ~e? wie geht es (dir/gesundheitlich?; ~e twoje! auf deine Gesundheit *od.* dein Wohl!; *na* ~e! Gesundheit!; *to mi wyszło na* ~e das hat mir wohl- *od.* gutgetan; ~eć ⟨wy-⟩ (-*eję*) genesen, gesund werden; ~usieńki F, ~ut(eń)ki F kerngesund, gesund und munter.

zdrowo *Adv. s.* zdrowy; ~tność *f* (-*ści*; 0) Gesundheitszustand *m*; gesundheitliche (*od.* sanitäre) Verhältnisse; ~tny gesundheitlich Gesundheits-, sanitär; Genesungs-

zdrowy (-*wo*) gesund (*a. fig.*); zuträglich; *przy* ~ch zmysłach bei Verstand; *zdrów i cały* wohlbehalten; *F gadaj zdrów!* du kannst (mir) viel erzählen!

zdroż|ny schlimm, schlecht, verwerflich; ~ony müde (*od.* erschöpft) von der Reise.

zdrój *m* (-*oju*; -*oje*) Quelle *f*, *poet.* Born *m*; *vgl.* zdrojowisko.

zdrów *präd. zu* zdrowy; ~ko F *n* (-*a*; 0) Gesundheit *f*. [mert.⟩

zdruzgotany zerschmettert, ~trüm-⟩

zdrzemnąć się [-nọntɛ] (-*nę*) ein Schläfchen (*od.* F Nickerchen) machen.

zdumie|nie *n* (-*a*; 0) (Er-)Staunen *n*, Verblüffung *f*; ~wać (-*am*), ⟨~ć⟩ (-*eję*) verblüffen, in Erstaunen setzen; ~(wa)ć się verblüfft (*od.* erstaunt) sein (*I*/über *A*); ~wający [-jɔn-] (-*co*) verblüffend, erstaunlich.

zdumiony verblüfft, erstaunt.

zdun *m* (-*a*; -*owie*/-*ni*) Ofensetzer *m*, Töpfer *m*.

zdu|rnieć P ['zdur-] *pf.* (-*eję*) verblöden; ~szać (-*am*) *s.* dusić.

zdw|ajać (-*am*), ⟨~oić⟩ verdoppeln ~ojony (ver)doppelt, Doppel-.

zdychać (-*am*), ⟨zdechnąć⟩ [-nọntɛ (-*nę*, -*ł*) verrecken, krepieren; *Tiere a.*: verenden; P *fig. zdechł pies!* aus (und vorbei)!

zdys|cyplinowany diszipliniert ~kwalifikowany disqualifiziert.

zdysz|any außer Atem, keuchend ~eć się *pf.* nach Luft schnappen schnaufen, F japsen.

zdzia|dzięły F alt, hinfällig; ~łać *pf.* erwirken, erlangen; erreichen zustande bringen.

zdzicz|ały verwildert; *fig. a.* verroht; ~enie *n* (-*a*; 0) Verwilderung *f*; Verrohung *f*.

zdziecinni|ały kindisch (geworden), ~enie *n* (-*a*; 0) (*Alters*-Puerilismus *m*, kindisches Verhalten. [ziehen (mit).⟩

zdzielić F *pf.* (*I*) hauen, eins über-⟩

zdzierać (-*am*), ⟨zedrzeć⟩ herunter-, abreißen; *Rinde* abschälen; *Haut* abziehen; abschürfen; *Klei-*

der, Schuhe abtragen, zerreißen; *Gesundheit* zerrütten; ~ **się** zerrissen sein, F kaputtgehen.

zdzier|ak *m* (-*a*; -*i*) Schruppfeile *f od.* -hobel *m*; ~**ca** *m* (-*y*; *G* -*ów*) Blutsauger *m*, Halsabschneider *m*; ~**stwo** F *n* (-*a*) Preiswucher *m*, Preistreiberei *f*.

zdzira V *f* Flittchen *n*, Nutte *f*.

zdziw|aczały wunderlich, schrullig; ~**ienie** *n* (-*a*) Verwunderung *f*, Erstaunen *n*; Befremden *n*; ~**iony** verwundert, erstaunt; befremdet.

ze *s. z.*   [Zebrastreifen *m.*)

zebr|a *f* (-*y*) Zo. Zebra *n*; F ~*y* *pl.*) **zebra|ć** *pf. s.* zbierać; ~**nie** *n* (-*a*) (*ogólne od.* walne General-)Versammlung *f*; ~**nie się** Zusammentritt *m*; ~**ny** versammelt.

zecer *m* (-*a*; -*rzy*) *Typ.* Setzer *m*; ~**nia** [-'tser-] *f* (-*i*; -*e*, -*i*) Setzerei *f*; ~**ski** Satz-; Setzer-.

zedrzeć *pf. s.* zdzierać.

zegar *m* (-*a*; -*y*) (kurantowy, szafkowy, parkingowy, z kukułką Spiel-, Stand-, Park-, Kuckucks-)Uhr *f*; ~**ek** *m* (-*rka*; -*rki*) (naręczny *od.* na rękę Armband-)Uhr *f*.

zegarmistrz *m* Uhrmacher *m*; ~**ostwo** *n* (*0*) Uhrmacherhandwerk *n*; ~**owski** Uhrmacher-.)

zegar|owy Uhr-; Zeit- (*Bombe*); ~**ynka** *f* (-*i*; *G* -*nek*) (telefonische) Zeitansage.

zegnać *pf. s.* zganiać.

zejś|cie ['zej-] *n* (-*a*) Abstieg *m*; *fig.* Ableben *n*, Exitus *m*; ~**ć** *pf. s.* schodzić.

zel|ować ⟨*pod*-⟩ (-*uję*) *Schuhe* besohlen; ~**ówka** *f* (-*i*; *G* -*wek*) (Schuh-)Sohle *f*.

ze|lżeć *pf.* (-*eję*) *Wind, Kälte*: nachlassen; ~**lgany** erlogen.

zemdl|enie *n* (-*a*) Ohnmacht *f*; ~**ony** ohnmächtig.

ze|mknąć *pf. s.* zmykać; ~**mrzeć** *pf.* (*L.*) sterben; F zmarło mu się er hat das Zeitliche gesegnet; ~**msta** *f* (-*y*; *0*) Rache *f*.

zendr|a *f* (-*y*) *s.* zgorzelina; ~**ówka** *f* (-*i*; *G* -*wek*) Hartbrandziegel *m*.

zenit *m* (-*u*; *0*) Zenit *m*; ~**ówka** F *f* (-*i*; *G* -*wek*) Flak *f*.

ₓₓcí [E niegₓ ı. ₓn.]

ze|pchnąć *pf. s.* spychać; ~**prać** *pf. s.* spierać[2].

zepsu|cie [-'psu-] *n* (-*a*) Beschädigung *f*, Zerstörung *f*; Verderben *n*,

---

Schlechtwerden *n* v. *Lebensmitteln* usw.; *fig.* Verderbtheit *f*; ulegający ~**ciu** verderblich; ~**ty** beschädigt, F kaputt, im Eimer; verdorben, schlecht.

zerk|ać (-*am*), ⟨~nąć⟩ [-nǫntɕ] (-*nę*) (ab und zu) e-n Blick werfen *od.* F riskieren, neugierig (*od.* verstohlen) blicken *od.* F gucken.

zer|o *n* (*a. fig.*); dwa ~**o** zwei zu null; spaść do ~**a** auf den Nullpunkt sinken; powyżej ~**a** über Null.

zero|ekranowy: kino -we (*Film*-)Uraufführungstheater *n*; ~**wnik** *m* (-*a*; -*i*) Null(en)zirkel *m*; ~**wy** Null-; *Sp.* wynik ~**wy** Null-zu-null-Ergebnis *n*, (*Tennis*) Nullpartie *f*.

zerówka F *f* (-*i*; *G* -*wek*) reiner Chemiefaserstoff.

zerwa|ć *pf. s.* zrywać; ~**nie** *n* (*a. się*) Abriß *m*, (Ab-)Reißen *n*; *fig.* (*Vertrags*-)Bruch *m*; (*Verhandlungs*-)Bruch *m*.

ze|rznąć *pf.*, ~**rżnąć** *pf. s.* zrznać; ~**schnąć się** *pf. s.* zsychać się.

zesk|akiwać (-*uję*), ⟨~*oczyć*⟩ (her-) abspringen (*z G*/von); hinunterspringen; ~**ocznia** *f Sp.* Sprunggrube *f*; ~**ok** *m* Absprung *m*; Aufsprungbahn *f*.   [krusten.)

zeskorupieć ['-ru-] *pf.* (-*eję*) ver-)

zeskrob|ywać (-*uję*), ⟨~*ać*⟩ abkratzen, abschaben.

zesła|ć *pf.* zsyłać; ~**nie** *n* (-*a*) Verbannung *f*, Deportation *f*; *Rel.* Żnie Ducha Świętego Ausgießung *f* des Heiligen Geistes; ~**niec** ['-swa-] *m* (-*ńca*; -*ńcy*), ~**nka** *f* (-*i*; *G* -*nek*) Verbannte(r), Deportierte(r); ~**ny** verbannt, deportiert.

zesp|alać (-*am*), ⟨~*olić*⟩ (-*lę*, -*ól*) vereinigen, verschmelzen, verbinden (*się* sich); ~**awać** *pf.* ver-, zusammenschweißen.

zespo|lenie *n* (-*a*) Vereinigung *f*, Verschmelzung *f*; ~**lić** *pf. s.* zespalać; ~**lony** vereinigt, geeint; *Tech.* Verbund-, zusammengesetzt; *Math.* komplex; ~**łowy** (-*wo*) gemeinsam, kollektiv, Team-.

zespół *m* (-*ołu*; -*oły*) Gruppe *f*, Team *n*, (*a. Bot.*) Gemeinschaft *f*; Kollegium *n*; *Thea.* Truppe *f*; *Tech.* Aggregat *n*, Satz *m*; Baugruppe *f*; (*Bau*-)Komplex *m*; (*Marine*-)Verband *m*; (*Musik*-)Ensemble *n*; ~ kół Radsatz; ~ napę-

dowy od. pędny Triebwerk n; ~ głosek Gr. Lautverbindung f; Sp. ~ sędziowski Kampfgericht n, Jury f.
zesrać się V pf. (sich die Hosen) vollscheißen.
zestal|ać (-am), ⟨~ić⟩ fest werden lassen; ~ać ⟨~ić⟩ się fest werden, erstarren, abbinden.
zestaw m Satz m, Set n; Gruppe f; Garnitur f; (Farb-)Kombination f; (Anbau-)Möbelwand f; Med. Besteck n; ~i(a)ć tiefer (od. weiter unten) stellen; Teile zusammensetzen; Liste usw. zusammenstellen; gegenüberstellen, vergleichen; ~ienie n (-a) Zusammensetzung f; Zusammenstellung f; (Farb-)Komposition f; Gegenüberstellung f, Vergleich m; konkr. a. Aufstellung f, Übersicht f.
zestr|ajać (-am), ⟨~oić⟩ (aufeinander) abstimmen, in Einklang bringen; Mus. stimmen; ~ój m Harmonie f, Einklang m.
zestrzel|ać, ⟨~ić⟩ abschießen, F herunterholen; lit. fig. konzentrieren; ~enie n (-a) Abschuß m.
zeszlifow(yw)ać ~[-w]uję⟩ abschleifen.
zeszło|roczny vorjährig; ~wieczny aus dem vorigen Jahrhundert (stammend).
zeszł|y vorig, letzt-; w ~ym tygodniu in der vergangenen (F letzte) Woche; ~ego roku im Vorjahr.
zeszpecony verunstaltet, entstellt.
zeszy|cik m (-a; -i) Heftchen n; ~t m (-u; -y) (dydaktyczny, szkolny Lehr-, Schul-)Heft n; (Buch-)Lieferung f; ~towy Heft-; ~wać (-am), ⟨~ć⟩ s. zszywać.
ześlizg m Abrutschen n, -gleiten n; Flgw. Seitenrutsch m; Tech. Rutsche f; ~iwać się (-uję), ⟨ześliz-(g)nąć się⟩ [-nątę] (-nę) (hin)abrutschen, -gleiten.
ześrodkow|anie n (-a) Konzentration f; Mil. rejon ~ania Aufmarschgebiet n; ~(yw)ać (-[w]uję) konzentrieren, zusammenziehen.
ześrubow(yw)ać (-[w]uję) ver-, zusammenschrauben. [bis Z.⟩
zet n (unv.) Z n; od a do ~ von A⟩
zetemp|owiec [-'po-] F m (-wca; -wcy), ~ówka F f (-i; G -wek) ZMP-Mitglied n (der poln. Jugendorganisation).
zeteselowiec [-'lo-] F m (-wca; -wcy)

Mitglied n der vereinigten Bauernpartei (ZSL).
zeuropeizować [-peï'zɔ-] pf. (-uję) europäisieren.
zew m (-u; -y) lit. Ruf m, Stimme f.
zewnątrz [-nɔntʃ] Adv. (oft: na ~) außen; na ~ a. äußerlich; nach (dr)außen; z ~ von (dr)außen; ~ im Zssgn extra-, außer-.
ze|wnętrzny [-'nentʃ-] äußerlich; Außen-, äußere(r); auswärtig; ~wrzeć pf. s. zwierać; ~wsząd [-ʃɔnt] Adv. von überallher, von allen Seiten.
zez m (-a; 0) Schielen n, F Silberblick m; fig. patrzeć ~em scheel ansehen (na A/A).
zezna|nie n (-a) (Zeugen-)Aussage f; (Steuer-)Erklärung f; według ~ń a. nach Angaben; odmowa ~ń a. Zeugnisverweigerung f; ~wać (-ję), ⟨~ć⟩ aussagen, angeben.
zezowa|ć (-uję) schielen; fig. s. a. zerkać; ~tość f (-ści; 0) Schielen n; Med. a. Strabismus m; ~ty schielend; ona jest ~ta sie schielt.
zezw|alać, ⟨~olić⟩ s. pozwalać; freigeben (na A/A).
zezwierzęcenie [-ʒen-] n (-a; 0) s. zbydlęcenie.
zezwoleni|e n (-a) s. pozwolenie; bez ~a a. unerlaubt.
zeżreć pf. s. zżerać.
zęb|a|cz ['zem-] m (-a; -e) Zo. Seewolf m; ~tka f (-i; G -tek) Tech. Zahnstange f; ~ty gezahnt; Tech. Zahn-; gezackt.
zęb|ielek [zem'bɛ-] m (-lka; -lki) Zo. Spitzmaus f; ~ina f (-y; 0) Dentin n; ~ny dental, Zahn-.
zębo|dół [zem-] m Zahnfach n, -höhle f; ~wce m/pl. (-ów) Zahnwale m/pl.; ~wy Zahn-, dental.
zęby pl. v. ząb.
zęza f (-y) Mar. Bilge f; Bilgenwasser n.
zgad|ać się pf.: ~ało się das Gespräch kam, man kam zu sprechen (o L/auf A); ~nąć [-nɔntɕ] (-nę) erraten; Rätsel lösen; ~nięcie [-'nen-] n (-a) Erraten n; (Lotto-)Treffer m; ~ula f (-i; -e): F zgadu, ~ula, co (od. ile usw.) ...? rate mal was (od. wieviel usw.) ...; zgaduj-~ula Quiz n, Frage-und-Antwort-Spiel n; ~ywać (-uję) raten; Rätsel (versuchen zu) lösen; ~ywanka f (-i; G -nek) Ratespiel n.

zgadzać (-am), ⟨zgodzić⟩ in Dienst nehmen, verpflichten; ~ się (nur impf.) stimmen; (z I) entsprechen (D); zustimmen, beipflichten (D); nie ~ się a. abweichen (z I/von); (a. pf.) übereinstimmen; einig werden/sein (z I/mit); (na A) einverstanden sein (mit), einwilligen (in A), eingehen (auf A); in Kauf nehmen (A); zgadza się! (es) stimmt!; zgadzam się! einverstanden!

gaga f (-i) Sodbrennen n.

galać (-am), ⟨zgolić⟩ abrasieren.

gangrenowany gangränös, brandig; fig. (moralisch) verdorben.

ganiać ⟨zegnać⟩ zusammentreiben; wegjagen, verscheuchen.

gar m (-u; -y) Tech. Abbrand m.

garb|acieć [-'ba-] pf. (-eję) e-n Buckel bekommen; ~iony gebeugt.

garn|ąć pf. s. zgarniać; ~iacz ['zgar-] m (-a; -e) Tech. Abstreifer m; Agr. Schlepprechen m; ~iać (-am), ⟨~ąć⟩ zusammenscharren, -kratzen, -rechen; abstreifen; fig. zusammenraffen; ~iak m (-a; -i) Abstreifer m, Kratzer m; a. = ~iarka f (-i; G -rek) Schrapper m, Schleppschaufel f.

ga|sły erloschen; ~szony gelöscht; fig. niedergeschlagen, deprimiert; Farben: verblaßt.

gazow|ywać (-uję), ⟨~ać⟩ Chem. vergasen; [eindicken.]

zę|szczać (-am), ⟨~ścić⟩ ⟨-szczę⟩
giąć pf. s. zginać.

giełk [zg̨ewk] m (-u; 0) Stimmengewirr n, Lärm m; Tumult m; s. wrzawa; ~liwy (-wie) laut, lärmend.

gię|cie ['zg̨en-] n (-a) (Ver-)Biegen n, (Ab-)Knicken n; Krümmung f, Biegung f; Knick m; Beuge f; ~ty gebogen; verbogen, krumm.

gina|cz m (-a; -e) Anat. Beuger m; ~ć (-am), ⟨zgiąć⟩ ⟨zegnę⟩ beugen; (um-, ver)biegen, krümmen (się sich); (ab)knicken; s. giąć.

gliszcza n/pl. (-) Brandstätte f, rauchende Trümmer.

gładz|ać (-am), ⟨~ić⟩ töten, umbringen; ausrotten.

głaszać (-am), ⟨zgłosić⟩ (an)melden; anzeigen; Rücktritt einbringen; Antrag einbringen; Protest einlegen; Kandidaten aufstellen; Beitritt erklären; ~ się sich melden

(u G/bei, do G/zu); sich bewerben (na A/um A); ~ się jako chory sich krank melden.

zgłęb|iać ['zgwem-] (-am), ⟨~ić⟩ ergründen; auf den Grund gehen (A/G); ~nik m (-a; -i) Med. (Dehn-, Magen-)Sonde f; Tech. Probenehmer m; ~nikować (-uję) Med. sondieren; ausheben.

zgłodniały hungrig, ausgehungert.

zgłos|ić pf. s. zgłaszać; ~ka f (Sprech-)Silbe f; ~kowy Silben-.

zgłoszeni|e n (-a) Anmeldung f; Anzeige f; Einreichung f, -bringung f; (Kandidaten-)Aufstellung f; (Beitritts-)Erklärung f; ~e się (Anwesenheits-, Wort-)Meldung f; podlegający ~u (an)meldepflichtig.

zgłu-, zgnę- in Zssgn Verben s. głu-, gnę-.

zgniata|cz m (-a; -e) Tech. Block-, Grobwalzwerk n; ~ć (-am), ⟨zgnieść⟩ (zer)quetschen; (zer)knüllen; zerknittern, F -knautschen; fig. (nur pf.) Aufstand niederschlagen.

zgnie|cenie n (-a) Zerquetschung f; Niederschlagung f e-r Revolte; Med. Quetschung f; ~ść pf. s. zgniatać.

zgnil|ec m s. gnilec; ~izna f (-y; 0) Fäulnis f, Moder m; Agr. Fäule f; fig. (moralische) Zersetzung f; wydawać woń ~izny nach Moder riechen.

zgnił|ozielony olivgrün; ~y verfault, vermodert; verwest; Geruch: mod(e)rig, faulig.

zgod|a f (-y; 0) Eintracht f, Einklang m, Einvernehmen n; Übereinstimmung f (a. Gr.); Einverständnis n, Zustimmung f; Jawort n; ~a! einverstanden!, gemacht!; być w zgodzie übereinstimmen, einig sein (z I/mit); wyrazić ~ę a. einwilligen (na A/in A); dojść do ~y Einigung erzielen; za cichą ~ą in stillschweigendem Einverständnis; wyciągnąć rękę do ~y die Hand zur Versöhnung reichen; ~liwy (-wie) friedfertig, verträglich; versöhnlich; ~ność f Übereinstimmung f; Einmütigkeit f; za ~ność z oryginałem für die Richtigkeit der Kopie/ der Übersetzung; vgl zgoda; ~ny verträglich, friedfertig, einträchtig; übereinstimmend (z I/mit); ~ny z duchem czasu zeitgemäß; ~ny z planem planmäßig; (nie)być ~nym z *prawdą* (nicht) der Wahrheit entsprechen; *nie być ~nym* uneinig (*od.* uneins) sein (*co do G, w L*/über *A,* in *D*); *Adv. -nie* (z *I*) laut (*G*), gemäß, zufolge (*D*); *-nie z prawdą* wahrheitsgetreu, -gemäß.

zgo|dzić *pf. s.* zgadzać; **~lić** *pf. s.* zgalać; **~la** *Adv.* ganz und gar, gänzlich. [zganiać.]

zgon *m* Ableben *n*, Tod *m*; **~ić** *pf. s.*

zgorsz|enie *n* Empörung *f*, Entrüstung *f*; (allgemeines) Ärgernis; *wywołać ~enie* Anstoß erregen; *ze ~eniem a.* = **~ony** schockiert, entrüstet, empört.

zgorzel *f (-i; 0)* Med. Brand *m*, Gangrän *n*; *Agr.* Fäule *f*; **~ina** *f (-y)* Tech. Zunder *m*, Sinter *m*; **~ina kuźnicza** Hammerschlag *m*; *Agr. s.* zgorzel.

zgorzkni|ałość *f (-ści; 0)*, **~enie** *n (-a; 0)* Bitterkeit *f*; Verbitterung *f*; **~ały** bitter; *Butter:* ranzig; *fig.* verbittert.

zgra *f Sp.* Zusammenspiel *n*.

zgrabi|ać ['zgra-] *(-am)*, ⟨~ć⟩ zusammenrechen, -harken; **~ały** (vor Kälte) erstarrt, steif; **~arka** *f (-i; G -rek)* Agr. Sammelrechen *m*.

zgrabn|ość *f (-ści; 0)* Anmut *f*, Grazie *f*; Geschicktheit *f*, Gewandtheit *f*; **~y** anmutig, graziös; wohlgeformt; zierlich; geschickt, gewandt; *Stil:* elegant.

zgra|ć (się) *pf. s.* zgrywać; **~ja** *f (-ai; -e, -)* (*Betrüger-*)Bande *f*; Mischpoke *f*; (*Hunde-*)Meute *f*; (*Wolfs-*)Rudel *n*; **~nie** *n (-a)* Zusammenspiel *n*; *fig. a.* gute Zusammenarbeit, Teamwork *n*; **~ny** (gut aufeinander) eingespielt.

zgromadz|ać *(-am) s.* gromadzić; **~enie** *n (-a)* (*An-*)Häufung *f*; (*a. się*) Ansammlung *f*; Versammlung *f*.

zgroz|a *f* Grauen *n*, Entsetzen *n*; *o ~o!* o Graus!

zgrubi|ać *s. pogrubiać*; **~ały** verdickt; vergröbert, vergrößert; **~enie** *n (-a)* Verdickung *f*; *Ling.* Augmentativ *n*.

zgru|bny *Tech.* grob, Grob-; **~ntować** *pf.* ergründen, auf den Grund gehen (*A/D*); **~powanie** *n (-a)* Gruppierung *f*.

zgrywa F *f (-y)* Schein *m*, Angabe *f*, Effekthascherei *f*; **~ć się** *(-am)*, ⟨zgrać się⟩ alles verspielen; (*nur*

---

impf.) übertreiben, chargieren; (*n A*) sich aufspielen (als); (*nur pf.* sich (gut aufeinander) einspielen

zgryz *m (-u; -y)* Med. Okklusion *f nieprawidłowy* ~ Bißanomalie *f*; **~a** *(-am)*, ⟨zgryźć⟩ zerbeißen; zerna gen; zerfressen; *fig.* in sich hinein fressen; F zgryźć się sich gräme (*I*/über *A*); **~iony** gramerfüllt, von Sorgen geplagt; **~ota** *f (-y)* Kum mer *m*, Sorge *f*.

zgryź|ć *pf. s.* zgryzać; **~liwy** (*-wie* bissig, gehässig; mürrisch, ver drießlich, F brummig.

zgrza|ć się *pf.:* ~*łem się* mir ist hei geworden; **~ny** erhitzt.

zgrzeb|ać *pf. s.* zgrzebywać; **~lark** *f (-i; G -rek)* Text. Karde *f*, Krem pel *f*; **~larnia** ['-'lar-] *f (-i; -e, -* Krempelei *f*; **~lić** *(-lę)* Text. krem peln; **~lo** *n (-a; G -beł)* Striegel *n* Kardätsche *f*; **~ny** aus grobem Lei nen, sackleinen; Krempel-; **~ywa** *(-uję)*, ⟨~ać⟩ *s.* zgarniać, zgrabiać

zgrzewa|cz *m (-a; -e)* Tech. Schwe ßer *m*; **~ć** *(-am)* (ver)schweißen **~rka** *f (-i; G -rek)* Stumpfschweiß maschine *f*.

zgrzybi|ały greisenhaft, senil; **~e** ['zgži-] *pf.* (ale)greisen, alters schwach (*od.* senil) werden.

zgrzyt *m (-u; -y)* Knirschen *n* (*Bremsen-*)Quietschen *n*; (*Säge-* Kreischen *n*; *fig.* Mißklang *m*; **~a** ⟨*za-*⟩ *(-am)*, ⟨~nąć⟩ [-nǫtę] *(-n* knirschen; quietschen, kreischen **~ajac zębami** zähneknirschend **~liwy** (*-wie*) kreischend, quie schend.

zgub|a *f (-y)* Verlorene(s), verlor ner Gegenstand, Verlust *m*; Unter gang *m*, Verderben *n*; **~iony** ver loren (*a. fig.*); **~ny** verderblich, un heilvoll, fatal.

zha- *in Zssgn Verben s.* ha-.

zheblować *pf.* abhobeln.

zia|ć [źatę] *m (-eje)* (schwer) atme schnaufen; (*A od. I*) Dampf, B schimpfungen ausstoßen; *Geruc* ausströmen; *Stimmung* erzeuge verbreiten; *Feuer* speien; *Rach* schnauben; (*a. ~ć otworem*) klaffe gähnen; **~jać** *(-ę)* keuchen, F japse *Hund:* hecheln.

ziarenko *n (-a; G -nek)* Körnche *n*; **~wce** *m/pl. (-ów)* Mikrokokke *m/pl.*

ziarni|aki [-'ŋaki] *m/pl. (-ó*

Kokken m/pl.; ~ca f (-y; 0) Med. Lymphogranulomatose f; ~na f (-y; 0) Med. Granulationsgewebe n; ~niak [-'niŋak] m (-a; -i) Med. Granulom n; ~stość f (-ści; 0) Körnigkeit f; Korngröße f; ~sty (-ście) körnig; gekörnt; granular.

ziarnko n (-a; G -nek) (Sand-, Pollen-)Korn n, Körnchen n; (Apfel-) Kern m; ~wy samentragend, Samen-.

ziarno n (-a; G -ren) Korn n; (Kaffee-)Bohne f; ~ gradu Hagelkorn, Schloße f; ~ grochu Erbse f; ~jad m (-a; -y) Zo. Körnerfresser m; ~wać (-uję) Tech. körnen; ~wy Korn-, Körner-.

iąb [zomp, -mbu] m (-u; 0) Kälte f.

iela|rka f s. zielarz; ~rski (Heil-) Kräuter-, Pflanzen-; ~rstwo n (-a; 0) Heilpflanzenanbau m od. -sammeln n; ~rz m (-a; -e), ~rka f (-i; G -rek) Pflanzenkenner(in f) m od. -sammler(in f) m.

iele n (-a; ziola, ziół) (Heil-)Kraut n; ziola pl. a. Kräuteraufguß m.

ieleni|ak [-'le-] m (-a; -i) Gemüsemarkt m; Heurige(r), junger Wein; ~arka f (-i; G -rek), ~arz [-'lε-] m (-a; -e) Gemüsehändler(in f) m; ~ce f/pl. (-) Grünalgen f/pl.; ~ć się ⟨za-⟩ (-ę) grünen; ~ec [-'lε-] m (-ńca; -ńce) Grünanlage f; ~eć [-'lε-] (-eję) grün schimmern; ~na f (-y) Grünzeug n; frischgemähtes Gras; ~zna f (-y; 0) koll. unreifes od. grünes Obst.

iel|eń f (-ni; -nie) Grün n; ~nik m (-a; -i) Herbarium n; ~ny krautartig, Kraut-; Matki Boskiej Znej Mariä Himmelfahrt.

ielon|awy (-wo) grünlich; ~ka f (-i; G -nek) Grünfutter n; Grünspan m; Bot. Grünling m; ~kawy (-wo) grünlich; ~o Adv. grün.

ielono|oki grünäugig; ~ść f (-ści; 0) Grün n; ~świątkowy Pfingst-; ~żółty grüngelb.

ielon|y (-no) grün; ~a droga a. grüne Welle; Ze Świątki Pfingsten ; Su. ~e n (-ego; 0) Grüne(s).

ielsko n (-a) Unkraut n.

iemi|a ['zem]a] f (-i; -e, -; Astr. Za) Ide f, (Erd-)Boden m, Land n; Agr. a. Grund m.

iemia|nin m (-a; -anie, -), ~nka f (-i; G -nek) Grundbesitzer(in f) m; ~ur ~nka Erdhütte f; Agr. (Erd-) Grube f für Feldfrüchte; ~ństwo [-'maîs-] n (-a) koll. Grundbesitzer m/pl., Landadel m.

ziemi|opłody m/pl. (-ów) Bodenerzeugnisse n/pl., Feldfrüchte f/pl.; ~sty fahl, grau.

ziemnia|czany Kartoffel-; ~k ['zem-] m (-a; -i) Kartoffel f; ~ki z wody Salzkartoffeln f/pl.

ziem|nowodny amphibisch; ~ny Erd-; ~ski Erd(en)-, terrestrisch, irdisch; Grund-, Land-; hist. (Land-)Kreis-, ~stwo n (-a) hist. Landkreis m; Landgericht n.

ziew|ać (-am), ⟨~nąć⟩ [-nonte] (-nę) gähnen; ~anie n (-a), ~nięcie [-'nen-] n (-a) Gähnen n.

zięba ['zem-] f (-y) Buchfink m.

zięb|ić ['zem-] (-ę) kühlen; F to mnie ani ~i ani grzeje das läßt mich (völlig) kalt; ~nąć [-nonte] (-nę, a. ziąbł) frieren; auskühlen, erkalten.

zięć [zente] m (-cia; -ciowie, -ów) Schwiegersohn m.

zim|a f (-y) Winter m; ~q im Winter, winters; w pełni ~y mitten im Winter; idzie ku ~ie es wird Winter.

zimn|awy kühl; ~ica f (-y) Zo. Kliesche f; (0) Malaria f; F a. (Hunde-)Kälte f; ~iej(szy) s. zimno, zimny.

zimno n (-a) Kälte f; Adv. (Komp. -niej) kalt; robi mi się ~ mir wird kalt; na ~ kalt; ~krwisty Zo. kaltblütig, wechselwarm; ~wojenny (aus der Zeit) des kalten Krieges.

zimn|y (Komp. -niejszy) kalt, Kalt-; ~y od lód eiskalt; z ~q krwią kaltblütig; ~e ognie Wunderkerze f.

zimo|odporny Bot. frost-, kältebeständig; ~rodek m (-dka; -dki) Eisvogel m; ~trwały Bot. winterfest; ~wać ⟨prze-⟩ (-uję) überwintern; ~wisko n (-a) Überwinterungs-, Polarstation f; Winter(ferien)lager n; Winterkurort m; ~wit m (-a; -y) Bot. Herbstzeitlose f; ~wy winterlich, Winter-; ~zielony immergrün.

zioło n (-a; G ziół) s. ziele; ~lecznictwo n Pflanzenheilkunde f; ~wy Kräuter-, Pflanzen-.

ziołówka f (-i; G -wek) Kräuterschnaps m.

ziom|ek m (-mka; -mkowie) Landsmann m; ~kostwo n (-a) Landsmannschaft f.   [ziać.]

zionąć [-nonte] (im)pf. (-nę, -ń!) s.

ziółk|o *n* (*-a*; *G -łek*) Heilpflanze *f*; *fig.* Früchtchen *n*; **~a** *pl. a.* Kräutertee *m*.

zip|ać (*-ię*), ⟨**~nąć**⟩ [*-nǫtɕ*] (*-nę*) nach Luft schnappen; F *nie dać* **~nąć** k-e Atempause gönnen.

zirytowany verärgert, F sauer.

ziszcz|ać (*-am*), ⟨**~iścić**⟩ (*-szczę*) verwirklichen, erfüllen (**~się**).

zjadacz *m* (*-a*; *-e*) Zo. Fresser *m*, Vertilger *m*; *a.* = **~ka** *f* (*-i*; *G -czek*) Esser(in *f*) *m*; F *pospolity* **~** *chleba* Otto Normalverbraucher.

zjadać, ⟨**zjeść**⟩ (auf)essen; (auf)fressen, vertilgen; *Vermögen* aufzehren.

zjadliw|ość *f* (*-ści*; *0*) Gehässigkeit *f*, Boshaftigkeit *f*, Bissigkeit *f*; *Med.* Virulenz *f*; Bösartigkeit *f*; **~y** (*-wie*) gehässig, boshaft, bissig; virulent; bösartig.

zjawa *f* (*-y*) (*Geister-*)Erscheinung *f*, Gespenst *n*, Phantom *n*; (*TV-*) Geisterbild *n*.

zjawi|ać się [ˈzja-] (*-am*), ⟨**~ć się**⟩ erscheinen, auftauchen; sich einfinden, kommen; **~sko** *n* (*-a*) Erscheinung *f*, (*przyrody* Natur-)Ereignis *n*; *Phys. a.* Effekt *m*, Phänomen *n*; *s. a. zjawa*.

zjazd *m* (*-u*; *-y*) Zusammenkunft *f*, Treffen *n*; Tagung *f*, Kongreß *m*; Abfahrt *f*; *Sp. a.* Abfahrts(ski)lauf *m*; *Bgb.* Einfahrt *f*; *Tech. a.* Rampe *f*; **~** *na linie* Abseilen *n*; **~** *gwiaździsty* Sternfahrt *f*, Rallye *n od.* *f*; **~** *partii* Parteitag *m*; **~owiec** [-ˈlɔ-] *m* (*-wca*; *-wcy*) *Sp.* Abfahrtsläufer *m*; **~owy** Tagungs-, Kongreß-, *eng S.* Parteitags-; *Sp.* Abfahrts-; **~ówki** F *pl.* (*-wek*) Abfahrtsski(er)

zjechać *pf./s.* zjeżdżać   [*m/pl.*]

zjednocz|enie *n* (*-a*) Vereinigung *f*, Zusammenschluß *m*; (*Industrie-*)Verband *m*, Trust *m*; **~ony** vereinigt.

zje|dnywać (*-uję*) *s.* jednać; **~dzenie** *n* (Auf-)Essen *n*; *coś do* **~dzenia** etwas zu essen; **~lczały** ranzig; **~ść** *pf. s.* zjadać; **~ździć** *pf.* Land durch-, bereisen, -fahren; *Pferd* zuschanden reiten; **~żać** (*-am*), ⟨**~żyć**⟩ sträuben; **~żdżać** (*-am*), ⟨**~chać**⟩ *v/i* hinab-, hinunterfahren; *Bgb.* einfahren; *Weg* verlassen (*z G/A*); *Gäste usw.*: ankommen, angefahren kommen; F *Hut*: rutschen (*na bok zur Seite*); *v/t* F *j-n* herunterputzen; *pf. s.* zjeździć; **~żdżać**

⟨**~chać**⟩ *się* zusammenkommen, sich versammeln; **~żdżalnia** *f* (*-i -e*) (*Kinder-*)Rutschbahn *f*; **~żyć** *pf. s.* zjeżać.

zjonizowany ionisiert.

zla|ć *pf. s.* zlewać; **~nie się** *n* (*-a* Zusammenfluß *m*; **~ny**: *~ny poten* in Schweiß gebadet; **~tywać** (*-uję*) ⟨**zlecieć**⟩ [ˈzlɛ-] herab-, hinabherunterfliegen (*a.* F *fig.*); *Zeit* verfliegen; F *a.* hin-, herabbrennen **~tywać** ⟨zlecieć⟩ *się Vögel*: in Scharen kommen, sich versammeln.

zlą|c się [zlɔnts] *pf.* (*L.*) *s.* zlęknąsię; **~kwa** [ˈzlɔŋk-] *f* (*-y*) *s.* najeż.

zlec|ać (*-am*), ⟨**~ić**⟩ (*-cę*) betrauen beauftragen (*k-u A*/*j-n* mit); **~eni** *n* (*-a*) Auftrag *m*, Order *f*; Anord nung *f*, Befehl *m*; **~enie wypłat** Zahlungsanweisung *f*; *zgodnie z* **~eniem** auftrags-, weisungsgemäß

zlecenio|biorca *m* (*-y*; *G -ów*) Auf tragnehmer *m*; **~dawca** *m* Auftrag geber *m*.   [*zlatywać.*

zlec|ić *pf. s.* zlecać; ⟨**~ieć**⟩ *pf. s.*

zlep *m* Verklebung *f*, Verklumpun *f*; **~ek** *m* (*-pku*; *-pki*) Konglomera *n*; *fig. a.* Flickwerk *n*; **~iać** [ˈzlɛ- (*-am*), ⟨**~ić**⟩ zusammenkleben, -kit ten; verkleben; *~i(a)ć się* zusam menkleben (*v/i*); aneinander klebe *od.* haften; verklebt sein; **~ienie** [-ˈɲe-] *m* (*-ńca*; *-ńce*) *Geol.* Kon glomerat *n*.

zlew *m* (*-u*; *-y*) (*Küchen-*)Ausguß *n* Spülstein *m*; **~ać** (*-am*), ⟨**zlać**⟩ ab gießen, abfüllen; begießen (*I/mit* F (*nur pf.*) durchfallen (*z fizyki be der Physikprüfung*); *j-n* verhauer -prügeln; **~ać** ⟨zlać⟩ *się* zusam menfließen; verschmelzen; P bett nässen, einnässen, ins Bett macher *zlać się potem* in Schweiß gebadet sein; **~ek** *m* (*-wka*; *-wki*) (*Gold-* Barren *m*; **~isko** *n* (*-a*) *Geogr.* Ein zugsgebiet *n*; **~ka** *f* (*-i*; *G -we*) *Chem.* Becherglas *n*; *nur pl.* **~ki** z sammengegossene (*Getränke-*)Re ste; **~nia** [ˈzlev-] *f* (*-i*; *-e*, *-i*) *Geog* Zuflußgebiet *n*; *n/o mleka* Sam melmolkerei *f*; **~ny** *Boden*: schwe **~ozmywak** *m* Spülbecken *n*.

zle|źć *pf. s.* zlazić; **~żały** alt, nic frisch.

zlęknąć się *pf.* (*L.* zląc) erschrecke (*G/über A*); es mit der Angst *zu* tun bekommen.   [zählen

zlicz|ać (*-am*), ⟨**~yć**⟩ (zusammen-

zliz|ywać (*-uję*), ⟨*~ać*⟩ ablecken.

zlodować|enie *n* (*-a*) *Geol.* Vereisung *f*, Vergletscherung *f*; **~ieć** [*-'va-*] *pf.* (*-eję*) vereisen (*v/i*); *Glieder*: eiskalt werden. [rung *f*.]

zlokalizowanie *n* (*-a*) Lokalisie-

zlot *m* (*Pfadfinder-*)Treffen *n*; (*Vögel-*)Versammlung *f* vor dem Zug.

zluzow(yw)ać (*-[w]uję*) *Wache usw.* ablösen; *Schraube* lockern, lösen (*się sich*).

** zład** *m Mar.* Spantenwerk *n*; **~ować** *pf.* abladen.

złagodzenie *n* (*-a*) (*kary* Straf-) Milderung *f*.   [*-lottern.*]

złajdaczeć *pf.* (*-eję*) verkommen.

złakniony hungernd, dürstend (*G/* nach).

złaman|ie *n* (*-a*) (*Zer-*)Brechen *n*; Bruch *m*; **~y** zer-, gebrochen; F nie mieć **~**ego grosza k-n roten Heller haben.

złazić, ⟨*zleźć*⟩ hinab-, hin-, herunterklettern *od.* -kriechen; absteigen; *Haut*: abgehen; *Farbe*: abblättern.

złącz|ać (*-am*) s. łączyć; **~e** *n Tech.* (*na styk, na czop* Stoß-, Zapfen-) Verbindung *f*; (*Schweiß-*)Stoß *m*; **~e** na wpust Spund *m*; **~ka** *f* (*-i; G -czek*) Muffe *f*, Fitting *n*; Anschlußstück *n*; Klemme *f*, Verbinder *m*; **~ny** Verbindungs-.

zle *s. zły.*

zło *n* (*-a, D, L* złu; *0*) Böse(s); (*konieczne* notwendiges) Übel; Übelstand *m*; *vgl.* zły.

złoci|an *m* (*-a; -u; -y*) *Chem.* Aurat *m*; **~ć** ⟨*po-*⟩ (*-cę*) vergolden; **~ć** się golden schimmern *od.* glitzern; **~eń** ['zwɔ-] *m* (*-nia; -nie*) Chrysantheme *f*; **~eń** właściwy Margerite *f*; **~sty** (*-ście, -to*) goldig, golden, goldglänzend.

złoczyńca *m* (*-y; G -ów*) Verbrecher *m*.   [*m.*]

złoć *f* (*-ci; -cie, -ci*) *Bot.* Goldstern

złodziej ['zwɔ-] *m* (*-a; -e*) (*kieszonkowy* Taschen-)Dieb *m*; **~** *cmentarny* Grabschänder *m*, Leichenfledderer *m*; **~aszek** F *m* (*-szka; -szki*) Langfinger *m*; **~ka** *f* (*-i; G -jek*) Diebin *f*; F *fig.* Steckerfassung *f*; **~ski** dieblsch, Diebes-, **~stwo** *n* (*-a*) Diebstahl *m*, Diebérei *f*.

łogi *pl. v.* złóg.

złom *m* (*Metall-*)Schrott *m*; (*Glas-*) Bruch *m*; *pociąć na* **~** verschrotten;

~ek *m* (*-mka; -mki*) Bruchstück *n*; **~owć** ⟨*-uję*⟩ verschrotten; *Schiff* abwracken; **~owy** Schrott-.

złorzeczyć (*-ę*) verwünschen, verfluchen (*D/A*).

złoś|cić ⟨*roz-*⟩ (*-szczę*) (ver)ärgern, erbosen, aufbringen, wütend machen; **~cić** się sich ärgern, aufgebracht (*od.* F böse) sein; *pf. a.* in Zorn (*od.* Wut) geraten (*z powodu* G, *na A/*wegen A, über A); **~ć** *f* (*-ści; 0*) Ärger *m*, Zorn *m*, Wut *f*; *na* **~ć** (D) *j-m* zum Trotz; *przez* **~ć** aus Ärger; *ze* **~ci** vor Wut; *ze* **~cią** wutentbrannt; *jak na* **~ć** wie verhext.

złośliw|ość *f* (*-ści*) Boshaftigkeit *f*; Bosheit *f*; Tücke *f*; *Med.* Bösartigkeit *f*; **~y** (*-wie*) boshaft; *Med.* bösartig.

złośni|ca *f* (*-y; -e*) zänkisches Weib, Drachen *m*; **~k** *m* (*-a; -cy*) Hitzkopf *m*, Wüterich *m*.

złot|awy (*-wo*) goldfarbig; **~ko** *n* (*-a; G -tek*) Goldfolie *f*; F (*An- rede*) Schatz, Goldstück, -kind.

złotni|ctwo *n* (*-a; 0*) Goldschmiededekunst *f*; **~czy** Goldschmiede-; **~k** *m* (*-a; -cy*) Goldschmied *m*.

złot|o *n* (*-a*) Gold *n*; *na wagę* **~a** äußerst selten *od.* rar; *sündhaft* teuer; F *jak* **~o**! erstklassig!

złoto|brunatny goldbraun; **~dajny** goldführend, -haltig; **~deszcz** *m*, **~kap** *m* (*-u; -y*) *Bot.* Goldregen *m*; **~kwiat** *m* s. złocień; **~lity** golddurchwirkt; **~nośny** s. złotodajny; **~rudy** goldrot; **~usty** beredt, redegewaltig.

złotowłos *m Bot.* Frauenhaar(gras *n*) *n*; **~y** goldhaarig, mit goldblondem Haar.

złoto|wy Zloty-; *Chem.* Gold-; **~zielony** goldgrün; **~żółty** goldgelb.

złot|ówka F *f* (*-i; G -wek*) Zloty (*-stück n*) *m*; **~y** (*Psf.* złoci) golden, Gold-; *Su. m* (*-ego; -e*) Zloty *m*; F *mój* **~y** mein Lieber.

zło|wieszczy (*-czo*) unheilvoll, sinister; *a.* = **~wrogi** (*-go*) furchterregend, unheimlich; gefahrbringend; *Blick*: drohend, finster; *a.* = **~wróżbny** unheilverkündend.

złoże *n* (*El. z~*)Lager(stätte *f*) *n*, (*Öl-, Kohle-*)Vorkommen *n*; *Bgb. a.* Flöz *n*; *Geol.* Ablagerung *f*. [hext.

złożenie *n* (*-a*) *s.* składanie; Einreichung *f*, Einbringung *f*; (*Eides-*)Leistung *f*;

(*Urnen*-)Beisetzung *f*; (*Besuchs*-)Abstattung *f*; (*Kranz*-, *Amts*-)Niederlegung *f*; (*Bericht*-)Erstattung *f*; Hinterlegung *f*; *Gr.* (*Wort*-)Zusammensetzung *f*; *Fecht-Sp.* Bindung *f*; ~nie zeznań *Jur.* Aussage *f*.

złożon|y bestehend (z *G*/aus *D*); zusammengesetzt, *engS.* komplex; kompliziert, schwierig; *Su.* ~e *pl.* (-*ych*) *Bot.* Korbblütler *m/pl.*

złożyć *pf. s.* składać.

złóg *m* (-*ogu*; -*ogi*) *Med.* Konkrement *n*; ~ artretyczny Gichtknoten *m*.

złud|a *f* (-*y*) Täuschung *f*, Illusion *f*, Schein *m*; ~ność *f* (-*ści*) das Trügerische, Illusorische *e-r Sache*; ~ny trügerisch, illusorisch, Schein-.

złudzeni|e *n* (-*a*) Trugbild *n*, Phantasiegebilde *n*; (*wzrokowe* optische) Täuschung *f*; rozwiać ~a (*G*) *j-m* die Illusionen rauben; przypominać do ~a (*A*) *j-m* täuschend (*od.* zum Verwechseln) ähnlich sehen.

zły (*Psf.* zli; *Komp.* gorszy) schlecht; schlimm, übel; böse; jestem ~ na ciebie ich bin dir böse; w złej formie schlecht (*od.* nicht) in Form; sprowadzić na złą drogę auf Abwege führen; *Su.* złe *n* (-*ego*; 0) Böse(s); Übel *n*; mieć (*od.* brać) za złe (*D*) *j-m* übelnehmen.

zma|- *in Zssgn Verben s.* ma-; ~chać się F *pf.* müde sein (*I*/von); ~gać (-*am*): ~gać się kämpfen, ringen (z *I*/mit); *s.* zmóc; ~gania *n/pl.* (-*ń*) Kampf *m*, Ringen *n*; ~nierowany affektiert, geziert.

zmar|- *in Zssgn Verben s.* mar-; ~ły verstorben; *Su. m* (-*ego*; -*li*) Verstorbene(r); ~niały verkümmert; rückgebildet.

zmarszcz|ka *f* (-*i*; *G* -*czek*) Runzel *f*; Falte *f*; ~ony runz(e)lig; faltig.

zmartwi|ałość *f* (-*ści*; 0) Nekrobiose *f*; ~enie *n* (-*a*) Kummer *m*, Sorge(n *pl.*) *f*; Verdruß *m*; *konkr.* F *a.* Sorgenkind *n*; ~ony besorgt, bekümmert; sorgenvoll.

zmartwychwsta|ć *pf.* auferstehen; ~nie *n* (-*a*) Auferstehung *f*; ~nka *f* (-*i*; *G* -*nek*) *Bot.* Jerichorose *f*.

zmarz|lak [-*r·z*-] F *m* (-*a*; -*i/*-*cy*) ewig frierender Mensch, Frostbeule *f* (*fig.*); ~lina *f* (-*y*) Dauerfrostboden *m*; ~luch F *m* (-*a*; -*y*) *s.* zmarzlak; ~nięcie [-'ņeņ-] *n* (-*a*) Erfrierung *f*.

zma|sowanie *n* (-*a*) Ballung *f*; Zusammenziehung *f*, Massierung *f*; ~terializowanie *n* (-*a*) Materialisation *f*; ~wiać *s.* zmówić.

zmaza *f* (-*y*) Schandfleck *m*, Makel *m*; ~ nocna Pollution *f*; ~ć *pf. s.* zmazywać; ~nie *n* (-*a*) Auslöschung *f*, Tilgung *f*; Sühne *f*; nie do ~nia unauslöschlich, untilgbar.

zmaz|ywać (-*uję*), ⟨~ać⟩ wegwischen; auslöschen, tilgen; sühnen.

zmą-, zme- *in Zssgn Verben s.* ma-.

zmechanizowany mechanisiert; *Mil.* Panzergrenadier-.

zmę- *in Zssgn Verben s.* mę-.

zmęcz|enie [zmen-] *n* (-*a*) Ermüdung *f* (*a. Tech.*), Müdigkeit *f*; ~ony erschöpft, -müdet, müde.

zmian|a *f* (-*y*) (Ab-, Ver-)Änderung *f*, Wandel *m*; Wechsel *m*, Auswechseln *n*; Ablösung *f* (*Arbeits*-) Schicht *f*; ~a na lepsze *a.* Besserung *f*; ~a na gorsze *a.* Verschlechterung *f*, Rückschlag *m*; nagła ~a *a.* Umschwung *m*; ~a bielizny (Unter-)Wäsche zum Wechseln; bez ~ unverändert; *Med.* ohne Befund; na ~y abwechselnd; ~owy Schicht-; *Su. m* (-*ego*; -*i*) Schichtführer *m*.

zmiatać (-*am*), ⟨zmieść⟩ ab-, wegfegen; F *fig.* flitzen, abhauen; P ~ z talerza Essen verputzen, -drücken.

zmiażdżenie *n* (-*a*) Zerdrücken *n*, -quetschen *n*; *Med. a.* Quetschwunde *f*, Quetschung *f*.

zmieni|acz ['zme-] *m* Umschalttaste *f*, Umschalter *m*; F *a.* Plattenwechsler *m*; ~ać, ⟨~ć⟩ (ab-, ver-)ändern (się sich); abwandeln; wechseln; *Stimme* verstellen; (um-)tauschen (na *A*/gegen *A*); ablösen (się sich, einander); ~(a)ć się *a.* sich wandeln.

zmien|na *f s.* zmienny; ~nik *m* (-*a*; -*i*) *Tech.* (Aus-)Wechsler *m*; (*pl.* -*cy*) Ablösung *f* (*Person*); ~ność *f* (-*ści*; 0) Veränderlichkeit *f*, Variabilität *f*; Wankelmut *m*, Unbeständigkeit *f*; ~ny veränderlich; wandelbar; wechselnd, Wechsel-; wechselvoll; wankelmütig, unbeständig; *Sp.* styl ~ny Lagenschwimmen *n*; *Su.* ~na *f* (-*nej*; -*e*) *Math.* Variable *f*.

zmierz|ać (-*am*) s-e Schritte lenken, sich begeben, sich (hin)wenden (*ku D*, do *G*/nach, zu); *fig.* (do *G*) erstreben (*A*), abzielen, sich richten (auf *A*); do czego on ∼a? worauf will er hinaus?

zmierzch *m* (-u; -y) Dämmerung *f* (*a. fig.*); ∼**ać** (**się**) (-am), ⟨∼nąć (**się**)⟩ dämmrig (*od.* dunkel) werden, dämmern.

zmierzwiony zerzaust.

zmiesza|**ć** *pf. s.* mieszać; ∼**nie** *n* (-a) Vermischung *f*, -mengung *f*; *fig.* Verwirrung *f*, Bestürzung *f*; ∼**ny** vermischt; *fig.* verwirrt, verlegen, F (ganz) durcheinander.

zmie|**szczać** (-am) *s.* mieścić; ∼**ść** *pf. s.* zmiatać.

zmięk|cz|acz *m* (-a; -e) *Chem.* Weichmacher *m*; (*Wasser*-) Enthärter *m*; ∼**ać** (-am), ⟨∼**yć**⟩ (-ę) weich machen, erweichen; *Chem. a.* plastifizieren; *Ling. a.* palatalisieren; ∼**ający** [-'jon-] Erweichungs-; *Ling. a.* Palatalisierungs-, ∼**anie** *n*, ∼**enie** *n* (-a) Erweichung *f*; (*Wasser*-)Enthärtung *f*; *Ling. a.* Palatalisierung *f*.

zmięt(**oszon**)**y** [zmęn-] zerdrückt, -knittert, -knüllt.

zmiłowa|**ć się** *pf.* (*nad I*) sich erbarmen (*G*), Mitleid haben (mit); zmiłuj(cie) się! hab(t) Erbarmen!; ∼**nie** *n* (-a) Erbarmen *n*.

zmiotk|a *f* (-i; *G* -tek) Handfeger *m*; ∼**i** *pl. a.* zusammengefegte Reste, Abfälle, Kehricht *m*.

zmit- *in Zssgn Verben s.* mit-.

zmizerowany *s.* mizerny.

zmniejsz|ać (-am), ⟨∼**yć**⟩ (-ę) verkleinern; (ver)mindern, verringern (**się** sich); reduzieren; *Strafe a.* mildern; ∼**ać się** *a.* abnehmen (*v/i*); ∼**enie** *n* (-a) Verkleinerung *f*; (Ver-)Minderung *f*, Verringerung *f*; ∼**ony** verkleinert; ge-, vermindert, verringert.

zmo|- *in Zssgn Verben s.* mo-; ∼**kły** naß, durchnäßt; ∼**ra** *f* (-y; *G* -/zmór) Alptraum *m*; *fig. a.* Fluch *m*, Schrecken *m*; ∼**rdowany** F kaputt, fix und fertig; ∼**toryzowany** motorisiert; ∼**wa** *f* Komplott *n*, Verschwörung *f*; (geheime) Absprache; ∼**wa milczenia** allgemeines (abweisendes) Schweigen; *być w* ∼**wie** gemeinsame Sache machen (*z I*/ mit).

zmóc *pf. Schlaf:* übermannen; *Krankheit:* niederwerfen; (**się** sich) überwinden.   [*s.* umawiać.]

zmówić *pf.:* ∼ *pacierz* beten; ∼ *się*⟩

zmrażać (-am) *s.* mrozić.

zmrok *m s.* mrok, zmierzch; od świtu do ∼u von früh bis spät.

zmrużać (-am) *s.* mrużyć.

zmu|rszały morsch (*a. fig.*); ∼**szać** (-am), ⟨∼**sić**⟩ (-szę) zwingen (do *G*/zu; się sich); ∼**sić do milczenia** zum Schweigen bringen; ∼**szanie** *n*, ∼**szenie** *n* (-a) Zwingen *n*, Nötigung *f*; ∼**szony** gezwungen (do *G*/ zu); *być* ∼**nym** *a.* sich genötigt sehen.

zmyć *pf. s.* zmywać.

zmydl|ać (-am), ⟨∼**ić**⟩ *Seife* verbrauchen; *Tech.* verseifen; ∼**ony** *Pferd:* schaumbedeckt.

zmykać ⟨zemknąć⟩ *s.* umykać.

zmyl|ać (-am), ⟨∼**ić**⟩ irreführen; verwechseln; *Verfolger* abschütteln; *Weg* verlieren; ∼**enie** *n* (-a): *nie do* ∼**enia** unverkennbar.

zmysł *m* (-u; -y) *Bio.* Sinn *m* (*a. fig.* do *G*/für); *nur pl.* ∼**y** Sinne, Triebe *m/pl.*; ∼**owo** *Adv.* sinnlich; ∼**owość** *f* (-ści; 0) Sinnlichkeit *f*; ∼**owy** sinnlich; *engS.* Sinnes-; Sinnen-.

zmyśl|ać (-am), ⟨∼**ić**⟩ sich ausdenken, erfinden, F spinnen; ∼**ny** gescheit, klug; sinnreich, ausgeklügelt; ∼**ony** (frei) erfunden, fiktiv.

zmyty abgewaschen; F *fig.* jak ∼ wie ein begossener Pudel.

zmyw *m* (-u; -y) *Geol.* Abtragung *f*; ∼**acz** *m* (-a; -e) (*Rost*-)Entferner *m*; Abbeizmittel *n*; ∼**ać** (-am), ⟨zmyć⟩ abwaschen; *engS.* entfernen; F *fig.* zmyć głowę *j-m* den Kopf waschen; ∼**ak** *m* (-a; -i) Topfreiniger *m*; ∼**alnia** [-'va-] *f* (-i; -e) Spülküche *f*; ∼**alny** abwaschbar; ∼**anie** *n* (-a) (*Geschirr*-)Spülen *n*, Abwaschen *n*; *płyn do* ∼**ania** *s.* zmywacz; ∼**arka** *f* (-i; *G* -rek) (do naczyń Geschirr-) Spülmaschine *f*.

znachor *m* (-a; -rzy), ∼**ka** *f* (-i; *G* -rek) Kurpfuscher(in *f*) *m*; ∼ *a.* Medizinmann *m*; ∼**stwo** *n* (-a; 0) Kurpfuscherei *f*.

znacjonalizowanie *n* (-a) Nationalisierung *f*.

znacz|ący [-'tʃɔn-] (-co) bedeutsam, vielsagend; *nic nie* ∼**ący** nichtssagend; ∼**ek** *n* (-czka; -czki) (*Brief*-) Marke *f*; (*Merk*-)Zeichen *n*; ∼**ek pocztowy** *a.* **Postwertzeichen**.

znaczeni|e *n* (-a) (Kenn-)Zeichnung *f*, Markierung *f*; Bedeutung *f*; *engS.* Sinn *m*; *bez* ∼*a a.* bedeutungslos; *mieć* ∼*e a.* von Bedeutung sein (*dla G*/für); **~owy** Bedeutungs-.

znacz|nik *m* (*-a*; *-i*) Punze(*n m*) *f*; Anreißnadel *f*; *Agr.* Furchenzieher *m*; Markierungszahl *f*; **~ny** bedeutend, beträchtlich, ansehnlich, erheblich; **dość ~ny** ziemlich; **~ony** ge(kenn)zeichnet; *Karten:* gezinkt; **~yć** (*-ę*) ⟨o-⟩ (be-, kenn)zeichnen, markieren; (*nur impf.*) bedeuten; besagen; **to ~y** das heißt; **co to ma ~yć?** was soll das heißen?

znać (*-am*) kennen (**się** sich/einander); *Sprache, Handwerk* können, verstehen; **dać ~** (*D*) benachrichtigen, wissen lassen (*A*); **~, że ...** anscheinend ..., man merkt, daß ...; **~ się** (*na L*) sich auskennen (in *D*); **~ się na rzeczy** et. von der Sache (*od.* sein Geschäft) verstehen.

znad *Prp.* (*G*) über (*D*); **~ morza** vom Meer, von der Küste.

znajda *m*/*f* (*-y*; *G* *-ów/*) Findelkind *n*, Findling *m*.

znajdować (*-uję*), ⟨**znaleźć**⟩ (*L.* *-należć*) finden (*a. fig.*); *engS. a.* auf-, wieder-, vorfinden; **~ się** sich (wieder)finden; sich befinden; stehen; *Grundstück usw. a.:* liegen; † *a.* sich bekennen.

znajom|ek F *m* (*-mka*; *-mkowie/* *-mki*) Bekannte(r); **~ość** *f* (*-ści*) Bekanntschaft *f*; (*Orts-, Sach-*)Kenntnis *f*; (*Fremdsprachen-*)Kenntnisse *f*/*pl.*; **ze ~ością rzeczy** *a.* sachkundig, fachgerecht; **~y** bekannt; *Su.* **~y** *m* (*-ego*; *-i*), **~a** *f* (*-ej*; *-e*) Bekannte(r).

znak *m* (*-u*; *-i*) (*drogowy, nawigacyjny, mnożenia, do startu, świetlny, zapytania, życia* Verkehrs-, See-, Multiplikations-, Start-, Licht-, Frage-, Lebens-)Zeichen *n*; (*wytwórni Fabrik-*)Marke *f*; Signatur *f*; (*informacyjny, nakazujący, zakazujący* Hinweis-, Gebots-, Verbots-)Schild *n*; Spur *f*; *Math.* Vorzeichen *n*; *hist. Mil.* Hundertschaft *f*; **~i szczególne** besondere Kennzeichen; **na ~** (*G*) zum Zeichen (*G*); F **da(wa)ć się ~i** (*D*) *j-m* (hart) zusetzen; *j-n* plagen, quälen; P **~iem** *tego* somit, sodann.

znakomi|cie *Adv. s.* znakomity; **~tość** *f* (*-ści*) Berühmtheit *f*, berühmte Person; (*0*) Vortrefflichkeit *f*; **~ty** berühmt, illuster; (*a.* *-cie*) vortrefflich, ausgezeichnet.

znakow|ać ⟨o-, po-⟩ (*-uję*) kennzeichnen, markieren; signieren; punzen; eichen; **~anie** *n* (*-a*) Kennzeichnung *f*, Markierung *f*; Beschilderung *f*; *Mar.* Betonung *f*; **~y** Zeichen-; Markierungs-.

znalaz|ca *m* (*-y*; *G* *-ów*), **~czyni** *f* (*-i*; *-e*) Finder(in *f*) *m*.

znale|zienie *n* (*-a*) (Auf-, Wieder-)Finden *n*; **~zisko** *n* (*-a*) (archeologischer) Fund; **~źć** *pf. s.* znajdować; **~źne** *n* (*-ego*; *-e*) Finderlohn *m*.

znamien|ity *s.* znakomity; **~ny** bezeichnend; denkwürdig.

znamię *n* (*-enia*; *-iona*) Mal *n*; *fig.* Kennzeichen *n*, Merkmal *n*; *Bot.* Narbe *f*.

znamionow|ać (*-uję*) *v/t* kennzeichnen, andeuten (*A*), hinweisen auf (*A*); **~y** Nenn-, Nominal-.

znany (*dobrze wohl*)bekannt; **być ~m** *z tego, że ...* dafür bekannt sein, daß ...

znaw|ca *m* (*-y*; *G* *-ów*), **~czyni** *f* (*-i*; *-e*) Kenner(in *f*) *m*.

znęca|ć się ['znen-] (*-am*) (*nad I*) quälen, mißhandeln (*A*); **~nie się** *n* (*-a*) Drangsalierung *f*, Schikanieren *n*, Quälen *n*, Mißhandlung(en *pl.*) *f* (*nad I*/*G*).

znękany [znɛŋ'ka-] (*I*) geplagt, gequält (von); **~ życiem** lebensmüde.

znicz *m* (*-a*; *-e*) heiliges Feuer *d. Heiden*; ewige Flamme; Grablicht *n*; *Tech.* Zündflamme *f*; **~ olimpijski** Olympisches Feuer.

zniechęc|ać [-'xen-] (*-am*), ⟨**~ić**⟩ (*-cę*) entmutigen; die (ganze) Lust nehmen (*do G*/zu); **~ić się** sich entmutigen lassen; (*do G*) überdrüssig sein/werden (*G*), F genug haben (von); die Lust verlieren (an *D*); **~ający** [-'jon-] entmutigend, deprimierend; **~enie** *n* (*-a*; *0*) Teilnahmslosigkeit *f*, Gleichgültigkeit *f*; Überdruß *m*; Unlust(gefühl *n*) *f*; **~ić** *pf. s.* zniechęcać; **~ony** entmutigt; (*do G*) überdrüssig (*G*), angewidert (von).

zniecierpliwi|enie *n* (*-a*; *0*) Ungeduld *f*; Unruhe *f*, Gereiztheit *f*; **~ony** ungeduldig; unruhig, gereizt.

znieczul|ać (*-am*), ⟨**~ić**⟩ (*-lę*) *Med.* (örtlich) betäuben; *fig.* unempfindlich machen (*na A*/für); **~ający** [-'jon-] *Med.* anästhetisch; **środek** *-cy* Anästhetikum *n*; **~enie** *n* (*-a*) Anästhesie *f*, (örtliche) Betäubung *f; a.* = ~**ica** *f (-y; -e)* Gleichgültigkeit *f,* Gefühllosigkeit *f (na A/*gegenüber *D);* ~**ić** *pf. s. znieczulać.*

zniedołężni|ać *(-am),* ⟨~**ić**⟩ *(-cę)* ~**nie** *n (-a; 0)* Altersschwäche *f,* Hinfälligkeit *f.*

zniekształc|ać *(-am),* ⟨~**ić**⟩ *(-cę)* verunstalten; verzerren *(a. Tech.);* ~**ić się** sich deformieren; verzerrt werden.

zniemcz|ać *(-am),* ⟨~**yć**⟩ *(-ę)* germanisieren, eindeutschen.

znie|nacka *Adv.* plötzlich, unerwartet; ~**nawidzony** verhaßt; ~**ruchomiały** regungslos, (wie) erstarrt.

zniesieni|e *n (-a)* Abtragung *f;* Abschaffung *f,* Beseitigung *f;* ~**e** *za-kazu a.* Freigabe *f; nie do* ~**a** unerträglich, nicht zu ertragen.

zniesławi|ać [-ˈswa-] *(-am),* ⟨~**ć**⟩ *v/t* üble Nachrede verbreiten (über *A),* verleumden *(A);* ~**ający** [-ˈjɔn-] herabwürdigend, verleumderisch; ~**enie** *n (-a)* Verleumdung *f,* üble Nachrede, Rufmord *m.*

znieść *pf. s. znosić.*

zniewa|ga *f* Beleidigung *f;* Verunglimpfung *f;* ~**lać** *(-am),* ⟨znie-wolić⟩ *(-lę, -wól!)* bestricken, faszinieren; zwingen, nötigen *(do G/*zu*); (mst pf.) Frau* vergewaltigen; ~**lający** [-ˈjɔn-] *(-co)* Lächeln *usw.:* bestrickend, bezaubernd.

znieważ|ać *(-am),* ⟨~**yć**⟩ *(czynnie* tätlich*)* beleidigen; verunglimpfen; beschimpfen, schmähen; ~**enie** *n (-a) s. zniewaga.*

zniewieści|ały verweichlicht, weibisch, unmännlich; ~**eć** [-ˈɕɛɕ-] *pf. (-eje)* weibliche *(od.* feminine*)* Züge bekommen, unmännlich wirken.

zniewolić *pf. s. zniewalać.*

znik|ać *(-am),* ⟨~**nąć**⟩ verschwinden; *den Blicken* entschwinden; *vgl. ginąć, przepadać.*

znikąd [-kɔnt] *Adv.* nirgend(s)her, von nirgendwoher.

znikczemni|ały niederträchtig, erbärmlich; ~**eć** [-ˈtʃɛm-] *pf. (-eje)* verkommen, (moralisch) sinken.

znik|nąć *pf. s. niknąć, znikać;* ~**nięcie** [-ˈnɛn-] *n (-a)* Verschwinden *n;* ~**omy** (-mo) sehr klein, winzig; unbedeutend, geringfügig; vergänglich, kurz.

zniszcz|enie *n (-a)* Zerstörung *f;* Vernichtung *f;* Verwüstung *f;* ~**ony**

zerstört; vernichtet; verwüstet; abgelebt; zerrüttet, ruiniert; abgetragen, zerschlissen; *Hände:* abgearbeitet.

zniweczać *(-am) s. niweczyć.*

zniż|ać *(-am),* ⟨~**yć**⟩ *(-ę)* niedriger machen; beugen, neigen, senken *(a. Stimme); Preis* herabsetzen; ~**ać** ⟨~**yć**⟩ **się** (nieder)sinken; *Gelände:* abfallen, sich senken; *Flugzeug:* niedergehen; *fig.* sich herablassen; *vgl. ob-, poniżać (się);* ~**enie** *n (-a),* ~**ka** *f (-i; G -żek) (Preis-)*Nachlaß *m,* Ermäßigung *f; (Druck-)*Abfall *m; Fin.* Baisse *f;* ~**ka** *formy* Konditionstief *n;* ~**kować** *(-uję) Preis:* fallen, sinken; *Kurse* nachgeben, nach unten tendieren; ~**kowy** ermäßigt; *Fin.* Baisse-, fallend, rückgängig; *po cenie* ~**wej** *a.* zum Vorzugspreis; ~**yć** *pf. s. zniżać.*

znojny *Arbeit:* schwer, mühsam; †
Tag: heiß (und schwül).

znormalizowany genormt, Norm-.

zno|sić[1], ⟨znieść⟩ *v/t* her-, hinuntertragen, -bringen; zusammentragen; *Gebäude usw.* abtragen; *Ufer* wegspülen; *Gesetz* abschaffen, aufheben; *Wind, Strömung:* vom Kurs abbringen; *Leid* ertragen, erdulden; *Eier* legen; *(a. v/i)* vertragen; dulden; ~**sić** ⟨znieść⟩ **się** sich in Verbindung setzen (z *I/*mit); ~**sić[2]** *pf. Kleider* abtragen; ~**szenie** *n Mar., Flgw.* Abtrift *f; (jaj)* Eiablage *f; s. zniesienie;* ~**śny** erträglich, leidlich; ~**welizowany** *Gesetz:* (ab)geändert, in der neuen Fassung.

znowu, ~**ż** *Adv.* wieder; nochmals, abermals; wiederum.

znój *m (-oju; -oje) lit.* Mühe(n *pl.*) *f,* Schweiß *m;* † *a. (Sommer-)*Hitze *f.*

znów *Adv. s. znowu.*

znudzeni|e *n (-a; 0)* Langeweile *f; do* ~**a** bis zum Überdruß; *ze* ~**em** gelangweilt.

znudz|ić *pf.* langweilen; ~**ić** *sobie (A),* ~**ić się (I)* überdrüssig werden *(G), F* genug haben (von); ~**ony** gelangweilt; überdrüssig *(I/G).*

znuż|enie *n (-a)* Mattigkeit *f,* Müdigkeit *f;* ~**ony** müde, matt, erschöpft.

zobaczeni|e *n (-a):* coś *do* ~**a** et. zu sehen; *do (rychłego)* ~**a!** auf (baldiges) Wiedersehen!

zobaczyć *pf. (ponownie wieder-)* sehen (się sich); *vgl. spostrzegać.*

zobojętniać   586

zobojętni|ać [-'jɛnt-] (*-am*), ⟨~ć⟩ (*-ę, -nij!*) neutralisieren (się sich); **~ały** gleichgültig; **~enie** n (*-a*) Neutralisation f; s. obojętność.

zobowiąz|ać pf. s. zobowiązywać; **~anie** n Verpflichtung f; Verbindlichkeit f; Jur. Schuldverhältnis n; bez ~ania freibleibend; unverbindlich; ohne Obligo; **~any** verpflichtet; verbunden (k-u za A/j-m für); **~ywać** (-uję), ⟨~ać⟩ verpflichten (się sich; do G/zu).

zoczyć pf. (-ę) erblicken.

zodiak ['zɔ-] m (-u; 0) Zodiakus m, Tierkreis m; znak ~u Tierkreiszeichen n; **~alny** zodiakal.

zohydz|ać (-am), ⟨~ić⟩ (-dzę) j-m et. verekeln, verleiden, F vermiesen.

zowie s. zwać.

zol m (-u; -e) Chem. Sol n.

zolzy f/pl. (-/-ów) Med. Skrofulose f; Vet. Druse f.

zoo n (unv.) Zoo m; **~log** m (-a; -dzy/-owie) Zoologe m.

zoologia [-'lɔ-] f (G, D, L -ii; 0) Zoologie f; **~czny** zoologisch. [or-\]

zop-, zor- in Zssgn Verben s. op-,\]

zor|ganizowany organisiert; **~ientowany** orientiert, informiert (w L/über A).

zorza f (-y; -e, zórz) (Morgen-)Rot n, Röte f; ~ polarna Polar-, engS. Nordlicht n; fig. ~ wolności die Morgenröte der Freiheit.

zosta|(wa)ć bleiben (przy swoim, przy życiu bei s-r Meinung, am Leben); (+ Su., I) werden; **~ć** ministrem, żołnierzem Minister, Soldat werden; **~ć** zdrajcą zum Verräter werden; **~ć** żoną sie wurde s-e Frau; vgl. pozostawać; **~wi(a)ć** lassen; s. pozostawiać; **~w!** laß das!

zowąd [-vɔnt] s. ni.

zowie s. zwać.

zra|- in Zssgn Verben s. ra-; **~diofonizowany** an das Drahtfunknetz angeschlossen; **~molały** an Altersblödsinn leidend, P verblödet; **~niony** verwundet, verletzt.

zrastać się (-am), ⟨zrosnąć, zróść się⟩ zusammenwachsen.

zrasza|cz m (-a; -e) (Be-)Regner m, (Rasen-)Sprenger m; Sprinkler m; **~ć** (-am), ⟨zrosić⟩ beregnen, sprengen; berieseln (I/mit); s. a. rosić.

zraz m (-a; -y) Agr. (Pfropf-)Reis m; Anat. Lappen m; Kochk. Steak n; **~y** pl. a. gedünstete Lenden-

schnitt(ch)en; **~y** siekane Hackfleischklöße m/pl.; s. a. kotlet.

zrazić pf. s. zrażać.

zraz|ik m (-a; -i) Anat. Lobulus m; Kochk. s. zraz; **~owa** f (-ej; -e), **~ówka** f (-i; G -wek) Kochk. Schmorfleisch n.

zrazu lit. Adv. zuerst, anfangs.

zrażać (-am), ⟨zrazić⟩ (a. sobie, do siebie) j-n vor den Kopf stoßen, j-s Sympathie (od. Wohlwollen) verscherzen (I/durch); ~ się (do G) Abneigung fassen (gegen); nie ~ się (I) sich nicht abschrecken lassen (durch).

zrąb m (Haus-)Gebälk n; Rumpf m; Forst. Schlag m; Anat. Grundgewebe n; fig. zręby pl. Grundlagen f/pl.; **~ać** pf. Baum fällen, schlagen; Holz (zer)hacken; F fig. j-n fertigmachen.

zre|- in Zssgn Verben s. re-; **~alizowanie** n (-a) Verwirklichung f, Realisierung f; **~habilitowany** rehabilitiert; **~organizowany** reorganisiert.

zresztą Adv. übrigens, im übrigen.

zre|wanżowanie się n (-a) s. rewanż; **~widowanie** n (-a) s. rewizja; **~zygnowany** entmutigt.

zręczn|ościowy [zrɛnt∫-] Geschicklichkeits-; **~ość** f (-ści; 0) Geschick(lichkeit f) n, Gewandtheit f; Finger-, Hand-, Kunstfertigkeit f; **~y** geschickt, gewandt; s. sprytny.

zro- in Zssgn Verben s. ro-.

zrodz|enie n Erzeugung f, Hervorbringen n; **~ony:** -ny w małżeństwie Kind: ehelich.

zrogowac|enie n (-a) Verhornung f; **~iały** verhornt.

zro|pienie n Vereiterung f; **~sić** pf. s. zraszać; **~szony** feucht (I/von); **~snąć się** pf. s. zrastać; **~st** m Verwachsung f; **~śnięcie się** [-'ɕnɛn-] n Zusammenwachsen n; fig. Verwachsensein n; **~śnięty** [-'ɲɛn-] zusammengewachsen; verwachsen.

zrozpaczony verzweifelt.

zrozumia|łość f (-ści; 0) Verständlichkeit f; Faßlichkeit f; **~ły** (-le) (sam przez się selbst)verständlich.

zrozumieni|e n Verständnis n; dać do ~a zu verstehen geben; zu denken geben; ze ~em verständnisvoll.

zrób m (-obu; -oby) Bgb. Abbauhohlraum m; v/t Imp. v. zrobić.

zrówn|ać pf. s. zrównywać; **~anie** n

(-a) Anordnung f in e-r (geraden) Linie, Ausrichten n; Gleichstellung f; Ausgleich m; ~anie dnia z nocą Tag- und Nachtgleiche f; ~any gleichgestellt (z I/D).

zrównoważ|ać (-am), ⟨~yć⟩ ausgleichen; engS. kompensieren; neutralisieren; ins Gleichgewicht bringen, ausbalancieren; ~enie n (-a) Ausgleich(ung f) m; Ausgeglichenheit f; ~ony ausgeglichen, ruhig.

zrówn|ywać (-uje), ⟨~ać⟩ s. równać, wyrównywać; einebnen; ausrichten; gleichstellen, -setzen (z I/D); ~(yw)ać się (z I) einholen (A); gleichkommen (D), erreichen (A); ~ać z ziemią dem Erdboden gleichmachen.

zróż- in Zssgn Verben s. róż-; ~nicowanie n (-a) Differenzierung f.

zru- in Zssgn Verben s. ru-.

zrujnowany ruiniert; engS. zerstört, verdorben.

zrusz|ać, ⟨~yć⟩ Boden (auf)lockern.

zryczałtowany s. ryczałtowy.

zryw m (-u; -y) s. poryw; Sp. (a. Zwischen-)Spurt m; Kfz. Beschleunigung f; Tech. Reißen n; ~ać (-am), ⟨zerwać⟩ abreißen; Blumen (ab)pflücken; Dach abdecken; Beziehungen abbrechen; Verlobung lösen; F platzen lassen; (z I) sich trennen (von), brechen (mit); Kehle, Beine strapazieren; ~ać ⟨zerwać⟩ się (ab)reißen (v/i); sich losreißen; aufspringen, auffahren; losstürmen; Vogel: auffliegen, abstreichen; Wind: plötzlich aufkommen; ~ka f (-i; G -wek) Forst. Rücken n des Holzes.

zrządz|ać ['ʒɔn-] (-am), ⟨~ić⟩ es so fügen; ~enie n (-a) Fügung f.

zrze|czenie (się) n (-a) Verzicht (-leistung f) m, Entsagung f; ~kać się (-am), ⟨~c się⟩ (G) verzichten (auf A), entsagen (D).

zrzesz|ać (-am), ⟨~yć⟩ (-ę) vereinigen, zusammenschließen (się sich); ~enie n (-a) Zusammenschluß m, Vereinigung f; (Berufs-)Verband m, Organisation f; ~ony verein(ig)t, organisiert.

zrzę|da ['ʒɛn-] m/f (-y; G -ów/-) Griesgram m, Nörgler(in f) m, (Haus-)Drachen m; ~dny mürrisch, griesgrämig, nörgelig; ~dzić (-dzę) murren, brummen, nörgeln.

zrzuc|ać, ⟨~ić⟩ her- od. hinunterwerfen; abwerfen; Fallschirmtruppen absetzen; Schuld (z siebie von sich) abwälzen, abschieben; Maske a. fallen lassen; Kleider ablegen.

zrzut m Flgw. Abwurf m; Geol. Verwerfung f; Ausstoß m v. Schadstoffen; ~ek m (-tka; -tkowie) Fallschirmspringer m; ~ka f (-i; G -tek) abgeworfene (Spiel-)Karte; ~owisko n (-a) Abwurfstelle f; Absetzraum m.

zrzyn m (-u; -y), ~a f (-y): ~y pl. (Holz-)Verschnitt m; ~ać (-am), ⟨zerznąć, -rznąć⟩ abschneiden; absägen; F fig. abschreiben; (mst pf.) j-m das Fell gerben; ~ek m s. obrzynek.

zsadz|ać, ⟨~ić⟩ herunternehmen; beim Ab- od. Aussteigen helfen.

zsiadać, ⟨zsiąść⟩ v. Pferd, Rad absteigen (z G/von); ~ się Milch: gerinnen, dick werden. [färbt.]

zsiniały blau angelaufen od. ver-

zso- in Zssgn Verben s. so-.

zstąpić pf. s. zstępować.

zstęp|nica ['sːtɛmp-] f (-y; -e) Anat. absteigender Dickdarm; ~ny absteigend; ~ować (-uję), ⟨zstąpić⟩ herab-, hinab-, hinunter-, heruntersteigen (po schodach die Treppe); ~ujący ['-jɔn-] absteigend.

zsu|mow(yw)ać (-[w]uję) addieren, zusammenzählen; summieren (się sich); ~nąć pf. s. zsuwać.

zsuw m (Erd-)Rutsch m; ~ać, ⟨zsunąć⟩ (weg)schieben (z G/von); abstreifen; zusammenschieben; ~ać ⟨zsunąć⟩ się (ab)rutschen (z G/von); zusammenrücken; sich zusammenschieben; ~nia ['sːuv-] f (-i; -e, -i) Tech. Rutsche f.

zsychać (się) (-am), ⟨zeschnąć(się)⟩ Pflanze: verdorren; Boden, Brot: aus-, vertrocknen, hart werden.

zsyl|ać (-am), ⟨zesłać⟩ (L. słać[1]) senden, schicken; Unglück bringen; Person verbannen, in die Verbannung schicken; ~ka f (-i; G -łek) Verbannung f.

zsyp m (-u; -y) (Hinein-)Schütten n; ~ na śmieci Müllschacht m; ~schlucker m; ~ać pf. s. zsypywać; ~isko n (-a) (Müll-)Deponie f; (Schutt-)Abladeplatz m; ~owy (Elm-)Schütt-, ~ywać (-uję), ⟨~ać⟩ (hinein)schütten (do G/in A); ~(yw)ać się herabrieseln.

zsza- , zsze-, zszy- in Zssgn Verben s. sza-, sze-, szy-.

zszy|wacz m (-a; -e) (Büro-)Hefter m; ~**wać** (-am), ⟨~ć⟩ zusammennähen; zusammenheften; Wunde zunähen; ~**warka** f (-i; G -rek) Heftmaschine f; ~**wka** f (-i; G -wek) Heftklammer f.

zubożały verarmt.

zuch m (-a; -y) richtiger Kerl, F Mords-, Teufelskerl m; (Pfadfinder-)Wölfling m; ~ z ciebie! gut gemacht!; ~**owaty** (-to) schneidig, forsch.

zuchwa|le Adv. s. zuchwały; ~**lec** m (-lca; -lcy) Frechling m, dreister Kerl; ~**lstwo** n (-a), ~**łość** f (-ści; 0) Frechheit f, Dreistigkeit f; Vermessenheit f; Verwegenheit f; ~**ły** (-le) frech, (toll)dreist; naßforsch; vermessen; verwegen.

zupa f (-y) Suppe f; ~ na mięsie Fleischbrühe f; ~ w proszku Fertig-, F Päckchensuppe.

zupełn|ie Adv. = ~**ość** f (-ści; 0): w ~ości zur Gänze, ganz (und gar); vollinhaltlich; a. = ~**y** völlig; vollständig, vollkommen; vgl. całkowity.

zuży|cie n (-a) Verbrauch m; (a. się) Verschleiß m, Abnutzung f; ~**ć** pf. s. zużywać.

zużyt|kow(yw)ać verwerten; s. zużywać; ~**y** verbraucht; abgenutzt; Abfall-; ~**a para** Abdampf m.

zuży|wać (-am), ⟨~ć⟩ auf-, verbrauchen; abnutzen, -nützen (się sich); ~**ć się** a. verbraucht sein; ~**wanie się** n (-a; 0) s. zużycie (się).

zwabia|ć ['zva-] (-am), ⟨~ć⟩ an-}[locken.]
zwa|ć (L.) nennen (się sich); ~**ć się** a. heißen; tak ~ny sogenannt; co się zowie ordentlich; erstklassig.

zwada f (-y) lit. Streit m.

zwal|ać (-am), ⟨~ić⟩ auftürmen, auf e-n Haufen werfen; abladen, auskippen; Baum umstürzen; Pflicht, Schuld usw. abwälzen; aufhalsen (na A/D); ~**ić z nóg** j-n niederstrecken, zu Boden schlagen; ~**ać** ⟨~ić⟩ się herab-, herunterfallen; (um)stürzen; Decke: einstürzen; F ~**ić się k-u na kark** j-n überfallen (fig.); Pflichten: j-m unerwartet zufallen; ~**czać** (-am), ⟨~czyć⟩ bekämpfen (się sich/einander); (versuchen zu) überwinden, meistern; ~**czanie** n (-a; 0) (hałasów, szkodników Lärm-, Schädlings-)Bekämp-

fung f; ~**czyć** pf. s. zwalczać; ~**ić** pf. s. zwalać; ~**iska** n/pl. (-) Ruinen f/pl., Trümmer pl.; ~**isty** wuchtig, schwer.

zwalnia|cz ['zval-] m (-a; -e) Wagen-, Papier- od. Randlöser m; (Fallschirm-)Abzugsring m; ~**ć** (-am), ⟨zwolnić⟩ (-ę, -nij!) v/t verlangsamen, drosseln; Gurt lösen; Zimmer, Platz frei machen, räumen; befreien (od G/von); (z G) entlassen (aus D); enthben (G); freilassen; Mar. abmustern (się v/i); v/i langsamer werden; zwolnić się sich frei machen, sich befreien (od G/von); frei werden; zwolnić się z posady ausscheiden, e-e Stellung aufgeben; ~**nie** n (-a) Verlangsamung f; Befreiung f; s. zwolnienie.

zwał m Halde f, Kippe f; ~**y** pl. a. (Schnee-, Wolken-)Massen f/pl.; ~**owisko** n (-a) Kipphalde f; ~**owy** Geol. Geschiebe-.

zwany s. zwać.

zwapnienie n (-a) Verkalkung f.

zwarcie[1] ['zva-] n (-a) Schließen n, Zusammendrücken n; El. Kurzschluß m; Gr. Verschluß m; Box-, Fecht-Sp. Nahkampf m; ~[2] Adv. s. zwarty.

zwariowany [-rjo'va-] verrückt, närrisch, F übergeschnappt, -kandidelt; ~ na punkcie koni er ist ein Pferdenarr.

zwart|o Adv. s. zwarty; ~**ość** f (-ści; 0) Dichte f, Kompaktheit f; Gedrängtheit f; fig. Geschlossenheit f; ~**y** (-cie, -to) dicht, kompakt; gedrängt, eng; fig. geschlossen.

zwarzony Milch: geronnen, F dick; Pflanze: erfroren, welk.

zważ|ać (-am) (na A) acht(geb)en (auf A); berücksichtigen (A), Rücksicht nehmen (auf A); nie ~**ać** nicht beachten (A); nie ~**ając na** (A) ungeachtet (G); nie ~**ając na nic** F drauflos, ohne Rücksicht auf Verluste; ~**yć** pf. s. ważyć; ~**wszy, że** ... in Anbetracht dessen, daß ...

zwąchać (A) wittern, riechen (A), Wind bekommen (von); F ~ się sich zusammentun.

zważ|pić pf. (w A, o L) be-, anzweifeln (A); verzweifeln (an D), jede Hoffnung aufgeben (auf A); ~**enie** n Zweifel m; Verzweiflung f; Verzagtheit f.

zwędzić F *pf.* klauen, mitgehen lassen.

zwęgl|ać ['zvɛŋg-] (-am), ⟨~ić⟩ (-lę) verkohlen (się v/i).

zwę|żać (-am), ⟨~zić⟩ (-żę) verengen (się sich); *Kleid* enger machen; *fig.* einengen; ~żka f (-i; G -żek) *Tech.* Reduktionsmuffe f.

zwia|ć *pf. s.* zwiewać; ~d [zvat, '-du] m (-u; -y) *Mil.* Aufklärung f; Spähtrupp m; ~dowca m (-y; G -ów) *Mil.* Kundschafter m, Späher m; ~dowczy Aufklärungs-, Späh-.

zwiastowa|ć *pf.* (-uję) ankündigen; (ver)künden; 2nie n (-a) *Rel.* (Mariä) Verkündigung f.

zwiastu|jący [-'jon-] kündend (A/von); ~n m (-a; -y/-owie) Verkünder m; Vorbote m; *Med.* erstes (An-)Zeichen; ~n wiosny Frühlingsbote.

związ|ać *pf. s.* związywać; ~any gebunden (a. *Chem.*); verbunden, verknüpft (z I/mit); ~ek m (-zku; -zki) (Ver-)Bindung f; Zusammenhang m; Beziehung f; *Chem.* Verbindung f; Verband m; (*państw* Staaten-)Bund m; ~ek zawodowy Gewerkschaft(sorganisation) f; ~ek (*ski*) małżeński(e) Ehe(bund m) f; w ~ku z (I) im Zusammenhang mit; bez ~ku zusammenhanglos.

związkow|iec [-'kɔ-] m (-wca; -wcy) Gewerkschaftler m; ~y Verbands-; Bundes-; Gewerkschafts-, gewerkschaftlich.

związ|ywać (-uję), ⟨~ać⟩ (zusammen)binden; verbinden; ~(yw)ać się sich (ver)binden.

zwichn|ąć [-nontɕ] *pf.* (-nę) aus-, verrenken; *fig.* zerstören, F verpfuschen; ~ięcie [-'ŋɛn-] n (-a) Verrenkung f. [(-am) s. wichrzyć.)

zwich|rowany windschief; ~rzać↵

zwiedz|ać (-am), ⟨~ić⟩ (-dzę) besuchen, besichtigen; *Land* a. bereisen; ~ający [-'jon-] m (-ego; -y) (Museums-)Besucher m; *engS.* Tourist m; ~anie n (-a) Besichtigung f.

zwielokrotni|ać [-'krɔt-] (-am), ⟨~ć⟩ (-ę; -nij/) vervielfältigen.

zwiera|cz m (-a; -e) *Anat.* Schließmuskel m; ~ć (-am), ⟨zewrzeć⟩ (L.) schließen (się sich).

zwierciad|lany Spiegel-; *fig.* spiegelglatt; ~ło n (-a; G -deł) (*krzywe, wklęsłe* Zerr- od. Vexier-, Hohl-) Spiegel m (a. *fig.*); ~łowy Spiegel-.

zwierz [zvɛʃ, '-ʒa] m (-a; -e) Tier n; *JSpr. s.* zwierzyna.

zwierz|ać (-am), ⟨~yć⟩ *Geheimnis* anvertrauen; ~ać ⟨~yć⟩ się (sich) offenbaren, vertraulich erzählen (D, przed I/D; z G/A).

zwierz|ak F m (-a; -i), ~ątko [-'ʒɔnt-] n (-a; G -tek) Tierchen n.

zwierzchni höher(stehend), Ober-, vorgesetzt; ~ctwo n (-a; 0) Leitung f, Befehl m; *koll.* die Vorgesetzten, Obrigkeit f; ~czka f (-i; G -czek), ~k m (-a; -cy) Vorgesetzte(r), Chef(in f) m.

zwierzeni|e n Bekenntnis n, Geständnis n; ~a miłosne a. Liebesgeheimnisse n/pl.

zwierzę n (-ęcia; -ęta) Tier n; *fig.* a. Vieh n; ~cieć [-'ʒɛn-] (ze-) (-eję) zum Tier werden, vertieren, -rohen; ~ćość f (-ści; 0) Vertiertheit f, Bestialität f; ~cy (-co) tierisch, Tier-. [bestand m.)

zwierzostan m Tier-, *engS.* Wild-↵

zwierzyć *pf. s.* zwierzać.

zwierzyn|a f (-y) Tiere n/pl.; *JSpr.* (*czarna, gruba, koczująca, lotna, płowa* Schwarz-, Groß-, Wechsel-, Flug-, Rot-)Wild n; ~iec [-'ʒi-] m (-ńca; -ńce) Tiergarten m, Zoo m.

zwie|szać, ⟨~sić⟩ (-szę) hängenlassen; sinken lassen; baumeln lassen; ~szać ⟨~sić⟩ się (herab)hängen (v/i); ~ść *pf. s.* zwodzić.

zwietrz|ały verwittert; *Bier:* abgestanden, schal; *Parfüm:* alt, ohne Duft; ~elina f (-y) Verwitterungsprodukt n.

zwiew|ać (-am), ⟨zwiać⟩ v/t wegblasen; F v/i abhauen, verduften; ~ny duftig, hauchzart.

zwieźć *pf. s.* zwozić.

zwiędnięty [zvjɛnd'ŋɛn-] verwelkt.

zwiększ|ać (-am), ⟨~yć⟩ (się sich) vergrößern; vermehren; erhöhen, steigern; ~yć się a. zunehmen, anwachsen; ~enie n (-a) Vergrößerung f; Vermehrung f; Erhöhung f, Steigerung f; Zunahme f.

zwięzł|ość f (-ści; 0) Kürze f, Bündigkeit f, Gedrängtheit f; ~y (-źle) kurz, knapp, bündig.

zwi|jać (-am), ⟨~nąć⟩ [-nontɕ] (-nę, -ń!) (auf)wickeln; zusammen-, aufrollen; *Lager* abbrechen, *Geschäft, Wohnung* auflösen; *Faust* ballen; ~jać ⟨~nąć⟩ się sich zusammenrollen; sich winden (z bólu vor Schmerzen); F *fig. s. uwijać się*; **~jak** m (-a; -i) Trommel f, Haspel f; **~jarka** f (-i; G -rek) Wickelmaschine f; **~jka** f (-i; G -jek) Blättchen n Zigarettenpapier.

zwilgotniały feucht.

zwilż|acz m (-a; -e) Netzmittel n; **~acz powietrza** Luftbefeuchter m; a. = **~aczka** f (-i; G -czek) (Briefmarken-)Anfeuchter m; **~ać** (-am), ⟨~yć⟩ (-ę) anfeuchten; benetzen.

zwin|ąć pf. s. zwijać; **~ka** f (-i; G -nek) Zo. Zauneidechse f; **~ny** flink, behend(e); gewandt.

zwiotczały schlaff, erschlafft; Haut a.: welk.

zwis m (-u; -y) Tech. Durchhang m; Flgw. Querneigung f; Sp. Hang m; **~ać** (-am), ⟨~nąć⟩ [-nɔŋtɕ] (-nę, -ł) herab-, herunterhängen (v/i); **~ły** (herab)hängend.

zwit|ek m (-tka; -tki) s. zwój; **~ka** f (-i; G -tek) (Draht-)Litze f.

zwle|kać (-am), ⟨~c⟩ v/t Hemd ausziehen; v/i (mst impf.) zögern, säumen, warten (z I/mit); verzögern, -schleppen (z I/A); **~kać** ⟨~c⟩ się (mühsam) aufstehen; **~kanie** n (-a) Zögern n, Warten n.

zwłaszcza Adv. besonders, insbesondere, zumal.

zwłok|a f (-i) Verzögerung f; Aufschub m, Fristung f; Säumnis f; (w zapłacie Zahlungs-)Verzug m; grać na **~ę** hinziehen, verschleppen; bez **~i** a. unverzüglich; dni **~i** Hdl. Respekttage m/pl.

zwłoki pl. (-) Leiche f, Leichnam m.

zwod|niczy (-czo) trügerisch; **~y** pl. v. zwód.

zwodz|ić, ⟨zwieść⟩ täuschen, irreführen; **~ony** s. most.

zwoj e pl. v. zwój; **~nica** f (-y; -e) El. Spule f; **~owy** Roll-.

zwolenni|czka f (-i; G -czek), **~k** m (-a; -cy) Anhänger(in f) m; engS. Befürworter(in f) m.

zwolnić pf. s. zwalniać.

zwolnieni|e n (-a) Nachlassen n, Verlangsamung f; Auslösung f, Freigabe f (a. Tech.); Entlassung f; Freilassung f; Befreiung f, Freistellung f (od G/von); Räumung f, Freimachen n; (a. dowód **~a**) Entlassungsschein m; **~e lekarskie** Krankheitsattest n.

zwolniony verlangsamt; Zeitlupen-; (z więzienia haft)entlassen.

zwoł|ywać (-uję), ⟨~ać⟩ zusammenrufen, versammeln; Sitzung einberufen, anberaumen; **~(yw)ać się** einander rufen; sich anlocken.

zwor|a f (-y) El. Anker m; a. = **~nica** f (-y; -e) Schraubzwinge f; **~nik** m (-a; -i) Arch. Schlußstein m.

zwód m (-odu; -ody) Sp. Finte f.

zwój m (-oju; -oje) (Papier-, Draht-) Rolle f; Mar. (Tau-)Bucht f; El. Windung f; Ring m; ~ nerwowy Ganglion n; **~kowate** pl. (-ych) Zo. Wickler m/pl.

zwózka f (-i; 0) Einbringen n d. Ernte; Anfuhr f, Transport m.

zwracać, ⟨zwrócić⟩ zurückgeben; engS. zurückerstatten, -zahlen, -schicken; (rück)vergüten; Blick, Bitte richten; Kopf wenden; ~ się (do G) sich wenden (an A, zu); sich zuwenden (D); Aufwendungen: sich lohnen.

zwrot m (-u; -y) Rückgabe f; Rückzahlung f, -sendung f; Rückvergütung f, -erstattung f; Wendung f (a. fig., Gr.); ~ w tył Kehrtwendung; ~ frazeologiczny Redewendung; **~ka** f (-i; G -tek) Strophe f.

zwrotni|ca f (-y; -e) Esb., Fmw. Weiche f; Kfz. (Vorder-)Achsschenkel m; **~cowy** Weichen-, **~czy** m (-ego; -owie) Weichenwärter m; **~k** m (-a; -i) Wendekreis m; **~kowy** tropisch, Tropen-.

zwrotn|ość f (-ści; 0) Wendigkeit f; **~y** Wende-; rückzahlbar; Fahrzeug: wendig; Tech. Rück-; Gr. reflexiv.

zwróc|enie n (-a) s. zwrot; **~enie uwagi** Beachtung f; Zurechtweisung f, Verweis m; **~ić** pf. s. zwracać.

zwycięs|ki (-ko) siegreich; Sieges-; **~two** n (-a) Sieg m.

zwycię|zca m (-y; G -ów) Sieger m; Gewinner m; **~żać** (-am), ⟨~żyć⟩ (-ę) v/i siegen; gewinnen; v/t besiegen; ⟨~żony⟩ (Psf. -żeni) besiegt, geschlagen.

zwyczaj m (-u; -e) (An-)Gewohnheit f; Usus m; (Volks-)Brauch m; **~em** (G) nach... Sitte; **~ny** einfach, gewöhnlich; Professor: ordentlich; Soldat a.: gemein; **~owy** Gewohnheits-; (a. -wo) gewohnheitsrechtlich.

zwyk|ły (-le) üblich, normal; gewöhnlich; Adv. **~le** a. normaler-, üblicherweise; *jak ~le a.* wie gewohnt; *~lej jakości a.* handelsüblich.

zwyrodni|alec *m (-lca; -lcy)* Unhold *m*, Unmensch *m*; *~ały s.* **wyrodny**; *~enie n (-a)* Entartung *f*.

zwyżk|a *f (-i; G -żek)* Erhöhung *f*, Steigerung *f*; Anstieg *m*; Hausse *f*; *~ować (-uję)* steigen; *~owanie n (-a) Hdl.* Aufwärtsbewegung *f*; *(Preis-)*Auftrieb *m*; *~owy* Steigerungs-, Anstiegs-; Auftriebs-.

zydel *m (-dla; -dle)* Schemel *m*.

zygzak *m (-u; -i)* Zickzack(linie *f*) *m*; *~owaty (-to)* zickzackförmig.

zysk *m (-u; -i)* Gewinn *m*, Profit *m*; *z ~iem a.* gewinnbringend; *~iwać (-uję), ⟨~ać⟩ (-am)* verdienen *(na L/*bei); gewinnen *(a. fig., j-n; na czasie* Zeit; *na wartości* an Wert); profitieren *(na tym* davon, dabei); *Berühmtheit* erlangen; *~owny* einträglich, gewinnbringend, lukrativ.

zza *Prp. (G)* hinter *(D)* hervor.

zziaja|ć się *pf. (-am)* außer Atem kommen; *~ny* außer Atem, F japsend; *Hund:* hechelnd.

zzielenieć *pf.* grün werden.

zziębnięty [z:emb'nɛn-] durchgefroren; starr vor Kälte.

zzu|wać F *(-am), ⟨~ć⟩ (-ję)* Schuhe ausziehen.

zżąć *pf. s.* **zżynać**.

zżerać *(-am), ⟨zeżreć⟩ (wie żreć; zżarł)* (auf)fressen; zerfressen.

zżółknięty [-'nɛn-] gelb, vergilbt.

zżu|wać *(-am), ⟨~ć⟩* zerkauen.

zży|ć się *pf. s.* zżywać się; *~mać się (-am)* sich empören *od.* entrüsten *(na A/*über *A); ~mał się na (samą) myśl o tym* es schauderte ihn bei diesem Gedanken; *~nać (-am), ⟨zżąć⟩* (ab)mähen; *~wać się (-am), ⟨~ć się⟩ (z I)* sich gewöhnen (an *A),* sich (allmählich) anfreunden, vertraut werden (mit); F sich zusammenraufen.

Ź

ździeb|ełko *n (-a; G -łek), ~ko n (-a; G-bek)* F *fig.* ein (klein) bißchen.

ździerca *m s.* zdzierca.

ździra *f s.* zdzira.

źdźbło *n (-a; G -beł) (Gras-)*Halm *m*; F *fig.* bißchen.

źle *Adv. (Komp. gorzej)* schlecht; *engS.* schlimm, übel; F *mieć ~ w głowie* nicht ganz richtig im Kopf sein; *z nim jest ~* es steht schlecht mit ihm.

źleb *m s.* żleb.

źreb|ak *m (-a; -i), ~iątko* [-'bont-] *n (-a; G -tek) s.* źrebię; *~ić się ⟨o-⟩*

(-ę) fohlen; *~ię n (-ęcia; -ęta)* Fohlen *n*, Füllen *n*; *~ięcy* [-'bɛn-] Fohlen-; *~na Stute:* tragend, trächtig.

źrenic|a *f (-y; -e)* Pupille *f*; *~owy* Pupillen-.

źródł|ełko *n (-a; G -łek)* kleine *(Wasser-)*Quelle *f*; *~lany: woda ~na* Quellwasser *n*; *~lisko n (-a) (Fluß-)*Quellgebiet *n*; *~ło n (-a; G -deł)* Quelle *f*; *(Mineral-)*Brunnen *m*; *gorące ~ło a.* Therme *f*; *fig. a.* Ursprung *m*; *poet.* Born *m*; *~łowy* Quell(en)-.

żab|a f (-y) Frosch m; **~i** Frosch-; **~ieniec** [-'be-] m (-ńca; -ńce) Bot. Froschlöffel m; **~ka** f (-i; G -bek) kleiner Frosch; Zo. ~ka zielona od. drzewna Laubfrosch; fig. (Schuh-) Stoßplatte f; Mus., Arch. Frosch m; F a. Rohrzange f; Sp. Brustschwimmen m; **~karka** F f (-i; G -rek), **~karz** F m (-a; -e) Brustschwimmer(in f) m; **~kować** (-uję) Typ. unterführen; **~nica** f (-y; -e) Zo. s. nawęd.

żabot m (-u; -y) Jabot n.

żach|ać się (-am), ⟨~nąć się⟩ [-nǫtɕ] (-nę) sich entrüsten (na A/ über A); entrüstet zurückweisen.

żad|en (~na f, ~ne n, pl.) Pron. kein(er), nicht ein(er); niemand; za ~ne skarby (świata) für nichts in der Welt; to ~na pociecha das ist ein schwacher Trost.

żagiel ['ʒa-] m (-gla; -gle) Segel n; **~ek** m (-lka; -lki) Arch. (Hänge-) Zwickel m; Bot. Fahne f, Wimpel m.

żagiew ['ʒa-] f (-gwi; -gwie) brennendes (Holz-)Scheit; (Brand-) Fackel f (a. fig.); Bot. s. huba.

żaglomistrz m Segelmacher m.

żaglow|ać (-uję) segeln; **~iec** [-'lɔ-] m (-wca; -wce) Segelschiff n, Segler m; **~iec szkolny** Segelschulschiff; **~y** Segel-.   [n, -jacht f.]

żaglówka f (-i; G -wek) Segelboot}

żak¹ m (-a; -i) hist. Schüler m; Studiker m, Studiosus m.

żak² m (-a; -i) Reuse f.

żakard m (-u; -y) Jacquard m.

żakie|cik m (-a; -i) Jäckchen n; **~t** ['ʒa-] m (-u; -y) (Kostüm-)Jacke f.

żal m (-u; -e) Leid n, Schmerz m, Kummer m; Reue f; Groll m; nur pl. ~e Klagen f/pl., Jammern n; (als Prädikat) leid; bardzo mi ~ es tut mir sehr leid; ~ mi go er tut mir leid; ~ mu (G) es tut ihm um ... leid; czuć (od. mieć) ~ a. grollen, F böse sein (do G/D); **~ić się** ⟨po-⟩ (-lę) (sich be)klagen.

żaluzja f (-i; -e) Jalousie f.

żałob|a f (-y; 0) Trauer f; F fig. (Fingernägel-)Trauerränder m/pl.;

roczna ~a Trauerjahr n; okryć się ~ą trauern (z powodu śmierci G/um A); **~nik** m (-a; -cy) Sargträger m; † a. Trauergast m; (pl. -i) Zo. Trauermantel m; **~ny** Trauer-; msza ~na Totenmesse f.

żało|sny (-śnie) kläglich; wehmütig; **~ść** f (-ści; 0) Wehmut f; † a. Leid n, Schmerz m; **~wać** ⟨po-⟩ (-uję) (G) beklagen (A), trauern (um A); bedauern (A); bemitleiden (A); bereuen (A); (sobie sich) versagen (A), knausern (mit); nie ~wać a. gönnen; nicht scheuen (G/A).

żandarm m (-a; -i) Gendarm m; Mil. a. Feldjäger m; **~eria** [-'me-] f (G, D, L -ii; -e) Gendarmerie f.

żar m (-u; 0) Glut f (a. fig.).   [m.}

żarcie ['ʒar-] n (-a) Fressen n, Fraß}

żarcik m (-a; -i) Späßchen m.

żardynier|a [-'nɛ-] f (-y), **~ka** f (-i; G -rek) Blumenständer m.

żargon m (-u; -y) Jargon m, Slang m.

żarliw|iec [-'li-] m (-wca; -wcy) Eiferer m, Fanatiker m; **~y** (-wie) inbrünstig; leidenschaftlich, eifrig.

żarłacz m (-a; -e) (ludojad Menschen- od. Blau-)Hai m.

żaroczn|ość f (-ści; 0) Gefräßigkeit f, Freßgier f; **~y** gefräßig; na Adv. gierig.

żarłok m (-a; -i) fig. Vielfraß m.

żarn|a n/pl. (-/-ren) (primitive) Handmühle; Tech. Mahlgang m; **~owiec** [-'nɔ-] m (-wca; -wce) Bot. Besenginster m.

żaro|odporny hitze-, hochtemperaturbeständig; **~wy** Glüh-.

żarówka f (-i; G -wek) Glühlampe f, -birne f; ~ błyskowa Blitz(licht)lampe.

żart m (-u; -y) Spaß m, Scherz m; złośliwy ~ a. böser Streich; ~em, na ~y, dla ~u aus (od. zum) Spaß od. Scherz; nie na ~y ernstlich; to nie ~y das ist nicht zum Lachen; damit treibt man k-n Scherz; wolne ~y, nie ma ~ów Spaß (od. Scherz) beiseite; z nim nie ma ~ów mit ihm ist nicht zu spaßen; nie znać się na ~ach k-n Spaß verstehen.

żarto|bliwy (-wie) scherzhaft; Scherz-; **~wać** ⟨za-⟩ (-uję) scherzen, spaßen; Spaß treiben (z G/mit); **~wniś** m (-sia; -sie) Spaßvogel m. [~owy Glüh-.]

żarzeni|e się n (-a) Glühen n;]

żarzyć (-ę) v/t ⟨wy-⟩ glühen; **~ się** glühen (v/i); glimmen. [mähen.]

żąć [ʒɔ̃tɕ] ⟨z-⟩ ⟨żnę⟩ (mit d. Sichel)

żąda|ć ['ʒɔn-] ⟨za-⟩ (-am) fordern, verlangen (G/A); beanspruchen; **~nie** n (-a) (podwyżki płac Lohn-) Forderung f; Verlangen n; Anspruch m.

żądło ['ʒɔn-] n (-a; G -deł) (Bienen-) Stachel m.

żądny ['ʒɔn-] (G) -begierig, -süchtig; **~ wiedzy** wissensdurstig, bildungsbeflissen.

żądza ['ʒɔn-] f (-y; -e) Begierde f; (Mord-, Rach-)Sucht f; **~ wiedzy** Wissensdurst m; **~ władzy** Machtstreben n.

żbik m (-a; -i) Wildkatze f.

że Kj. daß; dlatego **~** weil; ledwo **~** kaum; mimo **~** obwohl, obschon; omal **~** nie fast, beinahe; tyle **~** nur, bloß.

-że (Verstärkungspartikel) doch; siadajże! setz dich doch!

żeberk|o n (-a; G -rek) Tech., Bot. Rippe f; Kochk. **~a** Rippchen n/pl.; **~owany**, **~ow(at)y** gerippt.

żebra|ctwo n (-a; 0) Betteln n; Bettelvolk n; **~czka** f s. żebrak; **~czy** Bettel-; **~ć** (-brzę, -brz!) betteln; **~k** m (-a; -cy), **~czka** f (-i; G -czek) Bettler(in f) m; **~nina** f (-y; 0) Bettelei f.

żebro n (-a; G -ber) Rippe f; **~wany** gerippt, Rippen-; **~wy** Rippen-.

żebry P pl. (-ów): chodzić na **~** betteln gehen.

żeby Kj. um zu; daß; (selbst) wenn; chyba **~** es sei denn.

żega|dło n (-a; G -deł) Med. Kauter m; **~wka** f (-i; G -wek) kleine Brennnessel.

żeglar|ek m (-rka; -rki) Zo. Papierboot n; Segelfalter m; **~ka** f (-i; G -rek) Segelsportlerin f; **~ski** nautisch; Seemanns-, Seefahrer-; Sp. Segel-; **~stwo** n (-a; 0) Seemannskunst f; Segelsport m.

żeglarz m (-a; -e) Seemann m; Seefahrer m; Segelsportler m.

żeglow|ać (-uję) segeln; Meere befahren; **~ność** f (-ści; 0) Seetüchtig-

keit f; Schiffbarkeit f; **~ny** schiffbar; kanał **~ny** Schiffahrtskanal m.

żeglug|a f (-i) (wielka Hochsee-) Schiffahrt f; **~a powietrzna** Luftfahrt f; zdatny do **~i morskiej** seetüchtig; **~owy** Schiffahrts-.

żegnać (-am) v/t ⟨po-⟩ Lebewohl sagen (D), verabschieden (A); **~ się** sich verabschieden (z I/von); ⟨prze-⟩ bekreuzigen (się sich).

żel¹ m (-u; -e) Chem. Gel n.

żel² m (-a; -e, -i) Mus. nur pl. **~e** Becken n/pl. [Schrott m.]

żelastwo n (-a; 0) Alteisen n,]

żelatyn|a f (-y) Gelatine f; **~owy** Gelatine-.

żela|zawy Chem. Ferro-; **~ziak** [-'la-] m (-a; -i) Eisenerz n; **~zisty** eisenhaltig; **~ziwo** n (-a; 0) s. żelastwo; **~zko** n (-a; G -zek) Bügel-, Plätteisen n; Brennschere f; **~zny** eisern, Eisen-.

żelazo n (-a; Chem. 0) Eisen n; Tech. a. Stahl m; **~beton** m Stahl-, Eisenbeton m; **~krzem** m Ferrosilizium n; **~stop** m Eisenlegierung f; **~wy** Chem. Ferri-.

żelbet m (-u; 0), **~on** m s. żelazobeton; **~o(n)owy** Stahlbeton-.

żele pl. v. żel²; **~źniak** [-'lɛʑ-] m (-a; -i) dial. (Gußeisen-)Kochtopf m.

żeliw|iak [-'l]i-] Tech. Kupolofen m; **~ny** Gußeisen-; **~o** n (-a; 0) Gußeisen n; **~o ciągliwe** Temperguß m.

żelować (-uję) gelatinieren (od. gelieren) lassen.

żenad|a f (-y; 0): bez **~y** ungeniert.

żeni|aczka F f (-i; 0) Heirat f; **~ć** ⟨o-, po-⟩ (-ę) Mann verheiraten; **~ć się** heiraten (z I/A).

żeniec ['ʒe-] m (-ńca; -ńcy) s. żniwiarz.

żen|ować ⟨za-⟩ (-uję) in Verlegenheit (od. e-e peinliche Lage) bringen; **~ujący** [-'jɔn-] (-co) peinlich.

żeńsk|i ['ʒeĩs-] Frauen-, Damen-; weiblich; Gr. feminin; **~ość** f (-ści; 0) Weiblichkeit f. [Ginseng m.]

żeń-szeń m (-enia; -enie) Bot.]

żer m (-u; 0) Beute f; Futter n; fig. Nahrung f.

żer|dź f (-dzi; -dzie) Stange f, Stab m; Forst. Stangenholz n; Sp. (Barren-)Holm m; **~dzie wiertnicze** Bohrgestänge n.

żeremie [-'rɛ-] pl. (-) Biberkolonie f.

żerow|ać (-uję) Tiere: Futter n (od. Nahrung f) suchen, auf Raub (od.

Beute) ausgehen; fressen; *fig.* ausnutzen, -beuten; ~isko n (-a) Fut-
terplatz m, Jagdrevier n d. Wildes.
żeton m (-u; -y) Spielmarke f; Tele-
fonmünze f; (*Klub-*)Abzeichen n;
Mil. ~ rozpoznawczy Erkennungs-
marke f.
żęcie ['ʒɛn-] n (-a) Mähen n, Mahd f.
żętyca [ʒɛn-] f (-y; 0) Schafmilch-
molke f.
żg|ać (-am), ⟨~nąć⟩ [-nɔ̃ntɕ] (-nę)
zustoßen (*I*/mit).
żleb m (-u; -y) Hangrinne f.
żłob|ek m (-bka; -bki) Nut f; Riefe
f, Rille f; Fuge f; Kinderkrippe f;
~ić ⟨wy-⟩ (-ę, -ób!) s. wyżłabiać;
~ina f (-y) Rille f; ~kować (-uję)
nuten, kehlen; riffeln; ~kowy
(*Kinder-*)Krippen-; ~nik m (-a; -i)
Kehleisen n; Hochkehlhobel m.
żłopać (-ię) schlabbern; (gierig)
saufen.
żłób m (-obu; -oby) (Futter-)Krippe
f (a. F *fig.*); Trog m; *Geol.* Sohlental
n; V *fig.* (G -oba) Klotz m, unge-
hobelter Kerl.
żmij|a f (G, D, L -ii; -e) *allg.* (Gift-)
Schlange f; *Zo.* (*zygzakowata*
Kreuz-)Otter f, Viper f; *fig.* a.
Natter f; ~ka f (-i; G -jek) *Agr.*
Schneckentrieur m; ~owaty schlan-
genförmig; ~owiec [-'jɔ-] m (-wca;
-wce) *Bot.* Natternkopf m.
żmudny mühsam; zeitraubend.
żmudzki samogitisch, schamaitisch.
żniw|a n/pl. (-) (Getreide-)Ernte f;
~iarka f (-i; G -rek) Schnitterin f;
Getreidemäher m; ~iarz ['ʒɲi-] m
(-a; -e) Schnitter m, Erntearbeiter
m; ~ny Ernte-; ~o n (-a) s. żniwa;
fig. Ernte f; Tribut m an Menschen-
leben usw.
żołąd|ek [-'wɔn-] m (-dka; -dki)
Magen m; ~kować się F (-uję) sich
giften od. ärgern; ~kowiec [-'kɔ-]
F m (-wca; -wcy) magenkranker
Mensch; ~kowy Magen-; *Med.* a.
Gastro-, gastrisch; ~kówka f (-i; G
-wek) Magenbitter m.
żołądź [-wɔndʒ, -'wɛndʑi] f (-lędzi;
-lędzie, -lędzi) Eichel f; *KSp.*
Eicheln f/pl.
żoł|d m (-u; -y) Sold m; być na ~dzie
(G) in j-s Sold (od. Diensten) stehen; ~dactwo n (-a) Soldateska f;
~dak m (-a; -cy) wilder, roher Soldat; *hist.* Söldling m.
żołę|dnica f (-'wɛn-] f (-y; -e) *Zo.*

Gartenschläfer m; ~dzie pl. v.
żołądź; ~dziowy Eichel-.
żołna f (-y) *Zo.* Bienenfresser m.
żołnierz|ka f (-i; G -rek) weiblicher
Soldat; F a. Soldatendienst m; ~ski
soldatisch, Soldaten-.
żołnierz ['ʒɔw-] m (-a; -e, -y) Soldat
m; ~yk m (-a; -i): ołowiany ~yk
Zinnsoldat m.
żon|a f (-y) (Ehe-)Frau f; pojąć
za ~ę zur Frau nehmen; ~aty
Mann: verheiratet.
żongl|er [-ŋg-] m (-a; -rzy) Jon-
gleur m; ~ować (-uję) jonglieren.
żonin(y) der (Ehe-)Frau (*gehörig*).
żonkil m (-a; -e, -i) *Bot.* Jonquille f;
Gelbe Narzisse.
żon|obójca m (-y; G -ów) Gatten-
mörder m; ~usia F [-'nu-] f (-i; -e,
-ś) liebes Frauchen.
żorżeta f (-y) *Text.* Georgette f.
żółci|ć [-'ʒuw-] (-eję) s. żółknąć;
gelb schimmern od. leuchten; ~ń¹ f
(-ni; -nie) Gelb n; ~ń² m (-nia; -nie)
Bot. Gelbwurzel f.
żółcio|pędny galletreibend; ~wy
Med. Gallen-.
żółciu|chny F, ~tki F (-ko) ganz
(*od.* schön) gelb.
żół|cizna f (-y) gelbe Farbe, Gelb n;
~ć f (-ci; -cie, -ci) Galle f; *fig.* bez
~ci (w sercu) gutmütig, gütig; ~k-
nąć [-nɔ̃ntɕ] ⟨po-, z-⟩ (-nę, -ł) gelb
werden; vergilben.
żółta|czka f (-y; G -czek) Gelbsucht
f; ~wo Adv. s. żółtawy.
żółtawo|- *in Zssgn* gelblich-, *z.B.*
~zielony gelblichgrün.
żółtawy (-wo) gelblich.
żółt|ek m (-tka; -tki) verä. Gelbe(r),
Farbige(r); ~ko n (-a; G -tek) Ei-
gelb n, (Ei-)Dotter m od. n; F *fig.*
gelbe Jacke; ~kowy Eigelb-; ~o
(*Komp. -lciej) Adv.* gelb.
żółto|brunatny gelbbraun; ~brze-
żek m *Zo.* Gelbrandkäfer m; ~-
dzioby F *fig.* grün, unreif; ~dziób
F m Grün-, Gelbschnabel m;
~skóry gelbhäutig; ~ść f (-ści; 0) s.
żółcizna; ~zielony gelbgrün.
żółty (-to) gelb-, Gelb-.
żółw m (-wia; -wie, -wi) (*jadalny,
słoniowy* Suppen-, Riesen-)Schild-
kröte f; ~i Schildkröten-(; *fig.* ~im
krokiem im Schneckentempo; ~iowy
Schildkröten-.
żrący ['ʒrɔn-] (-co) ätzend.
żreć ⟨po-, ze-⟩ (L.) fressen; (nur

impf.) ~ **się** *Hunde*: sich beißen; P *fig.* sich in der Wolle liegen.

żubr *m* (*-a*; *-y*) Wisent *m*; **~ówka** *f* (*-i*; *G -wek*) *Bot.* Mariengras *n*; Subrowka *f* (*Wodka*).

żubrz|e *n* (*-ęcia*; *-ęta*) Wisentkalb *n*; **~yca** *f* (*-y*; *-e*) Wisentkuh *f*.

żuchw|a *f* (*-y*) Unterkiefer *m*; **~owy** Unterkiefer-.

żu|cie ['ʒu-] *n* (*-a*; *0*) Kauen *n*; Kaubewegungen *f/pl.*; **~ć** (*-ję*) kauen; *s.* przeżuwać; **~jący** ['-jɔn-] *Zo.* Kau-.

żuk *m* (*-a*; *-i*) Mist-, Roßkäfer *m*.

żuławy *f/pl.* (*-*) (Weichsel-)Marschen *f/pl.*   [*n*; Salzsiederei *f*.]

żupa *f* (*-y*): ~ **solna** Salzbergwerk*]*

żupan *m* (*-a*; *-y*) (langärmelige) Schoßweste; *hist.* (*pl. -i*) Gespan *m*.

żur *m* (*-u*; *-y*) *Art* Sauerteigsuppe *f*.

żuraw *m* (*-ia*; *-ie*, *-i*) Ladebaum *m*; (Brunnen-)Ziehstange *f*; *Tech.* (bramowy, masztowy, wieżowy Portal-, Derrick-, Turm-)Kran *m*; ~ **samochodowy** Kran(kraft)wagen *m*; *Zo.* Kranich *m*; F *fig.* zapuszczać **~ia** neugierig (hinein)gucken, e-n Blick werfen; **~i** Kranich-; **~ik** *m* (*-a*; *-i*) *Mar.* Davit *m*; **~ina** *f* (*-y*) Moosbeere *f*.

żurek *m* (*-rku*; *-rki*) *s.* żur.

żurnal *m* (*-u*; *-e*) Modejournal *n*.

żużel *m* (*-żla*/*-żlu*; *-żle*) Schlacke *f*; *Motor-Sp.* Speedwayrennen *n*.

żużlo|beton *m* Schlackenbeton *m*; **~wać** ⟨*wy-*⟩ (*-uję*) entschlacken; **~wiec** ['-lɔ-] *m* (*-wca*; *-wcy*) *Motor-Sp.* Sandbahnfahrer *m*; **~wy** Schlacken-; zawody **~we** *s.* żużel.

żwacz *m* (*-a*; *-e*) *Zo.* Pansen *m*.

żwawy ⟨*-wo*⟩ lebhaft, lebendig, munter.

żwir *m* (*-u*; *-y*) Kies *m*, Schotter *m*; **~ek** *m* (*-rku*; *-rki*) Grieß *m*; Splitt *m*.

żwiro|beton *m* Kiesbeton *m*; **~wać** (*-uję*) beschottern; **~wnia** ['-rɔv-] *f* (*-i*; *-e*, *-i*) Kiesgrube *f*; **~wy** Kies-; Schotter-.

życica *f* (*-y*; *-e*) *Bot.* Lolch *m*.

życi|e ['ʒi-] *n* (*-a*; *0*) Leben *n*; całe **~e** *a.* Lebtag *m*; bez **~a** *a.* leblos; przy **~u** am Leben *f*; za **~a** zu Lebzeiten; póki **~a** solange man lebt; *nad* **~e** mehr als das (eigene) Leben; wejść w **~e** *Person*: ins Leben treten; *Gesetz*: in Kraft treten; długość **~a** *a.* Lebenserwartung *f*; z **~em!** mehr Schwung!

życio|dajny lebenspendend; **~rys** ['-tsɔ-] *m* Lebenslauf *m*, Biographie *f*; **~wo** *Adv.* lebensnah; **~wy** Lebens-; F *fig.* lebensnotwendig, -wichtig; (mitten) im Leben stehend, praktisch, sachlich.

życzeni|e *n* (*-a*) Wunsch *m*; Glückwunsch; *na* **~e**, *według* **~a** nach Wunsch; pozostawiać wiele do **~a** viel zu wünschen übriglassen.

życzliw|ość *f* (*-ści*; *0*) Wohlwollen *n*, Güte *f*, Freundlichkeit *f*; **~y** (*-wie*) wohlwollend; gütig, freundlich.

życz|yć (*-ę*) wünschen; czego pan(i) sobie **~y**? was wünschen Sie?, was kann ich für Sie tun?

ży|ć ⟨*-ję*⟩ leben (*I*, *z G*/von; *z I*/mit); niech **~je!** es lebe (hoch!); F ledwo **~ję** ich kann kaum noch stehen.

Żyd *m* (*-a*; *-dzi*) Jude *m*; ~ **wieczny tułacz** der ewige Jude; **Żostwo** *n* (*-a*; *0*) Judentum *n*; *koll.* die Juden; **Żowski** jüdisch, Juden-; po *-ku* jiddisch; auf jüdische Art; **~ówka** *f* (*-i*; *G -wek*) Jüdin *f*.

żyją|cy ['-jɔn-] lebend; **~tko** *n* (*-a*; *G -tek*) (Klein-)Lebewesen *n*.

żyła|k *m* (*-a*; *-i*) Krampfader *f*; **~sty** sehnig.

żyletka *f* (*-i*; *G -tek*) Rasierklinge *f*.

żylny venös, Venen-.

żył|a *f* (*-y*) Vene *f*; *Geol.*, *El.* Ader *f*; *Text.* Litze *f*; (Fleisch-)Sehne *f*; P *fig.* Leuteschinder *m*; Nervensäge *f*; **~a rudna** Erzgang *m*; **~ka** *f* (*-i*; *G -lek*) (Blut-)Äderchen *n*; Angelschnur *f*; *Bot.* (Blatt-)Nerv *m*, Ader *f*; F *fig.* (do G) Neigung *f*, Talent *n* (zu); **~kowany**, **~kowaty** geädert; **~ować** ⟨*wy-*⟩ (*-uję*) mięso aus dem Fleisch) die Sehnen entfernen; P *fig.* j-n schinden, ausbeuten; **~owaty** *Fleisch*: sehnig; **~owy** Venen-; Ader-.

żyra|fa *f* (*-y*) Giraffe *f*; **~ndol** *m* (*-a*; *-e*) Kronleuchter *m*, Lüster *m*; **~nt** *m* (*-a*; *-ci*) Girant *m*; Indossant *m*.

żyro *n* (*-a*) Giro *n*; Indossament *n*; **~kompas** *m* Kreiselkompaß *m*; **~skop** *m* (*-u*; *-y*) Kreisel *m*, Gyroskop *m*; **~wać** (*-uję*) girieren; indossieren.

żytni Roggen-; **~ówka** *f* (*-i*; *G -wek*) Korn(branntwein) *m*; **~sko** *n* (*-a*) Roggenfeld *n*.

żyto *n* (*-a*) Roggen *m*.

żyw *präd.*: *kto* ~ alle (Mann); *póki* ~ solange ich lebe; **~cem** lebend, bei lebendigem Leibe; F *fig.* Wort für Wort.

żywica *f* (-*y*; -*e*) (*do odlewania* Gieß-)Harz *n*.

żywiciel [-'vi-] *m* (-*a*; -*e*), **~ka** *f* (-*i*; *G* -*lek*) Ernährer(in *f*) *m*; *Bio.* (nur ~) Wirt(spflanze *f*, -stier *n*) *m*; *Zo. a.* Zwischenwirt *m*.

żywi|cowy Harz-; **~czan** *m* (-*u*; -*y*) Resinat *n*; **~czeć** ⟨*z*-⟩ (-*eje*) verharzen; **~czny** harzig; harzhaltig.

żywi|ć (-*ę*) ernähren (*się*; *I*/ von); füttern; *fig.* hegen; nähren; **~ec** ['ʒi-] *m* (-*wca*; -*wce*) Schlachtvieh *n*; lebender (*Fisch*-)Köder; *Bot.* Zahnwurz *f*.

żywieni|e *n* (-*a*) Ernährung *f*; **~o-wiec** F [-'ɲɔ-] *m* (-*wca*; -*wcy*) Ernährungsfachmann *m*.

żywioł ['ʒi-] *m* (-*u*; -*y*) Element *n*; **~owy** elementar; (*a.* -*wo*) leidenschaftlich, heftig; spontan.

żywnie *s. podobać się.*

żywnoś|ciowy Nahrungs-, Lebensmittel-; **~ć** *f* (-*ści*; *0*) Nahrung *f*,

Lebensmittel *n*/*pl.*; (*Tier*-)Futter *n*.

żywo *Adv.* lebhaft; rasch, schnell; *co* ~ so schnell wie möglich; *jako* ~ bei m-r Seele; **~kost** *m* (-*u*; -*y*) *Bot.* Beinwell *m*; **~płot** *m* Hecke *f*; **~rodny** *Zo.* lebendgebärend.

żywość *f* (-*ści*; *0*) Lebhaftigkeit *f*.

żywot *m* (-*a*; -*y*) *lit.* Leben *n*, Dasein *n*; **~y** *świętych* Hagiographien *f*/*pl.*; *dokonać* **~a** das Zeitliche segnen; **~nik** *m* (-*a*; -*i*) *Bot.* Lebensbaum *m*; **~ność** *f* (-*ści*; *0*) Lebenskraft *f*, Vitalität *f*; Lebensdauer *f*; **~ny** Lebens-; vital; *engS.* lebenskräftig, -wichtig, -fähig; lebendig, voll Leben; *Gr.* belebt.

żyw|y lebend(ig), Lebend-; belebt; lebhaft; *Wort*: gesprochen; *jak* ~y lebensecht, wie … leibt und lebt; *do* **~ego** bis aufs Blut; F *ani* **~ego** *ducha* od. **~ej** *duszy* k-e Menschenseele; *handel* **~ym** *towarem* Menschen- od. Mädchenhandel *m*; *Su.* **~i** *pl.* (-*ych*) die Lebenden.

żyzn|ość *f* (-*ści*; *0*) (*Boden*-)Fruchtbarkeit *f*; **~y** fruchtbar.

Geographische Namen
Nazwy geograficzne

Adriatyckie Morze, **Adriatyk** Adriatisches Meer, Adria
Afryka Afrika
Akwizgran Aachen
Albania Albanien
Algier Algier
Algieria Algerien
Alpy *pl.* Alpen
Alzacja Elsaß
Amazonka Amazonas
Ameryka Amerika
Anglia England
Antarktyda Antarktika
Apeniński Półwysep Apenninenhalbinsel
Arabia Saudyjska Saudi-Arabien
Argentyna Argentinien
Arktyka Arktis
Assyż Assisi
Ateny *pl.* Athen
Atlantycki Ocean Atlantischer Ozean
Australia Australien
Austria Österreich
Azja Asien
Azowskie Morze Asowsches Meer

Badenia Baden (*Land*)
Bałkan Balkangebirge
Bałkański Półwysep Balkanhalbinsel
Bałtyckie Morze Ostsee, Baltisches Meer
Bartoszyce *pl.* (Bartenstein)
Baskonia Baskenland
Bawaria Bayern
Bazylea Basel
Belgia Belgien
Białe Morze Weißes Meer
Białogard (Belgard)
Białoruś Weißrußland
Bielawa Dzierżoniowska (Langenbielau)
Bieszczady *pl.* Ostbeskiden
Birma Burma, Birma
Bizancjum *n (unv.)* Byzanz
Bodeńskie Jezioro Bodensee
Bolesławiec (Bunzlau)

Boliwia Bolivien
Bosfor Bosporus
Bośnia Bosnien
Brandenburgia Brandenburg (*Land*)
Brazylia Brasilien
Brema Bremen
Bretania Bretagne
Brodnica Straßburg
Brugia Brügge
Bruksela Brüssel
Brunszwik Braunschweig
Brzeg (Brieg)
Budziszyn Bautzen
Bułgaria Bulgarien
Bydgoszcz (Bromberg)
Bytom (Beuthen)

Cejlon Ceylon
Celowiec Klagenfurt
Chartum Khartum
Chełmno (Culm)
Chiny *pl.* China
Chociebuż Cottbus
Chojnice *pl.* (Konitz)
Chorwacja Kroatien
Chorzów (Königshütte)
Cieplice *pl.* Teplitz(-Schönau)
Cieplice Śląskie Zdrój *pl.* (Bad Warmbrunn)
Cieszyn (Teschen)
Cypr Zypern
Czarnogóra Montenegro
Czechosłowacja Tschechoslowakei
Czechy *pl.* Böhmen
Częstochowa Tschenstochau
Czterech Kantonów Jezioro Vierwaldstätter See

Damaszek Damaskus
Dania Dänemark
Darłowo (Rügenwalde)
Delfinat Dauphiné
Dobrej Nadziei Przylądek Kap der Guten Hoffnung
Dominikana Dominikanische Republik
Drawsko Pomorskie (Dramburg)

Drezno Dresden
Dunaj Donau
Dunkierka Dünkirchen
Duszniki Zdrój pl. (Bad Reinerz)
Działdowo (Soldau)
Dzierżoniów (Reichenbach)
Dziewicze Wyspy pl. Jungfern-Inseln

Egejskie Morze Ägäisches Meer
Egipt Ägypten
Elbląg (Elbing) (Ort)
Elstera Elster
Ełk (Lyck)
Estonia Estland
Etiopia Äthiopien
Europa Europa

Fenicja Phönizien
Filipiny pl. Philippinen
Finlandia Finnland
Fińska Zatoka Finnischer Meerbusen
Fionia Fünen
Flandria Flandern
Florencja Florenz
Francja Frankreich
Frankonia Franken
Frankoński Las Frankenwald
Frombork (Frauenburg)
Fryburg (Bryzgowijski) Freiburg (im Breisgau)
Fryzja Friesland

Gandawa Gent
Gdańsk (Danzig)
Gdynia (Gdingen)
Genewa Genf
Getynga Göttingen
Giżycko (Lötzen)
Gliwice pl. (Gleiwitz)
Głogów (Glogau)
Głubczyce pl. (Leobschütz)
Gniezno (Gnesen)
Goleniów (Gollnow)
Gorzów Wielkopolski (Landsberg)
Góra (Guhrau)
Grecja Griechenland
Grenlandia Grönland
Grodzisk Wielkopolski (Grätz)
Grudziądz (Graudenz)
Gruzja Georgien
Gryfia (Greifswald)
Gryfice pl. (Greifenberg)
Gryfino (Greifenhagen)
Gryfów Śląski (Greiffenberg)
Gubin (Guben)

Haga Den Haag
Hawaje pl. Hawaii-Inseln
Hawana Havanna, Habana
Hawela Havel
Hawr Le Havre
Helska Mierzeja Halbinsel Hela
Hesja Hessen
Hiszpania Spanien
Holandia Holland
Holsztyn Holstein

India Indien
Indonezja Indonesien
Indyjski Ocean Indischer Ozean
Inflanty pl. hist. Livland
Irlandia Irland
Islandia Island
Izara Isar
Izerskie Góry pl. Isergebirge

Japonia Japan
Jastrzębie Zdrój (Ruptau)
Jawa Java
Jelenia Góra (Hirschberg)
Jerozolima Jerusalem
Jońskie Morze Ionisches Meer
Jordania Jordanien
Jugosławia Jugoslawien
Jutlandia Jütland

Kadyks Cádiz
Kair Kairo
Kaletańska Cieśnina Pas-de-Calais
Kambodża Kambodscha
Kamienna Góra (Landeshut)
Kamień Pomorski (Cammin)
Kanaryjskie Wyspy Kanarische Inseln
Kapsztad Kapstadt, Capetown
Karaibskie Morze Karibisches Meer
Karkonosze pl. Riesengebirge
Karpacz (Krummhübel)
Kartagina hist. Karthago
Karyntia Kärnten
Kaspijskie Morze Kaspisches Meer
Katowice pl. (Kattowitz)
Kaukaz Kaukasus
Kędzierzyn (Kandrzin)
Kętrzyn (Rastenburg)
Kijów Kiew
Kilonia Kiel
Kluczbork (Kreuzburg)
Kłodzko (Glatz)
Koblencja Koblenz
Kolonia Köln
Kolski Półwysep Halbinsel Kola

Kolumbia Kolumbien
Kołobrzeg (Kolberg)
Konstancja Konstanz
Kopenhaga Kopenhagen
Korsyka Korsika
Koryncka Zatoka Golf von Korinth
Kostaryka Costa Rica, Kostarika
Kostrzyn (Küstrin)
Koszalin (Köslin)
Kowary pl. (Schmiedeberg)
Koźle (Cosel)
Kraków Krakau
Krapkowice pl. (Krappitz)
Krosno Odrzańskie (Crossen)
Królewiec Königsberg
Kruszcowe Góry pl. Erzgebirge
Krym, Krymski Półwysep (Halbinsel) Krim
Kuwejt Kuwait

Langwedocja Languedoc
Laponia Lappland
Lądek Zdrój (Bad Landeck)
Legnica (Liegnitz)
Lejda Leiden
Leszno (Lissa)
Lębork (Lauenburg a.d. Leba)
Liban Libanon
Libia Libyen
Lidzbark (Lautenburg)
Lidzbark Warmiński (Heilsberg)
Lipsk Leipzig
Litwa Litauen
Lizbona Lissabon
Lodowaty Ocean Północny Nordpolarmeer
Lombardia Lombardei
Londyn London
Lotaryngia Lothringen
Lozanna Lausanne
Lubań (Lauban)
Lubeka Lübeck
Lubin (Lebbin; Lüben)
Lubsko (Sommerfeld)
Lucerna Luzern
Luksemburg Luxemburg
Luneburska Pustać Lüneburger Heide
Lwów Lwow, Lemberg
Lwówek Śląski (Löwenberg)
Łaba Elbe
Łotwa Lettland
Łódź Lodz
Łużyce pl. Lausitz

Macedonia Makedonien
Madryt Madrid

Majorka Mallorca
Malajski Półwysep Halbinsel Malakka
Malezja Malaysia
Malbork (Marienburg)
Mamry pl. Mauersee
Marsylia Marseille
Martynika Martinique
Mazowsze Masowien
Mazurskie Pojezierze Masurische Seeplatte
Mediolan Mailand
Meklemburgia Mecklenburg
Meksyk Mexiko
Men Main
Mesyna Messina
Miastko (Rummelsburg)
Mielno (Koszalińskie) (Großmöllen)
Międzyrzecz (Meseritz)
Międzyzdroje pl. (Misdroy)
Minorka Menorca
Miśnia Meißen
Moguncja Mainz
Mołdawia Moldau (Land)
Monachium n (unv.) München
Morawy pl. Mähren
Moskwa Moskau; Moskwa (Fluß)
Mozela Mosel
Mrągowo (Sensburg)
Myślibórz (Soldin)

Nadrenia-Palatynat Rheinland-Pfalz
Nadrenia Północna-Westfalia Nordrhein-Westfalen
Namysłów (Namslau)
Neapol Neapel
Nicea Nizza
Niderlandy pl. Niederlande
Nidzica (Neidenburg)
Niegocin Löwentinsee
Niemcy pl. Deutschland
Niemen Memel (Fluß)
Norwegia Norwegen
Norymberga Nürnberg
Noteć Netze
Nowa Fundlandia Neufundland
Nowa Gwinea Neuguinea
Nowa Zelandia Neuseeland
Nowogard (Naugard)
Nowy Jork New York
Nysa Neiße

Ocean Spokojny Stiller Ozean, Pazifik
Odra Oder
Olandia Öland

Olecko (Treuburg)
Olesno (Rosenberg)
Oleśnica (Oels)
Olsztyn (Allenstein)
Opole (Oppeln)
Orkady *pl.* Orkney-Inseln
Ostróda (Osterode)
Oświęcim Auschwitz
Owcze Wyspy *pl.* Färöer

Paczków (Patschkau)
Padwa Padua
Palatynat Pfalz
Palestyna Palestina
Paragwaj Paraguay
Paryż Paris
Persja Persien
Piła (Schneidemühl)
Pireneje *pl.* Pyrenäen
Pisz (Johannisburg)
Poczdam Potsdam
Polanica Zdrój (Bad Altheide)
Polska Polen
Pomorze Pommern
Portugalia Portugal
Poznań Posen
Północne Morze Nordsee
Praga Prag
Prowansja Provence
Prudnik (Neustadt)
Prusy *pl.* Preußen
Przylądek Północny Nordkap
Pyrzyce *pl.* (Pyritz)

Racibórz (Ratibor)
Ratyzbona Regensburg
Ren Rhein
Rodan Rhône
Rodezja Rhodesien
Rosja Rußland
Rudawy *pl.* Erzgebirge
Rugia Rügen
Rumunia Rumänien
Ryga Riga
Rzym Rom
Saara Saar
Saksonia Sachsen
Sekwana Seine
Seszele *pl.* Seychellen
Siedmiogród Siebenbürgen
Skaliste Góry *pl.* Rocky Mountains
Skwierzyna (Schwerin a. d. Warthe)
Sławno (Schlawe)
Słońsk (Sonnenburg)
Słowacja Slowakei
Słubice *pl.* (Frankfurt/Oder)
Słupsk (Stolp)

Smocze Góry *pl.* Drakensberge *pl.*
Smreczany *pl.* Fichtelgebirge
Sobieszów (Hermsdorf)
Sobótka Zobten
Soława Saale
Sopot (Zoppot)
Spira Speyer
Spokojny Ocean Stiller Ozean
Sprewa Spree
Stany Zjednoczone *pl.* Vereinigte Staaten
Stargard (Stargard)
Strzelce Krajeńskie *pl.* (Friedeberg)
Strzelce Opolskie *pl.* (Groß Strehlitz)
Strzelin (Strehlen)
Styria Steiermark
Sulechów (Züllichau)
Sulęcin (Zielenzig)
Syberia Sibirien
Sycylia Sizilien
Syjam Siam
Synaj Sinai
Syria Syrien
Szafuza Schaffhausen
Szampania Champagne
Szczawno Zdrój (Bad Salzbrunn)
Szczecin (Stettin)
Szczecinek (Neustettin)
Szczeciński Zalew Stettiner Haff
Szczytno (Ortelsburg)
Szetlandy *pl.* Shetland Islands
Szklarska Poręba (Schreiberhau)
Szkocja Schottland
Szkoderskie Jezioro Skutarisee
Szprotawa (Sprottau)
Szrenica Reifträger
Sztutowo (Stutthof)
Szumawa Böhmerwald
Szwabia Schwaben
Szwajcaria Schweiz
Szwecja Schweden
Śląsk Schlesien
Ślęża s. Sobótka
Śniardwy *pl.* Spirdingsee
Śnieżka Schneekoppe
Śródlądowy Kanał Mittellandkanal
Śródziemne Morze Mittelmeer
Świdnica (Schweidnitz; Schweinitz)
Świdwin (Schivelbein)
Świebodzice *pl.* (Freiburg)
Świebodzin (Schwiebus)
Świecie (Schwetz)

Świeradów Zdrój (Bad Flinsberg)
Świętego Tomasza i Książęca Wyspy Sao Tome e Principe
Świętego Wawrzyńca Rzeka Sankt Lorenz-Strom
Świnoujście (Swinemünde)

Tajlandia Thailand
Tamiza Themse
Tatry pl. Tatra
Tczew (Dirschau)
Teby pl. Theben
Toruń (Thorn)
Tracja Thrakien
Trewir Trier
Trydent Trient; Trentino
Trzebnica (Trebnitz)
Tuchola (Tuchel)
Tunezja Tunesien
Turcja Türkei
Turyngia Thüringen
Turyński Las Thüringer Wald
Twardogóra (Festenberg)
Tyber Tiber
Tybinga Tübingen
Tychy pl. (Tichau)
Tylża Tilsit
Tyrol Tirol

Ustka (Stolpmünde)
Ustronie Morskie (Henkenhagen)
Uznam Usedom

Walia Wales
Wałbrzych (Waldenburg)
Wałcz (Deutsch Krone)
Warmia Ermland
Warszawa Warschau
Warta Warthe
Watykan Vatikan
Wągrowiec (Wongrowitz)
Wejherowo (Neustadt)
Wełtawa Moldau (Fluß)
Wenecja Venedig; Venetien

Wenezuela Venezuela
Wersal Versailles
Westfalia Westfalen
Wezuwiusz Vesuv
Węgorzewo (Angerburg)
Węgry pl. Ungarn
Wiedeń Wien
Wiedeński Las Wienerwald
Wielka Brytania Großbritannien
Wielkanocna Wyspa Osterinsel
Wietnam Vietnam
Wirtembergia Württemberg
Wisła Weichsel
Włochy pl. Italien
Wogezy pl. Vogesen
Wołoszczyzna Walachei
Wołów (Wohlau)
Wormacja Worms
Wrocław (Breslau)
Wschowa (Fraustadt)
Wybrzeże Kości Słoniowej Elfenbeinküste

Zabrze (Hindenburg)
Zagłębie Ruhry Ruhrgebiet
Zagrzeb Zagreb
Zakaukazie Transkaukasien
Zanzibar Sansibar
Ząbkowice Śląskie pl. (Frankenstein)
Zelandia Seeland
Zgorzelec (Görlitz)
Zielona Góra (Grünberg)
Zielony Przylądek Kap Verde
Ziemia Ognista Feuerland
Ziębice pl. (Münsterberg)
Złotoryja (Goldberg)
Złotów (Flatow)
Złoty Stok (Reichenstein)
Związek Radziecki Sowjetunion
Żagań (Sagan)
Żary pl. (Sorau)
Żyronda Gironde
Żytawa Zittau

Die gebräuchlichsten polnischen Abkürzungen

Najczęściej używane skróty polskie

a. albo *aber*

ag. agencja *Agentur*

AK Armia Krajowa *Heimatarmee*

AL Armia Ludowa *Volksarmee*

AN Akademia Nauk *Akademie der Wissenschaften*

ang. angielski *englisch*

ark. arkusz *Bogen*

art. artykuł *Artikel*; artyleria *Artillerie* [*Kunstakademie*]

ASP Akademia Sztuk Pięknych

AZS Akademicki Związek Sportowy *Sportverband der akademischen Jugend*

b. były *ehemalig, Ex-*

b.d. bez daty *ohne Datum*

bhp, BHP bezpieczeństwo i higiena pracy *Arbeitsschutz und -hygiene*

bież. bieżący *laufend* [*nats*]

bm. bieżącego miesiąca *dieses Monats*

bp. błogosławionej pamięci *seligen Angedenkens*

br. bieżącego roku *dieses Jahres*

BRM Bank Rozliczeń Międzynarodowych *Bank für Internationale Zahlungsausgleich*

b.z. bez zmian *ohne Befund*

cdn., c.d.n. ciąg dalszy nastąpi *Fortsetzung folgt*

CDT Centralny Dom Towarowy *Zentralkaufhaus*

Cepelia s. **CPLiA** [*zentrale*]

CH Centrala Handlowa *Handels-*

ChRL Chińska Republika Ludowa *Volksrepublik China*

CHZ Zentrala Handlu Zagranicznego *Außenhandelszentrale*

CK s. **KC**

CPLiA Centrala Przemysłu Ludowego i Artystycznego *Vertriebszentrale für Volkskunst und Kunstgewerbe*

CPN Centrala Produktów Naftowych *Handelszentrale für Erdölprodukte*

CRZZ Centralna Rada Związków Zawodowych *Zentralrat der Gewerkschaften*

cyw. cywilny *Zivil-, bürgerlich*

cz. część *Teil*

czes. czeski *tschechisch, böhmisch*

CZRSP Centralny Związek Rolniczych Spółdzielni Produkcyjnych *Zentralverband der landwirtschaftlichen Produktionsgenossenschaft*

ćw. ćwiczenie *Übung*; ćwierć *Viertel*

daw(n). dawniej *früher, ehemals*

Desa Dzieła Sztuki i Antyki *Kunstwerke und Antiquitäten*

dł. długość *Länge*

dn. dnia *am, vom* (1. Mai usw.)

dn., d.n. dokończenie nastąpi *Schluß folgt*

dod. dodatek *Anhang, Beilage*

dok. dokończenie *Schluß*

dol. dolar *Dollar*

dot. dotyczy *betrifft*

dr doktor *Doktor*

DRN Dzielnicowa Rada Narodowa *Rat des Stadtbezirks*

d/s, d.s. do spraw *(zuständig) für*

dw. dworzec *Bahnhof* [*Direktion*]

dyr. dyrektor *Direktor*; dyrekcja

dz. dzień *Tag*; dziennie *pro Tag, täglich*; dziennik *Zeitung, Blatt*

DzU, Dz.U. Dziennik Urzędowy *od. Ustaw Amts- bzw. Gesetzblatt*

egz. egzemplarz *Exemplar(e)*

EMC elektroniczna maszyna cyfrowa *elektronische Digitalrechenanlage*

ew(ent). ewentualnie *eventuell*

f.dł. fale długie *Langwelle*

FJN Front Jedności Narodu *Nationale Einheitsfront*

f-ka fabryka *Fabrik*

f.kr. fale krótkie *Kurzwelle*

fr. franc/frank *Franc, Franken*

FSO Fabryka Samochodów Osobowych *Personenwagenwerk*

szt. funt szterling *Pfund Sterling*
śr. fale średnie *Mittelwelle*
WP Fundusz Wczasów Pracowniczych *Gewerkschaftliche Einrichtung für die Vermittlung von verbilligten Ferienreisen für die Werktätigen*

g. godzina *Stunde, Uhr*
gat. gatunek *Sorte, Güte, Qualität*
GKKFiT Główny Komitet Kultury Fizycznej i Turystyki *Hauptkomitee für Körperkultur und Touristik*
GKS Górniczy Klub Sportowy *Bergarbeiter-Sportklub*
gł. główny *Haupt-* [meinde-
gm. gmina *Gemeinde*; gminny *Ge-*
godz, godz. s. g.
GOPR Górskie Ochotnicze Pogotowie Ratunkowe *Bergrettungsdienst*
gr grosz(y) *Groschen*
GRN Gminna (od. Gromadzka) Rada Narodowa *Rat der Gemeinde*
GS Gminna Spółdzielnia „Samopomoc Chłopska" *Landwirtschaftliche Handelsgenossenschaft „Gegenseitige Bauernhilfe"*
GUS Główny Urząd Statystyczny *Hauptamt für Statistik*

hiszp. hiszpański *spanisch*
hol. holenderski *holländisch*
hutn. hutniczy *Hütten-*

i, i in. i inni, i inne *und andere*
im. imię *Vorname*; imienia: Huta im. Lenina *Leninhütte*
inacz. inaczej *anders*; s. i in.
inż. inżynier *Ingenieur*
itd. i tak dalej *und so weiter*
itp. i tym podobne *und ähnliche(s)*, und der- od. desgleichen

jedn. jednostka *Einheit*
jez. jezioro (der) *See*
jn. jak niżej *wie unten*
jw. jak wyżej *wie oben*

kand. kandydat *Kandidat*
KBWE Konferencja Bezpieczeństwa i Współpracy w Europie *Konferenz für Sicherheit und Zusammenarbeit in Europa* [Gesetzbuch]
k.c. kodeks cywilny *Bürgerliches*
KC Komitet Centralny *Zentralhomitee*; Komisja Centralna *Zentralkommission*
kier. kierownik *Leiter*; kierunek *Richtung*

k.k. kodeks karny *Strafgesetzbuch*
kl. klasa *Klasse*
KM Komitet Miejski *Stadtkomitee*; koń mechaniczny *Pferdestärke*
KMPiK, KMPK Klub Międzynarodowej Prasy i Książki *Internationaler Presse- und Bücherklub*
kol. kolega, koleżanka *Kollege, Kollegin*; kolejowy *Eisenbahn-*; kolegium *Kollegium*
kop. kopalnia *Bergwerk, Grube*
kor. korona *Krone*; korespondencja *Korrespondenz, Bericht*
KP Komitet Powiatowy *Kreiskomitee*; Komenda Powiatowa *Kreisdirektion (der Bürgermiliz)*; Komunistyczna Partia *Kommunistische Partei*
kpt. kapitan *Kapitän*; *Hauptmann*
KPZR Komunistyczna Partia Związku Radzieckiego *Kommunistische Partei der Sowjetunion*
KR Kółko Rolnicze *Bauerngenossenschaft*; Komisja Rewizyjna *Kontrollkommission*
KRN Krajowa Rada Narodowa *Landesnationalrat* [Priester]
ks. książę *Fürst, Herzog*; ksiądz
kw. kwadratowy *Quadrat-*; kwartał *Quartal*
KW Komitet Wojewódzki *Woiwodschaftskomitee*; Komitet Wykonawczy *Exekutivkomitee*; Komenda Wojewódzka *Woiwodschaftsdirektion (der Bürgermiliz)*; Komitet Warszawski *(Partei-)Komitee der Stadt Warschau*

l. liczba *Zahl*; *Nummer*
l.dz. liczba dziennika *Tagebuch-*
lek. lekarz *Arzt* [nummer]
LK Liga Kobiet *Frauenliga*
lm, lm. liczba mnoga *Plural*
LOP Liga Ochrony Przyrody *Liga für Naturschutz* [Flieger-]
lotn. lotniczy *Luft-, Flug(zeug)-*
lp. liczba porządkowa *laufende Nummer*; liczba pojedyncza *Singular*
LRB Ludowa Republika Bułgarii *Volksrepublik Bulgarien*

m. miasto *Stadt*; miesiąc *Monat*; mieszkanie *Wohnung*
m.b. metr bieżący *laufende Meter*
m-c, mca miesiąc(a) *Monat, des Monats*
MDM Marszałkowska Dzielnica Mieszkaniowa *Marschalkowska-Viertel*

604

MDT Miejski Dom Towarowy *Städtisches Kaufhaus*

MFW Międzynarodowy Fundusz Walut *Internationaler Währungs-fonds*

mgr magister *Magister* [*fonds*]

MHD Miejski Handel Detaliczny *Städtische Einzelhandelsorganisation*

MHZ Ministerstwo Handlu Zagranicznego *Außenhandelsministerium*

mies. miesiąc *Monat*; miesięczny *monatlich*; miesięcznik *Monatsschrift* [*od. anderen*]

m.in. między innymi *unter anderem*

m-ka marka *Mark*

MKOl Międzynarodowy Komitet Olimpijski *Internationales Olympisches Komitee* [*meter*]

mkw. metr kwadratowy *Quadrat-*

mld miliard *Milliarde*

mln milion *Million*

mł. młodszy *der Jüngere*; *Unter-*

MO Milicja Obywatelska *Bürgermiliz (Polizei)*

MON Ministerstwo Obrony Narodowej *Ministerium für Landesverteidigung*

MRL Mongolska Republika Ludowa *Mongolische Volksrepublik*

MRN Miejska Rada Narodowa *Rat der Stadt*

m. st. miasto stołeczne *Hauptstadt*

MSW Ministerstwo Spraw Wewnętrznych *Ministerium des Innern*

MSZ Ministerstwo Spraw Zagranicznych *Außenministerium*

MTK Międzynarodowe Targi Książki *Internationale Buchmesse*

MTP Międzynarodowe Targi Poznańskie *Internationale Posener Messe*

n., n/ nad *an, am* [*General-*]

nacz. naczelny *Chef-, Haupt-*

nad. nadawca *Absender*

nazw. nazwisko *Name*

NBP Narodowy Bank Polski *Polnische Nationalbank*

NIK Najwyższa Izba Kontroli *Oberste Rechnungskammer*

nin. niniejszy *vorliegend*

nm. niemiecki *deutsch*

NOT Naczelna Organizacja Techniczna *Verband polnischer Ingenieure und Techniker*

np. na przykład *zum Beispiel*

NPG Narodowy Plan Gospodarczy *Nationaler Wirtschaftsplan*

n.p.m. nad poziomem morza *über dem Meeresspiegel*

nr numer *Nummer*

NRD Niemiecka Republika Demokratyczna *Deutsche Demokratische Republik*

NZ *s.* **ONZ**

ob. obywatel(ka) *Bürger(in)*

obr/min obrotów na minutę *Umdrehungen je Minute*

odb. odbiorca *Empfänger*

odc. odcinek *Abschnitt*

oddz. oddział *Abteilung*

ok. około *etwa, ungefähr*

ONZ Organizacja Narodów Zjednoczonych *Organisation der Vereinten Nationen*

ORMO Ochotnicza Rezerwa Milicji Obywatelskiej *Freiwillige Reserve der Bürgermiliz* [*Siedlung*]

os. osoba, osób *Person(en)*; osiedle

ośr. ośrodek *Zentrum (für)*

OTV Ośrodek Telewizyjny *Fernsehzentrum*

p. pan(i), panna *Herr, Frau, Fräulein*; patrz *siehe*; piętro *Stockwerk* porównaj *vergleiche*; punkt *Punkt* pułk *Regiment*; po nach

PAN Polska Akademia Nauk *Polnische Akademie der Wissenschaften*

PAP Polska Agencja Prasowa *Polnische Presseagentur*

PCK Polski Czerwony Krzyż *Polnisches Rotes Kreuz*

PCW polichlorek winylu *Polyvinylchlorid, PVC*

PDT Powszechny Dom Towarowy *Allgemeines Warenhaus*

PGR, pegeer państwowe gospodarstwo rolne *Staatsgut*

PIHM Państwowy Instytut Hydrologiczno-Meteorologiczny *Staatliches Institut für Hydrologie und Wetterkunde*

PIHZ Polska Izba Handlu Zagranicznego *Polnische Außenhandelskammer* [*Kreiskomitee*]

PK in *Zssgn* Powiatowy Komitet

p-ko przeciwko *gegen*

PKO Powszechna Kasa Oszczędności *Allgemeine Sparkasse*

PKOl Polski Komitet Olimpijski *Polnisches Olympisches Komitee*

PKP Polskie Koleje Państwowe *Polnische Staatsbahnen*

PKS Państwowa Komunikacja Samochodowa *Staatlicher Omnibusverkehr*

pkt punkt *Punkt* [*verkehr*]

pl. plac *Platz*

PLL Polskie Linie Lotnicze *Polnische Luftfahrtgesellschaft*

płd. południe *Süd(en)*; południowy *südlich*

płk. pułkownik *Oberst [südlich]*

płn. północ *Nord(en)*; północny *nördlich*

p.n.e. przed naszą erą *vor unserer Zeitrechnung [tretend]*

p.o., po pełniący obowiązki *stellver-*

pol. polski *polnisch*

POM Państwowy Ośrodek Maszynowy *Maschinen- und Traktorenstation*

por. porównaj *vergleiche*; porucznik *Oberleutnant [Fläche]*

pow. powiat *Kreis*; powierzchnia

półw. półwysep *Halbinsel*

pp. panowie, państwo *Herren, Herrschaften*

ppłk. podpułkownik *Oberstleutnant*

ppor. podporucznik *Leutnant*

PPR Polska Partia Robotnicza *Polnische Arbeiterpartei*

PPS Polska Partia Socjalistyczna *Polnische Sozialistische Partei*

PPTT Polska Poczta Telegraf i Telefon *Polnische Post, Telegraf und Telefon*

PRiTV Polskie Radio i Telewizja *Polnischer Rundfunk und Fernsehen*

PRL Polska Rzeczpospolita Ludowa *Volksrepublik Polen*

PRN Powiatowa Rada Narodowa *Rat des Kreises*; Prezydium Rady Narodowej *Präsidium des Rates*

proc. procent *Prozent*

PSL Polskie Stronnictwo Ludowe *Polnische Bauernpartei*

PSS Powszechna Spółdzielnia Spożywców *Konsumgenossenschaft*

pt. pod tytułem *unter dem Titel*

p-ta poczta *Post(amt)*

PTTK Polskie Towarzystwo Turystyczno-Krajoznawcze *Polnischer Verband für Touristik und Landes-*

p.w. patrz wyżej *siehe oben [kunde]*

PWS in Zssgn Państwowa Wyższa Szkoła *Staatliche Hochschule*

PZM Polski Związek Motorowy *Polnischer Motorsportverband*

PZPR Polska Zjednoczona Partia Robotnicza *Polnische Vereinigte Arbeiterpartei*

PZU Państwowy Zakład Ubezpieczeń *Staatliche Versicherungsanstalt*

q kwintal *Doppelzentner*

r. rok *Jahr*

radz. radziecki *Sowjet-, sowjetisch*

rb. roku bieżącego *dieses Jahres*

red. redaktor *Redakteur*; redakcja *Redaktion [Regie]*

reż. reżyser *Regisseur*; reżyseria

RFN Republika Federalna Niemiec *Bundesrepublik Deutschland*

r-k rachunek *Rechnung*

RKS Robotniczy Klub Sportowy *Arbeitersportklub*

RP Rada Państwa *Staatsrat*; Rzeczpospolita Polska *Republik Polen*

RWPG Rada Wzajemnej Pomocy Gospodarczej *Rat für Gegenseitige Wirtschaftshilfe*

ryc. rycina *Abbildung*

rys. rysunek *Zeichnung*

RZ rada zakładowa *Betriebsgewerk-*

rz. rzeka *Fluß [schaftsrat]*

rzym.-kat. rzymskokatolicki *römisch-katholisch*

s. strona *Seite*; siostra *Schwester (Rel.) [sellschaft]*

SA, S.A. spółka akcyjna *Aktienge-*

SCh Samopomoc Chłopska *Gegenseitige Bauernhilfe*

SD Stronnictwo Demokratyczne *Demokratische Partei*

SDH, SDT Spółdzielczy Dom Handlowy *od.* Towarowy *Konsumwarenhaus*

sekr. sekretarz *Sekretär*

ska, s-ka spółka *(Handels-)Gesellschaft [polizei]*

SOK Straż Ochrony Kolei *Bahn-*

sp. z o.o. spółka z ograniczoną odpowiedzialnością *Gesellschaft mit beschränkter Haftung*

st. stacja *Bahnhof, Station*; starszy *der Ältere, Ober-*; stopień *Grad*; stulecie *Jahrhundert*

stow. stowarzyszenie *Verein*

str. strona *Seite*

St.RN Stołeczna Rada Narodowa *Rat der Hauptstadt (Warschau)*

STS Studencki Teatr Satyryków *Studentisches Satirikertheater*

St.Zjedn. Stany Zjednoczone *Vereinigte Staaten*

szer. szerokość *Breite*

sześc. sześcienny *Kubik-*

śr. sztuk(a) *Stück*

ś. święty *heilig, Heilige(r)*

ŚFZZ Światowa Federacja Związków Zawodowych *Weltgewerkschaftsbund*

śp. świętej pamięci *immer unverges-sen, für immer in Erinnerung*
śr. średni(o) *mittlere, Mittel-*; środa *Mittwoch*; średnica *Durchmesser*
ŚRP Światowa Rada Pokoju *Welt-friedensrat* [*Zeuge*]
św. święty *Heilig, Heilige(r)*; świadek

t. tom *Band*
tj. to jest *das ist, das heißt*
t.m. tego miesiąca *dieses Monats*
TOS Techniczna Obsługa Samo-chodów *Technischer Kundendienst für Kraftfahrzeuge*
tow. towarzysz(ka) *Genosse (-ssin)*
Tow. towarzystwo *Gesellschaft*
TPD Towarzystwo Przyjaciół Dzieci *Gesellschaft der Kinderfreunde*
TPPR Towarzystwo Przyjaźni Pol-sko-Radzieckiej *Gesellschaft für Pol-nisch-Sowjetische Freundschaft*
tw.szt. tworzywo sztuczne *Kunst-*
tys. tysiąc(e) *tausend* [*stoff*]
tzn. to znaczy *das heißt*
tzw. tak zwany *sogenannt*

ub. ubiegły *vergangen, vorig*
UKF ultrakrótkie fale *Ultrakurz-*
ul. ulica *Straße* [*welle, UKW*]
ust. ustawa *Gesetz*

v. vide *siehe*

w. wyspa *Insel*; wiek *Jahrhundert*; wieś *Dorf*
W.Bryt. Wielka Brytania *Großbri-tannien* [*Dorfwarenhaus*]
WDT Wiejski Dom Towarowy
WFF Wytwórnia Filmów Fabular-nych *Studio für Spielfilme*
wg według *laut, gemäß*
WK *in Zssgn* Wojewódzki Komitet *Woiwodschaftskomitee*; Wojewódz-ka Komisja *Woiwodschaftskommis-sion*
WKS Wojskowy Klub Sportowy *Armeesportklub*
woj. województwo *Woiwodschaft*; wojewódzki *Woiwodschafts-*
WOP Wojska Ochrony Pogranicza *Grenzschutztruppe*; Warszawski Okręg Przemysłowy *Warschauer Industriebezirk*
WOPR Wodne Ochotnicze Pogoto-wie Ratunkowe *Freiwilliger Dienst zur Rettung Ertrinkender*
WP Wojsko Polskie *Polnische Armee*
W.P. Wielmożny (-na) Pan(i) *sehr geehrte(r) Herr/Frau*

WRL Węgierska Republika Ludowa *Ungarische Volksrepublik*
wsch. wschód *Ost(en)*; wschodni *östlich* [*schule*]
WS *in Zssgn* Wyższa Szkoła *Hoch-*
WSS Warszawska Spółdzielnia Spo-żywców *Warschauer Konsumgenos-senschaft* [*-genannt*]
ww. wyżej wymieniony*obenerwähnt,*
Wwa, W-wa Warszawa *Warschau*
wys. wysokość *Höhe*
wz., w/z w zastępstwie *in Vertretung*
wzgl. względnie *beziehungsweise*

z. zobacz *siehe*
zach. zachód *West(en)*; zachodni *westlich* [*gegründet*]
zał. załącznik *Anlage*; założony
zarz. zarząd *Verwaltung, Vorstand*
ZBoWiD Związek Bojowników o Wolność i Demokrację *Verband der Kämpfer für Freiheit und Demo-kratie*
zca, z-ca zastępca *(Stell-)Vertreter*
z.d. z domu *geborene*
ZG Zarząd Główny *Hauptverwal-tung, Hauptvorstand*
ZHP Związek Harcerstwa Polskiego *Polnischer Pfadfinderverband*
zł złoty *Zloty*
zm. zmarł(a) *verstorben*
ZMS Związek Młodzieży Socjali-stycznej *Sozialistischer Jugendver-band*
ZNP Związek Nauczycielstwa Pols-kiego *Polnischer Lehrerverband*
zob. zobacz *siehe*
ZP *in Zssgn* Zjednoczenie Przemysłu *(Industrie-)Kombinat* [*ein*]
ZS Zrzeszenie Sportowe *Sportver-*
ZSL Zjednoczone Stronnictwo Lu-dowe *Vereinigte Volkspartei*
ZSRR Związek Socjalistycznych Republik Radzieckich *Union der Sozialistischen Sowjetrepubliken*
ZUR(i)T Zakład Usług Radiotech-nicznych i Telewizyjnych *Radio-und Fernsehreparaturwerkstatt*
ZUS Zakład Ubezpieczeń Społecz-nych *Sozialversicherungsanstalt*
zw. zwany *genannt*; zwyczajny *ge-wöhnlich*
Zw. Związek *Verband, Bund*
Zw.Radz. Związek Radziecki *So-wjetunion*
z.z. za zgodność *für die Richtigkei*
ZZ Związki Zawodowe *Gewerk-*
ż. żona *Ehefrau* [*schaften*]

Die Aussprache des Polnischen und Erklärung der Lautzeichen

Zur Darstellung der polnischen Laute benutzen wir die Zeichen der Lautschrift der Association Phonétique Internationale (API). Die **Vokale** werden **kurz** und **offen** ausgesprochen. Ausnahmen: **i** und **u**, die zwar kurz aber geschlossen sind und **e**, das geschlossen ist wenn es zwischen zwei erweichten Konsonanten oder vor **j** steht.

[a]	= *a* in d**a**nn: rada ['rada]; [ã] = dem frz. nasalen a: oranżada [ɔrã'ʒada]
[ɔ]	= *o* in S**o**nne: oko ['ɔkɔ]; [ɔ̃] = dem frz. nasalen o: wąsy ['vɔ̃sɨ]
[ɛ]	= *e* in R**e**st: deska ['dɛska]; [ɛ̃] = dem frz. nasalen e: mięso ['mɛ̃sɔ]
[e]	= etwa wie *e* in d**e**r, aber kurz: dzień [dʑeɲ]
[i]	= *i* in w**i**r: ile ['ilɛ]; [i̯] = nasaliertes *i*: państwo ['paĩstfɔ]
[i̯]	= einem kurzen *i*, das keine Silbe bildet, etwa wie in Nat**i**on: magia ['magi̯a]
[ɨ]	= etwa wie das dt. *i* in b**i**n, T**i**sch (man spricht mit zurückgezogener Zunge): syn [sɨn]
[u]	= *u* in Un**i**on: ul [ul̦]; ósmy ['usmɨ]

Die **Konsonanten** b, d, f, j, k, l, m, n, p und t bezeichnen Laute, die mit den entsprechenden deutschen Lauten identisch sind; **k**, **p** und **t** werden jedoch ohne Behauchung (ohne den nachfolgenden flüchtigen h-Laut) gesprochen.

[ŋ]	+ *g* oder *k* = n in O**n**kel, E**n**gel: mąka ['mɔŋka], drągi ['drɔŋɡi]
[r]	= immer Zungenspitzen-*r*, auch am Wortende deutlich hörbar!
[s]	= stets dem stimmlosen *s*-Laut wie in bei**ß**en, *st* ist immer *s*+*t*!
[ɕ]	= einem Laut, der dem *ch* in i**ch** mit einem schwach nachklingendem *sch* nahekommt: śniadanie [ɕɲa'daɲɛ]; [ʑ] = stimmhafte Entsprechung zu [ɕ]
[tɕ]	= einer Verschmelzung von *t*+[ɕ], etwa wie in t**ja**: ciało ['tɕawɔ]
[ts]	= *z* in **Z**orn: cebula [tsɛ'bula]; [dz] = stimmhafte Entsprechung zu [ts]
[w]	= einem Laut, der dem engl. *w* in **w**hat bzw. dem *l* in der Aussprache der Kölner nahekommt: Bałtyk ['bawtɨk]
[x]	= *ch* in a**ch**: groch [grɔx], hotel ['xɔtɛl]; [ç] = dem *ch* in i**ch**
[ʃ]	= *sch* in **Sch**ule: szary ['ʃarɨ]; [tʃ] = *tsch* in deu**tsch**: czyn ['tʃɨn]
[z]	= stets dem *s* in **s**ausen: zapach ['zapax]
[ʒ]	= dem *j* in **J**alousie oder dem zweiten *g* in Gara**g**e: róża ['ruʒa], rzeka ['ʒɛka]
[dʒ]	= stimmhafte Entsprechung zu [tʃ], etwa wie engl. *j* in **J**ack oder *dsch* in **Dsch**ungel: dżentelmen ['dʒɛntɛlmɛn]
[dʑ]	= stimmhafte Entsprechung zu [tɕ], etwa wie *dsj*: dziecko ['dʑɛtskɔ]

Palatalisierung. Fast alle poln. Konsonanten können palatalisiert (erweicht) werden. In der Umschrift werden die palatalen Konsonanten durch ein Häkchen gekennzeichnet, das ein sehr flüchtiges *j* versinnbildlichen soll: b̦ (etwa bj), g̦ (gj), ŋ (nj) usw. Ähnliche Laute erhält man, wenn man Wörter wie rabiat, Region, Kognak usw. mit einem sehr flüchtigen *i* ausspricht.

Die sog. erweichte Aussprache der Konsonanten wird orthographisch (außer bei ć und ź) durch nachfolgende Verbindung *i* + Vokal ausgedrückt. Dieses *i* bildet keine Silbe, sondern ist ebendieser flüchtiger j-Laut, der zusammen mit dem vorhergehenden Konsonanten ausgesprochen wird: giemza ['gɛmza], kielich ['kɛlix], skrobia ['skrɔba], wiara ['ɣara] usw.

Nasalierung. Die Nasalvokale ą und ę unterliegen oft einer Angleichung an den darauffolgenden Konsonanten und verlieren fast völlig ihr nasales Element. Die Lautverbindungen *an, en, in, on* usw. werden dagegen oft nasal ausgesprochen.

Diphthonge *au* und *eu* [ɛŭ] klingen wie deutsches *a* bzw. *e* mit kurzem nachfolgendem *u*, das keine neue Silbe bildet (Umschrift: ŭ); *aj*=dem dt. *ei* bzw. *ai* in fein, Mai; *oj*=dem dt. *eu* in Scheune.

Betonung. Im Polnischen wird, von einigen Ausnahmen abgesehen, stets die vorletzte Silbe betont.

Zusätzliche Zeichen: ['] *vor* der zu betonenden Silbe bezeichnet den Hauptton im Wort; [:] *hinter* einem Konsonanten oder Vokal bedeutet, daß der Laut gelängt ausgesprochen wird; der Punkt zwischen zwei Konsonanten (z. B. d·z) bedeutet, daß sie nicht zu einem Laut verschmelzen, sondern getrennt ausgesprochen werden.

Muster für die polnische Deklination und Konjugation

Wzory tworzenia form deklinacyjnych i koniugacyjnych

A. Konjugation der Verben

Die Reihenfolge der Formen (von oben nach unten): Infinitiv, Präsens bzw. Futur (perf. Verben), Imperativ, das adjektivische/adverbiale Partizip des Präsens (impf.), Präteritum, das adverbiale Partizip des Präteritums, das adjektivische Partizip des Passivs, unpersönliche Form des Präteritums/das Verbalsubstantiv. Formen in []-Klammern begegnen selten.

I. Infinitiv: **-ać**

1. (*-am*) koch-**ać**

-am, -asz, -a
(-amy, -acie, -ają)
-aj(my, -cie)!
-ający/-ając
-ał(a, -o, -y)
-ali *Psf.*
-awszy
-any, -ani
-ano/-anie

2. (*-ę/-ię*) łap-**ać**

(*-czę*)	-ię, -iesz, -ie
(*-żę*)	(-iemy, -iecie, -ią)
(*-rzę*)	-(my, -cie)!
(*-szę*)	-iący/-iąc
(*-szczę*)	-ał(a, -o, -y)
(*-żdżę*)	-ali *Psf.*
	-awszy
	-any, -ani
	-ano/-anie

Anm.: -bać, -pać, -mać, -wać → -bię, -pię, -mię, -wię; -jać → -ję; -kać → -czę; -tać → -cze/-cę; -gać, -zać → -żę; -rać → -rzę; -sać → -szę; -skać → -szczę; -zdać → -żdżę. sł- → śl-, sp- → śp-.

Alle Präteritumformen werden vom Infinitivstamm abgeleitet!

39 TW Poln. I

3. (*-eję*) grz-**ać**

-eję, -ejesz, -eje
(-ejemy, -ejecie, -eją)
-ej(my, -cie)!
-ejący/-ejąc
-ał(a, -o, -y)
-ali *od.* -eli *Psf.*
-awszy
-any, -ani
-ano/-anie

II. Infinitiv: **-wać**

(*-ję*) da-**wać**

-ję, -jesz, -je
(-jemy, -jecie, -ją)
-waj(my, -cie)!
-jący/-jąc

Präteritumformen wie I. 1

III. Infinitiv: **-iwać**

(*-uję*) obsłu-**iwać**

-uję, -ujesz, -uje
(-ujemy, -ujecie, -ują)
-uj(my, -cie)!
-iwał(a, -o, -y)
-iwali *Psf.*
-[iwawszy]
-iwany, -iwani
-iwano/-iwanie

Anm.: beim Hinweis (*-wuję*) bleibt das -w- in den vom Präsens-Futur-Stamm gebildeten Formen: rozstrzeliwać → -wuję.

IV. Infinitiv: -ować

(-*uję*) meld-**ować**

-uję, -ujesz, -uje
(-ujemy, -ujecie, -ują)
-uj(my, -cie)!
-ował(a, -o, -y)
-owali *Psf.*
[-owawszy]
-owany, -owani
-owano/-owanie

Achtung: s. Anm. bei V.!

V. Infinitiv: -ywać

(-*uję*) ukaz-**ywać**

-uję, -ujesz, -uje
(-ujemy, -ujecie, -ują)
-uj(my, -cie)!
-ywał(a, -o, -y)
-ywali *Psf.*
[-ywawszy]
-ywany, -ywani
-ywano/-ywanie

Anm.: beim Hinweis (-[*w*]*uję*) bleibt beim impf. Verb das -w- in den vom Präsens-Stamm gebildeten Formen: wymeldowywać — wymeldowuję (aber: wymeld**ować** — wymeld**uję**). Es sind auch Formen auf -am möglich: wykonywać — wykonyw**am** usw. (wie I. 1)

VI. Infinitiv: -ąć

1. (-*nę*) kl-**ąć**
   (-[*e*]*pnę*)
   (-[*e*]*gnę*)

-nę, -niesz, -nie
(-niemy, -niecie, -ną)
-nij(my, -cie)!
-nący/-nąc
-ął (-ęła, -ęło, -ęły)
-ęli *Psf.*
-ęty, -ęci (nur *pf.*)
-ęto/-ęcie

Anm.: bei den vom Futur-Stamm gebildeten pf. Formen e-Einschub bei Konsonantenhäufung: odpiąć → odepnę (aber: odpiął), odgiąć → odegnę (aber: odgiął), zmiąć → zemnę (aber: zmiął).

2. (-*mę*) d-**ąć**
   (-[*e*]*jmę*)

-mę, -miesz, -mie
(-miemy, -miecie, -mą)
-mij(my, -cie)!
-mący/-mąc
-ął (-ęła, -ęło, -ęły)
-ęli *Psf.*
-ęty, [-ęci]
-ęto/-ęcie

Achtung: s. Anm. zu VI. 1: zdjąć → zdejmę (aber: zdjął), objąć → obejmę (aber: objął).

VII. Infinitiv: -eć

1. (-*em*) umi-**eć**

-em, -esz, -e
(-emy, -ecie, -eją)
-ej(my, -cie)!
-ejący/-ejąc
-ał(a, -o, -y)
-eli *Psf.*
[-awszy]
-any, [-ani]
-ano/-enie

2. (-*eję*) mdl-**eć**
   (-*ieję*)

-eję, -ejesz, -eje
(-ejemy, -ejecie, -eją)
-ej(my, -cie)!
-ejący/-ejąc
-ał(a, -o, -y)
-eli *Psf.*
-awszy
—
-ano/-enie

3. (-*ę*, -*i*) myśl-**eć**
   (-*cę*, -*i*)
   (-*dzę*, -*i*)
   (-*szę*, -*i*)
   (-*żę*, -*i*)
   (-*ę*, -*mij!*)
   (-*nę*, -*nij!*)

-ę, -isz, -i
(-imy, -icie, -ą)
-(my, -cie)!
-ący/-ąc
-ał(a, -o, -y)
-eli *Psf.*
-awszy
-any, -ani (-eni)
-ano/-enie

Anm.: -cieć → -cę : -cisz : -ć; -dzieć → -dzę : -dzisz : -dź!; -sieć → -szę : -sisz : -ś!; -nieć → -nę : -nisz -nij!

4. (-ę, -y) słysz-**eć**

-ę, -ysz, -y
(-ymy, -ycie, -ą)
-(my, -cie)!
-ący/-ąc
-ał(a, -o, -y)
-eli *Psf.*
-awszy
-any, -ani
-ano/-enie

VIII. Infinitiv: -ić

(-ę/-ię)   bron-**ić**

(-ję)   -ię, -isz, -i
(-cę)   (-imy, -icie, -ią)
(-dzę)   broń(my, -cie)!
(-lę)   -iący/-iąc
(-szę)   -ił(a, -o, -y)
(-szczę) -ili *Psf.*
(-żę)   -iwszy
(-ździę) -iony, -ieni
(-ę, -nij!) -iono/-ienie

Anm.: -lić, -cić, -dzić → -lę, -cę, -dzę; -aić, -eić, -oić → -aję : -aisz, -eję : -eisz, -oję : -oisz; -sić → -szę : -sisz; -ścić → -szczę : -ścisz; -zić → -żę : -zisz; -ździć → -ždżę : -ždzisz.

Imperativ endungslos (erweicht: c : ć, dz : dź, s : ś, z : ź), bei Verben auf -nić : -ń! oder nij!, bei Verben auf -aić, -eić, -oić : -j!, wobei Vokalwechsel o : ó stattfindet.

IX. Infinitiv: -yć

(-ę)   ucz-**yć**

-ę, -ysz, -y
(-ymy, -ycie, -ą)
-(my, -cie)!
-ący/-ąc
-ył(a, -o, -y)
-yli *Psf.*
-ywszy
-ony, -eni
-ono/-enie

Anm.: im Imperativ Vokalwechsel o : ó, *z. B.* twórz!

X. Infinitiv: -nąć

1. (-nę) ciąg-**nąć**

-nę, -niesz, -nie
(-niemy, -niecie, -ną)

-nij(my, -cie)!
-nący/-nąc
-nął (-nęła, -nęły)
-nęli *Psf.*
-nąwszy
-nięty, -nięci
-nięto/-nięcie

Anm.: -snąć → -śnie(sz, -my, -cie) : -śnij!; -znąć → -žnie(sz, -my, -cie) : -žnij!

Feminine Präteritumform oft -ła statt -nęła, besonders wenn mask. sowohl -nął als auch -ł möglich: kisnął/kisł, kisła; *vgl. Anm.* zu X. 3.

---

2. (-nę, -ń!) sły-**nąć**

-nę, -niesz, -nie
(-niemy, -niecie, -ną)
-ń(my, -cie)!
-nący/-nąc
-nął (-nęła, -nęły)
-nęli *Psf.*
-nąwszy
[-nięty, -nięci]
[-nięto]/-nięcie

---

3. (-nę, -l) marz-**nąć**

-nę, -niesz, -nie
(-niemy, -niecie, -ną)
-nij(my, -cie)!
-nący/-nąc
-ł(a, -o, -y)
-li *Psf.*
-łszy
-nięty, -nięci
-nięto/-nięcie

Anm.: möglich mask. Präteritumformen nach X. 1.: marzł oder marznął, mókł oder moknął. Vokalwechsel o : ó, *z. B.* zmókł(szy)!

XI. Infinitiv: -ć

(einsilbige Verben auf -ić, -yć, -uć)
(-ję)   pi-**ć**

-ję, -jesz, -je
(-jemy, -jecie, -ją)
-j(my, -cie)!
-jący/-jąc
-ł(a, -o, -y)
-li *Psf.*
-wszy
-ty, -ci
-to/-cie

B. Deklination der Substantive

I. Maskulina

1. Endung: -c, -cz, -dz, -dż, -rz, -sz, -ż, -g, -k, -ch;
-ć, -dź, -j, -ń, -ś, -ź, -l

Singular

	belebt		unbelebt	
N —	rycerz	tatuś	cel	kamień
G -a/-u[1]	rycerza	tatusia	celu	kamienia
D -owi	rycerzowi	tatusiowi	celowi	kamieniowi
A = G/N[2]	rycerza	tatusia	cel	kamień
I -em[3]	rycerzem	tatusiem	celem	kamieniem
L -u	rycerzu	tatusiu	celu	kamieniu
V = L	rycerzu!	tatusiu!		ungebräuchlich

1. Unbelebte Maskulina haben meist **-u**, seltener **-a**. Eine Reihe Maskulina auf **-(i)ec**, **-(i)eń**, **-(i)ek** verliert ab G/sg. das flüchtige **-(i)e-** in der Endsilbe: chłopiec → chłopca, pień → pnia, marzec → marca (Konsonantenwechsel!), stołek → stołka. Das **ó** bzw. **ą** der Endsilbe wird ab G/sg. zu **o** bzw. **ę**: stóg → stogu, wąż → węża.

2. Für Personen und Tiere = Genitiv, für Sachen und Begriffe = Nominativ.

3. Nach **g** und **k** sowie nach weichen Konsonanten außer **l** und **j**: **-iem**.

4. Maskulina auf **-(i)ec**, die männl. Personen bezeichnen, verlieren den flüchtigen Vokal **-(i)e-** und das **-c** verbindet sich mit der Vokalendung zu **-cze**: chciwiec → chciwcze, goniec → gończe usw. S. auch Tabelle auf S. 619.

Plural

	Personalform		Sachform	
N -e (-i/-y/-owie)[1]	rycerze	tatusiowie	cele	kamienie
G -y (-i/-ów)[2]	rycerzy	tatusiów	celów	kamieni
D -om	rycerzom	tatusiom	celom	kamieniom
A = N/G[3]	rycerzy	tatusiów	cele	kamienie
I -ami	rycerzami	tatusiami	celami	kamieniami
L -ach	rycerzach	tatusiach	celach	kamieniach
V = N	rycerze!	tatusiowie!		ungebräuchlich

1. Maskulina auf **-g, -k, -ch** haben in der Sachform die Endung **-gi, -ki, -chy**, in der Personalform **-dzy, -cy, -si**. Die weich auslautenden Subst. haben die Endung **-ie**, in der Personalform oft **-iowie**. Die Endung der Subst. auf **-ec** ist immer **-cy**, aber: ojciec → ojcowie.

2. Maskulina auf **-g, -k, -ch** sowie auf **-c** und **-dz** haben die Endung **-ów**, ebenso weich auslautende Subst., die im Nominativ die Endung **-(i)owie** haben. Substantive auf **-j** und **-l** haben die Endung **-i**, doch oft ist auch **-ów** möglich.

3. Personalform = Genitiv, Sachform = Nominativ.

2. Endung: -b, -d, -zd, -f, -ł, -m, -n, -p, -r, -s, -t, -st, -w, -z

Singular

	belebt			unbelebt	
N —	sołtys	Kurp		staw	sklep
G -(i)a/-u[1]	sołtysa	Kurpia		stawu	sklepu
D -(i)owi	sołtysowi	Kurpiowi		stawowi	sklepowi
A = G/N[2]	sołtysa	Kurpia		staw	sklep
I -(i)em[3]	sołtysem	Kurpiem		stawem	sklepem
L -(i)e/-iu[4]	sołtysie	Kurpiu		stawie	sklepie
V = L	sołtysie!	Kurpiu!		ungebräuchlich	

1. Unbelebte Maskulina enden meist auf **-u**. Eine Reihe der Subst. auf **-b, -m, -p** und **-w**, die in den abhängigen Kasus erweicht werden, hat die Endung **-ia**. Einige Maskulina verlieren ab G/sg. das **-(i)e-** bzw. **-io-** der Endsilbe: orzeł → orła, osioł → osła, kocioł → kotła (Konsonantenwechsel!). Das **ó** bzw. **ą** der Endsilbe wird ab G/sg. in **o** bzw. **ę** verwandelt (nicht vor **s** und **z!**): gród → grodu, aber wąs → wąsa.

2. Für Personen und Tiere = Genitiv, für Sachen und Begriffe = Nominativ.

3. Maskulina auf **-b, -m, -p** und **-w** können die Endung **-iem** haben. Vgl. Anm. 1.

4. Maskulina auf **-ł** und **-r** haben die Endung **-e**. Die weiche Endung **-ie** verwandelt den harten Konsonant in seine erweichte Entsprechung, die auftretenden Lautveränderungen s. Tabelle S. 619. Maskulina auf **-b, -m, -p** und **-w** können die Endung **-iu** haben. Vgl. Anm. 1.

Plural

	Personalform			Sachform	
N -i/-y/-owie[1]	sołtysi	Kurpiowie		stawy	sklepy
G -(i)ów	sołtysów	Kurpiów		stawów	sklepów
D -(i)om	sołtysom	Kurpiom		stawom	sklepom
A = N/G[2]	sołtysów	Kurpiów		stawy	sklepy
I -(i)ami	sołtysami	Kurpiami		stawami	sklepami
L -(i)ach	sołtysach	Kurpiach		stawach	sklepach
V = N	sołtysi!	Kurpie!		ungebräuchlich	

1. Sachform hat immer die Endung **-y**. Personalform endet auf **-i** (außer bei **r**), wobei Lautveränderungen eintreten, die aus der Tabelle auf S. 619 ersichtlich sind. Maskulina auf **-b, -m, -p** und **-w**, die in den abhängigen Kasus erweicht werden, haben in beiden Formen die Endung **-ie**; als Personalform begegnet auch **-iowie**.

Maskulina auf **-ans** enden auf **-e**: awans → awanse.

2. Personalform = Genitiv, Sachform = Nominativ.

3. Endungen: **-a, -o, -anin**

Singular

N —	poeta	cieśla	dziadzio	Fredro	mieszcz**anin**
G -y/-i/-a[1]	poet**y**	cieśl**i**	dziadzi**a**	Fredr**y**	mieszczanin**a**
D -e/-i/-y/-owi[2]	poec**ie**	cieśl**i**	dziadzi**owi**	Fredr**ze**	mieszczanin**owi**
A -ę/-a	poet**ę**	cieśl**ę**	dziadzi**a**	Fredr**ę**	mieszczanin**a**
I -ą/-em	poet**ą**	cieśl**ą**	dziadzi**em**	Fredr**ą**	mieszczanin**em**
L = D/-u/-e[3]	poec**ie**	cieśl**i**	dziadzi**u**	Fredr**ze**	mieszczanin**ie**
V -o/-u/-e	poet**o**!	cieśl**o**!	dziadzi**u**!	Fredr**o**!	mieszczanin**ie**!

1. Die Endung **-i** haben Mask., deren Stamm auf einen phonetisch weichen Konsonanten oder auf **-k-** und **-g-** auslautet. Familiennamen auf **-o** haben dieselben Endungen wie hartstämmige Maskulina auf **-a**.

2. Konsonantenwechsel s. Tabelle auf S. 619.

3. Bei Maskulina auf **-a** = Dativ, bei Maskulina auf **-anin** = Vokativ.

Plural

N -y/-i/-e/ -owie/-anie[1]	poec**i**	cieśl**e**	dziadzi**owie**	mieszcza**nie**
G -i/-ów/-[2]	poet**ów**	cieśl**i(ów)**	dziadzi**ów**	mieszcza**n** (muzułman**ów**)
D -om	poet**om**	cieśl**om**	dziadzi**om**	mieszczan**om**
A = G	poet**ów**	cieśl**i(ów)**	dziadzi**ów**	mieszcza**n** (muzułman**ów**)
I -ami	poet**ami**	cieśl**ami**	dziadzi**ami**	mieszczan**ami**
L -ach	poet**ach**	cieśl**ach**	dziadzi**ach**	mieszczan**ach**
V = N	poec**i**!	cieśl**e**!	dziadzi**owie**!	mieszcza**nie**!

1. Familiennamen auf **-o** werden nach dem Muster der übrigen Maskulina auf **-o** dekliniert. Bei Subst. auf **-anin** wird der Stamm um die Endung **-in** verkürzt. Nur im N/pl. wird das **-n-** des Stammes palatalisiert.

2. Der G/pl. der Substantive auf **-anin** endet entweder auf **-ów** oder er ist endungslos.

4. Adjektivische Deklination der Maskulina s. S. 617.

II. Feminina

1. Endung: **-ba, -cha, -da, -fa, -ga, -ka, -la, -ma, -na, -pa, -ra, -sa, -ta, -wa, -za**

		Singular			Plural	
N	-a	głowa	matka	-y/-i[2]	głowy	matki
G	-y/-i	głowy	matki	-[3]	głów	matek
D	-(i)e[1]	głowie	matce	-om	głowom	matkom
A	-ę	głowę	matkę	= N	głowy	matki
I	-ą	głową	matką	-ami	głowami	matkami
L	= D	głowie	matce	-ach	głowach	matkach
V	-o	głowo!	matko!	= N	głowy!	matki!

1. Die Endung **-ie** haben alle Feminina mit hartem Konsonant im Stammauslaut mit Ausnahme der auf **-ga, -ka, -cha, -la** und **-ra**. Zum Konsonantenwechsel s. Tabelle auf S. 619. In einigen Fällen tritt auch Vokalwechsel a : e auf: gwiazda → gwieździe, wiara → wierze.

2. Feminina auf **-ga** und **-ka** haben die Endung **-i** (ebenso im Genitiv Sg.). Feminina auf **-ansa** enden auf **-e**: szansa → szanse.

3. Der Genitiv ist endungslos. Bei Feminina, deren Stamm auf zwei Konsonanten endet, findet e- bzw. ie-Einschub statt. In einigen Fällen wird o : ó und ę : ą (Umkehrung des Vokalwechsels bei den Maskulina).

2. Endung: **-ca, -cza, -dza, -dża, -rza, -sza, -ża, -la;**
-bia, -cia, -dzia, -fia, -gia, -ja, -kia, -lia, -mia, -nia,
-pia, -ria, -sia, -tia, -wia, -zia sowie **-i**

		Singular			Plural	
N	-(i)a	praca	ciocia	-e	prace	ciocie
G	-y/-i[1]	pracy	cioci	-(y)/-i(i)/-j(i)[3]	prac	cioci
D	= G	pracy	cioci	-om	pracom	ciociom
A	-ę	pracę	ciocię	= N	prace	ciocie
I	-ą	pracą	ciocią	-ami	pracami	ciociami
L	= G	pracy	cioci	-ach	pracach	ciociach
V	-o[2]	praco!	ciociu!	= N	prace!	ciocie!

1. Die Endung **-i** haben Feminina, deren Stamm auf phonetisch weichen Konsonant endet.

2. Weibliche weichstämmige Kosewörter enden auf **-u**: mamusia — mamusiu!

3. G/pl. ist entweder endungslos oder hat die Endung **-y, -i, -ii** oder **-ji** (in der endungslosen Form auch **-ij** und **-yj** möglich). Beim endungslosen Genitiv wird der auslautende Konsonant (mit Ausnahme der historisch Weichen und der Labialen) erweicht: dynia → dyń, świnia → świń. Bei Konsonantenhäufung erfolgt der Einschub eines flüchtigen -(i)e-: suknia → sukien. Feminina auf **-alnia, -arnia, -ernia** haben neben Formen auf **-i** auch endungslose Formen: kopalnia → kopalni/kopalń, piekarnia → piekarni/piekarń usw.

4. Feminina auf **-i** werden wie cocia dekliniert. G/pl. ist meist endungslos: gospodyni → gospodyń. Als einziges Su. hat **pani** im A/sg. die Endung **-ą**: panią; V/sg. endet auf **-i**: gospodyni!, pani!

3. Endung: **-ć, -dź, -j, -ń, -ś, -ź, -b, -p, -w, -l;**
-c, -cz, -dz, -dż, -rz, -sz, -ż

		Singular			Plural	
N	—	postać	noc	-e/-y/-i[1]	postacie	noce
G	-i/-y[2]	postaci	nocy	-i/-y	postaci	nocy
D	-i/-y	postaci	nocy	-om	postaciom	nocom
A	= N	postać	noc	= N	postacie	noce
I	-ą	postacią	nocą	-ami	postaciami	nocami
L	-i/-y	postaci	nocy	-ach	postaciach	nocach
V	-i/-y	postaci!	nocy!	= N	postacie!	noce!

1. Die erweichte Aussprache der Konsonanten wird in den abhängigen Kasus durch nachfolgendes **i** (+ Vokal) ausgedrückt: dłoń → dłoni → dłonią, brew → brwi → brwią. Feminina auf **-ość** haben im N/pl. immer die Endung **-i**.

2. Einige, vor allem einsilbige Feminina verlieren ab G/sg. den Vokal der Wurzelsilbe: wieś → wsi, brew → brwi.

III. Neutra

1. Endung: **-ci-, -dzi-, -j-, -ni-, -si-, -zi-, -pi-, -bi-, -mi-, -wi-, -c-, -cz-, -dz-, -dż-, -rz-, -sz-, -ż-, -l-** + **-e** oder **-o** sowie **-go, -ko, -cho**

	Singular				Plural			
N	-e/-o	płuco	zdanie	łyko	-a	płuca	zdania	łyka
G	-a	płuca	zdania	łyka	-¹	płuc	zdań	łyk
D	-u	płucu	zdaniu	łyku	-om	płucom	zdaniom	łykom
A	= N	płuco	zdanie	łyko	= N	płuca	zdania	łyka
I	-em	płucem	zdaniem	łykiem	-ami	płucami	zdaniami	łykami
L	-u	płucu	zdaniu	łyku	-ach	płucach	zdaniach	łykach
V	= N	*ungebräuchlich*			= N	*ungebräuchlich*		

1. G/pl. ist endungslos. Einige Neutra haben aber die Endung **-i/-y**: narzędzie → narzędzi, zbocze → zboczy. In einigen Fällen findet Vokalwechsel o : ó bzw. e : o oder e : o : ó statt: pole → pól, nasienie → nasion, ziele → zioła → ziół. Bei Konsonantenhäufung erfolgt der Einschub des flüchtigen **-(i)e-**: jabłko → jabłek, jajko → jajek.

2. Endung: **-bo, -do, -ło, -mo, -no, -po, -ro, -so, -to, -wo, -zo** sowie **-um**

	Singular		Plural		
N	-o/-um	drzewo	muzeum	-a	drzewa	muzea
G	-a/-um	drzewa	muzeum	-/-ów	drzew¹	muzeów
D	-u/-um	drzewu	muzeum	-om	drzewom	muzeom
A	= N	drzewo	muzeum	= N	drzewa	muzea
I	-em/-um	drzewem	muzeum	-ami	drzewami	muzeami
L	-eª	drzewie	muzeum	-ach	drzewach	muzeach
V	= N	drzewo!	*ungebr.*	= N	drzewa!	*ungebr.*

1. G/pl. ist endungslos. Bei Konsonantenhäufung erfolgt der Einschub des flüchtigen **-(i)e-**: hasło → haseł, okno → okien. In einigen Fällen tritt Vokalwechsel o : ó bzw. ę : ą auf: koło → kół, święto → świąt.

2. Zur Erweichung des vorhergehenden Konsonanten s. Tabelle auf S. 619.

3. Endung: -ę (-ęta), -ę (-ona)

	Singular			*Plural*		
N	-ę	cielę	imię	-ęta/ -ona	cielęta	imiona
G	-ęcia/ -enia	cielęcia	imienia	-ąt/-on	cieląt[1]	imion
D	-ęciu/ -eniu	cielęciu	imieniu	-ętom/ -onom	cielętom	imionom
A	= N	cielę	imię	= N	cielęta	imiona
I	-ęciem/ -eniem	cielęciem	imieniem	-ętami/ -onami	cielętami	imionami
L	-ęciu/ -eniu	cielęciu	imieniu	-ętach/ -onach	cielętach	imionach
V	= N	cielę!	*ungebr.*	= N	cielęta!	*ungebr.*

1. Im G/pl. findet Vokalwechsel ę : ą statt.

IV. Nur im Plural vorkommende Substantive

1. Endung: -y, -i, -e

N	-y/-i/-e	obcęgi	nożyce
G	-ów/-[1]	obcęgów	nożyc
D	-om	obcęgom	nożycom
A	= N	obcęgi	nożyce
I	-ami	obcęgami	nożycami
L	-ach	obcęgach	nożycach
V	= N		*ungebräuchlich*

1. Genitiv ist endungslos oder hat die Endung -ów (auch -y und -i möglich). Bei Konsonantenhäufung wird flüchtiges -e- eingeschoben: widły → wideł, drwa → drew.

V. Adjektivische Deklination

Eine Reihe Maskulina auf **-y, -i**, Feminina auf **-a** und Neutra auf **-e** (darunter auch Familien und Ortsnamen: Linde, Zakopane) werden wie Adjektive dekliniert (s. S. 618). Gewisse Abweichungen sind nur im I, V und L/sg. sowie im N und V/pl. zu beachten:

1. I und L/sg. der Eigennamen auf **-e** haben die Endung **-em**: w Zakopanem, o Lindem; V/sg. der Feminina hat die Endung **-o**: baronowa → baronowo!

2. N und V/pl. der Maskulina, die eine Würde (Beruf) bezeichnen sowie der auf **-czy, -ży** haben die Endung **-owie**: chorążowie, motorniczowie. Die übrigen Maskulina — wenn sie männliche Personen bezeichnen — haben in diesen beiden Kasus die Personalform der mask. Adjektive.

C. Deklination der Adjektive

1. Hartstämmige Adjektive auf -y sowie auf -ki, -gi:

	maskulin	feminin	neutral	Personalform	Sachform
N	nowy	nowa	nowe[1]	nowi[3]	nowe[1]
G	nowego[1]	nowej	nowego	nowych	nowych
D	nowemu	nowej	nowemu	nowym	nowym
A	= G/N[2]	nowa	nowe	nowych	nowe
I	nowym	nową	nowym	nowymi	nowymi
L	nowym	nowej	nowym	nowych	nowych

2. Weichstämmige Adjektive auf -i:

	maskulin	feminin	neutral	Personalform	Sachform
N	tani	tania	tanie	tani	tanie
G	taniego	tanią	tanie	tanich	tanich
D	taniemu	taniej	taniemu	tanim	tanim
A	= G/N[2]	tanią	tanie	tanich	tanie
I	tanim	tanią	tanim	tanimi	tanimi
L	tanim	taniej	tanim	tanich	tanich

1. Bei Adj. auf **-ki** und **-gi** bleibt das **-i-** in den Lautverbindungen **k+e** und **g+e**: długie, długiego, wysokie, wysokiego usw.

2. Menschen und Tiere = Genitiv, Sachen und Begriffe = Nominativ.

3. Lautwandel in der *Psf.*: -py/-pi, -by/-bi, -wy/-wi, -my/-mi, -ty/-ci, -dy/-dzi, -sy/-si, -ny/-ni, -ły/-li, -ry/-rzy, -szy/-si, -ży/-zi, -ki/-cy, -gi/-dzy, -chy/-si, -sty/-ści, -sły/-śli.

3. Undeklinierbare (nur als Prädikatsnomen gebrauchte) Adjektive.

Im N/sg. der Maskulina kommen Formen vor, die auf Konsonant enden und z. T. Nebenformen der deklinierbaren Adjektive auf **-y** sind: ciekawy → ciekaw, świadomy → świadom. Einige haben keine Nebenformen auf **-y**: kontent, rad, wart, winien.

Lautwechsel und (i)e-Einschub möglich: zdrowy → zdrów, pełny → pełen, godny → godzien usw.

4.
Die Personalform der Komparative auf **-szy** lautet **-si**. Zu beachten sind folgende Lautveränderungen vor der Endung **-szy**: **ł : l, n : ń, g : ż**, ferner **a : e, o : e, ą : ę**. Weitere Lautveränderungen sind aus der Tabelle auf S. 619 ersichtlich.

Von Adjektiven auf **-eki, -oki, -ki** wird der Komparativ durch Anfügen des Suffixes **-szy** an den um diese Endungen verkürzten Stamm gebildet: daleki → dalszy, szeroki → szerszy. Dabei wird **s : ż**: bliski → bliższy, niski → niższy.

D. Konsonantenwechsel

Innerhalb der Deklination der hartstämmigen Substantive treten zahlreiche Konsonantenveränderungen ein, die durch ein auf den Konsonanten folgendes e bzw. i bedingt sind:

Maskulina	Feminina	Neutra	enden im L/sg. (Mask. a. im V/sg., Fem. a. im D/sg.)	Psf. der Mask. im N/pl.
chłop	lipa	tempo	-pie	chłopi
Kaszub	żaba	niebo	-bie	Kaszubi
graf	szafa	—	-fie	-fi
żuaw	trawa	drzewo	-wie	żuawi
olbrzym	brama	widmo	-mie	olbrzymi
kat	chata	błoto	-cie	kaci
sąsiad	trzoda	udo	-dzie	sąsiedzi
prezes	rosa	proso	-sie	prezesi
Francuz	koza	żelazo	-zie	Francuzi
Litwin	mina	wino	-nie	Litwini
anioł	szkoła	koło	-le	anieli
aktor	kura	srebro	-rze	aktorzy
oszust	lista anarchista *m* }	miasto	-ście	oszuści, anarchiści
drozd	gwiazda	gniazdo	-ździe	-ździ
pomysł	Wisła	masło	-śle	-śli
len	sosna	krosno	-śnie	-śni
błazen	blizna	kiełzno	-źnie	błaźni/zny
biedak	łaska kaleka *m* }	—	(*f*) -ce	biedacy, kalecy
pedagog	odwaga sługa *m* }	—	(*f*) -dze	pedagodzy, słudzy
mnich	mucha	—	(*f*) -sze	mnisi

Anmerkung: Die in Spalte 4 angegebenen **Lautveränderungen** finden
auch **bei der Komparativbildung der Adjektive und Adverbien**
statt, wenn der Komparativ mit **-ejszy** gebildet wird (Konsonantenhäufung vor der Adjektiv- bzw. Adverbendung): ładny — ładniej(szy),
czysty — czyściej(szy).

E. Pronomen

Die **Possessivpronomen** werden wie Adjektive dekliniert. Abweichend
ist nur der N/sg. mask.: **mój, twój, swój, nasz, wasz. Jego, jej, ich** sind
undeklinierbar. Die zwei- und mehrsilbigen Formen von mój, twój, swój
können verkürzt werden: mojego → mego, mojemu → memu, moim →
mym usw.

Wie ein Adjektiv der harten Deklination wird auch das **Demonstrativ-
pronomen ten, ta, to** (und *Zssgn* wie tamten, tamta usw.) dekliniert. Der
Nom./fsminin lautet jedoch **te, Der Plural:** *Psf.* ci, tych, tym, tych, tymi,
tych; *Sfm.* te, tych, tym, te, tymi, tych. Es gibt keinen Vokativ.

Ebenso **ów, owa, owo:** *Mask.* und *Neutr.* owego, owemu usw., *Fem.* owej,
sf. owi, *Sfm.* owe usw.

F. Zahlwörter

1. Deklination der Grundzahlen

	dwa *zwei*			trzy *drei*	cztery *vier*
	m/n		*f*		
N	dwa		dwie	trzy	cztery
G	dwóch (dwu)			trzem	czterech
D	dwom (dwu)			trzem	czterem
A	dwa		dwie	trzy	cztery
I	dwoma		dwiema (dwoma)	trzema	czterema
L	dwóch (dwu)			trzech	czterech

	5 (6, 9, 10)	7 (8)	11 (13—19)	12
N	pięć	siedem	jedenaście	dwanaście
G	pięciu	siedmiu	jedenastu	dwunastu
D	pięciu	siedmiu	jedenastu	dwunastu
A	pięć	siedem	jedenaście	dwanaście
I	pięciu *bzw.* pięcioma	siedmiu *bzw.* siedmioma	jedenastu *bzw.* jedenastoma	dwunastu *bzw.* dwunastoma
L	pięciu	siedmiu	jedenastu	dwunastu

	20	30 (40)	50 (60—90)
N	dwadzieścia	trzydzieści	pięćdziesiąt
G	dwudziestu	trzydziestu	pięćdziesięciu
D	dwudziestu	trzydziestu	pięćdziesięciu
A	dwadzieścia	trzydzieści	pięćdziesiąt
I	dwudziestu *bzw.* dwudziestoma	trzydziestu *bzw.* trzydziestoma	pięćdziesięciu *bzw.* pięćdziesięcioma
L	dwudziestu	trzydziestu	pięćdziesięciu

	100	200	300 (400)	500 (600, 900)	700 (800)
N	sto	dwieście	trzysta	pięćset	siedemset
G	stu	dwustu	trzystu	pięciuset	siedmiuset
D	stu	dwustu	trzystu	pięciuset	siedmiuset
A	sto	dwieście	trzysta	pięćset	siedemset
I	stu	dwustu	trzystu	pięciuset	siedmiuset
L	stu	dwustu	trzystu	pięciuset	siedmiuset

	1000	10000 (100000)		1000000
N	tysiąc	dziesięć	tysięcy	milion
G	tysiąca	dziesięciu	tysięcy	miliona
D	tysiącowi	dziesięciu	tysiącom	milionowi
A	tysiąc	dziesięć	tysięcy	milion
I	tysiącem	dziesięcioma	tysiącami	milionem
L	tysiącu	dziesięciu	tysiącach	milionie

Jeden, jedna, jedno, jedni, jedne werden wie ein Adjektiv dekliniert: jednego, jednemu, jednej, jednych usw.

Bei zusammengesetzten Zahlen wird entweder jede Zahl dekliniert oder nur die zuletzt stehenden Zehner und Einer: z tysiącem pięćset dwudziestu pięciu osobami oder z tysiąc pięćset dwudziestu pięciu osobami *mit 1525 Personen.*

1 als zuletzt stehendes Glied einer zusammengesetzten Zahl behält immer die Form „jeden" bei: w dwudziestu jeden godzinach *in 21 Stunden.*

2. Ordnungszahlen

1. pierwszy	17. siedemnasty	121. sto dwudziesty
2. drugi	18. osiemnasty	pierwszy
3. trzeci	19. dziewiętnasty	200. dwóchsetny
4. czwarty	20. dwudziesty	(dwusetny)
5. piąty	21. dwudziesty pierwszy	201. dwieście pierwszy
6. szósty	22. dwudziesty drugi	221. dwieście dwudziesty pierwszy
7. siódmy	30. trzydziesty	
8. ósmy	40. czterdziesty	300. trzechsetny
9. dziewiąty	50. pięćdziesiąty	400. czterechsetny
10. dziesiąty	60. sześćdziesiąty	500. pięćsetny
11. jedenasty	70. siedemdziesiąty	600. sześćsetny
12. dwunasty	80. osiemdziesiąty	700. siedemsetny
13. trzynasty	90. dziewięćdziesiąty	800. osiemsetny
14. czternasty	100. setny	900. dziewięćsetny
15. piętnasty	101. sto pierwszy	1000. tysięczny
16. szesnasty		

Die Ordnungszahlwörter über 1000 lauten:

...wu-, trzech- *oder* trzy-, cztero-, pięcio-, ... dziesięcio-, jedenasto-, ... **...wudziesto-**, ... pięćdziesięcio-, ... stu-, dwóchset-, trzechset-, czterechset-, ... **tysięczny**.

Die Ordnungszahlen werden wie Adjektive dekliniert. Bei Zahlen über **...00** werden nur die zuletzt stehenden Zehner und Einer in die Form der Ordnungszahlen gesetzt und **nur diese** werden dekliniert. Beispiel: 1979. ...ysiąc dziewięćset siedemdziesiąty dziewiąty ... siedemdziesiątego dziewiątego usw.

... Unbestimmte Zahlwörter

Die Zahlwörter wiele *viel*, kilka *einige*, parę *ein paar*, einige haben folgende Deklination: *N/A* wiele, kilka, parę (bei männlichen Personen wielu, ...ilku, paru); *G/D/L* wielu, kilku, paru; *I* wielu, kilku, paru *oder* wieloma, ...lkoma, paroma.

... Sammelzahlwörter

...ie sog. Kollektiva *dwoje, troje, czworo, siedmioro* usw. werden wie hart-...ämmige neutr. Subst. im Singular dekliniert. In abhängigen Kasus wird ...r Stamm jedoch um ein -g- erweitert: dwojga, trojga, czworga, sied-...iorga usw.

... Bruchzahlen

...ie gewöhnlichen Brüche werden im Zähler wie im Deutschen mit der ...rundzahl und im Nenner mit der Ordnungszahl ausgedrückt. Die ...uchzahlwörter sind feminin, da ihr Geschlecht durch das nicht ge-...rochene Wort „część" (= Teil) bestimmt wird. Dekliniert werden so-...ohl der Zähler als auch den Nenner:

$\frac{1}{2}$ — jedna druga, $\frac{1}{3}$ — jedna trzecia, $\frac{1}{4}$ — jedna czwarta; $\frac{2}{3}$ — dwie ...ecie, $\frac{3}{4}$ — trzy czwarte, $\frac{4}{5}$ — cztery piąte, **aber:** $\frac{5}{6}$ — pięć szóstych, ... dziewięć dziesiątych, $\frac{100}{1000}$ sto tysięcznych (*G/pl.*).

...czne mit ganzen Zahlen werden gelesen: $1\frac{2}{10}$ — jeden i dwie dziesiąte, ... — pięć i dwie piąte; und die Dezimalbrüche: 0,5 — zero przecinek ...ęć, 100,7 — sto przecinek siedem (dziesiątych), 100,07 — sto przecinek ...ro siedem (setnych) usw.

Alphabetisches Verzeichnis der Verben mit unregelmäßigen oder schwer zu bildenden Formen

(Reihenfolge der für das jeweilige Verb gebräuchlichen Formen wie in d
Paradigmen S. 609; s. auch Anmerkung auf S. 624)

bać się: boję, boisz, boi ... boją się; bój się; bojąc się; bał(a, -o, -y), *Psf.* bali się; bano się.

boleć *nur 3. Pers.*: boli, bolą; bolący; bolał(-a, -o, -y); bolenie.

bóść: bodę, bodziesz, bodzie ... bodą; bódź; bodąc(y); bódł, bodła, -ło, -ły, *Psf.* -li; bodzony, *Psf.* -dzeni; bodzenie.

brać: biorę, bierzesz, bierze ... biorą; bierz; biorąc; brał(a, -o, -y), *Psf.* -li; po-, za/brawszy; po-, za/brany; brano; branie.

być *Präsens:* jestem, jesteś, jest (eśmy, -eście), są; *Futur:* będę, będziesz, będzie ... będą; bądź; będąc(y); byłem, był(a, -o, -y), *Psf.* -li; bycie.

chcieć: chcę, chcesz, chce ... chcą; chciej; chcąc(y); chciał(a, -a, -o, -y), *Psf.* chcieli; zachciawszy; chciano.

ciąć: tnę, tniesz, tnie ... tną; tnij; tnąc(y); ciął, cięła, -ło, -ły, *Psf.* -li; pociąwszy; cięty, *Psf.* cięci; cięto; cięcie.

ciec: ciekę, cieczesz, ciecze ... cieką, *sonst wie* cieknąć (X. 1.).

czcić: czczę, czcisz, czci ... czczą; czcij; czcząc(y); czcił(a, -o, -y), *Psf.* -li; uczciwszy; czczony, *Psf.* czczeni; czczono; uczczenie.

czyścić: czyszczę, czyścisz, czyści ... czyszczą; czyść; czyszcząc(y); czy- ścił(a, -o, -y), *Psf.* -li; czyściwszy; oczyszczony; czyszczono; czysz- czenie.

dostać: dostanę, dostaniesz, dosta- nie ... dostaną; dostań; dostając; dostał(a, -o, -y), *Psf.* -li; dostawszy; dostano; dostanie.

drzeć: drę, drzesz, drze ... drą; drzyj; drąc(y); darł(a, -o, -y), *Psf.* -li; zdarłszy; zdarty, *Psf.* zdarc darto; darcie.

gnieść: gniotę, gnieciesz, gniecie gniotą; gnieć; gniotąc(y); gnió gniotła, -ło, -ły, *Psf.* gnietli; prz gniótłszy; gnieciony, *Psf.* gniecen gnieciono; gniecenie.

gryźć: gryzę, gryziesz, gryzie gryzą; gryź; gryząc(y); gryzł(a, -y), *Psf.* -li; ugryzłszy; ugryzion -zieni; gryziono; gryzienie.

grząźć: grzęznę, grzęźniesz, grzę nie ... grzęzną; grzęźnij; grzę nąc(y); grzązł(a, -o, -y), *P* grzęźli/grzęznął, -nęła, -nęlo, -nę *Psf.* -nęli; ugrzęźlszy/-znąwsz ugrzęźnięty, *Psf.* -nięci; grzęźnięt ugrzęźnięcie.

iść: idę, idziesz, idzie ... idą; id idąc(y); szedł, szła, szło, szły, *P* szli; szedłszy.

jechać: jadę, jedziesz, jedzie ... jad jedź; jadąc(y); jechał(a, -o, -) *Psf.* -li; jechawszy; przejechan jechano; jechanie.

jeść: jem, jesz, je ... jedzą; jedz jedząc(y); jadł(a, -o, -y), *Psf.* jed jadłszy; zjedzony, *Psf.* -dze jedzono; jedzenie.

-jść: pójdę, pójdziesz, pójdzie pójdą; pójdź; *Prät. usw. wie* iść: poszedł *usw.*

kłaść: kładę, kładziesz, kładzie kładą; kładź; kładąc; kładł(a, -y), *Psf.* -li; kładłszy; kładzior *Psf.* -dzeni; kładziono; kładzen

kraść: kradnę, kradniesz, kradnie kradną; kradnij; kradnąc(y); kra ł(a, -o, -y), *Psf.* -li; ukradłsz skradziony, *Psf.* -dzeni; kradzior kradzenie/kradnięcie.

lec, legnąć: legnę, legniesz, legr

... legną; legnij; legł(a, -o, -y), Psf. -li; ległszy; legnięcie.

leźć: lezę, leziesz, lezie ... lezą; leź; lezą(cy); lazł(a, -o, -y), Psf. leźli; leziono; lezienie.

lgać: lżę, lżesz, lże ... lżą; lżyj; łżąc(y); łgał(a, -o, -y), Psf. -li; wyłgany; łgano; łganie.

mieć: mam, masz, ma ... mają; miej; mając(y); miał(a, -o, -y), Psf. mieli; miany; miano.

mieść: miotę, mieciesz, miecie ... miotą; mieć; miotąc(y); miótł, miotła, -ło, -ły, Psf. mietli; miótłszy; mieciony, Psf. -ceni; mieciono; miecenie.

mleć: mielę, mielesz, miele ... mielą; miel; mieląc(y); mełł(a, -o, -y), Psf. mełli; mielony; mielono; mielenie.

móc: mogę, możesz, może ... mogą; wzmóż; mogąc(y); mógł, mogła, -ło, -ły, Psf. mogli; (w)zmożony, Psf. zmożeni; wzmożono; wzmożenie.

mrzeć: mrę, mrzesz, mrze ... mrą; mrzyj; mrąc(y); marł(a, -o, -y), Psf. -li; zmarły, Psf. -li; marcie.

nścić: mszczę, mścisz, mści ... mszczą; mścij; mszcząc(y); mścił(a, -o, -y), Psf. -li; pomściwszy; pomszczony, Psf. -szczeni; mszczono; mszczenie.

naleźć: znaleźć, znajdę, znajdziesz, znajdzie ... znajdą; znajdź; znalazł(a, -o, -y), Psf. -leźli; znalazłszy; znaleziony, Psf. -zieni; znaleziono; znalezienie.

ieść: niosę, niesiesz, niesie ... niosą; nieś; niosąc(y); niósł, niosła, -ło, -ły, Psf. nieśli; niósłszy; niesiony, Psf. -sieni; niesiono; niesienie.

blec: obloke, obleczesz, oblecze ... obleką; oblecz; oblókł, oblókła, -ło, -ły, Psf. oblekli; oblókłszy; obleczony/oblókł..., Psf. obleczeni; obleczono; obleczenie.

rać: orzę, orzesz, orze ... orzą; orz; orząc(y); orał(a, -o, -y), Psf. -li; zaorawszy; orany; orano; oranie.

aść¹ (*fallen*): padnę, padniesz, padnie ... padną; padnij; padł(a, -o, -y), Psf. padli; padłszy; padły, -ło, -ły, Psf. li; padnięcie.

nść¹ (*widły*): pasę, pasiesz, pasie ... pasą; pas; pasąc(y); pasł(a, -o, -y), Psf. paśli; pasiony, Psf. -sieni; pasiono; pasienie.

piec: piekę, pieczesz, piecze ... pieką; piecz; piekąc(y); piekł(a, -o, -y), Psf. -li; pieczony, Psf. -czeni; pieczono; pieczenie.

pleć: pielę, pielesz, piele ... pielą; piel *usw. wie* mleć.

pleść: plotę, pleciesz, plecie ... plotą; pleć; plotąc(y); plótł, plotła, -ło, -ły, Psf. pletli; plótłszy; pleciony, Psf. -ceni; pleciono; plecenie.

prać: s. brać.

-prząc: zaprzęgę, zaprzężesz, zaprzęże ... zaprzęgą; zaprząż/zaprzęż; zaprzągł, zaprzęgła, -ło, -ły, Psf. -li; zaprzągłszy; zaprzężony, Psf. -żeni; zaprzężono; zaprzężenie.

prząść: przędę, przędziesz, przędzie ... przędą; przędź/prządź; przędąc(y); prządł, przędła, -ło, -ły, Psf. -li; uprządłszy; przędziony; przędziono; przędzenie.

przeć: s. drzeć.

rosnąć, róść: rosnę, rośniesz, rośnie ... rosną; rośnij; rosnąc(y); rósł, rosła, -ło, -ły, Psf. rośli; wyrósłszy;

rozpostrzeć: s. drzeć. [rośnięcie.]

rozumieć: rozumiem, rozumiesz, rozumie ... rozumieją; rozum(iej); rozumiejąc(y); rozumiał(a, -o, -y), Psf. rozumieli; zrozumiawszy; zrozumiany, Psf. -mieni; rozumienie.

rwać: rwę, rwiesz, rwie ... rwą; rwij; rwąc(y); rwał(a, -o, -y), Psf. rwali; wyrwawszy; rwany; rwano; rwanie.

rzec: rzeknę, rzekniesz, rzeknie († rzecze) ... rzeknę; rzeknij; rzekł(a, -o, -y), Psf. -li; rzekłszy; rzeczony; rzeczono; wyrzeczenie.

-siąc: przysięgnę, przysięgniesz, przysięgnie ... przysięgną; przysięgnij; przysięgając(y); przysiągł, -sięgła, -ło, -ły, Psf. -li; przysiągłszy; przysięgły, Psf. -li; przysięgnienie.

siąść: siądę, siądziesz, siądzie ... siądą; siądź; siadł(a, -o, -y), Psf. siedli; siadłszy; osiadły, Psf. osiedli.

siec: s. piec.

słać¹: ślę, ślesz, śle ... ślą; ślij; śląc(y); słał(a, -o, -y), Psf. słali; posławszy; posłany; słano; słanie.

słać²: ścielę, ścielesz, ściele ... ścielą; ściel; ścicląc(y); *wie* słać¹.

spać: śpię, śpisz, spi ... śpią; śpij; śpiąc(y); spała, -o, -y) I ... wyspawszy się; wyspany; spano; spanie.

spiąć: *Präs.* zepnę, zepniesz, zepnie ... zepną; zepnij; *Prät.* regelmäßig nach Muster VI.

ssać: ssę, ssiesz, ssie ... ssą; ssij; ssąc(y); ssał(a, -o, -y), *Psf.* -li; ssawszy; wyssany; ssano; ssanie.

stać¹: stoję, stoisz, stoi ... stoją; stój; stojąc(y); stał(a, -o, -y), *Psf.* stali; stawszy; wystany; stano; stanie.

stać² staje, stało.

stać³ się: stanę, staniesz, stanie ... staną się; stań się; stał(a, -o, -y), *Psf.* -li się; stawszy się; stanie się.

strzec: strzegę, strzeżesz, strzeże ... strzegą; strzeż; strzegąc(y); strzegł(a, -o, -y), *Psf.* -li; dostrzegłszy; strzeżony, *Psf.* -żeni; strzeżono; strzeżenie.

strzyc: *s.* strzec.

śmieć: *s.* umieć.

tłuc: tłukę, tłuczesz, tłucze ... tłuką; tłucz; tłukąc(y); tłukł(a, -o, -y), *Psf.* -li; stłukłszy; tłuczony, *Psf.* -czeni; tłuczono; tłuczenie.

trząść: trzęsę, trzęsiesz, trzęsie ... trzęsą; trząś; trzęsąc(y); trząsł, trzęsła, -ło, -ły, *Psf.* -li; zatrząsłszy; trzęsiony, *Psf.* -sieni; trzęsiono; trzęsienie.

trzeć: *s.* drzeć.

umieć: umiem, umiesz, umie ... umieją; umiej; umiejąc(y); umiał(a, -o, -y), *Psf.* umieli; umiawszy; umiany; umiano; umienie.

wiedzieć: wiem, wiesz, wie ... wiedzą; wiedz; wiedząc(y); wiedział(a, -o, -y), *Psf.* wiedzieli; dowiedziawszy się; wiedziany; wiedziano; dowiedzenie się.

wieść: wiodę, wiedziesz, wiedzie ... wiodą; wiedź; wiodąc(y); wiódł,

wiodła, -ło, -ły, *Psf.* wiedli; wiódłszy; wiedziony, *Psf.* -dzeni; wiedziono.

wieźć: wiozę, wieziesz, wiezie ... wiozą; wieź; wioząc(y); wiózł, wiozła, -ło, -ły, *Psf.* wieźli; wiózłszy; wieziony, *Psf.* -zieni; wieziono; wiezienie.

wlec: wlokę, wleczesz, wlecze ... wloką; wlecz; wlokąc(y); wlókł, wlokła, -ło, -ły, *Psf.* wlekli; wlókłszy; wleczony, *Psf.* -czeni; wleczono; wleczenie.

wrzeć: wrę, wresz/(wy-, za-, ze-)wrzesz, wre/(wy-, za-, ze)wrze, wrzemy, wrzecie, wrzą/(wy-, za-ze)wrą; wrzyj; wrąc/wrzące(y); wrzał(a, -o, -y), *Psf.* -li, *aber:* wy-, za-, z/warł(a, -o, -y), *Psf.* -li; wy-, za-, z/warłszy; wy-, za-, z/warty, *Psf.* -rci; zawarto; wrzenie (wy-, za-, z/warcie).

wściec się: *s.* rzec; wściekły *Psf.* -kli; wściekano się; wścieknięcie.

wyląc: wyląg(n)ę, wylęgniesz/wylężesz, wylęgnie/wylęże ... wylęgną wylęgnij; wylągł, wylęgła, -ło, -ły *Psf.* -li; wylęgłszy; wylęgły, *Psf.* -li; wylęgniecie się.

wziąć: wezmę, weźmiesz, weźmie .. wezmą; weź; wziął, wzięła, -ło, -ły *Psf.* -li; wziąwszy; wzięty, *Psf.* -li; wzięto; wzięcie.

zawrzeć, zewrzeć: *s.* wrzeć.

ząć się, zląknąć się: zlęknę, zlęk niesz, zlęknie ... zlękną się; zlęknij się; zląkł, zlękła, -ło, -ły, *Psf.* -) się; zląkłszy się; zlęknięty, *Psf.* -ęci; zlęknięcie się.

zwać: *s.* rwać; *auch:* zowię, zowiesz zowie, zowią.

żreć: *s.* drzeć.

Anmerkung: Bei *pf.* Verben, die vom Präsens/Futur-Stamm mit Hilfe vo Präfixen gebildet werden, ist e-Einschub bei Konsonantenhäufung zu be achten:

rozebrać (aber: rozbiorę), odeprzeć (aber: odparł), podejść, podeszła (aber podszedł), rozciąć (aber: rozetnę) usw.

LANGENSCHEIDTS
TASCHENWÖRTERBÜCHER

LANGENSCHEIDTA
KIESZONKOWY SŁOWNIK
POLSKO-NIEMIECKI I NIEMIECKO-POLSKI

Część druga

niemiecko-polska

Opracował

STANISŁAW WALEWSKI

Nowe wydanie

LANGENSCHEIDT
BERLIN · MONACHIUM · WIEDEŃ · ZURYCH

LANGENSCHEIDTS
TASCHENWÖRTERBUCH
DER POLNISCHEN UND DEUTSCHEN SPRACHE

Zweiter Teil

Deutsch-Polnisch

von

Stanislaw Walewski

Neubearbeitung

LANGENSCHEIDT
BERLIN · MÜNCHEN · WIEN · ZÜRICH

Inhaltsverzeichnis

spis treści

Auflage: 13. 12. 11. 10. 9. | *Letzte Zahlen*
Jahr: 1992 91 90 89 88 | *maßgeblich*

© 1980 Langenscheidt KG, Berlin und München
Druck: Graph. Betriebe Langenscheidt, Berchtesgaden/Obb.
Printed in Germany · ISBN 3-468-10265-8

Vorwort

Die Herausgabe des deutsch-polnischen Teils entspricht dem Bemühen, dem interessierten Benutzer ein komplettes modernes Wörterbuch der polnischen und deutschen Sprache vorzulegen. Die Forderung nach der Herausgabe eines solchen Wörterbuchs mittleren Umfangs bestand schon seit Jahren.

Für den deutsch-polnischen Teil sind aus dem gegenwärtigen deutschen Wortschatz etwa 40 000 Stichwörter ausgewählt und ins Polnische übersetzt worden. Der allgemeine Wortschatz wird durch die wichtigsten Fachwörter aus verschiedenen Gebieten ergänzt. Die wachsende Verbreitung der Umgangssprache ließ es angemessen erscheinen, auch zahlreiche umgangssprachliche Ausdrücke und Wendungen in das Wörterbuch aufzunehmen, wobei auf die Wahrung der Sprachebene großer Wert gelegt wurde. Besonders Rechnung getragen wurde auch den grundlegenden Veränderungen im politischen und gesellschaftlichen Leben beider Völker in den letzten Jahrzehnten.

Um die Wahl der richtigen Übersetzung zu erleichtern, wurden — neben zahlreichen Anwendungsbeispielen — verschiedene lexikologische Mittel angewandt. Ausführliche Erklärung dieser Hilfen findet der Benutzer auf S. 631. An das Wörterverzeichnis schließen sich an: ein Verzeichnis der geographischen Namen, ein Verzeichnis der gebräuchlichsten deutschen Abkürzungen sowie der für den polnischen Benutzer bestimmte grammatische Anhang mit der Liste der starken und unregelmäßigen deutschen Verben.

Das vorliegende Wörterbuch ist das Ergebnis einer langjährigen Tätigkeit des Verfassers als Lexikograph und Übersetzer.

Der Verlag

Przedmowa

Wydanie niniejszej niemiecko-polskiej części słownika jest wynikiem usiłowań, mających na celu dać do rąk zainteresowanego użytkownika kompletny nowoczesny słownik języka polskiego i niemieckiego. Postulat wydania podobnego słownika średnich rozmiarów wysuwany był już od wielu lat.

Część niemiecko-polska zawiera około 40 000 przetłumaczonych na język polski haseł z zakresu współczesnego słownictwa niemieckiego. Poza słownictwem ogólnym do słownika włączono poważną ilość powszechnie używanych terminów specjalnych z zakresu różnych dziedzin. Ze względu na wzrastające rozpowszechnienie mowy potocznej uznano za wskazane uwzględnić również liczne wyrazy, wyrażenia i zwroty potoczne, przy czym dołożono starań, aby odpowiedniki były w miarę możności dostosowane do charakteru wyrazu hasłowego. Szczególnie uwzględnione zostały gruntowne przeobrażenia w życiu politycznym i społecznym obu narodów które dokonały się w przeciągu ostatnich dziesięcioleci

Aby ułatwić odszukanie właściwego odpowiednika, zastosowano — obok licznych przykładów użycia wyrazów — różne środki leksykologiczne. Szczegóły dotyczące tych wskazówek zawarte są w uwagach wstępnych n str. 634. Poza zestawem haseł słownik obejmuje rejest nazw geograficznych, zestawienie powszechnie używa nych skrótów niemieckich oraz przeznaczony dla pol skiego użytkownika aneks gramatyczny i spis niemiec kich czasowników mocnych i nieprawidłowych.

Słownik niniejszy jest owocem długoletniej pracy autor w charakterze leksykografa i tłumacza.

Wydawnictw

Vorbemerkungen

Alphabetische Reihenfolge und Wortauswahl. Die Anordnung der Stichwörter richtet sich streng nach dem Alphabet. Hierbei werden die Umlaute (ä, ö, ü, äu) wie die nicht umgelauteten Vokale (a, o, u, au) behandelt. An ihrem alphabetischen Platz sind gegeben:

) die unregelmäßigen Formen des Imperativs und des Imperfekts;

) die unregelmäßigen Steigerungsformen der Adjektive und Adverbien;

) die verschiedenen Formen der Pronomen;

) die wichtigsten Völkernamen und die davon abgeleiteten Adjektive.

Die Ländernamen und die wichtigsten deutschen Abkürzungen sind im Anhang in gesonderten Verzeichnissen zusammengefaßt.

Die Wortauswahl wurde z. T. durch den begrenzten Umfang des Wörterbuches bestimmt; Ohne wesentlichen Nachteil für den Benutzer konnten aus Platzgründen weggelassen werden:

) viele substantivierte Infinitive, von Adjektiven abgeleitete Substantive oder Substantive auf **-ung**, die im Polnischen meist durch Verbalsubstantive auf -nie bzw. -cie und -ość wiedergegeben werden (z. B. das Bauen — budowanie, Aushändigung — doręczenie, wręczenie, das Ankommen — przybycie, Dürftig**keit** — marność, lichość usw.).

) manche Fremdwörter auf **-ieren, -tion, -sion, -xion**, die im Polnischen die Endungen -ować, -cja, -sja, -zja haben, sowie einige auf **-ik** (= -yka), **-ie** (= -ia), **-ur** (= -ura), **-tik** (= -tyka) **-ismus** (= -yzm, -izm);

) leicht zu erschließende Formen der Partizipien des Präteritums in ihrer Verwendung als Adjektive und Adverbien sowie regelmäßige Steigerungsformen der Adjektive und Adverbien;

) manche Diminutivformen auf **-chen** und **-lein**, denen die polnischen Formen auf -(ecz)ek, -czka, -ula, -uchna, -unio und -unia entsprechen;

) einige Formen der Substantive, die weibliche Personen bezeichnen und meist mit Hilfe der Endung **-in** (polnisch: -ka) gebildet werden können.

Gruppenartikel (Nester). Wo die Übersichtlichkeit es gestattete, sind Zusammensetzungen und Ableitungen der Raumersparnis wegen oft zu Gruppen vereinigt worden, wobei der senkrechte Strich (|) beim ersten Stichwort einer solchen Gruppe den Teil abtrennt, der allen folgenden Stichwörtern gemeinsam ist:

darstell|en ...; ~end ... = darstellend; 2**ung** *f* ... = Darstellung.

Dieser senkrechte Strich bedeutet nicht, daß das Wort an dieser Stelle getrennt werden kann!

Tildierung. Die Tilde (~ oder ~) vertritt entweder das ganze fettgedruckte Stichwort oder den Teil des Stichwortes, der links vom senkrechten Strich steht (vgl. oben). Beim jeweiligen Wechsel von Groß- zu Kleinschreibung oder umgekehrt steht die Tilde mit Kreis (2). In einigen Fällen wurde zwecks Raumersparnis der leicht zu ergänzende Teil eines mit Hilfe der Tilde gebildeten Stichwortes durch Bindestrich ersetzt. Beispiele:

Empfang *m* ...; 〈en ... = empfangen
darleg|en ...; 〈ung *f* ... = **D**arlegung
unbe|schrieben ...; **-nes Blatt** = unbeschriebenes Blatt

Der Bindestrich ersetzt ferner leicht zu ergänzende Teile des Stichworte bei den Ausspracheangaben (in eckigen Klammern []) und grammatische Hinweisen (in runden Klammern) sowie Teile der polnischen Entspre chungen (bsd. bei Verbpaaren).

Geschlecht. Das grammatische Geschlecht wurde bei den deutsche Substantiven immer angegeben, bei den polnischen Entsprechungen nu dann, wenn es von den allgemeinen Regeln für die Geschlechtszugehörig keit abweicht oder — z. B. im Plural — nicht aus der Endung des da Substantiv näher bestimmenden Adjektivs zu ersehen ist.

Aussprache und Betonung. Ausspracheangaben erfolgen nur in solche Fällen, in denen sich Schwierigkeiten für den (bsd. polnischen) Benutze ergeben könnten. Eine Erläuterung der verwendeten Umschrift ist au S. 639 gegeben. Die Betonung der deutschen Stichwörter wird durch da Zeichen (') vor der betonten Silbe angegeben. Das Tonzeichen fehlt jedoch wenn die **erste Silbe** eines Stichworts betont wird.

Als Hilfen für die Aussprache wurden außerdem der hochstehende Punk (·) und das Trema (¨) zur Kennzeichnung von zwei getrennt auszusprechen den Lauten verwendet. Beispiele:

Häus·chen — kein *sch*, **Viêtnam** — kein langes i, sondern i-e

Rektion. Wo die Rektion in beiden Sprachen übereinstimmt, sind besor dere Hinweise nur in Ausnahmefällen vorhanden. Sonst ist die Rektio durch Kasusangabe (z. B. *A* = Akkusativ), durch andere Hinweise (z. I j-m jemandem, k-o kogoś) oder durch entsprechende Beispielsätze ver anschaulicht worden.

Rechtschreibung. Sowohl für das Deutsche als auch für das Polnisch wurde die heute gültige Rechtschreibung angewandt. Bei Doppelforme wird auf die gebräuchliche Schreibung verwiesen.

Bedeutungsunterscheidung. Das Semikolon (;) trennt Übersetzunge mit wesentlich voneinander abweichenden Bedeutungen. Bedeutung abstufungen werden zum Teil auch durch Beispiele veranschaulicht. Wört mit gleicher Schreibung, aber verschiedener Abstammung und abweichenc der Bedeutung sind in der Regel als besondere Stichwörter aufgeführt un mit hochstehenden kleinen Ziffern ([1], [2] usw.) gekennzeichnet. Die Bedei tungsunterschiede zwischen mehreren Entsprechungen ein und desselbe Stichwortes werden näher erklärt durch:

a) vorgesetzte Synonyme, Objekte, Subjekte oder andere erläuternc Wörter;

b) zahlreiche Abkürzungen (s. S. 637);

c) Angabe der entgegengesetzten Bedeutung (Land — Ggs. Stadt);

d) Verweise auf andere Stichwörter.

Sinnverwandte Übersetzungen werden durch ein Komma getrennt.

Deklination und Konjugation. Die Bildung der Flexionsformen wird - besonders für den polnischen Benutzer — durch die eingeklammerten Hir weise hinter dem Stichwort erleichtert. Aus Platzgründen stehen die Hir weise nur bei Grundwörtern (bei Zusammensetzungen nur im Falle vc abweichender Deklination oder Konjugation) und müssen ggf. dort nacl geschlagen werden:

Dampf**wolke** → Wolke, Ab**flug** → Flug,
ab**finden** → finden, ein**brechen** → brechen usw.

Null (*0*) bedeutet, daß die Pluralform entweder nicht gebildet werden kann
oder ungebräuchlich ist.

Die schwachen Verben bleiben im Wörterverzeichnis im allgemeinen unbezeichnet. Die Abweichungen werden bei den betreffenden Verben durch
eingeklammerte Elemente bezeichnet, die diesen Formen eigentümlich sind.
Die starken Verben sind durch den Hinweis (*L.*) kenntlich gemacht. Er bedeutet, daß die Konjugationsformen dieser Verben aus einer Liste im Anhang zu ersehen sind. Verben, die das Partizip Perfekt ohne die Vorsilbe
ge- bilden, werden mit (-) kenntlich gemacht. Die letztgenannten Hinweise
können allein oder auch in Verbindung mit einem der Formelemente stehen,
z. B.:

befrieden (-*e*-; -) = befriedete, befriedet, aber
begehen (-) = begangen (Hinweis *L.* beim Grundverb **gehen**) usw.

Aspekte/Aktionsarten. Nur im perfekten Aspekt vorkommende polnische
Entsprechungen eines Stichwortes werden mit *pf.* bezeichnet; Verben, die
sowohl perfektiv als auch imperfektiv sind, haben den Hinweis (*im*)*pf.* Bei
Verbpaaren steht der Teil (Vorsilbe, Endung), mit dessen Hilfe die per-
fektive Variante gebildet wird, in spitzwinkligen Klammern. Der Teil der
Infinitivendung, mit dessen Hilfe aus einem perfektiven ein imperfektives
Verb gebildet wird, steht in runden Klammern.

Beispiel:

auszeichnen wyróżni(a)ć; odznaczać ⟨-czyć⟩ =
wyróżniać, odznaczać — imperfektiv,
wyróżnić, odznaczyć — perfektiv.

Imperfektive Verben (ohne Aspektpartner) und oft (aus Platzgründen) auch
Verben in der Übersetzung der idiomatischen Ausdrücke und Wendungen
bleiben unbezeichnet.

Adjektive und Adverbien. Die Null (*0*) nach einigen wenigen Adjektiven
deutet an, daß das Adjektiv nicht gesteigert werden kann. Bei den polnischen Entsprechungen wird auf die Bildung der Adverbien von Adjektiven nur dann hingewiesen, wenn sie nicht die Endung **-nie** annehmen. Die
Adverbendung steht dann in runden Klammern unmittelbar nach dem
Adjektiv.

Beispiel:

braun brunatny, brązowy (-wo) = *Adverb*: brunatnie, brązowo

Uwagi wstępne

Porządek alfabetyczny i dobór haseł. Wszystkie wyrazy hasłowe podane
są w porządku ściśle alfabetycznym, przy czym przegłosy (ä, ö, ü, äu) trakto
wane są jako odpowiednie głoski i połączenia głoskowe (a, o, u, au) be
przegłosu. W kolejności alfabetycznej podane są:

a) nieregularne formy trybu rozkazującego i czasu przeszłego niedokonane
   go (imperfectum);
b) nieregularne formy stopniowania przymiotników i przysłówków;
c) przypadki zależne zaimków;
d) najważniejsze etnonimy (nazwy narodów) i tworzone od nich przymiot
   niki.

Nazwy geograficzne i powszechnie używane niemieckie skróty i skrótowc
podaje się w osobnych zestawieniach w aneksie.

Zasób wyrazów hasłowych oraz ich dobór uwarunkowane są ograniczon
objętością słownika. Ze względu na szczupłość miejsca nie uwzględnion
w słowniku bez istotnego uszczerbku dla jego treści:

a) wielu rzeczowników odsłownych i odprzymiotnikowych oraz rzeczowni
   ków na **-ung**, odpowiednikami których w języku polskim są przeważni
   rzeczowniki odsłowne na -nie lub -cie oraz na -ość (np. das Bauen — bu
   dowanie, die Aushändig**ung** — doręczenie, wręczenie, das Ankomme
   — przybycie, Dürftig**keit** — marność, lichość itd.);
b) niektórych wyrazów obcych na **-ieren, -tion, -sion, -xion**, polskin
   odpowiednikami których są wyrazy na -ować, -cja, -sja, -zja oraz niektó
   rych na **-ik** (= -yka), **-ie** (= -ia), **-ur** (= -ura), **-tik** (= -tyka), **-ismu**
   (= -yzm, -izm);
c) łatwych do utworzenia form imiesłowu czasu przeszłego, pełniącyc
   funkcję przymiotników oraz regularnych form stopnia wyższego i naj
   wyższego przymiotników i przysłówków;
d) niektórych wyrazów zdrobniałych na **-chen** i **-lein**, polskimi odpowie
   nikami których są zdrobnienia na -(ecz)ek, -czka, -ula, -uchna, -uni
   i -unia;
e) niektórych form rzeczowników żeńskich, tworzonych od odpowiedni
   męskich przez dodanie końcówki **-in** (odpowiednik polski: -ka).

Artykuły hasłowe (gniazda). Tam gdzie to było możliwe bez uszczerbk
dla przejrzystego układu słownika, w celu zaoszczędzenia miejsca wyraz
hasłowe zgrupowano w gniazdach, przy czym kreską pionową (|) oddziela s
niezmienną część pierwszego wyrazu hasłowego, wspólną dla pozostałyc
wyrazów w gnieździe:

   darstell|en ...; **~end** ... = darstellend; **~ung** *f* ... = Darstellung.

Kreska ta nie oznacza, że wyraz wolno w tym miejscu dzielić przy przenc
szeniu!

Zastosowanie tyldy. Tylda (~ lub ⌂) zastępuje cały podany pismem pół
grubym wyraz hasłowy lub jego część, znajdującą się po lewej stronie kresł
pionowej (por. wyżej). Jeśli wyraz, utworzony przy pomocy tyldy, pisze s

inną (wielką lub małą) literą, niż pierwszy wyraz hasłowy gniazda, wówczas używa się tyldy z kółeczkiem (⊘). W niektórych wypadkach dla zaoszczędzenia miejsca zastąpiono dywizem łatwą do wyprowadzenia część utworzonego przy pomocy tyldy wyrazu hasłowego.

Przykłady:

Empfang *m* ...; ⊘**en** ... = empfangen
darleg|en ...; ⊘**ung** *f* ... = **D**arlegung
unbe|schrieben ...; **-nes Blatt** = unbeschriebenes Blatt

Dywizem poprzedzono również dające się łatwo uzupełnić części transkrypcji fonetycznej wyrazu hasłowego (w nawiasach kwadratowych []), wskazówek gramatycznych (w nawiasach okrągłych) oraz części polskich odpowiedników (szczególnie przy podanych parami czasownikach).

Oznaczenie rodzaju. Rzeczowniki niemieckie opatrzone są zawsze kwalifikatorem rodzaju gramatycznego, zaś odpowiedniki polskie jedynie wówczas, gdy ich rodzaj trudno ustalić w oparciu o znane reguły gramatyczne bądź też — jak np. w liczbie mnogiej — nie wynika on z końcówki przymiotnika, określającego bliżej rzeczownik.

Wymowa i akcent. Wymowę wyrazu lub jego części podano jedynie w tych wypadkach, gdy może ona nastręczać trudności (szczególnie polskiemu) użytkownikowi słownika. Objaśnienie zastosowanych symboli transkrypcji fonetycznej podaje się na str. 639. Akcent wyrazów niemieckich jest zaznaczony kreseczką u góry (') przed zgłoską, na którą pada akcent. Znak akcentu opuszcza się, gdy akcent pada na **pierwszą zgłoskę.**

Dla ułatwienia poprawnej wymowy zastosowano prócz tego wyniesioną kropkę (·) oraz tremę (dwie kropki nad literą, np. ё). Znaki te stosuje się dla oznaczania oddzielnej wymowy głosek.

Przykłady:

Häus·chen — nie *sch*; **Viёtnam** — nie długie i, lecz i-e.

Rekcja. Przy braku odchyleń w składni rządu między językiem niemieckim i polskim odpowiednie wskazówki podaje się jedynie w wyjątkowych wypadkach. Kiedy rekcja różni się w obu językach, zaznacza się to skrótem przypadku (np. *A* — akuzatyw, czwarty przypadek), skrótem zaimka osobowego (j-m — jemandem — komuś, k-o — kogoś) lub przez podanie przykładu ilustrującego składnię.

Pisownia. Zarówno dla języka niemieckiego, jak i polskiego przyjęto w słowniku obowiązującą dziś pisownię. W wypadku istnienia wariantów różniących się pod względem pisowni odsyłacz skierowuje użytkownika do wariantu częściej używanego.

Objaśnienia znaczeniowe. Odpowiedniki różnoznaczne oddziela się średnikiem (;). W niektórych wypadkach różnice znaczeniowe ilustruje się również przykładami zastosowania danego słowa. Homonimy umieszczono z reguły w odrębnych hasłach i oznaczono wyniesionymi u góry cyframi arabskimi (¹, ² itd.). W wypadku istnienia kilku odpowiedników stosuje się następujące (drukowane kursywą) objaśnienia zakresu ich użycia:

a) poprzedzające odpowiednik synonimy, dopełnienia, podmioty lub inne wskazówki objaśniające;

b) liczne kwalifikatory rzeczowe (p. str. 637);

c) wyrazy mające znaczenie przeciwstawne (Land — *Ggs.* Stadt);

d) odsyłacze do innych wyrazów hasłowych.

Odpowiedniki bliskoznaczne oddziela się przecinkiem.

Deklinacja i koniugacja. Objaśnienia dotyczące tworzenia form fleksyjnych umieszczono na str. 1200.

Aspekt czasowników. Formy dokonane czasowników polskich oznacza się kwalifikatoren *pf.*; czasowniki dwuaspektowe opatrzone są skrótem *(im)pf.* Przy podanych parami czasownikach ujęto w nawiasy trójkątne ten człon czasownika (przedrostek, przyrostek), przy pomocy którego tworzy się formę dokonaną. W nawiasie okrągłym zawarto tę część wyrazu czasownikowego, przy pomocy której tworzy się czasownik niedokonany.

Przykład: **auszeichnen** wyróżni(a)ć; odznaczać ⟨-czyć⟩ = wyróżniać, odznaczać — aspekt niedokonany, wyróżnić, odznaczyć — aspekt dokonany.

Przy czasownikach niedokonanych (nie tworzących aspektu dokonanego) oraz częściowo (dla zaoszczędzenia miejsca) przy czasownikach użytych w wyrażeniach idiomatycznych i utartych związkach kwalifikatora nie podaje się.

Erklärung der im Wörterbuch verwendeten Abkürzungen

Skróty umowne przyjęte w słowniku

†	veraltet *przestarzałe*	*f*	feminin *rodzaju żeńskiego*
		F	umgangssprachlich, salopp
A	Akkusativ *biernik*		*wyraz potoczny, poufały*
a.	auch *też*	*fig.*	figürlich *w znaczeniu prze-*
Abk.	Abkürzung *skrót*		*nośnym*
Adj.	Adjektiv *przymiotnik*	*Fin.*	Finanzen, Bankwesen
Adjp.	Partizip als Adjektiv *imies-*		*finansowość, bankowość*
	łów przymiotnikowy	*Flgw.*	Flugwesen *lotnictwo*
Adv.	Adverb *przysłówek*	*Fmw.*	Fernmeldewesen *teleko-*
Advp.	Adverbialpartizip *imiesłów*		*munikacja*
	przysłówkowy	*Forst.*	Forstwesen *leśnictwo*
Agr.	Landwirtschaft *rolnictwo*	*Fot.*	Fotografie *fotografia*
allg.	allgemein *w znaczeniu ogól-*		
	nym	*G*	Genitiv *dopełniacz*
Anat.	Anatomie *anatomia*	*Geogr.*	Geographie *geografia*
Arch.	Baukunst *budownictwo*	*Geol.*	Geologie *geologia*
Art.	Artikel *rodzajnik*	*Gr.*	Grammatik *gramatyka*
Astr.	Astronomie *astronomia*		
Aut.	Automation *automatyka*	*h*	haben *mieć*
		Hdl.	Handel *handlowość*
b.	bei *przy, u*	*hist.*	historisch, alt *historyczny*
Bgb.	Bergbau *górnictwo*		
bibl.	Ausdruck aus der Bibel	*I*	Instrumental *narzędnik*
	wyraz biblijny	*Imp.*	Imperativ *tryb rozkazujący*
Bio.	Biologie *biologia*	*impf.*	imperfektives Verb
Bot.	Botanik *botanika*		*czasownik niedokonany*
bsd.	besonders *szczególnie*	*(im)pf.*	imperfektives und perfek-
bzw.	beziehungsweise *względnie*		tives Verb *czasownik nie-*
			dokonany i dokonany
Chem.	Chemie *chemia*	*Inf.*	Infinitiv *bezokolicznik*
Comp.	Computertechnik *maszyny*	*Int.*	Interjektion *wykrzyknik*
	matematyczne	*iron.*	ironisch *ironicznie*
D	Dativ *celownik*	*j-d*	jemand *ktoś*
d.	der, die, das	*j-m, j-n,*	jemandem, jemanden, je-
dial.	dialektisch *wyraz gwarowy*	*j-s*	mandes
dim.	diminutiv *zdrobniały*	*j-s*	
		JSpr.	Jägersprache *gwara myśliw-*
El.	Elektrotechnik *elektro-*		*ska*
	technika	*Jur.*	Rechtsprechung *sądow-*
-m, e-n	einem, einen		*nictwo*
ngS.	im engeren Sinn		
	w ściślejszym znaczeniu	*k-e*	keine
-r, e-s	einer, eines	*Kfz.*	Kraftfahrzeuge *pojazdy*
Esb.	Eisenbahn *kolejnictwo*		*mechaniczne*
t.	etwas *coś*	*Kj.*	Konjunktion *spójnik*
		k-m, k-n	keinem, keinen

k-o	kogo(ś)	Pron.	Pronomen zaimek
Kochk.	Kochkunst kucharstwo	Prp.	Präposition przyimek
koll.	kollektiv zbiorowy	Psf.	Personalform forma
Komp.	Komparativ stopień wyższy		męskoosobowa
konkr.	konkret konkretnie	Psych.	Psychologie psychologia
k-r, k-s	keiner, keines	Ptp.	Partizip imiesłów
KSp.	Kartenspiele gra w karty		
k-u	komu(ś)	Rdf.	Rundfunk, Fernsehen
Kurzf.	Kurzform forma skrócona		radio, telewizja
Kurzw.	Kurzwort skrótowiec	Rel.	Religion religia
L	Lokativ miejscownik	s.	siehe zobacz
L.	Liste der Verben wykaz	S.	Seite strona
	czasowników	s-e	seine
Ling.	Linguistik językoznawstwo	selt.	selten rzadki
lit.	literarisch literacki	Sfm.	Sachform forma żeńska lub
			nijaka
m	maskulin rodzaju męskiego	sg.	Singular liczba pojedyncza
Mar.	Schiffahrt okrętownictwo,	s-m, s-n	seinem, seinen
	żegluga	sn	sein być
Math.	Mathematik matematyka	Sp.	Sport sport
m-e	meine	Su.	Substantiv rzeczownik
Med.	Medizin medycyna		
Meteo.	Meteorologie meteorologia	Tech.	Technik technika
Mil.	Militärwesen wojskowość	Text.	Textilindustrie przemysł
Min.	Mineralogie mineralogia		włókienniczy
m-m, m-n	meinem, meinen	Thea.	Theater teatr
m-r, m-s	meiner meines	Typ.	Buchdruck drukarstwo
mst	meist(ens) w większości		
	wypadków	u.	und i
Mus.	Musik muzyka	unpers.	unpersönlich nieosobowo
		unv.	unveränderlich nieodmienny
n	neutral rodzaju nijakiego	usw.	und so weiter i tak dalej
N	Nominativ mianownik		
Num.	Numerale liczebnik	V	Vokativ wołacz
		V	vulgär wulgarny
o.	ohne bez	v.	von od
od.	oder albo	verä.	verächtlich, abwertend
örtl.	örtlich dla oznaczenia		pogardliwie
	miejsca	verniedl.	verniedlichend pieszczotli-
österr.	österreichisch austriacki		wie
		Vet.	Veterinärmedizin wetery-
P	volkstümlich wyraz ludowy		naria
Part.	Partikel partykuła	vgl.	vergleiche porównaj
Pers.	Person osoba	v/i	intransitives Verb czasow-
pf.	perfektives Verb czasownik		nik nieprzechodni
	dokonany	VSbst.	Verbalsubstantiv rzeczow-
Philos.	Philosophie filozofia		nik odsłowny
Phys.	Physik fizyka	v/t	transitives Verb czasowni-
pl.	Plural liczba mnoga		przechodni
poet.	poetisch poetycki		
Pol.	Politik polityka	z.B.	zum Beispiel na przykła-
poss.	possessiv zaimek dzier-	zeitl.	zeitlich dla oznaczenia
	żawczy		czasu
präd.	prädikativ jako orzecznik	Zo.	Zoologie zoologia
Präs.	Präsens czas teraźniejszy	Zssgn	Zusammensetzungen
Prät.	Präteritum czas przeszły		złożenia

Wskazówki dotyczące wymowy i transkrypcji

Hinweise zur Aussprache und Transkription

W słowniku zastosowano symbole ogólnie przyjętej transkrypcji fonetycznej API (Association Phonétique Internationale). Znakami [:] lub [·] po samogłosce oznacza się jej większą lub mniejszą długość. Znak [ˈ] oznacza, że akcent pada na następującą po nim zgłoskę. Przy podawaniu transkrypcji nie uwzględniono t.zw. wstępnego zwarcia krtani. W niektórych wypadkach zwarcie krtani zaznacza się w wyrazach hasłowych wyniesioną kropką [·] (p. Uwagi wstępne, Akcent i wymowa).

Symbol	Przykład	Odpowiednia (lub podobna) głoska w języku polskim	Uwagi
		a) Samogłoski	
a	Dach [dax]	dach	
ɑː	Art [ɑːʁt]	(**A**aron)	*a* tylnojęzykowe długie
ɑ·	Anna [ˈana·]		krótsze niż [ɑː]
eː	Weg [veːk]		*e* długie ścieśnione
e·	Telefon [teˈleˈfoːn]	(si**e**kiera)	krótsze niż [eː]
ə	bitte [ˈbɪtə]	—	*e* zredukowane, brzmi pośrednio między polskim *a* i *y*
ɛ	Effekt [ɛˈfɛkt] Ängste [ˈɛŋstə]	} efekt	*e* przednie szerokie, zbliżone do polsk. *e*
ɛː	Mähne [ˈmɛːnə]	—	[ɛ] długie
iː	Brief [bʁiːf]	(_i_ inni)	*i* długie
i·	Minute [miˈnutə]	m**i**nuta	krótsze niż [iː]
ɪ	Wind [vɪnt]	—	samogłoska pośrednia między polsk. *i* i *y*
i̯	Spanien [ˈʃpaːni̯ən]	(mag**i**a)	*i* niezgłoskotwórcze (osłabione *j*)
ɔ	Post [pɔst]	p**o**stawa	
oː	Boot [boːt] Ohm [oːm]	}	*o* długie, wymawiane **n** wysunięciem warg do przodu (jak przy wymowie *u*)

Symbol	Przykład	Odpowiednia (lub podobna) głoska w języku polskim	Uwagi
oˑ	monoton [moˑnoˑˈtoːn]	(monotonny)	krótsze niż [oː]
ŏ	chamois [ʃɑˈmŏa]	—	o niezgłoskotwórcze
øː	schön [ʃøːn] Goethe [ˈgøːtə]	—	samogłoska ścieśniona, pośrednia między polsk. o i e (e wymawiane z zaokrągleniem warg)
øˑ	Ökonomi [økoˑnoˑˈmiː]	—	krótsze niż [øː]
œ	öffnen [ˈœfnən]	—	ö przednie szerokie, bardziej zbliżone do e
uː	Tube [ˈtuːbə]	(wóz)	u długie ścieśnione
uˑ	Musik [muˈziːk]	(muzyka)	krótsze niż [uː]
ʊ	Klub [klʊp]	—	u krótkie otwarte (wargi mniej zaokrąglone)
ŭ	Statue [ˈʃtɑːtŭə]	pauza	u niezgłoskotwórcze
yː	kühn [kyːn] Lyrik [ˈlyːrɪk]	—	samogłoska długa pośrednia między u i i
yˑ	amüsieren [amyˈziːrən] Physik [fyˈziːk]	—	krótsze niż [yː]
ʏ	Glück [glʏk] Rhythmus [ˈrʏtmʊs]	—	ü krótkie, bardziej otwarte (wargi mniej zaokrąglone)

Uwaga: Znak [~] oznacza samogłoski nosowe, np. ã, õ itd.

b) *Dyftongi*

aɪ	Stein [ʃtaɪn] Mai [maɪ] Bayern [ˈbaɪɐn]	(Kair)	jak *aj* z *j* nieco osłabionym
aʊ	Haus [haʊs]	p**au**za	
ɔʏ	läuten [ˈlɔʏtən] heute [ˈhɔʏtə]	p**oj**nik	jak *oj* z *j* nieco osłabionym

c) *Spółgłoski*

g	geben [ˈgeːbən]	**g**araż	
ʒ	Genie [ʒeˈniː] Jalousie [ʒɑˈluˈziː]	**ż**aba	
h	haus [haʊs]	Bo**h**dan	h dźwięczne
ç	ich [ɪç]	**Chi**na	ch zmiękczone
x	Buch [buːx]	a**ch**	

Sym-bol	Przykład	Odpowiednia (lub podobna) głoska w języku polskim	Uwagi
ŋ	lang [laŋ] Bank [baŋk]	} drąg bank	nosowe *n* przed *g* i *k* (element *g* nie wymawia się)
ʀ	rot [ʀoːt]		*r* tylnojęzykowe (uwularne) w nagłosie i po spółgłoskach
ʁ	stark [ʃtaʁk]		prawie nie drżące *r* w wygłosie i przed spółgłoskami
ɐ̯	Lehrer ['leːʀɐ̯]	—	zwokalizowane *r* w nieakcentowanej końcówce -*er*, która brzmi prawie jak ea
ʃ	Schule ['ʃuːlə] Charme [ʃarm] Spiel [ʃpiːl] Stange ['ʃtaŋə]	} sztanga	
v	Vase ['vaːzə] Winter ['vintɐ̯]	} waza	

Uwaga: pozostałe znaki transkrypcji fonetycznej (**b, d, f, j, k, l, m, n, p**) nie różnią się od znaków i ich kombinacji występujących w ortografii polskiej i określają dźwięki nie różniące się od istniejących w języku polskim.

p, t, k wymawia się w języku niemieckim z przydechem, dającym w wyniku słaby dźwięk *h* towarzyszący artykulacji danej spółgłoski.

Wymowa niektórych przyrostków i końcówek

Aussprache einiger Suffixe und Endungen

-bar	[-baːʁ]	-innen	[-ɪnən]
-chen	[-çən]	-keit	[-kaɪt]
-ei	[-aɪ]	-lei	[-laɪ]
-elnd*	[-əlnt]	-ling	[-lɪŋ]
-end*	[-ənt]	-lings	[-lɪŋs]
-er	[-ɐ̯]	-los	[-loːs]
-erl	[-əʁl]	-nis	[-nɪs]
-ernd	[-əʁnt]	-sal	[-zaːl]
-haftig*	[-haftɪç]	-sam	[-zaːm]
-heit	[-haɪt]	-tel	[-təl]
-ich	[-ɪç]	-tion	[-tsɪoːn]
-ig*	[-ɪç]	-tum	[-tuːm]
-igt	[-ɪçt]	-ung	[-uŋ]

*Lecz: -elnde [-əlndə], -ernde [-əʁndə], -(haft)ige [-(haft)ɪgə].

Niemiecki alfabet

		wymowa			wymowa
A,	a	[ɑː]	**O,**	o	[oː]
Ä,	ä	[ɛː]	**Ö,**	ö	[øː]
B,	b	[beː]	**P,**	p	[peː]
C,	c	[tseː]	**Q,**	q	[kuː]
D,	d	[deː]	**R,**	r	[ɛʁ]
E,	e	[eː]	**S,**	s	[ɛs]
F,	f	[ɛf]		ß	[ɛsˈtsɛt]
G,	g	[geː]	**T,**	t	[teː]
H,	h	[hɑː]	**U,**	u	[uː]
I,	i	[iː]	**Ü,**	ü	[yː]
J,	j	[jɔt]	**V,**	v	[fau]
K,	k	[kɑː]	**W,**	w	[veː]
L,	l	[ɛl]	**X,**	x	[ɪks]
M,	m	[ɛm]	**Y,**	y	[ˈypsiˌlɔn]
N,	n	[ɛn]	**Z,**	z	[tsɛt]

A

Aal m (-es; -e) węgorz; ~ *in Zssgn* węgorzowy; **Sen** F: *sich* **Sen** wyligiwać się; *in d. Sonne a.* pławić się; **Sglatt** śliski jak węgorz; *fig.* sprytny; przebiegły (-le); **~mutter** f węgorzyca; **~quappe** f miętus.

Aar m (-es; -e) *poet.* orzeł.

Aas n (-es; -e/*Äser*) padlina, (a. *fig.*) ścierwo; P *kein ~* nikt, (nawet) pies z kulawą nogą; **Sen** F *fig.* (roz-) trwonić, (z)marnotrawić (*mit/A*); **~fliege** f (mucha) ścierwica; **~geier** m Zo. ścierwnik; *fig.* (*mst pl.*) hiena, kruk; **~käfer** m omarlica; **~seite** f mizdra.

ab *Prp.* (*D od. A*) od (*G*); Hdl. loco; ~ *heute* od dziś; ~ *sofort* od teraz; ~ *Werk* loco wytwórnia; ~ *und zu* od czasu do czasu; tu i ówdzie: *auf und ~* tam i z powrotem; F *fig. Hut ~ vor ....* jest godne (-ny, -na) podziwu od. uznania; *~!* odjazd!, jazda!

ab·änder|n zmieni(a)ć; **Sung** f zmiana.

ab·arbeiten *Schuld:* odrabiać (-robić), odpracow(yw)ać; *sich ~* spracować się, zaharow(yw)ać się.

Ab·art f odmiana, wariant; **Sig** zwyrodniały; **Sig** *veranlagter Mensch* zboczeniec.

Abbau m (-es; -e) Bgb. wybieranie, urabianie; (~*raum*) wyrobisko; (*0*) rozbiórka, demontaż; *fig.* redukcja, zmniejszenie; (*Preis*S) obniżka; *Chem.* rozkład (*od.* rozpad) cząsteczki; *Med.*, *Psych.* degradacja; **Sen** v/t Bgb. wybierać, urabiać; (z)demontować, rozbierać (rozebrać); zmniejszać (-szyć), (z)redukować (*a. fig.*, *Mißtrauen usw.*); *Bestände a.:* upłynni(a)ć; *Preise:* obniżać (-żyć); v/i (s)tracić siły, (o)słabnąć.

ab|beißen odgryzać (-yźć); **~bekommen** F dosta(wa)ć (*sein Teil* swoją część; (*loslösen*) oddzielać (-lić), usuwać (-unąć), (*Geklebtes*) odklejać (-eić); s. *abschrauben*, *abreißen usw.*; (*verletzt werden*) odnosić (-nieść) obrażenia.

abberuf|en (-) odwoł(yw)ać; **Sung** f odwołanie; **Sungs-** odwołujący.

abbestell|en (-) cofać (-fnąć) zamówienie (*A*/na *A*); **Sung** f cofnięcie zamówienia.

ab|bezahlen (-) spłacać (-cić); *s. abzahlen*; **~biegen** v/t odginać (-giąć); F *fig.* zapobiegać (-biec) (*A*/*D*); v/i (*sn*) zbaczać (zboczyć), skręcać (-cić); **Sbieger** m pojazd skręcający.

Abbild n obraz, wizerunek; podobizna; s. *Spiegelbild*; **Sen** przedstawi(a)ć, odtwarzać (-tworzyć); **~ung** f rysunek, rycina, ilustracja.

ab|binden v/t s. *losbinden*; *Ader:* podwiąz(yw)ać; v/i (*Zement*) (s)twardnieć, wiązać (się).

Abbitte f: ~ *tun od. leisten* (po-) prosić o przebaczenie (*D*/*A*).

ab|blasen zdmuchiwać (-chnąć); *Dampf:* wypuszczać (-uścić); *Jagd:* odtrąbić *pf.*; F *fig.* odwoł(yw)ać; s. *abbrechen*; **~blättern** v/i (*sn*) odłup(yw)ać się, łuszczyć się.

ab|blend|en s. *abschirmen*; v/i Kfz. przygaszać (-gasić) reflektory; Fot. przysłaniać (-łonić); **Slicht** n (-es; -er) światła n/pl. krótkie *od.* mijania.

abblitzen F (*sn*) odejść *pf.* z kwitkiem, nic nie wskórać; ~ *lassen* odprawi(a)ć z kwitkiem, odpalić *pf.*

Ab|brand m Tech. zgar; **~brändler** m pogorzelec.

abbrausen v/t (z)robić natrysk (*j-n/D*); *sich ~* brać (wziąć) natrysk *od.* prysznic; v/i (*sn*) F odjeżdżać (-jechać) z hałasem *od.* szybko.

abbrechen v/t od-, u|łam(yw)ać; *Blume, Beziehungen:* zrywać (zerwać); *Haus:* (z)burzyć, wyburzać (-rzyć); *Lager:* zwijać (-inąć); *Spiel, Gespräch:* przer(yw)ać; v/i (*sn*) u-, od|łam(yw)ać się; (*zu Ende*) ur(yw)ać się, (s)kończyć się; *mitten im Satz ~* ur(yw)ać w połowie zdania, s. *Brücke*, *Zelt.*

ab|bremsen (*v/t a.* za)hamować; **~brennen** v/t spalać (-lić); *Feuerwerk:* puszczać; v/i (*sn*) spalać (-lić) się, spłonąć *pf.*; *Pers.* pogorzeć *pf.*; *Kerze*: wypalać ⟨-lić⟩ się.

abbringen: *j-n* ~ odwodzić ⟨-wieść⟩ k-o (von/od *G*); *vom rechten Wege* ~ sprowadzić z dobrej drogi.

abbröckeln *v/t* odkruszać ⟨-szyć⟩ (*v/i* [*sn*] się); *v/i* (*sn*) *a.* odpadać ⟨-paść⟩ kawałkami; *Fin.* (*Kurse*) zniżkować.

Abbruch *m* (*-e*s *Hauses*) rozbiórka, wyburzenie; (*v. Beziehungen*) zerwanie; *s. Unterbrechung*; ~ *tun e-r Sache*: ⟨za⟩szkodzić (*D*); *j-m*: przynosić ⟨-nieść⟩ ujmę, wyrządzać ⟨-dzić⟩ krzywdę (*D*); **~arbeiten** *f/pl.* prace *f/pl.* rozbiórkowe.

ab|brühen ⟨o-, s⟩parzyć (wrzątkiem); **~brummen** F *Strafe*: odsiadywać ⟨-iedzieć⟩; **~buchen** odpis(yw)ać z rachunku; **~bummeln** F brać ⟨wziąć⟩ urlop za przepracowane nadgodziny; **~bürsten** ⟨o⟩czyścić szczotką, wyszczotkować *pf.*; **~büßen** odpokutow(yw)ać; *Strafe*: odcierpieć *pf.*

Abc [a:be:'tse:] *n* (-; -) abecadło; **~Buch** *n* elementarz; **~Schütze** F *m* pierwszak.

ab|dämmen otaczać ⟨otoczyć⟩ tamą; **2dampf** *m* para odlotowa; **~dampfen** *v/t* odparow(yw)ać; *v/i* (*sn*) F *fig.* odjeżdżać ⟨-jechać⟩; *Schiff*: odpływać ⟨-nąć⟩.

abdank|en *v/i* poda(wa)ć się do dymisji; *Herrscher*: abdykować (*im*)*pf.*, zrzekać ⟨zrzec⟩ się tronu; **2ung** *f* dymisja; abdykacja.

abdeck|en odkry(wa)ć, zdejmować ⟨zdjąć⟩ pokrywę (*od.* okrycie, zasłonę *usw.*); *s. zudecken*; *das Dach* (*od. Haus*) **~en** zrywać ⟨zerwać⟩ dach (z domu); *den Tisch* ~ *en s. abräumen*; *vgl. a.* decken, tilgen; **2er** *m* rakarz, oprawca *m*; **2e'rei** *f* rakarnia; **2plane** *f* pokrowiec.

ab|dichten uszczelni(a)ć ⟨za⟩hermetyzować; **~dienen** odsługiwać ⟨-użyć⟩; **~drängen** odpierać ⟨odeprzeć⟩, odpychać ⟨odepchnąć⟩; *Kfz.* spychać ⟨zepchnąć⟩ (*von d. Straße* z drogi); **~drehen** *v/t* ukręcać ⟨-cić⟩, ur(y)wać; *Licht, Gas*: zamykać ⟨-mknąć⟩, od-, wy|łączać ⟨-czyć⟩; *Film*: nakręcić *pf.*, ⟨u-, s-⟩ kończyć nakręcanie; *v/i* (*sn*) zmieni(a)ć kurs, skręcać ⟨-cić⟩.

Abdruck *m* (*-es*, *₂e*) odcisk, odbicie; *Typ.* (*pl.* -e) przedruk; odbitka,

reprodukcja; **2en** wydrukować *pf.*; przedrukow(yw)ać.

abdrücken *v/t* odciskać ⟨-snąć⟩, odginać ⟨-nieść⟩ (*sich* się); *s. umarmen*, *abquetschen*; *v/i* (*schießen*) pociągnąć *pf.* za cyngiel, nacisnąć *pf.* spust; F *j-m die Luft* ~ ⟨z⟩rujnować (*A*).

ab-ebben (*sn*) ⟨o⟩słabnąć, ⟨u⟩cichnąć; przebrzmieć *pf.*

Abecebuch *n s.* Abc-Buch.

abend *Adv.* wieczorem, wieczór.

Abend *m* (-s; -e) wieczór; (*Tanz2*) wieczorek, wieczornica; *fig.* (*Lebens2*) schyłek, zmierzch; *am* ~, des ~s wieczorem; ~ *für* ~ co wieczór; *diesen* ~ tego wieczoru; *vom Montag bis zum* ~ *s. abends*; *guten* ~! dobry wieczór!; *zu* ~ *essen* ⟨z⟩jeść kolację; **~anzug** *m* garnitur wieczorowy; **~blatt** *n* dziennik wieczorny; **~brot** *n s.* Abendessen; **~dämmerung** *f* zmrok, zmierzch; **2essen** *n* kolacja, *lit.* wieczerza; **2füllend** trwający (przez) cały wieczór; *Film*: pełnometrażowy; **~land** *n* (*-es*; 0) Zachód; **2ländisch** zachodni; **2lich** wieczorny; **~mahl** *n* wieczerza; *Rel. das Heilige* **~mahl** Wieczerza Pańska; komunia; **~mahls-** *Rel.* mszalny; **~rot** *n* (0), **~röte** *f* zorza wieczorna.

abends wieczorem; *spät* ~ późno wieczór; *von morgens bis* ~ od rana do wieczora.

Abend|schule *f* szkoła wieczorowa; **~stern** *m* gwiazda wieczorna; **~vorstellung** *f* przedstawienie wieczorne; *seans* wieczorny; **~zeitung** *f* gazeta wieczorna.

Abenteuer *n* przygoda; (*gewagtes Unternehmen*) awantura; **~film** *m* film przygodowy; **2lich** awanturniczy (*-czo*); pełen przygód (*seltsam*) dziwaczny; **~lust** *f* chęć (*od.* żądza) *f* przygód; **~roman** *m* powieść przygodowa.

Abenteurer *m* poszukiwacz przygód, awanturnik; **~natur** *f* awanturnicze usposobienie; *Pers.* człowiek szukający przygód.

aber *Kj.* ale, lecz, zaś; *Int.* ależ ~ *doch*, ~ *ja* ależ tak; *Adv.* ~ *und* ~*mals* wciąż od nowa *od.* na nowo.

Aber *n*: viele Wenn und ~ dużo zastrzeżeń; *es ist ein* ~ *dabei* sprawa nie jest bez ale; *kein* ~! bez żadnego ale!

Aber|glaube m przesąd, zabobon; ⎣gläubisch przesądny, zabobonny.
ab·erkenn|en (-) pozbawi(a)ć (j-m A/k-o G); s. absprechen; ⎣ung f pozbawienie.
aber|malig ponowny, powtórny; ⎣mals znowu, znów, ponownie.
ab|ernten sprzątnąć (od. zebrać) pł. plon (A/z G); ⎣essen v/t objadać ⟨-jeść⟩; den Teller ⎣essen opróżnić talerz, zjeść wszystko; v/i skończyć jedzenie.
abes'sinisch abisyński.
abfahren v/t odwozić ⟨-wieźć⟩; Holz, Heu: zwozić ⟨zwieźć⟩; Strekke, Orte: objeżdżać ⟨-jechać⟩; Bein usw.: odcinać ⟨-ciąć⟩; (abnutzen) zjeżdżać ⟨zjeździć⟩, zuży(wa)ć jazdą; v/i (sn) odjeżdżać ⟨-jechać⟩; (Schiff) odpływać ⟨-ynąć⟩; Sp. zjeżdżać ⟨zjechać⟩; j-n ⎣ lassen odprawić z kwitkiem, puszczać ⟨puścić⟩ kantem; Film: ⎣! kręcić!
Abfahrt f odjazd; odpłynięcie; Sp. zjazd.
Abfahrts|lauf m bieg zjazdowy; ⎣läufer m zjazdowiec; ⎣signal n sygnał odjazdu; ⎣zeit f czas (od. godzina) odjazdu od. odpłynięcia.
Abfall m odpady m/pl., odpadki m/pl.; (Schnittrest) ścinek, resztka; (Druck⎣, Spannungs⎣) spadek (G); fig. odpadnięcie, oderwanie się; s. Lossagung, ⎣eimer m kubeł (od. wiadro) na śmieci od. odpadki; ⎣en odpadać ⟨-paść⟩; fig. a. odstępować ⟨-stąpić⟩ (von/od G); F (für A) przypadać ⟨-paść⟩, okroić się pf. (D); być gorszym (gegen A/od G); ⎣end Gelände: spadzisty (-to).
abfällig ujemny, negatywny; s. geringschätzig.
Abfall|produkt n produkt odpadkowy; ⎣verwertung f wykorzystanie produktów odpadkowych, utylizacja odpadków.
abfang|en przechwytywać ⟨-wycić⟩; Brief: przejmować ⟨-jąć⟩; Hieb: odparow(yw)ać; Stöße: łagodzić ⟨s⟩tłumić; Flgw. wyrówn(yw)ać; s. abstützen; ⎣jäger m samolot myśliwski (od. myśliwiec) przechwytujący.
ab|färben v/i puszczać ⟨puścić⟩ farbę, farbować fig. wywierać ⟨-wrzeć⟩ wpływ; ⎣fassen układać ⟨-łożyć⟩, sporządzać ⟨-dzić⟩; ⎣faulen (sn) odgnić pf.; ⎣fegen o-,

z|miatać ⟨-mieść⟩; ⎣feiern s. abbummeln; ⎣feilen od-, s|piłow(yw)ać (pilnikiem).
abfertig|en Zug usw.: odprawi(a)ć; Kunden: obsługiwać ⟨-użyć⟩, załatwi(a)ć; Ware: ⟨wy⟩ekspediować; s. abweisen; ⎣ung f odprawa; załatwi|enie, -anie, obsługa; ekspedycja, wysyłka.
abfeuern v/t strzelać ⟨wystrzelić⟩ (z G); Torpedo: odpalać ⟨-lić⟩ (A).
abfind|en zaspokajać ⟨-pokoić⟩; sich ⎣en mit ⟨po⟩godzić się (z I), poprzesta(wa)ć (na L), F odchorować pf. (A); ⎣ung f rekompensata; (einmalige jednorazowa) odprawa.
ab|flachen v/t spłaszczać ⟨-czyć⟩; ⎣flauen (sn) słabnąć, ucichać ⟨-chnąć⟩ (a. fig.); ⎣fliegen v/i (sn) od-, wy|latywać ⟨-lecieć⟩; v/t Strecke: oblatywać ⟨-lecieć⟩; ⎣fließen (sn) od-, s|pływać ⟨-ynąć⟩, wy-, ś|ciekać ⟨-ec⟩.
Abflug m odlot; ⎣zeit f czas odlotu.
Abfluß m odciek, spływ, odpływ (a. fig.); konkr. ujście, ściek, spust; ⎣graben m rów odpływowy; ⎣rohr n rura odpływowa od. spustowa.
ab|formen ⟨wy⟩modelować, ⟨u-⟩ formować; odciskać ⟨-snąć⟩; ⎣forsten (-e-) wycinać ⟨-ciąć⟩ las; ⎣fragen przepyt(yw)ać (j-n od. j-m A/k-o z G); Fmw. kontrolować linię; ⎣fressen objadać ⟨-jeść⟩, obżerać ⟨obeżreć⟩.
abfrieren (sn) zmarznąć pf.; sich (D) et. ⎣ odmrażać ⟨-rozić⟩ sobie (A).
Abfuhr f wywóz, F odwózka; fig. j-m e-e ⎣ erteilen dać odprawę (D); sich e-e ⎣ holen dostać odmowę; ⎣ in Zssgn wywozowy, ... wywozu.
abführ|en v/t odprowadzać ⟨-dzić⟩ (a. Wasser, Geld usw.), odstawi(a)ć; v/i Med. brać ⟨wziąć⟩ na przeczyszczenie; ⎣end Med. przeczyszczający ⟨-co⟩; ⎣mittel n środek na przeczyszczenie.
Abfüll|betrieb m rozlewnia; ⎣en rozlewać; Bier, Wein: obciągać ⟨-gnąć⟩; in Flaschen a.: butelkować.
Abgabe f (0) od(da)wa|nie; Hdl. wydawanie; s. Verkauf; (pł m) Fin. oplata, danina; s. Ball-, Stimmabgabe; ⎣n·frei nie podlegający opodatkowaniu; ⎣preis m cena sprzedażna; ⎣soll n Agr. dostawa obowiązkowa.

Abgang *m* odejście; *Esb.* odjazd; *Mar.* odpłynięcie; *Hdl.* zbyt; (*Schwund*) ubytek; (*Post*) wysyłka; *fig.* (*Tod*) zgon; **∼s-zeugnis** *n* świadectwo ukończenia (*G*).

Abgas *n* gaz odlotowy; *Kfz.* ∼e *pl.* gazy spalinowe, spaliny *f/pl.*

abgaunern (-*re*) wyłudzać ⟨-dzić⟩ (*j-m A/*od k-o *A*).

abge|arbeitet spracowany, zaharowany; **∼ben** odda(wa)ć; *Amt*, *Erklärung*: składać ⟨złożyć⟩; *Wärme*: wydzielać; *Sp. Ball*: poda(wa)ć; *s. a. überlassen, verkaufen, abordnen*; F (*fungieren als*) być (*I*); *er gibt e-n guten Familienvater ab* jest dobrym ojcem rodziny; F sich ∼ben zajmować ⟨-jąć⟩ się (*mit/I*); (*sich einlassen*) zada(wa)ć się (*mit/z I*); **∼brannt** F (*ohne Geld*) goły, wypłukany, bez grosza; **∼brüht** F *fig.* nieczuły, zobojętniały (*gegen A/*na *A*); **∼droschen** *fig.* oklepany, stereotypowy; **∼feimt** kuty (na cztery nogi), F cwany; **∼flacht** spłaszczony; **∼griffen** *Buch*: sfatygowany, zniszczony; *Münze*: wytarty; *s. a. abgedroschen*; **∼hackt** *Rede*: urywany; **∼härtet** zahartowany.

abgehen *v/i* (*sn*) odchodzić ⟨odejść⟩; *Zug a.*: odjeżdżać ⟨-jechać⟩; *Schiff*: odpływać ⟨-nąć⟩; (*ausscheiden*) opuszczać ⟨-uścić⟩ (*von/A*); *v. Plan usw.*: odstępować ⟨-tąpić⟩ (*von/*od *G*); F *Knopf*: odrywać ⟨oderwać⟩ się; zbaczać ⟨zboczyć⟩ (*v. Wege z drogi*); *s. abblättern, abzweigen*; (*mangeln*) brakować (*j-m A/*k-u *G*); *davon gehen 10 Mark ab* od tej sumy potrąca się 10 marek; *es wird nicht ohne* (*A*) ∼ nie obejdzie się bez (*G*); ∼ *lassen* wys(y)łać; *s.a. abschreiten*.

abge|hetzt zmordowany, zdyszany; **∼kämpft** wyczerpany walką; **∼kartet** *s. abkarten*; **∼lagert** odleżały; odleżakowany; wystały; **∼latscht** F *Schuhe*: zdarty, znoszony; **∼lebt** *Pers.* wyniszczony (życiem); *s. überlebt*; **∼legen** *s. entlegen*.

abgelten *Schuld*: spłacać ⟨-cić⟩; *Dienste*: wynagradzać ⟨-rodzić⟩; *Anspruch*: zaspakajać ⟨-pokoić⟩.

abgemacht umówiony, uzgodniony; *Geschäft*: ubity; ∼*!* zgoda!, dobra!

abgemagert wychu|dzony, -dły.

abgeneigt: *nicht* ∼ (*D*) skłonny (do *G*).

abge|nutzt zużyty, zniszczony; **♀ordnete(r)** *m/f* poseł/posłanka, deputowan|y (-a); **∼packt** paczkowany, **∼plattet** spłaszczony; **∼rissen** *Worte*: urywany; *s. zerlumpt*; **∼rundet** zaokrąglony; **♀sandte(r)** *m/f* wysłanni|k (-czka), delegat(ka); **∼schabt** *Hose*: wytarty.

abgeschieden samotny; odosobniony; **♀heit** *f* (0) samotność *f*, osamotnienie; odosobnienie.

abge|schlafft F zmordowany, skołowany; **∼schlagen** *Sp.* pozostały w tyle, zwyciężony; *s. zerschlagen*; **∼schlossen** zamknięty; osobny; *Wohnung*: z osobnym wejściem; odosobniony; *s. beendet, abgetan*; **∼schmackt** niesmaczny, płaski, mdły; **∼schnitten** odcięty.

abgesehen: ∼ *von* pomijając, pominąwszy (*A*); *es* ∼ *haben auf* (*A*) upatrywać ⟨-trzyć⟩ sobie (*A*), godzić (w *A*), F zagiąć parol (na *A*).

abge|spannt wyczerpany, znużony; **∼standen** *Bier*: zwietrzały; *Wasser*: nieświeży; -*ne Luft* zaduch; **∼storben** obumarły; *fig.* o-, z/drętwiały, ścierpnięty.

abgestumpft nieczuły, obojętny (*gegen A/*na *A*); otępiały (-le); *Math.* ścięty; **♀heit** *f* (0) zobojętnienie; drętwota, odrętwienie.

abge|takelt F *fig.* przeżyty, zniszczony życiem; **∼tan** skończony, załatwiony; **∼tragen** znoszony; **∼wetzt** wytarty.

abgewinnen wygr(yw)ać (*j-m A/*od k-o *A*); (*d. Natur abringen*) wydzierać ⟨-drzeć⟩; (*Gefühl wecken*) wywoł(yw)ać (u k-o *A*); *ich kann der Sache k-n Geschmack* ∼ ta sprawa wcale mnie nie pociąga.

abgewöhnen odzwyczajać ⟨-czaić⟩; oduczać ⟨-czyć⟩ (*j-m A/*k-o od *G*); *sich* (*D*) ∼ odzwyczajać ⟨-czaić⟩ się, odwykać ⟨-knąć⟩ (*A/*od *G*).

abgezehrt zmizerowany, mizerny.

abgießen odl(ew)ać.

Abglanz *m* odblask; *fig. schwacher* ∼ słabe odbicie.

abgleiten (*sn*) ześlizgiwać ⟨-z[g]nąć⟩ się; *fig.* schodzić ⟨zejść⟩.

Abgott *m* bożek; *fig.* bożyszcze.

abgöttisch bałwochwalczy (-czo); ∼ *lieben* ubóstwiać.

abgraben s. abtragen, ableiten; fig.
F j-m das Wasser ~ przystawiać
stołki, szyć buty (D).

abgrasen Wiese: spasać ⟨spaść⟩; fig.
F s. absuchen; (v. Vertretern) obchodzić ⟨obejść⟩.

abgrenz|en odgraniczać ⟨-czyć⟩;
fig. rozgraniczać ⟨-czyć⟩; Kompetenzen: określać ⟨-lić⟩; ⟨ung f odgraniczenie; rozgraniczenie (gegen
A/A); określenie.

Abgrund m otchłań f, przepaść f;
⟨tief fig. głęboki (-ko), niezmierny.

ab|gucken F podpatrywać ⟨-trzyć⟩
(j-m A/A u k-o); ⟨guß m odlew;
kopia; **~haben** F s. abbekommen;
~hacken odrąb(yw)ać; Kopf: ścinać
⟨-iąć⟩; **~haken** odhaczać ⟨-czyć⟩,
F odfajkow(yw)ać; (loshaken) odczepi(a)ć, zdejmować ⟨zdjąć⟩ z haka; **~halftern** (-re) rozuzd(yw)ać,
F fig. pozby(wa)ć się (A/G).

abhalt|en (weghalten) trzymać z dala
(von/od G); (j-n) powstrzym(yw)ać
(von/od G); Regen, Kälte usw.:
zatrzym(yw)ać; Sitzung: od-
by(wa)ć; Truppenschau: dokon(yw)ać; Hochzeit: obchodzić;
Festspiele: urządzać ⟨-dzić⟩; Gottesdienst: odprawi(a)ć; Wahlen:
przeprowadzać ⟨-dzić⟩; abgehalten
werden odbywać się; ⟨ung f odbycie; urządzanie; odprawianie;
przeprowadzenie.

abhand|eln[1] wytargować pf. (j-m
A/A od k-o); et. vom Preis **~eln**
utargować coś z ceny; **~eln[2]** Thema: omawiać ⟨omówić⟩; ⟨lung f
rozprawa; traktat; dysertacja.

abhanden: ~ kommen zapodzie(wa)ć
się, zawieruszyć się pf.

Abhang m zbocze, stok.

abhäng|en v/t Bild: zdejmować
⟨zdjąć⟩; Anhänger: odczepi(a)ć;
Gegner: Sp. pozostawi(a)ć za sobą;
Mil. odrywać ⟨oderwać⟩ się (A/od
G); v/i zależeć, być zależnym od.
uzależnionym (von/od G); (Fleisch)
dojrze(wa)ć; Fmw. przer(y)wać
rozmowę; **~ig** zależny (a. Gr.),
uzależniony (von/od G); **~ig machen**
uzależni(a)ć (von/od G); ⟨igkeit f
zależność f.

abhär|men lit.: sich ~men zamart
wiać się (um A/o A); **~ten** ⟨za⟩hartować (sich się; gegen A/na A);
⟨tung f zahartowanie; hart.

ab|hauen v/t s. abhacken, abschla-

gen; Baum: zrąb(yw)ać; v/i (sn) F
zwi(ew)ać; P hau ab! odwal się!;
~häuten zdejmować ⟨zdjąć⟩ skórę
(A/z G); **~heben** v/t Deckel, Hörer:
zdejmować ⟨zdjąć⟩; Geld: podejmować ⟨-djąć⟩; v/i KSp. zbierać
⟨zebrać⟩, przekładać ⟨przełożyć⟩;
Flgw. odrywać ⟨oderwać⟩ się (od
ziemi); sich **~heben** fig. odcinać (od.
odbijać) się (von/na L, od G); **~heften** Akten: ⟨u⟩porządkować, odkładać ⟨odłożyć⟩; **~heilen** (sn) za-
goić się pf.; **~helfen** (D) poradzić
pf. (na A), zapobiegać ⟨-iec⟩, za-
radzić pf. (D).

abhetzen F: sich ~ ⟨z⟩mordować się
pf.; (eilen) gonić tu i tam.

Abhilfe f zaradzenie n, pomoc f; ~
schaffen s. abhelfen.

abhobeln ⟨wy-, z⟩heblować.

abhold: ~ sein (D) być wrogiem (G);
nicht ~ sein nie stronić (D/od G).

abholen iść ⟨pójść⟩, przychodzić
⟨przyjść⟩ od. przyjeżdżać ⟨-jechać⟩
(A/po A); ~ lassen po-, przy|s(y)łać
(A/po A); j-n vom Bahnhof ~ a.
spot(y)kać na dworcu (A).

abholz|en s. abforsten; ⟨ung f
wyrąb.

abhorchen Med. osłuch(iw)ać; s.
abhören.

Abhör|dienst m Mil. służba podsłuchu; jmrs s. abfragen; Tonband
usw.: przesłuch(iw)ać Fmw., Rdf.,
Mil.: podsłuch(iw)ać; **~gerät** n
urządzenie podsłuchowe, aparat
podsłuchowy.

ab·irren (sn) zbaczać ⟨zboczyć⟩
(vom Wege z drogi).

Abi'tur n (-s; 0) egzamin dojrzałości, matura.

Abituri'ent m (-en) maturzysta m;
~en- maturalny; **~in** f maturzystka.

abjagen (j-m et.) odbi(ja)ć, odbierać
⟨odebrać⟩ (k-u A); F s. abhetzen.

ab|kanzeln F (-le) ⟨z⟩besztać,
skrzyczeć pf.; **~kapseln** (-le) odizolow(yw)ać (sich się); **~karten** F
(-e-) ukartować pf., ⟨u⟩knuć; **~kaufen** odkupywać ⟨-pić⟩ (j-m
A/A od k-o).

Ab|kehr f odwrócenie się; ⟨ketten
(-e-) Hund: spuszczać ⟨-uścić⟩
z łańcucha; **⟨kläppern** F Läden:
oblatywać ⟨-lecieć⟩.

Abklatsch m odbicie, odbitka; fig.
(schwacher licha) kopia; ⟨en (im
Tanz) odbi(ja)ć.

ab|klauben F ob(ie)rać; oskub(yw)ać; *Knochen*: o(b)gryzać ⟨-yźć⟩; **klemmen** *El.* odłączyć *pf.* zacisk; *Med. Gefäß*: ściskać ⟨-snąć⟩; *s. abquetschen;* **klingen** słabnąć, zanikać ⟨-knąć⟩; *fig.* przemijać ⟨-inąć⟩; **klopfen** odbi(ja)ć, o(b)tłukiwać ⟨-łuc⟩; *Staub, Schnee*: otrzep(yw)ać *Wand, Med.*: opuk(iw)ać; F *fig.* obchodzić ⟨obejść⟩; *vgl. abklappern;* **knabbern** F o(b)gryzać ⟨-yźć⟩; **knallen** F zakatrupić *pf.*, zastrzelić *pf.*; (*viele a.*) powystrzelać *pf.*; **knappen**, **knapsen** F *fig.* ur(yw)ać; **knikken** u-, od|łam(yw)ać; **knöpfen** odpinać ⟨-iąć⟩; F *fig.* wyłudzać ⟨-dzić⟩ *(D/od G)*; **knutschen** F wycałow(yw)ać.

abkoch|en ⟨u)gotować; *Milch, Wasser*: przegotow(yw)ać; *vgl. auskochen;* **2ung** f odwar.

abkommandieren odkomenderow(yw)ać.

Abkomm|e *m (-n) s. Nachkomme* **2en** (von) zbaczać ⟨zboczyć⟩ (z *G*) (*v. Thema*) odbiegać ⟨-ec⟩ (od *G*); (*v. Plan usw.*) zaniechać *pf.* (*G*); (*sich frei machen*) zwalniać ⟨zwolnić⟩ się (z *G*); *Flgw. s. abheben; Sp.* (*gut dobrze*) wystartować *pf.*; **en** *n* układ, umowa, ugoda.

abkömm|lich (czasowo) zbędny, wolny; **2ling** *m (-s; -e)* potomek; *Chem.* pochodna.

ab|koppeln odczepi(a)ć, odłączać ⟨-czyć⟩; **kratzen** *v/t* zeskrob(yw)ać, zdrap(yw)ać; *v/i (sn)* P wykitować *pf.*; **kriegen** F *s. abbekommen; Prügel usw.*: obrywać ⟨oberwać⟩.

abkühl|en *v/t* ochładzać ⟨-łodzić⟩, oziębi(a)ć (się *s.*), ostudzać ⟨-dzić⟩; *v/i (sn)* ⟨o⟩stygnąć (*a. fig.*) ⟨o⟩chłodnąć, oziębnąć *pf.*; **2ung** f ochłodzenie (się); *fig.* oziębienie.

Abkunft f (*0*) pochodzenie.

abkürz|en skracać ⟨-rócić⟩; **2ung** f skracanie, skrócenie; *konkr.* skrót (*a. Weg*).

abküssen ob-, wy|całow(yw)ać.

ablade|n wy-, z|ładow(yw)ać; zrzucać ⟨-cić⟩; *Schüttgut*: zwalać ⟨-lić⟩; **2platz** *m* miejsce wyładunku; (*Schutt2*) zsypisko.

Ablage f odkładanie, odłożenie (do akt); akta przeznaczone do odłożenia; dawne (*od.* stare) akta; (*Ort*)

przechowalnia; składnica; szatnia; **2rn** *v/t Geol.* osadzać ⟨-dzić⟩, nanosić ⟨nanieść⟩; *vgl. abladen; v/i* (*Wein*) wystać się *pf.*; odleżeć się *pf.*; *sich* **2rn** osadzać ⟨-dzić⟩ się, osiadać ⟨osiąść⟩; *Med.* odkładać ⟨odłożyć⟩ się; **rung** f *Geol.* sedymentacja; osadzanie się; (*Lager*) złoże; osad; *Med.* złóg.

Ablaß *m (-sses; -sse) Rel.* odpust; *Tech.* spust, upust; **brief** *m* list odpustowy.

ablassen *v/t* wypuszczać ⟨-uścić⟩; *Flüssigkeit a.*: spuszczać ⟨-uścić⟩; (*leer machen*) wypróżni(a)ć; *s. abtreten; vom Preis* – opuszczać ⟨opuścić⟩ z ceny; *v/i* (*von*) zapo|niechać *pf.* (*G*); zostawi(a)ć w spokoju (*A*).

Ablaß|hahn *m* kurek spustowy; **öffnung** f otwór spustowy, spust.

Ablauf *m s. Abfluß, Verlauf;* (*e-r Frist*) upływ; *nach* – po upływie; **berg** *m Esb.* górka rozrządowa; **2en** *v/i* (*sn*) *s. abfließen, sich leeren, verlaufen;* (*Frist*) upływać ⟨-nąć⟩, przemijać ⟨-inąć⟩; (*Uhr*) stawać ⟨stanąć⟩; (*Paß*) ⟨s⟩tracić ważność; *s. sich abspulen;* **2en** *lassen Film*: wyświetlić *pf.*; *Tonband*: przegr(yw)ać; *v/t Strecke*: obiegać ⟨obiec⟩, obchodzić ⟨obejść⟩; *Schuhe*: schodzić *pf.*, zdzierać ⟨zedrzeć⟩; F *sich (D) die Beine* **2en** nabiegać się *pf.*; *s. Rang*.

Ablaut *m Gr.* zmiana samogłoski rdzennej.

Ableben *n (-s; 0)* zgon.

ab|lecken ob-, z–, wy|liz(yw)ać; **ledern** (*-re*) ⟨wy⟩czyścić skórką.

ableg|en *v/t* odkładać ⟨odłożyć⟩; *Last, Eid*: składać ⟨złożyć⟩; *Mantel*: zdejmować ⟨zdjąć⟩; *Briefe usw.*: odkładać ⟨odłożyć⟩ do akt; *Rechenschaft, Prüfung*: zda(wa)ć; *Gewohnheit*: wyzby(wa)ć się (*G*); *Geständnis, Beichte usw.* **en** *s. gestehen, beichten usw.; v/i* (*Schiff*) odbi(ja)ć od brzegu; **2er** *m Agr.* odkład, pęd; F *fig.* latorośl f.

ablehn|en *Bitte, Zahlung*: odmawiać ⟨-mówić⟩ (*D od. G*); *Antrag, Angebot*: odrzucać ⟨-cić⟩ (*A*); *Verdacht*: odpierać ⟨odeprzeć⟩; *Jur.* (*Pers.*) wyłączać ⟨-czyć⟩; **end** odmowny; **2ung** f odmowa; odrzucenie; odparcie; *Jur.* wyłączenie.

ableisten *Wehrpflicht*: odby(wa)ć.

ableit|en *Wasser*, *Wärme*: odprowadzać ⟨-dzić⟩; *fig.* wyprowadzać ⟨-dzić⟩, wywodzić ⟨-wieść⟩ *(aus, von/z G; sich się)*; *vgl. abbringen*; **Զung** *f* odprowadzenie; *(Herkunft)* pochodzenie; *Ling.* wyraz pochodny; *(Folgerung)* wywód, dedukcja; *Math.* pochodna; **Զungs-** odprowadzający; **Զungssilbe** *f Ling.* formant.

ablenk|en skierow(yw)ać w bok *od.* w inną stronę; *Licht*: odchylać ⟨-lić⟩; *Interesse, Verdacht*: odwracać ⟨-rócić⟩; *j-n*: odwracać ⟨-rócić⟩ uwagę *(von/od G)*; *(v. der Arbeit)* odrywać ⟨oderwać⟩ *(von/od G)*; *(zerstreuen)* rozerwać *pf.*; *Stoß*: ⟨od⟩parować; *vom Thema* ∼en skierow(yw)ać rozmowę na inny temat; **Զung** *f* odchy|lenie, -lanie; zboczenie; odwrócenie (uwagi); *s. Zerstreuung*.

Ablenkungs|- ... odchylenia; *Mil.* pozorny; **∼manöver** *n* manewr dywersyjny, operacja dywersyjna.

Ablese|fehler *m* błąd odczytu; **Զn** *(sammeln)* o-, z|bierać ⟨o-, ze|brać⟩; *Text, Skala*: odczyt(yw)ać; *an den Augen* **Զn** wyczyt(yw)ać z oczu *(D/G)*; **∼vorrichtung** *f s. Leser*.

ableugnen *s. leugnen, abstreiten*.

ablicht|en *(-e-)* sporządzać ⟨-dzić⟩ fotokopię *(A/G)*; **Զung** *f* fotokopia.

abliefer|n odstawi(a)ć; dostawi(a)ć; *s. aushändigen, liefern*; **Զung** *f* odstawienie; dostawa.

Ablieferungs|pflicht *f* obowiązek dostawy; **∼soll** *n* dostawa obowiązkowa.

ab|liegen być oddalonym *od.* daleko, leżeć na uboczu; *s. abgelegen*; **∼listen** *(-e-) s. abgaunern*; **∼löschen** *Tafel*: ścierać ⟨zetrzeć⟩; *feuchte Schrift*: osuszać ⟨-szyć⟩ (suszką).

ablöse|n oddzielać ⟨-lić⟩, odłączać ⟨-czyć⟩, odrywać ⟨oderwać⟩ *(sich się)*; *Wache*: ⟨z⟩luzować; *(vertreten)* zastępować ⟨-tąpić⟩; *(abgelten, loskaufen)* wykupywać ⟨-pić⟩; *einander (od. sich)* ∼n następować po sobie, zmieniać się; **Զsumme** *f* wykupne.

Ablösung *f* odłączanie się, odpad|anie, -nięcie; zmiana; zluzowanie; *Fin.* spłata; *Pers.* zmiennik.

abluchsen F [-ks-] podpatrywać ⟨-trzyć⟩ *(D/u G)*; *s. abgaunern*.

abmach|en F usuwać ⟨usunąć⟩, zdejmować ⟨zdjąć⟩; *s. ablösen*, *abschrauben*; *Sache*: uzgadniać ⟨-godnić⟩; *(erledigen)* załatwi(a)ć; *s. abgemacht*; **Զung** *f* ugoda, umowa.

abmager|n *(-re; sn)* ⟨s⟩chudnąć; **Զung** *f* schudnięcie; **Զungs-** odchudzający, odtłuszczający.

abmalen ⟨na⟩malować; *sich* ∼ odbi(ja)ć się; **Զung** *f* odmalow(yw)anie się.

Abmarsch *m* od-, wy|marsz; **Զieren** [-ˈjiː-] *(-; sn)* od-, wy|maszerow(yw)ać, wyruszać ⟨-szyć⟩.

abmeld|en wymeldow(yw)ać *(sich* się); *Mil. sich* ∼en odmeldow(yw)ać się; *(v. der Schule usw.)* wypis(yw)ać *(von/z G)*; **Զung** *f* wymeldowanie; wypisanie.

abmess|en od-, wy|mierzać ⟨-rzyć⟩; *fig.* obliczać ⟨-czyć⟩, oceni(a)ć; **Զung** *f* wymiar; *pl. Tech. a.* gabaryt.

abmontieren *(-)* ⟨z⟩demontować.

abmühen: *sich* ∼ *s. abplagen*.

ab|murksen F zakatrupić *pf.*; **∼mustern** *Mar.* zwalniać ⟨zwolnić⟩ *(v/i* się); **∼nabeln** *(-le)* przecinać ⟨-ciąć⟩ pępowinę; **∼nagen** o(b)gryzać ⟨-yźć⟩.

abnähe|n ⟨z⟩robić zaszewkę; **Զr** *m* zaszewka.

Abnahme *f (0)* zdejmowanie, zdjęcie; *Hdl.* kupno; zbyt, popyt; *(Verminderung)* ubytek, ubywanie; spadek; zmniejszanie się; *(d. Sehkraft usw.)* osłabienie; *(a. pl.)* odbiór, odebranie, przyjęcie; *(Neubau* **Զ** *)* kolaudacja; *s. Amputation*; **∼ in** *Zssgn* odbiorczy, ... odbioru, ... przyjęcia.

abnehme|n *v/t* zdejmować ⟨zdjąć⟩; *Bart*: zgalać ⟨zgolić⟩; *Bein*: amputować *(im)pf.*; *(wegnehmen)* odbierać ⟨odebrać⟩ *(a. Eid, Bau usw.)*; *(abkaufen)* kupować ⟨-pić⟩ *(D/od G)*; F *Preis* policzyć *pf.*; *Arbeit, Mühe*: pomagać ⟨-móc⟩, ulżyć *pf.* *(j-m A/k-u w L)*; *Weg usw.*: wyręczać ⟨-czyć⟩ *(A)*; *Sorge, Pflicht*: uwalniać ⟨uwolnić⟩ *(j-m A/k-o od G)*; *Parade*: przyjmować ⟨-jąć⟩; F *das nimmt Ihnen niemand ab* nikt panu (pani) nie uwierzy, że to prawda; *Beichte* ∼n wyspowiadać; *Prüfung* ∼n *(prœ)* egzaminować; *v/i (schwinden)* ub(yw)ać *(G)*, zmniejszać ⟨-szyć⟩ się; *Tag*: sta(wa)ć się krótszym; *Wasser*: opadać ⟨opaść⟩; *(nachlassen)* ⟨o⟩słabnąć; *(an Ge-*

wicht; ⟨s⟩chudnąć, ⟨s⟩tracić na wadze; **2r** *m* odbiorca *m*, nabywca *m*, klient; abonent.

Abneigung *f* niechęć *f*, antypatia; *(stärkere)* odraza.

ab'norm a-, nie|normalny; *s. ungewöhnlich*; **2i'tät** *f* nienormalność *f*; *konkr.* wybryk natury.

abnötigen *(j-m A)* zmuszać ⟨-usić⟩ (k-o do *G*).

abnutz|en, abnütz|en zuży(wa)ć, ⟨z⟩niszczyć *(sich się)*; **2ung** *f* zużycie (się); **2ungskrieg** *m* wojna na wyczerpanie.

Abonnement [-'mãˑ/-'maŋ] *n* (-s; -s) abonament; *(Zeitungs2)* prenumerata; ~s- abonamentowy.

Abon|'nent *m* (-en) abonent; prenumerator; **2'nieren** (-) ⟨za⟩abonować; ⟨za⟩prenumerować; **2niert sein** *(auf A)* być abonentem *od.* prenumeratorem *(G)*.

ab'ordn|en v/t delegować; odkomenderow(yw)ać; **2ung** *f* delegacja, deputacja.

Abort[1] *m* (-es; -e) *s.* Klosett.

A'bort[2] *m* (-s; -e) *Med.* poronienie.

ab|packen paczkować; **~passen** *Zeit usw.:* upatrywać ⟨-trzyć⟩; *j-n:* czatować *(A/na A)*; **~pausen** przekalkow(yw)ać; **2pfiff** *m Sp.* gwizdek końcowy; **~pflücken** ob-, z|rywać ⟨ob-, z|erwać⟩.

abplacken F, **abplagen:** *sich ~ (mit)* ⟨na⟩mordować się, ⟨na⟩męczyć się (nad, z *I*).

ab|platten *(-e-)* spłaszczać ⟨-czyć⟩; **~platzen** odpryskiwać ⟨-snąć⟩, odłup(yw)ać się.

Abprall *m* (-es; selt. -e) odbicie się, odskok; **2en** odbi(ja)ć się (rykoszetem), odskakiwać ⟨-skoczyć⟩ *fig.* nie odnosić skutku; **~er** *m*, **~schuß** *m* strzał odbitkowy.

ab|pumpen wy-, od|pompow(yw)ać; **~putzen** ⟨o⟩czyścić; *Arch.* otynkow(yw)ać; **~quälen** *s.* abplacken; **~qualifizieren** -) v/t wyda(wa)ć ujemny sąd, wyrażać ⟨-razić⟩ się pogardliwie (o *L*); **~quetschen** odgniatać ⟨-ieść⟩ *(sich [D] sobie)*.

abrackern F: *sich ~* harować ⟨naharować się⟩.

ab|rahmen zbierać ⟨zebrać⟩ śmietankę; **~rasieren** (-) o-, z|galać ⟨-golić⟩; **~raten** odradzać ⟨-dzić⟩ *(j-m von / k-u A)*; **2raum** *m* (-es; 0) *Bgb.* nadkład; **~räumen** usuwać

⟨-unąć⟩; sprzątać ⟨-tnąć⟩ *(den Tisch ze stołu)*.

abreagieren (-) odreagować *pf.*, F wyładow(yw)ać; F *sich ~* ulżyć sobie.

abrechnen v/t odliczać ⟨-czyć⟩; *s. abziehen*; v/i *(mit)* rozliczać ⟨-czyć⟩ się (z *I*); *fig.* załatwi(a)ć porachunki, porachować się *pf.*

Abrechnung *f* rozliczenie (się), rozrachunek; *fig.* porachowanie się, rozprawa; ~s- rozrachunkowy, rozliczeniowy. [(*A/D*).\]

Abrede *f: in ~ stellen* ⟨za⟩przeczyć)

abreib|en ś-, wy|cierać ⟨ze-, wy|trzeć⟩ *(sich się)*; nacierać ⟨natrzeć⟩ *(mit/I)*; **2ung** *f Med.* nacieranie; F *fig.* bura; *(Prügel)* cięgi *m/pl.*, lanie.

Abreise *f* od-, wy|jazd; **~-** *in Zssgn* ... od-, wy|jazdu; **2n** *(sn)* od-, wy|jeżdżać ⟨-jechać⟩.

abreiß|en od-, u|rywać ⟨ode-, u|rwać⟩ *(v/i [sn] się)*; zrywać ⟨zerwać⟩; zdzierać ⟨zedrzeć⟩ *(a. Kleider)*; *Haus:* ⟨wy-, z⟩burzyć; F *s. abdienen*; *nicht ~en (wollen)* nie ustawać, nie kończyć się; *s. abgerissen*; **2kalender** *m* kalendarz do zdzierania.

abricht|en *Tier:* ⟨wy⟩tresować, układać ⟨ułożyć⟩; **2ung** *f (0)* tresura, ułożenie.

ab|riebfest odporny na ścieranie; **~riegeln** *(-le) Tür:* zamykać ⟨-mknąć⟩ na rygiel; *Straße:* otaczać ⟨otoczyć⟩ *(od.* zamykać ⟨-mknąć⟩) kordonem; *Mil.* odcinać ⟨-iąć⟩.

abringen wydzierać ⟨-drzeć⟩; *sich (D) ~* zmuszać ⟨-usić⟩ się *(A/do G)*.

Abriß *m (Haus2)* wy-, z|burzenie; *(Darstellung)* zarys, szkic; **~haus** *n* dom (przeznaczony) na zburzenie.

ab|rollen v/t od-, roz|wijać ⟨-winąć⟩ *(v/i się)*; *v/i fig. s. ab-, verlaufen, abfahren*; **~rücken** v/t odsuwać ⟨-unąć⟩, odstawi(a)ć *(von/od G)*; *v/i (sn) s. abmarschieren*; *(von)* odsuwać ⟨-unąć⟩ się *(od G)*; *fig.* odstępować ⟨-stąpić⟩ *(od G)*; **2rudern** *n* zakończenie sezonu wioślarskiego.

Abruf *m (v. Daten)* zapotrzebowanie; *Hdl. auf ~* na żądanie; **2en** zapotrzebow(yw)ać; *vgl. abberufen*.

ab|runden *(-e-)* zaokrąglać ⟨-lić⟩; **~rupfen** oskub(yw)ać.

ab'rupt nagły (-le).

abrüst|en *v/i Mil.* rozbrajać ⟨-roić⟩ się; *v/t Arch.* rozbierać ⟨-zebrać⟩ rusztowanie; **2ung** *f* rozbrojenie; redukcja zbrojeń; **2ungs-** rozbrojeniowy.

ab|rutschen (*sn*) zsuwać ⟨-unąć⟩ się, ześlizgiwać ⟨-znąć⟩ się; *Flgw.* wykon(yw)ać ślizg; **∼säbeln** odpa-łaszow(yw)ać; **∼sacken** (*sn*) obsuwać ⟨-unąć⟩ się *Schiff:* iść ⟨pójść⟩ na dno; *Flugzeug:* przepadać ⟨-paść⟩.

Absage *f* odmowa; (*Rücknahme*) odwołanie, cofnięcie; *fig.* e-e ∼ er-teilen (*D*) odrzucać ⟨-cić⟩ (*A*); ∼ in Zssgn odmowny; **2n** *Besuch, Konzert:* odwoł(yw)ać; (*ablehnen*) odmawiać ⟨-mówić⟩ (*D*); *s. entsagen, sich lossagen.*

ab|sägen odr- u|piłow(yw)ać; F *fig.* spławi(a)ć, wyrugow(yw)ać; *Prüfling:* obl(ew)ać na egzaminie; **∼sahnen** *s. abrahmen; fig.* obławiać ⟨obłowić⟩ się (*bei/na L*); **∼satteln** rozsiodł(yw)ać.

Absatz *m* (*Text2*) ustęp, odcinek, odstęp; *Typ.* akapit; pauza, przerwa; *s. Schuh-, Treppenabsatz;* **2fähig** łatwy do zbycia; **∼gebiet** *n* rynek zbytu; **∼krise** *f* kryzys nadprodukcji; **∼markt** *m s. Absatzgebiet;* **∼schwierigkeiten** *f/pl.* trudności *f/pl.* ze zbytem.

ab|saugen od-, wy|sysać ⟨ode-, wy|ssać⟩; wypompow(yw)ać; *Teppich:* odkurzać ⟨-rzyć⟩; **∼schaben** o-, ze|skrob(yw)ać.

abschaff|en *s. aufheben;* (*loswerden*) pozby(wa)ć się (*A/G*); *Mängel:* usuwać ⟨-unąć⟩; **2ung** *f* (*0*) pozbycie się; usunięcie.

abschälen ob(ie)rać; *s. schälen.*

abschalt|en *v/t* wyłączać ⟨-czyć⟩; *Telefon usw.:* odłączać ⟨-czyć⟩; F *v/i* zamyślić się *pf.;* odpocząć *pf.;* **2ung** *f* wyłączenie; odłączenie.

abschätz|en oceni(a)ć, (o)szacować; **∼ig** pogardliwy (-wie), lekce-ważący (-co); **2ung** *f* ocena, (o)szacowanie.

Abschaum *m* (*-es; 0*) szumowiny *f/pl.; fig. a.* męty *m/pl.* (społeczne).

ab|scheiden *s. absondern, ausscheiden;* **∼scheren** ⟨o⟩strzyc; *Tech.* odcinać ⟨-ciąć⟩.

Abscheu *m* (*-s; 0*) *od. f* (*0*) odraza, wstręt (*vor D/do G*).

abscheuern ⟨wy⟩szorować; *s. ab-reiben, durchscheuern.*

abscheu|erregend odrażający (-co), wzbudzający wstręt; **∼lich** wstręt-ny, ohydny, obrzydliwy (-wie); **2-lichkeit** *f* obrzydliwość *f*, ohyda.

ab|schicken wys(y)łać, odsyłać ⟨odesłać⟩; **∼schieben** *v/t* odsuwać ⟨-unąć⟩; *fig. s. abwälzen; Pers.* wy-dalać ⟨-lić⟩, odstawi(a)ć ciupasem; *v/i* (*sn*) P *fig.* odchodzić ⟨odejść⟩.

Abschied *m* (*-es; selt. -e*) rozstanie (się), pożegnanie (się); dymisja; zwolnienie; ∼ *nehmen* pożegnać się (*von/z I*); *s-n* ∼ *nehmen* pod(aw)ać się do dymisji; ∼ *geben* zwalniać ⟨zwolnić⟩ z urzędu *od.* posady (*D/A*); **∼s-** pożegnalny.

Abschieds|besuch *m* wizyta po-żegnalna; **∼feier** *f* uroczystość po-żegnalna; **∼gesuch** *n* wniosek o zwolnienie, prośba o dymisję; **∼trunk** *m* strzemienne.

abschießen wystrzelać ⟨-lić⟩; *Pfeil:* wypuszczać ⟨-uścić⟩; *Rakete a.:* wyrzucać ⟨-cić⟩; *Wild:* ubi(ja)ć, ustrzelić *pf.; Flugzeug:* zestrzelać ⟨-lić⟩, strącać ⟨-cić⟩; *Panzer:* zniszczyć *pf.; Bein usw.:* odstrzelić *pf.,* F *fig.* den Vogel ∼ zakasować wszystkich. [fen.]

abschinden *s. abrackern, abschür-* **Abschirm|dienst** *m Mil.* kontrwy-wiad; **2en** *v/t* osłaniać ⟨-łonić⟩ (*gegen A/przed I*); przesłaniać ⟨-łonić⟩ (*A*); *Rdf.* ekranować; **∼ung** *f* osłona; ekranowanie.

ab|schirren *s. ausspannen;* **∼schlachten** zarzynać ⟨-rznąć⟩ (*morden*) wymordować *pf.*

Abschlag *m* rata; zaliczka; rabat, zniżka; *Sp.* wybicie, wykop; **2en** odbi(ja)ć (*a. Ball*); *Baum, Kopf:* ścinać ⟨ściąć⟩; *Bitte:* odmawiać ⟨-mówić⟩ (*D*); *Angriff:* odpierać ⟨odeprzeć⟩; *s. abhacken.*

ab|schlägig odmowny, negatywny; **2schlagszahlung** *f* wpłata na poczet rachunku; zaliczka.

abschleifen ⟨o⟩szlifować; *Tech. a.* obtaczać ⟨-toczyć⟩; *sich* ∼ ścierać ⟨zetrzeć⟩ się; *fig.* okrzes(yw)ać się.

Abschlepp|dienst *m* służba holo-wnicza, 2en odholow(yw)ać, F *sich* 2en ⟨na⟩mordować się przy nosze-niu (*mit/G*); **∼seil** *n* lina holownicza; **∼wagen** *m* wóz techniczno-rato-wniczy.

abschließen v/t zamykać ⟨-mknąć⟩ na klucz; *fig.* zamykać ⟨-mknąć⟩; *Vertrag*: zawierać ⟨-wrzeć⟩; *s.* beenden; v/i ⟨za⟩kończyć się; *mit dem Leben abgeschlossen haben* skończyć z życiem; *s. a.* abgeschlossen; ~d końcowy; ostateczny; *präd.* kończąc, na zakończenie.

Abschluß *m* zamknięcie; zakończenie; zawarcie; *Hdl. a.* transakcja; ~prüfung *f* egzamin końcowy.

ab|schmecken doprawi(a)ć do smaku; ~schmieren v/t ⟨na⟩smarować; F *s. abschreiben*; v/i ⟨sn⟩ *Flgw.* runąć *pf.*

abschminken (*a. sich*) zmy(wa)ć szminkę; F *fig. sich* (*D*) *et.* ~ wybi(ja)ć sobie z głowy (*A*).

ab|schnallen odpinać ⟨-iąć⟩; ~schneiden odcinać ⟨-iąć⟩ (*a. Rückzug*), odkrawać ⟨-rajać, -roić⟩; (*wegschneiden*) ob-, u|cinać ⟨-ciąć⟩; (*scheren*) ⟨o⟩strzyc; v/i F *gut*, *schlecht* ~ dobrze, źle wypaść *od.* się spisać; *s. a. durchschneiden*, -*trennen*, *abkürzen.*

Abschnitt *m* odcinek; segment; (*Text*೭) rozdział, ustęp; (*Zeit*೭) okres; ೭weise odcinkami, w odcinkach.

ab|schnüren *s. abbinden*; *fig.* odcinać ⟨-iąć⟩; ~schöpfen zbierać (*zebrać*); ~schrägen ścinać ⟨-iąć⟩ ukośnie, fazować; ~schrauben odśrubow(yw)ać; *Verschluß usw.*: odkręcać ⟨-cić⟩.

abschreck|en F odstraszać ⟨-szyć⟩; *Tech., Kochk.* szybko ostudzić ⟨-dzić⟩; ~end odstraszający ⟨-co⟩ ೭ung *f* odstraszenie; szybkie ostudzenie.

abschreib|en v/t przepis(yw)ać; (*Schule*) odpis(yw)ać; F ściągać ⟨-nąć⟩, zerżnąć *pf.*; *Fin.* odpis(yw)ać (z rachunku); F (*verlorengeben*) spis(yw)ać na straty, skreślać ⟨-lić⟩; v/i *s. absagen*; *sich ~ en Stift*: s-, wy|pis(yw)ać się, zuży(wa)ć się; ೭ung *f Fin.* odpis(anie) (*Wert*೭) amortyzacja; odpis amortyzacyjny; ೭ungssatz *m* norma amortyzacyjna.

abschreiten obchodzić ⟨obejść⟩; ⟨z⟩mierzyć krokami; *die Front* ~ dokon(yw)ać przeglądu.

Abschrift *f* odpis; ೭lich w odpisie.

abschrubben F wyszorować *pf.*

abschuften F *s. abrackern.*

abschuppen *Fisch*: oczyszczać ⟨-yścić⟩ z łuski; *sich* ~ łuszczyć się.

abschürf|en: *sich* (*D*) *die Haut* ~en ocierać ⟨otrzeć⟩ (*od.* zdzierać ⟨zedrzeć⟩) sobie skórę; ೭ung *f Med.* przeczos, otarcie.

Abschuß *m* odpalenie, wystrzelenie; (*Raketen*೭, *Torpedo*೭) wyrzucenie, wypuszczenie; *JSpr.* odstrzał; *Flgw.* zestrzelenie, strącenie; (*Panzer*೭) zniszczenie. [(-to).)

abschüssig stromy (-mo), spadzisty)

Abschuß|plattform *f* wyrzutnia; ~rampe *f* podstawa wyrzutni rakiet; F *a.* wyrzutnia; ~zeit *f JSpr.* sezon łowiecki.

abschütt|eln o-, s|trząsać ⟨-snąć⟩; *fig.* pozby(wa)ć się (*G*); *Verfolger*: pozostawi(a)ć w tyle, zmylić *pf.*; *Knechtschaft usw.*: zrzucać ⟨-cić⟩; ~en odsyp(yw)ać; *s. abgießen.*

abschwäch|en osłabi(a)ć; (*mindern*) zmniejszać ⟨-szyć⟩; (*mildern*) ⟨z⟩łagodzić; *sich* ~en ⟨o⟩słabnąć; maleć, zmniejszać ⟨-szyć⟩ się; ೭ung *f* osłabienie, złagodzenie; osłabnięcie.

abschwatzen F wyłudzać ⟨-dzić⟩ (*j-m A*/od k-o *A*).

abschweif|en v/i (*sn*; *von*) zbaczać ⟨zboczyć⟩ (z *G*); *fig.* odbiegać ⟨-ec, -egnąć⟩ (od *G*); ೭ung *f* dygresja.

ab|schwellen *Med.* ⟨s⟩tęchnąć, opadać; ~schwenken (*sn*) zbaczać ⟨zboczyć⟩ (*von*/z *G*); ~schwirren (*sn*) F zwiewać ⟨zwiać⟩, ulatniać ⟨ulotnić⟩ się; ~schwören (*D*) wy-, za|rzekać ⟨-rzec⟩ się (*G*); ~segeln (*sn*) odpływać ⟨-nąć⟩.

abseh|bar dający się przewidzieć; *in* ~barer *Zeit* w niedalekiej przyszłości, wkrótce; ~en v/t *s.* abgukken, übernehmen; (*voraussehen*) przewidywać ⟨-idzieć⟩; v/i (*von*) ⟨z⟩rezygnować (z *G*); powstrzym(yw)ać się (od *G*); (*beiseite lassen*) pomijać ⟨-inąć⟩, nie brać ⟨wziąć⟩ pod uwagę (*A*); ... *ist nicht abzusehen* nie można przewidzieć (*G*); *s.* abgesehen.

ab|seifen namydlać ⟨-lić⟩; ~seihen (*prze*)cedzić; ~seilen spuszczać ⟨-uścić⟩ na linie (*sich* się); ~sein F: *der Knopf ist ab* guzik urwał się; ... *ist weit ab* ... jest daleko (*von*/od *G*).

abseits *Adv.* na uboczu, z boku; *Sp.* na spalonym; *Prp.* (*von*, *G*) obok (*G*), przy (*L*); ೭ *n* (-; -) *Sp.* spalony *m*, pozycja spalona.

absend|en s. abschicken; Hdl. ⟨wy⟩ekspediować; Brief a.: nada(wa)ć; **2er** m nadawca m; **2ung** f wysłanie; wyekspediowanie; nadanie.

absengen opalać ⟨-lić⟩, osmalać ⟨-lić⟩ (sich [D] sobie).

abservieren (-) F: j-n ∼ pos(y)łać na zieloną trawkę; vgl. loswerden.

absetz|bar Hdl. łatwy do zbycia, pokupny, F chodliwy; Beamter: odwołalny; Betrag: potrącalny; ∼en v/t Hut, Brille: zdejmować ⟨zdjąć⟩ (a. fig. vom Spielplan z afisza, Film: z ekranów); (wegnehmen, hinstellen) odstawi(a)ć (a. Jungtier, Medikament); Last: postawić pf., składać ⟨złożyć⟩; Fahrgast: wysadzać ⟨-dzić⟩; Beamten: usuwać ⟨-unąć⟩ (z urzędu); König: ⟨z⟩detronizować; Schlamm: osadzać ⟨-dzić⟩ (sich się); Truppen: zrzucać ⟨-cić⟩ (od. wylądować f) na spadochronach; Ware: zby(wa)ć, sprzed(a-w)ać; Typ. składać ⟨złożyć⟩; s. abziehen; sich ∼en (heimlich) zbiec pf.; Mil. wycof(yw)ać się, odrywać ⟨oderwać⟩ się (od nieprzyjaciela); v/i przer(y)wać, przesta(wa)ć; ohne abzusetzen bez przerwy; (trinken) duszkiem, jednym haustem; abgesetzt werden Film: schodzić ⟨zejść⟩ z ekranów; **2ung** f usunięcie, złożenie z urzędu; detronizacja; skreślenie.

absichern zabezpieczać ⟨-czyć⟩.

Absicht f zamiar; cel; intencja (a. Jur.); mit ∼ umyślnie, celowo; **2-lich** (0) u-, roz|myślny, celowy (-wo).

abso'lut (0) absolutny, bezwzględny; **2i'on** f rozgrzeszenie; **2ismus** [-'tɪs-] m (-; 0) absolutyzm.

Absol'vent m (-en) absolwent; **2-'vieren** (-) Schule: u|kończyć; Pensum: załatwi(a)ć; Rel. rozgrzeszać ⟨-szyć⟩.

ab'sonderlich osobliwy (-wie), dziwaczny; **2keit** f osobliwość f, dziwaczność f.

absonder|n oddzielać ⟨-lić⟩, od-osabniać ⟨-sobnić⟩ (sich się), ⟨od⟩izolować; wydzielać ⟨-lić⟩;

2ung f odosobnienie, izolowanie; wydzielanie; konkr. Bio. wy-dzielina; Geol. cios.

absor'bieren (-) ⟨fig. za⟩absorbować; po- (a. fig.), w|chłaniać ⟨-łonąć⟩; fig. a. zaprzątać ⟨-tnąć⟩.

abspalten odłup(yw)ać (a. Chem., fig.) odszczepi(a)ć (sich się).

abspann|en Pferd usw.: odprzęgać ⟨-gnąć, -prząc⟩; Tech. zabezpieczać ⟨-czyć⟩ linami; **2werk** n El. stacja transformatorowa obniżająca.

absparen: sich (D) vom Munde ∼ odejmować sobie od ust.

abspeisen nakarmić pf.; F fig. zby(wa)ć (j-n mit/k-o I).

abspenstig: ∼ machen odstręczać ⟨-czyć⟩.

absperr|en zamykać ⟨-mknąć⟩; ⟨za⟩blokować; s. abriegeln, absondern; **2gitter** n (przenośna) bariera; **2kette** f (Polizei) kordon; **2seil** n lina odgradzająca; **2ung** f zamknięcie; bariera; kordon.

Abspiel n (-es; 0) Sp. oddanie, podanie (piłki); **2en** odgrywać ⟨ode-grać⟩; Platte: przegr(yw)ać; Sp. pod(aw)ać; sich ∼en rozgrywać ⟨-zegrać⟩ się.

absplittern v/i (sn) s. sich abspalten.

Absprache f ugoda, porozumienie.

absprechen v/t uzgadniać ⟨-godnić⟩ (A), umawiać ⟨umówić⟩ się (co do G); (j-m A) odmawiać ⟨-mówić⟩ (k-u G), odsądzać ⟨-dzić⟩ (k-o od G).

ab|sprengen v/t odstrzeli(wa)ć; ∼-**springen** (sn) zeskakiwać ⟨-sko-czyć⟩ (von/z G); Flgw. a. wyska-kiwać ⟨-skoczyć⟩; (Farbe) od-pryskiwać ⟨-snąć⟩; F fig. (von) ⟨z⟩rezygnować (z G), zarzucać ⟨-cić⟩ (A); JSpr. pomykać; s. abfallen, abprallen; ∼**spritzen**, ∼**sprühen** oprysk(iw)ać (mit/I); **2sprung** m zeskok, zeskoczenie; Flgw. (wy)skok; Sp. odbicie się.

ab|spulen odwijać ⟨-inąć⟩ (sich się); ∼**spülen** s-, o|płuk(iw)ać.

abstammen v/i pochodzić, wywodzić się (von/z, od G); **2ung** f pochodzenie; **2ungslehre** f nauka o pochodzeniu gatunków.

Abstand m odstęp (auch zeitl.), (Zwischenraum) rozstęp; (Weite) odległość f; F (Abfindung) odstępne; ∼ halten zachow(yw)ać odstęp; ∼ nehmen po-, za|niechać (von/G);

mit ~ gewinnen, der Beste sein usw. zdystansować *(A)*.

ab|statten *(-e-) Besuch, Bericht, Dank:* składać ⟨złożyć⟩; **~stauben** *v/t* odkurzać ⟨-rzyć⟩, oczyszczać ⟨-yścić⟩ z kurzu; F *fig.* buchnąć *pf.*, zwędzić *pf.*

abstech|en *v/t Tier:* zarzynać ⟨-rznąć⟩; *Torf:* kopać; *Rasen:* wycinać ⟨-iąć⟩; *Stahl:* dokon(yw)ać spustu *(G)*; *Wein:* ściągać ⟨-gnąć⟩; *v/i (von D, gegen A)* odbijać się, odcinać się od *(G)*; **~er** *m (krótka)* wycieczka, wypad; *fig.* dygresja.

ab|stecken wytyczać ⟨-czyć⟩ *(a. fig.)*; trasować; *Kleid usw.:* opinać ⟨opiąć⟩ szpilkami; **~stehen** być *(od. znajdować się)* w odległości; *Ohren, Tasche:* odstawać; sterczeć; *s. Abstand (nehmen)*.

absteig|en *(sn)* zsiadać ⟨zsiąść⟩, schodzić ⟨zejść⟩ *(von/z A) Sp.* spadać ⟨spaść⟩; *(einkehren)* zatrzym(yw)ać się; **~end** zstępny; **~er** *m Sp.* spadkowicz.

abstell|en ⟨po⟩stawić; odstawi(a)ć; *Auto:* ⟨za⟩parkować; *(stoppen)* zatrzym(yw)ać; *Motor, Radio:* wyłączać ⟨-czyć⟩; *Gas, Wasser:* zamykać ⟨-mknąć⟩; *Mißstand:* usuwać ⟨-unąć⟩; **~gleis** *n tor* odstawczy *od.* postojowy; **~kammer** *f* rupieciarnia.

ab|stempeln ostemplow(yw)ać; *fig.* ⟨na⟩piętnować ⟨zu/jako⟩; zaliczać ⟨-czyć⟩ *(als/do G)*; **~steppen** ⟨o⟩stebnować; **~sterben** *(sn)* obumierać ⟨-mrzeć⟩ *Pflanze a.:* usychać ⟨uschnąć⟩; *fig.* zamierać ⟨-mrzeć⟩; *Glieder:* ⟨z⟩drętwieć *(vor/z G)*.

Abstich *m Tech.* spust.

Abstieg *m (-es; -e)* zejście, schodzenie; *Sp.* spadek; *fig.* upadek; deklasacja, degradacja.

abstimm|en *v/i (über A)* głosować (nad *I*), przegłosow(yw)ać *(A)*; **~en** *lassen* podda(wa)ć pod głosowanie *(über A/A)*; *v/t* ⟨na⟩stroić; *Rdf.* dostrajać ⟨-roić⟩; *fig.* dostosow(yw)ać, dopasow(yw)ać *(aufeinander* do siebie); uzgadniać ⟨-godnić⟩ *(zeitlich* w czasie); **~knopf** *m* gałka strojenia; **~ung** *f* ⟨prze⟩głosowanie; *Rdf.* (do)strojenie; dostosowanie, dopasowanie; uzgodnienie; *in Zssgn s. Stimm-.*

absti'nen|t *(0)* wstrzemięźliwy; **~z** *f*

(0) abstynencja, wstrzemięźliwość *f*; **~zler** *F m* abstynent.

abstoppen *v/t* ⟨z⟩mierzyć *(od.* chwytać ⟨uchwycić⟩) czas *(G)*.

Abstoß *m Sp.* wybicie (piłki) z linii bramkowej; **~en** *v/t* odpychać ⟨odepchnąć⟩ *(sich się; a. fig.)*; *Ecke:* utrącać ⟨-cić⟩, odbi(ja)ć *(abnutzen)* zniszczyć *pf. (sich się)*; *Ärmel:* wycierać ⟨wytrzeć⟩; *Ware:* wyp(y)chać *(A)*, wyzby(wa)ć się *(G)*; *fig. (j-n)* odstręczać ⟨-czyć⟩; *Geweih:* zrzucać ⟨-cić⟩; *Transplantat:* odrzucać ⟨-cić⟩; *sich [sen (A. Sprung)* odbi(ja)ć się; *fig. sich (D) die Hörner* **~en** wyszumieć się; *v/i (sn)* odbi(ja)ć *(vom Ufer* od brzegu); **~end** odpychający ⟨-co⟩, odrażający ⟨-co⟩.

abstottern F spłacać ⟨-cić⟩ ratami, płacić kapaniną.

abstra'hieren *(-)* ⟨wy⟩abstrahować.

ab'strakt oderwany, abstrakcyjny.

ab|streichen *v/t Schaum:* zgarniać ⟨-nąć⟩; *Schuhe:* wycierać ⟨wytrzeć⟩; *s. abziehen; v/i (sn) J Spr.* zrywać ⟨zerwać⟩ się; **~streifen** ściągać ⟨-gnąć⟩; *Haut:* zrzucać ⟨-cić⟩; *s. ablegen, abschütteln; v/t* **~streiten** *v/t* zaprzeczać ⟨-czyć⟩ *(D)*, negować ⟨-cić⟩; *Recht:* odmawiać ⟨-mówić⟩ *(j-m A/k-u G)*.

Abstrich *m (b. Schreiben)* kreska w dół; *(Abzug)* skreślenie, redukcja; *Med.* rozmaz; **~e machen** *fig.* zmniejszać ⟨-szyć⟩ wymagania.

ab'strus mętny, ciemny.

abstuf|en ⟨u⟩stopniować; *Farben:* ⟨s⟩tonować; **~ung** *f* stopniowanie; gradacja.

abstumpfen *v/t* s-, *fig.* przy|tępi(a)ć; *v/i (sn)* ⟨s⟩tępieć, ⟨z⟩obojętnieć.

Ab|sturz *m* runięcie (w dół *od.* na ziemię); *Flgw. a.* rozbicie się; *(Abhang)* urwisko; **~stürzen** *(sn)* runąć *pf.* w dół *od.* na ziemię; *Flgw. a.* rozbi(ja)ć się *(Hang)* stromo opadać; **~stützen** podpierać ⟨podeprzeć⟩; **~suchen** przeszuk(iw)ać, przetrząsać ⟨-snąć⟩ *(nach/w* poszukiwaniu *G)*.

Absud *m (-es; -e)* odwar.

ab'surd niedorzeczny, absurdalny; **~i'tät** *f* niedorzeczność *f*.

Ab'szeß *m (-sses; -sse)* ropień *m*, wrzód.

Ab'szisse f odcięta.

Abt m (-es; ⁼e) opat.

ab|tasten obmac(yw)ać; fig. ⟨z⟩badać; s. absuchen; **⁓tauen** v/t odmrażać ⟨-rozić⟩; Eis: roztapiać ⟨-topić⟩; v/i (sn) ⟨roz⟩tajać; **ℒtausch** m wymiana.

Ab'tei f opactwo.

Ab'teil n Esb. przedział.

abteilen od-, wy|dzielać ⟨-lić⟩.

Ab'teilung f (wy)dział, sekcja; oddział (a. Krankenhaus℠, Kaufhaus℠); Mil. pododdział; (Friedhofs℠) kwatera; Geol. epoka.

Ab'teilungs|chef m, **⁓leiter** m kierownik wydziału.

ab|telefonieren F (-) odwoł(yw)ać telefonicznie; **⁓tippen** F przepis(yw)ać na maszynie.

Äb'tissin f (matka) przełożona.

ab|tönen ⟨s⟩cieniować, ⟨s⟩tonować; **⁓töten** Nerv: zatru(wa)ć; Gefühl: zabi(ja)ć.

abtragen Hügel: znosić ⟨znieść⟩, zrówn(yw)ać; Haus, Brücke: zburzyć pf.; Kleidung: znosić pf., zniszczyć pf.; Schuld: spłacać ⟨-cić⟩; Essen ⁓ sprzątać ⟨-tnąć⟩ ze stołu.

abträglich lit. s. schädlich.

Abtransport m odtransportowanie; wywiezienie, wywóz; ewakuacja.

abtreib|en v/t odpędzać ⟨-dzić⟩; Med. spędzać ⟨-dzić⟩ (v/i płód); v/i (sn) znosić ⟨znieść⟩; **ℒung** f Med. spędzenie płodu.

abtrenn|en odłączać ⟨-czyć⟩, oddzielać ⟨-lić⟩; Genähtes: zpru(wa)ć; s. abschneiden; **ℒung** f odłączenie; odprucie; odcięcie.

abtret|en v/t Schmutz, Schuhe: wycierać ⟨wytrzeć⟩; (et. an A) odstępować ⟨-tąpić⟩ (D); Recht: ⟨s⟩cedować (na A); Amt usw.: przekaz(yw)ać (D); v/i (sn) ustępować ⟨-tąpić⟩ (vom Amt z urzędu); schodzić ⟨zejść⟩ (von der Bühne ze sceny); **⁓en lassen** kazać odejść; **ℒer** m (Fuß℠) wycieraczka; **ℒung** f odstąpienie; cesja; przekazanie.

Ab'trift f znoszenie, dryf; **ℒtrinken** odpi(ja)ć; **⁓tritt** m odejście; zejście (ze sceny); † s. Klosett; **ℒtrocknen** osuszać ⟨-szyć⟩; s. abwischen.

abtropfen (sn) kapać, ściekać (⟨ e⟩ kroplami); ⁓ lassen osączać ⟨-czyć⟩.

abtrünnig odszczepieńczy ⟨-czo⟩, wiarołomny; ⁓ werden s. abfallen; **ℒe(r)** renegat(ka), odszczepieniec.

ab|tun s. ablegen; fig. (mit) zby(wa)ć (I); **⁓tupfen** osuszać ⟨-szyć⟩ (mit/I); **⁓urteilen** zasądzić pf., skaz(yw)ać; **⁓verlangen** (-) ⟨za⟩żądać; wymagać; **⁓wägen** rozważać ⟨-żyć⟩; **⁓wälzen** odwalić ⟨-lić⟩; fig. Schuld usw.: zwalać ⟨-lić⟩, zrzucać ⟨-cić⟩ (von sich z siebie); Lasten: przerzucać ⟨-cić⟩.

abwandel|bar Gr. odmienny; **⁓n** zmieni(a)ć; Gr. odmieni(a)ć.

abwander|n v/i (sn) wywędrować pf., ⟨wy⟩emigrować; Landvolk: odpływać ⟨-ynąć⟩ (in A/do G); **ℒung** f emigracja; odpływ.

Ab'wandlung f zmiana, modyfikacja; Gr. odmiana; **⁓wärme** f ciepło odlotowe.

abwarten v/t ⟨po⟩czekać (na A), o-, wy|czek(iw)ać (G); **⁓d** wyczekujący ⟨-co⟩. [poniżej (G).]

abwärts na (od. w) dół; von ... ⤴

Abwasch m (-es; 0) zmywanie naczyń; (Geschirr) statki m/pl., (brudne) naczynia n/pl.; **ℒbar** zmywalny, dający się zmyć; **⁓becken** n zlewozmywak; **ℒen** obmy(wa)ć; Geschirr, Schmach: zmy(wa)ć; **⁓wasser** n pomyje pl.

Abwasser n (-s; ⁼) mst pl.: ścieki m/pl.

abwechseln v/i (einander, sich) zmieni(a)ć się, F przeplatać się; **⁓d** zmienny; Adv. kolejno, na zmianę, na przemian.

Abwechs(e)lung f zmiana; zur ⁓ dla odmiany, dla urozmaicenia; **ℒsreich** urozmaicony.

Abweg m: auf ⁓e führen (geraten) sprowadzać ⟨-dzić⟩ (schodzić ⟨zejść⟩) na manowce; **ℒig** dziwny, dziki ⟨-ko⟩.

Abwehr f (0) obrona; opór; (e-s Angriffs) odparcie; Fecht-Sp. odparowanie; **ℒen** Angriff: odpierać ⟨odeprzeć⟩; Hieb: ⟨od⟩parować; Unglück: zapobiegać ⟨-ec⟩ (D); Dank usw.: wzbraniać się ⟨-nić⟩; **⁓maßnahmen** f/pl. środki m/pl. zapobiegawcze od. obronne; **⁓spieler** m gracz obrony; **⁓stoffe** m/pl. Bio. ciała n/pl. odpornościowe, przeciwciała n/pl.

abweich|en[1] v/t odmaczać ⟨-moczyć⟩; v/i (sn) odmakać ⟨-moknąć⟩, **⁓en**[2] v/i (L.; sn) zbaczać ⟨zboczyć⟩ (von/z G); fig. odbiegać ⟨-ec⟩, odstępować ⟨-tąpić⟩ (von/od G);

różnić się *(von/od G; in D/I)*; **~end** odmienny, różny; **2ung** f zboczenie, *(a. Pol.)* odchylenie; *engS.* dewiacja.

abweisen odrzucać ⟨-cić⟩; *(j-n)* odprawi(a)ć, zby(wa)ć; *Klage*: oddalać ⟨-lić⟩; *s. ablehnen, abwehren*; **~d** *Antwort*: odmowny, nieprzychylny; *Haltung usw.*: nieprzystępny, oziębły (-le).

ab|wenden *(a. fig.)* odwracać ⟨-rócić⟩ *(sich się)*; *s. a. verhüten*; **~werben** ⟨s⟩kaptować; **~werfen** zrzucać ⟨-cić⟩; *Gewinn*: przynosić ⟨-nieść⟩.

abwert|en ⟨z⟩dewaluować; *vgl. abqualifizieren*; **~end** *s. abfällig*; **2ung** f *Fin.* dewaluacja.

abwesen|d nieobecny; *fig.* roztargniony; **2heit** f (0) nieobecność f; roztargnienie; *in* 2heit pod nieobecność; *Jur.* zaoczenie.

ab|wetzen F *Hose*: wyświecht(yw)ać; **~wickeln** od-, roz|wijać ⟨-inąć⟩; *fig.* przeprowadzać ⟨-dzić⟩; *(erledigen)* załatwi(a)ć; **~wiegeln** (-le) *v/t* uspokajać, mitygować; *v/i* bagatelizować sprawę; **~wiegen** odważać ⟨-żyć⟩; **~wimmeln** F *v/t* pozby(wa)ć się *(G)*, spławi(a)ć *(A)*; **~winken** nie przyjmować ⟨-jąć⟩, da(wa)ć odkosza; *wer winke ab* dał do zrozumienia, że się nie zgadza; **~wirtschaften** *v/i (sn)* ⟨z⟩bankrutować; F gonić resztkami; **~wischen** ścierać ⟨zetrzeć⟩; *Tisch, Mund*: wycierać ⟨wytrzeć⟩; *Schweiß, Tränen*: ocierać ⟨otrzeć⟩; **~wraken** *Schiff*: złomować.

Abwurf *m* zrzucenie, zrzut; *Sp.* wyrzucenie; **~stelle** f *Mil.* zrzutowisko.

ab|würgen ⟨u⟩dusić; *fig.* ⟨z⟩dławić, ⟨s⟩tłumić; F *Motor*: przeciążyć *pf.*, zdławić *pf.*; **~zahlen** spłacać ⟨-cić⟩; **~zählen** ob-, po-, wy|liczać ⟨-czyć⟩; 2zahlreim *m* wyliczanka; 2zahlung f spłata; **~zapfen** utaczać ⟨utoczyć⟩ *(A/G)*; F *Blut*: pob(ie)rać; **~zäumen** rozkiełzn(yw)ać; **~zäunen** odgradzać ⟨-rodzić⟩ (płotem).

Abzeich|en *n* odznaka; znak; 2nen od-, prze|rysow(yw)ać; *(signieren)* ⟨za⟩parafować, podcyfrować *pf.*; *sich* 2nen ⟨za⟩rysować się, zaznaczać się; *s. sich abheben*.

Abzieh|bild *n* kalkomania; F od-

bijanka; **2en** *v/t* ściągać ⟨-gnąć⟩, zdejmować ⟨zdjąć⟩; *Schlüssel*: wyjmować ⟨-jąć⟩; *Truppen*: wycof(yw)ać; *Math.* odejmować ⟨odjąć⟩; *(v. Gehalt usw.)* odliczać ⟨-czyć⟩, potrącać ⟨-cić⟩; *Messer*: obciągać ⟨-gnąć⟩; *Typ., Fot.* ⟨z⟩robić odbitkę, odbi(ja)ć; *Kochk.* podprawi(a)ć *(mit/I)*; *s. abfüllen, absaugen*; *v/i (sn)* odchodzić ⟨odejść⟩, oddalać ⟨-lić⟩ się; *(Vögel)* odlatywać ⟨-lecieć⟩; *(Rauch)* uchodzić ⟨ujść⟩; *s. abmarschieren*; **~stein** *m* osełka.

ab|zielen *(auf A)* zmierzać ⟨do *G*⟩; godzić (w *A*), F pić (do *G*); **~zirkeln** (-le) *fig.* ⟨wy⟩cyrklować, ⟨wy⟩kombinować.

Ab|zug *m* odejście; wycofanie; *s. Abmarsch; (Öffnung)* ujście; wyciąg *(Lohn2)* potrącenie; *Typ., Fot.* odbitka; *(an Waffen)* spust, kurek, cyngiel; **2züglich** *(G)* z potrąceniem, po potrąceniu *(G)*.

Abzugs|bügel *m* język(cze)k spustowy; 2fähig podlegający odliczeniu; **~rohr** *n* rura wyciągowa.

Abzweig *m* odgałęzienie; **~dose** f *El.* puszka rozgałęźna; 2en *v/i (sn)*, *a. sich* 2en odgałęzi(a)ć się, odchodzić (w bok); *v/t* F wydzielać ⟨-lić⟩ *(für/na A)*; *(heimlich)* podkradać ⟨-raść⟩; **~ung** f odgałęzienie; odnoga.

ab|zwicken uszczknąć *pf.*; **~zwitschern** F *v/i (sn)* ulatniać ⟨ulotnić⟩ się.

ach! ach!; och!; a niech go!; ~ *so!* aha!; ~ *was!* głupstwo!; ~ *wo!* ależ skąd!, bynajmniej!; *mit* 2 *und Krach* ledwo że, z (wielką) biedą.

A'chat *m (-ɛs; -e)* agat.

A'chilles- achillesowy, ... Achillesa.

Achse f oś f; *per* ~ drogą lądową, *Esb.* koleją; F *auf* ~ *sein* być w rozjazdach.

Achsel f *(-; -n)* bark, ramię; *die (od. mit den)* ~n *zucken* wzruszać ⟨-szyć⟩ ramionami; *unter den* ~n *pod pachami; fig. s. Schulter*; **~höhle** f pacha; **~zucken** *n* wzruszenie ramionami.

Achs|(en)abstand *m* rozstaw osi; **~schenkel** *m Kfz.* zwrotnica; **~welle** f *Kfz.* półoś f.

acht osiem, ośmioro, *Psf.* ośmiu; ~ *Uhr* ósma godzina; *in* ~ *Tagen* za tydzień.

Acht[1] f (0): *außer* 2 *lassen (A)* nie

zważać (na *A*), nie brać ⟨wziąć⟩ pod uwagę (*G*); sich in ♀ nehmen mieć się na baczności; wystrzegać się (vor/*G*).

Acht² *f* (0) *hist.* banicja; wyjęcie spod prawa; *in die ~ tun s.* ächten.

Acht³ *f* ósemka.

acht|bändig ośmiotomowy; **~bar** czcigodny, zacny; **~e(r)** ósmy; *am ~en Mai* ósmego maja; ♀**eck** *n* ośmiokąt; **~eckig** ośmiokątny.

chtel jedna ósma; ♀ *n* ósma (część); *drei* ♀ *trzy ósme;* ♀**los** *n* jedna ósma losu; ♀**note** *f Mus.* ósemka.

chten (-*e-*) *v/t* szanować, poważać; *v/i s.* achtgeben.

chten (-*e-*) wyjmować ⟨-jąć⟩ spod prawa; *fig.* potępi(a)ć.

cht-ender *m JSpr.* ósmak.

chtens po ósme.

chter-, ♀- *Mar.* rufowy.

chter *m* ósemka (a. *Sp.*); **~bahn** *f* kolejka górska *od.* diabelska (w lunaparku); ♀**lei** ośmioraki.

chter|*n Mar.* na rufie; za rufą; *nach ~n* ku rufie, na rufę; *von ~n* z rufy; ♀**schiff** *n* rufa; ♀**steven** *m Mar.* tylnica.

chtfach ośmiokrotny.

chtgeben uważać; *gib acht!* uważaj!

cht|hundert osiemset; **~jährig** ośmioletni; ♀**kampf** *m Sp.* ośmiobój.

chtlos niedbały (-le), nieuważny; *Adv. a.* nie zwracając uwagi; ♀**igkeit** *f* (0) niedbalstwo, nieuwaga.

chtmal osiem razy; **~ig** ośmiokrotny.

chtsam uważny, baczny; ostrożny.

cht|stundentag *m* ośmiogodzinny dzień pracy; ♀**stündig** ośmiogodzinny; ♀**tägig** ośmiodzienny.

chtung *f* (0) baczność *f,* uwaga; szacunek, poważanie (vor *D,* gegen *A*/dla *G*); F *alle ~!* bez zarzutu!; z pełnym uznaniem (vor/dla *G*).

chtung *f s.* Acht².

chtungsvoll pełen szacunku; z szacunkiem.

chtzehn osiemna|ście, -ścioro, Psf. -stu; ♀ *f* osiemnastka; **~jährig** osiemnastoletni; **~te(r)** osiemnasty.

chtzig osiemdziesi|ąt, Psf. -ęciu; *er Juhre lata osiemdziesiąte; in den ~ern sein* zacząć osiemdziesiątkę *od.* ♀ ósmy krzyżyk; ♀ *f* osiemdziesiąt|ka; ♀**er** *m,* **~jährig** osiemdziesięcioletni; **~ste(r)** osiemdziesiąty.

ächzen (-*zt*) stękać ⟨-knąć⟩, postękiwać; *s.* knarren.

Acker *m* (-*s;* **⁻**) rola, pole (uprawne); *s.* Ackerboden; (*pl. ~*) akr (*Maß*); **~bau** *m* (-*ts;* 0) rolnictwo; ♀**bautreibend** rolniczy, trudniący się rolnictwem; **~boden** *m* gleba, grunt orny; **~gaul** *m* koń roboczy; **~land** *n* grunty orne, ziemia pod uprawę.

ackern (-*re*) *s.* pflügen; F *fig.* harować.

Acker|schlepper *m* ciągnik rolniczy; **~wagen** *m* wóz gospodarski; **~walze** *f* wał polny.

Adams|apfel *m* grdyka; **~kostüm** *n* strój adamowy.

ad'dier|en (-) doda(wa)ć, ⟨pod⟩sumować; ♀**maschine** *f* arytmometr.

Addisonsche Krankheit ['ædi-sən-] *f Med.* cisawica.

Additi'on *f* dodawanie.

Adel *m* (-*s;* 0) szlachectwo; *konkr.* szlachta; *fig.* szlachetność *f; von ~ sein* pochodzić ze szlachty; ♀**ig** *s. adlig;* ♀**n** (-*le*) *v/t* nobilitować (*A*), nada(wa)ć szlachectwo (*D*); *fig.* uszlachetni(a)ć.

Adels|prädikat *n* przydomek szlachecki; **~stand** *m* (-*ts;* 0) stan szlachecki, szlachectwo; *Erhebung in den ~stand* nobilitacja; *vgl. adeln.*

Ade'nom *n* (-*s; -e*) *Med.* gruczolak.

Ader *f* (-; -*n*) żyła (a. *Geol.*); *fig.* żyłka; *zur ~ lassen* puszczać ⟨puścić⟩ krew (*A*/*D*).

Äderchen *n* żyłka.

Ader|haut *f* naczyniówka; **~laß** *m* (-*sses;* **⁻**sse) puszczenie krwi; **~presse** *f Med.* opaska uciskowa.

Adjektiv *n* (-*s; -e*) przymiotnik; ♀**isch** przymiotnikowy (-wo).

Adju'tant *m* (-*en*) adiutant.

Adler *m* orzeł; **~blick** *m* orli (*od.* sokoli) wzrok; **~farn** *m Bot.* orlica (pospolita); **~nase** *f* orli nos.

adlig szlachecki; ♀**e(r)** *m*/*f* szlachci|c|c (-anka).

administra'tiv administracyjny.

Admi'ral *m* (-*s; -e*/**⁻**e) admirał; *Zo.* rusałka admirał; **~i'tät** *f* admiralicja; **~s-** admiralski.

Adoles'zenz *f* (-; 0) adolescencja, wiek dojrzewania.

A'donisröschen *n* gorzyknwiat (*od.* miłek) wiosenny.

adop'tieren (-) przysposabiać ⟨-sobić⟩, adoptować (*im*)*pf.;* ♀**ti'on** *f* przysposobienie, adopcja.

Adop'tiv|eltern pl. rodzice m/pl. przybrani; **~kind** n dziecko przybrane. [sat.\

Adres'sat m (-en) odbiorca m, adre-\

A'dreßbuch n księga adresowa.

A'dresse f adres; an ... ~ pod ... adresem.

adres'sier|en (-) ⟨za⟩adresować; **2-maschine** f adresarka.

a'drett F miły; schludny; fertyczny.

Ad'stringens n (-; -'genzien/-'gentia) środek ściągający.

Ad'vent m (-es; selt. -e) adwent; **~(s)-** adwentowy; **~(s)zeit** f czas adwentu.

Ad'verb n (-s; -ien) przysłówek; **2i'al** przysłówkowy (-wo).

aero|dy'namisch (0) aerodynamiczny; **~'statisch** (0) aerostatyczny.

Af'färe f afera; sich aus der ~ ziehen wybrnąć z sytuacji.

Affe m (-n) małpa; Mil. plecak; P e-n ~n haben mieć w czubie; blöder ~ dureń m.

Af'fekt m (-es; -e) afekt; **~handlung** f czyn popełniony w afekcie.

affek'tiert afektowany, sztuczny; präd. z afektacją; **2heit** f (0) afektacja.

Affen|- małpi; **2artig** jak małpa, małpi (-pio); **~blume** f figlarek; **~brotbaum** m baobab; **~liebe** f ślepa miłość; **~mensch** m małpolud; **~schande** f F skandal; **~theater** F n szopka, heca.

affig F zmanierowany, fircykowaty (-to).

Äffin f małpa (samica).

Affini'tät f powinowactwo (a. Chem.).

af'ghanisch afgański (po -ku).

Afri'kan|er(in f) m Afrykan|in (-ka); **2isch** afrykański.

After m Anat. odbyt.

ä'gäisch egejski.

Agens n (-; A'genzien) czynnik.

A'gent m (-en) agent; **~ur** [-'tu:ʀ] f agencja; agentura.

Aggre'gat n (-es; -e) agregat; Phys. a. skupienie; Tech. a. zespół; **~zustand** m stan skupienia.

Aggres|si'on f agresja; **2'siv** agresywny.

Ä'gide f (-; 0) egida; unter der ~ a. pod protektoratem (G).

a'gieren (-) fig. działać.

a'gil żwawy, dziarski.

Agitati'on f agitacja; **~s-** = agita-'torisch agitacyjny.

agi'tieren (-) agitować (für/za I).

Ago'nie f agonia; in ~ liegen konać

A'grar|-, 2isch roln(icz)y, agrarny

Ä'gypt|er(in f) m Egipcjan|in (-ka) **2isch** egipski (po -ku).

ah! F Int. a!, o!, ach!

Ahle f szydło. [nat.

Ahn m (-es/-en; -en) przodek, ante **ahnden** (-e-) ⟨u⟩karać.

ähneln (-le) (D) być podobnym (d G), przypominać (A).

ahnen v/t przeczu(wa)ć (A), mie przeczucie (G); (erraten) domyśla się (G); vgl. spüren.

Ahnen|galerie f galeria przodków **~tafel** f tablica genealogiczna.

ähnlich podobny (D/do G); da sieht ihm ~ to do niego podobne **2keit** f podobieństwo.

Ahnung f przeczucie; F keine (blas se) ~ haben nie mieć (zielonego pojęcia (von/o L).

ahnungs|los nie przeczuwając(y) n czego złego, niczego nie podejrze wając(y); **~voll** pełen przeczuć.

Ahorn m (-es; -e) klon; ~ in Zssg klonowy. [kłosów, pokłosie.

Ähre f kłos; **~n-lese** f zbieranie

Akade'mie f akademia; **~mitglie** n członek akademii, akademik.

Aka'de|miker m osoba z uniwe syteckim wykształceniem; akad mik; **2misch** akademicki (po -ku

A'kazie f akacja.

Akklamati'on f aklamacja.

akklimati'sier|en (-): sich ~ ⟨za⟩aklimatyzować się; **2ung** f ak matyzacja.

Ak'kord m (-es; -e) akord (a. Mus. auf ~, im ~ na akord; **~arbeit** f pr ca akordowa; **~lohn** m płaca ako dowa, f akord.

akkredi'|tieren (-) akredytowa **2'tiv** n (-s; -e) akredytywa.

Akku F m (-s; -s), **~mu'lator** m (- -'toren) akumulator; **2mu'liere** (-) ⟨z⟩akumulować.

akku'rat staranny, dokładny.

Akkusativ m (-s; -e) biernik; **~o jekt** n dopełnienie bliższe.

Akne f Med. trądzik.

A'kontozahlung f zaliczka; wpła na poczet rachunku.

Akri'bie f (0) skrupulatność f.

Akro'bat m (-en), **~in** f akrobat|a (-ka); **2isch** akrobatyczny.

Akt m (-es; -e) akt; (Tat) czyn; (Fest♀) akademia; ceremonia; ∼e f dokument, akt; zu den ∼en legen odkładać ⟨odłożyć⟩ do akt.

Akten|deckel m teczka do akt; ♀-**kundig** urzędowo zarejestrowany od. stwierdzony; ∼**mappe** f s. Aktentasche; ∼**notiz** f zapisek (od. notatka) w aktach; ∼**stück** n dokument; ∼**tasche** f teczka, aktówka; ∼**zeichen** n liczba dziennika.

Aktie ['aktsiə] f akcja.

Aktien|gesellschaft f towarzystwo akcyjne, spółka akcyjna; ∼**kapital** n kapitał akcyjny.

Ak'tinie f Zo. promienica.

Akti'on f akcja; działanie.

Aktio'när m (-s; -e) akcjonariusz.

Aktio'ns|art f Gr. aspekt; ∼**plan** m plan akcji od. działania; ∼**radius** m zasięg działania.

ak'tiv czynny; (rührig) aktywny; Bilanz: dodatni.

Aktiv[1] n (-s; 0) Gr. strona czynna.

Ak'tiv[2] n (-s; selt. -e) (Partei♀ usw.) aktyw; ∼a, ∼en pl. Hdl. aktywa pl.

akti'vieren (-) ⟨z⟩aktywizować, uaktywni(a)ć; ♀'**vist** m (-en) aktywista m; przodownik pracy; ♀vi'**tät** f aktywność f; działalność f.

aktu'ali'tät f aktualność f; ♀'**ell** aktualny.

Akupunk'tur f akupunktura.

A'kusti|k f (0) akustyka; ♀**sch** akustyczny.

'akut Frage: palący; Med. ostry.

Ak'zent m (-es; -e) akcent; fig. a. nacisk; s. Betonung; ♀u'**ieren** (-) ⟨za⟩akcentować;

Ak'zep|t n (-es; -e) akcept; ♀'**tabel** (możliwy) do przyjęcia; ♀'**tieren** (-) ⟨za⟩akceptować; engS. uzn(aw)ać; ♀**kzi'denz** f Typ. akcydens.

Ak'zise f akcyza.

Ala'baster|-, ♀n alabastrowy (-wo).

A'larm m (-es; -e) alarm; Meteo. a.
alert; ∼ schlagen bić ⟨uderzyć⟩ na trwogę; ∼**anlage** f urządzenie alarmowe; ∼**bereitschaft** f pogotowie alarmowe; ♀**ieren** [-'mi:-] (-) ⟨za⟩-alarmować; fig. a. ⟨za⟩trwożyć; ♀**ierend** alarmujący (-co); ∼**stufe** f stopień m gotowości alarmowej.

'laun m (-s, -e) ałun, ∼- in Essgn ałunowy.

l'ban|er(in f) m Alba|ńczyk -nka); ♀**isch** albański (po -ku).

lbern F głupi (-pio); niedorzeczny;

∼**es Zeug** bzdurne gadanie, androny pl.; ∼ sein wygłupiać się; ♀**heit** F f wygłupianie się, dziecinada.

Al'bino m (-s; -s) albinos, bielak.

Album n (-s; -ben) album.

Älchen n Zo. węgorek.

Alchi'mie f(0) alchemia; ∼'**mist** m/

Alge f glon. [(-en) alchemik.)

alge'bra·isch algebraiczny.

Al'geri|er(in f) m Algier|czyk (-ka); ♀**sch** algierski.

Alibi n (-s; -s) alibi n.

Al'kali n (-s; -ien) wodorotlenek metalu alkalicznego, pl. a. alkalia; ♀**sch** alkaliczny.

Alkohol m (-s; -e) alkohol; ∼**blut-probe** f próba zawartości alkoholu we krwi; ♀**frei** bezalkoholowy; ♀-**haltig** zawierający alkohol; Getränk: alkoholowy.

Alko'ho|liker m alkoholik; ♀**lisch** alkoholowy; ∼'**lismus** m (-; 0) alkoholizm.

Alkohol|mißbrauch m nadużywanie alkoholu; ∼**vergiftung** f zatrucie alkoholem.

all (sämtlich) wszystek; (ganz) cały; (jeder) wszelki; (+ Zahl) co; ∼e Menschen wszyscy ludzie; vor ∼em, vor ∼en Dingen przede wszystkim; das (ist) to wszystko; mit ∼er Kraft całą siłą, z całej siły; ohne ∼en Grund bez żadnego powodu; ∼e 5 Minuten co pięć minut; oft unübersetzbar: in ∼er Eile w najwyższym pośpiechu; auf ∼en vieren na czworakach; s. alle, Fall, Frühe usw.

All n (-s; 0) wszechświat.

all|abendlich Adv. co wieczór; ∼**bekannt** powszechnie (od. ogólnie) znany.

alle wszys|tkie, Psf. -cy; F ∼ sein ⟨s⟩kończyć się; ∼ machen ⟨wy⟩kończyć.

alledem: trotz ∼ mimo wszystko.

Al'lee f aleja. [alegoryczny.)

Alle|go'rie f alegoria; ♀'**gorisch** \

al'lein Adj. präd. sam; Adv. (nur, selbst) tylko; Kj. lecz, ale; von ∼ sam(o) przez się; einzig und ∼ jedynie; ∼ wohnen mieszkać samotnie; ♀**besitz** m wyłączne posiadanie; ♀-**erbe** m spadkobierca uniwersalny; ♀**gang** m Sp. samotny rajd; im ♀**gang** bez niczyjej pomocy, sam.

Al'leinherrsch|aft f(0) jedynowładztwo, autokracja; ∼**er** m jedynowładca m, autokrata m.

al'leinig jedyny, wyłączny.
Al'lein|sein n samotność f; ₂**stehend** samotny; *Haus*, *Fall*: odosobniony; **~vertrieb** m wyłączne prawo sprzedaży *od.* rozpowszechniania.
allemal: *ein für* ~ raz na zawsze.
allenfalls (*zur Not*) od biedy; ewentualnie; (*höchstens*) (co) najwyżej.
allenthalben wszędzie.
aller|- naj-; **~art** s. *allerlei*.
allerbest|- (jak) najlepszy; *am* ~*en* najlepiej.
aller|dings (*jedoch*) jednak; (*freilich*) wprawdzie; (*gewiß*) oczywiście; **~erst-** najpierwszy; s. *zuallererst*.
Aller|'gie f alergia, uczulenie; ₂**gisch** [-'lɛr-] alergiczny; *Reaktion*, *Krankheit*: uczuleniowy; *Pers.*: uczulony.
allerhand F wszelkiego rodzaju, różny; *Adv. a.* dużo, sporo; F *das ist ja* ~*!* coś podobnego!, no, wiesz (*od.* wiecie)!
Allerheilig|en(*fest n*) n (-; 0) Wszystkich Świętych; **~ste(s)** sanktuarium n.
allerlei wszelkiego rodzaju, rozmaity; ₂ n (-s; 0) mieszanka.
aller|letzt- najostatniejszy; s. *zuallerletzt*; **~liebst** najukochańszy; milutki; *am* -ten najchętniej; **~meist-** większość (G); **~neuest-** najnowszy, ostatni; ₂**seelen** n (-; 0) Dzień Zaduszny, F Zaduszki *pl.*; **~seits** (u) wszystkich, wszędzie; wszystkim; ₂**weltskerl** F m spryciarz.
allerwenigste: *die* ~*n* (tylko) nieliczni; *am* ~*n* najmniej.
Allerwerteste F m (-*n*) siedzenie.
alle|samt wszyscy razem *od.* bez wyjątku; **~zeit** zawsze.
allesfressend wszystkożerny.
all'gegenwärtig (0) wszechobecny.
allgemein ogólny, powszechny; *im* ~*en* w ogóle, na ogół; ₂**befinden** n samopoczucie, ogólny stan zdrowia; ₂**bildung** f wykształcenie ogólne; **~gültig** powszechnie obowiązujący; ₂**heit** f (-; 0) ogół; **~verständlich** (0) przystępny, popularny.
All'heilmittel n panaceum n.
Alli'anz f sojusz, przymierze.
alli'iert sojuszniczy, sprzymierzony; ₂**e(r)** m sojusznik, sprzymierzeniec.
all|jährlich coroczny, *Adv. a.* co roku; **~mächtig** (0) wszechmocny;

~mählich (0) stopniowy (-wo); **~nächtlich** conocny, *Adv. a.* co noc.
Al'lotria F *pl.* figle *m/pl.*, psoty *f/pl.*; ~ *treiben* dokazywać, swawolić.
All|rad·antrieb m napęd na wszystkie koła; ₂**seitig** wszechstronny **~tag** m dzień powszedni; *fig.* codzienność f, powszedniość f; ₂**täglich** (0) codzienny, powszedni *fig. a.* pospolity (-cie); **~tags-** codzienny, na codzień, ... dni powszedniego; [chowanie się.
Al'lüren *f/pl.* maniery *f/pl.*, za-
All|wetter- przystosowany d wszelkich warunków atmosferycz nych; ₂**wissend** wszechwiedzą (-co); ₂**wöchentlich** (co)tygodni wy, *Adv.* co tydzień; ₂**zeit** zawsz
allzu (za)nadto, (na)zbyt; **~früł** zbyt wcześnie; **~sehr** zanadto; **~viel** zbyt wiele; zanadto; **~wei** zbyt (*od.* za) daleko.
Allzweck- uniwersalny.
Alm f pastwisko alpejskie, hala.
Almanach m (-s; -e) almanach.
Almosen n jałmużna. [rocznik.
Aloe f aloes.
Alp m (-*es*; -e), **~drücken** n zmora
Alpenveilchen n cyklamen, fioł alpejski, gduła.
alpha alfa; ₂'**bet** n (-*es*; -e) alfabe abecadło; **~'betisch** alfabetyczn *präd. a.* według alfabetu.
Alphorn n róg alpejski; (*Tatra* trombita.
Alptraum m zmora senna, koszma wie *ein* ~ jak (jakiś) makabryczr sen. [gora
Al'raun m (-*es*; -e) *Bot.* mandra
als *Kj.* kiedy, gdy; (*in der Eige schaft*) jako; (*nach Komp. u. ander niż*, *od* (G), aniżeli; (*nach Negatio* tylko, jak; ~ *ob* jak gdyby, jakby *daß niż żeby*, (a)żeby; *sowohl* ..., zarówno ... jak, tak ... jak; ~'**bal** wkrótce; **~'dann** następnie, poter **also** *Kj.* więc, zatem; *na* ~ a wię ~ *doch!* więc jednak!
alt (*uer*; *uest-*) stary (-ro); starożyt (*vergangen*) dawny; *wie* ~ *bist d* ile masz lat? *er ist 5 Jahre* ~ (on) n pięć lat; *alles beim* ~ wszystko ₁ staremu; *auf die* ~*en Tage* na sta lata.
Alt m (-*es*; -e) alt; ~ *in Zssgn* altow
Al'tar m (-*es*; *ue*) ołtarz; ~ *in Zss*

ołtarzowy; ~(s)**sakrament** n sakrament ołtarza.

alt|backen czerstwy (-wo); ♀**bau** m (-es; -ten) stary budynek, stara budowla; ~**bekannt** znany od dawna; ~**bewährt** (od dawna) wypróbowany; ~**deutsch** staroniemiecki (po -ku).

Alte f staruszka, starowina, P stara; ~(s) n stare, dawne; ~(r) m starzec, staruszek, P stary; die ~n starożytni m/pl.; P starzy m/pl.

alt|eingesessen od dawna osiadły, zasiedziały; ♀**eisen** n złom (żelaza od. żelazny), F stare żelastwo.

Alten|teil n dożywocie; ~**wohnheim** n dom rencisty.

Alter n wiek; starość f; (Dienst♀) starszeństwo; von ♀s her od dawna; mit zunehmendem ~ z latami; im ~ von 18 Jahren mając lat 18; bis ins hohe ~ (aż) do późnej starości.

älter starszy; er ist (3 Jahre) ~ als ich jest starszy ode mnie (o trzy lata).

Alterchen F n starowina m.

altern (-re; a. sn) ⟨po-, ze⟩starzeć (się).

Alterna'tiv|e f alternatywa; ~**lösung** f rozwiązanie alternatywne.

alters s. Alter; ~**bedingt** spowodowany starością; ♀**beschwerden** f/pl. dolegliwości f/pl.; podeszłego wieku; ♀**erscheinung** f objaw starości; ♀**genosse** m rówieśnik; ♀**genossin** f rówieśniczka; ♀**grenze** f granica wieku.

Altersgründe m/pl.: aus ~n z powodu podeszłego wieku.

Alters|heim n dom starców; ~**klasse** f rocznik; ~**rente** f, ~**ruhegeld** n renta starcza; ♀**schwach** zgrzybiały, zramolały; F fig. rozklekotany; rozpadający się; zmurszały; ♀**schwäche** f (0) zgrzybiałość f, (Med.) uwiąd starczy; ~**stufe** f s. Altersklasse; ~**versorgung** f zaopatrzenie na starość.

Alter|tum n (-es; 0) starożytność f; ~**tümer** pl. zabytki m/pl. starożytności; ♀**tümlich** starożytny; fig. staroświecki (-ko, po -ku).

ältest|- najstarszy; ♀**enrat** m rada (od. konwent) seniorów.

alt|hergebracht (0) uświęcony zwyczajem, tradycyjny; starodawny.

Al'tistin f altystka.

alt|jüngferlich staropanieński (po -ku); ~**klug** przemądrzały (-le).

ältlich podstarzały (-le), starszawy (-wo).

Alt|meister m nestor; ~**metall** n (0) złom metalowy; ♀**modisch** staromodny; ~**papier** n (0) makulatura; ~**philologie** f filologia klasyczna; ♀**stadt** f stare miasto; ♀**testamentarisch** starotestamentowy, starozakonny; ♀**väterlich** patriarchalny; ~'**weibersommer** m babie lato.

Alu|folie f folia aluminiowa; ~**minat** n (-es; -e) glinian; ~'**minium** n (-s; 0) aluminium; Chem. glin; in Zssgn aluminiowy; glinowy.

am = an dem; s. an.

Amal'gam n (-s; -e) amalgamat.

Ama'teur m (-s; -e) amator (a. Sp. usw.), miłośnik; ~ in Zssgn amatorski; ♀**fotograf** m fotoamator; ~**status** m Sp. amatorstwo.

Amboß m (-sses; -sse) kowadło; Anat. kowadełko.

ambu'la|nt ambulatoryjny; Hdl. wędrowny; ♀**nz** f (Wagen) ambulans; (Stelle) przychodnia.

Ameise f mrówka; ~**n-** mrówkowy.

Ameisen|bär m mrówkojad; ~**haufen** m mrowisko; ~**jungfer** f, ~**löwe** m mrówkolew.

Ameri'kan|er(in f) m Amerykan|in (-ka); ♀**isch** amerykański.

Ame'thyst m (-es; -e) ametyst.

A'minosäure f aminokwas.

Amme f mamka; ~**n-märchen** n bajka, wymysł, plotka.

Ammer f (-; -n) Zo. trznadel.

Ammo|niak [-'niak/'a·mo-] n (-s; 0) amoniak; ~**nium** [a'·mo:-] n (-s; 0) amon; in Zssgn amonowy.

Amne'sie f niepamięć f, amnezja.

Amne'stie f amnestia.

A'möbe f ameba, pełzak; ~**n-ruhr** f czerwonka pełzakowa.

Amok: ~ laufen wpadać ⟨wpaść⟩ w szał.

Amo'rette f amorek, kupidynek.

a'morph amorficzny, bezpostaciowy.

Amorti|sati'on f amortyzacja; in Zssgn amortyzacyjny; ♀'**sieren** (-) ⟨z⟩amortyzować (sich się).

Ampel f (-; -n) ampla; s. Verkehrsampel. [Zssgn ampero-]

Ampere [-'pε:ʀ] n amper; ~ in

Am'phibi|e f amfibia; ~**en-** = ♀**sch** ziemnowodny, Mil. a. ...-amfibia, pływający.

Am'pulle f ampułka.
ampu'tieren (-) amputować ⟨im⟩pf., odejmować ⟨odjąć⟩.
Amsel f ⟨-; -n⟩ kos.
Amt n ⟨-es; ⁓er⟩ urząd; funkcja; Fmv. centrala; von ⁓s wegen z urzędu; s. a. auswärtig, Posten, Pflicht usw.
am'tieren (-) pełnić (od. piastować) urząd (als/G); sprawować obowiązki (als/G).
amtlich (0) urzędowy (-wo).
Amts|antritt m objęcie urzędu; **⁓arzt** m lekarz urzędowy; **⁓blatt** n dziennik urzędowy; **⁓bote** m woźny m; **⁓bruder** m kolega m; konfrater; **⁓deutsch** n niemiecki język urzędowy; **⁓eid** m przysięga służbowa; **⁓enthebung** f złożenie (od. usunięcie) z urzędu; **⁓führung** f urzędowanie, sprawowanie urzędu; **⁓geheimnis** n tajemnica służbowa; **⁓gericht** n etwa sąd grodzki od. powiatowy; **⁓gewalt** f władza urzędowa; **⁓handlung** f czynność urzędowa; **⁓hilfe** f (0) pomoc urzędowa od. drogą urzędową; **⁓mißbrauch** m nadużycie władzy; **⁓person** f osoba urzędowa; **⁓pflicht** f obowiązek służbowy; **⁓richter** m etwa sędzia grodzki; **⁓schimmel** F m (0) biurokracja, F Święty Biurokracy; **⁓sitz** m siedziba urzędowa; **⁓tracht** f strój urzędowy; **⁓träger** m osoba sprawująca urząd; funkcjonariusz; **⁓vergehen** n występek w urzędowaniu; **⁓vorsteher** m naczelnik urzędu; **⁓zeichen** n Fmv. sygnał (zgłoszenia się) centrali; **⁓zeit** f okres urzędowania; kadencja.
amü'|sant ⟨-est-⟩ zabawny, wesoły ⟨-ło⟩; **⁓sieren** (-) bawić, zabawi(a)ć ⟨sich się⟩; **⁓sierlokal** n lokal rozrywkowy.
an¹ Prp. ⟨wo?: D⟩ przy (L); na (L); nad (I); ⟨wohin?: A⟩ o (A); na (A); nad (A); do (G); ⟨zeitl.; D⟩ am 1. Mai pierwszego maja; am Montag w poniedziałek; ⁓ e-m Tag (w ciągu) jednego dnia; ⟨räuml. u. zeitl.; A⟩ bis ⁓ aż do (G); am Leben bleiben pozosta(wa)ć przy życiu; arm, reich usw. ⁓ ... biedny, bogaty w (A); ⁓ dem Buch ist nicht viel ta książka niewiele warta; Mangel, Bedarf ⁓ ... brak, potrzeba (G); es liegt ⁓ dir to zależy od ciebie; et. ⁓ sich haben mieć to do siebie; ⁓ sich halten po-

wstrzym(yw)ać się; ⁓ (und für) sich właściwie, w istocie rzeczy; vgl. a. betreffende Verben u. Su.
an² Adv. von ... ⁓ od ...; von jetzt ⁓, von hier ⁓ odtąd; F das Licht ist ⁓ światło jest włączone, światło się pali; (etwa) około (G); ⁓ die 30 Meter około trzydziestu metrów.
a'nal analny; **⁓öffnung** f odbyt.
ana'log (0) analogiczny.
An·alpha'bet [a. 'an-] m ⟨-en⟩ analfabeta m; **⁓entum** n ⟨-s; 0⟩ analfabetyzm.
Ana'ly|se f analiza; **⁓sen**- analityczny; **⁓'sieren** (-) ⟨prze⟩analizować; **⁓tiker** m analityk; **⁓tisch** a analityczny.
An|ä'mie f anemia; **⁓'ämisch** anemiczny.
Ananas f ⟨-; -/-sse⟩ ananas; ⁓- in Zssgn ananasowy.
Anar|'chie f anarchia; **⁓'chist** m ⟨-en⟩ anarchista m; **⁓'chistisch** anarchistyczny.
Anästhe'sist m ⟨-en⟩ Med. anestezjolog.
Ana|to'mie f anatomia; **⁓'tomisch** anatomiczny.
anbacken v/i (sn) przylepi(a)ć się.
anbahnen v/t nawiąz(yw)ać; ⟨u⟩torować drogę (do G), ⟨za⟩inicjować (A); Ehe: ⟨s⟩kojarzyć; sich ⁓ szykować się, zanosić się (A/na A); s. sich andeuten.
anbändeln F ⟨-le⟩ umizgać się, zalecać się (mit/do G); ⟨Streit suchen⟩ zadzierać ⟨zadrzeć⟩ (mit/z I).
Anbau m ⟨-es; 0⟩ Agr. uprawa Arch. (pl. -ten) do-, przy|budówka aneks; **⁓en** Agr. uprawiać, hodować; s. pflanzen, säen; Arch. doprzy|budow(yw)ać; sich ⁓en pobudować się; **⁓fläche** f obszar (od. areał) uprawy, powierzchnia uprawna; **⁓möbel** n/pl. meble segmentowe; **⁓vertrag** m Agr. umowa kontraktacyjna; kontraktacja.
Anbeginn m: von ⁓ (an) od (samego) początku.
anbehalten (-) v/t nie zdejmować (G), pozost(aw)ać (w L).
anbei [a. '-'baɪ] w załączniku.
anbeißen v/t nadgryzać ⟨-gryźć⟩ nadjadać ⟨-jeść⟩; v/i (Fisch) brać; fig. połykać ⟨-łknąć⟩ haczyk.
anbelang|en: was ... ⁓t co się tyczy (G).
an|beraumen (-) Sitzung: zwoł⟨y-

w)ać; *Termin*: wyznaczać ⟨-czyć⟩; **~beten** uwielbiać, ubóstwiać; ℒ**beter** *m* wielbiciel, adorator.

Anbetracht: *in* ~ (*G*) z uwagi na (*A*).

anbet|teln *v/t* żebrać (u *G*), prosić (*A*); ℒ**ung** *f* (0) ubóstwianie, uwielbianie; adoracja.

anbiedern *(-re)*: *sich* ~ *bei* zabiegać o względy (*G*), narzucać się (*D*).

anbiet|en ⟨za⟩ofiarować (*sich* się); *Speisen*: ⟨po⟩częstować (*j-m A*/k-o *I*); *(vorschlagen)* ⟨za⟩proponować; *Ware*: ⟨za⟩oferować; *sich* ~ *en* nasuwać ⟨-unąć⟩ się; ℒ**er** *m* oferent.

an|binden *v/t* przywiąz(yw)ać (*an A*/do *G*); F *v/i* s. anbändeln; **~blasen** *Glut*: rozniecać ⟨-cić⟩; *Hochofen*: zadmuch(iw)ać; *Jagd*: otrąbić *pf.*

Anblick *m* widok; *beim* ~ na widok; *in den* ~ (*G*) *versunken sn* być zapatrzonym (w *A*); ℒ**en** *s. ansehen*.

an|blinzeln mrugać ⟨-gnąć⟩ (*A*/na *A*); **~braten** podsmażać ⟨-żyć⟩, przypiekać ⟨-ec⟩; **~bräunen** *Koch.* pod-, przy|rumieni(a)ć; **~brechen** *v/t* nadłam(yw)ać; *Flasche, Pakkung*: za-, napo|czynać ⟨-cząć⟩; *v/i* (*sn*) nadchodzić ⟨nadejść⟩, nasta(wa)ć.

anbrennen *v/t s. anzünden*; *Kochk.* ~ lassen przypalać ⟨-lić⟩; *v/i* (*sn*) przypalać ⟨-lić⟩ się.

anbringen (F *her~*) przynosić ⟨-nieść⟩; *(befestigen)* przymocow(yw)ać, przyczepi(a)ć; zainstalow(yw)ać; *(unterbringen)* umieszczać ⟨-eścić⟩, ⟨u⟩lokować; *Bitte, Klage*: wnosić ⟨wnieść⟩, skierow(yw)ać; *Gründe*: przytaczać ⟨-toczyć⟩.

Anbruch *m* (*-es*; 0) nastanie, początek; napoczęcie; *bei* ~ *der Nacht* z nastaniem nocy; *vor* ~ *des Tages* przed świtem. [(*A*/na *A*).\]

anbrüllen F wrzeszczeć ⟨wrzasnąć⟩

Andacht *f* (0) skupienie; *mit* ~ *s. andächtig*; *(pl. -en)* modlitwa, krótkie nabożeństwo.

andächtig skupiony; *(feierlich)* uroczysty ⟨-ście⟩; *präd. a.* w skupieniu; z nabożeństwem, z namaszczeniem.

andauern *Kälte usw.*: utrzym(yw)ać się; *Sitzung usw.*: trwać; **~d** F ciągły ⟨-le⟩, stały ⟨-le⟩.

Andenken *n* (*-s*; 0) pamięć *f*; *(pl. -)* pamiątka, upominek; *zum* ~ na pamiątkę (*an A*/*G*).

ander|- inny, odmienny; *(zweiter)* drugi, następny; *am* ~ *en Tag* następnego dnia; *jemand* ~ *es* ktoś inny; *einer nach dem* ~ *en* jeden po (*od.* za) drugim; *unter* ~ *em* między innymi; *mit* ~ *en Worten* innymi słowy; *s. Umstand*; **~erseits** *s. anderseits*; **~mal** innym razem.

ändern *(-re)* zmieni(a)ć *(sich* się); *Kleid*: przerabiać ⟨-robić⟩.

andern|falls w innym *(od.* przeciwnym) razie; **~tags** następnego dnia; **~teils** z drugiej strony.

anders *Adv.* inaczej; *(mit Pron.)* inny; *jemand (niemand)* ~ ktoś (nikt) inny; *wer* ~ *als er?* któż inny jeśli nie on?; *wie (wo)* ~ jak (gdzie) jeszcze; **~artig** odmienny; **~denkend** mający odmienne zapatrywania, inaczej myślący.

anderseits z drugiej strony.

anders|farbig o innym zabarwieniu, różniący się barwą *od.* kolorem; **~gläubig** innego wyznania, innej wiary; **~rum** F w inną stronę, odwrotnie; **~wie** F jakoś inaczej, w inny sposób; **~wo** gdzie indziej, **~woher** skądinąd, **~wohin** gdzie indziej.

anderthalb półtora; **~jährig** półtoraroczny.

Änderung *f* zmiana; *(Kleid* ℒ) przeróbka; **~s-** ... zmiany.

andeut|en *v/t* wskaz(yw)ać (na *A*); (lekko) zaznaczać ⟨-czyć⟩ *(sich* się); markować; *(künden)* zwiastować; *(durchblicken lassen)* napomykać ⟨-mknąć⟩ (*o L*); ⟨za⟩sugerować; *s. anspielen*; ℒ**ung** *f* napomknienie, aluzja; *(Spur)* ślad; **~ungsweise** aluzyjnie; niewyraźnie.

an|dichten *fig.* przypis(yw)ać; **~dienen** ⟨za⟩posłużyć się (*j-m A*/k-u *I*); ℒ**drang** *m* napływ; *s. Gedränge*; **~drehen** F *Licht*: zapalać ⟨-lić⟩; *Gas, Wasser*: odkręcać ⟨-cić⟩ (kurek); *Ware*: wkręcać ⟨-cić⟩, wtryni(a)ć; *s. anstellen*.

andrer *s. ander(er)*.

androh|en ⟨za⟩grozić (*j-m A*/k-u *I*); ℒ**ung** *f* groźba.

an|drücken przyciskać ⟨-snąć⟩ (*an A*/do *G*); **~ecken** Γ *fig.* narażać ⟨-razić⟩ się (*bei*/*D*).

an-eign|en: *sich* (*D*) *et.* ~ *en* przyswajać ⟨-woić⟩ sobie, przejmować ⟨-jąć⟩; *(widerrechtlich)* przywłaszczać ⟨-czyć⟩ sobie; zagarniać ⟨-nąć⟩; **℥ung** *f* (0) przysw|ajanie, -ojenie; przywłaszczenie; zagarnięcie.

an·ein'ander jeden przy drugim *od.* obok drugiego; ~ *vorbeigehen* (wy-) mijać ⟨(wy)minąć⟩ się; ~ *vorbeireden* mówić nie rozumiejąc (*od.* nie słuchając) jeden drugiego; ~- *in Zssgn mst* ze sobą; do siebie; ~**fügen** ⟨z'⟩łączyć ze sobą; ~**geraten** F ścinać ⟨ściąć⟩ się, ścierać ⟨zetrzeć⟩ się (z *I*); ~**grenzen** graniczyć ze) Anek'dote *f* anegdota. [sobą.∫

an·ekeln budzić wstręt, wzbudzać ⟨-dzić⟩ odrazę (A/w L).

Ane'mone *f* zawilec.

An·erbieten *n* oferta, propozycja.

an·erkannt uznany; renomowany; ~**ermaßen** według powszechnej opinii, zdaniem wszystkich.

an·erkenn|en uzna(wa)ć; przyzna(wa)ć; ~**end** z uznaniem; -*de Worte* słowa uznania; ~**enswert** godny uznania; **℥ung** *f* uznanie; *Agr.* kwalifikacja.

Aneu'rysma *n* (-*s*; -*men*) anewryzm, tętniak.

anfachen roz-, wz|niecać ⟨-cić⟩ (*a. fig.*).

anfahren *v/t* zwozić ⟨zwieźć⟩ (*rammen*) najeżdżać ⟨-jechać⟩ (na *A*), potrącać ⟨-cić⟩ (*A*); *fig.* (*zurechtweisen*) ofukiwać ⟨-knąć⟩; *s.a.* ansteuern; *v/i* (*sn*) ruszać ⟨-szyć⟩ z miejsca; (F *a. angefahren kommen*) za-, nad|jeżdżać ⟨-jechać⟩.

Anfahrt *f* dojazd; *s.* Zufahrt.

Anfall *m* atak, napaść *f* (*a. fig.*); **℥en** *v/t* napadać ⟨-paść⟩ (A/na *A*); *v/i* (*sn*) powsta(wa)ć (ubocznie); ⟨u⟩zbierać się, narastać ⟨-rosnąć⟩.

anfällig (*für*) podatny (na *A*), skłonny (do *G*); **℥keit** *f* (0) *Med.* zapadalność *f*.

Anfang *m* (-*és*; ⁾*e*) początek; *am* (*im*, *zu*) ~ na (*od.* z) początku; ~ *Mai* z początkiem (*od.* w początkach) maja; *den* ~ *machen* = **℥en** rozpo-, za|czynać ⟨-cząć⟩ (*mit*, *zu* + *Inf./ A*; *v/i* się); F (*machen*) poczynać ⟨-cząć⟩ (*mit/z I*).

Anfäng|er *m* początkujący *m*, nowicjusz; **℥lich** początkowy (-wo). **anfangs** z (*od.* na) początku, początkowo, zrazu; **℥buchstabe** *m* litera początkowa; **℥gründe** *m/pl.* początki *m/pl.*, podstawy *f/pl.*; **℥kapital** *n*

kapitał zakładowy; **℥zeit** *f* godzina rozpoczęcia.

an|fassen dotykać ⟨-tknąć⟩; *fig.* ⟨po⟩traktować (*A*), podchodzić ⟨podejść⟩ (do *G*); *s.* anpacken; ~**fauchen** fukać ⟨-knąć⟩ (A/na *A*); ~**faulen** (*sn*) nadgnić *pf.*

anfecht|bar podlegający zaczepieniu; *Urteil:* zaskarżalny; *Behauptung:* sporny; ~**en** ⟨za⟩kwestionować, zaczepi(a)ć; *Urteil:* zaskarżać ⟨-żyć⟩; *fig.* (*j-n*) obchodzić, martwić; **℥ung** *f s.* Versuchung; **℥ungsklage** *f Jur.* skarga zaczepiająca.

an|feilen nadpiłow(yw)ać pilnikiem; ~**feinden** (-*e*-) napastować prześladować; być wrogo usposobionym (A/do *G*); ~**fertigen** wyrabiać ⟨-robić⟩; *Kopie*, *Liste:* sporządzać ⟨-dzić⟩.

anfeucht|en (-*e*-) zwilżać ⟨-żyć⟩ **℥er** *m* zwilżacz.

an|feuern *s.* anheizen; *fig.* zagrz(e)wać ⟨zu/do *G*⟩; ~**flachsen** F stroić sobie śmiechy (A/z *G*); ~**fleher** błagać; ~**flicken** *s.* ansetzen, anstückeln; ~**fliegen** *v/t* brać ⟨wziąć⟩ kurs (A/na *A*); *Flugplatz:* podchodzić ⟨podejść⟩ do lądowania (na *L*) *v/i* (*sn*; *a. angeflogen kommen*) nadprzy|latywać ⟨-lecieć⟩; **℥flug** *m* nalot (*a. Forst.*, *Ziel℥*); dolot (*Lande℥*) podejście (*od.* zajście) do lądowania; *s.* Hauch, Spur; *im* **℥flu**, sein zbliżać się, nadlatywać.

anforder|n zapotrzebow(yw)ać ⟨za⟩żądać, wymagać; **℥ung** *f* zapotrzebowanie; (*mst pl.*) wymoga wymaganie.

Anfrage *f* zapytanie; *Parl.* interpelacja; **℥n** zapyt(yw)ać (*a.* się; *bei A*; *nach/o A*); ⟨za⟩interpelować.

anfressen (-*e*-) nadgryzać ⟨-gryźć⟩ *Chem. s.* angreifen.

anfreunden (-*e*-): *sich* ~ ⟨za⟩przyjaźnić się (*mit/z I*).

an|frieren (*sn*) przymarzać ⟨-znąć⟩ (*an A/do G*); ~**fügen** dołącza ⟨-czyć⟩ (*D/do G*).

anfühlen *s.* anfühl ... ~ być ... w dotyku. **Anfuhr** *f* zwózka; do-, przy|wóz.

anführ|en dowodzić (A/I); *Tanz* ⟨po⟩prowadzić; *Grund:* przytaczać ⟨-toczyć⟩; ⟨za⟩cytować; F (*foppen* nab(ie)rać, wyprowadzać ⟨-dzić w pole; **℥er** *m* do-, przy|wódca *m verä.* prowodyr; **℥ungsstrich** *m/pl.*, **℥ungs·zeichen** *n* cudzysłów

Angabe f poda(wa)nie; ~n pl. a. informacje f/pl., dane pl.; wskazówki f/pl.; Sp. zagrywka; F (0) fanfaronada, udawanie; nach ~n według wskazówek; Jur. według zeznań.

angaffen ⟨za⟩gapić się (A/na A).

angeb|en v/t pod(aw)ać; (nennen) wymieni(a)ć; ⟨za⟩deklarować; (zeigen) wskaz(yw)ać; ⟨za⟩denuncjować; fig. (Ton) nad(aw)ać; v/i Sp. serwować; KSp. być na ręku, wychodzić; F przechwalać się; chełpić się (mit/I); ⟨er F m fanfaron, samochwał; † donosiciel; ⟨e'rei F f przechwałki f/pl.; s. Angabe.

Ange|betete f ukochana, F a. bóstwo; ~binde † n upominek.

an|geblich rzekomy (-mo); Adv. a. podobno, ponoć; ~geboren wrodzony; ⟨gebot n propozycja; oferta; Hdl. podaż f; ~gebracht odpowiedni, stosowny.

angebunden s. anbinden; fig. kurz ~ mrukliwy (-wie).

angedeihen: ~ lassen (j-m A) użyczać ⟨-czyć⟩ (k-u G), obdarzać ⟨-rzyć⟩ (k-o I).

angefault nadgniły, nadpsuty.

angegossen: wie ~ jak ulał.

ange|graut przyprószony siwizną; ~griffen s. angreifen; Adjp. znużony, wyczerpany; Gesundheit: nadszarpnięty, nadwerężony; ~heiratet spowinowacony; ~heitert F pod gazem, podchmielony.

angehen v/t ⟨po⟩prosić (j-n um A/k-o o A); (betreffen) obchodzić; was mich angeht co to mnie tyczy; v/i (sn) F (anfangen) zaczynać ⟨-cząć⟩ się; (Licht) zapalać ⟨-lić⟩ się; (erträglich, möglich sn) uchodzić ⟨ujść⟩; (Pflanzen) przyjmować ⟨-jąć⟩ się; ~d (kommend) przyszły.

angehoben s. anheben.

angehör|en należeć (D/do G); ⟨ige(r) m/f członek (załogi, rodziny); vgl. Verwandte(r).

Angeklagte(r) m/f oskarżon|y m (-a).

Angel f (-; -n) wędka; (Tür⟨) zawiasa; aus den ~n heben fig. ruszyć z posad.

Angelegenheit f sprawa; das ist meine ~ to moja rzecz.

Angel|haken m haczyk; ~karte f zezwolenie na łowienie ryb na wędkę; ~leine f żyłka; ⟨n (-le) v/t ⟨z⟩łowić na wędkę; v/i uprawiać

wędkarstwo; F sich e-n Mann ⟨n upolować (sobie) męża; ~punkt m główny punkt; ~rolle f kołowrotek; ~rute f wędzisko.

angelsächsisch anglosaski.

Angel|schnur f s. Angelleine; ~sport m wędkarstwo; ~sportler m wędkarz.

Angelusläuten n dzwon na Anioł Pański.

angemessen odpowiedni, stosowny; dostosowany (D/do G).

angenagelt: wie ~ jak wryty.

angenehm przyjemny; miły (-le).

angenommen s. annehmen; Name, Kind: przybrany; (gedacht) przyjęty; ~, daß ... zakładając (od. załóżmy), że ...

Anger m majdan, plac; (Wiese) pastwisko.

ange|rannt s. anrennen; ~regt ożywiony; ~rissen naddarty; Packung: napoczęty; ~säuselt F zawiany; ~schlagen nadtłuczony; Boxer: zamroczony, groggy; ~schmutzt przybrudzony; ~schuldigte(r) m/f obwinio|ny m (-na); ~sehen poważany, ceniony; renomowany.

Angesicht n twarz f, oblicze; s. Schweiß; im ~ = ⟨s wobec (G); w obliczu (G).

ange|spannt s. angestrengt; ~stammt przyrodzony, rodowy; F Platz: tradycyjny; ⟨stellte(r) m/f pracownik (umysłowy); (Staats⟨) funkcjonariusz(ka); ~strengt wytężony, intensywny.

angetan: ~ sein von być zadowolonym z (G); er war von ihr sehr ~ sprawiła na nim bardzo miłe wrażenie; nicht dazu (od. danach) ~ sein nie nadawać się (na A); nie wyglądać, że(by).

ange|trunken podpity; ~wandt s. anwenden; Adjp. stosowany.

angewiesen: ~ sein auf (A) być zdanym na (A), być zależnym od (G).

ange|wöhnen przyzwyczajać ⟨-czaić⟩ (sich, j-m A/się, k-o do G); ⟨wohnheit f przyzwyczajenie, nawyk; ~wurzelt: wie ~wurzelt jak wryty; ~zeigt wskazany.

An'gina f (-; -nen) angina; ~ pectoris dusznica bolesna.

angleich|en (D) zrówn(yw)ać (z I); upodabniać ⟨-dobnić⟩ (do G; sich się); ⟨ung f zrównanie; upodobnienie.

Angler *m* wędkarz; *Zo.* nawęd.

anglieder|n przyłączać ⟨-czyć⟩ (*D*/ do *G*); **2ung** *f* przyłączenie.

angli'kanisch anglikański.

anglotzen P wytrzeszczać ⟨-czyć⟩ oczy *od.* gały (*A*/na *A*).

An'gora- angorski.

angreif|en *v/t* nacierać ⟨natrzeć⟩, napadać ⟨-paść⟩ (na *A*), ⟨za⟩atakować (*A*); *Vorrat:* naruszać ⟨-szyć⟩, napoczynać ⟨-cząć⟩; *Gesundheit:* nadwerężać ⟨-żyć⟩, nadszarpywać ⟨-pnąć⟩; *Metall usw.*: nadżerać ⟨nadeżreć⟩, uszkadzać ⟨-kodzić⟩; *vgl.* greifen; **2er** *m* napastnik, agresor.

angrenzen (*an A*) graniczyć (z *I*), przylegać, przytykać (do *G*); **~d** przyległy, ościenny.

Angriff *m* (-*es*; -*e*) atak, natarcie, napad; *fig. a.* napaść *f*; *in ~ nehmen* zab(ie)rać się (*A*/do *G*).

Angriffs|befehl *m* rozkaz do natarcia; **~fläche** *f fig.* punkt zaczepny; **~krieg** *m* wojna zaczepna; **2lustig** zaczepny; agresywny; **~spieler** *m Sp.* napastnik.

angst *s.* bange.

Angst *f* (-; *ᵉe*) strach, lęk; (*Sorge*) obawa; *~ haben* bać się (*vor D/G*); F mieć stracha; *~ bekommen* przestraszyć się (*vor D/G*); *aus ~* ze strachu; **~gefühl** *n* uczucie strachu; **~hase** F *m* tchórz, zajęcze serce.

ängst|igen (prze)straszyć; ⟨za⟩niepokoić (*sich* się); **~lich** lękliwy (-wie), tchórzliwy (-wie); trwożliwy (-wie); **2lichkeit** *f* (*0*) lękliwość *f*, bojaźliwość *f*.

Angst|neurose *f* nerwica lękowa; **~schweiß** *m* zimny pot; **2voll** pełen strachu *od.* lęku; **~zustände** *m/pl. Med.* lęki *m/pl.*, napady *m/pl.* lęku.

angucken F ⟨po⟩patrzeć (*A*/na *A*).

anhaben F *v/t* mieć na sobie (*A*), być ubranym (w *A*); *sie konnten ihm nichts ~* nie mogli mu nic zarzucić *od.* zaszkodzić.

anhaften *s.* haften (*an*); *fig. dem Raum haftete dumpfer Geruch an* pokój przepojony był zapachem stęchlizny; ... *haften Fehler, Mängel an* ... na wady, niedostatki.

anhalt|en *v/t* zatrzym(yw)ać (*v/i* się); *Luft:* wstrzym(yw)ać; (*anlegen*) przykładać ⟨przyłożyć⟩ (*an A*/do *G*); napędzać ⟨-dzić⟩ (*zur Arbeit* do pracy); wdrażać ⟨wdro-

żyć⟩ (*zum Lernen, zur Ordnung* do nauki, do porządku); *v/i. s. andauern; um die Hand der Tochter ~en* prosić o rękę córki; *s. Atem;* **~end** ciągły (-le); (długo)trwały; **2er** F *m* autostopowicz; *per* 2er autostopem; **2s·punkt** *m fig.* podstawa, (p)oparcie; wskazówka.

anhand (*G*) na podstawie (*G*).

Anhang *m* (-*es*; *ᵉe*) dodatek, suplement; *fig.* (*0*) *s.* Anhängerschaft; *ohne ~* bez rodziny, samotny.

Anhänge- przyczepny; **2n** *v/t* do-przy|czepi(a)ć (*an A*/do *G*; *sich* się); F *fig. j-m et.* 2n pomawiać, posądzać k-o o (*A*); *v/i* (*D*) być związanym (z *I*); (*j-m*) prześladować (*A*); (*e-m Glauben*) być oddanym (*D*).

Anhänger *m Kfz.* przyczep(k)a (*Schmuck*) wisiorek, (*Koffer*2) przywieszka; (*am Kleid*) zawieszka; *fig.* (*Pers.*) stronnik, zwolennik; **~schaft** *f* (*0*) grono zwolenników, stronnicy *m/pl.*

anhäng|ig *Jur.* toczący się; *~ig sein* być w toku, toczyć się; **~lich** przywiązany, wierny; **2lichkeit** *f* (*0*, przywiązanie; **2sel** *n* wisiorek; *fig.* dodatek. [na *A*).]

anhauchen chuchać ⟨-chnąć⟩ (*A*/]

anhäuf|eln *Agr.* okop(yw)ać; **~en** ⟨na⟩gromadzić (*sich* się); **2ung** *f* nagromadzenie; skupisko.

an|heben *v/t* pod-, u|nosić ⟨-nieść⟩ *Lohn:* podwyższać ⟨-szyć⟩; *v/i s beginnen;* **~heften** przypinać ⟨-iąć⟩ (*an A*/do *G*); (*nähen*) przyfastrygow(yw)ać.

anheimelnd przytulny, miły (-le)

an'heim|fallen przypadać ⟨-paść⟩ padać ⟨paść⟩ ofiarą (*D/G*); **~stellen** pozostawi(a)ć do uznania (*D/G*).

an|heizen rozpalać ⟨-lić⟩ (den Ofen w piecu; *die Stimmung* uczucia namiętności); **~heuern** zaokręto w(yw)ać (*v/i* się); *s. heuern.*

Anhieb *m: auf ~* od razu, z miejsca

anhimmeln (-*le*) robić słodki oczka (*A*/do *G*); *s. schwärmen.*

Anhöhe *f* wzniesienie, wyniosłość *f*

anhör|en wysłuch(iw)ać; *~en müs sen* nasłuchać się (*A/G*); *j-m et. ~* pozna(wa)ć po (*L*); *sich* (*D*) *~e* przysłuchiwać się (*A/D*); *sich ~e* (*klingen*) brzmieć; **2ung** *f* wysłuchanie; przesłuchanie.

Anhy'drid *n* (-*s*; -*e*) *Chem.* bez-wodnik.

Ani'lin n (-s; 0) anilina; ~ in Zssgn anilinowy.

ani|'malisch animalny; zwierzęcy; ~'mieren (-) zachęcać ⟨-cić⟩ ⟨zu/ do G⟩; Ω¹miermädchen n barman-ka (zachęcająca gości do picia).

A'nis m (-es; -e) anyż(ek); ~- in Zssgn anyżowy.

ankämpfen: ~ gegen walczyć z (I).

Ankauf m zakup; skup; Ωen zakupywać ⟨-pić⟩; skup|ywać, -ować ⟨-pić⟩.

Anker m Mar. kotwica; El. a. twornik; Arch. kotwa, kotew; (Uhr) wychwyt kotwicowy, F ankier; vor ~ gehen stawać ⟨stanąć⟩ na kotwicy; ~ werfen zarzucać ⟨-cić⟩ kotwicę; ~grund m s. Ankerplatz.

~ankern (-re) stać na kotwicy, być zakotwiczonym; s. a. Anker.

Anker|platz m kotwicowisko; ~tau n lina kotwiczna; ~winde f winda kotwiczna.

anketten (-e-) uwiąz(yw)ać na łańcuchu; przywiąz(yw)ać [od. (j-n) przyku(wa)ć] łańcuchem.

Anklage f oskarżenie; ~ erheben postawić w stan oskarżenia (gegen/ A); ~bank f ława oskarżonych; Ωn oskarżać ⟨-żyć⟩ (G/o A); ~punkt m punkt oskarżenia.

Ankläger m oskarżyciel; Ωisch oskarżycielski.

Anklage|schrift f akt oskarżenia; ~vertreter m oskarżyciel publiczny, prokurator.

anklammern v/t przyczepi(a)ć [od. przymocow(yw)ać] klamrą od. spinaczem; sich ~ s. klammern.

Anklang m: ~ finden znaleźć pf. oddźwięk, spot(y)kać się z uznaniem.

an|kleben v/t przyklejać ⟨-cić⟩, przylepi(a)ć (an A/do G); Plakate: rozlepi(a)ć; s. a. kleben; ~kleiden s. anziehen; ~klopfen ⟨za⟩pukać; ~knabbern F nadgryzać ⟨-yźć⟩; ~knacksen F nadłam(yw)ać; fig. s. angreifen; ~knipsen F zapalać ⟨-lić⟩; ~knüpfen s. anbinden; fig. nawiąz(yw)ać (a. v/i, an A/do G); ~knurren warczeć ⟨-rknąć⟩ (A/na A).

ankommen (sn) ⟨zu Fuß, Post, Esb.⟩ nadchodzić, przychodzić ⟨nade-, przy|jść⟩; przyby(wa)ć, (fahrend) przyjeżdżać ⟨-jechać⟩; (Flgw., Vögel) przylatywać ⟨-lecieć⟩; F fig. (Buch) mieć powodzenie, (dobrze)

trafić; übel (od. iron. schön) ~ źle się wybrać; nic nie wskórać (bei/u G); da(wa)ć sobie radę (gegen/z I); (angestellt werden) otrzym(yw)ać posadę (in, bei/na, w L, u G); (abhängen) zależeć (auf A/od G, na L); es kommt auf ... an a. chodzi o ...; es ~ lassen zaryzykować (auf A/A).

An|kömmling m (-s; -e) przybysz, przybyły, przyjezdny; Ωkoppeln s. ankuppeln; Ωkotzen V obrzydnąć do wymiotów (A/D); Ωkreiden F (-e-) fig. brać ⟨wziąć⟩ za złe; Ω-kreuzen zaznaczać ⟨-czyć⟩ krzyżykiem; Ωkriechen: Ωgekrochen kommen przypełzać ⟨-znąć⟩, przyczołgać się pf.

ankündig|en zapowiadać ⟨-iedzieć⟩ (sich się); Rdf. ⟨za⟩anonsować; fig. zwiastować; Ωung f zapowiedź f; zaanonsowanie.

An|kunft f (-; "e) przybycie; nadejście; przyjazd; przylot; vgl. ankommen; Ωkuppeln doczepi(a)ć (an A/do G); Ωkurbeln F zapuszczać ⟨-uścić⟩; fig. rozkręcać ⟨-cić⟩; Ωlächeln, Ωlachen uśmiechać ⟨-chnąć⟩ się (A/do G); F sich ein Mädchen Ωlachen poderwać dziewczynę.

Anlage f s. Beilage; (Park) zieleniec, zieleń f; Tech. urządzenie; aparatura, instalacja; (Betrieb) zakład; uzdolnienie, talent; (Neigung) skłonność f; (0) (das Anlegen) założenie; umieszczenie, lokata; plan; ~kapital n kapitał zakładowy; ~vermögen n środki m/pl. trwałe.

anlan|den v/t wyładow(yw)ać (na brzeg); ~gen v/i (sn) lit. s. ankommen, anbelangen.

Anlaß m (-sses; "sse) powód ⟨zu/do G⟩; (Gelegenheit) okazja; ohne allen ~ bez żadnego powodu; aus ~ s. anläßlich.

anlass|en Motor: uruchamiać ⟨-chomić⟩, F zapuszczać ⟨-uścić⟩; F Mantel: nie zdejmować ⟨A/G⟩; Licht: pozostawi(a)ć, nie ⟨z⟩gasić; Stahl: odpuszczać ⟨-puścić⟩; F sich ~en zapowiadać się; Ωer m rozrusznik; Ωerschalter m stacyjka (samochodowa).

anläßlich z okazji (G).

anlasten: j-m et. ~ kłaść ⟨złożyć⟩ coś na karb (G).

Anlauf m rozbieg; rozruch; fig. początek, start; próba; ~ nehmen brać ⟨wziąć⟩ rozbieg; *fig.* mieć zamiar (zu/*Inf.*); **~bahn** *f* *Sp.* rozbieżnia; rozbieg (skoczni); **~en** *v/i* (*sn*) *Tech.* rozruszać się; *Film*: wchodzić ⟨wejść⟩ na ekrany; *Betrieb*: rozpoczynać ⟨-cząć⟩ się, ruszać ⟨-szyć⟩; *Zinsen*: narastać ⟨-rosnąć⟩; *Brille*: zachodzić ⟨zajść⟩ parą, ⟨za⟩potnieć; *Metall*: pokry(wa)ć się nalotem; *angelaufen kommen* nadbiegać ⟨-biec⟩; *rot, blau* ⟨en zaczerwienić się, zsinieć; *v/t Hafen*: zawijać ⟨-inąć⟩ (do *G*); **~zeit** *f* okres rozruchu.

An|laut *m* nagłos, głoska początkowa; **~läuten** F zadzwonić *pf.* (*A*/do *G*).

Anlege|brücke *f* pomost do lądowania, pirs; **~n** *v/t* przykładać ⟨przyłożyć⟩ (*an A*/do *G*); *Säugling*: przystawi(a)ć (*an A*/do *G*); (*an-, überziehen*) na-, w|kładać ⟨na-, w|ło-żyć⟩; *Garten, Verband*: zakładać ⟨założyć⟩; ⟨za⟩instalować; *Kohle*: dokładać ⟨dołożyć⟩, dorzucać ⟨-cić⟩ (*G*); *Kapital*: ⟨u⟩lokować, wkładać ⟨włożyć⟩; (*bezahlen*) wyda(wa)ć; *Gewehr*: ⟨wy⟩celować (*auf A*/w *A*); *Hand* ⟨en przykładać ⟨przyłożyć⟩ ręki (*an A*/do *G*); es ⟨en *auf* (*A*) zmierzać (do *G*); *v/i* (*Schütze*) złożyć się, ⟨wy-, z⟩mierzyć (do *G*); (*Schiff*) przybija(ć) do brzegu; zawijać ⟨-inąć⟩ do portu; *legt an!* cel!; **~stelle** *f* przystań *f*.

anlehn|en opierać ⟨oprzeć⟩ (*sich* się; *an A*/o *A*); *Tür*: przymykać ⟨-mknąć⟩; *fig. sich* ~en wzorować się (*an A*/na *L*); **~ungsbedürftig** F przylepny.

Anleihe *f* pożyczka.

anleimen przyklejać ⟨-eić⟩ (*an A*/ do *G*).

anleit|en ⟨wdrożyć⟩ przyuczać ⟨-czyć⟩ (*zu*/do *G*); ⟨po⟩instruować; **~ung** *f* wdrażanie, przyuczanie; kierownictwo; *konkr.* instrukcja, wskazówki *f*/*pl.*

an|lernen przyuczać ⟨-czyć⟩; **~liefern** dostawi(a)ć.

anlieg|en *in Kleidung*: być obcisłym, przylegać; **~en** *n* sprawa, interes, prośba; intencja; **~end** przyległy, sąsiedni; (*beigefügt*) załączony, *Adv.* w załączeniu; **~er** *m* mieszkaniec; **~erstaat** *m* państwo graniczące (*G*/z *I*).

an|locken ⟨przy⟩wabić; *Kunden*:

przyciągać ⟨-gnąć⟩; **~löten** przylutow(yw)ać; **~lügen** okłam(yw)ać; **~machen** F przymocow(yw)ać; *Mörtel*: zarabiać ⟨-robić⟩; *Kochk.* podprawi(a)ć (*mit*/*I*); *Salat*: przyrządzać ⟨-dzić⟩; F *s. anknipsen, anpöbeln*; **~malen** ⟨na-, po⟩malować; F *Pers.* podmalow(yw)ać (*sich* się).

Anmarsch *m* (*-es; 0*) zbliżanie się; *auf dem od. im* ~ sein zbliżać się, nadciągać; **~weg** *m* droga dojścia.

anmaß|en: *sich* (*D*) ~en przywłaszczać ⟨-czyć⟩ sobie; (*sich erlauben*) pozwalać ⟨-wolić⟩ sobie (*A*/na *A*); *vgl. wagen*; **~end** arogancki (-ko), zarozumiały (-le); **~ung** *f* przywłaszczenie (*G, von*/*G*); pretensje *f*/*pl.*, impertynencja.

anmeckern F zburczeć *pf.*

Anmeld|e- meldunkowy; **~en** ⟨za⟩meldować (*sich* się); zgłaszać ⟨-łosić⟩; **~epflicht** *f* obowiązek zgłoszenia *od.* zadeklarowania; *s. Meldepflicht*; **~ung** *f* zameldowanie (się); zgłoszenie, zadeklarowanie; rejestracja.

anmerk|en (*j-m A*) zauważać ⟨-żyć⟩ (u k-o *A*), pozna(wa)ć (po kim *A*); zaznaczać ⟨-czyć⟩, zanotow(yw)ać; *vgl. bemerken*; **~ung** *f* do-, przy|-pisek; adnotacja.

anmustern *Mar.* zamustrować *pf.* (*v/i* się).

Anmut *f* (*0*) wdzięk, urok; **~en** *v/t* wyda(wa)ć się (*D*), ⟨z⟩robić wrażenie (na *L*); **~ig** wdzięczny, uroczy (-czo).

an|nageln przybi(ja)ć gwoździami; *s. angenagelt*; **~nähen** przyszy(wa)ć.

annäher|n zbliżać ⟨-żyć⟩ (*sich* się: *an A*/do *G*); **~nd** przybliżony; *Adv.* w przybliżeniu, prawie; **~ung** *f* zbliż|anie, -enie (się); **~ungsversuch** *m* próba zbliżenia; zaloty *m*/*pl.*

Annahme *f* przyjmowanie, przyjęcie; przybranie; przypuszczenie, założenie; *~ an Kindes statt* przysposobienie (dziecka); *in der ~, daß ... mniemając, że ...*; *s. annehmen* **~stelle** *f* kantor przyjęć; **~verweigerung** *f* odmowa przyjęcia.

An|nalen *f*/*pl.* annały *m*/*pl.*

annehm|bar (możliwy) do przyjęcia; znośny; *Preis*: umiarkowany, **~en** przyjmować ⟨-jąć⟩; *Gewohnheit usw.*: przejmować ⟨-jąć⟩, ⟨za⟩akceptować; *Namen, Farbe, Form*

przyb(ie)rać; *Ausmaße usw.*: na-
b(ie)rać; *Kind*: przysposabiać ‹-so-
bić›; (*vermuten*) przypuszczać ‹-u-
ścić›, mniemać; *sich ~en* (*G*) ‹za-›
opiekować się (*I*), ‹za-›troszczyć się
(o *A*); ♀lichkeit *f* przyjemność *f*,
wygoda.

annek'tieren (-) ‹za-›anektować.
Annonc|e [a'nõ᷈ɔ̃s ͻ / a'nõ᷈s(ə)] *f*
anons, ogłoszenie; ♀ieren [-'si:-]
(-) da(wa)ć ogłoszenie, ogłaszać
‹-łosić›   [unieważni(a)ć.⟩
annu'llieren (-) anulować (*im*)*pf.*,⟩
A'node *f* anoda; **~n-** anodowy.
an·öden *f* zanudzać, ‹z›nudzić.
'ano'ma|l anomalny; ♀lie *f* anoma-
lia.
ano'nym anonimowy (-wo); ♀i'tät *f*
(0) anonimowość *f*; ♀us [a'no:-] *m*
(-; -*ymi*) anonim.
A'nopheles(mücke) *f Zo.* widliszek.
Anorak *m* (-*s*; -*s*) skafander.
an·ordn|en (*verfügen*) zarządzać
‹-dzić›; *s. ordnen*; ♀ung *f* układ,
rozkład; zarządzenie.
an·organisch nieorganiczny.
an|packen chwytać ‹chwycić›; F
fig. zab(ie)rać się (*A/do G*); **~pas-
sen** dopasow(yw)ać; dostosow(y-
w)ać (*sich* się); *s. anprobieren*.
Anpassung *f* (0) dopasowanie; do-
stosowanie (się), adaptacja; przymiarka; ♀s-fähig zdolny do przy-
stosowania się; *fig. a.* giętki; **~s-
vermögen** *n* zdolność przystoso-
wawcza *od.* adaptacyjna.
an|peilen namierzać ‹-rzyć›; **~-
pfeifen** Sp. da(wa)ć sygnał rozpoczęcia (gry); P *fig.* zburczeć *pf.*,
ofuknąć *pf.*; ♀pfiff *m* Sp. sygnał
rozpoczęcia gry; F *fig.* ruga, bura;
~pflanzen zasadzać ‹-dzić›; **~pö-
beln** F zaczepi(a)ć, nagabywać.
Anprall *m* (-*es*; -*e*) uderzenie; siła
uderzenia; ♀en (*an, gegen A*) uderzać ‹-rzyć› (o *A*), zderzać ‹-rzyć›
się (z *I*).
an|prangern (-*re*) napiętnow(yw)ać,
piętnować; **~preisen** zachwalać
‹~pressen› przyciskać ‹przycisnąć›;
♀probe *f* przymiarka; **~probieren**
przymierzać ‹-rzyć›; **~pumpen** F
pożyczać ‹-czyć› (*A/od G*); **~quat-
schen** ⊦ zagadywać ‹-dnąć›; **~ra-
ten** doradzać ‹-dzić›, ‹po›radzić;
auf ♀*raten* za poradą; **~rauchen**
zapalać ‹-lić›; **~rechnen** policzyć
pf.; zaliczać ‹-czyć› (*auf A/na*

poczet *G*); poczyt(yw)ać (*j-m, sich*
[*D*] *als/k-u*, sobie za).
Anrecht *n* prawo (*auf A/do G*).
Anrede *f* forma zwracania się *od.*
tytułowania; zwracanie się; tytuło-
wanie; ♀n *v/t* zwracać ‹zwrócić› się
(do *G*); przemawiać ‹-mówić›
(do *G*); tytułować (*A*); *j-n mit Du*
♀n mówić k-u „ty".
anreg|en ‹za›proponować, ‹za›su-
gerować, ‹za›inicjować; zachęcać
‹-cić› (*zu/do G*); *Appetit, Phantasie*: pobudzać ‹-dzić›, podniecać
‹-cić›; **~end** pobudzający (-co);
Lektüre: zajmujący (-co); ♀ung *f*
impuls, propozycja, F sugestia; *auf
♀ung z inicjatywy (G); s. Belebung;
♀ungsmittel *n* środek pobudzający.
anreicher|n (-*re*) wzbogacać ‹-cić›;
♀ung *f* wzbogacanie.
Anreise *f* przybycie, przyjazd;
podróż *f* w tę stronę; ♀n (*sn*) *s. ankommen*.
anreiße|n nadrywać ‹-derwać› (*v/i
[sn*] się); *Vorrat*: napoczynać
‹-cząć›; *Frage*: poruszać ‹-szyć›;
Tech. trasować; **~risch** krzykliwy
(-wie), natrętny.
An|reiz *m* pobudka, bodziec; ♀-
rempeln potrącać ‹-cić›; ♀rennen
(*sn; gegen*) uderzać ‹-rzyć› (o *A*),
wpadać ‹wpaść› (na *A*); *s. anstür-
men*; *angerannt kommen* nad-,
przy|biegać ‹-biec, -biegnąć›.
Anrichte *f* kredens; ♀n przyrządzać ‹-dzić›; *Schaden*: wyrządzać
‹-dzić›; *Unheil usw.*: narobić *pf.*, F
nawarzyć (*G*); *es ist angerichtet* podano do stołu.
an|rollen *v/i* (*sn*) nad-, przy|jeż-
dżać ‹-jechać›; **~rüchig** mający
złą opinię; podejrzany; **~-
rücken** *v/i* (*sn*) nadciągać ‹-gnąć›,
zbliżać ‹-żyć› się; *v/t* przysuwać
‹-unąć› (*an A/do G*); **~rudern**
rozpoczynać ‹-cząć› sezon wioślarski.
Anruf *m* zawołanie; rozmowa telefoniczna, F telefon; ♀en (*za*)wołać
(*A/na A*); (*po*)prosić (*j-n um A/k-o
o A*); wzywać ‹wezwać› (*als Zeugen* na świadka); odwoł(yw)ać się
(*A/do G*), ‹za›telefonować (*A/do
G*); **~ung** *f* wzywanie; *Jur.* odwołanie się.
anrühren dotykać ‹-tknąć› (*A/G*);
nicht ~ a. nie ruszać ‹-szyć› (*A/G*);

(*mischen*) ⟨z⟩mieszać (*mit/z I*); rozrabiać ⟨-robić⟩; *Teig a.*: rozczyni(a)ć; zaprawi(a)ć (*mit/I*).
ans = *an das.*

Ansage *f* zapowiedź *f*; oznajmienie; *Thea.* konferansjerka; **⟨n** zapowiadać ⟨-iedzieć⟩; oznajmi(a)ć; *Kampf:* wypowiadać ⟨-iedzieć⟩.

ansägen nadpiłow(yw)ać.

Ansager(in *f*) *m Rdf.* spiker(ka); *Thea.* konferansjer(ka).

ansamm|eln ⟨na⟩zbierać, ⟨na⟩gromadzić (*sich się*); **⟨lung** *f* nagromadzenie; (*v. Pers.*) zbiegowisko.

ansässig zamieszkały.

Ansatz *m s. Ansatzstück*; (*Schicht*) warstwa (*von/G*); (*Beginn*) zaczątek, pierwsze stadium; *s. a. Anlauf*; *pl. a.* pierwsze kroki *m/pl.* (zu/w kierunku *G*); *Anat.* nasada; (*a. Bot.*) przyczep; *Mus.* przysadzenie; *Hdl.* in **~** bringen obliczać ⟨-czyć⟩; gute Ansätze zeigen dobrze (się) zaczynać; **~punkt** *m* punkt wyjściowy; **~stück** *n* nasadka, przedłużacz.

ansaufen P: *sich e-n* **~** zal(ew)ać (sobie) pałę.

Ansaug|- ssący, ssawny; **⟨en** zas(y)-sać, wsysać ⟨wessać⟩; *sich* ⟨en przys(y)sać się (*an D*/do *G*).

ansäuseln F: *sich e-n* **~** ululać (*od.* wstawić) *pf.* się.

anschaff|en *v/t* kupować ⟨-pić⟩; sprawi(a)ć (*sich sobie*), naby(wa)ć; F *sich* **~en** (*Kind usw.*) mieć; *v/i* P zarabiać prostytucją, żyć z nierządu; **⟨ung** *f* kupno, nabycie, *pl. a.* zakupy *m/pl.*; *konkr.* nabytek, sprawunek; **⟨ungs-** ... nabycia *od.* zakupu.

anschau|en *s. ansehen*; **~lich** poglądowy (-wo); jasny, plastyczny; **⟨ung** *f* pogląd, zapatrywanie (się); *aus eigener* ⟨ung z własnego doświadczenia; **⟨ungs-** poglądowy.

Anschein *m* pozór; *allem* **~** *nach* według wszelkiego prawdopodobieństwa; *sich den* **~** *geben* stwarzać pozory (*G*), uda(wa)ć (*A*); **⟨end** *Adv.* widocznie.

anscheißen V *fig.* orznąć ⟨orznąć, orżnąć⟩; *s. anschnauzen*.

anschicken: *sich* **~** zab(ie)rać się, szykować się (zu/do *G*).

anschie|ßen popychać ⟨-pchnąć⟩; **~ßen** postrzelić *pf.*, ⟨z⟩ranić.

Anschlag *m* uderzenie (*a. Mus.*); *Tech.* zderzak, ogranicznik ruchu;

s. Aushang, Attentat; (*0*): *in* **~** *gehen*, *im* **~** *liegen* składać ⟨złożyć⟩ się do strzału; *Waffe: in* **~** *bringen*, halten ⟨wy⟩mierzyć (z *G*); **~brett** *n* tablica ogłoszeń; **⟨en** *v/i* uderzać ⟨-rzyć⟩ (*an A*/o *A*); *Glocke, Uhr:* ⟨za⟩dzwonić; *Arznei, Kur:* ⟨po⟩skutkować; *Hund:* zaszczekać *pf.*; dotykać ⟨-tknąć⟩ ściany; *v/t s. annageln*; *Plakat:* wywieszać ⟨-esić⟩; uderzać ⟨-rzyć⟩ (*A*/w *A*); *Ton:* po-d(aw)ać; *s. angeschlagen, beginnen*; **~säule** *f* słup ogłoszeniowy.

anschleichen: *sich* **~** (*h*) podkradać ⟨-raść⟩ się (*an A*/do *G*).

anschleppen F przywlekać ⟨-ec⟩, przytaszczyć *pf.*; (*j-n*) przyprowadzać ⟨-dzić⟩ ze sobą.

anschließen zabezpieczać ⟨-czyć⟩ przez zamknięcie na zamek; *s.* anketten; *fig. s.* anfügen, verbinden; *sich* **~** przylegać (*an A*/do *G*); (*folgen*) następować ⟨-tąpić⟩ (*an A*/po *L*); (*Pers.*) przy-, do|łączać ⟨-czyć⟩ się (*D*/do *G*); **~d** dalszy, późniejszy; *Adv.* następnie, potem, w dalszym ciągu.

Anschluß *m* połączenie (*a. Esb.*, *Fmw.*); po-, (*a. Pol.*) przy|łączenie; *El., Fmw. a.* podłączenie; *konkr.* przyłącze; *fig.* den **~** *verlieren* stracić kontakt; F den **~** suchen szukać partnera *od.* towarzystwa; *im* **~** *an* (*L*); **~bahn** *f* bocznica połączeniowa; **~dose** *f* gniazdko wtyczkowe; **~gleis** *n* tor połączeniowy; **~kabel** *n* kabel połączeniowy; **~stück** *n*, **~stutzen** *m* łącznik rurowy, złączka, przyłącze; **~treffer** *m Sp.* bramka zmniejszająca prowadzenie przeciwnika do jednego punktu.

anschmieg|en: *sich* **~en** (*an A*) *Kind:* przytulać ⟨-lić⟩ się (do *G*); *fig.* (*Kleid*) przylegać; przywierać ⟨przywrzeć⟩ (do *G*); **~sam** przymilny, F przylepny.

anschmieren mazać (*sich się*); F *fig.* ⟨wy⟩kantować, oszwabi(a)ć.

anschnall|en przypinać ⟨-iąć⟩; *sich* **~en** zakładać ⟨założyć⟩ pas bezpieczeństwa; **⟨gurt** *m* pas bezpieczeństwa.

an|schnauzen F (*-zt*) ⟨z⟩besztać, skrzyczeć *pf.*; **~schneiden** nacinać ⟨-iąć⟩; *s. ansägen*; *Brot:* nadkrajać ⟨-roić⟩; *Frage:* poruszać ⟨-szyć⟩.

Anschovis *f* (-; -) sardela.

anschrauben przyśrubow(yw)ać, przymocow(yw)ać śrubami.

anschreiben napisać *pf.*; *s. notieren*; ~ *lassen* brać ⟨wziąć⟩ na kredę; *schlecht angeschrieben sein* mieć złą opinię, P mieć krechę (*bei/u G*).

anschreien *v/t* krzyczeć ⟨-knąć⟩, wrzeszczeć ⟨wrzasnąć⟩ (na *A*).

Anschrift *f* adres. [⟨ung *f* zarzut.]

anschuldig|en obwini(a)ć(*G/o A*); ⟨

an|schwärzen F oczerni(a)ć; **~schweißen** przyspawać *pf.*; **~schwellen** *v/i* (*sn*) ⟨na-, s⟩puchnąć, na-, o|brzmie(wa)ć; (*Fluß*) wzbierać ⟨wezbrać⟩; (*Akten usw.*) ⟨na⟩pęcznieć; (*Musik, Lärm*) wzmagać ⟨wzmóc⟩ się; **~schwellung** *f* obrzęk, obrzmienie; **~schwemmen** nanosić ⟨-nieść⟩, osadzać ⟨-dzić⟩; **~schwindeln** F okłam(yw)ać.

ansehen *v/t* ⟨po⟩patrzeć, patrzyć, spoglądać ⟨spojrzeć⟩ (na *A*); (*auffassen*) zapatrywać się (na *A*); (*halten für*) uważać, mieć, poczytywać (*als/za A*); (*j-m et.*) pozna(wa)ć, widzieć (coś po *L*); F *sich ~ wie* wyglądać jak; *hübsch anzusehen* (aż) miło ⟨po⟩patrzeć; *sich* (*D*) *et. ~* przyglądać ⟨przyjrzeć⟩ się (*D*), oglądać ⟨obejrzeć⟩ ⟨sobie⟩ (*A*); *sieh mal an!* popatrz no!

Anseh|en *n* (*-s; 0*) obejrzenie, oglądanie; (*Achtung*) poważanie, szacunek; *ohne ~en der Person* bez względu na osobę; **~nlich** znaczny, pokaźny; (*stattlich*) postawny, okazały (*-le*).

an|seilen przywiąz(yw)ać do liny *od.* liną (*sich* się); **~sengen** osmalać ⟨-lić⟩.

ansetzen *v/t* przystawi(a)ć (*a. Essen*); przykładać ⟨przyłożyć⟩ (*an A/ do G*); *Blutegel*: ⟨po⟩stawić; *Saum*: nadsztukow(yw)ać; *Termin, Arbeiter*: wyznaczać ⟨-czyć⟩ (*auf, an A/do G*); *Rost, Knospen usw.*: pokry(wa)ć się (*I*); *Bowle*: zal(ew)ać (*I*), (*a. Essen*) nastawi(a)ć; *Fett ~* ⟨u⟩tyć; *v/i* zab(ie)rać się, szykować się (*zu/ do G*); (*zur Landung*) podchodzić ⟨podejść⟩ (*do G*).

Ansicht *f* widok; zdanie, pogląd; *zur ~ do obejrzenia; do wglądu; meiner ~ nach* moim zdaniem.

Ansichts|karte *f* widokówka; **~sache** *f* rzecz gustu, kwestia zapatrywania; **~sendung** *f* przesyłka próbna.

ansied|eln osiedlać ⟨-lić⟩ (*sich* się); **⟨ung *f* osada, osiedle.**

Ansinnen *n* żądanie, wymaganie.

anspann|en *Pferd:* zaprzęgać ⟨-prząc, -gnąć⟩; *Seil, Muskel:* napinać ⟨-iąć⟩, naprężać ⟨-żyć⟩; *Kräfte:* wytężać ⟨-żyć⟩; **⟨ung *f* naprężenie, natężenie; napięcie.**

an|sparen zaoszczędzić *pf.*, uzbierać *pf.*; **~speien** *s. anspucken.**

Anspiel *n Sp.* zagrywka; *KSp.* zagranie; **⟨en** *v/i* (*auf A*) mieć na myśli (*A*); ⟨z⟩robić aluzję (*do G*); *KSp.* zagr(yw)ać; *v/t Mus.* zagrać *pf.* (*A*, na *L*); **~ung** *f* aluzja, (*bissig a.*) przymówka, przytyk.

anspinnen F *fig.*: *sich ~* nawiąz(yw)ać się.

anspitzen ⟨za⟩ostrzyć, ⟨za⟩temperować.

Ansporn *m* (*-es; 0*) bodziec, zachęta; **⟨en** *v/t* spinać ⟨spiąć⟩ ostrogami, *fig.* (*zu/do G*) doda(wa)ć bodźca (*D*), zachęcać ⟨-cić⟩ (*A*).

Ansprache *f* przemowa; *e-e ~ halten* przemawiać ⟨-mówić⟩.

ansprechen *v/t* zagadywać ⟨-dnąć⟩ (*A; um A/o A*); odzywać ⟨odezwać⟩ się (*do G*); *vgl. anreden*; (*gefallen*) ⟨s⟩podobać się (*D*); *Gefühl, Phantasie:* przemawiać ⟨-mówić⟩ (*do G*); *v/i* ⟨za⟩reagować; **~d** ujmujący (*-co*), pociągający (*-co*).

an|springen *v/t* skakać ⟨skoczyć⟩ (na *A*); *v/i* (*sn*) (*Motor*) zaskakiwać ⟨-skoczyć⟩, zapalać ⟨-lić⟩; **~spritzen** obryzg(iw)ać; *s. besprühen.*

Anspruch *m* wymaganie, roszczenie; prawo, tytuł (*auf A/do G*); *Ansprüche stellen a.* wysuwać ⟨-unąć⟩ pretensje; *in ~ nehmen* ⟨za⟩absorbować, zajmować; (*Hilfe usw.*) ⟨s⟩korzystać (*A/z G*); **⟨s·los** skromny, niewymagający; **⟨s·voll** wymagający; *Werk:* ambitny.

an|sprühen oprysk(iw)ać; **~spukken** *v/t* oplu(wa)ć (*A*), ⟨na⟩pluć (na *A*); **~spülen** wyrzucać ⟨-cić⟩ na brzeg; *s. anschwemmen;* **~stacheln** (*-le*) pobudzać ⟨-dzić⟩ (*zu/do G*); *s. anspornen, aufwiegeln.*

Anstalt *f* zakład, instytucja; (*Heim*) dom; *s. Heil-, Strafanstalt usw.;* **~en machen** ⟨po⟩czynić przygotowania; **~s-** zakładowy, *engS.* szpitalny, więzienny *usw.*

Anstand *m* (*-s; 0*) przyzwoitość *f*; (*pl. ~e*) *s. Anstoß, Bedenken;* *österr.*

keine Anstände haben nie mieć żadnych trudności (*mit/z I*).

anständig przyzwoity (-cie) (*a.* F, *Bezahlung usw.*); F (*beträchtlich*) porządny, spory (-ro); (*ehrbar*) uczciwy (-wie); 2**keit** *f* (*0*) uczciwość *f*; *s. Anstand.*

Anstands|dame *f* przyzwoitka; 2**halber** dla przyzwoitości, dla formy; 2**los** bez (żadnych) trudności *od.* zastrzeżeń; ~**regeln** *f/pl.* zasady przyzwoitości *od.* dobrego wychowania.

anstarren *v/t* wpatrywać ⟨-trzeć⟩ się, wlepi⟨a⟩ć wzrok (w *A*); *s. anglotzen.*

an'statt *Prp.* (*G*) zamiast (*G*); *Kj.* ~ *daß* zamiast tego, by.

anstechen naku(wa)ć; *s. anzapfen.*

ansteck|en przypinać ⟨-iąć⟩, przyszpilać ⟨-lić⟩; *Ring:* wkładać ⟨włożyć⟩; *Haus:* podpalać ⟨-lić⟩; *Zigarette, Licht:* zapalać ⟨-lić⟩; *s. infizieren;* ~**end** zakaźny, (*a. fig.*) zaraźliwy (-wie); 2**nadel** *f* szpilka; broszka; 2**ung** *f* zakażenie, zarażenie; 2**ungsherd** *m* ognisko zarazy, źródło infekcji.

an|stehen (*geziemen*) wypadać; *Termin:* być wyznaczonym; (*a. sn*) stać w kolejce *od.* F w ogonku (*nach/po A*); ~**steigen** (*sn*) wzrastać ⟨-rość⟩; (*Weg*) wznosić się; (*Wasser*) wzbierać ⟨wezbrać⟩; *vgl. steigen.*

an'stelle (*G*) zamiast, w miejsce (*G*). **anstellen** przystawi⟨a⟩ć (*an A/do G*); *Pers.* zatrudni⟨a⟩ć; ⟨za⟩angażować; (*machen*) ⟨z⟩robić, ⟨u⟩czynić; *Unfug:* ⟨na⟩broić, ⟨s⟩płatać; *Überlegungen:* snuć; *Recherchen:* przeprowadzać ⟨-dzić⟩; *s. andrehen;* *sich* ~ stawać ⟨stanąć⟩ w kolejce *od.* F w ogonku (*nach/po A*); *s. sich aufführen; sich dumm* ~ być niezręcznym; *sich geschickt* ~ zab⟨ie⟩rać się sprytnie (*bei/do G*).

anstell|ig zręczny, sprytny; 2**ung** *f* przyjmowanie do pracy, ⟨za⟩angażowanie; *konkr.* posada.

ansteuern brać ⟨wziąć⟩ kurs (*A/na A*); *fig.* zmierzać ⟨do G⟩, planować (*A*).

Anstieg *m* (-*es; selt. -e*) wznoszenie się; (*d. Preise usw.*) wzrost; (*d. Wassers*) przybór, wezbranie; *vgl. Aufstieg.*

anstieren *s. anstarren, anglotzen.*

anstift|en (*j-n zu*) poduszczać

⟨-czyć⟩, namawiać ⟨-mówić⟩ (*do G*); (*anzetteln*) podjudzać ⟨-dzić⟩, podżegać (*do G*); (*et.*) *s. anrichten, anstellen;* 2**er** *m* podżegacz; inicjator; 2**ung** *f* namowa, poduszczenie; podżeganie.

an|stimmen ⟨za⟩intonować, zanucić *pf.*; ~**stinken** P *s. anwidern.*

Anstoß *m* impuls, podnieta; (*Ärgernis*) zgorszenie; *Ball-Sp.* wybicie piłki; *fig. der erste* ~ inicjatywa; ~ *nehmen* ⟨z⟩gorszyć się (*an D/I*); 2**en** *v/t* potrącać ⟨-cić⟩ (*a. v/i* [*sn*]) *an A/o A*), (z lekka) uderzać ⟨-rzyć⟩; (*schubsen*) popychać ⟨-pchnąć⟩; *den Ball* 2**en** rozpoczynać ⟨-cząć⟩ grę *od.* mecz; *v/i s. angrenzen; mit den Gläsern* 2**en** trącać ⟨-cić⟩ (*od.* stukać ⟨-knąć⟩) się kieliszkami; *auf j-s Gesundheit* 2**en** ⟨wy⟩pić zdrowie (*G*); *mit der Zunge* 2**en** seplenić; 2**end** (*0*) przyległy.

an|stößig gorszący (-co); ~**strahlen** oświetlać ⟨-lić⟩ (reflektorami); ~**streben** *v/t* dążyć (do *G*), starać się (o *A*).

anstreich|en ⟨po⟩malować, pociągać ⟨-gnąć⟩, powlekać ⟨-lec⟩ (*mit/ I*); *Fehler:* pod-, za|kreślać ⟨-lić⟩; 2**er** *m* malarz (pokojowy).

anstreng|en na-, wy|tężać ⟨-żyć⟩, wysilać ⟨-lić⟩ (*sich się*); (*ermüden*) ⟨z⟩męczyć (*sich się*); *Prozeß:* wytaczać ⟨-toczyć⟩; *s. angestrengt;* 2**ung** *f* wysiłek; *pl. a.* starania *n/pl.*

Anstrich *m* (po)malowanie, powlekanie (*I*); *konkr.* powłoka; *fig.* wygląd; odcień *m*, posmak; *s. Anschein.*

an|stückeln nadsztukow(yw)ać; 2**sturm** *m* natarcie; (*Andrang*) natłok, ścisk; run; ~**stürmen** (*gegen*) ⟨za⟩atakować (*A*), przypuszczać ⟨-uścić⟩ szturm (*do G*).

ant'arktisch antarktyczny.

antasten *Thema:* dotykać ⟨-tknąć⟩ (*A/G*); *Recht:* naruszać ⟨-szyć⟩, ⟨po⟩gwałcić.

Anteil *m* udział (*an D/w L*); *fig.* ~ *nehmen an* (*D*) okaz(yw)ać zainteresowanie (*I*); *a.* = ~**nahme** *f* współczucie; zainteresowanie; *j-m s-e* ~ *nahme aussprechen* składać ⟨złożyć⟩ wyrazy ubolewania (*D*); 2**ig** proporcjonalny, procentowy; ~**s·eig·ner** *m* udziałowiec.

An'tenne *f* antena; *Zo. a.* czułek; ~**n-** antenowy, ...anteny.

Antholo'gie f antologia.

Anthra'|kose f (0) Med. węglica; **~'zit** m (-es; 0) antracyt.

anthropo'logisch antropologiczny.

Anti|alko'holiker m przeciwnik alkoholu; **~'babypille** F f pigułka antykoncepcyjna; **~bi'otikum** n (-s; -ka) antybiotyk; **~¡fa'schistisch** antyfaszystowski.

an'tik antyczny; **2e** f (0) antyk, starożytność f; pl. s. Antiquität.

Anti'lope f antylopa.

antima'gnetisch niemagnetyczny.

Anti'mon n (-s; 0) antymon; **~-** in Zssgn antymonowy.

Antipa'thie f antypatia.

antippen (lekko) dotykać (-tknąć); fig. napomykać (-mknąć) (A/o L).

Anti'qu|ar m (-s; -e) antykwariusz; **~a'riat** n (-s; -e) antykwariat, antykwarnia; **2'arisch** antykwarski, antykwaryczny.

anti'quiert przestarzały, przeżyty.

Antiqui'tät f antyk; **~enladen** m sklep z antykami.

anti|se'mitisch antysemicki; **~'septisch** antyseptyczny; **~'statisch** antyelektrostatyczny; **~'zyklisch** niecykliczny.

Antlitz n (-es; -e) oblicze.

Antrag m (-es; ¬e) wniosek; (Gesuch) podanie; e-m Mädchen e-n ~ machen ⟨po⟩prosić o rękę (A); **2en** ⟨za⟩proponować, ⟨za⟩ofiarować; **~steller** m wnioskodawca m; petent.

antreffen zasta⟨wa⟩ć (bei/przy, A, u G); (begegnen) spot⟨y⟩kać.

antreib|en v/t po-, fig. a. na|ganiać ⟨-gonić⟩, popędzać ⟨-dzić⟩ (zu/do G); (zwingen, treiben zu et.) zmuszać ⟨-usić⟩, naglić (zu/do G); Tech. napędzać, poruszać; v/i (Treibgut) wyrzucać ⟨-cić⟩ na brzeg; **2er** m verä. poganiacz.

antreten v/t Reise: rozpoczynać ⟨-czać⟩; Erbe, Dienst: obejmować ⟨objąć⟩; Beweis: przeprowadzać ⟨-dzić⟩; v/i (sn) stawi⟨a⟩ć się (bei, zu/do G); Mil. ustawi⟨a⟩ć się (in Linie w szeregu); stawać ⟨stanąć⟩ (zum Kampf do walki).

Antrieb m pobudka, bodziec; impuls; Tech. napęd; aus eigenem ~ z własnej inicjatywy, samorzutnie.

Antriebs|- s. Treib-; **~kraft** f siła napędu; **2los** bezsilnikowy (-wo), bez napędu; **~stufe** f człon napędowy; **~welle** f oś napędowa.

antrinken nad-, u|pi⟨ja⟩ć (A/G); sich (D) Mut ~ podpić sobie dla odwagi.

Antritt m s. Beginn; (Dienst2) objęcie; **~s·besuch** m wizyta wstępna; **~s·rede** f mowa inauguracyjna.

antrocknen v/i (sn) przysychać ⟨przyschnąć⟩.

antun wyrządzać ⟨-dzić⟩ (sich [D] sobie); Gutes: okaz⟨yw⟩ać; Gewalt ~ zada⟨wa⟩ć gwałt, ⟨z⟩gwałcić; F sich (D) et. ~ targnąć się na swoje życie; es j-m angetan haben haben oczarować (A), podobać się (D).

Antwort f odpowiedź f; **2en** (-e-) odpowiadać ⟨-wiedzieć⟩ (a. fig.), odrzec pf., (nur im Prät.) odeprzeć pf.; **~schreiben** n odpowiedź (na piśmie, listowna).

anvertrauen (-) powierzać ⟨-rzyć⟩ (sich j-m się k-u); Geheimnis: zwierzać ⟨-rzyć⟩; s. a. (sich) offenbaren.

an|visieren (-) ⟨wy⟩celować (A/w A); skierow⟨yw⟩ać (A mit/A na A); **~wachsen** v/i (sn) przyrastać ⟨-rosnąć, -rość⟩; s. ansteigen, zunehmen.

Anwalt m (-es; ¬e) adwokat; (Sprecher) rzecznik; s. Staatsanwalt, Verteidiger; **~s-** adwokacki; **~schaft** f adwokatura, palestra.

An|wandlung f przystęp; **2wärmen** podgrz⟨ew⟩ać; **~wärter** m kandydat (na A); pretendent (do G); **~wartschaft** f kandydatura; prawo, roszczenie; staż kandydacki.

anweis|en przydzielać ⟨-lić⟩; Geld: polecać ⟨-cić⟩ wypłatę, ⟨wy⟩asygnować; vgl. überweisen; Platz usw.: wyznaczać ⟨-czyć⟩; (beauftragen) polecać ⟨-cić⟩, nakaz⟨yw⟩ać; s. anleiten; **2ung** f polecenie, nakaz; (Geld2) polecenie wypłaty, asygnata; s. Überweisung, Zuteilung, Anleitung.

anwend|bar **~bar** sein znajdować ⟨znaleźć⟩ zastosowanie; **~en** (L. od. -e-) uży⟨wa⟩ć, ⟨za⟩stosować; **2ung** f użycie; (za)stosowanie; Med. zabieg.

anwerb|en ⟨z⟩werbować, rekrutować; Mil. sich ~en lassen zaciągnąć się (zu/do G); **2ung** f werbunek, rekrutacja; Mil. a. zaciąg.

Anwesen n posiadłość (ziemska); (Gehöft) obejście.

anwesen|d obecny; **~d** sein być obecnym; die 2den obecni m/pl., audytorium *n*; ♀**heit** *f* (0) obecność *f*; *s.* Aufenthalt, Auftreten; ♀**heits-liste** *f* lista obecności.

an|widern: ... *widert mich an* ... budzi we mnie wstręt, ... napełnia mnie odrazą; **~winkeln** ⟨-*le*⟩ *Beine*: podkurczać ⟨-czyć⟩; *Arme*: zginać ⟨zgiąć⟩; ♀**wohner** *m s.* Anlieger, Nachbar; ♀**wurf** *m fig.* zarzut, oszczerstwo; *Sp.* pierwszy rzut; **~wurzeln** ⟨*sn*⟩ zakorzeni(a)ć się; *s.* angewurzelt.

Anzahl *f* (0) liczba; ilość *f*; ♀**en** zadatkować *pf.*; **~ung** *f* zadatek, wpłata a conto.

anzapfen *Faß*: napoczynać ⟨-cząć⟩ *Fmw.* podłączać ⟨-czyć⟩ się do ⟨*G*⟩; F ⟨*j-n*⟩ naciągać ⟨-gnąć⟩ ⟨*um/na A*⟩.

Anzeichen *n* oznaka; ⟨*Spur*⟩ znak, ślad; ⟨*Symptom*⟩ objaw ⟨*für/G*⟩; erste **~** *a.* zwiastuny *m/pl.*

Anzeige *f* anons, ogłoszenie; ⟨*Meldung*⟩ zgłoszenie; zawiadomienie; *Jur.* doniesienie; ⟨*Meßwert*⟩ wskazanie; ♀**n** ⟨*za*⟩anonsować, ogłaszać ⟨ogłosić⟩; zawiadamiać ⟨-domić⟩ ⟨*A/o L*⟩; ⟨*deuten auf*⟩ wskaz(yw)ać; *Diebstahl*: zgłaszać ⟨zgłosić⟩; *j-n*: donosić ⟨-nieść⟩ ⟨na *A*⟩, ⟨*za*⟩denuncjować ⟨*A*⟩; **~n-teil** *m* dział ogłoszeń; **~pflicht** *f* obowiązek zgłoszenia.

Anzeiger *m Tech.* wskaźnik; *Pers.* zgłaszający ⟨*A*⟩; ogłaszający; ⟨*Zeitungstitel*⟩ Kurier, Dziennik.

Anzeige-tafel *f Sp.* tablica wyników.

anzetteln F ⟨-*le*⟩ *Streit*: wszczynać ⟨wszcząć⟩; *Verschwörung*: ⟨u⟩knuć; *s.* anstiften.

anzieh|en *v/t* wdziewać ⟨wdziać⟩, wkładać ⟨włożyć⟩; *Schuhe a.*: obu(wa)ć; *Pers.*: ub(ie)rać ⟨sich się⟩; ⟨*her-*⟩ przyciągać ⟨-gnąć⟩ ⟨*a. fig.*⟩; *Wasser, Geruch*: nasiąkać ⟨-knąć⟩ ⟨*I*⟩; *Schraube*: przykręcać ⟨-cić⟩; *Saite, Seil*: naciągać ⟨naciągnąć⟩, napinać ⟨-iąć⟩; *vgl.* anwinkeln; *v/i* ⟨*Pferde*⟩ ruszać ⟨-szyć⟩ z miejsca; ⟨*Preise*⟩ zwyżkować; **~end** pociągający ⟨-co⟩, atrakcyjny; ♀**ung** *f* (0) przyciąganie; ⟨*a. pl.*⟩ ⟨*Reiz*⟩ powab, urok; ♀**ungs-kraft** *f* siła przyciągania; *fig.* atrakcyjność *f*.

Anzug *m* ubranie, garnitur; *im* **~** *sein* zbliżać się, nadciągać.

anzüglich dwuznaczny; ⟨*stichelnd*⟩ uszczypliwy ⟨-wie⟩; ♀**keit** *f* do-,

przy|cinek, dwuznacznik, *pl. a.* wycieczki *f/pl.* osobiste.

anzünd|en zapalać ⟨-lić⟩; *Feuer*: rozniecać ⟨-cić⟩, rozpalać ⟨-lić⟩; *Haus*: podpalać ⟨-lić⟩; ♀**er** *m* zapalniczka.

anzweifeln *v/t* wątpić ⟨w *A*⟩; poda(wa)ć w wątpliwość ⟨*A*⟩.

a'part pełen wdzięku; gustowny.

A'partment *n* ⟨-*s*; -*s*⟩ apartament.

Apfel *m* ⟨-*s*; **ⁿ**⟩ jabłko; **~baum** *m* jabłoń *f*.

Äpfelchen *n* jabłuszko.

Apfel|kuchen *m* szarlotka; jabłecznik; **~mus** *n* mus z jabłek; **~saft** *m* sok z jabłek *od.* jabłeczny; **~schimmel** *m* koń jabłkowity.

Apfel'sine *f* pomarańcza; **~n-** pomarańczowy.

Apfelwein *m* jabłecznik.

Aphthe *f Med.* pleśniawka.

Apoka'lypse *f* Apokalipsa.

Apople'xie *f* apopleksja.

A'po|stel *m* apostoł; ♀**stolisch** apostolski.

Apo'theke *f* apteka; ⟨*Haus*♀⟩ apteczka; **~n-** apteczny; ♀**pflichtig** do nabycia tylko w aptece; ♀**r**(in*f*) *m* apteka|rz ⟨-rka⟩.

Appa'rat *m* ⟨-*es*; -*e*⟩ przyrząd, ⟨*a. Fot., fig.*⟩ aparat; *am* **~**! przy telefonie!; **~bau** *m* ⟨-*es*; 0⟩ budowa przyrządów precyzyjnych; **~ur** [-'tuːʀ] *f* aparatura, urządzenie.

Appartement [-'maː/-'maŋ] *n* ⟨-*s*; -*s*⟩ apartament.

Ap'pell *m* ⟨-*s*; -*e*⟩ apel; *Mil. a.* zbiórka.

appel'lieren ⟨-⟩ ⟨*za*⟩apelować ⟨an *A*/do *G*⟩.

Ap'pellplatz *m* plac zbiórek.

Appe'tit *m* ⟨-*es*; 0⟩ apetyt; *guten* **~**! smacznego!; *mit* **~** *essen* jeść ze smakiem; ♀**anregend** pobudzający ⟨*präd.* -co na⟩ apetyt; ♀**lich** apetyczny ⟨*a. fig.*⟩, smakowity ⟨-cie⟩; **~losigkeit** *f* (0) brak apetytu *od. Med.* łaknienia.

applau'dieren ⟨-⟩ aplaudować ⟨*D*⟩.

Ap'plaus *m* ⟨-*es*; 0⟩ oklaski *m/pl.*

Appre'tur *f* apretura.

Approbati'on *f* zezwolenie na wykonywanie zawodu.

Après-Ski- [aprɛ'ʃiː] na-po-nartach.

Apri'kose *f* morela; **~n-** morelowy.

A'pril *m* ⟨-*s*; -*e*⟩ kwiecień *m*; **~** *in Zssgn* kwietniowy; *in den* **~** *schicken* oszuk(iw)ać na prima aprilis (A); **~scherz** m prima aprilis; **~wetter** n pogoda marcowa.

Aqua'planing n (-s; 0) poślizg hydrodynamiczny.

Aqua'rell n (-s; -e) akwarela; **~farbe** f farba wodna od. akwarelowa; **~malerei** f (0) malarstwo akwarelowe.

A'quari|um n (-s; -ien) akwarium n; **~en-** akwariowy.

Ä'quator m (-s; 0) równik; **Ωi'al** równikowy.

Äquiva'lent n (-es; -e) ekwiwalent.

Ära f (selt. -ren) era, epoka.

Araber(in f) m Arab(ka); (Pferd) arab.

a'rabisch arabski (po -ku).

Arbeit f praca, engS. a. robota; (Stellung a.) zatrudnienie, posada; (Schule) wypracowanie; sich an die ~ machen, an die ~ gehen brać ⟨wziąć⟩ [od. zab(ie)rać] się do roboty; in ~ sein być w robocie; **Ωen** (-e-) pracować (bei/ u G; an D/nad I; für/na A od. za A); (Maschine a.) być w ruchu.

Arbeiter m pracownik; engS. (Lohn-Ω) robotnik; **~in** f pracownica; robotnica; **~klasse** f klasa robotnicza; **~partei** f partia robotnicza; **~schaft** f (0) robotnicy m/pl.; **~selbstverwaltung** f samorząd robotniczy, **~wohnheim** n hotel robotniczy.

Arbeit|geber m pracodawca m; **~nehmer** m pracownik, pracobiorca m.

arbeitsam pracowity (-cie).

Arbeits|amt n urząd zatrudnienia, P pośredniak; **~aufwand** m nakład pracy; pracochłonność f; **~ausfall** m przestój w pracy; **~bedingungen** f/pl. warunki m/pl. pracy; **~besprechung** f narada robocza od. produkcyjna; **~biene** f pszczoła robotnica; **~brigade** f brygada robocza; **~buch** n książeczka pracy; **~dienst** m służba pracy; **~disziplin** f dyscyplina pracy; **~einheit** f jednostka pracy; Agr. dniówka obrachunkowa.

Arbeits·einsatz m: freiwilliger ~ czyn społeczny.

Arbeits|einstellung f (zur Arbeit) stosunek do pracy; s. Arbeitsniederlegung; **Ωfähig** zdolny do pracy; Alter: produkcyjny; **Ωfrei** wolny od

pracy; **Ωfreudig** chętny do pracy; **~gang** m operacja; **~gemeinschaft** f zespół roboczy; kolektyw; (Schule) grupa przedmiotowa; **~gerät** n narzędzie pracy; **~gericht** n sąd pracy; **~gespräch** n rozmowa robocza; **~gruppe** f s. Arbeitsgemeinschaft; **Ωintensiv** pracochłonny; **~kamerad** m kolega m po pracy; **~kampf** m walka ekonomiczna, engS. strajk; **~kleidung** f ubranie robocze; **~kraft** f zdolność f do pracy, wydajność f pracy; (Arbeiter) siła robocza; **~lager** n obóz pracy; **~last** f brzemię trudów; **~leistung** f sprawność f pracy; **~lohn** m płaca robocza.

arbeitslos, Ωe(r) bezrobotny; **Ωenunterstützung** f zasiłek dla bezrobotnych; **Ωenversicherung** f ubezpieczenie na wypadek bezrobocia; **Ωigkeit** f (0) bezrobocie.

Arbeits|mangel m brak pracy; **~markt** m rynek siły roboczej; **~medizin** f medycyna pracy; **~niederlegung** f przerwanie pracy, strajk; **~norm** f norma pracy; **~platz** m miejsce pracy; stanowisko robocze; **~produktivität** f wydajność f pracy; **~recht** n (-es; 0) prawo pracy; **Ωrechtlich** według prawa pracy; **Ωreich** pracowity, pełen trudów; **Ωscheu** leniwy (-wie), wymigujący się od pracy.

Arbeitsschutz m ochrona pracy; **~-Beauftragte(r)** inspektor bhp.

arbeits|sparend pracooszczędny; **Ωstätte** f warsztat pracy; **Ωstelle** f s. Arbeitsplatz; **Ωstunde** f godzina pracy; Tech., Fin. praco-, roboczogodzina; **Ωsuche** F f poszukiwanie pracy; **Ωtag** m dzień roboczy od. pracy; **Ωteilung** f podział pracy; **Ωtempo** n nurt (od. tempo) pracy; **Ωtisch** m stół do pracy, biurko; **~unfähig** niezdolny do pracy; **Ωunfall** m wypadek przy pracy; **Ωverhältnis** n stosunek pracy; **Ωvermittlung** f pośrednictwo pracy; **Ωvertrag** m umowa o pracę; **Ωvorbereitung** f przygotowanie produkcji; **Ωweise** f metoda pracy; **Ωwettbewerb** m wyścig pracy; **~willig** ohetny do pracy; °**Ωreit** f czas pracy; **Ωzeitverkürzung** f skracanie (od. skrócenie) czasu pracy; **Ωzimmer** n gabinet (do pracy), pracownia.

43*

Archäolo'gie f (0) archeologia.
Arche'arka.
Archi'pel m (-s; -e) archipelag.
architek'tonisch architektoniczny;
$\mathcal{L}$'tur f architektura.
Ar'chiv n (-s; -e) archiwum n.
arg (»er, »st-) zły (źle), kiepski (-ko);
F Adv. (sehr) bardzo, F strasznie.
argen'tinisch argentyński.
ärger Komp. gorszy, Adv. gorzej.
Ärger m (-s; 0) złość f, gniew; (Verdruß) przykrość f; ~ haben mieć kłopot (mit/z I); j-m ~ machen sprawi(a)ć kłopot (D), wpląt(yw)ać w kłopoty (A); $\mathcal{L}$lich rozgniewany, gniewny; F (unangenehm) przykry (-ro), irytujący (-co); $\mathcal{L}$n (-re) (roz)złościć, (roz)gniewać (sich się); $\mathcal{L}$ irytować; drażnić; dokuczać ⟨-czyć⟩ (D); **~nis** n (-ses; -se) przykrość f, pl. a. kłopoty m/pl.; s. a. Anstoß; $\mathcal{L}$**nis·erregend** gorszący (-co).
Arglist f (0) podstępność f, złośliwość f; konkr. podstęp; $\mathcal{L}$ig podstępny, perfidny; $\mathcal{L}$ige Täuschung podstępne zwodzenie.
arglos bez fałszu, prostoduszny; nie spodziewając(y) się niczego złego; vgl. ahnungslos. [klejszy.]
ärgst- najgorszy; Feind: najzacie-$\int$
Arg|wohn m (-s; 0) podejrzenie; s. Mißtrauen; $\mathcal{L}$**wöhnen** podejrzewać; $\mathcal{L}$**wöhnisch** s. mißtrauisch.
Arie f aria.
Ariër(in f) m aryj|czyk (-ka).
aristo'kratisch arystokratyczny.
Arit'me|tik f (0) arytmetyka; $\mathcal{L}$**tisch** arytmetyczny.
arktisch arktyczny.
arm (»er, »st-) biedny (a. fig.), ubogi (an/w A); »er Schlucker, Teufel nieborak, biedaczysko; der $\mathcal{L}$e ubogi m, biedak; die $\mathcal{L}$en a. biedota; ~ werden ⟨z⟩ubożeć.
Arm m (-es; -e) ręka; ramię (a. Tech.); (Fluß$\mathcal{L}$) odnoga; ~ in ~ pod rękę; in die ~e schließen chwycić w objęcia od. w ramiona, ⟨u⟩ściskać; unter den ~e pod pachą; fig. j-m unter die ~e greifen pomagać ⟨pomóc⟩ (D); F j-n auf den ~ nehmen nab(ie)rać (A).
Arma'tur f armatura, osprzęt; **~en·brett** n tablica przyrządów.
Arm·ausschnitt m podcięcie pachy.
Armband n bransolet(k)a; **~uhr** f zegarek naręczny od. na rękę.

Arm|beuge f Anat. zgięcie łokciowe; **~binde** f opaska (na ramieniu); **~bruch** m złamanie ręki; **~brust** f kusza.
Ar'mee f armia; **~korps** n korpus armijny; **~stab** m sztab armii.
Ärmel m rękaw; **~aufschlag** m mankiet, wyłóg u rękawa; **~brett** n rękawnik; $\mathcal{L}$los bez rękawów; **~schoner** m zarękawek; **~streifen** m Mil. pasek na rękawie.
Armenhaus n przytułek dla ubogich.
ar'menisch armeński (po -ku), ormiański (po -ku).
Armen|recht n (-es; 0) Jur. prawo ubogich; **~viertel** n dzielnica nędzy.
ar'mieren (-) Arch. s. bewehren.
Armleuchter m świecznik; verä. bałwan, dureń m.
ärmlich ubogi (-go).
Armreif m bransolet(k)a.
armselig nędzny; (dürftig) marny, lichy, F dziadowski.
Arm|sessel m fotel; **~stütze** f podłokietnik.
Armut f (0) bieda, nędza; (Kargheit) ubóstwo; **~s·zeugnis** n świadectwo ubóstwa od. fig. braku kultury.
Armvoll m (unv.) naręcze.
Arnika f kupalnik górski, arnika.
A'roma n (-s; -men) aromat; $\mathcal{L}$**tisch** [-'maː-] aromatyczny, wonny.
Aronstab m Bot. obrazki m/pl.
Arrak m (-s; -e/-s) arak.
Arran|gement [arãʒə'mãˑ, arãʒə-'maŋ] n (-s; -s) układ; urządzenie; Mus. opracowanie; $\mathcal{L}$**gieren** [-'ʒiː-] (-) ⟨za⟩aranżować, urządzać ⟨urządzić⟩.
Ar'rest m (-es; -e) areszt; (dinglich a.) zajęcie.
Arre'tiervorrichtung f zatrzymywacz.
arri'viert znany, wzięty.
arro|'gant arogancki (-ko); $\mathcal{L}$'**ganz** f (0) arogancja.
Arsch V m (-es; »e) dupa, tyłek; **~loch** V n dupa.
Ar'sen n (-s; 0) arsen; **~** in Zssgn arsenowy.
Arse'nal n (-s; -e) arsenał, zbrojownia.
Ar'senik n (-s; 0) arszenik; **~** in Zssgn arszenikowy.
Art f rodzaj; gatunek (a. Bio.); (Weise) sposób; (Wesen) usposobie-

nie; *nach seiner* ~ na swoj sposób, po swojemu; *auf diese* ~ *(und Weise)* w ten sposób; *dieser* ~ tego rodzaju; *aus der* ~ *schlagen* wyradzać ⟨-rodzić⟩ się.

Ar'terie *f* tętnica, (*a. fig.*) arteria; **~n·verkalkung** *f* miażdżyca tętnic.

ar'tesisch artezyjski.

artfremd (0) obcy, odmienny.

Ar'thritis *f* (0) zapalenie stawu; (*Gicht*) artretyzm.

artig grzeczny; **♀keit** *f* grzeczność *f*.

Ar'tikel *m* artykuł; *Gr.* rodzajnik.

Artille·'rie *f* artyleria; **~'rie-** artyleryjski; **~'rist** *m* (*-en*) artylerzysta *m*.

Arti'schocke *f* karczoch.

Ar'tist *m* (*-en*) artysta cyrkowy, *F* cyrkowiec; **~in** *f* artystka cyrkowa, *F* cyrkówka.

Arz'nei *f* lek(arstwo); **~mittel** *n* środek leczniczy; **~mittelkunde** *f* wiedza o lekach.

Arzt *m* (*-es*; *"e*) lekarz.

Ärzte·kammer *f* izba lekarska.

Arzthelfer(in *f*) *m* felczer(ka).

Ärzt|in *f* lekarka; **♀lich** lekarski; **♀-lich empfohlen** zalecony przez lekarza.

As *n* (*-ses*; *-se*) as (*a. fig.*).

As'best *m* (*-es*; *-e*) azbest; **~-** *in Zssgn* azbestowy.

asch|blond (0) popielaty blond, płowy (*-wo*); **♀e** *f* popiół; (*e-s Toten*) popioły *m/pl.*, prochy *m/pl.*

Aschenbahn *f* bieżnia żużlowa; tor żużlowy, **~rennen** *n* zawody *m/pl.* żużlowe.

Aschen|becher *m* popielniczka; **~brödel** *n* Kopciuszek.

Ascher *F m* popielniczka; **~mittwoch** *m* środa popielcowa, Popielec.

aschgrau (0) popielaty (*-to*).

äsen żerować, paść się.

a'septisch aseptyczny, jałowy (*-wo*).

Asi'at *m* (*-en*), **~in** *f* Azjat|a *m* (*-ka*); **♀isch** azjatycki.

As'ke|se *f* (0) asceza, umartwianie się; **~t** *m* (*-en*) asceta *m*; **♀tisch** ascetyczny.

asozi'al aspołeczny.

Askor'binsäure *f* (0) kwas askorbinowy.

A'sopart *m* (*-es*; *-e*) ... ; *Gr. ...* rodzaj czynności.

As'phalt *m* (*-es*; *-e*) asfalt; **~-** *in Zssgn* asfaltowy; **~ieren** [-'ti:-] (-) asfaltować.

As'pik [*a.* '*as-*] *m od. n* (*-s*; *-e*) galaret(k)a.

aß *Prät. v. essen.*

Asseln *f/pl. Zo.* równonogi *m/pl.*

Assimilati'on *f* asymilacja; *Bio.* przyswajanie.

Assi's|tent *m* (*-en*), **-tin** *f* asystent (*-ka*); **~tenz** *f* asystowanie, asysta; **♀tieren** (-) asystować.

assozi'iert stowarzyszony.

Ast *m* (*-es*; *"e*) gałąź *f*, konar; (*Knorren*) sęk; **♀en** *P* (*-e-*) dźwigać, taszczyć; (*laufen*) drałować, zapychać.

Aster *f* (*-*; *-n*) aster *m*.

Astgabel *f* rozgałęzienie.

äs'thetisch estetyczny.

Asthma *n* (*-s*; 0) astma; **♀tisch** [-'ma-] astmatyczny.

astrein *F* (0) *fig.* pewny, godny zaufania.

Astro·'loge *m* (*-n*) astrolog; **~lo'gie** *f* (0) astrologia; **~'naut** *m* (*-en*) astronauta *m*; **~no'mie** *f* (0) astronomia; **♀'nomisch** astronomiczny.

A'syl *n* (*-s*; *-e*) przytułek; *Pol.* azyl; **~gewährung** *f* udzielenie azylu; **~recht** *n* (*-es*; 0) prawo azylu.

asym'metrisch asymetryczny.

Atelier [-'lie:] *n* (*-s*; *-s*) pracownia; (*Film♀*) atelier *n*; **~-** *in Zssgn* atelierowy.

Atem *m* (*-s*; 0) oddech, dech; **~ holen** nab(ie)rać tchu; *mit angehaltenem* **~,** *außer* ~ *s.* atemlos; *außer* ~ *kommen* zdyszeć się; *F j-n in* ~ *halten* nie dać odetchnąć (*D*); (*in Spannung*) trzymać w napięciu (*A*); *in e-m* ~ jednym tchem; **♀beraubend** zapierający dech; **~gerät** *n* respirator izolujący; **♀los** zdyszany, bez tchu; *z zapartym tchem; Stille:* pełen napięcia; **~maske** *f Med.* respirator; **~not** *f* (0) duszność *f*; **~pause** *f* chwila wytchnienia; **~stillstand** *m Med.* bezdech; **~wege** *m/pl.* drogi oddechowe; **~zug** *m* wdech (i wydech); tchnienie.

Athe'is|mus *m* (*-*; 0) ateizm; **~t** *m* (*-en*) ateista *m*.

Äther *m* (*-s*; 0) eter; **~** *in Zssgn* eterowy; *... eteru;* **♀isch** [-'te:-] eteryczny.

äthi'opisch etiopski (po -ku).

A'thlet *m* (*-en*) atleta *m*; **~ik** *f* (0) atletyka; **♀isch** atletyczny.

A'thyl *n* (*-s*; 0) etyl; **~** *in Zssgn* etylowy.

at'lantisch atlantycki.

Atlas *m* (-es; -'lanten) atlas; (*pl.* -e) *Text.* atłas; ~ *in Zssgn* atłasowy.

atmen (-e-) *v/i* oddychać; *v/t* wdychać; *fig.* tchnąć (*A/I*).

Atmo'sphär|e *f* atmosfera (*a. fig.*); **~en-**, **Qisch** atmosferyczny.

Atmung *f* (0) oddychanie, oddech.

atmungs|aktiv *Stoff*: przewiewny; **Qgerät** *n s. Atemgerät;* **Qorgan** *n* narząd oddechowy.

A'tom *n* (-s; -e) atom; **Qar** [-'mɑ:ʀ] atomowy; *s. Kern-;* **~bombe** *f* bomba atomowa, F atomówka; **Q-getrieben** o napędzie atomowym; **~kern** *n* jądro atomu; **~müll** *m* odpady *m/pl.* atomowe; **~mülldeponie** *f* mogilnik; **~schutzbunker** *m* schron przeciwatomowy; **~spaltung** *f* rozszczepienie atomu; **~unterseeboot** *n* atomowy okręt podwodny; **Qwaffenfrei** bezatomowy; **~wissenschaftler** *m* uczony-atomista *m*.

Atro'phie *f* (0) atrofia, zanik.

At'tack|e *f* atak (*a. Med., fig.*), szarża; **Qieren** [-'ki:-] (-) 〈za〉atakować.

Atten'|tat [*a.* 'a-] *n* (-es; -e) zamach; **~täter** *m* zamachowiec.

At'test *n* (-es; -e) świadectwo, zaświadczenie; **Qieren** [-'ti:-] (-) po-, zaświadczać 〈-czyć〉.

Attrak|ti'on *f* atrakcja; **Q'tiv** atrakcyjny, pociągający 〈-co〉.

At'trappe *f* atrapa, imitacja.

Attri'but *n* (-es; -e) cecha, właściwość *f*; *Gr.* przydawka; **Qiv** [-'ti:f] przydawkowy 〈-wo〉.

ätz|en (-zt) wytrawi(a)ć, trawić; *s. zerfressen;* **~end** żrący 〈-co〉, gryzący 〈-co〉; *fig. a.* zjadliwy 〈-wie〉; **Q-kalk** *m* wapno palone; **Qnatron** *n* soda żrąca *od.* kaustyczna.

Aubergine [o'bɛr'ʒi:nɑ] *f* oberżyna.

auch *Kj.* także, też, również; (*selbst, sogar*) choćby, nawet; *sowohl ... als ~ ...* zarówno ... jak i ...; *wenn ~* chociaż, aczkolwiek; *~ noch* jeszcze; *was, wer, wo usw. ~ immer* co-, kto-, gdzie|kolwiek (by); *du mußt ~ immer ...! ciże* też musisz zawsze *od.* stale ...!

audi|ovisu'ell audiowizualny; **Q'to-rium** *n* (-s; -ien) audytorium *n*.

Aue *f* błonie, łąka.

Auer|hahn *m* głuszec; **~ochse** *m* tur.

auf *Prp.* na (*A/A; D/L*); (*zeitl. nacheinander*) po (*A/I*); (*in Richtung*) w kierunku (*A/G*); (*zu e-m Ziel*) do (*A/G*); (= *in*) w (*D/L*); ~ *der linken*

Seite po lewej stronie; *Stunde ~ Stunde* godzina za godziną; *Recht ~* (*A*) prawo do (*G*); ~ *der Schule* w szkole; ~ *einmal* nagle; *bis ~ den letzten ... do ostatniego ...; Adv. ~, an die Arbeit!* do roboty!; F *er ist ~ und davon* (i) już go nie było; *von Jugend ~* od młodości; *s. a. ab, Art, deutsch, Stelle usw.*

auf|arbeiten odrabiać 〈-robić〉; *Kleid usw.*: odświeżać 〈-żyć〉; **~atmen** odetchnąć *pf.*; **~backen** odświeżać 〈-żyć〉 (czerstwe pieczywo); **~bahren** składać 〈złożyć〉 [*od.* wystawi(a)ć (zwłoki) na marach.

Aufbau *m* (-es; 0) odbudowa; (*Struktur*) budowa; układ; postawienie, montaż; (*pl. -ten*) nadbudowa; *Mar.* nadbudówka; *s. Karosserie;* **Qen** *Gerüst, Bude:* 〈wznieść〉, 〈po〉stawić; (*wieder-*) odbudow(yw)ać; *Maschine usw.*: 〈z〉montować; *Existenz:* stwarzać 〈stworzyć〉; *Anklage, Theorie:* opierać 〈oprzeć〉 (*auf D/na L*); F *sich* **Qen** ustawi(a)ć się; **~lehrgang** *m* kursy *m/pl.* dokształcające *od.* uzupełniające.

aufbäumen: *sich ~* stawać 〈stanąć〉 dęba; (*im Todeskampf*) wyprężać 〈-żyć〉 się; *s. aufbegehren.*

auf|bauschen na-, wz|dymać 〈-dąć〉; *fig.* wyolbrzymi(a)ć, rozdymać 〈-dąć〉; **Qbaustoff** *m Bio.* materiał budulcowy; **~begehren** (-) 〈z〉buntować się (*gegen/przeciw D*); F stawać 〈stanąć〉 sztorcem; **~behalten** (-) F *Hut:* nie zdejmować 〈zdjąć〉 (*G*); **~bekommen** (-) F *Aufgabe:* otrzym(yw)ać (*od.* mieć) zadane; *s. öffnen, aufbinden.*

aufbereit|en (-) *Chem.* przygotow(yw)ać; *Bgb.* wzbogacać, podda(wa)ć wzbogaceniu; *Wasser:* oczyszczać 〈-yścić〉; *Daten:* przetwarzać, opracow(yw)ać; **Qung** *f* przygotow(yw)anie; wzbogacanie; oczyszczanie; przetwarzanie, opracow(yw)anie.

aufbessern podnosić 〈-nieść〉, polepszać 〈-szyć〉.

aufbewahr|en (-) przechow(yw)ać; **Qung** *f* (0) przechowanie; (*a. pl.*) (*Ort*) przechowalnia.

auf|biegen odginać 〈-iąć〉; **~bieten** 〈z〉mobilizować; *Kräfte:* wytężać 〈-żyć〉; *Brautpaar:* ogłaszać 〈-łosić〉 zapowiedzi; **~binden** rozwiąz(yw)ać, rozsupł(yw)ać; *Agr.* (*hochbinden*) podwiąz(yw)ać; *s. Bär*; **~blähen** *Backen, Leib*: wzdymać ⟨-dąć⟩; *Nasenflügel, Verwaltung*: rozdymać ⟨-dąć⟩; **~blasen** nadmuch(iw)ać, napompow(yw)ać; nady.mać ⟨-dąć⟩ (*sich* się); **~bleiben** (*sn*) czuwać, nie spać; *s. offenbleiben, -stehen*; **~blenden** *Fot.* rozjaśni(a)ć (*obraz*); *Kfz.* włączać ⟨-czyć⟩ światła drogowe; **~blicken** podnosić ⟨-nieść⟩ wzrok; *fig.* (*zu j-m*) podziwiać, uwielbiać (*A*); **~blitzen** (*a. sn*) rozbłyskiwać ⟨-snąć⟩; ⟨za⟩migotać; **~blühen** [zach] roz-, za|kwitać ⟨-tnąć⟩; **~bocken** ⟨po⟩stawić na kozły; *Auto*: podnosić ⟨-nieść⟩ dźwignikiem; **~brauchen** zuży(wa)ć.

aufbrausen (*a. sn*) wzburzyć się *pf.* (*a. fig.*), zakipieć *pf.*; *Sturm*: zahuczeć *pf.*; *fig. a.* unosić ⟨-nieść⟩ się gniewem; **~d** popędliwy, wybuchowy.

auf·brechen *v/t Tür*: wyłam(yw)ać, wyważać ⟨-żyć⟩; *Kasse*: rozbi(ja)ć; *Straße*: rozkop(yw)ać; *v/i* (*sn*) ot-, roz|wierać ⟨otworzyć, rozewrzeć⟩ się; (*zutage treten*) ujawni(a)ć się (*nagle*); *Pers.* wyruszać ⟨-szyć⟩ (*nach/do G*); (*weggehen*) odchodzić ⟨odejść⟩; **~brennen** wypalać ⟨-lić⟩; **~bringen** zbierać ⟨zebrać⟩, wystarać się (*A/o A*); *Mut, Kraft*: zdoby(wa)ć się (*A/na A*); *Mode usw.*: lansować; *Schiff*: zab(ie)rać; *s. aufreizen*; **Ꝗbruch** *m* (*-es; 0*) odjazd, odejście; wymarsz; **~brühen** zaparzać ⟨-rzyć⟩; **~brummen** F *Strafe*: wlepić *pf.*; **~bügeln** odprasow(yw)ać; **~bürden** (*-e-*) obarczać ⟨-czyć⟩ (*j-m A/k-o I*); **~decken** *v/t* odkry(wa)ć; *KSp.* wykładać ⟨wyłożyć⟩; *fig.* wyjawi(a)ć; *Mord*: wykry(wa)ć; *v/i* nakry(wa)ć do stołu; **~drängen** ⟨-snąć⟩; wypychać ⟨wepchnąć⟩; narzucać ⟨-cić⟩ (*sich* się); **~drehen** *v/t* odkręcać ⟨-cić⟩; *vgl. andrehen, einschalten*; *v/i* F przyspieszać ⟨-szyć⟩ tempo; **~dringlich** natrętny, natarczywy; *Geruch*: intensywny, mocny. **Aufdruck** *m* (*-es; -e*) nadruk; **Ꝗen** nadruk(ow)(yw)ać (*auf A/na L*).

aufdrücken od-, wy|ciskać ⟨-snąć⟩. **auf·ein·ander** jeden na drugi(ego) wzajemnie; jed|en (-no) na drugim; **~folgen** (*sn*) następować ⟨-tąpić⟩

po sobie; **~prallen** (*sn*) zderzać ⟨-rzyć⟩ się, wpadać ⟨-paść⟩ na siebie; ścierać ⟨zetrzeć⟩ się.

Auf·enthalt *m* (*-es; -e*) pobyt, bytność *f*; *Esb.* postój; (*Ort*) miejsce pobytu; *ohne* ~ bez zatrzymywania się.

Auf·enthalts|erlaubnis *f*, **~genehmigung** *f* zezwolenie na pobyt; **~raum** *m* hall, hol; świetlica. **auf·erlegen** (-) (*j-m A*) nakładać ⟨nałożyć⟩ (na k-o *A*); nakaz(yw)ać (k-u *A*); *sich* (*D*) ~ zobowiąz(yw)ać się (*A/do G*).

auf·ersteh|en (-; *sn*) zmartwychwsta(wa)ć; *fig.* odradzać ⟨-rodzić⟩ się; **Ꝗung** *f* (*0*) zmartwychwstanie. **auf·erwecken** (-) *Tote*: wskrzeszać ⟨-esić⟩; **~essen** zjadać ⟨zjeść⟩.

auffahr|en *v/i* (*sn*) *Pers.* zrywać ⟨zerwać⟩ się; (*vor Zorn*) unosić ⟨unieść⟩ się; (*Panzer usw.*) zajmować ⟨-jąć⟩ stanowisko; (*Schiff*) osiadać ⟨osiąść⟩ na mieliźnie; *s. aufprallen, vorfahren*; *v/t* nawozić ⟨-wieźć⟩; *Kanonen*: zataczać ⟨-toczyć⟩ na stanowisko; F *Speisen* (*a. lassen*): stawiać (*A*), ugaszczać (*I*); **Ꝗt** *f* wjazd; (*Rampe*) podjazd; *Rel. s. Himmelfahrt*; **Ꝗunfall** *m* wypadek spowodowany najechaniem (jednego pojazdu na drugi).

auffallen *v/i* (*sn*) rzucać się w oczy (*D*); zwracać ⟨-rócić⟩ (na siebie) uwagę (*durch/I*); *unangenehm* ~ ⟨z⟩robić nieprzyjemne wrażenie, podpaść *pf.*; **~d, auffällig** *Adv.* w sposób zwracający uwagę, rzucający się w oczy; niezwykły (-le); uderzający (-co), frapujący (-co); pretensjonalny; *Farben*: krzykliwy (-wie).

Auffang|becken *n* zbiornik zbiorczy; **Ꝗen** ⟨z⟩łapać, (po)chwycić *pf.* (*a. fig.*); (*sammeln*) ⟨u⟩zbierać; *Stöße*: ⟨z⟩łagodzić; *Hieb*: ⟨od⟩parować; *Worte*: podchwytywać ⟨-chwycić⟩; *s. abfangen*; **~lager** *n* obóz przyjęcia.

auffass|en pojmować ⟨-jąć⟩ (*als*/jako); **Ꝗung** *f* (*0*) pojmowanie (*a. pl.*) (*Ansicht*) zapatrywanie; (*Deutung*) podejście (*von/do G*); **Ꝗungsgabe** *f* (*0*) zdolność *f* pojmowania, pojętność *f*.

auf|finden od-, z|najdować ⟨-naleźć⟩; wykry(wa)ć; **~fischen** wyławiać ⟨-łowić⟩ (*z wody*); **~flackern**

(*sn*) zamigotać *pf.*; (*a. fig.*) = ~**flammen** (*sn*) rozbłyskać ⟨-snąć⟩; zapłonąć *pf.*; *fig. Kampf usw.*: wybuchać ⟨-chnąć⟩ (na nowo); ~**fliegen** (*sn*) zrywać ⟨zerwać⟩ się; wzlatywać ⟨-lecieć⟩; F *Tür*: otwierać ⟨-worzyć⟩ się gwałtownie; *Bande usw.*: wsyp(yw)ać się; *s. scheitern.*

aufforder|n nzywać ⟨wezwać⟩ (*zu/* do *G*); (*bitten*) ⟨po⟩prosić, zapraszać ⟨-prosić⟩ (*zu/*do *G*); ₂**ung** *f* wezwanie; zaproszenie.

auf|forsten (*-e-*) zalesi(a)ć; ~**fressen** pożerać ⟨-żreć⟩, zżerać ⟨zeżreć⟩ (*a. fig.*); ~**frischen** odświeżać ⟨-żyć⟩, odnawiać ⟨-nowić⟩.

aufführ|en *Drama*: wystawi(a)ć; (*nennen*) wymieni(a)ć; *sich* ~*en* zachow(yw)ać się; *s.* errichten; ₂**ung** *f Thea.* przedstawienie.

auffüllen dopełni(a)ć, *engS.* dol(ew)ać, dosyp(yw)ać; *Vorräte, Mil.*: uzupełni(a)ć.

Aufgabe *f* (*0*) nadanie; zwinięcie, likwidacja, rezygnacja (*G/z G*); (*pl. -n*) zadanie; obowiązek; *zur* ~ *machen* postawić za zadanie; *vgl. aufgeben.*

aufgabeln (*-le*) F *fig.* wyszperać *pf.*, wygrzebać *pf.*; *Mädchen*: podrywać ⟨poderwać⟩.

Aufgaben|bereich *m* zakres obowiązków; ~**heft** *n* zeszyt do zadań.

Auf|gabestempel *m* stempel nadania; ~**gang** *m* klatka schodowa; (*Weg nach oben*) podejście; *Astr.* wschód; ₂**geben** *Brief*: nada(wa)ć; *Aufgabe, Rätsel*: zada(wa)ć; *Geschäft*: zwijać ⟨zwinąć⟩, ⟨z⟩likwidować; ⟨z⟩rezygnować (*A/z G*); *j-n*: uzn(aw)ać za straconego; *Plan, Gewohnheit*: zarzucać ⟨-cić⟩, po-, za|niechać (*G*); ₂**geblasen** F *fig.* nadęty, napuszony.

Aufge|bot *n Jur.* wywołanie; (*Ehe₂*) zapowiedzi *f/pl.*; (*an Menschen usw.*) ilość *f*, liczba; ₂**bracht** rozgniewany; *Menge*: zbulwersowany; ₂**dunsen** na-, o|brzmiały.

aufgehen (*sn*) *Astr., Bot.* wschodzić ⟨wzejść⟩; *Teig*: ⟨u⟩rosnąć; *Gedanke*: ⟨za⟩świtać; *Tür*: otwierać ⟨otworzyć⟩ się; *Vorhang*: podnosić ⟨-nieść⟩ się; *Naht*: rozpru(wa)ć się; *Knoten*: rozwiąz(yw)ać się; *Geschwür*: pękać ⟨-knąć⟩; *Sinn usw.*: sta(wa)ć się zrozumiałym; *Math.*

dzielić się bez reszty; *in Flammen* ~ spalić się *pf.*, spłonąć *pf.*; *fig. in et.* ~ być pochłoniętym (*I*); *s-e Rechnung* (*fig.*) *ging nicht auf* rachuby zawiodły.

aufge|klärt światły, oświecony; bez przesądów; *Jugend*: uświadomiony; ~**knöpft** rozpięty; F *fig.* rozmowny; ~**kratzt** F wesoły, *präd.* w wesołym nastroju; ~**legt** usposobiony (*zu/*do *G*); ~**näht** *Tasche*: nakładany; ~**regt** zdenerwowany, roztrzęsiony; ~**schlagen** *Buch*: otwarty; ~**schlossen** otwarty, szczery; (*für A*) ciekawy (*G*), interesujący się (*I*).

aufgeschmissen F: ~ *sein* znaleźć się *pf.* w kropce, wpaść *pf.* w tarapaty.

aufge|setzt *s. aufgenäht*; ₂**setzte(r)** *m* nalewka; ~**weckt** bystry, rozgarnięty; ~**worfen** *Lippen*: wywinięty; ~**zogen** rozkp(yw)ać; ~**zozogen** rozkp(yw)ać się.

auf|gießen *Tee*: na-, za|parzać ⟨-rzyć⟩; ~**gliedern** rozczłonkow(yw)ać; ~**graben** rozkop(yw)ać; ~**greifen** (*j-n*) schwytać *pf.*; *Plan usw.*: podchwytywać ⟨-wycić⟩.

Aufguß *m* napar; ~**tierchen** *n* wymoczek.

auf|haben F mieć (*Hut*: na głowie; *Brille*: na nosie); *Aufgabe*: mieć zadane; *s. offenhalten, auflassen*; ~**haken** rozpinać ⟨-iąć⟩; ~**halsen** F (*j-m A*) zwalać ⟨-lić⟩ (na k-o *A*).

aufhalten ws-, za|trzym(yw)ać; (*verhindern, zurückhalten*) powstrzym(yw)ać; (*verzögern*) opóźni(a)ć, odwlekać ⟨-lec⟩; F *Hand*: nadstawi(a)ć (*G*); *s. offenhalten*; *sich* ~ przebywać (*trödeln*) zajmować ⟨-jąć⟩ się (*mit, bei/I*).

aufhäng|en zawieszać ⟨-esić⟩ (*an A od. D/*na *L*), (*a. j-n*) wieszać ⟨powiesić⟩; ₂**er** *m* wieszak.

aufheb|en podnosić ⟨-nieść⟩; (*beenden*) ⟨za⟩kończyć, zamykać ⟨zamknąć⟩; (*abschaffen*) znosić ⟨znieść⟩ (*sich wzajemnie*); anulować (*im*)*pf.*, unieważni(a)ć; *Urteil*: uchylać ⟨-lić⟩, ⟨s⟩kasować; *s. aufbewahren*; *für später* ~*en* pozostawi(a)ć na później; *die Tafel* ~*en* wstać od stołu; ₂**en** *n* (*-s*; *0*) *s.* Aufsehen; *viel* ₂*en*(*s*) *machen* ⟨na⟩robić wiele hałasu (*von/z* powodu *G*); ₂**ung** *f* (*0*) zniesienie; uchylenie; skasowanie.

aufheiter|n (*-re*) rozweselać ⟨-lić⟩; *sich* ~*n* rozjaśni(a)ć się; *das Wetter*

heitert sich auf wypogadza (*od.
przejaśnia*) się; **Qung** *f Meteo.* prze-
jaśnienie.

auf|hellen rozjaśni(a)ć, rozświetlać
⟨-lić⟩; **~hetzen** podjudzać ⟨-dzić⟩,
podburzać ⟨-rzyć⟩ (*zu/do G*); **~-
holen** *v/t* (*wettmachen*) nadrabiać
⟨-robić⟩ (*v/i* stracony czas, opóź-
nienie *usw.*), nadganiać ⟨-gonić⟩;
v/i a. dopędzać; **~horchen** nad-
stawi(a)ć uszu, zacząć słuchać
z uwagą; *j-n ~horchen lassen fig.*
zaostrzać ⟨-rzyć⟩ ciekawość, wy-
woł(yw)ać zainteresowanie (*G*);
~hören prze-, u|stawać (*zu/* + *Inf.*);
⟨s⟩kończyć (*mit/A*); **~kaufen** s-,
wy|kupywać ⟨-kupić⟩; **Qkäufer** *m*
prowadzący skup, zajmujący się
skupem; **~klappbar** podnoszony;
~klaren *v/i* przejaśni(a)ć się.

aufklär|en wyjaśni(a)ć, wyświetlać
⟨-lić⟩ (*sich* się; *j-n über A/k-u A*);
Volk: oświecać; *Pol., Jugend:*
uświadamiać ⟨-domić⟩; *Mil.* roz-
pozna(wa)ć; **Qer** *m* krzewiciel
oświaty; *hist.* przedstawiciel Oświecenia; *Mil.* zwiadowca *m; Flgw.*
samolot rozpoznawczy; *Pol.* agita-
tor; **Qung** *f* wyjaśnienie, wyświetle-
nie; uświadamianie; *Mil.* rozpoznanie; *hist.* (*0*) Oświecenie; *Pol.* agitacja; **Qungszeit(alter** *n*) *f* doba
oświecenia.

auf|kleben naklejać ⟨-eić⟩; **Qkleber**
m nalepka; **~klinken** nacisnąć *pf.*
klamkę (*A/G*); **~knöpfen** rozpinać
⟨-iąć⟩; **~knüpfen** rozsupł(yw)ać;
F powiesić *pf.*; **~kochen** zago-
tow(yw)ać (*v/i* się); *s. aufwärmen.*

aufkommen (*sn*) powracać ⟨-rócić⟩
do zdrowia; *Gewitter:* nadciągać
⟨-gnąć⟩; (*entstehen*) powsta(wa)ć,
pojawi(a)ć się; *Gedanke, Zweifel:*
nasuwać ⟨-unąć⟩ się; (*einstehen für*)
odpowiadać (*za A*); wynagradzać
⟨-rodzić⟩ (*für Kosten*) po-
kry(wa)ć (*A*); łożyć (*na A*); *nicht ~
gegen A*) nie da(wa)ć sobie rady
(*z I*), nie sprostać (*D*). [wpływ.]
Aufkommen *n* (*-s*; *0*) *Fin.* (*Steuer*Q)∫
auf|kratzen rozdrap(yw)ać; **~-
krempeln** (*-le*) *Hose:* podwijać
⟨-inąć⟩; *Ärmel:* zakas(yw)ać;
~kreuzen F (*sn*) *fig.* zjawi(a)ć się;
~kriegen F *s. aufbekommen;* **~kün-
digen** *s. kündigen;* **~lachen** roześ-
miać się *pf.;* **~laden** za-, (*a. El.*)
na|ładow(yw)ać; F *fig. s. aufbürden.*

Auflage *f Typ.* nakład; (*Ausgabe*)
wydanie; (*Überzug*) powłoka; (*Stütze*) wsparcie; (*amtl. Befehl*) nakaz,
zlecenie; *j-m zur ~ machen* (*A*) zo-
bowiąz(yw)ać k-o (do *G*); **~(n)höhe**
f nakład; **Qn-stark** o dużym nakła-
dzie.

auf|lassen F pozostawi(a)ć (*od.*
trzymać) otwarte; *Jur.* przewłasz-
czać ⟨-czyć⟩; **Qlassung** *f Jur.*
przewłaszczenie; **~lauern** czatować, zaczajać ⟨-czaić⟩ się (*D/na A*);
Qlauf *m* zbiegowisko; *Kochk.* suflet;
~laufen (*sn*) *Schiff:* osiadać ⟨osiąść⟩
na mieliźnie; *Zinsen:* narastać
⟨-rosnąć⟩; *s. aufprallen;* **~leben**
(*sn*) odży(wa)ć; *fig.* ożywi(a)ć się;
~legen *v/t* nakładać ⟨nałożyć⟩;
Tischtuch, Gedeck: nakry(wa)ć;
Schallplatte: nastawi(a)ć; *Buch:*
wyda(wa)ć; *Anleihe:* rozpis(yw)ać;
Hörer: odkładać ⟨odłożyć⟩; *v/i*
przer(yw)ać rozmowę; *s. auferlegen, stützen.*

auflehn|en: *sich ~en* (*gegen*)
⟨z⟩buntować się (*przeciw D*);
Qung *f* bunt.

auf|lesen ⟨po⟩zbierać; F *Krank-
heit:* nabawić się *pf.* (*G*); *s. aufgabeln;* **~leuchten** zabłysnąć *pf.;*
~liegen leżeć (*na L*); *s. wundliegen;*
~lockern rozpulchni(a)ć; *fig.* roz-
środkow(yw)ać, rozluźni(a)ć; *Programm:* przeplatać ⟨-pleść⟩ (*durch
A*|*I*); **~lodern** (*sn*) zapłonąć *pf.*

auflös|en rozwiąz(yw)ać (*a. fig.*);
rozpuszczać ⟨-uścić⟩ (*sich* się);
Verlobung: zrywać ⟨zerwać⟩; *Nebel, Menge:* rozpraszać ⟨-roszyć⟩
(*sich* się); *Geschäft:* ⟨z⟩likwidować;
sich ~en in (*A*) zamieni(a)ć się (*w A*),
ustępować ⟨-tąpić⟩ miejsca (*D*);
sich in Luft ~en ulotnić się; **Qung** *f*
rozwiązanie; rozpuszczenie; zerwanie; likwidacja; **Qungsvermö-
gen** *n* rozdzielność *f;* **Qungszei-
chen** *n Mus.* kasownik.

aufmach|en F otwierać ⟨-worzyć⟩;
*s. aufknöpfen, ausstatten; sich ~en
s. aufbrechen, anschicken;* **Qung** *f*
wygląd zewnętrzny; (*e-r Ware*)
opakowanie; *in großer* **Qung** w
luksusowym opakowaniu; F *Pers.*
w pełnej gali.

Aufmarsch *m* defilada, pochód;
Mil. koncentracja (wojsk); **~gebiet**
n Mil. rejon ześrodkowania; rejon
rozwinięcia; **Qieren** (*-; sn*) usta-

wi(a)ć się, zbierać ⟨zebrać⟩ się;
Mil. ześrodkow(yw)ać się.

aufmerksam uważny; (*gefällig*)
uprzejmy, grzeczny; *j-n* ~ *machen
auf* (*A*) zwracać ⟨-rócić⟩ uwagę (*G*
na *A*); ⟨**keit** *f* (0) uwaga; uprzejmość *f*, grzeczność *f*; (*a. pl.*) pre-
zent.

auf|möbeln F (*-le*) rozruszać *pf.*;
~**muck(s)en** F szemrać, sarkać;
~**muntern** (*-re*) podnosić ⟨-nieść⟩
na duchu; *s. aufheitern*; ~**müpfig**
dial. niezdyscyplinowany; ~**nähen**
naszy(wa)ć.

Aufnahme *f* przyjęcie; podjęcie;
rozpoczęcie; sporządzenie; zaciąg-
nięcie; *Bio.* wchłanianie; (*Film*)
zdjęcia *n*|*pl.*; (*Ton*) zapis, nagry-
wanie; *konkr.* nagranie; *Fot.* zdjęcie, fotografia; (*im Krankenhaus*)
izba przyjęć; *vgl. aufnehmen;* ~**antrag** *m* podanie o przyjęcie; ⟨**fähig**
chłonny; pojemny; ~**kopf** *m* głowica zapisująca; ~**prüfung** *f* egzamin wstępny.

aufnehmen *s. aufheben;* przyjmo-
wać ⟨-jąć⟩ (*in A*|*do G; bei*|*u G*);
(*fassen*) pomieszczać ⟨-eścić⟩; (*ein-
verleiben*) wchłaniać ⟨-łonąć⟩; (*ein-
reihen*) włączać ⟨-czyć⟩; *Arbeit,
Kampf:* podejmować ⟨-djąć⟩; *Anleihe:* zaciągać ⟨-gnąć⟩; *Protokoll:*
sporządzać ⟨-dzić⟩; *Personalien:*
spis(yw)ać; *Kontakt:* nawiąz(yw)ać;
Ton: nagr(yw)ać, zapis(yw)ać;
Film: ⟨s⟩filmować, F nakręcać
⟨-cić⟩; *Fot.* ⟨z⟩robić zdjęcie, ⟨s⟩fo-
tografować; *es mit j-m* ~ sprostać,
dorówn(yw)ać (*D*).

auf|nötigen narzucać ⟨-cić⟩; ~**op-
fern** poświęcać ⟨-cić⟩ (*sich się; für
A*|*dla G*); ⟨**opferung** *f* (0) poświę-
cenie; ~**päppeln** F (*-le*) pod-,
wy|karmi(a)ć.

aufpass|en (*auf A*) pilnować (*G*),
uważać (na *A*); ⟨**er** *m* *verä. s.
Aufseher;* szpicel, wtyczka.

auf|peitschen *Meer:* wzburzać
⟨-rzyć⟩; *fig. a.* po-, wz|budzać
⟨-dzić⟩; podsycać ⟨-cić⟩; ~**pflanzen** *Fahne:* zatykać ⟨-tknąć⟩; *Bajonett:* osadzać ⟨-dzić⟩; ~**platzen**
(*sn*) pękać ⟨-knąć⟩; ~**plustern** F
⟨na⟩stroszyć, napuszać ⟨-szyć⟩
(*sich się*); ~**polieren** (-) wypolero-
wać *pf.;* F *fig.* przywracać ⟨-rócić⟩
dawny blask (*D*).

Aufprall *m* (*-es; 0*) zderzenie (*auf*

A|*z I*); uderzenie; odbicie się; ⟨**en**
(*sn; auf A*) zderzać ⟨-rzyć⟩ się (*z I*);
naskakiwać ⟨-skoczyć⟩ (na *A*),
uderzać ⟨-rzyć⟩ (o *A*).

Aufpreis *m Hdl.* narzut.

auf|pumpen napompow(yw)ać;
~**pusten** F *s. aufblasen;* ~**putschen**
podniecać ⟨-cić⟩.

aufraffen, aufrappeln F (*-le*): *sich
~ wsta(wa)ć; fig.* zdoby(wa)ć się (*zu*|
na *A*); pozbierać się *pf.;* przychodzić ⟨przyjść⟩ do siebie (*aus*|po *L*).

aufrau|chen wypalać ⟨-lić⟩; ~**hen**
⟨u⟩czynić szorstkim; *Tech.* szorst-
kować.

auf|räumen sprzątać ⟨-tnąć⟩; *fig.*
(*mit*) ⟨z⟩robić porządek (*z I*);
(*Schluß machen*) skończyć *pf.* (*z I*);
~**rechnen** zaliczać ⟨-czyć⟩; wy-
rów(yw)ać (*et. gegen/coś I*).

aufrecht prosty (*-to*), wyprostowany; *s. aufheitern, ehrlich;* ~**erhalten**
utrzym(yw)ać, zachow(yw)ać; *An-
gebot usw.:* podtrzym(yw)ać.

aufreg|en ⟨z⟩denerwować, ⟨z⟩iry-
tować (*sich się*); F (*empören*) o-,
wz|burzać ⟨-rzyć⟩ (*sich się; über
A*|*z powodu G*); ~**end** emocjonu-
jący (*-co*), podniecający (*-co*).

Aufregung *f* zdenerwowanie, iry-
tacja; *s. Wirrwarr; vor* ~ ze zdener-
wowania; *in der* ~ w zamieszaniu;
w zdenerwowaniu; F *nur k-e* ~*!*
tylko bez nerwów!

aufreiben ścierać ⟨zetrzeć⟩ (w
proch, *a. fig.*); *s. erschöpfen; sich*
(*D*) ~ (*Fuß usw.*) ocierać ⟨otrzeć⟩
sobie (*A*); ~**d** wyczerpujący (*-co*),
męczący (*-co*).

aufreihen nawlekać ⟨-lec⟩, nani-
z(yw)ać.

aufreißen *v*/*t* (*nagle*) ot-, roz|wierać
(*otworzyć, rozewrzeć*); *Verpak-
kung:* rozrywać ⟨-zerwać⟩; *Kleid:*
rozdzierać ⟨rozedrzeć⟩; *Haut a.:* F
rozpru(wa)ć; *Straße:* rozkop(yw)ać;
Pflaster: zrywać ⟨zerwać⟩; *Maul:*
rozdziawi(a)ć; *fig. Wunde:* rozo-
trzać, ⟨roz⟩jątrzyć; *die Augen* ~
wytrzeszczać ⟨-czyć⟩ oczy; P *das
Maul* ~ drzeć gardło *od.* V gębę; *v*/*i*
(*sn*) rozrywać ⟨-zerwać⟩ się, pękać
⟨-knąć⟩.

aufreizen podburzać ⟨-rzyć⟩; *Sinne:* podniecać ⟨-cić⟩, drażnić; ~**d**
podniecający (*-co*), drażniący (*-co*).

aufricht|en wyprostow(yw)ać ⟨nie-
ść⟩ się); podnosić ⟨-nieść⟩ (*sich się*); *fig.*

na duchu); *s.* errichten; ~ig szczery
(-erze); 2igkeit *f* (0) szczerość *f.*

Aufriß *m Tech.* rzut pionowy *od.*
z przodu; (*Überblick*) zarys.

auf|rollen rozwijać ⟨-inąć⟩; *s. auf-
wickeln*; *Frage*: poruszać ⟨-szyć⟩;
~**rücken** posuwać ⟨-unąć⟩ się
naprzód *od.* do przodu; *fig.* awansować; *s.* aufschließen.

Aufruf *m* wezwanie; odezwa, apel;
2en wzywać ⟨wezwać⟩ (zu/do *G*);
(*beim Namen*) wywoł(yw)ać.

Aufruhr *m* (-*es*; *selt.* -*e*) bunt, zamieszki *f/pl.*; (*in d. Natur, fig.*)
wzburzenie.

Aufrühr|en ⟨z⟩mieszać, ⟨z⟩bełtać;
Vergessenes: odgrzeb(yw)ać; *s.* erregen, aufwühlen; 2er *m* buntownik,
~**erisch** buntowniczy (-czo); zbun-
towany.

aufrunden zaokrąglać ⟨-lić⟩.

aufrüst|en uzbrajać ⟨-roić⟩ (*v/i* się);
2ung (u)zbrojenie; 2ungspolitik *f*
polityka zbrojeń.

aufrütteln *fig.* wyr(y)wać (*aus D/z
G*); ~d wstrząsający (-co).

aufs = auf das.

aufsagen ⟨wy⟩recytować; *s.* kündigen.

aufsässig krnąbrny, przekorny; 2-
keit *f* krnąbrność *f.*

Aufsatz *m* (*Möbel* 2 *usw.*) nadstawa;
Tech. nadstawka, nasadka; *Mil.* celownik; *s.* Schul-, Tafelaufsatz, *Abhandlung.*

auf|saugen wsysać ⟨wessać⟩; *fig.*
wchłaniać ⟨-łonąć⟩; ~**schauen**
podnosić ⟨-nieść⟩ wzrok *od.* oczy
(zu/ku *D*; von/od *G*); *fig.* spoglądać
(zu/na *A*; ehrfürchtig z szacunkiem); *vgl.* bewundern; ~**schäumen**
v/i (*a. sn*) zapienić się *pf.*; ~**scheu-
chen** ⟨s⟩płoszyć; ~**scheuern** *Haut*:
ocierać ⟨otrzeć⟩; ~**schichten** układać ⟨ułożyć⟩ w stos *od.* jedno na
drugie; ~**schieben** *Tür*: rozsuwać
⟨-unąć⟩; *fig.* odkładać ⟨odłożyć⟩,
odraczać ⟨-roczyć⟩.

Aufschlag *m* uderzenie; (*Geräusch*)
łomot, łoskot; (*Treffer*) trafienie,
wybuch; (*Revers*) klapa; *Sp.* podanie, serwis; *s. a.* Preis-, Hosen-, Ärmel[auf]schlag; 2en *v/t* Augen, Buch:
otwierać ⟨otworzyć⟩; *Kragen*: postawić *pf.*, podnosić ⟨-nieść⟩; Ei,
Zelt: rozbi(ja)ć; Knie *a.*: roz-, s|tłuc
pf.; Bett: ⟨po⟩słać; Ärmel: od-
wijać ⟨-inąć⟩, zakas(yw)ać; (*auf d.*

Preis) doliczać ⟨-czyć⟩ (narzut);
Maschen: narzucać ⟨-cić⟩; *s. a.*
Wohnsitz; *v/i* s. aufprallen; (*teurer
werden*) iść ⟨pójść⟩ w górę; *Sp.* serwować; ~**zünder** *m* zapalnik ude-
rzeniowy.

auf|schließen *v/t* odmykać ⟨odem-
knąć⟩; *Chem.* ⟨u⟩czynić rozpusz-
czalnym; *Bgb.* udostępni(a)ć; *v/i
Mil.* ścieśni(a)ć szeregi *od.* szyk;
F (*a. Sp.*) doszlusow(yw)ać; ~
schlitzen rozpru(wa)ć, rozpłatać
pf.

Aufschluß *m* wyjaśnienie, informacja; (0) *Chem.* utworzenie związku rozpuszczalnego; *Bgb.* udostęp-
nienie.

auf|schlüsseln (-*le*) ⟨po-, roz⟩dzie-
lić (według klucza); ~**schlußreich**
pouczający (-co); ~**schnappen** *s.*
auffangen; F *fig.* po(d)chwycić *pf.*

aufschneid|en *v/t* rozcinać ⟨-ciąć⟩;
pokroić *pf.*; *v/i* F przechwalać się,
blagować; 2er F *m* blagier, chwali-
pięta *m*; 2e'rei *f* przechwałki *f/pl.*,
blaga.

Auf|schnitt *m* (-*es*; 0) wędliny *f/pl.*
(pokrajane), † rozmaitości *f/pl.*;
2**schnupfen** *v/i* pociągać ⟨-gnąć⟩
nosem; 2**schnüren** rozsznuro-
w(yw)ać; 2**schrauben** od-, roz|krę-
cać ⟨-cić⟩; nakręcać ⟨-cić⟩ (*auf A/
na A*); *Objektiv usw.*: wkręcać
⟨-cić⟩; 2**schrecken** *v/t* wyr(y)wać
(*aus/z G*); *v/i* (*sn*) przestraszać
⟨-szyć⟩ się; zrywać ⟨zerwać⟩ się
(*aus/z G*); ~**schrei** *m* krzyk; 2-
schreiben zapis(yw)ać, ⟨za⟩noto-
wać; 2**schreien** zakrzyczeć *pf.*,
krzyknąć *pf.*

Aufschrift *f* napis; adres.

Aufschub *m* odroczenie; um ~ bitten
⟨po⟩prosić o zwłokę; ohne ~ bez-,
nie|zwłocznie.

auf|schütten usyp(yw)ać; ~**schwat-
zen** F wtryni(a)ć, wciskać ⟨-snąć⟩;
~**schweißen** ⟨roz⟩ciąć palnikiem;
~**schwemmen** ⟨s⟩powodować tycie, tuczyć.

aufschwingen: *sich* ~ wzbi(ja)ć się;
fig. zdoby(wa)ć się (zu/na *A*); *s.*
aufwerfen.

Aufschwung *m Sp.* wymyk; *fig.*
zryw, wzlot; *Hdl.* ożywienie,
rozkwit.

aufseh|en *s.* aufschauen; 2en *n*
(-*s*; 0): 2en erregen *od.* machen
⟨wz⟩budzić sensację, wywoł(yw)ać

poruszenie; ~en·erregend rewelacyjny, sensacyjny; 2er(in f) m nadzor|ca m, dozor|ca m (-czyni); straźni|k (-czka).

aufsein F być na nogach, nie spać; (*offen sein*) być otwartym, stać otworem; s. aufstehen.

aufsetzen v/t posadzić; Hut, Brille wkładać ⟨włożyć⟩; Fuß: ⟨po⟩stawić; Miene: przyb(ie)rać; Kochk. nastawi(a)ć; Text: układać ⟨ułożyć⟩; Flgw. przyziemi(a)ć, ⟨wy⟩lądować (a. v/i); Flicken: przyszy(wa)ć; sich ~ siadać ⟨usiąść⟩.

Aufsicht f (0) nadzór; dozór, opieka; (*Sicht v. oben*) widok z góry; ohne ~ bez dozoru.

Aufsichts|beamte(r) Esb. dyżurny ruchu; ~behörde f władza nadzorcza; ~pflicht f obowiązek nadzoru; ~rat m rada nadzorcza.

aufsitzen (a. sn) Reiter: wsiadać ⟨wsiąść⟩ na konia, (w)skoczyć pf. na siodło; (*sitzen*) siedzieć; F fig. ~ lassen wystawi(a)ć do wiatru.

auf|spannen rozpinać ⟨-iąć⟩; Schirm: otwierać ⟨-worzyć⟩; ~sparen odkładać ⟨odłożyć⟩ na później; ~sperren s. aufmachen, aufschließen, aufreißen.

aufspielen przygrywać ⟨za⟩grać (zu/do G); F fig. sich ~ junaczyć się; (als) udawać (A), pozować (na A).

auf|spießen Insekt: nadzi(ew)ać, naku(wa)ć; przebi(ja)ć [od. przeszy(wa)ć] rogami; F (mit d. Gabel) brać ⟨wziąć⟩ (na A); ~springen (sn) zrywać ⟨zerwać⟩ się (na równe nogi); wskakiwać ⟨wskoczyć⟩ (auf A/do G); (Deckel) otwierać ⟨-worzyć⟩ się, odskakiwać ⟨-skoczyć⟩; (Haut) ⟨po⟩pękać; ~spritzen v/i (sn) bryzgać ⟨-znąć⟩; v/t Tech. = ~sprühen natryskiwać; ~spulen nawijać ⟨-inąć⟩; ~spüren wytropić pf.; Minen: wykry(wa)ć; fig. wyszperać pf., wynajdywać ⟨-naleźć⟩; ~stacheln ⟨-le⟩ podjudzać ⟨-dzić⟩; s. aufwiegeln; 2stand m powstanie; ~ständisch powstańczy; 2ständische(r) powstaniec; 2stauen spiętrzać ⟨-rzyć⟩ (sich się); fig. nagromadzać ⟨-dzić⟩ (sich się); ~stechen na-, prze|kłu(wa)ć; ~stecken v/t podpinać ⟨-iąć⟩; Haar: upinać ⟨-iąć⟩; F Miene: przyb(ie)rać; s. aufgeben, anstecken; ~stehen (sn) wsta(wa)ć; fig. powsta(wa)ć (gegen/przeciw D); vgl. aufsein.

aufsteig|en (sn) wsiadać ⟨wsiąść⟩ (auf A/na A, do G); Berg-Sp. wspinać ⟨-iąć⟩ się (zu/na A, do G); s. auffliegen, emporsteigen; (a. Rauch usw.) u-, pod-, wy|nosić ⟨-nieść⟩ się; Flgw. ⟨wy⟩startować; nab(ie)rać wysokości; Gefühl, Verdacht: powsta(wa)ć, budzić się; Gedanke: przychodzić ⟨przyjść⟩; awansować (zu/na A); Sp. a. przechodzić ⟨przejść⟩ do wyższej klasy od. ligi; ~end Anat., Meteo. wstępujący; 2er m Sp. drużyna przechodząca do wyższej klasy od. ligi.

aufstell|en ⟨po⟩stawić; ustawi(a)ć (sich się); Wache, Mannschaft: wystawi(a)ć; Denkmal: wznosić ⟨-nieść⟩; Kandidaten, Theorie usw. wysuwać ⟨-unąć⟩; Armee: ⟨u⟩tworzyć; Maschine: ⟨za⟩instalować; Zelt: rozbi(ja)ć; Rekord: ustanawiać ⟨-nowić⟩; Bilanz, Plan: sporządzać ⟨-dzić⟩; 2ung f po-, roz-, u-, wy|stawienie; wysunięcie; (Mannschaft) skład (G); s. Aufzählung.

aufstemmen Tür: wyważać ⟨-żyć⟩.

Aufstieg m (-es; -e) (Flug empor) wznoszenie się, wzlot; Berg-Sp. wspinanie się, wspinaczka; Ski-Sp. podejście, podchodzenie; fig. awans (a. Sp.); rozwój, postęp.

Aufstiegs|möglichkeiten f/pl. możliwości f/pl. awansu; ~spiel n Sp. rozgrywka o przejście do wyższej klasy od. ligi.

auf|stöbern s. aufspüren; ~stocken Arch. nadbudow(yw)ać piętro; Fin. podwyższać ⟨-szyć⟩; ~stoßen v/t Tür: otwierać ⟨-worzyć⟩ (na oścież); v/i (a. sn) odbi(ja)ć się (D); F mit ... aufgestoßen natknąłem się na ... (A); ~stützen opierać ⟨oprzeć⟩ (sich się; mit/I); ~suchen s. besuchen; (sich begeben) uda(wa)ć się (A/do G).

Auf|takt m Mus. przedtakt; fig. wstęp (zu/do G); 2tanken v/t zaopatrywać ⟨-trzyć⟩ w paliwo; v/i ⟨za⟩tankować; 2tauchen (sn) wynurzać ⟨-rzyć⟩ się (a. fig.); fig. a. wyłaniać ⟨-łonić⟩ się; vgl. erscheinen; 2tauen v/i (sn) ⟨roz⟩tajać roztapiać ⟨-topić⟩ się; fig. ~ ruszać się pf.; F rozkrochmalić się pf.; v/t rozmrażać ⟨-rozić⟩.

aufteil|en ⟨po⟩dzielić, rozdzielać

⟨-lić⟩; 2ung f po-, roz|dział; repartycja.

auftischen Mahl: poda(wa)ć (A), ⟨po⟩częstować (I); F fig. opowiadać ⟨-iedzieć⟩.

Auftrag m (-es; ⁎e) polecenie, poruczenie; Hdl. zamówienie, zlecenie; in ~ geben zamawiać ⟨-mówić⟩, zlecać ⟨-cić⟩; im ~(e) z polecenia; 2en Essen: pod(aw)ać; Farbe, Schminke: nakładać ⟨nałożyć⟩, nanosić ⟨nanieść⟩; (j-m et.) polecać ⟨-cić⟩, poruczać ⟨-czyć⟩; Grüße: przes(y)łać; Schuhe, Kleid: znosić pf.; (anderer Pers.) donaszać ⟨-nosić⟩ (G/po L); F dick 2en przeholow(yw)ać; błagować; **~geber** m zleceniodawca m; zamawiający m.

Auftrags|bestätigung f potwierdzenie zlecenia od. zamówienia; **~dienst** m Fmw. biuro zleceń; **2gemäß** zgodny (präd. -nie) ze zleceniem od. zamówieniem; **~polster** n portfel zamówień.

auf|treiben roz-, wz|dymać ⟨-dąć⟩; F fig. wytrzasnąć pf., wydębić pf.; **~trennen** rozpru(wa)ć; **~treten** v/i (sn) stąpać ⟨-pnąć⟩, kroczyć; następować ⟨-tąpić⟩ (auf A/na A); fig. występować ⟨-tąpić⟩ (a. Thea.); s. sich benehmen; **2treten** n (-s; 0) występowanie; zachowanie się; **2trieb** m Phys. wypór; siła nośna; fig. przypływ energii; neuen 2trieb geben ożywi(a)ć (D/A); **2tritt** m Thea. występ; scena (a. Streit); **~trumpfen** popis(yw)ać się (mit/I); stawiać ⟨postawić⟩ się (gegen A/ D); **~tun** otwierać ⟨-worzyć⟩ (sich); F Essen: nakładać ⟨nałożyć⟩.

auftürmen układać ⟨ułożyć⟩ w stos, sich ~ ⟨s⟩piętrzyć się (a. fig.).

auf|wachen (sn) o-, prze|budzić się; **~wachsen** (sn) wyrastać ⟨-rosnąć, -róść⟩; **~wallen** (sn) ⟨za⟩kipieć; fig. zawrzeć pf., ⟨wz⟩burzyć się; **2wallung** f uniesienie; przypływ; **2wand** m (-es; 0) nakład, wydatek; (Prunk) zbytek; großen 2wand treiben żyć wystawnie; **2wandsentschädigung** f dodatek reprezentacyjny; **~wärmen** odgrz(ew)ać.

2ufwart|e·frau f posługaczka; **2en** usługiwać (bei Tisch przy stole); fig. służyć (mit/I).

2ufwärts Adv. w (od. pod) górę, do góry, ku górze; von ... ~ od ... (G); **2entwicklung** f rozwój; (d. Preise) zwyżkowanie.

Aufwartung f wizyta; posługa; (Frau) posługaczka.

Aufwasch m (-es; 0) s. Abwasch; F in e-m ~ za jednym zamachem; **2en** zmy(wa)ć naczynia od. F statki.

auf|wecken ⟨o-, z⟩budzić; **~weichen** v/t rozmiękczać ⟨-czyć⟩; fig. podrywać ⟨poderwać⟩; Front: ⟨s⟩kruszyć; v/i (sn) rozmiękać ⟨-knąć⟩; **~weisen** wykaz(yw)ać; legitymować się (I).

aufwend|en s. aufbieten; Geld: wyda(wa)ć; **~ig** zbytkowny, wystawny; zakrojony na wielką skalę; **2ungen** f/pl. s. Aufwand.

aufwerfen Wall: usyp(yw)ać; Frage: poruszać ⟨-szyć⟩; Lippen: wydymać ⟨-dąć⟩; sich ~ (zu) ogłaszać ⟨-łosić⟩ się (I); narzucać ⟨-cić⟩ się (jako).

aufwert|en rewaloryzować; fig. podnosić ⟨-nieść⟩ znaczenie (A/G); **2ung** f Fin. rewaloryzacja.

aufwickeln nawijać ⟨-inąć⟩; Paket: rozwijać ⟨-inąć⟩.

aufwieg|eln (-le) poduszczać ⟨poduszczyć⟩, podburzać ⟨-rzyć⟩; **~en** fig. ⟨s⟩kompensować (mit/I); das ist nicht mit Gold aufzuwiegen to jest na wagę złota; **2ler** m podburzacz, podżegacz.

Aufwind m wiatr wstępujący.

auf|wirbeln wzbi(ja)ć (v/i się); fig. narobić pf., wywoł(yw)ać; **~wischen** ś-, wy|cierać ⟨ze-, wy|trzeć⟩; Fußboden: ⟨z⟩myć; **~wühlen** ⟨z⟩ryć; See, fig.: wzburzać ⟨-rzyć⟩.

aufzähl|en wyliczać ⟨-czyć⟩ (a. fig.); **2ung** f wyliczenie; zestawienie.

auf|zäumen okiełzn(yw)ać; **~zehren** s. aufessen; fig. wyczerp(yw)ać, zuży(wa)ć.

aufzeichn|en s. zeichnen; zanotow(yw)ać, (a. Ton, Bild) zapis(yw)ać; **2ung** f zapis(ywanie); pl. konkr. a notatki f/pl.

Aufzieh|- nakręcany; **~en** v/t (hin~) podnosić ⟨-nieść⟩; Flagge: wciągać ⟨-gnąć⟩; Schleife: rozwiąz(yw)ać; Saiten: naciągać ⟨-gnąć⟩, napinać (idó); podklejać ⟨-eić⟩ (auf Leinwand płótnem); Uhr usw.: nakręcać ⟨-cić⟩; Kind: wychow(yw)ać; Tier: ⟨wy⟩hodować; F Aktion usw.: ⟨z⟩organizować; (necken) pod-

kpiwać, stroić sobie kpinki (*A/z G*);
v/i (*sn*) nadciągać ⟨-gnąć⟩; (*Wache*)
zaciągać ⟨-gnąć⟩.

Auf|zucht *f* (*0*) wychów; **~zug** *m*
pochód, procesja; (*Lift*) winda;
Tech. a. podnośnik, wyciąg; *Thea.*
odsłona; (*0*) *iron.* ubiór, strój; **~zwingen** narzucać ⟨-cić⟩ (*sich* się).

Aug·apfel *m* gałka oczna.

Auge *n* (*-s*; *-n*) oko; (*Sehkraft*)
wzrok; *fig.* o(cz)ko; *j Spr.* (*Flugwild*) ziernik; (*Raubtier⚥*) ślepie; so
weit das ~ reicht jak okiem sięgnąć;
F (*schöne*) **~n** machen robić (*od.*
puszczać) perskie oko, strzelać
oczyma (*D/do G*); ein ~ (*beide* **~n**)
zudrücken przymykać ⟨-mknąć⟩
oczy (*bei/na A*); ein ~ haben (*auf A*)
mieć oko (na *A*), mieć na oku (*A*);
kein ~ zutun oka (*od.* oczu) nie
zmrużyć; kein ~ lassen od. wenden
(*von*) nie spuszczać oczu (z *G*); nicht
aus dem ~ (*od.* den **~n**) lassen, im ~
behalten nie spuszczać (*od.* tracić)
z oka *od.* z oczu; im ~ haben *fig.*
mieć na widoku; mieć zamiar, nosić
się z myślą; Sand in die **~n** streuen
mydlić oczy; in die **~n** fallen *od.*
springen rzucać ⟨-cić⟩ się w oczy;
ins **~** fassen *fig.* rozważać, brać
⟨wziąć⟩ pod rozwagę; F das geht in
die ~ to się źle skończy; ~ um ~ oko za
oko; unter vier **~n** w cztery oczy,
sam na sam; unter die **~n** kommen
pokaz(yw)ać się na oczy; vor **~n** führen *od.* halten unaocznia(ć); vor
(*aller*) **~n** na oczach (wszystkich);
Mil. **~n** geradeaus (*rechts*)! na
wprost (na prawo) patrz!; **~n**-
oczny, ... oczu.

äugen spoglądać ⟨spojrzeć⟩.

Augen|arzt *m* okulista *m*; **~aufschlag** *m* spojrzenie.

Augenblick *m* chwila, chwil(ecz)ka;
alle **~e** co chwila; jeden ~ lada chwila; e-n ~ (*lang*) przez chwilę; ⚥lich
s. sofort(ig); (*momentan*) chwilowy
(-wo); obecny.

Augen|brauenstift *m* ołówek kosmetyczny (do brwi); ⚥fällig uderzający w oczy, rażący; **~heilkunde** *f*
okulistyka; **~höhle** *f* oczodół; **~innendruck** *m* ciśnienie śródgałkowe; **~klappe** *f* opaska na oko; **~leiden** *n* choroba oczu; **~licht** *n* (*0*)
wzrok; **~maß** *n* (*0*) zdolność *f* oceny
(wymiarów) na oko; nach (*dem*) **~**
maß na oko; **~merk** *n* (*-es*; *0*) uwa-

ga; **~paar** *n* para oczu; **~ringe**
m/pl. podkrążone oczy.

Augenschein *m*: in ~ nehmen oglądać ⟨obejrzeć⟩; sich durch ~ überzeugen przekon(yw)ać się naocznie;
der ~ trügt pozory mylą.

Augen|spiegel *m* wziernik oczny,
oftalmoskop; **~trost** *m* (*-es*; *-e*) *Bot.*
świetlik; **~weide** *f* (*0*) rozkoszny
(*od.* czarujący) widok; **~wischerei** F *f* (*0*) mydlenie oczu; **~zeuge** *m* świadek naoczny.

Augenzwinkern *n* (*-s*; *0*): *fig.* mit ~
z przymrużeniem oka.

Äuglein *n* oczko, *pl. a.* oczęta.

August[1] *m* (*-es*; *-e*): der dumme ~
błazen, klown.

Au'gust[2] *m* (*-es*; *-e*) sierpień *m*; **~**-
in *Zssgn* sierpniowy.

Aukti'on *f* licytacja; **~ator** [-'na:-]
m (*-s*; -'toren) licytator.

Au'rat *n* (*-s*; *-e*) *Chem.* złocian.

aus *Prp.* (*D*) z, ze (*G*); ~ Berlin
z Berlina; ~ Eisen z żelaza; ~ Zorn ze
złości; *Adv.* von hier ~ stąd, odtąd;
von mir ~ s. meinetwegen; Licht ~!
zgasić światło!; F ~ und vorbei koniec i bomba; *s. aussein.*

Aus *n* (*-*; *0*) *Sp.* aut.

aus·arbeit|en wypracow(yw)ać;
Thema usw.: opracow(yw)ać; ⚥ung
f wy-, o|pracowanie.

aus|arten (*-e-*; *sn*) *s.* entarten; przekształcać ⟨-cić⟩ się (*in A/w A*); **~atmen** wydychać; **~backen** (u)smażyć (*in Fett* w tłuszczu); **~baden** F
odpokutować *pf.*; **~baggern** pogłębi(a)ć, (wy)bagrować; **~balancieren** [-si:rən] wyważać ⟨-żyć⟩,
zrównoważyć *pf.*; **~baldowern** F
(*-re*; -) wypatrzyć *pf.*, wyśledzić *pf.*

Ausbau *m* (*-es*; *-e*, *mst 0*) wymontowanie, demontaż; (*Erweiterung*)
rozbudowa; *fig.* rozszerzenie; *Arch.*
wykończenie (wnętrza); (*Umbau*)
adaptacja; *Bgb.* obudowa; ⚥en wymontow(yw)ać; (*z*)demontować,
rozbudow(yw)ać; (*erweitern*) rozszerzać ⟨-rzyć⟩; *Arch.* wykańczać
⟨-kończyć⟩ budowę; (*za*)adaptować(zu/na *A*); *Bgb.* obudow(yw)ać;
⚥fähig z perspektywą (*od.* widokiem) na rozbudowę *od.* rozszerzenie/polepszenie.

ausbedingen: sich (*D*) ~ zastrzegać
⟨-strzec⟩ z góry, wymawiać ⟨-mówić⟩ sobie.

ausbeißen: sich (*D*) ~ (*Zahn*) wyłam(yw)ać sobie; F *fig. sich* (D) die Zähne ~ połamać sobie zęby (*an D/* na *L*).

ausbesser|n naprawi(a)ć; *s.* flicken, stopfen; **Sung** *f* naprawa.

ausbeulen *Taschen, Hose*: wyp(y)chać; *Tech.* wyrówn(yw)ać, wygładzać <-dzić> (wybrzuszenia).

Ausbeut|e *f* (0) zysk; plon (*a. fig.*), wydajność *f*; *Bgb.* urobek; **Sen** (*-e-*) <wy>eksploatować, wyzysk(iw)ać (*a. Pers.*); **~er** *m* wyzyskiwacz; **~ung** *f* (0) eksploatacja, wyzysk.

ausbild|en (*-e-*) <wy>kształcić, <wy>szkolić; *Fähigkeit*: wyrabiać <-ro-bić>, wykształcać <-cić>; **Ser** *m* instruktor; **Sung** *f* (0) kształcenie (*a. fig.*), szkolenie; *Mil.* formale **Sung** musztra; (*Lehre*) nauka; **Sungs-***mst* szkoleniowy, ... szkolenia.

ausbitten: *sich* (*D*) *et.* ~ wypraszać <-rosić> sobie (*A*).

aus|blasen zdmuchiwać <-chnąć>, zgasić *pf.*; *Ei*: wydmuch(iw)ać; **~bleiben** (*sn*) nie nadchodzić <na-dejść>; (*Pers. a.*) nie przychodzić <przyjść>; *et. bleibt nicht aus ...* nie każe na siebie długo czekać, ... musi nastąpić; **Sbleiben** *n* (*-s; 0*) nieprzybycie; nieobecność *f*; brak (*G*); **~blenden** *Ton*: wyciszać <-ci-szyć>; *Bild*: ściemni(a)ć; **Sblick** *m* widok, perspektywa (*a. fig.*).

ausbluten *v/i* (*sn*) wykrwawi(a)ć się; ~ *lassen* wykrwawi(a)ć.

aus|bomben *s.* ausgebombt; **~booten** wysadzać <-dzić> na brzeg *od.* ląd; F *fig.* wyrugow(yw)ać, wygryzać <-yźć>; **~borgen** F *s.* ausleihen.

ausbrech|en[1] *v/t* wyłam(yw)ać (*v/i* się); *v/i* (*sn*) *fig.* zbiec *pf.*, zbiegnąć *pf.*; *Tier*: wyłam(yw)ać się (*aus/z G*); *Brand, Krieg, Vulkan usw.*: wybuchać <-chnąć> (*a. in Tränen* płaczem *usw.*); *Sturm*: rozpęt(yw)ać się; *ihm bricht der Schweiß aus* pot go ob-, z|lewa, on ob-, z|lewa się potem; **~en**[2] *v/t* <z>wymiotować (*I*), zwracać <-rócić> (*A*); **Ser** *m* zbieg.

ausbreit|en (*-e-*) rozpościerać <-po-strzeć> (*a. fig., Macht*); *Sachen, Hände*: rozkładać <rozłożyć>, *Notes usw.*: rozpinać <-iąć>, rozciągać <-gnąć>; *Decke*: rozesłać *pf.*; *Ansichten usw.*: wyłuszczać <-czyć>; *sich* **~en** rozprzestrzeni(a)ć się, sze-

rzyć się; *Felder usw.*: rozpościerać <-ostrzeć> się; *iron.* rozwodzić się (*über A/*nad *I*); **Sung** *f* (0) rozszerzanie się; rozszerzenie; rozpowszechnienie; *Phys.* propagacja.

aus|brennen *v/t* wypalać <-lić> (*v/i* [*sn*] się); **~bringen** *Toast*: wznosić <-nieść>.

Ausbruch *m* wyłamanie się, ucieczka (*aus/z G*); wybuch; *Mil.* wypad; *vgl.* ausbrechen.

aus|brüten wysiadywać <-iedzieć>, wylęgać <-gnąć, wyląc>); F *fig.* (u)knuć; **Sbuchtung** *f* wybrzusze-nie; **~buddeln** F wykop(yw)ać; **~bügeln** wyprasować *pf.*; F *fig.* naprawi(a)ć.

Ausbund *m* (*-es; 0*) uosobienie (*von/ G*); *iron. ein ~ von Klugheit* krynica mądrości.

aus|bürgern (*-re*) pozbawi(a)ć obywatelstwa, ekspatriować; **~bürsten** wyszczotkować *pf.*, <wy>czyścić szczotką.

Ausdauer *f* (0) wytrwałość *f*; (*Zähigkeit*) wytrzymałość *f* (*a. Sp.*); *mit ~ =* **Snd** *Adv.* wytrwale, z uporem; *Adj.* wytrwały, wytrzymały.

ausdehn|en (*alle a. sich lassen*) rozszerzać <-rzyć>; rozciągać <-gnąć>, *zeitl.* przedłużać <-żyć>; *s.* ausweiten, -breiten, ausgedehnt; **Sung** *f* rozszerz|anie, -enie (się); wydłuże-nie; rozciągłość *f* (*a. Phys.*), roz-ległość *f*; **Sungsvermögen** *n* (0) rozszerzalność *f*.

ausdenken: *sich* (*D*) *et.* ~ wymyślać <-lić> sobie (*A*).

aus|dienen F *fig.* wysłużyć się *pf.*; **~diskutieren** (-) przedyskutować *pf.* do końca; **~dörren** wysuszać <-szyć>; **~drehen** F *Licht*: <z>ga-sić; **~dreschen** wymłacać <-łócić>.

Ausdruck *m* (*-es; "e*) wyraz; *Ling.* ekspresja; *a. Math.* wyrażenie; *Typ.* wydruk; *zum ~ bringen* da(wa)ć wyraz (*A/D*).

ausdrück|en wyciskać <-snąć>; *Schwamm, Wäsche*: wyżymać <wy-żąć>; *Zigarette*: <z>gasić; (*äußern*) wyrażać <-razić>, *engS.* wysławiać <-łowić> (*sich* się); **~lich** wyraźny; *Adv. a.* kategorycznie, stanowczo.

Ausdrucks|form *f* forma wyrazu; **~kraft** *f* wyrazistość *f*, siła wyrazu; **Slos** bez wyrazu; **Sstark** o silnym wyrazie; *a. =* **Svoll** pełen wyrazu, wyrazisty <-ście>, ekspresyjny; **~**

weise *f* sposób wyrażania (*od.* wysławiania) się.
ausdünnen *Agr.* przer(y)wać.
ausdünst|en ziać, zionąć (*im*)*pf.* (*A*/*I*); **♀ung** *f* wyziew, opar.
aus·ein'ander od-, roz|dzielnie; ~*!* rozejdź się!; *weit* ~ daleko od siebie *od.* jeden od drugiego; ~ *sein* różnić się wiekiem (zwei *Jahre* o dwa lata); F *wir sind* ~ rozeszliśmy się; **~biegen** rozginać ⟨-giąć⟩; **~brechen** rozłam(yw)ać (*v*/*i* [*sn*] się); **~bringen** rozdzielać ⟨-lić⟩, rozłączać ⟨-czyć⟩; **~fallen** (*sn*) rozpadać ⟨-paść⟩ się; **~gehen** (*sn*) rozchodzić ⟨rozejść⟩ się; *Meinungen:* różnić się; **~halten** rozróżni(a)ć; **~laufen** (*sn*) rozbiegać ⟨-biec⟩ się; **~leben:** *sich* ~*leben* sta(wa)ć się obcym dla siebie; **~nehmen** rozbierać ⟨rozebrać⟩ na części; F *fig.* ⟨z⟩demolować.
aus·ein'andersetz|en ⟨wy⟩tłumaczyć, F ⟨wy⟩klarować; *sich* ~*en* roztrząsać, rozważać (*mit*/*A*); rozmówić się *pf.* (*mit j-m*/*z I*); **♀ung** *f* wyjaśnienie; dysputa, wymiana zdań; (*Streit*) spór, scysja.
aus·ein'andertreiben rozpędzać ⟨-dzić⟩.
aus·er|lesen *Adjp.* wyszukany, wykwintny; **~sehen** *v*/*t* -) przeznaczać ⟨-czyć⟩ (*zu*/*na A*); *sich* (*D*) ~*sehen* upatrywać ⟨-trzyć⟩ sobie; **~wählen** (-) wyb(ie)rać; **♀wählte(r)** *m*/*f* wybran|iec (-ka).
ausfahr|en *v*/*t* rozwozić ⟨-wieźć⟩; *Baby:* wy|wozić na spacer; *Fahrwerk:* wypuszczać ⟨-uścić⟩; *Sehrohr:* wysuwać ⟨-unąć⟩; *Weg:* wyjeżdżić *j*; *Kurve:* brać ⟨wziąć⟩; *voll* ~*en Motor:* puszczać ⟨puścić⟩ na pełne obroty; *v*/*i* (*sn*) wyjeżdżać ⟨-jechać⟩; wypływać ⟨-ynąć⟩ (*po*)jechać na spacer; **♀t** *f* wyjazd; przejażdżka; *Mar.* wyjście (z portu); (*Tor*) brama (wjazdowa).
Ausfall *m* (*Einbuße*) niedobór, brak; (*Panne*) wypadnięcie (z ruchu *od.* z eksploatacji), awaria; (*Arbeits♀*) przestój, przerwa; *Mil.* wypad (*a. Sp.*); *pl.* (*Opfer*) straty *f*/*pl.*; *fig.* (*gegen*) napaść *f* (na *A*), wycieczka osobista (pod adresem *G*); **♀en** (*sn*) wypadać ⟨-paść⟩ (*a. fig.* F gut dobrze *usw.*); (*Vortrag*) nie odbyć się *pf.*; (*Maschine*) zepsuć się *pf.*, wypadać ⟨-paść⟩ z ruchu, F nawalać

⟨-lić⟩; F *er fällt wegen Krankheit aus* on musi pauzować z powodu choroby.
aus|fällen *Chem.* wytrącać ⟨-cić⟩; **~fallend, ~fällig** napastliwy (-wie), zaczepny; **♀fallstraße** *f* ulica (*od.* trasa) wylotowa.
aus|fasern *v*/*i* (*sn*) wystrzępi(a)ć się; **~fechten** *Kampf:* ⟨s⟩toczyć; *Streit:* doprowadzać ⟨-dzić⟩ do końca; **~fegen** wymiatać ⟨-ieść⟩; **~feilen** wypiłow(yw)ać pilnikiem; *fig.* wygładzać ⟨-dzić⟩; **♀fertigung** *f* sporządzenie; *konkr.* egzemplarz.
ausfindig: ~ *machen* od-, wy|najdywać ⟨od-, wy|naleźć⟩, od-, wy|szuk(iw)ać.
aus|fliegen *v*/*t* ewakuować (*im*)*pf.* drogą lotniczą; *v*/*i* (*sn*) wylatywać ⟨-lecieć⟩; *fig.* F wyfrunąć *pf.*; **~fließen** wyciekać ⟨-ec⟩; **~flippen** F opuszczać ⟨-uścić⟩ się, wykoleić się *pf.* społecznie; **♀flucht** *f* (-; *²e*) wykręt, wymówka; **♀flüchte machen** używać wykrętów; **♀flug** *m* wylot; wycieczka (*an die See* nad morze, *ins Grüne* na łono natury); **♀flügler** *m* wycieczkowicz.
Ausflugs|ort *m* miejscowość wycieczkowa; **~ziel** *n* cel wycieczki.
Ausfluß *m* ujście; wypływ; *Med.* wydzielina; *engS.* upławy *m*/*pl.*; *fig.* wytwór, emanacja.
aus|forschen wybadać *pf.*, ⟨s⟩penetrować; *a.* = **~fragen** roz-, wy|py-t(yw)ać; **~fransen** *v*/*i* (*sn*) ⟨wy⟩strzępić się; **~fressen** wyżerać ⟨-żreć⟩; F *fig.* ⟨na⟩broić, przeskrobać *pf.*; **~frieren** *v*/*i* (*sn*) wymarzać ⟨-znąć⟩.
Ausfuhr *f* wywóz; **~artikel** *m*/*pl.* artykuły *m*/*pl.* eksportowe.
ausführbar wykonalny, realny.
Ausfuhr|beschränkung *f* ograniczenie wywozu *od.* wywozowe; **~bewilligung** *f* zezwolenie na wywóz.
ausführ|en *v*/*t* wyprowadzać ⟨-dzić⟩ (na spacer); *Freundin:* fundować (k-u *A*), zapraszać ⟨-rosić⟩ (k-o do *G*, na *A*); pokaz(yw)ać w towarzystwie; *Waren:* wywozić ⟨-wieźć⟩, eksportować (*im*)*pf.*; *Auftrag:* wykon(yw)ać; *Plan, Gedanken:* ⟨z⟩realizować; (*darlegen*) przedstawi(a)ć; **~lich** szczegółowy (-wo), wyczerpujący (-co); **♀ung** *f* wykonanie (*a. konkr.*); realizacja; (*Darlegung*) wy-

wód; **~ungsbestimmung** f przepis wykonawczy.

Ausfuhr|verbot n zakaz wywozu; **~zoll** m cło wywozowe.

us|füllen za-, (a. fig., Formular) wy|pełni(a)ć; **~füttern** s. füttern².

Ausgabe f (0) wyda(wa)nie; (pl. -n) Typ. wydanie; Fin. emisja; (Geld2, mst pl.) wydatek; **~kurs** m kurs emisyjny; **~(n)buch** n księga wydatków; **~stelle** f miejsce wydawania; punkt rozdzielczy.

Ausgang m wyjście; (Ende) koniec, zakończenie; (Ergebnis) wynik; (freier Tag) wolny dzień; (Anfang) początek; **~s-** wyjściowy.

Ausgangs|sperre f zakaz wychodzenia od. opuszczania (G); **~stellung** f pozycja wyjściowa.

ausgeben v/t wyda(wa)ć; Fin. emitować; (KS)z. rozda(wa)ć; pod(a-w)ać (für, als/za A; sich się); F s. spendieren; sich ~ s. verausgaben.

ausgebombt zbombardowany, zniszczony przez bomby, ~ sein, werden Pers. stracić wszystko podczas nalotu bombowego.

ausge|bucht wyprzedany; **~bufft** F ~wany; 2burt f wytwór; 2dehnt rozległy; Reise: daleki; **~dient** wysłużony; **~fallen** niezwykły (-le); (ekstrawagancki (-ko), cudaczny; **~flippt** s. ausflippen; **~fuchst** F s. durchtrieben; **~glichen** zrównoważony, wyrównany.

ausgehen (sn) wychodzić ⟨wyjść⟩ aus, von/z G); (sich vergnügen) (po>szukać [od. uży(wa)ć] rozrywki, ~orzerwać się pf.; (es absehen auf) szukać, próbować (auf A/G); (stammen) pochodzić (von/od G); (enden) ~ończyć się (auf A/I); F (Geld, Waren) wyczerp(yw)ać się; brakować (zabraknąć) (G); (Feuer, Licht) (z>gasnąć; (Farbe) (s>płowieć; (Haare) wypadać ⟨-paść⟩; (straf-) frei ~ uchodzić ⟨ujść⟩ bezkarnie (D); ~er ~ nic nie otrzymać, zostać pominiętym; er geht davon aus, daß ... wychodzi z założenia, że ...

ausgehungert wygłodzony, zgłodniały.

ausgeh|uniform f mundur wyjściowy; **verbot** n s. Ausgangssperre.

usge|klügelt pomysłowy, **~kocht** fig. szczwany, kuty na cztery nogi; **~lassen** swawolny, rozbry-

kany; (lustig) wesoły (-ło); **~lastet** Pers. F zawalony pracą; nicht **~lastet** sein mieć luz(y); **~leiert** F rozruszany, roztrzęsiony; **~macht** uzgodniony; F (sicher) pewny; Gauner: skończony; Schwindel: prawdziwy, jawny; **~mergelt** wyciericzony, wychudły; **~nommen** Prp. (A) wyłąwszy (A), z wyjątkiem (G), **~picht** F s. gerissen; **~prägt** wyraźny, dobitny; **~rechnet** Adv. akurat, właśnie; **~richtet** nastawiony (auf A/na A); **~schlossen** wykluczony; **~schnitten** wycięty; (wy)dekoltowany; **~sprochen** wyraźny, prawdziwy; (ganz besonders) zdecydowany, wybitny; Adv. a. nad wyraz; 2stoßene(r) banita m, wygnaniec.

ausge|sucht wyszukany; s. erlesen; Adv. nadzwyczaj; **~treten** Weg: wydeptany; Schuh: wykrzywiony; **~wachsen** wyrosły, wyrośnięty; **~wählt** s. auserlesen, ausgesucht.

ausgewechselt: wie ~ jakby nie ten sam, jakby zupełnie inny.

ausge|wogen s. ausgeglichen; Pers. rozważny; **~zeichnet** wyborny, znakomity ⟨-cie⟩, świetny.

aus|giebig F obfity ⟨-cie⟩, gruntowny; **~gießen** wyl(ew)ać; zal(ew)ać (mit/I).

Ausgleich m (-es; -e) wyrównanie (a. Sp.); zrównanie; kompensata; ugoda, kompromis; 2en wyrówn(yw)ać; ⟨s⟩kompensować (durch A/I); Etat: zrównoważyć pf.; Konflikt: ⟨za⟩łagodzić.

Ausgleichs|getriebe n mechanizm różnicowy; **~sport** m sport wyrównawczy; **~tor** n, **~treffer** m bramka wyrównawcza.

aus|gleiten (sn) pośliz(g)nąć się pf.; **~glühen** v/t wyżarzać ⟨-żyć⟩; v/i (sn) wygasać ⟨-lić⟩ się.

ausgrab|en wykop(yw)ać; wy-, od|-grzeb(yw)ać (a. fig.); 2ung f wykopalisko; 2ungs-wykopaliskowy.

Ausguck m Mar. oko; Pers. a. wypatrywacz; 2en F s. ausschauen.

Ausguß m, **~becken** n zlew.

aus|haben F Kleid: zdjąć pf.; Buch: doczyt(yw)ać; Glas, Flasche: wypi(ja)ć, skończyć pf.; **~hacken** wykop(yw)ać; Unkraut: gracować; s. auspicken; **~haken** odczepi(a)ć, odpinać ⟨-iąć⟩; s. aushängen.

aushalten v/t wytrzym(yw)ać (a.

v/i), znosić ⟨znieść⟩; (*j-n*) utrzym(yw)ać; *v/i a.* wytrwać *pf.*; es ist nicht zum ♀! to nie do wytrzymania!

aus|handeln osiągać ⟨-gnąć⟩ [*od.* uzysk(iw)ać] w drodze rokowań; **♀händigen** do-, w|ręczać ⟨-czyć⟩; **♀hang** *m* ogłoszenie, afisz.

aushänge|n *v/t* wywieszać ⟨-esić⟩; *Tür*: wy-, zde|jmować ⟨wy-, zd|jąć⟩ z zawiasów; *v/i* być wywieszonym; sich ~ (*in Anzug*) wyglądać ⟨-dzić⟩ się; **♀schild** *n* wywieszka, szyld; *fig.* figurant; (*Sache*) parawan, płaszczyk.

aus|harren wyczekiwać; (*bis zu*) wytrwać *pf.* (do *G*), doczekać *pf.* (*G*); **♀hauchen** wydych(iw)ać; *Leben*: wyzionąć *pf.*; **♀hauen** wyrąb(yw)ać, wycinać ⟨-iąć⟩; wycios(yw)ać.

ausheb|en wyjmować ⟨-jąć⟩; *s. ausschachten; fig.* [wykry(wa)ć i] ⟨z⟩likwidować, F wykańczać ⟨wykończyć⟩; *Truppen*: zaciągać ⟨zaciągnąć⟩ (do wojska); **♀er** *m Sp.* wynoszenie do góry; **♀ung** *f* zlikwidowanie; *Mil.* zaciąg, pobór.

aus|hecken F ⟨u⟩knuć, ⟨wy⟩kombinować; **♀heilen** *v/t* wyleczyć *pf.*; *v/i* (*sn*) ⟨wy-, za⟩goić się; **♀helfen** dopomagać ⟨-móc⟩; mit Geld ~ helfen pożyczać ⟨-czyć⟩ pieniędzy; *s. einspringen;* **♀hilfe** *f* pomoc *f*; wyręka; *s. Aushilfskraft.*

Aushilfs|arbeit *f* praca dorywcza; **♀kraft** *f* siła pomocnicza; pracownik dorywczy; **♀weise** dorywczo, tymczasowo.

aus|höhlen wydrążać ⟨-żyć⟩; *fig.* podkop(yw)ać; **♀holen** *v/i* zamierzać ⟨-rzyć⟩ się, zamachnąć się *pf.* (zu/do *G*); *fig. weit* ~holen cofać ⟨-fnąć⟩ się daleko wstecz; *v/t dial. s. ausfragen;* **♀holzen** wycinać ⟨-ciąć⟩; **♀horchen** roz-, wy|pyt(yw)ać, wyciągać ⟨-gnąć⟩ na zwierzenia; **♀hülsen** ⟨wy⟩łuskać; **♀hungern** wygłodzić *pf.*, wymorzyć *pf.* głodem; **♀husten** wykasł(yw)ać, wykrztuszać ⟨-usić⟩; **♀jäten** wypielać ⟨-lić⟩, wyplećć *pf.*; **♀kämmen** wyczes(yw)ać; **♀kämpfen** *s. ausfechten;* **♀kaufen** wykupywać ⟨wykupić⟩; **♀kehren** *s. auskippen.*

auskennen: sich ~ (*in D*) orientować się (w *L*); (*mit, bei*) znać się (na *L*).

aus|kippen opróżni(a)ć; F *Wasser*:

wyl(ew)ać; **♀klammern** *fig.* wyłączać ⟨-czyć⟩ (*aus/z G*); **♀klang** *m fig.* zakończenie, finał; **♀kleiden** ⟨ auslegen; **♀klingen** (*a. sn*) ⟨za⟩kończy(ć) się (*mit/I*); **♀klinken** zwalniać ⟨zwolnić⟩; **♀klopfen** wytrzep(ywać; *Pfeife*: wytrząsać ⟨-snąć⟩; ♀ **klopfer** *m* trzepaczka; **♀knipsen** *Licht*: ⟨z⟩gasić; **♀knobeln** rzuca ⟨-cić⟩ losy (*A/o A*); F *fig. s. aus* tüfteln; **♀kochen** wygotow(yw)ać.

auskommen (*sn*): gut ~ mit *j-m* ży w zgodzie, dochodzić ⟨dojść⟩ do ładu (z *I*); schlecht ~ mit *j-m* ni móc wytrzymać (z *I*); ich komm mit et. aus wystarcza(ją) [*od.* wy star⟨czy, -czą⟩ mi (*G*); F ~ ohne (*A* obchodzić ⟨obejść⟩ się bez (*G* nicht ~ ohne (*A*) nie da(wa)ć sob rady (*od.* nie móc się obejść) be (*G*).

Auskommen *n* (*-s; 0*) środki *m/t* utrzymania, egzystencja; gutes haben być dobrze sytuowanyn vgl. auskommen.

aus|kosten *v/t* używać (*G*), delekt wać się (*I*); **♀kotzen** V wyrzyg *pf.*; **♀kramen** F wygrzeb(yw)a wyciągać ⟨-gnąć⟩; **♀kratzen** ⟨ wydrap(yw)ać; wyskrob(yw)ać; ♀ **kratzung** F *f* skrobanka; **♀kri chen** *s. ausschlüpfen;* **♀kugeln** ausrenken; **♀kühlen** *v/i* (*sn*) w zziębnąć *pf.*; *v/t s. abkühlen;* **♀kun schaften** wyszpiegować *pf.*, wyśl dzić *pf.*

Auskunf|t *f* (-; *»e*) informacj *Fmw.* biuro numerów; **♀'tei** *f* age cja informacyjna.

Auskunfts|dienst *m* służba infc macyjna; **♀stelle** *f* punkt inform cyjny, informacja.

aus|kuppeln *v/i* wyłączać ⟨-czy sprzęgło; **♀kurieren** wyleczyć *p* **♀lachen** *v/t* na-, wy|śmiewać się (*G*); **♀laden**[1] *v/t* wyładow(yw)a *Fahrzeug*: rozładow(yw)ać; *v/i* (: wystawać; **♀laden**[2] F *v/t* cof ⟨-fnąć⟩ zaproszenie (*G*).

Auslage *f Hdl.* wystawa; *Box-♀* postawa zasadnicza; (*Fechten*) p ma; (*Gymnastik*) wypad lewą w t Tech. wysięg; nur pl. ~n wyda *m/pl.*

auslagern ewakuować (im)*pf.*

Ausland *n* (*-es; 0*) zagranica; in za granicę; im ~ za granicą.

Ausländ|er *m* cudzoziemiec, obc

krajowiec; **~erin** f cudzoziemka; **~erpolizei** f urząd policji prowadzący ewidencję obcokrajowców; **~isch** zagraniczny, cudzoziemski (po -ku).

Auslands|- zagraniczny; **~aufenthalt** m pobyt za granicą; **~reise** f podróż f za granicę.

Auslaß m (-sses; ~sse) spust; wylot.

auslass|en s-, wy|puszczać ⟨-uścić⟩; Wort: opuszczać ⟨-uścić⟩; (übergehen) pomijać ⟨-inąć⟩; Speck: wytapiać ⟨-topić⟩; Butter: rozpuszczać ⟨-uścić⟩; Wut: wyłado-w(yw)ać (an D/na L); Saum: wypuszczać ⟨-uścić⟩; sich ~en rozwodzić się (über A/nad I); 2ung f opuszczenie, pominięcie; (Äußerung) wypowiedź f.

Auslaßventil n Kfz. zawór wydechowy.

auslast|en wykorzyst⟨yw⟩ać maksymalnie od. w pełni; 2ung f (pełne) wykorzystanie od. obciążenie.

Auslauf m (Auslaß) ujście, odpływ; (für Tiere) wybieg; 2en (sn) wyciekać ⟨-ec⟩; (Topf) przeciekać; (Schiff) wypływać ⟨-ynąć⟩ (z portu); (enden) ⟨s-, za⟩kończyć się; (übergehen) przechodzić ⟨przejść⟩ (in A/w A); sich 2en nabiegać się pf.; ~en n (-s; 0) Mar. wypłynięcie.

Aus|läufer m Geogr. odnoga; Bot. rozłóg; Meteo. klin; 2laugen wyługow(yw)ać; fig. wyczerp(yw)ać; ~laut m Ling. wygłos; 2leben: sich 2leben wyży(wa)ć się; 2lecken wyliz(yw)ać.

usleg|en wykładać ⟨wyłożyć⟩ (a. mit/I); Ware a.: wystawi(a)ć; Geld: ⟨za⟩płacić (für/za A); interpretować, (wy)tłumaczyć; Tech. ⟨za⟩projektować (für/na A); 2er m interpretator; Ruder-Sp. wspornik dulkowy; Tech. wysięgnik; (e-s Krans) wysięgnica; 2ung f interpretacja, tłumaczenie; Jur. wykładnia.

usleih|en wypożyczać ⟨-czyć⟩; 2station f, 2stelle f wypożyczalnia.

uslernen ⟨u⟩kończyć naukę, ~uczyć się pf. (zawodu).

uslese f selekcja, wybór (a. konkr.); (Wein) wino wyborowe; fig. elita, kwiat; naturlich ~ dobór naturalny; 2n¹ f Buch: doczyt⟨yw⟩ać (do końca), przeczytać pf.; 2n² przeb(ie)rać; s. auswählen.

ausliefer|n dostarczać ⟨-czyć⟩, wy-s(y)łać; fig. wyda(wa)ć (a. Pers.); (ins Ausland) ekstradować (im)pf.; 2ung f wysyłka, ekspedycja; wydanie; Jur. ekstradycja; 2ungslager n Hdl. skład hurtowy; 2ungsvertrag m Pol. układ ekstradycyjny.

aus|liegen być wyłożonym; **~loben** Belohnung: wyznaczać ⟨-czyć⟩; **~löffeln** wy-, z|ieść pf.; s. Suppe; **~löschen** ⟨z⟩gasić; fig. wymaz(yw)ać; (töten) zgładzać ⟨-dzić⟩; 2-löse- spustowy, zwalniający.

aus|losen wylosow(yw)ać; **~gelost** a. wybrany losowo.

auslös|en Tech. zwalniać ⟨zwolnić⟩, wyzwalać ⟨-wolić⟩; (betätigen) uruchamiać ⟨-chomić⟩; fig. wywoł(yw)ać; Pfand: wykupywać ⟨-pić⟩; vgl. loskaufen; 2er m Fot. spust, wyzwalacz; 2ung f zwolnienie, wyzwolenie; wywoł(yw)anie; wykupienie.

aus|loten ⟨wy⟩sondować; **~lüften** ⟨prze-, wy⟩wietrzyć (v/i się); **~machen** s. ausschalten; (bilden) stanowić, tworzyć; (betragen) wynosić ⟨-nieść⟩; (vereinbaren) umówić, uzgodnić pf.; Streit usw.: załatwi(a)ć; (erkennen) rozpozn(aw)ać; Mil. oznaczać ⟨-czyć⟩; es macht et. aus, ob ... to różnica, czy ...; j-m nichts ~machen nie robić różnicy (D); **~malen** wymalow(yw)ać; (po)kolorować; fig. opis(yw)ać, przedstawi(a)ć; sich (D) ~malen wyobrażać ⟨-razić⟩ sobie; **~manövrieren** (-) wymanewrow(yw)ać; 2marsch m wymarsz, wyruszenie.

Ausmaß n rozmiar; nur pl. a. wymiary m/pl.; in großem ~ na wielką skalę.

aus|meißeln wycios⟨yw⟩ać dłutem, wyrzeźbić pf.; **~merzen** (-zt) ⟨wy⟩eliminować, wykorzeni(a)ć; **~messen** wymierzać ⟨-rzyć⟩; **~misten** (-e-) wyrzucać ⟨-cić⟩ gnój (A/z G); P fig. zaprowadzić pf. porządek (A/ w L); **~mustern** wybrakować pf., wysortować pf.; Pers. zwolnić pf. ze służby wojskowej.

Ausnahme f wyjątek; mit ~ (von od. G) z wyjątkiem (G); ohne ~ bez wyjątku; 2zustand m stan wyjątkowy.

ausnahms|los bez wyjątku; **~weise** wyjątkowo, w drodze wyjątku.

ausnehmen wyb(ie)rać; Tier: ⟨wy-⟩

patroszyć; *fig.* F (*beim Spiel*) ogr(y- w)ać; *s. ausschließen, herausneh- men, ausheben; sich ~* ⟨za⟩prezen- tować się, wyglądać; **~d** nadzwy- czajny, wyjątkowy; *Adv.* nadzwy- czaj.

ausnutz|en, ausnütz|en wykorzy- st(yw)ać; *s. ausbeuten;* **⟨ung** *f (0)* wykorzyst(yw)anie.

aus|packen rozpakow(yw)ać; F *fig.* wyśpiewać *pf.*, wygadać *pf.*; **~peit- schen** ⟨wy⟩chłostać, ⟨wy⟩biczo- wać; **~pfeifen** wygwizd(yw)ać; **~ pflanzen** wysadzać ⟨-dzić⟩; **~ plaudern** *v/t* wypaplać *(A)*, wyga- dać się (z *I*); **~plündern** splądro- wać *pf.*; **~polstern** wyściełać ⟨wy- słać⟩ *(mit/I)*; *(wattieren)* ⟨wy⟩wato- wać; **~posaunen** F (-) roztrąbić *pf.*; **~prägen** wybi(ja)ć; *fig.* wyciskać ⟨-snąć⟩ piętno *(in D/*na *L); s. aus- geprägt*; **~preisen** wyceni(a)ć; **~ pressen** wyciskać ⟨-snąć⟩; *fig. s. aussaugen;* **~probieren** (-) wypró- bować *pf.*

Auspuff *m* (-*es;* -*e*) *Kfz.* wydech; *Tech.* wydmuch; **~gase** *n/pl.* ga- sliny *f/pl.*, gazy *m/pl.* spalinowe *od.* wydechowe; **~rohr** *n* rura wyde- chowa.

aus|pumpen wypompow(yw)ać; **~ punkten** *Sp.* wypunktować *pf.*; **~pusten** F *s. ausblasen;* **~quartie- ren** (-) wykwaterow(yw)ać; **~quat- schen** P *s. ausplaudern;* **~quet- schen** wyciskać ⟨-snąć⟩; F *fig. Pers. a.* brać ⟨wziąć⟩ na spytki; **~radie- ren** (-) wymaz(yw)ać, wycierać ⟨wy- trzeć⟩ (gumką); *fig.* znosić ⟨znieść⟩ z oblicza ziemi; **~rangieren** (-) F wybrakow(yw)ać; **~rasieren** (-) wygalać ⟨-golić⟩; **~rauben** obrabo- w(yw)ać; **~rauchen** do-, wy|palać ⟨-lić⟩; **~räuchern** wykurzać ⟨-rzyć⟩; **~räumen** *Raum:* o-, wy|próżni(a)ć; *Möbel:* wyprzątać ⟨-tnąć⟩, usuwać ⟨-unąć⟩; *Einwän- de:* rozwi(ew)ać; **~rechnen** ob-, wy|liczać ⟨-czyć⟩ (*sich* [*D*] sobie).

Ausrede *f* wymówka, wykręt; **⟨n** *v/i* ⟨s⟩kończyć mówić, dopowiadać ⟨-iedzieć⟩; **⟨n** *lassen* pozwolić skończyć; *v/t (j-m et.)* wypersw(a)- dow(yw)ać.

ausreichen wystarczać ⟨-czyć⟩; **~d** wystarczający (-co), dosta- teczny.

Ausreise *f* wyjazd; *vgl. Abreise;*

~genehmigung *f* pozwolenie na wyjazd; **⟨n** wyjeżdżać ⟨-echać⟩; **~visum** *n* wiza wyjazdowa.

ausreiß|en *v/t* wyr(y)wać; *v/i* F *(sn)* zmykać, zwiewać, ⟨z⟩wiać, P wyry- wać; *sich (D) kein Bein ~en* nie wysilać się zbytnio; **⟨er** F *m* ucie- kinier; **⟨versuch** *m Sp.* próba ucieczki.

aus|reiten (*sn*) wyjeżdżać ⟨-jechać⟩ konno; **~renken** wy-, z|wichnąć *pf.*; **~richten** wyrówn(yw)ać; *Tech.* ⟨wy⟩regulować, osiować; *Karte* orientować; *fig. (j-n)* nastawi(a)ć *(et.)* skierow(yw)ać; *Fest:* urządzać ⟨-dzić⟩, wyprawi(a)ć; *(erreichen)* osiągać ⟨-gnąć⟩, wskórać *pf.; Grüße:* przekaz(yw)ać; **⟨richtung** *f Tech.* osiowanie, wyregulowanie *Pol.* nastawienie, urządzenie; wy- prawienie; przekazanie; **⟨ritt** *n* przejażdżka konno; **~rollen** *v/i* rozwijać ⟨-inąć⟩; *Teig:* rozwał- kow(yw)ać; *v/i (sn) Flgw.* kołowa po wylądowaniu.

aus|rott|en (*-e-*) wytępi(a)ć *(a. Volk*) wypleni(a)ć; wykorzeni(a)ć; **⟨ung** *(0)* wytępienie; wykorzenienie *(e-s Volkes)* zagłada, eksterminacja **⟨ungspolitik** *f* polityka ekstermi- nacji.

ausrücken *v/i (sn)* wyruszać ⟨-szyć⟩ F *s. flüchten, ausreißen; v/t Tech. roz-, wy|łączać ⟨-czyć⟩.

Ausruf *m* okrzyk; **⟨en** *v/i* ⟨wy⟩ krzyknąć; *v/t* wywoł(yw)ać; ogłaszać ⟨ogłosić⟩; obwoł(yw)ać *(zum Köni. królem); proklamować (A);* **~er** *r* obwoływacz; *Hdl.* zachwalacz.

Ausruf|e-zeichen *n* wykrzyknik **~ung** *f* obwołanie *(zu/I).*

ausruhen *v/i (a. sich)* od-, wy|po czywać ⟨-cząć⟩; **~ lassen** da(wa) wypocząć *(A/D).*

ausrupfen wyskub(yw)ać.

ausrüst|en wyposażać ⟨-żyć⟩ *(mi w A),* ⟨wy⟩ekwipować; *Text.* wy kończać; **⟨ung** *f* wyposażenie wyekwipowanie; *nur konkr.* ekwi punek; *Text.* wykończenie; *Tech* osprzęt; **⟨ungs-** ... wyposażenia wyposażeniowy.

ausrutschen *s. ausgleiten.*

Aus|saat *f* wy-, za|siew; **⟨säe** wysi(ew)ać.

Aussage *f* oświadczenie, wypowied *f*; *Jur.* zeznanie; *Lit.* wymow wydźwięk; **~ ~** *in Zssgn Gr.* orzeka jący; **2n** wyrażać ⟨-razić⟩; *Jur.* zezna(wa)ć.

Aussägen wypiłow(yw)ać.

Aus|satz *m* (-es; 0) trąd; **2sätzig** trędowaty; **2saugen** wyssać ⟨wyssać⟩; *fig. s. ausbeuten;* **2schachten** (-e-) wykop(yw)ać; **2schälen** wy-łusk(iw)ać (a. *Med.*); *Knochen:* wycinać ⟨-iąć⟩.

usschalt|en wyłączać ⟨-czyć⟩ (*Licht usw.*) F ⟨z⟩gasić; *fig.* ⟨wy⟩eli-minować; **2er** *m* wyłącznik; **2ung** *f* wyłączenie; wyeliminowanie.

Aus|schank *m* (-es; ᵘe) wyszynk; *s. Schanktisch;* **2scharren** wygrze-b(yw)ać.

Ausschau *f:* ~ halten = **2en** wy-patrywać, wyglądać (*nach/G*).

usscheid|en *v/t* wydzielać ⟨-lić⟩ (a. *Med.*); *Bio.* wydalać ⟨-lić⟩ ⟨wy⟩eliminować, oddzielać ⟨-lić⟩; *Chem.* wytrącać ⟨-cić⟩; *v/i* (*sn*) (*kündigen*) odchodzić ⟨odejść⟩ (z *G*); (*nicht in Frage kommen*) odpa-dać (a. *Sp.*); *s. austreten;* **2ung** *f* (*0*) wydzielanie; wydalanie; (a. *pl.*) *Med.* wydzielina; wydalina; *Sp.* eliminacja.

usscheidungs|- *Sp.* eliminacyjny; **~produkt** *n* wydalina; **~spiele** *n/pl.* rozgrywki *f/pl.* eliminacyj-ne.

us|schelten zbesztać *pf.*, skarcić *pf.*; **2schenken** *v/t* sprzedawać (*A*), prowadzić wyszynk (*G*); **2scheren** *v/i* (*sn*) schodzić ⟨zejść⟩ z kursu, wypadać ⟨-paść⟩ z szyku; (*Auto*) wyłączyć się *pf.* z kolumny, skręcić *pf.;* **2scheuern** wyszorować *pf.;* **2schicken** wys(y)łać; **2schiffen** wyokrętow(yw)ać; wysadzać ⟨-dzić⟩ na ląd; **2schimpfen** *s. ausschelten;* **2schlachten** *Tier:* oprawi(a)ć; F *Wrack:* wymontow(yw)ać części nadające się do użytku (*A/z G*); *fig.* wykorzyst(yw)ać; **2schlafen** *v/i* (*a. sich*) wyspać się *pf.*, obudzić się *pf.;* *v/t Rausch:* przesypiać ⟨-spać⟩.

usschlag *m Med.* wysypka; *Phys.* od-, wy⟨chylenie; den ~ geben rozstrzygać ⟨-gnąć⟩; **2en** *v/t Zahn, Loch:* wybi(ja)ć; *Geschenk:* nie przyjąć *pf.* (*G*); *s. ablehnen, aus-kleiden, v/t (a. sn)* (*Zeiger*) od-, wy|chylać ⟨-lić⟩ się; (*Pferd*) wierz-gać ⟨-gnąć⟩; (*Baum*) ⟨wy⟩puszczać pą(cz)ki; *fig.* obracać ⟨-rócić⟩ się

(*zum Guten* na lepsze); **2gebend** decydujący (-co).

ausschließ|en wykluczać ⟨-czyć⟩, wyłączać ⟨-czyć⟩ (*von, aus/z G; sich się*); *Typ.* justować; *vgl. aus-sperren;* **~lich** wyłączny; *Prp.* (*G*) z wyjątkiem (*G*), wyjawszy (*A*).

ausschlüpfen *Zo.* wyklu(wa)ć się, wylęgać ⟨-gnąć⟩ się.

Ausschluß *m* wykluczenie; wyłącze-nie; *Typ.* justunek; *unter ~ der Öffentlichkeit* przy drzwiach zam-kniętych; **~frist** *f* termin preklu-zyjny.

ausschmück|en przy-, wy|stroić *pf.*; *fig.* upiększać ⟨-szyć⟩; *s.* schmücken; **2ung** *f* przyozdabianie; dekoracja; *fig.* upiększanie.

aus|schnauben *Nase:* wysiąkać *pf.*; **~schneiden** wycinać ⟨-iąć⟩, wy-kra|wać, -jać ⟨-roić⟩; **2schnitt** *m* wycięcie; dekolt; wycinek, wy-krawek; (*Kreis*2) sektor; *fig. a.* ury-wek; **~schöpfen** wyczerp(yw)ać (a. *fig.*); **~schrauben** wykręcać ⟨-cić⟩.

ausschreib|en wypis(yw)ać; *Wett-bewerb, Wahlen:* rozpis(yw)ać; *s. a.* ausstellen; **2ung** *f* rozpisanie; *Sp.* ogłoszenie zawodów *od.* konkursu.

ausschreit|en *v/i* (*a. sn*) kroczyć; **2ung** *f* ekses, wybryk.

Ausschuß *m* komisja, komitet; *Tech., Hdl.* (wy)brak; (*Ggs. Ein-schuß*) wylot; **~mitglied** *n* członek komisji *od.* komitetu; **~ware** *f* towar wybrakowany.

ausschütten wysyp(yw)ać; *s. aus-gießen; Dividende:* wypłacać ⟨-cić⟩; *fig. Herz:* otwierać ⟨otworzyć⟩, odkry(wa)ć (*D/przed I*); *sich vor Lachen ~* pękać ze śmiechu.

aus|schwärmen *v/i* (*sn*) ⟨wy⟩roić się; *fig.* rozjeżdżać ⟨-chać⟩ się; *Mil.* rozwijać ⟨-inąć⟩ [*od.* rozsy-p(yw)ać] się (w tyralierę); **~schwatzen** F *s.* ausplaudern.

ausschweif|end *Phantasie:* bujny, wybujały; (*sittenlos*) rozpustny, hulaszczy (-czo), rozwiązły ⟨-źle⟩; **2ungen** *f/pl.* wybryki *m/pl.*, ekscesy *m/pl.*, rozpasanie.

ausschweigen: *sich ~* (uporczywie) milczeć, nie wspominać ⟨-mnieć⟩ słowem (*über A/o L*).

aus|schwemmen wypłuk(iw)ać; **~schwenken** *s.* ausspülen; *Arch., Tech.* wychylać ⟨-lić⟩ (*v/i* się);

~schwitzen wypacać ⟨-pocić⟩; *Harz*: wydzielać ⟨-lić⟩.

aussehen *v/i* wyglądać; *es sieht nach Regen aus* zanosi (*od.* zbiera) się na deszcz; F *sich die Augen nach j-m ~* wypatrywać ⟨-trzeć⟩ sobie oczy za (*I*); *mit ... sieht es schlimm aus* z (*I*) jest kiepsko; *wie sieht es mit ... aus?* jak tam z (*I*)?; F *so siehst du aus!* nic z tego!; *vgl.* ausschauen.

Aussehen *n* (-s; *0*) wygląd; *dem ~ nach* z wyglądu *od.* widoku.

aussein F ⟨s⟩kończyć się; (*Feuer*) zgasnąć *pf.*; *auf* (*A*) ~ być żądnym, szukać (*G*); *er ist aus* on wyszedł.

außen *Adv.* zewnątrz; *s.* auswärts.

Außen|- zewnętrzny; **~aufnahmen** *f/pl.* zdjęcia *n/pl.* plenerowe *od.* w plenerze; **~bezirk** *m* dzielnica podmiejska, P przedpiekle; **~border** F *m*, **~bordmotor** *m* silnik zaburtowy *od.* przyczepny, nawigator.

aussenden wys(y)łać; *Phys.* emitować.

Außen|dienst *m* praca w terenie; **~hafen** *m* awanport; **~handel** *m* handel zagraniczny; **~haut** *f Tech.* powłoka zewnętrzna, obszycie, skorupa; **~minister** *m* minister spraw zagranicznych; **~politik** *f* polityka zagraniczna; **2politisch** *Debatte*: dotyczący polityki zagranicznej; *Frage usw.*: ... polityki zagranicznej; **~seite** *f* strona zewnętrzna; **~seiter** *m Sp.* autsajder; *fig.* odludek, dziwak; **~stände** *m/pl.* wierzytelności *f/pl.*; **~stehende(r)** obcy *m*, nie wtajemniczony *m*; **~stelle** *f* ekspozytura, placówka terenowa; **~stürmer** *m* skrzydłowy *m*; **~welt** *f* (*0*) świat zewnętrzny, otoczenie; **~winkel** *m Math.* kąt zewnętrzny.

außer *Prp.* (*D*) poza (*I*); (*ausgenommen*) (o)prócz (*G*); ~ *Betrieb* nieczynny; niesprawny; ~ *allem Zweifel* bez najmniejszej wątpliwości; ~ *sich sein od. geraten* nie panować nad sobą; ~ *Landes gehen* opuścić kraj; *s. a.* Atem, Acht[1], Dienst, Kraft; *Kj.* ~ *daß*, ~ *wenn* ... chyba że ...

außer|beruflich poza zawodem; **~betrieblich** pozazakładowy; **~dem** (o)prócz tego, (po)nadto; **~dienstlich** pozasłużbowy (-wo), pozabiurowy (-wo).

äußere|(r) zewnętrzny; *Minister des*

2*n s.* Außenminister; 2(s) *n* (-n; *0* wygląd zewnętrzny, powierzchow ność *f*.

außer|ehelich pozamałżeński, (... *Kind*) nieślubny; **~gerichtlich** po zasądowy; **~gewöhnlich** niezwykł (-le), nadzwyczajny; *Adv. a.* nad zwyczaj, bardzo; **~halb** *Prp.* (*G* (po)za (*I*); *Adv.* (*nicht im Or* (po)za miastem *od.* obrębem miasta (*nicht im Haus*) (po)za domem; *e kommt von ~halb* on nietutejszy **~irdisch** nie-, poza|ziemski.

äußerlich (*0*) zewnętrzny, *präd.* n zewnątrz; *fig.* (*scheinbar*) pozorny na pozór; *s.* oberflächlich; **2keit** forma (*od.* cecha) zewnętrzna, p zór.

äußern (-re) ob-, prze|jawi(a) okaz(yw)ać (*sich* się); (*sagen*) wypo wiadać ⟨-iedzieć⟩, wyrażać ⟨-razi (*sich* się).

außer|ordentlich nadzwyczajny (... *Titel*), niezwykły (-le); *Adv.* a nadzwyczaj; **~parlamentarisc** pozaparlamentarny; **~planmäßi** pozaplanowy (-wo), **~schulisc** pozaszkolny.

äußerst *Adj.* najodleglejszy, najba dziej odległy, najdalej położony (*o... wysunięty, znajdujący się); (*letz* ostatni; *Termin*: ostateczny; (*gröż* największy; (*schlimmst*) najgorszy *Partei, Elend*: skrajny; *Preis*: na niższy; *Adv.* nader, nadzwycza wyjątkowo; 2e(s) *n* (-n; *0*) ostatec ność *f*; najgorsze *n*; *zum 2en en schlossen* gotów (*od.* zdecydowan na wszystko.

außerstande: ~ *sein* nie być w st nie.

außertariflich *Lohn*: pozaumown

Äußerung *f* wypowiedź *f*, uwag (*Zeichen, Ausdruck*) przejaw, obja

aussetz|en *v/t Kind*: porzuc ⟨-cić⟩; *Boot*: spuszczać ⟨spuści na wodę; *Pflanzen, Passagiere*: w sadzać ⟨-dzić⟩; *Belohnung*: wyzn czać ⟨-czyć⟩; (*unterbrechen*) wyr r(y)wać, (*a. Jur.*) zawieszać ⟨-esić narażać ⟨-razić⟩ (*sich* się; *der G fahr* na niebezpieczeństwo), wyst wi(a)ć (*der Sonne* na słońce); z rzucać ⟨-cić⟩, wytykać ⟨-tknąć⟩ (*j-m A/k-u A*); *s.* aufschieben; *v/* (za)prze-, u|sta(wa)ć (*a. mit/Inf. A*), ur(y)wać się (*Motor*) stan *pf.*; pracować z przerwami; 2er

Kfz. przerwa zapłonu; **Q**ung *f* porzucenie; spuszczenie; wyznaczenie; *Jur.* zawieszenie.

Aussicht *f* widok; *fig. pl. a.* perspektywa; **₋**en haben mieć widoki (*auf A, zu/na A*); in **₋** haben (*A*) mieć na widoku (*A*), oczekiwać (*G*); in **₋** stellen obiec(yw)ać; es besteht **₋** auf (*A*) jest nadzieja (na *A*, że ...).

aussichts|los beznadziejny; pozbawiony widoków powodzenia; (*zwecklos*) bezcelowy (-wo); **Qpunkt** *m* miejsce z widokiem na okolicę; **₋reich** obiecujący (-co), rokujący nadzieję; **Qturm** *m* wieża z pięknym widokiem.

₋ussieben odsi(ew)ać.

₋ussied|eln wysiedlać ⟨-lić⟩; **Qler** *m* wysiedleniec; **Qlung** *f* wysiedl|anie, -enie.

₋ussöhn|en ⟨po⟩godzić, pojednać *pf.* (*sich* się); **Qung** *f* pojednanie (się).

₋us|sondern (-*re*) wyłączać ⟨-czyć⟩, wydzielać ⟨-lić⟩; *a.* **₋sortieren** (-) wysortow(yw)ać; **₋spähen** wyszpiegować *pf.*; (*nach j-m*) wyglądać, wypatrywać (*G*); **₋spannen** *v/t* rozpinać ⟨-iąć⟩; rozpościerać ⟨rozpostrzeć⟩; *Pferd:* wyprzęgać ⟨-rząc⟩; *F Mädchen:* odbi(ja)ć; *Sache:* przywłaszczać ⟨-czyć⟩ sobie; *Tech. Werkstück:* uwalniać ⟨uwolnić⟩, odmocow(yw)ać; *v/i* od-, wy|poczywać ⟨-cząć⟩; **₋sparen** ⟨za⟩oszczędzać ⟨-dzić⟩; **₋speien** wypluwać(ać) *fig.* wyrzucać; *Feuer:* ziać (*I*).

ussperr|en *j-n:* zamykać ⟨-mknąć⟩ drzwi przed nosem (*D*), nie wpuszczać do środka (*A*); *Arbeiter:* ⟨z⟩lokautować; *sich* **₋**en niechcący zatrzasnąć *pf.* drzwi za sobą; **Qung** *f* lokaut.

usspiel|en *v/t Karte:* zagr(yw)ać (*a. v/i*), wychodzić ⟨wyjść⟩ (*A/w A*); (*in d. Lotterie*) rozlosow(yw)ać; *Sp.* (*ausschalten*) ogrywać ⟨obegrać⟩; wygr(yw)ać (*j-n* gegen *A/*k-o przeciw *D*); *er hat s-e Rolle ausgespielt* jego rola skończona; *v/i KSp. a.* być na ręku; **Qung** *f* ciągnienie.

usspionieren ⟨wy⟩szpiegować.

₋ussprache *f* wymowa; dyskusja, wymiana zdań; *s. Unterredung;* **₋bezeichnung** *f* oznaczenie wymowy.

₋ussprechen wymawiać ⟨-mówić⟩;

wypowiadać ⟨-iedzieć⟩ (*sich* się; *für/za I*); *Wünsche, Beileid a.:* składać ⟨złożyć⟩; *sich* **₋** *a.* rozmówić się *pf.* (*mit/z I*); **₋** lassen pozwolić wypowiedzieć się (do końca).

Ausspruch *m* wypowiedź *f*, sentencja.

aus|spucken *v/t* wypluwać ⟨-unąć⟩; *v/i* (*verächtlich*) spluwać ⟨-unąć⟩; **₋spülen** prze-, s-, wy|płuk(iw)ać; **₋staffieren** F (-) *s. ausstatten;* F *a.* wyfioczyć, wyfiokować *pf.* (*sich* się); **Qstand** *m* strajk; **₋stanzen** *Tech.* wycinać ⟨-iąć⟩.

ausstatt|en (-*e-*) zaopatrywać ⟨-trzyć⟩, wyposażać ⟨-żyć⟩ (*mit/w A*); ⟨u⟩meblować; *Braut:* wywianować *pf.*; (*mit Gaben*) obdarzać ⟨-rzyć⟩ (*mit/I*); *Typ. schön, reich* **₋** (na)dać pięknę, bogatą szatę graficzną; **Qung** *f* zaopatrzenie, (*a. konkr.*) wyposażenie; ekwipunek; umeblowanie; wystrój; (*Braut*Q) wyprawa; *Typ.* szata graficzna; *Thea.* scenografia; *s. Bühnenausstattung.*

ausstechen wykłu(wa)ć; *Torf usw.:* wycinać ⟨-iąć⟩; *fig.* F *j-n:* zakasować *pf.*; (*verdrängen*) wypierać ⟨-przeć⟩; *Rivalen:* P wyparować *pf.*

ausstehen *v/i* być wystawionym, (*fehlen*) brakować, nie nadchodzić ⟨nadejść⟩; *die Antwort steht noch aus* brak jeszcze odpowiedzi; *das Geld steht noch aus* pieniądze jeszcze nie nadeszły; *v/t* znosić ⟨znieść⟩, wytrzym(yw)ać; F *nicht* **₋** *können* nie cierpieć *od.* znosić (*A/ G*); **₋d** *Geld:* zaległy.

aussteigen (*sn*) wysiadać ⟨-iąść⟩; F *fig.* wycof(yw)ać się (*aus/z G*); *Sp.* odpadać ⟨-paść⟩.

ausstell|en wystawi(a)ć; F *s. ausschalten;* **Qer** *m* wystawca *m; Fin. a.* trasant; **Qfenster** *n Kfz.* szyba obrotowa; **Qung** *f* wystawienie; (*Schau*) wystawa.

Ausstellungs|datum *n* data wystawienia; **₋gelände** *n* teren wystawowy *od.* wystawy; **₋halle** *f*, **₋pavillon** *m* pawilon wystawowy; **₋stück** *n* eksponat.

aussterben (*sn*) wymierać ⟨wymrzeć⟩.

Aussteuer *f* posag, wiano, (*Wäsche usw.*) wyprawa; **Qn** *Tochter:* (wy-)wianować (*A*), da(wa)ć w posagu (*D*); *Jur. ausgesteuert werden* ⟨s-⟩ tracić prawo do świadczeń z ubez-

pieczenia społecznego; ~ung f Jur.
wygaśnięcie prawa do świadczeń
z ubezpieczenia społecznego; Fmw.
modulacja.
Ausstieg m (-es; -e) wysiadanie,
wyjście; luk, wyłaz; fig. zrezygnowanie (aus/z G).
ausstopfen wyp(y)chać.
Ausstoß m wyrzuc|enie, -anie;
Tech. ilość wyprodukowana, produkcja; zdolność wytwórcza, wydajność f; Bgb. wydobycie; (v.
Schadstoffen) zrzut; 2en v/t wyrzucać <-cić>; Gas, Luft: wydmuch(i-w)ać; Schrei: wyda(wa)ć; Flüche:
miotać (A), obrzucać <-cić> (I);
Drohungen: sypać (I); Pers. wykluczać <-czyć> (aus/z G); s. verstoßen.
ausstrahl|en v/t wypromieniowywać, (a. Rdf.) emitować; Rdf. a.
nada(wa)ć; fig. promieniować,
tchnąć (A/I); v/i promieniować (a.
Schmerz); 2ung f (0) Rdf. emisja;
fig. oddziaływanie, wpływ.
ausstrecken v/t wyciągać <-gnąć>
(nach/po A; sich się); Zunge: pokaz(yw)ać; sich ~ a. rozciągać
<-gnąć> się.
aus|streichen wykreślać <-lić>;
Backform: wysmarow(yw)ać (mit/
I); ~streuen rozsyp(yw)ać, wy-, (a.
fig.) roz|si(ew)ać; ~strömen v/i (a.
sn) wyciekać <-ec>, wypływać <-snąć>; (Blut) wytryskać <-snąć>;
(Gas) uchodzić, ulatniać się, wydobywać się; (Menschen) wysyp(yw)ać się, wychodzić (wyjść) tłumnie; v/t Geruch: wyziewać, wydzielać; s. ausstrahlen. ~suchen
wyszuk(iw)ać; s. auswählen.
Austausch m wymiana; im ~ für
w zamian za; ~- in Zssgn ... wymiany, a. = 2bar wymienny; zamienialny; 2en wymieni(a)ć (gegen
A/na A); ~stoff m tworzywo zastępcze; ~student m student objęty
wymianą z zagranicą.
austeilen rozdzielać <-lić>, rozda(wa)ć; Befehle: wyda(wa)ć; Hiebe: wymierzać <-rzyć>.
Auster f (-; -n) ostryga; ~n-zucht f
hodowla ostryg.
austoben: sich ~ wyszaleć się (a.
Sturm usw.), wyszumieć się pf.
aus|tragen roznosić <-nieść>; Kind:
donosić pf.; Kampf: s(to)czyć; Sp.
rozgrywać (rozegrać); Streit: załatwi(a)ć; 2träger m roznosiciel; s.

Briefträger; 2tragung f (0) roznoszenie; Sp. rozegranie, rozgrywka
2tragungs·ort m Sp. miejsce rozgrywek.
Au'strali|ër(in f) m Australij|czyk
(-ka); 2sch australijski (po -ku).
austreib|en v/t wypędzać <-dzić>
wyganiać <-gonić, -gnać>; fig. l
Mucken usw.: wybi(ja)ć z głowy
v/i (wy)puszczać pędy; 2dorn m
2er m Tech. wybijak; 2ung f wypędzanie; (a. Rel.).
aus|treten v/t Feuer: zadept(yw)ać
Schuhe: rozdept(yw)ać, rozchodzić
pf.; Weg: wydept(yw)ać; v/i (sn
występować <-tąpić> (aus/z G)
(Fluß) wyl(ew)ać; F (a. ~treten gehen) wyjść (od. pójść) pf. za potrzebą; ~trinken wypi(ja)ć; 2ritt m
wyjście; wystąpienie; (Öffnung
otwór wyjściowy, wylot; ~trock
nen v/t o-, wy|suszać <-szyć>; v/i
(sn) wysychać <-schnąć>; ~tüftel
F wykombinować pf.
aus·üb|en Gewerbe: trudnić się (I)
Beruf: wykonywać, uprawiać; Amt
sprawować, pełnić; Druck, Einfluß
wywierać <-wrzeć>; Recht: (s)korzystać (z G); 2ung f (0) trudnieni
się; wykonywanie, uprawianie
sprawowanie, pełnienie; wywiera
nie; korzystanie (z G).
Ausverkauf m wyprzedaż f; 2er
roz-, wy|przeda(wa)ć.
auswachsen v/i (sn) wyrastać <wy
rosnąć, -rość> (a. sich); sich ~ z
przeradzać <-rodzić> się (w A);
es ist zum 2l czarna rozpacz!
Auswahl f (0) wybór; selekcja; Sp
reprezentacja; Hdl. asortyment
wachlarz (towarów); ~band m tor.
dzieł wybranych, wybór dzieł.
aus|wählen wyb(ie)rać <wy>typo
wać; 2wahlspiel n mecz drużyn
reprezentacyjnych; ~walzen Tech
walcować.
Auswander|er m emigrant, wy
chodźca m; 2n (sn) (wy)emigrować
(aus d. Ort a.) wywędrow(yw)ać
~ung f (0) emigracja; ~ungs- emi
gracyjny.
auswärt|ig zamiejscowy; zagra
niczny; das 2ige Amt Ministerstw
Spraw Zagranicznych; ~s Adv. (na
zewnątrz; s. außerhalb; nach ~z
zewnątrz; poza miasto; von ~s z (oc
od) zewnątrz; z terenu; z zagranicy
spoza domu; 2s- zamiejscowy.

auswasch|en wymy(wa)ć; **Qung** *f Geol.* wymywanie.

auswechs|elbar wy-, za|mienny; **~eln** wymieni(a)ć; **Qlung** *f* wymiana.

Ausweg *m* wyjście; **Qlos** bez wyjścia; e-e -se *Situation* sytuacja bez wyjścia; **~losigkeit** *f (0)* beznadziejność *f.*

Ausweich|- zapasowy; wymijaj.cy; **Qen** (*D, sn*) wymijać ⟨-inąć⟩ (*A*), ustępować ⟨-tąpić⟩ (*D*); (e-m *Hieb*) uchylać ⟨-lić⟩ się (od *G*); s. *meiden*; **~en auf** (*A*) przerzucać ⟨-cić⟩ się (na *A*); **~en** *n* (-s; *0*) *Sp.* unik; **Qend** wymijający (-co), wykrętny; **~flughafen** *m* lotnisko zapasowe; **~manöver** *n Mil.* manewr na obejście; **~stelle** *f* mijanka.

ausweiden ⟨wy⟩patroszyć.

ausweinen: *sich* ~ wypłakać się *pf.*; *sich* (*D*) die Augen ~ wypłak(iw)ać sobie oczy.

Ausweis *m* (-es; -e) legitymacja, dowód; **Qen** *v/t* wydalać ⟨-lić⟩ (*aus/z G*); ⟨wy⟩legitymować (*sich* się; *durch A/I*); *Talent, Fehlbetrag:* wykaz(yw)ać; s. *vorsehen*; **~papiere** *n/pl.* dokumenty *m/pl.*; **~ung** *f* wydalenie.

ausweit|en rozszerzać ⟨-rzyć⟩ (*sich* się); **Qung** *f* rozszerz|anie, -enie.

auswendig *Adv.* na pamięć; ~ *aufsagen* ⟨wy⟩recytować z pamięci.

auswerf|en wyrzucać ⟨-cić⟩; *Netze, Anker:* zarzucać ⟨-cić⟩; *Graben:* ⟨wy⟩kopać; *Med.* pluć (*A/I*); *Hdl.* (*Summe*) pod(aw)ać, wykaz(yw)ać; **Qer** *m* wyrzutnik.

auswert|en *v/t* wykorzyst(yw)ać; ⟨prze⟩analizować; *Luftbilder:* odczyt(yw)ać; **Qer** *m* analityk; *Mil. Flgw.* fotogrametrysta *m*; **Qung** *f* wykorzyst(yw)anie; analiza, rozpracowanie; *Flgw.* odczytywanie.

auswickeln rozwijać ⟨-inąć⟩; **~winden** *s. auswringen;* **~wintern** *v/i* (-re; *sn*) wymarzać ⟨-znąć⟩.

auswirk|en: *sich* ~en (auf *A*) ⟨po⟩działać, wpływać ⟨-ynąć⟩ (na *A*), odbi(ja)ć się (na *L*); **Qung** *f* skutek, następstwo.

auswischen wycierać ⟨wytrzeć⟩; *F j-m* eins ~ przytrzeć nosa, da(wa)ć nauczkę (*D*).

aus|wringen wyżymać ⟨-żąć⟩; **Qwuchs** *m* (-es; *ᵘe*) *Med., Bot.* narośl *f*, guz; *fig.* (*mst pl.*) przerost, wy-

bryk, wypaczenie; **Qwuchten** *n* (-s; *0*) *Tech.* wyważanie; **Qwurf** *m Med.* plwocina; (*0*) wyrzutek (*der Menschheit* społeczeństwa); **~zacken** wycinać ⟨-iąć⟩ w ząbki, wyząbkować *pf.*; **~zahlen** wypłacać ⟨-cić⟩ (*bar* w gotówce); *j-n:* spłacać ⟨-cić⟩; F *sich* ~zahlen opłacać ⟨-cić⟩ się; **~zählen** wyliczać ⟨-czyć⟩ (*a. Sp.*); *Stimmen:* obliczać ⟨-czyć⟩; **Qzahlung** *f* wypłacenie, wypłata; **Qzählung** *f* wyliczenie; obliczanie; **~zanken** *dial.* ⟨z⟩besztać.

auszehr|en wycieńczać ⟨-czyć⟩; **Qung** *f (0)* wycieńczenie; *Med.* wyniszczenie ogólne.

auszeichn|en wyróżni(a)ć (*sich* się); odznaczać ⟨-czyć⟩ (*mit/I*); (*mit Zeichen versehen*) ⟨o⟩znakować; s. *auspreisen; Schüler: sich* ~en celować (*durch A/w I*); **Qung** *f* wyróżnienie; odznaczenie; *nur konkr.* odznaka; wycena; znakowanie.

Auszieh|-, Qbar rozsuwa(l)ny; wysuw(a)ny; **Qen** *v/t* wyciągać ⟨wyciągnąć⟩ (*a. Chem.*); *Kleid:* zdejmować ⟨zdjąć⟩; *Fach:* wysuwać ⟨-unąć⟩; *Tisch:* rozsuwać ⟨-unąć⟩; die Uniform **Qen** *fig.* iść ⟨pójść⟩ do cywila; *v/i (sn)* wyruszać ⟨-szyć⟩ (*aus d. Wohnung*) wyprowadzać ⟨-dzić⟩ się; *sich* **Qen** rozbierać ⟨rozebrać⟩ się; **~tusche** *f* tusz kreślarski.

auszischen *Thea.* wygwizd(yw)ać.

Auszug *m* wyruszenie; wyprowadzenie się, wyprowadzka (*Verlassen*) opuszczenie (aus/*G*); (*Exzerpt, Extrakt, Fot.*) wyciąg; (*Text* Q *a.*) wypis; **~s·mehl** *n* krupczatka; **Qs·weise** w skrócie, w streszczeniu.

auszupfen wyskub(yw)ać.

au'tark samowystarczalny, autarkiczny.

au'thentisch (*0*) autentyczny.

Auto *n* (-s; -s) auto, samochód.

Autobahn *f* autostrada; **~auffahrt** *f* wjazd na autostradę; **~brücke** *f* most na autostradzie; **~kreuzung** *f* skrzyżowanie autostrad; **~raststätte** *f* restauracja przy autostradzie.

Autobus *m s. Omnibus.*

Auto|di'dakt *m* (-en) samouk; **~**

diebstahl *m* kradzież *f* samochodu; **~einbruch** *m* włamanie do samochodu; **~fähre** *f* prom samochodowy; **~fahrer** *m* kierowca (samochodowy); automobilista *m*; **~fan** F *m* miłośnik aut; **~friedhof** F *m* cmentarzysko aut; **♀'gen** *Tech.*, *Med.* autogeniczny.

Auto|**'gramm** *n* (-*s*; -*e*) autograf; **~jäger** F *m* łowca *m* autografów.

Auto|**'graph** *n* (-*s*; -*en*, *selt.* -*e*) autograf; **~hof** *m* plac postoju samochodów; **~kino** *n* kino parkingowe; **~knacker** F *m* włamywacz do samochodów; **~kolonne** *f* kolumna (*od.* sznur) samochodów; **~korso** *m* korowód samochodów, korso; **~kran** *m* samochód-żuraw; **~kra'tie** *f* autokracja.

Auto'**mat** *m* (-*en*) automat; **~en-restaurant** *n* bar samoobsługowy *od.* amerykański; **~i'on** *f* (0) automatyzacja; **♀isch** automatyczny; **♀i'sieren** (-) ⟨z⟩automatyzować.

Auto|**mo'bil** *n* (-*s*; -*e*) *s.* Auto; **~** *in Zssgn* automobilowy, samochodowy; **♀'nom** autonomiczny; **~no'mie** *f* (0) autonomia; **~pilot** *m* pilot automatyczny; **~'psie** *f* *Med.* sekcja zwłok.

Autor *m* (-*s*; -'*toren*) autor.

Auto|**reisezug** *m* pociąg turystyczny z możliwością przewozu samochodów; **~rennen** *n* wyścigi *m/pl.* samochodowe; **~reparaturwerkstatt** *f* warsztat samochodowy *od.* naprawy samochodów.

Au'torin *f* autorka.

autori|**'sieren** (-) autoryzować,

upoważni(a)ć; **~'tär** dyktatorski (-ko), autorytatywny; *Erziehung* surowy (-wo); **♀'tät** *f* autorytet; **~ta'tiv** autorytatywny.

Autorschaft *f* (0) autorstwo.

Auto|**salon** *m* samochodowy salon wystawowy; **~schlange** F *f* sznu aut *od.* pojazdów; **~skooter** *m* samochodzik elektryczny (w lunaparku); **~suggesti'on** *f* (0) auto sugestia; **~tour** *f* wycieczka samochodem; **~unfall** *m* wypadek samochodowy, katastrofa samochodowa **~verleih**, *m*, **~vermietung** *f* wynajem samochodów; *konkr.* punk wynajmu samochodów; **~wasch anlage** *f* myjnia (samochodów); **~wrack** *n* wrak samochodowy, trup; **~zubehör** *n* akcesoria *n/p* samochodowe.

A'vantgar|**de** *f* awangarda; **♀'di stisch** awangardowy (-wo).

Ave-Maria *n* (-/*s*; -/-*s*) *Rel.* Zdr waś Maria, F zdrowaśka.

A'vis *m od.* *n* (-*es*; -*e*) awiz(o).

avi'sieren (-) ⟨za⟩awizować.

Avoca|**do** [-'ka:-] *f*, **~to** *f* (-; - gruszka adwokacka.

axi'al *Tech.* osiowy (-wo).

Axi'om *n* (-*s*; -*e*) aksjomat, pewnik

Axt *f* (-; *ᵘe*) siekiera, topór; **~stiel** *siekierzysko*, toporzysko.

Aza'lee *f* azalia.

Aze|**'tat** *n* (-*s*; -*e*) octan; **~'ton** *n* (-0) aceton; **~ty'len** *n* (-*s*; 0) acetyler **~-** *in Zssgn* acetylenowy.

A'zid *n* (-*es*; -*e*) azydek; **♀i'tät** *f* (0 kwasowość *f*; *Med.* kwasota.

a'zurblau lazurowy (-wo), błękitn

B

Baby ['be:bi] *n* (-s; -s) niemowlę,
F bobas; ~ausstattung *f* wyprawka
niemowlęca; ~flasche *f* butelka do
karmienia dziecka; ~kost *f*, ~nahrung
f pożywienie dla niemowląt.
baby'lonisch babiloński.
Bach *m* (-es; ˝e) potok, struga, stru-⟩
Bache *f* locha, maciora. [mień *m*.∫
Bachforelle *f* pstrąg potokowy.
Bächlein *n* strumy(cze)k.
Bachstelze *f* pliszka (siwa).
Back *f* Mar. dziobówka.
Backblech *n* blacha (do pieczenia).
Backbord *n* lewa burta, bakburta.
Bäckchen *n* policzek, *pl. a.* buzia.
Backe *f* policzek; F (Hinter2) pośladek; Tech., Sp. szczęka; F au ~!
ojej!
backen *v/t* (L.) ⟨u⟩piec, (mst Brot)
wypiekać ⟨-ec⟩; *vgl.* braten; *v/i*
(Schnee) lepić się.
Backen *n* (-s; 0) pieczenie; sma-
żenie; (*v. Brot usw.*) wypiek.
Backen|- Tech. szczękowy; ~bart *m*
bokobrody *pl.*; ~knochen *m* kość
policzkowa *od.* jarzmowa; ~zahn *m*
ząb trzonowy.
Bäcke|r *m* piekarz; ~'rei *f* piekar-
nia; F (0) pieczenie.
Bäcker|geselle *m* czeladnik pie-
karski; ~handwerk *n* piekarstwo;
~laden *m* sklep z pieczywem.
Back|fisch *m* F fig. podlotek, pen-
sjonarka; ~form *f* forma do pieczenia; ~hähnchen *n* kurczę pieczone; ~haube *f* prodiż; ~obst *n*
owoce *m/pl.* suszone; ~ofen *m* piec
do pieczenia, piekarnik; piec pie-
karski; F fig. upał, spiekota; ~pfeife
F *f s.* Ohrfeige; 2pfeifen F plasnąć
pf. w twarz; ~pflaume *f* śliwka
suszona; ~pulver *n* proszek do
pieczenia; ~stein *m* cegła (palona,
czerwona); ~stube *f* piekarnia;
~trog *m* dzieża; ~waren *f/pl.*,
~werk *n* (-s; 0) pieczywo.
Bad *n* (-es; ˝er) kąpiel *f*; Tech. *a.*
łaźnia; (Kurort) kąpielisko, uzdrowisko; (Raum) łazienka; das Kind
mit dem ~ ausschütten wylać dziecko
z kąpielą.

Bade|anstalt *f* zakład kąpielowy,
łaźnia; ~anzug *m* kostium kąpielowy; ~brille *f* okulary *pl.* ochronne
do kąpieli; ~gast *m* kuracjusz;
(Badender) kąpielowicz; ~haube *f*
s. Badekappe; ~hose *f* kąpielówki
f/pl.; ~kabine *f* kabina kąpielowa;
~kappe *f* czepek kąpielowy; ~kur *f*
kuracja zdrojowa; ~mantel *m*
płaszcz kąpielowy; ~meister *m* kąpielowy *m*; 2n (-e-) ⟨wy⟩kąpać (*v/i*
się); *s.* Schweiß; ~n *n* (-s; 0) kąpanie
się, kąpiel *f*; ~ofen *m* piecyk łazien-
kowy; ~ort *m s.* Bad; ~saison *f* sezon kąpielowy; ~schuh *m* pantofel
kąpielowy; ~stelle *f* kąpielisko;
~strand *m* plaża; ~stube *f s.* Bade-
zimmer; ~tuch *n* prześcieradło ką-
pielowe; ręcznik kąpielowy; ~wanne
f wanna (do kąpieli); ~wasser
n woda do kąpieli; ~wetter *n*
słoneczna pogoda; ~zimmer *n*
łazienka.
baff F: ganz ~ sein zbaranieć,
osłupieć *pf.*
Bagage [-'gɑːʒə] *f:* F fig. granda,
hołota.
Baga'tel|le *f* bagatela, błahostka;
2li'sieren (-) ⟨z⟩bagatelizować.
Bagger *m* czerparka, koparka;
(Fluß2) pogłębiarka, F bagier;
~führer *m* operator czerparki *od.*
koparki.
Baguette [-'gɛt] *n* (-s; -s) bułka
barowa.
bah! *Int.* ba!
Bahn *f* droga; tor; Sp. *a.* bieżnia;
Esb. kolej *f*; Astr. orbita; Tech.
gładź *f*; (Hammer2) obuch; mit (od.
per) ~ koleją, F pociągiem; freie ~
wolna droga; fig. swoboda działania; fig. auf die schiefe ~ geraten
od. kommen schodzić ⟨zejść⟩ na
manowce; 2brechend przełomo-
wy, pionierski; ~brecher *m* pionier.
bahnen ⟨u⟩torować (sich den Weg
sobie drogę).
Bahn|fahrer *m* Sp. torowiec; ~hof
m stacja (kolejowa), dworzec.
Bahnhofs|- (przy)dworcowy, sta-

cyjny; **~halle** f hala dworcowa;
~vorsteher m zawiadowca m (od.
naczelnik) stacji.

Bahn|körper m podtorze; **2la-
gernd** do odbioru na stacji kole-
jowej za zgłoszeniem; **~rennen** n
Sp. zawody pl. torowe.

Bahnsteig m peron; **~karte** f bilet
peronowy, F peronówka; **~sperre** f
przepust biletowy, F przejście na
peron(y).

Bahn|übergang m przejazd kole-
jowy; **~wärter** m dróżnik kolejowy
od. obchodowy.

Bahr|e f (Toten2) mary pl.; s. Trage;
~tuch n (-és; ⁼er) całun.

Baiser [bɛˈzeː] n (-s; -s) beza.

Baisse [ˈbɛːsə] f bessa.

Bajo'nett n (-és; -e) bagnet; **~** in
Zssgn bagnetowy.

Bake f Mar. baken; (Straßen2)
słupek wskaźnikowy.

Bak'teri|e f bakteria; **2'ell** wywo-
łany przez bakterie; **2o'logisch**
bakteriologiczny; **2'zid** bakteriobójczy.

Ba'lance [-sə] f równowaga.

balancier|en [-ˈsiː-] (-) balansować;
2stange f drążek do utrzymywania
równowagi.

bald (eher, am ehesten) wkrótce,
niebawem; F (beinahe) nieomal nie,
o mało co nie; prawie; **~** darauf
wkrótce potem; so **~** als möglich
możliwie jak najszybciej od. najprędzej; **~** ... **~** ... raz ... raz ..., to ...
to ...

Baldachin m (-s; -e) baldachim.

baldig (0) rychły; **~st** Adv. jak naj-
rychlej, jak najprędzej.

Baldrian m (-s; -e) Bot. kozłek lekarski, waleriana; **~tropfen** m/pl.
krople f/pl. walerianowe, F waleriana.

Balg[1] m (-és; ⁼e) (Tier2) skór(k)a
(ściągnięta, wychana), JSpr. futro,
kożuch; Mus. miech; Tech., Fot.
mieszek.

Balg[2] F m od. n (-és; ⁼er) bachor,
berbeć m; ein ungezogener **~** nieznośny bęben.

balge|n: sich **~n** mocować (od. sza-
motać) się; **2'rei** f mocowanie (od.
szamotanie) się.

Balkan- in Zssgn bałkański.

Balken m belka; **~gerüst** n belko-
wanie.

Bal'kon m (-s; -s/-e) balkon; **~** in
Zssgn balkonowy.

Ball[1] m (-és; ⁼e) piłka; (Kugel) kula
~ spielen grać w piłkę.

Ball[2] m (-és; ⁼e) (Tanzabend) bal
~ in Zssgn balowy.

Bal'|lade f balada; **~last** m (-és; -e
balast (a. fig.); **~last-** balastowy.

Ballen m bela, paka, zwój; Anat
(Fuß2, Hand2) kłąb (palucha
kciuka).

ballen v/t Faust: zaciskać ⟨-snąć⟩
Schnee: ⟨u⟩lepić; v/i F ⟨za⟩grać
w piłkę, bawić się piłką; sich **~**
Wolken: kłębić się; Schnee: lepić
się.

ballern F (-re) prażyć, kropić
⟨-pnąć⟩.

Bal'let|t n (-és; -e) balet; **~t-** in
Zssgn baletowy; **~tänzer(in** f) n
baletni|k (-ca).

ballförmig kulisty (-to).

Ballgast m gość m na balu.

bal'listisch balistyczny.

Bal'lon m (-s; -e/-s) balon; (Kin-
der2) balonik; (Glas2) butla; **~fah-
rer** m baloniarz; **~fahrt** f (prze)lo
balonem; **~hülle** f powłoka balonu
~reifen m opona balonowa.

Ballsaal m sala balowa.

Ball|schläger m bijak (do piłki)
palant; **~spiel** n gra w piłkę; **~**
spieler m gracz w piłkę.

Ballung f skupienie, zmasowanie
zbijanie (się); **~s-zentrum** n aglo-
meracja miejska.

Balsam m (-s; -e) balsam (a. fig.)

bal|tisch bałtycki; **2tikum** n (-s; 0
kraje nadbałtyckie.

Balu'strade f balustrada.

Balz f tokowanie, toki m/pl.; **~arie**
JSpr. gra; **2en** tokować; **~platz** m
tokowisko; **~zeit** f okres godowy
pora tokowania, toki m/pl.

Bambus m (-ses; -se) bambus; **~**
rohr n trzcina bambusowa.

Bammel F m (-s; 0): **~** haben mie
pietra; **2n** F (-le) dyndać.

ba'nal banalny.

Banali'tät f banalność f, banał.

Ba'nane f banan.

Ba'nanen|staude f bananowiec
~stecker m wtyczka bananowa.

Ba'nause m (-n) kołtun, miesz
czuch; nieuk, ignorant.

Band[1] m (-és; ⁼e) tom; in vier Bänden a. czterotomowy; das sprich
Bände to ma swoją wymowę.

Band² *n* (*-es*; "*er*) wstęga, wstążka; taśma; tasiemka; *Anat.* wiązadło; *Tech.* przenośnik taśmowy; *Rdf.* pasmo; *am laufenden* ~ *fig.* stale, ciągle.

Band³ *n* (*-es*; *-e*): *mst pl.* ~e (*d. Ehe usw.*) więzy *m/pl.*, węzły *m/pl.*; (*Fesseln*) okowy *f/pl.*; *außer Rand und* ~ rozhukany, rozwydrzony.

Band⁴ [bent] *f* (*-*; *-s*) orkiestra, kapela.

Bandage [-'dɑ:ʒə] *f* bandaż; opaska.

bandagieren [-'ʒi:-] ⟨o-, za-⟩ bandażować.

Band·aufnahme *f s.* Tonaufzeichnung.

Bändchen *n* tasiemka; wstążeczka; (*Büchlein*) tomik.

Bande *f* banda, zgraja, szajka; *Sp.* banda.

bände *s.* binden.

Band·eisen *n* bednarka; *s.* Bandstahl.

Bandenkriminalität *f* bandytyzm.

Bande·role *f* banderola.

Band|filter *m* *Rdf.* filtr pasmowy; ~**förderer** *m* *Tech.* przenośnik taśmowy; ~**geschwindigkeit** *f* prędkość *f* przesuwu taśmy.

bändig|en poskramiać ⟨-romić⟩; okiełznać ⟨ok⟩; *Zorn:* ⟨po-⟩hamować; **2er** *m* pogromca *m*, poskramiacz; **2ung** *f* poskromienie; pohamowanie.

Ban'dit *m* (*-en*) bandyta *m*, zbój, P bandzior; ~**entum** *n* (*-s*; *0*) bandytyzm.

Band|maß *n* taśma miernicza, ruletka; ~**säge** *f* piła taśmowa; ~**scheibe** *f* *Anat.* chrząstka międzykręgowa; ~**stahl** *m* taśma stalowa; ~**wurm** *m* tasiemiec, soliter.

bang, ~e trwożliwy (-wie), trwożny; niepokojący (-co); *mir wird angst u.* ~e strach mnie ogarnia; F ~e *machen* straszyć (*D/A*); F *nur keine* 2e! śmiało!; spokojna głowa!; ~en ⟨za⟩trwożyć się, obawiać się (*um A/o A*).

Bank¹ *f* (*-*; "*e*) ław(k)a; (*Sand*2) mielizna, ławica; *auf die lange* ~ *schieben* spychać z dnia na dzień, odkładać ⟨odłożyć⟩ do lamusa; F *durch die* ~ wszyscy (*od.* wszystko, -ie) bez wyjątku.

Bank² *f* (*-*; *-en*) bank; ~**anweisung** *f* przekaz bankowy; ~**beamte(r)** *m* urzędnik bankowy.

Bänkchen *n* ławeczka.

Bank·einbruch *m* włamanie do banku.

Bänkel|lied *n* ballada (*od.* piosenka) uliczna; ~**sänger** *m* śpiewak uliczny.

Ban'kett¹ *n* (*-es*; *-e*) bankiet, uczta.

Ban'kett² *n* (*-es*; *-e*), ~**e** *f* bankiet(a).

Bank|fach *n* bankowość *f*; (*Safe*) skrytka bankowa; ~**halter** *m* bankier. [kier.⟩

Bankier [baŋ'kie:] *m* (*-s*; *-s*) ban-⟩

Bank|kaufmann *m* bankowiec; ~**konto** *n* konto bankowe; ~**note** *f* banknot; ~**raub** *m* napad rabunkowy na bank; ~**räuber** *m* bandyta *m* obrabowujący banki.

bank'rott zbankrutowany; ~ *gehen*, *sein* ⟨z⟩bankrutować.

Bank'rott *m* (*-es*; *-e*) bankructwo, upadłość *f*; ~*t machen* ⟨z⟩bankrutować; ~'**teur** *m* (*-s*; *-e*) bankrut.

Bank|verkehr *m* obrót bankowy; ~**wesen** *n* (*-s*; *0*) bankowość *f*.

Bann *m* (*-es*; *-e*) wyklęcie, ekskomunika; (*Zauber*) urok, czar; *im* ~e *pod urokiem* (*G*); 2**en** *Geister:* zaklinać ⟨-kląć⟩; odżegn(yw)ać; *Gefahr:* zażegn(yw)ać; (*fesseln*) oczarow(yw)ać, urzekać ⟨urzec⟩; F *auf die Platte* 2en utrwalić na zdjęciu; *wie gebannt* jak urzeczony.

Banner *n* chorągiew *f*; sztandar.

Bann|fluch *m* klątwa; ~**meile** *f* obręb (miasta).

Bantamgewicht *n* *Sp.* waga kogucia.

Bap'tist *m* (*-en*), ~**in** *f* baptyst|a *m* (-ka).

bar (*0*) goły, obnażony; *fig.* (*G*) ogołocony (z *G*), pozbawiony (*G*); *Fin.* gotówkowy, gotówką; ~er *Un-sinn* oczywisty nonsens; ~es *Geld* gotówka; ~ *bezahlen* ⟨za⟩płacić gotówką; *für* ~e *Münze nehmen* brać ⟨wziąć⟩ za dobrą monetę.

Bar *f* (*-*; *-s*) bar; ~*- in Zssgn* barowy.

Bär *m* (*-en*) niedźwiedź *m*; *Astr.* Niedźwiedzica; *j-m e-n* ~*en aufbinden* nabrać (na kawał), wywieść w pole (*A*).

Ba'racke *f* barak; ~**n·lager** *n* baraki *m/pl.*

Bar|'bar *m* (*-en*) barbarzyńca *m*; ~**ba'rei** *f* (*0*) barbarzyństwo; (*Roheit a.*) okrucieństwo; 2'**barisch** barbarzyński (po -ku); dziki (-ko), okrutny.

Barbe *f Zo.* brzana.
bärbeißig tetryczny, zgryźliwy (-wie).
Barbestand *m* stan gotówki.
Bar'bier *m (-s; -e)* cyrulik, F goli-broda *m*.
Barbi'tursäure *f (0)* kwas barbi-turowy.
Barchent *m (-es; -e)* barchan; *~ in Zssgn* barchanowy.
Bardame *f* barmanka.
Bären|dienst *m fig.* niedźwiedzia przysługa; **~fell** *n* skóra niedźwie-dzia; **~haut** *f: auf der ~haut liegen* leniuchować, wałkonić się; **~hun-ger** *m* wilczy apetyt; **~klau** *m Bot.* barszcz; 2**stark** *(0)* silny jak niedź-wiedź; **~tatze** *f* niedźwiedzia łapa.
Ba'rett *n (-s; -e)* biret.
bar|fuß *Adv.* boso; **~füßig** bosy (-so).
barg *s.* bergen.
Bargeld *n* gotówka, F gotowizna; 2**los** bezgotówkowy (-wo).
bar|haupt, ~häuptig z odkrytą głową, bez nakrycia głowy.
Bärin *f* niedźwiedzica.
Bariton *m (-s; -e)* baryton.
Barium *n (-s; 0) Chem.* bar; *~ in Zssgn* barowy.
Bar'kasse *f* barkas, szalupa.
Barkauf *m* kupno za gotówkę.
Barke *f* barka.
Barkeeper [-ki:-] *m* barman.
Bärlapp *m (-s; -e) Bot.* widłak.
barm'herzig miłosierny, litościwy (-wie); 2**keit** *f (0)* miłosierdzie.
Barmixer *m* mikser (w barze).
ba'rock barokowy (-wo); 2**stil** *m* styl barokowy.
Baro'meter *n* barometr; **~stand** *m* stan barometru.
Ba'ron *m (-s; -e),* **~in** *f* baron(owa); *~ in Zssgn* baronowski.
Barren *m (Gold2)* sztaba; zlewek; *(Turn2)* poręcze *m/pl.; Tech.* wle-wek; **~gold** *n* złoto w sztabach; **~holm** *m* żerdź *f* poręczy.
Barri'kade *f* barykada; **~n-kämpfe** *m/pl.* walki *f/pl.* na barykadach.
barsch szorstki (-ko), opryskliwy (-wie).
Barsch *m (-es; -e) Zo.* okoń.
Barschaft *f* gotówka, F forsa.
Barschheit *f (0)* szorstkość *f,* opryskliwość *f.*
barst *s.* bersten.
Bar'soi *m (-s; -s)* chart rosyjski.
Bart *m (-es; "e)* broda; *JSpr.* strzyże

m/pl.; s. Schlüssel-, Schnurrbart; F *in den ~ brummen* ⟨za-⟩mruczeć pod nosem; *j-m um den ~ gehen* przy-pochlebi(a)ć się, nadskakiwać *(D).*
Bärtchen *n* bródka.
Bart|flechte *f Med.* figówka; *Bot.* brodaczka; **~geier** *m* orłosęp bro-daty; **~haar** *n* włos z brody; *s. Bart.*
bärtig brodaty (-to); **~er Mann** brodacz.
bart|los bez brody, bez zarostu; 2**wuchs** *m* zarost.
Ba'ryt *m (-es; -e)* baryt; *~ in Zssgn* barytowy; **~papier** *n* papier bary-towany.
Barzahlung *f* zapłata gotówką; *gegen ~ za* gotówkę.
Ba'salt *m (-es; -e)* bazalt; *~ in Zssgn* bazaltowy.
Ba'sar *m (-s; -e)* bazar; *(Wohltätig-keits2)* kiermasz.
Base¹ *f* kuzynka.
Base² *f Chem.* zasada; *s. Basis.*
Basedowsche Krankheit *f* choroba Basedowa.
ba'sieren (-) *v/i* opierać się, bazo-wać *(auf D/na L).*
Ba'silik|a *f (-; -ken)* bazylika; **~um** *n (-s; -s/-ken) Bot.* bazylia.
Basis *f (-; Basen)* podstawa *(a. Math.),* baza; *Arch. a.* stopa; *~ in Zssgn* podstawowy.
basisch *Chem.* zasadowy (-wo).
Baskenmütze *f* baskijka, beret.
Basketball *m (0)* koszykówka; **~spieler(in** *f)* *m* koszyka|rz (-rka).
baskisch baskijski (po -ku).
Baß *m (-sses; "sse)* bas; *~ in Zssgn* basowy; **~geige** *f* kontrabas.
Bas'sist *m (-en)* basista *m.*
Bast *m (-es; -e)* łyko, *JSpr.* scypuł; *~ in Zssgn* łykowy.
basta F basta; *(und) damit ~!* (i) na tym koniec!
Bastard *m (-es; -e) Bio.* bastard; *verä. (Kind)* bękart.
Ba'stei *f* baszta.
bast|eln (-le) *v/t* ⟨z⟩majstrować; *v/i* majsterkować; 2**eln** *n (-s; 0)* maj-sterkowanie; 2**ler** *m* F majsterko-wicz; *Rdf.* radioamator; modelarz.
bat *s.* bitten.
Batail'lon [-l'jo:n] *n (-s; -e)* batalion, baon; **~s-kommandeur** *m* dowód-ca *m* ba(tali)onu.
Ba'tist *m (-es; -e)* batyst; *~ in Zssgn* batystowy.

Batte|rie f bateria; akumulator; ~ in Zssgn bateryjny; El. a. zasilany z baterii; akumulatorowy; ~lade-gerät n urządzenie do ładowania akumulatorów.

Batzen F m bryl(k)a, kawał(ek); schöner ~ Geld ładny kawał grosza.

Bau m (-es; Rauten) budynek, budowla; (-es; 0) budowa(nie); (-es; -e) (Tier²) nora; auf dem ~ arbeiten pracować na (od. przy) budowie; ~abschnitt m etap robót (budowlanych), etap budowy; ~arbeiten f/pl. prace budowlane, budowa; ~arbeiter m robotnik budowlany; ~art f budowa; konstrukcja.

Bauch m (-es; ⁴e) brzuch; ~fell n otrzewna; ~fell-entzündung f zapalenie otrzewnej; ~höhle f jama brzuszna.

bauchig, bäuchig brzuchaty (-to).

Bauch|laden m skrzynka z towarami noszona przez domokrążców; ~lan-dung f lądowanie bez podwozia.

Bäuch|lein n brzuszek; Slings brzuchem, na brzuch(u).

Bauch|redner m brzuchomówca m; ~schmerzen m/pl. ból(e pl.) brzucha; ~schuß m postrzał w brzuch; ~speck m boczek; ~speicheldrüse f trzustka; ~tanz m taniec brzucha; ~weh n s. Bauchschmerzen.

Baudarlehn n pożyczka na budowę.

Baude f szałas w górach; schronisko górskie.

Bau|denkmal n zabytek architektoniczny; budowla zabytkowa; ~ele-ment n Arch. element budowlany od. architektoniczny; Tech. element konstrukcyjny.

bauen v/t ⟨wy-, z⟩budować; ⟨s⟩konstruować; Nest: ⟨u⟩wić; Agr. hodować; Anzug: ⟨u⟩szyć; P Mist: ⟨na⟩robić (pf. G), popełni(a)ć; Unfall: spowodować pf.; v/i budować, polegać (auf A/na L); s. a. anbauen.

Bauer¹ m (-n) chłop (a. fig.), rolnik, wieśniak; (Schach) pionek.

Bauer² n klatka.

Bäuer|in f chłopka, wieśniaczka; Sisch chłopski (po -ku), prostacki (-ko).

Bau-erlaubnis f zezwolenie na budowę.

bäuerlich chłopski (po -ku), wieśniaczy (po wiejsku).

Bauern|aufstand m powstanie chłopskie; ~bursche m chłopak ze

wsi od. wiejski; parobczak; ~fänger m wydrwigrosz, F kanciarz; ~haus n chałupa, dom wiejski; ~hof m zagroda (chłopska); ~hütte f chata; s. Bauernhaus; ~knecht m parobek (wiejski); ~partei f stronnictwo ludowe; ~regel f przepowiednia (od. sentencja) ludowa; ~revolte f s. Bauernaufstand; ~volk n chłopstwo, chłopi m/pl.

Bauersfrau f s. Bäuerin.

bau|fällig grożący zawaleniem, walący się; Sführer m kierownik budowy; Sgelände n teren budowlany; Sgenossenschaft f spółdzielnia budowlana; Sgerüst n rusztowanie; Sgewerbe n rzemiosło budowlane; Sgrube f wykop (pod fundament); Sgruppe f Tech. zespół; Sherr m inwestor; Sholz n budulec, drewno budowlane; Singenieur m inżynier budowlany; Sjahr n rok budowy.

Baukasten m pudełko z klockami (do zabawy); ~system n zasada konstrukcji zespołowej.

Bau|klotz m, ~klötzchen n klocek (do zabawy); ~kosten pl. koszty m/pl. budowy; ~kostenzuschuß m subwencja na budowę; ~kunst f sztuka budowlana; ~land n teren nadający się na (od. pod) budowę; Slich budowlany; architektoniczny; konstrukcyjny.

Baum m (-es; ⁴e) drzewo; Mar. bom; Sartig jak drzewo, drzewiasty (-to).

Bau|maschine f maszyna budowlana; ~material n materiał budowlany od. (Bio.) budulcowy.

Baum|bestand m drzewostan; ~blüte f kwitnięcie drzew.

Bäumchen n drzewko.

Baumeister m budowniczy m.

baumeln (-le) wisieć, zwisać; (schwingen) bujać (się), F majtać (się), dyndać (mit/I); die Beine ~ lassen zwiesić nogi.

bäumen: sich ~ s. aufbäumen.

Baum|falke m kobuz; ~frosch m żaba zielona; ~grenze f granica zadrzewienia; ~krone f korona (drzewa); ~kuchen m sękacz; Slang F: Slanger Bursche, Kerl chłop jak dąb; ~läufer m Zo. pelzacz; ~marder m s. Edelmarder; ~schere f sekator; ~schule f Forst. szkółka; ~stamm m pień m drzewa; Sstark silny jak dąb; ~stumpf m pniak.

Bau·muster n typ (od. wzór) konstrukcyjny.

Baumwoll|- bawełniany; **~e** f bawełna; **~(stopf)garn** n bawełniczka.

Bau|plan m plan budowy; **~platz** m parcela budowlana.

bäurisch s. bäuerisch. [wla.)

Bauruine f niedokończona budo-)

Bausch m (-es; -e/-e) s. Wattebausch; fig. in ~ und Bogen hurtem; w czambul; **2en:** sich 2en odstawać; (sich blähen) wydymać ⟨-dąć⟩ się; **2ig** bufiasty (-to).

Bau|schlosser m ślusarz budowlany; **~sparkasse** f budowlana kasa zapomogowo-pożyczkowa; **~stein** m kamień budowlany; fig. przyczynek; cegiełka; **~stelle** f budowa; plac budowy; **~stil** m styl architektoniczny; **~stoff** m materiał budowlany; **~teil** n s. Bauelement; **~ten** pl. v. Bau; **~unternehmen** n przedsiębiorstwo budowlane; **~vorhaben** n projekt budowy; (im Bau) budowa; **~weise** f konstrukcja; **~werk** n budowla; **~wesen** n (-s; 0) budownictwo.

Bau'xit m (-es; -e) boksyt.

Bayer m (-n) Bawarczyk; **2isch,** bayrisch bawarski (po -ku).

Ba'zil|lenträger m nosiciel zarazków; **~lus** m (-; -llen) lasecznik(owiec), † bakcyl (a. fig.).

be'absichtigen (-) zamierzać ⟨zamierzyć⟩.

be'acht|en (-) zwracać ⟨-rócić⟩ uwagę (A/na A); Rat: uwzględni(a)ć, mieć na względzie; Vorschrift: przestrzegać (G); **~enswert** godny uwagi, zasługujący na uwagę; **~lich** poważny, znaczny; **2ung** f (0) uwaga; uwzględnienie; przestrzeganie.

Be'amt|e(r) m urzędnik (państwowy); **~en-** urzędniczy; **~in** f urzędniczka.

be'ängstigend zastraszający (-co).

be'anspruch|en (-) Recht: domagać się, żądać (G); (brauchen) wymagać (G), Zeit a.: zab(ie)rać; Platz: zajmować ⟨zająć⟩; Pers. (beruflich) absorbować, pochłaniać; Tech. obciążać ⟨-żyć⟩; **2ung** f domaganie się, żądanie; zaabsorbowanie; Tech. obciążenie, naprężenie.

be'anstand|en (-e-; -) ⟨za⟩kwestionować; s. bemängeln; **2ung** f zakwestionowanie; reklamacja.

be'antragen (-) wnosić ⟨wnieść⟩, stawiać ⟨postawić⟩ wniosek (A/o A).

be'antworten (-) odpowiadać ⟨-iedzieć⟩ (A/na A).

be'arbeit|en (-) Land: uprawiać; Tech. obrabiać ⟨-robić⟩; Thema usw.: opracow(yw)ać; (für Bühne, Film) ⟨za⟩adaptować; F fig. (j-n) urabiać ⟨urobić⟩; (mit Schlägen) okładać (mit/I); **2er** m referent; redaktor, adaptator; Jur f uprawa; obróbka, opracow(yw)anie; adaptacja.

be'atm|en (-) ⟨za⟩stosować sztuczne oddychanie (A/w stosunku do G); **2ung** f (0) sztuczne oddychanie, sztuczny oddech.

be'aufsichtig|en (-) doglądać ⟨doglądnąć⟩, ⟨przy⟩pilnować; nadzorować; **2ung** f (0) dogląd(anie), do-, nad|zór.

be'auftrag|en (-) po-, z|lecać ⟨-cić⟩, poruczać ⟨-czyć⟩ (j-n mit/k-u A); **2te(r)** pełnomocnik, wysłannik.

be'bau|en (-) Agr. uprawiać (mit/A); Arch. zabudow(yw)ać; **2ung** f (0) zabudowa; **2ungs-** ... zabudowy; ... uprawy.

beben trząść się, drżeć, dygotać (vor Angst ze strachu; vor j-m przed I).

be'bildert ilustrowany; **~'brillt** w okularach.

Becher m kubek; hist. a. czara, puchar; Tech. kubeł; **~werk** n Tech. przenośnik kubełkowy.

Becken n misa, (a. Anat.) miednica; (WC) muszla; basen, zbiornik; Geogr. zagłębie; Mus. (nur pl.) żele pl., czynele pl., talerze m/pl.; **~knochen** m kość miednicza.

Be'dacht m: mit ~ z rozwagą; 2 sein auf (A) dbać, troszczyć się o (A); s. a. bedenken.

be'dächtig (po)wolny, Adv. wolno; (umsichtig) rozważny.

be'danken (-): sich ~ ⟨po⟩dziękować (bei/D; für/za A).

Be'darf m (-es; 0) zapotrzebowanie (an D/na A); potrzeba; Hdl. a. popyt; bei ~ w razie potrzeby; (je) nach ~ w miarę potrzeby; 2 s. bedürfen.

Be'darfs|artikel m artykuł pierwszej potrzeby; **~deckung** f pokrycie zapotrzebowania; **~haltestelle** f przystanek na żądanie.

be'dauerlich przykry, godny ubolewania; *es ist sehr* ~, *daß bardzo szkoda, że;* ~**erweise** niestety.

be'**dauern** (*-re; -*) *v/t* żałować (*G*); ubolewać (nad *I*); współczuć (*D*); (*ich*) *bedauere* przykro mi.

Be'**dauern** *n* (*-s; 0*) ubolewanie, żal; **2s·wert** godny pożałowania *od.* ubolewania.

be'**decken** (*-*) o-, na-, przy|kry(wa)ć; *Gesicht:* zasłaniać ⟨-łonić⟩ (*sich* [*D*] *sobie*); *Himmel, Fläche:* pokry(wa)ć (*sich się*).

be'**denk|en** (*-*) *v/t* zastanawiać ⟨-nowić⟩ się (nad *I*), rozważać ⟨-żyć⟩ (*A*); *s.* beachten, beschenken, berücksichtigen; **2en** *n* wątpliwość *f*, zastrzeżenie; *ohne* ~en bez wahania; ~**enlos** bez skrupułów; ~**lich** wątpliwy (-wie), wzbudzający wątpliwości; *präd.* z powątpiewaniem; *Lage:* groźny, krytyczny; *Miene:* zafrasowany; *j-n* ~*lich stimmen* zastanawiać ⟨-nowić⟩ (*A*), da(wa)ć do myślenia (*D*); **2zeit** *f* (*0*) czas do namysłu.

be'**deppert** F *dial.* zbaraniały.

be'**deut|en** (*-*) znaczyć, oznaczać; (*gelten*) mieć znaczenie (*od.* wartość, wagę); (*künden*) oznaczać, wróżyć; *s.* (*geben zu*) verstehen; ~**end** doniosły, (*a. Pers.*) wybitny, znakomity; (*groß*) znaczny, spory; *Adv.* znacznie; ~**sam** doniosły, ważny; *s.* vielsagend; **2ung** *f* sens, (*a. Wichtigkeit*) znaczenie; (*Tragweite*) doniosłość *f*, ważność *f*; *nichts von* **2ung** nic ważnego; ~**ungslos** bez (*od.* nie mający) znaczenia; **2ungslosigkeit** *f* błahość *f*, niewążność *f*; ~**ungsvoll** *s.* bedeutsam.

be'**dien|en** (*-*) *v/t* usługiwać ⟨-łużyć⟩ (*D*); *Kunden, Maschine:* obsługiwać ⟨-łużyć⟩; *KSp.* doda(wa)ć do koloru; *sich* ~*en* posługiwać ⟨-użyć⟩ się (*G/I*); ~*en Sie sich!* proszę, niech pan(i) bierze *od.* F niech się pan(i) poczęstuje!; F *ich bin* ~*t* mam dość; **2stete(r)** pracownik, funkcjonariusz; **2ung** *f* usługiwanie; obsługa (*a. konkr.*), obsługiwanie.

Be'**dienungs|anweisung** *f* instrukcja obsługi; ~**hebel** *m Tech.* drążek sterujący *od.* rozrządczy, ~**mannschaft** *f* obsługa.

be'**ding|en** (*-*) pociągać ⟨-gnąć⟩ za sobą; (*erfordern*) wymagać (*G*); ~*t sein* (*durch*) być uwarunkowanym

(*I*), być uzależnionym (od *G*); ~*t* warunkowy (-wo); *Adv. a.* z zastrzeżeniem; **2ung** *f* warunek; *unter der* **2ung** pod warunkiem.

be'**dingungs|los** bezwarunkowy (-wo); **2satz** *m Gr.* zdanie warunkowe.

be'**dräng|en** (*-*) napastować (*A*), nalegać (na *A*); ~*te Lage* przykre położenie; **2nis** *f* (*-; -se*) opresja, kłopoty *m/pl.*

be'**droh|en** (*-*) zagrażać, ⟨za⟩grozić (*A/D*); ~**lich** groźny, zagrażający; **2ung** *f* zagrożenie, groźba.

be'**drucken** (*-*) zadrukow(yw)ać; nadrukow(yw)ać (*mit/A*).

be'**drück|en** (*-*) *Volk:* uciskać, ciemiężyć; *j-n* (*Sorgen usw.*): trapić, gnębić, przygnębi(a)ć; ~*t* przygnębiony; **2ung** *f* (*0*) ucisk; przygnębienie.

be|'**dungen** *s.* bedingen; ~'**dürfen** (*-*) potrzebować, wymagać; *es* ~*durfte* (*G*) *a.* trzeba (było).

Be'**dürfnis** *n* (*-ses; -se*) potrzeba; ~**anstalt** *f* ubikacja publiczna, szalet.

be'**dürftig** potrzebujący, wymagający (*G*); (*arm*) biedny, cierpiący niedostatek.

Beefsteak ['bi:f-] *n* befsztyk; *deutsches* ~ kotlet mielony *od.* pożarski.

be'**ehren** (*-*) zaszczycać ⟨-cić⟩ (*mit/ I*); *sich* ~ mieć zaszczyt.

be'**eid|ig|en** (*-*) potwierdzać ⟨potwierdzić⟩ przysięgą, zaprzysięgać ⟨-iąc⟩; ~*et*, ~**igt** zaprzysiężony.

be'**eil|en** (*-*): *sich* ~*en* ⟨po⟩spieszyć (się); **2ung** *f* (*0*): F **2ung!** prędzej!

be'**ein|drucken** (*-*) wywrzeć ⟨wywrzeć⟩ wrażenie (*A/na A*); ~**flussen** (*-βt; -*) wpływać ⟨-ynąć⟩, wywierać ⟨-wrzeć⟩ wpływ (*A/na A*); **2flussung** *f* (*0*) wpływ; ~**trächtigen** (*-*) *j-s Interessen:* naruszać ⟨-szyć⟩ *Freiheit:* ⟨s⟩krępować; *Ruf, Gesundheit:* podrywać ⟨-derwać⟩, podkop(yw)ać; *Einkünfte:* uszczuplać ⟨-lić⟩; (*verschlechtern*) oddział(yw)ać ujemnie (*A/na A*); *vgl.* hemmen, erschweren.

be'**end|(ig)en** (*-*) ⟨s-, u-, za⟩kończyć; **2igung** *f* (*0*) s-, u-, za|kończenie.

be|'**engen** (*-*) ⟨s⟩krępować, *fig. u.* ograniczać ⟨-czyć⟩; ~*engt wohnen* mieszkać w ciasnocie; *sich* ~*engt fühlen* czuć się skrępowanym; ~'**erben** (*-*) ⟨o⟩dziedziczyć (*A/po L.*).

beerdigen　　　　　　　　　　　　　　　706

be'erdig|en (-) ⟨po-⟩chować, ⟨po-⟩
grzebać; 2ung f pogrzeb; 2ungs-
institut n zakład pogrzebowy.
Beere f jagoda; ~n-obst n owoce
m/pl. jagodowe, jagody f/pl.
Beet n (-es; -e) grządka, grzęda.
Beete f s. Bete.
be'fähig|en (-) (j-n zu) umożli-
wi(a)ć (k-u A), ⟨za⟩kwalifikować
(k-o do G); Jur. upoważni(a)ć (k-o
do G); ~t nadający się (zu/do G, na
A); zdolny, uzdolniony; ~t sein
kwalifikować się (für/na A, do G);
2ung f (0) kwalifikacje f/pl.; uzdolnienie; 2ungsnachweis m świadectwo (posiadanych) kwalifikacji
zawodowych.
be'fahl s. befehlen.
be'fahr|bar nadający się do ruchu,
jezdny; Fluß: spławny, żeglowny;
~en (-) v/t jeździć (po L); Strecke:
kursować (na L); s. bereisen; die
Meere ~en żeglować po morzach;
viel ~en ruchliwy, o dużym nasile-
niu ruchu.
Be'fall m (-es; 0) porażenie (von,
mit/I); 2en (-) ⟨o-⟩ ogarniać ⟨-nąć⟩,
owładnąć pf.; Agr. porażać ⟨-razić⟩;
2en sein von być ogarniętym (I); być
porażonym (I); Med. cierpieć, zapadać ⟨-paść⟩ (na A).
be'fangen zakłopotany, skrępowa-
ny; Adv. z zakłopotaniem, ze skrę-
powaniem; (parteiisch) stronniczy
(-czo), uprzedzony, präd. z uprze-
dzeniem; ~ sein in (D) tkwić, znajdować się w (L); 2heit f (0) zakłopotanie, skrępowanie; uprzedzenie;
stronniczość f.
be'fassen (-): sich ~ mit zajmować
⟨-jąć⟩ (od. F parać) się (I).
Be'fehl m (-es; -e) rozkaz; (Gebot)
nakaz; s. Befehlsgewalt; zu ~! wedle
rozkazu!, rozkaz!; 2en (-L) roz-
kaz(yw)ać (a. Mil.); (gebieten) ⟨na-⟩
kazać (im)pf., polecać ⟨-cić⟩; s. be-
ordern; a. = 2igen dowodzić (A/I).
Be'fehls|ausgabe f wyda(wa)nie
rozkazów, (Mil.) odprawa; ~emp-
fänger m podwładny m, podkomendny m; ~form f Gr. tryb rozkazujący; ~gewalt f (0) dowództwo,
komenda; ~haber m dowódca m;
~stand m Mil. stanowisko dowodzenia; ~stellwerk n Esb. dyspozytornia; ~ton m ton rozkazujący;
~verweigerung f odmówienie wykonania rozkazu; 2widrig sprze-

czny z rozkaz|em od. -ami; Adv.
wbrew rozkazowi od. rozkazom.
be'festig|en (-) u-, przy|mocow(yw)-
ać, przytwierdzać ⟨-dzić⟩ (an
D/do G); Straße: utwardzać
⟨-dzić⟩; fig. wzmacniać ⟨-mocnić⟩;
Mil. ⟨u⟩fortyfikować, umacniać
⟨umocnić⟩, obwarow(yw)ać; ~t
Straße: o twardej nawierzchni; Mil.
obwarowany, warowny; 2ung f u-,
przy|mocowanie; wzmocnienie;
Mil. fortyfikacja, umocnienie obronne; 2ungs- fortyfikacyjny.
be'feuchten (-e-; -) zwilżać ⟨-żyć⟩
(mit/I).
be'fiehl s. befehlen.
be'find|en (-) v/t uzna(wa)ć, po-
czytywać (für,als/za A); v/i Jur.
orzekać ⟨orzec⟩ (über A/o L); sich
~en znajdować się; 2en n (-s; 0) stan
zdrowia, zdrowie; samopoczucie;
~lich znajdujący się, będący.
be'|flecken (-) ⟨po-, fig. s⟩plamić
(sich się); ~'flissen gorliwy (-wie);
~'flügeln (-le-) uskrzydlać ⟨-lić⟩;
~'folgen (-) v/t usłuchać pf. (G),
⟨za⟩stosować się (do G); Gebot: s-,
wy|pełni(a)ć; s. beachten.
be'förder|n (-) transportować, prze-
wozić ⟨-wieźć⟩; (per Post) przes(y)-
łać; (durch Boten) przekaz(yw)ać;
awansować (zum Direktor na dyrektora); ins Jenseits ~n wyprawić na
tamten świat; 2ung f transport,
przewóz; awans; 2ungsmittel n
środek przewozowy (od. transportowy, F lokomocji).
be'frag|en (-) Jur. ⟨wy⟩badać; e-n
Arzt usw.: ⟨za⟩pytać, ⟨po⟩radzić
się (A/G); Bevölkerung: przeprowadzać ⟨-dzić⟩ wywiad od. referen-
dum; 2te(r) respondent; 2ung f
badanie; wywiad.
be'frei|en (-) u-, z|walniać ⟨-wol-
nić⟩ (aus/z G, von/od G; sich się);
Gefangene, Land ~: oswobadzać
⟨-bodzić⟩, wyzwalać ⟨-wolić⟩; 2er
m wy-, z|bawca m, oswobodziciel;
2ung f u-, z|wolnienie; oswobodze-
nie, wyzwolenie; 2ungskampf m
walka wyzwoleńcza; 2ungsver-
such m próba uwolnienia (się).
be'fremd|en (-e-; -) ⟨z⟩dziwić,
(unangenehm berühren) razić; 2en
n (-s; 0) zdziwienie; ~lich dziwny.
be'freund|en (-e-; -): sich ~en za-
przyjaźni(a)ć się pf. (mit/z I); (fig
oswajać ⟨-woić⟩ się (mit/z I); ~et

zaprzyjaźniony; ~et sein przyjaźnić
się (mit/z I).
be'frie|den (-e-; -) zaprowadzać
⟨-dzić⟩ pokój (*das Land* w kraju);
(*mit Gewalt*) ⟨s⟩pacyfikować; **~di-
gen** (-) zadowalać ⟨-dowolić⟩; *Hunger, Triebe, Neugier usw.*: zaspokajać
⟨-koić⟩; *Durst a.*: ⟨u⟩gasić; **~di-
gend** zadowalający (-co); **2digung**
f (0) zaspokojenie; (*Genugtuung*)
zadowolenie; **2dung** *f* (0) pacyfi-
kacja; **2dungs-** pacyfikacyjny.
be'frist|en (-) ograniczać ⟨-czyć⟩
czasowo (*bis*/do *G*); **~et** terminowy;
präd. w (oznaczonym) terminie (*bis*/
do *G*); (*gültig*) ważny (*bis*/do *G*).
be'frucht|en (-) zapładniać ⟨-dnić⟩
(*a. fig.*); *Bot.* zapylać ⟨-lić⟩;
Boden: użyźni(a)ć; **2ung** *f* zapłod-
nienie; zapyl|anie, -enie.
Be'fug|nis *f* (-; -se) upoważnienie,
uprawnienie; *pl. a.* kompetencje
f/pl.; **2t** upoważniony (*zu*/do *G*).
be'fühl|en (-), **~fummeln** F (-)
v/t obmac(yw)ać (*A*), dotykać
⟨-tknąć⟩ (*G*).
Be'fund *m* wynik badania (*od.* oglę-
dzin *usw.*); orzeczenie; *Med. ohne* ~
bez zmian. [2ung *f* obawa.]
be'fürcht|en (-) obawiać się (*A/G*).)
be'fürwort|en (-e-; -) popierać
⟨-przeć⟩; (*gutheißen*) ⟨za⟩aprobo-
wać; **2er** *m* orędownik, protektor;
2ung *f* poparcie; aprobata.
be'gab|t *s.* begeben; **~t** zdolny, uzdol-
niony; **2ung** *f* zdolności *f/pl.*; dar
(*für*/do *G*), uzdolnienie, (*a. Pers.*)
talent.
be|'gaffen (-) gapić się (*A*/na *A*); **~-
'gangen** *s.* begehen; **~'gann** *s.* beginnen.
be'gatt|en (-e-; -) *v/t* spółkować,
kopulować (z *I*); *Zo. sich* ~en parzyć się; **2ung** *f* spółkowanie, kopulacja; parzenie się; *s.* Befruch-
tung.
be'gaunern F (-re; -) wykwitować
pf., nabi(ja)ć w butelkę.
be'geben (-): *sich* ~ ud(aw)ać się
(*nach, zu*/do *G*, na *A*); (*sich ereignen*) zdarzyć się *pf.*; *sich* ~ (*G*) zrze-
kać ⟨zrzec⟩ się (*G*); *sich in Gefahr* ~
narażać ~razić~ się na niebezpie-
czeństwo; **2heit** *f* wy-, z|darzenie.
be'gegn|en (-e-; -; *sn*) spotykać
(*D/A od.* się z *I*); (*behandeln*) ⟨po-⟩
traktować (*D/A*); **2ung** *f* spotkanie;
Sp. a. mecz.

be'gehen (-) chodzić, iść ⟨pójść⟩ (*A*/
po *L*); *Strecke, Fest*: obchodzić;
Fehler: popełni(a)ć; *Verbrechen a.*:
dopuszczać ⟨-uścić⟩ się (*A/G*).
Be'gehr *m* (-s; 0) życzenie; **2en** (-)
v/t ⟨za⟩pragnąć, życzyć (*G*); *Recht*:
żądać (*G*); (*a. sexuell*) pożądać (*G*);
2t *sein Ware*: mieć popyt, być po-
szukiwanym; **2enswert** pożądany;
2lich pożądliwy (-wie); lubieżny.
Be'gehung *f* obchód; dokonanie;
popełnienie, dopuszczanie się.
be'geister|n (-) *v/t* zapalać ⟨-lić⟩
(*für, zu*/do *G*), ⟨roz⟩entuzjazmo-
wać (*für*/*I*; *sich* się); zachwycać
⟨-cić⟩; **~t** zachwycony, *Adv.* z za-
chwyceniem; entuzjastyczny; **~t**
sein von a. zachwycać się (*I*); **2ung** *f*
(0) zapał, entuzjazm; zachwyt; *vor*
2ung z zachwytu; 2ung *hervorrufen*
przyprawi(a)ć o (*od.* wprawiać w)
zachwyt (*bei*/*A*).
Be'gier|de *f* żądza, pożądanie; **2ig**
żądny (*nach D, auf A/G*); (*gierig*)
pożądliwy (-wie); *s.* neugierig.
be'gießen (-) po-, pod|l(ew)ać;
obl(ew)ać (*a.* F *Kauf usw.*).
Be'ginn *m* (-s; 0) początek; (*e-r Ver-
anstaltung*) rozpoczęcie (się); *s. Ansatz*; *am* ~, *zu* ~ na początku, z początkiem; *seit* ~ od rozpoczęcia
(się); **2en** (L.) rozpo-, za|czynać
⟨-cząć⟩ (*v/i* się); *Krieg, Jur.*:
wszczynać ⟨-cząć⟩ (*v/i* się).
be'glaubig|en (-) poświadczać
⟨-czyć⟩, uwierzytelni(a)ć; *Pol.* akre-
dytować; **2ung** *f* uwierzytelnienie;
akredytowanie; **2ungsschreiben** *n*
list uwierzytelniający.
be'gleichen (-) wyrówn(yw)ać, zapłacić *pf.*
Be'gleit|adresse *f* adres pomocni-
czy; **~brief** *m s.* Begleitschreiben;
2en (-) *v/t* towarzyszyć (*D*); *s.*
geleiten; *Mus.* akompaniować (*D*);
~er(in *f*) *m* towarzysz(ka), osoba
towarzysząca; (*Wache*) konwo-
jent(ka); *Mus.* akompaniator(ka);
~erscheinung *f* zjawisko towarzyszące (*G/D*); **~kommando** *n* oddział eskortujący; **~schiff** *n Mar.*
baza pływająca, eskortowiec;
~schreiben *n* pismo przewodnie;
~schutz *m* eskorta, konwój; **~um-
stand** *m* okoliczność towarzysząca
(*G/D*); **~ung** *f* towarzystwo; *s. Gefolge*; *mst Mil.* eskorta, konwój;
Mus. akompaniament.

be'glich s. begleichen.

be'glück|en (-) uszczęśliwi(a)ć; ~wünschen (-) 〈po〉gratulować (j-n zu/k-u G).

be'gnadet utalentowany, genialny.

be'gnadig|en (-) ułaskawi(a)ć; ℒ̶ung f ułaskawienie; ℒ̶ungs·recht n prawo łaski.

be'gnügen (-): sich ~ mit zadowalać 〈-wolić〉 się, ograniczać 〈-czyć〉 się (I).

Be'goniё f ukośnica, begonia.

be'|gonnen s. beginnen; ~'gossen s. begießen; ~'graben s. beerdigen; ℒ̶'gräbnis n (-ses; -se) pogrzeb; † (Gruft) grobowiec; ~'gradigen (-) wyrówn(yw)ać.

be'greif|en (-) pojmować 〈-jąć〉, 〈z〉rozumieć; ~lich zrozumiały (-le); ~lich machen 〈wy〉tłumaczyć; ~licher·weise ma się rozumieć, oczywiście.

be'grenz|en (-) stanowić granicę (A/G); s. beschränken; ~t ograniczony, limitowany; ℒ̶ung f ograniczenie.

be'griff s. begreifen.

Be'griff m (-es; -e) pojęcie; (Vorstellung) wyobrażenie; im ~ sein zu ... zamierzać (+ Inf.); ℒ̶en sein in (D) zabierać się do (G); ℒ̶lich pojęciowy (-wo).

Be'griffs·bestimmung f definicja; ℒ̶stutzig niepojętny, tępy (-po); ~vermögen n zdolność f pojmowania, pojętność f.

be'grub s. begraben.

be'gründ|en (-) s. gründen; uzasadni(a)ć, 〈u〉motywować; ℒ̶er m założyciel; twórca m; ℒ̶ung f uzasadnienie.

be'grünen (-) zazieleni(a)ć.

be'grüß|en (-) 〈przy-, a. fig. po〉witać; ~enswert chwalebny, pożądany; ℒ̶ung f powitanie; ℒ̶ungs·powitalny.

be'günstig|en (-) v/t faworyzować; sprzyjać (D); protegować, popierać 〈-przeć〉; ℒ̶ung f faworyzowanie, protegowanie, popieranie; Jur. poplecznictwo.

be'gut·achten (-) v/t 〈za〉opiniować, oceni(a)ć (A), wyd(aw)ać opinię (o L).

be'|gütert zamożny, majętny; ~'gütigen (-) uspokajać 〈-koić〉, udobruchać pf.; ~'haart owłosiony, włochaty (-to); ~'häbig zażywny,

korpulentny; (geruhsam) flegmatyczny, ociężały (-le); ~'haftet dotknięty (mit e-m Leiden chorobą); mający (mit e-m Fehler wadę od. przywarę).

be'hag|en (-; D) przypadać 〈-paść〉 [od. trafi(a)ć] do gustu, F smakować (D); ℒ̶en n (-s; 0) zadowolenie; błogie [od. przyjemne] uczucie; ~lich przyjemny, błogi (-go); Raum: przytulny, miły (-ło); Sessel: wygodny; ℒ̶lichkeit f przytulność f; wygoda; przyjemność f, zadowolenie.

be'half s. behelfen.

be'halten (-) zatrzym(yw)ać (dla siebie), zachow(yw)ać (für sich przy sobie); s. recht, Auge usw.

Be'hälter m zbiornik; Tech. a. pojemnik, zasobnik; s. a. Gefäß, Kiste, Tank usw.

be'hämmert P puknięty, stuknięty.

be'hand|eln (-) v/t obchodzić 〈obejść〉 się (z I); (a. Thema usw.) 〈po〉traktować (A); Tech. obrabiać 〈-robić〉; podda(wa)ć działaniu (mit/G); Kranken: leczyć; Wunde: opatrywać 〈-trzyć〉; ℒ̶ung f obchodzenie się; (e-r Sache) podejście (do G); traktowanie; Tech. obróbka; Med. leczenie; in ℒ̶ung sein leczyć się (bei/u G).

Be'handlungs·methode f sposób leczenia; ~raum m Med. pokój zabiegowy, sala zabiegowa; ~zentrum n ośrodek leczniczy, lecznica.

Be'|hang m (-es; ⁼e) draperia; arras, gobelin; JSpr. flafory m/pl., klapy f/pl.; ℒ̶'hängen (-) obwiesić pf. 〈po〉obwieszać (mit/I).

be'harr|en (-) 〈wy〉trwać, obstawać, upierać 〈uprzeć〉 się (auf D, bei/przy L); ~lich wytrwały (-le), uporczywy (-wie); s. ständig; ℒ̶lichkeit f (0) wytrwałość f, uporczywość f, upór; ℒ̶ungsvermögen n (-s; 0) Phys. bezwładność f, inercja.

Be'hauchung f (0) Ling. przydech.

be'|hauen ¹ocios(yw)ać; Adjp. ciosany; ~'häufeln (-) Agr. obsyp(yw)ać, podredlać 〈-lić〉.

be'haupt|en (-e-; -) twierdzić, utrzymywać; Stellung: utrzym(yw)ać (sich się); das Feld ~en dotrzym(yw)ać pola; ℒ̶ung f twierdzenie.

Be'hausung f dom, mieszkanie.

be'|heben (-) usuwać 〈-unąć〉

~'heimatet zamieszkały; *Bot.*, *Zo.* pochodzący (*in D*/z *G*); *Mil.* stacjonowany; *Schiff*: mający port macierzysty; ~'heizen (-) opalać.

Be'helf *m* (-*es*; -*e*) prowizorka; materiał zastępczy; środek pomocniczy; 2en (-): *sich* (*A*) 2en ⟨po⟩radzić sobie (*mit*/przy pomocy *G*).

Be'helfs|- = 2mäßig prowizoryczny, tymczasowy; zastępczy; pomocniczy; 2weise prowizorycznie, tymczasowo.

be|'helligen (-) *s.* belästigen; ~'hend(e) zwinny, chyży (-żo), rączy (-czo).

be'herberg|en (-) *v/t* przenocować *pf.* (-); udzielać ⟨-lić⟩ noclegu *od.* gościny (*D*); *fig.* ⟨po⟩mieścić; 2ung *f* (0) udzielenie noclegu, przyjęcie w gościnę.

be'herrsch|en (-) *v/t* ⟨za⟩panować (nad *I*); (*zähmen*) poskramiać ⟨-romić⟩, opanow(yw)ać (*sich* się); *Sprache usw.*: władać (*I*); (*überragen*) górować, dominować (nad *I*); ~t opanowany, z opanowaniem; 2ung *f* panowanie (nad *I*); opanowanie; władanie.

be'her|zigen (-) *v/t* ⟨u⟩słuchać (*G*), zastosow(yw)ać się (do *G*); ~zt dzielny, odważny.

be'hexen (-) *v/t* rzucać ⟨-cić⟩ czary (na *A*); *fig.* oczarow(yw)ać (*A*).

be'hilflich|- sein być pomocnym (*j-m bei*/k-u w *L*).

be'hinder|n (-) *v/t* utrudni(a)ć; przeszkadzać (*j-n bei*/k-u w *L*); *Sp.* potrącać ⟨-cić⟩, nieprzepisowo grać ciałem; ~t *Med.* upośledzony, niepełnosprawny; 2ung *f* utrudnianie; przeszkadzanie; potrącenie, nieprzepisowa gra ciałem; *Med.* (*geistige* umysłowe) upośledzenie.

Be'hörd|e *f* (*oft pl.*) władza; *eng S.* urząd; 2lich urzędowy (-wo).

be'hüt|en (-) ⟨u⟩strzec, ⟨u⟩chronić (*vor D*/przed *I*); (*Gott*) ~e! uchowaj Boże!

be'hutsam ostrożny.

bei *Prp.* (*D*) *örtl.* pod (*I*), koło (*G*), przy (*L*), u (*G*); za (*A*); *zeitl.* podczas (*G*), przy (*L*), o (*L*), w (*L*), za (*G*), z, ze (*I*); ~ *Berlin* pod Berlinem, koło Berlina; ~ *Tisch* przy stole; ~*m Arzt* u lekarza; ~ *der Hand* za rękę; ~*m Abstieg* podczas schodzenia; ~*m Abschied* przy pożegnaniu; ~ *Tagesanbruch* o świcie; ~

Nacht w nocy; ~ *Tag* za dnia, w dzień; ~ *sich* przy sobie; ~ *der Arbeit* przy pracy; w pracy; ~*m Namen* po imieniu; ~ *Hofe* na dworze; ~ *Gott!* na Boga!; ~ *alledem* mimo wszystko; ~ *Strafe* pod karą; ~ *weitem* daleko; ~ *gutem Wetter* w razie (dobrej) pogody; przy (dobrej) pogodzie.

bei|behalten (-) *v/t* zachow(yw)ać (*A*); trzymać się (*G*); 2boot *n* bączek; ~bringen (*j-m A*) wpajać ⟨wpoić⟩ (k-u *A*), ⟨na⟩uczyć (k-o *G*); *Wunde, Niederlage*: zada(wa)ć; *Zeugen*: przedstawi(a)ć; *Beweise a.*: przedkładać ⟨-dłożyć⟩; *s.* mitteilen.

Beicht|e *f* spowiedź *f*; *j-m die* ~e *abnehmen* ⟨wy⟩spowiadać (*A*); 2en (-e-) ⟨wy⟩spowiadać się (*A*/z *G*); *fig.* wyzn(aw)ać; ~geheimnis *n* tajemnica spowiedzi; ~kind *n* penitent, spowiadający się; ~stuhl *m* konfesjonał; ~vater *m* spowiednik.

beid|armig *Adv.* oburącz; ~e ob(ydwa)j, ob(yd)w)ie *f*, ob(yd)w)oje (*m + f + n Pers.*), ob(adw)aj, ob(yd)w)ie (*Sachen*); *wir* ~e ty i ja; *alle* ~e obaj, obie, oboje; *eins von* ~en jedno z dwojga; *e-r von* ~en jeden z dwóch; *auf* ~en *Seiten* po obydwu stronach; *mit* ~en *Händen s.* beidarmig; ~es jedno i drugie; ~e *Male* w obu przypadkach, obydwa razy.

beider|lei dwojaki; ~seitig obustronny, obopólny; ~seits *Prp.* (*G*) z obu stron, po obu stronach *G*); *Adv. a.* obustronnie, obopólnie.

beidrehen *Mar.* stawać ⟨stanąć⟩ (*od.* kłaść ⟨położyć⟩ się) w dryf, zatrzym(yw)ać się.

beidseitig *s.* beiderseitig.

bei|ein'ander jeden obok drugiego *od.* przy drugim, obok siebie; *vgl.* zusammen-; 2fahrer *m* pomocnik kierowcy *od.* szofera; pasażer.

Beifall *m* (-*s*; *0*) oklaski *m/pl.*; *fig.* uznanie, poklask; ~ *spenden od. klatschen* oklaskiwać (*D/A*).

beifällig przychylny, pochlebny; *Adv.* z uznaniem.

Beifalls|kundgebung *f* owacja; ~ruf *m* okrzyk uznania; ~sturm *m* burza oklasków.

Beifilm *m* dodatek filmowy.

beifüg|en do-, za|łączać ⟨-czyć⟩; dopis(yw)ać; 2ung *f Gr.* przydawka.

Bei|fuß *m* (*-es*; *0*) *Bot.* bylica pospolita; **⌐gabe** *f* dodatek.

beige [be:ʒ] beżowy (-wo).

beigeben doda(wa)ć; *s.* beifügen; F *klein ⌐* śpiewać cienko; ⟨s⟩kapitulować.

Beigeschmack *m* (*-es*; *0*) posmak; e-n *⌐ von* (*D*) *haben* trącić (*I*).

Bei|hilfe *f* zapomoga, zasiłek; (*0*) *Jur.* pomocnictwo; **2kommen** F (*sn*; *D*) znajdować ⟨znaleźć⟩ sposób (na *A*), poradzić *pf.* sobie, uporać się *pf.* (z *I*).

Beil *n* (*-es*; *-e*) topór.

Bei|lage *f* dodatek, aneks; (*Anlage*) załącznik; *Kochk.* jarzyny *f/pl.*, dodatek; **2läufig** marginesowy, uboczny, nawiasowy; *Adv.* na marginesie, nawiasem, mimochodem; **2legen** *s.* beifügen, beigeben, beimessen; *Streit:* zażegn⟨yw⟩ać, załagodzić *pf.*

bei'leibe: *⌐ nicht*, *⌐ kein*(*e*) bynajmniej.

Beileid *n* (*-es*; *0*) współczucie; *sein ⌐ ausdrücken od. bezeugen* składać ⟨złożyć⟩ wyrazy współczucia, wyrażać ⟨-razić⟩ kondolencję *od.* ubolewanie; **⌐s-** kondolencyjny.

beiliegen być załączonym; **⌐d** załączony; *Adv.* w załączeniu.

beim *s.* bei.

bei|mengen *s.* beimischen; **⌐messen** *Bedeutung usw.*: przywiąz⟨yw⟩ać, przypis⟨yw⟩ać (*D/do G*).

beimisch|en domieszać *pf.*, doda(wa)ć (*D/do G*); **2ung** *f* domieszka.

Bein *n* (*-es*; *-e*) noga; (*Knochen*) kość *f*; F *die ⌐e in die Hand nehmen* brać ⟨wziąć⟩ nogi za pas; *ich werde dir ⌐e machen!* zbieraj nogi!; *sich auf die ⌐e machen* wyruszać ⟨-szyć⟩ (w drogę; *j-m ein ⌐ stellen* podstawić nogę (*D*); *et. auf die ⌐e stellen* ⟨z⟩organizować, ⟨za⟩aranżować; *sich* (*D*) *die ⌐e in den Leib stehen* nastać się; *j-m auf die ⌐e helfen* postawić na nogi (*A*); *alles, was ⌐e hat* całe miasto, wszyscy; *s. a. Mark, ausreißen usw.*

'**bei'nah**(**e**) prawie; (+ *Verb*) nie(o)mal nie, omal nie; *⌐ wäre er umgefallen* o mało co nie upadł.

Beiname *m* przydomek; (*Spitzname*) przezwisko.

bein·amputiert beznogi.

Beinbruch *m* złamanie nogi; F *Hals*

und ⌐! złam kark!; das ist kein ⌐! nic złego się nie stało!

be'inhalten (*-e-*; *-*) zawierać.

Bein|prothese *f* proteza kończyny dolnej; **⌐schiene** *f* nagolennik; **⌐stumpf** *m* kikut nogi.

bei·ordnen przydzielać ⟨-lić⟩ (*D/do G*); **⌐d** *Gr.* koordynujący.

bei|pflichten (*-e-*) przytakiwać ⟨-knąć⟩, przyzn⟨aw⟩ać rację; zgadzać ⟨zgodzić⟩ się (*D/na A*); **2programm** *n* nadprogram; **2rat** *m* rada doradcza; *Pers.* doradca *m*.

be·irren: *sich nicht ⌐ lassen* nie da(wa)ć się zbić z tropu.

bei'sammen razem; **⌐haben** uzbierać *pf.*; **2sein** *n* (*geselliges* towarzyskie) spotkanie, zebranie.

Bei|satz *m* *Gr.* przydawka; **⌐schlaf** *m* spółkowanie, stosunek płciowy; **⌐sein** *n*: im *⌐sein* in obecności (*G*, *von/G*).

bei'seite *Adv.* (*wohin?*) na bok; (*wo?*) na uboczu; *⌐ lassen* nie brać pod uwagę; *⌐ legen Geld:* zaoszczędzać ⟨-dzić⟩; *⌐ schaffen* (*stehlen*) roz-, wy|kradać ⟨-kraść⟩; *Leiche, Beweise:* usuwać ⟨-unąć⟩, sprzątnąć *pf.*

beisetz|en *s.* bestatten, hinzufügen; **2ungsfeier(lichkeit)** *f* uroczystość pogrzebowa.

Beisitzer *m* ławnik.

Beispiel *n* (*-es*; *-e*) przykład, wzór; *zum ⌐* na przykład; *ohne ⌐* bez precedensu; *ein ⌐ geben od. sein* da(wa)ć przykład, być wzorem; *sich* (*D*) *an j-m/et. ein ⌐ nehmen* brać przykład z (*G*); **2haft** przykładny, wzorowy (-wo); **2los** (*0*) bezprzykładny; **2s·weise** na przykład.

beißen (*L.*) ⟨u⟩gryźć (*sich* się), kąsać ⟨ukąsić⟩; *Rauch, Frost:* szczypać; *Pfeffer usw.*: palić, piec; **⌐d** gryzący (*a. fig.*), szczypiący, palący, piekący; *fig. a.* zjadliwy (-wie).

Beiß|korb *m* kaganiec; **⌐zange** *f* obcęgi *pl.* (do gwoździ).

Beistand *m* (*0*) pomoc *f*, poparcie; (*pl. ⌐e*) *Jur.* doradca *m*; **⌐s·pakt** *m* pakt wzajemnej pomocy.

bei|stehen wspomagać ⟨-móc⟩, wspierać ⟨wesprzeć⟩ (*I*); **⌐steuern** przyczyni(a)ć się (*I*), wnosić ⟨wnieść⟩ wkład (*zu/do G*); **⌐stimmen** *s.* zustimmen; **2strich** *m* przecinek.

Beitrag *m* (*-es*; *⌐e*) wkład (*zu/w A*);

przyczynek; składka (członkowska); ~en przyczyni(a)ć się (zu/do G; durch A, mit/I); ~s-zahlung f opłata składek.

Bei|treibung f ściąganie (przymusowe); 2treten (sn; D) wstępować ⟨-tąpić⟩ (do G); Pol. przystępować ⟨-tąpić⟩, przyłączać ⟨-czyć⟩ się (do G).

Beitritt m wstąpienie; przystąpienie, przyłączenie się; ~s-erklärung f zgłoszenie akcesu, oświadczenie o przystąpieniu.

Beiwagen m przyczepka (motocyklowa); ~maschine f motocykl z przyczepką.

Bei|werk n (-es; 0) dodatki m/pl., akcesoria pl.; 2wohnen być obecnym (D/na, przy L); ~wort n (-es; "er) epitet; Gr. przymiotnik.

Beize f bejca, zaprawa (a. Agr.); (Gerberei) wytrawa; Kochk. marynada; (das Beizen) bejcowanie, zaprawianie; (v. Metall) trawienie, wytrawianie.

bei|zeiten zawczasu.

beizen¹ (-zt) bejcować, zaprawi(a)ć; wytrawi(a)ć; s. Beize.

beizen² (-zt) polować z sokołem (A/na A).

be'jahen (-) v/t odpowiadać ⟨-iedzieć⟩ twierdząco (na A), potwierdzać ⟨-dzić⟩ (A); (gutheißen) przytakiwać ⟨-knąć⟩ (D), afirmować (A); ~d twierdzący ⟨-co⟩; pozytywny, afirmatywny.

be'jahrt w podeszłym wieku, leciwy (-wie).

Be'jahung f potwierdzenie, zgoda; afirmacja.

be'kam s. bekommen.

be'kämpf|en (-) zwalczać ⟨-czyć⟩; 2ung f (0) zwalczanie (G), walka (z I).

be'kannt znany (a. für, wegen/z G); wiadomy (-mo); Pers. znajomy; wir sind (miteinander) ~ znamy się; j-n ~ machen zapozn(aw)ać (mit/z I); ~ werden pozn(aw)ać (mit/A); 2e(r) znajom|y (-a); 2gabe f (0) podanie do wiadomości; ogłoszenie, zapowiedź f; ~geben s. bekanntmachen; (mitteilen) pod(aw)ać do wiadomości, po-, za|wiadamiać ⟨-domić⟩ (A/o L); ~lich jak wiadomo; ~machen ogłaszać ⟨-łosić⟩, obwieszczać ⟨-eścić⟩; 2machung f ogłoszenie, obwieszczenie.

Be'kanntschaft f znajomość f; koll. grono znajomych, znajomi m/pl.; bei näherer ~ przy bliższym poznaniu.

be'kanntwerden zostać ogłoszonym od. opublikowanym; Geheimnis: wychodzić ⟨wyjść⟩ na jaw.

Bekas'sine f bekas kszyk.

be'kehr|en (-) nawracać ⟨-rócić⟩ (sich się; zu/na A); 2ung f nawr|acanie, -ócenie.

be'kenn|en (-) s. gestehen, schuldig; Glauben: wyznawać; sich ~en zu przyzn(aw)ać się do (G), uzn(aw)ać (A); 2tnis n (-ses; -se) wyznanie; oświadczenie się (zu/za I); 2tnisschule f szkoła wyznaniowa.

be'klag|en (-) opłak(iw)ać; s. bedauern; sich ~en (über A) użalać się, ⟨po⟩skarżyć się (na A); ~enswert pożałowania (od. ubolewania) godny; 2te(r) pozwany m.

be'klatschen (-) oklaskiwać; ~'kleben (-) oklejać ⟨-eić⟩, oblepi(a)ć (mit/I); ~'kleckern F (-) poplamić, zachlapać pf. (sich się).

be'kleid|en (-e-; -) ub(ie)rać; Amt: sprawować, piastować; s. auskleiden; 2ung f odzież f; 2ungs-industrie f przemysł odzieżowy.

be'klemm|end Luft: duszny; Stille: przygniatający (-co); Gefühl: ściskający serce; 2ung f ucisk, niepokój.

be'klommen przygnębiony, pełen niepokoju; ~kloppt P puknięty, głupkowaty (-to).

be'kommen (L.; -) v/t otrzym(yw)ać, dost(aw)ać; Hunger ~ zgłodnieć, poczuć głód; e-e Krankheit ~ nabawić się choroby; ein Kind ~ urodzić dziecko; Lust, Mut ~ nab(ie)rać ochoty, otuchy; F geliehen ~ otrzym(yw)ać do zwrotu od. tytułem pożyczki; er hat gesagt ~ powiedziano mu; wir ~ Regen będzie deszcz; er bekommt Unannehmlichkeiten będzie miał nieprzyjemności; F j-n frei ~ uwolnić (A); das bekommt man zu kaufen to można kupić; v/i (sn): gut (schlecht) ~ (nie) wychodzić ⟨wyjść⟩ na zdrowie od. na dobre, (nie) ⟨po⟩służyć; s. a. Angst, Dach, Fuß, tun usw.

be'kömmlich zdrowy, służący zdrowiu; leicht ~ lekko strawny.

be'köstig|en (-) stołować; 2ung f (0) wyżywienie.

be'kräftig|en (-) potwierdzać ⟨potwierdzić⟩ (*mit D*, *durch A*/*I*); Qung *f* potwierdzenie; zur Qung na poparcie (*G*).

be|'kränzen (-*zt*; -) ⟨u⟩wieńczyć; ~'kreuz(ig)en (-) ⟨prze⟩żegnać (*sich* się); ~'kritteln (-*le*; -) *v*/*t* krytykować (*A*); (*j-n a*.) przymawiać (*D*); ~'kritzeln (-) po-, za|bazgrać *pf*.

be'kümmer|n (-) ⟨z⟩martwić, napawać troską; ~t stroskany, zmartwiony.

be|'kunden (-*e*-; -) okaz(yw)ać, objawi(a)ć; *Jur.* zezn(aw)ać; ~'lächeln (-) podśmiewać się (*A*/*z G*); ~'laden[1] (-) *v*/*t* na|ładować; obładow(yw)ać *pf*., objuczać ⟨-czyć⟩ (*mit*/*I*); *fig.* obciążać ⟨-żyć⟩ (-) ~'laden[2] obładowany, objuczony; obciążony.

Be'lag *m* (-*es*; *-e*) (*Boden*Q, *Brems*Q) wykładzina; (*Überzug*) powłoka; (*dünne Schicht*) nalot (*a. Med.*); *Brot mit* ~ chleb z masłem i wędliną, serem *usw*.

Be'lager|er *m* oblegający *m*; Qn (-) oblegać (*a. fig.*); ~ung *f* oblężenie; ~ungs- oblężniczy; ~ungszustand *m* stan oblężenia.

Be'lang *m* (-*es*; -*e*): *von* ~ ważny; *nicht von* (*od. ohne*) ~ bez znaczenia; *nichts von* ~ nic ważnego; *nur pl.* ~*e* sprawy *f*/*pl.*, interesy *m*/*pl.*; Qen (-) pociągać *pf.* do odpowiedzialności (*gerichtlich* sądowej; *wegen*/*za A*); Qlos nic nie znaczący, nieważny, błahy; ~losigkeit *f* (0) błahość *f*; (*a. pl.*) błahostka, drobiazg (*bez* znaczenia).

be'lassen (-) pozostawi(a)ć; *es dabei* ~ poprzest(aw)ać na tym.

be'last|en (-) *v*/*t* obciążać ⟨-żyć⟩ (*mit*/*I*; *sich* się); *Etat*: nadwerężać ⟨-żyć⟩; (*j-n*) ciążyć (na *L*); *s.* bedrücken; ~end obciążający ⟨-co⟩; ~et obciążony; *mit Schulden* ~et zadłużony.

be'lästig|en (-) naprzykrzać ⟨-rzyć⟩ się, dokuczać ⟨-czyć⟩ (*A*/*D*; *mit*/*I*); (*mit e-r Bitte usw.*) fatygować (*mit*/*I*); (*aggressiv*) nagabywać, zaczepiać (*A*); Qung *f* naprzykrzanie się, dokuczanie; fatygowanie; nagabywanie, zaczepka; *s. a. Störung*.

Be'lastung *f* obciążenie (*a. fig.*); *s. Last*, *Anspannung*.

Be'lastungs|probe *f* próba obciąże-

nia *od.* wytrzymałości; *fig. die* ~probe bestehen wyjść z próby zwycięsko; ~zeuge *m* świadek dowodowy *od.* oskarżenia.

be'laubt (p)okryty liśćmi.

be'lauern (-) śledzić, obserwować; czatować (*A*/na *A*).

be'laufen (-): *sich* ~ *auf* ... wynosić ⟨wynieść⟩ ...

be'lauschen (-) podsłuch(iw)ać.

be'leb|en (-) ożywi(a)ć (*sich* się; *a. fig.*); pobudzać ⟨-dzić⟩ do życia; ~end ożywczy (-czo); ~t ożywiony; *Straße a.*: ruchliwy; *Gr.* żywotny; Qung *f* (0) ożywienie.

be'lecken (-) obliz(yw)ać.

Be'leg *m* (-*es*; -*e*) dowód; F *Fin.* podkładka; *s. Quittung*; Qen (-) pokry(wa)ć, wykładać ⟨wyłożyć⟩ (*mit*/*I*); (*mit Strafe*) nakładać ⟨nałożyć⟩ (*j-n mit*/na k-o *A*); *Platz*: zajmować ⟨zająć⟩; ⟨za⟩rezerwować, F zaklepać *pf.*; *Abrechnung*, *Behauptung*: popierać ⟨-przeć⟩; udowadniać ⟨-wodnić⟩ (*urkundlich* dokumentami); *Vorlesungen*: zapis(yw)ać się (*A*/na *A*); *s. Beschlag*[2]; ~schaft *f* załoga; personel; Qt zajęty, zarezerwowny; *Stimme*: ochrypły; *Zunge*: obłożony; *Tatsache usw.*: po-, s|twierdzony dowodami, świadczony; Qtes Brötchen kanapka; ~ung *f* (0) nałożenie (*mit*/*G*); zapisanie się; poparcie, potwierdzenie; zajęcie, zarezerwowanie; ilość *f* pacjentów.

be'lehr|en (-) pouczać ⟨-czyć⟩; *j-n e-s Besseren* ~ en wyprowadzać ⟨-dzić⟩ z błędu (*A*); *sich* ~en lassen ⟨u⟩słuchać rad(y) (*von*/*G*); ~end pouczający ⟨-co⟩; Qung *f* pouczenie; nau(cz)ka.

be'leibt otyły (-ło), korpulentny.

be'leidig|en (-) *v*/*t* ubliżać ⟨-żyć⟩ (*D*), obrażać ⟨-razić⟩ (*A*); *fig.* razić (*das Ohr* ucho); *tätlich* ~en czynnie znieważać ⟨-żyć⟩; ~end ubliżający ⟨-co⟩, obraźliwy (-wie); ~t obrażony; Qung *f* obraza, zniewaga.

be|'leihen (-) da(wa)ć pożyczkę pod zastaw (*A*/*G*); ~'lesen oczytany; ~'lemmert F paskudny; (*dumm*) głupi (-pio).

be'leucht|en (-) oświetlać ⟨-lić⟩; *fig.* naświetlać ⟨-lić⟩; Qer *m Thea.* oświetlacz; Qung *f* (0) oświetlenie; *fig.* naświetlenie; Qungs- oświetleniowy.

Belg|ier(in f) m Belg(ijka); **2isch** belgijski.

be'licht|en (-) Fot. naświetlać ⟨-lić⟩; **2ung** f naświetlenie, ekspozycja; **2ungsmesser** m światłomierz.

be'lieb|en (-) raczyć, ⟨ze⟩chcieć; **wie** (es) **ihm** ∼t jak mu się podoba, **jak** (on) chce; **2en** n: **nach 2en** według upodobania; **2ig** dowolny; **jeder** ∼**ige** pierwszy lepszy, kto bądź; ∼t lubiany, popularny, wzięty; ulubiony; **sich** ∼t **machen** starać się o względy, wkradać się w łaski (bei/G); **2theit** f (0) popularność f, powodzenie.

be'liefer|n (-) zaopatrywać ⟨-trzyć⟩ (j-n mit/k-o w A); **2ung** f zaopatrywanie, -rzenie; dostawa (mit/G).

bellen ⟨za⟩szczekać.

belle'tristisch beletrystyczny.

be'lob|ig)en (-) ⟨po⟩chwalić; **2(i-g)ung** f pochwała.

be'logen s. belügen.

be'lohn|en (-) wynagradzać ⟨-rodzić⟩ (für/za A); **2ung** f nagroda; wynagrodzenie.

Be'lüftung f (0) napowietrzanie, wentylacja; ∼**s-** wentylacyjny; ∼**s-kammer** f komora napowietrzania.

be'lügen (-) okłam(yw)ać (sich **selbst** się).

be'lustig|en (-) ⟨u⟩bawić; ∼**end** zabawny, pocieszny; ∼t rozbawiony; **2ung** f uciecha; zabawa.

be'mächtig|en (-): **sich** ∼**en** (G) zagarniać ⟨-nąć⟩ (A), zawładnąć pf. (I); fig. **Angst** ∼**te sich** (G) strach ogarnął (A).

be'|malen (-) ⟨po⟩malować; ∼**'mängeln** (-le; -) wytykać ⟨-tknąć⟩, krytykować; ⟨za⟩usterkować; ∼**'mannt** posiadający załogę, załogowy; F **Frau**: zamężna; ∼**'mänteln** (-le; -) ⟨za⟩maskować, ukry(wa)ć.

be'merk|bar (zu sehen) dostrzegalny, widoczny; (spürbar) od-, wyczuwalny; **sich** ∼**bar machen** zwracać ⟨-rócić⟩ na siebie uwagę; (et.) zaznaczać ⟨-czyć⟩ się, uwidaczniać ⟨-docznić⟩ się; (unangenehm) da(wa)ć się we znaki; ∼**en** (⟩ zauważać ⟨-żyć⟩; (äußern) nadmieni(a)ć, zaznaczać ⟨-czyć⟩; **nebenbei** ∼t mówiąc nawiasem; ∼**enswert** godny uwagi, zasługujący na uwagę; niepowszedni (-nio); **2ung** f uwaga; zapisek, adnotacja.

be'mess|en (-) odmierzać ⟨-rzyć⟩,

wyznaczać ⟨-czyć⟩; ... **ist knapp** (od. kurz) ∼**en** mało (G); **genau** ∼**en** dokładnie odmierzony; **2ung** f wymiar.

be'mitleiden (-e-; -) v/t żałować (A), współczuć (D); ∼**s·wert** godny politowania.

be'mittelt (0) zamożny.

be'müh|en (-) trudzić, ⟨po⟩fatygować (zu/do G; **sich** się); **sich** ∼**en um** (A) ⟨po⟩starać się (o A), (a. um j-n) zabiegać (o A); ∼**en Sie sich nicht!** proszę się nie trudzić!; **um** j-n ∼t **sein** troszczyć się (o A); **2ung** f staranie; trud, wysiłek; pl. a. zabiegi m/pl.

be'muttern F (-re; -) opiekować się (I), matkować (D); ∼**'nachbart** sąsiedni, ościenny.

be'nachrichtig|en (-) po-, zawiadamiać ⟨-domić⟩; **2ung** f po-, zawiadomienie; s. Nachricht.

be'nachteilig|en (-) ⟨s⟩krzywdzić; **er ist von der Natur** ∼t natura upośledziła go; **sich** ∼t **fühlen** czuć się pokrzywdzonym; **2ung** f krzywda, krzywdzące traktowanie; dyskryminacja. [benennen.⟩

be'|nahm s. benehmen; ∼**'nannt** s.⟩

be'nebel|n (-le; -) zamraczać ⟨-roczyć⟩; F ∼t zawiany, pod gazem.

Benedik'tiner m benedyktyn.

be'nehmen (-) v/t odbierać ⟨odebrać⟩ (A); **Sprache** a.: odejmować ⟨odjąć⟩; **Atem**: zapierać ⟨-przeć⟩; **sich** ∼ zachow(yw)ać się.

Be'nehmen n (-s; 0) zachowanie (się); obejście, maniery f/pl.; **sich ins** ∼ **setzen** porozumieć się (mit/z I).

be'neiden (-) ⟨po⟩zazdrościć (j-n um A/k-u G); **er ist nicht zu** ∼ nie zazdroszczę mu.

be'neidenswert godny pozazdroszczenia.

be'nenn|en (-) naz(yw)ać, nad(aw)ać nazwę od. imię; **Zeugen**: po-d(aw)ać, wymieni(a)ć; **2ung** f nazwa, imię; nazwanie; podanie, wskazanie.

be'netzen (-zt; -) zraszać ⟨zrosić⟩, zwilżać ⟨-żyć⟩ (mit/I).

Bengel F m pętak, smyk; (Rüpel) łobun(iak), niepoń m

be'nommen zamroczony; **2heit** f (0) zamroczenie.

be'not|en (-e-; -) oceni(a)ć; **2ung** f ocena.

be'nötigen (-) potrzebować (*A*/*G*).
be'nutz|bar nadający się do użytku;
~en, be'nützen (-) uży(wa)ć (*A*/*G*;
zu/do *G*, na *A*); ⟨s⟩korzystać (*die
Gelegenheit* z okazji); *s.* anwenden,
sich bedienen, nutzen; ℒer *m* korzystający (*G*/z *G*), użytkownik; ℒung
f uży|wanie, -cie, -tek; posługiwanie się; korzystanie; ℒungsgebühr
f opłata za używanie *od.* korzystanie.
Ben'zin *n* (-s; -e) benzyna; ~ *in
Zssgn* benzynowy; ~tank *m* zbiornik benzyny; ~uhr *f* benzynomierz.
Benzoe'säure *f* kwas benzoesowy.
Ben'zol *n* (-s; -e) benzen, benzol.
be'obacht|en (-e-; -) ⟨za⟩obserwować, śledzić; *s.* beachten, bemerken;
ℒer *m* obserwator; ℒung *f* obserw|acja, -owanie; (*Polizei*ℒ *a.*) inwigilacja; (*Feststellung*) spostrzeżenie.
Be'obachtungs- obserwacyjny; ~gabe *f* (0) spostrzegawczość *f*.
be|'ordern (-*re*; -) ⟨hin.⟩ wys(y)łać,
skierow(yw)ać; (*her.*) wzywać (wezwać); polecać ⟨-cić⟩ stawić się; ~'packen (-) s. beladen; ~'pflanzen
(-) obsadzać ⟨-dzić⟩; ~'pinkeln *P*
(-) obsikać *pf.*; ~'pinseln (-) pomalować *pf.*; ⟨wy⟩pędzlować.
Be'plankung *f* poszycie, pokrycie.
be'quem gwny; (*mühelos*) łatwy
(-wo); es sich (*D*) ~ machen rozgościć się; ~en (-): sich ~en raczyć,
zechcieć *pf.*; ℒlichkeit *f* wygoda;
(*Trägheit*) wygodnictwo.
be'rappen *F* (-) ⟨wy⟩bulić.
be'rat|en (-) *j-n:* doradzać ⟨-dzić⟩,
⟨po⟩radzić (*A*/*D*); *Plan, Gesetz:*
obradować, radzić (*A*, *über A*/nad
I); *v/i* (*a. sich*) naradzać ⟨-dzić⟩ się
(*mit/z I*); ~end doradczy (-czo);
ℒer *m* doradca *m*; ℒung *f* narada,
obrady *f*/*pl.*; (*Raterteilung*) porada;
ℒungs·punkt *m* punkt obrad;
ℒungsstelle *f* poradnia, przychodnia.
be'rauben obrabow(yw)ać, ograbi(a)ć (*j-n G*/k-o z *G*); *fig.* pozbawi(a)ć (*G*).
be'rausch|en (-) odurzać ⟨-rzyć⟩
(*mit/I*; *sich* się); *fig. a.* upajać
⟨upoić⟩ (*sich* się; *an D*/*I*); ~end
odurzający (-co); upajający (-co).
Berbe'ritze *f* berberys.
be'rechn|en (-) obliczać ⟨-czyć⟩,
obrachow(yw)ać (*a. fig.*); (*j-m anrechnen*) policzyć *pf.*; ~end wyra-

chowany; ℒung *f* obliczenie, obrachunek; *fig.* rachuba; wyrachowanie; ℒungs- obliczeniowy.
be'rechtig|en (-) uprawni(a)ć, upoważni(a)ć (*zu*/do *G*); *zu Hoffnungen*
~en rokować nadzieje (na *A*); ~t
uprawniony, upoważniony; (*begründet*) uzasadniony; ℒung *f* uprawnienie.
be'red|en (-) *s.* besprechen, überreden; ~sam *s.* redegewandt; ~t *fig.*
wymowny.
Be|'regnungs·anlage *f Agr.* deszczownia; ~'reich *m* (-es; -e) obręb;
(*Feld, Sphäre*) zakres; zasięg; ℒ-
'reichern (-*re*; -) wzbogacać ⟨-cić⟩
(*sich* się; *an D*/na *L*); ~'reifung *f
Kfz.* ogumienie; ℒ'reinigen (-)
⟨u⟩porządkować, ⟨u⟩regulować;
Mißverständnisse: ⟨z⟩likwidować;
Streit: załatwi(a)ć; ℒ'reisen (-) *v/t*
objeżdżać ⟨-echać⟩ (*A*), podróżować (po *L*).
be'reit gotowy, gotów; *sich* ~ erklären (*od.* finden) zu wyrażać ⟨-razić⟩ gotowość (*G*, do *G*); ~ sein zu
być przygotowanym (do *G*, na *A*);
~en (-*e*-; -) przygotow(yw)ać;
Mahl, Arznei: przyrządzać ⟨-dzić⟩;
Empfang: ⟨z⟩gotować; *Freude,
Kummer:* sprawi(a)ć; *ein Ende* ~en
s. beenden; ~halten trzymać (*od.*
mieć) w pogotowiu; ~machen
przygotow(yw)ać (*sich* się; *zu*/do
G).
be'reits już.
Be'reitschaft *f* gotowość *f*; *Mil.* pogotowie, stan pogotowia; (*Truppe*)
oddział specjalny, rezerwa specjalna; *in* ~ haben, sein mieć, być w pogotowiu.
Be'reitschafts·arzt *m* lekarz dyżurny pogotowia ratunkowego; ~
dienst *m* (0) pogotowie awaryjne;
dyżur; ~polizei *f* rezerwa specjalna
policji.
be'reit|stehen stać (*od.* być) w pogotowiu *od.* do dyspozycji; ~stellen
przygotow(yw)ać; stawiać (postawić) [*od.* odda(wa)ć] do dyspozycji;
Truppen: ⟨z⟩gromadzić; ℒung *f* (0)
przygotowanie; przyrządz|anie, -enie; ~willig chętny, ochoczy (-czo);
ℒwilligkeit *f* (0) gotowość
f, chęć *f*; usłużność *f*.
be'reuen (-) ⟨po⟩żałować (*A*/*G*).
Berg *m* (-es; -e) góra; *F fig. a.* kupa,
sterta (*von*/*G*); *F hinter dem* ~ halten

kryć się *(mit/z I)*; *über alle ~e sein*
uciekać ⟨-ec⟩ za dziesiątą granicę;
der Kranke ist noch nicht über den ~
chory jeszcze nie przeszedł kryzysu;
zu ~e stehen stawać ⟨stanąć⟩ dęba,
⟨na⟩jeżyć się; ⟨²ab⟨wärts⟩ (z góry)
w *(od.* na) dół; F *es geht mit ihm ²ab*
z nim jest coraz gorzej; **~ahorn** *m*
jawor; **~akademie** *f* akademia gór-
nicza; ⟨²an w *(od.* pod) górę; **~ar-
beiter** *m* górnik; ⟨²auf⟨wärts⟩ *s.*
bergan; **~bahn** *f* kolej(ka) górska;
~bau *m* ⟨-*es*; *0)* górnictwo; *~bau-*
górniczy; **~bewohner** *m* góral, mieszkaniec gór; **~e** *m/pl. Bgb.* skała
płonna.

bergen (L.) *(retten)* ⟨u⟩ratować,
ocalać ⟨-lić⟩; *Ernte:* zwozić
⟨zwieźć⟩, zbierać ⟨zebrać⟩; *Leiche:*
wydoby(wa)ć, zabezpieczać ⟨zabez-
pieczyć⟩; *Segel:* zwijać ⟨-inąć⟩;
(in sich) zawierać, mieścić w sobie;
Gefahr in sich ~ grozić niebezpieczeństwem.

Berg|fried *m ⟨-es; -e)* wieża wa-
rowna *od.* zamkowa; **~führer** *m*
przewodnik góral *od.* górski; ⟨²ig
górzysty ⟨-to⟩; **~ingenieur** *m* inżynier górniczy; **~kessel** *m* kotlina; **~
kette** *f* pasmo gór, łańcuch górski;
~kiefer *f* kosodrzew(ina); **~krank-
heit** *f* choroba górska; **~kristall** *m*
kryształ górski; **~land** *n* kraj górzysty; **~lehne** *f* stok *(od.* zbocze) góry;
~mann *m (pl. -leute)* górnik; **~
manns-** = ²**männisch** górniczy;
~predigt *f (0) Rel.* kazanie na górze; **~recht** *n (0)* prawo górnicze; **~
rettungsdienst** *m* górskie pogotowie ratunkowe; **~rüster** *f* brzost;
~rutsch *m* obsunięcie się góry, osuwisko; **~schaden** *m* szkoda gór-
nicza; **~schuh** *m* but wspinaczkowy; **~spitze** *f* szczyt górski, wierzchołek góry; **~sport** *m (0)* tater-
nictwo, alpinistyka; **~station** *f*
stacja górna; **~steigen** *n ⟨-s; 0)*
wspinaczka; **~steiger** *m* taternik,
alpinista *m*; **~stock** *m* czekan, ciu-
paga; **~straße** *f* droga górska, szlak
górski; **~sturz** *m s. Bergrutsch*; **~
und Talbahn** *f* kolejka górska
w wesołym miasteczku; **~ung** *f* ura-
towanie, ocalenie; *Mar.* odszukanie; *(der Ernte)* zwiezienie, zbiór;
wydobycie, zabezpieczenie; *vgl.*
bergen.

Bergungs|arbeiten *f/pl.* prace ra-

townicze *od.* ewakuacyjne; **~fahr-
zeug** *n* pojazd ratowniczy *od.* ewa-
kuacyjny; **~schlepper** *m Mar.* holownik ratowniczy; **~trupp** *m* oddział ratowniczy.

Berg|versatz *m Bgb.* podsadzka; **~
wand** *f* ściana skalna; **~werk** *n* kopalnia; *~werks-* kopalniany; **~we-
sen** *n (0)* górnictwo.

Be'richt *m ⟨-es; -e)* sprawozdanie;
relacja; reportaż; *(amtlich a.)* komunikat; *s.* Meldung; ²**en** ⟨-*e-*; *-)*
v/t donosić ⟨-nieść⟩ (o *L*); *⟨erzäh-
len; über A,* von) ⟨z⟩relacjonować
(A), opowiadać ⟨-iedzieć⟩ *(A,* o *L)*;
⟨z⟩referować *(A)*; składać ⟨złożyć⟩
sprawozdanie *(A, über A/z G)*; **~
erstatter** *m* sprawozdawca *m*; ko-
respondent; **~erstattung** *f* spra-
wozdawczość *f*; zdanie sprawy,
złożenie sprawozdania; *(in d. Presse
usw.)* informacja; publikowanie,
przedstawianie.

be'richtig|en ⟨-⟩ ⟨s⟩prostować, *(a.
j-n)* poprawi(a)ć, ⟨s⟩korygować;
²**ung** *f* sprostowanie; (s)korygowa-
nie, wniesienie poprawek; *popraw-*
Be'richts- sprawozdawczy.   [ka.⟩
be'riechen ⟨-⟩ obwąch(iw)ać.
be'rieseln ⟨-⟩ zraszać ⟨zrosić⟩; *fig.
sich mit Musik ~n lassen* stale słuchać muzyki *od.* audycji mu-
zycznych; ²**ung** *f (0)* zraszanie.

Be'ringung *f* obrączkowanie (pta-
ków).

be'ritten konny ⟨-no⟩.
Ber'liner *m* berlińczyk; *Adj.* ber-
liński.

Bernhar'diner *m Zo.* bernard(yn).
Bernstein *m* bursztyn; *~* in *Zssgn*
= ²**farben**, ²**gelb** bursztynowy.
bersten (L.; *sn)* pękać ⟨-knąć⟩ *(a.
fig.)*, trzaskać; *zum* ² *voll* nabity,
zapchany.
be'rüchtigt osławiony.
be'rück|en ⟨-⟩ urzekać ⟨urzec⟩;
~end urzekający ⟨-co⟩; **~sichtigen**
⟨-⟩ *v/t* uwzględni(a)ć, brać ⟨wziąć⟩
pod uwagę *(A)*.
Be'ruf *m ⟨-es; -e)* zawód; *ohne ~* bez
zawodu; *von ~* z zawodu; *s. Berufung*; ²**en**[1] ⟨-⟩ *v/t* powoł(yw)ać *(sich
sie)*; ²**en**[2] *Adj.* powołany ⟨zu/do *G)*;
kompetentny, *sich* ²**en** *fühlen (po-)*
czuć powołanie; ²**lich** zawodowy
⟨-wo⟩; w zawodzie.

Be'rufs|arbeit *f* praca zawodowa
od. w zawodzie; **~ausbildung** *f*

wykształcenie (*od.* szkolenie) zawodowe; nauka zawodu; ♀**bedingt** spowodowany pracą w (danym) zawodzie; ♀**begleitend** *Lehrgang usw.*: przywarsztatowy, przyzakładowy, w połączeniu (*od.* połączony) z pracą zawodową; **~beratung** *f* poradnictwo zawodowe; **~fachschule** *f* szkoła zawodowa, F zawodówka; ♀**fremd** nie pracujący w (danym, tym) zawodzie; niefachowy; **~genossenschaft** *f* zrzeszenie zawodowe; **~kleidung** *f* odzież do *f* pracy *od.* robocza; **~kollege** *m* kolega *m* po fachu; **~krankheit** *f* choroba zawodowa; ♀**mäßig** zawodowy (-wo); **~offizier** *m* oficer zawodowy; **~schule** *f* s. Berufsfachschule; **~sportler** *m* zawodowiec; ♀**tätig** pracujący zawodowo, zatrudniony; *sie ist nicht* ♀tätig ona nie pracuje zawodowo; **~verbot** *n* zakaz wykonywania zawodu; **~wahl** *f* (*0*) wybór zawodu.

Be'rufung *f* powołanie; powoł(yw)anie się (*auf A*/na *A*); *Jur.* odwołanie, apelacja.

Be'rufungs|gericht *n* sąd apelacyjny *od.* odwoławczy; **~klage** *f* skarga odwoławcza.

be'ruhen (-) polegać, opierać się (*auf D*/na *L*); *et. auf sich* ~ *lassen* (po)zostawić w spokoju (*A*), zaniechać (*G*).

be'ruhig|en (-) uspokajać <-koić> (*sich się*); *Menge, Gewissen*: uciszać <-szyć>; *sein* ~ sa. ucichać <-chnąć>; **~end** uspokajający (-co); ♀**ung** *f* (*0*) uspokojenie; uciszenie; ♀**ungsmittel** *n* środek uspokajający.

be'rühmt sławny, słynny, znakomity; ~ *sein* słynąć (*wegen*/*z G*); ♀**heit** *f* sława; *Pers.* znakomitość *f*.

be'rühr|en (-) *v/t* dotykać <-tknąć> (*a. się*; *G*); *Frage*: poruszać <-szyć>; *fig.* (*j-n*) dotknąć *pf.*; *peinlich* ~*en* razić; *sich* ~*en a.* stykać <zetknąć> się; *s. a. betreffen*; ♀**ung** *f* dotknięcie, dotyk; kontakt, styczność *f*; ♀**ungs·punkt** *m* *Math.* punkt styczny *od. fig.* styczny.

be|'sabbern F (-) zaślini(a)ć; **~'säen** (-) ob-, za|si(ew)ać (*mit*/*I*); **~'sagen** (-) znaczyć, mieć znaczenie; **~'sagt** wspomniany, wymieniony; ♀'**samung** *f* (*0*) zapłodnienie; (*künstliche*) unasiennianie, inseminacja.

Be'san *m* (-*s*; -*e*) bezan.

be'sänftig|en (-) udobruchać *pf.*; *s. a. beruhigen(d)*; **~end** *a.* kojący (-co).

be|'saß *s. besitzen*; **~'sät** usiany (*mit*/*I*).

Be'satz *m* (*Kleider* ♀) obszycie; *a.* = **~band** *n*, **~streifen** *m* lamówka, obszywka; **~er** *m* okupant; **~ung** *f* załoga; okupacja.

Be'satzungs|gebiet *n* obszar okupowany; **~kosten** *pl.* koszty *m/pl.* okupacji; **~macht** *f* państwo okupacyjne; **~truppen** *f/pl.* wojska *n/pl.* okupacyjne; **~zone** *f* strefa okupacyjna.

be'saufen P (-): *sich* ~ uchlać (*od.* urżnąć) się *pf.*

Be'säufnis P *n* (-*ses*; -*se*) biba, popijocha.

be'schädig|en (-) uszkadzać <-kodzić>; **~t** uszkodzony (*kaputt*) zepsuty, niesprawny; ♀**ung** *f* uszkodzenie.

be'schaff|en¹ (-) *v/t* po-, wy|starać się (o *A*); *Nachrichten*: zbierać; *Hdl.* naby(wa)ć, kupować <-pić>; **~en²** *Adj.*: *so* ~*en* tego rodzaju, taki; *so* ~*en sein Pers.* mieć taką naturę; ♀**enheit** *f* (*0*) właściwość *f*, własność *f*; (*Zustand*) stan; *s. Qualität*; ♀**ung** *f* (*0*) po-, wy|staranie się; zaopatrzenie (*von*/*w A*); zakup; zbieranie.

be'schäftig|en (-) zatrudni(a)ć; zajmować <-jąć> (*mit*/*I*; *sich* się); (*j-s Gedanken*) <za>absorbować, zaprzątać <-tnąć>; *sich* ~*en* (*mit*) *a.* trudnić się (*I*); pracować (nad *I*); **~t** zatrudniony; zajęty, zaabsorbowany (*mit*/*I*); trudniący się (*I*); *die* ♀ten pracownicy, zatrudnieni *m/pl.*; ♀**ung** *f* zatrudnienie; zajęcie, praca; **~ungslos** bez zajęcia; ♀**ungstherapie** *f* terapia pracą.

be'schäl|er *m* ogier stadnik; **~seuche** *f* *Vet.* zaraza stadnicza; **~station** *f* ośrodek kopulacyjny.

be'schäm|en (-) zawstydzać <zawstydzić>; **~end** żenujący (-co); *das ist* ~*end* to wstyd; **~t** zawstydzony, *präd.* z zawstydzeniem.

be'schatt|en (-*e*-; -) zacieni(a)ć; (*schützen*) przysłaniać <-łonić>; F *fig.* śledzić, obserwować; ♀**er** *m* agent śledczy, F anioł stróż.

Be'schau|er *m* widz, oglądający *m*; ♀**lich** kontemplacyjny; (*geruhsam*) spokojny, niezmącony; **~lichkeit** f (0) kontemplacja; spokój.

Be'scheid m (-es; -e) informacja; (Antwort) odpowiedź f; Jur. usw. decyzja, orzeczenie, uwiadomienie; ~ geben od. sagen powiadamiać <-domić>, poinformować; ~ wissen (in D) orientować się, F wyznawać się (w L); P j-m ~ stoßen wygarnąć prawdę (D); **2en**[1] v/t (L.; -) da(wa)ć odpowiedź, odpowiadać <-iedzieć> (D); abschlägig **2en** Gesuch: odrzucać <-cić>; es war mir nicht beschieden nie było mi sądzone; sich **2en** (mit) zadowalać <-wolić się (I).

be'scheiden[2] Adj. skromny; **2heit** f (0) skromność f. [oświecać <-cić>.]

be'scheinen (-) oświetlać <-lić>, ⌡

be'scheinig|en (-) po-, za|świadczać <-czyć>; Empfang usw.: potwierdzać <-dzić>; **2ung** f po-, za|świadczenie; potwierdzenie.

be'scheißen P fig. (-) <wy>kantować, oszwabi(a)ć; **~'schenken** (-) obdarzać <-rzyć> (mit/I).

be'scher|en (-): j-m et. ~en <po>darować k-u (A); obdarow(yw)ać (die Kinder zu Weihnachten mit/dzieci na gwiazdkę I); (Zukunft) przynosić <-nieść>; ihnen waren k-e Kinder ~t los nie obdarzył ich dziećmi; **2ung** f gwiazdka; F da haben wir die **2ung**! masz ci los!, masz babo placek!

be'scheuert P zakopnięty w mózg; **~'schichtet** powleczony (mit/I); **~'schieden** s. bescheiden1.

be'schick|en (-) po-, wy|s(y)łać (e-e Messe towary na targi; e-e Tagung przedstawicieli na konferencję); Tech. zasilać; **2ung** f Tech. zasilanie.

be'schieß|en (-) ostrzel(iw)ać; **2ung** f ostrzel(iw)anie.

be'schilder|n (-) <o>znakować, zaopatrywać <-trzyć> w tabliczki (informacyjne) od. znaki drogowe.

be'schimpf|en (-) <ze>lżyć, <zu>wymyślać (D, pf. A); **2ung** f wymyślanie; obelga, pl. a. wymysły m/pl.

be'schirmen (-) osłaniać <-łonić>, ochraniać <-ronić>.

be'schiß V s oszukaństwo; granda; **2ssen** V zasrany; s. bescheißen.

be'schlafen F (.) Sache: odkładać <-łożyć> na jutro.

be'schlag[1] m (-es; -e) okucie; (0) podku|wanie, -cie (der Pferde koni).

be'schlag[2] m: mit ~ belegen, in ~ nehmen (et.) zajmować <-jąć>, za-

garniać <-nąć> (dla siebie); (j-n) <za>absorbować; **2en**[1] (L.; -) v/t oku(wa)ć; Pferd: podku(wa)ć; v/i (sn) (Glas) zachodzić <zajść> parą, <za>potnieć; **2en**[2] F Adj.: gut **2en** sein in (D) znać się na (L), wyznawać się w (L); **~nahme** f konfiskata, obłożenie aresztem, zajęcie; Mil. rekwizycja, zarekwirowanie; **2nahmen** (-) <s>konfiskować, <za>rekwirować; s. Beschlag2.

be'schleunig|en (-) przyspieszać <-szyć>; **2er** m Phys. akcelerator; **2ung** f przyspieszenie.

be'schließ|en (-) postanawiać <-nowić>, <z>decydować; uchwalać <-lić>; s. beenden, abschließen; **2e-rin** f szafarka, klucznica.

Be'schluß m postanowienie, decyzja; (im amtl. Bereich) rezolucja, uchwała; **~empfehlung** f wniosek; **~entwurf** m projekt uchwały; **~-fähigkeit** f (0) zdolność f (do) powzięcia uchwały, kworum n; **~-fassung** f powzięcie uchwały.

be'schmier|en (-) <po>smarować (mit/I); (unsauber beschreiben usw.) <po-, za>bazgrać; a. = **~'schmutzen** (-) <po>brudzić, <po>walać (sich się; mit/I), (a. fig.) <s>kalać (Fliegen) popstrzyć pf.

be'schneid|en (-) podcinać <-iąć>, obcinać <-iąć>, okrawać <-roić> (a. fig.); s. a. beschränken; Rel. obrzez(yw)ać; **2ung** f podcięcie, obcięcie; obrzezanie.

be'schneit ośnieżony, pokryty śniegiem; **~'schnüffeln**, **~'schnuppern** (-) obwąch(iw)ać; **~'schöni-gen** (-) <z>łagodzić, przedstawi(a)ć w lepszym świetle; **~'schränken** (-) ograniczać <-czyć> (sich się; auf A/ do G); **~'schrankt** Esb. strzeżony.

be'schränk|t ograniczony (a. fig.); **2theit** f (0) ograniczoność f; **2ung** f ograniczenie.

be'schreib|en (-) zapis(yw)ać; Leben: opis(yw)ać; Kreis: a. zakreślać <-lić>; **2ung** f opis, opisanie, zakreślenie; (e-s Täters) rysopis.

be'schreiten (-) wstępować <-tąpić>, wkraczać <-roczyć> (A/na A).

be'schrift|en (-e-;-) v/t zaopatrywać <-trzyć> w napis (A), umieszczać <-ścić> (od. wyryć pf.) napis (na L); Hdl. a. <po>znaczyć, <po>znakować; **2ung** f zaopatrzenie w napis; (o)znakowanie; konkr. napis.

be'schuldig|en (-) obwini(a)ć (*j-n G*/k-o *o A*); *vgl. Last*; **ℜte(r)** *m/f* obwinion|y (-a); **ℜung** *f* obwinienie, posądzenie.

be'schummeln F (-) ⟨wy⟩kiwać, ⟨o⟩cyganić.

Be'schuß *m* (0) ostrzał, ogień *m.*

be'schütz|en (-) ⟨o⟩bronić, ⟨o⟩chronić (*vor D*/przed *I*); **⌐en** *Arbeitsstätte* zakład pracy chronionej; **ℜer** *m* obrońca *m*, opiekun.

be'schwatzen F (-) namawiać ⟨-mówić⟩ (*zu/do G*).

Be'schwerde *f* trud, F mordęga; *Med.* dolegliwość *f*; (*Klage*) zażalenie, skarga; **⌐n machen** *od.* verursachen dolegać, dokuczać; **⌐ausschuß** *m* komisja skarg i zażaleń; **⌐buch** *n* księga zażaleń; **⌐führer** *m* wnoszący zażalenie.

be'schwer|en (-) obciążać ⟨-żyć⟩ (*a. fig.*); *sich* **⌐en** użalać ⟨-lić⟩ się, skarżyć się, uskarżać się (*über A*/na *A*); **⌐lich** uciążliwy (-wie).

be'|schwichtigen (-) uspokajać ⟨-koić⟩; **⌐'schwindeln** F (-) okpi(wa)ć, oszwabi(a)ć (*belügen*) okłam(yw)ać; **⌐'schwingt** *fig.* pełen werwy, *präd.* z werwą; *Melodie:* skoczny; **⌐'schwipst** F podochocony, zawiany.

be'schwör|en (-) zaprzysięgać ⟨zaprzysiąc⟩, potwierdzać ⟨-dzić⟩ przysięgą; (*anflehen*) błagać, zaklinać (*a. Schlange*); *Geister:* przy-, wy|woł(yw)ać; *s.* bannen; **ℜung** *f* zaprzysiężenie, potwierdzenie przysięgą; zaklinanie, (*a. Formel*) zaklęcie.

be'seel|en (-) ożywi(a)ć, napawać, natchnąć *pf.;* **⌐t** ożywiony, natchniony.

Be'segelung *f* ożaglowanie.

be'sehen (-) *s.* betrachten; *fig.* bei Licht **⌐** w gruncie rzeczy.

be'seitig|en (-) usuwać ⟨-unąć⟩; (*j-n*) ⟨z⟩likwidować, P sprzątnąć *pf.;* **ℜung** *f* usuwanie, usunięcie; likwidacja, P sprzątnięcie.

Besen *m* miotła; F *fig.* sekutnica; **⌐ginster** *m* żarnowiec; **⌐schrank** *m* szafa na przybory do sprzątania; **⌐stiel** *m* kij do miotły.

be'sessen *s.* besitzen; (*von*) opętany, (*nur fig.*) ogarnięty (*I*); **ℜe(r)** *m* opętaniec; **ℜheit** *f* (0) opętanie.

be'setz|en (-) *Kleid:* obszy(wa)ć, ⟨ob⟩lamować (*mit/I*); *Platz:* zaj-

mować ⟨-jąć⟩; *Posten:* obsadzać ⟨-dzić⟩; *Land:* okupować *pf.;* **⌐t** zajęty; okupowany; **ℜt-zeichen** *Fmw.* sygnał zajętości; **ℜung** *f* zajęcie; obsadzenie; okupacja; *konkr* obsada; *Sp. a.* drużyna.

be'sichtig|en (-) oglądać ⟨obejrzeć⟩ zwiedzać ⟨-dzić⟩; (*amtlich*) ⟨z⟩lustrować, dokon(yw)ać przeglądu **ℜung** *f* oględziny *f/pl.;* (*Stadt⌐*) zwiedz|anie, -enie; przegląd, lustracja.

be'sied|eln (-) zasiedlać ⟨-lić⟩, zaludni(a)ć; **ℜ(e)lung** *f* (0) zasiedlenie, zaludnienie; osadnictwo.

be'sieg|eln (-*le;* -) przypieczętować *pf.*(*mit/I*); **⌐en** (-) zwyciężać ⟨-żyć⟩ pokon(yw)ać; *fig.* przezwyciężać ⟨-żyć⟩; **ℜte(r)** zwyciężony, pokonany; **ℜung** *f* (0) zwyciężenie pobicie.   [opiewać (*A*).

be'singen *v/t* śpiewać (o L),

be'sinn|en (-): *sich* **⌐en** namyślać ⟨-lić⟩ się, zastanawiać ⟨-nowić⟩ się opamięt(yw)ać się; *sich anders* (*od* e-s *anderen*) **⌐en** rozmyślić się zmienić zdanie; *sich* **⌐en auf** (*A*) przypominać ⟨-mnieć⟩ sobie (*A*) (*bewußt werden*) uświadamiać ⟨-domić⟩ sobie (*A*); **⌐lich** *s. beschaulich;* **ℜung** *f* (0) namysł, zastanowienie; *s. Bewußtsein;* zur **ℜung** kommen oprzytomnieć.

be'sinnungslos nieprzytomny; **ℜigkeit** *f* (0) nieprzytomność *f.*

Be'sitz *m* (-*es;* 0) posiadanie; (*pl.* -*e* posiadłość *f; in* **⌐** nehmen obejmować ⟨objąć⟩ w posiadanie; **⌐** nehmen *od.* ergreifen (*von*) brać ⟨wziąć⟩ w posiadanie (*A*); *fig.* o-za|władnąć (*I*); *in den* **⌐** gelangen *od.* kommen wchodzić ⟨wejść⟩ w posiadanie (*von/G*); *im* **⌐** *sein* by w posiadaniu (*von/G*); **⌐anspruc** *m* roszczenie (majątkowe); **ℜanzeigend** *Gr.* dzierżawczy; **ℜen** (-) posiadać, mieć; **⌐er** *m* posiadacz właściciel; **⌐ergreifung** *f* objęcie w posiadanie; **⌐erin** *f* posiadaczka właścicielka; **ℜlos** nic nie posiadający; bez majątku; **⌐nahme** *f* (0) wzięcie w posiadanie; **⌐recht** *f* prawo posiadania; **⌐tum** *n* (-*s;* «*er*» majątek; posiadłość *f; pl.* (*Land⌐ güter*) *a.* = **⌐ungen** *f/pl.* dobra *n/pl.,* włości *f/pl.*

be'soffen P w-, za|lany, urżnięty.

be'sohlen (-) ⟨pod⟩zelować.

Be'soldung f pobory m/pl., uposażenie; Mil. żołd; **~s·gruppe** f grupa
uposażeń.

be'sonder|- szczególny; specjalny;
s. außergewöhnlich; im ~en w szczególności; et. (nichts) ~es coś (nic)
szczególnego; **2heit** f szczególność
f, specyfika; niezwykłość f; osobliwość f; **~s** oddzielnie, osobno;
(vor allem) szczególnie, zwłaszcza,
F nicht ~s nie bardzo, nieszczególny.

be'sonnen s. besinnen; rozważny,
rozsądny; **2heit** f (0) rozwaga, rozsądek.

be'sorg|en (-) v/t doglądać ⟨-dnąć⟩
(G), ⟨za⟩opiekować się (I); Haushalt: ⟨po⟩prowadzić; Brief: na-
da(wa)ć; s. beschaffen[1], erledigen;
F es j-m ~en odpłacić z nadwyżką
(D); **2nis** f (-; -se) obawa, niepokój, **~nis·erregend** budzący
obawy, niepokojący (-co); **2ung** f
załatwienie; **2ungen machen** załat-
wi(a)ć sprawunki.

be'spann|en (-) obciągać ⟨-gnąć⟩,
obi(ja)ć (mit/I); (mit Saiten) naciągać ⟨-gnąć⟩ (A); **2ung** f poszycie,
obicie.

be'spielen (-) Platte: nagr(yw)ać.

be'spitzel|n F (-le; -) szpiegować,
śledzić; **2ung** F f szpiegowanie,
śledzenie.

be'spötteln (-) pokpiwa(ć) (A/z G).

be'sprech|en (-) omawiać ⟨omó-
wić⟩; Buch a.: ⟨z⟩recenzować;
Band: nagr(yw)ać (na A); Krankheit: zamawiać ⟨-mówić⟩; **2ung** f
omówienie; recenzja; odprawa,
konferencja.

be'|sprengen (-) ⟨po⟩kropić, skra-
piać ⟨-ropić⟩; a. = **~'spritzen** (-)
oprysk(iw)ać; obryzg(iw)ać (mit
Dreck błotem); **~'spucken** V (-)
opl(u)wać.

besser Adj. lepszy; Adv. lepiej; ~
will ich ... als ... wolę ... niż ...; es
geht ihm ~ polepszyło mu się; et.
~es coś lepszego; **~gestellt** dobrze
sytuowany; **~n** (-re) po-, u|lepszać
⟨-szyć⟩, poprawi(a)ć (sich się);
2ung f poprawa; gute **2ung!** życzę
szybkiego wyzdrowienia!; **2ungs-
anstalt** f zakład poprawczy; **2wis-
ser** m mędrek, mądrala f/m.

best|- Adj. najlepszy; Adv. (a. am
~en) najlepiej; aufs ~e jak najlepiej;
et. zum ~en geben Lied: ⟨od⟩śpie-
wać; Gedicht: ⟨wy⟩recytować;

Witz usw.: opowiadać ⟨-iedzieć⟩;
j-n zum ~en haben pokpi(wa)ć z (G);
der erste ~e pierwszy lepszy, byle
kto od. jaki.

be'stall|en (-) ⟨za⟩mianować (als/
I); **2ung** f (za)mianowanie; a. =
2ungs·urkunde f nominacja.

be'stand s. bestehen.

Be'stand m (-es; ⁰) trwałość f; istnienie; (pl. ⁰e) stan; zasób; Hdl. a.
remanent; (Tier2) pogłowie; von ~
sein, ~ haben być trwałym, (długo)
istnieć od. pokutować; **2en** s. bestehen.

be'ständig trwały (-le), stały (-le),
wytrzymały (gegen A/na A); s. an-
dauernd; **2keit** f (0) trwałość f, stałość f; wytrzymałość f.

Be'stand|s·aufnahme f inwentary-
zacja; Hdl. sporządzanie remanentu; konkr. spis z natury; remanent;
~teil m część składowa; składnik.

Best·arbeiter m przodownik pracy.

be'stärken (-) upewni(a)ć, utwier-
dzać ⟨-dzić⟩ (in D/w L).

be'stätig|en (-) potwierdzać ⟨-dzić⟩
(sich się); Urteil, Wahl usw.: za-
twierdzać ⟨-dzić⟩; sich ~en a. sprawdzać ⟨-dzić⟩ się; **2ung** f potwierdzenie; zatwierdzenie; **2ungs-** po-
twierdzający; zatwierdzający.

be'statt|en (-e-; -) s. beerdigen;
2ungskosten pl. koszty m/pl. po-
grzebu.   [f opyl|anie, -enie.]

be'stäub|en (-) opylać ⟨-lić⟩; **2ung**

be'staunen (-) podziwiać.

Beste n dobro; najlepsze; zum ~n
na rzecz (G); zu deinem ~n dla
twego dobra; ich tue mein ~s czynię
co mogę; s. best-.

be'stech|en (-) przekupywać ⟨-pić⟩;
fig. urzekać ⟨-ec⟩ (durch/I); sich
~en lassen dać się przekupić, wziąć
łapówkę; **~end** (glänzend) świetny;
(gewinnend) urzekający (-co), ujmujący (-co); **~lich** przekupny, sprzedajny; **2ung** f przekupienie, prze-
kupstwo; (passive) łapownictwo;
2ungs·affäre f afera łapownicza;
2ungsgeld n łapówka.

Be'steck n (-es; -e) (Eßβ2) nóż, widelec i łyżka, pl. a. sztućce m/pl.;
Med. komplet narzędzi chirurgicz-
nych; Mar. położenie (geografiom
ne) statku.

be'stehen (-) v/t Prüfung: zdać pf.;
Krankheit, Probe: przejść pf.;
Kampf: stoczyć pf.; v/i istnieć, eg-

zystować; (fort~) ⟨po⟩trwać; utrzymywać się; składać się (aus/z G); polegać (in D/na L); obstawać, upierać ⟨uprzeć⟩ się (auf D/przy L); s. fordern; vor e-r Kritik nicht ~ können nie wytrzymywać krytyki; es besteht kein Zweifel nie ma żadnej wątpliwości.

Be'stehen n (-s; 0) zdanie, złożenie; przejście; istnienie, egzystencja; trwanie; s. bestehen; **℔bleiben** pozost(aw)ać, utrzym(yw)ać się; **℔d** istniejący.

be'stehlen (-) okradać ⟨-raść⟩.

be'steig|en (-) wstępować ⟨-tąpić⟩ (den Thron na tron); dosiadać ⟨-iąść⟩ (ein Pferd konia); wsiadać ⟨-iąść⟩ (ein Schiff na statek); wspinać ⟨-iąść⟩ się, wchodzić ⟨wejść⟩ (e-n Berg na górę); **℔ung** f (G) wstąpienie (na A); wejście (na A).

Be'stell|datum n data zamówienia; **℔en** (-) zamawiać ⟨-mówić⟩; Zeitung: ⟨za⟩abonować; Grüße: przekaz(yw)ać; Nachfolger: wyznaczać ⟨-czyć⟩, ⟨za⟩mianować (im)pf.; Feld: uprawi(a)ć; das Aufgebot ℔en da(wa)ć na zapowiedzi; j-n zu sich ℔en wzywać ⟨wezwać⟩ k-o; F es gibt für mich hier nichts mehr zu ℔en nie mam tu nic więcej do czynienia; fig. wie bestellt jak na zamówienie; es ist gut (schlecht) bestellt mit (D) dobrze (źle, F kiepsko) z (I); **~er** m zamawiający m; **~schein** m zamówienie (pisemne, na piśmie), **~ung** f zamówienie; ⟨za⟩mianowanie; przekazanie; Agr. uprawa.

besten|falls w najlepszym razie; **~s** (jak) najlepiej, bardzo dobrze; danke ~s! dziękuję bardzo!

be'steuer|n (-) opodatkow(yw)ać; **℔ung** f opodatkowanie.

besti|'alisch bestialski (-ko); **℔ali'tät** f bestialstwo; **℔e** ['bestĭə] f bestia.

be'stimm|en v/t ustalać ⟨-lić⟩, o-, wy|znaczać ⟨-czyć⟩; przeznaczać ⟨-czyć⟩ (zu, für/na A, dla G); (ermitteln) określać ⟨-lić⟩; ⟨z⟩definiować; (verfügen) zarządzać ⟨-dzić⟩; ⟨z⟩decydować (A/o L); v/i ⟨za⟩decydować (über A/o L); **~t** pewny; określony; Ton: stanowczy (-czo); (ein gewisser) niektóry; Adv. a. na pewno; **℔theit** f (0) pewność f; stanowczość f; **℔ung** f ustalenie, o-, wy|znaczenie; przeznaczenie (a.

Berufung, Los, Ziel); określenie; s. Verordnung, Vorschrift; adverbiale **℔ung** okolicznik; **℔ungs-ort** m miejsce przeznaczenia; vgl. Ziel-.

Best|leistung f rekord (Sp. persönliche życiowy); **℔möglich** (0) możliwie jak najlepszy (-piej).

be|'stochen s. bestechen; **~'stohlen** s. bestehlen.

be'straf|en (-) ⟨u⟩karać (mit/I); **℔ung** f ukaranie; zur ℔ung za karę.

be'strahl|en (-) oświecać ⟨-cić⟩; Med., Phys. naświetlać ⟨-lić⟩, napromieni(a)ć; **℔ung** f naświet|lanie, -lenie, napromieniowanie.

Be'streb|en n (-s; 0) pragnienie, dążność f; **℔t:** ℔t sein starać się, usiłować (zu/Inf.); **~ungen** f/pl. starania n/pl., usiłowania n/pl., dążności f/pl.

be'strei|chen (-) ⟨po⟩smarować (mit/I); powlekać ⟨-lec⟩ (mit Farbe farbą); s. einreiben; Mil. ostrzeliwać; **~ken** (-) zastosow(yw)ać strajk (A/wobec G); **~kt** objęty strajkiem.

be'streit|en (-) v/t (in Frage stellen) ⟨za⟩kwestionować; (leugnen) negować (A), zaprzeczać ⟨-czyć⟩ (D); Recht usw.: odmawiać ⟨-mówić⟩ (G); Ausgaben: pokry(wa)ć, opłacać ⟨-cić⟩; Programm: wypełni(a)ć; Unterhaltung **~en** bawić towarzystwo; Sp. Spiel, Kampf **~en** brać udział w zawodach.

be|'streuen posyp(yw)ać (mit/I); **~'stücken** (-) uzbrajać ⟨-roić⟩, wyposażać ⟨-żyć⟩ (mit/w A); **~'stürmen** (-) fig. bombardować, zasyp(yw)ać (mit/I).

be'stürz|t skonsternowany, zdetonowany; (über A) oszołomiony (I); s. erschrocken; **℔ung** f (0) konsternacja; oszołomienie.

Bestzeit f rekordowy czas.

Be'such m (-es; -e) odwiedziny pl. (in D/w L), odwiedzenie (bei/G); wizyta; (regelmäßig) uczęszczanie (do G, na A); (im Gefängnis) widzenie; s. Besichtigung; Pers. gość m, goście m/pl.; auf, zu ~ kommen przychodzić ⟨przyjść⟩ (od. przyjeżdżać ⟨-jechać⟩) w odwiedziny od. w gościnę; zu ~ sein gościć, bawić być w gościnie (bei/u G); **℔en** (-) odwiedzać ⟨-dzić⟩; Stadt: zwiedzać ⟨-dzić⟩; Schule, Kino usw.: chodzić, uczęszczać (A/do G); häufig ℔en bywać (A/w L, u G); **~er** m gość m;

odwiedzający *m*; zwiedzający *m*; **~erzahl** *f* liczba zwiedzających, frekwencja.

Be'suchs|erlaubnis *f* zezwolenie na odwiedzenie *od.* widzenie; **~tag** *m* dzień odwiedzin *od.* widzenia; **~zeit** *f* czas odwiedzin *od.* widzenia.

be'sudeln (-) ⟨s⟩plamić, ⟨s⟩kalać (*a. fig.*).

be'tagt *s.* bejahrt.

be'tasten (-) obmac(yw)ać.

be'tätig|en (-) uruchamiać ⟨~cho-mić⟩, wprawi(a)ć w ruch; *Taste:* naciskać ⟨-snąć⟩; *sich ~en s. sich beschäftigen; sich ~en als* działać, występować jako (*N*); **2ungsfeld** *n* pole działania.

be'tatschen P (-) *dial.* obmac(yw-w)ać, obłapi(a)ć.

be'täub|en (-) ogłuszać ⟨-szyć⟩, oszałamiać ⟨oszołomić⟩; *Schmerz, Gewissen:* zagłuszać ⟨-szyć⟩; *Med.* usypiać ⟨uśpić⟩, (*mst örtlich*) znie-czulać ⟨-lić⟩; **2ung** *f* ogłuszenie, oszołomienie; *Med.* narkoza, uśpie-nie; znieczulenie; **2ungsmittel** *n* środek odurzający *od.* znieczulający.

Be'tbruder *m* świętoszek, nabożniś *m*.

Bete *f* (0) boćwina; *rote ~ s.* Rübe.

be'teilig|en (-) przyzn(aw)ać (*od.* zapewniać ⟨-nić⟩) udział (*j-n an D/k-u w L*); *sich ~en* brać ⟨wziąć⟩ *od. Hdl.* mieć) udział, uczestniczyć (*an D/w L*); **2ung** *f* udział (*a. Hdl.*), uczestnictwo.

beten (-*e*-) *v/i* ⟨po⟩modlić się; *v/t* odmawiać ⟨-mówić⟩.

be'teuer|n (-*re*-) *v/t* (uporczywie) zwierdzić (że), zapewniać (o *L*); **2ung** *f* (*oft pl.*) (uroczyste) zapew-nienie.

be'titeln (-*le*-) ⟨za⟩tytułować; zaopatrywać ⟨-trzyć⟩ w tytuł.

Beton [-'tɔŋ-/-'tɔːn] *m* (-*s*; -*s/-e*) be-on; **~arbeiter** *m* betoniarz; **~bau** *m* (-*s*; -*bauten*) budowla z betonu *od.* betonowa.

be'tonen (-) ⟨za⟩akcentować; *fig. a.* kłaść ⟨położyć⟩ nacisk (*A/na A*); podkreślać ⟨-lić⟩.

eto'nieren (-) ⟨wy-, za⟩betonować.

be'tonmisch|er *m*, **~maschine** *f* betoniarka.   [cisk.]

be'tonung *f* akcent, przycisk; na-|

be'tonwerk *n* betoniarnia.

be'tören (-) oczarow(yw)ać,   F ⟨z⟩bałamucić; *vgl.* berücken.

Be'tracht *m*: (*nicht*) *in ~ kommen* (nie) wchodzić w rachubę (*als/jako*); *in ~ ziehen* brać pod rozwagę; *außer ~ lassen* nie brać ⟨wziąć⟩ pod uwagę; **2en** (-) *v/t* oglądać ⟨obej-rzeć⟩ (*A*), przyglądać się (*D*), przypatrywać się (*D*); *sich im Spie-gel ~en* przeglądać ⟨przejrzeć⟩ się w lustrze; *fig.* ⟨po⟩patrzeć, zapa-trywać się (na *A*); uważać (*als/za A*; *sich* się); **~er** *m* obserwator.

be'trächtlich znaczny, pokaźny.

Be'trachtung *f* oglądanie, przyglą-danie się, obserwacja; *fig.* rozważa-nie, rozmyślanie (*über A/o L*, na temat *G*).

Be'trag *m* (-*es*; ¨*e*) suma, kwota; *im ~(e) von* ... w kwocie (na sumę, w wysokości) ...; **2en** (-) *v/t* wyno-sić ⟨-nieść⟩ (*A*), opiewać (na *A*); *sich* **2en** sprawować się, zacho-w(yw)ać się; **~en** *n* (-*s*; *0*) sprawo-wanie; zachowanie się.

be|'trauen (-) powierzać ⟨-rzyć⟩ (*j-n mit/k-u A*); **~'trauern** (-) opłakiwać.

be'treff: *in ~ s.* betreffs; **~en** (-) *v/t* dotyczyć (*G*); odnosić się (do *G*); (*widerfahren*) spot(y)kać, nawiedzać ⟨-dzić⟩ (*A*); *was ... betrifft* co się tyczy (*G*), jeżeli chodzi (o *A*); **~end** dotyczący (*G*); **2ende** *m od. f* (-*n*) osoba zainteresowana *od.* wymie-niona; *pl. a.* strony zainteresowane; **~s** w sprawie, odnośnie do (*G*).

be'treiben (-) *v/t* Gewerbe, *Sport:* uprawiać (*A*); zajmować (*od.* trud-nić) się (*I*); *s. a.* führen, (*an-, vor-an*)*treiben; auf j-s 2* dzięki zabie-gom (*G*), za sprawą (*G*).

be'treten[1] (-) *v/t* wchodzić ⟨wejść⟩ (do *G*); wychodzić ⟨wyjść⟩ (na *A*); wstępować ⟨wstąpić⟩, wkraczać ⟨-roczyć⟩ (na *A*; *a. fig.*); *Schwelle:* przestępować ⟨-tąpić⟩; *2 des Rasens verboten* nie deptać trawników.

be'treten[2] *Adjp.* speszony, zakłopo-tany; *Schweigen:* przykry (-*ro*); *Advp. z* zakłopotaniem; **2heit** *f* (*0*) zakłopotanie.

be'treu|en (-) *v/t* ⟨za⟩opiekować się (*I*); *Kranke usw.:* pielęgnować (*A*); **2er(in** *f*) *m* opiekun(ka); *Sp. a.* trener(ha), (*Boxen*) sekundant; **2ung** *f* (*0*) opieka.

Be'trieb *m* (-*es*; -*e*) zakład (pracy), przedsiębiorstwo; (*0*) ruch; eksplo-atacja; *in ~ sein* być czynnym (*od.*

w ruchu, F na chodzie), działać; *in ~ setzen* wprawi(a)ć *(od.* puścić) w ruch, uruchamiać ⟨-chomić⟩; *a.* = *in ~ nehmen* odda(wa)ć do eksploatacji *od.* do użytku; **2lich** zakładowy.

be'triebsam aktywny; obrotny.

Be'triebs|angehörige(r) *m/f* członek załogi, pracowni|k (-ca) zakładu; **2bereit** gotowy do użytku *od.* do pracy; **2eigen** (przy)zakładowy; **~ferien** *pl.* urlop zbiorowy; **~fest** *n* zabawa zakładowa; **~fonds** *m* fundusz zakładowy; **~kapital** *n* kapitał zakładowy; **~klima** *n* atmosfera w zakładzie pracy; **~kosten** *pl.* koszty *m/pl.* eksploatacyjne; **~leiter** *m* kierownik zakładu; szef produkcji; **~leitung** *f* zarządzanie przedsiębiorstwem; kierownictwo zakładu; **~mittel** *n/pl.* środki *m/pl.* obrotowe; **~organisation** *f* organizacja przedsiębiorstwa przemysłowego; **~rat** *m* (*-es;* *~e*) rada zakładowa; *Pers.* członek rady zakładowej; **2sicher** niezawodny w działaniu *od.* w użyciu; pracujący bez zakłóceń; **~sicherheit** *f* pewność *f* działania; *Esb.* bezpieczeństwo ruchu; **~stockung** *f* zakłócenie (*od.* zaburzenie) w procesie produkcyjnym *od.* w ruchu; **~stoff** *m* paliwo; **~störung** *f* awaria; przerwa w ruchu; **~unfall** *m* wypadek przy pracy; **~verfassung** *f* zbiór postanowień określających wzajemne prawa i obowiązki rady zakładowej i kierownictwa zakładu; **~versammlung** *f* zebranie załogi; **~vorschrift** *f* instrukcja obsługi; **~wirtschaft(s-lehre)** *f* ekonomika i organizacja przedsiębiorstwa; **~zelle** *f* zakładowa organizacja partyjna.

be'trinken (-): *sich ~* upi(ja)ć się.

be'troffen *s. bestürzt, betreten;* dotknięty (*von/I*).

be'trüb|en (-) zasmucać ⟨-cić⟩, ⟨z⟩martwić; *ich* smutny; **~t** zasmucony, zmartwiony.

Be'trug *m* (*-es; 0)* oszustwo.

be'trüg|en (-) oszuk(iw)ać (*bei/na L*), okpi(wa)ć (*a. um/na A*), P ⟨wy⟩kantować; *Ehepartner:* zdradzać ⟨-dzić⟩; **2er** *m* oszust, P naciągacz, P kanciarz; *KSp.* szuler; **2erei** [-'raɪ] *f* oszukaństwo, P machlojka, kant; **2erin** *f* oszustka; **~erisch** oszukańczy (-czo).

be'trunken pijany, upity.

Bett *n* (*-es; -en)* łóżko; (*Prunk*2) łoże (*a. Tech.)*; *s.* Bettzeug; *zu ~ bringen* układać ⟨ułożyć⟩ do snu; *ins* (*od. zu) ~ gehen* iść ⟨pójść⟩ *od.* kłaść ⟨położyć⟩ się do łóżka; **~bezug** *m* poszwa na pierzynę; **~couch** *f* wersalka; **~decke** *f* kołdra; (*Zier*2) narzuta.

bettel|arm F goły (jak święty turecki), bieda z nędzą; **2brief** *m* list z prośbą o wsparcie; **2ei** [-'laɪ] *f* żebranina; *fig.* dopraszanie się, molestowanie; **~n** (*-le*) żebrać; (*um A:* dopraszać się (*G*), molestować (*o A*); **2n** *n* (*-s; 0)* żebranie, P żebry *pl.*; **2orden** *m* zakon żebrzący; **2stab** *m: an den* **2stab** *bringen* puszczać ⟨puścić⟩ z torbami.

betten (*-e-*) kłaść ⟨położyć⟩; *Kopf Tote:* składać ⟨złożyć⟩; *s.* Rose; **2haus** *n* pawilon chorych; **2machen** *n* (*0)* ścielenie łóżek.

bett|lägerig obłożnie chory; **2laken** *n* prześcieradło.

Bettler(in *f) m* żebra|k (-czka).

Bett|nässen *n* (*-s; 0)* moczenie bez wiedne; **~nässer** *m* dziecko moczące się podczas snu, P szczo|ch ⟨-szka⟩; **~ruhe** *f* przebywani w łóżku; **~stelle** *f* łóżko; **~umrandung** *f* chodnik wokół łóżka.

Bettung *f Esb.* podsypka.

Bett|vorleger *m* dywanik przełóżkiem; **~wäsche** *f* bielizna po ścielowa; **~zeug** *n* pościel *f*.

be'tulich zapobiegliwy (-wie); marudny.

be'tupfen (-) (lekko) dotyka ⟨-tknąć⟩ (*A/G*; *mit/I*); *mit Jod* ⟨za⟩jodynować; *vgl. abtupfen*.

be'tütert F *dial. s. beschwipst.*

Beug|e *f s.* Arm-, Knie-, Kumpfbeuge **~e-haft** *f* areszt w celu zmuszeni do zeznań; **2en** *u-* (*a. fig., Phys. z*|ginać ⟨-giąć⟩ (*sich* się); na-, po-s|chylać ⟨-lić⟩ (*sich*; *über A/na I*); *Recht:* naginać ⟨-giąć⟩; *Hoch mut:* poskramiać ⟨-romić⟩; *Gr. od* mieni(a)ć; *sich* **2en** *fig. a.* pod da(wa)ć się (*D*); **~ung** *f* zgięcie nagięcie; *Gr.* odmiana; *Phys.* d frakcja.

Beule *f* guz; F (*Delle)* wybrzuszenie **~n-pest** *f* dżuma dymienicza.

be'unruhig|en (-) ⟨za⟩niepoko (*sich* się); *über A/I*; *wegen/z* powodu *G*); **2ung** *f* zaniepokojenie.

be'urkunden (-e-; -) udokumentować *pf.*; *s.* beglaubigen.

be'urlauben (-) udzielać ⟨-lić⟩ urlopu (*A/D*); zwalniać ⟨zwolnić⟩ (*für e-e Stunde* na godzinę); *Parl.* rozpuszczać ⟨-uścić⟩; (*v. Amt*) zawieszać ⟨-esić⟩ w czynnościach; *sich ~ lassen* brać ⟨wziąć⟩ urlop; zwalniać ⟨zwolnić⟩ się.

be'urteil|en (-) oceni(a)ć, osądzać ⟨-dzić⟩; ℚung *f* ocena, kwalifikacja; opiniowanie; *Sp. a.* sędziowanie; *konkr. a.* opinia.

Beute *f* (0) zdobycz (*a. Zo.*), łup (*a. fig.*); *fig. a.* pastwa; *~ in Zssgn* od zdobyczny; ~fang *m* żer.

Beutel *m* torba (*a. Zo.*), *dim.* torebka; ~meise *f* remiz; ℚn (-le) *s.* schütteln; *Mehl:* pytlować; F (*Falten werfen; a. sich*) marszczyć się; ~tier *n* torbacz.

Beute·zug *m* wyprawa łupieska.

Be'völker|n (-re-; -) zaludni(a)ć; ℚung *f* (0) ludność *f*.

Be'völkerungs|dichte *f* gęstość *f* zaludnienia; ~politik *f* polityka ludnościowa; ~zahl *f* liczba mieszkańców, stan zaludnienia; ~zunahme *f* wzrost (*od.* przyrost) zaludnienia.

be'vollmächtig|en (-) upoważni(a)ć, upełnomocnić *pf.* (*zu/do G*); ℚte(r) *m/f* pełnomocni|k (-czka).

be'vor *Kj.* (za)nim; *nicht ~ ...* nie wcześniej aż ...; F *~ ich es vergesse* żebym nie zapomniał.

be'vormund|en (-e-; -) *v/t fig.* trzymać pod kuratelą, wodzić na pasku (*A*), kierować (*I*); ℚung *f* (0) stała (przesadna) opieka, kuratela.

be'vorrechtigt uprzywilejowany; *Straße:* posiadający pierwszeństwo przejazdu.

be'vorstehen: *ein ... Fest steht bevor* zbliża się ... święto; *der Winter steht bevor* nadchodzi zima, zima już za pasem; *ein Krieg steht bevor* zanosi się na wojnę; *ihm stand die glänzende Laufbahn bevor* oczekiwała go świetna kariera; ~d zbliżający się, nadchodzący; *Gefahr:* grożący; (*erwartet*) oczekiwany.

be'vorzug|en (-) *v/t* faworyzować, wyróżniać (*A*); da(wa)ć pierwszeństwo (*D*), woleć (*A*); ~t faworyzowany; uprzywilejowany; *Adv. a.* w pierwszej kolejności; ℚung *f* faworyzowanie, wyróżnianie.

be'wach|en (-) strzec, pilnować (*A/G*); *Sp.* obstawi(a)ć; ℚer *m* strażnik, konwojent.

be'wachsen: *~ mit* po-, za|rośnięty (*I*).

Be'wachung *f* strzeżenie, ochrona; *s. Wache; unter ~* pod konwojem; *unter ~ stellen* odda(wa)ć pod straż.

be'waffn|en (-e-; -) uzbrajać ⟨-roić⟩ (*sich* się; *mit/w A*); ~et uzbrojony, zbrojny; ℚung *f* (0) uzbrojenie; (*Waffen*) broń *f*.

be'wahr|en (-) zachow(yw)ać; uchować *pf.*, uchronić *pf.* (*vor D/*przed *I*); (*Gott*) *~e!* uchowaj Boże!

be'währen: *v/t: sich ~* okaz(yw)ać się dobrym (*als Lehrer* nauczycielem), nie zawodzić ⟨zawieść⟩ (*auf diesem Posten* na tym stanowisku); wytrzym(yw)ać próbę; *sich nicht ~* zawodzić ⟨zawieść⟩, nie spełnić nadziei, oczekiwania *usw.*

be'wahrheiten (-e-; -): *sich ~* sprawdzać ⟨-dzić⟩ się.

be|'währt *Pers.* doświadczony, wytrawny; *Sache:* niezawodny, wypróbowany; ℚ'wahrung *f* (0) zachowanie; uchronienie.

Be'währung *f* (0) wykazanie (się), udowodnienie, wypróbowanie; *Jur. e-e Strafe zur ~ aussetzen* zwalniać ⟨zwolnić⟩ warunkowo; *ohne ~* bez zawieszenia.

Be'währungs|frist *f Jur.:* (*ein Jahr*) ~frist z zawieszeniem kary (na rok); ~helfer *m* opiekun sądowy; ~probe *f* próba ogniowa; (*e-r Maschine usw.*) próba sprawności.

be'waldet lesisty, pokryty lasem.

be'wältigen (-) *v/t* pokon(yw)ać (*A*); (*schaffen*) podołać *pf.* (*D*), uporać się *pf.* (z *I*).

be'wandert: *~ sein* (*in D*) być obeznanym (z *I*), znać się (na *L*).

Be'wandtnis *f* (0): *mit ... hat es folgende ~* ... przedstawia się następująco; *mit ... hat es e-e eigene ~* ... ma jeszcze inny aspekt.

be'warb *s.* bewerben.

be'wässer|n (-) nawadniać, nawodni(a)ć; ℚung *f* nawadnianie, irygacja; ℚungs- nawadniający, irygacyjny.

be'weg|en¹ (-) *v/t* ⟨po⟩ruszać, ruszyć *pf.* (*I*); (*a. fig.*) poruszać ⟨-szyć⟩ (*A; von d. Stelle* z miejsca); *fig.* (*rühren*) wzruszać ⟨-szyć⟩ (*A*); (*beschäftigen*) nurtować; *sich ~en* ⟨po-⟩

ruszać się; (*verkehren, kreisen, fig.*) obracać się; *s. a.* schwanken; **~en²** (*L.*) na-, s|kłaniać ⟨-łonić⟩ (*j-n zu/* k-o do *G*); **~end** wzruszający (-co); **Ձgrund** *m* motyw, pobudka; **~lich** ruchomy (-mo); przewoźny; (*a. fig.*) ruchliwy (-wie); *Mil. a.* lotny; *s.* lebhaft; **Ձlichkeit** *f* (0) ruchliwość *f*; możliwość *f* przemieszczania (się); **~t** *Meer:* wzburzony; *Pers.* wzruszony; *Leben, Zeiten:* niespokojny, burzliwy (-wie).

Be'wegung *f* ruch (*a. Pol.*); (*Unruhe*) poruszenie; *Mil.* manewr; *s.* Ergriffenheit; *sich in* ~ *setzen* ruszyć (z miejsca); *sich* ~ *verschaffen* używać ruchu; *vgl.* Betrieb, Hebel.

Be'wegungs|freiheit *f* (0) swoboda poruszania się *od.* (*mst fig.*) ruchów, działania; **Ձlos** nieruchomy (-mo); **Ձunfähig** niezdolny do ruchu; unieruchomiony; (*nur Pers.*) bezwładny.

Be'wehrung *f* Arch. (u)zbrojenie; ~s- zbrojeniowy.

be|'weihräuchern (-) kadzić (*A/D*); **~'weinen** (-) opłakiwać.

Be'weis *m* (-es; -e) dowód (*a. fig.*); *zum* ~ (*G*), *als* ~ *für* (*A*) na (*od.* w) dowód (*G*); *unter* ~ *stellen s.* beweisen; **~aufnahme** *f* postępowanie dowodowe; przewód sądowy; **Ձbar** dający się udowodnić, mogący być udowodnionym; **Ձen** (-) *v/t* udowadniać ⟨-wodnić⟩ (*A*), (*a. zeigen*) dowodzić ⟨dowieść⟩ (*G*, że); *Mut usw.*: da(wa)ć *od.* składać ⟨złożyć⟩ dowody (*G*); **~führung** *f* (0) dowodzenie, argumentacja; **~grund** *m* argument; **~kraft** *f* moc (*od.* wartości) dowodowa, moc przekonywająca; **~mittel** *n/pl.* środki *m/pl.* dowodowe; **~stück** *n* dowód (rzeczowy *Jur.*); *pl. a.* materiał dowodowy.

be'wenden: *es dabei* ~ *lassen* poprzest(aw)ać na tym.

be'werb|en (-): *sich* ~*en um* starać (*od.* ubiegać) się, zabiegać (o *A*) kandydować (do *G*); **Ձer** *m* kandydat; konkurent; ubiegający się (o *A*); **Ձung** *f* ubieganie się; (*Gesuch*) podanie o przyjęcie (do pracy, na uczelnię *usw.*).

be|'werfen ⟨-cić⟩ ⟨-cić⟩; ~'werkstelligen (-) *v/t* dopiąć *pf.* (*G*); postarać się *pf.* (o *A*); ⟨z⟩organizować (*A*).

be'wert|en (-) oceni(a)ć, ⟨o⟩szacować; *Sp.* punktować; **Ձung** *f* ocena (*a. konkr.*), oszacowanie.

Be'wetterung *f* (0) Bgb. przewietrzanie.

be'willig|en (-) przyzn(aw)ać; uchwalać ⟨-lić⟩; **Ձung** *f* przyznanie (*im Parlament*) uchwalenie.

be'wirken (-) ⟨s⟩powodować, wywoł(yw)ać; sprawi(a)ć (*daß/że*).

be'wirt|en (-e-; -) ⟨po⟩częstować podejmować (*mit/I*); **~schaften** (-) prowadzić; *Agr.* gospodarować gospodarzyć (*A/na L*); reglamentować; **Ձschaftung** *f* (0) prowadzenie; gospodarowanie; reglamentacja; **Ձung** *f* (0) przyjęcie; poczęstunek.

be'wog *s.* bewegen².

be'wohn|bar nadający się do zamieszkania, mieszkalny; **~en** (-) *v/t* zamieszkiwać (*A*), mieszkać (w *L*) **Ձer** *m* mieszkaniec; **~t** zamieszkały

be'wölk|en (-) *sich* ~*en* zachmurzać ⟨-rzyć⟩ się; **~t** zachmurzony, pochmurny; **Ձung** *f* zachmurzenie **Ձungs·auflockerung** *f* przejaśnienie.

beworben *s.* bewerben.

Be'wunder|er *m* wielbiciel; **Ձn** (-podziwiać; (*u. verehren*) uwielbiać **Ձnd** pełen podziwu *od.* zachwytu **Ձnswert** godny podziwu; **~ung** podziw; uwielbienie.

be'wußt swiadomy (-mie); *Tag und* wiadomy, o którym mowa; *sich sein* (*G*) zd(aw)ać sobie sprawę *G*); poczuwać się (do *G*); *sich werden* (*G*) uświadamiać ⟨-domić (*od.* uprzytomnić) sobie (*A*); **Ձheit** (0) świadomość *f*; **~los** nieprzytomny; **~los werden** ⟨s⟩tracić przytomność; **Ձlosigkeit** *f* (0) nieprzytomność *f*; **Ձsein** *n* (-s; 0) świadomość (*Klassen*Ձ, *National*Ձ) uświadomienie; (*Ggs. Ohnmacht*) przytomność *f*; (*wieder*) *bei* Ձ*sein sein* odzyskać przytomność.

Be'wußtseins|spaltung *f* (0) rozdwojenie jaźni; **~störung** *f* zaburzenie przytomności; **~trübun** *f* przymglenie świadomości.

Be'wußtwerdung *f* (0) uświadomienie (sobie).

be'zahl|en (-) ⟨za⟩płacić (*für/za A* opłacać ⟨-cić⟩ (*a. fig.*; *mit/I*); *m dem Leben* ~en przypłacić życiem; *sich* ~*t machen* opłacać ⟨-cić⟩ si

ℒung f zapłacenie, zapłata; **gegen ℒung** za opłatą.

be'zähmen (-) poskramiać ⟨-ro-mić⟩, opanow(yw)ać.

be'zauber|n (-) oczarow(yw)ać; **~nd** czarujący (-co).

be'zeichn|en (-) oznaczać ⟨-czyć⟩; (*markieren a.*) ⟨o⟩znakować; (*be-nennen*) określać ⟨-lić⟩ (*als/jako*); *s.* zeigen, kennzeichnen; **~end** zna-mienny, typowy; **ℒung** f oznacze-nie; określenie; *konkr. a.* cecha, znak; (*Name*) nazwa.

be'zeigen (-) okaz(yw)ać.

be'zeug|en (-) poświadczać ⟨-czyć⟩, potwierdzać ⟨-dzić⟩; *s.* bezeigen; **ℒung** f poświadczenie, potwierdze-nie; okazanie.

be'zichtigen (-) (*j-n G*) posądzać ⟨-dzić⟩ (k-o o *A*).

be'zieh|bar zdatny do zamieszkania *od.* do użytku; *s.* bezugsfertig; **~en** (*Möbel*: pokry(wa)ć, obciągać ⟨-gnąć⟩ (*mit/I*); *Wohnung*: wpro-wadzać ⟨-dzić⟩ się (*A/do G*); *Quartier* (*Mil.*), *Stellung*: zajmować ⟨-jąć⟩; *Waren*: otrzymywać, spro-wadzać ⟨-dzić⟩; *Rente, Lohn*: po-bierać; *Zeitung*: ⟨za⟩prenumero-wać; *Universität*: wstępować ⟨wstą-pić⟩ (*A/na A*); F *Dresche*: dost(a-w)ać; *sich ~en* (*auf A*) odnosić ⟨-nieść⟩ się (*do G*); *s.* sich berufen, bewölken; **ℒer** *m* prenumerator.

Be'ziehung f stosunek; F *pl. a.* cho-dy *m/pl.*; *s.* Bezug; *in dieser, jeder ~* pod tym, każdym względem; F *durch ~en* po znajomości; **ℒs·los** bez związku; **ℒs·weise** względnie, albo.   [sić ⟨wynieść⟩.\

be'ziffern (*-re; -*): *sich ~ auf* wyno-**Be'zirk** *m* (*-es; -e*) dzielnica, rejon; *Mil.*, *Pol.* okręg, obwód; **~s-** dziel-nicowy; okręgowy, obwodowy.

be'zirzen F (*-t; -*) ⟨z⟩bałamucić.

be'zogen *s.* beziehen; **ℒe(r)** *Fin.* trasat.

Be'zug *m* (*Möbel*ℒ) pokrycie, obicie; *Hdl.* sprowadzanie, zakup; (*Zei-tungs*ℒ) prenumerata; (*e-r Rente usw.*) pobieranie, otrzymywanie; *nur pl. Bezüge* pobory *m/pl.*; (*0*) związek *auf (A/z I)*; *~ nehmen* po-wol(yw)aó się (na *A*1); *in* ℒ *auf (A*1) *s. bezüglich.*

be'züglich *Gr.* względny; *Prp.* (*G*) odnośnie do, co do, co się tyczy (*G*).

be'zugs|fertig w stanie gotowym do

---

zamieszkania, wykończony; **ℒpreis** *m* prenumerata; cena w prenume-racie; **ℒquelle** f źródło nabycia *od.* zakupu; **ℒschein** *m* talon; **ℒstoff** *m* materiał na obicie.

be'zweck|en (-) mieć na celu; *was ~t er damit?* do czego on zmierza?

be'zweifeln (-) *v/t* powątpiewać (o *L*), podda(wa)ć w wątpliwość (*A*).

be'zwing|en (-) pokon(yw)ać, zmóc *pf.*; *Fluß*: ujarzmi(a)ć; *Gipfel*: zdo-by(wa)ć; *Zorn*: pohamować *pf.*; *sich ~en* przemóc się *pf.*; **ℒer** *m* zdo-bywca *m*; **ℒung** f (*0*) pokonanie; ujarzmienie; zdobycie.

bi-, Bi- *in Zssgn* dwu-.

bibbern F trząść się (*vor/z G*).

Bibel f (*-; -n*) biblia; **~forscher** *m* badacz Pisma Świętego; **~vers** *m* werset biblijny.

Biber *m* bóbr; **~burg** f chata bobro-wa; **~kelle** f plusk; **~kolonie** f żere-mie *pl.*; **~schwanz** *m* Arch. (da-chówka) karpiówka.

Bibliogra'phie f bibliografia; **ℒsch** [-'grα:-] bibliograficzny.

Biblio'thek f biblioteka; **~ar** [-'kα:ʀ] *m* (*-s; -e*) bibliotekarz; **~s-** *in Zssgn* biblioteczny.

biblisch biblijny.

bieder zacny, zacny; *iron.* poczci-wy (-wie); **ℒmann** *m* (*-s; ℒer*) poczciwiec.

Biege|festigkeit f (*0*) wytrzymałość f na zginanie; **ℒn** (*L.*) zginać ⟨-iąć⟩; (*in d. Höhe, zur Seite*) od-, wy|ginać ⟨-iąć⟩; *sich* ℒn u-, z|ginać ⟨-iąć⟩ się; *v/i* (*sn*) *um die Ecke* ℒn skręcać ⟨-cić⟩ w ulicę (*nach rechts* na prawo); *fig. auf ~n oder Brechen* za wszelką cenę.

biegsam giętki (-ko), gibki (-ko); **ℒkeit** f (*0*) giętkość f, gibkość f.

Biegung f skręt, zakręt.

Bien *n* pszczoła; **~e** f pszczo-ła; F *fig. flotte ~e* fajna (*od.* wdecho-wa) babka.

Bienen|brut f *koll.* czerw; **~fleiß** *m* niezmordowana pilność; **~fresser** *m* żołna; **~gift** *n* jad pszczeli; **~hal-tung** f pasiecznictwo; **~königin** f królowa pszczół; matka; **~schwarm** *m* rój pszczół; **~stich** *m* użądlenie pszczoły; *Kochk.* placek z migdała-mi i miodem; **~stock** *m* ul; **~volk** *n* społeczeństwo pszczół; **~zucht** f pszczelarstwo, hodowla pszczół; **~züchter** *m* hodowca *m* pszczół.

Bier n (-es; -e) piwo; ~bauch F m brzuch jak waliza; ~chen F n piwko; ~deckel m podstawka (pod kuflem); ~flasche f butelka do piwa; ~halle f piwiarnia; ~hefe f drożdże *pl.* piwne; ~kasten m skrzynka z piwem (w butelkach); ~krug m kufel m; ~leiche f pijany m; ~schinken m kiełbasa piwna parzona; ~trinker m piwosz; ~zelt n namiot z wyszynkiem piwa.

Biese f lampas, obszywka; (*Ziersaum*) szlak.

Biest[1] F n (-es; -er) bestia, kanalia (*a. fig.*).

Biest[2] m (-es; 0), ~milch f siara, P młodziwo.

bieten (L.) zaofiarow(yw)ać; *Chance:* da(wa)ć; *Hand:* poda(wa)ć; *Preis:* ⟨za⟩oferować; *sich* (D) *et.* ~ *lassen* pozwalać ⟨-wolić⟩ (na A); *sich* ~ *Chance:* nastręczać ⟨-czyć⟩ (*od.* nadarzać ⟨-rzyć⟩) się, (*a. Anblick*) przedstawi(a)ć się.

Biga|'mie f (0) bigamia; ~'mist m (-en) bigamista m.

bi'gott bigoteryjny.

Bi'lanz f bilans; ~ *in Zssgn* bilansowy; ~buchhalter m księgowy bilansista m.

bilateral dwustronny, bilateralny.

Bilch m (-es; -e) s. Siebenschläfer.

Bild n (-es; -er) obraz (*a. fig., Thea.*); (*v. Pers. a.*) wizerunek; ilustracja; fotografia; s. Anblick, Vorstellung; *im* ~e *sein* być zorientowanym (*über* A/w L); *sich* (D) *ein* ~ *machen* (von) zorientować się (w L), wyrabiać ⟨-robić⟩ sobie zdanie (o L); ~aufzeichnung f zapis obrazu (na taśmę magnetofonową); ~auswertung f odczytywanie zdjęć lotniczych; ~band m fotozestaw; ~beilage f dodatek ilustrowany; ~bericht m fotoreportaż.

bilden (-e-) ⟨u⟩tworzyć (*sich* się); ⟨u⟩formować; (*sein*) stanowić (A), być (I); (*hervorbringen*) wytwarzać ⟨-worzyć⟩ (*sich* się); (*entwickeln, ausbilden*) wykształcać ⟨-cić⟩, kształcić (*sich* się); *sich* (D) ~ *Meinung usw.*: wyrabiać ⟨-robić⟩ sobie; ~d kształtujący (-co); *Kunst:* plastyczny.

Bilder|buch n książka z obrazkami; ~galerie f galeria obrazów; ~rätsel n rebus; ~schrift f pismo obrazkowe; ~stürmer m obrazoburca m.

Bildfläche f tło (*od.* powierzchnia) obrazu; F *fig. auf der* ~ *erscheinen* po-, z|jawi(a)ć się; *von der* ~ *verschwinden* znikać ⟨-knąć⟩ (z widowni).

Bild|funk m radiofototelegrafia, telefotografia; 2haft obrazowy (-wo), plastyczny; 2hauer m rzeźbiarz; *in Zssgn* rzeźbiarski; 2hauerkunst f (0) rzeźbiarstwo; 2hübsch śliczny, jak malowanie; 2lich s. anschaulich; obrazowy (-wo), przenośny; 2nerisch twórczy (-czo); ~nis n (-ses; -se) s. Bild; ~reportage f fotoreportaż; ~röhre f lampa obrazowa, kineskop; 2sam plastyczny; *Kind:* dający się ⟨wy⟩kształcić, podatny; ~säule f posąg; F *zur* ~säule erstarren osłupieć; ~schärfe f ostrość f obrazu; ~schirm m ekran (telewizora); 2schön s. bildhübsch; ~stock m (-es; *e) kapliczka; ~störung f zakłócenie obrazu; ~telegraphie f (0) fototelegrafia.

Bildung f kształcenie; (*Ergebnis der Erziehung*) wykształcenie; (*Schaffung*) ⟨u⟩tworzenie; (*Entstehung*) tworzenie się; (*Gebilde*) twór, forma.

Bildungs|anstalt f zakład naukowy, uczelnia; ~drang m pęd do nauki; ~hunger m głód wiedzy ~lücke f luka w wykształceniu; ~stand m poziom wykształcenia; ~wesen n (-s; 0) oświata.

Bild|werfer m rzutnik; ~wörterbuch n słownik obrazkowy.

Bilgenwasser n Mar. zęza.

Billard n (-s; -e/-s) bilard; ~kugel f bila; ~stock m kij bilardowy.

billig tani (-nio) (*a. fig.*); (*gerecht*) słuszny; s. recht; ~en ⟨za⟩aprobować, pochwalać; s. genehmigen; 2keit f (0) słuszność f; (e-r *Ware* taniość f; s. Gerechtigkeit; 2ung f aprobata.

Billi'on f bilion.

Bilsenkraut n lulek (czarny).

Bimmel|bahn F f ciuchcia; 2n (-le) ⟨za⟩dzwonić; (*dauernd*) po dzwaniać, pobrzękiwać.

Bimsstein m pumeks.

Binde f opaska; (*Verband*) bandaż (*Armschlinge*) temblak; F e-n hinte die ~ kippen golnąć, łyknąć (jedne go); ~gewebe n Anat. tkanka łącz na; ~glied n ogniwo (łączące); ~haut f Anat. spojówka; ~mittel

materiał wiążący, spoiwo; lepiszcze;
Qn (L.) wiązać (a. fig.; sich się);
s. an-, zu(sammen)binden, fesseln,
gebunden; Buch: oprawi(a)ć; Qnd
wiążący (-co); ~r m krawat; Agr.
snopowiązałka; Arch. wiązar; s.
Bindemittel; ~strich m łącznik; ~
wort n spójnik.

Bind|faden m szpagat, sznurek;
~ung f więź f; pl. a. powiązania
n/pl.; Sp., Chem. wiązanie; Text.
splot; s. Verpflichtung.

binnen Prp. (D u. G) w (prze)ciągu
(G), w okresie (G); ~ kurzem
w krótkim czasie.

Binnen|gewässer n/pl. wody f/pl.
śródlądowe; ~handel m handel
wewnętrzny; ~land n wnętrze (od.
głąb) kraju; ~schiffahrt f żegluga
śródlądowa; ~verkehr m komunikacja wewnętrzna, ruch krajowy;
~wasserstraße f rzeczny szlak
żeglugowy.

Binse f Bot. sit; (Flecht2) sitowie;
oczeret; ~n-wahrheit f truizm.

Bio|che'mie f biochemia; 2'che-
misch biochemiczny; ~gra'phie f
biografia; 2'graphisch biograficz-
ny; ~'loge m (-n) biolog; ~lo'gie f
(0) biologia; 2'logisch biologiczny;
~'top m (-s; -e) biotop.

Birk|e f brzoza; ~enholz n drzewo
brzozowe, brzezina; ~enpilz m (bo-
rowik) kozak, koźlarz babka; ~hahn
m ciecieruk; ~huhn n cietrzew;
(Henne) cieciorka.

bir'manisch s. burmesisch.

Birn|baum m grusza; ~e f gruszka;
F El. żarówka; P (Kopf) łeb, makówka; ~en- grusz(k)owy; 2(en)-
förmig gruszkowaty (-to).

bis Prp. (A) do (G); ~ an, ~ in, F ~
über, ~ zu aż do; ~ auf einen z wyjątkiem (od. prócz) jednego; ~ wohin
dokąd; ~ auf weiteres na razie; aż do
odwołania; s. jetzt, hierher; Kj. aż,
dopóki nie.

bisam m (-s; -s/-e) piżmaki m/pl.;
(0) s. Moschus; ~ratte f piżmak,
szczur piżmowy.

Bischof m (-s; ~e) biskup.

bischöflich biskupi.

bischofs|hut m kapelusz biskupi;
fig. mitra biskupia, ~konferenz f
synod biskupi; ~mütze f mitra
biskupia), infuła; ~stab m pastorał;
~würde f biskupstwo, godność f
biskupa.

bis'her dotąd, dotychczas; ~ig do-
tychczasowy.

Bisku'it n od. m (-es; -s/-e) biszkopt;
(Porzellan) biskwit; ~teig m ciasto
biszkoptowe.

Bismarckhering m śledź marynowany.

biß s. beißen.

Biß m (-sses; -sse) ukąszenie.

bißchen F (a. ein ~) trochę, tro-
sz(ecz)kę, odrobinkę, ociupinkę (G);
mit ein ~ Geduld z odrobiną cierpli-
wości.

Bissen m kęs, kąsek; F e-n ~ essen
przekąsić.

bissig kąśliwy (-wie); fig. uszczypliwy (-wie), kostyczny; ~er Hund zły
pies; 2keit f (0) fig. uszczypliwość
f, kostyczność f.

Bißwunde f rana od ukąszenia.

Bistum n (-s; ~er) biskupstwo, diecezja.

bis'weilen niekiedy, czasami.

Bitt|brief m list z prośbą; ~e f
prośba; 2en (L.) v/t (po)prosić
(um A/o A); v/i wstawi(a)ć się (für
j-n/za I); 2e (sehr) proszę (bardzo);
es wird gebeten uprasza się.

bitter gorzki (-ko) (a. fig.); Wort a.:
cierpki (-ko); Kälte: przejmujący
(-co); Feind: zajadły; Sache: przykry; präd. (verstärkend) bardzo; ~
böse bardzo zły, rozwścieczony; 2-
keit f gorycz f (a. fig.), gorzkość f;
~lich gorzki (-ko); (etwas bitter)
gorzkawy (-wo); 2nis f (-; -se) gorycz f; 2salz n sól gorzka; 2süß n
(-; 0) Bot. psianka słodkogórz; 2-
wasser n gorzka woda.

Bitt|gebet n modlitwa błagalna;
~gottesdienst m nabożeństwo bła-
galne; ~schrift f petycja; ~steller
m petent.

Bi'tumenmasse f zalewa bitu-
miczna.

Biwak n (-s; -s/-e) biwak; ~feuer n
ognisko obozowe; 2ieren [-'ki:-] (-)
biwakować.

bi'zarr dziwny, dziwaczny.

Bizeps m (-; -e) biceps.

Bla'bla F n (-/-s; 0) przelewanie
z pustego w próżne.

blähen v/t na-, wz|dymać (-dąć)
(sich się), v/t Med. działać wzdyma-
jąco; 2sucht f (0) Vet. = 2ung f
Med. wzdęcie; (nur pl.) wiatry m/pl.

blaken Lampe: kopcić.

bla|'mabel kompromitujący (-co);

²mage [-'maːʒə] f kompromitacja, blamaż; ∿'mieren (-) ⟨s⟩kompromitować (sich się); sich ∿mieren a. ⟨z⟩blamować się.

blanchieren [-'ʃiː-] (-) (krótko) obgotow(yw)ać.

blank lśniący (-co), błyszczący (-co); (bloß) goly; ∿e Waffe biała broń; F fig. Lüge: wierutny; s. pur, rein; völlig ∿ wypłukany z pieniędzy.

Blanko|scheck m czek in blanco; ∿vollmacht f pełnomocnictwo zupełne; F wolna ręka.

Bläs·chen n pęcherzyk; bąbelek; ∿ausschlag m Med. opryszczka (wargowa).

Blase f pęcherz; (Luft², Haut² a.) bąbel; F (0) die ganze ∿ cała paczka; ∿balg m miech; ℓn (L.) dmuchać ⟨-chnąć⟩; Wind: dąć; Mus. grać (A/na L); ⟨za⟩trąbić (Alarm na alarm); Glas: wydmuchiwać; s. Trübsal.

blasen|artig bąblasty (-to), pęcherzowaty (-to); ∿förmig w kształcie pęcherza; ℓleiden n choroba pęcherza; ℓstein m kamień pęcherzowy; ℓsteinleiden n kamica pęcherzowa; ℓtang m morszczyn pęcherzykowaty; ℓwurm m Vet. bąblowiec.

Bläser m Mus. trębacz; pl. koll. instrumenty m/pl. dęte.

bla'siert zblazowany.

blasig pokryty (od. usypany) pęcherzami; s. blasenartig.

Blas|instrument n instrument dęty; ∿kapelle f, ∿musik f orkiestra dęta.

Blasphe|'mie f bluźnierstwo; ℓmisch [-'feː-] bluźnierczy (-czo).

Blasrohr n (Waffe) dmuchawa.

blaß (-sser; -ssest-/∿sser; ∿ssest-) blady (-do); (schwach) słaby (-bo); ∿ werden ⟨z⟩blednąć (vor/z G); F k-n blassen Dunst (od. Schimmer) haben nie mieć zielonego pojęcia (von/o L); ∿ in Zssgn blado-, z. B. ∿blau bladoniebieski.

Blässe f (0) bladość f.

Blatt n (-es; ∿er/∿er) Bot. liść m, listek; (Papier²) arkusz, kartka; KSp. karta; JSpr. łopatka, bark; s. Ruderblatt, Seite, Zeitung usw.; kein ∿ vor den Mund nehmen mówić ⟨powiedzieć⟩ bez ogródek; das ∿ hat sich gewendet los się odwrócił.

Blättermagen m Zo. księgi f/pl.

Blattern f/pl. Med. ospa.

blättern (-re) przeglądać, kartkować, wertować (in D/A).

Blatternarb|e f, ℓig s. Pockennarb∿ usw.

Blätter|pilze m/pl. Bot. bedłkowat∿ m/pl.; ∿teig m ciasto francuskie.

Blatt|feder f resor piórowy; ∿gol∿ n folia złota; ∿grün n (-s; 0) chloro∿ fil; ∿laus f mszyca; ∿pflanze f roś lina (ozdobna) liściasta; ∿salat n sałata (zielona); ∿schuß m strza w bark; ∿stiel m ogonek liścia ∿ liściowy; ∿verzierung f liścianka ∿werk n (-s; 0) ulistnienie.

blau niebieski (-ko), (dunkler) modr; (-ro), siny (-no); ∿ werden, ∿ an laufen ⟨po⟩sinieć; F ∿er Fleck sinie ∿es Auge fig. podbite oko, siniec po okiem; ∿ sein być wstawionym od zalanym; s. a. Dunst, Wunder usw. ℓn (-s; 0) s. Bläue; ins ℓe hinei w nieznane; ∿äugig niebieskooki ℓbart m (0) Sinobrody; ℓbeere borówka (czarna), czarna jagoda ∿blütig błękitnej krwi.

Bläu|e f (0) błękit, kolor niebiesk ℓen ⟨u⟩farbować na niebiesko Wäsche: farbkować.

Blau|fuchs m Zo. s. Polarfuchs Hdl. lisy m/pl. niebieskie, piesak m/pl.; ℓgrau niebieskoszary; ℓgrü zielonkawoniebieski; ∿hai m żarłac ludojad; ∿holz n (0) drzewo kam peszowe.

bläu|lich niebieskawy (-wo), sinaw (-wo); ℓling m (-s; -e) Zo. (moty modraszek.

Blau|licht n niebieski sygna świetlny (wozu policyjnego); ℓ machen F bumelować; ∿meise sikorka modra; ∿papier n kalka ∿pause f światłokopia; ∿rake f Zo kraska; ∿säure f (0) kwas cyjano wodorowy od. F pruski; ∿stift r ołówek niebieski; ∿wal m Zo. płet wal błękitny.

Blazer ['blɛːzɐ] m blezer.

Blech n (-es; -e) blacha (a. Mus.); fig. bzdury f/pl.; ∿büchse f, ∿dose blaszanka, puszka blaszana; ∿ ⟨wy⟩bulić; ℓern blaszany; Stimme skrzekliwy (-wie); ∿kanister n ∿kanne f blaszanka, bańka blasza na; ∿schere f nożyce pl. do blach(y) ∿schmied m blacharz; ∿walzwer n walcownia blachy; ∿(Maschine walcarka blach.

lecken *Zähne*: ⟨wy⟩szczerzyć.

Blei[1] *n* (*-es*; *0*) ołów; (*pl. -e*) *s.* Lot, Bleistift.

Blei[2] *m* (*-es*; *-e*) *Zo.* leszcz.

bleibe F *f* (*0*) schronienie, dach nad głową.

bleiben (*L.*) zost(aw)ać, pozost(aw)ać (*a. an D, bei/przy L*); zachow(yw)ać, *z. B.*: *schwelgsam, treu* ~ zachować milczenie, wierność; *verschont* ~ (*von*) ocaleć; uniknąć (*G*); *offen* ~ stać otworem; *dabei bleibt es!* tak ma być — i basta!; ~**d** stały, trwały; *Eindruck*: niezatarty; ~**lassen** F (-) zaniechać (*G*), porzucić *pf.* (*A*).

bleich blady (-do); *vgl. blaß*; **Qbad** *n* kąpiel odbielającą; **Qe** *f* bielarnia; (*Bleichplatz*) bielnik, blich; ~**en** *v/t* ⟨wy⟩bielić; *Fot.* odbielać ⟨-lić⟩; *v/i* (*L.*; *sn*) ⟨wy⟩blaknąć (*im*)*pf.*, ⟨s⟩płowieć; **Qen** *n* (-s; *0*) *Text.* bielenie; *Fot.* odbielanie **Qmittel** *n* środek bielący. [kamienny.]

bleiern ołowiany (*a. fig.*); *Schlaf*:] **Blei|glanz** *m* (-es; *0*) *Min.* galena, błyszcz ołowiu; **Qhaltig** zawierający ołów; ~**kristall** *n* kryształ (ołowiowy); ~**lot** *n* ciężarek pionu, ołowianka; ~**rohr** *n* rura ołowiana; **Qschwer** ciężki jak ołów, ołowiany; ~**soldat** *m* żołnierzyk ołowiany.

Bleistift *m* ołówek; ~**absatz** F *m* obcas szpilkowy; *mit* ~**absätzen** F na szpilkach; ~**spitzer** *m* temperówka; ~**zeichnung** *f* rysunek ołówkiem.

Blei|vergiftung *f* zatrucie ołowiem; *Med.* ołowica; ~**weiß** *n* biel ołowiowa.

Blende *f* *Fot.* przesłona; *Arch./ Min.* blenda; (*am Kleid*) obszywka, obramowanie; **Qen** (*-e-*) oślepi(a)ć; *fig. a.* zaślepi(a)ć; *das Licht Qet* świało razi oczy; *sich nicht Qen lassen* nie dać się olśnić (*von/I*); **Qend** F *fig.* świetny, wyśmienity (-cie); ~**er** *m* efekciarz, pozer; ~**ung** *f* oślepienie (*a. hist.*), olśnienie; ~**werk** *n* mamidło, ułuda.

Blesse *f* (*Fleck*) łysina, strzałka.

Bleßhuhn *n* łyska.

Blick *m* (-es; -e) spojrzenie; (*ein* ~) rzut oka; *s. Aussicht*; *e-n* ~ *werfen* 'zucać ⟨-cić⟩ okiem; *auf den ersten* ~ na pierwszy rzut oka; *od pierwszego spojrzenia* (*od.* wejrzenia); *mit e-m* ~ jednym spojrzeniem; F *e-n* ~ *haben für* mieć oko dla (*G*) *od.*

---

na (*A*); **Qen** ⟨po⟩patrzeć, ⟨po⟩patrzyć (*się*), spoglądać ⟨spojrzeć⟩; *das läßt tief Qen* to daje wiele (*od.* dużo) do myślenia; F *sich Qen lassen* pokaz(yw)ać się; ~**fang** *m*: *als* ~*fang sein od.* dienen przyciągać oczy, ściągać na siebie spojrzenie; ~**feld** *n* pole widzenia; ~**punkt** *m*: *im* ~*punkt* w centrum uwagi; ~**winkel** *m* kąt widzenia (*a. fig.*).

blieb *s.* bleiben.

blies *s.* blasen.

blind ślepy (*a. fig.*), *lit.* niewidomy, ociemniały (*alle a. Su.*); *fig. a.* zaślepiony; *Alarm*: fałszywy; *Naht*: kryty; *Spiegel*: zmatowiały; *Adv.* ślepo; *vgl. blindlings*; ~ *machen* *o-*, *fig.* za⟨ślepi(a)ć; ~ *werden* ⟨o⟩ślepnąć; *Spiegel*: zmatowieć *pf.*

Blinddarm *m* kątnica, jelito ślepe, P ślepa kiszka; ~**entzündung** *f* zapalenie wyrostka robaczkowego *od.* F ślepej kiszki.

Blinde(r) (-*n*) *s.* blind.

Blindekuh *f* (*0*): ~ *spielen* bawić się w ciuciubabkę.

Blinden|anstalt *f* zakład dla niewidomych; ~**(führ)hund** *m* pies-przewodnik ociemniałego; ~**schrift** *f* alfabet dla niewidomych, brajl.

Blind|flug *m* lot według przyrządów, F ślepy lot; ~**gänger** *m* *Mil.* niewypał; niewybuch; F *fig.* tuman; ~**heit** *f* (*0*) ślepota; *fig. a.* zaślepienie; ~**landung** *f* lądowanie bez widoczności *od.* według przyrządów; **Qlings** na oślep, (na) ślepo; ~**schleiche** *f* padalec; **Qwütig** *Haß usw.*: zajadły (-le), zacięty (-cie); *in Qwütigem Zorn* zaślepiony gniewem.

blink|en *v/i* błyskać ⟨-snąć⟩, ⟨za⟩migotać; migać ⟨-gnąć⟩; *s. glänzen*; *v/t* ⟨za⟩sygnalizować (latarką); **Qer** *m* *Kfz.* migacz; (*Angeln*) błyszczka; **Qfeuer** *n* światło błyskowe (sygnałowe), światło przerywane; **Qleuchte** *f* *Kfz.* kierunkowskaz migający *od.* błyskowy; **Qlicht** *n* światło migające *od.* przerywane; **Qzeichen** *n* sygnał błyskowy.

blinzeln (-*le*) mrugać ⟨-gnąć⟩; *fig.* migać ⟨-gnąć⟩.

Blitz *m* (-es; -e) piorun; (~*strahl*) błyskawica; *Fot.* błysk; *wie vom* ~ *getroffen* jak rażony piorunem; F *wie der* ~ piorunem; *s. Himmel*; ~**ableiter** *m* odgromnik, piorunochron; **Qartig** błyskawiczny; **Q**-

blank czyściutki (-ko), lśniący czystością; 2en (-zt) v/i błyszczeć,lśnić (vor/I); F ⟨z⟩robić zdjęcie (od. -cia) błyskowe (a. v/t; A/G); es blitzt błyska się; s. blinken; **gerät** n s. Blitzleuchte; **gespräch** n rozmowa błyskawiczna; **lampe** f (Birne) żarówka błyskowa; **leuchte** f lampa błyskowa, flesz; **licht** n światło błyskowe; 2sauber s. blitzblank; **schlag** m piorun, grom; 2schnell błyskawiczny, lotem błyskawicy; **strahl** m błyskawica; **würfel** m Fot. lampa błyskowa w postaci kostki.

Block m (-es; -s/⸚e) blok; (Guß2) wlewek; **absatz** m słupek.

Blo'ckade f blokada.

Block|flöte f fletnia, piszczałka; 2frei niezaangażowany; **haus** n, **hütte** f chata z okrąglaków od. bierwion; 2ieren [-'ki:-] (-) ⟨za⟩blokować; **posten** m, **stelle** f Esb. posterunek blokowy od. odstępowy; **straße** f Tech. walcownia--zgniatacz; **werk** n Esb. aparat blokowy.

blöd|(e) głupi (-pio), bezmyślny; Pers., Lächeln: głupkowaty (-to); **eln** F (-le) błaznować; 2heit f (0) głupkowatość f; F (pl. -en) głupstwo; 2ian F m (-s; -e), 2ling m (-s; -e) głupek, jołop.

Blödsinn F m (0) nonsens, bzdury f/pl.; (Handlung) głupstwo; s. Schwachsinn; 2ig s. schwachsinnig; F a. głupi (-pio), idiotyczny; **igkeit** F f (0) niedorzeczność f, bezsensowność f. [⟨za⟩ryczeć.\
blöken Schaf: ⟨za⟩beczeć; Rind:J

blond blond (unv.), płowy (-wo); ein **er** Mann blondyn; **ieren** [-'di:-] (-) utleni(a)ć; 2ine [-'di:-] f blondynka.

bloß¹ nagi (-go), goły (-ło); fig. a. sam; bei dem **en** Gedanken na samą myśl.

bloß² Adv. tylko, jedynie.

Blöße f nagość f, golizna; (Wald2) halizna; fig. słaba strona; sich e-e **geben** narażać ⟨-razić⟩ się na śmieszność; wykaz(yw)ać nieznajomość rzeczy.

bloß|legen odsłaniać ⟨-łonić⟩, odkr(yw)ać, obnażać ⟨-żyć⟩; **stellen** ⟨s⟩kompromitować (sich się).

blubbern F (-re) ⟨za⟩bulgotać; fig. ⟨za⟩burczeć (pod nosem).

Blue jeans ['blu:'dʒi:nz] pl. (unv. dżinsy m/pl.

bluffen [a. 'blœ-] blefować, bluffo wać.

blühen kwitnąć; fig. a. prosperować F j-m **~** czekać (A), grozić (D); **~** kwitnący; Phantasie: bujny.

Blümchen n kwiat(usz)ek.

Blume f kwiat; (des Weins) bukiet (Bier2) piana; JSpr. (Hasen o(s)myk; Kochk. część biodrowa durch die **~** sagen mówić ⟨powie dzieć⟩ z ogródkami.

Blumen|beet n kwietnik, klomb **blatt** n płatek; **erde** f ziemia in spektowa; **fenster** n okno z kwia tami; **garten** m ogród(ek) kwiato wy; **geschäft** n kwiaciarnia; **händler(in** f) m kwiacia|rz (-rka, **kasten** m skrzynka na kwiaty; **kohl** m kalafior; **kübel** m donica **muster** n wzór (od. deseń m w kwiaty; 2reich (a. fig.) kwiecist (-ście); **ständer** m żardynier(k): **strauß** m bukiet, wiązanka kwia tów; **topf** m doniczka; **verkäufe rin** f kwiaciarka; **zucht** f hodow. kwiatów.

blumig kwiecisty (-ście).

Bluse f bluz(k)a.

Blut n (-es; 0) krew f; fig. bis aufs do żywego; do ostateczności; Fleisch und **~** ciałem wejść krew; **~** (und Wasser) schwitze martwieć ze strachu, truchleć; b. ses **~** machen napsuć krwi, ps, krew; **~** lecken zasmakować (w L); (nur) ruhig **~**! (tylko) spokojnie!, **~** alkohol m zawartość f alkoholu w krwi; **andrang** m uderzenie (o napływ) krwi (zum Kopf do głowy 2arm niedokrwisty (-ście), an miczny; **armut** f niedokrwisto f; **bad** n (0) rzeź f, jatki f/pl.; **bahn** f układ naczyń krwionośny **bank** f bank krwi; 2befleckt, : beschmiert po-, za|krwawion splamiony krwią; **bild** n obr krwi; 2bildend krwiotwórc: (-czo), **buche** f buk czerwony; **druck** m ciśnienie krwi.

Blüte f kwiat (a. fig., Elite); ko kwiecie; (0) (das Blühen) kwitni cie; fig. rozkwit; voller **~** n w kwi ciu; in der **~** der Jahre/Jugend kwiecie wieku/młodości.

Blut|egel m pijawka; 2en (-e krwawić; F fig. ⟨wy⟩bulić; für se

Land ♀en przel(ew)ać krew za ojczyznę.
Blüten|duft *m* zapach kwiatów; **~pflanzen** *f/pl.* (rośliny) kwiatowe; **~stand** *m* kwiatostan; **~staub** *m* pyłek; **~stengel** *m*, **~stiel** *m* szypułka (kwiatu); ♀**weiß** śnieżnobiały.
Bluter *m* chory na hemofilię, krwawie(nie)c. [krwiak.]
Blut∙erguß *m* wylew krwawy,
Bluterkrankheit *f* hemofilia, krwawiączka.
Blüte∙zeit *f* pora kwitnięcia; *fig.* okres rozkwitu.
Blut|farbstoff *m* hemoglobina; **~gefäß** *n* naczynie krwionośne; ♀**gierig** *s. blutrünstig*; **~gruppe** *f* grupa krwi; **~harnen** *n* (0) krwiomocz; **~hund** *m* posokowiec; ♀**ig** krwawy (-wo); krwisty (-ście); zakrwawiony; *fig. mir ist es* ♀*iger Ernst* traktuję to bardzo poważnie; **~jung** bardzo młody (-do), młodziutki (-ko). **~konserve** *f* krew konserwowana; **~körperchen** *n* ciałko krwi, krwinka; **~kreislauf** *m* krwiobieg, krążenie krwi; **~laus** *f* mszyca krwista; ♀**leer**, ♀**los** bezkrwisty (-ście); **~orange** *f* pomarańcza malinowa; **~pfropf** *m* zakrzep, skrzeplina; **~plasma** *n* osocze (krwi); **~probe** *f* oznaczanie alkoholu we krwi; **~rache** *f* krwawa zemsta, wendeta; **~rausch** *m* szał na widok krwi; ♀**reinigend** oczyszczający krew; ♀**rot** krwawoczerwony (-no), krwawy (-wo); ♀**rünstig** krwiożerczy (-czo); **~sauger** *m* krwiopijca *m*; **~schande** *f* kazirodztwo; **~senkung** *f* opad krwi; **~serum** *n* surowica krwi; **~spender** *m* krwiodawca *m*; ♀**stillend** tamujący krew; *Adv.* tamująco; **~stropfen** *m* kropla krwi; **~sturz** *f* krwotok; **~s∙verwandtschaft** *f* pokrewieństwo; **~tat** *f* morderstwo; ♀**überströmt** zalany krwią; **~übertragung** *f* przetaczanie krwi.
Blutung *f* krwotok, krwawienie.
∎lut|unterlaufen nabiegły krwią; ♀**untersuchung** *f* badanie krwi; ♀**vergießen** *n* przelew (*od.* rozlew) krwi; ♀**vergiftung** *f* zakażenie krwi; ♀**verlust** *m* upływ (*od.* utrata) krwi; ♀**wasser** *n s. Blutplasma*; ♀**wurst** *f* kaszanka, kiszka (krwista); ♀**zucker** *m* cukier we krwi.
∎ö *f* (-; -en) poryw wiatru, szkwał.

Bob *m* (-s; -s) bobslej; **~bahn** *f* tor bobslejowy; **~fahrer** *m* bobsleista *m*.
Bock *m* (-*es*; ♀*e*) kozioł (*a. fig.*); (*Gestell a.*) kobyłka; *s.* Widder; F e-n ~ *schießen* palnąć głupstwo, strzelić byka; ♀**beinig** F uparty (-cie); **~bier** *n* piwo mocne; ♀en stawać ⟨stanąć⟩ dęba, opierać się; *Motor*: nawalać; **~käfer** *m* kózka.
Bockshorn *n*: (*sich nicht*) *ins* ~ *jagen* (*lassen*) (nie dać się) zapędzić w kozi róg.
Bock|springen *n Sp.* skok(i) przez kozła; **~sprung** *m* (pod)skok, sus; **~sprünge machen** brykać ⟨-knąć⟩; **~wurst** *f* serdelek.
Boden *m* (-s; ♀) ziemia; *Agr. a.* gleba, (*a. fig.*) grunt; (*Meeres*♀, *Gefäß*♀) dno; spód; *s.* Dach-, Fußboden; *an* ~ *gewinnen* rozprzestrzeni(a)ć się; F *aus dem* ~ *stampfen* stworzyć z niczego; (*bauen*) wybudować w szybkim tempie; *zu* ~ *schlagen* (*od.* strecken, reißen) powalić na ziemię; **~abstand** *m* prześwit; **~abwehr** *f* naziemna obrona przeciwlotnicza; **~bearbeitung** *f* uprawa roli; **~ertrag** *m* urodzaj, zbiór; **~erzeugnisse** *n/pl.* ziemiopłody *m/pl.*; **~fräse** *f* glebogryzarka; **~frost** *m* przymrozek przygruntowy; **~kammer** *f* poddasze, facjata; **~kunde** *f* (0) gleboznawstwo; ♀**los** bezdenny; F *fig.* Frechheit: niesłychany; *Dummheit*: bezgraniczny; **~Luft-Rakete** *f* rakieta ziemia-powietrze; **~müdigkeit** *f* (0) zmęczenie gleby; **~personal** *n Flgw.* obsługa naziemna; **~reform** *f* reforma rolna; **~satz** *m* osad, fusy *m/pl.*; **~schätze** *m/pl.* bogactwa *n/pl.* naturalne; **~sicht** *f* (0) *Flgw.* widoczność *f* ziemi; **~ständig** rdzenny, rodzimy, autochtoniczny; **~truppen** *f/pl.* wojska *n/pl.* lądowe; **~turnen** *n* ćwiczenia *n/pl.* wolne.
Bo'fist *m* (-*es*; -e) purchawka.
bog *s. biegen.*
Bogen *m* (-s; -/♀) łuk (*a. Waffe*); *Mus.* smyczek; (*Papier*) arkusz; *s.* Biegung; e-n großen ~ *machen* omijać z daleka (*um A/A*); **~fenster** *n* okno łukowe; ♀**förmig** łukowaty (-to); **~gang** *m* arkada; **~lampe** *f* lampa łukowa; ♀**schießen** *n*, **~schießsport** *m* łucznictwo; **~schütze** *m* łucznik.

Bohème [bo·'(h)ɛm] *f* (*0*) cyganeria.

Bohle *f* bal, dyl.

böhmisch czeski (po -ku); F ~e *Dörfer* chińszczyzna.

Bohne *f* fasola; *Kochk. a.* fasolka; *grüne* ~n fasola szparagowa; F *fig. blaue* ~n kule *f/pl.*; *nicht die* ~ ani krzty.

Bohnen|kaffee *m* kawa ziarnista *od.* naturalna; **~kraut** *n* cząber; **~stange** *f* tyczka do fasoli; F *fig.* tyka; **~stroh** *n* bobowiny *f/pl.*; *dumm wie* ~*stroh* głupi jak but; **~suppe** *f* zupa fasolowa.

Bohner|- do froterowania; **~maschine** *f* froterka; **2n** (*-re*) froterować, ⟨na-, wy⟩pastować, ⟨na-, wy⟩woskować; **~wachs** *n* pasta do podłogi.

Bohr|anlage *f* wiertnica; **2en** *v/t* ⟨prze-, wy⟩wiercić, (*im Holz a.*) ⟨wy⟩świdrować; *Messer:* wbi(ja)ć (*sich się*); *v/i* wiercić otwory wiertnicze (*nach/w* poszukiwaniu *G*); *fig. Schmerz usw.:* dręczyć (*in j-m/A*); F (*j-n drängen*) nastawać, nalegać (*bei/na A; bis/aż*); *in der Nase* ~*en* dłubać w nosie; **2end** *Schmerz:* szarpiący; **~er** *m* wiertło; świder (wiertniczy *Bgb.*); *Pers.* wiertacz; **~hammer** *m* wiertarka udarowa; **~insel** *f* platforma z wieżą wiertniczą do wierceń podmorskich; **~loch** *n Bgb.* otwór wiertniczy, odwiert; **~maschine** *f* wiertarka; **~turm** *m* wieża wiertnicza; **~ung** *f* wiercenie; (*Loch*) otwór (wy)wiercony.

böig porywisty (-ście).

Boje *f* pława, boja.

bolivi'anisch boliwijski.

Böller *m* moździerz.

Bollwerk *n* wał ochronny; *fig.* przedmurze, bastion.

bolsche'wistisch bolszewicki (po -ku).

bolzen F *Sp.* faulować, atakować ciałem.

Bolzen *m* sworzeń *m*, trzpień *m*; (*Bügeleisen2*) dusza; (*Armbrust2*) bełt.

Bombar|dement [-'mã-/-'maŋ] *n* (*-s; -s*) bombardowanie; **2dieren** (*-*) ⟨z⟩bombardować (*impf. a. fig.*).

bom'bastisch bombastyczny.

Bombe *f* bomba; F *die* ~ *ist geplatzt* bomba pękła.

Bomben|abwurf *m* zrzucanie bomb; **~angriff** *m* nalot bombowców; bombardowanie; **~anschlag** *m* zamach bombowy; **~erfolg** F *m* szalone powodzenie, ogromny sukces; **~explosion** *f* wybuch bomby; **2fest**: *es steht 2fest. daß ...* to pewne jak mur, że ...; **~flugzeug** *n* samolot bombowy; **2geschädigt** *s. ausgebombt*; '**~geschäft** F *n* świetny interes; **~geschwader** *n* pułk lotnictwa bombowego; **~krieg** *m* naloty *m/pl.* bombowców, bombardowanie; **~schacht** *m* komora bombowa; **~schütze** *m* bombardier; **2sicher** wytrzymały na bomby; F *fig.* murowany; **~teppich** *m* dywan bombowy; **~trichter** *m* lej od (*od.* po wybuchu) bomby.

Bomber *m* bombowiec; **~flotte** lotnictwo bombowe.

bombig F setny, byczy (-czo).

Bommel *f* chwaścik, pompon.

Bon [bɔŋ] *m* (*-s; -s*) bon, talon.

Bonbon [bɔŋ'bɔŋ/bɔ̃'bɔ̃·] *m od. n* (*-s; -s*) cukierek, karmelek; **~niere** [-'nɛːrə] *f* bombonierka.

Bonmot [bɔ̃'mo:] *n* (*-s; -s*) powiedzonko.

Bonner *Adj.* boński.

Bonus *m* (*-ses; -se/Boni*) bonifikata; (*AG*) bonus.

Bonze *m* (*-n*) bonza *m*.

Boot *n* (*-es; -e*) łódź *f*, łódka, czółno; **2haken** *m* bosak; **2haus** *n* stanica wodna; **~mann** *m* (*pl. -leute*) bosman; **~steg** *m* przystań wioślarska, pomost.

Bor *n* (*-s; 0*) *Chem.* bor.

Bo'rat *n* (*-és; -e*) boran.

Borax *m* (*-es; 0*) boraks.

Bord¹ *n* (*-és; -e*) półka.

Bord² *m* (*-és; 0*) *Mar.* burta; (*a. Flgw.*) pokład; *an* ~ na pokładzie *an* ~ *gehen* wsiadać na okręt *od.* do samolotu; *Mar. an* ~ *nehmen* zaokrętować; *von* ~ *gehen* wysiadać ⟨-iąść⟩ na brzeg *od.* z samolotu *über* ~ *werfen* wyrzucać ⟨-cić⟩ za burtę; *fig. a.* wyzby(wa)ć się (*A/G*) *Mann über* ~*!* człowiek za burtą! **~buch** *n* dziennik pokładowy.

Bor'dell *n* (*-s; -e*) dom publiczny V burdel.

Bord|funker *m* radiooperator; **~instrumente** *n/pl.* przyrządy *m/pl.*

pokładowe; ~schütze m strzelec
pokładowy; ~stein m krawężnik;
~wand f Mar. burta.

Borg m: auf ~ na kredyt; 2en pożyczać ⟨-czyć⟩.

Borid n (-es; -e) borek.

Borke f kora; (Kruste) strup; ~n-käfer m kornik.

bor'niert ograniczony, ciasny.

Borretsch m (-es; 0) ogórecznik.

Bor|salbe f maść borowa od. borna;
~säure f kwas borowy.

Börse f Hdl., Fin. giełda; an der ~ na
giełdzie; ~n·schluß m zamknięcie
giełdy; ~n·zettel m ceduła giełdowa.

Borst|e f szczecina; pl. a. szczeć f;
2ig szczeciniasty (-to); F fig. szorstki (-ko).

Borte f obszywka, listewka.

Borwasser n (0) wodny roztwór
kwasu borowego.

bös s. böse.

bös·artig złośliwy (-wie) (a. Med.);
2keit f złośliwość f.

Böschung f skarpa.

böse allg. zły; (krank) chory; (verärgert) rozgniewany; Adv. źle; F
(sehr) bardzo, strasznie; s. a. boshaft,
bösartig; ~ sein gniewać się, być
złym (D/na A); ~ werden rozgniewać się pf.; es nicht ~ meinen nie
mieć złych intencji; 2(r) m (0)
zły duch, diabeł; 2(s) n (0) zło;
2s im Sinn haben od. im Schilde führen mieć złe zamiary; 2s ahnen mieć
złe przeczucie; 2wicht m gałgan,
hultaj.

bos|haft złośliwy (-wie); 2heit f
złośliwość f; aus 2heit na złość.

bosnisch bośniacki (po -ku).

Boß m (-sses; -sse) szef, boss.

böswillig złośliwy (-wie), w złym
zamiarze.

bot s. bieten.

Bo'ta|nik f botanika; 2nisch botaniczny.

Bote m (-n) goniec, posłaniec; (Büro-
2) woźny m; fig. zwiastun.

Boten|gang m: ~gänge machen być
na posyłkach; ~junge m chłopiec do
posyłek.

Botschaft f wiadomość f, wieść f,
nowina; (an das Volk) orędzie; Pol.
ambasada; ~er m ambasador; ~s-...
ambasady.

Böttcher m bednarz; ~- in Zssgn
bednarski.

Bottich m (-s; -e) kadź f, dzieża.

Bouillon [bul'jɔŋ] f (-; -e) bulion,
rosół.

Boulevard [bul'vaːʁ] m (-s; -s) bulwar; ~presse f (0) prasa brukowa.

Bourgeoi|s [buʁ'ʒɔa] m (-; -) mieszczanin; verä. burżuj; ~sie [-'ʒiː] f
mieszczaństwo, burżuazja.

Boutique [bu'tiːk] f (-; -s/-n) sklep(ik) z modnymi artykułami.

Bovist s. Bofist.

Bowle ['boːlə] f kruszon; (Gefäß)
waza (od. słój) do kruszonu.

Bowling ['boːlɪŋ] n (-s; 0) kręglarstwo, gra w kręgle; ~bahn f kręgielnia.

Box f boks.

box|en (-xt/-est) v/i uprawiać boks
od. pięściarstwo; boksować się; 2en
n (-s; 0) pięściarstwo, boks; 2er
m (-s; 0) pięściarz, (a. Hund) bokser.

Boxkalf n (-s; -s) boks.

Box|kampf m mecz bokserski, walka pięściarska; ~ring m ring bokserski; ~wettkampf m zawody
bokserskie od. pięściarskie.

Boy m (-s; -s) boy (hotelowy).

Boy'kott m (-es; -e) bojkot; 2'ieren
(-) ⟨z⟩bojkotować.

brabbeln F (-le) mruczeć, burczeć.

brach¹ s. brechen.

brach² leżący odłogiem; 2feld n
ugór, pole ugorowe; 2land n odłóg,
ziemia leżąca odłogiem; ~liegen
Agr. leżeć odłogiem; fig. a. nie być
wykorzystanym.

brachte, brächte s. bringen.

Brachvogel m kulik wielki.

brackig słonawy.

brah'manisch bramiński.

bramarba'sieren (-) przechwalać
się.

Bramme f kęsisko kwadratowe.

Bramsegel n bramsel, bramżagiel.

Branche ['brãʃə] f branża, gałąź f;
~n- branżowy.

Brand m (-es; "e) pożar, ogień m;
(0) Med. gangrena, zgorzel f; Agr.
śnieć, głównia; F (Durst) pragnienie; die Fabrik geriet in ~ w fabryce
wybuchł pożar; in ~ stecken podpalać ⟨-lić⟩; ~anschlag m próba podpalenia; ~binde f opatrunek indywidualny stosowany przy oparzeniach; ~blase f pęcherz (od. bąbel)
od oparzenia; ~bombe f bomba
zapalająca; 2eilig F palący, naglący.

branden (-e-) Wellen: uderzać, roz-

Brandfackel

bijać się (gegen A/o A); *fig*. kipieć, wrzeć; *Beifall*: wybuchać, grzmieć.
Brand|fackel *f* żagiew *f*; **~fleck** *m* wypalona dziura; **~gefahr** *f* niebezpieczeństwo pożaru; **~geruch** *m* zapach spalenizny; **~geschädigte(r)** pogorzelec; **~herd** *m* ognisko pożaru. [zgorzelowy.]
brandig *Med*. dotknięty zgorzelą.
Brand|loch F *n s. Brandfleck*; **~mal** *n* piętno (*a. fig.*), znamię (wypalone); **2marken** ⟨na⟩piętnować; **~mauer** *f* mur przeciwpożarowy; **2neu** F zupełnie nowy, nowiutki; *Nachricht*: najświeższy; **~salbe** *f* maść *f* na oparzenia; **~schaden** *m* szkoda wyrządzona przez pożar; **2schatzen** ⟨z⟩łupić, ⟨s⟩plądrować; **~schutz** *m* ochrona przeciwpożarowa; **~sohle** *f* brandzel; **~stätte** *f* pogorzelisko, zgliszcza *n/pl.*; **~stifter** *m* podpalacz; *fig*. podżegacz; **~stiftung** *f* podpalenie.
Brandung *f* (0) przybój, kipiel (morska).
Brand|wache *f* posterunek straży pożarnej; **~wunde** *f* oparzelina, oparzenie.
brannte *s.* brennen.
Branntkalk *m* wapno palone.
Branntwein *m* wódka, † gorzałka; **~monopol** *n* monopol spirytusowy; **~steuer** *f* akcyza od napojów alkoholowych.
Bra'sil *f* (-; -) cygaro brazylijskie.
Brasili'an|er *m* Brazylijczyk; **2isch** brazylijski.
brät *s.* braten.
brat|en (*L.*) *v/t* ⟨u⟩smażyć, ⟨u⟩piec; *v/i* smażyć się, piec się; F ⟨in der Sonne⟩ prażyć się; **2en** *m* pieczeń *f*, pieczyste *n*; F *fig*. den **2en** *riechen* zwąchać pismo nosem; **2ensoße** *f* sos pieczeniowy; **2hähnchen** *n* kurcze pieczone; **2hering** *m* śledź smażony od. opiekany; **2kartoffeln** *f/pl.* ziemniaki *m/pl.* smażone; **2ofen** *m* piekarnik; **2pfanne** *f* brytfanna; (*Stielpfanne*) patelnia; **2röhre** *f s. Bratofen*; **2rost** *m* ruszt.
Bratsche *f* altówka.
Brat|spieß *m* rożen *f*; **~wurst** *f* kiełbasa smażona.
Brau- browarn(icz)y.
Brauch *m* (-*es*; **~**e) obyczaj; *nach altem* ~ starym zwyczajem; **2bar** przy-, z|datny, nadający się (*für, zu/* do *G*); **2en** potrzebować; *s.* ge-,

verbrauchen; *nicht zu ...* 2en nie musieć; **~tum** *n* (-*s*; **~**er) obyczaje *m/pl.*
Braue *f* brew *f*; **~** *pl.* brwi.
brau|en *v/t* warzyć ⟨nawarzyć (*G*)⟩; F (*zubereiten*) przyrządzać ⟨-dzić⟩; **2er** *m* piwowar; **2e'rei** *f* browar; (*das Brauen*) warzenie piwa.
braun brunatny, brązowy (-*to*; *Haut*: opalony (na brąz); **~e** *Butter* zrumienione masło; ~ *werden* ⟨z⟩brunatnieć; **2alge** *f* brunatnica; **~äugig** o piwnych (*od.* brązowych) oczach; **2bär** *m* niedźwiedź brunatny.
Bräune *f* (0) brąz, kolor brunatny *od.* brązowy; (*Sonnen*2) opalenizna.
Braun-eisen|erz *n*, **~stein** *m* żelaziak brunatny.
bräunen *v/t Kochk.* ⟨ob-, przy-, z⟩rumienić; *v/i* ⟨z⟩brunatnieć; *sich* ~ *lassen* opalać ⟨-lić⟩ się.
Braun|fisch *m. s. Tümmler*; **2gebrannt** *Pers.* opalony na brązowo; **~kohl** *m* jarmuż, kapusta pastewna; **~kohle** *f* węgiel brunatny, lignit; *in Zssgn ...* węgla brunatnego.
bräunlich brunatnawy (-*wo*), brązowawy (-*wo*).
Braunstein *m* (-*s*; 0) braunsztyn.
Braus *m s. Saus*.
Brause *f* natrysk, prysznic; (*Gießkannen*2) rozpryskiwacz; F lemoniada; **~kopf** F *m* raptus, impetyk; **2n** (*a. sn*) szumieć, huczeć (*a. fig.*); *fig. Blut*: burzyć się; F (*eilen*) gnać, pędzić; *s.* abbrausen; **~pulver** *n* proszek musujący.
Braut *f* (-; **~**e) narzeczona; (*am Hochzeitstag*) panna młoda; *in Zssgn vgl. Hochzeits-*; **~ausstattung** *f* wyprawa (ślubna); **~führer** *m* drużba *m*.
Bräutigam *m* (-*s*; -*e*) narzeczony; (*am Hochzeitstag*) pan młody.
Braut|jungfer *f* druhna; **~kleid** *n* suknia ślubna; **~kranz** *m* wianek ślubny; **~leute** *pl.*, **~paar** *n* ślubna para, państwo młodzi.
Brautschau *f:* F *auf* ~ *gehen* puszczać się w zaloty.
Braut|schleier *m* welon (ślubny) **~werber** *m* swat; **~werbung** *f* swaty *m/pl.*
brav *s.* artig, redlich.
bravo! brawo!; **2ruf** *m* brawo *n*.
Bra'vour *f* brawura; **~** *in Zssgn* brawurowy.

Brech|bohnen f/pl. fasola szparagowa; **~durchfall** m biegunka; **~eisen** n łom; ♀**en** (L.) v/t (a. fig.) ⟨prze-, z⟩łamać ⟨v/i się⟩; *Hals*: skręcić pf.; *Herz*: rozdzierać; *Schweigen*: przer(yw)ać; *Bahn*: ⟨u⟩torować; *Flachs*: międlić; *Rekord*: pobić pf.; *Licht*: załam(yw)ać; *die Ehe* ♀en ⟨z⟩łamać wiarę małżeńską, cudzołożyć; v/i przedzierać ⟨-drzeć⟩ się, przebi(ja)ć się (durch A/przez A); wypadać ⟨-paść⟩ ⟨aus/z G⟩; zrywać ⟨zerwać⟩ ⟨mit/z I⟩; *Med.* ⟨z⟩wymiotować; *sich den Licht, Stimme*: załam(yw)ać się; *Wellen*: rozbi(ja)ć się; *vgl. a. ab-, aus-, durch-, erbrechen, gebrochen*; ♀end: ♀end voll nabity, zapchany; **~er** m kruszarka, łamacz; (*Sturzsee*) grzywacz, bałwan; **~mittel** n środek na wymioty, emetyk; **~reiz** m mdłości f/pl.; **~stange** f łom; **~ung** f *Phys.* załamanie; **~ungs-** ... załamania.

Bregen m *Kochk.* móżdżek.

Brei m (-es; -e) breja, maź f; *Tech. a.* pulpa; miazga; *Kochk.* kaszka, papka; przecier; piure n; *um den heißen ~ herumgehen* o(b)wijać w bawełnę; ♀ig papkowaty (-to).

breit szeroki (-ko); s. *weit* (*schweifig*); ♀**band**~ szerokopasmowy; **~beinig** z szeroko rozstawionymi (*od.* rozkraczonymi) nogami; ♀**e** f szerokość f (a. *Geogr., fig.*); *in die* ♀**e** gehen rozszerzać ⟨-rzyć⟩ się, F (*dick werden*) roztyć się; **~en** (-e-) s. *ausbreiten*.

Breiten|grad m stopień m szerokości geograficznej; **~kreis** m równoleżnik; **~wirkung** f szeroki zasięg.

breitmachen: F *sich* ~ rozsiadać ⟨rozsiąść⟩ się, F rozwalać ⟨-lić⟩ się; *fig.* rozwielmożni(a)ć się, rządzić się jak szara gęś.

breitrandig *Hut*: z szerokim rondem.

breitschlagen F: *j-n* ~ namawiać ⟨-mówić⟩; *sich* ~ *lassen* dać się namówić.

breit|schult(e)rig barczysty (-ście); ♀**seite** f *Mar.* salwa burtowa; **~spurig** *Esb.* szerokotorowy; **~treten** F v/t rozwałkow(yw)ać (A), rozwodzić się (nad I); ♀**wandfilm** m film szerokoekranowy.

Brems|backe f szczęka hamulcowa;

~belag m okładzina (cierna) hamulca; **~berg** m *Bgb.* pochylnia.

Bremse[1] f *Zo.* bąk.

Bremse[2] f *Tech.* hamulec; ♀**en** ⟨za⟩hamować (a. *fig.*); **~er** m *Esb.* hamulcowy m; **~flüssigkeit** f płyn do hamulców; **~kraft** f siła hamująca; **~licht** n światło hamulcowe; **~pedal** n pedał hamulcowy; **~schuh** m płoza hamulcowa; **~spur** f ślad poślizgu *od.* hamowania; **~weg** m droga hamowania.

brenn|bar palny; ♀**dauer** f czas spalania; (*e-r Glühbirne*) czas palenia się *od.* świecenia; (*v. Keramik*) czas wypalania; **~en** (L.) v/t palić, spalać ⟨-lić⟩; *Ziegel, Kalk*: wypalać ⟨-lić⟩; *Haare*: ⟨u⟩karbować; *Schnaps*: pędzić; s. *rösten*; v/i palić się, płonąć; (*Sonne*) prażyć (*Augen, Wunde, Haut*) piec, palić (a. *fig.*); *vor Liebe* ~en pałać miłością; *vor Ungeduld* ~en drżeć z niecierpliwości; F *nach* (*od. auf*) *et.* ~en palić się (do G); **~end** *Schmerz*: piekący; *Durst*: dokuczliwy; *Liebe, Wunsch*: gorący; *Frage*: palący; *Adv.* (*sehr*) bardzo; ♀**er** m (*Gas*♀) palnik; *Pers.* piecowy m; ♀**e'rei** f gorzelnia.

Brennessel f pokrzywa.

Brenn|glas n soczewka wypukła; **~holz** n drzewo opałowe *od.* na opał, drwa pl.; **~kammer** f komora spalania; **~material** n opał; **~ofen** m piec do wypalania; **~punkt** m *Phys.* ognisko; *fig.* centrum n; **~schere** f karbówka; **~spiritus** m spirytus skażony, F denaturat; **~stab** m pręt paliwowy; **~stoff** m paliwo; *in Zssgn* paliwowy, ... paliwa; **~stoffzelle** f ogniwo paliwowe; **~weite** f ogniskowa; **~zeit** f s. *Brenndauer.*

brenzlig: **~er** *Rauch, Geruch* swąd (*od. zapach*) spalenizny; *es riecht* ~ czuć spaleniznę; *fig.* s. *bedenklich, heikel.*

Bresche f wyłom (a. *fig.*); F *in die* ~ *springen* wyręczać ⟨-czyć⟩, zastępować ⟨-pić⟩ (*für/A*).

Brett n (-es; -er) deska (a. pl. *fig.*); *das Schwarze* ~ tablica ogłoszeń; *bei j-m einen Stein im* ~ *haben* cieszyć się względami (G); *ein* ~ *vor dem Kopf haben* etwa być ciemnym jak tabaka w rogu.

Bretter|kiste f skrzynia z desek; **~stapel** m stos desek; **~verklei-**

dung f deskowanie; **~zaun** m parkan (z desek).

Brettspiel n gra na szachownicy.

Bre'vier n (-s; -e) brewiarz.

Brezel f (-; -n) obwarzanek, precel.

Brief m (-es; -e) list; (amtlich) pismo; **~beschwerer** m przycisk; **~block** m blok listowy; **~bogen** m arkusz papieru listowego; **~geheimnis** n tajemnica pocztowa; **~karte** f sekretnik; **~kasten** m skrzynka pocztowa; **~kopf** m nagłówek listu; ℒlich listowy; **~mappe** f teczka na listy; **~marke** f znaczek pocztowy.

Briefmarken|album n album do znaczków pocztowych; **~sammler** m filatelista m; **~sammlung** f kolekcja znaczków pocztowych.

Brief|öffner m rozcinacz (do listów); **~papier** n papier listowy; **~partner** m partner do korespondencji; **~schlitz** m otwór na listy; **~schreiber** m autor listu; **~steller** m poradnik korespondencyjny; **~tasche** f portfel; **~taube** f gołąb pocztowy; **~telegramm** n telegram listowy; **~träger** m listonosz; **~umschlag** m koperta; **~waage** f waga do listów.

Briefwechsel m korespondencja; im ~ stehen prowadzić korespondencję, korespondować (mit/z I).

Bries n (-es; -e) Anat. grasica; Kochk. mleczko cielęce.

briet s. braten.

Bri'ga|de f brygada; **~dier** [-'dɛ:] m (-s; -s) brygadzista m; Mil. brygadier. [presse f brykieciarka.]

Bri'kett n (-es; -e/-s) brykiet; ~ʃ

bril'lant świetny.

Bril'lant m (-en) brylant; ~ in Zssgn brylantowy.

Brille f okulary pl.

Brillen|etui n, **~futteral** n futerał do okularów; **~gestell** n opraw(k)a okularów; **~schlange** f okularnik; **~träger** m: er ist ~träger on musi nosić okulary.

bringen (L.) (her~) przynosić ⟨-nieść⟩ (a. fig.: Nutzen, Unglück, Nachricht usw.); (hin~) od-, za|nosić ⟨-nieść⟩; (fahrend) przy-bzw. od-, za|wozić ⟨-wieźć⟩ (a. Pers.); (j-n begleiten, schaffen) przy- bzw. od-, za|prowadzić ⟨-dzić⟩ (erwähnen) wymieni(a)ć, (a. Rdf., Nachrichten) poda(wa)ć; ⟨o⟩publikować; (her-

vorrufen, a. es mit sich ~) ⟨s⟩powodować, sprawi(a)ć; wywoł(yw)ać; an sich ~ przywłaszczyć sobie; hinter sich ~ załatwi(a)ć; es zu et. ~ dorabiać ⟨-robić⟩ się (G); es weit ~ zajść daleko; j-n ~ um (A) pozbawi(a)ć (k-o G), odbierać ⟨odebrać⟩ (k-u A); fig. vgl. a. Ausdruck, Ecke, Gedanken, Schwung, Welt usw.

bri|'sant Mil. kruszący; fig. palący; ℒ'sanz f siła kruszenia.

Brise f bryza, wietrzyk.

Brit|e m (-en) Brytyjczyk; ℒisch brytyjski.

bröck|(e)lig kruchy (-cho); **~eln** (-le) v/t ⟨po⟩kruszyć (v/i [sn] się).

brocken ⟨po⟩kruszyć.

Brocken m kawał(ek), kęs, (klein) okruch; fig. ein paar ~ kilka słów, trochę; harter ~ twardy orzech (do zgryzienia).

brodeln (-le) kipieć, wrzeć (a. fig.); (sprudeln) bulgotać.

Bro'kat m (-es; -e) brokat; ~ in Zssgn brokatowy.

Brom n (-s; 0) brom; ~ in Zssgn bromowy.

Brombeere f jeżyna, ostrężyna; **~n-** jeżynowy.

Bro'mid n (-es; -e) bromek.

Bromsilber n bromek srebra.

Bronchi'al|asthma n dychawica oskrzelowa; **~katarrh** m s. Bronchitis; **~krebs** m rak oskrzeli.

Bronchië f oskrzele.

Bron'chitis f (0) nieżyt (od. zapalenie) oskrzeli. [brazu.]

Bronze f brąz; **~zeit** f (0) epoka⟩

Brosame m (-n) okruszyna.

Brosche f broszka.

Bro'schüre f broszura.

Brösel n od. m okruszyna.

Brot n (-es; -e) chleb (a. fig.); (Laib) bochenek; bei ~ und Wasser o chlebie i wodzie; das ist ein hartes ~ to ciężki kawałek chleba; **~aufstrich** m coś do posmarowania (kromki) chleba; **~beutel** m chlebak.

Brötchen n bułeczka.

Brot|erwerb m zarobkowanie, † zarobek; **~fabrik** f piekarnia mechaniczna; **~fruchtbaum** m drzewo chlebowe; **~geber** m chlebodawca m; **~getreide** n zboże chlebne od. na chleb; **~korb** m koszyczek na chleb; F den **~korb** höher hängen uszczuplać ⟨-lić⟩ (wydatki na) utrzymanie (D); ℒlos bez chleba, bez pracy; 2*los machen* odbierać ⟨odebrać⟩ chleb (*D*); 2*lose Kunst* niepopłatne zajęcie; ~**neid** *m* zawiść zawodowa; ~**rinde** *f* skórka chleba; ~**(schneide)maschine** *f* krajalnica do chleba; ~**suppe** *f* polewka chlebowa; ~**teig** *m* ciasto chlebowe *od.* na chleb; ~**zeit** *f dial.* przekąska; podwieczorek.

Bruch[1] *n od. m* (*-es*; =*e*/=*er*) moczar(y *pl.*), mokradło.

Bruch[2] *m* (*-es*; =*e*) złamanie (*a. Fraktur u. fig.*); (*Sprung*) pęknięcie; *Math.* ułamek; (*Knick*) załamek, załamka; (*Abfall*) złom, (*Glas*2) stłuczka; *fig.* zerwanie (*a. mit/z I*); niedotrzymanie; (*Zwiespalt*) rozłam; (*Gaunerspr.*) skok; *Bgb.* zawał; *s. Leistenbruch, Bruchfläche*; zu ~ (*od. in die Brüche*) *gehen* ⟨s⟩tłuc się, (*a. F ~ machen*) rozbi(ja)ć się, roztrzask(iw)ać się; złamać się; *fig. in die Brüche gehen Plan usw.*: runąć; *die Ehe ging in die Brüche* nastąpił rozłam w małżeństwie; ~**band** *n* pas(ek) przepuklinowy; ~**bude** F *f* rudera; 2**fest** nietłukący, wytrzymały; ~**fläche** *f* przełom, powierzchnia przełomu. [(-cho).)

brüchig łamliwy (-wie), kruchy)

Bruch|**landung** *f* przymusowe lądowanie z uszkodzeniem samolotu *od.* na uszkodzonym samolocie; ~**rechnen** *n*, ~**rechnung** *f* rachunek ułamkowy; ~**stein** *m* kamień łamany; ~**stelle** *f* miejsce prze- *od.* złamania (się); ~**strich** *m* kreska ułamkowa; ~**stück** *n* odłam(ek); *fig.* urywek, fragment; 2**stückhaft** urywkowy (-wo), fragmentaryczny; ~**teil** *m* ułamek (*von Sekunden* sekundy); cząstka, znikoma część; ~**zahl** *f* liczba ułamkowa, ułamek.

Brücke *f* most; *Mar., Sp., Tech.* mostek; (*Teppich*) dywanik.

Brücken|**bau** *m* (*-es*; *0*) budowa mostów; ~**deck** *n Mar.* pokład nawigacyjny; ~**feld** *n Tech.* przęsło mostu; ~**kopf** *m* przyczółek mostowy; ~**kran** *m Tech.* suwnica; ~**pfeiler** *m* filar mostowy; ~**waage** *f* waga pomostowa.

Bruder *m* (*-s*; ≃) brat; ~ *in Zssgn mst* bratni, bracki.

Brüderchen *n* braciszek; F bratek.

Bruder|**herz** F *n* kochany brat; serdeczny przyjaciel; ~**krieg** *m* walka (*od.* wojna) bratobójcza.

Brüder|**lein** *n s. Brüderchen*; 2**lich** braterski (po -ku, jak bracia); ~**lichkeit** *f* (*0*) braterskość *f*.

Bruder|**mord** *m* bratobójstwo; ~**schaft** *f* bractwo, brać *f.*

Brüderschaft *f* pobratymstwo; F ~ *trinken* ⟨wy⟩pić bruderszaft.

Brüh|**e** *f* rosół, bulion; *fig. verä.* lura; pomyje *pl.*; *Tech.* roztwór; 2**en** na-, za|parzać ⟨-rzyć⟩; 2**heiß** wrzący (-co); ~**kartoffeln** *f/pl.* ziemniaki *m/pl.* z rosołu; 2**warm** *Adv.* F *fig.* na gorąco; ~**würfel** *m* kostka bulionowa; ~**wurst** *f* kiełbasa parzona. [ryczeć.)

Brüll|**affe** *m Zo.* wyjec; 2**en** ⟨za-⟩)

Brumm|**bär** F *m* zrzęda *m*, gdera *m*; ~**eisen** *n* drumla; 2**eln** *f* (*-le*) burczeć; 2**en** mruczeć ⟨-uknąć⟩ (*a. fig.*); (*Käfer*) bzyczeć; (*Motor*) warczeć; (*Kanonen*) huczeć; (*Donner*) grzmieć; F *mein Kopf* 2*t mir* huczy mi w głowie; F *er mußte 2 Monate* 2*en* siedział dwa miesiące w mamrze *od.* w kozie; ~**er** F *m* (*Fliege*) mucha mięsna; (*Käfer*) żuk; *schwerer* ~**er** duża ciężarówka; 2**ig** zrzędny, gderliwy (-wie); ~**kreisel** *m* bąk, fryga; ~**schädel** F *m: ich habe e-n* ~**schädel** głowa mi trzeszczy.

brü'nett ciemnowłosy; *Haar*: ciemny; ~**er Mann** brunet; 2**e** *f* brunetka.

Brunft *f* (*-*; =*e*) *allg.* okres godowy; (*Hirsch*2) rykowisko; (*Elch*2) bukowanie; (*Damwild*2) bekowisko, gon; (*Reh*2) ruja; (*Wisent*2) stanowienie; (*Gemsen*2) gon; ~**schrei** *m* ryk jelenia w okresie rykowiska, rujka.

Brunnen *m* studnia; woda mineralna; ~**kresse** *f* rukiew wodna; ~**kur** *f* kuracja zdrojowa; ~**vergiftung** *f fig.* zatrucie atmosfery politycznej; ~**wasser** *n* (*0*) woda studzienna.

Brunst *f* ruja, okres rui; *s. Brunft.*

brünstig (będący) w okresie rui; *lit.* namiętny, żarliwy (-wie).

brüsk szorstki (-ko), obcesowy (-wo); ~**ieren** [-'ki:-] (-) ⟨z⟩robić afront (*A/D*).

Brust *f* (*-*; =*e*) pierś *f*; (*Hemd*2) gors; ~ *in Zssgn a.* napierśny; *sich in die* ~ *werfen* ⟨na⟩puszyć się jak paw; ~**bein** *n* mostek; ~**bild** *n* zdjęcie (*od.* portret) do pasa.

brüsten (*-e-*): *sich* ~ przechwalać się, chełpić się (*mit/I*).

Brustfell *n* opłucna; ~**entzündung** *f* zapalenie opłucnej.

Brust|höhle f jama piersiowa; ~- **kasten** m, ~**korb** m klatka piersiowa; ~**krebs** m rak piersi; ~**schwimmen** n pływanie stylem klasycznym; ~**stück** n *Kochk.* mostek, (v. *Rind a.*) szponder; ~**tasche** f kieszeń f wewnętrzna (marynarki); kieszonka na piersi; ~**umfang** m obwód klatki piersiowej.

Brüstung f parapet, balustrada.

Brust|warze f sutek, brodawka sutkowa; ~**weite** f obwód gorsu; ~- **wickel** m okład na piersi.

Brut f wyleg(anie); (*0*) *konkr.* wyląg, pisklęta n/*pl.*; F (*Kinder*) dzieciaki m/*pl.*; *verä. s. Gesindel.*

bru'tal brutalny; ~**er Kerl** brutal; **2i'tät** f brutalność f.

Brut|anstalt f zakład wylęgowy, wylęgarnia; ~**apparat** m aparat wylęgowy, wylęgarka; ~**dauer** f czas wylęgania.

brüten (-*e*-) siedzieć na jajach; *s. ausbrüten*; F *fig.* medytować, głowić się (*über D*/nad *I*); ~**de Hitze** nieznośny (*od.* straszny) upał.

Brüter m: *schneller* ~ reaktor pomnażający *od.* mnożący.

Brut|henne f kwoka; ~**kasten** f *Med.* inkubator; ~**kolonie** f kolonia wylęgowa; ~**ofen** m: e-e *Hitze wie in* e-m ~ofen gorąco jak w łaźni; ~**platz** m lęgowisko; ~**stätte** f *fig.* wylęgarnia, siedlisko.

brutto brutto; **2gewicht** n waga brutto; **2sozialprodukt** n produkt społeczny *od.* globalny; **2verdienst** m zarobek brutto.

brutzeln F (-*le*) v/i skwierczeć; v/t ⟨u⟩smażyć.

Bub m (-*en*) chłopak, malec; ~**e** m (-*n*) *KSp.* walet; *s. Schurke*; ~**enstreich** m psikus, kawał łobuzerski.

Bubikopf m fryzura na pazia.

Buch n (-*es*; ⸗*er*) książka; (*Romanteil, Weiß⸗, Hdl., Rel.*) księga; (*Film*) scenariusz; ~ **führen** notować (sobie) (*über A*/*A*); *zu* ~(*e*) *schlagen* odbi(ja)ć się (na *L*), mieć znaczenie; ~**binder** m introligator; ~**binde'rei** f introligatornia; ~**druck** m (-*es*; *0*) druk dziełowy *od.* książek; ~**drucke'rei** f drukarnia dziełowa; ~**druckerkunst** f (*0*) drukarstwo, sztuka drukarska.

Buch|e f buk; ~**ecker** f (-; -*n*) bukiew f.

buchen[1] ⟨za⟩księgować; *Platz usw.*:

zamawiać ⟨-mówić⟩, ⟨za⟩rezerwować, F zaklepać *pf.*

buchen[2], 2~ *in Zssgn* bukowy; 2~**holz** n buczyna.

Bücher|- książkowy; ~**abschluß** m zamknięcie ksiąg; ~**bord** n, ~**brett** n półka na książki.

Büche'rei f *s. Leihbücherei.*

Bücher|regal n regał na książki; ~- **revisor** m *s. Buchprüfer*; ~**schrank** m biblioteka, szafa na książki; ~- **wurm** m *fig.* mól książkowy.

Buchfink m ziemba.

Buch|führung f księgowość f, buchalteria; ~**gemeinschaft** f klub książki; ~**halter(in** f) m księgow|y m (-a), buchalter(ka); ~**haltung** f *s. Buchführung*; dział księgowości, rachuba; ~**handel** m księgarstwo; ~- **händler** m księgarz; ~**handlung** f księgarnia.

Büchlein n książeczka.

Buch|macher m bookmaker; 2~**mäßig** książkowy, zgodny z księgami; ~**messe** f targi m/*pl.* książki; ~- **prüfer** m rewident.

Buchsbaum m bukszpan; ~- *in Zssgn* bukszpanowy.

Buchse f tulej(k)a; *Rdf.* gniazdko.

Büchse f puszka; (*Waffe*) strzelba, fuzja.

Büchsen|fleisch n konserwa mięsna; ~**macher** m rusznikarz, puszkarz; ~**milch** f mleko kondensowane; ~**öffner** m otwieracz (*od.* klucz) do puszek.

Buchstabe m (-*n*) litera; *in* ~*n* słownie; *nach dem* ~*n* według litery prawa.

Buchstaben|rätsel n logogryf; ~- **schloß** n zamek szyfrowy.

buch|sta'bieren ⟨-⟩ literować, sylabizować; 2~**stäblich** dosłowny, literalny.

Bucht f *Geogr.* zatoka; (*Tau⸗*) zwój; (*Koben*) kojec.

Buch|umschlag m okładka (książki); ~**ung** f (za)księgowanie; *konkr* zaszłość f; (za)rezerwowanie, rezerwacja.

Buchungs|- księgowy; ~**beleg** n dowód kasowy; ~**maschine** f maszyna do księgowania.

Buchweizen m gryka, tatarka; ~- *in Zssgn* gryczany, tatarczany.

Buckel m garb; F (*Rücken*) grzbiet; *s-e* 60 *Jahre auf dem* ~ *haben* dźwigać sześć krzyżyków.

buck(e)lig garbaty (-to); ℒe(r) m/f garbus(ka).

bücken: sich ~ na-, s|chylać ⟨-lić⟩ się; uginać ⟨-iąć⟩ karku (vor j-m/ przed I).

Bückling¹ m (-s; -e) Kochk. pikling.

Bückling² F m (-s; -e) niski (od. głęboki) ukłon.

Buddel|kasten F m piaskownica; ℒn F (-le) kopać; grzebać się.

bud'dhistisch buddyjski.

Bude f buda; (Laden) kram(ik); F (Stube) pokój, kawalerka.

Budget [by'dʒe:] n (-s; -s) budżet; ~ in Zssgn budżetowy.

Büffel m bawół; ~ in Zssgn bawoli; ℒn (-le) wkuwać, kuć.

Bug m (-es; -e) Mar. dziób, przód; Zo. łopatka; Kochk. a. plecówka.

Bügel m kabłąk; pałąk; Tech. a. jarzmo; ~eisen n żelazko (do prasowania); ~falte f kant (u spodni); ℒförmig kabłąkowaty (-to), pałąkowy (-wo); ℒfrei non-iron(owy); ~maschine f prasowarka; ℒn (-le) ⟨od⟩prasować; ~n n (-s; 0) prasowanie; ~tuch n zaparzaczka.

Bug|rad n Flgw. koło przednie; ℒ-'sieren (-) Mar. holować; F fig. popychać ⟨-pchnąć⟩; ~spriet n od. m (-es; -e) Mar. dziobak, bukszpryt; ~welle f fala przy dziobie okrętu.

buhlen: ~ um (A) ubiegać się, starać się o (A).

Buhmann F m (-es; ᵘer) postrach.

Buhne f ostroga, tama poprzeczna.

Bühne f scena; Tech. pomost, mostek.

Bühnen|ausstattung f oprawa scenograficzna; ~bild n Thea. sceneria; ~bildner m scenograf; ~dichter m dramaturg; ~künstler m artysta sceniczny od. teatralny; ~stück n, ~werk n sztuka teatralna.

Buhrufe m/pl. okrzyki m/pl. nieza-
buk s. backen.   [dowolenia.]

Bu'kett n (-es; -e/-s) bukiet.

Bu'lette f dial. kotlet mielony od. pożarski, zraz(ik) siekany.

Bul'gar|e m (-n) Bułgar; ℒin f Bułgarka; ℒisch bułgarski (po -ku).

Bull|auge n Mar. iluminator; ~dogge f buldog; ~dozer m spycharka czołowa.

Bulle¹ f bulla (papieska).

Bulle² m (-n) byk, buhaj; fig. P (Polizist) glina, blaszak; F atleta m, siłacz.

Bullen|hitze F f nieznośny upał; ~-kalb n byczek.

bullern F (-re) Feuer, Ofen: buzować ⟨się⟩; Wasser: bulgotać.

Bulletin [byla'tɛ̃·] n (-s; -s) komunikat, biuletyn.

bullig F mocno zbudowany, krępy; Hitze: nieznośny.

Bully n (-s; -s) Sp. zagrywka.

Bummel F m przechadzka, spacer; e-n ~ machen iść ⟨pójść⟩ na spacer; ~ei F [-'lai] f (0) guzdranie się; (Müßiggang) bumelowanie; ℒig F niedbały (-le), opieszały (-le); ℒn F (-le) ⟨po⟩spacerować, przechadzać ⟨przejść⟩ się; (tródeln) guzdrać się; (faulenzen) wałęsać się, łazikować; ~zug f m ciuchcia. [spacerowicz.]

Bummler F m lazik, wałkoń m;ℐ

bums|en F tłuc, grzmocić (an A/o A); nalecieć (gegen A/na A); V (koitieren) pieprzyć (się); ℒlokal n knajpa z dansingiem.

Bund¹ n (-es; -e) wiązka, pę(cze)k.

Bund² m (-es; -e) związek; (kon)federacja; s. Bündnis; (Hosenℒ) pasek; der ~ der Ehe związki (od. węzły) małżeńskie; im ~e mit ... sein sprzymierzyć się F spiknąć się (z I).

Bünd|chen n (am Kleid) listewka; ~el n wiązka a. Phys.); pęczek; paczka; (Habseligkeiten) tobół, tłumo(cze)k, zawiniątko; ℒeln (-le) ⟨z⟩wiązać w wiązkę (od. pęczek, paczkę); Phys. (Licht) ogniskować; ℒelweise wiązkami, na wiązki.

Bundes|bürger m obywatel Republiki Federalnej Niemiec; ℒgenosse m sojusznik, sprzymierzeniec; ~kanzler m kanclerz federalny; ~lade f arka przymierza; ~land n kraj związkowy; ~präsident m prezydent federalny; ~rat m rada związkowa od. federalna; ~regierung f rząd federalny od. związkowy; ~republik f republika federalna; ~staat m państwo związkowe, federacja; ~wehr f bundeswera.

bündig zwięzły (-źle); kurz und ~ krótko i węzłowato.

Bündnis n (-ses; -se) sojusz, przymierze; ℒfrei niezaangażowany; ~partner m s. Bundesgenosse; ~vertrag m pakt (od. układ) wojskowo-polityczny.

Bunker m Mar. bunkier; Tech. zasobnik, zasobnia; zbiornik; Mil. schron (betonowy), F bunkier.

bunt (różno)barwny, (różno)kolorowy (-wo); *Kuh*: pstry (-ro); *fig.* mieszany, rozmaity; ~er *Abend* wieczór rozmaitości; ~e *Platte* półmisek z wędlinami różnego rodzaju; ~e *Reihe* przekładanka; ~es *Treiben* (duży) ruch, ożywienie; ~e *Wäsche a.* kolory *m*/*pl.*; ~ *durcheinander* w nieładzie; es *zu* ~ *treiben* za wiele sobie pozwalać, nie znać miary; 2**metalle** *n*/*pl.* metale nieżelazne *od.* kolorowe; ~**scheckig** pstrokaty (-to); 2**stift** *m* ołówek kolorowy, kredka (do malowania).

Bürde *f* brzemię (*a. fig.*).

Burg *f* zamek (warowny), gród, kasztel; ~ *in Zssgn* zamkowy.

Bürge *m* (-n) poręczyciel, żyrant; 2**n** poręczać ⟨-czyć⟩, ręczyć (*für j-n*/za *A*); ⟨za⟩gwarantować (*für et.*/*A*).

Bürger *m*, ~**in** *f* obywatel(ka); (*Bourgeois*) mieszczanin, mieszcz(an)ka; ~**initiative** *f* inicjatywa społeczna; aktyw społeczny; ~**krieg** *m* wojna domowa; ~**kunde** *f* wiedza obywatelska; 2**lich** *Jur.* cywilny; obywatelski; mieszczański (po -ku); ~**meister** *m* burmistrz; ~**schaft** *f* (0) ogół obywateli; ~**steig** *m* chodnik, trotuar; ~**tum** *n* (-s; 0) mieszczaństwo; ~**wehr** *f* straż obywatelska.

Burg|**friede(n)** *m* zawieszenie broni (*fig.*); ~**graben** *m* fosa zamkowa; ~**ruine** *f* ruiny *f*/*pl.* zamku, (stare) zamczysko.

Bürgschaft *f* poręczenie, poręka; rękojmia, gwarancja; ~ *leisten s. bürgen.*

Bur|**gunder** *m* (-s; 0) burgund.

Burg|**verlies** *n* loch; ~**vogt** *m* kasztelan.

Bü'ro *n* (-s; -s) biuro; ~**angestellte(r)** *m*/*f* pracowni|k (-ca) biurowy (-wa), † biuralist|a *m* (-ka); ~**arbeit** *f* praca biurowa od. w biurze; biurowość *f*; ~**haus** *n* biurowiec; ~**klammer** *f* spinacz.

Büro'kra|**t** *m* (-en) biurokrata *m*; ~'**tie** *f* (0) biurokracja; 2**tisch** biurokratyczny.

Bü'ro|**material** *n* materiały biurowe; ~**stunden** *f*/*pl.* godziny *f*/*pl.* urzędowania; ~**schluß** *m* koniec urzędowania.

Bur|**sche** *m* (-n) chłopak, wyrostek; *Mil.* ordynans; (*Student*) bursz; *s. Geselle*; F (*Kerl*) facet; (*kräftiges*

Tier) okaz; ~**schenschaft** *f* korporacja, burszostwo; 2**schi'kos** swobodny, niewymuszony (-szenie).

Bürste *f* szczotka; ~*n*- szczotkowy.

bürsten (-*e*-) ⟨o⟩czyścić szczotką, (*a. Haare*) ⟨wy⟩szczotkować; 2~**schnitt** *m* włosy *m*/*pl.* na jeża.

Bürzel *m* kuper(ek); *J*Spr. kiść *f*.

Bus F *m* (-ses; -se) autobus.

Busch *m* (-es; *u*e) krzak, krzew; *pl. a.* zarośla *n*/*pl.*; F *sich* (*seitwärts*) *in die Büsche schlagen* da(wa)ć drapaka; *auf den* ~ *klopfen* wyciągać na słówka, podpyt(yw)ać; ~**bohne** *f* fasola piesza.

Büschel *n* pęk; (*Haar*2) kosmyk.

busch|**ig** krzaczasty (-to); 2**werk** *n* (-*es*; 0) zarośla *n*/*pl.*

Busen *m* pierś *f*, biust; (*der Natur*) łono; 2**frei** F w toplesie; ~**freund** *m* serdeczny przyjaciel, kumpel; ~**freundin** *f* przyjaciółka od serca.

Bushaltestelle *f* przystanek autobusowy.

Bussard *m* (-s; -e) myszołów.

Buße *f* pokuta; (*Strafe*) kara; *Jur.* (*Geld*2) nawiązka; grzywna; ~ *tun* odby(wa)ć pokutę.

büßen (-*ßt*) ⟨od⟩pokutować (*A*, *für*/ *A*, za *A*); *mit dem Leben od. Tod* ~ przypłacać ⟨-cić⟩ życiem; *das soll er mir* ~! zapłaci mi za to!

Büßer *m*, ~**in** *f* pokutni|k (-ca); ~**hemd** *n* włosiennica.

buß|**fertig** skruszony, okazujący skruchę; 2**geld** *n* grzywna.

Bus'sole *f* busola.

Bußtag *m* dzień pokutny.

Büste *f* popiersie; *s. Busen.*

Büstenhalter *m* biustonosz, stanik.

Butt *m* (-*es*; -e) płastuga, stornia.

Butte *f*, **Bütte** *f* kadź *f*.

Büttel *m verä.* siepacz, oprawca *m*.

Büttenpapier *n* papier czerpany.

Butter *f* (0) masło; F *alles in* ~! szafa gra!; ~**blume** F *f* kaczeniec; jaskier; ~**brot** *n* chleb z masłem; kromka chleba z masłem; F *für ein* ~*brot* za bezcen; ~**dose** *f* maselniczka; ~**faß** † *n* kierzanka; ~**maschine** *f* mas(i)elnica, kierznia; ~**milch** *f* maślanka; ~**pilz** *m* maślak; ~**schmalz** *n* masło topione; 2**weich** miękki jak masło.

Butyrat *n* (-*es*; -e) *Chem.* maślan.

Butzenscheibe *f* wypukła szybka.

byzan'tinisch bizanty|jski, -ński.

C

Café [ka·'feː] n (-s; -s) kawiarnia.

Camembert ['kɛ-] m (-s; -s) kamember.

Camper F ['kɛm-] m obozowicz, turysta kempingowy.

Camping ['kɛm-] n (-s; 0) kemping, turystyka kempingowa; **~ausrüstung** f wyposażenie kempingowe; **~beutel** m torba turystyczna; **~platz** m kemping, obozowisko; **~urlaub** m urlop (od. wczasy pl.) pod namiotami.

Cañon ['kanj-] m (-s; -s) kanion.

Cape [keːp] n (-s; -s) pelerynka, narzutka.

Caravan ['ka·-] m (-s; -s) karawaning.

Cayennepfeffer [ka·'jɛn-] m pieprz turecki.

Cell|ist [tʃɛ'lɪst] m (-en) wiolonczelista m; **~lo** n (-s; -s/-lli) wiolonczela; **~lo-** in Zssgn wiolonczelowy.

Cembalo ['tʃɛm-] n (-s; -s/-li) klawicymbał, klawesyn.

ceylo'nesisch [tsaj-] cejloński.

Chagrinleder [ʃa'grɛ̃-] n skóra szagrynowa.

Chalet [ʃa'leː] n (-s; -s) szałas, szalet.

Cha'mäleon [k-] n (-s; -s) kameleon.

chamois [ʃa'mŏa] płowożółty (-to).

Champagner [ʃa·m'panja] m szampan; **~-** in Zssgn szampański.

Champignon ['ʃampinjɔ̃] m (-s; -s) pieczarka.

Champion ['tʃɛmpiən] m (-s; -s) mistrz(yni f), rekordzist|a m (-ka).

Chance ['ʃãsə, 'ʃã·sə] f szansa; **~gleichheit** f równość f szans.

Chanson [ʃã·'sɔ̃] n (-s; -s) piosenka kabaretowa; **~ier** [-'niɛː] m (-s; -s); **~sänger** m szansonista m.

Chao|s ['ka-] n (-; 0) chaos, zamęt; **~tisch** [-'oː-] chaotyczny.

Cha'rakter [ka·-] m (-s; -'tere) charakter; **~darsteller** m aktor charakterystyczny; **~fest** stałego charakteru.

charakteri|'sieren [ka·-] (-) ⟨s⟩charakteryzować; cechować; **~stik** [-'rɪ-] f charakterystyka;

~stikum [-'rɪ-] n (-s; -ka) cecha charakterystyczna; **~stisch** [-'rɪ-] charakterystyczny.

cha'rakter|lich [ka·-] ... charakteru; **~los** bez charakteru; **~rolle** f rola charakterystyczna; **~schwäche** f słabość f charakteru; **~zug** m rys charakteru.

charis'matisch [ka-/ça-] charyzmatyczny.

char'mant [ʃar-] miły (-le); (galant) szarmancki (-ko).

Charme [ʃarm] m (-s; 0) wdzięk, urok; szarmanckość f.

Charta ['karta] f (-; -s) karta.

Charter ['tʃar-] m (-s; -s) Hdl. czarter; **~flug** m (prze)lot samolotem zaczarterowanym, czarter; **~flugzeug** n samolot zaczarterowany; **2n** (-re) wynajmować ⟨-jąć⟩, ⟨za⟩czarterować.

Chassis [ʃa'siː] n (-; -) Kfz. podwozie; Rdf., Tech. podstawa, rama.

Chauffeur [ʃɔ'føːʁ] m (-s; -e) szofer.

Chaussee [ʃɔ'seː] f (-; -een) szosa.

Chauvi'nismus [ʃovi'-] m (-; 0) szowinizm.

Chef [ʃɛf] m (-s; -s) szef; **~-** in Zssgn naczelny, główny, **~delegierte(r)** m szef (od. kierownik) delegacji; **~ideologe** m czołowy ideolog; **~in** f F szefowa; **~visite** f wizyta lekarza naczelnego.

Che'mie [çe-/ke-] f (-; 0) chemia; **~faser** f włókno syntetyczne; **~ingenieur** m inżynier-chemik; **~werkstoff** m tworzywo syntetyczne.

Chemi'kalien [çe-] f/pl. chemikalia f/pl.; **~ker** m chemik; **2sch** chemiczny.

Chemothera'pie [çe-] f chemoterapia.

Chevreauleder [ʃe'vro:-] n szewro.

Chicorée ['ʃiko·ʁe] f (-; 0) od. **~** (-s; 0) cykoria (sałatowa).

Chiffon ['ʃifɔŋ/ʃi'fõ] m (-s; -s) szyfon; **~-** in Zssgn szyfonowy.

Chiffre ['ʃifrə] f szyfr; kod; **~-** in Zssgn szyfrowy.

chiffrier|en [ʃi'friː-] (-) ⟨za⟩szyfro-

wać; ~**maschine** f maszyna do kodowania *od.* kodująca.
Chilen|e [tʃiˈleː-] *m* (-n), ~**in** f Chili|jczyk (-jka); ~**isch** chilijski.
Chinarindenbaum *m* drzewo chinowe, chinowiec.
Chinchilla [tʃɪnˈtʃɪ-] f (-; -s) *od.* n (-s; -s) szynszyla.
Chi'nes|e [çi-] *m* (-n) Chińczyk; ~**in** f Chinka; ~**isch** chiński (po -ku); ~**isch(e)** n (język) chiński, F chińszczyzna.
Chi'nin [çi-] *n* (-s; 0) chinina.
Chip [tʃɪp] *m* (-s; -s) m żeton.
Chiro'praktiker [çi-] *m* kręgarz.
Chi'rurg [çi-] *m* (-en) chirurg; ~**ie** [-'giː] f (-; -ien) chirurgia; ~**isch** chirurgiczny.
Chi'tin [çi-] *n* (-s; 0) chityna.
Chlor [kloːɐ̯] *n* (-s; 0) chlor; ~ *in Zssgn* chlorowy; ~**haltig** zawierający chlor; ~**id** [-ˈriːt] *n* (-es; -e) chlorek; ~**kalk** *m* chlorek bielący.
Chloro'|form [k-] *n* (-s; 0) chloroform; ~**for'mieren** (-) ⟨za⟩chloroformować; ~'**phyll** *n* (-s; 0) chlorofil.
Choler|a [ˈkoː-] f (-; 0) cholera; ~**isch** [-ˈleː-] choleryczny.
Choleste'rin [k-] *n* (-s; 0) cholesterol.
Chor[1] [koːɐ̯] *m od. n* (-es; -e/ᵘe) chór, prezbiterium.
Chor[2] [koːɐ̯] *m* (-es; ᵘe) chór; ~ *in Zssgn* chóralny; ~**al** [-ˈrɑːl] *m* (-s; ᵘe) choral.
Chordatiere [ˈk-] *n/pl.* Zo. strunowce *m/pl.*
Choreogra'phie [k-] f choreografia.
Chor|gestühl [k-] *n* stalle f/pl.; ~**hemd** n komża.
Cho'rist [k-] *m* (-en), ~**in** f chórzyst|a *m* (-ka).
Christ [k-] *m* (-en) chrześcijanin; † (-s) s. Christus.
Christbaum [k-] *m* choinka; ~**schmuck** *m* ozdoby f/pl. choinkowe.
Christen|heit [k-] f (-; 0) chrześcijanie *m/pl.*, świat chrześcijański; ~**tum** n (-s; 0) chrześcijaństwo, chrystianizm; ~**verfolgung** f prześladowanie chrześcijan.
christ|iani'sieren [k-] (-) nawracać ⟨-rócić⟩ na chrześcijaństwo; ~**in** f chrześcijanka; ~**kind** n Dzieciątko Jezus; ~**lich** chrześcijański (po -ku); ~**mette** f pasterka.

Christus [k-] *m* (G -/-ti, D -/-to, A -tum) Chrystus; nach ~ (*od.* Christo, Christi Geburt) po Chrystusie; vor ~ (*od.* Christo, Christi Geburt) przed Chrystusem; ~ *in Zssgn* chrystusowy; ~**dorn** *m* Bot. glediczia trójcierniowa.
Chrom [kroːm] *m* (-s; 0) chrom; ~**at** [-ˈmaːt] *m* (-s; -e) chromian; ~**a**tisch [-ˈmaː-] chromatyczny; ~**blitzend** (0) błyszczący chromem; ~**gelb** n żółcień chromowa; ~**grün** n zieleń chromowa.
Chromo'som [k-] *n* (-s; -e) chromosom.
Chroni|k [k-] f kronika; ~**sch** chroniczny; Med. a. przewlekły (-le); ~**st** [-ˈnɪst] *m* (-en) kronikarz.
chrono'logisch [k-] chronologiczny.
Chrysan'theme [k-] f złocień *m*, chryzantema.
Cine'|ast [si-] *m* (-en) filmowiec; miłośnik filmu; ~**ma'thek** f filmoteka.
Circulus viti'osus [tsɪʀ-] *m* (-; -li -si) błędne koło.
Clan [klɑːn] *m* (-s; -e/-s) klan, ród.
Claqueur [klaˈkøːɐ̯] *m* (-s; -e) klakier.
clever [k-] bystry, rozgarnięty; sprytny; chytry.
Clinch [klɪntʃ] *m* (-es; -es) Sp. zwarcie, klincz.
Clique [k-] f klika, koteria; ~**n**·**wirtschaft** f klikowość f.
Clou [kluː] *m* (-s; -s) główna atrakcja, F gwóźdź *m*.
Clown [klaun] *m* (-s; -s) klown, błazen (cyrkowy).
Cock|pit [ˈk-] *n* (-s; -s) Mar. kokpit; Flgw. kabina pilota; ~**tail** [ˈkɔkteːl] *m* (-s; -s) koktejl.
Cœr [køːɐ̯] *n* (-[s]; -[s]) karo.
Collie [ˈk-] *m* (-s; -s) owczarek szkocki.
Comeback [kamˈbɛk] *n* (-s; -s) powrót.
Comics [ˈkɔmɪks] pl. komiksy *m/pl.*
Computer [kɔmˈpjuːtɐ] *m* komputer; ~ *in Zssgn* komputerowy.
Conférencier [kɔnfeˈrɑ̃ˈsie] *m* (-s; -s) konferansjer.
Container [kɔnˈteːnɐ] *m* (-s; -) pojemnik, kontener; ~**frachter** *m* kontenerowiec; ~**verkehr** *m* transportowanie materiałów w pojemnikach, konteneryzacja.
costari'kanisch [k-] kostarykański.

Couch [kautʃ] *f* tapczan; ~tisch *m* stół gabinetowy.

Countdown ['kaunt'daun] *m od. n* (-/-s; -s) odliczanie.

Coup [ku:] *m* (-s; -s) śmiałe przedsięwzięcie *od.* posunięcie; zręczny manewr; (*Erfolg*) sukces.

Cowboy ['kau-] *m* (-s; -s) kowboj; ~- *in Zssgn* kowbojski.

Creme [krɛ:m] *f* (-; -s) krem; pasta; *fig.* śmietanka; 2**farben**, 2**farbig** kremowy (-wo); ~**suppe** *f* zupa przecierana.

Crew [kru:] *f* (-; -s) załoga; *Sp.* obsada; zespół, drużyna.

Croupier [kru·'piɛ:] *m* (-s; -s) krupier.

Cup [kap] *m* (-s; -s) puchar.

Cutter ['katɐ] *m* (-s; -) montażysta filmowy.

D

da *Adv.* (*hier*) tu, oto; (*dort*) tam; *zeitl.* wtedy, wówczas; *hier und ~, ~ und dort* tu i tam; *von ~ an* odtąd; *zeitl.* od tego czasu, od tej chwili; *... ist nicht ~* nie ma (*G*); *wer ~?* kto tam?; *was kann man ~ tun?* cóż można w tym wypadku uczynić?; *Kj.* (*weil*) ponieważ, skoro; (*als*) gdy, kiedy; *~ doch, ~ nun* skoro jednak(że).

dabehalten (-) zatrzym(yw)ać.

da'bei obok; (*bei diesem, noch dazu*) przy tym; (*überdies*) oprócz tego, nadto; *gerade '~ sein* właśnie zab(ie)rać się do (*G*); *was ist schon ~?* cóż w tym złego?; F *ich bin ~!* zgoda!, zgadzam się!; *es kommt nichts ~ heraus* nic z tego nie wyjdzie; ~**bleiben** pozost(aw)ać (*bei*/przy *L*); ~**haben** ‹haben› mieć przy sobie; ~**sein** (*bei*) brać ‹wziąć› udział, uczestniczyć (w *L*); (*anwesend sn*) być obecnym (przy *L*).

dableiben (*sn*) zost(aw)ać.

Dach *n* (-es; "er) dach; *Bgb.* strop; *fig. a.* schronienie; *et. unter ~ und Fach bringen* s-, za|kończyć, załatwi(a)ć (*A*); F *eins aufs ~ bekommen* dost(aw)ać po kułach; ~**balken** *m* belka wiązania dachowego; ~**boden** *m* strych, poddasze; ~**decker** *m* dekarz; ~**fenster** *n* okno dachowe, dymnik; ~**garten** *m* ogród na dachu; ~**geschoß** *n* poddasze; ~**kammer** *f* mansarda, facjata; ~**luke** *f* wyłaz dachowy, dymnik; ~**organisation** *f* organizacja naczelna *od.* centralna; ~**pappe** *f* papa dachowa; ~**rinne** *f* rynna (dachowa). [(-es; -e) jama borsucza.)

Dachs *m* (-es; -e) borsuk; ~**bau** *m*)

Dach|schaden F *m*: *e-n ~schaden haben* mieć fioła; ~**schiefer** *m* łupek dachowy.

Dachs·hund *m* jamnik.

Dach|stroh *m* słoma równianka; ~**stuhl** *m* stolec dachowy.

dachte *s.* denken.

Dach|verband *m* więźba dachowa; *fig. s. Dachorganisation;* ~**wohnung** *f* mieszkanie na poddaszu; ~**ziegel** *m* dachówka.

Dackel *m* jamnik.

dadurch przez to; (*auf diese Weise*) tak, w taki sposób.

Daffke F: *aus ~* na wariata.

dafür (*sprechen, stimmen*) za tym; (*bekommen*) za to; (*verwenden*) na to; (*sorgen*) o to; *~ aber* lecz za to; ~**können**: *ich (er) kann nichts ~* to nie moja (jego) wina.

dagegen *Adv.* przeciw(ko) temu; *~ ist nichts zu machen* na to nie ma rady; *Kj.* (*jedoch*) natomiast, zaś; ~**halten** porówn(yw)ać (z tym); *s.* entgegen. [2 *n* (*unv.*) dom.)

da'heim w domu; *von ~* z domu;

daher *Adv.* stamtąd; *Kj.* (*deshalb*) dlatego (też), toteż, przeto; *~ weil, ~ daß ...* stąd że ...; ~**reden** F gadać (trzy po trzy).

dahin tam; *bis ~* do tego miejsca *od.* (*zeitl.*) czasu; (*bis zu diesem Zustand*) do tego; *vgl. hin, vergangen;* ~**ab**, ~**auf**, ~**aus** tędy (w dół, w górę, na zewnątrz); ~**eilen** (*sn*) pospieszać ‹-szyć›; (*Zeit*) umykać ‹umknąć›; ~**ein** tędy (do środka, do wewnątrz); ~**fliegen** (*sn*) od-, prze|latywać ‹-lecieć›; (*Zeit*) prze-lecieć *pf.*, uciekać; ~**gehen** (*sn*) przemijać ‹-minąć›; (*sterben*) umie-

rać ⟨umrzeć⟩; **~gehend** w tym
sense.

da'hingestellt: ~ bleiben, ~ sein być
wątpliwym: ~ sein lassen pozosta-
wi(a)ć kwestję otwartą *od.* na boku.

da'hin|leben wegetować, żyć z dnia
na dzień; **~raffen** (*Tod*) por(y)wać,
zab(ie)rać; **~siechen** *v/i* (*sn*) wątleć,
niedołężnieć, spadać z sił; **~stehen**
być wątpliwym.

dahinten w tyle, tam z tyłu.

da'hinter za tym (*od.* tą, tymi);
~kommen F (*sn*) wykry(wa)ć; (*erraten*) domyślać ⟨-lić⟩ się (*G*);
~stecken *v/i* kryć się (*hinter*/za *I*);
er steckt ~ on jest sprężyną (*G*).

Dahlie *f* dalia, georginia.

da|lassen pozostawi(a)ć; **~liegen**
leżeć.

dalma'tinisch dalmatyński.

damal|ig ówczesny; **~s** wtedy; *von*
~s ówczesny; z dawnych lat.

Da'mast *m* (*-es; -e*) adamaszek; **~**
in Zssgn adamaszkowy.

Dame *f* dama; pani (*des Hauses*
domu); (*Schach*) hetman; (*Tanz*Ⓢ)
partnerka; *Sp.* **~n** *pl.* kobiety *f*/*pl.*;
~ spielen ⟨za⟩grać w warcaby;
~brett *n* warcabnica.

Damen|- damski, kobiecy, dla ko-
biet; *Sp.* ... pań; **~binde** *f* opaska
higieniczna; **~gesellschaft** *f* towarzystwo kobiet *od.* pań; Ⓢ**haft**
dystyngowany, wytworny; **~rad** *n*
rower damski, F damka; **~wahl** *f*
biały taniec; **~wahl!** panie proszą
do tańca!

Dame|spiel *n* gra w warcaby; **~**
stein *m* pionek, bierka warcabowa.

Damhirsch *m* daniel.

damit¹ *Adv.* (z) tym; z tego; na
(*od.* przez) to; *was soll ich ~ tun?*
co mam z tym zrobić?; *und ~*
Schluß! i na tym koniec!; *was*
wollen Sie ~ sagen? co pan chce
przez to powiedzieć?; F *her ~!*
da(wa)j to (tu)!

da'mit² *Kj.* aby, żeby.

dämlich F durny, jołopowaty (*-to*).

Damm *m* (*-es; *e*) nasyp (*a. Esb.*),
wał; (*Deich*) zapora, tama (*a. fig.*);
Anat. krocze; F *wieder auf dem ~*
sein wygrzebać się (z choroby);
~bruch *m* przerwanie grobli *od.*
tamy.

dämmen *fig.* ⟨po⟩hamować, ⟨s⟩tłu-
mić.

dämmer|ig mroczny (*-no*); Ⓢ**licht**

n półmrok; **~n** (*-re*): es ~t świta (*a.*
F *fig.* bei/mu); (*abends*) zmierzcha
się; der Abend ~t zapada mrok; *vor*
sich hin ~n drzemać; Ⓢ**schlaf** *m*
półsen; Ⓢ**ung** *f* (*abends*) zmierzch,
zmrok; (*morgens*) świt, brzask;
Ⓢ**zustand** *m* stan zamroczenia.

Dammriß *m* *Med.* pęknięcie
krocza.

Dämon *m* (*-s;* -'*monen*) demon;
Ⓢ**isch** [-'mo:-] demoniczny.

Dampf *m* (*-es; *e*) para; *s. Dunst,*
Rauch; F *fig.* mit ~ pełną parą; ~
dahinter machen przynaglać, popędzać; **~bad** *n* parówka, (*a. Chem.*)
łaźnia parowa; **~druck** *m* ciśnienie
pary; Ⓢ**en** *v/i* parować; dymić (się);
F (*fahren*) ⟨po⟩jechać, ⟨po⟩płynąć.

dämpfen *Kochk.* ⟨u⟩dusić; *Tech.*
parować, podda(wa)ć działaniu pary; *Stöße:* amortyzować; *Lärm,*
Stimme: przytłumi(a)ć, ⟨s⟩tłumić;
Licht: przyćmi(ewa)ć; *mit ge-
dämpfter Stimme* przytłumionym
głosem.

Dampfer *m* parowiec.

Dämpfer *m* tłumik (*a. Mus.*), amortyzator; *Text.* parownik; (*Futter*Ⓢ)
parnik; F *j-m e-n ~ aufsetzen*
ostudzić zapał (*G*).

Dampf|heizung *f* ogrzewanie pa-
rowe; **~kessel** *m* kocioł parowy;
~lok(omotive) *f* parowóz; **~ma-
schine** *f* maszyna parowa; **~pfeife** *f*
syrena (parowa); **~turbine** *f* turbina parowa.

Dämpfung *f* parowanie; tłumienie;
przyćmienie; *s. dämpfen.*

Dampf|walze *f* walec parowy;
~wolke *f* kłąb (*od.* kłęby) pary.

Dam|tier *n* *JSpr.* łania; **~wild** *n*
daniele *m/pl.*

danach potem, następnie; po czym;
(*handeln*) odpowiednio do, stosownie do (*G*); (*sich richten*) do
tego; (*fragen*) o to; F *es sieht nicht*
~ *aus* nie wygląda na to.

Däne *m* (*-n*) Duńczyk.

da'neben (*dicht tuż*) obok; (*außerdem*) oprócz tego, nadto.

da'nebenbenehmen: F *sich ~* popełnić *pf.* gafę.

da'neben|gehen (*sn*) F nie uda(wa)ć
się, chybi(a)ć celu; **~schießen,**
~treffen F chybi(a)ć, ⟨s⟩pudłować.

dang † *s.* dingen.

da'niederliegen być przykutym do
łóżka; *fig.* znajdować się w upadku.

Dän|in f Dunka; 2isch duński (po -ku).

dank (D, G) dzięki (D).

Dank m (-es; 0) podziękowanie, podzięka, dzięki m/pl.; s. Dankbarkeit; ~ sagen składać ⟨złożyć⟩ podziękowanie; tausend ~ stokrotne dzięki; Gott sei ~ Bogu dzięki; ~ schulden mieć dług wdzięczności (D/wobec G); zum ~ für a. w nagrodę za (A).

dankbar wdzięczny (a. fig.); sich ~ erweisen od. zeigen odwdzięczać ⟨-czyć⟩ się (gegenüber D/D); 2keit f (0) wdzięczność f.

danken ⟨po⟩dziękować (für/za A); (ver~) zawdzięczać; danke schön sehr, bestens dziękuję ślicznie, bardzo; ~d z podziękowaniem; ~s·wert godny podziękowania.

Dank|gottesdienst m nabożeństwo dziękczynne; ~sagung f (po)dziękowanie, lit. dziękczynienie; ~schreiben n list dziękczynny.

dann wtedy, wówczas; (später) potem, później; ~ und wann od czasu do czasu; und ~ prócz tego, i jeszcze; F bis ~! pa!

daran (hängen) na tym (od. nim, niej); (lehnen, sich stoßen) o to (od. niego, nią); (haften) tego, do tego; (erkennen) po tym; (denken) o tym; (teilnehmen) w tym (od. nim, niej); nahe ~ blisko tego (od. G); nahe ~ sein zu ... omal nie ...; es ist etwas ~ coś w tym jest; s. an, dran; ~gehen (sn), sich ~machen zab(ie)rać się (an A/do G); ~setzen dokładać ⟨dołożyć⟩ (A/G).

darauf (sich befinden) na tym (od. nim, niej); (stellen, legen) na to (od. niego, nią); (stolz sn) z tego; zeitl. po (L), potem; ein Jahr ~ w rok później; den Tag ~ nazajutrz; s. auf, drauf; ~folgend następny.

'darauf'hin na to; (infolgedessen, danach) skutkiem tego, po czym.

daraus z tego (od. niego, niej); ~ folgt z tego wynika; F ich werde nicht klug ~ nie kapuję tego.

darben cierpieć niedostatek, przymierać głodem.

darbiet|en przedstawi(a)ć (sich się); s. (an)bieten; 2ung f (0) przedstawienie; (a. pl.) występ.

darein w to (od. niego, nią); Zssgn s. (dr)ein-; ~finden, sich s. sich (darin).

darf s. dürfen.   [abfinden.]

dar'in w tym (od. nim, niej); s. drin.

darleg|en Gründe: wyłuszczać ⟨-czyć⟩; Sachverhalt: ob-, wy|jaśni(a)ć; Plan, Theorie: przedstawi(a)ć, przedkładać ⟨przedłożyć⟩; 2ung f objaśnienie; przedstawienie, pod(aw)anie.

Darleh(e)n n pożyczka; ~s·kasse f kasa pożyczkowa.

Darm m (-es; ²e) jelito, kiszka; ~entleerung f wypróżnienie; ~geschwür n wrzód jelitowy, owrzodzenie jelita; ~katarrh m nieżyt jelit; ~trägheit f (0) rozleniwienie jelit; ~verschlingung f skręt jelit od. F kiszek; ~verschluß m niedrożność f jelit.

Darre f suszarnia.   [wać.]

darreichen pod(aw)ać, ⟨za⟩ofiaro-

darstell|en przedstawi(a)ć (sich się); (schriftlich a.) opis(yw)ać; Rolle: odtwarzać ⟨-worzyć⟩, wykon(yw)ać; s. herstellen; ~end Kunst: plastyczny; ~ende Geometrie geometria wykreślna; ~erisch Thea. aktorski; 2er(in f) m Thea. odtwór|ca m (-czyni), wykonaw|ca m (-czyni); 2ung f przedstawienie; opisanie, (a. konkr.) opis; odtworzenie, wykonanie; graphische 2ung wykres.

dartun lit. wykaz(yw)ać.

darüber (über diesem) nad tym (od. nim, nią, nimi); (über das) na to; ponad to; (von diesem) o tym (od. nim, niej); ~ hinaus poza tym; etwas ~ nieco więcej od. ponadto; er hat ... und ~ ... vergessen on ... i z tego powodu zapomniał ...; s. (dr)über.

darum (um et. herum) do(o)koła (od. wokół) tego (od. niego, niej); (um dieses) o to; (deshalb) dlatego, z tego powodu; ~ geht es o to (właśnie) chodzi; aber ~ ale mimo to; s. drum, herum.

darunter (unter diesem) pod tym (od. nim, nią); (unter dieses) pod to (od. niego, nią, nij); (dazwischen) w tym, w tej liczbie; wśród (od. spomiędzy) nich; (weniger als das) (po)niżej, mniej; was verstehen Sie ~? co pan z przez to rozumie?; s. (dr)unter; ~ziehen wkładać ⟨włożyć⟩ pod (A); Kochk. podprawi(a)ć (I).

das s. der.

dasein (sn) być obecnym; egzystować, istnieć, być; *ist jemand da?* jest tu kto?; *es ist niemand da* nie ma nikogo; *ich bin gleich wieder da* zaraz wrócę; *es ist kein Brot da* nie ma chleba; *das ist noch nicht dagewesen!* coś podobnego!

Dasein *n* (-*s*; *0*) byt; istnienie, egzystencja; *s. Anwesenheit.*

Daseins|berechtigung *f* (*0*) racja bytu, prawo obywatelskie; **~kampf** *m* (-*es*; *0*) walka o byt.

dasjenige *s. derjenige.*

daß że; aby, żeby (*zur Einleitung des Finalsatzes*); *als* ~ niż żeby; *ohne* ~ bez (*G*); *nur* ~ tylko że; *es sei denn,* ~ ... chyba że ...; F ~ *ich nicht lache!* koń by się uśmiał!

Dasselfliege *f* bydleń *m*, F giez.

dasselbe *s. derselbe.*

Daten *n*|*pl.* dane *pl.*; *Tech. a.* parametry *m*|*pl.*; *s. Datum*; **~bank** *f* (-; -*en*) bank informacji *od.* danych; **~schutz** *m* ochrona danych; **~verarbeitung** *f* (*0*) przetwarzanie danych.

da'tieren (-) datować.

Dativ *m* (-*s*; -*e*) celownik.

Dattel *f* (-; -*n*) daktyl; **~palme** *f* daktylowiec, palma daktylowa.

Datum *n* (-*s*; -*ten*) data; *welches* ~ *haben wir heute?* którego dziś mamy?; **~s-grenze** *f* linia zmiany daty; **~(s)stempel** *m* datownik; odbicie stempla z datą.

Dauer *f* (*0*) trwanie; (*begrenzt*) (*czas*)okres, czas trwania; (*Dauerhaftigkeit*) trwałość *f*, stałość *f*; *von kurzer* ~ *sein* nie (po)trwać długo; *auf die* ~ na dłuższy czas, na dłuższą metę; *während der* ~ podczas trwania (*G*); *für die* ~ *von* na okres (*G*); **~auftrag** *m* polecenie przelewu aż do odwołania; **~brand-ofen** *m* piec stałopalny; **2haft** trwały (-le); **~kunde** *m* stały klient; **~lauf** *m* bieg długodystansowy; **~marsch** *m* marsz forsowny.

dauern[1] (-*re*): ... *dauert mich żałuję,* żal mi (*G*).

dauern[2] (-*re*) (po)trwać; (*sich hinziehen*) przeciągać (-gnąć) się; **~d** ciągły (-le), stały (-le) (*ständig*) ustawiczny, nieustanny; *Adv. a.* wciąż.

Dauer|stellung *f* stałe zajęcie, stała posada; **~tropf-infusion** *f* kroplówka dożylna; **~welle** *f* ondulacja trwała; **~wurst** *f* kiełbasa

sucha; **~zustand** *m* stan stały *od.* niezmienny.

Daumen *m* kciuk, wielki palec; *die* ~ *drehen fig.* siedzieć z założonymi rękami; F *die* ~ *drücken* trzymać kciuki (*D*/za *A*); **2breit** szeroki na palec; **~schraube** *f* kluba (*a. fig.*).

Däumling *m* (-*s*; -*e*) paluch.

Daune *f* puch.

Daunen|bett *n*, **~decke** *f* kołdra puchowa; **2weich** miękki jak puch.

davon (*von diesem*) od tego; stąd; z tego; (*darüber*) o tym; *genug* ~ *haben* mieć tego dość; F *das kommt* ~*!* dobrze ci tak!; *er ist auf und* ~ on się ulotnił; ~ *in Zssgn s. fort-weg*-; **~kommen** (*sn*) wychodzić ⟨wyjść⟩ cało *od.* bez szwanku (z *niebezpieczeństwa, choroby usw.*); **~machen**: F *sich* ~*machen* wymykać ⟨-mknąć⟩ się, wyślizgiwać ⟨-znąć⟩ się.

davor (*vor diesem*) przed tym (*od. nim, nią*); (*vor dieses*) przed to; *hüte dich* ~*!* strzeż się tego!

dazu (*zu diesem*) do tego (*od. niego, niej*); (*überdies*) nadto, prócz tego; *was sagst du* ~*?* co ty na to?; *noch* ~ w dodatku; *nicht* ~ ... nie po to ...; **~gehören** należeć do tego *od.* do (*G*); **~gehörig** należący do tego *od.* do (*G*); **~kommen** (*sn*) dochodzić ⟨dojść⟩, dołączać ⟨-czyć⟩ się (do *G*); *was kommt noch dazu?* co jeszcze?; **~lernen** nauczyć się *pf.* (dodatkowo); nab(ie)rać wprawy.

dazumal wtedy, dawniej; *Anno* ~ za króla Ćwieczka; *von* ~ ówczesny.

da'zutun F doda(wa)ć.

dazwischen (*zwischen dem*) między tymi *od.* nimi; (*darunter*) wśród tych (*od.* tego, nich); (*zwischen das*) między to *od.* nie; *zeitl.* w tym czasie, przez ten czas; **~fahren** (*sn*) interweniować; **~funken** F (*stören*) wtrącać ⟨-cić⟩ się; **~kommen** (*sn*) przeszkadzać ⟨-kodzić⟩ się, wchodzić ⟨wejść⟩ w drogę; *wenn nichts* ~*kommt* jeśli nic nie stanie na przeszkodzie; **~liegend** *Jahre, Ereignisse:* które upłynęły (*od.* minęły, zaszły) w tym czasie; **~reden** wtrącać ⟨-cić⟩ się; **~rufen** przer(y)wać (okrzykiem); **~treten** (*sn*) interweniować.

De'bakel *n* klęska, porażka.

debat'tieren (-) debatować.

Debitor *m* (-*s*; -'*toren*) dłużnik.

Debü|t [-'by:] n (-s; -s) debiut; ²'**tieren** (-) ⟨za⟩debiutować.

dechiff'rieren [-ʃif-] (-) odszyfrow(yw)ać.

Deck n (-s; -s/-e) Mar. pokład; ~ in Zssgn pokładowy; ~**adresse** f adres zaszyfrowany od. anonimowy; ~**bett** n pierzyna; ~**blatt** n (e-r Zigarre) pokrywa; Bot. przykwiatek.

Decke f Arch. sufit, pułap, (a. Bgb.) strop; (Reifen²) opona; (Eis² usw.) pokrywa; JSpr. futro, suknia; s. Bett-, Tischdecke; F unter einer ~ stecken spiknąć się, zmówić się (mit/z I); vor Freude (fast) an die ~ springen podskakiwać ⟨-skoczyć⟩ (od. nie posiadać się) z radości.

Deckel m po-, przy|kryw(k)a; (Kisten²) wieko; (Dosen², Zo.) wieczko; (Buch²) okładka; F eins auf den ~ geben (kriegen) dać (dostać) burę.

decken kryć (a. Sp.); Dach, Stute, Bedarf, Kosten: pokry(wa)ć; Tisch: nakry(wa)ć (A od. do G); (schützen) osłaniać ⟨-łonić⟩, ubezpieczać ⟨-czyć⟩; sich ~ pokry(wa)ć się (mit/z I); (sich sichern) ⟨u⟩kryć się, zasłaniać ⟨-łonić⟩ się.

Decken|balken m belka stropowa; ~**beleuchtung** f oświetlenie sufitowe; ²~**gemälde** n malowidło na suficie, plafon.

Deck|farbe f farba kryjąca; ~**ladung** f ładunek pokładowy; ~**mantel** m fig. płaszczyk; ~**name** m nazwisko zakodowane, pseudonim.

Deckung f (0) pokrywanie, pokrycie; krycie; osłona; Mil. a. ubezpieczenie; volle ~! kryj się!; s. decken; ²s**·gleich** kongruentny, przystający.

de'fekt uszkodzony, defektowy.

defen'siv, ²- defensywny, obronny; ²e f defensywa.

defi|'lieren (-) ⟨prze⟩defilować; ~'**nieren** (-) ⟨z⟩definiować, określać ⟨-lić⟩; ²**niti'on** f definicja, określenie; ~**ni'tiv** definitywny.

Defizi|t n (-s; -e) deficyt; ²'**tär** deficytowy (-wo).

defor'mieren (-) ⟨z⟩deformować.

De'froster-anlage f urządzenie odmrażające.

deftig F dial. (kräftig, tüchtig) porządny, tęgi (-go); s. a. derb.

Degen m szpada; hist. a. koncerz.

?egene'rieren (-; sn) wyradzać ⟨-rodzić⟩ się.

Degenfechten n szermierka na szpadę.

degra'dier|en (-) ⟨z⟩degradować; ²**ung** f degradacja.

dehn|bar rozciągliwy (-wie); elastyczny; fig. szeroki (-ko); ~**en** rozciągać ⟨-gnąć⟩ (sich się); Ling. przedłużać ⟨-żyć⟩; fig. (Recht) naciągać ⟨-gnąć⟩; sich ~en Stunden: ciągnąć się; s. a. aus-, erstrecken; ²**ung** f rozciąganie (się), rozciągnięcie; przedłużenie.

Dehy'drierung f odwadnianie.

Deich m (-es; -e) grobla, tama.

Deichsel f (-; -n) dyszel; ~**gabel** f hołoble f/pl.; ²n F (-le) załatwi(a)ć.

dein twój (twoja f, twoje n u. pl., twoi Psf.); swój (swoja, swoje, swoi); die ²en twoi (najbliżsi); nimm ~e Medizin zażyj sw(oj)e lekarstwo; ~**er** (an dich) ciebie, cię; ~**erseits** z tw(oj)ej strony; ze swej strony; ~**esgleichen** taki (pl. takie, tacy) jak ty, podobny (pl. podobne, -bni) do ciebie; ~**etwegen** z powodu (od. przez, ze względu na) ciebie; (für dich) = ~**etwillen** dla ciebie.

deinige: der, die, das ~ s. dein.

deka'den|t dekadencki (-ko), schyłkowy (-wo); ²z f (0) dekadencja.

De'kan m (-s; -e) dziekan.

Dekla|mati'on f deklamacja; ²-'**mieren** (-) ⟨wy⟩deklamować; ~**rati'on** f deklaracja; ²'**rieren** (-) ⟨za⟩deklarować.

Dekli|nati'on f deklinacja; Gr. a. odmiana; ²'**nieren** (-) deklinować, odmieni(a)ć.

Dekolle|té [-kɔl'te:] n (-s; -s) dekolt; ²'**tiert** (wy)dekoltowany.

Dekora|'teur m (-s; -e) dekorator; ~**ti'on** f dekoracja; dekorowanie; Kochk. przybranie.

Dekorati'ons|kunst f sztuka zdobnicza, zdobnictwo; ~**stoff** m materiał dekoracyjny.

deko|ra'tiv dekoracyjny; ~'**rieren** (-) ⟨u⟩dekorować.

De'kret n (-es; -e) dekret; ²'**tieren** (-) ⟨za⟩dekretować.

Dele|gati'on f delegacja; ²'**gieren** (-) ⟨wy⟩delegować, oddelegow(yw)ać; ~'**gierte(r)** delegat(ka) m/f.

deli'ka|t delikatny; (fein a.) subtelny; (köstlich) pyszny, wyszukany; ²'**tesse** f (0) delikatność f, subtelność f; (a. pl.) przysmak, smakołyk, *pl. a.* delicje f|*pl.*; 2'**teßgeschäft** *n* delikatesy m|*pl.*

De|'**likt** *n* (*-es*; *-e*) delikt, przewinienie; **lin'quent** *m* (*-en*) delikwent.

Delle f w-, za|głębienie, wgniecenie, wklęsłość f.

Del'phin *m* (*-s*; *-e*) delfin (*a. Sp.*).

delphisch delficki.

Delta *n* (*-s*/-; *-s*/*-ten*) delta.

dem *s.* der, wie; *wenn* ~ *so ist* jeśli tak. [2**isch** demagogiczny.]

Dema'gog|**e** *m* (-*n*) demagog;]

Demarkati'onslinie *f* linia demarkacyjna.

de|**mas'kieren** (-) ⟨z⟩demaskować;

~**men'tieren** (-) ⟨z⟩dementować.

'**dem**|**ent'sprechend** stosownie do tego, zgodnie z tym; ~**gegen'über** natomiast; z drugiej strony zaś; ~**nach** (*a* więc, przeto, zatem; '~'**nächst** wkrótce, niebawem.

demobili|**sier**|**en** (-) ⟨z⟩demobilizować; 2**ung** *f* demobilizacja.

Demo'kra|**t** *m* (-*en*) demokrata *m*; ~'**tie** *f* demokracja; 2**tisch** demokratyczny; 2**ti'sieren** (-) ⟨z⟩demokratyzować.

demo'lieren (-) ⟨z⟩demolować.

Demon|'**strant** *m* (-*en*) demonstrant; ~**strati'on** *f* demonstracja; 2**stra'tiv** demonstracyjny, ostentacyjny; *Gr.* wskazujący; 2'**strieren** (-) ⟨*v*/*t* za⟩demonstrować.

Demon|'**tage** [-ʒə] *f* demontaż, rozbiórka; 2'**tieren** (-) ⟨z⟩demontować, rozbierać ⟨-zebrać⟩.

demorali'sieren (-) ⟨z⟩demoralizować. [publicznej.]

Demosko'pie *f* (*0*) badanie opinii]

Demut *f* (*0*) pokora.

demütig pokorny; ~**en** upokarzać ⟨-korzyć⟩ (*sich* się); ~**end** upokarzający ⟨-co⟩; 2**ung** *f* upokorzenie.

demzufolge wskutek tego.

den *s.* der.

denatu'riert denaturowany.

dengel|**n** (-*le*) klepać; 2**stock** *m* klepadło (do kos).

Denk|**art** *f* sposób myślenia; 2**bar** (*0*) dający się pomyśleć, możliwy (-wie); *es ist kaum* 2**bar** trudno pomyśleć *od.* przypuścić; *nicht* 2**bar** nie do pomyślenia; 2**en** (*L.*) *v*/*i*. *v*/*t* ⟨po⟩myśleć (*an A*/*o L*); sądzić (*über A*, *von*/*o L*); (*nicht vergessen a.*) pamiętać (*an A*/*o L*); zamyślać ⟨-lić⟩ (*zu*/*A*); *wie du* 2*st* jak uważasz; *wer hätte das gedacht!* kto

by to był pomyślał!; *zu* 2*en geben* da(wa)ć do myślenia; *ich* 2(*e*) *nicht daran!* ani myślę!, ani mi się śni!; *sich* (*D*) *et.* 2*en* wyobrażać ⟨-razić⟩ sobie (*A*); *das hätte man sich* 2*en können!* tego można się było spodziewać; *wo* 2*en Sie hin!* ależ skąd!; ~**en** *n* (-*s*; *0*) myślenie; ~**er** *m* myśliciel; 2**faul** powolnie myślący, niechętny do myślenia; ~**fehler** *m* błąd w rozumowaniu; ~**freiheit** *f* (*0*) wolność *f* myśli.

Denkmal *n* (-*s*; ~*er*/-*e*) pomnik; (*Bau*2, *Kultur*2) zabytek; ~(**s**)-**pflege** *f* opieka nad zabytkami; ~(**s**)**schutz** *m* ochrona zabytków.

Denk|**münze** *f* medal pamiątkowy; ~**pause** *f* przerwa do namysłu; ~**prozeß** *m* proces myślenia; ~**schrift** *f* memoriał; ~**sport**-**aufgabe** *f* rozgrywka umysłowa; ~**vermögen** *n* zdolność *f* myślenia; 2**würdig** pamiętny; ~**zettel** *m* F *fig.*: e-*n* ~**zettel** *bekommen* dosta(wa)ć nauczkę.

denn bo, (al)bowiem, ponieważ; (*verstärkend*) więc, -ż, *z. B.*: *wo ist er* ~? gdzież on jest?; *wann* ~? kiedy więc?; (*als*) niż; *mehr* ~ *je* więcej niż kiedykolwiek; *es sei* ~, *daß* chyba że.

dennoch jednak(że), przecież.

den|'**tal** zębowy; 2'**tin** *n* (-*s*; *0*) zębina; 2'**tist** *m* (-*en*) technik dentystyczny.

Denun|**zi'ant** *m* (-*en*) denuncjant, donosiciel; ~**zi'antentum** *n* (-*s*; *0*) donosicielstwo; 2'**zieren** (-) *v*/*t* ⟨za⟩denuncjować (*A*), donosić ⟨-nieść⟩ (*A*, *o L*, F *na A*).

Deospray *n* Dos *s. Deodorans.*

deplaciert [-'si:-] nie na miejscu.

depo'nieren (-) ⟨z⟩deponować.

Depor|**tati'on** *f* deportacja, zesłanie; 2'**tieren** (-) deportować.

Depo'siten *n*|*pl.* depozyty *m*|*pl.*; ~*- in Zssgn* depozytowy.

Depot [-'po:] *n* (-*s*; -*s*) skład(nica), magazyn; (*Bank*2) skarbiec; (*Straßenbahn*2) zajezdnia; (*Hinterlegtes*) depozyt; *Med.* złóg.

Depressi'on *f* depresja; *Meteo.* niż.

depri'mier|**en** (-) ⟨z⟩deprymować, przygnębi(a)ć; ~*t* zdeprymowany.

Depu'tat *n* (-*es*; -*e*) deputat; *in Zssgn* deputatowy; ~'**tierte(r)** *m*|*f* deputowan|y *m* (-*a*).

der (*die*, *das*) *Artikel*: *fehlt im nischen*; *dem. Pron.* ~ (*die*, *das*, *die*' ten (ta, to, te, *Psf.* ci); *relat. Pron.* który (która, które, które, *Psf.* którzy); F (*für pers. Pron.*) on (ona, ono, one, *Psf.* oni); **~art** do tego stopnia, tak dalece; **~artig** taki, tego rodzaju, podobny.

derb jędrny, mocny (-no); *Kost*: prosty (-to); *Stoff*: gruby; *Witz a.*: rubaszny, dosadny.

der·einst kiedyś.

deren *G/sg.* której, *pl.* których.

derent|halben, ~willen (*f/sg.*) z powodu której, dla której; (*pl.*) z powodu których, dla których.

derer tych; **~,** die ... tych, którzy ...

dergestalt w ten sposób, tak (dalece).

der'gleichen taki, tego rodzaju; podobny; *nichts* **~** nic podobnego; *und* **~** mehr i tym (*od.* temu) podobne.

Deri'vat *n* (-*es*; -*e*) *Chem.* pochodna.

der-, die-, das|jenige, diejenigen ten, ta, to, te, *Psf.* ci.

dermaßen s. *derart.*

der-, das|selbe ten sam, to samo.

derzeit obecnie; (*damals*) wówczas; **~ig** obecny; ówczesny.

des, Des *n* (-; -) *Mus.* des.

De'saster F *n* katastrofa, klęska.

desavou'iert zdezawuowany.

Deser|'teur *m* (-*s*; -*e*) dezerter; **~'tieren** (-; *sn*) ⟨z⟩dezerterować.

des'gleichen podobnie, tak samo.

deshalb dlatego.

Design [di'zaɪn] *n* (-*s*; -*s*) wzór (użytkowy); **~er** [-nɐ] *m* desynator; projektant.

Des·infekti'on f dezynfekcja, odkażanie; **~s·mittel** *n* środek dezynfekcyjny *od.* odkażający.

des|infi'zieren (-) ⟨z⟩dezynfekować, odkażać ⟨-kazić⟩; **²interesse** *n* (-*s*; *0*) brak zainteresowania.

des'krip'tiv opisowy (-wo).

Des·odo'rans *n* (-; -'*rantia*/-'*ranzien*) dezodoryzator.

desolat opłakany.

des·organi'sieren (-) ⟨z⟩dezorganizować.

Des'pot *m* (-*en*) despota *m*; **²isch** despotyczny.

dessen tego; (*sein*) jego; *relat.* którego; **~'unge·achtet** (po)mimo to.

Dessert [dɛ'seːʀ] *n* (-*s*; -*s*) deser; **~** *in Zssgn* deserowy.

Dessin [dɛ'sɛ̃] *n* (-*s*; -*s*) deseń *m.*

Destillati'on f destylacja; **~s-** destylacyjny.

Des'tille F f *dial.* knajpa.

destil'lier|en (-) ⟨prze⟩destylować; **²kolben** *m* kolba destylacyjna, † alembik.

desto tym; *je mehr,* **~** *besser* im więcej, tym lepiej.

destruk'tiv destrukcyjny.

deswegen s. *deshalb.*

De'tail *n* (-*s*; -*s*) szczegół, (*a. Hdl.*; *0*) detal; **²liert** [-'ji:ʀt] szczegółowy (-wo).

Detek'tei f prywatne biuro śledcze.

Detek'tiv *m* (-*s*; -*e*) detektyw; *Jur. a.* wywiadowca *m*; **~** *in Zssgn* (*Roman usw.*) detektywistyczny.

De'tektor *m* (-*s*; -'*toren*) detektor; (*Spürgerät*) wykrywacz.

Determi'nante f *Math.* wyznacznik.

Deto|nati'on f detonacja; *in Zssgn* detonacyjny; **²'nieren** (-) detonować.

deuchte s. *dünken.*

deut|en (-*e-*) objaśni(a)ć, ⟨wy⟩tłumaczyć; wskaz(yw)ać (*auf A*/na *A*); **~lich** wyraźny, jasny; dobitny; *~lich werden* powiedzieć bez osłonek; **²lichkeit** f (*0*) wyrazistość f; jasność f; dobitność f.

deutsch niemiecki (po -ku); **²** *n* (język) niemiecki, niemczyzna; **²e(r)** *m* Niemiec, Niemka; **²stunde** f lekcja (języka) niemieckiego.

Deutung f tłumaczenie, interpretacja.

De'vise f dewiza, hasło.

De'visen *f/pl.* dewizy *f/pl.*; **~bewirtschaftung** f ograniczenia *n/pl.* dewizowe; **~schieber** F *m* waluciarz.   [(-żenie).]

de'vot służalczy (-czo), uniżony?

De'zember *m* grudzień *m*; **~** *in Zssgn* grudniowy.

de|'zent subtelny; dyskretny; **~zentrali'sieren** (-) ⟨z⟩decentralizować, rozśrodkow(yw)ać; **²zer'nat** *n* (-*és*; -*e*) (wy)dział, referat.

Dezi|- decy-; **²'mal-** dziesiętny; **²'mieren** (-) ⟨z⟩dziesiątkować.

Dia *n* (-*s*; -*s*) przezrocze, F slajd.

Dia'bet|es *m* (-; *0*) cukrzyca; **~iker** *m* diabetyk.

Dia·betrachter *m* lupa w obudowie do oglądania przezroczy.

dia'bolisch diabelski (-ko).

Dia'gno|se f diagnoza, rozpoznanie; **²sti'zieren** (-) rozpozn(aw)ać, ⟨po⟩stawić diagnozę.

diago'nal diagonalny, przekątniowy (-wo); ℒe f przekątna.

Dia'gramm n (-s; -e) wykres.

Dia'ko|n m (-s/ -en; -e/-en) diakon; **~'nisse** f diakonisa.

dia'kritisch diakrytyczny.

Dia'lekt m (-es; -e) narzecze, gwara; **~ik** f (0) dialektyka; ℒisch dialektyczny.

Dia'log m (-es; -e) dialog.

Dia'lyse-zentrum n Med. ośrodek odtruwania ustroju za pomocą sztucznej nerki.

Dia'mant m (-en) diament; **~-** in Zssgn diamentowy.

Dia|posi'tiv n (-s; -e) przezrocze; **~projektor** m rzutnik do przezroczy.

Diar'rhöe f biegunka. [(serca).]

Di'astole [a. -'sto:-] f rozkurcz]

Di'ät f dieta; ℒ leben być na diecie, przestrzegać diety; **~en** f/pl. dieta f/pl.; **~fehler** m błąd w diecie; **~kost** f żywność dietetyczna.

dich cię, ciebie; refl. siebie, się.

dicht Gewebe, Nebel, Verkehr, Wald usw.: gęsty (-to); (undurchlässig) szczelny; (kompakt) zwarty (-to); mst Adv. blisko, tuż; **~ neben** tuż obok (D/G); **~behaart** owłosiony; ℒe f gęstość f (a. Phys.); zwartość f; (Verkehrs) natężenie; **~en**[1] (-e-) Tech. uszczelni(a)ć.

dicht|en[2] (-e-) v/t ⟨na⟩pisać (wiersz[e], powieść usw.); v/i pis(yw)ać wiersze; F fig. zmyślać ⟨-lić⟩; ℒer(in f) m poet|a m (-ka), **~erisch** poetycki.

dicht|gedrängt zbity (-cie), zwarty (-cie, -to); **~halten** F (nic) nie zdradzać ⟨-dzić⟩, nie pisnąć ani słówka (o L); ℒheit f (0) s. Dichte; szczelność f.

Dicht|kunst f (0) sztuka poetycka; **~ung**[1] f poezja, twórczość poetycka; utwór poetycki.

Dichtung[2] f Tech. uszczelka; **~s-uszczelniający.

dick gruby (-bo); Nebel, Suppe: gęsty (-to); **~e** Milch zsiadłe mleko; F **~e** Backe spuchnięty policzek; **~e** Luft fig. napięta atmosfera; **~ befreundet** sein być w zażyłej przyjaźni (mit/z I); durch **~ und dünn** gehen nie odstępować w złej czy dobrej doli (mit/A); **~ auftragen** uży(wa)ć mocnych farb, przesadzać ⟨-dzić⟩.

dick|bäuchig brzuchaty (-to); ℒ**darm** m jelito grube; ℒe f grubość f; ℒe(r) F grubas(ka); ℒerchen F r tłuściosz|ek (-ka), pulpet; **~fellig** F gruboskórny; **~flüssig** gęsty (-to) zawiesisty (-ście); gęstopłynny; ℒ**häuter** m/pl. gruboskórne m/pl.

Dickicht n (-es; -e) gęstwina, gaszcz

Dick|kopf F m uparciuch; **~köpfigkeit** f (0) upartość f; ℒ**leibig** gruby (-bo), otyły; **~leibigkeit** f (0) otyłość f; ℒ**lich** grubawy (-wo); **~wanst** F m brzuchacz, brzuchal

die s. der. [złodziejstwo.]

Dieb m (-es; -e) złodziej; **~e'rei** f]

Diebes|bande f szajka (od. banda) złodziejska; ℒ**gut** n (0) łup złodziejski; ℒ**sicher** zabezpieczony od kradzieży.

Dieb|in f złodziejka; ℒ**isch** złodziejski; F (groß) wielki; Adv. (sehr) bardzo, diabelnie.

diejenige(n) s. derjenige.

Diele f bal, dyl; Arch. sień f, hall.

dien|en służyć (bei/u G, w L; zu/do G; als/jako N, za G); ℒ**er** m sługa m, służący m; (Verbeugung) ukłon; ℒ**erin** f służąca, sługa f, † służebnica; ℒ**erschaft** f (0) służba, czeladź f; **~lich** (D) korzystny (dla G), sprzyjający (D).

Dienst m (-es; -e) służba; dyżur; s. Pflicht, Gefälligkeit; außer **~** w stanie spoczynku, emerytowany; (a. Mil.) vom **~** dyżurny; in **~** stellen Tech. włączać ⟨-czyć⟩ do eksploatacji; im **~** (stehen być) na służbie (bei/u G).

Dienstag m wtorek; **~-** in Zssgn wtorkowy; am **~**, ℒs we wtorek.

Dienst|alter n staż pracy; **~älteste(r)** senior; **~antritt** m objęcie służby; **~ausweis** m legitymacja służbowa; ℒ**bar** służebny; **-rer** Geist fig. służący; s-n Zwecken (od. sich) ℒ**bar machen** podporządkow(yw)ać sobie, uży(wa)ć; ℒ**beflissen** gorliwy (-wie); usłużny; **~bereich** m zakres obowiązków służbowych; ℒ**bereit** uczynny, usłużny; Apotheke: dyżurny; **~bezüge** m/pl. pobory m/pl.; **~bote** m s. Diener(in); ℒ**eifrig** s. dienstbeflissen; **~enthebung** f zawieszenie w urzędowaniu od. w czynnościach (służbowych); ℒ**frei** wolny od służby, po służbie; **~geheimnis** n tajemnica służbowa; **~grad** m stopień służbowy; 2habend dyżurny, pełniący służbę; ~jahr n rok (pl. lata) służby.

Dienstleistung f usługa; ~s- usługowy, ... usług.

dienst|lich służbowy (-wo); urzędowy (-wo); 2**mädchen** n pomocnica domowa, służąca; 2**marke** f znaczek legitymacyjny policjanta; 2**ordnung** f regulamin służbowy; 2**pflicht** f obowiązek służby (Mil. wojskowej); 2**plan** m plan dyżurów; 2**reise** f podróż służbowa; 2**stelle** f urząd; 2**stunden** f/pl. godziny f/pl. urzędowe od. służbowe; ~**tauglich** zdolny do (pełnienia) służby; ~**tuend** s. diensthabend; ~**unfähig** niezdolny do służby; 2**vergehen** n wykroczenie służbowe; 2**vertrag** m umowa o pracę; 2**vorschrift** f przepis (od. regulamin) służbowy; 2**weg** m droga służbowa od. urzędowa; 2**zeit** f okres (od. czas) służby; s. Dienststunden.

lies|er s. dieser; ~**bezüglich** odnoszący się do tego, związany z tym; Adv. odnośnie do tego, w związku z tym; ~**selbe** ta sama; ~**n** te same, Psf. ci sami.

Diesel|kraftstoff m paliwo do silników wysokoprężnych; ~**lok** f spalinowóz; ~**motor** m silnik wysokoprężny od. Diesla, F diesel.

lies|er, ~**e** f, pl., ~**es** m ten, ta, to, te pl., ci Psf.; ~**es** Jahres bieżącego roku.

liesig mglisty (-to). [roku.]

lies|jährig tegoroczny; ~**mal** tym razem; ~**seitig** znajdujący się po tej stronie; (irdisch) doczesny; ~**seits** Prp. (G), Adv. z tej strony, po tej stronie (G).

lietrich m (-es; -e) wytrych.

liffa'mieren (-) ⟨o⟩szkalować.

lifferenti'al n (-s; -e) Math. różniczka; Kfz. (a. ~**getriebe**) dyferencjał, mechanizm różnicowy; ~- in Zssgn Math. różniczkowy.

liffe'renz f różnica; fig. spór, zatarg (wegen/o A); 2**ren'zieren** (-) ⟨z⟩różnicować; Math. różniczkować; 2'**rieren** (-) różnić się, nie zgadzać się.

lif'fus Licht: rozproszony.

ligi'tal|rechner m maszyna matematyczna cyfrowa; ~**uhr** f zegar(ek) cyfrowy.

lik'ta|t n (-es; -e) dyktando; dyktat; ~**tor** m (-s; -'toren) dyktator;

2'**torisch** dyktatorski (po -ku); ~'**tur** f dyktatura.

dik'tier|en (-) ⟨po⟩dyktować; 2**gerät** n dyktafon.

Dilet'tant m (-en), ~**in** f dyletant(ka); amator(ka); 2**isch** dyletancki (po -ku).

Dill m (-es; -e) koper.

Dimensi'on f wymiar.

Ding n (-es; -e) rzecz f; vor allen ~en przede wszystkim; so wie die ~e (nun einmal) liegen tak jak się rzeczy mają; aller guten ~e sind drei do trzech razy sztuka; das geht nicht mit rechten ~en zu coś tu nie jest w porządku; P ein ~ drehen ⟨z⟩robić skok; das ist ein ~! to ci heca!; F (pl. -er) armes ~ biedactwo; dummes ~ głuptas|ek (-ka); hübsches ~ ładna dziewuszka; 2**en** (L.) ⟨wy⟩najać; 2**fest**: 2fest machen ⟨za⟩aresztować; 2**lich** rzeczowy (-wo).

Dings|bums F, ~**da** F m, f, n (-; 0) jegomość m, jejmość f; (Sache) wihajster.

Dinner n kolacja proszona.

Di|oxyd n dwutlenek; ~**ö'zese** f diecezja; ~**phthe'rie** f dyfteryt, błonica; ~'**phthong** m (-es; -e) dwugłoska, dyftong; ~'**plom** n (-s; -e) dyplom; in Zssgn dyplomowany.

Diplo'mat m (-en) dyplomata m; ~**ie** [-'ti:] f dyplomacja; 2**isch** dyplomatyczny.

dir tobie, ci; refl. sobie.

di'rekt bezpośredni (-nio); Rede: niezawisły.

Direk'ti|on f dyrekcja; ~'**tive** f dyrektywa, wytyczna.

Di'rektor m (-s; -'toren) dyrektor; ~(**en**)- dyrektorski.

Di'rekt|schuß m Sp. strzał z woleja; ~**übertragung** f transmisja bezpośrednia. [dyrygencki.]

Diri'gent m (-en) dyrygent; ~**en**-

diri'gieren (-) dyrygować (A/I).

Dirne f prostytutka, ulicznica.

dis, Dis n (-; -) Mus. dis n.

dishar'monisch dysharmonijny.

Dis'kant m (-s; -e) dyskant.

Diskjockey m (-s; -s) konferansjer zapowiadający muzykę z płyt.

Dis'kont m (-s, -e) dyskont(o); ~**satz** m stopa dyskontowa.

Disko'thek f (-; -en) dyskoteka; F dansing (z muzyką z płyt).

Diskre'panz f niezgodność f.

dis'kret dyskretny; *Phys.* nieciągły; $\mathfrak{L}$i'on *f* (0) dyskrecja.

diskrimi'nier|en (-) ⟨z⟩dyskryminować; $\mathfrak{L}$ung *f* dyskryminacja.

Diskussi'on *f* dyskusja; **~s-** dyskusyjny; **~s·teilnehmer** *m* dyskutant.

Diskuswer|fen *n* (-s; 0) rzut dyskiem; **~fer** *m* dyskobol.

disku'tieren (-) dyskutować.

Dispatcher [-'pɛtʃa] *m* dyspozytor.

Dis'pens *m* (-es; -e) *od. f* dyspensa.

dispo'nieren (-) dysponować (*über A/I*); $\mathfrak{L}$siti'on *f* dyspozycyja; *in Zssgn* dyspozycyjny.

disquali'fi'zieren (-) ⟨z⟩dyskwalifikować.

Dissertati'on *f* dysertacja.

Dis'tan|z *f* dystans (*a. Sp.*), odległość *f*; $\mathfrak{L}$'zieren (-) ⟨z⟩dystansować; sich $\mathfrak{L}$zieren (von) wyrzekać ⟨-rzec⟩ się związku (z *I*), odsuwać ⟨-unąć⟩ się (od *G*); złożyć z siebie odpowiedzialność (za *A*).

Distel *f* (-; -n) oset; **~fink** *m* szczygieł. [trykt.]

Di'strikt *m* (-es; -e) obwód, dys-}

Diszi'plin *f* dyscyplina.

diszipli'nar dyscyplinarny; **~-'niert** zdyscyplinowany.

Diszi'plinlosigkeit *f* (0) niezdyscyplinowanie, brak dyscypliny.

divers [-'vɛʀs] różny, rozmaity.

Divi'|'dend *m* (-en) *Math.* dzielna; **~'dende** *f* dywidenda; $\mathfrak{L}$'dieren (-) ⟨po⟩dzielić.

Di'vis *n* (-es; -e) łącznik.

Divisi'on *f* *Math.* dzielenie; *Mil.* dywizja; **~s-...** dywizji.

Di'visor *m* (-s; -'soren) dzielnik.

Divan *m* (-s; -e) sofa, kanapa.

doch jednak, (*verstärkend*) ależ, przecież, -że; (*ja,*) **~!** ależ tak!; nicht **~!** (także) nie!; (*auffordernd*) -że: komm **~!** przyjdźże!, chodźże!; laß ihn **~!** zostaw(że) go!; (*in Wunschsätzen*) hätte ich **~...!** (ach), gdybym miał ...!; (*als Füllwort*) Sie wissen **~**, daß ... pan wie przecież, że ...

Docht *m* (-es; -e) knot.

Dock *n* (-s; -s/-e) *Mar.* dok; **~arbeiter** *m* doker.

Docke *f* balas; *Text.* motek.

docken *Mar.* ⟨za⟩dokować.

Dogge *f* dog.

Dog|ma *n* (-s; -men) dogmat; $\mathfrak{L}$'matisch dogmatyczny.

Dohle *f* kawka.

Doktor *m* (-s; -'toren) doktor; **~arbeit** *f* dysertacja doktorska; **~grad** *m* stopień *m* doktora.

Dok'trin *f* doktryna.

Doku'men|t *n* (-es; -e) dokument; **~'tarfilm** *m* film dokumentalny; $\mathfrak{L}$'tarisch dokumentarny, oparty na dokumentach; $\mathfrak{L}$'tieren (-) ⟨u⟩dokumentować.

Dolch *m* (-es; -e) sztylet, kordzik; **~stoß** *m* pchnięcie sztyletem.

Dolde *f* *Bot.* baldach.

Dollar *m* (-s; -s) dolar; **~-** *in Zssgn* [dolarowy.}

Dolle *f* dulka.

Dolmetscher(in *f*) *m* tłumacz(ka).

Dom *m* (-es; -e) katedra, tum.

Do'mäne *f* domena.

domesti'zieren (-) udomawiać ⟨-mowić⟩.

Domherr *m* kanonik.

domi'nieren (-) dominować, górować. [dominikanów.}

Domini'kaner- dominikański, ...}

Domino *n* (-s; -s) domino; **~stein** *m* kostka (do gry w domino).

Domp'teur *m* (-s; -e) pogromca *m* (dzikich zwierząt).

Donau- dunajski.

Donner *m* grzmot, grom; *s. Krachen*; wie vom **~** gerührt jak rażony piorunem; **~-** *in Zssgn* grzmiący (-co); $\mathfrak{L}$n (-re) ⟨za⟩grzmieć; *F fig.* (*schelten*) piorunować, kląć; es $\mathfrak{L}$t grzmi; **~schlag** *m* uderzenie pioruna, piorun.

Donnerstag *m* czwartek; **~-** *in Zssgn* czwartkowy; $\mathfrak{L}$s w czwartek (*od.* czwartki).

Donnerwetter *n* F: zum **~!** do stu piorunów!; **~!** psiakość!; brawo! świetnie!

doof F durny, głupi; *s. langweilig*.

dopen da(wa)ć środek dopingujący.

Doppel *n* odpis; *Sp.* gra podwójna **~agent** *m* agent wywiadu prowadzący podwójną grę; **~bett** *n* łóżko małżeńskie; **~decker** *m* dwupłat(owiec); *F* (*Bus*) piętrus; $\mathfrak{L}$deutig dwuznaczny; **~gänger** *m* sobowtór **~kinn** *n* podbródek, podgardle $\mathfrak{L}$läufig dwulufowy; **~posten** *m* posterunek zdwojony; **~punkt** *m* dwukropek; $\mathfrak{L}$seitig dwustronny **~sinn** *m* (0) dwuznaczność *f*; $\mathfrak{L}$sinnig dwuznaczny; **~spiel** *n* debel (*a. fig.*) gra podwójna.

doppelt (0) podwójny, dubletowy *Tech. a.* duo-, dwu-; *Adv.* podwójnie, dwukrotnie, w dwójnasób; ~ *so viel*, *um das* 2e dwa razy tyle.

Doppel|tür f drzwi podwójne; ~ **verdiener** m zarabiający podwójnie; **~zentner** m ce(n)tnar (metryczny), kwintal; **~zimmer** n pokój dwuosobowy; 2**züngig** dwulicowy, fałszywy; **~zweier** m *Sp.* dwójka podwójna.

Dorf n (-*es*; *⁰er*) wieś f, wioska; ~ *in Zssgn* wiejski; **~bewohner** m mieszkaniec wsi, wieśniak.

dorisch dorycki.

Dorn m (-*es*; *-en*/*Tech.* -*e*) cierń m, kolec; *Tech.* trzpień m, sworzeń m; (*Loch*2) przebijak; *ein* ~ *im Auge sein* być solą w oku.

Dornen|hecke f żywopłot z głogu; **~krone** f korona cierniowa; 2**voll** *s.* dornig.

Dorn|hai m koleń m; **~rös·chen** n Śpiąca Królewna; 2**ig** cierniowy, ciernisty (-ście).

dörr|en ⟨wy⟩suszyć; 2**obst** n owoce m/pl. suszone, susz owocowy.

Dorsch m (-*es*; -*e*) dorsz, wątłusz.

dort tam; *von* ~ = **~her** stamtąd; **~hin** tam, w tamtą stronę; **~ig** tamtejszy.

Dose f puszka; *s. Butter*2 *usw.*

dösen drzemać, być w półśnie; F gapić się myślnie.

Dosenöffner m *s. Büchsenöffner.*

do'sieren (-) dawkować, dozować.

Dosis f (-; *Dosen*) dawka, doza.

do'tieren (-) dotować.

Dotter m u. n żółtko. [dubler.⟩

Double ['du:bl] n (-*s*; -*s*) (*Film*2)⟨

Doyen [döa'jɛ̃] m (-*s*; -*s*) dziekan (korpusu dyplomatycznego).

Do|'zent m (-*en*) docent; 2**'zieren** (-) wykładać, prowadzić wykłady; *fig.* pouczać.

Drache m (-*n*) smok; **~n** m latawiec; *fig.* (*böses Weib*) jędza; *Sp.* lotnia.

Dragée [dra'ʒe:] n (-*s*; -*s*) drażetka.

Draht m (-*es*; *⁰e*) drut; ~ *in Zssgn mst* druciany, drutowy; F *auf* ~ *sein* być sprytnym; być krzepkim *od.* rześkim; **~anschrift** f adres telegraficzny; **~auslöser** m *Fot.* wężyk spustowy; 2**en** (-*e*-) ⟨za⟩depeszować; **~funk** m (-*s*; 0) radiofonia przewodowa; **~funkontrol⁰** f radiowęzeł; **~geflecht** n siatka druciana; **~glas** n szkło zbrojone.

drahtig *fig.* żylasty; zwinny.

draht|los bez drutu, radio-; 2**-**

schere f nożyce f/pl. do cięcia drutu; 2**seil** n lina stalowa *od.* druciana; 2**seilbahn** f kolejka linowa; 2**stift** m gwóźdź-druciak; 2**verhau** m zapora z drutu kolczastego; 2**zange** f szczypce pl. do drutu; 2**zaun** m płot siatkowy; 2**ziehen** n *Tech.* ciągnienie drutu; 2**zieher** m *fig.* inspirator.

dra'konisch drakoński (po -ku).

drall jędrny, hoży (-żo).

Drall m (-*es*; -*e*) (*Drehimpuls*) kręt, spin; skręt (*Links-* w lewo).

Drama n (-*s*; -*men*) dramat; **~tiker** [-'ma:-] m dramaturg; 2**tisch** [-'ma:-] dramatyczny.

Drama'tur|g m (-*en*) *Thea.* kierownik literacki; **~'gie** f (0) dramaturgia.

dran F *s. daran*; *ich bin* ~ moja kolejka; ~ *glauben müssen* wyzionąć ducha; *übel* ~ *sein* być w biedzie; mieć nie lada kłopot (*mit*/*z I*).

Drä'nage [-ʒə] f drenaż.

drang *s. dringen.*

Drang m (-*es*; 0) (po)pęd; (*Streben*) żądza (*nach*/*G*), pociąg, dążenie (do *G*); *Med.* parcie; (*der Geschäfte*) nawał.

Dräng|e'lei F f rozpychanie się; tłok; 2**eln** (-*le*) rozpychać (*od.* pchać) się; 2**en** v/t od-, s⟨pychać ⟨od-, z|epchnąć⟩ (*zur Seite* na bok), przyciskać ⟨-snąć⟩ (*an A*/do *G*), wypierać ⟨-przeć⟩ (*aus D*/*z G*); ⟨s⟩tłoczyć (*zur Eile*) przynaglać ⟨-lić⟩; (*mahnen*) ⟨za⟩monitować; *v/i* naglić; pchać (*od.* tłoczyć, rozpychać) się; *die Zeit drängt* czas nagli. ⟨naglij

drä'nieren (-) drenować. [nagli.⟩

Dränrohr n sączek, dren.

drastisch drastyczny.

drauf F *s. darauf*; ~ *und dran sein*, *zu ... zamierzać właśnie (+ Inf.)*, nieomal nie ...; 2**gänger** m zawadiaka m; śmiałek; rzutki (*od.* przedsiębiorczy) człowiek; 2**gängertum** n (-*s*; 0) brawura, ryzykanctwo; **~gehen** F ⟨*sn*⟩ być zużyt(kowan)ym; (*Pers., Tier*) ⟨z⟩ginąć; **~los** prosto w kierunku (*G*); (*unbesonnen*) *in Zssgn* na oślep, bez zastanowienia, nie zważając na nic.

drauß F *s. daraus.*

draußen na dworze, na ulicy; na wolnym powietrzu; (po)za miastem; (*in d. Fremde*) na obczyźnie; *von* ~ z zewnątrz; *nach* ~ na dwór.

drechs|eln [-ks-] (-le) ⟨wy⟩toczyć; ⚹ler m tokarz; in Zssgn tokarski.

Dreck F m (-es; 0) (Schlamm) błoto; (Schmutz) brud; (Kehricht) śmieci(e) m/pl.; (ein Nichts) byle co; ⚹arbeit f brudna (od. czarna) robota; ⚹fink F m brudas; ⚹ig zabłocony; brudny (-no); fig. sprośny, plugawy (-wie); ⚹schwein V n flejtuch, śmierdziel.

Dreh m (-es; -s/-e) F fig. chwyt; ⚹arbeiten f/pl. nakręcanie (filmu); ⚹bank f tokarka; ⚹bar obrotowy (-wo); ⚹bleistift m ołówek automatyczny; ⚹buch n scenariusz; ⚹buch·autor m scenarzysta m; ⚹en (a. fig.) obracać ⟨-rócić⟩ (A/I; sich się); ⟨po⟩kręcić (sich się); Tech. ⟨wy⟩toczyć; Film: nakręcać ⟨-cić⟩; Strick, Zigarette: skręcać ⟨-cić⟩; sich ⚹en a. wirować; mir ⚹t sich der Kopf w głowie mi się kręci; ⚹er m tokarz; ⚹knopf m gałka; ⚹kreuz n kołowrotek; ⚹orgel f katarynka; ⚹punkt m punkt (od. środek) obrotu; ⚹strom m prąd trójfazowy; ⚹stuhl m krzesło obrotowe; ⚹tür f drzwi pl. obrotowe; ⚹ung f obrót; kręcenie, wirowanie, rotacja; ⚹zahl f Tech. prędkość obrotowa; Kfz. ilość f obrotów; ⚹zahlmesser m obrotomierz, licznik obrotów.

drei troje, troje, Psf. trzej; zu ⚹en w trójkę; trójkami; es ist ⚹ (Uhr) trzecia (godzina); ⚹'aktig trzyaktowy; ⚹blätt(e)rig trójlistny; ⚹dimensional (0) trójwymiarowy (-wo).

Drei·eck n trójkąt; ⚹ig trójkątny; ⚹s·verhältnis n trójkąt małżeński. **drei|einhalb** trzy i pół; ⚹'einigkeit f Rel. Trójca; ⚹er m trójka; ⚹erlei trojaki (-ko), ⚹fach potrójny, trzykrotny; ⚹'faltigkeit f (0) Rel. Trójca; ⚹farben-, ⚹farbig trójbarwny; ⚹fuß m trójnóg; ⚹gespann n trójka; ⚹hundert trzysta; ⚹hundertste(r) trzechsetny; ⚹jährig trzyletni; ⚹'käsehoch F m (-s; -s) pędrak, brzdąc; ⚹klang m Mus. triada; ⚹'königsfest n (święto) Trzech Króli; ⚹'mächte- trójmocarstwowy; ⚹mal trzy razy, trzykroć; ⚹malig trzykrotny; ⚹monatig trzymiesięczny.

drein F s. darein; ⚹reden F wtrącać ⟨-cić⟩ się; ⚹schlagen F tłuc, bić. **Drei|rad** n rower trzykołowy; ⚹satz

m Math. reguła trzech; ⚹seitig trójstronny; Typ. trzystronicowy; ⚹silbig trójzgłoskowy; ⚹spitz m kapelusz trójgraniasty; ⚹sprung m trójskok.

dreißig trzydzie|ści, -ścioro, Psf. -stu; ⚹jährig trzydziestoletni; ⚹ste(r) trzydziesty; ⚹stel n trzydziesta część; ein ⚹stel jedna trzydziesta. [czelny.]

dreist zuchwały (-le); (frech) bez-⎱ **dreistellig** Zahl: trzycyfrowy. **Dreistigkeit** f (0) zuchwałość f; (bez)czelność f.

drei|stimmig trzygłosowy, na trzy głosy; ⚹stöckig trzypiętrowy; ⚹stufen-, ⚹stufig trójczłonowy, trzystopniowy; ⚹tägig trzydniowy; ⚹teilig trójdzielny; ⚹viertel- trzyćwierciowy; ⚹'vierteltakt m takt trzy czwarte; ⚹zack m trójząb.

dreizehn trzyna|ście, -ścioro, Psf. -stu; ⚹te(r) trzynasty.

Dresch|e F f lanie; ⚹e bekommen dosta(wa)ć w skórę; ⚹en (L.) ⟨wy⟩-młócić; F fig. ⟨z⟩bić; ⚹flegel m cep; ⚹maschine f młocarnia.

Dreß m (-sses; selt. -sse) dres. **dres|'sieren** (-) ⟨wy⟩tresować; ⚹-'sur f tresura; ⚹'surprüfung f Sp. konkurs ujeżdżania.

dribb|eln (-le; a. sn) Sp. dryblować, wózkować; (Hand-, Basketball) kozłować; ⚹ling n (-s; -s) drybling, wózkowanie; kozłowanie.

Drift f Mar. dryf, znos; ⚹en (-e; sn) v/i dryfować.

Drill m (-es; 0) Mil. dryl, musztra; ⚹bohrer m świder korbowy; ⚹en kręcić; ⟨wy⟩wiercić; Mil. ⟨wy⟩-musztrować; ⟨wy⟩ćwiczyć; fig. szykanować; Agr. ⟨za⟩siać rzędowo, drylować.

Drillich m (-s; -e) drelich; ⚹- in Zssgn drelichowy.

Drilling m (-s; -e) (Gewehr) dryling; ⚹e pl. trojaczki m/pl.

Drillmaschine f siewnik rzędowy. **drin** F s. darin; das ist nicht ⚹ ani myślec.

dringen (L.) 1. (sn) przenikać ⟨-knąć⟩ (durch A/przez A); Geschoß: przebi(ja)ć (durch A/A); przedosta(wa)ć się in (A/do G); (gewaltsam) wdzierać ⟨wedrzeć⟩ się (in A/do G); docierać ⟨dotrzeć⟩ (zu/do G); wydoby(wa)ć się (aus/z G); Laute: dolatywać ⟨-lecieć⟩,

da(wa)ć się słyszeć; 2. (h) ~ auf (A)
nalegać (na A); domagać się (G);
~d naglący, palący, pilny; Gefahr:
bezpośredni; Verdacht: uzasadniony; Bitte: usilny.

Dringlichkeit f (0) nagłość f, nagła
potrzeba; von großer ~ bardzo pilny; **~s∙antrag** m nagły wniosek;
~s∙stufe f znaczenie, kolejność f.

drinnen wewnątrz, w środku.

drisch(t) s. dreschen.

dritt|e(r) trzeci; zu dritt w trójkę;
2el m trzecia część; Sp. tercja; ein
~el jedna trzecia; **~ens** po trzecie;
~letzt(er) trzeci od końca.

droben tam na górze; (im Himmel)
w niebie, na wysokościach.

Droge f lek, lekarstwo; narkotyk.

Drogen|abhängigkeit f (0) przyzwyczajenie (organizmu) do leków;
narkomania; **~mißbrauch** m narkotyzowanie się.

Droge'rie f drogeria.

Dro'gist m (-en) drogista m.

Droh|brief m list z pogróżkami;
2en grozić (zu, mit/I), zagrażać (zu/I); es **2t** zu regnen zanosi się na
deszcz; **2end** groźny; grożący, za-}
Drohne f truteń m.   [grażający.}
dröhnen (Geschütz, Lachen) ⟨za⟩-
grzmieć, (a. Kopf) ⟨za⟩huczeć;
(Schritte, Raum) ⟨za⟩dudnić.

Drohung f groźba, pogróżka.

drollig pocieszny, zabawny.

Drops m od. n (-; -/-e) drops.

drosch s. dreschen.

Droschke f dorożka; taksówka.

Drossel f (-; -n) Zo. drozd; El.
dławik; ~ in Zssgn dławikowy, dławiący; **~klappe** f Kfz. przepustnica; **2n** (-le/-ßle) ⟨z⟩dławić;
⟨s⟩tłumić; Lieferungen: ograniczać
(-czyć).   [~ stamtąd.}
drüben po tamtej stronie, tam; von}
drüber F s. darüber; es geht (alles)
drunter und ~ panuje straszny bałagan.

Druck m (-es; -e) Typ. druk; (pl. ~e)
ciśnienie; (Last) ucisk; (auf e-n
Knopf) naciśnięcie; Tech. a. napór,
parcie; ściskanie; fig. nacisk, presja;
~ ausüben, j-n unter ~ setzen
wywierać nacisk (na A); unter ~
~od presją, **~abfall** m spadek ciśnienia; **~anzug** m skafander wysokościowy; **~bogen** m arkusz drukarski; **~buchstabe** m litera drukowana.

Drückeberger F m bumelant, nygus, dekownik; **~ei** [-'raî] f (0) bumelanctwo, nygusostwo.

druck|empfindlich wrażliwy na
ucisk; **~en** ⟨wy⟩drukować.

drücken v/t ś-, u|ciskać ⟨-snąć⟩;
Knopf usw.: naciskać ⟨-snąć⟩, przyciskać ⟨-snąć⟩ (a. an A/do G; an
sich/do siebie); Stoff: ⟨z⟩gnieść,
⟨z⟩miąć; Preise: zbi(ja)ć, dusić;
Löhne: obniżać ⟨-żyć⟩; j-n ~ uściskać ⟨-snąć⟩; v/i (Schuh) cisnąć,
uwierać; sich ~ wciskać ⟨-snąć⟩ się
(in e-e Ecke do kąta); F dekować
się; (vor D) wymig(iw)ać się, wykręcać ⟨-cić⟩ się (od G); s. a. ab-, be-,
hineindrücken usw.

Drücken n (-s; 0) Sp. wyciskanie;
Med. parcie; **2d** ciężki (-ko), przygniatający (-co); Hitze: nieznośny,
parny.

Drucker m drukarz; Comp., Fmw.
drukarka; ~ in Zssgn drukarski.

Drücker m klamka; (e-r Waffe)
spust, F cyngiel; (Knopf) przycisk.

Druck|e'rei f drukarnia; **~er-
schwärze** f czerń drukarska; **~-
fahne** f odbitka szczotkowa; **~feh-
ler** m błąd drukarski; **~geschwür** n
odleżyna; **~guß** m odlewanie ciśnieniowe; **~kammer** f komora ciśnieniowa; **~knopf** m zatrzask; El.,
Tech. przycisk, guzik; **~luft** f powietrze sprężone; **~luftbremse** f
hamulec pneumatyczny nadciśnieniowy; **~maschine** f maszyna drukarska; Text. drukarka; **~messer** m
manometr, ciśnieniomierz; **~presse**
f prasa drukarska; **~pumpe** f pompa tłocząca; **~regler** m regulator
ciśnienia; **2reif** gotowy do druku;
~sache f druk; mst pl. druki m/pl.;
~schalter m przełącznik wciskowy,
przycisk; **~schrift** f pismo drukowane; (Text) druk, broszura; **~-
stelle** f odgniecenie, miejsce odgniecione; **~taste** f klawisz, przycisk; **~verband** m Med. opatrunek
uciskowy; **~welle** f fala podmuchu
od. wybuchu.

drum s. darum; F alles was ~ und
dran ist wszystko co do tego należy
od. co z tym jest związane.

drun|ten tam na dole; **~ter** F s.
darunter, drüber.   [nie.}

Drusch m (-es; -e) młocka, młóce-}
Drüse f gruczoł; **~n-** gruczołowy,
... gruczołów.

Dschungel *m* dżungla.

du ty; *j-n* mit ~ anreden, *per* ~ sein mit *j-m* być na ty (z *I*).

Du'al *m* (-s; 0) *Gr.* liczba podwójna, dualis; **~system** *n* system dwój-} **Dübel** *m* kołek, dybel. [kowy.} **dubi'os** wątpliwy (-wie).

Du'blette *f* dublet.

duck|en schylać ⟨-lić⟩ (*sich* się); *fig.* upokarzać ⟨-korzyć⟩; *sich* ~en giąć (*od.* schylać) kark (*vor D*/przed *I*); **~er** *m* (-s; 0) *Sp.* unik; **2mäuser** *m* pokorny człeczyna; lizus; *s.* **Scheinheiliger**.

dudel|n (-*le*) grać na dudach; rzępolić, P dudlić; monotonnie nucić; **2sack** *m* dudy *f/pl.*, kobza.

Du'ell *n* (-s; -e) pojedynek.

duel'lieren (-): *sich* ~ pojedynko-} **Du'ett** *n* (-s; -e) duet. [wać się.}

Duft *m* (-es; *=e*) zapach, woń *f*, aromat; **2en** (-e) pachnieć, pachnąć (*nach/I*), wydawać zapach (*nach/ G*); wonieć; **2end** pachnący, wonny; **2ig** po-, z|wiewny, lekki; **~stoff** *m* pachnidło.

duld|en (-e-) znosić ⟨znieść⟩, (*impf. a. leiden*) ⟨ś⟩cierpieć; tolerować; **~sam** cierpliwy (-wie), wyrozumiały (-le); **2samkeit** *f* (0) cierpliwość *f*, wyrozumiałość *f*; **2ung** *f* (0) znoszenie, tolerowanie.

dumm (*=er*, *=st-*) głupi (-pio), P durny; F ~e *Sache* głupia historia; ~er *Kerl* głuptas; ein ~es *Gefühl* przykre uczucie; ~es *Zeug* głupstwa *n/pl.*, bzdury *f/pl.*; red *nicht so* ~! nie wygłupiaj się!; *der* 2e sein do-sta(wa)ć cięgi; **~dreist** bezczelny, impertynencki (-cko); 2e'**jungen-streich** *m* sztubacki kawał; 2**heit** *f* (0) głupota; (*pl.* -en) głupstwo; 2**kopf** *m* głupiec, głuptas, P dureń *m*.

dumpf *Laut*: głuchy (-cho); *Schmerz*: tępy (-po); *Ahnung*: niewyraźny; *Schweigen*: ponury; *a.* = **~ig** zatęchły (-le).

Dumping- dumpingowy.

Düne *f* diuna, wydma.

Dung *m* (-es; 0) obornik, gnój, mierzwa.

Dünge|r *m s.* Dung; *a.* = **~mittel** *n* nawóz; 2**n** nawozić ⟨-wieźć⟩.

Düngung *f* nawożenie.

dunkel (-*kl-*) ciemny (-no); *fig. a.* zakulisowy; niejasny; *Stimme*: niski; *s.* unerforscht, verdächtig; ~ *machen* ś-, za|ciemni(a)ć; *es wird* ~ robi się

ciemno; 2 *n* (-s; 0) ciemność *f*; *im* 2n po ciemku. [pycha.}

Dünkel *m* (-s; 0) zarozumiałość *f*,}

dunkelblau (0) ciemnoniebieski (-ko), granatowy (-wo).

dünkelhaft zarozumiały (-le); wyniosły (-śle).

Dunkel|heit *f* (0) ciemność *f*, ciemności *pl.*, mrok; *bei Eintritt der* ~*heit* o zmroku; **~kammer** *f* ciemnia; *in Zssgn* ciemniowy; **~mann** *m* (*pl.* -*er*) ciemne indywiduum; 2**n**: *es* 2t ściemnia się; **~ziffer** *f* liczba nie znana *od.* nie objęta statystyką.

dünk|en (L.): *mich* ~*t*, *es* ~*t mich* zdaje mi się; *sich* ~en uważać się (*ein Held za* bohatera).

dünn cienki (-ko); (*spärlich*) rzadki (-ko); *s.* dünnflüssig, verdünnt; P *sich* ~(e) *machen* urwać się, ulotnić się; 2**darm** *m* jelito cienkie; **~flüssig** rzadki (-ko), ciekły; *Tech.* rzadkopłynny; 2**heit** *f* (0) cienkość *f*; rzadkość *f*; 2**pfiff** V *m* sraczka.

Dunst *m* (-es; *=e*) *Meteo.* opar, mgiełka; *Chem.* para, opary *m/pl.*; F *blauen* ~ *vormachen* mydlić oczy.

dünsten (-e-) *Kochk.* ⟨u⟩dusić.

dunstig zamglony, mglisty (-to).

Dünung *f* martwa fala, rozkołys.

Duplizität *f* (0) podwójność *f*; powtórzenie się (*G*).

Dur *n* (*unv.*) *Mus.* dur, major.

durch *Prp.* (*A*) przez (*A*); poprzez (*A*); (*Ursache a.*) z powodu (*G*); (*Dauer a.*) w ciągu (*G*); (= *mittels, wird a. mit I übersetzt*) ~ *die Post* pocztą; ~ *das Los* w drodze loso-wania; ~ *eigene Schuld* z własnej winy; *Adv.* ~ *und* ~ na wskroś, do szpiku kości; **~ackern** F *fig.*, **~ar-beiten** przerabiać ⟨-robić⟩; **~at-men** oddychać ⟨odetchnąć⟩ głęboko.

durch'aus (*völlig*) zupełnie, całkiem; (*unbedingt*) koniecznie; ~! *ależ* tak!; ~ *nicht* wcale nie, bynaj-mniej.

durch|beißen przegryzać ⟨-yźć⟩ (*a. fig. sich* się); **~blättern** ⟨prze-⟩wertować.

durchblicken *v/i* ⟨po⟩patrzeć przez (*A*); F *fig.* (*bei*) ⟨z⟩orientować się (w *I*), ⟨s⟩kapować (*A*); ~ *lassen* da(wa)ć do zrozumienia.

durch|blutet ukrwiony, **~bohren** *v/i* przewiercać ⟨-cić⟩ (na wskroś); *v/t* [-'bo:-] (-) przebi(ja)ć, (*a. mit*

Blicken) przeszy(wa)ć; **~braten** dobrze wypiekać ⟨-ec⟩ *od.* usmażyć *pf.*; **~brechen**[1] *v/t* przełam(yw)ać; *Loch*: przebi(ja)ć; *v/i* (*sn*) przełam(yw)ać się; *fig.* przer(y)wać się, przedzierać ⟨-drzeć⟩ się; (*hervor-treten*) objawi(a)ć się; (*Zähne*) wyrzynać ⟨-rznąć⟩ się; (*Sonne*) przebi(ja)ć się przez chmury; **~'bre-chen**[2] (-) *Front*: przer(y)wać; *Schallmauer*: przekraczać ⟨-ro-czyć⟩; *Gesetz*: naruszać ⟨-szyć⟩; **~brennen** *v/i* (*sn*) przepalać ⟨-lić⟩ się; F *fig.* ⟨z⟩wiać; *Frau*: uciekać ⟨-ec⟩ z kochankiem; **~bringen** *Antrag*: przeforsować *pf.*, przeprowadzać ⟨-dzić⟩; *Kranken*: ratować *pf.*, F postawić *pf.* na nogi; *Geld*: ⟨roz⟩trwonić, przepuszczać ⟨-uścić⟩; *sich kümmerlich* **~bringen** klepać biedę; **~'brochen** ażurowy (-wo); ℒ**bruch** *m* przełom (*a. fig.*, *Wende*); przełamanie, przebicie; przerwanie; przedarcie się; (*Mauer-* ℒ) wyłom; (*Damm*ℒ) wyrwa; (*d. Zähne*) wyrzynanie się; **~'dacht** przemyślany; **~denken** przemyśliwać ⟨-leć⟩, rozważać ⟨-żyć⟩.

durchdrängen: *sich* **~** przeciskać ⟨-snąć⟩ się, przepychać ⟨-pchnąć⟩ się.

durchdrehen *v/t Fleisch*: przepuszczać ⟨-uścić⟩ przez maszynkę; *v/i* (*sn*) F zbzikować *pf.*

durchdringen *v/i* (*sn*) przedosta(wa)ć się; docisnąć się *pf.*; docierać ⟨dotrzeć⟩ (*bis/do G*); (*Wasser*) przesiąkać ⟨-knąć⟩; *fig.* przeforsować *pf.* (*mit s-r Ansicht* swój pogląd); *v/t* [-'drıŋ-] (-) przedzierać ⟨-drzeć⟩ się (*A/przez A*); przenikać ⟨-knąć⟩ (*A/przez A*); (*geistig verarbeiten*) zgłębi(a)ć; (*j-n erfüllen*) przepajać ⟨-poić⟩, przejmować ⟨-jąć⟩; *s. durchstoßen*; *d Kälte, Schrei*: przenikliwy ⟨-wie⟩, przejmujący ⟨-co⟩; *a. Blick*: przeszywający.

durch|drücken przeciskać ⟨-snąć⟩; F *fig.* przeforsować *pf.*; **~'drungen** przepojony, przejęty (*von/I*); **~'eilen** (-; *sn*) szybko przemierzać ⟨-rzyć⟩.

durch·ein'ander *Adv.* bezładnie, bez ładu i składu, (jak) groch z kapustą; bez wyboru; *ganz* **~** *sein* mieć zamęt w głowie; ℒ F *n* (-*s*; *0*) rozgardiasz, mętlik, bałagan; rwe-

tes; **~bringen** F robić bałagan, (po)wywracać do góry nogami; (*j-n*) ⟨z⟩denerwować, ⟨z⟩dezorientować; *Begriffe*: ⟨po⟩plątać; **~ge-raten** (-; *sn*) poplątać się *pf.*, **~re-den** mówić jeden przez drugiego; (*wirr*) mówić bezładnie, plątać się.

durchfahr|en *v/i* (*sn*) przejeżdżać ⟨-jechać⟩; (*Schiff*) przepływać ⟨-nąć⟩; (*nicht anhalten*) nie zatrzymywać się; nie przer(yw)ać jazdy; *v/t* [-'faː-] (-) przejeżdżać ⟨-jechać⟩ (*A/przez A*), zjechać *pf.* (*A*); *Schiff*: płynąć (*I*), przepływać ⟨-nąć⟩ (*A/przez A*); ℒt *f* przejazd; (*Tor*) brama wjazdowa.

Durchfall *m Med.* biegunka, rozwolnienie; F *fig.* klapa, plajta; ℒ**en** (*sn*) przesyp(yw)ać się; wypadać ⟨-paść⟩ (*przez otwory*); *fig.* (*Prüfling*) ścinać ⟨ściąć⟩ się (*przy L*), (*a.* ℒ*en lassen*) obl(ew)ać (*A*), (*a. Kandidat*) przepaść *pf.* (*przy, w L*); *Thea.* zrobić klapę, zejść z afisza.

durch|fechten doprowadzać ⟨-dzić⟩ do końca; bronić (*G*) *od.* walczyć (*o A*) aż do osiągnięcia celu; **~'flie-gen** (-) przelatywać ⟨-lecieć⟩ (*A/przez A*); *Buch*: pobieżnie przeglądać ⟨przejrzeć⟩; **~'fließen** (-) przepływać ⟨-ynąć⟩ (*A/przez A*); ℒ**fluß** *m* przegryw; **~'forschen** (-) ⟨z⟩badać, zgłębi(a)ć.

durchfragen: *sich* **~** bis przepyt(yw)ać (*się*) o drogę (*do G*).

durch|fressen przeżerać ⟨-żreć⟩; **~frieren** (*sn*) przemarzać ⟨-znąć⟩; ℒ**fuhr** *f* przewóz, tranzyt.

durchführ|bar wykonalny, możliwy do zrealizowania; **~en** przeprowadzać ⟨-dzić⟩; *fig.* wykon(yw)ać, ⟨z⟩realizować; ℒ**ung** *f* przeprowadzenie, wykonanie, realizacja; ℒ**ungs-** wykonawczy.

Durchgang *m* przejście; tranzyt; *Sp.* kolejka; turnus.

Durchgangs|lager *n* obóz przejściowy, **~verkehr** *m* ruch tranzytowy, **~wagen** *m* wagon pulmanowski; **~zimmer** *n* pokój przechodni.

durchgeben przekaz(yw)ać (dalej).

durchgehen *v/t* (*sn*) przechodzić ⟨przejść⟩ (*durch A/przez A*; *a. Antrag usw.*); (*fliehen*) uciekać ⟨-ec⟩; *vgl. durchbrennen*; (*Pferd*) ponosić ⟨-nieść⟩ (*a. fig. mit j-m/*

k-o); ~ lassen puszczać ⟨puścić⟩ płazem; v/t s. durchnehmen, -sehen; ~d przechodni; tranzytywy; (direkt) bezpośredni; ~d geöffnet otwarty przez cały dzień bez przerwy.

durchgreifen: energisch ~ energicznie przedsiębrać ⟨-sięwziąć⟩ energiczne środki; ~d gruntowny, radykalny.

durchhalte|n v/t przetrzym(yw)ać; v/i wytrwać pf. (do końca); 2parole f hasło wytrwania aż do końca.

durch|hecheln F fig. brać ⟨wziąć⟩ na języki, przeniosw(yw)ać; ~kämmen przeczes(yw)ać (a. fig.).

durchkämpfen: sich ~ przebi(ja)ć się, przedzierać ⟨-drzeć⟩ się.

durch|kauen przeżu(wa)ć; ~kommen (sn) przechodzić ⟨przejść⟩; przejeżdżać ⟨-jechać⟩; przedosta(wa)ć się; (sich retten) wychodzić ⟨wyjść⟩ cało (z G); (gesund werden) wyzdrowieć pf., F wylizać się pf. (z choroby); (Kandidat, Antrag) przejść pf.; (Prüfling) zdać pf. (egzamin); damit kommst du nicht durch ten numer ci nie przejdzie; ~kreuzen Pläne ⟨po⟩krzyżować; 2laß m (-sses; "sse) przejście; Arch., Tech. przepust; ~lassen przepuszczać ⟨-uścić⟩; ~lässig przepuszczalny; przenikalny; (für Flüssigkeiten a.) przesiąkalny, przesiąkliwy.

Durchlaucht f Książęca Mość.

durchlauf|en1 v/i (sn) przebiegać ⟨-ec⟩; (Wasser) przeciekać ⟨-ec⟩; ~en lassen ⟨prze⟩filtrować; v/t Schuhe: zdzierać ⟨zedrzeć⟩; ~en2 [-'lau-] (-) przebiegać ⟨-ec⟩; (Gerücht) obiegać ⟨-ec⟩; Schule: przechodzić ⟨przejść⟩, ukończyć pf.; 2erhitzer m ogrzewacz wody przepływowy.

durch|'leben (-) przeży(wa)ć; ~lesen przeczytać pf.; ~leuchten1 przeświecać (durch A/przez A); ~'leuchten2 (-) prześwietlać ⟨-lić⟩ (a. Med.); fig. wyświetlać ⟨-lić⟩.

durchliegen: sich ~ odleżeć się pf.

durch|'löchern (-) ⟨po-, prze-⟩ dziurawić; ~lüften (gruntownie) przewietrzyć pf.; ~machen F s. durchhalten, -laufen, -stehen; 2marsch m przemarsz; F fig. rozwolnienie; ~messen przemierzać ⟨-rzyć⟩; 2messer m średnica;

~'nässen (-) przemaczać ⟨-moczyć⟩; ~näßt przemoknięty, przemokły; ~näßt werden od. sein przemakać ⟨-moknąć⟩; ~nehmen Thema: przerabiać ⟨-robić⟩; ~numerieren (-) ponumerować pf.; ~passieren (-) Kochk. przecierać ⟨przetrzeć⟩; ~pausen przerysow(yw)ać, ⟨prze⟩kalkować; ~prügeln zbić pf., stłuc pf.; ~queren s. überqueren; ~rasen przemykać ⟨-mknąć⟩, przelatywać ⟨-lecieć⟩; ~rasseln F v/i s. durchfallen; ~rechnen przeliczać ⟨-czyć⟩; ~regnen: es regnet hier durch tu przecieka (dach); 2reiche f okienko do podawania potraw z kuchni.

Durchreise f przejazd; auf der ~ przejazdem, przejeżdżając; 2n1 v/i (sn) przejeżdżać ⟨-jechać⟩; 2n2 [-'rai-] (-) v/t ob-, z|jeżdżać; ~nde(r) przejezdny m.

durch|'reißen v/t przedzierać ⟨-drzeć⟩, przer(y)wać; ~reiten v/i (sn) przejeżdżać ⟨-jechać⟩ konno; ~rieseln1 v/i (sn) przeciekać ⟨-ec⟩ przesączać ⟨-czyć⟩ się; (Sand) przesyp(yw)ać się, sypać się; ~'rieseln2 v/t (-) Schauer: przebiegać ⟨-biec⟩; Gefühl: napełni(a)ć.

durchringen: sich ~ zu przełamać (od. przemóc) się pf. i (+ Inf.); sich zu der Überzeugung ~ po długim zmaganiu się ze sobą dojść do przekonania.

durch|rosten (sn) przerdzewieć pf.; ~sacken v/i (sn) Flgw. przepadać ⟨-paść⟩.

Durchsage f Rdf. komunikat; 2n pod(aw)ać, oznajmi(a)ć; s. weitersagen.

durch|sägen przepiłow(yw)ać; ~'schauen v/t (-) przejrzeć pf.

durchscheinen v/i przeświecać; ~d przeświecający, półprzezroczysty ⟨-cie⟩.

durch|scheuern przecierać ⟨przetrzeć⟩ (sich się); ~schießen1 v/t (durch A) przestrzelić pf. (A); (sn) przemykać ⟨-mknąć⟩, przelatywać ⟨-lecieć⟩; ~'schießen2 v/t (-) przestrzelić pf.; Typ. interliniować; ~schimmern s. durchscheinen; ~schlafen przesypiać ⟨-spać⟩.

Durchschlag m (Kopie) przebitka odbitka; (Sieb) durchslak, cedzak Tech. przebijak; El. przebicie; 2en v/i przebi(ja)ć (durch A/A); przeni...

kać, przechodzić (przez A); (wirken) odbi(ja)ć się (na L), (po)skutkować; (Erfolg haben) mieć powodzenie; v/t przebi(ja)ć; wbi(ja)ć; przełam(yw)ać uderzeniem; Kochk. przecierać (przetrzeć), przecedzać ⟨-dzić⟩; sich 2en przebi(ja)ć się; przepychać się łokciami (przez życie); 2en² [-'ʃla:-] przebi(ja)ć, przeszy(wa)ć; 2end skuteczny, przekonywający ⟨-co⟩; Erfolg: olbrzymi; ~papier n papier przebitkowy; ~s·kraft f siła przebicia; fig. moc przekonywająca.

durchschlängeln: sich ~ prześlizgiwać ⟨-znąć⟩ się.

durch|schleusen Schiff: przepuszczać ⟨-uścić⟩ przez śluzę; fig. przeprowadzać ⟨-dzić⟩, F a. przeszwarcować pf.; ~**schlüpfen** (sn) prześlizgać ⟨-znąć⟩ się; ~**schmoren** (sn) (Kabel) przepalać ⟨-lić⟩ się; ~**schneiden** przecinać ⟨-iąć⟩.

Durchschnitt m przecięcie; przekrój; Math. u. fig. przeciętna, średnia; im ~ przeciętnie, średnio (biorąc); über dem ~ więcej niż przeciętny; 2lich, ~s- przeciętny, średni; 2s·mensch m a. szary człowiek.

Durchschreibe|- przebitkowy; ~**block** m kopiał ołówkowy.

durch|'schreiten (-) przechodzić ⟨przejść⟩ (A/przez A); 2**schrift** f s. Durchschlag.

Durchschuß m Med. przestrzał; Typ. interlinia; Text. wątek.

durch|'schwimmen (-) przepływać ⟨-ynąć⟩ (A/przez A); ~**schwitzen** przepocić pf.; ~**sehen** v/i (po-) patrzeć (durch A/przez A); v/t przeglądać ⟨-dnąć, przejrzeć⟩; ~**seihen** (-) przecedzać ⟨-dzić⟩; ~**sein** F s. durch|kommen, -fahren, -laufen².

durchsetz|en przeforsować pf.; s-n Willen (od. Kopf) ~en, sich ~en postawić na swoim; sich ~en a. zostać przyjętym; zdoby(wa)ć uznanie (od. popularność); 2**ungsvermögen** n zdolność f zjednania sobie autorytetu.

Durchsicht f przeglądanie, przejrzenie; 2**ig** przezroczysty ⟨-ście⟩, (a. fig.) przejrzysty ⟨-ście⟩.

durch|sickern (sn) przesączać ⟨-czyć⟩ się, przesiąkać ⟨-knąć⟩ (a. fig.); ~**sieben** przesiewać ⟨-siać⟩; ~**sprechen** omawiać ⟨omówić⟩,

przedyskutować pf.; ~**starten** (sn) podrywać ⟨-derwać⟩ (samolot) przy nieudanym lądowaniu; ~'**stechen** v/t (-) przebi(ja)ć, przekłu(wa)ć; Damm: przekop(yw)ać; ~**stecken** przetykać ⟨-tknąć⟩; ~**stehen** fig. przetrzym(yw)ać; wytrwać pf. do (od. doczekać się pf.) końca; 2**stich** m przebicie (a. Tunnel), przekłucie; przekop; ~'**stöbern** (-) przetrząsać ⟨-snąć⟩ (a. Gelände), przerzucać, przeszperać pf.; ~'**stoßen** (-) przebi(ja)ć, przeszy(wa)ć; Mil. (Front) przełam(yw)ać; ~**streichen** przekreślać ⟨-lić⟩; ~'**streifen** (-) przemierzać ⟨-rzyć⟩.

durch'such|en (-) przeszuk(iw)ać; (j-n) ⟨z⟩rewidować; 2**ung** f przeszuk(iw)anie; Jur. rewizja.

durch'trainiert wytrenowany; ~'**tränken** (-) nasycać ⟨-cić⟩, przepajać ⟨-poić⟩ (mit/I); ~**trennen** (a. -) przecinać ⟨-ciąć⟩; ~'**trieben** szczwany, przebiegły ⟨-le⟩; ~'**wachen** (-) czuwać (die ganze Nacht przez całą noc); ~'**wachsen** Adj. Kochk. przerastały; F fig. rozmaity ⟨-cie⟩; ~'**wählen** Fmw. uzyskać pf. bezpośrednie połączenie; ~'**wandern** (-) s. durchstreifen; ~**waschen** przep(ie)rać; ~'**waten** (-) przechodzić ⟨przejść⟩ w bród, przebrnąć pf. (A, przez A).

durchweg na ogół; bez wyjątku; (überall) wszędzie.

durch|weichen¹ (sn) przemoknąć pf.; ~'**weichen²** (-) przemaczać ⟨-moczyć⟩; ~'**wirken** (-) przety)kać (mit/I); ~'**wühlen** (-) przekop(yw)ać; s. durchstöbern; ~**zählen** przeliczać ⟨-czyć⟩; ~**ziehen¹** v/t przewlekać ⟨-wlec⟩, (a. v/i, sn) przeciągać ⟨-gnąć⟩ (durch/przez A); ~'**ziehen²** (-) s. durchstreifen (Flüsse, Straßen) przerzynać ⟨-rznąć, -rżnąć⟩; (Duft) napełni(a)ć; ~'**zucken** (-) (Gedanke) przemykać ⟨-mknąć⟩; 2**zug** m przemarsch, przejazd; (d. Vögel) przelot; (Luft2) przeciąg; ~**zwängen** przeciskać ⟨-snąć⟩ (sich się; durch/przez A).

dürfen: ich, man usw. darf (nicht nie) wolno (D), można; darf ich ...? czy mogę ...?, czy wolno ...?; was darf es sein? czym mogę służyć?; es dürfte allen bekannt sein, daß ... prawdopodobnie wszyscy wiedzą, że ...; das hätte er nicht tun ~ tego

nie powinien był ⟨u⟩czynić *od.*
⟨z⟩robić.
dürftig marny, lichy (-cho), nędzny;
(*knapp*) skąpy (-po).
dürr suchy (-cho); *Ast:* uschnięty;
Boden: jałowy (-wo); *Bgb.* płonny;
(*mager*) chudy (-do); *in ~en Worten*
w krótkich słowach; **♀e f** *Meteo.*
susza, posucha.
Durst *m* (-*es; 0*) pragnienie (*a. fig.
nach/G*); F e~n über den ~ trinken
golnąć kieliszek.
dürsten (-e-) mieć (*od.* cierpieć)
pragnienie; *fig.* pragnąć, łaknąć
(*nach/G*). [okres wyrzeczeń.]
durst|ig spragniony; **♀strecke** *f∫*
Dusch|bad *n*, **~e f** prysznic, na-
trysk; **♀en** *v/i* brać ⟨wziąć⟩ prysznic *od.* natrysk; **~raum** *m* natrysk.
Düse *f* dysza; *Kunststoff-Tech.*
ustnik; *Glas-Tech.* czółno.
Dusel F *m* (-*s; 0*) zamroczenie; *fig.*
szczęście.
Düsen|antrieb *m* napęd odrzu-

towy; **~flugzeug** *n* samolot odrzutowy; **= ~maschine** F *f* odrzuto-
wiec; **~triebwerk** *n* silnik odrzutowy.
Dussel F *m* dureń *m*.
düster mroczny (-no); *fig.* ponury
(-ro), posępny; *Prognose:* niepomy-
ślny; **♀heit** *f* (*0*), **♀keit** *f* (*0*) mrocz-
ność *f*; ponurość *f*, posępność *f*.
Dutt *m* (-*es; -s/-e*) kok.
Dutzend *n* (-*s; -e*) tuzin; **~mensch**
m człowiek tuzinkowy; **♀weise**
tuzinami.
duz|en (-*zt*) *v/t* mówić (per) ty (*D*),
być na ty (z *I*); **♀freund** *m* serdeczny przyjaciel.
dy'na|misch dynamiczny; (*rührig*)
rzutki; **♀'mit** *n* (-*s; 0*) dynamit;
in Zssgn dynamitowy; **♀mo** *m* (-*s;
-s*), **♀momaschine** *f* prądnica.
Dyna'stie *f* dynastia.
Dysmenor'rhöe *f* bolesne mie-
siączkowanie.
D-Zug *m* pociąg pospieszny.

E

Ebbe *f* odpływ; F *fig.* pustki *f/pl.*;
~- in Zssgn odpływowy.
eben[1] (*0*) równy (-no); *s. flach*; zu
~er Erde na parterze.
eben[2] *Adv.* właśnie, akurat; *~ erst*
(właśnie) przed chwilką; (*ja*) *~!*
właśnie!; *das ist ~ so* tak po prostu
jest; *dann ~ nicht!* no to nie!
Ebenbild *n*: *er ist das ~ s-s Vaters*
on wykapany ojciec.
ebenbürtig (*0*) równy urodzeniem;
fig. j-m ~ sein dorównywać; *nie
ustępować* (*D*).
eben|da właśnie tam, tamże; **~da-
her** właśnie dlatego; właśnie stąd;
~derselbe właśnie ten sam, tenże;
~deswegen właśnie dlatego; **~dort**
s. ebenda.
Ebene *f* równina; płaszczyzna (*a.
Math.*); *schiefe ~* równia pochyła;
fig. auf höchster ~ na najwyższym
ebenfalls również, też. [szczeblu.]
Ebenholz *n* heban; *~- in Zssgn* heba-
nowy.
Eben|maß *n* symetria; regularność
f; **♀mäßig** symetryczny; kształtny.
ebenso tak samo, równie; (*auch*)

również, podobnie; **~gut** równie
dobrze; **~oft** tak samo (*od.* równie)
często; **~viel** tyleż; **~wenig** równie
mało; **~wenig** nie.
Eber *m* kiernoz, knur.
Eberesche *f* jarząb, jarzębina.
ebnen (-*e-*) równać, wyrówn(yw)ać
fig. Weg: ⟨u⟩torować.
Echo *n* (-*s; -s*) echo; *fig. a.* oddźwięk; **~lot** *n* echosonda.
Echse *f* jaszczur.
echt (*0*) prawdziwy (-wie); autentyczny; *Gefühl:* szczery (-rze); *Farbe:* trwały; *Math.* (*Bruch*) właściwy
s. wirklich; **♀heit** *f* (*0*) prawdziwość
f; autentyczność *f*; trwałość *f*.
Eck|ball *m* rzut rożny, korner; **~e**
f róg (*a. Sp.*), naroże, narożnik
(*Häuser♀ a.*) węgieł; (*Winkel*) kąt
(*Leser♀, Schach♀*) kącik; *an der ~*
na rogu; F *gleich um die ~e* tu
obok; F *j-n um die ~e bringe*
sprzątnąć (*A*); *an allen ~en* (*un*
Enden) wszędzie, dookoła.
Ecker *f* (-; -*n*) żołądź *f*; bukiew *f*
Eck|haus *n* dom narożny; **♀ig** kan-
ciasty (-to); *Klammer:* kwadra-

towy; *fig.* niezgrabny; **~lohn** *m*
stawka podstawowa; **~pfeiler** *m*
filar narożny; *fig.* filar; **~platz** *m*
miejsce w rogu; **~stoß** *m s. Eckball*;
~zahn *m* kieł.
Edamer *Adj.* edamski.
edel (*-dler*, *-lst-*) szlachetny; *s.*
adlig; **~gesinnt** prawy, szlachetny;
2mann *m* (*-ęs*; *-leute*) szlachcic,
pl. szlachta; **2marder** *m* kuna
leśna; **2metall** *n* metal szlachetny;
2mut *m* szlachetność *f*, wielko-
duszność *f*; **~mütig** szlachetny,
wielkoduszny; **2stein** *m* kamień
szlachetny; **2tanne** *f* jodła pospolita; **2weiß** *n* (*-es*; *-e*) szarotka.
Efeu *m* (*-s*; *0*) bluszcz.
Ef'fekt *m* (*-ęs*; *-e*) efekt; **~en** *pl.* wa-
lory *m/pl.*; **~enbörse** *f* giełda pieniężna; **~hascherei** *f* efekciarstwo.
effek'tiv efektywny, rzeczywisty
(*-ście*); *Tech. a.* użyteczny.
ef'fektvoll efektowny.
e'gal (*0*) równy (*-no*); jednakowy
(*-wo*); F *Adv.* obojętnie; *ganz* ~
wszystko jedno.
Egel *m* pijawka.
Egge *f* brona; **2n** ⟨za⟩bronować.
Ego'ismus *m* (*-*; *0*) egoizm, sobkostwo.
Ego'ist *m* (*-en*), **~in** *f* egoist|a *m*
(*-ka*), samolub(ka), sobek; **2isch**
egoistyczny.
ego'zentrisch egocentryczny.
eh(e) *Kj.* (za)nim. [ski.]
Ehe *f* małżeństwo, związek małżeń-)
Ehe~anbahnung *f* kojarzenie małżeństw; **~s~institut** *n* biuro matrymonialne.
Ehe|band *n* węzeł małżeński; **~be-
ratungsstelle** *f* poradnia małżeńska; **~bett** *n* łóżko († łoże) małżeńskie;
ehebrech|en (*nur im Inf.*) cudzo-
łożyć, złamać *pf.* wiarę małżeńską;
2er (*in f*) *m* cudzołożni|k (*-ca*),
~erisch cudzołożny.
Ehe|bruch *m* cudzołóstwo; **~frau** *f*
żona, małżonka; **~gatte** *m usw. s.*
Gatte usw.; **~gemeinschaft** *f*
wspólnota małżeńska; **~hälfte** F *f*
połowica; **~leben** *n* pożycie małżeńskie; **~leute** *pl.* małżonkowie
m/pl.; **2lich** małżeński; *Kind:*
ślubny, zrodzony w małżeństwie;
2lichen † poślubi(a)ć; **2los** *Mann:*
bezżenny, nieżonaty; *Frau:* niezamężna.

ehemal|ig (*0*) byly, dawny, eks-; **~s**
dawniej, przedtem, ongiś.
Ehe|mann *m* mąż, małżonek; **2-
mündig** w wieku uprawniającym
do zawarcia małżeństwa; **~paar** *n*
para małżeńska, małżeństwo; **~
partner** *m* małżonek.
eher *Adv.* wcześniej; (*lieber, vielmehr*) raczej; *je* ~, *je lieber* im
prędzej, tym lepiej.
Ehe|recht *n* (*-ęs*; *0*) prawo małżeń-
skie; **~ring** *m* obrączka (ślubna).
ehern *fig.* spiżowy.
Ehe|scheidung *f* rozwód; *in Zssgn*
rozwodowy; **~schließung** *f* zawarcie małżeństwa.
ehest: *am* ~*en* najwcześniej; najłat-
wiej.
Ehestand *m* (*-ęs*; *0*) stan małżeński.
ehestens najwcześniej.
Ehe|stifter(in *f*) *m* swat(ka); **~
trennung** *f* separacja; **~vertrag** *m*
umowa przedślubna, intercyza;
~zerrüttung *f* rozkład małżeństwa.
ehrbar czcigodny, zacny; *Mädchen:* przyzwoity.
Ehre *f* honor, cześć *f*; zaszczyt; *zu
~n* na cześć, ku czci (*G*); ~ *machen*,
zur ~ *gereichen* przynosić zaszczyt;
in ~*n halten* czcić, otaczać czcią;
die letzte ~ *erweisen* odda(wa)ć
ostatnią posługę; *mit wem habe ich
die* ~*? z kim mam zaszczyt?*; **2n**
czcić, poważać, szanować; ⟨u⟩ho-
norować, uczcić *pf.* (*mit/I*), zaszczycać ⟨-cić⟩ (*durch A/I*); *s.* ge-
ehrt.
ehren|amtlich honorowy; **2be-
zeigung** *f* salutowanie; **2doktor** *m*
doktor honoris causa; **2erklärung**
f publiczne odwołanie obrazy; **~
haft** honorowy (*-wo*); uczciwy
(*-wie*), prawy; **~halber** honoris
causa; **2mal** *n* pomnik chwały;
2mann *m* człowiek honoru; **2-
pflicht** *f* zaszczytny obowiązek; **2-
platz** *m* miejsce honorowe; **2-
preis** *m* nagroda honorowa; *Bot.*
przetacznik; **2recht** *n: die bürger-
lichen* 2*rechte* prawa *n/pl.* obywatelskie; **~rührig** (*präd.* w sposób)
uwłaczający czci; **2sache** *f* sprawa
honoru; **2schuld** *f* dług honorowy;
2schutz *m* ochrona czci; **2tag** *m*
rocznica; *s. Geburts-, Namenstag;*
~voll zaszczytny, chlubny; **2vor-
sitzende(r)** prezes honorowy; **2-
wache** *f* warta (*od.* straż) hono-

rowa; **~wert** czcigodny, zacny; **Qwort** n (*pl. -e*) słowo honoru; **Qzeichen** n odznaka honorowa.

ehr|erbietig pełen szacunku; **Q-furcht** f (*0*) głęboki szacunek, głęboka cześć; **~fürchtig**, **~furchts-voll** pełen głębokiego szacunku, *präd.* z głęboką czcią; **Qgefühl** n (*-es; 0*) poczucie honoru.

Ehrgeiz m (*-es; 0*) ambicja; **Qig** ambitny.

ehrlich uczciwy (*-wie*); *Preis:* godziwy (*-wie*); F *~e Haut* poczciwiec; *s. redlich, aufrichtig;* **Qkeit** f (*0*) uczciwość f; rzetelność f.

ehrlos bez honoru, bez czci i wiary; *Tat usw.:* niecny, niegodny; **Qig-keit** f (*0*) brak honoru; nieczość f.

ehr|sam *s. ehrbar;* **Qung** f uczczenie; honor, zaszczyt; **Qverlust** m utrata (*od.* pozbawienie) praw publicznych i obywatelskich praw honorowych; **Qwürden:** *Ew.* Qwürden Wasza Wielebność; **~würdig** czci-ei! *Int.* ej(że)! [godny, wielebny.]

Ei n (*-es; -er*) jajko, (*a. Bio.*) jajo; F wie ein rohes ~ *behandeln* obchodzić się jak z jajkiem (*A/z I*); **~ablage** f znoszenie jaj.

Eibe f cis (pospolity). [karski.]

Eibisch m (*-es; -e*) prawoślaz le-]

Eich·amt n urząd miar i wag.

Eiche f dąb; (*Holz*) dębina.

Eichel f (*-; -n*) żołądź f (*a. Anat.*); *KSp. a.* trefl; **~häher** m sójka.

eichen[1] 〈za〉legalizować 〈o〉cechować, 〈wy〉wzorcować, 〈s〉kalibrować.

eich|en[2], **Qen-** dębowy; **Qhörnchen** n wiewiórka.

Eich|maß n wzorzec miary; **~stem-pel** m cecha legalizacyjna; **~ung** f legalizacja; cechowanie, wzorcowanie.

Eid m (*-es; -e*) przysięga; e-n ~ *leisten* składać 〈złożyć〉 przysięgę; *an* ~*es Statt* w miejsce przysięgi; *unter* ~ pod przysięgą. [czurczy.]

Eid·echse f jaszczurka; **~n-** jasz-]

Eider f (*-; -n*), **~ente** f, **~gans** f edredon; **~** in *Zssgn* edredonowy.

Eidesformel f rota przysięgi.

eidesstattlich: ~e *Erklärung* zapewnienie w miejsce przysięgi.

Eid|genosse m obywatel Związku Szwajcarskiego; **Qgenössisch** związkowy; *engS.* szwajcarski.

Ei·dotter m u. n żółtko.

Eier|becher m kieliszek do jaj; **~brikett** n (jajowaty) brykiet węglowy; **~frucht** f oberżyna; **~ku-chen** m omlet; naleśnik; **Qlegend** jajonośny; **~likör** m ajerkoniak; **~schale** f skorup(k)a jaja; **~stock** m *Anat., Zo.* jajnik.

Eifer m (*-s; 0*) gorliwość f, zapał; *leidenschaftlicher* ~ żarliwość f; *in* ~ *geraten* zapalać 〈-lić〉 się, wpadać 〈wpaść〉 w ferwor; **~er** m zapaleniec, fanatyk; **~sucht** f (*0*) zazdrość f; **Qsüchtig** zazdrosny (*auf A/* względem *G; wegen/o A*); **~suchts-szene** f scena zazdrości.

ei·förmig jajowaty (*-to*).

eifrig gorliwy (*-wie*), pilny; *präd. a.* z zapałem; *s. leidenschaftlich.*

Ei·gelb n (*-s; -e*) żółtko.

eigen własny, swój; (*typisch für*) właściwy, swoisty (*D*); *s. eigenar-tig, -willig;* sich zu ~ *machen* przejmować 〈-jąć〉, przyswajać 〈-woić〉; **Qart** f specyficzna cecha, swoistość f; osobliwość f; **~artig** swoisty (*-ście*), specyficzny; (*seltsam*) osobliwy (*-wie*); **Qbau** m: F im Qbau sposobem gospodarczym; **Qbedarf** m potrzeby f/*pl.* własne; **Qbröt-ler** m odludek; dziwak; **Qdünkel** m zarozumiałość f; **Qfinanzierung** f finansowanie ze środków własnych; **Qgewicht** n ciężar własny; **~händig** własnoręczny; *s.* persönlich; **Qheim** n własny domek jednorodzinny; **Qheit** f właściwość f; *s.* Eigenart; **Qkapital** n kapitał własny; **Qliebe** f miłość własna; *s.* Egoismus; **Qlob** n samochwalstwo.

eigenmächtig samowolny; **Qkeit** f samowola.

Eigen|mittel n/*pl.* środki m/*pl.* własne; **~name** m imię własne; **~nutz** m (*-es; 0*) korzyść własna, *lit.* prywata; interesowność f; **Qnützig** interesowny, wyrachowany.

eigens specjalnie; tylko, wyłącznie.

Eigenschaft f właściwość f, własność f, cecha; (*Wesensart a.*) przymiot (*mst pl.*); in der ~ als w charakterze (*G*), jako (*A*); **~s·wort** n (*-es;* *~er*) przymiotnik.

Eigen|sinn m (*-es; 0*) upór; **Qsinnig** uparty (*-cie*); **~staatlichkeit** f niezależność państwowa, suwerenność f; **Qständig** samodzielny, niezależny.

eigentlich (0) właściwy (-wie); faktyczny; *Adv.* ściśle mówiąc.

Eigen|tor *n Sp.* bramka samobójcza; **~tum** *n* (-s; 0) własność *f.*

Eigentüm|er(in *f*) *m* właściciel(ka); **2lich** *s.* eigen(artig); **~lichkeit** *f* szczególna cecha; osobliwość *f.*

Eigentums|recht *n* (-es; 0) prawo własności; **~wohnung** *f* mieszkanie własnościowe.

eigenwillig (eigen) osobliwy (-wie), szczególny; *s.* eigensinnig.

eign|en (-e-): sich **~en** nada(wa)ć się, być zdatnym (zu, für/do *G*); **2ung** *f* przy-, z|datność *f*, kwalifikacja; **2ungs·prüfung** *f* egzamin kwalifikacyjny; próba przydatności.

Ei·land *n* (-es; -e) wyspa.

Eil|bote *m*: durch **~boten!** ekspres!; **~brief** *m* list ekspresowy, ekspres.

Eile *f* (-; 0) po|śpiech, -śpiech; *in der* (*od.* aller) **~** w pośpiechu; damit hat es keine **~** to nic pilnego; er ist in **~** *s.* eilig.

Ei·leiter *m Anat., Zo.* jajowód.

eilen (sn) pospieszać ⟨-szyć⟩, spieszyć; *Sache:* naglić, być pilnym; eilt! pilne!; **~ds** czym prędzej, niezwłocznie.

eilfertig skwapliwy (-wie); **2keit** *f* (0) skwapliwość *f.*

eilig (po)spieszny; *s.* dringend; er hat es **~** spieszy mu się (mit/z *I*; zu/do *G*); **~st** *Adv.* jak najspieszniej.

Eil|marsch *m* marsz forsowny; **~schritt** *m* krok przyspieszony; **~sendung** *f* przesyłka pośpieszna; **~zug** *m* pociąg przyspieszony; **~zustellung** *f* doręczenie natychmiastowe.

Eimer *m* wiadro, (*a. Tech.*) kubeł; F ... ist im **~** diabli wzięli (*A*); ~ in Zssgn *Tech.* kubełkowy; **2weise** wiadrami, na wiadra.

ein¹ *Art. im Poln. keine Entsprechung:* **~** *Haus* dom; was für **~** *Lärm!* co za hałas!; ~ *Herr X* niejaki pan X; **~es** *Tages* pewnego dnia; *Pron.* jeden, ktoś, (man) człowiek; ~*er den anderen* jeden drugiego; ~*er von vielen* jeden z wielu; es ist **~** und dasselbe to jedno i to samo; was für **~** *! jaki?*, który?; F *wie kumi ~er ...?* jak można ...?; *Num.* jeden *m*, jedna *f*, jedno *n*; nicht ~*er* ani jeden *od.* jednego; ~ *drittel* jedna trzecia; (es ist) **~** *Uhr* pierwsza godzina; *mir*

ist alles **~s** wszystko mi jedno; **~** *für allemal* raz na zawsze; *in* ~*em* fort wciąż, bez przerwy; *mit* ~*em Schlag fig.* za jednym zamachem; *in* ~*em Jahr* za rok.

ein² *Adv.:* bei *j-m* **~** und aus gehen być częstym gościem u (*G*); weder **~** noch aus wissen znaleźć się w położeniu bez wyjścia; nie umieć dać sobie rady.

ein|achsig jednoosiowy; **2akter** *m* jednoaktówka.

ein·ander jeden drugiego, wzajemnie, nawzajem.

ein·arbeiten wdrażać ⟨-rożyć⟩ (in *A*/do *G*; sich się); (einfügen) włączać ⟨-czyć⟩; sich **~** a. naby(wa)ć wprawy.

ein·armig jednoręki; *Tech.* jednoramienny.

ein·äscher|n (-re) spopielać ⟨-lić⟩, obracać ⟨-rócić⟩ w perzynę; *Leichnam:* spalać ⟨-lić⟩; **2ung** *f* spopielenie; spalenie, kremacja.

ein·atmen wdychać; *Med.* inhalować; wziewać; **~äugig** jednooki; *Fot.* jednoobiektywowy; **2bahnstraße** *f* ulica (*od.* droga) jednokierunkowa; **~balsamieren** (-) ⟨za-⟩ balsamować. [(książki).]

Einband *m*, **~decke** *f* oprawa

einbändig jednotomowy.

Einbau *m* (-es; 0) wbudowanie; wmontowanie, instalacja; **2en** wbudow(yw)ać; wmontow(yw)ać; ⟨za-⟩ instalować, wstawi(a)ć.

Einbaum *m* dłubanka.

Einbau|möbel *n/pl.* meble *m/pl.* wbudowane; **~schrank** *m* szafa wbudowana.

ein|begriffen włącz|nie, -ając, -ywszy (*A*); **~behalten** (-) ws-, za|trzym(yw)ać; *vom Gehalt a.:* potrącać ⟨-cić⟩; **~beinig** jednonogi.

einberuf|en (-) zwoł(yw)ać; *Mil.* powoł(yw)ać; **2ung** *f* zwołanie; powołanie; **2ungsbefehl** *m* karta powołania.

Einbettzimmer *n s. Einzelzimmer.*

ein|beulen wgniatać ⟨-ieść⟩; **~beziehen** (-) włączać ⟨-czyć⟩, uwzględni(a)ć; **~biegen** *v/t* w-, za|ginać ⟨-iąć⟩; *v/i* (sn) skręcać ⟨-cić⟩.

cinbild|en sich (*D*) **~** wyobrażać ⟨-razić⟩ (*od.* uroić *pf.*) sobie; sich (*D*) viel **~cn** mieć o sobie wygórowane mniemanie; **2ung** *f* urojenie, wytwór wyobraźni; (*Dünkel*) zarozumiałość *f*; **2ungskraft** *f* (*0*) wyobraźnia.

ein|binden *Buch*: oprawi(a)ć; ~**blasen** wdmuch(iw)ać; ~**bleuen** wbi(ja)ć do głowy.

Einblick *m* wgląd; ~ *gewähren* da(wa)ć wgląd; ~ *nehmen* wglądać ⟨wejrzeć⟩ (*in A*/do *G*).

einbrech|en *v/t* wyłam(yw)ać; *Wand*: zburzyć *pf.*; *v/i* (*sn*) załam(yw)ać się; *Dieb*: włam(yw)ać się (*in A*/do *G*); *Feinde*: wtargnąć *pf.*; *Nacht*: zapadać ⟨-paść⟩; **2er** *m* włamywacz.

Einbrenn|e *f dial.* zasmażka; **2en** wypalać ⟨-lić⟩; ~**lack** *m* lakier piecowy.

ein|bringen *Ernte*: sprzątać ⟨-t-nąć⟩, zwozić ⟨zwieźć⟩; *Gewinn*: przynosić ⟨-nieść⟩; *Antrag*: wnosić ⟨wnieść⟩; *Zeit*: powetować *pf.*; ~**brocken** ⟨na⟩kruszyć; F *fig.* nawarzyć *pf.* piwa (*sich* [*D*] sobie).

Einbruch *m* włamanie (się); wtargnięcie, (*a. Wasser*2 *usw.*) wdarcie się; *Bgb.* włom; *bei* ~ *der Nacht* z nastaniem nocy; ~**s-diebstahl** *m* kradzież *f* z włamaniem; ~**s-werkzeug** *n* narzędzia *n*/*pl.* złodziejskie.

einbucht|en P (*-e-*) *fig.* wsadzić *pf.* do kozy; **2ung** *f* zatoka; *s. Delle*.

einbürger|n (*-re*) nad(aw)ać obywatelstwo, naturalizować; *sich* ~*n fig.* przyjmować ⟨-jąć⟩ się; **2ung** *f* nadanie obywatelstwa, naturalizacja.

Ein|buße *f* strata, uszczerbek; **2-büßen** (*-ßt*) s-, u|tracić *pf.*, † postradać *pf.*; **2dämmen** obwałow(yw)ać; (*stauen*) zatamować *pf.*; *fig.* położyć *pf.* tamę (*A*/*D*), ograniczać ⟨-czyć⟩; **2decken** zaopatrywać ⟨-trzyć⟩ (*sich*; *mit*/*w A*); F (*mit Arbeit*) zawalić *pf.* (*I*).

Eindecker *m Flgw.* jednopłat.

ein|deichen *s. eindämmen*; ~**dellen** wgniatać ⟨-ieść⟩; ~**deutig** jednoznaczny; (*präd.* w sposób) nie pozostawiający wątpliwości; ~**dicken** zagęszczać ⟨-ęścić⟩; ~**drehen** wkręcać ⟨-cić⟩; *Haare*: zakręcać ⟨-cić⟩; *s. einwickeln*.

eindring|en (*sn*; *in A*) wdzierać ⟨wedrzeć⟩ się (do *G*); (*a. fig.*) wgłębi(a)ć się (*w A*); (*a. Gas usw.*) przenikać ⟨-knąć⟩ (do *G*); *in ein Problem usw. a.*: wnikać ⟨-knąć⟩ (*w A*), zgłębi(a)ć (*A*); ~**lich** do-

bitny; *Bitte*: usilny; **2ling** *m* intruz, natręt; (*Feind*) najeźdźca *m*.

Eindruck *m* (*-es*; *ße*) odcisk, odbicie; *fig.* wrażenie; ~ *machen* wywierać ⟨-wrzeć⟩ [*od.* sprawi(a)ć] wrażenie.

ein|drücken wciskać ⟨-snąć⟩, wtłaczać ⟨-łoczyć⟩; *Scheibe*: wybi(ja)ć; *s. eindellen*; ~**drucksvoll** imponujący (-co); ~**ebnen** zrówn(yw)ać z ziemią [jednoznaczny.]

Ein|ehe *f* jednożeństwo; **2eiig** *Bio.*⟩

ein-ein|halb półtora.

ein-engen zawężać ⟨-ęzić⟩; *fig. a.* ograniczać ⟨-czyć⟩.

einer *s.* ein; **2** *m Math.* jednostka; *Sp.* jedynka; **2ei** jednakowy; *es ist* (*mir*) ~*lei* wszystko (mi) jedno; **2lei** *n* (*-s*; *0*) monotonia, jednostajność *f*; ~**seits**, **einesteils** z jednej strony.

einfach prosty (-to); (*einzeln*) pojedynczy (-czo); (*schlicht*) skromny; *Fahrkarte*: zwykły; *Adv.* wprost; po prostu; F ~ *so* tak sobie; **2heit** *f* (*0*) prostota; skromność *f*.

einfädeln (*-le*) nawlekać ⟨-lec⟩; *fig.* ukartować *pf.*; ⟨za⟩inicjować; *sich* ~ *Kfz.* włączać ⟨-czyć⟩ się do ruchu *od.* w kolumnę (pojazdów).

einfahr|bar *s. einziehbar*; ~**en** *v/t* zwozić ⟨zwieźć⟩; *Auto*: docierać ⟨dotrzeć⟩; *Fahrwerk*: ⟨s⟩chować; *Pferd*: zaprawi(a)ć do jazdy; *v/i* (*sn*) wjeżdżać ⟨wjechać⟩; *Bgb.* zjeżdżać ⟨zjechać⟩; *sich* ~*en* wprawi(a)ć się (do jazdy); **2t** *f* wjazd; (*Hafen*2) wejście; *Bgb.* zjazd; (*Torweg*) brama (wjazdowa); **2ts-** wjazdowy.

Einfall *m Mil.* najazd, najście; *fig.* pomysł, koncept; *Phys.* padanie; **2en** (*sn*) zapadać ⟨-paść⟩ (się), ⟨za⟩walić się; *Feind*: wtargnąć *pf.* (*in A*/do *G*); *Licht*: wpadać ⟨wpaść⟩; *Mus. s.* einsetzen; (*in die Rede*) wtrącać ⟨-cić⟩ (się), przer(y)wać; (*unpers.*, *in den Sinn kommen*) przychodzić ⟨przyjść⟩ na myśl *od.* F do głowy; ... *will mir nicht* **2en** nie mogę sobie przypomnieć (*G*); *sich et.* **2en lassen** ruszyć konceptem; F (*das*) *fällt mir nicht ein!* ani mi się śni!; *was fällt Ihnen ein!* co pan sobie myśli!

einfalls|los nudny (-no), płytki (-ko); ~**reich** pomysłowy (-wo); **2winkel** *m Phys.* kąt padania.

Ein|falt *f* (*0*) prostota; naiwność *f*;

Ɂfältig prostoduszny, naiwny; *s.* **dumm**; **~faltspinsel** *m* tuman, cymbał.

Einfa'milienhaus *n* dom(ek) jednorodzinny.

einfangen ⟨s⟩chwytać, ⟨z⟩łapać.

einfarbig (0) jedno|barwny, -kolorowy (-wo).

einfass|en (-ßt) *Kleid:* oblamow(yw)ać (mit/*I*); *Stein:* oprawi(a)ć; (*umgeben*) otaczać ⟨otoczyć⟩; **Ɂung** *f* oblamowanie; oprawienie; *konkr.* obszewka, lamówka; oprawa.

einfetten ⟨na-, po⟩smarować tłuszczem, natłuszczać ⟨-uścić⟩.

einfinden: *sich* ~ stawi(a)ć się, zjawi(a)ć się.

ein|flechten wplatać ⟨wpleść⟩; *fig.* wtrącać ⟨-cić⟩, powiedzieć nawiasem; **~fliegen** *v/i* (*sn*) wlatywać ⟨wlecieć⟩; *v/t Flgw.* oblat(yw)ać; *Güter:* dostarczać ⟨-czyć⟩ drogą lotniczą; **~fließen** (*sn*) wpływać ⟨-nąć⟩ (*a. Gelder*); **~flößen** wl(ew)ać; *fig.* (*j-m A*) napawać (k-o *I*), wzbudzać ⟨-dzić⟩ (w kimś *A*); *Mut:* doda(wa)ć (*G*); *Hoffnung:* natchnąć *pf.* (*I*); **Ɂflugschneise** *f* korytarz wlotowy.

Einfluß *m* wpływ; **~bereich** *m* sfera wpływów; **Ɂlos** bez wpływu; **Ɂreich** wpływowy.

einflüster|n podszeptywać ⟨-szepnąć⟩; **Ɂung** *f* podszept.

ein|fordern ⟨za⟩żądać (*A*/*G*); **~förmig** jednostajny, monotonny; **~fressen:** *sich* ~fressen wżerać ⟨wżreć⟩ się; **Ɂfriedung** *f* ogrodzenie; **~frieren** *v/i* (*sn*) zamarzać ⟨-znąć⟩; *v/t* zamrażać ⟨-rozić⟩.

einfüg|en wstawi(a)ć, wkładać ⟨włożyć⟩ (*in A*/do *G*); *fig.* włączać ⟨-czyć⟩ (*sich* się); **Ɂung** *f* wstawienie; włączenie (się).

einfühl|en: *sich* ~en wczu(wa)ć się; **Ɂungsvermögen** *n* (0) zdolność *f* wczuwania się.

Einfuhr *f* wwóz, przywóz; **~beschränkung** *f* ograniczenie wwozu *od.* przywozu.

einführen wprowadzać ⟨-dzić⟩; wsuwać ⟨-unąć⟩; *Waren:* sprowadzać ⟨-dzić⟩, wwozić ⟨wwieźć⟩; *Ordnung:* zaprowadzać ⟨ dzić⟩.

Einfuhr|erlaubnis *f* zezwolenie na wwóz; **~land** *n* kraj importujący; **~prämie** *f* premia importowa.

Einführung *f* wprowadzenie; za-

prowadzenie; *s. Einleitung*; **~s-gesetz** *n* ustawa wprowadzająca.

Einfuhr|verbot *n* zakaz przywozu *od.* wwozu; **~zoll** *m* cło przywozowe.

einfüll|en wl(ew)ać (*in Flaschen* do butelek *A*), napełni(a)ć (*in Säcke* worki *I*); **Ɂöffnung** *f* wlew(nik).

Eingabe *f s. Gesuch; Comp.* (*Daten*) wprowadzanie.

Eingang *m* wejście; (*Zutritt*) wstęp; dostęp; (*PostⱤ, WarenⱤ*) wpływ, nadejście; *Eingänge pl.* korespondencja; **Ɂs** na wstępie.

Eingangs|buch *n* księga wpływów; **~datum** *n* data wpływu; **~formel** *f* formuła wstępna.

ein|geben da(wa)ć; *Daten:* wprowadzać ⟨-dzić⟩; *Gedanken:* podda(wa)ć, podsuwać ⟨-unąć⟩; **~gebildet** urojony; *Pers.* zarozumiały (-le); **Ɂgeborene(r)** krajowiec, tubylec; in *Zssgn* tubylczy; **Ɂgebung** *f* inspiracja, natchnienie.

eingedenk: ~ *sein* zapamiętać *pf.* sobie (*G*/*A*); ~ *dessen, daß* ... pomny tego, że ..., pamiętając o tym, że ...

einge|fallen zapadły, zapadnięty; **~fleischt** zatwardziały; *Junggeselle:* zaprzysięgły.

eingehen *v/i* (*sn*) (*Brief usw.*) nadchodzić ⟨nadejść⟩, wpływać ⟨-ynąć⟩; (*Pflanze*) ⟨z⟩marnieć; (*Tier*) ⟨z⟩ginąć, zdychać ⟨zdechnąć⟩; (*Firma*) upadać, przesta(wa)ć istnieć; (*Zeitung*) przesta(wa)ć wychodzić; (*Stoff*) zbiegać ⟨zbiec⟩ się; ~ *auf* (*A*) zgadzać ⟨zgodzić⟩ się, przysta(wa)ć na (*A*); (*auf j-n*) wykaz(yw)ać zrozumienie (dla *G*); (*auf Details*) wda(wa)ć się (w *A*); ~ *lassen* zamykać ⟨-mknąć⟩, zwijać ⟨-inąć⟩; zaniedb(yw)ać; *v/t* (*a. sn*) *Vertrag, Ehe:* zawierać ⟨-wrzeć⟩; *Verpflichtung:* przyjmować ⟨-jąć⟩ na siebie; e-e *Wette* ~ zakładać ⟨założyć⟩ się; **~d** szczegółowy (-wo), gruntowny.

ein|geklemmt *Med.* (*Bruch*) uwięźnięty; **Ɂgelegt** *Kochk.* marynowany; **Ɂgemachte(s)** kompot (*od.* mięso) w wekach; (*in Essig*) marynata; **~gemeinden** (-*e*-; -) wcielać (lić) do gminy; **~genommen** usposobiony (*für*/przychylnie do *G*); *uprzedzony* (*gegen*/do *G*); mający wysokie wyobrażenie (*von sich* o sobie); **~geschnappt** F zagniewany; **~geschränkt** ograniczony; **~geschrieben** *Brief*: polecony; *s. eingetragen*; **~gesessen** osiadły, zamieszkały; **2gestängnis** *n* przyznanie się; wyznanie; **~gestehen** (-) *v/t* przyzna(wa)ć się (do *G*); **~getragen** zarejestrowany, wpisany.

Eingeweide *n* wnętrzności *f/pl.*, trzewia *n/pl.*; **~** *in Zssgn* jelitowy.

eingeweiht wtajemniczony.

eingewöhnen: sich ~ ⟨za⟩aklimatyzować się, zadomowić się *pf.*

ein|gewurzelt zakorzeniony; **~gießen** wl(ew)ać; ⟨*füllen*⟩ nal(ew)ać; **~gipsen** *Med.* kłaść ⟨położyć⟩ w gips; **~gleisig** jednotorowy (-wo).

eingliedern |n włączać ⟨-czyć⟩, wcielać ⟨-lić⟩; **2ung** *f* (0) włączenie, wcielenie.

eingraben w-, za|kop(yw)ać; (*einritzen*) wyryć *pf.*; *sich ~* (*a. fig.*) wryć się *pf.*; *Mil.* okop(yw)ać się.

ein|gravieren (-) ⟨wy⟩grawerować, ⟨wy⟩ryć; **~greifen** *Tech.* zazębiać się, chwytać; *fig.* wkraczać ⟨-roczyć⟩, ingerować, interweniować; (*sich einmischen*) wtrącać ⟨-cić⟩ się (*in A*/do *G*); (*in j-s Rechte usw.*) naruszać ⟨-szyć⟩ (*A*); **2greifen** *n* (-*s*; 0) wkroczenie, interwencja; **2griff** *m* ingerencja; naruszenie; *Med.* zabieg; *Tech.* przypór; **2guß** *m* wlew(anie).

einhaken *v/t* zaczepi(a)ć, zahaczać ⟨-czyć⟩; *v/i* f wtrącać ⟨-cić⟩ się; *sich ~* wziąć *pf.* pod rękę (bei/*A*).

Einhalt *m*: **~** *gebieten od. tun* (*D*) kłaść ⟨położyć⟩ kres (*D*), ukrócać ⟨-cić⟩ (*A*); **2en** *v/t Termin usw.*: dotrzym(yw)ać (*G*); *s. befolgen*; *v/i* (*mit*) przer(y)wać (*A*), przest(aw)ać; *halt ein!* przestań!; **~ung** *f* dotrzymanie; przestrzeganie.

einhandeln przehandlow(yw)ać (*gegen, für*/na *A*).

einhändig jednoręki; *Adv.* jedną ręką; **~en** do-, w|ręczać ⟨-czyć⟩.

Einhandsegler *m Mar.* samotnik.

ein|hängen *v/t* zawieszać ⟨-esić⟩; *Tür*: wstawi(a)ć; *v/i* zawieszać ⟨-esić⟩ słuchawkę; *sich ~hängen s. einhaken*; **~hauchen** tchnąć *pf.* (*Leben D*/życie w *A*); **~hauen** F *s.* (*hin*)*einschlagen*; P (*Essen*) wcinać; **~heften** wszy(wa)ć; *Akten a.*: wpinać ⟨wpiąć⟩.

einheimisch krajowy; tubylczy; *s.*

ortsansässig, hiesig; **2e(r)** *s. Eingeborene(r)*; (*in e-m Ort*) tutejszy.

ein|heimsen F *fig.* zgarniać ⟨-nąć⟩, zbierać ⟨zebrać⟩; **~heiraten** (*Mann*) F wżenić się *pf.*; (*Frau*) (wychodząc za mąż za *A*) wejść *pf.* w rodzinę.

Einheit *f* jedność *f*; *Math., Mil.* jednostka; **2lich** jednolity (-cie).

Einheits|front *f* front jedności; **~preis** *m* cena jednolita; **~schule** *f* jednolity ustrój szkolny; **~staat** *m* państwo unitarne.

einheizen ⟨na⟩palić w piecu; F *fig.* (*tüchtig*) ~ ⟨z⟩besztać (*D*/*A*).

einhellig jednomyślny, zgodny; **2keit** *f* (0) jednomyślność *f*, zgoda.

einhergehen towarzyszyć (*mit*/*D*).

einholen *v/t* (*j-n*) doganiać ⟨-gonić⟩, dopędzać ⟨-dzić⟩; *Versäumtes*: nadrabiać ⟨-robić⟩; *Flagge*: ściągać ⟨-gnąć⟩; *Segel*: zwijać ⟨-inąć⟩; *Rat*: zasięgać ⟨-gnąć⟩ (*G*); *Genehmigung*: ⟨po-, wy⟩starać się (*o A*); F *s. einkaufen*.

Ein|horn *n* jednorożec; **~hufer** *m/pl.* jednokopytne *m/pl.*

einhüllen (*in A*) owijać ⟨-inąć⟩ (w *A*), otulać ⟨-lić⟩ (*I*); *fig.* zawlekać ⟨-lec⟩, osłaniać ⟨-łonić⟩ (*I*; *sich* się).

einig zgodny; zgrany; (*sich* ~ *sein* zgadzać się (*darin, darüber* co do tego); *sich* (*D*) ~ *werden s. sich einigen*.

einige *pl.* kilka, *Psf.* kilku; niektóre, *Psf.* niektórzy; ~ *hundert* kilkaset; *sg.* (*etwas*) coś, nieco, trochę; (*ziemlich viel*) sporo; *noch* ~*s zu sagen haben* mieć jeszcze coś do powiedzenia; ~*s Geld haben* mieć nieco (*od.* trochę) pieniędzy; *in* ~*r Entfernung* w pewnej odległości; *vor* ~*r Zeit* jakiś czas temu; *in* ~*r Zeit* za jakiś czas.

einig|en ⟨z⟩jednoczyć; pojedn(y-w)ać; *sich* ~*en* dochodzić ⟨dojść⟩ do porozumienia, ⟨z⟩godzić się (*über A*/co do *G*); uzgadniać ⟨-godnić⟩ (*auf A*/*A*); **~er maßen** F poniekąd, do pewnego stopnia; **~es** *s. einige*; **2keit** *f* (0) jedność *f*; zgodność *f*; *s. Eintracht*; **2ung** *f* zjednoczenie, połączenie; *2ung erzielen* dojść do zgody.

ein|impfen *fig.* wszczepi(a)ć, wpajać ⟨wpoić⟩; **~jagen** napędzać ⟨-dzić⟩ (*j-m Angst*/k-u strachu);

⊸jährig (jedno)roczny; **⊸kalku-lieren** F (-) uwzględni(a)ć, brać ⟨wziąć⟩ pod uwagę; **⊸kassieren** (-) ⟨za⟩inkasować.

Einkauf m kupno, zakup; (*für e-n Betrieb usw.*) zaopatrzenie; *konkr.* dział zaopatrzenia; (*Gekauftes*) sprawunek; *Einkäufe machen* załatwi(a)ć sprawunki *od.* zakupy; ⧫en zakupywać ⟨-pić⟩; ⧫en gehen iść ⟨pójść⟩ po zakupy *od.* F za sprawunkami; *sich* ⧫en wkupić się (*bei/* w *A*).

Einkäufer m zaopatrzeniowiec.

Einkaufs|bummel F m spacer połączony z robieniem zakupów; **⊸korb** m kosz na zakupy (w sklepie samoobsługowym); **⊸netz** n siatka na zakupy; **⊸preis** m cena zakupu; **⊸tasche** f torba na zakupy; **⊸wagen** m wózek na zakupy; **⊸zentrum** n centrum handlowe.

Einkehr f popas; † *s. Herberge; fig.* kontemplacja; ⧫en (*sn*) zatrzym(yw)ać się (na popas) (*bei/* w *L*, u *G*); (*besuchen*) zajeżdżać ⟨-echać⟩ (do *G*); *fig.* nawiedzać ⟨-dzić⟩ (*bei/A*).

ein|keilen: *eingekeilt sein* nie móc się (po)ruszyć w ścisku; **⊸kellern** (-*re*) składać ⟨złożyć⟩ do (*od.* magazynować w) piwnicy; **⊸kerben** nacinać ⟨-iąć⟩, narzynać ⟨-rznąć⟩; **⊸kerkern** (-*re*) wtrącać ⟨-cić⟩ do więzienia, uwięzić *pf.*

einkessel|n (-*le*) *s.* einkreisen; ⧫ung f okrążenie.

ein|klagen *Schuld:* dochodzić sądownie zapłacenia *od.* zwrotu (*G*); **⊸klammern** ujmować ⟨ująć⟩ w nawias.

Einklang m unison; *fig.* zgoda, harmonia; *in* ⌃ *bringen* ⟨z⟩harmonizować; uzgadniać ⟨-godnić⟩; *in* ⌃ *stehen* harmonizować, zgadzać się.

ein|kleben wklejać ⟨-ić⟩; **⊸kleiden** ub(ie)rać; *Mil.* umundurować *pf.*; *Rel.* oblekać ⟨-ec⟩ w szaty zakonne; ⧫kleidung f *Mil.* umundurowanie; *Rel.* obłóczyny *pl.*; **⊸klemmen** zaciskać ⟨-snąć⟩; *Finger:* przyciskać ⟨-snąć⟩ (*sich* [*D*] *sobie*); *Schwanz:* podwijać ⟨-inąć⟩; *s. eingeklemmt;* **⊸klinken** zamykać ⟨-mknąć⟩ na klamkę, zatrzasnąć *pf.*; **⊸knicken** *v/t* załam(yw)ać; *v/i* (*sn*) załam(yw)ać się; uginać ⟨-iąć⟩ się; ⧫knöpffutter n podpinka; **⊸kochen** *v/t* ⟨za⟩wekować; *v/i* (*sn*)

wygotow(yw)ać się; (*dicker werden*) zagęszczać ⟨-ęścić⟩ się.

Einkommen n dochód; ⧫s·schwach dysponujący skromnymi dochodami, niezamożny; **⊸steuer** f podatek dochodowy.

ein|kreisen otaczać ⟨otoczyć⟩, okrążać ⟨-żyć⟩; ⧫künfte *pl.* wpływy *m/pl.*, dochody *m/pl.*; **⊸kuppeln** *v/i* włączać ⟨-czyć⟩ sprzęgło.

einlad|en załadow(yw)ać; *Gäste:* zapraszać ⟨-rosić⟩ (*zu/na A*); ⧫end zachęcający (-co); ⧫ung f załadow(yw)anie; *a.* = ⧫ungskarte f zaproszenie.

Einlage f wkładka; *Tech. a.* przekładka; (*Geld⧫, Zahn⧫, El.*) wkład; (*Suppen⧫*) dodatek; *Thea., Mus.* wstawka; *s. Beilage, Einsatz.*

einlager|n ⟨za⟩magazynować; ⧫ung f (z)magazynowanie.

Ein|laß m (-*sses; ⧫sse*) wpuszcz|anie, -enie; wstęp; *Tech.* wlot, wpust; ⧫lassen wpuszczać ⟨-uścić⟩; *Luft, Wasser a.:* napuszczać ⟨-uścić⟩ (*in A/do G*); *sich* ⧫lassen wda(wa)ć się (*mit/z I; in od. auf A/w A*); **⊸laßkarte** f *s. Eintrittskarte;* **⊸laßventil** n zawór wlotowy *od.* wpustowy.

Einlauf m *Med.* wlew, lewatywa; *Tech.* wlot; *Sp.* finisz, przybycie na metę; ⧫en (*sn*) wbiegać ⟨-ec⟩; *Berichte, Schiff:* wpływać ⟨-ynąć⟩; *Zug:* wjeżdżać ⟨wjechać⟩; *Stoff:* zbiegać ⟨-ec⟩ się; *sich* ⧫en docierać ⟨dotrzeć⟩ się; ⧫en lassen *s.* einlassen.

einläuten ⟨za⟩dzwonić (*A/na A*).

einleben: *sich* ⌃ wży(wa)ć się (*in A/w A*); ⟨za⟩aklimatyzować się (*bei/u G*, w *L*).

Einlege|arbeit f intarsja; ⧫n wkładać ⟨włożyć⟩, (*a. Protest usw.*) zakładać ⟨założyć⟩; *Pause:* ⟨z⟩robić; *Kfz.* (*Gang*) włączyć *pf.*; (*in Salzlake*) nasalać ⟨-solić⟩; (*in Essig*) ⟨za⟩kisić, ⟨za⟩kwasić; *Gut:* ⟨za⟩marynować; *Rechtsmittel:* przedsięwziąć *pf.*; *ein Wort für j-n* ⧫n wstawi(a)ć się za (*I*); **⊸sohle** f wkładka (do pantofli).

einleit|en zapoczątkow(yw)ać; *s. beginnen, eröffnen;* **⊸end** wstępn|y, *Adv.* na wstępie; ⧫ung f rozpoczęcie, zapoczątkowanie; (*Vorwort*) wstęp, uwagi f/pl. wstępne.

einlenken spuścić *pf.* z tonu, spotulnieć *pf.*; *(nachgeben)* iść ⟨pójść⟩ na ustępstwa; *s. einbiegen.*

einleuchten *(j-m)* trafi(a)ć do przekonania *(D)*; **~d** oczywisty ⟨-ście⟩, jasny (-no); przekonywający (-ście).

einliefer|n dostawi(a)ć, dostarczać ⟨-czyć⟩ *(in A/do G)*; **2ung** *f* dostawienie; **2ungsschein** *m (Post)* potwierdzenie dla wpłacającego.

ein|lochen F wsadzać ⟨-dzić⟩ do ciupy, przyskrzyni(a)ć; **~lösen** wykupywać ⟨-pić⟩; *Scheck*: ⟨z⟩realizować; *Wort*: dotrzym(yw)ać; **~lullen** usypiać ⟨uśpić⟩ *(a. fig.)*; **~machen** *s. einlegen*; **2machglas** *n* wek, słoik.

einmal raz; *(gelegentlich)* pewnego razu; *(einst)* kiedyś, niegdyś; *auf ~* naraz, nagle; *alle auf ~* wszyscy (wszystkie) na raz; *nicht ~* nawet nie, ani nie; *noch ~* *soviel* drugie tyle; *es ist nun ~* so tak to już jest; **2¹eins** *n* (-; *0*) tabliczka mnożenia; **~ig** jednorazowy (-wo); jedyny w swoim rodzaju, niepowtarzalny.

Ein'mann|- jednoosobowy; **~zelt** *n* płaszcz-namiot.

Einmarsch *m* wkroczenie, wmaszerowanie; **2ieren** (-; *sn*) wkraczać ⟨-roczyć⟩.

ein|mauern wmurow(yw)ać; **~meißeln** ⟨wy⟩ryć; **~mengen** *s. einmischen*; **~mieten** wynajmować ⟨-jąć⟩ pokój *od.* mieszkanie *(A/dla G*; sich dla siebie; *bei/u G)*; *Agr.* ⟨za⟩kopcować.

einmisch|en: *sich ~en* ⟨w⟩mieszać się, wtrącać ⟨-cić⟩ się *(in A/do G)*; **2ung** *f* wtrącanie się, ingerencja.

ein|monatig (jedno)miesięczny; **~motorig** jednosilnikowy; **~motten** *(-e-)* zabezpieczać ⟨-czyć⟩ przed molami; *Mil.* ⟨za⟩kokonizować.

einmünd|en (*sn*) *(Fluß)* wpadać; *(Straße)* wychodzić; **2ung** *f* ujście; wylot.

einmütig *(0)* jednomyślny, zgodny; **2keit** *f (0)* jednomyślność *f*, zgoda.

Einnahme *f* dochód, przychód; *(Tages2)* wpływ, utarg; *Med.* za-ży|wanie, -cie; *(Essen)* spoży|wanie, -cie; *Mil.* zajęcie; **~quelle** *f* źródło dochodu.

einnehmen *Geld*: ⟨za⟩inkasować, utargować ⟨-ować⟩; *Steuern*: pobierać; *Arznei*: zaży(wa)ć; *Mahl*: spoży(wa)ć; *Platz, Stellung*: zajmować

⟨-jąć⟩; *j-n* für sich *~* zjedn(yw)ać sobie *(A)*; **~d** ujmujący (-co).

einnicken (*sn*) zadrzemać *pf.*, zdrzemnąć się *pf.*

einnisten: *sich ~* zagnieżdżać ⟨-eź-dzić⟩ się; *Med.* umiejscawiać ⟨-cowić⟩ się.

Ein-öde *f* pustkowie, głusza.

ein|ölen naoliwi(a)ć; **~ordnen** ⟨po⟩segregować, ⟨u⟩porządkować *(alphabetisch* według alfabetu); **~packen** *v/t* zapakow(yw)ać; *v/i* F wynosić się; **~passen** do-, w|pasow(yw)ać; **~pauken** wbi(ja)ć do głowy; *s. pauken*; **2peitscher** *m Pol.* agitator, F naganiacz.

einpendeln: *sich ~ (auf A)* osiągnąć *pf.* wartość *f od.* poziom *(G)*, zatrzymać się *pf.* (na *L)*.

ein|pflanzen po-, za|sadzić *pf.*; *fig.* wszczepi(a)ć; *Med. a.* implantować; **~planen** zaplanować *pf.*; **~pökeln** ⟨za⟩peklować.

einpräg|en wyciskać ⟨-snąć⟩, wybi(ja)ć; *s. einschärfen*; *sich (D)* **~en** zapamiętać, wbić sobie w pamięć *(A)*; et. *prägte sich j-m ein* coś wryło się w pamięć *(D)*; **~sam** łatwy do zapamiętania.

einquartier|en (-) zakwaterować *pf.*; **2ung** *f* zakwaterowanie; kwaterunek, postój.

ein|rahmen opraw(ia)ć w ramy; *fig.* okalać, obramow(yw)ać; **~rammen** wbi(ja)ć; **~rasten** *(-e-; sn)* zaskakiwać ⟨-skoczyć⟩; **~räumen** układać ⟨ułożyć⟩, umieszczać ⟨-eścić⟩; *Möbel*: ⟨po⟩ustawiać; *Zimmer*: ⟨u⟩meblować; *s. zugestehen, gewähren*; **2rede** *f Jur.* ekscepcja; **~reden** wmawiać ⟨wmówić⟩ *(j-m, sich A/k-u, sobie A)*; perswadować *(auf A/D)*.

einregnen: *es hat sich eingeregnet* rozpadało się (na dobre).

einreib|en wcierać ⟨wetrzeć⟩; *Med. a.* nacierać ⟨natrzeć⟩ *(mit/I)*; **2ung** *f* wcieranie; nacieranie.

einreichen wnosić ⟨wnieść⟩, składać ⟨złożyć⟩.

einreih|en zaliczać ⟨-czyć⟩ *(in, unter A/do G)*; s. eingliedern, einordnen; **2er** *m* jednorzędówka; **~ig** jednorzędowy.

Einreise *f* wjazd; **2n** (*sn*) przyby(wa)ć; **~visum** *n* wiza wjazdowa.

einreißen *v/t* nadrywać ⟨-derwać⟩

(v/i [sn] się); Haus: ⟨z⟩burzyć; v/i (sn) fig. grasować; sta(wa)ć się nawykiem; nicht ~ lassen nie dopuścić do powstania (A/G).

'inrenken nastawi(a)ć, F wprawi(a)ć; F fig. uregulować pf.; sich ~ układać ⟨ułożyć⟩ się.

'inrennen: F j-m das Haus ~ nachodzić (A); offene Türen ~ wywažać otwarte drzwi.

'inricht|en Med. nastawi(a)ć; urządzać ⟨-dzić⟩ (sich się; sich [D] ein Haus sobie dom); sich ~ a. dopasow(yw)ać się; F (auf A) nastawi(a)ć się (na A); s. eröffnen, gründen; **2er** m Tech. nastawiacz; **2ung** f urządzenie (a. konkr.); umeblowanie; instytucja; Med. nastawienie; Tech. a. instalacja.

'ein|rosten zardzewieć pf.; F fig. zgnuśnieć pf.; **~rücken** v/i (sn) s. einmarschieren; Rekrut: wstępować ⟨-tąpić⟩ do wojska; v/t Artikel: zamieszczać ⟨-eścić⟩; Typ. (Zeile) ⟨z⟩robić wcięcie; Tech. włączać ⟨-czyć⟩; **~rühren** w-, do|mieszać pf.; Gips usw.: rozrabiać ⟨-robić⟩; Ei: wbi(ja)ć.

eins jedno n; (beim Zählen) jeden, raz; um ~ o pierwszej; s. ein, einig, einerlei; **2** f (-; -en) jedynka.

'ein|sacken v/t ⟨po-, z⟩workować; F fig. zagarniać ⟨-nąć⟩; v/i (sn) s. einsinken; **~salzen** ⟨na-, za⟩solić.

'einsam samotny; Gegend, Weg: odludny, ustronny; **2keit** f (0) samotność f; ustronie, zacisze.

'ein|sammeln ⟨po⟩zbierać, zebrać pf.; **~sargen** składać ⟨złożyć⟩ do trumny.

Einsatz m wkład(ka), (a. am Kleid) wstawka; (Spiel2) stawka; (Hochofen2) wsad; (Verwendung) zastosowanie, użycie; Mil. a. wprowadzenie do walki; udział w walce; operacja, akcja; Flgw. lot bojowy; Pers. zaangażowanie, poświęcenie; Mus. ~ e-r Stimme wpadanie głosu; mit (od. unter) ~ des Lebens (aller Kräfte) nie szczędzić życia (sił); **2bereit** gotowy do działania (Gerät: do użycia, Flgw. do startu); Mil. a. przygotowany do walki; **~bereitschaft** f stan gotowości; (pełna) sprawność; ofiarność f; **2freudig** gotowy do poświęceń, ofiarny; **~gruppe** f grupa operacyjna; **~härtung** f (0) utwardzanie

dyfuzyjne; **~plan** m plan operacji od. akcji; **~wagen** m wóz dodatkowy; wóz pogotowia policyjnego.

'ein|saugen wsysać ⟨wessać⟩; s. absorbieren, (Duft) einatmen; **~säumen** obrębi(a)ć.

einschalten włączać ⟨-czyć⟩ (sich się; Bemerkung: wtrącać ⟨-cić⟩; sich ~ s. a. eingreifen.

ein|schärfen przy-, na|kaz(yw)ać, wbi(ja)ć w pamięć; **~schätzen** oceni(a)ć.

einschenken nal(ew)ać (A/G); fig. j-m reinen Wein ~ powiedzieć szczerą prawdę (D).

ein|schicken prze-, wy-, po|syłać ⟨-słać⟩; **~schieben** wsuwać ⟨-unąć⟩, wsadzać ⟨-dzić⟩; Satz: wtrącać ⟨-cić⟩.

einschießen s. einschlagen; Geld: wkładać ⟨włożyć⟩; sich ~ wstrzel(iw)ać się.

einschiff|en załadow(yw)ać na statek; Pers. zaokręto(wy)wać (sich się); **2ung** f zaokrętowanie (się).

einschlaf|en (sn) u-, za|sypiać ⟨u-, za|snąć⟩; Glied: ⟨z⟩drętwieć, ⟨ś⟩cierpnąć; F (aufhören) usta(wa)ć; **2en** n (-s; 0) zaśnięcie; zdrętwienie.

einschläfer|n (-re) usypiać ⟨uśpić⟩ (a. fig.); Tier: uśmiercać ⟨-cić⟩; **~nd** usypiający ⟨-co⟩.

Einschlag m uderzenie; trafienie; Text. wątek; (am Kleid) zakładka; obrębek; (Lenkrad2) skręt; Forst. wyrąb; s. Beimischung, Färbung; **2en** v/t Nagel: wbi(ja)ć; Fenster, Zähne: wybi(ja)ć; Schädel: rozbi(ja)ć; Tür: wywalać ⟨-lić⟩; Lenkrad: skręcać ⟨-cić⟩; Weg: iść ⟨pójść⟩ (A/I); Laufbahn: o-, wy|b(ie)rać; Saum: ⟨z⟩robić zakładkę od. obrębek; s. einwickeln; v/i bić, tłuc (auf A/A; mit/I); Geschoß: trafi(a)ć; Blitz: uderzać ⟨-rzyć⟩, F fig. mieć powodzenie; Hdl. mieć popyt; schlag ein! da(wa)j rękę (na zgodę)!

einschlägig odnośny; ~ vorbestraft odnośnie karany.

einschleichen: sich ~ w-, za|kradać ⟨-kraść⟩ się, wślizgiwać ⟨-znąć⟩ się.

ein|schleppen zawlekać ⟨-ec⟩; **~schleusen** fig. przerzucać ⟨-cić⟩.

einschließ|en Mil. okrążyć pf., oblegać ⟨oblec⟩; opas(yw)ać; s. einbeziehen, enthalten; ... eingeschlossen wliczając (A); a. = ~lich Prp. łącznie (G/z I); Adv. włącznie.

einschlummern (sn) s. einschlafen.

Einschluß m Tech. wtrącenie; Min. wrostek; mit ~, unter ~ (G) łącznie (z I).

einschmeicheln: sich ~ (bei) wkradać ⟨-raść⟩ się w łaski (G); ~d przyjemnie brzmiący, pieszczący.

ein|schmelzen ⟨s⟩ topić; przetapiać ⟨-topić⟩; ~**schmieren** ⟨na-, wy-⟩ smarować; ~**schmuggeln** przemycać ⟨-cić⟩, F przeszwarcować pf. (sich się); ~**schnappen** zapadać ⟨-paść⟩, zatrzaskiwać ⟨-snąć⟩ się.

einschneiden v/i wrzynać ⟨werżnąć⟩ się, wcinać ⟨-iąć⟩ się; v/t s. einkerben; wycinać ⟨-iąć⟩, wyrzynać ⟨-rżnąć⟩; wkrajać ⟨-roić⟩ (in die Suppe do zupy); ~d radykalny, istotny.

ein|schneien (sn) zasyp(yw)ać (od. zanosić ⟨-nieść⟩) śniegiem; 2~**schnitt** m wcięcie; (a. Med.) nacięcie; (im Gelände) prze-, wy|kop; parów; fig. cezura, moment przełomowy; s. a. Kerbe; ~**schnüren** Taille: ściągać ⟨-gnąć⟩ sznurówką; Hals: ściskać ⟨-snąć⟩.

einschränk|en ograniczać ⟨-czyć⟩ (auf A|do G; in D|w L; sich się); ~**end** ograniczający, restrykcyjny; ~**end bemerken** zastrzegać ⟨-rzec⟩ się; 2**ung** f ograniczenie; mit 2ung z zastrzeżeniem.

einschrauben wkręcać ⟨-cić⟩.

Einschreibe|brief m list polecony; ~**gebühr** f wpisowe; (Post) opłata za polecenie.

einschreiben (a. Math.) wpis(yw)ać (in A|do G), zapis(yw)ać (sich się); ~ **lassen** nad(aw)ać jako polecony; 2! polecony!

einschreiten (sn) wkraczać ⟨-roczyć⟩; s. eingreifen; 2 n (-s; 0) wkroczenie, interwencja.

einschrumpfen (sn) ⟨s⟩kurczyć się; Haut: ⟨z⟩marszczyć się.

einschüchter|n (-re) zastraszać ⟨-szyć⟩ (mit D, durch A|I); (verlegen machen) onieśmielać ⟨-lić⟩; 2**ung** f zastrasz|anie, -enie.

einschulen zapis(yw)ać [od. od-da(wa)ć] do szkoły.

Einschuß m otwór wlotowy, wlot; Text. wątek.

einsegn|en s. einweihen, segnen; konfirmować; 2**ung** f konfirmacja.

einsehen v/t wglądać ⟨wejrzeć⟩ (w A), zaglądać ⟨zajrzeć⟩ (do G); (prüfen) przeglądać ⟨przejrzeć⟩; s. verstehen, erkennen; 2 n: ~ haben okaz(yw)ać wyrozumiałość.

ein|seifen namydlać ⟨-lić⟩; F fig. wystawi(a)ć do wiatru; ~**seitig** jednostronny.

einsend|en (L.) s. einschicken; 2**er** m nadawca m; 2**ung** f nade-prze|słanie; s. Zuschrift.

einsetz|en v/t wstawi(a)ć, wsadzać ⟨-dzić⟩, (a. Geld) wkładać ⟨włożyć⟩; Scheibe, Zahn: wprawi(a)ć Anzeige: umieszczać ⟨-eścić⟩; (berufen) ⟨za⟩mianować, ustanawiać ⟨-nowić⟩ (als/I); (als Erben) wyznaczać ⟨-czyć⟩; (anwenden) ⟨za⟩stosować, uży(wa)ć; Mil. wprowadzać ⟨-dzić⟩ do walki od. do akcji; (im Spiel) stawiać ⟨postawić⟩; Leben: narażać ⟨-razić⟩; Kräfte: wytężać ⟨-żyć⟩; sich ~en (für) wstawi(a)ć się (za I); v/i rozpoczynać ⟨-cząć⟩ się nast(aw)ać; Mus. wpadać (wpaść); 2**ung** f wstawienie; wprawienie ustanowienie; wyznaczenie; narażenie; wytężenie; s. Einsatz.

Einsicht f (-; -en) wgląd; przejrzenie; (z)rozumienie; (Vernunft) rozsądek j-n zur ~ bringen przekonać (A) zur ~ gelangen dojść do przekonania; 2**ig,** 2**s-voll** rozumny, rozsądny.

Einsiedler m pustelnik (a. ~**krebs** m); fig. a. odludek; ~**leben** n życie pustelnicze.

ein|silbig jednosylabowy, jednozgłoskowy; fig. małomówny; lakoniczny; ~**sinken** (sn) zapadać ⟨-paść⟩ się; s. steckenbleiben ~**sitzig** Flgw. jednomiejscowy ~**spannen** za-, w|mocow(yw)ać Bogen: zakładać ⟨założyć⟩; Pferde a. F fig.: wprzęgać ⟨wprząc, -egnąć⟩ (in A|do G); ~**spännig** jednokonny

einspar|en zaoszczędzać ⟨-dzić⟩ 2**ung** f zaoszczędzenie; oszczędność f.

einsperren zamykać ⟨-mknąć⟩.

einspielen s. einbringen; sich ~ ćwiczyć się w grze; opanow(yw)ać rolę; zgr(yw)ać się (aufeinander ze sobą).

ein|spinnen oprząść (sich się) pf. ~**sprachig** jednojęzyczny; ~**sprengen** skrapiać ⟨-ropić⟩.

einspringen (sn) zastępować ⟨-tą-

pić⟩, wyręczać ⟨-czyć⟩ (für/A); s.
einschnappen; Sp. sich ~ trenować
skoki.

Einspritz|düse f wtryskiwacz; 2en
wtryskiwać ⟨-snąć⟩; Med. wstrzykiwać ⟨-knąć⟩; **~pumpe** f pompa
wtryskowa; **~ung** f wtrysk; Med.
wstrzyknięcie; zastrzyk.

Einspruch m sprzeciw (a. Jur.),
protest; ~ erheben zakładać ⟨zało-
żyć⟩ sprzeciw.

einspurig Straße: o jednym pasie
ruchu; Fahrzeug: jednośladowy;
s. eingleisig.   [kunft] kiedyś.

einst niegdyś, lit. ongiś; (in Zu-)
einstampfen przerabiać ⟨-robić⟩ na
masę papierniczą.

Einstand m Tennis-Sp. równowaga;
s-n ~ geben wkupywać ⟨-pić⟩ się;
s. Dienstantritt.

Einsteck|album n klaser; 2en
wkładać ⟨włożyć⟩, wsadzać ⟨-dzić⟩
(in A/do G); (hin~) wtykać ⟨we-
tknąć⟩; F Beleidigung: połykać
⟨-łknąć⟩; s. einbuchten.

ein|stehen odpowiadać (für/za A);
~steigen (sn; in A) wsiadać ⟨wsiąść⟩
(do G); Dieb: włazić ⟨wleźć⟩, prze-
dost(aw)ać się (do G).

einstell|bar nastawny, regulowany;
~en v/t wstawi(a)ć, umieszczać
⟨-eścić⟩; Pers. najmować ⟨-jąć⟩;
przyjmować ⟨-jąć⟩ (do pracy), ⟨za-⟩
angażować; Gerät usw.: u-, na|sta-
wi(a)ć; Rekord: ustanawiać ⟨-no-
wić⟩; (aufhören mit) wstrzym(y-
w)ać, przer(y)wać (A); Zahlungen:
zawieszać ⟨-esić⟩; Verfahren: umarzać ⟨umorzyć⟩; sich ~en stawi(a)ć
się; Fieber usw.: występować
⟨-tąpić⟩; der Erfolg stellte sich
(nicht) ein (nie) doczekano się
sukcesów; sich ~en auf nastawi(a)ć
się na (A); Pol., Rel. eingestellt sein
mieć ... przekonania od. pogląd(y);
gegen j-n eingestellt sein być wrogo
ustosunkowanym do (G); 2-
schraube f śruba ustawcza; 2ung f
przyjęcie do pracy, zaangażowanie;
u-, na|stawienie; (Film) ujęcie;
wstrzymanie, przerwanie; zawieszenie; umorzenie; stosunek, ustosunkowanie się (zu/do G).

Ein|stich m na-, u|kłucie, ślad po
ukłuciu; **~stieg** m wejście; (Luke)
einstig były, dawny.   [właz, luk.]
einstimm|en Mus. s. einsetzen;
(mitsingen) zawtórować pf.; **~ig**

49*

jednogłosowy, Adv. na jeden głos;
Wahl usw.: jednogłośny; s. einmütig.

ein|stöckig jednopiętrowy; **~strei-
chen** F Geld: zgarniać ⟨-nąć⟩; **~
streuen** wsyp(yw)ać (in A/do G);
posyp(yw)ać (mit/I); fig. wtrącać
⟨-cić⟩; **~strömen** (sn) napływać
⟨-ynąć⟩ (a. fig.), wlewać ⟨wlać⟩ się;
~studieren (-) wyuczać ⟨-czyć⟩ się
(A/G); **~stufen** ⟨za⟩klasyfikować,
zaszeregow(yw)ać; **~stufig** jed-
nostopniowy; 2stufung f zaszere-
gowanie; 2sturz m zawalenie się;
Geol. zawał; zum 2sturz bringen
⟨s⟩powodować zawalenie się (A/G);
~stürzen v/i (sn) zawalać ⟨-lić⟩
się; runąć pf.; fig. przygniatać
⟨-nieść⟩ (auf A/A); 2sturzgefahr
f niebezpieczeństwo zawalenia się;
grozi zawaleniem!

einstweil|en chwilowo; tymczasem,
na razie; **~ig** tymczasowy; **~ige**
Verfügung zabezpieczenie powództwa.

ein|tägig jednodniowy; 2tagsfliege
f Zo. jętka jednodniówka; fig.
efemeryda.

ein|tauchen v/t zanurzać ⟨-rzyć⟩
(v/i [sn] się); **~tauschen** wymie-
ni(a)ć (gegen/na A); **~teilen** ⟨po-⟩
dzielić; rozkładać ⟨rozłożyć⟩; przydzielać ⟨-lić⟩ (zu/do G); 2teilung f
podział; rozłożenie, rozplanowa-
nie; przydział.

eintönig monotonny, jednostajny;
2keit f(0) monotonia, jednostajność
f.

Eintopf(gericht n) m zawiesista
zupa (jako obiad jednodaniowy).
Ein|tracht f (0) zgoda; s. Einigkeit;
2trächtig zgodny; 2tragen wciągać ⟨-gnąć⟩ (in A/w A, do G);
⟨za⟩rejestrować; (bringen) przynosić ⟨-nieść⟩; eingetragen zareje-
strowany; 2träglich zyskowny,
intratny; **~tragung** f wpis(anie);
konkr. zapis; pozycja; 2träufeln
wkraplać ⟨-roplić⟩.

eintreff|en (sn) s. ankommen, ein-
gehen; fig. sprawdzać ⟨-dzić⟩ się;
2en n (-s; 0) s. Ankunft; ziszczenie
się.

eintreiben wpędzać ⟨-dzić⟩; Fin.
ściągać ⟨-gnąć⟩, ⟨wy⟩egzekwować.
eintreten v/i (sn) wchodzić ⟨wejść⟩;
fig. w-, przy|stępować ⟨-stąpić⟩ (in
A/do G); (sich ereignen) następować

⟨-tąpić⟩; *Umstand, Notwendigkeit*:
zachodzić ⟨zajść⟩; *nast*(aw)ać; wsta-
wi(a)ć się (*für j-n*/za *I*); *v/t Tür*:
wywalać ⟨-lić⟩; *Scheibe*: wy-
bi(ja)ć; *sich* (*D*) *et.* ~ wbi(ja)ć sobie
w nogę (*A*).

eintrichtern (*-re*) F *fig.* wbi(ja)ć
(*od.* kłaść) do głowy.

Eintritt *m* wejście, wstęp; wstąpienie; *Tech.* wlot; nastąpienie; nastanie; *bei* ~ z nastaniem (*G*).

Eintritts|geld *n* opłata za wstęp, F
wstępne; **~karte** *f* bilet wstępu, F
wejściówka.

ein|trocknen *v/i* (*sn*) za-, wy|sychać
⟨-schnąć⟩; **~tunken** maczać ⟨umo-
czyć⟩; **~üben** *v/t* (*a. sich*) wpra-
wi(a)ć się (do *G*), ćwiczyć (*A*).

einverleib|en (-) wcielać ⟨-lić⟩ (*D*
od. in A/do *G*); ⟨za⟩anektować; F
sich **~en** ⟨s⟩konsumować; **2ung** *f*
wcielenie; aneksja.

Einvernehmen *n* (*-s; 0*) zgoda;
porozumienie.

einverstanden: ~ *sein* zgadzać
⟨zgodzić⟩ się (*mit*/z *I*, na *A*); ~!
zgoda!, F dobrze!; *sich* ~ *erklären*
wyrażać ⟨-razić⟩ zgodę (*mit*/na *A*).

Ein|verständnis *n* zgoda; aproba-
ta; **~waage** *f* naważka; **2wachsen**
(*sn*) wrastać ⟨wrosnąć, wróść⟩;
~wand *m* (*-és; *e*) zastrzeżenie, *pl.*
a. obiekcje *f/pl.*

Einwander|er *m* imigrant; **2n** (*sn*)
imigrować (*in A*/do *G*); **~ung** *f*
imigracja.

einwandfrei nienaganny, bez zarzutu; *präd. a.* niezbicie; *nicht* ~
niewłaściwy (-wie); wadliwy (-wie);
(*verdorben*) zepsuty.

ein|wärts do wewnątrz, do środka;
~wechseln s. *ein-*, *umtauschen*;
~wecken ⟨za⟩wekować.

Einweg|flasche *f* butelka jednora-
zowego użytku; **~verpackung** *f*
opakowanie bezzwrotne.

einweichen zamaczać ⟨-moczyć⟩.

einweih|en zamaczać ⟨-cić⟩; *fig.*
Brücke usw.: uroczyście otwierać
⟨-worzyć⟩ *od.* odda(wa)ć do użytku; F *Wohnung*: obl(ew)ać; *Anzug*:
ub(ie)rać po raz pierwszy; (*j-n*)
wtajemniczać ⟨-czyć⟩ (*in A*/w *A*);
2ung *f* poświęcenie; inauguracja,
uroczyste otwarcie; F oblanie;
wtajemniczenie.

einweis|en skierow(yw)ać (*in A*/do
G); *Arbeiter*: wprowadzać ⟨-dzić⟩,

zapozn(aw)ać (*in A*/z *I*); *Auto*:
⟨s⟩kierować (skinieniem ręki):
Flgw. naprowadzać ⟨-dzić⟩; **2ung** *f*
skierowanie; wprowadzenie; na-
prowadz|anie, -enie.

einwend|en (*gegen*) sprzeciwi(a)ć
się (*D*), ⟨za⟩protestować (*przeciw*
D); *ich habe nichts dagegen einzu-*
wenden nie mam nic przeciw
temu; **~en**, *daß* ... zaznaczać że ...;
2ung *f* s. *Einwand*.

einwerfen ⟨-cić⟩; *Scheibe*:
wybi(ja)ć; *fig.* wtrącać ⟨-cić⟩.

einwertig *Chem.* jednowartościowy.

einwickel|n o-, za|wijać ⟨-winąć⟩;
F *fig.* (*j-n*) (*sich lassen* dać się)
omotać *pf.*; **2papier** *n* papier pakowy.

einwillig|en zgadzać ⟨zgodzić⟩ się,
przyst(aw)ać (*in A*/na *A*); **2ung** *f*
zgoda, zezwolenie.

einwirk|en na oddział(yw)ać, działać;
s. beeinflussen; **2ung** *f* oddziaływanie, wpływ.

einwöchig (jedno)tygodniowy.

Einwohner *m*, **~in** *f* mieszkan|iec
(-ka); **~melde-amt** *n* urząd mel-
dunkowy; **~schaft** *f* (*0*) mieszkańcy
pl.

Einwurf *m Sp.* wrzut z linii bocz-
nej, rzut autowy; (*Offnung*) otwór,
szczelina; *s. Einwand*.

einwurzeln (*sn*) zakorzeni(a)ć się.

Einzahl *f Gr.* liczba pojedyncza.

einzahl|en wpłacać ⟨-cić⟩; **2ung** *f*
wpłata; **2ungsschein** *m s. Zahl-*
karte. [**2ung** *f* ogrodzenie.⟩

einzäun|en ogradzać ⟨ogrodzić⟩;

einzeichnen wrysow(yw)ać; zaznaczać ⟨-czyć⟩, nanosić ⟨-nieść⟩; *s.*
eintragen.

Einzel *n Sp.* gra pojedyncza, singel;
~aufstellung *f* szczegółowy wykaz,
specyfikacja; **~fall** *m* wypadek
odosobniony *od.* sporadyczny;
~gänger *m* samotnik, odludek;
JSpr. pojedynek; **~haft** *f* (*0*) areszt
odosobniony, F izolatka; **~handel**
m handel detaliczny; **~heit** *f* szczegół, detal; *bis in alle* **~heiten** (aż) do
najdrobniejszych szczegółów; **~-**
kampf *m* walka pojedyncza.

Einzeller *m* jednokomórkowiec.

einzeln pojedynczy ⟨-czo⟩; (*unter*
mehreren) poszczególny; (*getrennt*)
osobny (-no); odosobniony; sporadyczny; *jeder* **~e** każdy (z osobna);
im **~en** (bardziej) szczegółowo;

w szczególności; *ins* ~e gehen
wda(wa)ć się w szczegóły; ~e sagen,
daß ... niektórzy mówią, że ...
Einzel|preis m cena jednostkowa;
~**rad·aufhängung** f Kfz. zawieszenie niezależne; ~**spiel** n s. Einzzel; ~**teil** n część pojedyncza, detal;
element; ~**verkauf** m sprzedaż detaliczna; ~**wesen** n jednostka, osobnik; ~**wettkampf** m Sp. turniej
indywidualny; ~**zelle** f pojedynka;
cela izolacyjna, izolatka; ~**zimmer** n
pokój jednoosobowy, pojedynka,
(im Krankenhaus) separatka.
einzieh|bar Flgw. chowany, wciągany; Jur. ściągalny; ~**en** v/t wciągać 〈-gnąć〉; Faden: nawlekać
〈-ec〉; Schwanz: podwijać 〈-inąć〉;
Flagge, Schulden: ściągać 〈-gnąć〉;
Segel: zwijać 〈-inąć〉; Rekruten:
zaciągać 〈-gnąć〉; Vermögen:
〈s〉konfiskować; Erkundigungen: zasięgać 〈-gnąć〉 (A/G; über A/o L);
Banknoten: wycof(yw)ać z obiegu;
v/i (sn; in A) Pers. wprowadzać
〈-dzić〉 się (do G); (Truppen) wkraczać 〈-roczyć〉 (do G); (Wasser)
wsiąkać 〈-knąć〉 (w A); (Frühling)
nadchodzić 〈nadejść〉, nast(aw)ać;
2ung f ściąg|anie, -nięcie; wycofanie z obiegu; konfiskata.
einzig jedyny; kein ~er ani jeden,
żaden; ~er Sohn jedynak; ~e Tochter
jedynaczka; a. = ~**artig** jedyny
w swoim rodzaju; znakomity 〈-cie).
Einzimmerwohnung f mieszkanie
jednopokojowe.
Einzug m wkroczenie, wjazd; wprowadzenie się; nadejście, nastanie;
Fin. pobranie; Typ. wcięcie, akapit; s. einziehen; ~**s·ermächtigung**
f Fin. polecenie pobrania; ~**s·gebiet** n Geogr. dorzecze.
Ei|pulver n jajko w proszku, proszek jajeczny; 2**rund** (0) jajowaty
(-to).
Eis n (-es; 0) lód; (Speise2) lody pl.;
zu ~ werden zamieni(a)ć się w lód,
〈z〉lodowacieć; fig. auf ~ legen
odkładać 〈odłożyć〉 do lamusa; das
~ brechen przełam(yw)ać lody; ~**
bahn** f lodowisko, ślizgawka, Sp. a.
tor łyżwiarski; ~**bär** m niedźwiedź
polarny; ~**bein** n Kochk. golonka,
~**berg** m góra lodowa; ~**beutel** m
woreczek z lodem; ~**block** m bryła
lodu; ~**blumen** f/pl. kwiaty m/pl.
mrozu; ~**bombe** f tort lodowy;

~**brecher** m izbica, lodołam; Mar.
lodołamacz.
Ei·schnee m Kochk. piana z białka.
Eis|creme f lody m/pl. kremowe;
~**decke** f pokrywa lodowa; ~**diele** f
lodziarnia.
Eisen n żelazo; in ~ legen zaku(wa)ć
w kajdany; F ein heißes ~ drażliwa
sprawa, delikatna kwestia; mehrere
~ im Feuer haben mieć kilka możliwości do wyboru; zum alten ~ werfen wyrzucać 〈-cić〉 na szmelc; s.
Bügel-, Hufeisen usw.
Eisenbahn f kolej (żelazna); F
höchste ~ najwyższy czas; ~**er** m
kolejarz; ~**netz** n sieć kolejowa;
~**transport** m transport koleją;
~**unglück** n katastrofa kolejowa;
~**verkehr** m ruch kolejowy; komunikacja kolejowa; ~**wagen** m wagon
kolejowy.
Eisen|bergwerk n kopalnia rudy
żelaza; ~**beschlag** m okucie żelazne; ~**beton** m s. Stahlbeton; ~**erz**
n ruda żelaza, żelaziak; ~**flechter** m
Arch. zbrojarz; ~**gießerei** f odlewnia żeliwa; ~**guß** m konkr. żeliwo;
2**haltig** zawierający żelazo, żelazisty; 2**hart** twardy jak żelazo; ~**
hut** m Bot. tojad; ~**hütte** f huta
żelaza; ~**kies** m piryt; ~**legierung** f
żelazostop; ~**oxyd** n tlenek żelaza;
2**schaffend:** -de Industrie przemysł hutniczy żelaza; ~**waren** f/pl.
wyroby m/pl. z żelaza, towary m/pl.
żelazne.
eisern żelazny (a. fig.); Bestand,
Ration a.: nienaruszalny; ~e Lunge
żelazne płuca; ~ schweigen milczeć
jak zaklęty; fig. s. a. hart.
Eis|fläche f tafla lodowa; lodowisko; 2**frei** niezamarzający; wolny
od lodu; ~**gang** m (-es; 0) ruszenie
lodów; spływ kry; 2**gekühlt** chłodzony lodem od. na lodzie; ~**heilige(n)** zimni święci od. ogrodnicy;
~**hockey** n hokej na lodzie.
eisig (a. fig.) lodowaty (-to).
Eis|jacht f bojer, ślizg lodowy;
~**kaffee** m kawa mrożona; 2**kalt**
zimny jak lód; s. eisig; ~**keller** m
lodownia.
Eiskunst|lauf m (-es; 0) jazda figurowa na lodzie, łyżwiarstwo figurowe; ~**läufer** m łyżwiarz figurowy,
figurowiec.
Eis|lauf m (-es; 0) Sp. łyżwiarstwo;
~**laufen** n (-s; 0) jazda na łyżwach,

ślizganie się (na łyżwach); 2**laufen** (*ich laufe eis, bin eisgelaufen*) jeździć na łyżwach, ślizgać się; ~**läufer(in** *f*) *m* łyżwiarz|rz (-rka); ~**loch** *n* przerębel, przerębla; ~**maschine** *f* maszyn(k)a do lodów; ~**meer** *n* Ocean lodowaty; ~**pickel** *m* czekan.

Ei·sprung *m Bio.* jajeczkowanie.

Eis|revue *f* rewia na lodzie; ~**schicht** *f* warstwa lodu; powłoka lodowa; ~**schießen** *n Sp.* curling; ~**schnellauf** *m* (*-es; 0*) jazda szybka na lodzie, łyżwiarstwo szybkie; ~**scholle** *f* kra, bryła lodu; ~**schrank** *m* lodówka; ~**stadion** *n* stadion lodowy; ~**taucher** *m Zo.* nur polarny; ~**verkäufer** *m* lodziarz; ~**würfel** *m* kostka lodu; ~**zapfen** *m* sopel lodu; ~**zeit** *f* (*0*) epoka lodow(cow)a.

eitel (*-tler, -elst-*) próżny; (*nichtig a.*) czczy (-czo), marny; *s. eingebildet*; ~ *wie ein Pfau* nadęty jak paw; 2**keit** *f* próżność *f*; (czczość *f*, marność *f*. [nisko ropne.]

Eiter *m* (*-s; 0*) ropa; ~**herd** *m* ogs-| **eit|ern** (*-re*) ropieć, (*a. fig.*) jątrzyć się; 2**erung** *f* ropienie; ~**rig** ropny, ropiejący.

Eiweiß *n* (*-es; -e*) białko; 2**haltig** zawierający białko; ~**mangel** *m* niedobiałczenie.

Ejakulati·on *f* wytrysk nasienia.

Ekel¹ F *n* wstrętne stworzenie, wstrętny typ.

Ekel² *m* (*-s; 0*) wstręt, obrzydzenie; 2**erregend** wzbudzający wstręt; 2**haft** obrzydliwy (-wie), wstrętny; 2**n** (*-le*): *sich* 2**n** (*vor D*) czuć wstręt (do *G*), brzydzić się (*I*); ... 2*t mich* ... przejmuje mnie wstrętem.

eklig wstrętny, obrzydliwy (-wie).

Eks'tase *f* ekstaza, zachwyt.

Ek'zem *n* (*-s; -e*) egzema, wyprysk.

E'lan *m* (*-s; 0*) zapał, werwa.

e'lasti|sch elastyczny; 2**zi'tät** *f* (*0*) elastyczność *f*.

Elch *m* (*-es; -e*) łoś *m*; ~**geweih** *n* rosochy *f/pl.*; ~**kuh** *f* łosza, klępa.

Ele'fant *m* (*-en*) słoń *m*; ~**en-** słoniowy; ~**enzahn** *m* kieł słonia.

ele|'gant elegancki (-ko) (*a. fig.*), wytworny; 2**'ganz** *f* (*0*) elegancja, wytworność *f*.

Ele|'gie *f* elegia; 2**gisch** (e·'le:-] elegijny, smętny.

elektrifi'zier|en (*-*) ⟨z⟩elektryfikować; 2**ung** *f* elektryfikacja.

E'lek|triker *m* elektryk; 2**trisch** elektryczny; 2**tri'sieren** (*-*) ⟨na-, *fig.* z⟩elektryzować; ~**trizi'tät** *f* (*0*) elektryczność *f*.

Elektrizi'täts|erzeugung *f* produkcja energii elektrycznej; ~**werk** *n* elektrownia.

Elek'trode *f* elektroda.

e'lektro|dy'namisch elektrodynamiczny; *Rdf.* cewkowy; 2**herd** *m* kuchnia elektryczna, elektryczny piec kuchenny; 2**industrie** *f* przemysł elektrotechniczny; 2**inge-nieur** *m* inżynier elektryk; 2**karren** *m* wózek elektryczny; 2**lok(omo-tive)** *f* elektrowóz; 2**'lyse** *f* elektroliza; 2**ma'gnet** *m* elektromagnes; 2**motor** *m* silnik elektryczny.

Elek'tronen|blitzgerät *n* flesz elektronowy, elektronowa lampa błyskowa; ~**mikroskop** *n* mikroskop elektronowy; ~**rechenan-lage** *f*, ~**rechner** *m* elektronowa maszyna matematyczna; ~**röhre** *f* elektronówka, lampa elektronowa.

Elek'tro|nik *f* (*0*) elektronika; 2**nisch** elektroniczny; elektronowy.

E'lektro|rasierer *m* elektryczny aparat do golenia; 2**'statisch** elektrostatyczny; ~**technik** *f* (*0*) elektrotechnika; ~**werkzeug** *n* (ręczne) narzędzie elektryczne.

Ele'ment *n* (*-es; -e*) element; *Tech. a.* człon; *Chem.* pierwiastek; (*Naturgewalt*) żywioł; *El.* ogniwo; ~*e pl. s. Anfangsgründe*.

elemen'tar elementarny; zasadniczy (-czo), podstawowy; żywiołowy (-wo); 2**kraft** *f* siła żywiołowa; 2**teilchen** *n* cząstka elementarna.

Elen *n od. m poet.* łoś *m*. [tarna.]

elend nędzny; *Ort a.:* zapadły (*kümmerlich*) marny, kiepski (-ko *Aussehen:* mizerny; *s. a. gemein*.

Elend *n* (*-s; 0*) nędza, bieda; ~s-**quartier** *n* nędzne mieszkanie, dziura; ~s·**viertel** *n* dzielnica nędzarzy, slumsy *pl.* [(-ka).]

E'lev|e *m* (*-n*), ~**in** *f* wychowan(ek)

elf jeden|ście, -ścioro, *Psf.* -stu; ~**uhr** jedenasta godzina.

Elf¹ *f* jedenastka.

Elf² *m* (*-en*) sylf, elf; ~**e** *f* sylfida

Elfenbein *n* (*-es; selt. -e*) kość słoniowa; ~ *in Zssgn* z kości słoniowej; 2**farben** koloru kości słoniowej.

Elfer F *m* jedenastka; *s. Elfmeter*.

elf|fach jedenastokrotny; ~**jähri-**

jedenastoletni; **~mal** jedenaście razy, jedenastokrotnie; 2'**meter** *m* rzut karny.   [naście.\
elft|e(r) jedenasty; **~ens** po jede-\
E'lite *f* elita; **~truppe** *f* oddziały *m/pl.* (*od.* wojsko) wyborowe.
Ellbogen *m* łokieć *m*; **~** *in Zssgn* łokciowy; **~freiheit** *f* (0) swoboda ruchów; **~schutz** *m* nałokietnik.
Elle *f* Anat. kość łokciowa; (*Maß*) łokieć *m*; 2**n·lang** *fig.* tasiemcowy\
el'liptisch eliptyczny.   [(-wo).\
E-Lok *f* s. Elektrolok.
Elsäs|ser *m* Alzatczyk; 2**sisch** alzacki (po -ku).
Elster *f* (-; -*n*) sroka.
elterlich rodzicielski.
Eltern *pl.* rodzice *m/pl.*; **~ausschuß** *m* komitet rodzicielski; **~haus** *n* dom rodzinny; 2**los** osierocony, bez rodziców; **~teil** *m* jedno z rodziców; **~versammlung** *f* zebranie rodziców, F wywiadówka.
Email [-'maɪ] *n* (-*s*; -*s*), **~le** [-'maljə] *f* emalia; **~** *in Zssgn* emaliowy; *Topf:* emaliowany; 2'**lieren** (-) (po)emaliować.
Emanzi|pati'on *f* (0) emancypacja; 2'**pieren** (-) emancypować (*sich* się).
Em'bargo *n* (-*s*; -*s*) embargo.
Em'blem *n* (-*s*; -*e*) emblemat, godło.
Embo'lie *f* zator, embolia.
Embryo *m* (-*s*; -*s*/-'*onen*) zarodek, embrion; 2'**nal** zarodkowy, embrionalny.
Emi'|grant *m* (-*en*) emigrant, wychodźca *m*; **~grati'on** *f* emigracja; 2'**grieren** (-) (wy)emigrować.
Emissi'on *f* emisja; promieniowanie.
Emmentaler *m* ser ementalski.
emotio|'nal, **~'nell** emocjonalny, uczuciowy (-wo).
emp'fahl s. empfehlen.
emp'fand s. empfinden.
Emp'fang *m* (-*es*; *·e*) przyjęcie (*a. Essen*), powitanie; (*Erhalt*) odebranie, (*a. Rdf.*) odbiór; (*Hotel*) recepcja; e-n **~** *geben* być podejmować (k-o *I*); *in* **~** *nehmen* = 2**en** *v/t* przyjmować (-jąć); otrzym(yw)ać, (*a. Rdf.*) odbierać (odebrać), *v/i* zachodzić (zajść) w ciążę, począć *pf.*
Emp'fäng|er *m* odbiorca *m*; adresat; *Rdf.* odbiornik; 2**lich** (*für*) wrażliwy, czuły, wyczulony (na *A*).

Emp'fängnis *f* (-; -*se*) zajście w ciążę, (*a. Rel.*) poczęcie; 2**verhütend** antykoncepcyjny.
Emp'fangs|- powitalny; odbiorczy; recepcyjny; 2**berechtigt** upoważniony do odbioru; **~bestätigung** *f* potwierdzenie odbioru; **~chef** *m* kierownik recepcji; **~störung** *f* zakłócenia odbioru; **~zimmer** *n* pokój przyjęć, salon.
emp'fehl|en (L.) po-, za|lecać ⟨-cić⟩; *sich* **~** polecać ⟨-cić⟩ się; pożegnać się *pf.*; *es empfiehlt sich* ... wskazane jest ...; **~en Sie mich** ...! ukłony dla (*G*)!; **~enswert** godny (*od.* wart) polecenia; 2**ung** *f* polecenie, rekomendacja; (*Gruß*) ukłony *m/pl.*; *mit den besten Grüßen* łącząc wyrazy poważania, 2**ungs-schreiben** *f* pismo polecające.
emp'find|en (L.) czuć, odczu(wa)ć, dozna(wa)ć; *Zuneigung a.:* żywić (*für/do G*); **~lich** wrażliwy, (*a. Tech.*) czuły (*für/na A*); (*leicht beleidigt*) obrażliwy; s. **fühlbar**; 2**lichkeit** *f* wrażliwość *f*, (*a. Rdf.*, *Tech.*) czułość *f*; *Med.* uczulenie (*gegen/na A*); obrażliwość *f*; **~sam** czuły, tkliwy; 2**ung** *f* uczucie; s. **Eindruck**; **~ungslos** nieczuły.
emp'fing s. empfangen.
emp'fohlen zalecony; s. empfehlen.
em'phatisch emfatyczny.   [ma.\
Emphy'sem *n* (-*s*; -*e*) Med. rozed-\
em'pirisch empiryczny.
em'por do góry, w górę; *vgl.* hinauf.
em'por·arbeiten: *sich* **~** *fig.* wybić (*od.* dorobić) się *pf.*
em'porblicken spoglądać ⟨spojrzeć⟩ w górę, podnosić ⟨-nieść⟩ wzrok.
Em'pore (-) empora, galeria.
em'pören (-) oburzać ⟨-rzyć⟩ (*sich* się; *über A*/na *A*); *sich* **~** *a.* ⟨z⟩buntować się (*gegen/przeciw D*); **~d** oburzający.
em'por|kommen (*sn*) dorabiać ⟨-robić⟩ się majątku; ⟨z⟩robić karierę; 2**kömmling** *m* (-*s*; -*e*) dorobkiewicz, nowobogacki *m*; **~ragen** wznosić się, piętrzyć się, (*a. fig.*) górować (*über A*/nad *I*); **~schießen** *v/i* (*sn*) wystrzelać ⟨-lić⟩ w górę; **~schnellen** (*m*) podskakiwać ⟨-skoczyć⟩, zrywać ⟨zerwać⟩ się; **~steigen** (*sn*) wznosić się, wzbi(ja)ć się; (*aus dem Wasser*) wynurzać ⟨-rzyć⟩ się; *fig.* ⟨z⟩robić

karierę; *v/t* wchodzić ⟨wejść⟩ (*die Treppe* po schodach).

em'pör|t oburzony; 2**ung** *f* oburzenie; bunt, rokosz.

emsig pilny; (*flink*) skrzętny.

Emulsi|on *f* emulsja; ~s- emulsyjny.

Ende *n* (-s; -n) koniec; (*Schluß*) zakończenie; kraniec; (*Aufhören*) kres; *JSpr.* wyrostek, odnoga; (*des Weges*) kawał; *am* ~ na końcu; (*zeitl.*) w końcu; *fig.* u kresu (*G*); (*erledigt*) wykończony; ~ *Mai* pod koniec (*od.* z końcem) maja; *letzten* ~*s* koniec końców; *zu* ~ *bringen od. führen* doprowadzać ⟨-dzić⟩ do końca; ⟨s⟩finalizować; *zu* ~ *gehen* kończyć się; *zu* ~ *sein* skończyć się *pf.*; *ein* ~ *machen* skończyć ⟨*mit/A*, z *I*⟩, położyć kres (*D*).

end|en (-e-) *v/t s.* beenden; *v/i* (*sn*) ⟨s-, za⟩kończyć się; 2**ergebnis** *n* wynik końcowy; 2**erzeugnis** *n* produkt końcowy; ~**gültig** ostateczny, definitywny; 2**haltestelle** *f* przystanek końcowy; 2**kampf** *m* końcowy etap (*od.* końcowa faza) walki; *Sp.* finał; 2**lauf** *m Sp.* bieg finałowy; ~**lich** przemijający, doczesny; *Adv.* nareszcie, wreszcie; ~**los** nieskończony (-czenie), bez końca; 2**losigkeit** *f* (0) nieskończoność *f*.

endo|gen endogeniczny; ~'**krin** dokrewny.

End|produkt *n s.* Enderzeugnis; ~**punkt** *m* punkt końcowy *od.* docelowy; ~**runde** *f*, ~**spiel** *n* finał; (*Schach*) końcówka; ~**spurt** *m* finisz; ~**station** *f* stacja końcowa; *fig.* koniec, kres; ~**stufe** *f Rdf.* stopień wyjściowy.

Endung *f* końcówka, zakończenie.

End|verbraucher *m* konsument; ~**ziel** *n*, ~**zweck** *m* cel ostateczny.

ener'getisch energetyczny.

Ener'gie *f* energia; ~**bedarf** *m* zapotrzebowanie energii; ~**fachmann** *m* energetyk; ~**krise** *f* kryzys energetyczny; 2**los** pozbawiony energii, nieenergiczny; ~**quelle** *f* źródło energii; ~**rohstoff** *m* surowiec energetyczny; ~**vorräte** *m/pl.* zasoby *m/pl.* energii.

Ener'giewirtschaft *f* gospodarka energetyczna.

e'nergisch energiczny.

eng ciasny (-no); (*schmal*) wąski (-ko); (*innig*) bliski (-ko), zażyły (-le); *Sinn, Wahl, Kreis*: ścisły; *Kamm*: gęsty.

Enga|gement [ãŋa·ʒə'maŋ/ãga·ʒə'mã·] *n* (-s; -s) *Thea.* engagement *n*; *fig.* zaangażowanie; 2**gieren** [-'ʒi:-] (-) ⟨za⟩angażować (*sich* się).

eng|anliegend *Kleid*: obcisły (-śle); ~**befreundet** (serdecznie) zaprzyjaźniony.

Enge *f* wąskość *f*; ciasnota; *in die* ~ *treiben* zapędzać ⟨-dzić⟩ w kąt.

Engel *m* anioł; 2**haft** anielski, jak anioł; ~**macherin** F *f* fabrykantka aniołków; ~**wurz** *f* dzięgiel.

enger (*s.* eng) węższy, *Adv.* węźej; ciaśniej(szy); bliższy, *Adv.* bliżej; ściślej(szy); ~ *machen* zwężać ⟨zwęzić⟩; ~ *knüpfen fig.* zacieśnia(ć).

Engerling *m* (-ťs; -e) *Zo.* pędrak.

engherzig małostkowy (-wo).

Engländer *m* Anglik; *Tech.* klucz nastawny; ~**in** *f* Angielka.

Englein *n* aniołe(cze)k.

englisch angielski (po -ku).

eng|maschig o gęstych oczkach, gęsty; 2**paß** *m* ciaśnina; *fig.* wąskie miejsce; **En'groß-** [ã-] hurtowy. [gardło.]

engstirnig ograniczony, tępy.

Enkel *m* wnuk; ~**in** *f* wnuczka; ~**kinder** *n/pl.* wnuki *m/pl.*

e'norm ogromny; *Adv.* F *a.* bardzo.

Enquete [ã'ke:t] *f* ankieta.

Ensemble [ã'sãbǝl] *n* (-s; -s) zespół (artystyczny).

ent'art|en (-e-; -; *sn*) wyradzać ⟨-rodzić⟩ się, zwyrodnieć *pf.*; 2**ung** *f* zwyrodnienie; *fig.* wynaturzenie.

ent'behr|en (-) *v/t* nie mieć (*G*); *s.* vermissen; ~*en können* oby(wa)ć się (*A/bez G*); ~**lich** zbędny, zbyteczny; 2**ung** *f* (*mst pl.*) niedostatek, bieda.

ent'bind|en (*L.;* -) *v/t* zwalniać ⟨zwolnić⟩ (*von/od G*); *Frau*: asystować przy porodzie (*D*); *v/i* ⟨u⟩rodzić *pf.*; 2**ung** *f* zwolnienie; *Med.* poród, rozwiązanie.

Entbindungs|anstalt *f* klinika położnicza; ~**station** *f* oddział porodowy, F porodówka.

ent'blätter|n (-) ogołacać ⟨-łocić⟩ z liści; *sich* ~ ⟨s⟩tracić liście; F *fig.* rozbierać ⟨-zebrać⟩ się.

ent'blöß|en (-ßt; -) obnażać ⟨-żyć⟩ (*sich* się); *Mil., fig.* odsłaniać ⟨-ło-nić⟩; ~**t** obnażony; odsłonięty.

ent'brennen (-; *sn*) *fig.* zapłonąć *pf.*, zapałać *pf.* (*in Liebe* miłością);

Kampf: rozgorzeć *pf*.; **~bunden** s. entbinden.

ent'deck|en (-) odkry(wa)ć; wykry(wa)ć; **~er** *m* odkrywca *m*; wynalazca *m*; **Qung** *f* odkrycie; wykrycie; **Qungs-**odkrywczy.

Ente *f* kaczka (*a. fig.*); **~n-** kaczy.

ent'ehr|en (-) po-, z|hańbić *pf.*, ⟨z⟩bezcześcić; *Mädchen:* zgwałcić *pf.*; **Qung** *f* zhańbienie, zbezczeszczenie.

ent'eign|en (-*e-*; -) wywłaszczać ⟨-czyć⟩; **Qung** *f* wywłaszcz|anie, -enie. [**Qer** *m Flgw.* odladzacz.]

ent'eis|en (-) odladzać ⟨-lodzić⟩.]

Enten|braten *m* kaczka pieczona; **~jagd** *f* polowanie na kaczki; **~vö-gel** *m/pl.* blaszkodzióbe *pl.*

ent'erb|en (-) wydziedziczać ⟨-dzi-czyć⟩; **Qung** *f* wydziedziczenie.

Enterhaken *m* bosak.

Enterich *m* (-*es*; -*e*) kaczor.

entern (-*re*) *v/t* opanow(yw)ać (statek) abordażem.

ent'fachen (-) roz-, wz|niecać ⟨-cić⟩ (*a. fig.*).

ent'fall|en (-; *sn*) (*D*) wypadać ⟨-paść⟩ (z *G*); *fig. a.* wywietrzeć *pf.* z pamięci (*D*); (*nicht in Frage kommen*) odpadać ⟨-paść⟩; (*nicht stattfinden*) nie odby(wa)ć się; *auf j-n* ~ przypadać ⟨-paść⟩ na (*A*).

ent'falt|en (-) rozwijać ⟨-inąć⟩ (*sich* się), *fig. a.* przejawia(a)ć; **Qung** *f* rozwinięcie; rozwój.

ent'fern|en (-) usuwać ⟨-unąć⟩; oddalać ⟨-lić⟩ (*sich* się); **~t** odległy (-le), daleki (-ko); *Ähnlichkeit:* słaby (-bo); *...* *m* weit **~t** sein znajdować się w odległości *...* metrów; *nicht im* ~testen bynajmniej, ani trochę; *er ist weit* **~t** (*von*) on jest daleki (od *G*); *daleko mu* (do *G*); **Qung** *f* usunięcie; oddalenie (się); (*Abstand*) odległość *f*; **Qungsmesser** *m* dalmierz, odległościomierz.

ent'fesseln (-) rozpęt(yw)ać (*a. fig.*).

ent'fett|en (-) odtłuszczać ⟨-uścić⟩; **Qungskur** *f* kuracja odtłuszczająca.

ent'flamm|bar zapalny; **~en** (-) *v/t* zapalać ⟨-lić⟩ (*a. fig.*); *s. entfachen*; *v/i* (*sn*) *s. entbrennen*.

Ent'|flechtung *f* dekartelizacja; dekoncentracja [~**lleben** (₃ *sn*)] uciekać ⟨uciec⟩, zbiegać ⟨zbiec⟩ (*aus/z G*); uchodzić ⟨ujść⟩ (*D/D*).]

ent'fremd|en (-*e-*; -) wyobcow(yw)ać (*j-n D/k-o z G*; *sich* się);

einander **~et** sein stać się sobie obcym; *et. s-m Zweck* **~en** zmieni(a)ć przeznaczenie (*G*); **Qung** *f* wyobcowanie; oziębienie (stosun-)

ent'frosten (-) *s. enteisen*. [ków).]

ent'führ|en (-) uprowadzać ⟨-dzić⟩, (*gewaltsam*) por(y)wać; **Qer** *m* porywacz, kidnaper; **Qung** *f* uprowadzenie, porwanie.

ent'gangen *s. entgehen*.

ent'gasen (-) odgazow(yw)ać.

ent'gegen *Adv. u. Prp.* (*D*) naprzeciw, ku (*D*), w kierunku (*G*); (*Gegensatz*) wbrew (*D*); **~arbeiten** przeciwdziałać; **~bringen** (*j-m A*) okaz(yw)ać (k-u *A*), darzyć (k-o *I*).

ent'gegengehen (*sn*; *D*) iść ⟨wyjść⟩ na spotkanie (*G od.* naprzeciw (*D*); *s-m Untergang* ~ iść na zgubę; *dem Ende* ~ zbliżać się ku końcowi.

ent'gegen|gesetzt przeciwny, odwrotny, przeciwległy (-le); *Meinung usw.*: przeciwstawny; **~halten** (*D*) przytaczać ⟨-toczyć⟩ (*dla* poparcia *G*); zarzucać ⟨-cić⟩; przeciwstawi(a)ć; **~handeln** przeciwdziałać; *s. zuwiderhandeln*.

ent'gegenkommen (*sn*; *D*) *s. entgegengehen*; *fig. a.* iść ⟨pójść⟩ na rękę (*D*); **2** *n* (-*s*; *0*) uprzejmość *f*, usłużność *f*; *s. Verständnis*; **~d** uprzejmy, usłużny, życzliwy (-wie).

ent'gegen|nehmen odbierać ⟨odebrać⟩, przyjmować ⟨-jąć⟩; **~sehen** (*D*) oczekiwać (*G*); **~setzen** (*D*) przeciwstawi(a)ć; *Widerstand:* stawiać; **~stehen** sta(wa)ć na przeszkodzie; **~stellen** przeciwstawi(a)ć; **~strecken** wyciągać ⟨-gnąć⟩ (*j-m A/do* k-o *A*); **~treten** (*sn*) występować ⟨-tąpić⟩ (*D/przeciw D*); przeciwstawia(a)ć się; **~wirken** przeciwdziałać.

ent'gegn|en (-*e-*; -) odpowiadać ⟨-iedzieć⟩, odrzec *pf.*; (*schlagfertig*) odcinać ⟨-iąć⟩ się, odparow(yw)ać; **Qung** *f* odpowiedź *f*; replika.

ent'gehen (-) uchodzić ⟨ujść⟩ (*D*); (*der Gefahr usw.*) unikać ⟨-knąć⟩ (*G*); *sich nichts ~ lassen* (*A*) nie pomijać *od.* przepuścić (*G*); nie odmawiać ⟨-mówić⟩ sobie (*G*).

ent'geistert skonsternowany.

Ent'gelt *n* (-*es*; *0*) wynagrodzenie; rekompensata; *gegen* ~ za opłatą *od.* wynagrodzeniem; *ohne* ~ bezpłatnie; **Qen** (-) *lit.* zapłacić *pf.*; *s. vergüten*.

entgiften

ent'giften (-e-; -) odkażać <-kazić>; *Körper*: odtru(wa)ć; *fig.* oczyszczać <-yścić>.

ent'gleis|en *v/i* (-; *sn*) wykolejać <-eić> się; *zum* 2en *bringen* wykolejać <-eić>; 2ung *f* wykolejenie; *fig.* gafa, nietakt.

ent'|gleiten (-; *sn*) wyślizgiwać <-znąć> się (D/z G); 2'**haarungsmittel** *n* depilator.

ent'halt|en (-) zawierać, mieścić w sobie; (*umfassen*) obejmować; *sich* ~en (G) powstrzym(yw)ać się (*od* G); ~**sam** wstrzemięźliwy (-wie); 2samkeit *f* (0) wstrzemięźliwość *f*.

ent'härten (-) zmiękczać <-czyć>; *Stahl*: rozhartow(yw)ać.

ent'haupt|en (-e-; -) ścinać <ściąć> (głowę); 2ung *f* ścięcie.

ent'heben (-) uwalniać <uwolnić> (G/od G); *s-s Amtes* ~ zwalniać <zwolnić> ze stanowiska.

ent'hemm|en (-) pozbawia(ć) hamulców moralnych; 2ung *f* (0) brak hamulców społecznych *od.* moralnych.

ent'hüll|en (-) odsłaniać <-łonić> (*a. Geheimnis*); *fig. a.* odkry(wa)ć, wynurzać <-rzyć> (*sich* się); 2ung *f* odsłonięcie; *fig.* (*mst. pl.*) odkrycie, wynurzenie.

ent'hülsen (-) wyłusk(iw)ać.

Enthusi'as|mus *m* (-; 0) entuzjazm; ~*t m* (-en *-en*) entuzjasta *m*; 2tisch entuzjastyczny.

ent'|kalken (-) odwapni(a)ć; ~'**keimen** (-) *v/t* wyjaławiać <-łowić>; ~'**kernen** (-) drylować; ~'**kleiden** (-) rozbierać <-zebrać> (*sich* się); *fig.* pozbawi(a)ć (G); 2**koloni'sierung** *f* (0) dekolonizacja; ~'**kommen** (-; *sn*) *s. entgehen*, *-laufen*, *-rinnen*; ~'**korken** (-) odkorkow(yw)ać.

ent'kräft|en (-e-; -) osłabi(a)ć, wycieńczać <-czyć>; (*widerlegen*) zbi(ja)ć, obalać <-lić>; 2ung *f* osłabienie, wycieńczenie; obalenie.

ent'lad|en (-) wyładow(yw)ać (*a. El.*, *fig.*; *sich* się); *Waffe*: rozładow(yw)ać; 2ung *f* wyładow(yw)anie (się); rozładowanie; rozładunek.

ent'lang *Prp.* (A, D) wzdłuż (G); *Adv. am Ufer* ~ wzdłuż brzegu.

ent'larven (-) <z>demaskować.

ent'lass|en (-) zwalniać <zwolnić> (*aus/z G*); 2ung *f* zwolnienie; dy-

misja; 2ungsschein *m* dowód (*od.* świadectwo) zwolnienia.

ent'last|en (-) odciążać <-żyć> (*a. fig.*, *Jur.*); *Vorstand*: udzielać <-lić> absolutorium (D); 2ung *f* odciążenie; udzielenie absolutorium; 2ungs- odciążający; *Tech. a.* pomocniczy; 2ungszeuge *m* świadek obrony.

ent'laub|en (-) pozbawi(a)ć liści; ~t ogołocony z liści; 2ungsmittel *n* defoliant.

ent'|laufen (-; *sn*) zbiegać <zbiec>, uciekać <uciec>; ~'**lausen** (-) odwszawiać <-szyć>.

ent'ledigen (-): *sich* ~ (G) uwalniać <uwolnić> się (*od* G); (*e-s Auftrags*) wykon(yw)ać (*A*).

ent'|leeren (-) opróżni(a)ć; ~'**legen** *s. entfernt*; (*abseits liegend*) leżący na uboczu, ustronny; ~'**lehnen** (-) zapożyczać <-czyć> (*bei/u* G); *a.* = ~'**leihen** *s. leihen*.

Entlein *n* kaczę, kaczątko.

ent'loben (-): *sich* ~ zrywać <zerwać> narzeczeństwo.

ent'locken (-; D) wyłudzać <-dzić> (*od* G); *Töne*, *Geständnis*: wydoby(wa)ć (*od* G); *Tränen*: wyciskać <-snąć>.

ent'lohn|en (-) wypłacać <-cić> zarobek (*A/D*); 2ung *f* wypłata (zarobku); *s. Lohn*.

ent'lüft|en (-) odpowietrzać <-rzyć>; 2er *m* odpowietrznik; 2ungs- odpowietrzający.

ent'|machten (-e-; -) *v/t* odbierać <odebrać> władzę (D), pozbawi(a)ć władzy (*A*); ~**magneti'sieren** (-) od-, rozmagnesować *pf.*; ~'**mannen** (-) <wy>kastrować; ~**menscht** pozbawiony cech ludzkich, zezwierzęciały; ~**militari'sieren** (-) <z>demilitaryzować; ~'**minen** (-) rozminow(yw)ać.

ent'mündig|en (-) ubezwłasnowolni(a)ć, odda(wa)ć pod kuratelę; 2ung *f* ubezwłasnowolnienie.

ent'mutig|en (-) zniechęcać <-cić>; *sich nicht* ~en *lassen* nie zrażać się (*durch A/I*); ~**end** zniechęcający (-co); 2ung *f* zniechęcenie.

Ent'nahme *f* pob(ie)ranie; (*v. Geld*) podjęcie; wyjęcie. [kacja.)

Entnazifi'zierung *f* (0) denacyfi-)

ent'|nehmen (-) brać <wziąć>, wyjmować <-jąć> (D/z G); pob(ie)rać; *Geld a.*: podejmować <-djąć>;

(e-m Buch usw.) zaczerpnąć, wyczytać *pf.* (z *G*); *(e-m Brief)* dowiadywać ‹-iedzieć› się (z *G*); s. folgern;
~'ölen⟨⟩ ekstrahować olej *(A/z G)*.
~'nt'puppen⟨(-)⟩: F *fig.* sich ~ als okaz(yw)ać się *(I)*.

ent|'rahmen ⟨(-)⟩ zbierać ⟨zebrać⟩ śmietan(k)ę; *Tech.* odtłuszczać ⟨-uścić⟩; ~'rätseln ⟨(-)⟩ odgadywać ⟨-dnąć⟩; s. entziffern; ~'reißen ⟨(-)⟩ wyr(y)wać, wydzierać ⟨wydrzeć⟩; ~'richten ⟨⟩ uiszczać ⟨uiścić⟩; ~'riegeln *(-le)* ⟨⟩ odryglow(yw)ać; ~'rinnen (-; sn) uchodzić ⟨ujść⟩ *(D, od G)*; ~'rollen⟨⟩ v/t rozwijać ⟨-inąć⟩; ~'rosten ⟨⟩ odrdzewi(a)ć; ~'rückt pogrążony w zadumie, zatopiony w myślach; ~'rümpeln *(-le;* -⟩) usuwać ⟨usunąć⟩ rupiecie *od.* stare graty.

ent'rüst|en ⟨⟩ oburzać ⟨-rzyć⟩ *(sich się; über A/na A)*, ~et oburzony; 2ung *f* (0) oburzenie.
2nt'safter *m* sokownik.
~nt'sag|en ⟨-; D⟩ wy-, z|rzekać ⟨-zrzec⟩ się *(G)*; *der Welt* ~en usuwać ⟨-unąć⟩ się od ludzi; 2ung *f* wy-, z|rzeczenie się.
~nt'salz|en ⟨(-)⟩ odsalać ⟨odsolić⟩, demineralizować; 2ungs-anlage *f* urządzenie odsalające, demineralizator.
2nt'satz *m (-es; 0)* odsiecz *f*.
ent'schädig|en ⟨(-)⟩ ⟨z⟩rekompensować, wynagradzać ⟨-rodzić⟩ *(j-n für/k-u A)*; ⟨wy⟩płacić odszkodowanie *(A/D)*; 2ung *f* (für) wynagrodzenie *(G)*; rekompensata, odszkodowanie (za *A*).
~nt'schärfen ⟨(-)⟩ *Mil.* rozbrajać ⟨-roić⟩; F *fig.* cenzurować.
2nt'scheid *m (-es; -e)* decyzja; *(a. Jur.)* orzeczenie; 2en ⟨-⟩ rozstrzygać ⟨-gnąć⟩ *(sich się)*; ⟨za⟩decydować *(über A/o, w L)*; 2en sich ⟨z⟩decydować się *(für/na A)*, powziąć decyzję *(gegen/przeciw D)*; 2end decydujący ⟨-co⟩, rozstrzygający ⟨-co⟩; ~ung *f* rozstrzygnięcie; s. Entschluß, Entscheid; ~ungs-prozeß *m Psych.* proces decyzyjny.
~nt'schieden stanowczy ⟨-czo⟩, zdecydowany; s. entscheiden; ~'schlafen (-; sn) u-, za|snąć *pf.* na wieki; ~'schleiern ⟨-re;⟩ -⟩ odsłaniać ⟨-łonić⟩.
~nt'schließ|en ⟨(-)⟩: sich ~en zdecydować się *pf.* (zu/na *A*), postana-

wiać ⟨-nowić⟩ *(et. zu tun/Inf.)*; 2ung *f* rezolucja, uchwała.
ent'schlossen zdecydowany; *kurz* ~ nie namyślając się długo; 2heit *f* (0) stanowczość *f*, rezolutność *f*; zdecydowanie.
ent|'schlummern (-; sn) zasypiać ⟨zasnąć⟩; ~'schlüpfen (-; sn) wymykać ⟨-mknąć⟩ się; s. entgleiten.
Ent'schluß *m* decyzja, postanowienie; *zu e-m* ~ *kommen, e-n* ~ *fassen* powziąć decyzję.   [frow(yw)ać.⟩
ent'schlüsseln *(-le)* od-, roz|szy-⟩
Ent'schlußkraft *f* (0) stanowczość*f*.
ent'schuldbar wybaczalny.
ent'schuldig|en ⟨(-)⟩ usprawiedliwi(a)ć *(sich się; bei/przed I)*, ⟨wy⟩tłumaczyć *(mit/I)*; s. verzeihen; sich ~en *a.* przepraszać ⟨rosić⟩ *(bei/A)*; ~en Sie! proszę wybaczyć! 2ung *f* usprawiedliwienie (się); wybaczenie; 2ungs- usprawiedliwiający.
ent|'schwinden (-; sn) znikać ⟨-knąć⟩ *(den Blicken z oczu)*; ~'senden ⟨(-)⟩ po-, wy|s(y)łać; ⟨wy⟩delegować.
ent'setz|en ⟨(-)⟩ *Festung*: przyjść *pf.* na odsiecz *(D)*; przerażać ⟨-razić⟩ *(sich się; vor D/I)*; 2en *n (-s; 0)* przerażenie, zgroza; ~lich okropny, straszliwy ⟨-wie⟩; *Stille, Leere a.:* przeraźliwy ⟨-wie⟩; 2lichkeit *f* okropność *f*; ~t przerażony *(über A/I)*.
ent|'seuchen ⟨(-)⟩ odkażać ⟨-kazić⟩; ~'sichern ⟨(-)⟩ odbezpieczać ⟨-czyć⟩; ~'siegeln ⟨(-)⟩ od-, roz|pieczętow(yw)ać.
ent'sinnen ⟨-⟩: sich ~ *(G)* przypominać ⟨-mnieć⟩ sobie *(A)*.
Ent'sorgungs-anlage *f* zakład przechowywania *(od.* niszczenia) odpadów promieniotwórczych; *(Deponie)* mogilnik.
ent'spann|en ⟨(-)⟩ odprężać ⟨-żyć⟩ *(sich się)*; sich ~en *fig. a.* ulec *pf.* odprężeniu; 2ung *f* odprężenie; *Pol. a.* rozładowanie napięcia; *Med. a.* relaks; 2ungspolitik *f* polityka odprężenia.
ent'sprech|en (-; *D*) odpowiadać *(D)*; być zgodnym, zgadzać się (z *I*); pızypızylmlać ⟨-lić⟩ się *(D/do G)*; ~end odpowiedni ⟨-nio⟩; *Prp. (D)* stosownie (do *G*), zgodnie (z *I*); 2ung *f* analogia; odpowiednik.
ent|'springen (-; sn) uciekać

⟨uciec⟩; *Fluß*: wypływać; *fig.* wynikać ⟨-knąć⟩ (*D/z G*); ~'**stammen** (-) pochodzić (*D/z G*); ~'**stauben** (-) odpylać ⟨-lić⟩, odkurzać ⟨-rzyć⟩.

ent'steh|en (-; *sn*) powsta(wa)ć; *Gerücht a.*: ⟨z⟩rodzić się; *vgl. entspringen, beginnen*; ~*en lassen* wywoł(yw)ać, sprawi(a)ć; **♀ung** *f* (*0*) powsta(wa)nie, początek; *a.* ~ **♀ungsgeschichte** *f* (*0*) geneza.

ent'steigen (-; *sn*; *D*) wysiadać ⟨-siąść⟩ (z *G*); (*dem Wasser*) wynurzać ⟨-rzyć⟩ się (z *G*).

ent'stell|en (-) zniekształcać ⟨-cić⟩ (*häßlich machen*) szpecić; *s. verfälschen, verunstalten*; ~*t* zniekształcony; zeszpecony; *Text*: s~wy|paczony; **♀ung** *f* zniekształcenie; zeszpecenie; wypaczenie.

ent'stör|en (-) *Rdf.* ⟨wy⟩eliminować zakłócenia; **♀ung** *f* eliminacja zakłóceń.

ent'tarnen (-) ⟨z⟩demaskować.

ent'täusch|en (-) rozczarow(yw)ać, zawodzić ⟨-wieść⟩; ~*t sein od.* werden rozczarować (*od.* zawieść) się *pf.*; *er wurde* ~*t* spotkał go zawód; **♀ung** *f* rozczarowanie, zawód.

ent'thronen (-) ⟨z⟩detronizować.

ent'trümmer|n (-*re*; -) odgruzow(yw)ać; **♀ung** *f* odgruzow(yw)anie.

ent|'völkern (-*re*; -) wyludni(a)ć; ~'**wachsen** (-; *sn*; *D*) wyrastać ⟨-rosnąć, -róść⟩ (z *G*); ~'**waffnen** (-*e*-; -) rozbrajać ⟨-roić⟩; **♀'warnung** *f* odwołanie alarmu.

ent'wässer|n (-) odwadniać ⟨-wodnić⟩; **♀ung** *f* (*0*) odwadnianie, -odnienie; *Chem.* dehydratacja; kanalizacja; **♀ungs-** odwadniający.

ent'weder [*a.* '**ent**-] *Kj.*: ~ ... *oder* albo ... albo.

ent'weichen (-; *sn*) *s. fliehen, ausbrechen*; *Dampf*: uchodzić ⟨ujść⟩, wydobywać się; *Gas a.*: ulatniać ⟨ulotnić⟩ się.

ent'weih|en (-) ⟨s⟩profanować, ⟨z⟩bezcześcić; **♀ung** *f* profanacja.

ent'wenden (-*e*-; -) ⟨u⟩kraść, F ściągnąć *pf.*

ent'werf|en (-) ⟨na⟩szkicować, ⟨wy⟩koncypować; *Plan a.*: układać ⟨ułożyć⟩; *Mode usw.*: ⟨za⟩projektować; **♀er** *m* projektant.

ent'wert|en (-) *v/t* obniżać ⟨-żyć⟩ wartość (*G*), ⟨z⟩deprecjonować;

Geld: ⟨z⟩dewaluować; *Briefmarke*: ⟨s⟩kasować; **♀er** *m* kasownik; **♀ung** *f* obniżenie wartości, deprecjacja; dewaluacja.

ent'wich(en) *s. entweichen*.

ent'wick|eln (-) rozwijać ⟨-inąć⟩ (*sich* się); *Fot.* wywoł(yw)ać; *Tech.* opracow(yw)ać; *Maschine usw.*: ⟨s⟩konstruować; *Industrie a.*: rozbudow(yw)ać; *sich* ~*eln a.* wytwarzać ⟨-worzyć⟩ się; **♀er** *m* *Fot.* wywoływacz; **♀ung** *f* rozwijanie (się), rozwój; *Fot.* wywoływanie; opracow(yw)anie; konstruowanie; rozbudowa.

Ent'wicklungs|alter *n* okres dojrzewania; **~dose** *f* *Fot.* koreks; **~dienst** *m* służba pomocy krajom rozwijającym się; **♀fähig** dający się rozwinąć (*od.* ulepszyć, rozbudować); **~helfer** *m* doradca *m* pracujący w kraju rozwijającym się; **~land** *n* kraj rozwijający się; **~plan** *m* plan rozwoju *od.* rozwojowy; **~störungen** *f/pl.* zaburzenia *n/pl.* rozwojowe; **~stufe** *f* stopień *m* rozwoju.

ent|'wirren (-) rozpląt(yw)ać, rozwikłać *pf.* (*a. fig.*); ~'**wischen** (-; *sn*) umykać ⟨umknąć⟩; *s. entschlüpfen*.

ent'wöhn|en (-) *Kind*: przestać *pf.* karmić (piersią), † odstawi(a)ć (od piersi); *s. abgewöhnen*; **♀ung** *f* (*0*) zaprzestanie karmienia (piersią).

ent'worfen *s. entwerfen*.

ent'würdig|en (-) upadlać ⟨upodlić⟩ (*sich* się); **~end** hańbiący (-co), upadlający (-co); **♀ung** *f* upodlenie.

Ent'wurf *m* szkic, zarys; projekt; koncept; **♀'wurzeln** (-) *Baum*: wyrwać ⟨-rócić⟩; *fig.* wykolejać ⟨-eić⟩; **♀'zerren** (-) ⟨s⟩korygować zniekształcenia.

ent'zieh|en (-) (*j-m A*) odbierać ⟨odebrać⟩ (k-u *A*), pozbawi(a)ć (k-o *G*) cofać ⟨-fnąć⟩; *sich* ~*en* (*D*) unikać ⟨-knąć⟩ (*G*), uchylać ⟨-lić⟩ się (od *G*); (*j-s Einfluß*) nie podda(wa)ć się (*D*); *das* ~*t sich meiner Kenntnis* o tym mi nic nie wiadomo; **♀ung** *f* *s. Entzug*; **♀ungskur** *f* leczenie odwykowe.

ent'ziffern (-*re*; -) odcyfrow(yw)ać; odszyfrow(yw)ać.

ent'zück|en (-) zachwycać ⟨-cić⟩; ~*t sein* być zachwyconym, zachwycać się (*von D*, *über A/I*); **♀en** *n* (-*s*; *0*)

zachwyt, zachwycenie; ~end zachwycający (-co), śliczny.

'nt'zug m (-es; 0) pozbawienie (G); (Wegnahme) odebranie; (Widerruf) cofnięcie; **~s·erscheinungen** f/pl. Med. objawy m/pl. abstynencji.

nt'zünd|bar zapalny; **~en** (-) zapalać ⟨-lić⟩ (sich się); fig. wzniecać ⟨-cić⟩; sich **~en** a. zapłonąć (a. fig.); (Wunde) zaognia(ć) się; (Augen) zaczerwieni(a)ć się; **~lich** zapalny (a. Med.); **Qung** f zapalanie się; zapalenie (a. Med.); (e-r Wunde) zaognienie (się).

nt'zwei zepsuty; (zerbrochen) po-, z|łamany; Glas usw.: stłuczony, rozbity; s. zerrissen; **~brechen** s. ⟨zer⟩brechen; **~en** (-) poróżnić (sich się), pokłócić pf.; **~gehen** (sn) ⟨ze⟩psuć się; ⟨po-, z⟩łamać się; stłuc się pf., rozbi(ja)ć się; **Qung** f poróżnienie (się), zerwanie; waśń f.

.nzian m (-s; -e) Bot. goryczka, gencjana.

.nzyklopä'die f encyklopedia.

.n'zym n (-s; -e) enzym.

.pi|de'mie f epidemia; **Q'demisch** epidemiczny; **~'gone** m (-n) epigon; **~'gramm** n (-s; -e) epigram(at).

.pik f (0) epika. [gram(at).]

.pi|lep'sie f (0) epilepsja, padaczka; **'leptiker** m epileptyk; **~'log** m (-s; -en) epilog; **~'phanias** n (-; -ien) święto Trzech Króli.

.pisch epicki, epiczny.

.pisko·'pal episkopalny; **Q'pat** n od. m (-es; -e) episkopat.

.pi'sod|e f epizod; **Qenhaft, Qisch** epizodyczny.

.pi'thel n (-s; 0) nabłonek.

.'pitheton n (-s; -ta) epitet.

'poche f epoka; **Qmachend** epokowy (-wo).

.pos n (-; Epen) epos, epopeja.

.quipe [e'kıp] f drużyna (jeździecka). [selbst on sam.]

.r on; ~ allein on jeden; tylko on; ~'achten (-) uważać, poczytywać für/za A); meines **Qs** według mego zdania.

.r'arbeiten (-) v/t dorabiać ⟨-robić⟩ ię (G); zdoby(wa)ć pracą (A).

.rb|anlage f cecha dziedziczna; **.anteil** m udział w spadku.

.r'barm|en (-): sich ~ ⟨z⟩litować ię (G/nad I); **Qen** n (-s; 0) litość f, olitowanie; **~ens·wert** politowaia godny.

---

er'bärmlich nędzny; (gemein a.) podły (-le); **Qkeit** f (0) podłość f, nikczemność f.

er'barmungslos bezlitosny.

er'bau|en (-) ⟨wy⟩budować, wznosić ⟨wznieść⟩, wystawi(a)ć; fig. pokrzepi(a)ć na duchu; sich **~en** cieszyć się (an D/z G); nicht **~t sein** nie być zbudowanym (von/I); **Qer** m budowniczy m; s. Gründer; **~lich** budujący (-co).

Erb|begräbnis n grób rodzinny; **Qberechtigt** posiadający prawo dziedziczenia.

Erbe[1] n (-s; 0) spadek, (a. fig.) dziedzictwo, spuścizna; väterliches ~ spadek po ojcu. [Jur.), dziedzic.) **Erbe**[2] m (-n) spadkobierca m (a.) **erben** ⟨o⟩dziedziczyć (a. fig.), otrzym(yw)ać w spadku (von/po L).

er'beten s. erbitten.

er'beut|en (-e-; -) zdoby(wa)ć; (Tier) upolować pf.; **~et** zdobyczny.

Erb|faktor m gen; **~feind** m odwieczny wróg; **~folge** f dziedzictwo, † sukcesja; **~gut** n (0) Bio. ogół cech dziedzicznych.

er'bieten: sich ~ ⟨za⟩ofiarować się (zu/z I od. + Inf.). [czyni.)

Erbin f dziedziczka, spadkobier-∫ **er'bitten** (-) ⟨po⟩prosić (A/o A); das erbetene Buch książka, o którą prosiłeś (od. pan prosił usw.).

er'bitter|n (-re; -) ⟨roz⟩gniewać, wzburzyć pf.; **~t** poirytowany, wzburzony; Kampf, Feind: zaciekły (-le), zacięty (-cie); **Qung** f (0) rozdrażnienie, irytacja.

Erbkrankheit f choroba dziedziczna.

er'blassen (-ßt; -) ⟨z⟩blednąć.

Erb·lasser m spadkodawca m, testator.

er'bleichen (-) s. erblassen.

erblich dziedziczny; ~ belastet obciążony genetycznie.

er'blicken (-) spostrzegać ⟨-rzec⟩, ujrzeć pf.

er'blind|en (-e-; -; sn) ⟨o⟩ślepnąć, zaniewidzieć pf.; **Qung** f (0) oślepnięcie, utrata wzroku.

er'blühen (-; sn) rozkwitać ⟨-tnąć⟩.

Erbmasse f s. Erbgut.

er'bost zły, rozzłoszczony.

Erbpacht f dzierżawa wieczysta.

er'brech|en (-) v/t s. aufbrechen; Siegel: ⟨z⟩łamać, naruszać pf.; Med. (a. sich u.v/i) ⟨z⟩wymiotować

(A/I); **2en** n Med. wymioty pl., torsje pl.

Erb·recht n (-s; 0) prawo spadkowe; prawo dziedziczenia.

er'bringen (-): den Nachweis (od. Beweis) ~ udowodnić pf. [Erbe¹.)

Erbschaft f spadek, lit. scheda; s.∫

Erbschafts|masse f masa spadkowa; ~steuer f podatek spadkowy.

Erbschleicher m próbujący zapewnić sobie spadek podstępem.

Erbse f Bot. groch; (einzelne) ziarnko grochu; (Zucker2) groszek; ~n- grochowy.

erbsen|groß wielkości ziarnka grochu; **2stroh** n grochowiny f/pl.; **2suppe** f grochówka.

Erb|stück n rzecz otrzymana w spadku od. odziedziczona; (altes ~) pamiątka rodzinna; ~sünde f (0) grzech pierworodny; ~tante F f bogata ciotka; ~teil n od. m część f spadku, lit. scheda.

Erd|achse f oś ziemska; ~anziehung f przyciąganie (od. ciążenie) ziemskie; ~arbeiten f/pl. roboty ziemne; ~bahn f orbita Ziemi; ~ball m glob ziemski.

Erdbeben n trzęsienie ziemi; ~gebiet n obszar objęty trzęsieniem ziemi; Geo-Phys. obszar sejsmiczny; ~warte f stacja sejsmologiczna.

Erdbeere f truskawka; (Wald2) poziomka; ~n- truskawkowy; poziomkowy.

Erdboden m (-s; 0) ziemia; gleba; F als hätte ihn der ~ verschluckt jak by się pod ziemię zapadł.

Erde f ziemia; Agr. a. gleba; Astr. Ziemia; F unter die ~ bringen zgładzić ze świata; 2n (-e-) uziemi(a)ć.

er'denklich możliwy; jedes ~e Mittel versuchen używać wszelkich możliwych środków.

Erd|ferne f (0) apogeum n; ~gas n (-es; 0) gaz ziemny; ~geschichte f (0) dzieje pl. Ziemi; ~geschoß n parter; ~hütte f ziemianka.

er'dichten (-) zmyślać ⟨-lić⟩.

erdig ziemisty (-to).

Erd|kabel n kabel (pod)ziemny; ~kampf m walka lądowa; ~kruste f skorupa ziemska; ~kugel f kula ziemska; ~kunde f (0) geografia; ~leiter m El. przewód uziomowy; ~mittelpunkt m środek Ziemi; 2nah przyziemny; Astr. okołoziemski; ~nähe f (0) perigeum n;

~nuß f orzech ziemny, orzach; ~öl n (-s; 0) ropa naftowa.

er'dolchen (-) zasztyletować pf.

Erd·öl|förderung f (0) wydobywanie (od. wydobycie) ropy naftwej; ~lagerstätte f złoże ropy na towej. [ziemia]

Erd|pech n asfalt; ~reich n (-es; 0

er'dreisten (-e-; -) s. erkühnen.

er'drosseln (-) u-, za|dusić pf.

er'drücken (-) zadusić pf.; (a. fig przygniatać ⟨-ieść⟩, przytłacz ⟨-łoczyć⟩; ~d Mehrheit: prz tłaczający; Beweis: niezbity.

Erd|rutsch m obsunięcie się ziem osuwisko; ~satellit m satelita Ziemi; ~schicht f warstwa ziem ~schluß m El. zwarcie doziemn ~stern m Bot. gwiazdosz; ~stoß n wstrząs sejsmiczny od. skorup ziemskiej; ~teil m część f świata.

er'dulden (-) znosić ⟨znieść⟩; (le den) wycierpieć pf.

Erd|umlaufbahn f orbita okoł ziemska; ~ung f El. uziemieni ~zeit·alter n era.

er'eifern (-): sich ~ (über A) unosi ⟨unieść⟩ się (wobec G), denerw wać się (z powodu G).

er'eignen (-e-; -): sich ~ zdarza ⟨-rzyć⟩ się, mieć miejsce.

Er'eignis n (-ses; -se) z-, wy|darze nie; 2reich pełen wydarzeń, obfi tujący w zdarzenia.

er'eilen (-) dosięgać ⟨-gnąć⟩.

Ere'mit m (-en) pustelnik.

er'fahr|en¹ v/t ⟨-⟩ dowiadywa ⟨-iedzieć⟩ się (o L); (hören) ⟨u⟩sły szeć (A, o L); s. erleben, erleiden ~en² Adj. doświadczony, wytraw ny; 2ung f doświadczenie; in 2un bringen s. erfahren.

Erfahrungs|austausch m wymian doświadczeń; 2gemäß Adv. z do świadczenia; 2mäßig oparty n doświadczeniu, doświadczalny.

er'fand s. erfinden.

er'fass|en (-βt; -) s. ergreifen; (Ra dar) wykry(wa)ć; (Auto) potrąca ⟨-cić⟩; (Gefühl) przejmować ⟨prze jąć⟩, ogarniać ⟨-nąć⟩; (begreifen pojmować ⟨-jąć⟩; (registrieren ⟨za⟩rejestrować (A), prowadzić ewidencję (G); (einbeziehen) obej mować ⟨objąć⟩; 2ung f rejestracja, ewidencja; wykrywanie; (der Agrar produkte) skup.

er'find|en (-) wynajdować ⟨wy-

należeć; (*sich ausdenken*) wymyślać ⟨-lić⟩; (*lügen*) zmyślać
⟨-lić⟩; **2er** *m* wynalazca *m*; **~erisch**
wynalazczy; pomysłowy (-wo);
2ung *f* wynalazek; wymysł; **2ungs-
gabe** *f* pomysłowość *f*, inwencja.   [błagać *pf.* (*A*).⟨
e**r'flehen** (-) *v/t* błagać (o *A*), wy-⟩
e**r'folg** *m* (-*es*; -*e*) powodzenie, sukces; (*Popularität*) wzięcie; *s.* Ergebnis; *mit gutem* ~ z powodzeniem;
~ *haben* cieszyć się powodzeniem;
mieć sukces *od.* wzięcie; **2en** (-)
następować ⟨-tąpić⟩; *s. sich ereignen*; **2los** *Sache*: bezowocny, nie
uwieńczony powodzeniem; *Adv.*
umsonst) na próżno, daremnie;
2los sein a. nie powieść się; *Pers.*
nie mieć powodzenia; nic nie
wskórać; **2reich** cieszący się powodzeniem, wzięty; uwieńczony
sukcesem, udany; **~s·erlebnis** *n*
dodatnie przeżycie uczuciowe; **2-
~versprechend** obiecujący, rokujący
powodzenie.
e**r'forder|lich** potrzebny, wymaga-
ny; *falls* ~*lich* w razie potrzeby; **~n**
(-) wymagać (*A*/*G*); **2nis** *n* (-*ses*;
-*se*) warunek; (konieczna) potrzeba;
pl. a. wymagania *n/pl.*
e**r'forsch|en** (-) *v/t* ⟨wy-, z⟩badać
(*A*), dochodzić (*G*); *Land a.*: eks-
plorować; **2er** *m* badacz; eksplora-
tor; **2ung** *f* badanie; eksploracja.
e**r'fragen** (-) ⟨za⟩pytać, dopy-
tywać⟩ się (*A*/o *A*).
e**r'freu|en** (-) ⟨u⟩cieszyć, ⟨u⟩rado-
wać (*mit*/*I*); *sich* ~*en* cieszyć się
(*G*/*I*); *am Anblick G*/widokiem *G*);
~**lich** pociągający; *s.* angenehm;
~**licherweise** na szczęście; **~t** rad,
radowany (*über A*/z [powodu] *G*);
~eht! t bardzo mi miło!
e**r'frier|en** (-; *sn*) prze-, z⟩marznąć
f.; *sich* ⟨D⟩ *et.* ~*en* odmrozić *pf.*
bie (*A*); **2ung** *f* odmrożenie.
e**r'frisch|en** (-) orzeźwi(a)ć, (*a.
risch machen*) odświeżać ⟨-żyć⟩
sich się; *mit*/*I*); **~end** orzeźwiający
-co); **2ung** *f* orzeźwienie; (*Getränk*)
apój orzeźwiający *od.* chłodzący;
~ungs·raum *m* bufet.
e**r'fror(en)** *s.* erfrieren.
e**r'füll|en** (-) wy-, (*a. Gefühl*)
a⟩pełniać (*mit*/*I*); *Bedingung, Ver-
ag, Zweck usw.*: spełni(a)ć; *Plan*:
ykon⟨yw⟩ać; *sich* ~*en* spełni(a)ć
d. ziszczać ⟨-ścić⟩ się; **2ung** *f* (0)

spełnienie; wykonanie; ziszczenie
się, sprawdzenie się; *in 2ung gehen
s. sich* erfüllen; **2ungs·ort** *m*
miejsce wykonania.
e**r'gänz|en** (-*zt*; -) do-, uzu|peł-
ni(a)ć (*einander* się wzajemnie);
⟨s⟩kompletować; **~end** uzupełnia-
jący; **2ung** *f* uzupełnienie, (*a. Gr.*)
dopełnienie; *konkr. a.* dodatek,
suplement.
e**r'gattern** F (-*re*; -) zdoby(wa)ć.
e**r'gaunern** (-*re*; -): *sich* ⟨D⟩ ~
zdoby(wa)ć podstępem, wyłudzać
⟨-dzić⟩.
e**r'geben**[1] *v/t* (-) wynosić ⟨wy-
nieść⟩ (*A*), równać się (*D*);
da(wa)ć (w rezultacie), przynosić
⟨-nieść⟩; (*zeigen*) wykaz(yw)ać;
sich ~ podda(wa)ć się; (*e-m Laster
usw.*) odda(wa)ć się (*D*); stać się
ofiarą (*G*); *sich* ~ *aus* wynikać
⟨-knąć⟩, wypływać ⟨z *G*⟩; *sich* ~ *in*
(*A*) podda(wa)ć się (*D*), ⟨po⟩godzić
się (z *I*); *es ergab sich, daß ... okazało się, że ...*; *tak się złożyło,
że ...*
e**r'geben**[2] *Adjp.* oddany; (*e-m
Laster*) będący ofiarą (*G*); zrezy-
gnowany; **2heit** *f* (0) oddanie, przy-
wiązanie; pokora, rezygnacja.
e**r'gebnis** *n* (-*ses*; -*se*) wynik; skutek; **2los** bezskuteczny, bezowocny,
präd. a. bez skutku.   [rezygnacja.⟩
Er'gebung *f* (0) poddanie się;⟩
e**r'gehen** (-) ~ *lassen Aufruf usw.*:
ogłaszać ⟨-łosić⟩; *Befehl, Urteil*:
wyda(wa)ć; *sich* ~ przechadzać się
(*in D*/w *L*); rozwodzić się (*in D,
über A*/nad *I*); *in Klagen usw.*:
da(wa)ć upust (*D*); *über sich* ~ *lassen* znosić ⟨znieść⟩ cierpliwie,
unpers. (*sn*) *es wird ihm schlecht* ~
(on) dostanie na swoje; *es ist ihm
gut ergangen* dobrze mu się po-
wodziło.
e**r'giebig** wydajny; obfity (-cie); *s.*
einträglich.
e**r'gießen** (-): *sich* ~ ⟨po⟩lać się,
lunąć *pf.*, (*a. fig.*) płynąć; *sich* ~
über e-e Fläche zal(ew)ać (*A*); *sich*
~ *in* (*A*) spływać ⟨-ynąć⟩ (do *G*).
e**r'glühen** (-; *sn*) *s.* erröten.
e**r'götz|en** (-*zt*; -) bawić; *sich* ~*en*
(*an D*) delektować ⟨*od. rozkoszo-
wać⟩ się (*I*); **2en** *n* (-*s*; 0) uciecha;
~**lich** zabawny, (-cie).
e**r'grauen** (-; *sn*) ⟨o⟩siwieć.
e**r'greif|en** (-) chwytać ⟨(po-, s-,

u)chwycić), ujmować ⟨ująć⟩ (*bei der Hand* za rękę; *a. fig.*); *Dieb*: schwytać, ująć *pf.*; *Beruf*: wyb(ie)rać; *Macht*: obejmować ⟨objąć⟩, zagarnąć *pf.*; *Maßnahmen*: przedsiębrać ⟨-ęwziąć⟩; *Flucht*: rzucać ⟨-cić⟩ się (*do G*); (*Angst, Gefühl*) obe-, prze|jmować ⟨ob-, prze|jąć⟩, ogarniać ⟨-nąć⟩ (*j-n/A*); (*bewegen*) wzruszać ⟨-szyć⟩; *s. Besitz, Wort usw.*; ~**end** wzruszający ⟨-co⟩; **Qung** *f* schwytanie, ujęcie.

er'griffen wzruszony; *Adv.* ze wzruszeniem; przejęty (*von/I*); **Qheit** *f* (0) wzruszenie.

er'gründen (-) zgłębi(a)ć.

Er'guß *m* wylew (*a. Med., fig.*).

er'haben wypukły (-le); *fig.* pod-, wz|niosły (-le); ~ *sein über* (*A*) stać ponad (*I*); **Qheit** *f* wypukłość *f. pl.* (*0*) pod-, wz|niosłość *f*.

er'halt|en[1] (-) *v/t* otrzym(yw)ać; utrzym(yw)ać (*sich się*; *von/z G*; *am Leben* przy życiu); *s. bewahren*; ~**en**[2]: *gut* ~*en* w dobrym stanie; ~*en bleiben* zachować się, przetrwać *pf.*

er'hältlich będący w sprzedaży, do nabycia; **Qhaltung** *f* (0) zachowanie; utrzymanie; ~**'hängen** (-) powiesić *pf.* (*sich się*); ~**'härten** *v/t fig.* popierać ⟨-przeć⟩ (*durch/I*); ~**'haschen** (-) ⟨z⟩łapać; *fig.* pochwycić *pf.*

er'heben (-) podnosić ⟨podnieść⟩ (*sich się*); *Zoll*: pob(ie)rać, ściągać ⟨-gnąć⟩; *Klage, Einspruch*: wnosić ⟨wnieść⟩; *Einwände*: zgłaszać ⟨-łosić⟩; *Protest*: zakładać ⟨założyć⟩; *zum Beschluß* ~ uchwalić *pf.*; *Anspruch* ~ rościć (sobie) prawo (*auf A/do G*); *sich* ~ *a.* powst(aw)ać (*a. fig.*); (*in d. Luft*) wznosić ⟨wznieść⟩ się, wzlatywać ⟨-lecieć⟩; (*aufragen*) wznosić się; ~**d** podniosły (-śle).

er'heb|lich znaczny; poważny; *Adv. a.* w poważnym stopniu; **Qung** *f* podniesienie; pobieranie, ściąganie; (*Untersuchung*) badanie; *s.* Empörung, Erhöhung.

er'heiter|n (-*re*; -) rozśmieszać ⟨-szyć⟩, bawić; ~**nd** zabawny, komiczny; **Qung** *f* uciecha.

er'hellen (-) rozjaśni(a)ć (*sich się*); ~**'hitzen** (-*zt*; -) rozgrz(ew)ać (*sich się*); *fig.* roznamiętni(a)ć (*sich się*); ~**'hoffen** (-) spodziewać się (*A/G*).

er'höh|en (-) podwyższać ⟨-szyć⟩

(*sich się*; *a. fig.*); *Fahrt*: zwiększa ⟨-szyć⟩; *sich* ~**en** *fig. a.* wzrasta ⟨wzrosnąć⟩; **Qung** *f* podwyższenie zwiększenie; (*Boden*2) wzniesienie

er'hol|en (-): *sich* ~*en* wypoczywa ⟨-czać⟩ (*von/po L*); (*Kranke* odzysk(iw)ać siły; *Hdl.* (*Kurs usw.*) polepszać ⟨-szyć⟩ się; ochło nąć *pf.* (*von der Überraschun* z wrażenia), ~**sam** sprzyjający wy poczynkowi; *s. ruhig*; ~**t** wypo częty; **Qung** *f* (0) wypoczynek; ; *Besserung*; *zur* **Qung** *a.* dla nabrani sił.

er'holungs|bedürftig potrzebu jący wypoczynku; **Qgebiet** *n* tere rekreacyjny; **Qheim** *n* dom wypo czynkowy; **Qurlaub** *m* urlop wy poczynkowy.

Erika *f* (-; -*ken*) *Bot.* wrzosiec.

er'inner|n (-*re*; -) przypomina ⟨-mnieć⟩ (*sich G/sobie A*; *j-n o A/k-u A*); *das* ~*t mich an ... o* to m przypomina (*A*); **Qung** *f* wspom nienie; (*Gedächtnis*) pamięć *f* (*Mahnung*) przypomnienie; zu **Qung** na pamiątkę (*an A/G*); **Qungs vermögen** *n* zdolność pamięciowa pamięć *f*.

er'jagen (-) upolować *pf.*

er'kalten (-*e*-; -; *sn*) o-, wy|styga ⟨-gnąć⟩; *fig.* oziębi(a)ć się; ~ *lasse s. abkühlen*.

er'kält|en (-*e*-; -): *sich* ~*en* prze ziębi(a)ć się (*sich* (*D*) *et.* ~*en* prze ziębić sobie (*A*); **Qung** *f* przeziębie nie.

er'kämpfen (-) wywalczać ⟨-czyć⟩

er'kaufen (-) okupywać ⟨-pi⟩ (*mit/I*); *teuer* ~ (*müssen*) drog zapłacić (*A/za A*).

er'kenn|bar spo-, do|strzegalny dający się rozpoznać *od.* wykry ~**en** (-) *v/t* pozn(aw)ać (*an D/p L*); rozpozn(aw)ać; (*einsehen*) uz n(aw)ać (*a. als/jako*); *sich zu* ~**e** geben da(wa)ć się poznać; *et. z* ~*en geben*, ~*en lassen* da(wa)ć d zrozumienia *od.* poznać po sob (*A*); *v/i Jur.* ~*en auf* (*A*) orzeka ⟨orzec⟩ (*A*); ~**tlich** wdzięczn *sich* ~*tlich* zeigen odwdzięcza ⟨-czyć⟩ się; **Qtnis**[1] *f* (-; -*se*) pozna konanie, przeświadczenie; *Philo* poznanie; *pl. a.* wyniki *m/pl. bad od.* dociekań (naukowych); *zu de* **Qtnis kommen** *od.* **gelangen**, *daß* . zrozumieć *od.* uświadomić sob

(A) od. że ...; 2tnis² n (-ses; -se) Jur. orzeczenie, wyrok; 2ung f poznanie; rozpoznanie.

Er'kennungs|dienst m służba identyfikacji; ~marke f Mil. żeton rozpoznawczy; ~zeichen n znak rozpoznawczy; Med. u. fig. objaw (charakterystyczny).

Erker m wykusz; ~fenster n okno wykuszowe.

er'klär|bar wytłumaczalny, (leicht łatwy) do wytłumaczenia; ~en (-) ob-, wy|jaśni(a)ć; (deuten) ~wy-| tłumaczyć; (äußern) oświadczać <-czyć>, <za>deklarować; ogłaszać <-łosić>; Liebe: wyzn(aw)ać; Krieg: wypowiadać <-iedzieć>; für tot usw. ~en uzn(aw)ać (za A); sich ~en tłumaczyć się (mit/I); oświadczać <-czyć> się; ~lich zrozumiały (-le); s. erklärbar; 2ung f ob-, wy|jaśnienie; (wy)tłumaczenie; oświadczenie; deklaracja; ogłoszenie (G); wyznanie; (Liebes2 a.) oświadczyny pl.; uznanie (für/za A).

er|'klecklich spory (-ro), porządny; ~klettern (-), ~klimmen (-) wspinać <-piąć> się (A/na A); ~klingen (-) rozbrzmie(wa)ć, <za>dźwięczeć.

er'krank|en (-; sn) zachorować pf., zapadać <zapaść> (an D/na A); (Organ) być zaatakowanym; ~t chory; Organ: schorzały; 2ung f zachorowanie; konkr. choroba; schorzenie. [<-lić> się.]

r'kühnen (-): sich ~ ośmielać

r'kunden (-e-; -) s. auskundschaften, erforschen.

r'kundig|en (-): sich ~en (nach) <za>pytać (o A), <po>informować się (o L), dowiadywać się (o A); 2ung f dopytywanie się, wypytywanie.

Er|'kundung f rekonesans, rozpoznanie; 2'lahmen (-; sn) <o>słabnąć; 2'langen (-) osiągać <-gnąć>, uzysk(iw)ać, zdoby(wa)ć; ~'laß m (-sses; -sse) dekret; rozporządzenie; (das Erlassen) wyda(wa)nie (von/G); (Schuld2) darowanie (G), zwolnienie (od G); 2'lassen (-) v/t wyda(wa)ć; (j-m A) darować pf. (k-u ~1), s. entbinden (von).

r'laub|en (-) po-, ze|zwalać <-wolić> (j-m A/k-u A od. na A); sich (D) ~en pozwalać <-wolić> sobie (A/na A); 2nis f (-; 0) po-, ze|zwolenie;

lenie; ~t dozwolony; es ist ~t zu ... wolno ...

er'laucht Versammlung: dostojny.

er'läuter|n (-re; -) ob-, wy|jaśni(a)ć; <s>komentować; 2ung f s. Erklärung; pl. a. komentarz.

Erle f olcha, olsza; (Holz) olszyna.

er'leb|en (-) przeży(wa)ć; (erfahren) doświadczać <-czyć>, do-, za|zna(wa)ć (A/G); (miterleben) doży(wa)ć, doczekać się (A/G); 2nis n (-ses; -se) przeżycie; (Abenteuer) przygoda; ~nisreich bogaty w przeżycia.

er'ledig|en (-) załatwi(a)ć; (ausführen a.) wykon(yw)ać; F (j-n) wykańczać <-kończyć>; ~t załatwiony; F fig. wykończony; 2ung f załatwienie; wykonanie. [pf.]

er'legen (-) upolować pf., ustrzelić

er'leichter|n (-re; -) ułatwi(a)ć (sich [D] sobie); ulżyć (pf. j-dm A/k-u w L; sich [D] sobie; sich das Herz [swojemu] sercu; F (j-n um A) ob(ie)rać (k-o z G); sich ~n załatwić potrzebę; ~t Adv. z ulgą; 2ung f ułatwienie; ulżenie; konkr. ulga; pl. a. udogodnienia n/pl.

er'leiden (-) znosić <znieść>; (a. Verletzung) doznawać <-nać> (A/G); Verlust, Tod usw. ponosić <-nieść>; s. Schiffbruch. [olszyna.]

Erlen|- olchowy, olszowy; ~holz n/ **er'lernen** (-) (na-, wy)uczyć się (A/G); ~lesen Adj. wyszukany, wikwintny.

er'leucht|en (-) oświetlać <-lić>; fig. oświecać <-cić>; 2ung f oświecenie; ihm kam die 2ung doznał olśnienia.

er'liegen (-; sn) ulegać <ulec>, nie móc oprzeć się (D); s-n Verletzungen ~ u-, ze|mrzeć na skutek odniesionych obrażeń; zum 2 kommen zamierać <-mrzeć>; zum 2 bringen <s>paraliżować.

er|'logen zmyślony, kłamliwy; 2'lös m (-es; -e) dochód, uzyskana kwota (ze sprzedaży); utarg; ~'loschen zgasły; Vulkan, fig.: wygasły; ~'löschen (L.; -) <z>gasnąć; fig. wygasać <-snąć>.

er'lös|en (-) wybawi(a)ć, uwalniać (uwolnić) (aus/n G); Rel. aba-wi(a)ć; 2er m wybawca m, wybawiciel; Rel. Zbawca m; 2ung f wybawienie; zbawienie.

er'mächtig|en (-) uprawni(a)ć (zu

do *G*); **Qung** *f* uprawnienie; *s.*
Vollmacht.

er'mahn|en (-) napominać ⟨-mnieć⟩
(*j-n zur Vorsicht* k-o żeby był
ostrożny); **Qung** *f* napomnienie.

Er'mangelung *f*: *in* ~ *z* (*od.* w)
braku (*G*).

er'mäßig|en (-) ob-, z|niżać ⟨-żyć⟩;
Strafe: złagodzić *pf.*; **Qung** *f* ob-,
z|niżka; złagodzenie.

er'matt|en (*-e-*; -) zmęczyć *pf.*,
zmordować *pf.* (*v/i* [*sn*] się); *er-*
schöpfen; *v/i* (*sn*) (*Interesse usw.*)
⟨o⟩słabnąć; **~et** zmęczony, wy-
czerpany.

er'mess|en (-) pojmować ⟨po-
jąć⟩; oceni(a)ć; **Qen** *n* (*-s*; *0*)
uznanie; *in j-s* **Qen stellen** pozosta-
wi(a)ć do uznania (*G*); *nach*
menschlichem **Qen** według wszelkiego prawdopodobieństwa.

er'mitt|eln (*-le*; -) *v/t Täter*: wy-
kry(wa)ć; *s. errechnen, feststellen*;
v/i prowadzić dochodzenie; **Qlung** *f*
wykrycie; *Jur.* dochodzenie.

Er'mittlungs|beamte(r) pracow-
nik służby śledczej (prowadzący
dochodzenie); **~richter** *m* sędzia
śledczy; **~verfahren** *n* śledztwo.

er'möglichen (-) umożliwi(a)ć.

er'mord|en (-) zamordować *pf.*;
Qung *f* zamordowanie.

er'müd|en (*-e-*; -) ⟨z⟩męczyć,
znużyć *pf.* (*v/i* [*sn*] się); **~end** męczący (-co), nużący (-co); **Qung** *f* (*0*)
zmęczenie, znużenie.

er'munter|n (*-re*; -) zachęcać
⟨-cić⟩ (*zu/do G*); **Qung** *f* zachęta.

er'mutig|en (-) *v/t* doda(wa)ć od-
wagi *od.* otuchy (*D*), ośmielać ⟨-lić⟩
(*A*); **Qung** *f* dodanie odwagi *od.*
otuchy; zachęta.

er'nähr|en (-) karmić, odżywiać;
fig. ⟨wy⟩żywić, utrzym(yw)ać; **Qer**
m żywiciel; **Qung** *f* (*0*) karmienie,
odżywianie (się); wyżywienie; (*der*
Bevölkerung) aprowizacja; **Qungs-**
żywieniowy; aprowizacyjny.

er'nenn|en (-) ⟨za⟩mianować (*j-n*
zu/I); **Qung** *f* zamianowanie; nominacja.

er'neuer|n (*-re*; -) odnawiać ⟨-no-
wić⟩; wymieni(a)ć na nowe; *Be-*
ziehungen: wznawiać ⟨-nowić⟩;
(*wiederholen*) ponawiać ⟨-nowić⟩;
Qung *f* odnowienie; wymiana (na
nowe); wznowienie.

er'neut ponowny, *präd. a.* znowu,
znów, na nowo.

er'niedrig|en (-) poniżać ⟨-żyć⟩,
upokarzać ⟨-korzyć⟩ (*sich* się);
Qung *f* poniżenie, upokorzenie.

ernst poważny; *Adv. a.* (na) serio;
nichts **Qes** nic poważnego *od.* groź-
nego; **~ nehmen** traktować poważnie
od. serio; **~ meinen** nie żartować.

Ernst *m* (*-es*; *0*) powaga; *das ist*
doch nicht dein ~! chyba żartujesz!;
im ~, *in vollem* ~, *allen* **~es** zupełnie
poważnie *od.* serio; **~ machen** za-
b(ie)rać się na serio (*mit/do G*); **~**
des Lebens trudy *m/pl.* życia.

Ernstfall *m*: *im* (*od. für den*) **~**
w poważnej (*od.* groźnej) sytuacji
na wypadek, w wypadku (*G*, *z. B*
wojny, konieczności *usw.*).

ernst|haft (na) serio; nie na żarty
a. = **~lich** poważny; *vgl.* **Ernst**

Ernte *f* żniwo (*a. fig.*), zbiór; (*Er-*
trag) zbiory *m/pl.*, (*a. fig.*) plon
gute ~ urodzaj; **~ in Zssgn** żniwny
~(dank)fest *n* dożynki *pl.*, święt
plonów. [*fig.*], sprzątać ⟨-tnąć⟩.

ernten (*-e-*) zbierać ⟨zebrać⟩ (*a*

er'nüchter|n (*-re*; -) otrzeźwi(a)
(*a. fig.*); **Qung** *f* otrzeźwienie.

Er'ober|er zdobywca *m*; **Qn** (*-re*
-) zdoby(wa)ć; *Land, Herz*: pod
bi(ja)ć; **Qung** *f* zdobycie; podbó
(*a. fig.*); **Qungskrieg** *m* wojna za
borcza.

er'öffn|en (-) otwierać ⟨-worzyć⟩
Sitzung a.: zagajać ⟨-gaić⟩; (*feier*
lich) ⟨za⟩inaugurować; *Konkurs*
ogłaszać ⟨-łosić⟩; *Jur.* (*Verfahren*
wszczynać ⟨-cząć⟩; *Spiel*: rozpo
czynać ⟨-cząć⟩; *s.* erklären; *sic*
j-m **~en** zwierzać ⟨-rzyć⟩ się (*D*
Qung *f* otwarcie; zagajenie; inaugu
racja; wszczęcie; rozpoczęcie
Qungs- *mst* inauguracyjny.

er'örter|n (*-re*; -) roztrząsać, rozp
trywać; **Qung** *f* omawianie, dys

Erosi on *f* erozja. [kusja.

e'rotisch erotyczny.

Erpel *m* kaczor.

er'picht *F*: ~ *sein* (*auf A*) łakomi
się, *F* lecieć, chorować (na *A*).

er'press|en (-) szantażować; *w*
muszać ⟨-usić⟩ (*et. von D/co na L*
Qer *m* szantażysta; **Qung** *f* w
muszenie, szantaż.

er'prob|en (-) wypróbow(yw)a
(*an D/na L*); **Qung** *f* wypróbowani
próba.

er'quick|en (-) pokrzepi(a)ć; **~lich** pokrzepiający (-co).

er|'raten (-) od-, z|gadywać ⟨-d-nąć⟩; **~'rechnen** (-) ob-, wy|li-czać ⟨-czyć⟩.

er'reg|bar pobudliwy (-wie); **~en** (-) podniecać ⟨-cić⟩ (sich się); *Sinne*: pobudzać ⟨-dzić⟩; *Mitleid, Verdacht usw.*: wzbudzać ⟨-dzić⟩ (*impf. a. El.*); *Mißfallen, Anstoß*: wywoł(yw)ać; *s. a.* an-, aufregen; **~end** emocjonujący (-co), pasjo-nujący (-co); **Qer** m *Med.* zarazek; **~t** podniecony; **Qung** f podniece-nie; *El.* wzbudzenie; **Qung** öffent-lichen Ärgernisses obraza moral-ności (publiczmej).

er'reich|bar osiągalny, realny; (*ver-fügbar*) dostępny; **~en** (-) v/t do-sięgać ⟨-gnąć⟩ (G); (*gelangen*) do-cierać ⟨dotrzeć⟩ (do G); (*schwim-mend*) dopływać ⟨-ynąć⟩ (*zu Fuß*; a. fig., Alter usw.*) dochodzić ⟨dojść⟩ (do G); *Stand, Geschwin-digkeit*: osiągać ⟨-gnąć⟩ (A); *s. aus-richten*; den Zug **~en** zdążyć na pociąg; das Ziel **~en** dopiąć (*od.* stanąć u) celu; j-n telefonisch **~en** połączyć się telefonicznie (z I); zu Hause **~en** zasta(wa)ć w domu.

er'retten (-) *s.* retten.

er'richt|en (-) *s.* erbauen; (*gründen*) zakładać ⟨założyć⟩, ⟨u⟩tworzyć; *Math.* wyprowadzać ⟨-dzić⟩; **Qung** f (0) wzniesienie; założenie, utwo-rzenie.

er|'ringen (-) wywalczać ⟨-czyć⟩, zdoby(wa)ć; *Sieg*: odnosić ⟨-nieść⟩; **~'röten** (-) ⟨za⟩rumienić (*od.* ⟨za⟩czerwienić) się (*aus, vor/z* G); **Q'röten** n ⟨-s; 0⟩ rumieniec; **Q'run-genschaft** f osiągnięcie, zdobycz f; dorobek; F *s.* Anschaffung.

Er'satz m ⟨-es; 0⟩ namiastka, suro-gat; *Pers.* zastępca m; *Sp.* rezerwa; (*das Ersetzen*) wy-, za|miana; za-stąpienie; *s.* Entschädigung; als **~** für wzamian za (A); **~** leisten ⟨z⟩rekompensować (für/A); **~an-spruch** m roszczenie o wynagro-dzenie; **~dienst** m służba zapasowa (dla odmawiających spełnienia po-winności wojskowej); **~mann** m zastępca m; *Sp.* F rezerwa; **~pflicht** f obowiązek wynagrodzenia (szkody); **~spieler** m gracz rezer-wowy; **~teil** n *od.* m część zapa-

sowa; część zamienna; **Qweise** z zamianą na (A).

er|'saufen P (-) *s.* ertrinken; **~'säu-fen** P (-) utopić *pf.*

er'schaff|en (-) stwarzać ⟨stwo-rzyć⟩; **Qung** f stworzenie.

er'schallen (-; sn) *s.* ertönen.

er'schein|en (-; sn) po-, z|jawi(a)ć się, ukaz(yw)ać się (*a. Buch, Geist*); stawi(a)ć się (in, vor/w, przed I); (es) **~t** angebracht wydaje się wska-zane; im anderen Licht **~en** przed-stawi(a)ć się w innym świetle; **~en** lassen Buch*: wyda(wa)ć (drukiem); **Qung** f po-, zja|wienie się, ukazanie się; (*Geist*) zjawa; (*Natur*Q) zja-wisko; *s. a.* Symptom, Gestalt; in **Qung** treten *s.* erscheinen; **Qungs-jahr** n rok wydania.

er'schieß|en (-) zastrzelić *pf.* (sich się); *Jur.* rozstrzel(iw)ać; **Qung** f rozstrzelanie; **Qungskommando** n oddział egzekucyjny.

er'schlaff|en (-; sn) v/i ⟨o⟩słabnąć, rozluźni(a)ć się; (*Haut, Muskel a.*) ⟨z⟩wiotczeć; **Qung** f rozluźnienie (się); zwiotczenie.

er'schlagen (-) zabi(ja)ć, P zatłuc *pf.*, zakatrupi(a)ć; *Adjp. fig.* wie **~** zmordowany (von der Reise po-dróżą); *s. a.* fassungslos.

er'schleichen (-) *s.* ergaunern; sich (D) j-s Gunst **~** wkradać ⟨-raść⟩ się w łaski (G).

er'schließ|en (-) Gelände, Land*: zagospodarow(yw)ać; Märkte*: zdoby(wa)ć; Text, Bedeutung*: ⟨z⟩rekonstruować, odtwarzać ⟨od-tworzyć⟩; **Qung** f (0) zagospo-darowanie; zdobycie; odtworzenie.

er'schöpf|en (-) wyczerp(yw)ać (sich się); Boden*: wyjaławiać ⟨-ło-wić⟩; **~end** wyczerpujący (-co); **~t** wyczerpany; **Qung** f (0) wyczer-panie; (v. Pers. a.) znużenie; Agr.* wyjałowienie.

er'schrak *s.* erschrecken.

er'schreck|en v/t (-) przestraszyć *pf.*; v/i (-; sn) przestraszyć (*od.* zlęknąć) się *pf.* (über A, vor D/G); **Qen** n ⟨-s; 0⟩ przestrach; **~end** przerażający (-co), straszny.

er'schrocken prze-, wy|straszony; *präd.* z przestrachem.

er'schütter|n (-re; -) wstrząsać ⟨-snąć⟩ (A/I); *fig. a.* zachwiać *pf.*; **~nd** wstrząsający (-co); **~t** wstrzą-śnięty (über A, von/I); **Qung** f

wstrząs (*a. fig.*); ~**ungsfrei** bez
wstrząsów.

er|'schweren (-) utrudni(a)ć; *-nde*
Umstände okoliczności *f/pl.* obcią-
żające; ~'**schwindeln** (-) wyłudzać
⟨-dzić⟩; ~'**schwinglich** dostępny;
~'**sehen** (-) widzieć, ⟨wy⟩wniosko-
wać (*aus/z G*); ~'**sehnt** upragniony,
wytęskniony.

er'setz|en (-) wy-, za|mieni(a)ć;
zastępować ⟨zastąpić⟩ (*durch/I*);
Schaden: wynagradzać ⟨-rodzić⟩;
Verlust: wyrówn(yw)ać; *Kosten:*
zwracać ⟨-rócić⟩; **2ung** *f (0) s.* Ersatz, Erstattung.

er'sichtlich (0) widoczny, oczywisty; *wie aus … ~* jak wynika z
(G).

er|'sinnen (-) wymyślać ⟨-lić⟩, F
wykombinować *pf.*; *Plan:* ⟨u⟩knuć;
~'**spähen** (-) u-, wy|patrywać ⟨u-,
wy|patrzyć⟩.

er'spar|en (-) ⟨za⟩oszczędzić *pf.*
(*a. fig. j-m A/k-u G*), F (*Geld*)
uciułać *pf.*; *mir blieb nichts ~t* los
mi niczego nie oszczędził; **2nis** *f*
⟨-; -*se*⟩ oszczędność *f*.

erst *Adv.* (naj)wpierw, naprzód;
(*nicht eher od. mehr als*) dopiero;
nun ~ recht! teraz tym bardziej!,
właśnie!

Erst-, erst- pierwszy, pierwo-.

er'starken (-; *sn*) ⟨o⟩krzepnąć,
nab(ie)rać sił.

er'starr|en (-; *sn*) zastygać ⟨-gnąć⟩,
⟨s⟩krzepnąć, ⟨s⟩tężeć; *Glieder:*
⟨z⟩drętwieć, ⟨s⟩kostnieć; *Leben:*
zamierać ⟨-mrzeć⟩; *Pers.* zmart-
wieć, znieruchomieć, osłupieć *pf.*
(*vor/z G*); **2ung** *f (0)* ⟨s⟩krzepnięcie;
odrętwienie (*a. fig.*).

er'statt|en (-*e*-; -) *s.* ersetzen, ent-
schädigen; *Anzeige, Bericht:* składać ⟨złożyć⟩; **2ung** *f (0)* zwrot;
złożenie.

Erst-aufführung *f* premiera.

er'staun|en (-) *v/t* zdumiewać, za-
dziwi(a)ć; *v/i* (*sn*) ⟨z⟩dziwić się
(*über A/D*); **2en** *n* ⟨-*s*; 0⟩ zdumienie, zdziwienie; *in* 2en (ver)setzen
s. erstaunen; **~lich** zdumiewający
⟨-co⟩, zadziwiający ⟨-co⟩; *Adv.*
(*sehr*) *a.* nadzwyczaj; **~t** zdumiony.

erstbeste pierwszy lepszy, jaki-,
który|kolwiek.

erste pierwszy; *der ~ beste s.* erstbeste; *fürs ~* na razie; *in ~r Linie*
przede wszystkim; 2 *Hilfe* pierwsza

pomoc; *am ~n Mai* pierwszego
maja; *zum ~n* po pierwsze; *zum ~n*
Mal po raz pierwszy.

er|'stechen (-) *s.* erdolchen; ~'**ste-**
hen (-) *v/t* naby(wa)ć; *v/i* (*sn*)
powsta(wa)ć; ~'**steigen** (-) *s.* besteigen; ~'**steigern** (-) naby(wa)ć
na licytacji; ~'**stellen** *s.* erbauen,
anfertigen.

erstens po pierwsze.

Erste|bärende *f* pierworódka;
2boren pierworodny.

er'stick|en (-) *v/t* ⟨u⟩dusić; *Feuer:*
⟨s⟩tłumić; *Aufstand a.:* zdławić
pf., zdusić *pf.*; *v/i* (*sn*) ⟨u⟩dusić się,
⟨u⟩dławić się; **2ung** *f* uduszenie;
fig. stłumienie; zdławienie.

erst|klassig pierwszorzędny, F
pierwszej klasy; **2ling** *m* ⟨-*s*; -*e*⟩
pierwsze dziecko; *fig.* pierwociny
f/pl.; ~**malig** pierwszy, pierwszo-
razowy; ~**mals** po raz pierwszy.

er'strebenswert pożądany.

er'streck|en (-): *sich ~* rozciągać się
(*a. auf j-n, et./na A*), ⟨rozciągnąć⟩ (*a.*
zeitl.); rozpościerać się (*bis/do G*).

er'stunken: *das ist ~ und erlogen*
to wierutne kłamstwo. [mem.]

er'stürmen (-) zdoby(wa)ć sztur-

er'such|en (-) ⟨po⟩prosić (*um*
A/o A); apelować (*A/do G*); **2en** *n*
⟨-; 0⟩ prośba.

er'tappen (-) przyłap(yw)ać (*sich*
się), przydybać *pf.* (*bei/na L*); *sich*
(*nicht*) *~ lassen* (nie) dać się złapać.

er|'teilen (-) udzielać ⟨-lić⟩ (*A/G*);
Befehl: wyda(wa)ć; ~'**tönen** (-; *sn*)
zabrzmieć *pf.*, rozbrzmie(wa)ć.

Er'trag *m* ⟨-*es*; *~e*⟩ *Agr.* plon, wydajność *f*; *Bgb.* wydobycie; (*Ge-*
winn) dochód; **2en** (-) znosić
⟨znieść⟩, wytrzym(yw)ać; *kaum zu*
2en wprost nie do wytrzymania
~**fähigkeit** *f (0)* wydajność *f*, urodzajność *f*.

er|'träglich znośny, F można wy-
trzymać; 2'**tragssteigerung** *f*
zwiększenie wydajności *od.* docho-
dowości; ~'**tränken** (-) ⟨u⟩topić
~'**träumen** (-) wymarzyć *pf.*, wyśnić *pf.*; ~'**trinken** (-; *sn*) ⟨u⟩tonąć

er'tüchtig|en (-) ⟨za⟩hartować
Körper: ⟨wy⟩ćwiczyć; **2ung** *f (0)*
körperliche 2ung ćwiczenia *n/pl.* fi
zyczne, hartowanie ciała.

er'übrigen (-) *s.* ersparen; *Zeit*
znajdować ⟨znaleźć⟩; *sich ~* by
zbytecznym.

Erupti'on f wytrysk; wybuch, erupcja.

er|'wachen (-; sn) ⟨o-, prze⟩budzić się (a. fig.); **~'wachsen¹** v/i (-; sn) wyłaniać ⟨-łonić⟩ się, wynikać ⟨-knąć⟩ (j-m/dla k-o); † s. heranwachsen.

er'wachsen² Adj., **2e(r)** dorosły; **~** werden ⟨wy⟩dorośleć; **2enbildung** f oświata dorosłych.

er'wäg|en (-) rozważać ⟨-żyć⟩; **2ung** f rozważanie, rozwaga; in **2ung** ziehen s. Betracht.

er'wähn|en (-) wspominać ⟨wspomnieć⟩, napomykać ⟨-mknąć⟩ (A/o L); **2ung** f napomknięcie, wzmianka.

er'wärm|en (-) o-, roz|grzewać ⟨-rzać⟩ (sich się); sich **~en** a. ocieplać ⟨-lić⟩ się; fig. (für) zainteresować się pf. (I), nab(ie)rać ochoty (do G); **2ung** f (0) ogrz(ew)anie; ocieplenie (się), pociepnie.

er'wart|en (-) v/t oczekiwać (G), czekać (na A); (mit et. rechnen) spodziewać się (G; von/po L); kaum **~en** können nie móc się doczekać (G); wider **2en** wbrew oczekiwaniom; über (alles) **2en** gut sein przechodzić ⟨przejść⟩ wszelkie oczekiwania; **2ung** f oczekiwanie; (Hoffnung) nadzieja.

er'wecken (-) Gefühle: o-, wz|budzać ⟨-dzić⟩; alte Bräuche, Tote: wskrzeszać ⟨-esić⟩.

er'wehren (-): sich **~** (G) opędzać ⟨-dzić⟩ się (od G); fig. powstrzym(yw)ać się (od G); sich des Eindrucks nicht **~** können nie móc pozbyć się wrażenia.

er'weich|en (-) v/t zmiękczać ⟨-czyć⟩; fig. sich **~en** lassen dać się ubłagać; **2ung** f zmiękczenie.

er'weis|en (-) v/t wykaz(yw)ać (A), dowodzić ⟨-wieść⟩ (G); Dienst: wyświadczać ⟨-czyć⟩; Achtung, Gunst: okaz(yw)ać (a. sich się; als/I); sich dankbar **~** okaz(yw)ać wdzięczność (gegen A/D).

er'weiter|n (-re; -) po-, (a. fig. u. Math.) roz|szerzać ⟨-rzyć⟩ (sich się); **2ung** f po-, roz|szerzenie, **-szerzanie**.

Er'werb m (-és; -e) nabycie, kupno; (Lohn) zarobek; **2en** (-) naby(wa)ć, kupować ⟨-pić⟩; sich (D) 2en zdoby(wa)ć, uzysk(iw)ać pf.; Ruhm: zysk(iw)ać; Vertrauen: zaskarbi(a)ć

sobie; sich (D) Verdienste **~en** położyć zasługi (um A/względem G, w L).

er'werbs|fähig zdolny do pracy zarobkowej; **~los** usw. s. arbeitslos usw.; **2quelle** f źródło zarobkowania; **~unfähig** niezdolny do pracy; **2zweig** m branża.

Er'werbung f s. Anschaffung.

er'widern (-re; -) s. antworten; Besuch: odda(wa)ć; Gefühl: odwzajemni(a)ć; j-s Gruß **~** odkłaniać się (D); Mil. das Feuer **~** odpowiadać ⟨-iedzieć⟩ na ogień.

er'wiesen dowiedziony, udowodniony; s. erweisen; **~ermaßen** jak stwierdzono, jak się okazało, faktycznie.

er|'wirken (-) uzysk(iw)ać, wyjedn(yw)ać; **~'wischen** F (-) złapać pf.; s. ertappen; **~'wünscht** pożądany; **~'würgen** (-) s. erdrosseln.

Erz n (-es; -e) ruda, kruszec; poet. (Metall) spiż; **~ader** f żyła kruszcowa od. rud(onoś)na.

er'zähl|en (-) opowiadać ⟨-iedzieć⟩; man **~t** a. mówią; **2er** m opowiadający m; narrator; **2ung** f opowiadanie; konkr. a. opowieść f.

Erzbergbau m (-s; 0) górnictwo kruszcowe od. rudne.

Erz|bischof m arcybiskup; **~bistum** n arcybiskupstwo; **2dumm** głupi jak but; **~engel** m archanioł.

er'zeug|en (-) wytwarzać ⟨-worzyć⟩, wyrabiać, ⟨wy⟩produkować; Eindruck usw.: wywoł(yw)ać; s. zeugen; **2er** m wytwórca m, producent; (Gerät) wytwornica; (Vater) rodzic; **2erland** n kraj produkujący; **2nis** n (-ses; -se) wytwór, wyrób, produkt; Agr. (mst pl.) płód (rolny); (verarbeitet) przetwór; (des Geistes) owoc (pracy), (wy)twór; **2ung** f wytwarzanie; produkcja, wyrabianie, wyrób, wytwórczość f.

Erzfeind m zacięty wróg.

Erz|frachter m rudowiec; **~gang** m s. Erzader; **2haltig** rudonośny.

Erzherzog m arcyksiążę m; **~in** f arcyksiężna; **~tum** n arcyksięstwo.

er'zieh|en (-) wychow(yw)ać; **2er** (**-in** f) m wychowaw|ca m (-czyni); **~erisch** wychowawczy ⟨-czo⟩, **2ung** f (0) wychowanie.

Er'ziehungs|beihilfe f pomoc finansowa dla uczących się, stypendium n; **~beratung** f (0) poradnictwo pedagogiczne; **~berechtigte(r)** osoba odpowiedzialna za wychowanie dziecka; **~heim** n dom (od. zakład) poprawczy; **~methode** f metoda wychowawcza; **~wesen** n dziedzina oświatowo-wychowawcza.

er|'zielen (-) uzysk(iw)ać, osiągać ⟨-gnąć⟩; *Erfolg*: odnosić ⟨-nieść⟩; *Sp. Tor*: zdoby(wa)ć; **~'zittern** (-) zadrżeć pf.

Erzlager n, **~stätte** f złoże rudy.

Erz|'lügner m wierutny kłamca; **~priester** m arcykapłan; **~übel** n najgorsze zło.

er|'zürnen (-) ⟨roz⟩gniewać (sich się; über/na A, z powodu G); **~'zwingen** (-) zmuszać ⟨-usić⟩ (A/do G); *Geständnis, Vorfahrt*: wymuszać ⟨-usić⟩ (von/na L).

es *Pron.* ono (N), je (A); (als Ersatz für e-n Satzinhalt u. unpers.) to, tego *usw.*; ~ (das Kind) weint ono płacze; *Mutter hält* ~ *im Arm* matka trzyma je na ręku; *wer hat* ~ *getan?* kto to zrobił?; *er wird* ~ *bereuen* on tego pożałuje; *bleibt oft unübersetzt: er hat* ~ *weit gebracht* on zaszedł daleko; *ich bin* ~ *satt* zbrzydło mi; ~ *ist nicht ausgeschlossen, daß* ... nie wykluczone, że ...; ~ *freut mich* cieszy mnie, cieszę się; ~ *regnet* pada deszcz; ~ *klopft* ktoś puka; ~ *wurde getanzt* tańczono; ~ *ist Zeit* już czas (jest); ~ *war einmal* ... żył (od. był) sobie raz ...

Esche f jesion; **~n-** jesionowy.

Ese|l m osioł; **~'lei** f F f głupstwo; **~lin** f oślica.

Esels|brücke f bryk; **~ohr** n ośle ucho (a. fig.).

Eskalati'on f (0) eskalacja.

Eskimo m (-s; -s) Eskimos; **~- in** in Zssgn eskimoski. [eskortować.]

Es'kor|te f eskorta; **2'tieren** (-)∫

Espe f osika, osina; **~n-holz** n osiczyna; **~n-laub** n: *wie ~nlaub zittern* drżeć jak osika.

Es'presso m (-s; -s), **~bar** f bar kawowy.

Essay [ɛ'se:] m od. n (-s; -s) esej.

eß|bar jadalny; **2besteck** n sztućce)

Esse f komin.   [m/pl.∫

Eß-ecke f kącik mieszkalny kuchni.

essen (L.) ⟨z⟩jeść, ⟨z⟩jadać; *s. (den) verpflegen*; *zu* ~ *geben* nakarmić (D/A); ~ *gehen* iść ⟨pójść⟩ na obiad

usw. do restauracji; *genug zu* ~ *haben* mieć dość do jedzenia.

Essen n (-s; 0) jedzenie; *s. Speise, Mahl*; *vor dem* ~ przed jedzeniem; *nach dem* ~ po jedzeniu; **~s-zeit** f pora posiłku.

essenti'ell esencjonalny.

Es'senz f esencja.

Esser m jedzący m; *er ist ein starker* ~ on może dużo zjeść; *fünf* ~ *zu versorgen* pięć gąb na wyżywieniu.

Eß|geschirr n naczynia n/pl. stołowe; *Mil.* menażka; **~gewohnheiten** f/pl. tradycja żywieniowa; **~gier** f (0) żarłoczność f.

Essig m (-s; -e) ocet; F fig. *damit ist es* ~ nici z tego; **~gurke** f ogórek marynowany, korniszon; **2sauer:** 2saure Tonerde octan glinowy; **~säure** f (0) kwas octowy.

Eß|kastanie f kasztan jadalny; **~löffel** m łyżka stołowa; **~lokal** n jadłodajnia; **~lust** f (0) apetyt; **~tisch** m stół jadalny; **~waren** f/pl. towary m/pl. spożywcze; **~zimmer** n pokój stołowy, jadalnia.

Est|e m (-n) Estończyk; **~in** f Estonka; **2nisch** estoński (po -ku).

Estrich m (-s; -e) jastrych.

eta'blieren (-) zakładać ⟨założyć⟩ otwierać ⟨otworzyć⟩; *sich* ~ otworzyć interes *usw.*

E'tage [-ʒə] f piętro.

E'tagen|bett n łóżko piętrowe; **~heizung** f centralne ogrzewanie piętrowe; **~wohnung** f mieszkanie (w domu wielopiętrowym).

E'tappe f etap; *Mil. a.* strefa tyłów operacyjnych; **~n-** etapowy; **2nweise** etapami.

Etat [e'ta:] m (-s; -s) budżet; **2mäßig** budżetowy; *Beamter*: etatowy

etepe'tete F przesadnie wrażliwy, wybredny.

Eth|ik f (0) etyka; **2isch** etyczny.

Ethno|gra'phie f etnografia; **~lo'gie** f etnologia.

Eti'kett n (-es; -e/-s) etykiet(k)a nalepka; **~e** f etykieta.

etliche kilku (Psf.), kilka; **~s** co nieco, niejedno.

E'tüde f etiuda.

Etui [ɛt'vi:] n (-s; -s) futerał, etui n; *zum Bleistift usw.*

etwa około, mniej więcej; (*zum Beispiel*) na przykład; (*vielleicht*) może przypadkiem, ewentualnie; *nicht* ~ wcale nie; **~ig** ewentualny.

etwas *Pron.* coś, co; (*ein wenig*

trochę, nieco, cokolwiek; *so ~ wie ... coś w rodzaju* (G); *nein, so ~!* coś podobnego!; *~ anderes* co innego; *ein gewisses ~* coś nieokreślonego.

Ethymolo'gie *f* etymologia.

euch (D) wam; (A) was; *mit ~* z wami.

euer[1], *~e, ~* wasz, wasza, wasze; *die Euren* wasi; *nehmt eure Sachen* ⟨za⟩bierzcie swoje rzeczy.

euer[2] (G v. ihr) was.   [tus.]

Euka'lyptus m (-; *-ten/-*) eukalip-

Eule *f* sowa; (*Falter*) sówka.

Eulenspiegel m (-s; 0) Sowizdrzał.

Eupho'rie *f* (0) euforia.

eure s. euer[1].

eurerseits z waszej strony.

euresgleichen podobni do was, tacy jak wy.   [na was, dla was.]

euret|halben, ~wegen ze względu

eurige s. euer[1].

Euro'pä|er(in *f*) m Europej|czyk (-ka), **2isch** europejski.

Eu'ropa|meister m mistrz Europy; **~pokal** m Puchar Europy; **~rat** m Rada Europy; **~union** *f* Unią

Euter n wymię m.   [Europejska.]

Euthana'sie *f* (0) eutanazja.

evaku'ier|en (-) ewakuować (*im*)*pf*.; **2ung** *f* ewakuacja; **2ungs-** ewakuacyjny.

evan'ge|lisch ewangeliczny; ewangelicki, protestancki (po *-ku*); **2'list** m (-en) ewangelista m; **2lium** n (-s; *-ien*) ewangelia.

Eventu'ali'tät *f* ewentualność *f*; **2'ell** ewentualny.

Evergreen ['evəgri:n] n *od.* m (-s; -s) stale popularna piosenka.

evi'dent jawny, oczywisty (-ście).

Evoluti'on *f* ewolucja.

ewig wieczny (a. F *fig.*); *lit. u. Rel.* wiekuisty (-ście); *Ruhm:* wieczysty (-ście); *auf ~* na wieki.

Ewigkeit *f* wieczność *f*; *in* (*alle*) *~* na wieki (wieczne); F e-e *~, seit e-r ~* od wieków, całe wieki.

ex: *~* (*trinken*) wypić) duszkiem.

Ex- in Zssgn były, eks-.

e'xakt ścisły (-śle), dokładny, F zegarmistrzowski (po *-ku*).

E'xamen n (-s; *-mina*) usw. s. *Prüfung*.

Exeku'tiv|e *f* władza wykonawcza, egzekutywa; **~komitee** n egzeku-tywa.

E'xempel n (-s; -): *ein ~ statuieren*

⟨u⟩karać dla przykładu (*an D/A*); *Probe aufs ~ machen* sprawdzać ⟨-dzić⟩ (A).   [*fig.* okaz, typ.]

Exem'plar n (-s; *-e*) egzemplarz;

exer'zier|en (-) ćwiczyć, musztrować; **2en** n (-s; 0) musztra; **2platz** m plac ćwiczeń *od.* musztry.

Ex|hibitio'nismus m (-; 0) ekshibicjonizm; **~hu'mierung** *f* ekshumacja.

Exil [ɛ'ksi:l] n (-s; *-e*) wygnanie; (*freiwillig*) wychodźtwo, emigracja; *ins ~ gehen* ⟨wy⟩emigrować; *ins ~ schicken* a. ekspatriować; *im ~* na wygnaniu; *~- in Zssgn* emigracyjny.

Exi'stenz *f* istnienie, egzystencja; (*Leben a.*) byt, (*Unterhalt*) utrzymanie; **~berechtigung** *f* racja bytu; **~grundlage** *f* podstawa egzystencji, byt; **~kampf** m walka o byt; **~minimum** n minimum n egzystencji; **~sorgen** *f/pl.* troska o byt.

exi'stieren (-) istnieć, egzystować; (*leben a.*) ⟨wy⟩żyć.

Exitus m (-; 0) Med. zejście, zgon.

Ex'klave *f* eksklawa.

exklu'siv ekskluzywny; (*ausschließlich*) wyłączny.

Exkommuni'kati'on *f* ekskomunika; **2'zieren** (-) ekskomunikować.

ex|matriku'lieren (-) eksmatrykulować; **~mit'tieren** (-) ⟨wy⟩eksmitować, wykwaterow(yw)ać.

e'xotisch egzotyczny.

Ex'pan|der m Sp. ekspander; **~si'on** *f* ekspansja; *Phys. a.* rozprężanie (się); *Med.* (*Muskel2*) rozkurcz.

Expediti'on *f* ekspedycja.

Ex'pektorans n (-; -'rantien/-'rantia) środek wykrztuśny.

Experi'ment n (-*es; -e*) eksperyment, doświadczenie; **2men'tell** eksperymentalny, doświadczalny; **2men'tieren** (-) eksperymentować, przeprowadzać ⟨-dzić⟩ próby.

Ex'per|te m (-n) ekspert; F (*Kenner*) spec; **~'tise** *f* ekspertyza, orzeczenie eksperta.

explo'dieren (-; *sn*) wybuchać ⟨-chnąć⟩, eksplodować; **2rati'on** *f* eksploracja; **2si'on** *f* eksplozja, wybuch; **~'siv** eksplozywny, wybuchowy; *Gr.* zwarty (-to).

Expo|'nent m (-en) Math. wykładnik; *fig.* (*Vertreter*) reprezentant; **2'nieren** (-) ⟨wy⟩eksponować.

Ex'port m (-s; -e) eksport; ~artikel m artykuł eksportowy, przedmiot eksportu.
Expor|'teur m (-s; -e) eksporter; ♀'tieren (-) ⟨wy⟩eksportować.
Ex'portland n kraj eksportujący.
Expo'sé n (-s; -s) exposé n; (Film) szkic scenariusza.
Ex'preß m (-sses; pl. -züge) s. Expreßzug; ~gut n przesyłka ekspresowa.
expressio'nistisch ekspresjonistyczny.
Ex'preßzug m ekspres.
exqui'sit wyborny, doskonały (-le); do-, wy|borowy.

Exsu'dat n (-es; -e) Med. wysięk.
exterritori'al eksterytorialny.
extra Adj. F (unv.) specjalny; osobny; Adv. ekstra; ♀blatt n dodatek nadzwyczajny.
Ex'trakt m (-es; -e) wyciąg, ekstrakt.
extrava'gant ekstrawagancki (-ko).
Extrawurst F f coś specjalnego, coś ekstra.
ex'trem skrajny, krańcowy (-wo); ♀ n (-s; -e) skrajność f, ostateczność f; ♀i'täten f/pl. kończyny f/pl.
Exzel'lenz f ekscelencja.
Ex'zent|er m Tech. mimośród; ♀risch ekscentryczny.
Ex'zeß m (-sses; -sse) ekses.

F

Fabel f (-; -n) bajka (a. fig.), baśń f; (e-s Romans) fabuła; ♀haft bajeczny; s. großartig; ~wesen n istota z bajki.
Fa'brik f fabryka; ~ant [-'kant] m (-en) fabrykant; ~at [-'ka:t] n (-s; -e) fabrykat, wyrób fabryczny; ~a-ti'on f wytwarzanie, fabrykacja; ~marke f marka (fabryczna); ♀neu prosto z fabryki; ~schiff n statek-przetwórnia.
fabri'zieren (-) ⟨s-, wy⟩fabrykować (a. fig.), wytwarzać; veräuß. a. wypi-}
Fa'cette f faseta. [traszać ⟨-asić⟩.)
Fach n (-es; ⁺er) (Schrank♀) przegródka; półka; (Beruf) fach; (Schule) przedmiot; s. Fachgebiet; ~arbeiter m robotnik wykwalifikowany; ~arzt m lekarz specjalista m; ~ausdruck m termin techniczny.
fächeln (-le) ⟨po⟩wachlować.
Fächer m wachlarz; ♀artig wachlarzowaty (-to).
Fach|gebiet n specjalność f, dziedzina; ♀gerecht Adv. ze znajomością sprawy, fachowo; ~geschäft n sklep specjalistyczny; ~hochschule f szkoła inżynierska; ~kenntnisse f/pl. wiedza zawodowa; ~kraft f pracownik wykwalifikowany; ♀kundig, ♀lich fachowy (-wo); ~mann m (-es; -leute) fachowiec, specjalista m; ♀männisch fachowy (-wo); ~richtung f kierunek studiów; ~schule f technikum

n; ~studium n studia n/pl. specjalistyczne; ~werkhaus n dom z muru pruskiego.
Fackel f (-; -n) pochodnia, (a. fig.) żagiew f; ♀n F (-le): nicht lange ♀r nie robić ceregieli; ~zug m pochód z pochodniami.
fad(e) bez smaku, mdławy (-wo) mdły (-ło); fig. a. nudny.
Faden m (-s; ⁺) nić f, nitka; Mar sążeń m; fig. wątek; an e-m (seidenen) ~ hängen wisieć na włosku; ~ kreuz n krzyż przeziernikowy; ~ nudeln f/pl. wermiszel, makaron w nitkach; ♀scheinig wytarty, wy świechtany; Vorwand: błahy; ~ würmer m/pl. nicienie m/pl.
Fa'gott n (-es; -e) fagot.
Fähe f JSpr. suka.
fähig zdolny (zu/do G); ... in Zssg zdatny (do G); ♀keit f uzdolnienie (a. Chem., Tech.) zdolność f.
fahl blady (-do).
Fähnchen n chorągiewka.
fahnd|en (-e-) szukać, poszukiwać (nach/A); ♀ung f ściganie, poszukiwanie; ♀ungs- ... służby śledczej.
Fahne f chorągiew f, sztandar; Typ odbitka szpaltowa do korekty; ~n sztandarowy.
Fahnen|eid m przysięga wojskowa ~flucht f (0) dezercja; ♀flüchtig (-r) dezerter; ~korrektur f korekt w szpaltach; ~mast m maszt flago wy; ~stange f drzewce chorągwi

~träger m chorąży m; **~weihe** f poświęcenie sztandaru od. chorągwi.

Fähnrich m (-s; -e) podchorąży m.

Fahr|bahn f jezdnia; s. Straßendecke; ⒉bar ruchomy, przewoźny; **~dienstleiter** m dyżurny m ruchu.

Fähre f prom.

Fahr|eigenschaften f/pl. charakterystyki f/pl. jazdy; ⒉en (L.) v/i (sn) jeździć, ⟨po⟩jechać (nach, zu/do G; mit/I); (verkehren) kursować; wpadać ⟨wpaść⟩, wjeżdżać ⟨wjechać⟩ (gegen/na A); (Gedanke) przemykać ⟨-mknąć⟩; v/t (za)wozić ⟨(za-) wieźć⟩; (lenken) prowadzić; jeździć (I); s. a. ab-, anfahren usw.

Fahrer m kierowca m; s. Führer; **~flucht** f ucieczka kierowcy (po wypadku); **~in** f kobieta-kierowca; **~kabine** f kabina kierowcy, F szoferka.

Fahr-erlaubnis f prawo jazdy.

Fahrgast m pasażer, podróżny m; **~schiff** n statek pasażerski.

Fahr|geld n opłata za przejazd; pieniądze m/pl. na bilet; **~geschwindigkeit** f szybkość f jazdy; **~gestell** n podwozie.

fahrig nerwowy (-wo); s. zerstreut.

Fahr|karte f bilet (jazdy); **~kartenschalter** m kasa biletowa; **~komfort** m komfort jazdy.

fahrlässig niedbały (-le), nieważny; **~e** Tötung zabójstwo nieumyślne; ⒉keit f (0) niedbalstwo, niedbałość f; grube zaniedbanie; Jur. wina nieumyślna.

Fahrlehrer m instruktor jazdy.

Fährmann m (-es; ⚺er/-leute) przewoźnik.

Fahrplan m rozkład jazdy; ⒉mäßig według rozkładu jazdy, planowy (-wo).

Fahr|preis m opłata za przejazd; **~preis-ermäßigung** f zniżka przejazdowa; **~prüfung** f egzamin na prawo jazdy; **~rad** n rower; in Zssgn rowerowy; **~schein** m bilet.

Fährschiff n statek-prom, F ferra.

Fahr|schule f kursy samochodowe, szkoła jazdy samochodowej; **~schüler** m kandydat na prawo jazdy; **~sicherheit** f (0) bezpieczeństwo jazdy; **~spur** f pas ruchu, koleina.

Fahrstuhl m winda; Tech. mst dźwig, wyciąg; s. a. Rollstuhl; **~führer** m windziarz.

Fahrt f jazda; (Reise) podróż f; (e-s Taxis) kurs; Mar. rejs; s. Geschwindigkeit; freie ~ wolna droga; in voller ~ w pełnym biegu; in ~ kommen nab(ie)rać rozpędu; F fig. rozocho-⟩

Fährte f ślad, trop. [cić się pf.⟩

Fahrtenmesser n finka.

Fahrt|kosten pl. koszty jazdy od. podróży; **~richtung** f kierunek jazdy; kurs; **~richtungs-anzeiger** m kierunkowskaz; **~schreiber** m tachograf.

Fahrtüchtigkeit f zdolność f prowadzenia pojazdów mechanicznych.

Fahrt-unterbrechung f przerwanie podróży.

Fahr|verbot n zakaz prowadzenia pojazdów mechanicznych; **~wasser** n tor wodny, farwater; **~werk** n podwozie; **~zeit** f czas jazdy.

Fahrzeug n pojazd; **~bau** m (-s; 0) przemysł motoryzacyjny; **~kolonne** f kolumna pojazdów; **~schein** m karta rejestracyjna pojazdu.

fair [fɛːr] sprawiedliwy (-wie); Spiel: według przepisów.

faktisch (faktyczny).

Faktor m (-s; -'toren) czynnik; (Umstand a.) faktor. [fakturowania.⟩

Faktu'riermaschine f maszyna do⟩

Fakul'tät f fakultet, wydział; Math. silnia; ⒉ta'tiv fakultatywny.

falb płowy; Pferd: bułany.

Falke m (-n) sokół; fig. jastrząb; **~n-**sokoli; **~n-jagd** f polowanie z sokołem.

Fall m (-es; ⚺e) upadek (a. fig.); (Hinabfallen) spad(ek), spadanie; (Ereignis) przypadek (a. Gr.), wypadek; raz; auf alle Fälle na wszelki wypadek; auf jeden ~ w każdym (bądź) razie; auf keinen ~ w żadnym wypadku; für den ~, daß ... gdyby ...; a. = im ~e (G) na wypadek, w razie (G); von ~ zu ~ w każdym poszczególnym wypadku; zu ~ bringen powalać ⟨-lić⟩ na ziemię; fig. (j-n) doprowadzać ⟨-dzić⟩ do upadku; Plan usw.: udaremni(a)ć; zu ~ kommen upaść, runąć; **~bär** m baba (kafara); **~beil** n gilotyna.

Falle f pułapka (a. fig.), łapka, potrzask; (Schloß⚺) zapadka; F (Bett) wyrko.

fallen (L.; sn) padać ⟨paść⟩ (a. Soldat, Worte), upadać ⟨upaść⟩ (Temperatur usw.) spadać ⟨spaść⟩ (Preise, Kurse) zniżkować; (Vorhang,

Flut) opadać ⟨opaść⟩; *(Entscheidung)* zapadać ⟨-paść⟩; *(Schuß)* rozlegać ⟨-gnąć, -lec⟩ się, gruchnąć *pf.*; wypadać ⟨-paść⟩ *(auf A/na A)*; przypadać ⟨-paść⟩ *(an A/D)*; *(in Schlaf)* zapadać ⟨-paść⟩; *(auf d. Nerven)* ⟨po⟩działać; *(in d. Augen, Arme)* rzucać ⟨-cić⟩ się; *(unter ein Gesetz usw.)* podpadać ⟨-paść⟩; *(in Ungnade)* popadać ⟨-paść⟩; *es fällt ihm schwer* przychodzi mu z trudem; *in die Rede* ∼ przer(y)wać; ∼ *lassen* upuszczać ⟨-uścić⟩; **2** *n* (-s; 0) upadek; spad(ek).

fällen *Baum*: ścinać ⟨ściąć⟩, zrąb(yw)ać; *j-n (Blitz)*: razić; *Urteil*: ferować, wyda(wa)ć; *Entscheidung*: powziąć *pf.*; *Bajonett*: pochylać ⟨-lić⟩; *Math. (Lot)* spuszczać ⟨-uścić⟩; *Chem.* s-, wy|trącać ⟨-cić⟩.

fallen|lassen odstępować ⟨-tąpić⟩ *(e-n Plan/od G; j-n/k-o)*; **2steller** *m* zastawiacz wnyków, traper.

Fall|geschwindigkeit *f* prędkość *f* spadania *od.* opadania; ∼**grube** *f* wilczy dół.

fällig płatny; *s. gebührend*; ∼ *sein* być płatnym; **2keit** *f* (0), **2keits-termin** *m* termin płatności.

Fall|obst *n* spady *m/pl.* (owocowe); ∼**reep** *n* (-es; -s) *Mar.* trap.

falls w razie *(od.* na wypadek) gdyby; jeśli.

Fallschirm *m* spadochron; ∼**absprung** *m* skok ze spadochronem; ∼**jäger** *m* spadochroniarz; ∼**springer** *m* skoczek spadochronowy; ∼**sport** *m* (-s; 0) spadochroniarstwo; ∼**truppen** *f/pl.* oddziały *m/pl.* spadochroniarzy.

Fall|strick *m fig.* sidła *n/pl.*, matnia; ∼**stromvergaser** *m* gaźnik opadowy *od.* dolnossący; ∼**sucht** *f* (0) padaczka; ∼**tür** *f* drzwi opuszczane.

falsch fałszywy (-wie); *(nachgemacht)* podrobiony; *(irrig a.)* błędny, mylny; *(Mensch a.)* obłudny; *Fmw.* ∼ *verbunden!* omyłka!; *ohne* ∼ bez obłudy; *s. künstlich, verkehrt.*

fälsch|en ⟨s⟩fałszować, podrabiać ⟨-robić⟩; **2er(in** *f)* *m* fałsze|rz (-rka).

Falsch|geld *n* (-es; 0) fałszywy *(od.* podrobiony) pieniądz; ∼**heit** *f* (0) fałszywość *f*; obłuda, fałsz.

fälschlich mylny, błędny; oszukańczy (-czo); ∼**erweise** mylnie, błędnie, przez (p)omyłkę.

Falsch|meldung *f* fałszywa wiadomość; ∼**münzer** *m* fałszerz pieniędzy; ∼**spieler** *m* szuler.

Fälschung *f* fałszerstwo; imitacja, falsyfikat, P lipa.

falt|bar składany; **2boot** *n* składak; **2dach** *n* dach opuszczany.

Falte *f* fałda, fałd *(a. Geol.)*; *(Runzel, am Kleid)* zmarszczka; ∼ *n legen od.* werfen marszczyć się; *in* ∼*n legen* ⟨u⟩drapować, układać ⟨ułożyć⟩ w fałdy; *s. runzeln.*

fälteln *(-le)* gofrować, ⟨z⟩marszczyć.

falten *(-e-)* ⟨s-, u⟩fałdować; *Papier, Hände*: składać ⟨złożyć⟩; **2gebirge** *n* góry *f/pl.* fałdowe; **2rock** *m* spódniczka fałdowana.

Falter *m* motyl.

faltig fałdzisty, (s)fałdowany.

Falz *m* (-es; -e) *Tech.* zakładka, zawijka; *Arch.* rąbek; *Typ.* zagięcie, falc; *(Tischlerei)* wręg, przylga; **2en** *(-zt) Typ.* ⟨s⟩falcować, ⟨z⟩łamać.

Fama *f* *(unv.)* fama, pogłoska.

famili|är familiarny, poufały (-le).

Fa'milie *f* rodzina *(a. Bio.)*; *im Kreis der* ∼ na łonie *(od.* w gronie) rodziny; ∼**n·angehörige(r)** członek rodziny. [rodzinie.]

Fa'milien·anschluß *m: mit* ∼ *przy*) **Fa'milien|kreis** *m* grono rodzinne *od.* rodziny; ∼**mitglied** *n* członek rodziny; ∼**name** *m* nazwisko; ∼**planung** *f* planowanie rodziny; ∼**stand** *m* stan cywilny; ∼**streit** *m* spór rodzinny, niesnaski *f/pl.* familijne; ∼**vater** *m* ojciec rodziny; ∼**zusammenführung** *f* akcja łączenia rodzin; ∼**zuwachs** *m* powiększenie się rodziny.

fa'mos świetny, wspaniały (-le).

Fan [fɛ:n] *m* (-s; -s) miłośnik, entuzjasta *m.*

Fa'nal *n* (-s; -e) znak.

Fa'nati|ker(in *f)* *m* fanaty|k (-czka); **2sch** fanatyczny.

fand *s.* finden. [fary *f/pl.*]

Fan'fare *f* fanfara; ∼**n·stoß** *m* fan-)

Fang *m* (-es; *u*e) połów *(a. konkr.)*; *(z)*łowienie; ⟨s⟩chwytanie; *(Beute a.)* zdobycz *f*; *(Maul)* paszcza; *nur pl. (Krallen)* szpony *m/pl. (a. fig.)*; *(Reißzähne)* kły *m/pl.*; ∼**arm** *m Zo.* ramię chwytne; ∼**ball** *m:* ∼*ball spielen* ⟨za⟩grać w piłkę; ∼**eisen** *n* potrzask, żelaza *n/pl.*; **2en** *(L.)* ⟨z⟩łapać, ⟨s⟩chwytać, ⟨u⟩chwycić;

Fische mst: ⟨z⟩łowić; *sich* Ωen złapać się *pf.*; uwikłać się *pf.*; *fig.* opanow(yw)ać się; *Feuer* Ωen zapalać ⟨-lić⟩ się; **~frage** *f* podchwytliwe pytanie; **~gründe** *m/pl.* łowisko; **~reise** *f* rejs połowowy; połów; **~stoß** *m*: *den* ~*stoß geben* dobi(ja)ć; **~zahn** *m* kieł.

Farbband *n* taśma maszynowa.

Farbe *f* barwa; kolor (*a. KSp.*); (*Mal*Ω) farba; (*d. Tiere*) maść *f*; (*Teint*) cera; ~ *bekennen* puścić farbę; ~ *wechseln* mienić się na twarzy; *fig.* zmieni(a)ć przekonania.

farb·echt trwały (w kolorze).

Färbe·mittel *n* barwnik.

Farb·empfindlichkeit *f* barwoczułość *f*.

färben (*sich się*; *sich* [*D*] *sobie*; *rot na czerwono*) ⟨u⟩farbować; barwić, u-, za|barwi(a)ć.

farbenblind ślepy na barwy; Ωe(r) daltonista *m*; Ωheit *f* (0) ślepota barw, daltonizm.

Farben|druck *m* (0) *Typ.* druk barwny; Ω**freudig**, Ω**froh** kolorowy, o wesołych barwach; Ω**prächtig**, Ω**reich** różnokolorowy, wielobarwny; **~skala** *f* gama kolorów; **~spiel** *n* gra kolorów; opalizacja.

Färber *m* farbiarz; **~·** *in Zssgn* farbiarski.   [biarnia.]

Färbe·rei *f* farbiarstwo; (*a. pl.*) far-}

Farb|fernsehen *n* telewizja kolorowa *od.* barwna; **~·film** *m* film barwny *od.* (*nur Kino*) kolorowy; **~fleck** *m* plama barwna.

farbig kolorowy (-wo), barwny.

farb|los bezbarwny; Ω**stift** *m* ołówek kolorowy, kredka; Ω**stoff** *m* barwnik; Ω**tafel** *f* (*im Buch*) wkładka kolorowa; Ω**ton** *m* odcień *m*.

Färbung *f* barwienie; zabarwienie (*a. fig.*); *Zo.* maść *f*.   [nie, farsz.]

Farce [-sə] *f* farsa; *Kochk.* nadzie-}

Farm *f* farma; **~er** *m* farmer.

Farn *m* (*-és; -e*) paproć *f*; **~wedel** *m* liść *m* paproci.

Färse *f* jałówka.

Fa'san *m* (*-és; -e*) bażant.

Fasching *m* (*-s; -e*) zapusty *m/pl.*; **~s-** zapustny.

fa'schistisch faszystowski.

Fase|l|ei *f* gadanina, paplanina; Ωn (*-le*) pleść trzy po trzy *od.* bredzić.

Faser *f* (*-; -n*) włókno; Ωig włóknisty (-to), *Fleisch:* żylasty (-to); Ωn (*-re*) ⟨wy⟩strzępić (*v/i się*).

Faß *n* (*-sses; ⸗sser*) beczka; *in Fässer füllen* ⟨za⟩beczkować.

Fas'sade *f* elewacja, fasada; *fig.* maska, pozory *m/pl.*; **~n·kletterer** *m* złodziej wspinający się.

faßbar *s. greifbar; fig.* zrozumiały (-le), jasny (-no).

Faß|bier *n* piwo beczkowe; **~brause** *f* lemoniada jabłeczna z beczki.

Fäßchen *n* beczułka, baryłka.

fassen (*-ßt*) *v/t* (*packen*) chwytać (uchwycić), ⟨z⟩łapać (*bei/za A*); (*an~*) dotykać ⟨-tknąć⟩ (*A*, *in*, *an A/G*); (*in die Tasche*) sięgać ⟨-gnąć⟩ (*do G*); (*enthalten*) ⟨po⟩mieścić; *Stein:* oprawi(a)ć (*verstehen*) pojmować ⟨-jąć⟩; *Beschluß*: podejmować ⟨podjąć⟩; *Plan*, *Entschluß*: powziąć *pf.*; *Haß usw.*: poczuć *pf.*; *sich* ~ *opanow(yw)ać się*; *sich kurz* ~ streszczać ⟨-eścić⟩ się; *s. Auge, Herz usw.*   [krój; styl.]

Fasson [-'soͅ, -'sõͅ] *f* (*-s*) fason,}

Fassung *f s. Einfassung; konkr.* opraw(k)a; (*Text*Ω) wersja; *fig.* opanowanie; *aus der* ~ *bringen* wyprowadzać ⟨-dzić⟩ z równowagi; *die* ~ *verlieren* ⟨s⟩tracić panowanie nad sobą.

fassungs|los skonsternowany, zdumiony; *Weinen:* nieutulony; **~los** *sein* zaniemówić (*vor/z G*); *s.* er-schüttert; Ω**vermögen** *n* pojemność *f*; (*geistige*) pojętność *f*.

fast prawie, nie(o)mal.

fast|en (*-e-*) pościć; Ωen *n* (*-s; 0*) poszczenie; *Rel. s.* Fastenzeit; Ωen-wielkopostny; Ω**enkur** *f* kuracja odchudzająca; Ω**enzeit** *f* wielki post.

Fast|nacht *f* (0) ostatki *m/pl.*, zapusty *m/pl.*; *in Zssgn* zapustny, mięsopustny; **~tag** *m* dzień postny *od.* suchy.

faszi'niert zafascynowany.

fa'tal fatalny, feralny; *s. peinlich.*

Fata'list *m* (*-en*) fatalista *m*.

Fatzke P *m* (*-n/-s; -n/-s*) fircyk, goguś *m*.   [⟨-knąć⟩.]

fauchen prychać ⟨-chnąć⟩, fukać}

faul zgniły (-ło, -le) (*a. fig.*, *überlebt*); *Ei, Fleisch:* zepsuty; (*träge*) leniwy (-wie), gnuśny; F (*mies*) kiepski (-ko), lichy (-cho); (*bedenklich*) podejrzany; *s. morsch*; **~er** *Geruch* zapach zgniłzny; F **~er** *Zauber* blaga; *auf der* **~en** *Haut liegen* leniuchować; **~en** gnić; butwieć.

faulenz|en (*-zt*) próżnować, wałko-

nić się, P nygusować; **≈er** *m* leń *m*,
wałkoń *m*; F (*Stuhl*) leniwiec; **≈e-
rei** *f* (*0*) próżniactwo, nygusowanie.
Faulheit *f* (*0*) lenistwo, gnuśność *f*.
faulig zgniły (-ło); *s. faul*.
Fäulnis *f* (*0*) zgnilizna (*a. fig.*); gni-
cie; *in* ≈ *übergehen* gnić, rozkładać
się; **≈~ in Zssgn** gnilny.
Faul|pelz F *m* leniuch, nygus; **≈tier**
n leniwiec.
Faust *f* (-; *≈e*) pięść *f*, kułak; *auf
eigene* ≈ na własną rękę.
Fäustchen *n* piąstka; *sich ins* ≈ *lachen* śmiać się w kułak.
faustdick: F *≈e Lüge* wierutne kłamstwo; *er hat es* ≈ *hinter den Ohren!*
(to) dobry numerek!; ładne ziółko!
Faust|feuerwaffen *f/pl.* broń krót-
ka; **≈handschuh** *m* rękawica jednopalcowa; **≈kampf** *m* walka na
pięści; *s. Boxen*; **≈pfand** *n* zastaw
(*Jur.* ręczny); **≈recht** *n* prawo
pięści; **≈regel** *f* reguła surowa *od.*
empiryczna; **≈schlag** *m* cios (*od.*
uderzenie) pięścią, P kułak.
Favo'rit *m* (-*en*) ulubieniec, faworyt;
Sp. F pewniak, **≈in** *f* faworyt(k)a.
Faxen *f/pl.:* ≈ *machen* błaznować, F
wygłupiać się. [lutowy.⟩
Februar *m* (-*s*; -*e*) luty; ≈*~ in Zssgn*⟩
Fecht|bahn *f* plansza; **≈en** (*L.*) bić
się, walczyć; *Sp.* fechtować się,
uprawiać szermierkę; **≈er** *m* szer-
mierz; **≈kunst** *f* (*0*) szermierka; **≈-
meister** *m* fechtmistrz.
Feder *f* (-; -*n*) pióro, (*Schreib≈*) stalówka; *Tech.* sprężyna, (*Wagen≈*)
resor; *pl. ≈n JSpr.* (*Schwarzwild*)
chyb; F (*Bett*) bety *m/pl.*; **≈ball** *m*
lotka, wolant; **≈ballspiel** *n* bad-
minton, kometka; **≈bett** *n* pierzyna;
≈brett *n Sp.* deska podrzutowa; **≈-
busch** *m Zo.* czubek; *s. Feder-
schmuck*; **≈etui** *n* piórnik; **≈fuch-
ser** *m* gryzipiórek; **≈führung** *f* (*0*
powiedzialne) kierownictwo; **≈ge-
wicht** *n Sp.* waga piórkowa; **≈hal-
ter** *m* obsadka; **≈kernmatratze** *f*
materac sprężynowy *od.* tapicerski;
≈kiel *m* stosina pióra; **≈kraft** *f*
sprężystość *f*; **≈krieg** *m* polemika
(literacka); **≈leicht** lekki jak piórko.
Federlesen *n: ohne viel* ≈ *s bez* (wielu) ceregieli; *nicht viel* ≈*s machen*
nie cackać się (*mit/z I*).
Feder|messer *n* scyzoryk; **≈n** (-*re*)
v/i pierzyć (*się*); *Tech.* sprężynować;
v/t s. rupfen; **≈nd** sprężysty (-ście);

≈schmuck *m* pióropusz; **≈strich** *m*
pociągnięcie pióra *od.* piórem; **≈ung**
f Kfz. (u)resorowanie; **≈vieh** *n*
drób; **≈wild** *n* ptactwo łowne,
JSpr. pióro; **≈wolke** *f* chmura
pierzasta; **≈zeichnung** *f* rysunek
piórkiem.

Fee *f* czarodziejka; *gute* ≈ dobra
wróżka; **≈nhaft** fantastyczny, cudowny.
Fegefeuer *n* (-*s*; *0*) czyściec.
fegen zamiatać ⟨-ieść⟩; (*Schornstein:*
⟨wy⟩czyścić; *fig.* (*vom Tisch*) zmiatać ⟨-ieść⟩; *v/i* (*sn*) (*Sturm*) szaleć;
F (*eilen*) ⟨po⟩pędzić, ⟨po⟩gnać.
Fehde *f* waśń *f*; spór, zatarg.
fehl: ≈ *am Platz(e)* nie na miejscu.
Fehl *n: ohne* ≈ bez skazy; **≈anzeige**
f meldunek (*od.* wynik) negatywny;
≈bestand *m* manko, brak, niedobór; **≈betrag** *m* deficyt; **≈diagnose**
f błędne (*od.* mylne) rozpoznanie;
≈einschätzung *f* błędna ocena.
fehl|en brakować (*G*); (*mangeln*)
niedostawać (*an D/G*); (*nicht mehr
da sn*) zabraknąć *pf.*, nie stawać (*G*);
(*sündigen*) ⟨z⟩błądzić; *s. fernbleiben,
verfehlen*; *die Mutter* ≈*t uns sehr* od-
czuwamy bardzo brak matki; *es* ≈*t
an* (*D*) brak (*G*); F *das* ≈*te* (*gerade*)
noch! tego jeszcze brakowało!; *was*
≈*t Ihnen?* co panu dolega?; *es* ≈*te
nicht viel, und ...* niewiele brakowało, aby ...; *weit gefehlt!* gruba pomyłka!; **≈en** *n* (-*s*; *0*) brak; *s. Abwesenheit*; **≈er** *m* błąd, (p)omyłka;
(*Mangel*) brak, (*a. Med.*) wada.
fehler|frei bezbłędny; *bez wad;* **≈-
haft** wadliwy (-wie); (*irrig*) błędny;
≈los *s. fehlerfrei*.
Fehl|geburt *f* poronienie; **≈gehen**
(*sn*) ⟨z⟩błądzić (*a. fig.*); (*Schuß*)
chybi(a)ć; **≈griff** *m* błąd; **≈haltung**
f wadliwa postawa; **≈planung** *f*
błędne planowanie; **≈schlag** *m fig.*
niepowodzenie, fiasko, F klapa; **≈-
schlagen** (*sn*) nie uda(wa)ć się, nie
powieść się *pf.*, chybi(a)ć celu; **≈-
schluß** *m* fałszywy wniosek; **≈-
schuß** *m* chybiony strzał, F pudło;
≈sichtig posiadający wadę wzroku;
≈start *m* falstart; **≈tritt** *m* potknię-
cie się (*a. fig.*); **≈urteil** *n* błędny wyrok; **≈verhalten** *n* nieprawidłowe
zachowanie (się); **≈zeit** *f* czas (okres)
nieobecności; **≈zündung** *f Kfz.*
przerwy *f/pl.* zapłonu.
Feier *f* (-; -*n*) uroczystość *f*; F *zur* ≈

des Tages dla uczczenia tej uroczystości.

Feier·abend *m* czas wolny po pracy, F faj(e)rant; **~ machen** ⟨s⟩kończyć pracę; *nach ~* po robocie.

feier|lich uroczysty (ście); **Qlich-keit** *f* uroczystość *f*; **~n** (*-re*) *v/t* święcić, (uroczyście) obchodzić ⟨obejść⟩, (*a. j-n*) ⟨u⟩czcić; *v/i* odpoczywać ⟨-cząć⟩; świętować; nie pracować; **Qstunde** *f* akt (uroczysty); **Qtag** *m* święto.

feig(e) tchórzliwy (-wie).

Feige *f* figa; **~n·baum** *m* figowiec; **~n·blatt** *n* liść figowy; **~n·kaktus** *m* opuncja.

Feig|heit *f* (0) tchórzostwo; **~ling** *m* (*-s; -e*) tchórz.

feilbieten wystawi(a)ć na sprzedaż, ⟨za⟩oferować.   [kiem.]

Feile *f* pilnik; **Qn** ⟨o⟩piłować pilni-J

feilschen targować się.

Feilspäne *m/pl.* opiłki *m/pl.*

fein *Korn:* drobny (-no), miałki (-ko); (*dünn*) cienki (-ko); delikatny, subtelny, dokładny, precyzyjny; (*erlesen*) wytworny; F *Pers.* morowy, fajny, klawy; *s.* **vorzüglich**; *Tech.* (*rein*) czysty, oczyszczony; **Qbäk-kerei** *f* ciastkarnia; **Qblech** *n* blacha cienka.

feind: *j-m ~ sein* być wrogo ustosunkowanym (do G).

Feind *m* (*-es; -e*) wróg, nieprzyjaciel, **~in** *f* przeciwniczka, nieprzyjaciół-ka; **Qlich** wrogi (-go); (*gegnerisch*) nieprzyjacielski; **~schaft** *f* wrogość *f*, wrogi stosunek; *s.* **Haß**.

feindselig wrogi (-go); **Qkeit** *f* (0) wrogość *f*; **Qkeiten** *pl.* działania *n/pl.* nieprzyjacielskie.

fein|fühlig delikatny, taktowny; **Qgefühl** *n* (*-es; 0*) delikatność *f*, takt; **Qgehalt** *m* próba.

Feinheit *f* miałkość *f*, stopień *m* rozdrobnienia; cienkość *f*; delikatność *f*, subtelność *f*; dokładność *f*; wytworność *f*; czystość *f*; *vgl.* **fein**.

Fein|keramik *f* ceramika szlachetna; **Qkörnig** drobnoziarnisty (-ście); **~kost** *f s.* Delikatessen; **Qmachen**: F *sich* **Qmachen** ⟨wy⟩stroić się; **~mechanik(er)** (*0*) mechanika precyzyjna; **~schmecker** *m* smakosz; **~schnitt** *m* tytoń drobno cięty; **Qsinnig** subtelny; *s.* **feinfühlig**; **~waschmittel** *n* środek piorący szlachetny.

feist otyły (-le), tłusty (-to); *JSpr.* łojny; **Q** *n* (*-es; 0*) *JSpr.* kraśnia.

feixen (*a. -xt*) śmiać się ironicznie, uśmiechać się drwiąco.

Feld *n* (*-es; -er*) pole (*a. fig.*); *Rad-Sp.* peleton; *das ~ räumen* ustępować ⟨-tąpić⟩ pola; *das ~ behaupten* zosta(wa)ć panem placu; *aus dem ~e schlagen* brać ⟨wziąć⟩ górę (*A*/nad *I*); **~bahn** *f* kolejka wąskotorowa; **~bau** *m* (*-es; 0*) uprawa roli; **~fla-sche** *f* manierka; **~früchte** *f/pl.* ziemiopłody *m/pl.*; **~geistliche(r)** kapelan; **~gendarmerie** *f* żandarmeria polowa; **Qgrau** (*0*) szarozielony; **~herr** *m* wódz, dowódca *m*; **~hockey** *n* hokej na trawie; **~hüter** *m* polowy *m*; **~jäger** *m Mil.* żandarm polowy; **~küche** *f* kuchnia polowa; **~lager** *n* obóz; **~lazarett** *n* szpital polowy; **~marschall** *m* marszałek polny; **Qmarschmäßig** w pełnym rynsztunku marszowym; **~maus** *f* nornik zwyczajny, polnik; **~messer** *m* geometra *m*; **~mütze** *f* czapka polowa, furażerka; **~schlacht** *f* bitwa (lądowa); **~spat** *m* skaleń *m*; **~sperling** *m* mazurek; **~spieler** *m Sp.* gracz na boisku; **~stecher** *m* lornetka polowa; **~webel** *m* feldfebel, sierżant; (*Artillerie*) ogniomistrz; **~wechsel** *m Sp.* zmiana pól; **~weg** *m* droga polna; **~zug** *m* kampania, wyprawa.

Felge *f* wieniec (koła); *Kfz.* obręcz *f* koła, F felga.

Fell *n* (*-es; -e*) skóra, skórka; (*Pelz*) futro, sierść *f*; *fig.* F dickes ~ haben być gruboskórnym; *das ~ über die Ohren ziehen* obdzierać ⟨-drzeć⟩ ze skóry (*D/A*); *s. a. gerben*; **~ in Zssgn** *mst* futrzany.

Fels *m* (*-en*), **~en** *m* skała; **~block** *m* bryła skalna; **~brocken** *m* odłamek skały; **Qenfest** *f* twardy (-do), mocny (-no); niezłomny; **~enklippe** *f* skała przybrzeżna; **Qig** skalisty (-to); **~nadel** *f* iglica; skalna; **~wand** *f* ściana skalna.

Feme *f*, **~gericht** *n* sąd kapturowy.

femi|nin żeński; kobiecy (-co).

Fenchel *m* (*-s; 0*) koper włoski, fen-kuł.

Fenster *n* okno; **~brett** *n* podokiennik, parapet; **~flügel** *m* skrzydło okienne; **~gitter** *n* krata okienna; **~glas** *n* szkło okienne; **~laden** *m* okiennica; **~platz** *m* miejsce przy oknie; **~rahmen** *m* ościeżnica (*od.* futryna) okienna; **~scheibe** *f* szyba okienna; **~sims** *m* podokiennik zewnętrzny.

Ferien *pl.* wakacje *f/pl.*, ferie *f/pl.*; (*Urlaub*) wczasy *pl.*; ~ *machen, in die ~ gehen* być na wakacjach (*od.* wczasach), zażywać wczasów, ⟨wy-⟩ jechać na wakacje (*od.* wczasy); **~gast** *m* wczasowicz; **~heim** *n* dom wczasowy; **~kolonie** *f* kolonie *f/pl.* wakacyjne; **~lager** *n* obóz wakacyjny; **~ort** *m* miejscowość wczasowa; **~zentrum** *n* ośrodek wczasowo-turystyczny.

Ferkel *n* prosię; F *fig.* brudas, świntuch; ♀*n* (*-le*) ⟨o⟩prosić się.

fern daleki (-ko), odległy (-le); *von* ~ z dal(ek)a.

Fern|amt *n* centrala międzymiastowa; **~aufklärer** *m* samolot dalekiego rozpoznania; **~bedienung** *f* obsługa zdalna; ♀**bleiben** (*D*) nie stawić się (na *A*, do *G*), być nieobecnym (na, w *L*); **~e** *f* dal *f*; oddalenie, odległość *f*; *aus der* ~ *e* z daleka, z odległości; *in der* ~ *e* w dali.

ferner *Adj.* dalszy, bardziej odległy; *Adv.* dalej; nadal; *Kj.* poza tym, nadto.

Fern|fahrer *m* kierowca *m* pociągu drogowego; ♀**flug** *m* lot długodystansowy; ♀**gelenkt** zdalnie sterowany; **~gespräch** *n* rozmowa międzymiastowa; ♀**gesteuert** *s.* ferngelenkt; **~glas** *n* lornetka; ♀**halten** trzymać na dystans, odsuwać (*von/od G*); *Sorgen, Gefahr*: ⟨u⟩chronić (*A von j-m/k-o przed I*); *sich* ♀*halten* trzymać się zdala (*von/od G*); **~heizung** *f* centralne ogrzewanie zdalaczynne; **~heizwerk** *n* (elektro)ciepłownia; **~kurs(us)** *m* kurs korespondencyjny; **~lastzug** *m* pociąg drogowy (dalekobieżny); **~lenkung** *f s.* Fernsteuerung; **~licht** *n* (*-es; 0*) światła *n/pl.* długie *od.* drogowe; ♀**liegen:** *es liegt mir fern* ... jestem daleki od (*G*).

Fernmelde|- telekomunikacyjny; **~wesen** *n* (*-s; 0*) telekomunikacja; *Mil.* łączność *f*.

fern|mündlich telefoniczny; **~östlich** dalekowschodni; ♀**rohr** *n* luneta; teleskop; ♀**ruf** *m* telefon, rozmowa telefoniczna; ♀**schreiber** *m* dalekopis.

Fernseh|anstalt *f* ośrodek telewi-

zyjny *od.* TV; **~en** *n* (*-s; 0*) telewizja; **~er** *m* telewidz; telewizor; **~film** *m* film TV *od.* telewizyjny; **~gerät** *n* aparat (*od.* odbiornik) telewizyjny; **~kamera** *f* kamera telewizyjna; **~quiz** *n* telekonkurs; **~sender** *m* stacja telewizyjna, telestacja; **~serie** *f* serial (telewizyjny); **~teilnehmer** *m* abonent telewizyjny, teleabonent; *a.* = **~zuschauer** *m* telewidz.

Fernsicht *f* (*0*) rozległy (*od.* daleki) widok; dobra widoczność.

Fernsprech|amt *n* centrala telefoniczna; **~anschluß** *m* linia abonenta; połączenie telefoniczne; **~automat** *m* automat telefoniczny; **~gebühr** *f* opłata telefoniczna; **~teilnehmer** *m* abonent telefoniczny; **~wesen** *n* (*-s; 0*) telefonia; **~zelle** *f* rozmównica telefoniczna *od.* publiczna.

Fern|spruch *m* (tele)fonogram; telegram; ♀**stehen** (*D*) być obcym (*D*); **~steuerung** *f* telesterowanie, rozrząd zdalny; **~studium** *n* studium zaoczne, studia *n/pl.* korespondencyjne; **~verkehr** *m* ruch dalekobieżny; **~verkehrsstraße** *f* droga komunikacji dalekobieżnej, magistrala samochodowa; **~weh** *n* tęsknota za dalekim światem; **~zug** *m* pociąg dalekobieżny.

Ferse *f* pięta; *j-m dicht auf den* ~*n sein* deptać po piętach (*D*).

fertig gotowy, gotów; (*beendet*) s-, wy|kończony (*a. fig., Pers.*); (*bereit*) przygotowany; ~ *machen* (*A*), ~ *sein* (*mit*) ⟨s-, u-, wy⟩kończyć (*A*); ~ *werden* da(wa)ć sobie radę, uporać się (*mit/z I*; *ohne A/bez G*); ♀**bauweise** *f* budownictwo z elementów prefabrykowanych.

fertigbekommen F (*-*), **fertigbringen** s-, u|kończyć *pf.*; *es* (*nicht*) ~ (*zu*) (nie) móc, (nie) być w stanie (+ *Inf.*).

fertig|en wytwarzać ⟨wytworzyć⟩, ♀**erzeugnis** *n* wyrób gotowy; ♀**gericht** *n* danie gotowe; ♀**haus** *n* dom(ek) z elementów prefabrykowanych; ♀**keit** *f* umiejętność *f*; (*Geübtheit*) wprawa, biegłość *f*; ♀**kleidung** *f* (*0*) konfekcja, odzież gotowa; **~machen** F przygotow(yw)ać (*sich* się; *zu/do G*); *fig.* (*j-n*) wykańczać ⟨-kończyć⟩; (*abkanzeln*) zbesztać *pf.*; *a.* = **~stellen** s-, u|kończyć *pf.*; ♀**teil** *n* element prefabrykowany; prefabrykat; 2ung f (0) produkcja; 2ungs- produkcyjny; 2ware f wyrób gotowy.

Fes m (-/-es; -/-e) fez.

fesch hoży (-żo), zgrabny; (schick) elegancki (-ko), szykowny.

Fessel f (-; -n) Anat. kostka (u nogi); Vet. pęcina; Ring-Sp. uścisk; ~n pl. (a. fig.) więzy m/pl., kajdany f/pl., okowy f/pl.; ~ballon m balon na uwięzi.

fesseln (-le) ⟨s⟩krępować; zaku(wa)ć w kajdany; Tier: ⟨s⟩pętać; fig. ⟨za⟩fascynować, zajmować ⟨-jąć⟩; ans Bett ~ przyku(wa)ć do łóżka; ~d fascynujący (-co), zajmujący (-co).

fest mocny (-no); (haltbar a.) trwały; (hart, a. Schlaf) twardy (-do); (nicht mobil) stały (-le, na stałe); Preis: sztywny.

Fest n (-es; -e) uroczystość f; (Jubel- 2) obchód; (Oster2) święto; F fig. uciecha, frajda; ~akt m uroczysta akademia; ~ausschuß m komitet obchodu (G); ~beleuchtung f iluminacja.

fest|binden przy-, u|wiąz(yw)ać (an A/do G); ~bleiben (sn) nie ulegać ⟨ulec⟩, nie ustępować ⟨-tąpić⟩.

Fest-essen n bankiet.

festfahren v/i (sn), sich ~ ⟨u⟩grzęznąć, ugrzęzić pf., utknąć pf. (fig. a. na martwym punkcie).

festfressen: sich ~ Tech. zacierać ⟨zatrzeć⟩ się; zakleszczać ⟨-czyć⟩ się.

festhalten v/t mocno trzymać; prze-, za|trzym(yw)ać (im Bild usw.) utrwalać ⟨-lić⟩ (na L); v/i (a. sich) trzymać się (G); fig. obstawać (an D/przy L).

festig|en umacniać ⟨umocnić⟩; sich ~en ⟨u⟩stabilizować się; ⟨s⟩konsolidować się; 2keit f (0) wytrzymałość f; fig. a. stałość f, niezłomność f; 2ung f (0) umocnienie, utrwale-

Festival n (-s; -s) festiwal. [nie.

fest|klammern przypinać ⟨-piąć⟩; sich ~klammern czepiać ⟨uczepić⟩ się (an D/G; a. fig.); ~kleben v/i (sn) przylepia(ć) się, lepić się (an D/do G); v/t s. ankleben.

Festkleid n suknia (od. szata) odświętna.

Festland n (-es; 0) ląd (stały), ~skontynentalny.

festlegen Geld: wkładać ⟨włożyć⟩; Termin usw.: wyznaczać ⟨-czyć⟩;

sich ~ (auf A) ⟨z⟩wiązać się (I), zobowiaz(yw)ać się (do G).

festlich świąteczny, odświętny; s. feierlich; 2keit f uroczystość f.

festmachen v/t przy-, u|mocow(yw)ać, przytwierdzać ⟨-dzić⟩; fig. ustalać ⟨-lić⟩; Geschäft: ubi(ja)ć; (a. v/i) Mar. ⟨przy⟩cumować.

Festmahl n uczta, biesiada.

Fest|meter m od. n metr przestrzenny; 2nageln przybi(ja)ć gwoździami, (a. fig.) przygważdżać ⟨-woździć⟩; ~nahme f aresztowanie, zatrzymanie; 2nehmen ⟨za⟩aresztować, zatrzym(yw)ać; ~preis m cena sztywna od. stała.

Fest|rede f przemówienie okolicznościowe; ~saal m sala bankietowa od. balowa.

fest|schnallen s. anschnallen; ~setzen ustalać ⟨-lić⟩, ustanawiać ⟨-nowić⟩; Pers. ⟨za⟩aresztować; sich ~setzen osadzać ⟨-dzić⟩ się; ~sitzen tkwić (in D/w L); (Schmutz) trzymać się mocno (an D/G); (Schiff) osiąść pf. na mieliźnie; s. sich festfahren.

Festspiele n/pl. festiwal.

fest|stecken v/t przypinać ⟨-piąć⟩; v/i s. festsitzen; ~stehen być pewnym od. ustalonym; ~stehend nieruchomy; ustalony; stały.

feststell|en unieruchamiać ⟨-chomić⟩; fig. ustalać ⟨-lić⟩, (a. bemerken) stwierdzać ⟨-dzić⟩; ⟨s⟩konstatować; 2ung f ustalenie, stwierdzenie.

Feststoffrakete f rakieta na paliwo stałe.

Festtag m dzień świąteczny, święto.

Festung f twierdza, forteca; ~s- forteczny; ~s-werk n fortyfikacja.

festverzinslich o dochodzie stałym, o stałym oprocentowaniu.

Festwoche f tydzień m (imprez, obchodów).   [kręcić).

festziehen Schraube: dokręcać ⟨do-

Festzug m uroczysty pochód.

Fete F f bib(k)a.

Fetisch m (-es; -e) fetysz.

fett tłusty (-to) (a. f fig.); Boden a.: żyzny; F a. lukratywny, intratny.

Fett n (-es; -e) tłuszcz; (Speck) sadło; ~ansetzen ⟨u⟩tyć; ~auge n oczko (tłuszczu); ~bauch P m brzucho; ~druck m tłusty druk; 2en (-e) v/t s. einfetten; v/i tłuścić; ~fleck m tłusta plama; 2frei nie zawierający tłuszczu; **~gehalt** m zawartość f tłuszczu.

fettig tłusty (-to); s. schmierig.

fettleibig otyły (-le); **2keit** f (0) otyłość f.

Fettnäpfchen F n: ins ~ treten popełni(a)ć gafę.

Fett|presse f smarownica wciskowa, towotnica; **~sack** P m grubas, tłuścioch; **~säure** f kwas tłuszczowy; **~sucht** f (0) otyłość f.

Fetzen m strzęp(ek) (a. fig.), kawałek; (Lumpen) gałgan(ek), łach (-man); in ~ reißen ‹po›drzeć na strzępy. [feuchten.]

feucht wilgotny; ~ machen s. an-∫

Feuchtigkeit f (0) wilgoć f; a. = **~s-gehalt** m wilgotność f.

feu'dal feudalny; **2adel** m magnateria; **2herr** m feudał.

Feuer n ogień m (a. Mil., fig.); (Brand) pożar; Mar., Flgw. światło; durchs ~ gehen skoczyć w ogień (für/za I); ~ und Flamme sein zapalać ‹-lić› się (für/do G); unter ~ nehmen ostrzel(iw)ać; **~alarm** m alarm pożarowy; **~ball** m kula ognista; **2beständig** żaroodporny, ogniotrwały; **~bestattung** f kremacja; **~eifer** m wielki zapał; **2fest** s. feuerbeständig; **2gefährlich** łatwo zapalny; **~gefecht** n walka ogniowa, strzelanina; **~haken** m bosak pożarniczy; **~kraft** f (0) Mil. siła ogniowa; **~leiter** f drabina pożarowa; **~löscher** m gaśnica; **~melder** m sygnalizator pożarniczy od. pożarowy.

feuern (-re) palić w piecu (mit/I); Mil. strzelać ‹wystrzelić›, da(wa)ć ognia; F fig. (werfen) ciskać ‹-snąć›; (j-n) wyrzucać ‹-cić› (na zbity łeb).

Feuer|probe f próba ogniowa; **2rot** ognistoczerwony; **~salamander** m jaszczur plamisty; **~schein** m łuna; **~schiff** n latarniowiec; **~schlucker** m połykacz ognia; **~schutz** m ochrona przeciwpożarowa; Mil. osłona ogniowa; **~(s)gefahr** f niebezpieczeństwo pożaru; **2sicher** zabezpieczony przed pożarem; **~speiend** ziejąc(y) ogniem; **~spritze** f motopompa strażacka, F sikawka; (Hand2) hydronetka; **~stein** m krzemień m; kamyczek do zapalniczki; **~stelle** f palenisko; ognisko, ogień m; **~stellung** f stanowisko ogniowe; **~stoß** m seria strzałów od.

ognia; **~stuhl** F m motor; **~taufe** f chrzest bojowy.

Feuerung f (0) opalanie, palenie; s. Feuerstelle, Heizmaterial.

Feuer|versicherung f ubezpieczenie od ognia; **~wache** f strażnica pożarna; **~waffe** f broń palna.

Feuerwehr f straż pożarna; **~** in Zssgn strażacki; **~mann** m (-es; ~er/ -leute) strażak.

Feuerwerk n fajerwerki m/pl., ognie m/pl. sztuczne; **~er** m pirotechnik; Mil. ogniomistrz; **~s-körper** m raca (fajerwerkowa), petarda.

Feuer|zange f szczypce pl. kominkowe; **~zangenbowle** f wino grzane; **~zeug** n zapalniczka; in Zssgn ... do zapalniczki.

Feuilleton [fœjə'tɔn] n (-s; -s) felieton; **~** in Zssgn felietonowy.

feurig ognisty (-ście), płomienny.

Fi'aker m dorożka.

Fibel f (-; -n) elementarz.

Fi|ber f (-; -n) Bio. włókno; **~'brin** n (-s; 0) Anat. włóknik.

Fichte f świerk; **~n-** świerkowy.

ficken V ‹wy›pieprzyć, pierdolić.

fi'del wesoły (-ło).

Fieber n (-s; 0) gorączka (a. fig.); Med. a. stan gorączkowy; ~ haben a. gorączkować; **2frei** bezgorączkowy; bez gorączki; **2haft** gorączkowy (-wo); **2ig** s. fiebrig; **~klee** m bobrek trójlistny; **~kurve** f krzywa gorączki; **~messer** m termometr (lekarski); **~mittel** n środek przeciwgorączkowy.

fiebern (-re) gorączkować; fig. (nach) gorąco pragnąć (G), drżeć (do G).

Fieber|schauer m dreszcze m/pl.; **~schub** m napad gorączki; **~thermometer** n s. Fiebermesser; **~traum** m majaczenie w gorączce.

fiebrig gorączkowy (-wo).

Fiedel f (-; -n) gęśle pl., skrzypce pl.; **2n** (-le) rzępolić (na skrzypcach).

fiel s. fallen.

fies F paskudny.

fifty-fifty F pół na pół.

Fi'gur f figura (a. fig.); F e-e gute ~ machen dobrze wyglądać. [(-wo).∫

fi'gürlich przenośny, obrazowy∫

Fik|ti'on f fikcja; **2'tiv** fikcyjny.

Filet [fi'le:] n (-s; -s) filet; Kochk. a. polędwica; **~arbeit** f robótka siatkowa; **~braten** m pieczeń f z polędwicy.

Fili'al|e f filia; **~leiter** m kierownik filii.

Fili'gran- filigranowy.

Film m (-es; -e) film; Fot. błona, taśma (filmowa); (Häutchen) błonka; warstewka; **~aufnahme** f zdjęcie filmowe; nakręcanie filmu; **~bühne** f kino.

film|en v/t ⟨s⟩filmować, ⟨z⟩robić zdjęcia filmowe; v/i grać w filmie; **Ƨer** F m filmowiec; **Ƨfan** m miłośnik (-czka) kina, kinoman(ka); **Ƨ~festspiele** n/pl. festiwal filmowy.

filmisch filmowy (-wo).

Film|kamera f kamera filmowa; **~kassette** f kaseta filmowa; **~komödie** f film komediowy; **~kunst** (f) sztuka filmowa; **~leinwand** f ekran; **~produzent** m producent filmowy; kierownik produkcji (filmu); **~regisseur** m reżyser (od. realizator) filmowy; **~reportage** f reportaż filmowy; **~schaffende(r)** filmowiec; **~schauspieler(in** f) m aktor (-ka) filmowy (-wa); **~studio** n wytwórnia filmowa; **~verleih** m wynajem filmowy.

Filmvorführ|er m kinooperator, kinomechanik; **~ung** f pokaz filmu.

Filter m od. n filtr; Tech., Chem. a. sączek; (Gasmasken2) pochłaniacz; **Ƨn** (-re) ⟨prze⟩filtrować, ⟨od-, prze⟩sączyć; **~papier** n bibuła filtracyjna; **~zigarette** f papieros z filtrem.

Fil'trat n (-es; -e) przesącz; **Ƨ'trieren** (-) s. filtern.

Filz m (-es; -e) filc, pilśń f, wojłok; F fig. kutwa m, dusigrosz; **Ƨen** v/t F fig. ⟨z⟩rewidować, obszuk(iw)ać; **~hut** m kapelusz pilśniowy; **~laus** f wesz łonowa, P mend(oweszk)a; **~schreiber** m flamaster; **~stiefel** m/pl. walonki m/pl.

Fimmel F m: er hat e-n **Ƨ** jest zwariowany (od. ma bzika) na punkcie (G).

Fi'nal|- finalny; finałowy, końcowy; **~e** n (-s; -/-s) finał; **~satz** m zdanie celowe.

Fi'nanz|amt n urząd skarbowy; **~aristokratie** f finansjera; **~en** pl. finanse pl., fundusze m/pl.

tinan|zi'ell finansowy; präd. pod względem finansowym; **~'zieren** ⟨s⟩finansować.

Fi'nanz|kapital n (-s; 0) kapitał finansowy; **~mann** m (pl. -leute) fi-

nansista m; **~minister** m minister finansów od. skarbu; **~plan** m plan finansowy; **~politik** f polityka finansowa od. skarbowa, Anerkennung: **~wesen** n (0) skarbowość f; **~wirtschaft** f gospodarka finansowa.

Findelkind n podrzutek.

finden (L.) znajdować ⟨znaleźć⟩; odszukać pf.; ⟨antreffen⟩ natykać ⟨-tknąć⟩ się, natrafi(a)ć (A/na A); zasta(wa)ć (bei/przy L); Tod: ponosić ⟨-nieść⟩; Anerkennung: spot(y)kać się (A/z I); Verwendung ~ mieć zastosowanie; Gefallen ~ zasmakować (an D/w L); nach Hause ~ trafi(a)ć do domu; sich ~ od-, z|najdować (od. od-, z|najdywać) się; sich ~ in (A) pogodzić się (z I); es findet sich häufig, daß ... często się zdarza, że ...; wie ~ Sie das? co pan(i) na to?; ~ Sie nicht? nieprawda(ż)?; das wird sich ~ to się okaże; sich bereit ~ zgadzać ⟨zgodzić⟩ się (zu/na A).

Finder m znalazca m; **~lohn** m znaleźne.

findig przemyślny, F łebski; **Ƨkeit** f (0) przemyślność f, spryt.

Findling m (-s; -e) s. Findelkind; Geol. głaz narzutowy od. eratyczny.

fing s. fangen.

Finger m (-s; -) palec; am ~ na palcu; F lange ~ machen mieć długie ręce, świsnąć pf.; laß die ~ davon! zostaw to!; **~abdruck** m odcisk palca; **~breit** na szerokość palca; **~fertigkeit** f (0) wprawa, biegłość f; **~hut** m naparstek; Bot. naparstnica; **~kuppe** f, **~spitze** f brzusiec (od. koniuszek) palca; **~spitzengefühl** n (-s; 0) dobre wyczucie (für/G); **~zeig** m (-es; -e) wskazówka; **~zeig** Gottes palec boży. [(s)fingowany.]

fin'gier|en (-) ⟨s⟩fingować; **~t**)

Fink m (-en) zięba; **~enschlag** m (-es; 0) śpiew zięby.

Finne[1] f Zo. wągier; Med. wągr; (Flosse) płetwa; (Hammer2) rąb.

Fin|ne[2] m (-n) Fin; **~nin** f Finka; **Ƨnisch** fiński (po -ku).

finster ciemny (-no), mroczny (-no); s. düster; im **Ƨen** po ciemku; **Ƨnis** f (-; -se) ciemności f/pl.; Astr. naćmienie

Finte f finta (a. Sp.), podstęp; Sp. a. zwód. [f/pl.], faramuszki f/pl.)

Firlefanz F m (-es; -e) fidrygałki)

Firma f firma.

firmen *Rel.* bierzmować.
Firmen|inhaber *m* właściciel firmy; **~register** *n* rejestr przedsiębiorstw; **~schild** *n* szyld firmowy; **~zeichen** *n* znak fabryczny.
Firmung *f Rel.* bierzmowanie.
Firn *m* (-*es*; -*e*) firn, szreń *f*.
Firnis *m* (-*ses*; -*se*) pokost; *fig.* polbr; **2sen** (-*ßt*) ⟨po⟩pokostować.
First *m* (-*es*; -*e*) *Arch.* kalenica; *Bgb.* strop, pułap.
Fisch *m* (-*es*; -*e*) ryba; F *das sind für ihn kleine ~e!* to mucha dla niego!; **~adler** *m* rybołów; **~bein** *n* (-*es*; 0) fiszbin; **~besteck** *n* sztuciec do ryby; **~brut** *f* narybek.
fischen łowić ryby; *fig.* wyławiać ⟨-łowić⟩ (*aus/z G*). [backa.⟩
Fischer *m* rybak; **2boot** *n* łódź ry-⟩
Fische'rei *f* (0) rybołówstwo, rybactwo; **~genossenschaft** *f* spółdzielnia rybacka; **~hafen** *m* port rybacki; **~zone** *f* strefa rybołówstwa morskiego.
Fisch|fang *m* połów ryb; rybactwo; **~gericht** *n* potrawa rybna, danie rybne; **~gräte** *f* ość *f*. [delkę.⟩
Fischgrätenmuster *n*: *im ~* w jo-⟩
Fisch|gründe *m/pl.* łowisko; **~haken** *m* oścień *m*; **~konserve** *f* konserwa rybna; **~kutter** *m* kuter rybacki; **~leim** *m* karuk; **~mehl** *n* mączka rybna; **~otter** *m* wydra; **~reiher** *m* czapla siwa; **~schuppe** *f* rybia łuska; **~schwarm** *m* ławica ryb; **~stäbchen** *n/pl.* paluszki *m/pl.* rybne; **~vergiftung** *f* zatrucie rybami; **~zucht** *f* hodowla ryb.
Fiskus *m* (*unv.*) skarb państwa.
Fistel *f* (-; -*n*) *Med.* przetoka; **~stimme** *f* falset, fistuła.
fit (0) sprawny, w dobrej kondycji, w formie; **2neß** *f* (-; 0) dobra kondycja, forma.
Fittich *m* (-*es*; -*e*) skrzydło; *pl.* ~*e JSpr.* loty *m/pl.*; *fig.* opieka.
fix stały; F (*gewandt*) zwinny; ~*e Idee* idea prześladowcza, idée fixe; ~ *und fertig* (zupełnie) gotowy, s-, *fig.* wy⟨kończony; **~en** F (-*xt*) narkotyzować się; **2er** F *m* narkoman.
Fi'xier|bad *n* kąpiel utrwalająca; **2en** (-) utrwalać ⟨-lić⟩; przy-, za⟨mocow(yw)ać; (*j-n*) patrzeć uporczywie (*A*/na *A*); **~salz** *n* Fot. utrwalacz.
Fixstern *m* gwiazda stała.
Fixum *n* (-*s*; -*xa*) ryczałt.

flach płaski (-ko); *präd. a.* na płask; *Gewässer:* płytki (-ko) (*a. fig.*); ~*e Hand* dłoń *f*; **2bau** *m* budynek jednopiętrowy; **2druck** *m* (-*es*; -*e*) druk płaski.
Fläche *f* płaszczyzna; powierzchnia; (*Kristall*2) ściana; *s. Ebene.*
Flächen|inhalt *m* powierzchnia; *Math.* pole; **~maß** *n* miara powierzchni; **~nutzungsplan** *m* plan wykorzystania powierzchni użytkowych.
flach|fallen (*sn*) F nie wchodzić w rachubę; **~kant** *Adv.* na płask; **2land** *n* równina, płaszczyzna.
Flachs *m* (-*es*; 0) len; **2blond** *Haar:* lniany; *Pers.* lnianowłosy; **~breche** *f* cierlica. [nować.⟩
flachsen F przekomarzać się, błaz-⟩
Flach|stahl *m* płaskownik stalowy; **~zange** *f* szczypce (*od.* kleszcze) *pl.* płaskie. [*me*) ⟨za⟩drżeć.⟩
flackern (-*re*) ⟨za⟩migotać; (*Stim-*⟩
Fladen *m* placek; łamaniec.
Flader *f* (-; -*n*) słój, flader.
Flagg|e *f* flaga; *Mar.* bandera; **2en** wywieszać ⟨-esić⟩ flagę; ⟨u⟩dekorować flagami; **~enstock** *m* flagsztok, drzewce; **~schiff** *n* okręt flagowy.
fla'grant rażący (-co).
Flak *f* (-; -/-*s*) działo przeciwlotnicze; *a.* = **~artillerie** *f* artyleria przeciwlotnicza; **~panzer** *m* czołg przeciwlotniczy.
Flam|e *m* (-*n*), **~in** *f*, **Flämin** *f* Flamand(czyk) *m* (-dka). [flaming.⟩
Fla'mingo *m* (-*s*; -*s*) czerwonak,⟩
flämisch flamandzki (po -ku).
Flämmchen *n* płomy(cze)k.
Flamm|e *f* płomień *m*; F *fig.* sympatia, flama; **2en** płonąć; *fig. a.* pałać; **2end** płomienny (*a. fig.*).
Flammenwerfer *m* miotacz ognia.
Fla'nell *m* (-*s*; -*e*) flanela; ~ *in Zssgn* flanelowy.
Flanke *f* bok; *Mil.* skrzydło; *Sp.* centra; **2n** *Sp.* centrować.
Flanken|angriff *m* atak skrzydłowy; atak na skrzydło; **~deckung** *f* osłona (*od.* zabezpieczenie) skrzydła.
flan'kieren (-) flankować.
Flansch *m* (-*es*; -*e*) kołnierz, kryza.
Flaps F *m* (-*es*; -*e*) *s. Flegel.*
Fläschchen *n* buteleczka, flaszeczka; flakonik.
Flasche *f* butelka, flaszka; *Tech.* zblocze; (*Gas*2) butla (*fig. verä.* faja.

oferma, *Sp.* patałach; *auf ~n füllen* ⟨po-, z⟩butelkować.

Flaschen|bier *n* piwo butelkowe; **~hals** *m* szyjka butelki; F *fig. s. Engpaß*; **~kind** *n* niemowlę karmione z butelki; **~kürbis** *m* tykwa zwyczajna; **~öffner** *m* otwieracz do butelek; **~post** *f* poczta butelkowa; **~zug** *m* wielokrążek; (*e-s Krans*) zblocze.

flatter|haft trzpiotowaty (-to), roztrzepany; **~n** (*-re; a. sn*) fruwać, frunąć *pf.*; ⟨za⟩łopotać (*Fahne, a. mit d. Flügeln*), ⟨za⟩trzepotać (*Haar, impf. a. Tech.*); **2n** *m Flgw.* flatter; *Kfz.* łopotanie.

flau słaby (-bo); F (*mies*) kiepski (-ko); (*fade*) zwietrzały; *mir wird ~* robi mi się słabo; **~e Börse** brak ożywienia na giełdzie.

Flaum *m* (*-es*; *0*) puch; (*Haar*) puszek, meszek; **~feder** *f* puch; **2ig** puszysty (-ście).

Flaus *m*, **Flausch** *m* (*-es*; *-e*) flausz; (*kucz*)baja.   [(-to).]

flauschig włochaty (-to), mechaty]

Flausen *f/pl.* bzdurstwa *n/pl.*; *~ im Kopf haben* nabijać sobie głowę głupstwami; *~ machen* wykręcać się sianem.   [zastój.]

Flaute *f* cisza (morska), sztil; *Hdl.*]

Flechse [-ksə] *f* ścięgno.

Flecht|e *f Bot.* porost; *Med.* liszaj; **2en** (*L.*) splatać, ⟨s⟩pleść; *Matte usw.*: wyplatać ⟨-leść⟩; *Kranz*: uwi(ja)ć, wić; **~korb** *m* kosz pleciony; **~werk** *n* plecionka.

Fleck *m* (*-es*; *-e*) plama; (*Makel*) skaza; (*Stelle*) miejsce; (*Schuh2*) flek; *vom ~ weg z* miejsca; *s. Flicken, blau; fig. a. = ~chen n* plamka; *fig.* kawałek, zakątek; **~e** *pl. Kochk.* flaki *m/pl.*; **~en** *m s. Fleck*; (*Ort*) osiedle, miasteczko; **~en·entferner** *m* wywabiacz plam; **2enlos** bez plam(y) *od.* skaz(y), czysty (-to); **~enwasser** *n* płyn do wywabiania plam; **~fieber** *n* dur plamisty; **2ig** poplamiony; (*gescheckt*) plamisty; **~igkeit** *f* (*0*) *Bot.* plamistość *f* liści.

Fleder|maus *f* nietoperz; **~wisch** *m* zmiotka; F *fig.* trzpiotka.

Flegel *m* cep; *fig.* gbur, cham; **~ei** [-'laı] *f* chamstwo, chuligański wybryk; **2haft** grubiański (-ko), chamski (-ko); **~jahre** *n/pl.* lata *pl.* szczenięce.

flehen błagać; **~tlich** błagalny.

Fleisch *n* (*-es*; *0*) mięso; *fig.* ciało; *s. Fruchtfleisch; vom ~ fallen* spadać ⟨spaść⟩ z ciała; *sich ins eigene ~ schneiden* działać na własną szkodę, szkodzić sobie; **~brühe** *f* rosół.

Fleischer *m* rzeźnik; **~ei** [-'raı] *f*, **~laden** *m* rzeźnictwo, sklep rzeźniczy; **~meister** *m* mistrz rzeźnicki.

fleisch|farben cielisty (-ście), koloru cielistego; **2fliege** *f* (mucha) ścierwnica; **~fressend** mięsożerny; **2gericht** *n Kochk.* danie mięsne, potrawa mięsna; **~ig** mięsisty; **2klößchen** *n* klopsik, zrazik; **2konserve** *f* konserwa mięsna; **~los** bezmięsny; **2salat** *m* sałatka mięsna; **2seite** *f* mizdra; **2vergiftung** *f* zatrucie mięsem; **2waren** *f/pl.* wyroby (*od.* przetwory) *m/pl.* mięsne, wędliny *f/pl.*; **2wolf** *m* maszynka do mięsa, wilk; **2wunde** *f* rana mięśnia.

Fleiß *m* (*-es*; *0*) pilność *f*; **2ig** pilny.

flek'tieren (-) *Gr.* odmieniać.

flennen F beczeć, chlipać.

fletschen: *die Zähne ~* szczerzyć (*od.* wyszczerzać ⟨-rzyć⟩) zęby.

fle'xi|bel [-*bl-*; *-belst-*] giętki (-ko), elastyczny; **2bili'tät** *f* (*0*) giętkość *f*, elastyczność *f*; **2'on** *f Gr.* fleksja, odmiana.

Flick|arbeit *f* łatanie; *s. Flickwerk*; **~en** *m* łat(k)a; **2en** ⟨za⟩łatać; *j-m et. am Zeug* **2en** przypiąć łatkę (*D*); **~schuster** *m* łatacz, szewc; **~werk** *n* łatanina; **~wort** *n* słowo wtrącone; **~zeug** *n* apteczka techniczna (do naprawy dętek).   [bzowy, ... bzu.]

Flieder *m* bez (lilak); **~** *in Zssgn*]

Fliege *f* mucha; F (*Schleife*) muszka; **~n-** *in Zssgn* muszy; F *e-e ~ machen* czmychać ⟨-chnąć⟩.

fliegen (*L.*) *v/i* (*sn*) ⟨po⟩lecieć (a. F, *eilen*); (*iterativ*) latać, fruwać; *Haar*: rozwiewać się; (*Gedanken*) ⟨po⟩płynąć; F *fig.* wylatywać ⟨-lecieć⟩ (*aus d. Stellung z posady, in d. Luft w powietrze*); *v/t Flgw.* transportować, przewozić ⟨-wieźć⟩; pilotować, prowadzić (samolot).

Fliegen *n* (*-s*; *0*) latanie, lot; **2d** latając(y); *Kolonne, Start*: lotny; *Haar*: rozwiany.

Fliegen|fänger *m* muchołapka; **~fenster** *n* siatka chroniąca przed muchami; **~gewicht** *n* waga musza; **~klatsche** *f* packa; **~leim** *m* lep na muchy; **~pilz** *m* muchomor; **~schnäpper** *m Zo.* muchołówka.

Flieger

Flieger *m* lotnik; **~abwehr** *f s. Flug-abwehr*; **~alarm** *m* alarm lotniczy; **~helm** *m* pilotka; **~horst** *m* lotnisko wojskowe; **~schule** *f* szkoła lotnicza.

flieh|en (*L.*) *v/i* (*sn*) uciekać ⟨uciec⟩ (vor *D*/przed *I*), zbiec *pf.* (*aus/z G*); *v/t* unikać (*G*), stronić (od *G*); **2-kraft** *f* siła odśrodkowa.

Flie|se *f* płyt(k)a, fliz(a); **~senleger** *m* płytkarz.

Fließ|arbeit *f* (0) praca potokowa; **~band** *n* taśma montażowa; przenośnik; **2en** (*L.*; *sn*) ⟨po⟩płynąć; (*rinnen*) ⟨po⟩ciec, ⟨po⟩lać się; **2end** *Wasser*: bieżący; płynący, cieknący; *Gewand*: powłóczysty (-ście); *Grenzen, Stil*: płynny; **2end sprechen** mówić płynnie; **~fertigung** *f* produkcja potokowa; **~papier** *n* bibuła; **~pressen** *n Tech.* wyciskanie.

Flimmer *m* mig(ot)anie; **~bewegung** *f Bio.* ruch migawkowy; **~haar** *n* migawka, rzęska; **~kiste** F *f* telewizor; **2n** (*-re*) migotać, migać; *s. funkeln, glitzern*; es **2t mir vor den Augen** miga mi się w oczach.

flink zwinny, chyży (-żo).

Flint *m* (*-es*; 0) krzemień *m*.

Flinte *f* strzelba, fuzja; **die ~ ins Korn werfen** da(wa)ć za wygraną; *vgl. Gewehr*. [wać.)

Flirt *m* (*-s*; *-e*) flirt; **2en** (*-e-*) flirto-)

Flittchen *n verä.* lafirynda, dziewka.

Flitter *m* (*-s*; 0) błyskotki *f/pl.*, świecidełka *n/pl.*; *fig.* blichtr; **~gold** *n* szych; **~wochen** *f/pl.* miodowy miesiąc.

Flitz|bogen *m* łuk; **2en** F (*-zt*) latać ⟨polecieć⟩, śmigać ⟨śmignąć⟩ (*a. Tier*), ⟨po⟩śmknąć; **~er** F *m* zwinny)

flocht *s. flechten*. [mikrus.)

Flock|e *f* kłaczek; **~en-**, **2ig** kłaczkowaty (-to).

flog *s. fliegen*.

floh *s. fliehen*.

Floh *m* (*-s*; *~e*) pchła; (*dim., a. Erd2*) pchełka; **~ in Zssgn** pchli; **~markt** *m* bazar z tandetą, F ciuchy *m/pl.*

Flor [1] *m* (*-s*; *-e*) *lit. s. Blüte*.

Flor [2] *m* (*-s*; *-e*) *Text.* run(k)o; (*Gewebe*) gaza; *s. Trauerflor*.

Flo'rett *n* (*-es*; *-e*) floret; **~fechter** *m* florecista *m*.

flo'rieren (*-*) kwitnąć, prosperować.

Floskel *f* (*-*; *-n*) zwrot (grzecznościowy, banalny), frazes.

floß *s. fließen*.

Floß [-o:-] *n* (*-es*; **2e**) tratwa; pływak.

flöß|bar spławny; **2e** *f* spławik.

Flosse *f* płetwa; *Flgw.* statecznik; P *fig.* łapa. [**2er** *m* flisak.)

flöß|en [-ø:-] *v/t* (*-ßt*) spławia(ć;)

Flöte *f* flet; **2n** (*-e-*) ⟨za⟩grać na flecie; (*pfeifen*) *Vogel*: ⟨za⟩śpiewać.

flötengehen: F ... **ging flöten** diabli biorą *od.* wzięli (*A*).

Flö'tist *m* (*-en*) flecista *m*.

flott pływający; F *Arbeit*: szybki (-ko), zwinny; *Tanz, Melodie*: skoczny; *s. schick, schneidig*; **~es Leben** rozwiązły tryb życia.

Flotte *f Mar.* flota.

Flotten|basis *f* baza marynarki wojennej; **~chef** *m* dowódca *m* floty; **~einheit** *f* jednostka pływająca; **~parade** *f* defilada floty morskiej; **~verband** *m* związek morski *od.*)

Flot'tille *f* flotylla. [floty.)

flottmachen *Schiff*: ściągać ⟨ściągnąć⟩ z mielizny. [złoże.)

Flöz [-ø:-] *n* (*-es*; *-e*) *Bgb.* pokład,)

Fluch [-u:x] *m* (*-es*; *~e*) przekleństwo; (*Bann2*) klątwa; **2en** ⟨za⟩kląć; (*j-m*) przeklinać (-ląc) (*A*).

Flucht [1] *f* ucieczka; **in die ~ schlagen** *od. jagen* zmuszać ⟨zmusić⟩ do ucieczki; **2artig** *Adv.* spiesznie, w popłochu.

Flucht [2] *f Arch.* lico muru.

flücht|en (*-e-*; *sn*) uciekać ⟨-iec⟩, zbiegać ⟨zbiec⟩; (*Wild*) uchodzić, pomykać; *sich ~* (*in A, zu*) szukać ucieczki (w *L*, u *G*).

Fluchthelfer *m* pomocnik w ucieczce; organizator ucieczki.

flüchtig zbiegły; *Chem.* lotny; *Wild*: pomykający; *fig.* przelotny, krótkotrwały (-le); *s. oberflächlich*; **2keit** *f* (0) lotność *f*; przelotność *f*, krótkotrwałość *f*; pobieżność *f*; **2keitsfehler** *m* przeoczenie.

Flüchtling *m* (*-s*; *-e*) zbieg; uciekinier, (*a. Pol.*) uchodźca *m*.

Flüchtlings|lager *n* obóz dla uchodźców; **~treck** *m* kolumna uchodźców.

Flucht|linie *f Arch.* linia zabudowy; **~punkt** *m Math.* punkt zbiegu; **~verdacht** *m* podejrzenie ucieczki; **~versuch** *m* próba ucieczki; **~weg** *m* droga ucieczki.

Flug *m* (*-es*; *~e*) lot; *fig.* polot; *im ~ fig.* migiem, lotem ptaka; **~abwehr** *f* obrona przeciwlotnicza; **~asche** *f* popiół lotny; **~bahn** *f* tor lotu (*od.*)

Mil.) pocisku; **~betrieb** *m* ruch lotniczy; **~bild** *n* sylwetka w locie; **~blatt** *n* ulotka; **~boot** *n* wodnosamolot łodziowy, łódź latająca.

Flügel *m* skrzydło (*a. fig.*); *Mus.* fortepian; (*Propeller*♀) łopata; *Arch.* oficyna; *Flgw. a.* płat; *mit den* ~n *schlagen* bić (*od.* trzepotać) skrzydłami; (*Los* bezskrzydły; **~mann** *m* (*pl.* ~er/-*leute*) skrzydłowy *m*; **~mutter** *f* nakrętka skrzydełkowa; **~schlag** *m* bicie skrzydłami; (*Geräusch*) łopot skrzydeł.

Flug|feld *n* pole wzlotów; **~gast** *m* pasażer (samolotu).

flügge opierzony, mogący latać; *fig.* samodzielny.

Flug|geschwindigkeit *f* prędkość *f* lotu; **~gesellschaft** *f* towarzystwo lotnicze; **~hafen** *m* port lotniczy; **~kapitän** *m* pilot; **~karte** *f* bilet lotniczy; **~körper** *m* obiekt latający; pocisk; **~lärm** *m* hałas lotniczy; **~lehrer** *m* instruktor pilotażu, pilot-instruktor; **~leitung** *f* kierownictwo lotami; **~linie** *f* linia (*od.* trasa) lotnicza; **~loch** *n* wylot, oczko; **~lotse** *m* kierownik radionamiarów; **~modell** *n* model latający; **~plan** *m* rozkład lotów; **~platz** *m* [lotnisko.

flugs szybko, migiem.]

Flug|sand *m* piasek lotny; **~schanze** *f* skocznia mamucia; **~schreiber** *m* rejestrator kursu; rekorder awaryjny; **~sicherung** *f* zabezpieczenie lotów; **~strecke** *f* trasa lotu; *s. Fluglinie*; **~stunde** *f* godzina lotu; **~technik** *f* (0) technika lotnicza; **~test** *m* oblot; **~verbot** *n* zakaz wykonywania lotów; **~verkehr** *m* komunikacja lotnicza; **~wesen** *n* lotnictwo; **~wetter** *n* pogoda nadająca się do lotów; **~wild** *n s. Federwild*; **~zeit** *f* czas lotu.

Flugzeug *n* samolot; **~absturz** *m* rozbicie się samolotu; katastrofa lotnicza; **~abwehrkanone** *f s.* Flak; **~entführung** *f* uprowadzenie (*od.* porwanie) samolotu; **~führer** *m* pilot; **~halle** *f* hangar; **~träger** *m* lotniskowiec; **~triebwerk** *n* zespół napędowy samolotu, silnik lotniczy.

Flunder *f* (-; -*n*) stornia, flądra.

Flunke'r|ei *f* ⊢ *f* blaga, bujda; ♀n ⌐ (-*/-re*) bujać; zalewać kolejki

fluores'zieren (-) fluoryzować.

Flur[1] *m* (-*es*; -*e*) sień *f*, korytarz.

Flur[2] *f* niwa, łan; (*Wiese*) błonie; ~-

bereinigung *f* scalanie (*od.* komasacja) gruntów; **~karte** *f* mapa katastralna; **~schaden** *m* szkody *f/pl.* polne.

Fluß *m* (-*sses*; *ü*sse) rzeka; *Phys.* strumień *m*; *fig.* (po)tok, bieg; *Tech. s.* Flußmittel; *in* ~ *kommen od.* *geraten* ruszać (-szyć) z miejsca; ~ *in Zssgn* rzeczny; ♀'**ab**(**wärts**) w dół rzeki, z prądem; ♀'**auf**(**wärts**) w górę rzeki, pod prąd; **~bett** *n* koryto (*od.* łożysko) rzeki; **~gebiet** *n* dorzecze.

flüssig płynny (*a. fig.*), ciekły; ♀**gas** *n* gaz płynny; ♀**keit** *f* płyn, ciecz *f*; *fig.* płynność *f*; ♀**keits-** cieczowy; hydrauliczny; ♀**kristall** *n* kryształ ciekły.

Fluß|mittel *n* topnik; **~muschel** *f* skójka; **~pferd** *n* hipopotam; **~regulierung** *f* regulacja rzeki; **~spat** *m* fluoryt; **~stahl** *m* staliwo, stal zlewna.

flüster|n (-*re*) szeptać (-pnąć); ♀**n** *n* (-*s*; 0) szept(anie); **~nd** szeptem; ♀**propaganda** *f* szeptana propaganda; ♀**ton** *m*: *im* ♀*ton* szeptem.

Flut *f* (*Ggs. Ebbe*) przypływ; (*Hoch*♀) wylew; powódź; *fig.* potok; **~en** *pl.* fale *f/pl.*, nurty *m/pl.*; ♀**en** (-*e*) *v/t* napełni(a)ć wodą; *v/i* (*sn*) płynąć (*a. fig.*); toczyć nurty *od.* fale; (*Menge*) tłumnie wylegać (-ec), tłoczyć się hurmem, (*a. Fahrzeuge*) ciągnąć; **~katastrophe** *f* wylew katastrofalny; **~licht**(**beleuchtung** *f*) *n* światło naświetlaczy; oświetlenie naświetlaczami; **~welle** *f* fala pływowa; fala powodziowa.

focht *s.* fechten.

Focksegel *n* fok.

Föde'ra|ti'on *f* związek, federacja; ♀'**tiv** związkowy, federacyjny.

fohlen ⟨o⟩źrebić się.

Fohlen *n* źrebię *n*. [fenowy.]

Föhn *m* (-*s*; -*e*) fen, wiatr halny; ♀**ig**)

Föhre *f* sosna; **~n-** sosnowy.

Folge *f* ciąg (*a. Math.*); (*Ab*♀) kolejność *f*; seria; (*Auswirkung*) następstwo, skutek; ~ *leisten* ⟨D⟩ ⟨za⟩stosować się (do *G*); (*e-r Bitte*) przychylać ⟨-lić⟩ się (do *G*); (*e-r Einladung*) przyjmować ⟨-jąć⟩ (*A*); *zur* ~ *haben* pociągać ⟨-gnąć⟩ za sobą; *die* ~*n tragen* ponosić ⟨-nieść⟩ konsekwencje.

folgen (*sn*) iść ⟨pójść⟩ (*j-m*/za *I*); następować ⟨-tąpić⟩ (*D*/po *L*); wynikać ⟨-knąć⟩ *(aus/z G)*; *(geistig, mit d. Augen)* śledzić; *vgl. Folge (leisten)*; *nicht ~ können* nie na-, po|dążać *(D/za I)*; *dicht gefolgt von tuż przed (I)*; **~d** następujący; następny; co następuje; **~dermaßen** w następujący sposób; **~schwer** brzemienny w skutki, fatalny.

folge|richtig logiczny, konsekwentny; **~rn** *(-re)* ⟨wy⟩wnioskować *(aus/z G)*; **2rung** *f* wniosek; **2zeit** *f* następny okres.

folg|lich ta więc, wobec tego; **~sam** posłuszny.

Folie *f* folia; **~n-** foliowy.

Folk'lore *f (0)* folklor.

Fol'likelhormon *n* folikulina.

Folter *f* tortury *f/pl.*, męki *f/pl.*; *fig. auf die ~ spannen* skaz(yw)ać na torturę oczekiwania; **~kammer** *f* katownia; **2n** *(-re)* torturować, katować; **~qualen** *f/pl.* katusze *f/pl.*, męczarnie *f/pl.* [włosów.]

Fön [fø:n] *m (-s; -e)* suszarka do]

Fonds [fõ/fõ·] *m (-; -)* fundusz.

Fon'täne *f* fontanna.

Fonta'nelle *f* ciemiączko.

foppen *v/t* ⟨za⟩kpić *(z G)*, F na-b(ie)rać *(A)*; *s. necken*.

forcieren [-'si:-] *(-)* ⟨s⟩forsować.

Förder|band *n* przenośnik taśmowy, taśmociąg; **~er** *m* protektor, mecenas; *Tech.* przenośnik; **~gerüst** *n* wieża wyciągowa; **~kohle** *f* pospółka; **~korb** *m* klatka szybowa; **2lich** *(D)* korzystny *(dla G)*, sprzyjający *(D)*; **~maschine** *f Bgb.* maszyna wyciągowa.

fordern *(-re) v/t* ⟨za⟩żądać, wymagać *(G)*; *(heischen)* domagać się *(G)*, dopominać *(-mnieć)* się *(D, o A)*; *Opfer:* pociągać ⟨-gnąć⟩; *(zum Duell)* wyz(y)wać *(na A)*.

fördern *(-re) v/t* popierać ⟨-przeć⟩, protegować; *s. begünstigen, vorantreiben*; *Bgb.* wydoby(wa)ć, F fedrować; *(Pumpe)* podnosić, tłoczyć.

Förder|schacht *m* szyb wydobywczy; **~turm** *m s.* Fördergerüst.

Forderung *f* żądanie, wymaganie; *konkr. pl. a.* wymogi *m/pl.*; *(Anspruch a.)* roszczenie; pretensja; **~en** *pl. Hdl.* wierzytelności *f/pl.*

Förderung *f (0)* popieranie; poparcie, protekcja; *Bgb.* wydobywanie; tłoczenie; **2s-würdig** godny poparcia.

Fo'relle *f* pstrąg; *(Meer2)* troć *f*.

fo'rensisch sądowy.

Forke *f* widły *pl.*

Form *f (Gestalt)* postać *f*; kształt; *(a. Tech., Sp., fig. usw.)* forma; *(Art)* sposób; *in aller ~* uroczysty *(-ście)*; oficjalnie. [ność *f.*]

for'mal formalny; **2i'tät** *f* formal-]

For'mat *n (-es; -e)* format, rozmiar; *von ~* niepospolity; **~i'on** *f* formacja; *Mil. a.* ugrupowanie; jednostka.

Formblatt *n s.* Formular.

For|mel *f (-; -n)* formuła; *Math.* wzór; *(Eides2)* rota; **2'mell** formalny; oficjalny.

formen ⟨u⟩formować, ⟨u⟩kształtować; **2lehre** *f* morfologia.

Form|er *m* formierz; **~fehler** *m* błąd formalny; **~gebung** *f (0)* formowanie, kształtowanie; *Tech. a.* wzornictwo.

for'mieren *(-)* ⟨u⟩formować *(sich* się⟩, ⟨u⟩tworzyć; *sich ~ a.* ustawi(a)ć się.

förmlich *s.* formell; F *(regelrecht)* istny, *präd. a.* wręcz; **2keit** *f* formalność *f*, ceremonialność *f*.

form|los bezkształtny; nie wymagający formalności *od.* przepisowej formy, F *s. ungezwungen*; **2maschine** *f* maszyna formierska; **2-sache** *f (0)* formalność *f*; **~schön** o pięknych kształtach, estetyczny; **2stanze** *f Tech.* wygniatacz; **2tief** *n Sp.* zniżka formy.

Formu'lar *n (-s; -e)* formularz, wzór, blankiet; **2'lieren** *(-)* ⟨s⟩formułować.

form|vollendet nienaganny, wzorowy *(-wo)*; doskonały *(-le)*; **~widrig** nieformalny.

forsch energiczny, rezolutny.

forsch|en badać; dociekać; *(suchen)* poszukiwać *(nach/G)*; **~end** badawczy *(-czo)*, dociekliwy *(-wie)*; **2er(in** *f) m* badacz(ka); **2ung** *f* badanie; dociekanie; *in Zssgn mst* *(naukowo-)*badawczy; doświadczalny.

Forschungs|gebiet *n* dziedzina badań; **~institut** *n* instytut naukowo--badawczy; **~reise** *f* wyprawa naukowa; **~zentrum** *n* ośrodek badań *od.* naukowo-badawczy.

Forst *m (-es; -e)* las; **~amt** *n* leśnictwo.

Förste|r *m* leśnik; **~rei** *f* leśnictwo; *(Haus)* leśniczówka.

Forst|frevel m szkoda leśna; **~garten** m szkółka leśna; **~meister** m nadleśniczy m; lustrator lasów; **~revier** n rewir leśny; **~wesen** n (-s; 0), **~wirtschaft** f (0) leśnictwo.

fort precz; (weiter) dalej; in e-m ~ nieustannie, wciąż; und so ~ i tak dalej; er ist schon ~ on już od-, po-, wy|szedł, już go nie ma; **~'an** odtąd, w przyszłości; **~bestehen** (-) istnieć (od. trwać) dalej, utrzym(yw)ać się.

fort|beweg|en (-) poruszać ⟨-szyć⟩ (od. posuwać ⟨-unąć⟩) naprzód (sich się); 2ung f (0) ruch (naprzód); postęp.

fortbild|en: sich ~en kształcić się dalej, dokształcać ⟨-cić⟩ się; doskonalić się (w zawodzie); 2ung f (0) dokształcanie; doskonalenie (się); 2ungs- dokształcającej, ... doskonalenia.

Fort|bleiben n (-s; 0) nieobecność f; 2bringen od-, wy|nosić ⟨-nieść⟩; od-, wy|wozić ⟨-wieźć⟩; j-n: od-, wy|prowadzać ⟨-dzić⟩; s. wegbringen; **~dauer** f (0) dalsze trwanie (od. istnienie); kontynuacja; 2-dauern trwać dalej; **~entwicklung** f dalszy rozwój; 2fahren v/i (sn) od-, wy|jeżdżać ⟨-jechać⟩; fig. kontynuować (in D/A); v/t od-, wy|wozić ⟨-wieźć⟩; s. wegfallen; 2führen (po)prowadzić dalej, kontynuować; **~gang** m (-s; 0) (dalszy) tok, postęp; s. Weggang; 2-gehen (sn) s. weggehen; 2geschritten zaawansowany; (daleko) posunięty; Alter: podeszły; 2gesetzt stały (-le), ciągły (-le); **~kommen** n (-s; 0) kariera; F s. Auskommen; 2-kommen (sn) s. wegkommen, (sich) fortbewegen; 2laufend s. fortgesetzt; Numerierung: porządkowy, bieżący (-co).

fortpflanz|en v/t przekaz(yw)ać; sich ~en Bio. rozmnażać ⟨-nożyć⟩ się; Phys., fig. rozprzestrzeni(a)ć się, rozchodzić ⟨rozejść⟩ się; Tradition usw.: przechodzić ⟨przejść⟩ (auf A/ na A); 2ung f (0) Bio. rozród, rozmnażanie się; rozprzestrzenianie się, rozchodzenie się; 2ungs- rozrodczy.

fort|räumen usw. s. weg-; **~reißen** unosić ⟨unieść⟩, por(y)wać (mit sich ze sobą); sich ~reißen lassen da(wa)ć się unieść (von/D); 2satz m Anat. wyrostek.

fortschreiten (sn) postępować ⟨-tąpić⟩ naprzód; (nur fig.) robić (od. czynić) postępy; **~d** postępujący; Tech. a. postępowy.

Fortschritt m postęp; 2lich, **~s-** postępowy (-wo).

fortsetz|en kontynuować, ⟨po⟩prowadzić (od. uprawiać, ciągnąć) dalej; 2ung f kontynuacja; ciąg dalszy; 2ungsroman m powieść f w odcinkach.

fortstehlen: sich ~ wymykać ⟨-mknąć⟩ się, wykradać ⟨-raść⟩ się cichaczem.

fort|treiben v/t s. wegjagen, verscheuchen, fortsetzen; v/i (sn) być u-, z|noszonym, dryfować ⟨po⟩pły-nąć z prądem; **~während** ustawiczny, stały (-le); Adv. a. wciąż; **~ziehen** v/t odciągać ⟨-gnąć⟩; v/i (sn) wyprowadzać ⟨-dzić⟩ się; opuszczać ⟨-uścić⟩; s. abziehen.

Forum n (-s; -ren/-ra) forum n.

fos'sil skamieniały; kopalny.

Foto F n (-s; -s) zdjęcie, fotka; (Werbe2) fotos; **~amateur** m fotoama-tor; **~apparat** m aparat fotograficzny; 2'gen fotogeniczny; **~'graf** m (-en) fotograf; **gra'fie** f fotografia; 2gra'fieren (-) ⟨s⟩fotografo-wać; **~kopie** f fotokopia; **~modell** n modelka (pozująca fotografowi); **~montage** f fotomontaż; **~repor-ter** m fotoreporter; **~satz** m foto-

Fotze V f dupa. [skład.]

Foul [faul] n (-s; -s) faul; 2en ⟨s⟩faulować.

Foxtrott m (-s; -e/-s) fokstrot.

Foyer [fŏa'je:] n (-s; -s) foyer.

Fracht f ładunek, przesyłka towarowa; (Preis) koszt przewozu, fracht; **~brief** m list przewozowy; **~er** m frachtowiec, towarowiec; **~gut** n ładunek; przesyłka; **~kosten** pl. koszt(y) przewozu; **~raum** m ładownia; łączna ładowność; **~schiff** n s. Frachter. [koszula frakowa.]

Frack m (-s; -e/-s) frak; **~hemd** n]

Frage f (za)pytanie; (Problem a.) kwestia, zagadnienie; (nicht) in ~ kommen (nie) wchodzić w rachubę; in ~ stellen ⟨za⟩kwestionować, podda(wa)ć w wątpliwość; ohne ~ bez wątpienia; **~bogen** m kwestiona-riusz, ankieta; **~form** f forma pytająca; **~fürwort** n zaimek pytajny; 2n pytać (się), zapyt(yw)ać; (j-n nach D od. über A) do-, wy|pyt(y-

w)ać się (u k-o o *A*); um Rat $\mathfrak{L}$n ⟨po⟩radzić się (*A/G*); ohne zu $\mathfrak{L}$n nie pytając; es *fragt sich, ob* ... to jeszcze pytanie, czy ...; $\mathfrak{L}$nd pytający (-co), badawczy (-czo); **~r** m pytający m. [nie.)
Frage'rei F f pytanina, wypytywa-)
Frage|steller m s. *Frager*; *Parl.* interpelant; **~stunde** f *Parl.* godzina składania interpelacji; **~zeichen** n pytajnik, znak zapytania.
frag|lich dany, o którym mowa; s. *fragwürdig*; **~los** *Adv.* bez wątpienia, niewątpliwie.
Frag'men|t n (-es; -e) urywek, fragment; $\mathfrak{L}$'**tarisch** urywkowy (-wo), fragmentaryczny.
fragwürdig wątpliwy (-wie), problematyczny; (*zwielichtig*) podejrzany, ciemny.
Frakti'on f frakcja; *Parl. a.* klub poselski; **~s-** frakcyjny, ... frakcji.
Frak'tur f *Med.* złamanie; *Typ.* fraktura, gotyk.
Fran|c [-â] m (-; -s), **~k** m (-en) frank.
Franke m (-n) Frankończyk.
Franken m frank.
fran'kieren (-) ⟨o⟩frankować.
fränkisch frankoński.
Franse f frędzla. [cuska.)
Franzbranntwein m wódka fran-)
Franzis'kaner m franciszkanin.
Fran'zose m (-n) Francuz.
Fran'zös|in f Francuzka; $\mathfrak{L}$**isch** francuski (po -ku).
frap|'pant frapujący (-co); **~'pieren** (-) ⟨za⟩frapować.
Fräs|- frezarski, frezowy; **~e** f *Agr.* glebogryzarka; $\mathfrak{L}$**en** frezować; **~er** m frez; *Pers.* frezer; **~maschine** f frezarka.
fraß s. *fressen*.
Fraß m (-es; 0) s. *Fressen*, *Knochen-*, *Raupenfraß*; zum **~** *vorwerfen* dać na pożarcie; **~gift** n trucizna żołądkowa.
Fratz F m (-es/-en; -e/-en) bobo, brzdąc; (*größeres Mädchen*) podlotek, dzierlatka.
Fratze f maszkara; grymas; (*Zerrbild*) karykatura; **~n schneiden** stroić miny.
Frau f kobieta; (*Ehe*$\mathfrak{L}$) żona; (*Anrede*) pani; *Ihre ~ Gemahlin* małżonka (szanownego) pana; **~en-** kobiecy, żeński.
Frauen|arbeit f praca kobiet; *Pol.* praca wśród kobiet; **~arzt** m lekarz

chorób kobiecych, ginekolog; **~bewegung** f (0) ruch kobiecy, feminizm; **~funk** m audycja dla kobiet; **~gestalt** f postać kobieca; **~klinik** f klinika ginekologiczna; **~kloster** n klasztor żeński; **~leiden** n choroba kobieca; **~rechtlerin** f feministka, emancypantka; **~schuh** m *Bot.* obuwik.
Frauensperson F f kobieta, kobiecina; s. *Frauenzimmer*.
Frauen|station f oddział dla kobiet *od.* kobiecy; **~zimmer** n *verä.* babsko, babsztyl; dziewka; † białogłowa.
Fräulein n (-s; -/F -s) panna (*a. Anrede*), panienka; *Ihr ~ Tochter* córka pana (*od.* pani).
fraulich kobiecy (-co).
frech bezczelny, zuchwały (-le); (*keß*) frywolny; (*zudringlich*) nachalny; $\mathfrak{L}$**dachs** F m etwa: łobuziak, kawał urwisa; $\mathfrak{L}$**heit** f bezczelność f, zuchwalstwo, impertynencja.
Fre'gatte f fregata; **~n-kapitän** m komandor porucznik.
frei wolny, (*a. unbefangen*) swobodny; (*offen*) otwarty (-cie); (*kostenlos a.*) bezpłatny, F darmowy; *Stelle*: wakujący; (*zugelassen a.*) dozwolony; *Hdl.* franko; **~ von** wolny od (*G*), bez (*G*); *sich ~ machen* uwalniać ⟨uwolnić⟩ się (*von/od G*); *auf ~en Fuß setzen* zwalniać ⟨zwolnić⟩; *der Film ist ~ nach dem Roman ... gedreht worden* film jest adaptacją powieści ...; **~erfunden** zmyślony; *den Oberkörper ~ machen* rozebrać się do pasa; $\mathfrak{L}$**bad** n pływalnia otwarta; $\mathfrak{L}$**bank** f tania jatka; **~bekommen** f zwalniać ⟨zwolnić⟩ się, mieć wolne; **~beruflich** uprawiając(y) wolny zawód, wolno praktykujący; $\mathfrak{L}$**betrag** m część f zarobku wolna od podatku; $\mathfrak{L}$**beuter** m korsarz; **~bleibend** *Hdl.* bez zobowiązania; $\mathfrak{L}$**denker** m wolnomyśliciel.
Freie n (-n): im ~ na świeżym powietrzu, na dworze; w plenerze.
Freier † m konkurent.
Frei|frau f baronowa; **~gabe** f zwolnienie; zniesienie zakazu (*G*), zezwolenie (na *A*).
freigeb|en v/t zwalniać ⟨zwolnić⟩; znosić ⟨znieść⟩ zakaz (*G*), zezwalać ⟨-wolić⟩ (na *A*); otwierać ⟨-worzyć⟩ (*für den Verkehr* dla ruchu); v/i zwalniać ⟨zwolnić⟩ od pracy *od.*

zajęć; **~ig** hojny, szczodry (-rze); **2igkeit** f (0) hojność f, szczodrość f.

Frei|gehege n wybieg (dla zwierząt); **~gepäck** n bagaż wolny od opłaty; **2haben** F mieć wolne; **~hafen** m port wolnocłowy; **2halten** ⟨za⟩fundować (A/D); **~handels-zone** f strefa wolnego handlu; **2-händig** (od)ręczny.

Freiheit f wolność f, swoboda; *bürgerliche* **~en** wolności obywatelskie; **2lich**, **~s-** wolno-ściowy.

Freiheits|beraubung f, **~entzug** m pozbawienie wolności; **~kampf** m walka wyzwoleńcza; **~kämpfer** m bojownik o wolność; **~krieg** m wojna wyzwoleńcza; **2liebend** miłujący wolność; **~strafe** f kara pozbawienia wolności.

frei|her|aus *Adv.* bez ogródek, F prosto z mostu; **2herr** m baron; **2karte** f bilet bezpłatny; *Thea. usw.*: karta wolnego wstępu; **~kaufen** wykupywać ⟨-pić⟩; **2körperkultur** f nudyzm; **~lassen** wypuszczać ⟨-uścić⟩ na wolność, zwalniać ⟨zwolnić⟩; **~gelassen werden** *Pers.* wychodzić ⟨wyjść⟩ na wolność; **2-lassung** f u-, z|wolnienie; **2land-gemüse** n jarzyny f/pl. z uprawy gruntowej; **2lauf(nabe** f) F m piasta wolnobiegowa, F wolnobieżka; **~legen** odsłaniać ⟨-łonić⟩, odkop⟨yw⟩ać. [*dial.* ma się rozumieć.]

freilich wprawdzie, co prawda; FJ

Freilicht|bühne f teatr letni; **~malerei** f malarstwo plenerowe, **~museum** n skansen.

freimachen v/t ⟨o⟩frankować; v/i F *ein paar Tage* **~** zwolnić się na kilka dni.

Frei|maurer m mason; **~** *in Zssgn* masoński, wolnomularski; **2mütig** otwarty (-cie), szczery (-rze); **2-schaffend** wolno praktykujący; **2-schärler** m partyzant, *hist.* ochotnik. [egzamin pływacki.)

freischwimmen: *sich* **~** zda(wa)ć F

frei|setzen wyzwalać ⟨-wolić⟩; **~sinnig** tolerancyjny, liberalny; **2-sprechen** *Jur.* uniewinni(a)ć;*Lehrling:* wyzwalać ⟨-wolić⟩; **2spre-chung** f uniewinnienie; wyzwolenie; **2spruch** m wyrok uniewinniający; uniewinnienie; **2staat** m republika; **2stehen**: *es steht Ihnen frei ... może pan(i) ...*; *das steht dir frei* rób (*od.* czyń), jak uznasz za

stosowne; **~stehend** wolnostojący; **~stellen** pozostawi(a)ć do wyboru, odda(wa)ć do dyspozycji (*j-m/D*); (*j-n*) zwalniać ⟨zwolnić⟩ (von/z, od G).

Freistil|ringen n zapasy w stylu dowolnym, F (wolno)amerykanka; **~schwimmen** n pływanie stylem dowolnym.

Frei|stoß m rzut wolny; **~stunde** f godzina rekreacyjna; (*d. Häftlinge*) spacer; **~tag** m piątek; (*Name*) Piętaszek; **2tags** w piątek, w piątki; **~tags-** piątkowy; **~tod** m samobójstwo; **2tragend** *Tech.* wolnonośny; **~treppe** f schody *pl.* zewnętrzne; **~übungen** f/pl. ćwiczenia n/pl. wolne; **~wild** n *fig.* łup, ofiara.

freiwillig (0) dobrowolny; *mst Mil.* ochotniczy, *präd.* na ochotnika; **2e(r)** m/f ochotni|k (-czka).

Frei|wurf m *Sp.* rzut wolny; **~zeichen** n *Fmw.* sygnał kontroli wywołania.

Freizeit f (0) czas wolny (od pracy), **~beschäftigung** f rozrywka po pracy, hobby n; **~gestaltung** f organizacja wolnego czasu; rekreacja; **~kleidung** f odzież domowa *od.* lekka; **~sport** m sport rekreacyjny.

freizügig wolny, nieskrępowany; *s. tolerant, großzügig*; **2keit** f (0) wolność f poruszania się *od.* wyboru miejsca zamieszkania; swobodny przepływ siły roboczej.

fremd obcy (-co); (*nicht eigen*) cudzy; *s. fremdländisch*; **~artig** odmienny, obcy (-co); (*seltsam*) dziwny. [na obczyźnie.)

Fremde[1] f (0) obczyzna; *in der* **~**J

Fremde(r)[2] m/f obc|y m (-a); gość m; *s. Ausländer*.

Fremden|führer m przewodnik; **~legion** f legia cudzoziemska; **~verkehr** m (-s; 0) ruch turystyczny; **~zimmer** n pokój gościnny.

fremd|gehen F (*sn*) zdradzać ⟨-dzić⟩; **2heit** f (0) obcość f; **2-herrschaft** f obce panowanie; **2-körper** m ciał(k)o obce; **2ländisch** cudzoziemski (z -ka); **2ling** m *s. Fremde(r)*.

Fremdsprach|e f język obcy; **2ig** w j$ęzyku obcym; **2lich** obcojęzyczny.

Fremd|wort n (-es; "er) wyraz obcy; **~wörterbuch** n słownik wyrazów obcych.

fre|quen'tieren (-) v/t uczęszczać (do G), często bywać (w L); **2-'quenz** f frekwencja; *Phys.*, *Tech.* częstotliwość f, częstość f.

Fresk|e f, **~o** n (-s; -ken) fresk.

Fresse V f morda, pysk; *in die* ~ *hauen* strzelić w mordę.

fressen (L.) v/t po-, z|żerać ⟨po-, ze|żreć⟩ (a. fig.); P Geld, Zeit usw.: zuży(wa)ć; s. kapieren; v/i żreć; (Wild a.) żerować; sich ~ wgryzać ⟨-yźć⟩ się (in, durch A/w A); s. a. ab-, aus-, zerfressen, nagen.

Fressen n żarcie, (nur konkr.) żer, karma; żerowanie; (Fraß) żarło; F fig. gefundenes ~ gratka.

Fresse|r m P s. Esser; unnützer ~r darmozjad; **'rei** V f żarcie; obżeranie się.

Freß|gier f (0) żarłoczność f; **2gierig** żarłoczny; **~sack** P m obżartuch.

Frettchen n fretka.

Freude f radość f; vor ~ z radości od. uciechy; ~ haben ⟨u⟩cieszyć się (an/I, z G); mit ~n z przyjemnością; z entuzjazmem; außer sich (od. fassungslos) vor ~ sein nie posiadać się z radości.

Freuden|botschaft f radosna wieść od. nowina; **~feuer** n ognisko, pl. a. ognie m/pl.; **~geschrei** n radosne okrzyki m/pl.; **~haus** n dom publiczny; **~mädchen** n dziewczyna lekkich obyczajów; **~taumel** m szał radości.

freude|strahlend rozpromieniony; **~trunken** upojony (od. pijany) radością.

freudig radosny (-śnie); Miene a.: u-, roz|radowany; Adv. a. ochoczo, entuzjastycznie.

freuen ⟨u⟩cieszyć (sich się; an D, über A/I, z G; auf A/na A); es freut mich, daß ... cieszy mnie, że ...; freut mich sehr bardzo mi przyjemnie.

Freund m (-es; -e) przyjaciel; F (Liebhaber) amant, chłopiec; ~ der Musik usw. wielbiciel (G), kein ~ von ... sein nie lubić (G); **~es-** przyjacielski; **~in** f przyjaciółka; F a. sympatia, dziewczyna; wielbicielka (G); **2lich** grzeczny, uprzejmy; Wesen, Lächeln: przyjazny; Raum usw.: miły, (a. Wetter) przyjemny; (günstig) przychylny, sprzyjający (-co); bitte recht 2lich! proszę przy-

brać wesołą minę!; 2liche Grüße! miłe pozdrowienia!

Freundschaft f przyjaźń f; koleżeństwo; 2lich przyjacielski (po -ku), przyjazny (-źnie).

Freundschafts|besuch m wizyta przyjaźni; **~spiel** n, **~treffen** n spotkanie towarzyskie.

Frevel m lit. czyn karygodny, występek; s. Forstfrevel; 2haft lit. karygodny, występny; niecny.

Friede m (-ns; -n), **~n** m pokój; (0) (Ruhe) (s)pokój; ruhe in ~n! pokój jego (od. jej) duszy!, wieczne odpoczywanie!; nicht in ~ lassen nie dawać spokoju (A/D).

Friedens|bewegung f ruch na rzecz pokoju; **~bruch** m naruszenie pokoju; **~kämpfer** m obrońca m pokoju; **~konferenz** f konferencja pokojowa; **~liebe** f umiłowanie pokoju; **~nobelpreis** m nagroda pokojowa im. A. Nobla; **~schluß** m zawarcie pokoju; **~verhandlungen** f/pl. rokowania n/pl. pokojowe; **~vertrag** m traktat pokojowy.

Fried|fertigkeit f (0) zgodność f, ustępliwość f; pokojowość f; **~hof** m cmentarz; (jüdisch) kirkut; fig. cmentarzysko; **~hofs-** cmentarny; 2lich spokojny; Pers. a.: zgodny; pokojowy (-wo); (ohne Streit) ugodowy (-wo); 2liebend miłujący pokój.

frier|en (L.) v/i ⟨z⟩marznąć, ⟨z-⟩ ziębnąć; s. gefrieren; ich ~e, mich ~t zimno mi, marznę; es ~t mich an den Fingern marzną mi palce; (sn) es ~t marznie, mróz bierze.

Fries m (-es; -e) Arch. fryz; Text. kuczbaja.

Fries|e m (-en) Fryzyjczyk; **~in** f Fryzyjka; 2isch fryzyjski (po -ku).

fri'gi|d(e) oziębły płciowo; 2di'tät f (0) oziębłość płciowa.

Frika'delle f zrazik (siekany).

Frikas'see n (-s; -s) potrawka.

Frikti'on f tarcie; **~s-** cierny.

frisch świeży (-żo) (a. kühl); (neu) nowy (-wo); (sauber) czysty (-to); (munter) rześki (-ko); Haut: czerstwy (-wo); auf ~er Tat na gorącym uczynku; sich ~ machen s. erfrischen; 2e f (0) świeżość f; rześkość f, wigor; czerstwość f; **~en** Tech. świeżyć; 2fleisch n mięso świeże; 2gemüse n koll. świeże jarzyny f/pl.

Frischhalte|beutel m torebka z plastyku; **~packung** f opakowanie plastykowe.

Frisch|ling m (-s; -e) warchlak; **~wasser** n (-s; 0) woda słodka od. do picia; **~zellentherapie** f (0) s. Zellulartherapie.

Fri'seu|r m (-s; -e) fryzjer; **~r-fryzjerski;** **~se** f fryzjerka.

fri'sier|en (-) ⟨u⟩fryzować (a. F Bilanz); **2mantel** m peniuar; **2salon** m salon fryzjerski; **2toilette** f toaletka.

Fri'sör m (-s; -e) s. Friseur usw.

friß s. fressen.

Frist f termin; (Zeitraum) okres; (Aufschub) zwłoka; nach abgelaufener ~ po terminie, po upływie terminu.

fristen (-e-): sein Leben usw. kümmerlich ~ klepać (od. łatać) biedę, wegetować.

frist|gemäß, **~gerecht** terminowy (-wo), na termin, w terminie; **~los** ~los entlassen zwalniać ⟨zwolnić⟩ bez wypowiedzenia; **2verlänge-rung** f prolongata, odroczenie terminu.

Fri'sur f fryzura, uczesanie.

Fritte f spiek.

Fritze F dial. m (-n) facet, gość m.

fri'vo|l frywolny; **2li'tät** f frywolność f.

froh s. fröhlich, heiter; zadowolony, rad (über A/z G); ich wäre ~ ... rad bym ...; ~ stimmen radować; F s-s Lebens nicht mehr ~ sein mieć zatrute życie; ~es Fest! wesołego świąt!; **~gemut** wesoły (-ło), w wesołym nastroju.

fröhlich wesoły (-ło); s. freudig; **2-keit** f (0) wesołość f, † wesele.

froh|'locken ⟨-⟩ cieszyć ⟨od. radować⟩ się; triumfować; **2sinn** m (-s; 0) wesołe usposobienie, pogoda ducha.

fromm (a. ~er, ~st-) na-, po|bożny; s. gutherzig, **~er** Wunsch pobożne życzenie.

Frömm|e'lei f świętoszkostwo; **~ig-keit** f (0) pobożność f; **~ler** (in f) m nabożni|ś m (-sia), świętosz|ek (-ka).

Fron f, **~arbeit** f pańszczyzna; fig. harówka; **~bauer** m chłop pańszczyźniany; **~dienst** m s. Fron.

frönen lit. odda⟨wa⟩ć się (D).

Fron'leichnam m (-s; 0) Boże Ciało; **~s-** ... Bożego Ciała.

Front f front; Arch. a. fasada, elewacja; an der ~ na froncie; ~ machen występować ⟨-tąpić⟩ (gegen A/ przeciw D).

fron'tal frontalny, czołowy.

Front|antrieb m Kfz. napęd przedni; **~gebiet** n strefa przyfrontowa; **~kämpfer** m frontowiec; **~urlaub** m urlop z frontu; **~wand** f ściana frontowa; **~wechsel** m zmiana.

fror(en) s. frieren.   [frontu.]

Frosch m (-es; ∺e) żaba; F (im Hals) chrypka; **~laich** m (żabi) skrzek; ~mann F m płetwonurek; **~per-spektive** f żabia perspektywa.

Frost m (-es; ∺e) mróz; (erster) leichter ~ (pierwszy) przymrozek; **~aufbruch** m wysadzina; **2beständig** odporny na mróz; **~beule** f odmrozina, odzięblina.

fröstel|n (-le): es ~t mich zimno mi; ein 2n überlief ihn dreszcze m/pl. (od. ciarki f/pl.) przeszły mu po plecach.

frost|en (-e-) v/t zamrażać ⟨-rozić⟩; **2e'rei** f zamrażalnia; **~frei** bezmroźny; **~ig** mroźny (-no); fig. zimny (-no), lodowaty (-to); **2-periode** f okres mrozów; **2salbe** f maść f na odmrożenia; **2schaden** m szkoda wyrządzona przez mrozy; **2schutzmittel** n substancja zapobiegająca zamarzaniu.

Frot'tee n od. m frotté n.

frot'tier|en ⟨-⟩ rozcierać ⟨rozetrzeć⟩; **2(hand)tuch** n ręcznik frotowy.   [plon.]

Frucht f (-; ∺e) owoc; fig. a. płód;] **fruchtbar** Bio. płodny (a. fig.); Boden: żyzny, **2keit** f (0) płodność f; żyzność f, urodzajność f.

Früchtchen F n fig. gagatek, ziółko.

fruchten (-e-) ⟨po⟩skutkować.

Frucht|fleisch n miąższ (owocowy); **~folge** f Agr. zmianowanie roślin; **~gehäuse** n, **~hülle** f owocnia; **~knoten** m zalążnia; **~likör** m ratafia; **2los** bezowocny; **~stand** m owocostan; **~wasser** n wody f/pl. płodowe; **~wechsel** m płodozmian; **~zucker** m fruktoza.

früh (Adj. s. a. früher) wczesny (-śnie); Adv. (morgens) rano; am ~en Morgen wczesnym rankiem; zu ~ zbyt wcześnie; przedwcześnie; von ~ bis spät od rana do wieczora; ~-, 2- in Zssgn oft wczesno-; **2auf-steher(in** f) m ranny ptaszek; 2-

beet n skrzynia inspektowa; ~-
diagnose f s. Früherkennung.
Frühe f (0) lit. fig. zaranie; in aller ~
skoro świt, o świcie.
früher dawniejszy, były; Adv.
(einst) dawniej, kiedyś; (Komp. v.
früh) wcześniej(szy Adj.) Adv.; wie
~ po staremu; (um) e-n Monat ~
miesiąc temu.
Früh|erkennung f Med. wczesne
rozpoznanie; ~**geburt** f przedwczesny poród; (Kind) wcześniak;
~**gemüse** n nowalijki f/pl.; ~**gottesdienst** m nabożeństwo poranne;
~**jahr** n s. Frühling; ~**konzert** n
koncert poranny; ~**ling** m (-s; -e)
wiosna; ~**lings-** wiosenny, ...
wiosny; ~**messe** f msza poranna;
2**'morgens** wcześnie rano; 2**reif**
wczesny; fig. (przed)wcześnie dojrzały; ~**rentner** m inwalida otrzymujący rentę inwalidzką; ~**schoppen** m lampka wina przed południem.
Frühstück n śniadanie; 2**en** ⟨z⟩jeść
śniadanie; ~**s-** śniadaniowy.
Früh|warnsystem n Mil. sieć f ra-
diolokatorów wczesnego wykrywa-
nia; 2**zeitig** (przed)wczesny (-śnie);
~**zug** m ranny pociąg; ~**zündung** f
zapłon przedwczesny.
fru'striert sfrustrowany.
Fuchs [fuks] m (-es; =e) lis; fig. a.
schlauer ~ przechera m; (Pferd)
kasztan, cisak; F Pers. rudzielec;
(Student) fuks; Tech. czopuch; s.
Fuchspelz; ~**bau** m (-es; -e) lisia
nora.
Füchsin f lisica, JSpr. liszka.
Fuchs|jagd f polowanie na lisa; ~-
pelz m lisie futro, lisy m/pl.; ~-
schwanz m Tech. (roz)płatnica; 2-
teufelswild F wściekły (-le), rozwścieczony.
Fuchtel f (-; -n): unter der ~ haben
od. halten trzymać w ryzach od.
karbach; unter die ~ bekommen od.
nehmen ujmować (ująć) w ryzy od.
karby; 2n F (-le) wywijać, młynko-
wać (mit/I).
fuchtig F s. fuchsteufelswild.
Fuder n fura.
Fug m: mit ~ und Recht z zupełną
słusznością.
Fuge f Arch. spoina, fuga; (Lücke)
szczelina; Tech. a. rowek, żłobek;
Mus. fuga; fig. aus den ~n geraten
być obrazem zamętu; 2n fugować.

fügen s. an-, bei-, hinzu-, zusam-
menfügen usw.; (bewirken) s
sprawi(a)ć, zrządzić pf.; sich ~ (D)
ulegać (ulec) (D), (u)słuchać (G);
sich ~ in (A) podda(wa)ć się (D); es
fügte sich (so) tak się złożyło.
fugenlos (0) szczelny; bezszkowy.
füg|sam posłuszny; (lenksam) po-
tulny; 2**ung** f zrządzenie (des
Schicksals losu); Gr. zwrot.
fühl|bar namacalny, wyczuwalny;
fig. a. dotkliwy (-wie); ~**en** (tasten)
dotykać ⟨-tknąć⟩, ⟨po-, na⟩macać;
Puls: ⟨z⟩badać; (innerlich) czuć,
odczu(wa)ć; sich ~**en** czuć się
(schuldig usw. winnym; als Pole
Polakiem); poczuwać się (zu/do G);
2**er** m Zo. czułek, (a. F fig.) macka;
Tech. czujnik, czujka.
Fühlung f (0) styczność f; ~ aufnehmen, in ~ kommen wchodzić
⟨wejść⟩ w styczność (mit/z I); ~-
nahme f nawiązanie styczności.
fuhr s. fahren.
Fuhre f fura, wóz; przewóz.
führen v/t ⟨po⟩prowadzić; Betrieb,
Auto, Partei: ⟨po⟩kierować (I); (befehligen) dowodzić (I), przewodzić
(D); Titel, Waren: mieć, posiadać;
Verhandlungen: toczyć; Aufsicht:
sprawować; (handhaben) władać (I),
posługiwać się (I); mit sich ~ mieć
przy sobie; Flagge ~ pływać pod
banderą; et. vor Augen ~ uświadamiać ⟨-domić⟩; das Glas an die
Lippen ~ umoczyć usta w kieliszku;
v/i prowadzić; (an der Spitze sn)
przodować, być w czołówce, Sp. a.
liderować, dominować; sich ~ sprawować się, zachow(yw)ać się; s. a.
an-, herum-, durchführen usw.; ~**d**
kierowniczy; przodujący, czołowy.
Führer m wódz, przywódca m; s.
Fahrer, Leiter[1], Kran-, Reiseführer
usw.; ~**haus** n s. Fahrerhaus, Führer-
stand; ~**in** f kobieta-wódz od.
-przywódca; przewodniczka; s. Fahrerin; 2**los** bez przywódcy; bez
kierowcy; ~**persönlichkeit** f przywódca m z powołania; ~**schein** m
pozwolenie na prowadzenie pojazdów mechanicznych, prawo jazdy;
~**sitz** m siedzenie kierowcy od. pilota;
~**stand** m stanowisko sterownicze; kabina operatora, budka
maszynisty.
Fuhr|geld n przewoźne; ~**gewerbe**
n przewoźnictwo, spedycja; ~**mann**

m (-*es*; -*leute*) woźnica *m*; furman; **~park** *m* tabor, park.

Führung *f* prowadzenie; kierowanie; kierownictwo; przewodnictwo; *Mil. a.* dowodzenie; dowództwo; (*Besichtigung*) oprowadzanie (zwiedzających), zwiedzanie; *Tech.* prowadnica; (*Wälz*♀) przepustnica; *s. Betragen*; *vgl.* führen; in ~ gehen *Sp.* uzysk(iw)ać prowadzenie.

Führungs|- prowadzący; *Tech. a.* wiodący; kierowniczy; czołowy; **~kräfte** *f/pl.* kadry *f/pl.* kierownicze, aktyw kierowniczy; **~schicht** *f* warstwa panująca *od.* przodująca; **~tor** *n Sp.* bramka przynosząca prowadzenie; **~zeugnis** *n* świadectwo niekaralności *od.* † moralności.

Fuhr|unternehmen *n* przedsiębiorstwo przewozowe; **~werk** *n* furmanka.

Fülle *f* (0) obfitość *f*, wielka ilość; (*d. Glücks usw.*) pełnia; *s. Hülle*; ♀n napełni(a)ć (*sich się*; *mit/I*); *Zahn*: ⟨za⟩plombować; *Kochk.* nadziewać ⟨-iać⟩ (*mit/I*); (*mit Gas*) nabi(ja)ć; *s. aus-, vollfüllen, Faß, Flasche.*

Füllen *n Zo. s. Fohlen.*

Füll|er F *m*, **~federhalter** *m* wieczne pióro; **~horn** *n* róg obfitości; ♀**ig** korpulentny; **~material** *n* materiał wypełniający; *Arch.* podsypka stropowa; **~ort** *m* (-*es*; **~**er) *Bgb.* podszybie; **~rätsel** *n* wypełnianka; **~sel** *n* nadzienie, farsz; **~stoff** *m* wypełniacz; **~ung** *f* na-, wy|pełnianie, -pełnienie; *s. Füllmaterial, Füllsel.*

~ummeln F (-*le*) macać; dłubać (*an D/w L*); (*kramen*) ⟨po⟩szperać; (*zögern*) guzdrać się.

Fund *m* (-*es*; -*e*) znalezienie; *konkr.* znalezisko; *s. Entdeckung, Fundsache.*

Funda'men|t *n* (-*es*; -*e*) fundament; ♀**tal** podstawowy, fundamentalny.

Fund|büro *n* biuro rzeczy znalezionych; **~grube** *f fig.* kopalnia, skarbnica; **~ort** *m* miejsce znalezienia; znalezisko; **~sache** *f* przedmiot znaleziony, rzecz znaleziona.

ünf pię|ć, -cioro, *Psf.* -ciu.

Fünf *f* piątka; **~eck** *n* pięciokąt; **~er** F *m* piątka; ♀ moneta pięciofenigowa; ♀**er'lei** pięcioraki; ♀**fach** pięciokrotny; ♀**hundert** pięćset; **~'jahr(es)plan** *m* plan pięcioletni, F pięciolatka; ♀**jährig** pięcioletni;

~kampf *m* pięciobój; ♀**mal** pięć razy; ♀**malig** pięciorazowy.

Fünf'mark|schein *m* banknot pięciomarkowy; **~stück** *n* moneta pięciomarkowa, F pięciomarkówka.

fünf|stöckig pięciopiętrowy; ♀**tagewoche** *f* pięciodniowy tydzień roboczy; **~te(r)** piąty; ♀**tel** *n* piąta część; *ein ~tel* jedna piąta; **~tens** po piąte; **~wertig** *Chem.* pięciowartościowy; **~zackig** *Stern*: pięcioramienny.

fünfzehn piętna|ście, -ścioro, *Psf.* -stu; ♀ *f* piętnastka; ~ *in Zssgn* piętnasto-; **~te(r)** piętnasty; ♀**tel** *n* piętnasta część; *ein ~tel* jedna piętnasta.

fünfzig pięćdziesi|ąt, -ęcioro, *Psf.* -ęciu; ♀ *f* pięćdziesiątka; ~ *in Zssgn* pięćdziesięcio-; **~er:** *~er Jahre* lata pięćdziesiąte; ♀**er** *m* mężczyzna pięćdziesięcioletni; F *a.* moneta pięćdziesięciofenigowa; **~ste(r)** pięćdziesiąty; ♀**tel** *n* pięćdziesiąta część; *ein ~stel* jedna pięćdziesiąta.

fun'gieren (-) sprawować (*od.* pełnić) funkcję (*als/G*), funkcjonować (*als/w* charakterze *G*, jako *N*).

Funk *m* (-*s*; *0*) radio; *über* ~ przez radio; **~amateur** *m* radioamator; **~anlage** *f s. Funkgerät*; **~bild** *n* radiotelefotografia.

Fünkchen *n* iskierka (*a. fig.*).

Funke *m* (-*n*) iskra.

funkel|n (-*le*) iskrzyć się; *s. a. blitzen*; **~nd** iskrzący (się); lśniący; **~nagel'neu** F nowiuteńki, jak spod (*od.* z) igły.

Funken *m* iskra; ~ *schlagen* krzesać iskry; *die* ~ *sprühen od.* stieben sypią się iskry; *fig.* k-n ~ ani krzty, ani za grosz (*G*).

Funken|bildung *f* iskrzenie; **~strecke** *f* iskiernik; przerwa iskrowa.

Funk|er *m* radiooperator, radiotelegrafista *m*; **~feuer** *n* radiolatarnia; **~gerät** *n* urządzenie radiowe nadawczo-odbiorcze; **~meßgerät** *n* radiolokator, stacja radiolokacyjna; **~ortung** *f* radiolokacja; **~peilung** *f* radionamiar; **~schatten** *m* strefa milczenia; **~sprechgerät** *n* radiotelefon; **~spruch** *m* radiotelegram; **~streife** *f* radiopatrol policji; *a.* F

= **~streifenwagen** radiowóz (policyjny); **~technik** f (0) radioelektryka, radiotechnika; **~telegraphie** f radiotelegrafia.

Funkti|'on f funkcja; (Tätigkeit) działanie, funkcjonowanie, czynność f; 2o'**nal** Med. czynnościowy; **~o-¹när** m (-s; -e) działacz; 2o'**nieren** (-) funkcjonować, działać; 2'**onstüchtig** wydolny.

Funk|verbindung f łączność radiowa; konkr. łącze radiowe; **~verkehr** m radiokomunikacja; **~wagen** m s. Funkstreifenwagen; **~zentrale** f radiowęzeł.

Funzel F f (-; -n) mdława lamp(k)a.

für¹ Prp. (A) dla (G); za (A od. I); na (A); do (G); o (A); **~** dich dla ciebie; dankbar **~** wdzięczny za (A); sich einsetzen **~** wstawiać się (A); **~** zwei Personen na dwie osoby; dla dwóch osób; F Mittel **~** środek na; Vorliebe **~** zamiłowanie do; kämpfen **~** walczyć o; F was **~** co (od. cóż) za; **~s** erste na razie; bleibt oft unübersetzt: das hat et. **~** sich to ma pewne zalety; Minister **~** Verkehr minister komunikacji; **~** sein Leben gern bardzo chętnie; an und **~** sich właściwie; s. a. Schritt, Tag, Wort.

für² Adv. lit. **~** und **~** na wieki, na zawsze; Su. das 2 und Wider za i przeciw. }

Furche f bruzda. } [przeciw.]

Furcht f (0) strach, lęk; (banges Gefühl) obawa, bojaźń f, (stärker) trwoga; **~** haben (vor D) obawiać się, lękać się (G); aus **~** ze strachu; z obawy od. lęku (vor D/przed I); er geriet in **~**, die **~** packte ihn ogarnął go strach od. lęk; ohne **~** und Tadel bez trwogi i skazy; 2**bar** straszny, okropny (a. F fig.); 2**einflößend** wzbudzający strach od. trwogę.

fürchten (-e-) obawiać się (für/o A); sich **~** bać się, obawiać się (vor D/G).

fürchterlich straszliwy (-wie); s. furchtbar.

furcht|erregend straszny, przerażający (-co); **~los** nieustraszony, bez lęku od. trwogi; 2**losigkeit** f (0) nieustraszoność f; **~sam** bojaźliwy (-wie); 2**samkeit** f (0) bojaźliwość f.

Furie f furia.

Fur'nier n (-s; -e) fornir; **~platte** f sklejka.

fürs = für das; s. für.

Fürsorge f (0) opieka, piecza; pieczołowitość f; **~empfänger** m

otrzymujący zapomogę; 2**nd** s fürsorglich.

Fürsorg|er m opiekun społeczny; **~e-stelle** f wydział opieki społecznej; 2**lich** troskliwy (-wie), pieczołowity (-cie).

Für|sprache f (-; 0) wstawiennictwo, wstawienie się (für/za I); **~sprecher(in** f) m orędowni|k (-czka).

Fürst m (-en) książę m; **~entum** ¹ (-s; ~er) księstwo; **~in** f księżna; 2**lich** książęcy (po -cemu); fig. wspaniały (-le); hojny.

Furt f bród.

Fu'runkel m czyrak, † furunkuł.

für'wahr zaiste.

Fürwort n (-es; ~er) zaimek.

Furz V m (-es; ~e) bździel, pierdziel bąk; 2**en** V (-zt) pierdzieć (-dnąć) bździć.

Fusel m (-s; 0) F siwucha, wóda; **~ö** n (0) fuzle m/pl.

Fusi'on f fuzja; Hdl. a. połączenie Phys. synteza; 2**ieren** (-) (**~s** łączyć się, dokonać pf. fuzji; **~s reaktor** m reaktor syntezy jądrowej.

Fuß m (-es; ~e) stopa (a. Maß u Tech.); (Bein) noga; Arch., Tech. a nóżka; cokół; (e-s Berges) podnóże bei **~**! do nogi!; zu **~** pieszo; zu Fuß ßen w nogach; zu Füßen legen skła dać ⟨złożyć⟩ u stóp od. nóg; an der Füßen haben (A) mieć na nogacł (A), chodzić (w L); von Kopf bis **~** od stóp do głów; mit nackten Füße boso; auf gutem **~**(e) stehen być nε dobrej stopie (mit/z I); F auf großer **~**(e) leben żyć na wielkiej stopie (festen) **~** fassen zakorzeni(a)ć się umocnić swoją pozycję; sich gegen seitig auf die Füße treten deptać so bie do pięt(ach); F kalte Füße kriege! od. bekommen stchórzyć, mieć pie tra; das hat Hand und **~** to brzm rozsądnie; to ma ręce i nogi; das ha weder Hand noch **~** to nie trafia d przekonania; mit Händen und Füße rękami i nogami.

Fuß|abtreter m wycieraczka; **~an gel** f samotrzask; fig. pułapka, sidłε n/pl.; **~bad** n kąpiel f (od. umycie nóg.

Fußball m piłka nożna; **~er** F m piłkarz; **~feld** n, **~platz** m boisk piłki nożnej; **~spiel** n mecz piłk nożnej od. piłkarski; **~sport** m (0' piłkarstwo; **~toto** n totalizator (F totek) piłkarski.

Fuß|bank f (-; ~e) podnóżek; **~bekleidung** f (0) obuwie i wyroby m/pl. pończosznicze.

Fußboden m podłoga; ~ in Zssgn podłogowy; **~belag** m wykładzina do wykładania podłóg.

Fuß|breit szeroki na stopę, na szerokość stopy; 2**breit** m (unv.) fig. piędź f; k-n 2**breit** ani na piędź, ani piędzi; 2**bremse** f hamulec nożny.

Füßchen n nóżka.

Fussel f f (-; -n) od. m kłaczek, niteczka; k-e 2**l** strzępić się.

'ußen (-ßt): ~ auf (D) opierać (od. polegać) na (L).

Fußgänger m pieszy m (pl. piesi), przechodzień m; **~brücke** f most dla pieszych; **~überweg** m przejście dla pieszych; **~zone** f strefa zarezerwowana dla pieszych od. ruchu pieszego.

'uß|gelenk n staw skokowy; **~hebel** m pedał; dźwignia nożna; 2**hoch** wysoki na stopę, na wysokość stopy; po kostki; 2**kalt** Raum: o zimnej podłodze; **~knöchel** m kostka (u nogi); **~lappen** m onuca.

'üßling m (-s; -e) stopa (pończochy).

'uß|matte f wycieraczka; **~note** f przypis(ek), odsyłacz; **~pfad** m ścieżka; **~pflege** f pédicure m; **~punkt** m Math. spodek (prostopadłej); Astr. nadir; **~raste** f Kfz. podnóżek; **~sohle** f podeszwa; **~spitze** f czubek stopy; **~spur** f, **~stapfe** f ślad (od. odcisk) stopy; **~tritt** m kopnięcie, F kopniak; **~volk** n (-es; 0) piechota; fig. szary tłum; **~wanderung** f wędrówka, piesza wycieczka; **~weg** m ścieżka; chodnik (uliczny); droga (od. odległość f) pieszo; **~wurzel** f stęp.

futsch F: ... ist ~ diabli wzięli (A).

Futter¹ n (-s; 0) pożywienie, karm(a); Agr. a. pasza, obrok.

Futter² n (-s; 0) podszewka; (Ofen2) wykładzina, wyłożenie; ~ in Zssgn podszewkowy; wykładzinowy.

Futte'ral n (-s; -e) futerał.

Futter|(an)bau m (-s; 0) uprawa roślin pastewnych; **~getreide** n zboże pastewne; **~haus** n paszarnia; **~krippe** f żłób (a. P fig.); **~mittel** n pasza. [futrować.]

futtern F (-re) v/i zajadać, wcinać.

füttern¹ (-re) ⟨na⟩karmić, da(wa)ć jeść (A/D); Tiere a.: zada(wa)ć karmę od. obrok, paszę usw. (A/D).

füttern² (-re) podszy(wa)ć, podbi(ja)ć (mit/I); Tech. wykładać ⟨wyłożyć⟩ (mit/I).

Futter|napf m karmnik, miska z żarciem; **~neid** m zawiść f o koryto od. żłób; F fig. zawiść zawodowa; **~pflanze** f roślina pastewna; **~platz** m miejsce żerowania; **~ration** f (dobowa) dawka pokarmowa; norma paszowa; **~rübe** f burak pastewny; **~sack** m karmiak, karmik; **~stoff** m materiał podszewkowy, podszewka; **~suche** f żerowanie.

Fütterung¹ f karmienie.

Fütterung² f podszywanie, podszycie, podbicie; wykładanie.

Futterwirtschaft f (0) gospodarka paszowa.

Fu'tur n (-s; 0) Gr. czas przyszły.

Futu'ris|mus m (-; 0) futuryzm; 2**tisch** futurystyczny.

G

;ab s. geben.

;abardine [a. -'dɪn] m (-s; 0) od. f (-; 0) gabardyna.

;abe f dar (a. fig.); (Dosis) dawka.

;abel f (-; -n) widelec; (Heu2) widły pl.; Fmw. wldełki pl., 2**förmig** widlasty (-to); **~frühstück** n drugie śniadanie, lunch; 2**n**: sich 2**n** rozwidlać ⟨-lić⟩ się; **~stapler** m wózek podnośny widłowy, układarka z uchwytem widłowym; **~ung** f rozwidlenie; bifurkacja; **~weihe** f (-; 0) gabardyna. [kania ruda.]

gaben s. geben.

Gabler m JSpr. widłak.

gackern (-re) gdakać.

Gaffel (; n) Mar. gaf(el); **~segel** n żagiel prostokątny.

gaf|fen gapić się; 2**fer** m gap.

Gage ['ɡɑːʒə] f gaża.

gähnen ziewać ⟨-wnąć⟩; fig. ziać,

rozwierać ⟨rozewrzeć⟩ się; *in ... (D)*
herrschte ~de Leere ... *(N)* zionął
(od. -nęła, -nęły) pustką.
Gähnen *n (-s; 0)* ziewanie.
Gala *f (-; 0)* gala; ~ *in Zssgn* galowy.
ga'lant uprzejmy, rycerski (-ko).
Galante'rie *f (-; 0)* galanteria; ~**waren** *f/pl.* artykuły *(od.* towary)
m/pl. galanteryjne. [galowe.⟩
Galavorstellung *f* przedstawienie⟩
Ga'laxis *f (-; -ien)* galaktyka.
Ga'leere *f* galera.
Ga'leeren|arbeit *f* galery *f/pl.*; ~**sklave** *m,* ~**sträfling** *m* galernik.
Gale'rie *f* galeria; *Arch. a.* krużganek.
Galgen *m* szubienica; *Tech.* kozioł;
~**frist** *f fig.* kilka dni *(od.* tygodni)
zwłoki, odroczenie na krótki czas;
~**humor** *m* wisielczy humor; ~**vogel** *m* szubienicznik, łotr.
Gall·apfel *m* galas, dębianka.
Galle *f* żółć *f (a. fig.); Bot.* galasy
m/pl.; 2**(n)bitter** gorzki jak żółć *od.*
piołun.
Gallen|blase *f* pęcherzyk żółciowy;
~**kolik** *f* kolka watrobowa; ~**steinleiden** *n* kamica żółciowa.
Gallert *n (-es; -e),* ~**e** *f* galareta; 2**artig** galaretowaty (-to).
gall|ig jak żółć; *s. galle(n)bitter; fig.*
zgryźliwy (-wie); 2**wespen** *f/pl.* galasówki *f/pl.*
Ga'lopp *m (-s; -e)* galop, cwał; *im*
(gestreckten) ~ cwałem, w cwał; F
fig. galopem.
galop'pieren *(; a. sn)* ⟨po⟩galopować, ⟨po⟩cwałować; ~**d** galopujący.
Ga'lopprennen *n* bieg płaski.
Ga'losche *f* kalosz.
galt(en) *s. gelten.*
gal'vani|sch galwaniczny; 2**'sier-**
galwanizerski. [(-typ).]
Gal'vano *n (-s; -s) Typ.* galwano⟩
Ga'masche *f* getr; *(Wickel⟩)* owijak.
Gammler *m* łazęga *m,* włóczęga *m.*
Gamsbart *m* grzebień *m,* grzywa.
gang: *(das ist bei uns)* ~ *und gäbe* (to
u nas) ogólnie przyjęte.
Gang¹ *[gεŋ] f (-; -s)* gang.
Gang² *m (-es; -e; -e)* chód *(a. Tech.)*;
chodzenie, stąpanie; *Tech.* bieg *(a.*
Kfz.), ruch; *Geol.* żyła; *Bgb.* chodnik; *(Passage)* przejście; *Arch.*
przedsionek; korytarz; *Anat.* przewód; *Kochk.* danie; *Fecht-Sp.* starcie; *fig. (d. Ereignisse)* tok, (prze)
bieg, tryb; e-n ~ *in die Stadt machen*

iść ⟨pójść⟩ do miasta; *den gewohn-*
ten (od. s-n) ~ *gehen* iść zwykłym
(od. swoim) trybem; *in* ~ *setzen*
wprawi(a)ć w ruch, uruchamiać
⟨-chomić⟩; *fig. a. in* ~ *bringen* rozpoczynać ⟨-cząć⟩; *in* ~ *halten* podtrzymywać, kontynuować; *in* ~
kommen zaczynać się; wywiąz(yw)ać się; *in* ~ *sein* być w ruchu; *in*
~(e) *sein* trwać, toczyć się; *(heimlich)* szykować się, święcić się; *ir*
vollem ~e *sein* być w pełnym toku
den ... ~ einschalten włączyć ... bieg
~**art** *f* chód; 2**bar** *fig. (Weg)* możliwy.
Gängelband *n: am* ~ *führen* prowadzić *(od.* wodzić) na pasku.
gängeln (-*le*) prowadzić za rączkę.
gängig powszechnie stosowany
Münze: obiegowy; *Ware:* pokupny
Gan'grän *n (-s; 0)* gangrena, zgorzel *f.*
Gangschalt|hebel *m* dźwigni
zmiany biegów; ~**ung** *f* zmiana biegów; *(Fahrrad)* przerzutka.
Gangster *['gεŋ-] m* gangster; ~**tun**
(n -s; 0) gangsterstwo. [schodnia.]
Gangway *['gεŋweɪ] f (-; -) · Mar.*.
Ga'nove *m (-n)* oszust; złodziej
opryszek.
Gans *f (-; -e)* gęś *f; dumme* ~ głupi
gęś, gąska. [gąska.]
Gäns·chen *n* gąsię, gąsiątko, *(a. fig.)*
Gänse|blümchen *n* stokrotka; ~
braten *m* gęś pieczona, gęsina; ~
brust *f* półgęsek; ~**fuß** *m Bot.* komosa; ~**füßchen** F *n/pl.* cudzysłów
~**geier** *m* sęp płowy; ~**haut** *f* gęsi
skórka; ~**kiel** *m* gęsie pióro; ~**klein**
n (-s; 0) podróbki *f/pl.* gęsie; ~
leberpastete *f* pasztet z gęsich
wątróbek.
Gänsemarsch *m: im* ~ gęsiego.
Gänserich *m (-s; -e)* gąsior, gęsior
ganz *(0)* cały, *präd.* cało; *(voll)* pełny; *Adv. (völlig)* zupełnie, całkowicie, całkiem; *(ziemlich)* wcale, dość
dosyć; ~e *Zahl* liczba całkowita; da
~e *Geld* wszystkie pieniądze; *mit* ~e
Kraft z całej siły; *z* całą siłą; ~e
Mann, Kerl prawdziwy mężczyzna
F równy chłop; ~e *fünf Mark* tylk
(od. wszystkiego) pięć marek; ~
schlecht bardzo kiepski; bardzo źle
~ *der Vater* wykapany ojciec; *im* ~e
ogółem; w całości, ryczałtem; *in*
großen und ~**en** w zasadzie; wszyst
ko razem wziąwszy; ~ *und gar* kom

pletnie, zupełnie; ~ **und gar nicht**
wcale nie; **voll und** ~ w całej rozciągłości; ~ **recht** słusznie.

Ganze|(s) całość f; wszystko; F **aufs**
~ **gehen** iść na całego.

Gänze f (0) s. **Ganzheit, Gesamtheit**;
zur ~ w całości, w zupełności.

Ganzheit f (0) całość f; **~s-, 2lich**
całościowy.

ganz|jährig całoroczny; **2leder**
(-band m) n tom oprawny w skórę;
2leinen(band m) n tom oprawny
w płótno.

gänzlich (0) całkowity (-cie), zupełny, Adv. a. całkiem, doszczętnie.

Ganztags|beschäftigung f za-
trudnienie w pełnym wymiarze godzin; **~schule** f szkoła całodzienna.

gar (0) gotowy; Kochk. ugotowany,
upieczony; (noch) nicht ~ niedogo-
towany, niedopieczony; Adv. wcale,
całkiem; ~ **nicht** wcale (od. bynajmniej) nie; ~ **nicht schlecht** wcale
niezły od. nieźle; ~ **nichts** nic (a nic),
absolutnie nic; ~ **keiner** nikt; ~ **zu**
zbyt, zanadto; ~ **zu gern** bardzo;
sollte ~ ...? czyżby ...?; s. ganz, so-
~.

Ga'rage [-ʒə] f garaż.   [gar.)

Ga'ran|t m (-en) gwarant, poręczy-
ciel; **~'tie** f gwarancja, rękojmia; s.
Bürgschaft; **2'tieren** (-) 〈za〉gwa-
rantować; ręczyć, poręczać 〈-czyć〉
{mit/I}; für/za A); **~'tieschein** m
karta gwarancyjna.

Garaus m: j-m den ~ **machen** zakatrupić pf. (A).

Garbe f snop; wiązka; (Schuß2) seria (strzałów); **~n-binder** m snopowiązałka.

Garde f gwardia; fig. die alte ~ stara
wiara; **~regiment** n pułk gwar-
dyjski.

Garde'robe f garderoba; (Kleiderablage) szatnia.

Garde'roben|frau f szatniarka; **~-**
marke f numerek (w szatni); **~-**
ständer m wieszadło, szaragi pl.

Garderobiere [-'bĭɛ:rə] f Thea.
garderobiana.

Gar'dine f firanka, gardyna; hinter
schwedischen **~n** za kratkami; **~n-**
predigt f reprymenda, kazanie; **~-**
n-stange f karnisz.

Gar'dist m (-en) gwardzista m.

gären dogotow〈yw〉ać (v/i się).

gär|en fermentować; fig. wrzeć,
burzyć się; **~en lassen** podda〈wa〉ć
fermentacji; **2futter** n kiszonka,

pasza zakiszona; **2mittel** n zaczyn,
ferment.

Garn n (-es; -e) Text. przędza;
(Faden) nić f, koll. nici f/pl.; (Netz)
sieć f, (Vogel2) sidła n/pl.; ins ~
gehen wpaść pf. w sidła.

Gar'nele f krewetka.

gar'nier|en (-) przyb〈ie〉rać (mit/I);
Kochk. garnirować; **2ung** f przybranie, obramowanie; garnirunek.

Garni'son f garnizon; (Truppe a.)
załoga; **~ in Zssgn** garnizonowy.

Garni'tur f s. Besatz; (Satz) zestaw,
garnitur; die erste ~ elita.

Garnknäuel n kłębek przędzy.

garstig brzydki (-ko), wstrętny.

Gärtchen n ogródek.

Garten m (-s; ") ogród; (Obst2) sad;
~bau m (-es; 0) ogrodnictwo; sadownictwo; **~bau-** ogrodniczy; **~-**
fest a. zabawa (od. festyn) w ogród-
ku od. w parku; **~gerät** n sprzęt
ogrodniczy; **~haus** n pawilon
(w ogrodzie); **~kolonie** f zespół
ogródków działkowych; **~kresse** f
rzeżucha ogrodowa; **~laube** f al-
tan(k)a; **~messer** n nóż ogrodniczy; **~möbel** n/pl. meble m/pl.
ogrodowe; **~restaurant** n restauracja z ogródkiem; **~schau** f wystawa ogrodnicza; **~schere** f s.
Baumschere; **~schlauch** m wąż do
polewania; **~weg** m ścieżka ogrodowa; **~zwerg** m figurka krasnoludka.

Gärtne|r m ogrodnik; **~'rei** f
ogrodnictwo; zakład ogrodniczy;
~rin f ogrodniczka; **2risch** ogrodniczy.

Gärung f fermentacja; fig. ferment;
in ~ geraten s. gären; **~s-prozeß** m
proces fermentacyjny.

Gas [gɑ:s] n (-es; -e) gaz; ~ geben do-
d(aw)ać gazu; ~ wegnehmen przyha-
mow(yw)ać; **~abwehr** f obrona
przeciwgazowa od. przeciwchemicz-
na; **~anstalt** f gazownia; **~an-**
zünder m zapalniczka do gazu;
2artig w postaci gazu; **~behälter**
m zbiornik gazu; **~beleuchtung** f
oświetlenie gazowe; **~beton** m gazo-
beton; **~brand** m Med. zgorzel
gazowa; **~brenner** m palnik gazowy; **2dicht** gazoszczelny; **~druck**
m ciśnienie gazu; **~flasche** f butla
do gazów.

gasförmig s. gasartig; **~er Zustand**
stan gazowy.

Gas|generator m generator gazu,

czadnica; **~hebel** m Kfz. dźwignia przepustnicy gaźnika; s. Gaspedal; **~heizung** f ogrzewanie gazowe; **~herd** m piec gazowy, kuchenka gazowa; **~kammer** f komora gazowa; **~kocher** m kuchenka gazowa; **~laser** m laser gazowy; **~leitung** f przewód gazowy; **~maske** f maska przeciwgazowa; **~messer** m gazomierz; **~netz** n gazownicza sieć; **~ofen** m piec(yk) gazowy; **~pedal** n pedał gazu, akcelerator; **~pistole** f pistolet gazowy; **~rohrleitung** f gazociąg.

Gäßchen n uliczka, zaułek.

Gas|schmelzschweißen n spawanie acetylenowo-tlenowe od. gazowe; **~schutz** m zabezpieczenie przeciwgazowe; s. Gasabwehr.

Gasse f uliczka, zaułek; s. Straße; **~n-junge** m ulicznik, gawrosz.

Gassi F: ~ gehen ⟨wy⟩prowadzić (psa) na spacer.

Gast m (-es; ⁴e) gość m; od-, z|wiedzający m; ständiger ~ stały bywalec; Thea. als ~ auftreten da(wa)ć gościnne występy.

Gastanker m zbiornikowiec do przewozu gazów, gazowiec.

Gast-arbeiter m robotnik-migrant, F gastarbajter.

Gäste|buch n księga gości od. meldunkowa (w hotelu usw.); książka (od. księga) pamiątkowa; **~haus** n dom noclegowy.

gast|frei, **~freundlich** gościnny; **Ĝeber** m gospodarz, pan domu; **Ĝeberin** f gospodyni, pani domu; **Ĝhaus** n, **Ĝhof** m oberża, zajazd; s. Gaststätte; **Ĝhörer** m wolny słuchacz, hospitant.

gas'tieren (-) Thea. występować ⟨-tąpić⟩ gościnnie.

Gast|land n kraj imigracji; **Ĝlich** gościnny; **~lichkeit** f (0) gościnność f; **~mahl** n uczta; **~recht** n (-es; 0) prawo gościnności.   [łądka.⟩

Ga'stritis f (-; -'tiden) nieżyt żo-⟩

Gastrolle f występ gościnny.

gastro'nomisch gastronomiczny; **~es Gewerbe** gastronomia.

Gast|spiel n występ gościnny; **~stätte** f gospoda, jadłodajnia; **~stube** f izba (od. sala) restauracyjna.

Gasturbine f turbina gazowa; silnik turbospalinowy.

Gast|vorlesung f wykład gościnny; **~wirt** m oberżysta m, karczmarz;

restaurator; **~wirtschaft** f s. Gaststätte; **~zimmer** n pokój gościnny

Gas|uhr f s. Gaszähler; **~vergiftung** f zatrucie gazem; **~werk** n gazownia; **~zähler** m licznik gazowy, gazomierz.

Gatte m (-n) (współ)małżonek; **~n** małżeński.

Gatter n krata; Comp. bramka Text. rama natykowa do cewek Holz-Tech. trak; **~säge** f piła trakowa; **~tor** n brama kratowa.

Gattin f małżonka.

Gattung f rodzaj (a. Bio.); **~s name** m rzeczownik pospolity.

Gau m (-es; -e) okręg; kraina, regio

Gaudi F n od. f (0), **~um** n (-s; uciecha, F frajda.

Gauk|e'lei f kuglarstwo, sztucz f/pl. kuglarskie; fig. złuda, mrzon ka; **Ĝeln** (-le) pokaz(yw)ać sztucz kuglarskie; ⟨fliegen⟩ bujać, fruwa **~ler** m sztukmistrz, kuglarz.

Gaul m (-es; ⁴e) koń m; verä. chabta, szkapa.

Gaumen m podniebienie; **~laut** głoska podniebienna; **~segel** n po niebienie miękkie.

Gauner m oszust, F kanciarz; Dieb, Spitzbube; **~bande** f szaj oszustów od. złodziejska.

Gaune'rei f oszustwo, matactw F kant, machlojka.

Gauner|sprache f gwara złodzie ska; **~streich** m s. Gaunerei.

Gaze f gaza; **~** in Zssgn gazowy.

Ga'zelle f gazela.

Ge|ächtete(r) człowiek wyjęty sp prawa; † banita; **Ĝächze** f n (-s) stękanie; **Ĝädert** żyłkowany, żył waty (-to); **Ĝ'arbeitet** Adjp. A zug: skrojony na miarę.

ge'artet: anders ~ odmienny, inne rodzaju.

Ge|'bäck n (-es; -e) pieczywo; '**backen** pieczony; **~'bälk** n (-es; belkowanie; **Ĝ'ballt** Faust:, ś-, z ciśnięty; Ladung: skupiony, kum lacyjny; **Ĝ'bar** s. gebären; **Ĝ'bär** f ruch, gest; pl. a. gestykulacja.

ge'bärden (-e-): sich ~ zachow(w)ać się.

Ge'bärden|spiel n mimika; gest kulacja; **~sprache** f język (od. m wa) gestów.

Ge'baren n (-s; 0) zachowanie (si

ge'bär|en (L.) ⟨u-, mst fig. z⟩rodzi s. geboren; **Ĝfähigkeit** f płodność

₂mutter f macica; in Zssgn maciczny; ₂mutterhals m szyjka macicy.
ᵉ|'bäude n budynek, gmach; ~bein n (-s; -e) kości f/pl.; pl. a. zwłoki pl.; ~'bell n (-s; 0) szczekanie, ujadanie.
ᵉben (L.) da(wa)ć; odda(wa)ć (in A/do G; a. Stimme); (reichen) poda(wa)ć; Rat usw. a.: udzielać ⟨-lić⟩; Empfang a.: wyda(wa)ć, urządzać ⟨-dzić⟩; Karten: rozda(wa)ć; et. auf sich ~ dbać o siebie; viel ~ auf (A) przywiązywać wielką wagę do (G); nichts ~ auf (A) nic sobie nie robić z (G), nie przywiązywać wagi do (G); von sich ~ Laut: wyda(wa)ć; (erbrechen) zwracać ⟨-rócić⟩; sich ~ zachowywać się (natürlich swobodnie); s. a. aufhören, nachlassen; es gibt ist, są, bywa(ją); es gibt nicht, es gibt kein(e) nie ma (G); es wird ~ będzie; was gibt es Neues? co nowego?, co słychać?; da gibt's nichts! ani słowa!; das gibt's nicht! co to, to nie!; das gibt es (doch) nicht! to niemożliwe!; s. a. gegeben, ab-, an-, auf-, zurückgeben, Mühe, recht usw.
ᵉben n: am ~ sein rozdawać.
ᵉber m dawca m; Tech. (Automaᵗik) nadajnik.
ᵉ'bet n (-es; -e) modlitwa, pacierz; ~ j-n ins ~ nehmen wyczytać paterᵏoster (D); ~buch n książka do naᵇożeństwa, modlitewnik.
ᵉ'bets|- modlitewny; ~zeit f czas ᵐodlitwy.
ᵉ'biert s. gebären.
ᵉ'biet n (-es; -e) terytorium n, obᶻar; fig. dziedzina, domena; s. Beᵢirk, Bereich.
ᵉ'bieten (L.) v/t nakaz(yw)ać; Achᵗung usw.: wzbudzać; s. Einhalt; v/i über A) panować (nad I); rozporᶻądzać, dysponować(I); s. geboten.
ᵉ'bieter m władca m; ~in f władᶜzyni; pani serca; ²isch władczy ⟨-czo⟩, rozkazujący ⟨-co⟩.
ᵉ'bilde n (wy)twór; układ; bezᶻałtna bryła od. masa; ²'bildet ᵛykształcony; ~'bimmel n (-s; 0) ᵛydzwonienie; ~'binde n wiązka; ᵞarn₂) pasmo.
ᵉ'birg|e n góry f/pl.; Geol. góᵗwór; Rgh a skała; ²ig górzysty

ᵗₒᵥ
ᵉbirgs|- górski; podgórski; ~heᵒhner m góral; ~jäger m strzelec órski; ~kette f łańcuch gór(ski);

~rücken m grzbiet górski; ~schlag m tąpnięcie; ~vorland n podgórze; ~zug m pasmo gór(skie).
Ge|'biß n (-sses; -sse) zęby m/pl., uzębienie; proteza zębowa, dostawka; (am Zaum) wędzidło; ²'bissen s. beißen; ~'bläse n dmuchawa; ²-'blieben s. bleiben; ²'blümt kwiecisty, w kwiaty, w kwiatach.
Ge'blüt n (-s; 0): fürstlichen ~s książęcej krwi, książęcego rodu.
ge'boren s. gebären; Adjp. urodzony ..., ~ zu urodzenia; er ist am ~ ~ urodził się ...; ~e Schmidt z domu Schmidt(ówna); s. a. gebürtig.
ge'borgen s. bergen; bezpieczny; ²-heit f (0) bezpieczeństwo.
ge|'borsten s. bersten; ~'bot s. gebieten.
Ge'bot n (-es; -e) nakaz; przykazanie (a. Rel.); Hdl. oferta, oferowana cena; zu ~ stehen być do dyspozycji (D/G); das geringste ~ cena wywoławcza; ²en s. bieten; Adjp. wymagany, wskazany; ~s-schild n znak nakazujący.
ge|'bracht s. bringen; ~'brannt Kalk: palony; s. brennen; ~'braten (u)pieczony, (u)smażony; ²'bräu n (-es; -e) lura; fig. wypociny f/pl.
Ge'brauch m użycie, używanie, użytek; s. Brauch; ~ machen ⟨z⟩robić użytek, (s)korzystać (von/z G); außer ~ kommen wychodzić ⟨wyjść⟩ z użycia; vor ~ schütteln! przed użyciem wstrząsnąć!; ²en v/t uży(wa)ć (G), posługiwać się (I); zu nichts zu ²en (nie nadający się) do niczego; ²t używany; Kleidung: noszony.
ge'bräuchlich używany, będący w użyciu; (üblich) utarty, przyjęty.
Ge'brauchs|anweisung f przepis (od. sposób) użycia; ~artikel m artykuł (od. przedmiot) powszechnego użytku; ²fertig gotowy (gotów) do użycia; ~graphik f (0) grafika użytkowa; ~güter n/pl. dobra n/pl. konsumpcyjne; ~kunst f sztuka stosowana; ~muster n wzór użytkowy; ~wert m wartość użytkowa, walor użytkowy. [wany.\
Ge'brauchtwagen m pojazd uży-\
Ge'brech n (-es; -e) [Spr. gwizd,
Ge'brechen s. ᵤ ułomność f, kalectwo.]
ge'brechlich niedołężny; ułomny; ~ werden ⟨z⟩niedołężnieć; ²keit f (0) niedołęstwo; ułomność f.

2*

ge|'brochen złamany; *Sprache*: łamany; *s.* brechen; 2'brüder *pl.* bracia *m/pl.*; 2'brüll *n* (-s; 0) ryk, ryczenie; 2'brumm *n* (-s; 0) pomruk; buczenie; (*v. Motoren*) warkot. [garbić się.]

ge'bückt przy-, z|garbiony; ~gehen)
Ge'bühr *f* (0): nach ~ należycie, odpowiednio; über ~ (za)nadto, ponad miarę; (*pl. -en*) opłata; 2en (-) należeć się, przysługiwać (*D*); sich 2en wypadać, być stosownym; 2end należny, przysługujący; stosowny; *prąd. a.* należycie, jak (się) należy.

ge'bühren|frei wolny od opłat, bezpłatny; 2ordnung *f* taryfa opłat; ~pflichtig podlegający opłacie, płatny; 2zone *f Fmw.* strefa taryfowa.

ge'bunden związany; *Rede*: wiązany; *Typ.* opraw(io)ny; *s.* binden.

Ge'burt *f* na-, u|rodzenie, (*mst fig.*) narodziny *pl.*; (*das Gebären*) rodzenie, poród; von ~ an od (*od.* z) urodzenia; von ~ ... z pochodzenia (*od.* rodowity) ...; *s. a.* Christus.

Ge'burten|beschränkung *f* ograniczenie urodzeń; ~kontrolle *f*, ~regelung *f* kontrola (*od.* regulacja) urodzeń; ~rückgang *m* spadek (liczby) urodzeń; 2schwach/2stark *Jahrgang*: niżowy/wyżowy; ~überschuß *m* dodatni przyrost naturalny; ~zahl *f*, ~ziffer *f* liczba urodzeń, współczynnik narodzin; ~zuwachs *m* wzrost liczby urodzeń; przyrost naturalny. [(G).)

ge'bürtig rodowity; ~ aus rodem z)
Ge'burts|anzeige *f* zawiadomienie o urodzeniu dziecka; ~fehler *m* wada wrodzona; ~helfer(in *f*) *m* położn|ik (-a); ~hilfe *f* (0) położnictwo; pomoc *f* przy porodzie; ~jahr *n* rok urodzenia; ~land *n* kraj rodzinny; ~ort *m* miejsce urodzenia; ~schein *m s.* Geburtsurkunde.

Ge'burtstag *m* dzień *m* urodzin; ~ haben, feiern obchodzić urodziny; ~s- urodzinowy; ~s-kind *n* solenizant.

Ge'burts|urkunde *f* akt (*od.* świadectwo) urodzenia, F metryka; ~wehen *pl. s.* Wehe. [krzaki *m/pl.*)

Ge'büsch *n* (-es; 0) zarośla *n/pl.*)
Geck *m* (-en) fircyk, goguś *m*; 2enhaft fircykowaty (-to).

ge'dacht *s.* (ge)denken; *Adjp.* wyobrażony, pomyślany; w myśli.

Ge'dächtnis *n* (-ses; -se) pamięć *f*;

aus dem ~ z pamięci; im ~ behalte zapamiętać, zachow(yw)ać (od utrwalić) w pamięci; sich (*D*) ins (zurück)rufen przebiegać myślą, od twarzać (-worzyć) w pamięci; (*j-m* przypominać (-mnieć); *s. An-, Ge* denken; ~feier *f* obchód ku czc akademia dla uczczenia (*G*); ~lück *f* luka pamięciowa *od.* myślowa; ~schwund *m* zanik pamięci; ~stö rung *f* zaburzenie pamięciowe; ~stütze *f* notatka (*od.* supełek) d pamięci; ~verlust *m* utrata pami ci, amnezja.

ge'dämpft (s)tłumiony; duszony.
Ge'danke *m* (-ns; -n) myśl *f*; (das pomysł; bei dem ~ na myśl (an A L); auf den ~n kommen *od.* verfalle wpaść na myśl *od.* pomysł; auf de ~n bringen naprowadzać (-dzić) r myśl; *j-n auf andere ~n bringen* re zerwać (*A*); sich ~n machen(über mieć głowę nabitą myślami (o L martwić się (I, o A); kein ~! bym mniej!, ani myśl!

Ge'danken|austausch *m* wymian poglądów; ~blitz *m* genialna myś ~flug *m* (-es; 0) polot myśli; ~gar m tok myśli (-lenia); ~gut *n* (-es ideologia; ~leere *f* (0) ubóstw myśli, F pustka w głowie; ~lesen (-s; 0) czytanie cudzych myśli; 2l nierozważny, *prąd.* bez zastanowi nia; ~s. zerstreut; ~reichtum *m* (· 0) bogactwo myśli; ~strich myślnik; ~übertragung *f* telep tia; 2voll zamyślony, pogrąż w myślach; ~welt *f* (0) świat my *od.* pojęć.

ge'danklich myślowy (-wo).
Ge'därm *n* (-es; -e), ~e *n* kiszki *f/p* F flaki *m/pl.*, P bebechy *m/pl.*

Ge'deck *n* (-es; -e) nakrycie; (*Men* jadłospis obiadowy; danie firmow

Ge'deih *m*: auf ~ und Verderb dolę i niedolę; 2en (*L.*; *sn*) rozwi się (dobrze, pomyślnie); rosn kwitnąć.

ge'denk|en (-; *G*) pamiętać (o *I* wspominać (-mnieć) (*G*); złoż hołd pamięci (*G*); *s. vorhaben*; 2 *n* (-s; 0) pamięć *f*; zum 2en (an ~ ku czci, dla uczczenia pamięci (*G* 2feier *f s.* Gedächtnisfeier; 2min te *f* minuta milczenia; 2münze medal pamiątkowy; 2rede *f* pr. mówienie okolicznościowe; 2stät *f* miejsce pamięci narodowej; 2

fel f tablica pamiątkowa; **⌀tag** m rocznica.

Ge'dicht n (-⌀s; -e) wiersz; F ... ist ein ∼! ... to poemat!; **⌀band** m, **∼sammlung** f zbiór (od. zbiorek) poezji.

ge'die|gen solidny, porządny; Bildung: gruntowny; Min. rodzimy; **∼h(en)** s. gedeihen.

Ge'dräng|e n (-s; 0) tłok, ścisk; **⌀t** stłoczony; fig. zwięzły (-le); **⌀t voll** nabity.

Ge|'dröhn n (-s; 0) huk, grzmienie; dudnienie; **⌀'droschen** s. dreschen; **⌀'drückt** fig. przygnębiony, przybity; **⌀'drungen** s. dringen; Pers. krępy (-po), przysadzisty (-ście).

Ge'duld f (0) cierpliwość f; sich in ∼ fassen uzbroić się w cierpliwość; ihm riß die ∼ on stracił cierpliwość; nur ∼! cierpliwości!; **⌀en** (-e-; -): sich ∼en musieć za|czekać pf.; **⌀ig** cierpliwy (-wie); **∼s·spiel** n łamigłówka; układanka.

ge|'dungen s. dingen; **∼'dunsen** nabrzmiały, obrzękły; **∼'durft** s. dürfen; **∼'ehrt** szanowny; s. ehren.

ge'eignet odpowiedni, stosowny, właściwy; nadający się, zdatny (zu, für/do G, na A).

Geest f, **∼land** n wysoko położony płaski obszar wybrzeża.

Ge'fahr f niebezpieczeństwo; (drohende) groźba; ohne jede ∼ bez żadnego ryzyka; auf die ∼ hin, daß ... ryzykując (A); auf eigene ∼ na własne ryzyko; in ∼ bringen s. gefährden; ∼ laufen zu (+ Inf.) ryzykować (Inf. od. VSbst); außer ∼ sein nie być zagrożonym od. w niebezpieczeństwie; **⌀bringend** grożący niebezpieczeństwem.

ge'fährd|en (-e-; -) narażać ⟨-razić⟩ (na niebezpieczeństwo); (et.) zagrażać (D); **∼et** zagrożony; **⌀ung** f zagrożenie (für/dla G), narażanie na niebezpieczeństwo.

Ge'fahren|bereich m s. Gefahrenzone; **∼quelle** f źródło niebezpieczeństwa; czynnik powodujący uszkodzenie zdrowia; **⌀trächtig** grożący niebezpieczeństwem; **∼zone** f strefa zagrożenia; teren zagrożony; **∼zulage** f dodatek za pracę niebezpieczną.

ge'fährlich niebezpieczny; (bedrohend) groźny; **⌀keit** f (0) niebezpieczny charakter, ryzykowność f.

ge'fahrlos bezpieczny.

Ge'fährt n (-⌀s; -e) pojazd. [(-ka).\]

Ge'fährt|e m (-n), **∼in** f towarzysz\

ge'fahrvoll pełen niebezpieczeństw.

Ge'fälle n spadek, pochylenie; pochyłość; fig. różnica poziomów (G).

Ge'fallen[1] m s. Gefälligkeit; tu mir den ∼ bądź tak uprzejmy; zu ∼ z grzeczności (D/dla G). [D/w L).\]

Ge'fallen[2] n (-s; 0) upodobanie (an\

ge'fallen[1] (L. s. fallen; -) v/i ⟨s⟩podobać się (D); das lasse ich mir nicht ∼ nie pozwolę na to, tego nie ścierpię; sich in e-r Rolle usw. ∼ upodobać sobie (A).

ge'fallen[2] fig. upadły; (tot) = **⌀e(r)** poległy; **⌀endenkmal** n pomnik ku czci poległych.

ge'fällig usłużny, uczynny; (nett) miły (-le), przyjemny; s. einnehmend; **⌀keit** f przysługa; aus **⌀keit** przez grzeczność; **⌀keits-** grzecznościowy.

ge'fälligst F: mach ∼ die Tür zu! może zechcesz zamknąć drzwi!; warten Sie ∼ bis ...! zechce pan zaczekać, aż ...!

ge'fälscht fałszywy, F lipny.

ge'fangen s. fangen; ∼ werden być schwytanym od. uwięzionym; Mil. dosta(wa)ć się do niewoli; sich ∼ geben oddać się do niewoli; **⌀e(r)** więzień m, więźniarka; Mil. jeniec.

Ge'fangenen|austausch m wymiana jeńców; **∼fürsorge** f opieka nad więźniami; **∼lager** n obóz jeniecki od. więzienny.

ge'fangen|halten trzymać w niewoli; więzić; **⌀nahme** f (0) wzięcie do niewoli; (za)aresztowanie; **∼nehmen** brać ⟨wziąć⟩ do niewoli; fig. urzekać ⟨urzec⟩; **⌀schaft** f (0) niewola; **∼setzen** uwięzić pf.

Ge'fängnis n (-ses; -se) więzienie; **∼in** Zssgn więzienny; **∼insasse** m więzień m; **∼strafe** f kara więzienia.

ge'färbt barwiony, farbowany.

Ge'fasel n (-s; 0) brednie f/pl.; bzdurstwa n/pl.

Ge'fäß n (-es; -e) naczynie (a. Anat.); **∼haut** f naczyniówka; **∼system** n układ naczyniowy.

ge'faßt (ruhig) opanowany, spokojny; (auf A) przygotowany na (A); sich ∼ machen auf (A) liczyć się (z I), oczekiwać (G).

Ge'fecht n (-⌀s; -e) bój, walka; starcie, potyczka; außer ∼ setzen uczynić niezdolnym do walki, unieszkodliwić.

ge'fechts|bereit, **~klar** gotów do walki; **~mäßig** bojowy; **2stand** *m* punkt (*od.* stanowisko) dowodzenia; **2übung** *f* (polowe) ćwiczenie bojowe.

ge|'feit (*gegen A*) zabezpieczony (od *G*); odporny (na *A*); **~'fessell** *s.* fesseln; *Häftling:* w kajdan(k)ach.

Ge'fieder *n* (*-s*; *0*) upierzenie; **2t** upierzony; pierzasty (*-to*).

Ge|'filde *n poet.* łan, pole; **~'flecht** *n* (*-*es; *-e*) plecionka; *Anat.* splot; **2'fleckt** cętkowany; plamisty; **2-'flochten** *s.* flechten; **2'flogen** *s.* fliegen; **2'flohen** *s.* fliehen; **2-'flossen** *s.* fließen.

Ge'flügel *n* (*-s*; *0*) drób, dial. gadzina; **~farm** *f* farma drobiowa *od.* drobiu; **2t** skrzydlaty, uskrzydlony; **2te Worte** złote myśli; **~zucht** *f* hodowla drobiu, drobiarstwo.

Ge|'flüster F *n* (*-s*; *0*) *s.* Flunkerei, **~'flüster** *n* (*-s*; *0*) szept(anie), szeptanina; **2'fochten** *s.* fechten.

Ge'folg|e *n* orszak, świta, *hist. a.* poczet; *im* ~ *se haben* pociągnąć za sobą; **~schaft** *f* (*0*) *hist.* posłuszeństwo; *Pers.* drużyna; *s.* Anhänger (*-schaft*).   [wzięty.\
ge'fragt *Ware:* poszukiwany; *Pers.*
ge'fräßig żarłoczny; **2keit** *f* (*0*) żarłoczność *f*.

Ge'freite *m* (*-n*) starszy szeregowiec; bombardier; F gefrajter.

Ge'frier|anlage *f* zamrażalnik; zamrażarka; **2en** (*sn*) ⟨za⟩marznąć; **2en lassen** ⟨z⟩mrozić; zamrażać (*-rozić*); **~fach** *n* zamrażalnik; **~fleisch** *n* mięso mrożone; **~gemüse** *n* mrożonka warzywna; **2getrocknet** liofilizowany; **~punkt** *m* temperatura (*od.* punkt) zamarzania; *um den* **~punkt** *Meteo.* około zera; **~raum** *m* zamrażalnia; **~schrank** *m* zamrażarka szafkowa; **~trocknung** *f* liofilizacja; **~truhe** *f* zamrażarka (domowa).

ge'froren z(a)marznięty; *s.* frieren; **2e(s)** lody *m/pl.*

Ge'füg|e *n* struktura, układ; budowa; **2ig** posłuszny, uległy.

Ge'fühl *n* (*-es; -e*) czucie, zmysł czucia; (*seelische Regung*) uczucie; (*Sinn für*) po-, wy|czucie (*G*); *im* ~ *haben* wyczu(wa)ć; **2los** bez czucia; *fig.* nieczuły (*-le*), obojętny.

ge'fühls|betont uczuciowy (*-wo*); **2duselei** F *f* (*0*) czułostkowość *f*, ckliwość *f*; **2kälte** *f* (*0*) nieczułość *f*, oziębłość płciowa; **2mensch** *m* człowiek uczuciowy.

ge'fühlvoll uczuciowy (*-wo*); *s.* rührselig, zärtlich.

ge|'füllt napełniony; *Kochk.* nadzi(ew)any; **~'funden** *s.* finden; **~'gangen** *s.* gehen.

ge'geben dany, dane; *zu* ~ *er Zeit* w odpowiednim (*od.* we właściwym) czasie; **~enfalls** ewentualnie, w razie potrzeby; **2heit** *f* faktyczny stan, fakt; *pl. a.* warunki *m/pl.*

gegen¹ *Prp.* (*A*) *in Richtung auf:* ku (*D*), na, pod (*A*); (*auf, an*) w (*A*), do (*G*), o (*A*); *Gegensatz:* przeciw(ko), wbrew (*D*), z (*I*); (*zu j-m, et.*) wobec, względem, dla (*G*); *Schutz, Mittel* ~ *et. a.:* na (*A*), od (*G*); *Vergleich:* w porównaniu z (*I*); *Austausch:* (w zamian) za (*A*), za (*I*); (*ungefähr, zeitl.*) pod (*A*), nad (*I*), około (*G*); ~ *Süden* ku południowi, na południe; ~ *die Sonne/Strömung* pod słońce/prąd; ~ *die Tür schlagen* walić w (*od.* do) drzwi; ~ *die Wand gelehnt* oparty o ścianę; ~ *das Gesetz verstoßen* wykroczyć przeciw prawu; ~ *den Feind kämpfen* walczyć z wrogiem; *drei* ~ *einen* trzech na jednego; ~ *die Abmachung wbrew umowie; hart* ~ *Untergebene srogi wobec* (*od.* względem) podwładnych; *Mittel* ~ *Husten* środek od kaszlu *od.* na kaszel; *Serum* ~ *Pocken* szczepionka przeciw ospie; ~ *ihn ist sie klein* w porównaniu z nim jest mała; ~ *bar* za gotówkę; ~ *Quittung* za pokwitowaniem; ~ *Abend* pod wieczór; ~ *Morgen* nad ranem; ~ *Mittag* około południa.

gegen² *Adv.*: ~ *100* około stu.

Gegen|angebot *n* kontroferta; **~angriff** *m* przeciwnatarcie, kontratak; **~antrag** *m* wniosek strony przeciwnej; **~befehl** *m* rozkaz zmieniający rozkaz poprzedni; odwołanie rozkazu; **~besuch** *m* rewizyta; **~beweis** *m* dowód przeciwny.

Gegend *f* okolica; *in unserer* ~ w naszych stronach; *in der* ~ (*G*) *a.* w pobliżu (*G*).

Gegen|darstellung *f* sprostowanie; **~dienst** *m* wzajemna usługa; **~druck** *m* (*-es*; *0*) przeciwciśnienie; *fig.* reakcja; **2ein'ander** jeden przeciw drugiemu; wobec siebie nawzajem, wzajemnie, przeciwko sobie; *Zssgn s. aufeinander, gegenüber*; **~fahrbahn** f jezdnia dla (*od.* pas) ruchu w przeciwnym kierunku; **~forderung** f roszczenie wzajemne; (*Gegenschuld*) wierzytelność wzajemna.

Gegenfrage f: e-e ~ stellen, mit e-r ~ antworten odpowiadać <-iedzieć> pytaniem na pytanie.

Gegen|gerade f *Sp.* przeciwległa prosta; **~gewicht** n przeciw|ciężar, -waga; **~gift** n odtrutka; **~kandidat** m kontrkandydat; **~klage** f pozew wzajemny, powództwo wzajemne; **~kraft** f siła przeciwdziałająca; **~kurs** m kurs przeciwny; **♀läufig** przeciwbieżny.

Gegenleistung f wzajemna usługa; ekwiwalent; rekompensata; *als ~ für ... tun* odwzajemni(a)ć się (*I*) za ...

Gegen|lichtaufnahme f zdjęcie pod światło; **~liebe** f: *~liebe finden* (u)zyskać *pf.* aprobatę.

Gegenmaß|nahme f, **~regel** f krok przedsięwzięty w odpowiedzi (na *A*); *pl. a.* kontr-, re|akcja, środki m/pl. odwetowe; **~nahmen** ergreifen, **~regeln** treffen *a.* przeciwdziałać (*D*).

Gegen|mittel n środek (przeciw *D*, na *A*); *Med.* odtrutka; **~mutter** f przeciwnakrętka; **~offensive** f kontrofensywa, przeciwnatarcie; **~papst** m antypapież; **~partei** f *Jur., Sp.* przeciwnik; *s.* Gegenseite; **~probe** f próba kontrolna; **~reformation** f kontrreformacja; **~revolution** f kontrrewolucja.

Gegensatz m przeciwieństwo; *s.* Widerspruch; *im ~ zu* w przeciwieństwie (*od.* przeciwstawieniu) do (*G*). **♀gen|sätzlich** przeciwstawny, kontrastowy (-wo); **♀seite** f strona przeciwna.

♀genseitig wzajemny, obopólny; *Adv. a.* nawzajem; **♀keit** f (*0*) wzajemność f, obopólność f; *auf ♀keit beruhen* polegać na wzajemności.

♀gen|spieler m przeciwnik; *fig. a.* oponent; *Sp. a.* rywal; **~spionage** f kontrwywiad; **~stand** m przedmiot; obiekt; *fig. a.* temat; sprawa; **♀ständlich** przedmiotowy (-wo); **♀standslos** bezprzedmiotowy (-wo); **~stimme** f głos przeciw(ny); **~stoß**

m kontratak; riposta; **~stoß führen** kontratakować; **~strömung** f prąd przeciwny *od.* wsteczny; *fig. a.* tendencje f/pl. przeciwne; **~stück** n odpowiednik, pendant.

Gegenteil n przeciwieństwo, rzecz przeciwna; (*ganz*) *im ~* (wprost) przeciwnie; **♀ig** przeciwny, odwrotny.

gegen'über *Prp.* (*D*) naprzeciw(ko) (*G*); (*zu, in bezug auf*) wobec (*G*); *Vergleich:* w porównaniu z (*I*); *Gegenteil:* w odróżnieniu od (*G*); **♀** n (-s; -) vis-à-vis n.

gegen'überliegen *sich ~* leżeć (*od.* znajdować się) naprzeciw siebie; **~d** przeciwległy, przeciwny.

gegen'überstehen (*D*) stać wobec (*G*); *kritisch ~* odnosić <-nieść> się krytycznie (do *G*); *sich ~* stać naprzeciw siebie; **~d** położony (*od.* stojący) naprzeciw(ko), przeciwny.

gegen'überstell|en (*D*) <s>konfrontować (z *I*); *s. vergleichen*; **♀ung** f konfrontacja.

gegen'übertreten (*sn; D*) stanąć przed (*I*); *s. entgegentreten*; **♀verkehr** m ruch w przeciwnym kierunku; *... mit ♀verkehr ...* o ruchu dwukierunkowym; **♀vorschlag** m kontrpropozycja; **♀wart** f (*0*) teraźniejszość f, współczesność f (*Beisein*) obecność f; *Gr.* czas teraźniejszy; **~wärtig** teraźniejszy, obecny; *Adv. a.* teraz; **~wartsnah** aktualny; **♀wehr** f opór, obrona; **♀wert** m równowartość f; **♀wind** m wiatr przeciwny *od.* z przodu; **♀wirkung** f przeciwdziałanie, reakcja; **~zeichnen** kontrasygnować; **♀zug** m *Esb.* pociąg w przeciwnym kierunku; *Tech.* przeciwciąg; (*Schach*) ruch w odpowiedzi na posunięcie (przeciwnika); *fig.* odpowiedź f.

ge|'gessen *s. essen*; **~'glichen** *s. gleichen*; **~'gliedert** rozczłonkowany, podzielony; *Mil.* urzutowany; **~'glitten** *s. gleiten*; **~'glommen** *s. glimmen*.

Gegner m, **~in** f przeciwni|k (-czka), antagonist|a m (-ka); rywal(ka); oponent(ka); *s.* Feind; **♀isch** przeciwny; ... przeciwnika; nieprzyjacielski; **~schaft** f wrogie ustosunkowanie się; rywalizacja; antagonizm.

ge|'golten *s.* gelten; **~'goren** *s.* gären; **~'gossen** *s.* gießen; *Tech.* lany;

~'**griffen** s. greifen; 2'**habe** n (-s; 0) zachowanie się; engS. drożenie się, krygi m/pl.; 2'**hackte(s)** [mięso] siekane; 2'**halt**¹ n (-es; ⁻er) pensja, pobory m/pl., uposażenie.

Ge'halt² m (-es; -e) zawartość f (a. an/G); treść f; Chem. a. koncentracja; 2**en**: 2en sein zu być zobowiązanym do (G); 2**los** beztreściwy, jałowy (w treści).

Ge'halts|empfänger m pracownik otrzymujący płacę miesięczną, engS. pracownik umysłowy; ~**erhöhung** f podwyżka pensji od. poborów; ~**gruppe** f grupa uposażenia.

ge'haltvoll bogaty w treść, (a. Nahrung) treściwy; 2'**hänge** n feston, girlanda; El. żyrandol; ~'**hangen** s. hängen; 2'**hängte(r)** wisielec; 2**harnischt** fig. ostry (-ro), cięty (-to).

ge'hässig złośliwy (-wie), zjadliwy (-wie); 2**keit** f złośliwość f, zjadliwość f.

Ge'häuse n Tech. korpus, kadłub; obudowa; futerał; skrzynka; (Uhr2) koperta; (e-r Schnecke) skorupa.

gehbehindert o zmniejszonej zdolności chodzenia.

Ge'hege n ogrodzenie; s. Freigehege; F fig. j-m ins ~ kommen wejść w paradę (D).

ge'heim tajny; (po)tajemny, sekretny; zakonspirowany; im ~en po-tajemnie, w sekrecie; streng ~! ściśle tajne!; 2**agent** m tajny agent, wywiadowca m, F tajniak; agent (tajnego) wywiadu; 2**bund** m tajny związek, tajne stowarzyszenie; 2-**bündelei** f spiskowanie, działalność konspiracyjna; 2**dienst** m tajna służba, wywiad; 2**dienstler** F m pracownik wywiadu; 2**fach** m skrytka, schowek; ~**halten** zachow(yw)ać w tajemnicy; (za)konspirować.

Ge'heimhaltung f (0) trzymanie w (od. zachowanie) tajemnicy; ~**stufe** f kategoria tajności.

Ge'heimnis n (-ses; -se) tajemnica, sekret; ~se der Seele, e-s Handwerks usw. a. tajniki m/pl.; offenes ~ tajemnica (od. sekret) poliszynela; ~**krämer** F m (człowiek) robiący ze wszystkiego sekret, F ważniak; ~**krämerei** F f (0) otaczanie się tajemniczością, konspirowanie się; ~**verrat** m zdrada tajemnicy (pań-

stwowej, służbowej); 2**voll** tajemniczy (-czo) tajemny; 2**voll** tun otaczać ⟨otoczyć⟩ się tajemnicą; przyb(ie)rać tajemniczą minę.

Ge'heim|nummer f Fmw. numer zastrzeżony; ~**polizei** f tajna policja; ~**polizist** m s. Geheimagent; ~**rat** m tajny radca; ~**schrift** f pismo tajne od. szyfrowane; ~**sender** m zakonspirowany nadajnik; ~**tip** m poufna wskazówka; F poufnie tipowany faworyt; ~**vertrag** m taj(em)ny układ.

Ge'heiß n (-es; 0) rozkaz.

gehen (L.; sn) iść ⟨pójść⟩ (oft a. fig.); (regelmäßig besuchen, verkehren, a. Esb., Uhr) chodzić (in A, nach, zu/do G); (weg~, ab~, a. Esb.) odchodzić ⟨odejść⟩; (Schiff) odpływać ⟨-ynąć⟩; (Maschine) działać, być czynnym; (Fenster usw.) wychodzić (auf A, nach/na A); (Wind) wiać; (Gerücht) krążyć; auf die Universität ~ wstąpić na uniwersytet; auf die 70 ~ zacząć siódmy krzyżyk; ~ bis (zu D, an A) dochodzić ⟨dojść⟩ (do G); s. reichen; ~ durch (A) przechodzić ⟨przejść⟩ (przez A); das geht gegen (A) to się nie zgadza (z I); ~ in (A) wchodzić ⟨wejść⟩ (do G); (Platz finden) ⟨z⟩mieścić się; in Trauer ~ nosić żałobę; ins Ausland ~ wyjechać za granicę; wyemigrować; in sich ~ opamięt(yw)ać się, rozmyślać; ~ über (A) s. übersteigen; vor sich ~ dziać (od. odbywać) się; was geht hier vor? co się tu dzieje?; gut ~ prosperować; (Ware) mieć dobry zbyt; zu weit ~ fig. posuwać ⟨-unąć⟩ się za daleko; ~ lassen puszczać ⟨puścić⟩, pozwalać ⟨-wolić⟩ odejść; unpers. es geht tak sobie; (ist möglich) to możliwe, to da się zrobić od. załatwić; es geht nicht to niemożliwe; tego nie wolno robić; es geht auf 12 (Uhr) zbliża się dwunasta; es geht nichts über (A) nie ma nic lepszego od (G), nie ma to jak (N od. Inf.); es geht (nicht) um (A; nie) chodzi o (A); wie geht es dir i jak się masz?, jak ci się powodzi?; es geht mir gut czuję się dobrze; powodzi mi się dobrze; so gut es geht jak się da najlepiej; so geht es tak to bywa; wenn es nach mir ginge so ... według mego zdania ..., F na mój rozum ...; es geht zu weit! tego już za wiele!; *s. a.* Anker, Nerv, Zeit, *ab-*, *auf-*, *weggehen*, *laufen usw.*

Gehen *n* (-*s*; *0*) chodzenie; *Sp.* chód.

Ge'henkte(r) stracony, wisielec.

gehenlassen: *sich* ~ nie panować nad sobą; ⟨po⟩folgować sobie.

ge'heuer: *nicht* ~ niesamowity; *ihm war nicht ganz* ~ czuł się nieswojo.

Ge'heul *n* (-*s*; *0*) wycie, skowyt; F *fig.* beczenie.

Ge'hilf|e *m* (-*n*), ~**in** *f* pomocn|ik (-ica); asystent(ka).

Ge'hirn *n Anat.* mózgowie, (*a. fig.*) mózg; *s. a.* Hirn; ~**blutung** *f* krwotok mózgowy; ~**erschütterung** *f* wstrząśnienie mózgu; ~**haut** *f* opony *f/pl.* mózgowe; ~**tumor** *m* guz mózgu; ~**wäsche** *f fig.* pranie mózgów.

ge|'hoben *s.* heben; *Stil:* wzniosły (-śle); *Stimmung:* podniosły (-śle); *Stellung:* kierowniczy, wysoki; 2'**höft** *n* (-*es*; -*e*) zagroda, domostwo; futor; ~'**holfen** *s.* helfen; 2'**hölz** *n* (-*es*; -*e*) zagajnik.

Ge'hör *n* (-*es*; *0*) słuch (*a. Mus.*); *nach* ~ ze słuchu; *j-m* ~ *schenken* wysłuchać (*G od. A*); *sich* (*D*) ~ *verschaffen* wymuszać ⟨-usić⟩ (*od.* mieć) posłuch (*bei/u G*).

ge'horchen (-; *D*) ⟨u⟩słuchać (*G*), być posłusznym (*D*); (*Auto*) reagować (na *A*).

ge'hör|en (-; *D*, *zu*) należeć (do *G*); *dieses Buch* ~*t mir* to moja książka; *wem* ~*t dieser Koffer?* czyja to walizka?; *diese Frage* ~*t nicht hierher* ta kwestia nie ma z tym nic wspólnego; *die Kinder* ~*en schon ins Bett* dzieci powinny już być w łóżku; *dazu* ~*t viel Mut* to wymaga wielkiej odwagi; *dazu* ~*t viel Geld* na to potrzeba dużo pieniędzy; *sich* ~*en* wypadać, należeć się; *das* ~*t sich nicht* to nie przystoi *od.* wypada; *wie es sich* ~*t* jak należy, F jak się patrzy.

Ge'hör|gang *m* przewód słuchowy; 2**geschädigt** *od.* z przytępionym słuchem; 2**ig** (*D*, *zu*) należący (do *G*); *s.* gebührend, tüchtig.

Ge'hörn *n* (-*es*; -*e*) poroże; (*Reh*2) parostk|i *m/pl.*, 2**t** rogaty.

ge'horsam posłuszny.

Ge'horsam *m* (-*s*; *0*) posłuszeństwo; ~**verweigerung** *f* odmowa posłuszeństwa, niesubordynacja.

Gehsteig *m* chodnik.

ge'hupft F: ~ *wie gesprungen* nie kijem go to pałką.

Gehversuch *m* próba chodzenia; *die ersten* ~*e machen* zaczynać ⟨-cząć⟩ chodzić.   [chodnik.]

Gehweg *m* droga dla pieszych;)

Geige *f* skrzypce *pl.*; 2**n** grać na skrzypcach.

Geigen|bauer *m* lutnik; ~**kasten** *m* futerał do skrzypiec.

Geiger(in *f*) *m* skrzyp|ek (-aczka).

Geigerzähler *m* licznik Geigera.

geil *Boden:* tłusty, żyzny; *Pflanze:* wybujały; *Pers.* lubieżny, jurny; 2**trieb** *m* dziki pęd.

Geisel *f* (-; -*n*) zakładn|ik (-iczka); ~**nahme** *f* wzięcie zakładników.

Geiß *f* (-; -*en*) koza; ~**bock** *m* kozioł.

Geißel *f* (-; -*n*) bicz; *Bio.* migawka, rzęska; *fig.* dopust, plaga; ~ *Gottes* bicz boży; 2**n** (-*le*) biczować, (*a. fig.*) chłostać; piętnować; ~**tierchen** *n/pl.* wiciowce *m/pl.*; 2**ung** *f* biczowanie (się); *fig.* piętnowanie.

Geist *m* (-*es*; -*er*) duch; *im* ~*e* w duchu; *den* ~ *aufgeben* wyzionąć ducha; *s.* Verstand, Witz.

geister|haft widmowy, upiorny; ~**n** (-; -*re*; *a. sn*) straszyć; ukazywać się (*od.* chodzić) jak duch.

geistes|abwesend roztargniony, głęboko zamyślony; 2**arbeit** *f* (*0*) praca umysłowa; 2**blitz** *m* genialna myśl; 2**gegenwart** *f* przytomność umysłu; ~**gegenwärtig** przytomny; ~**gestört** umysłowo chory; 2**größe** *f* (*0*) wielkość *f* umysłu, geniusz; 2**haltung** *f* umysłowość *f*, mentalność *f*; 2**krankheit** *f* choroba umysłowa; 2**leben** *n* (-*s*; *0*) życie duchowe; ~**schwach** ograniczony (umysłowo); 2**störung** *f* zaburzenie psychiczne, psychoza; 2**wissenschaften** *f/pl.* nauki *f/pl.* humanistyczne; 2**zustand** *m* (-*es*; *0*) stan umysłowy.

geistig (*0*) duchowy (-wo); ~*e Getränke* napoje *m/pl.* wyskokowe.

geistlich (*0*) duchowny, religijny; 2**e(r)** duchowny *m*; 2**keit** *f* (*0*) duchowieństwo.

geist|los niemądry, nierozumny; *fig.* niewybredny, płaski; ~**reich** dowcipny; błyskotliwy (-wie); ~**tötend** ogłupiający (-co).

Geiz *m* (-*es*; *0*) skąpstwo, sknerstwo; (*Gier*) chciwość *f*; 2**en** (-*zt*) ⟨po⟩skąpić, żałować (*mit/G*); *nicht* 2*en* *a.* nie szczędzić *(mit/G)*; **hals** *m* skąpiec, sknera *m*, kutwa *m*; **Qig** skąpy (-po); chciwy (-wie); **kragen** *m* skąpiradło, dusigrosz.

Ge¹¹jammer *n* (-*s*; *0*) biadolenie, lamentowanie; utyskiwania *n/pl.*; **¹johle** *n* (-*s*; *0*) wrzaski *m/pl.*, hukanie; **Q¹kannt** *s.* kennen; **kicher** *n* (-*s*; *0*) chichot(anie); **¹klapper** *n* (-*s*; *0*) grzechot(anie); klapanie; stukot; tętent; *s.* klappern; **¹klimper** *n* (-*s*; *0*) brzdąkanie; **¹klingel** *n* (-*s*; *0*) dzwonienie; **¹klirr** *n* (-*s*; *0*) szczęk; chrzęst; brzęk; *s.* klirren; **Q¹klungen** *s.* klimmen; **Q¹klungen** *s.* klingen; **¹knatter** *n* (-*s*; *0*) terkot(anie), grzechot; **Q¹kniffen** *s.* kneifen; **Qkocht** (u)gotowany; **Q¹konnt** *s.* können; *Adjp.* mistrzowski (-ko, po -ku); **Q¹körnt** ziarnisty, granulowany; **¹kreisch** *n* (-*es*; *0*) piski *m/pl.*, wrzaski *m/pl.*; **¹kritzel** *n* (-*s*; *0*) bazgranina; **Q¹krochen** *s.* kriechen; **¹kröse** *n* (-*s*; *0*) *Anat., Kochk.* krezki *f/pl.*; **Q¹künstelt** sztuczny, naciągnięty.

Gel [ge:l] *n* (-*s*; -*e*) żel.
Ge¹lächter *n* (-*s*; *0*) śmiech; *dem* ~ *preisgeben* wystawi(a)ć na pośmiewisko.

ge¹laden naładowany (*a. El.*); *Waffe:* nabity; *Gäste:* (za)proszony; *vgl.* laden.
Ge¹lage *n* hulanka, pijatyka.
ge¹lähmt sparaliżowany.
Ge¹lände *n* teren; **beschaffenheit** *f* (*0*) rzeźba terenu; **Qgängig** terenowy; **lauf** *m* bieg na przełaj; *Ski-Sp.* bieg dystansowy.
Ge¹länder *n* poręcz *f*; balustrada.
Ge¹lände¦ritt *m* bieg (*od.* wyścig) na przełaj; **wagen** *m* wóz terenowy, *F* łazik.
ge¹lang *s.* gelingen; **en** (-; *sn*) dosta(wa)ć się, docierać ⟨dotrzeć⟩ (*an A*, bis [zu], *nach/do G*); *fig.* dochodzić ⟨dojść⟩ (do *G*); *zum Ziel:* osiągać ⟨-nąć⟩; **weilt** znudzony, *präd.* ze znudzeniem.
Ge¹laß *n* (-*sses*; -*sse*) komórka, klitka.
ge¹lassen spokojny, opanowany; **Qheit** *f* (*0*) spokój (ducha), opanowanie.
Gela¹tine [ʒə-] *f* żelatyna.
ge¹läufig znany, nieobcy; *s.* fließend; ... *ist mir* ~ znam ...
ge¹launt *gut* (*schlecht*) ~ w dobrym (złym) humorze *od.* usposobieniu.

Ge¹läut(e) *n* (-*es*; *0*) (bicie w) dzwony *m/pl.*, dzwonienie. [knąć.)
gelb żółty (-to); ~ *werden* ⟨z⟩żół-)
Gelb *n* (-*es*; *0*) kolor żółty, żółtość *f*; (*Malfarbe*) żółcień *f*; **Qbraun** żółtobrunatny; **fieber** *n* żółta febra; **Qlich** żółtawy (-wo); **rand¦käfer** *m* żółtobrzeżek; **sucht** *f* (*0*) żółtaczka.

Geld *n* (-*es*; -*er*) pieniądz; *konkr.* pieniądze *m/pl.*; *mit* ~ *um sich werfen* szastać pieniędzmi; *F* e-e *Menge* (*od.* Stange) ~ kupa pieniędzy; *nicht für* ~ *und gute Worte* za żadne skarby świata; *zu* ~ *machen* spieniężać ⟨-żyć⟩; **er** *pl.* kapitały *m/pl.*, środki *m/pl.*; **anlage** *f* lokata (kapitału); ulokowane pieniądze; **beutel** *m* sakiewka; **briefträger** *m* doręczyciel przekazów pieniężnych; **buße** *f* grzywna; **einwurf** *m* otwór wrzutowy dla monet; **entwertung** *f* deprecjacja pieniądza; **erwerb** *m* zarobkowanie, zarobek; **geber** *m* kredytodawca *m*; finansujący *m*; **gier** *f* chciwość *f* pieniędzy; **heirat** *f* ożenek dla pieniędzy; **institut** *n* instytucja bankowa; **kurs** *m* *Fin.* kurs kupna *od.* popytu; **Qlich** pieniężny; **makler** *m* pośrednik w transakcjach kredytowo-handlowych; **mangel** *m* brak pieniędzy; **mann** *m* (-*es*; -*leute*) finansista *m*; **markt** *m* rynek pieniężny; **mittel** *n/pl.* środki *m/pl.* pieniężne; **quelle** *f* źródło finansowania; źródło dochodów; **sack** *m* worek z pieniędzmi; *F* fig. dusigrosz; **sammlung** *f* zbiórka, kwesta; **schein** *m* banknot.

Geldschrank *m* kasa ogniotrwała, sejf; **knacker** *F* *m* rozpruwacz kas *od.* sejfów.
Geld¦sendung *f* przesyłka pieniężna, przekaz pieniężny; **spende** *f* dar, datek; **spritze** *F* *f* pomoc pieniężna, wsparcie; **strafe** *f* kara grzywny; *mit* e-r ~*strafe belegen* skazać na grzywnę; **stück** *n* moneta; **tasche** *f* portmonetka; **umlauf** *m* obieg pieniężny; **verlegenheit** *f* kłopoty *m/pl.* pieniężne; **verleiher** *m* pożyczający pieniądze na procent, *engS.* lichwiarz; **wechsel** *m* wymiana pieniędzy; **wert** *m* wartość *f* pieniądza.
Gelee [ʒə¹le:] *n od.* *m* (-*s*; -*s*) galaret(k)a.

Ge'lege n Zo. ląg.

ge'legen położony, znajdujący się; *am Ufer* ~ nad-, przy|brzeżny; *(passend)* dogodny, stosowny; *das kommt mir sehr* ~ to mi bardzo na rękę; *mir ist daran* ~ zależy mi na tym.

Ge'legenheit f sposobność f, okazja; *bei* ~ *s. gelegentlich*; *j-m die* ~ *geben od.* bieten dostarczyć sposobności (D); *für alle* ~en na każdą okazję.

Ge'legenheits|arbeit f praca dorywcza; **~kauf** m kupno okazyjne, okazja.

ge'legentlich okazyjny; *(manchmal)* dorywczy (-czo), przygodny; *Adv. a.* przy okazji; *Prp.* (G) z okazji (G).

ge'lehr|ig pojętny; **2samkeit** f (0) uczoność f, erudycja; **~t** uczony (uczenie); naukowy (-wo); **2te(r)** uczony m, naukowiec.

Ge'leise n *s.* Gleis; *fig.* tryb (życia), porządek; *in ausgefahrenen* ~n utartymi drogami, po staremu.

Ge'leit n (-es; 0) orszak, grono (osób) towarzyszące; eskorta; freies ~ bezpieczeństwo osobiste; *j-m das* ~ *geben s.* geleiten; *das letzte* ~ *geben s.* Grab; **~brief** m glejt, list żelazny; **2en** (-e-) *v/t* odprowadzać ⟨-dzić⟩ (A), towarzyszyć (D); eskortować (A); **~schiff** n okręt konwoju; **~schutz** m ochrona, eskorta; *Mar.* osłona konwoju; **~wort** n (-es; -e) słowo wstępne, przedmowa; **~zug** m *Mar.* konwój.

Ge'lenk n (-es; -e) staw, *(a. Tech.)* przegub, **~entzündung** f zapalenie stawów; **2ig** giętki (-ko), gibki (-ko); *(behende)* zwinny; **~pfanne** f panewka stawowa; **~rheumatismus** m gościec stawowy; **~welle** f wał przegubowy.

Ge'lernt *Pers.* wykwalifikowany.

Ge'leucht n (-es; -e) *Bgb.* lampa górnicza; **~lichter** n (-s; 0) *s.* Gesindel; **~'liebte(r)** m/f ukochany m (-a), kochan|ek (-ka).

ge'liefert: F ~ sein być zgubionym.

ge'liehen *s.* leihen.   [cieć.]

ge'lieren [ʒə-] (-) ⟨z⟩galaretowa-⟨

ge'linde łagodny *(a. fig.)*; ~ *gesagt* delikatnie mówiąc.

ge'lingen (L.; *sn*) uda⟨wa⟩ć się, powieść się *pf.*; **2** n (-s; 0) udanie (się); pomyślny wynik.

ge'litten *s.* leiden.

gellen ⟨za⟩brzmieć przeraźliwie; rozdzierać ⟨rozedrzeć⟩ *(durch die Stille* ciszę); **~d** przejmujący (-co), przeszywający (-co).

ge'lob|en (-) ślubować, (uroczyście) przyrzekać; *das* 2te *Land* ziemia obiecana.

Ge|'löbnis n (-ses; -se) ślubowanie, (uroczyste) przyrzeczenie; **2'locht** dziurkowany; **2'lockert** *s.* locker; **2'lockt** kędzierzawy (-wo); **2'logen** *s.* lügen.

gelten (L.) *v/i/t (wert sein)* mieć wartość, być wartym; *v/i* być ważnym; *(Gesetz usw.)* obowiązywać; *etwas* ~ coś znaczyć; *(als, für)* uchodzić (za A); (D) odnosić się (do G), dotyczyć (G) *et.* ~ *lassen* zgadzać ⟨zgodzić⟩ się (na A), uzna⟨wa⟩ć, ⟨za-⟩ aprobować (A); *das gilt nicht* to się nie liczy; *es gilt!* zgoda!; *es gilt jetzt* ... teraz trzeba ...; *was gilt die Wette?* o co zakład?; **~d** *Recht:* obowiązujący; *Meinung:* (powszechnie) panujący; **~d machen** *(vorbringen)* przedstawi⟨a⟩ć; *Rechte usw.:* dochodzić (G); *Einfluß:* uży⟨wa⟩ć.

Geltung f (0) moc prawna; ważność f; *(Einfluß)* wpływ, znaczenie; *e-r Sache* ~ *verschaffen* zapewni⟨a⟩ć skuteczność (G); *richtig zur* ~ *bringen* uwydatni⟨a⟩ć; *besser zur* ~ *kommen* przedstawi⟨a⟩ć się korzystnie.

Geltungs|bedürfnis n (-ses; 0) ambicja; **~bereich** m zasięg mocy obowiązującej; obszar ważności; **~dauer** f okres ważności.

Ge|'lübde n ślub(owanie); *Rel. a.* śluby *m/pl.* zakonne; **2'lungen** uda⟨wa⟩ny; **~'lüst** n (-es; -e) chęć f, chętka, ochota; *pl. a.* zapędy *m/pl.*; **~'mach** n (-es; *~er*) komnata, pokój; **2'mächlich** powolny; *s.* ruhig, bequem.   [małżonka.]

Ge'mahl m (-s; -e) małżonek, **~in** f⟩

Ge'mälde n obraz, malowidło; **~ausstellung** f wystawa obrazów; **~galerie** f galeria obrazów.

ge|'mäß *Adj.* odpowiedni (-nio); *Prp.* (D) zgodnie z (I), stosownie do (G); **~'mäßigt** umiarkowany; **2'mauer** n mury *m/pl.*

ge'mein zwykły (-le), pospolity (-cie); *s.* gemeinsam; *fig.* nikczemny, podły (-le); *(grob, unflätig)* ordynarny; **~er** *Soldat* szeregowiec.

Ge'meinde f gmina (a. Rel.); (Stadt♀) komuna; Rel. koll. Pers. wierni m/pl.; zbór; **~haus** n urząd gminny, ratusz; **~rat** m rada gminna; **~wahl(en** pl.) f wybory m/pl. do rad gminnych, wybory komunalne; **~zentrum** n gminny dom ludowy; świetlica.

Ge'mein|eigentum n własność wspólna od. społeczna; **♀gefährlich** niebezpieczny dla ogółu od. społeczeństwa; **~gut** n (-es; 0) dobro ogólne od. powszechne; **~heit** f (0) podłość f, nikczemność f; (a. pl.) świństwo; **♀hin** zwykle, zazwyczaj; **~kosten** pl. koszty m/pl. ogólne; **~nutz** m (-es; 0) dobro społeczne, interes publiczny; **♀nützig** Einrichtung: ... użyteczności publicznej; für -ge Zwecke na cele społeczne; **~platz** m komunał, oklepany frazes.

ge'meinsam wpólny, Adv. a. wespół, razem; **♀keit** f wspólność f; wspólna cecha.

Ge'meinschaft f wspólnota, **♀lich** wspólny, zbiorowy (-wo).

Ge'meinschafts|antenne f antena zbiorowa; **~arbeit** f praca kolektywna; **~kunde** f (Fach) wychowanie obywatelskie; **~rundfunkanlage** f radiowęzeł; **~schule** f szkoła świecka; **~verpflegung** f żywienie zbiorowe.

Ge'mein|wesen n wspólnota, społeczność f; **~wohl** n dobro ogółu.

Ge'meng|e n, **~sel** n s. Gemisch.

ge'messen Schritt: miarowy (-wo); s. maßvoll, würdig; **♀metzel** n masakra, rzeź f; **~'mieden** s. meiden.

Ge'misch n (-es; -e) mieszanina, mieszanka; **♀t** mieszany; F mit ♀ten Gefühlen ze zmiennymi uczuciami.

ge'mocht s. mögen; **~molken** s.)

Gemse f kozica, giemza. [melken.)

Ge'murmel n (-s; 0) mamrotanie; (unwillig) pomruk; szemranie.

Ge'müse n jarzyna, warzywo; **~bau** m (-es; 0) uprawa warzyw, warzywnictwo; **~beilage** f jarzyny f/pl.; **~garten** m ogród warzywny; **~laden** m sklep z warzywami; **~salat** m sałatka jarzynowa; **~suppe** f zupa jarzynowa.

ge'|mußt s. müssen; **~'mustert** Stoff usw.: deseniowy, wzorzysty.

Ge'müt n (-es; -er) umysł; s. Gefühl, Seele, Herz; die ~er erregen po-

ruszać ⟨-szyć⟩ umysły; F sich zu ~e führen raczyć się ⟨A/I⟩.

ge'mütlich przyjemny; (behaglich) przytulny; Pers. dobroduszny, serdeczny; es sich ~ machen czuć się jak u siebie w domu; **♀keit** f (0) przytulność f, przytulna atmosfera; niewymuszoność f; jowialność f.

Ge'müts|art f (0) natura, usposobienie; **~bewegung** f wzruszenie, emocja; **♀krank** chory psychicznie; melancholijny; **~leben** n życie duchowe; **~mensch** m człowiek uczuciowy; poczciwiec; F iron. gbur, prostak; **~ruhe** f spokój ducha; flegma; **~verfassung** f, **~zustand** m nastrój (-wie).

ge'mütvoll uczuciowy (-wo), tkliwy (-wie).

Gen [ge:n] n (-s; -e) Bio. gen.

ge'|nannt s. nennen; **~'narbt** Leder: groszkowany; **~'nas** s. genesen.

ge'nau dokładny, ścisły (-śle); punktualny; skrupulatny; sehr ~ a. drobiazgowy (-wo); ganz ~ a. co do joty; nichts ♀es nic pewnego; **♀igkeit** f (0) dokładność f, ścisłość f; punktualność f; skrupulatność f; **~so** tak samo; **~so wie** jak też; **~so viel** tyle(ż) samo.

Gendarm [ʒanˈdarm] m (-en) żandarm; **~e'rie** f żandarmeria.

ge'nehm: ~ sein podobać się (D).

ge'nehmig|en (-) zezwalać ⟨-wolić⟩; (behördlich) zatwierdzać ⟨zatwierdzić⟩; F fig. sich (D) e-n ~en łyknąć jednego; **♀ung** f zezwolenie; zatwierdzenie; **~ungspflichtig** wymagający zezwolenia od. zatwierdzenia.

ge'neigt pochylony, pochyły (-ło); fig. skłonny (zu/do G); s. wohlwollend; der ~e Leser łaskawy czytelnik.

Genera pl. v. Genus.

Gene'ral m (-s; -e/∗e) generał; **~agent** m główny agent; **~bevollmächtigte(r)** pełnomocnik generalny; **~direktor** m dyrektor naczelny; **~gouvernement** n hist. Gubernia Generalna; **~inspekteur** m inspektor generalny.

Generali'tät f (0) generalicja.

Gene'ral|konsul m konsul generalny; **~leutnant** m generał dywizji; **~major** m generał brygady; **~oberst** m generał broni; **~probe** f próba generalna; **~sekretär** m sekretarz generalny.

Gene'ralsrang m stopień general-ski.

Gene'ral|stab m sztab generalny; **~streik** m strajk powszechny; **~überholung** f remont kapitalny; **~versammlung** f zgromadzenie ogólne; walne zebranie; **~vertretung** f wyłączne przedstawiciel-stwo; **~vollmacht** f pełnomoc-nictwo generalne.

Generati'on f pokolenie, generacja; **~swechsel** m przemiana pokoleń.

Gene'rator m (-s; -'toren) generator; El. a. prądnica; **~gas** n gaz czadnicowy.

gene'rell (0) ogólny, powszechny.

Ge'nese f geneza.

ge'nes|en (L.; sn) wyzdrowieć pf., powracać <-rócić> do zdrowia; **2ung** f (wy)zdrowienie, powrót do zdrowia; **2ungs·urlaub** m urlop zdrowotny.

Ge'netik f (0) genetyka.

Genfer Adj. genewski.

geni'al genialny; **2i'tät** f (0) genial-ność f.

Ge'nick n (-es; -e) kark; **~schuß** m strzał w tył głowy od. w potylicę; **~starre** f sztywność f karku.

Genie [ʒe'ni:] n (-s; -s) geniusz.

ge'nieren [ʒe-] (-) krępować, żeno-wać; sich ~ krępować się.

ge'nießbar nadający się do spożycia od. picia, jadalny; das ist nicht ~ tego nie można jeść od. pić; F fig. er ist heute nicht ~ on jest dziś w nieznośnym humorze.

ge'nieß|en (L.) spoży(wa)ć, <z>jeść, <wy>pić, fig. (A) cieszyć się (I); Leben: uży(wa)ć (G); Anblick: roz-koszować się (I); Erziehung: otrzy-m(yw)ać (A); Rechte: korzystać (z G); **2er** m człowiek oddający się uciechom; smakosz; sybaryta m; **~erisch** z rozkoszą.

Geni'talien n/pl. narządy m/pl. płciowe, genitalia pl.

Genitiv m (-s; -e) dopełniacz.

Genius m (-; 0) duch; (a. pl. -ien) geniusz, duch opiekuńczy.

ge'|nommen s. nehmen; **~'normt** znormalizowany; **~'noß** s. genießen.

Ge'nosse m (-n) towarzysz (a. Pol.).

ge'|nossen s. genießen.

Ge'nossenschaft f spółdzielnia, ko-operatywa; zrzeszenie; **~ler** m członek spółdzielni, spółdzielca m; **2lich** spółdzielczy; **~s·bauer** m

członek rolniczej spółdzielni pro-dukcyjnej.

Ge'nossin f towarzyszka n.

Genre [ʒãːrə, 'ʒaŋr] n (-s; -s) rodzaj; **~** in Zssgn rodzajowy.

ge'nug dosyć, dość; es ist nicht ~ ... a. nie wystarczy ...; mehr als ~ więcej niż potrzeba; ich habe ~ da-von mam tego dość.

Ge'nüg|e f: **~e** tun od. leisten uczy-nić pf. zadość (D); ... wurde **~e** ge-tan stało się zadość (D); zur ~ aż nadto; **2en** (wy)starczać <-czyć>; das **2t** (to) wystarczy; **2end** wy-starczający <-co), dostateczny (a. Schulnote); **2sam** niewymagający <-co), skromny.

Ge'nugtuung f (0) satysfakcja; za-dośćuczynienie.

Genus n (-; Genera) Gr. rodzaj.

Ge'nuß m (-sses; ~sse) s. Verzehr, Trinken; (Nutznießung) korzystanie (G/z G); używanie, użycie; (Beha-gen, Freude) rozkosz f, przyjemność f; **~mittel** n używka; **~sucht** f (0) żądza użycia.

Geo|dä'sie f (0) geodezja; **~gra-'phie** f (0) geografia; **2'graphisch** geograficzny; **~lo'gie** f (0) geologia; **2'logisch** geologiczny.

Geo'me|ter m geometra m, mier-niczy; **~'trie** f (0) geometria; **2-trisch** geometryczny.

Geophy'sik f (0) geofizyka; **2alisch** [-'kaː-] geofizyczny. [malny.\

ge'ordnet uporządkowany; nor-\

Ge'päck n (-es; 0) bagaż; **~aufbe-wahrung** f konkr. przechowalnia bagażu, bagażownia; **~brücke** f, **~halter** m bagażnik; **~netz** n siatka na bagaż; **~schein** m kwit bagażo-wy; **~stück** n waliz(k)a, pakunek; **~träger** m bagażnik; Pers. baga-żowy m, numerowy m; **~wagen** m wagon bagażowy.

ge'|packt ogarnięty, przejęty (von/ I); **~'panzert** opancerzony, pan-cerny; **~'pfeffert** F fig. Preis: słony; Witz: pieprzny; **~'pfiffen** s. pfei-fen; **~'pflegt** (wy)pielęgnowany, zadbany; elegancki <-ko); **2'pflo-genheit** f zwyczaj; **2'plänkel** n utarczka (fig. słowna); **2'plapper** n (-s; 0) paplanie, szczebiotanie; pa-**2'plätscher** n (-s; 0) plusk; szemranie; **2'plauder** n ((\ 0) konwersacja; pogawędka, F po-gaduszka; **2'polter** n (-s; 0) łoskot, łomot; 2**präge** n (-s; 0) *fig.* piętno, znamię; 2**pränge** n (-s; 0) przepych, pompa; 2**prassel** n (-s; 0) trzask(anie); **prässe** s. *preisen*; ~**prüft** egzaminowany; ~**punktet** kropkowany, w kropki; 2**quassel** P n (-s; 0) gadanie, bajdurzenie; gadanina; ~**quollen** s. *quellen*.

ge**rade**[1] *Zahl:* parzysty.

ge**rade**[2] prosty (-to); *präd. a.* wprost; (*aufrecht*) wyprostowany; *fig. Pers.* prostolinijny, prawy; *Adv.* (*soeben, ausgerechnet*) właśnie, akurat; (*genau*) dokładnie; ~ recht w sam raz; *nun* ~! teraz tym bardziej!; *das fehlte* ~ *noch!* tego jeszcze brakowało! [m.]
Ge**rade** f prosta f; *Box-Sp.* prosty]
gerade**aus** prosto (przed siebie).
ge**radebiegen** ⟨wy⟩prostować.
geradeher**aus** otwarcie, bez ogródek *od.* osłonek.
ge**rade(n)wegs** prosto; wprost.
ge**rädert** F: *wie* ~ skonany, rozbity.
ge**raderichten** wyprostow(yw)ać, wyrówn(yw)ać; ~**so** *s. ebenso*; ~**zu** prosto; [-'ʀɑː-] po prostu, wręcz.
Ge**radheit** f (0) prostość f; *fig.* prostolinijność f; 2**linig** prostolinijny; prostolinijny.
ge**rammelt** F: ~ *voll* zapchany, nabity. [zwady f/pl.]
Ge**rangel** n (-s; 0) starcia n/pl.]
Ge**ranie** f bodziszek.
ge**rann** *s. gerinnen*; ~**t** *s. rennen*.
Ge**rassel** n (-s; 0) szczęk(anie); turkot; ~**rät** n (-es; -e) aparat; przyrząd (*a. Sp.*); (*Werkzeug*) narzędzie; (*Hausɔ usw.*) sprzęt.
ge**raten**[1] (L.) v/i (sn) s. *gelingen*; (*Korn usw.*) obrodzić *pf.*; (*in A, ohne Absicht*) dost(aw)ać się, trafi(a)ć (do G); (*in e-n Zustand*) po-, w|padać ⟨wpaść⟩ (w A); (*an A*) natrafi(a)ć (na A); *außer sich* ~ stracić panowanie nad sobą; *nach dem Vater* ~ wdać się w ojca; *s. a. Abweg usw.*
ge**raten**[2] *Adj.* wskazany.
Ge**räteschuppen** m szopa do sprzętu; ~**turnen** n gimnastyka przyrządowa. [trafił, jak popadnie.]
Gerate**wohl** n: *aufs* ~ na chybił]
ge**räuchert** wędzony.
ge**raum**: ~*e Zeit* (przez) dłuższy czas; *seit* ~*er Zeit* od dłuższego czasu.
ge**räumig** obszerny, przestronny.

Ge**räusch** n (-es; -e) szum; (*laut*) hałas, zgiełk; (*leise*) szelest, szmer; 2**arm** *Tech.* cichobieżny; 2**los** bezszumny; bezszmerowy (-wo); cichy (-cho), bezszelestny; 2**voll** hałaśliwy (-wie), zgiełkliwy (-wie).

gerb|en ⟨wy⟩garbować (a. F *fig.*), wyprawi(a)ć; 2e**rei** f garbarstwo; garbarnia; 2**stoff** m garbnik.

ge**recht** sprawiedliwy (-wie); (*richtig, passend*) słuszny; ~ *werden* (j-m) oceni(a)ć *od.* sprawiedliwie (A); (*e-r Sache*) sprostać *pf.*, odpowiadać (D); ~**fertigt** uzasadniony, usprawiedliwiony; 2**igkeit** f (0) sprawiedliwość f.
Ge**rede** n (-s; 0) gadanie, gadanina; *s. Klatsch*; *ins* ~ *kommen* dostać się na ⟨ludzkie⟩ języki.
ge**regelt** uporządkowany; uregulowany; ~**reift** dojrzały (-le).
ge**reizt** po-; roz|drażniony; *Adv.* w rozdrażnieniu; 2**heit** f (0) rozdrażnienie, drażliwość f. [wa, danie.]
Ge**richt**[1] n (-es; -e) *Kochk.* potra-]
Ge**richt**[2] n (-es; -e) sąd; *vor* ~ *erscheinen* stanąć przed sądem; *die Sache vors* ~ *bringen* wytoczyć sprawę przed sądem; ~ *halten*, *zu* ~ *sitzen* sprawować sąd (*über A/*nad I); 2**lich** sądowy; *Adv.* sądownie; 2**lich vorgehen** wszcząć ⟨wszcząć⟩ kroki sądowe.
Ge**richts**|- sądowy; ~**barkeit** f (-; 0) sądownictwo; jurysdykcja; ~**beschluß** m postanowienie sądu; ~**diener** m woźny sądowy; ~**gebäude** n gmach sądu; sąd; ~**hof** m sąd, trybunał; ~**kosten** *pl.* koszty m/pl. sądowe; ~**medizin** f medycyna sądowa; ~**reporter** m reportażysta sądowy; ~**saal** m sala sądowa; ~**stand** m sąd właściwy; podsądność f; ~**urteil** n wyrok sądowy; ~**verfahren** n postępowanie sądowe; proces; ~**verhandlung** f rozprawa sądowa; ~**vollzieher** m komornik.
ge**rieben** *s. reiben*; F *fig. s. gerissen, durchtrieben*; ~**riffelt** żłobkowany.
ge**ring** (*klein*) niewielki, mały, drobny; bagatelny; *Chance, Hoffnung, Duft usw.:* nikły (-ło); *s. niedrig, unbedeutend*; *nicht im* ~**sten** wcale nie, bynajmniej; *nicht das* ~**ste** nic nie.
ge**ringfügig** nieznaczny; 2**keit** f błahostka, drobnostka; (0) błahość f.

ge'ringschätz|en ⟨z⟩lekceważyć; **~ig** lekceważący (-co); **2ung** f (0) lekceważenie.

ge'rinn|en (L. rinnen) ⟨s⟩krzepnąć, ścinać ⟨ściąć⟩ się; Milch a.: zsiadać ⟨zsiąść⟩ się; **2sel** n skrzep; **2ung** f krzepnienie, (s)krzepnięcie; **~ungs·fähig** krzepliwy.

Ge'rippe n szkielet (a. Tech., fig.); wandelndes ~ chodzący kościotrup.

ge'rippt żebrowany; Text. prążkowany.

ge'rissen s. reißen; F fig. przebiegły (-le), cwany; **~er** Bursche cwaniak.

ge'ritten s. reiten.

Ger'man|e m (-n), **~in** f German|in (-ka); **2isch** germański; **~istik** [-'nɪ-] f (0) germanistyka.

gern|e⟩ Adv. chętnie, z przyjemnością; **~ haben, tun,** essen usw. lubić; ich möchte **~ ...** chciałbym (bardzo) ...; **~ geschehen!** proszę bardzo!

Gernegroß m (-; selt. -e) F ważniak.

ge'|rochen s. riechen; **2'röll** n (-(e)s; -e) otoczaki m/pl., żwir; **~'ronnen** s. (ge)rinnen. [ny.⟩

Gerste f (-; 0) jęczmień; **~n-** jęczmień-⟩

Gersten|grütze f kasza perłowa, perłówka; **~korn** n ziarnko jęczmienia; Med. jęczmień m, jęczmyk.

Gerte f rózga, witka; **2n-schlank** smukły jak topola.

Ge'ruch m (-(e)s; ≈e) zapach, woń f; (Sinn) węch, powonienie; fig. (Ruf) opinia; **2frei,** **2los** bezwonny, bez zapachu; **~s-belästigung** f wydzielanie zapachu przykrego dla powonienia; **~s-sinn** m (-(e)s; 0) zmysł powonienia.

Ge'rücht n (-(e)s; -e) pogłoska; es geht das **~** chodzą pogłoski; **~e·macher** m plotkarz, nowinkarz.

ge'rufen: wie **~** jak na zawołanie.

ge'ruh|en raczyć; **~sam** spokojny.

Ge'|rümpel n (-s; 0) rupiecie, graty m/pl.; **~'rüst** n (-(e)s; -e) rusztowanie; (Bretter**2** a.) pomost; a. Gerippe; **2'salzen** solony; (a. fig.) słony (-no); (derb) pieprzny.

ge'samt cał(kowit)y, wszystek; a. **~·, 2-** in Zssgn łączny, globalny, ogólny; całościowy; **2ausgabe** f wydanie zbiorowe; **2betrag** m suma ogólna od. łączna; **2bild** n obraz ogólny, całokształt; **2deutsch** ogólnoniemiecki; **2einnahme** f ogólny (od. globalny) dochód (od. utarg,

wpływ); **2ertrag** m Agr. zbiór brutto; **2gewicht** n ciężar całkowity od. brutto; **2heit** f (0) całość f, ogół; całokształt; **2länge** f długość całkowita; **2note** f (Schule) ogólna ocena; **2schule** f szkoła stowarzyszona; **2-strafe** f kara łączna; **2summe** f suma łączna od. globalna; **2werk** n (-(e)s; 0) całokształt twórczości; **2-wertung** f klasyfikacja łączna; **2-zahl** f liczba ogólna od. globalna; całość f.

ge'sandt s. senden[1]; **2e(r)** m/f pos|eł (-łanka); **2schaft** f poselstwo.

Ge'sang m (-(e)s; ≈e) śpiew; (Lied) pieśń f; **~buch** n śpiewnik; **~lehrer** m nauczyciel śpiewu; **~ver·ein** m towarzystwo śpiewacze.

Ge'säß n (-es; -e) pośladki m/pl., pytki, zadek; **~tasche** f tylna kieszeń (spodni).

ge'sättigt nasycony.

Ge'schädigte(r) m/f poszkodowan|y (-a). [nym.⟩

ge'schafft: F **~** sein być wykończo-⟩

Ge'schäft n (-(e)s; -e) interes; eng S. a. transakcja, operacja (handlowa); (Laden) sklep, F interes; (Beruf) zajęcie; F (Notdurft) potrzeba; sein **~** verstehen znać się na rzeczy.

Ge'schäft|e·macher m geszeciarz; **2ig** skrzętny; zajęty, zaaferowany; **2iges** Treiben duży ruch; **2lich** handlowy, präd. a. w interesach; służbowy (-wo).

Ge'schäfts|abschluß m zawarcie (od. sfinalizowanie) transakcji (handlowej), F ubicie interesu; **~an·teil** m udział w interesie od. przedsiębiorstwie; **~aufgabe** f zlikwidowanie przedsiębiorstwa od. firmy.

Ge'schäftsbereich m zakres (od. sfera) działalności; ohne **~** bez teki.

Ge'schäfts|bericht m sprawozdanie z działalności (gospodarczej); **~brief** m list handlowy; **2fähig** zdolny do czynności prawnych; **~freund** m s. Geschäftspartner; **~führer** m kierownik; (e-s Vereins) sekretarz; **~führung** f kierownictwo (firmy, przedsiębiorstwa), zarząd (stowarzyszenia usw.); **~gang** m bieg (od. tok) interesów; **2gebaren** n zwyczaje m/pl. handlowe; sposób postępowania przy załatwianiu interesów; **~geheimnis** n tajemnica handlowa od. produkcyjna; **~haus** n budynek przeznaczony na sklepy i biura, biurowiec; **~inhaber** *m* właściciel sklepu (*od.* firmy, interesu); **~jahr** *n* rok gospodarczy *od.* sprawozdawczy. [koszt firmy.] **Ge'schäftskosten** *pl.*: *auf ~* na **Ge'schäfts|lage** *f* stan interesów; (*Gegend*) punkt; **~leitung** *f s. Geschäftsführung;* **~mann** *m* (*pl. leute*) człowiek (*pl.* ludzie) interesu, handlowiec, F biznesmen; **2mäßig** zgodny z tradycją kupiecką; służbowy (-wo), urzędowy (-wo). **Ge'schäfts·ordnung** *f* regulamin obrad *od.* pracy; *zur ~ sprechen* w sprawie formalnej.

Ge'schäfts|partner *m* partner w interesach; klient; **~reise** *f* podróż służbowa *od.* w sprawach handlowych; **2schädigend** działający na szkodę firmy; **~schluß** *m* godzina zamknięcia (*G*); **~stelle** *f* biuro; sekretariat; agencja; **~tätigkeit** *f* działalność handlowa; **~träger** *m* chargé d'affaires; **2tüchtig** obrotny (w interesach); **2unfähig** niezdolny do czynności prawnych; **~verbindungen** *f/pl.*, **~verkehr** *m* stosunki *m/pl.* handlowe; **~verteilungsplan** *m* pragmatyka służbowa; **~viertel** *n* dzielnica handlowa; **~zeichen** *n* liczba dziennika; **~zeit** *f* godziny *f/pl.* biurowe *od.* pracy; **~zimmer** *n* biuro, kancelaria; **~zweig** *m* branża. [srokaty, łaciaty.] **ge'scha̱h** *s. geschehen;* **'scheckt** **ge'schehen** (*L.; sn*) dziać się, sta(wa)ć się, zdarzać ⟨-rzyć⟩ się; *was ist ~?* co się stało?; *was soll ~?* co należy uczynić *od.* zrobić?; *ihm ist Unrecht ~* wyrządzono mu krzywdę; *es ist um ihn ~* już po nim; F *das geschieht dir ganz recht!* dobrze ci tak!; *als ob nichts ~ wäre* jak gdyby nigdy nic.

Ge'scheh|en *n* (*-s; 0*) rozwój wydarzeń *od.* wypadków, tok akcji; **~nis** *n* (*-ses; -se*) wy-, z|darzenie. **ge'scheit** mądry (-rze), roztropny; *s. aufgeweckt;* F *nichts* 2*es* nic dobrego.

Ge'schenk *n* (*-es; -e*) podarunek, prezent, dar; *s. Andenken; zum ~ machen* dać w prezencie, ofiarować. **Ge'schicht|e** *f* historia (*a. fig.*), dzieje *pl.*; (*Sache*) sprawa; *s. Erzählung;* F *schöne ~e!* ładna historia!; 2*lich* historyczny, dziejowy. **Ge'schichts|fälschung** *f* fałszowa

nie historii; **~forscher** *m* badacz dziejów, historyk; **~schreiber** *m* dziejopis, historiograf.

Ge'schick *n* (*-es; -e*) los, dola, przeznaczenie; (*0*) = **~lichkeit** *f* (*0*) zręczność *f*, sprawność *f*; **~lichkeits-** zręcznościowy, sprawnościowy; 2*t* zręczny; (*geübt*) wprawny.

Ge'schiebelehm *m* glina zwałowa; 2'**schieden** *s. scheiden; Ehe:* rozwiedziony; 2'**schieht** *s. geschehen;* 2'**schienen** *s. scheinen.*

Ge'schirr *n* (*-es; -e*) naczynie; *koll.* naczynia *n/pl.*, statki *m/pl.*; (*Riemenwerk*) uprząż *f*; **~schrank** *m* kredens kuchenny; **~spülmaschine** *f* zmywarka do naczyń; **~tuch** *n* ścierka do naczyń.

ge'schissen *s. scheißen.*

ge'schlagen (*besiegt*) pobity, zwyciężony; (*v. Schicksal*) wykończony; *sich (nicht) ~ geben* (nie) da(wa)ć za wygraną; **~e Stunde** bita godzina. **Ge'schlecht** *n* (*-es; -er*) płeć *f*; (*Art, a. Gr.*) rodzaj; *lit. s. Generation, Sippe;* *das starke ~* płeć brzydka; 2*lich* płciowy (-wo).

Ge'schlechts|akt *m* stosunek płciowy; **2krank** chory wenerycznie; **~krankheit** *f* choroba weneryczna; **~leben** *n* życie płciowe *od.* seksualne; 2*los* bezpłciowy (-wo); **~organ** *n* narząd płciowy; **~reife** *f* dojrzałość płciowa; **~teile** *n od. m/pl. s. Genitalien;* **~trieb** *m* popęd płciowy; **~verkehr** *m* spółkowanie. **ge'schlichen** *s. schleichen;* **~schliffen** *s. schleifen; Adjp.* szlifowany; *fig.* ogładzony, okrzesany; **~schlissen** *s. schleißen;* 2'**schlinge** *n* podroby *pl.*

ge'schlossen *s. schließen; Adjp.* zamknięty (-to), zwarty (-to); *Advp.* (*alle*) gremialnie; 2**heit** *f* zwartość *f*, solidarność *f*, jedność *f*.

ge'schlungen *s. schlingen.*

Ge'schmack *m* (*-es; =e/F =er*) smak; *fig. a.* gust; ~ *finden* (*od. gewinnen*) *an* (*D*) znajdować ⟨znaleźć⟩ upodobanie w (*L*), nabrać gustu do (*G*); *auf den ~ kommen* zasmakować w (*L*); *das ist nicht nach m-m ~* to nie w moim guście; 2*los* bez smaku; *fig.* niegustowny; niesmaczny, nietaktowny; **~losigkeit** *f* niegustowność *f*, zły gust; niesmaczność *f*; nietakt; **~s-** smakowy; **~(s)sache** *f* rzecz gustu; ⟂**voll** gustowny; *präd.* z gustem, ze smakiem.

Ge'schmei|de *n* klejnot; ⟂**dig** elastyczny (*a. fig.*), sprężysty (-ście); *s. a.* gelenkig.

Ge|'schmeiß *n* (*-es; 0*) F robactwo; *fig.* motłoch; ⟂**'schmissen** *s. schmeißen*; ⟂**'schmolzen** *s. schmelzen*; *Kochk.* topiony; ⟂**'schmort** *Kochk.* duszony; ⟂**'schnatter** *n* (*-s; 0*) gęgot (*v. Gänsen*); kwakanie (*v. Enten*); F *fig. s.* Geplapper; ⟂**'schniegelt** wymuskany, wystrojony; ⟂**'schnitten** *s. schneiden*; *Adjp.* cięty, krajany; *Anzug:* skrojony; *s.* Gesicht; ⟂**'schnoben** † *s. schnauben*; ⟂**'schoben** *s. schieben*; ⟂**'scholten** *s. schelten*; ⟂**'schöpf** *n* (*-es; -e*) stworzenie; *verä.* kreatura; *fig.* (wy)twór, płód; ⟂**'schoren** *s. scheren*.

Ge'schoß *n* (*-sses; -sse*) pocisk; *s.* Kugel; *Arch.* piętro, kondygnacja; ⟂**bahn** *f* tor pocisku; ⟂**hülse** *f* łuska nabojowa.

⟂**'schossen** *s. schießen*.

ge|'schraubt *fig.* napuszony, sztuczny; ⟂**'schrei** *n* (*-es; 0*) krzyk(i), wrzask(i); *fig.* wrzawa, hałas; ⟂**'schreibsel** F *n* (*-s; 0*) bazgranina, pisanina; ⟂**'schrieben** *s. schreiben*; ⟂**'schrien** *s. schreien*; ⟂**'schritten** *s. schreiten*; ⟂**'schult** wyszkolony, (wy)kwalifikowany; ⟂**'schunden** *s. schinden*; ⟂**'schürzt** podkasany.

Ge'schütz *n* (*-es; -e*) działo, armata; ⟂**feuer** *n* ogień artyleryjski, kanonada z dział; ⟂**turm** *m* wieża działowa.

Ge|'schwader *n Mar.* eskadra; *Flgw.* pułk lotniczy, skrzydło; ⟂**'schwafel** *n* (*-s; 0*), ⟂**'schwätz** *n* (*-es; 0*) gadanina, głupie gadanie.

ge'schwätzig gadatliwy (-wie); ⟂**keit** *f* (*0*) gadatliwość *f*, gadulstwo.

ge'schweift wygięty; *Klammer:* wężykowaty.

ge'schweige, ⟂ *denn* a cóż dopiero, nie mówiąc już (*daß/o* L).

ge'schwiegen *s. schweigen*.

ge'schwind szybki (-ko), rączy (-czo); ⟂**igkeit** *f* prędkość *f*, szybkość *f*.

Ge'schwindigkeits|begrenzung *f* ograniczenie prędkości; ⟂**messer** *m* prędkościomierz, szybkościomierz; ⟂**rekord** *m* rekord prędkości.

Ge'schwister *pl.* bracia i siostry, rodzeństwo; ⟂**paar** *n* brat i siostra.

ge|'schwollen *s. schwellen*; *Adjp.* spuchnięty, obrzmiały, obrzękły; *Stil:* napuszony; ⟂**'schwommen** *s. schwimmen*; ⟂**'schworen** *s. schwören*.

Ge'schworene(r) *m/f* przysięgł|y *m* (-a); ⟂**n·bank** *f* ława przysięgłych.

Ge'schwulst *f* (*-; -e*) nowotwór, tumor, guz; ⟂ *in* Zssgn nowotworowy.

ge'schwun|den *s. schwinden*; ⟂**gen** *s. schwingen*; wygięty, łukowaty.

Ge'schwür *n* (*-es; -e*) wrzód; *fig.* bolączka; ⟂**ig** owrzodziały.

Ge'sell *poet. m* (*-en*), ⟂**e** *m* (*-n*) kompan, towarzysz; (*Bursche*) chłop(ak); (*Handwerks*⟂) czeladnik; ⟂**en:** *sich* ⟂en do-, przy|łączać (-czyć) się (*zu/do* G); ⟂**enbrief** *m* świadectwo czeladnicze; ⟂**enprüfung** *f* egzamin czeladniczy.

ge'sellig towarzyski (-ko); *Zo. a.* gromadny; ⟂**keit** *f* (*0*) towarzyskość *f*; życie towarzyskie; (*a. pl.*) zabawa, rozrywka.

Ge'sellschaft *f* towarzystwo; *Hdl. a.* spółka; *Pol.* społeczeństwo; (*Empfang*) przyjęcie, wieczór towarzyski; *fig. iron.* paczka, kompania; *s. a.* Verein; *j-m* ⟂ *leisten* dotrzym(yw)ać towarzystwa (*D*); ⟂**er** *m* światowiec, salonowiec; *Hdl.* wspólnik; ⟂**erin** *f* wspólniczka; (*früher*) dama do towarzystwa; ⟂**lich** towarzyski (-ko); społeczny.

Ge'sellschafts|anzug *m* strój wizytowy *od.* wieczorowy; ⟂**fähig** mający ogładę towarzyską, z ogładą; ⟂**form** *f* forma życia społecznego; ⟂**kleid** *n* suknia wizytowa *od.* wieczorowa; ⟂**kritik** *f* krytyka stosunków społecznych; ⟂**ordnung** *f* ustrój społeczny; ⟂**reise** *f* podróż zbiorowa; ⟂**schicht** *f* warstwa społeczna; ⟂**spiel** *n* gra towarzyska.

Ge'senk *n* (*-es; -e*) matryca, foremnik; ⟂**schmied** *m* kowal matrycowy.

ge'sessen *s. sitzen*. [trycowy.]

Ge'setz *n* (*-es; -e*) prawo, zasada; *s.* Regel; *Pol.*, *Jur.* ustawa; F *das Auge des* ⟂**es** pan władza; ⟂**blatt** *n* dziennik ustaw; ⟂**buch** *n* kodeks; ⟂**entwurf** *m* projekt ustawy.

Ge'setzes|initiative *f* inicjatywa ustawodawcza; ⟂**kraft** *f* (*0*) moc prawna, moc obowiązująca ustawy; ⟂**sammlung** *f* zbiór ustaw; ⟂**vorlage** *f* projekt ustawy.

ge'setzgeb|end ustawodawczy; ⟂**er**

m ustawodawca *m*; **ℓung** *f* ustawodawstwo.

ge'setz|lich ustawowy (-wo); prawny; legalny; **~los** bezprawny; **ℓlosigkeit** *f* (*0*) bezprawie; **~mäßig** zgodny z prawem; regularny, prawidłowy (-wo); *vgl.* rechtmäßig.

ge'setzt *Adjp.* stateczny, poważny; **~ den Fall, daß** ... załóżmy (*od.* przyjmijmy), że ... [*od.* z prawem.)

ge'setzwidrig sprzeczny z ustawą.J

Ge'sicht *n* (-*és*; -*er*) twarz *f*, (*a. fig.,* *Aussehen*) oblicze; (*Miene*) mina; † (*Sehvermögen*) wzrok; (*Vision*; *pl.* -*e*) wizja; *das zweite* ~ zdolność *f* jasnowidzenia; *der Mutter wie aus dem* ~ *geschnitten* wykapana matka; *im* ~ *geschrieben stehen* odbi(ja)ć się na twarzy (*G*); *ins* ~ *sagen usw.* w (żywe) oczy; *sein wahres* ~ *zeigen* odsłonić (*od.* ukazać) prawdziwe oblicze; *das* ~ *wahren* zachow(yw)ać pozory; *zu* ~ *bekommen* widzieć ⟨zobaczyć⟩; *zu* ~ *stehen* być do twarzy (*D*); *anderes* ~ *bekommen* wyglądać inaczej.

Ge'sichts|ausdruck *m* wyraz twarzy, mina; **~farbe** *f* cera; **~kreis** *m* horyzont; **~maske** *f* (pół)maska ochronna; mas(ecz)ka kosmetyczna; **~milch** *f* mleczko kosmetyczne; **~punkt** *m* punkt widzenia; **~züge** *m/pl.* rysy *m/pl.* twarzy.

Ge'sims *n* (-*es*; -*e*) gzyms.

Ge'sinde *n* (-*s*; *0*) służba, czeladź *f*; **~l** *n* (-*s*; *0*) hołota, motłoch.

ge'sinn|t: **~t** *sein* być nastawionym *od.* usposobionym (*gegen/do* *E*); **ℓung** *f* postawa (moralna); przekonania *n/pl.*, zapatrywania *n/pl.*

Ge'sinnungs|genosse *m* człowiek tych samych przekonań, wyznawca *m* tych samych zasad; **ℓlos** bez zasad moralnych, bez przekonań; **~schnüffe'lei** *f* wybadywanie poglądów *od.* przekonań (politycznych); **~wandel** *m* zmiana przekonań.

ge|'sittet dobrze wychowany, grzeczny; kulturalny; **ℓ'söff** F *n* (-*és*; *selt.* -*e*) lura; **~'soffen** s. saufen; **~'sogen** s. saugen; **~'sondert** oddzielny, osobny (-no).

ge'sonnen s. sinnen; (*nicht*) ~ *sein zu* (nie) zamierzać; *vgl.* gesinnt.

ge|'sotten s. sieden, gekocht; **~'spalten** rozszczepiony; **ℓ'spann** *n* (-*es*; -*e*) zaprzęg, zaprzęg; *fig.* para; motocykl z przyczepką.

ge'spannt s. spannen; *Adjp.* napięty, naprężony (*a. fig.*); (*erwartungsvoll*) zaciekawiony, z napięciem, w napięciu; *ich bin* ~, ... ciekaw(y) jestem, ...

Ge'spenst *n* (-*es*; -*er*) duch, widmo (*a. fig.*), zjawa; **ℓerhaft, ℓisch** upiorny, niesamowity (-cie).

ge|'spickt (na)szpikowany; *fig.* najeżony (*mit/I*); pełen (*G*); **~'spien** s. speien; **ℓ'spinst** *n* (-*es*; -*e*) przędziwo, przędza; (*e-r Raupe, fig.*) pajęczyna; **~'sponnen** s. spinnen.

Ge'spött *n* (-*es*; *0*) kpiny *f/pl.*, drwiny *f/pl.*; *sich zum* ~ *machen* ⟨z⟩robić z siebie pośmiewisko; *j-n zum* ~ *machen* wystawi(a)ć na pośmiewisko (*A*).

Ge'spräch *n* (-*és*; -*e*) rozmowa; *ins* ~ *kommen* nawiąz(yw)ać rozmowę; **ℓig** rozmowny.

Ge'sprächs|partner *m* (współ)rozmówca *m*; **~stoff** *m* temat rozmowy; **ℓweise** w rozmowie, w toku rozmowy.

ge|'spreizt rozkraczony, rozstawiony; *fig.* napuszony; **~'sprenkelt** centkowany, w kropki; **~'sprochen** s. sprechen; **~'sprossen** s. sprießen; **~'sprungen** s. springen; **ℓ'spür** *m* (-*es*; *0*) wyczucie (*für/G*); **ℓ'stade** *poet. n* brzeg, wybrzeże; **~'staffelt** zróżnicowany (*nach/według* *G*); *Mil.* urzutowany.

Ge'stalt *f* postać *f* (*a. Pers.*); kształt, forma; *in* ~ w postaci, pod postacią (*G*); ~ *gewinnen od.* annehmen przyb(ie)rać kształt; *vgl.* Person, Statur; **ℓen** (-*e*-) ⟨u⟩kształtować, nada(wa)ć kształt (*D*); ⟨z⟩organizować; *sich* **ℓen** układać ⟨ułożyć⟩ się; **~er** *m* twórca *m*; projektant; organizator; **~ung** *f* (*0*) ⟨u⟩kształtowanie (się), formowanie, tworzenie; organizacja; konfiguracja, układ.

Ge|'stammel *n* (-*s*; *0*) bąkanie bełkot(anie); **ℓ'standen** s. (ge)stehen.

ge'ständ|ig: **~ig** *sein* przyznać się *pf.* do winy; **ℓnis** *n* (-*ses*; -*se*) przyznanie się; *Jur. a.* zeznanie; (*Bekenntnis*) wyznanie; *volles* **ℓnis** ablegen przyznać się do wszystkiego, zeznać wszystko.

Ge|'stänge *n* zespół dźwigni *od.* drążków; *Bgb.* tor; **~'stank** *m* (-*es*; *0*) smród, fetor.

ge'statten (-*e*-) pozwalać ⟨-wolić⟩

(*A*/na *A*; *sich* [*D*] sobie); *wenn Sie ~ a.* jeśli wolno.

Geste *f* gest (*a. fig.*).

Ge'steck *n* (*-es*; *-e*) kompozycja (z kwiatów).

ge'steh|en (*L. stehen*) wyzn(aw)ać (*A*), przyzn(aw)ać się (do *G*); *Jur. a.* zezn(aw)ać (*A*); *offen gestanden* prawdę mówiąc; **2ungskosten** *pl.* koszty *m/pl.* własne (produkcji).

Ge'stein *n* (*-es; -e*) skała; **~s-** skalny.

Ge'stell *n* (*-es; -e*) podstawa; kadłub, korpus; rama; (*Ständer*) stojak; stelaż; etażerka; (*Brillen~*) oprawa; *Tech.* (*Hochofen~*) gar.   [łania.

Ge'stellungsbefehl *m* karta powo-}

gestern wczoraj; *fig. von ~* starej daty, przestarzały; *F nicht von ~ sein* być nie w ciemię bity.

ge'steuert kierowany, sterowany; **~stiegen** *s. steigen*; **~stielt** z trzonkiem; *Bot.* szypułkowaty.

gestiku'lieren (-) gestykulować.

Ge'stirn *n* (*-es; -e*) ciało niebieskie; *s. Stern*; **2t** gwiaździsty, rozgwież-}

ge'stoben *s. stieben*.   [dżony.

Ge'stöber *n* zadymka, zawieja.

ge'stochen *s. stechen*; *~ scharf* bardzo ostry (-ro).

ge'stohlen *s. stehlen*; *Adjp.* (*s-, u)kradziony*; **~storben** *s. sterben*; *Adjp.* u-, z|marły; **~stört** niesprawny; *Rdf. Empfang*: zakłócony; **~streckt** wydłużony; *s. Galopp*; **~streift** pasiasty (-to), w paski, w prążki; **~strichelt** kreskowy.

ge'strichen *s. streichen*; *~er Löffel* płaska łyżka.

gestrig wczorajszy.

ge|'stritten *s. streiten*; **2'strüpp** *n* (*-es; 0*) gąszcz, zarośla *n/pl.*; **~stunken** *s. stinken*; **2'stüt** *n* (*-es; -e*) stadnina.

Ge'such *n* (*-es; -e*) podanie, wniosek; **2t** poszukiwany; *Stil*: zmanierowany.

ge'sund (*~er, ~est-*) zdrowy (-wo), *präd. zdrów od. na D/na L*); *~ schreiben* uznać za zdrowego *od.* zdolnego do pracy; *~ machen* uzdrawiać (*-rowić*); *j-n ~ erhalten* zachować przy zdrowiu; sprzyjać zdrowiu (*G*), *~ werden = ~ en* (*-e-; -; -sn*) wyzdrowieć *pf.*; **2heit** *f* (*0*) zdrowie; **~heitlich** zdrowotny, *präd.* pod względem zdrowotnym *od.* zdrowia.

Ge'sundheits|amt *n* urząd (*od.* wydział) zdrowia; **~behörde** *f* urząd

służby zdrowia; **~fürsorge** *f* opieka zdrowotna *od.* sanitarna; **~grund** *m*: *aus ~gründen* ze względów zdrowotnych; **~paß** *m* świadectwo zdrowia; **2schädlich** szkodliwy dla zdrowia; **~wesen** *n* służba zdrowia; (*Heilwesen*) lecznictwo; **~zustand** *m* stan zdrowia; zdrowotność *f*.

ge'sundschrumpfen *v/i* (*sn*), *sich ~* ⟨z⟩likwidować produkcję (*od.* zakład) celem osiągnięcia rentowności.

ge'sundstoßen F: *sich ~* zrobić *pf.* dobry interes (*bei/na L*).

Ge|'sundung *f* (*0*) uzdrowienie; **2'sungen** *s. singen*; **2'sunken** *s. sinken*; *Adjp.* zatopiony, zatonięty; **2'tan** *s. tun*; **2'tarnt** zamaskowany, zakamuflowany; zakonspirowany; **2'taucht** zanurzony; **~'tier** *n* (*-es; 0*) (drobne) zwierzęta *n/pl.*; robactwo; **~'töse** *n* (*-s; 0*) hałas, huk; **2'tragen** ⟨2⟩noszony; nacechowany (*von/I*); *Melodie*: powolny; **~'trampel** *n* (*-s; 0*) tupot.

Ge'tränk *n* (*-es; -e*) napój; **~e-karte** *f* spis napojów; **2t** nasycony, przepojony (*mit/I*).

Ge'trappel *n* (*-s; 0*) tętent.

ge'trauen: *sich ~, es sich* (*D*) *~* odważać ⟨-żyć⟩ się.

Ge'treide *n* (*-s; 0*) zboże; **~anbau** *m* (*-es; 0*) uprawa zboża *od.* zbóż; **~ernte** *f* żniwa *n/pl.*; urodzaj zbóż *od.* na zboże; **~erzeugung** *f* produkcja zboża; **~mäher** *m* żniwiarka; **~pflanze** *f* roślina zbożowa; **~speicher** *m* spichrz, magazyn (*od.* elewator) zbożowy.

ge|'trennt rozdzielny, rozłączny; odrębny; *Ehepartner*: w separacji; **~'treu** wierny (*a. D*).

Ge'triebe *n* przekładnia; tryby *m/pl.*; *fig.* ruch; **~kasten** *m* skrzynka przekładniowa.

ge|'trieben *s. treiben*; *fig.* pędzony, gnany (*von/I*); *Tech.* napędzany, bierny; **~'troffen** *s. treffen, triefen*; **~'trogen** *s. trügen*; **~'trost** spokojnie, ufnie.

Getto *n* (*-s; -s*) getto.

ge|'trunken *s. trinken*; **2'tue** F *n* (*-s; 0*) krzątanina; *s. Gehabe*; **2'tümmel** *n* (*-s; 0*) wir, rumult; **~'tüpfelt** centkowany; **~'übt** wyćwiczony, biegły (*-le*), wprawny; **2'vatter(in** *f*) *m fig.* kum(a), krewnia|k (*-czka*); **2'viert** *n* (*-es; -e*) prostokąt, kwadrat; 2'**wächs** n (-es; -e) roślina; (*Auswuchs*) narośl f, narost; s. *Geschwulst*.

ge'**wachsen** wyrosły; ~ *sein* (D) sprostać (D); dorów(yw)ać (D).

Ge'**wächshaus** n cieplarnia, szklarnia; ~ *in Zssgn* cieplarniany.

ge|'**wachst** nawoskowany; ~'**wagt** śmiały (-ło), ryzykowny; ~'**wählt** (*vornehm*) wyszukany, wykwintny.

ge'**wahr**: ~ *werden* (G od. A) spostrzegać ⟨-strzec⟩.

Ge'**währ** f (0) rękojmia; ~ *geben* ⟨za⟩gwarantować, ⟨po⟩ręczyć; *ohne* ~ bez gwarancji.

ge'**wahren** *lit. s.* gewahr.

ge'**währ|en** *Asyl, Rabatt*: przyzn(a-w)ać (A), udzielać ⟨-lić⟩ (G); *Wunsch*: spełni(a)ć (A), przychylać ⟨-lić⟩ się (do G); *Vorteil*: da(wa)ć; ~*en lassen* (A) nie przeszkadzać (D), zostawić w spokoju (A); ~**leisten** ⟨za⟩gwarantować, zapewni(a)ć.

Ge'**wahrsam**¹ m (-s; -e): *in* ~ *nehmen/geben* brać ⟨wziąć⟩/odda(wa)ć na przechowanie; ~² n (-s; -e): *in* ~ *nehmen* brać ⟨wziąć⟩ pod straż, osadzić pf. w areszcie; *in* ~ *sein* siedzieć w areszcie.

Ge'**währsmann** m (-es; *er/-leute*) (zaufany) przedstawiciel, sprawozdawca m.

Ge'**walt** f władza; moc f; (*Zwang*) przemoc f, gwałt; *höhere* ~ siła wyższa; *mit* ~ przemocą, gwałtem; F *mit aller* ~ na gwałt; ~ *anwenden* uży(wa)ć przemocy; ~ *antun* zada(wa)ć (A); *e-r Frau*: ⟨z⟩gwałcić (A); *j-n in s-r* ~ *haben* mieć władzę ⟨nad I⟩, trzymać w ręku ⟨A⟩; *die* ~ *verlieren* nie panować ⟨über A/nad I⟩; ~**akt** m akt przemocy; ~**androhung** f groźba użycia siły; ~**anwendung** f użycie siły od. przemocy.

Ge'**walten·teilung** f podział władz.

Ge'**walt|herrschaft** f despotyzm; tyrania; 2**ig** potężny, ogromny; *Adv. a.* bardzo; *sich* 2*ig irren* grubo się mylić; ~**kur** f kuracja forsowna; 2**los** bez użycia przemocy od. siły; ~**marsch** m marsz forsowny; ~**maßnahme** f środek przemocy od. F gwałtu; ~**mensch** m brutal; ~**politik** f polityka siły; 2**sam** przy użyciu siły; *Tod*: gwałtowny; ~**tat** f akt gwałtu; zbrodnia; 2**tätig** brutalny; skory do rękoczynów; ~**ver-**

brecher m brutalny przestępca, zbrodniarz; ~**verzicht** m *Pol.* nieagresja.

Ge|'**wand** n (-es; *er) szata (*a. fig.*), strój; 2'**wandt** *s.* wenden; *Adjp.* zręczny; obrotny, bystry; 2'**wann** *s.* gewinnen. [dziwać się (G).]

ge'**wärtig**: ~ *sein* oczekiwać, spo-]

Ge|'**wäsch** F n (-es; 0) czcza gadanina, drętwa mowa; 2'**waschen** umyty; *Wäsche*: wyprany.

Ge'**wässer** n zbiornik wodny; pl. a. wody f/pl.; ~**schutz** m ochrona wód.

Ge'**webe** n tkanina; *Bio.* tkanka; ~ *in Zssgn* tkankowy; ~**probe** f *Med.* wycinek próbny; ~**schwund** m zanik tkanek.

ge'**weckt** *fig.* bystry, rozgarnięty.

Ge'**wehr** n (-es; -e) karabin; ~*e pl. JSpr.* szable f/pl.; ~**feuer** n ogień karabinowy; ~**schuß** m strzał z karabinu od. karabinowy.

Ge'**weih** n (-es; -e) rogi m/pl., poroże; (*Hirsch*2) wieniec.

ge'**wellt** falisty (-to).

Ge'**werbe** n rzemiosło; przemysł; *engS. a.* zajęcie, zawód; *verä.* proceder; ~**aufsicht** f inspekcja pracy ~**betrieb** m zakład rzemieślniczy od. przemysłowy; ~**freiheit** f (0 wolność f wykonywania zawodu; ~**ordnung** f ustawa przemysłowa. ~**recht** n (0) prawo przemysłowe; ~**schein** m świadectwo przemysłowe, licencja; ~**steuer** f podatek przemysłowy; ~**treibende(r** rzemieślnik, przemysłowiec.

ge'**werb|lich** rzemieślniczy, przemysłowy; ~**s·mäßig** zawodowy (-wo); zarobkowy (-wo); 2**s·zweig** m branża, gałąź f przemysłu.

Ge'**werkschaft** f związek zawodowy; *Bgb. hist.* gwarectwo; ~**(l)er** m związkowiec; 2**lich** związkowy, .. związku zawodowego.

Ge'**werkschafts|bund** m zrzeszenie związków zawodowych; ~**führer** r czołowy działacz związkowy, przywódca m związku zawodowego.

ge|'**wesen** *s.* sein; *Adjp.* były; ~'**wichen** *s.* weichen².

Ge'**wicht** n (-es; -e) ciężar (*a. Phys.*) (*bsd. Hdl., fig., Sp., Uhr*2) waga (*zum Wiegen*) odważnik, ciężarek *nach* ~ na wagę; ~ *beimessen* przywiązywać wagę (D/do G); *ins* ~ *fallen* zaważyć, mieć znaczenie;

Sp. ~ machen zrzucać wagę; **~heben** n Sp. podnoszenie ciężarów; **~heber** m sztangista m, ciężarowiec; 2ig Münze: pełnej wagi; fig. wpływowy (-ko); Pers. wpływowy.

ςe'wicht|abnahme f spadek wagi; **~klasse** f Sp. kategoria wagi, F waga; **~verlust** m ubytek (od. strata) na wadze; **~zunahme** f przyrost.

ςe'wieft F s. gerissen; **~'wiegt** F doświadczony, rutynowany; **~'wiesen** s. weisen.

ςe'willt: ~ sein być skłonnym (zu/Inf.).

ςe'wimmel n (-s; 0) mrowie, rój; (Gewühl) ciżba, tłok.

ςe'winde n Tech. gwint; **~bohrer** m gwintownik; **~(schneid)maschine** f gwinciarka.

ςe'winn m (-es; -e) zysk m (a. fig.); (Preis, Treffer) wygrana f; (Nutzen) pożytek; **~anteil** m udział w zyskach; **~beteiligung** f zapewnienie udziału w zyskach; udział w zyskach; 2bringend zyskowny; fig. pożyteczny.

ςe'winnen (L.) v/t Spiel usw.: wygr(yw)ać; Medaille, Preis: zdoby(wa)ć; Freund: pozysk(iw)ać; Produkt: otrzym(yw)ać, uzysk(iw)ać; Bgb. wydoby(wa)ć, urabiać; Ziel: dosięgać <-gnąć>; Eindruck: odnosić <-nieść>; Überzeugung: nab(ie)rać (G); j-n für sich ~ zjedn(yw)ać sobie (A); Zeit ~ zyskać na czasie; v/i (an D) zysk(iw)ać (na L); nab(ie)rać (G); zmieni(a)ć na korzyść; s. Geschmack; **~d** ujmujący (-co).

ςe'winn|er(in f) m wygrywają|cy m (-a); s. Sieger; **~liste** f tabela wygranych; **~los** n los wygrywający; **~spanne** f marża zarobkowa; 2süchtig żądny zysku, zachłanny; 2trächtig rokujący (duże) zyski; **~-und-Verlust-Rechnung** f rachunek strat z zysków; **~ung** f (0) wygranie; zdobycie; pozyskanie; otrzymywanie, uzyskiwanie; Bgb. wydobywanie, urabianie; **~zahl** f liczba wygrywająca, trafienie.

ςe'wirkt Stoff: dziany; 2'wirr n (-es; -e) plątanina, gmatwanina; gąszcz.

ςe'wiß (0) pewny; Adv. pewnie, zapewne; (aber) ~! (ależ) oczywiście!; ein gewisser ... pewien ...; zu gewissen Zeiten niekiedy; gewisse Leute niektórzy ludzie; ganz ~ z całą pewnością; s. Grad.

Ge'wissen n sumienie; sein ~ regt sich, plagt ihn gryzie go sumienie; sein ~ erforschen <z>robić rachunek sumienia; 2haft sumienny; skrupulatny; 2los (od. pozbawiony) skrupułów, bez sumienia; niegodziwy.

Ge'wissens|bisse m/pl. wyrzuty m/pl. sumienia; **~frage** f kwestia sumienia; **~gründe** m/pl.: aus ~gründen kierują się sumieniem, ze względu na skrupuły sumienia; **~konflikt** m, **~not** f rozterka sumienia; **~prüfung** f rachunek sumienia; **~zwang** m przymus moralny.

gewisser'maßen poniekąd, niejako.

Ge'wißheit f (0) pewność f; sich ~ verschaffen upewni(a)ć się (über A/o L, co do G).

Ge'witter n burza (z piorunami); 2n (-re): es 2t zanosi się na burzę; **~neigung** f skłonność f do burz; **~regen** m ulewa z piorunami; **~sturm** m nawałnica, burza z wichurą; **~wolke** f chmura burzowa.

ge'witt|er|ig burzliwy (-wie); burzowy; **~'witzt** kuty, cwany; **~'woben** s. weben; **~'wogen** s. wiegen, wohlgesinnt.

ge'wöhnen (an A) przyzwyczajać <-czaić> (sich się; do G); sich ~ a. przyzwyczać <-knąć> (do G).

Ge'wohnheit f przyzwyczajenie, nawyk, zwyczaj; (iron., mst üble) nawyczka; zur ~ werden wchodzić <wejść> w zwyczaj; Macht der ~ siła przyzwyczajenia.

ge'wohnheits|mäßig Dieb: nieprawny, notoryczny; Raucher: nałogowy (-wo); Adv. a. z przyzwyczajenia, z nawyku; 2recht n prawo zwyczajowe; 2verbrecher m notoryczny przestępca, recydywista m.

ge'wöhnlich zwykły (-le), zwyczajny; Adv. a. zazwyczaj; (gemein) pospolity (-cie).

ge'wohnt zwykły; wie ~ jak zwykle; ich bin es ~, zu ... jestem przyzwyczajony, mam zwyczaj (+ Inf.).

ge'wöhn|t: ~t sein być przyzwyczajonym (an A/do G); 2ung f (0) przyzwyczajenie.

Ge'wölb|e n sklepienie; (sklepione) podziemie, piwnica f/pl.; 2t łukowy.

ge'wollt rozmyślny; zamierzony; **~'wonnen** s. gewinnen; **~'worben**

geworden

s. werben; ~'worden s. werden; ~-'worfen s. werfen; ~'wrungen s. wringen; 2'wühl n (-es; 0) tłok, ścisk; ~'wunden s. winden; *Adjp.* kręty, wijący się; *Rede:* zawiły; ~-'wunken † s. winken; ~'würfelt pokrojony na kostki; s. kariert; 2-'würm n (-es; 0) robactwo.

Ge'würz n (-es; -e) przyprawa (korzenna); ~- in Zssgn przyprawowy, korzenny; ~gurken f/pl. ogórki m/pl. konserwowane; ~körner n/pl. ziele angielskie; ~kräuter n/pl. przyprawy f/pl. roślinne; ~nelke f goździk.

ge|'wußt s. wissen; ~'zackt s. zakkig; ~'zahnt zębaty; ząbkowany, w ząbki; 2'zänk n (-es; 0) swary m/pl., kłótnie f/pl.

Ge'zeiten(-zeit) pływy m/pl.; ~kraftwerk n elektrownia pływowa.

Ge|'zeter n (-s; 0) wrzask, larum n; F a. gderanie, psioczenie; 2'zielt Feuer: celowany; fig. selektywny, wyborczy.

ge'ziemen, sich ~ s. sich gehören, gebühren; ~d s. gebührend.

ge|'ziert sztuczny, teatralny; ~-'zinkt Karten: znaczony; ~'zogen s. ziehen; Lauf: gwintowany; 2-'zwitscher n (-s; 0) świergot.

ge'zwungen s. zwingen, gekünstelt; ~ermaßen pod przymusem; z musu, z konieczności.

gha'naisch ghański.

Gicht¹ f Tech. gardziel f, ~- in Zssgn gardzielowy.

Gicht² f (0) Med. dna moczanowa, F artretyzm; 2isch artretyczny; cierpiący na artretyzm; ~knoten m guz (od. złóg) artretyczny.

Giebel m szczyt; ściana szczytowa, ~fenster n okno w szczycie.

Gier f (0) żądza (nach/G); pożądliwość f; 2en pożądać, łaknąć (nach/G); Mar. zbaczać ⟨zboczyć⟩ z kursu; 2ig żądny, chciwy (nach/G), łapczywy (auf A/na A); Blick: pożądliwy (-wie); 2ig essen łapczywie jeść.

Gieß|- Tech. odlewniczy; ~bach m rwący potok; 2en (L.) lać, (voll~) na-, do||(ew)ać, (hinein~) wl(ew)ać; Blume: podl(ew)ać; Tech. odl(ew)ać, lać; F es 2t leje (in Strömen jak z cebra); ~er m Tech. odlewnik, F giser; ~e'rei f odlewnia, F gisernia; ~kanne f konewka, polewaczka.

Gift n (-es; -e) trucizna, (Toxin) ja (a. fig.); sein ~ verspritzen bryzga jadem; ~anschlag m zamach tru cicielski; ~drüse f gruczoł jadowy ~gas n gaz trujący (-co (a. fig.) jadowity (-cie); ~mische m truciciel; ~mord m otrucie; ~pfeil m strzała zatruta; ~pflanze roślina trująca od. jadowita; ~schlange f wąż jadowity; ~zahn ząb jadowity.

Gig n (-s; -e) łódź półwyścigowa.

Gi'gant m (-en) olbrzym, gigan 2isch olbrzymi.

Gilde f gildia. [cymbał.

Gimpel m Zo. gil; fig. naiwniak,

Gin [dʒin] m (-s; -s) dżyn.

ging(en) s. gehen.

Ginseng m (-s; -s) żeńszeń m.

Ginster m janowiec.

Gipfel m szczyt (a. fig.), wierzcho łek; ~besteigung f wejście n szczyt; ~höhe f Flgw. pułap; ~kon ferenz f konferencja na szczycie 2n (-le) osiągać ⟨-gnąć⟩ szczyt (i D/w L); ~treffen n spotkanie n szczycie.

Gips m (-es; -e) gips; ~verband opatrunek gipsowy.

Gi'raffe f żyrafa.

Gir'lande f girlanda.

Girokonto ['ʒi:-] n konto żyrowe.

girren gruchać.

Gischt m (-es; 0) piana (grzywaczó od. kipieli morskiej).

Gi'tarre f gitara; ~n-spieler m g tarzysta m.

Gitter n krat(k)a; (Netz, a. Rdf siatka; hinter ~n za kratkami; ~- Zssgn mst kratowy; ~fenster n okn zakratowane; 2förmig kratowy ~netz n siatka kartograficzna; ~ zaun n ogrodzenie z krat.

Glanz m (-es; 0) połysk (Leuchter blask; fig. a. splendor.

glänzen (-zt) błyszczeć, lśnić (fig.), połyskiwać; fig. (durch A) wy różniać się (I); popisywać się (I ~d błyszczący, lśniący (-co); fi świetny.

Glanz|leistung f szczytowe osiąg nięcie; znakomite dzieło; 2los me towy (-wo), bez połysku; ~num mer f numer popisowy; ~papier papier satynowany od. błyszczący ~periode f okres świetności or rozkwitu; ~punkt m punkt kulm nacyjny, szczyt; 2voll świetn

wspaniały (-le); ~zeit f s. Glanz-
periode.

Glas n (-es; "er, als Maß -) szkło;
(Trink2) szklanka; (Wein2) kieliszek; (Marmelade2) słój, słoik;
(Deck2) szkiełko; pl. (Brille) okulary m/pl.; F zu tief ins ~ gucken
zaglądać do kieliszka; ~auge n
szklane oko.

~bläser m dmuchacz szkła; ~
pfeife f piszczel f od. m.

~·chen n szklaneczka; kieliszek.

~en n/pl. Mar. dzwonki m/pl.;
~er m szklarz; ~e'rei f warsztat
szklarski.

~läser pl. v. Glas; 2n szklany.

~faser f włókno szklane; ~
glocke f klosz szklany; ~hütte f
huta szkła.

~a'sieren v/ Tech. (po)glazurować,
szkliwić; Kochk. (po)lukrować.

~lasig szklisty (-ście); Augen:
szklany.

~industrie f przemysł szklarski;
~kasten m gablotka; Agr. inspekt;
~körper m Anat. ciał(k)o szkliste;
~kugel f kulka szklana; (für Christbaum) bombka szklana; ~malerei f
malarstwo (konkr. malowidło) na
szkle; ~perle f paciorek; ~reiniger
m czyściciel okien; ~scheibe f szyba
(szklana); ~stab m bagietka; ~
schneider m diament szklarski;
~schrank m szafa oszklona; witryna; ~tür f drzwi pl. oszklone.

~la'sur f glazura, szkliwo; Kochk.
lukier.   [wełna) szklana.]

~las|watte f, ~wolle f wata (od.)
~latt gładki (-ko) (a. fig.); (eben)
równy; (rutschig) śliski (-ko); F Unsinn usw.: oczywisty; Lüge: wierutny; (einfach) zwykły, prosty;
(mühelos a.) łatwy (-wo); Adv. a.
bez trudu; s. glattweg; das habe
ch ~ vergessen zupełnie o tym
zapomniałem.

~lätte f (0) gładkość f; śliskość f;
fig. a. układność f.

~latt·eis n gołoledź f, F ślizgawica;
fig. j-n aufs ~ führen wywieść w
pole (A).

~lätten (-e-) (wy)gładzić, wygładzać
~dzić) (u. fig.); Stirn: wypogadzać
~godzić); sich ~ fig. uspokoić się pl.

~lattweg wprost, po prostu; F jak
nic.

~latz|e f łysina; 2köpfig łysy (-so).

~laube m (-ns; 0), ~n m (-s; 0) wiara
(a. Rel.); j-m ~n schenken da(wa)ć
wiarę (D); im guten ~n, guten ~ns
w dobrej wierze; 2n wierzyć (A, an
A/w A; D/D); (wähnen) sądzić;
j-n 2n machen wollen wmawiać
⟨wmówić⟩ k-u (A); es ist nicht zu 2n
to nie do wiary; F er hat dran 2n
müssen tu przyszła na niego kryska.

Glaubens|bekenntnis n wyznanie
wiary, kredo; ~freiheit f (0) wolność f wyznania; ~satz m dogmat.

Glaubersalz n (-es; 0) sól glauber-
ska.

glaubhaft wiaro-, wiary|godny.

gläubig wierzący; (fromm) pobożny;
2e(r) wierzący|m y m (-a), pl. a. wierni;
2er(in f) m wierzyciel(ka).

glaublich s. glaubhaft; kaum ~ nie
do wiary.

glaubwürdig wiaro-, wiary|godny;
2keit f (0) wiaro-, wiary|godność f.

Glau'kom n (-s; -e) jaskra.

gleich (0) równy, jednakowy (-wo);
(genauso) taki (od. ten) sam; am ~en
Tag tego samego dnia, w tym samym dniu; in ~er Weise w ten sam
sposób; von ~er Art tego samego
rodzaju; Math. ist ~ ... równa się ...,
jest równe ...; F es ist mir ~ wszystko mi jedno; ganz ~ obojętnie; (es)
kommt aufs ~e hinaus to na jedno
wychodzi; 2es mit 2em vergelten
odpłacać ⟨-cić⟩ pięknym za na-
dobne; Adv. (sofort) zaraz; tuż; ~
danach zaraz potem; ~ am Fenster
tuż przy oknie; lit. Prp. (D) jak
(N); ~altrig w tym samym wieku,
równy wiekiem; ~artig jednakowy
(-wo), podobny; ~bedeutend równo-
znaczny.

gleichberechtig|t równouprawnio-
ny; równoprawny; 2ung f (0) rów-
nouprawnienie.

gleich|bleibend niezmienny, jedna-
kowy (-wo); ~en (L.; D) równać się
(D), być podobnym (do G).

gleicher|maßen, ~weise równie,
tak samo, podobnie.

gleich|falls równie(ż); danke, ~
falls! dziękuję, nawzajem!; ~för-
mig równo|kształtny, -postaciowy,
jednakowy; jednostajny, monotonny; ~gesinnt mający podobne zapatrywania od. upodobania, o takim
samym nastawieniu; ~gestellt równy stanem od. rangą, równorzędny.

Gleichgewicht n równowaga; ins ~
bringen zrównoważyć; aus dem ~

bringen wytrącać ⟨-cić⟩ z równowagi; **~s·störung** *f* zaburzenie równowagi ciała.

gleichgültig obojętny; ~ *werden* zobojętnieć; **2keit** *f* (0) obojętność *f*; (*gegenüber Leiden usw.*) znieczulica.

Gleichheit *f* równość *f*; jednakowość *f*; **~s·zeichen** *n* znak równości.

Gleich|klang *m* (-*es*; 0) współbrzmienie; *fig.* harmonia; **2kommen** (*D*; *sn*) dorówn(yw)ać (*D*); równać się (*D*); **2lautend** równobrzmiący.

gleichmach|en (*D*) zrówn(yw)ać (*z I*); **2e'rei** *f* (0) równanie (w dół), zacieranie różnic.

Gleich|maß *n* symetryczność *f*; jednostajność *f*; **2mäßig** symetryczny, proporcjonalny; równomierny; **~mut** *m*, **2mütig** *s. Gelassenheit*, *gelassen*; **2namig** jedno-, równo|imienny; *Pers.* o tym samym imieniu *od.* nazwisku; **~nis** *n* (-*ses*; -*se*) przypowieść *f* (*a. Bibel*), parabola; porównanie.

gleich|rangig (0) równorzędny; **2richter** *m El.* prostownik; **~sam** niejako, poniekąd, jakby; **~schalten** F *Pol.* ujednolicać ⟨-cić⟩, schematyzować; **~schenk(e)lig** *Math.* równoramienny; **2schritt** *m* równy krok; **~seitig** *Math.* równoboczny; **~setzen** (*et. D od. mit*) utożsamiać (co *z I*), uważać za to samo; **~stellen** (*D*) zrówn(yw)ać, stawiać ⟨postawić⟩ na równi (*z I*); **2stellung** *f* zrównanie; równouprawnienie; **2strom** *m* prąd stały; **~tun**: *es j-m* **~tun** dorówn(ać) (*D*).

Gleichung *f* równanie. [(*D*).∫

gleich|viel mniejsza o to, wszystko jedno; **~wertig** równowartościowy, równoważny; **~wohl** jednak, przecież, wszelako; mimo to; **~zeitig** jedno-, równo|czesny; **~ziehen** (*mit j-m*) zrówn(yw)ać się (*z I*).

Gleis *n* (-*es*; -*e*) tor (kolejowy); *aus dem* ~ *springen* wykoleić się; *fig.* (*wieder*) *ins rechte* ~ *bringen* zaprowadzić (dawny) porządek (*A*/w *L*), uporządkować; **2gebunden** szynowy. [cowy).∫

Gleiskette *f* gąsienica; **~n-** gąsieni-∫

Gleit|- ślizgowy; **~bahn** *f s. Rutschbahn*; *Mar.* pochylnia (stoczni); *Flgw.* tor szybowania; **~boot** *n* ślizgacz; **~en** *n* (-*s*; 0) poślizg; szybowanie; **2en** (*L*; *sn*) ślizgać się; *Flug-*

zeug, Vogel: ⟨po⟩szybować; *Tänzer* sunąć, posuwać się (*über A/po L*) die Augen 2en lassen prześlizgiwać ⟨-znąć⟩ się oczyma (*über A/po L*) aus der Hand 2en wyślizgiwać ⟨-znąć⟩ się z ręki; **2end** *Schritt* posuwisty (-ście); *Lohn*, *Preise* ruchomy; *Arbeitszeit*: elastyczny ~**er** *m* szybowiec; **~fläche** *f* płaszczyzna poślizgu.

Gleitflug *m* lot ślizgowy; **~zeug** szybowiec. [~**mittel** *n* smar.∫

Gleit|lager *n* łożysko ślizgowe; **Gletscher** *m* lodowiec; ~- *in Zssg* lodowcowy.

glich(en) *s. gleichen*.

Glied *n* (-*es*; -*er*) *Anat.* członek (*u Penis*), kończyna; (*Teil e-s Ganzen*) człon, (*a. Ketten2*) ogniwo; (*Reihe* szereg; *Math.* człon, wyraz.

Glieder|füßer *m/pl. Zo.* stawonog *m/pl.*; **2n** (-*re*) ⟨roz⟩członkował ~**ung** *f* (0) rozczłonkowanie, podzielić (*sich* się); **~reißen** łamanie w kościach; **2ung** *f* po dział; *konkr. a.* układ, organizacja; **Gliedmaßen** *f/pl.* członki *m/pl* kończyny *f/pl.*

glimm|en (*L.*) żarzyć (*od.* tlić) się tleć (*a. fig.*); **2er** *m* mika, łyszczyk **glimpflich** bez szwanku, cało (*mild*) łagodny; *präd. a.* tanim kosztem; *das ging gerade noch* ~ *ab* t się jeszcze raz udało.

glitschig *dial.* śliski (-ko); *Brot*: z kalcowaty (-to).

glitt(en) *s. gleiten*.

glitzern (-*re*) połyskiwać, lśnić **glo'bal** globalny. [*Sterne*: migotać **Globus** *m* (-/-*ses*; -*ben*/-*se*) globus.

Glöckchen *n* dzwoneczek.

Glocke *f* dzwon; (*kleine*) dzwonek (*Glas2*) klosz; *Tech. a.* kołpak; F *fi an die große* ~ *hängen* ⟨roz⟩bębni

Glocken|blume *f* dzwonek; **2för mig** dzwonkowaty (-to), w kształ cie dzwonka; **~geläut** *n* dzwonie nie, bicie *m* dzwony; **~gießer** *m l* dwisarz; **~heide** *f Bot.* wrzosiec **~rock** *m* spódnica kloszowa *od.* klosz; **~schlag** *m* uderzenie dzwo nu; dzwonienie (zegara); **~spiel** kuranty *m/pl.*; **~turm** *m* dzwon **glockig** kloszowy (-wo). [nica

Glöck|lein *n s. Glöckchen*; **~ner** dzwonnik.

glomm *s. glimmen*.

Glorie [-iə] *f* (0) sława, chwał ~**n·schein** *m* aureola, nimb.

lorreich sławny, chlubny.

Glos|'sar n (-s; -e) glosariusz, glosarium n; **~se** f glosa.

Glotz|augen n/pl. wyłupiaste oczy n/pl.; **~äugigkeit** f (0) Med. wytrzeszcz oczu; **2en** (-zt) wytrzeszczać ‹-czyć› (od. wybałuszać ‹-szyć›) oczy od. P gały.

Glück n (-es; 0) szczęście; auf gut ~ na los szczęścia, na chybił trafił; zum ~ na szczęście; j-m ~ wünschen a. życzyć pomyślności (D); **2bringend** szczęśliwy, pomyślny. [kac.]

2lucke f kwoka, kokoszka; 2n kwo-

2lücken (sn) uda(wa)ć się, powodzić ‹-wieść› się; ‹po›szczęścić się (D).

2luckern (-re) bulgotać.

2lücklich szczęśliwy (-wie); fortunny; ~ machen uszczęśliwi(a)ć (mit/I); **~erweise** na szczęście, szczęśliwym trafem.

2lückselig pijany szczęściem, uszczęśliwiony; błogi (-go); **2keit** f (niewymowne) szczęście, szczęśliwość f. [śmiechem.]

2lucksen bulgotać; fig. dławić się

2lücks|fall m szczęśliwy traf, fig. gratka; **~göttin** f fortuna; **~kind** n dziecko szczęścia, wybraniec losu; **~pilz** F m szczęśliwiec, szczęściarz; **~ritter** m poszukiwacz przygód; **~sache** f (0) rzecz f szczęścia; das ist ~sache to zależy od szczęścia; **~spiel** n gra hazardowa; **~strähne** f jasna krata w życiu, dobra passa; **~tag** m szczęśliwy dzień.

2lückstrahlend rozpromieniony, promieniejący szczęściem.

2lückwunsch m powinszowanie, gratulacja, życzenie (szczęścia (zu/z okazji G); **~karte** f pocztówka z życzeniami, bilet z powinszowaniem.

2lüh|birne f żarówka; 2en v/i zarzyć się; fig. pałać, płonąć (vor/I, z G); v/t wyżarzać ‹-rzyć›; 2end żarzący się; rozżarzony; fig. żarliwy (-wie); zażarty (-cie); vgl. brennend; 2ende Hitze żar; skwar; 2end machen rozżarzać ‹-rzyć›; 2heiß (0°) rozpalony do czerwoności, rozżarzony; **~hitze** f żar; **~lampe** f żarówka; **~ofen** m żarzak; **~wein** m wino grzane; **~würmchen** n robaczek świętojański.

2lut [glu:t] f (0) żar (a. fig.).

2ly|ko'gen n (-s; 0) glikogen; **~zerin** n (-s; 0) gliceryna.

Gnade f łaska; ohne ~ bez litości; von Gottes ~n z bożej łaski.

Gnaden|akt m akt łaski; **~bild** n cudowny obraz; **~brot** n (-es; 0): das ~brot essen być na łaskawym chlebie; **~frist** f ostatnia (udzielona) zwłoka; wytchnienie; **~gesuch** n prośba o ułaskawienie; 2los bezlitosny, niemiłosierny; **~stoß** m cios dobijający; **~weg** m: auf dem ~weg(e) w drodze łaski.

gnädig łaskawy (-wie); miłościwy

Gneis m (-es; -e) gnejs. [(-wie).]

Gnom m (-en) gnom, krasnoludek.

Gockel F m kogut, kogucik.

Gold n (-es; 0) złoto; **~ammer** f trznadel (żółty); **~barsch** m jazgarz; **~deckung** f Fin. pokrycie w złocie.

gold|en złoty (-to); a. = **~farben** złocisty (-ście, -to); 2fasan m bażant złocisty; 2fisch m złota rybka; 2gehalt m zawartość f złota; próba; **~gelb** złocistożółty; 2gräber m poszukiwacz złota; 2grube f kopalnia złota (a. fig.); 2hähnchen n mysikrólik; 2hamster m chomik syryjski; **~ig** s. goldfarben; F fig. śliczny; 2kind n złotko; 2klumpen m bryła złota; 2lack m Bot. lak (żółty); 2macher m alchemik; 2medaille f złoty medal; 2münze f złota moneta; 2regen m Bot. złotokap, złoty deszcz; **~richtig** F odpowiedni, akurat taki jak trzeba.

Goldschmied m złotnik; **~e-** złotniczy; **~e-kunst** f złotnictwo.

Gold|schnitt m złocony brzeg; **~stück** n złoty m, dukat; **~waage** f waga złotnicza; fig. auf die ~waage legen ważyć na aptekarskiej wadze; **~währung** f złota waluta; **~waren** f/pl. wyroby złotnicze od. ze złota.

Golf[1] m (-es; -e) Geogr. zatoka.

Golf[2] n (-s; 0) Sp. golf; **~platz** m teren do gry w golfa; **~schläger** m kij golfowy; **~spieler** m gracz w golfa.

Golgatha n (-s; 0) Rel. Golgota.

Gondel f (-n) gondola.

gönnen (j-m A) życzyć, nie zazdrościć (k-u G); nicht ~ ‹po›zazdrościć (k-u G); pozwalać ‹-wolić› (sich [D] sobie; A/na A).

Gönner m protektor; mecenas; 2haft protekcjonalny, **~schaft** f (0) protekcja; protektorat.

Göpel m kołowrót koński, kierat.

gor s. gären.

Gör n (-es; -en), ~e f dzierlatka; koza; freche ~e filutka; F die ~en pl. dzieciaki m/pl., bachory m/pl.

Go'rilla m (-s; -s) goryl.

goß s. gießen.

Gosse f rynsztok; in der ~ landen stoczyć się do rynsztoka.

Gössel n gęsie, gąsiątko.

gosse|n, ~st s. gießen.

Got|e m (-n) Got; **2isch** gocki; Arch. gotycki.

Gott m (-es; "er) bóg; Rel. (0) Bóg; um ~es willen! na miłość (od. litość) boską, na Boga!; ~ sei Dank! dzięki bogu!; leider ~es niestety; in ~es Namen! z Bogiem!; ~ weiß Bóg raczy wiedzieć; F wie ~ in Frankreich jak u Pana Boga za piecem; 2begnadet genialny, mający iskrę bożą. [się Bože.\

Gott·erbarmen n F: zum ~ požal\

Götter|dämmerung f zmierzch bogów; ~gestalt f bóstwo; postać boska; ~speise f ambrozja; Kochk. kisiel; ~trank m nektar.

Gottes|anbeterin f Zo. modliszka; ~dienst m nabożeństwo; 2fürchtig bogobojny; ~haus n świątynia, dom boży; ~lästerung f bluźnierstwo; ~sohn m (-es; 0) Syn Boży; ~urteil n sąd boży.

gott|gefällig miły Bogu, świątobliwy (-wie); ~gläubig wierzący w Boga; 2heit f bóg, bóstwo; s. Götze, Göttlichkeit.

Göttin f bogini, bóstwo.

göttlich boski (-ko) (a. F fig.); boży; 2keit f (0) boskość f.

gott|lob! chwała Bogu!; ~los bezbożny; ~ser Mensch bezbożnik; 2vater m (-s; 0) Bóg Ojciec; ~verlassen (z)opuszczony; 2vertrauen n ufność f w Bogu. [cze.\

Götze m (-n) bożek, (a. fig.) bożysz-\

Götzen|diener m bałwochwalca m; ~dienst n bałwochwalstwo; ~tempel m świątynia pogańska.

Gouver|nante [gu·vɛʀ'nantə] f guwernantka; ~nement [-nə'mãn] n (-s; -s) gubernia; ~neur [-'nø:ʀ] m (-s; -e) gubernator.

Grab n (-es; "er) grób, lit. mogiła; am ~e nad grobem; j-n ins ~ bringen wpędzić w grób od. do grobu; bis über das ~ hinaus do grobu, poza grób; j-n zu ~e tragen oddać ostatnią przysługę (D).

graben (L.) kopać (a. v/i, nach et.) (Tier) ⟨z⟩ryć; sich ~ w-, za|ryć si pf. (in A/w A); s. a. aus-, ein-, um~ graben.

Graben m (-s; ") rów; (Schloß2) fo sa; Mil. okop; transzeja; ~bagge: m koparka do rowów; ~krieg r wojna okopowa. [tarzysko.

Gräber m kopacz; ~feld n cmen-

Grabes|ruhe f, ~stille f cisza gro bowa; ~stimme f grobowy głos.

Grab|geläut(e) n dzwony pogr. po grzebowe; ~gewölbe n grobowiec krypta; ~hügel m mogiła; ~in schrift f epitafium n, napis na grobkowy; ~mal n nagrobek, gro bowiec; ~rede f mowa pogrzebo wa; ~schänder m złodziej cmen tarny; ~schrift f s. Grabinschrift ~stätte f, ~stelle f s. Grab; ~stei m kamień nagrobkowy, nagrobek.

Grabstichel m rylec.

Grad m (-es; -e) stopień m; Matł a. grad(us); bis zu e-m gewisse ~(e) do pewnego stopnia; im höch sten ~ w najwyższym stopniu zweiten ~es drugiego stopnia; ~bo gen m kątomierz.

grade f s. gerade.

Grad·einteilung f podział na sto nie; podziałka stopniowa.

gra'dier|en (-) Chem. zatężać ⟨zat żyć⟩; 2werk n tężnia (chrustowa

grad|linig prostolinijny (-wo); 2 messer m stopniomierz; fig. kryt rium n, sprawdzian.

gradu'ell stopniowy (-wo); ~'iere (-) skalować; graduować; 2'ierte(: posiadający stopień akademick engS. a. absolwent szkoły wyższ po egzaminie dyplomowym.

Graf m (-en) hrabia m.

Grafik f s. Graphik. [(po -ku).

Gräf|in f hrabina; 2lich hrabiowsk

Grafschaft f hrabstwo. [twienie

Gram m (-es; 0) zgryzota, zmar-

gram: ~ sein mieć urazę (D/do G)

grämen ⟨z⟩martwić, ⟨s⟩trapić (si) się; über A/I, z powodu G); sich z Tode ~ umrzeć ze zmartwienia.

gram·erfüllt trawiony zgryzotą.

Gramm n (-s; -e/-) gram.

Gram|ma'tik f gramatyka; 2ti'ka lisch, 2tisch gramatyczny.

Grammo'phon n (-s; -e) gramofo ~ in Zssgn gramofonowy.

gramvoll stroskany; Leben: pełe zgrozot; s. gramerfüllt.

ˈraˈnat m (-és; -e) Min. granat;
ˌapfel m, ˌbaum m granat.

ˈraˈnatˌe f granat; ˌwerfer m gra-
natnik.   [jący (-co).}

ˈrandiˈos wspaniały (-le), imponu-}

ˈraˈnit m (-és; -e) granit; ˌ~ in
Zssgn granitowy.

ˈranˌne f Bot. ość f; ꝛnig ościsty.

ˈrantig s. mürrisch.

ˈranulatiˈon f granulacja; Med.
ziarninowanie; ˌ~sˈgewebe n Med.
kanka ziarninowa.   [niak.}

ˈranuˈlom n (-s; -e) Med. ziarni-}

ˈraphˌikf grafika (a. konkr.); ˌiker
m grafik; ꝛisch graficzny; wy-
kreślny.   [Zssgn grafitowy.}

ˈraˈphit m (-s; -e) grafit; ˌ~ in}

ˈraphoˈloˈge m (-n) grafolog; ˌˈgie
f (0) grafologia.

ˈras n (-es; ᵘer) trawa; das ˌ~ wach-
en hören słyszeć jak trawa rośnie; F
ins ˌ~ beißen gryźć ziemię, wyki-
tować; ꝛbewachsen porosły trawą,
trawiasty; ꝛen paść się, skubać
trawę; ꝛfressend trawożerny; ˌ~
rosch m żaba trawna; ꝛgrün tra-
wiastozielony; ˌhalm m źdźbło
trawy; ˌhüpfer m konik polny,
basikonik; ˌmücke f gajówka, po-
rzewka; ˌnarbe f darń f.

ˈräßlich okropny, potworny (Adv.
a. sehr); (scheußlich a.) szkaradny.

ˈrat m (-és; -e) Arch. krawędź na-
rożna; Tech. grat, wypływka; (b.
Feilen) zadzior; (Bergꝛ) grań f.

ˈräte f ość f.

ˈatis darmo, F gratisowo.

ˈrätschˌe f (prze)skok rozkroczny;
ˌen v/t rozkraczać (-czyć); v/i
kakać (skoczyć) w rozkroku; ˌ~
tellung f pozycja rozkroczna,
ozkrok.

ˈratuˈlant m (-en) gratulant; ˌla-
ˈon f gratulacja, powinszowanie;
ˈlieren (-) (po)gratulować, win-
zować (zu/G, z okazji G).

ˈau szary (-ro); Haar: siwy (-wo);
ˈorzeit: zamierzchły; ˌblau szaro-
ˈlękitny, -niebieski; ˌen¹ świtać;
er Tag ˌ~ świta.

ˈauˌen²: mir ˌt, es ˌt mir (vor D)
ˈkam się (G), strach mnie ogarnia
ˈz powodu G, na myśl o L usw.);
ˈon n (r; 0) (?)groza, przerażenie,
ˌauenˌerregend budzący (od.
ˌzbudzający) zgrozę, przerażający
-co); ˌhaft, ˌvoll okropny, kosz-
arny, straszliwy (-wie).

Grauˌfilter n Fot. filtr szary; ˌgans
f gęś gęgawa; ꝛhaarig siw(owłos)y.

ˈgräulich szarawy, siwawy (-wo).

ˈgraumeliert szpakowaty.

Graupˌe f krupa; ˌen pl. Kochk.
krupy perłowe, kasza jęczmienna;
ˌelf krup(k)a; ꝛeln (-le): es ꝛelt pa-
dają krupy; ˌensuppe f krupnik.

Graus m: o ˌ! o zgrozo!

ˈgrausam okrutny; F fig. okropny,
nieznośny; ꝛkeit f okrucieństwo.

ˈgrauˌsen s. grauen²; ꝛsen n (-s; 0)
zgroza; ꝛsig s. grauenhaft.

Graˈveur m (-s; -e) rytownik, grawer.

graˈvierˌen (-) ⟨wy⟩grawerować,
⟨wy⟩rytować; ˌend obciążający
(-co); Bedeutung usw.: ważki, do-
niosły; ꝛung f grawerowanie; konkr.
grawerunek.

Gravitatiˈon f (0) ciążenie powsze-
chne, grawitacja; ꝛs- grawitacyj-
ny; ꝛsˈgesetz f prawo powszechnego
ciążenia.   [remonialny.}

graviˈtätisch uroczysty (-ście), ce-}

Graˌziˈe f gracja, wdzięk; ꝛˈzil gibki,
wiotki; ꝛiˈös pełen wdzięku, pdad.
z wdziękiem, wdzięcznie.

Greif m (-es/-en; -e/-en) gryf.

Greifˌe- chwytakowy; Zo. chwytny;
ꝛbar uchwytny, namacalny; fig. a.
konkretny; Ware: na składzie,
będący do dyspozycji; ꝛen (L.) v/t
chwytać ⟨chwycić, po-, s-, u|chwy-
cić⟩, ujmować ⟨ująć⟩; s. fangen;
sich (D) et. ꝛen wziąć sobie; Akkord
usw.: wydoby(wa)ć, brać ⟨wziąć⟩;
v/i (an A, nach, zu) sięgać ⟨-gnąć⟩
(do G, po A); chwytać ⟨chwycić⟩
(za A); (anwenden) uciekać ⟨uciec⟩
się (do G); um sich ꝛen macać, szukać; fig. szerzyć się; F aus der Luft
ꝛen wyssać z palca; zur Flasche ꝛen
zaglądać do kieliszka; in die Tasten
ꝛen uderzyć w klawisze; zum ˌ~en
nahe tuż tuż.

Greifer m Tech. chwytak; mechanizm zabierakowy; Text. chwytacz;
ˌbagger m koparka chwytakowa.

Greis m (-es; -e) ⟨zgrzybiały⟩ starzec.

Greisenˌalter n późna starość, wiek
sędziwy; ꝛhaft starczy (-czo);
zgrzybiały.

Greisin f (zgrzybiała) staruszka.

grell jaskrawy (-wo); (blendend) rażący (-co); Ton: przenikliwy (=wlc),
przeraźliwy (-wie).

Grenaˈdier m (-s; -e) hist. grenadier;

Mil. strzelec; ~ *-in Zssgn* ... piechoty.

Grenz|bewohner *m* mieszkaniec strefy (nad)granicznej; ~e *f* granica; *fig. a.* kres.

grenzen (-*zt*) graniczyć (*an A/z I*); *fig. a.* zakrawać (*an A/na A*); ~los bezgraniczny, bezkresny.

Grenz|er F *m* strażnik graniczny; kresowiak; ~fall *m* skrajny wypadek; ~gänger *m* (pracownik) zatrudniony po tamtej stronie granicy; ~gebiet *n* strefa (nad)graniczna; *a.* = ~land *n* pogranicze, kresy m/*pl.*; ~landbewohner *m* kresowiec, mieszkaniec pogranicza; ~linie *f* linia graniczna; ~pfahl *m* słup (*od.* znak) graniczny; ~schutz *m* ochrona granic; straż (*od.* policja) graniczna; ~soldat *m* żołnierz wojsk ochrony pogranicza; ~sperre *f* zamknięcie granicy; ~stadt *f* miasto (przy)graniczne; ~stein *m* kamień graniczny; ~truppen f/*pl.* wojska n/*pl.* ochrony pogranicza; ~übergang *m* przejście graniczne; ~überschreitung *f*, ~übertritt *m* przekroczenie granicy; ~verkehr *m* ruch pograniczny; ~wert *m* wartość graniczna; *Math.* granica; ~zwischenfall *m* incydent (po-) graniczny.

Greuel *m* okropność *f*; okrucieństwo; ... *ist mir ein* ~ czuję wstręt do (*G*); ~märchen *n* zmyślona wiadomość o rzekomych okrucieństwach; ~propaganda *f* wroga propaganda o rzekomych zbrodniach; ~tat *f s.* Greuel; (*Verbrechen*) zbrodnia.

greulich *s.* gräßlich.

Griebe *f* skwarek.

Griebs *m* (-*es*; -*e*) ogryzek.

Griech|e *m* (-*n*) Grek; ~in *f* Greczynka.

griechisch grecki (po -ku); ~-ortho'dox prawosławny; ~-'römisch *Ring-Sp.* klasyczny.

Gries|gram *m* (-*s*; -*e*) mruk, tetryk, zrzęda *m*; 2grämig zrzędny, tetryczny.

Grieß *m* (-*es*; *0*) grysik; *Med.* piasek; ~brei *m* (kaszka) manna, grysik; ~kohle *f* miał węglowy.

griff *s.* greifen.

Griff *m* (-*es*; -*e*) (*Heft*) rękojeść *f*, trzonek, rączka; (*Koffer*2) ucho, (u)chwyt; (*Tür*2) klamka; (*Zugriff*) chwyt; (*Art des Greifens*) uchwyt,

chwycenie; F e-*n guten* ~ *tun* dobr[ze] trafić; *im* ~ *haben* mieć w mały[m] palcu (*A*), znać się (na *L*); *in den* ~ *bekommen* opanow(yw)ać; 2bere[it] na podorędziu, pod ręką; ~brett [*n*] gryf.

Griffel *m* rysik; *Bot.* szyjka słupk[a]

griff|ig poręczny; *Gewebe:* o prz[y] jemnym (elastycznym) chwyci[e]; 2wechsel *m Sp.* przechwyt.

Grill *m* (-*s*; -*s*) ruszt, rożen ele[k] tryczny. [dziwactw[o]

Grille *f Zo.* świerszcz; *fig.* kaprys

grillen ⟨przy-, u⟩piec na ruszcie o[d] rożnie.

grill|enhaft, ~ig kapryśny, dz[iw] waczny. [stroić miny[

Gri'masse *f* grymas; ~n schneide[n]

Grimm *m* (-*es*; *0*) s. Wut; ~darm [*m*] okrężnica; 2ig s. wütend, wil[d] *Humor:* zjadliwy (-wie); *Schmer[z]* okrutny.

Grind *m* (-*es*; -*e*) strupień *m*; 2[ig] strupiasty.

grinsen szczerzyć zęby, uśmiech[ać] się (*hämisch, höhnisch* złośliw[ie]; szyderczo).

Grippe *f* (*0*) grypa; 2krank cho[ry] na grypę. [smykała[

Grips F *m* (-*es*; *0*) rozum, mózg[?]

grob (*u̇er*; *u̇st*) gruby (-bo); *Tec[h]* zgrubny; *fig.* gruboziarnisty (-ko); o[?] dynarny; (*nicht genau*) z grubsz[a] *in ~en Umrissen* w grubszych zar[y] sach; ~es Geschütz auffahren w[y] toczyć działa ciężkiego kalibru; *aus dem Gröbsten heraus sein* w[y] grzebać się (z *G*).

Grob|einstellung *o* dostraja[nie] zgrubne; ~feile *f* zdzierak; ~hei[t] (*0*) grubiaństwo; (*pl. -en*) imper[ty] nencja. [gbur, chan[

Grobian *m* (-*es*; -*e*) grubiani[n?] **grob|körnig** gruboziarnisty; ~[ma] schig o dużych oczkach; 2schn[itt?] *m* tytoń fajkowy; 2walzwerk [*n*] zgniatacz.

grölen drzeć (*od.* wydzierać) się.

Groll *m* (-*es*; *0*) uraza, ansa; 2[en] huczeć, grzmieć; (*fig.*) mieć ur[azę] (do *G*), dąsać się (na *A*).

grönländisch grenlandzki (po -k[u]) **Gros¹** *n* (-*es*; -*e*/-) gros.

Gros² [gro:] *n* (-; -) główna ([?], większa) część; ~ *des Heeres* o f/*pl.* główne.

Groschen *m* grosz; (*Münze*) sz[ó]stka; F *a.* dziesięć fenigów;

heft *n*, ~roman *m* groszowa powieść; *pl. a.* literatura straganowa. groß (*-er*, *-st-*) wielki; (*Größe, Menge, Ausdehnung*) duży; (*hoch*) wysoki, *Pers. a.* rosły; (*erwachsen*) dorosły; im ~en na wielką skalę; *Hdl.* hurtowo; *gleich* ~ jednakowej wielkości; ~ *werden* wyrastać ⟨-rosnąć, -róść⟩; *100 qm* ~ wielkości 100 m²; ~ *und klein* wszyscy, kto żyw; *Karl der* ⟨e Karol Wielki; *das* ⟨e Los główna wygrana; *F ganz* ~! wyśmienity (-cie)!; *s. a. Auge, Glocke usw.* Groß|aktionär *m* większy akcjonariusz; ⟨angelegt (zakrojony) na szeroką (*od.* wielką) skalę; ⟨artig wspaniały (-le), świetny; ~aufnahme *f* zbliżenie; ~betrieb *m* wielki zakład przemysłowy; ~brand *m s. Großfeuer*; ⟨bürgerlich wielkomieszczański.

Größe *f* wielkość *f*; (*Umfang*) rozmiar (*a. Schuh-, Kleider*⟨); format; (*Wuchs*) wzrost; *Pers.* znakomitość *f*, sława, *Sp., Thea.* gwiazda. Groß|einkauf *m* zakup hurtowy; *pl. a.* wielkie zakupy; ~einsatz *m* operacja na wielką skalę; ~eltern *pl.* dziadkowie *m/pl.*; ~enkel(in *f*) *m* wnuk (wnuczka).

Größen·ordnung *f* rząd wielkości. großenteils *s. größtenteils*. Größen|verhältnis *n* stosunek wielkości; ~wahn *m* mania wielkości; ⟨wahnsinnig mający urojenia *n/pl.* wielkościowe. größer większy; wyższy. Groß|familie *f* rodzina wielka; ~feuer *n* wielki pożar, pożoga; ~flughafen *m* aeroport; ~fürst *m* wielki książę; ~grundbesitzer *m* obszarnik; ~handel *m* handel hurtowy.

Großhandels|preis *m* cena hurtowa; ~zentrale *f* składnica hurtowa, hurtownia. Groß|händler *m* hurtownik, kupiec hurtowy; ~handlung *f* hurtownia; ⟨herzig wielkoduszny; ~herzog *m* wielki książę; ~herzogtum *n* wielkie księstwo; ~hirn *n* kresomózgowie; ~industrie *f* wielki przemysł. Gros'sist *m* (*-en*) hurtownik. großjährig *s. volljährig*. Groß|kaufmann *m s. Großhändler*; ⟨kotzig *f* zarozumiały (-le), nadęty; ~kraftwerk *n* elektrownia (o) wielkiej mocy; ~kreuz *n* Krzyż Wielki;

~kundgebung *f* manifestacja masowa. Großmacht *f* (wielkie) mocarstwo; ~politik *f* polityka wielkomocarstwowa. Groß|mannssucht *f* megalomania; ~mast *m* grotmaszt; ~maul *F n* chwalipięta *m*, samochwał; ~mut *f* wspaniałomyślność *f*; ⟨mütig wspaniałomyślny; ~mutter *f* (*pl. "*) babka, *F* babcia; ~plattenbauweise *f* budownictwo wielkopłytowe; ~raum- *Tech.* o dużej pojemności *od.* ładowności; ⟨'reinemachen *n* gruntowne sprzątanie; ~schreibung *f* pisanie wielką literą; ~serien- wielkoseryjny; ⟨sprecherisch chełpliwy (-wie); ⟨spurig pyszny, wyniosły (-le); ~stadt *f* wielkie miasto; ⟨städtisch wielkomiejski (po -ku).   [największy.⟩ größt- największy; maksymalny; Groß|tat *f* wielki (*od.* bohaterski) czyn, wspaniały wyczyn; ~teil *m* większa część, większość *f*. größtenteils po większej części; przeważnie. Groß|tuer *m* pyszałek, *F* ważniak; ~tue'rei *f* (0) pyszałkowatość *f*; przechwałki *f/pl.*; ~unternehmen *n* wielkie przedsiębiorstwo; ~vater *m* dziad(ek), *F* dziadunio; ⟨väterlich dziadowski, dziaduniowy, ... dziadka; ~verdiener *m* mający duże dochody, bogacz; ~wild *n* gruba zwierzyna; ⟨ziehen wychow(yw)ać; *Tiere*: wyhodow(yw)ać; ⟨zügig wspaniałomyślny; *s. freigebig, großangelegt*. gro'tesk groteskowy (-wo). Grotte *f* grota, jaskinia; ~n·olm *m* odmieniec jaskiniowy. grub *s. graben*. Grübchen *n* dołe(cze)k. Grube *f* dół, jama; *Bgb.* kopalnia; *Arch.* wykop. Grübe|'lei *f* rozmyślanie, przemyśliwanie; ⟨ln (*-le*) rozmyślać (*über D/nad I*). Gruben|arbeiter *m* górnik; ~bau *m* (*-es; -e*) wyrobisko; ~gas *n* gaz kopalniany, metan; ~holz *n koll.* kopalniaki *m/pl.*; ~lampe *f* lampa górnicza; ~unglück *n* katastrofa kopalniana *od.* w kopalni, ~wehr mann *m* ratownik. Grübler(in *f*) *m* marzyciel(ka). Gruft *f* (*-; "e*) grobowiec; krypta.

grün zielony (-no) (*a. fig.*); *s.* frisch; ~ werden pozielenieć *pf.*; *Baum:* zazielenić się; ~e Welle zielona droga; vom ~en Tisch aus zza biurka; F ~ und blau schlagen zbić na kwaśne jabłko, posiniaczyć; auf k-n ~en Zweig kommen nie dorobić się niczego; j-m nicht ~ sein czuć anse (do G).

Grün *n* (-s; 0) zieloność *f*, (*a. konkr.*) zieleń *f*; zielony kolor; zielone światło; (*Gemüse*) zielenina; (*Kraut, Blätter*) nać *f*, natka; ins ~e na łono przyrody; ~**algen** *f/pl.* zielenice *f/pl.*; ~**anlage** *f* zieleniec.

Grund *m* (-es; ⁀e) grunt; (*Meeres*⁀) dno; (*Tal*) dolina; *fig.* podstawa; (*Ursache*) przyczyna; (*Motiv*) powód; auf ~ von (D) na podstawie (G); im ~e na dobrą sprawę, w gruncie rzeczy; ohne ~ bez powodu; nicht ohne ~ nie bez kozery; e-r Sache auf den ~ gehen gruntownie ⟨z⟩badać (A); von ~ aus gruntownie; od podstaw; z gruntu; ~**ausbildung** *f* Mil. szkolenie podstawowe; ~**begriff** *m* pojęcie podstawowe; ~**besitz** *m* posiadłość *f*, majątek ziemski; ~**besitzer** *m* posiadacz gruntu; ~**buch** *n* księga wieczysta; ⁀**ehrlich** z gruntu poczciwy, F poczciwy z kościami; ~**eis** *n* lód denny.

Grundel *f* (-; -n) *Zo.* kiełb.

gründen (-e-) zakładać ⟨założyć⟩; ⟨u⟩fundować; opierać ⟨oprzeć⟩ (auf A od. D/na L; sich się).

Gründer *m*, ~**in** *f* założyciel(ka), fundator(ka); ~**jahre** *pl. hist.* okres grynderstwa.

grund|falsch z gruntu fałszywy *od.* błędny; ⁀**farbe** *f* barwa podstawowa; farba do gruntowania, grunt; ⁀**fehler** *m* błąd zasadniczy; ⁀**fläche** *f* podstawa; ⁀**gebühr** *f* opłata zasadnicza *od.* stała; ⁀**gedanke** *m* myśl przewodnia; ⁀**gehalt** *n* wynagrodzenie podstawowe; pensja zasadnicza; ⁀**gesetz** *n* prawo zasadnicze; *Pol.* ustawa zasadnicza, konstytucja.

grun'dier|en (-) ⟨po⟩gruntować; ⁀**ung** *f* gruntowanie; *konkr.* grunt.

Grund|kapital *n* kapitał zakładowy; ~**lage** *f* podstawa; podwalina, fundament; *pl. a.* założenia *n/pl.*; ~**lagenforschung** *f* badania *n/pl.*

fundamentalne; ⁀**legend** podstawowy, zasadniczy (-czo).

gründlich gruntowny; radykalny; (*genau*) dokładny, szczegółowy (-wo); F (*sehr*) porządny; ⁀**keit** *f* (0) gruntowność *f*; dokładność *f*.

Grund|linie *f* linia podstawowa, podstawa; ~**lohn** *m* płaca podstawowa; ⁀**los** bezpodstawny, nieuzasadniony; (*tief*) bezdenny; ~**mauer** *f* mur fundamentowy. [tek.]

Grün'donnerstag *m* Wielki Czwar-/

Grund|pfeiler *m* filar; *fig. a.* podpora; ~**prinzip** *n* zasada podstawowa; ~**rechen-arten** *f/pl.* działania *n/pl.* arytmetyczne; ~**rechte** *n/pl.* podstawowe prawa *n/pl.*; ~**regel** *f* najważniejsza reguła; ~**riß** *m* rzut poziomy; (*Abriß*) zarys; kompendium *n*.

Grundsatz *m* zasada; założenie; von dem ~ ausgehen wychodzić ⟨wyjść⟩ z założenia; an e-m ~ festhalten trzymać się zasady. [z zasady.]

grundsätzlich zasadniczy (-czo);/

Grund|schule *f* szkoła podstawowa, ~**stein** *m* kamień węgielny; *fig. a.* podwalina; ~**steinlegung** *f* położenie kamienia węgielnego; ~**stellung** *f* postawa zasadnicza; ~**steuer** *f* podatek gruntowy; ~**stock** *m* trzon, podstawa; ~**stoff** *m* materiał podstawowy; *Chem.* pierwiastek; ~**stoff-industrie** *f* przemysł wydobywczy i hutnictwo; ~**stück** *n* działka, kawałek ziemi; parcela; teren; ~**stücksmakler** *m* pośrednik w sprawach kupna i sprzedaży nieruchomości; ~**stufe** *f* Gr. stopień równy; ~**ton** *m* Mus. tonika; ~**übel** *n* najgorsze zło; ~**umsatz** *m* Med. przemiana podstawowa.

Gründung *f* założenie, zakładanie; fundacja; ~s- założycielski; zakładowy.

grund|verschieden zupełnie odmienny, gruntownie różniący się (von/od G); ⁀**wasserspiegel** *m* poziom wód gruntowych; ⁀**zahl** *f* liczba główna; ⁀**züge** *m/pl.* główne zarysy *m/pl.*; podstawowe założenia *n/pl.*

grün|en ⟨za⟩zielenić się; ⁀**fink** *m* dzwoniec; ⁀**fläche** *f* teren zielony; zieleniec; ⁀**futter** *n* pasza zielona zielonki *f/pl.*; ~**gelb** zielonożółty; ⁀**kohl** *m* jarmuż; ~**lich** zielonawy (-wo); ⁀**ling** *m* Bot. zielonka; Zo. s.

Grünfink; **⁀schnabel** *m fig.* młokos, chłystek; **⁀span** *m* (*-s; 0*) śniedź *f,* F grynszpan; (*Farbe*) zieleń miedziana; **⁀specht** *m* dzięcioł zielony.

grunzen (*-zt*) chrząkać ⟨-knąć⟩.

Grünzeug F *n* (*-s; 0*) zielenina.

Gruppe *f* grupa; *Mil.* drużyna.

Gruppen|aufnahme *f,* **⁀bild** *n* zdjęcie grupowe; **⁀führer** *m* dowódca *m* drużyny, drużynowy *m;* (*Vorarbeiter*) grupowy *m;* **⁀therapie** *f* psychoterapia grupowa; **⁀weise** grupami; grupowo.

grup'pier|en (*-*) ⟨u⟩grupować; **⁀ung** *f* ugrupowanie.

Grus [gruːs] *m* (*-es; 0*) miał.

Grusel|film *m* film grozy; **⁀ig** straszny, wywołujący dreszcz grozy; **⁀kabinett** *n* gabinet osobliwości; **⁀n** (*-le*): *mir* (*od. mich*) **⁀t** ciarki mnie przechodzą; *sich* **⁀n** bać się; *das* **⁀n** *lernen* nabawić się strachu.

Gruß *m* (*-es;* ⁀*e*) pozdrowienie; (*förmlicher*) ukłon; *Mil.* oddanie honoru, salutowanie; *mit freundlichen Grüßen* z pozdrowieniem; (*förmlicher*) z poważaniem.

grüßen (*-ßt*) pozdrawiać ⟨-rowić⟩, ⟨po⟩witać; kłaniać ⟨ukłonić⟩ się (*A/D*); *grüß Gott!* niech będzie pochwalony!

Grußformel *f* formułka pozdrowienia *od.* grzecznościowa.

Grütz|beutel *m Med.* kaszak; **⁀e** *f* kasza; *rote* **⁀e** kisiel owocowy; F *fig.* **⁀e** *im Kopf haben* mieć olej w głowie; **⁀wurst** *f* kaszanka, kiszka kaszana.

guck|en F spoglądać ⟨spojrzeć⟩; *s. a.* (*hinein-, hinaus*)*sehen;* **⁀loch** *n* wziernik; (*Tür*⁀) judasz.

Gue'rilla¹ [ge·-] *m* (*-s; -s*) partyzant, komandos; *hist.* gerylas; **⁀²** *f* (*-; -s*) *hist.* gerylasówka; *a.* = **⁀krieg** *m* wojna podjazdowa *od.* partyzancka.

Guillo'tine [gɪ-/giʳ-] *f* gilotyna.

Gulasch *m* (*-es; 0*) gulasz; **⁀kanone** F *f* kuchnia polowa.

Gully *m od. n* (*-s; -s*) studzienka ściekowa, wpust ściekowy (uliczny).

gültig (*0*) ważny; (*in Kraft*) w mocy, obowiązujący; *Münze*: obiegowy; **⁀** *sein* być ważnym; mieć moc obowiązującą; **⁀keit** *f* (*0*) ważność *f;* moc obowiązująca.

Gummi¹ *n od. m* (*-s; -s*) guma; **⁀artig** gumowaty (*-to*); **⁀band** (*-es;*

⁀er) *n* tasiemka gumowa, F gumka; **⁀baum** *m* drzewo gumowe; F fikus; **⁀bereift** ogumiony.

gum'mieren (*-*) gumować.

Gummi|fluß *m* (*0*) gumoza; **⁀knüppel** *m* pałka gumowa, F guma; **⁀mantel** *m* płaszcz gumowy; **⁀plantage** *f* plantacja kauczukowców; **⁀reifen** *m* opona, F guma; **⁀schlauch** *m* wąż gumowy; **⁀stiefel** *m* but gumowy, F gumiak; **⁀unterlage** *f* ceratka; **⁀zelle** *f* cela gumowa; **⁀zug** *m* elastyczna wstawka.

Gunst *f* (*0*) łaska; życzliwość *f;* względy *m/pl.; j-s* **⁀** *genießen* być w łaskach (*u G*), cieszyć się względami (*G*); *zu j-s* **⁀** *en* na korzyść (*G*); **⁀beweis** *m* dowód życzliwości.

günst|ig pomyślny, sprzyjający; (*vorteilhaft*) korzystny, dogodny; **⁀ling** *m* (*-s; -e*) ulubieniec, faworyt.

Gurgel *f* (*-; -n*) gardło; **⁀n** (*-le*) płukać gardło; *s. gluckern;* **⁀wasser** *n* płyn do płukania gardła, płukanka.

Gurke *f* ogórek; F (*Nase*) nochal; **⁀n-** ogórkowy; **⁀n-salat** *m* mizeria.

gurren gruchać.

Gurt *m* (*-es; -e*) pas; *Tech. a.* taśma; *s. Sattelgurt;* **⁀band** *n* (*-es;* ⁀*er*) taśma przenośnika; pas parciany.

Gürtel *m* pas(ek); *fig.* pas; strefa; **⁀reifen** *m* opona radialna; **⁀rose** *f* półpasiec; **⁀tier** *n* pancernik.

gürten (*-e-*) opas(yw)ać; *sich* **⁀** *mit* przypas(yw)ać (*A*).

Gurt|förderer *m* przenośnik taśmowy; **⁀werk** *n,* **⁀zeug** *n* uprząż *f.*

Guß [gus] *m* (*-sses;* ⁀*sse*) *Tech.* odlew; *Kochk.* polewa; *Med.* polewanie; F (*Regen*) ulewa; *aus e-m* **⁀** jednolity; **⁀block** *m* wlewek; **⁀eisen** *n* żeliwo; **⁀form** *f* forma odlewnicza; **⁀stahl** *m* staliwo, stal lana.

güst *Agr., Zo.* jałowy.

gut (*besser, best-*) dobry (*-brze*); *es* **⁀** *sein lassen* dać spokój, nie mówić o tym; *zu et.* **⁀** *sein* przyda(wa)ć się (*na A*); *so* **⁀** *wie* prawie, tak jakby; *im* **⁀en** po dobremu; *zu* **⁀er** *Letzt* na sam koniec; *sei so* **⁀!** bądź łaskaw!; F *mach's* **⁀!** powodzenia!; *kurz und* **⁀** krótko i węzłowato; *s. a. Glück, Reise usw.*

Gut [guːt] *n* (*-es,* ⁀*er*) dobro, mienie; (*Land*⁀) posiadłość *f,* majątek, *pl. a.* dobra *n/pl.;* (*Ware*) towar.

Gut·acht|en *n* orzeczenie, opinia

(biegłego), ekspertyza; **~er** *m* biegły *m*, ekspert, rzeczoznawca *m*.

gut|artig łagodny (*a. Med.*); **~bürgerlich** solidny mieszczański, *Adv.* solidnie po mieszczańsku.

Gutdünken *n*: *nach* **~** według uznania *od.* F widzimisię.

Gute: *das* **~**, **~s** dobro; *alles* **~**! wszystkiego dobrego!; *des* **~n** zuviel tun przeholow(yw)ać.

Güte *f* (*0*) dobroć *f*; *s. Qualität*; *in* **~** po dobroci; *ein Vorschlag zur* **~** propozycja załatwienia sprawy polubownie; *haben Sie die* **~** niech pan będzie łaskaw; F *ach du meine* **~**! rety!; **~klasse** *f* klasa jakości; marka; **~kontrolleur** *m* kontroler techniczny; brakarz.

Gute'nachtkuß *m* pocałunek (*od.* całus) na dobranoc.

Güter *pl. v. Gut*; **~abfertigung** *f* ekspedycja towarów; **~austausch** *m* wymiana towarów; **~bahnhof** *m* dworzec towarowy; **~gemeinschaft** *f* wspólnota majątkowa; **~recht** *n* prawo majątkowe; **~trennung** *f* rozdzielność *f* majątku; **~umschlag** *m* przeładunek towarów; **~verkehr** *m* ruch towarowy; **~wagen** *m* wagon towarowy; **~zug** *m* pociąg towarowy.

Güte|siegel *n* znak jakości; **~termin** *m*, **~verhandlung** *f* rozprawa pojednawcza.

gut|gebaut dobrze zbudowany; **~gelaunt** w dobrym nastroju *od.* humorze; **~gemeint** zrobiony (*od.* udzielony *usw.*) w najlepszej intencji *od.* w najlepszych zamiarach; **~gläubig** prostoduszny; pełen zaufania; w dobrej wierze; **~haben** mieć na koncie; *du hast bei mir noch*

... *gut* jestem ci winien jeszcze ...; **2haben** *n* środki *m/pl.* na rachunku bankowym, saldo dodatnie; (*Schuld*) należność *f*; **~heißen** ⟨za⟩aprobować; pochwalać; **~herzig** poczciwy (-wie). [(-wie).⟩

gütig dobrotliwy (-wie); łaskawy**l**

gütlich polubowny, ugodowy (-wo); **~er** *Vergleich* ugodowe załatwienie sporu; *sich* **~** tun ⟨u⟩raczyć się (*an D/I*). [wać *pf.*⟩

gutmachen naprawi(a)ć, poweto-**l**

gutmütig dobroduszny; łagodnego usposobienia; (*et. derb*) rubaszny; **2keit** *f* dobroduszność *f*; rubaszność *f*.

Gutsbesitzer(in *f*) *m* właściciel(ka) majątku, ziemian|in (-ka), dziedzic(zka).

Gut|schein *m* bon; **2schreiben** (*D*) zapis(yw)ać na dobro (*G*), uzna(wa)ć rachunek (*G*); **~schrift** *f* zapisanie na dobro (rachunku) dowód zakredytowania *od.* uznania rachunku.

Guts|herr *m s. Gutsbesitzer*; **~verwalter** *m* rządca *m* majątku *od.* dóbr. [brze ⟨z⟩robić (*D*).⟩

guttun: *j-m* **~** sprawi(a)ć ulgę, do-**l**

guttu'ral gardłowy (-wo).

gutwillig dobrowolny; chętny.

Gymnasi|'al- gimnazjalny; liceal**-**ny; **~'ast** *m* (-en), **~'astin** *f* ucze|ń *r* (-nnica) gimnazjum *od.* liceum, gimnazjalist|a *m* (-ka); **~um** [-'nɑ:-*n* (-s; *-ien*) gimnazjum *n*; liceum *r* (*in Polen*). [2sch gimnastyczny.⟩

Gym'nasti|k *f* (*0*) gimnastyka; **l**

Gynäko'lo|ge *m* (-n) ginekolog; **~'gie** *f* (*0*) ginekologia; **2gisch** gine**-**kologiczny.

Gyroskop *n* (-s; -e) gi-, ży|roskop

H

Haar *n* (-es; -e) włos *m*; *koll.* włosy *pl.*; (*Tier2*) sierść *f*; włosie *n*; *aufs* **~** (*genau*) jota w jotę, kubek w kubek; *um ein* **~** o (mały) włos; *um kein* **~** ani o włos; *an e-m* **~** *hängen* wisieć na włosku; F *mit Haut und* **~** kompletnie, z kretesem; *sich in den* **~en** *liegen* wykłócać się, drzeć koty (*z I*); **~e** *lassen müssen* wychodzić

⟨wyjść⟩ źle (*bei/na L*), ponosi**l** ⟨-nieść⟩ stratę *od.* uszczerbek; **~** *auf den Zähnen haben* mieć cięt (*od.* ostry) język; *ein* **~** *in der Supp* *finden* mieć coś do zarzucenia, roz wodzić pretensje; *kein* **~** *wird di gekrümmt!* włos ci z głowy ni spadnie!; *sich k-e grauen* **~e** *wach sen lassen* nie martwić się (*wegen/*

powodu G); die ~e vom Kopf fressen
wpędzać ⟨-dzić⟩ w biedę (D/A);
kein gutes ~ lassen nie zostawi(a)ć
suchej nitki (an D/na L); *an den
~en herbeigezogen* gołosłowny, dziki; ~- *in Zssgn* włosowy; włosiany;
do włosów; **~ansatz** m nasada
włosów; **~ausfall** m (-es; 0) wypa-
danie włosów, łysienie; **~balg** m
opuszka (od. cebulka) włosa; **2breit**
o włos; **~bürste** f szczotka do
włosów; **~büschel** n kosmyk włosów; **~decke** f Zo. sierść f.
haaren ⟨wy⟩lenieć, linieć, lenić się.
Haar·entfernungsmittel n depila-
tor.   [włos.)
Haaresbreite f: *um ~* o (mały)
Haar|farbe f kolor włosów; **~fär-
bemittel** n farba do włosów, środek
do farbowania włosów; **2fein** cienki
jak włos(ek); *Riß:* włoskowaty
(-to); **~festiger** m utrwalacz włosów; **2genau** F (0) szczegółowy
(-wo), ścisły (-le); *Adv. s. a. (aufs)
Haar;* **2ig** włochaty (-to), kosmaty
(-to); **2klein** F z detalami, drobiaz-
gowo; **~klemme** f wsuwka do
włosów; **~knoten** m kok.
Haarnadel f szpilka do włosów;
~kurve f ostry zakręt.
Haar|netz n siatka do włosów;
~pflege f pielęgnacja włosów; **~riß**
m pęknięcie włoskowate; **2scharf**
(0) *Adv.* (dicht an D) tuż obok (G),
o włos (od G); (sehr genau) ściśle,
wiernie; **~schleife** f wstążka we
włosach; **~schneidemaschine** f
maszynka do strzyżenia włosów;
~schneiden n strzyżenie włosów;
~schnitt m fryzura; **~spalterei** f
dzielenie włosa na czworo, sofisty-
ka; **~spray** m lak do włosów; **2-
sträubend** skandaliczny, nie do
pomyślenia; **~trockner** m suszarka
do włosów; **~waschmittel** n środek
do mycia włosów, szampon; **~was-
ser** n płyn do włosów; **~wickel** m
s. Lockenwickel; **~wild** n JSpr.
sierść f.
Haarwuchs m owłosienie; zarost;
~mittel n środek na porost włosów.
Hab n: *~ und Gut* (cały) majątek;
~e f (0) mienie, majątek.
haben I. *als Hilfsverb unübersetzbar;*
?, mieć; (besitzen, a. fig.) posiadać;
(leiden an et.) cierpieć (na A); *Hunger ~ a.* odczuwać głód; *es nötig ~*
potrzebować (G); *er hat es schwer*

jest mu ciężko; (müssen) musieć;
... ist noch zu ~ ... można jeszcze
dostać od. otrzymać; *nichts zu verlieren ~* nie mieć nic do stracenia;
er hat hier nichts zu sagen ~ nie ma
tu nic do powiedzenia; *ich habe
noch zu arbeiten* muszę jeszcze
pracować; *zu tun ~ (mit)* mieć do
czynienia (z I); *wir ~ heute Freitag*
dziś jest piątek; F *ich hab's!* mam!,
już wiem!; *das hat nichts auf sich*
to nic nie znaczy; s. eilig, gern,
Güte usw.; F *sich ~* certować się;
hab dich nicht so! nie rób ceregieli!;
und damit hatte es sich i na tym
koniec od. się skończyło.
Haben n (-s; 0) (strona) ma, kredyt.
Habenichts m (-/-s; -e) golec,
żebrak.
Habgier f (0) chciwość f; **2ig** chciwy
(-wie).
habhaft: *~ werden (G)* s. ergreifen,
bekommen.   [jastrzębi.)
Habicht m (-es; -e) jastrząb; ~s-)
Habichts|nase f krogulczy nos;
~pilz m kolczak dachówkowaty.
Habilitati'on f habilitacja; **~s-**
habilitacyjny.
habili'tieren (-): *sich ~* habilitować
się.
Hab|seligkeiten f/pl. rzeczy f/pl.,
F manatki m/pl.; **~sucht** f (0) s.
Habgier.   [(cielęca).)
Hachse [-ks-] f golonka; nóżka)
Hack|beil n toporek rzeźnicki, ta-
sak; **~block** m kloc (od. pniak) do
rąbania; **~braten** m rzymska pieczeń; **~brett** n Kochk. stolnica;
Mus. cymbały m/pl.
Hacke¹ f graca, moty(cz)ka.
Hacke² f, **~n** m pięta; *die ~n zusammenschlagen* trzaskać ⟨-snąć⟩
obcasami.
hacken v/i Agr. gracować, moty-
czyć; (Vogel) dziobać ⟨-bnąć⟩; v/t
Fleisch: ⟨po⟩siekać; Holz: ⟨po-⟩
rąbać.
Hackepeter m (-s; 0) mięso (wieprzowe) mielone; befsztyk tatarski
Häckerling m (-s; 0) sieczka.
Hack|fleisch n mięso siekane; **~
frucht** f roślina okopowa; **~klotz**
m s. Hackblock; **~messer** n tasak.
Häcksel n od, m (-s; 0) sieczka;
~maschine f sieczkarnia, siecz-
karka.
Hader m (-s; 0) waśń f, swary m/pl.;
2n (-re) narzekać, użalać się (mit/na

A); *mit dem Schicksal* ⌂n złorzeczyć losowi.
Hafen *m* (-s; ⁼) port; ~ *der Ehe* związek małżeński; **~amt** *n* kapitanat portu; **~arbeiter** *m* doker, robotnik portowy; **~becken** *n* akwatorium portowe, basen portowy; **~stadt** *f* miasto portowe, port.
Hafer *m* owies; **~flocken** *f/pl.* płatki *m/pl.* owsiane; **~schleim** *m* owsianka, kleik owsiany.
Haff *n* (-*es*; -*s*/-*e*) zalew.
Haft *f* (-; 0) areszt; aresztowanie; (*Strafe*) więzienie; *in* ~ *nehmen* ⟨za⟩aresztować, uwięzić; **~anstalt** *f* więzienie; **~aussetzung** *f* zawieszenie odbywania kary więzienia.
haftbar odpowiedzialny (*für*/za *A*); **⌂machung** *f* (0) pociągnięcie do odpowiedzialności.
Haft|befehl *m* nakaz aresztowania; **~dauer** *f* okres pobytu w więzieniu.
haften¹ (-*e*-) przylegać ⟨-lgnąć⟩, przywierać ⟨-wrzeć⟩, przyklejać ⟨-eić⟩ się (*an D*/do *G*); (*im Gedächtnis*) tkwić (*Geruch*) trzymać się (*an D*/*G*). [(*für*/za *A*).]
haften² (-*e*-) odpowiadać, ręczyć╎
haftenbleiben (*sn*) utkwić *pf.*
Haft|entlassung *f* zwolnienie (*od.* powrót) z więzienia; **~entschädigung** *f* odszkodowanie za niewinnie odbytą karę aresztu *od.* więzienia.
Haft|fähigkeit *f* (0) przyczepność *f*, adhezja; **~gläser** *n/pl. s.* Haft-schalen. [aresztant.]
Häftling *m* (-*es*; -*e*) więzień *m*, †╎
Haftpflicht *f* (0) odpowiedzialność *f*; **~versicherung** *f* ubezpieczenie od skutków odpowiedzialności cywilnej.
Haft|schalen *f/pl.* szkła *n/pl.* kontaktowe *od.* nagałkowe; **~strafe** *f* kara więzienia; **~unfähigkeit** *f* niezdolność *f* do odbywania kary więzienia; **~ung** *f Phys.* przyczepność *f*; *Jur.*, *Hdl.* odpowiedzialność *f*; *mit beschränkter* ~ z ograniczoną odpowiedzialnością.
Haftverschonung *f* (0): ~ *genießen* odpowiadać z wolnej stopy.
Hage|butte *f* owoc dzikiej róży, głóg; **~dorn** *m* (-*es*; -*e*) głóg.
Hagel *m* (-*s*; 0) grad; **~korn** *n* gradzina; **⌂n** (-*le*-): es ⌂t pada *od.* sypie; grad; *fig.* padać gradem; es ⌂te Fragen posypał się grad pytań;

~schaden *m* szkody *f/pl.* spowodowane gradobiciem; **~schlag** *m* gradobicie; *a.* = **~wetter** *n* burza gradowa.
hager szczupły (-ło), F cienki (-ko).
Hagestolz *m* (-*es*; -*e*) stary kawaler.
Häher *m* sójka.
Hahn *m* (-*es*; ⁼*e*) kogut; *fig.* (*a Tech.*) kurek; F *der* ~ *im Korb*⟨e⟩ *etwa* wodzirej (*od.* ulubieniec) w gronie kobiet; *kein* ~ *kräht* (*nach*⟩ *pies* się nie obejrzy (za *I*).
Hähnchen *n* kogucik; *Kochk.* brojler.
Hahnen|- koguci; **~fuß** *m Bot* jaskier; **~kamm** *m* koguci grzebień (*a. Bot.*); **~kampf** *m* walka kogutów; **~schrei** *m* pianie koguta *od.* kogutów; **~tritt** *m Zo.* tarczka zarodkowa.
Hahnrei *m* (-*es*; -*e*) verä. rogacz.
Hai *m* (-*es*; -*e*), **~fisch** *m* rekin, żarłacz. [*f* grab.]
Hain *m* (-*es*; -*e*) *poet.* gaj; **~buche**╎
ha'it|isch, **~i'anisch** haitański.
Häkchen *n* haczyk.
Häkel|arbeit *f* robota szydełkowa⌂n (-*le*) szydełkować; **~nadel** *f* szydełko.
haken F *v/i* zahaczać ⟨-czyć⟩ się zaczepi(a)ć się (*an D*/o *A*).
Haken *m* ha(czy)k; ~ *in Zssgn Tech* hakowy; *Box-Sp.* (cios) sierpowy F sierp; *pl. JSpr.* kły *m/pl.*; (*de Bache*) szable i fajki *f/pl.*; *Hase*: *schlagen* ⟨z⟩robić kominek, kluczyć; ~ *und* Öse haftka; *fig.* F *di Sache hat e-n* ~ sprawa nie jest be ale; *der* ~ *dabei ist, daß* ... w tyr sęk, że...; **⌂förmig** ha(czy)kowat (-to); **~kreuz** *n* swastyka; **~wurn** *m* tęgoryjec.
halb pół; *Adv. u. präd. a.* wpół, n pół *od.* poły, przez (*od.* na) połowę do połowy; (*unvollständig*) połc wiczny, w połowie; *e-e* ~*e Stund* pół godziny; *zum* ~*en Preis* za pč (*od.* połowę) ceny; *auf* ~*em Weg* w połowie (*od.* pół) drogi; ~ *ur sein* (prze)minąć w połowie; ~ s *viel* pół tyle; ~ *zwei* (*Uhr*) (w)pół d drugiej; ~ *und* ~ pół na pół; ~ *Maßnahmen* połowiczne środki; ~ *Arbeit* połowiczne załatwienie spra wy; ~ *so schlimm* nie tak straszn *od.* strasznie.
Halb|affe *m* małpiatka; **⌂amtlic** półurzędowy; *Fmw.* łączony ręczn

z centralą miejską; ⩘**automatisch** ∼**automatyczny**, półsamoczynny; ∼**blut** n mieszaniec, eng S. Metys, Mulat; *Pferd* = ∼**blüter** n koń m półkrwi; ∼**bruder** m brat przyrodni; ∼**dunkel** n półmrok; ∼**edelstein** m kamień półszlachetny.

halber z powodu (*G*), ze względu (na *A*), dla (*G*).

Halb|fabrikat n półfabrykat; ⩘**fertig** na pół gotowy; *Tech.* półobrobiony; ⩘**fett** *Typ.* półtłusty, *Adv.* półtłustym drukiem; ∼**finale** n półfinał; ⩘**gar** na pół surowy; ⩘**gebildet** o powierzchownym wykształceniu; ∼**geschwister** *pl.* rodzeństwo przyrodnie; ∼**gott** m półbóg; ∼**heit** f połowiczne załatwienie (*od. pl. a.* środki, sposoby *usw.*).

al'bieren (∼) przepoławiać ⟨-łowić⟩, ⟨po⟩dzielić na pół; ⩘**de** f *Math.* mediana.

Halb|insel f półwysep; ∼**jahr** n półrocze; ⩘**jährig** półroczny; ⩘**jährlich** co pół roku; ∼**konserve** f przerwa.

Halbkreis m półkole; ∼**bogen** m *Math.* półkrąg; ⩘**förmig** półkolisty (-ście).

Halb|kugel f półkula; ⩘**laut** półgłośny, *präd.* półgłosem; ∼**lederband** m półskórek; ∼**leinen** n półpłótno; ∼**leiter** m półprzewodnik; ∼**linke(r)** *Sp.* lewy łącznik; ∼**literflasche** f półlitrówka.

albmast: ∼ *flaggen* opuszczać ⟨-uścić⟩ chorągiew do połowy masztu.

Halb|messer m promień m (koła); ∼**metall** n metaloid; ∼**monatsschrift** ∼**półmiesięczny**; ∼**mond** m półksiężyc; ⩘**nackt** półnagi (-go); ⩘**offen** półotwarty, na pół otwarty; ∼**schlaf** m półsen; ∼**schuh** m półbucik; ∼**schwergewicht** n waga półciężka *od.* lekkociężka; ∼**schwester** f siostra przyrodnia; ∼**seiten-**, ⩘**seitig** połowiczny; ∼**starke(r)** chuligan; ∼**stiefel** m/pl. boty m/pl.; ⩘**stündlich** co pół godziny.

albtags (na) pół dnia; ⩘**arbeit** f, ⩘**beschäftigung** f praca (*od.* zajęcie) w niepełnym wymiarze godzin *od.* na pół etatu.

alb|ton m półton; ⩘**tot** półżywy, ⩘**tot** *schlagen* zbić (*od.* ∼∼obić) do nieprzytomności; *sich* ∼**tot** *lachen* zaśmiewać się do roz-

puku; ⩘**trocken** *Sekt*: półwytrawny; ⩘**voll** napełniony do połowy; ∼**waise** f półsierota m *od.* f; ⩘**wegs** *Adv.* F *fig.* jako tako, dość (dobrze); ∼**welt** f półświatek; ∼**weltergewicht** n waga lekkopółśrednia; ∼**wertzeit** f czas połowicznego zaniku; ∼**wolle** f półwełna; ∼**wüchsige(r)** wyrostek; ∼**zelt** f *Sp.* połowa (gry); *fig.* półmetek.

Halde f hałda, zwał(owisko).

half s. **helfen**.

Hälfte f połowa, połówka; (*Schweine∼*) półtusza; F *bessere* ∼ połowica; *in zwei* ∼*n* na pół *od.* poły; *zur* ∼ do połowy; *Sp. die* ∼ *der Strecke* półmetek.

Halfter[1] n *od.* m uździenica.

Halfter[2] f (-; -n) *od.* n olstro, ka-⟩

Hall m (-*es*; 0) odgłos. [bura.⟩

Halle f hala; (*Vor*∼) westybul, hall; *Flgw.* hangar.

Halle'luja n (-s; -s) alleluja n.

hallen rozbrzmie(wa)ć, rozlegać się.

Hallen- halowy; ∼**bad** n kryta pływalnia; ∼**wettkampf** m zawody halowe. [miodowa, opieniek.⟩

Hallimasch m (-*es*; -e) opieńka⟩

hallo! halo! hej! ⩗ F n (-s; -s) hałas, wrzawa.

Halluzinati'on f halucynacja.

Halm m (-*es*; -e) źdźbło; ∼**früchte** f/pl. rośliny f/pl. zbożowe.

Halo'gen n (-s; -e) halogen, chlorowiec; ∼**lampe** f lampa halogenowa.

Hals m (-*es*; ᵘe) szyja; (*Genick*) kark; (*Kehle*) gardło; *fig.* (*Flaschen*∿) szyjka; F ∼ *über Kopf* na złamanie karku, na łeb na szyję; *bis über den* ∼, *bis zum* ∼ po szyję, po uszy; den ∼ *brechen* skręcić kark (*j-m/D*); *sich* ∼ *sobie*; *den* ∼ *nicht voll kriegen* (*von*) nie mieć miary (w *I*); *auf dem* ∼ *haben* mieć na karku; *sich an den* ∼ *werfen, um den* ∼ *fallen* wieszać się na szyi (*D*); *sich* (*D*) *auf den* ∼ *laden* brać ⟨wziąć⟩ sobie na kark; *aus vollem* ∼*e* na całe gardło; *in den falschen* ∼ *bekommen* obrażać ⟨-razić⟩ się (*A/o A*); ... *bleibt im* ∼*e stecken* ... nie chce przejść przez gardło; *es geht um den* ∼ to pachnie gardłem; *vom* ∼ *bleiben* daé spokój (*j-m mit/k-u* ∼ *I*); *sich* (*D*) *vom* ∼ *schaffen* (*A*) pozby(wa)ć się (*G*); ... *hängt mir zum* ∼ *heraus* mam (*G*) po dziurki w nosie.

Hals|abschneider m zdzierus, od-

54*

rzyskóra *m*; **~ausschnitt** *m* wycięcie u szyi; dekolt; **~band** *n* naszyjnik; (*Hunde*2) obroża; **2brecherisch** karkołomny.
halsen *Mar.* halsować.
Hals|entzündung *f* zapalenie gardła; **~kette** *f* łańcuch (*Schmuck:* łańcuszek) na szyję; naszyjnik; **~Nasen-Ohren-Arzt** *m* otorynolaryngolog; **~schlag-ader** *f* tętnica szyjna; **~schmerzen** *m/pl.* ból gardła; **2starrig** uparty (-cie); **~tuch** *n* chustka na szyję, apaszka; **~- und Beinbruch!** F powodzenia!, złam kark!; **~wirbel** *m* kręg szyjny.
halt¹: ~! Wer da? stój! kto idzie?
halt² *dial.* też, już; właśnie; *das ist* ~ *so* tak to jest.
Halt *m* (-*es*; -*e*) oparcie; (*Stütze*) podpora; (*Stop*) zatrzymanie się; postój; popas; ~ *gebieten* kłaść ⟨położyć⟩ kres (*D*); *s.* haltmachen.
haltbar trwały (-le); nie psujący się; **2keit** *f* (0) trwałość *f*; **2machung** *f* (0) konserwowanie.
Haltelinie *f* linia zatrzymania się.
halten (*L.*) *v/t* trzymać (*A*; *a. fig. u. sich* się; *an A od. D/G*); (*zum Bleiben bewegen*) zatrzym(yw)ać; *Schritt, Wort, Vertrag:* dotrzym(yw)ać (*A/G*); *Abstand, Kurs, Disziplin usw.:* utrzym(yw)ać (*A*); *Rede:* wygłaszać ⟨-łosić⟩; *Wache:* pełnić; ~ *für* uważać (*od.* poczytywać sobie) za (*A*); *vgl. a.* ab-, an-, auf-, fest-, verhalten *usw.*; *v/i* (*aus-*) ⟨wy⟩trzymać; (*stoppen*) zatrzym(yw)ać się, stawać ⟨stanąć⟩ stać; *Sp.* przetrzymywać; *auf et.* ~ uważać na (*A*), dbać o (*A*); *s. a.* zusteuern; ~ *von j-m, et.* sądzić o (*L*); *an sich* ~ panować nad sobą; *es mit j-m* ~ być po stronie (*G*); *es mit et.* ~ sprzyjać (*D*), być zwolennikiem (*G*); *zu j-m* ~ popierać (*A*), trzymać się (*z I*); *sich* ~ (*in e-m Zustand*) trzymać się, utrzym(yw)ać się; *sich* ~ *an Vorschriften* przestrzegać (*G*); *vgl.* Mund, Narr, Schach *usw.*
Halten *n* (-*s*; 0) *Sp.* przetrzymywanie; *zum* ~ *bringen* zatrzym(yw)ać.
Halte|platz *m* miejsce postoju, postój; **~punkt** *m Esb.* przystanek.
Halter *m Tech.* uchwyt; imak; oprawka; *Pers.* właściciel (*G*); **~ung** *f* obsada, oprawa; wiązanie.

Halte|spur *f s.* Standspur; **~stelle** *m* przystanek; **~verbot** *n* zakaz zatrzymywania się; **~zeichen** *n* sygnał zatrzymania, sygnał „stój".
halt|los *Charakter:* nieokreślony chwiejny; *Pers.* bez charakteru słabej woli; *Gerücht:* bezpodstawny; **~machen** zatrzym(yw)ać się (*a. rasten*), przystawać ⟨-tanąć⟩.
Haltung *f* postawa; poza; (*Benehmen*) zachowanie się; (*Standpunkt* stanowisko; (*Tier*2) trzymanie, hodowla; ~ *bewahren* zachować zimną krew; **~s-fehler** *m* wada postawy.
Haltverbot *n s.* Halteverbot.
Ha'lunke *m* (-*n*) łajdak, łotr.
hämisch złośliwy (-wie), szyderczy (-czo).
Hammel *m* (-*s*; -/=) baran (*a. fig.*) **~braten** *m* pieczeń barania; ~ **fleisch** *n* baranina; **~keule** *f* udziec barani; **~sprung** *m* „barani skok"
Hammer *m* (-*s*; =) młot (*a. Sp.*) (*Hand*2 *mst*) młotek; *unter den kommen* być sprzedanym na licytacji; **~hai** *m* kusza młot.
hämmern (-*re*) młotkować; klepać *fig.* walić (jak młotem), łomotać (*an A/do G, w A*).
Hammer|schlag *m* uderzenie młota; (0) młotowina; **~werfen** *n* (-*s* 0) *Sp.* rzuty *m/pl.* młotem; **~werfe** *m* miotacz młotem, F młociarz.
Hämorrho'iden *f/pl.* guzki *m/p* krwawnicze, hemoroidy *f/pl.*
Hampelmann *m* (-*es*; =*er*) pajac.
Hamster *m* chomik; **~er** F *m* chomik **2n** (-*re*) gromadzić zapasy (*A/G*).
Hand *f* (-; =*e*) ręka; dłoń *f*; *s.* Handschrift; *öffentliche* ~ instytucja społeczna (*od.* państwowa, samorządowa); *private* ~ osoba prywatna; *an (od. bei) der* ~ *nehmen* wziąć za rękę; *an (od. bei) der* ~ *haben* mieć pod ręką; *j-m an die* ~ *gehen* pomagać (*D*); *an* ~ na podstawie (*G*); (*bar*) *auf die* ~ na łapę; *es liegt klar auf der* ~ to jasne jak na dłoni; ~ *aufs Herz* z ręką na sercu *aus der* ~ *lesen* ⟨po⟩wróżyć z ręki *od.* dłoni; F *aus der* ~ *fressen* fi jeść z ręki, być potulnym jak baranek; *aus erster* ~ z pierwszej ręki *nicht aus der* ~ *geben* nie wypuszczać z rąk; *durch j-s Hände gehen* iść ⟨przejść⟩ *od.* przewalać ⟨-li się⟩ przez ręce (*G*); *hinter der vo gehaltenen* ~ poufnie, prywatnie

selbst in die ~ *nehmen* brać ⟨wziąć⟩ w swoje ręce *od.* dłonie; *in der* (*od. seiner*) ~ *haben/halten* trzymać w ręku *od.* rękach; *in j-s Hände geraten* trafić (*od.* wpaść) do rąk (*G*) *od.* w ręce (*D*); *in die Hände bekommen* dostać do rąk, nawinąć się *k-u* pod rękę; ~ *in* ~ ręka w rękę, dłoń w dłoń; *mit der* ~ *gefertigt* ręczny, ręcznej roboty; *um j-s* ~ *anhalten od. bitten* prosić (*od.* starać się) o rękę (*G*); *von* ~ *zu* ~ z ręki do ręki, z rąk do rąk; *von langer* ~ *od* dawna; *zu Händen* do rąk (własnych), na ręce (*G*); *zur* ~ pod ręką; *Hände hoch!* ręce do góry!; *sich* (*D*) *die Hände reiben* zacierać ręce (*vor/z G*); *e-e* ~ *breit* szeroki na dłoń; *freie* ~ *haben* (*lassen*) mieć (dać) wolną rękę; *beide* (*od. alle*) *Hände voll zu tun haben* mieć pełne ręce roboty, mieć roboty po łokcie; *die* ~ *an sich legen* targnąć na własne życie; *j-m die* ~ *reichen* poda(wa)ć rękę *od.* dłoń (*D*), (*a. fig.*) ~ *gn-ąć*) rękę *od.* dłoń (do *G*); *s. flach, Fuß, Schoß, Spiel usw.*

Hand|arbeit *f* praca (*od. Tech. a.* obróbka) ręczna; (*Nadelarbeit*) robótka; **~ball** *m* (*-es;* *0*) szczypiorniak, piłka ręczna; **~baller** F *m*, **~ballspieler** *m* szczypiornista *m*; **~besen** *m* zmiotka, miotełka ręczna; **~betrieb** *m* napęd ręczny; obsługa ręczna; **~bewegung** *f* ruch ręki *od.* ręką; (*Wink*) skinienie; **~bibliothek** *f* biblioteczka podręczna; **~bohrmaschine** *f* wiertarka ręczna; **~breit** na szerokość dłoni; **~bremse** *f* hamulec ręczny, **~buch** *n* podręcznik.

Händchen *n* rączka, rączyna.

Hände|druck *m* uścisk dłoni; **~klatschen** *n* klaskanie; oklaski *m/pl.*

Handel *m* (*-s;* *0*) handel; (*Geschäft*) interes.

Händel *m/pl.* zwada, kłótnia; ~ *suchen* szukać awantury.

handeln¹ *n* (*-le*) działać, postępować (*-tąpić*); obchodzić ⟨obejść⟩ się (*an D/z I*); (*von D, über A*) traktować (o *L*), opis(yw)ać, ⟨na⟩kreślić (*A*); *es* ~ *sich um* (*A*) chodzi o (*A*); *worum* ~ *es sich*? o co chodzi?

handeln² (*-le*) handlować (*mit et./I; mit j-m/z I*); targować się (*um A/o A*); *nicht mit sich* ~ *lassen* nie

ustępować (z ceny); obstawać przy swoim.

Handels|- handlowy; **~abkommen** *n* traktat (*od.* układ) handlowy; **~beziehungen** *f/pl.* stosunki *m/pl.* handlowe; **~bilanz** *f* bilans handlowy; [targu *od.* interesu.] **handels·einig** ~ *werden* dobi(ja)ć] **Handels|firma** *f* firma handlowa, dom handlowy; **~flagge** *f* bandera handlowa; **~flotte** *f* flota handlowa; **~geschäft** *n* transakcja handlowa, F interes; **~gesellschaft** *f* spółka handlowa; **~gesetzbuch** *n* kodeks handlowy; **~kammer** *f* izba handlowa; **~klasse** *f* klasa jakości; **~korrespondenz** *f* korespondencja handlowa; **~marine** *f s. Handelsflotte*; **~marke** *f* znak towarowy *od.* handlowy; **~minister** *m* minister handlu; **~organisation** *f konkr.* (państwowe) przedsiębiorstwo handlowe; **~politik** *f* polityka handlowa; **~recht** *n* prawo handlowe; **~register** *n* rejestr handlowy; **~schiffahrt** *f* żegluga handlowa; **~schule** *f* szkoła handlowa, F handlówka; **~spanne** *f* marża handlowa; ⱷüblich przyjęty w handlu; **~verkehr** *m* obroty *m/pl.* handlowe; **~vertrag** *m* umowa handlowa, układ handlowy; **~vertreter** *m* agent handlowy; **~vertretung** *f* przedstawicielstwo handlowe; **~ware** *f* towary *m/pl.* handlowe; **~wesen** *n* (*-s;* *0*) sektor handlowy, handel; **~zeichen** *n s. Handelsmarke*; **~zweig** *m* branża, gałąź *f* handlu.

handeltreibend zajmujący (*od.* trudniący) się handlem.

hände|ringend *Adv.* załamując ręce; ⱷschütteln *n* podanie ręki.

Hand|feger *m s. Handbesen;* **~fertigkeit** *f* umiejętność *f,* wprawa; **~fesseln** *f/pl.* kajdanki *m/pl.;* ⱷfest krzepki (*-ko*); F *fig.* solidny, porządny; **~feuerwaffe** *f* lekka broń piechoty, ręczna broń palna; **~fläche** *f* dłoń *f;* ⱷge·arbeitet zrobiony ręcznie, ręcznej roboty; **~geld** *n* zadatek; **~gelenk** *n* przegub ręki; F *aus dem* **~gelenk** śpiewająco, *z łatwością;* ⱷgemacht *n. hand gearbeitet;* **~gemenge** *n* bitka, bójka; *Mil.* walka wręcz; ⱷgenäht szyty ręcznie; **~gepäck** *n* bagaż ręczny; ⱷgerecht poręczny; ⱷge-

schöpft *Papier*: czerpany; ₂**ge-schrieben** (na)pisany od ręki, odręczny; ₂**gewebt** ręcznie tkany, samodziałowy; **~granate** *f* granat ręczny.

handgreiflich namacalny, oczywisty (-ście); ~ *werden* przechodzić ⟨przejść⟩ do rękoczynów; ₂**keiten** *f/pl.* rękoczyny *m/pl.*

Handgriff *m s.* Griff, Stiel; *fig. s.* Kunstgriff; *mit wenigen* ~*en* z łatwością.

hand|groß wielkości dłoni; ₂**habe** *f fig.* podstawa, powód; **~haben** *v/t Werkzeug usw.*: władać, posługiwać się, manipulować (*I*), uży(wa)ć (*G*); *Recht, Methode*: ⟨za⟩stosować (*A*); praktykować (*A*); ₂**habung** *f* (*0*) posługiwanie się, manipulowanie (*G/I*); ⟨za⟩stosowanie (*G*).

Handikap ['hɛndɪkɛp] *n* (-*s*; -*s*) handikap; *Sp. a.* for.

Hand|koffer *m* walizka; **~kuß** *m* pocałowanie ręki; **~langer** *m* pomocnik, P pomagier.

Händler *m* handlarz; **~in** *f* hand-⟩
handlich poręczny. [larka.⟩

Handlung *f* czyn, postępek; *pl. a.* postępowanie; *lit., Thea.* akcja; *s.* Laden.

Handlungs|bevollmächtigte(r) pełnomocnik; ₂**fähig** zdolny do działania *od.* (*Jur.*) do czynności prawnych; **~freiheit** *f* (*0*) swoboda działania (*od.* czynu, postępowania); **~reisende(r)** komiwojażer; **~vollmacht** *f* pełnomocnictwo; **~weise** *f* sposób postępowania; *s.* Verfahren.

Hand|pflege *f* manicure *n*; **~ramme** *f* ubijak; **~reichung** *f* usługa; **~rücken** *m* grzbiet dłoni; **~säge** *f* pił(k)a ręczna; **~schellen** *f/pl.* kajdanki *m/pl.*

Handschlag *m s.* Händedruck; *mit* ~ *besiegeln* (*z*) przybiciem ręki; *k-n* ~ *tun* palcem nie ruszyć.

Handschrift *f* charakter pisma; rękopis; ₂**lich** odręczny.

Handschuh *m* rękawic(zk)a; **~fach** *n Kfz.* schowek (podręczny).

Hand|stand *m* stanie na rękach; **~streich** *m* niespodziewany napad; zamach; **~tasche** *f* torebka; **~teller** *m* dłoń *f*; **~tuch** *n* ręcznik.

Hand-umdrehen *n*: *im* ~ w mgnieniu oka, w oka mgnieniu.

Hand|voll *f* (*unv.*) garść *f*; **~wagen** *m* wózek ręczny.

Handwerk *n* rzemiosło; *das* ~ *legen* ukrócić proceder (*D/G*); F *ins* ~ *pfuschen* wchodzić ⟨wejść⟩ w paradę (*D*); **~er** *m* rzemieślnik.

Handwerks|betrieb *m* zakład (*od.* warsztat) rzemieślniczy; **~bursche** *m*, **~geselle** *m* czeladnik; **~kammer** *f* izba rzemieślnicza; **~zeug** *n koll.* narzędzia *n/pl.*

Hand|wörterbuch *n* słownik podręczny; **~wurzel** *f* nadgarstek; **~zeichen** *n* znak, skinienie (ręki); podpis krzyżykami; (*beim Abstimmen*) podniesienie ręki; **~zeichnung** *f* rysunek odręczny; **~zettel** *m* ulotka. [*Zssgn mst* konopny.⟩

Hanf *m* (-*es*; *0*) konopie *pl.*; ~*-in*⟩

Hänfling *m* (-*s*; -*e*) makolągwa.

Hang *m* (-*es*; *ᵘe*) zbocze, stok; (*0 Sp.* zwis; *fig.* pociąg, skłonność *f* (*zu/do G*).

Hänge|- wiszący; obwisły; podwieszony; **~bank** *f Bgb.* nadszybie; **~bauch** *m* obwisły brzuch; **~boden** *m* górka, pawlacz; **~brücke** *f* most wiszący.

hangeln (-*le*; *a. sn*) przesuwać się zwisając na rękach.

Hänge-matte *f* hamak.

hängen *v/i* (*L.*) wisieć; (*herab-*) zwisać; (*bleiben, schweben*) zawisać ⟨-snąć⟩; *fig.* być przywiązanym (*an D/do G*); *sich* ~ *an j-n* nie odstępować na krok (*G*); *v/t* wieszać ⟨powiesić⟩, zawieszać ⟨-esić⟩; ~ *lasse* zwieszać ⟨-esić⟩; *s. Nagel usw.* **~bleiben** (*sn*) zaczepi(a)ć się (*an D/o A*); utknąć pf. (*a.* F *nich wegkommen*); F *Schüler*: powtarza ⟨-tórzyć⟩ klasę.

Hangende(s) (*0*) *Bgb.* strop.

hängenlassen pozostawi(a)ć (*od.* zapominać ⟨-mnieć⟩) na wieszaku *fig. den Kopf* (*od. die Flügel*) ~ spuszczać ⟨-uścić⟩ nos na kwintę.

Hänger *m* luźny płaszcz; luźna **Hangrinne** *f* żłeb. [suknia.⟩

Hanse *f* (*0*) *hist.* Hanza; ~*-in Zssg* = ₂**atisch** hanzeatycki.

hänseln (-*le*) *v/t* podśmiewać się (*z G*), dokuczać (*D*), P droczyć się (*z I*).

'**Hans'wurst** *m* (-*es*; -*e/ᵘe*) błazen

Hantel *f* (-; -*n*) sztanga; *pl.* (*Hand-* ~*n* hantle *f/pl.*, ciążki *m/pl.*

han'tieren (-) być zajętym, uwija

się; ~ mit manipulować (*I*); maj-
strować (an *D*/przy *L*).

aper|n: es ~t an ... brak (*G*); es
~t mit ..... szwankuje, ... nawala.

läppchen *n* kąsek, kawałeczek.

lappen *m* kęs, kąsek; (*Herings*2)
dzwonko; e-*n* ~ essen przekąsić coś
niecoś; fetter ~ *fig.* łakomy kąsek.

appig *dial.* † łapczywy (-wie);
Preis: słony (-no), przesadny.

larfe *f* harfa; ~'**nist** *m* (-*en*), **-tin** *f*
harfia|rz (-rka).

larke *f* grabie *pl.*; 2**n** grabić.

larm *m* (-*es*; 0) zgryzota, zmartwienie.

ärmen: sich ~ trapić się; martwić
się (um *A*/o *A*).

armlos nieszkodliwy (-wie); s.
arglos.

(armo|'nie *f* harmonia; 2'**nieren**
~'mo:-] *f* (-; -*ken*) s. Mund-, Zieh-
harmonika.

ar'mo|nisch harmonijny; *fig.*
harmonijny; ~**ni'sieren** (-) ⟨z⟩har-
monizować; 2**nium** *n* (-s; -*ien*)
fisharmonia.

larn *m* (-*es*; 0) mocz; ~**blase** *f*
pęcherz moczowy; 2**en** odda(wa)ć
mocz.

arnisch *m* (-*es*; -*e*) pancerz, zbro-
ia; *fig. in* ~ geraten wpadać ⟨wpaść⟩
w złość, ciskać się (*über A*/z powodu
G).

larn|leiter *m* moczowód; ~**röhre** *f*
cewka moczowa; ~**säure** *f* (0) kwas
moczowy; ~**stoff** *m* (-*es*; 0) mocz-
nik, karbamid; 2**treibend** moczo-
pędny; ~**vergiftung** *f* mocznica
prawdziwa, uremia; ~**verhaltung** *f*
wstrzymanie moczu; ~**zwang** *m*
(-*es*; 0) parcie na mocz.

ar'pu|ne *f* harpun; 2'**nieren** (-)
zabi(ja)ć (*od.* łowić) harpunem,
harpunować.

arren czekać (*G, auf A*/na *A*).

arsch szorstki (-ko) (*a. fig.*), chropowaty (-to); (*vereist*) zlodowaciały.

arsch *m* (-*es*; 0) szreń *f*.

art (-*er*, -*est*-) twardy (-do); *fig. a.*
bezwzględny; (*schwer*) ciężki (-ko);
Kampf: zacięty (-cie); *Winter:*
ostry, srogi; *Adv.* (*ganz dicht*) tuż
(an *D*/przy *L*); ~ *auf* ~ nie zważając
na nic, bez względu na osoby; ~ *im*
Nehmen wytrzymały (na *A*).

ärte *f* twardość *f*; *fig. a.* zaciętość
f; srogość *f*, bezwzględność *f*; ~- *in*

Zssgn *Tech.* hartowniczy; ~**grad** *m*
stopień *m* twardości.

härten (-*e*-) ⟨za⟩hartować; *Kunst-*
stoffe: utwardzać ⟨-dzić⟩.

Hart|faserplatte *f* płyta pilśniowa;
2**gekocht** ugotowany na twardo;
~**geld** *n* (-*es*; 0) bilon; 2**gesotten** F
fig. zatwardziały; ~**gummi** *m* guma
twarda, ebonit; ~**guß** *m* żeliwo ut-
wardzone; 2**herzig** nieczuły (-le),
obojętny; ~**holz** *n* drewno twarde;
2**köpfig** *fig.* uparty (-cie); ~**metall**
n stop twardy; spiek węglikowy;
2**näckig** uporczywy (-wie); *Pers. a.*
uparty (-cie); ~**pappe** *f* tektura
twarda; ~**riegel** *m* *Bot.* dereń *m*,
świdwa.

Härtung *f* hartowanie; utwardzanie.

Harz *n* (-*es*; -*e*) żywica; ~- *in Zssgn*
żywiczny.   [ser(ek) harceński.]

Harzer *Adj.* harceński; *Su. m*]

Harzfluß *m* (-*es*; 0) żywicowanie.

harzig żywiczny.

Ha'sardspiel *n* gra hazardowa.

Hasch F *n* (-*s*; 0) s. *Haschisch.*

Ha'schee *n* (-*s*; -*s*) mięso siekane *od.*
mielone.

haschen łapać, chwytać (*nach*/*A*);
fig. gonić (*nach*/za *I*); 2 *spielen*
bawić się w łapanego.

Häs·chen *n* zajączek; F *fig.* kociak.

Häscher *m* siepacz.

Haschisch *n* (-; 0) haszysz.

Hase *m* (-*n*) zając, (*Feld*2) szarak;
fig. zajęcze serce, strachajło; *Kochk.*
falscher ~ rzymska pieczeń; F *da*
liegt der ~ *im Pfeffer!* w tym
(właśnie) sęk!

Hasel|huhn *n* jarząbek; ~**maus** *f*
orzesznica; ~**nuß** *f* orzech laskowy;
~(**nuß**)**strauch** *m* leszczyna.

Hasen|braten *m* pieczeń zajęcza;
~**fuß** *m* F *fig.* s. *Hase*; ~**klein** *n* (-*s*;
0) podróbki *f*/*pl.* zajęcze; ~**rücken**
m comber zajęczy; ~**scharte** *f*
zajęcza warga.

Häs|in *f* zajęczyca, *JSpr.* kocica;
~**lein** *n* s. *Häschen.*

Haspe *f* zawias.

Haspel *f* (-; -*n*) *od. m* wciągarka
kozłowa; (*Rolle*) kołowrót, bęben
do zwijania; *Text.* motowidło.

Haß *m* (-*sses*; 0) nienawiść *f* (*gegen*/
do *G*).

hassen (-*ßt*) nienawidzić.

haß·erfüllt (0) przepełniony niena-
wiścią, pełen nienawiści.

häßlich brzydki (-ko) (*a. fig.*), szpetny; 2**keit** f (0) brzydota, szpetność f, szpetota.

Hast f (-; 0) pośpiech; *in großer* ~ z wielkim pośpiechem; 2**en** (-e-; sn) gonić, pędzić, pospieszać; 2**ig** szybki (-ko), *Adv. a.* (po)spiesznie.

hätscheln F (-le) rozpieszczać ⟨rozpieścić⟩.

hatte *s.* **haben.** [tropienie.]

Hatz f *JSpr.* polowanie z psami;⟩

Haube f czepek; *Tech.* kołpak, dzwon; *Zo.* czub(ek); F *fig. unter die* ~ *bringen* wyda(wa)ć za mąż; ~**n·lerche** f dzierlatka; ~**n·taucher** *m Zo.* perkoz dwuczuby.

Hau'bitze f haubica.

Hauch *m* (-es; -e) tchnienie (*a. fig.*), dech; (*Duft*) zapach, woń f; *Ling.* przydech; (*Spur*) ślad; (*feine Schicht*) nalot; *ein* ~ *von* (*D*) coś z (*G*); 2**dünn** (0) cieniut(eń)ki (-ko); 2**en** *v/i* chuchać ⟨-chnąć⟩; *v/t* ⟨wy⟩szeptać; *Ling.* wymawiać ⟨wymówić⟩ z przydechem; ~**laut** *m* głoska przydechowa.

Haudegen *m fig.* rębajło *m.*

Haue f *dial. s.* **Hacke;** F ~ *bekommen* dosta(wa)ć w skórę.

hauen *v/t s.* **fällen, hacken, mähen;** (*in Stein*) wyrębywać ⟨-rąbać⟩; *Bgb.* urabiać; *in Stücke* ~ rozbi(ja)ć; F (*j-n*) grzmocić, łupić (*A*), da(wa)ć lanie (*A/D*); *v/i* F ~ *auf od. in* (*A*) zdzielić (*przez A*), huknąć, wyrżnąć (*w A*); *s. a. Ohr usw.*

Hauer *m* (*Zahn*) kieł, szabla; *Bgb. a.* = **Häuer** *m* rębacz.

häufel|n (-le) okop(yw)ać, ob-, o|syp(yw)ać; 2**pflug** *m* obsypnik.

Haufen *m* kupa (*a.* F *fig.*); sterta; stos; (*große Zahl a.*) mnóstwo, F moc, huk; F *über den* ~ *werfen Plan:* przekreślać ⟨-lić⟩; odrzucać ⟨-cić⟩, zmieni(a)ć; F *über den* ~ *schießen* zastrzelić, P zakatrupić *pf.*

häufen gromadzić, nagromadzać ⟨-dzić⟩ (*sich się*); *sich* ~ (*in d. Zeit*) powtarzać się, występować (coraz częściej).

haufen|weise bez liku, co niemiara; *s.* **scharenweise;** 2**wolke** f chmura kłębiasta, cumulus *m.*

häufig częsty (-to); 2**keit** f (0) częstość f.

Häuf|lein *n* kupka; *fig.* garstka; ~**ung** f (na)gromadzenie; *fig.* (częste) występowanie, powtarzanie się.

Hauklotz *m s.* **Hackblock.**

Haupt *n* (-es; *~*er) głowa (*a. fig.*) *aufs* ~ *schlagen* pobić na głowę.

Haupt|- *mst* główny; naczelny; arcy-; ~**altar** *m* ołtarz główny *od* wielki; 2**amtlich** *Pers.* (pełno)etatowy, będący na etacie; *Tätigkeit* wykon(yw)any za opłatą; ~**an schluß** *m Fmw.* łącze abonenckie (telefoniczny) aparat abonencki ~**augenmerk** *n* (-s; 0) szczególn uwaga; ~**bahnhof** *m* dworzec główny; 2**beruflich** zawodowe (-wo), ... z zawodu; ~**buchhalter** *n* główny księgowy; ~**darsteller**(i f) *m* wykonaw|ca *m* (-czyni) [*oc* aktor(ka) w] roli głównej; ~**eingan** *m* wejście główne; ~**fach** *n* przed miot główny (wykładów, nauki) ~**feld** *n Sp.* peleton; ~**feldwebel** *n* starszy sierżant; ~**frage** f kwest podstawowa; ~**gang** *m Kochk.* da nie główne; ~**gedanke** *m* myśl prze wodnia *od.* zasadnicza; ~**gewicht** *n fig.* główny nacisk, szczególna waga ~**gewinn** *m* główna wygrana; ~**hin dernis** *n* główna (*od.* największa przeszkoda; ~**kampflinie** f główn pozycja (*od.* przedni skraj pozycji obrony); ~**leitung** f przewód głów ny.

Häuptling *m* (-s; -e) kacyk; (*An führer*) wódz, herszt; ~**s-** ... kacyk

Haupt|mann *m* (-s; -leute) kapitan (*Anführer*) przywódca *m*, hersz ~**merkmal** *n* główna (*od.* zasad nicza) cecha; ~**nenner** *m* wspóln mianownik; ~**person** f główn osoba; F *a.* wodzirej; *Thea. us* tytułowa postać; ~**post·amt** *n* poczta główna, główny urząd poc: towy; ~**probe** f próba generaln ~**problem** *n* węzłowy problem ~**quartier** *n* kwatera główna; ~**rolle** f główna (*od.* tytułowa) rol ~**sache** f główna (*od.* najważniejsz rzecz; *in der* ~**sache** w grunc rzeczy, właściwie; 2**sächlich** *A* główny, najważniejszy, zasadniczy *Adv.* przede wszystkim, głównie ~**satz** *m Gr.* zdanie główne; ~**schlag·ader** f aorta; ~**schwein** *JSpr.* odyniec; ~**stadt** f stolic 2**städtisch** stołeczny; ~**straße** główna ulica; ~**treffer** F *m Hauptgewinn;* ~**verhandlung** f *Jur.* rozprawa główna.

Hauptverkehrs|straße f główn arteria komunikacyjna, magistral

~zeit f godziny f/pl. szczytowego nasilenia ruchu.

Haupt|versammlung f walne zgromadzenie; **~verwaltung** f zarząd główny; **~wachtmeister** m starszy sierżant; **~werk** n zasadnicze dzieło; (*Fabrik*) główny zakład; **~wort** n Gr. rzeczownik; **~zweck** m główny (*od.* najważniejszy) cel; **~zweig** m kluczowa branża.

Haus n (-es; ²er) dom (a. fig., Hdl.); (*Bau a.*) kamienica; *Pol.* izba; dynastia; s. Schneckenhaus; **nach ~**(e) do domu; **im** (*od.* zu) **~**(e) w domu; **von ~ zu ~** od domu do domu; **das ganze ~** wszyscy domownicy m/pl.; **~olles** (*od.* ausverkauftes) **~** *Thea.* wypełniona po brzegi (*od.* szczelnie zapełniona) widownia; **wie zu ~e** jak w domu, jak na własnych śmieciach; *fig.* **zu ~e sein** (*in e-r Sache*) znać się (na L); F **ein fideles ~** kawalarz, dowcipniś m; **altes ~!** stary koniu!

Haus|angestellte f pomoc domowa; **~anschluß** m podłączenie domu (do sieci miejskiej); *El.* przyłącze domowe; **~apotheke** f apteczka domowa *od.* pierwszej pomocy; **~arbeit** f praca domowa; *. Hausaufgabe*); **~arrest** m areszt domowy; **~arzt** m lekarz domowy; **~aufgabe** f zadanie domowe; **~backen** fig. domorosły, pospolity (-cie); (*schwunglos*) bez polotu; **~bank** f Hdl. swój bank; **~bau** m (-es; -ten) budowa domu; **~bedarf** m potrzeby f/pl. domowe; *s. a. Hausgebrauch*; **~besitzer** m właściciel domu *od.* kamienicy; **~besuch** m wizyta domowa; **~bewohner** m mieszkaniec domu, (*Mieter*) lokator; *pl. a.* domownicy m/pl.; **~boot** n. łódź mieszkalna; **~brand** m opał; (*Kohle*) węgiel opałowy; **~brief-kasten** m skrzynka na listy (i gazety).

Häus·chen n dom(ecz)ek; F fig. **ganz aus dem ~ geraten** (vor Freude) nie posiadać się (z radości).

Haus|diener m posługacz; **~drache(n)** m sekutnica, jędza.

~usen v/i gnieździć się, mieszkać na kupie; (*ungezügelt leben*) pasożyć ule̜; F (*wohnung in D*) (a) da holować (A), buszować (w L).

~usen m Zo. wyz, bieługa.

Häuser|block m blok (*od.* kom-

pleks) domów; **~makler** m pośrednik w sprawach kupna i sprzedaży nieruchomości *od.* domów.

Haus|flur m przedsionek, sień f; **~frau** f gospodyni domowa; pani domu; **~freund** m przyjaciel domu; **~friedensbruch** m najście domu.

Hausgebrauch m użytek domowy; **für den ~** na własne potrzeby; ⊦ a. na po domu.

Haus|gehilfin f pomoc domowa; **²gemacht** własnego (*od.* domowego) wyrobu; *fig.* domorosły; **~gemeinschaft** f wspólnota domowa *od.* rodzinna; ogół domowników; **~genosse** m domownik.

Haushalt m gospodarstwo domowe; (*Etat*) budżet; **²en** (hielt haus, hat hausgehalten) gospodarować oszczędnie (mit/I).

Haushälter|in f gospodyni f, gospodusia; **²isch** gospodarny, oszczędny.

Haushalt(s)|artikel m/pl. artykuły m/pl. gospodarstwa domowego; **~ausschuß** m komisja budżetowa; **~führung** f wykonywanie obowiązków domowych, prowadzenie gospodarstwa domowego; **~geld** n s. Wirtschaftsgeld; **~geräte** n/pl. sprzęt gospodarstwa domowego; **~jahr** m rok budżetowy; **~mittel** n/pl. środki m/pl. budżetowe; **~plan** m projekt budżetu.

Haushaltung f s. Haushalt(sführung); **~s·schule** f szkoła gospodarstwa domowego; **~s·vorstand** m głowa rodziny.

Hausherr m pan domu, gospodarz.

haushoch (0) fig. olbrzymi, ogromny; F **~ über j-m stehen**, j-m überlegen sein stać wyżej o całe niebo (od G); **~ gewinnen** (verlieren) wygrać (przegrać) wysoko.

hau·sier|en (-) prowadzić handel domokrążny; fig. (mit) obnosić się (z I); kolportować (A); **²er** m domokrążca m.

Haus|jacke f, **~joppe** f kurtka domowa, bonżurka; **~kleid** n podomka; **~lehrer(in** f) m nauczyciel(ka) domowy/y (-a).

häuslich domowy; (gern zu Hause) domatorski; (sparsam) oszczędny; **~er Mann** domator, sich ~ nieder _____ und _____ się. Złości f (0) domatorstwo; gospodarność f; (a. pl.) pielesze m/pl. od, zacisze pl. domowe.

Hausmacherart f: nach ~ (przyrządzony) na sposób domowy.
Haus|macht f fig. (Pol.) stronnicy m/pl., adherenci m/pl.; ~**mannskost** f (0) potrawa domowa; kuchnia domowa, wikt domowy; ~**meister** m dozorca m domu; woźny m; ~**mittel** n lek domowy od. F babski; ~**müll** m odpadki m/pl. domowe; ~**musik** f muzykowanie w domu; ~**nummer** f numer domu; ~**ordnung** f regulamin (domowy, klasztorny, dla domów wczasowych usw.); ~**pflege** f opieka (nad chorym) w domu; ~**putz** m porządki m/pl. domowe; ~**rat** m (-es; 0) sprzęty m/pl. (domowe); ~**recht** n: von s-m ~recht Gebrauch machen wypraszać ⟨-rosić⟩ za drzwi; ~**rotschwanz** m kopciuszek; ~**sammlung** f zbiórka (od. kolekta) po domach; ~**schlachtung** f ubój domowy; ~**schlüssel** m klucz od bramy (domu) od. od drzwi wejściowych; ~**schuh** m pantofel, kapeć m; ~**schwamm** m grzyb domowy.
Hausse ['ho:sə] f hossa.
Haus|stand m ognisko domowe od. rodzinne; ~**suchung** f rewizja domowa od. w mieszkaniu; ~**telefon** n urządzenie domofonowe, domofon; ~**tier** n zwierzę domowe; ~**tür** f drzwi pl. wejściowe, brama; ~**verbot** n zakaz wstępu od. przestąpienia progu domu; ~**verwaltung** f administracja domu; ~**wart** m dozorca m domu.
Hauswirt m właściciel domu; ~**schaft** f gospodarstwo domowe.
Haut f (-; ⁺e) skóra; (Teint) cera; (Milch♀) kożuszek; (Schale) skórka; Bio. (dünne Hülle) błon(k)a; Tech. pokrycie, poszycie; F fig. ehrliche ~ człowiek (od. chłop) poczciwy z kościami; mit ~ und Haaren z duszą i kościami; z kretesem; naß bis auf die ~ zmoknięty do nitki; j-d fühlt sich (od. j-m ist) nicht wohl in s-r ~ jest (od. zrobiło się) nieswojo (D); unter die ~ gehen przejmować ⟨-jąć⟩ do żywego; aus der ~ fahren wychodzić ⟨wyjść⟩ z siebie; s-e ~ zu Markte tragen nadstawi(a)ć skóry; mit heiler ~ davonkommen wynieść cało skórę, wychodzić ⟨wyjść⟩ cało; ich möchte nicht in s-r ~ stecken nie chciałbym być w jego skórze.
Haut|- skórny, ... skóry; ~**abschür-**

fung f starcie skóry; ~**arzt** m dermatolog, F skórnik; ~**ausschlag** wysypka.
Häutchen n skórka; błonka.
Hautcreme f krem kosmetyczny
häuten (-e-) zdejmować ⟨zdjąć⟩ (od. ściągać ⟨-gnąć⟩) skórę (A G); sich ~ zrzucać ⟨-cić⟩ skórę lenieć, linieć.
haut|eng obcisły (-le), opięty; 2 **farbe** f kolor skóry; (Teint) cera karnacja.   [biączka
Hautflechte f: juckende ~ świerz-
Haut|flügler m/pl. błonkoskrzydł pl.; 2**freundlich** s. hautschonenc ~**krankheit** f choroba skóry; ~**pflege** f pielęgnacja skóry od. cery ~**plastik** f kosmetyka plastyczn przeszczepienie skóry; 2**schonen** nie powodujący podrażnienia skóry Seife: łagodnie działający.
Häutung f linienie, linka.
hautverträglich s. hautschonend.
Havanna(zigarre) f hawana, cy garo hawańskie.   [⟨ulec⟩ awarii
Hava'rie f awaria; 2**ren** (-) ulega
Ha'waii-Gitarre f gitara hawajsk
Haxe f s. Hachse.
he Int. P: ~! ej!
Heb|amme f położna, † akuszerk
Hebe|bock m dźwignik (hydra liczny); ~**bühne** f pomost podn szący.
Hebel m dźwignia; F fig. alle ~ Bewegung setzen poruszyć wszys kie sprężyny; ~- in Zssgn dźwigni wy; ~**arm** m ramię dźwigni; ~**wi kung** f działanie dźwigni.
heben (L.) pod-, u-, wz|nos ⟨-nieść⟩ (sich się); (mit Müh (u)dźwignąć pf.; Schiff, Schat wydoby(wa)ć; fig. podwyższa ⟨-szyć⟩, zwiększać ⟨-szyć⟩; s. fo dern; F sich (D) e-n Bruch ~ nade wać się; e-n ~ golnąć jednego; Sattel, erheben usw.
Heber m podnośnik, dźwign lewar, syfon; Sp. s. Gewichtsh ber.
Hebe|werk n podnośnia statkó ~**zeug** n sprzęt dźwigowy.
he'bräisch hebrajski (po -ku).
Hebung f pod-, u-, wz|noszen -niesienie (się); wydoby|wan -cie; podwyższenie, zwiększen Ling. a. zgłoska akcentowana; s heben.
Hechel|maschine f czesarka (

lnu i konopi); **2n** (*-le*) *v/t* Text. czesać; *v/i* ziajać.

Hecht *m* (*-es*; *-e*) szczupak; **2en** F (*-e-*) da(wa)ć szczupaka; **~sprung** *m* szczupak.

Heck *n* (*-es*; *-e*) Mar. rufa; Flgw. ogon; *Kfz.* tylna część; **~** *in Zssgn* rufowy, ogonowy; tylny; **~antrieb** *m* napęd na tylne koła *od.* tylny.

Hecke *f* żywopłot.

~ecken *v/i* wylęgać; plenić się; F fig. mnożyć się.

Hecken|rose *f* dzika róża; **~schere** *f* nożyce *f/pl.* do przycinania żywopłotów; **~schütze** *m* (morderca *m*) czyhający w zasadzce.

Heck|fänger *m* trawler; **~klappe** *f* Kfz. pokrywa bagażnika.

Heckmeck F *m* (*-s*; *0*) bzdury *f/pl.*; ceregiele *f/pl.*

Heckmotor *m* Kfz. silnik umieszczony w tyle (wozu).

~eda! Int. hej (tam)!

Heer *n* (*-es*; *-e*) wojska *n/pl.* lądowe; armia (*a. fig.*); hist. *a.* wojsko; fig. *a.* chmara; mnóstwo; **~esgruppe** *f* grupa armii wojsk lądowych; **~führer** *m* wódz, dowódca *m*; **~lager** *n* obóz wojskowy; **~schar** *f* wojsko.

Hefe *f* drożdże *pl.*; fig. męty *m/pl.*; **~** *in Zssgn* drożdżowy; **~pilze** *m/pl.* drożdżaki *m/pl.*

Heft[1] *n* (*-es*; *-e*) zeszyt; broszura; książeczka; (Fahrschein2) blo(cze)k.

Heft[2] *n* (*-es*; *-e*) rękojeść f, (Dolch2) głowica, (Messer2) trzonek; fig. das **~** in der Hand haben *od.* behalten być panem sytuacji.

Heft|chen *n* zeszycik; *s.* Heft[1]; **~el** *n* haftka; **2en** (*-e-*) Kleid: ⟨s⟩fastrygować; Typ. ⟨z⟩broszurować; zszy(wa)ć; *s. an-, zusammenheften*; fig. den Blick *od.* die Augen **2en** (auf A) wpi(ja)ć się wzrokiem, F wlepi(a)ć oczy (w A); sich an j-s Fersen **2en** ⟨za-⟩ śledzić każdy krok (G); **~er** *m* skoroszyt; **~faden** *m* fastryga.

~eftig gwałtowny; Regen *a.*: ulewny; Pers. *a.*: wybuchowy (-wo), porywczy (-czo); **2keit** *f* (*0*) gwałtowność *f*; impet; wybuchowość *f*, porywczość *f*.

Heft|klammer *f* spinacz; **~maschine** *f* Typ. maszyna do zszywania; **~naht** *f* fastryga; **~pflaster** *n* przylepiec; **~zwecke** *f* pinezka.

Hege *f* (*0*) ochrona (i hodowla).

Hegemo'nie *f* hegemonia.

hegen ochraniać, otaczać opieką; lit. Groll: żywić, mieć; Hoffnung *a.*: pokładać. [jówka.]

Heger *m* gajowy *m*; **~hütte** *f* gajówka.

Hehl *n od. m*: kein(en) **~** machen aus (D) *od.* daraus, daß ... nie ukrywać (G), nie robić sekretu (z G).

Hehle|r *m* paser; **~'rei** *f* (*0*) paserstwo.

Heide[1] *m* (*-n*) poganin.

Heide[2] *f* wrzosowisko; (dürr, sandig) pustać *f*; F (Wald) bór; F Bot. = **~kraut** *n* wrzos. [czarna jagoda.]

Heidelbeere *f* borówka (czernica).

Heide|lerche *f* skowronek borowy; **~moor** *n* torfowisko wyżynne.

Heiden|- pogański; **~angst** F *f* (*0*) paniczny (*od.* okropny) strach; **~geld** F *n* (*0*) kupa pieniędzy, gruba forsa; **~lärm** F *m* piekielny hałas, straszny harmider; **~respekt** F *m* wielki respekt; **~spaß** F *m* wielka zabawa. [poganie *m/pl.*]

Heidentum *n* (*-s*; *0*) pogaństwo;)

Heiderös|chen *n* wawrzynek.

Heid|in *f* poganka; **2nisch** pogański.

heikel (*-kler*; *-lst-*) drażliwy (-wie), delikatny; dial. *a.* wybredny.

heil (*0*) cały; (geheilt) zdrowy, zagojony; **~ davonkommen** wyjść cało *od.* bez szwanku (z G).

Heil *n* (*-es*; *0*) szczęście, dobro; (Erlösung) zbawienie; **~!** niech żyje!; sein **~** versuchen ⟨s⟩próbować szczęścia.

Heiland *m* (*-es*; *0*) Zbawiciel.

Heil|anstalt *f* lecznica; sanatorium *n*; **~bad** *n* miejscowość kuracyjna, uzdrowisko; **2bar** uleczalny; **~behandlung** *f* leczenie; **2bringend** zbawienny.

Heilbutt *m* kulbak, halibut.

heilen *v/t* wyleczyć *pf.* (von/z G); uzdrawiać ⟨-rowić⟩; *v/i* (*sn*) ⟨za-⟩ goić się.

Heilgymnast(in *f*) *m* instruktor(ka) gimnastyki leczniczej.

heilig święty (*a. fig. u. Su.*); Adv. święcie; **2abend** *m* Wi(gi)lia (Bożego Narodzenia), wieczór gwiazdkowy.

heiligen święcić; (rechtfertigen) uświęcać ⟨-cić⟩; **2bild** *n* obraz świętego (*od.* świętej); ikona; **2schein** *m* aureola, gloria.

Heilig|keit f (0) świętość f; S-e ～keit
Jego Świątobliwość; Ջsprechen
kanonizować (im)pf.; ～tum n świętość f, relikwia; sanktuarium (a.
fig.); (Tempel) świątynia.

heilklimatisch: ～er Kurort stacja
klimatyczna.

Heil|kraft f moc uzdrawiająca, sku-
teczność f; ～kraut n zioło lecznicze;
～kunde f nauka lekarska; ～kunst f
sztuka lekarska; ～kur f kuracja;
Ջlos F okropny, nieopisany; ～mit-
tel n środek leczniczy, lek; ～pflan-
ze f roślina lecznicza; ～praktiker
m lekarz-samouk, znachor; ～quelle
f źródło lecznicze, zdrój leczniczy.

heilsam zbawienny, korzystny.

Heils·armee f Armia Zbawienia.

Heil|stätte f sanatorium, lecznica;
～ung f wyleczenie, zagojenie (się);
s. Genesung; ～wirkung f efekt leczniczy; działanie lecznicze.

heim Adv. do domu.

Heim n (-es; -e) dom; ognisko domowe; ～arbeit f chałupnictwo,
praca chałupnicza; ～arbeiter m
chałupnik.

Heimat f (0) ojczyzna (a. fig.), kraj
ojczysty od. rodzinny; (Ort) strony
f/pl. (od. miasto) rodzinne, wieś
rodzinna; ～ in Zssgn ojczyźniany;
s. a. heimatlich; ～abend m wieczór
ziomkowski; ～erde f ziemia ojczysta; ～film m film o tematyce wiej-
skiej; ～forscher m krajoznawca m;
～hafen m port macierzysty; ～kun-
de f krajoznawstwo; ～kunst f sztuka regionalna; ～land n s. Heimat;
Ջlich ojczysty, rodzinny; Ջlos
bezdomny, tułaczy (-czo); ～mu-
seum n muzeum krajoznawcze;
～ort m s. Heimat; ～vertriebene(r)
wysiedleniec, wygnaniec.

heim|begleiten (-), ～bringen od-
prowadzać ⟨-dzić⟩ do domu.

Heimchen n świerszcz m.

Heim|erzieher m wychowawca m
w domu dziecka; ～fahrt f s. Heimkehr; auf der ～fahrt w drodze do
domu; ～flug m lot powrotny; ～
gang m lit. zgon; Ջgehen iść
⟨pójść⟩ do domu; fig. pożegnać się
pf. z tym światem; ～industrie f
przemysł chałupniczy.

heimisch swojski (-ko); domowy;
～ werden zadomawiać ⟨-mowić⟩
się; sich ～ fühlen czuć się jak u siebie
w domu.

Heimkehr f (0) powrót do domu od.
kraju; Ջen wracać ⟨(po)wrócić⟩ do
domu od. kraju; ～er m żołnierz re-
patriant.

Heim|kind n dziecko wychow(y-
w)ane w domu sierot; ～leiter m
kierownik domu (dziecka, wczaso-
wego usw.).

heimleuchten: j-m ～ da(wa)ć ostrą
odprawę (D); wyrzucać ⟨-cić⟩ za
drzwi (A).

heimlich (po)tajemny, sekretny
(verborgen) s-, u|kryty, utajony
(illegal) pokątny; Adv. skrycie
w ukryciu, po kryjomu; w sekrecie
Ջkeit f skrytość f; (mst pl.) sekret
Ջtuer F m człowiek skryty od. ro
biący ze wszystkiego sekret; Ջtue
'rei f tajemniczość f, tajenie się
(z I); ～tun F (mit) kryć się (z I)
robić (ze wszystkiego) sekret
przyb(ie)rać tajemniczą minę.

Heim|mutter f kierowniczka dom
(sierot, starców usw.); ～reise f pod
róż f do domu; s. Heimfahrt, -kehr
～spiel n gra na własnym boisku
Ջsuchen nawiedzać ⟨-dzić⟩, doty
kać ⟨-tknąć⟩; ～suchung f klęska
plaga, F skaranie boskie; Rel. na
wiedzenie.

Heimtück|e f zdradziectość f, pod
stępność f; Ջisch podstępny, zdra
dziecki (-ko).

Heim|vater m s. Heimleiter; Ջ
wärts do domu, w kierunku domu
～weg m (-s; 0) droga powrotna od
do domu; ～weh n (-s; 0) tęsknota
domem od. krajem; ～werker m
majsterkowicz; Ջzahlen (D) odpła
cać ⟨-cić⟩ (mit/I).

Heinzelmännchen n krasnoludel

Heirat f Mann: ożenek, F żeniaczka
Frau: zamążpójście; Ջen (-e-) v
⟨o⟩żenić się (z I); (wy-)
⟨wyjść⟩ (od. iść ⟨pójść⟩) za mąż (z
A); v/i (a. sich, einander) pobra
się, pożenić się pf.

Heirats·antrag m propozycja mał
żeństwa, oświadczyny pl.; e-n
machen oświadczyć się (o rękę).

Heirats|anzeige f ogłoszenie ma
trymonialne, oferta matrymonialna
Ջfähig zdatny do małżeństwa
Mädchen a.: na wydaniu; ～institu
n biuro matrymonialne; ～schwind
ler m oszust matrymonialny;
urkunde f akt ślubu; ～vermitt
lung f kojarzenie małżeństw; ～ve

sprechen *n* obietnica małżeństwa; **~wunsch** *m* chęć *f* zawarcia małżeństwa.

heischen domagać się (*A/G*).

heiser ochrypły (-le), zachrypnięty; **2keit** *f* (*0*) ochrypłość *f*, chrypka.

heiß gorący (-co) (*a. fig.*); *Tag, Wetter a.*: upalny; *Tech. in Zssgn* na gorąco; *fig. a.* (*heftig*) zażarty (-cie); *Musik*: skoczny; *Tip*: dobry, wyraźny; *s.* inbrünstig; **~** machen roz-, pod|grz(ew)ać; *j-m wird der Boden zu ~* ziemia pali się pod nogami (*D*); F *sich die Köpfe ~ reden* (*über A*) namiętnie debatować (nad *I*); **~blütig** gorącokrwisty, krewki, z temperamentem.

heißen[1] (*L.*) *v/i* nazywać się, mieć na imię; (+ *Su.*) mienić się (*I*); *Tier*: wabić się; *Stadt*: zwać się, mieć nazwę; *Buch, Lied*: nosić tytuł; (*bedeuten*) oznaczać, znaczyć; *v/t lit.* (*nennen*) naz(y)wać, zwać, † mienić (*I*); (*befehlen*) kazać (*A/D*); *das heißt* to znaczy; *willkommen ~* powitać; *es heißt, daß ...* podobno ..., mówi się że ...; *jetzt heißt es aufpassen* teraz trzeba uważać; F *das will schon etwas ~* to już jest wcale wcale, to już godne uwagi.

heißen[2] (*-ßt*) *Segel*: stawiać ⟨postawić⟩; *s.* hissen.

heiß|geliebt ukochany, umiłowany; **2hunger** *m* głód wilczy, wilczy apetyt; **~laufen** (*sn*) (*a. sich*) na-, za-, prze|grz(ew)ać się; **2luft** *f* (*0*) powietrze nagrzane; **2sporn** *m* zapaleniec; **~umstritten** gorąco (*od.* namiętnie) dyskutowany; **2wasserbereiter** *m* bojler.

heiter pogodny, jasny; *fig. a.* wesoły (-ło); zabawny; **2keit** *f* (*0*) wesołość *f*; (*Gelächter*) śmiech.

heiz|anlage *f* urządzenie grzejne *od.* ogrzewnicze; **~fläche** *f* powierzchnia grzejna *od.* ogrzewalna; **2en** (*-zt*) ogrz(ew)ać; opalać ⟨-lić⟩, (*nur v/i*; *sn*) palić (*mit I*); **~er** *m* palacz; **~gerät** *n* grzejnik; **~kissen** *n* poduszka elektryczna *od.* grzejna; **~körper** *m* kaloryfer, grzejnik (centralnego ogrzewania); **~kraftwerk** *n* elektrociepłownia; **~lüfter** *m* grzejnik z wentylatorem; **~material** *n* opał; **~öl** *n* olej opałowy; (*Schweröl*) mazut; **~platte** *f* płytka grzejna (kuchenki); **~sonne** *f* grzej-

nik promiennikowy, F słońce; **~spirale** *f* skrętka grzejna.

Heizung *f* ogrzewanie; (*Ofen2*) opalanie; *Rdf.* żarzenie; **~s·periode** *f* sezon ogrzewczy.

Heizwert *m* wartość opałowa.

Hektar *n od. m* (*-s*; *-e*) hektar; **~ertrag** *m* wydajność *f* (*od.* zbiór) z hektara.

hektisch gorączkowy (-wo).

Hekto- hekto-.

Held *m* (*-en*) bohater (*a. Thea.*); F *u. iron. a.* zuch.

Helden|-, 2haft bohaterski (po -ku, -ko), heroiczny; **~mut** *m* bohaterstwo, męstwo; **2mütig** *s.* heldenhaft; **~sage** *f* mit bohaterski; **~tat** *f* czyn bohaterski, bohaterstwo.

Heldentod *m*: *den ~ sterben od. finden* zginąć *pf.* śmiercią bohatera.

Heldentum *n* (*-s*; *0*) bohaterstwo,⎫
Heldin *f* bohaterka.   [heroizm.⎭

helfen (*L.*) pomagać ⟨-móc⟩ (*a. nützen*; *sich gegenseitig* sobie nawzajem); dopomagać ⟨-móc⟩ (*j-m zu, bei/k-u do G, w L*); wspomagać ⟨-móc⟩, wspierać ⟨wesprzeć⟩ (*j-m mit/k-o I*); *j-m aus der Not ~* poratować w ciężkiej sytuacji (*A*); *sich* (*D*) *zu ~ wissen* da(wa)ć sobie radę; *sich* (*D*) *nicht zu ~ wissen* nie móc sobie poradzić; *es hilft nichts ...* trudno ..., nie ma rady ...; **~d** pomocny.

Helfer *m* pomocnik; *iron.* F pomagier; **~in** *f* pomocnica; **~s·helfer** *m* poplecznik, (*Komplize*) wspólnik.

Helium *n* (*-s*; *0*) hel; **~** *in Zssgn* helowy.

hell jasny (-no) (*a. fig.*); *Raum a.*: widny (-no); (*rein*) czysty (-to); *Lachen, Ton*: dźwięczny; *Freude, Empörung*: wielki, ogromny; F *~er Kopf* łebski (*od.* sprytny) chłopak; **~-, 2-** *in Zssgn* jasno-, *z. B.* **~äugig** jasnooki; **~blau** jasnobłękitny.

Helle *f* (*0*) jasność *f*.

hel'lenisch helleński.

Heller *m* halerz; *auf ~ und Pfennig* co do grosza; F *k-n* (*roten*) *~ haben* nie mieć grosza (przy duszy).

hell|farben, ~farbig *o* jasnych barwach, w jasnym kolorze; **~hörig** *o czułym* (*od.* wyostrzonym) słuchu; *Wand*: o złej izolacji dźwiękowej, nie tłumiący dźwięków; *fig.* wyczulony, wrażliwy (-wie).

Helligkeit *f* (*0*) jasność *f*; (*Licht*)

światło; *Phys.* luminancja, jaskrawość *f.*   [*Mar.* pochylnia.⟩
Helling *f* (-; *Helligen*) *od. m* (-s; -e)⟩
Hellseher *m* jasnowidz; **~in** *f* jasnowidząca, wieszczka; **~ei** [-'raɪ] *f* jasnowidztwo; **℔isch** jasnowidzący; wieszczy (-czo).
hellwach nie odczuwający potrzeby snu; **~** werden wybić (*od.* otrząsnąć) się ze snu, otrzeźwieć *pf.*
Helm[1] *m* (-[e]s; -e) *Tech.* trzonek.
Helm[2] *m* (-[e]s; -e) hełm (*a. Arch.*), kask; *hist. a.* szyszak.
Hemd *n* (-[e]s; -en) koszula; *bis aufs* ~ do koszuli; **~bluse** *f* bluzka koszulowa; **~en-** koszulowy; *od* (*od.* u, do) koszuli; **~(en)knopf** *m* guzik od (*od.* u) koszuli; **℔s-ärmelig** bez marynarki; *fig.* F prostacki (-ko, po -ku), ordynarny.
Hemi|sphäre *f* hemisfera, półkula.
hemmen ⟨za-, przy⟩hamować; *s.* erschweren, hindern; **~d** hamujący (-co).
Hemm|nis *n* (-ses; -se) przeszkoda; **~schuh** *m* płoza hamulcowa; **~stoff** *m Chem.* inhibitor; **~ung** *f* hamowanie, utrudnienie; *Psych.* zahamowanie; hamulec; (*Uhr*) wychwyt; **~ungen** haben krępować się; **℔ungslos** niepohamowany; *Pers.* wyuzdany.
Hengst *m* (-es; -e) ogier.
Henkel *m* ucho, uszko; **~korb** *m* kosz z uszami *od.* uchami; **~krug** *m* dzban z uchem.   [kat.⟩
henk|en wieszać ⟨powiesić⟩; **℔er** *m⟩*
Henkers|- katowski; **~knecht** *m* oprawca *m*; **~mahl(zeit** *f*) *f* ostatni posiłek przed straceniem.
Henne *f* kura.
Hepta|teuch *m* (-s; 0) Siedmioksiąg.
her *Adv.* (*örtlich*) tu, w tę stronę; *von ... ~* od (strony), z (*G*); *von oben* (*unten*) *~* z góry (dołu); F *Geld ...!* dawaj (tu) forsę!; *komm ~!* pójdź no tu!, † *sam tu!*; *~ damit!* dawaj(cie) tu to!; *hin und ~* tu i tam; (*zeitlich*) (*es ist*) *schon lange ~* już dawno, już *od* dawna; *es ist ein Jahr ~* przed rokiem, rok temu, *od* roku; F *hinter j-m/et.* (*D*) *~ sein* szukać, poszukiwać (*G*); *es ist nicht weit ~ mit ...* niewiele wart(a), *usw.*
her'ab na (*od.* w) dół; *vgl. hinab, her-*, *hinunter*; *j-n von oben ~ behandeln* traktować z góry (*A*); **~beugen** naginać ⟨-giąć⟩, pochylać

⟨-lić⟩; **~blicken** spoglądać ⟨spojrzeć⟩ (*od. a. fig.* patrzeć) z góry ⟨drücken naciskać ⟨-snąć⟩; *Preis* zbi(ja)ć; **~fallen** o-, s|padać ⟨o-, s|paść⟩; **~fließen** spływać ⟨-ynąć⟩ ⟨führen *v/t* sprowadzać ⟨-dzić⟩ na dół; **~hängen** zwisać ⟨**~klappbar**⟩ opuszczany.
her'ablassen o-, s|puszczać ⟨-uścić⟩ (na dół; *sich* się); *fig. sich ~ zu ..* raczyć ...; **~d** protekcjonalny.
her'abrollen *v/t* staczać ⟨stoczyć⟩ (*v/i* [*sn*] się); **~sehen** *s. herabblicken⟩*
her'absetz|en *Preis*, *Strafe*: obniżać ⟨-żyć⟩; *Pers.* ⟨z⟩dyskredytować; *zu -zten Preisen* po zniżonych cenach; *in ~ender Weise* pogardliwie ⟨**℔ung** *f* ob-, z|niżka; pogardliwe traktowanie; wyraz pogardy.
her'absteigen (*sn*) zstępować ⟨zstąpić⟩; *s. absteigen*; **~würdigen** *s. herabsetzen.*
her'an *Adv.* tu (bliżej); *~ in Zssg mst* przy-; *s. a. ran*; **~bilden** ⟨wy⟩kształcić; **~bringen** ⟨przy⟩ ⟨-nieść⟩; **~gehen** (*sn*; *an A*) pod chodzić ⟨-dejść⟩ bliżej (do *G*); *fig.* przystępować ⟨-tąpić⟩ (do *G*) ⟨**~kommen** (*sn*; *an A*) przy-, z|bliżać ⟨-żyć⟩ się (do *G*); *s. heran reichen.*
her'anmachen F: *sich ~* (*an A* zabiegać o względy (*G*), nadskaki wać (*D*); (*Betrüger*) omot(yw)a (*A*); *s. herangehen.*
her'an|nahen nadchodzić ⟨na dejść⟩, nadciągać ⟨-gnąć⟩; **~rei chen** (*an A*) dosięgać ⟨-gnąć⟩ (*G*) *fig.* dorówn(yw)ać (*D*); **~reife** (*sn*) dojrze(wa)ć; **~schaffen** *s. he anbringen*; **~treten** (*sn*; *an A* herangehen, **~wachsen** (*sn*) doras tać ⟨dorość⟩; **℔wachsende(r)** do rastający *m*, podrostek; **~ziehen** *v* przyciągać ⟨-gnąć⟩; *fig.* (*Wer usw.*) posługiwać się (*I*), korzysta (z *G*); *s. hinzuziehen*; *v/i* (*sn*) herannahen.
her'auf do góry, w (*od.* na) gór ⟨*s. a. rauf*; **~beschwören** ⟨z⟩ wadzać ⟨-dzić⟩, ściągać ⟨-gnąć⟩ *Vergangenes*: ⟨z⟩budzić, wywoł(yw)ać; **~kommen** (*sn*) wchodzi ⟨wejść⟩ (na górę; *die Treppe p* schodach); *s. aufkommen*; **~setze** podwyższać ⟨-szyć⟩; **~ziehen** *v* wciągać ⟨-gnąć⟩ na górę; *s. au* kommen.

her'aus z (zewnątrz), na zewnątrz; F ~ mit der Sprache, ~ damit! gadaj wreszcie!, opowiadaj!; s. a. raus; **~bekommen** wydoby(wa)ć (a. F fig., Wahrheit usw.), wydost(aw)ać; Fleck: wywabi(a)ć; Geld: dost(a-w)ać resztę; F fig. (lösen) rozwiąz(yw)ać; Ergebnis: otrzym(yw)ać; **~brechen** wyłam(yw)ać; **~bringen** wynosić ⟨-nieść⟩; Buch: wyd(a-w)ać; Thea. wystawi(a)ć; F Töne, Wahrheit: wydoby(wa)ć; Worte a.: wykrztuszać ⟨-usić⟩; s. a. herausbekommen; **~fahren** wyjeżdżać ⟨-eździć⟩; F wyskakiwać ⟨-koczyć⟩ (aus dem Bett z łóżka); Rad-, Auto-Sp. (erzielen) osiągać ⟨-gnąć⟩; F s. entschlüpfen; **~finden** v/t odszuk(iw)ać (A), doszuk(iw)ać się (G); v/i (a. sich) trafi(a)ć do wyjścia, znajdować ⟨znaleźć⟩ wyjście (a. F fig., aus/z G); **~fischen** wyławiać ⟨-łowić⟩.

Her'ausforder|er m Sp. ubiegający się m o tytuł; 2n wyz(y)wać (zu/na A, do G); ⟨s⟩prowokować (Kritik usw.: zachęcać ⟨-cić⟩ (do G), wywoł(yw)ać (A); 2nd wyzywający ⟨-co⟩; **~ung** f wyzwanie; prowokacja.

Her'ausgabe f wyda(wa)nie; Typ. a. edycja.

her'ausgeb|en poda(wa)ć na zewnątrz; odda(wa)ć z powrotem, zwracać ⟨-rócić⟩; wyda(wa)ć resztę od. resztę (od 10 Mark z 10 marek); Typ. wyda(wa)ć (drukiem); kierować opracowaniem redakcyjnym; **~er** m wydawca m, edytor; redaktor odpowiedzialny.

her'aus|gehen (sn) wychodzić ⟨wyjść⟩; F (Fleck usw.) da(wa)ć się usunąć; aus sich ~gehen rozruszać się pf.; **~greifen** wychwyt(yw)ać; wyb(ie)rać; **~haben** F s. herausbekommen; Trick usw.: nauczyć się pf., umieć.

her'aushalten fig. (j-n) nie wikłać od. wciągać (aus/w A); sich ~ (aus) nie wplątywać się (w A).

her'aus|hängen v/i zwisać; v/t s. aushängen; **~hauen** wyku(wa)ć, wyrąb(yw)ać; F fig. wyratować pf., a. = **~holen** wydoby(wa)ć; wyciągać ⟨-gnąć⟩.

her'auskommen (sn) wychodzić ⟨wyjść⟩ (a. Typ.); wydost(aw)ać się, wybrnąć pf. (a. aus e-r Lage usw.); s. erscheinen; Geheimnis: wychodzić ⟨wyjść⟩ na jaw; F es kommt nichts dabei heraus z tego nic nie wyjdzie; es kommt auf eins (od. dasselbe) heraus to na jedno wychodzi; ganz groß ~ mieć szalone powodzenie.

her'aus|kriegen F s. herausbekommen; **~lassen** wypuszczać ⟨-uścić⟩; **~laufen** (sn) wybiegać ⟨-ec⟩; s. ausfließen; **~lesen** wyczyt(yw)ać; Beeren: wyb(ie)rać; **~locken** wywabi(a)ć.

her'ausmachen F usuwać ⟨-unąć⟩; sich ~ wygrzeb(yw)ać się (nach e-r Krankheit z choroby); rozwijać się, (coraz lepiej) prosperować.

her'ausnehmen wyjmować ⟨-jąć⟩, wydoby(wa)ć; F sich (D) ~ pozwalać sobie (A/na A).

her'aus|operieren (-) wycinać ⟨-iąć⟩; **~platzen** F (sn) wyr(y)wać się (mit/z I); **~putzen** wystrajać ⟨-roić⟩ (sich się); **~ragen** wznosić się, sterczeć; wystrzelać (aus/ponad A); fig. dominować, wysuwać się na czoło.

her'ausreden: sich ~ wymawiać ⟨-mówić⟩ się (mit/I), F wykręcać ⟨-cić⟩ się.

her'ausreißen wyr(y)wać, wydzierać ⟨-drzeć⟩; F fig. wydoby(wa)ć (aus/z G).

her'ausrücken v/i F fig. da(wa)ć (mit Geld pieniądze); wyjawi(a)ć, zdradzać ⟨-dzić⟩ (mit der Wahrheit prawdę); mit der Sprache ~ mówić ⟨powiedzieć⟩.

her'aus|rutschen (sn) wysuwać ⟨-unąć⟩ się, wyślizgiwać ⟨-znąć⟩ się; F fig. wymykać ⟨-mknąć⟩ się; **~schlagen** v/t wybi(ja)ć; s. heraushauen; F Geld: zarabiać ⟨-robić⟩ (aus, bei/na L), zgarniać ⟨-nąć⟩ (A); v/i (Flammen) buchać ⟨-chnąć⟩; **~sein** F wydosta(wa)ć się (aus/z G); Buch: ukazać się pf.; **~springen** (sn) wyskakiwać ⟨-skoczyć⟩; F fig. okroić się pf. (für/dla G); **~stecken** Fahne: wywieszać ⟨-esić⟩; s. herausstrecken; **~stellen** wystawi(a)ć; Spieler: wykluczać ⟨-czyć⟩ z gry; (betonen) podkreślać ⟨-lić⟩; sich ~stellen okaz(yw)ać się; **~strecken** wychylać ⟨-lić⟩, wytykać ⟨-tknąć⟩; Zunge: pokaz(yw)ać; **~suchen** wyszuk(iw)ać; **~tragen** wynosić ⟨-nieść⟩ (aus/z G); **~wach-**

sen (*sn*) wyrastać ⟨-rosnąć, -róść⟩ (*aus/z G*).

her'auswagen: *sich* ~ (*aus*) odważać ⟨-żyć⟩ się wyjść, wysuwać ⟨-unąć⟩ się (*z G*).

her'auswinden: *sich* ~ wywijać ⟨-inąć⟩ się (*aus/z G*).

her'aus|wirtschaften wygospodarow(yw)ać; **~ziehen** wyciągać ⟨-gnąć⟩; wydoby(wa)ć, wyjmować ⟨-jąć⟩.

herb cierpki (-ko) (*a. fig., bitter*); *Wein*: wytrawny; *fig. a.* gorzki (-ko), przykry (-ro); *Pers., Wesen*: nieprzystępny.

Her'barium *n* (-*s*; -*ien*) zielnik.

her'bei tu; *s. hierher*; **~eilen** (*sn*) nad-, przy|biegać ⟨-biec⟩; **~führen** *fig.* ⟨s⟩powodować; **~holen** *Hilfe usw.*: wzywać (zawezwać); sprowadzać ⟨-dzić⟩. [+ *Inf.*]⟨.⟩

her'beilassen: *sich* ~ raczyć (zu/$

her'bei|rufen przywoł(yw)ać, wzywać (zawezwać); **~schaffen** *s.* (*herbei*)*holen*; (*besorgen*) wystarać się *pf.* (*A/o G*); **~strömen** (tłumnie) napływać ⟨-ynąć⟩, nadciągać ⟨-gnąć⟩.

her|bekommen F dosta(wa)ć, brać ⟨wziąć⟩; **~bemühen** ⟨po⟩fatygować (*sich się*).

Herberg|e *f* zajazd, oberża; (*Jugend*○) schronisko; **~s·vater** *m* gospodarz (schroniska).

herbestellen F wzywać ⟨wezwać⟩, kazać przyjść.

Herbheit *f* (0) cierpkość *f*; wytrawność *f*; *fig.* nieprzystępność *f*.

her|bitten ⟨po⟩prosić o przybycie; *s. herbemühen*; **~bringen** przynosić ⟨-nieść⟩; *s. herholen*.

Herbst *m* (-*es*; -*e*) jesień *f*; **~anfang** *m* początek jesieni; ○**lich** jesienny; **~zeitlose** *f* zimowit jesienny.

Herd *m* (-*es*; -*e*) piec (*od. trzon*) kuchenny; *Bgb.* stół koncentracyjny; *Med., fig.* ognisko.

Herde *f* stado; (*mst Rinder, Schafe*) trzoda (*a. fig.*); (*Pferde*○) tabun; **~n·trieb** *m* instynkt stadny; *fig. veră.* owczy pęd.

Herd|feuer *n* ognisko; **~platte** *f* płyta kuchenna.

her'ein do wnętrza, do środka; ~! proszę!; *s. a. hinein*; **~bekommen** F otrzym(yw)ać; **~brechen** *v/i* (*sn*) (*Nacht*) zapadać ⟨-paść⟩; (*Winter*) nasta(wa)ć; (*Unglück*) spadać

⟨spaść⟩ (*über A/na A*); **~bringen** wnosić ⟨wnieść⟩ (do środka); *Zeitausfall*: nadrabiać ⟨-robić⟩; *s. hereinführen*; ○**fall** *m s. Reinfall*; **~fallen** (*sn*) wpadać ⟨wpaść⟩; F *fig. a.* dać się nabrać (*auf A/na A*); **~führen** wprowadzać ⟨-dzić⟩; **~kommen** (*sn*) wchodzić ⟨wejść⟩; *Geld usw.*: wpływać ⟨-ynąć⟩; **~lassen** wpuszczać ⟨-uścić⟩; **~legen** F *fig.* nab(ie)rać, ⟨wy⟩kiwać; **~platzen** F (*sn*) wpadać ⟨wpaść⟩ (nieoczekiwanie); **~rasseln** F (*sn*) *s. hereinfallen*; **~schneien** F (*sn*) *s. hereinplatzen*; **~stürmen** (*sn*) wpadać ⟨wpaść⟩ z impetem; **~wollen** F chcieć wejść (*od.* dostać się) *pf.* do środka; **~ziehen** wciągać ⟨-gnąć⟩.

Herfahrt *f* jazda (*od.* podróż *f*) tu *od.* w tę stronę; *auf der* ~ jadąc tu.

her|fallen (*sn*; *über A*) napadać ⟨napaść⟩ (na *A*), opadać ⟨opaść⟩ (*A*); (*über et. Eßbares usw.*) rzucać ⟨-cić⟩ się (na *A*); ○**flug** *m* lot tu *od.* w tę stronę; *s. Herfahrt*; ○**gang** *m* przebieg; **~geben** da(wa)ć; (*opfern*) poświęcać ⟨-cić⟩; **~gebracht** przyjęty, utarty; **~gehen** iść, kroczyć (*hinter D/za I*); F *es ging hoch her* bawiono się hucznie *od.* wesoło; **~gelaufen** przybłąkany, ... przybłęda; **~halten** *v/t* poda(wa)ć, trzymać; *v/i* F służyć (*als/I*); pokutować (*für/za A*), być kozłem ofiarnym; **~holen** przynosić ⟨-nieść⟩; (*fahrend*) przywozić ⟨-wieźć⟩; (*j-n*) przyprowadzać ⟨-dzić⟩; iść ⟨pójść⟩ *od.* ⟨po⟩jechać (*A/po A*); *s. herbeiholen*.

Hering *m* (-*s*; -*e*) śledź *m*; *Kochk. a.* śledzik; (*Zelt*○) kołek do namiotu; F *wie die* ~*e* jak śledzie w beczce.

Herings|fang *m* połów śledzi; **~salat** *m* sałatka śledziowa.

herkommen (*sn*): F *komm her* chodź tu!; ~ *von* pochodzić; F brać ⟨wziąć⟩; ~ *wo soll das Geld* ~? skąd mam(y) wziąć pieniądze?

Her|kommen *n* (-*s*; 0) pochodzenie; zwyczaj, tradycja; ○**kömmlich** konwencjonalny; *s. hergebracht*; ○**kriegen** F *s. herbekommen*; ○**kunft** *f* (0) pochodzenie; *in Zssgn* ... pochodzenia; ○**leiten** *s. ableiten*.

hermachen P przedstawiać się, prezentować się; *sich* ~ (*über A*) rzucać ⟨-cić⟩ się (na *A*); zab(ie)rać się (do *G*).

Herme'lin (-s; -e) 1. n gronostaj; ~- gronostajowy; 2. m (Pelz) gronostaje m/pl.

her'metisch hermetyczny.

her'nach potem, później; następnie; ~nehmen F brać ⟨wziąć⟩.

Hero'in n (-s; 0) heroina.

he'roisch bohaterski ⟨-ko, po -ku⟩, heroiczny. [gowa⟩.]

Herpes m (-; 0) opryszczka ⟨war-⟩

Herr m (-en) pan; aus aller ~en Länder z całego świata; sein eigener ~ sein być panem swej woli; ~ werden opanow⟨yw⟩ać (über A, e-r Sache/A); ~ der Lage sein być panem sytuacji.

Herren|abend m wieczór kawalerski; ~anzug m ubranie męskie, garnitur; ~artikel m/pl. artykuły m/pl. męskie, galanteria męska; ~begleitung f (0) męskie towarzystwo; ~bekleidung f konfekcja męska; ~doppel n gra podwójna panów; ~einzel n gra pojedyncza (od. syngiel) panów; ~haus n dwór, (kleines) dworek, dom dziedzica; 2los bezpański ⟨-ko⟩; Tier: bezdomny; ~natur f władcza natura; ~schneider m krawiec męski; ~schnitt m fryzura a la garçonne, garsonka; ~tiere n/pl. naczelne pl.; ~zimmer n

Hergott m Pan Bóg. [n gabinet.]

Herrgottsfrühe F f: in aller ~ skoro świt.

herrichten ⟨przy⟩szykować.

Her'rin f pani; 2risch władczy ⟨-czo⟩, butny.

herrlich wspaniały ⟨-le⟩, świetny, pyszny; 2keit f wspaniałość f, świetność f.

Herrschaft f (0) panowanie, władza; władztwo; (a. pl.) państwo; meine ~en! moi państwo!; 2lich pański ⟨po -ku⟩.

herrschen panować (a. über A/nad I); (regieren a.) władać, rządzić (über A/I).

Herrscher m władca m; ~haus n rodzina panująca; ~in f władczyni; ~paar n para królewska od. książęca. [2süchtig żądny władzy.]

Herrsch|sucht f żądza władzy;]

her'rühren wynikać ⟨-knąć⟩, wywodnić się (von/z G); ~sagen ⟨wy-⟩ recytować (na pamięć); ~schaffen F s. herbeiholen; ~schauen dial. s. hersehen; ~schicken F przys⟨y⟩łać; ~sehen ⟨po⟩patrzeć, spoglądać

⟨spojrzeć⟩ tu od. w tę stronę, w tym kierunku; ~setzen F sadzać ⟨posadzić⟩ tu; ~stammen s. abstammen, herrühren; ~stellen¹ F postawić pf. tu(taj).

herstell|en² wytwarzać ⟨-worzyć⟩, ⟨wy⟩produkować; Zustand: przywracać ⟨-rócić⟩; Kontakt: nawiąz⟨yw⟩ać; (et. erreichen) osiągać ⟨-gnąć⟩; 2er m wytwórca m, producent; 2ung f (0) wytwarzanie, produkcja; Typ. dział produkcji; 2ungskosten pl. koszty m/pl. wytwarzania od. produkcji.

Hertz n (unv.) Phys. herc.

her'über tu, w tę stronę, w tym kierunku; ~bitten ⟨po⟩prosić przejść od. udać się pf. (nach, zu/do G); ~bringen od.-, za/nosić ⟨-nieść⟩ (tam); ~dringen (sn) dolatywać ⟨-lecieć⟩; ~kommen (sn) przechodzić ⟨przejść⟩ (na tę stronę); przychodzić ⟨przyjść⟩; ~reichen poda⟨wa⟩ć; ~retten zachow⟨yw⟩ać; ~wechseln v/i (sn) przedosta⟨wa⟩ć się (na tę stronę).

her'um naokoło, wokół, dookoła (G); F (etwa, a. zeitl.) około, mniej więcej; ~ sein (vorbei) skończyć się.

her'um|basteln F grzebać się, majstrować (an D/przy L); ~bekommen F przekonać pf., namówić pf.; ~blättern (in D) przerzucać kartki ⟨-cić⟩, wertować (G); ~drehen s. umdrehen; ~drücken: sich ~drücken wymig⟨iw⟩ać się (um A/od G); s. herumlungern; ~drucksen F milczeć w zakłopotaniu; ~fahren (sn) s. umherfahren; F fig. (gwałtownie, szybko) obracać ⟨-rócić⟩ się; ~fuchteln wymachiwać, wywijać (mit/I); ~führen v/t oprowadzać ⟨-dzić⟩; v/i prowadzić (um A/wokół G); ~kaspern ⟨-re⟩ wygłupiać się; ~kommandieren ⟨-⟩ stale rozkazywać.

her'umkommen F (sn) wyłaniać ⟨-łonić⟩ się (um/zza G); viel (od. weit) ~ bywać w wielu miejscach, objeżdżać ⟨-jechać⟩ (in der Welt kawał świata); fig. (nicht) um et. ~ (nie) uniknąć (G).

her'um|kriegen F s. herumbekommen; ~lungern F obijać się, łazikować; s. herumstehen; ~plagen F: sich ~plagen mit męczyć się, mordować się (I od. nad I); ~rätseln F gubić się w domysłach; **~reichen** *v/t* (*zeigen*) pokaz(yw)ać (wszystkim); *Eßbares*: częstować (*A/I*).

her'umreiten F *fig.* (*sn*) powracać stale (*auf D/do G*); **~schlagen** F: *sich ~schlagen* rozbijać się; *fig.* (*mit*) bić się, walczyć (z *I*); **~schnüffeln,** **~spionieren** F myszkować, szpiclować; **~sprechen:** *sich ~sprechen* roznosić ~nieść) się, rozchodzić ⟨-zejść⟩ się; **~stehen** F (*sn*) stać wszędzie (naokoło); wystawać; gapić się; **~stoßen** F popychać; **~streiten** F handryczyć się, kłócić się; **~tollen** F swawolić, brykać; **~tragen** nosić (*sich się*; *mit/z I*).

her'umtreib|en F: *sich ~en* wałęsać (*od.* włóczyć) się; *s. herumlungern*; 2er *m* włóczęga *m*, łazęga *m*.

her'um|werfen *s.* herumreißen; **~wirtschaften** F majstrować, dłubać; **~ziehen** F *v/i* (*sn*) *s.* umherziehen.

her'unter na (*od.* w) dół; *s. a. herab, hinunter*; **~bringen** znosić ⟨znieść⟩ (na dół); F *fig.* ⟨z⟩rujnować.

her'unterhauen F: *j-m* e-e ~ palnąć *pf.* w twarz, V trzepnąć *pf.* po pysku.

her'unter|kommen (*sn*) schodzić ⟨zejść⟩ na dół; *fig.* podupadać ⟨-paść⟩ (finansowo *od.* na zdrowiu); *Pers. a.* opuszczać ⟨-puścić⟩ się, zaniedb(yw)ać się; **~machen** F, **~putzen** F *fig.* ⟨z⟩gromić, ob-, z|jeżdżać ⟨-jechać⟩; **~rasseln** F *fig.* ⟨od⟩klepać; **~reißen** F zrywać ⟨zerwać⟩, (*a. Kleid*) zdzierać ⟨zedrzeć⟩; F *fig.* (ostro) ⟨s⟩krytykować; **~schrauben** F *fig.* obniżać ⟨-żyć⟩, ⟨z⟩redukować; **~sein** F szwankować (na zdrowiu); być zrujnowanym *od.* zaniedbanym; **~spielen** F *fig.* pomniejszać ⟨-szyć⟩; **~wirtschaften** zrujnować *pf.*, doprowadzać ⟨-dzić⟩ do ruiny.

her'vor z, spod, spoza, zza (*G*); do przodu; **~brechen** (*sn*) (*Zorn usw.*) wybuchać ⟨-chnąć⟩, wyładow(yw)ać się; **~bringen** *s.* erzeugen, erwecken; *Worte*: wydoby(wa)ć, wykrztusić *pf.*; **~gehen** (*sn*) wynikać ⟨-knąć⟩, wypływać ⟨-ynąć⟩ (*aus/z G*); (*als Sieger*) wychodzić

⟨wyjść⟩; **~gucken** F wyglądać ⟨wyjrzeć⟩, ukaz(yw)ać się; **~heben** uwydatni(a)ć, podkreślać ⟨-lić⟩; **~holen** wydoby(wa)ć, wyjmować ⟨-jąć⟩; **~kramen** wygrzeb(yw)ać; **~locken** wywabi(a)ć; **~quellen** (*sn*) wytryskiwać ⟨-snąć⟩; *s.* hervorrteten; **~ragen** *s.* herausragen; **~ragend** znakomity (-cie), wybitny; 2ruf *m* wywoł(yw)anie (na scenę); **~rufen** wywoł(yw)ać; *fig. a.* wzbudzać ⟨-dzić⟩; *s.)* spowodować; **~stechen** *fig.* rzucać ⟨-cić⟩ się w oczy; **~stehen** wystawać, sterczeć; **~treten** występować ⟨-tąpić⟩; *fig. a.* zaznaczać ⟨-czyć⟩ się, uwydatni(a)ć się; *Augen*: wychodzić ⟨wyjść⟩ na wierzch *od.* z orbit; **~tun** *sich ~tun* odznaczać ⟨-czyć⟩ się, wyróżni(a)ć się (*I*); **~ziehen** *s.* hervorholen.

herwagen: *sich ~* odważyć ⟨-żyć⟩ się przyjść *od.* przyjechać.

Herweg *m*: *auf dem ~* idąc (*od.* jadąc) w tę stronę *od.* tu.

Herz *n* (*-ens; -en*) serce (*a. fig.*); *KSp.* kier *m*, czerwień *f*; in *Zssgn* kierowy; *sich ein ~ fassen* doby(wa)ć się na odwagę; *ins ~ schließen* polubić; *ans ~ legen* gorąco polecać ⟨-cić⟩; *es nicht übers ~ bringen (können)* nie mieć serca (do *G od.* + *Inf.*), nie zdobyć się (na *A*); *schwer ums ~* ciężko na sercu; *schweren (od. blutenden) ~ens* z ciężkim sercem; *ein ~ haben* mieć słabość (*für/do G*); *sein ~ entdecken* odkryć w sobie żyłkę (*für/do G*); *sich et. zu ~en nehmen* brać ⟨wziąć⟩ sobie do serca (*A*); *s-m ~en Luft machen* ulżyć sercu; *ein ~ und e-e Seele sein* zgadzać się we wszystkim.

Herz|anfall *m* atak serca *od.* sercowy; **~asthma** *n* dychawica sercowa; **~beutel** *m* osierdzie; **~blatt** *n* *Bot.* dziewięciornik; **~chen** *n* serduszko, serdeńko; **~dame** *f* *KSp.* dama kierowa *od.* kier.

her-zeigen pokaz(yw)ać.

herzen (*-zt*) ⟨po⟩pieścić.

Herzens|brecher F *m* zdobywca *m* serc, donżuan; **~freund** *m* przyjaciel *od.* serca *od.* serdeczny; **~güte** *f* dobroć *f* serca.

Herzenslust *f*: *nach ~* ile dusza zapragnie.

Herzenswunsch *m* gorące pragnienie.

herz|erfrischend rozbrajający (-co); **~ergreifend** wzruszający (-co), chwytający za serce; **♀fehler** *m* wada serca; **~förmig** sercowaty (-to), w kształcie serca; **♀frequenz** *f* ilość *f* uderzeń serca; **~haft** *Händedruck:* mocny; *Lachen:* rubaszny; *Geschmack:* wyraźny, soczysty (-to); *Essen:* posilny.

herziehen: *hinter sich ~* ciągnąć za sobą; *über j-n ~* obgadywać, obnosić na językach (*A*).

Herz|infarkt *m* zawał serca; **~klappe** *f* zastawka sercowa; **~klopfen** *n* kołatanie (*od.* bicie) serca, palpitacja; *mit ~klopfen* z bijącym sercem; **♀krank** chory na serce, F sercowy; **♀kranzgefäß** *n* naczynie wieńcowe; **~leiden** *n* choroba serca.

herzlich serdeczny; *~ gern* bardzo chętnie; *~ wenig* bardzo mało; **♀keit** *f* (0) serdeczność *f*.

herzlos bez serca, nieczuły; **♀igkeit** *f* (0) brak serca, nieczułość *f*.

Herz|-Lungen-Maschine *f* (sztuczne) płuco-serce; **~mittel** *n* środek (*od.* lek) nasercowy; **~muschel** *f* *Zo.* sercówka.

Herzog *m* (-s; ⁓e) książę *m*; **~in** *f* księżna *f*; **♀lich** książęcy; **~tum** *n* (-s; ⁓er) księstwo.

Herz|schlag *m* bicie serca; *Med.* udar serca; **~schrittmacher** *m* stymulator serca; **♀stärkend** wzmacniający serce, nasercowy.

her'zu *s.* heran, herbei.

Herz|verpflanzung *f* przeszczepienie serca; **♀zerreißend** rozdzierający serce, przejmujący (-co).

Hesse[1] *f* kolano, golonka.

Hes|se[2] *m* (-n) Hes; **♀sisch** heski.

hetero'gen heterogeniczny.

Hetze *f* (*gegen A*) nagonka (na *A*); szczucie (przeciw *D*); F (*Hast*) pośpiech; *s. a. Hatz;* **♀n** (-zt) *v/t* ⟨po⟩szczuć; *Wild a.:* gonić; *v/i* judzić, szczuć (*gegen A*/przeciw *D*); F (*sn*) (*eilen*) gonić, spieszyć się; *s.* Hund; **~r** *m* podszczuwacz, podżegacz.

Hetz|hund *m* pies gończy; **~jagd** *f* *s.* Hatz, Hetze; **~kampagne** *f* nagonka, kampania (przeciw *D*); **~rede** *f* mowa podburzająca.

Heu *n* (-s; 0) siano; F *Geld wie ~* pieniędzy jak lodu; **~boden** *m* strych na siano.

Heuche'l|ei *f* obłuda, zakłamanie; **♀n** (-le) udawać.

Heuchler *m*, **~in** *f* obłudni|k (-ca), hipokryt|a *m* (-ka); **♀isch** obłudny.

heuer tego (*od.* w tym) roku.

Heuer *f* płaca marynarza; **♀n** (-re) wynajmować ⟨-jąć⟩, ⟨z⟩werbować.

Heu|ernte *f* sianokosy *m/pl.*, zbiór siana, **~gabel** *f* widły *pl.* do siana.

heul|en *Wolf, Wind:* wyć; *Sirene:* ryczeć, buczeć; P *fig.* beczeć; **♀peter** F *m*, **♀suse** F *f* beksa.

heurig tegoroczny.

Heu|schnupfen *m* katar sienny; **~schober** *m* stóg siana; **~schrecke** *f* szarańcza.

heute dzisiaj, dziś; *~ morgen* dziś rano; *von ~* dzisiejszy; *von ~ an* od dziś; *von ~ auf morgen fig.* z dziś na jutro; *~ vor acht Tagen* tydzień temu.   [do dziś.]

heutig dzisiejszy; *bis zum ~en Tag*]

heutzutage dziś, obecnie.

Heuwender *m* przetrząsacz.

hexago'nal sześciokątny.

Hexe *f* wiedźma, czarownica; (*im Märchen a.*) baba-jaga; *alte ~* stara jędza; **♀n** czarować.

Hexen|kessel *m* *fig.* piekło, bałagan; **~meister** *m* czarnoksiężnik; **~sabbat** *m* sabat czarownic; *fig. s.* Hexenkessel; **~schuß** *m* postrzał.

Hexe'rei *f* czarodziejstwo, czary *m/pl.*   [chińska.]

Hi'biskus *m* (-; -ken) ketmia; róża]

hie *s.* hier, da.

hieb *s.* hauen; *~- und stichfest* niezbity.

Hieb *m* (-es; -e) cios, raz, uderzenie; (*Schnitt*) cięcie; (*Feilen*♀) nacięcie; *~e pl. a.* baty *m/pl.*; *e-n ~ versetzen* uderzyć (*D/A*); *fig.* dociąć (*D*).

hielt(en) *s.* halten.

hier *tu*(taj); *~!* (*beim Aufruf*) jestem!, obecny!; *von ~* stąd; *ich bin nicht von ~* nie jestem tutejszy; *von ~ an* odtąd; *~ ist ... oto ...; s. a. da.*

Hierar'chie *f* hierarchia.

hier|auf po tym, następnie; **~aus** z tego; **~bei** przy tym; **~bleiben** (*sn*) (po)zostać *pf.* tu(taj); **~durch** przez to; *s.* hiermit; **~für** *s.* dafür.

hierher tu; *~!* *a.* na tu!; *bis ~* dotąd; *das gehört nicht ~ fig.* to inna sprawa; **~bringen** przynosić ⟨-nieść⟩ (*od.* przyprowadzić ⟨-dzić⟩) tu(taj); **~schieben** przysuwać ⟨-unąć⟩ tu.

hier|herum tędy, w tę stronę; **~hin**
tu; w tę stronę; **~in** w w tym; **~mit**
tym; z tym; tym samym; niniej-
szym; **~nach** po tym, następnie;
vgl. danach; 2**sein** *n* pobyt tu;
~über *s. darüber;* o tym; **~unter** *s.
darunter;* **~von** od tego; z tego;
o tym.   [w tym kraju.)
hierzu *s. dazu;* do tego; **~lande**)
hiesig tutejszy, miejscowy.
hieß(en) *s. heißen.*
Hilfe *f* pomoc *f; s. Beistand, Rettung;
mit ~* przy pomocy, z(a) pomocą
(von, G/G); ~ *bringen, zu ~ kommen*
przychodzić ⟨przyjść⟩ z pomocą;
~ *leisten* udzielać ⟨-lić⟩ pomocy;
um ~ rufen wołać o pomoc, wzywać
pomocy; *(zu)* ~*!* na pomoc!, ratunku!; **~leistung** *f* okaz(yw)anie pomocy; **~ruf** *m* wołanie o pomoc;
~stellung *f* pomoc *f; Sp.* asekuracja; 2**suchend** szukając(y) pomocy, bezradny.
hilflos bezradny; *(unbeholfen)* nieporadny, nieudolny; *s. gebrechlich;*
2**igkeit** *f (0)* bezradność *f;* niepo-
radność *f,* nieudolność *f.*
hilfreich pomocny.
Hilfs|aktion *f* akcja pomocy; **~ar-
beiter** *m* robotnik niewykwalifikowany; 2**bedürftig** potrzebujący
pomocy; *(arm)* biedny; *s. a. hilflos;*
2**bereit** usłużny, gotów przyjść
z pomocą; **~koch** *m* pomocnik
kucharza; **~kraft** *f* pomoc *f,* siła
pomocnicza; **~maßnahme** *f* środek pomocy od. zaradczy; **~mittel**
n środek pomocniczy; *pl. a. (Schule)*
pomoce *f/pl.* naukowe; **~quelle** *f*
źródło *(dodatkowe od.* poboczne);
~schule *f s. Sonderschule;* **~verb** *n*
czasownik posiłkowy; **~werk** *n*
instytucja dobroczynna.
Himbeer|e *f* malina; **~geist** *m (-es;
0)* malinówka; 2**rot** malinowy
(-wo); **~saft** *m* sok malinowy;
~strauch *m* krzak maliny.
Himmel *m* niebo; *Rel. a.* niebiosa
*pl.; (Bett*2) baldachim; *am ~* na
niebie; *unter freiem ~* pod gołym
niebem; *in den ~ heben* wychwalać
pod niebiosa; *(wie der Blitz) aus
heiterem ~* jak grom z jasnego nieba;
um ~s willen! wielkie nieba!;
~bett *n* łoże z baldachimem; 2**blau**
błękitny; *präd. a.* na błękitno.
Himmelfahrt *f (0): Christi ~* Wnie-
bowstąpienie; *Mariä ~* Wniebo-

wzięcie Najświętszej Marii Panny;
~s·kommando *n* oddział straceń-
ców; zadanie samobójcze.
Himmel|reich *n (-es; 0)* królestwo
niebieskie; 2**schreiend** wołający
o pomstę do nieba.
Himmels|gegend *f* część *f* nieba;
s. Himmelsrichtung; **~gewölbe** *n*
sklepienie nieba *od.* niebios; **~kör-
per** *m* ciało niebieskie; **~richtung** *f*
strona świata; **~zelt** *n (-es; 0) poet.
s. Himmelsgewölbe.*
himmelweit o całe niebo, całym
niebem.   [biański (-ko).)
himmlisch niebieski; *fig.* nie-)
hin tam, w tamtą stronę; *nach (od.
zu)* ... w kierunku *(G); bis* ... ~
(aż) do *(G); auf* ... ~ *(untersuchen
usw.)* pod względem *(G),* na *(A);
(auf Grund)* na podstawie *(G); auf
die Gefahr* ~, *daß* ... ryzykując *(I);
vor sich* ~ przed siebie; ~ *und her*
überlegen rozważać ⟨-żyć⟩ na
wszystkie strony; ~ *und wieder* tu i
ówdzie; *(zeitl.)* od czasu do czasu,
niekiedy; *es ist noch lange* ~ (to)
potrwa jeszcze; F *(weg, verloren)*
... *ist* ~ ... przepadł(a, -o, -y), już
po *(L), (a. kaputt)* diabli wzięli *(A).*
hin'ab na *(od.* w) dół; *den Fluß* ~
z prądem; *bis* ~ *zu* ... aż do *(G);
Zssgn vgl. herab;* **~gehen** (sn) schodzić ⟨zejść⟩ w *(od.* na) dół; **~gleiten**
(sn) ześlizgiwać ⟨-znąć⟩ się (w dół)
~steigen (sn) schodzić ⟨zejść⟩,
zstępować ⟨zstąpić⟩.
hin'an *lit.* do góry, pod górę.
hin'auf do góry, pod górę.
hin'arbeiten: *auf (A)* ~ zmierzać
(do *G),* kierować się (na *A).*
hin'auf na *(od.* w) górę; pod górę;
bis ~ *zu* aż do *(G); vgl. herauf;*
~gehen (sn) wchodzić ⟨wejść⟩ *(od.*
iść) na górę; F *Preise usw.:*
podwyższać ⟨-szyć⟩ się; **~ziehen**
⟨w⟩ciągnąć na górę.
hin'aus na zewnątrz; poza; *zum
Fenster* ~ przez okno; *auf Jahre* ~
na lata; *über* ... ~ poza *(A); über*
... ~ *sein* przekraczać ⟨-roczyć⟩ *(A);
... mit dir!* wynoś się (stąd!); *vgl.
heraus;* **~begleiten** odprowadzać
⟨-dzić⟩ (do drzwi); **~gehen** (sn)
wychodzić ⟨wyjść⟩ (na dwór, za
drzwi); *(über A)* przekraczać
⟨-roczyć⟩ *(A),* wykraczać ⟨-roczyć⟩
(poza *A);* **~jagen** wypędzać ⟨-dzić⟩;
~komplimentieren (-) wypraszać
⟨-rosić⟩ z pokoju *od.* za drzwi;

~schieben wysuwać ⟨-unąć⟩; (zeitl.) odkładać ⟨odłożyć⟩; zwlekać (A/z I); **~tragen** wynosić ⟨-nieść⟩; **~werfen** wyrzucać ⟨-cić⟩ (zur Tür za drzwi).

hin'auswollen F chcieć wyjść; fig. hoch ~ wysoko sięgać; worauf will er hinaus? do czego on zmierza?

Hinblick m: im ~ auf (A) ze względu na (A).

hinbringen od-, za|nosić ⟨-nieść⟩; Pers. odprowadzać ⟨-dzić⟩; Zeit: spędzać ⟨-dzić⟩.

hinder|lich ~lich sein zawadzać, przeszkadzać; hamować (bei/A); **~n** (-re) przeszkadzać ⟨-kodzić⟩ (an D, bei/w L); s. be-, verhindern; **2nis** n (-ses; -se) przeszkoda (a. Sp.), zawada; **2nislauf** m bieg z przeszkodami.

hindeuten wskazywać (auf A/na A).

Hindu m (-/-s;-s) Hindus. **[durch-.⟩**

hin'durch przez; na wskroś; vgl.⟩

hin'ein do (G), w (A); do wnętrza (od. środka); s. a. herein.

hin'ein·arbeiten: sich ~ (in A) wciągać ⟨-gnąć⟩ się (w A).

hin'eindenken: sich ~ wnikać ⟨-knąć⟩, wczu(wa)ć się (in A/w A).

hin'ein|führen v/t wprowadzać ⟨-dzić⟩; v/i (Weg) prowadzić do (środka, wnętrza); **~gehen** (sn) wchodzić ⟨wejść⟩; (Platz finden) ⟨z⟩mieścić się (in A/w L); **~geraten** (sn) dosta(wa)ć się, wpadać ⟨wpaść⟩; **~legen** wkładać ⟨włożyć⟩; **~mischen** s. bei-, einmischen; **~schlüpfen** F (sn) wślizgiwać ⟨-znąć⟩ się (in A/do G); vgl. schlüpfen; **~stecken** wtykać ⟨wetknąć⟩; **~stopfen, ~stoßen** wpychać ⟨wepchnąć⟩.

hin'einversetzen: sich ~ wczu(wa)ć się (in A/w A).

hin'ein|wachsen wrastać ⟨wrosnąć⟩; **~ziehen** wciągać ⟨-gnąć⟩ (a. fig.; in A/do G).

Hin|fahrt f jazda tam od. do (G); **2fallen** (sn) (u)paść pf., runąć pf.; **2fällig** s. gebrechlich; Grund: nieważny, bezprzedmiotowy; **2fällig werden** odpadać ⟨-paść⟩; **2'fort** lit. odtąd, w przyszłości; **2führen** ⟨do-, za⟩prowadzić; vgl. führen.

hing s. hängen.

Hin|gabe f (0) oddanie, poświęcenie (się); **2geben** s. reichen; odd(aw)ać, poświęcać ⟨-cić⟩ (sich się); **~ge-**

bung f s. Hingabe; **2gebungsvoll** ofiarny, präd. a. z oddaniem od. poświęceniem; **2'gegen** Kj. natomiast; **2gehen** (sn) iść ⟨pójść⟩ do G, tam); s. vergehen; **2halten** v/t nadstawi(a)ć (G; für/za A); (j-n vertrösten) zwodzić, łudzić (mit/I); **2haltend** opóźniający; na zwłokę; **2hauen** P v/t rzucać ⟨-cić⟩; Arbeit: odwalać ⟨-lić⟩; v/i (mit) wyrżnąć pf. (I); (fallen) runąć pf. (jak długi); sich **2hauen** położyć się pf.; P das haut hin! szafa gra!; vgl. klappen; **2hören** słuchać, przysłuchiwać się; nicht 2hören a. słuchać nie słysząc.

hinkauern: sich ~ przykucnąć pf.

hinken utykać, kuśtykać, (a. fig.) kuleć, chromać; **~d** kulawy, chromy.

hin|knien s. niederknien; **~kriegen** F załatwi(a)ć; da(wa)ć sobie radę (A/z I). **[czający ⟨-co).⟩**

hinlänglich dostateczny, wystar-⟩

hin|legen kłaść ⟨położyć⟩ (sich się); Mil. ~legen! padnij!; **~nehmen** brać ⟨wziąć⟩; fig. ⟨po⟩godzić się (A/z I); (sich bieten lassen) znosić ⟨znieść⟩; **~neigen** (zu) skłaniać ⟨-nić⟩ się (do G), sympatyzować (z I).

hinreichen v/t pod(aw)ać; v/i wystarczać ⟨(wy)starczyć⟩; **~d** wystarczający ⟨-co).

Hin|reise f podróż F tam od. do (G); **2reißen** por(y)wać; **2gerissen** zachwycony; **~richtung** f stracenie; **2scheiden** (sn) lit. rozsta(wa)ć się z życiem; **2schlagen** (sn) s. hinfallen, -hauen; **2schludern** F odwalać ⟨-lić⟩; **2sehen** popatrzeć pf., rzucać ⟨-cić⟩ okiem (nach/na A); **2sein** F przepadać ⟨-paść⟩; s. hinreißen. **[⟨usiąść).⟩**

hinsetzen: sich ~ siadać⟩

Hinsicht f: in dieser (jeder) ~ pod tym (każdym) względem; in ~ auf (A) ze względu na (A); a. = **2lich** (G) (od) względem (G).

hin|stellen postawić pf., (a. sich) ustawi(a)ć; fig. ⟨j-n als⟩ przedstawi(a)ć, ⟨za⟩prezentować (jako); **~steuern** (auf A) brać ⟨wziąć⟩ kurs (na A); fig. zmierzać do (G).

hint'an|setzen, ~stellen lit. s. zurücksetzen, -stellen.

hinten w tyle; (am Ende) na końcu; nach ~ w tył, do tyłu; von ~ z tyłu, od tyłu, od końca; **~(he)rum** F fig.

na boku; (*et. bekommen a.*) na lewo; **~über** do tyłu; na wznak.

hinter *Prp.* (*A od. D*) za (*A od. I*), poza (*I*); **~** *sich* (*D*) **haben** mieć za sobą; **~** *sich* (*D*) **lassen** wyprzedzać ⟨-dzić⟩, ⟨z⟩dystansować; *et.* **~** *sich* (*A*) **bringen** doprowadzać ⟨-dzić⟩ do końca, załatwi(a)ć; **~** *et.* **kommen** wykry(wa)ć (*A*); **2backe** *f* pośladek, zadek; **2bein** *n* tylna noga.

Hinter'bliebe|ne(r) członek rodziny zmarłego, *pl. a.* rodzina zmarłego; **~nenrente** *f* renta rodzinna.

hinter|'bringen ⟨-⟩donosić ⟨-nieść⟩ (*j-m A*/k-u o *L*); **2bühne** *f* zascenie; **~'drein** *s. hinterher*; **~** *f* tylny; (*letzte*) ostatni; **~ein'ander** jeden za (*od. po*) drugim; (*zeitl.*) z rzędu, El. szeregowy (-wo); **2gedanke** *m* myśl uboczna; **~'gehen** ⟨-⟩ oszuk(iw)ać, podchodzić ⟨podejść⟩.

Hintergrund *m* tło; *fig. a.* podłoże; *pl. a.* kulisy *f/pl.*; *im* **~** na dalszym planie, w głębi; na uboczu; *fig. in* **den ~** **treten** schodzić ⟨zejść⟩ na drugi plan.

hinter|gründig zagadkowy (-wo); **2halt** *m* (-*es*; -e) zasadzka; **~hältig** podstępny; **2hand** *f* Zo. tylna kończyna; *KSp.* gracz na ostatnim ręku; **2haus** *n* oficyna; *nach* **~** (*I*); (*zeitl.*) potem; (*zu spät*) poniewczasie; **~'herhinken** F *fig.* nie nadążać, pozostawać w tyle; **~'hersein** F *s. bedacht* (*sein*); **2hof** *m* (tylne) podwórze; **2kopf** *m* potylica, tył głowy; *in Zssgn* potyliczny; **2lader** *m hist.* odtyłcówka; **2land** *n* (-*es*; 0) głąb kraju; zaplecze; *Mil.* tyły *m/pl.*

hinter'lassen ⟨-⟩ pozostawi(a)ć (po sobie; *als Erbe* w spadku); **2schaft** *f* spadek, spuścizna.

Hinter|lauf *m* tylna łapa *od.* noga; **2'legen** ⟨-⟩ ⟨z⟩deponować, składać ⟨złożyć⟩; (*als Pfand*) da(wa)ć w zastaw; **~'legung** *f* (0) zdeponowanie, złożenie; **~leib** *m Zo.* odwłok; **~list** *f* (0) podstępność *f*; podstęp; **2listig** podstępny; **~mann** *m Mil.* zaplecznik (w rzędzie); *fig. nur pl.* **~männer** (zakulisowi) inspiratorzy *m/pl.*; **~mannschaft** *f Sp.* tyły *m/pl.*

Hintern F *m* tyłek, zad(ek), pośladki.

Hinter|rad·antrieb *m* napęd tylny; **2rücks** podstępnie, zdradziecko;

~seite *f* strona (*od.* fasada) tylna; *s.* Kehrseite; **~über** *f* tylny, ukryty sens; **2ste** ostatni; **~ste** *m* (-*n*) = **~teil** 1. F *n s.* Hintern; 2. *m* tył; *Mar.* rufa.

Hintertreffen *n*: F ins **~** geraten *od.* kommen schodzić ⟨zejść⟩ na drugi (*od.* dalszy) plan.

hinter'treib|en ⟨-⟩ *v/t* sabotować, ⟨po⟩krzyżować (*A*); **2ung** *f* (0) udaremnienie, pokrzyżowanie.

Hintertreppe *f* tylne schody *pl.*; **~n·roman** *m* powieść brukowa, romansidło.

Hinter|tür *f* tylne drzwi *pl.*; *fig.* furtka; **~wäldler** *m* człowiek z lasu.

hinter'zieh|en ⟨-⟩ (*A*) defraudować, sprzeniewierzać ⟨-rzyć⟩; *Steuern:* ukry(wa)ć, uchylać ⟨-lić⟩ się od płacenia (*G*); **2ung** *f* defraudacja; ukrywanie (obrotów, dochodów).

Hinterzimmer *n* pokój od podwórza; tylny pokój.

hintun F po-, w|kładać ⟨po-, w|ło-żyć⟩, stawiać ⟨postawić⟩ (*in A*/do *G*).

hin'über na tamtą (*od.* drugą) stronę; **~reichen** *v/i* dosięgać ⟨-gnąć⟩ (*bis*/do *G*); *v/t* poda(wa)ć; **~schwimmen** przepływać ⟨-ynąć⟩ (na tamtą stronę).

hin'überschwingen: *sich* **~** przeskakiwać ⟨-skoczyć⟩ (*przez A*, na tamtą stronę).

hin'übersein F: *et. ist hinüber* diabli wzięli (*A*); *er ist hinüber* (on) pojechał ad patres *od.* do lali.

hin- und hergehend Tech. postępowo- *od.* posuwisto-zwrotny.

Hin- und Rück|fahrt *f* podróż *f* (*od.* jazda) tam i z powrotem; **~flug** *m* przelot w obie strony.

hin'unter na (*od.* w *od.*) dół; *vgl. herunter;* **~gießen**, **~kippen** F wypi(ja)ć (*od.* wychylać ⟨-lić⟩) duszkiem; **~schlucken** przełykać ⟨-łknąć⟩; *fig.* ⟨z⟩dusić w sobie; **~stürzen** *v/t* strącać ⟨-cić⟩ (na dół); *s. hinunterkippen;* *v/i* ⟨*sn*⟩ runąć *pf.* w dół. [stronę, do *G*).]

Hinweg *m* droga (tam, w tamtą)

hin'weg precz; *über et.* **~** ponad (*I*); pomijając (*A*); *Zssgn s.* fort-, weg-; **~gehen** (*sn*) pomijać ⟨-inąć⟩ (*über A*/*A*); **~kommen** (*sn*) *fig.* przeboleć *pf.* (*über A*/*A*); **~raffen** *Tod:* por(y)wać; **~sehen** *fig.* przymykać ⟨-mknąć⟩ oczy (*über A*/na *A*);

~sein mieć za sobą (über A/A); s. hinwegkommen.

hin'wegsetzen: sich ~ über (A) nie dbać (od. nie troszczyć się) o (A), nie zważać na (A).

Hinweis m (-es; -e) wskazówka; (Vermerk) wzmianka; 2en wskaz(yw)ać; zwracać ‹-rócić› uwagę; 2end wskazujący (a. Gr.); ~schild n, ~zeichen n Kfz. znak informacyjny.

hin'werfen rzucać ‹-cić› (sich się); ~'wiederum znowu; s. hingegen; ~'wirken dążyć (auf A/do G).

hinziehen v/t ciągnąć (w kierunku, do G); (verzögern) odwlekać (A), zwlekać (z I); v/i (sn) przeprowadzać ‹-dzić› się (nach/do G); sich ~ rozciągać się, ciągnąć się, (zeitl.) przeciągać ‹-gnąć› się.

hin'zu do tego; nadto, w dodatku; ~fügen doda(wa)ć; ~kommen (sn) przyłączać ‹-czyć› się, podchodzić ‹podejść› (bliżej); hinzu kommt noch, daß ... dodać jeszcze należy, że ...; ~treten (sn) s. herangehen, hinzukommen; ~zählen doliczać ‹-czyć› (zu/do G); ~ziehen v/t zasięgać ‹-gnąć› rady (G).

Hiobsbotschaft f hiobowa wieść.

Hippi m (-s; -s) hipis.

Hirn n (-es; -e) mózg(owie); F fig. rozum; ~anhangdrüse f przysadka mózgowa; ~gespinst n urojenie, chimera; ~haut-entzündung f zapalenie opon mózgowych; ~rinde f kora mózgowa; 2verbrannt zwariowany.

Hirsch m (-es; -e) jeleń m; ~fänger m kordelas; ~hornsalz m węglan amonowy; ~käfer m jelonek; ~kalb n jelonek, łanię; ~kuh f łania; ~leder n skóra jelenia; ~rudel n chmara (jeleni); ~talg m łój jeleni.

Hirse f (0) proso; Kochk. jagły f/pl.; ~brei m, ~grütze f kasza jaglana.

Hirt m (-en), ~e m (-n) pastuch, (a. fig.) pasterz.

Hirten|brief m list pasterski; ~flöte f fujarka; ~junge m pastuszek; ~mädchen n pastuszka; ~stab m kij pasterski; Rel. pastorał; ~täschel n Bot. tasznik pospolity.

Hirtin f pastuszka, pasterka.

hissen (-ßt) podnosić ‹-nieść›.

Hi'storiker m historyk; 2isch historyczny, dziejowy (-wo).

Hit F m (-s; -s) przebój.

Hitze f (0) gorąco; Meteo. a. upał, skwar; Kochk. temperatura; Tech. nagrzew(anie); Zo. cieczka; fig. ferwor, pasja; in ~ geraten wpadać ‹wpaść› w pasję; ~barriere f bariera cieplna; 2beständig żaroodporny; 2frei: 2frei haben mieć wolne z powodu upałów; ~(schutz)schild n osłona ablacyjna od. termiczna; ~welle f fala upałów.

hitzig Debatte: gorący ‹-co›, zażarty ‹-cie›; Zo. grzejący się.

Hitz|kopf F m zapaleniec, gorączka m; 2köpfig popędliwy ‹-wie›, porywczy ‹-czo›; ~pickel m potówka; ~schlag m udar cieplny.

hob s. heben.

Hobby n (-s; -s) hobby n, konik.

Hobel m strug, F hebel; ~bank f strugnica; ~maschine f strugarka; 2n (-le) ‹o›strugać, ‹o›heblować; ~späne m/pl. wióry m/pl., strużyny [f/pl.]

hoben s. heben.

hoch (höher; ~st-) wysoki ‹-ko›; Fest, Ehre usw.: wielki; hohes Alter sędziwy wiek; hohe See pełne morze; hoher Norden daleka północ; drei Treppen ~ na trzecim piętrze; höhere Gewalt siła wyższa; höchste Zeit najwyższy czas; 2 ~ 4 dwa (podniesione) do potęgi czwartej; Adv. a. wysoce, wielce, bardzo.

Hoch n (-s; 0) wiwat; toast; Meteo. wyż (baryczny).

hoch-acht|en głęboko szanować od. poważać; 2ung f (0) głęboki szacunek, głębokie poważanie; ~ungsvoll z głębokim szacunkiem, łącząc wyrazy poważania, z poważaniem.

Hoch|adel m arystokracja; ~altar m wielki (od. główny) ołtarz; ~amt n Rel. suma; 2anständig bardzo uczciwy ‹-wie› od. przyzwoity ‹-cie›; 2aufgeschossen wyrośnięty, wybujały; ~bahn f kolej nadziemna; ~bau m (-es; 0) budownictwo lądowe nadziemne; (pl. ~ten) s. Hochhaus; 2begabt wielce (od. bardzo) uzdolniony; 2betagt sędziwy; ~betrieb m (-es; 0) wielki ruch; wytężona praca; 2bezahlt wysoko zarabiający od. opłacany; 2bringen fig. stawiać ‹postawić› na nogi; ~burg f ostoja; ~decker m górnopłat.

hochdeutsch Ling. wysokoniemiecki; ~ sprechen mówić ogólnoniemieckim językiem literackim.

Hochdruck *m* wysokie ciśnienie; *Typ.* druk wypukły; **~gebiet** *n* obszar (*od.* układ) wysokiego ciśnienia; **~reaktor** *m* reaktor ciśnieniowy.

Hoch|ebene *f* płaskowyż; **2empfindlich** wysokoczuły; **2entwickelt** wysoko rozwinięty; **2erfreut** bardzo ucieszony, zachwycony, rozradowany; **2fahrend** wyniosły (-le), butny; **2fliegend** *fig.* ambitny; **~flut** *f* wylew (rzeki); *fig.* powódź *f*, zatrzęsienie; **~form** *f* (0) dobra kondycja, wspaniała forma; **~frequenz** *f* częstotliwość wielka; **2gebildet** bardzo wykształcony; **~gebirge** *n* góry *f/pl.* wysokie.

Hochgebirgs- wysokogórski.

Hoch|gefühl *n* wzniosłe uczucie; **2gehen** (*sn*) pod-, wz|nosić ⟨-nieść⟩ się; F *fig.* wpadać ⟨wpaść⟩ w złość, (*a. Bombe*): wybuchać ⟨-chnąć⟩; *Bande*: wpadać ⟨wpaść⟩, wsyp(yw)ać się.

hochge|legen wysoko położony; **~lehrt** wielce uczony; **~mut** zadowolony, rozradowany; **2nuß** *m* (prawdziwa) rozkosz; **~sinnt** wielkoduszny; **~spannt** (0) rozciekawiony, pełen napięcia; *Erwartungen:* wygórowany; **~stellt** *Index:* górny; *Pers.* wysoko postawiony; **~wachsen** (0) smukły, wybujały.

Hoch|glanz *m* połysk lustrzany; **2gradig** wysokiego stopnia, daleko posunięty; *präd.* w wysokim stopniu, bardzo; **2hackig** na wysokim obcasie; **2halten** *fig.* wysoko cenić *od.* szanować; **~haus** *n* wysokościowiec, wieżowiec; **2heben** pod-, u|nosić ⟨-nieść⟩; **2herrschaftlich** wielkopański (po -ku); **2herzig** wielkoduszny; **2interessant** arcyciekawy (-wie), bardzo zajmujący (-co); **2kant** na sztorc; **2klappen** podnosić ⟨-nieść⟩; **2kommen** *s.* auftauchen, heraufkommen; *fig.* wyskrobać się; F *es kommt mir hoch, wenn* ... zbiera mi się na wymioty, gdy ...; **~konjunktur** *f* wysoka koniunktura, boom; **~land** *n* wyżyna; **2leben**: *j-n* 2leben lassen wiwatować (*od.* wznieść *pf.* toast) na cześć (*G*); ... *lebe hoch!* niech żyje ...!, wiwat ...!; **~leistungs-**Tech. o dużej mocy, wysokowydajny; *Sp.* wyczynowy.

hoch|modern arcymodny; *Tech.*

usw. najbardziej nowoczesny; **2moor** *n* torfowisko wyżynne; **2mut** *m* buta, pycha; **~mütig** butny, wyniosły (-le); **~näsig** F zadzierający nosa, zarozumiały (-le).

Hochofen *m* wielki piec; **~** *in Zssgn* wielkopiecowy.

hoch|prozentig wysokoprocentowy; **~qualifiziert** wysoko kwalifikowany; **2ragen** *s. emporragen*; **2rechnung** *f* projekcja; **~rot** pąsowy (-wo); **2ruf** *m* wiwat, okrzyk „niech żyje!"; **2saison** *f* szczytowy okres; pełnia (*od.* szczyt) sezonu; **2schätzen** wysoko cenić; **~schlagen** *Kragen:* ⟨po⟩stawić, podnosić ⟨-nieść⟩.

Hochschul|- *mst* wyższy, uniwersytecki; **~e** *f* szkoła wyższa; technische **~e** politechnika; **~reife** *f* matura; **~wesen** *n* szkolnictwo wyższe.

hochschwanger (ciężarna) pod koniec ciąży, wysoko ciężarna.

Hochsee *f* (0) pełne (*od.* otwarte) morze; **~** *in Zssgn* daleko-, pełno|morski; **2fischerei** *f* połowy *m/pl.* dalekomorskie; **2schiffahrt** *f* żegluga dalekomorska *od.* wielka; **2tüchtig** pełnomorski.

Hochsommer *m* środek (*od.* pełnia) lata; *im* ~ w pełni lata.

Hoch|spannung *f* wysokie napięcie; *in Zssgn a.* wysokonapięciowy; **2spielen** F *fig.* rozdmuch(iw)ać, wyolbrzymia(ja)ć; **~sprache** *f* język literacki; **~sprung** *m* skok wzwyż.

höchst najwyższy; szczytowy; *mst Tech. a.* maksymalny; *Adv.* najwyżej; (*äußerst*) nadzwyczaj, bardzo.

Hochstap|e'lei *f* hochsztaplerstwo; **~ler** *m* hochsztapler, aferzysta *m*.

Höchst|belastung *f* obciążenie maksymalne; **~betrag** *m* najwyższa (*od.* maksymalna) suma *od.* kwota.

hoch|stecken *Haar:* upinać ⟨upiąć⟩; **~stehend** *Pers.* wysoko postawiony; (*geistig*) oświecony.

höchstens najwyżej.

Höchst|fall *m: im* ~*fall* najwyżej; **~geschwindigkeit** *f* prędkość maksymalna. [stój; entuzjazm.]

Hochstimmung *f* uroczysty na-}

Höchst|leistung *f* maksymalna (*od.* najwyższa) wydajność; *Sp.* szczytowe osiągnięcie, wyczyn; rekord; *in Zssgn* wysokowydajny; **~maß** *n* maksimum *n*; **2persönlich** F we

własnej osobie, osobisty (-ście);
~preis m najwyższa cena.
Hochstraße f droga na estakadzie.
Höchst|stand m najwyższy poziom;
~strafe f najwyższy wymiar kary;
2wahrscheinlich Adv. najprawdo-
podobniej; ~wert m wartość maksy-
malna od. szczytowa; 2zulässig
dopuszczalny.
Hochtour|en f/pl.: auf ~en w przy-
spieszonym tempie, pełną parą;
2ig szybkoobrotowy, szybkobieżny.
hoch|trabend górnolotny, kotur-
nowy; ~tragend Kuh: na ocie-
leniu; Sau: na oprosieniu; ~treiben
Preis: podbi(ja)ć; ~ver·ehrt wielce
szanowny; 2verrat m zdrada stanu;
2wald m las wysokopienny.
Hochwasser n wielka woda; powódź
f; ~geschädigte(r) powodzianin;
~katastrophe f klęska powodzi.
hoch|wertig (wysoko) wartościowy;
wysokogatunkowy; 2wild n gruba
zwierzyna; ~würdig (prze)wie-
lebny.
Hochzeit f wesele; 2lich weselny.
Hochzeits|geschenk n prezent
ślubny; ~kleid n s. Brautkleid; Zo.
szata godowa; ~nacht f noc poślubna; ~reise f podróż poślubna;
~tag m dzień ślubu; (Jahrestag)
rocznica ślubu; ~zug m orszak weselny.
hochziehen Hosen: podciągać
⟨-gnąć⟩; Fahne, Brauen: podnosić
⟨-nieść⟩; F Nase: pociągać ⟨-gnąć⟩
(I); s. hinaufziehen.
Hocke f kucki f/pl.; (a. Sp.) przysiad, podsiad; (Sprung) skok kucz-
ny; Agr. mendel; in die ~ gehen
kucać ⟨-cnąć⟩; 2n s. (sich) kauern;
F fig. ślęczeć, siedzieć.
Hocker m stołek, taboret.
Höcker m garb(ek); guz(ek); 2ig
nierówny; wyboisty; ~schwan m
łabędź niemy.
Hockey [-ke·/-ki·] n (-s; 0) hokej;
~schläger m kij hokejowy; ~spie-
ler m hokeista m.
Hock|stand m przysiad z rękami
na biodrach; ~stellung f pozycja
kuczna.
Hode m (-n) od. f, ~n m (-s; -) jądro;
~r·sack m moszna.
Haf m (-[e]s) podwórze, podwórko;
(Schul2, Schloß2) dziedziniec; (Für-
sten2) dwór; (Bauern2) zagroda;
Astr. aureola, halo n; j-m den ~

machen asystować (D), emblować
(A); ~ in Zssgn mst podwórzowy;
dworski; ~arzt m lekarz nadworny;
~dame f dama dworu, dworka.
Hoffart f (0) pycha, buta.
hoffen v/i mieć nadzieję (auf A/G,
na A), (a. v/t) spodziewać się (G);
~tlich: ~tlich ... mam nadzieję,
że ...
Hoffnung f nadzieja; j-m (od. sich)
~en machen robić (od. czynić) nadzieję (D, sobie); s-e ~en setzen
pokładać nadzieję (auf A/w L); †
guter ~ przy nadziei.
hoffnungs|los beznadziejny; 2-
schimmer m, 2strahl m iskra (od.
promyk) nadziei; ~voll pełen nadziei; s. vielversprechend.
ho'fieren (-) v/t starać się o względy
(G), asystować (D).
höfisch dworski.
höflich uprzejmy, grzeczny; 2keit f
uprzejmość f, grzeczność f.
Höflichkeits|besuch m wizyta kur-
tuazyjna; ~formel f formułka
grzecznościowa.   [dworak.]
Höfling m (-s; -e) dworzanin; verä.]
Hof|marschall m marszałek dwo-
ru; ~narr m trefniś m, błazen
dworski; ~rat m radca m dworu; ~-
schranze f (-n) od. f dworak;
~staat m dwór, świta.
hohe s. hoch.
Höhe f wysokość f; (Niveau) poziom; (Hügel) wzniesienie, wzgórze;
fig. (Gipfel) szczyt; auf der ~ na
wysokości (von/G); fig. u szczytu
(G); aus der ~ z góry; in die ~
w górę, do góry; in die ~ treiben
s. hochtreiben; (nicht) auf der ~ sein
(nie) czuć się zdrowym; (nie) być
na poziomie; F das ist doch die ~!
to (już) szczyt wszystkiego!
Hoheit f (0) majestat; Pol. (suwe-
renna) władza; (pl. -en) Wysokość f.
Hoheits|gebiet n obszar państwa,
terytorium państwowe; ~gewässer
n/pl. wody f/pl. terytorialne; 2voll
majestatyczny; ~zeichen n godło
państwowe.
Höhen|flosse f Flgw. statecznik po-
ziomy; ~flug m lot wysokościowy;
fig. polot; ~krankheit f choroba
wysokościowa od. górska; ~kur·ort
m (wysoko)górska stacja klimatyczna, uzdrowisko wysokogórskie;
~leitwerk n usterzenie poziome od.
wysokości; ~linie f warstwica, po-

ziomica; **messer** m wysokościomierz; **rücken** m grzbiet wzgórza; **ruder** n ster wysokości; **sonne** f słońce górskie; lampa kwarcowa, F kwarcówka; **unterschied** m różnica wysokości; **zug** m pasmo wzgórz *od.* górskie. [szczyt.)
Höhepunkt m punkt szczytowy,)
höher wyższy, *Adv.* wyżej; **e** *Schule* szkoła średnia.
hohl (wewnątrz) pusty; wydrążony; (*konkav*) wklęsły; *Wangen*: zapadły; *Zahn*: spróchniały; *Phrasen*: czczy; *Laut*: głuchy (-cho); **e** *Hand* garść f; **block** m Arch. pustak.
Höhle f jaskinia (*a. fig.*), pieczara; **n-** jaskiniowy; **n-forscher** m speleolog, grotołaz.
Hohl|kopf F m tuman, cymbał; **ladungsgeschoß** n pocisk kumulacyjny; **lochstein** m cegła sitówka; **maß** n miara objętości; **raum** m próżnia, jama, wydrążenie; **saum** m mereżka; **schliff** m zaostrzenie wklęsłe; **spiegel** m zwierciadło wklęsłe; **stein** m s. Hohlblock; **tiere** n/pl. jamochłony m/pl.
Höhlung f s. Hohlraum; (*Vertiefung*) wgłębienie.
Hohl|weg m parów, jar; **ziegel** m cegła dziurawka.
Hohn m (-es; 0) szyderstwo; *das ist der reinste* **to** zakrawa na kpiny; *zum* **na urągowisko; **gelächter** n szyderczy śmiech.
höhnisch szyderczy (-czo).
hohn|lächelnd uśmiechając się szyderczo; **sprechen** urągać (*D*).
Hokus'pokus m (*unv.*) hokuspokus.
hold przychylny, sprzyjający; (*lieblich*) uroczy (-czo), słodki (-ko); *das Glück ist ihm* **uśmiecha mu się szczęście.
Holdinggesellschaft f holding, spółka holdingowa. [s. a. hold.)
holdselig śliczny, pełen wdzięku,)
holen v/t *Sache*: przynosić (-nieść) (*A*), (*a. Pers.*) iść (pójść) (*od.* (po)jechać) po (*A*), sprowadzać (-dzić) (*A*); *Rat*: zasięgać (-gnąć) (*G*; *bei/u G*); *Luft, Atem*: zaczerpnąć pf. (*G*); s. heraus-, hervorholen; F *sich* **s. sich zuziehen.
Holländ|er(in f) m Holender(ka), **isch** holenderski (po -ku).
Hölle f piekło (*a. fig.*); *die* **war los

rozpętało się piekło; *j-m die* **heiß machen** docinać, dopiekać (*D*).
Höllen|angst f piekielny strach; **lärm** F m piekielny hałas; **maschine** f bomba zegarowa, † maszyna piekielna; **qual** f piekielna męka, katusze *f/pl.*; **stein** m lapis.
höllisch piekielny.
Holm [1] m (-es; -e) *Tech.*, *Mar.* wzdłużnik, podłużnica; *Flgw. a.* podłużniczka; *Sp.* (*Barren* [2]) żerdź f; (*Ruder* [2]) trzon; (*Axt* [2]) toporzysko, stylisko.
Holm [2] m (-es; -e) ostrów, kępa.
holp(e)rig nierówny (-no); *Weg*: wyboisty (-ście); *Stil*: chropowaty (-to), nieporadny. [się.)
holpern (-re; *a. sn*) *Wagen*: trząść)
holter'polter F łapu-capu.
Ho'lunder m czarny bez.
Holz n (-es; **er**) drzewo; (*Nutz* [2]) drewno; F *fig.* wie ein Stück **jak kłoda; **apfel** m (jabłoń f) płonka; **bearbeitung** f obróbka drewna, **blas-instrument** n instrument dęty drewniany; **bock** m Zo. s. Zecke; **bohrer** m świder do drewna; *Zo. pl.* kołatkowate *pl.*; Cossidae; s. a. Borkenkäfer.
Hölzchen n drewienko, patyczek.
holzen (-zt) F *Sp.* grać brutalnie.
hölzern drewniany, z drewna; *fig.* sztywny, oschły (-ło).
Holz|essig m ocet drzewny (surowy); **fällen** n wyrąb lasu; ścinanie drzewa; **fäller** m drwal; **faserplatte** f płyta pilśniowa, **frachter** m drewnowiec; **frei** bezdrzewny.
Holzhammer m młot(ek) drewniany, dobnia; **methode** f F *etwa* grube załatwienie [łopatologia.)
holzig zdrewniały.
Holz|kohle f węgiel drzewny; **leim** m klej stolarski; **malerei** f malarstwo (*konkr.* malowidło) na drewnie; **pantine** f drewniak; **säge** f piła do drewna; **schliff** m ścier drzewny; **schnitt** m drzeworytnictwo; drzeworyt; **schnitzer** m snycerz; **schnitze'rei** f snycerstwo; rzeźba drewniana; **schraube** f wkręt (*od.* śruba) do drewna; **schuh** m drewniak; **schuppen** m szopa drewniana; drwalnia.
Holzspan m wiór; **platte** f płyta wiórowa.
Holz|spiritus m spirytus drzewny; **stapel** m, **stoß** m stos drzewa *od.*

drewna; ~stoff m lignina, drzewnik; ~verkleidung f okładzina z drzewa, boazeria; ~weg m fig.: auf dem ~weg sein być w błędzie, mylić się; ~wolle f wełna drzewna.

homo'gen homogeniczny, jednorodny.

Homöo'path m (-en) homeopata m; 2isch homeopatyczny.

Homosexu|ali'tät f (0) homoseksualizm; 2'ell homoseksualny.

Honig m (-s; 0) miód; ~biene f pszczoła pasieczna od. miodowa; ~klee m nostrzyk; ~kuchen m miodownik; 2süß (0) słodki jak miód, miodowy (-wo); ~wein m miód pitny.

Hono'ra|r n (-s; -e) honorarium n; ~ti'oren m/pl. notable m/pl., dostojnicy m/pl.

hono'rieren (-) honorować.

Hopfen m (-s; 0) chmiel; ~ in Zssgn chmielowy, ... (do) chmielu; ~bau m (-es; 0) chmielarstwo.

hopp! hop!; co żywo!

hoppeln (-le; sn) kicać <-cnąć>.

hoppla! hopla!

hops: F ~ gehen przepaść pf.; rozbić się pf.; Pers. paść pf. (trupem), połknąć pf. kulę; ~! hops!; ~a! hop(sasa)!; ~en F s. hüpfen; (tanzen) hasać; 2er m (pod)skok; (Tanz) skoczny walczyk; ~gehen F s. hops.

hör|bar słyszalny; 2behinderung f upośledzenie słuchu; 2bereich m zasięg (od. zakres) słyszalności.

horch|en nasłuchiwać; s. a. lauschen, zuhören; ~! (po)słuchaj!; 2er m podsłuchiwacz; 2gerät n Mil. aparat podsłuchowy; 2posten m Mil. podsłuch, czujka.

Horde¹ f kratownica.

Horde² f horda; fig. a. verä. zgraja.

hören v/t <u>słyszeć (A); Radio, Vortrag usw.: słuchać (G); v/i <u>słyszeć (von j-m/od G; von et./o L); s. a. j-m, zuhören, gehorchen; laß ~! opowiadaj!; na hör(e) mal! no, wiesz!; ich habe sagen ~ słyszałem; er hört schwer on niedosłyszy; nichts von sich ~ lassen nie dawać znaku życia; auf den Namen ... ~ (Tier) wabić się.

Hörensagen n: vom ~ ze słyszenia.

Hörer m Fmw. słuchawka; (a. ~in f) słuchacz(ka); ~schaft f (0) słuchacze m/pl.

Hör|fehler m przesłyszenie się;

~funk m radio(fonia); ~gerät n aparat słuchowy, głuchosłuch.

hörig: j-m ~ sein być niewolniczo uległym (D); 2keit f (0) niewolnicza uległość, zależność f.

Hori'zont m (-s; -e) horyzont (a. fig.), widnokrąg; Geol. poziom.

horizon'tal poziomy (-mo); 2e f linia pozioma. [Zssgn hormonowy.]

Hor'mon m (-s; -e) hormon; ~ in/

Horn n (-es; "er) róg; (Signal2) klakson, sygnał (dźwiękowy), syrena; Mus. a. waltornia; Geogr. cypel; (Berg) szczyt, iglica; fig. sich die Hörner abstoßen wyszumieć się; j-m Hörner aufsetzen przypinać <-piąć> rogi (D); ~ in Zssgn rogowy; ~blatt n Bot. rogatek; ~brille f okulary m/pl. w rogowej oprawie.

Hörnchen n Kochk. rogalik.

hörnern rogowy.

Hornhaut f rogówka; s. Schwiele.

Hor'nisse f szerszeń m. [nista m.]

Hor'nist m (-en) trębacz; waltor-

Hornvieh n (-s; 0) bydło rogate.

Horo'skop n horoskop.

hor'rend horrendalny.

Horror m (-s; 0) zgroza; (Abscheu) wstręt; ~film m film grozy, thriller.

Hör|saal m sala wykładowa; ~spiel n słuchowisko.

Horst m (-es; -e) pielesz, gniazdo; (Pfadfinder2) chorągiew f; Geol. horst; s. Fliegerhorst; 2en (-e-) gnieździć się.

Hort m (-es; -e) s. Kindertagesstätte; lit. fig. ostoja; 2en (-e-) <na>gromadzić.

Hörweite f (0): in ~ na odległość słuchu; außer ~ poza zasięgiem słyszalności.

Hös|chen n spodenki pl.; (mst Unter2) majteczki pl.

Hose f spodnie pl., P a. portki pl.; fig. F die ~n anhaben rządzić, wodzić rej; die ~n voll haben mieć pietra.

Hosen|anzug m kostium składający się z żakietu i spodni; ~aufschlag m mankiet (u spodni); ~bein n nogawica; ~matz m (-es; "e) brzdąc, pędrak; ~rolle f Thea. rola męska; ~schlitz m rozporek (u spodni); ~tasche f kieszeń f spodni; ~träger m od. pl. szelki f/pl.

hosi'anna! hosanna!

Hospi't|al n (-s; -e/"er) szpital;

engS. przytułek; **~ant** *m* (*-en*) wolny słuchacz, hospitant.

Ho'spiz *n* (*-es; -e*) schronisko.

Hostie *f* hostia.

Ho'tel *n* (*-s; -s*) hotel; **~ in** *Zssgn* hotelowy; **~gewerbe** *n*, **Hotelle-'rie** *f* (*0*) hotelarstwo; **~halle** *f* hall; **~nachweis** *m* biuro kwater; **~page** *m* goniec hotelowy, boy; **~zimmer** *n* pokój hotelowy, numer (w hote-hott!, hü! wio!, wista! [lu).∫

Hub *m* (*-es; ∵e*) podniesienie, wznios; *Tech., Kfz.* skok, suw; **~ in** *Zssgn mst* podnoszenia.

hüben tu, po tej stronie.

Hub|kraft *f* siła nośna; **~raum** *m Kfz.* objętość skokowa.

hübsch ładny (*a.* F *fig.*); *Pers. a.* przystojny; (*angenehm*) przyjemny; *sich ~ machen* (wy)stroić się.

Hub|schrauber *m* śmigłowiec, helikopter; **~stapler** *m* wózek wysokiego podnoszenia, stertownik.

huckepack na barana.

hudeln (*-le*) fuszerować, partaczyć.

Huf *m* (*-es; -e*) kopyto; **~eisen** *n* podkowa; **2eisenförmig** podkowiasty (-to), w kształcie podkowy; **~lattich** *m* podbiał (pospolity); **~nagel** *m* podkowiak, ufnal; **~schlag** *m* tętent; **~schmied** *m* (kowal-)podkuwacz.

Hüft|bein *n* kość biodrowa, **~e** *f* biodro; **~gelenk** *n* staw biodrowy; **~gürtel** *m*, **~halter** *m* pas elastyczny do pończoch.

Huftiere *n/pl.* kopytne *pl.*

Hüft-umfang *m* obwód w biodrach.

Hügel *m* wzgórze, pagórek; **~grab** *n* kopiec, kurhan; **2ig** pagórkowaty (-to); **~land** *n* teren pagórkowaty, kraina (*od.* okolica) pagórkowata.

Huhn *n* (*-es; ∵er*) kura.

Hühnchen *n* kurczę; *mit j-m ein ~ zu rupfen haben* powiedzieć kilka słów do słuchu (*D*).

Hühner|auge *n* odcisk, nagniotek; **~brühe** *f* rosół z kury; **~farm** *f* ferma drobiowa; **~habicht** *m* jastrząb gołębiarz; **~hund** *m s. Vorstehhund*; **~leiter** *f* grzędy *f/pl.* dla kur; **~stall** *m* kurnik; **~vögel** *m/pl.* kuraki *m/pl.*; **~zucht** *f* hodowla kur.

hui! ach!; *im ~* w mig.

Huld *f* (*0*) łaska; łaskawość *f.*

huldig|en hołdować, odda(wa)ć hołd (*D*); **2ung** *f* hołd(y *pl.*); hołdowanie.

huld|reich, **~voll** łaskawy (-wie), miłościwy (-wie).

Hülle *f* powłoka, otoczka; osłona; pokrywa; (*Buch2*) obwoluta; *die sterbliche ~* szczątki *m/pl.*; *in ~ und Fülle* w bród.

hüllen okry(wa)ć, osłaniać ⟨-łonić⟩ (*in A/I*); *sich in Schweigen ~* zachow(yw)ać milczenie.

Hülse *f* łupina, (*a. Mil.*) łuska; *Tech.* tulej(k)a; *El.* pochewka; (*Zigaretten2*) gilza; (*Schote*) strąk.

Hülsen|früchte *f/pl.* (rośliny *f/pl.*) strączkowe; **~früchtler** *pl. Bot.* motylkowate *pl.*, strąkowce *m/pl.*

hu'man ludzki (po -ku); humanitarny.

Huma'ni|smus *m* (*-; 0*) humanizm; **2stisch** humanistyczny; **2'tär** humanitarny; **[del; blaga.)**

Humbug *m* (*-s; 0*) humbug, szwin-∫

Hummel *f* (*-; -n*) trzmiel.

Hummer *m* homar.

Hu'mor *m* (*-s; 0*) humor; **~eske** [-'RES-] *f* humoreska; **2istisch** [-'RIS-] humorystyczny; **2voll** żar-∖

hu'mos humusowy. [tobliwy (-wie).∫

humpeln (*-le; a. sn*) kuleć, utykać; (*sich ~d bewegen*) ⟨po⟩kuśtykać.

Humpen *m* kufel. [humus.)

Humus(erde *f*) *m* (*-; 0*) próchnica,∫

Hund *m* (*-es; -e*) pies; *Bgb.* wózek; *junger ~* szczenię, psiak; F *vor die ~e gehen* marnie zginąć; *auf den ~ kommen* schodzić ⟨zejść⟩ na psy; *er ist mit allen ~en gehetzt* to szczwany lis; *armer ~* biedaczysko, nieborak.

Hunde|abteil *n* przedział dla psów; **2elend:** *sich 2elend fühlen* czuć się pod psem; **2fänger** *m* hycel; **~hütte** *f* psia buda; **2kalt** zimno jak w psiarni; **~leben** F *n* pieskie (*od.* psie) życie; **~leine** *f* smycz *f*; **~marke** *f* żetonik dla psa; **2müde** F okropnie zmęczony; **~peitsche** *f* harap; **~rasse** *f* rasa psów.

hundert sto; 2 *f* setka; *4 vom* 2 cztery od sta; 2e, *zu* 2en setki; *einige, mehrere ~* kilkaset; **2er** F *m* setka; **~fach** stokrotny, *Adv. a.* stokroć; **2'jahrfeier** *f* setna rocznica, stulecie; **~jährig** stuletni; **~mal** sto razy; **2'markschein** *m* banknot stumarkowy; **~prozentig** stuprocentowy; **2schaft** *f* kompania, szwadron; *hist. a.* sotnia; **~ste** setny; **2stel** *n* setna część.

hysterisch

Hunde·steuer f podatek od psów.
hunderttausend sto tysięcy.
Hunde|wetter F n psia (od. pieska) pogoda; **~zucht** f hodowla psów.
Hünd|in f suka; **2isch** fig. służalczy (-czo), uniżony (-żenie).
hunds|gemein F podły (-le); **2kamille** f rumian polny od. psi; **~mise'rabel** paskudny, picski, pod psem; **2tage** m/pl. kanikuła.
Hüne m (-n) olbrzym. [olbrzymi.]
Hünen|grab n megalit; **2haft** f]
Hunger m (-s; 0) głód; **~ haben** być głodnym; **~ bekommen** ⟨po⟩czuć głód; **~s sterben** umrzeć śmiercią głodową, **~katastrophe** f klęska głodu; **~kur** f kuracja głodowa; **~leider** F m biedak, bieda z nędzą; **~lohn** m głodowa płaca; **2n** (-re) głodować; (freiwillig) głodzić się; **mich 2t** jestem głodny; **2n lassen** głodzić; **~ödem** n głodowa puchlina.

Hungersnot f klęska głodu.
Hunger|streik m głodówka, strajk głodowy; **~tod** m śmierć głodowa; **~tuch** n: am **~tuch nagen** przymierać głodem.
hungrig głodny (nach/G); zgłodniały; präd. a. na głodnego.
Hup|e f buczek; Kfz. klakson, sygnał; **2en** da(wa)ć sygnał (klaksonem).
hüpfen (sn) podskakiwać ⟨skoczyć⟩, (a. im Tanz) podrygiwać; **~d** w podskokach.
Hupkonzert n trąbienie klaksonem.
Hürde f Agr. ogrodzenie (przenośne); Sp. płotek lekkoatletyczny; fig. e-e **~ nehmen** przezwyciężać trudności. [**~läufer** m płotkarz.]
Hürden|lauf m bieg przez płotki;]
Hure V f ulicznica, V kurwa.
hur'ra! hura!; **2patriotismus** m hurrapatriotyzm.
hurtig żwawy (-wo), szybki (-ko).
Hu'sar m (-en) huzar.
husch! czmych!, szmyrk!; (los!) szybko!; **~en** (sn) po-, przemykać ⟨-mknąć⟩, szmyrgać ⟨-gnąć⟩.
Hus'siten m husycki.
hüsteln (-le) pokasływać.
husten (-e-) ⟨za⟩kasłać, kaszlać ⟨-lnąć⟩; F fig. **~ auf** (A) gwizdać, kichać na (A); **2~** m (-s; 0) kaszel; **2anfall** m atak (od. napad) kaszlu; **2bonbon** m od. n cukierek od kaszlu; **2reiz** m podrażnienie os-

krzeli (od. gardła) wywołujące kaszel; **2saft** m syrop na kaszel.
Hut¹ m (-es; -e) kapelusz; kołpak; **den ~ ziehen** kłaniać ⟨ukłonić⟩ się (vor D/D); fig. **~ ab** (vor D)! doskonały (N)!; **unter e-n ~ bringen** pogodzić (ze sobą); F **alter ~!** stara piosenka! [baczności.]
Hut² f: **auf der ~ sein** mieć się na]
Hütchen n kapelusik; Tech. kołpaczek, (a. Mil.) kapturek.
hüten (-e-) pilnować, strzec (sich się); Vieh: paść; **das Bett ~** leżeć w łóżku.
Hüter m stróż; opiekun; s. Hirt.
Hut|krempe f rondo kapelusza; **~macher** m kapelusznik; **~macherin** f modystka.
Hutschnur f fig.: **das geht mir über die ~!** tego już za wiele!
Hütte f chata, chałupa; (Schutz2) schronisko; Tech. huta.
Hütten|- hutniczy; **~arbeiter** m hutnik; **~kunde** f, **~wesen** n hut-]
Hy'äne f hiena (a. fig.). [nictwo.]
Hya'zinthe f Bot. hiacynt.
Hy'bride f hybryd, krzyżówka.
Hydra f Zo. stułbia, (a. fig.) hydra.
Hy'drant m (-en) hydrant; **~'drat** n (-es; -e) wodzian; **2'draulisch** hydrauliczny; **~'drid** n (-es; -e) wodorek; **2'drieren** (-) uwodorni(a)ć.
hydro|- hydro-; **2'gen-** wodoro-; **2kultur** f Agr. hydroponika; **2thera'pie** f (0) hydroterapia, wodolecznictwo.
Hydro'xid n wodorotlenek.
Hygien|e [-'gie:-] f (0) higiena; **2isch** higieniczny. [metr.]
hygro|- higro-; **2'meter** n higro-]
Hymne f hymn.
Hy'perbel f (-; -n) hiperbola.
Hyperto'nie f choroba nadciśnieniowa, hipertonia.
Hy'pnose f hipnoza.
Hipnoti'seur m (-s; -e) hipnotyzer; **2'sieren** (-) ⟨za⟩hipnotyzować.
Hypo'chon|der m hipochondryk; **2drisch** hipochondryczny.
Hypo'|physe f przysadka mózgowa; **~te'nuse** f przeciwprostokątna.
Hypo'thek f hipoteka; **~en-** hipoteczny. [potetyczny.]
Hypo'these f hipoteza; **2tisch** hi-]
Hypoto'nie f podciśnienie, hipotonia. [histeryczny.]
Hyste'|rie f histeria; **2risch** [-'ste:-]

I

i *Int.*: ~ bewahre!, ~ wo! aleź gdzie tam!

i'berisch iberyjski.

ich ja; ~ bin's! to ja!

Ich *n* (-/-s; -/-s) ja *n*, jaźń *f*; **2bezogen** egocentryczny; **~form** *f* pierwsza osoba.

Ichthyo'saurier *m* rybojaszczur.

ide'al idealny.

Ide'al *n* (-s; -e) ideał.

ideali'sieren (-) ⟨wy⟩idealizować.

Idea'lis|mus *m* (-; 0) idealizm; **~t** *m* (-en) idealista *m*; **2tisch** idealistyczny.

I'dee *f* idea; F e-e ~ ... odrobinę (*G*); *s. fix, Gedanke*.

ide'ell ideowy (-wo).

I'deen|flucht *f* (0) *Med.* gonitwa myśli; **~gehalt** *m* treść ideowa, ideowość *f*; **~reichtum** *m* bogactwo myśli.

identifi|'zieren (-) identyfikować (*j-n als/k-o z I*), utożsami(a)ć (*mit/z I*); stwierdzać ⟨-dzić⟩ (*od.* ustalać ⟨-lić⟩) tożsamość (*A/G*); *Sachen a.*: rozpozna(wa)ć; **2'zierung** *f* identyfikacja; ustalenie tożsamości.

i'den|tisch identyczny; **2ti'tät** *f* (0) identyczność *f*, *engS.* tożsamość *f*.

Ideo'log|e *m* (-n) ideolog; **2isch** ideologiczny.

Idi'o|m *n* (-s; -e) idiom(atyzm); **2'matisch** idiomatyczny.

Idi'ot *m* (-en) idiota *m*.

Idi'oten|hang *m*, **~hügel** *m* ośla łą(cz)ka. [tyczny.]

Idi|o'tie *f* idiotyzm; **2'otisch** idio-⟨

I'dol *n* (-s; -e) bożyszcze.

I'dyll *n* (-s; -e), **~e** *f* idylla, sielanka; **2isch** idylliczny.

Igel *m* jeż; **~fisch** *m* jeżówka, najeżka; **~stellung** *f* pozycja przystosowana do obrony okrężnej, [tycz.]

Igno|'ranz *f* (0) ignorancja; **2'rieren** (-) ⟨z⟩ignorować.

ihm (je)mu.

ihn (je)go; **~en** im; **2en** panu, pani, *pl.* państwu, wam.

ihr *pers. Pron.* (*sg.*, *D v.* sie) jej; (*2. Pers. pl.*) wy; *poss. Pron.* (*3. Pers. sg.*) jej, swój, swoje, swoją; (*3. Pers. pl.*) ich, swoje, swoich; **2** (*possesiv*) pański, pana,

pani, wasz; *s. a. ihrig*; **~er** (*sg.*, *G v.* sie) jej; (*3. Pers. pl.*) ich.

ihrerseits z jej (*pl.* ich) strony; **2** z pańskiej strony, ze strony pani.

ihresgleichen taką (*od.* takiej) jak (ta, ona *usw.*), podobną (*od.* podobnej, *pl.* takich) jak (te, one, oni *usw.*), podobnych; ~ suchen nie mieć sobie równego (*od.* równej, równych).

ihret|halben, **~wegen**, (*um*) **~willen** dla niej (*pl.* nich), ze względu na nią (*pl.* nich); (*durch sie*) przez nią (*pl.* nich); **2halben** *usw.* dla pana (*od.* pani, państwa), ze względu na pana (*od.* panią, państwa).

ihrig *s. ihr* (*poss.*); der (die, das) 2e pański, pańska, pańskie, (*e-r Frau*) pani; die 2en rodzina, krewni *m/pl.*; tun Sie das 2e niech pan(i) ⟨z⟩robi co do pana (pani) należy.

ille|'gal nielegalny; **~gi'tim** sprzeczny z prawem; *Kind*: nieślubny, † z nieprawego łoża.

Illu|si'on *f* iluzja; **2'sorisch** iluzoryczny, złudny; **~strati'on** *f* ilustracja; **2'strieren** (-) ⟨z⟩ilustrować; **~'strierte** *f* tygodnik ilustrowany, magazyn.

Iltis *m* (-ses; -se) *Zo.* tchórz.

im = *in dem*.

imagi'när imaginacyjny, urojony.

Imbiß *m* (-sses; -sse) przekąska; e-n ~ einnehmen przekąsić (*od.* przegryźć) cokolwiek; **~halle** *f*, **~stube** *f* bufet, bar samoobsługowy.

Imi|tati'on *f* imitacja; **2'tieren** (-) imitować.

Imke|r *m* pszczelarz, hodowca *m* pszczół; **~rei** *f* (0) pszczelarstwo.

immatriku'lieren (-): sich ~ lassen zapis(yw)ać się (na *A*).

immer zawsze; (*stets*) wciąż, stale; (*vor Komp.*) coraz (to); *auf* ~ für ~ na zawsze; ~ noch, noch ~ wciąż jeszcze; ~ wieder wciąż na nowo; ~ noch nicht jeszcze nie; ~ besser coraz (to) lepiej; der *usw.* ~ nicht zu Hause nigdy go nie ma w domu; wer ~ ktokolwiek by; was (auch) ~ cokolwiek by; wo auch ~ gdziekolwiek by; **~fort** bezustannie, ciągle; **2grün** *n* (-s; -e) barwinek; **~hin**

bądź co bądź, wszak(że); **~zu** s. immerfort. [f/pl.]

mmo'bilien pl. nieruchomości]

m'mun| odporny (gegen/na A); **~ni'sieren** (-) immunizować; **2ni-'tät** f Med. odporność f; Pol. nietykalność f (poselska).

im|perativ m (-s; -e) Gr. tryb rozkazujący, rozkaźnik; Philos. imperatyw; **~perfekt** n (-s; -e) Gr. czas przeszły niedokonany.

imperia'lis|mus m (-; 0) imperializm; **2tisch** imperialistyczny.

mperti'nent impertynencki (-ko).

mpe'tigo f (-; 0) Med. liszajec.

mpf|en szczepić, (za)szczepi(a)ć (gegen/przeciw D); **2schein** m świadectwo szczepienia; **2stoff** m szczepionka; **2ung** f szczepienie.

mplantati'on f wszczepienie, implantacja.

mpo'nier|en (-) (za)imponować; **~end** imponujący (-co).

im|port m (-es; -e) import; konkr. a. = **~e** pl. importowane towary m/pl.; **~- in** Zssgn importowy; importowany, z importu.

mpor'teur m (-s; -e) importer; **2'tieren** (-) importować.

mpo'sant imponujący (-co).

mpoten|t cierpiący na niemoc płciową od. na impotencję; **2z** f niemoc płciowa, impotencja.

mprä'gnier|en (-) impregnować; **2ung** f impregnacja.

mpressio'nismus m (-; 0) impresjonizm. [książki.]

m'pressum n (-s; -ssen) metryka]

mprovi'sieren (-) (za)improwizować.

m'puls m (-es; -e) impuls (a. Fmw., El.), popęd do działania; (Anregung) bodziec, podnieta; Psych. (po)pęd; **~- in** Zssgn impulsowy.

mpul'siv impulsywny.

m'stande – **~** sein być w stanie.

n Prp. (D) w, we, na (L); (A) w, we (A), do (G); (zeitl.; D) w (L), za (G od. A); bis ~ (A) aż do (G); s. a. Auftrag, Lauf, Länge usw.

'n'an|griffnahme f (0) rozpoczęcie; **~spruchnahme** f (0) korzystanie (G/z G); zaabsorbowanie (durch/I).

~hegriff m (-es; 0) wcięcie, uosobienie; (Muster) wzór, szczyt; **2en** łącznie (A/z I); alles **2en** włączając wszystko.

Inbe|'sitznahme f (0) wzięcie w posiadanie, objęcie w władanie; **~'triebnahme** f (0) uruchomienie, oddanie do eksploatacji.

Indefi'nitpronomen n zaimek nieokreślony.

in|deklinabel nicodmienny.

in'dem (während) podczas gdy, kiedy; (dadurch, daß) mst durch Partizip Präs.: ..., ~ du ihn besuchst ... odwiedzając go.

Inder(in f) m Hindus(ka).

in'dessen Adv. (jedoch) jednak(że); niemniej przeto; (unterdessen) tymczasem; Kj. podczas gdy, kiedy.

Index m (-es; -e/-dizes) indeks; auf den ~ setzen umieszczać ⟨-eścić⟩ na indeksie; **~ziffer** f wskaźnik.

Indi'an|er m Indianin; **~erin** f Indianka; **2isch** indiański (po -ku).

In'dienststellung f oddanie do użytku od. do eksploatacji; Mil. wprowadzenie do służby.

indifferent obojętny.

Indigo m od. n (-s; -s) indygo n; **~blau** n błękit indygowy; **~strauch** m indygowiec.

Indika'ti'on f Med. wskazanie; **~tiv** m (-s; -e) Gr. tryb oznajmujący; **~tor** [-'ka:-] m (-s; -'toren) indykator; Chem. wskaźnik.

indirekt pośredni (-nio).

indisch indyjski (po -ku).

in|diskret niedyskretny; **~diskutabel** nie podlegający dyskusji; nie wchodzący w rachubę; **~disponiert** niedysponowany.

Individu|a'list m (-en) indywidualista m; **~ali'tät** f indywidualność f; **2'ell** indywidualny; **~um** [-'vi:-] n (-s; -duen) indywiduum n (a. verä.), osobnik.

In'diz n (-es; -ien) poszlaka.

In'dizien|beweis m dowód pośredni; **~prozeß** m proces poszlakowy.

indi'ziert Med. wskazany.

indo'nesisch indonezyjski (po -ku).

Indos|sa'ment n (-s; -e) indos(ament); **~sant** m (-en) żyrant; **~sat** m (-en) indosat(ariusz); **2'sieren** (-) indosować, żyrować. [dukcyjny.]

Indukti'on f indukcja; **~s- in-**

industri'al|sier|en (-) uprzemysłowiać ⟨-łowić⟩; **2ung** f uprzemysłowienie.

Indu'strie f przemysł; **~anlage** f

zakład przemysłowy; **~abwässer** *pl.* ścieki *m/pl.* przemysłowe; **~arbeiter** *m* robotnik przemysłowy; **~bezirk** *m* okręg przemysłowy; **~erzeugnis** *n* wyrób przemysłowy; **~gebiet** *n s. Industriebezirk*; **~kaufmann** *m* pracownik administracyjno-biurowy w przemyśle.

industri'ell przemysłowy (-wo); 2e(r) przemysłowiec.

Indu'strie|produktion *f* produkcja przemysłowa; **~staat** *m* państwo przemysłowe *od.* uprzemysłowione; **~zweig** *m* gałąź *f* przemysłu.

indu·zieren (-) indukować.

in·ein'ander jedno w drugie, jeden w drugi; **~greifen** zazębiać (się).

in'ert *Chem.* obojętny.

in'fam nikczemny, podły (-le).

Infante'rie *f* piechota; *in Zssgn* ... piechoty; **~'rist** *m* (-en) piechur, żołnierz piechoty, strzelec.

infan'til infantylny; *fig. a.* dziecięcy, dziecięco naiwny.

In'farkt *m* (-*es*; -e) zawał.

Infekti'on *f* infekcja, zakażenie; **~skrankheit** *f* choroba zakaźna.

Infini'tiv *m* (-*s*; -e) bezokolicznik.

infi'zieren (-) zarażać ⟨-razić⟩ (sich się), zakażać ⟨-kazić⟩. [... inflacji.]

Inflati'on *f* inflacja; **~s-** inflacyjny.)

in'folge (*G od.* von) wskutek, z powodu (*G*); **~'dessen** wskutek tego, przez to.

Infor'mant *m* (-en) informator; (*V-Mann*) konfident.

Informati'on *f* informacja; **~s-** informacyjny.

infor|ma'torisch informacyjny; **~'mieren** (-) ⟨po⟩informować (sich się; *über A/o L*).

Infra·rot *n* (-*s*; *0*) podczerwień *f*; **~gerät** *n Mil.* noktowizor; **~strahler** *m* promiennik podczerwieni.

Infrastruktur *f* infrastruktura.

Infusi'on *f Med.* wlew, infuzja.

Infu'sorien *n/pl.* wymoczki *m/pl.*; **~erde** *f* ziemia okrzemkowa.

Ingenieur [-ʒe'nɪøːʀ] *m* (-*s*; -e) inżynier; **~akademie** *f* wyższa szkoła inżynierska; **~bau** *m* (-*es*; -*ten*) budowla inżynierska.

Ingrimm *m* (-*s*; *0*) zawziętość *f*.

Ingwer *m* imbir.

Inhaber|(in *f*) *m* posiadacz(ka); **~** *in Zssgn Hdl.* na okaziciela.

inhaf'tier|en (-) ⟨za⟩aresztować; 2ung *f* zaaresztowanie.

inha'lieren (-) inhalować, wziewać; *Rauch* ~ zaciągać ⟨-gnąć⟩ się dymem.

Inhalt *m* (-*es*; -e) (*Gehalt*) zawartość *f*; *fig.* (*e-s Textes, des Lebens*) treść *f*; (*Raum2*) objętość *f*, pojemność *f*; *Math.* pole; *das Buch hat zum ~* .. treść książki stanowi ...

Inhalts|angabe *f* streszczenie; 2los bez treści, jałowy (-wo); 2reich bogaty w treść, treściwy (-wie); 2schwer ważny, doniosły (-le); **~verzeichnis** *n* spis rzeczy.

Initi'ale *f* inicjał.

Initia'tive *f* inicjatywa; *die ~ ergreifen* ujmować ⟨ująć⟩ (w swoje ręce) (*od.* przejmować ⟨-jąć⟩) inicjatywę; *die ~ entwickeln* mieć inicjatywę, występować ⟨-tąpić⟩ z inicjatywą, podejmować ⟨-djąć⟩ inicjatywę.

initi'ieren [-tsɪ-] (-) ⟨za⟩inicjować.

Injekti'on *f* iniekcja, zastrzyk; **~spritze** *f* strzykawka.

inji'zieren (-) wstrzykiwać ⟨-knąć⟩.

In'kasso *n* (-*s*; -*s/-si*) inkaso; **~** *in Zssgn* inkasowy.

inklu'sive włącznie. [cognito.)

In'kognito *n* (-*s*; -*s*), 2 *Adv.* in-)

in|kompetent niekompetentny; *Jur.* niewłaściwy; **~konsequent** niekonsekwentny; **~korrekt** niepoprawny.

Inkrafttreten *n* (-*s*; *0*) wejście w życie.

Inkreis *m Math.* koło wpisane.

Inkubati'onszeit *f* okres inkubacyjny.

Inland *n* (-*es*; *0*) wnętrze (*od.* głąb) kraju; (*Ggs. Ausland*) kraj; **~s-** *s. inländisch*.

Inländ|er *m* mieszkaniec kraju, krajowiec; 2isch krajowy, we-)

Inlaut *m* śródgłos. [wnętrzny.)

Inlett *n* (-*es*; -e) wsypa, inlet.

inliegend w załączeniu.

in'mitten (*G*) pośrodku, na (*od.* w) środku (*G*); pośród, wśród (*G*).

inne|haben *Amt*: zajmować; **~halten** *v/i* (*in D*) zatrzym(yw)ać się (w *L*), przer(y)wać (*A*; e-n Augenblick na chwilę).

innen wewnątrz, w środku; *nach ~* do wnętrza, do wewnątrz, do środka; *von ~* od wewnątrz.

Innen- ... -*mst* wewnętrzny; **~architektur** *f* architektura wnętrz; **~aufnahme** *f* zdjęcie w mieszkaniu *od.* pomieszczeniu; *pl.* (*Film*) zdjęcia *n/pl.* atelierowe; **~ausstattung** *f* wyposażenie (*od.* urządzenie) wnętrza; **~dienst** *m* służba wewnętrzna (*Mil. a.* koszarowa); **~hof** *m* dziedziniec wewnętrzny, wirydarz; **~leben** *n* życie wewnętrzne; **~minister(ium** *n*) *m* minister(stwo) spraw wewnętrznych; **~politik** *f* polityka wewnętrzna; **~raum** *m* wnętrze; **~stadt** *f* śródmieście, centrum miasta.

1ner|betrieblich wewnątrzzakładowy, **~e** wewnętrzny, *Geogr.* środkowy; **2e(s)** wnętrze; *fig.* głąb, (*Geist*) duch; *im* **2**(e)*n* w głębi duszy, w duchu.

1ne'reien *f/pl.* wnętrzności *f/pl.*; *Kochk.* podroby *m/pl.*

1nerhalb (*G*) w obrębie, wewnątrz (*G*); *zeitl.* w czasie, podczas, (*a. Adv.*) w ciągu (*G*); **~** *der Regierung* w łonie rządu; **~** *der Familie* w rodzinie.

1ner|lich wewnętrzny; duchowy, *Adv.* w duchu; **~parteilich** wewnątrzpartyjny.

1nerst – najintymniejszy, najskrytszy; *Überzeugung*: najgłębszy; **2e(s)** *s. Innere(s)*; *fig.* tajniki *m/pl.* duszy *od.* serca.

1ne|werden (*G*; *sn*) zauważać ⟨-żyć⟩, spostrzec *pf.* (*A*); **~wohnen** (*D*) tkwić (*w L*).

1nig (*eng*) bliski ⟨-ko⟩; (*tief empfunden*) głęboki ⟨-ko⟩; *Beziehung*: intymny, zażyły ⟨-le⟩; *s. inbrünstig, herzlich, zärtlich*; **2keit** *f* (*0*) serdeczność *f*; żarliwość *f*; zażyłość *f*.

1nova'teur *m* (*-s*; *-e*) nowator; **~ti'on** *f* innowacja.

1nung *f* cech; **~s-** cechowy.

1n|offiziell nieoficjalny; **~operabel** nieoperacyjny.   [danych.⟩

1nput *m* (*-s; 0*) *Comp.* wprowadzanie ⟩ **1nquisiti'on** *f* inkwizycja.

1ns = *in das*.

1sasse *m* (*-n*) (*Heim*2) wychowanek; pasażer; pacjent; (*Gefängnis*2) więzień *m*.   [zwłaszcza.⟩

1sbesondere w szczególności,⟩ **1schrift** *f* napis; (*Münz*2) legenda.

1sekt *n* (*-ts; -en*) owad.

1'sekten|gift *n* środek owadobójczy; **~kunde** *f* (*0*) entomologia; **~stich** *m* ukąszenie owada.

1sekti'zid *n* (*-ts; -e*) insektycyd.

1sel *f* (-; *-n*) wyspa; **~bewohner** *m*

---

wyspiarz; **~gruppe** *f* archipelag; **~reich** *n* państwo wyspiarskie.

Inse|'rat *n* (*-ts; -e*) ogłoszenie, anons; **2'rieren** (-) ogłaszać ⟨-łosić⟩ (*w prasie*).

insge|'heim potajemnie, po kryjomu; **~'samt** ogółem, ogólnie, w sumie.

insofern *Adv.* tak dalece; **~ ..., als** o tyle ..., że; *Kj.* **~** *als* o tyle, że; (*falls*) o ile.

insol|'vent niewypłacalny; **2'venz** *f* niewypłacalność *f*.

Inspek|'teur *m* (*-s; -e*) inspektor; **~ti'on** *f* inspekcja; *in Zssgn* inspekcyjny; **~tor** [-'spek-/-'ʃpek-] *m* (*-s; -'toren*) inspektor.

Inspi|rati'on *f* inspiracja, natchnienie; **2'rieren** (-) inspirować, natchnąć *pf.*; **~zi'ent** *m* (*-en*) inspicjent.

inspi'zieren (-) dokon(yw)ać przeglądu, przeprowadzać ⟨-dzić⟩ inspekcję (*A/G*).

Installa|'teur *m* (*-s; -e*) instalator; **~ti'on** *f* instalacja; *in Zssgn* instalacyjny.

instal'lieren (-) ⟨za⟩instalować.

in'stand: **~** *halten* utrzym(yw)ać w dobrym (*od.* należytym) stanie; **2haltung** *f* (*0*) utrzym(yw)anie w dobrym (*od.* należytym) stanie, konserwacja.

in'ständig usilny; żarliwy ⟨-wie⟩.

In'standsetzung *f* naprawa.

In'stanz *f* instancja; **~enweg** *m* droga urzędowa.

In'stinkt *m* (*-s; -e*) instynkt; **2iv** [-'ti:f], **2mäßig** instynktowny.

Insti'tut *n* (*-ts; -e*) instytut; **Instituti'on** *f* instytucja.

instru|'ieren (-) ⟨po⟩instruować; **2kti'on** *f* instrukcja, wskazówka; **~'ktiv** instruktywny.

Instru'men|t *n* (*-ts; -e*) instrument; *s. Gerät, Werkzeug*; **2'tal** instrumentalny; **~'tal** *m* (*-s; -e*) *Gr.* narzędnik.

Instru'menten|brett *n* tablica rozdzielcza *od.* przyrządów; **~kapsel** *f* pojemnik (*od.* kapsuła) z aparaturą pomiarową.

Insu'laner *m* wyspiarz.

Insu'lin *n* (*-s; 0*) insulina.

insze'nier|en (-) ⟨*fig. a.* za⟩inscenizować (*im*)*pf.*; **2ung** *f* inscenizacja.   [*lij. użarszy*⟩

in'takt nieuszkodzony; nienaruszo-⟩

Inte|'gralrechnung *f* rachunek

całkowy; **grati'on** f Math. całkowanie; Pol. integracja; 2**'grieren** (-) ⟨z⟩integrować (in A/z I); Math. całkować; 2**'griert** El., Comp. scalony.

intellektu'ell intelektualny; 2e(r) m/f intelektualist|a m (-ka).

intelli'gen|t inteligentny; 2z f inteligencja; 2**zquotient** m iloraz inteligencji.

Inten|'dant m (-en) intendent; **si'tät** f (pl. selt.) intensywność f, natężenie; 2**'siv** intensywny; Zssgn ...2siv -chłonny; **si'vierung** f (0) intensyfikacja; **sivstation** f Med. oddział opieki intensywnej.

inter-alliert międzysojuszniczy.

interes'sant interesujący (-co), ciekawy (-wie).

Inte'resse n (-s; -n) zainteresowanie; zaciekawienie; (Nutzen, Vorteil) interes, korzyść f; ~ haben an (D) a. interesować się (I), reflektować na (A); 2los nie wykazujący (od. bez) zainteresowania.

Inte'ressen|gebiet n sfera zainteresowań; Pol. sfera wpływów; **~gemeinschaft** f grupa interesów.

Interes|'sent m (-en) interesent; (przyszły, możliwy) klient; 2**'sieren** (-) ⟨za⟩interesować (j-n, sich für/k-o, się I); 2'siert sein być zainteresowanym (an D/w L).

interi'mistisch, Interims- tymczasowy.

Inter|jekti'on f Gr. wykrzyknik; 2**kontinen'tal** trans-, między|kon-∫**intern** wewnętrzny. [tynentalny.∫

Inter'nat n (-es; -e) internat.

internatio'nal międzynarodowy; **~i'sieren** (-) umiędzynarodowić pf.

inter'nier|en (-) internować; **~t**, 2te(r) internowany; 2**ungslager** n obóz dla internowanych.

Inter|'nist m (-en) (lekarz-)internista m; **~pellati'on** f interpelacja; 2**pel'lieren** (-) ⟨za⟩interpelować; 2**plane'tar(isch)** międzyplanetarny.

Inter'pret m (-en) interpretator; Thea. wykonawca m; **ati'on** f interpretacja; 2**ieren** [-'ti:-] (-) ⟨z⟩interpretować.

Interpunkti'on f interpunkcja; **s-zeichen** n znak interpunkcyjny.

Inter|'regnum n (-s; -gnen/-gna) bezkrólewie; 2**roga'tiv** Gr. pytający, pytajny; 2**stel'lar** między|-

gwiezdny, -gwiazdny; **'vall** (-s; -e) interwał; Math. przedział 2**ve'nieren** (-) interweniować; **venti'on** f interwencja; in Zssgn interwencyjny.

Interview [-'vju:] n (-s; -s) wywiad 2**en** (-) przeprowadzać ⟨-dzić⟩ wywiad (A/z I).

Inter'zonen- międzystrefowy.

in'tim intymny; engS. a. zażyły (-le); poufny; 2**i'tät** f intymność f **sphäre** f sfera osobista.

intolerant nietolerancyjny.

intramusku'lär Med. domięśniowy (-wo).

intransitiv Gr. nieprzechodni.

intra|ute'rin płodowy; **ve'nös** dożylny.

intri'gant intrygancki; 2 m (-en) 2**in**f intrygant(ka).

In'tri|ge f intryga; 2**'gieren** (-) intrygować. [inwalidzki.

Inva'lide m (-n) inwalida m; **n-Invalidi'tät** f (0) inwalidztwo.

Invasi'on f inwazja; **s-** inwazyjny

Inven'tar n (-s; -e) inwentarz; 2i**'sieren** (-) ⟨z⟩inwentaryzować.

Inven'tur f inwentaryzacja, sporządzanie remanentu, F remanent **ausverkauf** m wyprzedaż poremanentowa.

inve'stieren (-) ⟨za⟩inwestować.

Investiti'on f inwestycja; **s-** inwestycyjny.

In'vestment|gesellschaft f spółka lokacyjna; **papiere** n/pl. akcje f/pl. emitowane przez spółkę lokacyjną. [wnątrz.

inwendig wewnętrzny, präd. weinwie|'fern, **weit** jak dalece; o ile

In|'zest m (-es; -e) kazirodztwo **zucht** f Agr., Vet. chów wsobny, in'zwischen tymczasem, w międzyczasie.

I'on n (-s; -en) jon; **en-** jonowy.

i'onisch joński.

I'rak|er m Irakijczyk; 2**isch** irack

I'ran|er m Irańczyk; 2**isch** irański (po -ku). [(sterblich) doczesny.

ird|en gliniany; **isch** ziemski; **Ire** m (-n) Ir(landczyk).

irgend tylko; wenn ~ möglich jeżeli tylko możliwe; in Zssgn -kolwiek -ś; **ein** jakikolwiek, jakiś; **eine** ktokolwiek; **etwas** coś(kolwiek); **jemand** ktokolwiek, ktoś; **wan** kiedykolwiek; **wer** s. irgendjemand; **welcher** którykolwiek, p jakiekolwiek; **~wie** jakoś, jakimś sposobem, w jakikolwiek sposób; **~wo** gdziekolwiek, gdzieś; **~wo anders** od. sonst gdzie indziej; **~woher** skądkolwiek, skądś; **~wohin** dokądkolwiek, dokądś, F *a.* gdzie oczy poniosą.

'rin f Irlandka.

ris f *Bot.* irys, kosaciec; *Anat.* tęczówka; **~blende** f przysłona irysowa.

risch irlandzki (po -ku).

ro'|nie f ironia; ♀**nisch** [i'ro:-] ironiczny; [wymierny.\ **rational** irracjonalny; *Math.* nie-\ **rre** s. irr-, wahnsinnig; *Blick:* błędny; F *fig.* szałowy (-wo); **~ werden** ⟨s⟩tracić orientację; ⟨s⟩tracić wiarę *od.* zaufanie (*an* D/w A).

rre[1] m (-n) *od.* f obłąka|ny m (-na), F *wie ein* **~r** jak obłąkaniec *od.* wariat.

rre[2] f: *in die* **~** *gehen* zabłądzić *pf.*, zmylić *pf.* drogę; *fig.* być w błędzie; *in die* **~** *führen od.* *locken* wskaz(yw)ać niewłaściwą drogę; sprowadzać ⟨-dzić⟩ na manowce; *fig.* = ♀**führen** wprowadzać ⟨-dzić⟩ w błąd, (*a. sich* ♀**führen lassen**) zmylić *pf.*; **~führung** f wprowadzenie w błąd; ♀**machen** zbi(ja)ć z tropu.

rren (*sn*) błądzić, błąkać się; (*h*) (*geistig*) błądzić; (*a. sich* **~**) ⟨o⟩mylić się (*in* D/w L, co do G).

rren|anstalt f zakład dla obłąkanych; **~haus** F n dom wariatów.

rreden bredzić, majaczyć.

rr|fahrt f tułaczka, odyseja; **~garten** m labirynt; **~glaube** m herezja.

rrig błędny, mylny.

rri'tieren (-) ⟨po-, z⟩irytować; zbi(ja)ć z tropu; **~d** irytujący (-co).

Irr|lehre f herezja; **~licht** n błędny ognik; **~pfad** m błędna droga *od.* ścieżka.

Irrsinn m (-es; 0) obłęd; F *fig.* szaleństwo, wariactwo; ♀**ig** obłąkany; F *fig.* szalony (-lenie).

Irrtum m (-s; *er*) błąd; (*Versehen*) pomyłka.

irrtümlich (0) błędny, mylny; **~erweise** przez pomyłkę, pomyłkowo.

Irr|weg m błędna droga, *pl. a.* manowce *m/pl.*, bezdroża *n/pl.*; **~wisch** m s. *Irrlicht*; F (*Pers.*) trzpiot(ka). [kulszowa, ischias.\ **Ischias** m *od.* n, *Med. a.* f (-; 0) rwa\ **Islam** m (-s; 0) islam; ♀**isch** [-'la:-] islamski, mahometański.

Isländ|er(in f) m Island|czyk (-ka); ♀**isch** islandzki (po -ku).

iso- *in Zssgn* izo-.

Iso'lier|band n taśma izolacyjna; ♀**en** (-) ⟨o⟩izolować; **~haft** f areszt odosobniony; **~station** f izolatka; **~ung** f (od)izolowanie, (*a. konkr.*) izolacja; *Chem.* wyodrębnianie; **~zelle** f izolatka. [(powy.\ **Iso'top** n (-en) izotop; **~en-** izoto-\ **Isra'eli** m (-/-s; -/-s) Izrael|czyk (-ka); ♀**elisch** izraelski; **~e'lit** m (-en) *Rel.* izraelita m.

iß, ißt s. *essen*.

Ist-Bestand m stan faktyczny.

Isthmus m (-; -*men*) *Geogr.* przesmyk; *Anat.* cieśń f.

Ist-Stärke f *Mil.* stan rzeczywisty.

Italien|er [-'lie:-] m Włoch; **~erin** f Włoszka; ♀**isch** włoski (po-ku).

Itera'tiv n (-s; -e), **~um** n (-s; -va) czasownik wielokrotny *od.* częstotliwy.

I-Tüpfelchen n kropka nad i; *bis auf's* **~** jota w jotę.

J

a tak; **~** *freilich*, **~** *gewiß* ależ naturalnie; (*doch*) przecież; (*fragend*) **~**? czy nie tak?; (*zur Anreihung e-s Satzes*) ba, co więcej, (a) nawet; (*wirklich*) faktycznie, naprawdę; *sieh es dir* **~** *an!* popatrzże się na to!; *vergiß es* **~** *nicht!* tylko nie zapomnij tego!

acht f jacht.

Jäckchen n kaftanik.

Jacke f kurtka, wdzianko; (*Kostüm*♀) żakiet; F **~ wie Hose** jeden diabeł; **~n·kleid** n garsonka, sukienka dwuczęściowa *od.* z żakietem.

Ja'kett [ʒa-] n (-s; -e) marynarka; *vgl. Jacke*.

Jade m *od.* f (-; 0) nefryt; jadeit.

Jagd f polowanie, łowy *m/pl.*; *fig.*

pogoń *f*, gonitwa (*nach*/za *I*); ~ **machen** polować.

jagd|bar łowny; **Qberechtigung** *f* prawo polowania; **Qbeute** *f* zwierzyna upolowana; **Qbezirk** *m* obwód łowiecki; **Qbomber** *m* samolot myśliwsko-bombowy; **Qfalke** *m* białozór; **Qflieger** *m* pilot myśliwski, F myśliwiec; *a.* = **Qflugzeug** *n* samolot myśliwski, F myśliwiec; **Qgebiet** *n s. Jagdrevier*; **Qgeschwader** *n* skrzydło (*od.* pułk) lotnictwa myśliwskiego; **Qhaus** *n* szałas myśliwski; **Qhorn** *n* róg myśliwski; **Qhund** *m* pies myśliwski; **Qhütte** *f s. Jagdhaus*; **Qmesser** *n* kordelas; **Qpanzer** *m* niszczyciel czołgów; **Qrecht** *n* prawo łowieckie; **Qrennen** *n* bieg na przełaj, steeplechase *n*; **Qrevier** *n* rewir łowiecki; **Qschein** *m* karta łowiecka; **Qspringen** *n* próba w skokach przez przeszkody; **Qtrophäe** *f* trofeum myśliwskie; **Qwurst** *f* kiełbasa myśliwska.

jagen *v*/*i* polować (na *A*); *fig.* gonić, uganiać się (*nach*/za *I*); (*sn*) ⟨po-⟩ pędzić, ⟨po⟩gnać; *v*/*t* polować (na *A*); *in die Luft* ~ wysadzić w powietrze; *s. Bockshorn, Kugel usw.*

Jäger *m* myśliwy *m*, łowca *m*; *Mil.* strzelec; F *Flgw.* myśliwiec; **~latein** *n* łacina myśliwska, blaga.

Jaguar *m* ⟨-*s*; -*e*⟩ jaguar.

jäh nagły (-le); raptowny; (*steil*) stromy (-mo), spadzisty (-ście); **~lings** nagle; raptownie.

Jahr *n* ⟨-*es*; -*e*⟩ rok, *pl.* lata *n*/*pl.*; *ein halbes* ~ pół roku; półrocze; *bei* ~*en* w podeszłym wieku; ~ *für* ~ rok w rok; rok po roku; *in* ~-*m* ~ za rok; *von* ~ *zu* ~ z roku na rok; *jedes* ~ corocznie; *seit* ~*en* od lat, od dawna; *vor einem* ~ przed rokiem; rok temu; *vor 3* ~*en* trzy lata temu; ~*e hindurch* przez szereg lat; *in den 70-er* ~*en* w latach siedemdziesiątych.

jahr|aus: ~, *jahr'ein* rokrocznie, z roku na rok.

Jahrbuch *n* rocznik, *pl. a.* annały *m*/*pl.*

jahrelang długoletni; *Adv.* całymi latami, przez wiele lat.

jähr|en: *heute* ~*t sich* ... dziś rok jak ...; *heute usw.* ~*t sich* ... zum *dritten Male* dziś *usw.* przypada trzecia rocznica (*G*).

Jahres|- roczny; **~anfang** *m* począ-

tek roku; **~bericht** *m* sprawozdanie roczne.

Jahresdurchschnitt *m*: *im* ~ średnio (*od.* przeciętnie) w roku.

Jahresfrist *f*: *binnen* ~ w (prze)ciągu roku; *nach* ~ po (upływie) roku.

Jahres|ring *m* słój roczny; **~tag** *m* rocznica; **~wechsel** *m*, **~wende** *f* Nowy Rok; **~zahl** *f* rok, liczba roku; **~zeit** *f* pora roku.

Jahr|feier *f* rocznica; ~'**fünft** *n* ⟨-*es* -*e*⟩ pięciolecie; **~gang** *m* rocznik.

Jahr'hundert *n* stulecie, wiek **Qe-alt** stuletni, (wielo)wiekowy **~wende** *f* przełom wieków.

-jährig -roczny, -letni.

jähr|lich (*od.*)roczny; co roku; *jahr-mal* ~*lich* raz do roku; **Qling** *m* roczniak.

Jahr|markt *m* jarmark; *in Zssgn* jarmarczny; ~'**tausend** *n* tysiąclecie ~'**zehnt** *n* ⟨-*es*; -*e*⟩ dziesięciolecie

Jähzorn *m* wybuchowość *f*, popęd liwość *f*; **Qig** wybuchowy (-wo) popędliwy (-wie).

Jalou'sie [ʒaˈluˑ-] *f* żaluzja.

Jamb|e *f*, **~us** *m* ⟨-; -*ben*⟩ jamb.

Jammer *m* ⟨-*s*; 0⟩ lament, płacz; *e ist ein* ~*!* co za (*od.* wielka) szkoda! *es ist ein* ~, *zu sehen* ... aż rozpacz bierze, gdy się widzi ...; *ein Bil-des* ~ obraz nędzy i rozpaczy **~geschrei** *n* lament(owanie); **~gestalt** *f* żałosna postać; **~lappen** F *r verä.* niedo(ra)jda *m*, fajtłapa *m*.

jämmerlich nędzny, marny; *s* kläglich.

jammern ⟨-*re*⟩ *s.*(*weh*)*klagen*; lamen towaċ (*über, um A*/z powodu *G*)

jammer|schade (0) wielka szkoda **Qtal** *n* ⟨-*es*; 0⟩ padół płaczu; **~voł** *s. jämmerlich*.

Jänner *m* ⟨-/-*s*; -⟩, **Januar** *m* ⟨-/-*s* -*e*⟩ styczeń *m*; ~*- in Zssgn* styczniowy.

Ja'pan|er(in *f*) *m* Japo|ńczyk (-nka) **Qisch** japoński (po -ku).

jap|pen, **~sen** ziajać, (ciężko) dyszeć.   [żargon.]

Jargon [ʒaʁˈɡɔ̃/-ˈɡɔ̃] *m* ⟨-*s*; -*s*⟩

Jasager *m* lizus, podskakiwacz.

Jas'min *m* ⟨-*s*; -*e*⟩ jaśmin.

Jastimme *f* głos za.

jäten ⟨-*e*-⟩ pleć, plewić.

Jauche *f* gnojówka; F *a.* cuchnące ścieki *m*/*pl.*; *Med.* posoka; **~n grube** *f* gnojownia, dół kloaczny

jauchz|en ⟨-*zt*⟩ wykrzykiwać z ra

dości, radować się; ℒer *m* radosny
okrzyk.

aulen ⟨za⟩skowyczeć, ⟨za⟩wyć.

ause *f* podwieczorek.

a'**van|er**(in *f*) *m* Jawa|jczyk, -ńczyk
(-jka, -nka); ℒisch jawa|jski, -ński
(po -ku).

a'**wohl** tak jest.

awort *n* (-*es*; -*e*) zgoda (na *A*); *das*
~ **erhalten** brać ⟨wziąć⟩ słowo (*von*/
od G); *das* ~ **geben** być po słowie.

azz [ʤ *ɛ*z] *m* (-; 0) jazz; ~**kapelle** *f* orkiestra jazzowa.

.e¹ *Adv.* kiedykolwiek, kiedyś; (*je-
weils*) po; ~ nach ⟨za⟩ leżności *od* (*G*);
Prp. (*A*) na, za (*A*); *Kj.* ~ ... ~,
~ ... desto im ... tym; ~ *nachdem*
zależnie od tego; *seit* eh und ~
z dawien dawna; *wie* eh und ~ jak
zawsze, starym zwyczajem.

.e²: ~ *nun* (a) więc; (*einschränkend*)
ba; *ach* ~! ojej!

eans [ʤi:ns] *pl.* (*unv.*) dżinsy *pl.*,

denfalls w każdym (bądź) razie;
de|r (~, ~s) każdy (każda, każde);
co; ~*n* zweiten *Tag* co drugi dzień.

der|mann każdy; (*alle*) wszyscy;
~**zeit** o każdej porze, o każdym
czasie; w każdej chwili

desmal za każdym razem; F
immer zawsze.

'**doch** jednak(że), lecz.

dweder, **jeglicher** każdy; wszelki, jakikolwiek.

her: *von* (*seit*) ~ od dawna.

mals kiedyś, kiedykolwiek.

mand ktoś; ~*es* czyjś.

me'nitisch jemeński.

naer *Adj.* jenajski.

ne *f* tamta, owa; *pl.* tamci, owi;
r tamten, ów; ~*s* tamto, owo.

nseitig znajdujący się (*od.* położony) po tamtej stronie; *s.* **gegen-
überliegend**.

nseits (*G*) po tamtej stronie, ~
tamtej strony (*G*); *Adv.* ~ *von*
po)za (*I*).

nseits *n* (-; 0) tamten świat,
.aświaty *m/pl.*   [sej.)

rsey ['ʤɔɛ·ʁzi·] *m* (-/-*s*; -*s*) dżer-)

su'it *m* (-*en*) jezuita *m*; ~**en-** je-
uicki.

tzig teraźniejszy, obecny.

tzt teraz, obecnie; *bls* ~ dotąd,
lotychczas; *von* ~ *an* odtąd; ~ *oder*
ie teraz albo nigdy.

weil|ig odnośny; aktualny; ~**s**
ażdorazowo; wówczas, aktualnie.

jiddisch żydowski (po -ku); ℒ *n*
(-/-*s*; 0) jidysz.

Job [ʤɔp] *m* (-*s*; -*s*) robota, chałtura.

Joch *n* (-*es*; -*e*) jarzmo (*a. fig. u.
Arch.*); (*Berg*ℒ) siodło, przełęcz *f*;
(*Gespann*) sprzężaj, para; ~**bein** *n*
kość jarzmowa.

Jockei ['ʤɔki·] *m* (-*s*; -*s*) dżokej.

Jod *m* (-*s*; 0) jod, ~ *in Zssgn mst*
jodowy, ... jodu.

jodeln (-*le*) jodlować.

Jo'did *n* (-*es*; -*e*) jodek.

Jodtinktur *f* jodyna; *mit* ~ *desinfi-
zieren* ⟨za⟩jodynować.

Joghurt *m od. n* (-*s*; 0) jogurt.

Jo'hannis|beere *f* porzeczka; *in
Zssgn* porzeczkowy; ~**brot** *n* chleb
świętojański; ~**feuer** *n* sobótki
f/pl.; ~**nacht** *f* noc świętojańska;
~**tag** *m* (dzień) św. Jana.

johlen wrzeszczeć, wykrzykiwać.

Jolle *f* jol; (*Ruder*ℒ) jol(k)a.

Jong|leur [ʒɔŋ'lø:ʁ] *m* (-*s*; -*e*) żon-
gler; ℒ**ieren** (-) żonglować.

Joppe *f* kurtka.

jor'danisch jordański.

Jour'na|l [ʒuʁ-] *n* (-*s*; -*e*) dziennik;
(*Mode*ℒ) żurnal; ~**list**(in *f*) *m* (-*en*)
dziennika|rz (-rka).

jovi'al jowialny.

Jubel *m* (-*s*; 0) okrzyki *m/pl.* radości;
wiwaty *m/pl.*; (wielka) radość; ~**
fest** *n s.* **Jubiläum**; ℒ*n* (-*le*) wydawać
radosne okrzyki; wiwatować.

Jubi'lar(in *f*) *m* (-*en*; -*e*) jubilat(ka).

Jubi'läum *n* (-*s*; -*äen*) jubileusz;
~**s-** jubileuszowy.

juch'he(i)! hej!, hura!

Juchten *m od. n* (-*s*; 0) jucht;
~**leder** *n* skóra juchtowa.

juck|en *v/i* ⟨za⟩swędzić, (*a. fig.*)
⟨za⟩świerzbieć; *v/t* ⟨po⟩drapać
(*sich*); ℒ**reiz** *m* swędzenie.

Judas- judaszowy, judaszowski.

Jude *m* (-*n*) Żyd, ~**n-** żydowski, ...
Żydów.   [(po -ku).)

Jüd|in *f* Żydówka; ℒ**isch** żydowski)

Judo *n* (-*s*; 0) dżudo *n*.

Jugend *f* (0) młodość *f*; (*junge
Leute*) młodzież *f*; ~**alter** *n* młody
wiek, wiek młodzieńczy; ~**amt** *n*
urząd opieki nad nieletnimi; ~**buch**
n książka dla młodzieży; ~**erinne-
rungen** *f/pl* wspomnienia *n/pl.*
z lat młodzieńczych; ℒ**frei** dozwolony dla młodzieży; ~**freund** *m*
przyjaciel z lat młodzieńczych;
(*Freund der Jugend*) przyjaciel mło-

dzieży; **~fürsorge** f opieka nad
młodzieżą; **~gericht** n sąd dla nieletnich; **~herberge** f schronisko
młodzieżowe; **~jahre** n/pl. lata pl.
młodzieńcze; **~kriminalität** f przestępczość f wśród młodzieży.
jugendlich młodzieńczy (-czo);
Jur. nieletni; **2e(r)** nieletni m,
młodociany m, pl. a. młodzież f.
Jugend|organisation f organizacja
młodzieżowa; **~schutz** m ochrona
młodzieży; **~stil** m styl secesji;
~strafe f kara dla nieletnich; **~-
streich** m młodzieńczy wybryk;
~sünde f grzech młodości; **~ver-
band** m związek młodzieży; **~werk**
n dzieło młodzieńcze; **~wohnheim**
n dom młodzieżowy, hotel dla młodzieży.
Jugo'slaw|e m (~in f) Jugosło-
wian|in (-ka); **2isch** jugosłowiański.
Juli (-/-s; -s) lipiec; **~** - in Zssgn lip-
cowy.
jung (*~er*, *~st-*) młody (-do); *von* ~
auf od wczesnej młodości; (*wieder*)
~ *machen* odmładzać (~łodzić);
wieder ~ *werden* odmłodnieć; *ganz*
~ młodziut(eń)ki; **~es** *Gemüse* no-
walie f/pl.; F fig. = **~es** *Volk* młodzież f; **2brunnen** m źródło młodości.
Junge¹ m (-n) chłopiec, chłopak; F
grüner ~ smarkacz; *schwerer* ~
przestępca m.
Junge(s)² Zo. młode n; *engS.* (*Vo-
gel²*) piskłę; (*Hunde²*) szczenię;
(*Katzen²*) kocię. [chłopiec.]
jungenhaft chłopięcy (-co), jak}
jünger młodszy, Adv. młodziej.
Jünger m uczeń m (a. bibl.); adept.
Jungfer † f (-; -n) s. Jungfrau; *alte*
~ stara panna.
jüngferlich staropanieński (po -ku).
Jungfern|fahrt f dziewiczy rejs,
pierwsza podróż; **~rebe** f dzikie
wino; **~schaft** f (0) dziewictwo;
~zeugung f dzieworództwo.

Jung|frau f dziewica; panna; ♀
fräulich dziewiczy (-czo) (a. fig.)
~geselle m kawaler, samotny; |
Zssgn kawalerski; **~gesellin** f panna, samotna.
Jüngling m (-s; -e) młodzieniec
~s- młodzieńczy.
Jungmann m Sp. młodzik.
jüngst (vgl. jung) najmłodszy; (letz
najświeższy, ostatni; (*eben erst ver
gangen*) niedawny; *das* ~*e* Gericł
Sąd Ostateczny; Adv. ostatnio
niedawno; *am* ~*en* *aussehen* naj
młodziej.
Juni m (-/-s; -s) czerwiec; **~** - ir
Zssgn czerwcowy; **~käfer** m gunia
czerwczyk.
Junior m (-s; -'oren) junior (a. Sp.
~en- ... juniorów.
Jupiter m (-s; 0) Jowisz (a. Astr.
Jura n/pl. (*unv.*): ~ *studieren* stu
diować prawo.
Ju'rist m (-en) prawnik; **2isc**
prawniczy; (*rechtlich*) prawny; ♀
sche Person osoba prawna.
Jury [ʒy'ʀiː] f (-; -s) jury n, zesp
sędziówski.
just właśnie, dopiero co.
ju'stier|en (-) justować; s. einstelle
eichen; **2ung** f justowanie.
Justitiar [-ti'tsi̯aːʀ] m (-s; -e) rad
prawny.
Ju'stiz f (0) wymiar sprawiedliwoś:
koll. organy m/pl. wymiaru spr
wiedliwości; **~beamte(r)** urzędr
sądowy; **~behörde** f władza s
dowa; **~irrtum** m omyłka sądów
~minister(ium n) m minister(s
wo) sprawiedliwości; **~mord**
morderstwo sądowe.
Jute f (0) juta; **~** - in Zssgn jutow
Ju'wel n (-s; -en) klejnot (a. fig
~en pl. a. biżuteria; F fig. (pl. ~
perła (Pers.).
Juwe'lier m (-s; -e) jubiler; **~** -
Zssgn jubilerski. [dla kawału
Jux F m (-es; -e) kawał, żart; aus}

K

Ka'bale † f intryga.
Kabarett n (-s; -e/-s) kabaret; **~** - in
Zssgn kabaretowy.
Kabel n El. kabel; (*Tau*) lina stalo-
wa; Mar. gruba lina; **~** - in Zssgn

kablowy; **~fernsehen** n telewiz
przewodowa.
Kabeljau m (-s; -e/-s) wątłusz.
Kabel|länge f Mar. kabel; **2n** (-
⟨za⟩depeszować.

kalzinieren

Ka'bine f kabina; Mar. kajuta; (e-r Seilbahn) wagonik.

Kabi'nett n (-s; -e) gabinet; ~krise f przesilenie gabinetowe.

Kachel f (-; -n) kafel; ~ in Zssgn kaflowy; ~fabrik f kaflarnia.

Kacke V f (0) gówno; 2n P kakać, kajdać.

Ka'daver m padlina. [działu kadr.]

Kader m kadra; ~leiter m kierownik|

Ka'detten·anstalt f szkoła kadetów.

Kadmium n (-s; 0) kadm; ~ in Zssgn kadmowy.

Käfer m chrząszcz; F fig. babka; (VW) garbus. [dówka.]

Kaff n (-es; -s/-e) dziura, Pipi-|

Kaffee m (-s; selt. -s) kawa; ~ in Zssgn kawowy; ~baum m kawowiec; ~bohne f ziarnko kawy; ~haus n kawiarnia; ~kanne f dzbanek do kawy od. na kawę; ~klatsch m pogawędka przy kawie; ~maschine f ekspres do kawy; ~satz m -es; 0) fusy m/pl.; ~tasse f filiżanka do kawy.

Käfig m (-s; -e) klatka.

kahl goły (-ło), (a. Kopf) łysy (-so); Baum: ogołocony (z liści); ~ werden (wy)łysieć; (s)tracić liście; 2kopf m łysa pała; ~köpfig łysy, wyłysiały; 2schlag m zrąb czysty, poręba.

Kahn m (-es; ~e) łódka, czółno; Mar. barka.

Kai m (-s; -e/-s) nabrzeże.

Kaiser m cesarz; ~in f cesarzowa; ~lich cesarski (po -ku); ~reich n cesarstwo; ~schnitt m cesarskie cięcie.

Kajüte f kajuta.

Ka'kao m (-s; -s) kakao n; ~ in Zssgn kakaowy; F durch den ~ ziehen (A) nabijać się, robić sobie kpinki z G).

Kakerlak m (-s/-en; -en) karaluch.

Kak'tee f, Kaktus m (-/F -ses; teen/F -se) kaktus.

Kak'teen- kaktusowy.

Kala'mi'tät f opresja; pl. a. tarapaty m/pl., opały m/pl.

Ka'lander m gładziarka, kalander.

Kalauer m (niewybredny, płaski) dowcip.

Kalb n (-es; ~er) cielę, 2en <o>cielić się; 2fleisch n cielęcina; 2sbraten m pieczeń cielęca; ~keule f dyszek (cielęcy); ~milch f mleczko cielęce.

Kal'daunen f/pl. Kochk. flaki m/pl.

Ka'lender m kalendarz; ~jahr n rok kalendarzowy.

Ka'lib|er n kaliber; Tech. sprawdzian, wzorzec; F fig. pokrój, gatunek; 2'rieren (-) kalibrować, wzorcować.

Kali|dünger m nawóz potasowy; ~salpeter m saletra potasowa.

Kalium n (-s; 0) potas; ~ in Zssgn potasowy.

Kalk m (-es; -e) wapno; ~ in Zssgn oft wapienny; 2en <wy>bielić wapnem; Agr. wapnować; ~grube f dół na wapno; 2ig wapnisty (-ście); s. kalkweiß; ~stein m wapień m; ~stickstoff m Agr. Chem. azotniak.

Kal'kül n (-s; -e) rachunek.

Kalku|lati'on f kalkulacja; 2'lieren (-) <s>kalkulować. [ściana.]

kalkweiß biały (od. blady) jak|

Kallus m (-; -se) Med. kostnina.

Kalmus m (-; -se) tatarak.

Kalo'rie f kaloria; 2nreich [-'ri:ən-] (wysoko)kaloryczny.

kalt (~er; ~st-) zimny (-no); fig. a. oziębły (-le); ~ machen oziębi(a)ć; ~ werden oziębi(a)ć się; es ist ~ jest zimno; 2blut n koń zimnokrwisty od. ciężki.

kaltblütig zimnokrwisty; s. wechselwarm; fig. opanowany, Adv. z zimną krwią; 2keit f (0) opanowanie, zimna krew.

Kälte f (0) zimno, ziąb; (Frost) mróz; fig. oziębłość f, chłód; 2beständig odporny na działanie niskiej temperatury; ~einbruch m (raptowna) fala zimna od. mrozu; ~grad m stopień m mrozu od. zimna; ~maschine f chłodziarka; ~mittel n czynnik chłodzący, chłodziwo; ~periode f okres chłodów, zimna n/pl.; ~technik f chłodnictwo.

kalt|gewalzt walcowany na zimno; ~herzig nieczuły, bez serca; ~lassen nie obchodzić, ani ziębić, ani grzać; ~machen P zakatrupić pf., sprzątnąć pf.; 2schale f chłodnik, zupa (owocowa) na zimno; ~schnäuzig arogancki (-ko), bezczelny, Adv. a. z tupetem; ~stellen (j n) odsuwać <-unąć> od władzy, pozbawi(a)ć wpływów; 2'wasserkur f leczenie przy pomocy zimnych zabiegów wodnych.

kalzi'nieren (-) kalcynować, prażyć.

Kalzium n (-s; 0) wapń m; ~- in Zssgn wapniowy.

kam(en) s. kommen.

Ka'mel n (-es; -e) wielbłąd; fig. dureń m; ~haar n sierść wielbłądzia; ~haarmantel m płaszcz z flauszu wielbłądziego; ~kuh f wielbłądzica. [historie.]

Ka'mellen f/pl.: F olle ~ stare

Kame'rad m (-en) towarzysz, kolega m, F kamrat; ~in f towarzyszka, koleżanka; ~schaft f koleżeństwo; przyjaźń f; braterstwo; 2schaftlich koleżeński (po -ku).

Kamera·mann m (-es; ~er/-leute) operator filmowy.

Ka'mille f rumianek; ~n-tee m napar rumianku.

Ka'min m (-s; -e) kominek; (Schornstein) komin (a. Berg-Sp.).

Kamm m (-es; ~e) grzebień m; (Haar2 a.) grzebyk; Kochk. karkówka; Text. płocha, grzebień m; (Holzverband) wrąb; alles über e-n ~ scheren podciągać ⟨-gnąć⟩ pod jeden strychulec.

kämmen ⟨u⟩czesać (sich się).

Kammer f komora (a. Anat.); (kleine) komórka; (Speise2) spiżarnia; Pol., Hdl. izba; ~diener m kamerdyner.

Kämmerer m s. Kammerherr; (Stadt2) podskarbi (miejski).

Kammer|gericht n hist. sąd królewski; sąd II instancji; ~herr m podkomorzy m; szambelan; ~jäger m fachowiec przeprowadzający dezynsekcję i deratyzację; ~musik f muzyka kameralna; ~zofe f pokojówka.

Kamm|garn n przędza (od. wełna) czesankowa, kamgarn; ~griff m Sp. podchwyt.

Kampagne [-'panjə] f kampania.

Kampf m (-es; ~e) walka (um/o A); engS. bój; Sp. a. mecz; sich zum ~ stellen przyjąć walkę; ~ansage f wyzwanie (an A/D), wezwanie do walki; ~bahn f boisko, stadion; 2bereit gotowy do walki.

kämpfen walczyć (um, für/o A; mit/z I); engS. bić się (für/za A), wojować (o A); fig. (ringen) pasować się, borykać się (mit/z I).

Kampfer m (-s; 0) kamfora; ~- in Zssgn kamforowy.

Kämpfer m (~in f) bojowni|k (-czka); Sp. zawodni|k (-czka), za-

paśni|k (-czka); s. a. Krieger; 2ische wojowniczy (-czo); Geist: bojowy (-wo).

kampf|fähig zdolny do walki; 2flugzeug n samolot lotnictwa taktycznego; 2geist m duch bojowy; 2gericht n komisja sędziowska; 2gruppe f grupa bojowa; puł wzmocniony; 2handlungen f/p działania n/pl. bojowe; 2hub schrauber m śmigłowiec sztu mowy; 2kraft f siła bojowa; 2lusti wojowniczy (-czo); 2moral f mc rale; 2platz m plac boju, poboje wisko; 2richter m Sp. sędzia m 2schwimmer m płetwonurek; 2 stoff m bojowy środek chemiczny ~unfähig niezdolny do walk 2verband m zespół bojowy; 2zon f strefa działań bojowych.

kam'pieren (-) obozować.

Ka'nadier [-dĭə] m Kanadyjczy (Boot) kanadyjka; ~in f Kanadyjk

ka'nadisch kanadyjski.

Ka'nal m (-s; ~e) kanał; Anat. prz wód; ~- in Zssgn kanałowy.

Kanalisati'on f kanalizacja; ~ kanalizacyjny.

Ka'nariënvogel m kanarek.

Kan'dare f wędzidło; fig. j-n an d ~ nehmen wziąć w cugle, ująć karby (A).

Kandi'dat m (-en) kandydat; ~ liste f lista kandydatów.

Kandida'tur f kandydatura.

kandi'dieren (-) kandydować (fü do G, na A).

Kandis m (unv.), ~zucker m kandy ~ in Zssgn kandyzowany.

Kanevas m (-/ -ses; -/-se) kanwa.

Känguruh n (-s; -s) kangur.

Ka'ninchen n królik; ~- in Zss, króliczy, ... królika.

Kännchen n dzbanuszek.

Kanne f blaszanka, bańka; (Ka fee2) dzbanek.

Kanni'ba|le m (-n) ludożerca kanibal; 2lisch ludożerczy, kar balski; fig. okrutny.

kannte(n) s. kennen.

Kanon m (-s; -s) kanon.

Kano'nade f kanonada.

Ka'none f armata, działo; F fig. ~

Kano'nen|boot n kanonierka; ~ donner m huk armat; ~futter mięso armatnie; ~schuß m stra armatni.

Kano'nier m (-s; -e) kanonier.

Ka'noni|kus m (-; -ker) kanonik; **Ôsch** kanoniczny; **Ô'sieren** (-) kanonizować (im)pf.

Kante f krawędź f, kant; brzeg, skraj; (Webeô) krajka; **~n** m piętka, przylepka (chleba); **Ôn** (-e-) ⟨po-⟩ stawić na kant.

Kantholz n krawędziak, kantówka.

kantig kanciasty (-to).

Kan'tine f kantyna; (Werksô) stołówka.

Kan'ton m (-s; -e) kanton.

Kanu n (-s; -s) kajak; **~te** [-'nu:-] m (-n) kajakowiec, kajakarz.

Ka'nüle f kaniula; igła drożna.

Kanzel f (-; -n) ambona (a. JSpr.), kazalnica; Flgw. kabina pilota.

Kanz'lei f kancelaria, biuro; **~- in** Zssgn kancelaryjny.

Kanzler m kanclerz.

Kap n (-s; -s) przylądek.

Ka'paun m (-s; -e) kapłon.

Kapazi'tät f pojemność f (a. El.); (Leistungsvermögen) zdolność f wytwórcza od. produkcyjna; fig. (Pers.) wybitny znawca (G), autorytet, F spec.

Ka'pell|e f kaplica, kapliczka; Mus. kapela, orkiestra; **~meister** m kapelmistrz.

Kaper[1] f (-; -n) kaper(ek).

Kaper[2] m korsarz, pirat; **~schiff** n statek kaperski, kaper.

Ka'pieren F (-) ⟨s⟩kapować.

Kapil'lar|e f, **~gefäß** n kapilara; Anat. a. włosniczka, naczynie włoskowate; (Röhrchen) rurka kapilarna.

api'tal kapitalny.

Kapi'tal n (-s; 0) kapitał; **~ schlagen** ciągnąć korzyści od. zyski (aus/z G); **~anlage** f lokata kapitału; **~ertrag(s)steuer** f podatek od dochodu z kapitału; **~flucht** f ucieczka kapitału; **~gesellschaft** f spółka kapitałowa; **Ôi'sieren** (-) ⟨s⟩kapitalizować.

Kapita'|lismus m (-; 0) kapitalizm; **~list** m (-en) kapitalista m; **Ô'listisch** kapitalistyczny.

Kapi'tal|markt m rynek kapitałowy; **~verbrechen** n ciężkie przestępstwo, zbrodnia.

Kapi'tän m (-s; -e) kapitan; **~leutnant** m kapitan marynarki.

Ka'pitel n rozdział; Rel. kapituła.

Kapi'tell n (-s; -e) głowica, kapitel.

Kapitu|lati'on f kapitulacja; **Ô-'lieren** (-) ⟨s⟩kapitulować.

Ka'plan m (-s; "e) wikary m, wikariusz; Mil. kapelan.

Käppchen n mycka.

Kappe f czapka; baret; (Deckel) pokrywa, kołpak; Bgb. stropnica; fig. F auf s-e ~ nehmen brać ⟨wziąć⟩ na siebie.

kappen prze-, ob|cinać ⟨-ciąć⟩.

Käppi n (-s, -s) furażerka.

Kapri'ole f sus, (pod)skok.

kaprizi'ös kapryśny.

Kapsel f (-; -n) puzderko, futerał, (a. Tech.) puszka; Tech. a. kapsla; Bot., Anat. torebka; Med. kapsułka; (Raumô) kapsuła; (Zündô) kapiszon.

ka'putt F zepsuty; (zerbrochen) po-, z|łamany; (zerrissen) podarty; (zerschlagen) rozbity, stłuczony; (müde) skonany, zmordowany; **~gehen** F (sn) ⟨ze⟩psuć się; ⟨po-, z⟩łamać się; ⟨po⟩drzeć się, rozbi(ja)ć się, ⟨po-, s⟩tłuc się; fig. s. zugrunde gehen; **~lachen** F: sich ~lachen zaśmiewać się do rozpuku; **~machen** F ⟨po-, ze⟩psuć; ⟨po-, z⟩łamać; ⟨po-, roze⟩drzeć pf.; rozbi(ja)ć, ⟨po-, s⟩tłuc; (j-n) ⟨z⟩niszczyć, wykańczać ⟨-kończyć⟩ (sich się); sich ~machen a. zedrzeć sich od. zdrowie.

Ka'puze f kapuza, kaptur.

Kapu'ziner m kapucyn.

Kara'biner m karabin; **~haken** m)
Ka'raffe f karafka. [karabinek.⟩

Karambo'lage [-ʒə] f karambol (a. fig.); F fig. a. kraksa.

Kara'melle f karmelek.

-karätig -karatowy.

Ka'rausche f karaś m.

Kara'wane f karawana.

Kar'bid n (-es; -e) Chem. węglik; (Kalziumô) karbid; **~lampe** f lampa karbidowa, karbidówka.

Kar'bol n- karbolowy. [bowy.]
Karbo'nade f schab; kotlet scha-)

Karbo'nat n (-es; -e) Chem. węglan.

Kar'bunkel m Med. czyrak gromadny, † karbunkuł.

Kardan|gelenk n przegub (uniwersalny) Cardana; **~welle** f wał kardanowy.

Kar'dätsche f (Striegel) zgrzebło.

Kardi'nal m (-s; "e) kardynał; **~fehler** m błąd zasądniczy od. kardynalny; **~s-** kardynalski; **~zahl** f liczba kardynalna. [gram.]

Kardio'gramm n (-s; -e) kardio-)

ka'relisch karelski (po -ku).

Ka'renzzeit f karencja.

Kar'freitag m Wielki Piątek.

karg (a. ꭟer; ꭟst-) skąpy (-po), szczupły (-ło); Boden: jałowy, nie-płodny; ꭟen (mit) ⟨po⟩skąpić (G); nicht ꭟen nie szczędzić (G); 2heit f (0) skąpość f; jałowość f.

kärglich nędzny, ubogi (-go); s.⟩

ka'ribisch karaibski. [karg.⟩

ka'riert kratkowany, w kratkę.

Karies ['kaːriɛs] f (0) próchnica zębów.

Karika'tu|r f karykatura; ꭟ'rist m (-en) karykaturzysta m.

kari'kieren (-) ⟨s⟩karykaturować.

kari'ös próchnicowy; Zahn: spróch-niały.

karita'tiv charytatywny.

karme'sinrot karmazynowy (-wo), szkarłatny.

kar'minrot karminowy (-wo).

Karne'ol m (-s; -e) krwawnik.

Karneval m (-s; -e/-s) karnawał; ꭟs-, 2istisch [-'li-] karnawałowy.

Kar'nickel F n królik; fig. ofiara.

Karo n (-s; -s) romb, kwadrat; (Kar-ten) kier; ꭟmuster n wzór w kratkę.

Karosse'rie f nadwozie, karoseria.

Ka'rotte f karotka, marchew(ka) f.

Karpfen m karp.

Karre f taczka; F fig. wóz; rower.

Karree [-'reː] n (-s; -s) czworobok.

karren wozić taczkami.

Karren m taczka; (Esels2) wózek, biedka.

Karri'ere f kariera; wyciągnięty galop; ꭟmacher m karierowicz.

Karst m (-es; 0) Geol. kras.

Kar'tause f kartuzja, klasztor kar-tuzów; pustelnia.

Karte f karta; kartka; s. Land-, Ein-tritts-, Fahr-, Postkarte usw.; ꭟn legen ⟨po⟩wróżyć z kart, stawiać karty; ꭟn spielen ⟨za⟩grać w karty; auf e-e ꭟ setzen stawiać ⟨postawić⟩ na (jedną) kartę; mit offenen ꭟn spielen grać w otwarte karty.

Kar'tei f kartoteka; ꭟkarte f karta do (od. z) kartoteki. [kartelowy.⟩

Kar'tell n (-s; -e) kartel; ꭟ- in Zssgn⟩

Karten|brief m sekretnik; ꭟhaus n domek z kart; Mar. sterówka; ꭟlegen n wróżenie z kart; ꭟlegerin f kabalarka; ꭟnetz n siatka karto-graficzna; ꭟspiel n gra w karty; ꭟtasche f mapnik; ꭟvorverkauf m przedsprzedaż f biletów.

kar'thagisch kartagiński.

Kar'toffel f (-; -n) ziemniak, kar tofel m; ꭟacker m kartoflisk... ꭟernte f wykopki m/pl. (ziemnia ków); ꭟkäfer m stonka ziemniacza na; ꭟklöße m/pl. pyzy f/pl., k... pytka n/pl.; ꭟsuppe f zupa ziem niaczana od. kartoflana, F karto flanka. [Zssgn kartonowy.

Kar'ton m (-s; -s/-e) karton; ꭟ- in

karto'niert opraw(io)ny w karton

Karto'thek f kartoteka.

Kar'tusche f nabój, kartusz.

Karu'ssell n (-s; -s/-e) karuzela ꭟdrehbank f tokarka karuzelowa karuzelowka.

Karwoche f Wielki Tydzień.

karzino'gen rakotwórczy (-czo).

Karzi'nom n (-s; -e) nowotwó złośliwy, rak.

Ka'schemme f knajpa; spelunk

ka'schubisch kaszubski.

Käse m ser; ꭟblatt n gazeta pro wincjonalna; verä. a. szmatławie... ꭟgebäck n ciastko z serem; ꭟ glocke f klosz do sera.

Kase'in n (-s; 0) kazeina; ꭟ- in Zssgn kazeinowy.

Käse|kuchen m sernik; ꭟ'rei f ser warnia. [rowy.

Ka'serne f koszary f/pl.; ꭟn- kosza

kaser'niert skoszarowany.

käsig serowaty (-to); fig. blady (-do

Ka'sino n (-s; -s) kasyno.

Kaskoversicherung f (auto)casc

Kasperletheater n teatr kukie kowy.

Kasse f kasa; (Bargeld) gotówka; bei ꭟ sein być przy forsie, mie gotówkę. [schab peklowany

Kasseler Rippenspeer m od. n

Kassen|abschluß m zamknięc kasy; ꭟarzt m lekarz ubezpieczal społecznej; ꭟbestand m stan kas gotówka w kasie; ꭟbote m gonie (kasy); ꭟbuch n księga kasowa ꭟfüller m sztuka kasowa, samogra ꭟschalter m okienko kasowe; ꭟ sturz m sprawdzenie kasy; ꭟwa m skarbnik; ꭟzettel m paragon.

Kasse'rolle f rondel.

Kas'sette f kaseta; ꭟn·recorder m magnetofon kasetowy.

kas'sier|en (-) ⟨za⟩inkasować; (au heben) ⟨s⟩kasować; Urteil: uchyl ⟨-lić⟩; 2er(in f) m kasjer(ka).

Ka'stanie f kasztan; (Roß2) kaszt nowiec; 2nbraun kasztanow(at (-wo/-to); Pferd: cisawy.

Kästchen n pudeł(ecz)ko; szkatułka; (*auf dem Papier*) czworokąt, kwad-

Kaste f kasta.   [rat.]

ka'steilen: *sich* ~en umartwiać się; **Qung** f umartwianie ciała.

Ka'stell n (-s; -e) kasztel, warownia.

Kasten m (-s; ≈) skrzynia; skrzynka; pudło; *Typ.* kaszta; F (*Haus*) rudera; (*Auto*) (stary) grat; (*Arrest*) paka; **~brot** n chleb foremkowy.

Kastengeist m (-es; 0) kastowość f.

ka'strieren (-) ⟨wy⟩kastrować; *Tiere a.:* ⟨wy⟩trzebić.

Kasus m (*unv.*) Gr. przypadek.

Kata|'kombe f katakumba; **Qlanisch** kataloński (po -ku); **.'log** m (-s; -e) katalog; **Qlogi'sieren** (-) ⟨s⟩katalogizować; **.'ly'sator** m (-s; -'toren) katalizator; **.'pult** m od. n (-es; -e) katapulta; **Qpul'tieren** (-) katapultować (*im*)*pf.*

Ka'tar|rh m (-s; -e) nieżyt; **Q'rhalisch** nieżytny.   [katastralny.]

kata|stro'phal katastrofalny; **Q'strophe** f katastrofa; klęska.

Kate f chata, chałupa.

Kate'chismus m (-; -men) katechizm.   [kategoryczny.]

Kate|go'rie f kategoria; **Q'gorisch**

Kater m kot, kocur; F *fig.* kac.

Ka'the|der n od. m katedra; **.'drale** f katedra; (*gr.-orthodox*) sobór.

Ka'thete f przyprostokątna.

Ka'theter m cewnik.

Ka'thode f katoda; **.n-** katodowy.

Katho'lik m (-en), **.in** f katoli|k (-czka).

ka'tholi|sch katolicki (po -ku); **Q'zismus** m (*unv.*) katolicyzm.

Kat'tun m (-s; -e) perkal; **~-** in Zssgn perkalowy.

katzbuckeln (-le) płaszczyć się (*vor D*/przed *I*), lizać buty (*D*).

Kätzchen n kotek, kociak; (*Weiden*Q) bazia.

Katze f kot, *engS.* kotka, kocica; (*Lauf*Q) wózek suwnicowy; *die* ~ *im Sack kaufen* kupować kota w worku; F *für die Katz* psu na budę, do luftu.

Katzen|auge n kocie oko; **.jammer** F m kociokwik; *s. Kater;* **~kopfpflaster** n kocie łby *m/pl.;* **.musik** f kocia muzyka; **.sprung** m *fig.* zupełnie blisko, pod nosem; **.zungen** f/pl. kocie łapki f/pl.

Kauderwelsch n (-/-s; 0) niezrozumiały szwargot, chińszczyzna.

kauen żuć, przeżuwać; *an den Nägeln* ~ gryźć paznokcie.

kauern siedzieć w kucki; *sich* ~ kucać ⟨(przy)kucnąć⟩, siadać w kucki.

Kauf m (-es; ≈e) kupno, zakup; *fig. in* ~ *nehmen* pogodzić się (*A*/z *I*); **Qen** kupować ⟨-pić⟩; (*j-n*) przekupywać ⟨-pić⟩; F *sich* (*D*) *j-n* Qen dać nauczkę (*D*).   [klient.]

Käufer m kupujący m, nabywca m;

Kauf|haus n dom towarowy; **~kraft** f siła nabywcza.

käuflich do nabycia; *fig.* przekupny, sprzedajny; ~ *erwerben* naby(wa)ć.

Kauf|lust f (0) chęć f nabycia od. kupna; **.mann** m (-es; -leute) kupiec; **Qmännisch** kupiecki (po -ku); handlowy; **.preis** m cena kupna; **.vertrag** m umowa kupna-sprzedaży; **.wert** m wartość nabywcza.

Kaugummi m guma do żucia.

Kaulquappe f kijanka.

kaum prawie (zupełnie) nie; (*vermutlich nicht*) (jest) wątpliwe, chyba nie; (*gerade soeben, als:* ~ *daß*) ledwo (co), (za)ledwie; *das spielt* ~ *e-e Rolle* to nie odgrywa prawie żadnej roli; *er konnte es* ~ *erwarten* nie mógł się doczekać; *es ist* ~ *zu glauben* trudno uwierzyć.

kau'sal przyczynowy (-wo).

Kautabak m tytoń m do żucia, prymka.   [kaucją.]

Kauti'on f kaucja; *gegen* ~ za

Kautschuk m (-s; -e) kauczuk; ~- in Zssgn kauczukowy. [*m/pl.* żujące.]

Kauwerkzeuge n/pl. Zo. narządy]

Kauz m (-es; ≈e) Zo. s. Wald-, Steinkauz; *fig.* dziwak, cudak.

Käuzchen n puszczyk.

Kava'lier m (-s; -e) kawaler, dżentelmen; **.s-delikt** n drobne przewinienie.

Kavalle|rie f kawaleria, jazda; *in Zssgn* kawaleryjski; **.'rist** m (-en) kawalerzysta m.

Kaviar m (-s; -e) kawior.

keck (*dreist*) zuchwały (-le); (*forsch*) zuchowaty (-to), dziarski (-ko); chwacki (-ko); (*flott*) figlarny.

Kegel m stożek; (*Spiel*Q) kręgiel; *Typ.* kegel; *mit Kind und* ~ z całą rodzinką; ~ *schieben s. kegeln;* **.bahn** f kręgielnia; **Qförmig** stożkowaty (-to); **.kugel** f kula do kręgli; **Qn** (-*le*) ⟨za⟩grać w kręgle;

~rad n koło zębate stożkowe; **~schnitt** m (krzywa) stożkowa; **~sport** m ⟨-s; 0⟩ kręglarstwo; **~stumpf** m stożek ścięty.

Kegler m kręglarz.

Kehle f gardło; *Holz-Tech.* żłobek; *aus voller* ~ na całe gardło; *in die falsche* ~ *bekommen* zakrztusić się; *fig.* wziąć za złe. [gardłowy (-wo).⟩

Kehl|hobel m strug żłobnik; ⟨2ig⟩

Kehlkopf m krtań f; **~mikrophon** n laryngofon; **~spiegel** m wziernik krtaniowy, laryngoskop.

Kehr|aus m (unv.) ostatni taniec; **~e** f serpentyna; *Esb.* zakręt; (*Wende*2) pętla zwrotna; *Flgw., Sp.* wiraż; 2en¹ zamiatać ⟨-ieść⟩; (*mit Raumangabe*) wy-, z|miatać ⟨-ieść⟩; 2en² s. *drehen, wenden; das Unterste zuoberst* 2en ⟨po⟩przewracać (wszystko) do góry nogami; *sich nicht* 2en *nie troszczyć się* (*an A/o A*); s. *Rücken.*

Kehricht m od. n ⟨-s; 0⟩ śmieci(e) m/pl.; ~ *in Zssgn* s. *Müll-;* **~schaufel** f szufelka do śmieci, śmietniczka.

Kehrmaschine f zamiatarka.

Kehr|reim m refren; **~seite** f strona odwrotna.

kehrt! w tył zwrot!; **~machen** wykon(yw)ać zwrot w tył; (*umkehren*) zawracać ⟨-rócić⟩; 2wendung f obrót, zwrot w tył.

Kehrwert m odwrotność f, wartość odwrotna.

keifen pyskować, wykłócać się.

Keil m ⟨-es; -e⟩ klin.

Keile F f lanie; 2n F (*anwerben*) ⟨s⟩kaptować; *sich* 2n tłuc (*od.* prać) się; **~r** m odyniec.

Keile'rei F f bijatyka, bójka.

keil|förmig klinowaty (-to), klinowy (-wo); 2haue f kilof, oskard; 2hose f spodnie *pl.* narciarskie; 2kissen n pod-, wez|główek; 2riemen m pas klinowy; 2schrift f ⟨0⟩ pismo klinowe.

Keim m ⟨-es; -e⟩ zarodek (*a. fig.*); *fig. a.* zaczątek, zalążek, **~blatt** n liścień m; **~drüse** f gruczoł płciowy; 2en ⟨za⟩kiełkować (*a. fig.*); 2frei jałowy, aseptyczny; **~ling** m kiełek; (*Sämling*) siewka; 2tötend bakteriobójczy (-czo); **~ung** f kiełkowanie; **~zelle** f komórka rozrodcza; *fig. s.* Keim.

kein żad|en, -na f, -ne n, *pl.*; (*nicht*

einer) ani jeden; **~er**, ~ *Mensch* nikt; ~ ... *haben* nie mieć (G); ~ *anderer als* nikt inny jak; *er ist* ~ *Pole* on nie Polak; **~e** *Angst!* odwagi!; ~ *bißchen* ani trochę, ani odrobiny; **~e** *Spur* w ogóle nie; nic a nic; **~e** *Ursache!* nie szkodzi!

keinerlei żaden; *auf* ~ *Weise* w żaden sposób.

keines|falls w żadnym wypadku; pod żadnym warunkiem; **~wegs** bynajmniej (*od.* wcale) nie.

keinmal ani razu.

Keks m od. n ⟨-/-es; -/-e⟩ herbatnik.

Kelch m ⟨-es; -e⟩ kielich.

Kelle f kielnia; *Kochk.* warzchew f, chochla; (*Polizei*2) F lizak.

Keller m piwnica; ~ *in Zssgn* piwniczny; **~assel** f *Zo.* prosionek, F stonoga.

Keller|geschoß n suterena; kondygnacja podziemna; **~lokal** n piwnica; **~meister** m piwniczy m, kiper; **~wohnung** f mieszkanie w suterenie, suterena.

Kellner(in f) m kelner(ka).

Kelten m/pl. Celtowie.

Kelter f ⟨-; -n⟩ prasa (do tłoczenia owoców na wino); 2n ⟨-re⟩ tłoczyć, wytłaczać (owoce na wino).

keltisch celtycki (po -ku).

kennen (L.) znać (*sich* ~ się, siebie); **~lernen** pozna(wa)ć (*sich* się); zapozna(wa)ć się (*mit/z I*).

Kenner m znawca m, koneser.

Kenn|karte f dowód osobisty; **~marke** f znak rozpoznawczy.

kenntlich dający się rozpoznać (*an D/po L*); ~ *machen* oznaczać ⟨-czyć⟩, znakować.

Kenntnis f ⟨0⟩ wiadomość f; *zur* ~ *nehmen* przyjmować ⟨-jąć⟩ do wiadomości; **~se** *pl.* wiedza; wiadomość f (G); wiadomości f/pl. (*ir D/z G*).

Kenn|wort n ⟨-es; "er⟩ hasło; *Mil. a.* parol; **~zahl** f liczba znamionowa, wyróżnik.

Kennzeich|en n cecha; oznaka, znak rozpoznawczy; *Kfz.* znak rejestracyjny; *besondere* ~ znak m/pl. szczególne; 2nen ⟨-e-⟩ cechować, znamionować; *s. a.* markieren

Kennziffer f *Math.* cecha (logarytmu); (*Richtzahl*) wskaźnik; *s. a.* Kennzahl.

kentern ⟨-re; sn⟩ prze-, wy|wracać ⟨-rócić⟩ się (do góry dnem).

Ke'ramik f ceramika; ~- in Zssgn ceramiczny.

Kerbe f karb, nacięcie.

Kerbel m trybula (ogrodowa).

kerb|en ⟨po⟩karbować, ⟨po⟩nacinać; ⟨holz n fig.: et. auf dem ⟨holz haben mieć nieczyste sumienie, przeskrobać coś; ⟨tier n owad.

Kerker m (ciężkie) więzienie; ~meister m dozorca więzienny.

Kerl m (-s; -e/F -s) chłop; ganzer (od. patenter) ~ setny chłop(ak); ein braver (od. anständiger) ~ porządne chłopisko; kräftiger ~ kawał chłopa; unsympathischer ~ niesympatyczny typ; wer ist dieser ~? kto jest ten facet?

Kern m (-es; -e) rdzeń m (a. fig., Mil.); Phys. jądro; (Holz) twardziel; (Obst⟨) ziarnko; fig. sedno, istota; **~beißer** m Zo. grubodziób; **~brennstoff** m paliwo jądrowe; **~energie** f (0) energia jądrowa; **~frage** f kwestia zasadnicza; **~frucht** f pestkowiec, owoc pestkowy; **~fusion** f fuzja jądrowa, reakcja termojądrowa; **~gehäuse** n komora nasienna, F środek (owocni); **⟨gesund** Pers. czerstwy, zdrowy jak ryba od. rydz; **~holz** n drewno twardzielowe.

kernig jędrny.

Kern|kraftwerk n elektrownia atomowa; **~leder** n krupon; ⟨los bezpestkowy; **~obst** n owoce szupinkowate; **~physik** f fizyka jądrowa; **~punkt** m sedno, meritum n; **~reaktor** m reaktor jądrowy; **~seife** f mydło rdzeniowe; **~spaltung** f rozszczepienie jądra; **~spruch** m powiedzenie, sentencja; **~stück** n rdzeń m; fig. istotna część; trzon; s. Kernleder; **~truppen** f/pl. wojska n/pl. wyborowe, trzon wojsk; **~waffen** f/pl. broń jądrowa od. nuklearna.

Kero'sin n (-s; 0) nafta.

Kerze f świeca (a. Kfz., Sp.), świeczka; **~n-** świecowy; ⟨ngerade prosty (od. wyprostowany) jak świeca.

keß F s. keck, flott.

Kessel m kocioł (a. Mil., Geol.); F Mil. a. worek; Kochk. u. kociołek; (Tee⟩ czajnik, [...] m [...]; **~druck** m ciśnienie w kotle; **~haus** n budynek kotłowni; kotłownia; **~pauke** f kocioł (mst pl. kotły);

~raum m kotłownia; **~schmied** m kotlarz; **~stein** m kamień kotłowy; **~treiben** n polowanie z kotłem; fig. nagonka; **~trommel** f Tech. walczak; **~wagen** m wagon- od. samochód-cysterna.

Kette f łańcuch (a. fig.); (Uhr⟨) łańcuszek; Text. osnowa; (Gleis⟨) gąsienica; Flgw. klucz; (Hügel⟨) pasmo; ~n pl. kajdany f/pl., okowy f/pl. (a. fig.).

Ketten|- mst łańcuchowy; **~brief** m list łańcuszkowy; **~faden** m nić f osnowy; **~fahrzeug** n pojazd gąsienicowy; **~glied** n ogniwo łańcucha; ogniwo gąsienicy; **~handel** m handel łańcuszkowy; **~panzer** m kolczuga; **~raucher** m nałogowy palacz; **~reaktion** f reakcja łańcuchowa; **~säge** f łańcuchówka.

Ketze|r m heretyk; **~'rei** f herezja, kacerstwo; **~rin** f heretyczka; ⟨risch heretycki, kacerski (po -ku).

keuch|en (ciężko) dyszeć, sapać; ⟨husten m krztusiec, koklusz.

Keule f maczuga; Kochk. udziec, udo.

keusch niewinny, (rein) czysty (-to), (sittsam) cnotliwy (-wie); ⟨heit f niewinność f, czystość f, cnotliwość f.

Khan m (-s; -e) chan.

kichern (-re) ⟨za⟩chichotać.

kick|en kopać (-pnąć); ⟨starter m rozrusznik pedałowy.

kidnappen por(y)wać. [kibic.⟩

Kiebitz m (-es; -e) czajka; F fig.⟨

Kiefer[1] m szczęka; (Unter⟨) żuchwa; ~- in Zssgn szczękowy.

Kiefer[2] f(-; -n) sosna; **~n-** sosnowy; **~nholz** n sośnina.

Kiel m (-es; -e) Mar. stępka, kil; s. Federkiel; **~flosse** f statecznik pionowy; ⟨oben dnem do góry; **~raum** m zęza; **~wasser** n ślad torowy, kilwater.

Kieme f skrzela, skrzele.

Kien m (-es; 0) smolak, smolista sośnina; **~apfel** m szyszka sosny; **~öl** n smolej; **~span** m (smolne) łuczywo.

Kiepe f kosz (na plecy).

Kies m (-es; -e) żwir; F fig. forsa; beton m żwirobeton.

Kiesel m krzemyk; **~erde** f (0) krzemionka; **~saure** f (0) [...] kwas [...] mowy; **~stein** m s. Kiesel.

Kies|grube f żwirownia; **~sand** m

pospółka; **~weg** m żwirowa(na) droga. [wy.}

Killersatellit F m satelita pościgo-$

Kilo n kilo; ~- in Zssgn kilo-; ~'**meterstein** m kamień (od. znak) kilometrowy; ~'**wattstunde** f kilowatogodzina.

Kimm f (-; 0) Mar. obło; horyzont.

Kimme f szczerbina (celownika).

Kind n (-es; -er) dziecko, (mst fig.) dziecię, F dzieciak; von ~ auf od dziecka; das ~ beim rechten Namen nennen naz(y)wać rzecz po imieniu; **~bettfieber** n gorączka połogowa; **~chen** n dzieciątko, dziecina.

Kinder|- dziecięcy; **~arzt** m lekarz chorób dziecięcych, pediatra m; **~buch** n książka dla dzieci.

Kinde'rei f dziecinada, (dziecinny, psi) figiel.

Kinder|**erziehung** f wychowanie dzieci; **~funk** m audycja dla dzieci; **~garten** m przedszkole; (Dorf2) dzieciniec; **~gärtnerin** f przedszkolanka; **~geld** n dodatek na dzieci; **~gottesdienst** m nabożeństwo dla dzieci; **~heim** n dom dziecka, dzieciniec; **~hort** m etwa świetlica dziecięca, † ochronka; **~krankheit** f choroba dziecięca; **~lähmung** f (0) choroba Heinego-Medina; 2**leicht** (0) bardzo łatwy (-wo), łatwiutki (-ko); 2**lieb** kochający dzieci; 2**los** bezdzietny; **~mädchen** n niańka, † piastunka; **~mord** m dzieciobójstwo; **~nahrung** f przetwory m/pl. (od. środki m/pl. spożywcze) dla dzieci; **~pflege** f pielęgnacja niemowląt; 2**reich** wielodzietny.

Kinderschuh m bucik dziecięcy; fig. in den ~en stecken być (od. znajdować) się w powijakach.

Kinderspiel n dziecięca zabawa od. gra; fig. (dziecinna) igraszka, drobnostka; **~platz** m plac zabaw dla dzieci.

Kinder|**streich** m s. Kinderei; **~stube** f fig. wychowanie, dobre maniery f/pl.; **~tagesstätte** f s. Kinderhort; **~wagen** m wózek dziecięcy; **~zeit** f lata pl. dziecięce od. dziecinne; **~zimmer** n pokój dziecinny.

Kindes|**alter** n wiek dziecięcy od. dziecinny; **~bein** n: von ~beinen an od wczesnego dzieciństwa; **~entführung** f porwanie dziecka; **~kind**

n wnuk; **~liebe** f miłość dziecięca **~mord** m dzieciobójstwo; **~mutter** f matka dziecka; **~tötung** f dzieciobójstwo.

Kindheit f (0) dzieciństwo; von ~ an od dzieciństwa; **~s-** z lat dziecinnych, dziecinny.

kindisch dziecinny (po -nemu) zdziecinniały; ~ werden ⟨z⟩dziecin nieć.

Kind|**lein** n s. Kindchen; 2**lich** dzie cięcy (-co), dziecinny.

Kindskopf F m głuptas, dzieciak.

Kinkerlitzchen f/pl. (unv.) fidry gałki f/pl.; (Flausen) wygłupiani się.

Kinn n (-es; -e) podbródek; **~bak ken** m szczęka; **~haken** m cio podbródkowy.

Kino n (-s; -s) kino; in Zssgn s. a Film-; **~besucher** m, **~gänger** n widz kinowy; (Fan) kinoman.

Kiosk m (-es; -e) kiosk; **~besitzer** n właściciel kiosku.

Kipfe(r)l n rożek, rogalik.

Kipp|**e** f Bgb. zwał nadkładu; F (Zi garetten2) niedopałek; fig. auf de ~e stehen ważyć się; znaleźć się n krawędzi (G); 2**en** v/t przechyla ⟨-lić⟩, prze-, wy|wracać ⟨-rócić (v/i [sn] się); F e-n 2en golnąć jed nego; **~er** m urządzenie przechylne wywrotnica; (Fahrzeug) wywrotka wózek przechylny; **~fenster** n okn uchylne; **~lore** f wywrotka, koleba **~schalter** m wyłącznik dźwigien kowy; **~sicherheit** f (0) niewywrot ność f.

Kirche f Kościół; Arch. kościół (gr.-orthodox) cerkiew f; (protest zbór, F kircha; **~n-** kościelny; cer kiewny.

Kirchen|**diener** m kościelny m; słu ga cerkiewny, diak; **~fürst** m książ m kościoła; **~gemeinde** f gmin kościelna, parafia; **~geschichte** (0) historia Kościoła; **~jahr** n ro kościelny; **~lied** n pieśń nabożn od. kościelna.

Kirchenmaus f: arm wie e-e ubogi jak mysz kościelna, goły ja święty turecki.

Kirchen|**musik** f muzyka kościelna **~rat** m rada parafialna; **~recht** prawo kościelne; **~schiff** n naw (kościoła); 2**slawisch** starocer kiewny; **~spaltung** f rozłam Kościele, schizma; **~steuer** f poda tek kościelny; **~tag** *m* synod; **~trauung** *f* ślub kościelny; **~vater** *m* ojciec Kościoła; **~vorsteher** *m* starosta kościelny *od.* cerkiewny.

Kirch|gang *m* uczęszczanie do kościoła *od.* na nabożeństwo; droga do kościoła; **~hof** *m* cmentarz; **~lein** *n* kościołek; **2lich** kościelny; cerkiewny; **~spiel** *n* parafia; **~turm** *m* wieża kościelna; **~turmpolitik** *f* polityka zaściankowa; **~weih** *f s. Kirmes.*

kir'gisisch kirgiski (po -ku).

Kirmes *f* (-; -sen) odpust, kiermasz.

kirre: **~** *machen* obłaskawi(a)ć.

Kirsch *m* (-es; -) kirsz; **~baum** *m*, **~e** *f* wiśnia; (Süß2) czereśnia; **~en**wiśniowy; **~likör** *m* likier wiśniowy; (Aufgesetzter) wiśniówka; **2rot** wiśniowy, koloru wiśni.

Kissen *n* poduszka; **~** *in Zssgn* poduszkowy; **~bezug** *m* poszewka (*od.* powłoczka) na poduszkę.

Kiste *f* skrzynia, skrzynka; F *fig.* pudło, grat; **2nweise** całe skrzynie.

Kitsch *m* (-es; 0) kicz; **2ig** kiczowaty (-to).

Kitt *m* (-es; -e) kit; F *fig.* kram.

Kittchen F *n* ciupa, mamer.

Kittel *m* kitel.

kitten (-e-) zlepi(a)ć, ⟨z⟩łączyć za pomocą kitu; F *fig.* ⟨za⟩łatać, naprawi(a)ć.

Kitz *n* (-es; -e) koźlę *n*.

Kitz|el *m* (-s; 0) łaskotki *f/pl.*, łaskotanie; **2eln** (-le) ⟨po⟩łaskotać ⟨po-⟩łechtać; **~ler** *m* łechtaczka; **2lig** łaskotliwy; *fig.* delikatny, drażliwy.

Kladde *f* brulion.

klaffen ziać (otworem), rozwierać się (szeroko); **~de** *Wunde* otwarta rana.   [del.]

kläff|en ujadać; **2er** *m* psina, kun-⟩

Klafter *m od. n, selt. f* sążeń *m*.

Klage *f* skarga (*a. Jur.*); *Jur. a.* powództwo; *pl. a.* żale *m/pl.*; *a.* = **~geschrei** *n* biadanie, lament(owanie); **~lied** *n* pieśń żałobna; *lit.* tren; **2n** skarżyć się, narzekać, żalić się, użalać się (*über A/na A*; *v/t j-m* *A*/k-u *od.* przed kimś na *A*); **2n** *um* (*j-n A*) biadać (nad *A*), opłakiwać (*A*); *Jur.* (*gegen j-n auf A*) ⟨za⟩skarżyć (k-o *od A*), wnosić ⟨wnieść⟩ skargę *od.* powództwo (przeciw k-u o *A*).

Kläger(in *f*) *m* powód(ka).

Klage|ruf *m* żałosny jęk, *pl. a.* lament; **~schrift** *f* skarga.

kläglich żałosny (-śnie); (dürftig, schäbig) opłakany, marny.

klaglos bez (słowa) skargi.

Kla'mauk F *m* (-s; 0) heca, szopka.

klamm wilgotny; (erstarrt) zdrętwiały; F *fig.* **~** *an Geld sein* mieć pustki w kieszeni.

Klamm *f* rozpadlina, rozpadlisko.

Klammer *f* (-; -n) *Tech.* klamra, skowa; *Med.* klamerka; (Labor2) uchwyt; *Math., Gr.* nawias; *s. a. Büro-, Wäscheklammer;* **2n** (-re) spinać ⟨spiąć⟩ klamerkami; umocow(yw)ać przy pomocy klamer; *sich* **2n** (*an A*) czepiać ⟨uczepić⟩ się (*G*); przywierać ⟨-wrzeć⟩ (*do G*); **~n** *n* (-s; 0) *Box-Sp.* klincz, klamra.

Kla'motte *f* kawał skały; *fig.* (Film) bufonada; **~n** F *pl.* ciuchy *m/pl.*; łachy *m/pl.*; *manatki m/pl.*

klang *s.* **klingen.**

Klang *m* (-es; *"e) dźwięk, ton; (Klirren)* brzęk; (Art des Klingens) brzmienie; *fig.* e-n guten **~** haben cieszyć się dobrą opinią; **~farbe** *f* barwa dźwięku; **2los** bezdźwięczny; *sang-* und **2los** po cichu, bez rozgłosu; **2voll** dźwięczny.

Klapp|bett *n* łóżko składane; **~e** *f* klapa, (a. Mus.) klapka; *Anat.* zastawka; (Film) klaps; *s. Klatsche;* F *in die* **~** *gehen* iść spać; *große* **~e** *haben* być wyszczekanym; V *halt die* **~e!** stul gębę!; **2en** *v/t: in die Höhe* **2en** podnosić ⟨-nieść⟩; *v/i* F klapować; *nicht* **2en** *a.* nawalać; **~entext** *m* tekst (*od.* notatka) na obwolucie.

Klapper *f* (-; -n) grzechotka; **2dürr** suchy jak szczapa; **~kasten** *m*, **~kiste** *f* gruchot, klekot; **2n** (-re) stuk(ot)ać, kołatać; klapać; grzechotać; *Storch:* klekotać; *mit den Zähnen* **2n** szczękać (*od.* dzwonić) zębami; **~schlange** *f* grzechotnik; F *fig.* żmija; **~storch** *m* bocian, bocian.

Klapp|fahr|rad *n* składak; **2rig** rozklekotany; *Pers.* cherlawy (-wo), słaby (-bo); **~sitz** *m* strapontten(a); **~stuhl** *m* krzesło składane; **~tisch** *m* stół składany.

Klaps *m* (-es; -e) klaps; F *fig.* e-n **~** haben mieć fioła *od.* bzika; **~mühle** F *f* dom wariatów.

klar klarowny, przejrzysty (-ście); *Stil, Himmel:* jasny (-no); (deutlich) wyraźny; *Sicht:* dobry; *Mar.* (be-⟩

reit) klar, gotowy; (*ist*) *alles* ~? jasne?; *na*, ~*!* to jasne!; *e-n* ~*en Kopf bewahren* nie ⟨s⟩tracić głowy; *sich im* ~*en sein* zda(wa)ć sobie sprawę (*über A/z G*).

Klär|anlage *f* oczyszczalnia ścieków; *a.* = ~**becken** *n* klarownik, oczyszczalnik; **2en** *Chem.*, *Tech.* oczyszczać ⟨-yścić⟩; ⟨s⟩klarować; *fig.* wyjaśni(a)ć; *F* wyklarować *pf.*

klar|gehen F (*sn*) być (dobrze) załatwionym, uda(wa)ć się; **2heit** *f* czystość *f*, przejrzystość *f*; jasność *f*, zrozumiałość *f*.

Klari'nette *f* klarnet.

klar|kommen F (*sn*) da(wa)ć sobie radę (*mit/z I*); ~**legen**, ~**machen** ⟨wy⟩tłumaczyć, wyjaśni(a)ć; **2-schriftleser** *m* czytnik pisma literowego; ~**stellen** ⟨s⟩prostować, wyjaśni(a)ć; **2sichtpackung** *f* opakowanie przezroczyste; **2text** *m* tekst niezakodowany.

Klärung *f* oczyszczanie; klarowanie; *fig.* wyjaśnienie.

klarwerden (*sn*): *sich* (*D*) ~ uświadamiać ⟨-domić⟩ sobie (*über A/A*).

Klasse *f* klasa.

Klassen|arbeit *f* klasówka; ~**bewußtsein** *n* świadomość klasowa; ~**kampf** *m* walka klasowa; ~**lehrer** *m* wychowawca *m* (klasy); **2los** bezklasowy; ~**lotterie** *f* loteria klasowa; ~**sprecher** *m* starosta *m* klasy; ~**zimmer** *n* klasa.

klassifi'zieren (-) ⟨s⟩klasyfikować.

-klassig -klasowy; -rzędny, *z. B.* **erst**klassig pierwszorzędny.

Klass|iker *m* klasyk; **2isch** klasyczny.

klatsch! plusk!, chlup!; trzask!, chlast!

Klatsch *m* (-*es*; -*e*) plusk; trzask; (*0*) plotka; *koll.* plotki *f/pl.*, gadanie; ~**base** *f* plotkar(k)a; ~**e** *f* packa (na muchy); *s. Klatschbase;* **2en** (*klatschendes Geräusch verursachen*) chlapać, chlupać ⟨-pnąć⟩, chlustać ⟨-snąć⟩ (*a. Regen usw.*: *an A/po L*, *w A*); (*Wellen*) chlupotać (*an A/o A*); (*klatschend schlagen, a. Beifall*) klaskać ⟨-snąć⟩ (*auf die Schulter usw.*) ⟨po⟩klepać ⟨-pnąć⟩ (*auf A/po L*); (*tratschen*) plotkować; ~**e'rei** F *f* oklaskiwanie; plotkowanie, plotki *f/pl.*; plotkarstwo; **2haft** lubiący plotkować, plotkarski; ~**maul** F *n* plotka|rz (-rka); ~**mohn**

m mak polny; **2naß** przemoczony do nitki; **2süchtig** *s. klatschhaft*.

klauben F przeb(ie)rać; *s. abklauben*.

Klaue *f* (*Huf* **2**) racica; (*Kralle*) szpon, (*a. Tech.*) pazur; *Tech. a.* kieł; *fig.* ~*n pl.* szpony; *er hat e-e fürchterliche* ~ on strasznie gryzmoli; ~*n- Tech.* kłowy; **2n** F buchnąć *pf.*, zwędzić *pf.*

Klause *f* cela (klasztorna); pustelnia.

Klausel *f* (-; -*n*) klauzula.

Klau'sur *f* klauzura; *a.* = ~**arbeit** *f* praca klauzurowa.

Klavia'tur *f* klawiatura.

Kla'vier *n* (-*es*; -*e*) fortepian; ~ *in Zssgn* fortepianowy; **2begleitung** *f* akompaniament na fortepianie; ~**schule** *f* szkoła gry na fortepianie; ~**sonate** *f* sonata na fortepian; ~**spieler** *m* pianista *m*; ~**stunde** *f* lekcja gry na fortepianie.

Klebe|band *n* taśma lepka; ~**mittel** *n* środek klejący; lepiszcze, lepik. **kleb**|en *v/t* ⟨na⟩kleić; *s. a. an-, ein-, zusammenkleben; v/i* (*a.* ~**bleiben**) lepić się, przyklejać ⟨-eić⟩ się (*an D/do G*); P *j-m e-e* ~*en* wlepić policzek (*D*); **2en** *n* (-*s*; *0*) klejenie; *Typ. a.* oklejanie.

Klebe|maschine *f* klejarka; ~**pflaster** *n* przylepiec; ~*r m s. Klebstoff; Bot.* gluten; *Pers.* klajster; ~**zettel** *m* nalepka.

klebrig lepki (-ko), kleisty (-ście).

kleckern F (-*re*) *v/i* kapać; (*beim Essen, Malen usw.*) chlapać, bryzgać; *Farbe über das Tischtuch* ~ pokapać obrus farbą; *v/t s. a. be-kleckern;* ~*d* F bardzo powoli, kropla po kropli.

Klecks *m* (-*es*; -*e*) kleks; **2en** ⟨po⟩plamić; (*malen*) paćkać, ⟨na⟩bazgrać, pacykować; ~**er** *m* pacykarz.

Klee *m* (-*s*; -*arten/-sorten*) koniczyna; ~**blatt** *n* liść *m* koniczyny; *fig.* nieroztączna trójka; (*Kreuzung*) skrzyżowanie w kształcie liścia koniczyny.

Kleiber *m* (bargiel) kowalik.

Kleid *n* (-*es*; -*er*) strój, szata; (*Damen* **2**) suknia, sukienka; *pl. s. Kleidung;* **2en** (-*e*) ub(ie)rać (*hübsch* ładnie; *sich się*; *a. fig. in A/w A*); *sich* **2en** *a.* nosić (*in A/A*); *j-n gut* **2en** być do twarzy (*D*).

Kleider|ablage *f* szatnia; ~**bügel**

ramiączko, wieszak; ~bürste f szczotka do ubrania; ~haken m wieszak; ~schrank m szafa na odzież od. ubranie; ~ständer m wieszadło; ~stoff m materiał sukienkowy. [twarzy; gustowny.\
kleidsam twarzowy (-wo), do\
Kleidung f (0) ubiór, odzież f, ubranie; ~s-stück n część garderoby.
Kleie f otręby f/pl. [roby.\
klein mały; (gering, fein) drobny; groß und ~ wszyscy; von ~ auf od dziecka; ein ~ wenig trochę; odrobin(k)ę; ~ anfangen zaczynać <-cząć> od małego; ~er machen (werden) zmniejszać <-szyć> (się); bis ins ~ste w najdrobniejszych szczegółach; ~ schreiben pisać z małej litery; s. Kleine(r).
Klein|arbeit f dłubanina; ~auto n mikrosamochód; ~bahn f kolej(ka) wąskotorowa; kolej dojazdowa; ~bauer m chłop małorolny; ~betrieb m drobne przedsiębiorstwo; ~bild- Fot. małoobrazkowy; ~bürger m drobnomieszczanin; ~bus m mikrobus.
Klein|e(r, -s) mały, mała, małe (a. pl.), maleństwo; m a. maluch, malec; die ~en a. maluchy, malcy.
Klein|garten m ogródek działkowy; ~gärtner m działkowicz; ~gebäck n drobne pieczywo, ciasteczka n/pl.; ~geld n drobne (pieniądze); 2gläubig nie dowierzający, sceptyczny; ~handel m handel detaliczny; ~händler m detalista m; ~heit f (0) małość f, drobne (od. małe) rozmiary, znikomość f; ~hirn n móżdżek; ~holz n drzazgi f/pl.
Kleinigkeit f drobiazg, drobnostka, błahostka; e-e ~ odrobinę; ~s-krämer m ciuciub małostkowy, pedant; ~s-krämerei f (0) małostkowość f, drobiazgowość f.
Klein|kalibergewehr n karabin małokalibrowy, flower; ~kind n dziecko w wieku przedszkolnym, małe dziecko; ~kram m drobiazgi m/pl.; ~krieg m wojna podjazdowa; 2kriegen F da(wa)ć sobie radę (A/z I); s. kaputtmachen, verbrauchen; ~kunstbühne f kabaret (literacki); ~laut spłeszony, onieśmielony.
kleinlich małostkowy (-wo), drobiazgowy (-wo); (engstirnig) ciasny, ograniczony.

Klein|mut m małoduszność f; 2mütig małoduszny.
Kleinod n (-es, -e/-dien) klejnot.
Klein|schreibung f pisanie z małej litery; ~serie f mała seria.
kleinst- najmniejszy; Tech. miniaturowy.
Klein|staat m (pl. -en) państewko; ~stadt f miasteczko; 2städtisch małomiasteczkowy.
Kleinstkind n niemowlę.
Klein|verkauf m s. Kleinhandel; ~vieh n drobny inwentarz; ~wagen m s. Kleinauto.
Kleister m klajster; 2n (-re) <za-, s>klajstrować.
Klemm|e f zacisk; zaciskacz sprężynowy; F fig. in der ~e sein być w kłopocie od. tarapatach; 2en v/t w-, za<ciskać <-snąć>; s. einklemmen; F fig. s. klauen; v/i zakleszczać <-czyć> się, zacinać <-iąć> się; sich 2en hinter et. zab(ie)rać się energicznie (do G); ~(en)leiste f tabliczka zaciskowa, łączówka; ~schraube f śruba zaciskowa.
Klempner m blacharz; hydraulik.
Klepper m szkapa.
kleri'kal klerykalny. [kler.\
Klerus m (-; 0) duchowieństwo,\
Klette f Bot. łopian; bod(z)iak; F fig. wie e-e ~ jak rzep psiego ogona.
Kletter|er m wspinacz; Zo. ptak pełzający; ~gerüst n rusztowanie do wspinania się (na placu zabaw); 2n (-re; sn) wspinać <-iąć> się, wdrap(yw)ać się; Pflanze: piąć się; Zo. pełzać; ~pflanze f pnący, roślina pnąca; ~schuhe m/pl. kleterki m/pl.
Kli'ent m (-en), ~in f klient(ka).
Klima n (-s; -s/-'mate) klimat; ~anlage f urządzenie klimatyzacyjne; klimatyzator; 2tisch [-'ma:-] klimatyczny; ~ti'sierung f (0) klimatyzacja.
Klim'bim m (-s; 0) kram, rupiecie m/pl.; graciki m/pl.; (Getue) rwetes.
Klimmzug m podciąganie ciała (na drążku).
Klimper|kasten m gruchot; 2n (-re) brzękać, brząkać, pobrzękiwać (mit/I); (spielen) brz(d)ąkać (auf D/na L).
Klinge f ostrze; klinga, brzeszczot; mit der flachen ~ płazem.
Klingel f (-; -n) dzwonek; ~ in Zssgn a. dzwonkowy; ~knopf m przycisk dzwonka; 2n (-le) <za->

dzwonić; **~zeichen** n sygnał dzwonkiem, F dzwonek.

klingen (L.) brzmieć, dźwięczeć; **~de** Münze brzęcząca moneta.

Klin|ik f klinika; **Qisch** kliniczny.

Klinke f klamka; (Sperr℘) zapadka; Fmw. gniazdko telefoniczne.

Klinker m klinkier; **~-** in Zssgn klinkierowy. [stanowczo.)

klipp: ~ und klar jasno i wyraźnie;)

Klipp m (-s; -s) skuwka, klips.

Klippe f skała podwodna, rafa; fig.)

Klips m (-es; -e) klips. [szkopuł.)

klirr|en ⟨za⟩brzęczeć; dźwięczeć; (Ketten) brzękać ⟨-knąć⟩; (Waffen) szczękać ⟨-knąć⟩; (Sporen) ⟨za⟩dzwonić (mit/I); **~ende** Kälte strasznie zimno, trzaskający mróz; **2-faktor** m współczynnik zniekształceń nieliniowych.

Kli'schee n (-s; -s) klisza; fig. truizm, komunał.

Kli'stier n (-s; -e) wlew, lewatywa.

klitschig zakalcowaty, z zakalcem.

klitzeklein F malusieńki, malut(eń)ki.

Klo F n (-s; -s) klozet, wychodek.

Klo'ake f kloaka; Zo. a. stek.

Klob|en m (Holz℘) polano, szczapa; (Feil℘) imadło ręczne; (Haken) skobel; **Qig** nieforemny, niekształtny; s. unhandlich.

klönen dial. ⟨po⟩gawędzić.

klopf|en v/i ⟨za⟩pukać, ⟨za⟩stukać (an A/do G); (Herz) ⟨za⟩kołatać, bić; ⟨po⟩klepać (j-m auf A/k-o po L); es ~t ktoś puka; v/t Teppich: ⟨wy⟩trzepać; **2er** m trzepaczka; (Tür℘) kołatka; **~fest** Benzin: o wysokiej wartości antydetonacyjnej.

Klöppel m serce (dzwonu); klocek; **2n** (-le) robić koronki na klockach; **~spitzen** f/pl. koronki f/pl. klockowe.

Klops m (-es; -e) zraz(ik) siekany; pulpet; **~braten** m klops, pieczeń rzymska.

Klo'sett n (-s; -e/-s) klozet; **~-** in Zssgn klozetowy; s. Toiletten-.

Kloß m (-es; "e) knedel; (Hefe℘) pyza; s. a. Kartoffelklöße; fig. er sprach, als ob er e-n ~ im Hals hätte słowa mu więzły w gardle.

Klößchen n kluska, uszko; (Fleisch℘) pulpet, klopsik.

Kloster n (-s; "er) klasztor; **~-** in Zssgn klasztorny; **~bruder** m braciszek zakonny; **~frau** f zakonnica.

klösterlich klasztorny.

Klotz m (-es; "e) kloc, kłoda; fig. gbur; **Qig** klocowaty (-to); s. klobig.

Klub m (-s; -s) klub; **~mitglied** n członek klubu; **~sessel** m fotel klubowy.

Kluft[1] F f odzienie, odziewek.

Kluft[2] f (-; "e) szczelina, rozpadlina; (Tiefe) przepaść f (a. fig.).

klug (*er*, **gst*-) mądry (-rze); (vernünftig) rozsądny, rozumny; ~ werden ⟨z⟩mądrzeć; nicht ~ werden nie rozumieć (aus D/G); **Qheit** f mądrość f; (Vernunft) rozsądek; **2-scheißer** V m mądrala m/f.

Klump|en m bryła; (Erd℘) gruda; (Gerinnsel) skrzep; **~fuß** m stopa szpotawa; **Qig** bryłowaty (-to); skluszczony; grudkowaty (-to); **Qig** werden zbrylać się.

Klüngel m klika, koteria, P sitwa.

Klüver m kliwer.

knabbern (-re) chrupać (A); v/i (an D) ⟨nad⟩gryźć (A).

Knabe m (-n) chłopiec, chłopaczek chłopczyk; **~n-** chłopięcy.

knack! Int. chrup!

knack|en v/t Nüsse: rozgryzać ⟨-yźć⟩ (pf. a. fig.); F Laus: zgniatać ⟨-ieść⟩; Safe: rozpru(wa)ć; v/i trzeszczeć, trzaskać ⟨-snąć⟩; chrupać ⟨-pnąć⟩; e-e harte Nuß zu ~en haben mieć twardy orzech do zgryzienia; **2er** F m verä. stary piernik, ramol; s. Knackwurst; **~ig** jędrny.

Knacks m (-es; -e) trzask; chrupnięcie; F (Sprung) pęknięcie; e-n ~ weghaben ponieść szwank, doznać szwanku (na L); szwankować na umyśle.

Knackwurst f kiełbaska sucha.

Knall m (-es; -e) huk; (Peitschen℘) trzask; łoskot; ~ und Fall ni z tego, ni z owego; F e-n ~ haben mieć fioła; **~bonbon** m „wybuchający cukierek"; **~effekt** m kończący (od. zaskakujący) efekt; **2en** v/i hukać ⟨-knąć⟩; trzaskać ⟨-snąć⟩ (mit/I); F ⟨za⟩strzelić) pukać ⟨-knąć⟩, palić ⟨-lnąć⟩; wpadać ⟨wpaść⟩ (gegen A/na A), łupnąć pf., grzmotnąć (się) pf. (o A); (Sonne) przypiekać; v/t wpakować pf.; (werfen) ciskać ⟨-snąć⟩, rzucać pf.; P j-m e-e ⟨an⟩ wyciąć policzek (D), V gwizdnąć w pysk (A); **~frosch** m żabka, mała petarda; **~gas** n gaz piorunujący;

Zig F jaskrawy (-wo); **~kopf** F m idiota m; **~körper** m petarda; **Zrot** jaskrawoczerwony.

knapp (eng) ciasny (-no); obcisły (-śle); (kurz) kusy (-so), przykrótki (-ko); (gering) skąpy (-po); Stil: zwięzły (-źle); (nicht vollständig) niecały; Mehrheit: nieznaczny; Text, Zeit: krótki (-ko); Adv. a. ledwo; prawie; (dicht) tuż (unter D/pod L; an D/obok G usw.); mit ~er Not z biedą, z trudem; ~e 10 Minuten niecałe 10 minut; ~ ab-wiegen nie doważać; meine Zeit ist ~ nie mam czasu; F er ist ~ bei Kasse brak mu pieniędzy; ~ werden Vorrat: kończyć się. [nik.]

Knappe (-n) giermek; Bgb. gór-)

Knapp|heit f (0) brak; szczupłość f; zwięzłość f; **~schaft** f bractwo gór-nicze, gwarectwo.

Knarre f grzechotka; F strzelba; Tech. pokrętło zapadkowe; **Zn** skrzypieć ⟨-pnąć⟩; **Znd** skrzypiący.

Knast F m (-es; 0) kryminał, mamer; ~ schieben siedzieć w mamrze.

knattern (-re) ⟨za⟩terkotać; Motor a.: ⟨za⟩warkotać; Flagge: furkotać.

Knäuel m kłębek; fig. a. kłębowisko.

Knauf m (-es; ~e) gałka.

Knauser F m sknera m, kutwa m; **Zig** skąpy (-po); **Zn** (-re) skąpić (mit/G).

knautsch|en F ⟨z⟩miąć (v/i się); **Zzone** f część f karoserii, ulegająca zmiażdżeniu przy zderzeniu.

Knebel m Tech. przetyczka; (Mund-Z) knebel; **~griff** m pokrętło; **Zn** (-le) ⟨za⟩kneblować; fig. nakładać ⟨nałożyć⟩ kaganiec (A/D).

Knecht m (-es; -e) pachołek, Agr. a. parobek; hist. Mil. knecht; **Zen** (-e-) ujarzmi(a)ć, ciemiężyć; **~schaft** f (0) niewola.

kneif|en (L.) szczypać ⟨uszczyp-nąć⟩; v/i F fig. ⟨s⟩tchórzyć; wymi-giwać się (vor D/od G); **Zzange** f obcęgi pl. do gwoździ.

Kneipe f knajpa; **~n.wirt** m knaj-piarz.

Kneippkur f kuracja według metody Kneippa.

knet|en (-e-) gnieść, ugniatać; Teig: ⟨wy⟩miesić; **Zmasse** f plastelina.

Knick m (-es, ~e) z(a)gięcie, załama-nie; (Riß) pęknięcie; die Straße macht e-n ~ ... droga (od. ulica) skręca ....

knick(e)rig F skąpy, sknerowaty.

Knicks m (-es; -e) dyg; e-n ~ machen dygać ⟨-gnąć⟩.

Knie n kolano (a. Tech.); bis an die ~ po kolana; ein ~ bilden Fluß: two-rzyć zakole; et. übers ~ brechen ⟨z⟩robić pośpiesznie (od. bez zasta-nowienia, F na gwałt); **~beuge** f Sp. przysiad; **Zfällig** na kolanach; **Zfrei** Rock: do (od. powyżej) kolan; **~gelenk** n staw kolanowy; **Zhoch** s. knietief; **~hose** f krótkie spodnie pl.; **~kehle** f dołek podkolanowy.

knien [a. 'kni:ən] klęczeć; sich ~ klękać ⟨-knąć⟩.

Knie|scheibe f rzepka; **~schützer** m nakolannik; **~stand** m Sp. klęk; **~strumpf** m (pod)kolanówka; **Ztief** po kolana, do kolan.

kniff s. kneifen.

Kniff m (-es; -e) zagięcie, fałd; fig. manewr, fortel; (Kunstgriff) sztucz-ka, chwyt; **Z(e)lig** trudny (-no), za-wiły (-le); **Zen** z(a)ginać ⟨z(a)giąć⟩; (falten) składać ⟨złożyć⟩.

Knilch m s. Knülch.

knipsen F v/t Fot. pstrykać ⟨-knąć⟩ (a. v/i); Fahrkarte: (prze)dziurko-wać; v/i prztykać (mit/I).

Knirps m (-es; -e) malec, pędrak.

knirschen (Sand) ⟨za⟩chrzęścić, (a. Schnee) chrupać ⟨-pnąć⟩; mit den Zähnen ~ ⟨za⟩zgrzytać zębami.

knistern (-re) potrzaskiwać, ⟨za⟩-trzeszczeć; Papier, Stoff: ⟨za⟩sze-leścić. [częstochowskie.]

Knittelverse m/pl. etwa: rymy)

knitter|frei niemnący; **~n** (-re) ⟨z⟩miąć (v/i się).

knobeln (-le) rzucać ⟨-cić⟩ losy (um/o A); F (tüfteln) głowić się (an D/nad I). [Zssgn czosnkowy.]

Knoblauch m (-s; 0) czosnek; ~-in)

Knöchel m kostka.

Knochen m kość f, P a. gnat; bis auf die ~ do szpiku kości; Haut und ~ skóra i kości; **~bruch** m zła-manie kości; **~fraß** m próchnica (kości); **~gerüst** n kościec; **Zhart** (0) twardy (-do) jak kość; **~haut** f okostna; **~mark** n szpik; **~mehl** n mączka kostna.

knöchern kościany.

knochig kościsty (-to).

Knödel m knedel, pl. knedle.

Knolle f bulwa.

Knollen|blätterpilz m muchomór bulwiasty; **~gewächs** n roślina bulwiasta.

knollig bulwiasty (-to).

Knopf *m* (-*es*; ⁀*e*) guzik; *s. a. Druck-, Manschettenknopf, Knauf usw.*

Knöpf|chen *n* guziczek; **⁀en** zapinać ⟨-iąć⟩.

Knopfloch *n* dziurka do guzika; (*im Rockaufschlag*) butonierka.

Knorpel *m* chrząstka.

Knorr|en *m* sęk; sękaty kloc *od.* pień; **⁀ig** sękaty (-to); rosochaty (-to); *fig.* rubaszny; krzepki (-ko).

Knosp|e *f* pąk, pączek; **⁀en** pączkować.

Knoten *m* węzeł (*a. Mar., fig.*), supeł(ek); *Bot. a.* kolanko; (*Verdickung*) guz(eł), narośl *f*; F die Sache hat e-n ⁀ sprawa nie jest bez ale; ⁀ (-*e*-) związ⟨yw⟩ać węzłem; supłać; **⁀punkt** *m* punkt węzłowy; węzeł komunikacyjny.

Knöterich *m* (-*s*; -*e*) rdest.

knotig sękaty, guzowaty.

Knuff *m* (-*es*; ⁀*e*) szturchaniec; **⁀en** szturchać ⟨-chnąć⟩.

Knülch F *m* (-*es*; -*e*) typ, gość *m*.

knüll|en ⟨z⟩miąć; **⁀er** F *m* przebój.

knüpfen ⟨z⟩wiązać; *Knoten, Freundschaft:* zadzierzgać ⟨-gnąć⟩; *fig.* (*verbinden*) ⟨po⟩łączyć, wiązać (*an A/z I*).

Knüppel *m* kij, pałka; *Flgw.* drążek sterowy, F knypel; *Forst.* okrąglak; *Gießerei-Tech.* kęs; (*Semmel*) bułeczka; *j-m* ⁀ *zwischen die Beine werfen* rzucać kłody pod nogi (*D*); **⁀damm** *m* droga z okrąglaków.

knurr|en ⟨za⟩warczeć; *fig.* mruczeć ⟨-knąć⟩; *mir* ⁀*t der Magen* burczy mi w żołądku; **⁀ig** F burkliwy (-wie), mrukliwy (-wie).

knusp(e)rig chrupki, chrupiący; F *fig.* apetyczny.

Knute *f* knut, kańczug. [się).\

knutschen F całować, pieścić (*v/i*)

Knüttel *m s. Knüppel*; **⁀verse** *m/pl. s. Knittelverse.*

Koaliti|on *f* koalicja; **⁀s-** koalicyjny.

ko·axi·al współosiowy (-wo).

Kobalt- kobaltowy.

Koben *m Agr.* kojec.

Kobold *m* (-*es*; -*e*) skrzat, kobold.

Ko'bolz F *m:* ⁀ *schießen* fiknąć *pf.* koziołka.

Koch *m* (-*es*; ⁀*e*) kucharz; ⁀ *in Zssgn a.* kulinarny; ⟨za⟩buch *n* książka kucharska; **⁀en** *v/t* ⟨za-, u⟩gotować (*v/i* się); *Tee, Kaffee:* zaparzać ⟨-rzyć⟩; *Chem. a.* warzyć; *v/i a.*

kipieć (*a. fig.*); **⁀er** *m* warnik (*a. Tech.*); (*Spiritus⁀ usw.*) maszynka do gotowania, kuchenka.

Köcher *m* kołczan.

koch|fertig *Gericht:* gotowy, w koncentracie, F błyskawiczny; **⁀fest** odporny na gotowanie; **⁀geschirr** *n Mil.* menażka; **⁀herd** *m* płyta kuchenna, trzon kuchenny.

Köchin *f* kucharka.

Koch|kunst *f* sztuka kucharska, kucharstwo; **⁀löffel** *m* warząchew *f*, *dial.* kopyść *f*; **⁀nische** *f* wnęka kuchenna; **⁀platte** *f* kuchenka; **⁀rezept** *n* przepis kucharski; **⁀salz** *n* sól kuchenna; **⁀topf** *m* garnek (do gotowania).

Köder *m* przynęta, wabik (*a. fig.*); ⁀n (-*re*) zwabi⟨a⟩ć, brać ⟨wziąć⟩ na przynętę; *fig. a.* ⟨s⟩kusić (*alle: mit/I*).

Kodex *m* (-*es/-*; -*e/-dizes*) kodeks.

ko'dieren (-) ⟨za⟩kodować.

Ko·existenz *f* (0) współistnienie.

Koffe'in *n* (-*s*; 0) kofeina; **⁀frei** bez (*od.* nie zawierający) kofeiny.

Koffer *m* waliz(k)a; ⁀ *in Zssgn* walizkowy; **⁀raum** *m* bagażnik.

Kognak ['kɔnjak] *m* (-*s*; -*s*) koniak, winiak.

Kohl *m* (-*es*; -*e*) kapusta; ⁀ *in Zssgn* kapuściany, kapustny; F *fig.* dużo smalone, bzdurstwa *n/pl.*; **⁀dampf** P *m* (-*es*; 0) głód; **⁀dampf schieben** zdychać z głodu.

Kohle *f* węgiel; *glühende* ⁀n żar; (*wie*) *auf* ⁀n *jak* na rozżarzonych węglach; *fig.* F ⁀n *pl.* forsa, moniaki *m/pl.*, grosz; **⁀chemie** *f* chemia węgla; **⁀hydrat** *n* węglowodan; ⁀n *v/i* tlić się; *Mar.* bunkrować węgiel.

Kohlenbecken *n* naczynie z żarem; *Geol.* zagłębie węglowe.

Kohlenberg|bau *m* (-*s*; 0) górnictwo węglowe; **⁀werk** *n* kopalnia węgla.

Kohlen|dioxyd *n* dwutlenek węgla; **⁀entgasung** *f* sucha destylacja węgla; **⁀grube** *f* kopalnia węgla; **⁀grus** *m* miał węglowy; **⁀lager** *n* składnica węgla; *Geol.* złoże węgla; **⁀(mon)oxyd** *n* tlenek węgla; **⁀säure** *f* kwas węglowy; *Chem.* dwutlenek węgla; **⁀schiff** *n* węglowiec; **⁀staub** *m* pył węglowy; **⁀stoff** *n* węgiel; **⁀wasserstoff** *m* węglowodór.

Kohle·papier *n* kalka.

Köhler m węglarz.

Kohle·zeichnung f rysunek węglem.

Kohl|kopf m główka kapusty; **~meise** f sikorka bogatka.

kohlrabenschwarz czarny jak kruk *od.* węgiel.

Kohl|'rabi m kalarepa; **~rübe** f brukiew f; **~weißling** m bielinek kapustniak.

Ko·itus m (*unv.*) akt płciowy.

Koje f *Mar.* koja; (*Stand*) stoisko.

Koka'in n (-s; 0) kokaina.

Ko'karde f kokarda.

Koke'rei f koksownia; **~** *in Zssgn* koksowniczy.

ko'kett kokieteryjny, zalotny; **~ie·ren** (-) (*mit*) kokietować (*A*), zalecać się, mizdrzyć się (do *G*).

Ko'kille f wlewnica, kokila.

Kokos|nuß f orzech kokosowy; **~palme** f palma kokosowa.

Koks¹ m (-es; -e) koks; **~** *in Zssgn* koksowy; koksowniczy; F *fig. s. Kohlen.*

Koks² F m (-es; 0) kokaina.

Kolben m kolba; *Tech.* tłok; F *fig.* (*Nase*) nochal; **~hirse** f *Bot.* włośnica; **~hub** m skok tłoka; **~motor** m silnik tłokowy; **~ring** m pierścień tłokowy; **~stange** f tłoczysko, drąg tłokowy.   [-'xo:-] f kołchoz.

Kolchos|bauer m kołchoźnik; **~e** f

Kolik f kolka; *Vet. a.* morzysko.

Kollabo'rateur m (-s; -e) kolaboracjonista m.

Kollaps m (-es; -e) zapaść f.

Kol'leg n wykład.   [(-żanka).]

Kol'leg|e m (-n), **~in** f kole|ga m)

kollegi'al koleżeński (po -ku).

Kollek|ti'on f kolekcja, zbiór; **~'tiv** n (-s; -e) kolektyw, zespół.

Koller m *Vet.* wartogłowienie; F *fig.* furia; **~gang** m kołogniot; **~n** (-re) *s. kullern*; *Puter:* gulgotać.

kolli'dieren (-) kolidować (*mit/z I*).

Kollier [ko'lie:] n (-s; -s) kolia.

Kollisi'on f kolizja, zderzenie.

Kölnischwasser n (-s; 0) woda kolońska.

kolo|ni'al kolonialny; **~'nie** f kolonia; **~ni'sieren** (-) (*s*)kolonizować.

Ko'lonne f kolumna; (*Wagen~ a.*) konwój, sznur; (*Arbeiter~*) brygada.

Kolo'phonium n (-s; 0) kalafonia.

Kolora'tur f koloratura; **~** *in Zssgn* koloraturowy.

kolo|'rieren (-) kolorować; **2'rit** n (-es; -e) koloryt.

Ko'loß m (-sses; -sse) kolos; *Pers. a.* olbrzym.

kolos'sal kolosalny.

kolpor'tieren (-) kolportować.

ko'lumbi|'ani)sch kolumbijski.

Ko'lum|ne f *Typ.* kolumna; **~nentitel** m żywa pagina, paginatka; **~'nist** m (-en) dziennikarz piszący regularnie kolumnę (tytułową).

Koma n (-s; -s): *diabetisches* **~** śpiączka cukrzycowa.

Kombi m (-/-s; -s) s. Kombiwagen.

Kombinati'on f kombinacja; **~s·gabe** f, **~s·vermögen** n zdolność kombinacyjna.

Kom'bine f (-; -s) kombajn.

kombi|'nieren (-) (*s*)kombinować; **2wagen** m samochód uniwersalny, kombi (*unv.*); **2zange** f szczypce *pl.* uniwersalne, F kombinerki f/pl.

Kom'büse f kambuz.

Ko'met m (-en) kometa.

ko'meten|haft podobno komecie; **2schweif** m ogon (*od.* warkocz) komety.

Komfor|t [-'fo:ʀ] m (-s; 0) komfort, wygoda; **2'tabel** komfortowy (-wo), wygodny.

Komik f (0) komizm, komiczność f; **~er(in** f) m komi|k (-czka).

komisch komiczny, zabawny; śmieszny; (*wunderlich*) dziw(acz)ny.

Komi'tee n (-s; -s) komitet.

Komma n (-s; -s/-ta) przecinek.

Komman|'dant m (-en) komendant; **~'deur** m (-s; -e) dowódca m; szef; **2'dieren** (-) komenderować (*A/I*); v/t *a.* dowodzić (*I*); *s. beordern, abkommandieren*; **~ditgesellschaft** f spółka komandytowa; **~di'tist** m (-en) komandytariusz.

Kom'mando n (-s; -s) s. Befehl; komenda, dowództwo; (*Einheit*) oddział wydzielony; grupa dywersyjna; **~brücke** f mostek (kapitański, dowódcy okrętu); **~gewalt** f władza rozkazodawcza *od.* dowódcza; **~stand** m stanowisko dowodzenia; *Mar.* wieżyczka okrętu podwodnego.

kommen (*L.*; *sn*) s. ankommen, eintreffen; (*an*)gelaufen **~** nadbiegać (-biec, -gnąć); **~** lassen [ʃən] przywoł(yw)ać, wzywać (wezwać), (*a. Sache*) sprowadzać (-dzić); *fig.* (*Winter, Tod*) zbliżać się, nadcho-

dzić ⟨nadejść⟩; (*Gewitter*) nadcią-
gać; (*auftauchen*) po-, z|jawi(a)ć się;
zutage (*od.* zum Vorschein) ~ wychodzić ⟨wyjść⟩ na jaw; es ~ sehen
przewidywać (*A*); *wie kommt es,
daß* ... jak to możliwe, że ...; F *j-m
dumm* (*od.* frech *usw.*) ~ zachow(y-
w)ać się głupio (*od.* zuchwale) wobec (*G*); *mit Prp.*: ~ an (*A*)
trafi(a)ć (na, w *A*); *et. an sich* ~
lassen oczekiwać cierpliwie (*G*);
~ *auf* (*A*) wpadać ⟨wpaść⟩ (na *A*);
natrafi(a)ć (na *A*); dochodzić
⟨dojść⟩ (do *G*); (*entfallen*) przypadać ⟨-paść⟩ (na *A*); *s. sich belaufen*;
auf j-n nichts ~ *lassen* nie pozwalać
⟨-wolić⟩ źle mówić (o *L*); ~ *aus* (*D*)
wychodzić ⟨wyjść⟩ (z *G*); (*stammen*)
pochodzić (z *G*); ~ *bis* (zu) docierać
⟨dotrzeć⟩, dochodzić ⟨dojść⟩ (do
G); ~ *hinter* (*A*) odkry(wa)ć (*A*);
dowiadywać ⟨-iedzieć⟩ się (o *L*);
~ *in* (*A*) wchodzić ⟨wejść⟩ (do *G*);
in e-e Lage usw.: popadać ⟨-paść⟩
(w *A*), znaleźć się *pf.* (w *L*); *j-m
mit et.* ~ zawracać głowę k-u (*I*),
nagabywać k-o (o *A*); ~ *nach*
dosta(wa)ć się (do *G*); *s.* ~ *bis*;
~ *über j-n* opanow(yw)ać, ogarniać
⟨-nąć⟩ (*A*); ~ *um* (*A*) ⟨s⟩tracić (*A*);
~ *unter* (*A*) dosta(wa)ć się, wpadać
⟨wpaść⟩ (pod *A*; między *A*); ~ *von*
(*D*) pochodzić (z *G*); być skutkiem
(*G*); ~ *vor* (*D*) być *od.* znajdować
się ⟨przed *I*⟩; ~ *zu* (*D*) dochodzić
⟨dojść⟩ (do *G*); *zu sich* ~ przychodzić ⟨przyjść⟩ do siebie; *zu nichts* ~
niczego się nie dorobić, nic nie
osiągnąć; nie mieć czasu na nic;
s. a. abhanden, Atem, Reihe usw.
Kommen|'tar *m* ⟨-*s*; -*e*⟩ komentarz;
⟨*²*'**tieren** (-) ⟨s⟩komentować.
kommerzi'ell handlowy, komercyjny.
Kommili'ton|e *m* ⟨-*n*⟩, ~**in** *f* kole|ga
(-żanka) uniwersyteck|i (-a).
Kom'miß F *m* ⟨-*sses*; *0*⟩ wojsko.
Kommis|'sar *m* ⟨-*s*; -*e*⟩ komisarz;
~**sari'at** *n* ⟨-*es*⟩ komisariat;
⟨*²*'**sarisch** komisaryczny.
Kom'mißbrot *n* komiśniak.
Kommissi'on *f* komisja; *Hdl.* komis; ~**s-geschäft** *n* transakcja komi-
sowa; (*Laden*) sklep komisowy,
F komis.
Kom'mode *f* komoda.
Kommu'nal|politik *f* polityka
komunalna; ~**verwaltung** *f* samo-

rząd terytorialny; *konkr.* organy
m/pl. samorządowe.
Kommu|'narde *m* ⟨-*n*⟩ komunard;
~**ne** [-'mu:-] *f* komuna; (*Gemeinde*)
gmina; ~**nikati'onsmittel** *n/pl.*
środki *m/pl.* informacji; ~**ni'on** *f*
komunia; ~**ni'qué** *n* ⟨-*s*; -*s*⟩ komunikat; ~**'nismus** *m* ⟨-; *0*⟩ komu-
nizm; ~**'nist** *m* ⟨-*en*⟩ komunista *m*;
⟨*²*'**nistisch** komunistyczny.
Komödi'ant *m* ⟨-*en*⟩, ~**in** *f* kome-
diant(ka). [komediowy.]
Ko'mödie [-djə] *f* komedia; ~**n-**}
Kompagnon [-njɔŋ/-n'jɔ̃] *m* ⟨-*s*; -*s*⟩
wspólni|k (-czka).
kom'pakt zwarty (-cie), zbity (-cie);
Tech. małowymiarowy; *s.* gedrungen.
Kompa'nie *f* kompania; ~**chef** *m*
dowódca *m* kompanii.
Komparativ *m* ⟨-*s*; -*e*⟩ stopień
wyższy. [*m* (-ka).]
Kom'pars|e *m* ⟨-*n*⟩, ~**in** *f* statyst|a}
Kompaß *m* ⟨-*sses*; -*sse*⟩ kompas,
busola; *~haus* *n* *Mar.* sterówka;
~**nadel** *f* igła kompasowa.
Kompensati'on *f* kompensacja;
(*Erstattung*) kompensata; ~**s-geschäft** *n* transakcja kompensacyjna.
kompen'sieren (-) ⟨s⟩kompenso-
wać.
kompe'tent kompetentny; ⟨*²*z *f*
kompetencja; ⟨*²*z-**bereich** *m* zakres
kompetencji; ⟨*²*z-**streit** *m* spór o
kompetencję.
Kom|plemen'tärfarbe *f* barwa
dopełniająca; ⟨*²*'**plett** kompletny,
całkowity (-cie); ⟨*²*'**plet'tieren** (-)
⟨s⟩kompletować; ⟨*²*'**plex** kom-
pleksowy (-wo), zespolony (-a);
Math.); ~'**plex** *m* ⟨-*es*; -*e*⟩ kompleks
(*a. Psych.*); ~**plikati'on** *f* kompli-
kacja, powikłanie; ~**pli'ment** *n*
⟨-*és*; -*e*⟩ komplement; (*Gruß*) ukłon.
Kom|'pliz|e *m* ⟨-*n*⟩, ~**in** *f* wspólni|k
(-czka), współspraw|ca *m* (-czyni);
~**enschaft** *f* współudział, współ-
sprawstwo.
kompli'zier|en (-) ⟨s⟩kompliko-
wać; ~**t** skomplikowany (*a. Med.*),
zawiły (-le).
Kom'plott *n* ⟨-*es*; -*e*⟩ spisek, zmowa.
Kompo|'nente *f* składnik; *Math.*
składowa; ⟨*²*'**nieren** (-) ⟨s⟩kompo-
nować, układać ⟨ułożyć⟩; ~**'nist** *m*
⟨-*en*⟩ kompozytor; ~**siti'on** *f* kompozycja; ~**situm** [-'po:-] *n* ⟨-*s*;
-*ta/-ten*⟩ *Ling.* złożenie.

Kom'post·erde f ziemia kompostowa.

Kom'pott n (-es; -e) kompot; **~schale** f, **~schüssel** f kompotiera.

Kom'pres|se f okład, kompres; **~si'on** f kompresja; **~sor** m (-s; -'oren) sprężarka.

kompri'mier|en (-) sprężać ⟨-żyć⟩, ⟨s⟩komprymować; **~t** sprężony.

Kompro'miß m, selt. n (-sses; -sse) kompromis; **2los** bezkompromisowy (-wo).   [mitować.⟩

kompromit'tieren (-) ⟨s⟩kompro-⟩

Kom'tesse f hrabianka.

Konden'sat n (-es; -e) skropliny f/pl., kondensat; **~or** m (-s; -'oren) skraplacz, (a. El.) kondensator.

konden'sier|en (-) v/t zagęszczać ⟨-ęścić⟩, ⟨s⟩kondensować; skraplać ⟨-roplić⟩ (v/i się); **~t** kondensowany.

Kon'dens|milch f mleko kondensowane; **~streifen** m smuga kondensacyjna; **~wasser** n skropliny f/pl., woda kondensacyjna.   [dycja.⟩

Konditi'on f warunek; Sp. kon-⟩ **konditio'nal** warunkowy; 2 m (-s; -e) Gr. tryb warunkowy.

Konditi'ons·training n trening kondycyjny.

Kon'dito|r m (-s; -'oren) cukiernik; **~r·** cukierniczy; **2'rei** f cukiernia.

Kondo'lenzschreiben n list kondolencyjny; **2'lieren** (-) składać ⟨złożyć⟩ kondolencję.

Kon'fekt n (-es; -e) wyroby m/pl. cukiernicze, słodycze f/pl.; engS. czekoladki f/pl., praliny f/pl.

Konfekti'on f (0) konfekcja; **~s·** konfekcyjny.

Konfe'renz f konferencja; **~dolmetscher** m tłumacz konferencyjny; **~schaltung** f układ konferencyjny.

konfe'rieren (-) konferować (über A, wegen/na temat, w sprawie G).

Konfessi'on f wyznanie; 2o'nell wyznaniowy; 2'onslos bezwyznaniowy.

Kon'fetti pl., mst n (unv.) konfetti.

Konfir'mand m (-en), -din f konfirmant(ka); 2'mieren (-) konfirmować.

kon'fis·zieren (-) ⟨s⟩konfiskować; 2fi'türe f konfitura (mst pl.); 2'flikt m (-es; -e) konflikt; 2födera'ti'on f konfederacja; **~'form** zgodny; **~form gehen** zgadzać się

(mit/z I); **~fron'tieren** (-) ⟨s⟩konfrontować (mit/z I); **~'fus** s. verworren, verwirrt.

kongo'lesisch kongijski.

Kon'greß m (-sses; -sse) kongres, zjazd; **~mitglied** n członek Kongresu, (nur USA) kongresman; **~polen** n hist. Królestwo Kongresowe, F Kongresówka; **~saal** m sala kongresowa.

kongru'ent kongruentny; (deckungsgleich) przystający; 2'enz f kongruencja; przystawanie.

König m (-s; -e) król; **~in** f królowa; 2lich królewski (po -ku); **~reich** n królestwo.

Königs|haus n dynastia; **~sohn** m królewicz; **~tochter** f królewna; **~würde** f godność królewska.

konisch stożkowy (-wo).

Konju|gati'on f Gr. koniugacja, odmiana; 2'gieren (-) koniugować, odmieni(a)ć; 2'giert Math. sprzężony.

Konjunk|ti'on f Gr. spójnik; Astr. koniunkcja; **~'tiv** m (-s; -e) Gr. tryb przypuszczający; **~'tur** f koniunktura; 2tu'rell koniunkturalny.

Konjunk'tur|forschung f badanie koniunktury gospodarczej; **~politik** f antycykliczna polityka gospodarcza; **~rückgang** m recesja gospodarcza.

kon'kav wklęsły (-ło).   [podarcza.⟩

kon'kret konkretny.

Konku'bine f nałożnica, konkubina.

Konkur'rent m (-en), **~in** f konkurent(ka); (Gegner) rywal(ka).

Konkur'renz f konkurencja; Sp. a. konkurs; 2fähig mogący skutecznie konkurować, konkurencyjny; **~kampf** m walka konkurencyjna; 2los bezkonkurencyjny.

konkur'rieren (-) konkurować (mit/z I); rywalizować (um A/o A).

Kon'kurs m (-es; -e) upadłość f; den **~** anmelden ogłaszać ⟨-łosić⟩ upadłość; **~** machen, in **~** gehen ⟨z⟩bankrutować; **~masse** f masa upadłości; **~verfahren** n postępowanie upadłościowe; **~verwalter** m syndyk masy upadłości.

können (L.) móc; (verstehen, beherrschen) umieć, znać, potrafić; er kann das ón potrafi to, man kann sugen możliu potuidzisj oo kann sein może być, możliwe; was kann ich dafür? cóż na to poradzę? er

Können 904

kann Deutsch on umie po nie- miecku; *du kannst deutsch sprechen* możesz mówić po niemiecku.
Könn|en *n* (*-s; 0*) znajomość *f* (*G*), mistrzostwo; **~er** *m* mistrz.
Konnosse'ment *n* (*-és; -e*) konosa-
konnte(n) *s*. können. [ment.]
konse'quen|t konsekwentny; *2z f* konsekwencja; *die* 2zen *ziehen* wy- ciągać <-gnąć> wnioski; *die* 2zen *tragen* ponosić <-nieść> konsek- wencje.
konserva'|tiv konserwatywny; *2-* **'tive(r)** konserwatysta *m*; **~'to- risch** konserwatorski; *2*'**torium** *n* (*-s; -ien*) konserwatorium *n*.
Kon'ser|ve *f* konserwa; **~ven-** kon- serwowy; **~vendose** *f* puszka do (*od.* od) konserw/na konserwy; *puszka konserw*; *2*'**vieren** (-) <za-> konserwować, (*mst Lebensmittel*) utrwalać <-lić>; **~'vierungsmittel** *n* środek konserwujący, konserwant.
Konsi|gnati'on *f* konsygnacja; **~- 'stenz** *f* konsystencja; **~'storium** *n* (*-s; -ien*) konsystorz.
Kon'sole *f* konsola; *Tech. a.* wspor- nik; *Comp.* pulpit operacyjny.
konsoli'dieren (-) <s>konsolidować (*sich się*).
Kon|so'nant *m* (*-en*) spółgłoska; **~'sorte** *m* (-*n*) wspólnik; *verä. s.* *Komplize*; **~'sortium** *n* (*-s; -ien*) konsorcjum *n*.
Konspira|ti'on *f* konspiracja; *2*'**tiv** konspiracyjny; *zakonspirowany*.
konspi'rieren (-) spiskować, kon- spirować (*gegen A*/przeciw *D*).
kon'stant stały (-le); *2e f* stała.
kon|sta'tieren (-) <s>konstatować; *2*stellati'on *f* konstelacja; **~ster- 'niert** skonsternowany; **~stitu'ie- ren** (-) <u>ukonstytuować (*sich się*).
Konstituti'o|n *f* konstytucja; *2*'**nell** konstytucyjny.
konstru'ieren (-) <s>konstruować.
Konstruk|'teur *m* (-*e*) kon- struktor; **~ti'on** *f* konstrukcja; **~ti- 'ons-** konstrukcyjny; *2*'**tiv** kon- struktywny.
Konsu|l *m* (-*s; -n*) konsul; *2*'**lar** konsularny; **~'lat** *n* (*-és; -e*) kon- sulat.
konsul'tieren (-) *v/t* konsultować się (*u G*), <po>radzić się (*G*).
Kon'sum[1] *m* (-*s; 0*) konsumpcja, spożycie. [dzielnia.]
Konsum[2] *m* (-*s; -e*) konsum, spół-

Konsu'ment *m* (-*en*) spożywca *m*, konsument.
Kon'sum|genossenschaft *f* spół- dzielnia spożywców; **~geschäft** *n* sklep spółdzielczy; **~güter** *n/pl.* dobra *n/pl.* konsumpcyjne.
konsu'mieren (-) <s>konsumować, spoży(wa)ć; (*verbrauchen*) zuży- (-wa)ć.
Kon'sumver·ein *m* kooperatywa.
Kon'takt *m* (*-és; -e*) kontakt; *El. a.* (ze)styk; **~** *aufnehmen* nawiąz(yw)ać kontakt; *in ~ stehen* być (*od.* pozo- stawać) w kontakcie (*mit/z I*); **~** *in Zssgn* kontaktowy, stykowy; *2*'**freu- dig** towarzyski (-ko), **~linse** *f* szkło kontaktowe *od.* nagałkowe.
Konter *m Sp.* kontra; **~admiral** *m* kontradmirał; **~bande** *f* kontra- banda; *2n* (-*re*) *Sp.* kontrować; *fig.* odparow(yw)ać; **~revolution** *f* kontrrewolucja.
Kontinen|t *m* (*-és; -e*) kontynent; **~'talsockel** *m* szelf kontynentalny.
Kontin'gent *n* (*-és; -e*) kontyngent.
kontinu'ierlich ciągły (-le); *2i*'**tät** *f* (*0*) ciągłość *f*.
Konto *n* (-*s; -ten*) konto, rachunek; **~auszug** *m* wyciąg z konta (banko- wego); **~inhaber** *m* właściciel kon- ta *od.* rachunku; **~kor'rent** (-*és; -e*) rachunek bieżący.
Kon'tor *n* (-*s; -e*) biuro, kantor.
Konto'rist *m* (-*en*), **~in** *f* pracowni|k (-ca) biurow|y (-a).
kontra *2 n* (-*s; -s*) kontra; *2baß m* kontrabas; *2*'**hent** *m* (-*en*) kontra- hent, strona. [*Vertrag*.]
Kon'trakt *m* (*-és; -e*) kontrakt; *s.*
kon'trär przeciwny.
Kon'trast *m* (*-és; -e*) kontrast; *2*ieren [-'ti:-] (-) kontrastować (*mit/z I*); **~mittel** *n* środek kon- trastowy; *2*reich obfitujący w kon- trasty, pełen kontrastów. [trola.]
Kon'troll|eur *m* (-*s; -e*) kontroler; *2*'**lieren** (-) <s>kontrolować.
Kon'troll|organ *n* organ kontrolny *od.* kontrolujący; **~programm** *n* *Comp.* program sterujący; **~punkt** *m* punkt kontrolny; **~turm** *m Flgw.* wieża kontroli lotniska.
Kontro'verse *f* kontrowersja.
Kon'tur *f* kontur, zarys.
Konus *m* (-*; -se/Konen*) stożek.
Konventi'o|n *f* konwencja, układ; *2*'**nal**, *2*'**nell** konwencjonalny.

Konver'genz f zbieżność f.
Konversati'on f konwersacja; ~s-lexikon n słownik encyklopedyczny.
Konver|si'on f konwersja; ~ter [-'ver-] m Comp., Rdf. konwerter; Tech. konwertor.
konver'tierbar Fin. wymienialny; 2keit f (0) wymienialność f.
Konver'tit m (-en) konwertyta m.
kon'vex wypukły; Linse a.: skupiający.
Konvoi m (-s; -s) konwój.
Konzen'trati|on f koncentracja; Chem. a. stężenie; Mil. a. ześrodkowanie, zmasowanie; ~s·lager n obóz koncentracyjny.
konzen'trieren (-) ⟨s⟩koncentrować; Aufmerksamkeit a.: skupi(a)ć; Mil. a. ześrodkow(yw)ać; Chem. a. stężać ⟨-żyć⟩.
Kon'zept n (-es; -e) (pierwotny) szkic, brulion; fig. j-n aus dem ~ bringen wprawi(a)ć w zakłopotanie (A); das paßt nicht in mein ~ to mi nie odpowiada; ~i'on f koncepcja.
Kon'zern m (-s; -e) koncern.
Kon'zert n (-es; -e) koncert; ~- in Zssgn koncertowy.
Konzessi'o|n f koncesja; (Zugeständnis) ustępstwo; 2'nieren (-) koncesjonować.
Kon'zil n (-s; -e/-ien) sobór.
konzili'ant pojednawczy (-czo).
Kooperati'on f kooperacja; ~s-partner m kooperant.
koope'rieren (-) ⟨s⟩kooperować, współpracować.
Koordi'nate f współrzędna; ~n- ... współrzędnych.
koordi'nieren (-) ⟨s⟩koordynować, uzgadniać ⟨-godnić⟩.
Ko'peke f kopiejka.
koperni'kanisch kopernikowski.
Kopf m (-es; ¨e) głowa; Tech., Mil. głowica; (Nagel2) główka; s. a. Brief-, Kohlkopf usw.; F aus dem ~ z pamięci; auf den ~ stellen ⟨po⟩wywracać do góry nogami; Tatsachen: przekręcać; zu ~ steigen uderzać ⟨-rzyć⟩ do głowy; das will mir nicht in den ~ to mi się nie mieści w głowie; et. durch den ~ gehen lassen rozważyć (A); s-n ~ anstrengen kręcić mózgownicą; sich (D) et. aus dem ~ schlagen wybi(ja)ć sobie z głowy; s. a. hängenlassen, zerbrechen usw.; ~arbeit f praca

umysłowa; ~ball m Sp. główka; ~bedeckung f nakrycie głowy;
Köpfchen n główka.
köpfen ścinać ⟨ściąć⟩ (A od. głowę D); Sp. główkować.
Kopf|ende n wezgłowie; ~füßer m głowonóg; ~hörer m słuchawka (nagłowna); ~kissen n poduszka; ~lage f Med. położenie główkowe; 2lastig Mar. przegłębiony dziobem; Flgw. ciężki na łeb; 2los fig. panicany, Adv. a. w popłochu; ~rechnen n liczenie w pamięci; ~salat m sałata głowiasta; 2scheu płochliwy (-wie); ~schmerz(en pl.) m ból głowy; ~schuß m (po)strzał w głowę; ~schütteln n (-s; 0) kręcenie (od. potrząsanie) głową (z powątpiewaniem); ~stand m stanie na głowie; Flgw. kapotaż; ~steinpflaster n bruk z kamienia polnego; ~steuer f pogłowne; ~tuch n chust(k)a na głowę; 2'über głową naprzód; ~weh n s. Kopfschmerz.
Kopfzerbrechen n: j-m (viel) ~ machen od. verursachen przysparzać ⟨-porzyć⟩ kłopotu, sprawi(a)ć kłopot (D).   [schrift.⟩
Ko'pie f kopia; Fot. odbitka; s. Ab-
ko'pier|en (-) ⟨s⟩kopiować; fig. a. naśladować; 2fräsen n frezowanie kopiowe; 2gerät n, 2maschine f kopiarka; 2papier n papier fotograficzny; 2stift m ołówek kopiowy.
Kopilot m drugi pilot.
Koppel[1] f (-; -n) (Hunde) sfora; (Pferde) tabun; (Gehege) ogrodzony wygon, okólnik; Tech. łącznik.
Koppel[2] n pas.
koppel|n (-le) ⟨po-, z⟩łączyć; Tech., El. sprzęgać ⟨-gnąć, sprząc⟩; 2ung f (po)łączenie; sprzężenie.
Kopplungsmanöver n manewr związany z operacją łączenia.
koptisch koptyjski.
Ko'ralle f koral; ~n- koralowy; ~n-fischer m poławiacz korali.
Korb m (-es; ¨e) kosz(yk); fig. e-n ~ geben (bekommen) dać (dostać) odkosza; ~ball m koszykówka; ~blütler m/pl. złożone pl.
Körbchen n koszyczek.
Korb|flasche f oplatanka; ~flechter m, ~macher m koszykarz; ~möbel n/pl. meble m/pl. z wikliny od. wiklinowe; ~wagen m wasąg; wózek dziecięcy z koszem; ~waren

Korbweide

f/pl. wyroby *m/pl.* koszykarskie; **~weide** f wierzba wiciowa, witwa.

Kord *m (-es; -e)* sztruks; welwet.

Kordel *f (-; -n)* sznur(ek).

kore'anisch koreański (po -ku).

Ko'rinth|e f koryntka; **&isch** koryncki.

Kork *m (-es; -e)* korek; **~ in** Zssgn korkowy; **~(en)zieher** *m* korkociąg.

Korn[1] *n (-es; ⁼er)* ziarn(k)o; *(pl. -e)* zboże; *(Roggen)* żyto; muszka; *j-n aufs ~ nehmen* brać ⟨wziąć⟩ na muszkę *(A)*, *(a. fig.)* mierzyć (w *A*).

Korn[2] F *m (-es; 0)* żytniówka, czysta. [modry (na -ro).]

Kornblume f bławatek; **&nblau**

Körnchen *n* ziarenko; *fig. a.* odrobin(k)a.

Kor'nelkirsche f dereń *m.*

körn|en drobić, granulować; *Tech.* punktować; *Leder:* ziarnować, granować; **&er** *m* punktak; **&erfrucht** f roślina zbożowa.

Kor'nett *n (-es; -e)* kornet.

Korn|feld *n* łan zboża; **~größe** f uziarnienie, wielkość f ziarna.

körnig ziarnisty (-ście); granulowany.

Korn|kammer f spichlerz *(a. fig.)*; **~käfer** *m* wołek zbożowy; **~rade** f kąkol.

Körper *m* ciało *(a. Phys., Math.)*; *Math. a.* bryła; **~bau** *m (-es; 0)* budowa ciała; **&behindert**, **~behinderte(r)** upośledzony na zdrowiu, inwalida *m;* **~chen** *n* ciałko; **~fülle** f otyłość f, zażywność f; **~größe** f wzrost; **~haltung** f postawa; **~kultur** f kultura fizyczna; **&lich** cielesny (-śnie), fizyczny; materialny; **~pflege** f higiena osobista; **~schaft** f stowarzyszenie, organizacja, korporacja; **~teil** *m* część f ciała; **~verletzung** f obrażenie cielesne, uszkodzenie ciała.

Korpo'ral *m (-s; -e)* kapral.

korpora'tiv korporacyjny.

Korps [koːʁ] *n (unv.)* korpus; **~geist** *m* duch korporacyjny.

korpu'lent tęgi (-go), otyły (-ło).

kor'rekt poprawny; **&or** *m (-s; -'oren)* korektor.

Korrek'tur f korekcja; korektura; *Typ.* korekta; **~fahne** f odbitka korektowa *od.* szczotkowa, F szczotka; **~triebwerk** *n* silnik korekcyjny; **~zeichen** *n* znak korektorski.

Korrespon|'dent *m (-en)* korespondent; **~'denz** f korespondencja.

Korridor *m (-s; -e)* korytarz.

korri'gieren (-) ⟨s⟩korygować.

korrosi'onsbeständig odporny na korozję.

kor|rum'pieren (-) ⟨s⟩korumpować; **~'rupt** sprzedajny, skorumpowany; **&rupti'on** f (0) korupcja.

Kor'sar *m (-en)* korsarz.

Korse *m (-n)* Korsykanin.

Kor'sett *n (-s; -e)* gorset, stanik.

korsisch korsykański (po -ku).

Korti'son *n (-s; 0)* kortyzon.

Kor'vette f korweta; **~n-kapitän** *m* komandor podporucznik.

Kory'phäe f koryfeusz.

Ko'sak *m (-en)* Kozak.

Kose|form f forma pieszczotliwa; **&n** pieścić się; **~name** *m* imię pieszczotliwe.

Kos'metik f (0) kosmetyka; **~ in** Zssgn kosmetyczny; **~erin** f kosmetyczka; **~um** *n (-s; -ka)* kosmetyk.

kosmisch kosmiczny.

Kosmo|'naut *m (-en)* kosmonauta *m;* **~po'lit** *m (-en)* kosmopolita *m;* **&s** *m (-; 0)* kosmos.

kostbar kosztowny, (drogo)cenny; **&keit** f klejnot, *pl. a.* kosztowności *f/pl.*

kost|en (-e-) kosztować; *(probieren)* ⟨s⟩kosztować; **~e es, was es wolle** jakim bądź kosztem, za wszelką cenę.

Kosten *pl.* koszt(y *pl.*); *auf s-e ~ na jego koszt; fig.* jego kosztem; *auf s-e ~ kommen* wychodzić ⟨wyjść⟩ na swoje; **~anschlag** *m* kosztorys; **~aufwand** *m* wydatki *m/pl.,* koszty *m/pl.;* **&los** bezpłatny, F darmo(wy); **~punkt** F *m (-es; 0)* kwestia kosztów; cena, koszt; **~rechnung** f rachunek kosztów; **~senkung** f obniżka kosztów.

Kost|gänger *m* stołownik; **~geld** *n* pieniądze *pl.* na wyżywienie, strawne *n.*

köstlich wyborny, pyszny.

Kost|probe f próbka; trochę (*G*) na skosztowanie; **&spielig** kosztowny, drogi (-go).

Ko'stüm *n (-s; -e)* kostium; **~ball** *m,* **~fest** *n* bal kostiumowy.

kostü'mieren (-) przeb(ie)rać (*sich się*; *als/za A*).

Kot m (-*es*; 0) kał; (*Straßen*2) błoto (*a. fig.*).

Kote'lett n (-*es*; -*e*) kotlet, zraz; ~*en pl.* bokobrody *pl.*

Köter m kundel, psisko.

Kotflügel m błotnik.   [cony.]

kotig błotnisty (-ście); u-, za/bło-}

kotzen P (-*zt*) rzygać; *ich finde es zum* 2 obrzydło mi to do wymiotów; ... jest mi wstrętne; *es ist zum* 2! *etwa*: a niech to jasny piorun!

Krabbe f krab; *s. a. Garnele*; F *fig.* szkrab, pędrak; (*Mädchen*) dzierlatka, podfruwajka.

krabbeln (-*le*; *sn*) pełzać; ⟨po-⟩ pełznąć; *Kind*: pełzać na czworakach, raczkować; wdrap(yw)ać się; *s. kitzeln, jucken, wimmeln*.

Krach m (-*es*; -*e*/-*s*, F *a.* ~*e*) hałas, rumor; (*Börsen*2) krach; F (*Streit*) kłótnia, sprzeczka; ~ *machen* hałasować; ~ *schlagen* podnosić wrzask; *s. a. Lärm, ach*; 2*en* (*Diele, Eis*) trzeszczeć (*Schuß*) huknąć; chrupać ⟨-pnąć⟩; runąć z łoskotem *od.* trzaskiem; *s. knallen*; ~*en* n grzmot, łoskot, huk.

krächzen (-*zt*) ⟨za⟩krakać; *fig.* chrypieć.   [(G).}

kraft *Prp.* (*G*) mocą (*G*); z tytułu}

Kraft f (-; -*e*) siła, (*Stärke, Wucht*) moc f; *Pers. mst* pracownik; *aus eigener* ~ o własnych siłach; *selbständig*; *außer* ~ *setzen* anulować (*im*)*pf.*; *in* ~ *treten* wchodzić ⟨wejść⟩ w życie, zacząć obowiązywać; *in* ~ *sein* obowiązywać; posiadać moc obowiązującą; *mit ganzer* ~ z całej siły *od.* mocy; *mit letzter* ~ ostatkiem sił; *mit halber* ~ na pół siły; *mit vereinten Kräften* wspólnymi siłami; *zu Kräften kommen* nab(ie)rać sił; ~*aufwand* m wysiłek; ~*ausdruck* m ordynarny wyraz, mocne słówko; ~*brühe* f rosół, bulion.

Kräfte|paar n para sił; ~*verhältnis* n stosunek sił.

Kraftfahr|er m kierowca m (samochodu), szofer; ~*zeug* n pojazd mechaniczny; ~*zeugsteuer* f podatek od pojazdów mechanicznych.

Kraft|feld n pole sił; ~*futter* n pasza treściwa.

kräftig silny, (*stark, a. fig.*) mocny (-no); *Pers. a.* krzepki (-ko); (*nahr-*

haft) posilny, treściwy (-wie); ~*en* wzmacniać ⟨-mocnić⟩, ⟨po⟩krzepić; *s. stärken*; 2*ungs-* wzmacniający.

kraft|los bezsilny, bez sił; niemocny; *Jur.* nieważny; 2*messer* m siłomierz; 2*probe* f próba sił; 2*protz* m siłacz; 2*quelle* f źródło siły *od.* (*a. Tech.*) energii; 2*rad* n motocykl.

Kraftstoff m paliwo silnikowe, materiał pędny; ~ *in Zssgn* paliwowy; ~*behälter* m zbiornik paliwa, ~*verbrauch* m zużycie paliwa.

kraft|strotzend silny (jak dąb *od.* koń); pełen wigoru, krzepki; 2*training* m ćwiczenia n/*pl.* siłowe; ~*voll* silny, mocny (-no); 2*wagen* m samochód; *in Zssgn* samochodowy; 2*werk* n elektrownia; 2*wort* n *s. Kraftausdruck.*

Kragen m kołnierz(yk); F *fig. ihm platzte der* ~ poniosło go, krew go zalała; *Kopf und* ~ *riskieren* nadstawiać głowę *od.* głowy; ~*weite* f rozmiar kołnierzyka.

Krähe f wrona; 2*en* ⟨za⟩piać; ~*winkel* F m (-*s*; 0) Pipidówka.

Kra'keel F m (-*s*; -*e*) *s. Krawall*; (*Lärm*) hałas, wrzask(i *pl.*); 2*en* F wykrzykiwać, awanturować się; ~*er* F m grandziarz, awanturnik.

Kralle f pazur, szpon.

Kram F m (-*es*; 0) graty m/*pl.* manatki m/*pl.*, majdan, (*a. Aufhebens*) kram; *j-m in den* ~ *passen* być na rękę (*D*); 2*en* grzebać, szperać.

Krämer m kramarz; ~ *in Zssgn* kramarski.

Kramladen m kram(ik).

Krampe f klamra; skobel.

Krampf m (-*es*; ~*e*) kurcz, spazm; *pl. a.* drgawki f/*pl.*, konwulsje f/*pl.*; ~*ader* f żylak; 2*artig* kurczowy (-wo), konwulsyjny; 2*haft* kurczowy (-wo) (*a. fig.*); *fig.* (*verbissen*) usilny; 2*lösend* rozkurczający (-co).

Kran m (-*es*; ~*e*) żuraw, F kran; suwnica; ~*führer* m dźwigowy m.

Kranich m (-*es*; -*e*) *Zo.* żuraw.

krank (~*er*; ~*st*-) chory (-ro); ~ *machen* podrywać ⟨poderwać⟩ zdrowie (*G*); ~ *sein* być chorym, chorować; ~ *schreiben* uzna(wa)ć niezdolnym do pracy; ~ *werden* zachorować *pf.*, zaniemóc *pf.*, zasłabnąć *pf.*; -~ *werden* zapadać ⟨-paść⟩ na (*A*); *sich* ~ *stellen* uda-

wać chorego; F *sich* ~ *lachen* zaśmiewać ⟨uśmiać⟩ się do rozpuku; 2e(r) *m/f* cho|ry (-ra). [na zdrowiu.⟩
kränkeln (-*le*) niedomagać, zapadać
kranken chorować, cierpieć (*an D/na A*); *fig.* szwankować (*an D/z powodu G*). [⟨-tknąć⟩.
kränken obrażać ⟨-razić⟩, dotykać
Kranken|besuch *m* odwiedziny *pl.* chorego; ~**bett** *n* łóżko chorego; ~**geld** *n* zasiłek chorobowy; ~**gymnastik** *f* gimnastyka lecznicza; ~**haus** *n* szpital; *in Zssgn* szpitalny; ~**kasse** *f* ubezpieczalnia społeczna, † kasa chorych; ~**kost** *f* dieta (chorego).
Krankenpfleg|e *f* pielęgnowanie chorego; pielęgniarstwo; ~**er(in** *f*) *m* pielęgnia|rz (-rka).
Kranken|schein *m* skierowanie do lekarza; ~**schwester** *f* pielęgniarka, *Mil.* sanitariuszka, F siostra; ~**stube** *f* izba chorych; ~**versicherung** *f* ubezpieczenie na wypadek choroby; ~**wagen** *m* samochód sanitarny, F sanitarka; (*Erste Hilfe*) karetka pogotowia; ~**zimmer** *n* izba chorych; pokój chorego.
krank|feiern F bumelować (udając chorego); ~**haft** chorobliwy (-wie); 2**heit** *f* choroba.
Krankheits|erreger *m* zarazek chorobotwórczy; 2**halber** z powodu choroby; ~**symptom** *n*, ~**zeichen** *n* objaw choroby *od.* chorobowy.
kränk|lich chorowity (-to, -cie), cherlawy (-wo); 2**ung** *f* obraza, obelga. [samochodowy.⟩
Kranwagen *m* dźwig (*od.* żuraw)
Kranz *m* (-*es*; *~e*) wieniec (*a. Tech.*), wianek; *fig.* kółko, krąg; ~**jungfer** *f* druhna; ~**niederlegung** *f* złożenie wieńca *od.* wieńców.
Krapfen *m* pączek.
kraß (-*sser*; -*ssest*-) jaskrawy (-wo); *fig. a.* rażący (-co); (*extrem*) skrajny.
Krater *m* krater.
Kratz|bürste *f* szczotka druciana, drapak; F *fig.* opryskliwa osoba *od. mst* dziewczyna; 2**bürstig** F opryskliwy (-wie).
Krätze *f Med.* świerzb.
kratz|en (-*zt*) ⟨po-, za⟩drapać, ⟨po⟩skrobać (*sich* się); (*ritzen*) (za)drasnąć *pf.*; 2**er** *m* zadrapanie, szrama, rysa; *s. Kratzwunde*; 2**förderer** *m* przenośnik zgrzebłowy;

2**fuß** *m* rewerans; ~**ig** F szorstki, drapiący. [*f* świerzbowiec.⟩
krätz|ig chory na świerzb; 2**milbe**
Kratzwunde *f* zadraśnięcie.
krau|en (lekko) ⟨po⟩drapać; ~**len** *v/t s. krauen*; *v/i* pływać kraulem.
Kraul(stil) *m* (-*es*; *0*) styl dowolny, kraul.
kraus zmarszczony; *Haar:* kędzierzawy (-wo); *fig.* mętny, dziwny; ~ *ziehen* ⟨z⟩marszczyć; 2e *f* kreza, kryza.
kräuseln (-*le*) kędzierzawić (*sich* się), ⟨u⟩karbować; (*fälteln*; *a. Wasser*) ⟨z⟩marszczyć; *sich* ~ (*Rauch*) wić się.
Kraushaar *n* kędzierzawe włosy *m/pl.*, kędzierzawa czupryna.
Kraut *n* (-*es*; *~er*) ziele; (*Kartoffel*2) nać *f*, łęty *pl.*; *s. Kohl*, *Kräuter*; *wie ~ und Rüben* jak groch z kapustą.
Kräuter *pl.* zioła *n/pl.*; ~ *in Zssgn* ziołowy; ~**tee** *m* napar z ziół, ziółka *n/pl.*
Kra'wall *m* (-*es*; -*e*) burda, awantura; ~**e** *pl. Pol.* rozruchy *m/pl.*; ~**macher** *m* awanturnik.
Kra'watte *f* krawat; ~**n-nadel** *f* szpilka do krawata.
kraxeln F (-*le*; *sn*) wspinać ⟨wspiąć⟩ się; łazić po górach.
krea|'tiv kreatywny, kreacyjny; 2**tivität** *f* (*0*) inwencja twórcza; 2**'tur** *f* stworzenie; *verä.* kreatura.
Krebs *m* (-*es*; -*e*) rak (*a. Med.*); *Astr.* Rak; ~**e** *pl. Zo.* skorupiaki *m/pl.*; 2**artig** rakowaty (-to); 2**erzeugend** rakotwórczy (-czo); ~**geschwulst** *f s. Karzinom*; 2**ig** zrakowaciały, rakowaty; 2**krank** cierpiący na chorobę nowotworową, chory na raka; 2**rot** czerwony jak rak; ~**schaden** *m fig.* zgubne zło; ~**schere** *f* kleszcze *pl.* raka; ~**suppe** *f* zupa rakowa; ~**vorsorge** *f* badania *n/pl.* masowe w celu wykrycia nowotworów.
kre'denzen (-*zt*; -) poda(wa)ć.
Kredit[1] *n* (-*s*; -*s*) kredyt, strona „ma".
Kre'dit[2] *m* (-*es*; -*e*) kredyt; ~**bank** *f* bank kredytowy; ~**brief** *m* akredytywa; ~**geber** *m* kredytodawca *m*; ~**geschäft** *n* transakcja kredytowa; ~**hai** F *m* lichwiarz.
kredi'tieren (-) ⟨s⟩kredytować.
Kre'dit|karte *f* karta kredytowa; ~**nehmer** *m* kredytobiorca *m*; ~

würdigkeit f (0) zdolność płatnicza, wypłacalność f.

Kreide f kreda; ~ in Zssgn kredowy; **bleich**, **weiß** blady jak kreda od. ściana; **zeichnung** f rysunek kredką.

kre'ieren (-) kreować.

Kreis m (-es; -e) koło, (kleiner, a. Personen) kółko; fig. a. krąg; El. obwód; (Gebiet) powiat; in Zssgn powiatowy; **ausschnitt** m wycinek koła; **bahn** f orbita (kołowa); **bogen** m łuk koła od. kołowy.

kreischen krzyczeć, wrzeszczeć; Bremsen, Säge: ⟨za⟩piszczeć ⟨za⟩zgrzytać; **d** piskliwy (-wie), z piskiem.

Kreisel m bąk; **kompaß** m girobusola, girokompas; **pumpe** f pompa wirowa. [ren.]

kreisen (a. sn) v/i krążyć; s. rotie-)

kreis|förmig kolisty (-ście); Tech. a. kołowy (-wo); **frei** Stadt: wydzielony; **lauf** m krążenie, cyrkulacja; obieg; cykl; Slaufstörungen f/pl. zaburzenia n/pl. krążenia; **linie** f okrąg (koła); Ssäge f piła tarczowa.

Kreißsaal m sala (od. izba) porodowa, F porodówka.

Kreis|stadt f miasto powiatowe; **umfang** m obwód koła; **verkehr** m ruch okrężny.

Krem f (-; -s) krem.

Krempe f rondo (kapelusza).

Krempel¹ F m (-s; 0) s. Kram.

Krempel² F (-; -n) Text. gręplarka.

kre'pieren (; sn) zdychać ⟨zdechnąć⟩; Granate: rozrywać ⟨rozerwać⟩ się, pękać ⟨-knąć⟩.

Krepp m (-s; -s/-e) krepa; ~ in Zssgn krepowy; **papier** n krepina; **sohle** f krepa.

Kresse f rzeżucha, pieprzyca.

Kreuz n (-es; -e) krzyż (Anat. oft pl.); krzyżów (a. Mus.); (Gestell) krzyżak, KSp. trefl m; F fig. utrapienie, krzyż pański; ans ~ schlagen s. kreuzigen; über ~ na krzyż; s. a. quer; **band** n opaska; **bein** n kość krzyżowa.

kreuz|en (-zt) v/t ⟨s⟩krzyżować (sich się); sich **en** (Briefe) mijać ⟨minąć⟩ się; v/i Mar. płynąć (od. iść) zmiennym kursem, engS. lawirować, halsować; Ser m grajarz Mar. krążownik; Sfahrer m krzyżowiec; Sfahrt f podróż morska,

rejs; s. Kreuzzug; **feuer** n krzyżowy ogień (pytań); **fi'del** wesoły jak szczygieł; Sgang m krużganek.

kreuzig|en ⟨u⟩krzyżować; Sung f ukrzyżowanie.

Kreuz|kopf m Tech. wodzik, krzyżulec; Slahm fig. rozbity, zmordowany; **otter** f żmija zygzakowata; **ritter** m Krzyżak; **schmerzen** m/pl. bóle m/pl. krzyża; **spinne** f krzyżak; **stich** m ścieg krzyżykowy; **ung** f Bio. krzyżowanie; konkr. krzyżówka; (Wege⊆) skrzyżowanie; **verhör** n przesłuchanie krzyżowe; s. Kreuzfeuer; **weg** m rozstaj, rozdroże; Rel. droga krzyżowa; **worträtsel** n krzyżówka; **zug** m wyprawa krzyżowa, (a. fig.) krucjata.

kribb|(e)lig niespokojny, nerwowy (-wo); **eln** (-le) s. jucken, wimmeln.

Krick-ente f cyraneczka.

kriech|en (L.; sn) pełzać ⟨po⟩pełznąć, ⟨po⟩czołgać się; fig. płaszczyć się (vor D/przed I); (mit Raumangabe) **en** auf (A), aus (D), durch (A) w-, wy-, prze|łazić ⟨-leźć⟩ (na A, z G, przez A); Ser m lizus, verä. P wazeliniarz; Se'rei f lizusostwo; **erisch** służalczy (-czo), lizusowski; Stier n gad.

Krieg m (-es; -e) wojna; im ~ na wojnie, podczas wojny.

kriegen F dosta⟨wa⟩ć, ⟨z⟩łapać.

Krieg|er m wojownik; wojak; **erdenkmal** n pomnik ku czci poległych; Serisch wojowniczy (-czo); **erwitwe** f wdowa po poległym (żołnierzu); **führung** f prowadzenie wojny.

Kriegs|akademie f akademia wojskowa; **beil** n: fig. das **beil** begraben zakończyć pf. spór, pogodzić się pf.; **bericht-erstatter** m korespondent wojenny; **beschädigte(r)** inwalida wojenny; **dienst(verweigerer)** s. Wehrdienst(verweigerer); **erklärung** f wypowiedzenie wojny; **folgen** f/pl. skutki m/pl. wojny.

Kriegsgefangen|e(r) jeniec wojenny; **enlager** n obóz jeniecki od. jeńców wojennych; **schaft** f niewola.

Kriegs|gericht n sąd wojenny, **gott** m bóg wojny **gräberfürsorge** f opieka nad grobami żolnierskimi; **greuel** m/pl. okrucieństwa *n/pl.* wojny *od.* wojenne; **hafen** *m* port wojenny; **held** *m* bohater wojenny; **hetze** *f* podżeganie do wojny; **kunst** *f* (0) sztuka wojenna; **list** *f* podstęp, fortel; **marine** *f* marynarka wojenna; **opfer** *n* ofiara wojny; **rat** *m* rada wojenna; **recht** *n* prawo wojenne; **schaden** *m* szkoda wojenna; **schauplatz** *m* teatr działań wojennych; **schiff** *n* okręt wojenny; **schuld** *f* wina za wybuch wojny; *Fin.* dług wojenny; **stärke** *f* stan bojowy; **teilnehmer** *m* kombatant; uczestnik wojny; **treiber** *m* podżegacz wojenny; **verbrecher** *m* zbrodniarz wojenny; **verdienstkreuz** *n* wojenny krzyż zasługi; **versehrte(r)** *s. Kriegsbeschädigte(r)*; **verwendungsfähig** zdolny do służby liniowej; **zug** *m* wyprawa wojenna; **zustand** *m* stan wojny *od.* wojenny.

Krill *m* (-*s*; -*s*) *Zo.* kryl.

Krimi F *m* (-/-*s*; -/-*s*) kryminał.

Krimi'nalbeamte(r) urzędnik śledczy, funkcjonariusz policji kryminalnej; **na'listisch** kryminalistyczny; śledczy; **nali'tät** *f* (0) przestępczość *f*.

Krimi'nal|polizei *f* policja kryminalna *od.* śledcza; **roman** *m* powieść kryminalna.

krimi'nell kryminalny; **2e(r)** *m/f* kryminalist(k)a *m/f*.

Krimskrams F *m* (*unv.*) drobiazgi *m/pl.*; *s. a.* Kram. [nek.]

Kringel *m* zakrętas; *Kochk.* obarza-]

Kripo F *f s.* Kriminalpolizei.

Krippe *f* żłób, *dial.* jasła *pl.*; (*Kinder*2) żłobek; **n-** żłobkowy, **n-spiel** *n* jasełka *pl.*, szopka.

Kris|e *f* kryzys; (*Höhepunkt*) przesilenie; **2eln** (-*le*) zanosić się na kryzys; **2enfest** zdolny przetrzymać kryzys(y).

Kri'stall[1] *n* (-*s*; 0) kryształ; **in** *Zssgn* kryształowy.

Kri'stall[2] *m* (-*s*; -*e*) kryształ; **gitter** *n* sieć krystaliczna; **isati'on** *f* krystalizacja. [kryterium *n.*]

Kri'terium *n* (-*s*; -*ien*) sprawdzian,]

Kri'tik *f* krytyka; recenzja; ~ *üben* krytykować (*an D/A*); *unter aller* ~ poniżej wszelkiej krytyki.

Kriti'|kaster *m* krytykier; **ker** *m* krytyk.

kri'|tiklos bezkrytyczny; **tisch**

krytyczny; **ti'sieren** (-) ⟨s⟩krytykować.

Kritte'lei *f* krytykanctwo.

Kritze'|lei *f* bazgranina, gryzmoły *pl.*; **2ln** (-*le*) ⟨na⟩bazgrać, ⟨na⟩gryzmolić; *v/t a.* skreślić *pf.*

Kro'at|e *m* (-*n*), **in** *f* Chorwat(ka); **2isch** chorwacki (po -ku).

kroch(en) *s. kriechen*.

Kro'ketten *f/pl.* krokiety *f/pl.*

Kroko'dil *n* (-*s*; -*e*) krokodyl; **s-**krokodylowy. [koronka.]

Krone *f* korona; *Med.*, *Tech. a.*]

krönen ⟨u⟩koronować (*a. fig.*).

Kron|enkorken *m* zamknięcie koronkowe, F kapsla; **leuchter** *m* żyrandol *m*, pająk; **prinz** *m* następca *m* tronu; **schatz** *m* skarb(iec) koronny *od.* monarszy.

Krönung *f* koronacja; **s-** koronacyjny.

Kronzeuge *m* koronny świadek.

Kropf *m* (-*és*; =*e*) wole (*a. Med.*).

kroß *s. knusprig*.

Krösus *m* (-; -*se*) *fig.* krezus.

Kröte *f* ropucha; F *fig.* **n** *pl.* grosze *m/pl.*

Krück|e *f* kula; *an* **en gehen** chodzić o kulach; **stock** *m* kostur.

Krug[1] *m* (-*és*; =*e*) dzban(ek).

Krug[2] *m* (-*és*; =*e*) *Schenke.*

Kruke *f* kamionkowy dzban, kamionka. [warstwa gleby.]

Krume *f* okruch; *Agr.* uprawna]

Krüm|chen *n*, **el** *m* okruszyna; **2eln** (-*le*) kruszyć, rozkruszać ⟨-szyć⟩ (*v/i* się).

krumm krzywy (-wo); (*gebogen*) s-, za|krzywiony; *Pers.*, *Rücken*: przy-, z|garbiony; *fig.* **es Geschäft** nieczysty interes, *pl. a.* machlojki *f/pl.*; **beinig** krzywonogi; **2darm** *m* jelito kręte.

krümm|en krzywić, s- wy|krzywi(a)ć (*sich* się); *sich* **en** wić się (*vor Schmerzen* z bólu); **2er** *m* *Tech.* krzywak.

Krumm|holz *n* kosodrzewina; **2-nehmen** F *s. übelnehmen*; **stab** *m* pastorał.

Krümmung *f* zakrzywienie, zagięcie; (*Kurve*) zakręt, zakole; *Math.* krzywizna.

Kruppe *f* krzyż, zad.

Krüppel *m* kaleka *m od. f.*

Kruste *f* skorupa; (*Brot*2) skórka; **n-tiere** *pl.* skorupiaki *m/pl.*

Kruzifix *n* (-*es*; -*e*) krucyfiks.

Ku'ban|er m Kubańczyk; **~erin** f Kubanka; 2isch kubański.

Kübel m kubeł (a. Tech.); (*Eimer*) wiadro; (*Gefängnis*2) kibel; **~wagen** m dźip, łazik.

Ku'bik|- kubiczny, sześcienny; **~wurzel** f pierwiastek kubiczny od. trzeciego stopnia.

Ku'bismus m (-; 0) kubizm.

Kubus m (-;-/-ben) sześcian; trzecia

Küche f kuchnia. [potęga.⟩

Kuchen m placek; ciastko; **~form** f s. Backform.

Küchen|chef m kuchmistrz, kierownik kuchni; **~geschirr** n naczynia n/pl. kuchenne; **~hilfe** f pomoc kuchenna; **~tisch** m stół kuchenny.

Küchlein n s. Küken.

Kuckuck m (-s; -e) kukułka; *zum* ~! do diabła!; 2 *rufen* kukać; ~s- kukulczy; **~s-uhr** f zegar z kukułką.

Kuddelmuddel F m (-s; 0) bałagan.

Kufe¹ f płoza (a. Flgw.).

Kufe² f kufa, beczka.

Küfer m kiper; s. Böttcher.

Kugel f (-; -n) kula; (*klein, a. e-s Lagers*) kulka; *sich* (D) *e-e* ~ *durch den Kopf jagen* wpakować sobie kulę w łeb; ~ *in Zssgn* kulisty, kulowy; **~ausschnitt** m wycinek kuli; **~fang** m kulochwyt; 2fest kuloodporny; 2förmig kulisty (-ście); **~gelenk** n Anat. staw wieloosiowy; Tech. przegub kulowy; **~lager** n łożysko kulkowe.

kugeln (-le) s. rollen; F *sich* ~ (*vor Lachen*) pokładać się ze śmiechu.

kugel|rund (0) okrągły (jak kula); 2schreiber m długopis; 2stoßen n pchnięcie kulą.

Kuh f (-; ¤e) krowa; **~fladen** m krowie łajno; **~handel** m fig. verä. zakulisowe targi m/pl. (o A); **~haut** f: *das geht auf keine* ~*haut* tego by na wołowej skórze nie spisał.

kühl chłodny (-no); fig. a. oziębły (-le); ~ *werden* (a. fig.) ochłodzić się, 2~chłodnąć, oziębi(a)ć się; 2anlage f urządzenie chłodnicze, chłodziarka; 2e f (0) chłód, (*angenehm*) chłodek; fig. oziębłość f.

~en chłodzić, ochładzać (-łodzić), oziębi(a)ć; 2er m chłodnica; 2flüssigkeit f ciecz chłodząca; 2haus n chłodnia; 2kette f łańcuch chłodniczy; 2mittel n chłodziwo, czynnik chłodzący; 2raum m chłodnia; 2schiff n chłodniowiec, statek-chłodnia; 2schrank m szafa chłodnicza; (*Haushalts*2) lodówka; 2technik f chłodnictwo; 2turm m wieża chłodnicza; 2ung f chłodzenie; 2wagen m samochód-chłodnia, Esb. wagon-chłodnia; 2wasser n woda chłodząca; Kfz. woda w (od. do) chłodnicy.

Kuh|magd f krowiarka; **~milch** f krowie mleko; **~mist** m nawóz krowi, krowieniec. [śmiałość f.⟩

kühn śmiały (-ło); 2heit f (0)

Kuh|pocken f/pl. krowianka; **~stall** m obora. [kurczątko.⟩

Küken n pisklę, engS. kurczę,

ku'lant rzetelny, uczciwy (-wie).

Kuli m (-s; -s) kulis.

kuli'narisch kulinarny.

Ku'lisse f kulisa (a. Tech.); hinter den ~n za kulisami.

kullern (-re) v/t toczyć; v/i (sn) potoczyć się pf.

Kulminati'onspunkt m punkt kul-

Kult m (-es; -e) kult. [minacyjny.⟩

kulti'vier|en (-) kultywować; **~t** kulturalny.

Kul'tur f kultura; Agr. (*Anbau*) uprawa; ~ *in Zssgn oft* kulturowy.

kultu'rell kulturalny; kulturowy.

Kul'tur|film m film oświatowy; **~geschichte** f historia kultury; **~land** n kraj cywilizowany; Agr. ziemia uprawna; 2stufe f poziom kultury od. kulturalny; **~volk** n naród cywilizowany; **~zentrum** n ośrodek kultury; engS. dom kultury od. ludowy, świetlica.

Kultus m (-; -te) s. Kult; **~minister** m minister oświaty.

Kümmel m kmin(ek); (*Schnaps*) kminkówka; ~ *in Zssgn* kminkowy.

Kummer m (-s; 0) zmartwienie, strapienie; (*Gram*) zgryzota.

kümmer|lich nędzny, marny, nikły (-le); 2ling m mizerak; **~n** (-re) obchodzić (obejść) *sich* ~n (*um A*) troszczyć się (o A); (do)pilnować (G); 2nis f s. Kummer, Sorge.

kummervoll s-, za|troskany; *Leben*: pełen trosk od. zmartwień.

Kum(me)t n (-es; -e) chomąto.

Kum'pan m (-es; -e) kompan, kamrat; poplecznik; typ; **~pa'nei** f (0) kumplostwo; **~pel** m Bgb. górnik; ⊢ koleżka m, kumpel.

kündbar podlegający wypowiedzeniu, mogący być rozwiązanym; *Anleihe*: podlegający wykupowi.

Kunde[1] *m* (-*n*) klient; *fig.* facet, gość *m*.

Kunde[2] *f* wieść *f*, wiadomość *f*; *(Wissen)* wiedza; -2 *in Zssgn* -znawstwo.

künden (-*e*-) *lit.* zwiastować (*von/A*).

Kunden|beratung *f* informacyjna obsługa klientów; **~dienst** *m* (po-sprzedażna) obsługa klientów, F serwis; F *konkr. a.* punkt obsługi i napraw; **~kreis** *m* klientela, od-biorcy *m/pl.*

kundgeb|en oznajmi(a)ć, obwiesz-czać (-eścić); *s.* offenbaren; 2ung *f* (*Massen*2) wiec, manifestacja.

kundig doświadczony, znający się na rzeczy; *e-r Sache* ~ znający się (na *L*), władający (*I*).

kündig|en wypowiadać ⟨-iedzieć⟩, wymawiać ⟨-mówić⟩; 2ung *f* wy-powiedzenie, wymówienie.

Kündigungs|frist *f* termin wypo-wiedzenia; **~schutz** *m* zabezpiecze-nie trwałości stosunku pracy, zakaz zwalniania z pracy.

Kundin *f* klientka.

kundmachen † *s.* kundgeben.

Kundschaft *f* (0) klientela, klienci *m/pl.*; 2en (-*e*-) iść ⟨pójść⟩ na zwiady; **~er** *m* zwiadowca *m*;) **kundtun** *s.* kundgeben. [szpieg.∫

künftig przyszły; *a.* = **~hin** *w* przy-szłości, na przyszłość.

Kunst *f* (-; -*e*) sztuka; (*Können, Fertigkeit*) kunszt, artyzm; *s.* Kniff, bildend; ~ *in Zssgn oft* artystyczny; sztuczny; **~akademie** *f* akademia sztuk pięknych; **~ausstellung** *f* wystawa dzieł sztuki; **~druck** *m* (-*es*; -*e*) druk artystyczny; **~dünger** *m* nawóz sztuczny.

Künste'lei *f* sztuczność *f*.

Kunst|faser *f* włókno sztuczne *od.* syntetyczne; **~fehler** *m* błąd tech-niczny; 2fertig *s.* geschickt; **~fer-tigkeit** *f* (0) *s.* Kunst, Geschicklich-keit; **~flieger** *m* lotnik akroba-tyczny; **~flug** *m* akrobacja lotnicza; lot akrobatyczny; **~gegenstand** *m* dzieło sztuki; 2gerecht fachowy (-wo); **~geschichte** *f* historia sztu-ki; **~gewerbe** *n* rzemiosło arty-styczne, przemysł artystyczny; **~gewerbler** *m* artysta *m* zajmujący się rzemiosłem artystycznym; **~griff** *m* chwyt, sztuczka; **~handel** *m* handel dziełami sztuki; **~hand-werk** *n s.* Kunstgewerbe; **~harz** *n*

sztuczna (*od.* syntetyczna) żywica; **~historiker** *m* historyk sztuki; **~honig** *m* sztuczny miód; **~leder** *n* imitacja skóry.

Künstler *m* artysta *m*; *eng S. a.* pla-styk; **~in** *f* artystka; F *a.* plastyczka; 2isch artystyczny; **~name** *m* pseu-)

künstlich sztuczny. [donim.∫

Kunst|maler *m* artysta *m* malarz; **~mappe** *f* teka (litografii, z rysun-kami *usw.*); **~pause** *f* pauza reto-ryczna; 2reich *s. kunstvoll*; **~reiter** (-*in f*) *m* woltyżer(ka); **~samm-lung** *f* zbiór dzieł sztuki; **~schule** *f* szkoła artystyczna; **~seide** *f* sztucz-ny jedwab; **~springen** *n* skoki *m/pl.* (do wody) z trampoliny.

Kunststoff *m* tworzywo sztuczne *od.* syntetyczne, F masa plastyczna, plastyk; ~ *in Zssgn z* tworzywa sztucznego, F z plastyku, plastikowy.

Kunst|stopfen *n* cerowanie arty-styczne; **~stück** *n* sztu(cz)ka; F ~ *stück! nic* dziwnego!; dziwisz się!; **~turnen** *n* gimnastyka artystyczna; **~verlag** *m* wydawnictwo dzieł sztuki; 2voll kunsztowny, mister-ny; **~werk** *n* dzieło sztuki; *fig.* arcydzieło; **~wissenschaft** *f* nauka o sztuce; **~wort** *n* wyraz sztuczny.

kunterbunt *präd.* bezładnie, w nie-ładzie, F jak groch z kapustą.

Kupfer *n* (-*s*; 0) miedź *f*; *s. a.* Kupfergeld, -stich; **~draht** *m* drut miedziany; 2farben *s.* kupferrot; **~geld** *n* monety *f/pl.* miedziane, F miedziaki *m/pl.*; 2haltig zawiera-jący miedź; miedzionośny; **~kies** *m* piryt miedziany, chalkopiryt; **~le-gierung** *f* stop miedzi; **~münze** *f* moneta miedziana, F miedziak.

kupfern miedziany.

kupfer|rot (0) miedzianoczerwony; 2schmied *m* kotlarz; 2stecher *m* miedziorytnik; 2stich *m* miedzio-ryt; 2-II-Sulfat *n*, 2vitriol *m* siarczan miedziowy.

ku'pieren (-) obcinać ⟨-iąć⟩; zapo-biec *pf.* rozwojowi (choroby) w pierwszym okresie.

Ku'pol·ofen *m* żeliwiak.

Ku'pon *m* (-*s*; -*s*) odcinek, kupon.

Kuppe *f* wierzchołek; (*Finger*2) brzusiec; *s. a.* Hügel.

Kuppel *f* kopuła; ~ *in Zssgn* ko-pułowy.

Kuppe'lei *f* stręczycielstwo, stręcze-nie do nierządu.

upp|eln (*-le*) s. koppeln; *v/i Kfz.*
aus-, einkuppeln; 2**lerin** f stręczy-
cielka, rajfurka; 2**lung** f sprzęgło;
Esb. sprzęg.
.upplungs|pedal n pedał sprzęgła;
~scheibe f tarcza sprzęgła.
.ur f kuracja; leczenie zdrojowe *od.*
sanatoryjne; e-e ~ *machen* przeprowadzać <-dzić> kurację.
.ür f ćwiczenie wolne.
.ur·arzt m lekarz zdrojowy.
.ura'tel f kuratela.
.u'ra|tor m (*-s*; *-'toren*) kurator;
opiekun (prawny); **~'torium** n (*-s*;
-ien) kuratorium.
.ur·aufenthalt m pobyt w uzdro-
wisku *od.* na kuracji.
.urbel f (*-*; *-n*) korba; 2**n** (*-le*)
kręcić; F *Film:* nakręcać <-cić>;
~stange f korbowód; **~welle** f wał
korbowy.   [łeb, łepetyna.)
.ürbis m (*-ses*; *-se*) dynia; P (*Kopf*))
üren wyb(ie)rać.
.urfürst m elektor, kurfirst; **~en-
tum** n elektorat.
.ur|gast m kuracjusz; **~haus** n dom
zdrojowy.
.urie [-iə] f kuria; **~n-** kurialny.
.u'rier m (*-s*; *-e*) kurier, *engS.*
posłaniec, goniec.
.u'rieren (*-*) <wy>kurować.
.uri'os dziwny, niezwykły (*-le*);
2**i'tät** f osobliwość f.
.ur|mittel n/pl. zabiegi m/pl. stoso-
wane w leczeniu zdrojowym; **~ort**
m uzdrowisko; **~pfuscher** m znachor; **~pfusche'rei** f znachorstwo;
~promenade f deptak.
.urs m (*-es*; *-e*) kurs; *außer* ~ *setzen*
wycof(yw)ać z obiegu; *hoch im* ~
stehen być bardzo cenionym; *Fin.*
osiągać wysoką cenę; 2**bericht** m
ceduła giełdowa; **~buch** n rozkład
jazdy.
.ürschner m kuśnierz; **~waren**
f/pl. wyroby m/pl. kuśnierskie.
.ur'siv kursywny, *Adv.* kursywą.
.urs|notierung f notowanie kur-
sowe; **~rückgang** m spadek kursu
od. kursów; **~schwankungen** f/pl.
wahania n/pl. kursowe; **~steige-
rung** f wzrost kursu *od.* kursów.
.ursus m (*-*; *-rse*) kurs.
.urs|verlust m strata na kursie;
~wechsel m zmiana kursu; **~wert**
m wartość kursowa; **~zettel** m s.
Kursbericht.
.urtaxe f opłata uzdrowiskowa.

Kür·übung f s. Kür.
Kurve f *Math.* krzywa; (*Weg*2) s-,
za|kręt, wiraż.
Kurven|lineal n krzywik; 2**reich**
kręty (*-to*), pełen zakrętów; F *fig.*
o bujnych kształtach.
kurz (*"er*; *"est-*) krótki (*-ko*); (~
dauernd) krótkotrwały; ~ *vor* (*D*) na
krótko przed (*I*); *vor* ~em niedawno;
seit ~em od niedawna; *binnen* ~em
wkrótce; *über* ~ *oder lang* prędzej
czy później; *mit* ~em Worten w kilku
słowach; *um es* ~ *zu sagen*, ~ *und*
gut krótko mówiąc; *es* ~ *machen* nie
zwlekać *od.* przeciągać; *den kürze-
ren ziehen, zu* ~ *kommen* źle wychodzić <wyjść> (*bei/na L*); ~ *angebunden fig.* szorstki (-ko).
Kurz·arbeit f zatrudnienie w niepełnym wymiarze czasu pracy; **~er**
m pracownik zatrudniony w niepełnym wymiarze czasu pracy.
Kürze f (0) krótkość f; (*Bündigkeit*)
zwięzłość f; *in* ~ wkrótce.
Kürzel n skrót (stenograficzny),
logogram.
kürzen (*-zt*) skracać <-rócić>; *Math.*
upraszczać <-rościć>; *fig.* obcinać
<-iąć>, <z>redukować.
kurzerhand od ręki; bez ceremonii;
nie namyślając się długo.
Kurz|fassung f wersja skrócona;
~film m film krótkometrażowy, F
krótkometrażówka; 2**fristig** krót-
koterminowy; *prąd.* w krótkim terminie; **~geschichte** f krótkie
opowiadanie, historyjka; **~haar-**
krótkowłosy.
kurzhalten F: *j-n* ~ trzymać krótko
(*A*).   [półtrwały.)
kurzlebig krótkowieczny; *Güter-*)
kürzlich niedawno (temu).
Kurz|schluß m zwarcie, (krótkie)
spięcie; **~schrift** f stenografia.
kurzsichtig krótkowzroczny; 2**keit**
f (0) krótki wzrok, krótkowzrocz-
ność f.
Kurzstrecken|-   krótkodystanso-
wy; *Mil., Flgw.* bliskiego zasięgu;
~läufer m krótkodystansowiec,
sprinter.
kurz|treten *fig.* oszczędzać (się)
ograniczać się; **~um** krótko mówiąc.
Kürzung f skracanie, skrócenie;
obcięcie, ograniczenie, redukcja.

Kurz|waren *f/pl.* pasmanteria; **~weg** wręcz, po prostu; *s. kurzerhand*; **~welle** *f* krótka fala; *in Zssgn* krótkofalowy.

kuschen (*Hund*) kłaść ⟨położyć⟩ się; *fig.* podtulać ⟨-lić⟩ ogon, kłaść uszy po sobie.

Ku'sine *f* kuzynka.

Kuß *m* (-sses; ⁰sse) pocałunek, całus; **²echt** trwały. [się).]

küssen (-βt) ⟨po-, u⟩całować ⟨sich⟩

Kußhand *f* całus; *mit ~* z pocałowaniem ręki.

Küste *f* wybrzeże; **~n-** nad-, przy|brzeżny, brzegowy.

Küsten|bewohner *m* mieszkaniec wybrzeża; stangret; **~schutz** *m* obrona wybrzeża; **~wachboot** *n* łódź patrolowa obrony wybrzeża.

Küster *m* kościelny *m*, zakrystian.

Kutsch|e *f* powóz, kareta; **~er** *n* woźnica *m*, stangret; **²ieren** ⟨-⟩ powozić (*A/I*); *v/i* (*sn*) F jeździć rozjeżdżać.

Kutte *f* habit. [*m/pl.*]

Kuttel|flecke *m/pl.*, **~n** *f/pl.* flaki

Kutter *m* kuter.

Ku'vert [*a.* -'ve:ʀ] *n* (-s; -s) koperta; *s. Gedeck*.

Kyber'netik *f* (0) cybernetyka.

L

Lab *n* (-es; -e) podpuszczka.

laben pokrzepi(a)ć, orzeźwi(a)ć ⟨sich⟩ się; *sich ~ fig.* delektować się (*an D/I*).

la'bil niestały (-le), chwiejny.

Lab|kraut *n* przytulia; **~magen** *m* trawieniec.

La'bor *-n* (-s; -s/-e) laboratorium; **~-** *in Zssgn* laboratoryjny.

Labo|'rant *m* (-en), **-tin** *f* laborant(ka); **²'rieren** ⟨-⟩ *fig.* cierpieć (*an D*/na *A*).

Lab|sal *n* (-es; -e) *od. österr. f* (-; -e) laba, przyjemność *f*; **~ung** *f* pokrzepienie. [*Anat.* błędnik.)

Laby'rinth *n* (-es; -e) labirynt;)

Lach|anfall *m* napad śmiechu; **~e¹** F *f* (0) śmiech, rechot.

Lache² *f* kałuża. [się.]

lächeln ⟨-le⟩ uśmiechać ⟨-chnąć⟩)

Lächeln *n* (-s; 0) uśmiech.

lachen ⟨za⟩śmiać się (*über A/z G*; *Tränen* do łez); *fig.* (*Glück usw.*) uśmiechać ⟨-chnąć⟩ się (*D*), śmiać się (do *G*); F *du hast gut ~* ty możesz się śmiać z tego; *dab ich nicht lache* to śmieszne; *da gibt es nichts zu ~* to wcale nie śmieszne.

Lachen *n* (-s; 0) śmiech; *das ist zum ~* to śmieszne, F do śmiechu; *j-n zum ~ bringen* rozśmieszać ⟨-szyć⟩ (*A*); *das ist nicht zum ~* to nie do śmiechu, to nie żarty.

Lacher *m* śmiejący się; *s. Lache¹*.

lächerlich śmieszny; **~ machen** ośmieszać ⟨-szyć⟩ (*sich* się).

Lach|gas *n* gaz rozweselający; **²haft** śmiechu wart(e), śmieszny; **~krampf** *m* paroksyzm śmiechu; **~möwe** *f* mewa śmieszka.

Lachs *m* (-es; -e) łosoś *m*.

Lachsalve *f* wybuch śmiechu.

lachs|farben łososiowy, kolor łososiowego; **²forelle** *f* troć *f*; **²schinken** *m* polędwica (wieprzowa) wędzona.

Lack *m* (-es; -e) lakier; laka; (*Siegel-*) lak; **~arbeiten** *f/pl.* wyroby *m/p.* z laki; **~farbe** *f* farba lakierowa.

la'ckier|en ⟨-⟩ ⟨po⟩lakierować; **²e** *m* lakiernik; **²e'rei** *f* lakiernia; **²ung** *f* (po)lakierowanie; *konk.* powłoka lakierowa. [sowy.)

Lackmuspapier *n* papierek lakmu-

Lackschuh *m* lakierek.

Lade *f* skrzynia; *Text.* bidło; *Schublade*; **~baum** *m* Mar. bon ładowniczy; **~fähigkeit** *f* (0) ładowność *f*; **~fläche** *f* powierzchnia za ładowcza; **~gewicht** *n* ładowność, ciężar ładunku; **~hemmung** *f* za cięcie (w mechanizmie ładującym; **~maß** *n* skrajnia ładunku.

laden (*L.*) ⟨na-, za⟩ładować; *Waf. a.*: nabi(ja)ć; *s. einladen*; *vor G richt:* poz(y)wać; wzywać ⟨we zwać⟩. [wanie; nabicie)

Laden¹ *m* (-s; 0) załadunek; nałado-

Laden² *m* (-s; ⁰) sklep; *s. Fenste laden*; **~dieb** *m* złodziej sklepow **~diebstahl** *m* kradzież sklepow **~hüter** *m/pl.* buble *m/pl.*; **~preis**

cena sprzedażna *od.* detaliczna; **~schluß** *m* zamknięcie sklepów; **~tisch** *m* lada (sklepowa), kontuar. **~ade|platz** *m* plac ładunkowy; **~rampe** *f* rampa ładunkowa *od.* załadowcza; **~raum** *m Mar.* ładownia; **~streifen** *m Mil.* ładownik; łódka nabojowa.

ä'dieren (-) uszkadzać ‹-kodzić›, ‹s›kaleczyć.

~adung *f* ładunek; *Mil. a.* nabój; *Jur.* wezwanie.

~a'fette *f* laweta.

~affe F *m* (-n) fircyk, goguś *m*.

ag *s.* liegen.

~age *f* położenie; sytuacja; usytuowanie; *(Schicht)* warstwa; *Mus.* rejestr; *(nicht) in der ~ sein* (nie) być w stanie; *j-n in die ~ versetzen* dać możność (*D*); *sich der ~ gewachsen zeigen* znaleźć się w kropce; *in e-e unangenehme ~ bringen* wprawi(a)ć w kłopot; *die ~ der Dinge* okoliczności *f/pl.*; *e-e ~ Bier* kolejka piwa; **~bericht** *m* meldunek sytuacyjny; **~besprechung** *f* zorientowanie w sytuacji; *Flgw.* odprawa.

~agenschwimmen *n* sztafeta ... razy sto metrów stylem zmiennym. **~ageplan** *m* plan sytuacyjny.

~ager *m* (-s; -/*Hdl.* ") obóz (*a. fig., Pol.*); *(Feld2 a.)* obozowisko; *(Waren2)* skład, magazyn; składnica; *Tech.* łożysko; *Bgb.* dodał, złoże; *(Tier2)* legowisko, leże *pl.*, barłóg; *(Bett)* łoże, łóżko; *am ~* na składzie; **~bestand** *m* zapas (na składzie); **~bier** *n* piwo leżakowe; **~feuer** *n* ognisko obozowe; **~gebühr** *f*, **~geld** *n* składowe *n*; **~haus** *n* magazyn; *s. Lager.*

~age'rist *m* (-en) magazynier.

~agermetall *n* stop łożyskowy.

~agern (-re) *v/t* składować, ‹z›magazynować; *v/i* być na *(od.* znajdować się) na składzie, leżeć; *(a. sn)* obozować; stać obozem; *sich ~* kłaść ‹położyć› *(od.* układać ‹ułożyć›) się; stawać ‹stanąć› obozem.

~ager|platz *m* skład(owisko); *(Rast~platz)* obozowisko, miejsce na obóz; **~schein** *m* kwit składowy; **~schuppen** *m* szopa, magazyn; **~stätte** *f Geol.* złoże; **~ung** *f* składowanie, magazynowanie; *Geol.* ułożenie; *Tech.* ułożyskowanie; *(v. Lebensmitteln, Wein)* dojrzewanie,

leżakowanie; **~verwalter** *m* magazynier.

La'gune *f* laguna.

lahm kulawy (-wo); F *fig.* kiepski (-ko); *(langweilig)* nudny; **~en** kuleć, utykać.

Lähm|e *f Vet.* kulawizna; **2en**, *fig.* **lahmlegen** ‹s›paraliżować, porazać ‹-razić›; *fig. a.* obezwładni(a)ć; **~ung** *f* porażenie, paraliż; *fig.* sparaliżowanie; **~ungs-erscheinungen** *f/pl.* niedowład (*a. fig.*).

Laib *m* (-*es*; -*e*) bochen(ek).

Laich *m* (-*es*; -*e*) ikra; **2en** składać ‹złożyć› ikrę, ikrzyć się; **~platz** *m* tarlisko; **~zeit** *f* tarło.

Laie *m* (-*n*) laik; **~n-** *a.* świecki.

Laien|bühne *f* teatr amatorski; **2haft** laicki, dyletancki (po -ku, -ko).

La'kai *m* (-en) lokaj; *fig. a.* sługus.

Lake *f* zalewa (do peklowania).

Laken *n* prześcieradło.

la'konisch lakoniczny.

La'kritze *f* lukrecja.   [worzyć.)

lallen ‹wy›bełkotać; *Baby:* ga-)

La'melle *f* lamelka, płytka; blaszka; **~n-** lamelkowy, płytkowy.

lamen'tieren (-) lamentować, biadać.

La'metta *n* (-s; 0) lameta.

lami'niert laminowany.

Lamm *n* (-*es*; "er) jagnię, baranek; **~- in Zssgn** jagnięcy; **2en** ‹o›jagnić się.

Lämmer|geier *m* orłosęp brodaty; **~wolke** *f s. Schäfchenwolke.*

Lamm|fell *n* skór(k)a jagnięca; **~fleisch** *n* mięso jagnięce; **2fromm** pokorny *(od.* łagodny) jak jagnię.

Lämpchen *n* lampka.

Lampe *f* lampa; **~n-** lampowy.

Lampen|fieber *n* trema; **~licht** *n* światło lampy; **~schirm** *m* abażur, klosz.   [propagować.)

lancieren [-'si:-] ‹-) lansować.)

Land *n* (-*es*; "er) ląd; *(Boden)* ziemia; grunt; *(Ggs. Stadt)* wieś *f*; *Pol.* kraj; *fig.* kraina; *das Heilige ~* Ziemia Święta; *auf dem ~e* na wsi; *an ~ gehen s. landen; an ~ bringen* wysadzać ‹-dzić› na ląd; *zu ~e* na lądzie, lądem; **~arbeiter** *m* robotnik rolny; **~arzt** *m* lekarz wiejski; **~aufenthalt** *m* pobyt na wsi; **2'aus: 2aus, 2ein** przez różne kraje, po różnych krajach; **~besitz** *m* posiadłość ziemska; **~bevölke-**

rung f ludność wiejska; ~**bote** m hist. poseł.

Lande·bahn f pas (do) lądowania.

land'ein s. landaus; ~**wärts** w głąb (od. głębi) kraju.

Lande|erlaubnis f zezwolenie na lądowanie; ~**klappe** f klapa do lądowania; ~**kopf** m przyczółek (desantowy).

landen (-e-) v/i (sn) ⟨wy⟩lądować (a. F fig.); Mar. a. wysiadać ⟨-iąść⟩ na brzeg; v/t wysadzać ⟨-dzić⟩ na brzeg; Mil. a. desantować; F fig. Schlag: ⟨u⟩plasować; Coup: wykonać pf., przeprowadzić pf.

Land·enge f przesmyk.

Lande|platz m lądowisko; ~**rechte** n/pl. prawo lądowania.

Lände'reien f/pl. włości f/pl., dobra n/pl.

Länder|kampf m zawody m/pl. międzypaństwowe; ~**kunde** f (0) geografia; ~**spiel** n mecz międzypaństwowy.

Landes|- (ogólno)krajowy; ~**bewohner** m mieszkaniec kraju, krajowiec; ~**farben** f/pl. barwy f/pl. narodowe; ~**herr** m władca m, monarcha m; ~**innere(s)** wnętrze (od. głąb) kraju; ~**kunde** f (0) krajoznawstwo; ~**regierung** f rząd krajowy; ~**sprache** f język narodowy (danego kraju); ~**tracht** f strój narodowy; 2**üblich** przyjęty (w danym kraju), tradycyjny; ~**verrat** m zdrada kraju od. ojczyzny; ~**verteidigung** f obrona kraju od. narodowa; ~**verweisung** f wygnanie (z kraju); ~**währung** f waluta krajowa.

Lande·verbot n zakaz lądowania.

Land|fahrzeug n pojazd drogowy; ~**flucht** f odpływ ludności rolniczej do miasta; ~**friedensbruch** m zakłócenie porządku publicznego; ~**gang** m s. Landurlaub; ~**gemeinde** f gmina wiejska; ~**gericht** n sąd drugiej instancji, sąd okręgowy; ~**gut** n posiadłość ziemska, majątek; ~**haus** n dworek; willa; ~**jäger** m żandarm wiejski; fig. sucha kiełbasa; ~**karte** f mapa; ~**kreis** m powiat wiejski; ~**krieg** m wojna na lądzie; 2**läufig** (powszechnie) przyjęty, utarty; ~**leben** n życie na wsi; ~**leute** pl. wieśniacy m/pl., włościanie m/pl.

ländlich wiejski, sielski (po -ku).

Land|marke f Mar. nabieżnik; ~**maschine** f maszyna rolnicza; ~**messer** m mierniczy m; ~**partie** f wycieczka na wieś, majówka; ~**plage** f plaga powszechna; ~**rat** m starosta m, landrat; ~**ratte** F f szczur lądowy; ~**regen** m długotrwały deszcz; ~**rücken** m grzbiet masywu górskiego.

Landschaft f krajobraz, pejzaż (a. Malerei); okolica, teren; 2**lich** krajobrazowy, pejzażowy, prąd. w odniesieniu do krajobrazu.

Landschafts|maler m pejzażysta m; ~**malerei** f (0) malarstwo pejzażowe; ~**schutz** m ochrona krajobrazu.

Landser m żołnierz. [brazu.]

Landsitz m dwór, folwark.

Lands|knecht m lancknecht; ~**mann** m (-es; -leute) ziomek, krajan; ~**männin** f rodaczka, krajanka; ~**mannschaft** f ziomkostwo.

Land|spitze f przylądek; ~**straße** f szosa; ~**streicher** m włóczęga m, ~**streitkräfte** f/pl. lądowe siły f/pl. zbrojne, wojska n/pl. lądowe; ~**strich** m okolica; ~**tag** m landtag

Landung f (wy)lądowanie; Mil. desant.

Landungs|boot n desantowiec barka desantowa; ~**brücke** f przystań f; molo, pirs; ~**platz** m Flgw lądowisko; miejsce desantowania ~**schiff** n okręt desantowy; ~**steg** m s. Landungsbrücke; ~**truppen** f/pl. wojska n/pl. (od. oddziały m/pl.) desantowe.

Land|urlaub m zezwolenie na wyjście (od. przepustka) na ląd ~**volk** n (-es; 0) s. Landleute; ~**weg** m droga lądowa.

Landwirt m rolnik.

Landwirtschaft f rolnictwo; gospodarstwo rolne; 2**lich**, ~**s-** rolny rolniczy.

Landzunge f cypel.

lang (ᵘer; ᵘst-) długi (-go); zeitl. a długotrwały (-le); drei Tage ~ w ciągu trzech dni; sein Leben ~ przez całe życie; ~e Zeit długi okre czasu; seit ~er Zeit od dawna, od dłuższego czasu; s. lange, längst.

lang|atmig rozwlekły (-le); ~**bein ig** długonogi.

lange długo; schon ~ już dawno; genug dość; nicht ~ niedługo; noch ~ nicht daleko nie; wcale nie bynajmniej; seit ~m od dawna.

Länge f długość f; fig. dłużyzna; in die ~ ziehen przeciągać, przewlekać (sich się); der ~ nach hinfallen jak długi.

langen (genügen) starczać, wystarczać <-czyć>; s. greifen; F j-m e-e ~ palnąć pf. w twarz (A).

längen przedłużać <-żyć>; ♀grad m stopień m długości (geograficznej); ♀maß n miara długości.

länger dłuższy; Adv. dłużej; ~ machen s. verlängern; der Tag wird ~ dnia przybywa; je ~, je lieber im dłużej, tym lepiej.

Lange·weile f (0) nuda; vor ~ z nudów; ~ haben nudzić się.

Lang|finger F m złodziej(aszek), kieszonkowiec; ♀fristig długoterminowy (-wo); Plan a.: długofalowy (-wo); ♀gestreckt wydłużony; ♀gezogen Ton: przeciągły (-le); ♀haarig długowłosy; ~holz n dłużyca; ♀jährig długoletni (-nio); ~lauf m bieg długodystansowy; ♀lebig długowieczny; Güter: trwałego użytku.

länglich podłużny.

Lang|mut f (0) cierpliwość f; s. Nachsicht; ♀mütig cierpliwy (-wie).

längs Adv.; Prp. (G, selt. D) wzdłuż (G); ♀achse f oś podłużna.

langsam (po)wolny, Adv. powoli, wolno; ♀keit f (0) powolność f.

Lang|schläfer F m śpioch; ~spiel·platte f płyta długogrająca, long-play m.

Längs|richtung f kierunek wzdłuż; ~schnitt m przekrój po- od. wz|dłużny; ♀seits Mar. burta w burtę; przy burcie.

längst s. lang; Adv. dawno, od dawna; ~ens najdłużej, najpóźniej.

langstielig Blume: o długiej łodydze.

Längs·träger m podłużnica.

Langstrecken|bomber m bombowiec dalekiego zasięgu; ~lauf m bieg długodystansowy; ~läufer m długodystansowiec.

Lan'guste f langusta.

langweil|en nudzić (sich się), zanudzać <-dzić> (mit/I); ~ig nudny (-no); ziemlich ~ig nudnawy (-wo); ~iger Mensch nudziarz.

Langwelle f fala długa; ~n- długofalowy.

lang|wierig Krankheit: przewlekły (-le); Arbeit: żmudny; ♀zeit- dłu-gotrwały; długofalowy (-wo), przewlekły.

Lano'lin n (-s; 0) lanolina; ~- in Zssgn lanolinowy.

Lanze f lanca, kopia, dzida; e-e ~ brechen kruszyć kopie (für/o A).

Lan'zette f lancet.

la'otisch laotański (po-ku).

Lap'palie f drobnostka, bagatela.

Läppchen n Anat. zrazik.

Lappe m (-n) s. Lappländer.

Lappen m szmat(k)a, gałgan(ek); (Wisch♀) ścierka; Anat. płat; F fig. durch die ~ gehen wymykać <-mknąć> się.

Läppen n (-s; 0) Tech. docieranie.

lappig F miękki (-ko), zwiotczały (-le), sflaczały (-le).

Lappin f s. Lappländerin.

läppisch s. albern, kindisch; ~-albern Med. wesołkowaty.

Lappländer(in f) m Lapo|ńczyk (-nka); ♀disch lapoński (po -ku).

Lärche f modrzew; ~n- modrzewiowy.

Lärm m (-s; 0) hałas; zgiełk; fig. a. larum; viel ~ um nichts wiele hałasu o nic; ~ schlagen wszczynać <-cząć> alarm; ~bekämpfung f walka z hałasem; ♀en hałasować; ♀end hałaśliwy (-wie), z hałasem; ~schutz m ochrona przed hałasem.

Larve f poczwarka, larwa; fig.

las s. lesen.   [maska.♀]

lasch F dial. s. träge, energielos, fade.

Lasche f Tech. nakładka; łubek; (im Schuh) język.

Laser m laser; ~- in Zssgn laserowy.

lassen (L.) v/t (nicht verändern) zostawi(a)ć, pozostawi(a)ć; (unterlassen, aufhören mit) zaprzest(aw)ać (G), porzucać <-cić> (A); laß das! zostaw to!; (erlauben) po-, ze|zwalać <-wolić>; kommen ~ polecić przyjść pf. (A/D); das Leben, Wasser ~ odda(wa)ć życie, mocz; Part. Perf. od. Inf. + ~ im Inf. wird (ggf. verneint) nist nur mit Verb übersetzt: ungesagt ~ nie powiedzieć; liegen ~ (po)zostawić pf., zapomnieć pf.; laß uns gehen! chodźmy!; laß mal sehen! pokaż (no)!; reparieren ~ odda(wa)ć do naprawy, dać naprawić; es läßt sich można, możliwe; es läßt sich nicht nie dałe się, niemożliwe; es läßt sich kaum trudno, z trudem; s. a. (hin)ein-, (hin)aus-, ver-, zurücklassen, fallen,

Hand usw.; *v/i von j-m* ~ (po)zostawić (w spokoju) (*A*); *von et.* ~ zaprzest(aw)ać (*G*), (po)rzucić *pf.* (*A*).
lässig niedbały (-le).
Last *f* ciężar, brzemię; *s. Ladung*; *j-m zur* ~ *fallen* być (*od.* stać się) ciężarem (*D*, dla *G*); *j-m zur* ~ *legen* (*A*) obwini(aj)ć (k-o o *A*); *zu* (*G*) ~*en* gehen obciążać (*A*); odbi(ja)ć się ujemnie (na *L*); *Fin. zu* ~*en* w debet, na ciężar (*G*).
lasten (-*e*-) (*auf D*) ciążyć (na *L*); być brzemieniem (*D*); 2*aufzug m* dźwig (*od.* wyciąg) towarowy; 2*ausgleich m* podatek wyrównawczy na pokrycie szkód wojennych.
Laster[1] *m* nałóg, przywara; rozpu-)
Laster[2] F *m* ciężarówka. [sta.]
Lästerer *m* plotkarz; (*Gottes*2) bluźnierca *m*. [pustny.]
lasterhaft zepsuty, zdrożny, roz-)
Läster|maul F *n s. Klatschmaul*; 2*n* (-*re*) obmawiać, obgadywać (*über A/A*); *Gott* 2*n* bluźnić Bogu; ~*ung f* bluźnierstwo.
lästig uciążliwy (-wie); (*unangenehm*) irytujący (-co); (*zudringlich*) natrętny; ... *ist mir* ~ ... przeszkadza (*od.* dokucza) mi.
Last|kahn *m* barka; ~(**kraft**)**wagen** *m* samochód ciężarowy; ~**schriftzettel** *m* awiz debetowy; ~**tier** *n* zwierzę juczne; ~**zug** *m* pociąg drogowy (ciężarowy).
La'sur *f* (*0*) lazurowanie; *a.* = ~**farbe** *f* lakier lazurujący; ~**stein** *m* lazuryt.
las'ziv sprośny, lubieżny.
La'tein *n* (-*s*; *0*) łacina; ~**amerikaner** *m* Latynos; 2**amerikanisch** łacińskoamerykański; 2**isch** łaciński (po -ku).
la'tent ukryty, utajony.
La'terne *f* latarnia.
La'ternen|garage F *f* garaż pod latarnią; ~**pfahl** *m* słup latarni.
La'trine *f* latryna.
Latsche *f* kosodrzewina.
latschen P (po)człapać; *verä.* łazić.
Latschen P *m* papuć *m*; bucisko; *alte* ~ *pl.* człapy *m/pl.*
Latte *f* łata, listwa; *Sp.* poprzeczka; F *fig. lange* ~ drągal, tyka.
Latten|verschlag *m* przepierzenie; ~**zaun** *m* płot sztachetowy, sztachety *f/pl.*
Latz *m* (-*es*; ⁝*e*), **Lätzchen** *n* ślinia(cze)k.

lau letni (-nio), ciepławy (-wo); *fig.* obojętny; niewyraźny.
Laub *n* (-*es*; *0*) liście *m/pl.*, listowie; ~**baum** *m* drzewo liściaste.
Laube *f* altan(k)a (ogrodowa), ~*n pl.* podcień *m*, arkady *f/pl.*
Lauben|gang *m* pergola; *s. a. Laube(n)*; ~**kolonie** *f* działki *f/pl.* ogrodowe, osiedle działkowe.
Laub|frosch *m* rzekotka drzewna, F żabka zielona; ~**hüttenfest** *n* święto Kuczek, Kuczki *f/pl.*; ~**säge** *f* piłka wyrzynarka, F laubzega; ~**wald** *m* las liściasty.
Lauch *m* (-*es*; -*e*) czosnek; por; (*Schnitt*2) szczypior(ek).
Lauer *f* (*0*): *auf der* ~ *liegen* czatować; *sich auf die* ~ *legen* urządzać (-dzić) zasadzkę.
lauern (-*re*) czatować, (za)czaić się, (*a. Tod, Gefahr*) czyhać.
Lauf *m* (-*es*; ⁝*e*) bieg; (*e-r Waffe*) lufa; *Läufe pl. JSpr.* biegi *m/pl.*; (*Hase*) skoki *m/pl.*; (*Hund*) łapy *f/pl.*; *im* ~*e* (*G*) z biegiem, w toku; *w ciągu* (*alle G*); *freien* ~ *lassen* dać ujście *od.* upust (*D*); ~**bahn** *f* kariera; *Sp.* bieżnia; ~**bursche** *m* chłopiec na posyłki.
lauf|en (*L*; *sn*) *v/i s. gehen*, fließen, lecken (*v/i*); (*rennen*) (po)biec (po)biegnąć, (*iterativ*) biegać; F (*Film, Laden*) iść; (*Motor*) pracować; (*Radio*) grać; (*Vertrag*) obowiązywać; (*Straße, Prozeß*) ciągnąć się; *auf Grund* ~*en* osiąść *od.* na mieliźnie; *vom Band* ~*en* schodzić ⟨zejść⟩ z taśmy; *die Sache läuft* sprawa jest w toku; *s-e Nase läuft* kapie mu z nosa; *v/t* (*a. H*) *Schi usw.* jeździć (na *L*); *s. a. Gefahr, Sturm ab-, aus-, ein-, verlaufen usw.*; 2*er n* (-*s*; *0*) chodzenie; bieganie; ~*en* bieżący; *Nummer*: porządkowy *auf dem* ~*enden* sein być poinformowanym na bieżąco; nie mieć zaległości (*mit der Arbeit* w pracy) ~**enlassen** F *s.* freilassen.
Läufer *m* biegacz; (*Ball-Sp.*) pomocnik; (*Schach*) goniec, F laufer (*Teppich*) chodnik, dywanik (*Schwein*) warchlak; *Tech.* wirnik *El. a.* rotor; (*Kollergang*2) krążnik *Arch.* wozówka.
Laufe'rei F *s.* freilassen.
Lauffeuer *n*: *wie ein* ~ lotem błyskawicy.
Lauf|fläche *f* bieżnik; ~**gewicht** *n* przesuwnik (*od.* konik) wagi.

äufig grzejąca się; ~ *sein* grzać się.

Lauf|katze *f* wózek suwnicy; ~kran *m* suwnica (pomostowa); ~kund-schaft *f* przygodna klientela; ~masche *f* oczko spuszczone; 2-maschenfest nie puszczający oczek.

Laufpaß F *m*: *j-m* den ~ *geben* pusz-czać ⟨puścić⟩ kantem (*A*).

Laufschritt *m*: *im* ~ biegiem.

äuf(s)t *s. laufen.*

~auf|ställchen *n* kojec; ~steg *m* pomost; ~werk *n* mechanizm napę-dowy; ~zeit *f* czas (*od.* okres) waż-ności; *Sp.*, *Tech.*, *Esb.* czas biegu; ~zettel *m* kurenda; karta obiegowa.

Lauge *f* ług; 2n ⟨wy⟩ługować.

Laun|e *f* nastrój, humor; kaprys; *nach Lust und* ~e co (*od.* gdzie, ile, jak) się żywnie podoba; 2enhaft, 2isch kapryśny; *Pers. a.* mający humory. [urwis.]

Laus *f* (-; ~*e*) wesz *f*; ~bub *m* łobuz, auschl|en słuchać (*D/G*); *s. horchen, belauschen*; 2er *m* podsłuchujący *m*; *J Spr. pl.* łyżki *f/pl.*; ~ig za-ciszny, przytulny.

~ause·bengel *m* łobuz(iak).

äuse·kraut *n* gnidosz.

aus|en iskać ⟨sich się⟩; F *ich dachte, mich* ~*t der Affe* nie wierzy-łem własnym oczom *od.* uszom.

ausig F marny, parszywy; ~ *kalt* strasznie zimno.

aut[1] głośny (-no); *Adv. a.* na (*od.* w) głos; hałaśliwy (-wie); ~ *sein* hałasować.

aut[2] *Prp.* (*G od. D*) stosownie do, według (*G*), zgodnie z (*I*).

~aut *m* (-*es*; -*e*) dźwięk; *Ling.* głoska; *k-n* ~ *von sich geben* nie pisnąć słówka, ani piknąć; ~ *geben* naszczekiwać; zaszczekać *pf.*

~aute *f* lutnia. [(*auf A*/na *A*).]

auten (-*e-*) brzmieć; *Jur.* opiewać ⟨z⟩rektyfikować; ⟨s⟩klarować (sich się) *fig. sich* ~n oczyścić się *pf. n grzechów od. błędów*; 2ung *f* oczyszczanie; rektyfikacja; klaro-wanie; *fig.* odzyskania równowagi moralnej *od.* duchowej.

Läute·werk *n* urządzenie dzwon-kowe.

laut|hals na cały głos, na całe gard-ło; 2lehre *f* fonetyka; ~los bez-głośny; *s. leise, schweigend*; 2ma-lerei *f* *Ling.* onomatopeja, dźwię-konaśladownictwo; 2schrift *f* tran-skrypcja, pisownia fonetyczna; znaki literowe pisowni fonetycznej.

Lautsprecher *m* głośnik; ~box *f* kolumna głośnikowa.

Lautstärke *f* natężenie dźwięku, głośność *f*; *mit voller* ~ pełnym gło-sem; *Radio*: F na cały regulator.

Laut|verbindung *f* zespół głosek; ~wandel *m* przekształcenie głosek.

Lava *f* lawa; ~strom *m* potok lawy.

La'vendel *n* lawenda; ~öl *n* olejek lawendowy. [*fig.*).]

la'vieren (-; *a. sn*) lawirować (*a.*)

La'wine *f* lawina; ~n- lawinowy.

La'winen|abgang *m* obsunięcie się (*od.* zejście) lawiny; 2artig lawi-nowy, *Adv.* jak lawina; ~gefahr *f* niebezpieczeństwo lawin.

lax swobodny; *s. lässig*.

Laza'rett *n* (-*s*; -*e*) szpital wojsko-wy; ~schiff *n*, ~zug *m* okręt, po-ciąg sanitarny.

Lazarus *m* Łazarz. [sprzętu.]

Leasing ['li:-] *n* (-*s*; *0*) wynajem

Lebemann *m* (*pl.* ~*er*) salonowiec.

leb|en żyć (*von/z G*); *engS.* byto-wać; mieszkać; ~*e wohl!* bywaj zdrów!, żegnaj!; *es* ~*e* ...! niech żyje ...!

Leben *n* życie; *lit.* (*Dasein, Lebens-form*) żywot; (*Treiben a.*) ruch; *am* ~ *przy życiu; fürs* ~ na całe życie; *nie im* ~ nigdy w życiu; *ein* ~ *lang* przez całe życie; *sich das* ~ *nehmen* odebrać sobie życie; *ums* ~ *kommen* stracić życie; *mit* ~ *erfüllen fig.* nasycić treścią.

lebend żywy, żyjący; *Adv.* żywcem; ~gebärend żyworodny; 2ge-wicht *n* waga żywa.

le'bendig żywy (-wo) (*a. fig.*); ~ *werden* oży(wa)ć; *s. lebend*; 2keit *f* (*0*) żywość *f*.

Lebens|abend *m* schyłek życia; ~alter *n* wiek; ~art *f* sposób bycia, maniery *f/pl.*; ~auffassung *f* po-gląd na życie; ~aufgabe *f* zadanie życiowe; ~bedingungen *f/pl.* wa-runki *m/pl.* życiowe *od.* bytowe; ~bedürfnisse *n/pl.* żywotne po-trzeby *f/pl.*; ~bejahung *f* afirmacja życia; ~**dauer** f długość f życia; *fig.* trwałość f, żywotność f; okres użytecznego działania; 2**echt** realistyczny; ~**ende** n koniec życia, kres żywota; ~**erfahrung** f doświadczenie życiowe; ~**erhaltungssystem** n układ życiodajny; ~**erwartung** f dalsze trwanie życia; 2**fähig** zdolny do życia; żywotny; 2**feindlich** zagrażający życiu, niszczący życie; ~**frage** f kwestia życia; 2**fremd** nieżyciowy (-wo); ~**freude** f radość f życia; 2**froh** radosny, cieszący się życiem; ~**führung** f tryb życia.

Lebensgefahr f niebezpieczeństwo (utraty) życia; *unter* ~ z narażeniem życia; *außer* ~ *sein* przejść kryzys.

lebens|**gefährlich** zagrażający życiu, grożący śmiercią, niebezpieczny (dla życia); 2**gefährte** m, **-tin** f towarzysz(ka) życia; ~**groß** (w) wielkości naturalnej; 2**haltung** f stopa życiowa; 2**haltungskosten** *pl.* koszty m/pl. utrzymania; 2**jahr** n rok życia; 2**kampf** m walka o byt; 2**kraft** f żywotność f, siła żywotna; 2**künstler** m mistrz w urządzaniu sobie życia; 2**lage** f sytuacja życiowa; ~**lang** dozgonny; ~**länglich** *Jur.* dożywotni (-nio); 2**lauf** m życiorys; ~**lustig** żywego usposobienia, pełen werwy.

Lebensmittel n/pl. artykuły m/pl. żywnościowe *od.* spożywcze, żywność f; ~**geschäft** n sklep spożywczy; ~**industrie** f przemysł spożywczy; 2**knappheit** f trudności f/pl. żywnościowe *od.* aprowizacyjne; ~**vergiftung** f zatrucie pokarmowe.

lebens|**müde** znużony życiem, zniechęcony do życia; ~**notwendig** potrzebny do życia, żywotny.

leben|**spendend** życiodajny; ~**sprühend** tryskający życiem *od.* energią.

Lebens|**qualität** f jakość f życia; ~**raum** m środowisko życia, siedlisko; ~**regel** f reguła życiowa; ~**retter** m wybawca m; ratownik; ~**standard** m stopa życiowa; ~**stellung** f dożywotnia posada; 2**tüchtig** zaradny; ~**überdruß** m przesyt życiowy; ~**unterhalt** m utrzymanie; ~**versicherung** f ubezpieczenie na życie; ~**wandel** m *s.* Lebensführung; ~**weisheit** f mądrość życiowa; ~**werk** n dzieło

życia; 2**wichtig** żywotny; ~**zeichen** n znak (*od.* oznaka) życia; ~**zeit** f żywot; *auf* ~**zeit** dożywotnio, na całe życie; ~**ziel** n cel życia.

Leber f (-; -n) wątroba; *Kochk.* wątróbka; F *frei* (*od.* *frisch*) *von der* ~ *weg* bez ogródek; 2**blümchen** n przylaszczka; ~**egel** m motylica wątrobowa; ~**fleck** m znamię (barwnikowe); 2**krank** chory na wątrobę; ~**tran** m tran rybi; ~**wurst** f kiszka wątrobiana, F wątrobianka. pasztetówka; ~**zirrhose** f marskość f wątroby.

Lebe|**wesen** n istota żywa *od.* żyjąca; (*Kleinst*2) żyjątko; ~'**wohl** n pożegnanie; ~**wohl** *sagen* pożegnać się (D/z I).

lebhaft żywy (-wo), ożywiony; *Kind:* ruchliwy (-wie); *Phantasie:* bujny; 2**igkeit** f (0) żywość f; ruchliwość f.

Leb|**kuchen** m piernik; 2**los** nieżywy, bez życia; ~**tag** m (całe) życie.

Lebzeiten f/pl.: *zu* ~ za życia.

lechzen łaknąć (*nach/G*).

leck dziurawy, nieszczelny; ~ *sein s.* lecken (*v/i*).

Leck n (-s; -s) przeciek.

lecken v/t lizać, obliz(yw)ać; v/i przeciekać, cieknąć.

lecker smaczny, smakowity (-cie); 2**bissen** m smakołyk, specjał.

Leder n skóra; 2**artig** podobny do skóry, skórzasty; ~**band** m tom oprawny w skórę; ~**industrie** f przemysł skórzany; ~**jacke** f kurtka skórzana; 2**n** skórzany, skórkowy; *fig.* suchy (-cho); ~**schildkröte** f żółw miękkoskóry; ~**waren** f/pl. wyroby m/pl. skórzane; galanteria skórzana.

ledig *Mann:* nieżonaty; *Frau:* niezamężna; *aller Sorgen* ~ wolny od trosk (i kłopotów).

Ledigenheim n hotel robotniczy dla samotnych.

lediglich jedynie, tylko.

Lee f (-; 0) burta (*od.* strona) zawietrzna.

leer pusty (-to), próżny (-no); *Straßen a.:* opustoszały; *Versprechen:* czczy; ~ *machen s.* leeren; ~ *stehen a.* świecić pustkami; *auf den* ~*en Magen* na czczo; ~ *ausgehen* nic nie otrzymać *od.* dostać; 2**e** f pustka, pustki f/pl.; (*Vakuum*) próżnia; ~**en** opróżni(a)ć (*sich* się), wypróżni(a)ć;

̣gewicht n ciężar własny (pojazdu); ̣**lauf** m bieg jałowy; *fig.* jałowa praca; ~**stehend** pusty, niezamieszkały; ̣**taste** f odstępnik; ̣**ung** f opróżni|anie, -enie.

Lefze f warga.

le'gal legalny.

legali'sieren (-) ⟨za⟩legalizować; ̣**tät** f legalność f.

Le'gat m (-en) u. n. (-es; -e) legat.

Lege·henne f nioska.

legen kłaść ⟨położyć⟩ (*sich* się); *Ei:* składać ⟨złożyć⟩, znosić ⟨znieść⟩; *Hinterhalt:* urządzać ⟨-dzić⟩; *sich* ~ *fig.* usta(wa)ć; *s. a. Karten, Trümmer, Wert usw.* [*f* legenda.]

legen|'där legendarny; ̣**de** [-'gen-]]

le'gier|en (-) stapiać ⟨stopić⟩; *Kochk.* podprawi(a)ć; ̣**ung** f stop.

Legi'o|n f legia, (*a. fig.*) legion; ~**när** m (-s; -e) legionista m.

Legisla|'tive f władza ustawodawcza; ~**turperiode** f kadencja.

legi'ti|m prawowity (-cie); *Kind:* legalny, prawy; ~**'mieren** (-) uprawniać (zu/do *G*).

Lehen n hist. lenno.

Lehm m (-s; -e) glina; ~ *in Zssgn* gliniany; ~**grube** f glinianka; ~**hütte** f lepianka; ̣**ig** gliniasty (-to).

Lehn|e f oparcie; (*Arṃ*) poręcz f, podłokietnik; ̣**en** opierać ⟨oprzeć⟩ (*v/i od. sich* się; *an, gegen A/o A*); ~**sessel** m fotel.

Lehnsmann m (*pl.* ~**er/-leute**) lennik. [zapożyczony.]

Lehn|stuhl m fotel; ~**wort** n wyraz]

Lehr|amt n zawód (*od.* stanowisko) nauczyciela; ~**anstalt** f uczelnia; ~**auftrag** m powołanie na katedrę; ~**befähigung** f uprawnienie do wykonywania zawodu nauczyciela; ~**brief** n świadectwo ukończenia nauki; ~**buch** n podręcznik.

Lehre[1] f nauka; doktryna, teoria; termin, nauka zawodu; morał; *in der* ~ *sein* pobierać naukę, być w nauce, terminować (*bei/u G*); *j-m* ~ *e-e* ~ *erteilen* dać nauczkę (*D*).

Lehre[2] f Tech. sprawdzian; wzorzec, szablon.

lehren v/t uczyć, nauczać ⟨-czyć⟩ (*G*); v/i wykładać (*an D/na L*).

Lehrer m, ~**in** f nauczyciel(ka); ~**kollegium** n grono nauczycielskie; ~**konferenz** f zebranie nauczycielskie; ~**zimmer** n pokój nauczycielski.

Lehr|fach n przedmiot nauczania; ~**film** m film dydaktyczny; ~**freiheit** f wolność f nauczania; ~**gang** m kurs; ~**gangsteilnehmer** m kursant, kursista m; ~**geld** n fig. frycowe n; ~**jahr** n rok nauki; ~**körper** m ciało nauczycielskie *od.* profesorskie; ~**kraft** f siła nauczycielska; ~**ling** m uczeń m, terminator; ~**meister** m nauczyciel; ~**mittel** n/pl. pomoce f/pl. naukowe; ~**plan** m program nauczania; ̣**reich** pouczający (-co); ~**saal** m sala wykładowa; ~**satz** m twierdzenie; ~**stelle** f miejsce dla pragnących podjąć naukę zawodu; ~**stoff** m materiał (nauczania); ~**stuhl** m katedra; ~**tätigkeit** f działalność pedagogiczna; ~**vertrag** m umowa o naukę; ̣**zeit** f okres nauki.

Leib m (-es; -er) ciało m; (*Bauch*) brzuch; *bei lebendigem* ~**e** żywcem; *am eigenen* ~**e** na własnej skórze; F *j-m auf den* ~ *rücken* nagabywać (*A*); *sich* (*D*) *j-n* (*et.*) *vom* ~**e** halten trzymać się z daleka (od *G*); *zu* ~**e** rücken zab(ie)rać się (*D*/do *G*); *sich* (*D*) *vom* ~**e** schaffen pozby(wa)ć się (*A*/*G*); *s. Seele*; ~**arzt** m lekarz przyboczny; ~**binde** f elastyczny pas brzuszny; ~**chen** n stani(cze)k.

leib·eigen pańszczyźniany; ̣**e(r)** chłop pańszczyźniany; ̣**schaft** f (0) poddaństwo chłopów, pańszczyzna.

Leibes|erziehung f wychowanie fizyczne; ~**frucht** f płód; ~**fülle** f (0) otyłość f; ~**kraft** f: *aus* ~**kräften** z całej siły, co sił; ~**übungen** f/pl. ćwiczenia n/pl. gimnastyczne; ~**visitation** f rewizja osobista.

Leib|garde f gwardia przyboczna; ~**gericht** n ulubiona potrawa; ̣**haftig** wcielony; (*ähnlich*) wykapany; ~**haftige(r)** diabeł; ̣**lich** cielesny (-śnie); (*eigen*) rodzony, własny; ~**schmerzen** m/pl. bóle m/pl. brzucha; ~**wache** f straż przyboczna; ~**wäsche** f bielizna osobista. [*gehen* iść po trupach.)

Leiche f trup, zwłoki pl.; (*über* ~*n*)

Leichen|bestatter m właściciel zakładu pogrzebowego; ~**bittermiene** F f mina pogrzebowa; ̣**blaß** blady jak trup *od.* śmierć; ~**gift** n jad trupi; ~**halle** f kostnica, trupiarnia; ~**schändung** f profanacja zwłok; ~**schau** f oględziny f/pl.

zwłok; **~schmaus** *m* stypa; **~träger** *m* żałobnik; **~tuch** *n* całun; **~verbrennung** *f* kremacja; *hist.* ciałopalenie; **~wagen** *m* karawan; **~zug** *m* orszak pogrzebowy.

Leichnam *m* (*-es; -e*) zwłoki *pl.*, ciało.

leicht lekki (-ko); (*einfach a.*) łatwy (-wo); **~es** *Mädchen* dziewczyna lekkich obyczajów.

Leicht·athlet *m* lekkoatleta *m*; **~ik** *f* (*0*) lekkoatletyka.

Leicht|bau(weise *f*) *m* konstrukcja lekka; **~er** *m Mar.* lichtuga; **2fallen** (*sn*) przychodzić ⟨-yjść⟩ łatwo (*D*); **2faßlich** przystępny; **2fertig** lekkomyślny; **2füßig** chyży ⟨-żo⟩, zwinny; **~gewicht** *n* waga lekka; **2gläubig** łatwowierny; **2hin** bez namysłu, lekkomyślnie; **~igkeit** *f* (*0*) lekkość *f*, łatwość *f*; **~industrie** *f* (*0*) przemysł lekki; **~metall** *n* metal lekki; **2nehmen** nie przejmować się (*A/I*).

Leichtsinn *m* (*-es; 0*) lekkomyślność *f*; **2ig** lekkomyślny, nierozważny.

leicht|verdaulich lekkostrawny; **~verderblich** szybko psujący się, nietrwały; **~verständlich** przystępny, łatwy do zrozumienia.

leid: es tut mir **~** żałuję, przykro mi; *du tust mir* **~** żal mi ciebie.

Leid *n* (*-es; 0*) ból, cierpienie; krzywda; żal; *in Freud und* **~** w doli i niedoli; *j-m sein* **~** *klagen* użalać się (przed *I* na *A*); *j-m ein* **~** *antun* wyrządzać ⟨-dzić⟩ krzywdę (*D*), ⟨s⟩krzywdzić (*A*); **2en** (*L.*) cierpieć (*a. v/i*, unter *D/z* powodu *G*, na *L*; an *D/*na *A*); gut **2en** können lubić; *nicht* **2en** *können* nie cierpieć, nie znosić (*A/G*); **~en** *n* cierpienie, choroba; **2end** cierpiący, chory.

Leidenschaft *f* namiętność *f*; pasja; **2lich** namiętny; *Spieler usw.*: zapalony, pasjonowany; **2s·los** beznamiętny.

Leidens|gefährte *m*, **~genosse** *m* towarzysz niedoli; **~geschichte** *f* dzieje *pl.* martyrologii; *Rel.* męka Pańska; **~weg** *m* martyrologia; *Rel.* Droga krzyżowa.

leid|er niestety, z przykrością; **~ig** przykry, niemiły; **~lich** znośny, jaki taki, F nie najgorszy; *Adv.* jako tako, nie najgorzej; **2tragende(r)** *m/f fig.* ofiara; *pl. a.* rodzina zmar-

łego, bliscy *m/pl.*; **2wesen: zu m-m** **2wesen** ku m(oj)emu ubolewaniu.

Leier *f* (*-; -n*) lira; F *immer die alte* **~** w kółko to samo, dokoła Wojtek; **~kasten** *m* katarynka; **~kastenmann** *m* (*pl.* **~er**) kataryniarz; **2n** F ⟨*-re*⟩ klepać, bębnić; kręcić.

Leih|bücherei *f* wypożyczalnia (książek); **2en** (*L.*) pożyczać wypożyczać ⟨-czyć⟩ (*j-m/k-u; sich* [*D*] sobie; *von D/*u, od *G*); **~gabe** *f* depozyt; **2gebühr** *f* opłata za wypożyczenie; **~haus** *n* lombard **2weise** tytułem pożyczki, pod warunkiem zwrotu.

Leim *m* (*-es; -e*) klej; *j-m auf den* **~** *gehen* iść ⟨pójść⟩ (*od.* dać się złapać na lep (*D*); *aus dem* **~** *gehen* rozkleić się *pf.*; **2en** ⟨s⟩kleić; F *fig.* ocygani(a)ć; **~farbe** *f* farba klejowa; **~maschine** *f* klejarka; **~ring** *m Agr.* pierścień lepny, opaska lepna.

Lein *m* (*-es; -e*) len.

Leine *f* sznurek, linka; (*Hunde*2 smycz *f*; (*Wurf*2) rzutka; (*Zug*2 lejce *f/pl.*; P zieh **~**! odwal się!

Lein|en *n* (*-s; 0*) płótno; **~en-** płócienny; **~öl** *n* olej lniany; **~samen** *m* siemię lniane; **~wand** *f* płótno (*Film*2) ekran.

leise cichy ⟨-cho⟩, *Adv. a.* po cichu *Wind, Schlaf usw.*: lekki; **2treter** *m* lizus, podskakiwacz.

Leiste *f* listwa, listewka; *Text* krajka; *Anat.* pachwina.

leisten ⟨*-e-*⟩ dokon(yw)ać; *Tech* mieć moc *od.* wydajność; *Unterschrift, Eid:* składać ⟨złożyć⟩; *Ersatz, Garantie, Zahlung usw.* **~** *s* ersetzen, garantieren, zahlen *usw.* *sich* (*D*) et. **~** pozwalać ⟨-wolić⟩ sobie na (*A*).

Leisten *m* kopyto; **~bruch** *m* przepuklina pachwinowa.

Leistung *f* do-, wy|konanie; osiągnięcie, wyczyn (*a. Sp.*); *Phys* moc *f*; *Tech.* (*Wirkungsgrad*) sprawność *f*, wydajność *f*; zdolność wytwórcza; *mst pl.* **~en** (*Schul*2) wyniki *m/pl.*, postępy *m/pl.*; (*Aufwendungen*) świadczenia *n/pl.*; (*Dienst*2 usługi *f/pl.*; *Flgw.* osiągi *m/pl.*

Leistungs|abfall *m* spadek mocy **~aufnahme** *f* pobór mocy; **~bilanz** *f* bilans dorobku; **~druck** *m* napięcie wywołane wysokim poziomem intensywności pracy.

leistungs|fähig sprawny; wydajny

Alter: produkcyjny; **Ƨfähigkeit** *f* (0) e-s Motors, e-r Pers.: sprawność *f*; e-r Maschine usw.: wydajność *f*; zdolność *f* wytwórcza; e-r Straße usw.: przepustowość *f*; **Ƨlohn** *m* płaca akordowa; **Ƨnorm** *f* norma wydajności; **Ƨschau** *f* pokaz osiągnięć; **Ƨsport** *m* sport wyczynowy; **Ƨsteigerung** *f* zwiększenie (od. wzrost) wydajności od. sprawności (fizycznej).

Leistungszwang *m*: unter ~ stehen być zmuszonym pracować z maksymalną wydajnością.

Leit|artikel *m* artykuł wstępny; **~bild** *n* ideał, wzór; **Ƨen** (-e-) *v/t* ⟨po⟩prowadzić; (in e-e best. Richtung) ⟨s⟩kierować (s-e Schritte się; nach/do *A*, ku *D*); Wagen usw.: prowadzić (*A*), kierować (*I*); Mil. nakierow(yw)ać; **~er** *m* Pers. kierowca *m*; woźnica *m*; a. = **~rad** *n*, **~stange** *f* kierownica; **~ung** *f* kierowanie (*I*), prowadzenie (*D*); Kfz. układ kierowniczy; **~waffen** *f/pl.* pociski *m/pl.* rakietowe kierowane; in Zssgn rakietonośny.

Lenz *m* (-es; -e) poet. wiosna; *pl. a.* lata *n/pl.*

lenz|en (-zt) Mar. wypompow(yw)ać wodę z zęzy; **Ƨpumpe** *f* pompa zęzowa.

Leopard *m* (-en) lampart.

Lepra *f* trąd; **Ƨkrank** trędowaty.

Lerche *f* skowronek.

lern|begierig żądny (od. garnący się do) nauki; **Ƨeifer** *m* pilność *f*; **~en** ⟨v/t a. na⟩uczyć się (*A/G*); **Ƨen** *n* (-s; 0) uczenie się, nauka.

Les|art *f* wersja; **Ƨbar** czytelny.

Lesbi|erin *f* lesbijka; **Ƨsch** lesbijski.

Lese *f s.* Ernte, Weinlese.

Lese|brille *f* okulary *m/pl.* do czytania; **~buch** *n* czytanka; **~halle** *f* czytelnia.

lesen¹ (L.) *v/t* czytać; *s.* ab-, durchlesen; Messe: odprawi(a)ć; *v/i* wykładać (über *A/o L*).

lesen² (L.) zbierać ⟨zebrać⟩; (sortieren) przeb(ie)rać.

Lesen *n* (-s; 0) czytanie; **Ƨs·wert** wart(y) przeczytania.

Lese|probe *f* próbka tekstu; Thea. próba czytana. [lektor.]

Leser *m* czytelnik; Tech. czytnik.

Lese|ratte *f* pożeracz książek; **~rin** *f* czytelniczka.

Leser|kreis *m* grono czytelników; **Ƨlich** czytelny; **~zuschrift** *f* list do redakcji.

Lese|saal *m* czytelnia; **~stoff** *m* lektura; **~zeichen** *n* zakładka; **~zirkel** *m* wypożyczalnia czasopism.

Lesung *f* czytanie. [wienie.]

Lethar'gie *f* letarg; *fig. a.* odrętwienie.

Lette *m* (-n) Łotysz.

Letter *f* Typ. czcionka.

Leistung|- *mst* produkcyjny; **~netz** *n* sieć *f* przewodów; **~rohr** *n* rura przewodowa; **~wasser** *n* woda z wodociągu.

Leitwerk *n* Flgw. usterzenie.

Lek|ti'on *f* lekcja, *fig. a.* nauczka; **~tor** *m* (-s; -'toren) lektor; **~türe** *f* lektura; *konkr. a.* czytanka.

Lende *f* lędźwie *f/pl.*; Kochk. polędwica.

Lenden|braten *m* pieczeń *f* z polędwicy; **Ƨlahm** sein nie czuć krzyża (ze zmęczenia); **~schurz** *m* przepaska na biodra; **~wirbel** *m* kręg lędźwiowy.

Lenk|- kierowany; Kfz. kierowniczy; **Ƨbar** dający się kierować; sterowny; fig. uległy, posłuszny;

Lett|in f Łotyszka; ℒ**isch** łotewski (po -ku).

letzt ostatni; ~en Endes koniec końców, na koniec; das ~e Mittel ostateczny środek; ~e Woche w ubiegłym (od. zeszłym) tygodniu; bis ins ~e do najdrobniejszych szczegółów; bis aufs ~e, bis zum ~en do ostatka, do reszty; fürs ~e na ostatek; s. a. Mal, Ölung, Zug usw.; ~ens, ~hin ostatnio; ~jährig zeszłoroczny; ~lich ostatecznie, w końcu.

Leucht|boje f pława świetlna; ~e f lamp(k)a; latarnia; El., Tech. oprawa oświetleniowa; fig. luminarz; ℒen (-e-) (po-, za)świecić; przyświecać (D); (glänzen) błyszczeć, świecić się; ℒend świecący; Farbe: intensywny, jaskrawy; ~farbe f luminofarba; ~feuer n światło (nawigacyjne); ~gas n gaz świetlny; ~käfer m świetlik; ~kraft f jasność f (a. Astr.); ~kugel f rakieta sygnalizacyjna od. oświetlająca; ~pistole f rakietnica; ~reklame f reklama świetlna, F neon(y pl.) m; ~röhre f świetlówka; ~schiff n s. Feuerschiff.

Leuchtstoff|lampe f, ~röhre f jarzeniówka, lampa (od. rura) jarzeniowa, F neon; świetlówka.

Leucht|signal n sygnał świetlny; ~spurmunition f amunicja smugowa; ~turm m latarnia morska; ~ziffern f/pl. cyfry f/pl. fluoryzujące.

leugnen (-e-) v/t zaprzeczać <-czyć> (D), wy-, za|pierać <-przeć> się (G); es läßt sich nicht ~ nie można zaprzeczyć.

Leukä'mie f (0) leukemia.

Leuko'plast n s. Heftpflaster.

Leumund m (-es; 0) opinia; ~szeugnis n świadectwo moralności.

Leute pl. ludzie pl., F ludziska pl.; unsere ~ nasi; F unter die ~ bringen Geld: przepuszczać <-uścić>; Gerücht: rozpuszczać <-uścić>; ~schinder m dręczyciel.

Leutnant m (-s; -s/-e) podporucznik (zur See marynarki).

leutselig przystępny, wylewny.

Le'viten F pl.: j-m die ~ lesen zmy(wa)ć głowę, prawić kazanie (D).

Lev'koje f lewkonia.

Lexikon n (-s; -ka) leksykon.

Lezi'thin n (-s; 0) lecytyna.

Li'ane f pnącz, liana.

liba'nesisch libański.

Li'belle f Zo. ważka; Tech. libela.

libe|'ral liberalny; ℒ'rale(r) liberał; ℒrali'tät f (0) liberalność f.

Libero m (-s; -s) gracz grający w napadzie i obronie.

libysch libijski.

licht jasny (-no); Wald: rzadki; ~e Höhe (Weite) wysokość f (średnica) w świetle; ~er Augenblick przebłysk świadomości.

Licht n (-es; -er) światło; Arch. prześwit; (pl. -e) świeca; JSpr. ~er świece f/pl.; ~ machen zapalić światło; et. ans ~ bringen wydoby(wa)ć na światło dzienne; gegen das ~ pod światło; hinters ~ führen wyprowadzić w pole; in e-e Sache bringen wyjaśni(a)ć (A); im ~ stehen zasłaniać światło; ins rechte ~ rücken przedstawi(a)ć we właściwym świetle; F mir geht ein ~ auf zaczyna mi świtać w głowie; ~anlage f instalacja oświetleniowa; ℒbeständig światło|odporny, -trwały; ~bild n fotografia, zdjęcie; ~bildervortrag m referat (od. wykład) z przezroczami; ~blick m fig. jasna chwila; pociecha; ~bogen m łuk (elektryczny); in Zssgn Tech. łukowy; elektroerozyjny; ~brechung f załamanie światła; ~druck m Typ. światłodruk; ℒecht s. lichtbeständig; ℒempfindlich światłoczuły.

lichten (-e-) Agr., Forst. przerzedzać <-dzić>, prześwietlać <-lić>; Anker: podnosić <-nieść>; Schiff: lichtować.

Lichter pl. v. Licht; m s. Leichter; ℒloh (-e-) bm brennen stać w płomieniach, płonąć; fig. pałać miłością.

Licht|filter m od. n filtr optyczny; ~hof m Fot. odblask; Astr. halo; Arch. oszklony dziedziniec wewnętrzny; ~hupe f sygnał świetlny; ~jahr n rok świetlny; ~kasten m aparat do kąpieli świetlnych; ~kegel m stożek (od. wiązka) światła; ~leiter m światłowód; ~maschine f prądnica samochodowa; ~mast m słup oświetleniowy, F latarnia; ~messer m fotometr; ~pause f światłokopia; ~quelle f źródło światła; ~raumprofil n Esb skrajnia; ~satz m (0) Typ. fotoskład; ~schacht m Arch. szyb świetlny; Fot. światłochron; ~

schein m (od)blask światła; 2**scheu** lękający się światła dziennego; ~**scheu** f światłowstręt; ~**schranke** f zabezpieczenie komórką fotoelektryczną; ~**seite** f jasna strona; ~**setzmaschine** f fotosetter; ~**spieltheater** n kino(teatr); ~**stärke** f światłość f; ~**strahl** m promień m światła; 2**undurchlässig** światło-Lichtung f polana. [szczelny.]

Lid n (-es; -er) powieka; ~**schatten** m (też m na powieki od. powiekach.

lieb miły (-le); (geliebt) kochany, drogi, † luby; ~ haben lubić; den ~en langen Tag przez cały dzień; um des ~en Friedens willen dla świętego spokoju; sei ...! bądź grzeczny!; sei so ~ bądź tak uprzejmy; es wäre mir ~ byłoby mi na rękę, pasowałoby mi; mehr als dir ~ ist więcej niż chciałbyś; s. a. lieber, liebst; ~**äugeln** (-le) nosić się (mit dem Gedanken, Plan z myślą, zamiarem od. planem); 2**chen** n ukochana, luba.

Liebe f (0) miłość f (zu/do G); (zur Kunst usw.) umiłowanie (G); 2**bedürftig** odczuwający potrzebę (od. łaknący) miłości; ~**lei** f miłostka, romans; 2**n** kochać, miłować; (gern haben) lubić.

liebenswert miły, sympatyczny.

liebenswürdig uprzejmy, grzeczny; 2**keit** f uprzejmość f, grzeczność f.

lieber milszy (-lej); ~ haben lubić bardziej; (Komp. zu gern) raczej, chętniej; ich würde ~ wolałbym; ~ nicht raczej nie; et. ~ essen, tun usw. woleć jeść, robić usw. (A).

Liebes|- miłosny, z. B. ~**brief** m list miłosny; ~**erklärung** f wyznanie miłości; oświadczyny f/pl.; ~**gabe** f dar (na ubogich); ~**geschichte** f historia miłości; s. Liebschaft; ~**göttin** f bogini miłości; ~**heirat** f małżeństwo z miłości; ~**kummer** m kłopoty m/pl. sercowe; ~**leben** n życie płciowe; ~**lied** n pieśń miłosna; ~**paar** n para zakochanych, kochankowie m/pl.; ~**rausch** m szał miłosny; ~**roman** m romans; ~**verhältnis** n stosunek miłosny.

liebevoll czuły (-le), tkliwy (-wie).

liebgewinnen polubić pf., polubić pf.

liebhab|**en** kochać, miłować; 2**er** m kochanek, (a. Thea.) amant; fig. amator, miłośnik (G); 2**er**- ama-

torski; 2**e'rei** f upodobanie, zamiłowanie; 2**erin** f Thea. amantka; fig. amatorka, miłośniczka.

liebkos|**en** (a. -) ⟨po⟩pieścić; 2**ung** f pieszczota.

lieb|**lich** powabny, uroczy (-czo); Geschmack: łagodny, przyjemny; 2**ling** m (-s; -e) ulubien|iec (-ica), faworyt(ka); Anrede: kochanie, kochasiu; 2**lings**- ulubiony; ~**los** bez serca od. uczucia, obojętny; 2**reiz** m (-es; 0) słodycz, powab; 2**schaft** f miłostka, romans.

liebst najukochańszy; najmilszy; am ~en najbardziej lubić; am ~en tun usw. najchętniej robić usw.; 2**e**(**r**) m/f ukochan|y (-a), lub|y (-a).

Lied n (-es; -er) pieśń f; (Chanson) pios(e)nka; das alte ~ stara śpiewka.

Liederbuch n śpiewnik.

liederlich niechlujny; (sittenlos) rozwiązły (-le), hulaszczy (-czo).

Lieder|**macher** m, ~**sänger** m [piosenkarz.]

lief s. laufen.

Liefe'rant m (-en) dostawca m.

Liefer|**auftrag** m zamówienie na dostawę; 2**bar** posiadany na składzie, będący w sprzedaży; do dostawy; ~**bedingungen** f/pl. warunki m/pl. dostawy; ~**frist** f termin dostawy; ~**mischer** m betoniarka samochodowa; 2**n** (-re) dostarczać ⟨-czyć⟩, dostawi⟨a⟩ć; Beweis: przeprowadzać ⟨-dzić⟩, da(wa)ć; Schlacht: staczać ⟨stoczyć⟩; er ist geliefert jest zgubiony; ~**programm** n asortyment wyrobów (na sprzedaż); ~**schein** m dowód dostawy, ceduła.

Lieferung f dostawa; (Heft) zeszyt; ~**s**- ... dostawy; vgl. Liefer-.

Liefer|**vertrag** m umowa o dostawę; ~**wagen** m samochód dostawczy, F furgonetka; ~**zeit** f termin dostawy.

Liege f tapczan; kozetka.

Liege|**geld** n przestojowe n, demurrage n; ~**halle** f leżalnia; ~**hang** m Sp. zwis leżąc; ~**kur** f leżakowanie, werandowanie.

liegen (L.) leżeć; s. ruhen, sich befinden; so wie die Dinge ~ w tych warunkach; es liegt mir (nichts) daran nie zależy mi na tym, es liegt mir nicht to mi nie odpowiada od. F leży; an wem liegt es? kto winien?; woran liegt es? od czego to zależy, co jest przyczyną (daß/tego że)?; im 2 leżąc; s. a. Haar, Sterben usw.; ~bleiben pozost(a-w)ać; s. steckenbleiben; 2de(s) Bgb. spąg; ~lassen zostawi(a)ć, nie ruszać; zapominać ⟨-mnieć⟩; 2schaft f nieruchomość f.

Liege|platz m Mar. miejsce postoju; ~sitz m siedzenie z oparciem pochylanym; ~stuhl m leżak; ~stütz m podpór leżąc; ~tage m/pl. Mar. okres ładowania; ~wagen m Esb. kuszetka; ~wiese f łąka do leżakowania.

lieh s. leihen. [leżakowania.∫

lies s. lesen.

ließ(en) s. lassen.

Lift m (-es; -s/-e) dźwig, winda; ~boy m windziarz.

Liga f (-; -gen) liga; ~ in Zssgn ligowy; ~spieler m ligowiec.

Liga'tur f ligatura.

Li'guster m ligustr.

li'ier|en (-) ⟨z⟩łaczyć (sich się); eng ~t sein żyć w wolnym związku (mit/z I).

Li'kör m (-s; -e) likier; ~glas n kieliszek do likieru.

lila (unv.) lila, liliowy (-wo).

Lilie f lilia.

Lilipu'taner m liliput.

limi'tieren (-) limitować.

Limo'nade f lemoniada.

Limou'sine f limuzyna.

lind łagodny.

Linde f lipa; ~n- lipowy; ~n-blüte(n pl.) f kwiat lipy; ~n-blütentee m napar z kwiatu lipy.

linder|n (-re) ⟨z⟩łagodzić; Schmerz: uśmierzać ⟨-rzyć⟩; vgl. mildern; 2ung f (0) złagodzenie; uśmierzenie; ulga; 2ungsmittel n środek uśmierzający od. łagodzący.

Lindwurm m smok.

Line'al n (-s; -e) linia(ł), linijka.

line'ar liniowy; 2motor m silnik liniowy; [lingwistyka.∫

Lingu'istik f (0) językoznawstwo,∫

Linie f linia; trasa; Mil. szyk zwinięty; in erster ~ w pierwszym rzędzie.

Linien|blatt n ryga; ~flug m lot rejsowy; ~führung f trasowanie linii; ~omnibus m autobus komunikacji miejskiej; ~papier n papier liniowany; ~richter m sędzia m liniowy; 2treu prawomyślny, lojalny; ~verkehr m regularny ruch na trasie; Mar. żegluga liniowa.

li'ni('i)eren (-) ⟨po⟩liniować.

Lini'ment n (-es; -e) maziadło.

link- lewy; Pol. lewicowy.

Linke f lewica (a. Pol.); Sp. lewy (cios); zur ~n s. linkerhand; ~(r) F Pol. lewicowiec.

linker|hand, ~seits po lewej ręce, z lewej strony.

linkisch niezręczny, niezdarny.

links na lewo; nach ~ w (od. na) lewo; von ~ z lewej strony; 2außen m Sp. lewoskrzydłowy m; 2gängig Tech. lewoskrętny; ~gerichtet Pol. lewicowy; 2händer m mańkut; 2kurve f zakręt w lewo; ~radikal skrajnie lewicowy; ~seitig lewostronny; (am linken Ufer) lewobrzeżny; ~um w lewo; 2verkehr m ruch lewostronny.

Li'nolschnitt m linoryt.

Linse f Bot. soczewica; Med., Tech. soczewka; ~n- soczewkowy; ~n-gericht n fig. miska soczewicy; ~n-suppe f zupa z soczewicy.

Lippe f warga; zur pl. a. usta pl.; ~n- wargowy, ... warg.

Lippen|bekenntnis n oświadczenie deklaratywne; ~blütler m/pl. wargowe pl.; ~stift m kredka do ust.

Liqui|dati'on f likwidacja; 2die-ren (-) ⟨z⟩likwidować; Pers. a. sprzątnąć pf.; ~di'tät f Fin. płyn-]

Lira f (-; -re) lir. [ność f.∫

lispeln (-le) s(z)epleni; s. flüstern.

List f chytrość f; konkr. podstęp, sztuczka.

Liste f lista; spis, wykaz.

Listen|preis m cena cennikowa; ~wahl f wybory m/pl. przez głosowanie na listy kandydatów.

listig chytry (-rze), szczwany.

Lita'nei f litania (a. fig.).

Litau|er(in f) m Litwin(ka); 2isch litewski (po -ku).

Liter n od. m litr; ~ in Zssgn litrowy; za litr.

lite'rarisch literacki (-ko).

Litera'tur f literatura; ~geschichte f historia literatury; ~kritik f krytyka literacka; ~preis m nagroda literacka; ~wissenschaft f (0) literaturoznawstwo.

Litfaßsäule f słup ogłoszeniowy.

Lithium n (-s; 0) lit.

Lithogra'phie f litografia.

litt(en) s. leiden.

Litur'g|ie f liturgia; 2isch [-'tur-] liturgiczny.

Litze *f El.* lica; linka; (*Seil*⌒) splotka, skrętka; (*Tresse*) galon.

Liv'ree *f* liberia.

Li'zenz *f* licencja; **~geber** *m* licencjodawca *m*; **~vertrag** *m* umowa licencyjna.

Lob *n* (*-es; 0*) pochwała; **~ verdienen** zasługiwać (-użyć) na pochwałę.

loben chwalić, pochwalać ⟨-lić⟩; (*rühmen a.*) zachwalać.

lobenswert chwalebny, godny pochwały.

Lob|gesang *m* hymn; *fig. s.* Loblied; **~hude'lei** *f* pochlebstwo; przesadna pochwała; **~lied** *n* hymn pochwalny; ≎**preisen** wychwalać, chwalić; **~rede** *f* mowa pochwalna.

Loch *n* (*-es; ̈er*) dziura; (*Erd*⌒) dół, jama; (*in d. Straße*) wybój; *s. a. Knopfloch usw.*; P *fig. a.* dziurawy worek; *j-n ins ~ stecken* wsadzić do paki *od.* kozy (*A*); **~band** *n* taśma dziurkowana *od.* perforowana; **~dorn** *m* przebijak okrągły; ≎**en** dziurkować; perforować; **~er** *m Tech.* dziurkownik; (*Karten*⌒) dziurkarka; perforator; (*Büro*⌒) dziurkacz. [ny.]

löch(e)rig dziurawy, podziurawio-

Loch|karte *f* karta dziurkowana; **~maschine** *f* **~stanze** *f* dziurkarka; **~stickerei** *f* haft dziergany, richelieu *m*; **~streifen** *m s.* Lochband; **~ung** *f* dziurkowanie; perforacja; **~zange** *f* szczypce do dziurkowania; dziurkarka do skóry; **~ziegel** *m* (cegła) dziurawka; pustak.

Locke *f* lok, kędzior.

locken ⟨przy-, z⟩wabić; *fig. a.* ⟨z⟩nęcić, ⟨s⟩kusić.

Locken|kopf *m* kędzierzawa czupryna; **~wickel** *m* lokówka.

locker luźny (-no); obluzowany; *Zahn*: chwiejący się; *Teig, Boden*: pulchny; *Schnee a.*: puszysty, sypki; *Sitten, Haltung*: swobodny; *Bauweise*: rozgęszczony.

lockerlassen F: *nicht ~* nie ustępować ⟨-tąpić⟩, upierać się (*mit/przy* L).

lockermachen F wydać *pf.*, zapłacić *pf.*; wysygnować *pf.*

locker|n (-re) obluzow(yw)ać, (*a. fig.*) rozluźni(a)ć (*sich się*); popuszczać ⟨-uścić⟩; *Boden*: spulchni(a)ć; *Vorschriften usw.*: ⟨z⟩łagodzić; ≎**ungs-übungen** *f/pl.* ćwiczenia *n/pl.* rozluźniające.

Lock|mittel *n* wabik, przynęta; **~spitzel** *m* prowokator; **~vogel** *m fig.* przynęta.

Lodenmantel *m* płaszcz lodenowy.

lodern (-re) płonąć, pałać (*a. fig.*).

Löffel *m* łyżka; *pl. JSpr.* słuchy *m/pl.*; **~bagger** *m* koparka (*od.* pogłębiarka) łyżkowa.

löffeln (-le) jeść łyżką.

log *s.* lügen.

Loga'rith|mentafeln *f/pl.* tablice *f/pl.* logarytmiczne; **~mus** *m* (*-; -men*) logarytm.

Logbuch *n* dziennik okrętowy.

Loge [-ʒə] *f* loża; **~n-bruder** *m* wolnomularz.

Logger *m* lugier.

Logik *f* (*0*) logika.

Logis *n* (*-; -*) *1. Mar.* kubryk; *2.* [lo'ʒiː]: *Kost und ~* pokój z utrzymaniem. [logistyka.]

lo|gisch logiczny; ≎**'gistik** *f* (*0*)

Lohgerberei *f* garbowanie roślinne.

Lohn *m* (*-es; ̈e*) płaca, (*a. fig.*) wynagrodzenie; *fig. a.* zapłata; **~abbau** *m* (*-s; 0*) redukcja płac; **~abrechnung** *f* (miesięczny) obrachunek wynagrodzenia; **~abzüge** *m/pl.* potrącenia *n/pl.* (z wynagrodzenia); **~arbeit** *f* praca najemna; **~ausfall** *m* strata na zarobku; **~ausgleich** *m* wyrównanie; *bei vollem ~ausgleich* z zachowaniem wynagrodzenia; **~buchhaltung** *f*, **~büro** *n* biuro płac; **~empfänger** *m* pracownik fizyczny.

lohnen, *sich ~* opłacać ⟨-cić⟩ się; *es lohnt (nicht nie) warto*, opłaca się; **~d** popłatny, opłacalny.

Lohn|erhöhung *f* podwyżka płac(y); **~forderung** *f* żądanie podwyżki płac; **~fortzahlung** *f* wypłata wynagrodzenia w okresie choroby; **~gruppe** *f* kategoria zaszeregowania; **~kosten** *pl.* koszty *m/pl.* robocizny; **~kürzung** *f* obniżka płac(y); **~liste** *f* lista płac; **~niveau** *n* poziom płac; **~politik** *f* polityka w zakresie płac; **~-Preis-Spirale** *f* spirala płac i cen; **~satz** *m* stawka płac podstawowa; **~senkung** *f s.* Lohnkürzung; **~steuer** *f* podatek od wynagrodzeń; **~steuerkarte** *f* karta podatku od wynagrodzeń; **~stopp** *m* zamrożenie płac; **~tarif** *m* taryfa płac; **~tüte** *f* koperta z wypłatą.

Löhnung *f* żołd; uposażenie.

Lohnverhandlungen

Lohn|verhandlungen f/pl. rokowania n/pl. o podwyżkę płac; **~zettel** m kartka z obliczeniem płacy.
Loipe f trasa biegu płaskiego.
Lok f (-; -s) lokomotywa.
lo'kal lokalny; miejscowy; terenowy.
Lo'kal n (-es; -e) lokal; **~bericht** m relacja (od. doniesienie) z terenu.
lokali'sier|en (-) 〈z〉lokalizować; **~ung** f lokalizacja; usytuowanie.
Lo'kal|kenntnisse f/pl. znajomość f terenu; **~termin** m wizja lokalna; sesja wyjazdowa.
Lokativ m (-s; -e) Gr. miejscownik.
Lokführer m maszynista m.
Lokomo'tiv|e f lokomotywa; **~führer** m s. Lokführer; **~schuppen** m lokomotywownia, parowozownia.
Lokus F m (-/-es; -/-se) wygódka, V sracz.   [dyński.]
Londoner m londyńczyk; Adj. lon-
Lorbeer m (-s; -en) wawrzyn, laur; **~en ernten** zbierać laury, **~blatt** n Kochk. liść bobkowy; **~kranz** m wieniec laurowy, wawrzyn.
Lore f wagon-platforma, lora.
Los n (-es; -e) los; s. Schicksal; das Große ~ wielki los; durch das ~ przez losowanie, drogą losowania.
los (s. a. lose u. Zssgn): der Knopf ist ~ guzik oderwał się; was ist ~? co się stało?; da ist et. ~ tam się coś dzieje; hier ist nichts ~ nic się tu nie dzieje; tu potworne nudy; mit ihm ist nicht viel ~ z niego nie ma wielkiej pociechy; ich bin ... ~ pozbyłem się (G); (nun aber) ~! jazda!, dalejże!; ruszaj!; s. a. ab, weg.
lösbar rozpuszczalny; Aufgabe: rozwiązalny; Tech. (Verbindung) rozłączny.
los|bekommen F (-) s. ab-, freibekommen, (los)lösen; **~binden** odwiąz(yw)ać; **~brechen** v/i (sn) rozpęt(yw)ać się; 〈Gelächter〉 wybuchać 〈-chnąć〉; v/t s. ab-, ausbrechen.
Lösch|blatt n bibuła; **2en¹** Feuer, Licht: 〈z〉gasić; Durst: 〈u〉gasić; Kalk: gasić, lasować; (tilgen) 〈s〉kasować; wymaz(yw)ać; **2en²** Mar. wyładow(yw)ać; **~er** m suszka, bibularz; kasownik; s. Feuerlöscher; **~gerät** n sprzęt gaśniczy; **~kalk** m wapno gaszone; **~kopf** m głowica kasująca; **~papier** n bibuła; **~zug** m oddział straży pożarnej.
los|donnern zagrzmieć pf.; F zacząć piorunować; **~drehen** od-

kręcać 〈-cić〉; **~drücken** nacisnąć pf. spust.
lose luźny; wolny; Adv. luźnie, luzem; Haar: rozpuszczony; Sitten: rozwiązły; **~s** Maul niewyparzona gęba; **~r** Streich psota; s.↓
Lösegeld n wykup.   [locker.]
losen losować, ciągnąć losy.
lösen Knoten, Ehe, Vertrag usw.: rozwiąz(yw)ać (sich się); Beziehung: zrywać 〈zerwać〉; Fahrkarte: kupować 〈-pić〉; s. lockern, ab-, auf-, loslösen, (ab)trennen; sich ~ (von) uwalniać 〈uwolnić〉 się (od G); Sp., Mil. odrywać 〈oderwać〉 się (od G); Spannung: rozładow(yw)ać się (in D/w L).
los|fahren, ~gehen (sn) wyruszać 〈-szyć〉 (w drogę); nur **~gehen** F (beginnen) zaczynać się; rzucać 〈-cić〉 się (auf A/na A); (Waffe) wypalić pf.; der Schuß ging los padł strzał; **~haken** odczepi(a)ć; odpinać 〈-iąć〉; **2kauf** m wykup(ienie); **~ketten** (-e-) spuszczać 〈-uścić〉 z łańcucha.
loskommen (sn) uwalniać 〈uwol­nić〉 się (von D/od G); Sp. gut ~ dobrze wystartować.
los|koppeln s. abkoppeln, losbinden; **~lassen** wypuszczać 〈-uścić〉; **~legen** F zaczynać 〈-cząć〉 (mit/A); ruszyć pf.
löslich rozpuszczalny; s. lösbar.
los|lösen odłączać 〈-czyć〉, oderwać 〈oderwać〉 (sich się); **~machen** F s. abmachen, entfernen; **~reißen** od-, z|rywać 〈ode-, ze|rwać〉 (sich się).
Löß m (-es/-sses; -e/-sse) less. [się).]
lossag|en: sich **~en** (von) wyrzekać 〈-rzec〉 się (G); odstępować 〈-tą­pić〉 (od G), zrywać 〈zerwać〉 (z I); **2ung** f odstępstwo, odszczepieństwo.
los|schießen F: schieß los! zaczynaj!, mów że!; **~schlagen** v/t s. abschlagen; Ware: wyzby(wa)ć się (G); v/i uderzać 〈-rzyć〉, zacząć okładać (auf A/A); **~stürmen** s. losstürzen; **~stürzen** (sn) (auf A, zu) rzucać 〈-cić〉 się (na A, do G, ku D); **~trennen** s. (ab)trennen.
Los·trommel f bęben do ciągnienia losów.
Losung¹ f hasło; Pol. a. slogan.
Losung² f JSpr. bobki m/pl.
Lösung f rozpuszczanie; oddziele-

nie; zluzowanie; *Chem.* roztwór, rozczyn; (*Resultat*) rozwiązanie; **~s‑mittel** *n* rozpuszczalnik.

los|werden F (*sn*) pozby(wa)ć się (*A/G*); **~ziehen** F *v/i* (*sn*) wyruszać, ruszać ⟨‑szyć⟩; *s.* herziehen.

Lot [lo:t] *n* (‑*es*; ‑*e*) *Math.* prostopadła; (*Senk?*) pion; *Mar.* sonda; (*zum Löten*) lut; (*Gewicht*) łut; **2en** (‑*e*‑) pionować; *Mar.* sondować.

löt|en (‑*e*‑) ⟨z⟩lutować; **2kolben** *m* lutownica; **2lampe** *f* lampa lutownicza; **2naht** *f* szew lutowniczy.

Lotosblume *f* kwiat lotosu.

lotrecht pionowy (‑wo); prostopadły (‑le); **2e** *f s.* Senkrechte.

Lotse *m* (‑*n*) *Mar.* pilot; **2n** pilotować; F *fig.* zaciągać ⟨‑gnąć⟩; **~n‑boot** *n* pilotówka; **~n‑fisch** *m* ryba‑pilot.

Lötstelle *f* lutowina.   [ryba‑pilot.

Lotte'rie *f* loteria; *in der* ~ *gewinnen* wygrać na loterii; ~ *in Zssgn* loteryjny; **~einnahme(stelle)** *f* kolektura.

Lotter|leben *n* rozwiązłe (*od.* hulaszcze) życie; **~wirtschaft** *f* bałagan.

Lotto *n* (‑*s*; ‑*s*) loteryjka (liczbowa), lotto, P lotek; **~schein** *m* kupon (totolotka).

Löt|ung *f* lutowanie; **~zinn** *n* lut cynowy, cyna lutownicza.

Löwe *m* (‑*n*) lew.

Löwen|anteil *m* lwia część; **~maul** *n Bot.* wyżlin, F lwia paszcza; **~zahn** *m Bot.* mniszek, dmuchawiec.

Löwin *f* lwica.

lo'yal lojalny; **2i'tät** *f* (0) lojalność *f*.

Luchs *m* (‑*es*; ‑*e*) ryś *m*; **~augen** *n/pl.* rysi wzrok.

Lücke *f* luka (*a. fig.*); (*Spalt*) szczelina, szpara; *s.* Bresche.

Lückenbüßer *m* er *ist immer nur* (*der*) ~ zatykają nim zawsze dziury.

lücken|haft niepełny, niekompletny; *Wissen*: urywkowy (‑wo), połowiczny; **~los** kompletny, pełny; zwarty, bez luk.

Luder *n* ścierwo; *fig.* V *a.* łachudra; F cięta (*od.* chytra) sztuka; *armes* ~ biedaczysko; *dummes* ~ dureń *m*.

Luft *f* (‑; *poet.* **~e**) powietrze; *Tech.* luz; F (*Druck*) ciśnienie; *in* (*an*) *der freien* ~ na świeżym powietrzu; F ~ *machen* (*D*) da(wa)ć upust (*D*); *s‑m Herzen* (*od. sich*) ~ *machen* ulżyć sobie; *die* ~ *ist rein* wszystko w porządku, nie ma nikogo; *dicke* ~

naprężona atmosfera; *j‑n wie* ~ *behandeln* ignorować (*A*); *aus der* ~ *gegriffen* zmyślony, bezpodstawny; *j‑n an die* (*frische*) ~ *setzen* wyrzucić za drzwi; *sich in* ~ *auflösen* zniknąć jak kamfora; F *fig. in die* ~ *gehen* wściekać (wściec) się; *halt die* ~ *an!* przestań!; *s.* jagen *usw.*

Luft|abwehr *f* obrona przeciwlotnicza; **~angriff** *m* atak lotniczy, nalot; **~aufklärung** *f* rozpoznanie lotnicze; **~aufnahme** *f* zdjęcie lotnicze; **~bad** *n* kąpiel powietrzna; **~ballon** *m* balonik; **~bildmessung** *f* fotogrammetria lotnicza; **~blase** *f* bąbel, bańka; pęcherzyk powietrza; **~‑Boden‑Rakete** *f* pocisk (klasy) powietrze‑ziemia; **~brücke** *f* most powietrzny.

Lüftchen *n* wietrzyk, wiaterek.

luftdicht (0) hermetyczny, (gazo‑) szczelny.

Luftdruck *m* ciśnienie powietrza *od.* atmosferyczne; ~ *in Zssgn* pneumatyczny; **~welle** *f* fala uderzeniowa *od.* podmuchu.

lüft|en (‑*e*‑) wietrzyć, prze‑, wy|wietrzać ⟨‑rzyć⟩; *fig.* uchylać ⟨‑lić⟩ (*Hut* kapelusza, *Geheimnis* rąbka tajemnicy); (*anheben*) unosić ⟨unieść⟩; **2er** *m* wentylator; *Mar.* nawiewnik.

Luftfahrt *f* (0) żegluga powietrzna; lotnictwo; **~industrie** *f* przemysł lotniczy.

Luft|feuchtigkeit *f* wilgotność *f* powietrza; **~filter** *m* filtr powietrza *od.* powietrzny; **~fracht** *f* ładunek lotniczy; **2gekühlt** chłodzony powietrzem; **~gewehr** *n* wiatrówka; **~hauch** *m* powiew (wiatru); **~hoheit** *f* suwerenność *od* obszaru powietrznego; **2ig** przewiewny; *Kleid*: powiewny; *in 2iger Höhe* (hen) wysoko; **~kampf** *m* walka powietrzna; **~kissen** *n* poduszka nadmuchiwana *od. Tech.* powietrzna; **~kissenfahrzeug** *n* poduszkowiec; **~korridor** *m* korytarz lotniczy; **2krank** chory na chorobę lotników; **~krieg** *m* wojna powietrzna; **~kühlung** *f* chłodzenie powietrzem; **~kur|ort** *m* stacja klimatyczna; **~landetruppen** *f/pl.* wojska *n/pl.* powietrzno‑desantowe, **~landung** *f* desant powietrzny.

luftleer bezpowietrzny, próżny; **~er** *Raum* próżnia.

Luft|linie f linia powietrzna; **~loch** n przewiewnik; *Flgw.* dziura powietrzna; **~-Luft-Rakete** f pocisk (klasy) powietrze-powietrze; **~mangel** m brak (świeżego) powietrza; **~matratze** f materac nadmuchiwany; **~pirat** m pirat powietrzny; **~piraterie** f piractwo powietrzne; **~post** f poczta lotnicza; **~pumpe** f pompa powietrzna *od.* do powietrza; pompa próżniowa; **~raum** m przestrzeń powietrzna, obszar powietrzny; **~röhre** f *Anat.* tchawica; **~schiff** n sterowiec; **~schleuse** f *Bgb.* tama wentylacyjna; śluza powietrzna; **~schloß** n zamek na lodzie; **~schraube** f śmigło.

Luftschutz m (terenowa) obrona przeciwlotnicza; **~bunker** m, **~raum** m schron przeciwlotniczy.

Luft|spiegelung f fatamorgana, miraż; **~sprung** m radosny sus *od.* podskok; **~straße** f szlak lotniczy; **~streitkräfte** f/pl. lotnicze siły f/pl. zbrojne, lotnictwo wojskowe; **~strom** m strumień m powietrza; *a.* = **~strömung** f prąd powietrza *od.* powietrzny; **~stützpunkt** m baza lotnicza; **~überlegenheit** f przewaga w powietrzu.

Lüftung f wietrzenie, wentylacja; **~s-** wentylacyjny; **~s·klappe** f lufcik, wietrznik.

Luft|veränderung f zmiana klimatu; *fig.* zmiana otoczenia; **~verkehr** m komunikacja lotnicza; **~verkehrsgesellschaft** f s. *Fluggesellschaft*; **~verschmutzung** f zanieczyszczanie powietrza, skażenie atmosfery; **~verteidigung** f obrona przeciwlotnicza; **~waffe** f lotnictwo (wojskowe); **~weg** m: auf dem **~weg(e)** drogą powietrzną, samolotem; **~widerstand** m opór powietrza; **~zufuhr** f dopływ powietrza; **~zug** m (-es; 0) przewiew; powiew; (*Zugluft*) przeciąg.

Lug [lu:g] m: ~ und Trug oszukaństwo.

Lüg|e f kłamstwo; P *a.* łgarstwo; j-n **~en** strafen zada(wa)ć kłam (*D*); **~en** (*L.*) ⟨s⟩kłamać, F ⟨ze⟩łgać; **~endetektor** m odkłamywacz; **~engeschichte** f zmyślona historia, blaga; **~enhaft** kłamliwy (-wie); **~ner** m kłamca m, F kłamczuch, łgarz; **~nerisch** kłamliwy (-wie).

Luke f *Mar.* luk; (*Einstieg*) właz; szyb; (*Dach⊘*) okienko (dachowe), wyłaz.

lukra'tiv lukratywny, popłatny.

Lümmel m gbur, cham; (*Junge*) łobuz(iak), gałgan; **⊘haft** chamski (po -ku); **⊘n** (-*le*): sich **⊘n** rozwalać ⟨-lić⟩ się.

Lump m (-*en*) łajdak, łotr, szubrawiec; **⊘en** m gałgan, szmata; *in* **~en** w łachmanach; **⊘en:** F sich nicht **⊘en** lassen nie skąpić, postawić się; **~engesindel** n, **~enpack** n hołota; **~ensammler(in** f) m gałgania|rz, szmacia|rz (-rka); F *fig.* (nur m) ostatni pociąg *od.* tramwaj.

Lumpe'rei f łajdactwo, gałgaństwo.

lumpig F *fig.* marny, nędzny.

Lunge f płuco, *mst pl.* płuca; *Kochk.* płucka n/pl.

Lungen|emphysem n rozedma płuc; **~entzündung** f zapalenie płuc; **~haschee** n płucka n/pl. mielone; **⊘krank** chory na płuca; **~kranke(r)** płucnik; **~krebs** m rak płuc; **~tuberkulose** f gruźlica płuc.

lungern (-*re*) s. *herumlungern, -stehen.*

Lunker m jama skurczowa.

Lunte f lont; *J Spr.* kita; *fig.* ~ riechen zwąchać pismo nosem.

Lupe f lupa; F unter die ~ nehmen ⟨z⟩lustrować. [podkas(yw)ać.⟩

lüpfen podnosić ⟨-nieść⟩; *Rock:*⟩

Lu'pine f łubin.

Lurch m (-*es; -e*) płaz.

Lust f (-; 0) ochota, chęć f, F chętka (na *A*), melodia (do *G*); (*Freude*) radość f; (*Wol⊘*) rozkosz f; (pl. *~e*) s. *Begierde; keine* ~ haben nie mieć chęci *od.* ochoty (auf *A*, zu/na *A*, do *G*); daß es e-e ~ ist aż miło (patrzeć); **~barkeit** f zabawa, rozrywka.

Lüster m żyrandol.

lüstern pożądliwy (-wie), lubieżny; ~ sein nach pożądać (*G*); **⊘heit** f (0) pożądliwość f, lubieżność f.

Lust|garten m ogród sielankowy; **~gefühl** n uczucie rozkoszy.

lustig wesoły (-ło); śmieszny, zabawny; sich ~ machen naśmiewać się, drwić (über *A*/z *G*).

Lüstling m (-s; -e) rozpustnik.

lust|los ospały (-le), niechętny; *Hdl.* charakteryzujący się brakiem ożywienia, słaby; **⊘mord** m morderstwo z lubieżności; **⊘spiel** n komedia.

lutherisch luterański.

lutsch|en ssać (an D/A), cmoktać; **~er** m lizak; s. Schnuller.

lütt dial. maluśki, malutki (-ko).

Luv f (unv.) burta (od. strona) nawietrzna.

luxuri'ös luksusowy (-wo).

Luxus m (-; 0) przepych, (a. fig.) luksus; **~artikel** m artykuł luksusowy; **~steuer** f podatek od zbytku.

Lu'zerne f lucerna.

Luzifer m (-s; 0) lucyfer.

Lymph|drüse f gruczoł limfatyczny; **~e** f chłonka, limfa; **~gefäß** n naczynie chłonne od. limfatyczne; **~knoten** m węzeł chłonny; **~granuloma'tose** f Med. ziarnica złośliwa.

lynch|en ['lynçən] ⟨z⟩linczować; **~justiz** f prawo linczu; **~mord** m lincz.

Lyr|a f lira; **~ik** f (-; 0) liryka; **~iker** m liryk; **~isch** liryczny.

Ly'zeum n (-s; -'zeen) liceum n.

M

Maat m (-es; -e/-en) Mar. mat.

Mach|art f fason, forma; krój; **~e** F f (0) udawanie, pozory m/pl.; j-n in die **~e** nehmen wziąć w obroty (A).

machen ⟨z⟩robić (sich się; j-n zu/k-o I); wyrabiać; (verursachen) sprawi(a)ć, ⟨s⟩powodować; Reise: odby(wa)ć; was machst du (so)? co porabiasz?; wieviel macht das? ile to wynosi?; dagegen kann man nichts ~ na to się nic nie poradzi; nichts zu ~! nie ma rady!; mach doch! dalejże!; mach's gut! trzymaj się!; Angst ~ napędzać ⟨-dzić⟩ strachu; das Bett ~ ⟨po⟩słać łóżko; s. a. Anfang, Krach, erzeugen, tun, bekannt usw.; sich ~ an (A) zabi(e)rać się do (G); sich viel (wenig) ~ aus (D) dużo (mało) robić sobie z (G); F er macht sich on robi (od. czyni) postępy; gemacht! w porządku!; ein gemachter Mann on zrobił karierę; **2schaften** f/pl. machinacje f/pl., kombinacje f/pl., (dunkle ciemne) sprawki f/pl.

Macher m motor, sprężyna, verä. F macher; (Tatmensch) działacz; **~lohn** m robocizna.

Macht f (0) siła, moc f; władza; Mil. potęga (wojskowa); Pol. (pl. "e) mocarstwo; an die ~ gelangen dochodzić ⟨dojść⟩ do władzy; an der ~ sein być (od. stać) u władzy; vgl. Kraft, Gewalt; **~befugnis** f upawnienia n/pl., pełnomocnictwo n; **~bereich** m zakres władzy; Pol. sfera wpływów; **~ergreifung** f ujęcie (od. zagarnięcie) władzy;

~haber m sprawujący władzę, eng S. mocarz, dyktator; **~hunger** m żądza władzy.

mächtig potężny; s. gewaltig, riesig; Adv. F fig. strasznie; e-r Sache ~ sein władać (I).

Macht|kampf m walka o władzę; **2los** bezsilny; **~politik** f polityka skierowana na rozszerzenie władzy; **~probe** f próba sił; **~spruch** m ostateczna decyzja; **~stellung** f wpływowa (od. silna) pozycja; **~streben** n dążenie do mocy; **~übernahme** f przejęcie władzy; **2voll** potężny; **~vollkommenheit** f pełnia władzy; **~wort** n energiczne (od. stanowcze) słowo.

Machwerk n ramota, miernota.

Mädchen n dziewczyn(k)a, F dziewuszka, poet. dziewczę; ~ für alles dziewczyna (fig. a. chłopak usw.) do wszystkiego; **2haft** dziewczęcy (-co); **~name** m nazwisko panieńskie; **~schule** f szkoła żeńska; **~zimmer** n pokój dziewczęcy; pokój dla służby.

Made f czerw, F robak.

Mädel n dziewczę, dziewuszka.

Mad|enwurm m owsik; 2ig robaczywy (-wie); F 2ig machen obgadywać ⟨-n/A⟩; obrzydzać (et./A).

mag s. mögen.

Maga'zin n Mil. magazynek; (Illustrierte) magazyn; s. Lager.

Magd f (-; "e) dziewka, dziewczyna.

Magen m (-s; "/-) żołądek; **2bitter** m (wódka) gorzka; **~drücken** n ściskanie w dołku, ucisk w żołądku; **~geschwür** n wrzód żołądka, wrzo-

dowa choroba; ~grube f dołek
(pod piersiami); ~katarrh m nieżyt
żołądka; ~krampf m kurcz żołądka; 2krank, 2leidend chory na
żołądek; ~saft m sok żołądkowy;
~säure f kwas żołądkowy; ~-
schmerzen m/pl. bóle m/pl. w żołądku; 2stärkend wzmacniający
żołądek, na wzmocnienie żołądka;
~verstimmung f rozstrój żołądka.
mager chudy (-do); Pers., Tier a.:
chuderlawy (-wo); fig. kiepski (-ko),
lichy (-cho); Boden: jałowy (-wo);
s. abmagern, abgemagert; 2keit f
(0) chudość f; 2milch f chude (od.
odtłuszczone) mleko.
Ma'gie f (0) magia, czarnoksięstwo.
Magi|er m mag; s. Zauberer; 2sch
magiczny.
Magi'|strale f magistrala; ~'strat m
(-és; -e) magistrat; in Zssgn magis-
tracki.   [(-s; 0) magnez.}
Ma'gnesi|a f (0) magnezja; ~um n}
Ma'gnet m (-és/-en; -e/-en) magnes;
~band n taśma magnetyczna;
~eisen·erz n magnetyt; ~feld n
pole magnetyczne; 2isch magne-
tyczny; 2isch machen = 2i'sieren
(-) ⟨na⟩magnetyzować; ~ismus
[-'tɪs-] m (-; 0) magnetyzm; ~nadel
f igła magnetyczna; ~spule f cewka
elektromagnetyczna; ~zünder m
iskrownik, induktor; ~zündung f
zapłon iskrownikowy.
magst s. mögen.
Maha'goni n (-s; 0) mahoń m.
Mähbinder m snopowiązałka.
Mahd f koszenie, kośba.
Mäh|drescher m kombajn zbożo-
wy; 2en kosić, żąć; ~en n s. Mahd;
~er m kosiarz, żniwiarz; s. Mähmaschine.   [kiet.}
Mahl n (-és; -e) posiłek; uczta, ban-}
mahl|en ⟨ze⟩mleć; 2en n (-s; 0)
mielenie; 2gang m mlewnik; hist.
żarna n/pl.; 2gut n (-és; 0) mlewo,
materiał mielony; 2zähne m/pl.
łamacze m/pl.
Mahlzeit f s. Mahl; ~! smacznego!;
(nach d. Essen) dziękuję!
Mähmaschine f kosiarka.
Mahnbrief m monit, upomnienie.
Mähne f grzywa; (Elch≈) kądziel f.
mahn|en (an A) przypominać
⟨-mnieć⟩ (A, o L), (a. Hdl.) monitować (A); s. auffordern, ermahnen;
2mal n pomnik, monument; 2-
schreiben n s. Mahnbrief; 2ung f

przestroga; s. Mahnbrief; 2ver-
fahren n postępowanie upominaw-
cze.
Mähre f szkapa, chabeta.
mährisch morawski.
Mai m (-s/-; -e, poet. -en) maj; ~ in
Zssgn majowy.
Maid f dziewczę, dziewoja.
Mai|feier f obchód pierwszoma-
jowy; ~glöckchen n konwalia;
~käfer m chrabąszcz; ~kundge-
bung f manifestacja pierwszo-
majowa. [Zssgn kukurydz(i)any.}
Mais m (-es; -e) kukurydza; ~ in}
Maische f zacier.   [kaczan.}
Maiskolben m kolba kukurydzy.}
Maje'stät f (0) majestat; (pl. -en)
Królewska (od. Cesarska) Mość;
2isch majestatyczny.
Ma'jor m (-s; -e) major.
Majoran m (-s; -e) majeranek.
Majo'|rat n (-és; -e) majorat; ~ri-
'tät f większość f.
Makel m wada, skaza.
mäkelig F wybredny, grymaśny.
makellos nieskazitelny, bez skazy
od. wad.
mäkeln F (-le) (an D) psioczyć (na
A), czepiać się (G).   [kijać.}
Make-up [me:k'ap] n (-s; 0) ma-}
Makka'roni pl. (-) makaron.
Makler m makler, engS. pośrednik;
~gebühr f prowizja maklerska,
kurtaż.   [bria.}
Ma'krele f makrela; Hdl. a. skum-}
Ma'krone f makaronik.
Makula'tur f makulatura.
mal [ma:l] razy; vier ~ zwei dwa
razy cztery; F komm ~ her chodź
no tu; vgl. einmal.
Mal[1] n (-és; -e) raz; das erste (zum
letzten) ~ po raz pierwszy (ostatni);
dieses ~ tym razem; einige ~e kilka
razy; mit einem ~(e) nagle.
Mal[2] [ma:l] n (-és; -e/=er) znamię,
znak; s. Denkmal.
ma'laisch malajski (po -ku).
Ma'laria f (0) malaria, zimnica.
Mal|buch n malowanki f/pl.; 2en
⟨na⟩malować; F sich 2en malować
się; s. schildern.
Maler m malarz; ~arbeiten f/pl.
roboty f/pl. malarskie.
Male'|rei f malarstwo; konkr. malo-
widło; ~rin f malarka; 2risch
malowniczy (-czo).
Malheur [-'lø:ɐ] n (-s; 0) przykrość
f, nieprzyjemność f.

malizi'ös złośliwy (-wie).
Malkasten m pudełko (od. kaseta) z farbami.
malnehmen ⟨po⟩mnożyć.
ma'lochen F (-) harować.
Mal'teser maltański; Su. m Maltańczyk; kawaler maltański.
Malve f malwa, ślaz.
Malz n (-es; 0) słód; **~bier** n piwo słodowe; **~bonbon** m od. n cukierek słodowy.
Malzeichen n znak mnożenia.
Malzkaffee m kawa słodowa.
Mama F f (-; -s) mam(usi)a.
Mammon m (-s; 0) mamona.
Mammut n (-s; -e/-s) mamut; **~** in Zssgn mamutowy; **~baum** m mamutowiec.
Mam'sell f: kalte **~** garmażerka.
man: ~ sagt mówią, mówi się; wie macht ~ das? jak się to robi?; ~ darf wolno; ~ kann można; ~ muß trzeba; ~ soll należy; wenn ~ glaubt, daß ... jeśli ktoś myśli, że ...
Manage|ment ['mɛnɪdʒmənt] n (-s; -s) zarządzanie; konkr. kierownictwo; **2n** ['mɛnɪdʒən] F fig. ⟨z⟩organizować, załatwi(a)ć; **~r** m menager, menedżer; (Künstleragent) menażer.
manch niejeden, niektóry; **~e** pl. niejedni, niektórzy; **~es** Mal s. manchmal; **~er'lei** różny, rozmaity; **~mal** niekiedy, czasem, nieraz.
Man'dant m (-en), **~in** f mocodaw|ca m (-czyni), F a. klient(ka).
Manda'rine f mandarynka.
Man'dat n (-es; -e) mandat; Jur. a. zlecenie.
Mandel f (-; -n) migdał; Anat. migdałek; **~baum** m migdałowiec; **~entzündung** f zapalenie migdałków; **2förmig** migdałow(at)y (-wo/-to). [dolinowy.]
Mando'line f mandolina; **~n** man-]
Manege [-'ne:ʒə] f maneż; arena (cyrkowa). [Zssgn manganowy.]
Man'gan n (-s; 0) mangan; **~** in]
Mangel¹ f (-; -n) magiel.
Mangel² m (-s; ** u**) brak (an D/G); niedobór; (Fehler) wada; usterka; niedociągnięcia (Not) niedostatek; aus ~ an (D) z braku (G); **2haft** (wadliwy (-wie), z brakami; (a. Schulnote) niedostateczny; **~krankheit** f choroba z niedoboru (G), engS. awitaminoza; **2n** (-le) brakować; es **~t** (A, an D) brak(uje) (G).

mangeln² Wäsche: ⟨wy-, z⟩maglować. [ściowa.]
Mängelrüge f reklamacja jako-]
mangels (G) z braku (G).
Mangel|tuch n maglownik; **~ware** f towar deficytowy.
Mangold m (-es; -e) burak boćwina.
Ma'nie f mania. [sób bycia.]
Ma'nier f maniera; **~en** pl. a. spo-]
manie'riert zmanierowany.
ma'nierlich grzeczny, układny.
Mani'fest n (-es; -e) manifest; engS. a. orędzie; **2fe'stieren** (-) ⟨za⟩manifestować (sich się); **~'küre** f (0) manikiur; Pers. (-; -n) manikiurzystka; **~pulati'on** f manipulacja; **2pu'lieren** (-) manipulować.
manisch maniakalny; **~-depres'siv** maniakalno-depresyjny.
Manko n (-s; -s) manko.
Mann m (-es; **u**er) mężczyzna m; Mil. żołnierz; członek załogi; s. Mensch, Ehemann; wie ein ~ jak jeden mąż; et. an den ~ bringen pozbyć się (G), znaleźć nabywcę (na A); mit ~ und Maus z całą załogą; ein ~ der Tat człowiek czynu; s-n ~ stehen spis(yw)ać się dzielnie; von ~ zu ~ szczerze, otwarcie; ~ des Jahres człowiek roku.
mannbar (0) dojrzały.
Männchen n człowieczek, chłopina n; ludzik; F pazułek; Zo. samiec m; ludzik; Flgw. ślizg na ogon przez łeb; ~ machen stawać ⟨stanąć⟩ słupka.
Manndeckung f Sp. obrona „każdy swego".
Mannequin [-'kɛ̃·] n (-s; -s) modelka. [męski.]
Männer pl. v. Mann; **~** in Zssgn]
Mannes·alter n wiek męski; im besten ~ w sile wieku.
Mannes|kraft f siła męska; potencja płciowa; **~stamm** m linia męska.
mannhaft mężny, Adv. a. po męsku; **2igkeit** f (0) męstwo.
mannig|fach, ~faltig rozmaity (-cie), różn(orodn)y; **2faltigkeit** f (0) rozmaitość f, różnorodność f.
männlich męski (-ko, po -ku); s. mannhaft; ~ werden ⟨z⟩mężnieć; **2keit** f (0) męskość f.
Mannsbild F n chłop, facet.
Mannschaft f (Besatzung) załoga, obsada; Sp. drużyna; ~en pl Mil. szeregowcy m/pl.

drużyny; **~raum** m pomieszczenie dla załogi, Mar. kubryk; **~sport** m sport zespołowy; **~wertung** f klasyfikacja drużynowa.

manns|hoch na wysokość człowieka od. P chłopa; **~toll**: *~toll sein* być nimfomanką.　　　[męskich.）

Mannweib n kobieta o cechach）

Mano'meter m manometr.

Ma'növ|er n manewr(y pl. Mil.); ℓ'**rieren** (-) manewrować; ℓ'**rier(un)fähig** zdolny (niezdatny) do manewrowania.　　[mansardowy.）

Man'sarde f mansarda, facjata; **~n-**）

mansch|en F v/i babrać się (in, mit D/w L); ℓe'**rei** f (0) babranina.

Man'schette f mankiet; **~n-knopf** m spinka do mankietów.

Mantel m (-s; ￫) płaszcz (a. Tech.); fig., Tech. osłona; pancerz; (Reifen) opona; Math. pobocznica (bryły); *den ~ nach dem Wind drehen* patrzeć skąd wiatr wieje; **~kragen** m kołnierz płaszcza; **~stoff** m materiał płaszczowy; **~tarif** m ramowy układ zbiorowy pracy.

manu'|ell ręczny; ℓ'**skript** n (-es; -e) rękopis.

Mappe f teczka, teka.

Mär f bajka, F bujda.

Marathon|lauf m maraton, bieg maratoński; **~läufer** m maratończyk.

Märchen n bajka; F fig. a. bujda; **~buch** n książka z bajkami; ℓ**haft** bajeczny, jak z bajki od. w bajce.

Marder m kuna.

Marga'rine f (0) margaryna.

Marge'rite f margerytka, Bot. złocień właściwy.

Marien~ Rel. Najświętszej Marii Panny, mariański; **~käfer** m biedronka; **~kult** m kult Matki Boskiej; **~lied** n pieśń maryjna.

Mari'nade f marynata.

Ma'rine f marynarka wojskowa; ℓ**blau** granatowy (-wo); **~infanterie** f piechota morska; **~offizier** m oficer marynarki.

mari'nier|en (-) ⟨za⟩marynować; **~t** marynowany.

Mario'nette f marionetka (a. fig.); **~n-** marionetkowy.

mari'tim morski.

Mark¹ n (-es; 0) s. Knochenmark; Bot. rdzeń m; miąższ; *durch ~ und Bein* do szpiku kości; *bis ins ~ fig.* do głębi.

Mark² f Fin. marka.

Mark³ f hist. marchia; poet. granica.

mar'kant wyrazisty (-ście).

Marke f marka; (Garderoben℃) numerek; (Lebensmittel℃ usw.) talon; (Spiel℃) żeton, liczman; Tech. (Meβ℃) wskaźnik; s. Briefmarke; **~n-** a. gatunkowy.

Marken|artikel m wyrób znanej marki od. opatentowany; **~zeichen** n znak fabryczny, marka.

mark-erschütternd Schrei: przeraźliwy (-wie).

Marke'tenderin f markietanka.

Marketing n (-s; 0) marketing; **~-** in Zssgn marketingowy.

Markgraf m margrabia m.

mar'kier|en m (-s) ⟨o⟩znakować, o-za|znaczać ⟨-czyć⟩; fig. F markierować, (a. Thea.) markować; ℓ**ung** f znakowanie, cechowanie; konkr.）

markig jędrny, dosadny. [znak.）

Mar'kise f markiza.

Mark|stein m kamień graniczny od. fig. milowy; **~stück** n moneta jednomarkowa, F jednomarkówka.

Markt m (-es; ￫e) rynek; (Wochen℃) targ; *auf den ~ bringen* wypuścić na rynek; **~analyse** f analiza rynku; **~anteil** m udział w całości zbytu; **~bericht** m sprawozdanie rynkowe; **~flecken** m miasteczko, osiedle; **~forschung** f badanie rynku od. rynkowe; **~frau** f przekupka; ℓ**gängig** cieszący się popytem, chodliwy; **~halle** f hala targowa; **~lage** f sytuacja rynkowa; **~platz** m rynek; plac targowy, targowisko; **~preis** m cena rynkowa; ℓ**schreierisch** krzykliwy (-wie); **~stand** m stragan; **~tag** m dzień targowy; **~tasche** f torba na zakupy; **~wirtschaft** f gospodarka rynkowa.

Marme'lade f marmolada.

Marmor m (-s; -e) marmur; **~-** in Zssgn marmurowy.

Maro'deur m (-s; -e) maruder.

Marok'kan|er(in f) m Marokańczyk (-nka); ℓ**isch** marokański.

Ma'rone f kasztan jadalny.

Ma'rotte f dziwactwo, kaprys.

Marsch¹ m (-es; ￫e) marsz (a. Mus.), pochód; *j-n in ~ setzen* wyprawi(a)ć; *odkomenderow(y)-w(a)ć*; *sich in ~ setzen* wyruszać ⟨-szyć⟩.　　[ławy f/pl.）

Marsch² f marsze m/pl., etwa żu-）

Marschall m (-s; ⁓e) marszałek; ⁓**stab** m buława marszałkowska.

Marsch|befehl m rozkaz wymarszu od. do marszu; zlecenie podróży służbowej; 2**bereit** gotowy do wymarszu; ⁓**formation** f ugrupowanie marszowe; ⁓**flugkörper** m rakieta krążąca; ⁓**geschwindigkeit** f Flgw. prędkość podróżna.

mar'schieren (-; sn) maszerować.

Marsch|kolonne f kolumna marszowa; ⁓**musik** f muzyka marszowa; ⁓**ordnung** f ugrupowanie marszowe; ⁓**route** f marszruta; ⁓**verpflegung** f Mil. racja żywnościowa na czas marszu; F prowiant (od. P wałówka) na drogę.

Marter f (-; -n) męka, katusze pl.; ⁓**instrument** n narzędzie tortur(y); 2n (-re) męczyć, dręczyć.

Martinshorn n syrena (policyjna).

Martin|stahl m stal martenowska; ⁓**verfahren** n proces martenowski.

Märtyrer m, ⁓**in** f męczenn|ik (-ica); ⁓**tum** n męczeństwo.

mar'xistisch marksistowski (po -ku).   [Zssgn marcowy.)

März m (-/-es; ⁓e) marzec; ⁓ in)

Marzi'pan n (-es; -e) marcepan.

Masche f oczko; F fig. sposób, trick; e-e ⁓ fallen lassen gubić oczko; durch die ⁓n des Gesetzes schlüpfen obchodzić (obejść) ustawę.

Maschendraht m siatka druciana.

Ma'schi|ne f maszyna; 2**nell** maszynowy (-wo).

Maschinenbau m (-es; 0) budowa maszyn; ⁓**industrie** f przemysł budowy maszyn; ⁓**ingenieur** m inżynier mechanik.

Ma'schinenführer m maszynista m.

ma'schine(n)geschrieben ⟨na⟩pisany na maszynie; ⁓**er Text usw.** maszynopis.

Ma'schinen|gewehr n karabin maszynowy; ⁓**halle** f maszynownia, hala maszyn; ⁓**öl** n olej maszynowy; ⁓**pistole** f pistolet maszynowy, P rozpylacz; ⁓**raum** m maszynownia; ⁓**schaden** m awaria (od. uszkodzenie) maszyny; ⁓**schlosser** m ślusarz maszynowy; ⁓**schrift** f pismo maszynowe; ⁓**telegraph** m [maszynowy.]

Maschine|rie f maszyneria.

ma'schineschreiben (er schreibt Maschine, hat maschinegeschrieben) pisać na maszynie.

Maschi'nist m (-en) maszynista m; operator.

Maser[1] m Phys. maser.

Maser[2] f (-; -n) mazer(unek).

Masern f/pl. odra.

Maserung f mazerunek.

Maske f maska.

Masken|ball m bal maskowy; ⁓**bildner** m charakteryzator; ⁓**kostüm** n maskaradowe przebranie.

Maske'rade f maskarada.

mas'kier|en (-) wkładać ⟨włożyć⟩ maskę; sich ⁓en a. przeb(ie)rać się (als/za A); fig. s. tarnen; ⁓t w masce, zamaskowany.

Mas'kottchen n maskotka.

masku'lin męski (po -ku); Gr. rodzaju męskiego.

maso'chistisch masochistyczny.

maß s. messen.

Maß[1] [ma:s] f (-; -e) kufel.

Maß[2] [ma:s] n (-es; -e) miara; (Ausⁿ, Größe) wymiar, rozmiar; Tech. a. wzorzec; in ⁓en z umiarem; über alle ⁓en bez miary; nad miarę; in höchstem ⁓e ze wszech miar; in vollem ⁓e w całej pełni; das ⁓ ist voll przebrała się miarka; nach ⁓ na⟩

Mas'sage [-ʒə] f masaż.   [miarę.)

Mas'saker n masakra.

Maß|analyse f analiza miareczkowa; ⁓**angabe** f podanie rozmiaru, wymiarowanie; pl. a. dane dotyczące roz- od. wy)miarów; ⁓**anzug** m ubranie (zrobione) na miarę; ⁓**arbeit** f precyzyjne wykonanie, dokładna robota.

Masse f masa.

Maß|einheit f jednostka miary.

Massen|aktion f akcja masowa; ⁓**andrang** m wielki tłok; ⁓**anziehung** f ciążenie powszechne; ⁓**artikel** m artykuł produkowany masowo; ⁓**fertigung** f produkcja masowa; ⁓**grab** n wspólna mogiła, zbiorowy grób; ⁓**gutfrachter** m masowiec; 2**haft** masami, w wielkiej ilości; ⁓**kundgebung** f masowa manifestacja; ⁓**medien** n/pl. środki m/pl. masowego przekazu; ⁓**mord** m mord masowy, masowe morderstwo; ⁓**organisation** f organizacja masowa; ⁓**psychologie** f psychologia tłumu; ⁓**sport** m sport masowy; ⁓**verkehrsmittel** n środki m/pl. komunikacji ⟨⁓

...nichtungswaffe f broń f masowego rażenia; 2**weise** masami.

Mas'seur m (-s; -e), **~in** f masarzys|ta m (-tka). [(G).]

Maßgabe f: nach ~ podług, według)

maß|gebend, ~geblich miarodajny; **~halten** zachow(yw)ać umiar od. miarę (in D/w L).

mas'sier|en (-) masować; Mil. ⟨z⟩masować; **Qung** f zmasowanie; koncentracja.

massig masywny; F s. massenhaft.

mäßig umiarkowany, Adv. z umiarem; s. enthaltsam, mittelmäßig; **~en** Schritt: zwalniać ⟨zwolnić⟩; Zorn usw.: ⟨po⟩hamować (a. sich się). [masyw.]

mas'|siv masywny; **Q'siv** n (-s; -e)

Maß|krug m kufel; **Qlos** ogromny, bezmierny; bez umiaru; Qlos sein nie znać miary (in D/w L); **~nahme** f środek, krok; **Qregeln** ⟨u⟩karać; **~schneiderei** f krawiectwo miarowe; **~stab** m podziałka, (a. fig.) skala; (Lineal) przymiar; **Qvoll** umiarkowany, pełen umiaru, z umiarem.

Mast[1] f tucz(enie), opas; ~ in Zssgn tucz(o)ny. [Fmw. słup.]

Mast[2] m (-es; -e/-en) maszt; El.)

Mastdarm m odbytnica, prostnica.

mästen (-e-) ⟨u⟩tuczyć, opasać ⟨opaść⟩ (sich się).

Mast|hähnchen n brojler; **~kur** f kuracja tuczącą; **~schwein** n tucznik.

Masturbati'on f masturbacja.

Mastvieh n bydło tuczne.

Ma'surka f (-; -s) Mus. mazurek.

Materi'al n (-s; -lien) materiał; eng S. tworzywo; **~ermüdung** f zmęczenie materiału; **~fehler** m wada materiałowa.

Materia'list m (-en) materialista; **Qisch** materialistyczny.

Materi'al|prüfung f badanie materiałów; **~verbrauch** m zużycie materiałów.

Ma'teri|ë̱ f materia; **Q'ell** materialny.

Mathe'ma'tik f (0) matematyka; **~'matiker** m matematyk; **Q'ma'tisch** matematyczny.

Mati'nee f Thea. poranek.

Matjeshering m maties.

Ma'tratze f materac.

Mä'tresse f metresa, utrzymanka.

Ma'trikel f (-; -n) matrykuła.

Ma'trize f matryca; Rdf. (TV) macierz.

Ma'trone f matrona.

Ma'trose m (-n) marynarz, F majtek; **~n-** marynarski.

Matsch F m (-es; 0) błoto; mokry (od. roztajały) śnieg; **Qig** F błotnisty (-ście); mokry; **~wetter** n chlapa, plucha.

matt osłabły (von/z G); (schwach) słaby (-bo); Licht a.: mętny; Glas, Stimme: matowy (-wo); zmatowiały; j-n ~ setzen dać mata (D); fig. obezwładni(a)ć, unieszkodliwi(a)ć. [hala, połonina.]

Matte f mata, plecionka; (Wiese))

Matt|heit f (0) mat(owość f); **~ig- keit** f (0) zmęczenie, słabość f.

mat'tiert matowany.

Mattscheibe f Fot. matówka; f (TV) ekran; fig. e-e ~ haben mieć młynka w głowie.

Mätzchen F n/pl. sztuczki f/pl.; ~ machen a. wygłupiać się.

Mauer f (-; -n) mur.

Mauerblümchen F n: sie ist ein ~ ona skrobie (od. sprzedaje) pietruszkę.

Mauer|brecher m taran; **~durch- bruch** m wyłom w murze; **~latte** f murłat; **Qn** (-re) murować (a. F Sp.); **~segler** m jerzyk; **~vor- sprung** m występ muru; **~werk** n mur, obmurze.

Maul n (-es; "er) paszcza, paszczęka, (a. P v. Pers.) morda, pysk; halt's ~! stul gębę!

Maul|affen pl.: ~ feilhalten gapić się.

Maulbeer|baum m morwa, **~e** f morwa.

Mäulchen n pyszczek; F buzia.

maulen F stroić fochy; s. murren.

Maul|esel m osłomuł; **Qfaul** P mrukliwy; **~held** F m blagier, fanfaron; **~korb** m kaganiec.

Maulschelle F f: j-m e-e ~ geben palnąć (od. plasnąć) pf. w twarz (A).

Maul|tier n muł; **~trommel** f drumla; **~und-Klauenseuche** f pryszczyca; **~werk** P n (wyszczekana) gęba, jadaczka; **~wurf** m kret.

Maulwurfs|hügel m kretowisko; **~grille** f turkuć m.

Maurer m murarz; **~geselle** m czeladnik murarski; **~handwerk** n murarstwo, F murarka; **~kelle** f kielnia murarska. [tański.)

mau|re'tanisch, ~risch maure-)

Maus f (-; "e) mysz f.

Mäus·chen n myszka; **Q'still** F cichut(eń)ki (-ko jak mysz).

Mäusebussard m myszołów.

Mause|falle f łapka na myszy; **~loch** n mysia dziur(k)a.

maus|en F świsnąć pf., buchnąć pf.; **2er** f (0) pierzenie się; **~ern** (-re): sich **~ern** pierzyć się; F fig. zmieni(a)ć się na korzyść, wyładnieć pf.

mausetot F nieżywy, martwy.

mausig P: sich **~ machen** odstawiać ważniaka. [leum n.)

Mauso'leum n (-s; -een) mauzo-)

maxi'mal maksymalny.

Ma'xime f maksyma.

Mayonnaise [-'nɛ:-] f majonez.

Maze'don|ier(in f) m Macedoń|n-czyk (-nka); **2isch** macedoński (po -ku).

Mä'zen m (-s; -e) mecenas.

Ma'zurka f s. Masurka.

Me'chani|k f (0) mechanika; (pl. -en) mechanizm; **~ker** m mechanik; **2sch** mechaniczny; **~'sierung** f (0) mechanizacja. [nizm.)

Mecha'nismus m (-; -men) mecha-)

mecker|n (-re) beczeć; F fig. psio-czyć (über A/na A); **2er** F m zrzęda m, tetryk.

Medaille [-'daljə] f medal; **~n-gewinner** m medalista m.

Medaillon [-dal'jɔ̃]-'jõ·] n medalion, medalik.

Medika'men|t n (-(e)s; -e) lek; **2'tös** Behandlung: farmakologiczny.

Mediti'on f medytacja.

mediter'ran śródziemnomorski.

Medium n (-s; -ien) medium; Phys. środowisko.

Medi'zin f (0) medycyna; F lekarstwo; **~ball** m piłka lekarska; **~er(in** f) m leka|rz (-rka); (Student) medy|k (-czka); **2isch** medyczny; lekarski; **~mann** m (pl. ˶er) czarownik, znachor; **~studium** n studia n/pl. medyczne.

Meer n (-es; -e) morze (a. fig.); **~barbe** f barwena; **~busen** m zatoka; **~enge** f cieśnina (morska).

Meeres|grund m dno morskie od. morza; **~kunde** f (0) oceanografia; **~spiegel** m poziom morza; **~strömung** f prąd morski.

meer|grün zielononiebieski; **2-katze** f koczkodan; **2rettich** m chrzan; *in Zssgn* chrzanowy; **2-schaum** m Min. pianka morska; **2schweinchen** n świnka morska.

Mega|- *in Zssgn* mega-; **~'phon** n megafon.

Me'gäre f fig. megiera, jędza.

Mehl n (-es; -e) mąka; (Pulver) mączka; **2ig** mączasty, mączysty, präd. jak mąka; **~käfer** m mącznik; **~milbe** f rozkruszek mączny; **~sack** m worek na mąkę/z mąką; **~speise** f potrawa mączna; (süß) legumina; **~suppe** f zupa mączna; **~tau** m mączniak; **~wurm** m mącznik.

mehr więcej; bardziej; nicht ~ już nie; nie więcej (als/niż); ~ als a. przeszło; niemand ~ już nikt; nikt poza tym od. więcej; ~ und ~, immer ~ coraz bardziej/więcej; ~ oder weniger mniej więcej; um so ~ tym bardziej.

Mehr n (unv.) nadwyżka (an/G); większość f; **~arbeit** f praca dodatkowa; **~ausgabe** f dodatkowy wydatek; **2bändig** wielotomowy; **~bedarf** m zwiększone zapotrzebowanie; **~betrag** m nadwyżka wpływów; superata.

mehren v/t mnożyć (A; sich się), przysparzać (G).

mehrere kilka, wiele, Psf. kilku, wielu.

mehr|fach kilka-, a. Tech. wielo|krotny; **2familienhaus** n dom wielorodzinny; **2farbendruck** m druk wielobarwny; **2gewicht** n nadwaga; **2heit** f większość f.

Mehrheits|aktionär m akcjonariusz posiadający pakiet kontrolny akcji; **~beschluß** m uchwała większości; **~wahlrecht** n większościowe prawo wyborcze.

mehr|jährig kilku-, wielo|letni; **2kampf** m wielobój; **2kosten** pl. koszty m/pl. dodatkowe; **2malig** s. mehrfach; **~mals** kilka-, wielo|krotnie, nieraz; **~silbig** wielogłosko|wy; **~sprachig** wielo|językowy, -języczny; **~spurig** Straße: wielo-pasowy; **~stellig** wielocyfrowy; **~stimmig** wielogłosowy; **~stöckig** wielo|piętrowy, -kondygnacyjny; **~stufig** **2stufen-** wielostopniowy; **~stündig** kilku-, wielo|godzinny; **~tägig** kilku-, wielo|dniowy; **~teilig** wieloczęściowy; **2verbrauch** m zwiększone zużycie; dodatkowe zużycie; **2wert** m wartość dodatkowa; **~wertig** wielowartościowy; **2wertsteuer** f podatek od wartości dodanej; **2zahl** f Gr. liczba mnoga; s. Mehrheit; **2zweck-** uniwersalny.

meiden (*L.*) *v/t* unikać (*G*); stronić (od *G*). [mleczne; mleczarnia.⟩
Meie'rei *f* folwark; gospodarstwo⟨
Meile *f* mila; **~n·stein** *m* kamień milowy (*a. fig.*).
meilenweit: ~ *entfernt fig.* bardzo daleki (-ko) (*von/*od *G*).
Meiler *m* mielerz.
mein mój, m(oj)a *f*, m(oj)e *n*, *pl.*; *Psf.* moi; (*wenn Subjekt in der 1. Pers. sg.*) swój, sw(oj)a *f*, sw(oj)e *n*, *pl.*; *Psf.* swoi; **~es** *Wissens* o ile mi wiadomo.
Mein·eid *m* krzywoprzysięstwo; e-n ~ *leisten* krzywoprzysięgać ⟨-siąc⟩; **ℒig** krzywoprzysię|ski, -żny.
meinen uważać, sądzić; rozumieć; *was* ~ *Sie?* jak pan sądzi?; *wie* ~ *Sie das?* jak pan to rozumie; *das will ich* ~*!* jestem przekonan!, na mur!; *Sie sind gemeint* chodzi o pana, o panu mowa; *wenn Sie* ~ jeśli pan tak chce *od.* sobie życzy; *es mit j-m gut* ~ dobrze życzyć (*D*).
meinerseits z mojej strony, co do mnie. [ja.⟩
meinesgleichen taki (*od.* tacy) jak⟨
meinet|halben, **~wegen,** **~willen** ze względu na mnie, z m(oj)ego powodu; (*für mich*) dla mnie; **~wegen!** niech (i tak) będzie!, wszystko (mi) jedno!
meinige: der, die das ~, die **~s** *n* mein.
Meinung *f* zdanie; mniemanie, sąd; *meiner* ~ *nach* według mego zdania, moim zdaniem; *die öffentliche* ~ opinia publiczna; e-r ~ *sein* podzielać zdanie (*mit/G*); *j-m (gehörig) s-e* ~ *sagen* powiedzieć (kilka słów) do słuchu (*D*).
Meinungs|austausch *m* wymiana zdań; **~forschung** *f* badanie opinii publicznej; **~freiheit** *f* wolność *f* myśli *od.* przekonań; **~verschiedenheit** *f* różnica zdań; (*Streit*) nieporozumienie.
Meise *f* sikor(k)a.
Meißel *m* przecinak; dłuto; nóż (tokarski); **ℒn** (-*le*) dłutować.
Meißner *Adj.* miśnieński.
meist, *am* **~en** najwięcej; *in den* **~en** *Fällen* w większości przypadków; *die* **~en** (*Leute*) większość *f* (ludzi); *das* **~e** (*davon*) (naj)większa część (*G*); *Adv. s.* meistens.
meistbegünstig|t najbardziej u-przywilejowany; **ℒungsklausel** *f* klauzula największego uprzywilejowania. [wi(a)ć na licytację.⟩
meistbietend: ~ *verkaufen* wysta-⟨
meisten|s, ~teils przeważnie, najczęściej; na ogół.
Meister *m* mistrz (*a. Sp. u. fig.*), majster; *F a.* spec; **ℒhaft, ℒlich** mistrzowski (-ko, po -ku); **~in** *f* mistrzyni *f*; majstrowa; **ℒn** (-*re*) *v/t* opanow(yw)ać (*A*); da(wa)ć sobie radę (z *I*); *vgl. überwinden;* **~prüfung** *f* egzamin mistrzowski; **~schaft** *f* (0) mistrzostwo; (*pl. -en*) rozgrywki *f/pl.* o mistrzostwo; **~stück** *n* majstersztyk; **~titel** *m* tytuł mistrza; **~werk** *n* arcydzieło.
Meistgebot *n* najwyższa oferowana cena. [liczny.⟩
melancholisch [-'lko:-] melancho-⟨
Me'lasse *f* melas, melasa.
Melde *f* łoboda.
Melde|amt *n* urząd meldunkowy; **ℒn** (-*e*-) ⟨za⟩meldować (*sich się*); zgłaszać ⟨-łosić⟩ (*sich się; zu/do G*); *Diebstahl usw. a.*: donosić ⟨-nieść⟩ (*a. Presse; A/o L*); *Mil. a.* raportować; **~pflicht** *f* obowiązek meldowania (się); **~r** *m Mil.* łącznik, goniec; **~schein** *m* karta meldunkowa; **~stelle** *f* biuro meldunkowe; punkt kontrolny.
Meldung *f* meldunek; raport; doniesienie.
me'liert *Haar*: szpakowaty.
Me'lisse *f* melisa, rojownik.
Melk|eimer *m* s(z)kopek; **ℒen** ⟨wy⟩doić; **~er** *m* dojarz; **~erin** *f* dójka, dojarka; **~maschine** *f* dojarka (mechaniczna); **~stand** *m* stanowisko do dojenia. [dyjka.⟩
Melo'die *f* melodia; (*Weise*) melo-⟨
me'lodisch melodyjny, śpiewny.
Me'lone *f* melon; (*Hut*) melonik.
Meltau *m* (-*s; 0*) spadź *f*; *s.* Mehltau.
Mem'bran|e *f* przepona, membrana; błona; **~pumpe** *f* pompa przeponowa *od.* membranowa.
Memme F *f* baba.
Memoiren [-'mŏa-] *pl.* wspomnienia *n/pl.,* pamiętniki *m/pl.*
Menage'rie [-ʒə'ri:] *f* menażeria.
Menge *f* ilość *f*; mnóstwo; *Math.* zbiór, mnogość *f*; (*Leute*) tłum.
mengen mieszać (*sich się*).
Mengen|angabe *f* podanie ilości; **~lehre** *f* (0) teoria mnogości; **ℒmäßig** ilościowy (-wo); **~rabatt** *m* rabat ilościowy.

Mennige f (0) minia.

Mensa f (-; -sen) stołówka studencka.

Mensch m (-en) człowiek, F człek; pl. ludzie; F ~! człowieku!, człowiecze!; kein ~ nikt; von ~ zu ~ w zaufaniu.

Menschen|affen m/pl. człekokształtne pl.; ~**alter** n wiek, życie; pokolenie; ~**feind** m mizantrop, odludek; ~**fresser** m ludożerca m; ~**freund** m filantrop; ~**gedenken** n: seit ~gedenken od niepamiętnych czasów; ~**geschlecht** n rodzaj ludzki; ~**hai** m żarłacz ludojad; ~**handel** m handel żywym towarem; ~**kenntnis** f (0) znajomość f ludzi; ~**leben** n życie ludzkie; (0) życie człowieka; 2**leer** bezludny; wyludniony, opustoszały (-le); ~**menge** f tłum, ciżba; 2**möglich** co (leży) w mocy ludzkiej; ~**opfer** n/pl. ofiary f/pl. w ludziach; ~**raub** m porwanie; ~**rechte** n/pl. prawa n/pl. człowieka; 2**scheu** unikający (od. stroniący od) ludzi, nieśmiały (-ło); ~**schlag** m (-es; 0) gatunek ludzi; ~**seele** f dusza ludzka; keine ~seele ani (od. nie ma) żywej duszy; 2**unwürdig** nieludzki (-ko); niegodny człowieka; ~**verstand** m rozum ludzki; ~**werk** n dzieło rąk ludzkich; ~**würde** f godność f ludzka.

Mensch|heit f (0) ludzkość f; 2**lich** ludzki (po -ku, -ko); ~**lichkeit** f (0) człowieczeństwo, ludzkość f.

Men|struation f menstruacja; ~**sur** f Chem. menzurka; Fecht-Sp. menzura; pojedynek (studencki); ~**talität** f mentalność f.

Men|thol n (-s; 0) mentol; ~- in Zssgn mentolowy.

Me'nü n (-s; -s) menu n.

Mergel m margiel; ~- in Zssgn marglowy.

Meridi'an m (-s; -e) południk.

Me'rinowolle f wełna merynosowa.

merk|bar s. merklich; 2**blatt** n instrukcja, pouczenie; ~**en** spostrzegać (-rzec), zauważyć pf.; (z)miarkować; s. fühlen; sich (D) et. ~en zapamiętać (A; a. sobie); j-n ~en lassen da(wa)ć poznać A do zrozumienia (D); es niemanden ~en lassen nie da(wa)ć poznać po sobie; ~**lich** widoczny, widomy; odczuwalny; (erheblich) znaczny; 2**mal** n znak; cecha; Med. objaw.

merkwürdig osobliwy (-wie), dziwny; ~**erweise** (to) dziwne, dziwna rzecz (że...); 2**keit** f osobliwość f.

Merkzeichen n znak; zakładka.

Meß|band n taśma miernicza; 2**bar** wymierny; ~**becher** m kubek miarowy, miarka; ~**brücke** f El. mostek pomiarowy. [ministrant.]

Meß|buch n mszał; ~**diener** m]

Messe¹ f Mar. mes(s)a; kasyno.

Messe² f Hdl. targi m/pl.; Rel. msza; ~**gelände** n teren(y) targów; ~**halle** f pawilon wystawowy (na targach). [sie); s/t i mierzyć.]

messen (L.) v/t (z)mierzyć (sich]

Messer¹ m miernik, licznik.

Messer² n nóż.

Meß|ergebnis n wynik pomiaru.

Messer|heft n trzonek noża; ~**held** m nożowiec; ~**klinge** f ostrze noża; ~**rücken** m grzbiet noża; 2**scharf** fig. cięty (-to), ostry (-ro); ~**schneide** f ostrze noża; ~**spitze** f czubek noża; fig. szczypta; ~**stecherei** f bójka na noże; ~**stich** m pchnięcie nożem; rana od noża.

Messe-stand m stoisko.

Meß|fehler m błąd pomiaru; ~**gefäß** n naczynie kalibrowane, F miarka; ~**gerät** n przyrząd pomiarowy; miernik. [komża.]

Meß|gewand n ornat; ~**hemd** n]

Messing n (-s; 0) mosiądz; ~- in Zssgn mosiężny.

Meß|technik f technika pomiarowa; ~**tisch** m stół pomiarowy; ~**uhr** f czujnik zegarowy.

Messung f pomiar, mierzenie.

Meßwein m wino mszalne.

Meß|werkzeug n narzędzie miernicze; ~**wert** m wartość f (z)mierzona; ~**zylinder** m cylinder miarowy, menzur(k)a.

Me'stize m (-n) Metys.

Met m (-es; 0) miód (pitny).

meta-, Meta- in Zssgn meta-.

Me'tall n (-s; -e) metal; ~**arbeiter** m metalowiec; ~**bearbeitung** f obróbka metali; 2**en** metalowy; ~**geld** n bilon; ~**industrie** f przemysł metalowy.

me'tallisch metaliczny.

Me'tall|keramik f metalurgia proszków; cermet(al); ~**kunde** f (0) metaloznawstwo, ~**säge** f piła do metali; 2**verarbeitend**: ~de Industrie s. Metallindustrie; ~**waren** f/pl. wyroby m/pl. metalowe drobne.

Metamor'phose f metamorfoza.
Me'ta|pher f (-; -n) przenośnia, metafora; 2'**phorisch** metaforyczny; ~**phy'sik** f metafizyka; ~'**stase** f Med. przerzut.
Mete'o|r m (-s; -e) meteor; ~'**rit** m (-en/-s; -e/-en) meteoryt; ~**rolo'gie** f (0) meteorologia.
Meter m od. n metr; 2**dick**, 2**hoch** gruby (od. wysoki) na metr; ~**maß** n całówka; 2**weise** na metry, z metra; metrami.
Me'than n (-s; 0) metan.
Me'tho|de f metoda; 2**disch** metodyczny; ~'**dist** m (-en) metodysta f.
Me'thyl n (-s; 0) metyl; ~**alkohol** m alkohol metylowy, metanol.
Met|rik f (0) metryka; 2**risch** metryczny; ~**ro'pole** f metropolia.
Mette f Rel. jutrznia.
Mettwurst f metka.
Metz|e'lei f rzeź f; 2**eln** (-le) ⟨z⟩masakrować; ~**ger** m rzeźnik; ~**ge'rei** f sklep rzeźniczy.
Meuchel|mord m skrytobójstwo; ~**mörder(in** f) m skrytobój|ca m (-czyni). [bójco.)
meuchlings podstępnie, skryto-)
Meute f sfora (a. fig.).
Meute|'rei f bunt; ~**rer** m buntownik; 2**rn** (-re) ⟨z⟩buntować się.
Mexi'kan|er(in f) m Meksykan|in (-ka); 2**isch** meksykański.
mi'auen ⟨za⟩miauczeć.
mich (A v. ich) mnie; (reflexiv) siebie, się; ich wasche ~ myję się.
mickrig F wątły (-le), mizerny.
mied(en) s. meiden.
Mieder n stanik; gorset; ~**waren** f/pl. wyroby m/pl. gorseciarskie.
Mief F m (-s; 0) smród; zaduch.
Miene f mina; gute ~ zum bösen Spiel machen nadrabiać miną; ~**nspiel** n mimika.
mies F lichy (-cho), kiepski (-ko); podły (-le); 2**macher** m defetysta m; czarnowidz; 2**muschel** f omułek jadalny.
Miete[1] f Agr. kopiec.
Miete[2] f najem; s. Mietzins; zur ~e wohnen mieszkać jako lokator; 2**en** (-e-) naj-, odnaj-, wynaj|mować ⟨-jąć⟩; ~**er(in** f) m najem|ca m (-czyni); lokator(ka); ~**erschutz** m ochrona lokatorów; 2**frei** bezpłatny; ~**kauf** m najem z prawem kupna; ~**preis** m opłata za wynajęcie; s. Mietzins; ~**s·haus** n dom

czynszowy, kamienica; ~**vertrag** m umowa najmu; ~**wagen** m wóz wynajęty od. do wynajęcia; ~**wohnung** f mieszkanie (odnajmowane lokatorom); ~**wucher** m żądanie lichwiarskiego komornego; ~**zins** m komorne, czynsz.
Miezekatze F f kici(uni)a.
Mi'gräne f migrena.
Mi'krobe f mikrob.
Mikro|computer m mikrokomputer; ~**film** m mikrofilm; ~'**meter** (-schraube f) n mikrometr, śruba mikrometryczna; ~'**phon** n mikrofon; ~'**skop** n mikroskop; 2'**skopisch** mikroskopowy; (winzig) mikroskopijny; ~'**technik** f technika mikrominiaturowa.
Milan m (-s; -e) kania.
Milben f/pl. roztocze m/pl.
Milch f (0) mleko; Bot. a. mleczko; (Fisch2) mlecz; dicke ~ zsiadłe mleko; ~**bar** f bar mleczny; ~**bart** m młokos; ~**drüse** f gruczoł mleczny; ~**ertrag** m udój, wydajność f mleka; ~**erzeugnisse** n/pl. produkty m/pl. mleczne od. mleczarskie, nabiał; ~**flasche** f butelka na mleko; s. Babyflasche; ~**geschäft** n sklep nabiałowy od. z nabiałem; ~**glas** n szkło mleczne; ~**hof** m zlewnia mleka; 2**ig** mleczny, mlecznobiały; ~**kaffee** m biała kawa; ~**kanne** f bańka na mleko; ~**kuh** f krowa mleczna od. (a. fig.) dojna; ~**leistung** f mleczność f; ~**mann** F m (-ts; ⁏er) mleczarz; ~**ner** m mleczak; ~**pulver** n mleko w proszku; ~**reis** m ryż na mleku; ~**säure** f (0) kwas mlekowy; ~**schleuder** f wirówka do mleka; ~**speise** f potrawa mleczna; ~**schorf** m ognipiór; ~**straße** f Droga Mleczna; ~**suppe** f zupa mleczna, zupa nic; ~**wirtschaft** f (0) mleczarstwo; (pl. -en) gospodarstwo mleczarskie od. mleczne; ~**zahn** m ząb mleczny; ~**zucker** m cukier mlekowy.
mild łagodny; ~**e Gabe** dar na ubogich; 2**e** f łagodność f; vgl. Güte, Nachsicht.
milder|n (-re) ⟨z⟩łagodzić; ~**nde Umstände** okoliczności f/pl. łagodzące; 2**ung** f złagodzenie; ulga.
mildtätig dobroczynny; 2**keit** f (0) dobroczynność f.
Milieu [-'liø:] n (-s; 0) środowisko.
Mili'tär n (-s; 0) wojsko; Pers. (pl.

-s) wojskowy *m*; **~akademie** *f* akademia wojskowa; **~dienst** *m* służba wojskowa; **~diktatur** *f* dyktatura wojskowa; ℒisch wojskowy (po -wemu).

Milita|ri'sierung *f* (*0*) militaryzacja; **'rismus** *m* (-; *0*) militaryzm.

Mili'tär|macht *f* potęga militarna; **~mission** *f* misja wojskowa; **~paß** *m* książeczka wojskowa; **~polizei** *f* żandarmeria wojskowa; **~regierung** *f* rząd wojskowy; **~seelsorge** *f* wojskowa służba duszpasterska; **~stützpunkt** *m* baza wojenna; **~wesen** *n* wojskowość *f*; **~zeit** *f* czas służby wojskowej.

Military *f* (-; -s) wszechstronny konkurs.   [milicjant.]

Mi'liz *f* milicja; **~io'när** *m* (-s; -e)

Milli|- mili-; **~'arde** *f* miliard; **~'on** *f* milion; **~o'när** *m* (-s; -e) milioner; **~onen-** milionowy.

Milz *f* śledziona; **~brand** *m* (-es; *0*) wąglik.

Mim|e *m* (-n) aktor; ℒen grać, kreować; *fig.* udawać, markować; **~ik** *f* mimika.

Mi'mose *f* mimoza (*a. fig.*).

minder mniejszy, *Adv.* mniej; (*schlechter*) gorszy, *Adv.* gorzej; **~begabt** mniej uzdolniony; **~bemittelt** niezamożny, F (*geistig*) ubogi w rozum; ℒeinnahme *f* deficyt, niedobór; ℒheit *f* mniejszość *f*; **~jährig** małoletni, nie(pełno)letni; **~n** (-*re*) z-, *fig.* po-, u|mniejszać ⟨-szyć⟩.

minderwertig nisko-, mało|wartościowy, pośledni; ℒkeit *f* (*0*) zła jakość; niższa wartość; niższość *f*; ℒkeitskomplex *m* kompleks niższości.

Minderzahl *f* mniejszość *f*.

mindest najmniejszy, minimalny; *das* **~e** minimum; przynajmniej (to); *nicht der, das, die* **~e**, *die* **~en** (*haben usw.*) a. nie ma (*od.* mieć) żadnego (żadnej, żadnych) ...; *nicht im* **~en** bynajmniej, wcale nie; *zum* **~en** co najmniej; ℒabstand *m* najmniejszy odstęp; ℒbetrag *m* najmniejsza (*od.* najniższa) kwota; **~ens** przynajmniej, co najmniej; ℒlohn *m* najniższa płaca; *pl. a.* minimum płac; ℒmaß *n* minimum *n*.

Mine *f* *Mil.* mina; *Bgb.* kopalnia; (*Schreib*ℒ) wkład; **~n legen** ⟨za-⟩

minować; *auf e-e* **~ laufen** wpaść na minę.

Minen|feld *n* pole minowe; **~gürtel** *m* pas minowy; **~leger** *m* stawiacz min; **~räumboot** *n* trałowiec, poławiacz min; **~suchgerät** *n* wykrywacz min; **~werfer** *m* miotacz min.

Mine'ral *n* (-s; -e/-*lien*) minerał; **~kunde** *f* (*0*) mineralogia; **~öl** *n* olej mineralny; (*Erdöl*) ropa naftowa; **~stoff** *m* substancja nieorganiczna; **~wasser** *n* woda mineralna.   [miniaturowy.\

Minia'tur *f* miniatura; **~ in Zssgn**\

mini|'mal minimalny; **ℒrock** *m* mini-spódniczka.

Mi'nister *m* minister.

ministeri'al ministerialny, ... ministerstwa; ℒdirektor *m* dyrektor departamentu; ℒrat *m* radca ministerialny.

ministeri'ell ministerialny.

Mini'sterium *n* (-s; -*ien*) ministerstwo.

Mi'nister|präsident *m* prezes rady ministrów, premier; **~rat** *m* rada ministrów.

Minnesänger *m* minezinger.

Minori'tät *f* mniejszość *f*.

Minu'end *m* (-en) odjemna.

minus mniej, minus; *Temperatur:* poniżej zera; ℒpol *m* biegun ujemny; ℒzeichen *n* znak odejmowania.

Mi'nute *f* minuta; **~n-zeiger** *m* wskazówka minutowa.

minu|ti'ös, ~zi'ös precyzyjny, drobiazgowy (-wo).

Minze *f* mięta.

mir (*D v. ich*) mnie, mi; (*reflexiv*) sobie; *bei* **~** przy sobie; *mit* **~** ze mną; *von* **~** (*mein*) mój; F *von* **~** *aus s.* meinetwegen; *s. a.* nichts.

Mira'belle *f* mirabela.

Misch|batterie *f* mieszacz; **~ehe** *f* małżeństwo mieszane; ℒen ⟨prze-, z-⟩mieszać (*mit/z I*); domieszać *pf.* (*in A/do G*); *Karten:* ⟨prze-⟩tasować; *sich* ℒen ⟨w⟩mieszać (*in A/do G*); wtrącać ⟨-cić⟩ się (*in A/do G*); **~er** *m* mieszalnik; mieszarka; *Rdf.* mieszacz, mikser; **~frucht** *f* (*0*) mieszanka (siewna); **~futter** *n* pasza mieszana; **~ling** *m* (-s; -e) mieszaniec; **~masch** F *m* (-es; -e) mieszanina, miszmasz; **~maschine** *f* s. Mischer; **~pult** *n* pulpit mikserski; **~ung** *f* mieszanie; mieszanina, mieszanka; **~ungsverhältnis**

n stosunek składników (mieszanki); **~wald** *m* las mieszany.

mise'rabel (*-bl-*; *-elst-*) nędzny, lichy (*-cho*).

Mi'sere *f* nędza, bieda.

Mispel *f* (*-*; *-n*) nieszpułka; niesplik; **miß** s. messen. [japoński.]

miß'acht|en (-) lekceważyć (sobie); (*j-n a.*) pogardzać (*I*); **'2ung** *f* lekceważenie; pogarda.

Miß|behagen *n* niezadowolenie, niemiłe uczucie; **~bildung** *f* zniekształcenie.

miß'billig|en *v/t* (-) nie pochwalać (*G*), potępiać (*A*); **'2ung** *f* dezaprobata; *s. Mißfallen.*

Miß|brauch *m* (*-es*; *0*) nadużycie; **2'brauchen** naduży(wa)ć (*A/G*); *Frau:* (z)gwałcić; **2'deuten** błędnie (*od.* źle) interpretować.

missen: *nicht* ~ *wollen/können* potrzebować (*A*), nie móc ob(y)wa)ć się (*bez G*). [ernte *f* nieurodzaj.)

Miß|erfolg *m* niepowodzenie; ~-

Misse|tat *f* zbrodnia; *iron.* (łobuzerski) wybryk, sprawka; **~täter** *m* złoczyńca *m*; *iron.* sprawca *m*.

miß'|fallen (-) nie podobać się; **2fallen** *n* (*-s*; *0*) niezadowolenie; *s. Mißbilligung;* **2geburt** *f* potwór, potworek; *fig.* poroniony pomysł; **~gelaunt** w złym humorze.

Miß|geschick *n* nieszczęście; *er wird vom* ~ *verfolgt* prześladuje go pech.

miß'|gestaltet zniekształcony; ułomny, kaleki; **~'glücken** (-) nie uda(wa)ć się, nie powieść się *pf.*; **~'gönnen** (-) zazdrościć (*j-m A*/k-u *G*); **2griff** *m* błąd; **2gunst** *f* zawiść *f*; **~günstig** zawistny; **~'handeln** (-) *v/t* dręczyć (*A*), znęcać się (nad *I*); (po)bić (*A*); **2'handlung** *f* dręczenie, znęcanie się; pobicie.

Missi'|on *f* misja; **~o'nar** *m* (*-s*; *-e*) misjonarz; **~'ons-** misyjny.

Mißklang *m* dysonans; *fig. a.* rozdźwięk.

Mißkredit *m*: *in* ~ *bringen* (z)dyskredytować; *in* ~ *geraten* zepsuć *pf.* sobie opinię.

miß|lich przykry (*-ro*), P paskudny; **~liebig** nielubiany; *sich* ~**liebig** *machen* narażać (*-zić*) się (*bei/D*); **~'lingen** (*L.*; -) *s. mißglücken*; **~-'lungen** chybiony, nieudany; **~mutig** markotny, chmurny; **~raten** (-) *s. mißglücken; Adj.* niewy-

darzony; **2stand** *m* zło, niedomaganie; **2stimmung** *f*, **2ton** *m s. Mißklang.**

miß'trau|en (-) nie ufać, nie dowierzać (*D*); **'2en** *n* (*-s*; *0*) nieufność *f*, podejrzliwość *f*; **'2ensvotum** *n* wotum *n* nieufności; **'~isch** nieufny, podejrzliwy (-wie); **~isch machen** wzbudzać (*-dzić*) podejrzenie (*A*/ *G*).

Mißver|gnügen *n* (*-s*; *0*) niezadowolenie; **~hältnis** *n* dysproporcja; **2ständlich** dwuznaczny, niejasny; **~ständnis** *n* (*-ses*; *-se*) nieporozumienie; **2stehen** (-) źle zrozumieć *pf.*

Mißwahl F *f* konkurs piękności.

Mißwirtschaft *f* (*0*) zła gospodarka; zaniedbanie.

Mist *m* (*-es*; *0*) nawóz, gnój; P *fig.* bzdury *f/pl.*, śmieci *m/pl.*; kram; ~ *bauen* naknocić; narobić bigosu; *so ein* ~! *etwa* psia kość!; **~beet** *n* inspekt.

Mistel *f* (*-*; *-n*) jemioła.

Mist|fink F *m* brudas, flejtuch; **~gabel** *f* widły *pl.* do gnoju; **~haufen** *m* kupa gnoju, gnojowisko; **2ig** brudny; F *fig.* parszywy (-wo); **~käfer** *m* (żuk) gnojak; **~kerl** V *m* gnojek, parszywiec; **~stück** V *n*, **~vieh** V *n* bydlak, szubrawiec.

mit *Prp.* (*D*) z (*I*); oft nur I: ~ *der Bahn* koleją, 2 ~ *Gewalt* przemocą; ~ *10 Jahren* mając 10 lat; *Adv.* też, także. [nio|ny *m* (-na).)

Mit-angeklagte(r) *m/f* współobwi-)

Mit-arbeit *f* (*0*) współpraca; **2en** współpracować (*an D*/przy *L*); **~er** *m* współpracownik.

mit|bekommen otrzym(yw)ać, dost(aw)ać; F *fig.* połapać się *pf.*; **2benutzung** *f* współużytkowanie; **2besitz** *m* współposiadanie; **2besitzer** *m* współposiadacz.

Mitbestimmung *f* (*0*) współdecydowanie; **~s-recht** *n* prawo do współdecydowania.

Mit|bewerber *m* współzawodnik, rywal; **~bewohner** *m* współmieszkaniec; współlokator; **2bringen** przynosić (-nieść), przywozić (-wieźć) (ze sobą); przyprowadzać (-dzić); **~bürger** *m* współobywatel; **~eigentümer** *m* współwłaściciel.

mit-ein'ander razem, wspólnie; z(e) sobą; *alle* ~ wszyscy razem; ~ *gehen* być ze sobą.

Mit|erbe m współspadkobierca m;
≈erleben być świadkiem ⟨A/G⟩;
wspólnie dozna(wa)ć od. prze-
ży(wa)ć; **≈esser** m Med. zaskórnik,
wągier; **≈fahren** ⟨po⟩jechać (razem), F zab(ie)rać się ⟨mit/z I⟩;
~fahrer m (współ)pasażer; **≈fühlen**
współczuć ⟨mit/D, z I⟩; **≈führen**
mieć (od. nosić) przy sobie, wozić
ze sobą; **≈geben** da(wa)ć (na
drogę); **~gefangene(r)** współwię-
zień m; **≈gefühl** n współczucie.
mitgehen iść ⟨pójść⟩, F zab(ie)rać
się (a. razem; mit/z I); F ~ lassen
zwędzić pf.   [zmęczony.⟩
mitgenommen F fig. zniszczony;⟩
Mit|gift f posag; **~glied** m/a członek;
(des Parlaments) poseł ⟨do G⟩.
Mitglieds|ausweis m legitymacja
członkowska; **~beitrag** m składka
członkowska.
Mit|gliedschaft f członkostwo;
≈halten s. mitmachen; **≈helfen** pomagać (wspólnie z innymi); **~hilfe** f
(0) pomoc f; **≈'hin** zatem, przeto;
≈hören słuchać ⟨A/G⟩; podsłuchi-
wać; **~inhaber** m współwłaściciel;
~kämpfer m współbojownik; **≈-
kommen** przychodzić ⟨przyjść⟩
od. przyjeżdżać ⟨-jechać⟩ (mit/z
I); (begleiten) towarzyszyć ⟨mit/D⟩;
s. mitgehen; F fig. nadążać ⟨-żyć⟩;
komm mit! chodź!; **~läufer** m
nieaktywny członek; **~laut** m spółgłoska; **~leid** n litość f.
Mitleidenschaft f: in ~ gezogen
werden ucierpieć pf. (bei/od G).
mit|leidig litościwy ⟨-wie⟩; **~-
leid(s)los** bezlitosny.
mitmachen brać udział, uczestniczyć ⟨A, bei/w L⟩; F nicht ~
odmawiać udziału; die Mode ~ iść
za modą.
Mit|mensch m bliźni m; **≈nehmen**
zab(ie)rać ⟨ze sobą⟩; F Gelegenheit:
nie pomijać ⟨-inąć⟩; (erschöpfen)
wykończyć pf.; **~nehmer** m Tech.
zabierak; **≈'nichten** bynajmniej,
wcale nie; **≈rechnen** v/t wliczać
⟨-czyć⟩; v/i liczyć razem; **≈reden**
brać ⟨wziąć⟩ udział w rozmowie,
wtrącać się do rozmowy; mieć coś
do powiedzenia; **~reisende(r)** m/f
towarzysz(ka) podróży; **≈reißen**
por(y)wać ze sobą.
mit|'samt Prp. ⟨D⟩ z, wraz (od.
łącznie) z ⟨I⟩; **~schicken** pos(y)łać
⟨mit/z I⟩; **~schreiben** notować;

≈schuld f (0) współwina; **≈schul-
dige(r)** współwinowajca m; **≈schü-
ler** m współuczeń m.
mitspiel|en brać ⟨wziąć⟩ udział
w grze; grać ⟨w L⟩; bawić się (razem z I); fig. odgrywać rolę (bei/
przy L); s. mitmachen; j-m arg
(übel) ~en wyrządzać ⟨-dzić⟩
krzywdę ⟨D⟩; upośledzać ⟨-dzić⟩
⟨A⟩; **≈er** m współgrający m; partner.
Mit|sprache·recht n prawo współ-
decydowania; **≈sprechen** s. mit-
reden.
Mittag m ⟨-s; -e⟩ południe; zu ~
essen jeść obiad; ≈, am ~ w południe; **~essen** n obiad.
mittags w południe; **≈pause** f
przerwa obiadowa; **≈ruhe** f, **≈-
schläfchen** n drzemka poobiednia,
sjesta; **≈zeit** f (0) pora obiadowa.
Mittäter m współsprawca m.
Mitte f środek; ~ Mai w połowie
maja; ~ 30 (w wieku) około 35 lat;
in der ~ pośrodku; środkiem; in
unserer ~ między nami, wśród nas;
aus ihrer ~ spośród nich.
mitteil|en zawiadamiać ⟨-domić⟩
(j-m A/k-o o L); ⟨za⟩komunikować,
oznajmi(a)ć; sich ~en zwierzać
⟨-rzyć⟩ się; **~sam** rozmowny; **≈ung**
f zawiadomienie, wiadomość f;
≈ung machen s. mitteilen.
mittel F Adv. średnio, przeciętnie.
Mittel n środek; Math. średnia;
Phys. środowisko; pl. a. fundusze
m/pl.; mit allen ~n wszelkimi środ-
kami; **~alter** n ⟨-s; 0⟩ średnio-
wiecze; **≈alterlich** średniowieczny;
≈bar pośredni (-nio); **~decker** m
Flgw. średniopłat; **~ding** F n coś
pośredniego; **≈europäisch** środkowoeuropejski; **~feld** n śródpole;
~finger m palec średni; **≈fristig**
średnio|okresowy,   -terminowy
⟨-wo⟩; **~fuß** m śródstopie; **~ge-
birge** n średniogórze; **~gewicht** n
waga średnia; **≈groß** średniej wielkości; średniego wzrostu; **~hand** f
śródręcze; **~klassewagen** m samochód średniolitrażowy; **~lauf** m
Sp. środkowy (od. średni) bieg;
~läufer m Sp. środkowy pomocnik;
~linie f linia środkowa; **≈los** bez
środków (do życia); **≈mäßig** średni
⟨-nio⟩, mierny; **~meer** środziem-
nomorski; **~ohr** n ucho środkowe;
~punkt m punkt środkowy, środek;
fig. centrum n.

mittels *Prp.* (G) za pomocą (G).
Mittel|schiff *n Arch.* nawa główna;
~**schule** *f* szkoła średnia.
Mittels|mann *m* (-es; *^uer/-leute*),
~**person** *f* pośredn|ik (-iczka).
Mittel|stand *m* klasy *f/pl.* średnio-
zamożne; *hist.* stan średni; 2**stän-
disch** dotyczący (*od.* należący do)
klas średniozamożnych.
Mittelstrecken|läufer *m* średnio-
dystansowiec; ~**rakete** *f* rakieta
średniego zasięgu.
Mittel|streifen *m* pas rozdzielczy;
~**stück** *n* część środkowa; ~**stufe** *f*
stopień (po)średni; ~**stürmer** *m*
środkowy (napastnik); ~**weg** *m*
droga pośrednia; ~**wellen** *f/pl.* fale
średnie; ~**wert** *m* wartość średnia
od. przeciętna; ~**wort** *n* (*pl.* =*er*) *Gr.*
imiesłów.
mitten: ~ *in*, ~ *auf* (D) pośrodku
(G); (A) w sam środek (G); ~ *in*
der Nacht późno w noc; ~ *im Winter*
(po)śród zimy; ~'**drin** F w samym
środku; ~'**durch** F na wskroś.
Mitternacht *f* (0) północ *f*; ~**s-
sonne** *f* słońce polarne.
Mittler *m* pośrednik; 2**e** średni;
środkowy; *s. durchschnittlich*; 2-
weile tymczasem.
mittschiffs na śródokręciu.
Mittwoch *m* (-s; -e) środa; *am* ~
w środę.
mit|'unter niekiedy, czasem; ~**ver-
antwortlich** współodpowiedzial-
ny; 2**verfasser** *m* współautor;
2**welt** *f* (0) współcześni *pl.*
mitwirk|en (*an* D, *bei*) współdziałać
(przy *L*), pomagać (w *L*); brać
udział, uczestniczyć (w *L*); 2**en-
de(r)** biorący udział, (współ)uczest-
nik; *pl. Thea.* obsada; 2**ung** *f*
współdziałanie; pomoc *f*; (współ)u-
dział; *unter* 2**ung** z udziałem, przy
współudziale (G).
Mitwisser *m* wtajemniczony; *Jur.*
zatajający przestępstwo; ~**schaft** *f*
(0) zata|janie, -jenie przestępstwa.
mit|wollen F *s. mitkommen, -gehen*;
~**zählen** *s. mitrechnen.*
mix|en *Getränk:* przyrządzać
(-dzić); *Rdf.* miksować; 2**er** *m*
mikser; 2**pickles** [-pɪklz] *pl.* pikle
pl.; 2**'tur** *f* mikstura.
Mob *m* (-s; 0) motłoch, czerń *f*.
Möbel *n* mebel; ~**fabrik** *f* fabryka
mebli; ~**industrie** *f* przemysł
meblarski; ~**tischler** *m* stolarz

meblowy, meblarz; ~**wagen** *m*
meblowóz.
mo'bil ruchomy; F *fig.* rześki, krzepki; 2**e** *n* ruchomości *f/pl.*; ~i-
'**sieren** (-) ⟨z⟩mobilizować; 2i'**tät** *f*
s. Beweglichkeit; ruch wędrówko-
wy; 2**machung** *f* mobilizacja.
möb'lier|en (-) ⟨u⟩meblować; ~**t:**
~**t** *wohnen* wynajmować pokój
umeblowany.
möchte *s. mögen.* [trybu.]
Mo'dalverb *n* czasownik posiłkowy
Mode *f* moda; *es ist jetzt* ~ teraz
jest modne; *aus der* ~ *kommen*
wychodzić ⟨wyjść⟩ z mody; ~**artikel** *m* modny artykuł; 2**bewußt**
ubierający się (*od.* ubrany) modnie
(ostatniej) mody.
Mo'dell *n* (-s; -e) model; (*Vorführdame*) modelka; ~ *stehen* pozować
jako (żywy) model; ~**bau** *m* (-*es*; 0)
modelarstwo; ~**bauer** *m Tech.*
modelarz.
model'lier|en (-) modelować; 2-
wachs *n* wosk do modelowania.
Mo'dell|schreiner *m* modelarz;
~**sport** *m* modelarstwo; ~**versuch**
m badanie modelowe/na modelu.
Modenschau *f* pokaz (*od.* rewia)
mody.
Moder *m* (-s; 0) zgnilizna; *es riecht*
nach ~ czuć stęchlizną.
Mode'rator *m* (-s; -'*toren*) *Phys.*
moderator, spowalniacz; *Rdf.* pre-
zenter (programu).
modern[1] (-*re*) butwieć, próchnieć.
mo'dern[2] modny; nowoczesny;
postępowy (-wo).
moderni'sier|en (-) ⟨z⟩moderni-
zować; 2**ung** *f* modernizacja.
Mode|salon *m* salon mody; ~-
schöpfer *m* projektant mody; ~-
zeitschrift *f* żurnal.
Modifi|kati'on *f* modyfikacja; od-
miana; 2'**zieren** (-) ⟨z⟩mody-
fikować. [dystka.]
mo|disch modny; 2'**distin** *f* mo-]
Modul *m* (-s; -e) moduł.
Modu|lati'on *f* modulacja; 2'**lieren**
(-) modulować. [łowa.]
Modultechnik *f* technika modu-]
Modus *m* (-; *Modi*) sposób; *Gr.*
tryb.
Mofa *n* (-s; -s) rower z motorkiem.
Moge|'lei *f* szachrajstwo; 2**ln** (-*le*)
szachrować.
mögen (*L.*) (*gern haben*) lubić; (*können*) móc; (*wollen*) chcieć; *es mag*

sein być może; *wer mag das sein?* kto to może być?; *er mag ruhig kommen* niech przyjdzie; *sie möchte gern* ona chciałaby; *sie möchte lieber* ona wolałaby; *was er auch tun mag* cokolwiek by nie ⟨z⟩robił; **~nöglich** (0) możliwy (-wie); *alles ~e* wszystko co możliwe; *so bald wie ~* jak najszybciej; *~ machen* umożliwi(a)ć; **~er'weise** być może; możliwe, że ...; **2keit** f możliwość f; *nach 2keit* w miarę możności; **~st** możliwie, jak naj- (+ *Komp.*).

Mohamme'dan|er m, **~erin** f mahometan|in (-ka); **2isch** mahometański (po -ku).

Mohn m (-es; -e) mak; **~kapsel** f makówka; **~kuchen** m makowiec.

Mohr m (-en) Murzyn.

Möhre f, **Möhrrübe** f marchew f.

Mohrenkopf m *Kochk.* murzynek.

mo'kieren (-): *sich ~* wyśmiewać się (*über A*/z *G*).

Molch m (-es; -e) płaz ogoniasty; *engS.* salamandra; (*Kamm*2) traszka.

Mole f molo.

Mole|'kül n (-s; -e) cząsteczka, drobina; **2ku'lar** cząsteczkowy, molekularny.

molk s. *melken.*

Molke f serwatka; **~'rei** f mleczarnia; **~'reigenossenschaft** f spółdzielnia mleczarska.

Moll n (-; -) moll, minor.

Molle P *dial.* f kufel piwa.

mollig pulchny; (*warm*) przytulny, cieplutki (-ko).

Mol'luske f mięczak. [lająca.⟩

Molotowcocktail m butelka zapa-⟩

Mo'ment¹ n (-es; -e) moment (*a. Phys.*).

Mo'ment² m (-es; -e) moment, chwila; *e-n ~ bitte!* chwileczkę!; **~aufnahme** f zdjęcie migawkowe.

Monarch|'ie f monarchia; **2istisch** monarchistyczny.

Monat m (-es; -e) miesiąc; *vor e-m ~* miesiąc temu; *in e-m ~* za miesiąc; **2e-lang** (trwający) miesiącami; **2lich** miesięczny.

Monats|blutung f miesiączka; **~gehalt** n pensja miesięczna; **~karte** f bilet miesięczny; **~name** m nazwa miesiąca; **~schrift** f miesięcznik.

Mönch m (-es; -e) mnich; *JSpr.* gomóła; **~s-kutte** f habit; **~s-orden** m zakon mniszy.

Mond [-o:-] m (-es; -e) księżyc; *Astr.*

Księżyc; *abnehmender* (*zunehmender*) *~* księżyca ubywa (przybywa).

mon'dän wytworny, światowy(-wo).

Mond|bahn f orbita Księżyca; **~fähre** f s. *Mondlandeeinheit;* **~fahrer** m selenonauta m; **~finsternis** f zaćmienie Księżyca *od.* księżycowe; **2'hell** księżycowy; **~kugel** f glob księżycowy; **~lande-einheit** f lądownik księżycowy; **~landung** f lądowanie na Księżycu; **~phase** f faza (*od.* kwadra) księżyca; **~schein** m światło księżyca, blask księżycowy; **~sichel** f sierp księżyca; **2süchtig** lunatyczny; **~wechsel** m zmiana księżyca.

Mo'neten F pl. forsa.

Mon'gol|e m (-n), **~in** f Mongoł(ka); **2isch** mongolski (po -ku).

mo'nieren (-) monitować.

Monitor m (-s; -e) monitor; *Rdf.* odbiornik kontrolny obrazu.

Mono|ga'mie f (0) monogamia; **~'gramm** n monogram; **~gra'phie** f monografia.

Mo'|nokel n monokl; **~no'log** m (-s; -e) monolog; **~'nom** n (-s; -e) jednomian.

Mono'pol n (-s; -e) monopol; **2i'sieren** (-) ⟨z⟩monopolizować; **~kapital** n kapitał monopolistyczny.

Mono|the'ismus m (-; 0) monoteizm; **2'ton** monotonny; **~to'nie** f (0) monotonia.

Mon'stranz f monstrancja.

Monstrum n (-s; -ren) potwór.

Montag m (-es; -e) poniedziałek; *am ~,* **2s** w poniedziałek; *blauer ~* szewski poniedziałek.

Montage [-'ta:ʒə] f montaż; *~ in Zssgn* montażowy. [górniczy.⟩

Mon'tan-industrie f przemysł⟩

montene'grinisch czarnogórski.

Mon'teur m (-s; -e) monter; **2'tieren** (-) ⟨z⟩montować; **~'tier-eisen** n łyżka do opon.

Monu'men|t n (-es; -e) pomnik; **2'tal** monumentalny.

Moor n (-es; -e) bagn(isk)o, trzęsawisko; borowina; *~ in Zssgn mst* bagienny; **~bad** n kąpiel borowinowa; **~boden** m grunt bagnisty; **~land** n teren bagienny, moczary m/pl.

Moos n (-es; -e) mech, Γ *fig.* forsa; **~beere** f żurawina; **2bedeckt**, **2ig** omszały; **~pflanzen** f/pl. mszaki⟩

Moped n (-s; -s) moped. [m/pl.⟩

Mo'ral f (0) moralność f; (e-r Ge-schichte) morał; ~ in Zssgn = 2isch moralny; 2i'sieren (-) moralizować.

Mo'ralpredigt f: e-e ~ halten pra-[wić morały.]

Mo'räne f morena.

Mo'rast m (-es; -e) błoto, (a. fig.) bagno; 2ig bagnisty, grząski (-ko).

Morchel f (-; -n) smardz.

Mord m (-es; -e) mord(erstwo), zabójstwo; ~anschlag zamach na życie; 2en (-e-) ⟨za⟩mordować.

Mörder m, ~in f morder|ca m (-czyni); 2isch morderczy (-czo), zabójczy (-czo); F fig. okropny.

Mord|gier f żądza mordu; ~kommission f oddział śledczy do spraw zabójstw.

Mords|geschrei F n straszny wrzask; ~hunger m straszny głód; ~kerl F m zuch, P byczy facet; 2mäßig F (0) straszny, okropny.

Mord|tat f s. Mord; ~versuch m usiłowanie zabójstwa; ~werkzeug n narzędzie zbrodni.

morgen jutro, nazajutrz; ~ früh jutro rano; für ~ na jutro; bis ~ do jutra.

Morgen[1] m mórg, morga.

Morgen[2] m (po)ranek, rano; es wird ~ dnieje, świta; am ~ z rana, rankiem; gegen ~ nad ranem; guten ~! dzień dobry!; ~dämmerung f świt, brzask.

morgendlich (po)ranny.

Morgen|frost m poranny przymrozek; ~grauen n świt, brzask; ~-gymnastik f gimnastyka poranna; ~land n Wschód; 2ländisch wschodni; ~rock m podomka; ~rot n, ~röte f jutrzenka.

morgens rano, z rana.

Morgen|stern m (0) gwiazda poranna; ~zug m pociąg ranny.

morgig jutrzejszy.

Mori'tat f ballada o straszliwej zbrodni.

Morphi|'nist m (-en), ~tin f morfinist|a m (-ka); ~um n (-s; 0) morfina; ~umsucht f (0) morfinizm.

Morpholo'gie f morfologia.

morsch spróchniały, zmurszały; ~ werden ⟨z⟩murszeć.

Morse|alphabet n alfabet Morse'a; 2n nadawać kodem morsowskim.

Mörser m moździerz (a. Mil.).

Morse-taste f klucz morsowski.

Morta'della f mortadela.

Mörtel m zaprawa.

Mosa'ik n (-s; -en) mozaika; ~fenster n witraż; ~fußboden m posadzka mozaikowa.

mo'saisch mojżeszowy.

Mo'schee f meczet.

Moschus m (-; 0) piżmo; ~ in Zssgn piżmowy; ~tier n piżmowiec.

Moselwein m wino mozelskie.

Mos'kito m (-s; -s) moskit; ~netz n moskitiera.

Moslem m muzułmanin.

Most m (-es; 0) moszcz.

Mostrich m (-s; 0) s. Senf.

Mo'tette f motet.

Mo'ti|v n (-s; -e) motyw; ~vati'on f motywacja; 2'vieren (-) ⟨u⟩motywować.

Motor m (-s; -'toren) silnik, motor ~antrieb m napęd silnikiem; ~block m zespół (od. blok) cylindrów; ~boot n motorówka.

Mo'toren|bau m budowa silników ~geräusch n huk (od. warkot) silnika; ~raum m maszynownia.

Motorhaube f maska silnika.

-motorig in Zssgn ...silnikowy.

mo'tori|sch motoryczny; ~'sieren (-) ⟨z⟩motoryzować; 2'sierung f motoryzacja.

Motor|kraftstoff m paliwo silni kowe; ~leistung f moc f silnika ~panne f awaria silnika; ~prüfstand m hamownia silników.

Motorrad n motocykl, F motor ~fahrer m motocyklista m; ~rennen n wyścig motocyklowy.

Motor|roller m skuter; ~schade m uszkodzenie silnika; ~schiff motorowiec; ~sport m sport motorowy; ~spritze f motopomp strażacka.

Motte f mól; 2n-echt moloodporny ~n-kiste F f fig. lamus; ~n-kugel f/pl. gałki f/pl. przeciwmolowe.

Motto n (-s; -s) motto.

Möwe f mewa.

Mücke f komar.

Mucken F f/pl.: s-e ~ habe mie(wa)ć swoje fantazje.

Mückenstich m ukąszenie komar

Mucker m świętoszek.

Mucks F m: kein ~! ani piśnij!, a mru-mru!; 2mäus·chenstill cicho jak makiem zasiał od. ja mysz pod miotłą.

müde zmęczony, znużony; ~ werde ⟨z⟩męczyć się; e-r Sache ~ w mieć dość (*G*); *nicht ~ werden* nie ustawać (*zu/w L*); *sich ~ laufen* nachodzić się, uchodzić sobie nogi.

Müdigkeit *f* (*0*) zmęczenie, znużenie.

Muff[1] *m* (*-es; -e*) mufka.

Muff[2] *m* (*-s; 0*) stęchlizna.

Muffe *f Tech.* nasuwka; *El.* mufa; (*Rohr*♀) kielich, złączka.

Muffel[1] *f* (*-; -n*) mufla.

Muffel[2] *F m* mruk (niechętny do *G*).

muffeln *f* (*-le*) trącić stęchlizną; źle pachnieć.

Muffelwild *n* muflony *m/pl.*

nuffig stęchły (*-le*); *~ riechen s. muffeln.*

Mühe *f* trud; *sich ~ geben* zada(wa)ć sobie trud; dokładać starań; *nicht der ~ wert* szkoda fatygi *od.* zachodu; *s. Not*; ♀**los** łatwy (*-wo*), *präd. a.* bez trudu.

nühen: *sich ~* trudzić się, starać się.

nühevoll mozolny, żmudny.

Mühl|**e** *f* młyn; (*Hand*♀) młynek; ~**industrie** *f* przemysł młynarski; ~**stein** *m* kamień młyński.

Müh|**sal** *f* (*-; -e*) mozół, trud; ♀-**sam**, ♀**selig** uciążliwy (*-wie*), *präd. a.* z trudem; *vgl. mühevoll.*

Mu'latt|**e** *m* (*-n*), ~**in** *f* Mulat(ka).

Mulde *f* niecka (*a. Geogr.*); *Geol.* synklina.

Mull[1] *m* (*-es; -e*) gaza, muślin.

Mull[2] *m* (*-es; -e*) *Agr.* próchnica.

Müll *m* (*-es; 0*) śmieci *m/pl.*; ~**abfuhr** *f* wywóz śmieci; ~**ablade-platz** *m* śmietnisko, wysypisko śmieci.

Mullbinde *f* bandaż z gazy.

Müll|**deponie** *f* składowisko śmieci; ~**eimer** *m* kubeł na śmieci.

Müller *m*, ~**in** *f* młynarz(owa).

Müll|**haufen** *m* śmietnik; ~**kippe** *f* śmietnisko; ~**mann** *F m* (*-es; ~er/-leute*) śmieciarz; ~**schlucker** *m* zsyp na śmieci; ~**tonne** *f* pojemnik na śmieci; ~**verbrennungs-anlage** *f* zakład spalania śmieci; ~**wagen** *m* śmieciarka (samochodowa).

nulmig F *s. heikel, brenzlig.*

nulti'late'ral multilateralny; ~**pel** [-'ti:-] *s. Sklerose.*

Iultipli'**kand** *m* (*-en*) mnożna; ~**kati'on** *f* mnożenie; ~'**kator** *m* (*-s; -'toren*) *Math.* mnożnik; ♀'**zie-ren** (-) ⟨po⟩mnożyć (*mit/przez*).

Iumie [-miə] *f* mumia.

Iumm F *m* (*-s; 0*) rezon, odwaga.

Mummenschanz *m* (*-es; 0*) maskarada.

Mumpitz F *m* (*-es; 0*) bzdury *f/pl.*

Mumps *m* (*-; 0*) nagminne zapalenie przyusznicy, F świnka.

Mund *m* (*-es; ⁼er/-e/⁼e*) usta *n/pl.*, F buzia, P gęba; *in den ~ legen* być na ustach wszystkich; F *den ~ halten* trzymać język za zębami; *den ~ voll nehmen* przechwalać się; *j-m den ~ verbieten* nie pozwalać mówić (*D*); *s. a. Blatt*; ~**art** *f* narzecze, gwara; ♀**artlich** gwarowy.

Mündel *n* podopiecz|ny (-na), wychowa|nek (-nka); ~**gelder** *n/pl.* pieniądze *m/pl.* pupilarne; ♀**sicher:** *-re Papiere* obligacje *f/pl.* państwowe.

munden (*-e-*) smakować.

münden (*-e-*) (*Fluß*) wpadać, uchodzić (*in A*/do *G*); (*Straße*) wychodzić.

mund|**faul** F milkliwy; ♀**fäule** *f* (*0*) wrzodziejące zapalenie jamy ustnej; ~**gerecht** apetycznie przyrządzony; *fig.* pociągający (-co); ♀**harmonika** *f* organki *m/pl.*; ♀**höhle** *f* jama ustna. [pełnoletność *f.*]

mündig pełnoletni; ♀**keit** *f* (*0*)⟩

mündlich ustny.

Mund|**schenk** *m* (*-es; -e*) podczaszy *m*; ~**stück** *n* munsztuk; (*Zigaretten*♀) ustnik; *Tech.* nasadka; ♀**tot:** *j-n* ♀**tot machen** zmuszać ⟨-usić⟩ do milczenia (*A*).

Mündung *f Geogr.* ujście; (*Rohr*♀) wylot; *Tech.* nasadka; ~**s-feuer** *n* płomień wylotowy.

Mund|**voll** *m* (*-; -*) kęs; łyk; ~**vorrat** *m* prowiant; ~**wasser** *n* płyn (*od.* woda) do płukania ust; ~**werk** F *n* (*-es; 0*): *ein gutes ~werk haben* być wyszczekanym; ~**winkel** *m* kącik ust; ~**-zu-Mund-Beatmung** *f* sztuczne oddychanie metodą „usta do ust".

Muniti'**on** *f* (*0*) amunicja; ~**s-fabrik** *f* fabryka amunicji; ~**s-kasten** *m* skrzynka amunicyjna.

munkeln (-*le*) przebąkiwać.

Münster *n* katedra, tum.

munter (-*er/-trer*) żywy (-wo), wesoły (-ło); (*gesund*) rześki (-ko); ~ *sein a.* nie spać; ~ *werden* oży-wi(a)ć się; ⟨o⟩budzić się, ♀**keit** *f* (*0*) żywość *f*; rześkość *f*.

Münz|**e** *f* moneta; (*Münzstätte*) mennica; *in klingender ~e* gotówką;

et. für bare ~e *nehmen* brać za dobrą monetę (*A*); ♀en *fig.: auf j-n* ♀en robić aluzję (*od.* pić) do (*G*); **~fernsprecher** *m* automat telefoniczny; **~sammler** *m* numizmatyk; **~wesen** *n* mennictwo.

mürb|e kruchy (-cho); ~e *werden* ⟨s⟩kruszeć; F *fig. j-n* ~e *machen* ⟨z⟩łamać opór (*G*); ♀e·**teig** *m* kruche ciasto; ♀e**heit** f (0) kruchość f.

Murks P *m* (-es; 0) fuszerka; ♀en F ⟨s⟩knocić.

Murmel f (-; -n) (szklana) kulka; ♀n (-le) ⟨za⟩mruczeć; (*Bach*) szemrać; **~tier** *n* świstak.

murren (*über A*) szemrać (przeciw *D*), sarkać (na *A*); *ohne* ♀ *bez* szemrania.

mürrisch ponury (-ro). [*n|pl.*]

Mus [mu:s] *n* (-es; -e) mus, powidła]

Muschel f (-; -n) *Zo.* małż; (*a. fig.*) muszla, koncha; ♀**förmig** muszlowaty (-to); **~kalk** *m* wapień muszl.]

Muse f muza. [lowy.]

Mu'seum *n* (-s; -seen) muzeum *n*; ~s- muzealny.

Mu'sik f muzyka; ~ *machen* muzykować; *nastawi(a)ć radio/płytę/gramofon.*

Musi'kal|ien *pl.* muzykalia *pl.*; ♀**isch** muzyczny; muzykalny.

Mu'sik|automat *m*, ~**box** f szafa grająca; **~in** f muzyk. [grająca.]

Musiker *m*, ~**in** f muzyk. [grająca.]

Mu'sik|instrument *n* instrument muzyczny; ~**kapelle** f orkiestra, kapela; **~lehrer** *m* nauczyciel muzyki; **~stück** *n* utwór muzyczny; **~truhe** f radiogramofon (szafkowy); **~unterricht** *m* nauka muzyki; **~wissenschaft** f (0) muzykologia; **~zug** *m* orkiestra wojskowa.

musi'zieren (-) uprawiać muzykę, F muzykować.

Muska'teller *m* muszkatel.

Mus'katnuß f gałka muszkatołowa.

Muskel *m* (-s; -n) mięsień *m*, muskuł; ~- *in Zssgn oft* mięśniowy; **~kater** *m* ból mięśni (na skutek przeczenia); **~krampf** *m* kurcz mięśni, ~**riß** *m* rozerwanie mięśnia; **~schwund** *m* zanik mięśni; **~zerrung** f rozciągnięcie (*od.* naderwanie) mięśnia.

Mus'kete f muszkiet.

Musku'la'tur f muskulatura; ♀'**lös**] muß *s.* müssen. [muskularny.]

Muß [mus] *n* (-; 0) mus, konieczność f.

Muße f (0) (wolny) czas; *in* (*aller* ~, *mit* ~ spokojnie, ze spokojem.

Musse'lin *m* (-s; -e) muślin; ~- *in Zssgn* muślinowy.

müssen (-ßt) musieć; *er muß bald kommen* powinien wkrótce nadejść; *er muß krank sein* widocznie jest chory; *ich muß ... a.* powinien nem ...

Muße·stunde f wolna chwila.

müßig bezczynny, próżniaczy (-czo) zbędny, zbyteczny; ♀**gang** *m* (-s; 0) próżniactwo, nieróbstwo; ♀**gänger** *m* próżniak.

mußte *s.* müssen.

Muster *n* wzór; *Gr., Tech. a.* wzorzec; (*Stoff*♀) deseń *m*, (*fein*) wzorek; próbka; **~beispiel** *n* okazowy (*od.* typowy) przykład; **~betrieb** *m* zakład wzorcowy; **~exemplar** *n* egzemplarz okazowy; ♀**gültig**, ♀**haft** wzorowy (-wo), przykładny; **~koffer** *m* walizka z próbkami; **~kollektion** f kolekcja próbek **~messe** f targi *m|pl.* wzorcowe.

mustern (-re) *v|t* nanosić ⟨-nieść⟩ wzór *od.* deseń (na *A*); (*j-n*) lustrować, ⟨z⟩mierzyć wzrokiem (*A*); *Mil.* dokon(yw)ać przeglądu (poborowych).

Muster|schüler *m* prymus, wzorowy uczeń; ~**schutz** *m* ochrona wzorów; ~**ung** f przegląd; lustrowanie; *s. a. Muster.*

Mut *m* (-es; 0) odwaga, męstwo ~ *fassen* zdoby(wa)ć się na odwagę ~ *machen* doda(wa)ć odwagi; *frohe* ~es pełen otuchy; *nur* ~! odwagi den ~ *verlieren od. sinken lasse* upadać ⟨upaść⟩ na duchu.

Mutati'on f mutacja.

Mütchen *n: sein* ~ *kühlen* sich dow(yw)ać swoją złość (*an D/na L*

mut|ig odwaźny, mężny; ♀**lo** upadły na duchu, przygnębiony.

mutmaß|en *s.* vermuten; ~**lic** domniemany; ♀**ung** f domniema nie, domysł.

Mutter f (-; ») matka; *Tech.* (*pl.* -n nakrętka; ~ *Gottes* Matka Boska ~- *in Zssgn a.* matczyny.

Mütterberatungsstelle f poradn dla matek. [gleby.]

Mutterboden *m* uprawna warstw

Mütterchen *n* mateczka, mamusi (*Alte*) starowina.

Mutterfreuden *pl.: F* ~ *entgege* *sehen* spodziewać się dziecka.

Mutter|gesellschaft f Hdl. centrala spółki, spółka macierzysta; **~'gottes** f s. Mutter; **~korn** n (-s; -e) sporysz; **~kuchen** m Anat. łożysko; **~land** n metropolia; **~leib** m (-es; 0) łono matki.

Mütterlein n s. Mütterchen.

mütterlich macierzyński (-ko, po -ku), matczyny; präd. a. jak matka; **~erseits** ze strony matki, po kądzieli.

Mutter|liebe f miłość matczyna od. matki; **~mal** n znamię przyrodzone; **~mord** m matkobójstwo; **~mörder** m matkobójca m; **~mund** m Anat. ujście macicy; **~schaf** n owca maciorka.

Mutterschaft f macierzyństwo; **~s-geld** n zasiłek połogowy.

Mutter|schiff n statek-baza; **~schoß** m łono matki; **~schutz** m ochrona macierzyństwa; **~schutzfrist** f urlop macierzyński; **~schwein** n maciora; 2**seelenallein**

samiuteńki, sam jak palec; **~söhnchen** n maminsynek; **~sprache** f mowa ojczysta, język ojczysty.

Mutterstelle f: ~ vertreten zastępować matkę, matkować (bei/D).

Mutter|tag m dzień matki; **~witz** m (-es; 0) wrodzony dowcip.

Mutti F f (-; -s) mamusia.

Mutwill|e m swawola; 2**ig** roz-, u|myślny; Adv. (na)umyślnie.

Mütze f czapka; **~n·schirm** m) **My'kose** f grzybica.   [daszek.]

Myrrhe f mira.

Myrte f mirt; **~n-** mirtowy.

mysteri|'ös tajemniczy (-czo), zagadkowy (-wo); 2**um** [-'te:-] n (-s; -ien) tajemnica; (Kult, pl. Spiele) misterium.

Mystifikati'on f mistyfikacja.

Mysti|k f mistyka; **~ker** m mistyk; 2**sch** mistyczny.

Myth|e f mit; 2**isch** mityczny.

Mytholo'gie f mitologia.

My'zel n (-s; -lien) grzybnia.

N

na! Int. no!; ~ und? i cóż?; ~ also!, ~ bitte! no proszę!

Nabe f piasta.

Nabel m pępek (a. fig.); **~bruch** m przepuklina pępkowa; **~schnur** f pępowina.

nach Prp. (D) Richtung: do (G), ku (D), w (A); Reihenfolge: za (I), (a. zeitl.) po (L); (gemäß) podług, według (G); meiner Ansicht ~ moim zdaniem; das schmeckt ~ ... to smakuje jak ..., w tym czuć ...; s. a. entsprechende Verben; Adv. ~ und ~ stopniowo; ~ wie vor w dalszym ciągu, nadal; **~äffen** małpować.

nach·ahm|en naśladować, imitować; **~ens·wert** godny naśladowania; 2**ung** f naśladowanie; naśladownictwo (imitacja.)

Nachbar m (-n/-s; -n), **~in** f sąsiad(ka); 2**lich** sąsiedni; sąsiedzki (po -ku); **~ort** m sąsiednia miejscowość; **~schaft** f (0) sąsiedztwo; Pers. sąsiedzi m/pl.; **~staat** m państwo ościenne.

Nach|behandlung f Med. leczenie uzupełniające; s. Nachsorge. 2**be-**

stellen (-) zamawiać ⟨-mówić⟩ dodatkowo; **~bestellung** f dodatkowe zamówienie; 2**bilden** ⟨s⟩kopiować; imitować; **~bildung** f kopia; imitacja; Tech. symulowanie; 2**blicken** spoglądać ⟨spojrzeć⟩ za (D/I); **~brenner** m Flgw. dopalacz; 2**datieren** (-) postdatować.

nach'dem Kj. skoro, gdy; je ~ zależnie od okoliczności od. od tego, czy ...; ~ er gegangen war po jego odejściu; ~ er das Buch gelesen hat przeczytawszy książkę, po przeczytaniu książki.

nachdenk|en (über A) rozmyślać (o L, nad I), zastanawiać ⟨-nowić⟩ się (nad I); 2**lich** zamyślony, zadumany; **~lich werden** zamyślać ⟨-lić⟩ się.

Nachdruck m (-es; 0) nacisk; mit ~ z naciskiem; (pl. -e) Typ. przedruk; dodruk; 2**en** prze- od. do|druko-w(yw)ać.

nach|drücklich dobitny, energiczny; usilny; präd. a. z naciskiem; **~eifern** (-re; D) starać się dorównać (D), robić na wzór (G); s. nach-

ahmen; **~ein·ander** jeden po drugim, po sobie; kolejno; **~empfin-
den** (*j-m A*) rozumieć uczucia (*G*),
wczu(wa)ć się (w *A*).
Nachen *m* czółno, łódka.
nach·erzähl|en powtarzać ⟨-tó-
rzyć⟩, streszczać ⟨-eścić⟩ swoimi
słowami; **2ung** *f* powtórzenie,
streszczenie.
Nachfahr *m* ⟨-s; -en⟩ *lit.* potomek;
2en ⟨po⟩jechać za (*D*/*I*).
Nachfeier *f f* poprawiny *f*/*pl.*
Nachfolg·e *f* następstwo; **2en** następować ⟨-tąpić⟩ po (*D*/*I*) s. folgen;
~er(in *f*) *m* następ|ca *m* ⟨-czyni⟩,
sukcesor(ka).
Nachform(werkzeug)maschine *f*
obrabiarka-kopiarka.
nachforsch|en ⟨po⟩szukać; dowia-
dywać się, przepytywać (się) (o *A*);
⟨z⟩badać, sprawdzać ⟨-dzić⟩ (*D*/
A); **2ung** *f* poszukiwanie; dochodzenie; badanie.
Nachfrag·e *f Hdl.* popyt; zapotrzebowanie; **2en** dowiadywać się, informować się (*bei*/u *G*, w *L*).
Nach|frist *f* termin dodatkowy;
2fühlen *s. nachempfinden*; **2füllen**
dopełni(a)ć, *engS.* dol(ew)ać, do-
syp(yw)ać; **2geben** ustępować
⟨-tąpić⟩, ulegać ⟨ulec⟩; *Boden*:
osuwać ⟨-unąć⟩ się; **~gebühr** *f*
dopłata; **2geburt** *f* łożysko, popłód;
2gehen ⟨sn⟩ chodzić, iść ⟨pójść⟩ za
(*D*/*I*); *e-r Arbeit*: wykonywać (*A*),
zajmować się (*I*); *e-r Sache*: ⟨z⟩ba-
dać (*A*); (*Uhr*) spóźniać się; **2ge-
ordnet** podporządkowany, niższego szczebla; **~geschmack** *m*
posmak (*a. fig.*); **2giebig** ustępliwy
⟨-wie⟩, uległy ⟨-le⟩; *Tech.* podatny;
2gießen dol(ew)ać; **~hall** *m* pogłos;
fig. echo, oddźwięk; **2haltig** (długo)trwały ⟨-le⟩; **2helfen** dopomagać
⟨-móc⟩.
nachher potem, później; F *bis* ~!
na razie!
Nachhilfe *f* pomoc *f*; *a.* = **~stun-
den** *f*/*pl.*, **~unterricht** *m* korepe-
tycje *f*/*pl.*
nach|hinken *fig.* nie nadążać
⟨-żyć⟩; **2holbedarf** *m* (dotychczas)
nie zaspokojony popyt, nie zaspo-
kojone zapotrzebowanie; **~holen**
nadrabiać ⟨-robić⟩; *s. Schlaf*; **2hut**
f straż tylna; **2jagen** (*D*) ⟨po⟩pę-
dzić, ⟨po⟩gnać (za *I*); *fig.* gonić
(za *I*); **~klingen** rozbrzmiewać,

brzmieć (dalej); *fig.* pozostawi(a)ć
wrażenie, odbi(ja)ć się echem.
Nachkomme *m* ⟨-n⟩ potomek; **2n**
⟨sn⟩ iść ⟨pójść⟩ później; przychodzić ⟨-yjść⟩ później *od.* po (*L*); *fig.*
(*D*) spełni(a)ć (*A*), ⟨u⟩czynić zadość (*D*); wywiąz(yw)ać się (z *G*);
~n·schaft *f* (0) potomstwo.
Nach|kömmling *m* ⟨-s; -e⟩ ostatnie
dziecko, F poskrobek; *s. Nachzügler*; **~kriegs-** powojenny; **~kur** *f*
wypoczynek po odbytej kuracji;
2laden *El.* doładow(yw)ać; *Mil.*
ponownie nabi(ja)ć; **~laß** *m* ⟨-sses;
«sse⟩ spuścizna, spadek; *Hdl.* opust;
Jur. złagodzenie; *in Zssgn* spad-
kowy; **2lassen** *v*/*i* słabnąć, maleć;
(*Sturm*) ucichać; (*Regen*) ustawać;
(*Frost*, *Schmerz*) ⟨s⟩folgować, ustępować; *in s-n Leistungen* opuszczać
⟨-uścić⟩ się (w *L*); (*Tempo*) zmniejszać ⟨-szyć⟩ się, zwolnieć *pf.*; *v*/*t s.*
lockern, erlassen, hinterlassen; opuszczać ⟨-uścić⟩ (*vom Preis z ceny*)
nachlässig niedbały ⟨-le⟩, niesta-
ranny, *präd. a.* byle jak; **2keit** *f*
niedbalstwo.
nach|laufen ⟨sn; *D*⟩ biegać (*od.* F
latać) za (*I*); *Tech.* nadążać; **2legen**
dokładać ⟨dołożyć⟩ (*A*/*G*); **2lese** *f*
zbiór dodatkowy; pokłosie (*a. fig.*)
~lesen zbierać pokłosie; przeczytać
(*bei*/u *G*); **2liefern** dostarczać
⟨-czyć⟩ w terminie późniejszym *od.*
dodatkowo; **~lösen** *Fahrkarte*
⟨wy⟩kupić później; dopłacać ⟨-cić⟩
(do biletu); **~machen** *s. nach-
ahmen*, *fälschen*; **~messen** przemierzać ⟨-rzyć⟩, jeszcze raz zmie-
rzyć.
Nachmittag *m* popołudnie; *am* ~
2s po południu; **~s-** popołudniowy
Nach|nahme *f* pobranie; *gegen*
~nahme za pobraniem, za zalicze-
niem; **~name** *m* nazwisko; **2prüfen**
sprawdzać ⟨-dzić⟩; **~prüfung** *f*
sprawdzenie, zbadanie; **2rechnen**
przeliczać ⟨-czyć⟩ (jeszcze raz)
~rede *f*: *üble* ~rede zniesławienie
obmowa; **2reisen** ⟨sn; *D*⟩ *s. nach-
fahren*; **2rennen** ⟨sn; *D*⟩ ⟨po⟩gnać
latać (za *I*); **~richt** *f* wiadomość ∦
wieść *f*; *j-m* ~*richt* geben zawiadamiać ⟨-domić⟩ (*A*), da(wa)ć zna-
(*D*).
Nachrichten *f*/*pl.* wiadomości *f*/*pl.*
dziennik; **~agentur** *f* agencja ∦
sowa; **~dienst** *m* służba wywia-

dowcza; **~satellit** m satelita łącznościowy *od.* telekomunikacyjny; **~sperre** f zakaz przekazywania informacji; **~technik** f telekomunikacja; **~übermittlung** f przekazywanie informacji; **~verkehr** m łączność f.

~ach|rücken (sn) posuwać ⟨-unąć⟩ się (ku przodowi, za *I*); awansować; **2ruf** m nekrolog; **2ruhm** m pośmiertna sława; **~sagen** (j-m *A*) powtarzać (za kim *A*); przypis(yw)ać (k-u *A*), pomawiać (k-o o *A*); **2saison** f pora posezonowa; **~schauen** ⟨po⟩patrzeć (*D*/za *I*); s. *nachprüfen*; **~schicken** s. *nachsenden*.

~achschlag m P (*Mil.*) dolewka; **2en** sprawdzać ⟨-dzić⟩, ⟨po⟩szukać (*im Buch* w książce); **~e·werk** n kompendium, *eng* S. leksykon, słownik.

~ach|schlüssel m dorobiony klucz; wytrych; **~schrift** f dopisek.

~achschub m zaopatrywanie; dostawa; **~kolonne** f kolumna zaopatrzenia; **~weg** m linia komunikacyjna. [schütten dosyp(yw)ać.]

~ach|schuß m Sp. dobitka; 2-) **achsehen** v/i s. *nachschauen*; v/t s. *nachschlagen, nachlesen*; j-m et. ~ przebaczać ⟨-czyć⟩ (k-u *A*), pobłażać (k-u w *L*); *sieh nach!* zobacz!

~achsehen n: *das ~ haben* odchodzić ⟨odejść⟩ z kwitkiem *od.* z próżnymi rękami, nic nie dostać.

~ach|senden dos(y)łać; **~setzen** v/t doda(wa)ć, dopis(yw)ać; v/i (sn; *D*) ścigać (*A*), puszczać ⟨puścić⟩ się w pogoń (za *I*).

~achsicht f (0) wyrozumiałość f, pobłażliwość f; ~ *üben* być wyrozumiałym (*mit/dla G*); 2ig wyrozumiały (-le), pobłażliwy (-wie).

~ach|sitzen pozostawać ⟨-wać⟩ w szkole (za karę); **2sommer** m babie lato; *fig.* druga młodość; **2sorge** f *Med.* pielęgnacja pochorobowa; opieka nad rekonwalescentami; **2speise** f deser; **2spiel** n epilog; *fig. ein* 2*spiel haben* znaleźć swój epilog; **~sprechen** powtarzać ⟨-tórzyć⟩ (*D*/za *I*).

~ächst najbliższy; (*folgend*) następny; *im* ~*en Jahr* na przyszły rok; *Adv. am* ~*en* najbliżej; *fürs* ~*e* na razie; *Prp.* (*D*) tuż przy (*L*) *od.* za (*I*); obok (*G*); **~beste(r)** pierwszy lepszy; **~e(r)** bliźni m.

nachstehen: j-m ~ *an* (*D*) nie dorównywać k-u (w *L*); **~d** poniższy (-żej).

nachstellen v/t Tech. nastawi(a)ć, wyregulować *pf.*; *Uhr*: cofać ⟨-fnąć⟩; v/i (*D*) prześladować (*A*); polować na (*A*), (*e-m Mädchen*) nadskakiwać (*D*).

Nächsten|liebe f miłość f bliźniego; 2s wkrótce; w końcu.

nächst|folgend następny; **~liegend** nasuwający się, najważniejszy.

nachsuchen v/i ⟨po⟩prosić (*um A*/o *A*).

Nacht f (-; ⁓e) noc f; *in der ~, bei ~, des ~s* s. *nachts; gute ~!* dobranoc!; ~ *für ~* co noc(y), noc w noc; *bis spät in die ~* do późna w noc; *es wird ~* zapada noc; *über ~ bleiben* zosta(wa)ć na noc; **~angriff** m atak nocny; **~arbeit** f praca nocna; **~asyl** n dom noclegowy, przytułek.

nachtanken uzupełni(a)ć paliwo.

Nacht|blindheit f ślepota zmierzchowa, kurza ślepota; **~dienst** m dyżur nocny.

Nachteil m (-s; -e) wada; (*Schaden*) szkoda, uszczerbek, gorsza (*od.* niekorzystna) sytuacja; *j-m ~e bringen* zaszkodzić (*D*); *zum ~* na szkodę, na niekorzyść (*von*/*G*); 2ig niekorzystny, ujemny; *sich* 2ig *auswirken* odbi(ja)ć się niekorzystnie (*auf A*/na *I*).

nächtelang (całymi) nocami.

Nacht|falter m ćma; **~frost** m przymrozek nocny; **~geschirr** n nocnik; **~hemd** n nocna koszula.

Nachtigall f słowik.

nächtigen ⟨prze⟩nocować.

Nachtisch m deser.

Nacht|jäger m Flgw. myśliwiec nocny; **~lager** n nocleg; **~leben** n\
nächtlich nocny. [nocne życie.)

Nacht|lokal n lokal nocny; **~quartier** n kwatera na noc, nocleg.

Nachtrag m (-es; ⁓e) dopisek; uzupełnienie; suplement; **2en** nosić, nieść (*j-m A*/za kimś); dopis(-yw)ać, uzupełni(a)ć; *fig.* mieć urazę (*j-m A*/do k-o z powodu *G*); **2end** pamiętliwy.

nach|träglich dodatkowy (-wo); później(szy, *präd.* później), po fakcie; *Glückwunsch*: spóźniony; **~trauern** (*D*) płakać (po *L*), żałować (*G*).

Nachtruhe f nocny spoczynek; cisza nocna. [nocach.)

nachts w noc(y), nocą, po nocy, po)

Nacht|schatten m Bot. psianka; **~schicht** f nocna zmiana; **~schwärmer** F m bibosz; **~sichtgerät** n noktowizor; **~speicherofen** m ogrzewacz akumulacyjny; **~tisch** m nocny stolik; **~tischlampe** f lampka nocna; **~topf** m nocnik; **~vorstellung** f seans nocny; **~wache** f warta nocna; dyżur nocny; **~wandler(in** f) m lunaty|k (-czka); **~zeit** f (0): zur **~zeit** po nocy, nocą; **~zug** m nocny pociąg.

Nach|untersuchung f ponowne (z)badanie; **Qwachsen** odrastać ⟨-rosnąć⟩; **~wahl** f wybory m/pl. uzupełniające; **~wehen** f/pl. ból m/pl. poporodowe; fig. (smutne) następstwa n/pl.; **Qweinen** s. nachtrauern.

Nachweis m (-es; -e) dowód; stwierdzenie; **Qbar** dający się wykazać od. stwierdzić, präd. jak/co można stwierdzić; **Qen** v/t wykaz(yw)ać; stwierdzać ⟨-dzić⟩ ⟨angeben⟩ wykaz(yw)ać; **Qlich** präd. jak stwierdzono, jak udowodniono.

Nach|welt f (0) potomność f; **Qwiegen** przeważać ⟨-żyć⟩, ⟨z⟩ważyć jeszcze raz; **Qwirken** ⟨po⟩działać następczo; ob-, prze|jawi(a)ć się później; mieć następstwa; **~wirkung** f działanie następcze od. wtórne; pl. a. późniejsze objawy m/pl.; następstwa n/pl.; **~wort** n (-es; -e) posłowie; **~wuchs** m młode pokolenie od. kadry, F narybek; in Zssgn młody; **Qzahlen** dopłacać ⟨-cić⟩; **Qzählen** przeliczać ⟨-czyć⟩ (jeszcze raz); **~zahlung** f dopłata; (Lohn**Q**) wyrównanie; **Qzeichnen** przerysow(yw)ać; **Qziehen** v/t Bein: pociągać, powłóczyć (I); Schraube: dociągać ⟨-gnąć⟩; Linie: wyciągnąć pf. (mit/I); v/i (sn; D) ⟨po⟩ciągnąć (za I); **Qzügler** m spóźniony, F spóźnialski; pozostały w tyle; Mil. a. maruder; s. Nachkömmling.

Nackedei F m (-es; -e) golas(ek).

Nacken m kark; **~schlag** m uderzenie w kark; fig. cios.

nackt (0) nagi (-go), goły (-ło), obnażony ⟨alle a. fig.⟩; ⟨kahl⟩ ogołocony; sich ~ ausziehen rozebrać się do naga; **Qbade-strand** m plaża dla nudystów; **Qheit** f (0) nagość f; golizna; **Qkultur** f (0) nudyzm.

Nadel f (-; -n) igła (a. Bot.), dim.

igiełka; Arch. iglica; szpilka ⟨a. Bot.⟩; pl. koll. igliwie; **~** in Zssgn Tech. mst igiełkowy; iglicowy; s. a. Haar-, Stecknadel usw.; wie auf **~n sitzen** siedzieć jak na szpilkach; **~baum** m drzewo iglaste; **~filz** n włóknina igłowana; **Qförmig** igłowaty, (ostry) jak igła; **~holz** n drewno drzew iglastych; **~kissen** n poduszeczka do igieł od. szpilek; **~öhr** n ucho igielne; **~stich** m ukłucie igłą od. szpilką ⟨Nähstich⟩ ścieg; F fig. pl. szpilki f/pl.; **~streifen** m jodełka; **~wald** m las szpilkowy od. iglasty.

Nagel m (-s; ") gwóźdź m; Anat. paznokieć m; F den ~ auf den Kopf treffen trafić w sedno; an den **~** hängen fig. zawiesić na kołku; **~bett** n łożysko paznokcia; **~feile** f pilni(cze)k do paznokci; **~kopf** m łebek (od. główka) gwoździa; **~lack** m lakier do paznokci; **~lack·entferner** m zmywacz do lakieru; **Q~** (-le) przybi(ja)ć gwoździami; **Q~neu** nowiut(eń)ki, jak z igły; **~pflege** f manicure f; **~schere** f nożyczki pl. do paznokci.

nage|n (an D) obgryzać, (a. fig.) gryźć (A); **Qr** m, **Qtier** n gryzoń m.

nah (**~er**, nächst) bliski (-ko); **~e** a (D) blisko, niedaleko od (G); vo **~em** z bliska; **~e daran sein** (zu **~e** być bliskim (G); zu **~e** treten uraża ⟨urazić⟩ (D/A).

Näh·arbeit f szycie.

Nah·aufnahme f Fot. zbliżenie.

nahe s. nah; Prp. (D) blisko (G).

Nähe f (0) bliskość f; in der **~** w po bliżu, nie opodal; aus der **~** z bliska.

nahe|bei blisko; **~bringen** zbliża ⟨-żyć⟩ (a. erlangen); ob-, wy|jaś ni(a)ć; **~gehen** (sn) dotykać ⟨-th nąć⟩, ⟨z⟩martwić (D/A).

Nah·einstellung f Fot. zbliżenie.

nahe|kommen (sn) zbliżać ⟨-żyć się (a. sich; D/do G); **~lege** ⟨po⟩radzić, zalecać ⟨-cić⟩; **~liege** nasuwać (od. nastręczać) się; **~lie gend** Gründe: zrozumiały.

nahen (sn), a. sich **~** zbliżać się.

nähen ⟨u⟩szyć; Wunde: zamyka ⟨-mknąć⟩ szwem, zaszy(wa)ć.

Nähen n (-s) szycie.

näher bliższy; Adv. bliżej; **Qe**(s (bliższe) szczegóły m/pl.

Näherin f szwaczka.

näherkommen (sn): einander, sic

(D) ~ zbliżać ⟨-żyć⟩ się, nawiąz(yw-)ać bliższe stosunki (z I).

ähern (-re): sich ~ przy-, z|bliżać ⟨-żyć⟩ się (D/do G).

ahestehen (D) być w bliskich (od. zażyłych) stosunkach, przyjaźnić się (z I); sympatyzować (z I); **~d** bliski, zaprzyjaźniony.

ahe'zu [a. 'na:-] prawie, niemal.

Näh|faden m, **~garn** n nici f/pl. do szycia. [(Box-Sp.) w zwarciu.)

Nahkampf m walka wręcz od.)

ahm s. nehmen.

Näh|maschine f maszyna do szycia od. Tech. szwalnicza; **~nadel** f igła do szycia.

Nähr|boden m podłoże, pożywka; fig. grunt; ⟨en żywić (a. fig.), karmić; sich ⟨en żywić się (von/I).

ahrhaft pożywny.

Nähr|hefe f drożdże pl. paszowe; **~kraft** f wartość odżywcza; **~lösung** f roztwór odżywczy, pożywka płynna; **~mittel** n/pl. produkty m/pl. mączne; kasze f/pl.; **~stoff** m substancja odżywcza, składnik pokarmowy.

Nahrung f (0) pokarm (a. fig.), pożywienie; (Tier⟨2 a.) karma; (Unterhalt) wyżywienie; geistige ~ strawa duchowa; fig. ~ geben (D) da(wa)ć podstawę (do G).

Nahrungs|aufnahme f przyjmowanie (Bot. pobieranie) pokarmu, **~mittel** n środek spożywczy; in Zssgn spożywczy; **~zufuhr** f (0) odżywianie.

Nährwert m wartość odżywcza.

Nähseide f jedwab do szycia.

Naht f (-; **⁼e)** szew (a. Med., Tech.); ścieg; Tech. a. spoina; s. platzen; ⟨2los bezszwowy, präd. bez szwu; **~stelle** f fig. linia rozgraniczenia.

Nahverkehr m komunikacja miejscowa; ruch lokalny.

Näh|werkstatt f szwalnia; **~zeug** n (-es; 0) przybory m/pl. do szycia.

Nahziel n cel bezpośredni.

a'iv naiwny; ⟨2i'tät f (0) naiwność f.

Name m (-ns; -n) nazwisko; (Benennung) nazwa; (Vor⟨2, Ruf⟨2) imię; dem ⟨n nach z nazwiska; im ⟨n (G) w imieniu (G); beim ⟨n nennen naz(y)wać po imieniu.

Namen|gebung f nadanie imienia od. nazwy, nazwanie; ⟨2los bez-imienny; anonimowy; **~register** n indeks nazwisk.

namens Prp. (G) imieniem, nazwiskiem, o nazwisku (N); s. (im) Name(n); ⟨2aufruf m wywoł(yw)anie (po nazwisku); Mil. apel imienny; ⟨2schild n (pl. -er) tabliczka z nazwiskiem; ⟨2tag m imieniny pl.; ⟨2vetter m imiennik; ⟨2zug m podpis, autograf.

namen|tlich imienny, präd. po imieniu; Adv. zwłaszcza, szczególnie; ⟨2verzeichnis n lista imienna, spis nazw; s. Namenregister.

namhaft znany, wybitny; s. beträchtlich; ~ machen wymieni(a)ć, poda(wa)ć.

nämlich (a) mianowicie; (denn) bowiem; der, das, die **~e** ten sam, to samo, ta sama.

nannte s. nennen.

na'nu! Int. a to niespodzianka!, popatrz(cie) no!

Napalm- napalmowy.

Napf m (-es; **⁼e)** miska; **~kuchen** m babka.

Naphtha'lin n (-s; 0) naftalen; **~kugeln** f/pl. naftalina w kulkach.

Nappa(leder) n (skóra) nappa.

Narb|e f blizna; Bot. znamię; **~enseite** f strona licowa; ⟨2ig pokryty bliznami.

Nar'kose f narkoza, uśpienie; **~arzt** m anestezjolog; **~gerät** n aparat do narkozy (dychawicznej).

Nar'ko|tikum n (-s; -ka) narkotyk; ⟨2tisch narkotyczny, odurzający (-co); ⟨2ti'sieren ⟨-⟩ narkotyzować.

Narr m (-en) błazen (Tor a.) głupiec, dureń m; e-n ⟨en gefressen haben (an D) mieć szczególną słabość (dla, do G), przepadać (za I); j-n zum ⟨en halten/haben wyprowadzać ⟨-dzić⟩ w pole; wystawi(a)ć na durnia (A).

Narren|freiheit f pełna swoboda; **~haus** F n dom wariatów; **~kappe** f czapka błazeńska; ⟨2sicher F absolutnie pewny, niezawodny.

Narre'tei f błazeństwo.

Närrin f głupia, wariatka.

närrisch błazeński (-ko); s. dumm, ulkig; ~ vor Freude sein ⟨z⟩wariować z radości; F du bist ja ~! zwariowałeś!

Nar'nisse f narcyz

na'sal nosowy (-wo).

naschen łasować; ⟨s⟩próbować, posmakować pf. (an/G).

Näs·chen n nosek.

Nasch|er(in f) m łasuch, łakom-czuch; ~e'rei f łasowanie; s. Nasch-werk; 2haft łakomy, łasy; ~werk n (-es; 0) łakocie.

Nase f nos (a. fig. F für/do G); Arch. ściekwa; (Spürsinn a.) węch; F vor der ~ spod (od. sprzed) nosa; przed nosem; die ~ hoch tragen zadzierać nosa; pro ~ na łebek, od łebka; der ~ nach prosto przed siebie; auf die ~ binden zdradzać, opowiadać; j-m eins auf die ~ geben dać po nosie, przytrzeć nosa (D); die ~ voll haben mieć po dziurki w nosie (von/G).

näseln (-le) mówić przez nos; ~d nosowy, prąd. przez nos.

Nasen|bein n kość nosowa; ~bluten n krwawienie z nosa; ~flügel m Anat. skrzydełko nosowe; ~höhle f jama nosowa.

nase(n)lang F: alle ~ co chwila.

Nasenlänge f: um e-e ~ voraus sein fig. wyprzedzić pf. o długość nosa.

Nasen|laut m głoska nosowa, nosówka; ~loch n nozdrze; ~ring m kolczyk w nosie; ~scheidewand f przegroda nosa; ~spitze f koniuszek (od. czubek) nosa; ~stüber m przty(cze)k, szczutek.

naseweis przemądrzały (-le).

nasführen wystrychnąć pf. na dudka; vgl. Narr.

Nashorn n nosorożec; ~vogel m dzioborożec.

naß (-sser/⁺sser; -ssest-/⁺ssest-) mokry (-ro); präd. a. na mokro; ~ machen na~, z|moczyć; ~ werden prze~, z|moknąć (durch und durch do nitki).

Nassauer F m pieczeniarz.

Nässe f (0) wilgoć f; ~2n (-βt) v/i (Wunde) sączyć; Meteo. es näßt siąpi.

naß|forsch zuchwały (-le); ~kalt wilgotny i zimny.

Nati'on f naród; die Vereinten ~en Narody Zjednoczone.

natio'nal narodowy; 2farben f/pl. barwy f/pl. narodowe; 2feiertag m święto narodowe; 2hymne f hymn narodowy.

nationali'sieren (-) ⟨z⟩nacjonalizować; vgl. einbürgern.

Nationa'list m (-en) nacjonalista m; 2'listisch nacjonalistyczny; ~li'tät f narodowość f; mniejszość narodowa.

Natio'nal|mannschaft f reprezen-

tacja kraju od. narodowa; ~ökono~ mie f ekonomia (polityczna); ~park m park narodowy; ~preis nagroda państwowa; ~rat m (rada narodowa; (pl. ~e) członek rad narodowej; ~versammlung f zgro madzenie narodowe.

Natrium n (-s; 0) sód; ~ in Zssg sodowy.

Natron n (-s; 0) soda oczyszczon ~lauge f ług sodowy.

Natter f (-; -n) wąż; (Gift2, a. fig żmija.

Na'tur f przyroda; (Beschaffenhei Wesen) natura; von ~ (aus), nac der ~ z natury; wider die ~ sprzeczn z natury; in 2a w naturze.

Natu'ra|lien pl. naturalia pl.; pro dukty m/pl. naturalne; 2li'siere (-) naturalizować; 2'listisch natura listyczny.

Natu'ral|lohn m wynagrodzen w naturze; ~wirtschaft f gosp darka naturalna.

Na'tur|bursche m prosty (od. nie byty) chłopak; ~denkmal n pomn (od. zabytek) przyrody; ~erschei nung f zjawisko przyrody; ~fo scher m przyrodnik; 2gemäß n turalny, zgodny z naturą; ~gesetz prawo natury; 2getreu wiern ~heilkunde f przyrodolecznictw ~katastrophe f klęska żywiołow ~kraft f siła przyrody, żywic ~kunde f przyrodoznawstw (Schulfach) przyroda.

na'türlich naturalny; Adv. a. ocz wiście; 2keit f (0) naturalność f prostota.

Na'tur|mensch m prostak, prym tyw; miłośnik przyrody; ~phil sophie f filozofia przyrody; ~ schätze m/pl. bogactwa n/pl. n turalne; ~schutz m ochrona prz rody; ~schutzgebiet n teren chr niony, engS. rezerwat przyrody; Nationalpark; ~seide f jedwab n turalny; 2talent n talent sam rodny; ~volk n lud pierwotny o prymitywny.

Na'turwissenschaft|en f/pl. nau f/pl. przyrodnicze; ~ler m przyro nik; 2lich przyrodniczy (-czo).

Na'turzustand m stan naturalny o pierwotny.

Naut|ik f (0) nautyka; 2isch na tyczny.

Navigati'on f (0) nawigacja;

nawigacyjny; ~s·offizier m nawigator.

Na'zismus m (-; 0) nazizm.

Nebel m mgła; Astr. mgławica; Mil. dym maskujący; bei Nacht und ~ potajemnie, skrycie; 2haft mglisty (-to), ~horn n róg mgłowy; 2ig s. neblig; ~krähe f wrona siwa; ~scheinwerfer m reflektor mgłowy od. przeciwmgielny; ~wand f Mil. zasłona dymna.

neben Prp. (wo?, D) obok (G); przy (L); (außer) oprócz (G), poza (I); (wohin?, A) obok (G), przy (L).

Neben|absicht f cel uboczny; 2'an (tuż) ~anschluß m aparat centrali abonenckiej; ~ausgaben f/pl. wydatki m/pl. dodatkowe od. uboczne; ~ausgang m boczne wyjście; ~bedeutung f znaczenie uboczne od. dalsze; 2'bei (beiläufig) nawiasem, mimochodem; 2beruflich uboczny; ~beschäftigung f zajęcie uboczne; ~buhler(in f) m rywal(ka).

neben·ein'ander obok siebie; jednocześnie; 2schaltung f połączenie równoległe; ~stellen stawiać (po-, u|stawić) obok siebie od. jedno przy drugim; porów(ny)wać.

Neben|eingang m wejście boczne; ~einkünfte f/pl., ~einnahmen f/pl. dochody m/pl. uboczne; ~erzeugnis n produkt uboczny; ~fach n przedmiot poboczny (studiów); ~fluß m dopływ; ~gebäude n budynek przyległy od. poboczny, oficyna; ~gedanke m s. Nebenabsicht; ~gleis n tor boczny; 2'her obok; a. = ~'hin s. nebenbei; ~hoden m najądrze; ~höhlen f/pl. Anat. zatoki f/pl. oboczne (nosa); ~kosten pl. koszty m/pl. uboczne; ~linie f linia boczna (a. Esb.); ~mann m (pl. "er/-leute) sąsiad; ~niere f nadnercze; ~produkt n s. Nebenzeugnis; ~raum m pomieszczenie pomocnicze; s. Nebenzimmer; ~rolle f rola epizodyczna; ~sache f rzecz f uboczna, sprawa drugorzędna; das ist ~sache a. to nie zmienia postaci rzeczy; 2sächlich nieważny, drugorzędny; ~satz m Gr. zdanie poboczne; ~schluß-widerstand m bocznik; 2stehend stojący (od. wymieniony, przytoczony) obok; ~stelle f filia, ekspozytura; Fmw. s. Nebenanschluß;

~straße f ulica boczna; ~verdienst m zarobek uboczny od. F z boku, F obrywki f/pl.; ~wirkung f działanie uboczne od. (bsd. Med.) nieporządane; ~zimmer m przyległy (od. sąsiedni) pokój; ~zweck m cel uboczny.

neblig mglisty (-to, -ście).

nebst Prp. (D) wraz z (I). [seser.]

Necessaire [nesɛ'sɛːʀ] n (-s; -s) ne-]

neck|en przekomarzać (od. droczyć) się (A, sich/z I); 2e'rei f przekomarzanie się; ~isch figlarny, filuterny.

Neffe m (-n) bratanek; siostrzeniec.

negativ ujemny; negatywny; Fot. negatywowy; 2 n (-s; -e) negatyw.

Nege|r(in f) m Murzyn(ka); fig. murzyn(ka); ~r- murzyński.

nehmen (L.) brać (wziąć); s. an-, heraus-, wegnehmen, Acht[1], Kauf, Platz usw.; zu sich ~ spoży(wa)ć; Arznei: zaży(wa)ć; Tee: (wy)pić; ~ wir den Fall, daß ... załóżmy, że ...

Nehrung f mierzeja.

Neid m (-es; 0) zazdrość f, zawiść f; F das muß der ~ ihm lassen to trzeba mu przyznać; 2en (-e-) (po-)za-zdrościć; ~er m zazdrośnik, zawistnik; 2isch zazdrosny (-śnie), zawistny; 2los bez zazdrości od. zawiści.

Neige f pochyłość f; schyłek; ostatek, reszka; zur ~ gehen chylić się ku końcowi; Vorrat: kończyć się; bis zur ~ leeren wychylać ⟨-lić⟩ do dna; 2n v/t chylić ⟨a. sich się; zeitl. zu/ku D), prze-, po-, s|chylać ⟨-lić⟩ (sich się); v/i być skłonnym, skłaniać się (zu/do G).

Neigung f na-, po|chylenie; pochyłość f; Mar., Flgw. przechył; fig. (zu) skłonność f (do G); sympatia; s. Vorliebe, Hang; ~s·waage f waga uchylna; ~s·winkel m kąt na- od. po|chylenia.

nein nie; ~ und abermals ~! nie i jeszcze raz nie!; mit e-m 2 antworten odpowiedzieć odmownie; 2stimme f głos przeciw.

Ne'krose f martwica.

Nelke f goździk; ~n- goździkowy.

Nenn|- nominalny, znamionowy; 2en (L.) na(z)y(wa)ć ⟨się); (anführen) wymieni(a)ć; s. aufzählen.

nennenswert wart (od. godny) wzmianki; nicht ~ a. znikomy.

Nenn|er m Math. mianownik; ~-

form f Gr. bezokolicznik; ~ung f nazwanie; wymienienie; Sp. zgłoszenie; ~wert m wartość nominalna, nominał.

Neo-, neo- in Zssgn neo-.

Neon n (-s; 0) neon; ~röhre f neonówka.

neppen nab(ie)rać (naiwnych).

Nerv m (-s; -en) nerw; j-m auf die ~en gehen od. fallen działać na nerwy (D); die ~en verlieren ⟨s⟩tracić opanowanie.

Nerven|arzt m neurolog; ~bündel n fig. kłębek nerwów; ~gift n trucizna układu nerwowego; ~heilanstalt f zakład dla nerwowo chorych; ~knoten m zwój nerwowy; ℒkrank nerwowo chory; ~krieg m wojna nerwów; ~leiden n choroba nerwowa; ~säge F f piła; ~schock m szok nerwowy; ~system n układ nerwowy; ~zusammenbruch m załamanie (się) nerwowe.

nervlich nerwowy (-wo).

ner'vös nerwowy (-wo); ~ werden/ sein ⟨z⟩denerwować się.

Nervosi'tät f (0) nerwowość f.

Nerz m (-es; -e) norka, nurka; (Pelz) nurki pl.

Nessel f (-; -n) Bot. pokrzywa; F sich in die ~n setzen narobić sobie bigosu; ~ausschlag m, ~fieber n pokrzywka.

Nest n (-es; -er) gniazdo (a. fig.); F fig. elendes ~ dziura.

nesteln (-le) v/i (an D) manipulować (przy L), engS. usiłować za- od. rozpiąć, za- od. rozwiązać (A).

Nest|flüchter m zagniazdownik; ~häkchen n beniaminek; ~hocker m in Zo. gniazdownik; ~ling m (-s; -e) pisklę n, JSpr. gnieźnik.

nett miły (-ło, -le), (nur Pers.) uprzejmy (-mie); s. geschmackvoll, gemütlich.

netto, ℒ- netto; ℒertrag m czysty zysk; ℒgewicht n ciężar netto; ℒpreis m cena netto.

Netz n (-es; -e) sieć f (a. El., Esb. usw.); siatka (a. Sp.); s. Haar-, Einkaufsnetz; ~anschluß m przyłączenie do sieci; ℒartig, ℒförmig siatkowy, w postaci siatki; ~haut f siatkówka; ~magen m czepiec; ~plantechnik f technika planowania sieciowego; ~spannung f napięcie sieci(owe); ~teil m od. n zasilacz sieciowy.

neu nowy; Adv. (anders) po nowemu; aufs ~e, von ~em od nowa, na nowo; (wieder) znowu, ponownie; was gibt's ℒes? co nowego?; es ist nichts ℒes to nie nowina; ℒanschaffung f s. Anschaffung; konkr. (nowy) nabytek; ℒartig nowy, nowego rodzaju; ℒauflage f nowy nakład; ℒbau m (0) nowe budownictwo; (pl. -ten) nowy budynek, nowa budowla; ℒbauwohnung f mieszkanie z nowego budownictwa; ℒbearbeitung f nowe opracowanie; ℒbildung f tworzenie się (na nowo); Pol. utworzenie (nowego gabinetu); Ling. neologizm; ℒe(s) nowe; s. neu.

neuer|dings ostatnio, niedawno; ℒer m nowator; in Zssgn nowatorski.

Neu|erscheinung f nowość wydawnicza; ~erung f innowacja; pomysł nowatorski; ~erwerbung f s. Neuanschaffung; ℒeste najnowszy; najświeższy; ~'fundländer m Zo. nowofundland; ~geborene(s) n noworodek; ~gestaltung f reorganizacja, przebudowa; ~gier(de) f (0) ciekawość f; ℒgierig ciekawy (-wie) (auf A/G); ℒgierig machen zaciekawi(a)ć, wzbudzać ⟨-dzić⟩ ciekawość; ~heit f nowość f; ~igkeit f nowina, (mst Klatsch) nowinka; ~inszenierung f nowa inscenizacja; ~jahr n Nowy Rok; s. prosit; ~jahrsnacht f noc sylwestrowa; ~jahrswunsch m życzenie noworoczne; ~land n (-es; 0) Agr. nowi(z)na; fig. terra incognita, rzeczy f/pl. nieznane; ℒlich niedawno, onegdaj; ~ling m (-s; -e) nowicjusz(ka); ℒmodisch nowomodny; ~mond m (-es; 0) nów.

neun dziewię|ć, -cioro, Psf. -ciu; ~ Uhr dziewiąta godzina.

Neun f dziewiątka; ~auge n Zo. minóg; ℒer|lei dziewięcioraki; ℒfach dziewięciokrotny.

neunhundert dziewię|ćset, Psf. -ciuset; ℒste(r) dziewięćsetny.

neun|jährig dziewięcioletni; ~mal dziewięć razy; ~malklug F przemądrzały (-le); ~te dziewiąty; ℒtel n dziewiąta część; pro ~tel jedna dziewiąta; ~tens po dziewiąte; ℒtöter m Zo. dzierzba gąsiorek.

neunzehn dziewiętna|ście, -ścioro, Psf. -stu; ~te dziewiętnasty.

neunzig dziewięćdziesi|ąt, -ęcioro, *Psf.* -ęciu; **~jährig** dziewięćdziesięcioletni; **~ste** dziewięćdziesiąty.

Neu|ordnung *f* s. *Neugestaltung*; *konkr.* nowy ład; **~orientierung** *f* nowa orientacja; **~philologe** *m* neofilolog.

Neu|ral'gie *f* nerwoból; **2'ralgisch** newralgiczny.

Neu|regelung *f* reorganizacja, uregulowanie na nowo; **~reiche(r)** *m/f* nowobogack|i *m* (-a).

Neu|ro'loge *m* (-n) neurolog; **~'rose** *f* nerwica, neuroza; **2'rotisch** neurotyczny.

Neu|schnee *m* świeży (*od.* młody) śnieg; **2'seeländisch** nowozelandzki; **~silber** *n* nowe srebro, argentan.

neu'tral neutralny; *Chem. a.* obojętny; *Gr.* nijaki; **~i'sieren** (-) ⟨z⟩neutralizować, zobojętni(a)ć; **2i'tät** *f* (0) neutralność *f*.

Neutron *n* (-s; -'tronen) neutron; **~en-** neutronowy.

Neutrum *n* (-s; -tra) *Gr.* rodzaj nijaki; rzeczownik rodzaju nijakiego.

Neu|vermählte(n) nowożeńcy *m/pl.*, **~wahlen** *f/pl.* nowe wybory *m/pl.*; **~zeit** *f* (0) era nowożytna; **2zeitlich** nowożytny.

nicht nie; **~** *zu ... nie do* (+ *VSbst.*); **~** *einmal* ... ani nie ...; **~** *ganz* niezupełnie; **~** *viel* niewiele, niedużo; **~** *so bald* nieprędko; *s. ganz, gar, mehr.*

Nicht|achtung *f* niepo-, nieu|szanowanie; **2amtlich** nieoficjalny; **~angriffspakt** *m* pakt (o) nieagresji; **~annahme** *f* nieprzyjęcie; **~beachtung** *f* nieprzestrzeganie; **~befolgung** *f* niezastosowanie się (G/do G); **~bezahlung** *f* niezapłacenie.

Nichte *f* bratanica; (*Tochter der Schwester*) siostrzenica.

Nicht|einhaltung *f* niedotrzymanie; *s.* Nichtbeachtung; **~einmischung** *f* nieingerencja; **~eisenmetalle** *n/pl.* metale *m/pl.* nieżelazne; **~erfüllung** *f* nie|spełnienie, -dotrzymanie warunków (G); **~erscheinen** *n* niestawiennictwo, niestawienie się; **~fachmann** *m* niefachowiec.

nichtig błahy, małoważny; *Jur.* nieważny; *null und* **~** niebyły i nie-

ważny; *für* **~** *erklären* unieważni(a)ć; **2keit** *f* (0) *Jur.* nieważność *f*; marność *f*; (*a. pl.* -en) błahostka.

Nichtigkeits|erklärung *f* unieważnienie; **~klage** *f* skarga o unieważnienie.

Nicht|leiter *m* *El.* nieprzewodnik; **~metalle** *n/pl.* niemetale *m/pl.*, metaloidy *m/pl.*; **2öffentlich** niejawny; **~raucher** *m* niepalący *m*; **2rostend** nierdzewny.

nichts nic; *für* **~** za nic; *zu* **~** do niczego; na nic; *mir* **~**, *dir* **~** ni stąd, ni zowąd, ni z tego, ni z owego; *für* **~** *und wieder* **~** a tu nic (i nic); *so gut wie* **~** tyle co nic; *das macht* **~** *!* (nic) nie szkodzi!; (*poln. Verben verneint!*) *zu sehen* nic nie widać; *sich* **~** *machen aus* (D) nic sobie nie robić z (G), nie przejmować się (I); **~** *ahnend* nie przeczuwając niczego złego, nic nie podejrzewając.

Nichts *n* (-; 0) nicość *f*; nic *n*; *aus dem* **~** z niczego.

Nichtschwimmer *m* niepływający *m*; *ich bin* **~** nie umiem pływać.

nichts|desto'weniger niemniej, mimo to; **2nutz** *m* (-es; -e) nicpoń *m*, ladaco *m*; **~nutzig** lichy, nic niewart; **~sagend** bezprzedmiotowy (-wo) *Antwort*: zdawkowy (-wo) *Gesicht*: bez wyrazu; **2tuer** *m* nieróh; **2tun** *n* bezczynność *f*, próżnowanie; nieróbstwo; **~würdig** niegodziwy (-wie), niecny.

Nicht|trinker *m* niepijący *m*; **~übereinstimmung** *f* brak zgodności, rozbieżność *f*; **~verbreitung** *f* nieproliferacja; **~vorhandensein** *n* brak; **~zahlung** *f* niezapłacenie.

Nichtzutreffende(s) **~s** (*bitte*) *streichen* niepotrzebne (proszę) skreślić.   [niklowy.⟩

Nickel *n* (-s; 0) nikiel *m*; **~** *in Zssgn*

nick|en kiwać ⟨-wnąć⟩, skinąć *pf.* głową; (*bejahen*) przytakiwać ⟨-knąć⟩; *s.* einnicken; **2erchen** F *n* drzemka.   [przenigdy.⟩

nie nigdy; **~** *und nimmer* nigdy

nieder niski; *fig. a.* podły; *Adv.* w (*od.* na) dół; **~** *mit ...!* precz z (I)!; *Zssgn s. a.* her/hinab-, her/hinunter-; **~brennen** spalić *pf.* (v/i [sn] *się*); **~donnern** (*sn*) runąć *pf.* w dół z łoskotem; **2druck** *m* niskie ciśnienie, *in Zssgn* niskociśnieniowy; *Meteo.* ... niskiego ciśnienia; **~drücken** naciskać ⟨-snąć⟩; *fig. s.* bedrücken;

2frequenz f mała częstotliwość; **2gang** m fig. upadek; Mar. zejściówka; **~gehen** (Regen) spadać ⟨spaść⟩; (Lawine a.) schodzić ⟨zejść⟩; (Vorhang)zapadać ⟨-paść⟩; Flgw. zniżać ⟨-żyć⟩ się; ⟨wy⟩lądować.

niedergeschlagen przygnębiony; **2heit** f (0) przygnębienie.

nieder|knien (a. sn) klękać ⟨(u)klęknąć⟩, paść pf. na kolana; **2kunft** f s. Entbindung; **2lage** f porażka, klęska; s. Lager, Filiale; **2länder**(in f) m Holender(ka); **~ländisch** niderlandzki, holenderski (po -ku).

niederlass|en s. herablassen; sich **~en** (Vogel) siadać ⟨usiąść⟩ (auf A/na L); Pers. osiadać ⟨osiąść⟩ (a. osiedlać ⟨-lić⟩ się) na stałe; **2ung** f osiedlenie się; konkr. osada; Hdl. filia, agencja.

nieder|legen kłaść ⟨położyć⟩ (sich się); Waffen, Kranz: składać ⟨złożyć⟩; Amt: ⟨z⟩rezygnować (A/z G); Arbeit: przer(y)wać; s. niederschreiben; **~machen, ~metzeln** wycinać ⟨-ciąć⟩ w pień; **~prasseln** (sn) spadać ⟨spaść⟩; (Regen a.) pluskać, bić; fig. a. ⟨po⟩sypać się; s. hageln; **~reißen** ⟨z⟩burzyć, (a. fig.) znosić ⟨znieść⟩; **~ringen** fig. s. besiegen, überwinden; **~sausen** (sn) spadać ⟨spaść⟩ ze świstem; s. niederstürzen; **~schießen** ciężko ranić; zabić pf., zastrzelić pf.; fig. spadać ⟨spaść⟩ jak strzała.

Niederschlag m Chem. osad; Meteo. opad(y oft pl.); Box-Sp. cios decydujący (powalający przeciwnika); fig. wyraz; **2en** zwalać ⟨-lić⟩ z nóg, (a. Getreide) powalić pf.; Augen: spuszczać ⟨-uścić⟩; Aufstand: ⟨s⟩tłumić; Verfahren: umarzać ⟨umorzyć⟩; sich **2en** osiadać ⟨osiąść⟩, skraplać ⟨-roplić⟩ się.

nieder|schreiben spis(yw)ać; s. notieren; **2schrift** f spisanie; zapis; protokół; **~setzen** s. absetzen; **~sinken** padać ⟨(u)paść⟩; (Nebel) opadać ⟨opaść⟩; **2spannung** f niskie napięcie; **~stechen** zadać pf., P zadźgać (od. ciężko ranić) nożem, zasztyletować pf.; **~stimmen** przegłosow(yw)ać; **~strecken** powalić pf. (na ziemię, strzałem, trupem); **~stürzen** v/i (sn) runąć pf. w dół; vgl. niedergehen; **2tracht** f (0) podłość f, nikczemność f; **~träch-tig** podły (-le), nikczemny; **~treten** Rasen: z-, po|deptać pf.; **2ung** f nizina; **2wald** m las niskopienny; **~werfen** s. niederschlagen, unterwerfen; (Krankheit) powalić pf.; sich **~werfen** paść (od. rzucić się) pf. na ziemię (vor D/przed I); **2wild** n cienki zwierz.

niedlich śliczny; miluchny.

niedrig niski (-ko) (a. fig.); Zahl: mały; **~er** niższy (-żej); **2wasser** n niska woda.

niemals nigdy.

niemand nikt; es ist **~** hier tu nie ma nikogo; **~em** nikomu; **~en, ~es** nikogo; **~** anders nikt inny; **2s-land** n (-es; 0) Mil. międzypole; ziemia niczyja od. bezpańska.

Niere f nerka; Zo. cynadra, **~n** pl. Kochk. cynaderki f/pl.

Nieren|becken n miedniczka nerkowa; **2braten** m forszlak, cynkówka; **2krank** chory na nerki; **~steinleiden** n kamica nerkowa.

niesel|n (-le) mżyć, siąpić; **2regen** m mżawka, kapuśniaczek.

nies|en kichać ⟨-chnąć⟩; **2en** n (-s; 0) kichanie, kichnięcie; **2pulver** n proszek wywołujący kichanie.

Nießbrauch m (-es; 0) użytkowanie.

Nieswurz f ciemiernik.

Niet m (-es; -e) nit; **~e** f pusty los; F fig. (Pers.) niedołęga m, zero; **2en** (-e-) nitować; **~hammer** m młotek nitowniczy; **~maschine** f niciarka, nitownica.

niet- und nagelfest F: alles mitnehmen, was nicht **~** ist zabrać wszystko, co się tylko da(ło).

nihi'listisch nihilistyczny.

Niko'tin n (-s; 0) nikotyna; **2arm** o małej zawartości nikotyny; **~vergiftung** f zatrucie nikotyną.

Nilpferd n hipopotam.

Nimbus m (-; -se) nimb; Meteo.)
nimm s. nehmen.   [nimbus.∫

nimmer|(mehr) nigdy; s. nie; **2satt** F m (-/-es; -e) żarłok, nienasycony człowiek, chłopak usw.

Nimmer'wiedersehen F n: auf **~** jak kamień w wodę; na wieczne nieoddanie.

nipp|en skostować(von/G); upi(ja)ć (łyczek) (an D/G); **2flut** f pływ kwadrowy; **2sachen** f/pl. bibeloty m/pl.   [dzie.∫

nirgend|her znikąd; **~s, ~wo** nig-)
Nische f wnęka, nisza.

Niß f (-; -sse), **Nisse** f gnida.

nist|en (-e-) gnieździć się; **2platz** m miejsce gnieżdżenia się.

Ni'|trat n (-es; -e) azotan; **.'trid** n (-es; -e) azotek; **.'trieren** n (-s; 0) nitrowanie; (v. Stahl) azotowanie; **.'trit** n (-s; -e) azotyn.

Niveau [-'vo:] n (-s; -s) poziom.

nivel'lier|en (-) ⟨z⟩niwelować; **2in-strument** n niwelator.

Nixe f nimfa wodna, rusałka.

nobel (-bl-, -lst-) nobliwy (-wie); s. edel, freigebig.

No'belpreis m nagroda Nobla; **.träger** m laureat nagrody Nobla.

noch jeszcze; ~ einmal so viel drugie tyle; ~ und ~ bez liku, co niemiara; weder ... ~ ani ... ani; **.malig** powtórny; **.mals** jeszcze raz, powtórnie.

Nocken m krzywka, kułak; **.welle** f wał krzywkowy od. Kfz. rozrządczy.

Nockerl n (-s; -n) kluska.

No'made m (-n) koczownik; **.n-leben** n życie koczownicze.

nomadi'sieren ⟨za⟩koczować.

nomi'|nal, **.'nell** nominalny; **2na-tiv** m (-s; -e) mianownik; **.'nieren** (-) ⟨za⟩mianować.

Nonne f mniszka, zakonnica; **.n-haube** f kornet; **.n·kloster** n klasztor żeński.

Non'stop·flug m lot nonstop.

Noppe f Text. pęczek, wągier.

Nord|- północny; **.atlantikpakt** m pakt północnoatlantycki; **2deutsch** północnoniemiecki; **.en** m (-s; 0) północ f; im (hohen) ~en na (dalekiej) północy.

nordisch nordycki, nordyczny; 2e Kombination kombinacja norweska od. klasyczna. [północ (od G).]

nördlich północny; (G od. von) na)

Nord|licht n (pl. -er) zorza polarna; **.'osten** m północny wschód; 2'öst-lich północno-wschodni; (G od. von) na północny wschód (od G); **.pol** m biegun północny; **.stern** m s. Polarstern; **.'westen** m północny zachód; 2'westlich północno-za-chodni; (G od. von) na północny zachód (od G); **.wind** m wiatr północny od. Mar. nordowy.

Nörg|e'lei f gderanina, zrzędzenie; 2**eln** (-le) gderać; zrzędzić (an D/na A); **.ler** m malkontent; zrzęda m, gdera m. [reguła.]

Norm f norma; normatyw; (Regel)

nor'mal normalny; 2- Tech. znor-malizowany; wzorcowy.

normali'sier|en (-) ⟨z⟩normalizo-wać (sich się); unormować pf.; 2ung f normalizacja; unormowanie (się).

Nor'mal|spurbahn f kolej normal-notorowa; **.verbraucher** m etwa: szary człowiek; **.zeit** f czas nor-malny.

norm|en ⟨z⟩normalizować; ustalać ⟨-lić⟩ normę (A/G); 2ung f nor-mowanie.

Norweg|er m Norweg; **.erin** f Norweżka; 2isch norweski (po-ku).

Nostal'gie f (0) nostalgia.

not: ... tut ... trzeba ..., konieczne jest ...

Not f (-; *e) nędza, bieda; in ~ sein, ~ leiden żyć w nędzy, cierpieć biedę; s-e liebe ~ haben mieć biedę od. kłopot (mit/z I); mit (Müh und) ~ z biedą; zur ~ od biedy; ohne ~ bez szkody; bez potrzeby; in Nöten sein być w kłopotach; in der Stunde der ~ w potrzebie; s. Notfall.

No'tar m (-s; -e) notariusz, † rejent; **.i'at** n (-s; -e) notariat; biuro no-tarialne; 2i'ell notarialny.

Not|arzt m lekarz pogotowia ratun-kowego; **.aufnahme·lager** n obóz przejściowy dla uchodźców; **.aus-gang** m wyjście zapasowe od. awaryjne; **.behelf** m (-es; -e) śro-dek doraźny, prowizoryczne rozwiązanie, F prowizorka; namiast-ka; **.bremse** f Esb. hamulec bez-pieczeństwa; 2**dürftig** prowizorycz-ny; naprędce (naprawiony, sklecony usw.); ubogi (-go); präd. a. byle jak.

Note f Mus. nuta (a. fig.); Pol. nota; fig. a. odcień m; (Schul2) stopień m.

Noten|austausch m wymiana not; **.bank** f bank emisyjny; **.linien** f/pl. pięciolinia; **.papier** n papier nutowy; **.pult** n pulpit na nuty; **.schlüssel** m Mus. klucz; **.zei-chen** n znak notacji muzycznej.

Notfall m doraźna potrzeba, koniecz-ność f; im ~ w razie doraźnej po-trzeby; **.dienst** m dyżur (w stacji pogotowia ratunkowego); 2s gdy zajdzie potrzeba, w razie potrzeby.

not|gedrungen zmuszony koniecz-nością, chcąc nie chcąc; 2**groschen** m grosz (odłożony) na czarną go-dzinę; 2**hilfe** f pomoc f w potrzebie.

no'tier|en (-) ⟨za⟩notować; ℒung f
Fin. notowanie (kursowe); Mus.
notacja.

nötig potrzebny; präd. koniecznie;
~ haben potrzebować (A/G); es ist
(nicht) ~ (nie) trzeba; es für ~ halten
uważać za konieczne; wenn ~ s.
notfalls; ~en przy-, z|muszać
⟨-usić⟩ (zu/do G); sich ~en lassen
da(wa)ć się prosić; ~enfalls s. notfalls; ℒung f (0) zmuszanie; Jur.
wymuszenie.

No'tiz f notatka; wzmianka; k-e ~
nehmen nie zwracać ⟨-rócić⟩ uwagi
(von/na A); ~block m notatnik;
~buch n notes.

Not'lage f trudne położenie, ciężka
sytuacja; ~landung f lądowanie
przymusowe; ℒleidend cierpiący
biedę od. nędzę; ~lüge f kłamstwo
z konieczności; ~maßnahme f
środek doraźny.

no'torisch notoryczny; wierutny.

Not|ruf m sygnał wzywania pomo-
cy; alarmowy numer wywoławczy;
~schlachtung f ubój z konieczności; ~signal n s. Notruf; sygnał
alarmowy od. niebezpieczeństwa;
~sitz m siedzenie (od. miejsce)
zapasowe.

Notstand m stan zagrożenia; stan
klęski żywiołowej; Jur. stan wyższej
konieczności; ~s-arbeiten f/pl.
roboty f/pl. publiczne dla celów
koniecznych; ~s-gebiet n obszar
zagrożony od. dotknięty klęską,
obszar potrzebujący pomocy; ~s-
gesetz n ustawa wyjątkowa na wypadek stanu zagrożenia.

Not'turno n (-s; -s) nokturn.

Not|verband m opatrunek prowi-
zoryczny; ~wehr f obrona konieczna; aus ~wehr we własnej obronie.

notwendig s. nötig; konieczny,
nieodzowny, niezbędny; ℒkeit f (0)
konieczność f, nieodzowność f; (pl.
-en) potrzeba.

Not|wohnung f mieszkanie tymcza-
sowe; ~zucht f zgwałcenie.

Novelle [-'vɛ-] f nowela.

November [-'vɛ-] m listopad; ~ in
Zssgn listopadowy.

Noviz|e [-'vi:-] m (-n), ~in f no-
wicjusz(ka).

Nu: im ~ w mig.

Nuan|ce [ny-'ãŋsə/-'ã·sə] f niuans,
odcień m; ℒcieren [-'si:-] (-) cie-
niować; fig. czynić subtelne różnice.

nüchtern czczy, Adv. na czczo; (a.
fig.) trzeźwy (-wo); ~ werden ⟨wy⟩-
trzeźwieć; auf ~en Magen na czczo;
ℒheit f (0) trzeźwość f.

Nuckel F m s. Schnuller.

Nudel f (-; -n) makaron; kluska; F
fig. e-e ulkige ~ kawalarz, wesołek;
oryginał; ~holz n wałek do ciasta;
ℒn (-le) tuczyć; ~suppe f rosół
z makaronem.

nukle'ar jądrowy.

null s. nichtig; ~ Grad zero; zwei zu
~ dwa do zera.

Null f zero (a. fig.); über (unter) ~
powyżej (poniżej) zera; ℒacht-
fünfzehn F pospolity, szablonowy;
~menge f Math. zbiór pusty;
~punkt m punkt zerowy; ~serie f
seria zerowa.

Nulpe F f nudziarz, moruda.

Nume'rale n (-/-s; -lien) s. Zahl-
wort.

nume'rier|en (-) ⟨po⟩numerować;
ℒung f numeracja.

nu'merisch liczbowy; Comp. nu-
meryczny.

Nummer f (-; -n) numer (a. fig.);
~n-scheibe f tarcza numerowa;
~n-schild n tabliczka z numerem;
Kfz. tablica rejestracyjna.

nun Adv. teraz; (also) więc; Kj. †
ponieważ; von ~ an odtąd, od tej
chwili; was ~? (i) co dalej?; ~ gut!,
~ denn! dobra!, niech będzie!; ~-
mehr teraz; odtąd.

Nuntius m (-; -tii/-tien) nuncjusz.

nur tylko; nicht ~ ..., sondern auch
... nie tylko ..., lecz także ...

Nürnberger Adj. norymberski.

nuscheln F (-le) bąkać pod nosem,
⟨wy⟩mamrotać.

Nuß f (-; ~sse), ~baum m orzech;
ℒbraun orzechowy (-wo); ~knak-
ker m dziadek do orzechów; ~kohle
f orzech; ~öl n olej orzechowy;
~schale f łupina orzecha; fig. łu-
pin(k)a; ~torte f tort orzechowy.

Nüster f (-; -n) nozdrze; Zo. a.
chrapa.

Nut f wpust, rowek; El. żłobek; ~en
n (-s; 0) wykonywanie wpustów od.
rowków.

Nutria f (-; -s) nutria.

Nutte V f kurwa, ździra.

Nutz|anwendung f praktyczne
wnioski m/pl. od. zastosowanie;
ℒbar (0) użyteczny; ℒbar machen
zastoso(wy)wać (w praktyce); Bo-

den: zagospodarow(yw)ać; **Qbrin-gend** korzystny, zyskowny.
nütze: *zu nichts* ~ na nic.
Nutz-effekt *m* efektywność *f*; *s. Wirkungsgrad.*
nutzen, nützen (*-zt*) *v/t* wykorzyst(yw)ać; użytkować; *v/i* (*helfen*) pomagać; służyć (*D*); przyda(wa)ć się (*zu/na A, do G*); F *es nutzt alles nichts* nie ma rady.
Nutz|en *m* (*-s; 0*) korzyść *f*; pożytek; *von ~en sein* wychodzić ⟨wyjść⟩ na korzyść; **~fahrzeug** *n* pojazd transportowy; **~fläche** *f* powierzchnia użytki *m/pl.* rolne; **~holz** *n* drewno użytkowe; **~last** *f* ładunek (*od. ciężar*)

użyteczny; obciążenie użytkowe; **~leistung** *f* moc efektywna *od.* użyteczna.
nützlich pożyteczny; korzystny; *sich ~ machen* pomagać ⟨-móc⟩.
nutz|los bezużyteczny; daremny; *Adv. a.* na próżno; **Qlosigkeit** *f* (*0*) bezużyteczność *f*; daremność *f*; **Qnießer** *m* użytkownik; korzystający *m* (*G/na L*); **Qung** *f* użytkowanie, użytek; (*czasowe*) korzystanie; **Qwert** *m* wartość użytkowa.
Nylon ['nai-] *n* (*-s; 0*) nylon; ~- *in Zssgn* nylonowy.
Nymph|e *f* nimfa; **~o'manin** *f* nimfomanka.
Ny'stagmus *m* (*-; 0*) *Med.* oczopląs.

O

O'ase *f* oaza.
ob *Kj.* czy; *als* ~ jak gdyby; F *und* ~! jeszcze jak!; naturalnie!
Obacht *f*: ~ *geben s. achtgeben.*
Obdach *n* (*-es; 0*) dach nad głową; **Qlos, ~lose(r)** bezdomny; **~losen-asyl** *n* przytułek (dla bezdomnych).
Obdukti'on *f* obdukcja, sekcja zwłok.
O-Beine *n/pl.* nogi *f/pl.* szpotawe *od.* F pałąkowate.
oben na (*od. w*) górze, u góry; na wierzchu; (*weiter*) wyżej; *bis* ~ do wierzchu, do brzegu; *nach* ~ na (*od. w*) górę; ku górze; pod górę; *von* ~ (*herab*) z góry; *von* ~ *bis unten a.* od stóp do głów; F ~ *ohne* w toplesie; **~'an** na wierzchu; na pierwszym miejscu; **~'auf**, F ~'drauf na (sam) wierzch; (*wo?*) na (samym) wierzchu; górą; **~'drein** w dodatku, prócz tego; **~erwähnt** wyżej wymieniony *od.* wspomniany.
obenhin'aus: ~ *wollen* mieć wysokie (*od.* wyższe) aspiracje.
ober *s. obere(r).*
Ober *m KSp.* dama; F *Herr* ~! panie starszy!
Ober|arm *m* ramię; **~arzt** *m* ordynator; **~aufsicht** *f* nadzór; **~bau** *m* (*-s; -ten*) *Esb.* budowa wierzchnia, nawierzchnia; **~befehlshaber** *m* naczelny dowódca; **~bekleidung** *f* odzież wierzchnia; **~bürgermei-**

-ster *m* nadburmistrz; **~deck** *n* pokład górny *od.* główny.
obere(r) górny; wierzchni; *fig.* wyższy; starszy.
Oberfeld|arzt *m* lekarz (wojskowy) w stopniu podpułkownika; **~webel** *m* starszy sierżant; starszy ogniomistrz.
Oberfläch|e *f* powierzchnia; **~en-** powierzchniowy, ... powierzchni; **Qlich** powierzchowny.
Ober|förster *m* nadleśniczy *m*; **~gefreite(r)** starszy gefrajter; **Qhalb** *Prp.* (*G*) nad (*I*), powyżej (*G*).
Oberhand *f*: *die* ~ *gewinnen* brać ⟨wziąć⟩ górę (*über A/nad I*); *die* ~ *behalten* mieć przewagę.
Ober|haupt *n* głowa; herszt; **~haus** *n Pol.* izba wyższa; (*England*) Izba Lordów; **~hemd** *n* koszula (wierzchnia); **~herrschaft** *f* panowanie, supremacja; **~in** *f* przeorysza, (matka) przełożona; **Qirdisch** nadziemny, *präd.* nad ziemią; **~kellner** *m* starszy kelner; **~kiefer** *m* górna szczęka; **~kommando** *n* naczelne dowództwo; **~körper** *m* górna część ciała, tors; **~landes-gericht** *n* sąd drugiej instancji, wyższy sąd krajowy; **~lauf** *m* górny bieg; **~leder** *n* skóra wierzchnia; wierzch (obuwia); **~lehrer** *m* nauczyciel szkoły podstawowej; **~leutnant** *m* porucznik (*zur See* mary-

narki); **~licht** n światło górne; (Fenster) świetlik; **~lippe** f warga górna; **~maat** m bosmanmat.

Oberschenkel m udo; **~hals** m szyjka kości udowej.

Ober|schicht f warstwa rządząca od. uprzywilejowana; **~schule** f szkoła licealna; **~schüler** m licealista m; **~schwester** f starsza pielęgniarka, siostra przełożona.

oberst znajdujący się na samym wierzchu, górny; fig. najwyższy, naczelny.

Oberst m (-s/-en; -en/-e) pułkownik.

Ober|'staatsanwalt m nadprokurator; **~stabs·arzt** m lekarz (wojskowy) w stopniu majora; **~steiger** m nadsztygar.

'Oberst'leutnant m podpułkownik.

Ober|stufe f stopień wyższy; **~teil** m od. n górna część; **~töne** m/pl. górne tony m/pl.; **~verwaltungsgericht** n sąd administracyjny drugiej instancji; **~wachtmeister** m starszy wachmistrz; **~wasser** n woda górna; fig. F **~wasser haben** być panem sytuacji; **~weite** f obwód gorsu.

ob'gleich aczkolwiek, chociaż.

Obhut f (0) opieka, piecza; in j-s ~ geben powierzać <-rzyć> (k-u A).

obig powyższy, wyżej wymieniony.

Ob'jekt n (-es; -e) obiekt; engS. przedmiot; Gr. a. dopełnienie; **2'tiv** obiektywny; **~'tiv** n (-s; -e) obiektyw; **~tiv-** obiektywowy; **~tiv'tät** f (0) obiektywność f.

Ob'jektträger m szkiełko podstawkowe.

Ob'late f opłatek; Rel. a. hostia.

obliegen (D) należeć (do G); **2heit** f powinność f, obowiązek m.

Obliga|ti'on f obligacja; **2'torisch** obowiązkowy (-wo).

Obmann m (pl. "er/-leute) prezes;\
O'boe f obój. [mąż zaufania.\
Obolus m (-; -/-se) fig. datek.

Obrigkeit f (0) władze f/pl.

ob'schon aczkolwiek, chociaż.

Obser'va'torium n (-s; -ien) obserwatorium n; **2'vieren** < brać <wziąć> pod obserwację, obserwować.

obsiegen (a. -) zwyciężać <-żyć>; pokon(yw)ać (über A/A).

ob'skur obskurny.

Obst n (-es; 0) owoce m/pl.; **~bau** m (-es; 0) sadownictwo; **~baum** m

drzewo owocowe; **~ernte** f zbiór owoców; **~garten** m sad, ogród owocowy.

Obstipati'on f zaparcie.

Obst|kern m pestka; **~kuchen** m placek (od. ciasto) z owocami; **~laden** m owocarnia; **~messer** n nożyk do owoców.

Obstrukti'on f obstrukcja.

Obst|saft m sok owocowy; **~salat** m sałatka owocowa; **~wein** m wino owocowe.

ob'szön sprośny; **2i'tät** f sprośność f.

Obus m trolejbus.

ob'wohl s. obgleich.

Ochse [-ks-] m (-n) wół; **2n** F harować (jak wół).

Ochsen|fleisch n mięso wołowe, wołowina; **~gespann** n para wołów; **~schwanzsuppe** f zupa ogonowa; **~ziemer** m bykowiec.

Ocker m od. n ochra; **2gelb** koloru)
Ode ['o:də] f oda. [ochry.\

öde pusty (-to); odludny; fig. nudny (-no). [f/pl.\
Öde f pustkowie; fig. pustka; nudy)

O'dem n (-s; -e) obrzęk, puchlina.

oder albo, lub, bądź; willst du, ~ willst du nicht? chcesz, czy nie (chcesz)?

Ödipuskomplex m kompleks Edypa. [m/pl.\
Ödland n (-es; "ereien) nieużytki)

Öfchen n piecyk.

Ofen ['o:-[m (-s; ") piec; **~bank** f przypiecek; **~heizung** f ogrzewanie piecowe; **~klappe** f zasuwka piecowa; **~reise** f Tech. kampania pieca; **~rohr** n rura piecowa; **~setzer** m zdun; **~tür** f drzwiczki f/pl. piecowe.

offen otwarty (-rcie); Wagen, Feld: odkryty; (frei) wolny; ~ gestanden szczerze mówiąc; **~er** Wein wino z beczki; **~es** Feuer ognisko.

offen'bar oczywisty; Adv. widocznie; **~en** (a. -) wyjawi(a)ć; sich ~en objawi(a)ć się; zwierzać <-rzyć> się (j-m/D); **2ung** f objawienie; **2ungs-eid** m wyjawienie majątku.

offen|bleiben pozosta(wa)ć otwartym; **~halten** nie zamykać; trzymać otwarte; fig. zastrzegać <-rzec> sobie; <za>rezerwować; **2heit** f (0) otwartość f, szczerość f; **~herzig** otwarty (-rcie), prostoduszny; **~kundig** s. offensichtlich, deutlich; **~lassen** <po>zostawić pf. otwartym *od. fig. a.* nierozstrzygniętym; **'..'sichtlich** widoczny, jawny, oczywisty ‹-ście›; rażący ‹-co›.

offen|siv ofensywny; **2e** *f* ofensywa.

offenstehen stać otworem; (*Stelle*) być wolnym; (*Mantel*) być rozpiętym; (*Rechnung*) być nie uregulowanym; (*Möglichkeiten usw.*) otwierać się (*vor D/przed I*); **..d** stojący otworem; otwarty.

öffentlich publiczny; użyteczności publicznej; (*nicht geheim*) jawny; państwowy, społeczny; **..e** Hand państwowy (i samorządowy) sektor gospodarczy, państwo (i samorządy) jako przedsiębiorca.

Öffentlichkeit *f* (0) publiczność *f*, ogół; jawność *f*; *an (od. in) die .. dringen* dochodzić ‹dojść› do publicznej wiadomości; *vor die .. treten* występować ‹-tąpić› publicznie; ‹o›publikować; **..s-arbeit** *f* działalność *f* w celu pozyskania życzliwości publicznej.

öffentlich-rechtlich publiczno-[prawny.]

Of'ferte *f* oferta.

Offizi'|alverteidiger *m* obrońca *m* z urzędu; **2'ell** oficjalny, urzędowy.

Offi'zier *m* ‹-s; -e› oficer.

Offi'ziers|anwärter *m* podchorąży *m*; **..rang** *m* stopień oficerski.

offizi'ös półoficjalny.

öffn|en ‹-e-› otwierać ‹-worzyć› (*sich się*); **2er** *m s.* Büchsen-, Flaschenöffner; **2ung** *f* otw|ieranie, -arcie; *konkr.* otwór; *s.* Loch; **2ungs-zeit** *f* godziny *f/pl.* otwarcia.

Offsetdruck *m* druk offsetowy, offset. [⟨ciągle, stale.⟩]

oft (*..er, ..erst-*) często; *nicht .. genug* ⟨ ⟩ **öfter** częściej; *des ..en* = *..s*, **oftmals** często, kilkakrotnie.

oh! *Int.* ach! [omomierz.]

Ohm *n* ‹-/-s; -› om; **..meter** *n* ⟨ ⟩

ohne *Prp.* (*A*) bez (*G*); *Kj.* .. zu fragen nie pytając; .. etwas zu sagen nic nie mówiąc; *nicht* .. nie pozbawiony (*A/G*); **..'dies** i tak, bez tego; **..'gleichen** (*unv.*) bezprzykładny, niespotykany; **..'hin** *s.* ohnedies.

Ohn|macht *f* ‹-; -en› o-, ze|mdlenie; *fig.* bezsilność *f*; *in ..macht fallen* ‹o-, ze›mdleć; **2mächtig** omdlały, zemdlony; *fig.* bezsilny.

Ohr *n* ‹-es; -en› ucho, *pl.* uszy; (*Gehör*) słuch; *ganz .. sein* zamienić się w słuch; *mir ist zu ..en gekommen*

słyszałem; F *bis über die ..en* po uszy, powyżej uszu; *sich aufs .. legen* kłaść ‹położyć› się (spać); *j-m in den ..en liegen* naprzykrzać się (*D*); *sich* (*D*) *hinter die ..en schreiben* zapamiętać (sobie); *j-n übers .. hauen* okpi(wa)ć, ‹wy›kantować (*A*).

Ohr *n* ‹-es; -e› uszko, ucho.

Ohren|arzt *m* lekarz chorób usznych; **2betäubend** ogłuszający ‹-co›; **..klappe** *f* nausznik; **..ro-ben** *f/pl.* uchatki *f/pl.*; **..sausen** *n* szum w uszach; **..schmalz** *n* woskowina; **..schmaus** *m* rozkosz *f* dla ucha; **..schmerzen** *m/pl.* ból uszu; **..schützer** *m/pl.* nauszniki *m/pl.*

Ohr|feige *f* policzek; **2feigen** ‹s›policzkować; **..läppchen** *n* płatek ucha; **..muschel** *f* małżowina (*od.* koncha) uszna; **..ring** *m* kolczyk; **..speicheldrüse** *f* ślinianka przyuszna, przyusznica; **..wurm** *m* Zo. skorek; F *fig.* śpiewna melodyjka.

Okku|pati'on *f* okupacja; *in Zssgn* okupacyjny; **2'pieren** (-) okupować.

Öko|lo'gie *f* (0) ekologia; **..no'mie** *f* (0) ekonomia; **2'nomisch** ekonomiczny; **..system** *n* ekosystem.

Okta'eder *n* ośmiościan.

Ok'tanzahl *f* liczba oktanowa.

Ok'tav *n* ‹-s; -e›, **..format** *n* ósemka, format ósemkowy; **2e** *f* oktawa.

Ok'tober *m* październik; .. *in Zssgn* październikowy.

Oku|'lar *n* ‹-s; -e› okular; **2'lieren** (-) okulizować, oczkować.

öku'menisch ekumeniczny.

Okzident *m* ‹-es; 0› Zachód.

Öl *n* ‹-es; -e› olej; (*Oliven-, a. fig.*) oliwa; (*ätherisches ..*) olejek; *s.* Heiz-, Erdöl; .. *ins Feuer gießen* dol(ew)ać oliwy do ognia; **..baum** *m* drzewo oliwkowe; **..bild** *n* obraz olejny, F olej; **..druck** *m* (*pl. -e*) oleodruk; (*pl. ..e*) ‹ciśnienie oleju; **2en** ‹na›oliwić; F *wie geölt* jak po maśle; **..farbe** *f* farba olejna; **..feld** *n* pole naftowe; **..feuerung** *f* palenisko na paliwo ciekłe; **..filter** *n* filtr olejowy; **..gemälde** *n* malowidło olejne, F olej; **..hafen** *m* port paliw płynnych; **2haltig** zawierający olej, oleisty; *Geol.* roponośny; **..heizung** *f* ogrzewanie piecami opalanymi paliwem olejowym.

ölig oleisty; zatłuszczony; *fig. s. salbungsvoll.*

O'live *f*, **~n-baum** *m* oliwka; **~n-hain** *m* gaj oliwny; **~n-öl** *n* oliwa nicejska.

o'livgrün oliwkowy (-wo).

Öl|kanne *f* olejarka (*od.* oliwiarka) ręczna; bańka do oleju; **~kuchen** *m* makuch; **~malerei** *f* malarstwo olejne; **~meßstab** *m* prętowy wskaźnik poziomu oleju, F bagnet; **~mühle** *f* olejarnia; **~ofen** *m* piec na paliwo ciekłe; **~palme** *f* olejowiec, palma oliwna; **~pest** *f* zanieczyszczenie (powierzchni) wody ropą naftową; **~pflanze** *f* roślina oleista; **~presse** *f* tłocznia olejowa; **~quelle** *f* wytrysk ropy naftowej; **~sardinen** *f/pl.* sardynki *f/pl.* w oliwie; **~schiefer** *m* łupek naftowy; **~stand** *m* poziom oleju; **~teppich** *m* plama ropy.

Ölung *f* olejenie, oliwienie; *Rel.* die Letzte **~** ostatnie namaszczenie.

Öl|vorkommen *n* złoże ropy (naftowej); **~wanne** *f* miska (*od.* wanna) olejowa.

Olympi'ade *f* olimpiada.

O'lympia|sieger *m* zdobywca *m* złotego medalu olimpijskiego, zwycięzca olimpijski; *a.* = **~teilnehmer** *m* olimpijczyk.

o'lympisch olimpijski (po -ku); die ♀en Spiele igrzyska *n/pl.* olimpijskie.   [łazka oliwna.⟩

Öl|zeug *n* olejówka; **~zweig** *m* ga-⟩

Oma F ['o:-] *f* (-; -s) babcia.

Ome'lett *n* (-es; -s/-e), **~e** *f* omlet.

Omen *n* (-s; 0) omen.

omi'nös podejrzany.

Omnibus *m* autobus; **~bahnhof** *m* dworzec autobusowy.

Ona'nie *f* (0) onanizm, onania.

ondu'lieren (-) ⟨za⟩ondulować.

Onkel *m* (*Bruder d. Vaters*) stryj(ek); (*Bruder d. Mutter*) wuj(ek *a.* F *fig.*).

Opa F ['o:-] *m* (-s; -s) dziadzio *m*.

O'pal *m* (-s; -e) opal; **~** *in Zssgn* opalowy.

Oper *f* (-; -n) opera.   [opalowy.⟩

Opera|'teur *m* (-s; -e) operator; **~ti'on** *f* operacja.

Operati'ons|saal *m* sala operacyjna; **~schwester** *f* instrumentariuszka; **~tisch** *m* stół operacyjny; **~wunde** *f* rana operacyjna.

opera'tiv operacyjny; *fig. a.* operatywny.

Ope'rette *f* operetka; **~n-** operetkowy.

ope'rieren (-) operować; *sich* **~** *lassen* podda(wa)ć się operacji.

Opern|glas *n* lornetka (teatralna); **~haus** *n* opera; **~sänger(in** *f*) *m* śpiewak operowy, śpiewaczka operowa.

Opfer *n* ofiara; *fig. a.* pastwa; (*Leiche a.*) denat; das **~** (*G*) werden, (*D*) zum **~** fallen sta(wa)ć się pastwą (*G*), padać ⟨paść⟩ ofiarą *od.* łupem (*G*); **~ bringen** (*an*) składać ⟨złożyć⟩ w ofierze (*A*), ⟨z⟩robić ofiarę (z *G*); ♀**bereit** ofiarny; **~bereitschaft** *f* (0) ofiarność *f*; ♀**n** (-re) ofiarow(yw)ać; poświęcać ⟨-cić⟩ (*sich* się); **~stock** *m* skarbonka (na datki ofiarne); **~tod** *m* śmierć ofiarna.

Opium *n* (-s; 0) opium.

O'possum *n* (-s; -s) dydelf, opos.

Oppo|'nent *m* (-en) przeciwnik, oponent; ♀**nieren** (-) ⟨za⟩oponować.

Opportu|'nist *m* (-en) oportunista *m*; **~nismus** *m* (-; 0) oportunizm.

Oppositi'on *f* opozycja; ♀o'**nell** opozycyjny.

op'tieren (-) optować (*für/na rzecz G*).

Optik *f* (0) optyka; (*pl. -en*) układ optyczny; **~er** *m* optyk.

opti'mal optymalny.

Opti'mis|mus *m* (-; 0) optymizm; ♀**tisch** optymistyczny.

optisch optyczny; F *aus* **~en** Gründen na optykę, dla oka.

Opus *n* (-; Opera) opera, utwór.

O'rakel *n* wyrocznia.

o'ral oralny; *Med.* doustny.

o'range [-ʒə] orażowy (-wo), pomarańczowy (-wo).

O'range [-ʒə] *f* pomarańcza; **~ade** [-'ʒaː-] *f* oranżada; ♀**n-farben** *pl.* orange; **~'rie** *f* oranżeria.

Orang-Utan *m* (-s; -s) orangutan.

Ora'torium *n* (-s; -ien) oratorium *n*.

orbi'tal, ♀**~** orbitalny.

Orchester ['kɛs-] *n* orkiestra; **~** *in Zssgn mst* orkiestr|owy, -alny; **~raum** *m* fosa dla orkiestry.

Orchi'dee *f* orchidea, storczyk.

Orden *m* order; *Rel.* zakon; *j-m* e-n **~** *verleihen* udekorować *od.* nagrodzić) orderem (*A*).

Ordens|band *n* (-es; -er) wstęga orderu; **~bruder** *m* braciszek zakonny, zakonnik; **~frau** *f* s. Ordensschwester; **⁓kapitel** n kapituła zakonna; **⁓ritter** m rycerz zakonny; **⁓schwester** f siostra zakonna, zakonnica; **⁓spange** f baretka; **⁓träger** m kawaler orderu; **⁓verleihung** f nadrodzenie (od. udekorowanie) orderem; uroczystość f odznaczenia orderem.

ordentlich porządny (a. F fig.); s. sorgfältig; Gericht: powszechny; Professor: zwyczajny; [zlecenie.]

Order f (-; -s/-n) rozkaz; Hdl.⟋

Ordi⟋nalzahl f s. Ordnungszahl; ℒ**när** pospolity, zwyczajny; (gemein) ordynarny; ℒ**narius** m (-; -ien) profesor zwyczajny; kierownik katedry; (Bischof) ordynariusz; **⁓nate** f Math. rzędna.

Ordinati⟋on f Rel. ordynacja; s. Sprechstunde; **⁓s·zimmer** n gabinet lekarski.

ordn⟋en (-e-) ⟨u⟩porządkować; engS. układać ⟨ułożyć⟩, ustawi⟨a⟩ć; s. a. regeln, gruppieren; ℒ**er** m Pers. porządkowy m; (Akten ℒ) segregator.

Ordnung f (u)porządkowanie; konkr. porządek, ład; Mil. szyk; (Regel, Vorschrift) regulamin; ordynacja; Math., Bio. rząd; in ⁓ bringen doprowadzać ⟨-dzić⟩ do porządku, (a. fig.) uporządkow⟨yw⟩ać; zur ⁓ rufen przywoł⟨yw⟩ać do porządku.

ordnungs⟋gemäß przepisowy (-wo); należyty (-cie); ℒ**hüter** m stróż porządku; ℒ**liebe** f zamiłowanie do porządku; ℒ**sinn** m poczucie porządku; ℒ**strafe** f kara porządkowa; **⁓widrig** nieprzepisowy, niezgodny z regulaminem; ℒ**widrigkeit** f wykroczenie; ℒ**zahl** f Chem. liczba porządkowa; Gr. liczebnik porządkowy.

Ordon⟋nanz f ordynans; goniec.

Or'gan n (-s; -e) narząd, (a. Pol.) organ; **⁓funktionen** f/pl. czynności f/pl. ustroju.

Organisa⟋ti'on f organizacja; **⁓ti'ons·talent** n talent organizacyjny; **⁓tor** [-'za:-] m (-s; -'toren) organizator; ℒ**torisch** organizacyjny.

or'ga⟋nisch organiczny; **⁓ni'sieren** (-) ⟨z⟩organizować; ℒ**nismus** m (-; -men) ustrój, organizm; ℒ**nist** m (-en) organista m.

Or'ganverpflanzung f przeszczepianie narządów.

Or'gasmus m (-; -men) orgazm.

Orgel f (-; -n) organy m/pl.; **⁓musik** f muzyka organowa; ℒ**n** (-le) fig. ⟨za⟩huczeć; **⁓pfeife** f piszczałka organów; **⁓spieler** m s. Organist.

Orgie [-giə] f orgia.

Ori'ent m (-s; 0) Wschód; **⁓'tale** m (-n) mieszkaniec Wschodu; ℒ**'talisch** wschodni, orientalny; **⁓ta'listik** f (0) orientalistyka.

orien'tier⟋en (-) ⟨z⟩orientować (j-n über A/k-o co do G; sich się); **⁓t** zorientowany; skierowany (auf A/na A); ℒ**ung** f orientacja; ℒ**ungs-** orientacyjny.

origi⟋'nal oryginalny; ℒ**'nal** n (-s; -e) oryginał (a. Pers.); in Zssgn **⁓'nell** oryginalny.

Or'kan m (-s; -e) huragan; ℒ**artig** huraganowy, präd. jak huragan.

Orna⟋ment n (-es; -e) ornament.

Or'nat m (-es; -e) ornat.

Ornitholo'gie f (0) ornitologia.

Ort m (-es; -e) miejsce; (pl. ⁓er) Bgb. przodek; s. Ortschaft; an ⁓ und Stelle na miejscu; von ⁓ zu ⁓ z jednej miejscowości do drugiej; vor ⁓ fig. w terenie, na miejscu.

Örtchen F n ubikacja, ustęp.

orten (-e-) v/t wykry⟨wy⟩ć (A); określać ⟨-lić⟩ (od. ustalać ⟨-lić⟩) położenie od. pozycję (G).

ortho⟋'dox ortodoksyjny; (Ostkirche) prawosławny; ℒ**gra'phie** f ortografia; ℒ**'graphisch** ortograficzny; **⁓'pädisch** ortopedyczny.

örtlich miejscowy, lokalny; terenowy; ℒ**keit** f miejsce, miejscowość f; teren.

Orts⟋angabe f podanie miejsca; adres; ℒ**ansässig** miejscowy, tubylczy; **⁓besichtigung** f oględziny pl. na miejscu, wizja lokalna; ℒ**beweglich** ruchomy; przenośny.

Ortschaft f miejscowość f; engS. osiedle, osada, wieś f, miasteczko.

orts⟋fest stały, stacjonarny; **⁓fremd** obcy, przyjezdny; napływowy; ℒ**gespräch** n rozmowa miejscowa; ℒ**gruppe** f organizacja podstawowa; ℒ**kenntnis** f znajomość f miejscowości; **⁓kundig** obeznany z miejscowością, zorientowany w terenie; ℒ**name** m nazwa miejscowości; ℒ**tafel** f tablica (drogowa z nazwą) miejscowości; **⁓üblich** zgodny ze zwyczajami miejscowymi; ℒ**veränderung** f zmiana miejsca (zamieszkania); **Ꙅzeit** f czas miejscowy; **Ꙅzulage** f dodatek lokalny.

Ortung f wykry|wanie, -cie; określenie położenia, lokacja; **～s-** (radio)lokacyjny.

Öse f uszko, kluczka; *Tech.* oczko.

Osmium n (-s; 0) osm.

Ost, im ～ wschód; *im* ～en na wschodzie; **～-** *in Zssgn* wschodni.

ostenta'tiv ostentacyjny.

Oster|ei n jajko wielkanocne, kraszanka, pisanka; **～fest** *n s.* Ostern; **～hase** m zajączek wielkanocny; **～lamm** n baranek wielkanocny.

österlich wielkanocny.

Ostern n (-; -; *mst als pl.*) Wielkanoc f; *frohe* ～*!* wesołego alleluja!; *zu* ～ na Wielkanoc.

Österreich|er(in f) m Austria|k (-czka) **Ꙅisch** austriacki (po -ku).

Osterwoche f Wielki Tydzień.

ost|europäisch wschodnioeuropejski; **～indisch** wschodnioindyjski.

östlich wschodni; ～ *G od. von* na wschód od (*G*).

Ost|see- (nad)bałtycki; **Ꙅwärts** na wschód, ku wschodowi; **～wind** m wiatr wschodni.

Oszil|'lator m (-s; -'toren) oscylator; **～lo'graph** m oscylograf.

Otter[1] m wydra.

Otter[2] f (-; -n) żmija; **～n-brut** f *fig.* gadzinowe plemię.

Ottomotor m silnik o obiegu Otto.

Ouver'türe [u'-] f uwertura.

oval [o'va:l] owalny; **Ꙅ** n (-s; -e) **Ovati'on** [ova'-] f owacja. [owal.f

Ovulati'on [ovu'-] f owulacja, jajeczkowanie.

Oxa'lat n (-s; -e) szczawian.

O'xid, O'xyd n (-es; -e) tlenek; **～ati'on** f utlenianie; *in Zssgn* utleniający; **Ꙅ'ieren** (-) utleni(a)ć.

Ozean m (-s; -e) ocean; **Ꙅisch** [-'a:-] oceaniczny; **～o'gra'phie** f (0) oceanografia.

O'zon n (-s; 0) ozon; **Ꙅreich** zawierający dużo ozonu.

P

paar parę, kilka; *ein* ～ *Leute* kilkoro ludzi, kilka osób; *nach ein* ～ *Jahren* po kilku latach.

Paar n (-es; -e) para; **Ꙅen** *Tiere:* ⟨s⟩krzyżować; *fig.* kojarzyć; *sich* **Ꙅen** parzyć (*od.* parkać) się; *fig.* chodzić (*od.* iść) w parze (*mit/z I*); **Ꙅig** parzysty (-to); **～lauf** m *Sp.* jazda parami.

paarmal: *ein* ～ kilka razy, kilkakrotnie.

Paarung f parzenie się, kopulacja; *Agr. a.* krycie; **～s-zeit** f okres godowy, (*v. Säugetieren*) ruja.

paar|weise parami; **Ꙅzeher** m/pl. parzystokopytne pl.

Pacht f dzierżawa; **Ꙅen** (-e-) ⟨wy-⟩ dzierżawić, mieć w dzierżawie; F *fig.* posiadać ⟨-iąść⟩.

Pächter(in f) m dzierżaw|ca m (-czyni).

Pacht|vertrag m umowa dzierżawna; **～zins** m dzierżawne n, czynsz dzierżawny.

Pack[1] m (-es; -e/ue) paka; plik; *s.* Sack.

Pack[2] n (-es; 0) *verä.* hołota.

Päckchen n pacz(usz)ka; (*Post*) pakiecik.

Pack|eis n lód pakowy, pak; **Ꙅen** (s)chwytać ⟨(s)chwycić⟩ (*an D/za A*); (*Angst*) ogarniać (-nąć), opanow(yw)ać; *Koffer:* ⟨s⟩pakować; F *ins Bett* **Ꙅen** wpakować do łóżka; *sich* **Ꙅen** wynosić ⟨-nieść⟩ się; **～en** m pakunek, pa(cz)ka; **Ꙅend** pasjonujący, zajmujący (-co); **～er(in** f) m pakowacz(ka); **～e'rei** f pakownia; **～esel** m *fig.* zwierzę juczne, wielbłąd; **～maschine** f pakownica, pakowarka; **～papier** n papier pakowy; **～raum** m *s.* Packerei; **Ꙅung** f paczka; *Tech.* uszczelka; *Med.* zawijanie; okład; **～wagen** m wagon bagażowy.

Päda'go|ge m (-n) pedagog; **Ꙅgisch** pedagogiczny.

Paddel n pagaj, *Sp. a.* wiosło kanadyjki *od.* kajakowe; **～boot** n kajak; **Ꙅn** (-le; *a.* sn) wiosłować; pływać kajakiem; F pływać pieskiem.

paffen ćmić, kurzyć; pykać.

Page ['pɑːʒə] m (-n) paź m; boy hotelowy.

pagi'nier|en (-) paginować; **ℒung** f paginacja.

Pa'gode f pagoda.

pah! phi!, et! [cerne.]

Pak f (-; -/-s) działko przeciwpan-

Pa'ket n (-es; -e) paczka; (Aktien ℒ) pakiet; **~karte** f adres pomocniczy; **~zustellung** f doręczanie paczek.

Paki'stan|er(in f) m Pakista/ńczyk (-nka); **ℒisch** pakistański (po -ku).

Pakt m (-es; -e) pakt, układ.

pak'tieren (-) paktować, układać się.

Palais [-'lɛː] n (-; -) pałac(yk).

paläo- paleo-

Pa'last m (-es; ⁎e) pałac; **~ in Zssgn** pałacowy.

Paläs|ti'nenser m Palestyńczyk; **ℒti'nensisch**, **ℒ'tinisch** palestyński.

Pa'lette f paleta (a. Tech.).

Pali'sade f palisada, ostrokół.

Pali'sander m palisander.

Palm|e f palma; F *auf die* **~e** *bringen* ⟨roz⟩złościć; **~fett** n tłuszcz palmowy; **~öl** n olej palmowy; **~sonntag** m Niedziela Palmowa; **~wedel** m liść palmowy.

Pampel'muse f grejpfrut.

Pam'phlet n (-s; -e) pamflet.

pampig F: ~ *werden* zachow(yw)ać się bezczelnie.

Panama-, **ℒisch** panamski.

pa'nier|en panierować; **ℒmehl** n bułka tarta.

Panik f (0) panika, popłoch; **~käufe** m/pl. zakupy m/pl. panikarskie; **~mache** F f panikarstwo.

panisch paniczny.

Panne f awaria, uszkodzenie; fig. błąd; gafa; niepowodzenie; s. Reifenpanne; **~n-dienst** m pogotowie techniczne; **~n-hilfe** f pomoc f na wypadek awarii.

Pano'rama n (-s; -men) panorama; **~ in Zssgn** panoramiczny.

panschen v/t fałszować; v/i pluskać [się.]

Pansen m żwacz.

Panther m pantera.

Pan'tine f drewniak.

Pan'toffel m (-s; -n) pantofel; (Haus ℒ a.) bambosz; F *unter dem* ~ *stehen* być pod pantoflem; **~held** F m pantoflarz; **~tierchen** n pantofelek. [trepki m/pl.]

Panto'lette f, mst pl. **~n** klapki f/pl.

Panto'mim|e f pantomima; **ℒisch** pantomimiczny.

pantschen s. panschen.

Panzer m pancerz (a. Zo., Tech.), zbroja; (Kampfwagen) czołg; **~abwehrkanone** f s. Pak; **~division** f dywizja pancerna; **~faust** f pancerrzownica; **~grenadier** m żołnierz piechoty zmechanizowanej; **~hemd** n kolczuga; **~kreuzer** m pancernik; **ℒn** (-re) opancerzać ⟨-rzyć⟩; **~platte** f płyta pancerna; **~schrank** m szafa pancerna od. ogniotrwała; **~spähwagen** m zwiadowczy samochód pancerny; **~sperre** f zapora przeciwczołgowa; **~turm** m wieża pancerna; **~ung** f opancerzenie; **~wagen** m czołg.

Papa F m (-s; -s) tatuś m, papa m.

Papa'gei m (-s/-en; -e/-en) papuga; **~enkrankheit** f papuzia choroba, papuzica.

Pa'pier n (-es; -e) papier; pl. a. dokumenty m/pl.; zu ~ bringen zapis(yw)ać; **~deutsch** n (język) niemiecki w stylu kancelaryjnym; **~drachen** m latawiec; **ℒen** papierowy; **~fabrik** f fabryka papieru, papiernia; **~geld** n pieniądz papierowy; **~geschäft** n sklep papierniczy; **~industrie** f przemysł papierniczy, papiernictwo; **~korb** m kosz na papiery; **~krieg** m papierkowa robota; **~maschine** f papiernica; **~rolle** f zwój papieru; **~schere** f nożyce pl. do papieru; **~schlange** f serpentyna; **~waren** f/pl. materiały m/pl. piśmienne.

Papp|- tekturowy; **~becher** m kubek papierowy; **~e** f tektura; papa (dachowa). [topolowy.]

Pappel f (-; -n) topola; **~ in Zssgn**

Pappenstiel F m: *das ist kein* ~ to nie bagatela; k-n ~ *wert* funta klaków nie wart(e); *für e-n* ~ za bezcen.

papperla'papp! bzdury!

papp|ig papkowaty (-to); **ℒschachtel** f pudełko tekturowe.

Paprika m (-s; -s) papryka; (Gewürz a.) pieprz turecki; **~fleisch** n paprykarz; **~schote** f owoc papryki.

Papst m (-es; ⁎e) papież; **~ in Zssgn** = päpstlich papieski; **~tum** n (-s; 0) papiestwo.

Papua m (-/-s; -s) Papuas.

Pa'pyrus m (-; -ri) papirus.

Pa'ra|bel f parabola (a. Math.); **ℒ'bolisch** paraboliczny.

Pa'rade f parada (a. Sp.); Mil. a. defilada; **~marsch** m przemarsz krokiem defiladowym; **~pferd** F n fig. najlepszy okaz; wzór (G, z. B. pracownika); **~platz** m plac defilad.

Para'dies n (-es; -e) raj; **~apfel** m rajskie jabłko; rajska jabłoń.

para'diesisch rajski; **~** wohl usw. jak w raju.

para'dox paradoksalny.

Paraf'fin n (-s; -e) parafina; **~-** in Zssgn parafinowy.

Para'graph m (-en) paragraf.

Paraguay|-, ~isch paragwajski.

paral'lel równoległy (-le); **2e** f paralela (a. fig.), równoległa; **2o'gramm** n równoległobok.

Para'lyse f porażenie, paraliż.

Paranüsse f/pl. orzeszki m/pl. para.

para'phieren (-) parafować.

Para'si|t m (-en) pasożyt; **2'tär** pasożytniczy (-czo); **2'tieren** (-) pasożytować.

Pärchen n par(k)a. [teza.\]
Paren'these f nawias; Ling. paren-\}
Pa'rese f Med. porażenie.

Parfüm [-'fœ:] n (-s; -e/-s) perfumy pl.; **~e'rie** f perfumeria; **2ieren** [-'mi:-] (-) ⟨na⟩perfumować.

pa'rieren (-) parować, odparow⟨yw⟩ać; s. gehorchen.

Pa'riser(in f) m paryżan|in (-ka).

Pari'tät f (0) parytet.

Park m (-es; -e) park; **~-and-ride-Sy'stem** [-'rɑ'id-] n system centralnych parkingów przesiadkowych; **2en** ⟨v/t a. za⟩parkować; **~en** n (-s; 0) parkowanie.

Par'kett n (-es; -e) parkiet; Thea. parter; **~fußboden** m posadzka deszczułkowa od. parkietowa; **~platz** m miejsce parterowe.

Park|haus n parking wielopiętrowy; **~leuchte** f światło postojowe; **~platz** m parking (samochodowy); **~uhr** f licznik parkingowy; **~verbot** n zakaz postoju od. parkowania.

Parla'men|t n (-es; -e) parlament; **~'tär** m (-s; -e) parlamentariusz; **~'tarier** m parlamentarzysta m; **2'tarisch** parlamentarny.

Paro'die f parodia; **2ren** (-) ⟨s⟩parodiować. [radentoza.\]
Parodon'tose f (0) przyzębica, pa-\}
Pa'role f hasło (a. Mil.).

Par'tei f Pol. partia, stronnictwo; Jur. strona; j-s ~ ergreifen stawać ⟨stanąć⟩ po stronie (G), występo-

wać ⟨-tąpić⟩ w obronie (G); **~aktiv** n aktyw partyjny; **~beschluß** m uchwała partii; **~buch** n legitymacja partyjna; **~buchwirtschaft** f iron. obsadzanie stanowisk członkami partii; **~disziplin** f dyscyplina partyjna; **2feindlich** antypartyjny; **~freund** m członek tej samej partii; **~führer** m przywódca m (od. lider) partii od. stronnictwa; **~führung** f kierownictwo partii; **~funktionär** m działacz partyjny; **~gänger** m stronnik, zwolennik; **~genosse** m towarzysz partyjny.

par'teiisch stronniczy (-czo).

par'tei|los bezpartyjny; **2mitglied** n członek partii od. stronnictwa, F partyjny m; **2nahme** f wystąpienie w obronie (G), ujęcie się (za I); **2organ** n organ partii od. stronnictwa; **2organisation** f organizacja partyjna; **2programm** n program partii od. stronnictwa; **2sekretär** m sekretarz partii; **2tag** m zjazd partii od. stronnictwa; **2vorstand** m zarząd partii od. stronnictwa; **2zugehörigkeit** f przynależność partyjna.

Par'terre n (-s; -s) parter; **~wohnung** f mieszkanie parterowe od. na parterze.

Par|'tie f partia; (Augen2) okolica (G); s. Ausflug; **2ti'ell** częściowy (-wo); **~'tikel** f (-; -n) Gr. partykuła; Phys. cząstka.

Parti|'san m (-en) partyzant; **~'sanen-** partyzancki; **~'tur** f partytura; **~'zip** n (-s; -pien) imiesłów.

Partner m, **~in** f partner(ka); s. Teilhaber; **~schaft** f partnerstwo.

Party [-ʁti'] f (-; -s/-ties) F prywatka.

Par'zelle f parcela, działka.

Pascha m (-s; -s) basza m.

Paß[1 m (-sses; ᵘsse) paszport; Geol. przełęcz f; Sp. podanie, przerzut.

Paß[2 m (-sses; 0) skrocz, inochód.

pas'sabel f (-bl-) możliwy (-wie).

Pas'sage [-ʒə] f pasaż (a. Mus.); przejście; Mar. rejs, przejazd.

Passagier [-'ʒi:ʁ] m (-s; -e) pasażer; blinder **~** pasażer na gapę; **~-** in Zssgn pasażerski.

Passah n (-s; 0) Rel. Pascha.

Paß·amt n biuro paszportowe.

Pas'sant m (-en), **~in** f przechodzień m.

Pas'sat m (-es; -e) pasat.

passen (-βt) pasować (zu/do G); KSp. ⟨s⟩spasować; um diese Zeit paßt es mir nicht o tej porze nie odpowiada (od. pasuje) mi; F sich ~ uchodzić; **~d** odpowiedni, stosowny; Anzug: dobrze skrojony; **~d machen** dopasow(yw)ać.

Paß|form f (Kleidung) krój; **~gang** m (-es; 0) s. Paß[2]; **~genauigkeit** f dokładność f pasowania.

pas'sier|en v/t przechodzić ⟨przejść⟩ (a. fig.); mijać ⟨minąć⟩; Grenze: przekraczać ⟨-roczyć⟩, **~en lassen** przepuszczać ⟨-uścić⟩; v/i (sn) zdarzać ⟨-rzyć⟩ się; was ist ~t? co się stało?; was ist Ihnen ~t? co się panu (pani) przytrafiło?; **~schein** m przepustka.

Passi'on f pasja; Rel. Pasja, Męka Pańska. [wany.]

passio'niert zapalony, pasjono-∫

Passi'onsspiel n widowisko pasyjne.

pas|siv bierny, pasywny; Bilanz a.: ujemny; **⍼siv** m (-s; selt. -a) Gr. strona bierna; **⍼'siva** pl. Fin. pasywa m/pl.; **⍼sivi'tät** f (0) bierność f, pasywność f.

Paß|kontrolle f kontrola paszportów od. paszportowa; **~straße** f droga przez przełęcz.

Passung f Tech. pasowanie.

Passus m (-; -) ustęp, urywek.

Paßzwang m przymus paszportowy.

Pasta f (-; -ten), **Paste** f pasta.

Pa'stell n (-s; -e) pastel; ~ in Zssgn pastelowy.

Pa'stete f pasztet.

pasteuri'sier|en (-) pasteryzować; **⍼ung** f (0) pasteryzacja.

Pa'stille f pastylka. [pasternak.]

Pasti'nak m (-es; -e), **~nake** f∫

Pastor m (-s; -'toren) pastor.

Pate m (-n) (ojciec) chrzestny; fig. ~ gestanden haben być inspiratorem (bei/G).

Paten|kind n chrześnia|k (-czka); **~schaft** f ojcostwo chrzestne; fig. szefostwo, patronat.

pa'tent równy, setny, morowy.

Pa'tent n (-es; -e) patent; **~amt** n urząd patentowy; **~anwalt** m rzecznik patentowy.

paten'tier|en (-) ⟨o⟩patentować; **~t patentowany.**

Pa'tent|inhaber m właściciel patentu; **~recht** n prawo patentowe; **~register** n spis patentów; **~schrift** f opis patentowy; **~schutz**

m ochrona patentowa; **~verschluß** m zamek patentowy.

Pater'noster m Tech. paternoster.

pa'thetisch patetyczny.

patho'gen patogeniczny, patogenny; **~logisch** patologiczny.

Pathos n (-; 0) patos.

Patient [-'tsɪɛnt] m (-en), **~in** f pacjent(ka).

Patin f (matka) chrzestna.

Patri'ar|ch m (-en) patriarcha m; **⍼'chalisch** patriarchalny.

Patri'ot m (-en), **~in** f patriot|a (-ka); **⍼isch** patriotyczny; **~'ismus** m (-; 0) patriotyzm.

Pa'trizier m patrycjusz.

Pa'tron m (-s; -e) patron.

Pa'trone f Mil. nabój.

Pa'tronen|gurt m taśma nabojowa; **~hülse** f łuska (naboju); **~tasche** f ładownica.

Patrouil|le [-'trulïə] f patrol; **~en-patrolowy; **⍼'lieren** (-) patrolować.

Patsche[1] f (0): in der ~ sitzen być w tarapatach.

Patsch|e[2] f, **~händchen** n rączka, łapka; **⍼naß** F mokrusieńki (-ko).

Patt n (-s; -s) pat.

Patte f patka, klapka.

patz|en (-zt) s. verpatzen; Mus. ⟨s⟩ fałszować; **~ig** F opryskliwy (-wie).

Pauk|e f Mus. kocioł; F mit ~en und Trompeten z kretesem; auf die ~e hauen ⟨po⟩hulać; **⍼en** F kuć, wbiną; ob|kuwać; **~enhöhle** f jama bębenkowa; **~er** m dobosz; F (Lehrer) belfer. [całowaty (-to).]

paus|backig, ~bäckig pyzaty, pu-∫

pau'schal ryczałtowy, prād. ryczałtem; **⍼e** f ryczałt; **⍼reise** f podróż zbiorowa; **⍼summe** f suma ryczałtowa.

Pause f przerwa, pauza; kopia na kalce; odbitka; **⍼n-los** nieprzerwany, prād. bez przerwy.

pau'sieren (-) ⟨s⟩pauzować.

Paus|papier n kalka (kreślarska, przebitkowa).

Pavian m (-s; -e) pawian.

Pazi'fis|mus m (-; 0) pacyfizm; **⍼t** m (-en) pacyfista m.

Pech n (-es; -e) pak; smoła; F fig. (0) pech; ~ haben mieć pecha; **⍼haben** mieć pecha; **~blende** f uraninit, blenda smolista; **⍼draht** m dratwa; **~kohle** f węgiel brunatny smolisty; **~nelke** f smółka; **⍼schwarz** czarny jak smoła; **~strähne** f zła passa; **~vo-**

gel F m pechowiec, pechowy człowiek. [treten pedałować.)
Pe'dal n (-s; -e) pedał; in die ~e)
Pe'dant m (-en), ~in f pedant(ka);
2isch pedantyczny.
Pedi'küre f pedicure m; Pers. pedikiurzystka.
Pegel m wodowskaz; (Flutmesser) pływowskaz; Fmw. poziom; ~stand m stan (wody) wodowskazowy.
peil|en sondować (a. F fig.); Mar., Flgw. namierzać; 2gerät n (radio-namiernik, radiopelengator; 2ung f namiar, (radio)namierzanie.
Pein f (0) męczarnia, męki f/pl.
peinig|en męczyć, dręczyć; 2er m dręczyciel; 2ung f (0) dręczenie; katusze f/pl.
peinlich przykry (-ro); (bardzo) dokładny, skrupulatny; Ordnung: wzorowy; 2keit f (0) przykrość f.
Peitsche f bat, bicz; 2n chłostać, smagać (batem od. fig. Regen usw.); (nur Pers.) biczować.
Peitschen|hieb m uderzenie batem, pl. a. razy m/pl. batów; ~knall m trzaskanie (od. trzaśnięcie) z bicza; ~stiel m biczysko.
Pelar'gonie f pelargonia.
Pele'rine f peleryna.
Pelikan m (-s; -e) pelikan.
Pelle f skórka; łupina; F nicht von der ~ gehen nie odstępować ani na krok (D/A); 2n ob(ie)rać; F sich 2n łuszczyć się. [w mundurkach.)
Pellkartoffeln f/pl. ziemniaki m/pl.)
Pelz m (-es; -e) futro, kożuch; Zo. a. futerko; 2gefüttert podbity futrem; ~kragen m kołnierz futrzany; ~mantel m futro, (Innenpelz) pelisa; ~tier n zwierzę futerkowe; ~waren f/pl. s. Rauchwaren.
Pendel n wahadło; 2n (-le; a. sn) wahać się; fig. jeździć (stale) tam i z powrotem; ~uhr f zegar wahadłowy; ~verkehr m komunikacja wahadłowa. [pracy.)
Pendler m dojeżdżający (stale) do)
Penis m (-; -se/Penes) prącie.
Pen'näler m sztubak.
Penn|bruder F m łazęga m, włóczykij; ~e F f (Schule) buda; 2en P kimać, chrapać; ~er m s. Pennbruder. [pensjonat.)
Pensi'on f emerytura; (Fremden?)]
Pensio|'när m (-s; -e) emeryt; s. Pensionsgast; ~'nat n (-es; -e) pensjonat, † pensja.

pensio'nier|en (-) przenosić ⟨przenieść⟩ na emeryturę; sich ~en lassen przechodzić ⟨przejść⟩ na emeryturę; 2t emerytowany; 2ung f przeniesienie (od. przejście) na emeryturę.
pensi'ons|berechtigt uprawniony (od. z prawem) do emerytury; 2gast m pensjonariusz.
Pensum n (-s; -sa/-sen) pensum n.
Pep'sin n (-s; -e) pepsyna.
per: ~ Bahn koleją; ~ Post pocztą, przez pocztę; ~ 1. April na (od. do) 1. kwietnia; ~ Adresse pod adresem; s. pro, du.
per'fekt doskonały (-le); F präd. a. perfekt; ~ sein in (D) znakomicie robić, doskonale (od. świetnie) umieć (A); ~ machen Vertrag: podpisać; Geschäft: dobić (G).
Perfek|t n (-es; -e) Gr. czas przeszły dokonany, perfectum n; ~ti'on f perfekcja; 2'tiv Gr. dokonany.
per'fid(e) przewrotny, perfidny.
Perfo|rati'on f perforacja; ~'rier-do perforowania; 2'rieren (-) perforować, dziurkować.
Perga'ment n (-s; -e) pergamin; ~papier n papier pergaminowy.
Peri|'ode f okres, (a. Med.) period; 2'odisch okresowy, periodyczny; ~phe'rie f peryferia (in Zssgn peryferyjny); Comp. zewnętrzny; ~'skop n (-s; -e) peryskop; ~'staltik f (0) ruch robaczkowy, perystaltyka.
Perku|ssi'on f Med. perkusja, opukiwanie; 2'tan przez skórę.
Perle f perła (a. fig.).
perlen perlić się; 2fischer m poławiacz pereł; 2schnur f sznur pereł.
Perl|graupen f/pl. kasza perłowa, F perłówka; ~huhn n perliczka, pantarka; ~mutt n (-s; 0) masa perłowa.
per'ma|nent stały (-le), ciągły (-le); Phys. trwały; 2manga'nat n (-es; -e) nadmanganian; 2muti'on f permutacja, przemiana; ~nizi'ös złośliwy; ~'oral doustny; 2oxid n nadtlenek; 2pen'dikel n wahadło; ~'plex osłupiały (z wrażenia), zdetonowany.
Perser m Pers, (Teppich) perski dywan; 2in f Persjanka.
Pers|i'aner m karakuły m/pl.; (Mantel) futro karakułowe; 2isch perski (po -ku).

Per|son f osoba; *ich für* m-e ~ co do mnie; *in* ~ we własnej osobie.

Perso|nal n (-s; 0) personel; ~**abteilung** f dział kadr; ~**akte(n** pl.) f akta m/pl. personalne od. osobowe; ~**ausweis** m dowód osobisty; ~**chef** m kierownik działu kadr, F kadrowiec; ~**ien** pl. personalia pl., dane pl. osobiste; ~**pronomen** n Gr. zaimek osobowy; ~**union** f unia personalna.

perso'nell osobisty; personalny.

Per'sonen|aufzug m wyciąg (od. dźwig) osobowy; ~**auto** n samochód osobowy; ~**beschreibung** f rysopis; ~**kennziffer** f kod osobisty; ~**kult** m kult jednostki; ~**schaden** m poszkodowanie osób, uszkodzenie ciała (osób); ~**standsregister** n rejestr urzędu stanu cywilnego; ~**verkehr** m ruch osobowy od. pasażerski; ~**wagen** m Esb. wagon osobowy; F Kfz. wóz osobowy; ~**zug** m pociąg osobowy.

personifi'zieren v/t uosabiać ⟨-sobić⟩, personifikować.

per'sönlich osobisty (-ście); (auf Briefen) do rąk własnych; 2**keit** f (0) osobowość f; (pl. -en) osobistość f.

Perspek'tiv|e f perspektywa; 2**isch** perspektywiczny.

Peru|an|er(in f) m Peruwia|ńczyk (-nka); 2**isch** peruwiański.

Pe'rücke f peruka.

per'vers perwersyjny, zboczony; 2**i'tät** f perwersja, zboczenie.

Pessi'mis|mus m (-; 0) pesymizm; ~**t** m (-en), ~**tin** f pesymist|a m (-ka); 2**tisch** pesymistyczny.

Pest f (-; 0) dżuma; Vet. (po)mór; F fig. wie die ~ hassen nienawidzić z całego serca; ~**beule** f dymienica dżumowa; 2**krank** chory na dżumę, zadżumiony; ~**säule** f kolumna morowa.

Peter'silie f pietruszka.

Petiti'on f petycja.

Petrochemie f (0) petrochemia.

Pe'troleum n (-s; 0) nafta (świetlna); ~**lampe** f lampa naftowa.

Petschaft n (-es; -e) pieczątka.

Petticoat [-ko:t] m (-s; -s) (pół-)halka.

Petze F f skarżypyta m/f; JSpr. liszka; 2**n** (-zt) F skarżyć, latać ze skargą.

Pfad m (-es; -e) ścieżka; fig. droga.

Pfadfinder m harcerz; ~ *in Zssgn* harcerski; ~**in** f harcerka.

Pfaffe m (-n) verä. klecha m.

Pfahl m (-es; -e) pal; kołek; ~**bau** m (-es, -ten) budowla (od. dom) na palach; ~**muschel** f omułek jadalny; ~**rost** m ruszt palowy.

Pfalzgraf m palatyn.

Pfand n (-es; -er) zastaw; (beim Spiel) fant; ~**brief** m list zastawny.

pfänd|en (-e-) v/t kłaść ⟨położyć⟩ areszt (na L), zajmować ⟨zająć⟩ (A); 2**erspiel** n gra w fanty.

Pfand|leihe f lombard; ~**recht** n prawo zastawu; ~**schein** m kwit zastawny.

Pfändung f zajęcie, areszt.

Pfann|e f patelnia; Tech. panew f, (a. Anat.) panewka; Arch. dachówka esówka; ~**kuchen** m naleśnik; (Krapfen) pączek.

Pfarr|amt n kancelaria parafialna; ~**bezirk** m parafia; ~**e** f probostwo; ~**er** m proboszcz, † pleban; ~**gemeinde** f gmina; parafianie m/pl.; ~**haus** n probostwo, plebania; ~**kirche** f kościół parafialny.

Pfau m (-es; -en) paw; ~**en-auge** n Zo. (rusałka) pawik; ~**enfeder** f pawie pióro.

Pfeffer m (-s; 0) pieprz; ~**gurke** f korniszon; 2**ig** s. pfeffrig; ~**korn** n ziarnko pieprzu; ~**kuchen** m piernik; ~**minze** f mięta pieprzowa; *in Zssgn* miętowy; 2**n** (-re) ⟨po⟩pieprzyć; P fig. grzmotnąć pf., rżnąć pf.; ~**streuer** m pieprzniczka.

pfeffrig pieprzny.

Pfeife f piszczek, gwizdawka; s. Orgel-, Tabakspfeife; P fig. faja, fujara; noch eine ~ tanzen tańczyć jak ktoś zagra; 2**n** (L.) ⟨za⟩gwizdać, gwizdnąć pf.; Lied: po-, wy|gwizdywać; fig. a. świstać ⟨-snąć⟩; ich 2 darauf! gwiżdżę na to!; ~**n-kopf** m lulka (fajki); ~**n-reiniger** m przetyczka do fajki.

Pfeil m (-es; -e) strzała; (Wegweiser) strzałka; ~**er** m słup, (a. Bgb.) filar; 2**förmig** w kształcie strzałki; Flgw. skośny; 2**schnell** (szybki) jak strzała; ~**spitze** f grot (strzały, strzałki); ~**wurz** f maranta.

Pfennig m (-s, -e) fenig; fig grosz; ~**fuchser** [-ks-] m sknera m.

Pferch m (-es; -e) koszar(a).

Pferd n (-es, -e) koń m (a Turn2,

Schach); zu ~e konno, wierzchem; ~chen *n* konik.

Pferde|decke *f* der(k)a; ~dieb *m* koniokrad; ~fleisch *n* konina; ~fuß *m fig.* haczyk; ~futter *n* obrok; ~haar *n* końskie włosie; ~huf *m* kopyto końskie; ~kur F *f* końska kuracja; ~rennen *n* wyścigi *m/pl.* konne; ~sport *m* jeździectwo, hipika; ~stall *m* stajnia; ~stärke *f* koń mechaniczny; ~wagen *m* furmanka, konny wóz; ~zucht *f* hodowla koni.

pfiff *s.* pfeifen.

Pfiff *m* (-*es*; -e) gwizd(nięcie); świst; F *fig.* (właściwy) urok; pieprzyk.

Pfifferling *m* (-*es*; -e) pieprznik, kurka; k-n ~ wert funta kłaków nie wart(e). [(-; -*se*) chytrus.\]

pfiffi|g sprytny, cwany; 2kus *m* \}

Pfingst|en *n* (-; 0) *od. pl.* Zielone Świątki *m/pl.*; ~rose *f* peonia, piwonia.

Pfirsich *m* (-*es*; -e) brzoskwinia (*a. Baum*); ~ *in Zssgn* brzoskwiniowy.

Pflanz|e *f* roślina; F *fig.* ziółko; 2en (-*zt*) ⟨po-, za⟩sadzić.

pflanzen|fressend roślinożerny; 2heilkunde *f* ziołolecznictwo; ~kost *f* pożywienie roślinne; 2öl *n* olej roślinny; 2reich *n* (-*es*; 0) świat roślin(ny); 2schutzmittel *n* środek ochrony roślin; 2wuchs *m* wegetacja; szata roślinna.

Pflanz|er *m* plantator; ~gut *n* koll. sadzeniaki *m/pl.*; 2lich roślinny.

Pflänzling *m* (-*s*; -e) sadzonka, rozsada, flanca.

Pflanz|maschine *f* sadzarka; ~ung *f* plantacja; ~zeit *f* termin (*od.* czas) sadzenia.

Pflaster *n* bruk (*a. fig.*); *Med.* plaster; 2n (-*re*) ⟨wy⟩brukować; ~stein *m* kamień brukowy, brukowiec. [fajtłapa.\]

Pflaume *f* śliwka; P (*Versager*)\}

Pflaumen|baum *m* śliwa; ~mus *n* powidła *n/pl.* śliwkowe; 2weich (0) mięciut|ki, -chny (-ko/-no).

Pflege *f* pielęgnacja; (*Fürsorge*) opieka, piecza; 2bedürftig potrzebujący (*od.* wymagający) opieki; ~eltern *pl.* przybrani rodzice *m/pl.*; ~familie *f* rodzina opiekuńcza *od.* zastępcza; ~heim *n* zakład dla chroników; ~kind *n* przybrane dziecko, wychowan|ek (-nica); 2-

leicht łatwy do prania i prasowania; ~mutter *f* przybrana matka; (*Amme*) mamka; 2n *v/t* pielęgnować; (*betreuen*) doglądać (*G*), opiekować się (*I*); dbać (o *A*; *sich* o siebie); *Freundschaft*: utrzymywać; (*betreiben*; † *a.* v/i; *G*) uprawiać (*A*), zajmować się (*I*); v/i 2n zu ... mieć zwyczaj (+ *Inf.*); zu sagen 2n mawiać; zu essen 2n jadać; ~personal *n* personel pielęgniarski.

Pfleger *m* pielęgniarz; *Jur.* kurator; ~in *f* pielęgniarka.

Pflege|sohn *m*, ~tochter *f* przybra|ny syn, -na córka; ~vater *m* przybrany ojciec, opiekun.

Pflicht *f* obowiązek, powinność *f*; j-m zur ~ machen nakładać ⟨nałożyć⟩ na k-o obowiązek; ~ablieferung *f* dostawa obowiązkowa; 2bewußt obowiązkowy, poczuwający się do obowiązku; ~bewußtsein *n* poczucie obowiązku; ~eifer *m* gorliwość *f*; ~erfüllung *f* pełnienie obowiązków; ~fach *n* przedmiot obowiązkowy; ~gefühl *n s.* *Pflichtbewußtsein*; 2gemäß prąd. zgodnie z obowiązkiem *od.* przepisami; *Adj.* przepisowy, obowiązkowy; ~lauf *m Sp.* jazda obowiązkowa; ~teil *m Jur.* zachowek; ~übung *f* ćwiczenie obowiązkowe; 2vergessen zaniedbujący obowiązki (służbowe) nieobowiązkowy; ~verletzung *f* naruszenie (*od.* niedopełnienie) obowiązku *od.* obowiązkowy; ~verteidiger *m* obrońca *m* z urzędu; 2widrig sprzeczny z obowiązkiem.

Pflock *m* (-*es*; ⁺e) kołek, palik.

pflück|en zrywać ⟨zerwać⟩; *Beeren*: zbierać ⟨zebrać⟩; 2maschine *f* obrywarka.

Pflug *m* (-*es*; ⁺e) pług. [oracz.\]

pflüg|en (*nur* v/t z)orać; 2er *m*\}

Pflug|karren *m* kolesnica pługa; ~schar *f* lemiesz. [furtka.\]

Pforte *f* furta, brama; (*Garten*2)\}

Pförtner *m* portier, dozorca *m*, † odźwierny *m*; *Anat.* odźwiernik; ~häus·chen *n*, ~loge *f* portiernia, stróżówka.

Pfosten *m* słupek; *Arch. a.* stojak.

Pfötchen *n* łapka.

Pfote *f* łapa (*a.* F *Hand*); ~n weg! ręce przy sobie!

Pfriem *m* (-*es*; -e) szydło.

Pfropf *m Med.* czop, zakrzep; 2en

Agr. szczepić; *s.* (*zu*)*stopfen;* **~en** *m* zatyczka, korek; **~reis** *n Agr.* zraz.

Pfründe *f* prebenda; *fig.* synekura.

Pfuhl *m* (*-es; -e*) bajoro.

pfui! *Int.* fe!, tfu!; **Qruf** *m* okrzyk oburzenia.

Pfund *n* (*-es; -e*) funt; **~** *Sterling* funt szterling; **Qig** F byczy (*-czo*), morowy (*-wo*); **~s-kerl** F *m* równy (*od.* setny) chłop.

pfusch|en partaczyć, fuszerować, P knocić; *s. Handwerk;* **Qer** *m* partacz; brakoróbó; **Qe'rei** *f* partanina, fuszerka.

Pfütze *f* kałuża, bajoro.

phallisch falliczny.

Phäno'me|n *n* (*-s; -e*) fenomen; *Phys.* zjawisko; **Q'nal** fenomenalny.

Phanta'sie *f* (0) wyobraźnia, (*a. pl.*) fantazja; **Qlos** bez polotu, bez fantazji; **Qren** (*-*) fantazjować; *Med.* majacszyć; **Qvoll** pełen fantazji, fantazyjny.

Phan'tast *m* (*-en*) fantasta *m*; **Qisch** fantastyczny.

Phan'tom *n* (*-s; -e*) fantom.

Pharao *m* (*-/-s; -'onen*) faraon.

Phari'sä|er *m* faryzeusz; **Qisch** faryzeuszowski.

Pharma'|zeut *m* (*-en*) farmaceuta *m*; **Q'zeutisch** farmaceutyczny; **~zie** *f* (0) farmacja.

Phase *f* faza (*a. Phys.*); **~n-** fazowy.

Phe'|nol *n* (*-s; -e*) fenol; *in Zssgn* fenolowy; **~'nyl** *n* (*-s; 0*) fenyl.

Philate'lie *f* (0) filatelistyka.

Philharmo'nie *f* filharmonia.

philip'pinisch filipiński.

Phi'lister *m* filister.

Philo'|dendron *m* (*-s; -dren*) filodendron; **~lo'gie** *f* filologia; **Q'logisch** filologiczny; **~'soph** *m* (*-en*) filozof; **~so'phie** *f* filozofia; **Qso'phieren** (*-*) filozofować; **Q'sophisch** filozoficzny.

Phi'mose *f Med.* stulejka.

Phi'ole *f* ampułka, fiola.

Phlegma|tiker *m* flegmatyk; **Q-tisch** flegmatyczny.

Phlegmone *f Med.* ropowica.

Phon *m* (*-s; -s*) fon.   [fonetyczny.]

Pho'ne|tik *f* (0) fonetyka; **Qtisch**

phö'nizisch fenicki (po *-ku*).

Phono|- fono ; **~'thek** *f* fonoteka.

Phos'phat *n* (*-es; -e*) (orto)fosforan.

Phosphor *m* (*-s; 0*) fosfor; **~-** *in Zssgn* fosforowy; **Qes'zieren** (*-*) fosforyzować.

Photo|- *s.* Foto-; **~element** *n* fotoogniwo, komórka fotowoltaiczna; **~n** *n* (*-s; -'tonen*) foton; **~zelle** *f* fotokomórka; (*Photoröhre*) fotonówka.

Phrase *f* fraza (*a. Mus.*); *fig.* frazes; **~n-drescher** *m* frazesowicz; **Qn-haft** frazesowy (*-wo*); **~olo'gie** *f* frazeologia.

Phy'sik *f* (0) fizyka.

physi'kalisch fizyczny; **~e** *Therapie* fizjoterapia.

Physiker *m* fizyk.

Physio|gno'mie *f* fizjonomia; **~lo-'gie** *f* (0) fizjologia; **Q'logisch** fizjologiczny.

physisch fizyczny.

phyto-, Phyto- fito-.   [(-ka).]

Pia'nist *m* (*-en*), **~in** *f* pianist a *m*

Pi'aster *m* piastr.   [robaka.]

picheln F (*-le*) popijać, zalewać

pichen <wy>smołować.

Pickel[1] *m* oskard.

Pickel[2] *m* wyprysk, pryszcz(yk); **Qig** pryszczaty (*-to*).

picken dziobać <-bnąć>.   [jówka.]

Picknick *n* (*-s; -e/-s*) piknik, ma-

pick|en *dial.* <u>kłuć; **~fein** F najlepszy; elegancki (*-ko*).

Piep *m* (*-s; 0*) pisk; F *k-n* **~** *sagen* ani pisnąć; **~en** F *pl.* flota, groszaki *m/pl.*; **Qen** kwilić; piskać, ćwierkać; F *bei dir* **~***t's wohl?* masz chyba źle w głowie?; **~matz** F *m* (*-es; ~e*) pisklę; **Qsen** *s.* piepen; **Qsig** piskliwy (*-wie*).

Pier *m* (*-s; -e/-s*) *od.* *f* (*-; -s*) pirs.

piesacken F dokuczać <-czyć> (*A/D*).

Pie'tät [pi·e-] *f* (0) pietyzm; **Qvoll** pełen pietyzmu, *präd.* z pietyzmem.

Pig'ment *n* (*-es; -e*) pigment, barwnik; **~-** *in Zssgn* pigmentowy.

Pik[1] *m* (*-s; -e/-s*) szczyt, turnia.

Pik[2] *n* (*-s; -s*) pik; **~** *in Zssgn* pi-

pi'kant pikantny.   [kowy.]

Pike *f* dzida, pika; *von der* **~** *auf dienen* zacząć karierę od najniższego szczebla.

pi'kiert dotknięty, ob-, u|rażony.

Pikkolo *m* (*-s; -s*) pikolo *m*, F pikolak; **~flöte** *f* pikulina.

Pilger *m* pielgrzym, pątnik; **~fahrt** *f* pielgrzymka; **Qn** (*-re; sn*) odby-(wa)ć pielgrzymkę.

Pille *f* pigułka (*a. fig.*).

Pi'lot *m* (*-en*) pilot; **~** *in Zssgn Tech.* pilotowy.

Pils(e)ner n (piwo) pilzneńskie.

Pilz m (-es; -e) grzyb; ~ in Zssgn grzybowy; wie die ~e aus der Erde schießen rosnąć jak grzyby po deszczu; **~flechte** f, **~krankheit** f grzybica (skóry); **~suche** f, **~wanderung** f grzybobranie; **~vergiftung** f zatrucie grzybami. [ziele.\
Pi'ment n od. m (-es; -e) angielskie\
pingelig F skrupulatny, pedantyczny; nicht ~ sein nie przebierać (bei der Wahl s-r Mittel w środkach).

Pinguin m (-s; -e) pingwin.

Pinie f pinia.

pinkeln F (-le) ⟨na⟩siusiać, wysiusiać się pf., sikać.

Pinscher m pinczer.

Pinsel m pędzel; fig. dureń m; chłystek; ~n F ⟨po⟩ pędzlować; **~strich** m pociągnięcie pędzla.

Pin'zette f pęseta, pinceta.

Pio'nier m (-s; -e) pionier; Mil. a. saper; **~arbeit** f praca pionierska; **~gerät** n sprzęt saperski; **~truppen** f/pl. wojska n/pl. inżynieryjne; **~zeit** f czasy m/pl. pionierstwa.

Pi'pette f pipet(k)a.

Pips P m (-es; 0) pypeć m.

Pi'rat m (-en) pirat; **~en-** piracki.

Pi'rol m (-s; -e) wilga.

Pirsch f (0) podchód; auf die ~ gehen polować z podchodu.

pis|sen V (-βt) ⟨na⟩szczać, wyszczać się pf.; **2soir** F [-'sŏɑːʁ] n (-s; -e) pisuar. [orzeszek pistacjowy.\
Pi'stazie f pistacja; **~n·nuß** f\
Piste f trasa (narciarska, kolarska); Flgw. droga startowa.

Pi'still n (-s; -e) tłuczek; Bot. słupek.

Pi'stole f pistolet; **~n-** pistoletowy; **~n·tasche** f kabura.

pitsch(e)naß F mokrusieńki, przemoczony do nitki.

placieren [-'si:ʁən] (-) s. plazieren.

Placke'rei f harówka, mitręga.

pladder|n dial.: es ~t leje jak z cebra.

plä'dieren (-) Jur. wygłaszać ⟨-łosić⟩ przemówienie końcowe od. mowę obronną; (für) bronić (G), wstawi⟨a⟩ się (za I); **2doyer** [-dŏa'je:] n przemówienie końcowe, engS. mowa obrończa.

Plage f plaga, F a. utrapienie; **~geist** F m (-es; -er) piła, maruda, męczydusza m/f; **2n** męczyć, zamęczać (mit/I); nawiedzać; sich 2n harować, mozolić się (mit/nad I).

Plagi'at n (-es; -e) plagiat.

Pla'kat n (-es; -e) plakat; afisz; ~ in Zssgn plakatowy; **~maler** m plakacista m.

Pla'kette f plakieta; Sp. usw. żeton.

plan (0) płaski (-ko), równy (-no).

Plan m (-es; ~e) plan; **~drehen** n planowanie.

Plane f plandeka; Kfz. opończa.

plan|en ⟨za⟩planować; zamierzać ⟨-rzyć⟩; **2er** m planista m; **2erfüllung** f wykonanie planu.

Pla'ne|t m (-en) planeta; **2'tarisch** planetarny; **~ten·getriebe** n przekładnia obiegowa od. planetarna; **~tensystem** n układ planetarny.

plan|frei Kreuzung: bezkolizyjny; **~gemäß** Adv. zgodnie z planem.

pla'nier|en (-) wyrówn⟨yw⟩ać, ⟨s⟩plantować; **2raupe** f równiarka (od. spycharka) gąsienicowa.

Planke f bal, brus, dyl; Mar. planka, deska poszycia.

Plänke'lei f utarczka.

Plan|kennziffer f wskaźnik planu; **2los** bezplanowy (-wo); bezładny; **2mäßig** planowy (-wo); **~quadrat** n kwadrat siatki topograficznej; **~rückstand** m zaległość f w wykonaniu planu.

Planschbecken n brodzik.

Plan·scheibe f koło (zębate) tarczowe; tarcza płaska; tarcza uchwytowa od. tokarska.

planschen pluskać się.

Plan|soll n zadania n/pl. planu, plan; **~spiel** n ćwiczenie na mapach, gra wojenna; **~stelle** f etat.

Plan'tage [-ʒə] f plantacja.

Plan|ung f planowanie; **2voll** planowy (-wo); **~wirtschaft** f gospodarka planowa; **~ziel** n zadanie n/pl. planu. [f/m; 2n (-re) paplać.\
Plapper|maul n, **~tasche** f papla\
plärren beczeć, drzeć się.

Plasma n (-s; -men) plazma; **~schweißen** n spawanie plazmowe.

Plast m (-es; -e), **~ik[1]** n (-s; -s) masa plastyczna, F plastyk.

Plastik[2] f (0) plastyka (a. Med.), sztuki f/pl. plastyczne; konkr. (a. pl.) rzeźba; **~beutel** F m, **~tüte** f torebka foliowa od. z plastyku.

plasti|sch plastyczny; **2zi'tät** f (0) plastyczność f.

Pla'tane f platan.

Platin n (-s; 0) platyna; ~ in Zssgn = **2blond** platynowy.

pla'tonisch platoniczny.

platschen s. klatschen. [schen.]

plätschern (-re) szemrać; s. plan-]

platt płaski (-ko), spłaszczony, *präd.*
a. na płask; *fig.* oklepany; F *Reifen:*
nawalony; ~ *auf dem Bauch liegen*
leżeć na płask machen (na brzuchu); ~
machen spłaszczać ⟨-czyć⟩.

Plätt|brett *n* deska do prasowania;
~chen *n* płytka. [-ku.]

plattdeutsch dolnoniemiecki (po]

Platte *f* płyta; *Fot.* a. klisza;
(Fleisch²) półmisek; F *fig.* łysina;
kalte ~ zimne zakąski *f/pl.*

Plätt|eisen *n* żelazko; ℒen (-e-)
⟨wy⟩prasować.

Platten|spieler *m* gramofon, F
adapter; ~teller *m* talerz gramofonu; ~wechsler *m* zmieniacz *m*.

Platt|fische *m/pl.* płastugi *f/pl.*;
~form *f* pomost; (a. *fig.*) platforma;
~fuß *m* płaska stopa, płaskostopie;
F *fig.* nawalona guma; ~heit *f* (0)
płaskość *f*; *konkr.* (a. *pl.*) banał,
komunał.

plat'tieren (-) platerować.

Platz *m* (-es; *e*e) miejsce; *Sp.* boisko;
(Markt²) plac; (Bau²) działka; ~
nehmen usiadać ⟨usiąść⟩; ~ *da!* za
drogi!; ~angst *f* (0) lęk przestrzeni;
~anweiser(in *f*) *m* bileter(ka).

Plätzchen *n* Kochk. placuszek;
pastylka; *ein ruhiges* ~ ustronny
kącik.

platzen (-zt; *sn*) pękać ⟨-knąć⟩; F
fig. spalić *pf.* na panewce; ~ *lassen*
zrywać ⟨zerwać⟩; *in den Nähten* ~
trzeszczeć w szwach.

Platz|karte *f* miejscówka; ~konzert *n* koncert (estradowy) pod
gołym niebem; ~mangel *m* brak
miejsca; ~patrone *f* ślepy nabój;
~regen *m* ulewa; ~wunde *f* rana
tłuczona. [pogadanka.]

Plaude'rei *f* pogawędka; *Rdf. usw.*]

Plauder|er *m* gawędziarz; ℒn (-re)
⟨po⟩gawędzić; *s. Schule*; ~stündchen *n* pogawędka; ~tasche *f*
gadulska, papla; ~ton *m* styl (*od.*
ton) gawędziarski.

Plausch F *m* (-es; 0) gawęda.

plau'sibel (-bl-) przekonywający
(-co).

Pla'zenta *f* (; -s/-ten) placenta,
łożysko.

pla'zier|en (-) ⟨u⟩lokować, (a. *Sp.*)
⟨u⟩plasować (*sich*. się); ℒung *f* ⟨u⟩lokata.

Ple'bejer *m* plebejusz.

Pleite F *f* plajta; ~ machen, ℒ gehen
⟨s⟩plajtować. [muniu.]

plem'plem F: ~ sein mieć kuku na]

Ple'narsitzung *f*, ~num *n* (-s; -na)
posiedzenie plenarne, plenum *n*.

Pleuelstange *f* korbowód.

Plicht *f* Mar. kokpit.

Plinse *f* racuch, racuszek.

Plis'see-, plis'siert plisowany.

Plom|be *f* plomba; ℒ²bieren (-)
⟨za⟩plombować; ~bierzange *f*
plombownica.

Plötze *f* płoć *f*, płotka.

plötzlich nagły (-le); (*jäh*) raptowny; *Adv.* a. raptem.

plump nieforemny, niezgrabny;
ociężały (-le); *fig.* prostacki (po
-ku), niewybredny; ℒheit *f* (0)
niezgrabność *f*; *fig.* prostactwo,
nieokrzesanie; ~sen F runąć *pf.*,
⟨z⟩walić się (jak kłoda); chlapnąć
pf., chlupnąć *pf.* (*in A*/do *G*).

Plunder *m* (-s; 0) rupiecie, graty
m/pl.; ciuchy *m/pl.*

Plünder|er *m* łupieżca *m*, rabuś *m*;
F a. szabrownik; ℒn (-re) ⟨z⟩łupić,
⟨s⟩plądrować; F a. ⟨wy⟩szabrować;
~ung *f* łupiestwo, grabież *f*; zur
~ung freigeben wyda(wa)ć na łup.

Plura|l *m* (-s; -e) liczba mnoga;
ℒ²listisch pluralistyczny.

Plus *n* (-; -), ℒ *Kj.*, *Adv.* plus; e-e
Vier ℒ czwórka z plusem; ℒ *drei
Grad* trzy stopnie powyżej zera.

Plüsch *m* (-es; -e) plusz; ~ *in Zssgn*
pluszowy.

Plus|punkt *m* punkt dodatni; ~quamperfekt *n* czas zaprzeszły;
~zeichen *n* znak dodawania.

Plu'tonium *n* (-s; 0) pluton; ~ *in
Zssgn* plutonowy.

Pneu *m* (-s; -s) pneumatyk; *Med. s.
Pneumothorax*; ℒ²matisch pneumatyczny; ~mo'kokkus *m* (-;
-kken) dwoinka zapalenia płuc;
~mokoni'ose *f* (0) pylica płuc;
~mo'thorax *m* (-es; -e) odma
(płuc).

Po F *m* [po:] *m* (-s; -s) *s. Popo*.

Pöbel *m* (-s; 0) motłoch, tłuszcza;
ℒhaft ordynarny, chamski (po -ku).

poch|en ⟨za⟩pukać, ⟨za⟩kołatać (*an
A*/do *G*); (*Herz*) kołatać, walić; ~en
auf (*A*) żądać (*G*); ℒwerk *n* Bgb.
stępa, młyn stępowy.

Pocke *f* krosta ospowa; ~n *pl.* ospa;
~narbig ospowaty, dziobaty;

~n·schutz·impfung f szczepienie przeciw ospie.
Podium n (-s; -ien) podium n; estrada.
Po'em n (-s; -e) poemat.
Poe'sie f poezja; ~album n pamiętnik.
Po'et m (-en) poeta m; 2isch poetyczny.   [pointa.〉
Pointe [poˈɛ̃:-/-ˈɛŋta] f puenta,〉
Po'kal m (-s; -e) puchar; ~spiel n mecz o puchar.
Pökel|brühe f peklówka; ~fleisch n (-es; 0) peklowina, mięso peklowane; 2n (-le) 〈za〉peklować.
pokern (-re) 〈za〉grać w pokera.
Pol [po:l] m (-s; -e) biegun.
po'lar Math. biegunowy; Meteo. polarny; 2forscher m badacz polarny, polarnik; 2fuchs m piesiec, lis polarny.
Polari|sati'on f (0) polaryzacja; in Zssgn polaryzacyjny; 2'siert spolaryzowany; ~'tät f (0) biegunowość f.
Po'lar|kreis m koło podbiegunowe; ~licht n (-es; -er) zorza polarna; ~stern m (-es; 0) Gwiazda Polarna.
Pole m (-n) Polak.
Po'le|mik f polemika; 2misch polemiczny; 2mi'sieren (-) polemizować.
Po'lente F f (0) policja, gliny f/pl.
Po'lice [-sə] f polisa.
Po'lier m (-s; -e) podmajstrzy; 2en (-) 〈wy〉polerować; ~maschine f polerka, polerownica.
Polin f Polka.
Polio f(-; 0), ~mye'litis f(-; -'tiden) choroba Heinego-Medina.
Po'litbüro n biuro polityczne,〉
Poli'tik f polityka.   [politbiuro.〉
Po'litiker m polityk, działacz polityczny; 2tisch polityczny; ~tolo'gie f (0) politologia.
Poli'tur f polerowanie; Holz-Tech. politura.
Poli'zei f (-; selt. -en) policja; ~aktion f akcja policyjna, rajd policyjny; ~beamte(r) funkcjonariusz policji; ~funkzentrale f radiowęzeł policyjny; ~gewahrsam 1. m areszt policyjny; 2. n izba zatrzymań; ~hund m pies policyjny; ~kommissar m komisarz policji; 2lich policyjny; ~präsidium n komenda miejska policji; ~revier n komisariat policji; ~staat m państwo policyjne; ~streifenwagen m

patrolowy (radio)wóz policyjny; ~stunde f godzina policyjna; ~wache f posterunek policji.
Poli'zist m (-en) policjant.
Pollen m Bot. pyłek.
Poller m pachołek, poler.
Polluti'on f zmaza nocna.
polnisch polski (po -ku).
Polohemd n koszulka polo.
Polo'näse f hist. polonez; jetzt: gęsi taniec, chodzony m.
Po'lonium n (-s; 0) polon.
Polster n poduszka (a. Tech.); podkładka; wyściółka (meblowa); ~er m tapicer; ~möbel n mebel wyściełany; 2n (-re) wyściełać 〈wysłać〉 〈mit/I〉.
Polter|abend m wieczór kawalerski (w wigilię ślubu); 2n (-re; sn) padać 〈upaść〉 z łoskotem, gruchnąć pf.; (holpern) 〈za〉dudnić; F fig. (h) łajać, pomstować.
Poly|- poli-, wielo-; ~a'mid n poliamid; 2chrom wielobarwny; ~ga'mie f (0) poligamia; ~'gon n (-s; -e) Math. wielobok; wielokąt; ~merisati'on f (0) polimeryzacja; 2'nesisch polinezyjski; ~'nom n (-s; -e) wielomian. [fig. glina m.〉
Po'lyp m (-en) Zo., Med. polip; P〉
Poly|sty'rol n (-s; -e) polistyren; ~'technikum n (-s; -ka/-ken) politechnika; ~vi'nylchlorid n polichlorek winylu.
Po'made f pomada.
Pome'ranze f pomarańcza gorzka.
Pommes frites [pɔmˈfRɪt] pl. (-) frytki f/pl.
Pomp m (-s; 0) przepych, pompa.
pom'pös pompatyczny.
Pon'tonbrücke f most pontonowy.
Pony¹ n (-s; -s) kuc(yk), pony m.
Pony² m (-s; -s), ~frisur f grzywka.
Popanz m (-es; -e) fig. kukła.
Pope m (-n) pop.
pop|(e)lig F marny, lichy (-cho), mizerny; ~eln F (-le) dłubać w nosie.
Popo F m (-s; -s) pupa.
popu'lär popularny; 2lati'on f zbiorowość f; ~lari'sieren (-) 〈s〉popularyzować; 2lari'tät f (0) popularność f.
Por|e f por; 2ig porowaty (-to).
porno'graphisch pornograficzny.
po|'rös porowaty; 2rosi'tät f (0) porowatość f.
Porree n (-s; -s) por.

Por'tal *n* (-s; -e) portal; **~kran** *m* żuraw bramowy.

Portefeuille [-'fœ:j] *n* portfel; teka.

Portier [-'tie:] *m* (-s; -s) portier; **~loge** [-ʒə] *f* portiernia.

Porti|on *f* porcja; **~s-** porcjowy; **2s·weise** porcjami, na porcje.

Porto *n* (-s; -s/-ti) opłata pocztowa, porto; **2frei** wolny od opłaty pocztowej.

Porträt [-'trɛ:] *n* (-s; -s) portret; **2ieren** [-'ti:-] (-) ⟨s⟩portretować; **~maler** *m* portrecista *m*.

Portu'gies|e *m* (-n), **~in** *f* Portugal|czyk (-ka); **2isch** portugalski (po -ku).

Portwein *m* porto, portwajn.

Porzel'lan *n* (-s; -e) porcelana; **~-** *in Zssgn* porcelanowy.

Po'saune *f* puzon.

Pose *f* poza.

Posi|ti|on *f* pozycja, (*a. beruflich*) stanowisko; *s. Standort*; **~tions-** pozycyjny; **2tiv** pozytywny; **~tiv** (-s; -e) 1. *n Fot.* pozytyw; *in Zssgn* pozytywowy; 2. *m Gr.* stopień równy; **~'tur** *f* postawa.

Posse *f Thea.* burleska, possa; **~n** *m/pl.* figle *m/pl.*, błazeństwa *n/pl.*; F **~n reißen** błaznować.

posses'siv *Gr.* dzierżawczy.

pos'sierlich zabawny, pocieszny.

Post *f* poczta; *mit der* **~** pocztą.

po'stalisch pocztowy.

Post|amt *n* urząd pocztowy; **~anweisung** *f* przekaz pocztowy; **~beamte(r)** urzędnik pocztowy; **~bote** *m* listonosz; **~direktion** *f* dyrekcja poczty.

Posten *m* posada, stanowisko; (*Wacht2*) posterunek; wartownik; partia; pozycja; (*Schrot*) siekaniec; *nicht ganz auf dem* **~** *sein* czuć się niezdrów; **~jäger** *m* karierowicz.

Poster [*a.* 'po:ü-] *n od. m* (-s; -/-s) posters.

Post|fach *n* skrytka pocztowa; **2frisch** niestemplowany; **~gebühr** *f s. Porto*; **~geheimnis** *n* (-es; 0) tajemnica korespondencji; **~horn** *n* trąbka pocztyliona.

po'stieren (-) ustawi(a)ć (*sich* się).

Post|karte *f* pocztówka; **~kutsche** *f* dyliżans; **2lagernd** poste restante; **~leitzahl** *f* kod pocztowy; **~ler** F *m* pocztowiec, pocztarz; **~paket** *n* paczka pocztowa; **~schalter** *m* okienko pocztowe.

Postscheck *m* czek pocztowy; **~amt** *n* urząd załatwiający operacje w pocztowym obrocie czekowym; **~konto** *n* pocztowe konto czekowe; **~verkehr** *m* pocztowy obrót czekowy.

Post|schließfach *n* skrytka pocztowa; **~sendung** *f* przesyłka pocztowa; **~sparkasse** *f* pocztowa kasa oszczędności; **~stelle** *f* agencja pocztowa; **~stempel** *m* stempel pocztowy.

postu'lieren (-) postulować.

po'stum pośmiertny.

Post|verbindung *f* łączność pocztowa; **~verkehr** *m* obrót pocztowy; **2wendend** odwrotną pocztą; **~wertzeichen** *n* znaczek pocztowy.

Potenti|al *n* (-s; -e) potencjał; **2ell** potencjalny.

Po'ten|z *f Math.* potęga; (*a.* **~exponent**) wykładnik potęgi; *Med.* potencja (płciowa); **2'zieren** (-) ⟨s⟩potęgować; *Math.* podnosić ⟨-nieść⟩ do potęgi.

Potpourri [-pu'-] *n* (-s; -s) potpourri *n*, F przekładaniec.

Potsdamer *Adj.* poczdamski.

Pott·asche *f* potaż.

Pottwal *m* potwal, kaszalot.

Pou'larde [pu-] *f* pularda.

pous'sieren F [pu'-] *v/i* (-) umizgać się (*mit/do* G).

Prä'ambel *f* (-; -n) wstęp, preambuła.

Pracht *f* (0) przepych; okazałość *f*; **~ausgabe** *f* kosztowne wydanie; **~exemplar** *n* wspaniały okaz.

prächtig okazały (-le), pyszny; *s. herrlich*, großartig.

Pracht|kerl F *m* setny chłop(ak), chłop(ak) na schwał; fajna dziewczyna/kobieta; **2voll** *s. prächtig*.

Prädi'kat *n* (-s; -e) *Gr.* orzeczenie; (*Adels2*) tytuł, przydomek.

Präfix *n* (-es; -e) przedrostek.

prägen *Münze:* bić, wybi(ja)ć; *Tech.* dogniatać; *fig. Begriff:* ukuć *pf.*; *Charakter:* ⟨u⟩kształtować, ⟨wy⟩kształcić; *sich ins Gedächtnis* **~** wry(wa)ć się w pamięć.

Prager *Adj.* praski.

Präge|stanze *f* wybijak; **~stempel** *m* stempel wgłębiający *od. Typ.* do tłoczenia.

prä'gnant wyrazisty (-ście), dobitny; **2gung** *f* (0) wybijanie; *Tech.* dogniatanie odkuwek; wytłaczanie;

(a. pl.) znak, stempel, cecha; ~historisch prehistoryczny.
prahl|en chełpić się (mit/I), przechwalać się; ℒer m samochwał, fanfaron; ℒe'rei f chełpienie się, przechwałki f/pl.; ~erisch chełpliwy (-wie).
Prahm m (-es; -e) barka.
Prakti|k f praktyka; fig. pl. a. machinacje f/pl.; ~'kant(in f) m (-en) praktykant(ka); stażyst|a m (-ka); ~ker m praktyk; ~kum n (-s; -ka/-ken) praktyka, staż; ℒsch praktyczny; ℒscher Arzt lekarz ogólny od. bez specjalizacji; ℒ'zieren (-) praktykować; odby(wa)ć staż.
Prä'lat m (-en) prałat.
Pra'line f pralinka.
prall Sack: wypchany; Backen, Segel: wydęty; F Arme, Waden: okrągły, jędrny; Kleid: obcisły (-le); in der ~en Sonne sein prażyć się na słońcu.
prallen (sn) (gegen A) wpadać ⟨wpaść⟩, nalatywać ⟨-lecieć⟩ (na A).
Prämie f premia; nagroda.
Prämien|anleihe f pożyczka premiowa; ~sparen n oszczędzanie premiowane; ~system n system premiowy.
prä'mi('i)eren (-) premiować.
Prä'misse f przesłanka.
pränatal przedporodowy.
prang|en lśnić, błyszczeć; widnieć, prezentować się (w całej okazałości); ℒer m pręgierz; fig. an den ℒer stellen postawić pod pręgierz(em).
Pranke f łapa (a. F fig.).
Präpa|'rat n (-es; -e) preparat; ℒ'rieren (-) ⟨s⟩preparować; przygotow(yw)ać (sich się).
Präpositi'on f przyimek.
Prä'rie f preria; ~hund m piesek stepowy od. preriowy.
Prä|sens n (-; -'enzien) czas teraźniejszy; ℒsen'tieren (-) prezentować (a. Mil.), przedstawia(ć (sich się); ~'senz f (0) obecność f; ~serva'tiv n (-s; -e) prezerwatywa.
Präsi'dent m (-en) prezydent; (Vorsitzer) prezes; ~en-wahl f wybory m/pl. prezydenckie od. (na) prezesa; ℒschaft f prezydentura; prezesura.
Präsi'di|alsystem n system prezydencjalny; ℒ'dieren (-) przewodniczyć (D); ~dium [-'zi:-] n (-s; -ien) prezydium n; przewodnictwo.
prasseln (-le; a. sn) (Regen) dudnić

(auf A/po L); (Feuer) buzować, trzaskać; (Steine usw.) ⟨po⟩sypać się (gradem).
pras|sen (-ßt/-est) hulać; ℒser m hulaka m, bibosz.
prä|'tenti'ös pretensjonalny; ℒ'teritum n (-s; -ta) czas przeszły; ~ven'tiv prewencyjny, zapobiegawczy.
Praxis f (-; 0 od. -xen) praktyka.
Präze'denzfall m precedens.
prä'zis(e) dokładny, ścisły (-le).
Präzisi'on f (0) dokładność f, precyzja; ~s- precyzyjny.
predig|en v/i wygłaszać ⟨-łosić⟩ (od. mieć) kazanie; F fig. mówić, powtarzać; v/t nawoływać (do G); F fig. Ordnung usw.: wpajać (A), wdrażać (do G); ℒer m kaznodzieja m; ℒt f kazanie.
Preis m (-es; -e) cena; (Belohnung) nagroda; um jeden (keinen) ~ za wszelką ⟨żadną⟩ cenę; zum ~ po cenie; zum halben ~ za pół ceny; ~abbau m (-s; 0) redukcja (od. spadek) cen; ~anstieg m wzrost (od. zwyżka) cen; ~aufgabe f zadanie konkursowe; ~aufschlag m narzut; ~auftrieb m podwyżka cen; ~ausschreiben n konkurs (z nagrodami); ~bildung f kształtowanie się cen; ~bindung f obowiązek sprzedaży po stałej cenie.
Preiselbeere f (borówka) brusznica. [orientacyjna.)
Preis-empfehlung f konkr. cena]
preisen (L.) s. loben, rühmen.
Preis|erhöhung f podwyższenie (od. zwyżka) cen; ~ermäßigung f zniżka cen; opust od ceny; ~frage f pytanie konkursowe; fig. (jeszcze) pytanie, kwestia; F kwestia ceny; ~gabe f poświęcenie; wydanie; ℒgeben poświęcać ⟨-cić⟩; narażać ⟨-razić⟩, wyda(wa)ć (D/na A); (Geheimnis: wyjawi(a)ć; s. verlassen; ℒgebunden sprzedawany po stałej cenie; ~gekrönt premiowany, nagrodzony; ~gestaltung f s. Preisbildung; struktura (od. układ) cen; ~index m wskaźnik cen; ~lage f: in dieser ~lage w tej cenie; ~liste f cennik; ~nachlaß m rabat; ~niveau n poziom cen; ~politik f polityka cen; ~richter m juror; ~schild n etykietka z ceną; ~steigerung f s. Preisanstieg; ~stopp m zamrożenie cen; ~sturz m gwał-

towny spadek cen; **~tafel** f cennik; **~treibe'rei** f podbijanie cen(y); **2wert** (stosunkowo) niedrogi (-go).

pre'kär trudny (-no); przykry (-ro); niepewny.

Prell|bock m Esb. odbój, kozioł odbojowy; **2en** v/t oszuk(iw)ać (um A/na L); Zeche: nie zapłacić pf. (G); Sp. (Ball) kozłować; **~stein** m odbój kamienny; **~ung** f stłuczenie, uciśnięcie.

Premier|e [-'mìɛ:-] f premiera, **~minister** m premier, prezes rady ministrów.   [lopować.]

preschen (sn) ⟨po⟩gnać, ⟨po⟩ga-

Presse f prasa (a. Tech.); Tech. a. tłocznia; in der ~ na łamach prasy, **~agentur** f agencja prasowa; **~bericht** m informacja prasowa; **~dienst** m agencja informacyjna; **~erklärung** f komunikat prasowy; **~freiheit** f (0) wolność f prasy; **~konferenz** f konferencja prasowa; **~meldung** f doniesienie prasy.

press|en (-ßt) v/t ściskać ⟨-snąć⟩; Tech. prasować, ⟨wy⟩tłoczyć; wciskać ⟨-snąć⟩ (in A/w A); wyciskać ⟨-snąć⟩ (aus D/z G); przyciskać ⟨-snąć⟩ (an A/do G); v/i Med. przeć; **2en** n (-s; 0) Tech. prasowanie, tłoczenie; Med. parcie.

Presse|sprecher m rzecznik (prasowy); **~stimmen** f/pl. głosy m/pl. prasy; **~zentrum** n ośrodek prasowy.

Preß|glas n szkło prasowane; **~guß** m odlew(anie) pod ciśnieniem; **~kohle** f kostka prasowana; **~kopf** m s. Preßwurst; **~ling** m (-s; -e) s. Preßkohle; Tech. wypraska, prasowka; **~luft** f (0) sprężone powietrze; in Zssgn pneumatyczny; **~masse** f tłoczywo; masa prasownicza; **~wehe** f Med. skurcz porodowy z parciem; **~werkzeug** n matryca do prasowania; **~wurst** f salceson.

Prestige [-'sti:ʒ(ə)] n (-s; 0) prestiż; **~-** in Zssgn prestiżowy, ... prestiżu.

Preuß|e m (-n) Prusak; **2isch** pruski (po -ku).

prickeln (-le) (in d. Nase, Haut) swędzić; (Sekt) szczypać; fig. ~des Gefühl dreszczyk.

Priem m (-es, e) prymka; **2en** żuć tytoń.

pries(en) s. preisen.

Priester m, **~in** f kapłan(ka); **2lich** kapłański; **~seminar** n seminarium

duchowne; **~weihe** f święcenia n/pl. kapłańskie.

prima (unv.) prima (a. Hdl.), P morowy, w dechę; **2balle'rina** f primabalerina.

Pri|'maner m uczeń m ósmej (od. dziewiątej) klasy gimnazjalnej; **2-'mär** pierwotny; Chem. a. pierwszorzędowy (Oxid); **~mas** m (-; -se) prymas; **~'mat** m od. n (-ɛs; -e) prymat.

Primel f (-; -n) pierwiosnek, prymula.

primi'tiv prymitywny; **2i'tät** f (0) prymitywizm.

Primzahl f liczba pierwsza.

Prin|z m (-en) książę m; **~'zessin** f księżniczka.

Prin'zip n (-s; -ien) zasada; im ~ w zasadzie, zasadniczo; **2i'ell** zasadniczy (-czo), pryncypialny; **~ienreiter** m doktryner, rygorysta m.

Prior m (-s; -'oren) przeor.

Priori'tät f priorytet; **~s-** priorytetowy; **~s-aktien** f/pl. akcje f/pl. uprzywilejowane.

Prise f Mar. pryz; (Salz) szczypta; (Tabak) niuch.

Pris|ma n (-s; -men) Math. graniastosłup; Phys. pryzmat; **2'matisch** pryzmatyczny; **~men(fern)-glas** n lornetka pryzmatyczna.

Pritsche f (Liege2) prycza, nary pl.; Kfz. skrzynia; **~nwagen** m ciężarówka z otwartą skrzynią.

pri'vat prywatny, osobisty (-ście); indywidualny; Betrieb a.: nieuspołeczniony; **2angelegenheit** f sprawa prywatna od. osobista; **2besitz** m s. Privateigentum; **2dozent** m docent nieetatowy; **2eigentum** n własność prywatna; **2gebrauch** m użytek osobisty od. domowy; **2initiative** f inicjatywa osobista; **2klage** f oskarżenie o przestępstwo ścigane z oskarżenia prywatnego; **2kläger** m oskarżyciel prywatny; **2person** f osoba prywatna; **2recht** n prawo prywatne; **2sache** f s. Privatangelegenheit; **2sekretär(in** f) m sekreta|rz (-rka) osobist|y (-a); **2unterricht** m prywatne lekcje f/pl.; nauka domowa; **2wirtschaft** f gospodarka prywatna od. nieuspołeczniona, sektor prywatny.

Privi'le|g n (-s; -gien) przywilej; **2'giert** uprzywilejowany.

pro Prp. (A) s. für, je; ~ Person od

osoby; ~ *Kopf* na głowę; ~ *Stück* za sztukę.

Probe *f* próba (*a. Thea.*); (*Muster a.*) próbka; *auf* ~*zur* ~ na próbę; *s. stellen*; **~alarm** *m* alarm próbny; **~entnahme** *f* pob(ie)ranie próbki; **~fahrt** *f* jazda próbna; *Mar.* próby *f/pl.* na morzu; **~flug** *m* lot próbny.

proben prowadzić próbę/próby (*A/G*); *v/t a.* ćwiczyć.

Probe|nummer *f* numer okazowy; **~sendung** *f* przesyłka z wzorami *od.* próbkami; **~stück** *n* próbka, wzór; próbne wykonanie; **~weise** na próbę; **~zeit** *f* okres próbny.

pro'bieren (-) ⟨s⟩próbować (*A/G*); *s. kosten.*

Pro'ble|m *n* (*-s; -e*) problem; **'matisch** problematyczny.

Pro'duk|t *n* (*-es; -e*) produkt, wytwór; *Tech. a.* wyrób; *Math.* iloczyn; **~ti'on** *f* produkcja, wytwórczość; **Produkti'ons|betrieb** *m* zakład produkcyjny *od.* wytwórczy; **~genossenschaft** *f* spółdzielnia produkcyjna; **~kapazität** *f* zdolność produkcyjna, potencjał wytwórczy; **~kosten** *pl.* koszty *m/pl.* produkcji; **~mittel** *n/pl.* środki *m/pl.* produkcji; **~plan** *m* plan produkcji; **~rückgang** *m* spadek produkcji; **~steigerung** *f* zwiększenie (*od.* wzrost) produkcji; **~zweig** *m* gałąź *f* produkcji.

produk'tiv wydajny, produktywny; *s. fruchtbar*; **i'tät** *f* (0) wydajność *f*, produktywność *f*; **i'tätssteigerung** *f* podwyższenie (*od.* wzrost) wydajności; **kräfte** *f/pl.* siły *f/pl.* wytwórcze.

Produ'zent *m* (*-en*) wytwórca *m*, producent; **ieren** (-) wytwarzać ⟨-worzyć⟩, ⟨wy⟩produkować; *sich* ⟨zieren popisywać się.

pro|fessio'nell zawodowy (-wo); **'fessor** *m* (*-s; -'soren*) profesor; **fi** *m* (*-s; -s*) *Sp.* zawodowiec.

Pro'fil *n* (*-s; -e*) profil; *Tech. a.* przekrój poprzeczny; kształtownik; *Kfz.* rzeźba bieżnika, *F* bieżnik; *im* ~ z profilu; **~stahl** *m* kształtownik stalowy; stal profilowa.

Pro'fit *m* (*-es; -e*) zysk; **~gier** *f* chęć *f* zysku.

profi'tieren (-; *von*) zysk(iw)ać (na *L*), ⟨s⟩korzystać (z *G*). [*cher.*]

Pro'fitmacher *m* geszeńciarz, ma-]

Pro'gno|se *f* prognoza; *Med.* roko-

wanie; **sti'zieren** (-) prognozować.

Pro'gramm *n* (*-es; -e*) program.

program|'matisch programowy; **'mieren** (-) ⟨za⟩programować; **'mierer** *m* programista *m*.

Pro'gramm|sprache *f* język programowania, **~steuerung** *f* sterowanie programowe.

Progres|si'on *f* *Math.* postęp; (*Steuer*) progresja; **'siv** progresywny; *Med.* postępujący; *s. fortschrittlich.*

prohibi'tiv prohibicyjny.

Pro'jek|t *n* (*-es; -e*) projekt; **'tieren** (-) ⟨za⟩projektować; **'til** *n* (*-s; -e*) pocisk; **ti'on** *f Math.* rzut; *Phys.* projekcja, rzutowanie; (*Film*) wyświetlanie; **ti'onsapparat** *m*, **~tor** *m* aparat projekcyjny, rzutnik; (*Dia*) rzutnik. [*łać.*]

proji'zieren (-) rzutować; wyświet-]

Prokla|mati'on *f* proklamacja; **'mieren** (-) proklamować.

Pro'ku|ra *f* (-; *-ren*) prokura, pełnomocnictwo; **'rist** *m* (*-en*) prokurent.

Pro'le|t *m* (*-en*) *verä.*, **~'tarier** *m* proletariusz; *fig.* prostak, gbur; **tari'at** *n* (*-es; 0*) proletariat; **'tarisch** proletariacki (po -ku).

Pro'log *m* (*-es; -e*) prolog.

Prome'nade *f* promenada; **~ndeck** *n* pokład spacerowy.

Pro'mille *n* (-/*-s; -*) promil.

promi'nen|t wybitny, znany; **te(r)** *m/f* prominent(ka); **z** *f* (0) wybitne osobistości *m/pl.*, prominencja.

Promo|ti'on *f* promocja; **'vieren** (-) doktoryzować (*v/i* się).

prompt szybki (-ko). [*zaimek.*]

Pro'nomen *n* (*-s; -/-mina*) *Gr.*]

Propa'gan|da *f* (0) propaganda; **'distisch** propagandowy (-wo).

propa'gieren (-) propagować.

Pro'pan *n* (*-s; 0*) propan.

Pro'peller *m Flgw.* śmigło; *Mar.* śruba napędowa, pędnik; **~antrieb** *m* napęd śmigłowy; **~turbine(ntriebwerk** *n*) *f* silnik turbośmigłowy sprężarkowy.

proper czysty (-to), akuratny.

Pro'phe|t *m* (*-en*) prorok; **tisch** proroczy (-czo); **'zeien** (-) przepowiadać ⟨-iedzieć⟩; **~'zeiung** *f* przepowiednia.

prophy'la|ktisch profilaktyczny; **xe** *f* profilaktyka.

Proporti'o|n f proporcja, stosunek; **2'nal** proporcjonalny.

Propst m (-es; ¨e) proboszcz; s. a. Superintendent, Domherr.

Pro|sa f (0) proza; **'saiker** m prozaik; **2'saisch** prozaiczny (a. fig.).

prosit! na zdrowie!; ~ Neujahr! dosiego roku!

Pro'spekt m (-es; -e) prospekt.

prospe'rieren (-) prosperować.

prost! F s. prosit.

Prostitu|'ierte f prostytutka; ~**ti'on** f prostytucja.

Protek|ti'on f protekcja; **2tio'nistisch** protekcyjny; ~**to'rat** n (-[e]s; -e) protektorat.

Pro'test m (-es; -e) protest; zum ~ na znak protestu; ~**aktion** f akcja protestacyjna.

Prote'stant m (-en), ~**in** f protestant(ka); **2isch** protestancki.

prote'stieren (-) ⟨za⟩protestować (gegen A/przeciw D).

Pro'test|kundgebung f wiec protestacyjny; ~**note** f Pol. nota protestacyjna; ~**sturm** m burza protestów.

Pro'these f proteza.

Proto'koll n (-s; -e) protokół; ~ führen protokołować; zu ~ nehmen zaprotokołować pf.; zu ~ geben zezn(aw)ać do protokołu.

proto|kol'larisch protokolarny; 2-'kollführer m protokolant; ~**kol'lieren** (-) ⟨za⟩protokołować; **2typ** m prototyp, pierwowzór.

Protz m (-en/-es; -en) pyszałek, bufon; **2en** (-zt) chełpić się, pysznić się (mit/I); **2ig** chełpliwy (-wie); Sache: pompatyczny, pełen przepychu.

proven'zalisch prowansalski.

Provi|ant m (-s; 0) prowiant, żywność f, P wałówka; ~ in Zssgn prowiantowy, żywnościowy.

Pro'vinz f prowincja; ~ in Zssgn = **2i'ell** prowincjonalny.

Provi|si'on f prowizja; **2'sorisch** prowizoryczny, tymczasowy (-wo); ~**sorium** n (-s; -ien) prowizorium m, F prowizorka.

Provo|ka'teur m (-s; -e) prowokator; ~**kati'on** f prowokacja; **2'zieren** (-) ⟨s⟩prowokować.

Proze'dur f procedura; (Verfahren) postępowanie.

Pro'zent n (-es; -e) procent; ~e pl. a. odsetki m/pl.; ~**rechnung** f (0)

---

rachunek procentowy; ~**satz** m stopa procentowa; **2u'al** procentowy (-wo).

Pro'zeß m (-sses; -sse) proces; kurzen ~ machen nie patyczkować się (mit/z I).

prozes|'sieren (-) procesować się; **2si'on** f procesja.

Pro'zeß|kosten pl. koszty m/pl. procesowe. [procesor.\
Pro'zessor m (-s; -'soren) Comp.\
Pro'zeß|ordnung f ustawa o postępowaniu sądowym; ~**rechner** m maszyna matematyczna sterująca procesami produkcyjnymi; ~**recht** n prawo procesowe.

Pro'zeßsteuerung f sterowanie automatyczne procesami produkcyjnymi.

prüde pruderyjny, przesadnie skromny; **2'rie** f (0) pruderia.

prüf|en sprawdzać ⟨-dzić⟩, ⟨s⟩kontrolować; Schüler: ⟨prze⟩egzaminować; (v. Leben) doświadczać ⟨-czyć⟩; s. erproben, untersuchen; **2er** m egzaminator; Tech. próbnik; a. = **2gerät** n przyrząd do sprawdzania; (Fehler2) defektoskop; **2-ling** m (-s; -e) egzaminowany m, kandydat; **2stand** m stanowisko badawcze; (Motoren2) hamownia; **2stein** m fig. probierz, sprawdzian; **2stück** n próbka (do badań); **2ung** f sprawdzenie; egzamin; fig. próba (życiowa); Tech. a. defektoskopia.

Prüfungs|arbeit f praca egzaminacyjna, wypracowanie egzaminacyjne; ~**ausschuß** m komisja egzaminacyjna; ~**bericht** m sprawozdanie pokontrolne od. z przeprowadzonych prób; ~**ordnung** f regulamin egzaminacyjny; ~**zeugnis** n świadectwo ze złożenia egzaminu.

Prüfverfahren n metoda badania od. sprawdzania.

Prügel m s. Stock, Knüppel; F pl. baty m/pl., lanie.

Prüge'lei f bijatyka, bójka.

Prügel|knabe m kozioł ofiarny; **2n** (-le) bić, tłuc (sich się); ~**strafe** f kara chłosty.

Prunk m (-es; 0) przepych, zbytek; ~**sucht** f (0) lubowanie się w przepychu; **2voll** zbytkowny, wystawny, pełen przepychu.

prusten (-e-) parskać ⟨-knąć⟩, prychać ⟨-chnąć⟩.

Psalter *m* psałterz.

Pseudo|- *in Zssgn* pseudo-; **∼'nym** *n* (-*s*; -*e*) pseudonim.

Psych|**e** *f* psychika; **∼ia'trie** *f* (*0*) psychiatria; **♀isch** psychiczny.

Psycho|**lo'gie** *f* (*0*) psychologia; **∼'path** *m* (-*en*) psychopata *m*; **∼'pharmakon** *n* (-*s*; -*ka*) lek psychotropowy; **∼se** [-'xo:-] *f* psychoza; **∼thera'pie** *f* psychoterapia.

Puber'tät *f* (*0*) okres dojrzewania (płciowego).

pu'blik: ∼ *machen* rozgłaszać ⟨-ło-sić⟩, ujawni(a)ć; ∼ *werden* stać się publiczną tajemnicą.

Publi|**kati'on** *f* publikacja; **∼kum** *n* (-*s*; *0*) publiczność *f*, F publika; **♀zieren** (-) ⟨o⟩publikować; **∼'zist** *m* (-*en*) publicysta *m*.

Puck *m* (-*s*; -*s*) krążek (do hokeja).

Pudding *m* (-*s*; -*s*/-*e*) budyń *m*.

Pudel *m* pudel; *des* **∼s** *Kern* istota rzeczy, sedno sprawy; **∼mütze** *f* czapka dziana; **♀naß** F przemoczony do nitki.

Puder *m* puder; *Med.* zasypka; **∼dose** *f* puderniczka; **♀n** (-*re*) ⟨przy⟩pudrować (*sich* się); **∼quaste** *f* puszek do pudru; **∼zucker** *m* cukier puder. [kuksaniec.]

Puff[1] F *m* (-*es*/-*e*; ⁿ*e*/-*e*) szturchaniec,)

Puff[2] *m* (-*es*; -*e*) (*Bausch*) bufa; (*Wäsche♀*) wyścielany kosz na brudną bieliznę; (*Sitz♀*) puf.

Puff[3] *m od. n* (-*s*; -*s*) burdel.

Puff-ärmel *m* rękaw bufiasty.

Puffer *m Esb.* zderzak, bufor; **∼staat** *m* państwo buforowe; **∼zone** *f* strefa buforowa.

Puffmais *m* kukurydza prażona.

Pulle P *f* butelka.

Pulli F *m* (-*s*; -*s*) sweterek.

Pull'over *m* pulower, sweter.

Pulpe *f* miazga.

Puls *m* (-*es*; -*e*) tętno, puls; **∼ader** *f* tętnica.

pul'sieren (-) tętnić, pulsować.

Pulsschlag *m* tętno.

Pult *n* (-*es*; -*e*) pulpit.

Pulver *n* proszek; (*Schieß♀*) proch; **∼faß** *n* beczka z prochem; **♀i'sieren** (-) ⟨s⟩proszkować; **∼kaffee** *m* kawa rozpuszczalna, F nesca, neska; **∼magazin** *n* prochownia; **∼me-tallurgie** *f* metalurgia proszków; **∼schnee** *m* pył śnieżny, puch.

Pumm|**elchen** F *n* grubas|ek (-ka); **♀(e)lig** F pulchny.

Pump F *m*: *auf* ∼ na kredyt.

Pumpe *f* pompa, pompka; **∼n-** ... pompy; **♀n**[1] pompować.

pumpen[2] F pożyczać ⟨-czyć⟩ (*j-m*/*D*; *von D*/*u G*).

Pumpernickel *n* (-*s*; *0*) pumpernikiel.

Pumps [pœmps] *m* (-; -): *mst pl.* czółenka *f*/*pl.*

Pump|**speicherwerk** *n* elektrownia wodna szczytowo-pompowa; **∼werk** *n* stacja pomp, pompownia.

Punkt *m* (-*es*; -*e*) punkt; *Gr.* kropka; (*Spiel♀ a.*) oczko; ∼ (*od. ♀*) 12 *Uhr* punktualnie o dwunastej; *fig.* dunk-ler ∼ ciemna plama; *nach* **∼en** *Sp.* na punkty.

Pünktchen *n* punkcik; kropeczka.

punk|**'tieren** (-) kropkować, punktować; *Med.* nakłu(wa)ć; **♀ti'on** *f Med.* nakłucie.

pünktlich punktualny.

Punkt|**niederlage** *f* przegrana na punkty; **∼richter** *m* sędzia punktowy; **∼schweißen** *n* zgrzewanie punktowe; **∼sieg** *m* zwycięstwo na punkty; **∼system** *n* system punktowy.

Punsch *m* (-*es*; -*e*) poncz.

Pup F *m* (-*s*; -*e*) bąk.

Pu'pille *f* źrenica.

Püppchen *n* laleczka.

Puppe *f* lalka; kukiełka, marionetka; *Zo.* poczwarka.

puppen|**haft** lalkowaty (-to), lalu-siowaty (-to); **♀spiel** *n* sztuka marionetkowa; **♀spieler** *m* marionetkarz; **♀stube** *f* pokój lalek; **♀thea-ter** *n* teatr lalek *od.* kukiełkowy.

Pups F *m* (-*es*; -*e*) *s.* Pup.

pur (*0*) czysty; *Gold:* szczery.

Pü'ree *n* (-*s*; -*s*) piure *n.*

Puri'taner *m* purytanin.

Purpur *m* (-*s*; *0*) purpura; **♀n**, **♀rot** purpurowy (-wo).

Pürzel *m s. Bürzel.*

Purzelbaum *m* koziołek; *e-n* ∼ *schlagen* fiknąć (*od.* wywrócić) koziołka.

purzeln (*ie*; *sn*) wywracać ⟨-rócić⟩ się; (*Sachen*) potoczyć się *pf.*, posy-pać się.

pusseln F (-*le*) dłubać (się).

Pußta *f* (*0*) puszta.

Puste F *f* (*0*) dech; *außer* ∼ *sein* nie móc złapać tchu; **∼blume** F *f* dmu-chawiec.

Pustel *f* (-; -*n*) krostka, przyszcz(yk).

pusten (-e-) dmuchać ⟨-chnąć⟩; s. keuchen, atmen.

Pute f indyczka; *fig.* dumme ~ głupia gęś.

Putenbraten m indyk pieczony.

Puter m indyk, indor; ⸰rot czerwony jak indor *od.* burak.

Putsch m (-es; -e) pucz; ⸰en dokon(yw)ać puczu.

Pu'tschist m (-en) uczestnik puczu.

Putz m (-es; 0) strój; ozdoba; *Arch.* tynk, wyprawa; P *kräftig auf den* ~ *hauen* awanturować się; ⸰en (-zt) ⟨o-, ver⟩czyścić; *Nase*: ucierać ⟨utrzeć⟩; s. (sich) schneuzen; ⸰en ⟨wy⟩stroić się; *Vogel*: muskać się; ⸰frau f sprzątaczka, posłu-

gaczka; ⸰ig F komiczny, zabawny; ⸰lappen m ścierka (do kurzu); *Tech.* czyściwo szmaciane; ⸰macherin f modystka; ⸰mittel n środek do czyszczenia; ⸰sucht f (0) mania strojenia się; ⸰wolle f pakuły *pl.*

Puzzle ['pazəl] n (-s; -s), ⸰spiel n u-, s|kładanka.

Pyä'mie f *Med.* ropnica.

Py'gmäe m (-n) Pigmej.

Pyjama ['dʒaː-] *m od.* n (-s; -s) pi(d)żama. [ostrosłup.⟩

Pyra'mide f piramida; *Math. a.*⟩

Pyro'|mane m (-n) cierpiący m na piromanię; ⸰technik f pirotechnika.

Quacksalbe|r m znachor; ⸰rei f (0) znacharstwo.   [kowy.⟩

Quaddel f (-; -n) bąbel pokrzyw-⟩

Quader m (-s; -/-n) *od.* f (-; -n) *Math.* prostopadłościan; *Arch.* = ⸰stein m cios, kamień ciosowy.

Quadra'tur f kwadratura.

Qua'drat|wurzel f pierwiastek kwadratowy; ⸰zentimeter m *od.* n centymetr kwadratowy.

qua'drieren (-) podnosić ⟨-nieść⟩ do kwadratu.

Qua'dri|ga f (-; -gen) kwadryga; ⸰lle [ka-] f kadryl.

qu'aken (*Frosch*) rechotać, (*a. fig.*) skrzeczeć; (*Unke*) kumkać; (*Ente*) kwakać.

qu'äken F (*Kind*) beczeć.

Qu'äker(in f) m kwakier(ka); ⸰~ in Zssgn kwakierski.

Qual f męka; (*seelisch a.*) udręka; *pl. a.* katusze f/pl.

qu'älen męczyć (sich się), dręczyć (*mit/I*); ⸰d męczący, dręczący⟩

Quäl|e'rei f męczenie, znęcanie się; męczarnia; *vgl. Qual;* ⸰geist F m męczydusza *m/f*, nudzia|rz, (-ra), natręt.

Qualifi|kati'on f kwalifikacja; ⸰-'zieren (-) ⟨za⟩kwalifikować (*sich* się); ⸰ziert zkwalifikowany.

Quali'tät f jakość f; (*Sorte*) gatunek; *fig.* zaleta; ⸰ta'tiv jakościowy (-wo).

Quali'täts|arbeit f robota (*od. dzieło*) wysokiej jakości; ⸰kontrolle f kontrola jakości; ⸰steigerung f poprawa jakości; ⸰ware f towar wysokogatunkowy *od.* wysokiej jakości; ⸰zeichen n znak jakości.

Qualle f meduza.

Qualm m (-es; 0) (ciemny) dym; ⸰en *v/i* dymić; (*Kerze*) kopcić (*a.* F *fig.*); F *fig.* (*a. v/t*) cmić, kurzyć.

qualvoll męczący, dręczący; *Tod*: okropny, po długich cierpieniach.

Quant n (-s; -en) kwant; ⸰en-kwantowy.

Quan|ti'tät f ilość f; *Ling.* iloczas; ⸰tum n (-s; -ten) kwantum n.

Quappe f *Zo.* miętus; *s. Kaulquappe.*

Quarantäne [kaˑ-] f kwarantanna.

Quark m (-es; 0) twaróg; F *fig. s. Quatsch;* (*gar nichts*) guzik, figa; ⸰~ in Zssgn twarogowy; ⸰kuchen m sernik.

Quart[1] n (-s; -e/-) kwarta; *Typ. in* ~ in quarto, w ćwiartce.

Quart[2] f *Mus., Fecht.-Sp.* kwarta; ⸰a f trzecia (*österr.*: czwarta) klasa gimnazjum.

Quar'|tal n (-s; -e) kwartał; *in Zssgn*

kwartalny; ~'tär n (-s; 0) czwartorzęd; ~te f s. Quart²; ~'tett n (-és; -e) kwartet.

Quar'tier n (-s; -e) kwatera; ~macher m, ~meister m kwatermistrz.

Quarz m (-es; -e) kwarc; ~kristall m kryształ kwarcu; ~lampe f lampa kwarcowa, F kwarcówka; ~uhr f zegar(ek) kwarcowy, F kwarcówka.

Qua'sar m (-s; -e) kwazar.

Quasse|'lei F f paplanina; 2ln F (-le) paplać, bajtlować; ~l-strippe F f papla m/f, gaduła m/f.

Quast m (-es; -e) kwacz; ławkowiec; ~e f frędzla, chwast.

Quatsch F m (-es; 0) głupstwo, głupstwa n/pl.; (Gerede a.) bzdury f/pl., brednie f/pl.; ~! klituś-bajduś! 2en F trzepać (językiem), pleść (dummes Zeug trzy po trzy); ~kopf F m gaduła m, pleciuch; dureń m.

Quecke f perz m.

Quecksilber n rtęć f; ~ in Zssgn rtęciowy; ~säule f słupek rtęci.

Quell m poet. zdrój, krynica; ~bewölkung f wzrastające zachmurzenie kłębiaste; ~e f źródło (a. fig.); ~en- źródłowy; 2en¹ v/i (L.; sn) s. s. hervorquellen, sprudeln; 2en² v/i (L.; sn) ⟨na⟩pęcznieć; v/t ⟨na⟩moczyć.

Quellen|angabe f, ~nachweis m podanie (od. wykaz) źródeł; ~kunde f źródłoznawstwo.

Quell|gebiet n obszar źródliskowy; ~wasser n woda źródlana.

Quendel m macierzanka.

quengeln F (-le) kaprysić.

quer Adv. w/na poprzek; wszerz; ~ durch/über die Felder na przełaj przez pola; kreuz und ~ wzdłuż i wszerz; 2balken m poprzecznica.

Quere F f: j-m in die ~ kommen wchodzić ⟨wejść⟩ w drogę, włazić ⟨wleźć⟩ w paradę (D).

Que'relen f/pl. niesnaski f/pl., kwasy m/pl.

querfeld'ein na przełaj; 2lauf m bieg przełajowy.

quer|gestreift Anat. poprzecznie prążkowany; 2kopf F m uparciuch; ~köpfig F uparty; 2lage f przechylenie; Med. położenie poprzeczne od. skośne; 2latte f poprzeczka;

2pfeife f piszczałka; 2rippe f szponder środkowy; 2ruder n Flgw. lotki f/pl.

Querschnitt m przekrój poprzeczny; ~s-lähmung f porażenie (od. bezwład) dolnej części ciała.

Quer|straße f ulica poprzeczna, przecznica; ~strich m kreska poprzeczna; ~treiber F m mąciciel, rozrabiacz; ~treibe'rei F f robienie wstrętów, rozrabiactwo; 2'über na ukos, po tamtej stronie.

Queru'lant m (-en) zrzęda m, gderacz; pieniacz; ~entum n (-s; 0) zrzędzenie, gderanie; pieniactwo.

Quer|verbindung f Fmw. skrosowanie; Mil. linia rokadowa, rokada; F fig. pl. (kumoterskie) stosunki m/pl.; ~wand f ściana (od. przegroda) poprzeczna.

Quetsch|e f prasa, tłocznia; gniotownik; F fig. klitka; kramik; 2en zgniatać ⟨-ieść⟩, ⟨z⟩miażdżyć (a. sich [D] sobie); sich 2en wciskać ⟨-snąć⟩ się (in A/do G); vgl. (ein-, aus)drücken; ~hahn m zaciskacz; ~ung f Med. zgniecenie, zmiażdżenie, konkr. a. rana tłuczona.

Queue [kø:] n (-s; -s) kij bilardowy.

quieken ⟨za⟩kwiczeć, kwiknąć pf.

quietsch|en ⟨za⟩piszczeć, pisnąć pf.; ~vergnügt F wesoły (-ło), roześmiany.

Quin|ta f druga klasa gimnazjum; ~te f kwinta; ~'tett n (-s; -e) kwintet.

Quirl m (-es; -e) mątewka; F fig. wiercipięta f/m; 2en mieszać, kłócić; 2ig żywy, ruchliwy.

quitt präd.: wir sind ~ kwita jesteśmy, z nami kwita.

Quitte f pigwa; ~n- pigwowy.

quit'tieren (-) ⟨po⟩kwitować; fig. (Bemerkung usw.) ⟨s⟩kwitować; den Dienst ~ składać ⟨złożyć⟩ urząd, poda(wa)ć się do dymisji.

Quittung f pokwitowanie, kwit; gegen ~ za pokwitowaniem; fig. das ist die ~ für ... to są skutki (G); ~s-block m blankiet kwitariusz.

Quiz [kvis] n (-; -) kwiz, teleturniej.

quoll(en) s. quellen.

Quote f udział (procentowy), stopa; limit.

Quoti'ent m (-en) iloraz.

R

Ra'batt *m* (-es; -e) rabat, upust.
Ra'batte *f* rabata.
Ra'batz F *m* (-; 0) granda.
Ra'bauke F *m* (-n) łobuz, obwieś *m*; s. Rüpel.
Rab'biner *m* rabin.
Rabe *m* (-n) kruk.
Raben|- F *fig.* wyrodny; **~krähe** *f* wrona; **2schwarz** kruczy (-czo), czarny jak kruk.
rabi'at rozjuszony; brutalny; ~ **werden** rozjuszyć się, wściekać ⟨wściec⟩ się; **~er Kerl** furiat, pasjonat.
Rache *f* (0) zemsta; *aus* ~ przez zemstę, z zemsty; **~akt** *m* akt zemsty; **~durst** *m* pragnienie zemsty.
Rachen *m* gardło, gardziel *f*; s. Maul, Schlund.
rächen ⟨po⟩mścić; *sich* ~ ⟨po-ze⟩mścić się (*an D*/na *L*).
Rachen|blütler *pl.* trędownikowate *pl.*; **~höhle** *f* jama gardłowa; **~katarrh** *m* nieżyt gardła.
Rächer(in *f*) *m* mściciel(ka).
Rachgier *f* żądza zemsty; **2ig** żądny zemsty; **~mściwy** (-wie).
Ra'chi|tis *f* (0) krzywica; **2tisch** krzywiczny.
Rachsucht *f* (0) s. Rachgier.
rackern F (-re) s. sich abrackern.
Rad *n* (-es; *~er*) koło; F (Fahr**2**) rower; *Sp.* przerzut bokiem; ~ *in Zssgn* kołowy; *Sp.* kolarski.
Radar|anlage *f* urządzenie radarowe; **~gerät** *n* aparat radiolokacyjny; **~schirm** *m* ekran radarowy.
Ra'dau F *m* (-s; 0) hałas, rejwach; ~ *machen* hałasować; **~bruder** *m* s. Randalierer.
Rad-aufhängung *f* zawieszenie kół.
Rädchen *n* kół(ecz)ko.
Raddampfer *m* kołowiec.
radebrech|en (-chst, -chtest, hat *geradebrecht*) kaleczyć język *od.* mowę; *er ~t Deutsch* on mówi la maną niemczyzną.
radeln (-le) s. radfahren; F pedałować.
Rädelsführer *m* herszt, prowodyr.

Räder *pl. v.* Rad; **2n** (-re) łamać kołem; F *fig.* *wie gerädert* (jak) połamany, ~ *n* tryby *m/pl.* (*a. fig.*).
radfahr|en (*er fährt Rad, ist radgefahren*) jeździć (*od.* ⟨po⟩jechać) na rowerze; **2en** *n* (-s; 0) jazda na rowerze; **2er(in** *f*) *m* rowerzyst|a *m* (-ka); **2weg** *m* ścieżka (*od.* droga) dla rowerzystów.
radi'al promieniowy, radialny.
Radiati'on *f* (0) promieniowanie.
ra'dier|en (-) wycierać ⟨wytrzeć⟩ gumką; *Zeichnung:* ⟨wy⟩rytować; **2gummi** *m* gum(k)a do wycierania; **2nadel** *f* igła rytownicza, rylec; **2ung** *f* akwaforta.
Ra'dies·chen *n* rzodkiewka.
radi'kal radykalny; *Pol.* skrajny.
Radi'kal *n* (-s; -e) *Chem.* rodnik; *Math.* pierwiastek; **~e(r)** radykał.
Radio *n* (-s; -s) radio; ~ *in Zssgn* radio-; *vgl.* Strahlen-, (Rund-)Funk-; **2ak'tiv** promieniotwórczy, radioaktywny; **~aktivi'tät** *f* (0) promieniotwórczość *f*, radioaktywność *f*; **~teleskop** *n* radioteleskop.
Radium *n* (-s; 0) rad; ~ *in Zssgn* radowy.
Radius *m* (-; -ien) promień *m*.
Rad|kappe *f* kołpak koła; **~kasten** *m* wnęka na koło; **~kranz** *m* wieniec koła; **~rennbahn** *f* kolarski tor wyścigowy; **~rennen** *n* wyścig kolarski; **~satz** *m* zestaw kołowy; **2schlagen** (*er schlägt Rad, hat radgeschlagen*) wywinąć *pf.* młyńca; **~sport** *m* kolarstwo; **~sportler** *m* kolarz; **~spur** *f* koleina; **~stand** *m* rozstaw osi; **~sturz** *m* Kfz. pochylenie kół; **~tour** *f* wycieczka na rowerze; **~überschlag** *m* Sp. s. Rad.
raff|en (skwapliwie) ⟨po⟩zbierać, zagarniać ⟨-nąć⟩; gromadzić; *Stoff:* ⟨z⟩marszczyć; *Rock usw.:* unosić ⟨unieść⟩; *s. zusammenraffen;* **2gier** *f* chciwość *f*, zachłanność *f*; **~gierig** chciwy (-wie); zachłanny.
Raffi|'nade *f* rafinada; **~ne'rie** *f* rafineria; **~'nesse** *f* wyrafinowanie; finezja; **2'nieren** (-) rafinować;

raffiniert

2'niert rafinowany; *fig.* wyrafinowany (z -niem); subtelny.

Rage [-ʒə] F *f* (0) złość *f*, pasja; *in* ~ *bringen* doprowadzać ⟨-dzić⟩ do pasji. [*ragen.*⟩

ragen sterczeć; *s. empor-, heraus-*⟩

Raglan~ raglanowy.

Ragout [-'gu:] *n* (-s; -s) potrawka.

Rah(e) *f Mar.* reja.

Rahm *m* (-es; 0) śmietan(k)a.

rahm|en oprawi(a)ć w ramy; 2**en** *m* rama; *Arch. a.* ramownica; *Esb.* ostoja; 2en~ ramowy (*a. fig.*).

Rahmkäse *m* ser śmietankowy.

Rahsegel *n* żagiel rejowy.

Rain *m* (-es; -e) miedza.

Ra'kete *f* rakieta.

Ra'keten|abschußbasis *f* ośrodek startowy obiektów kosmicznych; *Mil.* wyrzutnia rakietowa; ~**antrieb** *m* napęd rakietowy; ~**geschoß** *n* pocisk rakietowy; ~**start** *m* start rakiety; ~**stufe** *f* stopień *m* (*od.* człon) rakiety; ~**triebwerk** *n* silnik rakietowy; ~**versuchsgelände** *n* poligon rakietowy; ~**waffen** *f/pl.* broń rakietowa; ~**werfer** *m* wyrzutnia rakietowych pocisków, F katiusza; ~**zerstörer** *m Mar.* niszczyciel rakietowy.

Rallen *f/pl.* chruściele *m/pl.*

Ramm|bär *m* młot (*od.* baba) kafara; ~**e** *f* kafar; (*Straßenbau*) ubijak; 2**eln** (-le) *JSpr.* parzyć się; 2**en** *s. einrammen*; *Schiff:* ⟨s⟩taranować; *Auto:* zderzać ⟨-rzyć⟩ się (z *I*); ~**ler** *m JSpr.* kot, gach.

Rampe *f* rampa; *Tech. a.* pochylnia; *Berg-Sp.* zachód, zachodnik.

Rampenlicht *n: im* ~ w świetle kinkietów.

rampo'niert sfatygowany.

Ramsch *m* (-es; 0) tandeta; wybierki *f/pl.*; ~**laden** *m* kram z tandetą, sklep z ciuchami.

ran F *s. heran.*

Ranch [rɛntʃ] *f* (-; -és) ranczo; ~**er** *m* (-s; -/-s) ranczer.

Rand *m* (-es; ~er) krawędź *f*, brzeg, skraj; *Typ.* margines (*a. fig.*); *s. Ende, Saum; am* ~*e* na skraju (*G*); u kresu (*G*); *fig.* na marginesie; F *zu* ~*e kommen* dochodzić ⟨dojść⟩ do ładu (*mit/z I*).

randa'lier|en (-) awanturować się; 2**er** *m* awanturnik, P grandziarz.

Rand|bemerkung *f* uwaga na marginesie; ~**bezirk** *m s. Außenbezirk.*

ränden (-le) moletować.

Rand|figur *f* postać odgrywająca podrzędną (*od.* marginesową) rolę; ~**gebiet** *n* peryferie *f/pl.*, kresy *m/pl.*; *fig.* dziedzina marginesowa; ~**gruppe** *f: soziale* ~**gruppe** margines społeczny; ~**löser** *m* zwalniacz marginesu; ~**streifen** *m* pobocze (drogi).

rang *s. ringen.*

Rang *m* (-es; ~e) stopień *m*, ranga; *Thea.* balkon; (*Ober2*) galeria; *s. Bedeutung, Platz; j-m den* ~ *ablaufen* zakasować (*A*); ~**abzeichen** *n* oznaka stopnia, naszywka, *pl. a.* dystynkcje *f/pl.*; ~**älteste(r)** starszy stopniem.

Range *f* (*od. m* [-n]) trzpiotka, urwis.

Rangfolge *f Sp.* klasyfikacja.

Rangier|bahnhof [-'ʒi:ʁ-] *m* stacja rozrządowa; 2**en** (-) *v/t Esb.* przetaczać ⟨-toczyć⟩; *v/i* manewrować; F zajmować (*an zweiter Stelle* drugie miejsce; *nach/po L*); ~**er** *m* manewrowy *m*; ~**lok(omotive)** *f* lokomotywa manewrowa *od.* przetokowa.

Rang|liste *f Sp.* klasyfikacja indywidualna najlepszych; ~**ordnung** *f* hierarchia; ~**stufe** *f s. Rang.*

Ranke *f* pęd czepny, wąs.

Ränke *m/pl.* knowania *n/pl.*, intrygi *f/pl.*; ~ *schmieden* knuć intrygi.

ranken *v/i, mst sich* ~ piąć (*od.* wić) się (*um A/dookoła G*); 2**gewächs** *n* pnący, roślina pnąca.

rann, ränne *s. rinnen.*

rannte *s. rennen.*

Ranzen *m* tornister. [cześ.⟩

ranzig zjełczały; ~ *werden* ⟨z⟩jeł-⟩

ra'pide w zawrotnym tempie, gwałtownie.

Rappe *m* (-s; -n) kary (koń); *s. Schuster.*

Rappel F *m* bzik; *e-n* ~ *kriegen* ⟨s⟩fiksować. [rzepakowy.⟩

Raps *m* (-es; -e) rzepak; ~**öl** *n* olej⟩

Rapunzel *f* (-; -n) roszponka (*od.* roszponka) warzywna.

rar rzadki (-ko); F *sich* ~ *machen* rzadko się pokazywać.

Rari'tät *f* rzadkość *f*, F rarytas; ~**enkabinett** *n* muzeum *n* osobliwości.

rasch szybki (-ko), prędki (-ko).

rascheln (-le) ⟨za⟩szeleścić.

rasen (*toben*) wściekać (-ec) się, (*a. Sturm*) szaleć; (*sn*) pędzić, gnać; wpadać ⟨wpaść⟩ (*gegen A/na A*).

Rasen m murawa, trawa; darń f, darnina; (Fläche) trawnik.

rasend szalony (-lenie); ~ machen doprowadzać ⟨-dzić⟩ do pasji; ~ werden wpadać ⟨wpaść⟩ w pasję.

Rasen|mäher m kosiarka gazonowa; **~platz** m trawnik, gazon; **~spiele** n/pl. gry f/pl. na trawie; **~sprenger** m deszczownia.

Rase'rei f szał; F szalona jazda.

Ra'sier|apparat m aparat (od. maszynka) do golenia; ⟨o⟩golić (sich się); **~klinge** f ostrze do golenia, żyletka; **~messer** n brzytwa; **~pinsel** m pędzel do golenia; **~seife** f mydło do golenia; **~wasser** n płyn (od. woda) do golenia.

Raspel f (-; -n) tarnik, raszpla; 2n (-le) piłować tarnikiem; Kochk. cienko ⟨na⟩strugać, ⟨na⟩szatkować.

Rasse f rasa; ~ in Zssgn rasowy.

Rassel f (-; -n) grzechotka; 2n (-le) ⟨za⟩szczękać ⟨-knąć⟩; s. klirren; F durchs Examen 2n oblać egzamin.

Rassen|diskriminierung f dyskryminacja rasowa; **~haß** m nienawiść rasowa; **~vorurteile** n/pl. przesądy m/pl. rasowe.

ras|sig, **~sisch** rasowy (-wo); **~'sistisch** rasistowski.

Rast f odpoczynek; (Halt) postój; (Hochofen) spad; ~ machen zatrzym(yw)ać się na postój; 2en (-e-) odpoczywać ⟨-cząć⟩.

Raster m Typ. raster; (TV) siatka obrazowa.

Rast|haus n gospoda przy drodze (samochodowej); 2los niestrudzony (-dzenie), präd. a. bez wytchnienia; **~platz** m parking przy autostradzie; **~stätte** f s. Rasthaus.

Ra'sur f golenie; (ausradierte Stelle) miejsce wyskrobane.

Rat m (-es; ⁻e) rada; Pers. radca m; (0) s. Ratschlag; mit ~ und Tat słowem i czynem; j-n zu ~e ziehen zasięgać, ⟨po⟩radzić się (G).

Rate f rata; (Prozentzahl) wskaźnik; stopa; auf ~n na raty od. spłaty.

Räte- Pol. radziecki.

raten (L.) ⟨po⟩radzić; (mutmaßen) od-, ⟨z⟩gadywać; rate mal! zgadnij!; richtig (falsch) ~ (nie) od-, ⟨z⟩gadnąć pf.; es ist nicht geraten nie jest wskazane.

Raten|kauf m kupno na raty; **~weise** ratalnie; **~zahlung** f spłata ratalna.

Rate·spiel n zgadywanka.

Rat|geber(in f) m dorad|ca m (-czyni); (nur m, Buch) poradnik; **~haus** n ratusz.

Rati|fikati'on f ratyfikacja; 2fi'zieren (-) ratyfikować (im)pf.; **~'on** f racja; porcja; 2o'nal racjonalny; Math. wymierny.

rationali'sier|en (-) ⟨z⟩racjonalizować; 2ung f racjonalizacja; 2ungsvorschlag m wniosek racjonalizatorski.

ratio|'nell racjonalny; **~'nieren** (-) ⟨z⟩racjonować; 2'nierung f racjonowanie.

rat|los bezradny; 2losigkeit f (0) bezradność f; **~sam** pożądany, wskazany.

Ratsche f grzechotka. [wskazany.]

Ratschlag m (po)rada.

Rätsel n zagadka (a. fig.), łamigłówka; 2haft zagadkowy (-wo); 2n (-le) gubić się w domysłach; **~raten** n (-s; 0) rozwiązywanie zagadek; fig. domysły m/pl.; **~spiel** n zgadywanka.

Rats|herr m hist. rajca m; **~keller** m piwnica (od. winiarnia) ratuszowa; **~mitglied** n radca m; **~sitzung** f posiedzenie rady.

Ratte f szczur; (Schimpfwort) drań m, szubrawiec.

Ratten|bekämpfung f odszczurzanie, deratyzacja; **~gift** n preparat szczurobójczy, trucizna na szczury; **~loch** n szczurza dziura; **~schwanz** m F fig. pasmo, korowód.

rattern (-re) (Wagen) ⟨za⟩turkotać; (Maschine, Wecker) ⟨za⟩terkotać; (Motor) ⟨za⟩warczeć, ⟨za⟩warkotać.

Raub m (-es; 0) rabunek, grabież f; Jur. rozbój; (Kindes2) porwanie; (Beute, Opfer) łup, pastwa; **~bau** m (-es; 0) gospodarka rabunkowa; **~druck** m przedruk bez zezwolenia; 2en v/t ⟨z⟩rabować; por(y)wać; fig. odbierać ⟨odebrać⟩ (A), pozbawi(a)ć (G); v/i rabować, grabić.

Räuber m rabuś m, † rozbójnik, zbój(ca m); Zo. drapieżnik; **~bande** f banda (od. szajka) rabusiów od. (mst hist.) zbójców; **~geschichte** f F fig. niestworzona historia; **~hauptmann** m herszt zbójców; **~höhle** f jaskinia zbójecka.

räuberisch rozbójniczy (-czo) rabunkowy; Zo. drapieżny.

Raub|gier f drapieżność f; **~mord** m morderstwo rabunkowe od.

w celach rabunkowych; **~mörder** *m* sprawca *m* mordu rabunkowego, morderca *m*; **~ritter** *m hist.* rycerz rozbójnik; **~tier** *n* zwierzę drapieżne; **~überfall** *m* napad rabunkowy; **~zug** *m* wyprawa rabunkowa *od.* zbójecka.

Rauch *m* (*-es*; *0*) dym; *in ~ aufgehen fig.* rozwiać się jak dym; **~bombe** *f* bomba (*od.* świeca) dymna; **2en** *v/i* dymić (się); *v/t* palić; **2en** *n* (*-s*; *0*) palenie; **~entwicklung** *f* dymienie; **~er(in** *f*) *m* palacz(ka), paląc|y *m*)

Räucher- *Kochk.* wędzony. [(-a).}
Räucher·abteil *n* przedział dla palących.
Räucher|kammer *f* wędzarnia, **~kerze** *f* trociczka; **2n** (*-re*) *v/t* ⟨u⟩wędzić; *v/i* kadzić; **~speck** *m* wędzony boczek, wędzonka; **~stäbchen** *n* laseczka kadzidła; **~waren** *f/pl.* wędzonki *f/pl.*, wędliny *f/pl.*

Rauch|fahne *f* smuga dymu; **~fang** *m* okap (komina); **~faß** *n Rel.* kadzielnica; **~fleisch** *n* mięso wędzone; **2gasprüfer** *m* analizator spalin; **2geschwärzt** zakopcony; **~glas** *n* szkło dymne; **2ig** mający posmak dymu; pachnący dymem; *Raum:* zadymiony; **2los** bezdymny; **~salon** *m* palarnia; **~säule** *f* słup dymu; **~verbot** *n* zakaz palenia; **~vergiftung** *f* zatrucie spalinami; **~waren** *f/pl.* wyroby *m/pl.* futrzarskie; F *a.* wyroby *m/pl.* tytoniowe; **~wolke** *f* chmura (*od.* kłąb) dymu; **~zimmer** *n* palarnia.

Räud|e *f Vet.* strupień woszczynowy, parch; *s.* Krätze; **2ig** par-
rauf F *s.* herauf. [szywy.}
Rauf|bold *m* (*-es*; *-e*) zabijaka *m*, awanturnik; **2en** *v/t* wyr(y)wać, szarpać, targać (*sich* [*D*] sobie); *v/i* (*a. sich*) siłować (*od.* tarmosić, mocować, tłuc) się; **~e'rei** *f* bójka, burda; *s. Balgerei*; **2lustig** skory do burd *od.* do bitki, szukający (z każdym) zaczepki.
rauh szorstki (-ko) (*a. Ton usw.*), chropowaty (-to), chropawy (-wo) (*a. Stimme*); *Klima:* surowy, (*a. Wind*) ostry; **2haar** *n* Zo. ostrowłosy; **2reif** *m* s(z)adź *f*, szron.
Raum *m* (*-es*; *0*) przestrzeń *f*; (*Platz*) miejsce; (*a. pl. *e*) (*Fläche*) obszar, rejon; pomieszczenie, lokal, pokój; **~anzug** *m* skafander kosmiczny.

räumen opróżni(a)ć; ewakuować (*im*)*pf.*; usuwać ⟨-unąć⟩ (*A, von D/A*); *Hdl. Lager:* wyprzeda(wa)ć [*od.* upłynni(a)ć] (*zapasy*); (*verlassen*) zwalniać ⟨zwolnić⟩; opuszczać ⟨-uścić⟩; *vgl.* auf-, ein-, wegräumen, Feld, Weg *usw.*
Raum|ersparnis *f* oszczędność *f* miejsca; **~fähre** *f* *s. Raumtransporter*; **~fahrer** *m* astro-, kosmo|nauta *m*; **~fahrt** *f* (*0*) astro-, kosmo|nautyka; **~fahrtzentrum** *n* centrum dowodzenia lotami kosmicznymi, ośrodek kosmiczny; **~flugkörper** *m* obiekt kosmiczny; **~inhalt** *m* objętość *f*; pojemność *f*; **~kapsel** *f* *s. Raumsonde.* [*Raum.*}
räumlich przestrzenny; **2keit** *f s.*}
Raum|maß *n* miara objętościowa; **~meter** *m od. n* metr przestrzenny; **~planung** *f* planowanie przestrzenne; **~schiff** *n* statek kosmiczny; **~sonde** *f* próbnik kosmiczny, sonda kosmiczna; **~station** *f* stacja kosmiczna; **~teiler** *m* meblościanka; **~temperatur** *f* temperatura pokojowa; **~transporter** *m* wahadłowiec.
Räumung *f* opróżni|anie, -enie; usu|wanie, -nięcie; ewakuacja; *vgl.* räumen; **~s·klage** *f* skarga o eksmisję; **~s·verkauf** *m* wyprzedaż *f* remanentów.
Raupe *f* gąsienica (*a. Tech.*).
Raupen|fraß *m* szkody *f/pl.* wyrządzone przez gąsienice; **~schlepper** *m* ciągnik gąsienicowy.
raus F *s.* heraus, hinaus.
Rausch *m* (*-es*; *-e*) odurzenie, zamroczenie; F rausz; *fig.* upojenie; **2en** ⟨za⟩szumieć; (*Blätter a.*) ⟨za⟩szeleścić; (*Regen*) szemrać; **2end** *fig.* szumny; **~en** *n* szum; szelest, szemranie.
Rauschgift *n* narkotyk; **~ nehmen** narkotyzować się; **~sucht** *f* narkomania, nałóg narkomanii; **2süchtig** cierpiący na narkomanię, narkoman.
Rausch|gold *n* szych; **~mittel** *n* środek odurzający, narkotyk; **~zeit** *f* lochanie się; **~zustand** *m* stan odurzenia.
räuspern (*-re*): *sich ~* chrząkać, pochrząkiwać; odchrząknąć *pf.*
rausschmeiß|en F wyrzucać ⟨-cić⟩ (za drzwi), wyl(ew)ać (z posady); *Geld:* szastać (*I*); **2er** F *m* wykidajło *m*.

Raute f Math. romb; Bot. ruta.

Razzia f ⟨-; -ien⟩ obława, F łapanka.

Rea|'gens n ⟨-; -nzien⟩ odczynnik; ~'genzglas n probówka; ℒ'gieren ⟨-⟩ ⟨za⟩reagować.

Reakti|'on f reakcja; Chem. a. odczyn; ℒo'när reakcyjny; ℒo'när m reakcjonista m; ~'ons·test m test ustalający zdolność do szybkiego reagowania; ~'onszeit f czas reakcji.

Re'aktor m ⟨-s; -'toren⟩ reaktor; ~ in Zssgn reaktorowy, ... reaktora.

re'al, ℒ- realny.

reali'sier·bar wykonalny, możliwy do zrealizowania; ~en ⟨-⟩ ⟨z⟩realizować; ℒung f ⟨0⟩ realizacja, zrealizowanie.

Rea'lis|**mus** m ⟨-; 0⟩ realizm; ~t(in f) m ⟨-en⟩ realist|a m ⟨-ka⟩, ℒtisch realistyczny. [pl.\]

Reali'tät f realność f; pl. a. realia\

Re'al|**lohn** m płaca realna; ~schule f szkoła realna; ~wert m wartość realna.

Re-animati'onszentrum n ośrodek reanimacyjny.

Rebe f latorośl (winna).

Re'bel|l m ⟨-en⟩ buntownik, rebeliant; ℒ'lieren ⟨-⟩ ⟨z⟩buntować się; ℒli'on f bunt, rokosz; ℒlisch buntowniczy ⟨-czo⟩.

Reb|**huhn** n kuropatwa; ~laus f winiec, filoksera; ~stock m wino-\

rechen v/t. harken. [rośl f.\]

Rechen m grabie pl.; Tech. a. grabki; krata; Agr. a. grabiarka (Maschine).

Rechen|**anlage** f maszyna matematyczna; przelicznik; ~aufgabe f zadanie rachunkowe; ~buch n podręcznik arytmetyki; ~fehler m błąd rachunkowy od. w rachunku; ~künstler m rachmistrz; ~maschine f maszyna do liczenia.

Rechenschaft f: ~ ablegen od. geben zda(wa)ć rachunek od. sprawę (über A/z G); ~ verlangen ⟨za⟩żądać zdania sprawy; zur ~ ziehen pociągać do odpowiedzialności; ~s·bericht m sprawozdanie; referat sprawozdawczy.

Rechen|**schieber** m suwak logarytmiczny; ~technik f technika obliczeniowa; ~zentrum n ośrodek obliczeniowy. [schnung.\]

Recherche [-'ʃɛrʃə] f s. Nachfor-\

rech|**nen** ⟨-e-⟩ v/t obliczać ⟨-czyć⟩; zaliczać ⟨-czyć⟩ (zu/do G); v/i rachować (im Kopf w pamięci); liczyć (auf A/na A); (mit et.) liczyć się (z I); spodziewać się (G); ℒnen n ⟨-s; 0⟩ (Schulfach) rachunki m/pl., arytmetyka; ℒner m s. Rechenanlage, -maschine; guter ℒner s. Rechenkünstler; ~nerisch rachunkowy (-wo).

Rechnung f rachunek; obliczenie; nach m-r ~ według moich obliczeń; auf s-e ~ kommen wyjść na swoje; die ~ ging nicht auf rachuby f/pl. zawiodły; ~ tragen brać ⟨wziąć⟩ w rachubę (D/A); e-n Strich durch die ~ machen pokrzyżować (od. przekreślić) rachuby.

Rechnungs|**art** f: die vier ~arten cztery działania arytmetyczne; ~betrag m suma rachunku; ~einheit f jednostka rozrachunkowa; ~führung f rachunkowość f; rozrachunek gospodarczy; ~hof m etwa najwyższa izba kontroli; ~jahr n rok obrachunkowy; ~prüfer m rewident (ksiąg); ~wesen n rachunkowość f.

recht[1] Adj. (Ggs. link) prawy; Pol. prawicowy; ~er Hand po prawej ręce; ~er Winkel kąt prosty.

recht[2] (richtig) słuszny, prawy; (passend) właściwy (-wie), odpowiedni (-nio); s. echt, gut, wirklich; Adv. (ziemlich) dosyć, dość; ~ behalten, -haben mieć rację od.; ~ haben mieć słuszność od. rację; ~ geben przyzn(aw)ać rację; j-m ~ sein odpowiadać (D); du kommst gerade ~ przychodzisz w samą porę; es/das ist mir ~ to mi odpowiada; ~ und billig słusznie i sprawiedliwie; es j-m ~ machen trafić do gustu, dogadzać ⟨-godzić⟩ (D); ~ herzlich, gern bardzo serdecznie, chętnie; es geschieht dir ~! dobrze ci tak!; so ist es ~! dobrze tak!; ganz ~! (zupełnie) słusznie!; wenn ich ~ höre jeśli mnie słuch nie myli; ich weiß nicht ~ nie bardzo wiem; F ich höre wohl nicht ~! chyba źle słyszę!; mehr schlecht als ~ z wielką biedą; Su. er tut immer das ℒe on zawsze postępuje słusznie; er kann nichts ℒes nie umie nic porządnego; nach dem ℒen sehen dbać o porządek, doglądać; s. a. erst, Zeit usw.

Recht n ⟨-es; -e⟩ prawo (a. auf A/do G); ~ sprechen wymierzać sprawiedliwość; ~ens sein być legalnym; mit (od. zu) ~ słusznie; im ~ sein mieć słuszność; *von* ~s *wegen* właściwie.

Rechte *f* prawica (*a. Pol.*); *Box-Sp.* cios prawą; *s. a.* **recht**.

Recht·eck *n* prostokąt; **♀ig** prostokątny. [prawej stronie.]

rechterseits z prawej strony, po/

rechtfertig|en usprawiedliwi(a)ć (*sich się*; *mit/I*); **♀ung** *f* usprawiedliwienie.

recht|gläubig prawowierny; ~**haberisch** nie znoszący sprzeciwu, despotyczny; ~**lich** prawny; ~**los** pozbawiony wszelkich praw; ~**mäßig** prawowity (-cie), legalny.

rechts po prawej stronie, (*a. nach* ~) na prawo; *von* ~ z prawej strony, z prawa; ~ *fahren* jechać prawą stroną; **♀abbieger** *m* (pojazd) skręcający w prawo; **♀abweichung** *f Pol.* odchylenie prawicowe; **♀anspruch** *m* roszczenie prawne; **♀anwalt** *m* adwokat; **♀'außen** *m* prawoskrzydłowy *m*; **♀beistand** *m* radca prawny; **♀bruch** *m* naruszenie (*od.* pogwałcenie) prawa.

recht|schaffen uczciwy, zacny; *fig.* (*a. Adv.*) porządny; **♀schreibung** *f* pisownia.

Rechts|drehung *f* obrót (*od.* skręt) w prawo; ~**extremist** *m* skrajny prawicowiec, ultras; **♀fähig** zdolny do działań prawnych; **♀fakultät** *f* wydział prawny; **♀gerichtet** *Pol.* prawicowy; ~**gewinde** *n* gwint praw(oskrętn)y; ~**grundlage** *f* podstawa prawna; **♀gültig** *s.* **rechtskräftig**; ~**hilfe** *f* pomoc prawna; **♀kräftig** prawomocny; **♀kräftig werden** uprawomocni(a)ć się; ~**kurve** *f* zakręt w prawo; ~**mittel** *n* środek prawny; ~**nachfolge** *f* następstwo prawne; ~**norm** *f* norma prawna; ~**ordnung** *f* ustrój prawny; ~**partei** *f* stronnictwo prawicowe; ~**pflege** *f* wymiar sprawiedliwości.

Recht·sprechung *f* (0) wymiar sprawiedliwości; orzecznictwo, wyrokowanie (sądów); sądownictwo.

rechts|radikal skrajnie prawicowy; **♀schutz** *m* ochrona prawna; ~**seitig** prawostronny; prawobrzeżny; **♀-staat** *m* państwo praworządne; **♀staatlichkeit** *f* (0) praworządność *f*; **♀streit** *m* spór prawny; **♀titel** *m* tytuł prawny; ~**um!** w prawo zwrot!; ~**ungültig** prawnie nie-

ważny; ~**verbindlich** prawnie obowiązujący; **♀verdreher** *m* krętacz, matacz; **♀verhältnis** *n* stosunek prawny; **♀verkehr** *m* ruch prawostronny; **♀vertreter** *m* zastępca prawny; **♀weg** *m* droga prawna *od.* sądowa; **♀wendung** *f* zwrot w prawo; ~**widrig** bezprawny; **♀wissenschaft** *f* nauka prawa, prawo; *Jur.* jurysprudencja.

recht|wink(e)lig prostokątny; pod prostym kątem (*zu/do G*); ~**zeitig** w porę; zawczasu.

Reck *n* (*-es*; *-e*) drążek, rek; **♀en** wyciągać ⟨-gnąć⟩; *s.* **strecken**; ~**stange** *f* prężnik.

Redak|'teur *m* (*-s*; *-e*) redaktor; ~**ti'on** *f* redakcja; **♀tio'nell** redakcyjny.

Rede *f* mowa; e-e ~ *halten* wygłaszać ⟨-łosić⟩ mowę *od.* przemówienie; *wovon ist die* ~? o czym mowa?; (*es ist*) *nicht der* ~ *wert* nie ma o czym mówić; *j-n zur* ~ *stellen* zarządać wyjaśnienia (od *G*); *j-m* ~ *(und Antwort) stehen* ⟨wy⟩tłumaczyć się (*przed I*); ~**duell** *n* pojedynek słowny; **♀fluß** *m* (0) potok słów; ~**freiheit** *f* (0) wolność *f* słowa; ~**gabe** *f* (0) dar słowa; **♀gewandt** wymowny, elokwentny, F wygadany; ~**kunst** *f* (0) krasomówstwo.

reden (*-e-*) *v/t u. v/i* mówić, gadać (*über A, von D/o L*); (*Rede halten*) przemawiać; *er macht von sich* ~ o nim mówią, on zwraca na siebie uwagę; F *er läßt mit sich* ~ z nim można się dogadać; *vgl.* **sagen**, **sprechen**, **sich unterhalten**.

Redens·art *f* zwrot, powiedzenie; *pl. a.* frazesy *m/pl.*

Rede|schwall *m* potok słów; ~**teil** *m* część *f* mowy; ~**weise** *f* sposób mówienia; ~**wendung** *f* zwrot językowy *od.* frazeologiczny.

redi'gieren (-) ⟨z⟩redagować.

redlich rzetelny, uczciwy (-wie).

Redner *m* mówca *m*; ~**pult** *n*, ~**tribüne** *f* mównica.

redselig wielomówny, F gadatliwy.

Redu|kti'on *f* redukcja; *in Zssgn* redukcyjny; redukujący; **♀'zieren** (-) ⟨z⟩redukować.

Reede *f* reda; ~**r** *m*, ~**rei** *f* armator.

re'ell *s.* **redlich**; *Math., Phys.* rzeczywisty.

Refe|'rat *n* (*-es*; *-e*) referat; ~**ren'dar(in** *f*) *m* (*-s*; *-e*) referendarz;

~'rent(in f) m (-en) referent(ka);
~'renz f s. Empfehlung; 2'rieren (-)
⟨z⟩referować.

reffen Mar. refować.

reflek|'tieren (-) v/t odbi(ja)ć; v/i F
(auf A) reflektować (na A); 2tor
[-'fle-] m (-s; -'toren) reflektor;
Astr. a. teleskop zwierciadlany.

Re'flex m (-es; -e) refleks; Med. a.
= ~bewegung f odruch.

Refle|xi'on f refleksja; Phys. odbi-
cie; 2'xiv Gr. zwrotny. [formacja.⟩

Re'form f reforma; ~ati'on f re-

refor'mie|ren (-) ⟨z⟩reformować;
~stisch reformistyczny.

Re'formhaus n etwa sklep z ziołami
i artykułami dietetycznymi.

Refrain [-'frɛ̃] m (-s; -s) refren.

Re'gal n (-s; -e) regał, półka.

Re'gatta f (-; -tten) regaty f/pl.; ~
in Zssgn regatowy.

rege Geist: żywy; Verkehr, Handel:
ożywiony; vgl. lebhaft.

Regel f (-; -n) reguła, prawidło; F
Med. miesiączka; sich (D) zur ~
machen traktować jako regułę; in
der ~ z reguły; ~bereich m zakres
regulacji; ~blutung f miesiączko-
wanie; ~kreis m obwód regulacji;
2los nieregularny; bezładny; 2-
mäßig regularny; Math. foremny;
Adv. F zazwyczaj, zawsze; 2n (-le)
⟨u⟩regulować; 2recht prawidłowy
(-wo); F a. istny, prawdziwy; präd.
wprost; ~ung f ⟨u⟩regulowanie;
Tech. regulacja; in Zssgn ... regulacji, regulacyjny; 2widrig nieprawidłowy.

regen: sich ~ ruszać ⟨poruszyć⟩ się.

Regen m deszcz; vom ~ in die Traufe
kommen trafić z deszczu pod rynnę;
2arm ubogi w opady, suchy.

Regenbogen m tęcza; 2farben
tęczowy (-wo), w kolorach tęczy;
~forelle f pstrąg tęczowy; ~haut f
tęczówka.

Regen|dach n dach (od. daszek)
chroniący od deszczu; 2dicht
nieprzemakalny.

Regene|rati'on f regeneracja; 2-
'rieren (-) ⟨z⟩regenerować.

Regen|fall m opad deszczowy od.
deszczu; 2frei bezdeszczowy; ~guß
m ulewa; 2mantel m płaszcz nieprzemakalny, deszczowiec; ~mes-
ser m deszczomierz; ~periode f
okres deszczowy; ~pfeifer m/pl.
Zo. siewki f/pl.; 2reich deszczowy;

obfitujący w opady (deszczu); ~-
schauer m przelotny deszcz; ~-
schirm m parasol; ~tag m deszczowy (od. dżdżysty) dzień; ~tropfen
m kropla deszczu.

Re'gentschaft f regencja.

Regen|wald m puszcza podzwrot-
nikowa; ~wasser n woda deszczowa, F deszczówka; ~wetter n słota,
szaruga, plucha; ~wolke f chmura
deszczowa; ~wurm m dżdżownica;
~zeit f (0) pora deszczowa.

Regie [-'ʒi:] f zarząd; Thea., Rdf.
reżyseria; unter der ~ w reżyserii
(von/G); ~ führen ⟨wy⟩reżysero-
wać; in eigener ~ pod własnym za-
rządem, F na własną rękę; ~assi-
stent m asystent reżysera; ~raum
m reżysernia.

re'gier|en (-) v/t rządzić (a. Gr.;
A/I); v/i sprawować rządy; (Herrscher) panować; ~end rządzący;
panujący; 2ung f rządy m/pl., panowanie; (Kabinett) rząd.

Re'gierungs|bezirk m regencja,
okręg regencyjny; ~bildung f utworzenie (od. ukonstytuowanie)
rządu; ~chef m szef rządu; ~er-
klärung f deklaracja rządowa; 2-
feindlich antyrządowy (-wo); ~-
form f forma rządów; ~koalition f
koalicja rządowa; ~krise f kryzys
rządowy; ~partei f stronnictwo
rządowe, partia rządowa; ~politik f
polityka rządu od. rządowa; ~prä-
sident m prezydent regencji; ~rat
m radca m; ~sitz m siedziba rządu;
~sprecher m rzecznik rządu; 2treu
prorządowy; ~umbildung f czę-
ściowa zmiana składu rządu; ~vor-
lage f rządowy projekt ustawy;
~wechsel m zmiana rządu; ~zeit f
okres panowania od. rządów.

Regime [-'ʒi:m] n (-s; -s) reżim;
~kritiker m krytyk reżimu.

Regi'ment n (-es; -e/-er) rząd(y pl.)
m; Mil. pułk.

Regi'ments|befehl m rozkaz puł-
kowy; ~kommandeur m dowódca
m pułku; ~stab m sztab pułku.

Regi'on f region, dzielnica; strefa;
F fig. in höheren ~en w obłokach.

regio'nal, 2- regionalny.

Regis'seur [-ʒi-] m (-s; -e) reżyser;
(Film2 u.) realizator.

Re'gister n rejestr, wykaz; (Index)
skorowidz; ~tonne f tona rejestrowa.

Registra'tur f registratura.

regi'strier|en (-) ⟨za⟩rejestrować, ⟨z⟩ewidencjonować; F *fig.* ⟨od-, za⟩notować; **2gerät** *n* przyrząd rejestrujący; **2kasse** f kasa rejestrująca; **2ung** f rejestracja, ewidencjonowanie.

Regle|ment [-'mã·/-'maŋ] *n* (-*s; -s*) regulamin; **2men'tieren** (-) reglamentować; **.men'tierung** f reglamentacja.

Regler *m* regulator.

reglos nieruchomy, *präd.* bez ruchu.

regne|n (-*e-*): es **.t** pada deszcz; *v/t fig.* es **.te ...** posypały się (*A*); **.risch** deszczowy, dżdżysty (-to), słotny.

Re'greß *m* (-*sses; -sse*) regres, roszczenie zwrotne; **.pflicht** f obowiązek zwrotu *od.* wynagrodzenia.

regsam *s.* rege, lebhaft.

regu|'lär regularny; **.'lierbar** regulowany, nastawny; **.'lieren** (-) ⟨wy⟩regulować; **2'lierschraube** f śruba nastawcza *od.* regulacyjna.

Regung f ruch; (*Gemüts*2) uczucie, poryw; (*des Herzens, Gewissens*) głos; **2s·los** nieruchomy (-mo).

Reh *n* (-*es; -*) sarna; *s. Ricke.*

rehabili'tier|en (-) ⟨z⟩rehabilitować; **2ung** f rehabilitacja.

Reh|bock *m* sarniuk, rogacz; **.braten** *m* pieczeń f z sarny, sarnina; **2braun** płowy (-wo); piwny; **.gehörn** *n* parostki *m/pl.* (rogacza); **.geiß** f *s. Ricke.* **.kitz** *n* sarnię, koźlę; sarenka; **.posten** *m* sarniak; **.rücken** *m* comber sarni.

Reib|ahle f rozwiertak; **.eisen** *n* tarka; **2en** (*L.*) *v/t* ⟨po⟩trzeć; *Kochk.* ucierać ⟨utrzeć⟩ (na tarce); *s. ein-, ver-, zerreiben; sich (D)* **2en** *Augen:* przecierać ⟨przetrzeć⟩; *Hände:* zacierać ⟨zatrzeć⟩; *j-m et. unter die Nase* **2en** wytykać ⟨-tknąć⟩ (k-u *A*); *v/i* trzeć, ocierać; *sich* **2en** *an j-m* ścierać się (z *I*).

Reibe'reien F f/pl. tarcia *n/pl.*

Reib|fläche f potarka; **.ung** f tarcie.

reibungs|frei beztarciowy (-wo); **.los** *fig.* gładki (-ko), *präd.* bez przeszkód; **2widerstand** *m* opór tarcia.

reich bogaty (-to) (*an/w A*); *fig. a.* obfity (-cie), obfitujący (w *A*); **~ werden** wzbogacić się; **~ sein an** (*D*) obfitować w (*A*).

Reich *n* państwo; (*Tier*2) świat; *fig.* królestwo; *das Deutsche* **~** Rzesza Niemiecka; *s. Kaiser-, Weltreich.*

Reiche(r) *m/f* bogacz(ka).

reich|en *v/i* sięgać (*bis/do G*); *s. ausreichen; v/t* poda(wa)ć; **.haltig** bogaty (-to); **.lich** obfity (-cie), sowity (-cie); wystarczający (-co); (*gut, etwas mehr als*) dobry; *Adv.* F dość; bardzo.

Reichs|apfel *m* jabłko; **.deutsche(r)** *m/f hist.* Niemiec (Niemka) z [*od.* obywatel(ka)] Rzeszy; **.gebiet** *n* obszar Rzeszy; **.kanzler** *m* kanclerz Rzeszy; **.mark** f marka niemiecka (Rzeszy).

Reich|tum *m* (-*s; ~er*) bogactwo; **.weite** f zasięg.

reif dojrzały (-le).

Reif *m* (-*es; 0*) *s. Rauhreif.*

Reif|e f (*0*) dojrzałość f; *mittlere* **.e** mała matura; **2en** (*a. sn*) dojrze(wa)ć.

Reifen *m* obręcz f; pierścień *m*; *Kfz.* opona; **.panne** f przebicie opony; **.wechsel** *m* zmiana opony.

Reife|prüfung f egzamin dojrzałości, matura; **.zeit** f okres (*od.* wiek) dojrzewania; **.zeugnis** *n* świadectwo dojrzałości.

Reifglätte f gołoledź wywołana oszronieniem.

reiflich gruntowny.

Reigen *m* taniec w koło, korowód; *fig. den* **~** eröffnen zrobić początek.

Reihe f rząd; (*a. Math.*) szereg; seria; *bunte* **~** przeplatanka; *der* **~** *nach* po kolei, po porządku, kolejno; *jetzt bist du an der* **~** teraz kolej na ciebie; *warten bis man an der* **~** *ist* czekać na swoją kolejkę; *du kommst auch noch an die* **~** przyjdzie kolej i na ciebie.

reihen nawlekać ⟨-lec⟩, naniz(yw)ać; *s. heften.*

Reihen|analyse f analiza seryjna; **.dorf** *n* rzędówka; **.folge** f kolejność f; porządek; **.haus** *n* dom szeregowy, F szeregowiec; **.motor** *m* silnik (jedno)rzędowy; **.saat** f siew rzędowy; **.schaltung** f połączenie szeregowe; **.untersuchung** f masowe badanie profilaktyczne; **2weise** rzędami, szeregami.

Reiher *m* czapla; **.schnabel** *m Bot.* iglica.

reih'um: **~** *gehen* krążyć.

Reim *m* (-*es; -e*) rym; **.e schmieden**

klecić wiersze; ~en rymować (sich się); F das ~t sich nicht to się nie trzyma kupy; ~schmied m wierszokleta m.

rein¹ czysty (-to); (pur a.) sam; fig. (echt, lauter a.) istny, prawdziwy; (ohne Falsch) prawy, szczery; niepo-, nies|kalany; s. unschuldig; Adv. wyłącznie; F a. absolutnie, zupełnie; ins ~e na czysto; ins ~e bringen wyjaśnić, doprowadzić do porządku; ins ~e kommen dojść do ładu (mit/z I); s. Luft, Wein usw.

rein² F s. her-, hinein.

Reinemache|frau f sprzątaczka; ~n n sprzątanie, F porządki m/pl.

Rein|ertrag m czysty dochód; ~fall F m klapa, fiasko; 2fallen F s. hereinfallen; ~gewinn m czysty zysk; ~heit f (0) czystość f (a. fig.).

reinig|en oczyszczać ⟨-yścić⟩ (sich się); 2er m oczyszczacz; (Gerät) oczyszczalnik; 2ung f czyszczenie, oczyszczanie; a. F = 2ungs·anstalt f pralnia chemiczna; 2ungs·mittel n środek czyszczący od. oczyszczający.

Reinkultur f kultura czysta; fig. in ~ czystej wody.

reinlegen F s. hereinlegen.

rein|lich (-to), schludny; ~rassig rasowy, czystej krwi; 2-schrift f czystopis; ~seiden czysto jedwabny; ~st- najczystszy; ~waschen fig. wybielać ⟨-lić⟩; ~wollen Adj. czysto wełniany; v/i F s. hereinwollen.

Reis¹ n (-es; -er) Bot. pęd, zraz.

Reis² m (-es; 0) ryż; ~bau m (-es; 0) uprawa ryżu; ~brei m kleik z ryżu.

Reise f podróż f; auf ~n gehen uda(wa)ć się w podróż; viel auf ~n sein być w rozjazdach; gute ~! szczęśliwej podróży; ~abenteuer n przygoda podróżnicza od. w podróży; ~apotheke f apteczka podręczna; ~begleiter m towarzysz podróży; ~bericht m sprawozdanie z podróży; ~beschreibung f opis podróży; ~büro n biuro podróży; 2fertig gotowy (präd. gotów) do podróży; (gekleidet) po podróżnemu; ~fieber n gorączka przed-odjazdowa, F reisefieber; ~führer m przewodnik turystyczny; ~gepäck n bagaż podróżny; ~-schwindigkeit f Esb. szybkość handlowa; Flgw. prędkość podróżna

od. przelotowa; ~gesellschaft f podróżni m/pl.; wycieczka; grupa, turnus; ~kleidung f strój podróżny; ~koffer m waliz(k)a podróżna; ~kosten pl. koszta m/pl. podróży; ~leiter m kierownik (od. pilot) wycieczki; ~lust f (0) zamiłowanie do podróży, żyłka podróżnicza; 2lustig lubiący podróżować; 2n v/i (sn) podróżować; ⟨po⟩jechać (nach/ do G).

Reisen n (-s; 0) podróżowanie, podróże f/pl.; ~de(r) m/f podróżni|k (-czka), podróżn|y m (-a); pasażer(ka).

Reise|omnibus m autokar, autobus turystyczny; ~paß m paszport zagraniczny; ~route f trasa podróży; ~scheck m czek turystyczny; ~spesen pl. s. Reisekosten; ~tasche f torba podróżna; ~unterbrechung f przerwanie (od. przerwa w) podróży; ~verkehr m ruch turystyczny; ~weg m s. Reiseroute; ~wetter n pogoda sprzyjająca (od. podczas) podróży; ~zeit f sezon turystyczny; ~ziel n cel podróży. [risotto.]

Reisfeld n pole ryżowe; ~fleisch n/

Reisig n (-s; 0) chrust.

Reis|korn n ziarnko ryżu; ~papier n papier ryżowy. [drapaka.]

Reißaus: F ~ nehmen da(wa)ć/

Reißbrett n rysownica; 2en (-ßt; L.) v/t ⟨po⟩rwać (impf a. Sp., Gewicht), ⟨po⟩drzeć, ⟨roz⟩szarpać (in Stücke na kawałki); wyr(y)wać (aus/ z G); zrywać ⟨zerwać⟩ (von/z G; a. Sp., Latte); (v. Tieren) por(y)wać (a. fig., mit sich), rwać; Loch: wy-dzierać ⟨-drzeć⟩; s. a. ab-, (her-) aus-, durch-, zerreißen, Posse, Witz usw.; an sich 2en Macht: zagarniać ⟨-nąć⟩; v/i (sn) ⟨u⟩rwać się, drzeć się, pękać ⟨-knąć⟩; (h) szarpać, targać (an D/I od. A); F (schmerzen) rwać; es 2t mir in allen Gliedern łamie mnie w kościach; sich 2en um (A) wydzierać sobie, rozchwytywać (A); zabiegać o względy (G); ich 2e mich nicht darum nie zależy mi bardzo na tym; ~en n (-s; 0) F darcie, (a. Sp.) rwanie; Text. szarpanie; er hat ~en im Kreuz łamie go w nodze; 2end Wasser: rwący; Tier: drapieżny; Schmerz: szarpiący; -den Absatz finden być rozchwytywanym; ~er F m przebój; bestseller; Tech. szarparka; ~feder *f* grafion; ~**festigkeit** *f* wytrzymałość *f* na zerwanie; ~**leine** *f* linka wyzwalająca (spadochronu); ~**nadel** *f* rysik traserski; ~**schiene** *f* przykładnica.

Reissuppe *f* zupa ryżowa.

Reiß|verschluß *m* zamek błyskawiczny, F suwak, ekler; ~**wolf** *m* Text. szarparka; wilk szarpiący; szarpacz do makulatury; ~**wolle** *f* szarpanka wełniana; ~**zwecke** *f* pinezka, pluskiewka.

Reit|bahn *f* ujeżdżalnia; ~**dreß** *m* strój do konnej jazdy; 2en (L.) *v/i* (*sn*) ⟨po⟩jechać (*od.* jeździć) konno *od.* wierzchem; *v/t* jechać, jeździć (wierzchem) na (L), dosiadać (G); ~**en** *n* (-s; 0) konna jazda.

Reite|r *m* jeździec, konny *m*; Mil. kawalerzysta *m*; (*an d. Waage*) konik; *spanischer* ~*r* kozioł hiszpański; ~**rei** *f* (0) jazda, konnica; ~**rin** *f* kobieta na koniu, amazonka.

Reit|hose *f* bryczesy *pl.*; ~**knecht** *m* stajenny *m*; ~**peitsche** *f* szpicruta; ~**pferd** *n* wierzchowiec; ~**schule** *f* szkoła konnej jazdy; ~**sitz** *m*: im ~sitz konno; ~**sport** *m* jeździectwo, hip(p)ika; ~**stiefel** *m* but do konnej jazdy; ~**stock** *m* Tech. konik; ~**turnier** *n* konkurs jeździecki; ~**weg** *m* droga (*od.* ścieżka) do jazdy konnej.

Reiz *m* (-es; -e) bodziec; fig. urok, powab; *weibliche* ~e wdzięki *m/pl.*; 2**bar** pobudliwy, drażliwy; ~**bar-keit** *f* (0) pobudliwość *f*, drażliwość *f*; 2**en** (-zt) *v/t* drażnić; (*locken*) wabić, nęcić; *v/i* KSp. licytować; 2**end** uroczy (-czo), śliczny; ~**husten** *m* kaszel odruchowy; ~**ker** *m* Bot. rydz; ~**klima** *n* klimat (ostro) bodźcowy; 2**los** mdły (-ło), nudny; niewyszukany, bez wdzięku; ~**mittel** *n* środek pobudzający *od.* drażniący; fig. podnieta; ~**schwelle** *f* próg pobudliwości; ~**therapie** *f* leczenie bodźcowe; 2**voll** pełen wdzięku; pociągający; *s. reizend*; ~**wirkung** *f* działanie bodźcowe *od.* pobudzające.

rekeln (-le): *sich* ~ przeciągać ⟨-gnąć⟩ się; (*im Sessel*) rozwalić się.

Reklamati'on *f* reklamacja.

Re'kla|me *f* reklama; ~**me-** reklamowy; 2'**mieren** (-) ⟨za⟩reklamować; [wać.]

rekonstru'ieren (-) ⟨z⟩rekonstruo-]

Rekonvales'zen|t(in *f*) *m* (-en) re-konwalescent(ka), ozdrowieniec; ~**z** *f* (0) rekonwalescencja.

Re'kord *m* (-es; -e) rekord; e-n ~ *aufstellen/brechen, schlagen* ustanawiać ⟨-nowić⟩/pobić *pf.* rekord; ~**ergebnis** *n* rekordowy wynik; ~**halter(in** *f*) *m*, ~**inhaber(in** *f*) *m* rekordzist|a *m* (-ka); ~**leistung** *f* rekordowe osiągnięcie; ~**versuch** *m* próba ustanowienia rekordu; ~**zeit** *f* rekordowy czas; rekordowe tempo.

Re'kru|t *m* (-en) poborowy *m*, rekrut; 2'**tieren** (-): *sich* 2tieren rekrutować się.

re'ktal Med. (do)odbytniczy.

Rekti'on *f* Gr. rekcja, rząd.

Rekto|r *m* (-s; -toren) rektor; ~'**rat** *n* (-es; -e) rektorat.

Relais [Rɜ'lɛ:] *n* (-; -) przekaźnik; ~**station** *f* stacja przekaźnikowa.

rela'ti|v relatywny, względny; ~'**vieren** (-) relatywizować.

Relativi'tät *f* względność *f*; ~**s-theorie** *f* teoria względności.

rele'gieren (-) relegować, wydalać ⟨-lić⟩; ~'**vant** ważny.

Re'lief *n* (-s; -s/-e) relief, płasko-rzeźba; Geogr. rzeźba terenu.

Religi'on *f* religia, wyznanie.

Religi'ons|ausübung *f* uprawianie kultu religijnego; ~**freiheit** *f* (0) wolność *f* wyznań; ~**gemein-schaft** *f* społeczność wyznaniowa; ~**lehrer** *m* katecheta *m*, nauczyciel religii; ~**unterricht** *m* nauczanie religii; zajęcia *n/pl.* katechetyczne.

religi'|ös religijny; (*gläubig a.*) pobożny; 2**osi'tät** *f* (0) religijność *f*, pobożność *f*.

Reling *f* (-; -s/-e) reling.

Re'liquie *f* relikwia; fig. cenna pamiątka.

Remi|litari'sierung *f* remilitaryzacja; ~**nis'zenz** *f* reminiscencja.

remis [-'mi:] remisowo; 2 *n* (-; -) remis.

Remit'tende *f* remitenda.

Remou'lade [-mu-·] *f* sos majonezowy z przyprawami ziołowymi.

rempeln (-le) szturchać ⟨-chnąć⟩, (*a. Sp.*) popychać ⟨-pchnąć⟩.

Ren *n* (-s; -s/-e) s. Rentier.

Renaissance [-nɛ'sã:s] *f* Odrodzenie; fig. renesans.

Rendezvous [Rãde'vu:] *n* (-; -) schadzka, F randka; ~**manöver** *n* operacja spotkania.

Ren'dite *f* oprocentowanie.

Renn|bahn f tor wyścigowy; **~boot** n łódź wyścigowa; **2en** (L.; sn) ⟨po⟩biec, ⟨po⟩pędzić; (herum-) biegać, latać; wpadać ⟨wpaść⟩ (gegen/na A); v/t über den Haufen 2en przewrócić w biegu; **~en** in wyścigi (pl.); fig. gut im **~en** liegen mieć dobre widoki (na A); das **~en** machen prześcignąć wszystkich; **~e'rei** F f bieganina, latanina; **~fahrer** m uczestnik wyścigu; Kfz. F a. motorowiec; **~pferd** n koń wyścigowy; **~platz** m s. Rennbahn; **~rad** n rower wyścigowy, F wyścigówka; **~stall** m stajnia wyścigowa; **~strecke** f trasa wyścigu; **~wagen** m samochód wyścigowy.

renom'mier|en (-) chełpić się, popisywać się (mit/I); **~t** renomowany. [wić⟩ 2ung f renowacja.]

reno'vier|en (-) odnawiać ⟨-no-⟩

ren'ta|bel rentowny, zyskowny; **2bili'tät** f (0) rentowność f, dochodowość f.

Rente f renta; (Alters-) emerytura.

Renten|alter n wiek uprawniający do renty; **~anspruch** m uprawnienie do renty od. emerytury; **~bemessungsgrundlage** f podstawa wymiaru renty od. emerytury; **~empfänger** m s. Rentner; **~versicherung** f ubezpieczenie emerytalne.

Rentier n ren(ifer).

ren'tieren (-): sich **~** opłacać ⟨-cić⟩ się. [ferowy.]

Rentierflechte f chrobotek reni-

Rentner(in f) m rencist|a m (-ka), emeryt(ka). [wać.]

reorgani'sieren (-) ⟨z⟩reorganizo-

Reparati'onen f/pl. reparacje f/pl.

Repara'tur f naprawa, reperacja; Arch., Tech. a. remont; 2bedürftig wymagający naprawy od. remontu; **~werkstatt** f warsztat naprawczy.

repa'rieren (-) naprawi(a)ć, ⟨z⟩reperować; ⟨wy⟩remontować.

Re|patri'ierung f repatriacja; **~pertoire** [-'tŏa:ʁ] n (-s; -s) repertuar; **~'port** m (-es; -e) Fin. report; **~portage** [-'ta:ʒə] f (-; -n) w Zssgn reportażowy; **~'porter(in** f) m reporter(ka); reportażyst|a m (-ka).

Repräsen'|tant(in f) m (-en) przedstawiciel(ka), reprezentant(ka); **2ta'tiv** reprezentacyjny, -tywny; **2'tieren** (-) reprezentować.

Repres|'salien f/pl. represalia pl.; **~si'on** f represja; 2'siv represyjny.

Reprodu'kti'on f reprodukcja; **2'zieren** (-) reprodukować.

Rep'til n (-s; -ilien) gad.

Repu'blik f republika, rzeczpospolita. [2isch republikański.]

Republi'kan|er m republikanin; **Repu'blikflucht** f nielegalne opuszczenie kraju. [msza żałobna.]

Requiem n (-s; -e) rekwiem n; **requi'|rieren** (-) ⟨za⟩rekwirować; 2'sit m (-es; -en) Thea. rekwizyt; 2'sitenkammer f rekwizytornia.

Re'sed|a f (-; -s), **~e** f rezeda.

Reser'vat n (-es; -e), **~i'on** f rezerwat.

Re'serve f rezerwa (a. Mil., fig.), zapas; s. Ersatz; **~offizier** m oficer rezerwy; **~rad** n koło zapasowe.

reser'vier|en (-) ⟨za⟩rezerwować; Platz usw.: F zaklepać pf.; **~t** zarezerwowany; fig. powściągliwy (-wie), präd. a. z rezerwą.

Reser'vist m (-en) rezerwista m.

Resi|'denz f rezydencja; 2'gnieren (-) ⟨z⟩rezygnować; 2'stent (leko-) odporny. [lucja, uchwała.]

reso'lu|t rezolutny; 2ti'on f rezo-

Re'so'nanz f rezonans; fig. oddźwięk; in Zssgn rezonansowy, **~sorpti'on** f (0) resorpcja; **~soziali'sierung** f resocjalizacja, reedukacja.

Re'spek|t m (-es; 0) szacunek, respekt; 2'tabel znaczny, poważny; 2'tieren (-) respektować.

re'spekt|los lekceważący (-co), präd. a. z nieposzanowaniem, **~voll** pełen szacunku, präd. z szacunkiem.

Res|sentiment [-sǎti·'mǎ·/-sãti·'mãŋ] n (-s; -s) resentyment, uraza; **~sort** [-'so:ʁ] n (-s; -s) resort; in Zssgn resortowy; **~sourcen** [-'sursən] f/pl. zasoby m/pl.; środki m/pl.

Rest m (-es; -e) reszta (a. Math.), pozostałość f; (Über-) ostatek, resztka (a. Hdl.); Chem. rodnik, pl. a. szczątki m/pl.; **~** in Zssgn El., Chem. szczątkowy, resztkowy; fig. j-m den **~** geben dobić (A).

Restau|'rant [-to·-] n (-s; -s), **~rati'on** [-tau-] f restauracja; in Zssgn restauracyjny; 2'rieren (-) ⟨od-⟩ restaurować.

Rest|bestand m, **~betrag** m s. Rest; 2lich pozostały; 2los doszczętnie, zupełnie; präd. a. do szczętu; co do joty; Math. bez reszty.

restrik'tiv restrykcyjny.
Resul'|tante f *Math.* wynikowa; (*Mechanik*) wypadkowa; **~'tat** n (*-es; -e*) wynik, rezultat; **2'tieren** (-) wynikać ⟨-knąć⟩, wypływać ⟨-ynąć⟩ (*aus/z G*).
Resü'mee n (*-s; -s*) podsumowanie; streszczenie.
Re'torte f retorta.
retten (*-e-*) ocalać ⟨-lić⟩ (*vor D/ przed I*), ⟨u-, wy⟩ratować (*aus/z G; sich się; durch/I*); *sich ~ a.* schronić się; **~d** zbawienny, zbawczy.
Retter(in f) m zbawc|a m (*-czyni*), wybawiciel(ka); (*beruflich*) ratowni|k (*-czka*).
Rettich m (*-s; -e*) rzodkiew f.
Rettung f ratunek, ocalenie; *keine ~ (mehr)* nie ma ratunku.
Rettungs|aktion f akcja ratownicza; **~anker** m *fig.* deska ratunku; **~boot** n łódź ratunkowa; **~dienst** m służba ratownicza; *Med.* pogotowie ratunkowe; **~floß** n tratwa ratunkowa; **~gürtel** m pas ratunkowy; **2los** beznadziejny, *präd. a.* nie do ocalenia; 2*los verloren* bezpowrotnie stracony; **~mannschaft** f drużyna (*od.* ekipa) ratownicza; **~medaille** f medal za ofiarność i odwagę; **~ring** m koło ratunkowe; **~schwimmer** m pływak ratunkowy; **~station** f, **~stelle** f stacja ratownicza, punkt ratowniczy; **~versuch** m próba ocalenia *od.* uratowania; **~wagen** m samochód (*od.* F karetka) pogotowia ratunkowego; **~wesen** n ratownictwo.
retu'schieren (-) ⟨wy⟩retuszować.
Reu|e f (0) skrucha; 2**e·voll**, 2**ig**, 2**mütig** skruszony, pełen skruchy, *präd. a.* ze skruchą.
Reuse f więcierz.
Revanch|e [-'vã:ʃ/-'vaŋʃə] f (0) rewanż (*a. Sp.*), odwet; **~e-** rewanżowy, odwetowy; 2**ieren** [-'ʃi:-] (-): *sich* 2*ieren* ⟨z⟩rewanżować się (*für/ za A*); **~ismus** [-'ʃɪs-] m (-; 0) rewanżyzm; **~ist** [-'ʃɪst] m (*-en*) rewanżysta m, odwetowiec.
Re|vers[1] [-'vɛʁ] n *od.* m (-; -) wyłóg, klapa; **~'vers**[2] m (*-es; -e*) rewers; 2**ver'sibel** odwracalny; 2**vi'dieren** (-) ⟨z⟩rewidować.
Revier [-'vi:ɐ] n (*-s; -e*) rewir; *Mil.* izba chorych; (*Polizei*2) F dzielnica; **~förster** m leśniczy rewirowy.

Revisi'o|n f rewizja (*a. Jur., Typ.*); **~nismus** m (-; 0) rewizjonizm; **~nist** m (*-en*) rewizjonista m; **~nsgericht** n sąd rewizyjny.
Re'vol|te f bunt, rewolta; 2**'tieren** (-) ⟨z⟩buntować się.
Revoluti'o|n f rewolucja; **~ns-** = 2**när** rewolucyjny; **~'när(in** f) m rewolucjonist|a m (-ka); 2**nieren** (-) ⟨z⟩rewolucjonizować.
Re'volver m rewolwer; **~drehmaschine** f tokarka rewolwerowa, rewolwerówka; **~held** m rewolwerowiec.
Revue [-'vy:] f rewia; (*Zeitschrift*) przegląd; **~- in** *Zssgn* rewiowy; **~girl** n girlsa.
rezen'sieren (-) ⟨z⟩recenzować; 2**si'on** f recenzja; *in Zssgn* recenzyjny.
Re'zept n (*-es; -e*) recepta; *Kochk.* przepis; 2**frei** (sprzedawany) bez recepty; **~i'on** f recepcja; 2**pflichtig** (sprzedawany) tylko za receptą.
Rezessi'on f recesja.
rezi'prok odwrotny; **~er** Wert odwrotność f.
rezi'tieren (-) ⟨wy⟩recytować.
Rha'barber m rabarbar, rzewień m.
Rhapso'die f rapsodia.
rhein|isch reński; **~ländisch** nadreński; 2**wein** m wino reńskie.
Rhesusfaktor m czynnik Rh.
Rhe'to|rik f (0) retoryka; 2**risch** retoryczny.
Rheu|ma n (*-s; 0*) reumatyzm, gościec; 2**matisch** reumatyczny, gośćcowy.
Rhi'nozeros n (*-ses; -se*) nosorożec.
Rhodo'dendron m *od.* n (*-s; -ren*) rododendron, różanecznik.
rhom|bisch rombowy; 2**bus** m (-; *-ben*) romb, ukośnik.
rhyth|misch rytmiczny; 2**mus** m (-; *-men*) rytm.
Ribonukle'insäure f (0) kwas rybonukleinowy.
Richt|antenne f antena kierunkowa; **~beil** n topór katowski; **~blei** n pion.
richten (*-e-*) v/t ⟨s⟩kierować (*sich się; auf, nach A/na A; in A/w A; an A/do G*); *Bitte, Frage:* zwracać ⟨-rócić⟩ się (*A/z I; an A/do G*); *vgl. lenken; Tech. a.* nastawi(a)ć, wyregulować *pf.* (*A*); *s.* wycelować *pf.* (*A*); *s.* (vor)bereiten, *zu-rechtmachen, geraderichten; v/i*

(*über A*) wyda(wa)ć wyrok (na *A*), osądzać ‹-dzić› (*A*); sich ~ ‹za-› stosować się (*nach*/do *G*); być skierowanym *od.* wymierzonym (*gegen*/ przeciwko *D*); *richt't euch!* równaj!

Richter *m* sędzia *m* (*a. Sp.*); **~amt** *n* urząd sędziego; **2lich** sędziowski; ... sędziego; **~spruch** *m* orzeczenie sądowe.

Richt|fest *n* zawieszenie (*od.* zatknięcie) wiechy, wieńcowe *n*; **~funkstrecke** *f* linia radiowa, radiolinia; **~geschwindigkeit** *f* zalecana prędkość maksymalna.

richtig właściwy (-wie), słuszny; (*fehlerfrei*) prawidłowy (-wo), poprawny; *s. zutreffend*, *geht*; *Adv.* F naprawdę; *die Uhr geht ~* zegarek idzie dobrze; *sechs 2e* sześć trafień; *das 2e treffen* dobrze trafić; F *er ist nicht ganz ~ im Kopf* brakuje mu piątej klepki; **~gehend** *Uhr:* dokładnie; F *fig.* prawdziwy, *präd.* na serio; **2keit** *f* (*0*) słuszność *f*; prawidłowość *f*, poprawność *f*; trafność *f*; (*d. Abschrift*) zgodność *f* (z *I*); **~stellen** ‹s›prostować; **2stellung** *f* sprostowanie.

Richt|kanonier *m* celowniczy *m*; **~kranz** *m*, **~krone** *f* wiecha (murarska), wieniec (ciesielski); **~linien** *f*/*pl.* wytyczne *f*/*pl.*, dyrektywy *f*/*pl.*; **~preis** *m* cena orientacyjna; **~satz** *m* normatyw; **~schnur** *f fig.* wskazówka, zasada; *s. Richtlinien*; **~stätte** *f* miejsce straceń; **~strahler** *m s. Richtantenne*.

Richtung *f* kierunek (*a. fig.*); **2gebend** zawierający wytyczne postępowania, nadający kierunek.

Richtungs|anzeiger *m Kfz.* kierunkowskaz; **~pfeil** *m* strzałka; **~sinn** *m* (*-es*; *0*) zwrot (kierunku).

Richtwert *m* wskaźnik, wytyczna.

Ricke *f* koza, ryka, siuta.

rieb(en) *s. reiben*.

riech|en (*L.*) *v/i* (*duften*) ‹za›pachnieć, -ąć; tchnąć (*a. nach*/*I*); hier **~t** es tu coś czuć; *das Fleisch ~t schon* mięso już czuć; *er ~t nach ...* od niego czuć *od.* trąci (*I*); **~en an** (*D*) ‹po›wąchać (*A*); *v/t* ‹po›czuć zapach (*A*/*G*); ... *kann ich nicht ~en* nie znoszę zapachu (*G*), Γ *fig.* (*ahnen*) zwąchać *pf.*; *ich kann ihn nicht ~en* nie cierpię go; **2er** *m* F *fig.* nos; **2nerv** *m* nerw węchowy; **2stoff** *m* pachnidło.

Ried *n* (*-es*; *-e*) *s. Röhricht, Schilf*; **~gras** *n* turzyca.

rief *s. rufen*.

Riefe *f* żłobek, rowek.

Riege *f Sp.* grupa.

Riegel *m* rygiel; (*Verschluß a.*) zasuwka; (*Schokolade*) baton; (*Seife*) kostka; F *hinter Schloß und ~ bringen* zamknąć w kryminale.

Riemen[1] *m* (długie) wiosło.

Riemen[2] *m* rzemień *m*, rzemyk; pas (*a. Tech.*); **~scheibe** *f* koło pasowe.

Ries *n* (*-es*; *-*/*-e*) ryza.

Riese *m* (*-n*) olbrzym, (*nur Pers.*) wielkolud; F (*Tausender*) kawałek, tysiączek.

Riesel|feld *n* pole irygowane *od.* zraszane; **2n** (*-le*; *a. sn*) sączyć się, spływać, lać się ciurkiem; (*Sand*) sypać się; (*Kalk*) obsypywać się; (*Schnee*) prószyć.

Riesen|-, **2groß**, **2haft** olbrzymi, ogromny; **2felge** *f Sp.* kołowrót olbrzym; **~rad** *n* koło diabelskie; **~molekül** *n* cząsteczka- -olbrzym; **~schlangen** *f*/*pl.* Zo. dusiciele *m*/*pl.*; **~schildkröte** *f* żółw słoniowy; **~torlauf** *m* slalom gigant.

ries|ig *s. riesengroß*; F *Adv.* bardzo, ogromnie; **2in** *f* olbrzymka.

Riff *n* (*-es*; *-e*) rafa, skała podwodna.

Rikscha *f* (*-*; *-s*) riksza.

Rille *f* bruzda, rowek; wyżłobienie.

Rind *n* (*-es*; *-er*) bydlę; *pl. a.* bydło rogate, rogacizna.

Rinde *f* kora, (*Brot*2) skórka.

Rinder|braten *m* pieczeń wołowa; **~herde** *f* stado bydła; **~pest** *f* księgosusz; **~rasse** *f* rasa bydła; **~schmorbraten** *m* sztufada; **~zunge** *f* ozór wołowy.

Rind|fleisch *n* mięso wołowe, wołowina; (*gekocht a.*) sztukamięs; **~s-** *s. Rinder-*; **~(s)leder** *n* skóra bydlęca; **~vieh** *n* (*-s*; *0*) bydło; *verä.* (*pl. -viecher*) bydlę, bydlak.

Ring *m* (*-es*; *-e*) pierścień *m* (*a. Tech., fig.*), pierścionek; (*Straße, Bahn*) obwodnica; pierścień *m* bulwarów; *Sp., Hdl.* ring; *s. Kreis, Markt*; **~e** *pl.* (*Turnen*) kółka *n*/*pl.*; ~ *frei!* z ringu!; **~e** *unter den Augen* podkrążone oczy; **~bahn** *f* linia obwodowa.

ringel|n (*-le*): *sich ~n* wić (*od.* skręcać ‹-cić›) się; *Haar:* kędzierzawić się; **2natter** *f* zaskroniec; **2piez** F *m* (-es; -e) potańcówka; ²**reigen** *m*, ²**reihen** *m* kółeczko; ²**taube** *f* gołąb grzywacz.

ring|en (L.) mocować się, zmagać się (*mit/z I*); *fig. a.* walczyć (*um A/o A*); usiłować (*nach/+ Inf.*); *Sp.* uprawiać zapasy; *nach* Atem ~en z trudem łapać oddech; *nach* Worten ~en szukać słów; *v/t Hände*: załam(yw)ać; ²en *n* (-s; 0) mocowanie (*od.* pasowanie się, walka, *Sp.* zapasy *m/pl.*; ²er *m* zapaśnik; ²**finger** *m* palec serdeczny; ~**förmig** pierścieniowaty (-to), w kształcie pierścienia; ²**kampf** *m* walka zapaśnicza; ²**kämpfer** *m* zapaśnik; ²**ofen** *m* piec pierścieniowy *od.* kręgowy; ²**richter** *m* sędzia ringowy.

rings do(o)koła, wokół (*um A/G*).

Ringstraße *f* droga (*od.* ulica) obwodowa, obwodnica.

rings·um(her) na-, w|około.

Rinn|e *f* rynna; korytko; ²en (L.; *a. sn*) ciec, sączyć się (*durch/przez A*; *aus/z G*); *s.* ver-, zerrinnen, (ver-)fließen; ~**sal** *n* (-és; -e) struga; ~**stein** *m* rynsztok.

Ri'poste *f* odpowiedź *f*.

Ripp|chen *n* żeberko; ~e *f* żebro; *Bot.* żyłka.

Rippen|bruch *m* złamanie żebra; ~**fell·entzündung** *f* zapalenie opłucnej; ~**rohr** *n* rura (u)żebrowana *od.* żeberkowa; ~**speer** *m od. n* schab peklowany; ~**stoß** *m* szturchaniec; ~**stück** *n* antrykot.

Ripssamt *m* rypsaks.

Risiko *n* (-s; -ken) ryzyko; ²**reich** ryzykowny, obarczony (*od.* połączony z) ryzykiem.

ris|'kant ryzykowny; ~'**kieren** (-) ⟨za⟩ryzykować.

Rispe *f Bot.* wiecha; ~**n-gras** *n*

riß *s.* reißen.   [wiechlina.

Riß *m* (-sses;-sse) rozdarcie (*a. Med.*); (*Loch*) dziura; (*Sprung*) rysa (*a. fig.*); (*Zeichnung*) szkic.   [(-ko).

rissig po-, s|pękany; (*rauh*) szorstki.

Rißwunde *f* rana szarpana.

Rist *m* (-es; -e) podbicie; (*Hand*) nadgarstek; ~**griff** *m* nachwyt.

ritt *s.* reiten.   [dźka) konno.

Ritt *m* (-és; -e) jazda (*od.* przejaż-

Ritter *m* rycerz (*ohne Furcht und Tadel bez skazy*); (*e-s Ordens*) kawaler; *zum* ~ *schlagen* pasować na rycerza; ~**burg** *f* zamek rycerski;

~**gut** *n etwa* majątek szlachecki *od.* obszarniczy; ~**kreuz** *n* krzyż kawalerski; ²**lich** rycerski (-ko, po -ku); ~**lichkeit** *f* (0) rycerskość *f*; ~~**schlag** *m* pasowanie na rycerza; ~**sporn** *m Bot.* ostróżka; ~**tum** *n* (-s; 0) rycerstwo.

ritt|lings okrakiem, konno; ²**meister** *m* rotmistrz.

Ritu|'al *n* (-s; -e/-lien) rytuał; ~'**al-**, ²'**ell** obrzędowy, rytualny; ~**s** *m* (-; -ten) obrządek.

Ritz *m* (-es; -e) (za)draśnięcie, zadrapanie; *a.* ~ ~**e** *f* szpara; ~**el** *n* wałek zębaty, zębnik; ²**en** (-zt) ⟨po⟩rysować; *Haut*: zadrasnąć *pf*.

Ri'val|e *m* (-n), ~**in** *f* rywal(ka); ²**i'sieren** (-) rywalizować; ~**i'tät** *f* rywalizacja.

Rizinus *n* (-; -/-se) *Bot.* rącznik, rycynus; ~**öl** *n* olej rycynowy, F rycyna.

Roastbeef ['roːstbiːf] *n* (-s; -s) rostbef.

robben (*sn*) czołgać się.

Robben *f/pl. Zo.* płetwonogie *pl.*; *eng.S.* foki *f/pl.*; uchatki/uszatki *f/pl.*; ~**fang** *m*, ~**jagd** *f* polowanie na foki.

Robe *f* talar, toga; powłóczysta toaleta *od.* suknia.

Ro'binie *f* grochodrzew.

Roboter *m* robot.

ro'bust krzepki, wytrzymały.

roch *s.* riechen.

röcheln (-le) ⟨za⟩rzęzić, charczeć.

Röcheln *n* (-s; 0) rzężenie, charkot.

Rochen *m* płaszczka.

Rock *m* (-és; ~e) spódnica, spódniczka; (*Jacke*) surdut; marynarka; mundur; ~~**schoß** *m* poła surduta.

Rodel *m s. Rodelschlitten*; ~**bahn** *f* tor saneczkowy; ²**n** (-le) saneczkować; *Sp.* uprawiać saneczkarstwo; ~**schlitten** *m* san(ecz)ki *pl.*

rode|ln (-e-) ⟨wy⟩karczować; ²**pflug** *m* wyorywacz.

Rodler(in *f*) *m* saneczka|rz (-rka).

Rodung *f* karczunek; *konkr.* karczowisko.   [ikrzak.]

Rogen *m* ikra; ~**er** *m*, **Rogner** *m*

Roggen *m* (-s; 0) żyto; ~~ *in Zssgn* żytni; ~**feld** *n* pole (*od.* łan) żyta, żytnisko.

roh surowy (-wo); *präd. a.* na surowo, w surowym stanie; *fig.* brutalny; *vgl.* gewalttätig, grausam; ²**bau** *m* (-és; -ten) budynek w stanie

surowym; *im* ~bau w stanie surowym; **2bilanz** *f* bilans surowy; **2eisen** *n* surówka.   [sanie.)
Roheit *f* (0) brutalność *f*; nieokrze-)
Roh|ertrag *m* dochód brutto; ~**guß** *m* odlew surowy; ~**kost** *f* dieta surowa; ~**kostsalat** *m* surówka; ~**ling** *m* (-s; -e) *Tech.* półfabrykat, element nieobrobiony; *fig.* brutal, bydlę *n*; ~**material** *n* s. *Rohstoff*; ~**öl** *n* ropa naftowa surowa.
Rohr *n* (-es; -e) rura; (*Kanonen*2) lufa; *Bot.* trzcina; ~- *in Zssgn* rurowy; trzcinowy; ~**bruch** *m* pęknięcie rury.
Röhrchen *n* rur(ecz)ka.
Rohrdommel *f Zo.* bąk.
Röhre *f* rur(k)a; (*Back*2) piekarnik; *Rdf.* lampa, elektronówka; ~**n**-rurowy; *Rdf.* lampowy.
röhren ryczeć ⟨ryknąć⟩; ~**förmig** rur(k)owaty (-to).
Röhricht *n* (-s; -e) szuwary *m/pl.*
Rohr|kolben *m Bot.* pałka; ~**leger** *m* monter instalacji gazo- i wodociągowych; ~**leitung** *f* rurociąg; ~**post** *f* poczta pneumatyczna; ~**stock** *m* trzcinka; ~**wischer** *m Mil.* wycior; ~**zange** *f* obcęgi *pl.* do rur; ~**zucker** *m* cukier trzcinowy.
Roh|seide *f* jedwab surowy; ~**stoff** *m* surowiec; tworzywo; *in Zssgn* surowcowy; **2stoff·arm** biedny w surowce.
Rokoko- rokokowy.
Rolladen *m* (-s; -/⸗) roleta.
Roll|bahn *f Flgw.* droga kołowania *od.* manipulacyjna; *Tech.* samotok; ~**e** *f* rolka; *Tech. a.* kółeczko; wałczek; (*Papier*2 *usw.*) rulon, zwitek, zwój, (*a. Thea., fig.*) rola; *Flgw.* beczka; *Mar.* lista personalna; *Kochk.* zwijaniec; rolada; (*Turnen*) przewrót; *in* ~en w rulonach *od.* zwojach; *k-e* ~e *spielen* nie odgrywać (żadnej) roli; ~**braten** *m* pieczeń zwijana; **2en** *v/i* (*a. sn*) ⟨po-⟩ toczyć się; (*Schiff*) kołysać się; *Flgw.* kołować; (*Donner*) przetaczać ⟨-toczyć⟩ się; *mit den Augen* **2en** przewracać oczami; *v/t* ⟨po⟩toczyć; *Wäsche:* ⟨wy⟩maglować; *Teig:* ⟨roz⟩wałkować; *sich* **2en** zwijać ⟨-inąć⟩ się (w rolkę); ~**en** kołysanie; kołowanie; maglowanie.
Rollen|besetzung *f* obsada ról; ~**förderer** *m* przenośnik rolkowy; ~**lager** *n* łożysko rolkowe *od.* wałe-

czkowe; ~**spiel** *n Psych.* zabawa tematyczna *od.* twórcza; ~**verhalten** *n* zachowanie stosowane do pełnionej roli społecznej.
Roll|er *m* hulajnoga; *s. Motorroller*; ~**feld** *n Flgw.* pole manipulacyjne; ~**film** *m* błona zwojowa; ~**kommando** *n* bójówka; oddział policji przeprowadzający obławę; ~**kragenpullover** *m* pulower typu golf; ~**mops** *m* rolmops.
Rollo [*a.* -'lo:] *n* (-s; -s) roleta.
Roll|schinken *m* baleron; ~**schuh** *m* wrotka; ~**schuhläufer** *m* wrotkarz; ~**stuhl** *m* fotel na kółkach; ~**treppe** *f* schody *pl.* ruchome; ~**widerstand** *m* opór toczenia.
Ro'man *m* (-es; -e) powieść *f*; ~**dichter** *m* powieściopisarz; ~**heft** *n* powieść groszowa; ~**held** *m* bohater powieści.
ro'manisch romański.
Roma'nistik *f* (0) romanistyka.
Ro'man|literatur *f* literatura powieściowa; ~**schriftsteller** *m* powieściopisarz.
Ro'man|tik *f* (0) romantyzm; romantyka; **2tisch** romantyczny; ~**ze** *f Mus.* romanca; F *fig.* romans(ik).
Röm|er[1] *m*, **-rin** *f* rzymian|in (-ka); ~**er**[2] *m* (kryształowy) kielich; **2isch** rzymski; **2isch-katholisch** rzymsko-katolicki.
röntgen *v/t* prześwietlać ⟨-lić⟩ (promieniami rentgenowskimi); **2apparat** *m* aparat rentgenowski; **2aufnahme** *f*, **2bild** *n* rentgenogram; **2labor** *n* gabinet rentgenowski; **2untersuchung** *f* badanie rentgenologiczne.
rosa (*unv.*) różowy (-wo).
rösch *s. knusprig.*
Rose *f* róża (*a. Med.*); *Arch.* rozeta; *sie ist nicht auf* ~n *gebettet* ona nie spoczywa na różach.
Rosen|kohl *m* brukselka; ~**kranz** *m* wianek (*od.* wieniec) z róż; *Rel.* różaniec; '~**montag** *m* poniedziałek zapustny; ~**öl** *n* olejek różany; ~**stock** *m* krzew (*od.* krzak) róży; *JSpr.* możdżeń *m.*
Ro'sette *f* rozeta.
rosig różowy (-wo).
Ro'sine *f* rodzynek; **n·kuchen** *m* papatacz.   [maryn.)
Rosmarin [*a.* -'ʀi:n] *m* (-s; 0) rozmaryn.
Roß *n* (-sses; -sse/⸗sser) koń *m*; F *auf dem hohen* ~ *sitzen* zadzierać nosa;

~ameise *f* gmachówka drzewotoczna. [kówka.]
Rösselsprung *m* (*Rätsel*) koni-)
Roß|haar *n* włosie końskie; (*Gewebe*) włosianka; **~kastanie** *f* kasztanowiec zwyczajny, F kasztan; **~kur** *f* końska kuracja; **~schlächterei** *f* rzeźnia końska.
Rost[1] *m* (*-es*; *-e*) ruszt.
Rost[2] *m* (*-es*; *0*) rdza (*a. Bot.*); **2beständig** nierdzewny.
Rostbratwurst *f* kiełbas(k)a z rusztu.
rostbraun (*0*) rdzawy (*-wo*).
rosten (*-e-*; *a. sn*) ⟨za⟩rdzewieć.
röst|en (*-e-*) *Kaffee*: palić; *Brot*: przy-, o|piekać ⟨-piec⟩; *Kartoffeln*: ⟨u⟩smażyć; *Tech.* prażyć; *Flachs*: rosić, moczyć; **2er** *m* opiekacz.
Rost|fleck *m* plama od rdzy; **2frei** nierdzewny, **2ig** zardzewiały, rdzawy (*-wo*); **~schutzmittel** *n* środek przeciwrdzewny *od.* rdzochronny.
rot (**»er**, **»st-**) czerwony (*-no*); *Haar*: rudy (*-do*), ryży ⟨-żo⟩; ~ werden *s. sich röten*, erröten; *das* 2*e Kreuz* Czerwony Krzyż.
Rot *n* (*-s*; *0*) czerwień *f*; **~algen** *f/pl.* krasnorosty *m/pl.*
Rotati'ons|- rotacyjny, obrotowy; **~maschine** *f* maszyna rotacyjna.
Rot|auge *n s.* Plötze; **2bäckig** rumiany; **~barsch** *m* karmazyn; **2blond** (koloru) rudoblond; **~buche** *f* buk czerwony.
Röt|e *f* czerwoność *f*, czerwień *f*; (*Gesichts*2) rumieniec; **~el** *m* czerwona kredka, sangwina; **~eln** *pl. Med.* różyczka; **2en** (*-e-*) ⟨za⟩czerwienić (*sich się*); *sich* 2*en a.* po-, s|czerwienieć *pf.*; ⟨za⟩rumienić się.
Rot|erde *f* lateryt; **2glühend** rozżarzony do czerwoności; **2haarig** rudowłosy; **~hirsch** *m* jeleń szlachetny.
ro'tieren (-) obracać się, wirować.
Rot|käppchen *n* Czerwony Kapturek; **~kappe** *f Bot.* koźlarz czerwony; **~kehlchen** *n* rudzik, raszka; **~kohl** *m* kapusta czerwona; **~kopf** F *m* rudzielec; **~lauf** *m Vet.* różyca (świń).
rötlich czerwonawy (*-wo*); *Haar*: rudawy (*-wo*).
Rotlicht *n* czerwone światło.
Rotor *m* (*-s*; *-'toren*) wirnik, rotor.
Rot|schimmel *m* (*Pferd*) deresz; **~schwanz** *m Zo.* pleszka; **~stift** *m*

czerwony ołówek; **~tanne** *f s.* Fichte.
Rotte *f* drużyna (robocza), brygada; *J Spr.*, *fig.* wataha; **~n-führer** *m* drużynowy *m*; *Esb.* toromistrz.
Rötung *f* zaczerwienienie.
rot|wangig rumiany (-no), czerwonolicy; **2wein** *m* czerwone wino; **2welsch** *n* (*-es*; *0*) gwara złodziejska; **2wild** *n* zwierzyna płowa.
Rotz *m* (*-es*; *0*) P smark; *Vet.* nosacizna; **~junge** F *m* smarkacz; **2-krank** chory na nosaciznę; **~nase** *f* V zasmarkany nos; F *fig.* smarkacz, smarkula; **2näsig** P smarkaty.
Rou|'lade [Ru-] *f* rolada; **~leau** [-'lo:] *n* (*-s*; *-s*) roleta; **~'lett** *n* (*-s*; *-e*/-*s*) ruletka; **~te** ['Ru:-] *f* marszruta, trasa; **~'tine** *f* (*0*) rutyna; **2ti-'niert** rutynowany.
Rowdy ['Raŭdi-] *m* (*-s*; *-s*) chuligan; **~tum** *n* (*-s*; *0*) chuligaństwo.
rubbeln (*-le*) *dial. s.* reiben.
Rübe *f* burak; P *fig.* łeb, makówka; *gelbe* **~** marchew *f*; *rote* **~** *a.* ćwikła; F *fig.* *freche* **~** łobuziak.
Rüben|bau *m* (*0*) uprawa buraków; **~feld** *n* pole buraczane; **~kraut** *n* nać buraczana, liście *m/pl.* buraczane; **~suppe** *f*: *rote* **~suppe** barszcz czerwony; **~zucker** *m* cukier buraczany.
rüber F *s. her-*, *hinüber*.
Rübezahl Liczyrzepa *m.*
Ru'bin *m* (*-s*; *-e*) rubin; **~-** *in Zssgn* rubinowy.
Rüb|-öl *n* olej rzepakowy.
Ru'brik *f* rubryka.
Rübsen *m* (*-s*; *0*) rzepik.
ruchbar: ~ *werden* wychodzić ⟨wyjść⟩ na jaw; *es wurde* ~, *daß* ... rozniosły się pogłoski, że ...
ruchlos niecny.
Ruck *m* (*-és*; *-e*) szarpnięcie; *Pol.* przesunięcie (*nach links* bardziej na lewo); *mit e-m* ~ *fig.* nagle, naraz; F *sich* ~ *geben* przełam(yw)ać się, przemóc się.
Rück|ansicht *f* widok z tyłu; **~antwort** *f* odpowiedź *f.*
ruck-artig nierówny, gwałtowny; *sich* ~ *bewegen* poruszać się zrywami.
rück|bezüglich *Gr.* zwrotny; **2-bildung** *f* rozwój wsteczny, ustępowanie, cofanie się; *Med. a.* regresja; (*Schwund*) zanik; **2blende** *f* retrospekcja; **2blick** *m* rzut oka (*od.*

spojrzenie) wstecz; **~blickend** oglądając się (od. sięgając pamięcią) wstecz; **~datieren** datować wstecz.

rucken v/i szarpać ⟨-pnąć⟩.

rücken v/t po-, prze|suwać ⟨-unąć⟩; przysuwać ⟨-unąć⟩ (an A/do G); odsuwać ⟨-unąć⟩ (von D/od G); v/i (sn) posuwać ⟨-unąć⟩ się; näher ~ przysuwać ⟨-unąć⟩ się; fig. zbliżać się; JSpr. (Hase) kicać; an j-s Platz ~ zajmować ⟨-jąć⟩ miejsce (G); s. ausrücken, Leib, Stelle.

Rücken m plecy pl., (a. Buch2 usw.) grzbiet; Kochk. a. górnica, górka; comber; s. a. Rückseite; den ~ kehren (j-m) odwrócić się plecami od. tyłem (do G); (e-r Sache) zaniechać, zarzucić (A); hinter j-s ~ za plecami od. oczyma (G); j-m in den ~ fallen ⟨za⟩atakować od tyłu (A); im ~ des Feindes na zapleczu (od. tyłach) wroga; **~deckung** f (0) Mil. osłona tyłów; fig. asekuracja; **~flosse** f płetwa grzbietowa; **~lage** f położenie na wznak; **~lehne** f oparcie pod plecy; **~mark** n rdzeń kręgowy od. pacierzowy; **~schwimmen** n pływanie stylem grzbietowym, styl grzbietowy; **~speck** m słonina; **~stärkung** f poparcie; **~wind** m wiatr tylny od. z tyłu.

Rück|erstattung f zwrot; Jur. a. restytucja; **~fahrkarte** f bilet powrotny; **~fahrt** f jazda (od. podróż) powrotna; auf der ~fahrt w drodze powrotnej; **~fall** m recydywa; Med. a. nawrót (choroby).

rückfällig: ein ~er Betrüger oszust recydywista; ~ werden popadać ⟨-paść⟩ z powrotem w nałóg usw.; powracać ⟨-rócić⟩ na drogę zbrodni.

Rück|flug m lot powrotny; **~frage** f pytanie informacyjne, zapytanie; **~gabe** f zwrot, oddanie; **~gang** m spadek, zniżka, zmniejsz|anie (-enie) się; 2**gängig** s. rückläufig; 2**gängig machen** wycof(yw)ać, anulować (im)pf.; 2**gebildet** Bio. zmarniały; **~gewinnung** f (0) odzysk(iwanie); **~grat** n kręgosłup (a. fig.); 2**halt** m (-es; 0) oparcie, podpora; 2**haltlos** Adv. bez zastrzeżeń, najzupełniej; **~hand** f (0) Sp. bekhend; **~kampf** m Sp. mecz rewanżowy; **~kauf** m odkup, wykup; **~kehr** f (0) powrót; **~kopplung** f sprzężenie zwrotne; **~lage** f fundusz rezerwowy; oszczędność f; **~lauf** m ruch (od. bieg)

wsteczny; (Geschütz) odrzut; 2**läufig** (0) wsteczny; regresywny; Hdl. a. zniżkowy; **~licht** n (-es; -er) światło tylne; 2**lings** tyłem; (auf d. Rücken) na wznak; **~marsch** m marsz powrotny; powrót; **~nahme** f wzięcie (od. odebranie z powrotem; fig. cofnięcie; **~porto** n porto powrotne; **~prall** m odskok; odbicie (sprężyste); **~reise** f s. Rückfahrt, -kehr.

Rucksack m plecak.

Rück|schau f (0) retrospektywa; s. Rückblick; **~schlag** m odbicie; s. Rückstoß; fig. zmiana na gorsze; niepowodzenie; s. Rückfall, -prall; **~schluß** m wniosek, konkluzja; **~schritt** m krok wstecz, regresja; 2**schrittlich** wsteczny, zacofany; **~seite** f odwrotna strona, tył; rewers; auf der ~seite a. na odwrocie (od. tylach) wroga; **~sendung** f zwrot, odesłanie z powrotem.

Rücksicht f wzgląd; mit ~ auf (A) przez wzgląd (od. ze względu) na (A); ohne ~ auf Verluste nie oglądając się na nic, za wszelką cenę; 2**s·los** bezwzględny; **~s·losigkeit** f bezwzględność f; 2**s·voll** taktowny, oględny.

Rück|siedler m repatriant; **~siedlung** f repatriacja; **~sitz** m tylne siedzenie; **~spiegel** m lusterko wsteczne; **~spiel** n mecz rewanżowy, spotkanie rewanżowe; **~sprache** f porozumienie się; omówienie; **~stand** m zaległość f; pozostałość f (a. Chem.), reszta; im ~stand sein zalegać (mit/z I); 2**ständig** zaległy; fig. zacofany; **~ständigkeit** f (0) zacofanie; **~stau** m spiętrzenie; (Verkehr) zator; **~stoß** m odrzut; (Waffe) f kopnięcie; 2**stoßfrei** bezodrzutowy; **~strahler** m odbłyśnik; **~taste** f cofacz.

Rücktritt m ustąpienie; (v. Vertrag) odstąpienie; **~bremse** f hamulec wstecznego ruchu pedałów, F torpedo; **~s·gesuch** n podanie o zwolnienie ze stanowiska.

Rück|vergütung f rekompensata; bonifikata; **~versicherung** f reasekuracja; **~wand** f tylna ścian(k)a; **~wanderer** m reemigrant; 2**wärtig** tylny; 2**wärts** wstecz, w tył, do tyłu; tyłem; **~wärtsgang** m Kfz. bieg wsteczny; **~weg** m droga powrotna, powrót.

ruckweise nierówno(miernie), skokami.

rückwirkend o mocy wstecznej; ~ vom z ważnością wstecz od (G).

Rück|wirkung f oddziaływanie wstecz; Tech. reakcja; Pol., Jur. moc wsteczna; ℒ**zahlbar** zwrotny; ~**zahlung** f zwrot, spłata.

Rückzieher F m: e-n ~ machen rejterować.

Rückzug m odwrót; ~**s·gefecht** n walka odwrotowa.

rüde Pers. ordynarny, gburowaty (-to); Ton a.: szorstki (-ko).

Rüde m (-n) pies (od. lis) samiec; (Wolf) basior.

Rudel n stado, gromada; (Hirsch℘) chmara; (Wolfs℘) zgraja, wataha; ℒ**weise** stadami, gromadnie; całą zgrają.

Ruder n ster; (Riemen, a. JSpr.) wiosło; Flgw. płat sterowy; am ~ u steru; ~**bank** f ławka wioślarska; ~**blatt** n pióro wiosła; pióro (od. płetwa) steru; ~**boot** n łódź f na wiosła od. wiosłowa; ~**er** m wioślarz; ~**gänger** m, ~**gast** m sternik; ~**haus** n sterownia, sterówka; ~**klub** m klub wioślarski; ~**maschine** f maszyna sterowa.

rudern (-re; a. sn) v/i wiosłować; fig. wymachiwać (mit/I); (sn) pływać (od. płynąć) na wiosłach od. łodzią wiosłową; v/t (prze)prowadzić na wiosłach.

Rudern n (-s; 0) wiosłowanie; Sp. wioślarstwo.

Ruder|regatta f regaty f/pl. wioślarskie; ~**sport** m s. Rudern; ~**wanze** f pluskolec.

rudimen'tär rudymentarny, szczątkowy.

Ruf m (-es; -e) (za)wołanie; (Aufforderung) wezwanie; (Berufung) powołanie; fig. opinia, reputacja; im (schlechten) ~ stehen mieć (złą) reputację; dem ~ ... folgen iść (pójść) za głosem (G); ℒ**en** (L.) ⟨za⟩wołać (a. beim Namen po imieniu); powoł(yw)ać (ins Leben do życia; zu den Waffen pod broń); (Kuckuck) kukać; zu sich ℒen, ℒen lassen wzywać ⟨wezwać⟩; s. a. Hilfe, Ordnung usw.

Rüffel F m bura, reprymenda; ℒ**n** (-le) sztorcować.

Ruf|mord m zniesławienie, dyskredytacja; ~**name** m imię; ~**num-**

mer f numer telefonu; ~**weite** f: auf ~**weite** w zasięgu słyszalności; ~**zeichen** n sygnał wywoławczy.

Rüge f nagana; ℒ**n** ⟨z⟩ganić, ⟨s⟩karcić.

Ruhe f (0) spokój; (Stille) cisza; (Erholung) od-, wy-, ℒ**zahlbar** spoczynek; j-n in ~ lassen zostawi(a)ć w spokoju (A), da(wa)ć spokój (D); j-m k-e ~ gönnen nie da(wa)ć odpoczynku (D); sich zur ~ setzen przejść w stan spoczynku od. na emeryturę; aus der ~ bringen wyprowadzać ⟨-dzić⟩ z równowagi; zur ~ kommen uspokajać ⟨-koić⟩ się; F immer mit der ~! tylko bez nerwów!; ~**gehalt** n emerytura; ~**lage** f położenie spoczynkowe; ℒ**los** niespokojny.

ruhen spoczywać (a. Tote); (rasten) od-, wy|poczywać ⟨-cząć⟩; (Vertrag, Recht) pozosta(wa)ć w zawieszeniu, być zawieszonym; (Arbeit, Verkehr) ust(aw)ać, zamrzeć pf.; ~**d** nieruchomy.

Ruhe|pause f przerwa, pauza; ~**platz** m miejsce spoczynku; ~**sitz** m miejsce zamieszkania po przejściu na emeryturę.

Ruhestand m (-es; 0) stan spoczynku; im ~ w stanie spoczynku; in den ~ versetzen przenieść w stan spoczynku od. na emeryturę.

Ruhe|stätte f: letzte ~**stätte** miejsce wiecznego spoczynku; ~**stellung** f Mil. rejon odpoczynku; postawa swobodna; Tech. położenie obojętne od. zerowe; ~**störer** m awanturnik; warchoł; ~**störung** f zakłócenie spokoju (publicznego); ~**tag** m dzień m wypoczynku, wolny dzień; ~**zustand** m stan spoczynku.

ruhig spokojny; cichy (-cho); ~ stellen Med. unieruchomić pf.

Ruhm m (-es; 0) sława, chwała.

rühmen sławić, ⟨po⟩chwalić, wychwalać; sich e-r Sache ~ być dumnym (z G); ohne sich ~ zu wollen nie chełpiąc się; ~**s·wert**, **rühmlich** chwalebny.

ruhm|los niesławny; ~**reich** chlubny, sławny; ℒ**sucht** f (0) żądza sławy; ~**voll** s. ruhmreich.

Ruhr f (0) Med. czerwonka.

Rühr|ei n jajecznica; ℒ**en** v/t ⟨za⟩mieszać; (bewegen) ruszać, poruszać ⟨-szyć⟩ (I; sich się); fig. wzruszać ⟨-szyć⟩; ℒ**t** euch! plusznij!; F k-n Finger ℒ**en** palcem nie kiwnął; P der

Schlag hat ihn gerührt szlag go trafił; *v/i* (*an A od. D*) dotykać ⟨-tknąć⟩ (*G*); brać się (*daher* stąd); 2end wzruszający (-co); 2ig aktywny, obrotny; ~kuchen *m* keks; ~löffel *m* warząchew *f*; 2selig rzewny, ckliwy (-wie); *Pers.* czułostkowy (-wo); ~ung *f* (0) wzruszenie, rozczulenie, rozrzewnienie; ~werk *n* mieszadło; mieszalnik.

Ru'in *m* (*-s; 0*) upadek, ruina.

Ru'ine *f* (*a. pl.*) gruzy *m/pl.*, ruiny *f/pl.*, zwaliska *n/pl.*; *fig.* ruina.

rui|'nieren (-) ⟨z⟩rujnować; ~'nös zgubny.

rülps|en: *ich muß* ~en odbija mi się; *er* ~te odbiło mu się; 2en *n* odbijanie się.

rum F *s.* herum.

Rum *m* (*-s; -s*) rum.

Ru'män|e *m* (*-n*), ~in *f* Rumun(ka); 2isch rumuński (po -ku).

Rummel F *m* (*-s; 0*) rejwach, rwetes; kram; *a.* = ~platz F *m* wesołe miasteczko.

ru'moren (-) hałasować; (*im Bauch*) burczeć.

Rumpel|kammer *f* rupieciarnia; 2n (*-le*) *v/i* turkotać, gruchotać.

Rumpf *m* (*-es; ⸚e*) tułów, (*a. Tech.*) korpus; *Tech., Flgw., Mar.* kadłub; ~- *in Zssgn fig.* kadłubowy; ~beuge(n *n*) *f* skłon tułowia.

rümpfen: *die Nase* ~ kręcić nosem (*über A*/na *A*).

Rumpsteak *n* rumsztyk.

rund okrągły (-ło); ~ *5 Mark* około pięciu marek; ~ *machen* zaokrąglać ⟨-lić⟩; *Adv.* ~ *um* (*A*) dookoła (*G*); 2bau *m* (*-es; -ten*) rotunda; 2blick *m* panorama; 2bogen 2 łuk półkolisty; 2e *f* koło, kółko; *Sp.* (*Boxen*) starcie, runda; (*Lauf*) okrążenie; *s.* Rundgang; F *e-e* 2e *spendieren* ⟨za⟩fundować kolejkę; *die* 2e *machen fig.* krążyć; 2erneuerung *f* odnawianie bieżnika; 2fahrt *f* (*durch A*) objazd (*G*), wycieczka (autokarem) (po *L*); 2flug *m* lot okrężny.

Rundfunk *m* radiofonia; F *a.* radio; ~empfänger *m* odbiornik radiowy, radioodbiornik; ~gebühr *f* opłata radiofoniczna; ~genehmigung *f* zezwolenie na używanie odbiornika radiowego; ~hörer *m* radiosłuchacz; ~programm *n* program radiowy; ~sender *m* rozgłośnia radiowa, radiostacja; ~sendung *f* audycja radiowa; ~sprecher(in *f*) *m* spiker(ka); ~übertragung *f* transmisja radiowa; ~werbung *f* radioreklama.

Rund|gang *m* obchód; spacer, wycieczka (po *L*); 2her'aus bez ogródek; 2her'um wokoło, do(o)koła; ~holz *n* okrąglak(i *pl. koll.*); ~lauf *m* (*Gerät*) kołobieg, krążnik; 2lich okrągławy (-wo), zaokrąglony; *Pers.* zażywny, korpulentny; *Kind:* pulchniutki; ~reise *f* objazd (*G*), podróż okrężna (po *L*); ~schau *f* przegląd; ~schreiben *n* okólnik; ~stahl *m* pręt stalowy okrągły; 2'um *s.* rundherum; ~ung *f* okrągłość *f*, zaokrąglenie; F *pl.* okrągłe (*od.* bujne) kształty *m/pl.*; 2'weg wprost, wręcz.

Runenschrift *f* pismo runiczne.

Runkelrübe *f* burak pastewny.

runter F *s.* her-, hinunter.

Runzel *f* (*-; -n*) zmarszczka, bruzda; 2ig, **runzlig** pomarszczony, poorany bruzdami; 2n (*-le*) ⟨z⟩marszczyć.

Rüpel *m* cham, gbur; 2haft chamski (po -ku), ordynarny.

rupfen ⟨o⟩skubać.

ruppig szorstki (-ko); gburowaty (-to); *s.* struppig.

Rüsche *f* falban(k)a, F ryszka.

Ruß *m* (*-es; 0*) sadza; kopeć *m*.

Russe *m* (*-n*) Rosjanin.

Rüssel *m* ryj; (*Insekten*2) ryjek; (*Elefanten*2) trąba; ~käfer *m* ryjkowiec.

ruß|en (*-ßt*) kopcić; ~geschwärzt, ~ig czarny od sadzy, zakopcony.

Russ|in *f* Rosjanka; 2isch rosyjski (po -ku).

rüsten (*-e-*) *v/t* przygotow(yw)ać, szykować (*a. sich* się; *für, zu*/do *G*); *v/i* zbroić (*od.* uzbrajać) się.

Rüster *f* *s.* Ulme.

rüstig krzepki (-ko), czerstwy (-wo); 2keit *f* (0) krzepkość *f*, czerstwość *f*.

rusti'kal rustykalny.

Rüstung *f* hist. zbroja; (0) zbrojenie (się); zbrojenia *n/pl.*

Rüstungs|beschränkung *f* ograniczenie zbrojeń; ~güter *n/pl.* sprzęt wojenny; ~industrie *f* przemysł zbrojeniowy; ~wettlauf *m* wyścig zbrojeń.

Rüstzeug *n* (*-s; 0*) *fig.* przygotowanie, kwalifikacje *f/pl.*

Rute f rózga; (*Zauber*2) różdżka; *JSpr.* kita, polano; (*Penis*) prącie; **~n·gänger** m różdżkarz.

Rutsch m zsuw; poślizg; F *fig.* wypad; **~bahn** f (*Kinder*2) zjeżdżalnia; (*Eis*2) ślizgawka; *Tech.* = **~e** f zsuwnia; ślizg; 2**en** (*sn*) ślizgać się; (*Erde usw.*) obsuwać ⟨-unąć⟩ się; zsuwać ⟨-unąć⟩ się, ześlizgiwać ⟨-znąć⟩ się (*von/z G*); wysuwać ⟨-unąć⟩, wyślizgiwać ⟨-znąć⟩ się (*aus/z G*); *JSpr.* (*Hase*) kicać; F *s.*

rücken; *hin und her* 2**en** wiercić (*od.* kręcić) się; *auf den Knien* 2**en** pełzać na kolanach; **~gefahr** f niebezpieczeństwo poślizgu; (*Schild*) śliska jezdnia.

Rüttel|falke m pustułka; 2**n** (*-le*) *v/t* ⟨za⟩trząść, potrząsać ⟨-snąć⟩ (*A*; *v/i an D/I*); *v/i* (*Wagen*) trząść; *fig.* podważać ⟨-żyć⟩ (*an D/A*); *an der Tür* 2**n** *a.* dobijać się do drzwi; **~sieb** n sito wstrząsane.

Rüttler m wibrator.

S

Saal m (*-ɛs*; *u*e `sala; **~ordner** m porządkowy m na sali; **~schlacht** f ogólna bijatyka (na sali).

Saat f (*a. fig.* po)siew, (*a. junge* **~**) zasiew; *s. Saatgut;* **~bestellung** f (za)siew; **~feld** n pole zaorane *od.* obsiane; **~gut** n (*-ɛs*; *0*) materiał siewny *od.* nasienny; nasiona n/pl.; (*Knollen*) sadzeniaki m/pl.; **~krähe** f gawron; **~zucht** f nasiennictwo.

Sabbat m (*-ɛs*; *-e*) szabas.

Sabber|lätzchen n śliniaczek; 2**n** f (*-re*) ślinić się; *fig.* gadać (*od.* mleć) co *k-u* ślina na język przyniesie.

Säbel m szabla; **~beine** n/pl. *s.* O-Beine; **~fechter** m szablista m/pl. 2**n** (*-le*) ciachać, płatać; **~rasseln** n *fig.* pobrzękiwanie szablą.

Sabo|'tage [-ʒə] f sabotaż; *in Zssgn* sabotażowy; **~'teur** m sabotażysta m, dywersant; 2'**tieren** (-) sabotować.

Sa(c)cha'rin n (*-s*; *0*) sacharyna.

Sach|bearbeiter m referent; **~beschädigung** f uszkodzenie rzeczy; **~bezüge** m/pl. uposażenie w naturze, deputat; **~buch** n książka popularnonaukowa; utwór publicystyczny; 2**dienlich** dotyczący sprawy, istotny.

Sache f rzecz *f*; *fig. a.* sprawa; *vgl.* Ding, Angelegenheit, Frage; *die ~ ist die, daß … rzecz* w tym, że …; *zur ~!* do rzeczy!; *das tut nichts zur ~* to nie ma znaczenia; *zur ~ kommen* przystąpić do rzeczy; *nicht bei der ~ sein* być roztargnionym; *das ist s-e ~* to jego sprawa; F *die ~ steht schlecht* kiepska sprawa (*mit/z I*);

gemeinsame ~ machen być w zmowie (*mit/z I*); F *mit 100 ~n z* szybkością 100 kilometrów; *Jur. in ~n* w sprawie; **~n·recht** f prawo rzeczowe.

Sach|gebiet n dziedzina; 2**gemäß** właściwy (-wie), odpowiedni (-nio); **~katalog** m katalog rzeczowy; **~kenner** m (wytrawny) znawca m (*G*); **~kenntnis** f znajomość f rzeczy; kompetencja; 2**kundig** znający się na rzeczy; fachowy (-wo); **~lage** f stan rzeczy; sytuacja; **~leistung** f świadczenie w naturze *od.* rzeczowe; 2**lich** rzeczowy (-wo).

sächlich *Gr.* nijaki, rodzaju nijakiego.

Sach|lichkeit f (*0*) rzeczowość *f*; **~register** n indeks rzeczowy, skorowidz; **~schaden** m szkoda (*od.* strata) materialna.

Sachse m (*-n*) Saksończyk, Sas.

sächsisch saksoński, saski (po -ku).

sacht(e) lekki (-ko), łagodny; ostrożny; (*langsam*) (po)wolny; F *nur ~!* wolnego!, powoli!

Sach|verhalt m (*-ɛs*; *-e*) stan rzeczy; 2**verständig** *s.* sachkundig; **~verständige(r)** m rzeczoznawca m, biegły m; **~walter** m rzecznik, obrońca m; **~wert** m wartość rzeczywista *od.* realna; *pl. a.* przedmioty n/pl. wartościowe; dobra n/pl. materialne; **~zwang** m przymus okoliczności.

Sack m (*-ɛs*; *u*e) worek, wór; F *mit ~ und Pack* ze wszystkimi manatkami, z całym dobytkiem; *fauler ~* kawał lenia.

Säck|chen n woreczek, torebka; **~el**

n sakiewka; 2e·weise na worki, w workach.

ack|förmig workowaty (-to); 2-**gasse** *f* ślepa ulica *od.* uliczka; *fig.* in e-e 2gasse geraten dostać się w ślepy zaułek; 2**hüpfen** *n* bieg w workach; 2**leinen** *n* płótno workowe; 2**pfeife** *f* dudy *f/pl.*; ~**weise** worek po worku; workami.

a'dist *m* (-en) sadysta *m*; 2**isch** sadystyczny.   [⟨za⟩siać.)

äen (säst, sät; sätest; säe!; gesät)⟩

afe [se:f] *m od. n* (-s; -s) safes, sejf; kasa ogniotrwała.

affian *m* (-s; -e) safian; ~ *in Zssgn* safianowy.   [franowy (-wo).)

afran *m* (-s; 0) szafran; 2**gelb** sza-⟩

aft *m* (-es; *~e*) sok; (*Soße*) sos; *F ohne* ~ *und Kraft* słaby, bez energii; mdły, nudny; 2**ig** soczysty (-ście); *F fig.* (*derb*) dosadny; *Witz:* pieprzny; ~**laden** *F m* kram.

age *f* podanie, baśń *f*; *fig.* es geht die ~ fama niesie.

äge *f* pił(k)a; ~**blatt** *n* brzeszczot piły; ~**bock** *m* kozioł; 2**förmig** w kształcie piły; piłowaty (-to); ~**mehl** *n* trociny *f/pl.*; ~**mühle** *f* tartak.

age|n mawiać, mówić ⟨powiedzieć⟩; *man sagt mówią*; *podobno*; ~ *und schreibe* dosłownie; *das hat nichts zu ~n* to nic nie znaczy; *ich habe mir* ~n *lassen* powiedziano mi; *słyszałem; wie gesagt* jak się rzekło, jak (już) wspomniałem.

äg|en piłować; 2**en** *n* (-s; 0) piłowanie.

agenhaft legendarny; *F fig.* fantastyczny; ~ *teuer* strasznie drogi.

äge|r *m* tracz; ~**späne** *m/pl.* trociny *f/pl.*; ~**werk** *n* tartak.

ago *m* (-s; 0) sago; ~**palme** *f* palma sagowa.

ah(en) *s. sehen.*

ahne *f* (0) śmietanka, (*saure*) śmietana; ~**bonbon** *m od. n* cukierek śmietankowy, *F* krówka; ~**torte** *f* tort śmietankowy.

ahnig jak śmietan(k)a.

aison [sɛˈzɔ̃/zeˈzɔŋ] *f* (-; -s) sezon; ~**arbeiter** *m* robotnik sezonowy; 2**bedingt** sezonowy (-wo).

aitè *f* struna, *fig. andere ~n auf-ziehen* zmieni(a)ć ton; ~**n·beton** *m* strunobeton; ~**n·instrument** *n* instrument strunowy.

akko *m od. n* (-s; -s) marynarka.

sa|'kral sakralny; 2**kra'ment** *n* (-*es*; -*e*) sakrament; 2**kris'tei** *f* zakrystia.

säku|'lär stuletni; świecki (po -ku); ~**lari'sieren** (-) sekularyzować.

Sala'mander *m* salamandra.

Sa'lami *f* (-; -/-s) salami *n*; ~**taktik** *f* taktyka działania krok za krokiem.

Sa'lat *m* (-es; -e) sałat(k)a; *F fig.* (0) bigos; ~**schüssel** *f* salaterka.

Salbe *f* maść *f.*

Sal'bei *m* (-s; 0) *od. f* (-; 0) szałwia; ~ *in Zssgn* szałwiowy.

salb|en *Rel.* namaszczać ⟨-maścić⟩; 2**ung** *f* namaszczenie; ~**ungsvoll** pełen namaszczenia, *präd.* z namaszczeniem.

sal'dieren (-) wyprowadzać ⟨-dzić⟩ saldo.

Saldo *m* (-s; -*den*/-*di*) saldo; *fig.* per ~ w efekcie; ~**übertrag** *m* saldo z przeniesienia.

Sa'line *f* salina.

Sali'zylsäure *f* kwas salicylowy.

Salm *m* (-es; -e) *s. Lachs.*

Salmiak *m* (-s; 0) salmiak; ~**geist** *m* roztwór wodny amoniaku, *F* amoniak.

Salmo'nellen *f/pl.* salmonelle *f/pl.*

Sa'lon [-ˈlɔ̃/-ˈlɔŋ] *m* (-s; -s) salon; 2-**fähig** zgodny z etykietą salonową, salonowy (-wo); ~**löwe** *F m fig.* lew salonowy, salonowiec *m*; ~**wagen** *m* salonka.

sa'lopp niewymuszony ⟨-szenie⟩; niedbały (-le).

Sal'peter *m* (-s; 0) saletra; ~ *in Zssgn* saletrzany; 2**dünger** *m* saletrzak; ~**säure** *f* (0) kwas azotowy.

Salto *m* (-s; -*s*/-*ti*) salto.

Sa'lu|t *m* (-es; -e) salut, salwa powitalna; 2'**tieren** (-) ⟨od-, za⟩salutować.

Salve *f* salwa; ~**n-** salwowy.

Salweide *f* wierzba iwa.

Salz *n* (-es; -e) sól *f*; ~ *in Zssgn* solny, ... soli; 2**arm** zawierający mało soli; ~**bergwerk** *n* kopalnia soli; ~**boden** *m* gleba słona *od.* zasolona; 2**en** (-*zt*) ⟨po⟩solić; gesalzen słony (*a. fig.*); ~**garten** *m* salina morska; ~**gehalt** *m* zawartość *f* soli; ~**gurke** *f* ogórek kiszony; 2**haltig** zawierający sól; ~**hering** *m* śledź solony; 2**ig** słony (-no); ~**kartoffeln** *f/pl.* ziemniaki *m/pl.* z wody, ~**lake** *f* solanka; ~**leckstein** *m* lizawka; ~**säure** *f* (0) kwas solny; ~**siederei** *f* żupa solna, warzelnia soli; ～**sole** f solanka; ～**stange** f *Kochk.* solanka; ～**streuer** m solniczka; ～**wasser** n słona woda.

Sämann m (-es; ᵘer) siewca m.

Sama'riter m fig. samarytanin.

Sämaschine f siewnik.

Same m (-ns; -n), ～n m nasienie (a. Sperma), siemię; fig. (Keim) zarodek, ziarno.

Samen|erguß m wytrysk nasienia; ～**faden** m s. Samenzelle; ～**flüssigkeit** f sperma; ～**kapsel** f torebka nasienna; ～**korn** n nasionko, ziarn(k)o; ～**leiter** m nasieniowód; ～**pflanzen** f/pl. nasienne pl.; ～**zelle** f plemnik; ～**zucht** f nasiennictwo.

Säme'reien f/pl. nasiona n/pl.

sämig zawiesisty (-ście).

Sämischleder n zamsz, ircha; aus ～ zamszowy, irchowy.

Sämling m (-es; -e) Bot. siewka.

Sammel|aktion f akcja zbiórkowa; ～**band** m zbiór, zbiorek; ～**begriff** m kolektiwno n; ～**büchse** f skarbonka; ～**fahrschein** m bilet zbiorowy; ～**frucht** f owoc złożony; ～**lager** n obóz zborny; ～**linse** f soczewka skupiająca; ～**liste** f lista składowa.

sammeln (-le) zbierać ⟨zebrać⟩; ⟨z⟩gromadzić (beide sich się); kolekcjonować; Gedanken: skupi(a)ć; vgl. versammeln, konzentrieren; sich ～ Mil. a. ⟨z⟩grupować się.

Sammeln n (-s; 0) zbieranie; Mil. zbiórka.

Sammel|platz m miejsce zbiórki; ～**stelle** f punkt zborny; zbiornica (für/G); ～**surium** n F (-s; -ien) zbieranina, miszmasz; ～**transport** m transport zbiorowy; ～**werk** n dzieło zbiorowe.

Samm|ler(in f) m zbieracz(ka), kolekcjoner(ka); ～**ler** El. akumulator; Tech. kolektor; zbieracz; ～**lung** f zbieranie, gromadzenie; (Geld⟨) zbiórka; konkr. zbiór; kolekcja; (innere) skupienie.

Samstag m sobota; vgl. Sonnabend.

samt Prp. (D) wraz (od. razem) z (I); Adv. ～ und sonders wszystko (od. wszystkie, wszyscy) bez wyjątku.

Samt m (-es; -e) aksamit; ～ in Zssgn = ⟨en, ⟨ig aksamitny.

sämtlich wszystek, pl. wszystkie, Psf. wszyscy. [aksamitny.⟩

samtweich (0) miękki jak aksamit.⟩

Sand m (-es; -e) piach, piasek; ～ in

die Augen streuen ⟨za⟩mydlić oczy wie ～ am Meer jak maku; auf ～ bauen budować na piasku; s. a. verlaufen. [dałek, trepek.

San'da|le f sandał; ～'**lette** f sandał.

Sand|bank f ławica piaskowa, mielizna; ～**boden** m gleba piaszczysta; grunt piaszczysty; ～**burg** f grajdół. ～**dorn** m rokitnik zwyczajny.

Sandel|baum m sandałowiec; ～**holz** n drewno sandałowe.

Sand|grube f piaskownia, kopalni piasku; ⟨ig piaszczysty (-ście); ～**kasten** m piaskownica; Mil. stó plastyczny; ～**korn** n ziarnko piasku; ～**kuchen** m babka piaskowa; ～**papier** papier piaskowy; ～**sack** m worek z piaskiem od. Sp. pięściarski ～**stein** m piaskowiec; ～**strahlgebläse** n piaszczarka; ～**strand** piaszczysta plaża, piaszczysty brzeg ～**sturm** m burza piaskowa.

sandte s. senden.

Sand-uhr f klepsydra.

Sandwich ['sɛndwɪtʃ] n (-es; -es sandwicz, kanapka; ～**bauweise** konstrukcja przekładkowa.

Sandwüste f pustynia piaszczysta

sanft łagodny; lekki (-ko), delikatny Wesen a.: potulny.

Sänfte f lektyka.

Sanft|heit f (0), ～**mut** m łagodnoś f, potulność f; ⟨mütig s. sanft.

sang s. singen.

Sang: ⟨- und klanglos bez rozgłosu po cichu.

Sänger(in f) m śpiewa|k (-czka); ～ in Zssgn śpiewaczy, ... śpiewaków.

sa'nier|en (-) uzdrawiać ⟨-rowić⟩ Stadtteil: ⟨z⟩modernizować; ⟨un f sanacja; poprawa stanu zagospo darowania, modernizacja.

sani|'tär sanitarny; ⟨'**täter** m sani tariusz.

Sani'täts|- sanitarny; ～**offizier** oficer służby zdrowia; ～**wache** punkt sanitarny; ～**wesen** n (-s; (służba zdrowia.

sank(en) s. sinken.

Sankt święt|y (-a).

Sankti|'on f sankcja; ⟨o'**nieren** ⟨u⟩sankcjonować.

sann(en) s. sinnen.

Sanskrit n (-s; 0) sanskryt.

Saphir m (-s; -e) safir; ～ in Zssg = ⟨blau (0) szafirowy (-wo).

Sardelle f sardela; ～n- sardelowy.

Sar'dine f sardynka.

Sarg m (-és; ‵e) trumna; **~deckel** m wieko trumny.

sar'kastisch sarkastyczny.

Sar'kom n (-s; -e) mięsak.

Sarko'phag m (-s; -e) sarkofag.

saß(en) s. sitzen.

sät s. säen.

Satan m (-s; -e) szatan.

Satans|braten F m urwis, łobuz; **~kerl** F m szatan, diabeł; **~pilz** m borowik szatański.

Satel'lit m (-en) satelita m; per ~ drogą satelitarną; **~en-** satelitarny; satelicki.   [Zssgn satynowy.\

Satin [sa'tɛ̃] m (-s; -s) satyna; ~ in\

sati'niert satynowany.

Sa'tir|e f satyra; **~iker** m satyryk; **2isch** satyryczny.

satt syt(y); Farbe: soczysty; ~ werden nasycać ⟨-cić⟩ się; sich ~ essen najeść się do syta; fig. ~ haben mieć dosyć (A/G); sich nicht ~ sehen können nie móc się napatrzeć (an D/na A).

Sattel m (-s; ‵) siodło; hist. a. kulbaka; Mus. próżek; ohne ~ na oklep; fig. aus dem ~ heben wysadzić z siodła; fest im ~ sitzen siedzieć (od. trzymać się) mocno w siodle; **~dach** n dach dwuspad(k)owy; **~decke** f czaprak; **2fest** fig. mocny (w L), pewny; **~gurt** m popręg.

satteln (-le) ⟨o⟩siodłać.

Sattel|pferd n koń siodłowy; **~schlepper** m ciągnik siodłowy; **~tasche** f torba u siodła.

Sattheit f (0) sytość f; (Farben) soczystość f.

sättig|en nasycać ⟨-cić⟩ (a. Chem.), sycić (sich się; an D/I); **~end** sytny; **2ung** f (0) sytość f; nasyc|anie, -enie; Chem. a. saturacja.

Sattle|r m siodlarz; **~'rei** f warsztat siodlarski; (0) siodlarstwo.

sattsam dostatecznie, aż nadto.

Satz m (-es; ‵e) Gr. zdanie; Mus. fraza; Math. twierdzenie; Typ. skład; Hdl., Fin. stawka; stopa; (Sprung) sus; Tennis-Sp. set; (v. Gegenständen) zestaw, komplet; partia; (a. Tech.) zespół; s. a. Boden-, Lehrsatz usw.; **~aussage** f Gr. orzeczenie; **~bau** m (-es; 0) Gr. budowa (od. układ) zdania; **~lehre** f Gr. składnia; **~spiegel** m Typ. wymiary m/pl. składu; **~teil** m Gr. część f zdania.

Satzung f statut; **2s-gemäß** zgodny

(zgodnie) ze statutem, statutowy (-wo).

Satzzeichen n znak przestankowy.

Sau f (-; ‵e) maciora, locha; V fig. świnia, świntuch; unter aller ~ poniżej wszelkiej krytyki; j-n zur ~ machen zbeształ, zgromić (A); **~arbeit** P f parszywa robota.

sauber czysty (-to); (reinlich) schludny; fig. s. ordentlich, sorgfältig, anständig, schmuck; F ein ~es Bürschchen! a to ananas od. ptaszek!; **~halten** utrzym(yw)ać w czystości; **2keit** f (0) czystość f; schludność f.

säuberlich s. sauber; staranny, porządny.   [(w L).\

saubermachen v/t ⟨po⟩sprzątać\

säuber|n (-re) ⟨wy⟩czyścić, a. fig. oczyszczać ⟨-yścić⟩; **2ung** f oczyszczanie, czyszczenie; Pol. czystka.

sau|blöd(e) P głupi jak stołowe nogi; **2bohne** f bób.

Sauce ['zo:sə] f sos; zalewa.

Sauciere [zo'siɛ:rə] f sosjerka.

saudumm P głupi jak but.

sauer (-ur-) kwaśny (-no) (a. F Miene); Gurke: kiszony; ~ verdient ciężko zapracowany; ~ werden ⟨s⟩kwaśnieć, skisić się pf.; F fig. ~ sein złościć się; **2ampfer** m szczaw, dial. kwasek; in Zssgn szczawiowy; **2braten** m pieczeń wołowa na dziko.

Saue'rei F f świństwo.

Sauer|kirsche f wiśnia; **~klee** m szczawik; **~kohl** m, **~kraut** n kapusta kiszona od. kwaszona.

säuer|lich kwaskowaty (-to); **2ling** m (-es; -e) szczawie; **~n** (-re) v/t zakwaszać ⟨-wasić⟩; v/i s. sauer (werden).

Sauerstoff m (-es; 0) tlen; **~flasche** f butla tlenowa od. z tlenem; **~gerät** n aparat tlenowy; **~mangel** m niedobór tlenu, niedotlenienie.

Sauerteig m zaczyn, rozczyn.

Sauf|bold m (-es; -e) pijaczyna m, P moczygęba m; **2en** (L.) pić, żłopać (a. V fig.).

Säufer m pijak, opój.

Saufe'rei P f popijawa, popijocha; (Trunksucht) wódkopicie.

Säufer|in f pijaczka; **~wahnsinn** m obłęd opilczy, ‡ biała gorączka.

Sauf|gelage n pijatyka; **~kumpan** F m przyjaciel od kieliszka.

saugen ⟨L.⟩ ssać; s. aus-, einsaugen.

säugen karmić piersią *od.* (*a. Zo.*) mlekiem.

Sauger *m* smoczek; *Tech.* ssawa; *Zo. pl.* owady *m/pl.* ssące.

Säuge|r *m*, **⁓tier** *n* ssak.

saug|fähig wsiąkliwy, chłonny; **⁓flasche** *f* butelka ze smoczkiem; **⁓heber** *m* syfon, lewar. [osesek.]

Säugling *m* (*-s*; *-e*) niemowlę *n*,⌋

Säuglings|alter *n* wiek niemowlęcy; **⁓ausstattung** *f* wyprawka niemowlęca; **⁓fürsorge** *f* opieka nad niemowlętami; **⁓pflege** *f* pielęgnowanie niemowlęcia; **⁓sterblichkeit** *f* śmiertelność *f* wśród niemowląt.

Saug|napf *m* przyssawka; **⁓pumpe** *f* pompa ssąca. [ordynarny.]

sau·grob F (*0*) chamski (po -ku),⌋

Saugrohr *n* rura ssąca *od.* ssawna.

säuisch świński (po -ku).

Säule *f* kolumna, (*a. Rauch⁓*) słup; *fig.* filar.

Säulen|fuß *m* baza (*od.* podstawa) kolumny; **⁓gang** *m* kolumnada, krużganek; **⁓halle** *f* sala kolumnowa; **⁓vorbau** *m* portyk.

Saum *m* (*-¢s*; *ªe*) (ob)rąbek; *s. Rand*.

sau·mäßig F paskudny, parszywy (-wo).

säum|en *v/t* obrębia(ć); *fig.* otaczać ⟨otoczyć⟩, oblegać ⟨oblec⟩; **⁓en²** *v/i* ociągać się, zwlekać; **⁓ig** opieszały (-le).

Saum|pfad *m* ścieżka górska, perć *f*; **⁓sattel** *m* siodło juczne; **⁓selig** opieszały (-le), niedbały (-le); **⁓tier** *n* zwierzę juczne.

Sauna *f* (*-*; *-s*) sauna.

Säure *f* (*0*) kwaśność *f*; *Kochk.* kwasek; (*pl. -n*) kwas; *in Zssgn* kwasowy; **⁓beständig**, **⁓fest** kwasoodporny; **⁓gehalt** *m*, **⁓grad** *m* kwasowość *f*.

Sauregurkenzeit *f* (*0*) sezon ogórkowy, ogórki *m/pl.*

Säure·überschuß *m Med.* nadkwasota. [jaszczur.]

Sauriër *m* (*-s*; *-*) gad kopalny,⌋

Saus *m*: *in* ⁓ *und Braus leben* żyć hucznie *od.* wystawnie.

säuseln (*-le*) szemrać, szeleścić.

sausen szumieć, huczeć; świstać ⟨-isnąć⟩; F ⁓ *lassen* zrezygnować *pf.* (*A/z G*); (*sn*; *dahinjagen*) ⟨po-⟩ pędzić, ⟨po-, prze⟩mknąć.

Sau|stall F *m fig.* chlew; bałagan; **⁓wetter** F *n* paskudna pogoda; ⁓-

wirtschaft F *f* (*0*) potworny rozgardiasz (w pracy), bałagan.

Saxo'phon *n* (*-s*; *-e*) saksofon.

Schabe *f Zo.* karaluch.

Schabe·fleisch *n* mięso wołowe mielone.

Schab|eisen *n*, **⁓er** *m* skrobak; ⟨ein⟩ skrobać; *s. reiben*, *abschaben*.

Schabernack *m* (*-s*; *0*) figle *m/pl.* psoty *f/pl.*; *vgl. Streich*.

schäbig nędzny, parszywy; *s. abgetragen*, *geizig*.

Scha'blone *f* szablon; wzornik wykrój; ⟨⟩n-haft szablonowy (-wo)

Schach *n* (*-s*; *0*) (gra w) szachy *m/pl.*; ⁓ *bieten* dać szacha; *j-n in* ⁓ *halten* trzymać w szachu (*A*).

Schachbrett *n* szachownica; ⟨⟩artig w szachownicę.

Schächer *m* łotr.

Schach|figur *f* figura szachowa; ⁓'matt F *fig.* (zupełnie) wykończony **⁓meisterschaft** *f* mistrzostwo szachowe; **⁓partie** *f* paria szachów *od* w szachy; **⁓spiel** *n* gra w szachy komplet szachów, szachy *m/pl.*; ⁓**spieler** *m* szachista *m*.

Schacht *m* (*-¢s*; *ªe*) szyb; *Bgb. a* szybik; ⁓ *in Zssgn* szybowy.

Schachtel *f* (*-*; *-n*) pudło, pudełko P *alte* ⁓ stare pudło; **⁓halm** *m Bot* skrzyp.

Schacht·ofen *m* piec szybowy.

Schachzug *m* posunięcie.

schade szkoda; *es ist* ⁓ *um* (*A*) szkoda (*G*).

Schädel *m* czaszka; F *fig.* łeb, mózgownica; **⁓basis** *f* podstawa czaszki **⁓bruch** *m* złamanie czaszki; ⁓**decke** *f* sklepienie czaszki.

schade|n (*-e-*) ⟨za⟩szkodzić (*D*); e *kann nichts* ⁓*n* nie (za)szkodzi; *da* ⁓*t ihm gar nichts* dobrze mu tak.

Schaden *m* (*-s*; *ª*) szkoda; uszczerbek; defekt, wada; uszkodzenie; *s Verlust*, *Nachteil*; *zum* ⁓ *na szkodę ze szkodą dla* (*G*); *j-m* ⁓ *zufügen a* skrzywdzić (*A*); *zu* ⁓ *kommen od* nieść obrażenia; **⁓ersatz** *m* wynagrodzenie za poniesione szkody straty, wyrównanie strat *od.* szkód **⁓freude** *f* (*0*) złośliwe zadowolenie złośliwa satysfakcja; ⟨⟩froh *präd* ze złośliwą satysfakcją.

schadhaft uszkodzony; *Zahn:* zepsuty, spróchniały; *s. beschädigt*.

schädig|en *v/t* ⟨za⟩szkodzić (*D*)

⟨s⟩krzywdzić (A); **2ung** f (za-)
szkodzenie; uszczerbek.
chäd|lich szkodliwy (-wie); ⟩lich
sein szkodzić (für/D); **2ling** m (-s;
-e) szkodnik; **2lingsbekämpfung** f
zwalczanie szkodników.
chad|los: sich ⟩los halten (an D)
powetować pf. sobie (na L); **2stoff**
m substancja szkodliwa.
chaf n (-es; -e) owca; fig. dummes ⟩
a. baran; **⟩bock** m tryk.
chäfchen n owieczka, baranek;
⟩wolken f/pl. baranki m/pl.
chäfer m owczarz; **⟩hund** m owczarek; **⟩in** f pasterka; **⟩spiel** n
Thea. sielanka; **⟩stündchen** n (mile) sam na sam.
chaffell f baranica, skóra barania
od. owcza.
chaffen v/i pracować; krzątać się;
v/t (leisten) ⟨z⟩robić, wykon(yw)ać
(A); dokon(yw)ać (G); s. (fertig-)
bringen, erreichen, er-, wegschaffen;
⟩s zu ... dopiąć (G), osiągnąć (A);
et. nicht ⟩ nie poradzić (z I), nie dać
rady (D); aus der Welt ⟩ zlikwido-
wać, skończyć; nichts zu ⟩ haben
nie mieć nic wspólnego (mit/z I);
sich zu ⟩ machen krzątać się (an D/
koło G); szukać (w L); j-m viel zu
⟩ machen przysparzać ⟨-sporzyć⟩
kłopotu (D).
chaffen n (-s; 0) praca; twórczość
f; **⟩s-drang** m, **⟩s-freude** f zapał
twórczy), chęć f do pracy; **⟩s-kraft**
f (0) energia (twórcza), werwa.
chaffleisch n baranina.
chaffner(in f) m konduktor(ka).
chaf|garbe f krwawnik pospolity;
⟩herde f stado owiec, kierdel; **⟩hirt**
m pasterz, owczarz, (in d. Tatra a.)
baca m, juhas; **⟩käse** m ser owczy,
bryndza; **⟩leder** n skóra owcza.
chäflein n s. Schäfchen.
cha'fott n (-es; -e) szafot.
chaf|pelz m kożuch barani, bara-
nica; **⟩schur** f strzyża, strzyżenie
owiec; **⟩s-kopf** m fig. baran, dureń
n; **⟩stall** m owczarnia.
chaft m (-es; "e) trzon (a. Arch.,
Sp.), trzonek; (Griff) rękojeść f;
(Gewehr2) obsada, łoże; cholewa;
⟩stiefel m/pl. buty m/pl. z cholewami.
chaf|wolle f wełna owcza; **⟩zucht**
f hodowla owiec, owczarstwo.
chah m (-s; -s) szach.
cha'kal m (-s; -e) szakal.

Schäker F m flirciarz; **⟩in** f flir-
ciar(k)a; **2n** (-re) flirtować; dowcipkować.
schal zwietrzały (-le); fig. trywialny, płaski.
Schal m (-s; -el/-s) szal(ik).
Schale[1] f miska, salaterka; (Silber2)
patera; s. Tasse, Waagschale.
Schale[2] f skorupka (a. Zo.); łuska,
łupina; (Rinde, Obst2) skórka; Tech.
skorupa (a. Zo.); powłoka; JSpr.
racica; F sich in ⟩ werfen wystroić
się.
schälen ob(ie)rać; ⟨o⟩strugać; (ent-
rinden) korować; s. abnagen.
Schalen|bauweise f konstrukcja
łupinowa od. skorupowa; **⟩obst** n
owoce m/pl. łupinowe; **⟩sitz** m fotel
kubełkowy; **⟩wild** n zwierzyna raci-
cowa.
Schäl|furche f Agr. podorywka; **⟩-
hengst** m ogier rozpłodowy.
Schalk m (-es; -e/-e) s. Schelm,
Spaßvogel; **2haft** filuterny, figlarny.
Schall m (-es; selt. -e/-e) dźwięk; **⟩-
dämpfer** m tłumik (dźwięku); **2-
dicht** dźwiękoszczelny; **2en** dźwięczeć; s. ertönen, hallen; **2end**
głośny (-no), huczny; Ohrfeige:
siarczysty; **⟩geschwindigkeit** f (0)
prędkość f dźwięku; **⟩isolierung** f
izolacja (przeciw)dźwiękowa; **⟩-
mauer** f bariera dźwięku; **⟩platte** f
płyta gramofonowa; **⟩platten-
musik** f muzyka z płyt; **⟩schutz** m
ochrona przed hałasem; **2tot: -ter**
Raum komora ciszy; **⟩welle** f fala
dźwiękowa.
Schälmaschine f obieraczka; łusz-
czarka; Holz-Tech. korowarka.
Schal'mei f fujarka.
schalt s. schelten.
Schalt|anlage f El. rozdzielnica;
(Haus, Raum) rozdzielnia; **⟩bild** n
schemat połączeń; **⟩brett** n tablica
rozdzielcza; **2en** (-e-) El. s. ein-,
um-, ausschalten; Kfz. prze-, włączać ⟨-czyć⟩ bieg; fig. rządzić, gospodarować; F ⟨s⟩kapować, poka-
pować się pf.; s. walten; **⟩er** m El.
po-, w(y)łącznik, F kontakt; (Bank-
2) okienko; **⟩erhalle** f hala (od. sala) operacyjna; **⟩getriebe** n skrzynka przekładniowa od. Kfz. biegów;
⟩hebel m dźwignia przełącznikowa,
Kfz. lewarek zmiany biegów; **⟩jahr**
n rok przestępny; **⟩kreis** m układ
przełączający; **⟩plan** m s. Schaltbild;

~**pult** n rozdzielnica pulpitowa, pulpit rozdzielczy; ~**tafel** f rozdzielnica tablicowa, tablica dyspozytorska; ~**uhr** f wyłącznik zegarowy; ~**ung** f połączenie; układ połączeń; Kfz. zmiana biegów; ~**warte** f, ~**zentrale** f dyspozytornia.

Scha'luppe f szalupa.

Scham f (0) wstyd; s. Schamteile; ~**bein** n kość łonowa; ~**berg** m wzgórek łonowy.

schämen: sich ~ wstydzić się (G, wegen/G, z powodu G).

Scham|gefühl n uczucie wstydu; ~**haar(e** pl.) n uwłosienie okolicy łonowej; 2**haft** wstydliwy (-wie); ~**haftigkeit** f (0) wstydliwość f; ~**hügel** m s. Schamberg; ~**lippen** f/pl. wargi f/pl. sromowe; 2**los** bezwstydny, bezczelny; ~**losigkeit** f (0) bezwstyd(ność f).

Scha'motte f (0) szamot; ~ in Zssgn szamotowy.

Scham|röte f rumieniec wstydu; ~**teile** n/pl. genitalia pl., (weibl.) srom, P przyrodzenie.

Schande f (0) hańba, wstyd; mit Schimpf und ~ sromotnie.

schänd|en (-e-) (z)bezcześcić; Frau: (z)gwałcić; 2**er** m profanator.

Schandfleck m plama (na czci, honorze); Pers. zakała.

schändlich haniebny, sromotny; 2-**keit** f haniebność f; niegodziwość f.

Schand|mal n piętno hańby; ~**maul** P n niewyparzona gęba; ~**tat** f czyn haniebny od. sromotny; F (scherzhaft) figiel, psota.

Schändung f zbezczeszczenie, profanacja; zgwałcenie.

Schanker m szankier.

Schank|konzession f koncesja na wyszynk; ~**tisch** m bufet, szynkwas; ~**wirt** m szynkarz, karczmarz.

Schanze f szaniec; Sp. skocznia; ~**gerät** n (-es; 0) sprzęt saperski; ~**kleid** n Mar. nadburcie.

Schar[1] f oddział, zastęp; gromada; lit. plejada; Zo. stado; tabun; chmara; in hellen ~en tłumnie, kupą.

Schar[2] f od. n (-es; -e) Agr. lemiesz.

scharen (z)gromadzić (um sich wokół siebie; sich sie); ~**weise** tłumnie, hurmem; stadami.

scharf (~er, ~st-) ostry (-ro) (a. fig.); Alkoholika: mocny; ~ machen (na-) ostrzyć; Bombe: uzbroić pf.; Waffe: odbezpieczać (-czyć); ~ sein auf et.

mieć chrapkę, być ciętym (na A) 2**blick** m (-es; 0) fig. przenikliwość umysłu.

Schärfe f ostrość f (a. fig.).

Scharf-einstellung f na-, u|stawienie na ostrość.

schärfen (na-, a. fig. wy-, za-ostrzyć; 2**tiefe** f głębia ostrości.

scharf|kantig o ostrych krawędziach od. brzegach; 2**macher** m propagator ostrych środków, podżegacz; 2**richter** m kat; 2**schießen** ostre strzelanie; 2**schütze** m strzelec wyborowy, snajper; ~**sichti|** bystrooki; fig. s. scharfsinnig; 2**sinn** m (-es; 0) bystrość (od. wnikliwość f umysłu; ~**sinnig** Pers. bystry, wnikliwy; Bemerkung: dowcipny, cięty (-to).

Scharlach m (-s; 0) Med. płonica, szkarlatyna; 2**rot** szkarłatny.

Schar|latan m (-s; -e) szarlatan ~**me** m, 2'**mant** s. Charme usw. ~'**mützel** n potyczka, utarczka; ~'**nier** n (-s; -e) zawiasa; Tech. (przegub walcowy.

Schärpe f szarfa.

scharre|n v/i (Pferd, Huhn) grzeba (mit/I); szur(g)ać (mit den Füße nogami); v/t Loch: (wy)kopać; 2 n grzebanie; szurgot.

Schart|e f szczerba; s. Hasen-Schießscharte; 2**ig** wyszczerbiony 2**ig machen** (po-, wy)szczerbić.

schar'wenzeln F (-le; a. sn) nadska kiwać (um A/D).

Schatten m cień m (a. fig.); fig. i den ~ stellen usuwać (usunąć w cień, F zakasować pf.; ~**bild** sylwet(k)a; 2**haft** niewyraźny (o fig.), sylwetkowy (-wo), präd. a. je cień; 2**los** bezcieniowy (-wo); ~**morelle** f wiśnia; ~**seite** f fi ciemna strona; Licht- und ~**seite** świata i cienie; ~**spiel** n chińsk cienie; [2**ung** f odcień m.

schat'tier|en (-) (po-, ś)cieniować; **schattig** cienisty (-ście).

Scha'tulle f szkatułka; (Kass szkatuła.

Schatz m (-es; ¨e) skarb; fig. s skarbnica; F s. Schätzchen; ~**amt** urząd skarbowy; ministerstwo skar bu; ~**anweisung** f bilet skarbow

Schätz|chen n kochanie; s. Lieb ste(r); 2**en** (-zt) szacować, osza cow(yw)ać, oceni(a)ć; (achten) ce nić, poważać; (vermuten) uważać

͟enswert godny szacunku, sza‑ cowny; **͟er** *m* taksator.

Schatz|gräber *m* poszukiwacz skar‑ bów; **͟kammer** *f* skarbiec; **͟meister** *m* skarbnik.

Schätzung *f* (o)szacowanie, szacu‑ nek; **͟s·weise** szacunkowo, mniej więcej.

Schau *f* rewia, pokaz; wystawa; przegląd; *zur ͟ stellen* (*A*) wysta‑ wi(a)ć na pokaz (*A*), popisywać się (*I*); *zur ͟ tragen* okazywać; F e‑e ͟ *abziehen* ⟨z⟩robić (z siebie) przed‑ stawienie; **͟ -** *in Zssgn mst* pokazo‑ wy, popisowy; **͟bild** *n* diagram, wykres; **͟bude** *f* buda jarmarczna.

Schauder *m* dreszcz (zgrozy), mro‑ wie (trwogi); ⟨z⟩groza; **͟haft** okropny; **͟n** (*-re*): *es* ͟t *mich, mich* (*od. mir*) ͟t dreszcz mnie przejmuje, ciarki *f/pl.* mnie przechodzą (*bei, vor/*na widok, z powodu *G*).

schauen ⟨po⟩patrzeć, spoglądać ⟨spojrzeć⟩.

Schauer *m s. Schauder;* dreszczyk; *Meteo.* przelotne (*od.* nagłe) opady *m/pl.* (*G*); **͟geschichte** *f* straszna (*od.* mrożąca krew w żyłach) histo‑ ria; **͟lich** okropny, straszny; **͟mann** *m* (*pl. -leute*) robotnik por‑ towy, doker; **͟märchen** *n s. Schauergeschichte;* **͟n** (*-re*) *s. schaudern.*

Schaufel *f* (*-; -n*) szufla; *Tech., JSpr.* łopata; (*Turbine*͟) łopatka; **͟n** (*-le*) szuflować; kopać; **͟rad** *n* koło łopatkowe; (*Bagger*) koło na‑ czyniowe; **͟radbagger** *m* koparka kołowa *od.* frezująca.

Schaufenster *n* okno wystawowe, wystawa (sklepowa), witryna; **͟dekorateur** *m* dekorator wystaw sklepowych.

Schau|kampf *m* mecz pokazowy; **͟kasten** *m* gablot(k)a.

schaukel *f* (*-; -n*) huśtawka; **͟n** (*-le*) huśtać, kołysać, bujać (*v/i* się); **͟pferd** *n* koń *m* na biegunach; **͟stuhl** *m* bujak.

Schau|loch *n* wziernik; **͟lust** *f* ciekawość *f;* **͟lustige(r)** ciekawski *m, gap, pl. a.* publiczność *f.*

Schaum *m* (*-es; ͟e*) piana; *Tech., Kochk.* pianka, (*-łk͟*) ub/umowiny *f/pl.;* **͟bad** *n* kąpiel pianowa; **͟bedeckt** (p)okryty pianą, spieniony; **͟beton** *m* pianobeton.

chäumen pienić się (*a. vor Wut ze*

złości); (*Wein*) musować; (*Gischt*) kipieć; **͟d** pieniący się; *Getränk:* musujący.

Schaum|gebäck *n* ciastka *n/pl.* piankowe; **͟gummi** *m* guma pian‑ kowa; **͟ig** spieniony; ͟ig *schlagen* ubi(ja)ć na pian(k)ę; **͟krone** *f* spie‑ niona grzywa (fali); **͟löffel** *m* wa‑ rząchew *f;* **͟löscher** *m* gaśnica pia‑ nowa; **͟schläger** *m s. Schneebesen; fig.* fanfaron, blagier; **͟stoff** *m* tworzywo piankowe *od.* spienione, pianka; **͟wein** *m* wino musujące.

Schau|platz *m* miejsce akcji, wi‑ downia (zdarzeń); **͟prozeß** *m* pro‑ ces pokazowy.   [ny.⟩

schaurig niesamowity ⟨-cie⟩, okrop‑⟨

Schauspiel *n* sztuka, (*a. fig.*) wido‑ wisko; **͟dichter** *m* dramatopisarz; **͟er(in** *f*) *m* aktor(ka); **͟erisch** ak‑ torski ⟨-ko⟩; **͟ern** (*-re*) grać na sce‑ nie; *fig.* grać komedię, udawać; **͟kunst** *f* sztuka aktorska.

Scheck *m* czek; **͟buch** *n* książeczka

Scheck|e[1] *m* (*-n*) srokaty koń, sro‑ kacz; **͟e**[2] *f* srokata krowa, krasula; **͟ig** srokaty, pstrokaty, łaciaty ⟨-to⟩.

Scheck|karte *f* legitymacja właści‑ ciela czeku; **͟verkehr** *m* obrót cze‑ kowy.

scheel *s.* neidisch; *j-n* ͟ *ansehen* ⟨po⟩patrzeć zezem *od.* z ukosa (na *A*).   [zgarniać, zbi(ja)ć.⟩

Scheffel *m* korzec; **͟n** (*-le*) *Geld:*⟨

Scheibe *f* (*Glas*) szyba; (*runde Plat‑ te*) tarcza; krążek (*a. Sp.*); (*Wurst*͟) plasterek; (*Brot*͟) kromka; *JSpr. s. Spiegel.*

Scheiben|bremse *f* hamulec tar‑ czowy; **͟förmig** okrągły ⟨-ło⟩, w kształcie krążka *od.* tarczy; **͟egge** *f* brona talerzowa; **͟gardine** *f* za‑ zdrostka, dyskretka; **͟honig** *m* miód plastrowy; **͟schießen** *n* strzelanie do tarczy; **͟wischer** *m* wycieraczka.

Scheichtum *n* (*-s; ͟er*) szejkat.

Scheide *f* pochwa (*a. Anat.*); *Vet.* srom; *s.* Grenze; **͟münze** *f* pie‑ niądz zdawkowy.

scheiden (L.) *v/t* od‑, roz|dzielać ⟨-lić⟩, odłączać ⟨-czyć⟩ (*sich* się); *Ehe:* rozwodzić ⟨-wieść⟩; *sich* ͟ *lassen* rozwieść się, brać ⟨wziąć⟩ rozwód; *v/i* (*sn*) rozsta(wa)ć się (*a. voneinander*); *s. ausscheiden*.

Scheide|n- *Med.* pochwowy, ... pochwy; **~wand** *f* ścianka działowa, F przepierzenie, przegroda; **~wasser** *n* (*-s*; *0*) woda królewska; **~weg** *m* rozdroże, rozstaje *pl.*

Scheidung *f Jur.* rozwód.

Scheidungs|grund *m* przyczyna (*od.* powód do) rozwodu; **~klage** *f* skarga rozwodowa; **~urteil** *n* wyrok w procesie rozwodowym.

Schein[1] *m* (*-es*; *-e*) (*Attest*) zaświadczenie, świadectwo; *s. Geld-, Gutschein usw.*

Schein[2] *m* (*-es*; *0*) blask; światło, poświata; *fig.* pozór, pretekst; *zum* ~ dla pozoru, F na niby, dla oka; *der* ~ *trügt* pozory mylą; ~ *in Zssgn a.* fikcyjny, pseudo-; **~angriff** *m* atak pozorowany; **~bar** pozorny; złudny; *präd. a.* na pozór; **~ehe** *f* małżeństwo upozorowane; **2en** (*L.*) świecić; *fig.* wy-, z|da(wa)ć się; wyglądać; *es* 2t, *als* (*ob*) ... zdaje się, że ...; **~erfolg** *m* pozorny sukces; **~firma** *f* fikcyjna firma; **~grund** *m* udany powód, pozór, pretekst.

scheinheilig obłudny; **2e(r)** *m/f* obłudni|k (-ca); **2keit** *f* (*0*) obłuda, hipokryzja.

Schein|tod *m* śmierć pozorna, letarg; **2tot** (pogrążony) w letargu; **~werfer** *m* reflektor; **~werferlicht** *n* (*-es*; *0*) światło reflektorów.

Scheiß|dreck V *m*, **~e** V *f* gówno; P **~e** *bauen* naknocić; **2en** V (*L.*) ⟨na⟩srać, wysrać się *pf.*; **~e**[1]**rei** V *f* sraczka; **~haus** V *n* sracz; **~kerl** P *m* zasraniec, gówniarz.

Scheit *n* (*-es*; *-e*/*-er*) polano.

Scheitel *m* czubek głowy, ciemię; (*Haar*2) przedział(ek); *fig.* wierzchołek (*a. Math.*), szczyt; *vom* ~ *bis zur Sohle* od stóp do głów; **2n** (*-le*) *Haar:* ⟨z⟩robić przedział, ⟨za-⟩czesać włosy z przedziałem; **~punkt** *m* punkt wierzchołkowy, wierzchołek; zenit; **~winkel** *m* kąt wierzchołkowy.

Scheiterhaufen *m* stos.

scheitern (*-re*; *sn*) rozbi(ja)ć się (*a. Plan usw. an D/o A*); *fig. a.* spalać ⟨-lić⟩ na panewce; *Pers.* ponosić ⟨-nieść⟩ klęskę (*mit/z I*), ⟨z⟩bankrutować.

Schellack *m* (*-s*; *0*) szelak.

Schelle *f* dzwonek; *Tech.* zacisk obejma; *KSp.* ~*n* karo; *s. Maulschelle.*

schellen *s. läuten*; **2baum** *m Mus.* dzwonki *m/pl.*; **2geläut** *n* brzęk dzwonków.

Schellfisch *m* łupacz, plamiak.

Schelm *m* (*-es*; *-e*) filut, szelma; **~en-streich** *m* szelmowstwo, szelmowski kawał; **2isch** szelmowsk (-ko), filuterny.

Schelt|e *f* (*0*) nagana, F bura; **2en** (*L.*) ganić, strofować; *s. ausschelten.*

Schema *n* (*-s*; *-s*/*-mata*) schemat; **2tisch** [-ˈmaː-] schematyczny.

Schemel *m* stołek, taboret.

Schemen *m* zjawa, cień *m*.

Schenke *f* szynk, karczma.

Schenkel *m Anat.* udo; *Math.* ramię; **~bruch** *m* (*Hernie*) przepuklina udowa; **~knochen** *m* kość udowa.

schenk|en (*po*)darować, ofiarow(yw)ać; *fig.* darzyć (*j-m A*/k-o *I*); *vgl erlassen, widmen; geschenkt bekommen* otrzymać w prezencie; **2ung** *f* darowizna; fundacja; **2ungs-urkunde** *f* akt darowizny.

scheppern (*-re*) s. klirren.

Scherbe *f* skorupa, czerep; *pl. a* stłuczka; in ~*n* na kawałki.

Scher|e *f* nożyce *f/pl.*; *Zo.* kleszcze *m/pl.*; **2en**[1] (*L.*) ⟨o⟩strzyc, postrzygać; [⟨-nieść⟩ się.]

scheren[2] obchodzić; *sich* ~ wynosić.

Scheren|fernrohr *n* luneta nożycowa; **~gitter** *n* krata zasuwana **~schleifer** *m* szlifierz(-ostrzarz) **~schnitt** *m* wycinanka.

Scher|er *m Agr.* postrzygacz; **~e**[1]**reien** *f f/pl.* kłopot; wstręty *m/pl.* **~festigkeit** *f* wytrzymałość *f* na ścinanie.

Scherflein *n*: *sein* ~ *beitragen* swó grosz (wdowi) dorzucić (*zu*/do *G*)

Scherge *m* (*-n*) siepacz, zbir.

Scher|kraft *f* siła ścinająca *od* tnąca; **~versuch** *m* próba ścinania

Scherz *m* (*-es*; *-e*) żart; *s. Spaß;* im dla żartu, na żarty; **~artikel** *m/p* artykuły *m/pl.* karnawałowe *od.* syl westrowe; **2en** (*-zt*) ⟨za⟩żartowa (*über A*/z *G*); **~frage** *f* zabawna za gadka; **2haft** żartobliwy (-wie), za bawny; *präd. a.* żartem; **~wort** żart, żartobliwe słowo.

Scheu *f* (*0*) bojaźń *f*, obawa (*vor*/*G*) nieśmiałość *f*; *ohne* ~ bez obawy.

scheu bojaźliwy (-wie); *Tier:* płoch

liwy (-wie); s. schüchtern; **~chen** v/i ⟨wy⟩płoszyć, przepędzać ⟨-pędzić⟩; **~en** v/i ⟨s⟩płoszyć się; v/t unikać (G), stronić (od G); ... nicht ~en, kein(e) ... ~en nie lękać się (G); Mühe usw.: nie szczędzić (G).

Scheuer f (-; -n) s. Scheune.

Scheuer|bürste f szczotka do szorowania; **~leiste** f listwa przypodłogowa; **2n** (-re) v/t ⟨wy⟩szorować; Ferse usw.: ocierać ⟨otrzeć⟩ (A); v/i szorować, trzeć; **~tuch** n ścierka do szorowania.

Scheuklappen f/pl. końskie okulary m/pl.; fig. mit ~ durchs Leben gehen mieć bielmo na oczach.

Scheune f stodoła.

Scheusal n (-s; -e) potwór, szkarada, F (scherzhaft) drań m.

scheußlich szkaradny, potworny; s. abscheulich; **2keit** f potworność f; paskudstwo.

Schi m (-s; -er) narta; ~ laufen jeździć na nartach; **~anzug** m ubranie narciarskie; **~bindung** f wiązanie nart, kandahar.

Schicht f warstwa (a. soziale ~); (Arbeits2) zmiana, Bgb. szychta; **~arbeit** f (0) praca na zmiany; **2en** (-e-) układać ⟨ułożyć⟩ warstwami; ⟨u⟩warstwować; **~meister** m mistrz zmianowy; **~(preß)stoff** m tworzywo warstwowe, laminat; **~ung** f Geol. warstwowanie, uwarstwienie; **~wechsel** m koniec od. rozpoczęcie zmiany; **2weise** warstwami; Arbeit: na zmiany.

schick szykowny; s. schneidig.

Schick m (-es; 0) szyk, elegancja.

schicken po-, wy|syłać ⟨-słać⟩ ⟨zu/do G⟩; nach j-m, et./po A); sich ~ wypadać, uchodzić; ⟨po⟩godzić się (in A/z I).

schicklich stosowny, właściwy; **2keit** f (0) przyzwoitość f.

Schicksal n (-s; -e) los; fatum n, przeznaczenie; **2haft** przeznaczony przez los; rozstrzygający o losie od. losach; **~s·schlag** m cios (losu, nieszczęścia).

Schiebe|bühne f przesuwnica; **~dach** n dach zsuwany od. rozsuwalny.

schieb|en (L.) v/t pu-, prze|suwać ⟨-sunąć⟩ (sich also); Karren: popychać, pchać; Fahrrad: prowadzić; Schuld: spychać ⟨zepchnąć⟩ (auf A/na A); F Kegel ~en grać w kręgle;

s. a. an-, hinaus-, vor-, weg-schieben, Bank, Wache usw.; v/i F (mit) sprzeda(wa)ć na pasku (A); paskować, zajmować się paskarstwem; **2er** m zasuwa; Tech. a. zawór zasuwany; suwak; (Bett2) basen; F Pers. paskarz, spekulant; **2e·tür** f drzwi pl. przesuwane; **2lehre** f suwmiarka; **2ung** f kant, machlojka; machinacje pl.

schied(en) s. scheiden.

Schieds|gericht n sąd rozjemczy od. polubowny, arbitraż; **~richter** m sędzia polubowny; Sp. sędzia m; fig. rozjemca m; **~spruch** m wyrok polubowny; orzeczenie arbitrażowe.

schief s-, u|kośny, kosy (-so); s. krumm, geneigt; (nicht korrekt) fałszywy (-wie), opaczny; Mütze: na bakier; Lage: dwuznaczny; j-n ~ ansehen s. scheel.

Schiefer m (-s; 0) łupek; **2ig** łupkowaty (-to); **~tafel** f tablic(zk)a łupkowa; **~ton** m glina łupkowa.

schief|gehen F (sn) nie ud(aw)ać się, iść ⟨pójść⟩ na bakier; **~hals** m kręcz szyi; **~lachen** F: sich ~lachen zaśmiewać się, pokładać się ze śmiechu; **~liegen** F być na bakier (bei/z I; mit D, wegen/z powodu G); **~winklig** ukośnokątny.

schiel|en zezować; fig. ⟨po⟩patrzeć z ukosa, zerkać ⟨-knąć⟩ (ukradkiem); **2en** n (-s; 0) zez, zezowatość f; **~end** zezowaty (-to).

schien s. scheinen.

Schien|bein n piszczel f od. m, kość piszczelowa; **~e** f szyna; Med. a. łubek; **2en** Med. unieruchamiać ⟨-chomić⟩ szynami.

Schienen|fahrzeug n pojazd szynowy; **~netz** n sieć szynowa; **~stoß** m złącze szynowe; **~strang** m tor kolejowy; Esb. tok szynowy; **~weg** m: auf dem ~weg koleją.

Schiër pl. v. Schi.

schier[1] Adv. prawie, niemal(że); ~ unmöglich wprost niemożliwe.

schier[2] (0) s. rein, lauter; **~es Fleisch** mięso (chude) bez kości.

Schierling m (-es; -e) szczwół; (Wasser2) szalej jadowity, cykuta.

Schieß|arbeit f roboty f/pl. strzelnicze; **~baumwolle** f bawełna strzelnicza; **~befehl** m rozkaz użycia broni palnej; komenda ogniowa; **~bude** f strzelnica; **~eisen** F n spluwa; **2en** (L.) v/i strzelać ⟨(wy)strzelić⟩ ⟨*auf A, nach*/do *G*⟩, ⟨*feuern*⟩ wypalić *pf.*, palnąć *pf.* ⟨*mit*/z *G*⟩. *fig.* F ⟨*sn*⟩ ⟨*sich stürzen*⟩ wylatywać ⟨-lecieć⟩ ⟨*aus*/z *G*⟩, wypadać ⟨wypaść⟩, wyskakiwać ⟨-skoczyć⟩ ⟨*hinter D* hervor, um *A*/zza *G*⟩; przemykać ⟨-mknąć⟩ ⟨*durch*/przez *A*⟩. ⟨*spritzen*⟩ tryskać ⟨wytrysnąć⟩, buchać ⟨-chnąć⟩ ⟨*aus*/z *G*⟩; *Blut* in d. *Kopf*: uderzać ⟨-rzyć⟩ ⟨do *G*⟩; in die *Höhe* ⟨en zrywać ⟨zerwać⟩ się; ⟨*schnell wachsen*⟩ wybujać; wystrzelać; *s. a. Pilz*; *v*/*t* ⟨*a. Tor*⟩ strzelać ⟨-lić⟩; *Bgb.* odstrzeli(wa)ć; *JSpr. s. erlegen, treffen*; F *Bild*: miotać ⟨en *n* ⟨-s; 0⟩ strzelanie; F *das ist zum* ⟨en! uśmiać się można!; ⟨e'rei *f* strzelanina; ⟨platz *m* strzelnica; ⟨pulver *n* proch strzelniczy; ⟨scharte *f* otwór strzelniczy, ambrazura; ⟨scheibe *f* tarcza strzelnicza; ⟨sport *m* strzelectwo, sport strzelecki; ⟨stand *m* strzelnica; ⟨übung *f* ćwiczenie w strzelaniu.

Schi|fahren *n* jazda na nartach; ⟨fahrer(in *f*) *m* narcia|rz (-rka).

Schiff *n* ⟨-es; -e⟩ statek, okręt; *Arch.* nawa; *Typ.* szufelka.

Schiffahrt *f* ⟨0⟩ żegluga; ⟨s·linie *f* linia żeglugi od. okrętowa; ⟨s·weg *m* droga wodna.

schiffbar *adj.* żeglowny; spławny.

Schiff|bau *m* ⟨-es; 0⟩ budowa okrętów; przemysł stoczniowy; ⟨bruch *m* rozbicie się statku *od.* okrętu; *fig.* ⟨bruch erleiden dozna(wa)ć niepowodzenia ⟨*mit*/z *I*⟩; ⟨brüchige(r) rozbitek; ⟨chen *n* stateczek, okręcik; *Text.* czółenko; *Mil.* furażerka; ⟨en V ⟨na⟩szczać.

Schiffer *m* marynarz żeglugi śródlądowej, F wodniak; szyper; ⟨klavier *n* akordeon.

Schiffs|eigner *m* armator, właściciel statku; ⟨geschütz *n* działo okrętowe; ⟨hebewerk *n* podnośnia statków; ⟨junge *m* junga *m*; ⟨koch *m* kucharz okrętowy; ⟨mannschaft *f* załoga statku od. okrętu; ⟨raum *m* pojemność *f* ⟨od. tonaż⟩ statku; ⟨register *n* rejestr statków; ⟨schraube *f* śruba okrętowa; ⟨tagebuch *n* dziennik okrętowy; ⟨taufe *f* chrzest statku od. okrętu; ⟨verkehr *m* żegluga.

Schi|gelände *n* teren narciarski; ⟨hose *f* spodnie *pl.* narciarskie.

Schi'ka|ne *f* szykana; ⟨2'nieren (-) szykanować.

Schi|lauf *m* bieg narciarski; ⟨laufen *n* narciarstwo; ⟨läufer(in *f*) *m* narcia|rz (-rka); ⟨lehrer *m* instruktor jazdy na nartach.

Schild[1] *m* ⟨-es; -e⟩ tarcza ⟨*a. fig.*⟩.

Schild[2] *n* ⟨-es; -er⟩ szyld, wywieszka; *s. Mützenschirm, Namensschild.*

Schildbürger *m* prowincjonalny kołtun; ⟨streich *m* niedorzeczność *f*; głupi kawał.

Schilddrüse *f* tarczyca; ⟨n- tarczycowy, ... tarczycy.

Schilder|haus *n* budka wartownicza; ⟨2n ⟨-re⟩ przedstawi(a)ć, opis(yw)ać; ⟨ung *f* przedstawienie, opis.

Schild|kröte *f* żółw; in *Zssgn* żółwi(owy *mst Kochk.*); ⟨laus *f* *Zo.* czerwiec; ⟨patt *n* ⟨-s; 0⟩ szylkret; ⟨vortrieb *m* tunelowanie tarczą.

Schilf *n* ⟨-es; -e⟩, ⟨rohr *n* trzcina (pospolita); ⟨- in *Zssgn* trzcinowy; ⟨matte *f* rogoża.

Schi·lift *m* wyciąg narciarski.

Schillerlocke *f* rurka z kremem; ⟨*Fisch*⟩ filet ⟨z⟩ kolenia wędzony.

schillern (-re) mienić się, grać ⟨*in allen Regenbogenfarben* wszystkimi barwami tęczy⟩; ⟨d mieniący się; *fig.* zagadkowy.

Schilling *m* ⟨-s; -e⟩ szyling.

Schimmel *m Bot.* pleśń *f*; ⟨*Pferd*⟩ siwek, siwosz; ⟨bildung *f* pleśnienie; ⟨2ig, **schimmlig** spleśniały; ⟨käse *m* ser pleśniowy; ⟨2n ⟨-le⟩ pleśnieć; ⟨pilze *m*/*pl.* pleśnie *f*/*pl.*

Schimmer *m* ⟨-s; 0⟩ (słaby) blask, (przyćmione) światło; *fig.* ⟨*Spur*⟩ ślad; iskierka; *s. blaß*; ⟨2n ⟨-re⟩ przeświecać ⟨słabo⟩ świecić; połyskiwać; migotać.

Schim'panse *m* ⟨-n⟩ szympans.

Schimpf *m* ⟨-es; 0⟩ hańba; *s. Schande*; ⟨2en *v*/*i* wygadywać, kląć; wymyślać, pomstować ⟨F *auf A*, über *A*/na *A*⟩; ⟨2lich haniebny; ⟨name *m* przezwisko; *a.* = ⟨wort *n* wyzwisko. [dach kryty gontem.)

Schindel *f* ⟨-; -n⟩ gont; ⟨dach *n*)

schind|en (*L.*) *fig.* męczyć, dręczyć; F *Eindruck*: starać się wywołać; *zu Tode* ⟨en ⟨za⟩męczyć ⟨*Pferd*: zajeździć⟩ *pf.* na śmierć; *sich* ⟨en zapracowywać się, P tyrać; ⟨e'rei F *f* mordęga.

Schindluder *n*: ~ *treiben* znęcać ⟨*od.* bestwić⟩ się ⟨*mit*/nad *I*⟩.

Schinken *m* szynka; F *fig.* tomisko, kobyła; (*Bild*) bohomaz; ~ *in Zssgn* szynkowy; **~brötchen** *n* kanapka z szynką.

Schippe *f* szufla, łopata; F *fig. j-n auf die* ~ *nehmen* brać ⟨wziąć⟩ na kawał; ♀n *s.* schaufeln.

Schirm *m* (*-es; -e*) *El., Rdf.* ekran; *Tech., fig.* osłona; *s.* Lampen-, Regenschirm *usw.*; **~bild·aufnahme** *f* zdjęcie fluorograficzne; **~gitter** *n* siatka ekranująca; **~herr** *m* protektor; **~herrschaft** *f* auspicje *f/pl.*, protektorat; **~mütze** *f* kaszkiet; **~ständer** *m* stojak na parasole.

Schisma ['ʃɪ-/'sçɪ-] *n* (*-s; -ta/-men*) schizma.

Schi|sport *m* sport narciarski; **~springen** *n* skoki *m/pl.* narciarskie.

schiß V *s.* scheißen.

Schiß V *m* (*-sses; -sse*) gówno; kupa gówna; *fig.* ~ *haben* trząść portkami, ⟨na⟩robić w portki (ze strachu).

Schi|stock *m* kijek narciarski; **~wachs** *n* smar do nart, klister.

schizo|phren schizofreniczny.

Schlacht *f* bitwa; e-e ~ *liefern od. schlagen* staczać ⟨stoczyć⟩ bitwę; ~ *in Zssgn* bitewny; (*Vieh usw.*) na rzeź, rzeźny; ♀en (*-e-*) bić, zarzynać, ⟨za⟩rznąć; **~enbummler** F *m* kibic, entuzjasta *m* (drużyny, klubu); **~er** *m* rzeźnik.

Schlächte|r *m* rzeźnik; *fig.* kat, oprawca *m*; **~rei** *f fig.* rzeź *f*, masakra.

Schlacht|feld *n* pole bitwy, pobojowisko; **~fest** *n* świniobicie; **~haus** *n*, **~hof** *m* rzeźnia; **~kreuzer** *m* krążownik liniowy; **~ordnung** *f* szyk bojowy; **~plan** *m* plan bitwy *od. fig.* działania; **~schiff** *n* okręt liniowy, pancernik; **~verbot** *n* zakaz uboju; **~vieh** *n* bydło rzeźne.

Schlacke *f* żużel, F szlaka; **~n~** żużlowy.

Schlaf *m* (*-es; 0*) sen; (*wie*) *im* ~ (*jak*) przez sen; *k-n* ~ *finden* nie móc zasnąć; *in den* ~ *singen* (*wiegen*) nucić (⟨u⟩kołysać) do snu; ~ *nachholen* dosypiać; F *das kann ich im* ~ umiem to jak pacierz; *ich denke nicht im* ~ *daran* ani mi się śni; **~abteil** *n* przedział sypialny; **~anzug** *m* pi(d)żama.

Schläfchen *n* (*-s; 0*) drzemka; *ein* ~ *machen* zdrzemnąć (*od.* przespać⟩.

Schlafcouch *f* wersalka; [się.

Schläfe *f* skroń *f*.

schlafen (L.) ⟨po⟩spać (*a.* F *mit j-m*); (*zu* ~ *pflegen*) sypiać; F *fig.* nie uważać.

Schlafen *n* (*-s; 0*) spanie, sen; **~gehen** *n* układanie się do snu; *vor dem* **~gehen** przed snem; **~s·zeit** *f* pora do spania.

Schläfer *m* śpiący *m*; *guter* ~ śpioch.

schlaff obwisły (-ło), luźny (-no); (*welk*) wiotki (-ko); *s.* matt.

Schlaf|gast *m* noclegowicz; **~gelegenheit** *f* miejsce do spania; **~krankheit** *f* śpiączka (afrykańska); **~lied** *n* kołysanka; ♀los bezsenny; **~losigkeit** *f* (0) bezsenność *f*; **~mittel** *n* środek nasenny; **~mohn** *m* mak lekarski; **~mütze** *f* F *fig.* śpioch; gapa, ciamajda; **~raum** *m* sypialnia.

schläfrig senny, śpiący; *fig.* ospały (-le); ♀keit *f* (0) senność *f*; ospałość *f*.

Schlaf|rock *m* szlafrok; **~sack** *m* śpiwór; **~stelle** *f* miejsce (*od.* kąt) do spania; **~sucht** *f* Med. somnolencja; **~trunk** *m* napój nasenny; ♀trunken zaspany, półsenny; **~wagen** *m* wagon sypialny; **~wandler(in** *f*) *m* lunaty|k (-czka); **~zimmer** *n* sypialnia.

Schlag *m* (*-es; "e*) uderzenie; (*Hieb a.*) raz, (*a. fig., Unglück*) cios; (*Autotür*) drzwiczki *f/pl.*; (*der Uhr*) bicie; (*d. Vögel*) śpiew; Agr. łan; (*Wesensart*) pokrój, typ; F porcja, chochla; *s. a. Zssgn:* Herz-, Huf-, Steinschlag *usw.*; **Schläge** *pl.* baty *m/pl.*, cięgi *f/pl.*; F ~ *acht* z uderzeniem godziny ósmej; F *fig. mit* e-m ~ naraz, nagle; ~ *auf* ~ szybko jeden po drugim, bez przerwy; *k-n* ~ *tun* palcem nie ruszyć; *auf* e-n ~ za jednym zamachem; *ein* ~ *ins Gesicht* policzek; *ein* ~ *ins Wasser* uderzenie w próżnię; **~abtausch** *m* wymiana ciosów; **~ader** *f* tętnica; **~anfall** *m* udar mózgu, apopleksja; ♀artig nagły (-le); momentalny; **~ball** (**-spiel** *n*) *m* palant, gra w palanta; **~baum** *m* bariera podnoszona, szlaban; **~bolzen** *m* iglica.

Schlägel *m* (po)bijak; Bgb. perlik.

schlagen (*L.*) *v/t i-n*; ⟨po⟩bić (*pf. a. Rekord, Feind; a. sich się; mit/z 1*; *um A/o A*), uderzać ⟨-rzyć⟩ (*in, auf A/w A*, po L; *mit/I*); *Sahne:* ubi(ja)ć; *Takt, Stunden, Loch:* wybi(ja)ć; *Bäume*: ścinać ⟨ściąć⟩; *Pauke*: bić (w *A*); *Kreis*: zakreślać ⟨-lić⟩; *Karte*: przebi(ja)ć; *Feuer*: ⟨wy⟩krzesać; *Brücke*: ⟨wy⟩budować, przerzucać ⟨-cić⟩; *Wunde*: zada(wa)ć; *Fänge*: zatapiać ⟨-topić⟩; *F kurz und klein ⁓* roztrzaskać; zdemolować; *vgl. a.* an-, aus-, ein-, *durchschlagen, geschlagen usw.*; *v/i* uderzać ⟨-rzyć⟩ (*a.* się; *mit/I*; *gegen, an, auf A/o A, po L*); (*Uhr*) bić, dzwonić; (*Herz, Puls*) bić, walić; *s. a.* Art, Flügel, Kapital, Lärm, *Sinn usw.*; *⁓d Beweis*: niezbity (-cie); *Vergleich*: trafny; *s.* Wetter.

Schlager *m* przebój, szlagier.

Schläge|**r** *m Pers.* zabijaka *m*, awanturnik; *Pol.* pałkarz, bojówkarz; *s. a.* Schlägel, Golfschläger *usw.*; *⁓'rei f* bijatyka, bójka.

Schlager|**festival** *n* festiwal piosenki; **⁓melodie** *f* melodia przebojowa; **⁓sänger(in** *f)* *m* piosenka|rz (-rka).

schlag|**fertig** *Pers.* dowcipny; *Antwort a.*: błyskotliwy (-wie), cięty (-to); **2festigkeit** *f* wytrzymałość udarnościowa; **2holz** *n Sp.* palant; **2instrument** *n* instrument perkusyjny; *s. Schlagzeug*; **2kraft** *f* (*0*) *Sp.* siła ciosu; *Mil.* siła bojowa; *fig. s. Beweiskraft;* **2licht** *n* (*-es; -er*) smuga (*od.* snop) światła; (*Malerei*) blik, światło; **2loch** *n* wyboj; **2mann** *m* (*-es; ⁓er*) *Sp.* szlakowy *m*; **2ring** *m* kastet; **2sahne** *f* śmietanka bita, krem; **2seite** *f* przechył; *fig.* **2seite haben** być pod gazem; **2stock** *m* pałka (gumowa); **2werk** *n* (*Uhr*) mechanizm bijący; **2wetterexplosion** *f* wybuch gazów kopalnianych; **2wort** *n* (*-es; ⁓er/-e*) hasło; slogan; **2zahl** *f Sp.* tempo; **2zeile** *f* (tłusty) nagłówek, tytuł; **2zeug** *n* perkusja; **2zeuger** *m* perkusista *m*.

Schlaks F *m* (*-es; -e*) dryblas; **2ig** wybujały.

Schla'massel F *m* (*-s; 0*): *da haben wir den ⁓!* wleźliśmy w kaszę!

Schlamm *m* (*-es; -e*) szlam, muł; (*Dreck*) błoto; roztopy *m/pl.*

schlämmen pławić, szlamować.

schlammig mulisty (-to).

Schlämmkreide *f* kreda pławiona.

Schlampe|**e** *f verä.* flądra, flejtuch; **⁓e'rei** *f* niechlujstwo, partactwo; bałagan; **2ig** niechlujny; *Arbeit a.*: niedbały (-le), fuszerski (po -ku).

schlang *s.* schlingen.

Schlange *f* wąż, (*a. fig.*) żmija; *Tech.* wężownica; F *fig.* kolejka, ogonek; *⁓ stehen* stać w ogonku.

schlängeln (*-le*): *sich ⁓* wić się; *fig. a.* prześlizgiwać ⟨-znąć⟩ się jak wąż.

schlangen|**artig** wężowaty (-to), jak wąż; **2beschwörer** *m* zaklinacz wężów; **2biß** *m* ukąszenie węża *od.* żmii; **2gift** *n* jad węża/żmii; **2linie** *f* linia wężykowata, wężyk; **2sterne** *m/pl. Zo.* wężowidła *n/pl.*

schlank (wy)smukły; **2heit** *f* (*0*) (wy)smukłość *f*; **2heitskur** *f* kuracja odchudzająca.

schlankweg F bez ogródek.

schlapp *s. schlaff*; (*schwach*) osłabiony; **2e** *f* fiasko, F klapa; **⁓machen** F ⟨s⟩puchnąć; **2schwanz** F *m* słabeusz; niedołęga *m*; (*Angsthase*) strachajło *m*.

Schla'raffenland *n* (*-es; 0*) kraina pieczonych gołąbków.

schlau chytry (-rze), szczwany; **2berger** F *m* filut; *s. Schlaukopf.*

Schlauch *m* (*-es; ⁓e*) wąż (gumowy); *Kfz.* dętka; **⁓boot** *n* łódź pneumatyczna; **2en** F *v/t fig.* ⟨z⟩mordować; **2los** bezdętkowy.

Schläue *f* (*0*) chytrość *f*.

Schlaufe *f* pętla.

Schlau|**heit** *f* (*0*) *s. Schläue;* **⁓kopf** *m*, **⁓meier** F *m* chytra sztuka, cwaniak, spryciarz.

Schla'winer F *m* chytrus; *s. Schlauberger.*

schlecht zły (źle), F lichy (-cho), kiepski (-ko); *Wetter a.*: brzydki; (*verdorben*) zepsuty; *⁓ werden Kochk., Meteo.* ⟨ze⟩psuć się; *mir wird ⁓* robi mi się niedobrze *od.* słabo; *⁓ und recht* jako tak⁓; z trudem; *nicht ⁓!* nienajgorzej!; *⁓er Komp.* gorszy, *Adv.* gorzej.

schlechterdings po prostu, zgoła.

schlecht|**gehen** źle (*od.* marnie) powodzić się (*D*); *'⁓hin* w ogóle, całkowicie; zgoła; **⁓gelaunt** źle usposobiony, w złym humorze; **2igkeit** *f* (*0*) zły stan *od.* gatunek; (*a. pl.*) podłość *f*; **⁓machen** obmawiać ⟨-mówić⟩, obgad⟨yw⟩ać; **⁓weg** po prostu.

Schlecht'wetter|**gebiet** *n* obszar niżu; **⁓periode** *f* okres niepogody, słoty *f/pl.* (jesienne).

schleck|**en** *s. lecken, naschen;* **2ermaul** F *n* łakomczuch, łasuch.

Schlegel m pałeczka; s. Schlägel, Keule.

Schleh|dorn m, **~e** f (śliwa) tarnina.

Schlei m (-s; -e) lin.

schleich|en (L; sn) wlec się (a. Zeit); (an A, a. sich) podkradać ⟨-raść⟩ się (do G); (in, auf A) w-, za|kradać ⟨-raść⟩ się (do G, na A); (aus D) wymykać ⟨-mknąć⟩ się, wyślizgiwać ⟨-znąć⟩ się (z G); (durch A) przekradać ⟨-raść⟩ się (przez A); (um A) krążyć, łazić (koło, wokół G); **~end** pełzający (a. Fin.); Med. postępujący (i) przewlekły; **2handel** m handel pokątny; **2weg** m mało znana droga; fig. auf 2wegen krętymi drogami; **2werbung** f ukryta reklama.

Schleie f lin.

Schleier m welon; woalka; Fot. zadymienie; fig. osłona; **~eule** f sowa płomykówka; **2haft** zagadkowy (-wo); **~tanz** m taniec z welonami.

Schleif|e f pętla (a. Tech. u. fig.), pętelka; (Band2) kokarda; (am Kranz) szarfa; 2en (L.) v/t Messer: ⟨na⟩ostrzyć; Glas: ⟨o⟩szlifować; Festung: zburzyć pf.; s. schleppen; v/i wlec (od. ciągnąć) się (am, auf dem Boden po ziemi); Tech. ślizgać się; **~en** n (-s; 0) ostrzenie; szlifowanie; **~er** m szlifierz; **~e'rei** f szlifiernia; (szlifowanie); **~kontakt** m styk ślizgowy; **~maschine** f szlifierka; ostrzałka; **~mittel** n materiał ścierny, ścierniwo; **~scheibe** f ściernica, tarcza ścierna; **~stein** m osełka; (Scheibe) toczak szlifierski.

Schleim m (-es; -e) śluz; Anat. a. maź f; Med. a. flegma; (Hafer2) kleik; **~beutel** m kaletka maziowa; **~haut** f błona śluzowa, śluzówka; 2ig śluzowaty (-to); Med. a. flegmisty; F fig. obleśny; vgl. schlüpfrig; 2lösend wykrztuśny; **~scheißer** V m wazeliniarz.

schleißen (L.) Federn: drzeć.

schlemm|en ucztować; objadać się; 2er m birbant, sybaryta m.

schlend|ern (-re; sn) ⟨po⟩spacerować, przejść się pf.; 2rian F m (-s; 0) (utarty) zwyczaj, tryb.

schlenkern (-re) wymachiwać; F dyndać (v/t od. mit/I).

Schlepp m: in ~ nehmen brać ⟨wziąć⟩ na hol; **~e** f tren; JSpr. sztuczny trop; 2en v/t ⟨za-, do-⟩ wlec, włóczyć, ciągnąć ⟨za sobą⟩;

(tragen) dźwigać, P taszczyć; Fahrzeug: holować; sich 2en wlec (od. ciągnąć) się; vgl. a. ab-, einschleppen usw.; 2end powolny; przewlekły (-le); **~er** m ciągnik; Mar. holownik; Bgb. ciskacz; fig. naganiacz; **~kahn** m barka (bez własnego napędu), berlinka; **~netz** n włok; **~seil** n, **~tau** n lina holownicza, hol; F fig. ins ~tau nehmen podciągnąć ⟨-gnąć⟩; **~zug** m pociąg holowniczy.

schlesisch śląski.

Schleuder f (-; -n) proca; (Honig2) wirówka; **~gefahr** f niebezpieczeństwo śliskiej jezdni; **~honig** m miód odwirowany; **~kraft** f siła odśrodkowa; 2n (-re) v/t rzucać ⟨-cić⟩, ciskać ⟨-snąć⟩ (A, I); Honig: odwirow(yw)ać; v/i zarzucać; wpadać ⟨wpaść⟩ (gegen A/na A); ins ~n geraten wpadać ⟨wpaść⟩ w poślizg; **~preis** m cena zaniżona; zu ~preisen za bezcen; **~sitz** m fotel wyrzucany od. katapultowy; **~start** m start za pomocą katapulty; (prędzej.)

schleunigst jak najspieszniej, czym

Schleuse f śluza; 2n śluzować; fig. przemycać ⟨-cić⟩ (durch/przez A).

Schleusen|kammer f komora śluzy; **~tor** n wrota pl. śluzy.

schlich s. schleichen.

Schliche F m/pl. sztuczki f/pl., kruczki m/pl.; j-m auf die ~ kommen poznać się (na L), przejrzeć kruczki (G).

schlicht skromny, niewyszukany, **~en** (-e-) Streit: ⟨za⟩łagodzić; Tech. gładzić, wygładzać ⟨-dzić⟩; **2feile** f pilnik gładzik; **2heit** f (0) prostota, skromność f; **2hobel** m strug gładzik od. wygładnik; **2ungsverfahren** n postępowanie rozjemcze od. arbitrażowe.

Schlick m (-es; -e) ił gliniasty; na-**2schlief(en)** s. schlafen. [muł ilasty.]

Schliere f smuga, szlira.

Schließ|e f s. Schnalle; 2en (L.) zamykać ⟨-mknąć⟩ (v/i u. sich się); Ehe, Freundschaft, Frieden: zawierać ⟨-wrzeć⟩; (beenden) ⟨s-, za-⟩ kończyć (v/i się; mit/I); in sich 2en zawierać w sobie; s. a. ab-, an-, einschließen; v/i (Schlüssel) pasować; fig. ⟨wy⟩wnioskować (aus/z G); von sich auf andere 2en sądzić innych po sobie; sich 2en (Wunde) zasklepi(a)ć się; **~fach** n skrytka (pocztowa, w banku); **2lich** Adv.

w końcu, wreszcie; **~muskel** *m* zwieracz; **~ung** *f* zamknięcie.

schliff *s. schleifen.*

Schliff *m (-es; -e)* szlif; *Tech. a.* zgład; *fig.* ogłada, polor; *(im Brot)* zakalec.

schlimm zły (źle), F kiepski (-ko); *s. böse, übel, ungezogen, ernst;* F *(wund)* skaleczony, chory; *nicht so ~* nie tak źle; *~ genug* dość źle; *das* ~ste najgorsze *n; im ~sten Fall =* **~stenfalls** w najgorszym razie *od.* wypadku.

Schling|e *f* pętla; *JSpr. a.* wnyk, sidła *n/pl.; (Arm2)* temblak; *~en legen* zastawi(a)ć sidła; *fig. den Kopf aus der ~ ziehen* wypląt(y-w)ać się z matni; **~el** *m* gagatek, urwis, łobuz(iak); 2en[1] *(L.)* owijać ⟨-inąć⟩ *(sich się; um A/dookoła G); Arme:* zarzucać ⟨-cić⟩ *(um den Hals* na szyję); 2en[2] *(L.)* ⟨po⟩łykać (łapczywie); 2ern *(-re)* przechylać *(od.* kołysać) się; **~natter** *f* gniewosz (plamisty); **~pflanze** *f* pnącz.

Schlips *m (-es; -e)* krawat.

schliß *s. schleißen.*

Schlitten *m* sanie *pl.,* sanki *pl.; Tech. a.* suwak; suport; **~bahn** *f s. Rodelbahn; (schneeglatter Weg)* sanna; **~fahrt** *f* sanna, kulig.

Schlitter|bahn *f* ślizgawka; 2n *(-re; a. sn)* ślizgać się.

Schlittschuh *m* łyżwa; *~ laufen* jeździć na łyżwach; **~laufen** *n* jazda/łyżwiarstwo; **~läufer(in** *f) m* łyżwia|rz (-rka).

Schlitz *m (-es; -e)* szczelina; *(Brief2)* otwór; *(Schraubenkopf2)* rowek; *(Hosen2)* rozporek; **~augen** *n/pl.* skośne oczy; 2äugig skośnooki; 2en *(-zt)* na-, roz|cinać ⟨-ciąć⟩ wzdłuż; *s. aufschlitzen, -schneiden;* **~ohr** F *n* cwaniak.

schlohweiß *(0)* biały jak śnieg.

Schloß *n (-sses; ¨sser)* zamek; *Arch. a.* pałac; *s. Riegel; ~- in Zssgn mst* zamkowy.

Schlößchen *n* zameczek, pałacyk.

Schlos|ser *m* ślusarz; **~se rei** *f* warsztat ślusarski, ślusarnia; *a. =* **~serhandwerk** *n* ślusarstwo.

Schloß|hof *m* dziedziniec zamkowy; **~ruine** *f* ruiny *f/pl.* zamku.

Schlot *[ʃlo:t] m (-es; -e)* komin.

schlottern *(-re)* trząść się, dygotać *(vor/z G);* F *(Anzug)* wisieć *(ihm um den Leib* na nim jak na kołku).

Schlucht *f* wąwóz, jar.

schluchzen *(-zt)* łkać, szlochać.

Schluck *m (-es; -e)* łyk; *fig.* odrobina, trochę; *in e-m ~* jednym haustem; *bis auf den letzten ~ do* dna; **~auf** F *m (-s; 0) s. Schlucken[2]*; 2en ⟨po-, prze⟩łykać ⟨po-, prze|łknąć⟩; *s. verschlingen, trinken;* **~en[1]** *n (-s; 0)* ⟨po⟩łykanie; **~en[2]** *m* czkawka; **~er** *m: armer ~er* biedak, nieborak; **~impfung** *f* szczepienie doustne; 2weise łykami, łyk po łyku.

Schluder|arbeit *f* partanina, fuszerka; 2n *(-re)* partolić, knocić; **~wirtschaft** *f* niegospodarność *f,* F bałaganiarstwo.

schlug(en) *s. schlagen.*

Schlummer *m (-s; 0)* drzemka; 2n *(-re)* drzemać *(a. fig.).*

Schlund *m (-es; ¨e)* gardziel *f; Tier a.* paszcza; *fig. a.* otchłań *f.*

Schlupf *m (-es; -e) Tech.* poślizg.

schlüpf|en *(sn) (aus/z G)* wy-, *(in A/do G)* w-, *(durch, über A/przez A)* prze|śligiwać ⟨-śliznąć⟩ się; wymykać ⟨-mknąć⟩ się *(aus/z G);* czmychać ⟨-chnąć⟩ *(in A/do G); (Küken)* wyklu(wa)ć się; F wkładać ⟨włożyć⟩ *(in den Mantel* płaszcz); 2er *m* majt(ecz)ki *pl.,* figi *f/pl.*

Schlupfloch *n* dziur(k)a, nor(k)a; *s. Schlupfwinkel.*

schlüpfrig śliski (-ko), ośligzły (-le); *fig.* sprośny, dwuznaczny.

Schlupf|wespen *f/pl.* gąsieniczniki *m/pl.;* **~winkel** *m* kryjówka, ukrycie.

schlurfen *(a. sn)* ⟨po⟩człapać ⟨po⟩ włóczyć nogami.

schlürfen popijać *(laut)* siorbać.

Schluß *m (-sses; ¨sse)* koniec, zakończenie; *fig. a.* kres; *s. Kurzschluß, Schlußfolgerung; ~ für heute!* na dziś dość!; *bis zum ~ do* końca, do ostatka; *~ machen (mit)* skończyć *(A, z I);* zaprzesta(wa)ć *(G); (mit j-m)* rozchodzić ⟨-zejść⟩ się *(z I),* porzucać ⟨-cić⟩ *(A); (mit sich)* odebrać sobie życie; *~- in Zssgn* końcowy; *vgl. End-;* **~akt** *m* ostatni *(od.* końcowy) akt; *fig.* finał.

Schlüssel *m* klucz; **~bart** *m* bródka klucza; **~bein** *n* obojczyk; **~blume** *f* pierwiosnek; **~bund** *m* pęk kluczy; 2fertig wykończony, pod klucz; **~industrie** *f* przemysł kluczowy; **~loch** *n* dziurka od klucza; **~ring** *m* kółko na klucze; **~roman** *m* powieß *f* z kluczem; **~stellung** *f* pozycja kluczowa.

Schluß|folgerung *f* ostateczny wniosek, konkluzja; **~formel** *f* formułka końcowa (listu).

schlüssig logiczny; przekonywający; *sich* (*D*) **~ sein** (*über A*) zdecydować się (na *A*).

Schluß|leuchte *f*, **~licht** *n* światło tylne; *F das ~licht machen* wlec się na szarym końcu; **~pfiff** *m* gwizdek końcowy; **~punkt** *m fig.* kropka; zakończenie; **~runde** *f* ostatnia runda; finał; *Mus.* finał; **~satz** *m* ostatnie zdanie; *Mus.* finał; **~stein** *m Arch.* zwornik; **~strich** *m*: e-n **~strich** ziehen/F machen kłaść ‹położyć› kres (*unter A/D*); **~verkauf** *m* wyprzedaż *f*; **~wort** *n* końcowe przemówienie.

Schmach *f* (0) *lit.* hańba; zniewaga; **₂ten** (-*e*-) cierpieć; (*im Kerker*) gnić (w *L*); (*nach*) łaknąć (*G*); tęsknić (za *I*); **₂tend** ckliwy (-wie).

schmächtig szczupły (-le).

schmachvoll haniebny.

schmackhaft smaczny, smakowity (-cie); *F ~ machen* przedstawi(a)ć pociągająco.

schmäh|en *lit.* uwłaczać, ubliżać (*A/D*); **~lich** haniebny; **₂ruf** *m* urągliwy (*od.* obelżywy) okrzyk; **₂schrift** *f* paszkwil; **₂ung** *f* urąganie; *konkr.* obelga.

schmal (-*es*-) wąski (-ko); *s. dünn, mager, knapp.*

schmälern (-*re*) *Anteil*: uszczuplać ‹-lić›; *Rechte*: ograniczać ‹-czyć›.

Schmal|film *m* film wąskotaśmowy; **~filmkamera** *f* kamera wąskotaśmowa; **₂schultrig** szczupły w ramionach; **~spur** *f* tor wąski; **~spurbahn** *f* kolej(ka) wąskotorowa.

Schmalz *n* (-*es*; 0) smalec; *F fig.* ckliwość *f*; **₂ig** *F* ckliwy (-wie); *s.* ölig; **~topf** *m* (kamionkowy) garnek na smalec *od.* ze smalcem.

schma'rotz|en (-*zt*; -) pasożytować; **₂er** *m* pasożyt; **₂er-** pasożytniczy.

Schmarren *m F fig.* chała.

Schmatz *F m* (-*es*; -*e*) cmoknięcie; (*głośny*) buziak; e-n **~ geben** cmoknąć (*auf A/w A*); **₂en** Γ (=*zt*) mlau kać; cmokać; cmoktać.

schmauchen F ćmić, kurzyć.

Schmaus *m* (-*es*; "*e*) uczta; **₂en** ucztować.

schmecken *v/i* smakować (*a. fig.*; *j-m/D*); *nach, wie/jak*; *~ nach a.* trącić (*I*); *süß ~* mieć słodki (po-) smak; *gut ~ a.* być smacznym; *F es schmeckt nach nichts* to jest bez smaku; *laß es dir ~!* smacznego!; *v/t* skosztować (*A, G*); mieć w ustach smak (*G*); *fig.* skosztować *pf.* (*G*); *s. a. kosten*; *F das schmeckt mir nicht* to mi nie w smak.

Schmeich|e'lei *f* pochlebstwo; komplement; **₂elhaft** pochlebny; **₂eln** (-*le*) po-, s|chlebi(a)ć (*j-m/D*); (*liebedienern*) przypochlebi(a)ć się (*D*); *ich fühle mich geschmeichelt* pochlebia mi; **~ler(in** *f*) *m* pochleb|ca *m* (-czyni); **₂lerisch** przypochlebny.

schmeiß|en *F* (*L.*) *v/t* ciskać ‹-snąć› (*A, I*); *P* szmyrgać ‹-gnąć› (*A*); *Runde*: stawiać ‹postawić›, (*za-*) fundować; *Sache*: załatwić *pf.*; *vgl.* (*hin*)*aus-, ein-, um-, wegwerfen*; **~fliege** *f* (*mucha*) plujka.

Schmelz *m* (-*es*; -*e*) szkliwo (*a. Zahn₂*); (*Wohlklang*) słodycz *f*; (*Weichheit*) łagodność *f*.

schmelz|bar topliwy; **₂e** *f* topienie; *Tech.* wytop; roztopiona masa; ciekły metal; **~en** (*L.*) *v/i* (*sn*) ‹roz-, s›topić się, (*a. fig.*), ‹s›topnieć; *v/t* (*a. -zt*) roz-, *mst Tech.* wy|tapiać ‹-topić›; **₂er** *m* wytapiacz; **₂käse** *m* ser topiony; **₂ofen** *m* piec do topienia *od.* wytapiania; **₂punkt** *m* temperatura (*od.* punkt) topnienia; **₂sicherung** *f* bezpiecznik topikowy, *F* topik; **₂tiegel** *m* tygiel do topienia; **₂wasser** *n* woda śniegowa; wody *f/pl.* wiosenne.

Schmerbauch *m* brzucho *Pers.* brzuchacz.

Schmerz *m* (-*es*; -*en*) ból; *fig. a.* boleść *f*; *unter ~en* znosząc ból; *vor ~en* z bólu; **₂en** (-*zt*) boleć; *mir/ mich* **₂t der Kopf** boli mnie głowa; *es* **₂t** *mich, daß ...* serce mnie boli, że ...; **₂end** bolący, obolały.

Schmerzens|geld *n* nawiązka za (wyrządzoną) krzywdę; **~schrei** *m* okrzyk bólu.

schmerz|frei: **~frei sein** nie odczuwać bólu; **~haft, ~lich** bolesny (*śnie*); **~lindernd** uśmierzający ból; **~los** bezbolesny (-śnie); **~stillend** przeciwbólowy (-wo); *s. schmerzlindernd*; **~voll** bolesny (-śnie); bolejący.

Schmetter|ball *m* smecz; **~ling** *m* motyl.

Schmetterlings|blütler *m/pl.* motylkowate *pl.*; **~stil** *m* styl motylkowy, F motylek.

schmettern F (-*re*) *v/t* grzmocić ⟨-otnąć⟩, trzaskać ⟨-snąć⟩ (*A, I*; *an*, *gegen A/o A*); *Sp.* ścinać ⟨ściąć⟩; (*a. v/i*) *Lied*: wyśpiewywać; (*Kapelle*) grać z werwą, ciąć.

Schmied *m* (-*es*; -*e*) kowal; **~bar** kowalny, kujny.

Schmiede *f* kuźnia; **~arbeit** *f* wyrób kuty; *pl. a.* roboty *f/pl.* kowalskie; **~eisen** *n* żelazo kute; **~hammer** *m* młot kowalski; (*Maschine*) kowarka; **~handwerk** *n* kowalstwo; **~n** (-*e*-) kuć, od-, wy|ku(wa)ć; *Pläne*: snuć; *s. Ränke*; **~presse** *f* prasa kuźnicza, *eng* S. kuźniarka; **~stück** *n* odkuwka.

schmieg|en *s. anschmiegen*; **~sam** miękki; elastyczny; *Körper*: gibki.

Schmier|e *f* maź *f* (*a. Anat., fig.*); smar; *Thea.* szmira; F **~e stehen** być czujką, stać na czatach; **≬en** (po-, wy)smarować (*mit/I*); F *fig.* (na-)bazgrać; (*bestechen*) da(wa)ć w łapę (*A/D*); *wie geschmiert jak po maśle*; **~er** *m* bazgracz; **~e'rei** *f* bazgranina, bazgroły *pl.*; wypociny *f/pl.*; **~fett** *n* smar stały; **~fink** *m* brudas(ka), smoluch; (*Schmähschriftautor*) paszkwilant; *s. a. Schmierer*; **~geld** *f* n łapówka; **~heft** *n* brulion; **≬ig** maziowaty; zatłuszczony, usmolony; *s. ölig*; F *fig. Pers.* fałszywy, lizusowski; **~mittel** *n* smar; **~öl** *n* olej smarowy; **~seife** *f* mydło szare; **~ung** *f* smarowanie.

Schmink|e *f* szminka; **≬en** ⟨u⟩szminkować (*sich*); *Thea.* ⟨u⟩charakteryzować.

Schmirgel *m* (-*s*; *0*) szmergiel; **~papier** *n* papier (ścierny) szmer-/
schmiß *s. schmeißen.* [glowy.]

Schmiß *m* (-*sses*; -*sse*) szrama, blizna; F (*0*) werwa.

schmis|sen *s. schmeißen*; **~sig** *Musik, Tanz*: skoczny, siarczysty ⟨-ście⟩.

Schmöker F *m* powieścidło; zaczytana książka; **≬n** (-*re*) zaczytywać się (*in D/w L*).

schmollen dąsać się (*mit/na A*).

schmolz(en) *s. schmelzen.*

Schmor|braten *m* pieczeń duszona; **≬en** *v/t Kochk.* ⟨u⟩dusić; *v/i* F *fig.* siedzieć, tkwić; prażyć się (*in*

der Sonne na słońcu); *im eigenen Saft* ≬en smażyć się we własnym sosie; F ≬en *lassen* marynować; **~fleisch** *n* zrazowa; **~topf** *m* rondel.

Schmu F *m* (-*s*; *0*) machlojka.

schmuck ładny; hoży (-żo).

Schmuck *m* (-*es*; *0*) ozdoba; (*Juwelen*) biżuteria.

schmücken (*mit*) (przy)ozdabiać ⟨(przy)ozdobić⟩, ub(ie)rać (*I*); *sich* **~** (przy)stroić się (*w A*).

Schmuck|kästchen *n* szkatułka na biżuterię; F *fig.* cacko; **~los** nieozdobny, *präd. a.* bez ozdób; **~sachen** *f/pl. s. Schmuck*; **~stück** *n* klejnot (*a. fig.*).

schmudd(e)lig F przybrudzony, brudny; *Pers. a.* niechlujny.

Schmuggel *m* (-*s*; *0*) przemyt, F szmugiel; **≬n** (-*le*) przemycać ⟨-cić⟩, F ⟨prze⟩szmuglować; **~ware** *f* towar przemytu, kontrabanda.

Schmuggler *m* przemytnik.

schmunzeln (-*le*) uśmiechać się; ≬ *n* uśmieszek.

schmusen F pieścić się, całować się.

Schmutz *m* (-*es*; *0*) brud(y *pl. fig.*); *in den* **~** *ziehen* zmieszać z błotem; ≬en (-*zt*) brudzić się; **~fink** *m* brudas, morus; **~fleck** *m* (brudna) plama; ≬ig brudny; *fig. a.* nieczysty; (*obszön a.*) plugawy (-wo); ≬ig *machen* (po-, za)brudzić; **~literatur** *f* literatura pornograficzna; **~titel** *m* przedtytuł; **~wäsche** *f* brudna bielizna; **~wasser** *n* pomyje *pl.*; ścieki *m/pl.*

Schnabel *m* (-*s*; **¨**) dziób; F (*Mund*) gęba; (*Tülle*) dziobek; *halt den* **~**! zamknij buzię!; **≬förmig** w kształcie dzioba; **~tasse** *f* pojnik; **~tier** *n* *Zo.* dziobak.

Schnake *f Zo.* komarnica, koziółka; *dial. a.* komar. [*schnallen.*]

Schnalle *f* sprzączka; ≬n *s. ab-, an-/*

schnalzen (-*zt*) smokać ⟨-knąć⟩; (*mit den Fingern*) pstrykać ⟨-knąć⟩.

schnappen F ⟨z⟩łapać, chwytać ⟨-pnąć⟩, capnąć *pf.* (*a. sich* [*D*] *u. v/i*; *nach/A*); *frische Luft* – zaczerpnąć świeżego powietrza; *v/i* (*beißen wollen*) kłapać ⟨-pnąć⟩ zębami *od.* dziobem, chcieć ugryźć (*od.* uszczypnąć, dziobnąć) (*nach/A*); *(a. sn) ins Schloß* – zatrzasnąć się.

Schnäpper *m Zo.* mucholówka.

Schnapp|schloß *n* zamek zatrzaskowy, F zatrzask; **~schuß** F *m* przypadkowe (*od.* nieoczekiwane) zdjęcie; *fig. pl.* migawki f/pl.

Schnaps F *m* (-es; ⁺e) wódka; kieliszek (wódki); **~bruder** F *m* moczymorda *m*; **~glas** *n* kieliszek do wódki; **~idee** F f wariacki pomysł, szus; **~nase** F f pijacki nos.

schnarch|en chrapać; 2en *n* (-s; 0) chrapanie.

Schnarr|e f grzechotka; 2en terkotać; grzechotać; 2end *Stimme:* zgrzytliwy (-wie).

schnattern (-re) (*Ente*) kwakać; (*Gans*) gęgotać, gęgać; F *fig.* trajkotać.

schnauben parskać ⟨-knąć⟩, prychać ⟨-chnąć⟩; *sich ~, sich* (*D*) *die Nase ~* wysiąkać nos; *vor Wut ~* sapać ze złości.

schnaufen sapać ⟨-pnąć⟩.

Schnauz|e f pysk, morda (*a.* P *fig.*); V *halt die ~e!* stul gębę!; **~er** *m* Zo. sznaucer; F sumiasty wąs.

Schnecke f ślimak (*a. Tech.*); P *j-n zur ~ machen* (niemiłosiernie) ⟨z-⟩ besztać.

Schnecken|förderer *m* przenośnik ślimakowy; **~gehäuse** *n*, **~haus** *n* skorupa ślimaka; **~rad** *n* ślimacznica; **~tempo** f w żółwie tempo.

Schnee *m* (-s; 0) śnieg; F *fig.* kokaina; **~ball** *m* śnieżka; (*Bot.* kalina, buldeneż) **~ballschlacht** f zabawa w śnieżki; **~bedeckt** ośnieżony; **~besen** *m* Kochk. trzepaczka; 2blind oślepiony blaskiem śniegu; **~decke** f pokrywa śnieżna; **~fall** *m* opad śniegu *od.* śnieżny; **~flocke** f płatek śniegu, śnieżynka; 2frei bezśnieżny; **~gestöber** *n* zadymka (śnieżna), śnieżyca; **~glätte** f gołoledź f, ślizgawica; **~glöckchen** *n* śnieżyczka, przebiśnieg; **~grenze** f linia śniegowa, granica śniegów; **~huhn** *n* pardwa; **~kappe** f czapa śnieżna; **~ketten** f/pl. łańcuchy *m/pl.* przeciwślizgowe; **~landschaft** f zaśnieżony krajobraz; **~mann** *m* śnieżny bałwan; **~pflug** *m* pług odśnieżny; *Sp.* pług; **~räumung** f odśnieżanie; 2reich śnieżny; **~schläger** *m s.* Schneebesen; **~schmelze** f topnienie śniegu; roztopy *m/pl.*; **~sturm** *m* burza śnieżna, zamieć f; **~treiben** *n s.* Schneegestöber; **~verwehung** f zaspa śnieżna *od.* śniegu; **~wasser** *n* woda śnieżna; woda ze śniegiem; 2weiß (0) śnieżnobiały

(-ło); **~wittchen** *n* Królewna Śnieżka; **~zaun** *m* płotek odśnieżny.

Schneid F *m* (-es; 0) odwaga; tupet.

Schneid|bohrer *m* gwintownik; **~brenner** *m* palnik do cięcia, przecinak gazowy; **~e** f ostrze (*a. fig.*); 2en (*L.*) *v/t* ⟨po⟩ciąć, ⟨po⟩krajać, ⟨po⟩strzyc; *Nägel:* ob-, przycinać ⟨-ciąć⟩; *Haare, Rasen:* ⟨po⟩kroić, ⟨po⟩rżnąć; *Nägel:* ob-, przycinać ⟨-ciąć⟩; (*verletzen*) zacinać ⟨-iąć⟩, ⟨s⟩kaleczyć (*sich się*); *Getreide, Gras:* ⟨z⟩żąć, ⟨s⟩kosić; *Ball, Kurve:* ścinać ⟨-iąć⟩; (*in Stein, Metall usw.*) ⟨wy⟩ryć (w I), (*a. aus Holz usw.*) wycinać ⟨-iąć⟩ (w I, z G); *fig.* (*j-n*) ⟨z⟩ignorować (*kreuzen*) przecinać ⟨-iąć⟩ (*sich się*); *s. ab-, ausschneiden, Grimasse usw.*; *v/i* (*Wind usw.*) ciąć, zacinać (*Riemen usw.*) wpi(ja)ć się, wrzynać ⟨wrżnąć⟩ się; *s. a. geschnitten, Gesicht;* 2end tnący; *fig.* ostry (-ro), przejmujący (-co); **~er** *m* krawiec; *Tech.* krajarka; **~e'rei** f (0) krawiectwo; (*a. pl.; Betrieb*) zakład krawiecki.

Schneider|in f kraw|czyni, -cowa; **~kreide** f mydełko krawieckie; **~meister** *m* mistrz krawiecki; 2n (-re) trudnić się krawiectwem; ⟨u⟩szyć (*sich* [*D*] sobie); **~puppe** f manekin; **~sitz** *m: im ~sitz* po turecku.

Schneide|werkzeug *n* narzędzie tnące; **~zahn** *m* siekacz.

schneid|ig F śmiały (-ło); dziarski (-ko); (*flott*) elegancki (-ko); 2**kluppe** f gwintownica; 2**stahl** *m* nóż. {śnieg.}

schnei|en: *es ~t* pada (*od.* prószy)}

Schneise f przesieka, dukt.

schnell szybki (-ko), prędki (-ko); *so ~ wie möglich co* (*od.* czym) prędzej; 2*- in Zssgn Esb.* pospieszny; *Tech. a.* szybkotnący.

Schnell|bahn f szybka kolej miejska; **~boot** *n* ścigacz; **~dienst** F *m* ekspres; **~e** f (0) *s.* Schnelligkeit; F *auf die ~e* na chybcika; 2en *v/i* (*sn*) *s. emporschnellen;* **~feuer-** *Mil.* szybkostrzelny; 2**füßig** szybkonogi; **~gaststätte** f *s.* Schnellimbiß; **~gericht** *n* Jur. sąd doraźny; *Kochk.* szybkie danie; **~hefter** *m* skoroszyt.

Schnelligkeit f (0) szybkość f, prędkość f; **~s-** ... szybkości.

Schnell|imbiß m bufet (od. bar, kontuar) szybkiej obsługi; **~kochtopf** m szybkowar; **~reinigung** f czyszczenie ekspresowe; ⚬stens jak najszybciej; czym prędzej; **~straße** f droga (od. ulica) szybkiego ruchu; **~triebwagen** m F torpeda; **~verband** m Med. (gotowy) opatrunek przylepcowy; **~verfahren** n Jur. tryb doraźny; Tech. metoda szybkościowa; **~verkehr** m ruch szybki od. pospieszny; **~waage** f waga uchylna od. bezodważnikowa; **~zug** m pociąg pospieszny; **~zugzuschlag** m dopłata na pociąg pospieszny.

Schnepfe f bekas; engS. a. słonka, kszyk; fig. verä. ścierka.

schneuzen (-zt): sich (D) die Nase ~ wycierać (wytrzeć) (od. wysiąkać ⟨-knąć⟩) (sobie) nos.

Schnipp|chen F n: j-m ein ~chen schlagen spłatać figla (D); ⚬en przytykać ⟨-knąć⟩ (mit/I); ⚬isch opryskliwy (-wie).

Schnipsel F m od. n skrawek, ścinek; ⚬n (-le) ⟨po⟩kr|ajać ⟨-oić⟩ drobno od. na kawałeczki.

schnitt s. schneiden.

Schnitt m (-es; -e) cięcie; (Quer⚬) przekrój; (Öffnung) na-, roz-, wy|cięcie; (Zu⚬) krój; fason; (Vorlage) wykrój; (Werkzeug) wykrojnik; (Getreide⚬) żęcie; Typ. brzeg (książki); (Film⚬) montaż (taśmy); F im ~ średnio, przeciętnie; s. Schnittfläche; **~blumen** f/pl. kwiaty m/pl. cięte; **~bohnen** f/pl. fasol(k)a szparagowa; **~e** f kromka, skibka; **~er(in** f) m † żniwia|rz (-rka); **~fläche** f płaszczyzna przekroju; **~holz** n tarcica.

schnittig F szykowny, zgrabny.

Schnitt|kante f brzeg cięty; (e-s Werkzeugs) krawędź skrawająca; **~käse** m ser twardy; **~lauch** m szczypiorek; **~linie** f linia przecięcia; **~modell** n model w przekroju; **~muster** n patron; wykrój; **~punkt** m punkt przecięcia; ⚬reif dojrzały (do żęcia); **~wunde** f rana cięta.

Schnitzel[1] n Kochk. sznycel.

Schnitz|el[2] n s. Schnipsel; (Rüben⚬) krajanka; wysłodki m/pl.; ⚬eln (-le) drobno ⟨po⟩kr|ajać, -oić; ⚬en (-zt) ⟨wy⟩rzeźbić, wycinać ⟨-iąć⟩; ⟨wy⟩strugać; **~er** m snycerz; F fig. byk, gafa; **~e'rei** f (0) snycerstwo; (a. pl.)

rzeźba (w drzewie); rzeźbiony wzór; wyrób snycerski; **~messer** n dłuto snycerskie; ośnik; **~werk** n s. Schnitzerei.

schnodd(e)rig F lekceważący (-co); Pers. smarkaty.

schnöd(e) lit. wzgardliwy (-wie); haniebny, niecny.

Schnorchel m Mar. chrapy f/pl.; (e-s Tauchers) rurka oddechowa.

Schnörkel m wy-, za|krętas; pl. a. esy-floresy pl.

schnorren F naciągać ⟨-gnąć⟩ (bei j-m A/k-o na A); przymawiać ⟨-mówić⟩ się (o A).

Schnösel m verä. szczeniak, pętak.

Schnüff|el'ei F f węszenie (a. fig.); ⚬eln (-le) węszyć; F fig. a. wyniuchiwać; **~ler** F m szpicel, kapuś m.

Schnuller F m smoczek.

Schnulze F f cliwa piosenka; ckliwostka, sentymentalny kicz.

schnupf|en v/i zaży(wa)ć tabaki, F niuchać tabakę; ⚬en m katar (nosa); ⚬tabak m tabaka; ⚬tabaksdose f tabakier(k)a; ⚬tuch n s. Taschentuch.

schnuppe F: es ist (ganz) ~ wszystko jedno; ihm ist alles ~ to go ani zziębi ani grzeje, on na bimba na wszystko.

schnuppern F (-re) węszyć; (an D) obwąch(iw)ać, ⟨po⟩wąchać (A).

Schnur f (-; ¬e) sznur(ek).

Schnür|boden m Thea. sznurownia; **~chen** n: F wie am ~chen jak z płatka; ⚬en ⟨za-, ze⟩sznurować, ściągać ⟨-gnąć⟩ sznurkiem; F fig. (Bündel) ⟨s⟩pakować.

schnurgerade prosty (-to) jak strzelił; pod sznur.

Schnürlregen F m kapuśniaczek.

schnurpsen F chrupać ⟨-pnąć⟩.

Schnurr|bart m wąs(y pl.); **~e** f facecja, ⚬en Katze: mruczeć; s. surren; ⚬ig pocieszny, zabawny.

Schnür|schuh m trzewik (sznurowany); **~senkel** m sznurowadło.

schnurstracks F prościuteńko.

schnurz dial. F s. schnuppe.

Schnute F f buzia, gębula; e-e ~ ziehen ⟨na⟩dąsać się.

schob(en) s. schieben.   [szopa.}

Schober m stóg; sterta; (überdacht)}

Schock[1] n (-es; -/-e) kopa; fig. kupa.

Schock[2] m (-es; -e/-s) szok, wstrząs; **~behandlung** f leczenie elektrowstrząsami; ⚬en ⟨prze⟩straszyć; a. = ⚬'ieren (-) ⟨za⟩szokować.

Schöffe m (-n) ławnik; **~n-gericht** n sąd ławniczy.
Schoko'lade f czekolada; **~n-** czekoladowy (a. braun).
Scho'lasti|ker m scholastyk; **2sch** scholastyczny.
Scholle¹ f bryła, skiba; (Acker) rola.
Scholle² f Zo. gładzica.
Schöllkraut n jaskółcze ziele.
schon już; ~ wieder znowu, znów; ~ gar nicht w ogóle nie; das ist ~ richtig, aber ... to (jest) z pewnością (od. zapewne) tak, ale ...; F mach ~! pospiesz się!; es wird ~ gehen (już) jakoś dam (dasz, da usw.) sobie radę; ~ gut! dobra, niech tak będzie! (na) wenn ~! wielkie (mi) zmartwienie!
schön piękny, (a. F = ziemlich) ładny (beides a. iron. = schlimm); (angenehm) przyjemny; danke (bitte) ~! dziękuję (proszę) bardzo!; es ist ~ von dir to ładnie z twojej strony; F (na) ~! dobra!; ~ und gut ładnie pięknie; das wäre ja noch ~er! tego jeszcze brakowało!; etwas 2es coś ładnego od. pięknego; das 2e dabei ist, daß ... dobre jest (od. podoba mi się), że ...
Schon|bezug m pokrowiec; **2en** szanować, oszczędzać (sich się); Wild: chronić, ochraniać; **2end** delikatny, oględny, ostrożny; **~er¹** m ochraniacz; pokrowiec.
Schoner² m Mar. szkuner.
Schön|färberei f fig. lakiernictwo; **~geist** m pięknoduch; **2geistig** beletrystyczny; **~heit** f piękno, (a. Pers.) piękność f.
Schönheits|chirurgie f chirurgia kosmetyczna; **~fehler** m (drobna) skaza; **~königin** f królowa piękności; **~mittel** n kosmetyk; **~pflege** f kosmetyka; **~reparatur** f makijaż; **~salon** m salon kosmetyczny; **~sinn** m (-es; 0) zmysł piękna; **~wettbewerb** m konkurs piękności.
Schonkost f dieta.
schönmachen F: sich ~ (z)robić się na bóstwo od. pięknie.
Schön|schrift f (0) kaligrafia; **2tun** (mit) wdzięczyć się (do G), F podbijać bębenka (D).
Schonung f (0) oszczędzanie (się); ochrona; Med. postępowanie oszczędzające; (a. pl.) Forst. zagajnik; **2sbedürftig** osłabiony, wymagający szczególnej opieki (po chorobie); **2s·los** bezwzględny, bezlitosny (-śnie). [deszczowy.]
Schön'wetterperiode f okres bez-]
Schonzeit f czas ochronny.
Schopf m (-es; ~e) czupryna, (a. Zo.) czub; F die Gelegenheit beim ~(e) fassen skorzystać z okazji.
Schöpf|eimer m czerpak; **2en** czerpać ⟨zaczerpnąć⟩, (a. fig.) nab(ie)-rać; Verdacht: powziąć pf.; **~er¹** m twórca m; Rel. (0) Stwórca m; **~er²** **~erisch** twórczy (-czo); **~kelle** f, **~löffel** m łyżka wazowa, dial. chochla; **~rad** n koło czerpakowe; **~ung** f stworzenie; odkrycie; (Werk) dzieło, utwór; (wy)twór; Rel. (0) wszechświat.
Schöpfungs|geschichte f (0) historia stworzenia świata; **~prozeß** m proces twórczy.
Schoppen m ćwiartka; ein ~ Wein lampka wina; **~wein** m wino z beczki.
Schöps m (-es; -e) s. Hammel.
schor(en) v. scheren.
Schorf m (-es; -e) strup; Bot. parch; **2ig** strupiasty (-to).
Schornstein m komin; **~feger** m, **~kehrer** m kominiarz.
schoß s. schießen.
Schoß¹ m (-sses; -sse) s. Schößling.
Schoß² [ʃo:s] m (-es; ~e) łono (a. fig.); auf dem ~ sitzen siedzieć na kolanach (bei/u G); s. Rockschoß; die Hände in den ~ legen siedzieć z założonymi rękami.
schossen s. schießen.
Schoß|hund m pies(ek) pokojowy; **~kind** n pieszczoch(a), maminsynek.
Schößling m (-es; -e) pęd, odrost.
Schot [-o:-] f (-; -e), **~e¹** f Mar. szot, szkot.
Schote² f łuszczyn(k)a; pl. (Erbsen) groszek; s. Hülse, Paprikaschote.
Schote³ F f (Witz) kawał(ek).
Schott n (-es; -e) Mar. gródź f.
Schotte m (-n) Szkot.
Schottenkaro n szkocka kratka.
Schotter m tłuczeń m; (Geröll) żwir.
Schott|in f Szkotka; **2ky** s. Szkotki (po -ku). [f szrafy f/pl.]
schraf'|fieren (-) szrafować; **2'fur**]
schräg s-, u|kośny, präd. a. na u|kos; (geneigt) pochyły (-lo) **2e** f skos; odchylenie, pochyłość f; **2-kante** f skośna krawędź, faza; **2lage** f położenie ukośne; **2schrift** f kursywa; **~über** na ukos (von, D/od G).

schrak s. *schrecken*.

Schrämmaschine f *Bgb.* wrębiarka.

Schramm|e f rysa, kresa; (*Narbe*) blizna, szrama; ⟨e⟩n ⟨po⟩rysować; ⟨za⟩drasnąć.

Schrank m (*-ęs; -e*) szafa; (*klein*) szafka; ~ in *Zssgn* szaf(k)owy; ... od szafy; ~e f bariera (*a. fig.*), rampa, szlaban; zapora; *pl. hist.* szranki f/pl.; *fig. a.* granice f/pl.; j-n in s-e ~en weisen osadzić, przywoł(yw)ać do porządku (*A*); sich in ~en halten mieć swoje granice. [(*G*).]

schränken *Säge:* rozwierać zęby⟨

schrankenlos *Esb.* niestrzeżony; *fig.* bezgraniczny.

Schrankwand f zestaw.

Schraub|e f śruba (*a. fig.*); (*Holz*⟨) wkręt; (*Flgw.* śmigło; F bei j-m ist e-e ~e locker brak(uje) piątej klepki (*D*); ⟨e⟩n (*in A*) wkręcać ⟨-cić⟩ (*aus D*) wykręcać ⟨-cić⟩ (*z G*); (*in A*) przyśrubow(yw)ać (*do G*); *in die Höhe* ⟨e⟩n wyśrubow(yw)ać.

schrauben|förmig śrubowaty (-to), o kształcie śrubowatym; ⟨Kopf m łeb śruby, główka wkrętu; ⟨mutter f (*pl. -n*) nakrętka; ⟨schlüssel m klucz maszynowy; ⟨zieher m wkrętak, śrubo⟨kręt, F -ciąg.

Schraub|stock m imadło; ~verschluß m zakrętka; ~zwinge f ściski m/pl., zwornica.

Schreber|garten m ogródek działkowy; ~gärtner m F działkowicz.

Schreck m (*-es; 0*) strach, lęk; vor ~ ze strachu; ... strachem; ⟨e⟩n v/t ⟨prze⟩straszyć; v/i (*L.; a. sn*) zrywać ⟨zerwać⟩ się (*aus dem Schlaf* ze snu); ~en m przestrach; *Pers.* postrach; *pl.* zgroza, okropności f/pl.; *s. Schreck*; *wir kamen bei ... mit dem* ~en davon ... skończyło ⟨a, -o⟩ się na strachu.

schreckens|bleich blady ze strachu; ⟨herrschaft f terror; ⟨nachricht f straszna wiadomość *od.* wieść.

Schreck|gespenst n widmo (*a. fig.*); ⟨haft lękliwy (-wie); ⟨lich straszny (*a. -no*), okropny (*a.* F *fig.*); *präd.* F *a.* (*że aż*) strach; ~schraube f F czupiradło; ~schußpistole f straszak; ~sekunde f: *nach e-r* ~sekunde po ochłonięciu ze strachu.

Schrei m (*-es; -e*) krzyk; *der letzte* ~ ostatni krzyk mody.

Schreib|bedarf m artykuły m/pl.

piśmienne; ~block m blok biurowy; ⟨en (*L.*) ⟨na⟩pisać (*groß z wielkiej litery*; *D/do G*); (*zu* ⟨en *pflegen*) pisywać; *sage und* ⟨e faktycznie; *s. a. krank*, *ein-*, *unterschreiben usw.*; ~en n pisanie; *konkr.* pismo, list; ~er m autor; † (*Beruf*) pisarz; *Tech.* przyrząd rejestrujący; ~e'rei F f pisanina; papierkowa robota; ~erling m (*-s; -e*) pismak, skryba m; ~faul leniwy do pisania; ~feder f stalówka, pióro (do pisania); ~fehler m błąd, (p)omyłka (w pisaniu); ~heft n zeszyt do pisania; ~kopf m głowica pisząca; ~kraft f maszynistka; ~kram F m *s. Schreiberei*; ~krampf m skurcz pisarski; ~mappe f teka na papier listowy; ~maschine f maszyna do pisania; *in Zssgn* maszynowy; ~papier n papier do pisania; ~schrift f pismo ręczne, kursywa; ~stift m pisak; ~tisch m biurko.

Schreibung f pisownia.

Schreib|utensilien *pl.* przybory m/pl. do pisania; ~verbot n zakaz pisania; ~waren *pl.* materiały m/pl. piśmienne; ~weise f s. *Schreibung*; sposób pisania.

schrei|en (*L.*) ⟨za⟩krzyczeć, wrzeszczeć (*wie am Spieß* wniebogłosy), krzyknąć *pf.*, wrzasnąć *pf.* (*alle* vor/z G); P drzeć się (*a. Kind*); F *zum* ⟨en do śmiechu; (*że*) można ryczeć ze śmiechu; ~end krzyczący (*a. Unrecht*); *Farben a.:* krzykliwy; ⟨er [-ɔ] m, ⟨hals F m krzykacz.

Schrein m (*-es; -e*) skrzynia; szafa; relikwiarz; (*Tempel*) świątynia (shintoistyczna); ~er m s. *Tischler*.

schreiten (*L.; sn*) kroczyć; przystępować ⟨-tąpić⟩ (*zu/do G*).

schrie, ~n s. *schreien*.

schrieb(en) s. *schreiben*.

Schrift f pismo; ~en *pl. a.* dzieła n/pl.; *die Heilige* ~ Pismo Święte; ~führer m protokolant; (*e-s Vereins*) sekretarz; ~gattung f *Typ.* krój pisma; ~grad m stopień m czcionki; ~leitung f redakcja; ⟨lich pisemny, na piśmie; ~probe f próba pisma; ~sachverständige(r) specjalista m w dziedzinie graficznej analizy pisma; ~satz m *Typ.* skład zecerski; *Jur.* wniosek (*od.* oświadczenie) na piśmie; ~sprache f język pisany *od.* literacki.

Schriftstelle|r m pisarz; ~'rei f (*0*)

pisarstwo; **~rin** f pisarka; **2risch** pisarski; *präd.* jako pisarz.

Schrift|stück n pismo; **~tum** n (-s; 0) piśmiennictwo; **~verkehr** m, **~wechsel** m korespondencja; **~zeichen** n znak graficzny, *engS.* litera; *Typ.* znak drukarski; **~zug** m charakter pisma, ręka.

schrill przeraźliwy (-wie), ostry (-ro); **~en** ⟨za⟩dzwonić przeraźli-⟩

Schrippe f *dial.* bułeczka.   [wie.⟩

Schritt m (-es; -e) krok (a. *fig.*); ~ *halten* dotrzym(yw)ać kroku (*mit/ D*); *auf* ~ *und Tritt* na każdym kroku, co krok; **~ für ~** krok za krokiem; (*im*) ~ *fahren* jechać stępa; **~macher** m *Sp.* pilot; *fig.* inicjator, pionier; **~messer** m krokomierz; **2weise** stopniowy (-wo), krok za krokiem.

schroff stromy (-mo), urwisty (-to); (*barsch*) szorstki (-ko); **2heit** f szorstkość f.

schröpf|en v/t nastawi⟨a⟩ć bańki (*D*); F *fig.* wyciągać ⟨-gnąć⟩ (ostatni grosz) (*od G*), drzeć skórę (*z G*); **2kopf** m *Med.* bańka.

Schrot [-o:-] m *od. n* (-es; 0) śrut; *Agr.* śruta; *von echtem* ~ *und Korn* z głową i charakterem, jak należy; **2en** (-e-) ⟨ze⟩śrutować; **~flinte** f śrutówka; **~korn** n śrucina; **~mehl** n mąka razowa; **~mühle** f śrutownik; **~patrone** f nabój śrutowy.

Schrott m (-es; 0) złom; F stare żelastwo, szmelc; **~platz** m składowisko złomu; **2reif** nadający się na złom *od.* F szmelc.

schrubb|en ⟨wy⟩szorować; **2er** m szczotka do szorowania.

Schrull|e f dziwactwo, kaprys, *pl. a.* chimery f/pl., F fanaberie f/pl.; *verä. alte* ~e babsztyl; **2ig** dziwaczny, zdziwaczały.

schrumpf|en (sn) ⟨s⟩kurczyć się (a. *fig.*); (*Apfel*) ⟨z⟩marszczyć się; **2leber** f wątroba marska; *s. a. Leberzirrhose*; **2ung** f kurczenie się; *Med.* marskość f.

Schrunde f pęknięcie.

Schruppfeile f zdzierak.

Schub m (-es; *=e*) przesunięcie, przesuw; (*Scherung*) ścinanie; *Гк.ш.* ciąg; *Mar.* posuw śruby; **~fach** n szuflada; **~karre** (n)f taczka, taczki f/pl.; **~kraft** f *s. Scherkraft, Schub*; **~lade** f *s. Schubfach*; **~lehre** f suwmiarka.

Schubs F m (-es; -e) pchnięcie; szturchaniec.

Schub|schiff n pchacz; **2sen** F popychać ⟨-pchnąć⟩ (*in A*/do *G*; *sich* się); *s. stoßen, knuffen*; **2weise** występujący okresowo.

schüchtern nieśmiały (-ło), wstydliwy (-wie); **2heit** f (0) nieśmiałość f, wstydliwość f.

schuf(en) *s. schaffen*.

Schuft m (-es; -e) nikczemnik, łajdak, drań m; **2en** F (-e-) harować, tyrać; **~e'rei** F f (0) harówka; **2ig** nikczemny, podły (-ło).

Schuh m (-es; -e) bucik, pantofel; *pl. a.* obuwie; *fig.* F j—m et. *in die* ~e *schieben* zwalać ⟨-lić⟩ winę za coś (na *A*); **~anzieher** m łyżka do butów; **~bürste** f szczotka do butów.

Schühchen n pantofelek, trzewiczek.

Schuh|creme f pasta do obuwia; **~fabrik** f fabryka obuwia; **~geschäft** n sklep z obuwiem *od.* obuwniczy; **~macher** m szewc, obuwnik; **~mache'rei** f (0) szewstwo; (*a. fig., Betrieb*) warsztat szewski; **~putzer** m czyścibut, pucybut; **~schrank** m szaf(k)a na obuwie; **~sohle** f podeszwa, zelówka; **~spanner** m prawidło do butów; **~waren** f/pl., **~werk** n (-s; 0) obuwie.

Schul|abgänger m absolwent; **~alter** n wiek szkolny; **~amt** n *etwa* wydział oświaty; inspektorat szkolny; **~anfang** m początek (*od.* rozpoczęcie) roku szkolnego; **~arbeiten** F f/pl., **~aufgaben** f/pl. zadania n/pl. domowe; **~arzt** m lekarz szkolny; **~bank** f ława szkolna (F *fig.* ława) szkolna; **~beispiel** n typowy przykład (*für/G*); **~besuch** m (-s; 0) uczęszczanie do szkoły; **~bildung** f (0) wykształcenie; **~buch** n podręcznik szkolny; **~bus** m autobus dowożący dzieci do szkoły.

schuld: ~ *haben*, ~ *sein* (*an D*) zawinić *pf.* (*A*), być winien (*G, D*); *wer ist* ~ *daran?* kto temu winien?; *du bist* ~ *daran* to twoja wina, to z twojej winy; ~ *geben* składać ⟨złożyć⟩ winę (*D*/na *A*; *für/za A*).

Schuld f dług; (0) wina; *j—m die* ~ *geben* przypisywać winę (*D*); *die* ~ *tragen* ponosić winę (*daran* za to); *in* ~*en stecken* siedzieć w długach po uszy; *vgl. schuld*; **~bekenntnis** n przyznanie się do winy; ♀**bewußt** poczuwający się do (*od. präd.* w poczuciu) winy; ♀**en** (*-e-*) być dłużnym *od.* winnym/winien.

schulden|frei wolny od długów; ♀**last** *f* brzemię długów; obciążenie długami, zadłużenie.

Schuld|forderung *f* wierzytelność *f*; ♀**frei** niewinny.

Schuldienst *m* szkolnictwo.

schuldig winny, *präd.* winien; *s. gebührend*; *j-m et.* ~ *sein s. schulden*; *für* ~ *befinden* uzna(wa)ć za winnego; *sich* ~ *bekennen* przyzn(aw)ać się do winy; *nichts* ~ *bleiben* nie pozostawać dłużnym; ♀**e(r)** *m/f* winowaj|ca *m* (*-czyni*); ♀**keit** *f* powinność *f*.

Schuld|komplex *m* patologiczne poczucie winy; ♀**los** niewinny; ~**losigkeit** *f* (*0*) niewinność *f*; ~**ner(in** *f*) *m* dłużni|k (*-czka*); ~**schein** *m* skrypt dłużny, rewers; ~**spruch** *m* wyrok skazujący; ~**verschreibung** *f* obligacja.

Schul|e *f* szkoła; *höhere* ~ liceum ogólnokształcące; F ~*e machen* znaleźć naśladowców; *aus der* ~ *plaudern* wypaplać sekret; ♀**en** ⟨wy⟩szkolić; *Gedächtnis usw.*: ⟨wy⟩ćwiczyć; ~**entlassene(r)** *m/f* absolwent(ka) szkoły.

Schüler *m* uczeń *m*; ~**austausch** *m* wymiana uczniów; ~**ausweis** *m* legitymacja szkolna; ~**haft** sztubacki (po -ku); ~**in** *f* uczennica; ~**lotse** *m* członek młodzieżowej służby ruchu; ~**mitverwaltung** *f* samorząd szkolny.

Schul|feier *f* uroczystość (*od. zabawa*) szkolna; ~**ferien** *pl.* wakacje, ferie *pl.* szkolne; ~**flugzeug** *n* samolot ćwiczebny *od.* szkolny; ~**freund(in** *f*) *m* kolega szkolny, koleżanka szkolna; ♀**frei** wolny od nauki *od.* zajęć; ~**funk** *m* radiowęzeł szkolny; audycja dla szkół; ~**gebäude** *n* budynek (*od.* gmach) szkolny/szkoły; ~**geld** *n* czesne; ~**jahr** *n* rok szkolny; klasa; ~**jugend** *f* młodzież szkolna; ~**junge** *m* sztubak, uczniak; ~**kamerad** *m s. Schulfreund*; ~**kenntnisse** *f/pl.* wiadomości *f/pl.* szkolne; ~**kind** *n* dziecko szkolne; ~**kolonie** *f/pl.* letnie dla młodzieży szkolnej; ~**leiter** *m* kierownik szkoły; ~**mädchen** F *n* uczennica; *fig.* pen-

sjonarka; ~**mappe** *f* teczka szkolna; ~**medizin** *f* alopatia; ♀**meisterlich** *Ton*: mentorski; ~**ordnung** *f* regulamin szkolny; ♀**pflicht** *f* obowiązek szkolny; ~**rat** *m* inspektor szkolny; wizytator; ♀**reif** zdolny do nauki (szkolnej); ~**schiff** *n* okręt (*od.* żaglowiec) szkolny; ~**schluß** *m* koniec lekcji; ~**speisung** *f* dożywianie dzieci w szkole; ~**stunde** *f* godzina lekcyjna; ~**tafel** *f* tablica (szkolna); ~**tag** *m* dzień *m* nauki *od.* zajęć.

Schulter *f* (-; *-n*) ramię, bark; *s. Achsel, Schulterstück (Kochk.)*; ~ *an* ~ ramię przy ramieniu; *über die* ~ *hängen* zarzucić na ramiono; *auf j-s* ~*n ruhen* spoczywać na barkach (*G*); F *auf die leichte* ~ *nehmen* (*A*) nic sobie nie robić (z *G*), traktować przez nogę (*A*); ~**blatt** *n* łopatka; ~**gelenk** *n* staw barkowy; ~**klappe** *f* naramiennik; ♀**n** (*-re*) brać ⟨wziąć⟩ na ramię; ~**stück** *n* Kochk. łopatka; *pl. Mil.* naramiennik *m/pl.*

Schulung *f* szkolenie; instruktaż; ~**s-** szkoleniowy; instruktażowy.

Schul|weisheit *f* mądrość książkowa; ~**wesen** *n* (*-s*; *0*) szkolnictwo; ~**zeit** *f* okres nauki szkolnej; lata *n/pl.* szkolne; ~**zeugnis** *n* świadectwo szkolne; ~**zwang** *m* przymus szkolny.

schummeln F (*-le*) *s.* mogeln.

schumm(e)rig *dial.* mroczny, ciemny.

Schund *m* (*-es*; *0*) tandeta, (*a. Kunst*) lichota, miernota; ~**literatur** *f* literatura brukowa.

schunkeln (*-le*) wziąwszy się pod ręce kołysać się w takt muzyki.

Schuppe *f* łuska; ~*n pl. Med.* łupież *f*; *es fiel mir wie* ~*n von den Augen* łuski mi spadły z oczu; ♀**n** *Fisch*: oskrob(yw)ać, skrobać.

Schuppen *m* szopa, remiza.

Schuppen|flechte *f* łuszczyca; ~**tier** *n* łuskowiec.

schuppig łuskowaty.

Schur *f* strzyża (owiec).

Schür|eisen *n s. Schürhaken*; ♀**en** *Glut*: rozgarniać ⟨-rnąć⟩, poprawi(a)ć; *fig.* podsycać, wzniecać.

schürf|en *Bgb.* poszukiwać (*nach/ G*), prowadzić roboty geologiczno-poszukiwawcze; ♀**wunde** *f* otarcie.

Schürhaken *m* pogrzebacz, ożóg.

schurigeln (*-le*) szykanować.

Schurk|e m (-n) łotr, drań m; **~e¹rei** f łotrostwo, łajdactwo.

Schurwolle f wełna żywa.

Schürze f fartuch, fartuszek; **2n** (-zt) podkas(yw)ać; *Knoten*: zawiąz(yw)ać; **~n-jäger** m kobieciarz, P babiarz, podrywacz.

Schuß m (-sses; ˝sse) strzał (a. *Ball-Sp.*), wystrzał; *Bgb.* odstrzał; (*Verletzung*) postrzał; *Text.* wątek; 5 ~ (*Munition*) pięć naboi *od.* pocisków; F (*Rum usw.*) odrobina, trochę; *in* ~ *sein* być w porządku; *in* ~ *bringen* doprowadzić do porządku; zreperować; **2bereit** gotowy do strzału.

Schüssel f (-; -n) mis(k)a; salaterka.

schusselig, schußlig F roztrzepany.

Schuß|fahrt f szus; **~feld** n pole o(b)strzału; **~linie** f linia strzału; **~verletzung** f postrzał, rana postrzałowa, **~waffe** f broń palna; **~weite** f odległość f strzału; donośność pocisku.

Schuster F m szewc; *auf* ~s *Rappen* na własnych nogach, pieszo; **~junge** m szewczyk; *dial.* razowa bułeczka; **2n** (-re) *fig. s.* pfuschen.

Schute f *Mar.* szkuta.

Schutt m (-es; 0) gruz(y *pl.*); *Geol.* rumowisko, piarg; *in* ~ *und Asche legen* obrócić w perzynę; **~ablade-platz** m wysypisko gruzu.

Schüttel|frost m dreszcze m/*pl.*; **2n** (-le) ⟨po⟩trząść (*impf. a. v/i*), po-, ws|trząsać ⟨-snąć⟩ (*A/I*); wytrząsać ⟨-snąć⟩ (*aus/z G*); *s. abschütteln*; *sich* **2n** trząść się (vor/od, z *G*); *otrząsać* ⟨-snąć⟩ się (vor/od, z *G*); **~rost** m ruszt potrząsalny; **~sieb** n przesiewacz.

schütte|ln (-e-) s. ein-, um-, ausgie-ßen, ausschütten; *Mehl usw.*: ⟨na⟩sypać, wsyp(yw)ać (*in A/*do *G*); *v/i* f es ~t leje jak z cebra.

schütter rzadki, przerzedzony.

Schutthaufen m kupa gruzu, rumowisko; *in e-n* ~ *verwandeln* obrócić w gruzy.

Schüttladung f ładunek luzem.

Schutz m (-es; 0) ochrona (*gegen/*od *G*; *vor D/*przed *I*); schronienie (*vor D/*przed *I*); (*a. Tech.*) zabezpieczenie, (*a. Mil.*) osłona (*Obhut*) opieka; *in* ~ *nehmen* brać ⟨wziąć⟩ w obronę.

Schütz m (-es; -e) *El.* stycznik; (*Wasserbau*) zastawka.

Schutz|anstrich m malarska powłoka ochronna; **~anzug** m ubranie

ochronne; **~blech** n błotnik; **~brief** m glejt, list bezpieczeństwa; **~brille** f okulary *pl.* ochronne; **~dach** n daszek ochronny.

Schütz|e¹ m (-n) strzelec; **~e²** f s. *Schütz*; **2en** (-zt) *v/t* ⟨o-, u⟩chronić (vor *D*, gegen *A/*od *G*, przed *I*); zabezpieczać ⟨-czyć⟩ (vor *D/*przed *I*); osłaniać (*A*); strzec (*G*); *s. Schutz*; **~en** m *Text.* czółenko.

Schützen|division f dywizja piechoty; **~fest** n festyn strzelecki.

Schutz-engel m anioł stróż.

Schützen|graben m rów strzelecki, transzeja, okop; **~kette** f tyraliera; **~könig** m król strzelców; **~panzer** (**-wagen**) m transporter (osobowy) opancerzony; **~ver-ein** m związek strzelecki.

Schützer m ochraniacz.

Schutz|farbe f barwa ochronna; **~frist** f okres ochrony; *s. Schwanger-schaftsurlaub*; **~gitter** n krata ochronna; **~haft** f areszt prewencyjny; **~heilige(r)** *Rel.* patron(ka); **~helm** m kask, hełm ochronny; **~herr** m protektor, opiekun; patron; **~hülle** f pokrowiec; *s. Schutzum-schlag*; **~hütte** f schronisko; **~impfung** f szczepienie ochronne; **~insel** f wysepka bezpieczeństwa.

Schützling m (-s; -e) podopieczn|y m (-a), F pupil(ka).

schutzlos bezbronny, *präd.* bez opieki *od.* ochrony; ~ *ausgeliefert sein* być wydanym (*od.* rzuconym) na pastwę (*D/G*).

Schutz|mann m (*pl.* ˝er/-leute) policjant; **~marke** f znak fabryczny; **~maske** f maska ochronna; respirator; **~maßnahme** f środek ochronny *od.* zapobiegawczy; **~mittel** n środek ochronny; prezerwatywa; **~patron** m s. *Schutzheilige(r)*; **~polizei** f policja; **~schicht** f warstwa (*od.* warstewka) ochronna; **~um-schlag** m obwoluta; **~vorrichtung** f urządzenie ochronne *od.* zabezpieczające; **~zoll** m cło ochronne.

schwäbisch szwabski (po -ku).

schwach (˝er; ˝st-) słaby (-bo); *Licht a.*: nikły (-ło); *Gesundheit a.*: wątły (-le, -ło); *Leistung usw.*: kiepski (-ko), marny; ~ *werden* ⟨o⟩słabnąć; *fig. auf* ~*en Füßen stehen* opierać się na słabych podstawach.

Schwäche f słabość f (*a. fig.*; *für/* dla *G*); (*Vorliebe*) słabostka; (*e-s*

Werkes) słabizna; **~anfall** *m*: e-n **~anfall** erleiden nagle zasłabnąć; **2n** osłabi(a)ć.

Schwach|heit *f s.* Schwäche; **~kopf** F *m* kretyn, tępak.

schwäch|lich słabowity (-cie), wątły (-ło, -le); **2ling** *m* (-s; -e) słabeusz, P zdechlak; *fig.* niedołęga *m*.

Schwach|sinn *m* (-es; 0) oligofrenia, *engS.* debilizm; imbecylizm, głuptactwo; (*a. fig.*) idiotyzm; **2-sinnig** niedorozwinięty (*od.* upośledzony) umysłowo; **~sinnige(r)** *m*/*f* debil(ka); imbecyl(ka), głupta|k (-ska); idiot|a *m* (-ka); **~strom** *m* prąd słaby.

Schwächung *f* (0) osłabienie.

Schwaden *m Agr.* pokos; *mst pl.* kłęby *m*/*pl.* (dymu); opary *pl.* (mgły); *Bgb.* gazy *m*/*pl.* odstrzałowe; wyziewy *m*/*pl.*

schwafeln F (-le) bajtlować, pleść.

Schwager *m* (-s; -/~) szwagier.

Schwägerin *f* szwagierka; (*Frau d. Bruders*) bratowa.

Schwalbe *f* jaskółka; **~n-fisch** *m* ptaszor; **~n-nest** *n* jaskółcze gniazdo; **~n-schwanz** *m* jaskółczy ogon; *Tech. a.* wczep (płetwiasty); (*Falter*) paź *m* królowej.

Schwall *m* (-es; 0) fala (*a. Meteo.*); *fig.* potok.

schwamm *s.* schwimmen.

Schwamm *m* (-es; "e) gąbka (*a. Zo.*); (*Pilz*) grzyb; *engS.* grzyb domowy; F **~** drüber nie mówmy o tym.

Schwämmchen *n Med.* pleśniawki *f*/*pl.*

Schwamm|fischer *m* poławiacz gąbek; **~gummi** *m* guma gąbczasta; **2ig** *Gesicht*: nalany.

Schwan *m* (-es; "e) łabędź *m*; *s.* **schwand(en)** *s.* schwinden. [łabędzi.⌋

schwang(en) *s.* schwingen.

schwanger, **2e** *f* ciężarna, brzemienna; **~** *sein* być w ciąży; **~** *werden* zachodzić ⟨zajść⟩ w ciążę; F *mit et.* **~** *gehen* nosić się ⟨z I⟩.

Schwangeren|beratung *f* poradnictwo dla kobiet ciężarnych; **~gymnastik** *f* ćwiczenia *n*/*pl.* gimnastyczne kobiet ciężarnych.

schwängern (-re) *v*/*t* zapładniać ⟨-łodnić⟩ (*A*), P zrobić *pf.* dziecko (*D*); *geschwängert fig.* nasycony (*mit*/*I*).

Schwangerschaft *f* ciąża.

Schwangerschafts|geld *n* zasiłek

---

połogowy; **~test** *m* test ciążowy; **~unterbrechung** *f* przerwanie ciąży; **~urlaub** *m* urlop macierzyński.

Schwank *m* (-es; "e) facecja; *Thea.* krotochwila.

schwank|en (*a. sn*) chwiać się (*a. fig.*), kołysać się; ⟨*zaudern*⟩ ⟨za⟩wahać się; *Preise*: fluktuować, wahać się; **~end** *Pers.* zmienny, niezdecydowany; *Preise*: zmienny, wahający się; **2ung** *f* wahanie (się), zmiana, fluktuacja.

Schwanz *m* (-es; "e) ogon; *s.* Lunte, Rute; V buc, kutas; F *fig. kein* **~** nikt, żywa dusza; *sich auf den* **~** *getreten fühlen* czuć się obrażonym.

Schwänz|chen *n* ogonek; **2eln** (-le) ⟨za⟩merdać ogonem; *fig. s.* scharwenzeln; **2en** F (-zt) nie zjawić się *pf.* (*A*/na *A*, do *G*); *die Schule* **2en** wagarować, chodzić na wagary.

Schwanz|flosse *f* płetwa ogonowa; *Flgw.* statecznik; **2lastig** *Flgw.* ciężki na ogon; **2los** bezogonowy; **~stück** *n* (*Rind*) krzyżowa; (*Fisch*) kawałek od ogona.

schwappen (*a. sn*) chlup|ać, -otać; przelewać się.

Schwarm *m* (-es; "e) gromada, stado; ławica (*v. Fischen*); rój (*v. Insekten*); F czereda (*v. Kindern*); F *fig.* przedmiot marzeń; pasja; *Pers. a.* sympatia.

schwärm|en (*a. sn*) (*Bienen*) roić się; *s.* schwirren, sich herumtreiben; *fig.* (*für*) marzyć (o *L*), przepadać (za *I*); entuzjazmować się (*I*); (*gern mögen*) podkochiwać się (w *L*); zachwycać się (*von*/nad *I*); **2er** *m* marzyciel; fanatyk, zapaleniec; (*Feuerwerk*) szmermel; *Zo. pl.* zmierzchnikowce *m*/*pl.*, zawisaki *m*/*pl.*; **2e'rei** *f* marzenie; entuzjazm, zachwyt; **~erisch** marzycielski (-ko); egzaltowany; entuzjastyczny, *präd. a.* z zachwytem.

Schwarte *f* (gruba) skóra; (*Holz*2) okorek; *Med.* zrost; (*Buch*) stara (zaczytana) książka; **~n-magen** *m* salceson.

schwarz ("er; "st-) czarny (-no); *fig. a.* nielegalny, *präd. a.* na lewo; **~** *auf weiß* czarno na białym; **~** *werden* ⟨po-, s⟩czernieć; *ihm wurde* **~** *vor den Augen* pociemniało mu w oczach; **2er** *Tag a.* dzień feralny.

Schwarz|arbeit *f* robota na lewo *od.* pokątna; **2äugig** czarnooki; **~**

brenne'rei f pędzenie bimbru; *konkr.* bimbrownia; **~brot** n chleb razowy.

Schwärze f (0) czerń f, czarność f; (*a. pl.*) czernidło; **2n** (-zt) ⟨po-⟩ czernić.

schwarzfahr|en F (*sn*) jeździć (*od.* jechać) na gapę *od.* (*mit fremdem Auto*) na lewo, (*ohne Führerschein*) bez prawa jazdy; **~er** F m pasażer na gapę; **2t** f jazda na gapę *od.* na lewo; jazda bez prawa jazdy.

schwarz|gekleidet ubrany na czarno; **~haarig** czarnowłosy; **2handel** m pokątny handel; *im* 2*handel* na czarnym rynku; na czarnej giełdzie; **2hörer** m radiopajęczarz; **2küm-mel** m czarnuszka.

schwärzlich czarniawy (-wo).

Schwarz|markt m czarny rynek; *in Zssgn* czarnorynkowy; **~pulver** n proch czarny; **2sehen** F widzieć w czarnych kolorach (*für/A*); korzystać z telewizora bez zezwolenia; **~seher** F m czarnowidz; telepajęczarz; **~sender** F m nielegalna rozgłośnia; **2'weiß** czarno-biały; monochromatyczny; **~wild** n czarna zwierzyna; **~wurzel** f wężymord czarny korzeń.

Schwatz F m (-es; -e) pogawędka, gawęda; **2en** F (-zt) ⟨po-⟩gadać, ⟨po-⟩gawędzić (*über A/o L*); *verä.* paplać, pleść. [dulska), papla m/f.\]

Schwätzer(in f) m gaduła m (ga-
schwatzhaft F gadatliwy **2igkeit** f (0) gadatliwość f, gadulstwo.

Schwebe f (0): *in der* ~ w zawieszeniu; *fig. in der* ~ *sein od.* bleiben pozost(aw)ać w zawieszeniu; **~bahn** f kolej wisząca *od.* podwieszona; **~balken** m równoważnia.

schweben (*a. sn*) unosić się, (*a. in der Luft*) zawisać ⟨-snąć⟩; bujać; (*Prozeß*) toczyć się; (*in Gefahr usw.*) być (w L); *auf der Zunge* ~ mieć na końcu języka; **~d** *fig.* toczący się; nie rozstrzygnięty, otwarty.

Schwebestütz m poziomka w podporze.

Schwed|e m (-n), **~in** f Szwed(ka); **2isch** szwedzki (po -ku).

Schwefel m (-s; 0) siarka; **2arm** niskosiarkowy; **~dioxid** n dwutlenek siarki; **2haltig** zawierający siarkę; siarkonośny; **2ig** siarczany; *Chem.* siarkawy; **~kies** m piryt; **2n** (-le) ⟨wy⟩siarkować; **~säure** f kwas

siarkowy; **~ung** f siarkowanie; **~'wasserstoff** m siarkowodór.

Schweif m (-es; -e) ogon; **2en** v/i (*sn*) błąkać się (*a. Blick*), tułać się (*durch A/po L*); *mit den Gedanken* 2*en* bujać myślami; **~säge** f piła ramowa (stolarska).

Schweige|geld n zapłata (*od.* łapówka) za milczenie; **~marsch** m marsz milczenia; **~minute** f chwila ogólnego milczenia.

schweige|n (L.) milczeć (*über A/o L*); *ganz zu* ~*n* nie mówiąc (już) (*von/o L*); *2n* = milczenie; *poet.* (*Stille*) cisza; *zum* 2*n bringen* zmusić do milczenia; *s. hüllen*; **~nd** milczący ⟨-co⟩, *präd. a.* w milczeniu, milczkiem, bez słowa; **2-pflicht** f obowiązek zachowania tajemnicy; tajemnica zawodowa (*des Arztes* lekarza).

schweigsam małomówny, milkliwy ⟨-wie⟩; **2keit** f (0) małomówność f.

Schwein n (-es; -e) świnia (*a. fig.*), wieprz; *fig. a.* (*Dreck*2) świntuch; *fig. ~ haben* mieć szczęście.

Schweine|bauch m Kochk. boczek (wieprzowy); **~braten** m pieczeń wieprzowa; **2fleisch** n wieprzowina; **~hund** V m drań m, łajdak; **~mast** f tucz świń; **~mästerei** f tuczarnia świń; **~'rei** f świństwo; **~stall** m chlew (*a. fig.*), chlewnia; **~zucht** f hodowla świń.

Schweinigel F m świntuch; **2n** F (-le) ⟨na⟩świntuszyć.

schweinisch świński (po -ku).

Schweins|- *Zssgn s.* Schwein-; **~haxe** f golonka (pieczona); **~kopf** m Kochk. głowizna; **~leder** n skóra świńska; **~rücken** m Kochk. schab (wieprzowy).

Schweiß m (-es; 0) pot; *JSpr.* posoka, jucha; *im* ~*e-s-s Angesichts* w pocie czoła; *in* ~ *gebadet* zlany potem.

Schweiß|blatt n potnik; **~brenner** m palnik do spawania *od.* spawalniczy; **~drüse** f gruczoł potowy; **2en** v/t Tech. ⟨po⟩spawać; (*preß*2, *a. Kunststoff*) zgrzewać; v/i *JSpr.* farbować, puszczać juchę; **~en** n (-s; 0) spawanie; (*Preß*2) zgrzewanie; **~er** m spawacz; **~füße** m/pl. pocące się nogi f/pl.; **2gebadet** *s. Schweiß*; **~gerät** n spawarka, spawadełko; zgrzewadło; **~hund** m JSpr. posokowiec; **2ig** spotniały, pocący się; **~maschine** f spawarka;

zgrzewarka; **~mittel** n Med. środek napotny; **~naht** f spoina, spaw(ka); **~technik** f spawalnictwo, technika spawalnicza; **2treibend** napotny; **2triefend** spocony, zlany potem; **~tropfen** m kropla potu.

Schweizer[1] m, **~in** f Szwajcar(ka); **~**[2] Adj., **2isch** szwajcarski (po -ku).

schwelen tlić się, tleć.

schwelgen (in D) rozkoszować się, upajać się (I); pławić się (w L); im Überfluß ~ opływać w dostatki.

Schwell|e f próg (a. fig.); Esb. podkład; **2en** v/i (L.; sn) nabrzmie(wa)ć, ⟨s⟩puchnąć; ⟨na⟩pęcznieć; v/t na-, wy|dymać ⟨-dąć⟩; fig. rozpierać ⟨-zeprzeć⟩; **~körper** m ciało jamiste; **~ung** f Med. obrzmienie, obrzęk.

Schwemm|e f (Pferde2) pławisko; F fig. zatrzęsienie; **2en** s. waschen, spülen; Sand: nanosić ⟨-nieść⟩ (pf. G); **~land** n (-es; 0) nanosy m/pl., aluwium n; **~sand** m piasek naniesiony od. rzeczny.

Schwengel m (Glocken2) serce; (Pumpen2) wahacz.

Schwenk m (-es; -e) Fot. panoramowanie, panorama; **2bar** obrotowy (-wo); wahliwy ⟨-wie⟩, ruchomy; **2en** v/t machać, wymachiwać, wywijać (I); Tuch: powiewać (I); obracać ⟨obrócić⟩; s. spülen; v/i (sn) skręcać ⟨-cić⟩; **~flügel** m Flgw. płat o zmiennej geometrii; **~kran** m żuraw obrotowy; **~ung** f obrót, (a. fig.) zwrot.

schwer ciężki (-ko) (a. fig.); Wein: mocny; Aufgabe: trudny (-no); **2arbeiter** m robotnik niewykwalifikowany wykonujący ciężką pracę; **2athletik** f ciężka atletyka; **~belaнден** ciężko obładowany.

schwerbeschädigt, **2e(r)** ciężko poszkodowany, inwalida m.

schwerbewaffnet ciężkozbrojny.

Schwere f (0) ciężkość f; (Gewicht) ciężar (a. fig.); **2los** nieważki; **~losigkeit** f (0) Phys. nieważkość f; **~nöter** F m bałamut, lowelas.

schwer|erziehbar trudny wychowawczo od. do prowadzenia; **~fallen** (sn) przychodzić ⟨przyjść⟩ z trudem, sprawi(a)ć trudności; **~fällig** ociężały ⟨-le⟩.

Schwergewicht n Sp. waga ciężka; fig. główny nacisk; **~ler** m bokser (od. zapaśnik) wagi ciężkiej.

schwerhörig głuchawy, przygłuchy; **~ sein** niedosłyszeć; **2keit** f (0) przytępienie słuchu.

Schwer|industrie f przemysł ciężki; **~kraft** f (0) ciążenie powszechne, siła ciążenia; **2krank** ciężko chory; **2lich** Adv. wątpliwe, raczej nie; trudno; **~metalle** n/pl. metale m/pl. ciężkie; **~mut** f (0) melancholia; **2mütig** melancholijny; Pers. cierpiący na melancholię; **2nehmen** przejmować ⟨-jąć⟩ się (A/I); **~öl** n olej ciężki; **~punkt** m Phys. środek (fig. punkt) ciężkości; (Zentrum) główny ośrodek; **2reich** bardzo bogaty.

Schwert n (-es; -er) miecz (a. Mar.); Arch. zastrzał; **~fisch** m miecznik, włócznik; **~lilie** f kosaciec, irys; **~wal** m orka.

Schwer|verbrecher m zbrodniarz; **2verdaulich** ciężko strawny; **2verständlich** trudny do zrozumienia; **2verwundet** ciężko ranny; **2wiegend** ważny, doniosły.

Schwester f (-; -n) siostra; **~(n)-**, **2lich** siostrzany; **~nhaube** f kornet; **~schiff** n statek bliźniaczy.

schwieg(en) s. schweigen.

Schwieger|eltern pl. teściowie m/pl.; **~mutter** f teściowa; **~sohn** m zięć m; **~tochter** f synowa; **~vater** m teść m.

Schwiel|e f modzel; Bot. zasklepka; **2ig** Haut: modzelowaty, zrogowaciały; Hand: stwardniały, zgrubiały.

schwierig trudny (-no); **2keit** f trudność f; pl. a. kłopoty m/pl.

Schwimm|bad n pływalnia; **~bagger** m pogłębiarka; koparka pływająca; **~becken** n basen pływacki; **~dock** n dok pływający; **2en** pływać (a. fig. in D/w L), ⟨po⟩płynąć; przepływać ⟨-ynąć⟩ ⟨über A/A, przez A); dopływać ⟨-nąć⟩ (an A, bis/do G); opływać ⟨-ynąć⟩ (um A/A); fig. opływać (in D/w A); nicht 2en können nie umieć pływać; mir 2t es vor den Augen ćmi mi się w oczach; **~en** w pływanie; **~er** m pływak (a. Tech.); (Angel2) spławik; **~erin** f pływaczka; **~fähigkeit** f Mar. pływalność f; **~flossen** f/pl. płetwy f/pl. (pływackie, płetwonurka); **~halle** f kryta pływalnia; **~haut** f błona pływna; **~kran** m dźwig (od. żuraw) pływający; **~lehrer** m instruktor pływania; **~sand** m kurzawka; **~sport** *m* pływactwo, sport pływacki; **~stadion** *n* stadion pływacki; **~unterricht** *m* nauka pływania; **~weste** *f* kamizelka ratunkowa.

Schwindel *m* (-*s*; *0*) zawrót głowy; F (*Betrug*) oszukaństwo, szwindel, lipa; (*Lüge*) blaga, bujda; *der ganze* ~ cały kram; **~anfall** *m* nagły zawrót głowy.

Schwinde|**lei** F *f* machlojka, kant. **schwindel**|**erregend** zawrotny; **~-frei** nie odczuwają(c)y zawrotu głowy; **2gefühl** *n* uczucie zawrotu głowy; **~ig** s. *schwindlig*; **~n** (-*le*) *v*/*i* kręcić, cyganić, (*flunkern*) blagować, bujać; KSp. szachrować; *mir* 2*t* s. *schwindlig*; **~nd** zawrotny.

schwind|**en** (L.; *sn*) ⟨z⟩maleć, niknąć; (*Ton*) zanikać ⟨-knąć⟩; *Tech.* kurczyć się; *die Kräfte* ~*en* sił ubywa; **2ler**(*in* *f*) *m* krętacz(ka), aferzyst|a *m* (-ka), F kanciarz; **~lig**: *ich bin* (*od. mir ist*) ~*lig* kręci mi się w głowie; **2sucht** *f* (*0*) suchoty *pl.*; **~süchtig** suchotniczy; **2ung** *f Tech.* skurcz.

Schwing|**achse** *f* oś rozcięta, półoś *f*; **~e** *f* skrzydło; *Tech.* jarzmo, kulisa; wahacz; *Agr.* wialnia; *JSpr. pl.* loty *m*/*pl.*; **2en** (L.) *v*/*t* s. *schwenken*; *Flachs*: trzepać; F *große Reden* 2*en* przechwalać się; *v*/*i* bujać, kołysać (*od.* wahać) się; *Phys.* oscylować, drgać; *sich* 2*en* wskakiwać ⟨wskoczyć⟩ (*auf A*/na *A*); wzbi(ja)ć się (*in die Luft* w powietrze); **~er** *m* *Sp.* swing, cios sierpowy; *El.* oscylator; **~kreis** *m* obwód oscylacyjny; **~quarz** *m* kwarc piezoelektryczny; **~ung** *f Phys.* drganie, oscylacja; wahanie; **~ungszahl** *f* częstotliwość *f* drgań.

Schwips F *m*: *e-n* ~ *haben* być pod muchą, mieć w czubie.

schwirr|**en** (*a. sn*) (*Pfeil*) świszczeć ⟨świsnąć⟩, ⟨za⟩furczeć ⟨furknąć⟩; (*Kugel*) bzykać ⟨-knąć⟩; (*Insekten*) unosić się, kręcić się; *fig.* (*Gerüchte*) krążyć, obiegać; F *mir* ~*t der Kopf* mąci (*od.* miesza) mi się w głowie.

Schwitz|**bad** *n* łaźnia wywołująca silne poty; (*Kasten*) łaźnia sucha szafkowa; 2*en* (~*zt*) ⟨s⟩pocić się, ⟨s-, *Glas* *a.* za⟩potnieć; **~kasten** *m* (*Griff*) krawat; **~packung** *f* zawijanie całkowite rozgrzewające; **~wasser** *n* (-*s*; *0*) rosa.

Schwof F *m* (-*es*; -*e*) potańcówka. **schwoll**(**en**) s. *schwellen*. **schwor**(**en**) s. *schwören*. **schwören** (L.) przysięgać ⟨-iąc⟩ (*a. auf A*/na *A*), zaklinać ⟨-ląć⟩ się (*bei*/na *A*; F *Stein und Bein* na wszystkie świętości); F (*auf et. od. j-n*) (głęboko) wierzyć (w *A*), polegać (na *L*), być gorącym zwolennikiem (*G*); *ich könnte* (*od. möchte*) ~ mógłbym przysiąc.

schwul P: *er ist* ~, *ein* 2*er* on jest pederastą, to homoseksualista *m*. **schwül** duszny (-no), parny (-no); 2*e* *f* (*0*) duchota, parność *f*. **Schwuli'täten** F *f*/*pl.* opały *m*/*pl.* **Schwulst** *m* (-*es*; ~*e*) bombastyczność *f*, pompatyczność *f*. [tyczny.} **schwülstig** bombastyczny, pompa-} **Schwund** *m* (-*es*; *0*) zanik; *Rdf. a.* fading; *Hdl.* ubytek.

Schwung *m* (-*es*; ~*e*) rozmach, rozpęd; *fig. a.* werwa, życie; polot; *Tech.* zamach; kręt; F (*Menge*) porcja, kupa; F *in* ~ *bringen* (*kommen*) rozruszać (się); **~feder** *f* *Zo.* lotka; **2haft** kwitnący; **~kraft** *f* siła rozpędowa, **~rad** *n* koło rozpędowe *od.* zamachowe; **2voll** *Bewegung*: zamaszysty (-ście); *Stil usw.*: pełen werwy *od.* polotu; *Adv.* z werwą, z polotem.

schwur *t* s. *schwören*. **Schwur** *m* (-*es*; ~*e*) przysięga; **~gericht** *n* sąd przysięgłych.

Science-fiction ['saiəns'fikʃən] *f* (-; -*s*) fantastyka naukowa; *in* Zssgn fantastyczno-naukowy.

Seal [si:l] *m od. n* (-*s*; -*s*) foki *f*/*pl.*

sechs sześ|ć, -cioro, Psf. -ciu; ~ (*Uhr*) szósta (godzina).

Sechs *f* szóstka; **2eckig** sześciokątny; **~er** F *m* pięć fenigów; (*Lotto*) sześć trafień; **~er'lei** sześcioraki; 2**-fach** sześciokrotny; **2hundert** sześ|ćset, Psf. -ciuset; **2hundertste**(**r**) sześćsetny; **2jährig** sześcioletni; **~kant-** sześciokątny; **2malig** sześciokrotny; **2monatig** sześciomiesięczny; **2schüssig** sześciostrzałowy; **2spännig** sześciokonny; **2stellig** *Math.* sześciomiejscowy; **~'tage-rennen** *n* sześciodniówka (kolarska); **2tausend** sześć tysięcy; **2te**(**r**) szósty; **~tel** *n* szósta część; *ein* 2*tel* jedna szósta; **2tens** po szóste.

sechzehn szesna|ście, -ścioro, Psf. -stu; **~te**(**r**) szesnasty; **2tel** *n* szesnasta część; *ein* ~tel jedna szesnasta.

sechzig sześćdziesiąt, -sięcioro, *Psf.* -sięciu; *in den* ~*er Jahren* w latach sześćdziesiątych; **~jährig** sześćdziesięcioletni; **~ste(r)** sześćdziesiąty; **♀stel** *n* sześćdziesiąta część; *ein* ~*stel* jedna sześćdziesiąta. [ment.]

Sedi'ment *n* (-es; -e) osad, sedy-)

See[1] *m* (-s; -n) jezioro.

See[2] *f* morze; *an der* ~ nad morzem; *in* ~ *gehen od.* stechen wychodzić ⟨wyjść⟩ w morze, wypływać ⟨-ynąć⟩ na morze; *offene* ~ *otwarte* (*od. pełne*) morze; *rauhe* ~, *schwere* ~ silna fala; **~aal** *m Zo.* konger; *Hdl.* koleń *m*; **~bad** *n* kąpiel w morzu *od.* morska; *(Ort)* kąpielisko morskie; **~bär** *m* niedźwiedź morski; *F Fig.* wilk morski; **~barbe** *f s. Meerbarbe*; **~beben** *n* morskie trzęsienie ziemi; **~fahrer** *m* żeglarz; **♀fest** *s.* seetüchtig; *Pers.* nie zapadający na morską chorobę; **~frachtbrief** *m* konosament; **~gang** *m* (-es; 0) falowanie, fala; **~gras** *n* trawa (*od.* zostera) morska; **~gurke** *f s.* Seewalze; **~hafen** *m* port morski; **~handel** *m* handel morski; **~handschuh** *m* morszczuk; **~hecht** *m* morszczuk; **~hund** *m* foka; **~igel** *m* jeżowiec; **~kabel** *n* kabel morski; **~karte** *f* mapa morska; **♀klar** gotowy do wyjścia w morze; **~klima** *n* klimat morski; **♀krank** cierpiący na morską chorobę; **~krieg** *m* wojna morska; **~kuh** *f* krowa morska, syrena; **~lachs** *m Zo.* czarniak; *(Pollack)* rdzawiec.

Seele *f* dusza; *Tech. a.* rdzeń *m*; *mit Leib und* ~ duszą i ciałem; *e-e* ~ *von Mensch* dusza człowieka; *aus tiefster* ~ z głębi duszy.

Seelen[heil *n* zbawienie duszy; **♀los** bezduszny; **~messe** *f Rel.* msza żałobna; **~qual** *f* męczarnie *f/pl.* duchowe; **~ruhe** *f* spokój ducha; **♀ruhig** *Adv.* najspokojniej w świecie.

See·leute *pl. s.* Seemann. [cie.]

seelisch duchowy (-wo); *(Med.)* psychiczny.

See·löwe *m* lew morski.

Seelsorge *f* (0) duszpasterstwo; **~r** *m* duszpasterz.

See[luft *f* powietrze morskie; **~macht** *f* potęga morska; **~mann** *m* (-es; -leute) marynarz; **♀männisch** marynarski (po -ku), *präd. a.* jak marynarz; **~meile** *f* mila morska.

Seenot *f* (0) niebezpieczeństwo na morzu; *in* ~ *geraten* popaść w niebezpieczeństwo, ulec awarii; *ein Schiff in* ~ statek w niebezpieczeństwie; **~rettungskreuzer** *m* statek służby ratownictwa morskiego.

Seenplatte *f* pojezierze.

See[offizier *m* oficer marynarki; **~pferdchen** *n* pławikonik, konik morski; **~räuber** *m* pirat, korsarz; **~reise** *f* podróż morska; **~rose** *f* grzybień *m*, lilia wodna; *(gelb)* grązel żółty; **~salz** *n* sól morska; **~schiffahrt** *f* żegluga wielka; **~schlacht** *f* bitwa morska; **~schwalbe** *f* rybitwa; **~stern** *m* rozgwiazda; **~straße** *f* szlak morski; **~streitkräfte** *f/pl.* marynarka wojenna; **~tang** *m* morszczyn; **♀tüchtig** żeglowny, posiadający dzielność morską; **~walze** *f* strzykwa; **~wasser** *n* woda morska; **~weg** *m*: *auf dem* ~*weg(e)* drogą morską, morzem; **~wind** *m* wiatr morski; **~zeichen** *n* znak nawigacyjny; **~zunge** *f Zo.* sola.

Segel *n* żagiel *(fig.)*; *die* ~ *streichen fig.* zwijać chorągiewkę; **~boot** *n* łódź żaglowa, żaglówka; **~flieger** *m* szybownik; **~flug** *m* lot żaglowy; **~flugsport** *m* szybownictwo; **~flugzeug** *n* szybowiec; **~macher** *m* żaglomistrz; **♀n** (-le; -gle a. sn) *(in d. Luft)* ⟨po⟩żaglować; *Mar.* ⟨po⟩żeglować; **~regatta** *f* regaty *f/pl.* żeglarskie; **~schiff** *n* żaglowiec; **~sport** *m* sport żeglarski, żeglarstwo; **~tuch** *n* płótno żaglowe; **~werk** *n* ożaglowanie.

Segen *m* błogosławieństwo; *(Heil)* dobrodziejstwo; *F* zgoda, pozwolenie; **♀s·reich** dobroczynny, zbawienny; owocny.

Segler *m* żaglowiec; *Zo.* jerzyk; *Sp.* (*a.* ~*in f*) żegla|rz (-rka). [ment.]

Seg'ment *n* (-es; -e) odcinek, seg-)

segnen (-e-) ⟨po⟩błogosławić.

sehen (*L.*) widzieć (*a. v/i*), zobaczyć *pf.* (*sich się*); *sich im Spiegel* siebie w L); *vgl.* (er)blicken, bemerken, *sich ansehen*; *schlecht* ~ niedowidzieć; *sieh (da)!* popatrz (no)!; *sich genötigt* ~ być zmuszonym; *sich (öfter)* ~ widywać się; *sich* ~ *lassen* poku|kaz(yw)ać się; *gern gesehen* mile widziany.

Sehen *n* (-s; 0) widzenie; obejrzenie; *vom* ~ z widzenia.

sehens|wert godny zobaczenia *od.* obejrzenia; **2würdigkeit** *f* osobliwość *f*; *pl. a.* zabytki *m/pl.*

seherisch proroczy (-czo).

Seh|fehler *m* wada wzroku; **feld** *n* pole widzenia; **kraft** *f* (0) wzrok.

Sehne *f Anat.* ścięgno; (*Bogen2, Math.*) cięciwa.

sehnen: *sich ~ nach* tęsknić po *od.* za (*I*); pragnąć (*G*).   [ścięgna.]

Sehnenzerrung *f* rozciągnięcie/

Sehnerv *m* nerw wzrokowy.

sehnig żylasty (-to); *Kochk.* łykowaty (-to).

sehnlich(st) *Wunsch:* najgorętszy; *präd.* z utęsknieniem.

Sehnsucht *f* tęsknota (*nach/do G*, po *L*); utęsknienie; ~ *haben s. sich sehnen; vor ~ vergehen* umierać (*od.* usychać) z tęsknoty.

sehn|süchtig, ~suchtsvoll tęskny (-no, -nie); stęskniony; *präd.* z tęsknotą, z utęsknieniem.

Seh·organ *n* narząd wzroku.

sehr bardzo; wielce, mocno; *zu ~* zanadto, (na)zbyt.

Seh|rohr *n* peryskop; **schärfe** *f* ostrość (*od.* bystrość) *f* wzroku; **vermögen** *n* wzrok; **weite** *f* zasięg widzenia; **winkel** *m* kąt widzenia.

seicht płytki (-ko) (*a. fig.*); **2heit** *f*, **2igkeit** *f* płytkość *f*, płycizna.

Seide *f* jedwab.

Seidel *n* kufel; **2bast** *m Bot.* wawrzynek wilczełyko.

seiden jedwabny; *2bau m* (-*es; 0*) jedwabnictwo; **2glanz** *m* jedwabisty połysk; **2industrie** *f* przemysł jedwabniczy; **2papier** *n* bibułka; **2raupe** *f* gąsienica jedwabnika; **2spinner** *m Zo.* jedwabnik; **2stoff** *m* tkanina jedwabna; **weich** (*0*) jedwabny, miękki jak jedwab.

seidig jedwabisty (-to, -ście).

Seife *f* mydło, *dim.* mydełko.

Seifen|blase *f* bańka mydlana; **fabrik** *f* fabryka mydła, mydlarnia; **lauge** *f* ług mydlany; **napf** *m s. Seifenschale; **pulver** *n* mydło w proszku; **schale** *f* mydelniczka; **schaum** *m* piana mydlana; **wasser** *n* mydliny *pl.*; woda mydlana.

seitg namydlony, *Geschmach:* przypominający (*präd.* jak) mydło.

Seigerung *f* (0) *Tech.* likwacja.

seih|en cedzić, przecedzać ⟨-dzić⟩; **2er** *m* cedzidło, filtr.

Seil *n* (-*es; -e*) lina; (*dünn*) linka; powróz; **bahn** *f* kolej linowa; **e-rei** *f* warsztat powroźniczy; (*0*) powroźnictwo; **schaft** *f* zespół wspinaczkowy; **schwebebahn** *f* kolej linowa napowietrzna; **springen** *n* zabawa (*Sp.* ćwiczenia *n/pl.*) ze skakanką; **tänzer(in** *f*) *m* (kobieta-)linoskoczek; **winde** *f* wyciąg linowy; **zug** *m* cięgło (elastyczne).

Seim *m* (-*es; -e*) syrup; płynny miód; *2ig* gęsty (-to); *s. sämig.*

sein[1] (*L.*) *als Hilfsverb wird nicht übersetzt;* być; *vgl. a. liegen, stehen, sich befinden usw.; 10 Jahre alt ~* mieć 10 lat; (es) *ist kein(e) ... (od. ... ist nicht) mehr* już nie ma (*G*); *das war einmal* to już dawno minęło; *es war einmal ...* był (*od.* żył) sobie ...; *ist zu ...* (= *kann*) można; (= *muß*) trzeba, musi być; *laß das ~* zostaw to; *es ist an ihm ...* teraz kolej na niego ...; *was ist mit dir?* co ci jest?, co z tobą?; *es sei!* niech będzie, niech się stanie!; *sei's drum* nie szkodzi; *das wär's* to wszystko.

sein[2] *Pron. poss.* jego; *refl.* swój.

Sein *n* (-*s; 0*) byt, egzystencja.

seiner|seits z tego (*od.* ze swej) strony, **zeit** wówczas, w owym czasie; swego czasu.

seinesgleichen taki (*pl. Psf.* tacy) jak on, równy (*pl. Psf.* równi) sobie *od.* siebie (*pl. im*); ~ *suchen*, ~ *nicht haben* nie mieć równego (równych) sobie.

seinet|halben, ~wegen (*durch ihn*) z jego powodu, przez niego, ze względu na niego; (*für ihn*) dla niego.

Seismo'graph *m* (-*en*) sejsmograf.

seit *Prp.* (*D*) od (*G*); *Kj.* odkąd; **dem** *Adv.* od tego czasu, odtąd; *Kj.* odkąd.

Seite *f* strona; bok (*a. Anat., Math.*); *Mar. a.* burta; (*Buch2*) stron(ic)a; ~ *an ~* obok siebie; ramię przy ramieniu; *von der ~* (*her*) z boku; od/ze strony; *j-m nicht von der ~ gehen od.* weichen nie odstępować ani na krok (*G*); *von allen ~n* ze wszystkich stron, zewsząd; *von 2n ze* strony (*G*); *zur ~* na stronę, na bok; *sich auf die ~ (legen* (*Schiff*) przechylać ⟨-lić⟩ się na bok; *sich auf j-s ~ stellen od. schlagen* stanąć po stronie (*G*), przejść na stronę (*G*).

Seiten|ansicht f widok z boku; rzut boczny; **~blick** m spojrzenie z boku od. z ukosa; **~eingang** m boczne wejście; **~fläche** f bok; Math. ściana (boczna); **~flügel** m boczne skrzydło; oficyna; **~gewehr** n bagnet; **~hieb** m fig. przytyk, przycinek; **~lage** f położenie boczne od. na boku; **2lang** obejmujący wiele stron, całymi stronicami; **~linie** f linia boczna; **~ruder** n ster kierunku od. pionowy.

seitens Prp. (G) ze strony (G).

Seiten|schiff n Arch. nawa boczna; **~sprung** m skok w bok; fig. zdrada małżeńska, miłostka; **~stechen** n kłucie w boku; **~straße** f boczna ulica; **~stoß** m pchnięcie (od. szturchaniec) w bok; **~tasche** f boczna kieszeń; **~tür** f boczne drzwi pl.; **2-verkehrt** odpowiadający zwierciadlanemu odbiciu, odwrócony jak w lustrze; **~wagen** m wózek boczny (motocykla); **~wechsel** m Sp. zmiana stron; **~weg** m boczna droga; **2weise** s. seitenlang; **~wind** m wiatr boczny; **~zahl** f liczba stron; numer stron(ic)y.

seit|'her odtąd, od tego czasu; **~lich** boczny; z boku; **~wärts** bokiem; w bok, na bok; z boku.

Se'kante f sieczna.

Se'kre|t n (-es; -e) Bio. sekret, wydzielina; **~tär** m (-s; -e) sekretarz (a. Zo.); (Möbel) sekretarzyk, sekretera; **~tari'at** n (-es; -e) sekretariat; **~'tärin** f sekretarka; **~'tion** f sekrecja.
[szampan.]

Sekt m (-es; -e) wino musujące,)
Sekte f sekta. [szampana.]
Sektglas n kielich (od. kieliszek) do)
Sek'tierer m sekciarz; **~tum** n (-s; 0) sekciarstwo.

Sek|ti'on f sekcja; **~tor** m (-s; -'toren) sektor; Math. wycinek (koła).

Sekun|'dant m (-en) sekundant; **2-'där** wtórny; s. zweitrangig; **~de** [-'kun-] f sekunda; **~denzeiger** m sekundnik; **2'dieren** (-) sekundować.

selbst Pron. sam(a, -o, pl. -e, Psf. -i); mit sich ~ sam ze sobą; von ~ samo przez się; s. selbsttätig; wie von ~ bez trudu, F jak po maśle; sich ~ (A) samego siebie; (D) samemu usw. sobie; Adv. nawet; ~ dann nawet wówczas; ~ wenn gdyby nawet.

Selbst·achtung f poczucie własnej godności.

selbständig samodzielny, niezależny; sich ~ machen usamodzielni(a)ć się; **2keit** f (0) samodzielność f, niezależność f.

Selbst|anklage f samooskarżenie; **~anschlußamt** n centrala (telefoniczna) automatyczna; **~aufopferung** f samopoświęcenie; **~auslöser** m samowyzwalacz; **~bedienung** f samoobsługa; in Zssgn samoobsługowy; **~befinden** n samopoczucie; **~beherrschung** f panowanie nad sobą; samokontrola; **~-bestimmung** f samo|określenie, -stanowienie; **~betrug** m oszukiwanie (od. łudzenie) samego siebie.

selbstbewußt pewny siebie; **2sein** n pewność f siebie; Philos. samo|świadomość f, -uświadomienie.

Selbst|bildnis n autoportret, portret własny; **~biographie** f autobiografia; **~disziplin** f dyscyplina wewnętrzna od. w stosunku do samego siebie; **~entlader** m Tech. samowyładowywacz; (Auto) wywrotka; **~entladung** f El. samowyładowanie; **~entzündung** f samozapalenie; **~erhaltungstrieb** m instynkt samozachowawczy; **~erkenntnis** f samopoznanie; **~fahr-** samojezdny, samobieżny; **~finanzierung** f samofinansowanie; **2-gefällig** zadowolony z siebie, zarozumiały (-le); **2gemacht** własnej roboty, własnego wyrobu; **~gespräch** n monolog; **2gezogen** z własnej hodowli, własnego (wy)chowu; **2herrlich** samowładny; samowolny; władczy (-czo), despotyczny; **~herrscher** m samowładca m, autokrata m; **~hilfe** f samopomoc f; **2klebend** lepki; **~kosten** pl. koszty m/pl. własne; **~kritik** f samokrytyka; **~lade-** Mil. automatyczny; **~laut** m samogłoska; **~lenkung** f Mil. samo|kierowanie, naprowadzanie; **~lob** n samochwalstwo; **2los** ofiarny; bezinteresowny; **~mord** m samobójstwo; **~mordversuch** m zamach samobójczy; **~mörder(in** f) m samobój|ca m (-czyni), denat(ka); **2mörderisch** samobójczy (-czo); **~schußanlage** f samopał; **~schutz** m samoobrona; **2sicher** pewny siebie, dufny w siebie; **~studium** n samokształcenie;

~sucht f (0) samolubstwo, sobkostwo; 2süchtig samolubny, sobkowski; 2tätig samoczynny, automatyczny; ~täuschung f s. Selbstbetrug; ~tor n Sp. bramka samobójcza; 2tragend samonośny; ~überwindung f przezwyciężenie samego siebie; ~unterricht m samokształcenie; ein Lehrbuch für den ~unterricht samouczek; ~verleugnung f samozaparcie; 2verständlich naturalny, zrozumiały (rozumie się) samo przez się; präd. a. ma się rozumieć; ~verstümmelung f samookaleczenie; ~verteidigung f samoobrona; ~vertrauen n ufność f (od. wiara) w siebie, zaufanie w swe siły; ~verwaltung f samorząd; ~wähl- Fmw. automatyczny; 2zufrieden zadowolony z siebie, dufny; ~zündung f samozapłon; ~zweck m cel sam w sobie.

Selchfleisch n mięso wędzone, wędzonka; vgl. Fleisch-, Räucher-.

selek'tiv selektywny, wyborczy.

selig Rel. błogosławiony; fig. błogi (-go); (entzückt) zachwycony; F (angetrunken) podochocony; mein ~er Vater mój nieboszczyk (od. świętej pamięci) ojciec; 2keit f błogość f; szczęśliwość f; 2sprechung f Rel. beatyfikacja.

Sellerie f (-s; -s) od. f seler; ~salat m sałatka z selerów.

selten rzadki (-ko); es kommt nicht ~ vor często się zdarza; ein ~ schönes Exemplar nadzwyczaj piękny okaz; 2heit f rzadkość f; konkr. a. osobliwość f, rarytas.

Selterswasser n woda selcerska.

seltsam dziwny, niezwykły (-le), osobliwy (-wie); ~erweise dziwnym sposobem, rzecz dziwna (że).

Sema'phor m od. n (-s; -e) semafor.

Se'mester n semestr; ~- in Zssgn semestralny.

Semi|finale n półfinał; ~kolon n (-s; -s/-la) średnik; ~'nar n (-s; -e) seminarium n.

se'mitisch semicki (po -ku).

Semmel f (-; -n) bułka, bułeczka; F wie warme ~n weggehen być rozchwytywanym; ~brösel m/pl. bułka tarta.

Se'nat m (-es; -e) senat; Jur. izba; kolegium sędziowskie; ~s- senacki; ~or m (-s; -'toren) senator.

Sende|antenne f antena nadawcza; ~bereich m zasięg transmisji; ~folge f program (radiowy); s. Sendereihe; 2n¹ (L.) po-, wy|s(y)łać; 2n² (-e-) Rdf. nada(wa)ć, emitować; ~r m nadajnik; (Station) rozgłośnia; ~raum m studio (radiowe, telewizyjne); ~reihe f cykl audycji; ~zeit f czas nadawania od. emisji.

Sendung f przesyłka; misja, posłannictwo; Rdf. audycja.

senega'lesisch senegalski.

Senf m (-es; -e) gorczyca; Kochk. musztarda; F fig. trzy grosze; ~glas n musztardniczka; ~gurken f/pl. ogórki m/pl. gorczyczne; ~pflaster n gorczycznik, synapizm; ~soße f sos musztardowy od. tatarski; ~topf m s. Senfglas.

sengen v/i palić (żarem), do-, przy|piekać; v/t s. ab-, versengen; ~de Sonne skwarne słońce.

se'nil starczy (-czo).

Senior m (-s; -'oren) senior; ~enheim [-'o:-] n dom rencisty.

Senk|blei n ołowianka; (Gerät) pion; ~e f nizina, depresja (tektoniczna); zapadlisko; ~el m sznurowadło; 2en o-, s|puszczać ⟨-uścić⟩ (a. Blick), (a. Stimme, Preis usw.) ob-, z|niżać ⟨-żyć⟩ (sich się); s. neigen; sich 2en (Gelände a.) opadać (Mauer) osiadać ⟨-iąść⟩ (Nacht) zapadać ⟨-paść⟩; ~er m Tech. pogłębiacz; ~fuß m płaska stopa; ~grube f dół kloaczny; ~kasten m keson; ~lot n pion.

senkrecht pionowy (-wo), prostopadły (-le) (zu/do G); 2e f prostopadła; 2starter F m samolot pionowego startu; F fig. polityk usw. który zrobił zawrotną karierę.

Senkung f ob-, z|niżenie; (Preis2) ob-, z|niżka.

Senn m (-es; -e), ~e m (-n) pastuch (alpejski); ~hütte f szałas pasterski.

Sensati'on f sensacja; (Neuheit) rewenement; 2o'nell sensacyjny, rewelacyjny.

Sense f kosa; F fig. koniec.

sen'sib|el (-bl-) wrażliwy (-wie); 2ili'tät f (0) wrażliwość f.

Sensor m (-s; -'soren) Satelliten-Tech. szukacz; ~taste f El. wyłącznik zbliżeniowy.

Sen'tenz f sentencja.

sentimen'tal sentymentalny; 2i'tät f sentymentalność f.

sepa'ra|t oddzielny, odrębny; 2'tis-

mus *m* (-; *0*) separatyzm; **~'tistisch** separatystyczny.

Sepsis *f* (-; *-psen*) posocznica.

Sep'tember *m* wrzesień *m*; **~** *in Zssgn* wrześniowy.

septisch septyczny.

Serb|e *m* (-*n*), **~in** *f* Serb(ka); **2isch** serbski (po -ku).

serbokroatisch serbsko-chorwacki.

Sere'nade *f* serenada.

Sergeant ['sɑːdʒənt] *m* (-*en*) sier-\
Serie *f* seria. {żant.}

Serien|fertigung [-ən-] *f* produkcja\
seryjna; **~film** *m* serial; **~schaltung** *f* połączenie szeregowe.

seri'ös poważny, zasługujący na zaufanie.

Serpen'tine *f* serpentyna.

Serum *n* (-*s*; *-ren|-ra*) surowica,\
serum *n*.

Service[1] ['viːs] *n* (-/-*s*; -/-*e*) serwis.

Service[2] ['sœːvɪs] *m od.* *n* (-; -*s*)\
obsługa; **~station** *f* stacja obsługi;\
warsztat naprawczy.

ser'viere|n (-) *v/t* pod(aw)ać; *v/i* *a.*\
usługiwać (przy stole); *Sp.* ⟨za-⟩\
serwować; **2rin** *f* kelnerka.

Servi'ette *f* serwetka.

Sessel *m* fotel; **~lift** *m* wyciąg krzesełkowy. {się (na stałe).}

seßhaft osiadły; **~** *werden* osiedlić\
Sessi'on *f* sesja.

Set *m od.* *n* (-/-*s*; -*s*) komplet.

Setz·ei *n* jajko sadzone.

setzen (-*zt*) *v/t* sadzać ⟨posadzić⟩;\
vgl. (*hin*)*stellen, legen; Agr. a.*\
⟨za⟩sadzić; *Text, Unterschrift*:\
składać ⟨złożyć⟩; *Denkmal*: wystawi(a)ć; *Segel*: stawiać ⟨postawić⟩; *s. a. auf-, versetzen, frei,\
Karte, Marsch usw.*; **~** *sich* ~ siadać ⟨usiąść⟩; (*an A*) zasiadać\
⟨-iąść⟩ (*do G*); (*zu j-m*) przysiadać\
⟨-iąść⟩ się (*do G*); *Staub, Trub*:\
osiadać ⟨-iąść⟩, osadzać ⟨-dzić⟩ się;\
v/i (*über A*) przeskakiwać ⟨-skoczyć⟩ (*A*, przez *A*), sadzić (przez *A*).

Setz|er *m Typ.* składacz, zecer; **~e-\
'rei** *f* zecernia; **~ling** *m Agr.* sadzonka, flanca; **~maschine** *f Typ.*\
maszyna do składania.

Seuche *f* zaraza (*a. fig.*), epidemia;\
Vet. mór; **~n·gefahr** *f* groźba epidemii; **~n·herd** *m* siedlisko (*od.*\
ognisko) zarazy.

seufz|en (-*zt*) wzdychać ⟨westchnąć⟩; **2er** *m* westchnienie.

Sex F *m* (-/-*es*; *0*) seks; *mit ~* sekso-

wy; **~bombe** *f* seksbomba; **~film** F\
m film pornograficzny.

Sex|'tant *m* (-*en*) sekstans; **~'tett** *n*\
(-*es*; -*e*) sekstet.

Sexu|ali'tät *f* (*0*) seksualizm, seksualność *f*; **~'alverbrecher** *m* maniak seksualny; **2'ell** seksualny,\
płciowy (-wo).

sexy F seksow(n)y.

Sezessi'on *f* secesja; **~s-** secesyjny.

se'zieren (-) dokon(yw)ać sekcji\
(*A*/*G*).

Shorts [ʃɔ-] *pl.* szorty *m*/*pl.*

sia'mesisch syjamski.

si'birisch syberyjski.

sich *Pron.* (*A*) siebie, się; (*D*) sobie;\
für ~ dla siebie; *bei ~* przy sobie;\
vor ~ przed sobą; *zu ~* do siebie;\
an (*und für*) *~* właściwie; *von ~ aus*\
z własnej inicjatywy; *es fragt ~, ob*\
... nie wiadomo jeszcze, czy ...

Sichel *f* (-; -*n*) sierp; **2förmig** sierpowaty (-to).

sicher *Adj.* pewny; (*gefahrlos*) bezpieczny; *s. zuverlässig*; *Adv.* pewnie, z pewnością, na pewno; *s.\
sicherlich*; **2heit** *f* pewność *f*; bezpieczeństwo; *Fin.* zabezpieczenie; *in*\
2heit bringen uchronić, ocalić (*vor*\
D/przed *I*), ukryć w bezpiecznym\
miejscu (*a. sich się*).

Sicherheits|abstand *m* bezpieczna\
odległość; **~beauftragte(r)** *Tech.*\
inspektor bhp; **~dienst** *m* służba\
bezpieczeństwa; **~glas** *n* szkło\
bezodpryskowe; **~gurt** *m* pas bezpieczeństwa; **2halber** dla pewności; **~nadel** *f* agrafka; **~rat** *m* (-*es*; *0*)\
Rada Bezpieczeństwa; **~schloß** *n*\
zamek wertheimowski; **~ventil** *n*\
zawór bezpieczeństwa.

sicher|lich pewnie, zapewne; **~n**\
(-*re*) zabezpieczać ⟨-czyć⟩ (*a. sich*\
się; *gegen A*, *vor D*/przed *I*, od *G*);\
zapewni(a)ć (*sich* [*D*] *et.*/sobie *A*);\
Mil. osłaniać; *Berg-Sp.* ⟨za⟩sekurować; **~stellen** zabezpieczać\
⟨-czyć⟩, zapewni(a)ć; **2ung** *f* zabezpieczenie; *El.* bezpiecznik (*a.\
an Waffen*).

Sicht *f* (*0*) widoczność *f*; (*Ausblick*)\
widok; *in ~ kommen* ukaz(yw)ać się;\
in ~ sein być widocznym; *Hdl. auf*\
(*od. bei*) *~* za okazaniem; *auf lange ~*\
na dalszą metę; **2bar** widzialny, (*a.\
fig.*) widoczny; *s.* (*be*)*merkbar*; **~bereich** *m* zasięg widzenia; **2en**\
(-*e-*) dostrzegać ⟨-ec⟩, zobaczyć *pf.*;

Papiere: przeglądać ⟨przejrzeć⟩, ⟨u⟩porządkować; **~er** m Tech. klasyfikator powietrzny; *Agr.* wialnia; **~feld** n pole widoczności; ⟨⟩lich widoczny; **~vermerk** m wiza; **~weite** f zasięg widzenia; widoczność f.

Sicker|grube f dół kloaczny *od.* odsączający; ⟨⟩n ⟨-re; sn⟩ sączyć się; s. durch-, versickern; **~wasser** n woda infiltracyjna.

sie *Pron.* N/3. *Pers. sg.* ona; N/3. *Pers. pl.* oni, *Sfm.* one; *A/sg.* ją; *A/pl.* ich, *Sfm.* je; ⟨2⟩ (N) pan, pani, *pl.* państwo, panowie, panie; (A) pana, panią, *pl.* państwa, panów, panie.

Sieb n ⟨-ɛs; -e⟩ sito; (Tee⟨2⟩) sitko; Tech. a. przesiewacz; **~druck** m ⟨-ɛs; -e⟩ druk sitowy, sitodruk; ⟨⟩en¹ przesi(ew)ać (a. fig.).

sieben² sied|em, -mioro, Psf. -miu; halb ~ (Uhr) pół do siódmej; ⟨2⟩ f siódemka; **~fach** siedmiokrotny; **~hundert** siedemset, Psf. siedmiuset; **~jährig** siedmioletni; **~malig** siedmiorazowy; ⟨2⟩**meilenstiefel** m/pl. buty m/pl. siedmiomilowe; **~monatig** siedmiomiesięczny; ⟨2⟩**sachen** F pl. manatki pl., manele pl.; ⟨2⟩**schläfer** m Zo. popielica; (Fest) siedmiu braci śpiących; **~tägig** siedmiodniowy.

Sieb(en)tel n siódma część; ein ⟨2⟩ jedna siódma.

sieb(en)te(r) siódmy.

Siebrückstand m odsiew; pozostałość f na site.

siebzehn siedemna|ście, -ścioro, Psf. -stu; ⟨2⟩ und vier n KSp. oczko; **~te(r)** siedemnasty.

siebzig siedemdzie|siąt, -sięcioro, Psf. -sięciu; in die ~ kommen F zacząć siódmy krzyżyk; **~jährig** siedemdziesięcioletni; ⟨2⟩**stel** n siedemdziesiąta część; ein **~stel** jedna siedemdziesiąta; **~ste(r)** siedemdziesiąty.

siech † schorowany, cherlawy (-wo) **~en** s. dahinsiechen; ⟨2⟩**tum** n ⟨-s; 0⟩ (długa) choroba, niemoc f; fig. (powolny) upadek.

siede|heiß (0) wrzący, gorący jak ukrop; ⟨2⟩**hitze** f fig. straszne gorąco.

siedeln (ìⁿ) v/i osiedlać ⟨-lić⟩ się.

siede|n (L. u. -e-) v/t warzyć, gotować; v/i wrzeć, kipieć; ⟨2⟩**punkt** m temperatura wrzenia; ⟨2⟩**wasser-reaktor** m reaktor z wrzącą wodą.

Sied|ler m osadnik, osiedleniec, kolonista m; **~lung** f osada, kolonia; (Arbeiter⟨2⟩) osiedle.

Sieg m ⟨-ɛs; -e⟩ zwycięstwo (über A/ nad I; in, bei D/w L); e-n ~ davontragen odnieść zwycięstwo.

Siegel n pieczęć f, pieczątka; unter dem ~ der Verschwiegenheit pod sekretem, prosząc o tajemnice; **~lack** m lak do pieczęci; **~ring** m sygnet.

sieg|en zwyciężać ⟨-żyć⟩ (über A/ A); ⟨2⟩**er** m zwycięzca m; ⟨2⟩**erpodest** n podest zwycięzcy.

sieges|bewußt pewny zwycięstwa; zwycięski (-ko); ⟨2⟩**feier** f uczczenie (od. F oblanie) zwycięstwa; ⟨2⟩**preis** m nagroda dla zwycięzcy od. zdobywcy pierwszego miejsca; **~sicher** pewny zwycięstwa; **~trunken** upojony zwycięstwem; ⟨2⟩**zug** m triumfalny pochód.

siegreich zwycięski (-ko).

sieh s. sehen.

sielen: sich ~ tarzać się; (im Bett) wylegiwać się.   [martenowski.⟩

Siemens-Martin-Ofen m piec⟨⟩

Si'gnal n ⟨-s; -e⟩ sygnał; Esb. a. semafor; **~flagge** f flaga sygnałowa, **~gast** m Mar. sygnalista m; **~geber** m sygnalizator; **~horn** n trąbka sygnałowa; ⟨2⟩**i'sieren** (-) ⟨za⟩sygnalizować; **~mast** m maszt sygnalizacyjny; Esb. słup semafora; **~rakete** f rakieta sygnałowa; **~zeichen** n Signal.   [**~tur** f sygnatura.⟩

Signa'tarmacht f sygnatariusz;⟩

si'gnieren (-) sygnować.

Silbe f zgłoska, sylaba; mit k-r ~ ani słówkiem.

Silben|rätsel n logogryf, **~trennung** f dzielenie wyrazów (zgodnie z podziałem na sylaby).

Silber n ⟨-s; 0⟩ srebro; ~ in Zssgn Chem. srebrowy; **~bergwerk** n kopalnia srebra; ⟨2⟩**farben**, ⟨2⟩**farbig** koloru srebra; **~fuchs** m srebrny lis; **~geld** n ⟨-ɛs; 0⟩ monety f/pl. srebrne; ⟨2⟩**grau** (0) srebrnoszary; **~hell** srebrzysty (-ście); **~hochzeit** f srebrne wesele; **~ling** m srebrnik; **~münze** f srebrna moneta; ⟨2⟩n srebrny; s. silbrig; ⟨2⟩**papier** n staniol; **~pappel** f topola biała, białodrzew; **~tanne** f s. Edeltanne; ⟨2⟩**weiß** (0) srebrzysto-, srebrnobiały.

silbrig srebrzysty (-ście).

Silhou'ette [zilu-'] f sylwetka.

Sili'kat n ⟨-ɛs; -e⟩ krzemian.

Si'lizium n (-s; 0) krzem; **~dioxid** n krzemionka; **~karbid** n węglik krzemu, karborund.

Silo m od. n (-s; -s; -s) silos; zasobnik; **~futter** n kiszonka.

Sil'vester(abend) m wieczór sylwestrowy, sylwester.

simpel (-pl-) prosty (-to); s. einfältig.

Sims m (-es; -e) gzyms.

Simse f oczeret; s. Binse.

Simu'|lant m (-en), **~'lantin** f symulant(ka); **~'lator** m (-s; -'toren) symulator; **2'lieren** (-) symulować.

simul'tan symultaniczny, engS. jedno-, równo|czesny; wspólny; **~spiel** n symultan(ka).

Sinfo'nie f symfonia; **~orchester** n orkiestra symfoniczna.

sing|en (L.) wyśpiewać pf.; **~end** śpiewając(y); Tonfall: śpiewny; **2sang** m (-es; 0) śpiewność f mowy; monotonny śpiew; **2stimme** f głos; partia głosowa. [cza.]

Singular m (-s; -e) liczba pojedyn-

Singvogel m ptak śpiewający.

sinken (L.; sn) opadać ⟨opaść⟩, obniżać ⟨-żyć⟩ się (a. Preise usw.); (auf d. Knie, moralisch usw.) upadać, ⟨u⟩paść; (Schiff) ⟨za⟩tonąć; ~ lassen opuszczać ⟨-uścić⟩.

Sinn m (-es; -e) zmysł; (0) zmysł, poczucie (für/G); (Bedeutung) sens, znaczenie; Tech. kierunek; im gewissen ~(e) w pewnym sensie; in den ~ kommen przyjść na myśl, nasuwać ⟨-unąć⟩ się; sich aus dem ~ schlagen wybi(ja)ć sobie z głowy; ohne ~ und Verstand bez ładu i sensu; von ~en odchodzić od zmysłów; im ~e w myśl (G); w rozumieniu; **~bild** n symbol.

sinnen (L.) rozmyślać, zastanawiać się (über A/nad I); ~ auf (A) obmyślać, rozważać (A); knuć (auf Rache zemstę); gesonnen sein mieć zamiar.

Sinnen|lust f rozkosz zmysłowa; **~rausch** m zmysłowe upojenie.

sinn·entstellend wypaczający sens.

Sinnes|änderung f zmiana poglądów od. zdania; **~organ** n narząd zmysłu; **~täuschung** f złudzenie zmysłowe; omam, urojenie.

sinngemäß: ~ wiederholen powtarzać ⟨-tórzyć⟩ zachowując myśl, odda(wa)ć sens (G).

sinn|getreu wiernie oddając(y) sens od. treść; **~ig** s. sinnreich; **~lich**

zmysłowy (-wo); **2lichkeit** f (0) zmysłowość f; **~los** niedorzeczny, bezsensowny, präd. bez sensu; **~los sein** nie mieć sensu; **~los betrunken** pijany do nieprzytomności; **~reich** przemyślny, pomysłowy (-wo), dowcipny; **2spruch** m sentencja; **~verwandt** bliskoznaczny; **~voll** sensowny; es ist nicht ~voll ... nie ma sensu ...; **~widrig** niezgodny z myślą od. treścią; nielogiczny.

Sinter m (-s; 0) spiek, aglomerat.

Sintflut f (-; 0) potop.

Sinus m (-; -/-se) sinus. [fonowy.]

Siphon m (-s; -s) syfon; przelew sy-

Sipp|e f rodzina; klan, ród; a. = **~schaft** f klika, sitwa.

Si'rene f syrena, buczek.

Sirup m syrop; Tech. a. odciek.

Sisalhanf m sizal.

Sitte f obyczaj; (Brauch) zwyczaj; F s. Sittenpolizei.

Sitten|bild n, **~gemälde** n obraz obyczajowy; **~geschichte** f historia obyczajów; **~kodex** m kodeks obyczajowy; **2los** niemoralny, rozwiązły (-le); **~polizei** f policja obyczajowa; **~richter** m moralista m; **~roman** m powieść obyczajowa; **2streng** surowych obyczajów; **~strolch** F m maniak seksualny; **~verfall** m upadek obyczajów.

Sittiche m/pl. papugi f/pl. długoogonowe.

sittlich moralny, obyczajny; **2keit** f (0) moralność f, obyczajowość f; **2keitsverbrechen** n przestępstwo seksualne.

sittsam skromny, obyczajny.

Situati'on f sytuacja; **~s-** sytuacyj-

situ'iert sytuowany. [ny.]

Sitz m (-es; -e) siedzenie; fig. miejsce; (e-r Firma) siedziba; e-n guten ~ haben Anzug: dobrze leżeć; **~bad** n nasiadówka.

sitzen (-zt) siedzieć; (im Rat usw.) zasiadać; (sich lange aufhalten, brüten) wysiadywać; (eifrig studieren usw.) ślęczeć (über D/nad I); (Kleid) leżeć; (Gefühl) tkwić; (Schuß, Hieb) trafić (-; e-m Maler) pozować; F e-n ~ haben być pod muchą; **~bleiben** pozost(aw)ać na drugi rok, repetować; zost(aw)ać na koszu; (auf s-r Ware) zost(aw)ać (z I), nie znaleźć kupca (na A); **~d** siedzący; **~lassen** (nicht heiraten) zostawi(a)ć na koszu, P puszczać ⟨puścić⟩ kantem;

(verlassen) porzucać ‹-cić›; *(nicht kommen)* nie zjawić się *pf.*

Sitzfleisch F *n: kein ~ haben* wiercić się, nie móc usiedzieć (na miejscu); nie mieć wytrwałości.

Sitz|gelegenheit *f* miejsce do siedzenia; **~ordnung** *f* porządek przy stole; **~platz** *m* miejsce siedzące; **~stange** *f* grzęda (dla kur); **~streik** *m* strajk okupacyjny; **~ung** *f* posiedzenie; *(als Modell)* pozowanie.

Sitzungs|periode *f* sesja; **~saal** *m* sala posiedzeń.

sizili'anisch sycylijski.

Skal|a *f* (-; -len) skala *(a. fig.)*, podziałka; *(Ton-, Farb-)* gama; **~en-strich** *m* kreska podziałki.

Skal'pell *n* (-s; -e) skalpel.

skal'pieren (-) ‹o›skalpować.

Skan|'dal *m* (-s; -e) skandal; **2da-'lös** skandaliczny; **~'dalpresse** *f* prasa brukowa; **2'dal-umwittert** znany z licznych skandali.

skandi'navisch skandynawski.

Skat *m* (-es; -e) skat. *[(a. fig.).]*

Ske'lett *n* (-es; -e) kościec, szkielet.

Skep|sis *f* (-; 0) powątpiewanie, sceptycyzm; **~tiker** *m* sceptyk; **2-tisch** sceptyczny.

Ski [ʃiː] *m s. Schi.*

Skizze *f* szkic.

Skizzen|buch *n* szkicownik; **2haft** szkicowy (-wo).

skiz'zieren (-) ‹na›szkicować.

Sklave *m* (-n) niewolnik.

Sklaven|arbeit *f* (0) praca niewolnicza *od.* niewolników; **~handel** *m* handel niewolnikami.

Skla|ve'rei *f* (0) niewolnictwo; *fig.* niewola; **~vin** *f* niewolnica; **2visch** niewolniczy (-czo).

Skle'rose *f* miażdżyca, skleroza; *multiple ~* stwardnienie rozsiane.

Skonto *n od. m* (-s; -s) skonto.

Skor'but *m* (-es; 0) szkorbut.

Skorpi'on *m* (-s; -e) skorpion; *Astr.* Niedźwiadek.

Skrupel *m* skrupuł; **2los** pozbawiony *(präd. bez)* skrupułów; bezwzględny.

skrupu'lös skrupulatny.

Skulp'tur *f* rzeźba; *s. Bildhauerei.*

Skunk *m* (-s; -s) skunks(y *pl.* Pelz).

skur'ril dziwaczny

Slalom *m* (-s; -s) slalom.

Sla|we *m* (-n), **~win** *f* słowian|in (-ka); **2wisch** słowiański (po -ku); **'wistik** *f* (0) slawistyka.

Slip *m* (-s; -s) *Mar. Tech.* slip, pochylnia; *(Höschen)* slipy *m/pl.*; **~per** *m* trumniak.

Sliwowitz *m* (-es; -e) śliwowica.

Slo'wa|ke *m* (-n), **~kin** *f* Słowa|k (-czka); **2kisch** słowacki (po -ku).

Slo'wen|e *m* (-n), **~in** *f* Słoweń|iec (-ka); **2isch** słoweński (po -ku).

Sma'ragd *m* (-es; -e) szmaragd; **~** *in Zssgn* szmaragdowy.

Smog *m* (-/-s; -s) smog.

Sno'bismus *m* (-; -men) snobizm.

so tak; *(also)* więc; *~ ein taki; ~ etwas* coś takiego *od.* podobnego; *~ gut wie* prawie; *~ bald wie möglich* jak najprędzej; *nur ~* ot tak; *~ oder ~* tak czy owak; F *~ lala* tak sobie; **~'bald** skoro tylko.

Socke *f* skarpetka; F *sich auf die ~n machen* wyruszać ‹-szyć› (w drogę).

Sockel *m* cokół; piedestał.

Sockenhalter *m* podwiązka.

Soda *f* (-; 0) *od. n* (-s; 0) soda; **~wasser** *n* woda sodowa.

Sodbrennen *n* (-s; 0) zgaga.

so'eben dopiero co, tylko co, przed chwilą.

Sofa *n* (-s; -s) kanapa, sofa.

so'fern o ile; jeśli (tylko).

soff(en) *s. saufen.*

so'fort natychmiast, zaraz, niezwłocznie; **~ig** natychmiastowy; **2-maßnahmen** *f/pl.* środki *m/pl.* natychmiastowe *od.* doraźne.

Software [-vɛɐ] *f* Comp. oprogra- *[mowanie.]*

sog *s. saugen.*

Sog *m* (-es; -e) ssanie, działanie ssące; *fig.* wir.

so|'gar nawet; **~genannt** tak zwany; **~'gleich** *s. sofort.*

Sohle *f* podeszwa, *(nur Schuh2)* zelówka; *Arch.* podwalina; *Bgb.* poziom (kopalniany), piętro; spąg, spodek wyrobiska; *s. Scheitel;* **~n-** podeszwowy.

Sohn *m* (-es; *~e) syn; s. einzig.*

Söhnchen *n* syn(ecz)ek, synalek.

Soja|bohne *f* soja; **~öl** *n* olej sojowy.

so'lange dopóki.

So'lar|- słoneczny; **~zelle** *f* ogniwo słoneczne.

Solbad *n* kąpiel solankowa.

solch taki; **~er-art** tego rodzaju.

Sold *m* (-es; -e) żołd.

Sol'dat *m* (-en) żołnierz; **~en-**, **2isch** żołnierski (po -ku).

Soldbuch *n* (żołnierska) książeczka uposażenia.

Söldner *m* najemnik, żołdak; ~**truppe** *f* wojsko najemne.
Sole *f* solanka; źródło słone.
soli'dari|sch solidarny; ♀**tät** *f* (0) solidarność *f*.
so'li|de solidny; ♀**di'tät** *f* (0) solidność *f*, rzetelność *f*.
So'list(in *f*) *m* (-*en*) solist|a *m* (-ka).
Soll *n* (-/-*s*; -/-*s*) *Fin*. debet; ~ *und Haben* winien i ma; (*Arbeits*♀ *usw*.) norma; plan; kontyngent.
sollen (*ohne Inf*.) *was soll das?* co to ma znaczyć?; *was soll ich hier?* co mam tu robić?; (*mit Inf*.) *ich soll es erledigen* mam to załatwić; *du sollst nicht stehlen!* nie kradnij!; *er soll kommen* niech przyjdzie; *du sollst es haben* otrzymasz (*od*. dostaniesz) to; *er hat es bezahlen* ~ powinien był to zapłacić; *er soll krank sein* podobno jest chory; *sollte es regnen* ... (w razie) gdyby padał deszcz ...
Solo *n* (-*s*; -*li*) solo; F *a*. solówka; ~ *in Zssgn* solowy; ~**sänger(in** *f*)\
Solquelle *f s*. Sole. {[*m s*. Solist(in).}
somit zatem, (a) więc.
Sommer *m* lato; *im* ~ latem, w lecie; ~**anfang** *m* początek lata; ~**ferien** *pl*. wakacje *pl*. letnie; ~**frische** *f* (wy)wczasy *pl*.; (*Ort*) letnisko; ~**gast** *m* letnik; ~**getreide** *n* zboże jare; ♀**lich** letni; *präd*. jak w lecie; ~**schlußverkauf** *m* letnia wyprzedaż posezonowa; ~**sonnenwende** *f* przesilenie letnie Słońca; ~**sprossen** *f/pl*. piegi *f/pl*.; ♀**sprossig** piegowaty (-to); ~**zeit** *f* pora letnia, letnia pora; (*Uhrzeit*) czas letni.
So'nate *f* sonata.
Sonde *f* sonda; *Med. a*. zgłębnik.
Sonder|angebot *n* oferta specjalna; ~**ausgabe** *f* wydanie nadzwyczajne *od*. specjalne/osobne; *pl. Fin*. wydatki *m/pl*. nadzwyczajne; ♀**bar** dziwny, osobliwy (-wie); ♀**barerweise** dziwnym sposobem; ~**beauftragte(r)** specjalny pełnomocnik; ~**beilage** *f* dodatek nadzwyczajny; ~**bericht erstatter** *m* sprawozdawca *m* (*od*. wysłannik) specjalny; ~**fahrt** *f* jazda pozaplanowa; ~**fall** *m* wypadek odosobniony *od*. szczególny; (*Ausnahme*) wyjątek; ~**gericht** *n* *Jur*. sąd specjalny; ~**korrespondent** *m* korespondent specjalny; ♀**lich** szczególny; F *nicht* ♀**lich** nieszczególnie; ~**ling** *m* (-*s*; -*e*) dziwak, oryginał.

sondern[1] *Kj*. lecz; *nicht nur ...*, ~ *auch ...* nie tylko ..., lecz także ...
sondern[2] (-*re*) *s*. trennen, ab-, aussondern.
Sonder|nummer *f* numer specjalny; ~**preis** *m* cena zniżona *od*. okazyjna; ~**recht** *n* przywilej; ~**stellung** *f* uprzywilejowane stanowisko; szczególne (*od*. specjalne) miejsce; ~**stempel** *m* stempel okolicznościowy; ~**zug** *m* pociąg specjalny; ~**zulage** *f* dodatek nadzwyczajny. [♀**ung** *f* sondaż.}
son'dier|en (-) (wy)sondować;}
Sonn·abend *m* sobota; ~*in Zssgn* sobotni; *am* ~ = ♀**s** w sobotę/w soboty.
Sonne *f* słońce, F słonko; *Astr*. Słońce; (*Feuerwerk*) słońce; *gegen die* ~ pod słońce; ♀**n:** *sich* ♀**n** wygrzewać (*od*. opalać) się na słońcu.
Sonnen·aufgang *m* wschód słońca; *bei* ~ o wschodzie słońca.
Sonnen|bad *n* kąpiel słoneczna; *opalanie się*; ~**batterie** *f* bateria słoneczna; ~**blende** *f* *Fot*. osłona przeciwsłoneczna; ~**blume** *f* słonecznik; *in Zssgn* słonecznikowy; ~**brand** *m* oparzenie słoneczne; ~**brille** *f* okulary przeciwsłoneczne; ~**energie** *f* energia słoneczna; ~**ferne** *f* punkt odsłoneczny; ~**finsternis** *f* zaćmienie słońca; ~**fleck** *m* plama słoneczna/na Słońcu; ♀**gebräunt** opalony; ~**glut** *f* (słoneczny) żar, skwar; ♀**klar** (0) jasny jak słońce; ~**kraftwerk** *n* elektrownia słoneczna; ~**nähe** *f* punkt przysłoneczny; ~**schein** *m* blask słońca, światło słoneczne; ~**schirm** *m* parasol(ka) od słońca; ~**schutz** *m* osłona przeciwsłoneczna; ~**seite** *f* strona słoneczna; ~**stich** *m* porażenie słoneczne; ~**strahl** *m* promień słoneczny *od*. słońca; ~**strahlung** *f* promieniowanie słoneczne; ~**system** *n* układ słoneczny; ~**tau** *m* *Bot*. rosiczka; ~**uhr** *f* zegar słoneczny.

Sonnen·untergang *m* zachód słońca; *bei* ~ o zachodzie słońca.
sonn(en)verbrannt opalony, ogorzały.
sonnig słoneczny; *fig*. pogodny.
Sonntag *m* niedziela; *am* ~ = ♀**s** w niedzielę/w niedziele.
sonntäglich niedzielny.
Sonntags|anzug *m* ubranie od-

świetne; **~jäger** m przygodny myśliwy; **~kind** n szczęściarz, urodzony w czepku; **~maler** m malarz amator.

sonst Adv. s. andernfalls, außerdem; (für gewöhnlich) zazwyczaj; was ~ co jeszcze; wer ~ któż inny; ~ nichts (niemand) nic ~ (nikt) więcej; Kj. bo; **~ig** inny, pozostały; **~wer** F byle kto; kto bądź; **~wie** F jakoś (inaczej); **~wo** F gdzie indziej, gdzie **so'oft** ilekroć; zawsze gdy. [bądź.]

So'pran m (-s; -e) sopran; ~ in Zssgn sopranowy. [(-ka).]

Sorbe m (-n), **~in** f Łużyczan|in|

Sor'binsäure f (0) kwas sorbinowy.

sorbisch łużycki (po -ku).

Sorge f troska (a. Für2), zmartwienie, zgryzota; sich (D) ~n machen martwić (od. niepokoić) się (um A/I, o A); ... macht mir ~n martwi (od. niepokoi) mnie ...; ~ tragen s. sorgen.

sorgen troszczyć się, dbać (für/o A); sich ~ um s. Sorge; **~frei** beztroski, prad. bez trosk od. kłopotów; **2kind** F n wieczne zmartwienie; **~voll** s-, za|troskany; Leben: pełny trosk.

Sorg|falt f (0) staranność f, dbałość f; **2fältig** staranny, dbały (-le); **2los** beztroski (-ko); (leichtsinnig) lekkomyślny; **~losigkeit** f (0) beztroska; lekkomyślność f; **2am** troskliwy (-wie), pieczołowity (-cie).

Sorte f gatunek; fig. a. rodzaj; Agr. odmiana.

sor'tier|en (-) **~po**\sortować (nach/według G); **2er** m sortowacz; a. = **2maschine** f sortownik; segregator.

Sorti'ment n (-es; -e) (a)sortyment.

Soße f s. Sauce, Tunke.

sott(en) s. sieden.

Soufflé [zu'fleː] n (-s; -s) suflet.

Souffleu|r [zu'fløːʁ] m (-s; -e), **~se** [-'fløːzə] f sufler(ka).

souf'flieren [zu-] (-) suflerować.

so·undso tak(i) a tak(i); ~ viel tyle a tyle.

Souper [zu'peː] n (-s; -s) kolacja.

Sou'tane f [zu-] f sutanna.

Souve'nir [zuvə-] n (-s; -s) pamiątka (z podróży), upominek; ~s pl. a. artykuły m/pl. pamiątkarskie.

souve'rä|n [zu-] suwerenny; fig. pewny; opanowany, spokojny; **2ni-tät** f (0) suwerenność f.

so'viel Kj. ile by; o ile; Adv. tyle(ż), tyle samo; **~weit** Kj. o ile;

Adv. tak dalece, dotąd; F **~weit sein** być gotowym; **~wenig** s. ebensowenig; **~wie** Kj. jak i, jak również; s. sobald; **~wie'so** i tak, tak czy owak. [2isch radziecki.]

So'wjet m (-s; -s) rada, sowiet; **~,**}

so'wohl: ~ ... als auch ... nie tylko ... lecz także (od. również) ...

sozi'al socjalny, społeczny; **2amt** n wydział opieki społecznej; **2arbeit** f praca w dziedzinie opieki społecznej; **2demokrat** m socjaldemokrata m; **~demokratisch** socjaldemokratyczny; **2fürsorge** f opieka społeczna; **2fürsorger** m opiekun społeczny; **~i'sieren** (-) uspołeczni(a)ć.

Sozia'lis|mus m (-; 0) socjalizm; **~t** m (-en) socjalista m; **2tisch** socjalistyczny.

Sozi'al|leistungen f/pl. (im Betrieb) udogodnienia n/pl. socjalne; **~poli-tik** f polityka socjalna; **~prestige** n prestiż społeczny; **~produkt** n produkt społeczny; **~versicherung** f ubezpieczenie społeczne; **~wissen-schaften** f/pl. nauki f/pl. społeczne; **~wohnung** f mieszkanie, wybudowane z udziałem środków państwowych. [f (0) socjologia.]

Sozio'lo|ge m (-n) socjolog; **~'gie**}

Soziussitz m siodełko pasażera.

sozu'sagen że tak powiem; s. gewissermaßen.

Spachtel m od. f (-; -n) szpachla; a. = **~kitt** m, **~masse** f szpachlówka; **2n** (-le) (za)szpachlować.

Spa'gat m od. n (-es; -e) Sp. rozszczep, szpagat.

späh|en (-es; -e) wypatrywać (nach/A); **2er** m szperacz; s. Kundschafter; **2trupp** m patrol rozpoznawczy, zwiad.

Spa'lier n (-s; -e) szpaler.

Spalt m (-es; -e) szczelina, szpara; Med., Zo. rozstęp; **2bar** rozszczepialny; Mineral: łupliwy; **~e** f s. **Spalt**; Typ. szpalta, łam; (e-r Tabelle) kolumna; **2en** (-e-) rozszczepi(a)ć (sich się); Stein, Holz, Kopf: rozłup(yw)ać (sich się); fig. rozbi(ja)ć; rozdwajać (<-woić); **~produkt** n produkt rozszczepienia; **~ung** f rozszczepienie; rozłupanie; fig. rozbicie; rozłam.

Span m (-es, -e) wiór; (Holz2 a.) drzazga; s. a. Hobel-, Sägespäne; **2-abhebend** ... skrawaniem, wiórowy.

Spanferkel n prosię (*Kochk.* pieczone).

Spange f klamra, sprzączka.

Span|ier [-nía] m, **~ierin** f Hiszpan(ka); **2isch** hiszpański (po -ku).

Span|korb m łubianka; **2los:** 2lose Formgebung obróbka plastyczna.

spann s. spinnen, spannen.

Spann m (-es; -e) podbicie (stopy).

Spann|backe f szczęka mocująca; **~beton** m beton sprężony; **~e** f piędź f; rozpiętość f, różnica; s. Handelsspanne; **2en** v/t naciągać ⟨-gnąć⟩, napinać ⟨-iąć⟩ (sich się); Muskeln: naprężać ⟨-żyć⟩ (sich się); Hahn: odwodzić ⟨-wieść⟩; (auf 2) rozpinać ⟨-iąć⟩; v/i (Kleid) cisnąć, uciskać; sich 2en a. rozciągać ⟨-gnąć⟩ się; s. Folter, gespannt; **2end** zajmujący, frapujący, pasjonujący (alle -co); **~er** m napinacz; Zo. miernikowiec; F fig. podpatrywacz; **~futter** n uchwyt zaciskowy; **~kraft** f siła mocująca; napięcie; fig. prężność f, sprężystość f; energia; **~ung** f Phys. prężność f, ciśnienie; napręenie (a. fig.), napięcie (a. El., fig.).

Spannungs|abfall m spadek napięcia; **~regler** m regulator napięcia; **2voll** napięty.

Spannweite f rozpiętość f.

Spanplatte f płyta wiór(k)owa.

Spant n (-es; -e) Mar. wręg; Flgw. (a. m) wręga.

Spar|buch n książeczka oszczędnościowa; **~büchse** f skarbonka; **~einlage** f wkład oszczędnościowy; 2en v/i oszczędzać (an/na L); (Geld a.) ciułać; v/t oszczędzać ⟨-dzić⟩ A, G); s. ersparen; **~er** m oszczędzający m, ciułacz; **~flamme** f płomień oszczędnościowy.

Spargel m szparag(i pl.); **~ in Zssgn** szparagowy.

Spar|gelder n/pl. oszczędności f/pl, pieniądze m/pl. zaoszczędzone; **~kasse** f kasa oszczędności.

spärlich skąpy (-po), szczupły (-le); Licht: słaby (-bo); Haare: rzadki.

Spar|maßnahme f zamierzenie oszczędnościowe; **~prämie** f premia dla oszczędzających na warunkach premiowych; **~programm** n program oszczędzania.

Sparren m krokiew f.

sparsam oszczędny; **2keit** f (0) oszczędność f.

Sparschwein n świnka-skarbonka.

spar'tanisch spartański (po -ku).

Sparte f dziedzina; branża.

Spaß m (-es; *e) żart; s. Scherz; (Vergnügen) przyjemność f, zadowolenie; (Belustigung) zabawa; ich habe (k-n) ~ an (nie) bawi mnie (D/A); (k-n) ~ machen (nie) żartować; (j-m) sprawiać przyjemność (D), bawić (A); k-n ~ verstehen nie znać się na żartach; s. a. spaßen; viel ~! przyjemnej zabawy!; **2en** ⟨za-⟩ żartować; mit ihm ist nicht zu 2en z nim nie ma żartów; **2eshalber** dla żartu; **2ig** zabawny; **~macher** m, **~vogel** m żartowniś m, dowcipniś m.

Spasti|ker m cierpiący na porażenie kurczowe od. spastyczne; **2sch** spastyczny.

Spat[1] m (-es; -e/*e) Min. szpat.

Spat[2] m (-es; 0) Vet. włogacizna, szpat.

spät późny (-no); wie ~ ist es? która godzina?; von früh bis ~ od rana do wieczora; s. Nacht.

Spaten m łopata, rydel.

später późniejszy; Adv. = **~hin** później.

spät|estens najpóźniej; **2geburt** opóźniony poród; **2herbst** m późna jesień; **2schicht** f druga zmiana; **2sommer** m późne lato.

Spatz m (-en) wróbel; das pfeifen schon die ~en von den Dächern o tym już wróble na dachu ćwierkają.

Spätzle pl. zacierki f/pl.

Spät-zündung f Kfz. późny zapłon.

spa'zieren (-; sn) ⟨po⟩spacerować; przechadzać się; **~fahren** (~gehen) ⟨po⟩jechać (iść ⟨pójść⟩) na spacer.

Spa'zier|fahrt f przejażdżka; **~gang** m spacer, przechadzka; **~gänger** m spacerujący m, spacerowicz m; **~stock** m laska.

Specht m (-es; -e) dzięcioł.

Speck m (-es; -e) słonina, sadło; **~ ansetzen** obrastać tłuszczem, tyć; **2ig** tłusty (-to); Buch, Kragen: zatłuszczony; **~schwarte** f skóra na słoninie; **~seite** f połeć m słoniny; **~stein** m steatyt, słoniniec m.

Spedi|'teur m (-s; -e) spedytor; **~ti'on** f spedycja.

Speer m (-es; -e) oszczep; **~werfer** n rzut oszczepem; **~werfer** m oszczepnik. [promieniowa.]

Speiche f szprycha; Anat. kość.

Speichel *m* (-s; 0) ślina; **~drüse** *f* gruczoł ślinowy, ślinianka; **~fluß** *m* (-sses; 0) ślinotok; **~lecker** *m* lizus, wazeliniarz.

Speicher *m* spich(le)rz, skład; *Tech.* zasobnik; (*Wasserbau*) zbiornik; *Comp.* urządzenie pamięciowe, pamięć *f*; 2**n** (-re) ⟨z⟩magazynować; ⟨na⟩gromadzić.

speien [-ən] (*L.*) *v/i* ⟨na⟩pluć, plunąć *pf.*; (*erbrechen*) ⟨z⟩wymiotować; *v/t* pluć ⟨plunąć⟩ (*I*); *Blut a.*: bluzgać ⟨-znąć⟩ (*I*); *Feuer, Lava*: ziać ⟨zionąć⟩ (*I*); ... *speit Wasser* woda tryska *z* (*G*).

Speise *f* jedzenie, jadło; (*Gericht*) potrawa; (*Süß*2) deser; **~eis** *n* lody *m/pl.*; **~fett** *n* tłuszcz jadalny; **~kammer** *f* spiżarnia; **~karte** *f* jadłospis; 2**n** *v/i* ⟨z⟩jeść (*zu Abend* kolację); stołować się (*in D/w L*); *v/t* ⟨na⟩karmić; *Tech.* zasilać (*mit/I*); **~pilz** *m* grzyb jadalny; **~reste** *m/pl.* resztki *f/pl.* jedzenia; **~röhre** *f* przełyk; **~saal** *m* sala jadalna; **~wagen** *m* wagon restauracyjny; **~wasser** *n* *Tech.* woda zasilająca; **~zimmer** *n* jadalnia, (pokój) stołowy.   [nie.⟩

Speisung *f* karmienie; *Tech.* zasila-⟨

Spek'takel *m* *fig.* rejwach, brewerie *f/pl.*; *s. Krach*; **~'tral·analyse** *f* analiza spektralna; **~trum** *n* (-s; -ra/-ren) widmo; *fig.* gama.

Speku'lant *m* (-en) spekulant, paskarz; **~lati'on** *f* spekulacja (*a. Börsen*2, *Philos.*), paskarstwo; 2**la·'tiv** spekulatywny; 2**'lieren** (-) spekulować (*a. mit/I*).

Spe'lunke *f* spelunka.

Spelze *f* plewa.

Spend|e *f* datek, dar; 2**en** (-e-) ofiarow(yw)ać (*für/na A*); *Blut*: oddo(wa)ć; *Sakrament*: udzielać ⟨-lić⟩ (*G*); *Schatten*: dawać; *Beifall* 2**en** oklaskiwać (*D/A*); *Trost* 2**en** pocieszać ⟨-szyć⟩ (*D/A*); **~er(in** *f*) *m* (ofiaro)daw|ca *m* ⟨-czyni).

pen'dieren F (-) ⟨za⟩fundować, stawiać ⟨postawić⟩.

pengler *m* blacharz.

perber *m* krogulec.

nerling *m* (-s; -e) wróbel.

perma *n* (-s; -měn/-ta) sperma.

perr·angelweit: **~** *offen* otwarty na (r)ościerz.

perr|ballon *m* balon zaporowy; **~damm** *m* zapora; **~e** *f* zapora; *Mil. a.* zasiek(i *pl.*); *Esb.* przepust biletowy, zamknięcie peronowe; *Tech.* zatrzym; blokada; *Sp.* zawieszenie; *Fin.* embargo; wstrzymanie (*a. Urlaubs*2); *s. Sperrung*; 2**en** zagradzać ⟨-rodzić⟩, zamykać ⟨-mknąć⟩; ⟨za⟩blokować; zawieszać ⟨-esić⟩; wstrzym(yw)ać; *Telefon*: wyłączać ⟨-czyć⟩; *Typ.* spacjować; *sich* 2**en** opierać się (*gegen A/ D*); **~feuer** *n* ogień zaporowy; **~gebiet** *n* teren zastrzeżony; **~gut** *n* ładunek przestrzenny; **~holz** *n* sklejka, dykta; 2**ig** zajmujący dużo miejsca, masywny; **~klinke** *f* zapadka; **~konto** *n* konto zablokowane; **~kreis** *m* filtr zaporowy od. antenowy; **~mauer** *f* przegroda; zapora; **~müll** *m* odpadki *m/pl.* zajmujące dużo miejsca, zniszczone meble *m/pl.*; **~stunde** *f* godzina policyjna; **~ung** *f* zamknięcie; zablokowanie; *Sp.* zakaz (startu, udziału w zawodach); *s. Sperre*; **~werk** *n* (*Wasserbau*) budowla przegradzająca; **~zoll** *m* cło ochronne.

Spesen *pl.* koszty *m/pl.*, wydatki *m/pl.*; (*Reise*2) diety *f/pl.*; 2**frei** bez (dodatkowych) kosztów.

Speze'reien [-ən] *f/pl.* przyprawy *f/pl.* korzenne.

Spezi'al| specjalny; **~fach** *n* specjalność *f*; 2**i'sieren** (-) ⟨wy⟩specjalizować (*sich się*; *auf A/w L*).

Spezia'list *m* (-en), **~in** *f* specjalist|a *m* ⟨-ka).

Speziali'tät *f* specjalność *f*.

spezi'ell specjalny; szczególny.

Spezies *f* (-; -) *Bio.* gatunek; *Math.* działanie arytmetyczne; (*Tee*) mieszanka (ziół).

spe'zifisch specyficzny; *Phys.*, *Chem.* właściwy; **~es** *Gewicht* ciężar właściwy.

spezifi'zieren (-) wyszczególni(a)ć.

Sphär|e *f* sfera; *Math.* kula; 2**isch** (sferyczny.⟩

Sphinx *f* sfinks.   [sferyczny.⟩

Spick|aal *m* węgorz wędzony; 2**en** *v/t* ⟨na⟩szpikować; F *fig.* da(wa)ć w łapę (*A/D*); *v/i* ściągać ⟨-gnąć⟩; **~gans** *f* półgęsek; **~nadel** *f* szpikulec; **~zettel** *m* ściągaczka.

spie *s. speien.*

Spiegel *m* lustro, zwierciadło (*a. fig.*); *Med.*, *Tech. oft* lusterko, *Mil.* (*Kragenecke*) patka; (*Gehalt*, *Niveau*) poziom, zawartość *f*; *JSpr.* talerz; (*Reh*2) serweta; **~bild** *n* odbicie zwierciadlane; ⟨2⟩**blank** (0) błyszczący jak lustro, lustrzany; ⟨~⟩**ei** n jajko sadzone; ⟨2⟩**glatt** (0) gładki jak lustro; ⟨~⟩**kabinett** n gabinet luster; ⟨~⟩**karpfen** m lustrzeń m, karp królewski; ⟨2⟩**n** (-le) v/t odbi(jać), odzwierciedlać ⟨-lić⟩ (sich się); sich ⟨2⟩**n** a. przeglądać ⟨przejrzeć⟩ się w lustrze; v/i lśnić, błyszczeć (jak lustro); ⟨~⟩**reflexkamera** f lustrzanka, kamera lustrzana; ⟨~⟩**saal** m sala lustrzana; ⟨~⟩**schrift** f pismo odwrócone; ⟨~⟩**teleskop** n reflektor; ⟨~⟩**ung** f odbicie, odzwierciedlenie; Med. wzierinkowanie.

Spiel n (-es; -e) gra; (Gesellschafts⟨2⟩, Kinder⟨2⟩) zabawa; Tech. luz; Thea. sztuka; (Partie) partia; Sp. a. mecz; ⟨~⟩e pl. igrzyska n/pl.; ein ~ Karten talia kart; s. Miene; et. aufs ~ setzen ⟨za⟩ryzykować (A, I); leichtes ~ haben (mit) ⟨z⟩robić (od. osiągać ⟨-gnąć⟩ usw.) bez trudu (od. z łatwością (A), nie mieć trudności (z I); die Hand im ~ haben maczać ręce od. palce (bei/w L); laß mich aus dem ~! nie mieszaj mnie w tę sprawę od. historię!; ⟨~⟩**art** f odmiana gatunkowa; Bio. podgatunek; ⟨~⟩**automat** m automat do gry; ⟨~⟩**ball** m piłka do gry; fig. igraszka; ⟨~⟩**bank** f (-; -en) kasyno gry; ⟨~⟩**brett** n tablica do gry, engS. szachownica; ⟨~⟩**dauer** f czas (trwania) gry; czas wyświetlania (filmu).

spielen v/t ⟨za⟩grać (Fußball w piłkę nożną, Klavier na fortepianie; um Geld na pieniądze); ⟨po-, za-⟩ bawić się (Versteck w chowanego); Rolle, Komödie: odgrywać ⟨odegrać⟩; fig. ⟨vortäuschen⟩ udawać (A); v/i ⟨za⟩grać ⟨po⟩bawić się (mit/ I); fig. igrać (mit/z I); (Handlung) dziać (od. rozgrywać ⟨rozegrać⟩) się (in D/w L); (Farben) mienić się (in A/I); gespielt udany; was wird heute gespielt? co dziś grają?; was wird hier gespielt? co się tu knuje?; s. ab-, ausspielen; ⟨~⟩**d** grając(y); bawić(y) się; Adv. bez trudu, śpiewająco.

Spiele|**r(in** f) m gracz, grając|y m (-a); Sp. a. zawodni|k (-czka); ⟨~⟩**rei** f igraszka; ⟨2⟩**risch** dla igraszki; filuternie, zalotnie; s. spielend.

Spiel|**feld** n plac do gry, engS. boisko; lodowisko; ⟨~⟩**film** m film fabularny; ⟨~⟩**fläche** f Thea. scena; Sp.

boisko; ⟨~⟩**gewinn** m wygrana f; ⟨~⟩**hölle** f jaskinia gry; ⟨~⟩**kamerad** m towarzysz zabaw; ⟨~⟩**karte** f karta do gry; ⟨~⟩**leiter** m reżyser; Sp. sędzia m; ⟨~⟩**marke** f szton, żeton; ⟨~⟩**plan** m Thea. repertuar; ⟨~⟩**platz** m plac zabaw; plac do gry; ⟨~⟩**raum** m luz; swoboda działania od. ruchów; ⟨~⟩**regel** f reguła gry; pl. a. regulamin gry; ⟨~⟩**sachen** f/pl. zabawki f/pl.; ⟨~⟩**stand** m wynik gry; ⟨~⟩**stein** m pionek, kamień m; ⟨~⟩**tisch** m stolik do gry; ⟨~⟩**uhr** f zegar z kurantem.

Spielverderber m: sei kein ~! nie psuj zabawy!; ich will kein ~ sein nie chciałbym psuć zabawy.

Spiel|**verlängerung** f dogrywka; ⟨~⟩**waren** f/pl. zabawki f/pl.; ⟨~⟩**zeit** f Thea., Sp. sezon; (e-s Spiels) czas gry; ⟨~⟩**zeug** n zabawka; fig. igraszka.

Spieß m (-es; -e) dzida, włócznia; (Brat⟨2⟩) rożen; szaszłyk; F Mil. sierżant-szef; s. schreien; ⟨~⟩**bürger** m kołtun, filister; ⟨2⟩**bürgerlich** kołtuński (po -ku); ⟨~⟩**bürgertum** n (-s; 0) kołtuństwo; ⟨~⟩**er** m JSpr. szpiczak; fig. s. Spießbürger; ⟨~⟩**geselle** m kompan, wspólnik; ⟨2⟩**ig** s. spießbürgerlich. [kolczatki f/pl.]

Spikes [spaiks] m/pl. Sp. kolce m/pl.]

Spill n (-es; -e/-s) Mar. kabestan.

Spi'nat m (-es; -e) szpinak.

Spind m od. n (-es; -e) szaf(k)a.

Spindel f (-; -n) wrzeciono; Tech. a. trzpień m; ⟨2⟩**dürr** chudy jak szczapa.

Spinn|**angel** f spinning; ⟨~⟩**drüse** f Zo. gruczoł przędny; ⟨~⟩**e** f pająk; ⟨2⟩**en** (L.) prząść (a. v/i); Gedanken: snuć; v/i (Katze) mruczeć; F (verrückt sn) mieć bzika od. fioła; ⟨flunkern⟩ zmyślać, zalewać kolejkę; ⟨~⟩**ennetz** n pajęcza sieć; ⟨~⟩**entier** n/pl. pajęczaki; ⟨~⟩**er** m (Köder) błyszczyka; F fig. pomylony m (Lügner) blagier, kłamczuch; Zo. pł prządki f/pl.; ⟨~⟩**e'rei** f przędzalnictwo; (Fabrik) przędzalnia; ⟨~⟩**erin** f prządka; ⟨~⟩**maschine** f przędzarka; ⟨~⟩**rad** n kołowrotek; ⟨~⟩**stoff** m przędziwo; ⟨~⟩**webe** f pajęczyna.

Spi'on m (-s; -e) szpieg; (in d. Tür) judasz.

Spio'nage [-ʒə] f szpiegostwo, wywiad; ⟨~⟩**abwehr** f kontrwywiad ⟨~⟩**ring** m organizacja szpiegowska.

spio'nieren (-) szpiegować.

Spi'onin f kobieta-szpieg.

Spi'ral|**bohrer** m wiertło kręte;

f spirala; ~feder f sprężyna spiralna; 2förmig spiralny, w kształcie spirali. [2tisch spirytystyczny.]
Spiri'tis|mus m (-; 0) spirytyzm;]
Spiritu'osen pl. spirytualia pl.
Spiritus m (-; -se) spirytus; ~ in Zssgn spirytusowy.
Spi'tal n (-es; ⁺er) szpital.
spitz spiczasty (-to), ostry (-ro); fig. uszczypliwy (-wie); 2beine n/pl. nóżki f/pl. wieprzowe; ~bekommen F (-) zauważyć pl., zmiarkować pf.; 2bogen m Arch. ostrołuk; 2bube m łotr; hultaj, łobuz; s. Gauner, Schelm; 2bubenstreich n psota, kawał; ~bübisch łobuzerski, szelmowski (beide -ko, po -ku); 2e f ostry koniec, ostrze; (Berg2, Baum2 usw.) szczyt, wierzchołek, F szpic; (Schuh2) czubek, koniuszek; (Gewebe) koronka; fig. czoło; czołówka; Tech. nasilenie szczytowe; (Anspielung) przytyk, przycinek; an die 2e treten stanąć na czele; an der 2e liegen znajdować się w 2e-czołówce; an der 2e stehen stać na czele; auf die 2e treiben doprowadzać <-dzić> do ostateczności; 2el m szpicel, F wtyczka; ~en (-zt) <za-> ostrzyć; Bleistift: <za>temperować; fig. Mund, Ohren: nadstawi(a)ć (A, G); Lippen: układać <ułożyć>, stulać <-lić> (w ciup); F sich ~en (auf A) mieć chrapkę (na A).
Spitzen|belastung f szczytowe obciążenie; ~erzeugnis n wyrób najwyższej jakości; ~geschwindigkeit f prędkość maksymalna; ~gruppe f czołówka; ~kandidat m czołowy kandydat; ~kleid n koronkowa suknia; ~leistung f wyczyn; najwyższe osiągnięcie; ~organisation f naczelna organizacja; ~position f czołowe miejsce; czołowa lokata; ~qualität f najwyższa jakość; ~reiter m przodownik wyścigu, lider; (Schlager) ... będący na szczycie listy przebojów; ~tuch n koronkowa chust(ecz)ka; ~verkehr m szczytowy ruch.
spitzfindig (aż do przesady) drobiazgowy (-wo); wykrętny; ~ werden bawić się w subtelności.
Spitz|fuß m końskostopie, ~hacke f kilof (dziobowy); 2kriegen F s. spitzbekommen; ~name m przezwisko; ~wegerich m babka lancetowata; 2wink(e)lig ostrokątny.

spleißen (-ßt od. L.) Tauende: splatać <-leść>.
Splint m (-es; -e) (Holz) biel f; Tech. zawleczka.
Splitt m (-es; -e) grys.
Splitter m odłamek; odprysk; (Holz2) drzazga; zadra; ~ in Zssgn Mil. odłamkowy; 2(faser)nackt F golusieńki (-ko); 2frei Glas: bezodpryskowy; ~gruppe f ugrupowanie odłamowe; 2n (-re) v/i (sn) rozłup(yw)ać się; (Glas) rozpryskiwać <-snąć> się.
spon'tan spontaniczny.
spo'radisch sporadyczny.
Spore f zarodnik, spora; Zo. przetrwalnik; ~n pl. s. a. Sporn; ~ntierchen n/pl. sporowce m/pl.
Sporn m (-es; -ren) ostroga; Flgw. płoza ogonowa; 2en Pferd: spinać <spiąć> ostrogami.
Sport m (-es; -e) sport; ~abzeichen n odznaka sportowa; ~anlage f obiekt sportowy; ~art f dyscyplina sportowa; ~artikel m/pl. artykuły m/pl. sportowe; 2begeistert entuzjazmujący się sportem, rozmiłowany w sportach; ~bericht m sprawozdanie sportowe; ~fan m entuzjasta m sportu, miłośnik sportów; ~flieger m pilot sportowy; ~flugzeug n samolot sportowy; ~halle f hala sportowa; ~kleidung f strój sportowy, dres; ~klub m klub sportowy; ~lehrer m instruktor wychowania fizycznego.
Sportler m sportowiec; ~in f sportsmenka.
sport|lich sportowy; wysportowany; Adv. po sportowemu, jak sportowiec; 2mütze f cyklistówka; 2platz m boisko (sportowe); 2veranstaltung f impreza sportowa; 2verein m związek sportowy; 2wagen m samochód sportowy; (für ein Kind) wózek sportowy.
Spott m (-es; 0) kpiny f/pl., drwiny f/pl.; s-n ~ treiben (mit D) robić (sobie) pośmiewisko (z G); 2billig śmiesznie tani, tani jak barszcz.
spötteln (-le) kpinkować, pokpiwać (über A/z G).
spotten (-e-) <za>kpić, <za>drwić, ⁺rydzić, natrząsać się (über A/z G).
Spötter m kpiarz, szyderca m.
Spott|gedicht n wiersz satyryczny od. złośliwy; ~geld n (-es; 0) psie pieniądze m/pl., grosze m/pl.

spöttisch drwiący (-co); *Miene*: kpiarski.

Spott|name *m* przezwisko; **~preis** *m* śmiesznie niska cena; *für e-n* **~preis** *a.* za bezcen.

sprach *s.* sprechen; **~behindert** cierpiący na zaburzenia mowy; **2e** mowa, (*a. Ling.*) język; *zur* **2e** *bringen* poruszać (-szyć); *zur* **2e** *kommen* być omawianym *od.* rozpatrywanym; *F hast du die* **2e** *verloren?* zapomniałeś języka w gębie?; *heraus mit der* **2e**! no, dalej, kawę na ławę!; **2familie** *f* rodzina językowa; **2fehler** *m* wada wymowy; **2forscher** *m* językoznawca *m*; **2forschung** *f* językoznawstwo; **2führer** *m* rozmówki *f/pl.*

Sprachgebrauch *m*: *im* **~** (*nicht*) *üblich* (nie) używany powszechnie w języku.

Sprach|gefühl *n* wyczucie językowe; **2gewandt** wymowny, elokwentny; **~kenntnisse** *f/pl.* znajomość *f* języka *od.* języków; **2kundig** znający język(i); **~labor** *n* laboratorium językowe; **~lehre** *f* gramatyka; **~lehrer** *m* nauczyciel języka *od.* języków; **2lich** językowy (-wo); **2los** niemy; *fig.* oniemiały (*vor/z G*); **2los sein** oniemieć; **~raum** *m* obszar językowy; **~rohr** *n* *fig.* gorliwy obrońca, rzecznik; **~schatz** *m* słownictwo, zasób językowy; **~störung** *f* zaburzenie mowy; **~unterricht** *m* nauka (*od.* lekcje *f/pl.*) języka/języków; **~wissenschaft** *f* (0) językoznawstwo.

sprang(en) *s.* springen. [wy.⟩

Spray *m* (-s; -s) preparat aerozolo-⟩

Sprech|anlage *f* domofon; **~art** *f* sposób mówienia; **~chor** *m* recytacja chóralna; *chóralne okrzyki m/pl.*; *im* **~chor** chórem; **2en** (*L.*) mówić (powiedzieć) (*Deutsch* po niemiecku; *von/o L*; *zu/do G*); rzec (*A*); ⟨po⟩rozmawiać, F ⟨po⟩gadać (*über A/o L*); *Gebet*: odmawiać (-mówić); *Urteil*: wyda(wa)ć; (*e-e Rede halten*) przemawiać (-mówić); *zu* **2en** *kommen* zacząć mówić (*auf A/o L*); *das spricht für ihn* to przemawia za nim; *... ist nicht zu* **2en** ... nie przyjmuje; **~en** *n* (-s; 0) mówienie; **~er(in** *f*) *m* mów|ca *m* (-czyni); (*Presse2*) rzeczni|k (-czka); *Rdf.* spiker(ka); **~funk** *m* radiotelefonia; **~stunde** *f* godziny *f/pl.*

przyjęć; **~stundenhilfe** *f* pracownica (biurowa) zatrudniona w prywatnej praktyce lekarskiej; **~übung** *f* ćwiczenie (wy)mowy; **~weise** *f s.* Sprechart; **~zimmer** *n* gabinet lekarski.

spreiz|beinig z rozstawionymi nogami, w rozkroku; **2e** *f Arch.* rozpora, rozpórka; *Sp.* rozkrok; **~en** (-zt) *Beine*: rozkraczać ⟨-roczyć⟩, (*a. Finger*) rozstawi(a)ć; **2fuß** *m* stopa poprzecznie płaska.

Sprengbombe *f* bomba burząca.

Sprengel *m* parafia; diecezja.

spreng|en *v/t* wysadzać ⟨-dzić⟩ (*in die Luft* w powietrze); (*von innen her zertrümmern*) rozsadzać ⟨-dzić⟩; *Fesseln, Versammlung*: zrywać ⟨zerwać⟩; *Tür*: wyłam(yw)ać; *Schloß, Bank*: rozbi(ja)ć; *Wäsche*: skrapiać ⟨skropić⟩, sprysk(iw)ać; *Rasen, Straße*: pol(ew)ać; *v/i* (*sn*) ⟨po⟩pędzić, gnać; **2kapsel** *f* spłonka; **2körper** *m s.* Sprengladung; **2kraft** *f* siła wybuchu; **2ladung** *f* ładunek wybuchowy; **2loch** *n* otwór strzałowy; **2stoff** *m* materiał wybuchowy; **2stoff·anschlag** *m* zamach bombowy; **2ung** *f* wysadzenie (w powietrze); rozsadzenie; *pl. a.* prace *f/pl.* strzałowe; *fig.* zerwanie; rozbicie; skrapianie; polewanie; *s.* sprengen, *Explosion*; **2wagen** *m* polewaczka samochodowa (ulic).

Sprenkel *m s.* Tüpfel, Tupfen.

Spreu *f* (-; 0) plewy *f/pl.*

sprich *s.* sprechen; **2wort** *n* przysłowie.

sprichwörtlich przysłowiowy (-wo); **~** *werden* wejść w przysłowie.

sprießen (*L.*; *a. sn*) wschodzić ⟨wzejść⟩, (wy)puszczać *od.* ⟨(wy)pu-ścić⟩ pędy; *Bart*: rosnąć, róść, sypać się.

Spring|brunnen *m* fontanna; **2en** (*L.*; *sn*) skakać ⟨skoczyć⟩; przeskakiwać ⟨-skoczyć⟩ (*über A*/przez *A*); doskakiwać ⟨-skoczyć⟩ (*an A*, zu/do *G*); rzucać ⟨-cić⟩ się (*an, in A*/do *G*, w *A*; *a. fig. in die Augen*); (*bersten*) pękać ⟨-knąć⟩; *s. a.* ab-, auf-, her-ausspringen, hüpfen; F **2en** *lassen s.* spendieren; *der* **2ende** *Punkt* sedno sprawy; **~en** *n* (-s; 0) skakanie, (*bsd. Sp.*) skoki *m/pl.*; **~er(in** *f*) *m* skoczek (*a. Schach*); **~flut** *f* pływ syzygijny; **~form** *f* forma spręży-

nowa (do pieczenia); ~kraut n nie-
cierpek; ~prüfung f próba skoków
przez przeszkody; ~seil n skakanka.
Sprinkler m zraszacz; ~anlage f
instalacja tryskawcza.
Sprit m (-es; -e) spirytus; F a. benzyna, paliwo.
Spritz|e f Med. strzykawka; Agr.
opryskiwacz; (Feuer♀) sikawka;
(Kübel♀) hydronetka; F (Injektion)
zastrzyk (a. fig.); ♀en (-zt) v/t Agr.
oprysk(iw)ać; Med. wstrzykiwać
⟨-knąć⟩; Farbe: natrysk(iw)ać;
(Spritzguß) wyciskać; s. bespritzen;
v/i (sn) bryzgać ⟨-znąć⟩; (hervorquellen) wytryskiwać ⟨-snąć⟩, P sikać ⟨-knąć⟩ (aus D/z G); chlustać
⟨-snąć⟩, pryskać ⟨-snąć⟩ (mit/I); F
fig. skakać ⟨skoczyć⟩; ~er m bryzg;
(Farb♀, Fleck) kropka, plamka; ~
guß m (Verfahren) wtrysk; ~guß-
maschine f wtryskarka; ♀ig Wein:
perlisty ⟨-ście⟩; fig. błyskotliwy
⟨-wie⟩; Musik: skoczny; F Auto:
szybki; ~pistole f pistolet natry-
skowy; (Spielzeug) pistolet-try-
skawka; ~tour f wypad, wycieczka.
spröde kruchy; Haut: spierzchnięty,
suchy; fig. s. herb.
sproß s. sprießen.
Sproß m (-sses; -sse) odrośl f, latorośl f (a. fig.).
Sprosse f szczebel; JSpr. wyrostek,
odnoga; ~n-wand f drabinka
szwedzka.
Sprößling m (-s; -e) s. Sproß.
Sprotte f szprot(ka).
Spruch m (-es; ¨e) sentencja; Jur.
orzeczenie; s. a. Denk-, Zauber-
spruch; ~band n (-es; ¨er) transparent; ♀reif aktualny.
Sprudel m s. Strudel; (Quelle) zdrój;
woda mineralna; ♀n (-le) tryskać,
⟨po⟩lać się (aus/z G); kipieć; pienić
się; musować; die Worte ♀ten nur
so aus s-m Mund on gadał bez
przerwy.
sprüh|en v/i (Funken) ⟨po⟩sypać
się, (a. Flüssigkeit) pryskać ⟨-snąć⟩;
(regnen) mżyć; fig. tryskać (vor/I);
v/t s. be-, versprühen; ♀regen m
mżawka.
Sprung m (-es; ¨e) skok (a. Sp.), sus;
(Riß) pęknięcie, rysa, Geol. uskok;
fig. auf e-n ~ na chwileczkę; F k-e
großen Sprünge machen können nie
móc sobie wiele pozwolić, cienko
śpiewać; ♀bereit gotowy do skoku;

przyczajony; ~brett n odskocznia
(a. fig.); ~feder f sprężyna; ~ge-
lenk n staw skokowy; ~grube f Sp.
zeskok, piaskownica; ♀haft fig.
niezrównoważony, niekonsekwent-
ny; Denken: bezładny; ♀haft steigen
podskakiwać ⟨-skoczyć⟩; s. sprung-
weise; ~kissen n zeskocznia; ~lauf
m Sp. skoki m/pl. narciarskie; ~
schanze f skocznia (narciarska);
~stab m tyczka; ~tuch n (-es; ¨er)
płachta ratownicza; ~turm m wieża
do skoków; ♀weise skokami; ~wei-
te f długość f skoku.
Spuck|e f F (-; 0) ślina; fig. da blieb
mir die ~e weg! aż zatkało mnie!;
♀en pluć ⟨plunąć⟩ (A/I); s. aus-,
bespucken; ~napf m spluwaczka.
Spuk [ʃpuːk] m (-es; -e) zjawa, widmo; ♀en: es ♀t hier tu straszy.
Spülbecken n zlew(ozmywak);
(Klosett♀) płuczka ustępowa.
Spule f szpulka, cewka; Tech. a.
cewa; El. a. zezwój; ♀n nawijać
⟨-inąć⟩ (na cewkę); Text. przewijać.
spül|en płukać, s-, prze|płuk(iw)ać;
Geschirr: zmy(wa)ć; ans Ufer ~en
wyrzucać ⟨-cić⟩ na brzeg; ♀icht n
(-s; -e) pomyje pl.; ♀klosett n ustęp
spłukiwany wodą.
Spülmaschine f Text. cewiarka.
Spül|maschine f s. Geschirrspüler;
~mittel n środek do mycia naczyń;
~stein m s. Spülbecken.
Spülung f płukanie, przepłukiwa-
nie; Med. irygacja.
Spülwürmer m/pl. glisty f/pl.
Spund[1] m (-es; ¨e) czop, zatyczka;
Holz-Tech. wypust, pióro.
Spund[2] F m (-es; -e) berbeć m, smyk.
Spund|loch n otwór czopowy; ~
wand f ścianka szczelna.
Spur f ślad (a. fig.); JSpr. a. trop;
(Rad♀) koleina; (Ton♀) ścieżka;
(Fahr♀) pas ruchu; s. Spurweite; auf
die ~ bringen naprowadzać ⟨-dzić⟩
na ślad; auf die ~ kommen wpadać
⟨wpaść⟩ na trop (D/G); auf der ~
sein być na tropie (D/G); nicht die ~
k-e ~ ani śladu (G, von/G); fig. bynajmniej; e-e ~ odrobinę, szczyptę
(von/G); F k-e ~! ależ skąd!
spür|bar odczuwalny, widoczny;
Kälte: dotkliwy ⟨-wie⟩; ~en v/t
czuć, od-, wy|czu(wa)ć, v/i JSpr
tropić.
Spuren|elemente n/pl. pierwiastki
m/pl. śladowe; ~sicherung f za-

bezpieczenie śladów na miejscu zbrodni. [ciel.]
Spürhund m tropowiec; *fig.* tropi-
spurlos bez śladu; bez wieści.
Spür|nase f (dobry) nos (*für*/do *G*); **~sinn** m (-es; 0) *ʃSpr.* węch; *fig.* wyczucie.
Spurt m (-es; -e) spurt; ℒ**en** (-e-; *a. sn*) zwiększać ⟨-szyć⟩ szybkość; (*am Ende des Rennens*) finiszować.
Spur|wechsel m zmiana pasu ruchu; **~weite** f *Esb.* szerokość f toru; *Kfz.* rozstaw kół.
Staat¹ m (-es; -en) państwo; (*Teil e-s Bundesstaates*) stan.
Staat² F m (-es; 0) wystawność f, przepych; (*Kleidung*) gala, odświętny strój.
Staaten|bund m (kon)federacja; ℒ**los** bezpaństwowy. [państwo.]
staatlich państwowy; *präd.* przez
Staats-akt m akt państwowy, uroczysta akademia.
Staats·angehörig|e(r) m/f obywatel(ka) (*G*); **~keit** f obywatelstwo.
Staats·anwalt m prokurator; **~schaft** f prokuratura.
Staats|beamte(r) urzędnik państwowy, funkcjonariusz; **~begräbnis** n pogrzeb na koszt państwa; **~betrieb** m przedsiębiorstwo państwowe; **~bürger** m *s.* Staatsangehörige (-r); **~dienst** m służba państwowa; **~eigentum** n własność państw(ow)a; **~examen** n egzamin państwowy; ℒ**feindlich** antypaństwowy; **~flagge** f flaga państwowa; **~form** f ustrój (wewnętrzny) państwa; **~gebiet** n terytorium n państwa; **~gewalt** f (0) władza państwowa; **~gut** n (-es; ⸚er) państwowe gospodarstwo rolne; **~haushalt** m budżet państwowy; **~hoheit** f (0) suwerenność (państwowa); **~kasse** f skarb państwa; **~kosten** pl.: auf **~kosten** na koszt państwa; **~mann** m (-es; ⸚er) mąż stanu; ℒ**männisch** godny (prawdziwego) męża stanu, *präd.* jak przystało na męża stanu; **~oberhaupt** n głowa państwa; **~organ** m organ państwowy; **~prüfung** f *s.* Staatsexamen; **~räson** f racja stanu; **~rat** m rada państwowa; radca m stanu; **~recht** n prawo państwowe; **~schatz** m skarb państwa; **~sekretär** m (pod)sekretarz stanu; **~sicherheits·dienst** m służba bezpieczeństwa publicznego; **~streich**

m zamach stanu; **~verbrechen** n zbrodnia stanu; **~vertrag** m umowa państwowa; **~verwaltung** f administracja państwowa; zarząd państwowy; **~wesen** n państwo (-wość f); **~wirtschaft** f gospodarka państwowa; **~wohl** n dobro państwa.
Stab m (-es; ⸚e) pręt; drążek; (*Metall℈ a.*) sztaba; *Mil.* sztab; *Sp.* pałeczka (sztafetowa); tyczka; den ~ brechen potępi(a)ć (über *A*/*A*); *s.* Stock, Stange, Barren usw.
Stäbchen n pręcik, pałeczka, laseczka; **~bakterien** f/pl. pałeczkowate bakterie f/pl., laseczki f/pl.
Stab|eisen n stal f w prętach; ℒ**förmig** w kształcie pręta, prętowy; **~führung** f *Mus.* batuta; **~hochsprung** m skok o tyczce.
sta'bil stały, stateczny; (*beständig*) trwały (-le).
stabili'sier|en (-) ⟨u⟩stabilizować (*sich* się); ℒ**ungsflosse** f *Flgw.* statecznik; *Mar.* płetwa stabilizacyjna.
Stabili'tät f (0) trwałość f, stabilność f; stałość f; *Tech.* stateczność f.
Stabs|arzt m kapitan-lekarz; **~offizier** m oficer sztabowy.
Stabwechsel m *Sp.* zmiana (w sztafetach *s.* stechen. [fecie).]
Stachel m kolec; (*Wehr℈*) żądło; *fig.* bodziec; (*Groll*) zadra; **~beere(n** pl.) f agrest; *in Zssgn* agrestowy; **~draht** m drut kolczasty; ℒ**ig** kolczasty (-to); kolący, klujący; **~rochen** m/pl. ogończe f/pl.; **~schwein** n jeżozwierz.
Stadion n (-s; -ien) stadion.
Stadium n (-s; -ien) stadium n.
Stadt f (-; ⸚e) miasto; **~autobahn** f autostrada miejska; **~bahn** f szybka kolej miejska; ℒ**bekannt** ogólnie znany; notoryczny; **~bezirk** m dzielnica miasta; **~bummel** m spacer po mieście.
Städtchen n miasteczko.
Städte·bau m (-s; 0) urbanistyka; ℒ**lich** urbanistyczny.
Städter m mieszkaniec miasta, *iron.* mieszczuch; *hist.* mieszczanin; **~in** f mieszkanka miasta; *hist.* mieszcz(an)ka.
Stadt|gebiet n obszar miasta; **~gespräch** n *s.* Ortsgespräch; *fig.* przedmiot rozmów w całym mieście.
städtisch miejski (po -ku). [ście.]
Stadt|kern m stare miasto; **~kreis**

m powiat miejski; **~mauer** f mur(y pl.) miasta; **~mitte** f śródmieście; **~plan** m plan miasta; **~planung** f planowanie przestrzenne miast; s. *Städtebau*; **~rand** m peryferie pl. miasta; **~randsiedlung** f osiedle podmiejskie; **~rat** m (-es; "e) rada miejska; *Pers.* radny miejski; **~rundfahrt** f zwiedzanie miasta autokarem; **~teil** m dzielnica miasta; **~verkehr** m komunikacja miejska; **~ver·ordnete(r)** radny miejski; **~verwaltung** f zarząd miejski, magistrat; **~viertel** n s. *Stadtteil*.

Staffel f (-; -n) Mil. rzut; Flgw. eskadra; (Stufe) szczebel, stopień m; **~ei** [-'laɪ] f sztalugi f/pl.; **~lauf** m bieg sztafetowy, sztafeta; Ski-Sp. bieg rozstawny; 2n (-le) stopniować, ⟨z⟩różnicować; Mil. ⟨u⟩grupować rzutami; **~schwimmen** n sztafeta pływacka; **~ung** f stopniowanie, zróżnicowanie; Mil. urzutowanie.

Sta|gnati'on f stagnacja; 2'gnieren (-) wykazywać tendencję do stagnacji, przeżywać stagnację.

stahl s. stehlen.

Stahl m (-es; "e) stal f; wie ~ a. stalowy; **~bau** m (-es; 0) budownictwo stalowe; (pl. -ten) budowla (z konstrukcją stalową); **~beton** m żelbet; **2blau** stalowoniebieski (-ko); **~blech** n blacha stalowa; **~draht** m drut stalowy.

stähl|en ⟨za⟩hartować; **~ern** stalowy, präd. ze stali; fig. jak stal.

Stahl|erzeugung f stalownictwo; produkcja stali; **~flasche** f butla stalowa; **2grau** stalowoszary (-ro); **~guß** m (-sses; 0) staliwo; **2hart** (0) twardy jak stal; fig. stalowy; **~helm** m hełm stalowy; **~industrie** f przemysł stalowy; **~konstruktion** f konstrukcja stalowa; **~saitenbeton** m strunobeton; **~stich** m staloryt; **~werk** n stalow-

stak s. stecken. [nia, huta stali.]

Sta'ket n (-es; -e) sztachety f/pl.]

Stall m (-es; "e) obora; (a. fig.) chlew; s. Hühner-, Pferdestall usw.; **~dünger** m obornik; **~knecht** m stajenny m,

Stamm m (-es; "e) s. Baumstamm; Bio. gromada; (Volks2) plemię, (a. Bakterien2) szczep; (Clan, Geschlecht) ród; linia; (Kunden usw.) stali klienci od. goście m/pl.; kadra;

personel stały; Gr. temat; **~aktie** f akcja zwykła; **~baum** m drzewo genealogiczne; **~belegschaft** f stała załoga.

stammeln (-le) v/t ⟨wy⟩bełkotać, ⟨wy⟩jąkać; v/i jąkać się.

stammen (aus, von) pochodzić (z, od G), wywodzić się (z G).

Stammes|fehde f waśń rodowa; **~geschichte** f Bio. filogeneza.

Stamm|gast m stały gość; **~halter** m męski potomek; **~holz** n dłużyca.

stämmig krępy (-po), przysadzisty (-ście).

Stamm|kapital n kapitał zakładowy; **~kunde** m stały klient; **~lokal** n często odwiedzany (od. ulubiony) lokal; **~personal** n s. Stammbelegschaft; Mil. kadra; minimalny stan (osobowy) jednostki; **~platz** m stałe (od. ulubione) miejsce; **~silbe** f zgłoska tematowa; **~sitz** m siedziba (od. gniazdo) rodu; **~tafel** f tablica genealogiczna; **~tisch** m stały (zarezerwowany) stół; fig. towarzystwo (od kieliszka), grono stałych gości.

Stammutter f (-; ") matka rodu.

Stamm|vater m protoplasta m (rodu), antenat; **2verwandt** pobratymczy; **~vokal** m samogłoska tematowa.

Stampf|- Tech. oft ubijany; **~bewegung** f/pl. Mar. kołysanie wzdłużne, kiwanie; **~e** f stępa; s. Stampfer; 2en v/i tupać ⟨-pnąć⟩ (mit/I); (Pferd) bić (mit/I); Schiff: kołysać się wzdłużnie; (sn) ciężko stąpać; v/t ubi(ja)ć; (zer2) ⟨u⟩tłuc; **~er** m ubijak; stępor, tłuczek; **~mühle** f stępa, tłuczarka.

stand s. stehen.

Stand m (-es; "e) stan; Sp. pozycja stojąca; Astr. pozycja; s. Messe-, Spielstand, Stellung, Niveau, Lage usw.; aus dem ~ z miejsca; e-n sicheren ~ haben stać pewnie; fig. k-n leichten ~ haben być w trudnej sytuacji; nach dem neuesten ~ według (od. stosownie do) najnowszego stanu od. ostatnich wyników.

Standard m (-s; -s) standard; wzorzec; (DDR) norma.

Stan'darte f sztandar.

Stand|bein n noga obciążona, **~bild** n posąg.

Ständchen n serenada; ein ~ bringen urządzić serenadę.

Stander m proporzec, proporczyk.

Ständer m stojak; *Tech. a.* wspornik; *El.* stojan.

Standes|amt n urząd stanu cywilnego; **2amtlich** *Trauung:* cywilny; **~beamte(r)** urzędnik stanu cywilnego; **~dünkel** m wyniosłość f (względem osób niższego stanu); **2gemäß** zgodny z zajmowanym stanowiskiem (społecznym), odpowiedni(o) do (swojego) stanu.

Stände|staat m państwo stanowe; **~versammlung** f zgromadzenie stanów.

stand|fest *s. stabil;* **2geld** n *Esb.* postojowe; **2gericht** n wojskowy sąd polowy; **~haft** nieugięty (-cie), niezachwiany; (*mutig*) mężny, dzielny; **~halten** (D) wytrzym(yw)ać (A), opierać (oprzeć) się (D).

ständig stały (a. *Pers.*), ciągły (-le).

Stand|licht n (-es; -er) światło postojowe; **2ort** m stanowisko; lokalizacja, umiejscowienie; *Mar., Flgw.* pozycja; garnizon; *Bot.* siedlisko.

Standpauke F f: *j-m* e-e ~ halten da(wa)ć reprymendę (D).

Stand|punkt m stanowisko; *fig. a.* punkt widzenia; **~quartier** n kwatera stała; **~recht** n (0) prawo wojenne; **2rechtlich** na mocy wyroku wojskowego sądu polowego; **~spur** f pas postojowy; **~uhr** f zegar szafkowy; **~waage** f *Sp.* waga jednonóż.

Stange f ty(cz)ka, żerdź f; (*Mast*) słup; (a. *Metall2*) pręt; drąg, drążek; (*Siegellack, Zimt*) laska; (*Geweih2*) tyka, łodyga; (*Spargel*) pęd; e-e ~ *Zigaretten* dziesięć paczek papierosów (w opakowaniu); F e-e ~ *Geld* grube pieniądze; *von der* ~ gotowy; F *j-n bei der* ~ *halten* podtrzymywać w zamierzeniach (A); *bei der* ~ *bleiben* nie rezygnować.

Stangen|bohne f fasola tyczkowa; **~holz** n drągowina.

stank(en) *s. stinken.*

Stänk|er F m rozrabiacz; **~e'rei** F f rozróbka, *engS.* kłótnia; **2ern** F (-*re*) rozrabiać, *czepiać* się.

Stanni'ol n (-s; -e) staniol, cynfolia.

Stanze[1] f *Mus.* stanca.

Stanze[2] f *Tech.* tłocznik, F *a.* sztanca; **2en** (-*zt*) tłoczyć, wytłaczać; (*aus2*) wykrawać; **~en** n (-s; 0) tłoczenie; wykrawanie; **~presse** f prasa do tłoczenia.

Stapel m stos, sztapel; *Schiff vom* ~ *laufen lassen* wodować, spuszczać (-uścić) na wodę; **~lauf** m wodowanie; **2n** (-*le*) układać (ułożyć) w stos(y), sztaplować; *fig.* (na)gromadzić; **~platz** m plac składowy, składowisko.

stapfen (*sn*) brnąć. [m/pl.]

Staphylo'kokken m/pl. gronkowce.

Star[1] m (-es; -e) *Zo.* szpak.

Star[2] m (-es; -e) *Med.:* grauer ~ zaćma, katarakta; grüner ~ jaskra.

Star[3] m (-s; -s) gwiazda; gwiazdor.

starb(en) *s. sterben.*

stark (*"er, "st*) mocny (-no) (*a. Tee usw.;* *fig.* in *D/w L*), silny (*a. Wind usw.*); (*dick*) gruby (-bo; *Pers. a.* otyły (-le), tęgi (-go); (*zahlreich*) liczny; *Verkehr:* duży; ... *Mann* ~ w sile ... ludzi; *Adv.* (*sehr*) bardzo, mocno; *stärker werden* przyb(ie)rać na sile, wzmagać (wzmóc) się.

Starkasten m domek dla szpaków.

Starkbier n mocne piwo.

Stärke f moc f, (*a. zahlenmäßig*) siła; (*körperlich a.*) krzepkość f; (*Dicke*) grubość f; *Mil. a.* stan liczebny; *fig.* mocna strona; *Phys.* natężenie; (*Amylum*) skrobia, krochmal; **~mehl** n F mączka krochmalowa, krochmal.

stärken wzmacniać (wzmocnić); pokrzepi(a)ć (*sich* się); *Wäsche:* (na)krochmalić; *sich* ~ *a.* posilać (-lić) się (*mit/I*). [układ) się.]

Stärke·verhältnis n stosunek (*od.*)

Stärke·sirup m syrop skrobiowy.

Starkstrom m (-es; 0) prąd energetyczny; **~leitung** f linia elektroenergetyczna.

Stärkung f wzm|acnianie, -ocnienie; pokrzepienie (się); **~s-** wzmacniający, pokrzepiający.

starr sztywny; (*vor Kälte usw.*) zdrętwiały, skostniały; osłupiały (*vor Staunen* ze zdziwienia); struchlały (*vor Schreck* ze strachu); **~en** (*auf A*) wpatrywać (-trzyć) się, wlepi(a)ć oczy *od.* wzrok (*w A*), wytrzeszczać (-czyć) oczy (na *A*); *vor sich hin* ~*en* patrzeć bezmyślnie (przed siebie); *vor/von Schmutz* ~*en* lepić się od brudu; **2heit** f (0) sztywność f; **2kopf** m uparciuch; **~köpfig** uparty (-cie); **2krampf** m (-es; 0) tężec; **2sinn** m (-es; 0) upór; **~sinnig** uparty (-cie).

Start m (-es; -e/-s) start; engS. a.
wlzot; **~bahn** f pas startowy; **2-**
bereit gotowy/gotów do startu; **~**
block m słupek startowy; **2en** (-e-)
v/i (sn) (wy)startować; v/t Rakete:
wystrzeli(wa)ć; Sp. da(wa)ć sygnał
do startu; Motor: zapuszczać
⟨-uścić⟩; fig. F startować; **~er** m
starter; El. zapłonnik; s. Anlasser;
~erlaubnis f zezwolenie na start;
2klar s. startbereit; F fig. gotowy/
gotów do wyjścia od. podróży; **~**
linie f linia startu; **~platz** m miejsce
startu; **~rampe** f stanowisko star-
towe; **~schuß** m strzał startowy; **~**
und Landebahn f droga startowa;
~verbot n zakaz startu od. startowa-
nia; **~zeichen** n sygnał (do)
Statik f (0) statyka.   [startu.]
Stati'on f stacja; Med. oddział; F ~
machen zatrzym(yw)ać się (na
postój).

statio'när stacjonarny; **~e Behand-**
lung leczenie szpitalne.
statio'nier|en (-) v/t, **~t sein** stacjo-
nować.
Stati'ons|arzt m ordynator; **~hilfe**
f salowa; **~vorsteher** m zawiadowca
m (od. naczelnik) stacji.
statisch statyczny.
Sta'tist m (-en), **~in** f statyst|a m
(-ka), **~ik** f statystyka; **2isch** statystyczny.
Sta'tiv n (-s; -e) statyw.
Stator m (-s; -'toren) stator, stojan.
statt Prp. (G) zamiast (G).
Statt f: an Eides ~ w miejsce przysięgi; j-n an Kindes ~ annehmen
przysposabiać ⟨-sobić⟩, adoptować;
Stätte f miejsce.   [(im)pf. (A).]
statt|finden odby(wa)ć się; **~geben**
przychylać ⟨-lić⟩ się (D/do G); **~**
haft nicht ~haft wzbroniony (od.
-na/-ne); **2halter** m namiestnik; **~**
lich okazały (-le); Pers. postawny,
przystojny; Summe: znaczny.
Sta'tue f statua; **2tu'ieren** (-) v/t
Exempel: ~ [im(pf. (A).] **~'tur** f postać f, budowa
ciała.
Status m (-; -) status, stan; **~sym-**
bol n symbol zajmowanego stanowiska społecznego.
Sta'tut n (-es; -en) statut; **2enge-**
mäß zgodny ze statutem, statutowy
(-wo).
Stau m (-es; -e/-s) Tech. spiętrzenie;
Meteo. wypełnienie; (Verkehr) zator.

Staub m (-es; 0) kurz, F proch, (a.
Tech.; pl. -e/=e) pył; Bot. kwiecie; F
sich aus dem ~(e) machen ulatniać
się, zwi(ew)ać; **2bedeckt**
pokryty pyłem, zakurzony; **~beutel**
m wore(cze)k pyłowy (odkurzacza);
zbiornik pyłu; Bot. pylnik pręcika;
~blatt n Bot. pręcik.
Stäubchen n pyłek.
staubdicht pyłoszczelny.
Stau·becken n zbiornik retencyjny.
stauben kurzyć (się).   [coś I).]
stäuben posyp(yw)ać (et. über A/)
Staub|faden m Bot. nitka pręcika;
~fänger f m fig. zbiornica (od.
zbieracz) kurzu; **2fein** drobny jak
pył, präd. a. na pył; **~filter** n filtr
przeciwpyłowy; **2frei** nie zawierający kurzu od. pyłu; **~gefäß** n s.
Staubblatt.
staubig zakurzony; hier ist es sehr ~
tu (jest) pełno kurzu.
Staub|kammer f Tech. osadnik
pyłu, odpylnik; **~lappen** m ścierka
do kurzu; **~korn** n pyłek, cząsteczka
pyłu; **~lunge** f pylica płuc; **~sau-**
ger m odkurzacz; **~tuch** n s.
Staublappen; **~wolke** f obłok (od.
tuman) kurzu.
stauch|en utrząsać ⟨-snąć, -ąść⟩;
Tech. spęczać ⟨-czyć⟩; **2en** n Tech.
spęczanie.
Staudamm m zapora (wodna).
Staude f bylina; główka (sałaty).
stauen Wasser: spiętrzać ⟨-rzyć⟩
(sich się); Blut: ⟨za⟩tamować; Ladung: sztauować; sich ~ a. gromadzić się, zalegać ⟨-lec⟩; ⟨s⟩two-
rzyć zator.
staun|en (über A) ⟨z⟩dziwić się (D);
ich ~e über (A) zdumiewa (od. za-
dziwia) mnie (A); **2en** n (-s; 0)
zdziwienie, zdumienie; F aus dem
2en nicht herauskommen nie móc
wyjść ze zdumienia; **~end** zdumiony, präd. ze zdumieniem.
Staupe f (Hunde2) nosówka.
Stau|see m (większy) zbiornik re-
tencyjny, jezioro zaporowe; **~**
strahltriebwerk n silnik (od.
zespół napędowy) strumieniowy,
~stufe f stopień wodny piętrzący;
~ung f spiętrzenie; (na)gromadze-
nie; uator; Med. zastój, zastoina
~~~ ~dem n obrzęk zastoinowy.
Steak [ste:k] n (-s; -s) stek, zraz, 10?.
bratel.   [Zssgn stearynowy.]
Stea'rin n (-s; -e) stearyna; **~ in** f

Stech|apfel *m* bieluń *m* dziędzierzawa; **~beitel** *m* dłuto płaskie; **2en** (L.) *v/t* ⟨u⟩kłuć, (*mit e-m Messer usw.*) żgać ⟨żgnąć⟩ ⟨mit/*I*⟩; *Torf*: kopać; *Rasen*: wycinać ⟨-iąć⟩; *Karte*: przebi(ja)ć (*impf. a. v/i*); *v/i* (*Rose, fig. in die Augen*) kłuć; (*Biene usw.*) ⟨u⟩żądlić; (*Mücken*) kąsać ⟨ukąsić⟩, ciąć; (*Sonne*) palić, przypiekać; (*gravieren*) ⟨wy⟩ryć, ⟨wy⟩rytować; (*sn*) *s.* See; **~end** kłujący (*a. Blick, Schmerz*); *Geruch*: ostry (-ro); **~fliege** *f* bolimuszka; **~mücke** *f* komar; **~palme** *f* ostrokrzew kolczasty; **~schritt** *m* krok defiladowy; **~uhr** *f* zegar kontrolny; **~zirkel** *m* przenośnik; cyrkiel traserski *od.* warsztatowy.

Steckbrief *m* list gończy; **2lich**: 2lich *verfolgen* ścigać listem gończym.

Steck|dose *f* gniazdko wtyczkowe; **2en** *v/t* wtykać ⟨wetknąć⟩, wsuwać ⟨-unąć⟩, (*a. ins Gefängnis*) wsadzać ⟨-dzić⟩, ⟨w⟩pakować (*in A/w A*); *Haar*: upinać ⟨-iąć⟩; *Ziel*: wytykać ⟨-tknąć⟩; *Agr.* ⟨za⟩sadzić; *s.* Brand, an-, einstecken; *v/i* tkwić; F *a.* być, siedzieć; *wo steckt er denn?* gdzież

Stecken *m* kij(ek). [on jest?]

stecken|bleiben (L., *sn*) utknąć *pf.*, (*im Sand usw. a.*) ugrzęznąć *pf.*; (*in der Rede*) zacinać ⟨-ciąć⟩ się; **~lassen** zostawi(a)ć.

Steckenpferd *n* konik (*a. fig.*); *sein* ~ *reiten* dosiadać swego konika.

Steck|er *m* wtyczka; **~kissen** *n* becik; **~kontakt** *m* *s.* Steckdose, Stecker; **~ling** *m* *Agr.* sadzonka; zraz; **~nadel** *f* szpilka; **~rübe** *f* *s.* Kohlrübe; **~schlüssel** *m* klucz nasadowy *od.* czołowy; **~schuß** *m* rana postrzałowa (bez wylotu).

Steg *m* (-*es*; -*e*) kładka, mostek; *Mus.* podstawek; *Typ.* szteg.

Stegreif: *aus dem* ~ *dichten, reden* improwizować. [-wstańka *m.*⟩

Stehaufmännchen *n* wańka-

stehen (L.) stać; (*sich befinden*) być, znajdować się; (*zu Gesicht*) być do twarzy; *j-m zur* ~ pomagać (*D*); *darauf steht ... (Strafe)* za to grozi ...; *es steht zu erwarten* należy oczekiwać; *es steht in der Zeitung* o tym piszą w gazecie; *es steht schlecht (um A) źle jest (z I*); *wie steht es mit ...?* jak z (*I*)?; *wie steht das Spiel?* jaki jest stan (*od. dotych*

czasowy wynik) gry/meczu?; *wie* ~ *Sie dazu?* co pan(i) na to?; *es steht außer Frage* nie ulega wątpliwości; ~ *für (A)* ręczyć (za *A*); F *ich stehe auf (A)* mnie podoba(ją) się (*A*); *s. a.* Berg, *Schmiere, teuer usw.;* 2 *n* (-*s*; *0*) stanie; zum 2 *bringen* zatrzymać *pf.*; *im* 2 *s. stehend;* **~bleiben** zatrzym(yw)ać się, stanąć *pf.*; **~d** stojący (*a. Gewässer*); *präd.* stojąc, na stojąco; *Heer, Ziel:* stały; *Wendung:* utarty; **~lassen** pozostawi(a)ć; *Essen a.*: nie dotykać ⟨-tknąć⟩ (*A/G*); *Bart*: zapuszczać ⟨-uścić⟩. [motorami.]

Steherrennen *n* wyścig kolarski za]

Steh|kragen *m* sztywny kołnierzyk; **~lampe** *f* lampa stojąca.

stehlen (L.) ⟨s-, u⟩kraść; *fig. Zeit:* zab(ie)rać; *sich* ~ wykradać ⟨-raść⟩ się (*aus/z G*); przekradać ⟨-raść⟩ się (*durch/przez A*); F ... *kann mir gestohlen bleiben* mam w nosie (*A*).

Stehplatz *m* miejsce stojące.

steif sztywny (-no/-nie) (*a. fig.*); *Glieder a.*: zesztywniały; *Grog*: mocny; *Wind*: silny; ~ *werden* ⟨ze-⟩ sztywnieć; (*erstarren*) ⟨s⟩tężeć; 2e *f* konsystencja; *s.* Stütze; **~en** *Wäsche*: ⟨na⟩krochmalić; **~halten** F: *halte die Ohren* ~! uszy do góry!; 2heit *f* (*0*) sztywność *f*.

Steig *m* (-*es*; -*e*) ścieżka (górska), drożyna; **~bügel** *m* strzemię; *Anat.* strzemiączko; **~eisen** *n/pl.* słupołazy *m/pl.*; *Berg-Sp.* raki *m/pl.*; 2en (L.; *sn*) *s.* ab-, auf-, aus-, *einsteigen, hinaufgehen, klettern, Kopf usw.;* *v/i* (*Barometer, Preise, Temperatur*) podnosić ⟨-nieść⟩ się; (*ść* (*pójść*) w górę; (*Fluß*) wzbierać ⟨wezbrać⟩; *fig.*(*Spannung, Wert usw.*) wzrastać ⟨-rosnąć, -róść⟩; 2end wzrastający; wzbierający; **~er** *m Bgb.* sztygar; 2ern (-*re*) po-, z|większać ⟨-szyć⟩; podwyższać ⟨-szyć⟩; (*verstärken*) ⟨s⟩potęgować, wzmagać ⟨wzmóc⟩ (*sich się*); *Gr.* stopniować; **~erung** *f* zwiększenie, spotęgowanie, wzmożenie; *konkr. a.* wzrost; zwyżka; *Gr.* stopniowanie; **~geschwindigkeit** *f* prędkość *f* wznoszenia; **~leitung** *f* przewód pionowy, pion instalacyjny; **~ung** *f* wzniesienie; *Tech.* skok.

steil stromy (-mo); 2hang *m* strome zbocze, stromizna; 2heit *f* (*0*) stromość *f*, spadzistość; (*Elektronik*) nachylenie; 2kurve *f* ostry skręt, wiraż; ⒉**ufer** *n* stromy (*od.* wysoki) brzeg.

Stein *m* (-*es*; -*e*) kamień *m* (*a. Med.*); *Arch. a.* cegła; kształtka; (*Gestein*) skała; (*Obst⒉*) pestka; **~e und Erden** kopaliny *f/pl.* nierudne; **den ~ ins Rollen bringen** być inicjatorem (*G*, *z. B.* sprawy); *s. a.* Brett; **~adler** *m* orzeł przedni; ⒉**alt** (*0*) bardzo stary, sędziwy; **~bock** *m* koziorożec; *Astr.* Koziorożec; **~boden** *m* kamienisty grunt; kamienna posadzka; **~brech** *m* (-*es*; -*e*) *Bot.* skalnica. **~bruch** *m* kamieniołom; **~butt** *m* turbot, skarp; **~chen** *n* kamyczek; **~druck** *m* (-*es*; -*e*) litografia; ⒉**ern** kamienny, *präd. z* kamienia; *fig.* jak kamień; **~frucht** *f* pestkowiec; **~garten** *m* ogród(ek) skalny; **~gut** *n* (-*es*; *0*) fajans; ⒉**hart** (twardy) jak kamień.   [mienowaćpf.]

steinig kamienisty (-ście); **~en** uka-⎰ **Stein|kauz** *m* pójdźka; **~kohle** *f* węgiel kamienny; **~kohlen-** (z) węgla kamiennego; **~leiden** *n* kamica; **~marder** *m* kuna domowa, kamionka; **~metz** *m* (-*en*) kamieniarz; **~obst** *n* owoce *m/pl.* pestkowe; **~pilz** *m* borowik szlachetny, prawdziwek; **~platte** *f* płyta kamienna; ⒉**reich** (*0*) *fig.* bogaty jak krezus; **~salz** *n* sól kamienna; **~schlag** *m* obryw skalny; (*Schild*) kamienie *m/pl.* na drodze; = **~schotter** *n* kruszywo kamienne, tłuczeń *m*; **~setzer** *m* brukarz; **~zeit** *f* (*0*) epoka kamienia/kamienna; **~zeug** *n* (-*es*; *0*) kamionka; (*a. pl. -e*) wyrób kamionkowy.

Steiß *m* (-*es*; -*e*) P kuper, zadek; *a.* = **~bein** *n* kość ogonowa *od.* guziczna; **~lage** *f Med.* położenie miedni-⎰ **stel|lar** gwiezdny.   [cowe.⎰

Stelldich-ein *n* schadzka.

Stelle *f* miejsce; (*Posten*) posada; (*im Buch*) ustęp, urywek; *s.* anstelle; Dienst-, Beratungsstelle, Ort; **an dieser ~** w tym miejscu, tu(taj); **an erster ~** na pierwszym miejscu; *sich nicht von der ~ rücken lassen, nicht von der ~ kommen* nie ruszyć się z miejsca; utknąć (na dobre); *an j-s ~ treten* zająć miejsce (*G*); *auf der ~* natychmiast; *zur ~ sein* być tu, być na miejscu.

stellen stawiać ⟨postawić⟩; *Falle:* zastawi(a)ć; *Frage:* zada(wa)ć; *Antrag:* wnosić ⟨wnieść⟩, (*a. Gesuch*)

składać ⟨złożyć⟩; *Uhr:* nastawi(a)ć; (*liefern*) dostarczać ⟨-czyć⟩; *Dieb:* schwytać *pf.*; ujmować ⟨ująć⟩; *Termin:* wyznaczać ⟨-czyć⟩; *auf die Probe ~* wystawi(a)ć na próbę, podda(wa)ć próbie; *s. a.* Aussicht, Kopf, Bein, Schatten *usw.*; *sich ~* ustawi(a)ć się, stanąć *pf.*; (*sich melden*) stawi(a)ć się; (*den Behörden a.*) ujawni(a)ć się; *sich ~ zu e-r Sache* ustosunko(yw)ać się (do *G*); *sich dumm usw.* ~ udawać głupiego *usw.*

Stellen|angebot *n* ogłoszenie o wolnej posadzie, oferta na objęcie stanowiska; **~gesuch** *n* ogłoszenie o poszukiwaniu posady; ⒉**los** bez posady, bezrobotny; **~plan** *m* plan etatów; **~vermittlung** *f* pośrednictwo pracy; ⒉**weise** *Adv.* miejscami, tu i ówdzie; **~wert** *m fig.* znaczenie, waga.

-stellig *in Zssgn* -cyfrowy, *z. B.* **ein-** jednocyfrowy.

Stell|macher *m* kołodziej, stelmach; **~ring** *m Tech.* pierścień osadczy *od.* ustalający; **~schraube** *f* śruba nastawcza; wkręt dociskowy.

Stellung *f* stanowisko; *Mil. a.* pozycja; (*Amt a.*) posada; (*Haltung a.*) postawa; **~ nehmen** zajmować ⟨-jąć⟩ stanowisko (zu/wobec *G*); **~nahme** *f* zajęcie stanowiska, ustosunkowanie się.

Stellungskrieg *m* wojna pozycyjna. **stellvertret|end** w zastępstwie (für/ *G*); *-der Leiter, Direktor* zastępca *m* kierownika, wicedyrektor; ⒉**er** *m* zastępca *m*.   [lage) nastawnica.⎰

Stellwerk *n Esb.* nastawnia; (*An-*⎰ **Stelze** *f* szczudło; ⒉**n** (-*zt*; *sn*) *fig.* chodzić/iść/kroczyć sztywno *od.* dumnym krokiem.

Stemm|eisen *n* doszczelniak; *Holz-Tech.* dłuto (gniazdowe); ⒉**en** *s.* aufstützen, heben; *Sp.* wyciskać ⟨-snąć⟩; *Tech.* ⟨wy⟩dłutować; (*a. Loch*) wyku(wa)ć; F (*stehlen*) buchnąć *pf.*; *sich ⒉en* (*gegen*) opierać ⟨oprzeć⟩ się ciałem (o *A*), podeprzeć *pf.* ramieniem (*A*); *fig.* opierać się (*D*).

Stempel *m* pieczątka, pieczęć *f*, (*a. Bgb.*) stempel; *Bgb.*, *Arch.* stojak; (*Prägung*) cecha; *fig. a.* znak; *Bot.* słupek; **~abdruck** *m* odcisk pieczątki, stempla; *fig.* ⟨z⟩robić odbitkę stempli; **~geld** F *n* (-*es*; *0*) zasiłek dla bezrobotnych; **~kissen** *n* po-

duszka do stempli; **~marke** f znaczek skarbowy; 2**n** (-le) ⟨przy-⟩ pieczętować; *fig.* 2n zu s. *abstempeln*; F 2n gehen być bezrobotnym.
Stengel m łodyga.
Steno|'gramm n(-s; -e) stenogram; **~('gramm)block** m bloczek do stenogramów; **~'graph** m (-en) stenograf; **~gra'phie** f stenografia; 2**gra'phieren** (-) stenografować; **~ty'pistin** f stenotypistka.
Steppdecke f kołdra pikowana.
Steppe f step.
stepp|en[1] v/t stebnować, pikować; **~en**[2] v/i stepować. [ostnica.⟩
Steppen|- mst stepowy; **~gras** n⟩
Steppke F m (-/-s; -s) brdząc, smyk.
Stepp|naht f szew stebnowy; **~stich** m ścieg stebnowy.
Sterbe|bett n łoże śmierci; **~geld** n zasiłek pogrzebowy; **~hilfe** f eutanazja; **~jahr** n rok śmierci; 2n (L.; sn) umierać ⟨umrzeć⟩ (... Todes ... śmiercią; an D/na A; durch/z, od G), ⟨s⟩konać (*impf. beide a. fig. vor/ z G*); **~n** n (-s; 0) konanie; im **~n** liegen konać, dogorywać; 2**nd**, **~nde(r)** umierający, konający.
sterbenskrank śmiertelnie chory.
Sterbenswörtchen n: kein **~** ani słówka.
Sterbe|sakramente n/pl. ostatnie namaszczenie; **~tag** m dzień m śmierci; **~urkunde** f świadectwo (*od.* akt) zgonu.
sterblich śmiertelny; *Reste:* doczesny; *präd. fig.* śmiertelnie, na śmierć, na zabój; *ein gewöhnlicher* 2er zwykły śmiertelnik; 2**keit** f (0) śmiertelność f; 2**keitsziffer** f umieralność f.
Stereo|anlage f radiola do odbioru stereofonicznego; 2**'phon** stereofoniczny; 2**'typ(isch)** stereotypowy (-wo). [*fruchtbar, keimfrei.*⟩
ste'ril sterylny, jałowy; *vgl. un-*⟩
Sterili|sati'on f sterylizacja; 2**'sieren** (-) sterylizować; (*keimfrei machen a.*) wyjaławiać ⟨-łowić⟩.
Stern m (-es; -e) gwiazda (*a. fig.*); (*Abzeichen*) gwiazdka; **~bild** n gwiazdozbiór; **~chen** n gwiazdka; **~deuter** m astrolog.
Sternen|banner n gwiaździsty sztandar; **~himmel** m gwiaździste (*od.* rozgwieżdżone) niebo; 2**klar** s. *sternklar*; **~zelt** n *poet.* gwiezdny strop nieba.

Stern|fahrt f rajd gwiaździsty; 2**förmig** gwiaździsty (-ście); 2**hagelvoll** F pijany jak bela; **~haufen** m gromada gwiazd; 2**klar** gwiaździsty (-ście), gwiezdny; **~kunde** f astronomia; 2**los** bezgwiezdny; **~motor** m silnik gwiaździsty; **~schaltung** f połączenie gwiazdowe; **~schnuppe** f gwiazda spadająca; **~warte** f obserwatorium astronomiczne; **~zeit** f czas gwiazdowy.
Stetho'skop n (-s; -e) słuchawka.
stetig *Adj.* stały, ciągły; 2**keit** f (0) *Math.* ciągłość f.
stets *Adv.* zawsze.
Steuer[1] n ster; *am* **~** *Kfz.* za kierownicą.
Steuer[2] f (-; -n) podatek; **~abzug** m potrącenie podatku; **~aufkommen** n wpływy m/pl. podatkowe; (*ogólna*) suma podatków; **~behörde** f s. *Finanzamt*; **~bemessungsgrundlage** f podstawa wymiaru podatku *od.* opodatkowania; **~berater** m doradca m w sprawach podatkowych; **~bescheid** m wymiar podatku, ustalenie wysokości zobowiązań podatkowych.
Steuerbord n *Mar.* prawa burta, sterburta; *Flgw.* prawa strona.
Steuer|einnehmer m poborca m podatkowy; **~erhebung** f pobór podatków; **~erklärung** f deklaracja podatkowa; **~ermäßigung** f ulga podatkowa; **~ermittlungsverfahren** n postępowanie podatkowe; **~fahndung** f ściganie osób uchylających się od płacenia podatku; **~flucht** f ucieczka w celu uchylenia się od obowiązku uiszczenia podatku; 2**frei** wolny od podatku; nie podlegający opodatkowaniu; **~freibetrag** m część f zarobku zwolniona od podatku; **~gelder** n/pl. podatki m/pl.; **~gerät** n Rdf. odbiornik; **~hinterziehung** f uchylanie się od obowiązku płacenia podatku, oszustwo podatkowe; **~karte** f karta podatkowa; *Comp.* karta sterująca; **~knüppel** m Flgw. drążek sterowy; **~last** f ciężar podatkowy; 2**lich** podatkowy; **~mann** m (-es; **~er/-leute**) sternik.
steuern (-re) v/t *Tech.* sterować (I); *Flgw.* pilotować; *Mar. a.* ⟨prze-⟩ prowadzić (A); *Kurs:* trzymać się (G); *Kfz. usw. s. lenken*; v/i (sn) (*auf* A, *zu, nach*) brać ⟨wziąć⟩ kurs (na

A), iść ⟨pójść⟩, ⟨po⟩jechać, ⟨po-⟩ płynąć, (*a. fig.*) zdążać, ⟨s⟩kierować się (do *G*, ku *D*); *fig.* (*e-m Übel*) przeciwdziałać (*D*).

steuerpflichtig podlegający opodatkowaniu *od.* (*Pers.*) obowiązkowi podatkowemu; 2e(**r**) podatnik.

Steuer|politik *f* polityka podatkowa; **~progression** *f* progresja podatkowa; **~prüfer** *m* kontroler władz skarbowych; **~rad** *n Mar.* koło sterowe; *s. Lenkrad*; **~recht** *n* (-*es*; *0*) prawo podatkowe; **~satz** *m* stopa (*od.* stawka) podatkowa; **~tarif** *m* taryfa podatkowa; (*Satztarif*) skala podatkowa.

Steuerung *f* (*0*) sterowanie; (*a. pl.*) urządzenie sterownicze; (*e-r Maschine*) stawidło, rozrząd; **~s-** sterownicy.

Steuer|veranlagung *f* wymiar podatku; **~werk** *n Comp.* jednostka sterująca; **~zahler** *m* podatnik.

Steven *m Mar.* stewa.

Stewar|d [ˈstjuːərt] *m* (-*s*; -*s*), **~'deß** *f* (-; -*ssen*) steward(esa).

stibitzen F (-*zt*) zwędzić *pf.*

Stich *m* (-*es*; -*e*) ukłucie; (*Nähen*) ścieg; (*Schmerz*) kłucie; *KSp.* bitka, lewa; (*Bosheit*) docinek; *s. Kupfer-, Messer-, Mückenstich*; *j-n* im ~ *lassen* porzucać ⟨-cić⟩, zostawi(a)ć (na łasce losu); (*Gedächtnis*) zawodzić ⟨-wieść⟩ (*A*); *ein* ~ *ins Blaue* niebieskawy odcień; *e-n* ~ *haben* być nieświeżym; F mieć bzika.

Sti|chel *m* rylec; **~che'lei** *f* przytyk, przycinek; **2cheln** (-*le*) *fig.* do-, przy|cinać ⟨-iąć⟩ (*gegen/D*).

stichfest: *hieb- und* ~ *pewny*, niezbity (-cie).

Stich|flamme *f* strumień *m* płomienia *od.* ognia, strzelający płomień; **2haltig** przekonywający (-co); uzasadniony; **~ling** *m Zo.* ciernik; **~loch** *n Tech.* otwór spustowy; **~probe** *f* próba wyrywkowa *od.* losowa; **~säge** *f* otwornica; 2*t s.* stechen; **~tag** *m* określona data; termin (prekluzyjny); **~waffe** *f* broń kłująca; **~wahl** *f* ściślejsze wybory; **~wort** *n* (-*es*; ⁿer) hasło; **~wunde** *f* rana kłuta.

stick|en (wy)haftować, wyszy(wa)ć; **2e'rei** *f* (0) (*sumienia*) (o *al*) haft; 2erin *f* hafciarka; 2garn *n* przędza do haftu, bawełniczka; **~ig** duszny (-no); 2muster *n* wzór do

---

haftu *od.* hafciarski; wyhaftowany deseń; 2nadel *f* igła hafciarska.

Stickstoff *m* (-*es*; *0*) azot; **~dünger** *m* nawóz azotowy.

stieben (L.) (*Funken*) ⟨po⟩sypać się.

Stiefbruder *m* brat przyrodni.

Stiefel *m* but; **~knecht** *m* pachołek do butów; 2n (-*le*; *sn*) kroczyć.

Stief|eltern *pl.* ojczym i macocha; **~geschwister** *pl.* rodzeństwo przyrodnie; **~kind** *n s.* Stiefsohn, -*tochter*; **~mutter** *f* macocha; **~mütterchen** *n Bot.* bratek; 2mütterlich macoszy (po -szemu); **~schwester** *f* siostra przyrodnia; **~sohn** *m* pasierb; **~tochter** *f* pasierbica; **~vastieg** *s. steigen.* [ter *m* ojczym.)

Stiege *f* schody *pl.*

Stieglitz *m* (-*es*; -*e*) szczygieł.

stiehlt *s. stehlen.* [*Bot.* łodyga.)

Stiel *m* (-*es*; -*e*) trzonek, rękojeść *f*;)

Stiel-augen F *f/pl.*: ~ *machen* wytrzeszczać ⟨-czyć⟩ oczy.

stier (*0*) osłupiały (-le), nieruchomy (-mo).

Stier *m* (-*es*; -*e*) byk, buhaj; *Astr.* Byk; 2en patrzeć osłupiałym wzrokiem; *s. anstarren*; **~kampf** *m* walka byków; **~kämpfer** *m* toreador, torero *m*; **~nacken** *m* byczy kark.

stieß(en) *s. stoßen.*

Stift¹ *m* (-*es*; -*e*) kołek, F sztyft; *Tech. a.* przetyczka; *El.* (*e-r Lampe*) nóżka; F (*Lehrling*) terminator, chłopak; *s. Steppke, Blei-, Buntstift.*

Stift² *n* (-*es*; -*e*) *Rel.* kolegium kanonickie, kapituła; (*Heim*) przytułek; *s. Kloster, Anstalt;* 2en (-*e*-) zakładać ⟨założyć⟩; ⟨u⟩fundować; ofiarow(yw)ać (*für/na A*); *Unfrieden*: siać; *Ehe*: ⟨s⟩kojarzyć; *Frieden* 2en ⟨po⟩godzić; **~er(in** *f*) *m* fundator(ka), założyciel(ka); ofiarodaw|ca *m* (-czyni); **~s-kirche** *f* kolegiata; **~ung** *f* fundacja, założenie; *s. Schenkung.*

Stiftungs|fest *n* obchód rocznicy założenia; **~urkunde** *f* akt fundacyjny.

Stiftzahn *m* ząb ćwiekowy.

Stil *m* (-*es*; -*e*) styl; **~ in** *Zssgn* stylowy; *im großen* ~ w wielkim stylu; **~blüte** *f* kwiatek stylistyczny.

stili'siert stylizowany.

Sti'listik *f* (*0*) stylistyka; 2stisch stylistyczny.

still cichy (-cho); *s. ruhig, schweigend*; ~! cicho!; *im* ~en po cichu; po kryjomu; ~ werden ⟨u⟩cichnąć, ⟨za⟩milknąć; 2e f cisza (a. Meteo.); Mar. a. sztil; in aller 2e bez rozgłosu; s. still.

Stilleben n martwa natura.

stilleg|en unieruchamiać ⟨-chomić⟩, zamykać ⟨-mknąć⟩; 2ung f unieruchomienie, zamknięcie.

stillen Baby: ⟨na⟩karmić piersią; Durst: ⟨u⟩gasić; Blut: ⟨za⟩tamować; Schmerz: uśmierzać ⟨-rzyć⟩; Neugier: zaspokajać ⟨-koić⟩.

Stillen n (-s; 0) karmienie piersią.

still|gestanden! baczność!; ~halten nie ruszać ⟨poruszyć⟩ się; fig. zachow(yw)ać się pasywnie, nic nie przedsięwziąć pf.

stilliegen być nieczynnym.

Stillschweigen n milczenie; mit ~ übergehen zby(wa)ć (od. pomijać ⟨-inąć⟩) milczeniem; 2d milczący (-co).

Stillstand m bezruch; zatrzymanie; (Stagnation) zastój; zum ~ bringen s. anhalten, stillegen; zum ~ kommen zatrzymać się, stanąć; zamrzeć.

still|stehen stać, engS. być nieczynnym, nie pracować; vgl. stillgestanden, Stillstand; ~vergnügt Adv. ciesząc się pf.

Stil|möbel n/pl. meble m/pl. stylowe; ~übung f ćwiczenie stylistyczne; 2voll stylowy (-wo), gustowny.

Stimm|abgabe f głosowanie; ~bänder n/pl. wiązadła n/pl. głosowe; struny f/pl. głosowe; 2berechtigt uprawniony do głosowania; ~bruch m mutacja.

Stimme f głos; sich der ~ enthalten wstrzym(yw)ać się od głosowania; 2n v/i głosować (für/za I); zgadzać się; v/t ⟨na⟩stroić; fig. usposabiać ⟨-sobić⟩; es stimmt zgadza się.

Stimmen|gleichheit f równość f głosów; ~mehrheit f większość f głosów.

Stimm|enthaltung f wstrzymanie się od głosowania od. głosu; ~gabel f kamerton, widełki stroikowe; 2haft Ling. dźwięczny; ~lage f rejestr głosu; 2los Ling. bezdźwięczny; ~recht n (-es; 0) prawo głosowania; ~ritze f głośnia, szpara głosowa.

Stimmung f Mus. strój; strojenie; fig. nastrój, humor; in ~ kommen rozweselić się, nabrać humoru; ~ machen rozruszać towarzystwo.

Stimmungs|bild n obraz nastrojowy od. odtwarzający nastrój; ~mache f f(0) urabianie opinii; 2voll nastrojowy (-wo).

Stimm|wechsel m s. Stimmbruch; ~zettel m kartka wyborcza.

stink|en (L.) cuchnąć, śmierdzieć; ~end cuchnący, śmierdzący; ~faul F leniwy jak osioł; ~ig s. stinkend; F fig. rozdrażniony; ~nase f Med. ozena; 2stiefel m F fig. śmierdziel; 2tier n skunks; 2wut F f piekielna wściekłość.

Stipendi|at m (-en) stypendysta m; ~um [-'pɛn-] n (-s; -ien) stypendium n.

Stippvisite F f krótka wizyta.

stirb s. sterben.

Stirn f czoło; die ~ bieten stawić czoło (D); ~höhle f zatoka czołowa; ~seite f front, przednia strona.

stob, stöbe s. stieben.

Stöber|hund m JSpr. płochacz; 2n (-re) prószyć; F (suchen) szperać.

stochern (-re) ⟨po⟩dłubać.

Stock¹ m (-es; ²e) kij, pałka; s. Bienen-, Opfer-, Spazierstock usw.; Tech. pręt; trzon; Geol. wysad.

Stock² m (-es; -) s. Stockwerk.

Stöckchen n kijek, laseczka.

stockdunkel ciemny (-no) choć oko wykol.

Stöckelschuh m pantofel na szpilkowym obcasie, pl. F a. szpilki f/pl.

stock|en zatrzym(yw)ać się; utykać ⟨utknąć⟩ (na martwym punkcie); usta(wa)ć; (Blut) ⟨za⟩stygnąć, ścinać ⟨-iąć⟩ się; (Brod) zacinać ⟨-ciąć⟩ się; 2fleck m plama od pleśni; 2hieb m uderzenie kijem; ~ig s.flammi od wilgoci; ~nüchtern F zupełnie trzeźwy; 2schnupfen m suchy katar; ~taub głuchy jak pień.

Stockung f zahamowanie; przerwa; (im Verkehr) zator, F korek.

Stockwerk n piętro.

Stoff m (-es; -e) materia; materiał; Tech. a. tworzywo; Text. a. tkanina; 2lich materialny; ~wechsel m przemiana materii.

stöhn|en stękać ⟨-knąć⟩, ⟨za⟩jęczeć ⟨jęknąć⟩; 2en n (-s; 0) stękanie; jęczenie; jęk.

stoisch stoicki (po -ku).

Stola f (-; -len) etola; Rel. stuła.

Stolle f, ~n¹ m placek drożdżowy z bakaliami. [sen2) ocel, hacel.⟩

Stollen² m Bgb. sztolnia; (Hufei-⟩

stolpern (-re; *sn*) potykać ⟨-tknąć⟩ się (*über A*/o A).

stolz dumny (*auf A*/z G); (*rühmlich*) chlubny; *s.* hochmütig, stattlich.

Stolz *m* (-es; 0) duma; *konkr.* chluba.

stol'zieren (-; *sn*) paradować.

Stopf|buchse *f* dławnica; **2en** *v/t* w-, za|pychać ⟨wepchnąć, zapchać⟩; wtykać ⟨wetknąć⟩ (*in A*/do G); *Strumpf:* ⟨za⟩cerować; *s.* ausverstopfen, mästen; *v/i* sycić; **~en** *m s.* Stössel; **~garn** *n* przędza do cerowania; **~nadel** *f* igła do cerowania.

Stoppel *f* (-; -n) ścierń *f*; F **~n** *pl. a.* = **~bart** *m* szczecina; **~feld** *n* ściernisko.

stopp|en zatrzym(yw)ać (*v/i* się); *Sp.* (*Ball*) ⟨z⟩gasić; *s.* abstoppen; **2licht** *n* światło hamowania; **2uhr** *f* stoper. [wtyczka; F *fig. s.* Knirps.]

Stöpsel *m* korek, zatyczka; *El.*∫

Stör *m* (-es; -e) jesiotr.

Stör-anfälligkeit *f* wrażliwość *f* na zakłócenia *od.* uszkodzenia.

Storch *m* (-es; ¨e) bocian; **~(en)nest** *n* bociane gniazdo (*a. Mar.*); **~schnabel** *m Bot.* bodziszek; panto-

Store *m* (-s; -s) stora. [graf.∫

stör|en przeszkadzać ⟨-kodzić⟩ (*j-n bei*/k-u w czym); *Ruhe:* zakłócać ⟨-cić⟩ (*a. Rdf.*), naruszać ⟨-szyć⟩; **2enfried** *m* (-es; -e), **2er** *m* wichrzyciel, warchoł; intruz; **2manöver** *n* machinacja.

stor'nieren (-) stornować.

störrisch narowisty (-ście); *Kind:* krnąbrny, przekorny; **~ sein** narowić się.

Stör|schutz *m* urządzenie przeciwzakłóceniowe; **~sender** *m* (radio-) stacja zakłócająca; **~ung** *f* (*das Stören*) przeszkadzanie; (*a. Rdf.*) zakłócanie; *konkr.* zakłócenie (*a. Rdf., Verkehr, Astr. usw.*), zaburzenie, rozstrój (*a. Med.*); (*Belästigung*) kłopot; niesprawność *f*, defekt; **~(ungs)-** *Tech. oft:* awaryjny.

Störungs|dienst *m* pogotowie techniczne; **~feuer** *n Mil.* ogień nękający; **2frei** bezzakłóceniowy; bezawaryjny; *präd.* bez zakłóceń; **~quelle** *f* źródło zakłóceń.

Störversuch *m* próba zakłócenia.

Stoß *m* (-es, ¨e) uderzenie; pchnięcie, ... *Tech.* *Fib.* styk; (*Stapel*) stos, sterta; *Bgb.* ocios; przodek; (*am Kleid*) ... ka; **~dämpfer** *m* amortyzator.

Stößel *m* tłuczek; *Tech.* popychacz.

stoß|empfindlich wrażliwy na uderzenia *od.* wstrząsy; **~en** (L.) *v/t* popychać ⟨-pchnąć⟩; spychać ⟨zepchnąć⟩, strącać ⟨-cić⟩ (*von*/z G); *Pers. a.* potrącać ⟨-cić⟩, szturchać ⟨-chnąć⟩; (*mit d. Fuß*) kopać ⟨-pnąć⟩; *Gewicht-Sp.* podrzucać ⟨-cić⟩, wybi(ja)ć; *Messer uno:* wbi(ja)ć; *Tech.* dłutować; *von sich* **~en** odpychać ⟨odepchnąć⟩; F *j-n vor den Kopf* **~en** urazić (A); *sich* **~en** uderzać ⟨-rzyć⟩ się (*an D*/o A); *v/i* (*a. sn*) *s.* rütteln; (*angrenzen*) stykać się (*an A*/ z I); natykać ⟨-tknąć⟩ się (*auf A*/na A); uderzać ⟨-rzyć⟩ (*mit D gegen*/I o A); dołączyć się *pf.* (*zu*/do G); (*Kuh*) *v/t* u|bóść; **2en** *n Tech.* dłutowanie; *Sp.* podrzut, wybicie; **2fänger** *m* zderzak; **2gebet** *n* żarliwa modlitwa; **2kraft** *f* siła uderzenia; **2-maschine** *f* dłutownica; **2seufzer** *m* głębokie westchnienie; **2stange** *f* zderzak; **2therapie** *f* kuracja uderzeniowa; **2trupp** *m* oddział szturmowy, grupa wypadowa; **2verbindung** *f* złącze na styk; **2verkehr** *m* największe nasilenie ruchu; **~weise** *s.* ruckartig; (*atmen*) urywanie; **2zahn** *m* kieł.

Stotter|er *m* (-s; -), **2n** (-re) *v/i* jąkać się; **~n** *n* (-s; 0) jąkanie się; F *auf* **~n** *kaufen* kupić na raty.

Straf-androhung *f: unter* **~** pod groźbą kar(y).

Straf|anstalt *f* zakład karny; **~antrag** *m* wniosek o ukaranie, oskarżenie (prywatne); **~anzeige** *f* zawiadomienie o przestępstwie, doniesienie; **~arbeit** *f* zadanie za karę; **~aufschub** *m* odroczenie wykonania kary; **~ausmaß** *n* wymiar kary; **~aussetzung** *f* zawieszenie (wykonania) kary; **~bank** *f Sp.* ławka kar; **2bar** karalny, karygodny; *sich* **~** *bar machen* popełnić czyn karalny; **~befehl** *m* nakaz karny; **~e** *f* kara; *zur* **~e** za karę; *bei* **~e** pod karą; **~e** *Gottes* skaranie boskie; **2en** ⟨u⟩karać (*für*/za A); *s. Lüge;* **~entlassene(r)** zwolniony|m (-a) z więzienia; **~erlaß** *m* darowanie kary; **~expedition** *f* ekspedycja karna.

straff napięty, (mocno) naciągnięty; *Haltung, Organisat...* ... (ście) *Führung;* energiczny; (*Hose*) **~** *sitzen* być obcisłym.

straffällig: ~ werden popełni(a)ć czyn karalny; [⟨-gnąć⟩ (sich się).]
straffen napinać ⟨-iąć⟩, naciągać
straf|frei nie podlegający karze, niekaralny; ~**frei ausgehen** nie zostać ukaranym, uniknąć kary; 2**gefangene(r)** więzień karny, więźniarka karna; 2**gericht** n sąd karny; 2**gesetzbuch** n kodeks karny; 2**lager** n obóz karny.
straf|lich karygodny; 2**ling** m więzień m; 2**lingskleidung** f ubranie więzienne; F hist. pasiak.
straf|los bezkarny; s. straffrei; 2**maß** n wymiar kary; 2**maßnahmen** f/pl. środki m/pl. represyjne od. represji; 2**milderung** f złagodzenie kary; 2**porto** n dopłata.
Strafprozeß m postępowanie karne, proces karny; 2**ordnung** f kodeks postępowania karnego.
Straf|punkt m punkt karny; ~**raum** m Sp. pole karne; ~**recht** n prawo karne; ~**register** n rejestr skazanych; ~**stoß** m rzut karny; ~**verbüßung** f odbycie kary; ~**verfolgung** f ściganie przestępstwa; ~**versetzung** f przeniesienie za karę od. karne; ~**vollzug** m wykonanie kary; więziennictwo; ~**wurf** m rzut karny; ~**zettel** m mandat karny.
Strahl m (-es; -en) promień m; (Wasser2) struga, strumień m; ~**antrieb** m napęd odrzutowy; 2**en** promieniować; s. glänzen, leuchten; świecić; fig. promienieć (vor/I).
Strahlen|brechung f załamanie promieni; ~**bündel** n Phys. wiązka promieni; Math. wiązka prostych; 2**d** promieniujący, promienisty (-ście), radiacyjny; fig. promienisty; Pers. a. rozpromieniony; 2**förmig** promienisty (-ście); ~**krankheit** f choroba popromienna; ~**pilze** m/pl. promieniowce m/pl.; ~**pilzkrankheit** f promienica; ~**schutz** m ochrona radiologiczna; ~**therapie** f promieniolecznictwo, radioterapia.
Strahl|er m promiennik; ~**triebwerk** n silnik odrzutowy przelotowy; ~**ung** f promieniowanie.
Strahlungs|energie f energia promieniowania; ~**gürtel** m pas radiacyjny; ~**messung** f dozymetria; ~**wärme** f ciepło promieniowania.
Strähne f kosmyk; (Garn) pasmo, motek.
stramm s. straff, schneidig; (kräf-

tig, gesund) jędrny, krzepki (-ko; Haltung): wyprężony, ~**stehen** stać na baczność.
Strampel|hös·chen n śpioszki m/pl.; 2**n** (-le) wierzgać (nogami), fikać nóżkami; F pedałować.
Strand m (-es; -e) brzeg (morski); plaża; am ~ liegen plażować; ~**bad** n kąpielisko; 2**en** (-e-; sn) osiadać ⟨-iąść⟩ na mieliźnie, rozbi(ja)ć się; fig. s. scheitern; ~**gut** n (-es; 0) rzeczy (od. szczątki) f/pl. wyrzucone przez morze na brzeg; ~**hafer** m piaskownica zwyczajna; ~**hotel** n hotel z własną plażą; ~**kleid** n plażówka; ~**korb** m kosz plażowy.
Strang m (-es; ⁴e) powróz; (Pferdegeschirr) postronek; (Wolle) pasmo; (Bündel) wiązka (a. Anat.); s. Strick; Tod durch den ~ śmierć f przez powieszenie; fig. am gleichen ~ ziehen mieć wspólny cel; F über die Stränge schlagen przeb(ie)rać miarę; 2**guß** m (-sses; 0) odlewanie ciągłe; ~**presse** f prasa taśmowa. [dusić.]
strangu'lieren (-) ⟨u⟩dławić, ⟨u-⟩
Stra'pa|ze f trud; mordęga; 2'**zieren** (-) męczyć, ⟨z⟩mordować; Kleidung: ⟨z⟩niszczyć; 2'**zierfähig** mocny, wytrzymały; 2**zi'ös** F męczący (-co).
Straße f ulica; (Land2) droga; szosa; fig. auf die ~ setzen wyrzucić na bruk; Tech. zespół walcowniczy; s. Meerenge.
Straßen|bahn f tramwaj; in Zssgn tramwajowy; ~**bau** m (-es; 0) budowa dróg; ~**beleuchtung** f oświetlenie ulic; ~**decke** f nawierzchnia drogowa; ~**dorf** n ulicówka; ~**ecke** f róg ulicy; ~**einmündung** f zbieg ulic; ~**feger** m zamiatacz ulic; ~**fertiger** m zespół maszynowy do budowy dróg; ~**junge** m ulicznik, gawrosz; ~**kampf** m walka uliczna; ~**karte** f mapa drogowa; ~**kehrmaschine** f zamiatarka; ~**kreuzung** f skrzyżowanie ulic od. dróg; ~**lage** f Kfz. stateczność f; ~**lärm** m hałas uliczny; ~**laterne** f latarnia uliczna; ~**netz** n sieć ulic od. drogowa; ~**reinigung** f czyszczenie ulic; ~**rennen** n wyścig m/pl. szosowe; ~**schild** n tabliczka z nazwą ulicy; ~**sperre** f zamknięcie drogi; zapora na drodze, engS. barykada; ~**verkauf** m sprzedaż uliczna; ~**verkehr** m ruch drogowy; transport kołowy;

~verkehrs·ordnung f przepisy ruchu drogowego i ulicznego, kodeks drogowy; **~verzeichnis** n spis ulic; **~walze** f walec drogowy.

Stra|te'gie f strategia; **2'tegisch** strategiczny.

Strato'sphäre f stratosfera.

sträuben ⟨na-, z⟩jeżyć, (a. Federn) ⟨na⟩stroszyć (sich über A/po L); F sich ~ stawać ⟨stanąć⟩ dęba; fig. (gegen) bronić się (przed I), opierać się (D).

Strauch m (-es; «er) krzak, krzew.

straucheln ⟨-le; sn⟩ s. stolpern; fig. pobłądzić pf., schodzić ⟨zejść⟩ na manowce; **gestrauchelter Mensch** wykolejeniec.

Strauß[1] m (-es; «e) bukiet.

Strauß[2] m (-es; -e) Zo. struś m; **~en-strusi.**

Streb m (-es; -e) Bgb. ściana, ubierka ścianowa; **~e** f zastrzał, ukośnica; krzyżulec; **2en** (nach) dążyć ⟨do G⟩, starać się (o A); podążać ⟨-żyć⟩ (zu/do G, ku D); **~en** n (-s; 0) dążenia n/pl.; **~e·pfeiler** m przypora; **~er** m karierowicz; **2sam** gorliwy ⟨-wie⟩, pilny.

streck|bar ciągliwy (-wie); **2e** f odcinek (a. Math.); Esb. usw. a. trasa, szlak; Sp. a. dystans; Bgb. chodnik; JSpr. pokot, rozkład; auf der 2e bleiben mieć awarię (od. F nawalić) w drodze; fig. s. scheitern; (sterben) zginąć; zur 2e bringen s. erlegen; fig. unieszkodliwić; **~en** s. dehnen, er-, ausstrecken, Boden, verdünnen; Vorräte: oszczędzać; Waffen: składać ⟨złożyć⟩; die Glieder (od. sich) **~en** przeciągać ⟨-gnąć⟩ się.

Strecken|abschnitt m odcinek trasy od. linii/drogi; **~dienst** m służba drogowa; **~netz** n sieć f tras; **~wärter** m dróżnik obchodowy; **2weise** miejscami, na niektórych odcinkach.

Streck|er m Anat. prostownik; **~grenze** f granica plastyczności; **~verband** m Med. wyciąg kostny.

Streich m (-es; -e) s. Schlag, Hieb; fig. figiel, psota; übler ~ a. podłostka; j-m e-n ~ spielen spłatać figla (D); **2eln** ⟨-le⟩ ⟨po⟩głaskać, ⟨po⟩gładzić; **2en** (L.) v/t ⟨po⟩smarować (a. et. auf A/coś I) Wand, Zimmer: ⟨po⟩[ma]lować [a. «[?]» «tül»]; s., prze|kreślać ⟨-lić⟩ Geige usw.: grać (na L); s. einziehen; sich die Haare aus der Stirn 2en odgar-

niać ⟨-nąć⟩ sobie włosy z czoła; v/i pociągać ⟨-gnąć⟩ (mit D über A/I po L); ⟨sn⟩ łazić, włóczyć się (durch A/po L, um A/wokół G); ⟨fliegen⟩ ⟨prze⟩lecieć (über A/nad I); **~er** m/pl. Mus. smyczki m/pl.

Streichholz n (-es; «er) zapałka; **~schachtel** f pudełko od zapałek.

Streich|instrument n instrument smyczkowy; **~käse** m ser miękki od. twarogowy; **~orchester** n orkiestra smyczkowa; **~ung** f skreślenie.

Streif|band n (-es; «er) opaska; **~e** f patrol; **2en** v/t (lekko) dotykać ⟨-tknąć⟩ (a. fig., erwähnen), muskać ⟨-snąć⟩; ocierać ⟨otrzeć⟩ się (A/o A); (Fahrzeug) potrącać ⟨-cić⟩; (Kugel) (za)drasnąć pf.; s. aufkrempeln, gestreift; v/i ⟨sn⟩ s. schweifen; ~en n (Band) taśma, wstęga; (Stoff-2, Markierung) pas(ek); (Muster a.) prążek; (Farb2, Rauch usw.) smuga, (a. z. B. Wald) pasmo; s. Strieme.

Streifen|dienst m służba patrolowa; **~wagen** m samochód patrolowy.

streif|ig pręgowaty smugowaty ⟨-to⟩; **2lichter** n/pl. fig. krótki przegląd; **2schuß** m draśnięcie pociskiem; **2zug** m wyprawa; wędrówka.

Streik m (-es; -s) strajk; in den ~ treten rozpoczynać ⟨-cząć⟩ strajk; **~brecher** m łamistrajk; **2en** ⟨za⟩strajkować; **~ende(r)** strajkujący; **~fonds** m fundusz strajkowy; **~komitee** n komitet strajkowy; **~posten** m pikieta; **~welle** f fala strajków.

Streit m (-es; -e) spór (a. Jur.); (Wort2) sprzeczka; (Zank) kłótnia; s. Zwist, Kampf; in ~ geraten wda(wa)ć się w sprzeczkę od. kłótnię; ~ suchen szukać zaczepki; **2bar** bitny, waleczny; skory do kłótni; -rer Mensch a. kłótnik; **2en** (L.) walczyć (um A/o A); (a. sich) spierać (od. sprzeczać, kłócić) się; **~er** m bojownik; **~fall** m zatarg, spór; **~frage** f kwestia sporna; **2ig** sporny; 2ig machen odmawiać (j-m A/k-u G); kwestionować; **~igkeit** f s. Streit; **~kräfte** f/pl., **~macht** f siły f/pl. zbrojne; **~objekt** n przedmiot sporu; **~punkt** m punkt sporny; **~schrift** f pismo polemiczne; **2süchtig** kłótliwy ⟨-wie⟩, swarliwy ⟨-wie⟩; «[?]» «[?]».

streng surowy ⟨-wo⟩, srogi ⟨-go⟩; Geruch: ostry ⟨-ro⟩; Geheimnis,

Diät: ścisły (-le); **2e** f (0) surowość f, srogość f; **~genommen** *Adv.* ściśle biorąc; **~gläubig** ortodoksyjny, prawowierny.

Streß m (-sses; -sse) stres; **~faktor** m stresor; **~situation** f sytuacja stresowa.

Streu f podściółka; **2en** v/t posyp(yw)ać (et. auf A/coś I); rozsiewać ⟨-iać⟩, rozrzucać ⟨-cić⟩; *vgl.* bestreuen; *Agr.* podścielać ⟨-elić, podesłać⟩ (A/G); *Futter:* ⟨na⟩sypać; v/i wysypywać (od. sypać) się; (*Waffe*) rozrzucać; **~er** m *Agr.* roztrząsacz, rozsiewacz; **~licht** n (-es; 0) światło rozproszone.

streunen (a. sn) wałęsać się; **~d** *Tier:* bezdomny.

Streu|salz n sól f do posypywania (ulic); **~sand** m piasek do posypywania.

Streusel n/pl. kruszonka; **~kuchen** m placek z kruszonką.

Streu|ung f rozsiew(anie), posypywanie; (*Waffen*) rozrzut; **~zucker** m miałki cukier.

strich s. streichen.

Strich m (-es; -e) kreska; rysa; (*Feder*2) pociągnięcie (I); *Mar.* rumb; *JSpr.* przelot, ciąg; (*Zitze*) strzyk; *ein dicker* ~ (gruba) krecha; F *gegen den* ~ *pod* włos; *nach* ~ *und Faden* co się zowie, jak należy; *auf den* ~ *gehen* chodzić na ulicę; *s. Rechnung;* **2eln** (-le) ⟨po⟩kreskować; **~junge** m chłopak uprawiający prostytucję homoseksualną; **~linie** f linia kreskowa; **~mädchen** F n dziewczyna uliczna, ulicznica; **~punkt** m *Gr.* średnik; **2weise** lokalny, miejscowy, *präd.* miejscami.

Strick m (-es; -e) sznur(ek), powróz; (*des Henkers*) stryczek; F *fig. s. Schlingel;* j-m e-n ~ *drehen etwa* szyć buty (D), kopać dołki (pod I); *wenn alle* ~*e reißen* w najgorszym razie; **~arbeit** f robota dziana *od.* włóczkowa; *s. Stricken;* **2en** ⟨z⟩robić na drutach, (a. *Text.*) dziać; **~en** n (-s; 0) robienie na drutach, dzianie; **~er(in)** f(m) dziewia|rz (-rka); *sie ist e-e fleißige* ~*erin* ona dużo robi na drutach; **~e'rei** f *s. Stricken; Text.* dziewiarnia; **~jacke** f sweter; **~leiter** f drabin(k)a sznurowa; **~maschine** f dziewiarka; **~nadel** f drut (do robienia na drutach); **~waren** f/pl. dzianiny f/pl., wyroby

m/pl. dziane; **~wolle** f włóczka; **~zeug** f n s. Strickarbeit.

Striegel m zgrzebło; **2n** (-le) ⟨wy-⟩ czyścić zgrzebłem.

Striem|e f, **~en** m pręga.

strikt ścisły (-śle); *Verbot:* surowy (-wo). [wzdłużnik.]

Stringer m *Flgw.* podłużnica; *Mar.*}

Strippe F f sznur(ek); *ständig an der* ~ *hängen* stale telefonować; **~rin** F f striptease'rka.

Striptease [-ti:z] m od. n (-; 0) strip-tease m, striptiz.

stritt(en) s. streiten.

Stroh n (-es; 0) słoma; F *leeres* ~ *dreschen* gadać po próżnicy; **~blume** f kocanka (piaskowa); **~dach** n strzecha, dach kryty słomą; **~feuer** n słomiany ogień; **2gelb** słomianożółty (-to), słomkowy; **~halm** m słomka; **~hut** m słomkowy kapelusz; **2ig** *Gemüse:* stary, spiczasty; **~mann** m *fig.* figurant, podstawiona osoba; *KSp.* dziadek; **~matte** f słomianka; **~presse** f prasa do słomy; **~puppe** f straszydło ze słomy; **~sack** m siennik; **~witwe** f słomiana wdowa; **~witwer** m słomiany wdowiec.

Strolch m (-es; -e) włóczęga m; bandyta m; s. Schelm, Gauner.

Strom [-o:-] m (-es; *e) (*Fluß*) rzeka; *El.* prąd (a. *der Zeit*); (v. *Pers., Blut, Schweiß usw.*) potok, strumień m; *gegen den, mit dem* ~ s. strom-, stromaufwärts; *es regnet in Strömen* leje jak z cebra; **~abnehmer** m *Tech.* odbierak prądu; *Pers.* odbiorca m energii elektrycznej; **2ab(-wärts)** w dół rzeki, z prądem; **2-auf(wärts)** w górę rzeki, pod prąd.

strömen (a. sn) płynąć (in ~ się (strumieniem); (a. *fig.*) przepływać ⟨-nąć⟩ (durch A/przez A); (in A) napływać ⟨-nąć⟩ (do G), nape'lni(a)ć (A); *Menge a.:* walić tłumnie; wysyp(yw)ać się (aus/z G); wylegać ⟨-gnąć, -ec⟩ (in, auf A/na A); ⟨po⟩der Regen ulewa. [się.}

Stromer F m łazik; **2n** (-re) wałęsać}

Strom|gebiet n dorzecze; **~kreis** m *El.* obwód prądowy.

Strömling m śledź bałtycki.

strom|linienförmig o kształcie opływowym; **2netz** n *El.* sieć elektryczna; **2schiene** f szyna prądowa; **~schlag** m *s. Stromverletzung;* **2-schnelle** f próg; bystrze; **2sperre** f

wyłączenie prądu; ⦵**stärke** f natężenie prądu; ⦵**stoß** m impuls prądowy.
Strömung f prąd, nurt (a. fig.); Tech. przepływ, ruch strumienia; ⦵**s·lehre** f dynamika cieczy i gazów.
Strom|verletzung f porażenie prądem; ⦵**verbrauch** m spożycie (od. zużycie) energii elektrycznej, F zużycie prądu; ⦵**versorgung** f zaopatrzenie w energię elektryczną; ⦵**zähler** m licznik amperogodzin od. F elektryczny.
Strontium [-ts-] n (-s; 0) stront.
Strophe f zwrotka.
strotz|en (-zt): er ⦵t von/vor Energie, Gesundheit tryska z niego energią, zdrowiem; ... ⦵t von/vor Fehlern ... roi się od błędów; ... ⦵t vor Dreck ... (jest) brudny jak nieboskie stworzenie; [del.]
Strudel m wir (a. fig.); Kochk. stru-⦶
Struk'tur f struktura; ⦵**wandel** m przekształcenia n/pl. strukturalne, przeobrażenia n/pl. struktury.
Strumpf m (-es; ⁻e) pończocha; ⦵**band** n, ⦵**halter** m podwiązka; ⦵**hose** f rajstopy f/pl., rajtuzy pl.; ⦵**maske** f maska z pończochy; ⦵**waren** f/pl. wyroby m/pl. pończosznicze; ⦵**wirkmaschine** f [(Baum⦵) pniak.⦶ ... pończoszarka.
Strunk m (-es; ⁻e) głąb, kaczan;⦶
struppig zmierzwiony, skołtuniony; Fell a.: nastroszony.
Strych'nin n (-s; 0) strychnina.
Stubben m pniak, karcz.
Stübchen n izdebka, pokoik.
Stube f izba, pokój.
Stuben|älteste(r) starszy m sali; ⦵**arrest** m zakaz opuszczania pokoju; ⦵**fliege** f mucha domowa; ⦵**hocker** F m piecuch; ⦵**mädchen** n pokojówka; ⦵**rein** Hund: czysty; Witz: przyzwoity. [stiukowy.⦶
Stuck m (-es; 0) stiuk; in Zssgn a.⦶
Stück n (-es; -e/Maßangabe -) kawał(ek); (Maßangabe, Tech.) sztuka; Mus. utwór; s. a. Zssgn; aus freien ⦵en dobrowolnie; in ⦵e gehen rozbi(ja)ć się, rozlatywać (-lecieć) się w kawałki; F große ⦵e auf j-n halten mieć bardzo dobre mniemanie (o L); in ⦵e schneiden pokrajać na (lub. po-) siekać w) kawałki. [sztukateria⦶
Stück·arbeit f robota ... [del.⦶
Stück|arbeit f praca akordowa; ⦵**chen** n kawałeczek; ⦵**eln** (-le) s. an-, zerstückeln, zusammenflicken;

⦵**gut** n drobnica; in Zssgn drobnicowy; ⦵**gutfrachter** m drobnicowiec; ⦵**kohle** f węgiel gruby, kęsy m/pl.; ⦵**liste** f wykaz części; specyfikacja; ⦵**lohn** m akord, akordowy system płacy; ⦵**preis** m cena od sztuki od. jednostkowa; ⦵**weise** na sztuki; kawałkami, po kawałku; ⦵**werk** n (-s; 0) byle jak sklecona robota, P łatanina; urywkowa wiedza; ⦵**zahl** f ilość f sztuk; seria; ⦵**zeit** f czas pracy jednostkowy.
Stu'dent m (-en) student.
Stu'denten|blume f aksamitka; ⦵**heim** n dom studencki od. akademicki, F akademik.
Stu'dent|in f studentka; ⦵**isch** studencki (po -ku), akademicki.
Studie f studium; engS. a. badanie; szkic.
Studien|aufenthalt m pobyt w celach naukowych od. dla uzbycia studiów; ⦵**direktor** m dyrektor szkoły drugiego stopnia; ⦵**förderung** f (0) system stypendiów dla odbywających studia; ⦵**jahr** n rok akademicki; ⦵**platz** m miejsce na wyższej uczelni; ⦵**rat** m nauczyciel szkoły drugiego stopnia; (Anrede etwa) profesor; ⦵**zeit** f okres (od. czas trwania) studiów; lata pl. studenckie. [(L).⦶
stu'dieren (-) studiować (an D/na)
Studio n (-s; -s) studio (a. Rdf.).
Studium n (-s; -ien) studium; engS. studia pl. (wyższe).
Stufe f stopień m (a. Gr.); fig. a. szczebel; (e-r Rakete) człon; (Stadium) etap; Geol. piętro; Mus. interwał; ⦵n pl. a. schody pl., schodki m/pl.; auf gleiche ⦵ stellen stawiać na równi; sich auf gleiche ⦵ stellen równać się (mit/z I); von ⦵ zu ⦵ coraz wyżej.
Stufen|barren m Sp. poręcze f/pl. o nierównej wysokości; ⦵**leiter** f s. Trittleiter; fig. szczeble m/pl.; auf der ⦵leiter po szczeblach; ⦵**los** Tech. bezstopniowy (-wo); ⦵**weise** stopniowo.
Stuhl m (-es; ⁻e) krzesło; der Heilige ⦵ Stolica Apostolska; a. = ⦵**gang** m stolec; ⦵**lehne** f poręcz f (od. oparcie) krzesła; ⦵**zwang** m parcie na stolec.
Stukkatem m (...) ⟨atulator.⦶
Stulle f dial. kromka chleba z masłem (i wędliną).

Stulpe f mankiet.

stülpen przykry(wa)ć (*et. über A/*
coś *I); Hut:* wkładać ⟨włożyć⟩, naciskać ⟨-snąć⟩.

stumm niemy; oniemiały (*vor/z G*);
s. schweigend, still; F *j-n* ~ *machen*
sprzątnąć (*A*).

Stummel m (*Zahn*2) pieniek; (*Bleistift*2) resztka; (*Kerzen*2) ogarek;
(*Zigarren*2) niedopałek; (*Arm*2) kikut.

Stumm|e(r) m/f niemowa m/f; **~-
film** m niemy film; **~heit** f (*0*) nie-
mota.

Stümpe|r m fuszer, partacz; **~'rei** f
fuszerka, partactwo, partanina;
stümper|haft nieudolny, partacki
(po -ku); **~n** (*-re*) partaczyć, partolić, knocić.

stumpf tępy (-po); *fig. s. a. abgestumpft;* (*matt*) bez połysku, zmatowiały; *Winkel:* rozwarty; ~ *werden*
stępić się, stępieć *pf.*

Stumpf m (*-es; "e*) pień m, pniak; *s.
Stummel; mit ~ und Stiel* doszczętnie, w samym rdzeniu; **~heit** f tę-
pość f; *fig.* tępota, otępiałość f.

Stumpfsinn m (*-es; 0*) *Med.* otępie-
nie, demencja; 2**ig** tępy (-po); bez-
myślny; (*öde*) nudny, otępiający
(-co).

stumpfwink(e)lig rozwartokątny.

Stunde f godzina; lekcja; ... *km in
der* ~ ... *km* na godzinę; *in e-r* ~
w ciągu godziny; *za* godzinę; *von* ~
zu ~ z godziny na godzinę; *zur* ~
w obecnej chwili; *zu jeder* ~ o
każdej porze; *heitere, schwere* ~*n*
wesołe, ciężkie chwile.

stunden (*-e-*) odraczać ⟨-roczyć⟩
termin zapłacenia (*A/G*).

Stunden|geschwindigkeit f pręd-
kość f na godzinę; 2**lang** wielogo-
dzinny, *präd.* (całymi) godzinami;
~leistung f wydajność f na godzinę;
(*Motor*) moc godzinowa; **~lohn** m
płaca godzinowa; **~plan** m harmo-
nogram godzinny; (*Schule*) rozkład zajęć; 2**weise** na godzinę, na
godziny; godzinowo; **~zeiger** m
wskazówka godzinowa.

-stündig *in Zssgn* -godzinny.

stündlich cogodzinny; *präd.* co
godzinę; z godziny na godzinę.

Stundung f odroczenie terminu
płatności.

Stunk F m (*-s; 0*) rozróbka, chryja;
mach k-n ~! nie rób grandy!

stupid(e) *s. stumpfsinnig.*

Stupsnase F f perkaty nos.

stur F uparty (-cie) (*wie ein Panzer*
jak wół); *Adv. a.* pedantycznie,
ściśle (*nach/według G*); *s.* stumpfsinnig; 2**heit** f (*0*) upór.

Sturm m (*-es; "e*) burza, nawałnica
(*a. fig.*); *Mar. a.* sztorm; *Mil.*
szturm; *Sp.* napad, atak; ~ *laufen*
przypuszczać ⟨-uścić⟩ szturm (*ge-
gen/do G*); **~angriff** m szturm,
natarcie; **~boot** n łódź desantowa.

stürm|en v/t szturmować; zdo-
by(wa)ć (*od.* brać ⟨wziąć⟩) sztur-
mem; v/i (*a. sn*) s. rennen, stürzen;
(*Wind*) szaleć; *Sp.* atakować; *es* ~*t*
rozpętała się (*od.* szaleje) burza;
2**er** m *Sp.* napastnik.

Sturm|flut f przypływ sztormowy;
~gewehr n karabin automatyczny;
~glocke f dzwon na alarm.

stürmisch burzliwy (-wie) (*a. fig.*);
See a.: wzburzony; *s. heftig, leidenschaftlich;* F *nicht so* ~! wolnego!

Sturm|laterne f sztormówka; **~-
panzer** m ciężki czołg; samobieżne
działo pancerne; **~schäden** m/pl.
szkody f/pl. spowodowane burzą;
~schritt m przyspieszony krok;
bieg; **~trupp** m oddział uderzenio-
wy; **~vogel** m nawałnik, burzyk; albatros; *Zo. pl.* rurkonose *pl.*; **~war-
nung** f ostrzeżenie sztormowe; **~-
wind** m wichura.

Sturz m (*-es; "e*) upadek (*a. fig.*);
runięcie; *fig. a.* nagły spadek; *Pol.*
obalenie; **~bach** m rwący potok.

stürzen (*-zt*) v/i (*sn*) upadać
⟨upaść⟩ (*a. Regierung*), runąć *pf.*
(*zu Boden* na ziemię); (*Preise*) spadać ⟨spaść⟩ (*a. von/z G*); wpadać
⟨wpaść⟩ (*in A/w A*, do *G*); wypadać ⟨-paść⟩ (*aus/z G*, przez *A*); (*a.
sich* ~) rzucać ⟨-cić⟩ się (*auf A/na
A*; *zu/do G*); v/t obalać ⟨-lić⟩ (*a.
Regierung*), powalić *pf.*; *fig. j-n* ~ (*in
A*) doprowadzić *pf.* (*do G*); *s. ab-,
hinunterstürzen, Unglück usw.*

Sturz|flug m lot nurkowy; **~helm**
m hełm ochronny; **~kampfflug-
zeug** n bombowiec nurkujący; **~-
see** f spiętrzony wał (wodny),
bałwan.

Stuß F m (*-sses; 0*) bzdury f/pl.

Stute f kobyła, klacz f.

Stütz m (*-es; -e*) *Sp.* podpór; **~e** f
podpora (*a. fig.*); wspornik; *s. Hilfe.*

stutzen[1] (*-zt*) v/t przycinać ⟨-ciąć⟩;

Bart, Hecke a.: przystrzygać ⟨-yc⟩; *Schwanz:* kurtyzować.

stutzen² (-zt) v/t przybrać pf. czujną postawę; zaniepokoić się pf.; zawahać się pf., nagle przystanąć (od. *in der Rede*) urwać pf.; *vgl.* stutzig.

Stutzen m (*Waffe*) sztucer; *Tech.* króciec (rurowy).

stützen (-zt) podpierać ⟨-deprzeć⟩; podtrzym(yw)ać; (*a. sich*) opierać ⟨oprzeć⟩ (*auf A*/na L); s. unterstützen.

Stutzer m fircyk, modniś m.

stutzig: *j-n* ~ *machen* zastanawiać ⟨-nowić⟩ (A); ~ *werden* zacząć pf. coś podejrzewać.

Stütz|pfeiler m filar podporowy; ~**punkt** m punkt podparcia; *Mil.* baza; ~**ring** m *Tech.* pierścień opo-

Sty'rol n (-s; 0) styren. [rowy.

Sub'jekt n (-es; -e) *Gr.* podmiot; *verä.* typ, indywiduum n.

subjek'tiv subiektywny; 2i'**tät** f (0) subiektywność f.

subku'tan *Med.* podskórny.

subli'mieren (-) ⟨*fig. a.* wy⟩subli-mować.

subskri|'bieren (-) subskrybować; 2**pti'on** f subskrypcja.

substan|'ti(ell istotny, zasadniczy; 2**tiv** n (-s; -e) rzeczownik; ~'**tivisch** rzeczownikowy (-wo).

Sub'stanz f substancja.

substitu|'ieren (-) substytuować; *Math.* podstawi(a)ć; 2**ti'on** f substytucja; *engS.* podstawienie.

sub'til subtelny.

Subtra|'hend m (-en) *Math.* odjemnik; 2'**hieren** (-) odejmować ⟨odjąć⟩; ~**kti'on** f odejmowanie.

Subtrop|en pl. strefa podzwrotnikowa; 2**isch** podzwrotnikowy, subtropikalny.

Subven|ti'on f subwencja, subsydium n; 2**tio'nieren** (-) subwencjonować.

subver'siv wywrotowy; dywersyjny.

Such|aktion f akcja poszukiwawcza; ~**dienst** f biuro poszukiwań zaginionych; ~**e** f (0) poszukiwanie, -ia pl.; *auf der* ~e w poszukiwaniu (*nach*/G); *auf die* ~e *gehen,* *sich auf die* ~e *machen* wyruszać ⟨-szyć⟩ na poszukiwanie (*nach*/G); *auf der* ~e *nach ei.* (D) suchend...

suchen v/t poszukiwać, szukać (D); *Pilze:* zbierać; *Rat* 2en ⟨po⟩prosić o radę, radzić się (*bei*/G); 2en *zu* (+ *Inf.*)

usiłować, starać się; ~**er** m *Fot.* celownik, wizjer; *Astr., Fmw.* szukacz; ~**meldung** f ogłoszenie o poszukiwaniu; ~**scheinwerfer** m *Kfz.* szperacz.

Sucht f (-; -e) chorobliwy pociąg, nałóg; żądza; *engS.* narkomania.

süchtig cierpiący na narkomanię.

Suchtkranke(r) m/f narkoman(ka).

Süd s. Süden, Südwind; '2**afri'kanisch** południowoafrykański; '2-**ameri'kanisch** południowoamerykański.

Suda|ne|se m (-n), ~**sin** f Suda|ńczyk (-nka); 2**sisch** sudański.

süd|asi'atisch południowoazjatycki; ~**deutsch** południowoniemiecki.

Sud|e'lei f niechluja (od. partacka) robota; bazgranina; 2**eln** (-le) ⟨na-⟩ brudzić; ⟨za⟩chlapać; ⟨na⟩bazgrać; ⟨na⟩gryzmolić; ⟨s⟩knocić.

Süd|en m (-s; 0) południe; *im* ~en na południu; *nach* ~en na południe; 2**europäisch** południowoeuropejski; ~**früchte** f/pl. południowe owoce m/pl.; ~**länder** m południowiec; 2**lich** południowy; na południe (*von*/od G); ~**ost(en)** południowy wschód; 2'**östlich** południowo-wschodni; na południowy wschód (*von*/od G); ~**pol** m biegun południowy; ~**seite** f strona południowa; ~**west(en)** południowy zachód; 2'**westlich** południowo-zachodni; na południowy zachód (*von*/od G); ~**wind** m wiatr południowy.

Suff P m (-es; 0) pijaństwo; *im* ~ [po pijanemu.

süffig wyborny.]

Suf'fix n (-es; -e) przyrostek.

sugge|'rieren (-) ⟨za⟩sugerować; 2-**sti'on** f sugestia; ~'**stiv** sugestywny.

Sühne f pokuta, kara; *Jur.* pojednanie; 2n v/t ⟨od⟩pokutować (za A); przypłacać ⟨-cić⟩, okupywać ⟨-pić⟩ (A; *mit*/I); ~**termin** m termin pojednawczy; ~**versuch** m próba pojednania.

Suite ['süːtə] f świta; *Mus.* suita.

sukzes'siv sukcesywny.

Sul|'fat n (-es; -e) siarczan; ~'**fid** n (-es; -e) siarczek; ~'**fit** n (-es; -e) siarczyn; ~**fo'nat** n (-es; -e) sulfonian. [tański.]

Sultan m (-s; -e) sultan; ~s- suł-

Sülze f galareta.

Sum|'mand m (-en) *Math.* składnik (...my); 2'**marisch** sumaryczny; ~**me** f suma.

summm|en v/i brzęczeć; (Insekt a.) bzyczeć, bzykać ⟨-knąć⟩; (in d. Ohren) szumieć, dzwonić; ⟨v/t a. za⟩nucić; **2er** m brzęczyk.

sum'mieren (-) ⟨z⟩sumować; sich ~ narastać ⟨-rosnąć⟩.

Summton m (pl. ⁻e) brzęczenie.

Sumpf m (-es; ⁻e) bagno (a. fig.), bagnisko, pl. a. błota n/pl.; Bgb. rząp(ie); s. a. Moor; **~dotterblume** f knieć błotna, kaczeniec; **~gas** n gaz błotny od. bagienny; **2ig** bagnisty ⟨-ście⟩, błotnisty ⟨-ście⟩.

Sünde f grzech (a. fig.); in ~ fallen popaść w grzech; F häßlich wie die ~ brzydki jak grzech śmiertelny.

Sünden|bock F m kozioł ofiarny; **~erlaß** m odpuszczenie grzechów; **~fall** m (-es; 0) grzech pierworodny; **~register** f n lista grzechów od. przewinień.

Sünder(in f) m grzeszni|k ⟨-ca⟩.

sünd|haft, ~ig grzeszny; F ~haft teuer okropnie drogi; **~igen** ⟨z-⟩ grzeszyć (gegen A/przeciw D); gegen die Gesundheit ~igen niszczyć zdrowie.

super F byczy (-czo), w dechę; **2inten'dent** m (-en) superintendent; **~klug** F przemądrzały ⟨-le⟩; **2lativ** m (-s; -e) Gr. stopień najwyższy; pl. fig. superlatywy m/pl.; **2markt** m supermarket, F supersam.

Suppe f zupa, polewka; F die ~ auslöffeln, die man sich eingebrockt hat ⟨wy⟩pić piwo, którego się nawarzyło; s. Haar.

Suppen|fleisch n mięso na rosół; **~gemüse** n, **~grün** n włoszczyzna; **~huhn** n kura na rosół; **~löffel** m łyżka stołowa; **~schildkröte** f szylkret olbrzymi, żółw jadalny; **~teller** m głęboki talerz; **~würfel** m kostka bulionu.

Supple'ment n (-es; -e) suplement.

Supposi'torium n (-s; -ien) czopek.

Supra|leitfähigkeit f nadprzewodność f; **2national** ponadpaństwowy; ponadnarodowy.

Surrea'list m surrealista m.

surren ⟨za⟩warczeć; s. summen; **2n** (-s; 0) warkot.

su'spekt podejrzany.

suspen'dieren (-) zawieszać ⟨-sić⟩ (w czynności, postępowanie); Chem. przeprowadzać ⟨-dzić⟩ w stan zawiesiny; **2si'on** f zawieszenie; Chem. zawiesina.

süß słodki (-ko); F fig. s. a. reizend, entzückend; **2e** f (0) słodkość f, słodycz f (a. fig.); **~en** ⟨o⟩słodzić; **2holz** n korzeń m lukrecji; F 2holz raspeln prawić komplementy; **2igkeit** f (0) s. Süße; **2igkeiten** pl. słodycze f/pl.; **2kirsche** f czereśnia; **~lich** słodkawy (-wo); fig. ckliwy (-wie); **2most** m sok pitny; **~sauer** słodkokwaśny; **2speise** f legumina; **2stoff** m środek słodzący; eng S. sacharyna; **2waren** f/pl. wyroby m/pl. cukiernicze; **2wasser** n woda słodka; in Zssgn słodkowodny.

Sweater ['sve:-/'sve-] m sweter.

Sym'bo|l n (-s; -e) symbol; **2lisch** symboliczny; **2li'sieren** (-) symbolizować.

Symme'trie f symetria; **~achse** f oś f symetrii.

sym'metrisch symetryczny.

Sympa'thie f sympatia; **~kundgebung** f manifestacja solidarnościowa.

Sympathi|'sant m (-en) sympatyk; **2sch** [-'pa:-] sympatyczny (a. Anat.); **2sieren** (-) sympatyzować (mit/z I).

Sym'posi|on n, **~um** n (-s; -ien) sympozjon, sympozjum n.

Sym'pto|m n (-s; -e) objaw (a. Med.), symptom(at); **2'matisch** symptomatyczny, znamienny.

Syna'goge f synagoga.

syn'chro|n synchroniczny; **2nisati'on** f synchronizacja; **~ni'sieren** (-) ⟨z⟩synchronizować; ⟨z⟩dubingować.

Syn'di|kat n (-es; -e) syndykat; **~dikus** m (-; -ken/-dizi) syndyk; **~drom** n (-s; -e) Med. zespół; **~'kope** f synkopa.

Syn'ode f synod.

Syno'nym n (-s; -e) synonim; **2(isch)** synonimiczny.

syn'optisch synoptyczny; **~taktisch** syntaktyczny; **2tax** f (0) składnia; **2these** f synteza; **~thetisch** syntetyczny.

Syphilis f (0) kiła, syfilis.

Syr|er(in f) m Syryj|czyk ⟨-ka⟩; **2isch** syryjski.

Sy'ste|m n (-s; -e) system; eng S. Astr., Anat. układ; Pol. ustrój; **2'matisch** systematyczny.

Sy'stemgegner m wróg ustroju.

Szen|e f scena (a. F fig.); in ~e setzen ⟨za⟩inscenizować; **2isch** sceniczny.

T

Tabak *m* (-*es*; -*e*) tytoń *m*; ~(an)bau *m* (-*es*; 0) uprawa tytoniu; ~laden *m* sklep tytoniowy.

Tabaks|beutel *m* kapciuch; ~dose *f* tabakier(k)a; ~pfeife *f* fajka.

Tabakwaren *f/pl.* wyroby *m/pl.*

Ta'belle *f* tabela. [tytoniowe.]

Ta'bellen|führung *f* *Sp.* prowadzenie; ~platz *m* lokata w tabeli.

Ta'blett *n* (-*es*; -*s/-e*) taca; ~e *f* tabletka, pastylka.

Tacho'meter *m* *od.* *n* tachometr.

Tadel *m* nagana; *s. Mangel*; 2los nienaganny, bez zarzutu; nieskazitelny; 2n (-*le*) (z)ganić, strofować (wegen/za *A*); 2ns·wert zasługujący na naganę.

Tafel *f* (-; -*n*) tablica; (*Schokolade*) tabliczka; (*Platte*) tafla; (*Blech*) arkusz; (*Tisch*) stół; ~geschirr *n* naczynia *n/pl.* stołowe, zastawa stołowa; ~obst *n* owoce *m/pl.* deserowe.

Täfelung *f* boazeria. [rowe.]

Tafelwein *m* wino stołowe.

Taft *m* (-*es*; -*e*) tafta; ~- *in Zssgn* taftowy.

Tag *m* (-*es*; -*e*) dzień *m*; (*24 Stunden*) doba; *in Zssgn* kongres, zjazd; parlament; am (*od. bei*) ~(e) w dzień, za dnia; (*bei*) ~ und Nacht dniem i nocą; ~ für ~ dzień w dzień; an welchem ~? którego dnia?; von ~ zu ~ z dnia na dzień; jeden ~, alle ~e każdego dnia, codziennie; zweimal pro ~ dwa razy dziennie; den ganzen ~ (przez) cały dzień; dieser ~e, in diesen ~en w tych dniach; in acht ~en od dziś za tydzień; am ~ vorher poprzedniego dnia; bis auf den heutigen ~ aż po dziś dzień; guten ~! dzień dobry!; es wird ~ świta; an den ~ bringen ujawnić; *Bgb.* über (*unter*) ~ nad (pod) ziemią.

Tage|bau *m* (-*es*; 0) wybieranie odkrywkowe; (*pl.* -*e*) kopalnia odkrywkowa, odkrywka; ~buch *n* pamiętnik, (*a. Geschäfts*~) dziennik; ~dieb *m* nieróbstwo?; ~geld *n* diety *f/pl.*

tag|ein: ~ *tag|aus* dzień w dzień.

tage|lang całymi dniami; przez

wiele dni; 2lohn *m* dniówka; 2löhner *m* robotnik dniówkowy; (*bsd. Agr.*) wyrobnik; ~n obradować; (*Gericht*) odby(wa)ć sesję; es tagt dnieje, świta; 2reise *f* dzień drogi; podróż dzienna.

Tages·anbruch *m* świt, brzask; *bei* ~ skoro świt, z nastaniem dnia; *vor* ~ do dnia, nade dniem.

Tages|arbeit *f* praca dzienna; ~bedarf *m* zapotrzebowanie dzienne; ~befehl *m* rozkaz dzienny; ~bericht *m* sprawozdanie dzienne; ~er·eignis *n* wydarzenie dnia; ~gespräch *n* temat dnia; ~leistung *f* wydajność dzienna; ~licht *n* światło dzienne; *bei* ~licht za dnia; ~marsch *m* marsz dzienny; dzień *m* marszu.

Tages·ordnung *f* porządek dzienny *od.* obrad; *an der* ~ *sein* być na porządku dziennym; *auf die* ~ setzen umieścić na porządku dziennym; *von der* ~ abgesetzt werden spaść z porządku obrad.

Tages|presse *f* prasa codzienna; ~raum *m* świetlica; ~schau *f* dziennik TV; ~soll *n* norma dzienna; ~zeit *f* pora dnia; ~zeitung *f* dziennik, gazeta codzienna.

tage|weise dniami, na dni; na dniówki; 2werk *n* praca dzienna.

taghell (0) jasny (-no) jak w dzień. **-tägig** *in Zssgn* -dzienny.

täglich dzienny; (*für e-n Tag*) dzienny; ...mal ~ ... razy dziennie; *unser* ~ Brot nasz chleb powszedni.

tags: ~ *darauf* następnego dnia, nazajutrz; ~ *zuvor* w przeddzień; ~über przez (cały) dzień, w ciągu dnia.

tag|täglich dzień w dzień, codziennie; 2und·nachtgleiche *f* równonoc *f*; 2ung *f* konferencja; sesja.

Taille ['taljə] *f* talia, kibić *f*; ~n·weite *f* objętość w talii.

tailliert [tal'ji:rt] wcięty w talii.

Take·lage [~'ʒə] *f* takielunek.

Takt *m* (-*es*; -*e*) takt, tempo; *Kfz.* suw; *im* ~ w takt; *mit* ~ z taktem; ~gefühl *n* poczucie taktu, taktow-

ność *f*; **~ik** *f* taktyka; **℈isch** taktyczny; **℈los** nietaktowny, bez taktu; **~stock** *m* batuta; **~strich** *m* kreska taktowa; **℈voll** taktowny.
Tal *n* (*-es*; *ᵘer*) dolina; **℈'abwärts** w dół.
Ta'lar *m* (*-es*; *-e*) toga; *Rel.* sutanna.
tal'aufwärts pod/w górę (rzeki).
Ta'lent *n* (*-es*; *-e*) talent; **℈los** bez talentu; **℈voll** utalentowany, z ta-⟩
Taler *m* talar. [lentem.⟨
Talfahrt *f* jazda w dół.
Talg *m* (*-es*; *-e*) łój; **~drüse** *f* gruczoł łojowy; **℈ig** łojowaty (*-to*); **~licht** *n* łojówka.
Talisman *m* (*-s*; *-e*) talizman.
Talk *m* (*-es*; *0*) talk.
Tal-kessel *m* kotlina.
Talkumpuder *m* zasypka talkowa.
Talmi(gold) *n* (*-s*; *0*) imitacja złota.
Tal|sohle *f* dno doliny; **~sperre** *f* zapora wodna; **~station** *f* stacja dolna.
Tambour [-'buːr] *m* (*-s*; *-e*) dobosz.
Tampon *m* (*-s*; *-s*) tampon.
Tand *m* (*-es*; *0*) tandeta, rupiecie; (*Flitter*) ozdóbki *f/pl.*; bawidełka *n/pl.*
Tänd|e'lei *f s.* Spielerei, Liebelei; **℈eln** (*-le*) *s.* flirten, trödeln.
Tang *m* (*-es*; *-e*) wodorosty *m/pl.*
Tan|gens *m* (*-*; *-*) tangens; **~'gente** *f* styczna; **~genti'al** styczny.
Tank *m* (*-s*; *-s/-e*) zbiornik, bak; **℈en** ⟨*v*/*t* za⟩tankować; **~er** *m*, **~schiff** *n* zbiornikowiec, tankowiec; **~stelle** *f* stacja benzynowa; **~wagen** *m* samochód-cysterna *m*; *Esb.* wagon- -cysterna; **~wart** *m* operator stacji benzynowej.
Tanne *f* jodła.
Tannen|baum *m* jodła; *Rel.* choinka; **~nadeln** *f/pl.* igły *f/pl.* (*od.* igliwie) jodłowe; **~wald** *m* las jodłowy; **~zapfen** *m* szyszka jodłowa.
Tante *f* ciotka, ciocia; (*Onkels Frau mütterlicherseits*) wujenka; (*väterlicherseits*) stryjenka.
Tantieme [-'tiɛ:-] *f* tantiema.
Tanz *m* (*-es*; *ᵘe*) taniec; *zum ~* do tańca; *na tańce;* **~abend** *m* wieczorek taneczny, F potańcówka; **~bein** F: *das ~bein schwingen* tańcować, hasać, puszczać ⟨puścić⟩ się w tany; **~diele** *f* dansing.
tänzeln (*-le*) podrygiwać, podskakiwać; drobić nogami.
tanzen (*-zt*) ⟨za⟩tańczyć (*a. fig.*),

pląsać; F (*sn*) *aus der Reihe ~* chodzić (*od.* iść) własną drogą.
Tänzer(in *f*) *m* tance|rz (-rka).
Tanz|fest *n* zabawa taneczna; **~fläche** *f* parkiet do tańca; **~kapelle** *f* kapela taneczna; **~lokal** *n* dansing; **~musik** *f* muzyka taneczna; **~partner(in** *f*) *m* partner(ka) do tańca; **~schule** *f* szkoła tańca *od.* tańców; **~unterricht** *m* nauka tańca; **~vergnügen** *n s.* Tanzfest.
Ta'pe|te *f* tapeta; **℈'zieren** (-) ⟨wy-⟩ tapetować; **~'zierer** *m* tapicer.
tapfer dzielny; (*mutig*) odważny, (*Soldat a.*) waleczny; **℈keit** *f* (*0*) dzielność *f*; odwaga, waleczność *f*; **℈keitsmedaille** *f* medal za odwagę.
tappen (*a. sn*) (ciężko *od.* niezdarnie) stąpać ⟨-pnąć⟩; ⟨po⟩człapać; *im dunkeln ~* iść po omacku; *fig.* nie mieć pewności (co do *G*).
Ta'rantel *f* (*-*; *-n*) tarantula; F *wie von der ~ gestochen* jak oparzony.
Ta'rif *m* (*-es*; *-e*) taryfa; **~gruppe** *f* kategoria (*od.* grupa) płac według taryfikatora kwalifikacyjnego; **℈-lich** taryfowy; *präd.* według taryfy; **~lohn** *m* płaca taryfowa *od.* według taryfy; **~ordnung** *f* taryfikator; **~satz** *m* stawka taryfowa; **~vertrag** *m* umowa zbiorowa.
Tarn|anzug *m* ubiór maskujący; **℈en** ⟨za⟩maskować (sich się); **~farbe** *f* farba koloru ochronnego; **~kappe** *f* czapka niewidka; **~ung** *f* maskowanie (się); kamuflaż.
Täschchen *n* kieszonka; torebka.
Tasche *f* kieszeń *f*; *s.* Akten-, Einkaufs-, Handtasche usw.
Taschen|buch *n Typ.* wydanie kieszonkowe, pocket book; **~dieb** *m* kieszonkowiec; **~geld** *n* (*-es*; *0*) kieszonkowe *n*; **~kalender** *m* kalendarzyk kieszonkowy; **~lampe** *f* latarka kieszonkowa; **~messer** *n* scyzoryk; **~rechner** *m* kalkulatorek kieszonkowy; **~spieler** *m* kuglarz, sztukmistrz; **~tuch** *n* chust(ecz)ka do nosa; **~uhr** *f* zegarek kieszon-⟩
Täschner *m* kaletnik. [kowy.⟨
Täßchen *n* filiżaneczka.
Tasse *f* filiżanka.
Tast|a'tur *f* klawiatura; **~e** *f* klawisz; *El.* przycisk; **℈en** (*-e-*) *v*/*i* (*nach*) macać, obmacywać (*A*); po omacku szukać (*G*)/sięgać ⟨-gnąć⟩

(po *A*); *sich* ⏃en iść po omacku, omackiem szukać drogi; *v/t Med.* wyczu(wa)ć dotykiem; *Typ.* tastrować; *Fmw.* nada(wa)ć; **⏃sinn** *m* (*-es*; *0*) zmysł dotyku.

tat *s.* tun.

Tat [ta:t]] *f* czyn; *engS.* uczynek, postępek; (*Straf*⏃ *a.*) zbrodnia, przestępstwo; *in der* ⏃ w istocie, rzeczywiście; *s. frisch, umsetzen.*

Ta'tar[1] *m* (*-en*), **⏃in** *f* Tatar(ka); **⏃**² *n* (*-/-s*; *0*), **⏃beefsteak** *n* befsztyk tatarski, tatar; **⏃isch** tatarski (po -ku).

Tatbestand *m* stan faktyczny; *Jur.* zespół okoliczności faktycznych.

taten *s.* tun; ⏃**drang** *m*, ⏃**durst** *m* żądza czynu; zapał; **⏃los** bezczynny.

Täter *m*, **⏃in** *f* spraw|ca *m* (*-czyni*), **⏃schaft** *f* sprawstwo.

tätig (*0*) czynny; **⏃en** dokon(yw)ać (*A/G*); ⏃**keit** *f* czynność *f*, działalność *f*; zajęcie; (*Betrieb*) ruch.

Tätigkeits|bereich *m* zakres działania; **⏃bericht** *m* sprawozdanie z działalności; **⏃merkmale** *n/pl.* opis czynności (służbowych).

Tat|kraft *f* (*-*; *0*) energia, sprężystość *f*; ⏃**kräftig** energiczny, sprężysty (*-ście*); skuteczny.

tätlich (*0*) czynny; ⏃ *werden* posunąć się do rękoczynów; ⏃**keiten** *f/pl.* rękoczyny *m/pl.*; bitka.

Tat|motiv *n* motyw zbrodni *od.* przestępstwa; **⏃ort** *m* miejsce zbrodni *od.* przestępstwa.

täto'wier|en (*-*) ⟨wy⟩tatuować; [⏃**ung** *f* tatuaż.⏌

Tat|sache *f* fakt; **⏃sachen-** dokumentarny; ⏃**sächlich** faktyczny, rzeczywisty (*-ście*).

tätscheln (*-le*) ⟨po⟩głaskać.

Tatterich F *m* (*-s*; *0*) drżenie.

Tatze *f* łapa (*a. fig.*).

Tau[1] *m* (*-es*; *0*) rosa. [linowy.⏌

Tau² *n* (*-es*; *-e*) lina; ⏃*- in Zssgn*⏌

taub głuchy; *Bot.* pusty, płonny; *Bgb., Min.* płon(n)y; *Glied:* zdrętwiały; ⏃ *werden* ⟨o⟩głuchnąć.

Taube⏌*f* gołąb(ka), ⏃*n-* gołębi.

Tauben|schlag *m* gołębnik; **⏃zucht** *f* hodowla gołębi. [gołąb.⏌

Tauber *m*, **Täuberich** *m* (*-s*; *-e*)

Taubheit *f* (*0*) głuchota

Taubheit *f* (*0*) głuchota; purniądza...

Taubnessel *f* jasnota biała, głucha pokrzywa. [głuchoniemota.⏌

taubstumm głuchoniemy; ⏃**heit** *f*⏌

tauchen *v/t* zanurzać ⟨-rzyć⟩; *v/i* (*a. sn*) zanurzać ⟨-rzyć⟩ się; *Sp.* nurkować.

Taucher *m* nurek; *Zo.* nur; **⏃anzug** *m* skafander nurka; **⏃glocke** *f* dzwon nurkowy; **⏃maske** *f* maska do nurkowania.

Tauch|fahrt *f* płynięcie w zanurzeniu; **⏃gerät** *n* akwalung; **⏃sieder** *m* grzałka nurkowa; **⏃tiefe** *f Mar.* zanurzenie (obliczeniowe).

tauen tajać; *es* ⏃ taje, jest odwilż.

Tauf|becken *n* chrzcielnica; **⏃e** *f* chrzest (*a. Mar. usw.*); (*Feier*) chrzciny *pl.*; ⏃**en** ⟨o⟩chrzcić.

Täufling *m* (*-s*; *-e*) chrześniak.

Tauf|name *m* imię chrzestne; **⏃pate** *m*, **⏃patin** *f s.* Pate, Patin.

tau-frisch (*0*) świeżutki (*-ko*).

Tauf|register *n* księga metrykalna chrztów; **⏃schein** *m* metryka (*od.* świadectwo) chrztu.

tau|gen na-, przy-, z|da(wa)ć się (*zu/do G*); ... **⏃gt nichts** ... nic nie wart, ... jest do niczego; ⏃**ge-nichts** *m* (*-/-es*; *-e*) ladaco *m*, nicpoń *m*; **⏃glich** przy-, z|datny (*zu/do G*).

Taumel *m* (*-s*; *0*) zataczanie się; *s. Schwindel; fig.* upojenie; szał; ⏃**n** (*-le*; *sn*) zataczać się; *s.* (*sch*)*wanken.*

Tausch *m* (*-es*; *-e*) wy-, za|miana; *im* ⏃ *gegen* w zamian za (*A*); ⏃**en** wy-, za|mieni(a)ć (*et. gegen/coś na A*); *mit j-m* ⏃**en** zamienić się (*z I*).

täuschen łudzić, zwodzić ⟨zwieść⟩; (*nicht erfüllen*) zawodzić ⟨-wieść⟩; *vgl. irreführen, betrügen; sich* ⏃ ⟨po⟩mylić się; zawodzić ⟨-wieść⟩ się (*in D/na L*); ⏃**d** łudzący (*-co*).

Tausch|handel *m* handel wymienny; **⏃objekt** *n* obiekt wymiany.

Täuschung *f* zwodzenie; zmylenie; *konkr. a.* złudzenie; *Sp.* zwód; *s. Betrug, Mißbrauch;* ⏃**s-manöver** *n* fortel, wybieg; *Mil.* manewr pozorny.

Tausch-wert *m* wartość wymienna.

tausend, ⏃ *f u. n* (*-s*; *-e*) tysiąc; ⏃**er** *m* tysiąc; F (*Geld*) kawałek, tysiączek; **⏃erlei** tysiące (różn|ego, -ych); ⏃**fach** tysiąckrotny; *Adv.* tysiąckroć; ⏃**füß(l)er** *m* wij, krocionóg; ⏃**guldenkraut** *n* tysiącznik, centuria; **⏃jährig** tysiącletni; **⏃mal** tysiąc razy; *fig. s. vielmal;* ⏃**sa(s)sa** *m* (*-[s]*; *-[s]*) obwieś *m* (*-ia*); nfo(*r*) tysiączny; ⏃**stel** *n* tysiączna część; *ein* ⏃*stel* jedna tysiączna.

Tau|tropfen m kropla rosy; **~wetter** n odwilż f.

Tauziehen n przeciąganie liny; F fig. zmagania n/pl., rozgrywki f/pl.

Ta'xa'meter m taksometr; **~'xator** m (-s; -'toren) taksator; **~xe** f taksa; F a. = **~xi** n (-/-s; -/-s) taksówka; **2'xieren** (-) ⟨o⟩taksować, (a. fig.) ⟨o⟩szacować.

Taxi|fahrer m kierowca m taksówki, F taksówkarz; **~stand** m postój taksówek.

Taxwert m wartość szacunkowa.

Tbc s. Tuberkulose.

Teakholz ['ti:k-] n tek, drzewo te(a)kowe.

Team [ti:m] n (-s; -s) zespół; Sp. drużyna; **~arbeit** f praca zespołowa.

Techni|k f technika; **~ker** m technik; **~kum** n (-s; -ka) technikum n; **2sch** techniczny; **~sche Hochschule** politechnika.

Techno|lo'gie f technologia; **2'lo-gisch** technologiczny.

Techtel'mechtel F n amory m/pl.,)

Teddybär m miś m. [romans.)

Tee m (-s; -s) herbata; Med. ziółka n/pl., napar; (für Gäste) herbatka; **~gebäck** n ciast(ecz)ka n/pl., herbatniki m/pl.; **~kanne** f dzbanek do herbaty; **~kessel** m czajnik; **~löffel** m łyżeczka do herbaty.

Teenager ['ti:ne:dʒɐ] m nastolat|ek (-ka), podlotek.

Teer m (-es; -e) smoła; (Holz2) dziegieć m; **~dachpappe** f papa dachowa smołowa; **2en** ⟨wy⟩smołować.

Tee|rose f róża herbaciana; **~sieb** n sitko do herbaty; **~stube** f herbaciarnia; **~wasser** n woda na herbatę.

Teich m (-es; -e) staw; **~huhn** n kokoszka (od. kurka) wodna; **~rose** f grążel żółty.

Teig m (-es; -e) ciasto; **2ig** ciastowaty (-to); **~waren** f/pl. makarony m/pl.

Teil m od. n (-es; -e) część f; dim. cząstka; Jur. strona; s. Abschnitt; s-n ~ beitragen wnosić ⟨wnieść⟩ swój udział od. wkład (zu/do G); zum ~ częściowo, po (od. w) części; zum größten ~ przeważnie; zu gleichen ~en na równe części; ~ in Zssgn oft częściowy, cząstkowy.

teilbar podzielny; ~ sein dzielić się.

Teilchen n cząsteczka; **~beschleuniger** m akcelerator.

teilen ⟨po⟩dzielić (a. A mit j-m/I z kimś); rozdzielać ⟨-lić⟩; Meinung: podzielać; sich ~ dzielić się, rozdzielać ⟨-lić⟩ się.

Teil|er m Math. dzielnik; **~erfolg** m sukces częściowy od. połowiczny.

teilhab|en mieć udział (an D/w L); s. teilnehmen; **2er(in** f) m udziałowiec, wspólni|k (-czka); **2erschaft** f udział.

Teil|lieferung f dostawa częściowa; partia; **~menge** f Math. podzbiór.

Teilnahm|e f (współ)uczestnictwo, udział; akces; (An2) współczucie, ubolewanie; **2s·los** obojętny, apatyczny; **~s·losigkeit** f (0) obojętność f, apatia; **2s·voll** współczujący, präd. ze współczuciem.

teilnehm|en (an D) uczestniczyć, brać ⟨wziąć⟩ udział (w L); interesować się (I); **2er** m uczestnik; Fmw. abonent; **2erzahl** f liczba uczestników.

teil|s częściowo; po części; F ~s, ~s i tak i nie; **2strecke** f odcinek (trasy); **2strich** m kreska podziałki; **2stück** n część f; odcinek; ułamek; urywek; **2ung** f (po)dzielenie (a. Math.), podział; rozdział; Pol. hist. rozbiór; **~weise** częściowy (-wo).

Teilzahlung f rata; auf ~ na raty.

Teilzeit·arbeit f praca w niepełnym wymiarze godzin.

Teint [tɛ̃] m (-s; -s) cera.

Tele'fon n (-s; -e) telefon; **~buch** n książka telefoniczna; **~fürsorge** f telefon zaufania.

tele|fo'nieren (-) ⟨za⟩telefonować (mit/do G); **~'fonisch** telefoniczny, präd. a. przez telefon; **2fo'nistin** f telefonistka.

Tele'fon|nummer f numer telefonu; **~zelle** f rozmównica (od. kabina) telefoniczna; **~zentrale** f centrala (abonencka).

Tele|'graf m (-en) telegraf; **~'grafen·amt** n urząd telegraficzny; **2gra'fieren** (-) ⟨za⟩telegrafować; **2'grafisch** telegraficzny; **~gra'fist(in** f) m (-en) telegrafist|a m (-ka); **~'gramm** n (-s; -e) telegram; **~'gramm·adresse** f adres telegraficzny. [telegraficznym.)

Tele'grammstil m: im ~ stylem)

Tele|'graph m usw. s. Telegraf; **~objektiv** n teleobiektyw; **2'pa-**

thisch telepatyczny; **~'phon** n usw.
s. Telefon; **~'skop** n (-s; -e) teleskop.

Teller m talerz; **2förmig** w kształcie
talerza; **~mine** f mina talerzowa;
~rad n koło talerzowe; **~rand** m
brzeg talerza; **~wäscher** m pomywacz talerzy.

Tempel m świątynia; fig. a. przyby-
tek; bożnica, synagoga; **~** in Zssgn
świątynny.

Tempera'ment n (-es; -e) temperament; **2los** bez temperamentu;
2voll pełen temperamentu, prąd.
z temperamentem.

Tempera'tur f temperatura (a.
Med.); (Körper2) ciepłota; **~an-
stieg** m wzrost temperatury; **~
schwankungen** f/pl. wahania n/pl.
temperatury; **~sturz** m nagły spadek temperatury. [kowalne.)

Temperguß m żeliwo ciągliwe od.)

Tempo n (-s; -s/-pi) tempo; **~'ral-
satz** m zdanie okolicznikowe czasu;
2'rär (tym)czasowy (-wo).

Tempus n (-; -pora) Gr. czas.

Ten'denz f tendencja, skłonność f;
2i'ös tendencyjny.

ten'dieren (-) skłaniać się (zu/do G).

Tenne f klepisko.

Tennis n (-; -) tenis; **~ball** m piłka
tenisowa; **~platz** m kort (tenisowy);
~schläger m rakieta (tenisowa);
~schuh m tenisówka; **~spieler(in**
f) m tenisist|a m (-ka). [tenorowy.)

Te'nor m (-s; *e) tenor; **~** in Zssgn)

Ten'takel m od. n macek, czułek.

Teppich m (-s; -e) dywan, (Pracht2)
kobierzec; **~boden** m podłoga
wysłana dywanem; **~klopfer** m
trzepaczka; **~stange** f trzepak (do
dywanów). [rozprawa.)

Ter'min m (-s; -e) termin; Jur. a.)

Terminal ['tœr-] m od. n (-s; -s)
Flgw. dworzec lotniczy; Comp. końcówka; Mar. baza (kontenerowa),
terminal kontenerowy.

ter'min|gerecht (0) w (ustalonym)
terminie, terminowo (-wo); **2ka-
lender** m terminarz, kalendarz terminowy; **2olo'gie** f terminologia.

Ter'minplan m terminarz.

Terminus m (-s; -ni) termin.

Ter'mit|e f termit, bielec; **~en-
hügel** m termitiera.

Terpentin m (-s; -e) ter-
pentyna; **~** in Zssgn terpentynowy.

Ter'ras|se f taras; **~sen-** tarasowy;
2senförmig tarasowaty (-to).

Ter'rine f waza (do zupy).

terri|tori'al terytorialny; **2'torium**
n (-s; -ien) terytorium n.

Terror m (-s; 0) teror; **~** in Zssgn
terorystyczny; **~akt** m akt teroru.

terro|ri'sieren (-) ⟨s⟩teroryzować;
2'rist(in f) m (-en) terroryst|a m
(-ka); **~'ristisch** (0) terorystyczny.

Terti'är n (-s; 0) Geol. trzeciorzęd.

Terz f Mus., Sp. tercja.

Ter'zett n (-es; -e) tercet.

Test m (-es; -s/-e) test, próba.

testamen'tarisch testamentowy; **~
vermachen** zapisać w testamencie.

Testa'ments|er öffnung f otwarcie
testamentu; **~vollstrecker** m wykonawca m testamentu.

Test|bild n Rdf. obraz testowy; **2en**
(-e-) podda(wa)ć próbie, sprawdzać
⟨-dzić⟩, testować; **~flug** m lot
testowy; próba w locie; **~gelände**
n teren do prób; poligon; **~pilot** m
(lotnik-)oblatywacz; **~programm**
n Comp. program testowy.

Tetanus m (-; 0) tężec; **~serum** n
surowica przeciwtężcowa.

teuer (teurer, -st-) drogi (-go) (a.
fig.); das kommt dich **~** zu stehen
drogo za to zapłacisz; **2ung** f
drożyzna.

Teufel m diabeł, czart, bies; s. arm;
zum **~**! do diabła!; warum/wozu ...
zum **~**? po (kiego) diabła ...?; ... ist
(sind) zum **~** ... diabli wzięli; weiß
der **~** licho wie, diabli wiedzą.

Teufe|'lei f diabelstwo; fig. a. pod-
stęp; **~lin** f diablica.

Teufels|arbeit F f diabelna robota;
~austreibung f wypędzanie diabła;
~braten F m diabeł, szatan; diablica; **~kerl** F m zuch, chwat; **~kreis**
m błędne koło.

teufen Bgb. głębić.

teuflisch diabli, diabelski (-ko),
szatański (-ko).

Text m (-es; -e) tekst; **2en** (-e-)
układać ⟨ułożyć⟩ [od. opracow(y-
w)ać] tekst(y) (A/G); **~er** m autor
tekst|u od. -ów.

Tex'til|arbeiter m włókniarz; **~in-
dustrie** f przemysł włókienniczy,
włókiennictwo; **~waren** f/pl. wyroby m/pl. włókiennicze, tekstylia pl.

Thai m (-/-s, -/ s) Taj, Tajlandczyk;
~ländisch (0) tajski (po -/ku).

The'ater n teatr; (Kleinbühne)
teatrzyk; fig. komedia; **~karte** f

Theaterkasse

bilet do teatru; **~kasse** *f* kasa teatralna; **~stück** *n* sztuka teatralna, utwór dramatyczny; **~vorstellung** *f* przedstawienie teatralne.

thea'tralisch teatralny (*a. fig.*).

Theke *f* kontuar, bufet.

Thema *n* (*-s; -men/-ta*) temat; ... *hat zum ~* tematem (*G*) jest (*N*); *das ~ wechseln* zmienić (*od.* przejść na inny) temat.

Theo|do'lit *m* (*-es; -e*) teodolit; **~lo'gie** *f* teologia; **2'logisch** teologiczny; **~'rem** *n* (*-s; -e*) twierdzenie, teoremat; **~'retiker** *m* teoretyk; **2'retisch** teoretyczny; **~'rie** *f* teoria.

Thera|'peut *m* (*-en*) terapeuta *m*; **~'pie** *f* leczenie, terapia.

Ther'malquelle *f* terma, cieplica.

Thermo|dy'namik *f* termodynamika; **~'meter** *n* termometr; **2-nukle'ar** termojądrowy; **2plastisch** termoplastyczny.

Ther'mosflasche *f* termos; **~mo-'stat** *m* (*-es/-en; -e/-en*) termostat.

These *f* teza.

Thomasmehl *n* tomasyna.

Throm|'bose *f* zakrzep; **~bus** *m* (*-; -ben*) skrzep(lina).

Thron *m* (*-es; -e*) tron; **~anwärter** *m* pretendent do tronu; **~besteigung** *f* wstąpienie na tron; **2en** tronować; **~folge** *f* następstwo tronu, sukcesja; **~folger** *m* następca *m* tronu; **~rede** *f* mowa tronowa; **~saal** *m* sala tronowa.

Thunfisch *m* tuńczyk.

Thymian *m* (*-s; -e*) tymian(ek pospolity *Bot.*), macierzanka.

ti'betisch tybetański (po -ku).

Tick *m* (*-es; -e*) bzik, fioł; dziwactwo; *Med.* tik.

ticken tykać.

tief głęboki (-ko); *Stimme, Temperatur, Fall:* niski (-ko); *bis ~ in die Nacht* do późnej nocy; *im ~sten Winter* w pełni zimy; *~er machen s.* vertiefen.

Tief *n* (*-s; -s*) *Meteo.* niż, depresja; **~angriff** *m* atak z niskiego (*od.* koszącego) lotu; **~bau** *m* (*-es; 0*) *Arch.* budownictwo drogowe i podziemne; **2blau** ciemnoniebieski; **~blick** *m* wnikliwość *f*; **~druck** *m* *Typ.* druk wklęsły, wklęsłodruk; **~druckgebiet** *n* *Meteo.* obszar niżowy; *s.* Tief; **~e** *f* głębokość *f*, (*a. fig.*) głębia, głąb; *konkr. a.* głę-

bina; (*Abgrund*) otchłań *f*, przepaść *f*; **~ebene** *f* nizina, niż.

Tiefen|messung *f* pomiar głębokości; **~psychologie** *f* psychologia głębi; **~rausch** *m* ekstaza głębin; **~schärfe** *f* głębia ostrości; **~wirkung** *f* działanie w głąb; efekt plastyczny *od.* stereoskopowy.

Tief|flug *m* lot koszący; **~gang** *m* zanurzenie (statku); **~garage** *f* garaż (*od.* parking) podziemny; **2gekühlt** głęboko-mrożony; **~geschoß** *n* podziemie; **2greifend** głęboko sięgający.

Tiefkühl|fach *n* (głęboki) zamrażalnik; **~kost** *f* mrożonki *f/pl.*; **~ung** *f* głębokie mrożenie.

Tief|lader *m* przyczepa z zagłębioną podłogą; **~land** *n* (*-es; -e/~er*) nizina; *in Zssgn* nizinny; **2liegend** *Augen:* głęboko osadzony; **~schlag** *m* cios poniżej pasa, niski cios.

Tiefsee *f* strefa głębinowa (oceanu), abisal; **~-** *in Zssgn* głębokomorski, abisalny.

Tiefsinn *m* (*-es; 0*) głębia myśli; **2ig** głęboki (-ko), wnikliwy (-wie); *F s.* trübsinnig.   [poziom.]

Tiefstand *m* niski (*od.* najniższy)

Tiegel *m* tygiel; *dial. Kochk.* rondel.

Tier *n* (*-es; -e*) zwierzę; *fig. a.* zwierz; *F* *großes ~* gruba ryba; **~arzt** *m* weterynarz, lekarz weterynarii; **~bändiger** *m* pogromca *m* zwierząt; **~freund** *m* przyjaciel zwierząt; **~handlung** *f* sklep zoologiczny; **~heim** *n* schronisko dla (bezdomnych) zwierząt; **2isch** zwierzęcy, *präd.* jak zwierzę; **~kreis** *m* zodiak; **~kreiszeichen** *n* znak zodiaku; **~medizin** *f* weterynaria; **~quälerei** *f* dręczenie zwierząt, znęcanie się nad zwierzętami; **~schutz** *m* ochrona zwierząt; **~schutzverein** *m* towarzystwo opieki nad zwierzętami; **~versuch** *m* doświadczenie na zwierzętach; **~welt** *f* świat zwierząt; **~zucht** *f* hodowla zwierząt.

Tiger *m* tygrys; **~** *in Zssgn* tygrysi; **~in** *f* tygrysica.

tilg|en wymaz(yw)ać; ⟨s⟩kasować; *Schulden:* umarzać ⟨umorzyć⟩, spłacać ⟨-cić⟩; **2ung** *f* wymazanie; skasowanie; umorzenie, spłacenie.

Tink'tur *f* tynktura, nalewka.

Tinte *f* atrament; *F in der ~ sitzen* być w tarapatach *od.* opałach.

Tinten|faß n kałamarz; **~fisch** m mątwa, sepia; **~fleck** m plama od atramentu; **~stift** m ołówek kopiowy od. † atramentowy.

Tip m (-s; -s) poufna informacja, (Gaunersprache) cynk; wskazówka.

Tippelbruder F m łazęga m.

tippen¹ v/t lekko dotykać <-knąć>.

tipp|en² F (v/t na)pisać na maszynie; (v/t wy)typować (a. auf A als/A na A); im Lotto ~en grać w lotka; **2fehler** m błąd maszynowy; **2fräulein** F n maszynistka.

tipptopp F tip-top.

Ti'roler m Tyrolczyk; Adj. tyrolski.

Tisch m (-es; -e) stół; bei ~ przy stole; nach ~ po jedzeniu; fig. reinen ~ machen skończyć, załatwić (sprawę); vom grünen ~ aus zza biurka; **~bein** n stołowa noga; **~decke** f serweta; **~gast** m gość (zaproszony) na obiad od. kolację; **~gebet** n modlitwa przed posiłkiem; **~gespräch** n rozmowa przy stole; **~kante** f brzeg (od. krawędź f) stołu; **~lampe** f lampa stołowa; **~ler** m stolarz; **~le'rei** f (0) stolarstwo, F stolarka; (a. pl.) stolarnia; **~lerleim** m klej stolarski; **~nachbar** m sąsiad przy stole; **~platte** f płyta stołowa, blat (stołu); **~rede** f mowa podczas bankietu, przemówienie do zgromadzonych przy stole; **~tennis** n tenis stołowy, ping-pong; **~tuch** n obrus; **~wein** m wino stołowe; **~zeit** f pora obiadowa.

Ti'tan n (-s; 0) Chem. tytan.

Titel m tytuł; **~bild** n zdjęcie (od. ilustracja) na okładce od. karcie tytułowej; **~kampf** m Sp. walka (od. zawody pl.) o tytuł (mistrzowski); **~rolle** f rola tytułowa; **~verteidiger** m Sp. obrońca m\ **Titten** V f/pl. cycki f/pl. [tytułu.\

titu'lieren (-) tytułować.

Toast m (-es; -e/-s) toast; Kochk. tost, grzanka; auf ~ na grzance; **~er** m opiekacz.

tob|en szaleć; (Kinder) swawolić, dokazywać; s. rasen; **2sucht** f (0) szał; **2suchts-anfall** m atak szału.

Tochter f (-; ") córka.

Töchterchen n córeczka, córunia.

Tochtergesellschaft f filia spółki.

Tod m (-es; -e) śmierć f, m.; Med. a. zgon; auf Leben und ~ na śmierć i życie; Herr über Leben und

~ pan życia i śmierci; zu ~e kommen, den ~ finden ponieść śmierć, zginąć; mit dem ~e ringen walczyć ze śmiercią, konać; zu ~e na śmierć (a. F fig.); bis zum ~e do śmierci; es geht hier um ~ oder Leben to jest kwestia życia i śmierci; **2bringend** śmierciononośny; **2ernst** (0) bardzo poważny; ponury jak śmierć.

Todes|angst f śmiertelny strach; s. Todesfurcht; **~anzeige** f klepsydra, zawiadomienie o śmierci od. zgonie; **~erklärung** f uznanie za zmarłego; **~fall** m wypadek śmierci, zgon; **~furcht** f strach przed śmiercią; **~gefahr** f śmiertelne niebezpieczeństwo; **~jahr** n rok śmierci od. zgonu; **~kampf** m agonia, konanie; **2mutig** gardzą(cy) śmiercią; przed a. ze straceńczą odwagą; **~nachricht** f wiadomość f o śmierci od. zgonie; **~opfer** n/pl. ofiary f/pl. w ludziach od. śmiertelne; **~stoß** m śmiertelny cios; **~strafe** f kara śmierci; **~streifen** m pas śmierci; **~tag** m dzień m (Gedenktag: ~ rocznica) śmierci od. zgonu; **~urteil** m wyrok śmierci; **~ver·achtung** f pogarda śmierci; **~zelle** f cela śmierci.

Tod|feind m śmiertelny wróg; **2geweiht** (0) bliski śmierci; skazany na śmierć od. zagładę; **2krank** (0) śmiertelnie chory.

tödlich śmiertelny.

tod|müde (0) śmiertelnie zmęczony; **~sicher** (0) absolutnie pewny, F murowany; Adv. a. na mur, na pewniaka.

Todsünde f grzech śmiertelny; die sieben ~n siedem grzechów głównych. [bigos.\

Tohuwabohu F n (-/-s; -s) bałagan,\

Toilette [toa-] f toaleta; (WC a.) ustęp; (Tisch) toaletka.

Toi'letten|artikel [toa-] n/pl. artykuły m/pl. sanitarne; **~papier** n papier higieniczny od. toaletowy.

tole'rant wyrozumiały (-le), tolerancyjny; **2'ranz** f wyrozumiałość f, (a. Tech.) tolerancja; **~rieren** (-) tolerować, znosić <znieść>.

toll s. tollwütig; F fig. (jak) szalony; (großartig) pyszny, kapitalny; Kleid, Frau: omałowy (-wo); s. wild, ver-...; (Haar2) kogutek; **~en** s. toben; **2heit** f szaleństwo; **2kirsche** f (pokszyk) wilcza jagoda; **~kühn** odważny do zuchwalstwa; brawurowy (-wo); **2wut** f (0) wścieklizna; **~wütig** wściekły.

Tolpatsch F m (-es; -e) niezdara f/m, fujara f/m.

Tölpel m Zo. głuptak; fig. oferma f/m, tuman; **2haft** niezdarny, niezręczny; głupkowaty (-to).

To'mate f pomidor.

To'maten|mark n koncentrat pomidorowy; **~saft** m sok pomidorowy. [towa, tombola.\

Tombola f (-; -s/-len) loteria fan-\

Ton¹ [to:n] m (-es; -e) glin(k)a, ił.

Ton² [to:n] m (-es; "e) dźwięk, ton; akzent; den ~ angeben fig. nadawać ton; **~abnehmer** m adapter; **2angebend** nadając(y) ton; **~art** f tonacja; fig. ton; **~aufzeichnung** f zapisywanie (od. nagrywanie) dźwięku; zapis dźwięku, nagranie dźwiękowe, fonogram.

Tonband n (-es; "er) taśma magnetofonowa; **~gerät** n magnetofon.

tönen v/i brzmieć, dźwięczeć; rozbrzmiewać; v/t tonować.

Ton-erde f (0) tlenek glinu, glinoziem; essigsaure ~ octan glinowy.

tönern gliniany.

Ton|fall m (-es; 0) (beim Sprechen) intonacja; **~film** m film dźwiękowy; **~frequenz** f częstotliwość akustyczna.

Ton|gefäß n naczynie gliniane; **~grube** f glinianka.

Ton|ingenieur m inżynier akustyk; operator dźwięku; **~kopf** m głowica akustyczna gramofonu; głowica zapisująca; **~lage** f tonacja; wysokość f nastrojenia; **~leiter** f skala, gama; **2los** bezdźwięczny; Ling. nie akcentowany.

Ton'nage [-ʒə] f tonaż. [pława.\

Tonne¹ f beczka, baryłka; Mar.\

Tonne² f tona; **~n-kilometer** n tonokilometr. [na tony, tonami.\

tonnenweise beczkami, na beczki;\

Ton|pfeife f faj(ecz)ka gliniana; **~schiefer** m łupek ilasty; **~silbe** f zgłoska akcentowana; **~spur** f ścieżka dźwiękowa; **~störung** f zakłócenie odbioru dźwięku.

Ton'sur f tonzura.

Tontaubenschießen n strzelanie do rzutków.

Tönung f (das Tönen) tonowanie; konkr. tonacja; odcień m.

Ton|waren f/pl. wyroby m/pl. gliniane; **~wiedergabe** f odtwarzanie dźwięku.

To'pas m (-es; -e) topaz.

Topf m (-es; "e) garnek, garnuszek; F fig. alles in e-n ~ werfen podciągać ⟨-gnąć⟩ pod jeden strychulec.

Töpfchen n garnuszek.

Topfen m (-s; 0) s. Quark.

Töpfer m garncarz; (Ofensetzer) zdun; **~e'rei** f (0) garncarstwo; (a. pl.) garncarnia.

Töpfer|scheibe f koło garncarskie; **~waren** f/pl. wyroby m/pl. garncarskie.

Topfpflanze f roślina doniczkowa.

Topo|gra'phie f topografia; **2'graphisch** topograficzny.

Toppsegel n topsel.

Tor¹ [to:ʁ] m (-en) głupiec.

Tor² [to:ʁ] n (-es; -e) brama, wrota pl.; Sp. bramka; vor den ~en u wrót; **~einfahrt** f brama.

Torf m (-es; 0) torf; **~moor** n torfowisko, mszar; **~moos** n torfowiec; **~mull** m torf ogrodowy.

Torheit f głupstwo.

Torhüter m s. Torwart.

töricht nierozsądny, głupi (-pio).

torkeln (-le; sn) zataczać się; iść zataczając się. [bramkowa.\

Tor|lauf m slalom; **~linie** f linia\

Tor'nister m tornister. [wać.\

torpe'dieren (-) ⟨a. fig. s⟩torpedo-\

Tor'pedo n (-s; -s) torpeda; **~boot** n kuter torpedowy; **~rohr** n aparat torpedowy, wyrzutnia torpedowa.

Tor|schluß m: fig. kurz vor ~schluß w ostatniej chwili; **~schuß** m Sp. strzał w bramkę; **~schütze** m strzelec (od. zdobywca m) bramki.

Torsi'onsstab m drążek skrętny.

Torso m (-s; -s/-si) tors.

Torte f tort; **~n-form** f tortownica.

Tor'tur f tortura, męka.

Tor|wache f straż(nik) przy bramie; **~wart** m bramkarz; **~weg** m s. Toreinfahrt.

tosen huczeć; **~d** Meer: rozhukany; Beifall: huczny.

tot [to:t] (0) martwy; (gestorben) zmarły, nieżywy; Tier: zdechły; Gleis: ślepy.

to'tal totalny; całkowity; F Adv. kompletnie, na amen; **2ausverkauf** m wyprzedaż całkowita; **2e** f (Film) plan ogólny.

totali'tär total(itar)ny.

To'tal|schaden m, **~verlust** m strata całkowita. [w)ać się.]

tot·arbeiten: F sich ~ zapracow(y-

Tote(r) m/f zmarł|y m (-a), nieboszcz|yk (-ka); zabit|y m (-a).

töten (-e-) zabi(ja)ć (sich się); s. abtöten.

Toten|bett n łoże śmierci; **2blaß** trupio blady, blady jak trup; **~feier** f uroczystość pogrzebowa; **~gräber** m grabarz; **~kopf** m trupia czaszka od. (a. Zo.) główka; **~mahl** n stypa; **~maske** f maska pośmiertna; **~messe** f msza żałobna; **~schein** m akt zejścia; **~starre** f stężenie pośmiertne; **2still** präd. cicho jak w grobie; **~stille** f grobowa cisza; **~uhr** f Zo. kołatek (domowy); **~wache** f straż żałobna od. przy trumnie/ u trumny.

tot|fahren przejechać pf. (na śmierć); **2geburt** f urodzenie obumarłego płodu; noworodek martwo urodzony; **~lachen:** F sich ~lachen ⟨s⟩konać ze śmiechu.

Toto F m (-s; -s) totek.

tot|schießen zastrzelić pf.; **~schlag** m zabójstwo; **~schlagen** zabi(ja)ć, zatłuc pf. na śmierć; F um die Zeit ~zuschlagen dla zabicia czasu; **2schläger** m zabójca m; (Stahlrute) kastet (prętowy); **~schweigen** przemilczać ⟨-czeć⟩; pomijać ⟨-inąć⟩ milczeniem.

totstellen: sich ~ uda(wa)ć nieżywego od. zabitego.

Tötung f zabójstwo; **~s·versuch** m usiłowanie zabójstwa.

Tou|pet [tu'pe:] n tupet; **2'pieren** (-) ⟨u⟩tapirować.

Tour [tu:ʁ] f Tech. obrót; s. Wanderung, Ausflug; F fig. s-e ~ haben mie(wa)ć swoje chimery; auf die krumme ~ na lewo; in e-r ~ bezustannie.

Touren|rad ['tu:-] n rower turystyczny; **~zähler** m licznik obrotów, obrotomierz.

Tou'ris|mus [tu-] m (-; 0) turystyka; **~t(in** f) m (-en) turyst|a m (-ka), **~ten-,** **2tisch** turystyczny.

To'xin n (-s; -e) toksyna, jad.

Trab m (-es; 0) kłus; im ~ kłusem; ⊦ fig. auf ~ bringen popędzać, pilić; immer auf ~ sein ⟨...⟩ ... w ciągłym krzątać się.

Tra'bantenstadt f miasto-satelita n.

trab|en (sn) ⟨po⟩kłusować, biec

kłusem; **2er** m kłusak, rysak; **2rennen** n wyścigi m/pl. kłusaków.

Tracht f strój, ubiór; (der Bienen) pożytek; F e-e ~ Prügel lanie.

trachten (-e-) (nach) dążyć (do G), ubiegać się (o A); j-m nach dem Leben ~ nastawać (od. dybać) na życie (G).

trächtig ciężarna; engS. Kuh usw.: cielna; Stute, Eselin: źrebna; Hündin usw.: szczenna; Katze, Schaf: kotna; Sau: prośna.

Traditi|'on f tradycja; **2o'nell** tradycyjny; **2'onsbewußt** świadomy tradycji, przywiązany do tradycji.

traf(en) s. treffen.

Trafo m (-s; -s) transformator.

Trag|bahre f s. Trage; **2bar** nadający się do noszenia; (mobil) przenośny; fig. znośny; **~e** f nosze pl.

träge ociężały (-le), nieruchawy (-wo); (schläfrig) ospały (-le); s. langsam, faul; Phys. bezwładny.

tragen (L.) v/t (hin~ za-, hinein~ w-, hinaus~ wy-, hinüber~ prze)nosić ⟨-nieść⟩, ⟨po⟩nieść; Namen, Brille, Kleid: nosić; Bart usw.: mieć; Kosten, Folgen, Verantwortung: ponosić ⟨-nieść⟩; s. a. bringen, schleppen, Rechnung usw.; v/i owocować, obradzać ⟨-rodzić⟩; (Waffe) nosić; (aushalten, z. B. Eis) wytrzym(yw)ać; sich ~ nosić się (a. fig. mit/z I).

Träger m Pers. nosiciel; (e-s Ordens) kawaler (G); (Arbeiter, Gepäck2) tragarz; Arch., Tech. dźwigar, belka (nośna); Phys., Chem., Fin., Mil. nośnik; (am Kleid) ramiączko; **~in** f nosicielka; kawaler (G); **~rakete** f rakieta nośna; **~rock** m spódniczka na szelkach.

tragfähig wytrzymały, zdolny znieść obciążenie; fig. solidny, pewny; **2keit** f (0) nośność f; Mar. a. ładowność f; s. Tragkraft.

Tragfläche f Flgw. płat (nośny), skrzydło; **~n·boot** n wodolot, hydropłat.

Trägheit f (0) ociężałość f, niemrawość f; ospałość f; Phys. bezwładność f, inercja; s. träge; **~s·** bezwładnościowy, ... bezwładności.

Tra|gik f (0) tragizm (a tragizm (a tragizm); **2gi'komisch** tragikomiczny; **2glsch** tragiczny; (zu) 2glsch nehmen ... zować.

Trag|korb m kosz (na plecy); **~**

kraft f (0) (e-s Krans, e-r Waage) udźwig; s. Tragfähigkeit; ~last f nosza; ~lufthalle f hala pneumatyczna.

Tra'göd|e m (-n), ~in f tragi|k (-czka); ~ië f tragedia.

Trag|seil n lina nośna; ~weite f zasięg; fig. doniosłość f, znaczenie.

Train|er(in f) ['trɛː-/'trɛː-] m trener(ka); 2ieren [-'niː-] trenować (v/i a. się); ~ing n (-s; -s) trening; Sp. a. zaprawa; ~ings- treningowy; ~ings-anzug m dres.

Trak'tat n (-es; -e) traktat.

Traktor m (-s; -'toren) ciągnik, traktor; ~(en)- ciągnikowy.

trällern (-re) v/t nucić; (a. vor sich hin ~) wywodzić trele.

Trampel F m od. n oferma m/f, niezdara m/f; 2n (-n) (-le) tupać; ~tier n wielbłąd dwugarbny, baktrian.

trampen [a. 'trɛm-] (sn) trampować, włóczyć się.

Trampo'lin n (-s; -e) trampolina.

Trampschiffahrt f tramping.

Tran m (-es; -e) tran.

Trance ['trãːsə] f trans.

tranchieren [-'ʃiː-] (-) ⟨po⟩krajać, ⟨po⟩kroić (na części).

Träne f łza; unter ~n z płaczem; ze łzami w oczach, przez łzy; bittere ~n weinen płakać gorzkimi łzami; 2n łzawić.

Tränen|drüse f gruczoł łzowy; ~gas n gaz łzawiący; ~sack m woreczek łzowy; 2überströmt zalany łzami.

trä'nieren s. trainieren.

tranig jak tran; F fig. ospały (-le); ~ schmecken, riechen trącić tranem.

trank s. trinken.

Trank m (-es; ʺe) napój; Agr. pojło.

tränke s. trinken.

Tränk|e f wodopój; (Gefäß) pojnik, poidło; 2en ⟨na⟩poić; ⟨durch⟩ nasycać ⟨-cić⟩; impregnować (mit/I).

Trans|akti'on f transakcja; 2at'lantisch transatlantycki; ~fer m (-s; 0) transfer; 2fe'rieren (-) Fin. przel(ew)ać, przekaz(yw)ać; ~for'mator m (-s; -'toren) transformator; ~fusi'on f transfuzja.

Tran|'sistor m (-s; -'toren) tranzystor; in Zssgn tranzystorowy; ~'sit m (-s; -e) tranzyt; 2sitiv Gr. przechodni.

Tran'sit|verkehr m ruch tranzytowy; ~visum n wiza tranzytowa.

trans|kau'kasisch zakaukaski; ~kontinen'tal transkontynentalny; 2kripti'on f transkrypcja; 2missi'on f pędnia, przekładnia; fig. transmisja; ~pa'rent przezroczysty (-ście); ~pi'rieren (-) transpirować, pocić się.

Transplan|'tat n (-es; -e) Med. przeszczep; 2'tieren (-) przeszczepi(a)ć.

Trans'port m (-es; -e) transport, przewóz; ~arbeiter m robotnik transportowy, transportowiec; ~er m transportowiec; 2fähig zdatny (od. zdolny) do transportu.

transpor'tieren (-) ⟨prze⟩transportować.

Trans'port|kosten pl. koszty m/pl. przewozu; ~mittel n środek przewozowy od. transportu/F lokomocji; ~unternehmen n przedsiębiorstwo przewozowe.

Tran-suse F f ślamazara.

Tra'pez n (-es; -e) trapez; ~künstler m trapezista m.

Trappe f Zo. drop.

Traps m (-es; -e) syfon.

Trasse f trasa.

trat(en) s. treten.

Tratsch F m (-es; 0) plotki f/pl.; ~e F f s. Klatschbase.

Tratte f Fin. trata.

Trau-altar m: vor den ~ treten stawać ⟨stanąć⟩ na ślubnym kobiercu; zum ~ führen ⟨po⟩prowadzić do ołtarza.

Traube f grono; engS. winogrono.

Trauben|saft m sok winogronowy; ~zucker m cukier gronowy, glikoza.

trauen v/t da(wa)ć ślub, udzielać ⟨-lić⟩ ślubu (D); v/i ufać, dowierzać (D); s-n Augen nicht ~ nie wierzyć własnym oczom; sich ~ odważać ⟨-żyć⟩ się; s. wagen; sich ~ lassen brać ⟨wziąć⟩ ślub.

Trauer f (0) smutek; (wegen Todesfall) żałoba; ~feier f uroczystość (od. akademia) żałobna; ~flor m krepa; ~kleid(ung f) n suknia żałobna, żałoba; ~marsch m marsz żałobny; 2n (-re) (um A) smucić się (z powodu G); opłakiwać (A); (Trauer tragen) nosić żałobę (po L); ~rand m żałobna obwódka; ~rede f przemówienie żałobne; ~spiel n tragedia; ~weide f wierzba płacząca; ~zug m kondukt pogrzebowy, orszak żałobny.

Traufe f okap; s. Regen.

träufeln (-le) v/t wkraplać ⟨-rop-lić⟩; v/i kapać.

Traum m (-es; ⁓e) sen; im ⁓ we śnie; (reden) przez sen; F ich denke nicht im ⁓ daran ani mi się śni; ⁓- in Zssgn oft wymarzony, idealny.

Trauma n (-s; -men/-ta) uraz.

Traum|bild n senne widzenie; mara, urojenie; **⁓buch** n sennik; **⁓deutung** f tłumaczenie snów.

träum|en v/i śnić (mit offenen Augen na jawie; a. fig., von/o L); v/t ⟨przy⟩śnić się; ich ⁓te, mir ⁓te, daß ... ⟨przy⟩śniło mi się, że ...; das hätte ich mir nicht ⁓en lassen ani mi się śniło; **⁓er(in** f) m marzyciel(ka); **⁓erei** f marzenie; **⁓erisch** marzycielski (-ko), rozmarzony.

traum|haft ⁓haft schön cudny (od. piękny) jak marzenie; **⁓welt** f świat urojony od. marzeń.

traurig smutny (-nie/-no); Pers. a. zasmucony; **⁓keit** f (0) smutek.

Trau|ring m obrączka; **⁓schein** m metryka ślubu; **⁓ung** f ślub; **⁓zeuge** m świadek ślubu.

Trawler ['tRo:lə] m trawler.

Treck m (-s; -s) kolumna; **⁓er** m ciągnik.

Treff[1] F m (-s; -s) spotkanie.

Treff[2] n (-s; -s) KSp. trefl.

treff|en (L.) v/t trafi(a)ć; nicht ⁓en chybi(a)ć (A/G); (begegnen, a. Unglück) spot(y)kać; (a. v/i, auf A) natykać ⟨-tknąć⟩ się (na A); Sinn, Ton, Ähnlichkeit: utrafić pf., uchwycić pf.; (Schuld, Verantwortung) spadać ⟨spaść⟩ (A/na A); Wahl: dokon(yw)ać (G); die Wahl traf mich wybór padł na mnie; Anstalten, Maßnahmen: ⟨po⟩czynić; Vereinbarung: zawierać ⟨-wrzeć⟩; (Vorwurf) dotyczyć (G); (seelisch verletzen) dotykać ⟨-tknąć⟩ się; ⁓en spot(y)kać się; das trifft sich gut dobrze się składa; 2en n spotkanie; (Massen⁓) zlot; **⁓end** trafny; 2er m trafienie; engS. celny strzał/cios; fig. szczęśliwy traf; **⁓lich** wyborny; 2punkt m miejsce spotkania od. zbiórki; **⁓sicher** celny; fig. trafny.

Treib·eis n lód dryfujący, tłuka.

treiben (L.) v/t ⟨po⟩pędzić, ⟨hin-...... wy... zagnać... ⟨-dzić⟩ ⟨po⟩gnać; JSpr. naganiać; Ballon usw.: znosić ⟨znieść⟩; (drängen) napędzać ⟨-dzić⟩ (zu/do

G); (zum Selbstmord usw.) doprowadzać ⟨-dzić⟩ (do G); Maschine usw. s. antreiben; Röte, Schweiß: wywoł(yw)ać; Nagel, Keil: wbi(ja)ć (in A/w A); Tunnel: ⟨wy⟩drążyć; Metall: wyklep(yw)ać, wyku(wa)ć; Pflanzen: pędzić; Knospen: puszczać ⟨wypuścić⟩; Handwerk usw.: zajmować się, trudnić się (I), (a. Sport, Musik usw.) uprawiać (A); s. a. betreiben; Unsinn: wyprawiać, stroić; es zu arg (od. bunt) ⁓ za wiele sobie pozwalać; et. zu weit ⁓ przeb(ie)rać miarę (w L); P es mit j-m ⁓ puszczać się (z I); was treibst du? co porabiasz?; v/i (a. sn) (auf dem, im Wasser) unosić się (z prądem), płynąć (z I); Mar. dryfować; być znoszonym (I); (Pflanzen) kiełkować; Med. działać moczopędnie; (Teig) rosnąć; sich ⁓ lassen fig. bezwolnie podda(wa)ć się (von/D); **⁓de Kraft** Pers. inspirator, sprężyna; s. a. herum-, hochtreiben, Schindluder usw.

Treib|en n (Leben) ruch; (Tun, verä.) postępowanie, proceder; wybryki m/pl.; JSpr. naganka; **⁓er** m poganiacz; JSpr. naganiacz, obławnik; **⁓haus** n cieplarnia; in Zssgn cieplarniany; **⁓holz** n drzewo unoszone prądem od. wyrzucone na brzeg; **⁓jagd** f polowanie z naganką, obława; fig. nagonka; **⁓mittel** n Kochk. środek do spulchniania ciasta; **⁓netz** n pławnica; **⁓riemen** m pas napędowy; **⁓stoff** m materiał pędny, paliwo (silnikowe).

treideln (-le) holować.

Trend m (-s; -s) trend.

trenn|bar rozdzielny, dający się roz- od. od|dzielić; **⁓en** od-, roz|dzielać ⟨-lić⟩, od-, roz|łączać ⟨-czyć⟩ (sich się); Naht: pruć, rozpru(wa)ć; s. abtrennen, scheiden; sich ⁓en a. rozsta(wa)ć się, (a. Wege) rozchodzić ⟨rozejść⟩ się; 2schalter m odłącznik; 2schärfe f selektywność f; 2ung f od-, roz|dzielenie; rozdział; rozstanie się; (Getrenntsein) rozłąka; separacja; s. Scheidung.

Trennungsstrich m rozdzielnik; fig. e-n ⁓ ziehen rozgraniczać (zwischen/A).   [przegroda.⟩

Trennwand f ścian(k)a działowa;⟩

Treppe f schody pl.; die ⁓ hinauf/hinunter (steigen iść/zejść) po schodach na górę/na dół; F *zwei* ~*n* (*hoch*) na drugim piętrze.

Treppen|absatz *m* spocznik; **2för-mig** schodkowaty (-to), *präd. a.* w schodki; ~**haus** *n* klatka schodowa; ~**rost** *m* ruszt schodkowy.

Tresen *m* s. Theke, Ladentisch.

Tre'sor *m* (-s; -e) skarbiec, trezor.

Tresse *f* galon. [nowe.)

Trester *pl.* wytłoki *pl.* winogro-)

treten (*L.*) *v/i* (*sn*) stąpać; następować ⟨-tąpić⟩ (*auf A/na A*); wdepnąć *pf.* (*in A/w A*); przestępować (*von e-m Fuß auf den anderen z nogi na nogę*); (*mit Raumangabe*) podchodzić ⟨podejść⟩ (*näher bliżej*); *an A/do G*); stawać ⟨stanąć⟩ (*vor A/ przed I*); wychodzić ⟨wyjść⟩ (*vor das Haus przed dom*); *auf den Plan* ~ zjawi⟨a⟩ć się; *auf der Stelle* ~ dreptać (*fig.* utknąć) w miejscu; *s. a. Kraft, Ufer usw.*; *nach j-m, gegen et.* ~ = *v/t* kopać ⟨-pnąć⟩; *mit Füßen* ~ deptać (*a. fig., Zo.*).

Tret|mine *f* mina przeciwpiechotna; ~**mühle** *f fig.* kierat.

treu wierny; *s. ergeben, redlich*; ~ *bleiben* być (*od.* pozostawać) wiernym.

Treu|bruch *m* wiarołomstwo; **2-brüchig** wiarołomny; ~*e f* (*0*) wierność *f*; ~**eid** *m* przysięga na wierność; ~**händer** *m* powiernik; **2her-zig** prostoduszny; szczery (-rze); **2los** niewierny; ~**losigkeit** *f* (*0*) niewierność *f*.

Tri'bun *m* (-s/-en; -e/-en) trybun; ~**al** [-'na:l] *n* (-s; -e) trybunał.

Tri|'büne *f* trybuna; ~'**but** *m* (-*es*, -e) trybut, danina; ~'**chine** *f* włosień *m*, trychina; ~**chomo'nade** *f* rzęsistek pochwowy.

Trichter *m* lejek; (*Bomben*2) lej; (*Schall*2) tuba; **2förmig** (*0*) lejkowaty (-to).

Trick *m* (-s; -s/-e) trik; (*List*) wybieg, podstęp; ~**aufnahme** *f* zdjęcie trikowe; ~**betrüger** *m* oszust stosujący triki.

trieb *s. treiben*.

Trieb *m* (-*es*; -e) popęd; *Bot.* pęd; ~**feder** *f fig.* sprężyna, pobudka; **2haft** pobudliwy; (*sinnlich*) zmysłowy; ~**kraft** *f* siła napędowa; *fig.* bodziec, pobudka działania; ~**rad** *n* koło napędowe; ~**sand** *m* kurzawka; ~**täter** *m* maniak seksualny; ~**wagen** *m* wagon silnikowy; ~**werk** *n*

mechanizm napędowy; (*Motor*) zespół napędowy, silnik.

trief|äugig kaprawy; ~**en** (*L.*) kapać; ociekać (*vor, von/I*); *die Nase* ~*t* kapie z nosa; ~**end** naß przemokły na wskroś, F mokrusieńki.

triff(s)t *s. treffen*.

Trift *f* wygon; pastwisko; (*Flößerei*) spław; *s. Drift*.

triftig uzasadniony, ważki.

trigono'metrisch trygonometryczny.

Trikot [-'ko:] *n* (-s; -s) trykot; ~ *in Zssgn* trykotowy; ~**agen** [-'ta:ʒən] *f/pl.* trykotaże *m/pl.*

Triller *m* trel, tryl; **2n** (-*le*) wywodzić (*od.* wyśpiewywać) trele; ~**pfeife** *f* gwizdek trelowy.

Tri'mester *n* trymestr.

trimmen trymować; F *fig. sich* ~ gimnastykować się.

trink|bar pitny, zdatny do picia; **2becher** *m* kubek; ~**en** (*L.*) *v/t* ⟨wy⟩pić; *v/i* pić; *zu* ~*en geben* ⟨na⟩poić (*D/G*); **2en** *n* picie; **2er** *m* pijak; **2erheilstätte** *f* zakład leczniczy dla alkoholików; **2gelage** *n* pijatyka, libacja; **2geld** *n* napiwek; **2glas** *n* szklanka; **2halle** *f* pijalnia; **2halm** *m* słomka; **2spruch** *m* toast; **2wasser** *n* (-s; *0*) woda pitna *od.* zdatna do picia.

Trio *n* (-s; -s) trio.

Trip *m* (-s; -s) wycieczka.

trippeln (-*le*; *sn*) ⟨po⟩dreptać.

Tripper *m* rzeżączka, tryper.

trist ponury (-ro), szary (-ro).

Tritt *m* (-s; -e) krok; (*Fährte*) ślad, trop; *s. Fußtritt, Schritt*; *a.* = ~**brett** *n* stopień *m*; ~**leiter** *f* (składana) drabina schodowa.

Tri'umph *m* (-*es*; -e) triumf, tryumf; ~ *in Zssgn* trium-, tryum|-falny; **2ieren** [-'fi:-] ⟨za⟩trium-, ⟨za⟩tryum|fować (*über A/nad I*).

trivi'al trywialny.

trocken suchy (-cho); F *auf dem* ~*en sitzen* nie mieć grosza w kieszeni; **2anlage** *f* suszarnia; suszarka; **2boden** *m* strych (do suszenia bielizny); **2dock** *n* suchy dok; **2futter** *n* pasza sucha; **2gemüse** *n* suszone jarzyny *f/pl.*, susz jarzynowy; ~**haube** *f* aparat do suszenia włosów z kołpakiem; **2hefe** *f* drożdże *pl.* suszone; **2heit** *f* (*0*) suchość *f*; *Meteo.* (*a. pl.*) susza; **2kammer** *f* komora suszarnicza; ~**legen** *Sumpf*:

osuszać ⟨-szyć⟩; *Kind*: przewijać ⟨-inąć⟩; **2milch** *f* mleko w proszku; **2obst** *n* owoce *m/pl.* suszone, susz owocowy; **2rasierer** *m s. Elektrorasierer;* **2substanz** *f* substancja sucha; **2übung** *f Sp.* sucha zaprawa.

trockn|en (*-e-*) *v/t* ⟨wy⟩suszyć; *v/i* (*sn*) schnąć, wysychać ⟨-schnąć⟩; **2en** *n* (*-s; 0*) suszenie; schnięcie, wysychanie; **2er** *m* suszarka; **2ung** *f* (0) *s.* Trocknen.

Troddel *f s.* Quaste.

Trödel *m* (*-s; 0*) rupiecie, starzyzna; (*Zeug*) kram; (*Kleidung*) ciuchy *m/pl.*

Tröde'lei *f* marudzenie, guzdranina.

Trödel|fritze F *m*, **~liese** F *f* guzdrała *m/f*, guzdralsk|i (-a); **~laden** *m* skład starzyzny; **~markt** *m* tandeta, ciuchy *m/pl.*

trödeln F (*-le*) marudzić, grzebać się, guzdrać się.

Trödler(in *f*) *m* handla|rz (-rka) starzyzną, tandecia|rz (-rka).

troff(en) *s.* triefen.

trog, **~en** *s.* trügen.

Trog [-o:-] *m* (*-es;* ²*e*) koryto; (*Back*²) niecka; *Tech.* rynna.

trollen *v/i* (*sn*) biec truchtem; *sich ~* iść ⟨pójść⟩ sobie; *troll dich!* zabieraj się stąd!

Trommel *f* (-; *-n*) bęben; (*Revolver*²) bębenek; *Tech. a.* walczak; **~fell** *n* błona bębenkowa, F bębenek; **~feuer** *n* ogień burzący *od.* zaporowy; **2n** (*-le*) bić ⟨uderzyć⟩ w bęben/bębny; *fig.* bębnić; *aus dem Schlaf* **2n** wyr(y)wać ze snu; **~n** *n* bębnienie; *a.* = **~schlag** *m* bicie w bębny; **~stock** *m* pałeczka; **~wirbel** *m* werbel.

Trommler *m* dobosz.

Trom'pete *f* trąb(k)a; *die/auf der* ~ *blasen* grać na trąbce; **2n** (*-e-*) ⟨za⟩trąbić; **~r** *m* trębacz.

Tropen *pl.* tropiki *m/pl.*; **~in** *in Zssgn* tropikalny, (*bsd. Klima, Flora a.*) podzwrotnikowy.

Tropf¹ *m* (*-es;* ²*e*) jołop, cymbał; *armer* ~ nieborak.

Tropf² F *m* (*-es;* ²*e*) *Med.* kroplówka.

Tröpf|chen *n* kropelka; **2eln** (*-le*) *v/i* kapać; *Regen*: kropić; *es* **2elt** *schon* zaczyna kropić.

tropf|en (0/t u. sn)~~~~~~~~~~, dis Blase ~t kapie z nosa; *s.* (be-, ein)träufeln; **2en** *m* kropla; *fig. a.* F kapka; *in großen* **2en** kroplisty; *ein* **2en** *auf*

---

den heißen Stein kropla w morzu; *k-n* **2en** ani kropli; F *ein guter* **2en** dobre winko; **~enweise** kroplami, (kropla) po kropli; **2flasche** *f* butel(ecz)ka z wkraplaczem; **2stein** *m* wapień naciekowy, *eng S.* stalaktyt, stalagmit; **2steinhöhle** *f* jaskinia z naciekami wapiennymi.

Tro'phäe *f* zdobycz *f*, łup, *pl. a.* trofea *n/pl.*; *Sp.* nagroda, puchar.

tropisch tropikalny.

Troß *m* (*-sses; -sse*) *Mil.* tabor; *fig.* świta, asysta; F *a.* chmara, czereda.

Trosse *f* (gruba) lina; cuma.

Trost [-o:-] *m* (*-es; 0*) pociesznie, pociech, F *du bist wohl nicht recht bei* ~(*e*)*!* tobie chyba piątej klepki brakuje!

tröst|en (*-e-*) pocieszać ⟨-szyć⟩ (*sich* się; *mit/I*); **2er(in** *f*) *m* pocieszyciel(ka); **~lich** pocieszający (-co).

trost|los *Lage usw.*: beznadziejny, rozpaczliwy (-wie); (*öde*) odludny, niegościnny; (*unschön*) ponury (-ro); (*jämmerlich*) opłakany; **2preis** *m* nagroda pocieszenia.

Trott *m* (*-es; 0*) trucht; F *immer im alten* ~ zwykłym (*od.* normalnym) trybem; **~el** *m* matoł(ek), kretyn; F *fig.* głupek, gamoń *m*; **2eln** F (*-le*; *sn*), **2en** F (*-e-*; *sn*) ⟨po⟩wlec się, ⟨po⟩człapać.

trotz *Prp.* (*G*, † *D*) (po)mimo (*G*); ~ *alle(de)m* mimo wszystko.

Trotz *m* (*-es; 0*) przekora, krnąbrność *f*; (*Dickköpfigkeit*) upór; *j-m zum* ~ *na złość* (*D*); *... zum* ~ *na przekór* (*D*); *wbrew* (*D*); ~ *bieten s.* trotzen; **~alter** *n* wiek przekory.

trotz|dem *Adv.* jednak, mimo to; F *Kj.* chociaż, **~en** (*-zt*) stawić czoło, opierać ⟨oprzeć⟩ się (*D*); być odpornym (na *A*); **~ig** przekorny, hardy (-do), (*mst Kind*) krnąbrny; **2kopf** *m* przekora *m/f*, uparciuch; **~köpfig** uparty (-cie).

trüb, ~e mętny (*a. fig.*); *Tag, Himmel*: pochmurny; *Licht*: nikły (-le); *Spiegel*: zmatowiały; *fig.* ponury (-ro); *s.* traurig; F *im* **~en** *fischen* w mętnej wodzie ryby łowić.

Trubel *m* wrzawa, rwetes.

trüb|en mącić, zamącać ⟨-cić⟩ (*a. fig.*); *Bewußtsein*: przyćmi(ewa)ć, (*za*)mroczyć; *Blick* (*u. Tränen*)₁ zamglić ⟨sich się⟩, sich (um) ~ nieć ⟨z⟩mącić się; *Himmel*: ⟨za-⟩ chmurzyć się; **2sal** *f*: F **2sal blasen**

spuścić pf. nos na kwintę; ~selig markotny, osowiały (-le); vgl. trostlos; 2sinn m (-es; 0) melancholia, F chandra.

trübsinnig przygnębiony, smutny; ~ werden dost(aw)ać melancholii.

Trübung f zmącenie; zmętnienie.

Trudeln n (-s; 0) Flgw.: ins ~ kommen wpadać ⟨wpaść⟩ w korkociąg.

Trüffel f (-; -n) trufla.

trug s. tragen.

Trug [-u:-] m (-es; 0) s. Lug; ~bild n omam, mamidło; złuda, mrzonka.

trüg|en mylić, zwodzić ⟨zwieść⟩, łudzić; ~erisch zwodniczy (-czo); zdradziecki, niepewny.

Trugschluß m fałszywy wniosek.

Truhe f skrzynia, kufer.

Trümmer pl. kawałki m/pl., odłamki m/pl.; ⟨Schutt⟩ gruzy m/pl., ruiny f/pl.; fig. resztki; in ~ gehen rozbi(ja)ć się; in ~ legen obrócić w gruzy od. perzynę; ~gestein n okruchowiec; ~haufen m kupa gruzów, rumowisko.

Trumpf m (-es; =e) atu(t a. fig.); ~ in Zssgn atutowy; ~ spielen wychodzić ⟨wyjść⟩ w atu.

Trunk m (-es; =e) napój; † sich dem ~ ergeben odda(wa)ć się pijaństwu.

trunken pijany; fig. a. upojony (von, vor/I); 2bold m (-es; -e) opój; 2heit f (0) upojenie (alkoholowe); 2heit am Steuer prowadzenie wozu w stanie nietrzeźwym.

Trunk|sucht f (0) nałóg alkoholowy, opilstwo, pijaństwo; 2süchtig (nałogowo) pijący, oddający się pijaństwu.

Trupp m (-s; -s) s. Gruppe, Schar; ~e f Thea. trupa; Mil. wojska n/pl., oddziały m/pl. (liniowe).

Truppen|abbau m (-s; 0) redukcja sił zbrojnych; ~abzug m wycofanie wojsk; ~gattung f rodzaj wojsk od. służb wojskowych; ~parade f parada wojskowa, przegląd wojsk; ~teil m jednostka (wojskowa), oddział; ~transporter m transporter; Mar. transportowiec; ~übungsplatz m poligon.

Trust [trast] m (-es; -e/-s) trust.

Trut|hahn m indyk, indor; ~henne f indyczka.

Tschech|e m (-n) Czech; ~in f Czeszka; 2isch czeski (po -ku); 2o-slo'wakisch czeskosłowacki.

tschüs! F pa!

T-Träger m teownik.

Tub|a f Mus. tuba; ~e f tub(k)a.

Tu'ber|kelbakterie n prątek gruźlicy; 2ku'lös gruźliczy; ~ku'lose f gruźlica.

Tuch [tu:x] n (-es; -e) sukno; ~- in Zssgn sukienny; (pl. =er) chust(k)a; s. Hand-, Tischtuch usw.; ~fühlung f styk(lokciowy); fig. ścisły kontakt; ~hallen f/pl. sukiennice f/pl.

Tüchlein n chusteczka.

Tuchmacher m sukiennik.

tüchtig Pers. sumienny, (erfahren) doświadczony, sprytny; s. a. fleißig, fähig; F (gehörig) porządny; Adv. a. (sehr) bardzo; (viel) dużo.

Tücke f s. Heimtücke; ~n pl. przeciwności f/pl.; die ~ des Objekts złośliwość rzeczy ~ martwych; mit List und ~ przemyślnym podstępem.

tuckern (-re; a. sn) s. rattern.

tückisch s. hinterlistig.

Tüft|e|lei F f kombinowanie; (a. konkr.) dłubanina; 2eln (-le) kombinować; dłubać, majstrować (an D/przy L).

Tugend f cnota; fig. aus der Not e-e ~ machen z konieczności czynić cnotę; ~bold m (-es; -e) cnotliwiec; 2haft cnotliwy (-wie).

Tüll m (-s; -e) tiul; ~- in Zssgn tiulowy.

Tülle f dziobek, dzióbek (dzbanka).

Tulpe f tulipan; ~n- tulipanowy.

tummel|n (-le): sich ~n baraszkować, swawolić; F fig. ⟨po⟩spieszyć się; 2platz m miejsce do zabaw(y); fig. teren popisu.

Tümmler m Zo. morświn; (Taube) gołąb wywrotny.

Tumor m (-s; -'oren) guz, tumor.

Tümpel m bajoro, sadzawka.

Tu'mult m (-es; -e) tumult; (Aufruhr) gwałtowne zajście.

tun [tu:n] (L.) ⟨z⟩robić, ⟨u⟩czynić; (hinein-~) wkładać ⟨włożyć⟩; Pflicht: spełni(a)ć; Unrecht: wyrządzać ⟨-dzić⟩; (sich verhalten) zachow(y-w)ać się; es mit j-m zu ~ haben od. bekommen mieć do czynienia (z I); viel zu ~ haben mieć dużo pracy od. roboty; nichts zu ~ haben nie mieć nic do roboty; (mit e-r Sache) nie mieć nic wspólnego (z I); (nur) so ~, als ob udawać; was soll ich ~? co mam począć?; was ~? co z tym fantem ⟨z⟩robić?; vgl. a. machen, legen, stellen, leid, Gefallen usw.

Tun [tu:n] *n* ⟨-s; 0⟩ postępowanie, działanie; *vgl. Tat.*

Tünche *f* mleko wapienne; *fig.* (zewnętrzny) polor; ℒn ⟨wy⟩bielić (wapnem).

Tu'ne|sier(in *f*) *m* Tunezyj|czyk (-ka); ℒsisch tunezyjski.

Tunke *f* sos; ℒn maczać ⟨umoczyć⟩.

tunlichst *Adv.* lepiej, raczej.

Tunnel *m* ⟨-s; -s⟩ tunel; ℒofen *m* piec tunelowy.

Tüpfel *m od. n,* ℒchen *n* cętka, kropka; ℒfarn *m* paprotka; ℒn ⟨-le⟩ ⟨na⟩cętkować, nakrapiać, groszkować; *s. getüpfelt.*

tupf|en (*et. auf A*) ostrożnie nakładać ⟨nałożyć⟩ *od.* posmarować *pf.* (wacikiem); maznąć *pf.; s. abtupfen;* ℒen *m* plamka; (*Muster, mst pl.*) groszek; ℒer *m* tampon, wacik.

Tür *f* drzwi *pl.;* (*Ofen*ℒ, *Wagen*ℒ) drzwiczki *pl.;* ihm stehen alle ℒen offen wszystkie drzwi stoją przed nim otworem; an der ℒ pode drzwiami; u drzwi; *j-n* vor die ℒ setzen wyrzucać za drzwi (*A*); vor der ℒ *fig.* za drzwiami, za pasem; zur ℒ przez drzwi, drzwiami; ℒangel *f* zawiasa drzwiowa.

Turban *m* ⟨-s; -e⟩ turban.

Tur'bine *f* turbina.

Tur'binen|-Luftstrahl-Triebwerk *n* silnik turbinowy *od.* turboodrzutowy; ℒschiff *n* turbinowiec.

turbo|elektrisch turbinowo-elektryczny; ℒgebläse *n* turbodmuchawa; ℒkompressor *m* turbosprężarka; ℒlader *m* turbosprężarka doładowująca; ℒ-Prop-Flugzeug *n* samolot o silnikiem turbośmigłowym.

turbu|'lent burzliwy (-wie), turbulentny; ℒ'lenz *f* burzliwość *f,* turbulencja.

Tür|chen *n* drzwiczki *pl.;* ℒflügel *m* skrzydło drzwi; ℒfüllung *f* płycina drzwiowa; ℒgriff *m* klamka.

Türk|e *m* ⟨-n⟩ Turek; ℒin *f* Turczynka.

Tür'kis *m* ⟨-es; -e⟩ turkus.

türkisch turecki (po -ku).

tür'kis|farben ⟨0⟩, ℒgrün ⟨0⟩ turkusowy (-wo).

Turm *m* ⟨-es; ⁺e⟩ wieża (*a. Schach*), (*Wehr*ℒ) baszta.

Türmchen *n* wieżyczka.

Turmdrehkran *m* żuraw wieżowy obrotowy.

türm|en¹ *v/t* ⟨s⟩piętrzyć (*sich* się); ℒen² F *v/i* (*sn*) na-, z|wi(ew)ać, wiać.

Turm|falke *m* pustułka; ℒhoch bardzo wysoki (-ko); *fig. j-m* ℒhoch überlegen sein przewyższać o całe niebo (*A*); ℒluke *f* Mil. właz wieży pancernej; ℒspitze *f* szczyt wieży; ℒspringen *n Sp.* skoki *m/pl.* z wieży; ℒuhr *f* zegar wieżowy.

Turn [tœ:ʁn] *m* ⟨-s; -s⟩ Flgw. zwrot, zawrót, wiraż.

Turn|anzug *m* kostium gimnastyczny, trykot; ℒen *v/i* gimnastykować się; *v/t* wykon(yw)ać (ćwiczenie); ℒen *n* ⟨-s; 0⟩ gimnastyka; ℒer(in *f*) *m* gimnasty|k (-czka); ℒgerät *n* przyrząd gimnastyczny; ℒhalle *f* sala gimnastyczna; ℒhemd *n* koszulka gimnastyczna; ℒhose *f* spodenki *pl.* gimnastyczne.

Tur'nier *n* ⟨-s; -e⟩ turniej.

Turn|lehrer *m* nauczyciel gimnastyki; ℒplatz *m* boisko; ℒschuhe *m/pl.* pantofle *m/pl.* gimnastyczne, tenisówki *f/pl.;* ℒstunde *f* lekcja gimnastyki; ℒübung *f* ćwiczenie gimnastyczne; ℒverein *m* stowarzyszenie gimnastyczne.

Tür|pfosten *m* słup drzwi; ℒrahmen *m* odrzwia *pl.,* futryna (drzwiowa); ℒschild *n* tabliczka na drzwiach; ℒschließer *m* samozamykacz; ℒschloß *n* zamek drzwiowy; ℒschlüssel *m* klucz do drzwi; ℒspalt *m* szpara w (uchylonych) drzwiach.

Turteltaube *f* turkawka.

Tusch *m* ⟨-es; -e⟩ Mus. tusz.

Tusche *f* tusz.   [sobą.ℒ

tuscheln ⟨-le⟩ szeptać pomiędzy ℒ

tusch|en malować akwarelą; ℒkasten *m* pudełko z akwarelami, F farbki *f/pl.;* ℒzeichnung *f* rysunek tuszem.   [kowa).

Tüte *f* torebka (papierowa, plasti-ℒ

tuten ⟨-e-⟩ ⟨za⟩trąbić.   [(-ka).

Twen *m* ⟨-/-s; -s⟩ dwudziestolat(ek)

Typ *m* ⟨-s; -en⟩ Typ; ℒe *f Typ.* czcionka; F (*Pers.*) typ(ek), facet(ka).

Typhus *m* ⟨-; 0⟩ dur, tyfus; ℒ- *in Zssgn* durowy.

typisch typowy (-wo).

typographisch typograficzny.

Typus *m* ⟨-; -pen⟩ typ.

Ty'ran|n *m* ⟨-en⟩ tyran; ℒ'nei *f* tyrania; ℒni'sieren ⟨-⟩ tyranizować.

U

U-Bahn f metro n; **~hof** m stacja metro.

übel (*übl-*; *-elst-*) zły (źle), niedobry (-rze); *Geruch, Geschmack*: przykry (-ro), nieprzyjemny; *Scherz*: głupi, psi; *s. Streich*; *wohl oder ~ rad* nierad, chcąc nie chcąc; *mir ist* (*wird*) *~* jest mi (robi mi się) niedobrze; F *nicht ~* niezły (-le), F niezgorszy (-rzej), niczego sobie.

Übel n zło; *zu allem ~ na* domiar złego; *s. Übelstand*.

übel|gelaunt *s. schlechtgelaunt*; **~gesinnt** (D) usposobiony nieżyczliwie (do G), nieżyczliwy (dla G); **2keit** f nudności f/pl.; **2keit** erregen przyprawi(a)ć o mdłości (bei/A); **~nehmen** brać ⟨wziąć⟩ za złe (D); **~nehmerisch** obraźliwy; **~riechend** cuchnący; **2stand** m zło, bolączka; **2tat** f występek, przestępstwo; **2täter(in** f) m spraw|ca m (-czyni); *vgl. Missetäter*; **~wollen** (D) być wrogo nastawionym (do G), być nieżyczliwym (dla G).

üben ćwiczyć (*a. v/i, auf, an D/na L*; *sich się*; *in D/w L*); *Geduld*: okaz(yw)ać; *Rache ~ s. sich rächen*; *s. a. Nachsicht, Kritik usw.*

über¹ Prp. 1. (D; *wo?*) (po)nad (I); *~ dem Tisch* nad stołem; *~ den Bäumen* ponad drzewami; (*auf et., es bedeckend*) na (L); er *lag ~ dem Tisch* on leżał na stole; (*während, bei*) przy (L); *~ der Arbeit* przy pracy, pracując; *~ dem Lesen einschlafen* zasnąć przy czytaniu; 2. (*A; wohin?*) (po)nad (A); (*es bedeckend*) na (A); (*durch, während*) przez (A); (*zeitl. a.*) za (A); (*wegen*) z powodu (G); (*von, betreffend*) o (L); z (G); na, za (A); (*mehr als*) ponad (A), powyżej (G); *przeszło* (A); *~ den Tisch* (po)nad stół; *~ alles* ponad wszystko; *e-n Pullover ~ die Bluse* anziehen włożyć pulower na bluzę; *~ den Fluß* przez rzekę; *~ Warschau* nad Warszawą; *przez Warszawę*; *~ Nacht* przez noc; *~s Jahr* za rok; *sich aufregen ~* denerwować się z powodu; *ein Buch ~* książka o; *lachen ~* śmiać się z; *Rechnung ~* (*~ 5 DM*) rachunek za (na 5 marek); *Kinder ~ 10 Jahre* dzieci powyżej 10 lat; *~ 10 Jahre* przeszło 10 lat; *~ 5 DM* ponad 5 marek; (*verstärkend*) moc, pełno (G); *Blumen ~ Blumen* pełno kwiatów; *Menschen ~ Menschen* moc ludzi; *s. a. darüber, worüber*.

über² *Adv.* w ciągu, przez; *das ganze Jahr ~* przez cały rok; *~ und ~* zupełnie, całkowicie; *~ und ~ mit Schmutz bedeckt* cały zabłocony; F *j-m ~ sein* górować (nad I), zakasować (A).

über'all wszędzie; *von ~ = ~ her*: *von ~her* zewsząd; z różnych stron; **~hin** wszędzie.

über|'altert przestarzały (-le); **2angebot** n nadmiar (an/G); *engS.* nadmiar podaży; **~'anstrengen** (-) nadwerężać ⟨-żyć⟩ (*a. sich*) przemęczać ⟨-czyć⟩, forsować; **2'anstrengung** f przemęczenie; nadmierny wysiłek; **~'antworten** (-) *s. ausliefern, anvertrauen*.

über'arbeit|en (-) przerabiać ⟨-robić⟩; przeredagow(yw)ać; *sich ~en* przepracow(yw)ać się; **~et** *Pers.* prze-, za|pracowany; **2ung** f przeróbka; ponowne opracowanie; przemęczenie.

über|aus nader, wyraz; **~'backen** (-) zapiekać ⟨-iec⟩; **2bau** m (*pl. -e/-ten*) nadbudowa (*a. Phil.*); **2'bauung** f przekrycie; **2be·anspruchung** f przeciążenie; **2bein** n torbiel galaretowata, ganglion; **~belasten** przeciążać ⟨-żyć⟩; *s. überanstrengen*; **~belegt** nadmiernie zagęszczony; **~belichten** prześwietlić *pf.*; **~betonen** nadmiernie podkreślać; **2bevölkerung** f przeludnienie; **~bewerten** *v/t* przywiązywać zbyt wielką wagę (do G); przeceni(a)ć (*A*); **~'bieten** (-) przelicytow(yw)ać; ⟨za⟩płacić więcej; prześcigać ⟨-gnąć⟩ (*sich gegenseitig się*; *in D, an/w L*); *Rekord*: pobić *pf.*; *s. übertreffen*.

überbleib|en F *s. übrigbleiben*; **2sel**

n pozostałość *f*, relikt; *pl. a.* resztki *f/pl.* [(obrazu).‹
Über'blendung *f* Fot. przenikanie‹
Überblick *m* widok; *fig.* orientacja, rozeznanie (*über A/w L*); den ∼ *verlieren* stracić orientację; **♀en** [-'blɪ-] (-) *v/t* ogarniać ‹-nąć› wzrokiem (*A*); ‹z›orientować się, rozezna(wa)ć się (*w L*).
über'bring|en (-) doręczać ‹-czyć›, przynosić ‹-nieść›; *s. ausrichten, bestellen;* **♀er(in** *f*) *m* okaziciel(ka); doręczyciel(ka), oddaw|ca *m* ‹-czyni›.
über'brück|en (-) *v/t* ‹z›budować most (przez *A*); *fig. Gegensätze:* pokon(yw)ać; *Pause, Zeit:* wypełni(a)ć; *Mangel usw.:* doraźnie zapobiec *pf.* (*D*) od. zażegnać *pf.* (*A*); **♀ung** *f* (0) przekrycie; przerzucenie mostu; przezwyciężenie, pokonanie; chwilowa wyręka; **♀ungs(bei)hilfe** *f* doraźna zapomoga, zasiłek na okres przejściowy.
über'|dachen (-) *v/t* pokry(wa)ć dachem (*A*), ‹z›budować dach (nad *I*); **∼'dauern** (-) przetrwać *pf.*, przeżyć *pf.*; **∼'decken** (-) pokry(wa)ć (*mit/I*); *fig. a.* zamaz(yw)ać; **∼'dehnen** (-) rozciągnąć *pf.*, **∼'denken** (-) rozważać ‹-żyć›, przemyśliwać ‹-leć›; **∼'dies** nadto, poza tym; **∼dimensional** (0) większy od normalnego, powiększony; ogromny; **∼'drehen** (-) przekręcać ‹-cić›; *Gewinde:* zrywać ‹zerwać›; *fig.* ∼*dreht sein* grymasić; być (zbyt) rozswawolonym; **♀druck** *m* (*pl.* "e) nadciśnienie; (*pl.* -e) nadruk; **♀druß** *m* ‹-sses; 0) przesyt; *bis zum* ♀*druß a.* do obrzydzenia.
überdrüssig: *e-r Sache* ∼ *sein* mieć dość (*G*); *er ist des Lebens* ∼ *geworden* zbrzydło mu życie; *ich bin des Wartens* ∼ sprzykrzyło mi się czekanie.
über|durchschnittlich ponadnie|przeciętny; **∼'eck** na ukos, po przekątnej; **♀eifer** *m* nadgorliwość *f*; **∼eifrig** przesadnie gorliwy, nadgorliwy; **∼'eignen** (-) przenosić ‹-nieść› (*D/na A*); przekaz(yw)ać na własność; **∼'eilen** ( ) *v/t* załatwi(a)ć (*od.* ‹z›robić) pochopnie (*A*), ‹za›decydować (zbyt) pospiesznie (o *L*), **∼'eilt** *s.* überstürzt.
über·ein'ander jeden na(d) dru-

gim; jeden na drugi(ego); ∼ *reden* mówić jeden o drugich *od.* o sobie; **∼· + *Verb*** jeden (-dno) na drugie *od.* drugim, jedna na drugą *od.* drugiej, jedni na drugich.
über·ein'anderschlagen: *die Beine* ∼ zakładać ‹założyć› nogę na nogę.
über·ein|kommen (*sn*; + *Inf. mit zu*) dochodzić ‹dojść› do porozumienia (co do *G*), uzgadniać ‹-godnić› między sobą (*A*); **♀-kommen** *n*, **♀kunft** *f* (-; "e) porozumienie, ugoda.
über'einstimm|en zgadzać ‹zgodzić› się (*darin, daß/* co do tego, że; *impf. a.* mit/z *I*); (*mit a.*) być zgodnym (z *I*), odpowiadać (*D*); **∼end** zgodny; **♀ung** *f* zgoda (*Gleichheit*) zgodność *f*, zbieżność *f*; *in* ♀*ung bringen* uzgadniać ‹-godnić›, ‹z›harmonizować.
über|empfindlich przeczulony, (*a. Med.*) nadwrażliwy, nadmiernie wrażliwy (-wie); **∼erfüllen** wykon(yw)ać z nadwyżką, przekraczać ‹-roczyć›; **∼essen¹:** *ich habe mir diese Speise* ∼*gegessen* przejadła mi się ta potrawa; **∼'essen²:** *sich* ∼ *essen* ob-, prze|jadać ‹-jeść› się; **∼fahren¹** *v/t* przewozić ‹-wieźć›, przeprawi(a)ć (*się = v/i; sn*); **∼'fahren²** (-) przejechać *pf.*; *Signal:* minąć *pf.*; F *s.* überrumpeln; **♀fahrt** *f* przejazd, przeprawa.
Überfall *m* napad (rabunkowy), (*bewaffneter* zbrojna) napaść *f*, (*a.* F *fig.*) najście; *Tech.* przelew wody; (*n Text:* przebiegać ‹-iec›; **♀en** [-'fa-] *v/t* (-) napadać ‹-paść› (*A*, na *A*); *fig.* nachodzić ‹najść›; (*mit Fragen*) zasyp(yw)ać (*I*).
über|fällig spóźniony; *Wechsel:* przeterminowany; **♀fallkommando** *n* pogotowie policyjne; **∼'fliegen** (-) przelatywać ‹-lecieć› (*A/przez A*, nad *I*); przebiegać ‹-iec› oczyma, (*a. Buch*) pobieżnie ‹prze›czytać; **∼fließen** (*sn*) przel(ew)ać się; **♀flug** *m* przelot; **∼'flügeln** (-*le;* -) prześcigać ‹-gnąć›; **♀fluß** *m* ‹-sses; 0) obfitość *f*, nadmiar (*an D/G*); **∼flüssig** zbyteczny, zbędny; **∼'fluten** (-) zal(ew)ać (*a. fig.*), zatapiać ‹-topić›.
über'forder|n (-) wymagać zbyt wiele (*A/od G*); *mit ... bin ich ..t* nie sprostam (*D*).
über'fragt: ∼ *sein* nie orientować się (*in D/w L*).

Über'fremdung f (0) infiltracja obcej kultury od. obcego kapitału.

über'fressen P (-): sich ~ obeżreć się pf.

überführ|en¹ (a. -) przetransportować pf., przewozić ⟨-wieźć⟩; **~en²** [-'fy:-] (-) udowodnić pf. (j-n G/k-u A); **2ung** [-'fy:-] f transport, przewiezienie; (e-r Leiche) transportacja; Jur. udowodnienie winy G/D); Tech. przejście (od. przejazd) górą. [przepełnienie.]

über'füll|t przepełniony; **2ung** f∫

Über|funktion f (0) Med. nadczynność f; **2'füttern** (-) przekarmi(a)ć; **~gabe** f oddanie, przekazanie; (Aushändigung) wręczenie; Mil. poddanie (się); **~gang** m przejście; Esb. przejazd; **~gangs-** fig. mst przejściowy; **~gangsmantel** m jesionka; **2'geben** (-) odda(wa)ć, przekazywać; Festung: podda(wa)ć; sich **2geben** ⟨z⟩wymiotować; **2gehen¹** v/i przechodzić ⟨przejść⟩ ⟨zu/do G⟩; **2'gehen²** (-) v/t pomijać ⟨-inąć⟩ (a. mit/I); **2ge'ordnet** nadrzędny, wyższego szczebla; **~gepäck** n nadmierny bagaż; **~gewicht** n nadwaga; fig. przewaga; **2'gießen¹** przel(ew)ać; **2'gießen²** (-) pol(ew)ać (mit/I); **2'glücklich** (0) nad wyraz szczęśliwy, uszczęśliwiony; **2'greifen** (auf A) przerzucać ⟨-cić⟩ się (na A), obejmować ⟨objąć⟩ (A); **~griff** m (auf, gegen A) wtargnięcie (do G), napad (na A); wykroczenie (przeciwko D); **2groß** (0) s. überdimensional; **~guß** m Kochk. glazura; **2haben** F s. überdrüssig (sein); **2'handnehmen** mnożyć się, ⟨roz⟩szerzyć się; **~hang** m (Schnee) nawis; (Fels) przewieszka; (Gardine) lambrekin; (an Waren) nadwyżka; **2'hängen** v/t przewieszać ⟨-iesić⟩ (v/i się); **2'häufen** (-) ob-, za|syp(yw)ać (mit/I); mit Arbeit usw.: zawalać ⟨-lić⟩ (I).

über'haupt w ogóle; ~ nicht wcale nie; ani razu; ~ nichts (dosłownie) nic.

über|'heblich s. anmaßend; **~'hitzen** (-) przegrz(ew)ać ⟨sich się⟩; **~'hitzt** przegrzany; **~'höht** zawyżony; nadmierny.

über'hol|en (-) wyprzedzać ⟨-dzić⟩, (mst fig.) prześcigać ⟨-gnąć⟩; Tech. ⟨wy⟩remontować; **2en** n (-s; 0)

wyprzedzanie; **2spur** f pas ruchu dla pojazdów wyprzedzających; **~t** s. veraltet; **2ung** f remont, naprawa; **2verbot** n zakaz wyprzedzania.

über|'hören (-) nie dosłyszeć pf.; fig. ⟨z⟩ignorować; **2-Ich** n super-ego n; **~'irdisch** nadziemny; fig. nad-, nie|ziemski; **~'kandidelt** F s. überspannt; **2kapazität** f nie wykorzystane zdolności f/pl. produkcyjne; **~'kleben** (-) zaklejać ⟨-cić⟩ (mit/I); **~'klettern** (-) przełazić ⟨przeleźć⟩ (A/przez A); **~'kochen¹** (sn) wykipieć pf.; **~'kochen²** (-) przegotow(yw)ać; **~'kommen** (-) v/t przejmować ⟨-jąć⟩, ogarniać ⟨-nąć⟩; Adjp. przejęty; **~'laden** (-) przeładow(yw)ać (a. fig.); **2lagerung** f nakładanie się; engS. interferencja; **2landleitung** f elektryczna linia przesyłowa; **~'lappen** (-): sich zachodzić na siebie; **~'lassen** (-) pozostawi(a)ć (a. sich selbst samemu sobie, s-m Schicksal na pastwę losu); s. abtreten, anheimstellen, sich hingeben.

über'last|en (-) przeciążać ⟨-żyć⟩; **~et** przeciążony; **2ung** f przeciążenie.

Über|lauf m przelew; **2en¹** przel(ew)ać się (Gefäß mst impf.); zum Feind **2en** przechodzić ⟨przejść⟩ na stronę nieprzyjaciela, zdezerterować pf.; **2en²** [-'lau-] (-): von sein cieszyć się powodzeniem od. wzięciem; być (stale) przepełnionym; es überlief mich kalt ciarki mnie przeszły.

Über|'läufer m zbieg, dezerter; JSpr. przelatek; fig. odstępca m, renegat; **2'laut** (0) za (od. zbyt) głośny (-no).

über|'leben (-) v/t przeżyć pf.; Gefahr: ocaleć pf. (z G); v/i pozost(aw)ać przy życiu; sich ~ przeżyć się pf.; **2de(r)** ocalały, pozostały przy życiu.

über|'leg|en¹ (-) v/t (a. sich, D) zastanawiać ⟨-nowić⟩ się nad (I), rozważać ⟨-żyć⟩ (A); v/i deliberować, namyślać ⟨-lić⟩ się; es sich (D) anders ~ en rozmyślić się; ohne zu ~ en nie namyślając się; **~en²** Adj. (gelassen) opanowany; Lächeln usw.: zarozumiały (-le); präd. a. z wyższością; **~en sein** (D) być silniejszym (od G); górować, mieć przewagę (nad I); **2enheit** f (0) przewaga, wyższość f; **2ung** f rozwaga, roz-

waż|anie, -enie, namysł; *ohne* ⚲ung
bez zastanowienia.

über|leiten *v/i* przechodzić
⟨przejść⟩ (zu/do *G*); ⚲'**lesen** (-) *s.*
übersehen; ⚲'**liefern** (-) przeka-
z(yw)ać; ⚲'**lieferung** *f* przekaz
(historyczny); tradycja, zwyczaj;
⚲'**listen** (-e-; -) przechytrzać
⟨-trzyć⟩, (*Verfolger*) wywodzić
⟨-wieść⟩ w pole.

überm = über dem.

Übermacht *f* (0) przewaga liczeb-
na; potęga; *in der* ⚲ *sein* mieć przewagę liczebną.

über|mächtig (0) bardzo (*od.* zbyt)
potężny; ⚲'**malen** (-) zamalow(yw)-
wać; ⚲'**mannen** (-) *s.* überkom-
men; (*Schlaf*) ⟨z⟩morzyć; ⚲**maß** *n*
(-es; 0) nadmiar; ⚲**mäßig** nadmier-
ny; niepomierny; *Adv. a.* zbyt,
nadto; ⚲**menschlich** nadludzki
(-ko); ⚲'**mitteln** (-le; -) przeka-
z(yw)ać, przes(y)łać; składać ⟨zło-
żyć⟩ (wyrazy *G*); ⚲'**mittlung** *f*
przekaz, przekaz(yw)anie, prze-
s(y)łanie; ⚲**morgen** pojutrze; ⚲-
'**müdet** przemęczony; ⚲'**müdung** *f*
(0) przemęczenie; ⚲**mut** *m* swawola,
niesforność *f*; ⚲**mütig** swawolny,
niesforny; (*sorglos*) niefrasobliwy
(-wie), beztroski (-ko).

übern = über den.   [pojutrze.⟩
übernächst|- drugi; *am* ⚲*en Tag*⟩
über|'nachten (-e-; -) ⟨prze⟩noco-
wać (*bei*/u *G*); ⚲'**nächtig(t)** (0)
niewyspany; ⚲'**nachtung** *f* nocleg;
in Zssgn noclegowy.

Übernahme *f* przejęcie; (*Amts*⚲)
objęcie; ⚲**protokoll** *n* protokół
przejęcia.

über|natürlich nadprzyrodzony; ⚲-
'**nehmen** (-) przejmować ⟨-jąć⟩;
Amt, Befehl: obejmować ⟨objąć⟩;
Pflicht: brać ⟨wziąć⟩ na siebie;
Arbeit: podejmować ⟨podjąć⟩ się
(*G*); F *sich* ⚲*nehmen* przeceni(a)ć
swoje siły, przeholow(yw)ać; ⚲-
parteilich ponadpartyjny; ⚲'**pinseln** F (-) *s.* übermalen; ⚲**preis** *m*
wygórowana cena; ⚲**produktion** *f*
(0) nadprodukcja; ⚲'**prüfen** (-)
sprawdzać ⟨-dzić⟩, ⟨s⟩kontrolo-
wać; przebadać *pf.*; ⚲'**prüfung** *f*
sprawdz|anie, -enie, kontrola; prze-
badanie; ⚲'**queren** (-) *v/t* przechodzić ⟨przejść⟩ (przez *A*); *Grenze:*
przekraczać ⟨-roczyć⟩; *Land:* prze-
jeżdżać ⟨-jechać⟩ (przez *A*); *Ge-*

wässer: przepływać ⟨-nąć⟩ (*A*);
Fluß a.: przeprawi(a)ć się (przez
A); *Mil. a.* ⟨s⟩forsować (*A*); (*füh-
ren durch*) przecinać ⟨-iąć⟩ (*A*);
⚲'**ragen** (-) *v/t* przewyższać ⟨-szyć⟩
(*A*); górować (nad *I*).

über|'rasch|en (-) *v/t* zaskakiwać
⟨zaskoczyć⟩ (*A*); sprawi(a)ć (*od.*
⟨z⟩robić) niespodziankę (*D*); ⚲**end**
niespodzi(ew)any; zaskakujący
(-co); ⚲**t** zaskoczony, zdziwiony;
⚲**ung** *f* (0) zaskoczenie; (*a. pl.*) niespodzianka; *sich von der* ⚲*ung erholen* ochłonąć z wrażenia.

über|'reden (-) namawiać ⟨-mó-
wić⟩, nakłaniać ⟨-łonić⟩ (zu/do *G*);
⚲'**redungskunst** *f* (0) sztuka prze-
konywania; ⚲'**reichen** (-) wręczać
⟨-czyć⟩; ⚲'**reichlich** (0) bardzo (*od.*
nader) obfity (-cie) *od.* suty (-to);
präd. a. aż nadto; ⚲'**reif** (0) prze-
jrzały; ⚲'**reizt** (0) przedenerwowany; *Augen:* przemęczony; ⚲-
'**rennen** (-) *Stellung:* zdoby(wa)ć
(w szybkim marszu); *Feind:* złamać
pf. opór (*G*); *fig. s.* überrumpeln;
⚲**rest** *m* ostatek; *pl. a.* szczątki *m*/*pl.*
(*a. Leiche*); ⚲'**rollen** (-) przejechać
pf., przygnieść *pf.*; *Land:* zal(ew)ać,
zajmować ⟨-jąć⟩; ⚲'**rumpeln** (-le;
-) zaskakiwać ⟨-skoczyć⟩; napadać
⟨-paść⟩ znienacka; zdoby(wa)ć
przez zaskoczenie; ⚲'**runden** (-e-;
-) *Sp.* ⟨z⟩dublować; *fig.* prześcigać
⟨-gnąć⟩.

übers = über das.

über|'sättig|t (0) przesycony; ⚲**ung**
f przesyt; *Chem.* przesycenie.

Über|schall- naddźwiękowy, su-
personiczny; ⚲'**schatten** (-) *v/t*
rzucać ⟨-cić⟩ cień (na *A*); *fig. a.*
przyćmi(ewa)ć; zatru(wa)ć radość
usw. (*G*), ⟨po⟩działać przygnębia-
jąco (na *A*); ⚲'**schätzen** (-) prze-
ceni(a)ć; ⚲'**schaubar** przejrzysty
(-ście); ⚲'**schauen** (-) *s.* überblik-
ken; ⚲**schäumen** wykipieć *pf.*;
(*Sekt*) przel(ew)ać się; *fig. Konjunktur*) przegrz(ew)ać się; *er
schäumt vor ... über* ponosi go (*A*),
on nie posiada się (z *G*); ⚲'**schlafen**
(-) zaczekać *pf.* do jutra (*A*/z *I*);
vgl. überlegen.

Überschlag *m* orientacyjny kosztorys, orientacyjne obliczenie; *Sp.*
przerzut bokiem; *Flgw.* pętla; (*bei
d. Landung*) kapotaż; *El.* przebicie;
przeskok iskry; ⚲**en¹** *s.* überein-

anderschlagen; (*sn*) (*Funke*) przeskakiwać (-skoczyć); przemieni(a)ć się (*in A/w A*); ℒen² [-'ʃla-] (-) obliczać <-czyć> w przybliżeniu *od.* z grubsza; *Seite:* opuszczać <-uścić>; *s.* übersehen; *sich* ℒen przewracać <-rócić> się, (prze)koziołkować; (*Flgw.*, *Auto a.*) (s)kapotować; (*Stimme*) przechodzić (przejść) w przeraźliwy dyszkant; F *sich* ℒen vor prześcigać się (w *L*).

über|schnappen *Stimme:* <s>kiksować; F *fig.* dosta(wa)ć chysia *od.* bzika; ✗'**schneiden** (-): *sich* ✗*schneiden* (s)krzyżować się (*a. fig.*); ✗'**schreiben** (-) zatytułować *pf.*; *Jur.* przepis(yw)ać; ✗'**schreien** (-) przekrzykiwać <-yczeć>; ✗'**schreiten** (-) *s.* überqueren; (*a. fig.*) przekraczać <-roczyć>, (*Schwelle*, *Gesetz a.*) przestępować <-tąpić>; ℒ**schrift** *f* nagłówek, tytuł; ℒ**schuh** *m* kalosz; ✗'**schuldet** (0) nadmiernie zadłużony; ℒ**schuß** *m* nadwyżka (*Fin.* dochodów); nadmiar (*beide a. an/G*); (*Kassen*ℒ) superata; ✗**schüssig** zbytni, zbyteczny; nadmierny; ℒ**schußland** *n* kraj eksportujący; ✗'**schütten** (-) *s.* überhäufen, -gießen²; ℒ**schwang** *m* (*-es*; 0) uniesienie, poryw.

über|schwemmen (-) zatapiać <-topić>, (*a. fig.*) zal(ew)ać; ℒ**ung** *f* wylew, powódź *f*; *fig.* zalanie; *Opfer der* ℒ**ung** powodzianin; ℒ**ungsgebiet** *n* obszar (*od.* teren) dotknięty powodzią; ℒ**ungskatastrophe** *f* klęska powodziowa.

über|schwenglich wylewny (do przesady), *präd. a.* z przesadną radością, z przesadnym zachwytem; egzaltowany; ℒ**see** *f* (0) kraje *m/pl.* zamorskie, *engS.* Ameryka; *in* ℒ**see** za oceanem; ✗**see·isch** zamorski; ✗'**sehbar** dający się objąć wzrokiem; ✗'**sehen** (-) *v/t s.* überblicken; (*nicht bemerken*) przeoczać <-czyć>, F przegapi(a)ć, prześlepi(a)ć; (*absichtlich*) pomijać <-inąć>; ✗'**senden** (-) przes(y)łać; ✗**setzen¹** przeprawi(a)ć (*v/i* się; *über A/przez A*).

über|setz|en² (-) (prze)tłumaczyć, przekładać (przełożyć) (*aus A/z G* na *A*); ℒ**er(in** *f*) *m* tłumacz(ka); ℒ**ung** *f* tłumaczenie, przekład; *Tech.* przekładnia; (*Verhältnis*) przełożenie; ℒ**ungs·büro** *n* biuro tłumaczeń.

Übersicht *f s.* Überblick; *konkr.* przegląd; zarys; (*Tabelle*) zestawienie; ℒ**lich** przejrzysty (-ście).

übersied|eln [*a.* -'ziː-] *v/i* (*sn*; *a.* -) przesiedlać <-lić> się, przenosić <-nieść> się; ℒ**ler** *m* przesiedleniec; ℒ**lung** *f* przesiedlenie się; przenosiny *pl.*

über|sinnlich (0) nadprzyrodzony; ✗'**spannen** (-) napinać <-iąć> (*od.* naciągać <-gnąć>) zbyt mocno; *den Bogen* ✗*spannen* przeciągnąć strunę; ✗'**spannt** przesadny, wygórowany; *Pers.* ekscentryczny; ℒ**spannung** *f El.* przepięcie; nadnapięcie; ✗'**spielen** (-) *Ton:* przepis(yw)ać, F przegr(yw)ać; *Sp.* ogr(yw)ać; *fig.* (za)maskować (*A*), nie dać po sobie poznać (*G*); ✗'**spitzt** przejaskrawiony, zbyt dosadny; ✗**springen¹** (*sn*) przeskakiwać <-skoczyć>; *fig. a.* übergreifen; ✗'**springen²** (-) *v/t* przeskakiwać <-skoczyć> (*przez A*, *a. fig. A*), przesadzić *pf.* (*A*); ✗**sprudeln** *fig.* tryskać (*von*, *vor/I*); ✗'**staatlich** ponadpaństwowy; ✗**stehen¹** wystawać; ✗'**stehen²** (-) prze-, wy|trzym(yw)ać; *Krankheit usw.:* przeby(wa)ć; *Gefahr:* wychodzić (wyjść> cało (*A/z G*); ✗'**steigen** (-) *s.* überklettern; *Gebirge:* przechodzić (przejść> (*A/przez A*); *fig. a.* przewyższać <-szyć>; ✗'**stimmen** (-) przegłosow(yw)ać; ✗'**streichen** (-) *s.* übermalen; ✗**strömen** (*sn*) *s.* überfließen; *fig.* rozpływać się (*von/w L*); ℒ**stunde** *f* godzina nadliczbowa, F nadliczbówka.

über|stürz|en (-) *v/t* (z)robić pochopnie (*A*), podejmować <-djąć> (zbyt) pochopną decyzję (w sprawie *G*); *sich* ✗en zbyt szybko następować po sobie; ✗**t** pospieszny, *präd. a.* w pośpiechu; pochopny.

über|tölpeln F (*-le*; -) okpi(wa)ć, wystawi(a)ć do wiatru; ✗'**tönen** (-) F przegłuszać <-szyć>; ℒ**trag** *m* (*-es*; *ue*) *Hdl.*, *Fin.* przeniesienie; (*im Journal*) do/z przeniesienia.

über·trag|bar (0) przenośny; *Med.* zakaźny; ✗**en¹** (-) *v/t* przenosić <-nieść> (*sich* się); *fig. a.* pochl(ew)ać; *Amt*, *Aufgabe:* przekaz(yw)ać, powierzać <-rzyć> (*auf A/D*); *Rdf.* transmitować, nad(aw)ać; *s. a.* übersetzen²; ✗**en²** *Adj.* przenośny; ℒ**ung** *f* przeniesienie;

przelanie; przekazanie, powierzenie; *Rdf.* transmisja; *s.* Übersetzung; 2ungswagen *m* wóz transmisyjny.

übertrainiert (0) przetrenowany.

über'treffen (-) *v/t* przewyższać ⟨-szyć⟩, (Pers.) prześcigać ⟨-gnąć⟩ (A), górować (A/nad I; *beide:* an, in D/I); *sich selbst* ~ przechodzić ⟨przejść⟩ samego siebie; *er ist nicht zu* ~ nikt mu nie dorówna (in D/I).

über'treib|en (-) przesadzać ⟨-sadzić⟩, F przeholow(yw)ać (A/w L); 2ung f przesada; *konkr. a.* przegięcie.

über|treten Sp. przekroczyć *pf.*; (sn) przechodzić ⟨przejść⟩ (zu/do G, Rel. na A); (Fluß) wyl(ew)ać; ~'treten (-) przekraczać ⟨-roczyć⟩, naruszać ⟨-szyć⟩; 2'tretung f przekroczenie, naruszenie; ~'trieben przesadny, zbytni; (überhöht) wygórowany; 2tritt m przejście; ~'trumpfen (-) KSp. przebi(ja)ć; *fig. s.* überbieten, -treffen; über'morgen F pojutrze; ~'völkert przeludniony; ~'voll (0) przepełniony; ~'vorteilen (-) *s.* benachteiligen, betrügen; ~'wachen (-) *v/t* nadzorować, kontrolować (A), czuwać (nad I); (beschatten) inwigilować ⟨za-⟩; 2'wachung f nadzór, kontrola; inwigilacja.

über'wältig|en (-) obezwładni(a)ć; *fig. a.* przejmować ⟨-jąć⟩ (od. po-, wz|ruszać ⟨-szyć⟩) do głębi (Schlaf) ⟨z⟩morzyć; *s. a.* beeindrucken; ~end Anblick, Erfolg: wspaniały ⟨-le⟩, imponujący ⟨-co⟩; Mehrheit: przytłaczający, ogromny.

über'weis|en (-) przekaz(yw)ać; Jur., Kranke: skierow(yw)ać (an A/do G); 2ung f przekazanie; (zum Arzt usw.) skierowanie; (a. Geld2) przekaz.

über|werfen[1] narzucać ⟨-cić⟩; ~'werfen[2] (-): *sich* ~werfen poróżnić się *pf.* (mit/z I); ~'wiegen (-) przeważać ⟨-żyć⟩; ~'wiegend przeważający; *Adv.* przeważnie; ~'winden (-) pokon(yw)ać, przezwyciężać ⟨-żyć⟩ (sich się); 2'windung f (0) pokonanie, przezwyciężenie; *wysiłek* (woli); ~'wintern (-re; -) ⟨prze⟩zimować; ~'wölben (-) przesklepi(a)ć; ~'wuchern (-) zagłuszać ⟨-szyć⟩; 2wurf m narzutka; Sp. przerzut.

Überzahl f (0): in der ~ sein stanowić większość; Feinde: mieć przewagę liczebną.

über|'zahlen (-) przepłacać ⟨-cić⟩; ~'zählig (0) nadliczbowy; *s.* überschüssig.

über'zeug|en (-) przekon(yw)ać; ~end przeko|nywający, -nujący ⟨-co⟩; ~t przekonany, przeświadczony (von/o L); Anhänger: oddany (idei G) Rel. wierzący; 2ung f przekonanie (a. Pol.), przeświadczenie; *zu der* 2ung *kommen* nab(ie)rać przekonania; 2ungskraft f (0) siła przekonywania; ~ungs·treu wierny przekonaniom.

über|ziehen na-, w|kładać ⟨na-, w|łożyć⟩; F zdzielić, przejechać *pf.* (D/A); ~'ziehen (-) pokry(wa)ć (sich się), (a. Bett) powlekać ⟨-ec⟩ (a. mit/I); Sessel: obi(ja)ć; Konto, Zeit: przekraczać ⟨-roczyć⟩; 2zieher m palto (męskie); ~'zuckern (-) ⟨po⟩cukrzyć; ⟨po⟩lukrować; 2zug m powłoka; *s.* Bezug.

üblich zwykły ⟨-le⟩; utarty; *allgemein* ~ powszechnie przyjęty; *es ist* ~ *daß* ... jest (*od.* utarł się) zwyczaj, że ...; *das ist nicht* ~ tego się nie praktykuje.

U-Boot n *s.* Unterseeboot; ~-Krieg m wojna podwodna.

übrig (0) pozostały; zbędny; *das* ~e reszta; *alle* (*od. die*) ~en (Pers.) wszyscy inni, pozostali; *im* ~en poza tym, zresztą; (nichts) ~ haben (nie) mieć za dużo od. w nadmiarze; *fig.* (viel bardzo) lubić (für/A); ~ sein = ~bleiben (sn) pozost(aw)ać, zostać *pf.*, zresztą; ~lassen pozostawi(a)ć; *s.* wünschen.

Übung f (0) wprawa; (a. pl.) ćwiczenie; wprawka (Mus.); *aus der* ~ kommen/sein wychodzić ⟨wyjść⟩ z wprawy.

Übungs|- *Fahrt, Flug, Gelände, Munition usw.*: ćwiczebny; ~arbeit f wypracowanie; ~aufgabe f ćwiczenie; ~platz m plac ćwiczeń; poligon; ~stück n ćwiczenie; Mus. etiuda.

Ufer n brzeg; *am* ~ gelegen nadbrzeżny; *über die* ~ treten rozl(ew)ać; ~befestigung f umocnienie brzegu; 2los bezbrzeżny; *s.* grenzenlos; ~schwalbe f brzegówka.

Uhr f zegarek; *s.* Turm-, Wanduhr; (Uhrzeit) godzina; *wieviel* ~ *ist es?*

która godzina?; *rund um die* ~ przez całą dobę; ~(**arm**)**band** *n* (*pl.* ~er) bransoletka (*od.* pasek) do zegarka; ~**en·industrie** *f* przemysł zegarmistrzowski; ~**gehäuse** *n* koperta zegarka; ~**glas** *n* szkiełko zegarkowe; ~**kette** *f* łańcuszek (*od.* zegarka; ~**macher** *m* zegarmistrz; *in Zssgn* zegarmistrzowski; ~**werk** *n* mechanizm zegarowy; ~**zeiger** *m* wskazówka zegar(k)a.

Uhrzeigersinn *m*: *im* ~ w kierunku obrotu wskazówek zegara.

Uhu *m* (*-s*; *-s*) puchacz.

U'krain|er(in *f*) *m* Ukrain|iec (-nka); **ℒisch** ukraiński (po -ku).

Ulk *m* (*-s*; *-e*) kawał, figiel; **ℒig** *s.* *drollig*; F (*seltsam*) dziw(acz)ny.

Ulkus *n* (*-*; *Ulzera*) wrzód; ~**krankheit** *f* (0) choroba wrzodowa.

Ulme *f* wiąz.

ulti|ma'tiv ultymatywny; **ℒ'matum** *n* (*-s*; *-ten/-s*) ultimatum *n*; **ℒmo** *m* (*-s*; *-s*) ostatni dzień miesiąca.

Ultra *m* (*-s*; *-s*) ultras; ~'**kurzwellen** *f/pl.* fale *f/pl.* ultrakrótkie; ~'**ma'rin** *n* (*-s*; 0) ultramaryna; ~**schall** *m* ultradźwięk; **ℒviolett** (0) nad-, ultrafioletowy.

um *Prp.* *1.* (*A*) do(o)koła, na-, w|około, wokół (*G*); za (*I*); (*zeitl.*) o (*G*); (*ungefähr*) (o)koło (*G*); (*Zweck, Unterschied, Vergleich*) za, o (*A*); (*Folge*) po (*L*), za (*I*); *in bestimmten Wendungen a.* na (*A*) *od.* *nur G*; ~ *den Tisch* dokoła (*od.* wokół) stołu; ~ *die Welt* dokoła świata; ~ *zwei Uhr* o drugiej godzinie; ~ *Ostern* około Wielkanocy; ~ *jeden Preis* za wszelką cenę; *bitten* ~ *et.* prosić o coś; ~ *eine Mark billiger* tańszy o markę; ~ *ein Jahr älter* straszy o rok; *Jahr* ~ *Jahr* rok po roku; *Stunde* ~ *Stunde* godzina za godziną; ~ *die Wette* na wyścigi; *schade* ~ *ihn* szkoda go; *2.* ~ ... *willen* (*mit G*) z powodu, dla (*G*), ze względu na (*A*); ~ *Gottes Willen!* na Boga! *Adv.* (*etwa*) około; ~ *und* ~ wszędzie dokoła; *Kj.* ~ *zu* (+ *Inf.*) aby, żeby; ~ *so* tym.

um|ändern, ~arbeiten przerabiać ⟨-robić⟩; ~'**armen** (*-*) obejmować ⟨objąć⟩, uściskać ⟨-snąć⟩ (*sich* się); **ℒ'armung** *f* objęcie, uścisk.

Umbau *m* (*-es*; *-e*) przebudowa; (*pl.* *-ten*) obudowa; **ℒen**[1] przebudow(y-

w)ać; **ℒen**[2] [-'bau-] (*-*) obudow(y-w)ać; **ℒter** *Raum* kubatura.

um|benennen przemianow(yw)ać; ~**betten** *Kranke*: przekładać ⟨przełożyć⟩ z jednego łóżka na drugie; *Leiche*: ⟨po⟩chować w innym miejscu; ~**biegen** zaginać ⟨-giąć⟩; ~**bilden** ⟨z⟩reorganizować *s.* *umwandeln*; **ℒbildung** *f* reorganizacja; ~**binden** zawiąz(yw)ać; ~**blättern** przewracać ⟨-rócić⟩ kartkę; ~**blikken** *s.* *umsehen*; ~'**brechen** ⟨z⟩Typ. ⟨z⟩łamać; ~**bringen** F zabi(ja)ć (*sich* się); **ℒbruch** *m* (*-es*; *-e*) Typ. łamanie; *fig.* przełom; ~**denken** przestawić się *pf.*, zmieni(a)ć sposób myślenia; ~**disponieren** (*-*) zmieni(a)ć plan(y).

umdreh|en obracać ⟨-rócić⟩ (*sich* się); *Seite*: odwracać ⟨-rócić⟩; *Schlüssel, Worte*: przekręcać ⟨-cić⟩; *sich* ~**en** (*auf andere Seite, in Grabe*) przewracać ⟨-rócić⟩ się; **ℒung** *f* obrót; **ℒungszahl** *f* liczba obrotów.

Umdruck *m* (*-es*; *-e*) Typ. przedruk.

um|ein'ander jeden o drugiego; ~**erziehen** reedukować; ~**fahren**[1] *v/t* najeżdżać ⟨-jechać⟩ (na *A*), obalać ⟨-lić⟩ (*A*); ~'**fahren**[2] (*-*) *v/t* objeżdżać ⟨-jechać⟩ (*A*); (*mit d.* *Schiff*) opływać ⟨-ynąć⟩; *Hindernis*: omijać ⟨-inąć⟩; ~**fallen** (*sn*) przewracać ⟨-rócić⟩ się, upadać ⟨upaść⟩; F *fig.* ⟨z⟩łamać daną obietnicę, sprzeniewierzać ⟨-rzyć⟩ się (zasadom).

Umfang *m* Math. obwód (*a.* Schneiderei); *fig.* rozmiar(y *pl.*); zakres; *s.* Ausdehnung, Volumen; *im vollen* ~ w całej pełni *od.* rozciągłości; **ℒen** [-'faŋ-] (*-*) *s.* umfassen; **ℒreich** obszerny, szeroki (-ko), rozległy (-le).

umfärben przefarb(ow)ać.

um'fass|en (*-*) obejmować ⟨objąć⟩, ujmować ⟨ująć⟩; ogarniać ⟨-nąć⟩; Mil. oskrzydlać ⟨-lić⟩ (*enthalten*) zawierać, obejmować; ~**end** *Wissen*: rozległy, (*gründlich, voll*) wyczerpujący ⟨-co⟩, szczegółowy ⟨-wo⟩; *s.* umfangreich, weitgespannt; Mil. oskrzydlający; **ℒungsmauer** *f* mur obwodowy.

um|'flechten (*-*) oplatać ⟨-leść⟩; ~'**fließen** (*-*) opływać ~'**formen** przekształcać ⟨-cić⟩; **ℒformer** *m* El. przetwornica; **ℒfrage** *f* ankieta; **ℒ'friedung** *f* ogrodzenie; ~'**füllen** przel(ew)ać (*in A*/do *G*); *s.* um-

schütten; **~funktionieren** F *v/t* ⟨za⟩adaptować ⟨zu/na *A*⟩; przekształcać ⟨-cić⟩ (*in A/w A*).

Umgang¹ *m* (*-es*; *0*) stosunki *m/pl.*; towarzystwo; obchodzenie się (*mit/ z I*); **~ haben** *od.* **pflegen** utrzymywać stosunki, obcować; F przestawać, zadawać się (*mit/z I*). [nek.]

Umgang² *m* (*-es*; *¨e*) *Arch.* krużga-) **umgänglich** miły (*od.* uprzejmy) w obejściu; przystępny.

Umgangs|formen *f/pl.* formy *f/pl.* towarzyskie; sposób bycia; **~sprache** *f* język potoczny.

um|garnen (-) usidlać ⟨-lić⟩.

um|geb|en¹ (-) otaczać ⟨otoczyć⟩ (*sich* się; *mit/I*); **~en²** *Adj.* otoczony; **Qung** *f* otoczenie; (*Gegend*) okolica.

Um|gegend F *f* okolica; **Qgehen¹** *Gerücht*: obiegać ⟨-ec⟩, krążyć; *s. spuken*; (*mit*) obchodzić ⟨obejść⟩ się (*z I*); (*nur mit et.*) posługiwać ⟨-łużyć⟩ się (*I*); (*mit e-m Plan usw.*) nosić się (*z I*); *s. Umgang* (*haben*). **Q'gehen** (-) obchodzić ⟨obejść⟩ (*a. Mil.*), omijać ⟨-inąć⟩ (*a. Gesetz usw.*); (*vermeiden*) unikać ⟨-knąć⟩ (*A/G*); *s. a. umfahren²*; **Qgehend** bez-, nie|zwłoczny; *präd. a.* od ręki; **~'gehung** *f* obejście, ominięcie; unikanie.

Um|gehungs|manöver *n* manewr oskrzydlający; **~straße** *f* droga objazdowa, ulica odciążająca; *s.* obwodnica.

um|gekehrt *Adj.* odwrotny, *präd. a.* na odwrót; **~gestalten** przeobrażać ⟨-razić⟩, przekształcać ⟨-cić⟩; **~gießen** przelewać ⟨-lać⟩; **~graben** prze-, s|kop(yw)ać; **~grenzen** okalać ⟨okolić⟩; *fig.* określać ⟨-lić⟩; *s. umgeben, umschließen*; **~gruppieren** przegrup(ow)ać; **~gukken** F *s. umsehen*; **~haben** F mieć na sobie (*A*), być (*w L*); **Qhang** *m* zarzutka; peleryna.

umhänge|n przewieszać ⟨-esić⟩; prze-, na-, za|rzucać ⟨-cić⟩ (*przez ramię, na plecy*); **Qtasche** *f* torba *f* konduktorka; **Qtuch** *n* (*pl.* *¨er*) chusta.

umhauen *s. fällen*; F *fig.* oszałamiać ⟨oszołomić⟩.

um'her wokoło, do(o)koła; **~blikken** rozglądać ⟨rozejrzeć⟩ się (*dookoła*); **~fahren** (*sn*) jeździć, być w rozjazdach; objeżdżać ⟨-jechać⟩ (*in D/A*); *s. herumkommen*; **~flie-**

~gen (*sn*) latać, fruwać (*dokoła, wokoło*); **~irren** (*sn*) błąkać się; **~schweifen** (*sn*), **~streifen** (*sn*), **~ziehen** (*sn*) wędrować; F wałęsać się (*in der Welt* po świecie).

um'hinkönnen: *nicht* **~** musieć, być zmuszonym.

um'hüll|en (-) (*mit*) o-, za|wijać ⟨-inąć⟩ (*w A*), otulać ⟨-lić⟩, (*a. fig.*) okry(wa)ć (*I*); **Qung** *f s. Hülle*; *Tech. a.* otulina.

um'jubel|n (-) zgotować *pf.* owację (*A/D*); **~t** owacyjnie witany *od.* przyjmowany.

um'kämpf|en (-) toczyć walk|ę *od.* -i (*A/o A*); *hart* **~te** *Stadt* miasto, o które toczyła się zacięta walka.

Umkehr *f* (-; *0*) powrót; *Mil.* odwrót; *fig.* zawrócenie, nawrócenie się; **Qbar** odwracalny; *Tech.* nawrotny; **Qen** *v/i* (*sn*) po-, za|wracać ⟨-rócić⟩; *v/t* odwracać ⟨-rócić⟩; *Tasche*: wywracać ⟨-rócić⟩; **~film** *m* film odwracalny; **~punkt** *m* *Tech.* punkt zwrotny; **~ung** *f* od-, wy|wrócenie; *Mus., Film*: inwersja.

umkippen prze-, wy|wracać ⟨-rócić⟩ (*v/i* [*sn*] się).

um'klammer|n (-) *v/t* (*kurczowo*) ściskać ⟨-snąć⟩ (*A*), trzymać się (*G*); *Box-Sp.* przetrzymywać; *s. umfassen, umzingeln*; **Qung** *f* uścisk; trzymanie; chwyt; *Mil.* okrążenie.

umkleide|n¹: *sich* **~** przeb(ie)rać się; **~n²** [-'klai-] (-) oblicow(yw)ać, obkładać ⟨obłożyć⟩, obi(ja)ć (*mit/ I*); **Qraum** *m* przebieralnia.

umkommen (*sn*) ⟨z⟩ginąć.

Umkreis *m* krąg; *Math.* koło opisane; *im* **~** (*von*) w promieniu (*G*); **Qen** [-'krai-] (-) *v/t* okrążać ⟨-żyć⟩ (*A*), zataczać kręgi (*dokoła G*).

umkrempeln (*-le*) podwijać ⟨-inąć⟩; F *fig.* radykalnie zmieni(a)ć (*a. sich się*), F wywracać ⟨-rócić⟩ do góry nogami.

Umlad|e- przeładunkowy; **Qen** przeładow(yw)ać; **~ung** *f* przeładu-) **Umlage** *f* opłata (*od osoby*). [nek.] **um'lagern** (-) oblegać, obstępować ⟨-tąpić⟩.

Umlauf *m* obieg; krążenie, cyrkulacja; rotacja; *Tech.* obrót; *Med.* zastrzał; *s. Rundschreiben*; *im* **~** *sein* być w obiegu, *Gerücht:* kursować, *in* **~** *setzen, bringen* puszczać ⟨puścić⟩ w obieg; *Gerücht:* rozsiewać; **~bahn** *f* orbita; **Qen** obiegać, krążyć; **~geschwindigkeit** f Tech. prędkość obrotowa; Astr. prędkość f na orbicie; **~mappe** f teczka okólników; **~zeit** f czas (od. okres)

Umlaut m Gr. przegłos. [obiegu.∫

Umlege|**kragen** m kołnierz(yk) wykładany; 2n¹ (anders legen) przekładać ⟨przełożyć⟩; Weiche: przestawi(a)ć; Kosten: rozkładać ⟨rozłożyć⟩; P (j-n) stuknąć pf., zakatrupić pf.; s. a. umhängen; 2n² [-'le:-] (-) obkładać ⟨obłożyć⟩ (mit/I).

umleit|**en** ⟨s⟩kierować inną trasą od. (Fluß) w inne (od. nowe) koryto; 2ung f zmiana kierunku od. trasy; konkr. objazd.

Umlenk- Tech. zwrotny.

umlernen v/i ⟨wy⟩uczyć się nowego zawodu; fig. ~ müssen ⟨z⟩rewidować swoje zapatrywania.

um|**liegend** okoliczny; 2'**mantelung** f okładzina; osłona, płaszcz metalowy; **~'mauern** (-) obmurow(yw)ać; obwodzić ⟨-wieść⟩ murem; **~melden** przemeldow(yw)ać (sich się).   [obłąkanie, obłęd.∫

Um|**nachtung** f (0): geistige ~

um|'**nähen** (-) obrębi(a)ć; **~organisieren** ⟨z⟩reorganizować; **~pakken** przepakow(yw)ać; **~pflanzen**¹ przesadzać ⟨-dzić⟩; **~'pflanzen**² (-) obsadzać ⟨-dzić⟩ (mit/I); **~pflügen** zaor(yw)ać; **~quartieren** (-) przekwaterow(yw)ać; **~'rahmen** (-) obramow(yw)ać, okalać ⟨okolić⟩.

um|'**rand**|**en** (-e-; -) obrzeżać ⟨-żyć⟩; s. einfassen; 2ung f obwódka; otok; s. Rand.

umrechn|**en** przeliczać ⟨-czyć⟩ (in A/na A); umgerechnet w przeliczeniu; 2ung f przelicz|anie, -enie.

Umrechnungs|**faktor** m przelicznik; **~kurs** m kurs przeliczeniowy.

um|**reißen**¹ s. umstoßen; **~'reißen**² (-) ⟨na⟩szkicować; fig. a. nakreślać ⟨-lić⟩; **~rennen** przewracać ⟨-rócić⟩, obalać ⟨-lić⟩ (biegnąc, w biegu); **~'ringen** (-) otaczać ⟨otoczyć⟩, okrążać ⟨-żyć⟩; 2riß m zarys, kontur (a. fig.), obrys; **~rühren** (prze-, wy-, za)mieszać; **~'runden** (-) okrążać ⟨-żyć⟩; s. umfahren²; **~rüsten** przebrajać ⟨-roić⟩.

umsatteln v/i F fig. zmieni(a)ć zawód od. kierunek studiów; przerzucić się pf. (auf A/na A).

Umsatz m obrót; **~steigerung** f

zwiększenie obrotów; **~steuer** f podatek obrotowy.

um|'**säumen** (-) okalać ⟨okolić⟩.

umschalt|**en** v/t przełączać ⟨-czyć⟩; v/i Rdf. łączyć się (in A, nach/z I); F fig. s. umstellen (sich); 2er m El. przełącznik; (Schreibmaschine) zmieniacz; 2ung f przełącz|anie, -enie; zmiana.

Umschau f (0) przegląd; ~ halten = 2en: sich 2en rozglądać ⟨rozejrzeć⟩ się (nach/za I); s. sich umsehen.

umschicht|**ig** na zmianę; 2ung f zmiana struktury warstwowej.

um|'**schiffen** (-) opływać ⟨-ynąć⟩.

Umschlag m (Wechsel) nagła zmiana; zwrot; Med. okład, kompres; (an d. Hose) mankiet; s. Brief-, Güterumschlag usw.; 2en v/t Baum: zrąb(yw)ać; Seite: od-, prze|wracać ⟨-wrócić⟩; Ärmel: podwijać ⟨-inąć⟩; Kragen: wykładać ⟨wyłożyć⟩; Rand: zaginać ⟨-iąć⟩; Waren: przeładow(yw)ać; s. umhängen; v/i (sn) (Wetter, Stimmung) zmieni(a)ć się nagle; s. kentern; **~hafen** m port przeładunkowy; **~platz** m punkt przeładunkowy, baza przerzutowa.

um|'**schließen** (-) s. einschließen, umfassen; **~'schlingen** (-) v/t oplatać ⟨-leść⟩ (A), owijać ⟨-inąć⟩ się (wokół G); s. umarmen; **~schlungen** halten trzymać w objęciach; **~schmelzen** przetapiać ⟨-topić⟩; **~schnallen** przypas(yw)ać; **~schreiben**¹ przepis(yw)ać (a. auf j-n/na A), napisać pf. na nowo; **~'schreiben**² (-) opis(yw)ać (a. Kreis); (anders ausdrücken) peryfrazować; powiedzieć pf. bez nazywania rzeczy po imieniu od. używając eufemizmu; transkrybować; (deutlich abgrenzen) określać ⟨-lić⟩; 2**bung**¹ f przepisanie; 2'**schreibung**² f opis(anie); peryfraza; omówienie, eufemizm; 2**schrift** f (Münz 2) legenda; Ling. transkrypcja; 2**schuldung** f Fin. konwersja.

umschul|**en** przenosić ⟨-nieść⟩ do innej szkoły; (im Beruf) przeszkalać ⟨-kolić⟩, przekwalifikow(yw)ać; 2ung f przeniesienie do innej szkoły; przeszkolenie, (zawodowe) przekwalifikowanie.

umschütten przesyp(yw)ać; s. umfüllen, verschütten.

um|'**schwärm**|**en** (-) v/t latać, lecieć (wokół, do G); die Fliegen ~ten ...

nad (*I*) roiło się od much; *fig.*
adorować (*A*); nadskakiwać (*D*);
~t werden a. mieć wielu wielbicieli
(wiele wielbicielek). [dek.⟩
Umschweife *pl.*: ohne ~ bez ogró-⟩
um|schwenken (*sn*) *fig.* (nagle)
zmieni(a)ć opinię *od.* zdanie, front;
~**schwirren** (-) *s.* umschwärmen;
⟨schwung *m* Sp. kołowrót; *fig.*
nagła zmiana, przełom; ~**segeln**
(*sn*; -) opływać ⟨-ynąć⟩.

umsehen: *sich ~* oglądać ⟨obejrzeć⟩
się (*nach/za I*); *s.* umschauen.

umsein F (*sn*) (prze)minąć *pf.*

umseitig (umieszczony, znajdujący się) na odwrocie.

umsetzen przesadzać ⟨-dzić⟩ (*a.
Agr.*); *Ofen:* przestawi(a)ć; *Mus.*
transponować; *Waren:* sprzedawać;
in die Tat ~ ⟨z⟩realizować, wprowadzać ⟨-dzić⟩ (*od.* wcielać ⟨-lić⟩)
w czyn; *s. um-*, verwandeln.

Umsicht *f* (0) rozwaga, oględność *f*;
⟨ig rozważny, oględny.

umsied|eln przesiedlać ⟨-lić⟩; **⟨ler**
m przesiedleniec; **⟨lung** *f* przesied-
lenie (się).

um|sinken *s.* umfallen; ~**so'mehr**
tym bardziej; ~**sonst** za darmo,
F za frajer; (*vergeblich*) daremnie;
~**sorgen** (-) troszczyć się, dbać
(*A/o A*); ~**so'weniger** tym mniej.

umspann|en¹ przeprzęgać ⟨-rząc⟩;
El. transformować; ~**en²** [-'ʃpan-]
(-) *s.* umfassen; **⟨werk** *n* transfor-
matornia.

um|'spielen (-) *Sp.* ogr(yw)ać;
~**'spinnen** (-) oprzędzać ⟨-rząc⟩;
~**springen¹** (*sn*) (*Wind*) zmieni(a)ć
kierunek; *fig.* (mit) traktować (*A*),
obchodzić się (z *I*); ~**'springen²** /
v/*t* obskakiwać ⟨-skoczyć⟩; ~
sprung *m* Ski-Sp. obskok; ~**spulen**
przewijać ⟨-inąć⟩; ~**'spülen** (-)
omywać; **⟨stand** *m* okoliczność *f*.

Umstände *m*/*pl.* okoliczności *f*/*pl.*,
warunki *m*/*pl.*, sytuacja; *unter* ~n
ewentualnie; *unter allen* ~n w każdym razie, mimo wszystko; *unter
k-n* ~n pod żadnym pozorem; *unter
diesen* ~n w tych okolicznościach;
ohne ~ bez ceregieli; *bez ceregieli*;
~ *machen* robić ceregiele, cackać się
(*mit/z I*); (*j-m*) *sprawiać* kłopot; *in
anderen* ~n w odmiennym stanie,
⟨halber z uwagi na okoliczności, ze
względu na zmienione warunki.

umständlich uciążliwy (-wie), kło-

potliwy (-wie); *Pers.* pedantyczny,
drobiazgowy (-wo); *s.* weitschweifig.

Umstands|bestimmung *f* okolicz-
nik; ~**kleid** *n* suknia (*od.* sukienka)
na ciążę; ~**wort** *n s.* Adverb.

um|'stechen (-) obdzierg(iw)ać,
obrzucać ⟨-cić⟩; ~**stehend** na odwrocie; *Pers. pl.* stojący dokoła,
obecni.

Umsteige|karte *f* bilet z przesiada-
niem; **⟨n** przesiadać ⟨-iąść⟩ się; F
fig. s. umsatteln; *ohne umzusteigen*
bez przesiadki.

umstel|len¹ przestawi(a)ć (*a. sich*
się); ~**len²** [-'ʃte-] (-) obstawi(a)ć;
Wild usw. a.: osaczać ⟨-czyć⟩;
⟨lung *f* przestawienie (się); zmiana.

um|stimmen *Mus.* przestrajać
⟨-roić⟩; *fig.* na-, skłaniać ~łonić⟩
do zmiany decyzji; ~**stoßen** prze-,
wy|wracać ⟨-rócić⟩, (*a. fig.*) obalać
⟨-lić⟩; ~**stricken** (-) *fig. s.* umgarnen; ~**stritten** sporny; ~**struktu-
rieren** (-) zmieni(a)ć strukturę
(*A/G*); ~**stülpen** prze-, wy|wracać
⟨-rócić⟩ (dnem do góry); (*a. Med.*)
wynicow(yw)ać; **⟨sturz** *m* Pol.
przewrót.

umstürz|en *v*/*t s.* umstoßen; *v*/*i* (*sn*)
prze-, wy|wracać ⟨-rócić⟩ się, ru-
nąć *pf.*; **⟨ler** *m* wywrotowiec; ~**le-
risch** wywrotowy (-wo).

umtaufen przemianow(yw)ać; F
sich ~ lassen przechrzcić się *pf.*

Umtausch *m* za-, wy|miana; **⟨en**
za-, wy|mieni(a)ć (*gegen/na A*).

um|topfen przesadzać ⟨-dzić⟩ do
innej doniczki; **⟨triebe** *m*/*pl.* knowania *n*/*pl.*; (niecne) praktyki *f*/*pl.*

Umtrunk *m*: *zu e-m ~ einladen*
⟨za⟩prosić na kieliszek wódki *od.*
wina *usw.* [umschauen.⟩

umtun F: *sich ~ s.* umlegen, sich⟩

umwälz|end rewolucyjny, przeło-
mowy (-wo); **⟨pumpe** *f* pompa
obiegowa; **⟨ung** *f* Tech. cyrkulacja;
przetłaczanie; *fig.* przewrót, rewo-
lucja.

umwand|eln przeobrażać ⟨-razić⟩;
przekształcać ⟨-cić⟩, *lit.* przeistaczać
⟨-toczyć⟩; *Strafe:* zamieni(a)ć; **⟨-
lung** *f* przeobrażenie, przekształce-
nie; (*a. Tech.*) przemiana; zamiana.

umwechseln *s.* umtauschen.

Umweg *m* drogą okrężna (*a. fig.*);
auf ~en drogą okrężną; *e-n* ~ *machen* nakładać drogi.

Umwelt *f* (0) środowisko; ~**bela-**

stung f obciążenie (*od.* uciążliwość f dla) środowiska; 2**freundlich** nieszkodliwy dla środowiska; ~**schutz** m (*-es; 0*) ochrona środowiska; ~**schützer** F m obrońca m środowiska naturalnego; ~**verschmutzung** f skażenie środowiska; ~**zerstörung** f degradacja środowiska naturalnego.

um|wenden s. *umdrehen;* ~'**werben** (-) starać się o względy (*A/G*); s. *umschwärmen;* ~**werfen** s. *umstoßen, -stürzen;* ~**werten** przewartościow(yw)ać; ~'**wickeln** v/t owijać ⟨-inąć⟩ (*mit/I*); *fig.* omot(yw)ać; ~'**wölkt** *Stirn:* zmarszczony; ~**wühlen** s. *auf-, durchwühlen;* ~'**zäunen** (-) ogradzać ⟨-rodzić⟩; ~'**ziehen** v/t przeb(ie)rać (*sich się*); *v/i* (*sn*) przeprowadzać ⟨-dzić⟩ się; ~'**zingeln** (*-le;* -) otaczać ⟨otoczyć⟩, (*a. Mil. usw.*) okrążać ⟨-żyć⟩; 2'**zingelung** f okrążenie; 2**zug** m przeprowadzka; (*Festzug*) pochód, procesja.

un·ab|änderlich niezmienny; *Entschluß:* niezłomny, nieodwołalny; ~**dingbar** nieodzowny.

un·abhängig niezależny, niezawisły (*-śle*) *Pol. a.* niepodległy; 2**keits**-*Pol.* niepodległościowy, ... o niepodległość.

un·ab|kömmlich nieodzowny, niezbędny; (*momentan*) zajęty; ~**lässig** nieustanny, ustawiczny; ~**sehbar** *fig.* nie dający się przewidzieć; *Folgen:* nieobliczalny; ~**setzbar** nie|odwoławczy, -usuwalny; ~**sichtlich** nieumyślny, *präd. a.* niechcący; ~**wendbar** nie|chybny, -uchronny.

un·achtsam nieuważny; s. *nachlässig;* 2**keit** f (*0*) nieuwaga; *aus* 2**keit** przez nieuwagę.

un·ähnlich niepodobny.

un·an|fechtbar *Beweis:* niezbity ⟨-cie⟩; *Urteil:* nie|wzruszalny, -odwołalny; ~**gebracht** niestosowny, *präd. a.* nie na miejscu; ~**gefochten** (*0*) bezsporny; s. *unbehindert, unbeanstandet;* ~**gemeldet** nie zgłoszony; *Gast:* niespodziany; ~**gemessen** nieodpowiedni ⟨-nio⟩; s. *unangebracht;* ~**genehm** nie|przyjemny, -miły (*-ło*); ~**greifbar** nie do zdobycia; *fig.* niezachwiany, mocny; ~**nehmbar** nie do przyjęcia, niemożliwy; 2**nehmlichkeit** f nie-

przyjemność f, przykrość f; ~**sehnlich** niepo|każny, -zorny; ~**ständig** nie|przywoity ⟨-cie⟩, -skromny; ~**tastbar** nie|tykalny, -naruszalny.

un·appetitlich nieapetyczny.

Un·art f przywara, nawyczka; 2**ig** niegrzeczny.

un|ästhetisch nieestetyczny; ~**aufdringlich**, ~**auffällig** dyskretny; *präd. a.* ukradkiem; s. *bescheiden.*

un·auffindbar: ~ *sein* zapodziać się, zawieruszyć się *pf.*

un·auf|gefordert nieproszony; dobrowolnie, z własnej inicjatywy; bez wezwania; ~**geklärt** *Tat:* nie wyjaśniony; *Pers.* nie uświadomiony; ~**haltsam** niepowstrzymany; ~**hörlich** nieustanny, *präd. a.* bez przerwy; ~**lösbar**, ~**löslich** *Aufgabe:* nierozwiązalny, nie do rozwiązania; *fig.* nierozerwalny.

un·aufmerksam nieuważny, roztargniony; ~ *sein* nie uważać; 2**keit** f (*0*) nieuwaga, roztargnienie.

un·auf|richtig nieszczery ⟨-rze⟩; ~**schiebbar** (*0*) pilny, nie cierpiący zwłoki.

un·aus|bleiblich (*0*) nieunikniony ⟨-knienie⟩, nie do uniknięcia; ~**führbar** niewykonalny, nie do zrealizowania; ~**gefüllt** niewypełniony; ~**geglichen** nierówny; ~**gesetzt** s. *unaufhörlich;* ~**löschlich** niezatarty, trwały ⟨-le⟩; ~**sprechlich** niewymowny; ~**stehlich** nieznośny; ~**weichlich** s. *unausbleiblich.*

un|bändig nieopanowany, niepo|skromiony, -wstrzymany; *Adv.* ogromnie; ~**barmherzig** bezlitosny, (*a. fig.*) nie|miłosierny, -litościwy ⟨-wie⟩; ~**be·absichtigt** niezamierzony; s. *unabsichtlich.*

unbe·achtet nie zauważony; *Adv.* niepostrzeżenie; *et.* ~ *lassen* nie zwracać ⟨-rócić⟩ uwagi (na *A*); pomijać ⟨-inąć⟩ milczeniem (*A*).

unbe·anstandet *Adv.* bez sprzeciwu, bez zastrzeżeń; ~ *lassen* nie kwestionować.

unbe|antwortet (pozostawiony) bez odpowiedzi; ~**arbeitet** nieobrobiony; nieopracowany; ~**aufsichtigt** bez nadzoru *od.* opieki; ~**baut** nie zabudowany; *Feld:* nieuprawny; ~**dacht** nie|rozważny, -przemyślany; *Wort:* niebaczny; ~**denklich** nie budzący zastrzeżeń; (*harmlos*) nieszkodliwy; *präd.* bez wahania; bez skrupułów; bez obawy; **deutend** małoważny, nieistotny, mało znaczący; *s. gering(fügig)*; **dingt** bez|warunkowy, -względny; *Adv.* koniecznie; **fahrbar** nie(możliwy) do przebycia; **fangen** nieuprzedzony, bezstronny; *(nicht schüchtern)* niewymuszony -(szenie), swobodny; **fleckt** *Rel.* niepokalany; **friedigend** niezadawalający (-co); **friedigt** niezaspokojony; *Wunsch, Trieb:* niewyżyty; *s. enttäuscht;* **fristet** bezterminowy (-wo).

unbefugt *s. unberechtigt;* 2en ist der Eintritt verboten obcym wstęp wzbroniony.

unbegabt niezdolny; **sein** nie mieć talentu *(für/do G).*

unbe|greiflich niepojęty, *präd.* nie do pojęcia; **grenzt** nieograniczony (-czenie), bez ograniczeń; **gründet** nieuzasadniony.

Unbehag|en *n (-s; 0)* nieprzyjemne uczucie; 2**lich** *s. unangenehm, ungemütlich; sich* 2*lich fühlen* czuć się niesw|ojo *od.* -ój.

unbehelligt nie napastowany, nie nagabywany *(von/przez A);* **lassen** zostawi(a)ć w spokoju.

unbe|herrscht nie|opanowany, -pohamowany; **hindert** nieskrępowany, *präd.* bez przeszkód; **holfen** niezgrabny, niezaradny; **irrt** niewzruszony -(szenie), nieugięty (-cie).

unbekannt nieznany; nieznajomy; *(a. Math.)* niewiadomy (-mo); *er ist mir* ~ nie znam go; *Jur. gegen* 2 *przeciwko nieznanemu sprawcy;* 2e(r) *m/f* nieznajom|y *m* (-a); 2e *Math.* niewiadoma; **erweise** chociaż nie znam go/jej osobiście.

unbe|kleidet *(0)* nagi (-go); **kümmert** beztroski (-ko), niefrasobliwy (-wie); **lastet** nieobciążony, *präd.* bez obciążenia; **lebt** *(0)* nieożywiony, martwy; *Gr. nieżywotny; Straße:* o małym ruchu, spokojny; **lehrbar** niepoprawny, zatwardziały; **liebt** nie lubiany, niepopularny; **mannt** bezzałogowy, *präd.* bez załogi; **merkt** nie zauważony, niepostrzeżony (-żenie); **nutzbar** nie nadający się do użytku; **nutzt** nie używany, *engS.* świeży, nowy.

unbequem niewygodny; 2**lichkeit** *f* niewygoda; niedogodność *f.*

unbe|rechenbar nieobliczalny, reagujący nieprzewidzianie; **rechtigt** nieuprawniony, nieupoważniony; bezprawny; *Vorwurf:* niesłuszny, bezpodstawny; *präd. a.* bez uprawnienia, bez upoważnienia.

unberücksichtigt: ~ *lassen* nie uwzględni(a)ć, nie brać pod uwagę *(A/G).*

unbe|rührt nie|tknięty, -naruszony; *fig.* niewinny; dziewiczy (-czo); ~ **schadet** *Prp. (G)* bez ujmy (dla *G);* **schädigt** nie uszkodzony, nie naruszony, cały (-ło); **schäftigt** nie zatrudniony, bez zajęcia; **scheiden** nieskromny; **scholten** *Ruf:* nieposzlakowany; *Pers.* o nieposzlakowanej opinii; **schrankt** *Esb.* nie strzeżony; **schränkt** *s. unbegrenzt;* absolutny; **schreiblich** nieopisany, nie(możliwy) do opisania; ~ **schrieben** nie zapisany, czysty; *fig.* *-nes Blatt* naiwniak; **schwert** *s. unbelastet; fig.* beztroski (-ko); wolny *(von/od G); Gewissen:* czysty; **sehen** *Adv.* na ślepo, na słowo; **setzt** nieobsadzony; wakujący; nie zajęty; nie okupowany; **siegbar** niezwyciężony; **siegt** nie pokonany, zwycięski (-ko); **soldet** niepłatny.

unbesonnen nierozważny; *Tat a.:* nieroztropny; 2**heit** *f* brak rozwagi; nierozwaga; nieroztropny postępek.

unbe|sorgt *s. unbeschwert; sei* ~ *sorgt!* bądź spokojny!; **ständig** niestały, zmienny; *Chem.* nietrwały; **stätigt** nie potwierdzony.

unbestechlich nieprzekupny; *fig. ...* *ist* ~ ... nie kłamie.

unbe|stellbar niedoręczalny, ~ **stimmbar** nie dający się określić; *Math.* niewyznaczalny; ~ **stimmt** nieokreślony *(a. Gr.); Math.* nieoznaczony; *s. ungenau, unklar;* ~ **streitbar** niezaprzeczalny; **stritten** niezaprzeczony (-czenie), bezsporny; **teilagt** nie biorący udziału; niezainteresowany, *präd.* bez zainteresowania; *s. gleichgültig;* ~ **tont** nie akcentowany; **trächtlich** nieznaczny.

unbeugsam nieugięty (-cie), niezłomny; 2**keit** *f (0)* nieugiętość *f,* niezłomność *f.*

unbe|wacht niestrzeżony; niedozorowany, bez nadzoru; *im -ten Augenblick etwa:* w stosownej chwili;

~**waffnet** nieuzbrojony; *Auge a.*: goły; ~**wandert** nieobeznany (*in D/z I*); ~**weglich** nieruchomy (-mo); nieporuszony (-szenie); nieprzeznośny; *-che Güter* nieruchomości *f/pl.*; ~**wegt** *Gesicht*: kamienny; ~**weisbar** nie dający się udowodnić *od.* dowieść; ~**wohnbar** nie nadający się do zamieszkania, niezamieszkalny; ~**wohnt** nie zamieszkany; *Insel a.*: bezludny; ~**wußt** pod-, nie|świadomy, bezwiedny; *präd. a.* mimo woli; ~**zahlbar** niezwykle cenny; *fig.* nieoceniony; ~**zahlt** nie zapłacony; ~**zähmbar** nie|okiełznany, -poskromiony; ~**zwingbar** nie|zdobyty, -dostępny; *Gefühl*: nieod-, nieprze|party (-cie), niezmożony.

Unbild|**en** *f/pl.* niewygody *f/pl.*; przeciwności *f/pl.*; ~**ung** *f* brak wykształcenia *od.* kultury.

Un|**bill** *f* (0) krzywda; 2**billig** niesprawiedliwy (-wie); 2**blutig** bezkrwawy (-wo); bez rozlewu krwi; 2**brauchbar** nieprzydatny, nie nadający się do użytku; *-bar machen* (ze)psuć, (z)niszczyć; 2**brennbar** nie(za)palny; 2**christlich** niechrześcijański (nie po -ku).

und i; (*aber*) a; ~ so weiter i tak dalej; ~ doch a jednak, a przecież; ~ zwar (i) mianowicie; F *na* ~? no i co?; ~ ob!, ~ wie! jeszcze jak!; *s. a. durch, nach usw.*

Undank *m*, ~**barkeit** *f* (0) niewdzięczność *f*; 2**bar** niewdzięczny.

un|**datiert** niedatowany, bez daty; ~**definierbar** nie dający się określić, nieokreślony; ~**deklinierbar** nieodmienny; ~**denkbar** niemożliwy (-wie), nie do pomyślenia; ~**denklich** *Zeiten*: niepamiętny; ~**deutlich** niewyraźny; *s. unklar, unleserlich*; ~**dicht** nieszczelny; 2**ding** *n* (*-es*; (0) nonsens, niedorzeczność *f*; ~**diszipliniert** nie|zdyscyplinowany, -karny; ~**duldsam** niewyrozumiały (-le).

undurch|**dringlich** nieprze|byty, (*a. fig.*)-nikniony; ~**führbar** niewykonalny, nie do zrealizowania; ~**lässig** nieprzepuszczalny; ~**schaubar** nieprzenikniony; ~**sichtig** nieprzezroczysty; *fig.* ciemny; *Pers. s. undurchschaubar.*

un|**eben** nierówny (-no); 2**heit** *f* nierówność *f*.

un|**echt** nieprawdziwy; *s. falsch,*

künstlich; *Math.* niewłaściwy; ~**edel** nieszlachetny; ~**ehelich** nieślubny. **Un**|**ehr**|**e** *f* hańba; niesława; 2**enhaft** nie|godny, -honorowy (-wo); 2**lich** nie|uczciwy (-wie), -sumienny; ~**lichkeit** *f* nieuczciwość *f*.

un|**eigennützig** bezinteresowny; ~**eingeschränkt** nieograniczony (-czenie); ~**eingeweiht** nie wtajemniczony; ~**einheitlich** niejednolity (-cie).

un-**einig** niezgodny; ~ *sein* nie zgadzać się (*über A*/co do *G*); 2**keit** *f* niezgoda.

un|**einnehmbar** niezdobyty, nie (-możliwy) do zdobycia; ~**eins** *Adv. s. uneinig*; ~**empfindlich** niewrażliwy (*gegen*/na *A*); *s. gefühllos.*

un-**endlich** nieskończony (-czenie); *s. grenzenlos*; 2**keit** *f* (0) nieskończoność *f*.

un-**ent**|**behrlich** nie|zbędny, -odzowny; ~**geltlich** nieodpłatny; *s. kostenlos.*

un-**entschieden** (0) nierozstrzygnięty; *Sp.* remisowy; ~ *spielen* (z)remisować; *s. strittig, unentschlossen*; 2 *n Sp.* remis.

un-**entschlossen** niezdecydowany; 2**heit** *f* (0) niezdecydowanie, wahanie.

un-**entschuld**|**bar** niewybaczalny, nie do wybaczenia; ~**igt** nie usprawiedliwiony; *präd.* bez usprawiedliwienia.

un-**ent**|**wegt** wytrwały (-le); stały (-le); *s. unermüdlich*; ~**wickelt** nierozwinięty; *Fot.* niewywołany; ~**wirrbar** nieroz|wikłany, -plątany. **un**-**er**|**bittlich** nieubłagany; *Feind*: nieprzejednany; ~**fahren** niedoświadczony; ~**findlich** nie|pojęty, -zrozumiały; ~**forschlich** nie|zbadany, -zgłębiony; ~**freulich** niepociągający (-co); przykry (-ro); ~**füllbar** niemożliwy do spełnienia; *Wunsch a.* niezniszczalny, F pobożny; ~**giebig** niewydajny; *fig.* jałowy (-wo); ~**gründlich** nie|zgłębiony, -odgadniony; *s. unerfindlich*; ~**heblich** nie|znaczny, -istotny; ~**hört** *fig.* niesłychany; niebywały (-le); ogromny; ~**klärbar**, ~**klärlich** niewytłumaczalny, niewytłumaczony; ~**läßlich** nieodzowny; ~**laubt** niedozwolony; *präd.* bez pozwolenia; ~**ledigt** nie załatwiony; ~**meßlich** nie|zmierzony, -ogarniony; nie|zmierny, -przebrany; **~müdlich** nie|strudzony (-dzenie), -zmordowany; **~quicklich** s. unerfreulich; **~reichbar** nie|osiągalny, -dościgniony; **~reicht** nie|dościgniony, -zrównany; **~sättlich** nienasycony; *fig. a.* zachłanny; **~schöpflich** nie|wyczerpany, -przebrany.

un·erschrocken nieustraszony (-szenie); **2heit** *f* (0) nieustraszoność *f*, odwaga.

un·er|schütterlich niewzruszony (-szenie); *Wille a.*: nie|złomny, -zachwiany; **~schwinglich** niedostępny; **~setzlich** niezastąpiony, nie do zastąpienia; *Verlust*: niepowetowany; **~sprießlich** niekorzystny, bezproduktywny; *s. unerfreulich*; **~träglich** nie do wytrzymania, (*a. Adv.*) nieznośny; **~wartet** nieoczekiwany, niespodziewany; **~widert** nieodwzajemniony; **~wünscht** nieporządany.

unfähig niezdolny (zu/do *G*); nieudolny; (*im Beruf usw.*) er ist ~ zu ... on nie jest w stanie ...; **2keit** *f* (0) niezdolność *f*; nieudolność *f*.

unfair ['unfɛːɐ] (*ungerecht*) niesprawiedliwy (-wie); nielojalny; *Mittel*: nieuczciwy (-wie); *Sp.* nieprzepisowy (-wo), nie fair: ~ sein *a.* ⟨po-, s⟩krzywdzić (*gegen/A*).

Unfall *m* (nieszczęśliwy) wypadek; **~chirurgie** *f* chirurgia urazowa; **~flucht** *f* ucieczka kierowcy po wypadku; **2frei** bez wypadków; **~ort** *m* miejsce wypadku; **~protokoll** *n* protokół powypadkowy; **~quote** *f* urazowość *f*; **~schock** *m* wstrząs urazowy; **~station** *f* stacja pogotowia ratunkowego; wydział pourazowy, *F* urazówka; **~tote(r)** zmarły wskutek (*od.* w wyniku) wypadku; **~verhütung** *f* zapobieganie (nieszczęśliwym) wypadkom; **~versicherung** *f* ubezpieczenie od nieszczęśliwych wypadków.

un|faßbar niepojęty; **~fehlbar** nieomylny; *Adv. s. unweigerlich*; **~fein** niedelikatny; *Ausdruck*: nienaturalny; **~fern** *Prp.* (*G, von*) niedaleko (*G*, od *G*), nie opodal (*G*); **~fertig** niegotowy; *Pers.* niedojrzały, niedowarzony; **~flätig** sprośny, plugawy (-wie); *s. unanständig*; **~folgsam** nieposłuszny; **~förmig** nie|foremny, -kształtny; *s. mißge-*

staltet; **~frankiert** nieofrankowany, nie opłacony.

unfrei *hist.* niewolny; ~ *sein, sich* ~ *fühlen* nie być (*od.* czuć się) skrępowanym; **2heit** *f* (0) niewola; **~willig** niedobrowolny, wymuszony; *präd. a.* z konieczności, z musu; *s. a. unabsichtlich, ungewollt*.

unfreundlich *s. unhöflich*; *Raum*: nieprzytulny, (*a. Gesicht*) ponury; *Wetter*: brzydki; **2keit** *f* nie|uprzejmość *f*, -grzeczność *f*; nieżyczliwość *f*.

Unfried|e(n) *m* niezgoda; **~en** *stiften* ⟨po⟩siać niezgodę.

unfruchtbar niepłodny; *Boden*: nieurodzajny, jałowy; *fig.* bez|płodny, -owocny, jałowy (-wo); **2keit** *f* (0) niepłodność *f*; jałowość *f*; bezpłodność *f*, bezowocność *f*.

Unfug *m* (-*es*; 0) wybryk(i *pl.*); *s. Schabernack, Allotria, Unsinn*; *grober* ~ chuligaństwo.

ungalant *s. unhöflich*.

Ungar *m*, **~in** *f* Węgier(ka); **2isch** węgierski (po -ku); **~wein** *m* wę-⟩

ungastlich niegościnny. [grzyn.]

unge|achtet *Prp.* (*G*) nie bacząc (na *A*), niepomny (*G*); **~ahnt** *s. unerwartet*; **~bärdig** niesforny; **~beten** nieproszony; **~beugt** *fig.* nieugięty (-cie); **~bildet** niewykształcony; **~brannt** nie (wy)palony; nie prażony; **~bräuchlich** nieużywany; **~braucht** nie używany, nowy; **~brochen** niezłomny; **~bührlich** *s. ungehörig*; **~bunden** nie związany (*a. fig., durch/I*); *Buch*: nie oprawiony, nieoprawny; *Rede*: nie wiązany; *Chem.* niezwiązany; *fig.* nieskrępowany, wolny; **~deckt** odkryty, odsłonięty; *Tisch*: nie nakryty; *Fin.* bez pokrycia; **~dient** niewysłużony.

Ungeduld *f* (0) niecierpliwość *f*; **2ig** niecierpliwy (-wie).

unge·eignet nie nadający się, nieprzy-, nie|datny (*für, zu/do G*); nieodpowiedni.

ungefähr (0) przybliżony; *Adv.* mniej więcej, około; *nicht von* ~ *sein/kommen* nie być kwestią przypadku; **~det** bezpieczny, niezagrożony; **~lich** nieszkodliwy; niegroźny; *nicht* ~*lich* dość niebezpieczny.

unge|fällig nieu|czynny, -służny; **~färbt** nie (za)barwiony; **~fragt**

nie (za)pytany; **~füge** masywny; *s.*
unförmig; **~halten** roz-, za|gniewa-
ny, podrażniony; **~heizt** nieopalo-
ny; **~hemmt** niepowstrzymany.

ungeheuer (*-urer*) ogromny, olbrzymi; *Adv.* F strasznie, potwornie; **2***n*
potwór, stwór; **~lich** niesłychany.

unge|hindert swobodny, *präd. a.*
bez przeszkód; **~hobelt** *fig.* nie-
okrzesany, gburowaty (-to); **~hö-
rig** nie|stosowny, -taktowny; *s. vor-
laut*, *frech*; **~horsam** nieposłuszny;
2horsam *m* (*-s*; *0*) nieposłuszeń-
stwo. [tyzm (polityczny).]

Ungeist *m* (*-es*; *0*) zaślepienie, fana-
unge|klärt nie wyjaśniony; **~kocht**
nie (prze)gotowany; *Frage*: nie
wymuszony, naturalny; **~kürzt**
pełny, bez skrótów *od.* opuszczeń;
~laden *Gast*: nieproszony; *Waffe*:
nie nabity.

ungelegen niedogodny; *Adv.* nie
w porę; ~ *kommen* (*Sache*) być nie na
rękę; **2heiten** *f*|*pl.* kłopot, ambaras.

unge|lehrig niepojętny; **~lenk** *s.
unbeholfen*; **~lernt** niewykwalifikowany; **~logen** F *Adv.* bez przesady;
~löscht *Kalk*: niegaszony; **~löst**
Aufgabe: nie rozwiązany; *Frage*: nie
rozstrzygnięty; **~mein** *Adv.* nie|
-zwykle, -pospolicie, nadzwyczaj.

ungemütlich nieprzytulny; *fig.*
niemiły (-le); ~ *werden Pers.* wpadać ⟨wpaść⟩ w pasję; *Lage*: sta-
(wa)ć się nieprzyjemnym *od.* nie-
bezpiecznym.

ungenannt anonimowy (-wo).
ungenau nie|dokładny, -ścisły (-le);
2igkeit *f* nie|dokładność, -ścisłość *f*.
ungeniert [-ʒe-] bezceremonialny;
präd. bez żenady *od.* skrępowania.
ungenießbar niejadalny, nie nadający się do spożycia; F *fig. s. uner-
träglich*; *das ist* ~ tego nie można
jeść *od.* pić.

unge|nügend nie|dostateczny, -wy-
starczający (-co); **~nutzt**, **~nützt**
nie wykorzystany; ~*nutzt lassen* nie
skorzystać (*A*/*z G*); **~ordnet** nie
uporządkowany; **~pflegt** zaniedbany, niechlujny; **~rade** *Zahl*: nieparzysty; **~raten** niewydarzony.

ungerecht niesprawiedliwy (-wie);
krzywdzący (-co); **~fertigt** nie|uza-
sadniony, -słuszny, bezpodstawny;
2igkeit *f* niesprawiedliwość *f*; *s.
Unrecht*.

ungereimt *fig.* niedorzeczny, nie-

składny; **2heit** *f* niedorzeczność *f*,
nonsens. [~ *on* nie lubi (*G*).]
ungern nie|chętnie, -rad; *er hat es*
unge|rührt niewzruszony; nie
wzruszony (*von*/*I*); **~salzen** niesło-
ny, *präd.* bez soli; **~sättigt** *Chem.*
nienasycony; **~säuert** przaśny.

ungeschehen: ~ *machen* cofać ⟨cof-
nąć⟩; *ich wünschte, ich könnte das* ~
machen dużo dałbym za to, aby to
się nie stało *od.* zdarzyło.

Ungeschick *n* (*-es*; *0*), **~lichkeit** *f*
niezręczność *f*; **2t** nie|zręczny,
-zgrabny.

unge|schlagen *s. unbesiegt*; **~
schlechtlich** bezpłciowy (-wo); **~
schliffen** nie szlifowany; *fig.* nieo|
-byty, -tarty; **~schmälert** nie usz-
czuplony; *präd.* w pełni; **~
schminkt** nie uszminkowany, bez
szminki; *fig. Wahrheit*: nagi; *präd.*
bez osłonek.

unge|schoren: ~ *lassen* zostawi(a)ć
w spokoju; ~ *davonkommen* ujść
cało, wychodzić ⟨wyjść⟩ bez szwanku (*bei*/*z G*).

unge|schrieben *Gesetz*: niepisany;
~schützt nie osłonięty; nie zabezpieczony; **~sellig** nietowarzyski
(-ko); **~setzlich** nie-, bez|prawny;
nielegalny; **~sittet** chamski (po
-ku), ordynarny; **~stempelt** *s.
postfrisch*; **~stillt** *Hunger*: nie zaspokojony; *Durst*: nie ugaszony;
s. unstillbar.

ungestört niezakłócony; *Ruhe*: nie-
zamącony; *j-n* ~ *lassen* nie przeszkadzać (*D*); ~ *arbeiten* pracować
w spokoju.

unge|straft bezkarny; **~stüm** gwał-
towny; *Pers. a.* porywczy (-czo);
2stüm *n* (*-s*; *0*) porywczość *f*; impet; **~sund** niezdrowy (-wo); **~teilt**
nie po-, roz|dzielony, cały; *fig.*
powszechny, jednomyślny; **~trübt**
niezmącony; **2tüm** *n* (*-es*; *-e*) kolos,
landara; **~übt** nie|wprawny, -wy-
robiony; **~wandt** *s. unbeholfen*; **~
waschen** nie (u)myty; *Wäsche*: nie
(wy)prany, brudny; *präd.* nie myjąc
(*od.* umywszy) się.

ungewiß niepewny; *im ungewissen
leben* (*lassen*) żyć (pozostawi(a)ć)
w niepewności; *Fahrt ins Ungewisse*
jazda w nieznane; **2heit** *f* (*0*) niepewność *f*.

unge|wöhnlich niezwykły (-le); *s.
außergewöhnlich*; **~wohnt** (*fremd*)

obcy, nieznany; ... *ist mir noch ⁓wohnt* jeszcze nie przyzwyczaiłem się (do *G*); ⁓**wollt** nie zamierzony, mimowolny; *präd. a.* mimo chęci, niechcący; ⁓**zählt** nie|zliczony, -przebrany; *präd. bez liku; Adv.* nie licząc, nie przeliczywszy; ⁓**zähmt** nieoswojony; nie poskromiony.

Ungeziefer *n (-s; 0)* robactwo.

unge|zogen niegrzeczny; *s. unhöflich, ungehorsam;* ⁓**zügelt** nieokiełznany, niepohamowany; ⁓**zwungen** niewymuszony (-szenie).

ungiftig nie|jadowity, -trujący.

Unglaub|e *m* niewiara; 2**haft** *s. unglaubwürdig.*

unglaublich niewierzący; *(zweifelnd)* niedowierzający (-co); *präd. a.* z niedowierzaniem.

unglaub|lich nieprawdopodobny, niewiaro-, niewiary|godny; *präd. a.* nie do wiary; *Geschichten usw.:* niestworzony; *s. a. unerhört;* ⁓**würdig** *Pers.* nie zasługujący na zaufanie, niegodny zaufania; niepewny; *Information a.:* wątpliwy, wątpliwej natury.

ungleich nierówny (-no); *Paar usw.:* niedobrany; *s. verschieden; Adv.* F o wiele, daleko; ⁓**förmig** *Bewegung:* niejednostajny; 2**heit** *f* nierówność *f;* odmienność *f;* ⁓**mäßig** nierównomierny; ⁓**schenkelig, ⁓seitig** nierównoramienny; 2**ung** *f Math.* nierówność *f.*

Unglück *n (-es; -e)* nieszczęście; niedola; katastrofa, klęska; *in ⁓ stürzen* narobić biedy (*A/D; sich sobie*); 2**lich** nieszczę|śliwy (-wie), -sny; *Einfall:* niefortunny; 2**licherweise** na nieszczęście, niestety; 2**selig** nieszczęsny.

Unglücks|fall *m* nieszczęśliwy wypadek; ⁓**rabe** F *m* pechowiec; ⁓**tag** *m* feralny dzień.

Ungnade *f: in ⁓ fallen* popadać ⟨-paść⟩ w niełaskę.

ungnädig F *s. schlechtgelaunt.*

ungültig *(0)* nieważny; *für ⁓ erklären* uznać za nieważne, unieważni(a)ć; *⁓ werden* ⟨s⟩tracić ważność; 2**keit** *f* nieważność *f;* 2**keits·erklärung** *f,* 2**machung** *f (0)* unieważnienie.

Ungunst *f* niełaskawość *f; die ⁓ der Verhältnisse* niepomyślne okoliczności *f/pl.; zu m-n ⁓en* na moją niekorzyść.

un|günstig niepomyślny; *Wetter usw.:* niesprzyjający (-co); *Beurteilung usw.:* nie|pochlebny, -przychylny; *s. nachteilig;* ⁓**gut** niedobry (-rze); *nichts für ⁓gut!* proszę się nie gniewać!; ⁓**haltbar** nie do obrony, nie(możliwy) do utrzymania; *Behauptung:* gołosłowny; *Zustand:* fatalny, okropny; ⁓**handlich** nieporęczny.

Unheil *n (-s; 0)* nieszczęście, bieda; *vgl. Unglück;* ⁓ *anrichten a.* narobić *(od.* napytać) biedy; 2**bar** nieuleczalny; 2**bringend** *s. unheilvoll;* 2**drohend** złowieszczy (-czo); 2**voll** zgubny, fatalny.

unheimlich budzący zgrozę, *(a. fig.)* niesamowity (-cie); *s. a. schrecklich.*

unhöflich nie|uprzejmy, -grzeczny; 2**keit** *f* nie|uprzejmość *f,* -grzeczność *f.* [nialc.⟩

Unhold *m (-es; -e)* potwór, zwyrod-⟩

unhörbar nie(do)słyszalny, nieuchwytny dla ucha.

Uni F *f (-; -s)* uniwerek.

Uni|form *f* mundur; *(Schul*2*)* mundurek; 2**'mieren** (-) ⟨u⟩mundurować; *fig.* uniformizować; ⁓**'miert** umundurowany; *Su.* mundurowy *m.* [dziwak.⟩

Unikum *n (-s; -ka/-s)* unikat; F *fig.*⟩

un·interes|sant nieciekawy (-wie); ⁓**siert** niezainteresowany (*an D/w L*); *präd.* bez zainteresowania.

Uni|on *f* unia; związek; ⁓**s·republik** *f* republika związkowa.

univer'sal uniwersalny; 2**erbe** *m* spadkobierca uniwersalny; 2**mittel** *n* uniwersalny środek, panaceum *n;* 2**schlüssel** *m Tech.* klucz nastawny.

univer'sell uniwersalny.

Universi'tät *f* uniwersytet; ⁓**s**-uniwersytecki. ⟨2n F *fig.* krakać.⟩

Unke *f* kumak; F *fig.* czarnowidz; ⟩

unkenntlich *s. unleserlich;* ⁓ *machen* ⟨u⟩czynić nieczytelnym; *sich ⁓ machen* zmienić wygląd nie do poznania; 2**keit** *f (0): bis zur* 2**keit** nie do poznania, do niepoznania.

Unkenntnis *f (-; 0)* nieznajomość *f;* niewiedza; *in ⁓ lassen* nie ⟨po⟩informować.

Unkenrufe *m/pl. fig.* krakanie.

unklar niejasny (-no); mglisty (-to, -ście); *s. undeutlich, unverständlich; es ist mir völlig ⁓, wie ...* nie mam zielonego pojęcia, jak ...; *im ⁓en lassen* pozostawi(a)ć w niepewności (*über A*/co do *G*); *sich* (*D*) *im ~en sein* nie mieć pewności (*über A*/co do *G*); 2**heit** *f* niejasność *f*; brak sprecyzowania.

un|kleidsam nietwarzowy (-wo); **~klug** niemądry (-rze); **~kollegial** niekoleżeński (nie po -ku); **~kontrollierbar** niemożliwy do sprawdz. od. skontrolowania; **~konventionell** *Benehmen*: niewymuszony (-szenie), swobodny; *Methode usw.*: niekonwencjonalny.

Unkosten *pl.* koszty *m/pl.* ogólne; F (*Ausgaben*) wydatki *m/pl.*; *sich in ~ stürzen* wykosztować się; **~beitrag** *m* składka na pokrycie kosztów, udział w wydatkach.

Unkraut *n* chwast, F zielsko; **~vertilgungsmittel** *n* środek chwastobójczy, herbicid.

un|kritisch bezkrytyczny; **~kultiviert** niekulturalny; *Agr.* nieuprawny; **~kündbar** nie podlegający wypowiedzeniu; *Anleihe*: nieodkupny; *Stellung*: stały; *Pers.* nieusuwalny; **~kundig** nie umiejący (*G*/*Inf.*); **~längst** niedawno; **~lauter** nieuczciwy (-wie); **~leidlich** nieznośny; **~leserlich** nieczytelny; **~leugbar** niezaprze|czony, -czalny; **~liebsam** niemiły (-ło), przykry (-ro); **~logisch** nielogiczny.

unlös|bar *Aufgabe*: nierozwiązalny; *Bande*, *Knoten*: nierozerwalny; *Problem*: nierozstrzygalny; *Verbindung*: nieroz|dzielny, -łączny; **~lich** nierozpuszczalny; niechętnie.)

Unlust *f* (0) niechęć *f*; 2**ig** *Adv.*

un|männlich niemęski (-ko); 2**masse** *f* ogromna masa, mnóstwo; **~maßgeblich** niemiarodajny.

unmäßig nieumiarkowany, *präd.* bez umiaru; 2**keit** *f* brak umiaru.

Unmenge *f* mnóstwo, co niemiara, zatrzęsienie.

Unmensch *m* okrutnik, bestia; 2**lich** nieludzki (-ko); *s. ungeheuer.*

un|'merklich (prawie) nie|dostrzegalny, -odczuwalny, -uchwytny, *präd. a.* niepostrzeżenie; **~mißverständlich** niedwuznaczny; jasny (-no), wyraźny; **~mittelbar** bezpośredni (-nio); **~modern** niemodny.

unmöglich niemożliwy (-wie); es ist ~ a. nie sposób, niepodobna; *et. ~ können* nie móc żadną miarą *od.* żadnym sposobem, pod żadnym warunkiem/pozorem; *~ machen*

uniemożliwi(a)ć; (*j-n*) 〈s〉kompromitować (*sich się*); 2**keit** *f* (0) niemoż|liwość *f*, -ność *f*, niepodobieństwo; *ein Ding der* 2**keit** nieprawdopodobieństwo.

un|moralisch niemoralny; **~motiviert** nieumotywowany; bez powodu; **~mündig** nie(pełno-), mało|letni; **~musikalisch** niemuzykalny; 2**mut** *m* niezadowolenie, rozdrażnienie; zły humor.

unnach|ahmlich niemożliwy do naśladowania *od.* powtórzenia, niezrównany; **~giebig** nieelastyczny; *fig.* nieustępliwy (-wie); *Haltung*: nieprzejednany; **~sichtig** bezwzględny, surowy.

un|nahbar niedostępny; **~natürlich** nienaturalny; nieodpowiedni; **~nötig** niepotrzebny; niekonieczny; **~nötigerweise** bez potrzeby, niepotrzebnie; **~nütz** bez-, nieużyteczny; *Mühe*: daremny; *Gerede*: czczy (czczo); *s. überflüssig.*

un|ord|entlich nieporządny, niedbały (-le); 2**nung** *f* (0) nieporządek, nieład.

un|organisch nieorganiczny; **~organisiert** niezorganizowany; **~paarig** nieparny; **~parteiisch** bezstronny; **~passend** nieodpowiedni (-nio); *s. unangebracht, ungelegen*; **~passierbar** nieprzebyty, nie(możliwy) do przebycia; *Weg a.* niezdatny do użytku; **~päßlich** niedysponowany, *präd.* niezdrów; **~persönlich** bezosobowy (-wo) (*a. Gr.*); *engS.* oziębły (-le), *präd.* a. z rezerwą; pozbawiony cech indywidualnych; **~politisch** niepolityczny; **~populär** niepopularny; **~praktisch** niepraktyczny.

unproblematisch: ... ist ~ ... nie nasuwa żadnych problemów.

un|produktiv nieproduktywny; **~pünktlich** niepunktualny; **~rasiert** nie ogolony.

Unrat *m* (-*es*; 0) *s. Abfall, Müll*; *fig. ~ wittern* podejrzewać, że coś niedobrego się święci.

un|rationell nieracjonalny; **~realistisch** nierealist(ycz)ny.

unrecht (*falsch*) nie|właściwy (-wie), -odpowiedni (-nio); *zur ~en Zeit* nie w pore; *~ tun* źle postępować; *du hast ~* nie masz racji; *es ist ~, das zu sagen* (*tun*) tego się nie mówi (robi).

Unrecht n (-es; 0) krzywda, niesprawiedliwość f; zu ~ niesłusznie; j-m ~ (an)tun ⟨s⟩krzywdzić (A); być niesprawiedliwym (wobec G); im ~ sein nie mieć słuszności; ~ erleiden doznać niesprawiedliwości; 2mäßig bez-, nie|prawny; nieprawowity.

unre|dlich, ~ell nieuczciwy (-wie), nierzetelny.

unregelmäßig nieregularny; Puls usw. a.: nierówny (-no); 2keit f nieregularność f; fig. niedokładność f.

unreif niedojrzały (-le) (a. fig.); 2e f niedojrzałość f; fig. a. niewyrobienie.

unrein nieczysty (-to); ins 2e na brudno; ~lich niechlujny, nieschludny.   [calny.)

unrentabel nierentowny; nieopła-)

unrettbar nie(możliwy) do ocalenia; ~ verloren bezpowrotnie stracony.

unrichtig błędny; nie|poprawny, -prawidłowy (-wie); nietrafny; 2keit f błędność f, nieprawidłowość f; s. a. Fehler, Irrtum.

Unruh f balans, regulator balansowy; ~e f niepokój; (Treiben) (gorączkowy) ruch, zamieszanie; pl. rozruchy m/pl., zamieszki f/pl.; ~e-stifter m warchoł, wichrzyciel; 2ig niespokojny; 2ig werden ⟨za⟩niepokoić się.

unrühmlich niesławny.

uns (D) nam, (reflexiv) sobie; (A) nas, (reflexiv) siebie, się; bei ~ u nas; w naszych stronach; unter ~ gesagt mówiąc między nami.

unsach|gemäß nie|umiejętny, -odpowiedni (-nio); ~lich nierzeczowy (-wo).

un|sagbar, ~säglich niewy|mowny, -słowiony; ~sanft Adv. nie cackając się, bez ceregieli; ~sanft wecken wyrwać ze snu; ~sauber brudny (a. fig.).

unschädlich nieszkodliwy; ~ machen unieszkodliwi(a)ć; ⟨z⟩neutralizować.

un|scharf nieostry (-ro); ~schätzbar nieo|szacowany, -ceniony; ~scheinbar niepo|zorny, -kaźny; ~schicklich niestosowny; s. unanständig; ~schlagbar niepokonany; Argument: niezbity; ~schlüssig s. unentschlossen; ~schmelzbar nietopliwy; ~schön nieładny.

Unschuld f (0) niewinność f; 2ig

niewinny; für 2ig erklären uniewinni(a)ć; ~s-lamm n niewiniątko.

un|schwer (0) nietrudny (-no); ~selbständig niesamodzielny; Pol. zależny; ~selig nieszczęsny; s. verhängnisvoll.

unser[1] nasz(a f, -e n, pl.), Psf. nasi; (reflexiv) swój, swoja, swoje, swoi.

unser[2] (G v. wir) nas.

unser|eins, ~einer nasz brat, (taki/ tacy jak) ja; ~(er) seits z naszej/ze swej strony, jeśli o nas chodzi; ~(e)sgleichen taki/tacy jak my, podobny/podobni do nas.

unseriös niepoważny; Hdl. nierzetelny.

unsert|halben, ~wegen, (um) ~willen dla nas, ze względu na nas.

unsicher niepewny; s. gefährlich, schwankend; j-n ~ machen ⟨s⟩peszyć, zbi(ja)ć z tropu; die Gegend ~ machen grasować w okolicy; 2heit f niepewność f; brak pewności siebie.

unsichtbar niewi|doczny, -dzialny; niedostrzegalny (dla oka); ~ bleiben nie pokaz(yw)ać się; sich ~ machen znikać (-knąć).

unsinkbar niezatapialny.

Unsinn m (-s; 0) nonsens, absurd; (dummes Zeug) bzdury f/pl.; (Faxen) głupstwa n/pl.; 2ig bezsensowny, niedorzeczny; ~igkeit f (0) bezsens(owność f), niedorzeczność f.

Unsitt|e f przywara, złe przyzwyczajenie; zły zwyczaj; 2lich niemoralny; s. unanständig.

un|solid(e) nie|stateczny; Pers. niestateczny; ~sozial a-, nie|społeczny; ~sportlich nie uprawiający sportu/sportów; präd. nie po sportowemu; s. unfair.

unsre(rseits) usw. s. unsere(rseits)

unstatthaft niedozwolony.   [usw.)

unsterblich nieśmiertelny; 2keit f (0) nieśmiertelność f.

Unstern m (-es; 0) zła gwiazda.

un|stet niestały, chwiejny; Leben: tułaczy (-czo); Blick: błędny; ~stillbar niezaspokojony; (a. Durst) nieugaszony; fig. a. nienasycony (-cenie); Sehnsucht: nieukojony; 2stimmigkeit f niezgodność f; (Dissens) rozdźwięk; F a. kwasy m/pl.; ~streitig bezsporny, niewątpliwy (-wie); 2summe f bajońska suma.

unsym|metrisch niesymetryczny; ~pathisch niesympatyczny.

un|systematisch niesystematycz-
ny; **~tad(e)lig** nienaganny; **2tat** f
zbrodnia; s. Missetat.

untätig bezczynny; **2keit** f (0) bez-
czynność f.

untauglich Mittel, Objekt: nieodpo-
wiedni; niezdatny; Pers. niezdolny
(für, zu/do G).

unteilbar niepodzielny; **2keit** f (0)
niepodzielność f.

unten na/w dole, u dołu; (in e-m Behälter) na spodzie, (unter et.) pod
spodem; nach ~ na/w dół; von ~
od/z dołu, od spodu; weiter ~ niżej.

unter Prp. (D wo?; A wohin?) pod
(A, I); (zwischen) (po)między (A,
I); wśród (G); (D, weniger als) poniżej (G); (bei, während) w (A,
G); podczas, w czasie, za (G); przy
(I); ~ dem Tisch pod stołem; ~ die
Erde pod ziemię; ~ den Gästen (po-)
między gośćmi, wśród gości; ~ die
Leute między ludzi; ~ der Norm poniżej normy; ~ Null poniżej zera; ~
vier Augen w cztery oczy; ~ der Regierung w czasie (od. za) rządów; ~
der Mitwirkung przy współudziale;
~ dem Tisch hervor spod stołu; leiden ~ (D) Med. cierpieć na (A); ~
anderem między innymi; s. uns,
Tag usw.

Unter m KSp. walet; **~abteilung** f
pododdział; **~arm** m przedramię;
~art f Bio. podgatunek; **~aus-
schuß** m podkomisja, podkomitet;
~bau m (pl. -ten) Arch. podwalina;
(Straßen2) podbudowa; Esb. pod-
torze; **~belegt** nie zapełniony; **~be-
lichtung** f niedoświetlenie; **~bett** n
piernat; **2bewerten** v/t za nisko
‹o›szacować (A), zaniżać ‹-iżić›
wartość (G); nie doceni(a)ć (G).

unterbewußt podświadomy; **2sein**
n podświadomość f.

unter|'bieten (-) j-n: składać
‹złożyć› korzystniejszą ofertę (A/
niż N); Preis: sprzed(aw)ać taniej
(um/o A); Sp. Rekord: poprawi(a)ć;
2bilanz f bilans pasywny; **~bin-
den[1]** v/t podwiąz(yw)ać; **~'binden[2]**
(-) v/t Ader: podwiąz(yw)ać; Blutung: zatamow(yw)ać (A); fig. kłaść
‹położyć› kres (D), ukrócić pf. (A);
s. unterbrechen.

unter'bleiben (-; sn): ... hat zu ~
zabrania się (G od. Inf.); ... ist (sind)
unterblieben obeszło się (bez G), nie
doszło (do G); nie dokonano (G).

Unterbodenschutz m Kfz. powłoka ochronna podłogi nadwozia.

unter'brech|en (-) przer(y)wać;
wstrzym(yw)ać; **2er** m El. przery-
wacz; **2ung** f przer(y)wanie; (Pause) przerwa; przestój.

unter|'breiten przedkładać ‹przed-
łożyć›, przedstawi(a)ć; s. darlegen;
~bringen po-, u)mieszczać ‹-ie-
ścić›, ‹u-, roz›lokować; engS. za-
kwaterować pf.; **2deck** n Mar. dolny pokład; **~der'hand** po kryjomu,
cichaczem; (kaufen a.) F na lewo;
~des, ~dessen tymczasem; **2-
druck** m (pl. ^ue) podciśnienie.

unter'drück|en (-) uciskać, gnębić;
Tränen: powstrzym(yw)ać; Lachen,
Aufstand: ‹s›tłumić, zdusić pf.;
Nachricht: zatajać ‹-taić›; Publika-
tion: zakaz(yw)ać; **2er** m ciemięzca
m, gnębiciel; **2ung** f (0) ucisk, gnę-
bienie; stłumienie; zatajenie.

untere dolny; Klasse, Etage: niższy;
Schicht a.: spodni.

unter·ein'ander między sobą; wzajemnie; **~- + Verb** jeden (-dno) pod
drugie/drugim, jedna pod drugą.

unter-entwick|elt niedorozwinięty;
Land: zacofany (gospodarczo); **2-
lung** f (0) niedorozwój; zacofanie.

unter|ernährt niedożywiony; **2-
fangen** n (śmiałe) przedsięwzięcie;
~fassen brać ‹wziąć› pod rękę; **2-
'führung** f przejazd (od. przejście)
dołem; **2gang** m Astr. zachód; (e-s
Schiffs) zatonięcie; fig. upadek; za-
głada; **2'gebene(r)** podwładny m,
(Mil.) podkomendny; **~gehen** v/i
(sn) zachodzić ‹zajść›; (Schiff) zatonąć pf.; fig. upadać ‹upaść›;
ulegać ‹ulec› zagładzie; (Worte)
‹za›ginąć; s. zugrunde; **~geord-
net** Stellung: podrzędny; Behörde:
niższego stopnia, niższy; s. zweitrangig; **2geschoß** n parter; suterena; **2gestell** n rama oporowa od.
nośna; Esb. podwozie; ostoja; F fig.
podstawki f/pl.; **2gewicht** n niedo-
waga; **~'graben** (-) podkop(yw)ać;
fig. a. podrywać ‹-derwać›.

Untergrund m (-es; 0) podłoże;
warstwa spodnia; tło; Agr. podgle-
bie; Pol. podziemie; konspiracja; **~-
bahn** f kolejka podziemna, metro;
~bewegung f ruch podziemny; **~-
kämpfer** m działacz podziemia od.
konspiracyjny.

Unter|gruppe f Chem., Math. pod-

unterrichten

grupa; *Tech.* podzespół; **≈haken** F *s. unterfassen*; **≈halb** *Prp.* (*G*) poniżej (*G*), pod (*I*).

Unterhalt *m* (*-es*; *0*) utrzymanie; *Jur. a.* alimenty *pl.*; **≈en¹** podstawi(a)ć; **≈en²** [-'hal-] (-) utrzymywać; *Beziehungen usw. a.*: podtrzymywać; (*warten*) konserwować; (*zerstreuen*) zabawiać, bawić (*sich* się); *sich* **≈en** *a.* rozmawiać; **≈end**, **≈sam** wesoły (-ło); zajmujący (-co).

Unterhalts|gewährung *f* (*0*) alimentacja; **≈klage** *f* skarga o alimenty; **≈kosten** *pl.* koszty utrzymania; **≈pflicht** *f* (*0*) obowiązek alimentacji; **≈pflichtige(r)** *m* alimentator.

Unterhaltung *f s. Unterhalt*; *Tech. a.* konserwacja; (*Zeitvertreib*) rozrywka, zabawa; (*Gespräch*) rozmowa; **≈s-** rozrywkowy.

unter|'handeln (-) *s. verhandeln*; **≈händler** *m* negocjator, przedstawiciel (*prowadzący rokowania*); *Mil.* parlamentariusz; **≈haus** *n Pol.* izba niższa; (*England*) Izba Gmin; **≈hemd** *n* podkoszulek; **≈holz** *n* podszyt; **≈hose** *f* kalesony *pl.*; **≈irdisch** podziemny; **≈'jochen** (-) ujarzmi(a)ć; *s. unterdrücken*; **≈'kellert** podpiwniczony; **≈kiefer** *m* dolna szczęka, żuchwa; **≈kleid** *n* halka; **≈kleidung** *f* bielizna; **≈kommen** (*sn*) znachodzić ⟨znaleźć⟩ schronienie *od.* posade; F *s. vorkommen*; **≈kommen** *n* (*-s*; *selt.* -) *s. Obdach, Anstellung*; **≈körper** *m* dolna część ciała.

unterkriegen F poskramiać ⟨-romić⟩, ujmować ⟨ująć⟩ w ryzy; *sich nicht ~ lassen* nie dać się, nie ⟨z⟩rezygnować.

unter|'kühl|en (-) przechładzać ⟨-łodzić⟩; **≈ung** *f* przechłodzenie; *Med.* nadmierne oziębienie, przeziębienie; *starke* **≈ung** ogólne zamarznięcie.

Unter|kunft *f* (-; ⁺e) kwatera (*a. Mil.*); *eng S. a.* nocleg; **≈lage** *f* podkładka; *Tech.* podłoże; (*Straßenbau*) podkład; *pl. a.* dokumentacja (*Belege*) dokumenty *m/pl.*, dowody *m/pl.*; **≈laß** *m*: *ohne ~laß* bez ustanku, bez przerwy.

unter|'las|sen v/t (-) zaniechać *pf.* (*G*); nie uczynić (*G*); zaprzesta(wa)ć (*G*); *unterlaß das!* *a.* zostaw to (w spokoju)!; **≈sung** *f* za-

niechanie (*a. Jur.*); niedopatrzenie; *s. Versäumnis*.

Unter|lauf *m* dolny bieg (rzeki); **≈-'laufen** *v/i* (-; *sn*) (*Fehler*) wkradać ⟨-raść⟩ się; (*mit Blut*) nabiegać ⟨-gnąć⟩ (*I*).

unterleg|en¹ podkładać ⟨podłożyć⟩ (*a. Mus.*); *Absicht*: insynuować; **≈en²** [-'le:-] (-) podkładać ⟨podłożyć⟩ (*A mit D/A* pod *A*); **≈en³**, **≈ene(r)** pokonany, zwyciężony; *j-m ≈en sein* być słabszym (od *G*); **≈-scheibe** *f* podkładka.

Unterleib *m* podbrzusze; *engS.* F *a.* narządy *m/pl.* rodne; **≈s·krankheit** *f* choroba kobieca.

unter|'liegen (-; *sn*) być pokonanym (*D/przez A*); *fig.* ulegać (*D*); (*unterworfen sein*) podlegać (*D*); **≈-lippe** *f* dolna warga.

unterm = *unter dem*.

unter|'malen (-) *fig.* wykon(yw)ać (*od. pokaz[yw]ać, deklamować usw.*) przy akompaniamencie (*mit/G*); **≈-'mauern** (-) *fig.* popierać ⟨poprzeć⟩ argumentami.

Untermiete *f* podnajem; *zur ~ wohnen* mieszkać jako sublokator; **≈r** *m* sublokator, podnajemca *m*.

unter|mi'nieren (-) podminow(yw)ać; *fig.* podkop(yw)ać; **≈-'mischen** (-) *misch* mit z domieszką (*G*).

unter|'nehm|en (-) przedsiębrać ⟨-sięwziąć⟩; *Schritte a.*: podejmować ⟨podjąć⟩; **≈en** *n* przedsięwzięcie; (*Betrieb*) przedsiębiorstwo; **≈ensforschung** *f* (*0*) badania *n/pl.* operacyjne; **≈er** *m* przedsiębiorca *m*; (*Bau*) przedsiębiorca; **≈ungsgeist** *m* (*-es*; *0*) przedsiębiorczość *f*; **≈ungslustig** przedsiębiorczy.

Unter|offizier *m* podoficer; *engS.* kapral; *s. a. Feldwebel*; **≈ordnen** podporządk(ow)ać (*sich* się); **≈-ordnung** *f* (*0*) podporządkowanie (się); *Zo., Bot.* podrząd; **≈pfand** *n* fig. lit. oznaka, dowód; symbol; **≈-privilegiert** upośledzony; **≈-'rede** *f* rozmowa.

Unterricht *m* (*-es*; *selt.* -e) nauka (szkolna); nauczanie; lekcje *f/pl.*, zajęcia *n/pl.* (szkolne); pobieranie nauki; *am ~ teilnehmen* być obecnym na zajęciach; ~ *erteilen, geben* = **≈en** [-'rɪç-] (-) udzielać lekcji (*in D/G*), wykładać (*an D/w L*); ⟨po-⟩ informować (*von/o L*; *sich* się); *über*

A/co do *G*), zawiadamiać ⟨-domić⟩ (o *L*); ℒet poinformowany.

Unterrichts|fach *n* przedmiot nauczania; **~gegenstand** *m* temat lekcji *od.* zajęć; **~methode** *f* metoda nauczania; **~stunde** *f* lekcja.

Unter|'**richtung** *f* poinformowanie, zawiadomienie; **~rock** *m* halka.

unters = *unter das.*

unter|'**sagen** *v* zabraniać ⟨-ronić⟩; ℒsatz *m* podstawka; F *fahrbarer* ℒsatz cztery kółka; **~'schätzen** (-) nie doceni(a)ć (*A*/*G*).

unter|**scheid|en** (-) od-, roz|różni(a)ć; *s.* **erkennen**; *sich* **~en** różnić się (*von*/od *G*; *durch*/*I*); ℒung *f* od-, roz|różnianie, -różnienie; ℒungs**merkmal** *n* cecha wyróżniająca, kryterium *n* różnicy.

Unter|schenkel *m* goleń *f*; *in Zssgn* goleniowy; ℒ**schieben**[1] podsuwać ⟨-unąć⟩; ℒ'**schieben**[2] (*a.-*) *fig.* insynuować; (*heimlich*) podsunąć *pf.*

Unterschied *m* (*-es; -e*) różnica; *mit dem* **~** z tą różnicą; *zum* **~** *von* w odróżnieniu od (*G*); ℒ**lich** różny; ℒ**s-los** jednakowy (-wo), bez różnicy.

unterschlag|en[1] *Beine*: podwijać ⟨-inąć⟩; **~en** [-'ʃla-] (-) *s.* veruntreuen; *Brief*: nie doręczyć *pf.*; *Tatsachen*: zatajać ⟨-taić⟩; ℒung *f s.* Veruntreuung.

Unter|schlupf *m* schronienie; kryjówka; ℒ**schlupfen**,ℒ**schlüpfen** (*sn*) ukry(wa)ć się, schronić się *pf.*; ℒ'**schreiten** (-) podpis(yw)ać; ℒ'**schreiten** (-) nie osiągać ⟨-gnąć⟩ poziomu (*A*/*G*); **~schrift** *f* podpis; **~see-boot** *n* łódź podwodna, okręt podwodny; ℒ**seeisch** podmorski; **~seite** *f* spód, strona dolna.

untersetz|en[1] podstawi(a)ć; ℒer *m* podstawka; **~t** [-'zetst] przysadzisty (-ście), krępy (-po); ℒ**ungsgetriebe** [-'zе-] *n* przekładnia redukcyjna, reduktor.

unter|'**spülen** (-) podmy(wa)ć; ℒ'**staatssekretär** *m* podsekretarz stanu; ℒ**stand** *m* Mil. schron; **~'stehen** (-; *D*) podlegać (*D*); **~steh dich!** nie waż się!

unterstellen[1] podstawi(a)ć; umieszczać ⟨-eścić⟩, postawić *pf.*; *sich* **~** ukry(wa)ć się (*unter D*/pod *I*).

unter'stell|en[2] (-) podporządkow(yw)ać (*sich* się); (*annehmen*) zakładać ⟨założyć⟩; (*behaupten*) przy-

pisywać, imputować; ℒung *f* podporządkowanie; insynuacja.

unter|'**streichen** (-) podkreślać ⟨-lić⟩ (*a. fig.*); ℒ**stufe** *f* stopień pierwszy, klasy *f*/*pl.* niższe.

unter'stütz|en (-) po-, ws|pierać ⟨poprzeć, wesprzeć⟩; *s.* helfen, subventionieren; ℒung *f* popie-, wspie-ranie, po-, (*a. Mil., Geld*) ws|parcie; *konkr.* zapomoga, zasiłek; ℒ**ungsempfänger** *m* otrzymujący pomoc społeczną, pobierający zasiłek *od.* zapomogę.

unter'such|en (-) ⟨z⟩badać (*a. Med.*); *Jur.* ⟨prze⟩prowadzić śledztwo *od.* dochodzenie (*A*/w sprawie *G*); ℒung *f* badanie; inspekcja; *Jur.* dochodzenie, śledztwo.

Unter'suchungs|ausschuß *m* komisja (powołana) do zbadania okoliczności (i przyczyn *G*); **~befund** *m* wynik badania; **~haft** *f* areszt śledczy; **~richter** *m* sędzia śledczy.

Unter|'**tag(e)bau** *m* (*-es; 0*) wydobywanie sposobem podziemnym; ℒ**tan**, **~tan** *m* (*-s/-en; -en*) poddany; ℒ**tänig** uniżony (-żenie); **~tasse** *f* spodek; *fliegende* **~tasse** latający talerz; ℒ**tauchen** *v*/*i* (*sn*) zanurzać ⟨-rzyć⟩ się, da(w)ać nur(k)a; *fig.* znikać ⟨-knąć⟩; ⟨u⟩kryć się (*bei*/u *G*); schodzić ⟨zejść⟩ do podziemia; **~teil** *n od.* *m* dolna część, spód; **~'teilung** *f* podział; **~titel** *m* podtytuł; (*Film*) napis; **~ton** *m* (*pl.* **~e**) *fig.* odcień *m*; ℒ'**treiben** (-) umniejszać ⟨-szyć⟩, zbyt skromnie przedstawi(a)ć; **~'tunnelung** *f* przebicie tunelu (*G*/pod *I*); ℒ**vermieten** (-) podnajmować ⟨-jąć⟩; ℒ**versichert** zbyt nisko ubezpieczony; **~'wandern** (-) infiltrować; **~wäsche** *f* bielizna osobista; **~wasser** *n* woda dolna; *s.* Grundwasser.

Unter'wasser|fahrt *f* pływanie (*od.* płynięcie) pod wodą; **~fotografie** *f* fotografia podwodna; **~massage** *f* natrysk podwodny; **~ortung** *f* hydrolokacja.

unter'wegs po drodze; **~** *sein* być w drodze (*nach*/do *G*); być w rozjazdach.

unter'weis|en (-) *s.* unterrichten; pouczać ⟨-czyć⟩, ⟨po⟩instruować; ℒung *f* nauka; instruowanie, pouczenie.

Unter|welt *f* (*0*) świat zmarłych, Hades; *fig.* świat przestępczy, męty *pl.*

społeczne; ℒ'**werfen** (-) podbi(ja)ć, ujarzmi(a)ć; *sich* ℒ*werfen* ulegać ⟨ulec⟩ (*D*); *s. a. sich unterziehen, fügen;* ℒ**worfen** *sn* podlegać (*D*); ~ '**werfung** *f* (0) podbój, ujarzmienie; poddanie się (*unter* A/*D*); ℒ**würfig** uniżony (-żenie), służalczy (-czo).

unter'zeichn|en (-) podpis(yw)ać; ℒ**ete(r)** (niżej) podpisany; ℒ**er** *m* *Pol., Hdl.* sygnatariusz; ℒ**ung** *f* podpisanie.

unter|ziehen[1] wkładać ⟨włożyć⟩ pod spód; ~'**ziehen**[2] (-) podda(wa)ć (*sich się;* D); *sich* ~*ziehen der Mühe usw.* podejmować ⟨-djąć⟩ się (*G*).

Un|tiefe *f* mielizna; (*große Tiefe*) otchłań *f;* ~**tier** *n* potwór, bestia; ℒ**tragbar** nieznośny, nie do wystrzymania; ℒ**trennbar** nieod-, nieroz|łączny, (*a. Gr.*) nierozdzielny.

untreu niewierny; nielojalny; ~ *werden* sprzeniewierzać ⟨-rzyć⟩ się (*D*); *s. betrügen;* ℒ**e** *f* niewierność *f;* (*Verrat*) wiarołomstwo.

un|tröstlich niepocieszony; ℒ**trüglich** nieomylny, niezawodny; ℒ**tugend** *f s. Unsitte.*

un-über|brückbar nieprzezwyciężony, *präd.* nie do przezwyciężenia; ~**legt** nierozważny; ~**sehbar** nieprzejrzany; *s. unabsehbar;* ~**setzbar** nieprzetłumaczalny; ~**sichtlich** *Gelände:* trudny do obserwowania; *engS.* porośnięty, pocięty; *fig. s.* verworren; ~**trefflich**, ~**troffen** niedo-, nieprze|ścigniony, niepo-, niez|równany; ~**windlich** nie|przezwyciężony, -pokonany, nie do pokonania.

un-um|gänglich nie|odzowny, nie-zbędny; ~**schränkt** nieograniczony; ~**stößlich** nie|zaprzeczony, -zbity (-cie); *s. unwiderruflich;* ~**wunden** *Adv.* bez osłonek *od.* ogródek, F nie obwijając w bawełnę.

un-unterbrochen nieprzerwany; nieustanny; *präd. a.* bez przerwy.

unver|änderlich niezmienny; ~**ändert** nie zmieniony, *präd.* niezmiennie; wciąż jeszcze; ~**antwortlich** nieodpowiedzialny; ~**äußerlich** niewywłaszczalny; *Recht:* niezaprzecz|ony, -alny; ~**besserlich** niepoprawny; ~**bindlich** nieobowiązujący, *präd.* bez zobowiązań; *fig.* oziębły (-le); ~**blümt** *Wahrheit:* nagi, szczery; *Adv. s.* unumwunden; ~**braucht**

Kräfte: nie(s)pożyty; ~**brüchlich** niezłomny; ~**bürgt** nie potwierdzony, niepewny; ~**dächtig** niepodejrzany, nie budzący podejrzeń; ~**daulich** niestrawny (*a. fig.*); ~**daut** nieprzetrawiony; ~**dient** nie|zasłużony, -słuszny; ~**dientermaßen** niezasłużenie; ~**dorben** nie zepsuty; *fig.* nie zdeprawowany; ~**drossen** niezmordowany; *s. unermüdlich.*

unver·einbar (*mit*) sprzeczny (z *I*), przeciwstawny (*D*); ~ *sein* nie da(wa)ć się pogodzić (*mit/z I*); ℒ**keit** *f* niemożność *f* pogodzenia, przeciwstawność *f.*

unver|fälscht nie fałszowany; *fig.* autentyczny; (*Gefühl:* niekłamany; ~**fänglich** nie podchwytliwy; *Benehmen:* naturalny; ~**froren** bezczelny; ~**gänglich** nieprzemijający; (*ewig*) wieczny; wiekopomny; ~**gessen** *Pers.* sławny (*od.* nieodżałowanej) pamięci; ... *bleibt* ~*gessen* ... *zostawił(a) po sobie zaszczytną* pamięć; ~**geßlich** niezapomniany, pamiętny; ~**gleichlich** niepo-, niez|równany; *präd. a.* bez porównania; ~**hältnismäßig** nie|współmierny, -proporcjonalny; ~**heiratet** samotny, *engS.Frau:* nie-zamężna; *Mann:* nieżonaty; ~**hofft** niespodzi(ew)any; *s. plötzlich;* ~**hohlen**, ~**hüllt** nie s-, u|krywany, *präd.* nie ukrywając, otwarcie; ~**käuflich** niesprzedażny, nie przeznaczony do sprzedaży; (*schlechte Ware*) nie|pokupny, -chodliwy; ~**kauft** nie sprzedany; ~**kennbar** łatwy do rozpoznania, oczywisty; ~**langt** nie zamówiony; ~**letzbar**, ~**letzlich** nie|tykalny, -naruszalny; ~**letzt** *s. unversehrt;* ~**mählt** *s. un-verheiratet.*

unvermeid|bar, ~**lich** nie|unikniony, -uchronny, -chybny, *präd. a.* nie do uniknięcia.

unver|mindert nie zmniejszony, nie uszczuplony; (*anhaltend*) nie-słabnący, -zmienny; ~**mittelt** *s. plötzlich;* ℒ**mögen** *n* (-s; 0) nie-możność *f,* -zdolność *f;* nieudolność *f;* ~**mögend** bezsilny; (*arm*) nie-zamożny; ~**mutet** nieoczekiwany; ℒ**nunft** *f* (0) nieroz|sądek, -waga; ~**nünftig** nieroz|sądny, -ważny, *s.* unklug; ~**packt** luźny, luzem; ~**richterdinge** nic nie załatwiwszy, z niczym; ~**rückbar** *s. unum-*

stößlich; **~schämt** bezczelny; **~schlossen** otwarty; *Brief:* nie zaklejony; **~schuldet** niezawiniony; *präd.* bez winy; niezasłużony (-żenie); **~sehens** niespodziewanie, znienacka; **~sehrt** cały (-ło), *präd. a.* bez szwanku; *Sache:* nienaruszony; *s. unbeschädigt.*

unversöhnlich nie|przejednany, -ubłagany; 2**keit** *f (0)* nieprzejednanie; bezkompromisowość *f.*

Unverstand *m* głupota, nieroztropność *f;* 2**en** nie zrozumiany.

unverständ|ig nierozumny; **~lich** niezrozumiały (-le); *fig. a.* niepojęty (-cie); 2**lichkeit** *f* niezrozumiałość *f;* 2**nis** *n* niezrozumienie, brak zrozumienia.

unversteuert nie obciążony podatkiem; ~ *sein, bleiben* nie podlegać opodatkowaniu.

unversucht: *nichts* ~ *lassen* próbować wszystkiego *od.* wszelkich środków.

unver|träglich *Pers.* niezgodny, niełatwy w pożyciu; *Med.* wywołujący odczyn alergiczny *od.* objawy uboczne, grożący komplikacjami; *s. unverdaulich, unvereinbar;* **~wandt:** *j-n* **~wandt** *anstarren* nie spuszczać z oka (G), pożerać oczyma (A); **~wechselbar** właściwy (D), oryginalny, swoisty (-ście); nie do zmylenia; **~wundbar** nie(możliwy) do zranienia, niewrażliwy (na ciosy, kule *usw.*); *vgl. sicher;* **~wüstlich** niezniszczalny, trwały; nie do zdarcia; *fig.* nie(s)pożyty; **~zagt** *s. unerschrocken;* **~zeihlich** niewybaczalny; **~zinslich** bezprocentowy (-wo), nie oprocentowany; **~zollt** nie oclony; **~züglich** niezwłoczny, *präd. a.* bez zwłoki.

unvoll|endet nie dokończony; *s. unfertig;* **~kommen** niedoskonały (-le); **~ständig** nie(zu)pełny, niecałkowity (-cie); *a.* **~zählig** niekompletny.

unvorbereitet nie przygotowany, *präd.* bez przygotowania; *s. überraschend.*

unvor|eingenommen nieuprzedzony, *präd.* bez uprzedzeń; 2**heit** *f* brak uprzedzeń.

unvor|hergesehen nieprzewidziany; **~schriftsmäßig** nieprzepisowy (-wo), **~sichtig** nieostrożny; *s. unbedacht;* **~stellbar** nieprawdo-

podobny; *s. a. unbeschreiblich, undenkbar;* **~teilhaft** niekorzystny; *fig. a.* niestosowny; nietwarzowy.

unwägbar *fig.* nie dający się określić, nieuchwytny.

unwahr nieprawdziwy, zmyślony; 2**heit** *f* nieprawda; **~scheinlich** nieprawdopodobny.

un|wandelbar niezmienny; **~weg-sam** bezdrożny, trudny do przebycia; **~weiblich** niekobiecy (-co); **~weigerlich** niechybny, nieuchronny; **~weit** (G) niedaleko (G, od G); **~wert** *präd.* niewart, niegodzien.

Unwesen *n (-s; 0): sein* ~ *treiben* uprawiać (swój) niecny proceder; 2**tlich** nieistotny, bez znaczenia.

Un|wetter *n* ulewa, burza; 2**wichtig** nieważny (*a. nebensächlich.*

unwider|legbar niezbity (-cie), nieodparty (-cie); **~ruflich** nieodwołalny; **~sprochen** (pozostawiony) bez odpowiedzi, bez sprzeciwu; **~stehlich** *Drang:* nieod-, nieprze|party (-cie); *Pers.* czarujący (-co), uroczy (-czo); *sich für* **~stehlich** *halten a.* uważać się za uwodziciela.

unwiederbringlich niepowetowany; ~ *verloren* niepowrotnie stracony.

Unwill|e(n) *m* niezadowolenie, gniew; 2**ig** niechętny (zu/do G); *s. ungehalten, ärgerlich;* 2**kommen** niemile widziany; nieporządany; 2**kürlich** mimowolny, *präd. a.* mimo woli.

unwirk|lich nie|rzeczywisty, -realny; **~sam** nie-, bez|skuteczny, *präd. a.* bez skutku.

unwirsch opryskliwy (-wie).

unwirt|lich niegościnny; *Gegend a.:* nieprzychylny; **~schaftlich** nieekonomiczny; *Pers.* niegospodarny.

unwissen|d nieuświadomiony, F ciemny; *sich* **~d** *stellen* udawać że się nic nie wie, F udawać Greka; 2**heit** *f (0)* niewiedza; nieuctwo; **~schaftlich** nienaukowy (-wo); **~t-lich** *präd.* bezwiednie, nie zdając sobie sprawy (z G).

unwohl nie|dysponowany, -zdrowy (-wo); *er fühlt sich* ~ czuje się niezdrów; 2**sein** *n* niedyspozycja; chwilowa słabość.

Un|wucht *f* niewyważenie; 2**würdig** niegodny, *präd. a.* niegodzien; **~zahl** *f* niezliczona ilość; 2**zählig**

nie|zliczony, -przebrany, *präd.* bez Unze f uncja. [liku.
Unzeit f: zur ~ nie w porę; 2**gemäß** nieaktualny, nie na czasie; staromodny.

unzer|brechlich niełamliwy; ~**leg-bar** nie|rozkładalny, -podzielny; ~**reißbar** nie rwący się, bardzo mocny; ~**störbar** niezniszczalny; ~**trennlich** nierozłączny; nieod|stępny, -łączny.

un|zivilisiert niecywilizowany; 2**zucht** f (0) nierząd; amoralność f; ~**züchtig** niemoralny; pornograficzny; *-ge Handlung* czyn nierządny. [f (0) niezadowolenie.
unzufrieden niezadowolony; 2**heit unzugänglich** niedostępny; *fig.* nieprzystępny.

unzulänglich niedostateczny; 2**keit** f brak, niedociągnięcie, niedomoga.
unzu|lässig niedopuszczalny; ~**mutbar** *Preis usw.*: wygórowany; *Zeitpunkt*: niemożliwy; *s. absurd*; ~**rechnungsfähig** niepoczytalny; ~**reichend** *s. unzulänglich*; ~**ständig** niekompetentny; ~**träglich** szkodliwy (-wie); ~**treffend** *s. unrichtig*; 2**treffendes streichen** niepotrzebne skreślić.

unzuverlässig *Gedächtnis*: zawodny; *(unsicher)* niepewny; *Pers. a.* niesolidny; niesłowny; *(ungenau)* niedokładny; *Wetter*: niestały; ... *ist* ~ na (L) nie można polegać.
un|zweckmäßig niecelowy (-wo); nie|praktyczny, -odpowiedni (-nio); ~**zweideutig** niedwuznaczny; ~**zweifelhaft** niewątpliwy (-wie), bezsprzeczny.

üppig bujny; obfity (-cie); *Essen a.*: suty (-to); *Leben*: wystawny, zbytkowny; 2**keit** f bujność f; obfitość f; wystawność f, zbytek.
Ur|abstimmung f głosowanie bezpośrednie w sprawie rozpoczęcia strajku; ~**ahn(e¹)** m pradziad; praprzodek; *pl. a.* prarodzice m/pl.; ~**ahne²** f prababka; 2**alt** prastary; pradawny.

U'ran n (-s; 0) uran; ~- *in Zssgn* uranowy, ... uranu; ~**pechblende** f uraninit.
Uranus m (-; 0) *Astr.* Uran.
Ur-aufführung f premiera.
Urba|ni'sierung f (0) urbanizacja; ~'**nistik** f (0) urbanistyka.
urbar uprawny; ~ *machen* zagospo-

darow(yw)ać; *Wald a.*: karczować; 2**machung** f (0) zagospodarowanie; karczowanie.
Ur|bewohner m tubylec, autochton; *pl.* ludność tubylcza; ~**bild** n prawzór; *fig.* uosobienie; 2**eigen** *Interesse*: własny, osobisty; ~**einwohner** m *s. Urbewohner*; ~**enkel** (-in f) m prawnu|k (-czka); ~**fassung** f pierwotna wersja *od.* redakcja; ~**form** f praforma, kształt pierwotny; 2**gemütlich** F (0) bardzo przytulny; *Pers.* arcymiły; ~**geschichte** f (0) prahistoria, pradzieje *pl.*; ~**gesellschaft** f wspólnota pierwotna; społeczeństwo pierwotne.
Urgroß|eltern *pl.* pradziadkowie m/pl.; ~**mutter** f prababka; ~**vater** m pradziad(ek).
Urheber m sprawca m, inicjator; *s. Verfasser*; ~**recht** n prawo autorskie; ~**schaft** f (0) autorstwo; ~**schutz** m zachowanie praw autor-
Urheimat f praojczyzna. [skich.
urig *s. urwüchsig, komisch.*
U'rin m (-s; -e) mocz.
uri'nieren (-) odda(wa)ć mocz.
ur|komisch F (0) arcy-, prze|zabawny; 2**kraft** f żywiołowa siła.
Urkunde f dokument; akt.
Urkunden|fälschung f podrabianie *(od.* fałszerstwo) dokumentów; ~**sammlung** f zbiór dokumentów.
urkundlich dokumentalny; ~ *beweisen* potwierdzić *(od.* poprzeć) dokumentami.
Urlaub m (-es; -e) urlop; *in* ~, *im* ~ na urlopie; ~**er** m urlopowicz, wczasowicz.
Urlaubs|geld n dodatek urlopowy; ~**plan** m plan urlopów; ~**reise** f podróż turystyczna w czasie urlopu; wyjazd na wczasy wypoczynkowe; ~**tag** m dzień m urlopu; ~**zeit** f sezon urlopowy, okres urlopów.
Urmensch m człowiek pierwotny,
Urne f urna. [praczłowiek.
Urnen|beisetzung f złożenie prochów; ~**feld** n cmentarzysko popielnicowe; ~**friedhof** m cmentarz popielnicowy.
uro|geni'tal moczopłciowy; 2**lo'gie** f (0) urologia.
ur|plötzlich zupełnie niespodziany, nagły (-le); 2**quell** m prażródło, 2**sache** f przyczyna, powód; *keine* 2*sache!* nie ma za co!; ~**sächlich** przyczynowy (-wo); 2**schrift** f

oryginał, pierwopis; **~schriftlich** w oryginale; ♀**sprung** *m* początek; *s. Herkunft, Quelle;* **~sprünglich** pierwotny, początkowy (-wo); *s. urwüchsig.*

Ursprungs|land *n* kraj pochodzenia; **~zeugnis** *n* świadectwo pochodzenia.

Urteil *n* (-*s*; -*e*) *Jur.* wyrok; orzeczenie (sądowe); (*der Geschworenen*) werdykt; (*Wert*♀) sąd; opinia, ocena, osąd; ♀**en** wyda(wa)ć wyrok; ⟨za⟩wyrokować, sądzić (*über A/o L*); *s. be-, verurteilen.*

Urteils|begründung *f* uzasadnienie wyroku; **~fähigkeit** *f* (0), **~kraft** *f* (0) zdolność *f* wydawania trafnych sądów, rozsądek; **~verkündung** *f* ogłoszenie wyroku; **~vollstreckung** *f* wykonanie wyroku.

Ur|text *m* tekst pierwotny, oryginał; ♀**tümlich** pierwotny; *s. urwüchsig.*

urugu'ayisch urugwajski.

Ur-ur|- *in Zssgn* prapra-, *z. B.* **~ großmutter** *f* praprababka.

Ur|vater *m* praojciec; **~wahl** *f* prawybory *m/pl.*; **~wald** *m* las dziewiczy, puszcza; **~welt** *f* świat pierwotny; ♀**wüchsig** *Pers.* naturalny, prosty; *Talent:* oryginalny, samorodny; (*bodenständig*) rdzenny; **~ zeit** *f s. Vorzeit;* seit -ten od wieków, od niepamiętnych czasów; **~zustand** *m* stan pierwotny.

usur'pieren (-) uzurpować.

Uten'siliën *pl.* przybory *m/pl.*, utensylia *pl.*

Uterus *m* (-; -*ri*) macica.

Uto'pie *f* utopia.

u'topisch utopijny.

UV-Strahlung *f* promieniowanie nadfioletowe.

Ü-Wagen *m* wóz transmisyjny.

uzen F (*uzt/uzest*) *s. necken, foppen.*

V

Vaga'bun|d [v-] *m* (-*en*) włóczęga *m*, F łazik; ♀**dieren** (-) wałęsać się, włóczyć się; *El.* błądzić.

vage ['v-] niejasny (-no), mglisty

va'kant [v-] wakujący. [(-ście).⟨

Vakuum ['v-] *n* (-*s*; -*ua*) próżnia; **~ meter** *f* próżniomierz, wakuometr; **~pumpe** *f* pompa próżniowa.

Vak'zine [v-] *f* wakcyna.

Va'lenz [v-] *f Chem.* wartościowość *f*.

Va'luta [v-] *f* waluta; **~** *in Zssgn* walutowy. [strzyga.⟩

Vam'pir [v-] *m* upiór, wampir,⟨

Va'nadium [v-] *n* (-*s*; 0) wanad.

Va'nille [v-] *f* (-; 0) wanilia; **~n**-waniliowy.

vari|'abel [v-] zmienny; ♀**ante** *f* wariant; ♀**ati'on** *f* wariacja (*pl. a. Mus.*); ♀**è'tät** *f* odmiana [*v-] *m* (-*s*; -*s*) wariete *n*; teatr rozmaitości; **~'ieren** (-) zmieni(a)ć (*v/i się*).

Va'sall [v-] *m* (-*en*) wasal, lennik; **~enstaat** *m* państwo lenne *od.* (*fig.*) zależne.

Vase ['v-] *f* wazon.

Vase'lin [v-] *n* (-*s*; 0), **~e** *f* (0) wazelina; **~e**- wazelinowy.

Vater *m* (-*s*; ¨) ojciec; *der Heilige* **~** Ojciec Święty.

Väterchen *n* ojczulek.

Vater|haus *n* dom rodzinny; **~land** *n* ojczyzna; ♀**ländisch** ojczyźniany; patriotyczny; **~landsliebe** *f* miłość *f* ojczyzny.

väterlich ojcowski, *präd.* po ojcowsku, jak ojciec; *Erbe:* po ojcu; **~er**-**seits** ze strony ojca.

vater|los nie mający (*od.* bez) ojca; ♀**mord** *m* ojcobójstwo; ♀**mörder** *m* ojcobójca *m*; ♀**name** *m* nazwisko; ♀**schaft** *f* ojcostwo; ♀**schaftsklage** *f* skarga (*od.* powództwo) o ustalenie ojcostwa; ♀**s-name** *m s. Vatername;* ♀**stadt** *f* miasto rodzinne; ♀**unser** *n* ojczenasz.

Vati F *m* (-*s*; -*s*) tatuś *m*, tata *m*.

vati'kanisch [v-] watykański.

Vege'ta|riër [v-] *m* jarosz, wegetarianin; ♀**risch** jarski (po -ku); **~**-**ti'on** *f* wegetacja, roślinność *f*; ♀-**'tiv** wegetatywny.

vege'tieren [v-] (-) wegetować.

Ve'hikel F [v-] *n* wehikuł.

Veilchen *n* fiołek; F *fig.* podbite oko; ♀**blau** fioletowy (-wo), fiołkowy (-wo); **~duft** *m* zapach fiołków.

Veits-tanz *m* (-*es*; 0) pląsawica, choroba świętego Wita.

Vektor ['v-] *m* (-*s*; -'*toren*) wektor; ~**rechnung** *f* rachunek wektorowy.

Velour *n* (-*s*; -*s*), ~**s** [və'lu:ʁ] *m* (-; -) welur; *in Zssgn* welurowy.

Vene ['v-] *f* żyła.

venezi'anisch [v-] wenecki.

venezo'lanisch [v-] wenezuelski.

ve'nös [v-] żylny.

Ven'til *n* (-*s*; -*e*) zawór.

Venti'lati'on [v-] *f* wentylacja; ~-'**lator** *m* (-*s*; -'*toren*) wentylator; przewietrznik; ℤ'**lieren** (-) ‹przewentylować (*a. fig.*).

Ven'til|**spiel** [v-] *n* luz zaworowy; ~**spindel** *f* wrzeciono zaworu; ~**teller** *m* grzybek zaworu.

Venus ['v-] *f* (0) Wenera, (*Astr.*) Wenus *f*; ~**berg** *m* wzgórek łonowy; ~**sonde** *f* próbnik Wenus.

ver'ab|**folgen** (-) *s.* verabreichen, geben; ~**reden** (-) umawiać ‹umówić› (*sich* się); ℤ**redet** umówiony; ℤ**redung** *f* umowa; (*Treffen*) spotkanie; randka; ~**reichen** (-) ‹za-› aplikować.

ver'abscheuen (-) *v/t* nie znosić *od.* cierpieć, nienawidzić (*G*); ~**s.wert** wstrętny, ohydny.

ver'abschied|**en** (-*e*-; -) ‹po›żegnać (*sich* się; *von/z I*); *Gesetz:* uchwalać ‹-lić›; *s. entlassen;* ℤ**ung** *f* pożegnanie; uchwalenie; *s.* Abschied.

ver'achten (-) *v/t* gardzić, po-, wz-|gardzać ‹-dzić› (*I*); *nicht zu* ~ nie do pogardzenia, ~**s.wert** zasługujący na pogardę, godny pogardy.

ver'ächtlich pogardliwy (-wie); ~ *machen* mówić z pogardą (*A/o I*).

Ver'achtung *f* (0) po-, wz|garda. ~

ver'albern F (-*re*; -) *s.* foppen, necken.

ver·allge'meiner|**n** (-*re*; -) uogólni(a)ć, generalizować; ℤ**ung** *f* uogólni|anie, (*a. konkr.*) -enie.

ver'alt|**en** (-*e*-; -; *sn*) przeży(wa)ć się; wychodzić ‹wyjść› z użycia *od.* mody; *Tech.* zuży(wa)ć się ekonomicznie *od.* moralnie; ~**et** przestarzały.

Ve'randa [v-] *f* (-; -*den*) weranda.

ver'änder|**lich** zmienny; ~**n** (-) zmieni(a)ć (*sich* się); F *sich* ~**n** zmieni(a)ć posadę; ℤ**ung** *f* zmiana.

ver'ängstigt wystraszony, wylękły.

ver'anker|**n** (-) *Mar.* zakotwiczyć *pf.*; *Arch.* zakotwić *pf.*; *fig.* ~**t** (*in D*) ustanowiony, objęty (*I*); ℤ**ung** *f* zakotwiczenie; zakotwienie.

ver'anlag|**en** (-) wymierzać ‹-rzyć› (*j-n für, zu/k-u A*); *künstlerisch* ~**t** *sein* mieć zdolności artystyczne; *s. a. begabt, geneigt;* ℤ**ung** *f Fin.* wymiar; (*a. Med.*) skłonność *f*; predyspozycja; *abartige* ℤ**ung** zboczenie.

ver'anlass|**en** (-*βt/-est*) *s.* anregen, bewegen²; (*anordnen*) polecać ‹-cić›; *sich veranlaßt sehen* być zmuszonym; ℤ**ung** *f* polecenie; *s.* Anlaß, Anregung.

ver'an|**schaulichen** (-) unaocz-ni(a)ć, ‹z›ilustrować; ~**schlagen** (-) ‹o›szacować; (*berechnen*) obliczać ‹-czyć›.

ver'anstalt|**en** (-*e*-; -) urządzać ‹-dzić›, ‹z›organizować; ℤ**er** *m* organizator, gospodarz (imprezy); ℤ**ung** *f* urządzanie, organizacja; *konkr.* impreza.

ver'antwort|**en** (-) *v/t* brać ‹wziąć› na siebie odpowiedzialność (za *A*); *sich* ~**en** odpowiadać ‹-iedzieć› (*vor D/przed I*), ponosić ‹-nieść› odpowiedzialność (*für/za A*); ~**lich** odpowiedzialny; *j-n* ~**lich machen** ‹u›czynić odpowiedzialnym (*für/za A*); ~**lich sein** *a.* odpowiadać (*für/za A*); ℤ**ung** *f* odpowiedzialność.

ver'antwortungs|**bewußt** świadomy odpowiedzialności; ~**los** nieodpowiedzialny; ~**voll** odpowiedzialny.

ver'arbeit|**en** (-) przerabiać ‹-robić›, przetwarzać ‹-worzyć›; obrabiać ‹-robić›; *fig.* przebiegać myślą, rozpamiętywać; ~**ende** Industrie przemysł przetwórczy; ℤ**ung** *f* przerabianie, przetwarzanie, przetwórstwo; przeróbka; obróbka; ℤ**ungs·betrieb** *m* przetwórnia.

ver'ärgern (-) rozgniewać *pf.*, ‹z›irytować; ~**armen** (-; *sn*) ‹z›ubożeć; ~'**arschen** V (-) robić wariata (*A/z G*); ~'**arzten** F (-*e*-; -) opatrzyć *pf.* (ranę, rannego).

ver'ausgaben (-) *s. ausgeben; sich* ~ wyda(wa)ć wszystkie pieniądze; *fig.* wyczerp(yw)ać się (nadmiernym wysiłkiem).

ver'äußern (-) zby(wa)ć.

Verb [v-] *n* (-*s*; -*en*) czasownik.

ver'bal [v-] werbalny; *Gr.* czasownikowy (-wo); ℤ**injurie** *f* obraza słowna. [‹ ɕiɕ ›]

ver'ballhornen F (-) przekręcać

Ver'band *m* (-*es*; *ﬞe*) *Med.* opatrunek; (*Binde*) bandaż; (*Bund*) związek, zrzeszenie; *Mil.* oddział; jednostka; *Flgw.* grupa; *Mar.* zespół; *Arch.* wiązanie; *Math.* struktura; **~s·flug** *m* lot grupowy.

Ver'band(s)|kasten *m* apteczka podręczna; **~päckchen** *n* opatrunek osobisty; **~platz** *m* plac (*od.* punkt) opatrunkowy; **~zeug** *n* materiały *m/pl.* opatrunkowe.

ver'bann|en (-) zsyłać ⟨zesłać⟩; (*ins Exil*) skaz(yw)ać na wygnanie; *fig.* odpędzać ⟨-dzić⟩ (od siebie); **⟂te(r)** *m/f* zesłan|iec (-ka); wygnan|iec (-ka); **⟂ung** *f* zesłanie; wygnanie.

verbarrika'dieren (-) ⟨za⟩barykadować (*sich* się), ⟨za⟩tarasować.

ver'bauen (-) *Geld, Material:* zuży(wa)ć na budowę; *Aussicht:* zabudow(yw)ać; *fig.* ⟨sich [D] sobie⟩ ⟨ze-⟩ psuć widoki (na *A*), zwichnąć *pf.*

ver'beißen (-): *sich* ~ wgryzać ⟨wgryźć⟩ się, wpi(ja)ć się zębami; *fig. sich* (*D*) *et.* ~ stłumić *pf.*, powstrzym(yw)ać.

ver'bergen (-) ukry(wa)ć (*sich* się), zatajić ⟨-taić⟩ (*vor D/przed I*).

ver'besser|n (-) po-, u|lepszać ⟨-szyć⟩, (*a. Fehler, Rekord*) poprawi(a)ć (*sich* się); (*effektiver machen*) usprawni(a)ć; *er will sich* ~*n* chce zmienić pracę żeby polepszyć sobie zarobki; **⟂ung** *f* po-, u|lepszenie, poprawa; usprawnienie; *konkr. a.* poprawka; **⟂ungsvorschlag** *m* wniosek o usprawnienie.

ver'beug|en (-): *sich* ~*en* kłaniać ⟨ukłonić⟩ się (*vor D/D*); **⟂ung** *f* ukłon.

ver'|biegen (-) wy-, z|ginać ⟨-giąć⟩ (*sich* się); **~bieten** (-) zabraniać ⟨-ronić⟩, zakaz(yw)ać (*A/G*); **~'billigt** po zniżkowej cenie; **⟂billigung** *f* potanienie.

ver'bind|en (-) ⟨z-, (*a. Fmw., Chem.*) po⟩łączyć (*sich* się); *Hand:* obwiąz(yw)ać; *Wunde:* opatrywać ⟨-trzyć⟩; *Augen:* zawiąz(yw)ać; *s. verbunden*; **⟂er** *m* Tech., *Sp.* łącznik; **~lich** (*höflich*) uprzejmy, układny; *Zusage usw.:* wiążący ⟨-co⟩; *danke* ~*lichst!* uprzejmie dziękuję!; **⟂lichkeit** *f* Fin. zobowiązanie, uprzejmość *f;* ⟨za⟩frapować; **~end** frapu(*a. konkr.*) połączenie; (*Kontakt mit j-m*) styczność *f;* (*a. Esb., Fmw.*) łączność *f; konkr.* Tech., Fmw. *a.* złącze; (*Bündnis*) związek (*a. Chem.*); stowarzyszenie; korpo-

racja; **⟂ungen** *pl. a.* stosunki *m/pl.;* *in* ⟂ung *stehen* utrzymywać łączność *od.* kontakt (*mit/z I*); *in* ⟂ung *treten,* ⟂ung *aufnehmen* nawiąz(yw)ać łączność *od.* kontakt.

Ver'bindungs|graben *m* rów łączący; **~linie** *f* linia łączności; **~mann** *m* (*pl.* ~*er/-leute*) pośrednik; łącznik; **~offizier** *m* oficer łącznikowy; **~stelle** *f* miejsce po-, z|łączenia, styk; *fig.* węzeł łączności; **~stück** *n* łącznik; złączka; **~tür** *f* drzwi *pl.* łączące.

ver'blassen zaciekły (-le), zacięty (-cie); **⟂heit** *f* (0) zaciekłość *f,* zaciętość *f.*

ver'bitten: *sich* (*D*) *et.* ~ wypraszać ⟨-rosić⟩ sobie (*A*).

ver'bitter|n (-*re; -*) *j-m das Leben:* zatru(wa)ć; *j-n:* rozgoryczać ⟨rozgoryczyć⟩ (*v/i* się); **~t** rozgoryczony; *Gesicht:* ponury; **⟂ung** *f* rozgoryczenie.

ver'blassen (-*βt; -*) ⟨wy-, z⟩blaknąć; *fig.* ⟨z⟩blednąć.

Ver'bleib *m* (-*s; 0*): *nach dem* ⟂*bleib fragen* ⟨za⟩pytać gdzie się znajduje (*G/A*); **⟂en** (- ; *sn*) pozost(aw)ać (*bei/przy L*).

ver'blend|en (-) Arch. oblicow(yw)ać; **⟂er** *m* cegła licówka.

ver'blichen wyblakły, wypłowiały; *der* (*die*) ⟂e nieboszcz|yk (-ka).

ver'blöden *v/i* (- ; *sn*) ⟨z⟩idiocieć.

ver'blüff|en (-) zaskakiwać ⟨-skoczyć⟩, ⟨za⟩frapować; **~end** frapujący ⟨-co⟩; **~t** zaskoczony, osłupiały; **~t** *sein a.* osłupieć z wrażenia; **⟂ung** *f* (0) zdumienie, osłupienie.

ver'blüh|en (-) przekwitać ⟨-tnąć⟩; **~t** przekwitły.

ver'|bluten (- ; *sn*) krwawić z ran, spływać krwią; umrzeć *pf.* wskutek utraty krwi; **~'bogen** zgięty, skrzywiony; **~'bohrt** *s. stur;* **~'borgen**[1] (-) *v/t. s. verleihen;* **~'borgen**[2] skryty (-cie), utajony; *im* ~*borgenen* w ukryciu.

Ver'bot *n* (-*es; -e*) zakaz; **⟂en** zakazany, za-, wz|broniony.

Ver'bots|schild *n s.* Verbotszeichen; **~tafel** *f* tablic(zk)a z zakazem; **⟂widrig** *präd.* wbrew zakazowi; **~zeichen** *n* znak zakazu.

ver'brannt *s.* verbrennen.

Ver'brauch *m* (-*es; 0*) zużycie; (*a. Verzehr*) spożycie, konsumpcja; **⟂en** (-) zuży(wa)ć, F spotrzebować *pf.*; spoży(wa)ć, ⟨s⟩konsumować; **~er(in** *f***)** *m* spożywca *m*, konsument(ka); **~ergenossenschaft** *f* spółdzielnia spożywców; **~s-güter** *n/pl.* dobra *n/pl.* konsumpcyjne; **~steuer** *f* podatek konsumpcyjny; ℒt zużyty; *fig.* wyszczerpany.

ver'brech|en (-) popełnić *pf.* (*a. F Buch usw.*); F *a.* przeskrobać *pf.*, zbroić *pf.*; *was hat er verbrochen?* jaką zbrodnię (on) popełnił?, jakiego przestępstwa (on) się dopuścił?; ℒen *n* przestępstwo; *Jur.* zbrodnia; ℒensbekämpfung *f* walka z przestępczością; ℒer(in *f*) *m* przestęp|ca *m* (-czyni), zbrodnia|rz (-rka); **~erisch** przestępczy (-czo), zbrodniczy (-czo).

ver'breit|en (-*e*-; -) rozprzestrzeni(a)ć; *Nachrichten usw. a.*: rozpowszechni(a)ć; *Ideen a.*: krzewić (*alle: sich* się); *Gerüchte, Schrecken, Keime*: rozsi(ew)ać; *Licht, Geruch a.*: roztaczać; *sich ~en a.* rozchodzić ⟨rozejść⟩ się, szerzyć się; *fig.* (*über A*) rozwodzić się ⟨nad *I*⟩; **~ern** (-*re*; -) po-, roz|szerzać ⟨-rzyć⟩ (*sich* się); ℒerung *f* (0) poszerz-, rozszerz|a-nie, -enie; ℒung *f* (0) rozprzestrzenianie; rozpowszechni|anie, -enie; krzewienie; szerzenie się; ℒungs-gebiet *n* (*e*-*r* Tierart) obszar rozsiedlenia.

ver'brenn|en (-) spalać ⟨-lić⟩ (*v/i* [*sn*] się); *s. anbrennen*; *sich ~en* oparzyć się *pf.*; *fig. sich* (*D*) *die Finger ~en* sparzyć się (*bei/na L*); *von der Sonne verbrannt* opalony; ℒung *f* (*a. Phys.*) spalanie (się); *Tech. a.* przepalenie; *Med.* oparzenie.

Ver'brennungs|gase *n/pl.* gazy *m/pl.* spalinowe, spaliny *pl.*; **~mo-tor** *m* silnik spalinowy; **~vorgang** *m* proces spalania; **~wärme** *f* ciepło spalania.

ver'bringen (-) *Zeit usw.*: spędzać ⟨-dzić⟩ (*an, in D*/nad *I*, w *L*; *mit*/ nad *I*, przy *L*; *mit j-m*/z *I*).

ver'brüder|n (-*re*;-): *sich ~n* ⟨z⟩bra-tać się; ℒung *f* bratanie się, fraternizacja.

ver'brühen (-) sparzyć *pf.* (*sich* się; *sich* [*D*] *et /sobie A*); **~'buchen** (-) ⟨za⟩księgować; *Einnahme a.*: za-przychodo(wy)wać; **~'buddeln** F (-) zagrzeb(yw)ać; **~'bummeln** F (-) *v/t Zeit*: ⟨z⟩marnować; (*verlie-*

ren) posiać *pf.*, zapodzi(ew)ać; (*vergessen*) przegapi(a)ć; *v/i* (*sn*) schodzić ⟨zejść⟩ na psy; **~'bunden** *s. verbinden*; *fig.* (*j-m*) zobowiązany.

ver'bünden (-*e*-; -): *sich ~* sprzymierzać ⟨-rzyć⟩ się.

Ver'|bundenheit *f* (0) więź *f*; solidarność *f*; **~'bündete(r)** sojusznik, sprzymierzeniec; *in Zssgn* sojuszniczy.

Ver'bund|fenster *n* okno zespolone; **~glas** *n* szkło wielowarstwowe; **~maschine** *f El.* maszyna szeregowo-bocznikowa; **~netz** *n El.* sieć sprzęgowa; **~werkstoff** *m* materiał wielowarstwowy; **~wirtschaft** *f* gospodarka energetyczna skojarzona.

ver'bürg|en (-) ⟨za⟩gwarantować, zapewni(a)ć; *sich ~en* ręczyć (*für*/za *A*); ℒt pewny, autentyczny.

ver'|büßen (-) *Strafe*: odby(wa)ć, F odsiadywać ⟨-iedzieć⟩; **~'chromt** chromowany.

Ver'dacht *m* (-*es*; 0) podejrzenie; *j-n im ~ haben, daß er ...* mieć podejrzenie na (*A*), że ...; *den ~ haben* podejrzewać; *sich dem ~ aussetzen* ściągać ⟨-gnąć⟩ na siebie podejrzenie.

ver'dächtig podejrzany; **~en** (-) podejrzewać, posądzać ⟨-dzić⟩ (*j-n G*/k-o o *A*); ℒung *f* posądzenie.

Ver'dachts|grund *m*, **~moment** *n* powód do podejrzeń.

ver'damm|en (-) potępi(a)ć; *s. verfluchen*; **~t** potępiony; przeklęty; F *a.* cholerny, diabelny; F **~t!** psiakrew!; ℒung *f* (0) potępienie.

ver'dampf|en (-) *v/t* od-, wy|parow(yw)ać; *v/i* (*sn*) ⟨wy⟩parować; ℒer *m* (*Kältetechnik*) parownik; *Chem.* wyparka; ℒung *f* (0) parowanie; wyparow(yw)anie; *Chem. a.* sublimacja.

ver'|danken (-) zawdzięczać (*a. sich* [*D*] *selbst* sam sobie); **~'darb** *s. verderben*; **~'dattert** F zbaraniały.

ver'dau|en (-) ⟨s⟩trawić, przetrawi(a)ć (*a. fig.*); **~lich** strawny; ℒung *f* trawienie; (*Stuhlgang*) stolec.

Ver'dauungs|apparat *m* układ trawienny *od.* pokarmowy; **~be-schwerden** *f/pl.* niestrawność *f*; **~spaziergang** *m* (*poobiednia*) przechadzka, spacer dla zdrowia; **~stö-rung** *f* zaburzenie w trawieniu.

Ver'deck *n* (-*es*; -*e*) *Kfz.* dach składany *od.* zsuwany do tyłu; ℒen (-)

Aussicht: zasłaniać ⟨-łonić⟩; *s. zu-decken, verbergen*.

ver'denken (-) *s. verübeln*.

Ver'derb *m* (-*es*; *0*) *s. Verderben, Gedeih*; **Qen** (*L.*) *v/t* ⟨po-, ze⟩psuć (*a. Augen, Stimmung*); (*moralisch*) ⟨z⟩deprawować; *Gesundheit*: ⟨z⟩niszczyć; *v/i* (*sn*) ⟨po-, ze⟩psuć się; *es mit j-m* ⟨en narazić się (*D*); **en** *n* (-*s*; *0*) zepsucie; *fig.* zguba, nieszczęście; *j-n ins* ⟨en stürzen przyprawi(a)ć o zgubę, doprowadzać ⟨-dzić⟩ do zguby (*A*); *in sein* ⟨en rennen iść na (pewną) zgubę; **Qlich** psujący się, nietrwały; *fig. s. schädlich*; ⟨theit *f* (*0*) *s. Verdorbenheit*.

ver|'deutlichen (-) wyjaśni(a)ć, ⟨wy⟩tłumaczyć; (jasno) wykaz(y-w)ać; ⟨'deutschen (-) ⟨prze⟩tłumaczyć na (język) niemiecki.

ver|'dicht|en (-) *Beton*: zagęszczać ⟨-ęścić⟩; *Gase*: sprężać ⟨-żyć⟩; *sich* ⟨en (*Nebel*) gęstnieć; *fig.* rosnąć, szerzyć się; przyb(ie)rać cechy (*zu/ G*); **Qer** *m* sprężarka; **Qung** *f* zagęszcz|anie, -enie; sprężanie.

Ver'dickung *f* zgrubienie.

ver'dien|en (-) zarabiać ⟨-robić⟩ (*sein Brot na chleb*); *fig.* zasługiwać ⟨-użyć⟩ (*A/na A*); **Qst¹** *n* (-*es*; -*e*) zasługa.

Ver'dienst² *m* zarobek; zysk; ⟨ausfall*m* zmniejszenie zarobku; ⟨kreuz *n* krzyż zasługi; ⟨medaille *f* medal za zasługi; ⟨möglichkeit *f* możliwość *f* zarobkowania; ⟨spanne *f* marża zarobkowa; ⟨voll *Tat*: pożyteczny; *Pers.* zasłużony.

ver'dient zasłużony; *sich* ⟨ machen um zasłużyć się (*D*); *położyć zasługi* (dla *G*); ⟨ermaßen zasłużenie.

ver'dingen (-): *sich* ⟨ wynajmować ⟨-jąć⟩ się.

ver|'dirb *s. verderben*; ⟨'dolmetschen (-) ⟨prze⟩tłumaczyć; ⟨'donnern F (-*re*; -) wlepi(a)ć (*j-n zu/k-u karę G*).

ver'doppeln (-*le*; -) podwajać ⟨-woić⟩; *sich* ⟨ wzrastać ⟨wzrość⟩ dwukrotnie.

ver'dorben zepsuty; (*moralisch a.*) zdeprawowany; **Qheit** *f* (*0*) zepsucie, demoralizacja. [⟨-schnąć⟩.⟩

ver'dorren (-; *sn*) u-, za⟨sychać⟩

ver'dräng|en (-) wypierać ⟨-przeć⟩ (*a. Mil., Psych.*); (*aus d. Stellung*) wyrugow(yw)ać; **Qung** *f* wyparcie,

wyrugowanie; *Mar.* wyporność *f*; *Phys.* wypór hydrostatyczny; *Psych.* (*konkr.*) treść wyparta.

ver'dreh|en (-) wykręcać ⟨-cić⟩; *Tech.* skręcać ⟨-cić⟩; *Augen*: wywracać (*I*); *Tatsachen*: przekręcać ⟨-cić⟩, przeinaczać ⟨-czyć⟩; F *j-m den Kopf* ⟨en zawracać ⟨-rócić⟩ głowę (*D*); ⟨t przekręcony; F *fig.* postrzelony, zwariowany; ⟨t *machen s. verrückt*; **Qung** *f Tech.* skręcanie; przekręcanie, przeinaczanie.

ver'dreifachen (-) potrajać ⟨-roić⟩; powiększać ⟨-szyć⟩ w trójnasób; *sich* ⟨ wzrastać ⟨-rość⟩ trzykrotnie.

ver'dreschen F (-) ⟨z⟩bić, ⟨s⟩tłuc.

ver'drieß|en (*L.*) ⟨roz⟩złościć, drażnić; *sich nicht* ⟨en *lassen* nie zrażać ⟨zrazić⟩ się (*durch/I*); ⟨lich *s. mürrisch*.

ver|'droß *s. verdrießen*; ⟨'drossen markotny, niechętny.

ver'druß *m* (-*sses*- -*sse*) kłopot, zmartwienie; *j-m* ⟨ *bereiten* przysparzać ⟨-porzyć⟩ zmartwień (*D*).

ver|'duften F (-) *s. verschwinden, sich verdrücken*; ⟨dufte! spływaj (stąd)!; ⟨'dummen (-) *v/t* ogłupi(a)ć, otumani(a)ć; *v/i* (*sn*) ⟨z⟩głupieć.

ver'dunk|eln (-*le*; -) zaciemni(a)ć; *sich* ⟨eln ⟨po⟩ciemnieć, mrocznieć; **Q(e)lung** *f* zaciemnienie; **Q(e)lungsgefahr** *f* (*0*) obawa zaciemnienia sprawy lub uchylenia się od sądu.

ver'dünn|en (-) rozcieńczać ⟨rozcieńczyć⟩, rozrzedzać ⟨-dzić⟩; *sich* ⟨en cienieć, sta(wa)ć się cieńszym; **Qer** *m* rozcieńczalnik; **Qung** *f* rozcieńcz|anie, (*a. Grad der* ⟨) -enie, rozrzedz|anie, -enie.

ver'dunst|en (-*e*; -) *v/i* (*sn*) ulatniać ⟨ulotnić⟩ się; *s. verdampfen*; **Qung** *f* (*0*) parowanie (dyfuzyjne); ulatnianie się.

ver|'dursten (-; *sn*) umierać ⟨umrzeć⟩ (*od.* ⟨z⟩ginąć) z pragnienia; ⟨'düstern (-*re*; -) zachmurzać ⟨-rzyć⟩, zasępi(a)ć (*sich* się); *Zukunft*: omraczać ⟨omroczyć⟩ (*sich* się); ⟨'dutzt F zdetonowany, zmieszany; ⟨'ebben (-; *sn*) *s. abebben*.

ver'edel|n (-*le*; -) uszlachetni(a)ć; **Qn** *n* (-*s*; *0*), **Qung** *f* (*0*) uszlachetni|anie, -enie; *Tech.* przeróbka uszlachetniająca.

ver'ehelichen *s.* (*ver*)*heiraten*.

ver'ehr|en (-) czcić; (*lieben*) uwielbiać; *s. schenken*; **2er(in** *f*) *m* wielbiciel(ka), adorator(ka); **⹂t** szanowny, szacowny; **2ung** *f* cześć *f*, kult; wielki szacunek; uwielbienie.

ver'ehrungs|voll pełen czci *od.* uwielbienia; *präd.* z czcią; **⹂würdig** godny szacunku, czcigodny.

ver'eidig|en (-) zaprzysięgać ⟨zaprzysiąc⟩; **⹂t** zaprzysiężony, przysiężny; **2ung** *f* zaprzysiężenie, złożenie (*od.* odebranie) przysięgi.

Ver'ein *m* (*-es; -e*) związek, stowarzyszenie; F *lustiger* ⹂ wesoła kompania, ferajna; *im* ⹂ *mit* wspólnie z (*I*); **2bar** dający się pogodzić; **2baren** (-) uzgadniać ⟨-godnić⟩, umawiać ⟨umówić⟩ (*a. się; A/co do G*); pogodzić *pf.* (*miteinander ze sobą*); **⹂barung** *f* ugoda, umowa, *Pol.* a. porozumienie; **2en** (-) ⟨po⟩łączyć; **2fachen** (-) upraszczać ⟨-rościć⟩; **2facht** uproszczony; **2heitlichen** (-) ujednolicać ⟨-cić⟩, ⟨z⟩unifikować; **2igen** (-) ⟨po⟩łączyć, ⟨z⟩jednoczyć, zespalać ⟨-polić⟩, zrzeszać ⟨-szyć⟩ (*alle: sich się*); *Ansichten usw.*: pogodzić *pf.*; **2igt** połączony, zrzeszony; (*a. Pol.*) zjednoczony; *Adv.* wspólnie, razem; **⹂igte** *Staaten* Stany Zjednoczone; **⹂igung** *f* połączenie (się), zespolenie, (*a. Hdl., Pol.*) zjednoczenie; *Math.* suma zbiorów; *s. Verein*; **2nahmen** (-) *s. einnehmen*; **2samen** (-; *sn*) osamotnieć *pf.*; **2samt** osamotniony; *s. einsam*.

Ver'eins|gesetz *n* prawo o stowarzyszeniach; **⹂lokal** *n* lokal klubowy *od.* związkowy; **2meierei** F *f* (*0*) zamykanie się w ciasnym kręgu członków związku, partykularyzm związkowy.

ver'ein|t *s. vereinigt*; *Kräfte*: wspólny, zespolony; **⹂zelt** sporadyczny, *präd.* a. miejscami.

ver'eis|en (-) *v/t* zamrażać ⟨-rozić⟩ (*a. Med.*); *v/i* (*sn*) pokry(wa)ć się lodem, obladzać ⟨-lodzić⟩ się; **⹂t** oblodzony; **2ung** *f* oblodzenie; *Geol.* zlodowacenie.

ver'eiteln (*-le*; -) udaremni(a)ć.

ver'eiter|t zropiały; **2ung** *f* zropienie, zapalenie ropne.

ver'|ekeln (-) obrzydzać ⟨-dzić⟩; **2'elendung** *f* zubożenie, pauperyzacja; **⹂'enden** (-; *sn*) zdychać ⟨zdechnąć⟩, paść *pf.*

ver'eng|en (-), **⹂ern** (*-re*; -) zwężać ⟨-ęzić⟩ (*sich się*); **2ung** *f* zwężenie, przewężenie (*a. Med.*).

ver'erb|en (-) pozostawi(a)ć w spadku, *fig.* przekaz(yw)ać (w dziedzictwie); *sich* ⹂en przechodzić ⟨przejść⟩ na potomstwo; ... ⹂t *od.* ⹂en) *sich nicht* nie można odziedziczyć (*R*); **⹂t** *Adjp.* odziedziczony (*von/po L*); **2ung** *f* (*0*) dziedziczenie; *Bio.* dziedziczność *f*; **2ungslehre** *f* teoria dziedziczności. [sich]

ver'ewigen (-) uwieczni(a)ć (*sich*)

ver'fahr|en (-) *v/t* przejechać ⟨-jeździć⟩; ⟨s⟩tracić na jazdę *od.* podróż; *v/i* (*a. sn*) postępować ⟨-tąpić⟩, działać (*nach/według G*); *s. behandeln*; *sich* ⹂en zbłądzić *pf.*, zmylić *pf.* drogę; *die Sache ist völlig* ⹂en sprawa została pokpiona; e-e ⹂ene *Geschichte* zagmatwana historia; **2en** *n* postępowanie (*a. Jur.*); procedura; sposób, metoda; proces (technologiczny); *s. Gerichtsverfahren*; **2ens'technik** *f* technika procesów przetwórczych.

Ver'fall *m* (*-es; 0*) ruina, zniszczenie; (*Niedergang*) upadek; *Med.* marazm; (*Schwinden*) zanik; *Fin.* płatność *f*, termin płatności; *in* ⹂ *geraten* zamieni(a)ć (*od.* rozpadać ⟨-paść⟩) się w ruinę; *fig.* chylić się ku upadkowi; **2en**[1] (-, *sn*) *v/i* (*Haus*) dewastować się, niszczeć; *Pers.* słabnąć, tracić siły, opadać ⟨opaść⟩ z sił; (*Sitten, Kultur*) ⟨pod⟩upadać ⟨⟨pod⟩upaść⟩; (*Wechsel*) być płatnym; (*Pfand usw.*) przepadać ⟨-paść⟩ (*a. Jur., D/na rzecz G*); (*ungültig werden*) ⟨s⟩tracić ważność; (*in, auf A*) wpadać ⟨wpaść⟩ (w, na *A*); (*D*) popadać ⟨-paść⟩ (w *A*), (*a. j-m*) ulegać ⟨ulec⟩ (*D*); **2en** *lassen* przedawni(a)ć; przeterminować *pf.*; *s. Gedanke*; **2en**[2] *Adjp.* zapuszczony, zdewastowany, (*a. Pers.*) zniszczony; nieważny, przedawniony; *Wechsel*: przeterminowany.

Ver'falls|erscheinung *f* objaw upadku *od.* (*Pers.*) zniedołężnienia; **⹂tag** *m* dzień *m* płatności.

ver'|fälschen (-) ⟨s⟩fałszować; wypaczać ⟨-czyć⟩; ⟨z⟩niweczyć[?] skutkować, F chwytać; *sich* ⹂fangen zaplątać *od.* uwikłać się *pf.* (*a. fig.*); **⹂'fänglich** *Frage*: podchwytliwy (*-wie*); *Lage*: kłopotliwy (*-wie*).

ver'färben (-): *sich* ⹂ zmieni(a)ć zabarwienie *od.* barwę (wskutek puszczania farby); *Pers.* ⟨z⟩blednąć.

ver'fass|en (-*βt*; -) ⟨na⟩pisać, układać ⟨ułożyć⟩; *Protokoll, Testament*: sporządzać ⟨-dzić⟩; **2er(in** *f*) *m* autor(ka); **2ung** *f* konstytucja; (*Zustand*) stan; (*Stimmung*) nastrój.

Ver'fassungs|beschwerde *f* skarga do trybunału konstytucyjnego; **2-feindlich** antykonstytucyjny; **2-mäßig** zgodny z konstytucją; **~recht** *n* prawo konstytucyjne; **~schutz** *m* czuwanie nad przestrzeganiem założeń konstytucji; *F* = **~schutz-amt** *n* Urząd Ochrony Konstytucji; **~staat** *m* państwo konstytucyjne; **2widrig** sprzeczny z konstytucją.

ver'faul|en (-; *sn*) ⟨z⟩gnić; **~t** zgniły; *s. faul, morsch.*

ver'fecht|en (-) bronić, występować ⟨-tąpić⟩ w obronie (*A/G*); **2er(in** *f*) *m* obroń|ca *m* ⟨-czyni⟩, orędowni|k ⟨-czka⟩.

ver'fehl|en (-) chybi(a)ć (*A/G*); *fig.* minąć ⟨minąć⟩ się (*das Ziel* z celem, *den Beruf* z powołaniem); *Zug*: spóźni(a)ć się (*A/na A*); *Weg*: zmylać ⟨-lić⟩; (*j-n*) nie zast(aw)ać (w domu); *einander* (F *sich*) ~en mijać ⟨(roz)minąć⟩ się (z *I*); *nicht* ~en nie omieszkać; **~t** chybiony, F poroniony; **2ung** *f* uchybienie, przewinienie.

ver'fein|det po-, z|waśniony; **~ern** (-*re*; -) wysubtelni(a)ć; *Kochk.* przyprawi(a)ć (do smaku); *vgl. verbessern*; **~ert** wysubtelniony; *przy-, za|prawiony (mit/I).*

ver'fertigen (-) *s. anfertigen*; **2-'fettung** *f* otłuszczenie; **~feuern** (-) wypalać ⟨-lić⟩; *Munition*: wystrzelać *pf.* [**2ung** *f* ekranizacja.)

ver'film|en (-) ⟨z⟩ekranizować;

ver'filzen (-) *v/i* (*sn*) ulegać ⟨ulec⟩ spilśnieniu, spilśnieć *pf.*; *Wolle a.*: zbi(ja)ć się; **~finstern** (-*re*; -) *s. verdunkeln*, verdüstern; **~flachen** (-) *v/i* (*sn*) spłycieć *pf.* (*a. fig.*); sta(wa)ć się bardziej płaskim; **~flechten** (-) przeplatać ⟨-pleść⟩ (*mit/I*); *fig. a.* uwikłać *pf.* (*in A/w A*); **2-'flechtung** *f Fin., Hdl.* integracja; kartelizacja; **~'fliegen** (-; *sn*) ulatniać ⟨ulotnić⟩ się; *Zeit*: przelecieć *pf.*; *sich ~fliegen Flgw.* zmylić *pf.* trasę (lotu); **~fließen** (-; *sn*) *Frist*: upływać ⟨-ynąć⟩, przemijać ⟨prze-

minąć⟩; *Konturen*: zl(ew)ać się; *Grenzen, Begriffe*: zacierać ⟨zatrzeć⟩ się; **~flixt** F sakramencki (-ko), cholerny; *Adv. a.* diablo; **~'flochten** powiązany (*miteinander* wzajemnie); **~flogen** *s. verfliegen*; **~flossen** miniony, ubiegły; F *Pers.* były; **~fluchen** (-) prze-, (*durch Fluch verstoßen*) wy|klinać ⟨-kląć⟩; złorzeczyć (*A/D*).

ver'flucht przeklęty; F *Adv.* cholernie; ~! psiamać!, psiakrew!

ver'flüchtigen (-) *v/t* przeprowadzać ⟨-dzić⟩ w stan pary; *sich* ~ ulatniać ⟨ulotnić⟩ się (*a.* F *fig.*).

ver'flüssig|en (-) skraplać ⟨roplić⟩, upłynni(a)ć; **2ung** *f* skraplanie, upłynnianie.

ver'folg|en (-) ścigać (*a. Jur.*); gonić (*A/za I*); *fig.* prześladować; *Ziel*: zmierzać, dążyć (do *G*); *Tier, Pers. a.*: tropić; *fig.* śledzić, obserwować; *nicht weiter* ~en zaniechać (*A/G*); *vgl. fortsetzen*; **2er** *m* ścigający *m, pl. a.* pogoń *f,* pościg; prześladowca *m*; **~t, 2te(r)** prześladowany; ścigany; **2ung** *f* ściganie (*a. Jur.*); (*v. Ausbrechern usw.*) pogoń (*a.* Jur.); pościg; *fig.* prześladowanie; **2ungs-wahn** *m* mania prześladowcza.

ver|'formen (-) ⟨z⟩deformować (*sich* się); *Tech.* formować, kształtować; **~'frachten** (-*e*-; -) wys(y)łać; F *fig.* wsadzać ⟨-dzić⟩, ⟨w⟩pakować (*in A/do G*); **~'fressen** P (-) przeżerać ⟨-żreć⟩; *Adjp.* żarłoczny; **-ner** *Kerl* żarłok, obżartuch; **~'früht** przedwczesny.

ver'füg|bar: **~bar sein** być do dyspozycji; **~en** (-) *v/t* zarządzać ⟨-dzić⟩, polecać ⟨-cić⟩; *v/i* (*über A*) ⟨za⟩decydować, stanowić (o *L*); (*besitzen*) dysponować, rozporządzać (*I*); **2ung** *f* zarządzenie, rozporządzenie; *zur* **2ung stellen** (*haben, sein*) odda(wa)ć (mieć, być) do dyspozycji.

ver'führ|en (-) uwodzić ⟨uwieść⟩; *s. verleiten, verlocken*; **2er(in** *f*) *m* uwodziciel(ka); kusiciel(ka); **~e-risch** uwodzicielski (-ko); *fig.* kuszący (-co), nęcący (-co); **2ung** *f* uwiedzenie; (s)kuszenie; *konkr.* pokusa.

ver'fünffachen (-) zwiększać ⟨-szyć⟩ pięciokrotnie; *sich* ~ wzrastać ⟨wzrość⟩ pięciokrotnie.

ver|füttern (-) spasać ⟨spaść⟩, skarmi(a)ć; ℒ¹**gabe** f wydawanie; powierzenie, zlecenie; ∼**gaffen** F (-): sich ∼gaffen ⟨za⟩durzyć się (in A/w L); **∼gällen** (-) skażać ⟨skazić⟩; fig. zatru(wa)ć.

vergalop'pieren F (-): sich ∼ zagalopować się pf.   [ty.⟩

ver'gammelt F zniszczony; zepsu-

ver'gangen s. vergehen; Adjp. miniony, przeszły; Tag usw. a.: ubiegły; ℒ**heit** f (0) przeszłość f; Gr. (a. pl.) czas przeszły; ℒ**heitsbewältigung** f rozrachunek z przeszłością.

ver'gänglich przemijający, znikomy; ℒ**keit** f znikomość f.

ver'gas|en (-) zgazow(yw)ać; ⟨töten⟩ zagazow(yw)ać; ℒ**er** m gaźnik; ℒ**ung** f gazyfikacja; zagazowanie.

ver'|gaß(en) s. vergessen; ∼**gattern** (-re; -) s. verdonnern.

ver'geb|en¹ (-) Sünden: odpuszczać ⟨-uścić⟩; s. verzeihen; Arbeit: zlecać ⟨-cić⟩ wykonanie (od. załatwienie, dostawę usw.) (A/G); ⟨verteilen⟩ przydzielać ⟨-lić⟩, rozda(wa)ć; Stipendium: wyznaczać ⟨-czyć⟩; Chance: nie wykorzystać (A/G); Stelle: obsadzać ⟨-dzić⟩; zu ∼en wolny, do objęcia; s. übrig; sich ∼en KSp. omylić się przy rozdawaniu; du vergibst dir nichts, wenn ... korona ci z głowy nie spadnie, jeśli (od. jak) ...; ∼**en²** Adjp. zajęty; rozdany; Frau: zamężna, zaręczona; Schuld: przebaczony; Sünde: odpuszczony; ∼ens (na) próżno, (na-)daremnie; alles war ∼ens nic nie pomogło; a. = ∼**lich** daremny, próżny (-no); bezskuteczny; ℒ**lichkeit** f (0) płonność f; bezskuteczność f; ℒ**ung** f darowanie, przebaczenie; odpuszczenie (grzechów).

vergegen'wärtigen (-): sich (D) ∼ uprzytamniać ⟨-tomnić⟩ sobie.

ver'|gehen (-; sn) (prze)mijać ⟨⟨prze⟩minąć⟩, (Zeit a.) schodzić ⟨zejść⟩, (a. Schmerz, Winter) przechodzić ⟨przejść⟩; ihm verging die Lust odeszła go chęć od. ochota (zu/na A); mir ist der Appetit ∼gangen straciłem apetyt; fig. ginąć, umierać (vor/z G); sich ∼gehen dopuszczać ⟨-uścić⟩ się czynów karygodnych od., niemoralnych (an D/wobec G); [...] przemijanie; Jur. (u. a. pl.) wykroczenie, przewinienie; ∼**geistigt** uduchowiony.

ver'gelt|en (-) odpłacać ⟨-cić⟩ (A mit/I za A); ℒ**ung** f (0) odwet; als ℒung w odwet (für/za A); ℒung üben brać ⟨wziąć⟩ odwet; ℒ**ungs-aktion** f akcja odwetowa; ℒ**ungsschlag** m uderzenie odwetowe.

verge'sellschaften (-e-; -) uspołeczni(a)ć.

ver'gess|en¹ (L.) zapominać ⟨-mnieć⟩ (A/A, G; sich się); ∼² Adjp. zapomniany; ℒ**heit** f (0) zapomnienie, niepamięć f; in ℒheit geraten popaść w zapomnienie.

ver'geßlich roztargniony, łatwo zapominający, F (a. ∼er Mensch) zapominalski; ℒ**keit** f (0) roztargnienie, F zapominalstwo; aus ℒkeit przez zapomnienie.

ver'geud|en (-e-; -) ⟨z⟩marnotrawić; Zeit a.: ⟨z⟩marnować; Geld a.: szastać (I); ℒ**ung** f (0) marnotrawstwo.

verge'waltig|en (-) v/t ⟨z⟩gwałcić (A), (a. fig.) zada(wa)ć gwałt (D); ℒ**ung** f zgwałcenie, gwałt.

verge'wissern (-re; -): sich ∼ upewni(a)ć się (G/o L, co do G).

ver'gießen (-) rozl(ew)ać; Blut, Tränen: przel(ew)ać.

ver'gift|en (-e-; -) ⟨o⟩truć (sich się); Luft usw.: zatru(wa)ć (a. fig.); ∼**et** otruty; zatruty; ℒ**ung** f otrucie; zatrucie; (v. Umwelt a.) skażenie.

ver'|gilben (-) ⟨po-, z⟩żółknąć; ∼'**gipsen** (-) zagipsow(yw)ać.

ver'giß s. vergessen; ℒ**meinnicht** n (-ẹs; -/-e) niezapominajka, niezabudka.

ver'gittern (-re; -) okratować pf.

ver'glas|en (-) v/t ⟨o⟩szklić; ℒ**ung** f (o)szklenie.

Ver'gleich m (-ẹs; -e) porównanie; Jur. pojednanie, ugoda; im ∼ zu w porównaniu z (I); ℒ**bar** porównywalny, dający się porównać; ℒ**en** (-) porówn(yw)ać (mit/z I); sich ℒen załatwi(a)ć sprawę ugodowo, ugodzić się pf.; ℒ**end** porównawczy; ℒ**s-weise** na przykład; stosunkowo.

ver'glühen (-; sn) Feuer: wygasać ⟨-snąć⟩; Satellit: spalić się pf.

ver'gnüg|en (-): sich ∼en bawić się, zabawi(a)ć się; ℒ**en** n przyjemność f; rozrywka, (Tanz°) zabawa; mit [...] ℒen bardzo mi miło; zum ℒen dla zabawy od. przyjemności; zu m-m ℒen ku mojemu zadowoleniu; viel

ꝍen! przyjemnej zabawy!; ∼t wesoły
(-ło); ꝍung f zabawa.
Ver'gnügungs|lokal n lokal rozrywkowy; ∼**stätte** f miejsce rozrywek od. zabaw; ∼**steuer** f podatek od rozrywek; ꝍ**süchtig** żądny zabaw od. rozrywek.
ver'gold|en (-e-; -) pozłacać ⟨-łocić⟩; ꝍung f złocenie, pozłacanie; konkr. pozłota.
ver'gönnt ∼ sein być danym.
ver'|göttern (-re; -) ubóstwiać; ∼'**graben** (-) v/t zakop(yw)ać, zagrzeb(yw)ać (sich się; a. fig.); ∼'**grämt** zmartwiony, stroskany; ∼'**graulen** F (-) wystraszać ⟨-szyć⟩.
ver'greifen (-): sich ∼ (an j-m) podnosić ⟨-nieść⟩ rękę (na A); (an et. [D]) targać ⟨-gnąć⟩ się (na A).
ver'|greisen (-; sn) zgrzybieć pf.; ∼'**griffen** Buch: wyczerpany; Ware: rozsprzedany.
Ver'größer|er m Fot. powiększalnik; ꝍn (-re; -) powiększać ⟨-szyć⟩ (sich się); ∼**ung** f powiększenie; ∼**ungsglas** n szkło powiększające.
Ver'günstigung f przywilej.
ver'güt|en (-e-; -) wynagradzać ⟨-rodzić⟩; s. zurückerstatten, ersetzen; Tech. ulepszać; ꝍung f wynagrodzenie; Tech. ulepszanie cieplne.
ver'haft|en (-) ⟨za⟩aresztować; ꝍung f (za)aresztowanie.
ver'hallen (-; sn) przebrzmie(wa)ć.
ver'halt|en n¹ (-) v/t pows-, (Atem) za|trzym(yw)ać; vgl. unterdrücken; sich ∼en zachow(yw)ać się (a. gegenüber D/wobec G); ustosunkow(yw)ać się (do G); Sache: mieć się, przedstawiać się; sich zueinander ∼en mieć się do siebie; ∼en² Adjp. (s)tłumiony; mit ∼enem Atem z zapartym tchem; ꝍen n (-s; 0) pows-, za|trzym(yw)anie; zachowanie (się); ꝍensforschung f (0) etologia; ꝍensweise f sposób zachowania.
Ver'hältnis n (-ses; -se) stosunek; proporcja; F romans, miłostka; pl. a. warunki m/pl.; über s-e ∼se ponad stan; ∼**gleichung** f proporcja; ꝍ**mäßig** stosunkowy (-wo); ∼**wahl** f wybory m/pl. proporcjonalne; ∼**wort** n Gr. przyimek.
Ver'haltungs|maßregel f wskazówki f/pl. co do zachowania (się); ∼**norm** f norma postępowania, konwenans.

ver'hand|eln (-) pertraktować, rokować (A, über A/o A); s. besprechen; Jur. rozpozn(aw)ać, rozpatrywać ⟨-trzyć⟩ (e-n Fall sprawę); ꝍlung f pertraktacje f/pl., negocjacje f/pl., rokowania n/pl.; Jur. rozprawa.
Ver'handlungs|partner m negocjator; ∼**weg** m: auf dem ∼weg(e) w drodze rokowań.
ver'häng|en (-) Fenster: zasłaniać ⟨-łonić⟩, zawieszać ⟨-esić⟩; (über A) Strafe: nakładać ⟨-nałożyć⟩ (na A), wymierzać ⟨-rzyć⟩ (D); s. anordnen; ꝍnis n (-ses; -se) los, fatum n; das wurde ihm zum ꝍnis to go zgubiło od. przyprawiło o zgubę; ∼**nisvoll** fatalny, zgubny; tragiczny w skutkach.
ver'|harmlosen (-) pomniejszać ⟨-szyć⟩ (a. znaczenie usw. G); niedoceni(a)ć; ⟨po⟩traktować lekko; ∼'**harren** (-; a. sn) pozosta(wa)ć, trwać (in D/w L); ∼'**harschen** (-; sn) (Schnee) ⟨z⟩lodowacieć, zamieni(a)ć się w szreń; (Wunde) pokry(wa)ć się strupem.
ver'härt|en (-) v/t fig. ⟨u⟩czynić zatwardziałym; sich ∼en ⟨s⟩twardnieć; stać się zatwardziałym; (Widerstand) wzmagać ⟨wzmóc⟩ się; ꝍung f stwardnienie.
ver'haspeln (-le; -) s. verheddern.
ver'haßt znienawidzony, nienawistny; sich ∼ machen ściągać ⟨-gnąć⟩ na siebie nienawiść. [ścić⟩.)
ver'hätscheln (-) rozpieszczać ⟨-ie-)
Ver'hau m od. n (-és; -e) zasiek; ꝍen F (-) v/t ⟨s⟩prać (A), da(wa)ć w skórę (D); Klassenarbeit: obl(ew)ać; sich ꝍen ⟨o⟩mylić się grubo, strzelić pf. byka.
ver'heddern F (-re; -) ⟨po-, (a. fig.) za⟩plątać, ⟨u⟩wikłać (sich się).
ver'heeren (-) s. verwüsten; ∼d katastrofalny, okropny.
ver'hehlen s. verheimlichen; ich will nicht ∼ nie chcę ukrywać (daß/że).
ver'|heilen (-) v/i (sn) ⟨za⟩goić się; ∼'**heimlichen** (-) zatajać ⟨zataić⟩, ukry(wa)ć (vor D/przed I).
ver'heirat|en (-) Mann: ⟨o⟩żenić (sich się; mit/z I); Frau: wyda(wa)ć (sich ∼en wychodzić ⟨wyjść⟩ za mąż (mit/za A); vgl. heiraten; ∼et Mann: żonaty; Frau: zamężna; ꝍung f ożenek; zamążpójście.
ver'heiß|en (-) obiec(yw)ać, roko-

wać; ⟨künden⟩ zwiastować; ǫung f:
das Land der ǫung ziemia obiecana;
∼ungsvoll (wiele) obiecujący ⟨-co⟩.
ver'heizen (-) s-, wy|palać ⟨-lić⟩.
ver'helfen (-): j-m ∼ zu być pomoc-
nym (k-u w I), ułatwi(a)ć (k-u A).
ver'herrlich|en (-) gloryfikować;
ǫung f (0) gloryfikacja.
Ver'|hetzung f podżeganie, pod-
judzanie; ǫ**heult** F zapłakany.
ver'hex|en (-) v/t urzekać ⟨urzec⟩
(A), rzucać ⟨-cić⟩ urok (na A); ∼t
urzeczony, zaczarowany.
ver'hinder|n (-) v/t uniemożli-
wi(a)ć, udaremni(a)ć (A); ∼n, daß
j-d ... przeszkadzać ⟨-kodzić⟩ k-u
(w I); ∼t sein być zajętym; nie móc
(an der Teilnahme uczestniczyć);
ǫung f (0) udaremnienie (G), prze-
szkodzenie (D).
ver'|höhnen (-) s. verspotten; ∼-
'**hökern** F (-re; -) przed(aw)ać (za
bezcen), F opylać ⟨-lić⟩.
Ver'hör n (-es; -e) przesłuchanie,
badanie; ǫen (-) przesłuch(iw)ać;
fig. wypytywać, indagować; sich ǫen
przesłyszeć się pf.
ver'|hornen (-; sn) ⟨z⟩rogowacieć;
∼'**hüllen** (-) prze-, za|słaniać ⟨-ło-
nić⟩, okry(wa)ć (mit/I); zasnu(wa)ć
(I); ∼'**hüllt** fig. ukryty, zamasko-
wany; ∼'**hungern** (-; sn) umierać
⟨umrzeć⟩ z głodu; ∼'**hunzen** F
(-zt; -) ⟨s⟩knocić, ⟨s⟩partolić.
ver'hüt|en (-) v/t zapobiegać ⟨-ec⟩
(D); s. verhindern; ǫ**ten** (-) Erz:
przetapiać; ǫtung f (0) przeróbka
hutnicza; ǫung f zapobie|ganie,
-gnięcie, -żenie (G/D).
Ver'hütungs|- zapobiegawczy; ∼-
mittel n Med. środek antykoncepcyjny, engS. prezerwatywa.
ver'hutzelt F zasuszony.
ver'irr|en (-): sich ∼en zabłąkać się
pf., zbłądzić pf.; ∼t z(a)błąkany;
ǫung f fig. odchylenie, zboczenie z
(właściwej) drogi. [dzać ⟨-dzić⟩.⟩
ver'jagen (-) wy-, (a. fig.) prze|pę-⟩
ver'jähr|en (-; sn) przedawni(a)ć
się, ulegać ⟨ulec⟩ przedawnieniu;
∼t przedawniony; ǫung f (0) prze-
dawnienie; ǫungsfrist f termin
przedawnienia.
ver'|jubeln F (-) przepuszczać
⟨-uścić⟩, przehulać pf.
ver'jüng|en (-) odmładzać ⟨-łodzić⟩
(sich się); sich ∼en (dünner, enger
werden) z-, prze|węźać ⟨-węzić⟩ się;

∼t odmłodzony; zwężony, zbieżny;
ǫung f odmłodzenie; prze-, z|węże-
nie; Tech. a. zbieżność f; ǫungskur
f kuracja odmładzająca.
ver'kalk|en (-; sn) ⟨z⟩wapnieć; F
Pers. ⟨z⟩dziadzieć, ⟨z⟩ramoleć; ∼t
zwapniały; F fig. zdziadziały;
skostniały; ǫung f zwapnienie;
skleroza.
ver'kalku'lieren (-) s. verrechnen;
∼'**kannt** s. verkennen; Adjp. zapo-
znany, niezrozumiany; ∼'**kanten**
przechylać ⟨-lić⟩, przekrzywi(a)ć;
∼'**kappt** ukryty.   [pi(a)ć się.⟩
ver'kapseln (-le; -): sich ∼ zaskle-⟩
Ver'kauf m sprzedaż f; Hdl. a. zbyt;
zum ∼ do sprzedania, na sprzedaż;
ǫen (-) sprzeda(wa)ć.
ver'käuf|er(in f) m sprzedaw|ca m
⟨-czyni⟩; (Beruf a.) ekspedient(ka);
pracownik działu zbytu; ǫ**lich** do
sprzedania; zbywalny.
Ver'kaufs|abteilung f dział zbytu;
∼**bedingungen** f/pl. warunki m/pl.
sprzedaży; ∼**fahrer** m kierowca m
dostarczający zamówiony towar z in-
kasujący należność; ∼**förderung** f
popieranie sprzedaży; ∼**leiter** m
kierownik działu zbytu; ǫ**offen:**
-ner Sonnabend sobota w którą skle-
py otwarte są przez cały dzień; ∼-
preis m cena sprzedaży od. sprzedażna; cena zbytu; ∼**schlager** m
towar cieszący się ogromnym powodzeniem, bestseller; ∼**stelle** f
punkt sprzedaży; ∼**wert** m wartość sprzedażna.
Ver'kehr m (-s; selt. -e) ruch; komunikacja; transport; (mit j-m)
stosunki m/pl., obcowanie; s. Zssgn,
Umgang usw.; im brieflichen ∼ stehen korespondować (mit/z I); aus
dem ∼ ziehen wycof(yw)ać z obiegu;
ǫen (-) v/i obcować, utrzymywać
stosunki (mit/z I); bywać (bei/u G);
geschlechtlich ǫen spółkować; Bus,
Zug: kursować; Flgw. latać; v/t et.
ins Gegenteil ǫen nada(wa)ć przeciwny sens (D).
Ver'kehrs|ader f arteria komunika-
cyjna; ∼**ampel** f lampa sygnali-
zacyjna, sygnalizator świetlny; ǫ-
arm o małym natężeniu ruchu; ∼-
behinderungen f/pl. utrudnienia
n/pl. w komunikacji; ∼**belastung**
f obciążenie ruchem; ∼**betrieb(e**
pl.) m przedsiębiorstwo komuni-
kacyjne; ∼**delikt** n wykroczenie

drogowe; **~dichte** f nasilenie ruchu; **~flugzeug** n samolot komunikacyjny; **~hindernis** n przeszkoda w ruchu drogowym; **~insel** f wysepka bezpieczeństwa od. kanalizująca ruch; **~knotenpunkt** m węzeł komunikacyjny; **~lärm** m hałas uliczny; **~minister|ium** n) m minister(stwo) komunikacji; **~mittel** n środek transportowy od. komunikacyjny, f środek lokomocji; **~netz** n sieć komunikacyjna; **~opfer** n ofiara wypadku drogowego; **~polizei** f policja (od. milicja) drogowa; **~radar** m od. n radarowy miernik do wykrywania wykroczeń drogowych; **~regelung** f regulowanie (od. regulacja) ruchu; 2**reich** o dużym nasileniu ruchu, ruchliwy; **~schild** n znak drogowy; **~sicherheit** f (0) bezpieczeństwo ruchu; **~sprache** f język mówiony od. powszechnie używany, **~stockung** f zator drogowy, F korek; **~störung** f zakłócenie (od. przerwa w) ruchu; **~sünder** F m naruszający przepisy ruchu drogowego; **~teilnehmer** m uczestnik ruchu (drogowego), użytkownik drogi; **~unfall** m wypadek drogowy od. komunikacyjny; **~verbindung** f połączenie komunikacyjne; **~verbot** n zakaz przejazdu; **~weg** m szlak komunikacyjny; **~wesen** n (-s; 0) komunikacja; **~zeichen** n znak drogowy.

ver'**kehrt** odwrócony, F do góry nogami; odwrotny, *präd. a.* na odwrót; *s. falsch; alles ~ machen* robić wszystko na opak; *et. ~ anziehen* włożyć na lewą stronę (A); 2**heit** f (0) opaczność f, błędność f.

ver'**keilen** (-) zaklinować *pf.*; P *s. verhauen; sich ineinander ~ (bei e-m Unfall)* splątać się, zbi(ja)ć się w kupę.

ver'**kennen** (-) nie doceni(a)ć, nie oceni(a)ć należycie, † zapoznawać.

ver'**kettung** f: *e-e ~ unglückseliger Umstände* niefortunny (od. nieszczęśliwy) splot okoliczności.

ver'**ketzern** (-re; -) (z)dyskredytować; **~klagen** (-) (za)skarżyć (*j-n wegen/*k-o o A).

ver'**klär|en** (-) *Gesicht*: o-, roz|promieni(a)ć (*sich* się); *Vergangenes*: ukaz(yw)ać (*sich* się) w lepszym świetle; 2**ung** f: 2**ung** *Christi* Przemienienie Pańskie.

ver'**klausu'liert** *fig.* zawiły (-le), (*präd.* w sposób) zawikłany; **~kleben** (-) *v/t s. zukleben; v/i (sn)* zlepi(a)ć (*od.* sklejać <-eić>) się.

ver'**kleid|en** (-) przeb(ie)rać (sich; *als/za* A); *Arch.* oblicow(yw)ać; (*mit Stoff, Holz*) obi(ja)ć; *Tech. (zum Schutz)* osłaniać <-łonić>, obudow(yw)ać; 2**ung** f przebranie; *Arch.* licowanie; *konkr.* obicie; okładzina; oblicówka; *Tech.* obudowa, osłona; *Flgw.* pokrycie.

ver'**kleiner|n** (-re; -) zmniejszać <-szyć> (*sich* się); *fig.* uszczuplać (-lić); *sich ~n a.* <z>maleć; *vgl.* (ver)mindern; 2**ung** f zmniejszenie. 2**ungsform** f *Ling.* forma zdrobniała, zdrobnienie. [*fig.*).\]

ver'**kleistern** (-) zaklajstrować (*a.*}

ver'**klemm|en** *sich ~en s. klemmen* (*v/i*); **~t** F *fig.* nieśmiały, zamknięty w sobie.

ver'**klingen** (-; *sn*) przebrzmie(wa)ć, zamierać <-mrzeć>; **~klopfen** F (-) *s. verdreschen, verhökern;* **~knacksen** F (-) zwichnąć (*sich* [D] *et./*sobie A). [rzyć się (*in A/*w L).\]

ver'**knallen** F (-): *sich ~(za)*du-}

Ver'**knappung** f (0) brak, niedobór.

ver'**kneifen** F (-): *sich* (D) ~ *Lachen, Schmerz:* <s>tłumić; *s. versagen.*

ver'**kniffen** *Adjp.* s-, wy|krzywiony; **~knöchern** (-re; -; *sn*) <s>kostnieć (*a. fig.*); **~knoten** (-e-; -) <za>wiązać na supeł; **~knüpfen** (-) *fig.* <po>wiązać, <po>łączyć, <s>kojarzyć; **~kohlen** (-) zwęglać <-lić> (*v/i* [*sn*] się); F *fig.* brać <wziąć> na kawał; 2**kokung** f (0) koksowanie.

ver'**kommen**[1] (-; *sn*) <z>marnować się; (*moralisch*) zjajdaczeć *pf.*; wykolejać <-eić> się; ~ *lassen* <z>marnować, doprowadzać <-dzić> do zniszczenia; *s. vernachlässigen, verwahrlosen;* **~**[2] *Adjp.* zaniedbany, opuszczony; (*moralisch*) wykolejony, zgangrenowany moralnie; 2**heit** f (0) zepsucie, demoralizacja.

ver'**korken** (-) <za>korkować; **~korksen** F (-) <s>knocić, <po>psuć.

ver'**körper|n** (-re; -) uosabiać <-sobić>; *Rolle:* odtwarzać <-worzyć>; 2**ung** f uosobienie; odtworzenie.

ver'**krach|en** F (-): *sich ~en* <po>kłócić się (*mit/z* I); **~t** (*gescheitert*) niedoszły; **~te** *Existenz* wykolejeniec, bankrut życiowy.

ver|'**kraften** F (-*e*-; -) *v/t* podołać *pf.* (*D*), da(wa)ć radę (*D*); wytrzym(yw)ać (*A*); ~'**kramen** F (-) zapodzi(ew)ać, zawieruszać ⟨-szyć⟩.

ver'krampf|**en** (-): *sich* ~*en* drgać skurczem, ⟨s⟩kurczyć się konwulsyjnie; (*in A*) wpi(ja)ć się kurczowo (w *A*), trzymać się kurczowo (*G*); *fig.* (*innerlich*) ⟨ze⟩sztywnieć; czuć się skrępowanym; ~**t** skurczony (spazmem); *Pers.* zesztywniały, skrępowany; *Lachen*: wymuszony.

ver'kriechen (-): *sich* ~ ukry(wa)ć się, zaszy(wa)ć się. [⟨-knąć⟩.]
ver'krümeln F (-): *sich* ~ znikać
ver'krüppel|**t** kaleki (*a. Baum usw.*), ułomny; *Glied a.*: zniekształcony; **Qung** *f* kalectwo, ułomność *f*; zniekształcenie. [ty.]
ver'krustet zaskorupiały, zaschnię-⟍
ver'kümmern (-; *sn*) ⟨z⟩marnieć; (*Pflanze, Tier a.*) ⟨s⟩karłowacieć, ⟨s⟩karleć; (*Handel*) upadać ⟨upaść⟩; (*Organ*) zanikać ⟨-knąć⟩; (*Talent*) ⟨z⟩marnować się.

ver'künd|**en** (-) obwieszczać ⟨-eścić⟩, oznajmi(a)ć; **Qigung** *f Rel.*: *Mariä* **Qigung** Zwiastowanie Najświętszej Marii Panny.

ver'kupfern (-*re*; -) miedziować; ~'**kuppeln** (-) raić, swatać (*j-n an A*/*k-u A*); *s. verheiraten*.

ver'kürz|**en** (-) skracać ⟨-rócić⟩ (*sich sie*; *sich* [*D*] *mit*/*sobie I*); *vgl.* (*ab*)*kürzen*; ~**t** skrócony; **Qung** *f* skrócenie.

Ver'lad|**e·brücke** *f* most przeładunkowy, mostownica; *Sp.* na-, za|ładow(yw)ać; wys(y)łać; ~**er** *m* załadowca *m*; ~**ung** *f* załadunek.

Ver'lag *m* (-*es*; -*e*) wydawnictwo; **Qern** (-) przenosić ⟨-nieść⟩; przesuwać ⟨-unąć⟩; ewakuować (*im*)*pf.*

Ver'lags|**buchhandlung** *f* księgarnia nakładowa; ~**katalog** *m* katalog wydawniczy; ~**vertrag** *m* umowa wydawnicza.

ver'lang|**en** (-) *v/t* za żądać, domagać się, (*a. erfordern*) wymagać (*G*); *es* ~**t** *ihn nach* ... odczuwa chęć (*od.* potrzebę) (*G*); *v/i* (*nach*) chcieć, ⟨za⟩pragnąć, (*begehren*) pożądać (*G*); (*nach j-m*) domagać się (*od.* żądać) przybycia (*G*), chcieć zobaczyć (*A*); *du wirst am Telefon* ~**t** telefon do ciebie; **Qen** *n* (-*s*; 0) żądanie, pragnienie, (*Sehnsucht*) tęsknota (*nach*/*za I*).

ver'länger|**n** (-*re*; -) przedłużać ⟨-żyć⟩ (*a. Paß usw.*); *Wechsel*, *Frist a.*: ⟨s⟩prolongować; **Qung** *f* przedłużenie; prolongata; *Sp.* dogrywka.

Ver'längerungs|**schnur** *f*, ~**stück** *n* przedłużacz.

ver'langsamen (-) zwalniać ⟨zwolnić⟩; *sich* ~ spo-, z|wolnić *pf.*, ⟨z⟩maleć.

Ver'laß *m* (-*sses*; 0): *es ist* (*kein*) ~ (nie) można polegać (*auf A*/*na L*).

ver'lassen[1] (-) opuszczać ⟨-uścić⟩ (*a. v. Mut*, *Glück*), porzucać ⟨-cić⟩; *sich* ~ (*auf A*) polegać (na *L*), zda(wa)ć się (na *A*); ufać (*D*).

ver'lassen[2] *Adjp.* opuszczony, porzucony; (*leer*) opustoszały; (*einsam*) samotny.

ver'läßlich *s. zuverlässig.*

Ver'laub *m*: *mit* ~ za pozwoleniem.

Ver'lauf *m* przebieg; tok; (*Zeit*?) upływ; *im* ~ *von* w toku (*G*); na przestrzeni (*G*); *nach* ~ *von* po upływie (*G*); (*un*)*günstiger* ~ (nie)pomyślny obrót; **Qen** *v/i* (*sn*) przebiegać (*Weg a.*) prowadzić; (*Reise usw. a.*) odby(wa)ć się; (*Farben*) rozpływać ⟨-ynąć⟩ się; zl(ew)ać się; (*Zeit*) *s. vergehen*; *fig. im Sande* ~ spełznąć na niczym; *sich* **Qen** (*Menge*) rozchodzić ⟨rozejść⟩ się, rozpraszać ⟨-roszyć⟩ się; *s.* (*sich*) *verirren*.

ver'laust zawszony.

ver'lautbar|**en** (-) zakomunikować *pf.*, oświadczać ⟨-czyć⟩; **Qung** *f* oświadczenie.

ver'laut|**en** (-): ~*en lassen* oświadczać ⟨-czyć⟩, powiedzieć *pf.*; *wie aus* ... ~*et* jak donoszą z (*G*).

ver'leben (-) spędzać ⟨-dzić⟩.

ver'leg|**en**[1] = *Sitz*: przenosić ⟨-nieść⟩ (*nach*/*do G*); *Truppen*: przesuwać ⟨-unąć⟩; *Frist a.*: odraczać ⟨-roczyć⟩; *Leitung*: kłaść, zakładać ⟨założyć⟩; *Buch*: wyda(wa)ć; *Weg*: zagradzać ⟨-rodzić⟩, zachodzić ⟨zajść⟩; *s. verkramen*; *sich* ~*en auf* (*A*) przerzucać ⟨-cić⟩ się na (*A*); ~**en**[2] *Adjp.* zakłopotany, zmieszany; *Schweigen*: kłopotliwy (-wie); *präd.* z zażenowaniem; *nicht* ~*en sein um* (*A*) nie mieć nigdy kłopotu ι (*G*).

Ver'legenheit *f* (0) zakłopotanie, ambaras; *in* ~ *bringen* wprawi(a)ć w zakłopotanie; *in* ~ *kommen* (*sein*) znaleźć się (*być*) w kłopocie.

Ver'leg|er *m* wydawca *m*, nakładca *m*; **~ung** *f* przeniesienie; przesunięcie, odroczenie; zakładanie, założenie. 〔‹-dzić›, ‹ze›psuć.〕

ver'leiden ‹-e-; -) obrzydzać〕

Ver'leih *m* ‹-s; 0) wypożyczanie, (*pl.* -e) wypożyczalnia; **2en** (-) wypożyczać ‹-czyć›; *Titel*: nada(wa)ć; *Orden*: odznaczać ‹-czyć›, nagradzać ‹-rodzić› (*j-m A*/k-o *I*); *Kraft usw.*: doda(wa)ć; **~er** *m* wypożyczający *m*; **~ung** *f s. Verleih*; nadanie, odznaczenie, nagrodzenie (*G/I*); (*e-s Preises*) przyznanie, *eng S.* wręczenie.

ver'|leiten (-) skłaniać ‹-łonić›, (*durch Zureden*) namawiać ‹-mówić› (*zu*/do *G*); *s. verführen*; **~'lernen** (-) zapominać ‹-mnieć› (*A*/*G*).

ver'lesen (-) *Körner*: przeb(ie)rać; *Brief*: odczyt(yw)ać, (*prze*)czytać (na głos); *sich ~* ‹o›mylić się w czytaniu.

ver'letz|bar *s. verwundbar, empfindlich*; **~en** (-) ‹s›kaleczyć (*sich* się; *sich* [*D*]/sobie); *fig., Eid, Grenze usw.*: naruszać ‹-szyć›; *Recht usw. a.*: pogwałcić *pf.*; *s. verwunden, kränken*; **~end** obraźliwy ‹-wie); **2ung** *f* obrażenie, uszkodzenie (*ciała*), uraz; *fig.* naruszenie; pogwałcenie; *s. Kränkung*.

ver'leugnen (-) *v/t* wy-, za|pierać ‹-przeć› się (*G*); *das läßt sich nicht ~* temu nie można zaprzeczyć; *er ließ sich ~* kazał powiedzieć, że nie ma go w domu.

ver'leumd|en (-e-; -) spotwarzać ‹-rzyć›, zniesławi(a)ć; **2er(in** *f*) *m* oszczer|ca *m* (-czyni), insynuator (-ka); **~erisch** oszczerczy ‹-czo); **2ung** *f* oszczerstwo, zniesławienie.

ver'lieb|en (-): *sich ~en* roz-, za|koch(iw)ać się (*in A*/w *L*); **~t** zakochany; *ein ~tes Paar* para zakochanych; **2theit** *f* (*0*) zakochanie.

ver'lier|en (*L.*) *v/t* ‹z-, za›gubić; *fig.* ‹s-, u›tracić (*a. an et.*/na *L*); *Krieg, Prozeß, Spiel*: przegr(yw)ać; *vgl. einbüßen, verspielen; nichts* (*k-e Zeit*) *zu ~en haben* nie mieć nic (*czasu*) do stracenia; *sich ~en s. verlorengehen, verschwinden; fig.* (*in D*) gubić się (w *I*); zatapiać ‹-topić› się (w *I*); **2er** *m* przegrywający *m*; pokonany *m*.

Ver'lies *n* (-es; -e) loch.

ver'lob|en (-) zaręczać ‹-czyć› (*sich*

---

się; *mit*/z *I*); **2te(r)** narzeczon|y *m* (-a); **2ung** *f* zaręczyny *pl.*

Ver'lobungs|anzeige *f* zawiadomienie o zaręczynach; **~ring** *m* pierścionek zaręczynowy.

ver'lock|en (-) ‹s›kusić, ‹z›nęcić, ‹z›wabić (*zu*/do *G*); **~end** kuszący (-co), nęcący ‹-co); **2ung** *f* pokusa.

ver'logen zakłamany; **2heit** *f* (*0*) zakłamanie.

ver'loren *s. verlieren; Adjp.* z(a)gubiony; *fig. a.* u-, s|tracony; przegrany; *Verpackung*: bezzwrotny; *Mühe*: próżny, daremny; (*in Gedanken*) zatopiony (w *L*); *Sohn*: marnotrawny; *s. a. einsam; ~ geben s. aufgeben; ~gehen* ‹z›gubić się, F zawieruszać ‹-szyć› się, przepadać ‹-paść›; *an ihm ist ein Künstler ~gegangen* to urodzony artysta.

ver'löschen (*L.*) *v/i* (*sn*) ‹z›gasnąć.

ver'los|en (-) rozlosow(yw)ać; **2ung** *f* losowanie.

ver'|löten (-) zalutować *pf.*; **~'lottern** F ‹-re; -; *sn*), **~'ludern** F ‹-re; -; *sn*) *s. verkommen*[1].

Ver'lust *m* (-es; -e) zguba; *Fin., fig.* strata; *Jur.* przepadek; (*v. Rechten*) utrata; (*Spiel*2) przegrana; **~anzeige** *f* ogłoszenie o zgubie; **2bringend** przynoszący straty; deficytowy (-wo); **2ig:** *e-r Sache* 2*ig gehen s. einbüßen; für* 2*ig erklären* pozbawi(a)ć (*G*); **~liste** *f* lista strat; **2reich** przynoszący duże straty; *Schlacht*: krwawy (-wo).

ver'|machen (-) zapis(yw)ać; *s. testamentarisch;* **2mächtnis** *n* (-ses; -se) zapis, legat; *fig.* nakaz, ostatnia wola.

ver'mähl|en *lit.* (-) *s.* (ver)heiraten; *sich ~en a.* po-, za|ślubi(a)ć (*mit*/*A*); **2ung** *f* zaślubiny *pl.*; *s. Heirat.*

ver'|masseln F ‹-le; -) zawalać ‹-lić› (*alles sprawę*); **~'mauern** (-) zamurow(yw)ać.

ver'mehr|en (-) pomnażać ‹-nożyć›, (*a. sich się*) mnożyć, powiększać ‹-szyć›; *Bio.* rozmnażać ‹-nożyć› (*sich* się); *sich ~en a.* rozpleni(a)ć się; **2ung** *f* (*0*) pomnażanie; mnożenie (się); *Bio. a.* rozmnażanie (się).

ver'meid|bar (możliwy) do uniknięcia; **~en** (-) *v/t* unikać ‹-knąć› (*G*); *... läßt* (*ließ*) *sich nicht ~en* nie da(ło) się uniknąć (*G*); **2ung** *f* (*0*) uniknięcie.

ver'|meintlich domniemany, rzekomy; **~'mengen** (-) s. vermischen; **~'menschlichen** (-) uczłowieczać ⟨-czyć⟩.

Ver'merk m (-es; -e) adnotacja; s. Notiz; 2en (-) od-; za|notow(yw)ać; zaznaczać ⟨-czyć⟩.

ver'mess|en¹ (-) v/t dokon(yw)ać pomiarów (G), wymierzać ⟨-rzyć⟩; sich ~en s. erdreisten; **~en²** Adj. zuchwały (-le); s. anmaßend; 2en**heit** f (0) zuchwałość f, czelność f; 2ung f pomiar; 2ungs**-ingenieur** m inżynier mierniczy.

ver'miesen F (-) s. verleiden.

ver'miet|en (-) wynajmować ⟨-jąć⟩; zu ~en do wynajęcia; 2er m wynajmujący m; 2ung f wynajem.

ver'minder|n (-) zmniejszać ⟨-szyć⟩ (sich się); (senken) obniżać ⟨-żyć⟩; Personal, Ausgaben a.: uszczuplać ⟨-lić⟩, ⟨z⟩redukować; 2ung f zmniejszenie/obniżenie uszczuplenie, redukcja.

ver'|minen (-) ⟨za⟩minować; **~'mischen** (-) ⟨z⟩mieszać (mit/z I; sich się); **~'missen** (-ßt; -)v/t stwierdzać ⟨-dzić⟩ brak, (nur Pers.) odczu(wa)ć nieobecność (G); **~'mißt** Adj., 2'mißte(r) zaginiony.

ver'mitt|eln (-le; -) v/i pośredniczyć (bei/przy I; in D/w L); v/t s. verschaffen, ermöglichen; 2ler(in f) m pośredni|k (-czka); (im Streit) mediator(ka), rozjem|ca m (-czyni); 2lung f pośredniczenie, pośrednictwo; mediacja; Fmw. centrala.

Ver'mittlungs|ausschuß m komisja mediacyjna; **~gebühr** f prowizja.

ver'|möbeln F (-le; -) s. verdreschen; **~'modern** (-; sn) ⟨z⟩gnić; Holz, Papier: ⟨s⟩butwieć.

ver'möge Prp. (G) dzięki (D); za pomocą (G); **~n** (-) móc, zdołać pf.; 2n n (-s; 0) możność f, moc f; zdolność f; (Besitz) majątek; Fin. aktywa pl.; **~nd** majętny, zamożny.

Ver'mögens|bildung f (0) tworzenie (od. wytwarzanie) majątku; **~lage** f stan majątkowy.

Ver'mögen(s)steuer f podatek majątkowy.

Ver'mögens|verhältnisse n/pl.stosunki m/pl. majątkowe; s. Vermögenslage; 2wirksam: -me Leistungen świadczenia n/pl. na rzecz tworzenia majątku.

ver'|morschen (-; sn) ⟨s⟩próchnieć; **~'mummt** zamaskowany; opatulony.

ver'mut|en (-e-; -) przypuszczać ⟨-uścić⟩; (ahnen) domyślać ⟨-lić⟩ się (A/G); **~lich** przypuszczalny; Adv. a. zapewne; 2ung f przypuszczenie, domniemanie, domysł; 2ungen anstellen, sich in 2ungen ergehen gubić się w domysłach.

ver'|nachlässigen (-) v/t zaniedb(yw)ać (A), opuszczać ⟨-uścić⟩ się (w L); Garten usw. a.: zapuszczać ⟨-uścić⟩; **~'nageln** (-) zabi(ja)ć gwoździami od. (Tür usw.) deskami; **~'nähen** (-) zaszy(wa)ć; **~'narben** (-; sn) zabliźni(a)ć się.

ver'narr|en (-): sich ~en (in A) ⟨za⟩durzyć się, rozkoch(iw)ać się (w L); **~t** rozmiłowany (in A/w L).

ver'|naschen (-) ⟨s⟩tracić na łakocie; F fig. ⟨z⟩bałamucić; **~'nebeln** (-le; -) fig. s. verschleiern.

ver'nehm|bar (dobrze) słyszalny, głośny; **~en** (-) ⟨u⟩słyszeć; s. verhören; dem 2en nach jak słychać, mówią; 2ung f s. Verhör.

ver'neig|en (-): sich ~en składać ⟨złożyć⟩ ukłon, skłaniać ⟨-łonić⟩ się (vor D/przed I); 2ung f ukłon.

ver'nein|en (-) v/t zaprzeczać ⟨-czyć⟩ (D), negować (A); **~end** przeczący (-co); 2ung f (za)przeczenie, negacja.

Ver'neinungs|satz m zdanie przeczące; **~wort** n Gr. negacja.

ver'nicht|en (-e-; -) ⟨z⟩niszczyć, wyniszczać ⟨-czyć⟩; s. ausrotten; **~end** Kritik: druzgocący (-co); ~end schlagen rozgromić pf.; 2ung f (wy-, z)niszczenie; zagłada; s. Ausrottung; 2ungskraft f siła niszczycielska; 2ungslager n obóz zagłady.

ver'|nickeln (-le; -) ⟨po⟩niklować; **~'niedlichen** (-) upiększać ⟨-szyć⟩; **~'nieten** (-) ⟨za⟩nitować.

Ver'nunft f (0) rozum, rozsądek; j-n zur ~ bringen przywoł(yw)ać do rozsądku, opamięt(yw)ać (A); zur ~ kommen, a. annehmen opamięt(yw)ać się; 2begabt rozumny; **~hei-rat** f małżeństwo z rozsądku.

ver'nünftig rozsądny. (Antwort usw.) sensowny; ~ werden nab(ie)rać rozumu; **~erweise** kierując się rozsądkiem.

ver'öd|en (-e-; -) v/i (sn) ⟨o⟩pustoszeć, wyludnia(a)ć się; *v/t Med.* wstrzykiwać środek powodujący zarastanie (żyły); **~et** opustoszały (-le), wyludniony.

ver'öffentlich|en (-) ⟨o⟩publikować; **♀ung** *f* opublikowanie, (*a. konkr.*) publikacja.

ver'ordn|en (-) *s. verfügen*; (*v. Arzt*) zalecać ⟨-cić⟩; *Arznei:* zapis(yw)ać; **♀ung** *f* dekret; zarządzenie; zalecenie, przepis.

ver'pacht|en (-) wydzierżawi(a)ć, **♀** odda(wa)ć w pacht; **♀ung** *f* (0) wydzierżawienie.

ver'pack|en (-) ⟨o⟩pakować; **♀ung** *f* pakowanie, *konkr.* opakowanie.

ver'|passen F (-) *Chance:* przegapi(a)ć; *Zug:* spóźnić się (*A*/na *A*); *Spritze, Prügel:* da(wa)ć; **~'patzen** F (-) ⟨z⟩marnować, popsuć *pf.*; **~'pesten** F (*-e-;* -) zasmradzać ⟨-rodzić⟩; **~'petzen** F (-) naskarżyć *pf.* (*A*/na *A*); **~'pfänden** (-) zastawi(a)ć; *Wort:* da(wa)ć; **~'pfeifen** (-) w(y)sypać *pf.*; **~'pflanzen** (-) przesadzać ⟨-dzić⟩, *fig., Med.* przeszczepi(a)ć.

ver'pfleg|en (-) ⟨wy⟩żywić; *Gäste:* stołować (*sich się*); zaopatrywać (*sich się*) w żywność; **♀ung** *f* (0) wyżywienie; żywność *f*, prowiant.

Ver'pflegungs|geld *n* ryczałt żywnościowy; **~satz** *m* ustalona wartość dzienna racji żywnościowej.

ver'pflicht|en (-) zobowiąz(yw)ać (*sich się; zu/do G*); ⟨za⟩angażować; **~et** zobowiązany; **♀ung** *f* zobowiązanie; *s. Pflicht.*

ver'pfuschen F (-) ⟨s⟩fuszerować; kłaść ⟨położyć⟩ (sprawę). [się *pf.*]

ver'plappern F (-): *sich ~* wygada(ł)ć]

ver'|plempern F (*-re;* -) *s. vergeuden, verschütten;* **~'plomben** (-) zaplombować *pf.*; **~'pönt** zakazany; potępiany, naganny; **~'prassen** (-) ⟨roz⟩trwonić, przehulać *pf.*; **~provian'tieren** (-) ⟨za⟩prowiantować; **~'prügeln** (-0-; z/bić *pf.*, ⟨s⟩tłuc; **~'puffen** (-; *sn*) spalać ⟨-lić⟩ się z wolna; *fig.* ⟨s⟩palić *pf.* na panewce; (*Begeisterung*) zgasnąć *pf.*; **~'pulvern** F (*-re;* -) przepuszczać ⟨-uścić⟩.

ver'puppen (-): *sich ~* przepoczwarzać ⟨-rzyć⟩ się.

ver'pusten F (-), *sich ~* odsapnąć *pf.*

Ver'putz *m* tynk, wyprawa; **♀en** (-) ⟨o⟩tynkować, wyprawi(a)ć; F *fig.*

⟨s⟩pucować, sprzątać ⟨-tnąć⟩ (z talerza).

ver'|qualmen F (-) zadymi(a)ć; **~'quatschen** F (-) przegad(yw)ać; **~'quicken** (-) *s. verknüpfen;* **~'quollen** zapuchnięty; *Holz:* spęczniały; **~'rammeln** (*-le;* -) ⟨za⟩tarasować; **~'ramschen** F (-) sprzed(a)wać za bezcen.

Ver'rat *m* (*-es; 0*) zdrada; wydanie, wyjawienie; **~** begehen popełni(a)ć zdradę, dopuszczać ⟨-uścić⟩ się zdrady (*an D*/względem *G*); **♀en** (-) zdradzać ⟨-dzić (*sich się*); F ⟨w⟩sypać; *Geheimnis a.:* wyda(wa)ć, wyjawi(a)ć.

Ver'räter *m*, **~in** *f* zdraj|ca *m* (-czyni); **♀isch** zdradziecki (-ko); *Pers., Worte usw.:* zdradliwy (-wie), zdradzający.

ver'|rauchen (-) *v/t* wypalać ⟨-lić⟩; *v/i* (*sn*) *fig.* przemijać ⟨-inąć⟩; **~'räuchern** (-) zadymi(a)ć.

ver'rechn|en (-) rozliczać ⟨-czyć⟩, dokon(yw)ać rozliczenia *od.* rozrachunku; wliczać ⟨-czyć⟩ (do rachunku); *sich ~en* przeliczać ⟨-czyć⟩ się; **♀ung** *f* rozliczenie, rozrachunek.

Ver'rechnungs|abkommen *n Pol.* umowa clearingowa *od.* kliringowa, **~konto** *n* rachunek rozliczeniowy; **~scheck** *m* czek rozrachunkowy.

ver'|recken (-; *sn*) zdychać ⟨zdechnąć⟩; **~'regnet** zamoknięty; *Tag:* deszczowy ⟨-ość⟩; **~'reiben** (-) rozcierać ⟨rozetrzeć⟩; **~'reisen** (-; *sn*) wyjeżdżać ⟨-jechać⟩; **~'reißen** (-) *fig.* zjechać *pf.*

ver'renk|en (-) wy-, z|wichnąć *pf.* (*sich* [*D*] *et./sobie A*); *sich ~en* (*im Tanz usw.*) wyprawiać łamańce; **♀ung** *f* wy-, z|wichnięcie; *fig. pl.* łamańce *m/pl.*

ver'rennen (-): *sich ~* z uporem maniaka trwać (*in A*/przy *I*).

ver'|richten (-) *Arbeit:* wykon(yw)ać; *Amt:* sprawować; *Gebet:* odmawiać ⟨-mówić⟩; *Andacht:* odprawi(a)ć; *Notdurft:* załatwi(a)ć; **~'riegeln** (*-le;* -) ⟨za⟩ryglować; *Tech. a.* ⟨za⟩blokować; **~'ringern** (*-re;* -) zmniejszać ⟨-szyć⟩ (*sich się*); *Preis usw.:* obniżać ⟨-żyć⟩; **~'rinnen** (-) *s. versickern; fig.* (*Zeit*) uciekać ⟨uciec⟩; **♀riß** *m* druzgocąca krytyka; **~'rostet** zardzewiały; **~'rotten** (*-e-;* -; *sn*) *s. vermodern;* **~-**

'**rücken** (-) przesuwać ⟨-unąć⟩ (*sich* się); przemieszczać ⟨-eścić⟩.

ver'**rückt** F zwariowany; *Idee usw. a.*: wariacki (-ko); ~ *machen* doprowadzać ⟨-dzić⟩ do szaleństwa; ~ *werden* ⟨z⟩wariować; *ganz* ~ *sein* szaleć (*nach/za I*); *wie* ~ jak oszalały; 2e(**r**) wariat(ka); 2**heit** *f* wariactwo.

Ver'ruf *m*: *in* ~ *bringen* ⟨z⟩dyskredytować; *in* ~ *geraten* zepsuć *pf.* sobie opinię; 2**en** *Adj.* osławiony, okrzyczany.

ver'|**rühren** (-) ⟨wy-, z⟩mieszać; ~**'rußt** zakopcony; ~**'rutschen** (-; *sn*) prze-, z|suwać ⟨-unąć⟩ się.

Vers *m* (*-es; -e*) wiersz; F *a.* strofa, zwrotka; (*Bibel*2) werset; ~ *machen* pisać wiersze.   [bie głowę.]

ver'**sacken** (-; *sn*) F *fig.* zalać *pf.* so-⟩

ver'**sag**|**en** (-) *v*/*t* odmawiać ⟨-mówić⟩ (*j-m, sich A*/k-u, sobie *G*; *den Dienst* posłuszeństwa); *v*/*i* (*Waffe*) zacinać ⟨-iąć⟩ się, nie wypalić *pf.*; (*Motor usw.*) nawalać ⟨-lić⟩; *Pers.* nie dopis(yw)ać, nie stanąć *pf.* na wysokości zadania; *es blieb ihm* ~*t* nie było mu sądzone; 2**en** *n*: *menschliches* 2**en** zawodność *f* człowieka; 2**er** *m* niewypał; *fig.* fiasko; *Pers.* niedołęga *m*, niezdara *m*.

ver'**salzen** (-) przesalać ⟨-solić⟩.

ver'**samm**|**eln** (-) ⟨z⟩gromadzić, zbierać ⟨zebrać⟩ (*sich* się); 2**lung** *f* zgromadzenie, zebranie.

Ver'sammlungs|**freiheit** *f* (*0*) wolność *f* zgromadzeń i wieców; ~**raum** *m* sala zebrań.

Ver'sand *m* (*-es; 0*) wysyłka; *a.* ~**abteilung** *f* ekspedycja; ~**buchhandlung** *f* księgarnia wysyłkowa.

ver'**sanden** (*-e-*; ~; *sn*) zapiaszczać ⟨-czyć⟩ się; F *fig.* utknąć *pf.* (w miejscu).

ver'**sand**|**fertig** gotowy do wysyłki; 2**handel** *m* handel wysyłkowy; 2**haus** *n* dom sprzedaży wysyłkowej; 2**kosten** *pl.* koszty *m*/*pl.* wysyłki.

Ver'|satz *m* (*-es; 0*) *Bgb.* podsadzka; 2'**sauen** P (-) na-, za-, (*Arbeit*) s|paskudzić *pf.*; 2'**sauern** (*-re*; -; *sn*) ⟨s⟩kisnąć (*impf. a. fig.*); 2'**saufen** F (-) przepi(ja)ć.

ver'**säum**|**en** (-) *Schule*: opuszczać ⟨ *u*ó*uió*⟩; *Pflicht*: zaniedb(yw)ać; (*nicht erscheinen*) nie stawi(a)ć się (*A*/u, do *G*, na *L*); *Zug*: spóźni(a)ć się (*A*/na *A*); *Chance*: przepuszczać ⟨-uścić⟩; *nicht* ~**en** (*et. zu tun*)

---

nie omieszkać; *du hast nichts* ~*t* nic nie straciłeś; 2**nis** *n* (*-ses; -se*) opuszczenie, zaniedbanie; nieprzybycie, niestawiennictwo; 2**niszuschlag** *m* kara za zwłokę; 2**te(s)** zaniedbania *n*/*pl.*, zaległości *f*/*pl.*

ver'|**schachern** F (-) przeszachrować *pf.*; ~'**schaffen** (-) po-, wy|starać się *pf.* (*j-m A*/o *A* dla k-o), wyjedn(yw)ać (*sich* [*D*] dla siebie; *Arbeit, Überblick usw. a.*: wyrabiać ⟨-robić⟩ (*sich* [*D*] sobie); *Rest*: dochodzić ⟨dojść⟩ (*G*); ~'**schalen** (-) ⟨o⟩szalować, odeskować *pf.*

ver'**schämt** zawstydzony; ~ *tun* uda(wa)ć zażenowanie.   [⟨-cić⟩.]

ver'**schandeln** (*-le*; -) ⟨z⟩eszpecać⟩

ver'**schanzen** (*-zt*; -) *sich* ~ obwarow(yw)ać się (*a. fig.*, *hinter D*/*I*), okop(yw)ać się.

ver'**schärf**|**en** (-) zaostrzać ⟨-rzyć⟩ (*sich* się), obostrzać ⟨-rzyć⟩; ~*t Arrest*: ostry; 2**ung** *f* zaostrzenie (*się*); obostrzenie.

ver'**scharren** (-) zagrzeb(yw)ać.

ver'**schätzen** (-): *sich* ~ przerachow(yw)ać się.

ver'|**schaukeln** F (-), ~'**scheißern** P (*-re*; -) wystawi(a)ć do wiatru; ~'**schenken** (-) ⟨o⟩darować; rozdarow(yw)ać; *fig.* obdarzać ⟨-rzyć⟩ (*j-m A*/k-o *I*).

ver'**scherzen** (-): *sich* (*D*) ~ lekkomyślnie ⟨u⟩tracić *od.* narażać ⟨-razić⟩.

ver'|**scheuchen** (-) przepłaszać ⟨-łoszyć⟩, (*a. fig.*) odpędzać ⟨odpędzić⟩; ~'**scheuern** F (-) opylać ⟨-lić⟩; ~'**schicken** (-) wys(y)łać (*a. Med.*, na kurację); (*in Mengen*) rozsyłać ⟨rozesłać⟩, ⟨wy⟩ekspediować.

ver'**schieb**|**bar** przesuw(aln)ny; 2**ebahnhof** *m* stacja rozrządowa; ~**en** (-) przesuwać ⟨-unąć⟩ (*sich* się); *Termin a.*: odraczać ⟨-roczyć⟩; *Esb.* przetaczać; F *fig.* (*Waren*) sprzed(aw)ać na pasku; 2**ung** *f* przesunięcie; odroczenie.

ver'**schieden** różny; (*ungleich a.*) niejednakowy (-wo); ~ *sein* różnić się (*voneinander od.* od siebie); ~*e Male* kilkakrotnie; ~**artig** rozmaity (-cie), różnorodny; 2**e(s)** niejedno; rozmaitości *f*/*pl.*, różne rzeczy *od.* sprawy *f*/*pl.*; ~**farbig** różno|barwny, -kolorowy; 2**heit** *f* (*0*) różność *f*, odmienność *f*; ~**tlich** niejedno-, kilka|krotnie.

ver|'schießen (-) v/t wystrzelać pf.; Ball: przestrzelić pf.; v/i (sn) (Stoff) ⟨s-, wy⟩płowieć, wyrudzieć pf., ⟨s⟩pełznąć; ~'schiffen (-) załadow(yw)ać na statek; wys(y)łać statkiem; ~'schimmeln (-; sn) ⟨s-⟩ pleśnieć; ~'schlafen¹ (-) zaspać pf., (a. v/t) przespać pf.; ~'schlafen² Adjp. zaspany, (a. fig.) senny.

Ver'schlag m przepierzenie, przegroda; 2en¹ (-) Ball: niecelnie wybi(ja)ć od. poda(wa)ć; Sprache: odbierać ⟨odebrać⟩, odjąć pf.; Atem: zapierać ⟨-przeć⟩; (an e-n Ort usw.) zaganiać ⟨-gnać⟩ (an A/do G); Pers. a. rzucić pf., 2en² Adj. podstępny; (schlau) przebiegły ⟨-le⟩; ~enheit f (-) przebiegłość f.

ver'schlam|men v/i (-; sn) zamulać ⟨-lić⟩ się; ~pen F (-) v/t zapodzi(e-w)ać, zaprzepaszczać ⟨-paścić⟩.

ver'schlechter|n (-re; -) pogarszać ⟨-gorszyć⟩ (sich się); ~ung f (0) pogorszenie (się).

ver'schleiern (-re; -): (sich [D]) das Gesicht a. ⟨za⟩kwefić, zasłaniać ⟨-łonić⟩ sobie twarz; fig. zawoalować pf.; Bilanz: ⟨s⟩fałszować.

ver'schleimt zaflegmiony.

Ver'schleiß m (-es; -e) zużycie; Tech. a. ścieranie się; 2en (L.) v/t ⟨z⟩niszczyć, zuży(wa)ć; v/i (sn) wyrabiać ⟨-robić⟩ się przez tarcie.

ver'schlepp|en (-) zab(ie)rać, wywozić ⟨-wieźć⟩; Pers. a. deportować; (verzögern) przewlekać ⟨-lec⟩, działać na zwłokę; Krankheit: nie leczyć, zaniedb(yw)ać; ~t Med. zadawniony, zastarzały; 2te(r) wysiedleniec, deportowany m; 2ung f wywiezienie, deportacja; przewlekanie, hamowanie; zaniedbanie.

ver'schleudern (-) ⟨prze-, s⟩trwonić; s. verramschen.

ver'schließ|bar zamykany, dający się zamknąć (na klucz); ~en (-) zamykać ⟨-mknąć⟩ na klucz.

ver'schlimmern (-) pogarszać ⟨-gorszyć⟩ (sich się); ~'schlingen (-) połykać ⟨-łknąć⟩, (a. fig.) pochłaniać ⟨-łonąć⟩, pożerać ⟨-żreć⟩.

ver'schlossen zamknięty (fig. w sobie); skryty; 2heit f (0) skrytość f.

ver'schlucken (-) połykać ⟨-łknąć⟩ (a. fig.); sich ~ ⟨za⟩krztusić się.

Ver'schluß m zamek, zamknięcie; Gr. zwarcie; Fot. migawka; Med. zaczopowanie; unter ~ pod kluczem.

ver'schlüssel|n (-le; -) ⟨za⟩kodować; ~t zakodowany.

ver|'schmachten (-; sn) umierać ⟨umrzeć⟩ (vor/z G); ~'schmähen (-) po-, wz|gardzać ⟨-dzić⟩ (A/I); ~'schmelzen (-) stapiać ⟨stopić⟩ (v/i [sn] się); fig. zespalać ⟨-polić⟩; ⟨po⟩łączyć (v/i się); ~'schmerzen (-) przeboleć pf.; ~'schmieren (-) Loch: zasmarow(yw)ać; (breitschmieren) rozmaz(yw)ać; Schrift: zamaz(yw)ać; s. verreiben; ~'schmitzt szelmowski ⟨-ko⟩, filuterny; ~'schmutzen (-) v/t ⟨po-, za⟩brudzić (v/i [sn] się).

ver'schnauf|en F (-), sich ~en odetchnąć, odsapnąć pf.; 2pause f chwila wytchnienia, przerwa dla nabrania tchu.

ver|'schneiden (-) s. beschneiden; Tier: ⟨wy⟩trzebić; Rum: zestawi(a)ć mieszankę (G); ~'schneit zaśnieżony, pokryty (od. zawiany) śniegiem; 2'schnitt m (Holz, Leder) zrzyny m/pl., ścinki m/pl.; (Rum2) mieszanka; zestaw składników; ~'schnörkelt o krętych liniach, pełen zawijasów; ~'schnupft zakatarzony; F fig. nadąsany; ~'schnüren (-) ściągać ⟨-gnąć⟩ (od. ⟨s⟩krępować sznurkiem, osznurować pf.

ver'schollen zaginiony; ~ sein zaginąć (od. przepaść) pf. bez wieści.

ver'schon|en (-) oszczędzać ⟨-dzić⟩ (j-m mit/k-u G); ~t bleiben ocaleć (von/z G).

ver'schöne|n (-), ~rn (-re; -) upiększać ⟨-szyć⟩; 2rung f upieksz|anie, -enie.

ver|'schorfen (-; sn) goić się pod strupem; ~'schossen s. verschießen; Stoff: spłowiały, wyblakły; F fig. zadurzony (in A/w L); ~'schränken (-) ⟨s⟩krzyżować.

ver'schraub|en (-) ⟨po⟩łączyć śrubami od. na gwint; 2ung f połączenie gwintowe; dwułączka rurowa.

ver'schreib|en (-) Arznei: przepis(yw)ać, ⟨za⟩ordynować; sich ~en ⟨o⟩mylić się przy pisaniu; sich e-r Sache ~en odda(wa)ć się całkowicie (D); 2ung f Med. przepis, recepta; ~ungs-pflichtig (wydawany) tylko za receptą lekarza.

ver'schroben cudaczny, dziwaczny; 2heit f (0) cudactwo, dziwactwo.

ver|'schrotten (-e; -) złomować, odda(wa)ć (od. ⟨po⟩ciąć) na złom;

~'**schrumpelt** *dial.* zmarszczony; ~'**schüchtert** onieśmielony, zażenowany, *prąd.* jak trusia.

ver'**schuld|en** (-) *v/t* zawinić *pf.*; *vgl.* verursachen; ℀en *n* (-s; 0) wina; *durch sein eigenes* ℀en z własnej winy; *ohne sein* ℀en bez winy; ~et zadłużony; ~et *sein* zadłużyć się; ℀ung *f* zadłużenie.

ver|'**schütten** (-) *s.* vergießen; *j-n:* przysyp(yw)ać, przywalać ⟨-lić⟩; ~'**schwägert** spowinowacony; ~'**schweigen** (-) przemilczać ⟨przemilczeć⟩.

ver'**schwend|en** (-*e-*; -) *v/t* trwonić, roztrwaniać ⟨-wonić⟩ (*A*), szafować (*I*); ℀en *v/geuden* ℀er(in*f*) *m* rozrzutni|k ⟨-ca⟩, marnotraw|ca *m* (-czyni); ~**erisch** rozrzutny (*üppig*) hojny, bogaty ⟨-to⟩; ℀ung *f* (*von*) trwonienie (*G*), szafowanie (*I*); marnotraw|ienie, -stwo; ℀ungs**sucht** *f* rozrzutność *f*.

ver'**schwiegen** *s.* verschweigen; *Adjp.* dyskretny; *Platz:* ukryty, ustronny; ℀**heit** *f* (0) dyskrecja.

ver'**schwimmen** (-; *sn*) rozpływać ⟨-ynąć⟩ się, zamaz(yw)ać się.

ver'**schwind|en** (-; *sn*) znikać ⟨-knąć⟩; *eng S. a.* przepadać ⟨przepaść⟩; skry(wa)ć się, ~en *lassen* (*wegzaubern*) eskamotować, zręcznie ukry(wa)ć; *s. beiseite schaffen;* ~e! F zwiewaj stąd!; ℀en *n* (-s; 0) zniknięcie; zanik; ~**end** znikomy (-mo).

ver'**schwitz|en** (-) przepacać ⟨przepocić⟩; F *fig.* zapomnieć, przegapić *pf.*; ~t przepocony.

ver'**schwommen** *s.* verschwimmen; *Adjp.* niewyraźny, nieostry (-ro); mglisty ⟨-ście⟩.

ver'**schwör|en** (-): *sich* ~en zmawiać ⟨zmówić⟩ się, sprzysięgać ⟨-siąc⟩ się (*gegen/przeciw D*); *fig.* poświęcać ⟨-cić⟩ się (*D*); ℀er *m* spiskowiec; ℀ung *f* spisek, zmowa.

ver'**schwunden** *s.* verschwinden; *Adjp.* zaginiony; ~ *bleiben* nie być odnalezionym, przepaść jak kamień w wodę.

ver'**sehen** (-) zaopatrywać ⟨-trzyć⟩ (*mit/w A*); *Amt:* sprawować; *Stelle:* zajmować; *Haushalt:* prowadzić; *sich* ~ (...) mylić się, przeoczać ⟨-czyć⟩; *ehe man sich's versieht* ani się człowiek obejrzy.

Ver'**sehen** *n* (p)omyłka; *aus* ~, *durch ein* ~ przez przeoczenie *od.* niedo

patrzenie; *a.* = ℀**tlich** omyłkowy (-wo); niechcący.

ver'**sehrt** upośledzony na zdrowiu; ℀e(r) inwalida *m*.

ver|'**selbständigen** (-) usamodzielni(a)ć; ~'**senden** (-) *s.* verschicken; ~'**sengen** (-) osma-, opa|lać ⟨-lić⟩ (*sich* [*D*] *et.*/sobie *A*); *Sonne a.:* spa-, wy|palać ⟨-lić⟩.

ver'**senk|bar** chowany, opuszczany; ~**en** (-) pogrążać ⟨-żyć⟩ (*a. fig.; sich* się); *Schiff:* zatapiać ⟨-topić⟩; ℀ung *f* zatopienie; *Thea.* zapadnia; *in der* ℀ung *verschwinden fig.* zniknąć z widowni.

ver'**sessen:** ~ *sein auf* (*A*) lecieć (na *A*); bardzo lubić (*A*).

ver'**setz|en** (-) *v/t* przesadzać ⟨-dzić⟩; *Beamte:* przenosić ⟨przenieść⟩; *Schüler:* promować; *Schlag:* zad(aw)ać, wymierzać ⟨-rzyć⟩; *Knopf:* przyszy(wa)ć; (*in e-n bestimmten Zustand*) wprawi(a)ć (w *A*); wywoł(yw)ać (*A*); napawać (*I*); da(wa)ć (*A*); *in Angst* ~en napędzić strachu (*A/D*); F *j-n* ~en nie przyjść na spotkanie; *s. verpfänden;* (*bei-, ver-*) *mischen, Lage, Erstaunen usw.;* *v/i* (*erwidern*) odrzec *pf.*; *auf* ... ~te er (*sie*) na ... odparł(a); *sich* ~en wchodzić ⟨wejść⟩ (*in j-s Lage* w położenie *G*); (*in Gedanken*) przenosić ⟨przenieść⟩ się; ℀ung *f* przeniesienie; promocja; *Phys.* dyslokacja, przemieszczenie.

ver'**seuch|en** (-) zarażać ⟨-razić⟩; (*radioaktiv*) skażać ⟨skazić⟩; ~t zarażony, dotknięty zarazą; *Gelände:* skażony.

Vers·fuß *m* stopa metryczna.

Ver'**sicher|er** *m* ubezpieczyciel; ℀n (-) upewni(a)ć (*j-m A*/k-o o *I*); zapewni(a)ć, zaręczać ⟨-czyć⟩ (*j-n G*/k-u *A*); ubezpieczać ⟨-czyć⟩ (*sich* się; *gegen*/od *G*); *sich* ℀n przekonn(yw)ać się (*G*/co do *G*, o *I*); ~**te(r)** *m*/*f* ubezpieczon|y (-a); ~**ung** *f* zapewnienie, zaręczenie; ubezpieczenie, † asekuracja.

Ver'**sicherungs|anstalt** *f* zakład ubezpieczeń; ~**beitrag** *m* składka ubezpieczeniowa; ~**betrug** *m* oszustwo ubezpieczeniowe; ~**fall** *m* wypadek ubezpieczeniowy; ~**gesellschaft** *f* towarzystwo ubezpieczeniowe; ~**nehmer** *m* ubezpieczający *m*; ~**pflicht** *f* przymus ubez

pieczeniowy; ~**police** f polisa ubezpieczeniowa; ~**prämie** f s. Versiche-
rungsbeitrag; ~**schutz** m ochrona
ubezpieczeniowa; ~**summe** f suma
ubezpieczenia; ~**träger** m s. Ver-
sicherer; ~**vertrag** m umowa ubezpieczeniowa; ~**zeiten** f/pl. okres
ubezpieczenia.

ver|'sickern (-; sn) wsiąkać <-knąć>;
~**siegeln** (-) opieczętować pf.;
Brief; <za>lakować; ~**siegen** (-; sn)
wysychać <-schnąć>; ~**siert** [v-]
doświadczony, zaprawiony (in D/do
G); ~**silbern** (-re; -) (po)srebrzyć;
F fig. spieniężać <-żyć>; ~**sinken**
(-; sn) (im Schlamm, Schnee) zapadać
<-paść> się, tonąć, u(g)rzęznąć; (im
Wasser, in Gedanken) zatonąć pf.,
pogrążyć się pf.; (Sonne, in Schlaf)
zapadać <-paść>; ~**sinnbildlichen**
(-) symbolizować.

Versi'on [v-] f wersja.

ver|'sklav|en (-) ujarzmi(a)ć; uczy-
nić pf. niewolnikiem; ℒ**ung** f (0)
ujarzmienie; niewola.

Vers|kunst f (0) kunszt pisania
wierszy; ~**lehre** f wersyfikacja,
metryka; ~**maß** n metrum n.

ver|'soffen P s. versaufen; Adjp.
zapijaczony; ~**sohlen** F (-) <z>bić,
<s>prać.

ver'söhn|en (-) <po>godzić (sich
się); sich ~en a. przeprosić się pf.;
~**lich** pojednawczy (-czo); ℒ**ung** f
pojednanie, pogodzenie się; prze-
prosiny pl.; ℒ**ungsversuch** m próba pojednania.

ver'sonnen zadumany, präd. w za-
dumie, z zadumą; Wesen: marzy-
cielski (-ko); ℒ**heit** f (0) zaduma
(-nie); marzycielstwo.

ver'sorg|en (-) zaopatrywać <zaopa-
trzyć> (sich się; mit/w A); Tech. a.
zasilać (mit/I); Familie: utrzymywać, mieć na utrzymaniu; Kranke:
opiekować się (A/I); ℒ**ung** f (0) za-
opa|trywanie, -trzenie; zasilanie;
zaopatrzenie emerytalne; Med. opa-
trzenie.

Ver'sorgungs|anspruch m uprawnie-
nie do zaopatrzenia emerytal-
nego; ~**betriebe** m/pl. zakłady m/pl.
użyteczności publicznej; ~**netz** n s
sieć zasiłowa; sieć handlowa; ~
schwierigkeiten f/pl. trudności
f/pl. zaopatrzeniowe.

ver|'spät|en (-e-; -): sich ~en opóź-
ni(a)ć się, (zu spät kommen, tun)

spóźni(a)ć się (mit/z I); ~**et** o-,
s|późniony; präd. z opóźnieniem;
(zu spät) poniewczasie; ℒ**ung** f o-,
s|późnienie. [ży(wa)ć.)
ver'speisen (-) zjadać <zjeść>, spo-)
verspeku'lieren (-): sich ~ przera-
chow(yw)ać się.

ver'sperren (-) s. verschließen;
Weg: zagradzać <-grodzić>, <za->
tarasować; Aussicht: zasłaniać <za-
słonić>; j-m den Weg ~ a. zachodzić
<zajść> drogę (D).

ver'spiel|en (-) v/t przegr(yw)ać;
Chance: zaprzepaszczać <-paścić>;
~**t** Kind: lubiący się bawić, rozba-
wiony.

ver'spott|en (-) v/t szydzić, kpić
(z G), wyszydzać (A); ℒ**ung** f (0)
szydzenie, szyderstwo.

ver'sprechen (-) obiec(yw)ać, przy-
rzekać <-rzec>; (verheißen) obiecywać (a. sich [D] sobie; von/po L),
rokować nadzieję; sich ~ przejęzy-
czyć się pf., popełnić lapsus.

Ver'sprech|en n obietnica, przyrze-
czenie; ~**er** m lapsus (językowy);
~**ung** f obiecanka, obietnica.

ver'spreng|en (-) rozpraszać <-ro-
szyć>; ~**te** Truppen rozbitki m/pl.

ver|'spritzen (-) v/i (sn) rozbryzgi-
wać się; v/t bryzgać (A/I); a. =
~**sprühen** (-) rozprysk(iw)ać, roz-
pylać <-lić>; ~**spüren** (-) od-
czu(wa)ć; (intuitiv) wyczu(wa)ć.

ver'staatlich|en (-) upaństwawiać
<-wowić>; ℒ**ung** f upaństwowienie.

Ver'städterung f urbanizacja.

Ver'stand m (-es; 0) rozum, rozsądek; bei klarem ~ przy rozumie,
przy zdrowych zmysłach; F nicht
ganz bei ~ niespełna rozumu; den ~
verlieren odchodzić od zmysłów;
postradać pf. rozum; ohne Sinn und
~ bez zastanowienia; mit ~ se zrozumieniem.

ver'standes|mäßig rozumowy
(-wo), racjonalny; ℒ**mensch** m (pl.
-en) człowiek kierujący się rozumem.

ver'ständig rozsądny; ~**en** (-) po-
za|wiadamiać <-domić> (von/o I);
sich ~en porozumie(wa)ć się (pf. a.
fig.; über A/co do G); ℒ**ung** f (0)
po-, za|wiadomienie; porozumie-
(wa)nie się; fig. porozumienie.

ver'ständlich zrozumiały (-le); ~
machen <wy>tłumaczyć; ~**erweise**
ze zrozumiałych względów.

Ver'ständnis n (-ses; 0) zrozumienie (*für/dla G*); **2los** *präd.* nic nie rozumiejąc; **2voll** pełen zrozumienia; *Blick a.*: porozumiewawczy (-czo); *präd. a.* ze zrozumieniem.

ver'stärk|en (-) wzmacniać (-mocnić); *Anstrengung usw.*: ⟨s⟩potęgować, wzmagać ⟨wzmóc⟩ (*sich się*); **2er** m *El., Fot.* wzmacniacz; *Fmw.* wzmacniak; **2ung** f wzm|acnianie, -ocnienie; *pl. Mil.* posiłki *m/pl.*

ver'staub|en (-; *sn*) pokry(wa)ć się kurzem; **~t** zakurzony; *fig.* staroświecki.

ver'stauch|en (-) skręcać ⟨-cić⟩; **2ung** f skręcenie w stawie.

ver'stauen (-) załadow(yw)ać, umieszczać ⟨-eścić⟩; *Mar.* sztauować.

Ver'steck n (-es; -e) kryjówka; ukrycie; (*Geheimfach*) schowek, skrytka; **~ spielen** ⟨za⟩bawić się w chowanego; **2en** (-) ⟨s⟩chować, ukry(wa)ć, F ⟨za⟩melinować (*sich się*); **~spiel** n chowanka, zabawa w chowanego; **2t** s. *verborgen².*

ver'steh|en (-) ⟨z⟩rozumieć (*einander, sich się*); (*erfassen*) pojmować ⟨-jąć⟩; (*können*) umieć, potrafić; *... ist zu ~*: ... należy rozumieć; *zu ~en geben* da(wa)ć do zrozumienia; przyjmować ⟨-mówić⟩ się (*daß/o A*); *et.* **~en von** (*D*), *sich ~en auf* (*A*), znać się (na *L*), wyznawać się (w *L*); *das ~ sich von selbst to* rozumie się samo przez się; F **~t sich!** ma się rozumieć!

ver'steifen (-) usztywni(a)ć; wzmacniać ⟨-mocnić⟩; *sich ~* ⟨ze⟩sztywnieć; *fig.* (*auf A*) uparcie obstawać (przy *I*); zacinać ⟨-iąć⟩ się (w *L*).

ver'steig|en (-): *sich ~en* (*D*) ⟨z⟩błądzić podczas wspinaczki; **~ern** (-) sprzed(aw)ać z licytacji, ⟨z⟩licytować; **2erung** f licytacja.

ver'steiner|n (-re; -; *sn*) ⟨s⟩kamienieć (*a. fig.*); **~t** skamieniały; **2ung** f skamienienie; *konkr.* skamieniałość f, skamielina.

ver'stell|bar przestawny, ruchomy; **~en** (-) przestawi(a)ć, przesuwać ⟨-unąć⟩; *Durchgang*: zastawi(a)ć; rozregulow(yw)ać; *fig. Stimme usw.*: umieni(a)ć; s. *versperren*; *sich ~en* udawać, symulować; grać komedję; **2ung** f (0) udawanie, symulacja, komedia.   [datek (*A/za A*).)

ver'steuern (-re; -) ⟨za⟩płacić po-

ver'stimm|en (-) rozstrajać ⟨rozstroić⟩; *fig.* ⟨ze⟩psuć humor (*A/D*); **~t** rozstrojony; poirytowany, w złym humorze; **2ung** f *Med.* rozstrój; zaburzenie nastroju; *fig.* zły humor; (*Mißklang*) rozdźwięk.

ver|'stockt zatwardziały; uparty (-cie); **~'stohlen** ukradkowy, *präd.* ukradkiem; s. *heimlich.*

ver'stopf|en (-) zat(y)kać, zap(y)-chać (*sich się*); **2ung** f *Med.* zaparcie stolca, F zatwardzenie.

ver'storben zmarły, nieżyjący; *er ist ~ on* nie żyje; **2e(r)** nieboszczyk (-ka); s. *Tote(r).*   [*Blick*: błędny.)

ver'stört rozstrzęsiony; F zahukany;)

Ver'stoß m uchybienie, naruszenie; **2en** (-) j-n: wypędzać ⟨-dzić⟩; wyrzekać ⟨-rzec⟩ się (*A/G*); (*gegen*) uchybi(a)ć (*D*); naruszać ⟨-szyć⟩ (*A*).

Ver'strahlung f skażenie promieniotwórcze.

ver'streichen (-) *v/t* rozsmarow(yw)ać; *Risse*: zasmarow(yw)ać; *v/i* (*sn*) upływać ⟨-ynąć⟩, mijać ⟨minąć⟩; **~ lassen** *Zeit*: od-, prze|czekać.

ver|'streuen (-) rozsyp(yw)ać; *Sachen*: ⟨po⟩rozrzucać; **~'stricken** (-) *fig.* s. *verwickeln*; **~'stümmeln** (-*le*; -) ⟨o⟩kaleczyć (*sich selbst* się); *Text*: zniekształcać ⟨-cić⟩; **~'stummen** (-; *sn*) ⟨u-, za⟩milknąć; *Musik, Weinen*: ucichać ⟨-chnąć⟩.

Ver'such m (-s; -e) próba; *Chem., Phys.* doświadczenie (*Bemühung a.*) usiłowanie; **2en** (-) *v/t* ⟨s⟩próbować (*G*), usiłować (*zu/ + Inf.*); (*wagen*) pokusić się *pf.* (o *A*); *vgl. probieren*; **~er(in)** f *m* kusiciel(ka).

Ver'suchs|anstalt f zakład doświadczalny; **~ballon** m *fig.* próba sondażu; **~bohrung** f odwiert poszukiwawczy; **~gelände** n teren do prób, poligon badawczy; **~kaninchen** n *fig.* królik doświadczalny; **~labor** n laboratorium badawcze; **~parzelle** f poletko doświadczalne; **~reihe** f seria doświadczeń; **~station** f stacja doświadczalna; **~tier** n zwierzę doświadczalne; **2weise** na próbę, tytułem próby.

Ver'suchung f (po)kuszenie; *konkr.* pokusa; *er geriet in ~ zu ...* brała go pokusa by ...; *In ~ bringen wysta-*wi(a)ć na pokusę.

ver'sumpfen (-; *sn*) zabagni(a)ć się;) F s. *verbummeln* (*v/i*).)

ver'sündigen (-): *sich* ~ ⟨z⟩grzeszyć (*an D*/przeciw *D*).

ver'sunken *s.* versinken; *Adjp.* pogrążony, zatopiony; 2**heit** *f* (*0*) (głęboka) zaduma, zamyślenie.

ver'süßen (-) osładzać ⟨-łodzić⟩.

ver'tag|en (-) odraczać ⟨-roczyć⟩; 2**ung** *f* odroczenie.

ver|'täuen (-) przycumow(yw)ać; ~'**tauschen** (-) zamieni(a)ć; ~'**tausendfachen** (-) pomnożyć *pf.* tysiąckrotnie.

ver'teidig|en (-) ⟨o⟩bronić (*sich* się); 2**er** *m* obrońca *m* (*a. Sp., Jur.*); 2**erin** *f* obrończyni; 2**ung** *f* (*0*) obrona.

Ver'teidigungs|bereitschaft *f* (*0*) gotowość *f* do obrony, obronność *f*; ~**bündnis** *n* sojusz obronny; ~**krieg** *m* wojna obronna; ~**linie** *f* linia obrony; ~**minister(ium** *n*) *m* minister(stwo) obrony; ~**rede** *f* mowa obronna; ~**stellung** *f* pozycja obronna; ~**system** *n* system obronny; system umocnień.

ver'teil|en (-) rozdzielać ⟨-lić⟩, (*a. Karten*) rozda(wa)ć; *Waren, Farbe, Gas usw.*: rozprowadzać ⟨-dzić⟩; (*hinstellen*) [po]rozstawi(a)ć, rozmieszczać ⟨-eścić⟩ (*a. Pers.*); (*hinlegen*; *a. fig.*: *Arbeit, Steuern*) rozkładać ⟨rozłożyć⟩; *sich* ~**en** rozdzielać ⟨-lić⟩ się, rozchodzić ⟨rozejść⟩ się; *Pers. a.* rozpraszać ⟨-roszyć⟩ się; 2**er** *m* dystrybutor; (*Schlüssel*) rozdzielnik; *Kfz.* rozdzielacz; 2**ung** *f* rozdział; rozprowadzanie; (*Vermögens*2) podział, (*a. Hdl.*) dystrybucja; 2**ungs-** rozdzielczy; dystrybucyjny.

ver'teuer|n (-*re*; -) podrażać ⟨-rożyć⟩; *sich* ~**n** ⟨po-, z⟩drożeć; 2**ung** *f* podrożenie; [diabelnie.)

ver'teufelt diabelski ⟨-ko⟩; *Adv.* ~**ʃ**

ver'tief|en (-) pogłębi(a)ć (*sich* się; *a. fig.*); *fig. sich* ~**en** in (*A*) zagłębi(a)ć się (w *L*); 2**ung** *f* pogłębianie, -enie (*a. fig.*); *konkr.* w-, za|głębienie.

verti'kal pionowy (-wo).

ver'tilg|en (-) ⟨wy⟩tępić; F *fig.* ⟨s⟩pałaszować, wcinać ⟨wciąć⟩; 2**ung** *f* ⟨wy⟩tępienie.

ver'tippen F (-): *sich* ~ ⟨o⟩mylić się (przy pisaniu na maszynie).

ver'tonen (-) *Film*: udźwiękowić *pf.*; opracow(yw)ać muzycznie; *Gedicht*: napisać *pf.* muzykę (do *G*).

ver'trackt F zagmatwany.

Ver'trag *m* (*-es*; *⸱e*) umowa, układ; *Pol. a.* traktat; 2**en** (-) znosić ⟨znieść⟩; *vgl. aushalten*; *sich* 2**en** żyć w zgodzie, nie kłócić się; *sich wieder* 2**en** pogodzić się; 2**lich** umowny, określony w (*od.* oparty na) umowie *od.* układzie; 2**lich** *gesichert* zabezpieczony umową.

ver'träglich zgodny, niekłótliwy.

Ver'trags|bedingung *f* warunek umowy; ~**bruch** *m* zerwanie (*od.* naruszenie) umowy.

ver'tragschließend umawiający (*od.* układający) się.

Ver'trags|entwurf *m* projekt umowy; 2**gemäß** *s.* vertraglich; *präd. a.* w myśl umowy; ~**partner** *m* kontrahent; ~**strafe** *f* kara umowna; ~**werkstatt** *f* autoryzowany warsztat naprawczy; 2**widrig** sprzeczny z umową, *präd.* wbrew umowie.

ver'trauen (-) ⟨za⟩ufać, dowierzać (*D, auf A*/*D*).

Ver'trauen *n* (-*s*; *0*) zaufanie; (*Zuversicht*) ufność *f*; *im* ~ w zaufaniu; *ins* ~ *ziehen* wtajemniczać ⟨-czyć⟩; 2**erweckend** budzący zaufanie.

Ver'trauens|arzt *m* lekarz zaufania; ~**bruch** *m* nadużycie zaufania; ~**frage** *f* kwestia zaufania; *Pol.* wniosek o wotum zaufania; ~**mann** *m* (*pl.* ~*er*/-*leute*) mąż zaufania (*Spitzel*) konfident; ~**sache** *f* rzecz *f* zaufania; 2**selig** łatwowierny; skory do zwierzeń; ~**stellung** *f* odpowiedzialne stanowisko; 2**voll** pełen zaufania; ufny; 2**würdig** godny zaufania.

ver'traulich poufny; (*intim*) poufały ⟨-le⟩; 2**keit** *f* (*0*) poufność *f*; (*a. pl.* -*en*) poufałość *f*.

ver'träumt rozmarzony.

ver'traut *Freund*: zaufany, zażyły ⟨-le⟩, bliski; *Ort*: dobrze znany, swojski ⟨-ko⟩; *obeznany* (*mit/z I*); *sich* ~ *machen* (*mit*) zapozna(wa)ć się (z *I*); pogodzić się (z *I*); 2**e(r)** powierni|k (-ca, -czka); 2**heit** *f* (*0*) zażyłość *f*; poufałość *f*; znajomość *f*.

ver'treib|en (-) wyganiać ⟨-gnać⟩; *s.* verjagen; *Pers. a.* wysiedlać ⟨-lić⟩; *Waren*: rozprowadzać; *Zeit*: uprzyjemni(a)ć; *sich* (*D*) *die Zeit* ~**en** spędzać ⟨-dzić⟩ czas (*mit*/na *L*); 2**ung** *f* wygnanie; wysiedlenie.

ver'tret|bar zasługujący na poparcie; możliwy; ~**en** (-) zastępować (-tąpić); reprezentować; *Ansicht*: bronić (G); F *sich* (D) die Beine ~en przejść się; 2er(in f) m zastęp|ca m (-czyni); reprezentant (-ka), (a. *Hdl.*) przedstawiciel(ka); *engS.* komiwojażer; 2ung f zastępstwo; przedstawicielstwo.

Ver'trieb m (-es; 0) zbyt; dystrybucja; (mst *Presse*2) rozpowszechnianie; F a. dział zbytu.

Ver'triebene(r) wysiedleniec, wygnan|iec (-ka).

Ver'triebs|kosten pl. koszty m/pl. dystrybucji od. zbytu; ~recht n prawo sprzedaży od. rozpowszechniania; ~weg m droga dystrybucji; kanał dystrybucyjny.

ver'trink|en (-) przepi(ja)ć; ~'trocknen (-; sn) wy-, za|sychać (-schnąć); *Pflanze*: usychać (uschnąć); ~'trödeln F (-) *Zeit*: (z)marnować; ~'trösten (-) zby(wa)ć (od. zwodzic (zwieść) obietnicami, robić nadzieję (na A); ~'trotteln F (-le; -) (s)kapcanieć; ~'tun (-) s. *verschwenden*; *sich* ~tun omylić się pf.; ~'tuschen (-) (za)tuszować; ~'übeln (-le; -) brać (wziąć) za złe; ~'üben (-) v/t popełni(a)ć (A), dopuszczać (-uścić) się (G); *Einbruch*: dokon(yw)ać (G); ~'ulken F (-) s. *foppen, necken*.

ver'un|glimpfen (-) (o)szkalować; *Andenken usw.*: (z)bezcześcić; ~glücken (-; sn) ulegać (ulec) wypadkowi; (*tödlich*) (z)ginąć w wypadku; F (*Sache*) nie uda(wa)ć się; 2glückte(r) ofiara wypadku; ~reinigen (-) zanieczyszczać (-yścić) ~sichern (-) (s)peszyć; (z)dezorientować; ~stalten (-e-; -) (ze-) szpecić.

ver'untreu|en (-) sprzeniewierzać (-rzyć), (z)defraudować; 2ung f sprzeniewierzenie; defraudacja, malwersacja.

ver'|unzieren (-) s. *verunstalten*; ~ursachen (-) (s)powodować, sprawi(a)ć, przyczyni(a)ć (A/G).

ver'urteil|en (-) zasądzać (-dzić) (wegen/za A), (a. *fig.*) skaz(yw)ać (zu/na A); (*ablehnen*) potępi(a)ć; 2te(r) zasądzony, skazany m; 2ung f zasądzenie, skazanie; wyrok skazujący.

ver'vielfachen (-) (po)mnożyć; zwielokrotni(a)ć (*sich* się).

ver'vielfältig|en (-) *Text*: powielać

(-lić); 2er m powielacz; 2ung f powielanie.

ver'vollkommn|en (-) udoskonalać (-lić); (a. *Pers.*) doskonalić, wydoskonalać (-lić) (*sich* się); 2ung f (0) udoskonalenie; doskonalenie się.

ver'vollständig|en (-) uzupełni(a)ć; (s)kompletować; 2ung f (0) uzupełni|anie, -enie; kompletowanie.

ver'wachs|en[1] (-; sn) s. *zuwachsen*; zrastać (zrosnąć, zróść) się (*miteinander* ze sobą); ~en[2] *Adjp.* zrośnięty (a. *fig.*); *Pers.* garbaty, ułomny; 2ung f *Med.* zrost.

ver'wahren (-) przechow(yw)ać; *sich* ~ (za)protestować (*gegen*/ przeciw D).

ver'wahrlos|en v/i (-; sn) niszczeć, ulegać (ulec) dewastacji; *Pers.* zaniedb(yw)ać (od. opuszczać (opuścić) się; ~en lassen s. *vernachlässigen*; ~t zapuszczony; zaniedbany; *Kind a.*: rozpuszczony; 2ung f (0) zaniedbanie, zapuszczenie; zaniedbywanie się; demoralizacja.

Ver'wahrung f (0) przechowanie; *in* ~ geben odda(wa)ć na przechowanie od. w depozyt.

ver'waist osierocony; *fig.* opuszczony; bezludny.

ver'walt|en (-) v/t zarządzać, administrować (I); *Amt*: sprawować; 2er m (za)rządca m, administrator; 2ung f (0) zarządzanie, administrowanie; (a. pl.) zarząd, administracja.

Ver'waltungs|akt m akt administracyjny; ~apparat m aparat administracyjny; ~behörde f władza administracyjna; ~einheit f jednostka administracyjna; ~gericht(shof m) n sąd administracyjny (drugiej instancji); ~kosten pl. koszty m/pl. administracyjne; ~rat m rada zarządzających; ~recht n (-es; 0) prawo administracyjne; ~verfahrensgesetz n kodeks postępowania administracyjnego.

ver'wand|eln (-) prze-, za|mieni(a)ć, przeobrażać (-razić) (*sich* się); wie ~elt jakby jakiś inny; 2lung f prze-, z(a)|miana, przeobrażenie (się); *Bio.* metamorfoza.

ver'wandt spokrewniony; *fig.* pokrewny; ~(e) s. *verwenden*; 2e(r) krewn|y (-a), F krewnia|k (-czka).

Ver'wandtschaft f pokrewieństwo (a. *fig.*); *koll.* krewni m/pl., krewniacy *m/pl.*; **2lich**: *-che Beziehungen*, *Bande* stosunek, węzły *m/pl.* pokrewieństwa; **~s-grad** *m* stopień *m* pokrewieństwa.

ver'wanzt F zapluskwiony.

ver'warn|en (-) ostrzegać ⟨-rzec⟩, upominać ⟨-mnieć⟩; **2ung** *f* upomnienie; *gebührenpflichtige* **2ung** *f* mandat karny; *s. Verweis.*

ver'|waschen *Adj.* sprany; *Farbe*: blady; *fig.* niewyraźny; **~wässern** (-) rozwadniać ⟨-wodnić⟩ (*a. fig.*).

ver'wechs|eln (-) ⟨po-⟩mylić, ⟨po-⟩ mieszać, F ⟨po-⟩plątać (*j-n*, et. *mit/* k-o, co z *I*); **2lung** *f* pomyłka.

ver'wegen zuchwały (-le), śmiały (-ło); **2heit** *f* (*0*) zuchwalstwo, śmiałość *f.*

ver'|wehen *v/t* zawi(ew)ać, zasyp(yw)ać; *v/i* (*sn*) rozwi(ew)ać się; **~'wehren** (-) zabraniać ⟨-ronić⟩ (*j-m A/k-u G*); **2'wehung** *f* zaspa; **~'weichlichen** (-) *v/i* (*sn*) ⟨z⟩niewieścieć; *v/t s. verzärteln;* **~'weichlicht** zniewieściały; rozpieszczony.

ver'weiger|n (-) odmawiać ⟨-mówić⟩ (*j-m A/k-u G*); **2ung** *f* odmówienie, odmowa.

ver'|weilen (-) przebywać, bawić; *fig.* zatrzym(yw)ać się (*bei/nad I*); **~'weint** zapłakany.

Ver'weis *m* (*-es; -e*) nagana; (*Hinweis*) odsyłacz, odnośnik; **2en** (-) odsyłać ⟨odesłać⟩; *Pers. a.* skierow(yw)ać (*an A, auf A/do G*); wydalać ⟨-lić⟩ (*G, von/z G*); usuwać ⟨-unąć⟩ (*G, aus/z G*); *Sp. auf die Plätze 2en* zdystansować.

ver'welk|en (-; *sn*) ⟨z⟩więdnąć; **2** zwięd|ły, -nięty. [wać.] **ver'weltlichen** (-) *v/t* sekularyzo-J

ver'wend|bar przydatny; **~en** (-) uży(wa)ć (*für/na A*); ⟨za⟩stosować (*bei/przy L*); *Energie, Zeit*: wkładać ⟨włożyć⟩ (*auf A, für/w A*); *vgl. anwenden, verwerten, gebrauchen; sich ~en* wstawi(a)ć się (*für/za I*); **2ung** *f* użycie, (za)stosowanie; *s. Fürsprache; k-e 2ung haben* nie znajdować zastosowania; *zur besonderen 2ung* do specjalnych poruczeń.

ver'werf|en (-) *v/t Plan*: odrzucać ⟨-cić⟩; *Klage*: oddalać ⟨-lić⟩; *v/i* (*Tier*) poronić *pf.; sich ~en* (*Holz*) ⟨s⟩paczyć się; **2ung** *f* odrzucenie; *Geol.* uskok.

ver'wert|en (-) wykorzyst(yw)ać,

zużytkow(yw)ać; **2ung** *f* (*0*) wykorzystanie, zużytkowanie; *Tech. a.* utylizacja; **2ungs-** utylizacyjny.

ver'wes|en *v/i* (-; *sn*) ⟨z⟩gnić, rozkładać ⟨rozłożyć⟩ się; **2ung** *f* (*0*) gnicie, rozkład; *in 2ung übergehen* ulegać ⟨ulec⟩ rozkładowi.

ver'wetten (-) przegr(yw)ać zakład.

ver'wick|eln (-) ⟨po⟩plątać, (*a. fig.*) zapląt(yw)ać; *fig. a.* uwikłać *pf.*, wpląt(yw)ać (*alle: sich się*); *s. Widerspruch;* **~elt** *s. verworren;* **2ung** *f* komplikacja, powikłanie; *Thea.* intryga.

ver'wilder|n *v/i* (-; *sn*) ⟨z⟩dziczeć; *fig. a.* chodzić samopas; **~t** zdziczały; *fig. a.* rozwydrzony.

ver'wind|en (-) przeboleć *pf.; s. überwinden;* **2ung** *f Tech.* skręcanie; zwichrzenie.

ver'wirk|en (-) ⟨s-, u⟩tracić; **~lichen** (-) urzeczywistni(a)ć, ⟨z-⟩ realizować; ziszczać ⟨ziścić⟩ (*sich się*); **2lichung** *f* urzeczywistnienie, realizacja, ziszczenie (się).

ver'wirr|en (-) ⟨po-, za⟩gmatwać, ⟨po-, s⟩plątać; *Haare*: ⟨roz⟩czochrać, ⟨z⟩wichrzyć; *Geist*: pomieszać *pf.* (*alle: sich się*); *j-n*: zmieszać *pf.*, speszyć *pf.*; **~t** splątany; zwichrzony; *fig.* zmieszany, speszony; **2theit** *f* (*0*): *Med. geistige 2theit* splątanie myślenia; **2ung** *f* zamieszanie, zamęt; *in völliger 2ung* w nieładzie.

ver'|wirtschaften (-) ⟨z⟩marnotrawić; **~'wischen** (-) *Spuren*: zacierać ⟨zatrzeć⟩; *Schrift, fig.*: zamaz(yw)ać (*sich się*).

ver'witter|n (-; *sn*) ⟨z⟩wietrzeć; **~t** zwietrzały; **2ung** *f* (*0*) wietrzenie; **2ungs-produkt** *n* zwietrzelina.

ver'witwet (*0*) owdowiały, **~e** ... wdowa po (*I*).

ver'wöhn|en (-) dogadzać ⟨-godzić⟩ (*j-n, sich mit/k-u, sobie w L*); rozpieszczać ⟨-eścić⟩ (*mit/I*); wydelikacić *pf.*, **~t** rozpieszczony; (*wählerisch*) wybredny, wymagający; *Geschmack*: wysubtelniony.

ver'worfen *s. verwerfen; Adjp.* zdeprawowany, zepsuty moralnie; nikczemny; **2heit** *f* (*0*) zepsucie, zdeprawowanie; występność *f.*

ver'worren *Adjp.* zawiły (-le), zagmatwany; *vgl. verwirrt.*

ver'wund|bar nie zabezpieczony przed atakiem *od.* ciosami; *fig.* wrażliwy, czuły; **~bar sein** mieć słabe miejsce; ~en¹ (-e-) ⟨z⟩ranić; ~en² s. *verwinden*.

ver'wunder|lich dziwny; *es ist nicht ~lich, daß* nic dziwego (*od.* nie dziw), że; ~n (-) ⟨z⟩dziwić; 2ung f (0) zdziwienie.

ver'wund|et, 2ete(r) ranny; 2ung f zranienie; *konkr.* rana.

ver'wunschen *Adjp.* zaklęty.

ver|'wünschen (-) s. *verfluchen, verzaubern*; ~'wursteln F (-) ⟨po-, s⟩plątać; ~'wurzelt zakorzeniony; ~'wüsten (-e-;-) ⟨s⟩pustoszyć, ⟨z⟩dewastować; *Lokal:* ⟨z⟩demolować.

ver'zag|en (-; *a. sn*) ⟨s⟩tracić nadzieję; ~t zrezygnowany.

ver'zählen (-): *sich ~* przeliczyć się *pf.*, ⟨o⟩mylić się w liczeniu.

Ver'zahnung f (0) zazębienie (*a. fig.*); *Arch.* strzępie zazębione.

ver'zanken F (-): *sich ~* pogniewać (*od.* poprztykać) się *pf.*

ver|'zapfen (-) ⟨z⟩łączyć na czop; F *fig.* bredzić (trzy po trzy), pleść; *Gedicht:* ⟨s⟩klecić; ~'zärteln (-le-;-) rozpieszczać ⟨-eścić⟩; s. *verwöhnen*.

ver'zauber|n (-) za-, *fig.* o|czarow(yw)ać; ~t zaczarowany.

ver'zehnfachen (-) zdziesięciokrotnić *pf.*; *sich ~* wzrastać ⟨wzrość⟩ dziesięciokrotnie.

Ver'zehr m (-es; 0) konsumpcja; ~bon m: *e-n ~bon kaufen* ⟨za⟩płacić konsumpcyjne; 2en (-) spoży(wa)ć, ⟨s⟩konsumować; *fig.* ⟨s⟩trawić; *sich 2en* być trawionym (*in Gram* zgryzotą); umierać z tęsknoty (*nach/* po L).

ver'zeichn|en (-) źle narysować *pf.*; odnotow(yw)ać, ⟨za⟩notować; *Phys., fig.* (*verzerren*) przerysow(yw)ać; 2is n (-ses; -se) wykaz, ewidencja, (*a. Inhalts*2) spis; (*Register*) skorowidz; informator; 2ung f przerysowanie.

ver'zeih|en (-) prze-, wy|baczać ⟨-czyć⟩; *~en Sie, aber ...* daruje pan(i), lecz ...; ~lich wybaczalny; 2ung f (0) prze-, wy|baczenie; 2ung! przepraszam!

ver'zerr|en (-) *Gesicht:* wykrzywi(a)ć; *fig.* zniekształcać ⟨-cić⟩ (*a. Phys.*), wypaczać ⟨-czyć⟩; ~t wykrzywiony (*durch A, vor/I*), zniekształcony, wypaczony; 2ung f znie-, zniekształcenie; dystorsja.

ver'zetteln (-le-) ⟨u⟩wciągać ⟨-gnąć⟩ do kartoteki; *Geld:* ⟨roz⟩trwonić (na drobiazgi); *Talent:* rozmieni(a)ć na drobną monetę; *Kräfte:* rozpraszać ⟨-roszyć⟩; *sich ~* rozdrabniać się.

Ver'zicht m (-es; -e) (*auf A*) wy-, z|rzeczenie się (G), rezygnacja (z G); 2en (-e-) wy-, z|rzekać ⟨-rzec⟩ się (G), ⟨z⟩rezygnować (z G); zaniechać (G); ~politik f polityka ustępstw.

ver'zieh(en¹) s. *verzeihen*.

ver'ziehen² (-) *Mund:* s-, wy|krzywi(a)ć; *Kind:* rozpuszczać ⟨-uścić⟩; *Agr.* przer(y)wać; *ohne e-e Miene zu ~* bez drgnienia powiek; *sich ~* (*Holz*) ⟨s⟩paczyć się; (*Gewitter*) przechodzić ⟨przejść⟩; *Pers.* wynosić ⟨-nieść⟩ się; *v/i* (*sn*) przeprowadzać ⟨-dzić⟩ się (*nach/do G*).

ver'zier|en (-) ozdabiać ⟨-dobić⟩, przystrajać ⟨-roić⟩ (*mit/I*); 2ung f ozdoba; dekoracja; *Mus.* ozdobnik.

ver|'zinken (-) ⟨o⟩cynkować; ~'zinnen (-) ⟨o⟩cynować, pobielać ⟨-lić⟩.

ver'zins|bar s. *verzinslich*; ~en (-) oprocentow(yw)ać (*sich się*); ~lich oprocentowany, z oprocentowaniem; 2ung f oprocentowanie.

ver'zog(en¹) s. *verziehen²*; ~en² *Adjp.* s-, wy|krzywiony; spaczony; *Kind:* roz|puszczony, -kapryszony.

ver'zöger|n (-) opóźni(a)ć, odwlekać ⟨-lec⟩ (*sich się*); 2ung f opóźni|anie, -enie, odwlekanie; *konkr.* a. zwłoka.

ver'zollen (-) ⟨o⟩clić; *nichts zu ~ haben* nie mieć nic do oclenia.

ver'zuckern (-) *v/t* scukrzać ⟨scukrzyć⟩; *fig.* s. *versüßen*.

ver'zück|t zachwycony, *präd.* pełen zachwytu, z zachwyceniem; 2ung f (0) zachwycenie, zachwyt.

Ver'zug m (-es; 0) zwłoka; *im ~ sein, in ~ geraten* (*mit*) zalegać (z I), mieć zaległości (w L); *es ist Gefahr im ~* zwłoka grozi niebezpieczeństwem; ~s-zinsen m/pl. odsetki m/pl. za zwłokę.

ver'zweifel|n (-) rozpaczać (*an D*) zwątpić *pf.* (w A), stracić *pf.* nadzieję (na A); F *es ist zum 2n!* czarna rozpacz!; ~t *Pers.* zrozpaczony; *Tat, Lage:* rozpaczliwy (-wie); desperacki (-ko).

Ver'zweiflung f (0) rozpacz f; *aus* (*od. in, vor*) *~* z rozpaczy; w przystępie rozpaczy; F *j-n zur ~ bringen* doprowadzać ⟨-dzić⟩ do rozpaczy (A).

ver'zweig|en (-): sich ~en rozgałę-
zi(a)ć się; 2ung f rozgałęzienie.
ver'zwickt F zawiły (-le).

Vesper f (-; -n) Rel. nieszpory pl.;
(a. n) = ~brot n podwieczorek; ~
glocke f dzwon na nieszpory; 2n
(-re) (z)jeść podwieczorek.

Vete'ran [v-] m (-en) weteran.

Veteri'närmedizin [v-] f weterynaria. [prawo weta.]

Veto [v-] n (-s; -s) weto; ~recht n∫
Vetter m kuzyn; ~n·wirtschaft f (0)
kumoterstwo.

Ve'xier|bild [v-] n zgadywanka
obrazkowa; ~spiegel m krzywe
zwierciadło.

Via'dukt [v-] m (-es; -e) wiadukt.

Vibrati'on [v-] f wibracja, drganie;
~s- wibracyjny.

vi'brieren [v-] (-) wibrować, drgać.

Video|kassette [v-] f wideokaseta;
~recorder m magnetowid.

Vieh n (-s) koll. bydło; F (pl. Viecher)
bydlę, bydlak (a. fig., Schimpfwort);
zum ~ werden ⟨z⟩bydlęcieć; ~be-
stand m pogłowie bydła; bydło-
stan; ~futter n pasza dla bydła; ~
handel m handel bydłem. [(-ko).)
viehisch fig. bydlęcy, bestialski∫
Vieh|markt m targ bydlęcy; ~salz n
sól bydlęca; ~seuche f pomór na
bydło, epizootia; ~stall m obora;
~wagen m wagon bydlęcy; ~weide
f pastwisko, wygon; ~wirtschaft f
gospodarka hodowlana; ~zeug F n
(-s; 0) drobna zwierzyna, dial.
gadzina; s. Ungeziefer; ~zucht f
chów (od. hodowla) bydła; ~züch-
ter m hodowca m bydła.

viel (mehr; meist-) dużo, wiele; ~e
Leute wielu ludzi; wie ~e ilu, ilu;
so ~e tyle, tak dużo; ~en Dank bardzo dziękuję; mit ~er Mühe z wielkim trudem; mit ~ Geld mając (od.
płacąc) dużo pieniędzy; ~es zu be-
sprechen dużo (od. wiele) do omó-
wienia; die ~en Arten liczne gatunki
od. rodzaje; um ~es größer o wiele
większy; ~ besser, lieber daleko lepiej, chętniej; ~ mehr wiele więcej;
~ weniger znacznie mniej; ~ zu lange, zuviel stanowczo za długo; za
dużo; s. a. mehr, Vergnügen usw.
viel|beschäftigt bardzo zajęty; (po-
pulär) wzięty; ~deutig wieloznacz-
ny; 2eck n wielo|kąt, -bok; 2ehe f
wielożeństwo.

vieler|lei wieloraki; różnego rodza-

ju; dużo różnych (rzeczy); ~orts
w wielu miejscach od. stronach.

vielfach liczny; wielokrotny; präd.
(oft) wielekroć, często; kleinstes ge-
meinsames 2es najmniejsza wspólna
wielokrotna.

Viel|falt f (0) różnorodność f; 2fäl-
tig wieloraki (-ko); 2farbig wielo-
barwny; ~flach n (-es; -e) wielo-
ścian; ~fraß m (-es; -e) rosomak; F
fig. żarłok; 2gebraucht często używany; 2genannt często (od. wielo-
krotnie) wymieniany; 2gereist by-
wały; 2gestaltig wielopostaciowy;
~götterei f (0) politeizm; ~heit f
(0) wielka liczba, mnóstwo; 2köp-
fig wielogłowy; Familie: liczny.

viel|leicht może.

viel|malig wielokrotny; ~mals s.
mehrmals; bardzo, szczególnie; ~
mals grüßen lassen serdecznie pozdrawiać; ~mehr raczej; co więcej;
~sagend wymowny; ~seitig wielo-
stronny; Interessen a.: wielokierun-
kowy; ~silbig wielogłoskowy; ~
sprachig wielojęzyczny; ~stim-
mig wielogłosowy; ~'tausendmal
tysiące razy, tysiąc|krotnie, -kroć;
~versprechend wielce obiecujący,
bardzo dobrze zapowiadający się;
2'völkerstaat m państwo narodo-
wościowe; 2weibe'rei f (0) s. Viel-
ehe; 2zahl f (0) mnogość f, mnóstwo; 2zweck- uniwersalny.

vier czter|y, Psf. -ej, czworo, F auf
allen ~en na czworakach; zu ~en, zu
~t w czwórkę, czwórką; halb ~ wpół
do czwartej.

Vier f czwórka; ~beiner m czworo-
nóg; 2beinig czworonożny; 2blät-
t(e)rig czterolistny; ~eck n czwo-
ro|kąt, -bok; 2eckig czworo|kątny,
-boczny; ~er m czwórka (a. Sp.);
2erlei czworaki; 2fach czterokrotny; poczwórny; ~'farben- Typ.
czterobarwny; ~flach n (-es; -e)
czworościan; 2füßig czworonożny;
Vers: czterostopowy; ~gangge-
triebe n Kfz. czteroprzekładniowa
skrzynia biegów; ~gespann n
czwórka (koni), zaprzęg w czwórkę;
2händig präd. Mus. na cztery ręce.
vierhundert czteryst|a, Psf. -u;
~ste(r) czterechsetny.

vier|jährig czteroletni; 2kantfeile
f pilnik kwadratowy; ~kantig czwo-
ro|graniasty, -kanciasty; 2linge
m/pl. czworaczki m/pl.; 2'mächte-

czteromocarstwowy, ... czterech mocarstw; ~**mal** cztery razy; czterokrotnie; ~**malig** czterokrotny; ~**motorig** czterosilnikowy; ℒ**personen**- czteroosobowy; ℒ**rad**— na cztery koła; ~**rädrig** czterokołowy; ~**schrötig** krępy (-po), przysadzisty (-ście); ~**seitig** czterostronny; ~**sitzig** czteroosobowy, na cztery osoby; ~**spännig** (zaprzężony) w czwórkę; ~**spurig** *Straße*: o czterech pasach ruchu; ~**stellig** czterocyfrowy; ~**stimmig** na cztery głosy; ~**stöckig** czteropiętrowy; ℒ**taktmotor** *m* silnik czterosuwowy; ~**tausend** cztery tysiące *m/pl.*; ~**te(r)** czwarty.

vierteil|en ⟨po-, roz⟩dzielić na czworo; *hist.* ćwiartować; ~**ig** czteroczęściowy.

viertel: ein ~ jedna czwarta.

Viertel *n* czwarta część (*G, von/G*), (*mst bei Maß-, Gewichtsangabe*) ćwierć *f*, ćwiartka; (*Uhrzeit*) kwadrans; (*Stadt*ℒ) dzielnica; (*ein*) ~ *vor zwei* za kwadrans druga; ~**finale** *n* ćwierćfinał; ~'**jahr** *n* kwartał; ~**jahr'hundert** *n* ćwierćwiecze; ℒ**jährig** trzymiesięczny; ℒ**jährlich** kwartalny; ~'**liter** *m od. n* ćwierć *f* litra, F ćwiartka; ℒ**n** (-*le*) ⟨po⟩krajać (*od.* ⟨po⟩ciąć) na czworo; ~**note** *f* ćwierćnuta; ~**pfund** *n* ćwierć *f* funta, F ćwiartka; ~'**stunde** *f* kwadrans; ℒ**stündlich** co kwadrans; ~**ton** *m* ćwierćton.

vier|tens po czwarte; ~**türig** czterodrzwiowy; ~**zehn** czterna|ście, -ścioro, *Psf.* -stu; ~**zehnte(r)** czternasty.

vierzig czterdzie|ści, -ścioro, *Psf.* -stu; *in den* ~*er Jahren* w latach czterdziestych; ~**jährig** czterdziestoletni; ~**ste(r)** czterdziesty; ℒ**stel** *n* czterdziesta część.

Vier|'zimmer- czteropokojowy; ~**zylinder** F *m* silnik czterocylindrowy.

Vietna'mes|e [viɛt-] *m*, ~**in** *f* Wietnam|czyk (-ka); ℒ**isch** wietnamski (po -ku).

Vignette [vɪn'jɛtə] *f* winieta.

Vi'kar [v-] *m* (-*s*; -*e*) wikariusz.

Vill|a ['v-] *f* (-; -*len*) willa; ~**enviertel** *n* dzielnica willowa.

Vi'nylchlorid [v-] *n* chlorek winylu.

Vi'ola [v-] *f* (-; -*len*) *Mus.* altówka.

vio'lett [v-] fioletowy (-wo).

Vio'lin|e [v-] *f* skrzypce *pl.*; ~**ist** *m* [-'nɪst] (-*en*), ~**tin** *f* skrzyp|ek (-aczka); ~**konzert** *n* koncert skrzypcowy *od.* na skrzypce; ~**schlüssel** *m* klucz wiolinowy.

Violoncello [vɪoˈlɔnˈtʃɛ-] *n s. Cello.*

Viper ['v-] *f* (-; -*n*) żmija.

virtu'os [v-] mistrzowski (po -ku); ℒ**e** *m* (-*n*) wirtuoz; ℒi'**tät** *f* (0) wirtuo|zeria, -zostwo.

viru'lent [v-] wirulentny.

Virus ['viː-] *n od. m* (-; -*ren*) wirus; ~**krankheit** *f* choroba wirusowa.

Visa ['v-] *pl. v. Visum.*

Visage F [vɪ'aːʒə] *f* facjata, gęba.

Vi'sier [v-] *n* (-*s*; -*e*) *Mil.* celownik; *Fot. a.* wizjer; *hist.* przyłbica.

Visi'on [v-] *f* wizja; ℒ**när** *m* wizjonerski.

Vi'site [v-] *f* wizyta; (*im Krankenhaus*) obchód; ~**n-karte** *f* bilet wizytowy, wizytówka.

Vis'ko|se [v-] *f* (0) wiskoza; ~**si'meter** *n* lepkościomierz, wiskozymetr; ~**si'tät** *f* (0) lepkość *f*.

visu'ell [v-] wizualny.

Visum ['v-] *n* (-*s*; *Visa*/-*sen*) wiza.

vi'tal [v-] żywotny, witalny; (*frisch*) rześki (-ko), pełen werwy; ℒi'**tät** *f* (0) żywotność *f*, witalność *f*; siła żywotna, energia.

Vita'min *n* (-*s*; -*e*) witamina; ℒ**haltig** zawierający witamin|ę *od.* -y; ℒi'**sieren** (-) witaminizować; ~**mangel** *m* niedobór witamin(y); ~**präparat** *n* preparat witaminowy; ℒ**reich** zawierający dużo (*od.* o dużej zawartości) witamin.

Vi'trine [v-] *f* gablot(k)a.

Vize|- [*a.* 'v-] *in Zssgn* wice-, zastępca *m*; ~**minister** *m* zastępca *m* ministra.   [włóknina.)

Vlies *n* (-*es*; -*e*) runo; (*Stoff*)

V-Mann *m s. Vertrauensmann.*

Vogel *m* (-*s*; ¨) ptak; *pl. koll.* ptactwo; F *fig.* ptaszek; *komischer* ~ śmieszne dziwadło; *e-n* ~ *haben* mieć bzika; ~**beere** *f* jarzębina.

Vögelchen *n* ptaszek, ptaszyna.

Vogel|dunst *m* (-*es*; 0) śrut ptasi; ~**fang** *m* (-*es*; 0) ptasznictwo; ~**fänger** *m* ptasznik; ~**flug** *m* lot ptaka *od.* ptaków; ℒ**frei** wyjęty spod prawa; ~**futter** *n* pokarm dla ptaków; ~**kirsche** *f s. Vogelbeere*; ~**kunde** *f* (0) ornitologia; ~**miere** *f* gwiazdnica; ~**milbe** *f Zo.* ptaszyniec.

vögeln V (-le) pieprzyć (się v/i).
Vogelperspektive f: aus der ~ z lotu ptaka.
Vogel|scheuche f strach na wróble (a. fig.); ~**schutz** m ochrona ptaków; ~**spinne** f Zo. ptasznik; ~**steller** m s. Vogelfänger; ~-'Strauß-Politik f strusia polityka; ~**warte** f stacja ornitologiczna; ~**zug** m przelot (od. ciąg) ptaków.
Vöglein n s. Vögelchen.
Vogler m s. Vogelfänger.
Vogt m (-és; ªe) hist. wójt; (Burg♀) kasztelan.
Vo'ka|bel [v-] f (-; -n) słowo, wyraz; pl. a. słówka n/pl.; ~**bu'lar** n (-s; -e) słownik.
vo|'kal [v-] Mus. wokalny; ♀'**kal** m (-s; -e) samogłoska; ♀**kativ** m (-s; -e) Gr. wołacz; ♀**lant** [-'lã·] m od. n (-s; -s) (am Kleid) falbana, wolant.
Volk n (-és; ªer) lud; (Nation) naród; Zo. społeczeństwo, państwo; (Bienen♀) rój; (Rebhühner) stado; (0) (Volksmasse) lud; (Menge) ludzie pl., F ludziska pl.; das junge ~ młodzież f; das gemeine ~ pospólstwo, n.
Völkchen n ludek.　[gmin.]
Völker|bund m (-és; 0) Liga Narodów; ~**freundschaft** f (0) przyjaźń f między narodami; ~**kunde** f (0) etnologia; ~**mord** m ludobójstwo; ~**recht** n (-és; 0) prawo międzynarodowe; ♀**rechtlich** według prawa międzynarodowego, oparty na prawie międzynarodowym; ~**schaft** f narodowość f; ~**schlacht** f bitwa narodów; ~**verständigung** f porozumienie między narodami; ~**wanderung** f wędrówka ludów.
volkreich gęsto zaludniony, ludny.
Volks|abstimmung f plebiscyt; referendum n; ~**armee** f armia ludowa; ~**aufstand** m powstanie ludowe; ~**ausgabe** f wydanie popularne; ~**befragung** f referendum ludowe; ~**befreiungsarmee** f armia ludowo- od. narodowo|wyzwoleńcza; ~**bildungswesen** n (-s; 0) oświata; ~**bücherei** f biblioteka publiczna; ~**demokratie** f demokracja f ludowa; (a. pl.) kraj demokracji ludowej; ♀**demokratisch** ludowo-demokratyczny; ~**dichtung** f poezja ludowa.
volks·eigen uspołeczniony, państwowy; ♀**tum** n (-s; 0) własność społeczna; konkr. mienie społeczne;

in ♀**tum** überführen unaradawiać (unarodowić).
Volks|einkommen n dochód narodowy; ~**entscheid** m referendum n; ~**feind** m wróg ludu od. ojczyzny; ~**fest** n zabawa ludowa, festyn; ~**front** f front ludowy; ~**gesundheit** f zdrowie publiczne; ~**glaube** m wierzenia n/pl. ludowe; ~**gruppe** f mniejszość narodowa; ~**herrschaft** f (0) ludowładztwo; ~**hochschule** f uniwersytet ludowy; ~**kammer** f (DDR) Izba Ludowa; ~**kommune** f komuna ludowa; ~**kunde** f (0) ludoznawstwo; ~**kunst** f (0) sztuka ludowa; folklor; ~**lied** n pieśń ludowa; ~**märchen** n bajka (od. baśń) ludowa; ~**menge** f tłum; ~**mund** m (-és; 0) tradycja ludowa; język ludowy; ~**partei** f stronnictwo ludowe; ~**polizei** f policja ludowa; ~**rat** m rada narodowa; ~**redner** m mówca m na wiecu; trybun; ~**republik** f republika ludowa; ~**schicht** f warstwa społeczeństwa; ~**schule** f szkoła powszechna; ~**seele** f (0) fig. lud; ~**stamm** m plemię; ~**stimme** f głos ludu; ~**stück** n Thea. sztuka ludowa; ~**trauertag** m dzień m żałoby narodowej; ~**tanz** m taniec ludowy; ~**tracht** f strój ludowy; ~**tribunal** n trybunał ludowy; ~**tum** n (-s; 0) narodowość f; ♀**tümlich** ludowy (-wo); popularny; ~**verbundenheit** f więź f z narodem od. masami ludowymi; (in d. Kunst) ludowość f; ~**vermögen** n majątek narodowy; ~**versammlung** f zgromadzenie ludowe; wiec; ~**vertreter** m przedstawiciel ludu, poseł.
Volkswirt m ekonomista m; ~**schaft** f gospodarka narodowa; ~**schaftslehre** f (0) ekonomia polityczna; ~**schaftsplan** m narodowy plan gospodarczy.
Volks|wohl n dobro publiczne; ~**zählung** f spis ludności; ~**zugehörigkeit** f przynależność narodowa.
voll pełny; pełen (oft G, von/G); (gefüllt) na-, wy-, za|pełniony (I); Haar: gęsty; (ganz) cał(kowit)y; s. überfüllt; F Pers. w-, za|lany; Adv. zupełnie, całkowicie; ~ und ganz zupełnie; j-n nicht für ~ nehmen nie traktować poważnie (G); aus dem ~en schöpfen mieć wszystkiego pod dostatkiem; s. a. Hosen, Maß usw.

volladen naładow(yw)ać (*mit/I*).

voll·auf w pełni, w zupełności.

vollaufen (*sn*): ~ *lassen* s. *vollfüllen*; F *sich* ~ *lassen* wstawi(a)ć (*od.* P schlać *pf.*) się.

voll|automatisch pełnoautomatyczny, całkowicie zautomatyzowany; 2**bad** m kąpiel całkowita; 2**bart** m (rozłożysta) broda i wąsy; 2**belastung** f pełne obciążenie; ~**berechtigt** pełnoprawny; 2**beschäftigung** f (0) pełne zatrudnienie; ~**besetzt** zapełniony.

Vollbesitz m: *im* ~ *...* w pełni (*G*).

Voll|blut n koń m pełnej (*od.* czystej) krwi; 2'**bringen** (-) dokon(yw)ać (*A*/*G*); 2**busig** piersiasty, o bujnym biuście.

Volldampf m: *mit* ~ pełną parą.

voll'end|en (-) ⟨do-, za-, u⟩kończyć; ~**et** *Tat*(*sache*): dokonany; *s. vollkommen*; '~s zupełnie, całkiem; 2**ung** f (0) do-, za-, (*Alter*) u|kończenie; dokonanie; *s. Vollkommen-*⟩

Völle'rei f (0) obżarstwo. [*heit.*]

Volley ['voli·] m (-s; -s) wolej; ~**ball** m (-*es*; 0) siatkówka.

Voll|fett- pełnotłusty; 2'**führen** (-) wykon(yw)ać; *s. vollbringen*; 2**füllen** (*mit*) napełni(a)ć (*I*), napuszczać ⟨-uścić⟩ (*G*).

Vollgas n (-*es*; 0) *mit* ~ na pełnym gazie; ~ *geben* ⟨do⟩dać *pf.* gazu.

vollgefressen P objedzony.

Vollgefühl n (-*es*; 0): *im* ~ w pełnym poczuciu (*G*).

voll|gießen *s. vollfüllen*; ~**gültig** *Beweis*: przekonywający, niezbity; *Ersatz*: odpowiadający w pełni wymaganiom; 2**gummiball** m lanka.

völlig całkowity (-cie), zupełny, kompletny; *präd. a.* całkiem.

volljährig pełnoletni; 2**keit** f (0) pełnoletność f.

vollkommen doskonały (-le), (*a. iron.*) skończony; F *s. völlig*; 2**heit** f doskonałość f.

Voll|kornbrot n chleb razowy, razowiec; 2**machen** napełni(a)ć (*mit/I*); F ⟨na⟩robić (*A*/*w A*); ~**macht** f (-; -*en*) pełnomocnictwo; ~**machtgeber** m mocodawca m; ~**matrose** m wykwalifikowany marynarz; ~**milch** f mleko pełnotłuste; ~**mond** m pełnia (księżyca), księżyc m w pełni; ~**mondgesicht** f n pucołowata (*od.* pyzata) twarz; ~**pension** f całodzienne utrzymanie, F pełny wikt;

2**pfropfen** *s. vollstopfen*; 2**saugen**: *sich* 2**saugen** nasiąkać ⟨-knąć⟩, przesiąknąć *pf.*

vollschlagen P: *sich* (*D*) *den Bauch* ~ op(y)chać się (*mit/I*).

voll|schlank (*0*) korpulentny, o pełnych kształtach; ~**schmieren** *s. beschmieren*; ~**schreiben** zapis(yw)ać.

vollständig kompletny, cały; F *s. völlig*; 2**keit** f (0) kompletność f, całość f; *der* 2**keit** *halber* dla ścisłości.

vollstopfen nap(y)chać (*mit/I*); P op(y)chać (*sich* się).

voll'streck|en (-) wykon(yw)ać; 2**ung** f wykonanie; *eng S.* egzekucja; 2**ungstitel** m tytuł egzekucyjny.

voll|tanken napełni(a)ć zbiornik paliwem; ~**tönend** dźwięczny; 2**treffer** m celny strzał, trafienie (*fig.* w sedno); ~**trunken** pijany, upity; *präd.* bo pijanemu; 2**versammlung** f zgromadzenie ogólne *od.* plenarne/walne; 2**waise** f zupełny (-a) sierota; ~**wertig** pełnowartościowy; ~**zählig** kompletny; *präd.* w pełnym składzie, w komplecie; ~'**ziehen** (-) *Urteil*: wykon(yw)ać; *Trauung*: dokon(yw)ać (*a. sich* się); ~*nde Gewalt* władza wykonawcza; 2'**zug** m (-s; 0) *s. Vollstreckung*; 2**zugs-** wykonawczy.

Volon'tär [v-] m (-s; -*e*) wolontariusz.

Volt [v-] n (-/-*es*; -) wolt; ~**meter** n woltomierz.

Vo'lum|en [v-] n (-s; -/-*mina*) pojemność f; *Math.* objętość f; *Hdl.* wolumen; ~**gewicht** n ciężar objętościowy; 2**i'nös** obszerny, duży, potężny, masywny.

vom = *von dem*.

von *Prp.* (*D*) (~ *wo*?, *wann*?; *Ursache*) od, z, ze (*G*); (~ *wem*?) od (*G*), (*im Passiv*) przez (*A*); (*über*) o (*L*); (*woraus*?) z, ze (*G*); ~ *Norden* od (*od.* z) północy; *vom Lande* ze wsi; ~ *heute an* od dziś; *vom Rauchen* od palenia; ~ *vornherein* z góry; ~ *ihm* od niego; ~ *allen besucht* od-, z|wiedzany przez wszystkich; *sprechen* ~ *... mówić o* (*L*); ~ *Gold* ze złota; *mst* k-*e Entsprechung*,*wenn* ~ *ein Genitivattribut vertritt od. der Angabe v. Maßen od*, e-*r Eigenschaft dient*: *die Umgebung* ~ *Berlin* okolice m/*pl*. Berlina; *Gedichte* ~ *Brecht* wiersze m/*pl*. Brechta; *der Hut* ~ *Vater* kapelusz ojca; *ein Freund* ~ *mir* mój

przyjaciel; e-e Sache ~ Wichtigkeit
ważna sprawa; ~ drei Meter Länge
długości trzech metrów; e-e Summe
~ 1000 Mark kwota (od. kwotę) tysiąca marek; müde ~ der Arbeit
zmęczony pracą.

von·ein'ander (scheiden) jeden od
drugiego; (wissen) jeden o drugim,
o sobie; od siebie; **~gehen** (sn) roz-
sta(wa)ć się.   [potrzebnym.)
von'nöten: ~ sein być koniecznie)
von'statten: ~ gehen od(by)wa)ć się;
postępować.

vor Prp. (D; wo?, wann?) przed (I);
(Grund) z (G); (gegenüber, fig.) wobec, dla (G), przed (I); (A; wohin?)
przed (A); ~ der Tür przed drzwiami; ~ die Tür przed drzwi; ~ Christus przed Chrystusem; zehn Minuten ~ drei za dziesięć trzecia; ~ Freude z radości; ~ Angst ze strachu;
Achtung (Gleichheit) ~ dem Gesetz
poszanowanie dla (równość wobec)
prawa; Adv. s. nach.

vor'ab uprzednie, najpierw; z góry.
Vor·abdruck m (-es; -e) przedbitka.
Vor·abend m wi(gi)lia, przeddzień
m; am ~ w wigilię, w przeddzień,
w przedednu (G).

Vor·ahnung f przeczucie.

vor'an naprzód; (vorn) na czele, na
przedzie; **~gehen** (sn; D) iść
⟨pójść⟩ przodem (przed I), (a. fig.)
poprzedzać ⟨-dzić⟩ (A); mit gutem
Beispiel **~gehen** świecić przykładem;
~gegangen poprzedni; **~kommen**
(sn) s. vorwärtskommen; er kommt
mit s-r Arbeit gut ~ on czyni w pracy
duże postępy.

Vor·anmeldung f uprzednie zgłoszenie; Fmw. mit ~ z przywołaniem.
Vor|anschlag m kosztorys wstępny;
2'**antreiben** pchnąć pf. naprzód,
przyspieszać ⟨-szyć⟩.

Vor·arbeit f praca wstępna, robota
przygotowawcza; 2en v/i wykon(y-
w)ać naprzód robotę od. pracę; od-
pracow(yw)ać z góry wolny dzień
~er m brygadzista m.

vor'aus: im ~ z góry; allen ~ sein
wyprzedzać ⟨-dzić⟩ wszystkich;
2**abteilung** f oddział przedni,
awangarda; **~berechnen** (-) obliczać ⟨-czyć⟩ z góry; **~bestimmen**
(-) wyznaczać ⟨-czyć⟩ z góry; prze-
znaczać ⟨-czyć⟩ z góry; **~bezahlen**
(-) ⟨za⟩płacić z góry; 2**bezahlung** f
zapłata z góry; **~eilen** (sn) wybiegać

⟨-ec⟩ naprzód (a. fig.); wyprzedzać
⟨-dzić⟩ (D/A); **~gehen** s. vorangehen.
vor'ausgesetzt: ~ (daß) ... zakładając (od. załóżmy), że ...; s. Voraus-
setzung.

vor'aus|haben: sie hat ihm die
Geschicklichkeit ~ przewyższa go
zręcznością; 2**sage** f przepowiednia; s. Vorhersage; **~sagen** przepo-
wiadać ⟨-iedzieć⟩; **~schauend**
przewidujący; **~schicken** pos(y)łać
[od. wyprawi(a)ć] naprzód; poprzedzać ⟨-dzić⟩ wstępnymi uwa-
gami; zaznaczać ⟨-czyć⟩ na wstępie; **~sehen** przewidywać ⟨-idzieć⟩.

vor'aussetz|en (impf. a. bedingen)
zakładać ⟨założyć⟩; 2**ung** f założenie; przesłanka; unter der 2ung pod
warunkiem.

Vor'aussicht f przewidywanie; in
weiser ~ słusznie przewidując (G/
że); 2**lich** przypuszczalny, przewi-
dywany.   [wpłata (na poczet G).)
Vor'auszahlung f zaliczkowa)
Vorbau m (-es; -ten) występ, ryza-
lit; (Anbau) dobudówka; 2en v/i
fig. zapobiegać ⟨-iec⟩ (D).

Vorbedacht m: mit ~ z rozmysłem,
rozmyślnie; ohne ~ nieświadomie,
bez złego zamiaru.   [ny.)
Vorbedingung f warunek wstęp-)
Vorbehalt m (-es; -e) zastrzeżenie;
2**en** (-): sich (D) 2en zastrzegać
⟨-rzec⟩ sobie; alle Rechte 2en wszelkie prawa zastrzeżone; 2**lich** Prp.
(G) z zastrzeżeniem (G); 2**los** bez-
warunkowy (-wo), bez zastrzeżeń.

vor'bei Adv. örtl. koło, obok (an D/
G); zeitl. ~ sein ⟨prze⟩minąć pf.,
skończyć się; es (alles) ist ~ już po
wszystkim; F es ist 2 Uhr ~ jest po
drugiej; **~fahren** (sn; an D) prze-
jeżdżać ⟨-jechać⟩ obok (G), mijać
⟨minąć⟩ (A); **~fliegen** (sn) przelatywać ⟨-lecieć⟩ obok (an D/G); **~füh-
ren** v/i (Weg) przebiegać (an D/
obok G); **~gehen** (sn; an D) przechodzić ⟨przejść⟩ obok (G), mijać
⟨minąć⟩ (A), chybi(a)ć (am Ziel
celu); im 2gehen po drodze; F s.
vergehen, aufhören; **~kommen** F
(sn) (po drodze) wstąpić ⟨-tąpić⟩,
F wdepnąć pf. (bei/do G); **~lassen**
przepuszczać ⟨-uścić⟩; 2**marsch** m
defilada.

vor'beireden nie trafiać w sedno
(am eigentlichen Problem sprawy);

aneinander ~ nie mieć (*od.* nie móc znaleźć) wspólnego języka.

vor'bei|schießen chybi(a)ć (*am Ziel* celu), spudłować; F (*sn*) przemykać ⟨-mknąć⟩ obok (*an D/G*); **~ziehen** (*sn*) ⟨prze⟩defilować (*an D/przed I*).

Vorbemerkung *f* uwaga wstępna.

vorbereit|en (-) przygotow(yw)ać (*sich* się; *auf A/*do *G*), ⟨przy⟩szykować; *s. bereiten;* 2**ung** *f* przygotowanie; 2**ungs-** przygotowawczy.

Vorbesprechung *f* rozmowa wstępna; *s. a. Vorverhandlungen.*

vorbestell|en (-) ⟨za⟩rezerwować; 2**ung** *f* rezerwacja.

vorbestraft (poprzednio) karany.

vorbeug|en (-) *e-r Sache* zapobiegać ⟨-ec⟩ (*D*); *sich* ~ wychylać ⟨-lić⟩ się do przodu; **~end** zapobiegawczy (-czo), profilaktyczny; 2**ung** *f* (0) zapobieganie; (*mst Med.*) profilaktyka; *Jur.* prewencja.

Vorbeugungs|haft *f* areszt prewencyjny; **~maßnahme** *f* (*mst pl.*) środek prewencyjny; **~mittel** *n* środek zapobiegawczy.

Vorbild *n* wzór; *sich j-n zum* ~ *nehmen* brać ⟨wziąć⟩ za wzór (*A*), wzorować się (na *L*); 2**lich** wzorowy (-wo); **~ung** *f* przygotowanie (kwalifikujące do wykonywania pracy).

Vor|bote *m* zwiastun; *s. Vorzeichen,* 2**bringen** *Bitte:* wyrażać ⟨-razić⟩; *Protest:* zakładać ⟨założyć⟩; *Beschwerde:* wnosić ⟨wnieść⟩; **~bühne** *f* proscenium *n;* 2**christlich** przedchrześcijański; **~dach** *n* daszek (nad drzwiami), podcień *m;* 2**datieren** (-) postdatować; *s. zurückdatieren.*

vordem dawniej, przedtem.

Vorder|achse *f* oś przednia; **~ansicht** *f* widok z przodu; *Arch., Tech.* rzut pionowy główny; **~bein** *n* przednia noga.

vorder|e przedni; frontowy, licowy; *der* ~**ste** *Platz* miejsce na przedzie; pierwsze miejsce.

Vorder|front *f* elewacja frontowa, fasada; **~fuß** *m* przednia noga; **~grund** *m* pierwszy plan; *im* ~*grund* na pierwszym planie; 2**hand** tymczasem; na razie; **~haus** *n* budynek frontowy, dom od ulicy; **~lauf** *m* zsn. *Vorderbein.* **~mann** *m* (*мег ʼwor*) poprzednik (w szeregu); **~pfote** *f* przednia łapa.

Vorderrad *n* przednie koło; **~antrieb** *m* napęd na przednie koła.

Vorder|schinken *m* przednia szynka, łopatka (wieprzowa); **~seite** *f* przednia strona; front; 2**sitz** *m* przednie siedzenie; 2**st-** *s. vordere;* **~steven** *m* dziobnica; 2**teil** *n od. m* przednia część, przód; 2**tür** *f* drzwi *pl.* frontowe.

vordrängen: *sich* ~ pchać się do przodu (poza kolejką).

vordring|en (*sn*) posuwać ⟨-unąć⟩ się naprzód; (*bis zu,* in *A*) przenikać ⟨-knąć⟩, docierać ⟨dotrzeć⟩ (do *G*); penetrować (*A*); 2**lich** najpilniejszy, priorytetowy (-wo).

Vor|druck (-*es;* -*e*) formularz, blankiet; 2**ehelich** przed|małżeński, -ślubny; 2**eilig** zbyt pospieszny, pochopny; 2**ein'ander** jeden przed drugim; jeden drugiego.

vor-eingenommen uprzedzony (*gegen/*do *G*); 2**heit** *f* (0) uprzedzenie.

vor-enthalten: *j-m et.* ~ nie wyd(a-w)ać (k-u *G*), zatrzym(yw)ać (k-u *A*); (*nichts* nic nie) zatajać, ukrywać (*D/*przed *I*).

Vor|entscheidung *f* decyzja wstępna; *Sp.* półfinał; 2**erst** na razie; 2**fabriziert** prefabrykowany.

Vorfahr *m* (-*en*) przodek; 2**en** (*sn*) zajeżdżać ⟨-jechać⟩ (*vor A/*przed *A*); ⟨po⟩jechać naprzód; **~t** *f* pierwszeństwo przejazdu; 2**tsberechtigt** uprzywilejowany; **~ts-recht** *n* (-*es;* 0) prawo pierwszeństwa przejazdu.

Vorfall *m* zajście, incydent; *Med.* wypadnięcie; 2**en** (*sn*) zachodzić ⟨zajść⟩, wy-, z|darzać ⟨-rzyć⟩ się; *Med.* wypadać ⟨-paść⟩.

Vor|feier *f* (skromna) uroczystość wstępna; **~feld** *n* przedpole; **~fertigung** *f* prefabrykacja; **~film** *m* dodatek; 2**finden** znajdować ⟨znaleźć⟩; (*j-n*) zast(aw)ać.

Vorfreude *f* (0) przedsmak radości; ~ *empfinden* cieszyć się naprzód (z *G*).

vor|fristig przedterminowy (-wo), *präd. a.* przed terminem; 2**frühling** *m* przedwiośnie.

Vorführ|dame *f* modelka; 2**en** (*j-n*) sprowadzać ⟨-dzić⟩; (*zeigen*) ⟨za⟩prezentować; *demonstrować; Film:* wyświetlać ⟨-lić⟩; **~raum** *m* kabina projekcyjna; **~ung** *f* prowadzenie;

pokaz, prezentacja; demonstracja; wyświetl|anie, -enie.

Vor|gabe f Sp. for; **~gabezeit** f dyspozycyjny czas pracy; **~gang** m s. Vorfall, Ablauf; (Natur♀) zjawisko; proces; (Akten) sprawa, akta m/pl.; Hdl. operacja; **~gänger(in** f) m poprzedni|k (-czka); **~garten** m ogródek przed domem; ♀geben (b. Spiel) da(wa)ć for; (behaupten) twierdzić; s. bestimmen; **~gebirge** n przedgórze; (Kap) przylądek; ♀**gefaßt** z góry powzięty; -te Meinung z góry powzięty sąd; uprzedzenie; ♀gefertigt prefabrykowany; **~gefühl** n przeczucie; ♀gehen (sn) (od. ♀pójść) naprzód; Mil. s. vorrücken; Uhr: spieszyć; (Vorrang haben) mieć pierwszeństwo (vor D/ przed I); (handeln) postępować ⟨-tąpić⟩ (nach/zgodnie z I); występować ⟨-tąpić⟩ (gegen/przeciw D); was geht hier vor? co się tu dzieje?; **~gehen** n (-s; 0) postępowanie; **~gericht** n przystawka; **~gerückt** Alter: podeszły; Stunde: późny; **~geschichte** f (0) antecedencje f/pl.; prehistoria; ♀geschichtlich przedhistoryczny; **~geschmack** m przedsmak; ♀geschoben Stellung: wysunięty; Grund: pozorny; ♀geschrieben wyznaczony, wytyczony; ♀geschritten Arbeit: zaawansowany; Zeit: późny; ♀gesehen przewidziany; **~gesetzte(r)** przełożony m; ♀gespannt Beton: sprężony.

vorgest|ern przedwczoraj; **~rig** przedwczorajszy.

vor|greifen (D) wyprzedzać ⟨wyprzedzić⟩, antycypować (e-r Sache/ A); uprzedzać ⟨-dzić⟩ (j-m/A); **~haben** zamierzać ⟨-rzyć⟩, mieć zamiar; F (Schürze) mieć przypasane; nichts **~haben** nie mieć żadnych planów (für/na A); ♀haben n zamiar, zamysł; projekt; przedsięwzięcie; ♀halle f przedsionek; (Kirche) kruchta.

vorhalt|en ein v/t trzymać (vor D/przed I); fig. (als Beispiel) stawiać; s. vorwerfen; v/i F ⟨wy⟩starczyć; (dauern) ⟨po⟩trwać; ♀ung f: ♀ungen machen robić wymówki.

vor'handen: **~** sein być; znajdować się; von ... ist nichts mehr **~** (G) już nie ma; ♀sein n (0) istnienie; obecność f; Geol., Bio. a. występowanie.

Vorhang m (-es; ⁓e) zasłona; Thea. kurtyna.

vorhänge|n Schloß: zawieszać ⟨zawiesić⟩; ♀schloß n kłódka.

Vorhaut f napletek. [przedtem.)

vorher przedtem; kurz **~** (na) krótko)

vor'her|bestimmt przeznaczony (j-m/D); **~gehen** poprzedzać ⟨poprzedzić⟩ (D/A); **~gehend, ~ig** poprzedzający; poprzedni, wcześniejszy.

Vorherrsch|aft f (0) hegemonia, przewaga; ♀en przeważać, dominować.

Vor'her|sage f przepowiednia; prognoza; Med. a. rokowanie; ♀sagen s. voraussagen, ankündigen; ♀sehen przewidywać ⟨-idzieć⟩.

vorhin przed chwilą, dopiero co, tylko co; **~ein:** im **~**ein z góry.

Vor'hof m przeddziedziniec; Anat. (Herz♀) przedsionek; **~hut** f straż przednia. [ubiegły, zeszły.)

vorig poprzedni; Woche, Jahr usw.)

Vor'|jahr n zeszły (od. ubiegły) rok; ♀jährig ubiegło-, zeszło|roczny; **~kämpfer(in** f) m bojowni|k (-czka), pionier(ka); **~kaufsrecht** n (-es; 0) prawo pierwokupu.

Vorkehrungen f/pl.: **~** treffen ⟨po-⟩ czynić kroki od. przygotowania, przedsiębrać ⟨-ewziąć⟩ środki.

Vorkenntnisse f/pl. przygotowanie.

vorkomm|en (sn) s. vortreten; (geschehen) zdarzać ⟨-rzyć⟩ się; (sich finden) trafiać się, występować; (scheinen) wyda(wa)ć się; (nicht) wieder **~**en (nie) powtarzać ⟨-tórzyć⟩ się; sich (D) **~**en, als ob ... czuć się, jak gdyby ...; so etwas ist mir noch nicht vorgekommen! widział kto coś podobnego!; ♀en n występowanie (a. Geol.); Bgb. złoże; ♀nis n (-ses; -se) wy-, z|darzenie; s. Vorfall.

Vorkriegs- przedwojenny.

vorlad|en wzywać ⟨wezwać⟩; ♀ung f wezwanie (do stawienia się).

Vor'|lage f przedłożenie; s. Gesetzesvorlage; (Zeichen♀) wzór; Ball-Sp. podanie; Schi-Sp. wychylenie; ♀lassen dopuszczać ⟨-uścić⟩ (zu/do G); przepuszczać ⟨-uścić⟩; **~lauf** m Sp. bieg eliminacyjny; **~läufer(in** f) m poprzedni|k (-czka); prekursor (-ka); ♀läufig tymczasowy (-wo); Adv. tymczasem, na razie; ♀laut s. naseweis; **~leben** n przeszłość f.

Vorlege|besteck n sztućce m/pl. półmiskowe od. do nakładania potraw; **2n** przedkładać ⟨-dłożyć⟩, przedstawi(a)ć; *Speisen*: nakładać ⟨nałożyć⟩ (na talerz); *Ball*: poda(wa)ć; s. vorweisen, vorzeigen; **.r** m dywanik.   [czytać pf.]

vorlesen ⟨prze⟩czytać na głos; od-

Vorlesung f odczyt, wykład; .en halten wykładać, mieć wykłady; .en hören od. besuchen chodzić na wykłady; **.s·verzeichnis** n spis wykładów.

vorletzte(r) przedostatni.

Vorlieb|e f szczególne upodobanie, predylekcja; **2nehmen** [-'li:p-] zadawalać ⟨-dowolić⟩ się (mit/I).

vorliegen (D) leżeć (przed I); być (od. znajdować) się (w L, w rękach G); (Irrtum) zachodzić ⟨zajść⟩; mir liegt ... vor mam przed sobą (A); ... liegt nicht vor nie ma (G); was liegt gegen ihn vor? co mu się zarzuca?; **.d** niniejszy; im .den Fall(e) w danym wypadku.

vorlügen: j-m et. . okłamywać (A).

vorm = vor dem.

vormachen F Kette: zakładać ⟨założyć⟩; Riegel: zasuwać ⟨-unąć⟩; Gardine: zawieszać ⟨-esić⟩; j-m et. . s. zeigen, weismachen.

Vormacht(stellung) f supremacja, stanowisko dominujące.

vormal|ig były, dawny; **.s** dawniej, przedtem.

Vormarsch m posuwanie się (od. marsz) naprzód; ofensywa; auf dem . sein s. vorrücken; fig. obejmować szerszy zasięg.

vormerk|en zanotować pf.; sich .en lassen zapis(yw)ać się (für/na A, do G); **2ung** f zanotowanie; rezerwacja.

Vormittag m przedpołudnie; am ., 2s przed południem; **.s-** przedpołudniowy.

Vormund m (-es; -e/·er) opiekun (dziecka); s. Pfleger; **.schaft** f opieka; kuratela; **.schaftsgericht** n sąd opiekuńczy.

vorn z przodu, na przodzie od. przedzie, na czele; nach . od. do przodu, naprzód; von . z przodu, od przodu; (von neuem) na nowo, od nowu; od początku; *jn. (liegen)*

Vorname m Imię.   [prowadził.]

vorne F s. vorn.

vornehm wytworny, dystyngowa-

ny; (edel) szlachetny; s. wichtig; .en v/t przeprowadzać ⟨-dzić⟩ (A), dokon(yw)ać (G); sich (D) .en przedsiębrać ⟨-ewziąć⟩; postanawiać ⟨-nowić⟩; F sich (D) j-n .en brać ⟨wziąć⟩ w obroty; vgl. vorhaben; **2heit** f (0) wytworność f, dystynkcja; **.lich** zwłaszcza, szczególnie.

vorneigen: sich . prze-, na|chylać ⟨-lić⟩ się do przodu.

vornher'ein: von . z góry, od razu.

vorn'über głową naprzód.

Vor-ort m przedmieście; **.(s)-** podmiejski.

Vor|posten m czata; fig. wysunięta placówka; **.programm** n dodatek; **2programmiert** zaprogramowany z góry; **.prüfung** f egzamin wstępny; **.rang** m (-es; 0) pierwszeństwo, priorytet (vor D/przed I); j-m den .rang lassen ustępować pierwszeństwa (D); **2rangig** (0) pilny; priorytetowy; Adv. a. w pierwszym rzędzie; **.rat** m zapas; pl. a. zasoby (an/G).

vorrätig: . sein być na składzie; . haben trzymać (od. mieć) w zapasie od. na składzie.

Vorrats|behälter m zasobnik; **.kammer** f spiżar|nia, -ka; **.raum** m magazyn, składnica.

Vor|raum m przedpokój, hall; **2rechnen** wyliczać ⟨-czyć⟩; **.recht** n przywilej; **.rede** f przedmowa; **.redner** m przedmówca m.

vorricht|en ⟨na-, przy⟩szykować; **2ung** f urządzenie; przyrząd (obróbkowy); Bgb. roboty f/pl. przygotowawcze.

vor|rücken v/t prze-, (Zeiger) po|suwać ⟨-unąć⟩ (do przodu); v/i (sn) posuwać ⟨-unąć⟩ się (naprzód); fig. awansować; Sp. a. wywalczyć pf. awans (do G); (Zeit) przemijać; s. vorgerückt; **2runde** f runda elimi-

vors = vor das.   [nacyjna.]

vor|sagen podpowiadać ⟨-iedzieć⟩; **2saison** f okres przedsezonowy; **2sänger** m przodownik chóru; Rel. kantor; **2satz** m postanowienie, zamiar; Jur. działanie rozmyślne; premedytacja; Typ. wyklejka; **.sätzlich** u-, roz|myślny, z premedytacją.   [przegląd (programu, audycji).]

Vorschau f (zapowiadany) przegląd (programu, audycji).

Vorschein m: zum . bringen wydoby(wa)ć; ujawni(a)ć; *zum ~ kommen* sta(wa)ć się widocznym, po-, u|ka- z(ywa)ać się; *fig. a.* ujawni(a)ć się.

vor|schicken po-, wy|s(y)łać naprzód; **~schieben** wysuwać ⟨wysunąć⟩ naprzód; *Riegel*: zasuwać ⟨-unąć⟩; *fig.* ukrócać ⟨-cić⟩ (*e-r Sache/A*); *j-n*: podsuwać ⟨-unąć⟩; *s. vorschützen*; **~schießen** wy-, za|płacić *pf.* tytułem zaliczki; **Qschiff** *n* część dziobowa (statku).

Vorschlag *m* propozycja; *auf ~ von* na wniosek (*G*); **Qen** ⟨za⟩proponować; *Kandidaten*: wysuwać ⟨wysunąć⟩; **~hammer** *m* młot kowalski dwuręczny, przybitnik; **~sliste** *f* lista kandydatów; **~s·recht** *n* (*-es*; *0*) prawo wysuwania kandydatów.

Vorschlußrunde *f* półfinał.

vorschnell *s. voreilig*, **~en** (*sn*) wyskakiwać ⟨-skoczyć⟩.

vorschreiben napisać *pf.* na wzór; *fig.* przepis(yw)ać, zalecać ⟨-cić⟩; *Med. a.* zaordynować *pf.*; *s. bestimmen*.

Vorschrift *f* przepis; instrukcja; *sich an die ~en halten* przestrzegać przepisów; **Qs·mäßig** przepisowy (-wo); **Qs·widrig** nieprzepisowy (-wo), niezgodny (*od.* sprzeczny) z przepis|em *od.* -ami.

Vorschub *m Tech.* posuw; *~ leisten* sprzyjać; popierać (*D/A*); ułatwi(a)ć (*j-m bei/k-u A*).

Vorschul|e *f* przedszkole; **Qisch** przedszkolny.

Vorschuß *m* zaliczka; **~lorbeeren** *f/pl.* przedwczesne laury *m/pl.*; **Qweise** tytułem zaliczki.

vor|schützen zasłaniać ⟨-łonić⟩ (*od.* wymawiać ⟨-mówić⟩) się (*A/I*); **~schweben** przyświecać; *mir schwebt ... vor* wyobrażam sobie (*A*), marzę (o *L*); **~schwindeln** F *s. vorlügen*.

vorseh|en przewidywać ⟨-idzieć⟩, przeznaczać ⟨-czyć⟩ (*für/na A*); *sich ~en* uważać; (*vor D*) mieć się na baczności (przed *I*), wystrzegać się (*G*); **Qung** *f* (*0*) opatrzność *f*.

vorsetzen stawiać ⟨postawić⟩, u- mieszczać ⟨-eścić⟩ (*e-r Sache A/* przed czymś *A*); *Essen*: ⟨po⟩częstować (*j-m A/k-o I*).

Vorsicht *f* (*0*) ostrożność *f*; (*Umsicht*) przezorność *f*; **~!** uwaga!, ostrożnie!; **Qig** ostrożny; **Qs·halber** dla ostrożności; przezornie; **~s-**

maßregeln *f/pl.* środki *m/pl.* ostrożności.

Vor|silbe *f* przedrostek; **Qsingen** ⟨za⟩śpiewać; **Qsintflutlich** F przedpotopowy.

Vorsitz *m* (*-es*; *0*) przewodnictwo, prezesostwo; *den ~ haben* (*bei*) = **Qen** (*D*) przewodniczyć, prezydować (*D*); **~ende(r)**, **~er(in** *f*) *m* przewodniczący y *m* (*-a*), prezes(ka).

Vorsorge *f* (*0*) zapobiegliwość *f*; troska o przyszłość *f*; **~ treffen** ⟨po⟩starać (*od.* ⟨za⟩troszczyć) się zawczasu; **~untersuchung** *f* badanie prewencyjne.

vorsorglich *präd.* przezornie.

Vorspann *m* (*Film·*) czołówka; **Qen** doprzęgać ⟨-gnąć, -rząc⟩; *s. vorgespannt*.

Vorspeise *f* przekąska, przystawka.

vorspiegel|n, **Qung** *f s. vortäuschen*.

Vor|spiel *n* przygrywka (*zu/do G*); preludium *n* (*a. fig.*); prolog; (*sexuell*) wstępna gra miłosna; **Qspielen** ⟨za⟩grać; *Platte*: przegr(yw)ać; (*zeigen*) pokaz(yw)ać jak należy grać; **Qsprechen** *v/t* wymawiać ⟨-mówić⟩ (*j-m A/*dla k-o *A*); *v/i* recytować; uczyć prawidłowej wymowy (*D/A*); (*bei j-m*) przychodzić ⟨-yjść⟩, zgłaszać ⟨-łosić⟩ się (*do G*); **Qspringen** wyskakiwać ⟨-skoczyć⟩ do przodu; *fig. s. vorstehen*.

Vorsprung *m* występ, wysok; *Sp.* przewaga; *e-n ~ haben* (*vor D*) mieć przewagę (nad *I*), wyprzedzać (*A*); *s-n ~ einbüßen* stracić przewagę, dać się prześcignąć; *mit e-m ~ von 2 Tagen* na dwa dni wcześniej.

Vorspur *f Kfz.* zbieżność *f* (kół).

Vorstadt *f* przedmieście; *pl. a.* peryferie *f/pl.*; **~kino** *n* kino na przedmieściu.

Vorstand *m* zarząd; *Pers. s. Vorsteher*; **~s·mitglied** *n* członek zarządu; **~s·sitzung** *f* posiedzenie zarządu.

vorsteh|en wystawać; sterczeć; (*D*) kierować, zarządzać (*I*), stać na czele (*G*); **~end** wystający, sterczący; *im -den powyżej*; **Qer(in** *f*) *m* naczelnik; zawiadow·ca *m* (-czyni); (*Schul·*) kierowni|k (-czka); **Qer·drüse** *f* gruczoł krokowy; **Qhund** *m* wyżeł, legawiec.

vorstell|bar wyobrażalny; *nicht ~ bar* nie do pomyślenia; **~en** *s. vorrücken*, *-schieben*; *fig.* przedstawi(a)ć (*j-n*, *et./A*; *sich* się); ⟨za-⟩

prezentować; reprezentować; *sich* (D) ~en wyobrażać ⟨-razić⟩ sobie; **~ig:** ~ig werden s. vorsprechen; ℔ung *f* przedstawienie (się); *Thea.* przedstawienie; występ; (*Kino*℔) seans; (*Gedanke*) wyobrażenie; *s. Vorhaltung; du machst dir k-e* ℔ung nie masz pojęcia; ℔ungskraft *f* (*0*) wyobraźnia.

Vorstoß *m* wypad, uderzenie; *fig.* akcja (*a. Sp.*), kroki *m/pl.*, próba; (*am Kleid*) wypustka; (*in A*) przenikanie (do *G*), penetracja (*G*); ℔en *v/i* (*sn*) pcnać naprzód; ⟨za⟩atakować; *s. vordringen.*

Vor|strafe *f* poprzednia kara; ℔-strecken wysuwać ⟨-unąć⟩, wyciągać ⟨-gnąć⟩ (do przodu); *fig. s. vorschießen;* **~stufe** *f* pierwszy stopień; wstępny etap; **~tag** *m* dzień poprzedni; *vom* ~tag od wczoraj, wczorajszy; ℔tanzen (*D*) ⟨za⟩tańczyć (przed *I*, dla *G*); **~tänzer** *m* wodzirej.

vortäusch|en uda(wa)ć, symulować; *Einbruch usw.:* ⟨u⟩pozorować, ⟨s⟩fingować; ℔ung *f* upozorowanie, sfingowanie; *unter* ℔ung *falscher Tatsachen* podstępem.

Vorteil *m* (*-es; -e*) korzyść *f;* pożytek; (*Tennis*) przewaga; (*gute Seite*) zaleta; *zu s-m* ~*u* na jego korzyść; *im* ~ *sein* być w korzystniejszym położeniu; *von* ~ = ℔haft korzystny; *s. gewinnbringend.*

Vortrag *m* (*-es;* ℔*e*) odczyt, referat; (*Lehr*℔) wykład; raport, meldunek; *Mus.* (*Solo*℔) recital; recytacja; (*Art des Vortragens*) wykonanie; *Hdl.* przeniesienie; ℔en ⟨z⟩referować, przedstawi(a)ć; *Gedicht:* ⟨wy⟩recytować, deklamować; *Mus.* wykon(yw)ać; ⟨od⟩śpiewać; *Hdl.* przenosić ⟨-nieść⟩; **~ende(r)** *m/f* referent(ka), prelegent(ka).

Vortrags|abend *m* wieczór odczytowy (*od.* literacki, muzyczny); **~künstler(in** *f*) *m* deklamator(ka), recytator(ka); **~reihe** *f* cykl odczytów.

vor|trefflich wyborny, przedni; **~treten** (*sn*) występować ⟨-tąpić⟩ naprzód (*Mil. a. z* szeregu); ℔trieb *m Bgb.* postęp, zabiór; *Flgw.* ciąg; ~~~~~~~~~~~~~~ powaó ⟨-tąpić⟩ pierwszeństwa (*D*); ℔trupp *m* oddział przedni.

vor'über *s. vorbei;* ~ *sein zeitl.*

(prze)minąć *pf.*, upłynąć *pf.*; *der Regen ist* ~ już po deszczu.

vor'übergehen (*sn*) *s.* vorbeigehen, vergehen; nicht ~ *lassen fig.* nie przepuszczać ⟨-uścić⟩ (*A/G*); **~d** przejściowy (-wo), chwilowy (-wo).

vor'überziehen (*sn*) *s.* vorbeimarschieren; *fig.* przeciągać; przewijać ⟨-inąć⟩ się (*an D/*przed *I*).

Vor|untersuchung *f* postępowanie przygotowawcze, śledztwo; **~urteil** *n* przesąd; uprzedzenie (*gegen/*do *G*); ℔urteilsfrei bez uprzedzeń; **~väter** *m/pl.* przodkowie *m/pl.*; **~verfahren** *n* postępowanie rozpoznawcze (przed rozprawą główną); **~verhandlungen** *f/pl.* rokowania *n/pl.* wstępne; **~verkauf** *m* (*-es; 0*) przedsprzedaż *f;* ℔verlegen (-) *Termin:* przesuwać ⟨-unąć⟩ na wcześniej; skracać ⟨-rócić⟩; **~vertrag** *m* umowa przedwstępna; punktacja; ℔vorgestern F przed trzema dniami, trzy dni temu; ℔vorig *f* zaprzeszły; **~wahl(en** *pl.*) *f* wybory *m/pl.* wstępne, prawybory *m/pl.*; **~wählnummer** *f* numer kierunkowy (w międzymiastowym ruchu automatycznym); **~wand** *m* (*-es;* ℔*e*) pretekst; *unter dem* ~wand *a.* pod pozorem; ℔wärmen podgrz(ew)ać.

vorwärts naprzód, do przodu; **~bringen** *fig.* posuwać ⟨-unąć⟩ naprzód; ... *hat ihn ein großes Stück* ~gebracht ... stanowił(a, -o) dla niego poważny krok naprzód; ℔gang *m Tech.* bieg przedni; **~gehen** (*sn*) *fig.* zmieni(a)ć się na lepsze, polepszać ⟨-szyć⟩ się; **~kommen** (*sn*) posuwać ⟨-unąć⟩ się naprzód (*mit, in D/* w *L*); dorabiać ⟨-robić⟩ się; awansować (*v/i*); *s. vorankommen.*

Vor|wäsche *f* pranie wstępne; ℔'wegnehmen antycypować, uprzedzać ⟨-dzić⟩; ℔weisen *v/t* okaz(yw)ać (*A*); wykaz(yw)ać się, legitymować się (*I*); **~welt** *f* (*0*) praświat; ℔weltlich pierwotny; ℔-werfen rzucać ⟨-cić⟩ (*zum Fraß* na pożarcie); *fig.* wy-, za|rzucać ⟨-cić⟩; **~werk** *n Agr.* folwark; ℔wiegen *s.* überwiegen; *-nd Adv.* przeważnie; ℔witzig wścibski; *s.* naseweis, keck; ~~~~~~~~~~~~~~~~~~~~~~~~ (*-es; -e*) słowo wstępne, przedmowa; **~wurf** *m* zarzut; *s.* Thema; *zum* ~wurf *machen* czynić zarzut (*j-m*

A/k-u o *A*); ~würfe machen robić (*od.* czynić) wyrzuty (wegen/o, za *A*); ₂wurfsvoll pełen wyrzutu, *präd.* z wyrzutem.

Vorzeich|en *n* znak (*a. Math.*), omen; *Med.* zwiastun; ₂nen ⟨na-⟩ rysować (jako wzór); *fig.* wyzna-, wyty|czać ⟨-czyć⟩.

vorzeigen okaz(yw)ać.

Vorzeit *f*: in grauer ~ w zamierzchłej przeszłości; ₂ig przedwczesny.

vorziehen pod-, wy|ciągać ⟨-gnąć⟩ (do przodu); *Gardine*: zasłaniać ⟨-łonić⟩ (*A*/*I*); *fig.* woleć; (*j-n*) faworyzować, wyróżniać.

Vorzimmer *n* przedpokój; **~dame** *f* sekretarka.

Vor|zug *m* zaleta; den ~ geben da(wa)ć pierwszeństwo; *vgl.* vorziehen; ₂züglich pyszny, wyśmienity (-cie).

Vorzugs|aktie *f* akcja uprzywilejowana; **~milch** *f* mleko wyborowe; **~preis** *m* cena preferencyjna *od.* F zniżona; ₂weise zwłaszcza, szczególnie; **~zoll** *m* cło preferencyjne.

vo'tieren [v-] (-) głosować; *s.* sich einsetzen.

Vo'tiv|bild [v-] *n* obraz wotywny; **~gabe** *f* wotum *n*; **~messe** *f* wotywa.

Votum ['v-] *n* (-*s*; -*ten*/-*ta*) wotum *n*.

Voyeur [vŏa'jø:ɐ] *m* (-*s*; -*e*) podpatrywacz.

vul'gär [v-] wulgarny.

Vul'kan [v-] *m* (-*es*; -*e*) wulkan; **~ausbruch** *m* wybuch wulkanu; **~fiber** *f* fibra; **~isati'on** *f* wulkanizacja; ₂isch wulkaniczny.

Vulkani'sier|anstalt *f* zakład wulkanizacyjny; ₂en (-) wulkanizować.

Vulva [v-] *f* (-; -*ven*) srom.

W

Waage *f* waga (*a. Sp.*); *Astr.* Waga; sich die ~ halten utrzym(yw)ać się w równowadze, równoważyć się; **~meister** *m* wagowy *m*; ₂recht poziomy (-mo); **~rechte** *f* pozioma *f*.

Waagschale *f* szalka wagi; *fig.* in die ~ werfen rzucać ⟨-cić⟩ na szalę.

wabbeln (-*le*) *dial.* trząść się (jak) **Wabe** *f* woszczyna. [galareta).⟩

Waben|grind *m* grzybica woszczynowa; **~honig** *m* miód w plastrach.

wach rozbudzony; *fig. Pers., Geist*: rzutki; *a. Interesse*: żywy; ~ bleiben, ~ sein nie spać; ~ machen ⟨roz-⟩ budzić; ~ werden ⟨o-, prze⟩budzić się; *s. a.* wachen.

Wach|ablösung *f* zmiana warty; **~boot** *n* dozorowiec; **~dienst** *m* służba wartownicza; *s.* Wache.

Wache *f* straż *f*; *Mil.* warta; *Mar.* wachta; (*Polizei*₂) posterunek; *s.* Wachtposten, -stube; ~ halten, F ~ schieben trzymać straż, stać na warcie. [*I*).⟩

wachen czuwać (*a. fig.*; über *A*/nad)

wach|habend dyżurny; *Mar.* wachtowy; **~halten** *Interesse*: podtrzymywać; *Andenken*: zachowywać; ₂hund *m* pies wartowniczy; ₂mann *m* (*pl. -leute*) *s.* Wächter.

Wa'cholder *m* jałowiec; (*Schnaps*) jałowcówka; **~beere** *f* jagoda jałowca; **~drossel** *f* kwiczoł.

Wach|posten *m s.* Wachtposten; ₂rufen wywoł(yw)ać; ₂rütteln *s.* wecken, aufrütteln.

Wachs [-ks] *n* (-*es*; -*e*) wosk; **~abdruck** *m* (*pl. ᵘe*) odcisk w wosku.

wachsam czujny, baczny; ~ sein *a.* mieć się na baczności; ₂keit *f* (0) czujność *f*.

wachsen[1] [-ks-] (*L.*; *sn*) ⟨u⟩rosnąć, urastać, ⟨u⟩róść; *fig. a.* wzrastać ⟨wzróść⟩; *der Tag, Mond* wächst dnia, księżyca przybywa; *j-m* über den Kopf ~ przerastać ⟨-róść⟩ (*A*); *fig.* przerastać ⟨-róść⟩ możliwości *od.* siły (*G*); er ist mir ans Herz gewachsen polubiłem go; *s. a.* anwachsen, Gras usw.

wachsen[2] [-ks-] *v*/*t* ⟨na⟩woskować.

wächsern [-ks-] woskowy (-wo); (*wachsartig*) woskowaty (-to).

Wachs|figurenkabinett [-ks-] *n* galeria figur woskowych; **~kerze** *f*, **~licht** *n* (*pl. -e*) świeca woskowa; **~papier** *n* papier woskowany.

Wach|station *f* oddział opieki intensywnej; **~stube** *f* wartownia; dyżurka.

Wachstum [-ks-] *n* (-*s*; *0*) rośnięcie, wyrastanie; (*das Gewachsene*) roślinność *f*; *fig.* wzrastanie, (*a. Bio.*) wzrost.

Wachstums|rate [-ks-] *f* wskaźnik wzrostu; **~störung** *f* zaburzenie wzrostu; **~tempo** *n* tempo wzrostu *od.* rozwoju.

Wacht *f* (-; *0*) *lit.* straż *f*.

Wächte *f* nawis (śnieżny).

Wachtel *f* (-; -*n*) przepiórka; **~könig** *m* derkacz.

Wächter *m* strażnik, stróż; wartownik; **~häus·chen** *n* budka strażnika *od.* wartownika.

Wacht|meister *m* wachmistrz; **~posten** *m* posterunek; *Pers. a.* strażnik, wartownik; *vgl. Wache*; **~turm** *m* wieża strażnicza, strażnica.

wack(e)lig F chybotliwy (-wie), (*a. fig.*) chwiejny; *Tisch, Stuhl a.* kulawy; *Zahn*: chwiejący się; **2elkontakt** *m* styk luźny *od.* chwiejny; **~eln** (-*le*) (za-)chybotać się, (za-)chwiać się; (*an, mit D*) (po-, za-) trząść (*I*); *s. a.* (*sch*)*wanken*.

wacker dzielny; *s. rechtschaffen*.

Wade *f* łydka.

Waden|bein *n* kość strzałkowa, strzałka; **~krampf** *m* kurcz mięśni łydki; **~wickel** *m* okład na łydki.

Waffe *f* broń *f*, *lit.* (*heute mst fig.*) oręż; *die* **~n** *strecken* składać (złożyć) broń; *unter* **~n** pod bronią; *zu den* **~n** *rufen* powoł(yw)ać pod broń *od.* do oręża; *zur* **~** *greifen* chwytać (-ycić) za broń; *von der* **~** *Gebrauch machen* uży(wa)ć broni.

Waffel *f* (-; -*n*) wafel, andrut.

Waffen|appell *m* przegląd broni; **~besitz** *m* posiadanie broni; **~brüderschaft** *f* (*0*) braterstwo broni; **~dienst** *m* służba wojskowa; **~fabrik** *f* fabryka broni; **~gattung** *f* rodzaj broni.

Waffengewalt *f* (*0*): *mit* **~** *przy* użyciu broni; **~** *anwenden* uży(wa)ć broni.

Waffen|kammer *f* zbrojownia; magazyn broni; **~lager** *n* skład broni; **2los** *s. unbewaffnet*; **~meister** *m* zbrojmistrz; mechanik uzbrojeniowy; **~ruhe** *f* zawieszenie broni; **~schein** *m* pozwolenie na broń; **~schmied** *m hist.* płatnerz; **~stillstand** *m* rozejm; **~system** *n* system broni (strategiczny).

Wage|hals F *m* śmiałek, zuch; **~mut**

m śmiałość *f*, odwaga; **2mutig** śmiały (-ło), odważny.

wagen *v/t* ważyć się, odważać ⟨-żyć⟩ się (na *A*); ⟨za-⟩ryzykować (*A*); *s. a. versuchen*; *es* (*od. sich*) **~** *zu ... śmieć*, odważyć się (+ *Inf.*); *sich nicht* **~** *an* (*A*) nie mieć odwagi (+ *Inf. od.* do *G*).

Wagen *m* wóz (*a.* F *Kfz.*); *Esb.* wagon; (*Hand*$^\circ$, *Tech.*) wózek; (*Schreibmaschine*) karetka; *Astr. der Große* **~** Wielki Wóz; *s. a. Kinder-, Kraftwagen usw.*

wägen (*L.*) ważyć (*a. fig.*).

Wagen|burg *f hist.* obóz warowny (zbudowany) z wozów; **~dach** *n* dach samochodu *od.* wagonu; **~führer** *m* motorniczy *m*; **~heber** *m* dźwignik, lewar; **~kolonne** *f* kolumna wozów *od.* samochodów; **~ladung** *f* ładunek na wozie, w wagonie); (*bei Mengenangaben*) wóz, wagon (*G*); **~park** *m* tabor, park (samochodowy); **~rad** *n* koło u wozu; **~schmiere** *f* smar do wozów; **~wäsche** *f* mycie samochodu *od.* wozu.

Wag'gon *m* (-*s*; -*s*/- *b. Mengenangaben*) wagon; **~** *in Zssgn* wagonowy; **2weise** wagonami, na wagony.

wag|halsig niebezpieczny, ryzykowny; *s. halsbrecherisch*; **2nis** *n* (-*ses*; -*se*) ryzykowne (*od.* śmiałe) przedsięwzięcie; ryzyko.

Wahl *f* (*0*) wybór; (*Güte*) gatunek; (*a. pl.*) wybór, *oft pl.* wybory; *die* **~** *haben* mieć do wyboru; *mir bleibt* (*od. ich habe*) *k-e* (*andere*) **~** nie mam wyboru; *nach* **~** według wyboru; *s-e* **~** *treffen* dokon(yw)ać wyboru; *j-n vor die* **~** *stellen* postawić wobec wyboru (*A*); *zweiter* **~** drugiego gatunku; **~alter** *n* wiek uprawniający do korzystania z prawa wyborczego; **~aufruf** *m* odezwa wyborcza; **~ausgang** *m* wynik wyborów; **~ausschuß** *m* komitet wyborczy.

wählbar wybieralny; **2keit** *f* (*0*) wybieralność *f*.

wahl|berechtigt uprawniony do głosowania; **2beteiligung** *f* frekwencja wyborcza; **2betrug** *m* oszustwo wyborcze; **2bezirk** *m* obwód głosowania.

wähl|en wyb(ie)rać (*aus D*/spośród *G*; *in A*/do *G*; *zu*/*I*, na *A*); **2er** *m* wyborca *m*; *Fmw.* wybierak.

Wahl|erfolg *m* sukces wyborczy; **~ergebnis** *n* wynik wyborów.

Wähler|initiative *f* grupa wyborców (wysuwająca własnego kandydata); **2isch** wybredny; *fig.* (*nicht*) **2isch sein** (nie) przebierać (*in D/w L*); **~liste** *f* spis wyborców; **~schaft** *f* (*0*) wyborcy *m/pl.*, ogół wyborców; **~scheibe** *f* tarcza numerowa; **~stimme** *f* głos (wyborczy).

Wahl|fach *n* przedmiot fakultatywny; **~feldzug** *m* kampania wyborcza; **2frei** fakultatywny, dowolny; **~gang** *m* głosowanie; tura wyborów; **~geheimnis** *n* (*-ses*; *0*) tajność *f* głosowania; **~gesetz** *n* ordynacja wyborcza; **~kampf** *m* walka wyborcza; **~kommission** *f* komisja wyborcza; **~kreis** *m* okręg wyborczy; **~kundgebung** *f* wiec przedwyborczy; **~liste** *f* lista wyborcza *od.* kandydatów; **~lokal** *n* lokal wyborczy.

wahllos nie wybierając, bez wyboru, F na chybił trafił.

Wahl|mann *m* (*pl. ~er*) elektor; **~niederlage** *f* porażka w wyborach; **~ordnung** *f* regulamin wyborczy; **~periode** *f* kadencja; **~pflicht** *f* (*0*) obowiązek głosowania; **~programm** *n* program polityczny (kandydata w wyborach); **~propaganda** *f* propaganda przedwyborcza; **~recht** *n* (*-es*; *0*) prawo wyborcze; **~rede** *f* mowa przedwyborcza; **~schein** *m* kartka wyborcza; **~sieg** *m* zwycięstwo w wyborach; e-*n ~sieg erringen* zwyciężyć w wyborach; **~spruch** *m* dewiza; **~system** *n* system wyborczy; **~tag** *m* dzień w wyborów; **~urne** *f* urna wyborcza; **~versammlung** *f* zebranie przedwyborcze. [do wyboru.)

wahlweise: ~ ... *oder* ... ... albo ...)

Wahlzettel *m s. Wahlschein.*

Wahn *m* (*-es*; *0*) urojenie; *Med. in Zssgn* mania; **~bild** *n*, **~gebilde** *n* majak, omam.

Wahnsinn *m* (*-es*; *0*) obłęd, obłąkanie; F *fig.* szaleństwo; **2ig** obłąkany, (*a. Blick usw.*) obłąkańczy (*-czo*); *s. a. verrückt*; **~ige(r)** obłąkany *m*, obłąkaniec.

Wahn|vorstellung *f* urojenie; **~witz** *m* (*-es*; *0*) *s. Wahnsinn*; **2witzig** szalony, szaleńczy.

wahr (*0*) prawdziwy; *fig. a.* istny; *s. echt, aufrichtig*; *das ist ~* to prawda;

nicht ~? nie prawda(ż)?; ~ *machen* urzeczywistni(a)ć, doprowadzać ⟨-dzić⟩ do skutku; *so ~ ich lebe* jak żyję; **~en** *v/t* zachow(yw)ać (*A*); (*schützen*) bronić (*G*).

währen *v/i* ⟨po⟩trwać.

während *Prp.* (*G, D*) podczas, w czasie, w ciągu (*G*), przez (*A*); za (*G*); ~ *des Winters* podczas (*od.* w ciągu) zimy; ~ *des ganzen Tages* przez cały dzień; ~ *des Krieges* w czasie (*od.* podczas) wojny; ~ *der Regierung* za rządów; *Kj.* podczas gdy, gdy, kiedy; (*wohingegen*) tymczasem; **~'dem**, **~'dessen** tymczasem.

wahrhaben: *nicht* ~ *wollen* nie chcieć przyznać (*A/G*); nie chcieć ⟨u⟩wierzyć (*daß/że*).

wahrhaft, **~ig** *Adv.* doprawdy, naprawdę; *Adj. s. wahr, wirklich*; **2igkeit** *f* (*0*) prawdziwość *f*.

Wahrheit *f* prawda; *in* ~ w rzeczywistości; *um die* ~ *zu sagen* prawdę mówiąc *od.* powiedziawszy.

Wahrheits|findung *f* (*0*) ustalenie prawdy; **2gemäß**, **2getreu** zgodny z prawdą; **~liebe** *f* prawdomówność *f*; **2liebend** prawdomówny.

wahrlich *lit.* zaprawdę.

wahrnehm|bar (*spürbar*) wyczuwalny; uchwytny; *s. hör-, sichtbar*; **~en** (*sehen*) do-, spo⟨strzegać ⟨-ec⟩, zauważać ⟨-żyć⟩; (*hören*) ⟨do-, u⟩słyszeć; *Gelegenheit:* ⟨s⟩korzystać (*A/z G*); *Interessen, Amt:* sprawować; **2ung** *f Psych.* postrzeganie, percepcja; *konkr.* spostrzeżenie; sprawowanie.

wahrsag|en ⟨po-, wy⟩wróżyć (*aus der Hand* z ręki); **2er(in** *f*) m wróżbita *m* (*-ka*); **2e'rei** *f* (*0*) wróżbiarstwo; **2ung** *f* wróżba.

wahr'scheinlich prawdopodobny; **2keit** *f* prawdopodobieństwo; *aller* **2keit** *nach* według wszelkiego prawdopodobieństwa; **2keitsrechnung** *f* rachunek prawdopodobieństwa.

Währung *f* (*0*) zachowanie; obrona.

Währung *f* waluta.

Währungs|block *m* blok walutowy; **~einheit** *f* jednostka monetarna; **~gebiet** *n* strefa walutowa; **~krise** *f* kryzys walutowy; **~politik** *f* polityka walutowo-finansowa; **~reform** *f* reforma pieniężna; **~system** *n* system monetarny.

Wahrzeichen *n* symbol, znak.

Waise f sierota f od. m.

Waisen|haus n dom (od. zakład dla) sierot; **~kind** n s. Waise; **~rente** f renta sieroca.

Wal m (-es; -e) waleń m.

Wald m (-es; Ɒer) las (a. fig.); **~ameise** f mrówka rudnica; **~arbeiter** m robotnik leśny; **~bestand** m zalesienie; drzewostan zalesień; **~brand** m pożar lasu od. leśny.

Wäldchen n (przy)lasek, gaik.

Wald|erdbeere f poziomka; **~frevel** m szkoda leśna; **~gebiet** n teren leśny od. zalesiony; **~gegend** f lesista okolica; **~geist** m duch leśny, boruta m; **~horn** n waltornia; **~hüter** m gajowy m; strażnik leśny; **Ⱡig** lesisty, zalesiony; **~kauz** m puszczyk zwyczajny; **~lauf** m bieg przełajowy; **Ⱡlos** bezleśny; **~meister** m Bot. marzanka wonna; **~menschen** m/pl. lud zamieszkujący lasy; **~ohr·eule** f sowa uszata; **~rand** m skraj lasu; **~rebe** f powojnik; **Ⱡreich** bogato zalesiony, lesisty; **~schnepfe** f słonka; **~spaziergang** m spacer do lasu od. po lesie; **~steppe** f lasostep; **~ung** f s. Wald; **~weg** m droga leśna; **~wiese** f polana.

Wal|fang m połów wielorybów, wielorybnictwo; **~fänger** m statek wielorybniczy, (a. Pers.) wielorybnik; **~fisch** m wieloryb.

wa'lisisch walijski (po -ku).

walk|en spilśni(a)ć, folować; Teig: ⟨za⟩miesić; Ⱡmaschine f pilśniar-⟩ **Wal'küre** f Walkiria. [ka, folusz.Ⱨ

Wall m (-es; Ɒe) wał.

Wallach m (-es; -e) wałach.

wallen v/i (a. sn) kipieć, burzyć się (a. fig.); (Nebel) kłębić się; (Haar, Kleid) falować, rozwiewać się.

wallfahr|en v/i (sn), Ⱡer m s. Pilger, pilgern; Ⱡt f pielgrzymka; Ⱡts·ort m miejsce pielgrzymki.

wal'lonisch waloński (po -ku).

Wallung f in ~ bringen ⟨wz⟩burzyć; in ~ geraten ⟨wz⟩burzyć się.

Walmdach n dach czterospadowy.

Walnuß(baum m) f orzech włoski.

Wal'purgisnacht f noc Walpurgii.

Walroß n (-sses; -sse) mors.

walten (-e-) rządzić, panować; achalten und ~ rządzić się, gospodarować; s-s Amtes ~ ⟨s⟩pełniać swą powinność; ~ lassen okaz(yw)ać; Vorsicht: zachow(yw)ać.

Walz|blech n blacha walcowana; **~draht** m walcówka.

Walze f Math., Tech. walec; Agr. wał; F † auf die ~ gehen puścić się na wędrówkę.

walzen (-zt) v/t walcować; Straße, Agr.: wałować; v/i tańczyć walca.

wälzen (-zt) ⟨po⟩toczyć (sich się) Kochk. obtaczać ⟨-toczyć⟩ (in D/w L); Buch: ⟨prze⟩wertować; Problem: wałkować; s. a. abwälzen; sich ~ (Menge, Nebel) przewalać ⟨-lić⟩ się; tarzać się; pokładać się (vor Lachen ze śmiechu).

walzenförmig walcowaty (-to).

Walzer m walc.

Wälzer F m tomisko, kobyła.

Walz|stahl m stal walcowana; **~straße** f ciąg walcowniczy; **~werk** n walcarka; (Betrieb) walcownia.

Wam|me f podgarle; F a. = **~pe** f kałdun, brzucho.

wand s. winden.

Wand f (-; Ɒe) ściana; (a. Tech.) ścianka; spanische ~ parawan; **~behang** m makata; **~brett** n półka ścienna.

Wandel m (-s; 0) zmiana; † (Lebens- Ⱡ) żywot; Ⱡbar zmienny; **~gang** m, **~halle** f kuluary m/pl.; Thea. a. foyer n; Ⱡn[1] v/t zmieni(a)ć, przeobrażać ⟨-razić⟩ (sich się); Ⱡn[2] v/i (sn) przechadzać się; wędrować.

Wander|ausstellung f wystawa objazdowa; **~bühne** f teatr objazdowy; **~bursche** m wędrowny czeladnik; **~er** m wędrowiec; turysta pieszy; **~fahne** f sztandar przechodni; **~fahrt** f wędrówka, wczasy pl. wędrowne; **~falke** m sokół wędrowny od. pospolity; **~gruppe** f grupa wędrowców; **~jahre** n/pl. lata pl. wędrówki; **~karte** f mapa turystyczna; **~leben** n życie tułacze od. koczownicze; **~lied** n piosenka w rytmie marszowym.

wandern (-re; sn) ⟨po⟩wędrować (Zo. mst impf.); Bio. a. migrować; Ⱡ n (-s; 0) wędrowanie; turystyka piesza.

Wander|niere f nerka ruchoma od. wędrująca; **~preis** m nagroda przechodnia; **~ratte** f szczur wędrowny; **~route** f szlak turystyczny; szlak migracyjny.

Wanderschaft f wędrówka; auf der ~ sein odby(wa)ć wędrówkę, wędrować.

Wander|schuhe m/pl. buty m/pl. turystyczne; ~**stab** m kij wędrowny, kostur; ~**trieb** m (-es; 0) m pęd do wędrówki; ~**truppe** f wędrowna trupa; ~**ung** f wędrówka; *Bio.* migracja; ~**weg** m s. *Wanderroute*; ~**ziel** n cel wędrówki; ~**zirkus** m cyrk wędrowny.

Wand|gemälde n malowidło ścienne; ~**kalender** m kalendarz ścienny; ~**klappbett** n składane łóżko przyścienne; ~**leuchte** f lampa (na)ścienna, kinkiet.

Wandlung f prze-, z|miana, przeobrażenie; *Rel.* przemienienie.

Wand|malerei f malowidło ścienne; ~**platte** f płyta ścienna; ~**schirm** m parawan; ~**schrank** m szafa wbudowana; ~**tafel** f tablica ścienna (szkolna); ~**täfelung** f boazeria; ~**teppich** m kilim; gobelin; arras; ~**uhr** f zegar ścienny.

wandte(n) s. *wenden*.

Wand|verkleidung f obicie ściany; ~**zeitung** f gazetka ścienna.

Wange f policzek; ~**n-** policzkowy.

Wankel|mut m chwiejność f, zmienność f; ℒ**beständig** chwiejny, zmienny.

wanken (*a. sn*) ⟨za⟩chwiać się; *vgl.* beben, torkeln; *ins* ℒ *bringen*, ~**d** *machen* zachwiać [*A/A, I*, w *L*].

wann kiedy; *bis (seit)* ~? do (od) kiedy?; ~ *auch immer* kiedykolwiek by; *s. dann*.

Wanne f wanna; ~**n-bad** n kąpiel f w wannie, wanna. [brzuchacz.]

Wanst m (-es; ℗e) brzucho; *Pers.*]

Want f *Mar.* wanta.

Wanze f pluskwa; F *fig.* podsłuch.

Wappen n herb; (*Staats*℩) godło; ~**bild** n godło herbowe; ~**kunde** f heraldyka; ~**spruch** m dewiza.

wappnen (*-e-*): *sich* ~ zabezpieczać ⟨-czyć⟩ się (*gegen*/od *G*, przed *I*); uzbrajać ⟨-roić⟩ się (*mit*/w *A*).

war s. *sein*.

warb(en) s. *werben*.

Ware f towar.

waren s. *sein*.

Waren|abkommen n umowa o wymianie towarowej; ~**angebot** n oferta towarowa; asortyment towarów; ~**automat** m automat sprzedażowy; ~**begleitschein** m list przewozowy, ceduła lądowa; ~**bestand** m zapas towarów; ~**börse** f giełda towarowa; ~**haus** n dom towarowy; ~**kunde** f (0) towaroznawstwo; ~

lager n skład towarów; *s. Warenbestand*; ~**lieferung** f dostawa (*od.* przesyłka) towarów; partia towaru; ~**liste** f lista towarowa; ~**muster** n, ~**probe** f próbka (towaru); ~**produktion** f produkcja towarowa; ~**sendung** f s. *Warenlieferung*; ~**sortiment** n asortyment towarów; ~**test** m badanie jakości towarów; ~**umsatz** m obrót towarowy; ~**umschlag** m przeładunek towarów; ~**verkehr** m wymiana towarowa; ~**wirtschaft** f gospodarka towarowa; ~**zeichen** n znak towarowy.

warf(en) s. *werfen*.

warm (℗er, ℗st-) ciepły (-ło) (*a. fig.*); *mir ist* ~ ciepło mi; *es wird* ~ ociepla się; ~ *machen* o-, pod|grz(ew)ać; *Sp. sich* ~ *laufen* rozgrz(ew)ać się; F *fig.* ~ *werden* zagrz(ew)ać miejsca; ℒ**bier** n grzane piwo; ℒ**blüter** m zwierzę stałocieplne; koń lekki.

Wärme f (0) ciepło (*a. fig.*); *Phys. a.* ciepłota; ~**austauscher** m wymiennik ciepła; ℒ**beständig** odporny na działanie ciepła; ~**einheit** f jednostka ilości ciepła; ~**energie** f (0) energia cieplna; ~**grad** m stopień m ciepła; ~**haushalt** m *Bio.* termoregulacja; ~**lehre** f (0) nauka o cieple; ~**leiter** m przewodnik ciepła.

wärmen o-, za|grz(ew)ać (*sich* się); *sich in der Sonne* ~ wygrzewać się w (*od.* na) słońcu.

Wärme|pumpe f pompa cieplna; ~**quelle** f źródło ciepła; ~**regulation** f s. *Wärmehaushalt*; ~**schutz** m izolacja cieplna; ~**technik** f (0) termotechnika; ~**verlust** m straty f/pl. ciepła; ~**zufuhr** f dopływ (*od.* doprowadzanie) ciepła.

Wärmflasche f termofor.

warmhalten F *fig.*: *sich* (D) *j-n* ~ zachować pf. sobie względy (*G*).

warmherzig serdeczny, życzliwego serca. [szać *pf.*]

warmlaufen *Kfz.*: ~ *lassen* rozru-]

Warmluft f (0) ciepłe powietrze.

Warm|wasser n ciepła woda; ~**heizung** f ogrzewanie wodne; ~**speicher** m bojler, bulier; ~**versorgung** f zaopatrzenie w ciepłą wodę.

Warn|anlage f urządzenie alarmowe, instalacja alarmowa; ~**blinkanlage** f instalacja ostrzegawczych świateł migających; ~**drei-eck** n trójkątny znak ostrzegawczy; ℒ**en** o-, prze|strzegać ⟨-rzec⟩ (*vor D/*

przed *I*); ⊇**end** ostrzegawczy (-czo); ⊇end den Zeigefinger heben (po-) grozić palcem; ~**glocke** *f* dzwonek alarmowy; ~**kreuz** *n* ostrzegawczy wskaźnik przejazdowy; ~**lampe** *f* sygnał świetlny ostrzegawczy; ~**meldung** *f* ostrzeżenie; ~**ruf** *m* okrzyk ostrzegawczy; ~**schild** *n* znak ostrzegawczy; tablic(zk)a z ostrzeżeniem; ~**schuß** *m* strzał ostrzegawczy; ~**signal** *n* sygnał ostrzegawczy *od.* (*Mil.*) powiadamiania; ~**streik** *m* strajk ostrzegawczy; ~**ung** *f* ostrzeżenie, przestroga; ~**zeichen** *s.* Warnschild.

Warte *f* (*0*) *fig.* stanowisko.

Warte|halle *f* poczekalnia; ~**liste** *f* lista czekających; ⊇**n** (-e-) *v*/*i* ⟨po-, za⟩czekać; o-, wy⟩czekiwać (*auf A/ G*); j-n ⊇n lassen kazać ⟨po-, za⟩ czekać (*D*); zmusić czekać (*A*); *auf sich* ⊇*n lassen* da(wa)ć na siebie czekać, opóźni(a)ć się; *v/t* konserwować; *s. pflegen, bedienen;* ~**n** *n* (-s; *0*) czekanie, o-, wy|czekiwanie.

Wärter *m* dozorca *m*, strażnik; *s. Bahnwärter usw.*

Warte·raum *m Flgw.* strefa wyczekiwania; *s. Wartezimmer.*

Wärter|häus·chen *n* budka strażnicza; ~**in** *f* dozorczyni; pielęgniarka.

Warte|saal *m* poczekalnia; ~**schlange** *f* kolejka czekających; ~**zeit** *f* czas oczekiwania; *Tech.* czas nieprodukcyjny; przerwa międzyoperacyjna; ~**zimmer** *n* poczekalnia.

Wartung *f* (*0*) dogląd, konserwacja; ⊇**s·frei** nie wymagający obsługi *od.* konserwacji; ~**s·kosten** *pl.* koszty *m*/*pl.* utrzymania.

warum dlaczego, czemu.

Warze *f* brodawka; ⊇n·artig, ⊇n·förmig brodawkowaty (-to).

was co; F (*etwas*) coś; ~ *für ein* co za, jaki; ~ *willst du?* czego chcesz?; ~ *kostet ...?* ile kosztuje ...?

Wasch|anlage *f* myjnia; ~**automat** *m* pralka automatyczna, pralkowirówka; ⊇**bar** (nadający się) do prania; ~**becken** *n* umywalka; ~**benzin** *n* benzyna do czyszczenia; ~**bottich** *m* balia; *Tech.* kadź *f* do mycia; ~**brett** *n* tara (do prania).

Wäsche *f* (*0*) bielizna; (*das Waschen, a. pl.*) pranie; (*des Körpers*) mycie, umywanie (się); *Tech.* płukanie;

(*Anlage*) płuczka; *schmutzige* ~ *a.* brudy *m*/*pl.* (*a. fig.*); ~**boden** *m* strych.

wasch·echt trwały na pranie, nie płowiejący w praniu; *fig.* prawdziwy, autentyczny, z prawdziwego zdarzenia.

Wäsche|geschäft *n* sklep bieliźniarski; ~**klammer** *f* klamerka do bielizny; ~**kommode** *f* bieliźniarka; ~**leine** *f* sznur do suszenia bielizny.

wasch|en (*L.*) ⟨u⟩myć (*sich* się; *sich* [*D*] *die Hände* sobie ręce); *Wäsche:* ⟨u-, wy⟩prać; *Bgb.* płukać; *s. ab-, auswaschen; fig. j-m den Kopf* ~en zmyć głowę (*D*); *s-e Hände in Unschuld* ~en umywać ręce; *e-e Hand wäscht die andere* ręka rękę myje; *... das sich gewaschen hat ...* co się zowie; ~en *n* (-*s; 0*) ob-, prze|mywanie; *s. Wäsche, Waschung.*

Wäsche|r *m Tech.* płuczka, aparat myjący; ~**rei** *f* pralnia; *Tech.* płuczkarnia; ~**rin** *f* praczka; ~**rolle** *f* magiel; ~**schleuder** *f* wirówka do bielizny; ~**schrank** *m* szafa na bieliznę, bieliźniarka; ~**stück** *n* sztuka bielizny; ~**trommel** *f* bęben pralki; ~**waschen** *n* pranie.

Wasch|frau *f s. Wäscherin;* ~**gold** *n* złoto płukane; ~**kraft** *f* (*0*) zdolność piorąca; ~**küche** *f* pralnia, F *fig.* nieprzejrzana mgła; ~**lappen** *m* myjka; F *fig.* safanduła *m*, niedo(ra)-jda *m*; ~**lauge** *f* mydliny *pl.*; ~**maschine** *f* pralka; ~**mittel** *n* środek piorący; ~**pulver** *n* proszek do prania; ~**raum** *m* umywalnia; ~**schüssel** *f* miednica (do mycia); ~**tag** *m* dzień *m* prania; ~**tisch** *m* umywalka; ~**trog** *m* balia; ~**trommel** *f s. Wäschetrommel;* ~**turm** *m* skruber; ~**ung** *f* (u)mycie; *Rel. a.* kąpiel *f*; ~**wasser** *n* woda do prania *od.* mycia; ~**weib** *n verä.* pleciuga, gaduła *m od. f*; ~**zeug** *n* przybory *m*/*pl.* toaletowe.

Wasser *n* (-*s*; ⁺) woda; (*in d. Kosmetik a.*) płyn; *zu* ~ *lassen* spuszczać ⟨-uścić⟩ na wodę; *unter* ~ *setzen* zatapiać ⟨-topić⟩; *fig.* F *ins* ~ *fallen, zu* ~ *werden* spełznąć na niczym; *sich über* ~ *halten* utrzym(yw)ać się na powierzchni; *es ist mit allen* ~n *gewaschen* to szczwany lis; *bei* ~ *und Brot o chlebie i wodzie; zu* ~ *und zu Lande* na morzu i na lądzie; ~**abfluß** *m* odpływ wody, ściek; ⊇**absto-**

ßend, ~abweisend niezwilżalny wodą, hydrofobowy (-wo); ~anschluß *m* przyłączenie do sieci wodociągowej, F wodociąg; ~anstieg *m* przybór wody *od.* wód; ~anziehend higroskopijny; ~arm ubogi w wodę; ~aufbereitung *f* uzdatnianie wody; ~bad *n* łaźnia wodna; ~ball *m* (-*ts*; *0*) piłka wodna, waterpolo; ~bau *m* (-*es*; *0*) budownictwo wodne; ~bedarf *m* zapotrzebowanie wody; ~behandlung *f* wodolecznictwo; zabiegi *m/pl.* wodolecznicze; ~behälter *m* zbiornik na wodę; ~blase *f Med.* pęcherz; ~bombe *f* bomba głębinowa; ~büffel *m* bawół indyjski.

Wässerchen *n*: er sieht aus, als ob er kein ~ trüben könnte on udaje niewiniątko; *s. Bächlein*.

Wasser|dampf *m* para wodna; 2-dicht wodoszczelny; *Stoff*: nieprzemakalny; ~druck *m* ciśnienie (hydrostatyczne) wody; 2durchlässig przemakalny, przepuszczający wodę; ~eimer *m* wiadro, kubeł (do wody); ~fahrzeug *n* statek (wodny), jednostka pływająca; ~fall *m* wodospad; ~farbe *f* farba wodna, kolor wody; 2fest wodoszczelny; ~fläche *f* tafla wodna; ~floh *m* rozwielitka; ~flugzeug *n* wodnosamolot; ~fluten *f/pl.* fale *f/pl.*, odmęty *m/pl.*; ~frosch *m* żaba wodna; ~gehalt *m* zawartość *f* wody; ~geist *m* duch wodny, wodnik; 2gekühlt chłodzony wodą; ~glas *n* szklanka; *Chem.* (*0*) szkło wodne; ~graben *m* rów z wodą; ~hahn *m* kran (*od.* kurek) wodociągowy; 2haltig zawierający wodę; wodonośny; ~haushalt *m* bilans wodny; ~heilkunde *f s. Wasserbehandlung*; 2hell czysty jak łza; ~höhe *f* poziom wody; ~hose *f* trąba morska *od.* wodna; ~huhn *n s. Bleßhuhn*.

wässerig wodnisty (-ście); *Chem.* wodny; *fig. j-m den Mund ~ machen* narobić oskomy (*D*).

Wasser|jungfer *f Zo.* świtezianka, F szklarz; ~kante *f* (*0*) wybrzeże; ~kessel *m* kocioł na wodę; *engS.* czajnik; ~klosett *n* klozet (*od.* ustęp) spłukiwany (wodą); ~kopf *m Med.* wodogłowie.

Wasserkraft *f* (*0*) energia wodna; ~werk *n* elektrownia (*od.* siłownia) wodna.

Wasser|kreislauf *m* (-*es*; *0*) krążenie wody (w przyrodzie); ~krug *m* dzban na wodę; ~kühlung *f* chłodzenie wodą; ~kur *f* kuracja wodna; ~lauf *m* ciek wodny; ~läufer *m/pl.* (*Vögel*) brodzące *m/pl.*; ~leiche *f* topiel|ec (-ica); ~leitung *f* wodociąg; *in Zssgn s. Leitungs-*; ~linie *f Mar.* wodnica; 2löslich rozpuszczalny w wodzie; ~mangel *m* brak wody; ~mann *m* (*pl. -er*) wodnik; *Astr.* (*0*) Wodnik; ~melone *f* kawon, arbuz; ~messer *m* wodomierz; ~mühle *f* młyn wodny. [wodować.] **wassern** (-*re*; *a. sn*) *v/i Flgw.* ⟨z-⟩ **wässern** (-*re*) ⟨wy⟩moczyć (w wodzie); *Fot.* płukać; *Bäume*: podl(ew)ać.

Wasser|not *f* (*0*) brak wody; ~oberfläche *f* powierzchnia (*od.* zwierciadło) wody; ~pflanze *f* wodorost; ~polizei *f* policja wodna; ~probe *f* próbka wody; ~pumpe *f* pompa wodna; ~rad *n* koło wodne; ~ratte *f Zo.* karczownik ziemnowodny; F *fig.* amator(ka) kąpania się; 2reich obfitujący (*od.* zasobny) w wodę; ~reservoir *n* zbiornik wodny.

Wasserrohr *n* rura wodociągowa; (*Kessel*2) rura wodna; ~bruch *m* pęknięcie rury wodociągowej; ~kessel *m* kocioł wodnorurkowy.

Wasser|rose *f s.* Seerose; ~säule *f* słup wody; ~scheide *f* dział wodny *od.* wód; 2scheu: 2scheu sein bać się wody; ~scheu *f* (*0*) *Med.* wodowstręt; ~schi *m/pl.* narty *f/pl.* wodne; ~schlauch *m* (gumowy) wąż do wody; ~schutz *m* ochrona wód; ~schutzpolizei *f s. Wasserpolizei*; ~speicher *m s. Wasserreservoir*; ~speier *m* rzygacz, plwacz; ~spiegel *m s. Wasserstand, -oberfläche*; ~spiel *n* wodotrysk.

Wassersport *m* sport wodny; ~ler *m* miłośnik sportów wodnych, F wodniak. [da.] **Wasserspülung** *f* spłukiwanie wo-] **Wasserstand** *m* poziom wody; ~sanzeiger *m* wodowskaz; ~smeldung *f* komunikat o stanie wód. **Wasserstelle** *f s. Tränke, Quelle*. **Wasserstoff** *m* (-*s*; *0*) wodór; 2blond utleniony; ~bombe *f* bomba wodorowa; ~(su)per·oxid *n Chem.* nadtlenek wodoru; (*Lösung*) woda utleniona.

Wasser|strahl m strumień m (od.
struga) wody; **~straße** f droga
wodna, szlak wodny; **~sucht** f (0)
puchlina wodna; **~suppe** f f wod-
nista zupa, lura; **~tank** m s. *Wasser-
behälter*; **~temperatur** f temperatura wody; **~tiefe** f głębokość f
wody; **~tropfen** m kropla wody;
~turbine f turbina wodna; **~turm**
m wieża ciśnień; **~uhr** F f wodo-
mierz; **~undurchlässig** wodonie-
przepuszczalny.

Wasserung f *Flgw.* wodowanie.

Wässerung f moczenie, wymacza-
nie; *Fot.* płukanie.

Wasser|verbrauch m zużycie wo-
dy; **~verdrängung** f wyporność f
(statku); **~verschmutzung** f zanie-
czyszczenie (od. zatruwanie) wód;
~versorgung f zaopatrzenie w wodę; **~vögel** m/pl. ptactwo wodne;
~waage f poziomica; **~weg** m droga
wodna; **~wellen** f/pl. ondulacja
wodna; **~werfer** m armatka wodna; **~werk** n wodociągi m/pl.; *Arch.*
budowla wodna; **~wirtschaft** f
gospodarka wodna; **~zähler** m s.
Wassermesser; **~zeichen** n znak
wodny.

wäßrig s. *wässerig*.

waten (-e-; a. h) brodzić, brnąć
(durch A, in D/przez A, po, w I).

watscheln F (-le; a. h) mieć kaczy
chód, chodzić (od. iść) jak kaczka.

Watt[1] n El. wat.

Watt[2] n (-es; -en) watty m/pl.

Watte f (0) wata; **~bausch** m wacik,
tampon; **~jacke** f waciak.

Wattenmeer n watty m/pl.

wat'tiert watowany.

Watt|messer m El. watomierz; **~
stunde** f El. watogodzina.

Watvögel m/pl. brodzące pl.

web|en (L.) ⟨u⟩tkać; **2en** n (-s; 0)
tkanie; **2er** m tkacz; **2e'rei** f tkalnia.

Weber|in f tkaczka; **~knecht** m Zo.
kosarz; **~schiffchen** n czółenko
(tkackie); **~vogel** m wikłacz.

Web|fach n przesmyk tkacki; **~feh-
ler** m błąd tkacki; **~kante** f krajka;
~stuhl m krosno tkackie.

Wechsel [-ks-] m zmiana; *Fin.* wek-
sel; ⟨*Geld*2⟩ wymiana; *vgl. Wandlung,* ⟨*Um*⟩⟨*nausch*⟩, **~bäder** n/pl.
kąpiele f/pl. o ciepłocie zmiennej,
⟨*um*⟩)!; **~balg** m fig. verä. bachor, bęben; **~
beziehung** f wzajemne powiązanie,
korelacja; **~fälle** m/pl. (zmienne)

koleje f/pl. (des Lebens życia, losu);
~fieber n malaria; **~formular** n
(urzędowy) blankiet wekslowy; **~
geld** n (-es; 0) drobne (pieniądze)
pl.; reszta; **~geschäft** n wymiana
walut; dyskonto weksli; **~getriebe**
n skrzynka biegów; **2haft** zmienny;
Wetter a.: kapryśny; **~jahre** n/pl.
okres przekwitania; **~kurs** m Fin.
kurs wymiany.

wechseln (-le) v/t zmieni(a)ć; *Geld*:
rozmieni(a)ć; *Fremdwährung, Blik-
ke, Worte:* wymieni(a)ć; v/i zmie-
ni(a)ć się; (*Wild*) przechodzić,
przemykać (się); *vgl. tauschen;* **~d**
zmienny.

Wechsel|objektiv n obiektyw wy-
mienny; **~protest** m protest weksla;
~recht n (-es; 0) prawo wekslowe;
~raum m Sp. strefa zmian (w licz-
tacie); **~schalter** m przełącznik
schodowy; **2seitig** s. *gegenseitig;*
~spiel n s. *Wechselwirkung;* gra,
imponująca przemiana; **~sprech-
anlage** f domofon.

Wechselstrom m (-es; 0) prąd prze-
mienny od. F zmienny; **~generator**
m prądnica prądu przemiennego.

Wechsel|stube f kantor wymiany
walut; **~verhältnis** n stosunek wzajemny; **~verkehr** m Fin. obrót
wekslowy; **2voll** zmienny, pełen
(różnorodnych) zmian; **2warm** Zo.
zmiennocieplny; **2weise** s. *abwechselnd;* **~wirkung** f wzajemne
oddziaływanie od. działanie.

Weck|amine n/pl. aminy m/pl. po-
budzające; **~apparat** m s. *Weck-
topf;* **~e** f s. *Wecken*[2]; **2en** ⟨prze-
z-, a. fig. o⟩budzić; fig. a. wzbudzać
⟨-dzić⟩; **~en**[1] n (-s; 0) pobudka;
~en[2] m buł(ecz)ka; **~er** m budzik;
~glas n wek, słoik Wecka; **~topf** m
kocioł Wecka.

Wedel m ⟨*Staub*2⟩ zmiotka; *JSpr.*
kwiat; **2n** (-le) ⟨po⟩machać (mit/I);
⟨za⟩merdać (mit dem Schwanz ogonem).

weder: ~ ... noch ... ani ... ani ...; F ~
noch ani jedno, ani drugie.

weg F: ~ mit euch! wynoście się
(precz)!, już was ni ma!; nichts
wie ~! nogi za pas!; ~ da! z drogi!;
~ damit! precz z tym (od. nim, nią
usw.)!; weit ~ (bardzo) daleko;
nicht weit ~ w pobliżu (von/G);
sein znikać ⟨-knąć⟩; (Zug usw.) od-
jechać pf., odejść pf.; ganz ~ sein

być zachwyconym (von/I); zakochać się po uszy; *vgl. ab, fort usw.*

Weg m (*-es; -e*) droga (*a. fig.*); (*Handels* $\sim$, *Verkehrs* $\sim$ *a.*) szlak; trasa; *am* $\sim$(e) przy drodze; *sich auf den* $\sim$ *machen* (wy)ruszać ⟨(wy)ruszyć⟩ w drogę; *auf halbem* $\sim$(e) w połowie drogi; *aus dem* $\sim$ *gehen* unikać (D/G); *aus dem* $\sim$(e) *räumen* usuwać ⟨-unąć⟩ (z drogi); *j-m im* $\sim$*e sein/stehen* zawadzać, przeszkadzać (D); *in die* $\sim$*e leiten* wdrażać ⟨wdrożyć⟩; ⟨za⟩inicjować; 2**bekommen** (-) F skapować *pf.*; *Schlag:* oberwać *pf.*; 2**bereiter** m prekursor; krzewiciel.

weg|**blasen** zdmuchiwać ⟨-chnąć⟩; F *wie* $\sim$*geblasen* jakby ręką odjął; $\sim$**bleiben** (*sn*) nie zjawi(a)ć się; nie wrócić *pf.*; $\sim$**blicken** *s. wegsehen*; $\sim$**bringen** od-, wy|nosić ⟨-nieść⟩; F *Pers.* odprowadzać ⟨-dzić⟩; *s. wegfahren, -schaffen.*

wegdenken: *sich* (D) *et.* $\sim$ wyobrazić *pf.* sobie, że nie ma (G); ... *ist aus unserem Leben nicht wegzudenken* naszego życia nie można sobie wyobrazić bez (G).

wegdiskutieren: ... *läßt sich nicht* $\sim$ ... nie podlega dyskusji.

weg|**drängen** odpychać ⟨odepchnąć⟩; $\sim$**drehen** odwracać ⟨odwrócić⟩; $\sim$**dürfen** F: *ich darf* (*hier*) *nicht weg* nie mogę (*od.* nie wolno mi) odejść (*stąd*) *od.* opuścić (G). **Wege**|**bau** m (*-es; 0*) budowa dróg; $\sim$**geld** n *hist.* myto; $\sim$**lagerer** m rozbójnik, rabuś m.

wegen *Prp.* (G) z powodu (G), ze względu na, z uwagi na (A), dla (G); *s. Amt, Recht.*

Wegerich m (*-s; -e*) *Bot.* babka. **weg**|**essen** zjadać ⟨zjeść⟩; $\sim$**fahren** *v/t* od-, wy|wozić ⟨-wieźć⟩; *v/i* (*sn*) od-, wy|jeżdżać ⟨-jechać⟩; 2**fall** m (*-es; 0*) zniesienie, skasowanie.

wegfallen (*sn*) odpadać ⟨-paść⟩; $\sim$ *können* być zbędnym; $\sim$ *lassen* skreślać ⟨-lić⟩, skasować *pf.*

weg|**fegen** odmiatać ⟨-ieść⟩; *fig.* zmiatać ⟨-ieść⟩; $\sim$**fressen** zżerać ⟨zeżreć⟩; $\sim$**fliegen** *v/i* (*sn*) odlatywać ⟨-lecieć⟩; *s. abfliegen*; $\sim$**führen** od-, u|prowadzać ⟨-dzić⟩; *v/i* (*Weg*) oddalać się (*von/od* G); 2**gang** m odejście; $\sim$**geben** odda(wa)ć; *s. überlassen*; $\sim$**gehen** (*sn*) odchodzić ⟨odejść⟩, iść ⟨pójść⟩ precz (*od.* so-

bie); (*Ware*) mieć zbyt, cieszyć się popytem; F (*Fleck*) znikać ⟨-knąć⟩; *fig. s. hinweggehen*; $\sim$**gießen** wyl(ew)ać.

weghaben F: *j-n* $\sim$ *wollen* chcieć spławić (A) *od.* pozbyć się *pf.* (G); *Krankheit:* dosta(wa)ć (A, G); (*kapieren*) ⟨s⟩kapować; (*gut können*) znać się (na L), potrafić (A); *e-n* $\sim$ być pod gazem; *er hat die Ruhe weg* on się nie daje wytrącić z równowagi; *s. a. wegmachen.*

weg|**holen** zab(ie)rać; F *sich* (D) *was* $\sim$ złapać chorobę.

weg|**jagen** od-, prze-, wy|pędzać ⟨-dzić⟩; $\sim$**kommen** F (*sn*) wydost(aw)ać się, wyr(y)wać się (*hier* stąd); *s. verschwinden*; (*gut dobrze*) wychodzić ⟨wyjść⟩ (*bei/na* L); F *mach, daß du* $\sim$*kommst!* wynoś się (stąd)!; *s. hinwegkommen*; $\sim$**können** F móc odejść *od.* F urwać się; $\sim$**kriegen** F *s. wegbekommen, weghaben*; $\sim$**lassen** *Sache:* opuszczać ⟨-uścić⟩, pomijać ⟨-inąć⟩; F *Pers.* pozwalać ⟨-wolić⟩ odejść (D), wypuszczać ⟨-uścić⟩ (A); $\sim$**laufen** (*sn*) uciekać ⟨-iec⟩; $\sim$**legen** odkładać ⟨odłożyć⟩ (na bok).

wegmachen F usuwać ⟨-unąć⟩; *ein Kind* $\sim$ spędzać ⟨-dzić⟩ płód.

Wegmarkierung f (o)znakowanie drogi *od.* trasy; znak turystyczny.

weg|**müssen** F musieć odejść; *et. muß weg* ... trzeba usunąć (A); 2**nahme** f ode-, za|branie; $\sim$**nehmen** zab(ie)rać (*a. Platz, Zeit*); (*j-m et.*) odbierać ⟨odebrać⟩ (k-u A); *Gas:* zmniejszać ⟨-szyć⟩; $\sim$**packen** s-, u|przątnąć *pf.*, ⟨s⟩chować; $\sim$**rasieren** zgalać ⟨zgolić⟩; $\sim$**räumen** usuwać ⟨-unąć⟩; *s. wegpacken*; $\sim$**reißen** s. abreißen; (*j-m et.*) wydzierać ⟨-drzeć⟩ (k-u A); *j-n*: gwałtownie odciągnąć *pf.* (*von/od* G); $\sim$**rücken** s. abrücken; *j-n*: $\sim$**schen** (*sn*) odsuwać ⟨-unąć⟩ się (*von/od* G); (*Auto*) wpadać ⟨wpaść⟩ w poślizg; (*Beine*) pośliz(g)nąć się *pf.*; $\sim$**schaffen** usuwać ⟨-unąć⟩; *eng* S. wynosić ⟨-nieść⟩; wywozić ⟨-wieźć⟩; wyprowadzać ⟨-dzić⟩; $\sim$**scheren** F: *scher dich weg!* wynoś się!, zmiataj (stąd)!; $\sim$**schicken** wys(y)łać; *Pers. a.* odprawi(a)ć; $\sim$**schieben** odsuwać ⟨-unąć⟩.

wegschleichen: *sich* $\sim$ wymykać ⟨-mknąć⟩ się (niepostrzeżenie).

weg|schleppen F 〈po〉rozkradać; ~
~schmeißen F s. wegwerfen; ~
~schnappen F por(y)wać, sprzątnąć
pf. (*vor der Nase sprzed nosa*);
~schneiden s. abschneiden;
~schütten wysyp(yw)ać; s. weggießen; **~schwemmen** por(y)wać,
unosić 〈unieść〉 (*prądem*);
~schwimmen (*sn*) odpływać 〈-y-
nąć〉; **~sehen** odwracać 〈-rócić〉
oczy *od.* wzrok; *fig.* zamykać oczy
(*über A/na A*); **~setzen** s. weglegen,
-stellen; *Pers.* przesadzać 〈-dzić〉;
sich ~setzen przesiadać 〈-iąść〉 się;
~sollen s. wegmüssen; **~spülen**
spłuk(iw)ać; **~stehlen** s. fortstehlen;
~stecken s. wegpacken; **~stellen**
odstawi(a)ć (*na stronę*); s. weglegen,
-packen; **~stoßen** odpychać 〈odep-
chnąć〉; **~streichen** s-, wy|kreślać
〈-lić〉; *Haar*: odgarniać 〈-nąć〉.
Wegstunde *f* godzina drogi.
weg|tragen wy- *od.* u|nosić 〈wy-,
u|nieść〉; **~treten** (*sn*): ~treten
lassen pozwolić odejść *pf.*; 〈2(ge)tre-
ten! rozejść się!; (*zur Durchführung
e-s Auftrags*) odmaszerować!; ~tun
s. weglegen, -stellen, -werfen. [nik.\
Wegwarte *f Bot.* (cykoria) podróż-\
weg|waschen zmy(wa)ć; s. aus-
waschen; **~wehen**: wie ~geweht
jakby go (*od.* to, ją *usw.*) wiatr
zmiótł.
Wegweiser *m* drogowskaz.
weg|wenden odwracać 〈-rócić〉
(*sich się*); **~werfen** wyrzucać 〈-cić〉;
rzucać 〈-cić〉 precz; *sich* ~werfen
odda(wa)ć się (*an j-n/D*); poniżać
się; **~wischen** wymaz(yw)ać, ścierać 〈zetrzeć〉; *fig.* zby(wa)ć (*mit e-r
Handbewegung* machnięciem ręki);
~wollen F chcieć odejść *od.* od-,
wy|jechać *pf.*
Wegzehrung *f* prowiant na drogę.
weg|ziehen *v/t* odciągać 〈-gnąć〉 (*na
bok*); *Vorhang*: odsłaniać 〈-łonić〉;
j-m et.: odsuwać 〈-unąć〉 (*od G*);
zab(ie)rać (*D*); *fig.* usuwać 〈-unąć〉
(*den Boden unter den Füßen* grunt
spod nóg); *v/i* (*sn*) wyprowadzać
〈-dzić〉 się; (*Vögel*) odlatywać 〈-le-
cieć〉.
weh: *mir* (*ihm*) *tut der Kopf*, *tun die
T[...]*; b[...] mnie (go) głowa, bolą
mnie (go) zęby; *j-m* (*sich* [...])
sprawiać k-u (sobie) ból (*a. fig.*);
~(e)! biada (*dir*, *wenn tobie, jeśli*);
o ~! ach!, boże mój!

Weh *n* (*-es*; *0*) ból, boleść *f*.
Wehe[1] *f* zaspa (śnieżna).
Wehe[2] *f Med.*: *mst pl.* ~n bóle *m/pl.*
porodowe.
wehen *v/i* 〈po〉wiać, dąć; (*Fahne*)
powiewać, rozwiewać się; *v/t*
zwi(ew)ać, zmiatać 〈-ieść〉 (*von/z
G*); wydmuch(iw)ać (*aus/z G*).
Wch|geschrei *n* okrzyki *m/pl.* bólu;
~klage *f* biadanie, lament; **2klagen**
biadać, lamentować (*über A/nad I*);
2leidig delikatny, (zbyt) wrażliwy
(*na ból*); **~mut** *f* rzewność *f*, smutek; **2mütig** rzewny, smętny, ża-
sny.} **Wehr**[1] *n* (*-es*; *-e*) jaz. [łosny.\
Wehr[2] *f*: *sich zur* ~ *setzen* bronić się,
stawi(a)ć opór; **~bereich** *m* okręg
wojskowy; **~dienst** *m* (*-es*; *0*) służba
wojskowa; **~dienstverweigerer** *m*
odmawiający odbycia służby wojskowej.
wehren s. verwehren; *sich* ~ bronić
się; *fig.* wzbraniać się; F *sich s-r
Haut* ~ bronić własnej skóry.
Wehr-ersatz|amt *n* komenda uzu-
pełnień; **~behörde** *f* komisja po-
borowa; **~wesen** *n* (*-s*; *0*) pobór
i uzupełnienie sił zbrojnych.
wehr|fähig zdolny do służby wojs-
kowej; **2gesetz** *n* ustawa o służbie
wojskowej; **2kraft** *f* (*0*) obronność
f; morale *n*; **2los** bezbronny; **2lo-
sigkeit** *f* (*0*) bezbronność *f*; **2paß** *m*
książeczka służby wojskowej.
Wehrpflicht *f* (*0*) obowiązek służby
wojskowej; **2ig** obowiązany do
służby wojskowej; *Jahrgang*: podlegający poborowi do wojska; **~i-
ge(r)** poborowy *m*.
Wehr|sold *m* żołd, uposażenie; **2-
tauglich** s. wehrfähig; **~wissen-
schaft** *f* (*0*) nauka wojenna.
Weh'wehchen F *n* kwękanie.
Weib *n* (*-es*; *-er*) kobieta, niewiasta;
verä. baba (*a. fig.*); s. (Ehe-)Frau;
~chen *n Zo.* samic(zk)a; F *Pers.*
żonusia; s. a. Weiblein.
Weiber|feind *m* wróg kobiet; **~ge-
schichten** F *f/pl.* amory *m/pl.*, ro-
manse *m/pl.*; **~geschwätz** *n* babskie
gadanie; **~held** F *m* babiarz; **~rock**
m F *fig.* spódniczka; **~volk** *n* (*-es*;
0) *verä.* baby *f/pl.*
weib|isch zniewieściały (-le); **2lein**
n kobietka, kobiecina; **~lich** kobiecy (po -cemu); [...] żeński, rodzaj
babski (po -ku); *Gr.* żeński, rodzaju
żeńskiego.

Weiblichkeit f (0) kobiecość f; F *die holde* ~ płeć piękna.
Weibs|bild n, **~person** f *verä.* babsko, babsztyl.
weich miękki (-ko) (a. *fig.*); *Landung*: łagodny; ~*es Ei* jajko na miękko; ~ *machen* zmiękczać ⟨-czyć⟩; ~ *werden* ⟨z⟩mięknąć (a. *fig.*), rozmiękać ⟨-knąć⟩; *s. a. mild, sanft.*
Weichbild n: *im* ~ *der Stadt* w obrębie miasta; *außerhalb des* ~*es der Stadt* poza obrębem miasta.
Weiche[1] f *Esb.* rozjazd; *engS.* zwrotnica; *fig. die* ~ *stellen* nada(wa)ć kierunek (*für*/D). [*heit.*⟩
Weiche[2] f pachwina; (0) *s. Weich-*⟩
weichen[1] v/t moczyć (v/i się); v/i (*sn*) *s. weich* (werden).
weichen[2] (*L.*; *sn*) ustępować ⟨-tąpić⟩ (a. *L.*, vor D/D, przed *I*); *die Angst wich von mir* mój strach ustąpił *od.* minął; *nicht von der Stelle* ~ nie ustąpić kroku; *s. a. Seite, ab-, aus-, zurückweichen.*
Weichen|steller m, **~wärter** m zwrotniczy m.
weich|gekocht (ugotowany) na miękko; (*zerkocht*) rozgotowany; **2heit** f (0) miękkość f; **~herzig** miękkiego serca; *~herzig sein* mieć miękkie serce; **2käse** m ser miękki; **~lich** miękkawy (-wo); *fig. s. verweichlicht, verzärtelt*; **2ling** m nieweściuch; słabeusz; tchórz; **2macher** m zmiękczacz, plastyfikator.
Weichsel(kirsche) f wiśnia.
Weich|teile *pl.* części f/pl. miękkie; **~tiere** n/pl. mięczaki m/pl.
Weide[1] f *Bot.* wierzba; (*Ruten*) wiklina.
Weide[2] f, **~land** n pastwisko; **2n** (-e-) ⟨po⟩paść (v/i się); *fig. s-e Augen, sich* 2n napawać oczy, rozkoszować się (*an D*/widokiem G).
Weiden|gebüsch n krzaki m/pl. (*od.* zarośla n/pl.) wikliny; **~gerte** f witka wierzbowa; *pl. a.* łozina; **~kätzchen** n kotka wierzby, bazia; **~korb** m kosz(yk) z wikliny *od.* wiklinowy; **~rute** f *s.* Weidengerte.
Weide|platz m wypas, pastwisko; **~recht** n prawo wypasania; **~wirtschaft** f gospodarka pastwiskowa.
weid|gerecht zgodny z przepisami łowieckimi; przestrzegający przepisów (*od.* prawa) łowieckiego; **~lich** *Adv.* porządnie, gruntownie;

2mann m (*pl.* ~er) myśliwy m; **~männisch** myśliwski, łowiecki (po -ku); **2messer** n nóż myśliwski, kordelas; **2werk** n (-es; 0) myślistwo, łowiectwo. [(zu/od G).⟩
weigern (-re): *sich* ~ wzbraniać się⟩
Weih|bischof m sufragan; ~**l** f święcenie, konsekracja; *die* ~*en erteilen* udzielać ⟨-lić⟩ święceń.
Weihe[2] f *Zo.* kania.
weihen *Glocke, Hostie*: ⟨po⟩święcić, konsekrować; wyświęcać ⟨-cić⟩ (*zum Priester* na kapłana); *Werk, Pers.*: poświęcać ⟨-cić⟩ (*sich* się); *dem Untergang geweiht* skazany na zagładę.
Weiher m staw, sadzawka.
weih|e|voll uroczysty (-ście); *präd. a.* z namaszczeniem; **2gabe** f wotum n; **2kerze** f gromnica.
Weihnacht f (0), ~**en** n, F *a. pl.* Boże Narodzenie; *zu* ~*en a.* na gwiazdkę; *fröhliche* ~*en!* wesołych świąt!; **2lich** bożenarodzeniowy, gwiazdkowy.
Weihnachts|abend m *s.* Heiligabend; **~baum** m choinka; **~bescherung** f (wzajemne) wręczanie prezentów na gwiazdkę, F gwiazdka; **~fest** n święta m/pl. Bożego Narodzenia; **~geld** F n *s.* Weihnachtsgratifikation; **~geschenk** n prezent na gwiazdkę; **~gratifikation** f gratyfikacja na Boże Narodzenie; **~krippe** f szopka; **~lied** n kolęda; **~mann** m (*pl.* ~er) święty Mikołaj; **~markt** m kiermasz przed Bożym Narodzeniem; **~stern** m *Bot.* wilczomlecz nadobny; **~stolle(n** m) f *etwa* strucla bożenarodzeniowa; **~zeit** f (0) okres Bożego Narodzenia.
Weihrauch m (-es; 0) kadzidło (a. *fig.*); **~faß** n kadzielnica.
Weihwasser n (-s; 0) święcona woda; **~becken** n kropielnica.
Weihwedel m kropidło.
weil ponieważ, gdyż; (*denn*) bo; *deshalb*, ~ dlatego że.
Weil|chen n chwil(ecz)ka; **~e** f chwila; *nach e-r* ~*e* po chwili; F *schon e-e ganze* ~*e* her dużo dawno (temu); **2en** *lit.* przebywać, bawić.
Weiler m wioska.
Wein m (-es; -e) wino; *fig. reinen* ~ *einschenken* powiedzieć szczerą prawdę; **~bau** m (-es; 0) uprawa winorośli; **~bauer** m winnicznik, winogrodnik.

Weinberg m winnica, plantacja winogron; ~schnecke f winniczek.
Weinbrand m winiak, koniak.
wein|en ⟨za⟩płakać (vor/z G; über A/nad I); s. beweinen, Träne; ~en n (-s; 0) płacz, płakanie; ~end płacząc(y); ~erlich płaczliwy (-wie); Pers. a. mazgajowaty.
Wein|essig m ocet winny; ~flasche f butelka do wina (od. od wina, po winie, z winem); ~geist m (-es; 0) spirytus; ~glas n kieliszek do wina; ~handel m handel winem; ~hefe f drożdże pl. winiarskie; ~herstellung f wyrób win(a); ~karte f spis win; ~keller m piwnica na wino, winiarnia; ~kenner m znawca m win(a). [(płaczu).]
Weinkrampf m spazmy m/pl.
Wein|lese f winobranie; ~probe f degustacja win(a); konkr. próbka wina; ~rebe f winorośl f; ~rot (0) (koloru) bordo; ~säure f (0) kwas winowy; ~stein m (-es; 0) kamień winny; ~stock m krzew winny; ~stube f winiarnia; ~traube f winogrono; ~trinker m amator wina; pijący wino; ~zwang m obowiązek konsumpcji wina.
weise mądry (-rze); ⟨2(r)⟩ mędrzec; Stein der 2n kamień filozoficzny.
Weise f sposób; Mus. melodia, melodyka; auf k-e ~ w żaden sposób; auf verschiedene ~ różnymi sposobami; s. Art. [f matecznik.]
Weisel m królowa, matka; ~zelle f
weisen (L) po-, ws|kaz(yw)ać (a. v/i; mit/I); wydalać ⟨-lić⟩ (aus/z G); s. zurückweisen; j-m die Tür ~ wyprząść ⟨-prosić⟩ za drzwi (A).
Weisheit f mądrość f; F mit s-r ~ am Ende sein nie wiedzieć co począć, znaleźć się w kropce; ~s·zahn m ząb mądrości.
weismachen: j-m et. ~ wmawiać ⟨wmówić⟩ w k-o (A od. że).
weiß[1] biały (-ło); ~ werden (po-, z)bieleć; das 2e im Auge białko (oka, oczu); ~ spielen grać białymi}
weiß[2] s. wissen. [figurami.]
Weiß n (-/-es; -) biel f, białość f.
weissag|en przepowiadać ⟨-ie-dzieć⟩; 2ung f przepowiednia.
Weißbier n piwo grodziskie; ~blech n blacha biała od. ocynowana; ~brot n chleb biały od. pszenny; ~buch n biała księga; ~buche f grab; ~dorn m Bot. głóg; ~e f: Berliner ~e

s. Weißbier; vgl. weiß; ~e(r) biał|y m (-a); 2en (-βt) ⟨po-, wy⟩bielić; ~fluß m (-sses; 0) Med. upławy pl.; 2gedeckt Tisch: nakryty białym obrusem; 2getüncht (po)bielony; 2getupft Kleid: w białe groszki; 2glühend rozżarzony do białości; ~glut f biały żar; Tech. a. temperatura białego żaru; F fig. bis zur ~glut bringen od. treiben doprowadzić do pasji; 2haarig srebrno-, biało|włosy; 2käse m twaróg; ~kohl m biała kapusta; 2lich białawy (-wo); ~ling m Zo. bielinek; 2macher m, ~töner m rozjaśniacz optyczny; 2russisch białoruski (po -ku); ~waren f/pl. wyroby m/pl. bieliźniane; 2waschen fig. wybielać ⟨-lić⟩ (sich się); ~wein m białe wino.
Weisung f wskazówka, wytyczna, dyrektywa; polecenie; 2s·gebunden wykonujący polecenia, stosujący się do wytycznych.
weit (ausgedehnt, a. fig.) szeroki, rozległy; Weg, Reise: daleki; Rock: obszerny, luźny; ~ entfernt odległy; in ~er Ferne w (od)dali; fig. ... liegt in ~er Ferne nie nastąpi tak prędko; ~ Adv. szeroko, rozlegle; daleko (a. zeitl. u. verstärkend); bei ~em o wiele, daleko; bei ~em nicht bynajmniej (od. wcale) nie; ~ über 100 o wiele więcej niż sto; wie ~ jak daleko; 3 m ~ w odległości (od. na odległość) trzech metrów; nicht ~ niedaleko (von/od G); ~ offen stehen być otwartym szeroko od. na oścież; von ~ her z daleka; von ~em z oddali, z daleka; fig. das geht zu ~! tego już za wiele!; zu ~ treiben przebierać miarę ⟨A/w I⟩; ~ und breit jak okiem sięgnąć; fig. powszechnie, wszędzie; es ~ bringen zajść daleko; mit ... ist es nicht ~ her ... szwankuje, pozostawia wiele do życzenia; F das 2e suchen brać ⟨wziąć⟩ nogi za pas; s. a. entfernt, weiter; ~ab daleko (von/od G); ~aus o wiele, daleko; (+ Superlativ) bez porównania; 2-blick m (-es; 0) dalekowzroczność f; 2blickend dalekowzroczny.
Weite f szerokość f, rozległość f; obszerność f; (Kragen2) rozmiar, numer; s. Ferne, Entfernung, licht; 2n ⟨...⟩ rozszerz(a)ć, ⟨roz⟩ciąg(n)ąć (sich się); Schuh: rozbi(ja)ć.
weiter dalszy (a. sonstig); Adv. da-

lej; (*sonst*) więcej; poza tym; (*weiterhin*) nadal; *bis auf* ~es na razie; (*aż*) do odwołania; *ohne* ~es bez (jakichkolwiek) trudności; nie licząc się z niczym (*od.* z *I*); nie pytając; *ohne* ~es *klar* zupełnie jasne; *und so* ~ i tak dalej; (*und*) *nichts* ~ (i) więcej nic, więcej (*od.* nic) poza tym; ~ *nichts als* nic poza (*I*); ~ *oben* (po)wyżej; ~ *unten* (po)niżej; ~**arbeiten** pracować nadal; ~**befördern** przes(y)łać (*od.* ekspediować) dalej; ~**bestehen** utrzymywać się (*od.* istnieć) nadal; być nadal w mocy; ~**bilden** kształcić nadal (*sich się*); ~**bringen** *s. vorwärtsbringen; das bringt uns nicht weiter* to nam nie pomoże, to nie zmienia postaci rzeczy; ~**denken** wybiegać <-iec> myślą naprzód; ~**entwickeln** rozwijać <rozwinąć> (*sich się*); ~**erzählen** *s. weitersagen;* ~**fahren** (*sn*) <po>jechać dalej; *s. fortfahren;* ~**fliegen** (*sn*) <po>lecieć dalej; ~**führen** <po>prowadzić dalej (*fig. a.* nadal); ~**führend** *Schule:* ponadpodstawowy; ♀**gabe** *f* (*0*) podawanie (*od.* przekazywanie) dalej; (*v. Geheimnissen a.*) rozgłaszanie; ~**geben** *s. weiterreichen, -sagen;* ~**gehen** (*sn*) iść (*od.* przechodzić <przejść>) dalej; (*dauern*) <po>trwać dalej; ~**weiterführen**) *so geht das nicht* ~ tak dalej być nie może; ~**helfen** dopomagać <-pomóc> (*D*); ~**hin** nadal, w dalszym ciągu; ~**kommen** (*sn*) *s. vorwärtskommen;* F *mach, daß du* ~*kommst!* zmiataj stąd!; ~**können** móc iść (*od.* jechać) dalej; wiedzieć co robić dalej; ~**leiten** skierow(yw)ać dalej; *s. weiterbefördern;* ~**machen** kontynuować, dalej robić (*a. Mil.*); ~**reichen** poda(wa)ć dalej; ♀**reise** *f* dalsza podróż; ~**reisen** (*sn*) <po>jechać dalej, kontynuować podróż; ~**sagen** mówić <powiedzieć> (*od.* opowiadać <-iedzieć>) dalej; rozgłaszać <-łosić>; *sage es nicht* ~ zachowaj to dla siebie; ~**ver·arbeiten** *od.*, prze|rabiać <-robić> dalej; ♀**verkauf** *m* dalsza sprzedaż; odsprzedaż *f*; ~**wollen** chcieć iść (*od.* jechać) dalej.

weit|**estgehend** jak najdalej idący; ~**gehend** daleko idący; *Adv.* w dużej mierze, w znacznym stopniu; ~**gereist** bywały, który widział (*od.* zobaczył) kawał świata.

weit'**her** [*a.* '*v-*] z daleka; ~**geholt** *fig.* naciągnięty.

weit|**herzig** *s.* großzügig; ~**hin** daleko; ♀**läufig** obszerny; *Verwandte:* daleki; *Brief:* rozwlekły (-le); ~**maschig** *Netz:* o dużych oczkach; ~**reichend** daleko idący *od.* sięgający; ~**schweifig** rozwlekły (-le).

Weitsicht *f* (*0*) *s.* Weitblick; ♀**ig** *a.* dalekowzroczny; *er ist* ♀*ig on* jest dalekowidzem; ~**igkeit** *f* (*0*) daleko-, nad|wzroczność *f.*

Weit|**springer** *m* skoczek w dal; ~**sprung** *m* skok w dal; ♀**tragend** dalekonośny; *fig.* doniosły; ~**verbreitet** szeroko rozpowszechniony; ~**winkel·objektiv** *n* obiektyw szerokokątny.

Weizen *m* (-s; *0*) pszenica; ~**feld** *n* pole pszeniczne *od.* pszenicy; ~**mehl** *n* mąka pszenna.

welch: ~ *ein* co za, jaki, jaka; ~e(*r, -s*) któr|y (-a, -e), *Psf.* którzy; ~*er der beiden* który z dwóch; *was für* ~*er?* jaki?, co za jeden?; (*zur Bezeichnung e-r unbestimmten Menge*) kilka, parę; nieco; ~*e Pers.* niektórzy.

welcher|**art**, ~**lei** jakikolwiek by.

welk zwiędły (-ło); *Haut:* zwiotrzały (-le); ~ *werden* = ~**en** (*a. sn*) <z>więdnąć.

Wellblech *n* blacha falista.

Welle *f* fala (*a. Phys., fig.*); *Tech.* wał; *Sp. s.* Umschwung; *hohe* ~ *a.* bałwan; *in den* ~*n den Tod finden* zginąć w nurtach; ~*n schlagen* falować; *fig.* wywoł(yw)ać poruszenie.

Wellen|**bad** *n* pływalnia z sztucznym falowaniem; ~**band** *n Rdf.* pasmo częstotliwości; ~**bereich** *m* zakres długości fal; ~**berg** *m* grzbiet fali; ~**bewegung** *f* falowanie, ruch falowy; ~**brecher** *m* falochron; ~**bruch** *m* złamanie wału; ♀**förmig** falisty (-ście); ~**gang** *m* (-*es;* 0) falowanie, fala; ~**kamm** *m* grzebień *m* (*od.* grzywa) fali; ~**länge** *f* długość *f* fal(i); ~**linie** *f* linia falista; ~**reiten** *n* surf; ~**salat** F *m* mieszanina fal; ~**schlag** *m* uderz|anie (*od.* -enie) fali; ~**sittich** *m* papużka falista; ~**tal** *n* dolina fali.

Well|**fleisch** *n* gotowany boczek; ♀**ig** falisty (-ście), falujący; ~**pappe** *f* tektura falista.

Wels *m* (-*es; -e*) sum.

Welt *f* świat (*a. fig.*); F *alle* ~ cały świat; *in aller* ~ na całym świecie;

um die ~ naokoło świata; *ein Mann von* ~ człowiek światowy; *aus der* ~ schaffen usuwać (-unąć); załatwi(a)ć; *zur* ~ *bringen (kommen)* wyd(aw)ać (przychodzić ⟨przyjść⟩) na świat; *um nichts in der* ~ za nic w świecie.

Welt|all *n* wszechświat; **~anschauung** *f* pogląd na świat; *s.* Weltbild; *in Zssgn* światopoglądowy; **~ausstellung** *f* wystawa światowa *od.* powszechna; **2bekannt**, **2berühmt** znany (*od.* słynny, sławny) na całym świecie, o światowym rozgłosie; **~bevölkerung** *f* ludność świata; **~bild** *n* światopogląd; **~bund** *m* światowa federacja; **~dame** *f* światowa dama; **~ende** *n* koniec (*od.* kraniec) świata; **2erfahren** bywały w świecie; **~erfolg** *m* sukces w skali światowej; **2erschütternd** który wstrząsnął (całym) światem; **2fern** odcięty od świata; **~format** *n s.* Weltrang, -ruf; **2fremd** nierealny, nieżyciowy; *Pers.* oderwany od życia, F nie z tego świata; **~frieden** *m* pokój powszechny *od.* na świecie; **~friedensrat** *m* Światowa Rada Pokoju; **~gegend** *f* strona świata; **~geistliche(r)** ksiądz świecki; **~geschehen** *n* wydarzenia *n/pl.* światowe; **~geschichte** *f* historia powszechna; **2gewandt** światowy (po -wemu); **~handel** *m* handel światowy; **~herrschaft** *f* panowanie nad światem; **~karte** *f* mapa świata; **~kirchenrat** *m* Światowa Rada Kościołów; **~kongreß** *m* kongres światowy; **~krieg** *m* wojna światowa; **~lage** *f (0)* sytuacja (polityczna *usw.*) w świecie; **2lich** świecki (po -ku); *(irdisch)* doczesny; **~macht** *f s.* Großmacht; **~mann** *m (pl. ~er)** światowiec; **2männisch** światowy (po -wemu); **~markt** *m* rynek światowy.

Weltmaßstab *m* skala światowa; *im* ~ w skali światowej, na skalę światową.

Welt|meer *n* ocean światowy, wszechocean; **~meister(schaft** *f) m* mistrz(ostwo) świata; **~ordnung** *f* porządek świata; **~politik** *f* polityka światowa; **2politisch** związany z polityką światową; międzynarodowy; **~postverein** *m* Światowy Związek Pocztowy; **~rang** *m: von* ~rang na miarę światową.

Weltraum *m (-es; 0)* kosmos, przestrzeń kosmiczna; **~fahrt** *f s.* Raumfahrt; = **~flug** *m* podróż kosmiczna, lot kosmiczny; **~forschung** *f* badanie przestrzeni kosmicznej; **~station** *f s.* Raumstation.

Welt|reich *n* imperium *n*; **~reise** *f* podróż *f* naokoło świata; **~rekord** *m* rekord świata *od.* światowy; **~revolution** *f* rewolucja światowa; **~ruf** *m (-es; 0)* światowa sława; *von* ~ruf światowej sławy; **~sensation** *f* sensacja na skalę światową; **~sicherheitsrat** *m (-es; 0)* Rada Bezpieczeństwa ONZ; **~sprache** *f* język światowy; **~stadt** *f* miasto wielomilionowe; metropolia; **~system** *n* system światowy; *Astr.* budowa świata; **~teil** *m* część *f* świata; **2umfassend** *s.* weltweit; **~untergang** *m* koniec świata; **2vergessen** zapomniany od Boga i ludzi; *Pers.* głęboko zamyślony.

weltweit światowy; o światowym zasięgu; *von* ~er *Bedeutung* o światowym znaczeniu.

Weltwirtschaft *f* gospodarka światowa; **~s-krise** *f* światowy kryzys ekonomiczny.

Welt|wunder *n* cud świata; **~zeit** *f* czas uniwersalny.

wem *(D v. wer)* komu; *mit* ~ z kim; *von* ~ od kogo; *(über wen)* o kim; *zu* ~ do kogo; ~ *auch immer* komukolwiek (by).   [kogokolwiek (by).}
wen *(A v. wer)* kogo; ~ *auch immer*}
Wende[1] *m (-n)* Łużyczanin.
Wende[2] *f* obrót; *Sp.* nawrót; *fig.* zwrot; *an der* ~, *um die* ~ *(G)* na przełomie *(G)*; **~kreis** *m* Geogr. zwrotnik; *Kfz.* średnica koła skrętu.
Wendel *f (-; -n)* El. skrętka; **~treppe** *f* schody *pl.* kręte *od.* kręcone.
Wende|marke *f* Sp. punkt kontrolny (wyścigu); **2n** *(-e- od. L.)* v/t obracać ⟨-rócić⟩ *(sich się)*; *Seite, Blick:* odwracać ⟨-rócić⟩ *(a. sich się; von/od G)*; *Kleid:* nicować, przenicow(yw)ać; *Heu:* przerzucać ⟨-cić⟩; *Auto:* nawracać ⟨-rócić⟩ *(I)*; *(richten)* zwracać ⟨-rócić⟩ *(a. sich się; an A, zu/do G; gegen/przeciwko D)*; *v/i* na-, za|wracać ⟨-rócić⟩; **~punkt** *m* punkt zwrotny. **wendig** [*´vɛndɪç*] zwrotny; *(flink)* zwinny; *fig. a.* obrotny; **~ung** *f* obrót; zwrot *(a. Ling.)*; zawracanie, skręt; *s.* Biegung, Wende.

wenig mało, niewiele; ~e kilk|a, Psf. -u, parę, nieliczn|e, Psf. -i; ein ~ trochę, nieco; odrobina; so ~ wie möglich możliwie jak najmniej; ~er mniej; viel ~er daleko mniej; (a) tym bardziej; nichts ~er als bynajmniej (od. wcale) nie; s. mehr; ℒ**keit** f (0) odrobina; iron. meine ℒkeit moja skromna osoba.

wenigsten: am ~ najmniej; ~**s** co najmniej; przynajmniej.

wenn (daß, falls) jeżeli, jeśli; (sobald) skoro, gdy; (im nichtwirklichen od. möglichen Fall) gdyby, jeśliby; (in Wunschsätzen) oby, żeby; ~ auch, ~ gleich jeśli nawet, chociaż; außer ~ chyba że; selbst ~, und ~ gdyby nawet.

wer kto; ~ auch, ~ (auch) immer ktokolwiek (by); s. wem, wen.

Werbe|abteilung f (wy)dział reklamy; ~**agentur** f agencja reklamowa; ~**fachmann** m (pl. -leute) specjalista m od (od. w zakresie) reklamy; ~**fernsehen** n audycje f/pl. reklamowe w telewizji; ~**film** m film reklamowy od. propagandowy; ~**kosten** pl. koszty m/pl. reklamy; ~**leiter** m szef działu reklamy; ~**mittel** n środek reklamowy od. propagandowy; ℒn (L.) ⟨z⟩werbować (zu/do G); rekrutować; zdoby(wa)ć, pozysk(iw)ać (j-n für e-e Sache/k-o dla G); v/i zabiegać, starać się (um A/o A); agitować (für/A); ~**r** m werbownik; Hdl. akwizytor; ~**schrift** f ulotka reklamowa, F reklamówka; ~**texter** m redaktor tekstów reklamowych; ℒ**wirksam** skuteczny pod względem reklamowym; ~**zweck** m cel reklamowy od. propagandowy.

Werbung f werbunek; staranie się, ubieganie się (um A/o A); (Liebesℒ) zaloty pl.; Hdl. reklama, propaganda; ~**s-kosten** pl. koszty m/pl. osiągnięcia wynagrodzenia.

Werde-gang m: beruflicher ~ przebieg pracy zawodowej.

werden (L.; sn) sta(wa)ć się, zosta(wa)ć; Arzt ~ zostać lekarzem; zum Hindernis ~ sta(wa)ć się przeszkodą; zu Eis ~ zamienić się w lód; was willst du ~? kim chcesz zostać? bleibt oft unübersetzt: alt ~ ⟨ze⟩starzeć się; s. a. Nacht, Tag usw.; (als Hilfszeitwort zur Bildung des Fu-

turs, Konditionals u. Passivs) mst być; ich werde kaufen będę kupował, kupię pf.; ich würde kaufen kupiłbym; (Vermutung) er wird im Zimmer sein chyba jest w pokoju; er wurde geschlagen był ⟨po⟩bity; F was wird ...? co będzie ...?

Werden n (-s; 0) s. Entstehung, Entwicklung; im ~ (begriffen) sein powstawać, tworzyć się, kształtować się.

Werder m kępa, ostrów; żuława.

werf|en (L.) rzucać ⟨-cić⟩ (sich się; a. fig.), ciskać ⟨-snąć⟩ (nach/w A), lit. miotać ⟨-tnąć⟩ (mit/I); wrzucać ⟨-cić⟩ (in A/do G); Junge ~en ⟨u⟩rodzić; engS. Stute: ⟨o⟩źrebić się; Schaf, Katze: ⟨o⟩kocić się; Sau: ⟨o⟩prosić się; sich ~en (Holz) ⟨s⟩paczyć się, ⟨z⟩wichrować się; s. a. Bord, abwerfen usw.

Werft f stocznia; ~**arbeiter** m stoczniowiec; ~**industrie** f przemysł stoczniowy.

Werg n (-es; 0) pakuły m/pl.

Werk n (-es; -e) dzieło; (Betrieb) zakład; Tech. mechanizm; s. Arbeit, Tat, Schöpfung, Kraft-, Uhrwerk usw.; ans ~ (od. zu ~e) gehen, F sich ans ~ machen zab(ie)rać się do dzieła; am ~ sein działać; ins ~ setzen ⟨z⟩realizować, wcielać ⟨-lić⟩ w czyn; ~**bank** f stół warsztatowy (od. roboczy, warsztat; ℒ**eln** (-le) krzątać się (in D/koło G, w L); a. = ℒ**en** F pracować; ~**gelände** n teren zakładu; ~**halle** f hala fabryczna; ~**küche** f stołówka (zakładowa); ~**meister** m kierownik warsztatu od. wydziału produkcyjnego; ~**schutz** m straż zakładowa.

werks-eigen (przy)zakładowy.

Werk|statt f (-; ~en), ~**stätte** f warsztat; ~**stoff** m materiał, tworzywo; ~**stoffprüfung** f badanie materiałów; ~**stück** n surówka, część obrabiana od. przeznaczona do obróbki.

Werkswohnung f mieszkanie służbowe od. należące do zakładu.

Werk|tag m dzień roboczy od. powszedni; ℒ**täglich**, ℒ**tags** w dni powszednie; ℒ**tätig**, ~**tätige(r)** pracujący; pl. masy f/pl. pracujące; ~**tisch** m s. Werkbank; ~**tor** n brama fabryczna; ~**unterricht** m zajęcia n/pl. praktyczne; ~**vertrag** m umowa o dzieło.

Werkzeug n (-es; -e) narzędzie (a. fig.); **~kasten** m skrzynka do narzędzi od. z narzędziami; **~macher** m ślusarz narzędziowy, narzędziowiec; **~maschine** f obrabiarka; **~maschinenbau** m (-es; 0) przemysł obrabiarkowy; **~stahl** m stal narzędziowa.

Wermut m (-es; 0) Bot. piołun; (Wein) wermut; **~s·tropfen** m fig. kropla goryczy.

wert (mst sn) wart(a, -e); ~ sein a. zasługiwać (zu/na A); nichts ~ nic nie wart(a, -e); kaum der Mühe ~ nie wart(a, -e) zachodu; es wäre der Mühe ~ warto by; s. Rede, würdig. **Wert** m (-es; -e) wartość f; (ideell) walor; im ~ von w cenie (G); von ~ wartościowy; von hohem ~ przedstawiający dużą (od. wybitną) wartość; im ~ steigen (sinken) zysk(iw)ać ((s)tracić) na wartości; ~ legen przywiązywać wagę (auf A/do G); **~angabe** f podanie wartości; **~arbeit** f (0) precyzyjna robota; produkt najwyższej jakości; **2beständig** posiadający niezmienną wartość, o trwałej wartości; **~bestimmung** f ocena (od. ustalenie) wartości; **~brief** m list wartościowy; **2en** (-e-) wartościować; oceni(a)ć; Sp. a. punktować; **~gegenstand** m przedmiot wartościowy.

Wertigkeit f wartościowość f.

wert|los bezwartościowy; **2marke** f bon; **~mäßig** wartościowy (-wo), pod względem wartości; **2maßstab** m miernik wartości; **2minderung** f obniżenie (się) wartości; **2objekt** n obiekt wartościowy; **2paket** n paczka wartościowa; **2papiere** n/pl. papiery m/pl. wartościowe, walory m/pl.; **2sachen** f/pl. rzeczy f/pl. drogocenne, kosztowności f/pl.; **2schätzung** f (0) szacunek; **2steigerung** f wzrost wartości.

Wertung f wartościowanie; ocena; Sp. a. punktacja, klasyfikacja.

Wert|urteil n osąd (co do wartości); **2voll** wartościowy, cenny; **~zuwachs** m przyrost wartości.

Werwolf m wilkołak.

Wesen n (0) istota, sedno (e-r Sache [??????]), (angenehmes łagodne, launisches kapryśne od.) usposobienie; dem ~ nach z usposobienia; (a. pl. -) s. Lebewesen; a. = **~s·art** f (0) natura, charakter; sposób bycia;

2s·fremd obcy (naturze G); **2s·gleich** posiadający identyczną naturę od. identyczny charakter; **~s·zug** m charakterystyczna cecha.

wesentlich istotny; w istotny sposób; s. hauptsächlich; Adv. (sehr) znacznie; im ~en w istocie; w głównych zarysach; po większej części; **2e(s)** istota, sedno. (halb) dlatego.

weshalb dlaczego, czemu; (und deshalb)

We'sir m (-s; -e) wezyr.

Wespe f osa; ~n- osi; **~n·nest** n gniazdo os; **~n·stich** m użądlenie osy. [w talii jak osa.)

Wespentaille f: mit e-r ~ cienki)

wessen czyj(a, -e); ~ Buch ist das? czyja to książka?

West zachód; poet. m (-es; selt. -e) wiatr zachodni, **2deutsch** zachodnioniemiecki.

Weste f kamizelka; fig. e-e reine ~ haben nie mieć plam na honorze.

Westen m (-s; 0) zachód; Pol. Zachód; im ~ na zachodzie; nach ~ na zachód; von ~ z (od. od) zachodu.

Westentasche f kieszonka kamizelki.

west|europäisch zachodnioeuropejski; **~fälisch** westfalski; **2front** f front zachodni; **2küste** f wybrzeże zachodnie; **~lich** zachodni; na zachód (von/od G); **2macht** f mocarstwo zachodnie; **~östlich** Pol. pomiędzy Zachodem a/i Wschodem; **2wind** m wiatr zachodni.

wes'wegen s. weshalb.

wett: ~ sein być kwita.

Wettbewerb m (-es; -e) współzawodnictwo; eng S. (a. Sp.) konkurs; konkurencja; sozialistischer ~ socjalistyczne współzawodnictwo pracy; in ~ treten stanąć do współzawodnictwa; außer ~ poza konkursem; vgl. Konkurrenz.

Wett|büro n biuro totalizatora; **~e** f zakład; um die ~ na wyścigi; et. um die ~e tun prześcigać się (w L); **~eifer** m chęć rywalizacji (na czoło), ambicja zwyciężenia we współzawodnictwie; **2eifern** (-re) współzawodniczyć, rywalizować (mit j-m um A/z kimś o A); prześcigać się (bei/w L); **2en** (-e-) zakładać (założyć) się (A, um A/o A; mit/z I); s. setzen.

Wetter n pogoda; schlechtes ~ a. niepogoda, Bgb. zahlengerich ??, gam kopalniany; **~aussichten** f/pl. przewidywana pogoda; **~bedingungen**

f/pl. warunki *m/pl.* atmosferyczne; ~**bericht** *m* komunikat o stanie pogody; ~**beständigkeit** *f* odporność *f* na wpływy atmosferyczne; ~**dienst** *m* służba meteorologiczna; ~**fahne** *f* chorągiewka na dachu; 2-**fest** odporny na wpływy atmosferyczne; *Kleidung:* odporny na wilgoć, nieprzemakalny; ~**frosch** *m* F *fig.* synoptyk; 2**fühlig** czuły na zmiany pogody; ~**karte** *f* mapa synoptyczna *od.* pogody; ~**kunde** *f* (0) meteorologia; ~**lage** *f* stan pogody.

wetterleucht|**en**: es ~et błyska się; 2**en** *n* (-s; 0) błyskanie się.

wettern (-re) piorunować, pomstować (*gegen*/na *A*).

Wetter|**prognose** *f s.* Wettervorhersage; ~**satellit** *m* satelita meteorologiczny; ~**schacht** *m* Bgb. szyb wentylacyjny; ~**seite** *f* strona nawietrzna; ~**station** *f* stacja meteorologiczna; ~**sturz** *m,* ~**umschlag** *m* nagła zmiana pogody; ~**vorhersage** *f* prognoza pogody; 2**wendisch** zmienny, niestały; ~**wirtschaft** *f* Bgb. wentylacja kopalni; ~**wolke** *f* chmura burzowa.

Wett|**fahrt** *f* (jazda na) wyścigi *m/pl.*; ~**kampf** *m* zawody *m/pl.*; mecz; *fig. s.* Wettbewerb; ~**kämpfer**(**in** *f*) *m* zawodni|k (-czka); ~**lauf** *m* wyścig (*a. fig.*); bieg(anie) w zawody; 2**laufen** (*nur Inf.*) biegać ⟨pobiegnąć⟩ w zawody; 2-**machen** powetować *pf.* sobie; wyrówn(yw)ać, naprawi(a)ć; ~**rennen** *n* wyścigi *m/pl.* konne; *fig.* wyścig; ~**rudern** *n* zawody *m/pl.* wioślarskie; ~**rüsten** *n* (-s; 0) wyścig zbrojeń; ~**schwimmen** *n* zawody *m/pl.* pływackie; ~**spiel** *n* zawody *m/pl.*; ~**streit** *m* konkurs; zmagania *n/pl.*, walka.

wetz|**en** (-zt) *v/t* ⟨na-, wy⟩ostrzyć; *v/i* F (*sn*) latać ⟨polecieć⟩, ganiać, ⟨po-⟩ pędzić; 2**stein** *m* kamień *m* do ostrzenia, osełka.

wich(en) *s. weichen²*.

Wichse [-ksə] *f* (0) szuwaks; F *fig.* cięgi *pl.*, lanie; 2**n** ⟨wy⟩glansować; F *fig. s.* ⟨ver⟩prügeln.

Wicht *m* (-es; -e) F pędrak, berbeć *m*; † *lit. elender* ~ podła kreatura; *armer* ~ nieborak.

Wichte *f* Phys. ciężar właściwy.

Wichtelmännchen *n* skrzat, chochlik.

wichtig ważny; *s.* wesentlich, bedeutsam; *et.* (*nichts*) 2es so (nic) ważnego; *es ist* ~, *daß* ważne jest (jest rzeczą ważną), żeby; *et.* ~ *nehmen s.* ernst (nehmen); F *sich* ~ *tun* strugać ważnego, ważnić się; 2**keit** *f* (0) ważność *f*, znaczenie; *von größter* 2-*keit* wielkiej wagi; 2**tuer** *m* ważniak; ~**tuerisch** ważny.

Wicke *f* wyka.

Wickel *m* motek, kłębek; *Med.* okład; *s.* Wickler; F *beim* ~ *packen* pochwycić za łeb *od.* kark; ~**gama-sche** *f* owijacz; ~**kind** *n* dziecko w powijakach, niemowlę; ~**ma-schine** *f* na-, z|wijarka.

wickeln (*-le*) *s.* ab-, auf-, einwickeln; owijać ⟨-inąć⟩ (*sich się*; *um A*/dokoła *G*; *in A*/w *A*; *mit*/*I*); *Haare:* zakręcać ⟨-cić⟩, zawijać ⟨-inąć⟩ (*sich* [*D*] *sobie*); *Kind:* przewijać ⟨-inąć⟩.

Wick|**eltisch** *n* stół do przewijania (dziecka); ~**ler** *m* lokówka, papilot; *pl. Zo.* zwójki *f/pl.*; ~**lung** *f* El. uzwojenie; *s. a.* Wickel.

Widder *m* tryk, baran; *JSpr.* rogal; *Astr.* Baran.

wider *Prp.* (*A*) przeciw, wbrew (*D*); ~ *Willen* mimo woli; ~ *besseres Wissen* wbrew przeświadczeniu; pomimo lepszej wiedzy; ~**borstig** F przekorny.

wider|**fahren** (-; *sn*; *D*) przytrafi(a)ć się (*D*); *Ehre, Leid:* spot(y)kać (*A*); ~ *lassen* odda(wa)ć.

Wider|**haken** *m* hak zagięty, wąs (grota); ~**hall** *m* odgłos, oddźwięk (*a. fig.*); 2**hallen** odbi(ja)ć się echem; rozbrzmiewać (*von Lachen* śmiechem); ~**lager** *n* (p)odpora; łożysko oporowe; (*e-r Brücke*) przyczółek; 2**legen** (-) obalać ⟨-lić⟩, odpierać ⟨odeprzeć⟩; ~**legung** *f* (0) obalenie, odparcie.

widerlich wstrętny, ohydny.

wider|**natürlich** nienaturalny, perwersyjny; ~**rechtlich** bezprawny; 2**rede** *f*: *ohne* 2*rede* bez sprzeciwu; 2**ruf** *m* odwołanie; *bis auf* 2*ruf* aż do odwołania; ~**rufen** (-) odwoł(yw)ać; *Auftrag a.*: cofać ⟨-fnąć⟩; ~**ruflich** odwołalny; 2**sacher**(**in** *f*) *m* przeciwni|k (-czka); 2**schein** *m* (-es; 0) odblask.

wider'setz|**en** (-): *sich* ~*en* sprzeciwi(a)ć się (*D*); 2**lichkeit** *f* opór; nieposłuszeństwo.

Widersinn *m* (*-es*; *0*) absurd, niedorzeczność *f*; **2ig** absurdalny, niedorzeczny.

widerspenstig krnąbrny, przekorny; **2keit** *f* (*0*) krnąbrność *f*, przekora, upór.

wider|spiegeln odbi(ja)ć, odzwierciedlać ⟨-lić⟩ (*sich* się); **~'sprechen** (-) przeczyć, zaprzeczać ⟨-czyć⟩ (*sich* [*D*] samemu sobie), (*j-m a.*) ⟨za⟩oponować; *sich* (*od. einander*) -end sprzeczny; **2spruch** *m* sprzeczność *f*; (*Äußerung*) sprzeciw; *im* **2**spruch stehen pozostawać w sprzeczności (*zu*, *mit*/*z* *I*); *sich in* **2**sprüche verwickeln plątać się w zeznaniach; **2stand** *m* opór; *El.* oporność *f*; *konkr.* opornik; **2stand** leisten stawiać opór; *auf* **2**stand stoßen doznać oporu.

Widerstands|bewegung *f* ruch oporu; **2fähig** odporny (*gegen*/na *A*), (*a. Pers.*) wytrzymały; **~kämpfer** *m* uczestnik (*od. bojownik*) ruchu oporu; **~kraft** *f* odporność *f*; **2los** bez oporu; **~messer** *m* *El.* omomierz.

wider'stehen (-) opierać ⟨oprzeć⟩ się; (*e-r Belastung*) wytrzym(yw)ać (*D*/*A*); *nicht* ~ *können a.* ulegać ⟨ulec⟩ (*D*).

wider'streb|en (-): *es* ~*t mir* ... mam coś przeciw (*D*), wzbraniam się (+ *Inf.*); **~end** *Adv.* niechętnie, opornie, ociągając się

widerwärtig wstrętny, obrzydliwy ⟨-wie⟩; **2keit** *f* (*0*) obrzydliwość *f*, (*a. pl.*) obrzydlistwo.

Widerwill|e *m* obrzydzenie, wstręt; **2ig** niechętnie, z niechęcią; *z obrzydzeniem, ze wstrętem.*

widm|en (*-e-*) poświęcać ⟨-cić⟩ (*sich* się); *Buch*: ⟨za⟩dedykować; **2ung** *f* dedykacja.

widrig przeciwny, nieprzyjazny; **~enfalls** w przeciwnym razie; **2keit** *f* przeciwność *f*.

wie *Adv.* jak; *s. alt, spät*; ~ *bitte?* proszę?; *Kj.* jak; (*temporal*) gdy, kiedy; ~ *dem auch sei* jakkolwiek by było; ~ *wäre es, wenn du* ... a może byś ⟨tak⟩ ...

Wiedehopf *m* (*-es*; *-e*) *Zo.* dudek.

wieder unown, znów; *vgl. neu, hin*; [illegible]

Wieder'auf|bau *m* (*-es*; *0*) odbudowa; **2bauen** odbudow(yw)ać; **~führung** *f* *Thea.* wznowienie; **2-**

leben (*sn*) oży(wa)ć, odradzać ⟨-rodzić⟩ się; **~nahme** *f* ponowne podjęcie, (*a. Jur.*) wznowienie; ponowne przyjęcie (*in A*/do *G*); **~nahmeverfahren** *n* postępowanie wznowione; **2nehmen** wznawiać ⟨-nowić⟩, podejmować ⟨podjąć⟩ na nowo; **2richten** ustanawiać ⟨-nowić⟩ na nowo; *fig.* podnosić ⟨podnieść⟩ na duchu; **~rüstung** *f* (*0*) remilitaryzacja; **2tauchen** (*sn*) znów (*od.* ponownie) zjawi(a)ć się.

wieder|bekommen (-) otrzym(yw)ać z powrotem; **~beleben** (-) przywracać ⟨-rócić⟩ do życia, reanimować; *fig.*ożywi(a)ć (na nowo); wskrzeszać ⟨-esić⟩; **2belebung** *f* przywr|acanie (*od.* -ócenie) do życia, reanimacja; *fig.* ożywienie; wskrzeszenie; **2bewaffnung** *f* (*0*) *s. Wiederaufrüstung*; **2bringen** *s. zurückbringen*; **2'einführung** *f* ponowne wprowadzenie; **~'einsetzen** przywracać ⟨-rócić⟩ (*j-n in A*/k-u *A*); **~'einstellen** ponownie przyjmować ⟨-jąć⟩ (do pracy *od.* do służby; **~erhalten** (-) *s. wiederbekommen*; **~erkennen** (-) pozn(aw)ać (znów, na nowo); **~erlangen** (-) odzysk(iw)ać; **2er-öffnung** *f* ponowne otwarcie; **~erstatten** (-) *s. zurückerstatten*; **2erzählen** (-) powtarzać ⟨-tórzyć⟩, opowiadać ⟨-wiedzieć⟩ jeszcze raz; *s. wiedergeben*; **~finden** odnajdować, -ywać ⟨odnaleźć⟩ (*sich* się).

Wiedergabe *f* (*0*) *s. Rückgabe*; (*v. Ton, Bild usw.*) odtw|arzanie, -orzenie; odda(wa)nie; **~kopf** *m* głowica odtwarzająca.

wieder|geben odda(wa)ć; *fig. a.* odtwarzać ⟨-worzyć⟩; *s. a. darstellen*; **2geburt** *f* odrodzenie (się); **2gewinnung** *f* odzysk(iw)anie; regeneracja.

wieder'gutmach|en *Fehler*: naprawi(a)ć; *Schaden a.*: powetować *pf.*, wynagradzać ⟨-rodzić⟩; **2ung** *f* kompensata, odszkodowanie; reparacje *f*/*pl.*

wieder'her|stellen przywracać ⟨-rócić⟩ (*A*/do *G*); (*od.*)restaurować; *der Kranke ist* ~*gestellt* chory powrócił do zdrowia; **2stellung** *f* przywrócenie (*[do]* dawnego stanu); restauracja; [illegible]

wieder'hol|en (-) powtarzać ⟨powtórzyć⟩ (*sich* się); **~t** *Adjp.* powtórny, ponowny; kilka-, niejedno|krotny; *präd. a.* raz za razem; **♀ung** *f* powt|arzanie, -órzenie (się); (*Schule a.*) **♀ungszeichen** *n* znak powtórzenia. [nia.】

Wiederhören F: *auf* ~ do usłysze-】

Wieder|in'standsetzung *f* remont, naprawa; **♀käuen** przeżuwać; F *fig.* powtarzać w kółko (to samo); ~**käuer** *m* przeżuwacz; ~**kehr** *f* (0) powrót; (*e-s Gedenktages*) rocznica; **♀kehren** (*sn*) *s.* zurückkehren, *sich wiederholen*; **♀kommen** (*sn*) przychodzić ⟨przyjść⟩ jeszcze raz *od.* ponownie, później; *s.* zurückkommen; **♀sehen** (znów) zobaczyć *pf.*, spot(y)kać (*sich* się).

Wiedersehen *n* ponowne (*od.* powtórne) zobaczenie (*od.* spotkanie) się; *auf* ~! do widzenia!, F do zobaczenia! [*Kj.* natomiast, zaś.】

wiederum *Adv.* znowu, na nowo;】

Wiederver|einigung *f* przywrócenie jedności; ~**heiratung** *f* powtórne (*od.* ponowne) zawarcie małżeństwa; ~**kauf** *m* odprzedaż *f*; **♀kaufen** (-) odprzed(aw)ać.

Wieder|vorlage *f* ponowne przedłożenie; ~**wahl** *f* ponowny wybór; **♀wählen** ponownie wyb(ie)rać.

Wiege *f* kołyska, (*a. fig.*) kolebka.

Wiegemesser *n* tasak.

wiegen[1] ⟨u⟩kołysać (*in den Schlaf* do snu); *sich* ~ kołysać (*od.* bujać) się; *fig.* (*in Hoffnung*) łudzić się (*I*); *sich in Sicherheit* ~ czuć się bezpiecznym.

wiegen[2] *Fleisch:* ⟨po⟩siekać.

wiegen[3] (*L.*) ⟨*v/t a.*⟩ważyć.

Wiegen|druck *m* (*pl. -e*) inkunabuł; ~**fest** *n* urodziny *pl.*; ~**lied** *n* kołysanka.

wieher|n (*-re*) ⟨za⟩rżeć; F *fig. a.* ⟨za⟩rechotać; **♀n** *n* (*-s*; *0*) rżenie; rechot. [deński; ~**in** *f* wiedenka.】

Wiener *m* wiedeńczyk; *Adj.* wie-】 **wies(en)** *s.* weisen.

Wiese *f* łąka; ~**n-** łąkowy.

Wiesel *n* łasica.

wie'so F dlaczego; ~**viel** ile, *Psf.* ilu; ~**vielte(r)** który; ~**weit** *s.* inwieweit; ~**wohl** *s.* obwohl.

wild dziki (-ko) (*a. fig.*); *Kind:* rozhukany; (*wütend*) rozwścieczony; *wie* ~ jak szalony; *in* ~ *machen* doprowadzać ⟨-dzić⟩ do wściekłości; ~ *sein auf* (*A*) być ciętym na (*A*); ~ *werden* wpadać ⟨wpaść⟩ w pasję;

(*Pferd*) ponieść *pf.*; ~**e** Ehe konkubinat, F małżeństwo na niby.

Wild *n* (-*es*; *0*) zwierzyna łowna; *s.* Wildbret; ~**bach** *m* potok górski; ~**bahn** *f* łowisko; *in freier* ~*bahn* na wolności; ~**bret** *n* (-*s*; *0*) dziczyzna; ~**dieb** *m* *s.* Wilderer; ~**ente** *f* dzika kaczka; *s. a.* Krickente.

Wilde(r) *m* dziki *m*, dzikus; *f* dzik(usk)a; *wie ein* ~*r s.* wild.

Wilde|rer *m* kłusownik; ~**'rei** *f* (*0*) kłusownictwo; **♀rn** (-*re*) kłusować, zajmować się kłusownictwem.

Wild|fang *m* J*Spr.* dziczek; *fig.* urwis, trzpiot(ka); **♀fremd** (*0*) zupełnie obcy *od.* nieznany; ~**gans** *f* gęś gęgawa; ~**heit** *f* (*0*) dzikość *f*; ~**hüter** *m* gajowy *m*; ~**katze** *f* żbik; ~**leder** *n* zamsz; *in Zssgn* zamszowy; ~**ling** *m* (-*s*; *-e*) *Bot.* dziczka, dziczek; *fig. s.* Wildfang; ~**nis** *f* (-; *-se*) dzicz (leśna), dzika okolica; ~**reservat** *n* zwierzyniec otwarty, rezerwat łowiecki; ~**sau** *f* locha, maciora; ~**schaden** *m* szkoda wyrządzona przez zwierzynę; ~**schwein** *n* dzik; **♀wachsend** dziko rosnący; ~**wechsel** *m* przesmyk zwierzyny; ~**'westfilm** *m* western.

will *s.* wollen.

Wille *m* (-*ns*; *0*) wola; *aus freiem* ~*n* dobrowolnie, z własnej chęci; *gegen j-s* ~*n* wbrew woli (*G*); *beim besten* ~*n* mimo najlepszych chęci; *s.* wider.

willen: *um* ... ~ dla (*G*).

willenlos bezwolny; **♀igkeit** *f* (*0*) bezwolność *f*, brak woli.

willens: ~ *sein* chcieć.

Willens|äußerung *f* objaw woli; ~**freiheit** *f* (*0*) wolność *f* woli; ~**kraft** *f* (*0*) siła woli; ~**schwäche** *f* (*0*) brak siły woli, słaba wola; ~**stärke** *f* (*0*) *s.* Willenskraft.

will|'fahren (D) spełni(a)ć (każde) życzenie *od.* wymaganie (*G*), dogadzać (*D*); ~**'fährig** uległy, powolny.

willig chętny, ochoczy (-czo).

will'komm|en mile widziany, (*a. Anlaß usw.*) pożądany; *herzlich* ~*en!* serdecznie witamy!; *j-n* ~*en heißen* ⟨po⟩witać (*A*); **♀en** *n od.* *m* po-, przy|witanie, przyjęcie.

Willkür *f* (*0*) samowola; ~**herrschaft** *f* despotyczne rządy *m/pl.*, tyrania; **♀lich** samowolny, arbitralny.

wimmel|n (-*le*) roić się; obfitować (*von*/w *A*); die (*od. auf der*) Straße ~te es von Menschen ulica roiła się ludźmi; der Text ~t von Fehlern tekst roi się od błędów.   [kwilić.]

wimmern (-*re*) jęczeć; (*weinen*)]

Wimpel *m* proporczyk; *Mar.* wimpel; *Bot.* żagielek.

Wimper *f* (-; -*n*) rzęsa; *ohne mit der* ~ *zu zucken* bez drgnienia powiek.

Wind *m* (-*es*; -*e*) wiatr (*pl. a. Med.*); *Tech.* dmuch; *gegen den* ~ pod wiatr; *vor dem* ~ z wiatrem; F ~ bekommen zwietrzyć, (*fig. a.*) zwąchać (*von*/*A*); *in den* ~ *schlagen* puszczać ⟨puścić⟩ mimo uszu; *in den* ~ *reden* gadać na wiatr; ~ *machen fig.* narobić szumu; ~**beutel** *m Kochk.* ptyś *m*; *fig.* pędziwiatr, szałaviła *m*; ~**bö** *f* szkwał; ~**bruch** *m* wiatrołom; **2durchlässig** przewiewny.

Winde *f* wciągnik, wciągarka; *Bot.* powój.

Windel *f* (-; -*n*) pieluszka, pielucha; **2n** (-*le*) przewijać ⟨-inąć⟩; **2weich** F: 2*weich schlagen* zbić *pf.* na kwaśne jabłko.

winden (L.) *Kranz*: ⟨u⟩wić; *s. wikkeln*; *sich* ~ wić się (*a. vor*/z *G*); *s. ranken*; *aus der Hand* ~ wydzierać ⟨-drzeć⟩ z rąk *od.* garści.

Wind·erhitzer *m Tech.* nagrzewnica dmuchu.

Windes·eile *f*: *in* ~ lotem błyskawicy; *mit* ~ piorunem, co żywo.

Wind|fahne *f* wiatrowskaz; ~**fang** *m Arch.* przedsionek; **2geschützt** zaciszny; ~**hauch** *m* powiew (wiatru); ~**hund** *m* chart; F *fig. s. Windbeutel*; **2ig** wietrzny; F *fig.* niepewny; płochy, lekkomyślny; *es ist* 2*ig* jest wietrzno; ~**jacke** *f* wiatrówka; ~**kanal** *m* tunel aerodynamiczny; ~**licht** *n* (-*es*; -*e*) świeca z kloszem (zabezpieczającym od wiatru); ~**messer** *m* wiatromierz; ~**motor** *m* silnik wiatrowy; ~**mühle** *f* wiatrak; ~**pocken** *pl.* ospa wietrzna; ~**rädchen** *n* wiatraczek; ~**rose** *f* róża wiatrów; ~**sack** *m* rękaw lotniskowy, wiatrowskaz; ~**schatten** *m* strona zawietrzna; **2schief** przekrzywiony; *Math.* wichrowaty.

Wind~~schutz~~ *m* ~~wiatrochron~~; ~**scheibe** *f Kfz.* szyba przednia.

Wind|seite *f* strona nawietrzna; ~**spiel** *n* lewretka, chart (włoski); ~-

stärke *f* siła (*od.* prędkość *f*) wiatru; **2still** bezwietrzny; ~**stille** *f* cisza; *Mar.* sztil; ~**stoß** *m* poryw wiatru.

Windung *f Math.* skręcenie; (*Weg*2) skręt (*a. Tech.*), zakręt; (*Fluß*2 *a.*) zakole; *El.* zwój.

Wink *m* (-*es*; -*e*) skinienie, znak; *fig.* wskazówka, przymówka.

Winkel *m* kąt (*a. Math.*); (*Ecke*) kątek, kącik; (*Plätzchen*) zakamarek, zakątek; (*Anschlag*2) kątownik; (*Zeichen*2) trójkąt kreślarski; *toter* ~ pole martwe; *s. Winkeleisen*; ~**advokat** *m* pokątny doradca, F kauzyperda *m*; ~**eisen** *n* kątownik ciesielski, węgielnica; **2förmig** w kształcie kąta; ~**funktion** *f* funkcja kąta; ~**halbierende** *f* dwusieczna kąta; **2ig** *s. winklig*; ~**maß** *n* miara kątowa; ~**messer** *m* kątomierz; ~**stahl** *m* kątownik *m*/*pl.* stalowe; ~**stück** *n El.* kątnik; ~**zug** *m* kruczek, wybieg.

wink|en (L.) *v*/*i* (D) kiwać ⟨-wnąć⟩, skinąć *pf.* (na *A*); *ihm* ~*t e-e Belohnung* czeka go nagroda; *v*/*t j-n* zu sich ~*en* przywoł(yw)ać skinieniem (*A*); **2er** *m Kfz.* kierunkowskaz; ~**lig** *Haus*: pełen zakamarków; *Straße*: kręty.

winseln (-*le*) ⟨za⟩skowyczeć, (*a. fig. um*/o *A*) skomleć, skamlać.

Winter *m* zima; *im* ~ zimą; ~**fahrplan** *m* zimowy rozkład jazdy; ~-(**ferien**)**lager** *n* zimowisko; ~**furche** *f* orka przedzimowa; ~**garten** *m* ogród zimowy; ~**getreide** *n* zboże ozime, ozimina; **2grün** *n* (-*s*; 0) *Bot.* gruszyczka; *s. Efeu*; ~**halbjahr** *n* półrocze zimowe; *semestr* zimowy; **2hart** zimotrwały; **2lich** zimowy (po -wemu); ~**mantel** *m* płaszcz zimowy; ~**saat** *f* ozimina, ~**schlaf** *m* sen zimowy; ~**schlußverkauf** *m* zimowa wyprzedaż posezonowa; ~**sport** *m* sporty *m*/*pl.* zimowe; ~**vorrat** *m* zapas(y *pl.*) na zimę; ~**weizen** *m* pszenica ozima; ~**zeit** *f* okres zimowy.

Winzer *m* zbieracz winogron; *s. Weinbauer*; ~**fest** *n* święto winobrania.

winzig mikroskopijny, F malusieńki; znikomy, nikły; **2keit** *f* (0) mikroskopijne (*od* malutkie) rozmiary *m*/*pl.*; (*a. pl.*) ~~odrobinka~~

Wipfel *m* wierzchołek.

Wippe *f Tech.* wahacz (równoramienny); (*Brett*) huśtawka (na desce); 2n *v/i* huśtać się; podrygiwać; kołysać się na palcach; bujać (*mit dem Fuß* nogą).

wir my; ~ *kommen* przyjdziemy; ~} **wirb** *s*. werben. [*waren* byliśmy.}

Wirbel *m* wir; *fig. a.* zamęt; *Mus.* werbel; (*Geige*) kołek; *Anat.* kręg; (*Haar*2) czub; 2**los** bezkręgowy; 2**n** (*-le*) *v/i* wirować; F *fig.* (*sn*) 〈za-〉kręcić się; *v/t* kłębić; **~säule** *f* kręgosłup; **~sturm** *m* huragan, cyklon (tropikalny); **~tiere** *n/pl.* kręgowce *m/pl.*; **~wind** *m* wicher; trąba po-}

wirf *s*. werfen. [wietrzna.}

wirk|en¹ *v/i* (*schaffen*) działać; (*auf j-n, et./na A*) 〈po〉działać, oddziaływać; (*nur auf et.*) 〈po〉skutkować; *v/t* 〈z〉działać; *Wunder*: dokaz(yw)ać (*G*); **~en²** *v/t* 2**en** *n* (*-s*; *0*) działalność *f*; *Text.* dzianie (kolumienkowe); *s. Wirkung*; 2**e·rei** *f* (*0*) dziewiarstwo; (*a. pl.*) zakład dziewiarski.

wirklich rzeczywisty (-ście); *Adv. a.* doprawdy, naprawdę; 2**keit** *f* rzeczywistość *f*.

Wirklichkeits|form *f* *Gr.* tryb oznajmujący; 2**fremd** daleki (*od.* oderwany) od rzeczywistości; 2**getreu** zgodny z rzeczywistością, wierny; 2**nah** realistyczny.

wirksam skuteczny; ~ *sein* 〈po〉skutkować; *s. gelten*; 2**keit** *f* (*0*) skuteczność *f*.

Wirk|stoff *m* ciało czynne, substancja czynna; **~stuhl** *m* dziewiarka; **~ung** *f* działanie; skutek, efekt; wrażenie; *mit* ~ung *von* z ważnością od (*G*).

Wirkungs|bereich *m* zakres działania; **~grad** *m* współczynnik sprawności, sprawność *f*; **~kraft** *f* siła (*od.* moc *f*) działania; *s. Wirksamkeit*; **~kreis** *m s. Wirkungsbereich*; 2**los** bez-, nie|skuteczny, *präd.* bez skutku; **~stätte** *f* pole (*od.* teren) działania; 2**voll** efektywny, wywierający wrażenie; **~weise** *f* sposób działania. [dziane, dzianiny *pl.*}

Wirkwaren *f/pl.* wyroby *m/pl.*}

wirr bezładny; (*unklar a.*) zagmatwany; *Haar*: rozczochrany; 2**en** *pl.* zamieszki *f/pl.*; rozruchy *m/pl.*; 2**kopf** F *m* pomyleniec, bzik; 2**warr** *m* (*-s*; *0*) gmatwanina; rozgardiasz, F bałagan. [włoska.}

Wirsing *m* (*-s*; *0*), **~kohl** *m* kapusta}

Wirt *m* (*-es*; *-e*) gospodarz; *s. Inhaber, Gastgeber*; **~in** *f* gospodyni.

Wirtschaft *f* gospodarka; *konkr.* gospodarstwo; *s. Wirtshaus*; *iron.* e-e *saubere* ~ okropny bałagan; 2**en** (*-e-*) gospoda|rować, -rzyć; F krząta|ć się; **~erin** *f* gosposia; **~ler** *m* ekonomista *m*; 2**lich** gospodarczy (-czo), ekonomiczny; (*sparsam*) gospodarny; **~lichkeit** *f* (*0*) gospodarność *f*; rentowność *f*, opłacalność *f*.

Wirtschafts|abkommen *n* umowa gospodarcza; **~beziehungen** *f/pl.* stosunki *m/pl.* gospodarcze; **~form** *f* ustrój gospodarczy; **~führung** *f* prowadzenie gospodarstwa; **~funktionär** *m* działacz gospodarczy; **~gebäude** *n* budynek gospodarski; **~geld** *n* pieniądze *pl.* na utrzymanie (domu); **~gemeinschaft** *f* wspólnota gospodarcza; **~hilfe** *f* pomoc gospodarcza; **~ingenieur** *m* inżynier-ekonomista *m*; **~jahr** *n* rok gospodarczy; **~krieg** *m* wojna gospodarcza; **~kriminalität** *f* przestępczość gospodarcza; **~krise** *f* kryzys ekonomiczny; **~lage** *f* sytuacja gospodarcza; **~leben** *n* życie gospodarcze; **~minister(ium** *n*) *m* minister(stwo) gospodarki; **~ordnung** *f* ustrój gospodarczy; **~plan** *m* plan gospodarczy; **~politik** *f* (*0*) polityka ekonomiczna *od.* gospodarcza; 2**politisch** polityczno-ekonomiczny; **~prüfer** *m* rewident; **~system** *n s. Wirtschaftsordnung*; **~verhältnisse** *n/pl.* warunki *m/pl.* gospodarcze; **~wissenschaften** *f/pl.* nauki *f/pl.* ekonomiczne, ekonomia; **~wunder** *n* cud gospodarczy; **~zweig** *m* gałąź *f* gospodarki.

Wirts|haus *n* gospoda, (*Schenke*) karczma, szynk; **~leute** *pl.* gospodarze *m/pl.*; **~tier** *n Bio.* gospodarz.

Wisch *m* (*-es*; *-e*) świstek (papieru); (*Stroh*2) wiecheć *m*, wiecha; 2**en** *v/t Staub*: ścierać 〈zetrzeć〉; *Fußboden*: wycierać 〈wytrzeć〉; *Schweiß*: ocierać 〈otrzeć〉 (*sich* [*D*] sobie); **~er** *m s. Scheibenwischer*; (*Malerei*) wiosrek. [litera.}

Wischi'waschi *n* (*-s*; *0*) martwa}

Wisent *m* (*-s*; *-e*) żubr.

Wismut *n* (*-s*; *0*) bismut.

wispern (*-re*) szeptać.

Wißbegie|r(de) *f* (*0*) żądza wiedzy, ciekawość *f*; 2**rig** dociekliwy (-wie); ciekawy (-wie).

wissen (*L.*) wiedzieć (*von*, *um/o L*); *s. können, kennen*; *soviel ich weiß* o ile wiem; *nicht daß ich wüßte* nic mi nie wiadomo; *man kann nie* ~ nigdy nie wiadomo; *j-n* ~ *lassen* da(wa)ć znać (*D*), powiadamiać ⟨-domić⟩ (*A*); *weißt du noch* ...? pamiętasz ...?

Wissen *n* (*-s*; *0*) wiedza; *s. Kenntnisse*; *ohne mein* ~ bez mojej wiedzy; *meines* ~ o ile wiem; *s. a. wider.*

Wissenschaft *f* nauka; **~ler** *m* naukowiec; **♀lich** naukowy (-wo).

Wissens|drang *m*, **~durst** *m* pęd do wiedzy; **~gebiet** *n* dziedzina wiedzy; **♀wert** godny poznania; interesujący.

wissentlich (*0*) świadomy (-mie).

wittern (*-re*) *v/i* węszyć; *v/t* ⟨z⟩węszyć, ⟨z⟩wietrzyć; *fig. a.* zwąchać *pf.*

Witterung *f* (*0*) *s.* Wetter; *JSpr.* wiatr.

Witterungs|einflüsse *m/pl.* wpływy *m/pl.* atmosferyczne; **~umschlag** *m s.* Wetterumschlag.

Witwe *f* wdowa (*G*/po *L*); ~ *werden* owdowieć *pf.*

Witwen|rente *f* renta wdowia; **~schaft** *f* (*0*) wdowieństwo.

Witwer *m* wdowiec.

Witz *m* (*-es*; *0*) dowcip; (*pl. -e*) dowcip, *f* kawał; **~e** *machen od. reißen* dowcipkować; opowiadać kawały; *mach k-e* **~e**! chyba żartujesz?!; **~blatt** *n* pismo humorystyczne; **♀bold** *m* dowcipniś *m*, kawalarz; **♀e'lei(en** *pl.*) *f* dowcipkowanie; **♀eln** (*-le*) dowcipkować (*über A*/na temat *G*); **♀ig** dowcipny; **♀los** F *Sache*: bezcelowy (-wo), daremny.

wo gdzie; F *ach* ~!, *i* ~! ależ gdzie tam!; *von* ~ skąd; **~'anders** gdzie wob, *gen s. weben*. [indziej.⟩

wo'bei przy czym.

Woche *f* tydzień *m*; *diese* ~ w (tym) tygodniu; *nächste* ~ w przyszłym tygodniu; *nach e-r* ~ po tygodniu, tydzień potem; *für e-e* ~ na tydzień; *e-e* ~ *lang* przez (cały) tydzień.

Wochen|bett *n* (*-es*; *0*) połóg; **~blatt** *n* tygodnik; **~end·ausflug** *m* wycieczka sobotnio-niedzielna; **~ende** *n* koniec tygodnia; weekend; **~endhaus** *n* domek weekendowy; **~karte** *f* bilet tygodniowy; kłóng (*0*) (całymi) tygodniami, (przez) wiele tygodni; **~lohn** *m* zarobek tygodniowy, płaca tygodniowa; **~-**

markt *m* targ cotygodniowy; **~ration** *f* racja tygodniowa; **~schau** *f* kronika filmowa; **~schrift** *f s.* Wochenblatt; **~tag** *m* dzień *m* tygodnia; dzień powszedni; **♀tags** w dni powszednie.

wöchentlich tygodniowy (-wo); cotygodniowy, *präd.* co tydzień; *einmal* ~ raz w tygodniu.

Wochen|übersicht *f* przegląd tygodnia; **♀weise** tygodniami, na ty-⟩

Wöchnerin *f* położnica. [godnie.⟩

Wodka *m* (*-s*; *-s*) wódka.

wo|'durch przez co, czym; **~'für** za co; (*wozu*) na co, do czego; **~für** hälst du mich? za kogo mnie masz?

wog *s.* wägen, wiegen.

Woge *f* fala (*a. fig.*), bałwan.

wo'gegen przeciw czemu, na co; *s.* wofür; *Kj.* podczas gdy.

wogen falować; (*Meer a.*) burzyć się; *s. a.* wägen, wiegen.

wo'her skąd; ~ (*auch*) *immer* skądkolwiek by; F *ach* ~! ależ skąd!

wo'hin dokąd; ~ *auch immer* dokądkolwiek by; **~'gegen** podczas gdy.

wohl *präd.* zdrów; *sich* ~ *fühlen* czuć się zdrowo *od.* dobrze; *mir ist nicht* ~ niedobrze mi; *czuję się nieswojo*; *lebe* ~! bądź zdrów!; ~ *bekomm's*! na zdrowie!; *Adv.* (*vermutlich*) zapewne, chyba; (*zwar*) wprawdzie; *das kann man* ~ *sagen*! tak jest!; *s. übel.*   [*f*; *zum* ~! na zdrowie!⟩

Wohl *n* (*-es*; *0*) dobro; pomyślność⟩

wohl|'auf *präd.* dobrze; zdrów; **♀befinden** *n* zdrowie; dobre samopoczucie; **~begründet** dobrze uzasadniony; **♀behagen** *n* błogie uczucie, błogość *f*; **~behalten** (zdrów i) cały, **~bekannt** (*0*) dobrze znany; **♀ergehen** *n* zdrowie, pomyślność *f*; **~erzogen** dobrze wychowany; **♀fahrt** *f* (*0*) dobrobyt; (*Fürsorge*) opieka społeczna.

Wohlfahrts|empfänger *m* korzystający z opieki społecznej, pobierający zapomogę; **~staat** *m* państwo o rozbudowanym systemie ubezpieczeń społecznych; **~verband** *m* organizacja charytatywna.

wohl|gebaut dobrze (*od. ładnie*) zbudowany; **♀gefallen** *n* przyjemność *f*, zadowolenie; *s. Gefallen*; **gefällig** miły, mile, *u* przyjemno ścią, z zadowoleniem; **~geformt** kształtny; **♀gefühl** *n* (*-es*; *0*) przyjemne (*od. błogie*) uczucie; błoga stan; **~gemeint** życzliwy (-wie); **~gemut** wesoły (-ło); **~genährt** dobrze odżywiony; ♀**geruch** *m* przyjemna woń, miły zapach; ♀**geschmack** *m* (-s; *0*) przyjemny smak; **~gesinnt** (*D*) przychylnie usposobiony (do *G*), życzliwy (dla *G*); **~habend** zamożny.

wohlig miły (-le), błogi (-go).

Wohl|klang *m* miły (*od.* przyjemny) dźwięk; ♀**klingend** mile brzmiący, dźwięczny; **~leben** *n* życie w luksusie, rozkoszne życie; ♀**meinend** *s.* *wohlgemeint*; ♀**riechend** (przyjemnie) pachnący, wonny; ♀**schmeckend** przyjemny w smaku, smaczny; **~sein** *n* (-s; *0*) zdrowie; **~stand** *m* (-es; *0*) dobrobyt; **~tat** *f* dobrodziejstwo; **~täter(in** *f*) *m* dobroczyńca *m*, dobrodziej(ka).

wohltätig dobroczynny; ♀**keit** *f* (*0*) dobroczynność *f*; ♀**keitsbasar** *m* wenta dobroczynna.

wohl|tuend przyjemny; (*lindernd*) przynoszący(y) ulgę; **~tun**: *die Wärme tut ihm wohl* ciepło przynosi mu ulgę; **~überlegt** dobrze przemyślany; **~verdient** zasłużony; ♀**verhalten** *n* dobre (*od.* odpowiednie) zachowanie (się); **~verstanden** dobrze zrozumiany; **~weislich** *Adv.* ze słusznych powodów; ♀**wollen** *n* (-s; *0*) życzliwość *f*, przychylność *f*; **~wollend** życzliwy (-wie), przychylny.

Wohn|anhänger *m* przyczepa mieszkalna; **~anlage** *f* zespół mieszkalny; **~bau** *m* (*pl.* -ten) budowla mieszkalna; ♀**berechtigt** uprawniony do zamieszkania; **~bezirk** *m* dzielnica mieszkaniowa; **~block** *m* (*pl.* -s) blok mieszkalny; ♀**en** mieszkać, zamieszkiwać; **~fläche** *f* powierzchnia mieszkalna; **~gebäude** *n* budynek mieszkalny; **~geld** *n* zasiłek mieszkaniowy; ♀**haft** zamieszkały; **~haus** *n* dom mieszkalny; **~heim** *n* hotel robotniczy; dom studencki; internat; **~küche** *f* kuchnia mieszkalna; **~kultur** *f* (*0*) kultura mieszkaniowa; ♀**lich** przytulny, przyjemny; **~ort** *m* miejsce zamieszkania.

Wohnraum *m* pomieszczenie mieszkalne; **~bewirtschaftung** *f* państwowa gospodarka lokalami.

Wohn|sitz *m* stałe mieszkanie; (*Domizil*) siedziba; **~stube** *f* *s.* *Wohnzimmer*; **~ung** *f* mieszkanie.

Wohnungs|amt *n* urząd mieszkaniowy *od.* kwaterunkowy; **~bau** *m* (-s; *0*) budownictwo mieszkaniowe; **~baugenossenschaft** *f* spółdzielnia mieszkaniowa; **~einrichtung** *f* urządzenie mieszkania, umeblowanie; ♀**los** nie mający (*präd.* bez) mieszkania; **~not** *f* (*0*) brak mieszkań, głód mieszkaniowy; **~wechsel** *m* zmiana mieszkania.

Wohn|verhältnisse *n/pl.* warunki *m/pl.* mieszkaniowe; **~viertel** *n* dzielnica mieszkaniowa; **~wagen** *m* przyczepa turystyczna mieszkalna; (*Caravan*) karawaning; **~zimmer** *n* pokój mieszkalny.

Woi|wodschaft *f* województwo; **~s-** wojewódzki.

wölb|en sklepi(a)ć; *fig.* wypinać <-iąć>; *sich* ♀**en** tworzyć łuk, wyginać <-iąć> się łukiem; wydymać <-dąć> się; ♀**ung** *f* sklepienie; wygięcie; wydęcie, wypukłość *f*, wybrzuszenie.

Wolf *m* (-es; *~e*) wilk (*a. fig.*); *Med.* wyprzenie; *sich* (*D*) e-n ~ *laufen* odparzyć sobie skórę.

Wölfin *f* wilczyca.

Wolfram *n* (-s; *0*) wolfram; **~- in** *Zssgn* wolframowy.

Wolfs|hund *m* wilczur; **~hunger** *m* wilczy głód *od.* apetyt; **~milch** *f* *Bot.* wilczomlecz; **~pelz** *m* wilczura; **~rachen** *m* *Med.* rozszczep szczeliny podniebienia, *F* wilcza paszcza.

Wolke *f* chmura, obłok; *F* aus allen **~n** *fallen* spaść z obłoków.

Wolken|bruch *m* oberwanie się chmury; **~decke** *f* pokrywa chmur; **~himmel** *m* zachmurzone niebo; **~kratzer** *m* drapacz chmur; ♀**los** bezchmurny; **~schicht** *f* warstwa chmur. [chmurny.]

wolkig zachmurzony; *Tag:* po-]

Woll|decke *f* wełniany koc; **~e** *f* wełna; *F sich in die* **~e** *geraten* skakać <skoczyć> sobie do oczu; ♀**en** [1] wełniany.

wollen [2] (*L.*) <za>chcieć; *s.* *wünschen*; *wir* ~ *gehen* chodźmy; *F wohin willst du?* dokąd idziesz?; *ich will nicht* nie chcę; *wir* ~ *sehen* zobaczymy; *er will dich gesehen haben* twierdzi, że ciebie widział; *ohne es* zu ~ niechcący; *er will* ... *werden* chce zostać (*I*); *wie du willst* jak (ze)chcesz; ~ *Sie* ... zechce Pan(i) ...; *das will gut überlegt sein* to wymaga dokładnego zastanowienia się; *das will ich meinen!* tak sądzę!; *so Gott will* jak Bóg da.

Woll|fett *n* tłuszczopot; lanolina; **~garn** *n* przędza wełniana; **~haar** *n* *koll.* włosy *m/pl.* wełniste; **~hand-krabbe** *f* krab wełnistoręki; **2ig** wełnisty, *präd.* jak wełna; **~kamm** *m* grępla; **~kleid** *n* sukienka wełniana; **~spinnerei** *f* przędzalnia wełny; **~stoff** *m* materiał wełniany.

Woll|lust *f* (0) rozkosz *f*; **2lüstig** pełen rozkoszy, *präd.* z rozkoszą.

Woll|waren *f/pl.* wyroby *m/pl.* wełniane; **~weberei** *f* tkalnia wyrobów wełnianych.

wo|'mit czym; od czego (*beginnen* zaczynać); (*relativ*) z czym; **~'möglich** o ile możliwe; F może jeszcze; **~'nach** czym (*riechen* pachnieć); o co (*fragen* pytać); od czego (*sich richten* stosować się); (*relativ*) według którego (której).

Wonne *f* rozkosz *f*; **~gefühl** *n* uczucie rozkoszy; **2trunken** upojony rozkoszą; **2voll** pełen rozkoszy; *a.* = **wonnig** rozkoszny.

wor|'an o czym (*denken* myśleć); nad czym (*arbeiten* pracować); po czym (*erkennen* poznać); w co (*glauben* wierzyć); **~an liegt das?** od czego to zależy?; (*relativ*) na czym; **~'auf** na co (*warten* czekać); na czym (*stehen* stać); (*relativ*) po czym; *s.* **hinauswollen**; **~'aus** z czego; skąd.

worfeln (*-le*) *Agr.* przewi(ew)ać.
wor'in w czym.

Wort *n* (*-es; -e/¨er*) słowo; *Ling. a.* wyraz; *s.* **Vokabel**; **~ für ~** słowo w słowo *od.* za słowem; *auf mein ~!* słowo (daję)!; *beim ~ nehmen* trzymać za słowo; *mit e-m ~* (jednym) słowem; *goldene ~e* złote (*od.* święte) słowa; *schöne ~e* piękne słówka; *mit anderen ~en* innymi słowy; *kein ~ (mehr)!* ani słowa!; *in ~ und Tat* słowem i czynem; *in ~ und Schrift* w słowie i w piśmie; *in ~en ...* słownie; *das ~ ergreifen* zab(ie)rać głos; *das ~ erteilen* udzielać ⟨-lić⟩ głosu (*D*); *ums ~ bitten* ⟨po⟩prosić o głos; *nicht zu ~ kommen lassen* nie da(wa)ć dojść do słowa; *das ~ halten* dotrzym(yw)ać słowa; *ein ~ ergab das andere* od słowa do słowa; *es ist hier ...* dawać nie ma ani słowa prawdy; *mit k-m ~ er-*

wähnen nie wspomnieć ani słowem (*A/o L*); *nicht viel ~e machen* nie marnować słów na frazesy; *kein ~ herausbringen* nie móc słowa przemówić; **~art** *f Gr.* część *f* mowy; **~bildung** *f* słowotwórstwo; **~bruch** *m* niedotrzymanie słowa; **2brüchig** niesłowny.

Wörtchen *n* słówko.

Wörter|buch *n* słownik; **~ver-zeichnis** *n* spis wyrazów *od.* haseł; część słownikowa.

Wort|familie *f* rodzina wyrazów; **~folge** *f* szyk wyrazów; **~führer** *m* rzecznik, orędownik; *verä.* prowodyr; **~gefecht** *n* utarczka słowna; **2karg** małomówny; **~klaube'rei** *f* czepianie się każdego słówka, dzielenie włosa na czworo; **~laut** *m* (*-es; 0*) brzmienie.

wörtlich dosłowny.

wort|los milcząc(y), *präd. a.* bez słowa; **2meldung** *f* zgłoszenie się do głosu, prośba o głos; **~reich** wielosłowny, (*a.Stil*) rozwlekły (-le); **2schatz** *m* (*-es; 0*) zapas słów *od.* wyrazów; *Ling.* słownictwo; **2schwall** *m* potok słów; **2spiel** *n* gra słów; **2stamm** *m* temat wyrazu; **2stellung** *f* szyk wyrazów w zdaniu; **2streit** *m* utarczka słowna; *a.* = **2wechsel** *m* sprzeczka, ostra wymiana zdań; **~wörtlich** *Adv.* dosłownie, słowo w słowo.

wor|'über o czym (*sprechen* mówić); z czego (*lachen* śmiać się); (*relativ*) z powodu czego; **~'um** o co; **~'unter** (*wo?*) pod (*od.* pomiędzy) czym; (*wohin?*) pod co; (*relativ*) przez to.

wo|'von o czym; od czego; **~'vor** czego (*sich fürchten* bać się); **~'zu** do czego, na co. [(*Auto*) trup.]

Wrack *n* (*-es; -s/-e*) wrak (*a. fig.*); F]
wrang(en) *s.* **wringen**.

wring|en (*L.*) wyżymać ⟨-żąć⟩; **2-maschine** *f* wyżymaczka.

Wucher *m* (*-s; 0*) lichwiarstwo; *~ treiben* uprawiać lichwę; **~er** *m* lichwiarz; **2n** (*-re*) bujnie rozrastać ⟨-rosnąć, -rość⟩ się; *fig.* ciągnąć zyski (*mit/z G*); **~preis** *m* lichwiarska cena; **~ung** *f Med.* narośl *f*, polip; **~zins** *m* lichwiarski procent.

Wuchs *m* (*-es; 0*) wzrost; *von hohem ~* słusznego wzrostu.

Wucht *f* (0) impet, siła, ...

mit voller ~ z całej siły, z impetem; F *das ist* e-e ~*!* kapitalnie!; **ℒig** masywny; *Tier*, *Pers. a.*: zwalisty; *Schlag*: potężny, silny.

wühl|en *v/i* ryć, (*a. fig.*) grzebać, szperać (*in D/w L*); (*aufwiegeln*) rozrabiać, judzić; **ℒer** *m* wichrzyciel, rozrabiacz; **ℒe'rei** *f* grzebanie; *fig.* wichrzycielstwo, rozrabianie; **ℒmaus** *f* nornik.

Wulst *m* (*-es*; *ᵘe*) *od. f* (*-*; *ᵘe*) zgrubienie; (*Reifenℒ*) stopka; **ℒig** *Lippen*: mięsiste, odęte.

wund zraniony; (*weh*) obolały, bolesny; *~er Punkt fig.* newralgiczny punkt, rana; *sich (D) die Füße* ~ *laufen* odparzyć sobie nogi; ~ *reiben* ocierać (*otrzeć*) (*sobie A*); **ℒbrand** *m* zakażenie gnilne, zgorzel *f*; **ℒe** *f* rana; *fig. alte* ℒ*en wieder aufreißen* odnawiać (*-nowić*) rany serdeczne.

Wunder *n* cud; *konkr. a.* cudo; ~ *tun*, *wirken* dokon(yw)ać cudów; *kein* ~, *daß* ... nie dziw/nic dziwnego, że ...; *wie durch ein* ~ cudem; **ℒbar** cudowny; *s. a. wunderhübsch*; **~ding** F *n* cudo, dziwo; **~glaube** *m* wiara w cuda; **ℒhübsch** (*prze*)cudowny, (*prze*)cudny; **~kerze** *f* zimne ognie *m/pl.*; **~kind** *n* cudowne dziecko; **~land** *n* (*-es*; *0*) kraina cudów; ℒ**lich** dziwaczny; zdziwaczały; F ℒ*lich werden* zdziwaczeć; **~mittel** *n* cudowny środek.

wunder|n (*-re*) dziwić, zadziwi(a)ć (*sich się*); *über A/D*); *es* ~*t mich*, *daß* ... = **~nehmen: es** *nimmt mich* ~, *daß* ... dziwi mnie, że ...; **~schön** prześliczny; *s. wunderhübsch*; ℒ**tat** *f* cud; ℒ**täter** *m* cudotwórca *m*; **~tätig** cudotwórczy; *Ikone:* cudowny; ℒ**tier** *n* dziwoląg; **~voll** *s. wunderbar*; ℒ**werk** *n* cud(o).

Wund|fieber *n* gorączka pourazowa; ℒ**gelegen:** *-ne Stelle* odleżyna; **~klee** *m* przełot pospolity; ℒ**liegen:** *sich* ℒ*liegen* odleżeć się *pf.*; **~mal** *n* (*-es*; *-e*) *Rel.* stygmat; **~pflaster** *n* plaster opatrunkowy; **~rose** *f* róża przyranna; **~salbe** *f* maść *f* na rany; **~sein** *n* (*-s*; *0*) wyprzenie; **~starrkrampf** *m* (*-es*; *0*) tężec.

Wunsch *m* (*-es*; *ᵘe*) życzenie, pragnienie; *nach* ~ według życzenia; *es geht alles nach* ~ wszystko idzie po myśli; **~bild** *n* marzenie, obraz wymarzony.

Wünsch|elrute *f* różdżka; ℒ**en** ży-

czyć (*sich [D]* sobie); *was* ℒ*en Sie?* czego pan(i) sobie życzy?; *viel zu* ℒ*en übrig lassen* pozostawiać wiele do życzenia; ... *läßt nichts zu* ℒ*en übrig* ... jest bez zarzutu; ℒ**enswert** pożądany.

wunsch|gemäß według życzenia; ℒ**konzert** *n* koncert życzeń; **~los:** ~*los glücklich* zupełnie szczęśliwy; ℒ**traum** *m* marzenie, wymarzone życzenie; ℒ**zettel** *m* spis życzeń.

wurde, würde *s. werden.*

Würde *f* godność *f*, dostojeństwo; *das ist unter deiner* ~ to uchybia twojej godności; *in Amt und* ~*en sein* piastować godność *od.* (*wysokie*) dostojeństwo; ℒ**los** niegodny; **~träger** *m* dygnitarz, dostojnik; ℒ**voll** pełen godności *od.* dostojeństwa, *präd.* z godnością, z dostojeństwem.

würdig dostojny; (*e-r Sache*) godny, godzien (*G*); *s. würdevoll;* **~en** *v/t* (*należycie*) oceni(a)ć, wyrażać ⟨*wyrazić*⟩ się z uznaniem (*o L*); *s. ehren; j-n k-s Blickes*, *k-r Antwort* ℒ*en nie raczyć spojrzeć (na A*), *odpowiedzieć (D*); ℒ**ung** *f* ocena; uznanie, wyrazy *m/pl.* uznania.

Wurf *m* (*-es*; *ᵘe*) rzut; *Zo.* (*po*)miot; *J Spr.* (*Rüssel*) gwizd.

würfe *s. werfen.*

Würfel *m Math.* sześcian; *allg.* kostka; (*Spielℒ a.*) kość *f*; *die* ~ *sind gefallen!* kości rzucone!; **~becher** *m* kubek na kostki; ℒ**n** (*-le*) *v/i* ⟨*za*-⟩ grać w kostki *od.* kości (*um A/o A*); *v/t Kochk.* ⟨*po*⟩krajać w kostkę; **~spiel** *n* gra w kostki *od.* kości; **~zucker** *m* cukier w kostkach.

Wurf|geschoß *n* pocisk; **~kreis** *m Sp.* koło rzutu; **~leine** *f Mar.* rzutka; **~sendung** *f* druk masowy przesyłany pocztą; **~speer** *m*, **~spieß** *m* oszczep, dziryt; **~weite** *f* odległość *f* rzutu.

Würge|griff *m* chwyt za gardło; **~mal** *n* ślad po duszeniu; ℒ**n** *v/t* dusić; *v/i* dławić się (*an D/I*); **~r** *m* dusiciel; *Zo.* dzierzba.

Wurm *m* (*-es*; *ᵘer*) robak (*a. fig.*); *Med. a.* glista; *von Würmern zerfressen* stoczony przez robaki; *s. a.*) **Würmchen** *n* robaczek. [*Made.*]

wurm|en F: *es* ~*t mich*, *daß* ... drażni (*od.* irytuje) mnie, że ...; **~förmig** roba(cz)kowaty; ℒ**farn** *m* narecznica samcza; ℒ**fortsatz** *m* wyrostek robaczkowy; **⌾fraß** *m* czerwliwość *f*; **⌾krankheit** *f* robaczyca; **⌾mittel** *n* środek przeciwrobaczy; **⌾stichig** robaczywy.

Wurst *f* (-; *⁰e*) kiełbasa; F ⌐ wider ⌐ wet za wet; *es geht um die* ⌐ *etwa* wóz albo przewóz; *das ist mir* ⌐ to mi wszystko jedno.

Würstchen *n* kiełbaska; (*heiß*) parówka; F *fig.* człowiek bez znaczenia, zero. [się.]

wursteln F (-*le*) partolić; grzebać⌐

Wurst|handlung *f* wędliniarnia; **⌐haut** *f* skórka kiełbasy; **⌐macher** *m* kiełbaśnik; **⌐vergiftung** *f* zatrucie jadem kiełbasianym; **⌐waren** *f|pl.* wędliny *f|pl.*

Würze *f* przyprawa; (*Bier⌾*) brzeczka; *fig.* pikanteria.

Wurzel *f* (-; -*n*) korzeń *m*; *dim.*, *Anat.* korzonek; *Math.* pierwiastek; *Ling.* rdzeń *m*; ⌐ *ziehen* pierwiastkować; **⌐n treiben**, **⌐n schlagen** puszczać korzenie, zakorzeni(a)ć się; **⌐behandlung** *f* leczenie korzenia zęba; **⌐exponent** *m* wykładnik pierwiastka; **⌐gemüse** *n* warzywa *n|pl.* korzeniowe; **⌐haar** *n Bot.* włośnik; **⌐haut** *f Anat.* ozębna; **⌾los** (*0*) bez korzeni(a); **⌾n** (-*le*) tkwić korzeniami, być zakorzenio-

nym (*in D/w L*); *fig.* tkwić; **⌐silbe** *f* zgłoska rdzenna; **⌐stock** *m Bot.* kłącze; **⌐werk** *n* korzenie *m/pl.*; **⌐zeichen** *n Math.* znak pierwiastka; **⌐ziehen** *n Math.* pierwiastkowanie.

würz|en (-*zt*) przy-, (*a. fig.*) za|prawi(a)ć; **⌐ig** aromatyczny; korzenny, pikantny; **⌾kräuter** *n/pl.* warzywa *n/pl.* przyprawowe *od.* smakowe.

wusch(en) *s. waschen.*

wuschelig F kosmaty (-to).

wußte, wüßte, *s. wissen.*

Wust *m* (-*es*; *0*) kupa.

wüst *s.* öde, *wirr*; **⌐es Durcheinander** straszny bałagan; **⌐es Leben** hulaszcze życie; **⌾e** *f* pustynia; **⌾en-** pustynny; **⌾ling** *m* (-*s*; -*e*) rozpustnik.

Wut *f* (*0*) złość *f*, wściekłość *f*, (*a. Tanz⌾ usw.*) pasja; *j-n in* ⌐ *bringen* (roz)złościć, doprowadzać (doprowadzić) do pasji, rozwścieczać (-czyć); **⌐anfall** *m*, **⌐ausbruch** *m* napad (*od.* wybuch) wściekłości.

wüten (-*e*-) wściekać się, (*a. fig.*) szaleć; **⌐d** wściekły (-le), *präd. a.* z wściekłością, z furią; **⌐d machen** *s. Wut.* [*s.* wütend.⌐

wut·entbrannt (*0*) rozwścieczony;⌐

Wüterich *m* (-*s*; -*e*) złośnik, pasjonat. [ze złości.⌐

wutschnaubend (*0*) pieniąc(y) się⌐

X

X-Achse [iks-] *f Math.* oś *f* odciętych.

Xan'thippe [ks-] *f fig.* ksantypa, jędza.

X-Beine [iks-] *n/pl.* nogi *f/pl.* w iks.

x-beinig [iks-] *z* nogami w iks, krzywonogi.

x-beliebig [iks-] jakikolwiek, byle jaki; *Pers.* ktokolwiek, kto bądź, byle kto.

Xenon [ks-] *n* (-*s*; *0*) ksenon.

Xerogra'phie [ks-] *f* kserografia.

x-fach [iks-] wielokrotny.

x-mal [iks-] niezliczoną ilość razy.

X-Strahlen [iks-] *pl. s.* Röntgenstrahlen.

x-te [iks-]: ⌐ *Potenz* potęga o wykładniku x; *zum* ⌐*n Male* nie wiadomo który raz, po raz nie wiem który.

Xylo'phon [ks-] *n* (-*s*; -*e*) ksylofon.

Y

y-Achse *f* oś *f* rzędnych.

Yard *n* (-*s*; -*s*) jard.

Yen *m* (-/-*s*, -/-*s*) jen.

Yeti *m* (-*s*; -*s*) yeti, jeti *m*.

Yoga *m od. n* (/ / -) *s. Joga*

Yohim'bin *n* (-*s*; *0*) johimbina.

Ypsilon ['yp-] *n* (-/-*s*; -/-*s*) ipsylon *n od. m*, igrek *n od. m*.

Yttel·i·dium [/] *n* (*od.* (*0*)) itern⌐

Yttrium ['y-] *n* (-*s*; *0*) itr.

Yuan *n* (-*s*; -*s*) juan.

Yucca ['juka] *f* (-; -*s*) juk(k)a.

Z

Zack|e f, **~en** m ząb(ek); ostrze; (*in e-r Linie*) załamek; *Krone mit fünf ~en* korona pięciopałkowa; s. Zinne, Zinke; **~enlinie** f linia łamana; **2ig** zębaty (-to), ząbkowany; *Felsen*: postrzępiony; F s. forsch.

zaghaft nieśmiały (-ło); s. unentschlossen.

zäh, **~e** *Leder*: mocny, (a. Pers.) wytrzymały; *Fleisch*: żylasty, łykowaty (-to); (*schwer zu schneiden*) twardy; *Widerstand*: uporczywy (-wie), uparty (-cie); a. = **~flüssig** ciągliwy, lepki (-ko), kleisty (-ście); **2igkeit** f (0) ciągliwość f; wytrzymałość f, wytrwałość f; upór.

Zahl f liczba; s. Anzahl; *ohne ~* bez liku, niezliczony; *in großer ~* w wielkiej ilości; **2bar** płatny.

zählbar dający się po-, z|liczyć.

zäh·lebig żywotny; *vgl. zäh.*

zahlen ⟨za⟩płacić (*für/za A*).

zählen ⟨po-, z⟩liczyć; (*betragen*) wynosić, liczyć; zaliczać ⟨-czyć⟩ (*v/i* się; *zu/do G*); *das zählt nicht* to się nie liczy.

Zahlen|angaben f/pl. dane pl. liczbowe; **~lotto** n lotto n, loteryjka numerowa; **2mäßig** ilościowy (-wo), liczebny; **~reihe** f szereg liczbowy; **~system** n system liczb; **~verhältnis** n stosunek liczbowy; **~wert** m wartość liczbowa.

Zahler(in f) m płatni|k (-czka).

Zähler m licznik (a. Math.).

Zahl|karte f blankiet nadawczy; **2los** niezliczony, *präd.* bez liku; **~meister** m Mil. płatnik; **2reich** liczny; **~stelle** f placówka dokonująca w(y)płat, kasa; **~tag** m dzień m płatniczy; dzień m wypłaty; **~ung** f płacenie, zapłata; płatność f; (*Lohn2*) wypłata; s. Einzahlung; *gegen ~ung* za opłatą; *in ~ung nehmen* zaliczyć na poczet zapłaty.

Zählung f (po)liczenie, ob-, prze-, z|liczanie, -liczenie; (*Volks2*) spis; (*Vieh2*) rejestracja.

Zahlungs|abkommen n umowa płatnicza; **~anweisung** f polecenie wypłaty; **~art** f sposób regulacji od.

zapłaty; **~aufforderung** f wezwanie płatnicze; **~aufschub** m moratorium n, odroczenie terminu płatności; **~bedingungen** f/pl. warunki m/pl. płatności; **~befehl** m nakaz płatniczy; **~bilanz** f bilans płatniczy; **~einstellung** f zawieszenie wypłat; **~erleichterung** f ulga w płaceniu (*G*); **2fähig** wypłacalny; **~frist** f termin płatności od. zapłaty; **~mittel** n środek płatniczy; **~schwierigkeiten** f/pl. trudności f/pl. płatnicze; **~sperre** f zablokowanie wypłat; **~termin** m s. Zahlungsfrist; **2unfähig** niewypłacalny; **~verkehr** m obrót płatniczy; **~verweigerung** f odmowa zapłaty; **~weise** f s. Zahlungsart.

Zählwerk n liczydło, mechanizm liczący.

Zahl|wort n (-*és*; *=er*) liczebnik; **~zeichen** n cyfra.

zahm oswojony; *fig.* potulny; *~ werden* oswoić się, obłaskawić się *pf.*; *fig.* spotulnieć *pf.*

zähm|en oswajać ⟨-woić⟩, obłaskawi(a)ć; *fig. s. bezähmen*; **2ung** f oswojenie, obłaskawienie; *fig.* poskromienie.

Zahn m (-*es*; *=e*) ząb; *fig. bis an die Zähne* po zęby; F *j-m auf den ~ fühlen* indagować (*A*); *e-n ~ zulegen* dodać gazu; s. Haar; **~arzt** m lekarz dentysta m; **2ärztlich** dentystyczny; stomatologiczny; **~behandlung** f leczenie zęba od. zębów; **~bein** n zębina; **~bürste** f szczoteczka do zębów.

Zähnchen n ząbek.

Zahn|creme f pasta do zębów; **~durchbruch** m wyrzynanie się zębów.

Zähne pl. v. Zahn; **2fletschend** szczerząc(y) zęby; **2klappern** n (-s; 0) szczękanie (od. dzwonienie) zębami; **2knirschend** *präd.* zgrzytając zębami.

zahn|en ząbkować; **2en** n (-s; 0) ząbkowanie. [mycie.]

Zähne·putzen n czyszczenie (od.)

Zahn|ersatz m proteza (od. dostawka) zębowa; **~fach** n zębodół; **~fleisch** n dziąsło, oft pl. dziąsła; **~füllung** f plomba; **~hals** m szyjka zęba; **~heilkunde** f stomatologia; **~höhle** f komora zęba; **~kariеs** f próchnica zęba; **~klinik** f klinika stomatologiczna; **~krone** f korona zęba; **~kranz** m wieniec zębaty; **~laut** m głoska zębowa; 2**los** bezzębny; **~lücke** f brak w uzębieniu, F szczerba; **~mark** n miazga zębowa; **~medizin** f s. Zahnheilkunde; **~pasta** f, **~paste** f pasta do zębów; **~pflege** f higiena zębów; **~prothese** f dostawka ruchoma, F sztuczna szczęka.

Zahnrad n koło zębate; **~bahn** f kolej zębata od. zębnicowa; **~getriebe** n przekładnia zębata.

Zahn|schmelz m szkliwo zęba; **~schmerz(en** pl.) m ból zęba od. zębów; **~stange** f zębatka, listwa zębata; **~stein** m kamień nazębny; **~stocher** m wykałaczka; **~techniker** m technik dentystyczny; **~wurzel** f korzeń m zęba; **~ziehen** n usuwanie (od. usunięcie) zęba.

Zander m sandacz.

Zange f szczypce pl., kleszcze pl., (ob)cęgi pl.; s. Beiß-, Kneifzange; fig. j-n in die ~ nehmen brać ⟨wziąć⟩ w obroty (A).

zangen|förmig Mil. (Bewegung) dwustronnie oskrzydlający; 2**geburt** f poród kleszczowy.

Zank m (-es; 0) kłótnia, swary m/pl.; **~apfel** m jabłko niezgody; 2**en** ⟨z⟩besztać (mit/A); sich 2en kłócić się, P ujadać się (mit/z I).

Zänk|er m kłótnik; **~e'rei(en** pl.) f swary pl.; 2**isch** kłótliwy (-wie), swarliwy (-wie).

Zank|lust f (0), **~sucht** f (0) kłótliwość f, swarliwość f.   [czopek.]

Zäpfchen n Anat. języczek; Med.∫

zapfen Bier usw.: ⟨na⟩toczyć.

Zapfen m czop; Bot. szyszka; (Eis2) sopel; 2**förmig** w kształcie czopa od. szyszki, engS. a. stożkowaty (-to); **~loch** n otwór czopowy; gniazdo czopa; **~streich** m capstrzyk.

Zapfsäule f dystrybutor paliwa.

zappel|ig F ruchliwy, niespokojny; sei nicht so ~ ig! siedź spokojnie!; 2**n** (-le) (Fisch) trzepotać się; (Kind) wiercić się (od. kręcić się) jak na sprężynach; j-n **~n** lassen pozo-

stawi(a)ć w niepewności (A); 2**philipp** F m (-s; -s/-e) wiercipięta m.

Za|r m (-en) car; **~rentum** n (-s; 0) carstwo; **~'rewitsch** m (-es; -e) carewicz.

Zarge f ościeżnica; Mus. boczna ściana (pudła rezonansowego).

Za|rin f caryca; **~'rismus** m (-; 0) carat, caryzm.

zart delikatny; (fein a.) subtelny; Fleisch: kruchy; Gesundheit: słaby (-bo), wątły (-ło); s. weich, empfindlich; **~besaitet** wrażliwy, tkliwy; **~fühlend** taktowny, subtelny; 2**gefühl** n (-s; 0) delikatność f, takt.

zärtlich czuły (-le), pieszczotliwy (-wie); 2**keit** f czułość f, tkliwość f; (Liebkosung a.) czułostka, pieszczota; **~ten** austauschen czulić się do siebie.

Zaster F m (-s; 0) forsa, moniaki pl.

Zauber m czary m/pl., gusła n/pl., (a. fig.) urok; fig. czar; F fauler ~ szwindel.

Zaube'rei f czarodziejstwo, czarnoksięstwo; czary m/pl.; s. Zauberkunststück.

Zauber|er m czarownik, (a. fig.) czarodziej; s. Zauberkünstler; **~flöte** f zaczarowany flet; **~formel** f czarodziejskie zaklęcie, magiczna formułka; 2**haft** czarowny, czarodziejski (-ko); fig. a. uroczy (-czo); **~in** f czarownica, czarodziejka; **~kraft** f czarodziejska (od. czarowna) moc; **~kunst** f sztuka czarnoksięska, magia; **~künstler** m prestidigitator, kuglarz, magik; **~kunststück** n sztuczka magiczna od. kuglarska; pl. a. prestidigitatorstwo; **~land** n (-es; 0) kraina czarów; **~mittel** n czarodziejski środek; 2**n** (-re) czarować; fig. pokaz(yw)ać sztuczki kuglarskie; **~ring** m czarodziejski pierścień; **~spiegel** m czarodziejskie zwierciadło; **~spruch** m s. Zauberformel; **~stab** m różdżka czarnoksięska od. czarodziejska; **~trank** m napój czarodziejski; **~welt** f świat czarów; **~wort** n (-es; -er) zaklęcie, magiczne słowo od. słówko.

Zauber(in f) m s. Zauberer, Zauberin.

Zau|derer m ⟨człowiek niezdecydowany, dojutrek; 2**dern** (-re) ociągać się, zwlekać; ohne zu 2dern nie zwlekając.

Zaum m (-es; ⁓e) uzda; fig. im ⁓ halten trzymać na wodzy.
zäumen ⟨o⟩kiełznać.
Zaumzeug n s. Zaum.
Zaun m (-es; ⁓e) płot; s. Bretter-, Lattenzaun, Hecke; e-n Streit vom ⁓ brechen wszczynać ⟨wszcząć⟩ kłótnię; **⁓gast** m przygodny widz; **⁓könig** m Zo. strzyżyk; **⁓pfahl** m kołek w płocie, słup(ek) ogrodzeniowy; fig. ein Wink mit dem ⁓pfahl wyraźna aluzja.
zausen targać, szarpać.
Zebra n (-s; -s) zebra; **⁓streifen** F m zebry f/pl.
Zech|bruder m bibosz; **⁓e** f rachunek (w restauracji); Bgb. kopalnia; fig. die ⁓e bezahlen müssen ponosić ⟨-nieść⟩ konsekwencje (für/za A); ⁓en ucztować, bankietować; **⁓er** m s. Zechbruder; **⁓gelage** n pijatyka, libacja; **⁓preller** m szalbierz; **⁓prelle'rei** f szalbierstwo.
Zecke f kleszcz.
Zeder f (-; -n) cedr; **⁓n-**, ⟨n cedrowy.
Zehe f palec (u stopy); (Knoblauch⟨) ząbek; die große ⁓ paluch.
Zehenspitze f: auf ⁓n na palcach.
zehn dziesięć, dziesięcioro, Psf. dziesięciu; die ⟨ Gebote dziesięcioro przykazań; halb ⁓ (Uhr) wpół do dziesiątej; unter den ersten ⁓ w pierwszej dziesiątce.
Zehn f dziesiątka, KSp. F a. dyska.
Zehner m dziesiątka (a. F Münze); ⁓- in Zssgn s. Dezimal-.
zehn|fach dziesięciokrotny; ⟨²'fingersystem n dziesięciopalcowa metoda (pisania na maszynie); ⁓jährig dziesięcioletni; ⟨²kampf m dziesięciobój; ⟨²kämpfer m dziesięcioboista m; ⟨²klassenschule f dziesięciolatka; ⁓mal dziesięć razy; ⟨²-'markschein m banknot dziesięciomarkowy; ⟨²'pfennigstück n dziesięciofenigowa, dziesięć fenigów; **⁓prozentig** dziesięcioprocentowy; **⁓stellig** dziesięciocyfrowy; **⁓tausend** dziesięć tysięcy; **⁓tausendste(r)** dziesięciotysięczny.
zehnt|e(r) dziesiąty; **⁓el**: ein ⁓el jedna dziesiąta; ⟨²el n dziesiąta część; **⁓ens** po dziesiąte.
zehren żyć (von/z G, I); trawić, wyniszczać (an D/A); vgl. nagen.
Zeichen n znak; s. Anzeichen, Merkmal; das ⁓ geben (zu) a. dać sygnał

(do G); zum ⁓ (G) w dowód (G); sich durch ⁓ verständigen porozumiewać się na migi; seines ⁓s ... z zawodu ...; **⁓block** m blok rysunkowy; **⁓brett** n rysownica; **⁓erklärung** f objaśnienie znaków, legenda; **⁓feder** f piórko kreślarskie; **⁓film** m film rysunkowy; **⁓gerät** n przybory m/pl. kreślarskie od. rysunkowe; **⁓heft** n szkicownik; **⁓kohle** f węgiel rysowniczy; **⁓kunst** f (0) sztuka rysownicza; **⁓lehrer** m nauczyciel rysunków; **⁓maschine** f aparat kreślarski; **⁓papier** n papier rysunkowy; **⁓saal** m sala rysunkowa; Arch., Tech. kreślarnia; **⁓setzung** f przestankowanie, interpunkcja; **⁓sprache** f mowa palcowa, F a. mowa (od. porozumiewanie się) na migi; **⁓stift** m ołówek do rysowania; **⁓talent** n talent rysowniczy; **⁓tisch** m stół kreślarski; **⁓trickfilm** m s. Zeichenfilm; **⁓unterricht** m nauka rysunków.

zeichn|en (-e-) v/t ⟨na⟩rysować; Tech., fig. ⟨na⟩kreślić; Wäsche: ⟨po⟩znaczyć; Anleihe: subskrybować; v/i kreślić się; verantwortlich ⁓en odpowiadać (für/za A); ⟨²en n (-s; 0) rysownictwo; kreślarstwo; (Tätigkeit) rysowanie; kreślenie; (Schule) rysunki m/pl.; ⟨²er m rysownik; engS. ilustrator; Tech. a. kreślarz; **⁓erisch** rysunkowy; Darstellung: wykreślny, graficzny; ⟨²ung f rysunek; subskrypcja; (Muster) wzór, deseń m; ubarwienie.

Zeige|finger m palec wskazujący; ⟨²n pokaz(yw)ać; Weg usw.: wskaz(yw)ać (beide a. v/i auf A/na A); (erkennen lassen) o-, wy|kaz(yw)ać, objawi(a)ć; v/i być skierowanym od. zwróconym (nach/na A); sich ⟨²n po-, u|kaz(yw)ać się; das wird sich ⟨²n to się okaże; **⁓r** m wskazówka; (e-s Gerätes a.) strzałka; **⁓r-ausschlag** m wychylenie wskazówki od. strzałki.

Zeile f wiersz; (Reihe) rząd; zwischen den ⁓n między wierszami; ⁓ für ⁓ wiersz w wiersz.

Zeilen|abstand m odstęp między wierszami; Rdf. odstęp międzyliniowy; **⁓drucker** m Comp. drukarka wierszowa; **⁓honorar** n honorarium n od wiersza, F wierszówka; **⁓schalter** m wierszak, wiersownica; **⁓steller** m nastawiacz wierszy; ⟨²-

weise wiersz po wierszu; od wier-⎫
Zeisig *m* (-s; -e) czyżyk.   [sza.⎰
zeit: ~ *meines Lebens* przez całe moje życie.
Zeit *f* czas; (*Tages*♀) pora; (*Zeitraum*) epoka; okres; (*Moment*) chwila; *höchste* ~ czas najwyższy; *einige* ~ *lang* przez pewien czas; przez chwilę; *j-m* ~ *lassen* da(wa)ć czas (*D*); *sich* ~ *lassen* nie spieszyć się; *an der* ~ na czasie; *auf* (*od. für*) *kurze* ~ na krótko; *aus der* ~ *z czasów*, z okresu (*G*); *für alle* ~*en* po wsze czasy; *mit der* ~ *z czasem*; *mit der* ~ *gehen* iść z duchem czasu; *seit langer* ~ od dawna; *um diese* ~ w tym czasie, o tej porze; *von* ~ *zu* ~ od czasu do czasu; *vor der* ~ przed czasem; *vor kurzer* ~ niedawno; *vor langer* ~ dawno (temu); *zur* ~ (*als*, *G*) w czasie (gdy); za czasów (*G*); *zu gleicher* ~ równocześnie, w tym samym czasie; *zu meiner* ~ za moich czasów; *zur rechten* ~ w porę; *um welche* ~? o której godzinie?
Zeit|abschnitt *m* okres (czasu); ~**alter** *n* epoka, wiek; ~**angabe** *f* data (i dokładny czas); ~**ansage** *f* sygnał dokładnego czasu; *Fmw.* zegarynka; ~**aufnahme** *f Fot.* zdjęcie czasowe ~ *od.* na czas; ~**aufwand** *m* nakład (*od.* strata) czasu; ♀**bedingt** zależny od czasu, uwarunkowany czasem; ~**bombe** *f* bomba zegarowa; ~**dokument** *n* dokument epoki.
Zeitdruck *m*: *unter* ~ *stehen* mieć mało czasu (*bei*/na *A*).
Zeitenwende *f* nowa era; *vor der* ~ przed naszą erą.
Zeit|ersparnis *f* oszczędność *f* czasu; ~**fahren** *n Sp.* jazda na czas; ~**folge** *f* (0) porządek chronologiczny; ~**form** *f Gr.* forma czasu; ~**frage** *f* kwestia czasu; aktualne zagadnienie; ~**funk** *m* aktualności *f*/*pl.*; ♀**gebunden** uzależniony od czasu; terminowy; ~**geist** *m* (-es; 0) duch czasu *od.* epoki; ♀**gemäß** zgodny z duchem czasu; aktualny, *präd.* na czasie; ~**genosse** *m* współczesny *m*; ♀**genössisch** (0) współczesny (*únie*); ~**geschichte** *f* (0) historia współczesna, ~**geschmuck** *m* (-*es*; 0) gust epoki; ~**gewinn** *m* .; ~**gutschrift** *f Sp.* bonifikata.

zeitig wczesny (-śnie); *präd. a.* zawczasu; ~**en** *Wirkung:* da(wa)ć; *Erfolg:* odnosić ⟨-nieść⟩.
Zeit|karte *f* bilet okresowy; ~**lang** *f*: *e-e* ~*lang* przez pewien czas, (przez) chwilę; ~**lauf** *m* (-*es*; *⋆te*/*⋆e*) *nur pl.*: czasy *m*/*pl.*; *Sp.* (*pl.* ⋆*e*) bieg na czas; ♀**lebens** całe życie; na (*od.* przez) całe życie; do końca życia.
zeitlich (0) czasowy (-wo); *präd. a.* w czasie; *s. vergänglich*, *irdisch*; *das* ♀*e segnen* przenieść się do wieczności, dokonać żywota.
Zeit|lohn *m* płaca za czas; stawka czasowa (płacy); ♀**los** ponadczasowy (-wo), zawsze aktualny *od.* modny.
Zeitlupe *f* (0): *in* ~ w zwolnionym tempie; ~**n·aufnahme** *f* zdjęcie przyspieszone (*od. in d. Projektion* zwolnione.
Zeit|mangel *m* brak czasu; ~**maß** *n* miara czasowa; tempo; ~**messer** *m* czasomierz; ~**messung** *f*, ~**nahme** *f* pomiar (*od.* mierzenie) czasu; *s. Zeitstudie*; ~**nehmer** *m Sp.* sędzia *m* mierzący czas; (*im Betrieb*) chronometrażysta *m*; ~**not** *f* (*Schach*) niedoczas; ~**plan** *m* harmonogram; ~**punkt** *m* chwila, moment, pora; ~**raffer·aufnahme** *f* zdjęcie zwolnione (*od. in d. Projektion* przyspieszone); ♀**raubend** zabierający dużo czasu, żmudny; czasochłonny; ~**raum** *m* przeciąg czasu, okres; ~**rechnung** *f* era; *s. Zeitenwende*. ~**schrift** *f* czasopismo; ~**sinn** *m* (-*es*; 0) poczucie czasu; ~**spanne** *f* odstęp (*od.* przedział) czasu; *s. Zeitabschnitt*, -*raum*; ♀**sparend** pozwalający zaoszczędzić czas; mniej czasochłonny; ~**studie** *f* chronometraż; ~**tafel** *f* tablica chronologiczna.
Zeitung *f* gazeta, dziennik; *in der* ~ *steht* w gazecie (*od.* gazetach) piszą.
Zeitungs|anzeige *f* ogłoszenie w gazecie; ~**artikel** *m* artykuł (w gazecie); ~**ausschnitt** *m* wycinek z gazety; ~**austräger** *m* roznosiciel gazet; ~**beilage** *f* dodatek (do gazety); ~**bericht** *m* doniesienie prasowe, wiadomość *f* w gazecie; ~**ente** F *f* kaczka dziennikarska; ~**frau** F *f* gazeciarka; ~**kiosk** *m* kiosk z gazetami; ~**korrespondent** *m* korespondent dziennika; ~**leser** *m* czytelnik gazet; ~**papier** *n* papier gazetowy;

daktion f redakcja dziennika; ~**schreiber** m iron. gazeciarz, pismak; ~**stand** m s. Zeitungskiosk; ~**stil** m gazeciarski styl; ~**verkäufer** m gazeciarz; ~**verlag** m wydawnictwo prasowe; ~**wesen** n (-s; 0) prasa codzienna; dziennikarstwo.

Zeit|unterschied m różnica czasowa od. w czasie; ~**verlust** m strata czasu.

Zeitverschwendung f marnotrawienie czasu; das ist ~ na to szkoda czasu.

Zeitvertreib m (-es; 0) rozrywka; uprzyjemnianie czasu; zum ~ dla rozrywki.

zeit|weilig (0) czasowy, przejściowy; Adv. = ~**weise** czasem, czasami, okresami; ≗**wert** m wartość bieżąca od. netto; ≗**wort** n (-es; ≗er) s. Verb; ≗**zeichen** n sygnał czasu; ≗**zone** f strefa czasowa; ≗**zünder** m zapalnik czasowy od. zwłoczny. [wi(a)ć.]

zele'brieren (-) celebrować, odpra-]

Zell|e f komórka; (Raum) cela; Flgw. kadłub; s. Telefonzelle, Kabine; ~**(en)gewebe** n tkanka; ~**glas** n (-es; 0) celofan; ~**horn** n (-es; 0) celuloid; ~**kern** m jądro komórki; ~**membran** (-es; 0) błona komórkowa; ~**stoff** m (-es; 0) celuloza; (für Verbände) lignina; ~**teilung** f podział komórki.

zellu'lar komórkowy; ≗**therapie** f terapia tkankowa.

Zellu'lose f błonnik, celuloza.

Zellwolle f włókno cięte celulozowe.

Zelt n (-es; -e) namiot; die ~e abbrechen zwinąć namioty; ~**bahn** f płachta namiotowa; ~**dach** n dach namiotowy; ≗**en** (-e-) obozować pod namiotami od. w namiotach, kempingować; ~**en** n (-s; 0) wczasy pl. pod namiotami; ~**lager** n obóz pod namiotami; ~**platz** m pole namiotowe.

Ze'ment m (-es; -e) cement; Min. spoiwo, lepiszcze; ~ in Zssgn cementowy.

Zementati'on f (0) Chem. cementacja; (v. Stahl) nawęglanie.

zemen'tier|en (-) cementować; Stahl: nawęglać (-lić); ≗**ung** f cementowanie; s. Zementation.

Ze'mentwerk n cementownia.

Ze'nit m (-es; 0) zenit (a. fig.).

zen|'sieren (-) ⟨o⟩cenzurować; Aufsatz: ⟨s⟩klasyfikować, da(wa)ć oce-

nę; ≗**sor** ['tsɛn-] m (-s; -'soren) cenzor; ≗'**sur** f cenzura; (Note a.) ocena, F cenzurka.

Zenti|- in Zssgn centy-; ~'**meter** (-maß n) m od. n centymetr.

Zentner m ce(n)tnar (angielski); ~**last** f fig. wielki ciężar, ciężkie brzemię; ≗**schwer** fig. bardzo ciężki; ≗**weise** ce(n)tnarami, na ce(n)tnary.

zen'tral centralny, środkowy; ≗**e** f centrala; ≗**einheit** f Comp. jednostka centralna; ≗**gewalt** f władza centralna od. najwyższa; ≗**heizung** f centralne ogrzewanie.

Zentrali|sati'on f centralizacja; ≗-'**sieren** (-) ⟨s⟩centralizować.

Zen'tral|komitee n komitet centralny; ~**nervensystem** n ośrodkowy układ nerwowy; ~**verschluß** m Fot. migawka centralna; ~**verwaltung** f centralny zarząd.

Zen'trier|bohrung f nakiełek; ≗**en** (-) ⟨wy⟩osiowaać, ⟨wy⟩środkować.

zentri|fu'gal odśrodkowy (-wo); ≗-'**fuge** f wirówka; ~**pe'tal** dośrodkowy (-wo).

Zentrum n (-s; -ren) centrum n (a. fig.), środek; (Einrichtung) ośrodek.

Zeppelin m (-s; -e) sterowiec.

Zepter n berło.

zer|'beißen (-) rozgryzać ⟨-yźć⟩; ~'**bomben** (-) zniszczyć pf. bombardowaniem.

zer'brech|en (-) v/t ⟨z⟩łamać; Tasse: stłuc pf., rozbi(ja)ć; v/i (sn) złamać się pf.; stłuc się pf., rozbi(ja)ć się (a. fig. an D/o A); sich (D) den Kopf ~en łamać ⟨od. suszyć⟩ sobie głowę (über A/nad I); ~**lich** łamliwy (-wo), kruchy (-cho).

zer'bröckeln (-) rozkruszać ⟨-szyć⟩ (v/i [sn] się); ~'**drücken** (-) rozz|gniatać ⟨-gnieść⟩, ⟨z⟩miażdżyć.

Zeremo'nie f ceremonia, obrzęd; ≗**ni'ell** ceremonialny, uroczysty (-ście); ~**ni'ell** n (-s; -e) ceremoniał.

zer|'fahren Adjp. Weg: wyjeżdżony; Pers. roztargniony, roztrzepany; ≗'**fall** m (-es; 0) rozpad; (Zersetzung) rozkład; fig. a. upadek; ~'**fallen** (-) v/i (sn) rozpadać ⟨-paść⟩ się (a. fig.); Haus a.: rozwalać ⟨-lić⟩ się; Schuhe: F rozlatywać ⟨-leciéc⟩ się; s. sich gliedern; Adjp. zniszczony, w gruzach; fig. poróżniony (mit/z I).

Zer'falls|erscheinung f objaw rozkładu; ~**produkt** n produkt rozpadu.

zer'|fetzen (-*zt*; -) *s.* (zer)reißen; *a.* = **~'fleischen** (-) rozszarp(yw)ać; **~'fließen** (-; *sn*) rozpływać (-ynąć) się (*a. fig.*); **~'fressen** (-) (*Motten, Würmer*) ⟨s⟩toczyć; (*Rost*) prze-, z|żerać ⟨prze-, ze|żreć⟩; *Adjp.* (von) stoczony, zżarty (przez *A*); **~furcht** *Stirn*: po-, z|orany zmarszczkami; **~'gehen** (-) *s.* schmelzen (*v*/*i*), zerfallen; **~gehen lassen** rozpuszczać ⟨-uścić⟩; **~'gliedern** (-) rozczłonkow(yw)ać; *s.* zerlegen; ⟨prze⟩analizować; dokon(yw)ać rozbioru (*A*/ *G*); **~'hacken** (-) rozrąb(yw)ać; ⟨po⟩rąbać (na kawałki); **~'kauen** (-) po-, roz|żuć *pf.*; **~'kleinern** (-*re*; -) rozdrab(n)iać ⟨-drob(n)ić⟩, ⟨po-⟩ kruszyć; **~'klopfen** (-) po-, roztłuc; **~'klüftet** *Gebirge*: poprzerzynany rozpadlinami; *Felsen*: popękany, pełny szczelin; **~'knirscht** skruszony, *präd.* ze skruchą; **~'knittern** (-), **~'knülln** (-) ⟨z⟩miąć; **~'kochen** (-) *v*/*i* (*sn*) rozgotow(yw)ać się; **~'kratzen** (-) *Wunde*: rozdrap(yw)ać; *Gesicht*: podrapać *pf.*; *Glas, Lack*: ⟨po-, za⟩rysować; **~'krümeln** (-) *s.* zerbröckeln; **~'lassen** (-) rozpuszczać ⟨-uścić⟩; *Adjp.* (roz)topiony; **~'laufen** (-) *s.* zerfließen.

zer'leg|bar rozkładalny, rozbieralny, składany; **~en** (-) *Chem.* rozkładać ⟨rozłożyć⟩; *Maschine*: rozbierać ⟨-zebrać⟩ (na części), rozmontow(yw)ać; *Tier*: oprawi(a)ć; *Kochk. a.* ⟨po⟩dzielić na części; **2ung** *f* rozkład; rozebranie (na części), demontaż, rozbiórka; oprawienie.

zer'|lesen *Adjp.* zaczytany; **~lumpt** obdarty, w łachmanach; **~'mahlen** (-) ⟨ze⟩mleć; **~'malmen** (-) ⟨z⟩miażdżyć, ⟨z⟩druzgotać (*a. fig.*); *s.* zerquetschen.

zer'mürb|en (-) ⟨z⟩nękać; *den Feind* **~en** w skruszyć morale przeciwnika; *s.* mürbe; **~end** nękający, wyczerpujący, **2ungs·taktik** *f* taktyka skierowana na skruszenie oporu *od.* na wyczerpanie (moralne).

zer'|nagen (-) ⟨po-, roz⟩gryźć; **~'pflücken** (-) rozskub(yw)ać; *Blume*: ⟨po⟩obrywać płatki (*A*/*G*); *fig.*

zen (-) pękać ⟨-knąć⟩; rozlatywać

schen (-) rozgniatać ⟨-gnieść⟩, (*a. fig.*) zgnieść *pf.*; *s.* zermalmen; **'raufen** (-) ⟨po⟩targać, ⟨s⟩kudła-
Zerrbild *n* karykatura.   [cić.]

zer'reiben (-) roz-, u|cierać ⟨roze-, u|trzeć⟩; *fig.* zerrieben werden być startym na proch.

zer'reiß|en (-) rozdzierać ⟨rozedrzeć⟩, rozrywać ⟨-zerwać⟩ (*a.* F *fig. sich* się); *s.* zerfleischen; *v*/*i* (*sn*) *s.* reißen; **2festigkeit** *f* wytrzymałość *n* na rozerwanie; **2probe** *f* próba na rozerwanie; *fig.* ciężka próba.

zerren szarpać ⟨-pnąć⟩, targać ⟨-gnąć⟩ (*an D*/za *A*); wywlekać ⟨-lec⟩ (*aus D*/z *G*); *sich* (*D*) **~** (*Sehne*) nadwerężyć sobie (*A*); *fig. in den Schmutz* **~** zmieszać z błotem.

zer'rinnen (-; *sn*) *s.* zerfließen; *fig.* ⟨s⟩topnieć; (*Pläne*) rozwi(ew)ać się.

zer'rissen po-, roz|darty; **2heit** *f* (*0*) rozdarcie, rozterka.   [Zerrbild.]
Zerrspiegel *m* *s.* Vexierspiegel.}
Zerrung *f* *Med.* nadwerężenie.

zer'rütt|en (-*e-*; -) *Wirtschaft*: ⟨z⟩dezorganizować; *Nerven*: rozstrajać ⟨-roić⟩; *Gesundheit*: podrywać ⟨-derwać⟩, ⟨z⟩rujnować; *Ehe*: ⟨s⟩powodować rozkład (*G*), rozbi(ja)ć (*A*); **~et** zdezorganizowany, rozprzężony; rozstrojony; zrujnowany; rozbity.

zer'|sägen (-) prze-, roz|piłow(yw)ać; **~'schellen** (-; *sn*) rozbi(ja)ć się, roztrzask(iw)ać się (*an D*/o *A*); **~'schießen** (-) podziurawić *pf.* pociskami; **~'schlagen** (-) rozbi(ja)ć (*a. fig.*; *sich* się), ⟨s⟩tłuc; *wie* **~** *schlagen sein* czuć się rozbitym; **~'schmettern** (-) ⟨z⟩druzgotać (*a. fig.*), ⟨po⟩gruchotać, roztrzaskać *pf.*; *fig. a.* rozgromić *pf.*; **~'schneiden** (-) rozcinać ⟨-ciąć⟩, ⟨po-, roz⟩krajać, rozkrawać ⟨-roić⟩.

zer'setz|en (-) rozkładać ⟨rozłożyć⟩ (*sich* się); *fig.* ⟨z⟩demoralizować; działać destrukcyjnie (*A*/na *A*); *sich* **~en** *a.* ulegać ⟨ulec⟩ rozkładowi, **~end** rozkładowy (-wo), destrukcyjny; **2ung** *f* (*0*) rozkład; *fig. a.* zgnilizna; **2ungs·produkt** *n* produkt rozkładu.   [(*0*) skrawanie.}
zer'span|en (-) skrawać; **2ung** *f*}
zer'splitter|n (-) *s.* splittern; *fig.* rozdrabniać (robnić) *Kräfte*: rozwać ⟨-lecieć⟩ się w drzazgi, roz-

(*Glas a.*) rozpryskiwać ⟨-snąć⟩ się;
₂ung *f* (*0*) *fig.* rozdrobnienie; rozproszenie.

zer'|springen (-; *sn*) pękać ⟨-knąć⟩
(*a. fig.*); **~'stampfen** (-) ⟨po-,
u⟩tłuc (w stępie).

zer'stäub|en (-) rozpylać ⟨-lić⟩
₂er *m* rozpylacz; **₂ung** *f* (*0*) rozpylanie, pulweryzacja.

zer'|stechen pokłuć *pf.*; (*Mücken*)
pokąsać *pf.*; **~'stieben** (-) rozpierzchać ⟨-chnąć⟩ się.

zer'stör|en (-) ⟨z⟩niszczyć; *s. niederreißen*; *fig. a.* ⟨z⟩niweczyć; **₂er**
m niszczyciel (*a. Mar.*); **₂ung** *f*
(z)niszczenie; (z)burzenie; (*Umwelt₂ a.*) degradacja.

Zer'störungs|feuer *n* *Mil.* ogień
burzący; **~kraft** *f* siła niszcząca; **~werk** *n* dzieło zniszczenia; **~wut** *f*
szał niszczycielski, furia.

zer'stoßen (-) ⟨u⟩tłuc.

zer'streu|en (-) rozpraszać ⟨-roszyć⟩; *Verdacht:* rozwi(ew)ać; (*unterhalten*) rozrywać ⟨-zerwać⟩, zabawi(a)ć (*sich się*); *sich* **~en** *a.* rozpierzchać ⟨-chnąć⟩ się, pójść *pf.*
w rozsypkę; *vgl. aus-, verstreuen*;
~t *fig.* roztargniony; **₂theit** *f* (*0*)
roztargnienie; **₂ung** *f* (*0*) rozproszenie; *fig.* rozrywka, zabawa;
₂ungs- *Phys.* rozpraszający.

zer'stück|eln (-) ⟨po⟩krajać, ⟨po⟩rąbać (na kawałki), (*a. fig.*) ⟨po⟩kawałkować; **₂(e)lung** *f* (*0*) (po)cięcie, (po)rąbanie (na kawałki); *fig.*
rozdrobnienie.

zer'teilen (-) po-, roz|dzielać ⟨-lić⟩
(na części); *Tier a.*: rozbierać ⟨-zebrać⟩, ⟨po⟩ćwiartować.

Zertifi'kat *n* (-*ęs*; -*e*) świadectwo,
certyfikat.

zer'|trampeln (-*le*; -) ⟨s⟩tratować,
⟨po⟩deptać; *Gras a.*: wygniatać
⟨-ieść⟩; *a.* = **~'treten** (-) rozdept(yw)ać; **~'trümmern** (-*re*; -) rozbi(ja)ć (*a.* † *Atomkern*), ⟨po⟩gruchotać, ⟨z⟩druzgotać.   [latka.)

Zerve'latwurst *f* serwe-, serwo|-)

zer'|wühlen (-) *Erde:* ⟨z⟩ryć; *Haar:*
rozczochrać *pf.*; *Bett:* wymiąć *pf.*,
zmiętosić *pf.*; **₂'würfnis** *n* (-*ses*; -*se*)
poróżnienie, waśń *f*; **~'zausen** (-)
⟨z⟩mierzwić; *s. zerwühlen*; **~'zaust**)

Zessi'on *f* cesja.   [rozczochrany.)

Zeter *m*: **~** *und Mord*(*io*) *schreien*
podnosić ⟨-nieść⟩ gwałt, narobić *pf.*
gwałtu; **₂n** (-*re*) wyrzekać; drzeć się.

Zettel *m* kartka, świstek (papieru),
karteluszek; **~kartei** *f*, **~kasten** *m*
kartoteka.

Zeug *n* (-*ęs*; -*e*) tkanina; (*0*) (*Kleidung*) odzież *f*; (*Wäsche*) bielizna;
(*Näh₂ usw.*) przybory *m/pl.*; (*Sachen*) rzeczy *f/pl.*; *s. Gerät, Werk-,
Rasierzeug*, *dumm usw.*; *billiges* **~**
tandeta; *unnützes* **~** (niepotrzebny)
kram; *er hat das* **~** *zu* ... *to* materiał
na dobrego (*G*); *F was das* **~** *hält* ile
wlezie, ile się da; *sich ins* **~** *legen*
harować, orać jak wół; *j-m et. am* **~**
flicken (*wollen*) przypinać ⟨-piąć⟩
łatkę (*D*).

Zeuge *m* (-*n*) świadek; **₂n¹** *v/i*
świadczyć (*a. von/o L*); **₂n²** *Kind:*
⟨s⟩płodzić.

Zeugen|aussage *f* zeznanie świad|k|a *od.* -ów; **~bank** *f* ława (dla)
świadków; **~beeinflussung** *f* wywieranie wpływu na świadków; **~vernehmung** *f* przesłuchanie świadków.

Zeughaus *n* zbrojownia, † cekhaus.

Zeugin *f* świadek.

Zeugnis *n* (-*ses*; -*se*) świadectwo;
Jur. zeznanie; *fig.* (*aus vergangener
Zeit*) pomnik, zabytek (świadczący
o *L*); **~** *ablegen* da(wa)ć świadectwo
(*von/D*, o *L*); **~verweigerung** *f* odmowa zeznania.

Zeugung *f* (*0*) (s)płodzenie.

Zeugungs|akt *m* akt płciowy, kopulacja; **~fähigkeit** *f* (*0*) zdolność *f* do
zapładniania; **~organe** *n/pl.* układ
rozrodczy; **~unfähigkeit** *f* niemożność *f* zapłodnienia, impotencja
organiczna.

Zibetkatze *f* wiwera, cyweta.

Zi'chorie *f* cykoria; *Bot. a.* podróżnik.

Zick|e *f* *verä.* babsztyl, stare pudło;
~en machen wygłupiać się; **₂ig** *F* staropanieński (po -ku); **~lein** *n* koźlątko, koźlę *n*.

Zickzack *m* (-*ęs*; -*e*) zygzak; *im* **~**
zygzakiem; **~** *in Zssgn*, **₂förmig**
zygzakowaty (-to).

Ziege *f* koza (*a. fig.*).

Ziegel *m* cegła; *s. Dachziegel*; **~bau**
m (-*ęs*; -*ten*) budynek z cegły *od.*
ceglany; **~dach** *n* dach kryty dachówką.

Ziege'lei *f* cegielnia.   [chówką.)

Ziegel|presse *f* ceglarka; **₂rot** (*0*)
ceglastoczerwony, ceglasty (-to);
~stein *m* *s. Ziegel*; **~ton** *m* (-*ęs*; -*e*)
glina ceglarska.

Ziegen|bart *m* kozia bródka; **~bock** *m* kozioł, cap; **~fell** *n* kozia (*od.* koźla) skórka; **~fleisch** *n* kozina; **~hirt** *m* pastuch (*od.* pasterz) kóz; **~leder** *n* kozia skóra; **~peter** *m* (-*s*; *0*) *Med.* świnka; **~stall** *m* koziarnia.

Zieh|brunnen *m* studnia z żurawiem; **~eltern** *pl. s.* Pflegeeltern.

ziehen (*L.*) *v*/*t* ⟨po⟩ciągnąć; *Schlüsse:* wyprowadzać ⟨-dzić⟩, (*a. Wurzel, Math.*) wyciągać ⟨-gnąć⟩; *Zahn:* wyr(y)wać, usuwać ⟨-unąć⟩; *Grenze:* wytyczać ⟨-czyć⟩; *Kreise:* zataczać ⟨-toczyć⟩; *Schwert:* do-by(wa)ć ⟨G⟩; *Bilanz:* sporządzać ⟨-dzić⟩; *Mauer:* ⟨wy⟩budować; *Graben:* ⟨wy⟩kopać; *Hdl. Wechsel:* ciągnąć, trasować; *Pflanzen:* hodować; *an sich ~* przyciągać ⟨-gnąć⟩ do siebie; *auf sich ~* ściągać ⟨-gnąć⟩ na siebie; *auf s-e Seite ~* przeciągnąć na swoją stronę; *nach sich ~* pociągać ⟨-gnąć⟩ za sobą; *s. a. Betracht, Rat, Vertrauen usw.*; *v*/*i* (*Pferd, Ofen*) ciągnąć; ⟨po⟩ciągnąć (*an D*/ *za A*); (*Brettspiel*) ⟨z⟩robić ruch (*mit*/*I*); (*Tee*) naciągać ⟨-gnąć⟩; (*sn*) przeciągać ⟨-gnąć⟩ (*durch die Straßen* ulicami); *in den Krieg* (*od. ins Feld*) ~ wyruszać ⟨-szyć⟩ na wojnę; (*gefallen*) mieć wzięcie; *F das zieht nicht* to nie chwyta; *s. ab-, aus-, ein-, umziehen; sich ~* ciągnąć się; *s. sich hin-, verziehen, Länge, unpers. es zieht* ciągnie, wieje.

Zieh|harmonika *f* harmonia ręczna; **~mutter** *f* przybrana matka; mamka; **~presse** *f* prasa ciągowa; **~ung** *f* ciągnienie.

Ziel *n* (-*es*; -*e*) cel (*a. fig.*); *Sp., fig.* meta; *Hdl.* termin; *am ~* u celu, u mety; *ohne ~* bez celu; *das ~ treffen* trafić do celu; *sich ein ~ setzen* postawić sobie za cel; *das ~ verfehlen* nie trafić w cel, chybić; *fig.* mijać ⟨minąć⟩ się z celem; **~anflug** *m Mil.* kurs bojowy; podejście do lądowania; **~bahnhof** *m* stacja docelowa; **~band** *n Sp.* taśma na mecie; ⟨**2**⟩**bewußt** *Handeln:* celowy (-wo), nastawiony na określony cel; *er ist sehr* ⟨**2**⟩*bewußt* on dobrze wie czego chce; ⟨**2**⟩*en* *v*/*i* ⟨wy⟩celować; ⟨wy⟩mierzyć (*auf A*/do *G*, w *A*; *mit* [...] *I*); ~*en* umierać [...] *s.* [...] być skierowanym ⟨...⟩ [...] *im* celowaniu; **~fernrohr** *n* luneta celownicza; ⟨*fur d ujfen*⟩ celownik optyczny *od.*

teleskopowy; **~foto** *n* zdjęcie finiszowe; **~gerade** *f* ostatnia prosta; **~linie** *f* linia mety; ⟨**2**⟩**los** bez celu; **~punkt** *m* punkt celowania; *fig.* cel; **~richter** *m* sędzia *m* na mecie; **~richtung** *f fig.* kierunek (działania); **~scheibe** *f* tarcza strzelnicza; *fig.* cel, obiekt, przedmiot; **~setzung** *f* wytknięcie celu; wytknięty (*od.* określony) cel; ⟨**2**⟩**sicher** zdecydowany, zmierzający wprost do celu; ⟨**2**⟩**strebig** zdecydowany osiągnąć wyznaczony cel; *s.* zielbewußt, zielsicher; **~strebigkeit** *f* (*0*) konsekwentne dążenie do wytkniętego celu; **~vorrichtung** *f* urządzenie celownicze.

ziem|en *s.* sich schicken, gehören; ⟨**2**⟩**er** *m Kochk.* comber; **~lich** (*0*) spory, znaczny; *Adv.* dość; dość; *so ~lich* nie(o)mal, prawie (że); mniej więcej.

Zier *f* (*0*) *poet.*, **~de** *f* ozdoba; *fig.* chluba; ⟨**2**⟩**en** *s.* (*aus*)schmücken; *sich* ⟨**2**⟩*en* certować się, robić ceregiele; **~e'rei** *f* (*0*) ceregiele *f*/*pl.*, certowanie się; **~fisch** *m* ryb(k)a akwariowa; **~garten** *m* ogród(ek) kwiatowy; **~leiste** *f* listwa (*Typ.* linia) ozdobna; ⟨**2**⟩**lich** zgrabny; drobnej budowy ciała; delikatny, filigranowy (-wo); *s.* anmutig; **~pflanze** *f* roślina ozdobna; **~puppe** *f fig.* lala, strojnisia; **~schrift** *f* pismo ozdobne; **~stich** *m* ścieg ozdobny.

Ziesel *m Zo.* suseł.

Ziffer *f* (-; -*n*) cyfra; (*Absatz*) punkt; (*Rate*) wskaźnik; *mit drei ~n* trzycyfrowy; *in ~n* cyframi; **~blatt** *n* tarcza cyfrowa *od.* zegarowa, F cyferblat.

Ziga'rette *f* papieros.

Ziga'retten|automat *m* automat (uliczny) do sprzedaży papierosów; **~etui** *n* papierośnica; **~hülse** *f* gilza, tutka; **~papier** *n* bibułka papierosowa; **~rauch** *m* dym z papierosa; **~schachtel** *f* pudełko od papierosów *od.* po papierosach; **~spitze** *f* cygarniczka, F lufka, fifka; **~stopfer** *m* maszynka do robienia papierosów; **~verkäufer** *m* sprzedawca *m* papierosów.

Zi'garre *f* cygaro; F *fig.* bura.

Zi'garren|[...] ka (do cygar); **~anzunder** *m* zapalniczka; **~kiste** *f* pudełko od (*od. do*) cygar *od.* po cygarach, na cygara.

Zi'geuner m, ~in f Cygan(ka); ~kapelle f cygańska kapela; ~lager n tabor cygański; ~leben n cygańskie życie; ~sprache f język cygański.

Zi'kade f piewik, cykada.

Zille f barka (płaskodenna).

Zimbal n (-s; -e/-s) cymbały m/pl.

Zimmer n pokój; ~antenne f antena pokojowa od. wnętrzowa; ~dekke f sufit; ~einrichtung f urządzenie pokoju, umeblowanie; ~er m s. Zimmermann; ~flucht f amfilada; ~geselle m czeladnik ciesielski; ~handwerk n rzemiosło ciesielskie, F ciesiołka; ~kellner m kelner hotelowy; ~mädchen n pokojówka; ~mann m (-es; -leute) cieśla m; ~meister m mistrz ciesielski.

zimmern (-re) ⟨wy⟩budować (od. ⟨z⟩majstrować) z drzewa.

Zimmer|nachweis m biuro zakwaterowania; ~pflanze f roślina pokojowa; ~temperatur f temperatura pokojowa; ~tür f drzwi pl. do/od pokoju; ~vermietung f wynajmowanie pokoi; ~werkstatt f warsztat ciesielski.

zimperlich wydelikacony; przesadnie skromny; nicht ~ sein nie robić ceregieli, nie przebierać w środkach.

Zimt m (-es; 0) cynamon; F fig. kram; głupstwa n/pl.; ~stange f laska cynamonu.

Zink n (-es; 0) cynk; ~blech n blacha cynkowa; ~blende f (0) blenda cynkowa; ~druck m (-es; 0) cynkografia.

Zinke f ząb; kolec; (Holz⚡) wczep; (Zeichen) znak, cynk; ⚡n v/t ⟨po⟩znakować; ~n m F nochal.

Zink|salbe f maść cynkowa; ~weiß n biel cynkowa.

Zinn n (-es; 0) cyna; ~blech n blacha cynowa.

Zinne f Arch. ząb blanku; pl. blank (-owanie), krenelaż; (Berg⚡) szczyt, turnia.

zinn|ern cynowy; ⚡folie f cynfolia, staniol; ⚡gießer m konwisarz; ⚡guß m konwisarstwo; przedmiot z cyny.

Zinnie f cynia, cynka.

Zin'nober m (-s; 0) cynober; ⚡rot (0) cynobrowy (-wo).

Zinn|pest f zaraza cynowa; ~soldat m ołowiany żołnierzyk.

Zins m (-es; -e/-en) czynsz; mst pl. ~en odsetki m/pl., procenty m/pl.

Zinseszins m odsetki m/pl. składane.

zins|frei (0) bezprocentowy; ⚡fuß m s. Zinssatz; ⚡los (0) s. zinsfrei; ⚡rechnung f rachunek procentowy; ⚡satz m stopa procentowa; ⚡wucher m lichwa.

Zio'nismus m (-; 0) syjonizm.

Zipfel m koniuszek, rożek; ~mütze f szlafmyca.

Zipperlein F n (-s; 0) podagra.

Zirbel|drüse f szyszynka; ~kiefer f limba.

zirka około, w przybliżeniu.

Zirkel m cyrkiel; (Kreis) koło, krąg; fig. kółko; ~kasten przybornik; ⚡n (-le) F fig. ⟨wy⟩cyrklować.

Zirku'lar n (-s; -e) s. Rundschreiben; ~lati'on f cyrkulacja, obieg; ⚡'lieren (-) cyrkulować, krążyć.

Zirkus m (-; -se) cyrk; F fig. a. bałagan; heca; ~künstler(in f) m cyrk|owiec (-ówka); ~reiter(in f) m woltyżer(ka); ~vorstellung f przedstawienie cyrkowe.

Zirp|e f s. Zikade; ⚡en cykać.

Zir'rhose f Med. marskość f.

Zirro'kumulus m chmura kłębiasto-pierzasta; ⚡'stratus m (-; -) chmura warstwowo-pierzasta.

Zirrus m (-; -/-ren) chmura pierzasta.

zir'zensisch cyrkowy.

zisch|eln (-le) szeptać (się); ~en ⟨za⟩syczeć; (im Thea.) sykać ⟨-knąć⟩; ⚡en n (-s; 0) syczenie, syk; sykanie; ⚡laut m głoska sycząca.

Zise'leur m (-s; -e) cyzeler, cyzelator; ⚡'lieren (-) cyzelować.

Zi'sterne f cysterna. [stersów.⟩

Zisterzi'enser·orden m zakon cy-⟩

Zita'delle f cytadela.

Zi'tat n (-es; -e) cytat(a); ~enlexikon n zbiór cytat(ów).

Zither f (-; -n) cytra; ~spieler m cytrzysta m. [laden.⟩

zi'tieren (-) ⟨za⟩cytować; s. vor-⟩

Zi'trat n (-es; -e) cytrynian.

Zitro'nat n (-es; 0) cykata.

Zi'trone f cytryna; wir haben wohl mit ~n gehandelt chyba nici z tego.

Zi'tronen|baum m cytryna; ⚡farben (0), ⚡gelb (0) cytrynowy (-wo), ~saft m sok cytrynowy; ~säure f kwas(ek) cytrynowy.

Zitrusfrüchte f/pl. owoce m/pl. cytrusowe.

Zitter|aal m węgorz elektryczny; ~gras n drżączka; ⚡ig s. zittrig; ⚡n (-re) drżeć (a. fig. um A/o A), trząść się (*vor Angst* ze strachu), dygotać (*vor Kälte* z zimna); **~pappel** f osika; **~rochen** m drętwa.

zittrig drżący; *Pers.* zgrzybiały.

Zitze f sutka, cycek; *Zo. a.* strzyk.

zi'vil cywilny; *Preis:* przystępny.

Zi'vil n (-s; 0): *in ~* po cywilnemu; *~ tragen* być ubranym po cywilnemu; **~bevölkerung** f ludność cywilna; **~courage** [-kuʀaːʒə] f odwaga cywilna.

Zivilisati'on f (0) cywilizacja; **~skrankheit** f choroba cywilizacyjna.

Zi'vilschutz m obrona terytorium kraju.

zivili'sier|en (-) ⟨u⟩cywilizować; **~t** cywilizowany.   [cywil.]

Zivi'list m (-en) osoba cywilna. ⟩

Zi'vil|klage f powództwo cywilne, skarga; **~kleidung** f ubiór cywilny; *s. Zivil.* **~person** f *s. Zivilist;* **~prozeß** m proces cywilny; **~prozeßordnung** f kodeks postępowania cywilnego; **~recht** n (-es; 0) prawo cywilne; **~sache** f sprawa cywilna; **~trauung** f ślub cywilny; **~verwaltung** f administracja cywilna.

Zobel m soból; **~pelz** m futro sobolowe, sobole m/pl.

Zofe f pokojówka.

zog(en) *s. ziehen.*

zögern (-re) ⟨za⟩wahać się; zwlekać (*mit/z* I); *ohne* ⚥ bez wahania; **~d** *präd.* ociągając się, po chwili wahania.   [(-nica).⟩

Zögling m (-es; -e) wychowan|ek⟩

Zöli'bat n *od. m* (-es; 0) celibat.

Zoll¹ m (-es; -) cal; **~** *in Zssgn* calowy; *3 ~ breit* szeroki na trzy cale.

Zoll² m (-es; ᵘe) cło; **~abfertigung** f odprawa celna; **~amt** n urząd celny; **~beamte(r)** urzędnik celny; **~deklaration** f deklaracja celna.

zollen *Achtung:* okaz(yw)ać; *Bewunderung ~* podziwiać (D/A); *Beifall ~* przyklaskiwać ⟨-snąć⟩ (D).

Zoll|erklärung f *s. Zolldeklaration;* **~fahndung** f (0) zwalczanie przestępczości celnej; ⚥**frei** (0) wolny od cła; *Preis, Hafen:* wolnocłowy; **~gebiet** n obszar celny; **~gebühr** f opłata celna; **~hafen** m strefa cłowa portu; **~inhaltserklärung** f deklaracja celna; **~kontrolle** f kontrola celna; ... **zoll|pflichtig** podlegający cleniu; ⚥**politik** f polityka celna; ⚥**revision** f rewizja celna; ⚥**schranken** f/pl.

bariery f/pl. celne; ⚥**station** f, ⚥**stelle** f placówka (*od.* komora) celna; *s. Zollamt;* ⚥**stock** m calówka, metrówka; ⚥**tarif** m taryfa celna; ⚥**union** f unia celna.

Zollverschluß m zamknięcie celne; *unter ~* na skład(zie) wolnocłowy(m).

Zoll|vertrag m umowa celna; **~wert** m wartość f towarów celnych.

Zone f strefa; *Meteo.* obszar.

Zonen|grenze f granica międzystrefowa; **~randgebiet** n obszar(y pl.) wzdłuż granicy międzystrefowej; **~tarif** m taryfa strefowa; **~zeit** f czas strefowy.

Zoo m (-s; -s) zoo n; **~loge** m (-n) zoolog; **~lo'gie** f zoologia; ⚥**lo'gisch** zoologiczny.

Zoom [zuːm] n (-s; -s) obiektyw zmiennoognskowy.

Zopf m (-es; ᵘe) warkocz; *Kochk.* chał(k)a; *fig. alter ~* staroświecczyzna, anachronizm.

Zöpfchen n warkoczyk.

Zorn m (-es; 0) gniew, złość f; *j-s ~ erregen* złościć, wprawi(a)ć w złość (A); *in ~ geraten* wpadać ⟨wpaść⟩ w gniew, wybuchać ⟨-chnąć⟩ gniewem; **~ausbruch** m wybuch gniewu; ⚥**ig** gniewny, roz-, za|gniewany; ⚥**ig werden** rozgniewać się, rozzłościć się; ⚥**rot** (0) czerwony z gniewu.

Zote f sprośny żart, F pieprzny (*od.* tłusty) kawał; ⚥**n·haft**, **zotig** sprośny, niecznzuralny.

Zot|te f *Anat.* kosmek; *a.* **~tel** f (-; -n) (*Haar*⚥) kosmyk; *pl. =* **~telhaar** n kudły pl.; **~tenhaut** f *Anat.* kosmówka; ⚥**tig** kosmaty (-to), kudłaty (-to).

zu¹ *Prp.* (D) (*wohin?*) do (G), na (A), ku (D); przez (A); (*wo?*) w, na, po (L), u (G); (*wann?*) w, na (A); (*Zweck*) dla, do (G), na (A); (*Umstand*) na, w, za (A); (*bei Zahlenangaben*) do (G), po, na (A); (*Ergebnis*) na, w (A); (*Erweiterung, a. nach Su. u. Verben*) do (G); *Beispiele: ~m Arzt* do lekarza; **~m** *Ball* na bal; **~m** *Dorf* ku wiosce; **~m** *Fenster* przez okno (*a. nur* I: oknem); **~** *Berlin* w Berlinie; **~** *Lande und ~ Wasser* na lądzie i na morzu; *Finten II srόn*; *bei delben Zeiten po* *roo strolmein; bi rechten Zeit* w porę; **~** *Ostern* na Wielkanoc; **~** *meiner Zeit* za moich czasów; ~ diesem Zweck w tym celu; ~m Zeitvertreib dla rozrywki; ~m Glück na szczęście; ~m Teil w części; zwei ~ null dwa do zera; ~ zwei Mark po dwie marki; ~ zweien we dwoje; ~ Staub werden obrócić się w proch; ~ Mus verarbeiten przerobić na mus; Zucker ~m Kaffee cukier do kawy; Talent ~ ... talent do (G); beten ~ ... modlić się do (G); keine Entsprechung bzw. andere Prp.: ~ Dutzenden, Tausenden tuzinami, tysiącami; ~ Fuß piechotą; ~ Schiff statkiem; Gasthaus ~m Adler gospoda pod Orłem; Kirche ~m hl. Adalbert Kościół pod wezwaniem św. Wojciecha.

zu[2] Adv. zbyt, za; ~ groß za duży, zbyt wielki; zamknięty; die Tür ist ~ drzwi zamknięte; Tür ~! zamknąć (od. zamknij) drzwi!; auf (od. nach) ... ~ w kierunku na (A), w stronę (G), ku (D); bis ~ drei Jahre do trzech lat; s. ab; Kj. (beim Inf., a. mit um) ~ verkaufen na sprzedaż, do sprzedania; viel ~ tun haben mieć dużo do roboty; ohne ~ fragen bez pytania, nie pytając; um sich ~ erkundigen aby się poinformować; es ist ~ erwarten należy oczekiwać; nicht ~ trinken niemożliwy do picia; nichts ~ sehen nic nie widać.

zu-**aller**|'**erst** najpierw, przede wszystkim; ~'**letzt** na samym końcu.

zubauen zabudow(yw)ać.

Zubehör n (-s; 0) przybory m/pl., akcesoria n/pl.; Tech. a. wyposażenie; osprzęt.

zu|**beißen** kąsać ⟨ukąsić⟩, ⟨u⟩gryźć; ~**bekommen** F (-) do-, za|mykać ⟨-mknąć⟩.

Zuber m ceber, szaflik.

zubereit|**en** (-) przyrządzać ⟨-dzić⟩; 2**ung** f przyrządz|anie, -enie.

Zu'**bettgehen** n: beim ~ idąc spać, układając się do snu; s. Schlafengehen.

zu|**billigen** przyzn(aw)ać (j-m A/ k-u A); ~**binden** zawiąz(yw)ać; ~**bleiben** F (sn) pozost(aw)ać zamkniętym; ~**blinzeln** mrugać ⟨mrugnąć⟩ (D/na A).

zubring|**en** Zeit: spędzać ⟨-dzić⟩; 2**er** m Tech. podajnik; s. Zubringerstraße, Zuträger; 2**erdienst** m służba dowozu (pasażerów); 2**erstraße** f droga dojazdowa, dojazd.

Zucht f (0) karność f, dyscyplina; (Anstand) przyzwoitość f; (Züchten) hodowla; Agr. (pl. -en) rasa, odmiana; aus eigener ~ własnego chowu; ~**bulle** m buhaj (rozpłodowy), stadnik; ~**eber** m knur, kiernoz (rozpłodowy). [m hodowca m.⟩

zücht|**en** (-e-) ⟨wy⟩hodować; 2**er**⟩ **Zucht**|**haus** n ciężkie więzienie; ~**häusler** m więzień m, skazaniec; ~**hengst** m ogier rozpłodowy, reproduktor.

züchtig skromny, niewinny; ~**en** ⟨za⟩stosować karę cielesną, ⟨wy-⟩ chłostać; 2**ung** f kara cielesna, chłosta.

zucht|**los** niekarny, rozpuszczony, rozwydrzony; 2**perle** f perła sztucznie wyhodowana; 2**rute** f rózga, dyscyplina; 2**sau** f maciora; 2**stute** f klacz rozpłodowa; 2**tier** n zwierzę zarodowe.

Züchtung f hodowla; s. Zucht.

Zucht|**vieh** n bydło rozpłodowe od. zarodowe; ~**wahl** f (0) selekcja; natürliche ~**wahl** dobór naturalny.

zuck: ruck, ~! raz dwa!; ~**en** drgać ⟨-gnąć⟩, wzdrygać ⟨-gnąć⟩ się; (Schmerz, Blitz) przeszy(wa)ć(in D, über A/A); s. Achsel, Wimper; 2**en** n (-s; 0) drganie, drgnięcie; tik.

zücken doby(wa)ć (A/G).

Zucker m (-s; 0) cukier m; ~**bäcker** m cukiernik; ~**dose** f cukiernic(zk)a; ~**fabrik** f cukrownia; ~**gehalt** m zawartość f cukru; ~**guß** m lukier; ~**harnruhr** f moczówka cukrowa; 2**haltig** zawierający cukier; ~**hut** m głowa cukru; ~**industrie** f cukrownictwo, przemysł cukrowniczy.

zuckerkrank chory na cukrzycę; 2**e**(r) a. diabety|k (-czka); 2**heit** f (0) cukrzyca.

Zucker|**melone** f melon; 2**n** (-re) ⟨o⟩cukrzyć; (bestreuen) ⟨po⟩cukrować; ~**raffinerie** f rafineria cukru; ~**rohr** n (-s; 0) trzcina cukrowa; ~**rohrplantage** f plantacja trzciny cukrowej; ~**rübe** f burak cukrowy; ~**streuer** m cukierniczka; 2**süß** (0) słodki jak cukier; fig. słodziutki (-ko), cukrowy (-wo); ~**wasser** n woda z cukrem; ~**watte** f wata cukrowa; ~**werk** n (-es; 0) słodycze f/pl.; ~**zange** f szczypczyki pl. do cukru.

Zuckung f s. Zucken; ~**en** pl. drgawki f/pl., konwulsje f/pl.

zudecken o-, przy|kry(wa)ć *(sich się; mit/I).*

zu'dem prócz tego, nadto.

zudrehen zakręcać ⟨-cić⟩; zamykać ⟨-mknąć⟩; *s. zukehren.*

zudringlich natarczywy (-wie), natrętny; ~ *werden* zaczepi(a)ć, napastować (zu/*A*); **2keit** *f* natarczywość *f*, natrętnoṣć; poufałość *f*.

zudrücken przy-, ś|ciskać ⟨-snąć⟩; *(schließen)* zamykać ⟨-mknąć⟩; *fig. s. Auge.*   [*f* dedykacja.]

zu·eign|en ⟨za⟩dedykować; **2ung**]

zu·eilen (sn): *auf ... ~* ⟨wy⟩biec *(od.* ⟨po⟩spieszyć) naprzeciw *(D).*

zu·ein'ander jeden do drugiego, do siebie.

zu·erkenn|en (-) przyzna(wa)ć; *s. zusprechen;* **2ung** *f* przyznanie.

zu'erst najpierw, wpierw, naprzód; *er kam ~* on przyszedł pierwszy.

zufahren *(sn): auf ... ~* jechać w kierunku *(G),* podjeżdżać ⟨-jechać⟩, zbliżać ⟨-żyć⟩ się *(do G).*

Zufahrt *f* dojazd; **~straße** *f,* **~sweg** *m* ulica *(od.* droga) dojazdowa.

Zufall *m* przypadek, traf; *(wie es) der ~ wollte* traf chciał, trzeba (było) trafu; *durch ~* przypadkiem, trafem.

zufallen *(sn) (Tür)* zatrzaskiwać ⟨-snąć⟩ się; *(Deckel)* zapadać ⟨zapaṣć⟩; *(Augen)* kleić się; *(j-m)* wypadać ⟨-paść⟩ (na *A),* dosta(wa)ć się *(D).*

zufällig *(0)* przypadkowy (-wo); *Math. a.* losowy; **~erweise** przypadkiem.

Zufalls|ergebnis *n* wynik przypadkowy; **~treffer** *m* przypadkowe trafienie; *fig. a.* przypadkowa bramka.

zufliegen *(sn)* przylecieć *pf. (j-m/do G); fig. (Wissen)* przychodzić ⟨przyjṣć⟩ łatwo; *(Herzen)* zwracać ⟨zwrócić⟩ się *(j-m/ku D); auf ... ~* lecieć w kierunku *(G),* zbliżać ⟨zbliżyć⟩ się *(do G);* F *s. zueilen, zufallen.*

zufließen *(sn)* płynąć *(D/ku D,* w kierunku *G); fig.* na-, w|pływać ⟨-ynąć⟩ *(D/do G).*

Zuflucht *f (0)* schronienie, *fig.* ucieczka; *~ finden* znaleźć przytułek; *~ nehmen zu* uciekać ⟨uciec⟩ się ⟨do *G⟩;* **~s·ort** *m* miejsce schronie-

Zu|fluß *m* dopływ; *fig.* przypływ; *s. Zufuhr;* **~flüstern** szeptać ⟨szepnąć⟩ *(D/do G);* **~folge** *Prp. (D, G)*

według, stosownie do *(G),* zgodnie z *(I).*

zu'frieden zadowolony, † kontent *(mit/z G);* ~ *sein* = **~geben:** *sich ~geben* zadawalać ⟨-dowolić⟩ się *(mit/I);* **2heit** *f (0)* zadowolenie; **~lassen** zostawi(a)ć w spokoju, da(wa)ć spokój *(mit/z I);* **~stellen** zadowalać ⟨-wolić⟩, zaspakajać ⟨-pokoić⟩.

zu|frieren *(sn)* zamarzać ⟨-znąć⟩; **~fügen** dołączać ⟨-czyć⟩, doda(wa)ć; *j-m Schmerz, Niederlage:* zada(wa)ć; *Böses, Schaden:* wyrządzać ⟨-dzić⟩; **2fuhr** *f* dostawa, dowóz; *(v. Luft, Gas)* dopływ; *s. Zuführung.*

zuführ|en doprowadzać ⟨-dzić⟩; dostarczać ⟨-czyć⟩; *Tech. a.* poda(wa)ć; zasilać *(A/I);* **2ung** *f* doprowadz|anie, -enie; podawanie; zasilanie; *konkr.* przewód zasilający *od.* doprowadzający.

Zug *m (-es; ⁼e) Esb.* pociąg, *(Fest2)* pochód, procesja; *(Kriegs2)* wyprawa; *Mil.* pluton; *(Feder2)* pociągnięcie *(G); (Schach)* ruch; *(Schluck)* łyk; *(beim Rauchen)* zaciąganie się; *(0) (im Ofen)* ciąg; *Tech. a.* rozciąganie; *(Durch2)* przeciąg, przewiew; *s. a. Atem-, Charakterzug usw.;* **du bist am ~e** na ciebie kolej; *in groben Zügen* w ogólnych zarysach; *auf e-n ~ duszkiem; in e-m ~(e)* jednym ciągiem, bez przerwy; *im ~e* w toku *(G);* **zum ~e kommen** otrzymać możliwość; *in den letzten Zügen liegen* dogorywać.

Zugabe *f* dodatek; naddatek; *Thea. als ~* na bis.   [gów.]

Zug·abfertigung *f* odprawa pocią-]

Zugang *m* dostęp *(a. fig.);* dojście; *s. Zuwachs.*

zugänglich do-, *fig.* przy|stępny; ~ *machen* udostępni(a)ć.

Zug|anschluß *m* połączenie; **~anker** *m Arch.* kotwa, kotew *f;* **~band** *n Arch.* ściąg; **~be·anspruchung** *f* naprężenie rozciągające; **~begleitpersonal** *n* drużyna pociągowa; **~brücke** *f* most zwodzony.

zugedacht przeznaczony *(D/dla G).*

zugeben doda(wa)ć, dokładać *(od.* dołożyć); *fig.* przyzna(wa)ć *(a.* się; *alias do przyciennega); Thea. bij-wać, s. gestatten.*

zu'gegen: *~ sein* być obecnym *(bei/}*

zugehen *(sn) (Tür)* zamykać *(bim]*

knäc\> się; (*Jacke*) dopinać \<-piąć\>
się; *auf j-n* ~ podchodzić \<-dejść\>,
zbliżać \<-żyć\> się (do *G*); *er geht
auf die Siebzig* zu on kończy szósty
krzyżyk; ... *geht Ihnen* zu otrzyma
Pan ...; ~ *lassen* przes(y)łać; *unpers.*
es *geht auf den Frühling* zu ma się ku
wiośnie; *es geht hier lustig* zu tu
(jest) wesoło; *s. a. Ding.*

Zuge|hörigkeit *f* (0) przynależność
f (zu/do *G*); **2knöpft** *fig.* nieprzystępny; małomówny.

Zügel *m, mst pl.* cugle *m/pl.*; *die* ~
kurz halten od. (*fest*) *anziehen* wziąć
w cugle, przykrócić cugli (*a. fig.*);
2los *fig.* nieokiełznany, wyuzdany;
2n (*-le*) *Pferd:* ściągać \<-gnąć\>; *fig.*
okiełzn(yw)ać.

zugesellen (-): *sich* ~ do-, przy|łą-
czyć się *pf.* (*D/do *G*).

Zuge|ständnis *n* ustępstwo; **2ste-
hen** *s. zubilligen*; *Rabatt:* udzielać
\<-lić\>; **2tan:** **2***tan sein* (*D*) lubić
(*A*), być życzliwym (dla *G*); **2-
wandt** *s. zuwenden.*

Zugewinn *m* dorobek (wspólny); ~
gemeinschaft *f* (0) majątkowy
ustrój małżeński.

Zug|feder *f* sprężyna ściągająca *od.*
(*Uhr*) napędowa; **2festigkeit** *f* (0)
wytrzymałość *f* na rozciąganie; ~
führer *m Esb.* kierownik pociągu;
Mil. dowódca *m* plutonu.

zugießen dol(ew)ać.

zugig: *hier ist es* ~ tu wieje.

zügig *Arbeit:* sprawny, *präd. a.* z
rozmachem; *Verkehr:* płynny, *präd.*
bez zakłóceń; *Schrift:* zamaszysty
(-ście); *Tempo:* przyspieszony.

Zug|kraft *f Phys.* siła rozciągająca;
Esb. siła pociągowa; *fig.* atrakcyj-
ność *f*; **2kräftig** atrakcyjny.

zu'gleich jednocześnie, zarazem;
alle ~ wszyscy na raz.

Zug|leine *f* lejce *pl.*; ~**luft** *f* prze-
ciąg, przewiew; *er bekam* ~*luft* za-
wiało go; ~**maschine** *f* ciągnik;
~**nummer** *f* numer pociągu; *fig.*
atrakcja programu; ~**pferd** *n* koń
pociągowy; ~**pflaster** *n* plaster na
wrzody.

zu|greifen *s. zupacken*; (*Angebote-
nes schnell nehmen*) \<s\>korzystać
z okazji, \<z\>decydować się; (*Polizei*)
dokonać *pf.* aresztowania; *s. a. einschreiten; bitte greifen Sie zu! po-
szę, niech pan(i) bierze *od.* się po-
częstuje!; **2griff** *m Comp.* dostęp;

fig. (zdecydowane) działanie; wkroczenie, interwencja; *sich dem* **2griff**
entziehen wymykać \<-mknąć\> się
(*G*/*D*).

zu'grunde: ~ *gehen* \<z\>ginąć;
(*Pflanzen usw.*) \<z\>marnieć; *fig. a.*
upadać \<upaść\>; ~ *legen* brać
\<wziąć\> za podstawę (*D*/*G*); ~ *liegen* służyć (*od.* mieć) za podstawę;
~ *richten* \<z\>rujnować, zaprzepaszczać \<-paścić\>.

Zug|seil *n* lina ciągnąca; ~**siche-
rung** *f* (0) *Esb.* zabezpieczenie ruchu pociągów; ~**spannung** *f Esb.*
Zug-*beanspruchung*; ~**stück** *n Thea.*
sztuka kasowa; ~**tier** *n* zwierzę
pociągowe.

zugucken F *s. zusehen.*

Zug·unglück *n* katastrofa kolejowa.

zu'gunsten *Prp.* (*G*) na korzyść (*G*).

zu'gute: *j-m* ~ *halten* zaliczać \<zali-
czyć\> na dobro (*D*); *j-m* ~ *kommen*
wychodzić \<wyjść\> na dobre (*D*);
przypadać \<-paść\> (*D*).

Zug|verband *m Med. s. Streckver-
band*; ~**verkehr** *m* ruch pociągów;
~**vogel** *m* ptak wędrowny *od.* przelotny; ~**wind** *m s. Zugluft.*

Zugzwang *m*: *unter* ~ *stehen* znaleźć
się *pf.* w sytuacji wymagającej działania.

zuhalten *v/t* zamykać \<-mknąć\>
(*mit der Hand dłonią*); *Tür:* przy-
trzym(yw)ać; *sich* (*D*) ~ *Nase, Ohren:* zat(y)kać; *Augen:* zasłaniać
\<-łonić\>; *v/i* (*auf A*) brać \<wziąć\>
kurs (na *A*); skierować się *pf.* (ku
D).

Zuhält|er *m* sutener; ~**e'rei** *f* (0)
sutenerstwo.

zu|hängen zasłaniać \<-łonić\>; ~
hauen *v/t* ocios(yw)ać; *v/i s. zuschlagen*; **2'hause** *n* (-; 0) dom,
ognisko domowe; ~**heilen** (*sn*) \<za\>
goić się.

Zu'hilfenahme *f*: *unter* ~ przy pomocy (*G*). [cu.]

zu'hinterst na samym tyle *od.* koń-cu.]

zuhör|en (*D*) przysłuchiwać się (*D*),
słuchać (*G*); **2er**(*in f*) *m* słuchacz
(-ka); **2erschaft** *f* (0) słuchacze
m/pl.; audytorium *n*.

zu|jubeln (*D*) \<po\>witać okrzykami
(*A*), wiwatować na cześć (*G*); ~**kehren** (*j-m A*) zwracać \<-rócić\> (*A do
G), odwracać \<-rócić\> się (*I* do *G*);
~**klappen** zatrzaskiwać \<-snąć\> (*v/i
[sn*] się); *Buch a.*: zamykać \<za-

mknąć); **~kleben** zaklejać ⟨-leić⟩; **~knöpfen** zapinać ⟨-piąć⟩; *s. zugeknöpft.*

zukommen (*D*) *s. zustehen;* ~ *lassen Brief:* przes(y)łać; *Betrag:* przekaz(y)wać (*A*); (*helfend*) wspierać ⟨wesprzeć⟩ (*j-m A*/k-o *I*); (*sn*) *auf j-n* ~ *s. zugehen.*

zu|korken zakorkować *pf.;* **~kriegen** F *s. zubekommen.*

Zukunft *f* (0) przyszłość *f; in* ~ na przyszłość, w przyszłości; *Gr. s. Futur.*

zukünftig przyszły; na przyszłość.

Zukunfts|aussichten *f/pl.* widoki *m/pl.* na przyszłość; **~forschung** *f* (0) futurologia; **~musik** *f* (0) muzyka przyszłości; **~plan** *m* plan przyszłościowy *od.* perspektywiczny; *pl. a.* plany *m/pl.* na przyszłość; **~roman** *m* powieść utopijna; **Zweisend** skierowany w przyszłość, uwzględniający zadania przyszłości.

zulächeln uśmiechać ⟨-chnąć⟩ się (*D*/do *G*).

Zulage *f* dodatek.　　　[kraju.]

zu'lande: *bei uns* ~ u nas, w naszym[ ]

zu|langen *s.* zugreifen, zupacken; (*genügen*) wystarczać ⟨-czyć⟩; **~länglich** (0) dostateczny, wystarczający (-co); **~lassen** dopuszczać ⟨-puścić⟩ (*zu*/do *G*); (*erlauben*) zezwalać ⟨-wolić⟩ (*A*/na *A*); F (*Tür*) zostawi(a)ć zamkniętym; (*Jacke*) pozostawi(a)ć zapiętym (*A*), nie rozpinać (*G*); **~lässig** dopuszczalny; (*nicht nie*) dozwolony.

Zulassung *f* dopuszczenie; zezwolenie; *Kfz.* rejestracja; dowód rejestracyjny; **~s-nummer** *f* numer rejestracyjny; **~s-prüfung** *f* egzamin wstępny; **~s-stelle** *f* urząd rejestracji pojazdów mechanicznych.

Zulauf *m: großen* ~ *haben* cieszyć się dużą frekwencją; **Ǫen** (*sn*) podbiegać ⟨-biec⟩ (*auf A*/do *G*); *fig.* (*Straße*) prowadzić (*auf A*/do *G*); (*Hund*) przybłąkać się *pf.* (*D*/do *G*); *spitz* Ǫen być ostro zakończonym, kończyć się szpicem; Ǫen *lassen Wasser:* dol⟨ew⟩ać, doda⟨wa⟩ć (*G*); F *lauf zu!* spiesz się!, biegnij!

zulegen dokładać ⟨dołożyć⟩, dorzu[ ]

⟨-dzić⟩ krzywdę (*D*), ⟨s⟩krzywdzić (*A*).

zuleit|en doprowadzać ⟨-dzić⟩; *s. übermitteln,* zukommen *lassen;* **Ǫung** *f* doprowadz|anie, -enie; dopływ; *konkr.* przewód doprowadzający; **Ǫungsrohr** *n* rura doprowadzająca.

zulernen F *s. dazulernen.*

zu'letzt na zakończenie; jako ostatni; F *zeitl.* ostatnio, ostatni raz; *fig.* w końcu, na ostatek; *bis* ~ do końca; *nicht* ~ w nie mniejszym stopniu; zwłaszcza, szczególnie; *nicht* ~ *deshalb* wreszcie dlatego.

zu'liebe (*D*) dla (*G*), ze względu na (*A*); *mir* ~ dla mnie.

Zulieferer *m* poddostawca *m;* kooperant.

zulöten zalutow(yw)ać.

zum = *zu dem.*

zumachen F zamykać ⟨-mknąć⟩; *Jacke:* zapinać ⟨-iąć⟩.

zu'mal zwłaszcza, szczególnie.

zumauern zamurow(yw)ać.

zu'meist przeważnie, w większości wypadków, najczęściej.

zumessen odmierzać ⟨-rzyć⟩; wydzielać ⟨-lić⟩; *s. beimessen.*

zu'mindest przynajmniej, (co) najmniej.

zu'mute: *mir ist nicht wohl* ~ czuję się nieswojo (*bei dem Gedanken an A*/na myśl o *L*); *wie ist dir* ~? jak się czujesz?

zumut|en (-*e*-) spodziewać się (*j-m A/G* po kimś); *man kann niemandem* ~en, ... nie można od nikogo żądać, żeby ...; *sich* (*D*) *zu viel* ~en przeceni(a)ć swoje siły; **Ǫung** *f* wymaganie; *das ist e-e* Ǫung to bezczelność.

zu'nächst najpierw, naprzód; (*fürs erste*) na razie; *Prp.* (*D*) najbliżej (*G*).

zu|nageln *s. vernageln;* **~nähen** zaszy(wa)ć; **Ǫnahme** *f* wzrost (*G*); przyrost (*an Gewicht* na wadze); **Ǫname** *m* nazwisko.

Zünd|anlage *f Kfz.* układ zapłonowy, instalacja zapłonowa; **~blättchen** *n* kapiszon; Ǫen (-*e*-) *v/t* zapalać ⟨-lić⟩; *Ladung:* odpalać ⟨-lić⟩; iniciować wybuch; dokon(yw)ać zapalać ⟨-lić⟩ się; (*Blitz*) spowodować pożar; *fig.* być przyjętym entuzjastycznie; F *es hat bei mir* gezündet nareszcie pokapował się; 2end płomienno, porywający (-co).

Zunder m (-s; 0) zgorzelina; (Schwamm) hubka; wie ~ brennen palić się (od. płonąć) jak słoma.

Zünd|er m zapalnik; ~funke m iskra zapłonowa; ~holz n, ~hölzchen n zapałka; ~hütchen n, ~kapsel f spłonka; ~kerze f świeca zapłonowa; ~magnet m magneto, iskrownik; ~maschine f Bgb. zapalarka; ~punkt m temperatura zapłonu; ~schnur f lont (prochowy); ~spule f cewka zapłonowa; ~stoff m materiał zapalający (inicjujący); fig. dynamit; ~ung f Kfz. zapłon; Bgb. odpalenie; dokonanie eksplozji; ~verteiler m Kfz. rozdzielacz zapłonu; ~zeitpunkt m Kfz. punkt zapłonu.

zunehmen wzrastać ⟨-rość, -rosnąć⟩; pomnażać ⟨-nożyć⟩ się; przyb(ie)rać (an Stärke, Gewicht na sile, wadze); an Heftigkeit ~ a. wzmagać ⟨-móc⟩ się; der Mond, Tag nimmt zu, Kräfte nehmen zu przybywa księżyca, dnia, sił; s. sich vergrößern, steigern; ~d na-, w/rastający, wzmagający się; Mond: przybierający; mit ~dem Alter z wiekiem, z latami; es wird ~d kälter robi się coraz zimniej.

zuneig|en skłaniać się (D/do G); sich dem Ende ~en mieć (od. chylić) się ku końcowi; zugeneigt sein (D) darzyć przychylnością (A), czuć sympatię (dla G); 2ung f (0) przychylność f, sympatia.

Zunft f (-; ⁻e) hist. cech; fig. verä. paczka, klika.

zünftig fachowy (-wo); rutynowany; F porządny; odpowiedni.

Zunge f język a. (a. Sprache); (Tier2) jęzor, (a. Kochk.) ozór; Mus. języczek; Geogr. cypel; auf der ~ haben mieć na końcu języka; e-e spitze (od. scharfe) ~ haben mieć ostry (od. cięty) język; s-e ~ hüten trzymać język za zębami; er hat e-e schwere ~ język mu się plącze.

züngeln (-le) (Schlange) syczeć; (Blitz) przelatywać ⟨-lecieć⟩ wężem (po niebie); (Flammen) pełzać wężem ognistym (po L), lizać.

Zungen|bein n kość gnykowa; 2fertig elokwentny, F wygadany; F fertigkeit f (0) elokwentność f, F wygadanie; ~laut m głoska języko-

wa; ~schlag m sepienienie; fig. falscher ~schlag przejęzyczenie się; ~spitze f koniec (od. koniuszek) języka; ~wurst f ozorowa (kiełbasa); ~wurzel f nasada języka.

Zünglein n języczek (an der Waage u wagi).

zu'nichte: ~ machen ⟨z⟩niweczyć, obracać ⟨-rócić⟩ wniwecz; ~ werden spełznąć pf. na niczym.

zunicken skinąć gł. (D).

zu'nutze: sich (D) et. ~ machen wykorzyst(yw)ać (A), skorzystać pf. (z G). [sam wierzch.]

zu'oberst na (samym) wierzchu; na zu|ordnen (D) przyporządkować pf. (D), odnosić ⟨-nieść⟩ (do G); Pers. przydzielać ⟨-lić⟩ (do G); ~packen chwytać ⟨s-, u|chwycić⟩; fig. (bei) pomagać (przy L), przykładać ⟨przyłożyć⟩ ręki (do G); s. zugreifen.

zupf|en ⟨po⟩ciągnąć, targać (targnąć), (a. Mus.) szarpać ⟨-pnąć⟩ (an D/za A); Wolle, Haare: skubać; 2instrumente n/pl. instrumenty m/pl. szarpane.

zur = zu der; s. Zeit.

zurechnen doliczać ⟨-czyć⟩; zaliczać ⟨-czyć⟩ (D/do G).

zurechnungsfähig poczytalny; 2keit f (0) poczytalność f.

zu'recht|biegen odpowiednio wyod. z(a)|giąć pf.; F fig. naprawi(a)ć, doprowadzać ⟨-dzić⟩ do porządku; ~finden: sich ~finden zorientować się pf., rozezn(aw)ać się; ~kommen (sn) przychodzić ⟨przyjść⟩ w porę od. na czas, zdążyć pf.; dochodzić ⟨dojść⟩ do ładu, da(wa)ć sobie radę (mit/z I); ~legen przysz(yk)ow(a)ć; fig. układać ⟨ułożyć⟩ w myśli (sich [D] sobie); ~machen F przyrządzać ⟨-dzić⟩; ⟨z⟩robić makijaż (j-n/D; sich sobie); gut ~gemacht starannie uszminkowany; ~rücken Stuhl: przysuwać ⟨-unąć⟩; Krawatte, fig. Kopf = ~setzen poprawi(a)ć; F j-m den Kopf ~setzen przemówić do rozsądku (D); sich ~setzen usadowić się, usiąść pf.; ~stellen po-, u|stawić pf. (w odpowiednim miejscu); s. zurechtlegen; ~weisen upominać ⟨-mnieć⟩, ⟨s⟩karcić; 2weisung f zwrócenie uwagi; s. Rüge.

zu|reden (D) namawiać (A), perswadować (D); 2reden n (-s; 0) namawianie, namowy f/pl.; perswazje f/pl.; **~reichen** v/t poda(wa)ć; v/i F s. ausreichen.

zureit|en v/t ujeżdżać ⟨ujeździć⟩; v/i auf ... ~en jechać konno (w stronę, w kierunku G), zbliżać się na koniu (do G, ku D); Qer m ujeżdżacz.

zuricht|en s. zubereiten; Text. wykończać ⟨-czyć⟩; Leder: wyprawi(a)ć; Typ. narządzać ⟨-dzić⟩; Holz: obcios(yw)ać; Stein: obrabiać ⟨-robić⟩; j-n übel ~en zbić (od. stłuc) do krwi, pokaleczyć; Qung f wykończenie; Typ. narządzanie.

zuriegeln (-le) zamykać ⟨-mknąć⟩ na zasuw(k)ę, zaryglować pf.

zürnen gniewać się (D/na A).

Zur'schau·stellung f wystawianie na widok publiczny od. na pokaz; fig. popisywanie się (I).

zu'rück z powrotem, P nazad; (nach hinten) wstecz, w tył; ~ sein wracać ⟨wrócić⟩ z powrotem; fig.zalegać(in, mit D/z I); być opóźnionym, pozosta(wa)ć w tyle; hin und ~ tam i z powrotem, P tam i nazad; **~begleiten** (-) odprowadzać ⟨-dzić⟩ z powrotem; **~behalten** (-) zatrzym(yw)ać (für sich dla siebie); **~bekommen** (-) otrzym(yw)ać [od. dosta(wa)ć] z powrotem; **~berufen** (-) odwoł(yw)ać; **~beugen** przechylać ⟨-lić⟩ do tyłu (sich się); **~bezahlen** (-) zwracać ⟨-rócić⟩, spłacać ⟨-cić⟩.

zu'rückbilden: sich ~ zmniejszać ⟨-szyć⟩ się, zanikać.

zu'rück|bleiben (sn) pozost(aw)ać (a. hinter D/w tyle za I); nie nadążać ⟨-żyć⟩ (za I); (Uhr) spóźniać się; bleib zurück! zostań!; **~bleiben** nie wsiadać!; s. zurückgeblieben; **~blicken** oglądać ⟨obejrzeć⟩ się; fig. spoglądać ⟨od. rzucić okiem⟩ wstecz; przypominać ⟨-mnieć⟩ sobie (auf A/A); **~bringen** odnosić ⟨-nieść⟩ (od. fahrend: odwozić ⟨-wieźć⟩) z powrotem; s. zurückbegleiten, -geben; **~datieren** (-) antydatować; **~denken** cofać ⟨-fnąć⟩ się myślą wstecz; przypominać ⟨-mnieć⟩ sobie (an A/A); **~drängen** od-, wy|pierać ⟨ode-, wy|przeć⟩; **~drehen** ⟨po⟩kręcić w przeciwnym kierunku od. wstecz; Teller, Rad der Geschichte: cofać ⟨-fnąć⟩; j-m die Ehre, das Leben, die Gesundheit usw. ~ zurück wolno mu wrócić; **~eilen** (sn) ⟨po⟩spieszyć z powrotem; **~bitten** (-) ⟨po⟩prosić o zwrot (A/

G); **~erhalten** (-) odzysk(iw)ać; s. zurückbekommen; **~er·obern** (-) zdoby(wa)ć ponownie, odzysk(iw)ać; **~erstatten** (-) zwracać ⟨-rócić⟩; **~fahren** v/t od-, przy|wozić ⟨-wieźć⟩ z powrotem; v/i (sn) ⟨po⟩jechać z powrotem; fig. ⟨-gnąć⟩ się (vor Schreck ze strachu); (entrüstet) żachnąć się pf.; s. zurückkehren; **~fallen** (sn) padać ⟨upaść⟩ na wznak; fig. popadać ⟨-paść⟩ znów (in A/w A); (an D) przypadać ⟨-paść⟩ z powrotem (D), powracać ⟨-wrócić⟩ (do G); s. zurückbleiben; **~finden** s. zurückkehren; **~fliegen** (sn) ⟨po⟩lecieć z powrotem; **~fluten** (sn) ustępować ⟨-tąpić⟩, cofać ⟨-fnąć⟩ się (a. fig.); **~fordern** domagać się (od. ⟨za⟩żądać) zwrotu (A/G); **~führen** odprowadzać ⟨-dzić⟩ (z powrotem); fig. (auf A) ⟨wy⟩tłumaczyć (I); sprowadzać ⟨-dzić⟩ (do G); **~geben** odda(wa)ć z powrotem; s. erwidern; **~geblieben** niedorozwinięty (geistig umysłowo), spóźniony (w rozwoju); **~gehen** (sn) iść ⟨pójść⟩ z powrotem, wracać ⟨wrócić⟩; fig. (Preise, Fieber) spadać ⟨spaść⟩; (Feind) wycof(yw)ać się; (Umsatz) zmniejszać ⟨-szyć⟩ się; s. zurückfluten; **~gehen auf** (A) mieć początek (w L), sięgać ⟨-gnąć⟩ (do G); **~gewinnen** (-) odzyskiwać ⟨odegrać⟩; fig. odzysk(iw)ać (z powrotem).

zu'rückgezogen s. zurückziehen; Adjp. samotny, z dala od świata; ~ leben nie brać udziału w życiu towarzyskim; Qheit f (0) odosobnienie, usunięcie się od towarzystwa od. od czynnego życia.

zu'rückgreifen (auf A) sięgać ⟨-gnąć⟩ (do G).

zu'rückhalt|en s. auf-, festhalten; fig. (po)wstrzymywać ⟨(po)wstrzymać⟩ (sich się); v/i nie wyjawi(a)ć, nie okaz(yw)ać (mit/G); wstrzym(yw)ać się (mit/z I); **~end** powściągliwy (-wie); präd. z rezerwą; Qung f (0) za-, pows|trzym(yw)anie; fig. powściągliwość f; rezerwa.

zu'rück|holen s. zurückbringen; (j-n) przy-, s|prowadzać ⟨-dzić⟩ z powrotem; zawrócić pf.; **~kämpfen:** sich ~ (mit Mühe) z trudem odkupywać ⟨-pić⟩ (von/od G); **~kehren** (sn) powracać ⟨-rócić⟩ (nach, an A/do G; von/z G); **~kom**

men (sn) wracać ⟨wrócić⟩ (się); *fig.*
(po)wracać ⟨(po)wrócić⟩ (*auf A/* do
G); **~können** F móc wrócić; *fig. ich
kann nicht mehr zurück!* nie mogę
się cofnąć!; **~lassen** pozostawi(a)ć
(*a. weit* daleko w tyle); porzucać
⟨-cić⟩; zostawi(a)ć po sobie; **~lau-
fen** (sn) ⟨po⟩biec z powrotem;
~legen kłaść ⟨położyć⟩ z powrotem;
odkładać ⟨odłożyć⟩ (*für j-n/* dla G;
Geld für schwere Zeiten na czarną
godzinę); (*ersparen*) ⟨u⟩ciułać, za-
oszczędzić *pf.*; *Weg:* przeby(wa)ć,
engS. ujść *pf.*, ujechać *pf.*, przelecieć *pf.*

zu'rücklehnen: *sich* ~ przechylać
⟨-lić⟩ się w tył; (*im Sessel*) opierać
⟨oprzeć⟩ się wygodnie.

zu'rück|liegen: *das liegt schon sehr
weit zurück* to było bardzo dawno
temu; *es liegt jetzt 5 Jahre zurück,
daß* minęło już pięć lat, jak; **~müs-
sen** F musieć wracać ⟨wrócić⟩ *od.*
cofać ⟨-fnąć⟩ się; **~nehmen** brać
⟨wziąć⟩ z powrotem; *Truppen:*
ściągać ⟨-gnąć⟩; *fig. s. widerrufen*;
~prallen (sn) odbi(ja)ć się, odskakiwać ⟨-skoczyć⟩ (*von/* od G); *fig.*
cofać ⟨-fnąć⟩ się (*entsetzt z przera-
żenia*); **~reisen** s. zurückfahren; **~
rufen** *v/t* ⟨za⟩wołać na (*A*) aby się
wrócił; przywoł⟨yw⟩ać (*ins Gedächtnis* na pamięć); *s. zurückberufen*;
v/i F zadzwonić *pf.* z powrotem;
~schalten *v/i* przełączyć *pf.* na
niższy bieg, zredukować *pf.* bieg; **~
schauen** s. zurückblicken; **~
schicken** odsyłać ⟨odesłać⟩ z powrotem; **~schieben** odsuwać ⟨odsu-
nąć⟩; **~schlagen** *v/t Ball:* od-
bi(ja)ć; *Angriff a.:* odpierać ⟨ode-
przeć⟩; *Sp.* odparow⟨yw⟩ać; *Decke:*
odrzucać ⟨-cić⟩; *Gardine:* odsuwać
⟨-unąć⟩; *v/i* odbijać cios(y); przechodzić ⟨przejść⟩ do ofensywy;
(*Flamme*) buchać ⟨-chnąć⟩ (*z* G);
~schnellen (sn) błyskawicznie powracać ⟨-rócić⟩ do pierwotnej postaci; **~schrecken** *v/t* odstraszać
⟨-szyć⟩; *v/i* (sn) wzdragać się, cofać
⟨-fnąć⟩ się (*vor/przed I*); **~schrei-
ben** odpis⟨yw⟩ać (*D*); **~sehnen:**
sich ~sehnen tęsknić (*nach/*do G, po
L); **~sein** F *s.* zurückkommen; **~
senden** odsyłać ⟨odesłać⟩ z powrotem; **~setzen** *v/t s.* zurücklegen,
-stellen; *Auto, Grenzstein:* cofać
⟨-fnąć⟩; *j-n:* sadzać ⟨posadzić⟩ w

tyle; przesadzać ⟨-dzić⟩ do tyłu *od.*
w tył; *sich* ~setzen siadać ⟨usiąść⟩
(*bardziej*) w tyle; *fig. sich* ~gesetzt
fühlen czuć się po-, s|krzywdzonym;
v/i (*mit Auto*) cofać ⟨-fnąć⟩ się; **~
sinken** (sn) opadać ⟨opaść⟩, osuwać
⟨-unąć⟩ się (*auf, in A/na A*); *fig.*
znów popaść *pf.* (*in A/w A*); **~
springen** (sn) odskakiwać ⟨-sko-
czyć⟩ w tył *od.* do tyłu; **~stehen** *fig.*
ustępować (*hinter D/D*); **~stellen**
stawiać ⟨postawić⟩ z powrotem;
Uhr: cofać ⟨-fnąć⟩; *Mil.* zwalniać
⟨zwolnić⟩ od służby; *Pläne:* odraczać ⟨-roczyć⟩; *Bedenken:* odsuwać
⟨-unąć⟩ na bok; *s.* zurücklegen; **~
stoßen** odpychać ⟨odepchnąć⟩, od-
trącać ⟨-cić⟩ (*a. fig.*); **~strahlen** *v/t*
odbi(ja)ć promienie; **~strömen** (sn)
s. zurückfluten; (*Menschen*) wracać
tłumnie; **~telegrafieren** (-) odtele-
grafować *pf.* (*an A/D*); **~tragen** *s.*
zurückbringen; **~treiben** ⟨po⟩pę-
dzić z powrotem; *s.* zurückdrängen;
~treten (sn) odstępować ⟨-tąpić⟩,
cofać ⟨-fnąć⟩ się; *fig.* schodzić
⟨zejść⟩ na dalszy plan; ⟨z⟩rezygno-
wać (*von/z* G); (*Beamte, Regierung*)
ustępować ⟨-tąpić⟩, poda(wa)ć się
do dymisji; **~tun** *s.* zurücklegen,
-stellen; *e-n Schritt* ~tun cofnąć się o
krok; **~verlangen** *s.* zurückfordern.

zu'rückversetzen (-) przenosić
⟨-nieść⟩ na niższe stanowisko *od.* na
dawne miejsce pracy; *in den ur-
sprünglichen Zustand* ~ doprowadzać ⟨-dzić⟩ do poprzedniego stanu; *sich* ~ przenosić ⟨-nieść⟩ się
myślą (*in A/w A*).

zu'rück|verweisen odsyłać ⟨ode-
słać⟩ (*auf A/*do G); **~weichen** (sn)
ustępować ⟨-tąpić⟩, cofać ⟨-fnąć⟩
się; **~weisen** *v/t* odrzucać ⟨-cić⟩
(*A*); *Geschenk a.:* nie przyjmować
⟨-jąć⟩ (*G*); *Heiratskandidaten:* odmawiać ⟨-mówić⟩ (*D*), F odpalać
⟨-lić⟩ (*A*); *Vorwurf:* odpierać ⟨ode-
przeć⟩; *vgl.* abweisen, ablehnen;
~werfen *Kopf:* odrzucać ⟨-cić⟩ do
tyłu *od.* w tył; *Feind a.:* odpierać
⟨odeprzeć⟩; *Strahlen:* odbi(ja)ć;
fig. (*j-n*) cofać ⟨-fnąć⟩; **~wirken**
działać wstecz; rzutować; **~wollen**
F chcieć wrócić *od.* cofnąć się *pf.*;
~zahlen odda(wa)ć, zwracać ⟨z-
wrócić⟩, spłacać ⟨-cić⟩; **~ziehen**
v/t Vorhang: odsuwać ⟨-unąć⟩;
Fuß: cofać ⟨-fnąć⟩; *fig.* wycof⟨y-

w)ać *(sich się;* in *A*/do *G*; *von, aus*/z *G)*; *sich* ~*ziehen a.* opuszczać ⟨opuścić⟩ towarzystwo; *v/i (sn)* wracać ⟨wrócić⟩, sprowadzać ⟨-dzić⟩ się z powrotem *(nach,* in *A*/do *G)*.

Zuruf *m* okrzyk; zawołanie; *durch* ~*e wählen* wybrać przez aklamację; **᠊en** *(j-m A)* ⟨za⟩wołać (coś do *G)*, krzyknąć *pf.* (na *A*; daß żeby).

Zusage *f* zgoda; akceptacja; *(Versprechen)* obietnica.

zusagen *v/t s.* versprechen; *auf den Kopf* ~ powiedzieć *pf.* w oczy; *v/i* odpowiadać, przypadać ⟨-paść⟩ do gustu *(D)*; *s. gefallen, schmecken; ich habe zugesagt* przyrzekłem.

zu'sammen razem; *(gemeinsam)* wspólnie; wraz *(mit/z I)*; **᠊arbeit** *f (0)* współpraca; współdziałanie; ~**arbeiten** współpracować; współdziałać *(mit/z I)*.

zu'sammenball᠊en: *sich* ~*en* skupi(a)ć się; zbi(ja)ć się; *(Wolken)* skłębi(a)ć się; **᠊ung** *f* skupienie (się); ześrodkowanie (się).

Zu'sammen᠊bau *m (-es; 0)* montaż, składanie, zestawianie; **᠊bauen** ⟨z⟩montować, składać ⟨złożyć⟩, zestawi(a)ć; **᠊beißen** *Zähne:* zaciskać ⟨-snąć⟩; **᠊bekommen** F (-) zebrać *pf.* (do kupy); **᠊binden** związ(yw)ać; **᠊bleiben** *(sn)* pozosta(wa)ć razem, nie rozłączać ⟨-czyć⟩ się; **᠊brauen** przyrządzać ⟨-dzić⟩; *es braut sich etwas zusammen* coś się szykuje; **᠊brechen** *v/i (sn)* załam(yw)ać się *(a. fig.)*; runąć *pf. (unter der Last* pod ciężarem); **᠊bringen** *Pers.* skontaktować *pf.* ze sobą; *fig. Vermögen:* uzbierać *pf.; Sätze:* wypowiedzieć *pf.;* ~**bruch** *m* ruina; *engS.* bankructwo; upadek; załamanie się; **᠊drängen** stłaczać ⟨stłoczyć⟩ *(sich się)*; **᠊drücken** ściskać ⟨-snąć⟩; zgniatać ⟨-ieść⟩; **᠊fahren** *v/i (sn)* zderzać ⟨-rzyć⟩ się *(mit/z I)*; najeżdżać ⟨-jechać⟩ na siebie; *fig.* wzdrygnąć się *pf.;* **᠊fallen** *(sn)* zawalać ⟨-lić⟩ się, *(a. fig.)* runąć *pf.; (Teig)* opadać ⟨opaść⟩ *zeitl.* zbiegać ⟨zbiec⟩ się *(mit/z I)*; **᠊falten** składać ⟨złożyć⟩; **᠊fassen** ⟨z⟩reasumować, podsumow(yw)ać; ~~~~~~~~~~~~ *(in D/w I);* -end wieder- ~~~~~~~~~~~~~~~~~~~~~~~~~~~~~~~~ *f* zreasumowanie, podsumowanie, ~~~~~~~~~~~~ ~~~~~~~~~~~~~~~ ~~~~~~~~~~~~~~~, résumé *n;* koncentracja, skupienie.

zu'sammenfinden: sich ~ spot(y)kać się.

zu'sammen᠊flicken ⟨ze⟩sztukować; *fig. a.* zlepić *pf.,* sklecić *pf.;* ~**fließen** *(sn)* zl(ew)ać się; **᠊fluß** *m* zlanie się, zbieg; **᠊fügen** ⟨po-, z⟩łączyć (w całość); składać ⟨złożyć⟩ *(sich się);* **᠊führen** sprowadzać ⟨-dzić⟩ razem *(auf.* F do kupy); ~**gehen** *(sn)* być zbieżnym.

zu'sammengehör᠊|en należeć do siebie *od.* do jednej całości, tworzyć całość; **᠊igkeit** *f (0)* łączność *f,* spójnia.

zu'sammen᠊geraten *(sn) fig.* ścierać ⟨zetrzeć⟩ się; **᠊gesetzt** złożony; *Tech. a.* zespolony; **᠊gewürfelt** *fig.* pstry, rozmaity, F groch z kapustą; przypadkowo zebrany; **᠊gießen** zl(ew)ać; **᠊halt** *m (-es; 0)* spoistość *f;* zespolenie; **᠊halten** *v/t* ⟨u⟩trzymać w garści *od.* w kupie; *Gedanken:* zbierać ⟨zebrać⟩; *v/i* trzymać się (kupy); *fig.* popierać się wzajemnie, F trzymać sztamę (z *I)*.

Zu'sammenhang *m* związek; powiązanie; *im* ~ *mit* w związku z *(I)*; *in* ~ *bringen* ⟨po⟩wiązać *(miteinander ze sobą)*, ⟨po⟩łączyć *(mit/z I)*; *im* ~ *stehen s.* zusammenhängen.

zu'sammenhängen *v/i* łączyć się, być połączonym; wiązać się, mieć związek, pozostawać w związku *(mit/z I)*; ~**d** logicznie związany, logiczny; powiązany *(mit/z I)*.

zu'sammen᠊hanglos nie mający *(od.* bez) związku, nie związany; bezładny; **᠊hauen** *s.* zusammenschlagen; F *fig.* ⟨s⟩klecić; **᠊heften** spinać ⟨spiąć⟩; **᠊kehren** zmiatać ⟨-ieść⟩ do kupy; **᠊ketten** (-*e-*) sku(wa)ć (parami); przyku(wa)ć do siebie; **᠊kitten** zlepi(a)ć; **᠊klang** *m* akord; *fig.* harmonia; **᠊klappbar** składany; **᠊klappen** *v/t* składać ⟨złożyć⟩; *v/i* F *(sn)* załam(yw)ać się, F oklapnąć *pf.;* **᠊kleben** *v/t* sklejać ⟨-eić⟩; *v/i s.* verkleben; **᠊knüpfen** związ(yw)ać; **᠊kommen** *(sn)* schodzić ⟨zejść⟩ się, *(fahrend)* zjeżdżać ⟨zjechać⟩ się, *(a. Sachen)* zbierać ⟨zebrać⟩ się; *fich treffen* spot(y)kać się; **᠊koppeln** sprzęgać ⟨sprząc, sprzęgnąć⟩; **᠊kunft** *f* zebranie; ~~~~~~~~~ **᠊laufen** *(sn)* zbiegać ~~~~~~~~~~~~~~~~~~~~~~~ ~~~~~~~~~~~~ fließen; F *j-m läuft das Wasser* ~~ ~~~~~~~~~~~~~~~~~~~~~~~~ *(D);* ᠊

leben n ⟨-s; 0⟩ pożycie; **~legbar** składany; **~legen** składać ⟨złożyć⟩ ⟨v/i się; für/na A⟩; Grundstücke: ⟨s⟩komasować, scalać ⟨-lić⟩; Betriebe: ⟨po⟩łączyć; **2legung** f połączenie; komasacja, scalenie; **~leimen** sklejać ⟨-eić⟩; **~lesen** ⟨po⟩zbierać; **~nähen** zszy(wa)ć; **~nehmen**: fig. sich **~nehmen** wziąć się pf. w garść od. w kupę; alles **~genommen** wszystko razem wziąwszy; **~packen** spakować pf.; **~passen** v/i pasować do G; Pers. a. do siebie; Paar a.: dobrać się pf.; **~pferchen** stłaczać ⟨-łoczyć⟩; **2-prall** m ⟨-es; -e⟩, **~prallen** s. Zusammenstoß usw.; **~pressen** ściskać ⟨-snąć⟩; s. zusammendrücken; **~raffen** Röcke: podkas(yw)ać; Geld: zgarniać ⟨-rnąć⟩; Vermögen: zbi(ja)ć; sich **~raffen** przezwyciężać ⟨-żyć⟩ się; **~rechnen** zliczać ⟨zliczyć⟩ się; **~reimen** F: das kann ich mir nicht **~reimen** nie mogę sobie tego wytłumaczyć; wie reimt sich das **~** mit jak to pasuje do ⟨G⟩; **~reißen** F sich **~reißen** wziąć się pf. w garść; **~rollen** zwijać ⟨-inąć⟩; sich **~rollen** zwijać ⟨-inąć⟩ się w kłębek; **~rotten**: sich **~rotten** ⟨z⟩gromadzić się ⟨w kupy⟩; **2rottung** f skupianie się; konkr. ⟨zbuntowany⟩ tłum, zbiegowisko; **~rücken** v/t zsuwać ⟨-unąć⟩ ⟨do kupy⟩; v/i ⟨sn⟩ przysuwać ⟨-unąć⟩ się do siebie, ścieśni(a)ć się; **~rufen** zwoł(yw)ać; **~sacken** ⟨sn⟩ s. zusammenbrechen, -sinken; **~scharren** s. zusammenkratzen; **~schieben** zsuwać ⟨zsunąć⟩, składać ⟨złożyć⟩; **~schießen** Ort usw.: zniszczyć pf. pociskami od. ogniem artyleryjskim; Pers. dokon(yw)ać masakry ⟨A/G⟩; fig. składać ⟨złożyć⟩.

zu'sammenschlagen v/t uderzać ⟨-rzyć⟩ o siebie; j-n: zbić ⟨od. stłuc⟩ pf. do krwi; ⟨zertrümmern⟩ ⟨z⟩demolować; die Hände über dem Kopf **~** załam(yw)ać ręce; s. Hacken, zusammenlegen; v/i ⟨sn; über A⟩ ⟨Wellen⟩ zal(ew)ać ⟨A⟩; ⟨Flammen⟩ obejmować ⟨objąć⟩ ⟨A⟩.

zu'sammen|schließen ⟨z⟩jednoczyć, ⟨po⟩łączyć ⟨sich się⟩; **2schluß** m zjednoczenie ⟨się⟩, po-, z łączenie; **~schmelzen** v/t stapiać ⟨stopić⟩; v/i ⟨sn⟩ ⟨s⟩topnieć ⟨a. fig.⟩; **~schmieden** sku(wa)ć; fig. s. zu-

sammenschweißen; **~schnüren** zesznurow(yw)ać; fig. ściskać ⟨ścisnąć⟩; **~schrauben** ⟨po⟩łączyć śrubami od. na śruby; **~schreiben** ⟨na⟩pisać łącznie; F wypisywać, płodzić; **~schrumpfen** ⟨sn⟩ ⟨s⟩kurczyć się ⟨a. fig.⟩; ⟨runzlig werden⟩ ⟨po⟩marszczyć się; **~schweißen** zespawać pf.; fig. spajać ⟨spoić⟩; **2sein** n ⟨-s; 0⟩ przebywanie razem, wspólnie spędzony czas; s. Zusammenleben.

zu'sammensetz|en składać ⟨złożyć⟩ ⟨impf. a. sich się⟩; ⟨aus Einzelteilen a.⟩ zestawi(a)ć, ⟨z⟩montować; sich **~en** ⟨v. Pers.⟩ siadać ⟨siąść⟩ razem; ⟨beraten⟩ naradzać ⟨-dzić⟩ się; **2ung** f składanie; konkr. skład ⟨a. Chem., e-r Körperschaft⟩; Gr. wyraz złożony, złożenie.

zu'sammen|sitzen siedzieć razem od. wspólnie; **~sparen** uskładać pf., uciułać pf.; **~spiel** n ⟨-es; 0⟩ zgranie; **~stecken** spinać ⟨-iąć⟩; s. zusammensetzen; F die Köpfe **~**stecken szeptać ⟨po kątach, pomiędzy sobą⟩; **~stehen** ⟨po⟩stać razem; fig. trzymać się razem.

zu'sammenstell|en zestawi(a)ć; Liste usw. a.: układać ⟨ułożyć⟩; **2ung** f zestawienie; układanie; konkr. zestawienie, spis; s. Zusammensetzung. [sammenflicken.]

zu'sammenstoppeln ⟨-le⟩ s. zu-]

Zu'sammenstoß m zderzenie, F kraksa; fig. starcie, scysja; **2en** ⟨sn⟩ zderzać ⟨-rzyć⟩ się; ⟨angrenzen⟩ stykać się; fig. s. zusammengeraten.

zu'sammen|strömen ⟨sn⟩ s. herbeiströmen; **~stürzen** ⟨sn⟩ runąć pf., ⟨za⟩walić się; **~suchen** pozbierać pf. ⟨na kupę⟩; wyszuk(iw)ać; **~tragen** ⟨po⟩znosić ⟨na kupę⟩; fig. ⟨u⟩zbierać, ⟨na⟩gromadzić; **~treffen** ⟨sn⟩ spot(y)kać się; zeitl. zbiegać ⟨zbiec⟩ się; **2treffen** n ⟨-s; 0⟩ spotkanie; fig. zbieg ⟨G⟩; **~treiben** spędzać ⟨-dzić⟩; **~treten** v/i ⟨sn⟩ zbierać ⟨zebrać⟩ się; **2tritt** m ⟨-es; 0⟩ zebranie ⟨się⟩; posiedzenie, sesja; **~trommeln** F zwoł(yw)ać; **~tun** ⟨po⟩łączyć ⟨sich się⟩; sich **~tun** a. ⟨z⟩wąchać się pf.; **~wachsen** ⟨sn⟩ zrastać ⟨zrosnąć, zróść⟩ się; **~werfen** rzucać ⟨-cić⟩ od. zwalać ⟨zwalić⟩ na kupę; fig. ⟨po⟩mieszać ⟨A⟩, nie odróżniać ⟨G⟩; **~wirken** współdziałać; **~zählen** zliczać ⟨-czyć⟩, doda(wa)ć; **~ziehen** ściągać ⟨ściąg-nąć⟩ *(sich* się*); Mil. a.* ⟨s⟩koncen-trować *(sich się); sich ~ziehen (Wun-de)* zabliźni(a)ć się; *v/i (sn)* zamiesz-kać *pf.* razem *(mit j-m/z I); vgl.* zu-sammenschrumpfen; **2ziehung** *f* kurczenie się; koncentracja; *Ling.* kontrakcja; **~zucken** *(sn)* drgnąć *pf.*

Zusatz *m* dodatek; *(Beimischung)* domieszka; *Pol., Hdl.* aneks; *s. Nachtrag, Ergänzung;* **~abkom-men** *n* umowa dodatkowa; **~aus-rüstung** *f* wyposażenie dodatkowe.

zusätzlich dodatkowy (-wo).

Zusatz|speicher *m Comp.* pamięć pomocnicza; **~stoff** *m s.* Zusatz.

zu'schanden: ~ *machen* ⟨po⟩psuć, ⟨z⟩niszczyć; *s. a.* zunichte; ~ *reiten* zajeździć *pf.; sich ~ arbeiten* zapra-cow(yw)ać się.

zuschau|en *s. betrachten, zusehen;* **2er** *m* widz; *pl. a.* = **2erraum** *m* widownia.

zu|schaufeln *s. zuschütten;* **~schicken** po-, prze|s(y)łać ⟨-łać⟩ *(D);* **~schieben** zasuwać ⟨-unąć⟩; *(D)* podsuwać ⟨-unąć⟩; *fig. Schuld:* zwalać ⟨-lić⟩ *(na A);* **~schießen** F *v/t* przyczyni(a)ć się *(I)*, wnosić ⟨wnieść⟩ *(wkład, udział usw.* do *G*); *s. zuzahlen; v/i (sn)* doskakiwać ⟨-skoczyć⟩ *(auf j-n/*do *G*).

Zuschlag *m* dopłata *(a. Esb.); (bei Auktion)* przybitka; *Arch.* kruszy-wo; wypełniacz; *Hdl.* den ~ *erhalten* otrzymać zamówienie *(für/*na *A*); *s. Nachzahlung, Aufschlag;* **2en** *v/t Tür usw.:* zatrzaskiwać ⟨-snąć⟩; doda(wa)ć, doliczać ⟨-czyć⟩ *(auf den Preis* do ceny*); s. zunageln, zu-spielen; v/i* bić, walić *(einmal)* uderzyć *pf.,* walnąć *pf.; fig.* napadać ⟨-paść⟩, zaskakiwać ⟨-skoczyć⟩; *(Los, Tod)* dosięgać ⟨-gnąć⟩ *(A); (sn)* zamykać ⟨zamknąć⟩ się z trzaskiem; **2frei** *(0)* bez dopłaty; **~karte** *f Esb.* bilet dodatkowy; **~stoff** *m Arch. s.* Zuschlag.

zu|schließen zamykać ⟨-mknąć⟩ na klucz; **~schmieren** zasmarow(yw)-ać; **~schnappen** *v/i (Hund)* wczepi(a)ć się zębami, ugryźć *pf.;* (rn) zatrzaskiwać ⟨-snąć⟩ się.

Bretter: przybijać (przy …); (rn) ⟨…⟩ *(auf A/*do *G*); **2er(in** *f) m* krojczy(ni …).

zu|schneien *(sn)* zanosić ⟨-nieść⟩

[od. zawi(ew)ać] śniegiem; **2schnitt** *m* krój, fason; *fig.* pokrój; **~schnü-ren** zasznurow(yw)ać, zawiąz(yw)-ać; *fig. (Kehle)* ściskać ⟨-snąć⟩; **~schrauben** *Flasche usw.*: zamykać ⟨-mknąć⟩ na zakrętkę; **~schreiben** dopis(yw)ać; *fig.* przypis(yw)ać; *das hast du dir selbst ~zuschreiben* sam sobie jesteś winien; **2schrift** *f* list, *(amtlich a.)* pismo.

zu'schulden: *sich (D) et.* ~ *kommen lassen* dopuszczać ⟨-uścić⟩ się wy-kroczenia *od.* wykroczeń.

Zuschuß *m* dopłata, dodatek pie-niężny; subwencja; **~betrieb** *m* przedsiębiorstwo nierentowne *od.* wymagające subwencjonowania.

zuschütten zasyp(yw)ać; F *(hin~)* dosyp(yw)ać; *s. zugießen.*

zusehen przyglądać się, przypatry-wać się *(bei/D); fig.* ⟨po⟩starać się; *sieh zu, daß du …* postaraj się *(+ Inf.*); **~ds** w oczach, z każdą chwilą; stanowczo, wyraźnie.

zusein F: … *ist zu …* jest zamknięt|y (-a, -e).

zusend|en *s. zuschicken;* **2ung** *f* przesłanie; *konkr.* przesyłka.

zusetzen *v/t* doda(wa)ć *(A, G); Geld:* dopłacać ⟨-cić⟩; *v/i j-m hart* ~ da(wa)ć się we znaki, dokuczać ⟨-czyć⟩, dopiekać ⟨-piec⟩ do żywego *(D).* [zapewnienie.]

zusicher|n zapewni(a)ć; **2ung** *f)*

Zu'spätkommende(r) *m/f* spóź-nion|y (-a), F spóźnialsk|i (-a).

zusperren *s. zuschließen.*

Zuspiel *n Sp.* podanie; *Sp. a.* poda(wa)ć; *fig.* podsuwać ⟨-unąć⟩.

zuspitz|en zaostrzać ⟨-rzyć⟩; *Blei-stift a.:* ⟨za⟩temperować; *sich ~en fig.* zaostrzać ⟨-rzyć⟩ się; **2ung** *f* zaostrzenie (się).

zu|sprechen *v/t* przyzna(wa)ć; *(ge-richtlich)* przysądzać ⟨-dzić⟩; *Mut usw.:* doda(wa)ć *(A/G); v/i (dem Essen usw.)* raczyć się *(I)*, zajadać, popijać *(A);* **~springen** *(sn)* doska-kiwać ⟨-skoczyć⟩ *(auf j-n/*do *G*); *s. zuschnappen;* **2spruch** *m (-es; 0)* doda(wa)nie otuchy, pocieszanie; *s. Anklang; regen* 2spruch *finden* cie-szyć się ogromnym powodzeniem; **°stand** *m* stan; **2stände** *pl.* warunki kommen dostać …

zu'stande: ~ *bringen (A)* zdołać do-konać *pj.* (G), *…*

zuständig **1184**

doprowadzać ⟨-dzić⟩ do skutku; ~ kommen dochodzić ⟨dojść⟩ do skutku.

zuständig kompetentny, właściwy; **Ωkeit** f kompetencja; **Ωkeitsbereich** m zakres kompetencji.

Zustands|änderung f zmiana stanu; **~größe** f Phys. parametr stanu.

zu'statten: j-m ~ kommen przyda(wa)ć się (D).

zu|stecken spinać ⟨spiąć⟩ szpilką; (j-m et.) wtykać ⟨wetknąć⟩, wciskać ⟨-snąć⟩ (dyskretnie) do ręki; **~stehen** przysługiwać, należeć się (D).

zustell|en zastawi(a)ć (mit/I); Briefe: doręczać ⟨-czyć⟩; **Ωer** m doręczyciel; (Post**Ω**) listonosz; **Ωgebühr** f opłata za doręczanie, -enie; **Ωungs·urkunde** f pokwitowanie odbioru.

zusteuern v/t F s. beisteuern; v/i brać ⟨wziąć⟩ kurs (D/na A); fig. zmierzać (do G).

zustimm|en (j-m) przytakiwać ⟨-knąć⟩ (D); (e-r Sache) zgadzać ⟨zgodzić⟩ się (na A), zaaprobować pf. (A); **~end** präd. z aprobatą, potwierdzająco; **Ωung** f zgoda, aprobata.

zu|stopfen zat(y)kać, zap(y)chać; s. stopfen, flicken; **~stoßen** v/t s. zuschlagen; v/i (j-m) przytrafi(a)ć się, zdarzać ⟨-rzyć⟩ się (D), spot(y)kać (A); **~streben** (D) zdążać, zmierzać (do G, ku D); **Ωstrom** m (-es; 0) s. Andrang; Tech. dopływ; **~strömen** (sn) napływać ⟨-ynąć⟩; (e-m Ziel) płynąć, posuwać się; **~stürzen** v/i (sn) rzucać ⟨-cić⟩ się (auf A/ku D, do G).

zu'tage: ~ bringen od. fördern wydoby(wa)ć na jaw; ~ treten od. kommen wychodzić ⟨wyjść⟩ na jaw; offen ~ liegen być oczywistym.

Zutat f: mst pl. ~en Kochk. składniki m/pl., ingrediencje f/pl.; (Würze) przyprawy f/pl.; (Schneiderei) dodatki m/pl.

zu'teil: j-m ~ werden przypadać ⟨-paść⟩ w udziale (D); ~ werden lassen s. gewähren.

zuteil|en wydzielać ⟨-lić⟩; Arbeit, Wohnung usw.: przydzielać ⟨-lić⟩; **Ωung** f przydział.

zu'tiefst do głębi duszy od. serca, głęboko.

zutragen fig. (j-m A) donosić ⟨-nieść⟩ (k-u o L), ⟨po⟩informo-

wać (k-o o L); sich ~ wy-, z|darzać ⟨-rzyć⟩ się.

Zuträg|er m donosiciel; **Ωlich** korzystny, pożyteczny; (gesund) zdrowy (-wo); j-m (nicht) **Ωlich sein** (nie) sprzyjać (D); **~lichkeit** f (0) pożyteczność f; (des Klimas) zdrowotność f.

zutrau|en: j-m et. ~en uważać k-o za zdolnego (do G); spodziewać się (G po kimś); ich traue es mir zu myślę że potrafię to od. dam sobie radę z tym; sich (D) zuviel ~en przeceni(a)ć swoje siły od. możliwości; **Ωen** n (-s; 0) zaufanie; **~lich** ufny; niebojaźliwy (-wie); Tier a.: obłaskawiony; **Ωlichkeit** f (0) ufność f, zaufanie.

zutreffen (sn) okaz(yw)ać się (od. być) słusznym; (für, auf A) odnosić się (do G), dotyczyć (G); **~d** słuszny, trafny; (des ankreuzen (unterstreichen) odpowiednie zakreśl (od. podkreśl).

zutrinken przypi(ja)ć (D/do G).

Zutritt m dostęp; wstęp, wejście; ~ verboten! wstęp wzbroniony!

zutschen F s. lutschen.

zutun zamykać ⟨-mknąć⟩; kein Auge ~ oka nie zmrużyć (die ganze Nacht przez całą noc); F (hin~) doda(wa)ć; ohne mein **Ω** bez mojej pomocy, bez mego udziału.

zu'ungunsten Prp. (D, G) na niekorzyść (G); ze szkodą dla (G).

zu'unterst na samym spodzie; das Oberste ~ kehren przewracać ⟨-rócić⟩ wszystko do góry nogami.

zuverlässig pewny; Freund, Gerät a.: niezawodny; **Ωkeit** f (0) pewność f, niezawodność f; **Ωkeits·prüfung** f próba na niezawodność.

Zuversicht f (0) ufność f; vgl. Hoffnung; **Ωlich** ufny; **Ωlich hoffen** ufać; **Ωlich sein** być dobrej myśli.

zu'viel za (od. zbyt) dużo od. wiele; das ist ~! tego już nadto!; viel ~ o wiele za dużo.

zu'vor przedtem, wprzód; dawniej.

zu'vorkommen (D) wyprzedzać ⟨-dzić⟩, ubiegać ⟨-iec⟩ (A); (e-m Wunsch) uprzedzać ⟨-dzić⟩ (A); (e-r Gefahr) zapobiegać ⟨-iec⟩ (D); **~d** uprzejmy, usłużny; **Ωheit** f (0) uprzejmość f, usłużność f.

Zuwachs m (-es; 0) przyrost (an D/ G); (Lebewesen) przychówek; F die Familie hat ~ bekommen rodzina powiększyła się; *auf* ~ na wyrost; **2en** (*sn*) zarastać ⟨-rosnąć, -rość⟩; **~rate** *f* stopa przyrostu.

Zuwander|er *m* przybysz; imigrant; *pl. a.* ludność napływowa; **2n** (*sn*) **napływać** ⟨-ynąć⟩ *s. zuziehen* (*v/i*); **~ung** *f* napływ, imigracja.

zu'wege: ~ *bringen s. zustande*.

zu|wehen (*sn*): *die Wege sind* ~*geweht* drogi zawiało.

zu'weilen czasem, niekiedy.

zuweis|en wyznaczać ⟨-czyć⟩; *s. zuteilen*; **2ung** *f* przydział.

zuwend|en *Gesicht, Interesse*: zwracać ⟨-rócić⟩ (*j-m A*/*A* ku *D*, do *G*, *fig.* na *A*); *s. zukehren*; *Liebe*: obdarzać ⟨-rzyć⟩ (*j-m*/*k-o I*); *sich e-r Sache* ~ poświęcać ⟨-cić⟩ się (*D*); przechodzić ⟨przejść⟩ (*e-m neuen Thema usw.*/do *G*); **2ung** *f* zapomoga, subsydium *n*, wsparcie; (*Bestechungsgeld*) łapówka; (*Liebe*) miłość *f*.   [o wiele za mało.]

zu'wenig za (*od.* zbyt) mało; *viel* ~*J*

zuwerfen *s.* zuschlagen, zuschütten; *Ball, Blick*: rzucać ⟨-cić⟩ (*D*).

zu'wider: *e-r Sache* ~ wbrew (*D*); ... *ist mir* ~ czuję wstręt (do *G*), nie cierpię (*G*); ... *kann e-m* ~ *werden* można nabrać wstrętu (do *G*); **~handeln** (*D*) wykraczać ⟨-roczyć⟩ (*przeciw D*), naruszać ⟨-szyć⟩ (*A*); **2handlung** *f* przekroczenie, naruszenie (*G*); **~laufen** (*D*) być sprzecznym, nie da(wa)ć się pogodzić (z *I*).

zu|winken (*D*) skinąć *pf.* (*D*), kiwać ⟨kiwnąć⟩ (na *A*); **~zahlen** dopłacać ⟨-cić⟩; **~zählen** doliczać ⟨-czyć⟩ (*zu*/do *G*); **2zahlung** *f* dopłata; **~'zeiten** *s.* zuweilen.

zuziehen *v/t Vorhang*: zasuwać ⟨-unąć⟩, zaciągać ⟨-gnąć⟩; *Knoten*: ściągać ⟨-gnąć⟩; *s. hinzuziehen*; *sich* (*D*) *et.* ~ ściągać ⟨-gnąć⟩ na siebie (*A*); *Krankheit*: nabawić się *pf.* (*G*); *v/i* (*sn*) sprowadzać ⟨-dzić⟩ się (do *G*). ~tu.

Zu|zug *m* napływ; imigracja; *Mil.* wsparcie; **2züglich** *Prp.* (*G*) łącznie (z *I*), z doliczeniem (*G*), plus (*N*); **~zugsgenehmigung** *f* zezwolenie na zamieszkanie *od.* stały pobyt.

krępuj się!; *es besteht kein* ~ *zu* nie ma obowiązku (*G*); *s. a. Notwendigkeit.*

zwängen (*durch A*/przez *A*) prze-, (*in A'w A*) w|ciskać ⟨-nąć⟩ (*sich* się); *sich in* e-e *Jacke* ~ z trudem naciągnąć kurtkę.

zwang|läufig (*0*) *Tech.* przymusowy (-wo), wymuszony (-szenie); **~los** niewymuszony (-szenie), swobodny; *Folge*: dowolny.

Zwangs|abgabe *f Agr.* dostawa przymusowa; **~anleihe** *f* pożyczka przymusowa; **~arbeit** *f* roboty *f/pl.* przymusowe; **~einweisung** *f* przymusowe umieszczenie; **~handlungen** *f/pl. Med.* czynności *f/pl.* natrętne; **~jacke** *f* kaftan bezpieczeństwa; **~lage** *f* (*0*) rozpaczliwa sytuacja; dylemat; **2läufig** (*0*) nieunikniony (-nienie), nieuchronny; *präd. a.* siłą rzeczy; **~maßnahme** *f*, **~mittel** *n* środek przymusowy *od.* przymusu; **~neurose** *f* nerwica natręctw; **~räumung** *f* eksmisja; **~vergleich** *m* ugoda przymusowa; **~versteigerung** *f* licytacja (przymusowa); **~verwaltung** *f* zarząd przymusowy; **~vollstreckung** *f* egzekucja administracyjna *od.* sądowa); **~vorstellung** *f* myśl (*od.* obawa) natrętna, natręctwo; **2weise** przymusowy (-wo), pod przymusem; **~wirtschaft** *f* (*0*) gospodarka kierowana przez państwo, *engS.* gospodarka wojenna.

zwanzig dwadzieścia, -cioro, *Psf.* dwudziestu; *um* ~ *Uhr* o godzinie dwudziestej; **~er** *Jahre* lata dwudzieste; **2er** *m f* dwudziestka; *ein jugendlicher* 2er dwudziestoletni młodzieniec; **~fach** dwudziestokrotny; **~jährig** dwudziestoletni; **~mal** dwadzieścia razy; **2stel** *n* dwudziesta część; *ein* ~*stel* jedna dwudziesta; **~ste(r)** dwudziesty.

zwar wprawdzie; *und* ~ a mianowicie; *und* ~ nur i tylko, właśnie.

Zweck *m* (*-es*; *-e*) cel; *zu dem* ~ w tym celu; *zu welchem* ~ w jakim celu, po co; *es hat k-n* ~ nie ma sensu; **~bindung** *f* przeznaczenie na określony cel; **2dienlich** pożyteczny, przydatny; mający związek (z

sprechend odpowiadający celowi, zgodny z przeznaczeniem; *s.* zweckmäßig; **~gebunden** uwarunkowany celem; **~los** bezcelowy (-wo). bezskuteczny; **~mäßig** stosowny, celowy (-wo), wskazany.

zwecks *Prp.* (*G*) celem, w celu (*G*).

zwei dwa, dwoje, *Psf.* dwóch; *halb ~* wpół do drugiej; *um ~ Uhr* o drugiej godzinie; *zu ~t* we dwójkę; *zu ~en* dwójkami.

Zwei *f* dwójka; **Qachsig** dwuosiowy; **~akter** *m* dwuaktówka; **Qarmig** dwuramienny; **~beiner** F *m* stworzenie dwunożne; **~bettzimmer** *n* pokój podwójny *od.* na dwie osoby; **~decker** *m. Doppeldecker;* **Qdeutig** dwuznaczny; **~deutigkeit** *f* (*0*) dwuznaczność *f; konkr.* (*a. pl.*) dwuznacznik; **~drittelmehrheit** *f* większość *f* dwóch trzecich (głosów).

Zweier *m* dwójka (*a. Sp.*); **~bob** *m* bobslej dwumiejscowy.

zweierlei [*a.* -'laɪ] dwojaki; dwa różne; *das ist ~* to dwie różne rzeczy. [dwójkowy.)

Zweiersystem *n Math.* układ)

zweifach dwukrotny; *~ legen* złożyć we dwoje; *in ~er Ausfertigung* w dwu egzemplarzach.

Zwei|familienhaus *n* domek dwurodzinny; **~farbendruck** *m Typ.* druk dwubarwny.

Zweifel *m* wątpliwość *f*, powątpiewanie; *kein ~, ohne ~* bez wątpienia; *es besteht kein ~, es steht außer ~* nie ma (*od.* nie ulega) wątpliwości (*daß/że*); *außer allem ~* ponad wszelką wątpliwość; *es kommen mir ~, ob ...* powątpiewam, czy *...*; *nicht im ~ lassen* nie pozostawić wątpliwości (*über A/*co do *G*); *in ~ ziehen* pod(aw)ać w wątpliwość; *über jeden ~ erhaben sein* nie nasuwać żadnych wątpliwości; **Qhaft** wątpliwy (-wie); *Pers., Firma:* podejrzany; **Qlos** niewątpliwy (-wie).

zweifeln (-*le*) ⟨z⟩wątpić, powątpiewać (*an D/*w *A*); **~d** *präd.* z powątpiewaniem.

Zweifelsfall *m: im ~* w razie wątpliwości.

Zweifler(in *f*) *m* scepty|k (-czka), F niedowiarek.

zweiflügelig *Tür:* dwuskrzydłowy; *Zo.* dwuskrzydły.

Zweig *m* (-*es; -e*) gałązka, (*a. fig.*)

gałąź *f;* (*Industrie, Wissens a.*) dział; *s.* Abzweigung.

zweigeschlechtig dwupłciowy.

Zweiggeschäft *n* filia.

zwei|gleisig dwutorowy (-wo); **~gliedrig** dwuczłonowy.

Zweig|niederlassung *f s. Zweiggeschäft;* **~stelle** *f* oddział, ekspozytura.

zwei|händig dwuręczny, *präd. a.* oburącz; *Mus.* na dwie ręce; **~häusig** *Bot.* dwupienny; **~höckerig** dwugarbny; **~hundert** dwieście, *Psf.* dwustu; **~hundertste(r)** dwusetny, dwóchsetny; **~jährig** dwuletni; **Q¹kammer-** *Pol.* dwuizbowy; **Qkampf** *m Sp.* dwubój; *s.* Duell; **Qkämpfer** *m* dwuboista *m;* **Qkomponenten-** *Chem.* dwuskładnikowy; **~köpfig** dwugłowy; **Q~kreisbremssystem** *n* dwuobwodowy układ hamulcowy; **~mal** dwa razy, dwukrotnie; **~malig** dwukrotny, dwurazowy; **Q¹markstück** *n* moneta dwumarkowa, F dwumarkówka; **Qmaster** *m* dwumasztowiec; **~monatig** dwumiesięczny; **Qmonatsschrift** *f* dwumiesięcznik; **~motorig** dwusilnikowy; **Q~par'teiensystem** *n* system dwupartyjny; **~phasig** dwufazowy; **~polig** dwubiegunowy.

Zweirad *n* rower; **~fahrzeug** *n* pojazd dwukołowy *od.* jednośladowy.

zwei|rädrig dwukołowy; **~reihig** dwurzędowy; **Qsamkeit** *f* (*0*) sam na sam; **~schneidig** dwu-, obolsieczny; **~seitig** dwustronny; *Typ.* dwustronicowy, na dwie (*od.* dwóch) stronicach; **~silbig** dwuzgłoskowy; **~sitzig** dwumiejscowy, dwuosobowy; **~spaltig** dwuszpaltowy; **~spännig** dwukonny; **~sprachig** dwujęzyczny; **~spurig** dwuśladowy; *Tonband:* dwuścieżkowy; *Straße:* o podwójnym pasie ruchu; *s.* zweigleisig; **~stellig** *Zahl:* dwucyfrowy; **~stimmig** dwugłosowy, na dwa głosy; **~stöckig** dwupiętrowy; **~stufig** dwustopniowy, dwuczłonowy; **~stündig** dwugodzinny; **~stündlich** co dwie godziny; **~tägig** dwudniowy; **Qtaktmotor** *m* silnik dwusuwowy, dwusuw.

zweit·älteste(r) drugi wiekiem.

zweitausend dwa tysiące; **~ste(r)** dwutysięczny.

zweitbeste(r) drugi co do jakości *od.* pod względem doskonałości, najlepszy z pozostałych.
zweit|e(r) drugi; *zum ~en Mal* po raz drugi; *wie kein ~er* jak nikt inny.
zweiteil|ig dwuczęściowy; **≈ung** *f* rozdzielenie (się) na dwoje, rozdwojenie (się), bifurkacja.
zweitens po drugie, po wtóre.
zweit|klassig drugorzędny; **~letzte(r)** przedostatni; **~rangig** drugorzędny; **≈schrift** *f* kopia, duplikat.
Zwei|vierteltakt *m* takt dwućwierciowy; **≈wertig** *Chem.* dwuwartościowy; **≈wöchig** dwutygodniowy; **~zeiler** *m* dwuwiersz; **~zimmerwohnung** *f* mieszkanie dwupokojowe; **~zylinder** F *m* silnik dwucylindrowy.
Zwerchfell *n* przepona, diafragma; **≈erschütternd** *Lachen*: gwałtowny, huczny.
Zwerg *m* (-*ęs*; -*e*) karzeł; **≈(en)haft** (*0*) karłowaty (-to); **~in** *f* karlica; **~obst** *n* drzewa *n/pl.* owocowe karłowe; **~palme** *f* karłatka, palmiczka; **~staat** *m* państewko; **~volk** *n* lud karłowaty; **~wuchs** *m* karłowatość *f*.
Zwetsch|(g)e *f* śliwka; **~genschnaps** *m* śliwkówka, śliwowica.
Zwick|el *m* klin; *Arch.* żagielek kopuły; **≈en** szczypać ⟨uszczypnąć⟩; *s. kneifen, lochen*; **~er** *m* binokle *pl.*; **~mühle** *f fig.* dylemat, kłopot.
Zwieback *m* (-*s*; -*e*/*¨e*) suchar(ek).
Zwiebel *f* (-; -*n*) cebula (*a.* F *Uhr*); (*Blumen≈*) cebulka; **≈förmig** cebulasty (-to); **≈n** F (-*le*) *v/t* dręczyć (*A*), ciosać kołki na głowie (*D*); **~suppe** *f* zupa cebulowa; **~turm** *m* wieża z kopułą cebulastą.
zwie|fach *s. zweifach*; **≈gespräch** *n* dialog; **≈licht** *n* (-*ęs*; *0*) poświata, półmrok; **~lichtig** *fig.* ciemny; **≈spalt** *m* rozterka; **~spältig** zmienny, sprzeczny; **≈sprache** *f s. Zwiegespräch*; *≈sprache mit sich selbst* monolog wewnętrzny; **≈tracht** *f* (*0*) niezgoda, waśń *f*.
Zwillich *m* (-*s*; -*e*) drelich.
Zwilling *m* (-*ęs*; -*e*) bliźniak, bliźnię *n*; *pl. dst.* bliźnięta *n/pl.*; *a.* = **~s·paar** *n* bliźni|aki, -acy *m/pl.*, -ęta *n/pl.*; **~s·schwester** *f* siostra bliźniaczka.
Zwing|burg *f* zamek warowny; **~e** *f* ścisk śrubowy; (*Labor*) zacisk; **≈en** (*L.*) przy-, z|muszać ⟨-usić⟩ (*sich* się; *zu*/do *G*); **≈end** *Grund*: przekonywający, ważny; *Notwendigkeit*: nieubłagany, nieodzowny; **~er** *m hist.* międzymurze; (*Hunde≈*) psiarnia. [(*mit*/*I*).]
zwinkern (-*re*) mrugać ⟨mrugnąć⟩
Zwirn *m* (-*ęs*; -*e*) nić *f*; *engS. Text.* przędza nitkowana; **≈en** *v/t* skręcać; *Adj.* niciany; **~maschine** *f* skręcarka; **~s·faden** *m* nitka; *am ~sfaden hängen* wisieć na nitce.
zwischen *Prp.* (*A od. D*) (po)między (*A od. I*); (*mitten unter*) po-, w|śród (*G*); *~ fünf und sechs* między piątą a szóstą.
Zwischenbemerkung *f* uwaga nawiasowa *od.* na marginesie; *sich* (*D*) e-e *~ erlauben* pozwolić sobie zauważyć *od.* wtrącić się.
Zwischen|bescheid *m* odpowiedź tymczasowa; **≈betrieblich** międzyzakładowy; **~bilanz** *f* bilans sprawozdawczy okresowy; **~deck** *n* międzypokład; **~ding** *n* coś pośredniego; **≈'drin** F (po)między tymi *od.* nimi; pośrodku; **≈'durch** *zeitl.* od czasu do czasu, między jednym a drugim; **~ergebnis** *n* wynik tymczasowy; **~fall** *m* incydent, zajście; *ohne ~fälle a.* spokojnie; **~frage** *f* pytanie (przerywające); **~frequenz** *f* częstotliwość pośrednia; **~geschoß** *n* półpiętro, antresola; **~größe** *f* rozmiar (*od.* numer) pośredni; **~handel** *m* handel pośredniczący; **~hirn** *n* międzymózgowie; **~landung** *f* lądowanie na trasie; **~lösung** *f* rozwiązanie tymczasowe *od.* prowizoryczne; **~mahlzeit** *f* przekąska (między regularnymi posiłkami); **≈menschlich** międzyludzki; **~produkt** *n* wyrób pośredni; półprodukt; **~prüfung** *f* egzamin częściowy; **~raum** *m* odstęp; *engS. a.* przerwa, interwał; **~raumtaste** *f* odstępnik; **~ring** *m Fot.* pierścień pośredni; **~ruf** *m* okrzyk przerywający; **~runde** *f* ćwierćfinał; **~satz** *m Gr.* zdanie wtrącone; **~spiel** *n Mus.* intermezzo *n*; **≈staatlich** (*0*) międzypaństwowy.
Zwischenstation *f*: *~ machen* zatrzym(yw)ać się.
Zwischen|stock *m s. Zwischengeschoß*; **~stück** *n* wkładka; część pośrednia, człon (*od.* element) po-

średni; **~stufe** f stopień (*od.* etap) pośredni; **~wand** f ścian(k)a działowa.

Zwischenzeit f *Sp.* międzyczas; *in der* ~ tymczasem, w tym czasie.

Zwist m (*-es*; *-e*) spór, niezgoda; *a.* = **~igkeiten** f/pl. niesnaski f/pl., zatargi m/pl.

zwitschern (*-re*) ⟨za⟩szczebiotać, świe(r)gotać; F e-n ~ golnąć jednego, strzelić sobie setkę.

Zwitter m obojnak, hermafrodyta m; **~bildung** f obojnactwo; **2haft** (*0*) obojnaczy, obupłciowy (*-wo*).

zwo *s.* zwei.

zwölf dwanaści|e, -oro, *Psf.* dwunastu; ~ *Uhr* dwunasta godzina; *halb* ~ wpół do dwunastej.

Zwölf f dwunastka; **2eckig** dwunastokątny; **~ender** m dwunastak; **~'fingerdarm** m dwunastnica; **2-jährig** dwunastoletni; **2mal** dwanaście razy; **2malig** dwunastokrotny; **2stündig** dwunastogodzinny; **2tausend** dwanaście tysięcy.

zwölft|e(r) dwunasty; **2el** n dwunasta część; *ein* ~*el* jedna dwunasta; **~ens** po dwunaste.

Zy'an n (*-s*; *0*) cyjan; **~'kali** n (*-s*; *0*) cyjanek potasu; **~wasserstoff** m cyjanowodór, kwas cyjanowodorowy.

Zy'klamen n cyklamen.

zyklisch cykliczny.

Zy|klo'ide f cykloida; **~'klon** m (*-s*; *-e*) *Meteo.* cyklon; *Tech.* oddzielacz cyklonowy; **~'klop** m (*-en*) Cyklop; **~'klopenmauer** f mur cyklopowy; **~klo'tron** n (*-s*; *-e*/*-s*) cyklotron.

Zyklus m (*-*; *-len*) cykl.

Zy'linder m *Math.* walec, (*a. Tech.*, *Hut*) cylinder; **~block** m *Kfz.* blok cylindrowy *od.* cylindrów; **~kopf** m głowica cylindra.

zy'lindrisch cylindryczny.

Zy|niker m cynik; **2nisch** cyniczny; **~'nismus** m (*-*; *konkr.* *-men*) cynizm.

Zyprer m Cypryjczyk.

Zy'presse f cyprys; **~n-** cyprysowy.

Zypri'ot m (*-en*) *s.* Zyprer; **2isch**, **zyprisch** cypryjski.

Zyste f cysta; *Med. a.* torbiel f.

Zyto|plasma n cytoplazma; **~'statikum** n (*-s*; *-ka*) lek cytostatyczny.

Powszechnie używane skróty niemieckie

Gebräuchliche deutsche Abkürzungen

AA *Auswärtiges Amt* ministerstwo spraw zagranicznych

Abb. *Abbildung* ryciną, ilustracja

Abf. *Abfahrt* odjazd, odejście

Abk. *Abkürzung* skrót

Abs. *Absatz* ustęp, rozdział; *Absender* nadawca

Abschn. *Abschnitt* odcinek

Abt. *Abteilung* oddział; kwatera

a. D. *außer Dienst* emerytowany; *an der Donau* nad Dunajem

ADAC *Allgemeiner Deutscher Automobil-Club* Powszechny Niemiecki Automobilklub

ADN *Allgemeiner Deutscher Nachrichtendienst* Powszechna Niemiecka Służba Informacji (agencja prasowa NRD)

Adr. *Adresse* adres

AG *Aktiengesellschaft* spółka akcyjna

allg. *allgemein* powszechny, ogólny

a. M. *am Main* nad Menem

amtl. *amtlich* urzędo|wy (-wo)

Ank. *Ankunft* przybycie

Anm. *Anmerkung* uwaga

AOK *Allgemeine Ortskrankenkasse* Powszechna Miejscowa Kasa Chorych

ao. Prof., a.o. Prof. *außerordentlicher Professor* profesor nadzwyczajny

APO *Außerparlamentarische Opposition* pozaparlamentarna opozycja

App. *Apparat* aparat

ARD *Arbeitsgemeinschaft der öffentlich-rechtlichen Rundfunkanstalten der Bundesrepublik Deutschland* Wspólnota Pracy Publiczno-Prawnych Rozgłośni Republiki Federalnej Niemiec

a. Rh. *am Rhein* nad Renem

Art. *Artikel* artykuł

ASTA *Allgemeiner Studentenausschuß* Powszechny Komitet Studencki

Aufl. *Auflage* nakład; wydanie

AvD *Automobilclub von Deutschland* Niemiecki Automobilklub

AZ, Az. *Aktenzeichen* numer akt, liczba dziennika

Azubi *Auszubildende(r)* odbywający naukę (zawodu)

b. *bei* przy, u

Bd. *Band* tom

BDI *Bundesverband der Deutschen Industrie* Związek Federalny Niemieckiego Przemysłu

beil. *beiliegend* w załączeniu

Bem. *Bemerkung* uwaga

bes. *besonders* szczególnie, w szczególności [zamówienia]

Best.-Nr. *Bestellnummer* numer zamówienia

Betr. *Betreff, betrifft* dotyczy

betr. *betreffend, betrifft, betreffs* dotyczy; odnośnie do

Bez. *Bezeichnung* nazwa; oznaczenie; *Bezirk* okręg

bez. *bezüglich* odnośnie do; *bezahlt* zapłacony

BfA *Bundesversicherungsanstalt für Angestellte* Federalny Zakład Ubezpieczeń Pracowników Umysłowych

Bg. *Bogen* arkusz

BGB *Bürgerliches Gesetzbuch* kodeks cywilny

BGH *Bundesgerichtshof* Najwyższy Sąd Federalny

BGS *Bundesgrenzschutz* Federalne Oddziały Ochrony Granic

BH *Büstenhalter* stanik, biustonosz

Bhf. *Bahnhof* stacja, dworzec

BND *Bundesnachrichtendienst* Federalna Służba Wywiadowcza

BP *Bundespost* Poczta Federalna

BRD *Bundesrepublik Deutschland* Republika Federalna Niemiec

BRT *Brutto-Register-Tonne* tona rejestrowa

Bw *Bundeswehr* Bundeswera

b. w. *bitte wenden* proszę odwrócić, verte [albo]

bzw. *beziehungsweise* względnie,

ca. *circa* ungefähr, etwa circa, około

CDU *Christlich-Demokratische Union*

Unia Chrześcijańsko-Demokratyczna

Co. *Kompagnon, Kompanie* spólnik, spółka

COMECON *Council for Mutual Economic Assistance/Aid s.* RGW

CSU *Christlich-Soziale Union* Unia Chrześcijańsko-Społeczna

c.t. *cum tempore, mit akademischem Viertel* z kwadransem akademickim

CVJM *Christlicher Verein Junger Menschen* Chrześcijańskie Stowarzyszenie Młodzieży

D *Deutschland* Niemcy; *Durchgangszug* pociąg (pospieszny) dalekobieżny

d.Ä. *der Ältere* starszy

DAG *Deutsche Angestellten-Gewerkschaft* Niemiecki Związek Zawodowy Pracowników Umysłowych

DB *Deutsche Bundesbahn* Niemieckie Koleje Federalne; *Deutsche Bundesbank* Niemiecki Bank Federalny

DBB *Deutscher Beamtenbund* Niemiecki Związek Urzędników Państwowych

DDR *Deutsche Demokratische Republik* Niemiecka Republika Demokratyczna

DFB *Deutscher Fußball-Bund* Niemiecki Związek Piłki Nożnej

DFG *Deutsche Forschungsgemeinschaft* Niemiecka Wspólnota Naukowo-Badawcza

DGB *Deutscher Gewerkschaftsbund* Zrzeszenie Niemieckich Związków Zawodowych

dgl. *dergleichen, desgleichen* tym (temu) podobne

d. Gr. *der Große* Wielki

d. h. *das heißt* to znaczy

d. i. *das ist* to jest

DIN *Deutsches Institut für Normung* Niemiecki Instytut Normowania; *Deutsche Industrie-Norm* Niemiecka Norma Przemysłowa

Dipl. *Diplom(...)* dyplomowany

Dipl.-Volksw. *Diplomvolkswirt* dyplomowany ekonomista

DIW *Deutsches Institut für Wirtschaftsforschung* Niemiecki Instytut Badań Ekonomicznych

d. J. *dieses Jahres* roku bieżącego; *der Jüngere* młodszy

DKP *Deutsche Kommunistische Partei* Niemiecka Partia Komunistyczna

DLRG *Deutsche Lebensrettungs-Gesellschaft* Niemieckie Towarzystwo Ratowania Tonących

DLV *Deutscher Leichtathletik-Verband* Niemiecki Związek Lekkoatletyczny

DM *Deutsche Mark* niemiecka marka

DNA *Deutscher Normenausschuß* Niemiecki Komitet Normalizacyjny

do. *dito* ditto, to samo

Doz. *Dozent* docent

DP *Deutsche Post* Niemiecka Poczta (NRD)

dpa *Deutsche Presse-Agentur* Niemiecka Agencja Prasowa

DR *Deutsche Reichsbahn* Niemieckie Koleje Państwowe (NRD)

Dr. *Doktor* doktor

DRK *Deutsches Rotes Kreuz* Niemiecki Czerwony Krzyż

dt(sch). *deutsch* niemiecki

Dtschld. *Deutschland* Niemcy

E *Eilzug* pociąg przyspieszony

ebd. *ebenda* tamże

Ed. *Edition* wydanie

EDV *elektronische Datenverarbeitung* elektroniczne przetwarzanie danych

EG *Europäische Gemeinschaft(en)* Wspólnota|a (-y) Europejsk|a (-ie)

EGKS *Europäische Gemeinschaft für Kohle und Stahl* Europejska Wspólnota Węgla i Stali

e.h. *ehrenhalber* honoris causa

ehem., ehm. *ehemalig, ehemals* były, dawniej

eig., eigtl. *eigentlich* właściwie

einschl. *einschließlich* (w)łącznie

EK *Eisernes Kreuz* Krzyż Żelazny

EKD *Evangelische Kirche in Deutschland* Kościół Ewangelicki w Niemczech

EKG *Elektrokardiogramm* elektrokardiogram

entspr. *entsprechend* zgodnie z; analogicznie

ERE *Europäische Rechnungseinheit* europejska jednostka rozliczeniowa

Erl. *Erläuterung* objaśnienie; komentarz

Euratom *Europäische Atomgemeinschaft* Europejska Wspólnota Energii Atomowej

ev. *evangelisch* ewangelicki

e.V. *eingetragener Verein* towarzystwo zarejestrowane

EVP *Einzelhandelsverkaufspreis, Endverkaufspreis* cena detaliczna (NRD)

evtl. *eventuell* ewentualnie

EWG *Europäische Wirtschaftsgemeinschaft* Europejska Wspólnota Gospodarcza

exkl. *exklusive* wyjąwszy, z wyłączeniem

Expl. *Exemplar* egzemplarz

f. *folgende (Seite)* następna (strona)

Fa. *Firma* firma

Fam. *Familie* rodzina

FC *Fußballclub* klub piłki nożnej

FDGB *Freier Deutscher Gewerkschaftsbund* Zrzeszenie Wolnych Niemieckich Związków Zawodowych (NRD)

FDJ *Freie Deutsche Jugend* Wolna Młodzież Niemiecka (NRD)

FDP, F.D.P. *Freie Demokratische Partei* Wolna Partia Demokratyczna

FD-Zug *Ferndurchgangszug* dalekobieżny pociąg pospieszny

ff. *folgende (Seiten)* następne (strony)

Ffm. *Frankfurt am Main* Frankfurt nad Menem

FKK *Freikörperkultur* nudyzm

Fl. *Flasche* butelka

Forts. *Fortsetzung* ciąg dalszy

fr. *frei* wolny; bezpłatny

Fr. *Frau* pani; *Freitag* piątek

frdl. *freundlich* uprzejmie

Frl. *Fräulein* panna

FU *Freie Universität* Wolny Uniwersytet (Berlin Zach.)

Gbf. *Güterbahnhof* dworzec towarowy

geb. *geboren* urodzony; *Frau*: z domu; *gebunden* oprawny

Gebr. *Gebrüder* bracia

gef. *(im Krieg) gefallen* poległy

gegr. *gegründet* założony

gem. *gemäß* zgodnie z

GEMA *Gesellschaft für musikalische Aufführungs- u. mechanische Vervielfältigungsrechte* Stowarzyszenie w Celu Ochrony Praw Twórców w Dziedzinie Muzyki i Zapisów Dźwiękowych

Ges. *Gesellschaft* towarzystwo; *Hdl.* spółka; *Gesetz* ustawa

ges.gesch. *gesetzlich geschützt* prawnie zastrzeżony

gesch. *geschieden* rozwiedzion|y (-a)

gest. *gestorben* zmarły

gez. *gezeichnet* podpisany

GG *Grundgesetz* ustawa zasadnicza, konstytucja

GmbH, G.m.b.H. *Gesellschaft mit beschränkter Haftung* spółka z ograniczoną odpowiedzialnością

GST *Gesellschaft für Sport und Technik* Towarzystwo Popierania Sportu i Techniki (NRD)

Hbf. *Hauptbahnhof* dworzec główny

HG s. **OHG**

HGB *Handelsgesetzbuch* kodeks handlowy

HO *Handelsorganisation* Miejski Handel Detaliczny (NRD)

höfl. *höflich(st)* uprzejmie

Hptm. *Hauptmann* kapitan

hpts. *hauptsächlich* głównie

Hptst. *Hauptstadt* stolica

Hr., Hrn. *Herr(n)* pan [daktor}

Hrsg. *Herausgeber* wydawca; re-}

i. *im, in* w

i. A. *im Auftrag* z polecenia

IG *Industriegewerkschaft* Związek Zawodowy

IHK *Industrie- u. Handelskammer* Izba Przemysłowo-Handlowa

Ing. *Ingenieur* inżynier

Inh. *Inhaber* właściciel

inkl. *inklusive* włącznie

IOK *Internationales Olympisches Komitee* Międzynarodowy Komitet Olimpijski

IPU *Interparlamentarische Union* Unia Międzyparlamentarna

IQ *Intelligenzquotient* współczynnik inteligencji

i. R. *im Ruhestand* w stanie spoczynku, emerytowany

IRK *Internationales Rotes Kreuz* Międzynarodowy Czerwony Krzyż

i.V. *in Vertretung* w zastępstwie

Jg. *Jahrgang* rocznik

Jh. *Jahrhundert* wiek, stulecie

jhrl. *jährlich* roczny, rocznie

jr., jun. *junior, der Jüngere* młodszy, junior

jur. *juristisch* prawny

Kap. *Kapitel* rozdział

kath. *katholisch* katolicki(ego wyznania)

Kfm. *Kaufmann* kupiec, handlowiec

kfm. *kaufmännisch* handlowy

Kfz. *Kraftfahrzeug* pojazd mechaniczny

KG *Kommanditgesellschaft* spółka komandytowa

KKW *Kernkraftwerk* elektrownia jądrowa

Kl. *Klasse* klasa

KP *Kommunistische Partei* partia komunistyczna

KPdSU *Kommunistische Partei der Sowjetunion* Komunistyczna Partia Związku Radzieckiego

Kripo *Kriminalpolizei* policja kryminalna

Kto. *Konto* konto, rachunek

KW *Kurzwelle* fale krótkie

KZ *Konzentrationslager* obóz koncentracyjny

l. *links* na (w) lewo; po lewej

LDPD *Liberal-Demokratische Partei Deutschlands* Liberalno-Demokratyczna Partia Niemiec

led. *ledig* nieżonaty; niezamężna

Lekt. *Lektion* lekcja

lfd. Nr. *laufende Nummer* numer bieżący

Lfg., Lfrg. *Lieferung* dostawa; zeszyt

LG *Landgericht* sąd krajowy

Lkw, LKW *Lastkraftwagen* samochód ciężarowy

Ln. *Leinen Typ.* (oprawny w) płótno

LP *Langspielplatte* płyta długogrająca

LPG *Landwirtschaftliche Produktionsgenossenschaft* rolnicza spółdzielnia produkcyjna (NRD)

lt. *laut* według; zgodnie

Lt. *Leutnant* podporucznik

ltd. *leitend* kierowniczy

Ltg. *Leitung* kierownictwo

luth. *lutherisch* luterański(ego wyznania)

M *Mark* marka (NRD)

max. *maximal* maksymalny

m.b.H. *s.* **GmbH**

MdB *Mitglied des Bundestages* członek Bundestagu

MdL *Mitglied des Landtages* członek Landtagu

mdl. *mündlich* ustny, ustnie

MEZ *mitteleuropäische Zeit* czas środkowoeuropejski

MG *Maschinengewehr* karabin maszynowy

Mill. *Million(en)* milion(y)

min., Min. *Minute(n)* minuta, minut(y)

min. *minimal* minimalny, minimalnie

Mio. *Million(en)* s. **Mill.**

möbl. *möbliert* umeblowany, z meblami

mod. *modern* nowoczesny; modny

MP *Militärpolizei* policja wojskowa

Mrd. *Milliarde(n)* miliard(y)

mtl. *monatlich* miesięczn|y (-ie)

m. W. *meines Wissens* o ile mi wiadomo

MwSt. *Mehrwertsteuer* podatek od wartości dodanej

N *Norden* północ

Nachf. *Nachfolger* następca

nachm. *nachmittags* po południu

n. Chr. *nach Christus* po Chrystusie

NDPD *National-Demokratische Partei Deutschlands* Narodowo-Demokratyczna Partia Niemiec (NRD)

NDR *Norddeutscher Rundfunk* Północnoniemiecka Rozgłośnia Radia i TV

NO *Nordosten* północny wschód

NOK *Nationales Olympisches Komitee* Narodowy Komitet Olimpijski

NPD *National-Demokratische Partei Deutschlands* Narodowo-Demokratyczna Partia Niemiec

Nr. *Nummer* numer, liczba

NVA *Nationale Volksarmee* Narodowa Armia Ludowa (NRD)

NW *Nordwesten* północny zachód

O *Osten* wschód

o. *oben* u góry, wyżej; *oder* albo; *ohne* bez

o. ä. *oder ähnlich* lub podobne

OB *Oberbürgermeister* nadburmistrz

o. B. *ohne Befund* bez zmian

Obb. *Oberbayern* Górna Bawaria

ÖBB *Österreichische Bundesbahnen* Austriackie Koleje Związkowe

od. *oder* albo, lub

OECD *Organization for Economic Cooperation and Development* (*Organisation für wirtschaftliche Zusammenarbeit und Entwicklung*) Organizacja Współpracy i Rozwoju Gospodarczego

OEZ *Osteuropäische Zeit* czas wschodnioeuropejski

öff., öffentl. *öffentlich* publiczny; jawny

offiz. *offiziell* oficjalny
OHG *Offene Handelsgesellschaft* spółka jawna
o. J. *ohne Jahr* bez roku
OLG *Oberlandesgericht* wyższy sąd krajowy
OP *Operationssaal* sala operacyjna
ORF *Österreichischer Rundfunk* Radio Austria
ÖVP *Österreichische Volkspartei* Austriacka Partia Ludowa

p. A(dr). *per Adresse* na adres
Pf *Pfennig* fenig(ów)
Pfd. *Pfund* funt(ów)
PGH *Produktionsgenossenschaft des Handwerks* (rzemieślnicza) spółdzielnia produkcyjna (NRD)
PH *Pädagogische Hochschule* wyższa szkoła pedagogiczna
Pkw, PKW *Personenkraftwagen* samochód osobowy
Pl. *Platz* plac; miejce
PLZ *Postleitzahl* kod pocztowy
p.p., p.pa., ppa. *per procura* z pełnomocnictwa
priv. *privat* prywatny
PS *Pferdestärke* koń mechaniczny; *Postskriptum* postscriptum
PSchA *Postscheckamt* Pocztowy Urząd Czekowy
PVC *Polyvinylchlorid* polichlorek winylu

qm *Quadratmeter* metr kwadratowy

r. *rechts* na (w) prawo; po prawej
rd. *rund* około
Reg.-Bez. *Regierungsbezirk* okręg regencyjny
Rel. *Religion* wyznanie
Rep. *Republik* republika
resp. *respektive* względnie
RGW *Rat für gegenseitige Wirtschaftshilfe* Rada Wzajemnej Pomocy Gospodarczej
RIAS *Rundfunk im amerikanischen Sektor (von Berlin)* Rozgłośnia w Amerykańskim Sektorze (Berlina)
rk. *römisch-katholisch* rzymskokatolicki
rm *Raummeter* metr przestrzenny
rřIII. *römisch* rzymsko-; rzymski

S *Süden* południe
S. *Seite* strona

S-Bahn *Schnellbahn, Stadtbahn* szybka kolej (miejska)
SBB *Schweizerische Bundesbahnen* Szwajcarskie Koleje Związkowe
SC *Sportclub* klub sportowy
SDS *Sozialistischer Deutscher Studentenbund* Socjalistyczny Związek Studentów
sec *Sekunde* sekunda
SED *Sozialistische Einheitspartei Deutschlands* Socjalistyczna Partia Jedności Niemiec (NRD)
sen. *senior, der Ältere* starszy, senior
SFB *Sender Freies Berlin* Rozgłośnia Wolny Berlin
sfr., sFr. *Schweizer Franken* frank szwajcarski
SO *Südosten* południowy wschód
s. o. *siehe oben* patrz wyżej
sog. *sogenannt* tak zwany
SPD *Sozial-Demokratische Partei Deutschlands* Socjaldemokratyczna Partia Niemiec
SPÖ *Sozialistische Partei Österreichs* Socjalistyczna Partia Austrii
SRG *Schweizerische Radio- und Fernsehgesellschaft* Szwajcarskie Radio i Telewizja
SS *Sommersemester* semestr letni
St. *Stück* sztuk; *Sankt* święty
Std. *Stunde* godzina
stdl. *stündlich* na godzinę; godzinowo
stellv. *stellvertretend* zastępca, wice-
StGB *Strafgesetzbuch* kodeks karny
StPO *Strafprozeßordnung* kodeks postępowania karnego
Str. *Straße* ulica
StVO *Straßenverkehrsordnung* kodeks drogowy
s. u. *siehe unten* patrz niżej
SU *Sowjetunion* Związek Radziecki
SV *Sportverein* towarzystwo sportowe
SW *Südwesten* południowy zachód
SWF *Südwestfunk* Południowozachodnia Rozgłośnia Radiowa
s.Z. *seinerzeit* swego czasu

tägl. *täglich* (co)dzienny, (co)dziennie
Tb(c), Tbk *Tuberkulose* gruźlica
TEE *Trans-Europ-Express* Transeuropejski Ekspres
TH *Technische** *Hochschule* wyższa szkoła techniczna
Tsd. *Tausend(e)* tysiąc(e)

1194

TU *Technische Universität* uniwersytet techniczny, politechnika

TÜV *Technischer Überwachungsverein* Towarzystwo Nadzoru Technicznego

u. *und* i, a

u. a. *und andere(s)* i inne/inni; *unter anderem* między innymi

u. ä. *und ähnliche(s)* i tym podobne

u.dgl. (**m.**) *und dergleichen (mehr)* i tym podobne

u. d. M. *unter dem Meeresspiegel* poniżej poziomu morza

ü. d. M. *über dem Meeresspiegel* nad poziomem morza

UdSSR *Union der Sozialistischen Sowjetrepubliken* Związek Socjalistycznych Republik Radzieckich

UKW *Ultrakurzwelle* fale ultrakrótkie

U/min *Umdrehungen je Minute* obrotów na minutę

US(A) *Vereinigte Staaten (von Amerika)* Stany Zjednoczone (Ameryki Płn.)

usw. *und so weiter* i tak dalej

u. U. *unter Umständen* ewentualnie

u. v. a. (**m.**) *und viele(s) andere (mehr)* i inne, i tym podobne

u. Z. *unserer Zeitrechnung* naszej ery

u. zw. *und zwar* a mianowicie

v. *von* od; z(e); *bei Namen*: von

V. *Vers* wiersz

v. Chr. *vor Christus* przed Chrystusem

VE *Verrechnungseinheit* jednostka rozliczeniowa

VEB *Volkseigener Betrieb* przedsiębiorstwo państwowe (NRD)

Verf., Vf. *Verfasser* autor

verh. *verheiratet* żonaty; zamężna

Verl. *Verlag* wydawnictwo

verw. *verwitwet* wdowa (po); wdowiec

vgl. *vergleiche* porównaj

v. g. u. *vorgelesen, genehmigt, unterschrieben* przeczytane, przyjęte, podpisane

v.H. *vom Hundert* od sta

v. J. *vorigen Jahres* ubiegłego roku

v. M. *vorigen Monats* ubiegłego miesiąca

vol. *Volumen* pojemność; objętość

vorm. *vormittags* przed południem

Vors. *Vorsitzender* prezes, przewodniczący

VP *Volkspolizei* Policja Ludowa (NRD)

VR *Volksrepublik* Republika Ludowa

v.T. *vom Tausend* pro mille, od tysiąca

v. u. *von unten* od dołu

W *Westen* zachód; *Watt* wat

WDR *Westdeutscher Rundfunk* Zachodnioniemiecka Rozgłośnia Radiowa

WE *Wärmeeinheit* jednostka ciepła

WEU *Westeuropäische Union* Unia Zachodnioeuropejska

WEZ *Westeuropäische Zeit* czas zachodnioeuropejski

WGB *Weltgewerkschaftsbund* Światowa Federacja Związków Zawodowych

WM *Weltmeisterschaft* mistrzostwa świata

WS *Wintersemester* semestr zimowy

Wwe. *Witwe* wdowa

Wz. *Warenzeichen* marka fabryczna

z. zu, zum, zur do

Z. *Zahl* liczba; *Typ. Zeile* wiersz

z. B. *zum Beispiel* na przykład

ZDF *Zweites Deutsches Fernsehen* Drugi Niemiecki Program TV

ZGB *Zivilgesetzbuch* kodeks cywilny

z. H(d). *zu Händen* do rąk

ZK *Zentralkomitee* Komitet Centralny

ZPO *Zivilprozeßordnung* kodeks postępowania cywilnego

z. T. *zum Teil* częściowo, po części

zus. *zusammen* ogółem, razem

zw. *zwischen* między

z. Z(t). *zur Zeit* obecnie

Nazwy geograficzne*)

Geographische Namen

Aachen Akwizgran
Adria *f*, **Adri'atisches Meer**
  Adriatyk, Morze Adriatyckie
Afrika Afryka
Ä'gäisches Meer Morze Egejskie
Ä'gypten Egipt
Al'banien Albania
Al'gerien Algieria
Algier [-ʒiːʁ] Algier
Allenstein Olsztyn
Alpen Alpy *pl.*
Ama'zonas *m* Amazonka
A'merika Ameryka
Angerburg Węgorzewo
Ant'arktika *f* Antarktyda
Ant'werpen Antwerpia
Apen'ninenhalbinsel Apeniński
  Półwysep
Argen'tinien Argentyna
Arktis *f* Arktyka
Asien Azja
Asowsches Meer Morze Azowskie
As'sisi Asyż
A'then Ateny *pl.*
Äthi'opien Etiopia
At'lantischer Ozean Ocean⎱Atlantycki⎰
Auschwitz Oświęcim
Au'stralien Australia

Bad Altheide Polanica Zdrój
Bad Flinsberg Świeradów Zdrój
Bad Landeck Lądek Zdrój
Bad Reinerz Duszniki Zdrój *pl.*
Bad Salzbrunn Szczawno Zdrój
Bad Warmbrunn Cieplice Śląskie
  Zdrój *pl.*
Baden (*Land*) Badenia
Balkangebirge Bałkan [wysep⎱
Balkanhalbinsel Bałkański Pół-⎰
Baltisches Meer Morze Bałtyckie
Bartenstein Bartoszyce *pl.*
Basel Bazylea
Baskenland Baskonia, Kraj Basków
Bautzen Budziszyn

Belgard Białogard
Belgien Belgia
Beuthen Bytom
Birma Birma
Bodensee *m* Bodeńskie Jezioro
Böhmen Czechy *pl.*
Böhmerwald Szumawa
Bo'livien Boliwia
Bosnien Bośnia
Bosporus *m* Bosfor
Brandenburg (*Land*) Branden-⎱
Bra'silien Brazylia   [burgia⎰
Braunschweig Brunszwik
Bremen Brema
Breslau Wrocław
Bretagne [-'tanjə] *f* Bretania
Brieg Brzeg
Bromberg Bydgoszcz
Brügge Brugia
Brüssel Bruksela
Bul'garien Bułgaria
Bunzlau Bolesławiec
Burma Birma
By'zanz Bizancjum *n* (*unv.*)

Cádiz [k-] Kadyks
Cam'min [k-] Kamień Pomorski
Capetown ['ke:(i)ptaun] Kapsztad
Ceylon ['tsai-] Cejlon
Champagne [ʃa'panjə] *f* Szam-⎱
China [ç-] Chiny *pl.*   [pania⎰
Cosel ['k-] Koźle
Costa Rica [k- 'riːkɑ] Kostaryka
Cottbus ['k-] Chociebuż
Crossen ['k-] Krosno Odrzańskie
Culm [k-] Chełmno

Dal'matien Dalmacja
Da'maskus Damaszek
Dänemark Dania
Danzig Gdańsk
Den Haag Haga
Deutsche Bucht Zatoka Helgo-⎱
Deutsch 'Krone Wałcz   [landzka⎰
Deutschland Niemcy *pl.*

---

*) Nie zestawione pochylonym pismem nazwy miast i krajów są
rodzaju nijakiego.

Dirschau Tczew
Domini'kanische Republik
 Dominikana
Donau f Dunaj
Drakensberge Smocze Góry pl.
Dramburg Drawsko Pomorskie
Dresden Drezno
Dünkirchen Dunkierka

Elbe f Łaba
Elbing (Ort) Elbląg   [Słoniowej}
Elfenbeinküste Wybrzeże Kości}
Elsaß Alzacja
Elster f Elstera
England Anglia
Ermland Warmia   [Rudawy pl.}
Erzgebirge Kruszcowe Góry pl.}
Estland Estonia
Eu'ropa Europa

Fä'röer Owcze Wyspy pl.
Festenburg Twardogóra
Feuerland Ziemia Ognista
Fichtelgebirge Smreczany pl.
Finnischer Meerbusen Fińska Za-
toka
Finnland Finlandia
Flandern Flandria
Flatow Złotów
Flo'renz Florencja
Franken Frankonia   [pl.}
Frankenstein Ząbkowice Śląskie}
Frankenwald Frankoński Las
Frankreich Francja
Frauenburg Frombork
Fraustadt Wschowa
Freiburg Świebodzice pl.
Freiburg (im Breisgau) Fryburg
 (Bryzgowijski)
Friedeberg Strzelce Krajeńskie pl.
Friesland Fryzja
Fünen Fionia

Gdingen Gdynia
Genf Genewa
Gent Gandawa
Georgiën Gruzja
Gironde [5-] f Żyronda
Glatz Kłodzko
Gleiwitz Gliwice pl.
Glogau Głogów
Gnesen Gniezno
Goldberg Złotoryja
Golf von Ko'rinth Koryncka Zatoka
Gollnow Goleniów
Görlitz Zgorzelec
Göttingen Getynga
Grätz Grodzisk Wielkopolski

Graudenz Grudziądz
Greifenberg Gryfice pl.
Greifenhagen Gryfino
Greiffenberg Gryfów Śląski
Greifswald Gryfia
Griechenland Grecja
Grönland Grenlandia
Großbri'tanniën Wielka Brytania
Groß'möllen Mielno (Koszalińskie)
Groß Strehlitz Strzelce Opolskie pl.
Grünberg Zielona Góra
Guben Gubin
Guhrau Góra

Halbinsel Hela Helska Mierzeja
Halbinsel Kola Kolski Półwysep
Halbinsel Krim Krymski Półwysep
Halbinsel Ma'lakka Malajski Pół-}
Han'nover Hanower   [wysep}
Ha'vanna Hawana
Havel f Hawela
Ha'waii-Inseln Hawaje pl.
Heilsberg Lidzbark Warmiński
Henkenhagen Ustronie Morskie
Hermsdorf Sobieszów
Hessen Hesja
Hindenburg Zabrze
Hirschberg Jelenia Góra
Holland Holandia
Holstein Holsztyn

Indiën India
Indischer Ozean Ocean Indyjski
Indo'nesiën Indonezja
Ionisches Meer Morze Jońskie
Irland Irlandia
Isar f Izara
Isergebirge Izerskie Góry pl.
Island Islandia
Isonzo m Socza
Israël Izrael
I'taliën Włochy pl.

Japan Japonia
Java Jawa
Je'rusalem Jerozolima
Jo'hannisburg Pisz
Jor'daniën Jordania
Jugo'slawiën Jugosławia
Jungfern-Inseln Wyspy Dziewicze}
Jütland Jutla dia   [pl.}

Kairo Kair
Kam'bodscha Kambodża
Ka'nal-Inseln Wyspy Normandzkie
 pl.
Ka'narische Inseln Wyspy Kana-
ryjskie, Kanary pl.

Kandrzin Kędzierzyn
Kap der Guten Hoffnung Dobrej Nadziei Przylądek
Kap 'Verde Zielony Przylądek
Kapstadt Kapsztad
Ka'ribisches Meer Morze Karaib-)
Kärnten Karyntia   [skie∫
Kar'pathen Karpaty *pl.*
Kar'thago Kartagina
Kaspisches 'Meer Morze Kaspij-)
Kattowitz Katowice *pl.*   [skie∫
Kaunas Kowno
Kaukasus Kaukaz
Khartum Chartum
Kiel Kilonia
Kiëw Kijów
Klagenfurt Celowiec
Klein'asiën Azja Mniejsza
Koblenz Koblencja
Kolberg Kołobrzeg
Köln Kolonia
Ko'lumbien Kolumbia
Königsberg Królewiec
Königshütte Chorzów
Konitz Chojnice *pl.*
Konstanz Konstancja
Kopen'hagen Kopenhaga
Ko'rinth *s.* Golf von Korinth
Korsika Korsyka
Kö'slin Koszalin
Kosta'rika Kostaryka
Krakau Kraków
Krappitz Krapkowice *pl.*
Kreuzburg Kluczbork
Krim *f* Krym
Kro'atiën Chorwacja
Krummhübel Karpacz
Kü'strin Kostrzyn
Kuwait Kuwejt

Landeshut Kamienna Góra
Landsberg Gorzów Wielkopolski
Langen'bielau Bielawa Dzierżoniowska
Languedoc [lăgə'dɔk] Langwedocja
Lappland Laponia
Lauban Lubań *m*
Lauenburg a. d. Leba Lębork
Lausanne [loˈzan] Lozanna
Lausitz *f* Łużyce *pl.*
Lautenburg Lidzbark
Leb'bin Lubin
Le Havre Hawr
Leiden Lejda
Leipzig Lipsk
Leobschütz Głubczyce *pl.*
Lettland Ł.
Libanon Liban

Libyen Libia
Liegnitz Legnica
Lissa Leszno
Lissabon Lizbona
Litauen Litwa
Livland Inflanty *pl.*
Lodz Łódź *f*
Lombar'dei Lombardia
London Londyn
Lothringen Lotaryngia
Lötzen Giżycko
Löwenberg Lwówek Śląski
Löwentinsee *m* Niegocin
Lübeck Lubeka
Lüben Lubin
Lüneburger Heide *f* Luneburska Pustać
Lüttich Leodium *n* (*unv.*)
Luxemburg Luksemburg
Lu'zern Lucerna
Lwow Lwów
Lyck Ełk

Ma'drid Madryt
Mähren Morawy *pl.*
Mailand Mediolan
Main *m* Men
Mainz Moguncja
Make'doniën Macedonia
Ma'laysia Malezja
Mandschu'rei Mandżuria
Mal'lorca [*a.* -'joːɐka'] Majorka
Ma'riënburg Malbork
Marseille [-'sɛːj] Marsylia
Martinique [-'nɪk] Martynika
Ma'sowiën Mazowsze
Ma'surische Seenplatte Mazurskie Pojezierze
Maze'doniën Macedonia
Mauersee *m* Mamry *pl.*
Mecklenburg Meklemburgia
Meißen Miśnia
Memel *f* (*Fluß*) Niemen; *n* (*Ort*) Kłajpeda
Me'norca [-kɐ'] Minorka
Meseritz Międzyrzecz
Mes'sina Mesyna
Mexiko Meksyk
Misdroy Międzyzdroje *pl.*
Mittellandkanal Śródlądowy Kanał
Mittelmeer Morze Śródziemne
Moldau *f* (*Fluß*) Wełtawa; *n* (*Land*) Mołdawia
Montenegro i zarumunia
Mongo'lei *f* Mongolia
Mosel *f* Mozela
Moskau Moskwa

Mül'hausen Miluza
München Monachium *n (unv.)*
Münsterberg Ziębice *pl.*

Namslau Namysłów
Naugard Nowogard
Ne'apel Neapol
Neidenburg Nidzica
Neiße *f* Nysa
Netze *f* Noteć *f*
Neu'fundland Nowa Fundlandia
Neuguinea [-gi'neːɑ] Nowa Gwinea
Neu'seeland Nowa Zelandia
Neustadt (in Oberschlesien) Prud-`}`
Neustadt (bei Danzig)   [nik`}`
  Wejherowo
Neustettin Szczecinek
New York [njuːˈjɔːʁk] Nowy Jork
Niederlande Niderlandy *pl.*
Niedersachsen Saksonia Dolna
Nizza Nicea
Nordkap Przylądek Północny
Nordpolarmeer Ocean Lodowaty
  Północny
Nordrhein-West'falen Nadrenia
  Północna-Westfalia
Nordsee *f* Morze Północne
Norwegen Norwegia
Nürnberg Norymberga

Oder *f* Odra
Oels Oleśnica
Öland Olandia
O'lymp *m* Olimp
Oppeln Opole   [*pl.*`}`
Orkney-Inseln [ˈɔːʁkni'-] Orkady`}`
Ortelsburg Szczytno
Ostbeskiden Bieszczady *pl.*
Osterinsel Wyspa Wielkanocna
Oste'rode Ostróda
Österreich Austria
Ostsee *f* Morze Bałtyckie

Padua Padwa
Pale'stina Palestyna
Panamakanal Kanał Panamski
Paraguay Paragwaj
Pa'ris Paryż
Pas-de-Calais [pɑˈdəkɑˈleː] Kaletańska Cieśnina
Patschkau Paczków
Pazifik *m* Ocean Spokojny
Persiën Persja
Pfalz *f* Palatynat
Philip'pinen Filipiny *pl.*
Phö'nizien Fenicja
Po *m* Pad

Polen Polska
Pommern Pomorze
Portugal Portugalia
Posen Poznań *m*
Potsdam Poczdam
Prag Praga
Preußen Prusy *pl.*
Provence [-ˈvɑːs] Prowansja
Pyre'näen Pireneje *pl.*
Pyritz Pyrzyce *pl.*

Rastenburg Kętrzyn
Ratibor Racibórz
Regensburg Ratyzbona
Reichenbach Dzierżoniów
Reichenstein Złoty Stok
Reifträger *m* Szrenica
Rhein *m* Ren
Rheinland-Pfalz Nadrenia-Palatynat
Rho'desiën Rodezja
Rhône [ˈʁoːnə] *f* Rodan
Riesengebirge Karkonosze *pl.*
Riga Ryga
Rocky Mountains [ʁɔkiˈmauntins]
  Góry *pl.* Skaliste
Rom Rzym
Rosenberg Olesno
Rostock Roztoka
Rügen Rugia
Rügen'walde Darłowo
Ruhrgebiet Zagłębie Ruhry
Ru'mäniën Rumunia
Rummelsburg Miastko
Ruptau Jastrzębie Zdrój
Rußland Rosja

Saale *f* Sołava
Saar *f* Saara
Sachsen [-ks-] Saksonia
Sagan Żagań *m*
Sankt Lorenz-Strom *m* Świętego
  Wawrzyńca Rzeka
Sansibar Zanzibar
São Tomé und Príncipe [sɐ̃ˈunto'-
  'meː unt 'pʁintʃipe'] Wyspy *pl.*
  Świętego Tomasza i Książęca
Saudi-A'rabien Arabia Saudyjska
Savoyen [-ˈvɔɪ̯ən] Sabaudia
Schaff'hausen Szafuza
Schivelbein Świdwin
Schlawe Sławno
Schlesiën Śląsk
Schmiedeberg Kowary *pl.*
Schneekoppe *f* Śnieżka
Schneidemühl Piła
Schottland Szkocja
Schreiberhau Szklarska Poręba

Schwaben Szwabia
Schweden Szwecja   [nica)
Schweidnitz, Schweinitz Świd-)
Schweiz f Szwajcaria
Schwe'rin a. d. Warthe Skwierzy-)
Schwertz Świecie   [na)
Schwiebus Świebodzin
Seeland Zelandia
Seine [sɛːn] f Sekwana
Sensburg Mrągowo
Serbien Serbia
Seychellen [se'ʃelən] Seszele pl.
Shetland Islands ['ʃetlənt'ailəndz]
  Szetlandy pl.
Siam Syjam
Si'birien Syberia
Sieben'bürgen Siedmiogród
Sinaï Synaj
Si'zilien Sycylia
Sku'tarisee m Szkoderskie Jezioro
Slowa'kei f Słowacja
Soldau Działdowo
Sol'din Myślibórz
Sommerfeld Lubsko
Sonnenburg Słońsk
Sorau Żary pl.
Sowjetunion f Związek Radziecki
Spanien Hiszpania
Speyer ['ʃpaːiə] Spira
Spirdingsee m Śniardwy pl.
Spree f Sprewa
Sprottau Szprotawa
Stargard Starogard
Steiermark f Styria
Stet'tin Szczecin
Stet'tiner Haff Szczeciński Zalew
Stiller Ozean Ocean Spokojny
Stolp Słupsk
Stolp'münde Ustka
Straßburg Brodnica
Strehlau Strzelin
Stutthof Sztutowo
Suëzkanal Kanał Sueski
Swine'münde Świnoujście
Syrien Syria

Tannenberg Stębark
Tatra Tatry pl.
Teplitz(-Schönau) Cieplice pl.
Teschen Cieszyn
Thailand Tajlandia
Theben Teby pl.
Themse f Tamiza
Thorn Toruń m
Thüringen Turyngia
Thüringer Wald Turyński Las
Tiber m Tyber

Tichau Tychy pl.
Tilsit Tylża
Ti'rol Tyrol
Totes Meer Morze Martwe
Transkau'kasien Zakaukazie
Trebnitz Trzebnica
Tren'tino Trydent
Treuburg Olecko
Tri'ënt Trydent
Trier Trewir   [wacja)
Tschechoslowa'kei f Czechosło-)
Tschenstochau Częstochowa
Tübingen Tybinga
Tuchel Tuchola
Tu'nesien Tunezja
Tür'kei f Turcja.

Ungarn Węgry pl.
Usedom Uznam

Vati'kan m Watykan
Ve'nedig Wenecja
Ve'netien Wenecja
Venezu'ela Wenezuela
Vereinigte Staaten Stany Zjedno-
  czone pl.
Versailles [ver'zaï] Wersal
Ve'suv m Wezuwiusz
Vierwaldstätter See m Czterech
  Kantonów Jezioro
Viet'nam Wietnam
Vo'gesen Wogezy pl.

Wala'chei f Wołoszczyzna
Waldenburg Wałbrzych
Wales [we:(i)lz] Walia
Warschau Warszawa
Warthe f Warta
Weichsel [-ks-] f Wisła
Weißes Meer Białe Morze
Weißrußland Białoruś f
West'falen Westfalia
Weser f Wezera
Wien Wiedeń m
Wienerwald Wiedeński Las
Wohlau Wołów
Wongrowitz Wągrowiec
Worms Wormacja
Württemberg Wirtembergia

Zagreb Zagrzeb
Zie'lenzig Sulęcin
Zittau Żytawa
Zoppot Sopot
Züllen m Sobótka
Zürich Zurych
Zypern Cypr

Wskazówki gramatyczne

Grammatische Hinweise

Aby ułatwić polskim użytkownikom korzystanie ze słownika, podajemy w części niemiecko-polskiej przy wyrazach hasłowych wskazówki gramatyczne, zawierające informację fleksyjną.

Zasób form fleksyjnych, właściwy poszczególnym częściom mowy języka niemieckiego, pozwala nam (pomijając niektóre elementy historyczne) znacznie uprościć system tych wskazówek. Ze względu na objętość słownika istniała prócz tego konieczność ograniczenia się do podania niezbędnej informacji przy wyrazach hasłowych jedynie w tych przypadkach, gdy formy fleksyjne stanowią odchylenie od zamieszczonych niżej wzorców, a w wypadku rzeczowników i czasowników złożonych tylko wówczas, gdy wykazują one osobliwości gramatyczne, nie objęte informacją podaną przy wyrazie głównym bądź czasowniku prostym.

A. Deklinacja rzeczowników

1. Przy hasłach rzeczownikowych **rodzaju żeńskiego**, odmieniających się według następujących wzorców, nie podaje się końcówek, stanowiących informację fleksyją:

die Frau	die Frauen	die Tracht	die Trachten
der Frau	der Frauen	der Tracht	der Trachten
der Frau	den Frauen	der Tracht	den Trachten
die Frau	die Frauen	die Tracht	die Trachten
die Sehne	die Sehnen	die Lehrerin	die Lehrerinnen
der Sehne	der Sehnen	der Lehrerin	der Lehrerinnen
der Sehne	den Sehnen	der Lehrerin	den Lehrerinnen
die Sehne	die Sehnen	die Lehrerin	die Lehrerinnen

Wszelkie **odchylenia od powyższych form liczby mnogiej** podawane są przy wyrazach hasłowych. Znakiem ￮ oznacza się przegłos w liczbie mnogiej:

Leber f (-; -n)   die Leber;   die Lebern
Tochter f (-; ￮)   die Tochter;   die Töchter
Hand f (-; ￮e)   die Hand;   die Hände
Viola f (-; -len)   die Viola;   die Violen

2. **Przymiotniki w funkcji rzeczownika** (substantywizowane) podaje się w formie **Beamte(r)**, **Reisende(r)** m/f bez dodatkowej informacji fleksyjnej. Wzorzec odmiany:

ein Reisender, der/die Reisende   die Reisenden
eines/des, einer/der Reisenden   der Reisenden
einem/dem, einer/der Reisenden   den Reisenden
einen/den Reisenden, eine/die Reisende   die Reisenden

3. Wyrazy hasłowe będące rzeczownikami rodzaju **męskiego**, przy których podaje się poprzedzoną dywizem końcówkę (*-en*) lub (*-n*), odmieniają się według następującego wzorca:

Stu'dent *m* (*-en*)	der Student	die Studen**ten**
	des Studen**ten**	der Studen**ten**
	dem Studen**ten**	den Studen**ten**
	den Studen**ten**	die Studen**ten**
Bote *m* (*-n*)	der Bote	die Bo**ten**
	des Bo**ten**	der Bo**ten**
	dem Bo**ten**	den Bo**ten**
	den Bo**ten**	die Bo**ten**

4. Przy wyrazach hasłowych rodzaju **męskiego i nijakiego**, odmieniających się według następujących wzorców, nie podaje się końcówek, stanowiących informację fleksyjną:

der Lehrer	die Lehrer	das Übel	die Übel
des Lehre**rs**	der Lehrer	des Übe**ls**	der Übel
dem Lehrer	den Lehre**rn**	dem Übel	den Übe**ln**
den Lehrer	die Lehrer	das Übel	die Übel

Przy rzeczownikach rodzaju męskiego lub nijakiego, **które przybierają w liczbie mnogiej końcówki stanowiące odchylenie od powyższych wzorców**, podaje się końcówkę drugiego przypadku liczby pojedynczej i (po średniku) pierwszego przypadku liczby mnogiej:

Tip *m* (*-s*; *-s*)	= des Tip**s**; die Tip**s**
Billard *n* (*-s*; *-s*)	= des Billard**s**; die Billard**s**
Tor *n* (*-es*; *-e*)	= des Tor**(e)s**; die Tor**e**
Gast *m* (*-es*; *ᵘe*)	= des Gast**es**; die Gäst**e**
Zirkus *m* (*-*; *-se*)	= des Zirkus; die Zirkus**se**
Ge'biß *n* (*-sses*; *-sse*)	= des Gebiss**es**; die Gebiss**e**
Herz *n* (*-ens*; *-en*)	= des Herz**ens**; die Herz**en**
Virus *m od. n* (*-*; *Viren*)	= des Virus; die Vir**en**
Kind *n* (*-es*; *-er*)	= des Kind**es**; die Kind**er**
Holz *n* (*-es*; *ᵘer*)	= des Holz**es**; die Hölz**er**
Tempo *n* (*-s*; *-s/-pi*)	= des Tempo**s**; die Tempo**s** i Temp**i**
Mut *m* (*-es*; *0*)	= des Mut**(e)s**; **bez liczby mnogiej!**

B. Odmiana przymiotnikowa

Rozróżnia się trzy kategorie form przymiotnika w funkcji przydawki:

1. Przymiotnik z rodzajnikiem określonym lub innym wyrazem, posiadającym taką samą końcówkę jak rodzajnik.

der groß⬚e Mann		die jung⬚e Frau		das klein⬚e Kind	
des ⌄en	⌄es der	⌄en	⌄ des	⌄en	⌄es
dem ⌄en	⌄e der	⌄en	⌄ dem	⌄en	⌄
den ⌄en	⌄ die	⌄⬚e	⌄ das	⌄⬚e	⌄
die ⌄en	⌄er die	⌄en	⌄en die	⌄en	⌄er
der ⌄en	⌄er der	⌄en	⌄en der	⌄en	⌄er
den ⌄en	⌄ern den	⌄en	⌄en den	⌄en	⌄ern
die ⌄en	⌄er die	⌄en	⌄en die	⌄en	⌄er

Podobnie w liczbie pojedynczej i w liczbie mnogiej po **dieser, jener, welcher, mancher, solcher** oraz w liczbie mnogiej po **alle, keine, meine, deine, seine, ihre, unsere, euere, ihre, irgendwelche, sämtliche.**

2. Przymiotnik z rodzajnikiem nieokreślonym lub innym wyrazem, posiadającym taką samą końcówkę jak rodzajnik nieokreślony.

ein	groß **er**	Mann		eine jung **e**	Frau
eines	~**en**	~es		einer	~**en**	~
einem	~**en**	~		einer	~**en**	~
einen	~**en**	~		eine	~ **e**	~

ein	klein **es**	Kind
eines	~**en**	~es
einem	~**en**	~
ein	~**es**	~

Podobnie po **kein, mein, dein, sein, ihr, unser, euer, ihr, folgend.**

3. Przymiotnik bez rodzajnika.

alt **er** Wein	(*der*)	lange Zeit	(*die*)	frisches Brot	(*das*)
~**en**	~es	~**er**	~ (*der*)	~**en**	~es
~**em**	~ (*dem*)	~**er**	~ (*der*)	~**em**	~ (*dem*)
~**en**	~ (*den*)	~**e**	~ (*die*)	~**es**	~ (*das*)
~**e**	~e	böse	~en	~**e**	~e (*die*)
~**er**	~e	~**er**	~en	~**er**	~e (*der*)
~**en**	~en	~**en**	~en	~**en**	~en (*den*)
~**e**	~e	~**e**	~en	~**e**	~e (*die*)

Podobnie w liczbie pojedynczej i liczbie mnogiej po nieodmiennych wyrazach **manch, mehr, solch, viel, welch, wenig** oraz w liczbie mnogiej po **andere, einige, etliche, mehrere, verschiedene, viele, wenige, folgende.** Przymiotniki po wymienionych wyżej zaimkach i liczebnikach nieokreślonych przyjmują niekiedy w Gen. liczby mnogiej końcówkę *-en* (zamiast *-er*).

4. Odmiana przymiotników w funkcji rzeczownika (substantywizowanych) podana jest na str. 1200.

C. Stopniowanie przymiotników, imiesłowów i przysłówków

Przymiotniki, imiesłowy i przysłówki, tworzące regularne formy stopnia wyższego za pomocą przyrostka **-er**, a stopnia najwyższego za pomocą **-st-** lub **-est-** (zakończone na **s, ß, x** i **z**), nie są oznaczone kwalifikatorami, wskazującymi sposób tworzenia tych form.

Odchylenia od powyższej zasady oznaczone są wskazówkami, podanymi w nawiasach przy wyrazie hasłowym:

groß (*̈er*; *̈ßt-*)	= größer; größt- (am größten)
hart (*̈er*; *̈est-*)	= härter; härtest- (am härtesten)
klug (*̈er*; *̈st-*)	= klüger; klügst- (am klügsten)
gut (*besser*; *best-*)	= besser; best- (am besten)
ziegelrot (0)	= przymiotniki nie podlegające stopniowaniu

Przymiotniki zakończone na **-el, -en, -er** tracą zwykle w stopniu wyższym **-e-,** np.:

dunkel (*-kl-*)	= dunkler; dunkelst- (am dunkelsten)

D. Koniugacja czasowników

1. Przy hasłach czasownikowych, odmieniających się podług koniugacji słabej, nie podaje się wskazówek gramatycznych, dotyczących tworzenia form koniugacyjnych.

Przykłady:

loben

czas teraźniejszy: ich lobe, du lobst, er (sic, es) loben, wir loben, ihr lobt, sie (Sie) loben;

imperfectum: ich lobte, du lobtest, er lobte, wir lobten, ihr lobtet, sie lobten;

imiesłów bierny: gelobt; *tryb rozkazujący:* lobe!, lobt!

fegen

czas teraźniejszy: ich fege, du fegst, er fegt, wir fegen, ihr fegt, sie (Sie) fegen;

imperfectum: ich fegte, du fegtest, er fegte, wir fegten, ihr fegtet, sie fegten;

imiesłów bierny: gefegt; *tryb rozkazujący:* fege!, fegt!

Odchylenia od powyższego wzorca oznaczone są wskazówkami, podanymi w nawiasach przy wyrazie hasłowym:

a) (-*e*-) przy czasownikach typu **reden, töten, waten:**

bezokolicznik: reden;

czas teraźniejszy: ich rede, du redest, er redet, wir reden, ihr redet, sie reden;

imperfectum: ich redete, du redetest, er redete itd.;

imiesłów bierny: geredet; *tryb rozk.:* rede!, redet!

b) (-*zt*) przy czasownikach typu **beizen, reizen:**

bezokolicznik: beizen;

czas teraźniejszy: ich beize, du beizt, er beizt, wir beizen, ihr beizt, sie beizen;

imperfectum: ich beizte, du beiztest, er beizte itd.;

imiesłów bierny: gebeizt; *tryb rozk.:* beize!, beizt!

c) (-*ßt*) przy czasownikach typu **fassen, hassen, küssen:**

bezokolicznik: fassen;

czas teraźniejszy: ich fasse, du faßt, er faßt, wir fassen, ihr faßt, sie fassen;

imperfectum: ich faßte, du faßtest, er faßte itd.;

imiesłów bierny: gefaßt; *tryb rozk.:* fasse!, faßt!

d) (-*le*) przy czasownikach typu **handeln, wandeln:**

bezokolicznik: handeln;

czas teraźniejszy: ich hand(e)le, du handelst, er handelt, wir handeln, ihr handelt, sie handeln;

imperfectum: ich handelte, du handeltest, er handelte itd.;

imiesłów bierny: gehandelt; *tryb rozk.:* handle!, handelt!

e) (-*re*) przy czasownikach typu **wandern, lodern:**

bezokolicznik: wandern;

czas teraźniejszy: ich wand(e)re, du wanderst, er wandert,
wir wandern, ihr wandert, sie wandern;

imperfectum: ich wanderte, du wandertest, er wanderte
itd.;

imiesłów bierny: gewandert; *tryb rozk.*: wandre!, wandert!

Uwaga: Przy wyrazach hasłowych nie podaje się wskazówek dotyczących
form koniugacyjnych czasowników, których temat kończy się głoską **-s**,
przybierających zwykle (podobnie do czasowników wymienionych pod
b) w 2 osobie l.p. trybu oznajmującego końcówkę **-t:**

reisen — du reist (ale także: du reisest),
losen — du lost   (du losest),
rasen — du rast   (du rasest) itd.

2. Formy koniugacyjne czasowników **odmiany mocnej** podane są w
umieszczonym na końcu słownika zestawieniu. **Przy wyrazach hasłowych podaje się w tych wypadkach skrót** (*L.*). Ze względu na objętość słownika kwalifikator ten (podobnie jak i inne wskazówki w zakresie
fleksji) podaje się jedynie przy czasownikach prostych. Dla ustalenia
odmiany czasownika złożonego należy więc odnaleźć w tekście słownika
odpowiednią formę prostą:

ankommen → kommen (*L.*);
zusammenwachsen → wachsen (*L.*);
durchbrechen → brechen (*L.*);
ansetzen → setzen (-*zt*) itd.

3. Skrót (*sn*) przy formie hasłowej oznacza, że dany czasownik tworzy czasy
złożone przy pomocy słowa posiłkowego **sein.**

4. Kreską (-) oznacza się czasowniki, tworzące imiesłów czasu przeszłego
dokonanego (imiesłów bierny) **bez przedrostka ge-.**

Uwaga: wymienione pod **2., 3.** i **4.** wskazówki w zakresie fleksji mogą być
podawane przy haśle w połączeniu z wymienionymi pod **1.** bądź bez nich:
betiteln (-*le*; -), **beteuern** (-*re*; -), lecz
durchdringen *v/i* (*sn*) ...; *v/t* (-) ...

5. Przy czasownikach złożonych nie podaje się kwalifikatorów, informują-
cych o ich przynależności do grupy czasowników złożonych rozdzielnie
bądź nierozdzielnie.

Rozdzielnie złożone czasowniki mają akcent na pierwszym członie.
Do nich należą czasowniki z przedrostkami **ab, an, auf, aus, bei, dar,
ein, fort, her, hin** (oraz ich złożenia, jak **herauf, hinaus** itd.), **mit,
nach, nieder, vor, weg, zu, zurück:**

Przykłady: **ab**reisen: ich reise **ab,**
               zurückgeben: ich gab **zurück** itd.

Nierozdzielnie złożone czasowniki mają akcent na drugim członie
złożenia. Do nich należą czasowniki z przedrostkami **be, ent/emp, er,
ge, miß, ver, zer.**

Przykłady: **be**gehen: ich **be**gehe,
               entfallen: es **ent**fällt.

Czasowniki z przedrostkami **durch, hinter, über, um, unter, voll,
wider, wieder** są rozdzielne lub nierozdzielne, zależnie od akcentu.

Przykłady: '**durch**dringen: er dringt **durch,** ist **durch**gedrungen;
               durch'dringen: es **durch**dringt, hat/ist **durch**drungen

E. Zaimki

a) Zaimki osobowe

SINGULAR

N	ich	du; Sie	er	sie	es	es***)
G	meiner	deiner	seiner	ihrer	seiner*)	dessen, es
	(mein**)	(dein**)	(sein**)		(sein**)	
D	mir	dir; Ihnen	ihm	ihr	ihm	—
A	mich	dich; Sie	ihn	sie	es	es

PLURAL

N	wir	ihr; Sie	sie
G	unser	euer; Ihrer	ihrer
D	uns	euch; Ihnen	ihnen
A	uns	euch; Sie	sie

Uwaga: w mowie potcznej zamiast akcentowanego **er, sie** używa się często **der, die**.

b) Rodzajnik określony i zaimki wskazujące

SINGULAR *rodzaj męski*

Nominativ	der	dieser	jener	solcher
Genitiv	des	dieses	jenes	solches
Dativ	dem	diesem	jenem	solchem
Akkusativ	den	diesen	jenen	solchen

rodzaj żeński

Nominativ	die	diese	jene	solche
Genitiv	der	dieser	jener	solcher
Dativ	der	dieser	jener	solcher
Akkusativ	die	diese	jene	solche

rodzaj nijaki

Nominativ	das	dies(es)	jenes	solches
Genitiv	des	dieses	jenes	solches
Dativ	dem	diesem	jenem	solchem
Akkusativ	das	dies(es)	jenes	solches

PLURAL

Nominativ	die	diese	jene	solche
Genitiv	der	dieser	jener	solcher
Dativ	den	diesen	jenen	solchen
Akkusativ	die	diese	jene	solche

Rodzajnik określony występuje również w funkcji zaimka wskazującego, jest on wówczas akcentowany i służy do wprowadzania zdania względnego.

Genitiv akcentowanej formy w funkcji zaimka:

m	*f*	*n*	*pl.*
dessen	derer	(dessen)	derer; deren

Dativ liczby mnogiej brzmi **denen**. Forma **deren** używana jest wówczas, gdy odnosi się ona do wymienionych już osób lub przedmiotów.

Przykłady:

Ich erinnere mich **derer**, die an der Konferenz teilnahmen; es waren **deren** sieben. Sagen Sie es **denen**, die nicht dabei waren.

*) Forma używana rzadko
**) Forma przestarzała
***) es nieosobowe

c) Rodzajnik nieokreślony i zaimki dzierżawcze

SINGULAR	*m*	*f*	*n*
Nominativ	ein	eine	ein
Genitiv	eines	einer	eines
Dativ	einem	einer	einem
Akkusativ	einen	eine	ein

Analogicznie: **mein, dein, sein, unser, euer, ihr** oraz negacja rodzajnika nieokreślonego *ein*: **kein**.

Końcówki liczby mnogiej dla wszystkich trzech rodzajów:

-e	*porównaj:*	(*die*)
-er		(*der*)
-en		(*den*)
-e		(*die*)

W funkcji rzeczownika zaimki dzierżawcze odmieniają się jak substantywizowane przymiotniki (p. str. 1200):

der Deine	die Deine	die Deinen
der eine	die eine	die einen

Bez rodzajnika przybierają one końcówkę rodzajnika określonego:

m:	Sing.	Nom.	einer	meiner	deiner	}	*itp.*
		Akk.	einen	meinen	deinen	}	
	Plur.		—	meine	deine		*itp.*

Formy dopełniacza (Genitiv) nie używa się.

d) Zaimki względne

der Mann, der ...	die Frau, die ...	das Kind, das ...
„ „ , dessen	„ „ , deren	„ „ , dessen
„ „ , dem	„ „ , der	„ „ , dem
„ „ , den	„ „ , der	„ „ , das

die Männer, Frauen, Kinder, die	
	, deren
	, denen
	, die

Zamiast **der** w Nom., Dat. i Akk. używa się również **welcher, welche, welches**.

e) Zaimki zwrotne

Akkusativ	Dativ	(coś *A*)
ich freue **mich**	ich kaufe **mir**	„
du freust **dich**	du kaufst **dir**	„
Sie freuen **sich**	Sie kaufen **sich**	„
er freut **sich**	er kauft **sich**	„
sie freut **sich**	sie kauft **sich**	„
es freut **sich**	es kauft **sich**	„
wir freuen **uns**	wir kaufen **uns**	„
ihr freut **euch**	ihr kauft **euch**	„
Sie freuen **sich**	Sie kaufen **sich**	„
sie freuen **sich**	sie kaufen **sich**	„

f) Zaimki pytajne

rzeczownikowe		*przymiotnikowe*			
osoba	*przedmiot*	*m*	*f*	*n*	*pl.*
wer?	was?	welcher?	welche?	welches?	welche?
wessen?	wessen?				
wem?	—	*Końcówki odpowiednie do*			
wen?	was?	*końcówek rodzajnika określonego.*			

g) Zaimki nieokreślone

jemand	niemand
~es	~es
~(em)	~(em)
~(en)	~(en)

nieodmienne: **etwas**   **nichts**

Rzeczownikowo i przymiotnikowo:

jeder	**jede**	**jedes**

Końcówki rodzajnika określonego.

Drugi przypadek (Genitiv) używany jest rzeczownikowo rzadko; forma przymiotnikowa brzmi często *jed***en**.

Zahlwörter — Liczebniki

a) *Grundzahlen — Liczebniki główne*

0 *null* zero	90 *neunzig* dziewięćdziesiąt
1 *eins* jeden	99 *neunundneunzig* dziewięćdziesiąt dziewięć
2 *zwei* dwa	
3 *drei* trzy	100 *(ein)hundert* sto
4 *vier* cztery	101 *hundert(und)eins* sto jeden
5 *fünf* pięć	199 *hundertneunundneunzig* sto
6 *sechs* sześć	dziewięćdziesiąt dziewięć
7 *sieben* siedem	200 *zweihundert* dwieście
8 *acht* osiem	300 *dreihundert* trzysta
9 *neun* dziewięć	400 *vierhundert* czterysta
10 *zehn* dziesięć	500 *fünfhundert* pięćset
11 *elf* jedenaście	600 *sechshundert* sześćset
12 *zwölf* dwanaście	700 *siebenhundert* siedemset
13 *dreizehn* trzynaście	800 *achthundert* osiemset
14 *vierzehn* czternaście	900 *neunhundert* dziewięćset
15 *fünfzehn* piętnaście	1000 *(ein)tausend* (jeden) tysiąc
16 *sechzehn* szesnaście	1525 *(ein)tausendfünfhundertfünf-*
17 *siebzehn* siedemnaście	*undzwanzig* tysiąc pięćset
18 *achtzehn* osiemnaście	dwadzieścia pięć
19 *neunzehn* dziewiętnaście	
20 *zwanzig* dwadzieścia	2000 *zweitausend* dwa tysiące
21 *einundzwanzig* dwadzieścia jeden	5000 *fünftausend* pięć tysięcy
22 *zweiundzwanzig* dwadzieścia dwa	10 000 *zehntausend* dziesięć tysięcy
29 *neunundzwanzig* dwadzieścia dziewięć	1 000 000 *(eine) Million* milion
30 *dreißig* trzydzieści	2 000 000 *zwei Millionen* dwa miliony
31 *einunddreißig* trzydzieści jeden	5 000 000 *fünf Millionen* pięć milionów
40 *vierzig* czterdzieści	
50 *fünfzig* pięćdziesiąt	1 000 000 000 *(eine) Milliarde* (jeden) miliard
60 *sechzig* sześćdziesiąt	2 000 000 000 *zwei Milliarden* dwa miliardy
70 *siebzig* siedemdziesiąt	5 000 000 000 *fünf Milliarden* pięć miliardów
80 *achtzig* osiemdziesiąt	

Anmerkung: **1** hat besondere feminine (jedna) und neutrale (jedno), **2** — besondere feminine Form (dwie). Alle Grundzahlen bis **999** (und entsprechende Zusammensetzungen) haben im Plural zwei Formen: Personalform und Sachform. Psf. von **1—4** lautet: jedni, dwóch/dwaj/dwu, trzech/trzej, czterech/czterej; von **5—10**: pięciu ... dziesięciu; von **11—40** jedenastu ... czterdzie**stu**; von **50—90**: pięćdziesię**ciu** ... dziewięćdziesię**ciu**; von **100—400**: **stu** ... czterys**tu**; von **500—900**: pięci**uset** ... dziewięci**uset**.

Die Zehner und Einer bei Jahreszahlen sind Ordnungszahlen: das Jahr **1914** rok tysiąc dziewięćset czternasty, im Jahre **1950** w roku tysiąc dziewięćset pięćdziesiątym.

b) *Ordnungszahlen — Liczebniki porządkowe*

1. *erste* pierwszy	**4.** *vierte* czwarty
2. *zweite* drugi	**5.** *fünfte* piąty
3. *dritte* trzeci	**6.** *sechste* szósty

7.	*sieb(en)te* siódmy	80.	*achtzigste* osiemdziesiąty
8.	*achte* ósmy	90.	*neunzigste* dziewięćdziesiąty
9.	*neunte* dziewiąty	100.	*hundertste* setny
10.	*zehnte* dziesiąty	101.	*hundert(und)erste* sto pierwszy
11.	*elfte* jedenasty	199.	*hundertneunundneunzigste* sto
12.	*zwölfte* dwunasty		dziewięćdziesiąty dziewiąty
13.	*dreizehnte* trzynasty	200.	*zweihundertste* dwóchsetny,
14.	*vierzehnte* czternasty		dwusetny
15.	*fünfzehnte* piętnasty	201.	*zweihundert(und)erste*
16.	*sechzehnte* szesnasty		dwieście pierwszy
17.	*siebzehnte* siedemnasty	300.	*dreihundertste* trzechsetny
18.	*achtzehnte* osiemnasty	400.	*vierhundertste* czterechsetny
19.	*neunzehnte* dziewiętnasty	500.	*fünfhundertste* pięćsetny
20.	*zwanzigste* dwudziesty	600.	*sechshundertste* sześćsetny
21.	*einundzwanzigste* dwudziesty	700.	*siebenhundertste* siedemsetny
	pierwszy	800.	*achthundertste* osiemsetny
22.	*zweiundzwanzigste* dwudziesty	900.	*neunhundertste* dziewięćsetny
	drugi	999.	*neunhundertneunundneunzig-*
29.	*neunundzwanzigste* dwudziesty		*ste* dziewięćset dziewięćdzie-
	dziewiąty		siąty dziewiąty
30.	*dreißigste* trzydziesty	1000.	*tausendste* tysięczny
40.	*vierzigste* czterdziesty	1125.	(ein)*tausendeinhundertfünf-*
50.	*fünfzigste* pięćdziesiąty		*undzwanzigste* tysiąc sto dwu-
60.	*sechzigste* sześćdziesiąty		dziesty piąty
70.	*siebzigste* siedemdziesiąty	1 000 000.	*millionste* milionowy

Die Ordnungszahlen *zwei-, drei-, fünf-, sechs-* ... *zehn-, zwanzig-* ... *hundert-***tausendste** usw. lauten: dwu-, trzy-/trzech-, pięcio-, sześcio- ... dziesięcio-, dwudziesto-, sto**tysięczny.**

c) *Substantivierte Zahlen* — *Liczebniki używane rzeczownikowo*

die Eins, Einer jedynka   *die Zehn, Zehner* dziesiątka
die Zwei, Zweier dwójka   *die Zwanzig, Zwanziger* dwudziestka
die Drei, Dreier trójka   *die Hundert, Hundert* setka *usw.*

d) *Bruchzahlen* — *Liczebniki ułamkowe*

$^1/_2$	(*ein*) *halb*	jedna druga, pół
$1^1/_2$	*ein(und)einhalb, anderthalb*	jeden i jedna druga, półtora
$^1/_{10}$	*ein zehntel*	jedna dziesiąta
$^2/_3$	*zwei drittel*	dwie trzecie
$^3/_4$	*drei viertel*	trzy czwarte
0,5	*null Komma fünf*	zero przecinek pięć, pięć dziesiątych
100,07	*hundert Komma null sieben/hundert und sieben hundertstel*	sto przecinek zero siedem/sto i siedem setnych
1,125	*eins Komma hundertfünfundzwanzig*	jeden i sto dwadzieścia pięć tysięcznych

e) *Rechenarten* — *Działania arytmetyczne*

$1 + 2 = 3$ *eins und zwei sind drei* jeden a dwa jest trzy
$7 - 5 = 2$ *sieben weniger fünf sind zwei* siedem bez pięciu daje dwa
$5 \times 4 = 20$ *fünf mal vier sind zwanzig* pięć razy cztery jest dwadzieścia
$20 : 4 = 5$ *zwanzig (geteilt) durch vier ist fünf* dwadzieścia (dzielone) przez cztery daje/jest pięć
2^3 *zwei hoch drei* dwa podniesione do potęgi trzeciej
$\sqrt[3]{9}$ *die Quadratwurzel aus neun ist drei* pierwiastek drugiego stopnia z dziewięciu jest trzy

Wykaz czasowników mocnych i nieregularnych

(*pres.* = czas teraźniejszy; *impf.* = czas przeszły niedokonany; *conj.* = tryb warunkowy; *imp.* = tryb rozkazujący; *part. pt.* = imiesłów bierny)

backen *pres.* backe, bäckst, bäckt; *impf.* backte; *conj.* backte; *imp.* back(e); *part.pt.* gebacken.

befehlen *pres.* befehle, befiehlst, befiehlt; *impf.* befahl; *conj.* befähle; *imp.* befiehl; *part.pt.* befohlen.

beginnen *pres.* beginne, beginnst, beginnt; *impf.* begann; *conj.* begänne (begönne); *imp.* beginn(e); *part.pt.* begonnen.

beißen *pres.* beiße, beißt, beißt; *impf.* biß, bissest; *conj.* bisse; *imp.* beiß(e); *part.pt.* gebissen.

bergen *pres.* berge, birgst, birgt; *impf.* barg; *conj.* bärge; *imp.* birg; *part.pt.* geborgen.

bersten *pres.* berste, birst (berstest), birst (berstet); *impf.* barst, barstest; *conj.* bärste; *imp.* birst; *part.pt.* geborsten.

bewegen *pres.* bewege, bewegst, bewegt; *impf.* bewegte (*fig.* bewog); *conj.* bewegte (*fig.* bewöge); *imp.* beweg(e); *part.pt.* bewegt (*fig.* bewogen).

biegen *pres.* biege, biegst, biegt; *impf.* bog; *conj.* böge; *imp.* bieg(e); *part.pt.* gebogen.

bieten *pres.* biete, biet(e)st, bietet; *impf.* bot, bot(e)st; *conj.* böte; *imp.* biet(e); *part.pt.* geboten.

binden *pres.* binde, bindest, bindet; *impf.* band, band(e)st; *conj.* bände; *imp.* bind(e); *part.pt.* gebunden.

bitten *pres.* bitte, bittest, bittet; *impf.* bat, bat(e)st; *conj.* bäte; *imp.* bitte; *part.pt.* gebeten.

blasen *pres.* blase, bläst, bläst; *impf.* blies, bliesest; *conj.* bliese; *imp.* blas(e); *part.pt.* geblasen.

bleiben *pres.* bleibe, bleibst, bleibt; *impf.* blieb, bliebst; *conj.* bliebe; *imp.* bleib(e); *part.pt.* geblieben.

bleichen *pres.* bleiche, bleichst, bleicht; *impf.* blich; *conj.* bliche; *imp.* bleich(e); *part.pt.* geblichen.

braten *pres.* brate, brätst, brät; *impf.* briet, briet(e)st; *conj.* briete; *imp.* brat(e); *part.pt.* gebraten.

brechen *pres.* breche, brichst, bricht; *impf.* brach; *conj.* bräche; *imp.* brich; *part.pt.* gebrochen.

brennen *pres.* brenne, brennst, brennt; *impf.* brannte; *conj.* brennte; *imp.* brenne; *part.pt.* gebrannt.

bringen *pres.* bringe, bringst, bringt; *impf.* brachte; *conj.* brächte; *imp.* bring(e); *part.pt.* gebracht.

denken *pres.* denke, denkst, denkt; *impf.* dachte; *conj.* dächte; *imp.* denk(e); *part.pt.* gedacht.

dingen *pres.* dinge, dingst, dingt; *impf.* dang (dingte); *conj.* dingte (dänge); *imp.* ding(e); *part.pt.* gedungen (gedingt).

dreschen *pres.* dresche, drischst, drischt; *impf.* drosch, droschst; *conj.* drösche; *imp.* drisch; *part.pt.* gedroschen.

dringen *pres.* dringe, dringst, dringt; *impf.* drang, drangst; *conj.* dränge; *imp.* dring(e); *part.pt.* gedrungen.

dünken *pres.* mich dünkt; *impf.* dünkte (deuchte); *conj.* —; *imp.* —; *part.pt.* gedünkt (gedeucht).

dürfen *pres.* darf, darfst, darf; *impf.* durfte; *conj.* dürfte; *imp.* —; *part.pt.* gedurft.

empfangen *pres.* empfange, empfängst, empfängt; *impf.* empfing; *conj.* empfinge; *imp.* empfang(e); *part.pt.* empfangen.

empfehlen *pres.* empfehle, empfiehlst, empfiehlt; *impf.* empfahl; *conj.* empföhle (empfähle); *imp.* empfiehl; *part.pt.* empfohlen.

empfinden *pres.* empfinde, empfindest, empfindet; *impf.* empfand, empfand(e)st; *conj.* empfände; *imp.* empfind(e); *part.pt.* empfunden.

erlöschen *pres.* erlösche, erlisch(e)st,

erlischt; *impf.* erlosch, erloschest; *conj.* erlösche; *imp.* erlisch; *part.pt.* erloschen.

essen *pres.* esse, ißt (issest), ißt; *impf.* aß, aßest; *conj.* äße; *imp.* iß; *part.pt.* gegessen.

fahren *pres.* fahre, fährst, fährt; *impf.* fuhr, fuhrst; *conj.* führe; *imp.* fahr(e); *part.pt.* gefahren.

fallen *pres.* falle, fällst, fällt; *impf.* fiel; *conj.* fiele; *imp.* fall(e); *part.pt.* gefallen.

fangen *pres.* fange, fängst, fängt; *impf.* fing; *conj.* finge; *imp.* fang(e); *part.pt.* gefangen.

fechten *pres.* fechte, fichtst, ficht; *impf.* focht, focht(e)st; *conj.* föchte; *imp.* ficht; *part.pt.* gefochten.

finden *pres.* finde, findest, findet; *impf.* fand, fand(e)st; *conj.* fände; *imp.* find(e); *part.pt.* gefunden.

flechten *pres.* flechte, flichtst, flicht; *impf.* flocht, flochtest; *conj.* flöchte; *imp.* flicht; *part.pt.* geflochten.

fliegen *pres.* fliege, fliegst, fliegt; *impf.* flog, flogst; *conj.* flöge; *imp.* flieg(e); *part.pt.* geflogen.

fliehen *pres.* fliehe, fliehst, flieht; *impf.* floh, flohst; *conj.* flöhe; *imp.* flieh(e); *part.pt.* geflohen.

fließen *pres.* fließe, fließ(es)t, fließt; *impf.* floß, flossest; *conj.* flösse; *imp.* fließ(e); *part.pt.* geflossen.

fressen *pres.* fresse, frißt, frißt; *impf.* fraß, fraßest; *conj.* fräße; *imp.* friß; *part.pt.* gefressen.

frieren *pres.* friere, frierst, friert; *impf.* fror; *conj.* fröre; *imp.* frier(e); *part.pt.* gefroren.

gären *pres.* gäre, gärst, gärt; *impf.* gor (gärte); *conj.* göre (gärte); *imp.* gär(e); *part.pt.* gegoren (gegärt).

gebären *pres.* gebäre, gebärst (gebierst), gebärt (gebiert); *impf.* gebar; *conj.* gebäre; *imp.* gebär(e) (gebier); *part.pt.* geboren.

geben *pres.* gebe, gibst, gibt; *impf.* gab; *conj.* gäbe; *imp.* gib; *part.pt.* gegeben.

gedeihen *pres.* gedeihe, gedeihst, gedeiht; *impf.* gedieh; *conj.* gedieh(e); *imp.* gedeih(e); *part.pt.* gediehen.

gehen *pres.* gehe, gehst, geht; *impf.* ging; *conj.* ginge; *imp.* geh(e); *part.pt.* gegangen.

gelingen *pres.* es gelingt; *impf.* es

gelang; *conj.* es gelänge; *imp.* geling(e); *part.pt.* gelungen.

gelten *pres.* gelte, giltst, gilt; *impf.* galt, galt(e)st; *conj.* gölte (gälte); *imp.* gilt; *part.pt.* gegolten.

genesen *pres.* genese, genes(es)t, genest; *impf.* genas, genasest; *conj.* genäse; *imp.* genese; *part.pt.* genesen.

genießen *pres.* genieße, genieß(es)t, genießt; *impf.* genoß, genossest; *conj.* genösse; *imp.* genieß(e); *part.pt.* genossen.

geschehen *pres.* es geschieht; *impf.* es geschah; *conj.* es geschähe; *imp.* —; *part.pt.* geschehen.

gewinnen *pres.* gewinne, gewinnst, gewinnt; *impf.* gewann, gewannst; *conj.* gewönne (gewänne); *imp.* gewinn(e); *part.pt.* gewonnen.

gießen *pres.* gieße, gieß(es)t, gießt; *impf.* goß, gossest; *conj.* gösse; *imp.* gieß(e); *part.pt.* gegossen.

gleichen *pres.* gleiche, gleichst, gleicht; *impf.* glich, glichst; *conj.* gliche; *imp.* gleich(e); *part.pt.* geglichen.

gleißen *pres.* gleiße, gleiß(es)t, gleißt; *impf.* gleißte, gleißtest; *conj.* gleißte; *imp.* gleiß(e); *part.pt.* gegleißt.

gleiten *pres.* gleite, gleitest, gleitet; *impf.* glitt, glittst; *conj.* glitte; *imp.* gleit(e); *part.pt.* geglitten.

glimmen *pres.* glimme, glimmst, glimmt; *impf.* glomm; *conj.* glömme; *imp.* glimm(e); *part.pt.* geglommen.

graben *pres.* grabe, gräbst, gräbt; *impf.* grub, grubst; *conj.* grübe; *imp.* grab(e); *part.pt.* gegraben.

greifen *pres.* greife, greifst, greift; *impf.* griff, griffst; *conj.* griffe; *imp.* greif(e); *part.pt.* gegriffen.

haben *pres.* habe, hast, hat; *impf.* hatte; *conj.* hätte; *imp.* hab(e); *part.pt.* gehabt.

halten *pres.* halte, hältst, hält; *impf.* hielt, hieltst; *conj.* hielte; *imp.* halt(e); *part.pt.* gehalten.

hängen (**hangen**) *pres.* hänge (hange), hängst, hängt; *impf.* hing, hingst; *conj.* hinge; *imp.* häng(e); *part.pt.* gehangen.

hauen *pres.* haue, haust, haut; *impf.* hieb (haute); *conj.* hiebe; *imp.* hau(e); *part.pt.* gehauen.

heben *pres.* hebe, hebst, hebt; *impf.*

hob, hobst; *conj.* höbe; *imp.* hebe; *part.pt.* gehoben.

heißen *pres.* heiße, heißt, heißt; *impf.* hieß, hießest; *conj.* hieße; *imp.* heiß(e); *part.pt.* geheißen.

helfen *pres.* helfe, hilfst, hilft; *impf.* half, halfst; *conj.* hülfe; *imp.* hilf; *part.pt.* geholfen.

kennen *pres.* kenne, kennst, kennt; *impf.* kannte; *conj.* kennte; *imp.* kenne; *part.pt.* gekannt.

klimmen *pres.* klimme, klimmst, klimmt; *impf.* klomm; *conj.* klömme; *imp.* klimm(e); *part.pt.* geklommen.

klingen *pres.* klinge, klingst, klingt; *impf.* klang, klangst; *conj.* klänge; *imp.* kling(e); *part.pt.* geklungen.

kneifen *pres.* kneife, kneifst, kneift; *impf.* kniff, kniffst; *conj.* kniffe; *imp.* kneif(e); *part.pt.* gekniffen.

kommen *pres.* komme, kommst, kommt; *imp.* kam; *conj.* käme; *imp.* komm(e); *part.pt.* gekommen.

können *pres.* kann, kannst, kann; *impf.* konnte; *conj.* könnte; *imp.* —; *part.pt.* gekonnt.

kriechen *pres.* krieche, kriechst, kriecht; *impf.* kroch; *conj.* kröche; *imp.* kriech(e); *part.pt.* gekrochen.

laden *pres.* lade, lädst, lädt; *impf.* lud, lud(e)st; *conj.* lüde; *imp.* lad(e); *part.pt.* geladen.

lassen *pres.* lasse, läßt, läßt; *impf.* ließ, ließest; *conj.* ließe; *impf.* laß, lasse; *part.pt.* gelassen.

laufen *pres.* laufe, läufst, läuft; *impf.* lief, liefst; *conj.* liefe; *imp.* lauf(e); *part.pt.* gelaufen.

leiden *pres.* leide, leidest, leidet; *impf.* litt, littst; *conj.* litte; *imp.* leid(e); *part.pt.* gelitten.

leihen *pres.* leihe, leihst, leiht; *impf.* lieh, liehst; *conj.* liehe; *imp.* leih(e); *part.pt.* geliehen.

lesen *pres.* lese, liest, liest; *impf.* las, lasest; *conj.* läse; *imp.* lies; *part.pt.* gelesen.

liegen *pres.* liege, liegst, liegt; *impf.* lag, lagst; *conj.* läge; *imp.* lieg(e); *part.pt.* gelegen.

lügen *pres.* lüge, lügst, lügt; *impf.* log, logst; *conj.* löge; *imp.* lüg(e); *part.pt.* gelogen.

mahlen *pres.* mahle, mahlst, mahlt; *impf.* mahlte; *conj.* mahlte; *imp.* mahl(e); *part.pt.* gemahlen.

meiden *pres.* meide, meidest, mei-

det; *impf.* mied, mied(e)st; *conj.* miede; *imp.* meid(e); *part.pt.* gemieden.

melken *pres.* melke, melkst (milkst), melkt (milkt); *impf.* melkte (molk); *conj.* melkte (mölke); *imp.* melk(e) (milk); *part.pt.* gemolken.

messen *pres.* messe, mißt, mißt; *impf.* maß, maßest; *conj.* mäße; *imp.* miß; *part.pt.* gemessen.

mißlingen *pres.* es mißlingt; *impf.* es mißlang; *conj.* es mißlänge; *imp.* —; *part.pt.* mißlungen.

mögen *pres.* mag, magst, mag; *impf.* mochte; *conj.* möchte; *imp.* —; *part.pt.* gemocht.

müssen *pres.* muß, mußt, muß; *impf.* mußte; *conj.* müßte; *imp.* —; *part.pt.* gemußt.

nehmen *pres.* nehme, nimmst, nimmt; *impf.* nahm, nahmst; *conj.* nähme; *imp.* nimm; *part.pt.* genommen.

nennen *pres.* nenne, nennst, nennt; *impf.* nannte; *conj.* nennte; *imp.* nenne; *part.pt.* genannt.

pfeifen *pres.* pfeife, pfeifst, pfeift; *impf.* pfiff, pfiffst; *conj.* pfiffe; *imp.* pfeif(e); *part.pt.* gepfiffen.

preisen *pres.* preise, preist, preist; *impf.* pries, priesest; *conj.* priese; *imp.* preis(e); *part.pt.* gepriesen.

quellen *v/i pres.* quelle, quillst, quillt; *impf.* quoll; *conj.* quölle; *imp.* quill; *part.pt.* gequollen.

raten *pres.* rate, rätst, rät; *impf.* riet, riet(e)st; *conj.* riete; *imp.* rat(e); *part.pt.* geraten.

reiben *pres.* reibe, reibst, reibt; *impf.* rieb, riebst; *conj.* riebe; *imp.* reib(e); *part.pt.* gerieben.

reißen *pres.* reiße, reißt, reißt; *impf.* riß, rissest; *conj.* risse; *imp.* reiß(e); *part.pt.* gerissen.

reiten *pres.* reite, reitest, reitet; *impf.* ritt, rittst; *conj.* ritte; *imp.* reit(e); *part.pt.* geritten.

rennen *pres.* renne, rennst, rennt; *impf.* rannte; *conj.* rennte; *imp.* renn(e); *part.pt.* gerannt.

riechen *pres.* rieche, riechst, riecht; *impf.* roch; *conj.* röche; *imp.* riech(e); *part.pt.* gerochen.

ringen *pres.* ringe, ringst, ringt; *impf.* rang; *conj.* ränge; *imp.* ring(e); *part.pt.* gerungen.

rinnen *pres.* rinne, rinnst, rinnt;

impf. rann, rannst; *conj.* ränne; *imp.* rinn(e); *part.pt.* geronnen.

rufen *pres.* rufe, rufst, ruft; *impf.* rief, riefst; *conj.* riefe; *imp.* ruf(e); *part.pt.* gerufen.

saufen *pres.* saufe, säufst, säuft; *impf.* soff; *conj.* söffe; *imp.* sauf(e); *part.pt.* gesoffen.

saugen *pres.* sauge, saugst, saugt; *impf.* sog (saugte); *conj.* söge; *imp.* saug(e); *part.pt.* gesogen (gesaugt).

schaffen (*er~*) *pres.* schaffe, schaffst, schafft; *impf.* schuf, schufst; *conj.* schüfe; *imp.* schaff(e); *part.pt.* ge-schaffen.

scheiden *pres.* scheide, scheidest, scheidet; *impf.* schied, schied(e)st; *conj.* schiede; *imp.* scheid(e); *part.pt.* geschieden.

scheinen *pres.* scheine, scheinst, scheint; *impf.* schien, schienst; *conj.* schiene; *imp.* schein(e); *part.pt.* geschienen.

scheißen *pres.* scheiße, scheißt, scheißt; *impf.* schiß, schissest; *conj.* schisse; *imp.* scheiße; *part.pt.* geschissen.

schelten *pres.* schelte, schiltst, schilt; *impf.* schalt, schaltst; *conj.* schölte; *imp.* schilt; *part.pt.* ge-scholten.

scheren *pres.* schere, scherst, schert; *impf.* schor, schorst; *conj.* schöre; *imp.* scher(e); *part.pt.* geschoren.

schieben *pres.* schiebe, schiebst, schiebt; *impf.* schob, schobst; *conj.* schöbe; *imp.* schieb(e); *part.pt.* geschoben.

schießen *pres.* schieße, schießt, schießt; *impf.* schoß, schossest; *conj.* schösse; *imp.* schieß(e); *part.pt.* geschossen.

schinden *pres.* schinde, schindest, schindet; *impf.* schindete (schund); *conj.* schindete (schünde); *imp.* schind(e); *part.pt.* geschunden.

schlafen *pres.* schlafe, schläfst, schläft; *impf.* schlief, schliefst; *conj.* schliefe; *imp.* schlaf(e); *part.pt.* geschlafen.

schlagen *pres.* schlage, schlägst, schlägt; *impf.* schlug, schlugst; *conj.* schlüge; *imp.* schlag(e); *part.pt.* geschlagen.

schleichen *pres.* schleiche, schleichst, schleicht; *impf.* schlich, schlichst; *conj.* schliche; *imp.* schleich(e); *part.pt.* geschlichen.

schleifen *pres.* schleife, schleifst, schleift; *impf.* schliff, schliffst; *conj.* schliffe; *imp.* schleif(e); *part.pt.* geschliffen.

schließen *pres.* schließe, schließt, schließt; *impf.* schloß, schlossest; *conj.* schlösse; *imp.* schließ(e); *part.pt.* geschlossen.

schlingen *pres.* schlinge, schlingst, schlingt; *impf.* schlang, schlangst; *conj.* schlänge; *imp.* schling(e); *part.pt.* geschlungen.

schmeißen *pres.* schmeiße, schmeißt, schmeißt; *impf.* schmiß, schmissest; *conj.* schmisse; *imp.* schmeiß(e); *part.pt.* geschmissen.

schmelzen *pres.* schmelze, schmilzt, schmilzt; *impf.* schmolz, schmolzest; *conj.* schmölze; *imp.* schmilz; *part.pt.* geschmolzen.

schnauben *pres.* schnaube, schnaubst, schnaubt; *impf.* schnaubte (schnob); *conj.* schnaubte (schnöbe); *imp.* schnaub(e); *part.pt.* geschnaubt (geschnoben).

schneiden *pres.* schneide, schneidest, schneidet; *impf.* schnitt, schnitt(e)st; *conj.* schnitte; *imp.* schneid(e); *part.pt.* geschnitten.

schrecken *v/i* (= *er~*) *pres.* schrek-ke, schrickst, schrickt; *impf.* schrak, schrakst; *conj.* schräke; *imp.* schrick; *part.pt.* geschrocken.

schreiben *pres.* schreibe, schreibst, schreibt; *impf.* schrieb, schriebst; *conj.* schriebe; *imp.* schreib(e); *part.pt.* geschrieben.

schreien *pres.* schreie, schreist, schreit; *impf.* schrie; *conj.* schreie; *imp.* schrei(e); *part.pt.* ge-schrie(e)n.

schreiten *pres.* schreite, schreitest, schreitet; *impf.* schritt, schritt(e)st; *conj.* schritte; *imp.* schreit(e); *part.pt.* geschritten.

schwären *pres.* es schwärt; *impf.* es schwärte (schwor); *conj.* schwärte; *imp.* schwär(e); *part.pt.* geschwärt (geschworen).

schweigen *pres.* schweige, schweigst, schweigt; *impf.* schwieg, schwiegst; *conj.* schwiege; *imp.* schweig(e); *part.pt.* geschwiegen.

schwellen *pres.* schwelle, schwillt, schwillt; *impf.* schwoll, schwollst; *imp.* schwill; *part.pt.* geschwollen.

schwimmst, schwimmt; *impf.* schwamm, schwammst; *conj.* schwömme (schwämme); *imp.* schwimm(e); *part.pt.* geschwommen.

schwinden *pres.* schwinde, schwindest, schwindet; *impf.* schwand, schwand(e)st; *conj.* schwände; *imp.* schwind(e); *part.pt.* geschwunden.

schwingen *pres.* schwinge, schwingst schwingt; *impf.* schwang, schwangst; *conj.* schwänge; *imp.* schwing(e); *part.pt.* geschwungen.

schwören *pres.* schwöre, schwörst, schwört; *impf.* schwor, schworst; *conj.* schwöre; *imp.* schwör(e); *part.pt.* geschworen.

sehen *pres.* sehe, siehst, sieht; *impf.* sah, sahst; *conj.* sähe; *imp.* sieh(e); *part.pt.* gesehen.

sein *pres.* bin, bist, ist; sind, seid, sind; *impf.* war, warst, war; waren; *conj.pres.* sei, sei(e)st, sei; seien, seiet, seien; *conj.* wäre; *imp.* sei, seid; *part.pt.* gewesen.

senden *pres.* sende, sendest, sendet; *impf.* sandte (sendete); *conj.* sendete; *imp.* send(e); *part.pt.* gesandt (gesendet).

sieden *pres.* siede, siedest, siedet; *impf.* sott (siedete); *conj.* sötte (siedete); *imp.* sied(e); *part.pt.* gesotten (gesiedet).

singen *pres.* singe, singst, singt; *impf.* sang, sangst; *conj.* sänge; *imp.* sing(e); *part.pt.* gesungen.

sinken *pres.* sinke, sinkst, sinkt; *impf.* sank, sankst; *conj.* sänke; *imp.* sink(e); *part.pt.* gesunken.

sinnen *pres.* sinne, sinnst, sinnt; *impf.* sann, sannst; *conj.* sänne (sönne); *imp.* sinn(e); *part.pt.* gesonnen.

sitzen *pres.* sitze, sitz(es)t, sitzt; *impf.* saß, saßest; *conj.* säße; *imp.* sitz(e); *part.pt.* gesessen.

sollen *pres.* soll, sollst, soll; *impf.* sollte; *conj.* sollte; *imp.* —; *part.pt.* gesollt.

spalten *pres.* spalte, spaltest, spaltet; *impf.* spaltete; *conj.* spaltete; *imp.* spalte; *part.pt.* gespalten.

speien *pres.* speie, speist, speit; *impf.* spie, spiest; *conj.* spiee; *imp.* spei(e); *part.pt.* gespie(e)n.

spinnen *pres.* spinne, spinnst,

spinnt; *impf.* spann, spannst; *conj.* spönne (spänne); *imp.* spinn(e); *part.pt.* gesponnen.

spleißen *pres.* spleiße, spleiß(es)t, spleißt; *impf.* spliß, splissest; *conj.* splisse; *imp.* spleiß(e); *part.pt.* gesplissen.

sprechen *pres.* spreche, sprichst, spricht; *impf.* sprach, sprachst; *conj.* spräche; *imp.* sprich; *part.pt.* gesprochen.

sprießen *pres.* sprieße, sprieß(es)t, sprießt; *impf.* sproß, sprossest; *conj.* sprösse; *imp.* sprieß(e); *part.pt.* gesprossen.

springen *pres.* springe, springst, springt; *impf.* sprang, sprangst; *conj.* spränge; *imp.* spring(e); *part.pt.* gesprungen.

stechen *pres.* steche, stichst, sticht; *impf.* stach, stachst; *conj.* stäche; *imp.* stich; *part.pt.* gestochen.

stecken *v/i* stecke, steckst, steckt; *impf.* stak (steckte), steckst; *conj.* stäke; *imp.* steck(e); *part.pt.* gesteckt.

stehen *pres.* stehe, stehst, steht; *impf.* stand, stand(e)st; *conj.* stände; *imp.* steh(e); *part.pt.* gestanden.

stehlen *pres.* stehle, stiehlst, stiehlt; *impf.* stahl; *conj.* stähle; *imp.* stiehl; *part.pt.* gestohlen.

steigen *pres.* steige, steigst, steigt; *impf.* stieg, stiegst; *conj.* stiege; *imp.* steig(e); *part.pt.* gestiegen.

sterben *pres.* sterbe, stirbst, stirbt; *impf.* starb, starbst; *conj.* stürbe; *imp.* stirb; *part.pt.* gestorben.

stieben *pres.* stiebe, stiebst, stiebt; *impf.* stob, stobst; *conj.* stöbe; *imp.* stieb(e); *part.pt.* gestoben.

stinken *pres.* stinke, stinkst, stinkt; *impf.* stank, stankst; *conj.* stänke; *imp.* stink(e); *part.pt.* gestunken.

stoßen *pres.* stoße, stößt, stößt; *impf.* stieß, stießest; *conj.* stieße; *imp.* stoß(e); *part.pt.* gestoßen.

streichen *pres.* streiche, streichst, streicht; *impf.* strich, strichst; *conj.* striche; *imp.* streich(e); *part.pt.* gestrichen.

streiten *pres.* streite, streitest, streitet; *impf.* stritt, stritt(e)st; *conj.* stritte; *imp.* streit(e); *part.pt.* gestritten.

tragen *pres.* trage, trägst, trägt; *impf.* trug; *conj.* trüge; *imp.* trag(e); *part.pt.* getragen.

treffen *pres.* treffe, triffst, trifft; *impf.* traf, trafst; *conj.* träfe; *imp.* triff; *part.pt.* getroffen.

treiben *pres.* treibe, treibst, treibt; *impf.* trieb; *conj.* triebe; *imp.* treib(e); *part.pt.* getrieben.

treten *pres.* trete, trittst, tritt; *impf.* trat, trat(e)st; *conj.* träte; *imp.* tritt; *part.pt.* getreten.

triefen *pres.* triefe, triefst, trieft; *impf.* troff (triefte); *conj.* tröffe (triefte); *imp.* trief(e); *part.pt.* getroffen (getrieft).

trinken *pres.* trinke, trinkst, trinkt; *impf.* trank, trankst; *conj.* tränke; *imp.* trink(e); *part.pt.* getrunken.

trügen *pres.* trüge, trügst, trügt; *impf.* trog, trogst; *conj.* tröge; *imp.* trüg(e); *part.pt.* getrogen.

tun *pres.* tue, tust, tut; *impf.* tat, tat(e)st; *conj.* täte; *imp.* tu(e); *part.pt.* getan.

verderben *pres.* verderbe, verdirbst, verdirbt; *impf.* verdarb; *conj.* verdürbe; *imp.* verdirb; *part.pt.* verdorben.

verdrießen *pres.* verdrieße, verdrießt, verdrießt; *impf.* verdroß, verdrossest; *conj.* verdrösse; *imp.* verdrieß(e); *part.pt.* verdrossen.

vergessen *pres.* vergesse, vergißt, vergißt; *impf.* vergaß, vergaßest; *conj.* vergäße; *imp.* vergiß; *part.pt.* vergessen.

verlöschen *s.* erlöschen.

verlieren *pres.* verliere, verlierst, verliert; *impf.* verlor; *conj.* verlöre; *imp.* verlier(e); *part.pt.* verloren.

verschleißen *pres.* verschleiße, verschleiß(es)t, verschleißt; *impf.* verschliß, verschlissest; *conj.* verschlisse; *imp.* verschleiß(e); *part.pt.* verschlissen.

wachsen *pres.* wachse, wächst, wächst; *impf.* wuchs, wuchsest; *conj.* wüchse; *imp.* wachs(e); *part.pt.* gewachsen.

wägen *pres.* wäge, wägst, wägt; *impf.* wog (wägte); *conj.* wöge (wägte); *imp.* wäg(e); *part.pt.* gewogen (gewägt).

waschen *pres.* wasche, wäschst, wäscht; *impf.* wusch, wuschest; *conj.* wüsche; *imp.* wasch(e); *part.pt.* gewaschen.

weben *pres.* webe, webst, webt; *impf.* webte (wob, wobest); *conj.* webte (wöbe); *imp.* web(e); *part.pt.* gewebt (gewoben).

weichen *pres.* weiche, weichst, weicht; *impf.* wich, wichst; *conj.* wiche; *imp.* weich(e); *part.pt.* gewichen.

weisen *pres.* weise, weist, weist; *impf.* wies, wiesest; *conj.* wiese; *imp.* weis(e); *part.pt.* gewiesen.

wenden *pres.* wende, wendest, wendet; *impf.* wandte (wendete); *conj.* wendete; *imp.* wende; *part.pt.* gewandt (gewendet).

werben *pres.* werbe, wirbst, wirbt; *impf.* warb; *conj.* würbe; *imp.* wirb; *part.pt.* geworben.

werden *pres.* werde, wirst, wird; *impf.* wurde; *conj.* würde; *imp.* werde; *part.pt.* geworden.

werfen *pres.* werfe, wirfst, wirft; *impf.* warf, warfst; *conj.* würfe; *imp.* wirf; *part.pt.* geworfen.

wiegen *pres.* wiege, wiegst, wiegt; *impf.* wog; *conj.* wöge; *imp.* wieg(e); *part.pt.* gewogen.

winden *pres.* winde, windest, windet; *impf.* wand, wandest; *conj.* wände; *imp.* wind(e); *part.pt.* gewunden.

wissen *pres.* weiß, weißt, weiß; wissen, wißt, wissen; *impf.* wußte; *conj.* wüßte; *imp.* wisse; *part.pt.* gewußt.

wollen *pres.* will, willst, will; wollen; *impf.* wollte; *conj.* wollte; *imp.* wolle; *part.pt.* gewollt.

zeihen *pres.* zeihe, zeihst, zeiht; *impf.* zieh, ziehst; *conj.* ziehe; *imp.* zeih(e); *part.pt.* geziehen.

ziehen *pres.* ziehe, ziehst, zieht; *impf.* zog, zogst; *conj.* zöge; *imp.* zieh(e); *part.pt.* gezogen.

zwingen *pres.* zwinge, zwingst, zwingt; *impf.* zwang, zwangst; *conj.* zwänge; *imp.* zwing(e); *part.pt.* gezwungen.

Langenscheidts Taschenwörterbücher

Rund 85000 Stichwörter und Wendungen in beiden Teilen.
Mit Angabe der Aussprache. Format 9,6×15 cm. Plastikeinband.

Altgriechisch
Neubearbeitung (Teil I)
Teil I: Altgriech.-Deutsch 480 S.
Teil II: Deutsch-Altgriech. 547 S.

Althebräisch
Althebräisch-Deutsch
(zum Alten Testament.) 306 S.

Arabisch
Teil I: Arabisch-Deutsch 624 S.
Teil II: Deutsch-Arabisch 456 S.

Dänisch
Teil I: Dän.-Deutsch 557 S.
Teil II: Deutsch-Dän. 548 S.

Englisch
Erweiterte Neuausgabe
Unter Berücksichtigung der
amerikanischen Umgangssprache
Teil I: Englisch-Deutsch 672 S.
Teil II: Deutsch-Englisch 672 S.

Französisch
Neubearbeitung
Teil I: Französisch-Deutsch 576 S.
Teil II: Deutsch-Französisch 640 S.

Italienisch
Teil I: Italienisch-Deutsch 640 S.
Teil II: Deutsch-Italienisch 606 S.

Lateinisch
Teil I: Lateinisch-Deutsch 576 S.
Teil II: Deutsch-Lateinisch 460 S.

Neugriechisch
Neubearbeitung (Teil II)
Teil I: Neugriech.-Deutsch 552 S.
Teil II: Deutsch-Neugriech. 556 S.

Niederländisch
Teil I: Nied.-Deutsch 527 S.
Teil II: Deutsch-Nied. 542 S.

Polnisch
Teil I: Polnisch-Deutsch 624 S.
Teil II: Deutsch-Polnisch 591 S.

Portugiesisch
Neubearbeitung (Teil I)
Mit Brasilianismen
Teil I: Port.-Deutsch 640 S.
Teil II: Deutsch-Port. 607 S.

Russisch
Teil I: Russisch-Deutsch 568 S.
Teil II: Deutsch-Russisch 604 S.

Schwedisch
Neubearbeitung
Teil I: Schwedisch-Deutsch 552 S.
Teil II: Deutsch-Schwedisch 456 S.

Spanisch
Neubearbeitung
Teil I: Spanisch-Deutsch 544 S.
Teil II: Deutsch-Spanisch 512 S.

Tschechisch
Teil I: Tschechisch-Deutsch 576 S.
Teil II: Deutsch-Tschechisch 479 S.

Türkisch
Teil I: Türkisch-Deutsch 552 S.
Teil II: Deutsch-Türkisch 616 S.

Im Buchhandel beide Teile auch in einem Band lieferbar.

Langenscheidt

Langenscheidts Wörterbücher:
die Standardwerke für fremde Sprachen

Langenscheidts Enzyklopädisches Wörterbuch Englisch „Der Große Muret-Sanders"

Das größte zweisprachige Wörterbuch überhaupt. Für Dozenten und Übersetzer, Auslandskorrespondenten und Wissenschaftler – kurz für alle, die höchste Ansprüche an ein enzyklopädisches Wörterbuch haben.
In zwei Teilen à 2 Bänden. Mit insgesamt rund 560 000 Stichwörtern und Wendungen.

Langenscheidts Großwörterbücher

Für große Ansprüche im Bereich von Lehre und Unterricht, Wissenschaft und Forschung, Beruf und Wirtschaft.
In Einzelbänden. Mit bis zu 360 000 Stichwörtern und Wendungen in beiden Teilen.

Langenscheidts Handwörterbücher

Die umfassenden Nachschlagewerke für gehobene Ansprüche. Für den praktischen Gebrauch in Handel und Industrie, für Lehre und Studium.
In Einzel- und Komplettbänden. Mit bis zu 200 000 Stichwörtern und Wendungen in beiden Teilen.

Langenscheidts Große Schulwörterbücher

Besonders geeignet für die gymnasiale Oberstufe, für Fremdsprachenkurse in der Erwachsenenbildung und für das Studium.
In Einzelbänden. Mit bis zu 200 000 Stichwörtern und Wendungen in beiden Teilen.

Langenscheidts Taschenwörterbücher

Millionenfach bewährte Standardwörterbücher. Für Beruf und Alltag, für die Reise und fremdsprachliche Lektüre.
In Einzel- und Komplettbänden. Mit bis zu 95 000 Stichwörtern und Wendungen in beiden Teilen.

Langenscheidts Schulwörterbücher

Für Haupt-, Realschule und Gymnasium. Die Stichwortauswahl ist auf die in den Schulen gebräuchlichen Lehrbücher abgestimmt.
In Komplettbänden. Mit bis zu 48 000 Stichwörtern und Wendungen.

Langenscheidt Berlin/München/Wien/Zürich/New York